gelöscht

REALLEXIKON DER GERMANISCHEN ALTERTUMSKUNDE

BAND XXXV

Reallexikon der Germanischen Altertumskunde

Von Johannes Hoops

Zweite, völlig neu bearbeitete und stark erweiterte Auflage

mit Unterstützung der Akademie der Wissenschaften in Göttingen

unter fachlicher Beratung von

Prof. Dr. H. Ament, Mainz · Prof. Dr. Dr. Th. Andersson, Uppsala
Prof. Dr. K.-E. Behre, Wilhelmshaven · Prof. Dr. V. Bierbrauer, München
Prof. Dr. Dr. T. Capelle, Münster · Prof. Dr. H. Castritius, Darmstadt
Prof. Dr. Dr. F.-X. Dillmann, Versailles · Prof. Dr. K. Düwel, Göttingen
Prof. Dr. A. Hultgård, Uppsala · Dr. I. Ioniţă, Iaşi · Doz. Dr. J. P. Lamm, Stockholm
Prof. Dr. Ch. Lübke, Greifswald · Dr. B. Magnus, Stockholm
Prof. Dr. H.-P. Naumann, Zürich · Doz. Dr. R. Nedoma, Wien · Prof. Dr. W. Nowakowski, Warschau
Doz. Dr. W. Pohl, Wien · Prof. Dr. H. Reichert, Wien · Dir. Dr. H. Reichstein, Kiel
Prof. Dr. A. Roth, Mainz · Prof. Dr. St. Ch. Saar, Potsdam · Prof. Dr. B. Sawyer, Trondheim
Prof. Dr. K. Schäferdiek, Bonn · Prof. Dr. W. Schenk, Bonn · Prof. Dr. K. Schier, München
Prof. Dr. Dr. R. Schmidt-Wiegand, Marburg · Prof. Dr. S. v. Schnurbein, Frankfurt/M.
Prof. Dr. D. Strauch, Köln · Prof. Dr. H. Thrane, Århus · Prof. Dr. Sverrir Tómasson, Reykjavík
Prof. Dr. J. Udolph, Leipzig · Dr. R. Wiechmann, Hamburg · Prof. Dr. D. M. Wilson, London
Prof. Dr. H. Wolfram, Wien · Prof. Dr. R. Wolters, Tübingen
Prof. Dr. I. N. Wood, Leeds · Prof. Dr. St. Zimmer, Bonn

und redaktioneller Leitung von

Prof. Dr. Rosemarie Müller

herausgegeben von

Prof. Dr. Dr. h.c. Heinrich Beck, Bonn
Prof. Dr. Dieter Geuenich, Duisburg-Essen
Prof. Dr. Heiko Steuer, Freiburg

Fünfunddreißigster Band
Speckstein – Zwiebel
(Nachträge und Ergänzungen)

2007

WALTER DE GRUYTER · BERLIN · NEW YORK

Das Abkürzungsverzeichnis befindet sich in Band 11.

∞ Gedruckt auf säurefreiem Papier,
das die US-ANSI-Norm über Haltbarkeit erfüllt.

ISBN 978-3-11-018784-7

Bibliografische Information der Deutschen Nationalbibliothek

Die Deutsche Nationalbibliothek verzeichnet diese Publikation in der Deutschen Nationalbibliografie; detaillierte bibliografische Daten sind im Internet über <http://dnb.d-nb.de> abrufbar.

© Copyright 2007 by Walter de Gruyter GmbH & Co. KG, 10785 Berlin.
Dieses Werk einschließlich aller seiner Teile ist urheberrechtlich geschützt. Jede Verwertung außerhalb der engen Grenzen des Urheberrechtsgesetzes ist ohne Zustimmung des Verlages unzulässig und strafbar. Das gilt insbesondere für Vervielfältigungen, Übersetzungen, Mikroverfilmungen und die Einspeicherung und Verarbeitung in elektronischen Systemen.
Printed in Germany
Datenkonvertierung: META Systems GmbH, Wustermark
Druck: Mercedes-Druck GmbH, Berlin
Buchbinderische Verarbeitung: Industriebuchbinderei Fuhrmann GmbH & Co. KG, Berlin

Gefördert von dem Bundesministerium für Bildung und Forschung und dem Land Niedersachsen

MITARBEITER DES FÜNFUNDDREISSIGSTEN BANDES

Prof. Dr. H. Ament, Mainz
Prof. Dr. Dr. Th. Andersson, Uppsala

Dr. M. Balmer, Zürich
C. M. M. Bayer, M. A., Bonn
Prof. Dr. Dr. H. Beck, Bonn
Th. Beigel, M. A., Braunschweig
Prof. Dr. H. Bernhard, Speyer
Dr. R. Bockius, Mainz
Prof. Dr. K. Böhner, Ehingen †
Priv.-Doz. Dr. K. Böldl, München
Prof. Dr. S. Brather, Freiburg
Dr. St. Burmeister, Hamburg

Prof. Dr. C. von Carnap-Bornheim, Schleswig
Dr. K. Cassel, Huddinge
Prof. Dr. H. Castritius, Darmstadt
Prof. Dr. L. Clemens, Trier

M. M. C. Dapper, M. A., Tilleda
Prof. Dr. D. Denecke, Göttingen
Prof. Dr. K. Dietz, Würzburg
Prof. Dr. Dr. F.-X. Dillmann, Versailles
Dr. J. Dolata, Mainz
Prof. Dr. F. Dorn, Trier

I. Eichfeld, M. A., Bonn
Prof. Dr. W. A. van Es, Amersfoort

Th. Fischer, M. A., Duisburg

Priv.-Doz. Dr. M. Gebühr, Schleswig
Prof. Dr. D. Geuenich, Duisburg-Essen
Dr. B. Gissinger, Soissons
Prof. Dr. F. Glaser, Klagenfurt
Dr. M. Graf, Zürich
F. R. Grünzweig, M. A., Wien

Dr. O. Haid, Innsbruck
Dr. M. Hardt, Leipzig
Prof. Dr. W. Hartung, Duisburg-Essen
Prof. Dr. W. Haubrichs, Saarbrücken

Prof. Dr. W. Heizmann, München
Dr. K. Høilund Nielsen, Beder
Dr. R. S. Hulst, Hoevelaken
Prof. Dr. A. Hultgård, Uppsala
Prof. Dr. Ch. Huth, Freiburg

Priv.-Doz. Dr. J. Insley, Heidelberg

Doz. Dr. A. Kaliff, Uppsala
Prof. Dr. Gunnar Karlsson, Reykjavík
Prof. Dr. Dr. G. Keil, Würzburg
Dr. T. Kolník, Nitra
R. Kory, M. A., Freiburg
Prof. Dr. C. Krag, Bø i Telemark
Dr. N. Krohn, Freiburg

Dr. J. Lieven, Duisburg-Essen
Prof. Dr. G. Lingelbach, Jena
Dr. J. Ljungkvist, Stockholm

Prof. Dr. E. Marold, Kiel
Prof. Dr. E. Meineke, Jena
Dr. S. Möller-Wiering, Schleswig
Prof. Dr. R. Müller, Göttingen

Dr. M. Nick, Freiburg
K. Niederhöfer, M. A., Greven
Prof. Dr. M. Nockert, Lidingö
Prof. Dr. W. Nowakowski, Warschau
Prof. Dr. H. U. Nuber, Freiburg
Priv.-Doz. Dr. E. Nyman, Uppsala

S. Oehrl, M. A., Göttingen

Prof. Dr. M. Pitz, Lyon
Dr. E. Possenti, Trient

Prof. Dr. H. Reichert, Wien
Prof. Dr. H. G. Resi, Oslo
G. Rispling, M. A., Stockholm
Prof. Dr. H. Röckelein, Göttingen
Priv.-Doz. Dr. L. Rübekeil, Zürich
Dr. Ch. Ruhmann, Paderborn

Prof. Dr. St. Ch. Saar, Potsdam
Prof. Dr. H. Sauer, München
M. Schaich M. A., Altenhann
Prof. Dr. W. Schenk, Bonn
Dr. M. Schmauder, Bonn
M. D. Schön, M. A., Bad Bederkesa
Priv.-Doz. Dr. S. Schrenk, Köln
Dr. M. Schulte, Volda
Priv.-Doz. Dr. St. Schumacher, Wien
Prof. Dr. Dr. G. Schuppener, Leipzig
Dr. M. Segschneider, Schleswig
Prof. Dr. Gísli Sigurðsson, Reykjavík
Prof. Dr. R. Simek, Bonn
Prof. Dr. M. Springer, Magdeburg
Prof. Dr. H. Steuer, Freiburg
Dr. P. Stille, Växjö
Dr. M. Swan, Leeds
Dr. B. M. Szőke, Budapest

Dr. E. Taayke, Groningen
Priv.-Doz. Dr. W.-R. Teegen, Leipzig
Doz. Dr. J. Tejral, Brno

Prof. Dr. H. Thorláksson, Reykjavík
Prof. Dr. H. Thrane, Århus
Prof. Dr. Sverrir Tómasson, Reykjavík
Dr. Ch. Tuczay, Wien

P. Wagner, M. A., Bonn
Dr. L. Webster, London
Dr. R. Wiechmann, Hamburg
Prof. Dr. R. Wiegels, Osnabrück
J. Wikborg, M. A., Uppsala
Prof. Dr. D. M. Wilson, London
Dr. St. Wirth, Dijon
Dr. I. Wiwjorra, Berlin
Prof. Dr. H. Wolfram, Wien
Prof. Dr. R. Wolters, Tübingen

Dr. W. Zanier, München
U. Zimmermann, M. A., Kiel
Prof. Dr. W. H. Zimmermann,
    Wilhelmshaven
Prof. Dr. Th. Zotz, Freiburg

Speckstein

§ 1: Allgemein – § 2: Forschungsgeschichte und Gebrauch

§ 1. Allgemein. Durch Umwandlung von Dolomit und Marmor entstand in silurischen und präkambrischen Formationen ein Mineral, das den Namen Talk oder Steatit trägt. Es zählt zur Klasse der Silikate und kommt in vielen Teilen der Welt vor. Das sehr weiche Gestein fühlt sich fettig an und kann bereits mit dem Fingernagel geritzt werden, daher die geläufige Bezeichnung *Speckstein*. Aus Mitteleuropa sind S.-Vorkommen in den frz., schweiz., österr. und it. Alpen, im Fichtelgebirge sowie in Mähren bekannt. Aus N-Europa sind Vorkommen dieser Gesteinsart vorwiegend in Norwegen und SW-Schweden, aber auch in Schottland, auf den Shetlandinseln und auf Grönland nachgewiesen.

In vielen Bereichen Norwegens und SW-Schwedens steht S. in Oberflächennähe an (6; 1; 24), ebenso wie auf Shetland und Grönland. Das weiche, hitzebeständige Gestein läßt sich leicht schneiden und in Form bringen und wurde daher ein geeignetes Rohmaterial v. a. für Gußformen (→ Metallguß § 3c) und Lampen. Die Verbreitung bronzezeitlicher Gußformen aus S. in Gebieten außerhalb seines natürlichen Vorkommens (z. B. Dänemark) zeigt, daß dieser Rohstoff schon früh weit verhandelt wurde. In der späten BZ kamen S.-Gefäße erstmals in bescheidenem Umfang im heutigen Norwegen in Gebrauch. In der vorröm. EZ heben sie sich deutlich in dem sonst spärlich überlieferten Fundmaterial ab, v. a. in SW-Norwegen bis hinauf nach Nordland. In der jüng. germ. EZ sowie hauptsächlich in der WZ und im MA, gehörten in Norwegen Gefäße und andere S.-Geräte zu den häufigsten Gegenständen des alltäglichen Gebrauchs.

§ 2. Forschungsgeschichte und Gebrauch. Die frühe typol.-chron. Forsch. bezog die Formgebung von S.-Gefäßen in die Gestaltung von Behältern aus anderen Materialien wie Ton, Metall oder Holz ein. So betonte Schetelig für die Abfolge von eisenzeitlichen S.-Gefäßen den großen Einfluß einheimischer Keramikformen, aber auch metallener Gefäße der Latènekultur (17). Die Vorbilder für gerundete S.-Gefäße mit ausbiegendem Rand (17, 60; 16, Fig. 378) sah er in der Tonware der RKZ und bewertete Gefäße mit eingebogenem Hals der VWZ als prägend für die gleichzeitigen S.-Gefäße. Schetelig führte die urspr. Gliederung von S.-Gefäßen der jüng. EZ nach Oluf → Rygh (16, Fig. 828–830) in rundliche Gefäße, Gefäße mit einem Stiel und trogähnliche Gefäße weiter. Typische Merkmale von rundlichen Gefäßen sah er als Ausgangspunkt für eine weitere Untergliederung an, für die er v. a. den Einfluß von Metallgefäßen hervorhob (17, 66–70). Die geringe Zahl sicher datierbarer S.-Funde ließ jedoch einige seiner Schlußfolgerungen zweifelhaft erscheinen und führte zu einem langjährigen, fachlichen Meinungsaustausch (12; 8).

Die Unters. in einem Specksteinbruch in 1 000 m Hh. in → Bubakk, Hedmark, konnten erstmals die Massenproduktion von S.-Gefäßen in der vorröm. EZ eindeutig dokumentieren (19; 21).

Durch eine typol.-chron. Analyse von altem und neuem Qu.material konnte festgestellt werden, daß der älteste Gebrauch von S.-Gefäßen im heutigen Norwegen auf eine Per. von der späten BZ bis zum Beginn der RKZ begrenzt ist (14). Erst in der jüng. germ. EZ wurde seine Verwendung dann erneut aufgenommen. Allerdings wurde er auch in den dazwischenliegenden Per. weiterhin als Material für andere Gegenstände benutzt, wie etwa für Spinnwirtel, Webgewichte und Netzsenker. Die große Zahl der S.-Gefäße aus norw. Gräbern und Siedlungen der WZ zeigt die Bedeutung des Rohmaterials im täglichen Leben wie in der Grabsitte (13; 18). Unter den drei Hauptformen: rundliche, gestielte und trogförmige Gefäße dominieren Var. der rundlichen Gefäße. Häufige Spuren von Abnutzung und Reparatur unterstreichen den hohen Wert solcher Gefäße als notwendige und geschätzte Gebrauchsgüter. Die Nutzung von S.-Gefäßen setzt sich im MA bei Verwendung etwas geänderter Formgebung fort (5, 204–207). So geht die Analyse der S.-Gefäße aus dem ma. Umschlagsplatz Borgund, Møre og Romsdal, von drei rundlichen und einer eimerförmigen Form aus (9). Andere Gefäßtypen, bes. aus dem Vestland- oder Østlandgebiet, wurden als Ausdruck einer spezialisierten Produktion bewertet.

Gerade die Fundverbreitung von S.-Gefäßen im Interessenbereich der Wikinger ohne natürliches Vorkommen dieses Rohstoffes, z. B. in Dänemark, N-Deutschland und Polen, wird seit langem als Niederschlag eines großangelegten Handels von skand. Massenwaren interpretiert (17, 71; 3, Abb. 53 und Liste 16 mit weiteren Hinweisen). Er fand mit dem Übergang zum MA sein Ende, doch in Norwegen und W-Schweden wurde S. weiterhin vielseitig verwendet zur Herstellung von Gefäßen und Lampen, aber auch als Rohstoff für Baumaterial und Taufbecken (5; 7; 23).

Viele Steinbrüche für S. enthielten zahlreiche Hinweise auf die vor Ort vorgenommene Gefäßherstellung, die viele Forscher fasziniert haben (18–21; 4; 2; 10; 11). Solche Brüche wurden sowohl in südnorw. und südwestschwed. präkambrischen Gebieten als auch in W- und N-Norwegen in kambrosilurischen Formationen der kaledonischen Bergkette entdeckt (15, Abb. 116 und 117). In ihnen deuten Arbeitsspuren auf den Einsatz von eisernen Spitzhacken bzw. Spitzmeißeln für gröbere Arbeiten sowie von Messern und Flachmeißeln zur Gefäßherstellung. Die dafür erforderlichen Geräte sind in den Abfallhaufen einiger Steinbrüche gefunden worden (22). Auf die Nutzungsdauer der Specksteinbrüche kann in einzelnen Fällen durch die Form der hergestellten Gefäße und durch 14C-Datierungen geschlossen werden (19; 20).

Mit Unters. verschiedener Specksteinbrüche hat sich Skjölsvold große Verdienste erworben, indem er nicht nur den enormen Umfang die S.-Gefäßproduktion (18–20) aufzeigte, sondern auch technische und soziale Voraussetzungen für den Abbau und die Weiterverarbeitung von S. analysiert hat.

(1) G. Berg, Några notiser om täljstensbrytning och täljstensindustri i Västsverige, in: Studier tillägnade G. Ekholm, 1934, 255–263. (2) B. Berglund, Middelaldersk klebersteinsindustri på Helgelandskysten, Ottar 1999, 2, 13 f. (3) I. Gabriel, Hof- und Sakralkultur sowie Gebrauchs- und Handelsgut im Spiegel der Kleinfunde von Starigard/Oldenburg, Ber. RGK 69, 1988 (1989), 103–291. (4) S. Grieg, Norske klebersteinsbrudd fra vikingetiden, Universitetets Oldsaksamling Årbok 1930, 1932, 88–107. (5) Ders., Middelalderske byfund fra Bergen og Oslo, 1933. (6) A. Helland, Tagskifere, heller og vekstene, Norges geologiske undersøgelse 10, 1893. (7) H. A. Lidén, Middelalderen bygger i stein, 1997. (8) O. Møllerop, Kleberkar fra keltertid, Stavanger Mus.s Årshefte 1959, 1960, 21–40. (9) S. Myrvoll Lossius, Kleberkarmaterialet fra Borgund, Sunnmøre, Arkeologiske avhandlinger fra Historisk mus., Universitetet i Bergen 1, 1977. (10) B. Østerås, Eit klebersteinbrot fortel si historie, Spor 2, 1999, 23–26. (11) J. Petersen, Et besøk ved klebersteinsbruddet paa Folvelsæter, Naturen 46, 1922, 236–239. (12) Ders., De eldste norske kleberstenskar fra jernalderen, Finska fornminnesföreningens Tidskr. 40, 1934, 43–48. (13) Ders., Vikingetidens redskaper, 1951. (14) L. Pilö, Early Soapstone Vessels in Norway from the Late Bronze Age to the Early Roman Iron Age, Acta Arch. 60, 1989 (1990), 87–100. (15) H. G. Resi, Die S.-Funde aus Haithabu, Ber. über die Ausgr. in Haithabu 14, 1979. (16) O. Rygh, Norske Oldsager, 1885. (17) H. Schetelig, Kar av kleberstein fra jernalderen, Oldtiden 2, 1912 (1913), 49–73. (18) A. Skjölsvold, Klebersteinsindustrien i vikingetiden, 1961. (19) Ders., Et keltertids klebersteinsbrudd fra Kvikne, Viking 33, 1969, 201–238. (20) Ders., Forhistorisk klebersteinsindustri i Lesjafjellene, Universitetets Oldsaksamling Årbok 1972–1974, 1976, 83–95. (21) Ders., Grytesteinsindustri i Kviknefjellene for over 2000 år siden, in: R. Nydal u. a. (Hrsg.), Fortiden i Søkelyset. Datering med 14C metoden gjennom 25 år, 1979, 111–119. (22) Ders., Redskaper fra forhistorisk klebersteinsin-

dustri, Universitetets Oldsaksamling 150 år. Jubileumsårbok 1979, 165–172. (23) M. B. Solhaug, Middelalderens døpefonter i Norge 1–2. Det historisk filosofiske fakultet, Universitetet i Oslo, 2001. (24) P. Storemyr, T. Helddal, Soapstone production through Norwegian hist.: geology, properties, quarrying, and use, in: J. Herrmann Jr. u. a. (Hrsg.), ASMOSIA V. Interdisciplinary Studies on Ancient Stone, 2002, 359–369.

H. G. Resi

Spielmann

§ 1: Begriffe und Definition – § 2: Von der Antike zum Frühmittelalter – § 3: Urteil der Kirchenväter – § 4: Die Rechtsstellung – § 5: Tanz und Frauen

§ 1. Begriffe und Definition. Auftreten und Tätigkeiten des S.s im MA sind so vielfältig wie seine Bezeichnungen in den Qu. (vgl. insbesondere 15, 26 ff.). Ein wichtiger Ausgangspunkt neben den frühchristl. Autoren ist → Isidor von Sevilla in seinen *Etymologiae*. *Histrio, mimus, scurra* und allen weit voran *joculator*, finden sich am häufigsten in den Qu. Die Begriffsvielfalt beinhaltet jedoch in den seltensten Fällen eine konkrete Differenzierung (5, Liber X; XVIII; XLVIII; XLIX).

Unter Spielmännern verstehen wir im MA alle diejenigen, die den Menschen berufsmäßig Unterhaltung bieten. Es handelt sich dabei um unbehauste, in ihrer rechtlichen und sozialen Stellung ungesicherte Personen, die allein schon wegen ihrer mobilen und unbehausten Lebensform den gesellschaftlichen Randgruppen zuzurechnen sind (11). Sie bieten ein breites Repertoire als Musikanten und → Sänger, → Dichter, Erzähler, Schauspieler, → Gaukler, Tanzmeister, Akrobaten, Jongleure, Dompteure, Marionettenspieler, Spaßmacher u. v. a. m. Weltliche und kirchliche Feste an geistlichen und weltlichen Höfen, in städtischen Siedlungen oder auf dem Land sind ohne sie undenkbar. Spielmänner rekrutieren sich im frühen MA, wie den wenigen Qu.hinweisen zu entnehmen ist, aus entwurzelten Klerikern und Laien und insbesondere aus ihren eigenen Reihen (12, 93 ff.; 9, 173; 10, 1 f.).

§ 2. Von der Antike zum Frühmittelalter. Die mittelmeerische Welt der Ant. kannte eine bunte Vielfalt von Musikanten, Schauspielern und Akrobaten, Tänzern und Tänzerinnen, Tierbändigern, Bauchrednern und Zauberkünstlern, von Aulos- und Hornbläsern, von Harfenisten, Kithara- und Lyraspielern (→ Musikinstrumente) auf unterschiedlichstem Niveau und zu allen erdenklichen Anlässen. Die Existenz dieser Künstler war ebenfalls von Mobilität geprägt. Anders als im frühma. Europa boten die urbanen Landschaften um das Mittelmeer auch seßhaften Darstellern ein Auskommen. Sie waren in manchen Erscheinungsformen den ma. Spielmännern vergleichbar. Es lassen sich jedoch, anders als Geschichts- und Literaturwiss. bisher lehrten, keine konkreten Zusammenhänge mit ihnen herstellen (vgl. insbesondere 14). Im Gefolge der röm. Eroberungen, die sich über weite Teile Europas ausdehnten, zogen sicherlich auch Unterhaltungskünstler vom Mittelmeer nach Gallien und Germanien. Von Kontinuität kann jedoch keine Rede sein. Gewiß liegt es zunächst nahe, im ant. Musik- und Theaterleben Unterhaltungskünstler zu suchen, die ähnliche Darbietungen wie die Spielmänner des MAs im Repertoire hatten. Daher wurde in der Forsch. eine ‚germanische' oder eine ‚römisch-griechisch-antike' Wurzel des S.s-Wesens rekonstruiert. Die ‚Herkunft' des S.s wurde dabei stets unter ‚genetischer' Fragestellung untersucht (12, 85 ff.).

Nicht nur die *mimi* und *histriones* im Röm. Reich, auch die Barden, die Dichter und Sänger der kelt. Völker im heutigen Frankreich, England und Irland wurden als ‚Vorfahren' der Spielmänner in Anspruch genommen. Diese hatten hingegen als Träger und Vermittler von Mythos und Heroenkult

(→ Held, Heldendichtung und Heldensage) eher traditionale Funktionen inne. Sie standen den germ. Skopen (→ Dichter) und → Skalden nahe, die als Dichter und Sänger an den Höfen Skand.s, dank der späten Christianisierung, bis in das Hoch-MA überlebten. Manche waren vorübergehend seßhaft, andere wanderten von Herrensitz zu Herrensitz. Das Beowulfslied (→ *Beowulf*) erwähnt am Hof Kg. Hrodgars einen solchen Sänger von Mythos und Schöpfung (3, V. 1063–1067). Neben diesen ‚edlen' Hofsängern und -dichtern finden wir weitere Unterhaltungskünstler, die sich kaum in ihren Tätigkeiten unterscheiden lassen: den *liodslaho,* den *liudari,* den *þulr* (→ *þulr*) und den *fili.* Barde, Skop und Skalde, sofern sie überhaupt angesichts ihrer rituellen Funktionen als Unterhaltungskünstler angesehen werden können, wurden im Verlauf der Christianisierung verdrängt. Ernstzunehmende Argumente für die Weiterentwicklung zum S. des MAs liegen nicht vor. Viele Forscher sind dennoch der Versuchung erlegen, den röm. *mimus, histrio, scurra* usw. mit dem S. des MAs gleichzusetzen, weil die ma. Qu. dieselben Begriffe benutzten. Sie haben jedoch nicht gesehen oder nicht sehen wollen, daß der im MA verwendeten Schriftsprache des Lat. lediglich keine anderen Begriffe zur Verfügung standen (12, 91 f.).

§ 3. Urteil der Kirchenväter. Septimius Florens Tertullianus (ca. 160–220), der Propagandist des Christentums gegen das Heidentum, hat in seinem Buch *De spectaculis,* ‚Über die Spiele', die Heilserlangung in Kontrast zum röm. Schauspiel gestellt. Für ihn waren die heidn. Götter Bacchus (Liber) und Venus sowie andere ‚Götzen' die Patrone von Schauspiel und Musik. Er hat im Grunde alles gesagt, was künftig die Kirchenväter und die frühchristl. Theol. zum Schauspiel sowie zu *mimi* und *histriones* noch äußern sollten. Im Einklang mit Konzils- und Synodalbeschlüssen war somit auch für den S. des MAs eine negative Bewertung im christl. Wertesystem festgeschrieben (12, 117 ff.). Mit der Haltung und dem Verdammungsurteil Tertullians stimmen die frühchristl. Theologen überein; so etwa Arnobius Afer, Lactantius, Cyprianus, Hieronymus, → Salvianus von Marseille. Insbesondere Augustinus verweigerte in seinem Werk *De fide et operibus,* ‚Vom Glauben und den guten Werken', in einem Atemzug den *meretrices et histriones,* den Huren und den Schauspielern, die Spende der Sakramente (2, c. 18). Auch die Begriffe – *mimus, histrio* und *citharoedus* – wurden in das MA übertragen. *Mimus* und *histrio* finden nun Anwendung auf Menschen, die zwar mit Schauspiel, Musik, Dichtung und Gauklerkünsten zu tun haben, denen jedoch jegliche Beziehung zum ant. Theater fehlt. Den Verdammungsurteilen der frühchristl. Autoritäten haben sich die Theologen des MAs uneingeschränkt angeschlossen (12, 126 ff.). → Alcuin etwa bemühte insbesondere Augustinus, als er in einem Brief vor dem teuflischen Schauspiel, vor *mimi* und *histriones* und *saltatores* warnte: ‚Das alles verbieten die heiligen Schriften und, wie ich gelesen habe, Augustinus in besonderem Maße …' (1, Nr. 175, 290).

§ 4. Die Rechtsstellung. Die Rechtsstellung der *scenici,* der Theaterleute, war schon in röm. Zeit prekär. In mehreren Bereichen hatte ihnen die Gesetzgebung wiederholt eine rechtliche Minderstellung zugewiesen. Schon ihr sozialer Rang – ein erheblicher Anteil von ihnen bestand aus Sklaven oder Freigelassenen – wies sie den gesellschaftlichen Unterschichten zu. Somit waren durch den gesetzlich auferlegten Makel der *infamia* bestimmte Berufe wie z. B. Schauspieler in ihrer Ehre und Rechtsstellung benachteiligt und diskriminiert. In der späten Republik und im frühen Kaiserreich wurden den *scenici* gewisse Erleichterungen gewährt. Unter Ks. Konstantin setzte jedoch um 315 eine erneute Wende ein. Adel etwa sollte keine Ehe mit *scenici* anderen *infames* bzw. mit deren Töchtern eingehen. Die Tendenz der rechtlichen Diskriminierung hielt bis zum Ende des Röm. Reiches an. Auch im *Corpus Iuris Civilis* wurde dem *mimus* eine geminderte Rechtsstellung zugeschrieben, und er konnte dadurch vom Erbe ausgeschlossen werden (6, nov. 115, c. 3, § 10). Die schwere Last, welche die röm. Rechtstradition ebenso wie die Kirchenväter, Konzilien und Synoden den Musikanten, Sängern, Schauspielern und Tänzern auferlegten, sollte die Spielmänner das ganze MA hindurch bedrücken. So schloß Ks. Ludwig der Fromme am Beginn des 9. Jh.s alle übel beleumundeten Personen – insbesondere auch die Spielmänner – vom kaiserlichen Gericht aus: ‚darunter insbesondere Spielleute, Possenreißer, Hanswurste, Beischläfer, ferner auch keine Abkömmlinge schandbarer Frauen, Leibeigenen und Verbrecher' (4, 324).

Wiederholt ist in den → Kapitularien der MZ und KaZ des 7.–9. Jh.s, die Rede von vagabundierenden Leuten (12, 173 ff.). So wurde auch verboten, daß Bf., Äbte und Äbtissinnen Hundemeuten und Jagdfalken sowie *joculatores,* Spielleute, halten. Auch Alcuin aus dem engsten Umkreis → Karls des Großen verweist darauf, daß es verdienstvoller sei, sich um die Armen, statt um die Spielmänner zu kümmern (12, 177 f.).

§ 5. Tanz und Frauen. S., → Tanz und Frauen sind untrennbar miteinander verbunden und somit nach Vorgabe von Kirchenvätern und frühchristl. Konzilien dem kirchlichen Verdikt bes. intensiv ausgesetzt. Lactantius warnte um 304/311 vor den Gefahren des Tanzes: ‚Was die schamlosen Gebärden der Schauspieler angeht, mit denen sie liederliche Weiber nachäffen – sie lehren doch geradezu die Lüste, die sie im Tanze darstellen!' (7, VI, 20). Salome, die Tochter des Kg.s Herodes Antipas, wurde in Texten sowie bildlich und plastisch zum negativen Vorbild der Jongleresse stilisiert (13). In der christl. Morallehre sah sich nicht nur das *spilwip,* die *jongleresse,* als ‚Schwester' der Salome diskriminiert, sondern auch mit der *meretrix,* der Hure, gleichgesetzt. Schon Augustinus hatte *meretrices et histriones* als Begriffspaar festgelegt. Die Theologen des MAs übernahmen mit dieser diffamierenden Sprachregelung auch das Urteil. Insbesondere Priester sollten sich vor der Sittenlosigkeit und den heidn. Gebräuchen bei weltlichen Festen in Acht nehmen. V. a. sei es untersagt, daß Tänzerinnen, nach Art der Tochter des Herodias, vor ihnen schändliche Spiele aufführten (12, 226 ff.). Die Frau war im MA hinsichtlich ihrer moralischen Bewertung stets in einer sehr gefährdeten Position. In der vehementen Verurteilung der Jongleresse kristallisierten sich zugleich die Verdammung des S.s und die Abwertung der Frau durch die Kirche (→ Frau § 14).

Qu.: (1) Alkvini sive Albini Epistolae, hrsg. von E. Dümmler, MGH Epp. 4, 1895. (2) Augustinus. De fide et operibus. Migne PL 40. (3) Beowulf. Ein ae. Heldenepos, hrsg. und übs. von M. Lehnert, 1986. (4) Capitularia regum francorum, hrsg. von G. H. Pertz, MGH LL 1, 1835. (5) Isidori Hispalensis Episcopi Etymologiarium sive Originum Libri XX, hrsg. von W. M. Lindsay, 1911. (6) Iustiniani Augusti digestorum seu pandectarum Cod. Florentinus phototypice expressus, hrsg. von P. Krüger, 1902–1910. (7) Lactantius, Divinae institutiones. Migne PL 6. (8) Tertullian, De spectaculis/Über die Spiele. Lat./Dt., 1988.

Lit.: (9) J. Brandhorst, B.-U. Hergemöller, Spielleute. Vaganten und Künstler, in: B.-U. Hergemöller (Hrsg.), Randgruppen in der spätma. Ges., 2001, 173–197 (Qu. und Lit. 195–197). (10) E. Faral, Les jongleurs en France au MA, 1910. (11) W. Hartung, Gesellschaftliche Randgruppen im Spät-MA. Phänomen und Begriff, in: B. Kirchgässner, F. Reuter (Hrsg.), Städtische Randgruppen und Minderheiten, 1986, 49–114. (12) W. Hartung, Die Spielleute im MA. Gaukler, Dichter, Musikanten, 2003 (Qu. 325–331; Lit. 332–340). (13) T. Hausmann, Die tanzende Salome in der Kunst von der christl. Frühzeit bis um 1500, 1980. (14) H. Reich, Der Mimus 1, 1903. (15) A. Schreier-Hornung, Spielleute, Fahrende, Außenseiter. Künstler der ma. Welt, 1981.

W. Hartung

Stiftergrab

I. Begrifflich
§ 1: Definition – § 2: S. und Eigenkirche – § 3: Gründergrab

II. Archäologisch
§ 4: Frühmittelalter – a. Befundproblematik – b. Bestattungsformen – c. Lage – d. Beigaben – e. Personengruppen – § 5: Merowingerzeit – a. Institutionalisierung – b. Nobilifizierung – § 6: Karolingerzeit – § 7: Hoch- und Spätmittelalter

I. Begrifflich

§ 1. Definition. Mit der hist. nicht überlieferten, rechtsgeschichtl. Wortschöpfung ‚Stiftergrab' wird ein in aller Regel an prominenter Stelle gelegener und mitunter auch optisch hervorgehobener Bestattungsplatz in einem christl. Sakralraum bezeichnet, der dessen Gründer oder Wohltäter vorbehalten ist (18, 27; 21). Das im MA und den nachfolgenden Per. sowohl von geistlichen als auch von weltlichen Eliten in Anspruch genommene Vorrecht auf ein S. legitimierte sich, in Abwandlung des ant. Stiftungsrechts (23; 98; 18, 31 f.; 20), aus dem sog. entgeltlichen Schenkungsprinzip (→ Schenkung § 2) von → Gabe und Gegengabe (20, 91 f.; 56, 79–82), mit dem das generell bestehende, kirchenrechtliche Verbot der Bestattung im Kirchengebäude durchbrochen werden konnte (62; 56). In den arch. Wortschatz gelangte der Begriff ‚Stiftergrab' erstmals durch Paul → Reinecke (102) zur Umschreibung beigabenführender, in Kirchennähe befindlicher Gräber des späten 7. und frühen 8. Jh.s im alam.-bajuwarischen Raum (22; 51, 141 f.; vgl. 67, 21–26; 24, 201–204). Wie für den Begriff → Adel bleibt bis heute jedoch umstritten, ob und inwieweit die ‚institutionalisierte' Bestattungsform des ma. S.es auch auf frühma. Rechtsverhältnisse zurückprojeziert werden darf. In der jüng. Lit. wurde inzw. wiederholt auf die begriffliche Problematik hingewiesen (27, 273 f.; 30, 447; 56, 84–86; 106, 5 f.), dennoch überwiegt auch in neueren arch. Arbeiten (123, 393–400; 48, 124. 127; 63, 101; 118, 136 f.; 25, 183; 2, 136 f.) und selbst in hist. Überblickswerken (66, 291) nach wie vor die Verwendung als wenig reflektierter *terminus technicus,* unter welchem reich ausgestattete merowingerzeitliche Kirchengräber subsumiert werden.

§ 2. S. und Eigenkirche. Seit den Ausführungen von Goessler zur Beziehung zw. spätmerow. Kriegergrab und Martinskirche von → Pfullingen: (49; 50; 114, 25) ist das S. – als vermeintlich ausschließlich dem Kirchenbesitzerkreis vorbehaltener Bestattungsplatz – forschungsgeschichtl. aufs engste mit dem Phänomen der → Eigenkirche verbunden (18, 28–30; 24, 194–197). Borgolte wies jedoch in den 1980er J. von hist. Seite aus nach, daß das Begriffspaar „Stiftergrab und Eigenkirche" (vgl. 86, 73; 87, 59; 121, 170; 105, 25 f.) eine „originär arch. Gedankenverbindung" darstellt (18, 29; 106, 5), die zwei besitzrechtlich im Widerspruch zueinander stehende Erscheinungen miteinander verknüpft (18, 31; vgl. auch 123, 396). Zwar lag sowohl der Bestattung in einer Eigenkirche als auch dem S. in der „Verbindung von Kult- und Begräbnisstätte" (62, 45) das für die Gedächtniskultur der ma. Eliten charakteristische Prinzip der sog. *Memoria* zugrunde (91; 92; 100), mit dem die Sicherung des Seelenheils und das Gebetsgedenken für die Verstorbenen gewährleistet werden sollte (18, 37; 112, 141 f.; 130, 474; 90, 36 f.). Im Gegensatz zur Eigenkirche mit der uneingeschränkten Verfügungsgewalt ihres Besitzers (103) umfaßt die Stiftung aber nur den Anspruch auf das S. in der Kirche, nicht jedoch auch den rechtlichen Zugriff auf das Gotteshaus. „Eigenkirchliche Stiftergräber" (96, 174), stellen somit ein besitzrechtliches Paradoxon dar, das als wiss. Konstruktion zu verwerfen ist.

§ 3. Gründergrab. Auch der von Borgolte stammende Vorschlag, den erstmals von Ament (3, 168) für die ältesten Bestattungen eines Gräberfeldes verwendeten Begriff ‚Gründergrab' auch auf die sonst als S.

angesprochenen Kirchengräber anzuwenden (18, 31), der seither in einigen Fällen aufgegriffen wurde (24, 207; 124, 113; 106, 6; 131, 21; 29, 277), erweist sich bei genauerer Betrachtung als nicht weniger problematisch. Zum einen wird in den meisten Fällen nur von einem einzigen Stifter ausgegangen, der die gesamte Kirche gestiftet hat, doch kann eine Stiftung, die zur Bestattung im Kirchengebäude berechtigt, durchaus auch nur einen Teil der Kirche, z. B. den Altar oder sonstige Bestandteile der sakralen Inneneinrichtung, umfassen (56, 85). Zum anderen suggeriert der Begriff ‚Gründergrab', daß die ältesten Gräber in einem Kirchengebäude zwangsläufig im unmittelbaren Bezug zu dessen Errichtung stehen, obgleich eine Kirche zuvor durchaus auch von anderen als den später darin bestatteten Personen gegründet worden sein kann.

II. Archäologisch

§ 4. Frühmittelalter. a. Befundproblematik. Ungeachtet des berechtigten Einwandes, ob und inwieweit einem arch. Sachbefund überhaupt eine Aussage primär rechtsgeschichtl. Charakters abgewonnen werden kann (43, 570), widmete sich die in der arch. Forsch. geführte Diskussion um den Begriff S. stets der Frage, welche im Zusammenhang mit einem Kirchenbau stehenden Sepulturen der MZ und frühen KaZ mit diesem Prädikat versehen werden dürfen (42, 6 f.; 43, 570–574; 58, 50–52; 105, 25 f.; vgl. auch 109, 464–468). Die arch. Nachweisbarkeit sowohl von Stifter- als auch von Gründergräbern im engeren Sinne ist jedoch nicht nur in rechtsgeschichtl. Hinsicht, sondern bereits schon aus methodischen Gründen problematisch, weil nur sehr wenige der inzw. in großer Zahl vorliegenden Beispiele eine für diese Diskussion geeignete Befundsituation aufweisen (Abb. 1).

b. Bestattungsformen. ‚Sekundäre' Kirchengräber. Gräber von Bestattungsplätzen, die erst nachträglich von einer Kirche überbaut wurden, wie z. B. im Fall von St. Martin in Dunningen (11, 19. 20 Abb. 1,1–2. 22; 12, 34. 68 Taf. 4; 13, 530 Abb. 105; 15, 102 Abb. 15; 45, 48 Abb. 8; 56, 132 Abb. 19 B; 28, 194 f. Kat.-Nr. 23), → Niedenstein-Kirchberg oder Aschheim St. Peter und Paul (36, 62–66 bes. 64 Abb. 11 mit Beil. 1; 48, 121; 13, 476 Abb. 59; 56, 98 Abb. 10; 28, 184 Kat.-Nr. 6) dürfen schon aus Gründen der zeitlichen Abfolge weder als S. noch als Gründergrab bezeichnet werden (43, 570; 18, 27). Gleiches gilt auch für das außerhalb einer Kirche gelegene, wohl nur aufgrund seiner Beigaben als S. bezeichnete, sog. ‚Reitergrab' von Spiez (85, 70 Abb. 28 A 1; 86, 73 Abb. 134; 87, 60 Abb. 10,4; 118, 137 Abb. 5,4; 63, 104 Abb. 100,2; 13, 504 Abb. 86). Böhme hat derartige Bestattungen, die mittlerweile in einer größeren Zahl von Beispielen bekannt sind (71, Liste 31; vgl. auch 1, 30–33) als „sekundäre Kirchengräber" bezeichnet (13, 400 Anm. 25). Möglicherweise stehen sie im Kontext eines wie immer gearteten, im Bereich von → Ahnenglaube und Ahnenkult angesiedelten Kontinuitätsdenkens (→ Kontinuitätsprobleme § 9) wie er beispielsweise auch für Skand. mit den Befunden von → Hørning und → Jelling belegt ist.

Arkosolia. Die erstmals von Theune-Großkopf zusammengestellten, nach dem Vorbild spätant. Arkosolgräber durch eine Nische in den Kirchengrundriß einbezogenen Beispiele (129, 286–289), die einen engen Bezug zw. Kirchenbau und Grablege erkennen lassen, werden demgegenüber als eindeutigste Belege für frühma. Stiftergräber erachtet. Die an der s. Außenwand der Kirche von → Zofingen (Kant. Aargau) St. Mauritius angebaute Grabkammer wurde erst nach Errichtung der Kirche angelegt (Abb. 1,7), allerdings dürfte der zeitliche Abstand nicht sehr groß gewesen sein (129, 292). Doch schon der Befund von Lyss (118, 137 Abb. 5,7; 129, 288 mit 287

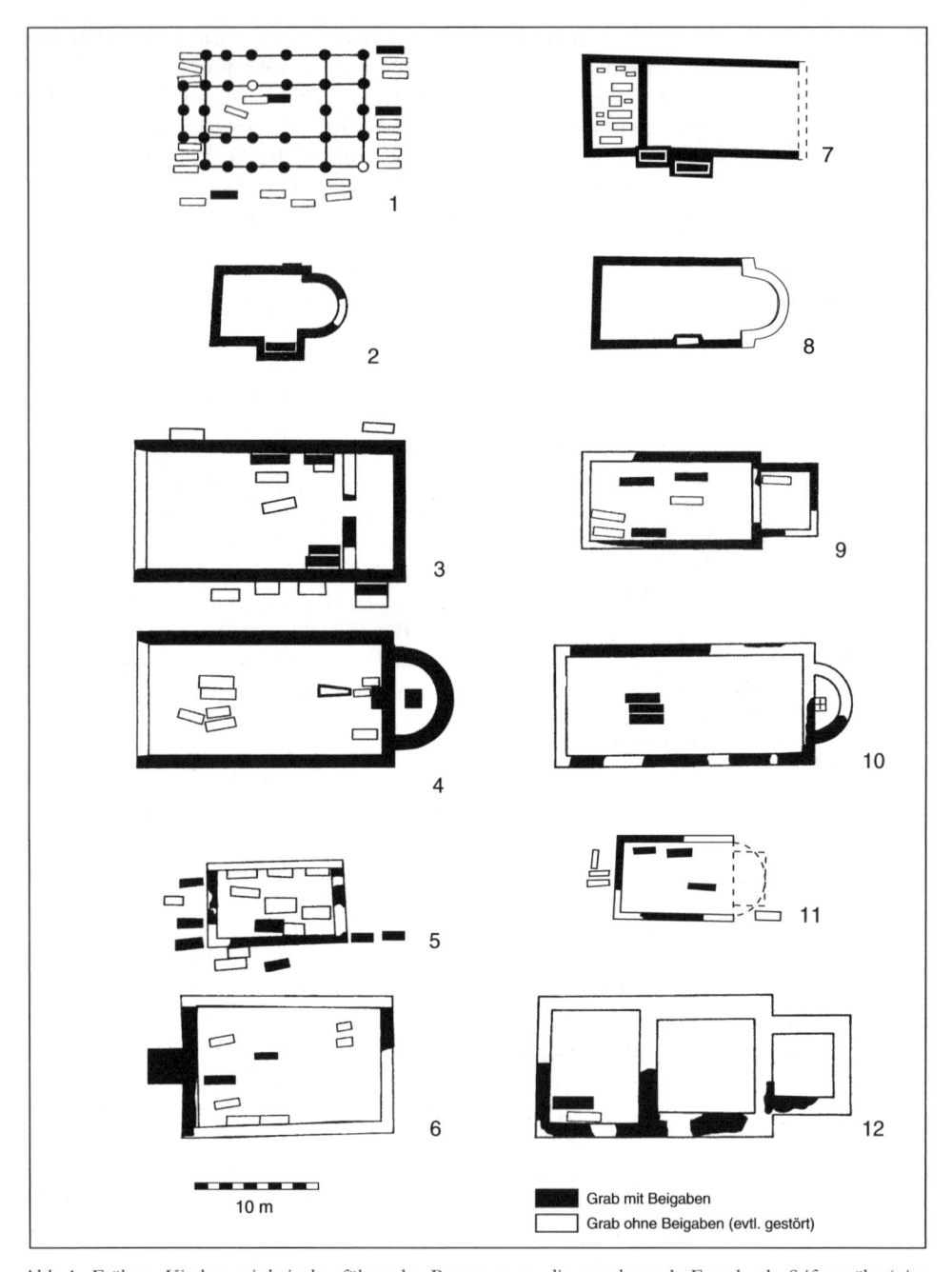

Abb. 1. Frühma. Kirchen mit beigabenführenden Bestattungen, die von der arch. Forsch. als ‚Stiftergräber' tituliert werden: 1 Brenz I, Ende 6./Anfang 7. Jh.; 2 Spiez-Einigen I, Ende 7. Jh.; 3 Lahr-Burgheim I, Ende 7. Jh.; 4 Lahr-Burgheim II, 8. Jh.; 5 Kirchdorf II, 7. Jh.; 6 Kirchdorf III, 8. Jh.; 7 Zofingen, 7. Jh.; 8 Lyss, 7./8. Jh.; 9 Schöftland I, 7. Jh.; 10 Tuggen I, 7. Jh.; 11 Schleitheim I, 7. Jh.; 12 Baar II, um 700

Abb. 4,5; 63, 104 Abb. 100,1), wo die Anlage eines Nischengrabes zwar zum urspr. Bauplan der Kirche gehörte, aber ein ält., vorkirchenzeitliches Grab einschloß (Abb. 1,8), zeigt, daß auch hier kein S. im eigtl. Sinne vorliegt. Gleiches gilt auch für den in der Lit. als Paradebeispiel herangezogenen Befund von Spiez-Einigen (Abb. 1, 2) (121, 168 Abb. 25; 43, 571 Abb. 9; 85, 70 Abb. 28 A 2; 86, 73 Abb. 132; 87, 60 Abb. 10, 1; 118, 137 Abb. 5,5; 13, 504 Abb. 85; 63, 104 Abb. 100,3), da auch hier letztlich kein stratigr. Beleg dafür existiert, daß die an der Kirchensüdmauer befindliche Grabnische nicht für eine bereits lange vor Errichtung der Kirche angelegte Bestattung gebaut worden war (43, 571; 129, 292).

In diesen und in vielen weiteren Fällen läßt sich allerdings auch nicht ausschließen, daß die Gräber ält., nicht erkannten oder arch. nicht nachgewiesenen Holzkirchen gehört haben (43, 573; 14, 484 Anm. 15). Bis heute umstritten bleibt diesbezüglich etwa die Bestattung des sog. Herrn von → Morken aus dem ausgehenden 6. Jh. (vgl. 106, 4 f.), während das ungefähr zeitgleiche, sog. ‚Grab des Kriegers' in der Martinskirche von Brigachtal-Kirchdorf (71, 271 f. Abb. 138–139), das aufgrund seiner Lage unter der S-Wand der ersten nachgewiesenen Steinkirche bisher als absichtlich überbaute, vorkirchenzeitliche Bestattung interpretiert wurde (130, 476), sich inzw. als zu einem hölzernen Vorläuferbau (Kirchdorf I) gehörendes Kirchengrab erwiesen hat (56, 156; 70, 174).

c. Lage. Neben der unmittelbaren zeitlichen und baulichen Beziehung zw. Bestattung und Kirchengebäude gilt auch das Kriterium der prominenten Lage als bes. signifikantes Merkmal für die vorgeblich sichere Identifikation eines S.es (121, 170 f.; 43, 570 f.; 24, 198 f.; 93, 334; 56, 84;). Moosbrugger-Leu unterschied die als S. anzusprechenden Bestattungen in eine Gruppe A mit Gräbern an der s. Kirchenwand sowie eine Gruppe B, deren Gräber sich durch eine auf die Mittelachse des Kirchenraums ausgerichtete Lage auszeichnen (85). Die arch. Forsch. ist diesem Auswahlprinzip bis in die jüngste Zeit weitgehend übereinstimmend gefolgt (86, 73 Abb. 132–134; 87, 60 Abb. 10; 33, 116 Abb. 93; 46, 54 Abb. 20; 63, 104 Abb. 100), neuere Grabungs- und Unters.sergebnisse relativieren jedoch diese Faustregel als zu pauschale Eingrenzung. Auch die Lage eines S.es unterstand der „Hierarchie der Grabplätze" (58, 51 f.; 18, 37; 44, 24) innerhalb eines Kirchenbaus, die, der zeitspezifischen Entwicklung gesellschaftlicher und relig. Normen entspr., auch vom Alter und Geschlecht der bestatteten Personen abhängig sein konnte (24, 256–259; 111, 105–107; 112, 144–146; 113, 206–210). Zwar galt die S-Seite gemäß des in den Sakralraum gespiegelten Domizils Christi „zur rechten Gottes" (Kol 3,1) von jeher zu den bevorzugtesten Bestattungsplätzen im Kircheninneren (71 Liste 30 A). Reich ausgestattete Gräber, die als potenzielle Gründer- bzw. Stiftergräber in Frage kommen, sind jedoch ebenso entlang der N-Wand einer Kirche zu finden, insbesondere wenn es sich, wie die Beispiele von Schleitheim Grab 30 (9; 13, 532 Abb. 106; 56, 114 Abb. 15; 29, 277 Abb. 1) und Lahr-Burgheim Grab 10 (70, 169 f. Abb. 2–3; 71a, 100–112) verdeutlichen, um die letzte Ruhestätte von Frauen handelte, die trotz hoher sozialer Position in theol. Hinsicht dem Rang eines Mannes nachgeordnet waren. Wichtiger noch als die bevorzugte Lage entlang der Kirchenmauern war in vielen Fällen die mit dem Begriff *ad sanctos,* also ‚bei den Heiligen' bezeichnete Bestattung in der Nähe zum Altar bzw. den darin aufbewahrten Reliquien, die tendenziell v. a. den besonderer Fürsorge bedürfenden Beisetzungen von Kindern zuteil kam, wie z. B. in Lahr-Burgheim II (Abb. 1,4; 71a, 78 Abb. 61) und Kirchdorf III (Abb. 1,6). Auch die mit der Bezeichnung *in medio ecclesiae* umschriebene

Lage eines Grabes auf der Mittelachse der Kirche (92a; 71 Liste 30 B) besaß eine höhere relig. und gesellschaftliche Wertschätzung, wenn es sich in größtmöglicher Nähe zum Altarraum befand, wie im Fall des als S. anzusprechenden, trapezförmigen Sarkophages in Lahr-Burgheim II (Abb. 1,4) (44, 26 f.; 70, 170; 71 Taf. 15; 71a, 119–123). Das S. von Hettlingen (139, 235–238 mit 231 Plan 2; 82, 286 Abb. 7) sowie die *in medio ecclesiae* im W-Teil der Kirche angetroffene Dreifachbestattung von Tuggen (Abb. 1,10) (40; 86, 73 Abb. 133; 87, 60 Abb. 10,2; 118, 137 Abb. 5,3; 13, 470 Abb. 50; 63, 104 Abb. 100, 5; 56, 205 Abb. 38), die allerdings nicht ganz über den Verdacht erhaben ist, eine ält., nachträglich in den Kirchenbau integrierte Grablege zu sein (vgl. § 4b), illustrieren dagegen die erst zu Beginn des 8. Jh.s aufkommende Tendenz zur Bestattung im W-Teil des Kirchengebäudes, wie sie etwa auch für die Gräber zu Lahr-Burgheim II (Abb. 1,4; 71a, 76–78) und Kirchdorf III (Abb. 1,6) belegt sind (71). Die Bestattung *in porticu ecclesiae*, d. h. im Portalbereich bzw. im W-Teil einer Kirche als Symbol für die Pforten des Himmels, galt als Zeichen frommer Demut in Erwartung des jüngsten Gerichts (6, bes. 72–76). Der erste christl. Ks. Konstantin wurde in der Vorhalle der Apostelkirche in Konstantinopel begraben (Eusebius, De vita Constantini l. IV c. 70); der hl. Chrysostomus nennt ihn dort ‚der Kirche Türhüter‘ (Chrysostomus in Homil 26 in epist. II ad Corinthios; vgl. 62, 454). Nach dem Vorbild Kg. Pippins, dessen Wunsch die Bestattung *in introitu* von Saint Denis war (6, 76; 111, 107; 112, 146; 113, 208) wechselte dieser bevorzugte Bestattungsplatz im Kircheninneren die vorangegangenen als neue, den Frömmigkeitsvorstellungen der KaZ angepaßte letzte Ruhestätte ranghoher Personenkreise ab (71 Liste 30 D). Mitunter wurde hierzu eigens ein zusätzlicher Anbau (Narthex) an den urspr. W-Abschluß der Kirche angefügt, wie z. B. bei den Kirchen von Baar (Abb. 1,12) (119, 12 f. Taf. 3,1–2; 120, 20 f.; 59) und → Zofingen (Abb. 1,7).

Äußerst selten und in Anbetracht der sakralen Bedeutung dieses Platzes am ehesten als S. anzusprechen sind auch Bestattungen im Chor (71 Liste 30 C), wie sie etwa für die Kirchen von Messen (87, 60 Abb. 10,3; 79a, 124 Abb. 50; 13, 503 Abb. 84) und Laupersdorf (79a, 125 Abb. 52; 13, 439 Abb. 28; 28, 212; 41a, 328) belegt sind.

d. Beigaben. Zur Lage und Bestattungsform gesellt sich in den meisten Fällen auch der Beigabenreichtum als maßgebliches Kriterium für die Ansprache eines frühma. Kirchengrabes als S. So scheinen einzelne Bestattungen, die *in medio ecclesiae* auf der Kirchenachse angelegt wurden, zwar den eindeutigsten Beleg für ein S. darzustellen (121, 170; 24, 198), insbesondere wenn sie eine reiche Beigabenausstattung aufweisen, mit der sie sich auch datieren lassen. Deren ‚Einzigartigkeit‘ relativiert sich allerdings nicht selten in der Zusammenschau aller in der jeweiligen Kirche entdeckten Gräber (vgl. 111, 106 Abb. 10; 112, 145 Abb. 16; 113, 209 Abb. 9), wie bereits Steuer betont hat (123, 399). Das reiche Frauengrab in der reformierten Pfarrkirche von → Bülach, Kant. Zürich (38; 87, 59 Abb. 9; 13, 468 Abb. 49; 4, 77 Abb. 6; 56, 114 Abb. 15), das ‚Grab eines wohlhabenden Alam.‘ in der Martinskirche von Altdorf, Kant. Uri (76, 84 Abb. 1), das Frauengrab 48 in der Pfarrkirche St. Martin von Schwyz (79) oder die Bestattungen von → Schöftland (Abb. 1,9) beispielsweise wirken nur deswegen wie die herausragenden Sepulturen von Kirchenstiftern bzw. -gründern, weil ihnen gegenüber zahlreichen beigabenlosen oder gestörten Bestattungen, die an nicht weniger prominenterer Stelle im Kirchenraum lagen, mehr Aufmerksamkeit bei der arch. Auswertung zuteil wurde. Gleiches gilt auch für außerhalb der Kirche angetroffene Bestattungen wie das bereits erwähnte, sog. ‚Reitergrab‘ von

Spiez (86, 74; 121, 172) oder das ‚Kriegergrab' von Pfullingen (130, 478 f.), die lediglich aufgrund Ihrer Waffenausstattung als S. angesprochen wurden.

e. Personengruppen. Aufs engste verbunden mit der Interpretation beigabenführender Grabinventare ist auch die Frage nach dem sozialen Rang der in frühma. Kirchen bestatteten Personen. Ohne Frage ist die Bestattung im Kirchengebäude als privilegierte Grabstätte anzusehen (110, 461–463; 112, 146), doch ist die daraus gewonnene Schlußfolgerung, derzufolge sich „die Träger der kircheninternen Bestattung [...] als Angehörige einer Adelsschicht zu erkennen geben" (27, 274), eine methodisch unzulässige Gleichsetzung der sozialen Stellung mit dem Rechtsstatus einer in einem Kirchengrab beigesetzten Person (vgl. 123, 393 und 399). Ebenso unzutreffend ist die Prämisse, daß mit der bevorzugten Lage bestimmter Kirchengräber stets ein Personenkreis gekennzeichnet ist, „der am Bau und an der Erhaltung der Kirche maßgeblich beteiligt war" (121, 171). Beiden Postulaten ist beispielsweise die Ansicht von Christlein entgegenzusetzen, der in den beigabenlosen Kirchengräbern des alam.-bajuwarischen Raumes die Bestattungen von Klerikern vermutete (32, 593; vgl. auch 112, 148). Christleins Ausführungen entstanden zwar zu einem Zeitpunkt, an dem die meisten von ihm als Beispiele angeführten Kirchen noch in Vorberichten vorlagen und keine anthrop. Unters. stattfanden, so daß sich unter den beigabenlosen Bestattungen auch Personen weiblichen Geschlechts befunden haben könnten. Neben diesbezüglich eindeutigeren, beigabenlosen Belegen, wie dem Grab des hl. Bf.s Erhard im Niedermünster zu → Regensburg (116; 117) findet Christleins Vermutung aber inzw. auch durch solche Kirchengräber ihre Bestätigung, die aufgrund charakteristischer Beigaben (Krummstäbe, Schreibbestecke: 99, 616–620; 45, 51) sowie insbesondere durch Kleidungsbestandteile wie die unterschiedlich interpretierten Knochen- und Reliquiarschnallen (8, 279–290; 80; 101; 104; s. auch → Danielschnallen; → Greifenschnallen) als Bestattungen des geistlichen Standes angesprochen werden (56, 77–79; 24, 416–422). Eine Knochenschnalle aus Vevey Saint-Martin Grab 659 mit der Bestattung einer im Alter von knapp 50 J. verstorbenen Frau (8, 275 Abb. 1) belegt allerdings, daß auch solche Beigaben nur im entspr. Befundkontext aussagekräftig sind. Demgegenüber können Sporen und Waffen, die landläufigerseits ein laikales ‚Adelsgrab' kennzeichnen, ebenso auch zur Grabausstattung eines ranghohen Klerikers gehört haben, wie Grab 1 der Abteikirche von Saint-Evre in Toul illustriert, das aufgrund eines goldenen Monogrammfingerringes (→ Fingerring; → Namenring) als Bestattung von Endulus, dem dreizehnten Bf. von Toul (gest. 622) identifiziert worden ist (73; 24, 205 f.; 134, 1034). Während derartige Mitglieder der geistlichen, im städtischen Gesellschaftsmilieu des frühen MAs angesiedelten Führungsspitzen ohne Frage als Stifter und Gründer von Kirchen auftraten, bleibt ein solches Wirkungsfeld für den ländlichen Klerus in den rechtsrhein. Gebieten des frk. Reiches aufgrund der mangelhaften Überlieferung zu dessen Rechtsstatus umstritten. Für einen Kleriker, dessen Bestattung in der Martinskirche von Brigachtal-Kirchdorf (Grab 19) entdeckt worden ist (70, 174 Abb. 6), wäre es beispielsweise denkbar, daß er zu Lebzeiten lediglich als ‚Abgesandter' eines linksrhein. Konventes oder aber als – leibeigener? – ‚Angestellter' des Eigenkirchenherren an der dortigen Kirche tätig war und deshalb auch in auffälliger räumlicher Distanz sö. außerhalb des entspr. Sakralbaus (Kirchdorf II) beigesetzt wurde. Theoretisch können frühma. Kleriker im ländlichen Raum auch als Eigenkirchenherren in ihrem familiären Umfeld bestattet worden sein und die von ihnen gegründeten Kirchen bis zur stringenteren Durchsetzung des Zölibates (vgl. 103, bes. 139 bzw. 264) sogar an ihre eigenen Nachkommen vererbt haben (123, 396). Ein arch. Nachweis hierfür ist gegenwärtig jedoch nicht möglich, da sich eine derartige in der Kirche bestattete Kirchengründerfamilie im Grabungsbefund durch nichts von den pauschal als ‚Adelsgräber' bezeichneten Kirchenbestattungen unterscheiden dürfte.

Sowohl die Bezeichnung S. als auch der von Borgolte ersatzweise vorgeschlagene Begriff des Gründergrabes erweist sich für die arch. Befundinterpretation insbesondere auch dann als problematisch, wenn es sich bei den reichen, beigabenführenden Gräbern in prominenter Lage um die Bestattungen von Kindern handelt, denen sowohl aufgrund ihres Alters als auch ihrer rechtlichen Stellung in der frühma. Ges. (→ Kinder § 4) sicherlich keine selbstständige Besitzverfügung überlassen wurde. So sind etwa die in der NW-Ecke der ersten Vorgängerkirche des Frankfurter Doms (→ Frankfurt) angetroffene, überaus reich ausgestattete Beisetzung eines 4–5 J. alten Mädchens (Grab 95) aus der 2. Hälfte des 7. Jh.s (Böhme; 52, 112–179 bes. 177 Abb. 125) oder die reichen Kindergräber von Stein am Rhein (78; 26, 206–220) allenfalls als die Bestattungen von Angehörigen der Stifter- bzw. Gründerfamilie, nicht jedoch selbst als S. zu bezeichnen.

Die vergleichsweise überschaubare Menge an Gräbern in den ländlichen Kirchen rechts des Rheins verleitet sehr schnell dazu, bestimmte Bestattungen als S. zu deklarieren. Weitaus schwieriger gestaltet sich dieses Unterfangen bei den *extra muros* der städtischen Zentren gelegenen Coemeterialkirchen spätröm. Ursprungs in den Gebieten links des Rheins (24, 210–233; → Xanten) sowie im Alpen- und Voralpenraum (→ Kirche und Kirchenbauten § 2). Bei solchen quasi als ‚überdachte Nekropolen' fungierenden Begräbniskirchen mit ihren zahllosen Bestattungen auf engstem Raum, wie sie bes. eindrucksvoll etwa durch den Befund von Sion ‚Sous-les-Scex', Kant. Wallis, repräsentiert werden (7), ist es nahezu unmöglich, ein bestimmtes Grab als das eines Stifters oder gar des Gründers zu identifizieren (vgl. 32, 593 f.).

Schließlich sollte auch berücksichtigt werden, daß Kirchen mit frühma. Bestattungen existiert haben können, unter denen sich weder ein S. noch ein Gründergrab befand (95, 123). V. a. der Kg. und die hochrangige Geistlichkeit konnten durchaus mehrere Kirchen gründen, aber nur in einer von ihnen bestattet werden, andererseits konnte ein Stifter das Begräbnis anderer Personen in seiner Kirche zulassen, auch wenn sie nicht zu seinen Angehörigen oder Erben gehörten (18, 34; 56, 85). Vor diesem Hintergrund sei etwa auf die zahlreichen, wenn auch nicht unumstrittenen Überlieferungen hingewiesen, in denen der Merowingerkg. → Dagobert I. als Kirchenstifter genannt wird (132), oder auf Kirchen mit dem sog. ‚Pertinenzpatrozinium' St. Martin, die insbesondere in SW-Deutschland sehr häufig auch frühma. Bestattungen aufweisen, bei denen es sich in diesem Fall wohl eher um die Gefolgsleute oder Amtsträger des Kg.s als um die Kirchenstifter und deren Familien gehandelt haben dürfte (123, 396).

§ 5. Merowingerzeit. a. Institutionalisierung. Zwar besteht nach wie vor kein Zweifel daran, daß zw. reich ausgestatteten, an besonderer Stelle im Kirchenraum gelegenen Gräbern und dem Kirchengebäude ein Kausalnexus besteht (97, 42), doch stellt sich die Frage, ob im alam.-bajuwarischen Raum für die MZ überhaupt mit Stiftergräbern gerechnet werden kann, da sowohl der rechtliche Status als auch das Beziehungsverhältnis der frühma. Kirchen und Kirchengräber in den ö. Gebieten des Merowingerreiches mangels entspr. Schriftqu. ungeklärt ist. Hinzu kommt, daß der Errichtung von frühen christl. Sakralbauten in aller Regel nicht die Absicht begründet lag, einen gottesdienstlichen Versammlungsraum für die Allgemeinheit zu stiften (90, 36; 15, 92). Häufig wurde das urspr. als privater Grab- und Memorialbau errichtete Gebäude erst im Zuge einer sog. ‚christl. Institutionalisierung' (70) zur Kirche umfunktioniert, so daß keinerlei unmittelbare Verbindung zw. den ältesten Gräbern und der späteren Nutzung des Bestattungsplatzes als Kirchengebäude bestehen muß (102a). Grundsätzlich wird deshalb davon ausgegangen, daß mit Bestattungen in und bei → Eigenkirchen tendenziell mehr in Regionen zu rechnen ist, in denen die Kirchenstruktur nicht, nicht mehr oder noch schlecht ausgeprägt war, wohingegen Kirchen mit S. vor allem in Landschaften zu finden sind, in denen neben intakten Kirchenstrukturen auch seit der Spätant. weiterwirkende Rechts- und Stiftungstraditionen bestanden, wie z. B. in Churraetien (vgl. 65, 170 f.) oder Gallien (18, 31; 106, 6). Doch selbst die Vorgängerbauten der im Gebiet der heutigen Schweiz recht häufig anzutreffenden Kirchen auf röm. Grundmauern (41a), die als Kontinuitätsindizien für eine indigen-roman. Weiterbesiedlung der Villenareale im Früh-MA gedeutet wurden (79a, 119–129), müssen, wie die entwicklungsgeschichtl. ält. *Cellae Memoriae* (1, 26–29; 2, 69–73. 435 f. mit 437 Typentaf. 1; 69), in erster Instanz als Sakralbauten angesehen werden, denen primär eine Funeralfunktion zukam (82, 287; s. auch 7, 132–138). Im Gegensatz zu den jüng. Epochen gilt für die MZ daher nach wie vor die Einschätzung Fehrings, daß es vorläufig „nicht einen einzigen wirklich sicheren archäologischen Beleg für ein Stiftergrab gibt" (43, 573; 18, 27).

b. Nobilifizierung. Seit den Studien Christleins zur qualitativen Klassifizierung reich ausgestatteter Gräber (33, 83–94) besteht in der arch Forsch. der Konsens, das merowingerzeitliche Stiftergräber und Eigenkirchen Erscheinungen eines mit dem Schlagwort ‚Nobilifizierung' (33, 91; 11, 27) versehenen Prozesses sind (87, 59–62; 13; 14; 25, 169 f.; 26, 229–232; 27, 275; 28; 29, 278; 81, 301; 112, 146. 148; vgl. auch 123, 399 f.), bei der die Kirchengräber zusammen mit den übrigen repräsentativen Sepulkralformen der späten und ausgehenden MZ, den Grabhügeln (128; → Hügelgrab) und sog. ‚Separatgrablegen' bzw. -friedhöfen (56, 65 f.; 136), sowie den Hofgrablegen (56, 66–69; 60, 170–172; 61, 34–37; vgl. → Lauchheim; → Kirchheim S. 571 f., Kirchheim bei München) als arch. Beleg für einen sozial und rechtlich bedingten Separierungsprozess im Zuge der Entstehung des frühma. Adels erachtet werden (s. auch 111, 107 f.; 113, 210 f.; 15, 76–97; 66, 290–292; 124, 111–116). Die damit einhergehende Verbreitung der kircheninternen Bestattungssitte im Verlauf des 6.–8. Jh.s von West nach Ost (13, 433 Abb. 25. 455 Abb. 42. 495 Abb. 77. 518 Abb. 98. 520 Abb. 99; 14, 480 Abb. 1. 483 Abb. 2. 485 Abb. 3. 487 Abb. 4; 15, 81 Abb. 3; 26, 231 Abb. 187–190; 45, 47 Abb. 35; 56, 18 f. Abb. 1–5) wird in diesem Zusammenhang als Beleg für einen „zielgerichteten und wahrscheinlich gelenkten Prozess" (26, 232; 30, 451 f.) im Zuge der als ‚fränkischer Landesausbau' bezeichneten, herrschaftlichen Erfassung der ö. Gebiete des Merowingerreiches unter → Chlothar II. und → Dagobert I. gedeutet, die sowohl die polit. als auch die kirchliche Eingliederung zum Ziel hatte, mit der durch die Entsendung von Amtsträgern zugleich auch ein Zuzug von sozial hochstehenden Personen aus den Kerngebieten des frk. Reiches erfolgte (67, 22 f.; 27, 274; 99, 634–639; 76, 118–121; 45, 45; 135, 159–162; 25, 178–181; 66, 259–277; 30, 439. 447–452; s. auch → Schweiz § 3b). Außerdem werden S. und Grabhügelnekropolen zumeist als ‚komplementäre Erscheinungen' erachtet, in denen sich zwar unterschiedliche relig. Vorstellungen manifestieren, die in ihrem sozialgeschichtl.

Kontext aber „als Ausdruck gleichgerichteter Tendenzen zu werten sind" (67, 21 f.).

Die von der hist. Forsch. nur sehr zögerlich in Frage gestellte (66, 295; 67, 16 f. 23–26) und zuletzt lediglich von Hassenpflug (56, 15–17) kritisch bewertete, arch. Nobifizierungstheorie ist unverkennbar von der von Walter → Schlesinger begründeten, hist. Vorstellung der „Entwicklung einer frühmittelalterlichen Adelsherrschaft" geprägt (87, 68–73), die zugleich aufs engste mit den Ansichten der ält. landesgeschichtl. Forsch. (H. Dannenbauer) korrespondiert. Letztere sah in der Verbreitung von Kirchen mit Martinspatrozinien und ON der jüng. ON-Schicht mit schematischem Präfix und einer Endung auf -heim und -dorf (z. B. Westheim, Kirchdorf) ebenfalls Belege für eine zentral gesteuerte frk. Erfassung der Gebiete rechts des Rheins, mit der auch die Anlage von milit. Stützpunkten (sog. Hundertschaftsplätzen [→ Hundertschaft]) im Bereich seit alters genutzter Verkehrswege einherging, die zum Ausgangspunkt der Christianisierung wurden (34).

Zwar erfolgte das Aufkommen von Kirchen und Kirchengräbern in den ö. Gebieten des frk. Reiches ohne Frage nach dem unmittelbaren Vorbild der kgl. Grablegen der Merowinger (72; 88, 352–358; 24, 264–274; 68; 94; 122; 56, 69–72; 100, 81–84), denn bereits → Chlodwig und seine Gemahlin Genovefa wurden in Paris *in sacrario basilicae s. Petri* (Gregor, Hist. Franc. IV, 1, S. 135) bestattet, die zuvor auf Geheiß des Paares erbaut worden war (62, 454; 6, 76). Ob diese Nachahmung aber als arch. Beleg eines zielgerichteten polit. Programmes der ‚fränkischen Erfassung' gewertet werden darf, ist eher fraglich. Auffälligerweise treten nämlich sowohl die Kirchen und die darin befindlichen Kirchengräber als auch die Grabhügelnekropolen und Separatfriedhöfe verstärkt erst in einer Zeit auf, in der die machtpolit. Entwicklung des frk. Reiches bereits im Zeichen des Dynastiewechsels von den Merowingern zu den Karolingern steht (138, 19–29; 126, 214 f.). Sie ist gleichzeitig auch von einem gewaltigen soziokulturellen und relig.-institutionellen Wandel geprägt, bei dem sich die offene Ranggees. des merow. Personenverbandstaates zur frühstaatlichen Standesges. entwickelt (125; 126) und die im Entstehen begriffene Grundherrschafts- und Kirchenorganisation zu einer Siedlungskonzentration bei den Kirchen (60, 178–180; 115, 506–509 bes. 507 Abb. 35) sowie zu einem radikalen, als „langer Weg zum Kirchhof" (130) skizzierten Bruch mit den traditionellen Bestattungsformen führt (46). Das parallele zeitliche und räumliche Nebeneinander von Kirchengräbern, Grabhügeln und sog. Separatfriedhöfen kennzeichnet den Beginn dieser gewaltigen gesellschaftlichen Veränderungen, in denen es im sozialen Wettstreit der Eliten von größter Wichtigkeit war, den erreichten gesellschaftlichen Rang über die Bestattungsform zu behaupten oder den Anspruch auf einen solchen zu demonstrieren (124, 116. 120). Die Bestattung im Kirchengebäude erwies sich gegenüber den anderen repräsentativen Grabformen im Zuge einer neuen Betonung der christl. Kultur des frk. Reiches als die nachhaltigste und zeitgemäßeste Möglichkeit, da sie die Demonstration gesellschaftlicher Ränge und polit. Herrschaft mit der für die Identität und das Selbstverständnis der sozialen Spitzengruppen erforderlichen, christl. Memorialvorsorge verband.

§ 6. Karolingerzeit. Die KaZ ist durch eine Konsolidierung des ländlichen Pfarreiwesens gekennzeichnet, die neben der Entstehung neuer Kirchen auch die Umfunktionierung der privaten Grabkirchen zu ‚öffentlichen' Gottesdiensträumen und deren Vergrößerung infolge des gestiegenen Raumanspruchs zur Folge hat (→ Kirche und Kirchenbauten § 5). Die damit einhergehende institutionelle Umwandlung des Eigenkirchenwesens in das Patronatsrecht (90) sowie die bereits von den spätant. Kirchenvätern geforderte, aber jetzt erst konsequenter befolgte, Einschränkung der laikalen Bestattung im Kircheninneren (62, 458; 131, 24; 56, 31–40; 55; 112, 143) bewirkt im Verlauf des 9. Jh.s zugleich einen merklichen Rückgang der Kirchengrablegen (111, 96. 102 f.; 112, 142; 113, 194. 202 f.). Einen nachhaltigen Beitrag hierzu leisten auch veränderte theol.-eschatologische Glaubensvorstellungen (5), bei denen sich die dem Kirchengrab zugrundeliegende Memorialpflege zunehmend auf andere Formen des Totengedächtnisses verlagert. An das Erfordernis der durch das S. repräsentierten, leiblichen Präsenz des Verstorbenen im Kirchengebäude tritt nun dessen Bildnis, wie etwa die beidseits der mittleren Altarnische angebrachten Wandfresken von St. Benedikt in → Mals eindrucksvoll illustrieren (Taf. 1a), sowie die Fürbitte im Gebet für die vom Körper abgeschiedene Seele, wie sie z. B. durch die mit umfangreichen Besitzschenkungen verbundenen Gedenkstiftungen in den → Sankt Galler Urk. (16) belegt sind. Das Grab in der Kirche wird dagegen ein Privileg, das nur noch höchsten geistlichen und weltlichen Würdenträgern im Karolingerreich vorbehalten ist. Insbesondere die Kirchen der verstärkt in jener Zeit aufkommenden Klöster entwickeln sich für diese Personengruppen zur bevorzugten letzten Ruhestätte (56, 72–76), wie etwa die Grabkirchen der Bischöfe von → Konstanz (17) oder die Bestattungen Graf Gerolds (Bruder von Königin Hildegard, der zweiten bzw. dritten Gemahlin Karls des Großen; † 1. September 799) und Karls III. („Der Dicke", 839–888) auf der → Reichenau belegen (137, 102–130), da hier zugleich auch eine kontinuierliche Pflege der Totenmemoria über die Fürbittgebete der Mönche gewährleistet ist.

§ 7. Hoch- und Spätmittelalter. Im hohen MA erlangte das S. durch die gesteigerte Bedeutung der kirchlichen Stiftung als zentraler Ausdruck ma. Frömmigkeit seinen besonderen Rang für den Herrschafts- und Repräsentationsanspruch der ma. Eliten zurück (111, 103 f.; 113, 206). Insbesondere das ma. Kaiser- und Königtum verband den kirchlichen Stiftungsgedanken mit dem hohen monarchischen Selbstverständnis, sowohl als Reichsregenten von Gottes Gnaden sowie als hervorragende Wohltäter der Kirche in doppelter Hinsicht ein Anrecht auf die Beisetzung in einer dem Gottesdienst geweihten Kirche zu besitzen (62, 455; 72; 84). In augenfälliger Weise wird dieser doppelte Anspruch auch über repräsentative Grabbildnisse verdeutlicht, die verstärkt seit dem ausgehenden 11. Jh. aufkommen (9a). Ein prominentes Beispiel hierfür ist etwa das Epitaph Heinrichs des Löwen (1129–1195) und seiner Gattin Mathilde (1156–1189) in der Braunschweiger Stiftskirche St. Blasius, der sowohl im Bildkanon des Stifterbildnisses von → Mals (Taf. 1a) (s. auch → Wandmalerei S. 225 mit Taf. 10a) mit einem Modell der gestifteten Kirche in der einen als auch als Landesherrscher mit königsgleicher Macht mit seinem Schwert in der anderen Hand dargestellt ist (9a, 108 Abb. 165; 75).

Nicht selten wurden ma. Stiftergräber auch zum Ausgangspunkt dynastischer Legitimation. Unter den herrschaftlichen Kirchengrablegen des europ. MAs besitzen diesbezüglich v. a. die noch im 19. und frühen 20. Jh. als „nationales Symbol" (100, 84–90) verehrten Gräber der → Salier im Dom zu Speyer eine besondere Bedeutung (41; 83; 84; 107, 716–723), „wo selbst jenen Trägern der Kaiserkrone, die einst gegen den Stellvertreter Christi auf Erden zu Felde gezogen und von ihm gebannt worden waren" (62, 467) ein ehrenvolles Begräbnis im Gotteshaus gewährt wurde. Daneben gestatteten kirchliche Verfügungen auch das Begräbnis adeliger Patronatsherren in der Kirche (62, 460), so daß insbesondere der ländliche Adel aus seinem Anspruch auf die Erblichkeit des Kirchenpatronats zugleich auch ein dauerhaftes Anrecht auf ein dem S. gleichgestelltes Begräbnis in der Kirche (sog. Erbbegräbnis) ableitete (vgl. etwa 133; 71a, 123–126).

Während des Spät-MAs führten veränderte Vorstellungen in der Tod- und Jenseitstheol. (sog. Lehre vom Fegefeuer) zu nachhaltigen Konsequenzen in der Bußpraxis, in deren Folge auch die kircheninterne Bestattungssitte erneut besondere Bedeutung erlangte, so daß nicht nur Angehörige des Klerus sowie adelige Patronatsherren und Stifter, sondern auch fromme Laien bürgerlichen Standes und deren Familien mit Genehmigung des zuständigen Bf.s ein Anrecht auf ein Begräbnis in der Kirche erhielten (111, 110–113; 113, 214–218 mit weiterer Lit.).

(1) C. Ahrens, Frühe Holzkirchen im n. Europa, 1982. (2) Ders., Die frühen Holzkirchen Europas, 2001. (3) H. Ament, Frk. Adelsgräber von Flonheim in Rheinhessen, 1970. (4) H. Amrein u. a., Neue Unters. zum Frauengrab des 7. Jh.s in der reformierten Kirche von Bülach (Kant. Zürich), ZAK 56, 1999, 73–114. (5) A. Angenendt, Theol. und Liturgie der ma. Toten-Memoria, in: [108], 79–199. (6) Ders., *In porticu ecclesiae sepultus*. Ein Beispiel von himmlisch-irdischer Spiegelung, in: Iconologia Sacra. Mythos, Bildkunst und Dichtung in der Religions- und Sozialgesch. Alteuropas (Festschr. K. Hauck), 1994, 68–80. (7) A. Antonini, Sion, Sous-le-Scex (VS) I. Ein spätant.-frühma. Bestattungsplatz: Gräber und Bauten, 2002. (8) L. Auberson, M. Martin, L'eglise de Saint-Martin à Vevey au haut MA et la découverte d'une garniture de ceinture en os gravé, Arch. der Schweiz 14, 1991, 274–292. (9) K. Bänteli, B. Ruckstuhl, Die Stiftergräber der Kirche St. Maria zu Schleitheim, ebd. 9, 1986, 68–79. (9a) K. Bauch, Das ma. Grabbild. Figürliche Grabmäler des 11. bis 15. Jh.s in Europa, 1976. (10) W. Berschin u. a. (Hrsg.), Mission und Christianisierung am Hoch- und Oberrhein, 2000. (11) V. Bierbrauer, Alam. Adelsfriedhof und frühma. Kirchenbauten von St. Martin in Dunningen, in: Heimat an der Eschach. Dunningen, Seedorf, Lackendorf, 1986, 19–37. (12) S. Biermeier, Die Kirchengrabung St. Martin in Dunningen, Kr. Rottweil, ungedr. Mag.-Arbeit München 1997. (13) H. W. Böhme, Adelsgräber im Frankenreich. Arch. Zeugnisse zur Herausbildung einer Herrenschicht unter den merow. Königen, Jb. RGZM 40, 1993, 397–534. (14) Ders., Adel und Kirche bei den Alam. der MZ, Germania 74, 1996, 477–507. (15) Ders., Neue arch. Aspekte zur Christianisierung S-Deutschlands während der jüng. MZ, in: [10], 75–109. (16) M. Borgolte, Gedenkstiftungen in St. Galler Urk, in: [108], 578–602. (17) Ders., Salomo III. und St. Mangen. Zur Frage nach den Grabkirchen der Bfe. von Konstanz, in: Churrät. und st. gall. MA (Festschr. O. P. Clavadetscher), 1984, 195–224. (18) Ders., S. und Eigenkirche. Ein Begriffspaar der Mittelalterarch. in hist. Kritik, ZAM 13, 1985, 27–38. (19) Ders., Der churrät. Bf.sstaat und die Lehre von der Eigenkirche. Ein Beitr. zum arch.-hist. Gespräch, in: Gesch. und Kultur Churrätiens (Festschr. Pater I. Müller), 1986, 83–103. (20) Ders., Die Stiftungen des MAs in rechts- und sozialhist. Sicht, ZRG KA 105, 1988, 71–94. (21) Ders., S., Grabkirche, in: Lex. des MAs 8, 1997, 177 f. (22) H. Bott, Frühkarol. Sporenfund von Westendorf, Ldkr. Kaufbeuren. Arch. zur frühgeschichtl. Besiedlung der Lech-Wertach-Platte, BVbl. 18/19, 1951, 59–83. (23) E. F. Bruck, Die Stiftungen für die Toten in Recht. Relig. und polit. Denken der Römer, in: Ders., Über röm. Recht im Rahmen der Kulturgesch., 1954, 46–100. (24) S. P. Burnell, Merov. to early Carolingian churches and their Founder-Graves in southern Germany and Switzerland: The Impact of Christianity on the Alamans and the Bavarians, ungedr. Diss. Oxford 1988. (25) Ders., Die reformierte Kirche von Sissach BL. Ma. Kirchenbauten und merow. „Stiftergräber", 1998. (26) A. Burzler, Die frühma. Gräber aus der Kirche Burg, in: M. Höneisen (Hrsg.), Frühgesch. der Region Stein am Rhein. Arch. Forsch. am Ausfluß des Untersees, 1993, 191–232. (27) Dies., Zur Herausbildung eines frühma. Adelssitzes, ebd., 272–275. (28) Dies., Arch. Beitr. zum Nobilizierungsprozess in der jüng. MZ, 2000. (29) Dies., Schleitheim im Frühma, ZAK 59, 2002, 273–280. (30) Dies., Der Sonderfriedhof bei der Kirche, in: Dies. u. a., Das frühma. Schleitheim – Siedlung, Gräberfeld und Kirche, 2002, 414–458. (31) B. Cichy, Die Kirche von Brenz, ³1991, 30–34. (32) R. Christlein, Merowingerzeitliche Grabfunde unter der Pfarrkirche St. Dionysius zu Dettingen, Kr. Tübingen, und verwandte Denkmale in S.-Deutschland, Fundber. aus Baden-Württ. 1, 1974, 573–596. (33) Ders., Die Alam. Arch. eines lebendigen Volkes, ²1979. (34) H. Dannenbauer, Bevölkerung und Besiedelung Alemanniens in der frk. Zeit, ZWLG 13, 1954, 12–37 (= in: W. Müller [Hrsg.], Zur Gesch. der Alem., 1975, 91–125). (35) H. Dannheimer, Zur Gesch. von Brenz und Sontheim im frühen MA, Fundber. Schwaben NF 19, 1971, 298–305. (36) Ders., Aschheim im frühen MA, 1. Arch. Funde und Befunde, 1988. (37) Die Alam. Ausstellungskat., 1997. (38) W. Drack, Ein Adeligengrab des 7. Jh.s aus Bülach, Helvetia Arch. 1, 1970, 16–22. (39) Ders. (Hrsg.), Ur- und frühgeschichtl. Arch. der Schweiz, 6. Das Früh-MA, 1979.

(40) Ders., R. Moosbrugger-Leu, Die frühma. Kirche von Tuggen, (Kt. Schwyz), ZAK 20, 1960, 176–207. (41) C. Ehlers, Unendliche Gegenwart. Speyer zw. Konrad II. und Stefan George, in: M. Borgolte (Hrsg.), Stiftungen und Stiftungswirklichkeiten. Vom MA bis zur Gegenwart, 2000, 11–37. (41a) S. Eismann, Frühe Kirchen über röm. Unters. Grundmauern. Unters. zu ihren Erscheinungsformen in SW-Deutschland, S-Bayern und der Schweiz, 2004. (42) G. P. Fehring, Kirche und Burg, Herrensitz und Siedlung, Zeitschr. Gesch. des Oberrheins 120 NF 81, 1972, 1–50. (43) Ders., Missions- und Kirchenwesen in arch. Sicht, in: H. Jankuhn, R. Wenskus (Hrsg.), Geschichtswiss. und Arch. Unters. zur Siedlungs-, Wirtschafts- und Kirchengesch., 1979, 547–591. (44) G. Fingerlin, Merowingerzeitliche Adelsgräber in der Peterskirche von Lahr-Burgheim, Arch. Nachr. aus Baden 35, 1985, 23–35. (45) Ders., Kirchen und Kirchengräber in der frühma. Alamannia SW-Deutschlands, Denkmapflege in Baden-Württ. 26, 1997, 44–53. (46) Ders., Das Ende der Reihengräberzeit in SW-Deutschland, in: [89], 31–61. (47) A. Furger (Hrsg.), Die Schweiz zw. Ant. und MA. Arch. und Gesch. des 4. bis 9. Jh.s, 1996. (48) S. Gerlach, Friedhof und Kirche im ländlichen Raum S-Deutschlands. Arch. Befunde zur Strukturentwicklung im frühen MA, in: J. Lenssen, L. Wamser, 1250 J. Bt.Würzburg, 1992, 119–127. (49) P. Goessler, Die Alam. und ihr Siedelgebiet. Neue Beitr. zur frühalam. Gesch. und Kultur, Dt. Archiv für Landes- und Volksforsch. 7, 1943, 113–152. (50) Ders., Zur frühalam. Zeit (Ulm und Pfullingen), in: Reinecke-Festschr., 1950, 61–66. (51) W. U. Guyan, Ein Ortsadelsgrab von Ramsen (Kt. Schaffhausen), ZAK 23, 1963/64, 125–144. (52) A. Hampel, Der Kaiserdom zu Frankfurt a. M., 1994. (53) M. Hartmann, Frühma. Gräber in Frick AG in der Kirche St. Peter und Paul, Arch. der Schweiz 1, 1978, 121–129. (54) W. Hartmann, Die frk. Kirche in der Mitte des 8. Jh.s, in: H. Dopsch, R. Juffinger, Virgil von Salzburg, Missionar und Gelehrter, 1985, 59–65. (55) Ders., Bestattungen und Bestattungsrituale nach dem kirchlichen und weltlichen Recht des frühen MAs, in: [64], 127–143. (56) E. Hassenpflug, Das Laienbegräbnis in der Kirche. Hist.-arch. Stud. zu Alemannien im frühen MA, 1999. (57) G. Helmig u. a. (Hrsg.), Centre-Region-Periphery. Medieval Europe Basel 2002. 3rd International Conference of Medieval and Later Arch. Basel (Switzerland), Bd. 2. Sections 4 and 5, 2002. (58) H. Hinz, Zu den „Adelsgräbern" des 8. Jh.s, Offa 27, 1970, 31–53. (59) S. Hochhuli, Arch. im Großeinsatz. Das Baarer „Archäologiespektakel", Tugium 15, 1999, 110 Abb. 11. (60) M. Hoeper, Gräberfelder und Kirchen im Breisgau: Der Umbruch um 700, Freiburger Universitätsbl. 159, 2003, 165–180. (61) Ders., Alam. Besiedlungsgesch. nach arch. Qu. ein kurzer Abriß der Besiedlungsentwicklung des frühen MAs in SW-Deutschland, in: [74], 13–37. (62) Ph. Hofmeister, Das Gotteshaus als Begräbnisstätte, Archiv für katholisches Kirchenrecht 111, 4 F. 19, 1931, 450–487. (63) C. Jäggi, Vom röm. Pantheon zur christl. Kirche, in: [47], 61–125. (64) J. Jarnut, M. Wemhoff (Hrsg.), Erinnerungskultur im Bestattungsritual, 2003. (65) R. Kaiser, Churrätien im frühen MA. Ende 5. bis Mitte 10. Jh., 1998. (66) H. Keller, Germ. Landnahme und Früh-MA. B. Die MZ (spätes 5. Jh. bis Ende 7. Jh.), in: M. Schaab, H. Schwarzmaier (Hrsg.), Handb. der Baden-Württ. Gesch., Bd. 1. Allg. Gesch., Teil 1. Von der Urzeit bis zum Ende der Staufer, 2001, 228–296. (67) Ders., Arch. und Gesch. der Alam. in merow. Zeit. Überlegungen und Fragen zu einem neuen Buch, Zeitschr. für die Gesch. des Oberrheins 129 NF 90, 1981, 1–51. (68) A. Kluge-Pinsker, Kgl. Kirchen der Merowinger in Paris und Saint-Denis, in: [134], 423–434. (69) N. Krohn, *Memoria*, fanum und Friedhofskapelle. Zur arch. und religionsgeschichtl. Interpretation von Holzpfostenstrukturen auf frühma. Bestattungsplätzen, in: Regio Archaeologica (Festschr. G. Fingerlin), 2002, 311–335. (70) Ders., Von der Eigenkirche zur Pfarrgemeinschaft: Kirchenbauten und Kirchengräber der frühma. *Alamannia* als arch. Zeugnisse für nobilitäre Lebensweise und christl. Insitutionalisierung, in: [57], 166–178. (71) Ders., Kirchenbauten und Kirchengräber der frühma. Alamannia als arch. Zeugnisse nobilitärer Lebensweise und christl. Institutionalisierung: Lahr-Burgheim, St. Peter – Dürbheim, „Häuslesrain" – Kirchdorf, St. Martin, ungedr. Diss. Freiburg 2004. (71a) Ders., G. Bohnert, Lahr-Burgheim. 50 J. Kirchenarch., 2006. (72) K.-H. Krüger, Kg.sgrabkirchen, 1971. (73) A. Liéger u. a., Sépultures Mérov. de l'abbaye de Saint-Èvre a Toul (Meurthe-et-Moselle), RAE 35, 1984, 301–317. (74) S. Lorenz u. a. (Hrsg.), Die Alem. und das Christentum. Zeugnisse eines kulturellen Umbruchs, 2003. (75) J. Luckhardt, Grabmal und Totengedächnis Heinrichs des Löwen, in: Ders., F. Niehoff (Hrsg.), Heinrich der Löwe und seine Zeit. Herrschaft und Repräsentation der Welfen 1125–1235 Bd. 2, 1995, 283–291. (76) R. Marti, Das Grab eines wohlhabenden Alam., in Altdorf UR, Pfarrkirche St. Martin, Jb. SGUF 78, 1995, 83–130. (77) Ders., Zw. Römerzeit und MA. Forsch. zur frühma. Siedlungsgesch. der NW-Schweiz (4.–10. Jh.) Bd. A, 2000. (78) M. Martin, Ein münzdatiertes Kindergrab aus der frühma. *ecclesia in castro Exsientie* (Burg bei Eschenz, Gem. Stein am Rhein SH), Arch. der Schweiz 9, 1986, 84–92. (79) Ders., Das Frauengrab 48 in der Pfarrkirche St. Martin von Schwyz, Mitt. des Hist. Ver.s des Kant.s Schwyz 66, 1974,

139–151. (79a) Ders., Die alten Kastellstädte und die germ. Besiedlung, in: [39], 97–132. (80) Ders., Bemerkungen zur frühma. Knochenschnalle eines Klerikergrabes der St. Verenakirche von Zurzach (Kt. Aargau), Jb. SGUF 71, 1988, 161–177. (81) Ders., Identität und Abgrenzung im frühen MA, in: [57], 299–307. (82) H.-R. Meier, Siedlungs-, Sakral- und Bestattungstopographie: Interaktionen und Brüche, ZAK 59, 2002, 281–290. (83) Th. Meier, zw. Stiftern und Hl. – Die Saliergräber im Speyerer Dom, Beitr. zur Mittelalterarch. in Österr. 14, 1998, 37–48. (84) Ders., Die Arch. des ma. Kg.sgrabes im christl. Europa, 2002. (85) R. Moosbrugger, Gräber frühma. Kirchenstifter?, Jb. SGUF 45, 1956, 69–75. (86) R. Moosbrugger-Leu, Die Schweiz zur MZ Bd. B, 1971, 73 f. (87) Ders., H. Keller, Der Adel, in: [39], 53–74. (88) M. Müller-Wille, Kg.sgrab und Kg.sgrabkirche. Funde und Befunde im frühgeschichtl. und ma. N-Europa, Ber. RGK 63, 1982 (1983), 349–412. (89) H. U. Nuber u. a. (Hrsg.), Der SW im 8. Jh. aus hist. und arch. Sicht, 2004. (90) P. Oberholzer, Vom Eigenkirchenwesen zum Patronatsrecht. Leutkirchen des Klosters St. Gallen im Früh- und Hoch-MA, 2002. (91) O. G. Oexle, Memoria und Memorialüberlieferung im früheren MA, Frühma. Stud. 10, 1976, 70–95. (92) Ders., Memoria als Kultur, in: Ders., Memoria als Kultur, 1995, 9–70. (92a) F. Oswald, In medio Ecclesiae. Die Deutung der liter. Zeugnisse im Lichte arch. Funde, Frühma. Stud. 3, 1969, 313–326. (93) B. Päffgen, Die Ausgr. in St. Severin zu Köln 1, 1992. (94) P. Périn, Die Grabstätten der merow. Kg. in Paris, in: [134], 416–422. (95) M. Pfrang, Über die Anfänge des Christentums in Unterfranken. Eine arch. und hist. Annäherung, Würzburger Diözesangeschbl. 51, 1989, 79–141. (96) F. Prinz, Frk. Adel im 7. und 8. Jh. Bemerkungen zu F. Stein, Adelsgräber des 8. Jh.s in Deutschland, Hist. Jb. 89, 1969, 171–175. (97) Ders., Frühes Mönchtum in SW-Deutschland und die Anfänge der Reichenau. Entwicklungslinien und Forsch.probleme, in: A. Borst (Hrsg.), Mönchtum, Episkopat und Adel zur Gründungszeit des Klosters Reichenau, 1974, 37–76. (98) R. Puza, Gründer einer Gem., Archiv für Kathol. Kirchenrecht 151, 1982, 58–72. (99) D. Quast, Die merowingerzeitlichen Funde aus der Martinskirche in Pfullingen, Kr. Reutlingen, Fundber. aus Baden-Württ. 19, 1994, 591–660. (100) O. B. Rader, Grab und Herrschaft. Polit. Totenkult von Alexander dem Großen bis Lenin, 2003. (101) A. Rettner, Pilger ins Jenseits: Zu den Trägern frühma. Bein- und Reliquiarschnallen, Beitr. zur Mittelalterarch. in Österr. 14, 1998, 65–76. (102) P. Reinecke, Spätmerow.-karol. Grabfunde aus S-Deutschland, in: L. Lindenschmit, Die Altert. unserer heidn. Vorzeit 5, 1911, 196–200. (102a) S. Ristow, Grab und Kirche. Zur funktionalen Bestimmung arch. Baubefunde im ö. Frankenreich, Röm. Quartalschr. 101, 2006, 214–239. (103) K. Schäferdiek, Das Hl. in Laienhand, in: Vom Amt des Laien in Kirche und Theol. (Festschr. G. Krause), 1982, 122–140 (= in: Schwellenzeit. Beitr. zur Gesch. des Christentums in Spätant. und Frühma, 1996, 247–265). (104) D. Schellhas, Sog. Klerikerschnallen. Zur Interpretation merowingerzeitlicher Gürtelschnallen mit rechteckigem Beschlag, in: D. Vorlauf, T. F. Warneke (Hrsg.), Miscellanea Archaeologica. Aufsätze von der Arch. bis zum Hoch-MA, 1997, 69–87. (105) W. Schlesinger, Arch. des MAs in der Sicht des Historikers, ZAM 2, 1974, 25 f. (106) M. Schmauder, Grabpflege und Totenkult von der Spätant. zum frühen MA, in: J. Engemann, Ch. B. Rüger (Hrsg.), Spätant. und frühes MA, 1991, 1–6. (107) K. Schmid, Die Sorge der Salier um ihre Memoria. Zeugnisse, Erwägungen und Fragen, in: [108], 666–726. (108) Ders., J. Wollasch (Hrsg.), Memoria. Der geschichtl. Zeugniswert des liturgischen Gedenkens im MA, 1984. (109) W. Schneider, Bemerkungen zu den frühma. Kirchenbestattungen, insbes. den „Stiftergräbern", in: Ders., Arbeiten zur Kirchengesch. 2, 1991, 443–472. (110) B. Scholkmann, Kultbau und Glaube. Die frühen Kirchen, in: [37], 455–464. (111) Dies., Normbildung und Normveränderung im Grabbrauch des MAs – Die Bestattungen in Kirchen, in: D. Ruhe, K.-H. Spieß (Hrsg.), Prozessse der Normbildung und Normveränderung im ma. Europa, 2000, 93–117. (112) Dies., Frühma. Kirchen im alem. Raum. Verbreitung, Bauformen und Funktion, in: [74], 125–151. (113) Dies., Die Kirche als Bestattungsplatz. Zur Interpretation von Bestattungen im Kirchenraum, in: [64], 189–218. (114) Dies., B. Tuchen, Die Martinskirche in Pfullingen. Arch. und Baugesch., 1999. (115) R. Schreg, Die alam. Besiedlung des Geislinger Talkessels (Markungen Altenstadt und Geislingen, Stadt Geislingen a.d. Steige, Lkr. Göppingen), Fundber. aus Baden-Württ. 23, 1999, 385–617. (116) K. Schwarz, Die Ausgr. im Niedermünster zu Regensburg, 1971, 28–33. (117) Ders., Das spätmerowingerzeitliche Grab des hl. Bf.s Erhard im Niedermünster zu Regensburg. Ein Ausgangspunkt für kirchen- und landesgeschichtl.-arch. Forsch. im NO der alten baierischen Hauptstadt, in: Ausgr. in Deutschland 2, 1975, 129–164. (118) H. R. Sennhauser, Kirchen und Klöster, in: [39], 133–148. (119) J. Speck, Neue Erkenntnisse der Zugerischen Urgeschichtsforsch. Das Tuffplattengrab in der Baarer Pfarrkirche, Zuger Neujahrsbl. 1964, 12 f. Taf. 3. (120) Ders., Die Baugesch. im Lichte der arch. Ausgr., Schr. des Kantonalen Mus.s für Urgesch. Zug 20, 1974, 20 f. (121) F. Stein, Adelsgräber des achten Jh.s in Deutschland, 1967.

(122) Dies., Die Gräber unter dem Kölner Dom im Vergleich zu anderen Grablegen der Merowingerfamilie, in: A. Wolff (Hrsg.), Die Domgrabung Köln. Altert. – Früh-MA – MA, 1996, 99–124. (123) H. Steuer, Frühgeschichtl. Sozialstrukturen in Mitteleuropa. Eine Analyse der Auswertungsmethoden des arch. Qu.materials, 1982. (124) Ders., Arch. and Hist.: Proposals on the Social Structure of the Merov. Kingdom, in: K. Randsborg (Hrsg.), The Birth of Europe: Arch. and Social Development in the First Millennium A. D., 1989, 100–122. (125) Ders., Krieger und Bauern – Bauernkrieger. Die gesellschaftliche Ordnung der Alam, in: [37], 275–287. (126) Ders., Adelsgräber, Hofgrablegen und Grabraub um 700 im ö. Merowingerreich – Widerspiegelung eines gesellschaftlichen Umbruchs, in: [89], 193–217. (127) Ders., M. Last, Zur Interpretation der beigabenführenden Gräber des 8. Jh.s im Gebiet rechts des Rheins, Nachr. aus Niedersachsens Urgesch. 38, 1969, 25–88. (128) I. Sudhoff, Grabhügel und Kreisgräben im Merowingerreich, in: Arch. Zellwerk. Beitr. zur Kulturgesch. in Europa und Asien (Festschr. H. Roth), 2001, 425–434. (129) B. Theune-Großkopf, Ein frühma. Kirchenbau mit „Gründergrab" in Cognin (Savoyen)?, Arch. Korrespondenzbl. 19, 1989, 283–296. (130) Dies., Der lange Weg zum Kirchhof. Wandel der germ. Bestattungstradition, in: [37], 471–480. (131) M. Untermann, Liturgische Ausstattung und Bestattungsorte im Kirchenraum: Arch. Befunde zum Wandel relig. Vorstellungen, Beitr. zur Mittelalterarch. in Österr. 14, 1998, 13–28. (132) Ch. Wehrli, Ma. Überlieferungen von Dagobert I., 1982. (133) M. Wemhoff, Bestattungen des Früh- und Hoch-MAs an und in westf. Kirchen, in: [64], 97–105. (134) A. Wieczorek, Die Franken – Wegbereiter Europas, 1996. (135) R. Windler, Land und Leute – Zur Gesch. der Besiedlung und Bevölkerung, in: [47], 127–184. (136) E. Wintergerst, Spätmerow. Separatfriedhöfe in der Umgebung von Regensburg, in: 8. Treffen Arch. Arbeitsgemeinschaft O-Bayern, W- und S-Böhmen, 1999, 137–145. (137) A. Zettler, Die frühen Klosterbauten der Reichenau, 1988. (138) Th. Zotz, Der SW im 8. Jh. Zur Raumordnung und Gesch. einer Randzone des Frankenreiches, in: [89], 13–30. (139) A. Zürcher u. a., Die Ausgr. in der reformierten Kirche Hettlingen, Kant. Zürich, ZAK 41, 1984, 229–248.

N. Krohn

Stolesaz. Die Bezeichnung *Stolesaz* begegnet als Hofamt am langob. Kg.shof sowie an den Höfen von Spoleto und Benevent (6, 184. 272. 318). In der Regel wird der langob. S. mit dem Amt eines *maior domus* (→ Hausmeier) gleichgesetzt (1, 143 mit Belegen; 6, 185). Da dem S. am Kg.shof die Aufgabe zukam, die Strafen gegen die hohen Beamten einzutreiben, war er nach Mayer auch für die Einkünfte der Zentralverwaltung zuständig und kann als eine Art ‚Vermögensverwalter' betrachtet werden (6, 184). Im *Edictus Rothari* (→ *Leges Langobardorum*) heißt es in einem Passus (c. 150), der die Festlegung einer Strafsumme regelt: *componat solidos XX in palatio regis, districtus ab stolesazo* (vgl. zu den unterschiedlichen Schreibungen in der handschriftlichen Überlieferung: 7, 402). In einer dazugehörigen Glosse wird zum Begriff S. ausgeführt: *id est ab infertore regis vel regalis sedes*. Nach einer Notiz im *Glossarium Cavense* hatte der S. ähnlich wie ein *dapifer* (→ Seneschalk; → Truchseß) die Funktion eines Sitzordners bei den Hofversammlungen inne: *Stolesaz id est, qui ordinat conventum* (vgl. dazu 8, 429 mit Anm. 7). Daß der S. die Aufsicht über die kgl. Tafel führte, wird ebenfalls durch das *Chronicon Salernitanum* bestätigt: *Grimoalt, quem lingua Todesca, quod olim Langobardi loquebantur, Stoleseyz fuit appellatus, quod nos in nostro eloquio ‚qui ante obtutibus principis seu regibus milites hic inde sedendo perordinat' possumus vocitare* (MGH SS III c. 38, 489; 6, 184 mit Anm. 48). Noch zu Beginn des 11. Jh.s begegnet mit dem → Gastalden Truppoald ein S. in Salerno (6, 318 mit Anm. 147).

Als hoher langob. Amtsträger übte der S. gemeinsam mit anderen Würdenträgern auch richterliche Funktionen aus (vgl. z. B. 5, 314. 387). Ein solcher Wirkungsbereich findet im Ahd. eine Entsprechung. Denn nach Jacob → Grimm verweist die Bedeutung *stuolsâzo* auf ein richterliches Amt: *Wie der könig auf dem thron, sitzt der richter auf einem stuhl ...; daher heißt er stuolsâzo* (= Stuhlsasse, d. h. der auf dem Richterstuhl sitzende Richter 4, 374; 3, 305; 2, 1057).

(1) Brunner, DRG II. (2) A. Erler, Richterstuhl, in: HRG IV, 1057 f. (3) E. G. Graff, Ahd. Sprachschatz 6, 1842. (4) Grimm, Rechtsalt. II. (5) J. Jar-

nut, Prosopographische und sozialgeschichtl. Stud. zum Langob.reich in Italien, 1972. (6) E. Mayer, It. Verfassungsgesch. 2, 1909 (Nachdr. 1968). (7) F. van der Rhee, Die hd. Lautverschiebung in den langob. Gesetzen. Datierung, Umfang, Orthographische Wiedergabe, Neophilologus 60, 1976, 397–411. (8) P. Schubert, Die Reichshofämter und ihre Inhaber bis um die Wende des 12. Jh.s, MIÖG 34, 1913, 427–501.

Th. Fischer

Stora Sojdeby

§ 1: Allgemein – § 2: Inhalt und Bestimmung – a. Münzen – b. Schmuck- und Barrensilber

§ 1. Allgemein. Der Silberschatz von S. S., Ksp. Fole, Gotland, Schweden, wurde zw. dem 9. April und 6. Mai 1910 beim Pflügen eines Feldes entdeckt. In dieser Zeit wurde die Fst. mehrere Male abgesucht, so daß der Fund in drei Portionen ins Mus. gelangte. Anders als Mårten Karl Herman → Stenberger annahm (10, II, 65), ist davon auszugehen, daß Münzen und Silberobjekte in einer hölzernen Kiste lagen, die allerdings durch den Pflug zerstört wurde und nicht mehr erhalten ist (6, 1.4.18, S. 102). Insgesamt besteht der Fund aus 2 310 Münzen, von denen 2 180 vollständig und 130 fragmentiert vorliegen. Hinzu kommen 51 Schmuck- und Barrenfrg. Das Gesamtgewicht beträgt 3 051,56 g.

Der Fund von S. S. enthält die typische Zusammensetzung von wikingerzeitlichem → Hacksilber aus Schmuck und Münzen. Wie die Zerteilungsspuren in solchen Schätzen belegen, wurden ihre einzelnen Objekte meist absichtlich fragmentiert. Solche Hacksilberfunde repräsentieren kompatible → Zahlungsmittel, die nach dem Realwertprinzip mit Hilfe kleiner, zusammenlegbarer, tragbarer → Waagen abgewogen wurden (Gewichtsgeldwirtschaft). Vermutlich vom islamischen Kalifat ausgehend, war diese Form des → Geldes in Teilen Rußlands, im Baltikum und in Skand. gebräuchlich und besaß im W bis nach Irland und Island Gültigkeit.

§ 2. Inhalt und Bestimmung. a. Münzen. Nur kurze Zeit nach der Fundbergung legte Schnittger 1915 eine Bearbeitung des Fundes mit ausführlichem Kat. vor (8). Eine aktualisierte Bestimmung der Münzen erfolgte im Zuge der Erstellung eines Gesamtverzeichnisses der in Schweden gefundenen Münzen des 9.–11. Jh.s (6, 1.4.18) im J. 1982 (Tab.).

Die jüngsten Münzen im Fund sind ein unter Ebf. Hermann III. (1089–1099) geschlagener Denar aus Xanten und ein engl. Penny William II. (1087–1100) aus London, die beide frühestens 1089 entstanden sein können. Das Münzspektrum gliedert sich mit seiner großen Anzahl Kölner → Pfennige, den Prägungen aus Mainz, Speyer und Worms, den vielen → Otto-Adelheid-Pfennigen sowie den engl. Pennies nahtlos in zeitgleiche Funde des Ostseeraumes ein. Ungewöhnlicher sind die böhmischen (2; zusammenfassend 11, 84 f.) und ungar. Denare (3; zusammenfassend 11, 85 f.) sowie die it. Prägung (4, 42; zusammenfassend 11, 83). Hoch ist auch der Anteil von angloskand. Prägungen, die in der Tab. unter dem Begriff ‚Skandinavien?' zusammengefaßt sind. Malmer konnte durch Stempelunters. nachweisen, daß 61 Münzen aus dem Fund in diese Gruppe gehören (eingerechnet sind auch die zwei schwed. Stücke). Von den geogr. zuweisbaren Geprägen sind vermutlich 13 Münzen im mittelschwed. → Sigtuna (7, 306 f., Ketten 10, 11, 24, 117, 141, 142) geschlagen worden, während 19 Münzen in einer wahrscheinlich in Schonen, also damals in Dänemark, zu lokalisierenden Münzwerkstatt (Lund?), hergestellt wurden (7, 306 f., Ketten 105 – durch Stempelidentitäten mit Sigtuna verbunden, 121, 137, 138, 163). Die dän. Prägungen aus verschiedenen Münzwerkstätten verdeutlichen den allg. Trend von steigenden Prozentsätzen dän. Münzen in den Inlandfunden (→ Skandinavisches Münzwesen).

b. Schmuck- und Barrensilber. Der Fund (Kat. bei 8, 55–57; 10, II, 65 Nr. 162)

Tab. Übersicht der in Stora Sojdeby gefundenen Münzen. Nach *Corpus Nummorum Saeculorum IX–XI* (6, 1.4.18)

Herkunft	Anzahl			Datierung		
	vollständig erhalten	fragmentiert	gesamt	älteste Münze		jüngste Münze
Islamisches Reich	31	49	80	786–809		1004/5
Byzanz	4	2	6	945–959		ca. 977–989
Dt. Reich	1311	54	1365	919–936		1089–1099
Italien	1	-	1	962–973		
Böhmen	1	1	2	967–999		1037–1055
Ungarn	3	-	3	1001–1038		1047–1060
England	713	24	737	ca. 973–975		ca. 1089–1092?
Irland	13	-	13	ca. 997–		
Skandinavien?	59	-	59	ca. 997–		ca. 1029–
Dänemark	30	-	30	1018–1035		1047–1076
Schweden	2	-	2		ca. 994–	
Blankette	12	-	12	?		
insgesamt	2180	130	2310	786–809		1089–1099

enthält die Nadel einer Ringfibel (zum Typ: 10, I, 74 ff.), verschiedene Teile von runden, scheibenförmigen Fibeln mit verziertem Rand (zum Typ: 10, I, 32 ff.) und Teile von Spiralarmringen (zum Typ: 11, 45, Fundliste 3, Karte 52). Hinzu kommen Bruchstücke gedengelter Barren (zum Typ: 11, 68, Fundliste 28, Karte 77), das Frg. eines gegossenen Barrens (zum Typ: 11, 65 ff., Fundliste 27, Karte 76) sowie 36 meist zu Vierecken geschnittene Silberbleche, die möglicherweise als Münzschrötlinge (→ Klippe) angesprochen werden können (zum Typ: 11, 68 f., Fundliste 29, Karte 78). Bemerkenswert ist ein kleines, mit vergoldeter Pflanzenornamentik verziertes Frg. einer Silberschale orientalischer Provenienz (8, 56 Abb. 3). Weitere Frg. solcher Schalen und Teller sind aus anderen gotländischen Schatzfunden bekannt geworden, teilweise zeigen sie Reste kufischer Schrift (1, 168 ff.; 5, 626 f. mit weiterer Lit.; Kat. S. 646). Auch auf dem schwed. Festland kommen solche Gefäße vor, so auch in Gräbern in → Birka (10, I, 224 f.). Bes. in Südskand. sind einige vollständige Schalen und Schalenfrg. unterschiedlichster Gestalt und dekorativer Ausschmückung – in Form von gepunztem oder getriebenem Dekor von Linien und Punkten – oder auch ohne Dekor in Schatzfunden angetroffen worden. Skovmand (9, Tab. 244–247) listet 21 vollständige und 11 Frg. aus Depotfunden auf. Obwohl diese als ‚orientalisch' angesprochen worden sind, ist ihre geogr.-kulturelle Herkunft noch unsicher (5, 647). Aus Norwegen und aus N-Deutschland sind solche Schalen und Teller bislang nicht nachgewiesen.

Das Depot von S. S. zeigt das typische Inventar eines Schatzfundes der ausgehenden WZ auf Gotland. Bis auf das Frg. der pers. Schale, das, zusammen mit den deutlich ält. islamischen Dirham (→ Münzwesen, islamisches), einen ö. Importstrom erkennen läßt, stammen die anderen Schmuck- und Barrenfrg. vermutlich von Gotland selbst oder aus dem sw. Ostseegebiet. Über diese Region sind vermutlich auch die Münzen aus England, dem Rheinland und aus S-Deutschland vermittelt worden. Dafür sprechen v. a. die ungar. und böhmischen Gepräge, die sich in größerer Zahl in slaw. Depotfunden finden.

Unklar ist die Zugehörigkeit zweier weiterer engl. Münzen zum Schatz, die 1956 mit der Fundortangabe S. S. gemeldet wurden (6, 1.4.19).

(1) T. J. Arne, La Suède et l'Orient. Études Arch. sur les relations de la Suède et de l'Orient pendant l'Âge des vikings, 1914. (2) G. Hatz, Funde mährischer und böhmischer Münzen des 11. Jh.s in Skand., in: Denárová měna na Moravě. Sborník prací z III. numismatického symposia 1979. Ekonomicko-peněžní situace na Moravě v období vzniku a rozvoje feudalismu (8.–12. století), Numismatica Moravica 6, 1986, 266–277. (3) V. Hatz, Die ungar. Münzen in den schwed. Funden der WZ, in: Festschr. H. Aubin, 1965, 142–150. (4) Dies., Die it. Münzen in den schwed. Funden der WZ, Numismatiska Meddel. 33, 1983, 41–57. (5) I. Jansson, Wikingerzeitlicher orientalischer Import in Skand., in: Oldenburg–Wolin–Staraja Ladoga–Novgorod–Kiev. Handel und Handelsverbindungen im s. und ö. Ostseeraum während des MAs, Ber. RGK 69, 1988 (1989), 564–647. (6) B. Malmer (Hrsg.), Corpus Nummorum Saeculorum IX–XI qui in Suecia reperti sunt. Verz. der in Schweden gefundenen Münzen des 9.–11. Jh.s, 1. Gotland. 4. Fardhem–Fröjel, 1982. (7) Dies., The Anglo-Scandinavian Coinage c. 995–1020, 1997. (8) B. Schnittger, Silverskatten från Stora Sojdeby, Fornvännen 10, 1915, 53–116, 189–246. (9) R. Skovmand, De danske Skattefund fra Vikingetiden og den aeldste Middelalder indtil omkring 1150, Aarbøger 1942, 1–275. (10) M. Stenberger, Die Schatzfunde Gotlands der WZ 1–2, 1947. (11) R. Wiechmann, Edelmetalldepots der WZ in Schleswig-Holstein. Vom „Ringbrecher" zur Münzwirtschaft, 1996.

R. Wiechmann

Stora Velinge. S. V., Ksp. Buttle, Gotland, Schweden (Kgl. Münzkabinett, Stockholm, Inv. Nr. 21612). The Viking-age silver hoard discovered at S. V. in 1936 consisted of 2 674 dirhams and a bracelet (98,5 g) and had a total weight 8 kg. S. V. was for a long time the largest hoard of Islamic coins found in Scandinavia (→ Spillings, Othem, Gotland, is larger). The oldest dirham is dated to 90 Ante Hijra (A. H.) (708/9 A. D.) and the latest one to 298 A. H. (910/11 A. D.). Fragmentation is not a problem here, since there are only 50 fragments and none small. S. V. has been published twice (2; 1, I/2, „Stora Velinge I"). A third Publ. with numerous revisions is in preparation. Viking-age hoards are roughly divided into two groups, those of the 9th century and those of the 10th century. The former category is dominated by dirhams struck in Madinat as-Salam (Baghdad), al-Muhammadiya (Teheran) and other Abbasid mints. In hoards of the latter type, nine out of ten coins are typically Samanid, having been struck in mints like ash-Shash, Samarkand, Andaraba, Balkh, Bukhara or Nishapur. S. V. is a mixture, representing a transitional type of hoard still characterized by a large number of Abbasid dirhams, but also late enough to include a number of Samanid coins. The greatest interest is not in the Samanid period, but lies in the relationship between the two Abbasid periods, Ab1 (750–833) and Ab2 (833–892). The mint output of the early Abbasid caliphate (Ab1) was uneven, but higher than that of the 9th century (Ab2). Ab1 coins predominate in most 9th-century hoards. The evidence of S. V. represents another model. Here, Ab1 is small and Ab2 is large. In drawing up the chron. distribution of coins at S. V. per year, Welin (2, 80) excluded over 1 000 coins – mostly Ab2 – due to vague datings, but the predominance of Ab2 is still clear. The most frequent year is 253 A. H./867 A. D., followed by 249 A. H./863–4 A. D., 248 A. H./862–3 A. D., 192 A. H./807–8 A. D. and 190 A. H./805–6 A. D. The demand for Muslim coins grew in the 9th century and the workshops often failed to replace worn dies with fresh ones. The results are seen in Ab2 hoards around the Baltic, with numer-

Tab. Dynastic (or corresponding grouping) distribution

Dynasty	Number	Percent
8th century (90–183 A. H.)		
Umayyad	37	1.4
Idrisid	2	0.1
Abbasid, Ab1	268	10.0
	307	11.5
94 Hijra years	3.7	0.1
9th century (184–286 A. H.)		
Abbasid, Ab1	400	14.9
Abbasid, Ab2	1555	58.2
Alid	3	0.1
Dulafid	1	0.0
Khujistanid	2	0.1
Saffarid	42	1.6
Abbasid, Ab3	13	0.5
Banijurid	18	0.7
Imitations (ImKz1, ImKz2 etc.)	124	4.6
	2158	80.7
103 Hijra years	21.0	0.8
10th century (287–298 A. H.)		
Banijurid	6	0.2
Samanid	195	7.3
ImVb	8	0.3
	209	7.8
12 Hijra years	17.4	0.7

ous weakly struck dirhams dated approximately to ca. 840–70 or declared 'indeterminable'. In the revised study of S. V., all such coins are included (Tab.). Of the coins, 11,5 % fall in the 8th century, 80,7 % in the 9th and 7,8 % in the decade 900–911.

Islamic-type imitations from a source outside the Caliphate are of special interest as indices of monetary circulation. The revised list contains 132, with a fair number of early (ImKz1) and late (ImKz2) Khazar imitations. Some groups are uncertain (Im253, Im9th, ImArm). All 10th-century imitations in S. V. are of Volga-Bulgarian provenance (ImVb).

(1) [CNS]. Corpus Nummorum Saeculorum IX–XI qui in Suecia reperti sunt. Verz. der in Schweden gefundenen Münzen des 9.–11. Jh.s, I/1. Gotland. Akebäck-Atlingbo, 1975; I/2. Gotland. Bäl-Buttle, 1977, 226–299. (2) U. S. Linder-Welin, Ein grosser Fund arab. Münzen aus S. V., Gotland, Nordisk Numismatisk Årsskrift 1941, 73–120.

G. Rispling

Store Vildmose

§ 1: Natürliche und forschungsgeschichtliche Voraussetzungen – § 2: Archäologie

§ 1. Natürliche und forschungsgeschichtliche Voraussetzungen. Der Name S. V. steht für Dänemarks größtes Hochmoor, dessen Ausdehnung von 65 km² sich über die Ksp. Ajstrup, Birsted, Thise, Tolstrup und Aaaby in Vendsyssel, N-Jütland, erstreckt. Es wurde nach erfolglosen Versuchen, hier Torf zu gewinnen, seit 1922 als Weide drainiert und kultiviert. Das Austrocken hatte zur Folge, daß die Torfschichten oxydierten und schrumpften, wodurch im Gelände Bodendenkmäler wie Grabhügel sichtbar wurden (3).

Geol. Veränderungen haben die natürlichen Voraussetzungen der Landschaft beeinflußt. So hat nach dem Neol. die isostatische Hebung des alten Meeresbodens um 8–9 m überhaupt erst eine Besiedlung ermöglicht. Seit 1500 v. Chr. hat sich das Moor in der BZ und EZ schnell nach N ausgebreitet, dagegen langsamer im 4.–5. Jh. n. Chr. (1). Während einer Trockenper. bis 400 n. Chr. wurde S. V. erneut besiedelt, nachdem es bereits zeitweise in der vorröm. EZ für Ackerbau genutzt worden war. Seine größte Ausdehnung erreichte das Moor um ca. 700 n. Chr. Ein Teil davon, Grishøjgårds Krat, befindet sich seit 1967 in Staatseigentum und wird zu Forsch.s-zwecken genutzt (14).

§ 2. Archäologie. Am W-Rand des Moores wurden steingefaßte Körpergräber, ‚Lerkargrave', der vorröm. EZ und frühen RKZ untersucht (2; 3, 216; Verbreitung: 11, Fig. 2). Sie repräsentieren in der Gemarkung Vendsyssel die etwa um 200 v. Chr. beginnende Besiedlung (→ Kraghede). Kleine,

1 × 10 m umfassende Hügel mit Randsteinen und zentraler Urne oder Brandschicht, mit bzw. ohne Urne auf der alten Oberfläche, orientieren sich im n. Teil von S. V. Sie wurden während der späten RKZ und in der VWZ errichtet (12, 84 ff. fig. 1–4; 3, 269; 4; 14, 139 ff.) und sind denen vom → Donbæk Gräberfeld (12, 92 ff.) sehr ähnlich. In der Landschaft Vendsyssel existieren heute noch etwa 400 dieser Kleinhügel, deren Hh. einen Meter nicht erreicht und deren Dm. 5,5–15 m beträgt. Von den 85 Hügeln in S. V. wurden seit dem J. 1891 bis heute 25 untersucht. In Grishøj (s. o. § 1) liegen sie oft auf den niedrigen *Skelvolde* der alten Felder, die längst aufgegeben waren, als die Hügel errichtet wurden. Die Gräber gehören dem gleichen Typus an wie in → Store Dal im s. Norwegen; es sind einfache Brandgräber, u. a. mit Henkeltassen als Beigefäßen und Beigaben wie Dreilagenkämme, Glasperlen und durch Brand fragmentierte Fibeln der Stufe C3–D1; 400 ± 50 n. Chr. (13, 127 ff.).

Im n. Teil des Moores wurde im J. 1978 bei Stavad eine Siedlung der späten RKZ von über 10 000 m² Größe aufgepflügt und in der Folge z. T. ausgegraben. Die Langhäuser liegen auf kleinen Erhöhungen am Rand des Wiesengebietes. Eine zeitliche Abfolge der Befunde wird erkennbar, die von Rad- und Ardspuren sowie Gräben zu Hausgrundrissen mit Brunnen und Entwässerungsgräben führt. In einem Fall waren solche Siedlungsspuren unmittelbar von einem Grabhügel überlagert. Mindestens ein Tongefäß aus der Siedlung wurde aus Norwegen importiert *(spannformet lerkar)* (4, Fig 23). Auch in diesem Bereich des Moores sind Hügel des 4.–5. Jh.s wie in Grishøj (s. o.) angelegt worden, aus einem stammt ein Tonpokal (4, fig. 21).

Luftbildaufnahmen haben die Existenz ausgedehnter eisenzeitlicher Ackersysteme am Rande des Moorgebietes von S. V. nachgewiesen; in Thise erstrecken sie sich über 14 ha und in Linderup über 4 ha (7) (→ Akker und Flurformen).

Im Grishøjgårds Krat im NO S. V.s wurde 1965–79 eine große Fläche mit Ardspuren untersucht (14). 14C-Datierungen haben ihr Alter um 400 v. Chr. ansetzen können, daran läßt sich zeitlich der Befund einer Grube mit einem großen Stein und 32 zerscherbten Tongefäßen (14, 32 ff.) anschließen sowie eine Flintwerkstatt bei einem anderen großen Stein (13). Seit der um 400 n. Chr. erneut einsetzenden Feuchtigkeitsper. wurden Kleinhügel angelegt, und das Ackergelände diente nun als Weide. Der gesamte Besiedlungszyklus schließt ca. um 700 n. Chr. ab mit der größten Ausdehnung des Moores.

Die Spuren vom Ard (→ Ackergeräte; → Pflug) wurden maschinell freigelegt, und sowohl zeichnerisch als auch photographisch dokumentiert. Die Pflugspuren in verschiedene Richtungen zeichneten sich im hellen Sanduntergrund optisch sehr gut ab (z. B. 14, fig. 29). Sie erstrecken sich über 200 ha, von denen ca. 5 900 m² untersucht sind (14). Die Furchen waren normalerweise 3–5 cm br. und konnten bis 50 m lg. sein. Im Querschnitt waren sie rund bis spitz (4 Var.). Überschneidungen konnten gut beobachtet werden (14, fig. 37, 43 und 58), die das Pflügen in wechselnder Richtung, oft mit zwei oder drei Parallelfurchen in gleicher Richtung dokumentieren.

Die Humusschicht, deren Pollendiagramm Nachweise von → Gerste, → Spörgel und Leinsamen (→ Lein) erbrachte und zu 7–8 % aus Baumpollen und 64 % aus Graspollen bestand, war bis zu 25 cm stark. Die einzelnen Felder besaßen unregelmäßige Form (14, fig. 47), dazwischen lagen zwei bis zu 200 m² große ungepflügte Areale, für die Bodenproben einen hohen Phosphatgehalt nachgewiesen haben. Ihre Nutzung als Dünger- oder Lagerplatz ist anzunehmen. An den Begrenzungen der Ackerflur sind regelmäßig Brandflächen nachgewiesen. Die gemessenen Parzellengrößen von 671, 750, 869 und 1 540 m² entsprechen ungefähr den für → Byrsted und → Skørbæk Hede berechneten Flächen. Es ist davon auszugehen, daß 750 m² in einem Tagewerk in beide Richtungen gepflügt werden konnten. Die Felder waren von niedrigen bis 1,50 m br. *Skelvolde* (Wälle bzw. Stege) oder ungepflügten Streifen eingefaßt. Parallelfurchen markieren die Grenzen der einzelnen Felder. Auch ganz enge Streifen zw. großen Steinen wurden kultiviert. Entwässerungsgräben wurden an dem Flursystem nicht angelegt, sie sind aber bei den Hausgrundrissen im Bereich von Stavad (s. o.) innerhalb des S. V.s nachgewiesen und vergleichbar mit denen von → Grøntoft (vgl. 14, fig. 47, foto fig. 29).

Innerhalb der Gemarkung Ørnefenner, w. von Grishøjgård wurde ein Steinweg auf einer Fläche von 2,5 × 30 m erfaßt, den parallel ein Fußpfad begleitete, der z. T. mit Mühlsteinen markiert war. Älter als der Weg ist eine Siedlung im S (100 v. Chr. bis 200 n. Chr.). Im Bereich s. des Weges wurden zwei kreuzförmige Fibeln gefunden (5).

Aus Aaby Bjerg, Ksp. Aaby, stammt ein Stierprotom aus Bronze, (3, fig. 37, Plazierung fig. 216 No. 1), das im J. 1934 am W-Rand des Moores gefunden wurde. Ein Fundkontext konnte nicht beobachtet werden für das Stück, das nur 50 m von einem in das Moor führenden Steinpfad auf dem Sandboden lag. Das Protom hat eine stark abgenutzte Oberfläche, ein zylindrisch eingetieftes Loch in seiner Stirn diente vermutlich einer Befestigung. Die Schraffur auf dem Nacken indiziert Haarlocken. Vermutlich gehört dieses Frg. zu einem Bronzegefäß, vergleichbar dem Kessel von Brå (→ Braa). Provenienz des Protomens und die Frage seiner Herstellung sind bisher noch offen, zumindest deutet die Deponierung im Moor auf Opfertätigkeit, möglicherweise im Zusammenhang mit einem → Stierkult (10, pl. VIII; 6, 668). Inzwischen wurden Frg. eines weiteren Kessels mit plastischem Figurendekor aus Ringsebølle/Lolland bekannt (8, Abb. S. 6 f.).

(1) B. Aaby, Geologi og mosedannelse i S. V., in: Landet og Loven (Tilegnet Viggo Nielsen), 1990, 145–152. (2) J. Brøndsted, Acta Arch. VIII, 1937. (3) Ders., Danmarks Oldtid, 3. Jernalderen, 1940. (4) T. Dehn, Stavad. En jernalderboplads i S. V., Antikvariske Studier 5, 1982, 115–137. (5) A.-L. Haack Olsen, Nyopdukket jernaldervej i S. V., in: Vendsyssel nu og da 1982, 46–53. (6) R. Hachmann, Gundestrup-Stud., Ber. RGK 71, 1990 (1991), 565–903. (7) P. Harder Sørensen, Jyske Oldtidsagre. Nordjyllands og Viborg amter, 1991. (8) F. Kaul, Figurkedler, Skalk 2006, Nr. 4, 5–8. (9) O. Klindt-Jensen, Foreign Influences in Denmark's Early Iron Age, 1950. (10) Ders., Bronzekedelen fra Brå: tidlige keltiske indflydelser i Danmark, 1953. (11) P. Lysdahl, Vendsyssel som lokalgruppe i ældre romersk jernalder, in: Brudstykker (Holger Friis tilegnet), 1971, 85–108. (12) S. Müller, Vendsyssel-Studier III, Aarbøger 1912, 83–142. (13) V. Nielsen, S. V. Iron Age flint, Kuml 1980, 1981, 217–228. (14) Ders., Jernalderens pløjning S. V., 1993.

H. Thrane

Straßburg

Römerzeit – a. Die frühröm. Militärlager – b. Die *canabae* und die Entwicklung der Zivilsiedlung – c. Der befestigte Platz und die Stadt der Spätant.

Römerzeit. Das ant. S., *Argentorate*, ist auf dem rechten Ufer der Ill, einem Nebenfluß des Rheins, entstanden, und zwar in einer ausgesprochen wasserreichen Umgebung. Die den kaum 2 km von Rhein entfernten Siedlungsplatz umgebende Ebene war von zahlreichen Wasserläufen durchzogen und deshalb Überschwemmungen ausgesetzt. Erst das Anwachsen anthropogener Ablagerungen hat nach und nach die ant. Stadt vor Hochwasser geschützt.

Siedlungstätigkeit im Gebiet von S. gab es bereits vor der röm. Okkupation, sie war jedoch nicht eindeutig strukturiert, da die natürlichen Gegebenheiten kaum für eine dichte und dauerhafte Besiedlung geeignet waren. Der früheste Nachweis für die Anwesenheit des Menschen reicht bis ins Neol.

zurück. Für die EZ sind vereinzelte Spuren bezeugt, v. a. im W (Königshofen), und zwar in Gestalt einiger Pfostenbauten, Gruben und Bestattungsplätze. Es waren allemal die Römer, die als erste versuchten, die Umwelt umzugestalten und für eine langfristige Besiedlung geeignet zu machen.

a. Die frühröm. Militärlager (1; 3). Eine Nachricht bei Florus (II,30), derzufolge → Drusus im Zuge der Eroberung Germaniens *castella* entlang des Rheins eingerichtet habe, wurde von der Geschichtsforsch. gern im Sinne einer sehr frühen Stationierung der *Ala Petriana* (CIL XIII 11605) an der Stelle von S. in Anspruch genommen. Wenn auch allg. zugestanden wird, daß diese Truppe tatsächlich in S. stationiert war, so ist doch kaum wahrscheinlich, daß dies schon in frühaugusteischer Zeit geschehen ist (11).

Die ältesten Spuren, die sich möglicherweise mit einer milit. Okkupation verbinden lassen, wurden unter der Place de l'Homme de Fer sowie im SO der ovalen Siedlungsinsel freigelegt (Abb. 2). Demgegenüber hat die als ‚Istra' bezeichnete, im alten hist. Zentrum (Rue des Juifs/Judengasse, Rue des Charpentiers/Zimmerleutgasse) gelegene Grabungsstelle die ersten unzweifelhaft einem Militärlager zuzuordnenden Strukturen erbracht (Abb. 3). Das unter → Tiberius errichtete Verteidigungssystem stellt sich als ein doppelter Graben dar, der einer mit einer Palisade befestigten Böschung vorgelagert war. Der Wall *(agger)* war über einem Flechtwerk aus Holz errichtet. Die Ausdehnung des Lagers ist nicht bekannt. Höchstwahrscheinlich war die *legio II Augusta* in diesem Lager untergebracht, zumindest vor dem evtl. Abzug der Truppen nach Brit. in den 40er J. Für den Zeitraum des sich anschließenden halben Jh.s hat man, gestützt auf wenige Ziegelstempel, auf Anwesenheit der Legionen *IIII Macedonia*, *XIIII Gemina* und *XXI Rapax* geschlossen. Diese Hypothesen sind inzw. aufgegeben

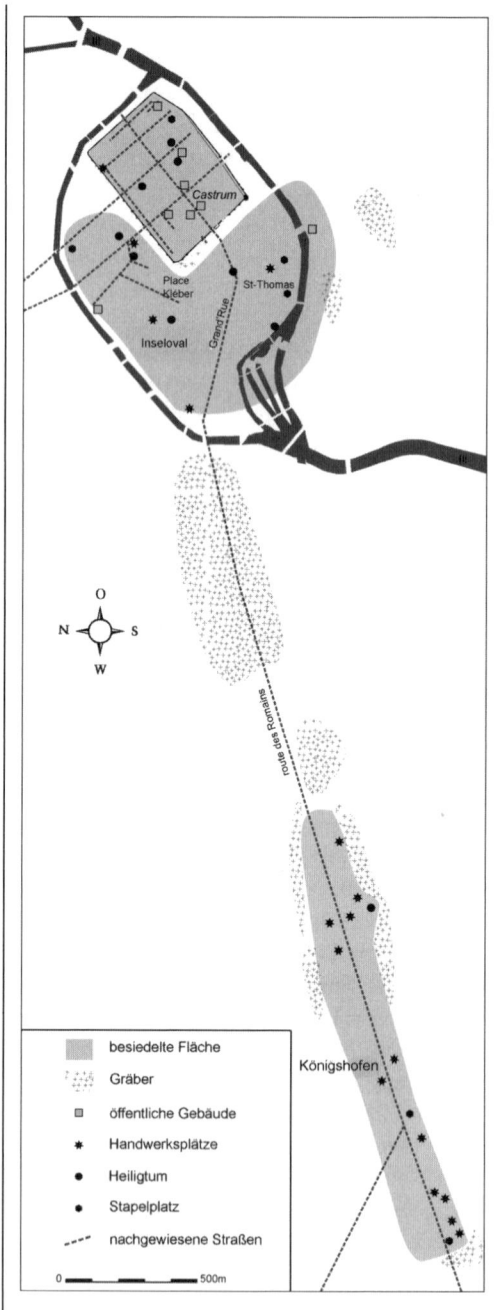

Abb. 2. Ant. Besiedlung Straßburgs vom 1.–5. Jh.

worden, denn es kann als sicher gelten, daß man nicht eigens ein neues Lager errichtet hätte, sofern Vexilationen dieser Legionen

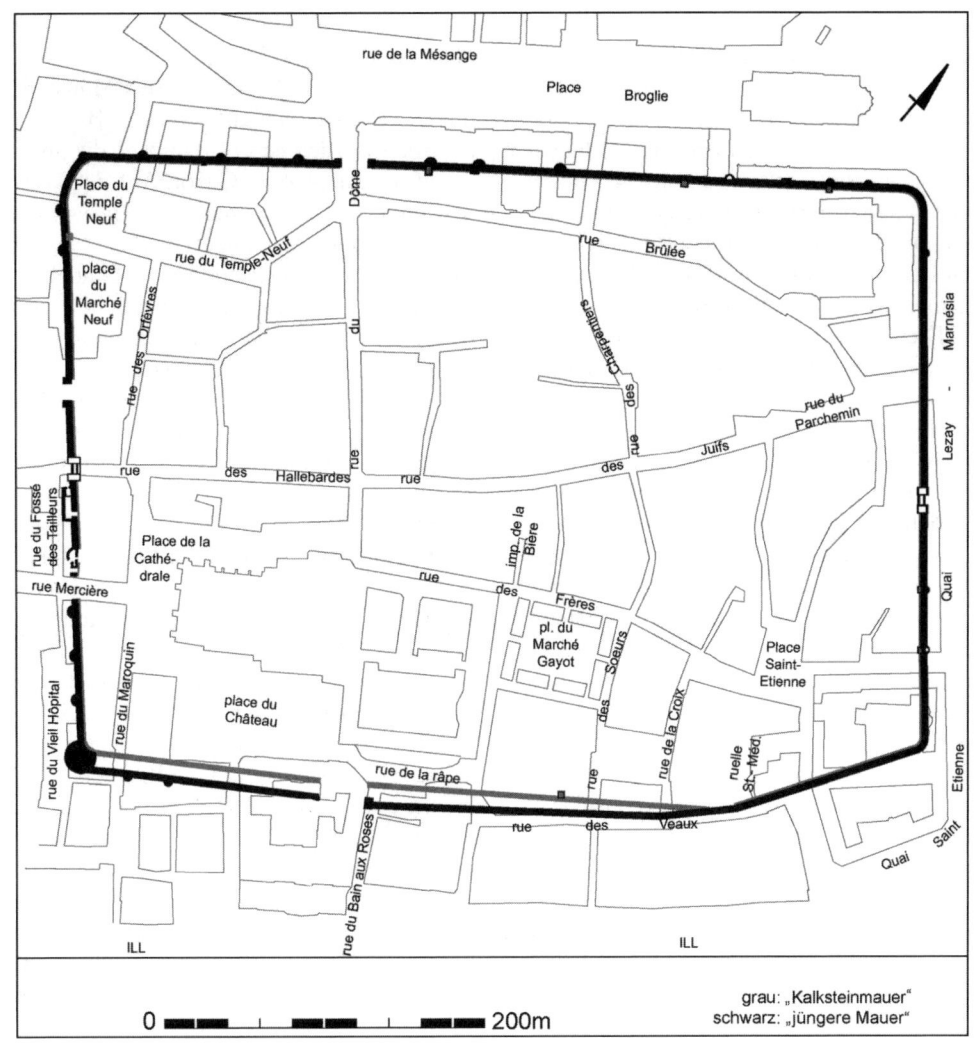

Abb. 3. Straßburg in röm. Zeit

sich möglicherweise für kurze Zeit hier aufgehalten hätten. Man muß folglich annehmen, daß der Platz von S. zw. dem Abzug der *legio II Augusta* und dem Eintreffen der *legio VII Augusta* in keiner Weise milit. besetzt war. Reddé hat gezeigt, daß die VIII. Legion in den J. zw. 80 und 90 n. Chr. ihr Lager in Mirebeau in Burgund aufgegeben hat, um ein neues in S./*Argentorate* zu beziehen (10). Dieses Lager wurde innerhalb des inselartigen Ovals am Ufer der Ill errichtet.

Seine Umwehrung stellt sich in ihrem ersten Bauzustand als eine Aufschüttung von Erde dar, die im Innern durch Pfähle und übereinandergeschichtete Holzlagen verstärkt war; die Front war innen und außen mit Rasensoden verkleidet. Der Wall wies einen trapezförmigen Querschnitt auf, bei jeweils 4 m Hh. und Basisbreite. Ein V-förmiger Graben verlief 1 m vor der Front, und eine Palisade sowie Türme aus Holz vervollständigten das Befestigungssystem. Die festgestellten Bauteile lassen die Annahme zu, daß das Lager bereits zu dieser Zeit seine endgültige Größe von etwas mehr als 19 ha erreicht hatte (Abb. 2).

Dieses Holz-Erde-Lager ist alsbald in Stein umgebaut oder vielmehr vervollständigt worden, und zwar durch eine Mauer, von welcher lediglich das aus vulkanischem Gestein vom Kaiserstuhl bestehende Fundament von 1,2 m Br. erhalten ist.

Diese Mauer, von Forrer als ‚Basaltmauer' oder ‚älteste Steinmauer' bezeichnet, wurde vor dem Erdwall errichtet, der fortan wahrscheinlich die Aufgabe einer rückwärtigen Böschung übernahm. Diese erste Mauer wurde, so scheint es, schon bei der Errichtung wieder geschleift. Im Laufe des 2. Jh.s ersetzte eine zweite Mauer von 1–1,6 m Stärke das alte Befestigungssystem; sie bestand aus kleinteiligen Kalksteinen mit regelmäßig eingefügten Ziegellagen (‚ältere Steinmauer' bzw. ‚Kalksteinmauer') (Abb. 3). Sie wurde zum größten Teil direkt auf dem Fundament der ‚Basaltmauer' errichtet. Viereckige Türme mit Innenraum und 4 m Seitenlg. waren in die Kalksteinmauer eingefügt (7). Sie sprangen nach außen nur wenig vor; das bedeutet, daß auf der Rückseite der Erdwall der ersten Bauphase angeschnitten werden mußte, um ihre Errichtung zu ermöglichen. Dieser Wall hat übrigens nach wie vor als eine die Befestigung verstärkende Böschung gedient. Bis heute sind acht Türme und drei Widerlager im Innern bekannt. Der Graben vor der Wehrmauer wurde erneuert. Vier Tore, angezeigt durch massive Schichten von Quaderwerk, entsprachen den vier Ausgängen der *via principalis* und der *via praetoria*. Sie lagen in der Rue du Dôme/Münstergasse, der Rue des Hallebardes/Spießgasse, der Rue du Bain aux Roses und am Quai Lezay Marnésia. Ein weiteres Tor ist an der Place du Marché Neuf/Neuer Markt nachgewiesen.

Den Hauptteil des umwehrten Raumes nahmen Kasernenbauten ein (5). Den *principia* werden herkömmlicherweise Bauspuren zugerechnet, welche an der Kreuzung der Hauptstraßen des Lagers festgestellt worden sind, in der Nähe also des Münsters, unter welchem ein aufwendiges Bauwerk ergraben worden ist (9). Baureste, die unter der Place du Marché Gayot/Auf dem verbrannten Hof beobachtet wurden, werden dem *valetudinarium* zugeschrieben. Selbst wenn das nicht gesichert ist, so handelt es sich zumindest um ein öffentliches Gebäude. Es weist, wie alle Elemente der → *principia,* mehrere Bauphasen auf, die mindestens bis zum 3. Jh. reichen. Eine Ansammlung von Backöfen aus dem 2.–3. Jh., vermutlich für den Bedarf der Legionstruppen, wurde beim Grenier d'Abondance ausgegraben.

Die wichtigsten Straßenachsen des Lagers und des → *vicus* sind heute noch erkennbar. Die Rue du Dôme/Münstergasse nimmt den Zug der Prinzipalstraße auf und setzt ihn außerhalb des Lagers in Richtung auf → Brumath fort; gleiches gilt in bezug auf die Praetorialstraße für die Rue des Hallebardes/Spießgasse und die Rue des Juifs/Judengasse sowie deren Fortsetzung in Richtung Saverne/Zabern (Abb. 3). Im Innern umzog die *via sagularis* das Lagerareal. Alle Straßen waren durch sukzessiv aufgetragene Kiesschichten befestigt und von Rinnsteinen begrenzt. Hafengebiete – im einzelnen schlecht nachgewiesen – weisen auf den Verkehr zu Wasser hin.

b. Die *canabae* und die Entwicklung der Zivilsiedlung. Die Besiedlung *extra muros* (Abb. 2) entwickelte sich v. a. innerhalb des Inselovals w. des Lagers, ausgehend von dessen unmittelbarer Umgebung (Place Kléber/Kleber-Platz, Grand' Rue/Langgasse) über mehrere hundert Meter entlang einer röm. Straße (Königshofen, heutige Route des Romains) (8). Die Besiedlung hat auch auf das rechte Ufer der Ill übergegriffen. Behausungen aus Holz und Lehm wurden schon früh im 1. Jh. errichtet; sie wurden nach und nach in gewissen

Bereichen (Inseloval) durch Steinbauten ersetzt (z. B. eine *domus* an der Place St-Thomas/Thomas-Platz). Es gab florierende Werkstätten, namentlich die Ziegelei der VIII. Legion im Gebiet von Königshofen. Bekannt sind mehrere Baureste von Thermen, so in der Rue du Puits/Brunnengasse und bei St-Thomas (Abb. 3). Der größte derartige Komplex findet sich indessen *intra muros* in der Rue du Dôme/Münstergasse. Wiederholt ist auch ein → Theater im N des Inselovals (Quai Kellermann) vermutet worden, freilich aufgrund sehr schwacher Indizien. In Königshofen wurde ein im 2. und 3. Jh. frequentiertes Mithräum (→ Mithras und Mithrazismus) ausgegraben. Auch wenn bisher kein unwiderlegbares Zeugnis für einen Tempel zutage gekommen ist, so bezeugen Altäre und Weihesteine (→ Weihedenkmäler) in breiter Streuung die Ausübung verschiedener und zahlreicher Kulte.

Die Versorgung mit Wasser innerhalb des Siedlungsgebietes basierte auf zahlreichen Brunnen. Im 2. Jh. und bis zu einem unbekannten Zeitpunkt wurde sie ergänzt durch ein Aquädukt, und zwar in Gestalt einer doppelten Wasserleitung aus → Ziegeln – mit Stempeln der *LEG VIII AVG,* also ein Militärbau –, welche eine Quelle bei Kuttolsheim, etwa 20 km w. von S., anzapfte. Das Wasser wurde wahrscheinlich auf mehrere Zielpunkte in der Stadt verteilt und versorgte Brunnen sowie private und öffentliche Thermen (→ Wasserversorgung § 2).

Die Bestattungsplätze, außerhalb der Siedlungsareale angelegt, erstreckten sich hauptsächlich entlang der Straße nach W hin (Abb. 2), jenseits der *suburbia* (Königshofen, Faubourg National). Die Bestattungen bieten eine breite Palette von Erscheinungsformen: Brandbestattungen, Sarkophage aus Stein oder Blei, Körperbestattungen in freier Erde. Sechs Mausoleen sind nachgewiesen. Die Grabsteine wurden oft im 4. Jh. für die Errichtung der Befestigungsmauer wiederverwendet. Die Lage der Bestattungsareale veränderte sich im Laufe der röm. Zeit kaum, abgesehen von einigen isolierten Gräber nahe der Befestigung im SW. Im gesamten Stadtgebiet lassen sich gegen 150 Gräber der Per. des 3.–5. Jh.s zuweisen.

c. Der befestigte Platz und die Stadt der Spätant. Bis zur Spätant. bleibt die Stadt in den Schriftqu. ohne Erwähnung, selbst wenn sie den ant. Autoren bekannt gewesen sein dürfte. Erst der Sieg → Julians über die Alam. im J. 357, den er auf dem Gebiet der Stadt errungen hat, verschaffte ihr ein gewisse Bekanntheit. Während der spätröm. Zeit wurde die Befestigung des 2. Jh.s fast auf ihrer ganzen Länge durch eine weitere Mauer verstärkt (4); einige wenige arch. Indizien datieren diesen Vorgang in die J. zw. 320 und 350 n. Chr. Vermutlich steht er im Zusammenhang mit dem neuen Status als → *civitas,* den *Argentoratum* auf Kosten von Brumath/*Brocomagus* erlangt hatte. Dabei bleibt verwunderlich, daß eine Stadt, die in der Verwaltungsordnung einen solchen Aufschwung genommen hat, nicht mit einer von Grund auf neuen Mauer nach dem Muster der anderen Stadtbefestigungen in Gallien und den germ. Prov. versehen wurde.

Die spätant. Befestigung ersetzte nämlich nicht die vorhergehende, sondern verstärkte sie lediglich, indem sie sich an sie anlehnte und verdoppelte, ja stellenweise verdreifachte. Der spätant. Mauerring folgte durchweg dem rechteckigen Grundriß des vorherigen, schloß damit fast 20 ha Fläche ein, bei einem Umfang von 1 750 m. Mit diesen Ausmaßen ordnet sich das *castrum* von S. unter die befestigten Plätze größerer Dimension ein.

Die Stadtmauer von S./*Argentoratum* („jüng. Mauer" nach Forrer) wurde errichtet aus rötlichem Sandstein aus den Vogesen, und zwar auf einem Fundament aus massiven Steinlagen. Dieses war auf einem Rost von in den Boden eingerammten Pfählen gegründet (Quai Lezay Marnésia) und wurde von einem Sockel überragt, in welchem an zahlreichen Stellen Steinmaterial aus abgerissenen Bauten sowie Grabsteine verwendet worden waren. Das Aufgehende war mit kleinteiligem, sorgfältig ausgeführtem, jedoch nicht mit Ziegelbändern durchschossenem Mauerwerk verkleidet, war im Durchschnitt 2 m br. und wird auf eine Hh. von annähernd 10 m geschätzt. Die Stärke der Mauer war nicht gleichmäßig, sondern schwankte manchmal auf geringer Distanz zw. einfacher und doppelter Stärke, was auf eine gewisse Heterogenität bei der Erbauung hinweist.

Die Türme waren ebenso wie die Kurtinen auf Pfahlroste gegründet und wiesen in der Regel einen halbrunden Grundriß auf. Sie ruhten auf einer starken Schicht aus Werksteinen, oft in Form von Spolien. Ihr Dm. schwankte, ebenso ihr Vorsprung vor die Mauerfront (2–3,6 m) sowie der Abstand zw. zwei Türmen (25–50 m). Der Turm an der S-Ecke ist der einzige freigelegte, jedenfalls wurden Reste von Spolienmauerwerk so interpretiert (Dm. 20 m). Zumindest einige Türme besaßen einen Innenraum ab dem Erdgeschoß, und ihr Mauerwerk war durch ein innenliegendes Balkengerüst mit den Kurtinen verbunden. Beim Grenier d'Abondance und in der Rue du Fossé des Tailleurs hat man auch rechteckige Türme gefunden; sie haben möglicherweise als Geschützplattformen gedient. Insgesamt sind 27 Türme oder Bastionen bekannt, welche die Befestigungsmauer flankierten. Sie müssen die Kurtinen um mehrere Meter überragt haben und waren – wenn man einer *Argentoratum* darstellenden Vignette in einer ma. Abschrift der → *Notitia Dignitatum* glauben darf – mit kegelförmigen Dächern versehen. Die sw. Front scheint die am besten ausgebaute gewesen zu sein, mit bes. kurzen Turmabständen und bes. umfänglichen Türmen. Dieser eindrucksvolle Abschnitt der Mauer bot sich den von S zu Land oder zu Wasser ankommenden Reisenden zuerst dar.

Die Böschung im Innern, begründet durch den Holz-Erde-Wall der ersten Befestigungsper., bestand noch immer; sie wurde mehrmals durch Anschüttungen erhöht, um die Mauer durch Anböschen zu stabilisieren, womöglich auch, um einen Rundweg im Innern zu gewährleisten, ebenso wie Zugänge zum Wehrgang, der ohne Zweifel oben auf der spätant. Wehrmauer verlief.

Der spätröm. Befestigungsring wies fünf oder sechs Tore auf. Die Tore der Mauer des 2. Jh.s waren restauriert worden, dabei sind ihre Durchfahrten durch vorgeblendetes Mauerwerk verengt worden. Eines der Tore, wahrscheinlich das von Hatt als solches angesprochene rätselhafte Mauerwerk, wird noch in einer Urk. des Bf.s Werner von 1003 erwähnt und als *porta occidentalis* bezeichnet – ein Beweis unter anderen für das Weiterbestehen des spätant. Verteidigungssystems während des MA. Zu diesen regulären Mauerdurchlässen kamen poternenartig enge Durchlässe durch Türme oder Kurtinen. Einer von ihnen konnte nachgewiesen werden, und zwar im Turm in der Rue du Fossé des Tailleurs.

Mehrere Grabensysteme verstärkten den Befestigungsring. Die Gräben wiesen häufig ein V-förmiges Profil auf und waren zuweilen mit Holz ausgekleidet (Rue Brulée, Quai Lezay Marnésia). Die sw. Mauerfront wies noch eine weitere Besonderheit auf, in Gestalt nämlich einer Folge von Eintiefungen, von denen eine einen ebenen Boden und eine Br. von 20 m aufwies. Forrer zufolge wurde dieses Grabensystem überspannt von einer Brücke, von der er einen mit dem Tor in der Rue des Hallebardes/Spießgasse verbundenen Bogen glaubte erkennen zu können (*pons Sellatorum* nach einer Urk. des 8. Jh.s).

Das Straßennetz der Spätant. setzte teilweise das der Prinzipatszeit fort. Die Wege wurden wieder befestigt, und die

Hauptstraßen haben Spuren von Pflasterung erkennen lassen, namentlich die *via praetoria*. In gleicher Weise wurde auch die alte *via sagularis* neu aufgeschüttet und gepflastert, zumindest stellenweise (St-Etienne). Sie wies eine Br. von 8 m und etwa 10 sukzessive aufgebrachte Schichten auf (Grenier d'Abondance) und verlief in 10–15 m Abstand von der Mauerfront. Aus den Grabungen lassen sich mindestens fünf Straßen zweiter Ordnung erkennen, die parallel zu den beiden Hauptachsen verliefen. Das Straßennetz der ma. Stadt bewahrte die Trassen der ant. Straßen bis heute und damit auch die *insulae*, die den Raum zw. den Straßen in ziemlich regelmäßiger Form einnehmen.

Es ist schwierig, unter den wenigen erfaßten arch. Befunden Siedlungselemente von milit. und zivilem Charakter zu unterscheiden. Es besteht nicht einmal Gewißheit über den generellen Charakter des befestigten Platzes (milit., zivil oder gemischt). Allenfalls können Spuren rings um die *via sagularis*, im *intervallum*, als solche von Kasernenbauten gedeutet werden, die einen die Stadtmauer verdoppelnden Gürtel bildeten.

Eine Anzahl von ält. Gebäuden wurde auch in der gesamten Spätant. weiterbenutzt. Mehrere arch. Unters. haben erkennen lassen, daß man sich beim Bau der Häuser verschiedener Techniken bediente; man findet Terrazzo-Fußböden (Place du Château/Schloßplatz) ebenso wie Fachwerk-Wände auf Steinsockeln (Rue des Juifs/Judengasse) oder mit Ziegelschichten durchschossene Wände aus Handquadern (Rue Brulée/Brandgasse). Dennoch ist es über diese Feststellungen hinaus schwierig, das Aussehen der Bebauung sowohl innerhalb wie außerhalb der Mauern zu charakterisieren. Man findet im übrigen auch öffentliche Gebäude, wahrscheinlich *horrea* (Rue Thomann/Thomannsgasse, Rue Marbach/Marbachgasse, Ruelle St-Médard); jedoch waren die Fundschichten zu stark abgetragen, um gesicherte Feststellungen über das 3. Jh. hinaus zu erlauben, abgesehen von den Bauresten selbst. So hat auch der alte *vicus* von Königshofen keinerlei greifbare Spuren der Besiedlung in der Spätzeit geliefert, was freilich nicht beweist, daß er aufgegeben worden ist. Dennoch erlaubt die Streuung schon früher aufgesammelten Fundmaterials, z. B. durch die Lokalisierung spätant. Keramik, einen ziemlich großflächigen Siedlungsbereich außerhalb der Mauern zu umreißen, der sich w. des befestigten Areals zw. der Rue de la Nuée Bleue/Blauwolkengasse und der Rue du 22 Novembre erstreckt.

Eine gemauerte Apsis von 11,6 m Br. ist, wenn man den Begleitfunden glauben darf, im 5. Jh. in der nö. Ecke der Befestigung erbaut worden (6). Sie scheint zu einem Gebäude vom Basilika-Typ gehört zu haben. Allg. erkennt man darin eine der ersten Kirchen von S., indessen läßt sich eine solche Funktion nicht von Anfang an erschließen. Ganz in der Nähe gefundene, recht aufwendige Baureste deuten eher darauf hin, daß es sich einfach um ein Wohnhaus handelt, vielleicht – wie es eine alte Überlieferung nahelegt – um die Residenz des *comes Argentoratensis*, der in der *Notitia Dignitatum* erwähnt wird. Damit stellt sich die Frage nach der Stelle der ersten Kirche in S. (2). Lediglich die lange zurückreichende gelehrte Überlieferung berechtigt zu der Annahme, daß der Platz der heutigen Kathedrale auch der des ersten christl. Kultbaues ist, dessen Errichtung im 14. Jh. dem Bf. → Arbogast, im 18. Jh. jedoch dem Kg. → Chlodwig zugeschrieben wurde. Von Historikern werden für die Lokalisation der ersten Kirche von S. unterschiedliche Orte in Betracht gezogen, jedoch ist es z. Zt. archäologisch nicht möglich, ihre Lage genau zu bestimmen.

Die heutige Stadt S. ist aus einem röm. Militärlager des 1. Jh.s n. Chr. entstanden, das mehrere Entwicklungsphasen bis zur spätröm. Per. durchlaufen hat. Die in seinem Umkreis entstandene Siedlung, bewohnt von Veteranen und in zunehmendem Maße ein Anziehungspunkt für die einheimische Bevölkerung, ist kontinuierlich gewachsen und hat *Argentorate* die Stellung einer regelrechten Stadt verliehen, hat → Brumath im Laufe des 4. Jh.s innerhalb der *Germania Ia* überflügelt und ist zum Bf.ssitz aufgestiegen. Die arch. Zeugnisse der Spätant. widerlegen die herkömmliche Vorstellung von einem Niedergang des Städtewesens. Die Stratigraphie hat keine greifbaren Nachweise für Zerstörungen geliefert, wie sie gemeinhin mit den Bevölkerungsverschiebungen dieser Epoche verbunden werden. Die Art der Bebauung hat sich verändert, aber die Stadt blieb – nicht zuletzt dank der kirchlichen Organisation – die ganze Spätant. und das Früh-MA hindurch bewohnt, auch wenn man z. Zt. nicht weiß, in genau welchem Umfang.

(1) J. Baudoux u. a., Carte Arch. de la Gaule 76/2, 2002. (2) B. Beaujard, R. Guild, Strasbourg, in: N. Gauthier (Hrsg.), Topographie chrétienne des cités de la Gaule des origines au milieu du VIIIe siècle 11, 2000, 45–61. (3) R. Forrer, Strasbourg-Argentorate: préhistorique, gallo-romaine et mérov. 2, 1927. (4) B. Gissinger, Recherches sur le site fortifié de Strasbourg durant l'Antiqu. tardive. Le castrum d'Argentoratum, 2002. (5) J.-J. Hatt, Découverte de vestiges d'une caserne romaine dans l'angle du Castrum d'Argentorate, Cahiers d'Arch. et d'Hist. d'Alsace 9, 1947–1951, H. 130, 1949, 257–276. (6) Ders., Les fouilles de l'église St-Etienne en 1959, Cahiers Alsaciens d'Arch., d'Art et d'Hist. 3, 1959, 39–55. (7) Ders., Découvertes et observations nouvelles sur les enceintes de Strasbourg, ebd. 13, 1969, 73–98. (8) E. Kern, Le vicus des Canabae. La problématique du faubourg de Strasbourg-Koenigshoffen, Caesarodunum 32, 1998, 201–215. (9) F. Pétry, E. Kern, Vestiges d'un important bâtiment romain à mosaïque sous la chapelle Saint-Laurent á la cathédrale de Strasbourg, Cahiers Alsaciens d'Arch., d'Art et d'Hist. 18, 1974, 63–74. (10) M. Reddé, Réflexions sur l'occupation militaire de Strasbourg et de Mirebeau au 1er siècle aprés J.-C., Jahresber. Ges. Pro Vindonissa 1997, 1998, 5–12. (11) Ders., L'hist. militaire de Strasbourg à la lumière des textes et des inscriptions, in: [1], 110–113.

B. Gissinger

Zum Namenkundlichen; zu S. in frk. Zeit → Straßburg, Bd. 30

Stráže

§ 1: Allgemein – § 2: Grabinhalte – § 3: Einordnung der Gräber

§ 1. Allgemein. Beim Dorf S. w. der Stadt Piešťany im Waagtal, W-Slowakei (heute: Krakovany-S., Bez. Trnava), wurden in den 1930er J. mehrere reich ausgestattete Gräber entdeckt. Sie sind – außer den Gräbern von → Czéke-Cejkov und → Osztrópataka/Ostrovany – die am weitesten sö. gelegenen → Fürstengräber der jüng. RKZ (Karte der Fürstengräber der späten RKZ: → Sakrau S. 323 Abb. 35; → Fürstengräber Abb. 26). Mit der Datierung in die Stufe C1b/C2 gehören sie zudem zu den ältesten dieser Gruppe. Wenige Generationen nach dem Ende der → Markomannenkriege entstanden, spiegeln die Beigaben, röm. Luxusgeschirr und zahlreiche Gegenstände aus Silber, und die Lage im nordpann. Limesvorland die engen Kontakte zum Röm. Reich. Die Zuordnung zur Elite der → Quaden folgt aus der zeitlichen Parallelität zur Schriftüberlieferung (→ Slowakei S. 120).

Die Beschreibung der mühsamen und turbulenten Bergung des Fundmaterials sowie die Gesch. der noch deutlich späteren Erwerbung weiterer Silbergefäße aus Grab II sind bei Ondrouch (8) und Svoboda (10) nachzulesen (auch 3; 5).

§ 2. Grabinhalte. Körpergrab I/1933: Lg. 3,5 m, T. 3,6 m; Bestattung wohl einer etwa 20jährigen Frau, wahrscheinlich in einem S–N ausgerichteten Kammergrab. Zu den Beigaben gehören: fünf silberne Fibeln und eine goldene Dreirollenfibel mit Filigran und Granulation; drei silberne Knopfsporen; eine Geschirrgarnitur aus Bronze (Kelle und Sieb, ein 14,4 cm hoher

→ Hemmoorer Eimer, eine Fußschüssel); weiterhin ein Tongefäß und zwei Stamnia aus Glas; fünf gleichartige halbkugelige Glasbecher mit Schliffverzierung (6, Taf. 138), datiert in die 2. Hälfte des 3. Jh.s (wie auch in Osztrópataka und im Frauengrab von Czéke-Cejkov); aus Bronze noch Messer, Schnalle und Schere; außerdem ein Beinkamm. Später wurden dem Grab noch weitere Silbergegenstände zugewiesen: ein Sieblöffelchen (→ Sieb), ein → Silberlöffel und eine Miniaturschere (verloren ist anscheinend ein goldener Halsschmuck: 8, 241); zu den Miniaturbeigaben aus Silber → Miniaturgeräte.

Körpergrab II/1939: wohl in etwa 10 m Entfernung von Grab I; Lg. 4 m, T. 4,5 m; Bestattung eines Mannes, wahrscheinlich in einem Kammergrab. Zu den Beigaben gehören: zwölf Fibeln, darunter zwei goldene Prunkfibeln mit Filigran- und Granulationverzierung, sog. Schmetterlingsfibeln (4, 418 f. Abb. 2 und 4; 8, Taf. 29–30); vier Sporen aus Silber (6, Taf. 107; 8, Taf. 31); eine Geschirrgarnitur aus Bronze (Kanne/Oinochoë und Griffschale mit Widderkopf am Griffende [8, Taf. 32–34], Sieb, zwei Schüsseln mit Ringhenkeln, ein Bronzekrug [8, Taf. 36–37]); dazu drei Holzeimer mit Beschlägen aus Bronze, ein Holzeimer mit Silberbeschlägen; weiterhin aus Silber ein Becher und eine Schüssel; dazu ein bronzener Dreifuß-Falttisch, 78,6 cm hoch (6, Taf. 105; 8, Taf. 38–39); außerdem kleinere Silbergegenstände; ein Terra-Sigilata-Teller; 38 Spielsteine aus Glaspaste (6, Taf. 94); Reste vom Pferdegeschirr und vier Pfeilspitzen (drei aus Bronze, eine aus Silber); Gürtelbeschläge aus Gold mit Preßblechverzierung (Punktbuckel, Hirschkuh) und Gürtelgehängen (8, Taf. 47); ein Kamm mit Silbernieten. Die germ. Gürtelbeschläge mit in Preßblechtechnik ausgeführten Tierfiguren sind im Stil nicht röm., sondern eher vergleichbar mit den seeländischen Arbeiten (8, Taf. 47.3; → Germanen, Germania, Germanische Altertumskunde § 38. Figürliche Kunst, S. 360 f. zu Grab II). Erst 1953 konnten aus Privatbesitz weitere Beigaben erworben werden, andere Stücke sind wohl noch immer verschollen (10, 7 ff. Abb. 1): eine Bronzekelle, was die Garnitur aus Kelle und Sieb vervollständigt (10, Abb. 2); eine ovale Silberschale (Gewicht 847 g; die Schale wird um 200 datiert, später sind Henkel angefügt) (10, Abb. 4–5); zwei silberne Henkel eines becherartigen Gefäßes (wohl noch aus dem 1. Jh.) (8, Abb. 13–14); ein silberner Becher/Skyphos mit ehemals zwei plattenartigen Henkeln und reichem Bildprogramm zum Dionysos-Bacchus-Kult (Hh. 8,3 cm, Gewicht 1 303,6 g; datiert 2. Hälfte 1. bis Anfang 2. Jh.; vgl. mit einem Skyphos aus Osztrópataka) (8, Abb. 18–24); eine breite Schale aus Silber, teilweise vergoldet, Verzierung aus vier Bukranien, gerahmt jeweils von Löwe und Löwin (Dm. 22,8–23,3 cm, Gewicht 1 130 g; datiert wohl Anfang des 2. Jh.s) (10, Abb. 32–37,42); großer flacher Teller oder Lanx aus teilweise vergoldetem Silber, mit szenischen Darst. auf dem flachen Rand und einer Szene in der Mitte (Dm. 45,7 cm, Gewicht 3 409 g; datiert entweder 1. Jh. v. Chr. oder Mitte 2. Jh. n. Chr.) (ausführlich dazu 10, 55–105, Abb. 44–47, 49, 52–56, 60; weitere Lit.: 1; 6, Taf. 95; 9; 12).

Brandgrab III/1940: zw. den Resten der Asche einer Frau befand sich ein bronzener Hemmoorer Eimer.

Nahebei wurden in einer Ziegelei zwei Körpergräber der VWZ gefunden, datiert um 400: Grab 1 mit einer Fibel aus Bronze und einem Spiegel aus Weißmetall; Grab 2 mit drei Gefäßen und einem Bronzekessel sowie Pferdeknochen (3).

§ 3. Einordnung der Gräber. Neben all dem röm. Importgeschirr in den Fürstengräbern wurde nur ein einheimisches Tongefäß in Grab I gefunden, datiert in die 2. Hälfte des 3. Jh.s (10, 107 mit Abb. 70).

Der Vergleich mit dem Fürstengrab von → Gommern bietet sich an, ebenso mit → Sakrau, → Czéke-Cejkov oder → Osztrópataka/Ostrovany, aber auch mit → Haßleben und → Leuna.

Grab II ist das ält. der beiden Fürstengräber, hat archaische Beigaben, so Kanne und Griffschale sowie Kelle und Sieb, den Terra-Sigillata-Teller und den Klapptisch sowie altes Tafelgeschirr mit eingeritzten Namen, was für die Datierung in die 260/70er J. spricht (entspr. dem Grab 1 von Osztrópataka). Das jüng. Grab I hat eine jüng. Garnitur aus Kelle und Sieb, zeitgenössische Gläser sowie die zweihenklige Flasche, die frühestens im ausgehenden 3. Jh. üblich wurde, was für die Datierung um 300 spricht (entspr. Grab 2 von Osztrópataka). Somit überspannen nach Krekovič die Gräber einen Zeitraum von 40–50 J. (7). Ondrouch (8) hatte die Gräber später, noch um 300 und ins frühe 4. Jh., datiert, aber auch von zwei Generationen gesprochen, während Svoboda (10) und Kolnik, dieser aufgrund seiner Studien zu den Prunkfibeln (4), einen früheren Zeitansatz bevorzugten, 2. Hälfte und spätes 3. Jh., mit Antiquitäten aus dem 2. Jh. (→ Przeworsk-Kultur C2: 260–um 300). Die Fibeln aus heimischen Werkstätten (4) stehen am Anfang der Entwicklungsreihe der Prunkfibeln, die in der 1. Hälfte des 3. Jh.s beginnt, was die Datierung der Gräber seit Mitte 3. Jh. möglich macht.

Die Gräber mit reichem röm. Import werden unmittelbar mit den aus der schriftlichen Überlieferung für dieses Gebiet nachgewiesenen Quaden parallelisiert: die Körperbestattungen liegen außerhalb der Brandnekropolen und sind mit den *nobiles* der quadischen Ges. zu verbinden (→ Quaden S. 634, 637). Einfälle der Quaden ins Röm. Reich werden für das späte 3. Jh. genannt (Paneg. Constantio Aug. dictus: *Pannoniae vastatae;* Hist. Aug. Trig. tyr. 10,1: *Regionalus ... multa fortiter contra Sarmatas gessit;* Eutropius IX, 8, 2: *Pannonia a Sarmatis Quadisque populata est*), aber auch Einfälle der → Wandalen, verbündet mit → Sweben und → Sarmaten, sind für 270 überliefert (12, 111). Offen bleibt also, wie die Elite von S. zu dem reichhaltigen, aber immer unvollständigen röm. Tischgeschirr gekommen ist, z. B. ist nur ein Skyphos eines üblichen Paares gefunden worden. Die wertvollen Gefäße sind kaum auf dem Weg des Handels in deren Besitz gelangt. Andere Möglichkeiten sind der Weg über → Geschenke, als Keimelia und polit. motivierte Gaben, der Gewinn über Raub und Plünderung oder als Mitbringsel von Söldnern, was verbunden wäre mit der Übernahme röm. Lebensweisen. Die eingeritzten Namen auf einigen der Silbergefäße zeigen, daß die Stücke aus verschiedenem Umfeld gewonnen worden sein müssen. Außerdem handelt es sich bei den meisten Gefäßen um Antiquitäten, die auch schon seit Generationen im Besitz ranghoher germ. Familien gewesen sein können und teilweise verändert oder nachgeahmt worden sind (s. auch 11; → Trinkgefäße und Trinkgeschirr). Statt röm. Geschenke (oder Beutegut) anzunehmen, die direkt über den Limes in das Gebiet der Quaden gekommen sind, kann deshalb auch die Möglichkeit berücksichtigt werden, daß innergerm. Austausch auf der Ebene der gleichrangigen Elite, zw. N und S erfolgt ist; denn vielfältige Kontakte der milit. Eliten jener Epoche untereinander sind überliefert. Diplomatische Geschenke nach 200 bzw. um Mitte des 3. Jh.s kennzeichnen wenige Generationen nach den Markomannenkriegen nun eine neue germ. Führungsschicht, hier wohl der Quaden.

Ein besondere Antiquität in Grab II ist die Lanx, deren Bildinhalte vielfach diskutiert worden sind (1; 2; 9; 10; 12) und die einst zwei Henkelplatten gehabt hat. Einer der Henkel ist inzw. in einer New Yorker Privatsammlung erkannt worden (1, 226 Abb. 1). Der Verbleib des zweiten Henkels ist offen. Ein episch-dramatischer Zyklus mit Kämpfen von Reitern und Fußkriegern vor den Mauern einer Stadt sowie Opferriten, gedeutet als Geschehen aus den Anfängen der Röm. Republik, bilden wesentliche Elemente des Bildschmucks. Wenn sich die Szenen auf das Gründungsjahr der Röm. Republik beziehen, bietet sich als Datierung die frühantoninische Zeit an (12). Die Lanx ist dann zum Fest des 900jährigen Jubiläums der Gründung Roms unter Antoninus Pius im J. 148 hergestellt worden. Kurz zuvor zw. 140–144 wurden Münzen des Antoninus Pius geprägt mit der Aufschrift REX QUADIS DATUS. Die Lanx gelangte danach wohl um die Mitte des 2. Jh.s in die Hand eines quadischen Kg.s (1, 225). Es war Tradition, jeweils den neuen Kg. der Quaden von röm. Seite zu bestätigen. Zu den Keimelia an die vornehmsten Familien der Quaden gehörte Prunkgeschirr. Die röm. Geschenke waren Symbole der Partnerschaft, was die Quaden z. Zt. des Grabes von → Mušov zu Vorläufern des Foederatenstatus (→ foederati) machte (1, 226) und jetzt z. Zt. der Gräber von S. tatsächlich zu Foederaten.

(1) J. Bouzek, Die große Lanx von S. bei Piešťany und der Klientelstaat der Quaden, in: Zw. Rom und Barbaricum (Festschr. T. Kolník), 2002, 225–228. (2) J. Dekan, Apoteóza slobody na antickej mise zo Stráží, 1979. (3) Filip, Enzykl. Handb. II, 1391 f. (4) T. Kolník, Honosné spony mladšej doby rímskej vo svetle nálezov z juhozápadného Slovenska (Prunkfibeln der jüng. Kaiserzeit im Lichte der swslowakischen Funde), Slovenská Arch. 12, 1964, 409–438, dt. 439–446. (5) Ders., Prehľad a stav bádania o dobe rímskej a sťahovania národov (Übersicht über den Stand der Erforschung der RKZ und VWZ), ebd. 19, 1971, 449–558. (6) Ders., Röm. und germ. Kunst in der Slowakei, 1984 mit Taf. 94–105 und 107. (7) E. Krekovič, Zur Datierung der Fürstengräber der RKZ in der Slowakei, in: Probleme der relativen und absoluten Chron. ab der LTZ bis zum Früh-MA. Materialien des 3. Intern. Symp.s, 1992, 55–68. (8) V. Ondrouch, Bohaté hroby z doby rímskej na Slovensku. Novšie nálezy (Reiche römerzeitliche Gräber in der Slowakei. Neuere Funde), 1957, dt. 233–253, II. Fürstengräber 240–253. (9) E. Simon, Die Lanx von S., Anodos. Studies of Ancient World 1, 2001, 197–208. (10) B. Svoboda, Neuerworbene röm. Metallgefäße aus S. bei Piešťany, 1972. (11) J. Wielowiejski, Die römerzeitlichen Silbergefäße in Polen. Importe und Nachahmungen, Ber. RGK 70, 1989 (1990), 191–241. (12) C. Wölfel, Die Lanx von S., in: H. H. von Prittwitz und Gaffron, H. Milsch (Hrsg.), Das Haus lacht vor Silber. Die Prunkplatte von Bizerta und das röm. Tafelgeschirr, 1997, 153–167.

H. Steuer

Süntel. Historisch. Unter der Bezeichnung ‚Süntelschlacht' verbirgt sich eine milit. Auseinandersetzung des J.es 782, in der sächs. Verbände einen bedeutenden Sieg über ein frk. Kontingent am S.-Gebirge errangen. Über das Gefecht liegen Erzählungen in den frk. „Reichsannalen" sowie deren Neufassung, den sog. „Einhard-Annalen" (→ Einhard), vor (1, 61. 63; 2, 42–45). Die Darst. der beiden Jb. zum Schlachtenhergang weichen jedoch an einer entscheidenden Stelle voneinander ab. Während die „Reichsannalen" den Ereignissen nur wenige Worte widmen und die frk. Niederlage am S. in einen Sieg ummünzen, lassen die „Einhard-Annalen", denen wir eine ausführliche Wiedergabe der Geschehnisse am S. verdanken, die Sachsen als Sieger aus der Schlacht hervorgehen (8, 150 f. 156 f.).

Zunächst eröffnen die „Reichsannalen" den Ber. des J.es 782 mit der Nachricht, daß → Karl der Große eine Reichsversammlung an den Lippequellen abhielt, zu der ‚alle Sachsen außer dem aufständischen Widukind' erschienen waren (1, 61; 14, 187). Nach den Lorscher Ann. wurde dort die Einsetzung von Grafen in Sachsen beschlossen, was einen weiteren Schritt zur Eingliederung Sachsens in das Frankenreich bedeutete (7, 48 f.; 11, 59; 14, 187). Die „Einhard-Annalen" ergänzen, daß im selben J. die Sorben (→ Limes Sorabicus) ‚ins Gebiet der ihnen benachbarten Thüringer und Sachsen' eingefallen sind und daß Karl auf diese Nachricht hin drei seiner Beamten befahl, mit einem Heeresaufgebot aus Franken und Sachsen gegen die Sorben zu ziehen (2, 42 f.; 3, 427 f.; 11, 66). Als der Kämmerer Adalgis, der Marschall Geilo sowie der Pfalzgraf Worad im sächs. Gebiet eintrafen, um die versprochene Verstärkung zu empfangen, erhielten sie die Kunde von einem erneuten sächs. Aufstand (3, 430; 5, 174; 14, 188). Darauf hin wandten sie sich nicht gegen die Sorben, sondern zogen zu dem Ort, an dem die Sachsen sich versammelt hatten. Des weiteren nennen die „Einhard-Annalen" einen Grafen Theoderich, *propinquus regis,* der, nachdem er von dem Aufstand hörte, mit ripuarischen Truppen nach Sachsen eilte, um den anderen drei Heerführern zu Hilfe zu kommen (8, 145 f. 150 f.). Theoderichs Vorschlag, zunächst die Lage zu erkunden und ‚falls die Beschaffenheit des Ortes es zulasse' gemeinsam gegen den Feind vorzugehen, fand allg. Zustimmung (2, 45). Die Ann. betonen, daß die beiden Heeresgruppen nun vereint zum S.-Gebirge *(ad montem, qui Suntal appellatur),* auf dessen N-Seite die Sachsen lagerten, vorrückten (1, 61. 63; 2, 44 f.; 5, 175; 14, 188; abweichend 8, 146: „... auf jeden Fall aber blieben die Heere durch die Weser getrennt"). Während Theoderich ‚an jenem Ort' sein Lager aufgeschlagen hatte *(In quo loco Theodericus castra posuisset),* setzten die anderen Heerführer, wie zuvor vereinbart, über die Weser ‚um so den Berg leichter umgehen zu können' *(quo facilius montem circumire possent).* Durch ein solches Manöver hätte man die Sachsen von zwei Seiten angreifen können. Da Adalgis, Geilo und Worad jedoch befürchteten, daß bei einem erfolgreichen Ausgang des Unternehmens Theoderich der alleinige Ruhm zugesprochen würde, wagten sie, ohne das Aufgebot des Grafen abzuwarten, den Angriff auf das sächs. Lager. Das unbesonnene Vorgehen der Befehlshaber endete in einem Desaster: die frk. Abteilung wurde von den gut aufgestellten Sachsen umzingelt und fast zur Gänze vernichtet. Adalgis, Geilo, vier Grafen sowie zwanzig weitere ‚hervorragende und edle Männer' waren gefallen. Diejenigen, die sich retten konnten, waren über den Berg in Theoderichs Lager geflohen.

Jene Schilderung des Einhard-Annalisten läßt sich nicht ohne weiteres mit den naturräumlichen Gegebenheiten in Einklang bringen. Daß die Bezeichnung S. in ma. Zeit und bis ins 19. Jh. hinein für das ganze Weser- und Wiehengebirge und nicht wie heute nur für einen kleinen Gebirgszug n. Hameln auf der rechten Weserseite stand (5, 175 f.; 14, 188), erschwert eine genaue Lokalisierung des Schlachtenortes. Zudem bietet die erwähnte Weserüberquerung der drei Anführer einerseits Raum für weitere Spekulationen über den genauen Hergang und Anmarschweg der Truppen (vgl. bes. 5, 174–187; 8, 144 ff.; zusammenfassend 14, 189), andererseits läßt sie die Möglichkeit zu, daß das Aufeinandertreffen der Gegner im Wiehengebirge w. der Porta Westfalica stattgefunden hat (vgl. bereits 3, 432 mit Anm. 2; 8, 146; 13, 326).

Zwar nennen die „Einhard-Annalen" → Widukind als Verantwortlichen für den Aufstand von 782 (1, 63; 2, 43), doch ist nicht mit Sicherheit festzustellen, ob er auch die siegreichen Sachsen am S.-Gebirge anführte (→ Widukind S. 583). Ebenso offenbleiben muß, ob die detaillierten Kenntnisse des Annalisten auf einem Ber. des Grafen Theoderich beruhen, wie vermutet worden ist (8, 157 mit Anm. 32; 9, 35 mit Anm. 55; 14, 188); überdies hat sich der Schreiber bei seiner Darst. an klass. Schlachtschilderungen orientiert (5, 180 mit Anm. 59).

Demgegenüber verlieren die „Reichsannalen", deren Ber. einige Widersprüche aufweist, an Glaubwürdigkeit (8, 156 mit Anm. 28). So ist es etwa nicht einsichtig, weshalb Karl, nachdem er Kunde von dem angeblich frk. Sieg am S. erhielt, in aller Eile Truppen zusammenzog und zu einem Vergeltungszug nach Sachsen aufbrach (2, 44 f.; 14, 190). Der Feldzug Karls, über den auch die „Einhard-Annalen" berichten, endete mit einer kurzzeitigen Unterwerfung der

Sachsen und der Auslieferung von angeblich 4 500 Aufständischen, die Karl in Verden an der Aller hinrichten ließ (5, 189 ff.; 8, 149 ff.; 12; 14, 190 f.).

Für die Schlacht am S. bleibt hervorzuheben, daß es den Sachsen hier zum ersten Mal gelang, ein frk. Heer in einer offenen Feldschlacht zu besiegen.

Qu. (1) Ann. regni Francorum, hrsg. von F. Kurze MGH SS in usum schol. 10, 1895, Neudr. 1950. (2) Qu. zur karol. Reichsgesch. 1, hrsg. von R. Rau, (Ausgewählte Qu. zur dt. Gesch. Bd. 5), 1993.

Lit.: (3) S. Abel, Jb. des frk. Reiches unter Karl dem Großen I, bearb. von B. Simson, ²1888, Neudr. 1969. (4) G. Heimbs, Die Amelungsburg am S. und die Schlacht vom J. 782, Die Kunde 12, 1944, 5–22. (5) F. von Klocke, Um das Blutbad von Verden und die Schlacht am S. 782, in: W. Lammers (Hrsg.), Die Eingliederung der Sachsen in das Frankenreich, 1970, 151–204. (6) A. Lampen, Sachsenkriege, sächs. Widerstand und Kooperation, in: Ch. Stiegemann, M. Wemhoff (Hrsg.), 799. Kunst und Kultur der KaZ. Karl der Große und Papst Leo III. in Paderborn. Ausstellungskat. 1, 1999, 264–272. (7) M. Lintzel, Der sächs. Stammesstaat und seine Eroberung durch die Franken, 1933, Neudr. 1965. (8) Ders. Die Vorgänge in Verden im J. 782. Mit einem Exkurs: Die Schlacht am S., in: Ders., Ausgewählte Schr., 1. Zur as. Stammesgesch., 1961, 144 ff. 147–174. (9) H. Mühlner, Die Sachsenkriege Karls des Großen in der Geschichtsschreibung der Karolinger- und Ottonenzeit, 1937, Neudr. 1965. (10) R. Schieffer, Die Karolinger, ³2000. (11) Ders., Die Zeit des karol. Großreichs (714–887), Gebhardt Handb. der dt. Gesch. 2, 2005. (12) W. Schmitt, Das Gericht zu Verden 782, in: wie [5], 243–257. (13) B. Schneidmüller, „S., Schlacht am", in: Lex. des MAs 8, 1997, 326. (14) M. Springer, Die Sachsen, 2004.

Th. Fischer

Zum Namenkundlichen → Süntel, Bd. 30

Suomar (Alemannenkg. des 4. Jh.s). S. ist einer von über ein Dutzend alem. *reges,* die von → Ammianus Marcellinus in seinen *res gestae* namentlich genannt werden. Zum ersten Mal erwähnt Ammian S. in seiner Aufzählung der sieben alem. *reges,* die sich im Spätsommer 357 bei Straßburg zu einem milit. Zweckbündnis zusammenschlossen und dem Caesar → Julian entgegentraten (1, XVI 12,1; 6, 32; 9, 141). Die Schlacht endete für das alem. Truppenaufgebot mit einer verheerenden Niederlage und → Chnodomar und → Serapio, unter deren milit. Führung die Alem. standen, gerieten in Gefangenschaft (6, 33 f.; 12, 667). Da in Ammians ausführlichem Schlachtenbericht nur von Chnodomar und Serapio die Rede ist (1, XVI 12; 8, 46 ff.), ist vermutet worden, daß S. und die vier weiteren genannten Kg. → Vestralp, → Urius, → Ursicinus und → Hortar nicht persönlich an der Schlacht teilgenommen haben, sondern die alem. Koalition durch die Entsendung von Hilfstruppen unterstützt haben (10, 45. 188; 16, 395. 401). S. ist wenig später ebenso wie die anderen vier *reges* in seinem Gau nachzuweisen. Als Julian im J. 358 zum zweiten Mal mittels einer Schiffsbrücke über den Rhein zog, unternahm er einen Vorstoß in das transrhenanische Gebiet (1, XVII 10,1; 3, 14; 13, 260). Da der Rheinübergang wohl s. von Mainz vollzogen wurde, mußte S., dessen Herrschaftsgebiet in der Maingegend zu lokalisieren ist, damit rechnen, als erster angegriffen zu werden (1, XVIII 2,8; 10, 54 mit Anm. 196; 13, 256). Angesichts dieser Bedrohung entschloß sich S., dem nur zögernd vorrückenden Heer entgegenzuziehen, um seine freiwillige Unterwerfung anzubieten. Julian stimmte einem Friedensvertrag zu (1, XVII 10,3 f.). Zu den Bestimmungen eines solchen Vertrages gehörte stets eine Vereinbarung über die Rückführung von Kriegsgefangenen (2, 41; 10, 57). Im Gegensatz zu Hortarius, gegen den sich Julian anschließend wandte und dessen ‚Land bis zur Vernichtung verwüstet worden war' (1, XVIII 2,9), weil dieser sich zunächst nicht unterworfen hatte, wurde S. darüber hinaus verpflichtet, den röm. Truppen Lebensmittel zu liefern. Nach Ammian soll er für das Gelieferte wie ein gewöhnlicher Unternehmer Quittungen erhalten haben (1, XVII 10,4; 2, 40; 8, 49). Daß solche Friedensverträge „eine engere Bindung der betreffenden Stämme an das Imperium" (2, 41 f.) bewerkstelligen konnten, macht eine Episode deutlich, die Ammian bezüglich Julians drittem Rheinübergang (359), der die Unterwerfung der noch übrigen Gebiete zum Ziel hatte, schildert: Als der *praefectus praetorio* Florentius und der *magister militum* Lupicinus Julian vorschlugen, den Fluß an einer Stelle zu überqueren, die dem Gebiet des S. gegenüberlag, widersprach der Caesar ,aufs energischste, mit dem Hinweis, man dürfe den Fuß nicht in das Land der Völker setzen, mit denen man in Frieden lebe' (1, XVIII 2,7; 15, 261). S. wiederum, der von den bedrohten Alem. aufgefordert wurde, die Römer an der Flußüberschreitung zu hindern, lehnte dies mit der Begründung ab, ,er alleine könne keinen Widerstand leisten' (1, XVIII 2,8; 10, 59; 16, 396). Diese Haltung belohnte Julian damit, daß er an einer anderen Stelle über den Rhein zog. Jene Begebenheit stellt gleichzeitig die letzte Erwähnung des S. dar.

Qu.: (1) Amm., Rerum gestarum libri qui supersunt, hrsg. von W. Seyfarth, 1978.

Lit.: (2) P. A. Barceló, Roms auswärtige Beziehungen unter der Constantinischen Dynastie (306–363), 1981. (3) B. Behr, Das alem. Hzt. bis 750, 1975. (4) H. Castritius, E. Schallmayer, Ks. Julian am obergerm. Limes in den J. 357 bis 359 n. Chr., in: W. Wackerfuß (Hrsg.), Beitr. zur Erforschung des Odenwaldes und seiner Randlandschaften 6, 1997, 1–16. (5) O. Feger, Zur Gesch. des alem. Hzt.s, in: W. Müller (Hrsg.), Zur Gesch. der Alem., 1975, 151–222. (6) D. Geuenich, Zur Landnahme der Alem., Frühma. Stud. 16, 1982, 25–44. (7) Ders., Ein junges Volk macht Gesch. Herkunft und „Landnahme" der Alam., in: Die Alam. Austellungskat., 1997, 73–78. (8) Ders., Gesch. der Alem., 1997. (9) Ders., H. Keller, Alam., Alamannien, alam. im frühen MA. Möglichkeiten und Schwierigkeiten des Historikers beim Versuch der Eingrenzung, in: H. Wolfram, A. Schwarcz (Hrsg.), Die Bayern und ihre Nachbarn 1, 1985, 135–157. (10) St. Lorenz, Imperii fines erunt intacti. Rom und die Alam. 350–378, 1997. (11) PLRE I, 861, s. v. Suomarius. (12) I. Runde, Die Franken und Alem. vor 500. Ein chron. Überblick, in: D. Geuenich (Hrsg.), Die Franken und die Alem. bis zur ,Schlacht bei Zülpich' (496/97), 1998, 656–690. (13) Schmidt, Westgerm., Neudr. 1970. (14) K. F. Stroheker, Die Alam. und das spätröm. Reich, in: wie [5], 20–48. (15) Wenskus, Stammesbildung, Neudr. 1977. (16) Th. Zotz, Die Alem. um die Mitte des 4. Jh.s nach dem Zeugnis des Ammianus Marcellinus, in: wie [12], 384–406.

Th. Fischer

Zum Namenkundlichen → Suomar, Bd. 30

Superstratsprachen

§ 1: Begriffsgeschichte – § 2: Sprachkontakt und Superstratsituation – § 3: Sprachhistorische Beurteilung von Superstratwörtern

§ 1. Begriffsgeschichte. Eingeführt wurde der Begriff *Superstrat* 1932 durch den Romanisten Walther von Wartburg als Gegensatzbildung zu älterem *Substrat* im Zusammenhang mit Fragen germ.-roman. Sprachkontakts in Spätant. und frühem MA (16, 111 Anm. 46; 4, 9): Zuwanderer, hier in den roman.sprachigen Gebieten des alten *Imperium Romanum* sich ansiedelnde germ. *gentes* wie → Franken, → Westgoten und → Burgunden in der Galloromania, → Goten und → Langobarden in der Italoromania, Westgoten in der Iberoromania, usw. (→ Romanisch-germanische Sprachbeziehungen II. Romania Germanica) übernehmen im Zuge eines Akkulturationsprozesses allmählich die Sprache der autochthonen Bevölkerung, doch fließen Elemente des von ihnen aufgegebenen Idioms in die überlebende Sprache ein und wirken dort u. U. systemverändernd. Ziel der Superstratforschung ist es zum einen, diese interferenzbedingten sprachlichen Innovationen als solche zu erweisen und ihre Bedeutung für die Sprachentwicklung der Zielsprache exemplarisch zu beschreiben; zum anderen sollen die aus der Kontaktsprache herauspräparierten Relikte der Ausgangssprache für deren Rekonstruktion fruchtbar gemacht werden. Zur ‚Kanonisierung' der Begriffswahl von Wartburgs, die ein bekanntes Zitat Hugo Schuchardts („Jede Beeinflußung einer Sprache durch eine andere beruht ... entweder auf der *Unterschichtung* oder der *Überschichtung* der letzteren": 14, 156) in ein lat. Gewand kleidet, trugen seine breit rezipierten sprachhist. Handbücher (17; 18; usw.) nicht unwesentlich bei (6, 556). Dennoch wird der Begriff *Superstrat* bis heute nicht allg. akzeptiert, da er eine systematische Beeinflußung der überlebenden durch die untergegangene Sprache suggeriert – eine Vorstellung, die den rekonstruierbaren hist. Sprachkontaktsituationen in der Regel nicht entspricht. Viele Sprachhistoriker glauben daher, mit dem konkurrierenden Begriff *Substrat* auskommen zu können, der ganz allg. auf die „Einwirkung der untergehenden auf die überlebende Sprachform" (2, 109) abheben soll. Die neuere Sprachkontaktforschung und Migrationslinguistik plädiert z. T. für eine generelle Verwendung des „neutraleren" (11, 171) Begriffs *Adstrat,* der einfach die sprachliche Beeinflußung einer Sprache durch eine andere infolge langewährender Nachbarschaft bezeichnet. Allerdings bezieht sich dieser ebenfalls in den 1930er J. von Marius Valkhoff geprägte Begriff (4, 80) primär auf die Situation zweier etwa in Grenzlandschaften über Jh. nebeneinander bestehender und sich dadurch wechselseitig beeinflußender Sprachen, ohne daß von einem der betroffenen Idiome notwendigerweise ein polit. oder gesellschaftlicher Druck auf das andere ausginge. Der Begriff impliziert also auch nicht zwangsläufig einen Sprachwechsel bzw. eine Rückkehr bilingualer Räume zur Einsprachigkeit. Unzweifelhaft bleibt dennoch, „daß sowohl Sub- als auch Superstrat-Einflüsse historisch auf Adstrat-Konstellationen zurückzuführen sind" und daß „jedes Sub- oder Superstrat [...] notwendig auch einmal Adstrat [war]; erstere könnte man geradezu als ausgestorbene autochthone, letztere als ausgestorbene allochthone Adstrate definieren" (6, 556).

§ 2. Sprachkontakt und Superstratsituation. Superstratbedingte sprachliche Innovationen sind das Resultat des komplexen Miteinanders zweier hist. Varietäten in einem gemeinsamen Kommunikationsraum; als kulturelle Anleihen verdanken sie sich wohl v. a. einem besonderen, zwischensprachliche Übertragungen begünstigenden Habitus der beteiligten, in Akkulturation befindlichen Sprechergruppen (12, 539 ff.; 8, 168 f.). Dabei ist den hist. Sprechern die Komplexität des vorhandenen Varietätengefüges und die unterschiedliche Funktionalität der beteiligten Varietäten wohl umso eher bewußt gewesen, je stärker sich diese Varietäten in ihrer Struktur, in ihrem sozialen Status und in ihrem Gebrauchswert voneinander unterschieden. Während die ‚theodisken' Varietäten der verschiedenen germ. *gentes,* die sich im Blickpunkt des merow. Reiches wiederfanden, bis zu einem gewissen Grade ‚dialektalisierbar' waren und „in einem mehr oder weniger durchlässigen Kommunikationsraum [...] bei hinreichend geringem Abstand ineinander übergehen" konnten (6, 558), war die Differenz zw. den unverwandten Sprachen von germ. und roman. Bevölkerung so groß, daß sie im Grunde nur durch hierarchische Überschichtungen zu verringern war. Bei der Analyse kontaktbedingter sprachlicher Phänomene ist grundsätzlich zu unterscheiden zwischen:

1) Erscheinungen, die keine besonderen Kenntnisse der Sprache des Nachbarn erfordern, sondern lediglich Kulturkontakt voraussetzen, etwa Übernahmen im Bereich der Lexik und der Onomastik;
2) Erscheinungen, die zumindest passive Mehrsprachigkeit voraussetzen, etwa Bedeutungsübertragungen oder mehr oder weniger bewußte Veränderungen sprachlicher Strukturen der einen Sprache nach dem Muster der anderen;

3) Erscheinungen, die eine aktive Mehrsprachigkeit voraussetzen, etwa das regelmäßige Wechseln zw. den Sprachen *(Code-Switching)*. Letztere lassen sich in hist. Sprachsystemen nur bei entspr. Textüberlieferung sicher fassen; für nur resthaft überlieferte S. fallen entspr. Zeugnisse in der Regel aus.

Ferner ist zu beachten, daß es sich bei den uns erhaltenen Reflexen hist. Superstratsituationen um Einflüsse einer Zweitsprache (L2) auf die Muttersprache (L1) der hist. Sprecher handelt; es sind hier also ganz andere strukturelle Bereiche des Sprachsystems betroffen als umgekehrt beim Einfluß von L1 auf L2 einer Sprechergemeinschaft. Die synchrone Sprachkontaktforschung hat erweisen können, daß Einflüsse von L2 auf L1 v. a. die Lexik betreffen, hier bes. die sog. ‚Inhaltswörter‘ von hoher kommunikativer Relevanz wie Subst., Vb. und Adj. (15, 74 ff.). In Abhängigkeit von Dauer und Intensität des Sprachkontakts sowie vom gesellschaftlichen Druck von L2 auf L1 lassen sich verschiedene Stufen des Einflusses definieren (10, 63):

1) Gelegentlicher Kontakt und geringer gesellschaftlicher Druck: ⇒ nur lexikalische Entlehnungen, die in der Regel nicht den Grundwortschatz betreffen, sowie onomastische Entlehnungen.
2) Intensiverer Kontakt: ⇒ Entlehnung von Lexemen mit niedriger Gebrauchsfrequenz sowie einzelne strukturelle Einflüsse: Übernahme neuer Phoneme in Lehnwörtern, Übertragung neuer Funktionen auf vorhandene Strukturen, usw. Dabei werden keine grammatischen Muster verwendet, die L1 nicht selbst besitzt, so daß typol. Veränderungen ausgeschlossen sind.
3) Sehr intensiver Kontakt: ⇒ Entlehnung von Präpositionen, Wortbildungsaffixen, Pronomina, Zahlwörtern, usw.; Übernahme prosodischer Strukturen; geringfügige typol. Veränderungen in der Satzgliedfolge.
4) Starker kultureller Druck: ⇒ interferenzbedingte Veränderungen der distinktiven Strukturen in Phonologie und Prosodie; Entlehnung von Flexionskategorien; einschneidende Veränderungen in der Satzgliedfolge, usw.

Für die in der Romania aufgegangenen germ. S. lassen sich in der Regel nur Kontaktphänomene der Kategorie 1, für die untergegangene Sprache der merow. Franken auch solche der Kategorie 2 belegen. Versuche, in den roman. Sprachen außerhalb der eigtl. Grenzdialekte auch durch das Superstrat des frühen MAs bedingte Phänomene des Typs 3 und 4 nachzuweisen, sind durchweg umstritten, seit für die Annahme von Interferenzerscheinungen generell strenge Plausibilitätskriterien angelegt werden. Als solche lassen sich aus der Perspektive der Zielsprache u. a. anführen (6, 561):

1) Die Arealdistribution des unter Interferenzverdacht stehenden sprachlichen Merkmals;
2) Das mutmaßliches Alter des betreffenden Phänomens, wobei freilich immer auch den Unwägbarkeiten der schriftlichen Überlieferung Rechnung zu tragen ist;
3) Markiertheit bzw. ‚Auffälligkeitsgrad‘ des zu analysierenden Merkmals, wobei sehr seltene, regionalspezifische Merkmale im allg. als bes. interferenzverdächtig gelten.

§ 3. Sprachhistorische Beurteilung von Superstratwörtern. Obwohl die Gegenstände der Superstratforschung nur bedingt objektivierbar sind und sich eine der Disziplin inhärente „grundsätzliche Zirkularität" (6, 560) letztlich wohl nicht völlig überwinden lassen wird, bleibt sie aus der Perspektive der Ausgangssprache dennoch die einzige Möglichkeit, über S. als solche einigermaßen verläßliche Aussagen zu machen. Speziell durch eine möglichst umfangreiche Dokumentation und eine differenzierte, die Perspektiven von Ausgangs- und Zielsprache gleichermaßen berücksichtigende lautliche, morphologische und semant. Analyse lexikalischer und onomastischer Transferate lassen sich beachtliche Beiträge zur Rekonstruktion germ. Rest- und Trümmersprachen leisten, sofern dabei einige grundlegende methodische Prämissen Berücksichtigung finden. Diese seien im folgenden anhand der durch die polit. Rolle der merow. Franken wohl am besten dokumentierten germ. Superstratsprache des frühen MAs, des sog. Westfrk., exemplifiziert (9). Hier gilt es zunächst eine präzise Unterscheidung vorzunehmen zwischen:

1) Lexemen, die als frk. (bzw. westgerm.) zu bestimmen sind, ohne daß sich an ihnen Besonderheiten nachweisen ließen, die sich nur im Westfrk. finden; und
2) Wörtern, die solche Besonderheiten aufweisen. Dabei muß in jedem Einzelfall sorgfältig herausgearbeitet werden, ob sich diese Besonderheiten durch das Prinzip der Variation innerhalb der Ausgangssprache, also des Frk., plausibel erklären lassen, oder ob zu ihrer Erklärung Interferenzen mit der Zielsprache, also dem Roman., in Phonetik, Morphologie oder → Wortbildung angenommen werden müssen.

Die sich in den Relikten evtl. niederschlagenden lautlichen, morphologischen und morphosyntaktischen Besonderheiten und ihre graphische Realisierung sind ausführlich zu kommentieren, möglichst mit Hinweis auf gleichgelagerte Parallelfälle. Die evtl. konstatierten Formen von Interferenz oder Lautsubstitution müssen in ihrer Häufigkeit, in ihren möglichen Ursachen und in ihrem chron. Aussagewert evaluiert werden, da sich aus ihnen wichtige Schlüsse über die Intensität des Sprachkontakts und die Überlebensdauer der Superstratsprache ziehen lassen. Ferner gilt es einen grundsätzlichen Unterschied zu machen zwischen:

1) Authentischen Bildungen rein germ. Charakters, die als ganze Wortkörper direkt von Romanen gehört und von diesen übernommen wurden. Formal zeichnen sich solche Lexeme u. a. durch folgende Merkmale aus: Sie sind im Idealfall in mehreren westgerm. Sprachen belegt; sollte dies nicht der Fall sein, so sind sie zumindest grammatisch korrekt gebildet und enthalten nur Wortmaterial, das in anderen westgerm. Sprachen als solches belegt ist. Eine besondere Beachtung ist dabei Zusammensetzungen und Ableitungen zu schenken. Bei Komposita ist sowohl das Grund- als auch das Bestimmungswort germ. Ursprungs; Ableitungen enthalten nur germ. Wortbildungselemente. Die Wortzusammensetzung folgt den Wortbildungsregeln der germ. Sprachen. Die Bildungen sind ferner semant. sinnvoll und lassen sich in eine Klasse von ähnlich gebildeten Formen einreihen, mit denen man sie problemlos vergleichen kann.
2) Hybride Bildungen diverser Art, die man von den vorgenannten Fällen deutlich trennen muß. Solche Bildungen enthalten zwar einen Wortstamm oder ein Wortbildungselement, etwa ein Suffix, dessen Etymon als germ. bestimmt werden kann; sie machen aber durch bestimmte Irregularitäten oder durch ihre Kombination mit roman. Wortbildungsmitteln deutlich, daß sie keine authentischen Wortentlehnungen darstellen. Sie müssen vielmehr in roman. Mund unter Zuhilfenahme von zu einem früheren Zeitpunkt übernommenem Wortmaterial entstanden sein. Solche Bildungen lassen sich u. a. an folgenden Charakteristika erkennen: Bei Komposita ist nur einer der beiden Stämme germ. Ursprungs, der andere ist roman. Auch Wörter mit roman. Ableitungselementen müssen in roman. Mund entstanden sein, selbst wenn ihr Stamm ein germ. Etymon zeigt. Das

Gleiche gilt für Komposita, bei denen die Wortbildung germ. Regeln widerspricht.

Für die Entscheidung der Frage, in wessen Mund ein Wort oder Name gebildet wurde, ob es sich also um einen authentischen Reflex eines Superstrats handelt oder nicht, scheinen damit zwei Kriterien entscheidend, nämlich einerseits die Sprache des Grundworts und andererseits die Wortbildung, also Wortstellung, Flexion und Ableitungsmittel. Dabei lösen sich die Kategorisierungen des ‚Hybriden' bei näherem Hinsehen in nahezu unendlich viele unterschiedliche Kombinationen von oft sehr komplexen Einzelproblemen auf. Es wird schwer fallen, hier immer zu sicheren Beurteilungen und erst recht zu pauschalen typol. Klassifizierungen zu kommen. Insgesamt wird eine aus germanistischer Perspektive betriebene Erforschung der germ. S., die als solche noch keine allzu lange Tradition hat, aber Fragen der Wortbildung einen sehr viel größeren Raum zugestehen müssen, als dies in der primär romanistisch orientierten Superstratforschung bisher geschah.

(1) D. Boutkan, A. Quak (Hrsg.), Language Contact. Substratum, Superstratum, Adstratum in Germanic Languages, 2000. (2) E. Gamillscheg, Substrat und Verkehrssprache, in: [4], 108–127. (3) A. Dauzat, Le substrat germanique dans l'évolution phonétique du français, in: Mél. de linguistique et de philol. offerts à J. v. Ginneken, 1937, 267–272. (4) R. Kontzi (Hrsg.), Substrate und Superstrate in den roman. Sprachen, 1982. (5) Ders., Einleitung, in: [4], 1–28. (6) T. Krefeld, Methodische Grundfragen der Strataforsch., in: M. D. Glessgen u. a. (Hrsg.), Roman. Sprachgesch. Ein internationales Handb. zur Gesch. der roman. Sprachen, 1. Teilbd., 2003, 555–567. (7) D. Nübling u. a., Hist. Sprachwiss. des Deutschen. Eine Einf. in die Prinzipien des Sprachwandels, 2006. (8) M. Pitz, Zentralfrz. Neuerungs- und nö. Beharrungsräume – Reflexe der Begegnung von frk. und roman. Sprache und Kultur?, in: D. Hägermann u. a. (Hrsg.), Akkulturation. Probleme einer germ.-roman. Kultursynthese in Spätant. und frühem MA, 2004, 135–178. (9) Dies., Pour une mise à jour des notices historiques consacrées aux emprunts à l'ancien francique dans le *Trésor de la langue française informatisé*, in: E. Buchi (Hrsg.), Actes du séminaire de méthodologie en étymologie et lexicologie historique, ATILF/CNRS/Nancy 2/UHP, (im Druck). (10) C. M. Riehl, Schreiben, Text und Mehrsprachigkeit. Zur Textproduktion in mehrsprachigen Gesellschaften am Beispiel der dt.sprachigen Minderheiten in S-Tirol und O-Belgien, 2001. (11) Dies., Sprachkontaktforsch. Eine Einf., 2004. (12) G. Scheibelreiter, Die barbarische Ges. Mentalitätsgesch. der europ. Achsenzeit, 5.–8. Jh., 1999. (13) G. Schlemmer, Die Rolle des germ. Superstrats in der Gesch. der roman. Sprachwiss., 1983. (14) H. Schuchardt, Hugo-Schuchardt-Brevier: ein Vademecum der allg. Sprachwiss., ³1976. (15) S. G. Thomason, T. Kaufman, Language Contact, Creolization and Genetic Linguistics, 1988. (16) W. von Wartburg, Die Ausgliederung der roman. Sprachräume, in: R. Kontzi (Hrsg.), Zur Entstehung der roman. Sprachen, 1978, 53–122. (17) Ders., Einf. in Problematik und Methodik der Sprachwiss., ²1962. (18) Ders., Évolution et structure de la langue française, 1967.

M. Pitz

Surt. S. (aisl. *Surtr, Surti*) ist ein Feuer-Riese, der insbesondere in den Kämpfen des Weltendes als Gegner der Götter agiert (→ Ragnarök).

Der Name erklärt sich wohl als ‚der Schwarze' – sprachlich zusammenhängend mit dem gut bezeugten Adj. got. *swarts*, ae. *sweart*, ahd. *swarz*, anord. *svartr* und einer tiefstufigen Ablautvar., die z. B. in aisl. *sorti* mask. ‚Schwärze, Finsternis', *sorta* fem. ‚schwarze Farbe', awnord. *sortna* ‚schwarz werden' vorliegt. Lautgeschichtl. ist bei diesen Belegen mit einem postkonsonantischen *w*-Ausfall vor *u* (*swurt > *surt) und einem a-Umlaut *u > o* zu rechnen (6–8; 10; 13; 17; 20). Warum *Surtr* dieser letztgenannten Regel nicht folgte, ist ein gewisses Problem. Lag es daran, daß der Name eigenen Regeln folgte oder der Stammvokal urspr. nicht der *a*-Klasse angehörte (*u*- Klasse?). Belegt sind die Formen *Surtr* (mit Gen. auf -*s* und -*ar*) und *Surti* (ein *an*-Stamm).

Svartr war auf Island ein verbreiteter Name und Beiname, selten dagegen in Norwegen (11).

Die aisl. Überlieferung nennt S. in zwei kosmischen Bezügen – einerseits im Zusammenhang des Verlaufes der Weltentstehung, andererseits in den endzeitlichen Kämpfen, die zum Untergang der Götter, der Schöpfung und ihrer Bewohner führten.

Im 4. Kap. seiner *Gylfaginning* (5) entwirft → Snorri Sturluson das Bild eines frühesten kosmischen Zeitalters, in dem ein n. *Niflheimr* (eine Nebel-, Dunkelwelt) einem s. *Muspell* (einer hellen und brennenden Welt) gegenüberstand (damit war die Voraussetzung für die Entstehung des Urriesen *Ymir* geschaffen). Während er *Niflheimr* in seinem Naturzustand beschreibt (mit der Quelle *Hvergelmir* und den daraus entspringenden Flüssen), nennt er für das s. *Muspell* neben seiner natürlichen Beschaffenheit auch S. als denjenigen, der dort als Landesverteidiger mit einem lodernden Schwert an der Grenze dieses Landes sitzt – charakterisiert S. aber auch gleich als denjenigen, der am Ende der Zeitalter alle Götter besiegen und die gesamte Welt mit Feuer überziehen wird (unter Berufung auf Vǫluspá 52).

Auf der Stufe der → *Vǫluspá* (1) wird S. also (aus dem Süden kommend) allein in den eschatologischen Bezügen genannt. Wenn Snorri ihn in die Urzeit versetzt, steht das in Einklang mit der Vorstellung, daß die → Riesen die ersten Lebewesen waren. In der Folge der Chaos-Zeit *(gap var Ginnunga,* Vǫluspá 3) entstand mit dem Urriesen Ymir (und seinen Nachkommen, den Reif-Riesen) erstes Leben aus dem Zusammentreffen von Kälte und Hitze. Wenn S. aber bereits auf der *Niflheimr/Muspell*-Stufe genannt wird, wäre er nicht in die Ymir-Genealogie einzuordnen, wäre sogar älter und von dieser unabhängig (eine Auffassung, die die übrigen Edda-Lieder nicht belegen). Auch die Aussage Snorris, daß *Muspell* nur für bereits dort Lebende eine Existenzmöglichkeit bot, *útlendir* aber dort keine Chance hatten, könnte auf eine nicht ganz bruchlose Integration eines s. Mythologems deuten (2; 4). Auch die in nächster Nähe stehende Vǫluspá-Str. 3 erinnert mit ihrer Chaosbeschreibung in Negationsformeln an Überlieferungen, die im Ae., As. und Ahd. bezeugt sind (→ Wessobrunner Schöpfungsgedicht). Es erhebt sich die Frage, ob die Chaos-Charakteristik und die Muspell-Vorstellung (→ Muspilli; 18) dem Norden als s. Import zukamen (ein Import, der dann auf dem vulkanreichen Island besondere Pflege fand) – aber auch gemeinsames Erbe ist zu erwägen (nebst einer freischaffenden dichterischen Gestaltung im Ausgang der heidn. Epoche).

Bemerkenswert ist die Tatsache, daß S. in der Vǫluspá-Perspektive im Süden beheimatet ist. Die Heimat der Riesen ist im allg. der Osten oder Norden. Wieder anders argumentiert der niedere → Volksglaube: Schon die → *Landnámabók* (3) kennt eine Höhle (die größte des Landes) namens *Surtshellir* ,Surts Höhle'. Þorvaldr holbarki ging zu dieser Höhle und trug dort eine *Drápa* (→ Preislied) auf den dort unten hausenden Riesen vor (3). → Eyvindr skáldaspillir Finnsson läßt Odin den Skaldenmet aus S.s tiefen Tälern *(søkkdǫlum)* heraufholen (→ Háleygjatal 2; vgl. auch Fjǫlsvinnsmál 24 → Svipdagsmál). Olrik schloß aus diesen Belegen, daß die Vorstellung von S. als dem Riesen der Tiefe die ausgebreitetere war, die Lehre der Vǫluspá dagegen als eine Var. gelten müsse (15).

Im Endzeitgeschehen, das die Vǫluspá berichtet, taucht S. wieder auf – namentlich genannt in der Str. 52: Von Süden kommt S. gefahren mit flammender Glut. Auf seinem Schwert spiegelt sich die Sonne der Walgötter, die Steinberge stürzen und die Riesinnen straucheln, die Helden betreten den Weg zur → Hel und der Himmel birst. Eine weitere Befürchtung erfüllt sich: Odin tritt zum Kampf mit → Fenrir an und → Freyr gegen S. (Str. 53). Die → *Vafþrúðnismál* (Str. 17/18) ergänzen: Das Feld, auf dem S. den Göttern im Kampfe begegnen wird, heißt *Vígríðr* ,Kampfsturm' – und in den Str. 50/

51 spricht das Lied von der *Surtalogi*, ‚Surts Lohe', als dem Ereignis, das Untergang und Ende des gegenwärtigen Zeitalters markiert. Snorri schildert den Weltuntergang und Surts Rolle dabei im c. 51 seiner Gylfaginning. Als Repräsentant der Götterfeinde insgesamt erscheint S. auch in der Zukunftsschau des Drachen Fáfnir (→ Fáfnismál). Auf die Frage, wo S. und die Götter den *hjǫrlǫgr* (das ‚Schwertnaß' = Blut) vermischen werden (d. h. den blutigen Kampf austragen werden), antwortet Fáfnir, *Óskópnir* heiße dieser Ort (zur kontroversen Deutung des Namens s. 13).

Beachtung verdient die Verbindung S.s mit *Muspell*. Zweifellos versteht Snorri darunter das s. heiße Land, das er auch mehrmals *Muspellsheimr* nennt. Daneben steht *Muspell* immer in Verbindungen wie *Muspells lýðir* (‚Muspells Leute', Vǫluspá 51, von Snorri zitiert in Gylfaginning), *Muspells synir* (‚Muspells Söhne', Lokasenna 42). An der Spitze der *Muspells synir* reitet S. zum Kampfplatz (Gylfaginning, c. 51), *Muspells megir* (‚Muspells Leute', Gylfaginning, c. 13, c. 51 – vgl. Heliand 2591: *mudspelles megin obar man ferid, endi thesaro uueroldes* = ‚Mudspells Macht über die Menschen fährt, das Ende dieser Welt'). Offensichtlich liegt hier im Norden teilweise auch eine Personifizierung von *Muspell* vor. In Differenz zur s. Überlieferung (mit der abstrakten Bedeutung ‚Jüngstes Gericht, Weltende') weicht die aisl. Lit. also mit einer geogr. Lokalisierung und einer ins Riesenreich weisenden Personifizierung ab – neben der doch bestehenden Verbindung zum dramatischen Geschehen des Weltendes. Beide Abweichungen beeinflussen auch die S.-Vorstellung – sei dies sekundär oder ererbt. S. ließe sich also in mehrfacher Sicht charakterisieren:

– im Ragnarökgeschehen spielt er als Kämpfer und Zerstörer der Schöpfung eine entscheidende Rolle
– er ist einerseits eng mit dem Feuer verbunden, haust andererseits in der Tiefe von Berghöhlen
– er tritt als Anführer des Riesenheeres auf und wird mit den Götterfeinden insgesamt identifiziert
– nur mit ihm sind konkrete Kampfplätze im Endzeitgeschehen genannt.

Die philol. und religionswiss. Forsch. hat die S.-Mythe sehr unterschiedlich beurteilt: Eschatologische Vorstellungen christl. Provenienz wurden ebenso als Vorbilder gesehen wie kelt. und kaukasische Traditionen. Selbst bei der Annahme heimischen Erbes unterscheiden sich die Anhänger einer ungebrochenen germ.-nordgerm. Überlieferung von denen, die geneigt sind, einen südgerm. Einfluß anzunehmen (9; 12; 14; 16; 19; 21).

Axel → Olrik, dän. Philologe und Verf. der wohl eingehendsten Ragnarök-Unters., glaubte, daß die Vorstellung von den Muspells-Leuten als ein Wort der Dichtung von einem Volke zum anderen gewandert sei, denn die sprachliche Formel, worin er vorkommt, sei merkwürdig übereinstimmend (15, 71). Die nord. Kosmogonie kennt eine Weltentstehung durch Frost und verneint das Dasein lebender Wesen bevor der Riese Ymir/Aurgelmir aus den erstarrenden Wassertropfen entstand – hat also keinen Platz für S.! Der Führer des Riesenheeres könne auch kaum seine Heimat so weit außerhalb der gewohnten Heimat der Riesen gehabt haben. Möglicherweise habe S., der auch als Riese der Welttiefe gelte (und dieser Bezug sei verbreiteter als der des Feuer-Riesen), bereits einen Platz in den Ragnarök-Mythen gehabt, ehe er in anderer Verbindung auftrat (zur methodischen Kritik vgl. 21).

Einer in jüngster Zeit neu entstandenen Vulkaninsel (vor der s. Küste Islands) gaben die Isländer den Namen *Surtsey* (Surtsinsel).

Qu.: (1) Edda. Die Lieder des Cod. Regius nebst verwandten Denkmälern, hrsg. von G. Neckel. I. Text. Vierte, umgearbeitete Aufl. von H. Kuhn,

1962. (2) Heliand und Genesis, hrsg. von O. Behaghel, 7. Aufl. bearb. von W. Mitzka, 1958. (3) Íslendingabók, Landnámabók, hrsg. von J. Benediktsson, Ísl. Fornr. 1/2, 1968, 240. (4) Muspilli, in: W. Braune u. a., Ahd. Leseb., [17]1994, 86–89. (5) Snorri Sturluson, Edda: Prologue and Gylfaginning, hrsg. von A. Faulkes, 1982.

Lit.: (6) H. Bjorvand, F. O. Lindeman, Våre Arveord. Etymologisk ordbok, 2000, 881 f. (7) H. S. Falk, A. Torp, Norweg.-Dän. etym. Wb., s. v. *surtr*. (8) F. Heidermanns, Etym. Wb. der germ. Primäradj., 1993. (9) A. Holtsmark, Surtr, in: Kult. hist. Leks. XVII, 440–442. (10) A. Jóhannesson, Isl. etym. Wb., 1956, 808 f. (11) Lind, Dopnamn, 15, s. v. *Svartr*. (12) G. Lorenz, Snorri Sturluson, Gylfaginning, 1984, 118, 594 ff. (13) Magnússon, Orðsifjabók, s. v. *Óskópnir, surtur*. (14) E. Mogk, Surtr, in: Hoops IV, 300. (15) A. Olrik, Ragnarök, 1922, 71, 78. (16) B. Phillpotts, Surt, ANF 21, 1905, 14–30. (17) E. Seebold, Vergl. und etym. Wb. der germ. starken Verben, 1970, s. v. *sverk-a*. (18) H.-H. Steinhoff, Muspilli, in: Die dt. Lit. des MAs. Verfasserlex. 6, 1987, 821–828. (19) E. O. G. Turville-Petre, Myth and Relig. of the North, 1964, 275–285. (20) de Vries, Anord. etym. Wb, s. v. *svartr*. (21) de Vries, Rel.gesch., § 593–595.

H. Beck

Swebenknoten

§ 1: Allgemein – § 2: Überlieferung – a. Schriftqu. – b. Bilddenkmäler – c. Moorleichen – d. Kessel – § 3: Bedeutung des S.s

§ 1. Allgemein. Die als S. bezeichnete auffällige Trageweise langer Haare germ. Männer war ein bewußt gewähltes Zeichen, um sich als Angehöriger einer Gruppe auszuweisen. Die S. sind vielfach überliefert, nicht nur in schriftlichen Qu., sondern real als arch.-anthrop. Funde in Germanien, außerdem auf ant. Reliefs und an Statuetten im Röm. Reich. Neu sind zwei röm. Bronzekessel aus den germ. Prunkgräbern von → Mušov in Mähren (5) und von Czarnówko in Pommern (9), deren Attaschen als Germ.-Köpfe mit S. ausgestaltet sind.

§ 2. Überlieferung. a. Schriftqu. In der *Germania* des Tacitus (etwa 98 n. Chr.) c. 38,2–3 heißt es: ‚Ein Kennzeichen der Sueben ist es, das Haar seitwärts zu streichen und in einem Knoten aufzubinden. So unterscheiden sich die Sueben von den übrigen Germanen, so die freigeborenen Sueben von den Sklaven. Bei anderen Stämmen – sei es nun aus irgendeiner Verwandtschaft mit den Sueben, oder sei es, was häufiger der Fall ist, aus Nachahmung – kommt es selten vor und nur in der Jugendzeit, bei den Sueben dagegen bis ins graue Alter, daß [die Mutigsten] das schreckliche und struppige Haar hinten am Kopf in die Höhe und oft genau auf dem Scheitel festbinden. Die Führer tragen es noch kunstvoller. Das ist ihre gesamte Schönheitspflege, aber sie ist harmlos. Denn nicht, um zu lieben oder geliebt zu werden, sondern, damit sie recht groß und furchtbar in den Augen des Feindes erscheinen, ordnen sie sich das Haar, wenn sie in den Krieg ziehen' (Übs. nach 1, 99; unterschiedliche Übs.vorschläge werden genannt in 6, 106).

Der S. wird als Haartracht (→ Haar- und Barttracht) auch in anderen ant. Qu. erwähnt; entweder als *nodus* bei allen Germ. oder als Haartracht einzelner Stämme (1, 211; 2, 427 f.; 5; 6).

Bei Seneca (4–65 n. Chr.) heißt es: *nec rufus crinis et coactus in nodum apud Germanos virum dedecet* (De ira 3,26,3) und *quid capillum ingenti diligentia comis, cum illum ... Germanorum modo vinxerit* (Epist. 124,22); bei Juvenal (etwa 60–140 n. Chr.) wird ein hornartig abstehender Haarwulst beschrieben: *caerula quis stupuit Germani lumina, flavam / caesariem et madido torquentem cornua cirro?* (1, 164 f.); und Martial (40–102 n. Chr.) nennt einen nichtswebischen Stamm mit S.: *crinibus in nodum tortis venere Sugambri* (De spectac. 1,3,9). Silius Italicus (26–101 n. Chr.) erwähnt einen ‚Gallier', der als ‚Germane' (mit dem swebischen Haarknoten) geschildert ist: *... flavam qui ponere victor / caesariem crinemque tibi, Gradive, vovebat / auro certantem et rutilum sub vertice nodum* (Punica 4,200 ff.) (2, 385).

Nach dem Text bei Tacitus hat es zwei verschiedene Frisuren der Sweben (und anderer Germ.) gegeben, den S. an der rechten Schläfe und einen Haarknoten hinten am Kopf *(retro)* oder ganz oben auf dem Scheitel *(in ipso vertice)* (1, 211).

b. Bilddenkmäler. Beide Trageweisen sind auch bildlich überliefert (5; 6). Der S. ist schon während des 1. Jh.s n. Chr. mehreren ant. Schriftstellern bekannt, was die röm. Bildüberlieferung auf Reliefs und bei Statuetten bestätigt. Tacitus, dem die ausführlichste Beschreibung verdankt wird, wird den S. in Rom selbst gesehen haben. Der S. ist auf Triumphaldenkmälern wie dem Tropaeum Traiani von → Adamklissi und auf der → Trajanssäule und der → Markussäule dargestellt, außerdem auf Grabsteinen seit dem 1. Jh. n. Chr., auf stadtröm. Sarkophagen und an Statuetten (6, 101; 12).

Als älteste Darst. wird der S. auf dem Grabstein des röm. Reiters Cantaber in Mainz aus vorclaudischer Zeit angesehen (→ Römische Bilddarstellungen § 3 S. 80) (6, 79 Anm. 113 mit Taf. 9.2 und Abb. 83), etwa zeitgleich mit der Nennung des S.s bei Seneca um die Mitte der 60er Jahre. Der ‚Germanenkopf Somzée' (Brüssel, Musée Royaux d'Art et d'Hist.) wurde bisher um 100 v. Chr. datiert (→ Römische Bilddarstellungen § 2b S. 78), ist jetzt aber eher um 100 n. Chr. einzuordnen (6, 101 und Kat. 209); zudem ist der Knoten am Hinterkopf abgebrochen, und es handelt sich um den einzigen Kopf ohne Bart mit S.

Bekannte Denkmäler, die S. abbilden, sind weiterhin der Schlachtsarkophag von Portonaccio in Rom (→ Römische Bilddarstellungen Taf. 4a, 5b) (5, 368; 6, Kat. 195), datiert um 180–200 n. Chr., mit Bildnis eines Germ.-Fürsten, dessen langer Bart in – nicht gedrehten – Strähnen zusammengefaßt ist, und der Grabstein des Aelius Septimus aus Brigetio (Budapest) (5, 368; 6, Kat. 41), datiert an den Anfang des 3. Jh.s, der einen Germ. mit Vollbart aus gedrehten Strähnen zeigt, wie die Bärte der Germ.-Büsten am Kessel von Mušov (s. u.). Auf der Trajanssäule (geweiht 113 n. Chr.) sind Germ. mit S. dargestellt, sie machen jedoch neben Dakern u. a. nur eine Minderheit der Krieger aus, während auf der Markussäule fast nur Germ. zu sehen sind. Viele Barbarenbilder mit S. aus der späteren 2. Hälfte des 2. Jh.s sind im Kontext der → Markomannenkriege zu sehen (12).

Die bronzene Germ.-Büste im Blätterkelch von Brigetio (6, Kat. 286; eine gute Farb-Abb. der Bronzebüste eines germ. Kriegers mit spitzem Bart und S. aus dem 1.–2. Jh. s. 9a, 48) ist mit den Büsten vom Kessel aus Mušov zu vergleichen. In Brigetio wurden 1990 im w. vom *castrum* liegenden Teil der *cannabae* noch weitere, ins späte 2. Jh. datierte, Bronzestatuetten mit S. gefunden, darunter Spottfiguren. Eine davon stellt einen Gefangenen dar, mit gleicher Haartracht, doch ganz anderem Gesichtsausdruck als ihn die Köpfe an den Kesselattaschen zeigen (12). Weitere Kleinplastiken mit S. sind das Germ.köpfchen aus Dunapentele, um 180 n. Chr. (6, Kat. 281), und die Bronzeapplik eines gefangenen Germ. als menschliche Ganzfigur mit S. (6, Kat. 274) aus der Zeit Mark Aurels (Hh. 11 cm).

Die Diskussion, welchen Stämmen die jeweils auf den Steindenkmälern dargestellten Germ. mit S. wohl angehörten, bleibt offen: Es mögen auf dem Schlachtsarkophag Markomannen und Quaden sein, auf dem Tropaeum Traiani Bastarnen (→ Bastarnen § 2) oder gar Daker und Thraker (→ Bilddenkmäler S. 545 und 547). Außer allg. Sweben werden auch Langob. und Obier genannt, somit ist auch die Bildüberlieferung ebensowenig wie die Schriftüberlieferung auf die Sweben einzuengen (→ Römische Bilddarstellungen S. 78; → Sweben § 5).

c. Moorleichen. Mindestens zwei, wenn nicht vier Schädel mit S. sind aus Mooren bekannt, drei davon sind vom Körper abgeschlagen niedergelegt worden (8, 38 ff.). Die Köpfe mit S. von Osterby und

Swebenknoten 47

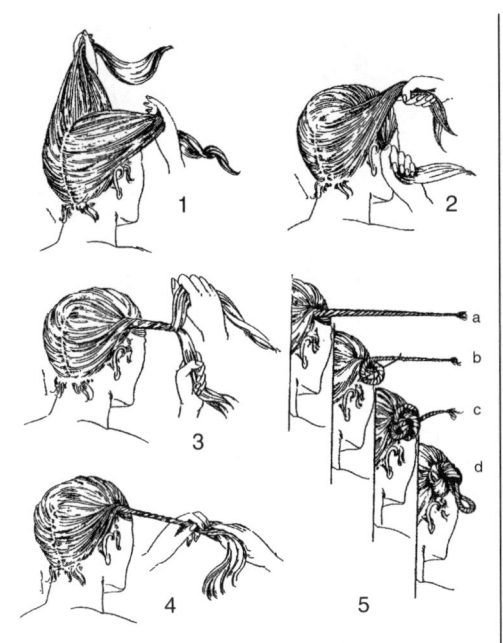

Abb. 4. Die Knüpfung des Swebenknotens. Nach (7, 332 Abb. 87) und (3, 125 Abb.)

Dätgen, beide Kr. Rendsburg-Eckernförde, Schleswig-Holstein, wurden am Rand oder n. des Swebengebietes gefunden (2, 425 ff.) (→ Haar- und Barttracht S. 238 mit Taf. 15 [Osterby] und Taf. 16 [Dätgen]; auch 7, Taf. 22; dazu Taf. 23 [Gesichtsrekonstruktion mit S. auf einem männlichen Schädel aus Gnoien, Kr. Teterow, 1. Jh. n. Chr.] und 13 Taf. XVII Abb. 20 sowie XVIII Abb. 21). 1866 soll in Hoogdalen, Niederlande, – außerhalb des Swebengebietes – eine männliche Moorleiche mit Knoten, und 1846 ein vom Körper durch einen Hieb getrennter Schädel bei Barnbruch, Kr. Gifhorn, Niedersachsen, gefunden worden sein.

Das Verfahren, wie man die langen Haare achtförmig zum *nodus* bindet, ist mehrfach abgebildet worden (Abb. 4) (3, 125; 7, 332 Abb. 87, nach Schlabow [13, Abb. 1]; 8, 40 Abb.).

d. Kessel. Aus dem germ. Gebiet wurden jüngst zwei röm. Bronzegefäße vom Typ der → Westlandkessel (E 13/14) in → Prunkgräbern bekannt, deren Attaschen für die Aufhängeringe als Germ.-Büsten mit S. gestaltet sind.

Der → Kessel aus dem Kg.sgrab von Mušov in Mähren wurde 1988 gefunden (→ Mušov mit Taf. 19), der Kessel auf dem Gräberfeld von Czarnówko (Scharnhorst), Kr. Lauenburg, Pommern, im J. 2000 in dem teilweise beraubten Körpergrab 430 (5; 6, 99–128 zu beiden Kesseln). Die Köpfe sind ähnlich klein wie die der Statuetten, doch sind die S. deutlich herausgearbeitet.

Das Gefäß von Mušov (Dm. 21,8 cm, Hh. 17,4 cm, Gesamt-Hh. der Büsten 9,5 cm) trägt vier Büsten, mit Kopf und nacktem Oberkörper, in deren Nacken die Ringe für die Aufhängung des Kessels angebracht sind. Die Köpfe sind einzeln gegossen und in Details unterschiedlich. Der Knoten sitzt vorn auf der rechten Schläfe, dicht über dem rechten Auge. „Die Männer blicken geradeaus. Es ist ein entspanntes, aber konzentriert wirkendes Schauen, das Ruhe und Würde ausstrahlt, was dem Gesamteindruck des Adels ihrer Erscheinung entspricht ... Es ist ein Respekt einflößender Ausdruck in ihrem fast philosophisch anmutenden Blick" (6, 99 ff.). Der lange Bart ist in gedrehten Strähnen gefaßt (6, 114 f.), wie die typischen Korkzieherlocken der röm. Silensbüsten aus dem späten 1. und dem frühen 2. Jh. Die Köpfe sind unmittelbar zu vergleichen mit der Germ.-Büste im Blätterkelch aus Brigetio, datiert um 190 n. Chr., ebenfalls wohl eine Attasche (6, Kat. 286), was für dieselbe Werkstatt spricht. Die Germ.köpfe am Kessel sind keine Feindbilder, die Büsten scheinen auch keine dienende Funktion an den Henkelringen auszudrücken (6, 124). Der Kessel ist in einer röm. Werkstatt um 180 n. Chr. hergestellt worden, vielleicht in germ. Auftrag von röm. Handwerkern oder als röm. Geschenk für einen germ. Kg.

Der Kessel von Czarnówko (Abb. 5) (Dm. 28,8 cm, Hh. 17 cm, Dm. der runden

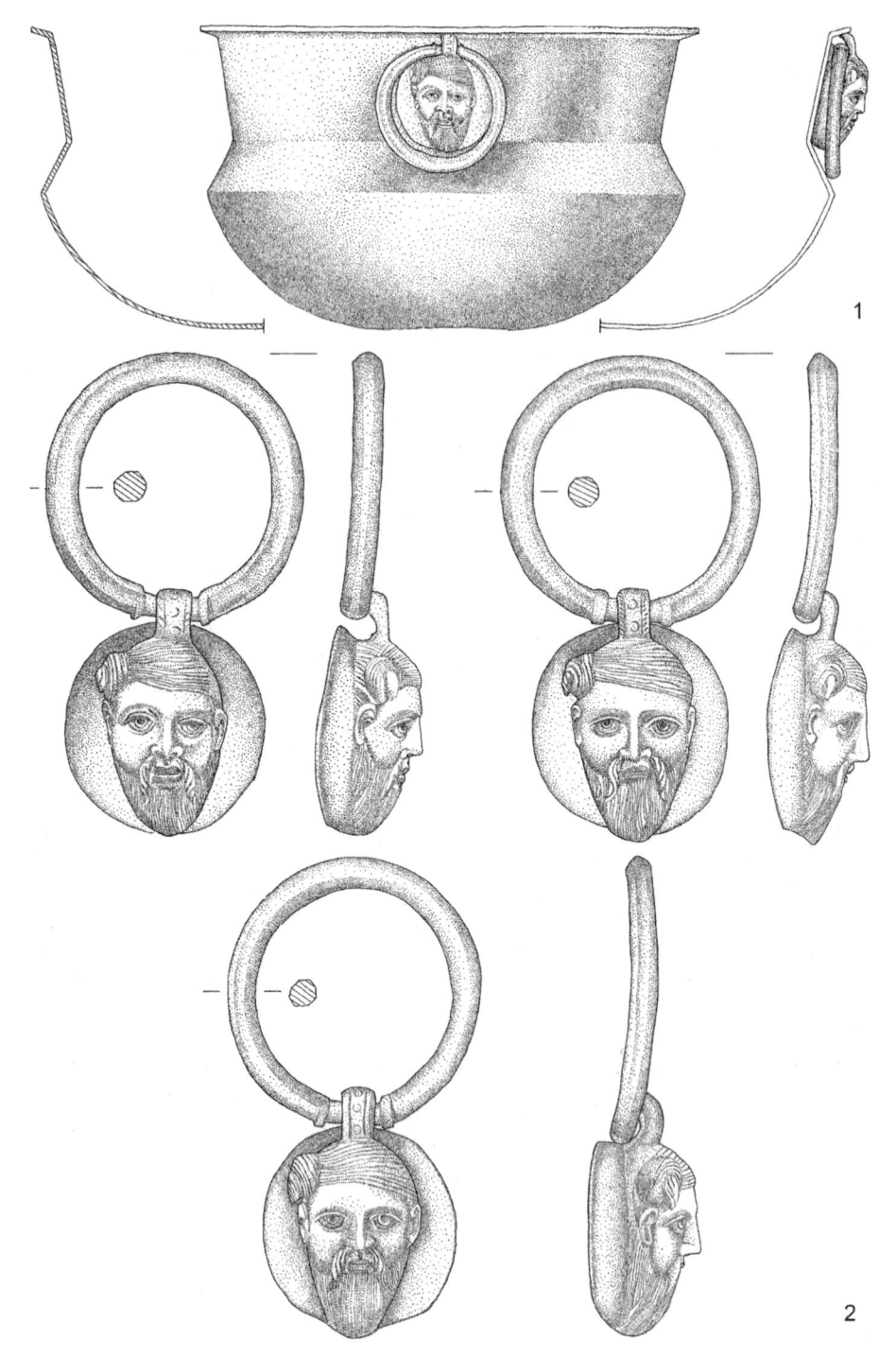

Abb. 5. Bronzekessel von Czarnówko, Kr. Lębork, Grab 430. 1 Kessel mit Ringgriffen, M. 1:4; 2 Details der Ringgriffe mit Plaketten, M. 1:2. Nach Mączyńska (9, Abb. 3.1 und 4)

Plaketten mit den Köpfen 5,5–5,7 cm) hat drei Ringgriffe mit Köpfen (6, 127 ff.; 9). Die drei bärtigen Männergesichter mit S. über der rechten Schläfe unterscheiden sich durch Details in der Gestaltung der Augen, Augenbrauen, Ohren und Haare, und auch die S. sind unterschiedlich. Die Köpfe sind auf runden Scheiben schwach angelötet; oberhalb des Kopfes ist, gewissermaßen auf dem Scheitel, die Ringöse für den Aufhängering angebracht (6, 127 Abb. 96). Sie blicken horizontal geradeaus, wogegen am Kessel von Mušov die Köpfe mit Oberkörper als freie Büsten gestaltet sind, den Blick leicht nach unten. Datiert wird das Prunkgrab in die Stufe B2/C1 (ausgehendes 2. Jh. n. Chr.). Die Bestattung lag in einem 4,3 m lg. Baumsarg; nach der Plünderung waren mehrere Fibeln, ein Bronzesporn und Gürtelteile noch im Grab verblieben, außerdem vier Bronzegefäße, darunter der Westlandkessel. Das Grab von Czarnówko gehört zur → Wielbark-Kultur, in der sich ab Stufe B2 Herrschaftszentren herausgebildet haben.

Beide Kessel wurden außerhalb des Röm. Reiches gefunden, sind aber wohl im Röm. Reich hergestellt worden (6, 99). Datiert werden Kessel dieses Typs allg. ins 2. und 3. Jh., der Kessel von Mušov um 180 n. Chr., der von Czarnówko gegen 200 n. Chr.

Der Kessel von Mušov wurde nahe der röm. Reichsgrenze und in einem deutlich röm. beeinflußten Gebiet als Beigabe niedergelegt. Der Germanenkg. kann ihn unmittelbar als Geschenk von der röm. Seite erhalten haben, während der Weg zum weit entfernten Czarnówko auch über die → Reichtumszentren der dän. Inseln zum Herrschaftsmittelpunkt in Pommern gelangt sein kann.

§ 3. Bedeutung des S.s. Der S. war ohne Zweifel eine Repräsentationsfrisur, kennzeichnete den ranghohen Krieger der Sweben und in Nachahmung auch Krieger anderer Stammesgruppen in den ersten beiden Jh. n. Chr., war also eine besondere Kriegstracht *(adituri bella)* (2, 431). Der Versuch scheitert bisher jedoch, neben sonstigen Germ.-Bildern den Knoten als ethnisches Charakteristikum zu betrachten (6, 106). Der Knoten auf dem Scheitel, die zweite Ausführungsmöglichkeit, sollte als Imponiergehabe den Krieger größer erscheinen lassen.

Der Knoten war ein allg. bekanntes Symbol, denn er wurde von röm. Seite betont und immer wieder dargestellt, und zwar nicht nur bei gefangenen oder besiegten Germ. zur Kennzeichnung eines Feindbildes, als Unterlegene wie bei der Triumphalplastik – auf dem Tropaeum Traiani sind z. B. mehrmals Abb. eines Germ. in Hosen mit S. und auf dem Rücken gefesselten Händen wiedergegeben (→ Römische Bilddarstellungen Taf. 4b) (8, 70 Abb.) –, sondern auch als selbstbewußte Krieger. Man könnte in den Büsten der Kesselattaschen eine dienende Funktion vermuten, weil sie nur die Aufhängeringe für den Getränkekessel tragen, doch wird dies wegen der würdigen Gestaltung der Bilder nicht akzeptiert (6, 124). Der S. birgt, wie (langes) Haar, eine magische Gewalt in sich (7, 331 Anm. 29; 4). Es bleibt aber die Frage, wie die polit., rituelle oder kultische Funktion des S.s mit der Darst. als Henkelattaschen vereinbar war, die aus röm. Sicht von röm. Handwerkern hergestellt wurden. Der Sarkophag von Portonaccio in Rom und der Kessel von Mušov sind zeitgleich, zeigen den S. jedoch in unterschiedlichem Kontext.

Der S. kann Zeichen eines → Männerbundes gewesen sein (6, 118, Anm. 99), könnte für ein Gelübde stehen, die Haare mit dem Knoten unter dem Scheitel bis zu einem erfolgreichen Kriegszug zu tragen, kann einfach nur das Zeichen des Kriegers gewesen sein. Der S. war keine alltägliche Haarmode, sondern wurde vielleicht nach besonderen festen Regeln bei Ritualen und Stammeszusammenkünften getragen. Doch scheinen der S. sowie der Haarknoten am Hinterkopf oder auf dem Scheitel immer die Ausnahme gewesen zu sein, Schmuck der *principes,* eine Kriegsfrisur, die größer machte (1, 213); nur ein Bruchteil der Germ.-Bilder zeigt den Knoten (6, 101, Anm. 14). Der S. kann – zumindest zeitweilig – Erkennungsmerkmal der swebischen Stammesgruppen und relig. Zeichen im wörtlichen Sinne von Bindung gewesen sein, Zeichen eines Männerbundes oberhalb der Stammeszugehörigkeit und über die Stammesgrenzen hinweg, wenn nicht sogar die Bezeichnung ‚Sweben' zeitweilig einen solchen Kriegerverband meinte (anders 6, 118) (→ Gefolgschaft; → Germanen, Germania, Germanische Altertumskunde § 2d S. 198), zumal ‚Sweben' auch einen Stammesverband bezeichnete.

Auf der Trajanssäule scheint der Knoten mitunter Anführer zu kennzeichnen (2, 432). Der Knoten an der Schläfe des jüng. swebischen Kriegers kennzeichnet die gesellschaftliche Position, da er nicht von Sklaven getragen werden durfte; den anderen Knoten auf dem Scheitel oder am Hinterkopf trugen ält. Männer mit grauen Haaren.

Die geköpften Moorleichen mit S. können als besiegte, erschlagene Gegner geopfert worden sein, so wie die Waffenausstattung besiegter Heerhaufen in den südskand. Mooropferplätzen.

Die These, daß der Knoten als Schutz vor Hieben getragen wurde, weil er auf der rechten Schläfenseite, also der nicht vom Schild geschützten und damit auf der vom Schwert bedrohten Seite sitzt, wird kaum vertreten; vielmehr konnten Rechtshänder den Knoten auch bequemer rechts binden (2, 432). In der ant. Lit. wird der S. mit der röm. Frauentracht verglichen: der *nodus* am Hinterkopf einer Frau galt als anständige Tracht gegenüber den vielfältigen üppigen sonstigen Haarfrisuren (1, 214).

Qu.: (1) P. Cornelius Tacitus, Germania, interpretiert, hrsg., übertragen, kommentiert und mit einer Bibliogr. versehen von A. A. Lund, 1988. (2) Much, Germania.

Lit.: (3) C. Bergen u. a. (Red.), Der Tempel im Moor, ²2002. (4) C. R. Hallpike, Social Hair, Man 4, 1969, 256–264. (5) K. R. Krierer, Germ.büsten auf dem Kessel. Die Henkelattaschen des Bronzekessels, in: J. Peška, J. Tejral (Hrsg.), Das germ. Kg.sgrab von Mušov in Mähren 2, 2002, 367–385. (6) Ders., Ant. Germ.bilder, 2004. (7) B. Krüger u. a. (Hrsg.), Die Germ. Gesch. und Kultur der germ. Stämme in Mitteleuropa. Ein Handb. 1, 1976. (8) A. A. Lund, Mumificerede moselig, 2002. (9) M. Mączyńska, D. Rudnicka, Ein Grab mit röm. Importen aus Czarnówko, Kr. Lębork (Pommern), Germania 82, 2004, 397–429. (9a) Z. Mráv, Röm. Militäranlagen im Barbaricum, in: Augustus bis Attila. Leben am ungar. Donaulimes, 2000, 48–52. (10) E. Munksgaard, Oldtidsdragter, 1974. (11) Dies., Frisurer fra ældre jernalder. Mosefund og gravfund, Aarbøger 1976, 5–21. (12) S. Petényi, Neue germ. Statuen aus Brigetio, Communicationes Archæologicæ Hungariæ 1993, 1994, 57–62. (13) K. Schlabow, Haartracht und Pelzschulterkragen der Moorleiche von Osterby, Offa 8, 1949, 3–6.

H. Steuer

Sylt

§ 1: Naturraum und Entstehungsgeschichte – § 2: Archäologie – a. Forschungsgesch. – b. Besiedlung – c. Siedlungen – d. Grabhügel – e. Austauschbeziehungen

§ 1. Naturraum und Entstehungsgeschichte. Die im nordfries. Wattenmeer liegende Insel S. ist mit den benachbarten Inseln Föhr und Amrum durch eine im wesentlichen gleichartige und für den Nordseeraum einzigartige Entstehungs- und Besiedlungsgesch. zusammengehörig. Die verkehrsgünstige Lage und die Stabilität in einer seit der Jungsteinzeit ansonsten stetiger Veränderung unterworfenen Küstenlandschaft führten dazu, daß die Inselkerne wiederholt dicht besiedelt waren und so insgesamt eine außerordentlich hohe Zahl arch. Denkmäler auf relativ kleiner Fläche aufweisen (10). Die zunächst als Kuppen einer saaleeiszeitlichen Endmoräne (Geest) mit tertiären Einschlüssen entstandenen Höhen wurden seit 6000 v. Chr. von der ansteigenden →Nordsee erreicht, dann spätestens 4000 v. Chr. umschlossen und so zu Inseln. Im W der Geestkerne von S. und Amrum führte das Meerwasser zu Erosion und Kliffbildung, das hierbei abgetragene Material lagerte sich in Form von Nehrungen an den Nord- und Südseiten der Inseln wieder an (2, 22 f.). In deren Schutz bildeten sich Moore, aber auch Marschen aus tonigem Meeressediment (Klei), die als Weideland für Rinder und Schafe genutzt werden konnten (→Marschenbesiedlung, Marschenwirtschaft, Küstenveränderungen). Küstenjagd und -fang ergänzte zeitweise die Ernährung, der Hauptanteil der Nahrungsversorgung wurde jedoch auch auf den nordfries. Inseln durch intensiven Ackerbau abgedeckt. Die relativ sandigen Geestböden erhielten durch Heide- und Plaggenwirtschaft sowie durch Düngung mit Klei und Tang Fruchtbarkeit, ein Prozeß, der zur Bildung der für die Inseln typischen mächtigen Humusböden führte (14, 55 f.). Diese Ackerflächen mit den eingeschlossenen Kulturspuren verschiedenen Alters wurden im hohen MA durch rasch fortschreitende Dünenbildung auf der W-Seite von S. und Amrum großflächig begraben und so konserviert. Hierdurch ergeben sich in freigewehten Bereichen ausgezeichnete Forsch.sbedingungen, aber durch die Abgelegenheit und Wüstenartigkeit des Geländes auch besondere Herausforderungen.

§ 2. Archäologie. a. Forschungsgesch. Seit der Mitte des 19. Jh.s fanden die nordfries. Geestinseln durch Ausgr. und Veröffentl. zahlreicher Altertumsforscher Eingang in die Lit. Mit der Vorlage der →Archäologischen Landesaufnahme erschien eine bis heute in wesentlichen Teilen gültige, vollständige Aufnahme des Denkmälerbestandes, seiner Erforschung und kulturhist. Einordnung (10). Diese wird u. a. durch die bisher erschienenen Bde über die Ergebnisse eines langjährigen Forsch.svorhabens zur diachronen Landschafts- und Besiedlungsgesch. des Archsumer Geestkerns auf S. als einer in sich geschlossenen Siedlungskammer ergänzt (12; 13; 3).

b. Besiedlung. Paläol. und mesol. Funde sind auf den Inseln nur sehr spärlich vertreten. Aus dem Watt bei Keitum und bei Morsum wurden spätpaläol. Flintspitzen geborgen, während eine mesol. Knochenspitze beim Torfstechen in der Wyker Marsch (Föhr) in 4 m T. zutage kam. Wahrscheinlich befanden sich die Fst. jägerischer Kulturen v. a. in den Niederungen zw. den Geesthöhen und sind heute vermutlich weitgehend abgetragen oder unter Sedimenten begraben. Erst die Spuren jungsteinzeitlich-bäuerlicher Besiedlung der nun zu Inseln gewordenen Geestkerne treten viel deutlicher hervor. Phasen dichter Besiedlung liegen auch aus der ält. BZ, der ält. RKZ und dem MA vor, während die jüng. BZ, die jüng. RKZ, die VWZ und das Früh-MA arch. weniger in Erscheinung treten, und bes. in der mittleren vorröm. EZ eine Besiedlung kaum nachweisbar ist. Für die Zeit 500–650 n. Chr. sind sichere Siedlungshinweise bislang gar nicht zu erbringen. Ob sich die Inseln im Zuge der Auswanderung der →Angeln nach →England jedoch tatsächlich vollständig entvölkerten, muß v. a. aufgrund der ON-Forschung bezweifelt werden (15, 188). Als Ursache für die Besiedlungsschwankungen scheinen v. a. Landschaftsveränderungen ausschlaggebend gewesen zu sein (18, 171 ff.).

c. Siedlungen. Der durch zahlreiche Grabanlagen und Oberflächenmorphologie sowie -funde erkennbaren dichten Besiedlung S.s, Föhrs und Amrums steht eine relativ geringe Zahl durch wiss. Ausgr. in ihrer Struktur erschlossener Siedlungen gegenüber. Einzelne Hausbefunde des Spätneol.s bzw. der ält. BZ liegen aus Archsum-Melenknob und Norddorf (Amrum) vor. Sehr bemerkenswert ist der Muschelhaufen von

Dunsum (Föhr), ein Siedlungshügel von etwa 100 m Dm. und einer Hh. von etwa 1,5 m, welcher neben teils mächtigen Lagen aus Muschelschalen auch Wal- und Fischknochen und ein umfangreiches Keramikinventar aus der vorröm. EZ erbracht hat.

In der frühen RKZ entwickeln sich Wohnhügel zu einem für die nordfries. Geestinseln typischen Element. Hohe Ortkonstanz und Akkumulation von Siedlungsmaterial führten zur Genese tellartiger Siedlungen aus zahlreichen übereinanderliegenden Siedlungsschichten, die es ermöglichen, eine jahrhundertelange Siedlungsentwicklung detailliert zu untersuchen. Der Siedlungshügel Archsum-Melenknob wurde exemplarisch nahezu vollständig erfaßt und zeigt eine engstehende Bebauung der späten vorröm. EZ und ält. RKZ aus relativ gleichartigen Gebäuden, in der jüng. Kaiserzeit ein Großgehöft und kleinere Nebengehöfte (11; 4). In weitläufigen Geestbereichen finden sich hingegen Einzelgehöfte und dörfliche Siedlungen nebeneinander (→ Einzelhof; → Siedlungs-, Haus- und Gehöftformen), bestanden aber auch hier ortkonstant und sind heute unter günstigen Umständen noch als deutliche Erhöhungen im Gelände erkennbar. Dort wo Ausgr. stattfanden, wurden stets die Überreste dreischiffiger Langhäuser mit Steinpflasterungen im Eingangs-, Dielen- und Stallgangbereich angetroffen (7).

Ist schon in der RKZ die Verwendung von Kleisoden, also ausgestochenen Bodenstücken begrünten Meeressediments, ein typisches Bauelement der Häuser, so setzt sich diese Eigenheit auf den nordfries. Geestinseln im Früh-MA fort. Während Alt-Archsum durch landwirtschaftl. geprägte Wohn- und Grubenhäuser des 8.–11. Jh.s mit Sodenwänden charakterisiert wird (16; 4, 35), liegt in Tinnum ein spezialisierter Siedlungstyp ausschließlich aus Grubenhäusern des 9. Jh.s vor, von denen einige ebenfalls mit Sodenwänden ausgekleidet waren (20). Neben diesen großflächigeren Siedlungen ließen sich in der Midlumer Marsch (Föhr) auch zwei ebenfalls mit Soden errichtete Einzelgehöfte als Flachsiedlungen des 7.–9. Jh.s nachweisen. Das heutige Siedlungsgefüge der Orte mit den auf -um endenden Namen ist wohl im wesentlichen im Früh-MA entstanden (17), im hohen MA gründete man u. a. das heute überdünte, maritim geprägte Alt-List, das durch seine Lage an einem Naturhafen und zahlreiche Funde von im Schiffbau verwendeten Kalfatklammern charakterisiert ist.

Burgen. Mit den Ausgr. im Bereich der Archsumburg konnte eine Ringwallanlage der ält. RKZ erschlossen werden, die vermutlich nicht Verteidigungs-, sondern kultischen Zwecken diente. Darauf weisen radial an der Wallinnenseite angeordnete Hütten und zahlreiche Opfergruben, Funde zahlreicher großteiliger Tongefäßfrg. und die wohl niedrige Bauweise des Walles selbst hin (3). Während die Archsumburg heute weitgehend eingeebnet ist, gehören die Ringwälle → Tinnumburg und Lembecksburg/Borgsumburg (Föhr) zu den stattlichsten und besterhaltenen Burganlagen im Lande. Möglicherweise reicht ihre Gründung ebenfalls in die RKZ zurück, zu Verteidigungsanlagen wurden sie jedoch im Verlauf des Früh-MAs ausgebaut (3; 21). Diese an schiffbaren Prielen auf kleinen Geestanhöhen am Rande der Marsch gegründeten Burgen sind in ihrer Funktion arch. bislang nicht ausreichend erschlossen. Eine durch kleine Grabungsschnitte in der Lembecksburg nachgewiesene, radial angeordnete, frühma. Bebauung ließ sich mit Hilfe geophysikalischer Messungen im gesamten Burginnenraum entlang der Wallinnenseite erfassen und weist eine sehr geordnete Struktur auf, die im Vergleich mit den etwas jüngeren dän. und ndl. Ringwallanlagen recht archaisch wirkt (21).

d. Grabhügel. Die etwa 1 500 einst auf den Inseln S., Föhr und Amrum vorhandenen Grabhügel aus der Jungsteinzeit und BZ sowie des Früh-MAs bilden die zentralen Elemente einer hist. Sakrallandschaft, die trotz zahlreicher Verluste in Teilen auch heute noch sichtbar ist. Bes. die bronzezeitlichen und frühma. Grabhügelgruppen liegen auf beherrschenden Anhöhen in Meeresnähe und hatten monumentalen Charakter. Auf S. gibt es allerdings auch eine ganze Reihe von Grabanlagen, die durch ihre Lage auf niedrigen Geestkuppen im Verlauf des Meeresspiegelanstieges in den Einflußbereich der Nordsee gerieten. Von Marschsedimenten umschlossen oder heute sogar im Wattenmeer liegend, verdeutlichen sie so auf eindrucksvolle Weise die starken landschaftlichen Veränderungen im Lauf der Jt.

Zahlreiche arch. Unters. haben die zeitliche und kulturelle Differenzierung der Grabanlagen ermöglicht. Unter den jungsteinzeitlichen → Megalithgräbern ist der → Denghoog bei Wenningstedt von besonderer Bedeutung, er gilt als Deutschlands besterhaltenes → Ganggrab. V. a. im Verlauf der ält. BZ errichtete man eine enorme Anzahl von runden, oft mehrphasigen Grabhügeln, die vielfach in Gruppen beieinanderlagen. Die Toten bestattete man zumeist in steinummantelten Baumsärgen (→ Baumsargbestattung), die mit Gras- und Heidesoden überhügelt wurden, später in Urnen. Das umfangreiche Beigabenspektrum ist durch einen Reichtum an Bronzewaffen und Goldschmuck sowie → Bernstein geprägt (1). Charakteristisch für den Aufbau bronzezeitlicher Grabhügel auf den nordfries. Geestinseln sind kompakte Lagen aus Molluskenschalen, die die rituelle Verwendung großer Mengen von → Muscheln und Schnecken im Rahmen des Totenkults belegen (10, 52). Typisch für die Inseln ist auch, daß bis in die VWZ hinein v. a. zahlreiche Nachbestattungen von Urnen innerhalb der bronzezeitlichen Grabhügel vorgenommen wurden, während ebenerdige Gräberfelder die Ausnahme sind. Ganz ungewöhnlich, da sonst nur in Skand. vertreten, muten die als Dreiecke, Kreisflächen und Vierecke geformten, wohl merowingerzeitlichen Steinsetzungen mit Brandbestattungen im Skalnastal (Amrum) an (9, 90). Für die auf allen Inseln nachgewiesenen Nekropolen des Früh-MAs ist die Komposition aus zahlreichen kleinen, dicht beieinanderliegenden Grabhügeln mit Einzelbestattungen, das Überwiegen von Urnengräbern sowie ein Beigabenspektrum, das sowohl fries.-rheinländische als auch dän.-skand. Charakterzüge aufweist (→ Friesen), charakteristisch.

e. Austauschbeziehungen. Die prominente Lage der nordfries. Geestinseln an der W-Küste der jütischen Halbinsel läßt schon im Spätneol. einen Austausch von Waren wie dem roten Helgoländer Flint, aber auch einen Fundniederschlag der Glockenbecherkultur erkennen (8, 260 f.; 5). Die intensive Nutzung dieser Seefahrtsroute schlug sich bes. in der ält. BZ in einem reichhaltigen arch. Fundgut in den zahlreichen Grabhügeln nieder (10, 47). Hingegen erstaunt in der RKZ ein ausgesprochener Mangel an → Römischem Import, der nur durch einige Münzen, etwas Keramik und Glasperlen faßbar ist. Bernstein, Salz und Wollstoffe gehörten sicherlich zu den von den Inseln verhandelbaren Gütern, mindestens ebenso wichtig dürften aber Dienstleistungen wie Warenumschlag, sicheres Geleit und Landemöglichkeiten für Seefahrer gewesen sein. Arch. läßt sich dies in einem freigewehten Dünental bei Norddorf (Amrum) nachweisen, in dem Strukturen eines mit Grubenhäusern besetzten und durch Sodenwände parzellierten Strandmarktgeländes der VWZ auftraten. Die geborgenen Bruchstücke frk. Trinkgläser zeigen, daß sich hier eine Station des Nordseehandels zw. Rheinland und Skand. befand (19).

Die Münz- und Schatzhorte von Goting (Föhr) sowie List und Westerland lassen zusammen mit den umfangreichen Importen im Fundgut von Siedlungen und Gräbern

Schriftzeichen bzw. diversen Ornamenten, darunter bestimmte Tiere wie etwa die Eule. Herodot überliefert T.en als geeignetes Medium zur Übermittlung geheimer Nachrichten (48; 79, 88). In so einem Fall brachte man nach einer Kopfrasur eine T. an und setzte seinen Boten erst dann ein, wenn genügend nachgewachsenes Haar die Botschaft verdeckt hatte.

Die Römer scheinen sich ebenfalls primär auf das Anbringen von Straf-T.en beschränkt zu haben. Davon betroffen war erneut der bereits zuvor genannte Trägerkreis (43, 153 f.; 79). Ab dem 4./5. Jh. n. Chr. begann man zusätzlich damit, auch Soldaten in der röm. Armee sowie die in den *fabricae* des Militärs beschäftigten Personen zu tätowieren (43, 149; 44, 12; 79). Als Markierung kamen dabei die Namen aktueller Ks. oder verschiedene Punktmuster, stellvertretend für einzelne Einheiten bzw. Berufe, in Frage. Entsprechende Male befanden sich für gewöhnlich an den Händen. Sklaven wurden auf diese Weise mit den Namen ihrer Besitzer versehen. Straffälligen Sklaven und Kriminellen tätowierte man hingegen einzelne Buchstaben oder ganze Sätze ins Gesicht, die, für jedermann einsehbar, Auskunft über die Art des Verbrechens geben sollten. Der Buchstabe ‚K' z. B. war die Abkürzung von *kalumnia* und stand dementsprechend für ‚Verleumdung' bzw. ‚falsche Anklage'; ‚F' oder ‚FUG' standen hingegen für *fugitivus* und kennzeichneten Personen, vorwiegend Sklaven, die nach einem gescheiterten Fluchtversuch bestraft wurden (31, 26; 43; 79, 84 f.).

T.en im Gesicht, speziell auf der Stirn, stellten für die Betroffenen, zu denen auch die frühen Christen zählten, eine besondere Form der Erniedrigung dar. Derart Gezeichnete verurteilte man in der Regel zu schwerer körperlicher Arbeit oder schickte sie ins Exil. Das Tätowieren des Gesichtes wurde schließlich von Ks. Constantin (306–337) verboten und seither ersatzweise an anderen Körperstellen vorgenommen bzw. gänzlich unterlassen (31, 21. 25; 43, 148 f.; 44, 13).

Das freiwillige Tätowieren des Körpers, im Sinne einer Verschönerung, stieß sowohl bei den Griechen als auch bei den Römern offiziell auf Ablehnung, erkannten sie darin doch das ‚unzivilisierte' Verhalten ihrer ‚barbarischen' Nachbarn wieder. Eine beinahe identische Sichtweise herrschte auch in O-Asien, bes. im Alten China vor (30; 53; 55; 56; 67). Griech. und lat. Schriftqu. belegen T.en dieser Art u. a. im Zusammenhang mit Skythen, Thrakern, Dakern, Sarmaten, Gall., Pikten, Skoten, Briten und Ägs. (7; 43; 145 f.; 48, 12 ff.; 54; 78, 39 ff.; 79, 87 f.; 98, 325). Für gewöhnlich fungierten T.en hier als ehrenvolle Auszeichnungen bzw. Statussymbole und schmückten demzufolge hauptsächlich die Angehörigen der jeweiligen Eliten, darunter immer auch ein größeres Kontingent an Kriegern. Viele innerhalb des besagten Trägerkreises hatten ihre erste T. bereits im Kindesalter erhalten, so daß im Laufe der Zeit großflächige T.en entstehen konnten.

Eine ganze Reihe vermeintlich tätowierter Frauen tritt im Zusammenhang mit der griech. Vasenmalerei in Erscheinung. Die durchgehend als Thrakerinnen angesprochenen Frauen lassen sich bislang auf mindestens 40 rotfigurig bemalten Vasen aus dem 5. Jh. als auch der 1. Hälfte des 4. Jh.s v. Chr. nachweisen. Ihre T.en, welche v. a. im Arm- und Beinbereich zu erkennen sind, umfassen ein breites Spektrum an Mustern, darunter etwa Punkt- und Strichreihen, Kreuze, zickzackartig verlaufende Bänder, Mäander und eine Vielzahl von Tierdarst. (Hasen, Hirsche, Schlangen usw.) (97; 98, 325 f.).

Auftätowierte oder lediglich aufgemalte Tierbilder waren allem Anschein nach auch unter den kelt. Stämmen der britischen Inseln, über die uns diverse Nachrichten von → Caesar († 44 v. Chr.) bis → Isidor von Sevilla (560–636) vorliegen, sehr beliebt (79, 87 f.). Herodian z. B. erwähnt zu Beginn des erkennen, daß sich die seegebundenen Austauschprozesse im Früh-MA im Nordseeraum stark intensivierten (6; 22). Auf den nordfries. Geestinseln und dem gegenüberliegenden Festlandbereich zeigen v. a. die Keramik- und Glasfunde, daß im 8.–11. Jh. sowohl zu den Handelsorten → Ribe als auch Haithabu (→ Haiðaby) Kontakte bestanden und Waren von dort eingeführt wurden.

(1) E. Aner, K. Kersten, Südschleswig-West (Nordfriesland). Die Funde der ält. BZ des nord. Kreises in Dänemark, 1979. (2) A. Bantelmann, Landschaft und Besiedlung Nordfrieslands in vorgeschichtl. Zeit, in: Nordfriisk Instituut (Hrsg.), Gesch. Nordfrieslands, 1995, 13–56. (3) O. Harck, Archsum auf S., 3. Die Ausgr. in den römerzeitlichen Erdwerken Archsumburg, Tinnumburg und Traelbanken und der Westküste Schleswigs, 1990. (4) Ders. u. a., Frühe Bauern auf S. Ausgr. in Archsum, in: M. Müller-Wille, D. Hoffmann (Hrsg.), Der Vergangenheit auf der Spur. Arch. Siedlungsforsch. in Schleswig-Holstein, 1992, 11–38. (5) S. Hartz, M. Segschneider, Helgolands-Agaten, Skalk 2006, H. 4, 9–11. (6) G. Hatz, Der Münzfund vom Goting-Kliff/Föhr, 2001. (7) H. Hingst, Eisenzeitliche Siedlungen auf Amrum, Offa 44, 1987, 75–100. (8) Ch. Hinrichsen, Das Neol. auf den Nordfries. Inseln, 2006. (9) H. Jankuhn, Die EZ, in: [10], 65–99. (10) K. Kersten, P. La Baume, Vorgesch. der Nordfries. Inseln, 1958. (11) G. Kossack u. a., Zehn J. Siedlungsforsch. in Archsum auf S. Ber. RGK 55, 1974, II. Teil, 261–427. (12) Ders. u. a., Archsum auf S., 1. Einf. in Forsch.sverlauf und Landschaftsgesch., 1980. (13) Ders. u. a. (Hrsg.), Archsum auf S., 2. Landwirtschaft und Umwelt in vor- und frühgeschichtl. Zeit, 1987. (14) H. Kroll, Vor- und frühgeschichtl. Akkerbau in Archsum auf S. Eine Botan. Großrestanalyse, in: [13], 51–157. (15) W. Laur, Die ON Nordfrieslands, Jb. des nordfries. Ver.es für Heimatkunde und Heimatliebe 29, 1953, 186–196. (16) J. Reichstein, Ausgr. in Alt-Archsum auf S., Ber. RGK 67, 1986 (1987), 373–384. (17) M. Segschneider, Zur Besiedlung des n. nordfries. Küstengebiet in der WZ, in: Beretning fra syttende tværfaglige vikingesymp., 1998, 77–85. (18) Ders., Besiedlung und Fundgut auf der nordfries. Insel Amrum in der ält. RKZ, Offa 53, 1996 (1999), 137–179. (19) Ders., Frk. Glas im Dünensand – ein Strandmarkt des 5. Jh.s auf der nordfries. Insel Amrum und die völkerwanderungszeitliche Handelsroute zw. Rhein und Limfjord, Arch. Korrespondenzbl. 32, 2002, 117–136. (20) Ders., Sylter Weber. Arch. in Deutschland 6, 2006, 56. (21) Ders., Die Ringwallburgen auf den nordfries. Inseln, in: M. Segschneider (Hrsg.), Ringwallburgen und verwandte Strukturen des 1. Jt.s im Nord- und Ostseeraum (im Druck). (22) R. Wiechmann, Edelmetalldepots der WZ in Schleswig-Holstein. Vom „Ringbrecher" zur Münzwirtschaft, 1996.

M. Segschneider

Zum Namenkundlichen → Sylt, Bd. 30

Täby. Runologisch. Das Ksp. T. gehört zu den runenreichsten Gegenden → Upplands; es sind dort nicht weniger als 38 → Runensteine vom 11. Jh. an bis ca. 1100 bekannt, wobei der deutliche Schwerpunkt unmittelbar vor der Mitte des Jh.s liegt. Viele der bekannten Runenritzer (→ Runenmeister) aus Uppland sind hier tätig gewesen: Fot, Visäte, Asmund Karason und Öpir. Wenigstens zwölf dieser Runensteine lassen sich vermutlich mit Jarlabanke, einem bedeutenden Mann aus Uppland, und seinem Geschlecht in Verbindung bringen. An der Brücke von → Broby gibt es drei Runeninschr., U 135–137, in denen Jarlabankes Eltern, Ingefast und Jorun, sowie seine Großeltern väterlicherseits, Östen und Estrid, erwähnt werden (6, 200 ff.). Von Östen weiß man, daß er sich auf eine Pilgerreise nach Jerusalem begab und in Griechenland starb (U 136). Man hat es also mit einem christl. Geschlecht zu tun, dem Pilgerreisen nicht fremd waren.

Es fällt auf, daß die Runensteine, die die drei Generationen haben errichten lassen, offenbar allesamt von dem gleichen Ritzer im gleichen Stil bearbeitet worden sind und daher vermutlich aus einem relativ kurzen Zeitraum stammen. Bisweilen wurde angenommen, daß Fot dieser Ritzer gewesen sei (6, 217). Die widersprüchlichen Angaben über Ingefasts Ehe – U 148 nennt seine Frau Ragnfrid, U 143 hingegen Jorun – bereiten weitere Schwierigkeiten (6, 210); um sie zu umgehen, wurde propagiert, daß Jarlabankes Vater Ingefast zwei Frauen gleichzeitig gehabt habe (2, 148), doch die Frage läßt sich nicht eindeutig beantworten.

Vor den anderen Männern in Uppland, die Runensteine setzen ließen, zeichnet sich Jarlabanke dadurch aus, daß er sich selbst nicht weniger als fünf Runensteine mit nahezu identischem Text setzen ließ, nämlich U 127, U 164, U 165, U 212A und U 261; hier spricht er davon, daß er eine Brücke gebaut habe und ganz T. besitze. Die Inschr. auf U 164 lautet:

× iarlabaki × lit × raisa × stain[a] × þisa × at sik × kuikuan × × auk bru × þisa × karþi × fur ont × sina × auk ain ati × alan × tabu × kuþ hialbi ont hans

‚Jarlabanke ließ diese[n] Stein[e] errichten nach sich selbst als Lebendem und machte diese Brücke für seine Seele. Er besaß allein ganz Täby. Gott helfe seiner Seele' (6, 248).

Mit dem Brückenbau ist die große Brückenanlage in T. gemeint, an der sich zwei der Inschr. finden (6, 249). Zur seltenen Selbsterrichtungsformel → Runeninschriften S. 529 f. Merkwürdigerweise sind drei Inschr. gleicher Ausführung mit einem weitgehend identischen Text in drei benachbarten Kirchen gefunden worden: Danderyd (U 127), Vallentuna (U 212) und Fresta (U 261). Man nimmt an, daß im MA die Steine von T. aus zu unterschiedlichen Zeiten dorthin gebracht worden sind (1, 70). Eine einleuchtende Erklärung dafür gibt es indes nicht. Die vier Inschr., U 127, U 164, U 212A und U 261 sind wohl von dem gleichen Ritzer ausgeführt (1, 54) und möglicherweise sind auch alle erst in T. errichtet worden. In der Inschr. U 212B wird die Anlage eines Thingplatzes genannt. Diese Inschr. wurde nach U 212A auf demselben Stein geritzt, wahrscheinlich recht zeitnah; sie bezieht sich vermutlich auf einen Thingplatz in → Vallentuna (3, 148). Dieser Stein ist also schon zu Zeiten Jarlabankes nach Vallentuna gebracht worden.

Eine bisher noch nicht beachtete Möglichkeit wäre, daß alle drei in den Kirchen gefundenen Runensteine dort ihren Platz durch Jarlabankes Vermittlung erhalten hätten. In dem Fall wäre durchaus denkbar, daß Jarlabanke in die Anlage der drei Kirchplätze involviert war, wie es sich gegen Ende des 11. Jh.s in Vallentuna nachweisen läßt.

Ein besonderes Problem stellt der von Jarlabanke selbst gesetzte Stein U 149 dar. Seine Inschr. ist – wie U 138 im gleichen Ksp. – nur in einer Nachzeichnung von Rickard Dybeck bekannt, und es bleibt unsicher, ob sie als authentisch gelten darf (5, 28).

Einige Autoren waren der Auffassung, man könne Jarlabankes Geschlecht über nicht weniger als sechs Generationen hinweg verfolgen (1, 33; 3, 128), doch die beiden letzten Glieder, die aus U 216 und U 217 in der Kirche von Vallentuna konstruiert wurden, sind zweifelhaft. Diese Inschr. dürfte man nicht allzu weit nach 1100 ansetzen, vielleicht sogar kurz davor, und diese kurze Zeitspanne gibt nicht genügend Spielraum her für zwei weitere Generationen.

Die letzte Inschr., die sich eindeutig mit dem Geschlecht Jarlabankes in Verbindung bringen läßt, ist U 142; sie wurde von Öpir ausgeführt. Der Stein wurde nach Jarlabanke von seinem Sohn Ingefast errichtet (6, 208 ff.). Wahrscheinlich hat das Geschlecht Jarlabankes einen größeren Teil der Höfe im Ksp. besessen und Jarlabanke gehörte wenigstens das gesamte Dorf T.

Es gibt jedoch noch andere Geschlechter in T. In Risbyle finden sich zwei Runensteine aus dem frühen 11. Jh., U 160–161, in denen ein Ulv in Skålhamra erwähnt wird (5, 237). Er gehört zu einem Geschlecht, dessen Angehörige in mehreren Inschr. auftauchen. Seine Söhne ließen in Bällsta in Vallentuna einen Thingplatz anlegen, der als Vorläufer des Thingplatzes von Jarlabanke (U 212B) gelten darf. Man geht davon aus, daß diese Inschr. von einem Runenritzer namens Ulv in Skålhamra stammen. Diese Annahme ist nicht unproblematisch, und so wurde auch eine andere Lösung vorgeschlagen (4, 157), nämlich, daß es der Runenritzer Gunnar war, der diese Inschr. ausgeführt hat.

(1) H. Gustavson, K.-G. Selinge, Jarlabanke och hundaret. Ett arkeologiskt/runologiskt bidrag till lösningen av ett historiskt tolkningsproblem, NoB 76, 1988, 19–85. (2) M. G. Larsson, Tvegifte i T.? Några synpunkter på Jarlabanke-stenarnas datering och placering, Fornvännen 91, 1996, 143–151 (3) S. Lindqvist, Jarlabanke-släktens minnesmärken, in: G. Hallström, Nordiska arkeologmötet i Stockholm 1922. Berättelse över mötet och dess förhandlingar, 1923, 124–141. (4) P. Stille, Gunnarsstenarna – en kritisk granskning av en mellansvensk runstensgrupp, in: Blandade runstudier, 1992, 113–172. (5) Ders., Runstenar och runristare i det vikingatida Fjädrundaland. En studie i attribuering, 1999. (6) Upplands runinskrifter, 1. Text, SvR 6, 1940–1943.

P. Stille

Zum Namenkundlichen → Täby, Bd. 30

Tätowierung

§ 1: Sprachgeschichte – § 2: Technik – a. Bekannte Verfahren – b. Geräte, Farben, Muster – § 3: Kulturgeschichte – a. Die Anfänge der Tätowierkunst. Ursprung, Verbreitung und Bedeutung früher T.en – b. Die Praxis des Tätowierens im Verlauf von Ant. und MA – c. Relig. motivierte T.en

§ 1. Sprachgeschichte. Die heute gängige Bezeichnung T. – in wiss. Kreisen, bes. innerhalb der Ethnol., wird in diesem Zusammenhang bevorzugt von *Tatauierung* gesprochen – geht auf die polynesische Wortkomposition ‚ta tatau' zurück, womit in etwa ‚richtig/ordnungsgemäß schlagen' gemeint war. Eine Auslegung im Sinne von ‚verwundet' bzw. ‚Wunden schlagen' wäre auch möglich. Auf Tahiti wurde damit ein Vorgang zum Anbringen permanenter Körperverzierungen umschrieben. James Cook, der im J. 1769 auf der Insel weilte, schuf, beim Versuch diese Formulierung in den Wortschatz seiner Muttersprache zu übertragen, den Begriff ‚tattow', also die engl. Version des um eine Silbe (‚ta') verkürzten ‚tatau'. Ausschlaggebend für die neue Schreibweise, war die engl. Aussprache des Wortes. Im Zuge der Übs. von Cooks publ. Reiseber. ging das von ihm geprägte Wort, aus dem sich später die Var. ‚tattoo' entwikkelte, in leicht modifizierter Form, auf eine Vielzahl weiterer europ. Sprachen über. Bei der Umsetzung ins Dt. entstanden die noch heute gültigen Formen *Tatauierung/tatauieren* sowie *T./tätowieren* (38, 9–11; 40; 78, 32 f.; 94, 2879).

Diese gegen Ende des 18. Jh.s üblich gewordenen Bezeichnungen ersetzten schnell ält., zuvor in Europa in diesem Zusammenhang verwendete Begriffe, denn das Prinzip des Tätowierens war den Europäern schon seit Urzeiten bekannt.

Im ant. Griechenland wurde der gesamte Vorgang στίζειν genannt. Einzelne T.en bezeichnete man hingegen als στίγμα oder σημεῖον, während mit στίκτης die ausführende Person gemeint war (44, 4; 78, 32 f.; 79, 81).

Die Römer haben die Prozedur u. a. mit Ausdrücken wie *compungere notis, signare notis, persignare* oder *inscribere notis* umschrieben; das Ergebnis nannten sie *punctum, signum* und *nota* oder nach griech. Vorbild *stigma* (31; 54, 3. 37; 78, 32 f.; 79, 81). Bezogen auf den Sinngehalt, könnten die angeführten lat. Vb. womöglich auch für eine Art Körperbemalung stehen. Abgesehen von P. Burman im 18. Jh., war es v. a. Jones, der wiederholt dafür plädierte, die in ant. Schriftqu. verwendeten Begriffe *stigma* bzw. *stigmata* ‚dauerhaftes Mal' – ‚permanente Wunde' mit T. zu übersetzen und nicht mit Brandmal (43; 44).

In ma. Schriftqu. aus Irland treten zuweilen die Bezeichnungen *rind, crechad* und *cruth* auf, bei denen erneut ein Zusammenhang mit dem Anbringen von T.en diskutiert wird (54, 33. 38).

Bevor sich in Europa die verschiedenen Variationen von Cooks Wortschöpfung ‚tattow' durchzusetzen begannen, sprach man diesbezüglich primär von ‚bemalen', ‚punktieren' und ‚einstechen' oder seltener von ‚stempeln' und ‚stupfen' (38, 10 f.; 78, 33). Von ‚Zeichen', ‚Malen', ‚Stipfeleien' sowie ‚Dipfeleien' war ebenfalls die Rede (3, 57). Die Holländer kannten den Ausdruck ‚prikschilderen' (wörtlich übersetzt: ‚stechmalen') (78, 33).

Auch außerhalb Europas basierte das Anbringen von T.en häufig auf uralten Traditionen und blieb somit über lange Zeiträume hinweg in Gebrauch. Zur Beschreibung des Tätowiervorgangs verwendete Formulierungen:

Der während des Neuen Reiches (1550–1069 v. Chr.) ausgestellte ägypt. *Papyrus Bremner-Rhind* enthält die Bezeichnung *mentenu*, was soviel bedeutet wie: ‚mit einer Inschr. versehen' – ‚eingravieren' – ‚ätzen/einprägen' (4, 27).

Aus dem Alten China ist eine Vielzahl entsprechender Begriffe überliefert. Einzelne Texte enthalten u. a. Wörter wie: *tjen* ‚Straftätowierung', *qing* ‚tätowieren', ‚brennen', *ci qing* ‚stechen und Grün machen', *wen shen* ‚den Körper mit Mustern ausstatten', *lu shen/lu ti* ‚den Körper gravieren', *ke nie* ‚schneiden und schwärzen' (53, 8 f. mit Anm. 12; 56, 210; 67).

Unter den Japanern waren und sind z. B. Wortgebilde wie *gei, horimono* ‚(ein) Stück stechen/eingravieren', *shisei* ‚blau stechen' und *irezumi* (wörtlich: ‚schwarze Tusche hinein' – sinngemäß: ‚Tusche auftragen oder einstechen') üblich (30, 3 f.; 53, 6 f. mit Anm. 5–8). Mit *horimono* sind selbst in Auftrag gegebene, auftätowierte Ziergebilde gemeint, *irezumi* dagegen müssen in der Regel als Straftätowierungen aufgefaßt werden.

Dank verschiedener ethn. Unters. sind viele relevante Beispiele aus dem Bereich rezenter schriftloser Kulturen bekannt. Nur einige werden genannt:

Die sibirischen Koryaken gebrauchten z. B. den Ausdruck *geti'plin*, wenn sie in die Haut eingestochene Muster (wohl im Sinne einer Naht-T.; vgl. § 2) meinten, oder aber *lo-kele* (wörtlich: Gesichtsbemalung), wenn es um Schmuck-T.en ging, die nur unter den Frauen üblich waren (56, 210).

Als *moko* ‚Eidechse' bezeichneten die Maori Neuseelands ihre kunstfertigen, aus kurvolinearen Mustern zusammengesetzten sehr bedeutungsvollen Gesichts-T.en (27; 68; 80).

Von den Inuit Grönlands sind die Bezeichnungen *kakiorneq* (in W-Grönland) bzw. *kagierneq* (in O-Grönland) überliefert. In beiden Fällen wurde der gesamte Prozeß etwa folgendermaßen umschrieben: ‚eingestochen mit einer Nadel', gleichzeitig aber auch: ‚gezogen mit einer Nadel' (46, 104), womit unterschiedliche Techniken des Tätowierens angesprochen sind.

§ 2. Technik. a. Bekannte Verfahren. Im Gegensatz zur Körperbemalung, die nur zu bestimmten Zeiten Anwendung findet und später wieder entfernt werden kann, erreicht man beim Vorgang des Tätowierens einen dauerhaften Effekt, eine bleibende Veränderung der Haut. Zum Anbringen der jeweiligen Zeichen, Bilder oder Schriftzüge eignen sich verschiedene Techniken und Geräte. Einen Überblick über die bekannten Verfahren vermitteln v. a. ethnol. Fallstudien.

Bei der sehr weit verbreiteten sog. Farben- oder Stich-T. (z. B.: 21, 83 ff.; 23, 211 ff.; 29; 42; 87) bedient man sich einzelner Nadeln oder eines ganzen Bündels solcher (sog. Kämme), um die gewünschten Muster in die Haut zu stechen. Der verwendete Farbstoff gelangt dabei entweder gleich mit der Nadel, die zuvor in diesen hineingetaucht wird, in die oberste Hautschicht und wird dort abgelagert, oder wird erst am Ende, nachdem das gestochene Hautbild vollendet ist und die Blutung gestillt wurde, in diese eingerieben.

Nadeln werden auch im Zusammenhang mit der sog. Naht- bzw. Faden-T. benötigt. Bei diesem Verfahren gelangt ein in Farbe eingelassener, an einer Nadel befestigter Faden unter die Haut und erzeugt, in Abhängigkeit davon, wie weit er unter dieser bewegt wird, unterschiedlich lange zusammenhängende Strichmuster. Derart erzeugte T.en treten fast ausschließlich bei Polarvölkern auf (38; 46; 76), erscheinen aber auch im Zusammenhang mit afrikanischen Bantustämmen sowie einigen über 1000 J. alten peruanischen Mumien (1, 127).

Beide Methoden treten in der Regel nur bei hellhäutigen Individuen auf, durch deren Haut der meist schwarze Farbstoff blau schimmert.

Dunkelhäutige Menschen lassen sich auf diese Weise höchstens das Zahnfleisch oder die Lippen tätowieren und bevorzugen statt dessen die sog. Narben-T., da die starke Pigmentierung ihrer Haut die zuvor genannten, in die Haut gestochenen Zeichen und Muster nicht richtig zur Geltung kommen läßt. Im Rahmen der zuletzt genannten Methode kommen Haken, Meißel, vorwiegend aber scharfe Messer zum Einsatz, mit denen über längere Zeiträume hinweg bestimmte Hautabschnitte absichtlich verletzt werden. Der natürliche Heilungsprozeß wird bewußt verzögert, indem einzelne Schnitte ständig erneuert und die entsprechenden Wunden verunreinigt werden. Z. T. handelt es sich dabei um bläulich-schwarze Farbpigmente, die man in die offenen Stellen einreibt, um die optische Wirkung späterer Male zu verstärken. Auf diese Weise entstehen nach längerer Zeit gut sichtbare, runde bis längliche Narben, die meist mit Knöpfen und Wülsten verglichen werden (23, 211 ff.; 29; 42; 70; 87).

Das Verfahren der Maori Neuseelands (27; 68; 80) scheint einzelne Aspekte der bereits geschilderten Praktiken zu vereinen. Ähnlich dem Ablauf bei der Narben-T. bedient man sich auch hier, zumindest im Falle der Gesichts-T.en, scharfer Gegenstände, um feine Schnitte zu erzielen. In die kunstvoll gestalteten Hautbilder reibt man anschließend den Farbstoff ein und wartet, bis die Wunden verheilen. Technisch betrachtet, zählt diese Methode zu den sog. Schnitt-T.en, für die es weitere Belege gibt. Die frühesten gesicherten Nachweise entsprechender Eingriffe liefern bislang Mumienfunde aus Ägypten und Nubien (4; 47). Neuere Unters. an einer in den Ötztaler Alpen entdeckten frostkonservierten Leiche aus der Jungsteinzeit (vgl. § 3a) schließen diese Art der T. im Einzelfall auch nicht gänzlich aus (82, 116. 120).

b. Geräte, Farben und Muster. Vor der Einführung moderner elektrischer Tätowierapparate gegen Ende des 19. Jh.s benutzten Tätowierer, je nach Zeitstellung und Verfügbarkeit an Rohstoffen, vorwiegend Fischgräten, Dornen, Nadeln (hergestellt aus verschiedenen Metallen oder Knochen), Messer bzw. Klingen (aus Metall, aber auch aus Feuerstein bzw. Obsidian), Splitter von der Rassel einer Klapperschlange, angespitzte Bambusstäbchen usw. (7, 282; 20, 14 ff.; 21, 83; 28, 10; 46, 114; 86, 466 ff.; 87, 192; 94, 2863).

Einzelne Nadeln oder ein größeres Bündel solcher versah man häufig mit einem Holzgriff, in den sie eingelassen wurden; gezackte Ex. konnten wie Kämme aussehen. Metallstreifen mit umgebogenem, angespitztem Ende haben sich ebenfalls als wirksame Instrumente erwiesen. Derartige Gegenstände wurden einhändig geführt, wobei während der Prozedur noch ein weiteres, von der zweiten Hand geführtes schlegelartiges Gerät hinzutreten konnte.

Obwohl → Rasiermesser, → Pinzetten sowie weiteres → Toilettenbesteck selten explizit Erwähnung finden, stellten sie wichtige Hilfsmittel der Tätowierer dar, mit deren Hilfe eine Vorbehandlung der relevanten Hautabschnitte möglich war.

Die Farbmischungen mitsamt der erforderlichen Geräte, um diese zu transportieren, anzurühren und aufzutragen, gehörten zusammen mit diversen Ölen und Salben ebenso zum Kreis der zusätzlich benötigten Utensilien.

In vielen Fällen standen den Auszuübenden Musterkat. zur Verfügung. Zum Anbringen technisch anspruchsvoller Bildmotive dienten häufig vorgefertigte Schablonen bzw. Stempel aus Holz oder Ton (10; 20, 20. 92 mit Taf. 7; 28, 43; 38, 68–72; 51, 16 ff.; 86, 474 ff. mit Taf. 1).

Unter den verwendeten Farben sticht stets Schwarz deutlich hervor. Der benötigte Farbstoff wurde im Laufe der Zeit z. B. aus Ruß, pulverisierter Holzkohle, Graphit oder Kobaltsalzen gewonnen und anschließend oft noch mit diversen Ölen oder Fetten vermischt. Heutzutage kommt, wie schon während der Ant. in O-Asien und Europa üblich (31; 43, 141; 44, 12; 79, 83 f.), vorwiegend schwarze Tinte/Tusche zum Einsatz. Abgesehen von einzelnen Schwarztönen, scheinen andere Farben bzw. bunte, mehrfarbige T.en – kulturgeschichtl. betrachtet – über lange Zeiträume hinweg eine eher untergeordnete Rolle gespielt zu haben.

Zu den bekannten Bildmotiven zählen u. a. einfache Punkte und Striche, geometrische Muster, einzelne Buchstaben oder längere Schriftzüge sowie Darst. von Pflanzen, Tieren, Menschen oder ganzer Landschaften (8; 22; 29; 30; 50; 53; 59; 61; 67, 372 ff.; 78, 69 ff.; 90).

§ 3. Kulturgeschichte. a. Die Anfänge der Tätowierkunst. Ursprung, Verbreitung und Bedeutung früher T.en. Aus Mangel eindeutiger Nachweismöglichkeiten läßt sich das früheste Auftreten der Tätowierkunst weder chron., noch geogr. näher eingrenzen.

Im Grunde könnten T.en, unabhängig davon, ob sie nun als Weiterentwicklung der Körperbemalung interpretiert werden oder nicht, bereits während des Paläol.s aufgetreten sein. Der gezielte Einsatz von Farbstof-

fen reicht in das Mittelpaläol. zurück; eine fortgeschrittene Schlagtechnik, die die Fertigung recht filigraner Silexgeräte zuließ, ist seit dem Jungpaläol. nachweisbar. Mit aus organischen Rohstoffen gefertigten Tätowierwerkzeugen muß ebenfalls gerechnet werden (s. § 2b). Bestimmte Einschnitte oder Einkerbungen auf einigen weiblichen Statuetten des frühen Jungpaläol.s aus Europa und Sibirien (34; 48; 57; 58, 157 ff.; 86) werden gelegentlich als dauerhafte Hautbilder angesprochen. Eindeutige Belege für paläol. T.en liegen aber de facto nicht vor.

Seit dem Jungpaläol. treten zwar nicht kontinuierlich, aber immer wieder ganz unterschiedliche Menschendarst. auf, deren Körper die verschiedensten Verzierungen aufzuweisen scheinen. Bis zum Einsetzen relevanter Schriftqu. läßt sich allerdings allein anhand der jeweiligen Bilddarst. nicht entscheiden, ob die erkennbaren Muster tatsächlich in jedem Fall Körperschmuck symbolisieren oder nicht. Es könnte sich z. B. auch um andere Schmuckformen oder Kleidung handeln. Angenommen es handelt sich wirklich um Verzierungen der Haut, so bleibt dennoch unklar, ob hierbei von Körperbemalung, Schminke, Brandnarben, Schnittwunden oder tatsächlich T.en ausgegangen werden darf (21; 41; 42; 70; 78; 88).

Eine ungeahnte Fülle derart umstrittener Bildqu. tritt im Verlauf des Neol.s auf. Dabei handelt es sich vorwiegend um figürlich dekorierte Keramik sowie bemalte oder ritzverzierte anthropomorphe Gefäße und Statuetten/Idole, welche, ausgehend vom Vorderen Orient bis nach Mittelasien, Ägypten, Anatolien und Europa – einschließlich weiter Gebiete des Mittelmeerraumes – gelangten (4, 21; 5; 34; 47; 48; 58, 202 ff.; 75; 86; 98, 326). Innerhalb Europas muß diesbezüglich speziell auf einige ost- und südosteurop. Gruppen der Jungsteinzeit verwiesen werden. Der erste nachweislich tätowierte Leichnam, und damit auch der früheste sichere Beweis für das Vorhandensein von T.en in den genannten Regionen, stammt hingegen aus Mitteleuropa und wird in das Endneol. datiert (s. u.).

Zu den zuverlässigsten Qu. überhaupt zählen jene Mumienfunde, auf deren Haut noch klare Hinweise von urspr. zu Lebzeiten dort angebrachten T.en zu sehen sind. In vielen Fällen gelang es, einzelne T.en erst nachträglich durch den Einsatz der Infrarotphotographie sichtbar zu machen (2; 46; 57, 100 mit Anm. 3; 81; 82; 83). Anhand der Altersbestimmung dieser Körper kann das Tätowierhandwerk weltweit höchstens bis ca. 4000 v. Chr. zurückverfolgt werden.

Der älteste tätowierte Leichnam und gleichzeitig auch der früheste Nachweis dieser Art weltweit stammt aus Peru. Es handelt sich dabei um einen im Bereich der Oberlippe tätowierten Mann, der vor ca. 6 000 J. gelebt haben soll (1, 126). Weitere, vor die Zeit um 1000 n. Chr. zurückreichende Belege aus S-Amerika sind rar (1, 127; 36, 347 f.; 39, 64–66).

1991 wurde im Bereich des Hauslabjochs (Similaungletscher) in den Ötztaler Alpen ein sehr gut erhaltener, frostkonservierter Männerleichnam aus der Jungsteinzeit mitsamt seiner Kleidung und einer Fülle an Ausrüstungsgegenständen entdeckt (→ Kleidung S. 605; → Köcher S. 78). Die Radiokarbondatierung legt nahe, daß dieser Mann, häufig auch ‚Ötzi' genannt, im Zeitraum von 3350–3100 v. Chr., also während des Endneol.s gelebt haben muß (66). Auf der insgesamt geschrumpften, aber größtenteils erhalten gebliebenen Haut des im Alter zw. 40–50 J. Verstorbenen konnten mehrere T.en, bestehend aus Strichbündeln sowie kleinen Kreuzen, am Rücken, den Beinen und dem linken Handgelenk dokumentiert werden (81; 82). Mittlerweile zählt man insgesamt 18 Strichgruppen bzw. 59–60 Striche, darunter zwei Kreuze (vgl. Abb. 6). Unklar bleibt, ob alle T.en gleichzeitig angebracht worden sind, welchen Farbstoff man dabei verwendet hat – man vermutet, daß es Ruß war – und welche

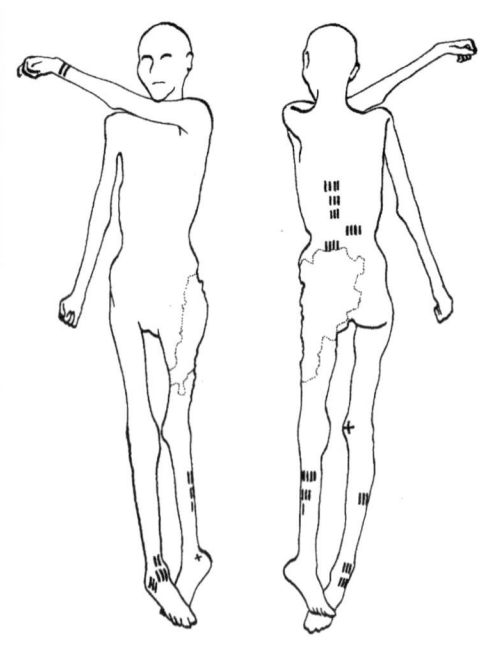

Abb. 6. Zusammenstellung der am Körper des ‚Ötzi' entdeckten Tätowierungen. Nach Fleckinger/Steiner (21, 22)

Funktion der T. insgesamt zukam. Eine besondere Form des Körperschmucks schließt man eher aus. Favorisiert wird hingegen ein med.-therapeutischer Hintergrund, wonach T.en präventiv oder erst nach Auftreten bestimmter Beschwerden im Bereich stark beanspruchter Körperzonen angebracht werden (67a; 81, 284 f.; 89, 276 f.). Ausgehend von der Plazierung der T.en, könnte man bei diesem Mann Schmerzen im Bereich der Knie, der Sprunggelenke sowie einzelner Abschnitte der Wirbelsäule bekämpft haben.

Lange vor der Entdeckung des Leichnams vom Similaungletscher publizierte Dieck eine Slg. tätowierter Moorleichen aus Deutschland. Im vorgelegten Kat. ist von mehreren Stich- und Narbentätowierungen die Rede, wovon die frühesten aus dem Neol. und die spätesten aus dem frühen MA stammen sollen (12). Dieck hat die hier von ihm beschriebenen T.en nie mit eigenen Augen gesehen, da er die entsprechenden Moorleichen nicht selbst untersucht hat. Seine Schlußfolgerungen basieren vielmehr auf einer Slg. ält., mündlich oder schriftlich erfolgter Ber. aus dem Nachlaß eines Arztes. In den letzten J. wurde mehrfach herausgestellt, daß Diecks Angaben unter wiss. Gesichtspunkten generell nur bedingt glaubhaft sind (73; 74, 52 ff. bes. 63; 74a). Man wirft ihm prinzipiell eine ungenaue und unkritische Arbeitsweise vor, wobei ein Großteil seiner Qu., auf denen seine Belege fußen, heute nicht mehr überprüft werden können. Fest steht indes, daß bislang, abgesehen von den gerade diskutierten strittigen Beispielen, bei keiner bekannten und einsehbaren Moorleiche T.en nachgewiesen werden konnten (74).

Aus Ägypten und Nubien sind mehrere tätowierte Frauenmumien bekannt (2; 4; 47), die ältesten davon stammen aus Theben. Die Frauen lebten urspr. während des Mittleren Reiches (2055–1650 v. Chr.), genauer in der XI. Dynastie (2055–1985 v. Chr.). Eine dieser Frauen hieß Amunet, war Priesterin und diente der Göttin Hathor in Theben. Ihre T. umfaßt Muster aus Linien und Punkten, die auf den Schultern, den Armen sowie im Bauch- und Brustbereich auftreten (4, 22 mit Abb. 2; 47, 8). Die beiden anderen Frauen werden als Tänzerinnen angesprochen. Eine von ihnen weist rautenförmige T.en im Umfeld von Brust und Oberarmen auf, ergänzt von einer Art Schnitt-T. im unteren Bauchbereich (4, 22; 47, 8 mit Abb. 9).

Von den schätzungsweise mehreren 1 000, z. T. hervorragend erhalten gebliebenen Mumien aus dem Tarimbecken (Autonomes Gebiet Sinkiang, VR China) gelangten nur relativ wenige in ein Mus., und nur in ganz wenigen Fällen unterzog man diese umfangreichen wiss. Analysen (52, 179–181). Wegen unzureichender Konservierungsmöglichkeiten verbleiben solche Mumien massenhaft an ihren Fst., womit sie letztlich dem Zerfall ausgesetzt werden. Die näher erforschten Körper weisen z. T. Bemalungsspuren und/oder T.en auf (93).

Eine tätowierte ält. Frau wurde zusammen mit einer jüng. Frau und zwei Kindern in der gestörten Grabkammer Nr. 2 des Friedhofs von Zaghunluq nahe Chärchän (Cherchen) vorgefunden. Die Gräber dieses Bestattungsplatzes lassen sich nicht genau datieren; es wird lediglich auf eine längere Zeitspanne zw. 1200–700 v. Chr. verwiesen (37, 174). Auf der einsehbaren Haut der bekleideten Frau waren noch halbmondförmige T.en auf den oberen Augenlidern sowie zwei ovale T.en mittig auf der Stirn unter dem Haaransatz sichtbar. Weitere T.en, in Form rollender bandförmiger Spiralen, bemerkte man an der linken Hand, an der sie auch einige Finger überspannen (37, 171 f.). Die Beigaben umfassen, abgesehen von der jeweils umfangreichen Bekleidung der Verstorbenen, u. a. weitere Fell-, Woll- und Lederreste als auch einen Spinnwirtel, Keramikgefäße sowie Speisereste.

Unter den vier mumifizierten Körpern eines anderen Grabes des Friedhofes von Zaghunluq befand sich ebenfalls eine tätowierte Frau. Ihr Gesicht war mit spiralförmigen Zeichen verziert worden (11, 145; 52, 192 f.). Besondere Beachtung verdienen erneut die erhaltenen Textilien (allg. zu den Textilfunden: 91).

Auch auf dem Friedhof von Qizilchoqa nahe Qumul (Hami) wurde u. a. ein tätowiertes Mädchen beigesetzt. Doch liegen keinerlei Beschreibungen über das Aussehen der T. vor; es wird lediglich darauf verwiesen, daß sie sich an der rechten Hand befinden soll. Dieses Grab soll im Zeitraum zw. 1400–800 v. Chr. angelegt worden sein (52, 189; 91, 132).

Bei den Mumien aus dem Tarimbecken handelt es sich allg. um die Leichen vorwiegend europider Individuen.

Im Hochtal von Pazyryk im Altaigebiet (Sibirien) wurden zw. 1929 und 1949 mehrere Grabhügel untersucht. In zwei der hölzernen Grabkammern, die allesamt beraubt waren, haben sich u. a. auch mumifizierte menschliche Körper erhalten. Kurgan Nr. 2, eine in der 2. Hälfte des 5. Jh.s v. Chr. errichtete Grabstätte (69, 339), barg sowohl die Überreste einer Frauenleiche als auch einen etwa 60 J. alten Mann, dessen üppig tätowierter, nachträglich durch Grabräuber leicht in Mitleidenschaft gezogener Körper, vor der Beisetzung aufwendig präpariert worden war. Die künstlerisch hochwertigen T.en auf beiden Armen, der Brust, dem Rücken und dem rechten Bein umfassen Darst. verschiedener Tierarten, darunter ein großer Fisch, einige Raubkatzen und Widder, aber auch Abb. mehrerer phantasievoller Mischwesen (71, 110 ff. 229 ff.) (vgl. dazu Abb. 7,1a und b). Stilistisch betrachtet, entsprechen diese Darst. dem skytho-sibirischen Tierstil. Am Rücken, genauer entlang eines Abschnittes der Wirbelsäule, und am rechten Fußknöchel treten zusätzlich dunkle Punktreihen auf (s. Abb. 7,1a). Diese Male werden als Spuren eines med. Eingriffes gewertet und demzufolge losgelöst von den dekorativen Tierbildern betrachtet (57, 108. 110; 69, 335; 71, 112 f.). In den schmückenden zoomorphen Darst. sieht man u. a. gewisse Schutzsymbole, aber auch Hinweise auf den gehobenen sozialen Stand des Verstorbenen. Letzteres wird, abgesehen von den Angaben einiger Schriftqu., in besonderer Weise durch den Umfang und die Qualität der im Grab verbliebenen Beigaben unterstrichen (71, 13 ff. 314–319). Man beachte etwa den vorgefundenen Gold- und Silberschmuck, die Musikinstrumente oder die oberhalb der Grabkammer, auf einer Art Plattform ruhenden, mitbestatteten sieben Pferde samt Zaumzeug und Sattel. Nachträglich entdeckte man Dank der Infrarottechnik auch an weiteren Mumien aus Pazyryk T.en (57, 100 Anm. 3), ihre Publ. steht allerdings noch aus.

Im Zuge neuerer Ausgr. auf dem Hochgebirgsplateau von Ukok (Altai/Sibirien) wurden zwei weitere tätowierte Mumien sibirischer Provenienz bekannt.

Hierbei handelt es sich einerseits um eine im Kurgan Nr. 1 des Gräberfeldes von Ak-Alacha-3 bestattete junge Frau (11, 143 f.; 57, 100. 102; 64; 65, 228 ff.), deren T. urspr. wohl beide Arme überspannt haben dürfte. Ein Großteil der Haut des rechten Armes hat sich leider nicht erhalten. Auf dem linken Arm war ein ganzes Ensemble verschiedener Tierarten angebracht worden. Bilder mythischer Mischwesen, aber auch von Huftieren und Raubkatzen, erstrecken sich von der Schulter abwärts bis hin zu einzelnen Fingern (Abb. 7,2). In die hölzerne, scheinbar recht isoliert positionierte Grabkammer der ca. 25 J. alten Frau war zuvor nicht eingebrochen worden. Abgesehen von der Kleidung, bestehend aus Seide und Wolle, und der auffälligen Kopfbedeckung haben sich u. a. auch vergoldete Ornamente und ein Spiegel aus Silber erhalten. Zur Grabausstattung zählten ferner sechs Pferde. Ausgehend von der Befundsituation, wurde das Grab gegen Ende des 5. Jh.s v. Chr. angelegt (64, 28).

Eine weitere, ähnlich zu datierende tätowierte Mumie barg Kurgan Nr. 3 des Gräberfeldes von Verch-Kal'dzin-2 (57, 100. 102; 65, 228 ff.). Über den Rücken, die Schulter und Brust des Mannes erstreckt sich ein großes, nicht ganz intaktes Huftier. Das mit verdrehtem Hinterleib wiedergegebene Wesen könnte man als Hirsch ansprechen. Bemerkenswert sind die am Rumpf und Geweih der Figur angebrachten Greifenköpfe (Abb. 7,3).

Auf der St. Lorenz Insel in der Beringsee, genauer am Kap Kialegak, fand man die bislang älteste frostkonservierte Leiche Alaskas. Dabei handelt es sich um den Körper einer ca. 50 J. alten Frau, die vor annähernd 1 500–1 600 J. ums Leben gekommen ist. Auf beiden Armen, den Händen sowie einigen Fingern wurden verschiedene T.en in Form von Punktreihen und Linien als auch oval bis herzförmig wirkenden Mu-

Tätowierung 63

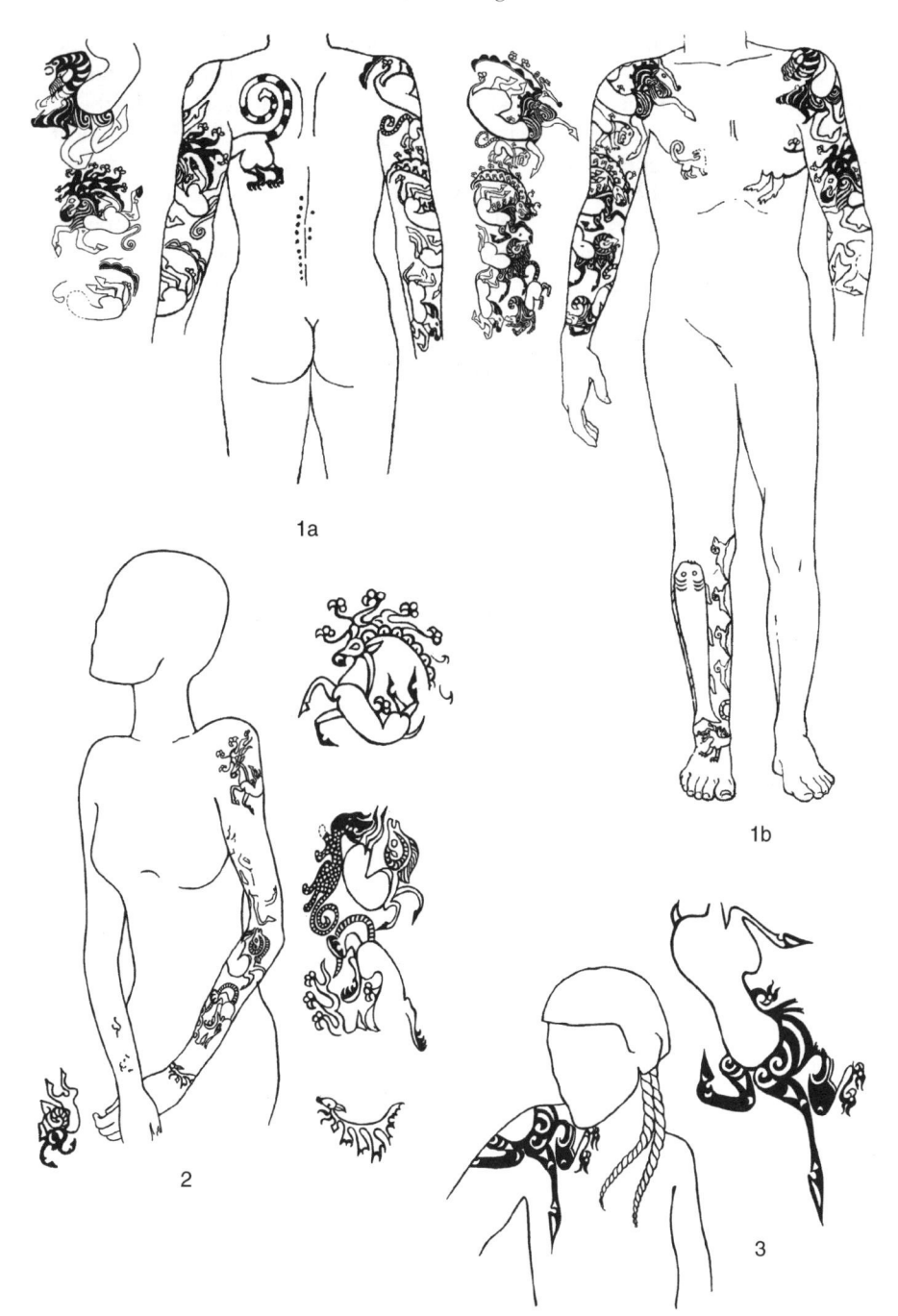

Abb. 7. Eisenzeitliche tätowierte Mumien aus Sibirien. 1a/b Männliche Mumie von Pazyryk, Kurgan Nr. 2;
2 weibliche Mumie von Ak-Alacha-3, Kurgan Nr. 1; 3 männliche Mumie von Verch-Kal'dzin-2, Kurgan Nr. 3.
Nach Polos'mak (52, 229 Abb. 151)

stern registriert (83, 434 f. mit Abb. 1; 95, 83–85; 96, 139 f.).

Nahe der aufgelassenen Siedlung Qilakitsoq in NW-Grönland wurden 1972 bei einer Felsklippe acht sehr gut erhaltene und üppig bekleidete Inuitleichen (zwei Kinder und sechs erwachsene Frauen) entdeckt. Die angesprochenen Individuen hat man vermutlich im 15. bzw. 16. Jh. n. Chr. an diesem Ort bestattet (35; 46). Trotz umfangreicher naturwiss. Unters. läßt sich heute nicht mehr feststellen, ob urspr. alle gleichzeitig ins Grab gelangten. Fünf von sechs Frauen weisen Gesichts-T.en auf; lediglich bei der Jüngsten fehlen sie. Die erkennbaren Muster bestehen jeweils aus kurvig verlaufenden Linien und vereinzelt auch Punkten im Wangen- und Augenbereich, ergänzt durch parallel verlaufende Linien auf dem Kinn (46, 103–105 mit Abb. 86). Da sich bei Polarvölkern T.en allg. nicht ausschließlich auf die Gesichter beschränken, könnte man auch im Falle der hier besprochenen Mumien von weiteren Malen an anderen Körperstellen ausgehen, zumal im Zuge der Analysen nicht die gesamte Haut freigelegt und gereinigt wurde.

Auf der Suche nach möglichen Analogien wird im Zuge der Auseinandersetzung mit prähist. T.en bevorzugt auf den reichen Fundus ethnol. Erklärungsmodelle zurückgegriffen, denn im Gegensatz zu den rezenten, oft ‚sinnentleerten' T.en des Industriezeitalters, spielten dauerhaft angebrachte Hautzeichen innerhalb der Symbolsprache indigener Ges. eine ganz entscheidende Rolle (20; 28; 32; 38; 56; 70; 72; 84; 94). Ihre Anfertigung erfolgte häufig im Zusammenhang mit Initiationen, durchgeführt von ausgesuchten Personen an speziellen Plätzen, begleitet von bestimmten Riten und Tabus. Die Wahl der Muster oder ihre Anordnung erfolgte nicht willkürlich, sondern fußte in aller Regel auf alten lokalen Traditionen. Eingeweihten wird das Lesen bzw. das Entziffern dieser ‚Bilderschrift' ermöglicht. In vielen Fällen reflektieren T.en sowohl den jeweiligen Reifegrad, als auch den Familienstand einer Person, wodurch Rückschlüsse auf ihren gesellschaftlichen Status und sozialen Hintergrund ermöglicht werden. Anhand spezifischer Techniken oder Motive konnte auch die Zugehörigkeit zu bestimmten Verbänden (Sippe/Stamm) oder Ethnien signalisiert werden. Speziell bei Männern konnten T.en auch darüber Auskunft geben, wie erfolgreich sie im Wirtschaftsleben oder Krieg gewesen sind; der auftätowierte Körperschmuck diente hierbei zusätzlich zur Abschreckung von Tieren und Feinden. In Verbindung mit med. oder kultisch-relig. Eingriffen, erfüllten T.en darüber hinaus eine Funktion als Heilmittel und Amulett. T.en enthalten somit, vergleichbar einer Biogr. oder einem Tagebuch, vielerlei wertvolle Daten über all das, was einzelne Individuen in bestimmten Lebensabschnitten erreicht haben. Einige Ges. lebten in dem Glauben, daß die auf ihren Körpern mit Hilfe der T.en gespeicherten Informationen selbst noch im Jenseits einsehbar seien (60; 94, 2864).

Verschiedene Studien aus dem Bereich der Sozialwiss., der Volkskunde und Med., in denen das Vorkommen von T.en in modernen Industrieges. untersucht wird, können zusätzliche Anregungen liefern (3; 6; 9; 22; 25; 26; 28; 33; 38; 42; 45; 49; 61–63; 70; 72; 77; 78; 85; 92; 94; 98).

Von der Berücksichtigung entsprechender Vergleichsdaten verspricht sich die Arch. wichtige Impulse bei der Interpretation ihrer eigenen Qu.

b. Die Praxis des Tätowierens im Verlauf von Ant. und MA. Den Schriftqu. folgend, traten T.en unter den Griechen erstmals gegen Ende des 6. Jh.s bzw. Anfang des 5. Jh.s v. Chr. auf. Wie bei den Persern, von denen sie das Verfahren übernommen haben dürften, wurden fast ausschließlich Sklaven, Kriminelle, Deserteure und Kriegsgefangene tätowiert (43; 44, 7 f.; 79). Im Einzelfall bestand die T. aus

3. Jh.s n. Chr. ‚eingeätzte bunte Hautbilder' im Zusammenhang mit den Briten; noch präziser äußert sich diesbezüglich Solinus (Collectanea rerum memorabilium 22, 12), der scheinbar denselben Vorgang annähernd zeitgleich kommentiert: *regionem* (sc. Britanniam) *partim tenent barbari, quibus per artifices plagarum figuras iam inde a pueris variae animalium effigies incorporantur, inscriptisque visceribus hominis incremento pigmenti notae crescunt: nec quicquam mage patientiae loco nationes ferae ducunt, quam ut per memores cicatrices plurimum fuci artus bibant* (zitiert nach: 18, 205 f. mit Anm. 15). Isidor von Sevilla (Lib. IX, 2) macht Anfang des 7. Jh.s auf die mit Nadeln in die Haut eingestochenen T.en der Skoten und → Pikten aufmerksam. Über die Skoten sagt er: *scoti propria lingua nomen habent a picto corpore, eo quod aculeis ferreis cum atramento variarum figuram stigmata annotentur* (zitiert nach: 79, 88).

Schmuck-T.en waren offenbar auch während der WZ üblich. 921/22 traf → Ibn Faḍlān auf tätowierte → Waräger im Reich der Wolgabulgaren. In seinem Gesandtschaftsbericht schreibt er: „Jeder von ihnen hat vom Rande des Nagels bis zum Hals dunkelgrüne Färbung von Bäumen, Figuren und anderem eintätowiert" (93a, § 81). Da der Verf. offenbar die Fingernägel meint, beschreibt er folglich die tätowierten Arme dieser Männer.

c. Relig. motivierte T.en. Das Anbringen von T.en konnte auch relig. Wurzeln haben. Derartige T.en treten während des Altert.s bes. in Ägypten, dem Vorderen Orient und dem ö. Mittelmeerraum auf (4; 8; 43, 141; 47; 78, 33–39). Auftätowierte Namen (bzw. Initialen) oder Symbole einzelner Gottheiten kamen einem Glaubensbekenntnis gleich. Damit versehene Menschen signalisierten auf diese Weise auch optisch ihre Bereitschaft, sich einzelnen Göttern zu unterwerfen, und erhofften gleichzeitig deren Schutz. T.en konnten so-

mit die Funktion von Amuletten übernehmen.

Einen vergleichbaren Hintergrund hatten die T.en, welche unter den Anhängern des frühen Christentums, des Mithraskultes oder des Dionysos- und Atargatiskultes üblich waren (14; 15; 16; 17; 18; 19; 31, 18 ff.). Als Erkennungs- und Gemeinschaftszeichen der Christen fungierten einzelne Symbole wie z. B. Kreuzzeichen oder der am Leib getragene Name Jesu, entweder voll ausgeschrieben oder nur durch einzelne Buchstaben angedeutet. Am Anfang erfolgten solche T.en nicht freiwillig; sie entstanden vielmehr unter Zwang, als eine Form der Bestrafung und Demütigung im Zuge der Christenverfolgung durch die Römer. Die Tatsache, daß sich das Christentum nicht nur behaupten, sondern in der Folgezeit auch vielerorts durchsetzen konnte, bewirkte auch einen Wandel bezüglich der Auslegung der T.en. Der negative Beigeschmack der Anfangszeit war schnell verflogen, und aus den urspr. belastenden Malen entwickelten sich kraftvolle, positiv ausgelegte Zeichen einer selbstbewußt auftretenden Glaubensgemeinschaft. Entsprechende T.en existieren in Europa seit der Ant. und blieben vereinzelt bis annähernd in die heutige Zeit in Gebrauch. An den Händen angebrachte Kreuze trugen z. B. die Kreuzzugsteilnehmer und in Anlehnung daran auch andere Soldaten (51; 77, 415). Pilger und Reisende ließen sich an verschiedenen Wallfahrtsorten oder während eines Aufenthaltes im Hl. Land, zumeist verbunden mit dem Besuch des Hl. Grabes in Jerusalem, tätowieren (51; 77, 415). Im it. Wallfahrtsort Loreto (10; 77, 414) waren derartige T.en unter männlichen Besuchern noch gegen Ende des 19. Jh.s üblich. Ähnlich lange hielt sich ein vergleichbarer Brauch in Bosnien und der Herzegowina; das Anbringen der T.en beschränkte sich hier vornehmlich auf katholische Christinnen (77, 415).

Relig. wie das Christentum, der Islam und das Judentum tolerierten lediglich

Schriftzüge oder Symbole, die Rückschlüsse auf den eigenen Glauben zuließen; rein dekorative T.en lehnten sie dagegen kategorisch ab (13; 28, 149–155; 31, 29; 48, 16; 77, 413 ff.). Daß auch andere Formen der T. parallel dazu weiterexistierten, wird nicht zuletzt durch die vielen, von relig. Seite in schriftlicher Form erlassenen Warnungen und Verbote klar unterstrichen. Im Laufe der Zeit gelang es der Kirche, den Rückgang von Schmuck-T.en in Europa zu beschleunigen; durch die Entsendung zahlreicher Missionare bewirkte sie dies auch anderenorts. Gleichzeitig blieben Straf-T.en, wie sie seit dem Altert. bekannt sind, sowohl im europ. Raum als auch im byz. Reich recht lange in Gebrauch, bevor sie im fortgeschrittenen MA allmählich verschwanden. Eine ähnliche Entwicklung zeichnet sich auch in O-Asien ab (30; 53; 55–67).

(1) M. J. Allison, Early mummies from coastal Peru and Chile, in: K. Spindler u. a. (Hrsg.), Human Mummies. The Man in the Ice 3, 1996, 125–129. (2) A. Alvrus u. a., Examination of Tattoos on Mummified Tissue using Infra-red Reflectography, Journ. of Arch. Science 28, 2001, 395–400. (3) H. Bellmann, Die Tatauierung, in: Handb. der Dt. Volkskunde 3, 1936, 57–65. (4) R. S. Bianchi, Tattoo in Ancient Egypt, in: [70], 21–28. (5) F. Blakolmer, Körperzeichen in der ägäischen Frühzeit: Ästhetik, Stigma und Ritual, MAGW 134/135, 2004/2005, 55–71. (6) J. Caplan (Hrsg.), Written on the Body. The Tattoo in European and American Hist., 2000. (7) G. Carr, Woad, Tattooing and Identity in Later Iron Age and Early Roman Brit., Oxford Journ. of Arch. 24, 2005, 273–292. (8) J. Carswell, Coptic Tattoo Designs, 1958. (9) P. Cattani, Das Tatauieren, 1922. (10) C. Corrain u. a., Il tatuaggio religioso in Loreto, Ravennatensia 6, 1977, 381–396. (11) J. Davis-Kimball, Statuses of Eastern Early Iron Age Nomads, in: M. Pearce, M. Tosi (Hrsg.), Papers from the EAA Third Annual Meeting at Ravenna, 1. Pre- and Protohist., 1998, 142–147. (12) A. Dieck, Tatauierung in vor- und frühgeschichtl. Zeit, Arch. Korrespondenzbl. 6, 1976, 169–173. (13) F. Dölger, Die relig. T. im palästinensischen Judentum und bei den heidn. Nachbarstämmen, in: Ders., Ant. und Christentum. Kultur- und religionsgeschichtl. Stud. 1 (3), 1929, 197–201. (14) Ders., Die Kreuz-T. im christl. Altert., ebd. 1 (3), 1929, 202–211. (15) Ders., Die Gottesweihe durch Brandmarkung oder T. im ägypt. Dionysoskult der Ptolemäerzeit, ebd. 2 (2), 1930, 100–106. (16) Ders., Zur Frage der relig. T. im thrakischen Dionysoskult, ebd. 2 (2), 1930, 107–116. (17) Ders., Relig. T. im Atargatiskult von Hierapolis in Syrien, ebd. 2 (4), 1930, 297–300. (18) Ders., Relig. und profaner Charakter der Stammes-T.?, ebd. 3 (3), 1932, 204–209. (19) Ders., Der Sinn der sakralen T. und Brandmarkung in der ant. Kultur, ebd. 3 (4), 1932, 257–259. (20) P. F. Dunkel, Die Tatauierung in Borneo, Diss. Berlin, 1975. (21) V. Ebin, The Body Decorated, 1979. (22) D. von Engelhardt, Das Bild auf der menschl. Haut. Motive und Motivation der T., 1971. (23) C. F. Feest, A. Janata, Technologie und Ergologie in der Völkerkunde 2, 1989. (24) A. Fleckinger, H. Steiner, Der Mann aus dem Eis, ⁴2000. (25) M. Friederich, T.en in Deutschland. Eine kultursoz. Unters., 1993. (26) M. Frieß, Die europ. Kultivierung einer südseeinsulanischen Tradition. T. als Kennzeichen individualisierter sexueller, kultureller und nationaler Identität, Anthropos 95, 2000, 167–187. (27) A. Gell, Wrapping in Images. Tattooing in Polynesia, 1996. (28) S. Gilbert (Hrsg.), Tattoo Hist.: A Source Book, 2000. (29) K. Gröning (Hrsg.), Geschmückte Haut. Eine Kulturgesch. der Körperkunst, 1997. (30) W. R. van Gulik, Irezumi. The Pattern of Dermatography in Japan, 1982. (31) M. Gustafson, The Tattoo in the Later Roman Empire and Beyond, in: [6], 17–31. (32) P. Hage u. a., Tattooing, gender and social stratification in Micro-Polynesia, Journ. of the Royal Anthropological Inst. NS 2, 1996, 335–350. (33) W. B. Hambly, The Hist. of Tattooing and its Significance, 1925. (34) S. Hansen, Körperschmuck und Praktiken des Körpers in der neol. Figuralplastik, MAGW 134/135, 2004/2005, 29–53. (35) J. P. Hart Hansen, J. Nordqvist, The mummy find from Qilakitsoq in northwest Greenland, in: wie [1], 107–121. (36) Ders., Bodies from cold regions, in: A. Cockburn u. a. (Hrsg.), Mummies, Disease & Ancient Cultures, ²1998, 336–350. (37) He Dexiu, A Brief Report on the Mummies from the Zaghunluq Site in Chärchän County, in: V. H. Mair (Hrsg.), The Bronze Age and Early Iron Age Peoples of Eastern Central Asia 1, 1998, 169–174. (38) B. P. Hell, Die Tatauierung (T.) in N-Asien und in N-Amerika, Diss. München, 1996. (39) B. Herrmann, R.-D. Meyer, Südamerikanische Mumien aus vorspan. Zeit. Eine radiologische Unters., 1993. (40) H. Himmelheber, Das Wort „Tatauierung" — Herkunft und Verwandtschaften, Ethnol. Zeitschr. Zürich 2, 1973, 131–132. (41) K. Jettmar, Body-painting and the Roots of the Scytho-Siberian Animal Style, in: B. Genito (Hrsg.), The Arch. of the Steppes. Methods and Strategies, 1994, 3–15. (42) W. Joest, Tätowiren, Narbenzeichnen und Körperbemalen, 1887. (43) C. P. Jones, *Stigma*: Tattooing and

Branding in Graeco-Roman Antiqu., The Journ. of Roman Studies 77, 1987, 139–155. (44) Ders., Stigma and Tattoo, in: [6], 1–16. (45) W.-P. Kächelen, Tatau und Tattoo. Eine Epigraphik der Identitätskonstruktion, 2004. (46) H. Kapel u. a., Tattooing, in: J. P. Hart Hansen u. a. (Hrsg.), The Greenland Mummies, 1991, 103–115. (47) L. Keimer, Remarques sur le tatouage dans l'Égypte Ancienne. Mém. présentés à l'Inst. d'Égypte 53, 1948. (48) M. Kunter, Zur Gesch. der Tatauierung und Körperbemalung in Europa, Paideuma 17, 1971, 1–20. (49) R. Lahtz, R. P. Weißhaar, Kunst, die unter die Haut geht, in: G. Korff (Hrsg.), Volkskunst heute?, 1986, 121–137. (50) O. Lassally, Amulette und T.en in Ägypten, Archiv für Religionswiss. 29, 1931, 130–138. (51) M. Lewy, Jerusalem unter der Haut. Zur Gesch. der Jerusalemer Pilger-T., Zeitschr. für Religions- und Geistesgesch. 55, 2003, 1–39. (52) J. P. Mallory, V. H. Mair, The Tarim Mummies, 2000. (53) M. Martischnig, T. ostasiatischer Art, 1987. (54) C. W. MacQuarrie, Insular Celtic Tattooing: Hist., Myth and Metaphor, in: [6], 32–45. (55) D. McCallum, Historical and Cultural Dimensions of the Tattoo in Japan, in: [70], 109–134. (56) R. I. Meserve, Tattooing in Inner Asia, in: K. Sagaster u. a. (Hrsg.), Relig. and Lay Symbolism in the Altaic World and other papers, 1989, 206–224. (57) V. I. Molodin, N. V. Polos'mak, Die T. bei der ant. Bevölkerung Sibiriens, MAGW 134/135, 2004/2005, 95–114. (58) H. Müller-Karpe, Gesch. der Steinzeit, ²1976. (59) C. S. Myers, Contributions to Egyptian Anthrop.: Tatuing, The Journ. of the Anthrop. Inst. of Great Brit. and Ireland 23, 1903, 82–89. (60) T. Ôbayashi, Tôa, tônan-ajiya, oseania no bunshin to takaikan (T.en und Jenseitsvorstellungen in O-Asien, SO-Asien und Ozeanien), in: Nihon -minzoku to nampô-bunka (Das japanische Volk und die Kultur aus dem Süden), 1968, 711–738. (61) S. Oettermann, Zeichen auf der Haut. Die Gesch. der T. in Europa, 1979. (62) Ders., Eine Kunst so alt wie die Menschheit. Kleine Gesch. der T. in Europa, in: B. Ermacora, U. Riese (Hrsg.), Tattoo, 1996. (63) J. Pierce, Tattoos: A Bibliography, Bulletin of Bibliography 51, 1994, 195–229. (64) N. V. Polos'mak, La prêtresse altaïque, Dossiers d'Arch. 212, 1996, 28–35. (65) Dies., Vsadniki Ukoka (Die Reiter von Ukok), 2001. (66) R. Prinoth-Fornwagner, T. R. Niklaus, Der Mann im Eis. Resultate der Radiokarbon-Datierung, in: K. Spindler u. a. (Hrsg.), Der Mann im Eis. Neue Funde und Ergebnisse. The Man in the Ice 2, 1995, 77–89. (67) C. E. Reed, Tattoo in Early China, Journ. of the American Oriental Soc. 120, 2000, 360–376. (67a) L. Renaut, Les tatouages d'Ötzi et la petite chirurgie traditionnelle, L'anthrop. 108, 2004, 69–105. (68) H. G. Robley, Moko. The Art and Hist. of Maori Tattooing, 1998. (69) R. Rolle, Die skythenzeitlichen Mumienfunde von Pazyryk. Frostkonservierte Gräber aus dem Altaigebirge, in: F. Höpfel u. a. (Hrsg.), Der Mann im Eis 1, 1992, 334–358. (70) A. Rubin (Hrsg.), Marks of Civilization. Artistic Transformations of the Human Body, 1988. (71) S. I. Rudenko, Frozen Tombs of Siberia. The Pazyryk Burials of Iron Age Horsemen, 1970. (72) C. Ruhnke, Die T., eine soziokulturelle und med. Betrachtung. Diss. Marburg, 1974. (73) W. van der Sanden, Alfred Dieck und die ndl. Moorleichen: einige kritische Randbemerkungen, Die Kunde NF 44, 1993, 127–139. (74) Ders., Mumien aus dem Moor. Die vor- und frühgeschichtl. Moorleichen aus NW-Europa, 1996. (74a) Ders., S. Eisenbeiss, Imaginary people – Alfred Dieck and the bog bodies of Northwest Europe, Arch. Korrespondenzbl. 36, 2006, 111–122. (75) K. Schaller, Zur Körpergestaltung auf der Insel Zypern vom Chalkolithikum bis zur EZ, MAGW 134/135, 2004/2005, 73–94. (76) G. Schier, Kunst am Körper. Zur sozialen Aussage von Tatauierung und Bemalung im indianischen N-Amerika, Archiv für Völkerkunde 39, 1985, 1–116. (77) W. Schönfeld, Brandmarken und T.en Europas in ihrer ärztlichen und kulturgeschichtl. Spiegelung vom frühen MA bis zur frühen Neuzeit, Der Hautarzt 1, 1950, 412–418. (78) Ders., Körperbemalen – Brandmarken – Tätowieren, 1960. (79) Ders., Der Sinn des Brandmarkens und Tätowierens in der griech. und röm. Ant., Nova Acta Leopoldina 27, 1963, 81–89. (80) D. R. Simmons, Ta Moko. The Art of Maori Tattoo, 2003. (81) T. Sjøvold u. a., Verteilung und Größe der T.en am Eismann vom Hauslabjoch, in: wie [66], 279–286. (82) Ders., The Location of Iceman's Tattoos, in: A. Fleckinger (Hrsg.), Die Gletschermumie aus der Kupferzeit 2, 2003, 111–122. (83) G. S. Smith, M. R. Zimmerman, Tattooing found on a 1600 year old frozen, mummified body from St. Lawrence Island, Alaska, American Antiqu. 40, 1975, 433–437. (84) C. B. Steiner, Body Personal and Body Politic. Adornment and Leadership in Cross-Cultural Perspective, Anthropos 85, 1990, 431–445. (85) A. Stirn, Vom Initiationsritual zur geschmückten Haut. T. im Spiegel von Stammestraditionen und neuem Kunstverständnis, Psychotherapie und Sozialwiss. 3, 2001, 284–306. (86) C. Streit, Unbewegliche Körperzier in vorgeschichtl. Zeit, Anthropos 30, 1935, 107–134, 463–482 u. 681–706. (87) R. Thurnwald u. a., T., in: M. Ebert (Hrsg.), Reall. der Vorgesch. 13, 1929, 189–199. (88) V. Turner, Bodily Marks, in: M. Eliade (Hrsg.), The Encyclopedia of Relig. 2, 1987, 269–275. (89) E. van der Velden u. a., The decorated body of the man from Hauslabjoch. Preliminary results, in: wie [66], 275–278. (90) I. Warneck, B. Ulbrich (Hrsg.), Tribal Tattoo, 2000. (91) E. Wayland Barber, The

Mummies of Ürümchi, 2000. (92) S. Wohlrab u. a., Menschlicher Körperschmuck aus evolutionärer Perspektive – Diversität und Funktionen von T.en, Piercings und Skarifizierungen, MAGW 134/135, 2004/2005, 1–10. (93) Yu Zhiyong, Xinjang diqu kaogu faxian de huishen he wenshen (Arch. nachgewiesene Spuren der T. und Körperbemalung in Sinkiang), Xiyu yanjiu 3, 1995, 98–104. (93a) A. Zeki Validi Togan, Ibn Fadlan's Reiseber., 1939. (94) R. Zeller, Die Tatauierung, Ciba-Zeitschr. 8, 1957, 2850–2874 und 2878–2880. (95) M. R. Zimmerman, Mummies in the Arctic regions, in: wie [1], 83–92. (96) Ders., Alaskan and Aleutian mummies, in: wie [36], 138–153. (97) K. Zimmermann, Tätowierte Thrakerinnen auf griech. Vasenbildern, Jb. DAI 95, 1980, 163–196. (98) R. und K. Zimmermann, Ant. T.en aus heutiger Sicht, Der Hautarzt 32, 1981, 324–330.

R. Kory

Taplow

§ 1: Introduction, topography, excavation – § 2: The burial – § 3: The church

§ 1. Introduction, topography, excavation. Along with the Mound 1 ship burial at → Sutton Hoo, the early 7th century barrow burial at T., Buckinghamshire, and the chamber grave recently discovered at Prittlewell in Essex, are the only other undisturbed Anglo-Saxon princely chamber burials known so far (→ Fürstengräber § 6).

The site of the burial lies about 60 km west of London, near the town of Maidenhead. It lies on a 30 m high terrace on the east bank of the Thames, above a cliff dropping down to the river below, and commands an impressive view up the Thames valley into what was then Anglo-Saxon → Wessex. Even today, the site has a remote feeling, and the poor soils and exposed situation can never have been very hospitable to agriculture. Control of the river and its resources, and of woodland, are the essentials here. The strategic nature of the setting receives confirmation from recent excavations which have shown that the barrow is sited at the south end of a late Bronze Age/ early Iron Age multivallate hillfort, which remained visible as an earthwork into the Saxon period, with clear evidence of Anglo-Saxon occupation in the 6th to 8th centuries. Excavation and field work in the vicinity of the barrow have also revealed possible traces of small prehistoric barrows west and east of the mound, suggesting that the Anglo-Saxon barrow was carefully sited in relation to these, possibly over a third mound. All of this reveals the annexation of a visible prehistoric landscape to confer and legitimise authority.

As at Sutton Hoo, the burial is marked by a great mound, ca. 5 m high and 75 m in circumference, though its shape has been clearly modified over time. It is situated in the parish churchyard, alongside the site of the demolished medieval church, still visible as a parch mark in dry summers. The placename *Taplow* means Tæppa's burial mound, and clearly refers to the standing monument and its perceived significance.

Unfortunately, the excavation was not equal to the importance of the site; the mound was tunnelled into by local antiquarians over a period of five weeks in the autumn of 1883, during which two successive earth falls crushed the exposed grave contents. The severe damage to the many delicate finds, and the poor records made of the excavation, are the main reason why comprehensive study of the finds has taken many years (1–3).

The main challenges are in reconstructing the identities of numerous shattered artefacts, including many that went unrecognised and unrecorded by the excavators, and in attempting to determine the original arrangement of objects in the burial deposit, in the absence of consistent plans and other records. The following account of the contents and their significance is based on the reconstruction of the original deposit so far available.

§ 2. The burial. Underneath the mound, and dug 1,5 m into the natural gravel, was a massive burial chamber lined with oak planking, held together by iron clamps. An angon (→ Ango) had been placed on top of the chamber. In it lay a male inhumation, buried with the head to the east, as if facing towards Wessex. The corpse does not seem to have been buried in a coffin, but laid out on a bier or platform. Thousands of organic fragments and fine textiles were found, including possible wall hangings, but of the body, only two possible teeth remain. It was accompanied by numerous grave goods, including personal jewellery and weapons, objects symbolic of entertainment, and many drinking and storage vessels of the kind associated with the formal provision of hospitality and the rituals of feasting (→ Trinkgelage und Trinksitten) (Taf. 3a).

In particular the quantity of storage and drinking vessels (ca. 19 altogether) is very similar to that found at Sutton Hoo Mound 1, and more recently at Prittlewell. Many seem to have been placed in or near a stack of large vessels lying alongside the body, which included a big tub, and a large bronze cauldron, similar to that found at Sutton Hoo (→ Kessel und Kesselhaken). There were also at least three shields, four spears and two angons, further symbols of the dead man's status as leader of a troop of warriors, his *comitatus,* who had to be fed, feasted and equipped in this and the next world. The drinking vessels included four green glass claw beakers, four burr-wood cups with decorated rims of silver and giltbronze, and five, possibly six drinking horns (→ Trinkhorn § 4b). The best preserved of these, a pair of great aurochs horns, have cast and gilded silver fittings with fine Style I zoomorphic decoration, dating to the first third of the 6th century; not long before burial they were fitted with additional *pressblech* mounts with Style II decoration (Taf. 2). Among these prestige vessels there are also two fine yew-wood buckets, and a Byzantine bowl on a tall stem.

As at Sutton Hoo and Prittlewell, there was a lyre (→ Harfe und Leier § 5), and also antler gaming pieces and a wooden games board (→ Brettspiel § 5; → Spiel und Spielzeug), suggesting the entertainment in the lord's hall that → *Beowulf* so graphically brings to life. All these items highlight the social obligations and bonds which bind this society; while the exotic textiles, feather bedding, and fragments of decorated wooden furniture, suggest special settings in which such luxuries could be displayed and enjoyed.

The dead man had been laid out on a feather mattress, perhaps on a bier or platform. He was dressed in a gold-braid trimmed tunic, belted with a gold buckle, with filigree decoration in an early version of Style II, and inlaid with garnets and blue glass (Taf. 3b). This weighs 110 g, approximately equal to 86 *tremissi* (→ Triens). Also on the body was a pair of gold-sheeted clasps attached to patterned leather which appears to be associated with a red tabby wool textile, possibly of Frisian origin (→ Tuch) – probably a cloak. The clasps with their leather straps may be seen as fastenings for such a garment. By his side was his pattern-welded sword, surprisingly, without elaborate hilt fittings.

This is certainly a burial of very high status, as its conspicuous labour-intensive construction, and the sheer quality and quantity of objects within it imply. The gold and gold-sheeted jewellery and embroidery, and imported luxury items such as the Byzantine bronze vessel, and some of the fine textiles, also reflect exceptional status (→ Kingston S. 522). It is particularly striking that many of the finest pieces seem to have either originated in → Kent, or were imported through that kingdom. The gold buckle is of a type which developed in Kent, copying 6th century Frankish models; it has a number of early morphological features, such as its kidney shaped loop and thick walled cloisonné, and probably dates to the last third of the 6th century. The clasps relate to the same buckle type, but are significantly later in manufacture, dating to the first decade or so of the 7th century. Their flowing and symmetrical Style II ornament has its closest connections with some of the best Kentish work (→ Tierornamentik, Germanische § 7). Also Kentish in type are the tall glass claw beakers, and the decorative metal mounts on two pairs of the drinking horns (→ Tierornamentik, Germanische S. 598 Abb. 59b). In particular the Style I decoration on the cast silver-gilt horn mounts is closely related to Kentish and Scandinavian early 6th century versions of Style I, while the later *preßblech* mounts on these horns are typically Kentish Style II in their beaded interlace decoration. These horns, like the gold and garnet buckle, are clearly precious heirlooms. Other items from the burial which seem to come from Kent include the three low-cone shield bosses of a distinctively Kentish type; and the silver cup mounts with *preßblech* beaded interlace. The exotic material from the burial also reached the Thames valley by way of Kentish ports; among these are the Frankish angons, and gold braids, the Byzantine vessel, a crimson dyed wool textile, and probably others; and the composite antler gaming pieces, which have their closest parallels in Lombard Italy. The overall effect produced by this assemblage is thus very different from the contemporary local Thames valley culture, not only in its wealth and luxury but also in terms of the Kentish connections so prominent in the assemblage. In this, it resembles the two princely burials known from Essex, the partially recovered → Broomfield burial, and the new discovery at Prittlewell, near Southend, rather than the Sutton Hoo Mound 1 burial. T., however, is much further than Essex from Kent, but it is possible that what we see in this burial is some reflection of an extension of Kentish control west of London, at the end of the 6th century, when the Kentish kingdom was at the height of its power. There is some historical evidence to suggest that in the late 7th century, the Mercian kingdom bridged the Thames, filling a power vacuum left by an earlier Kentish presence. The burial at T. may well have been that of a local *sub-regulus* of Kentish origin, who ruled this part of the Chiltern area in the late 6th and early 7th century.

This may have account for the prominent siting of the mound overlooking the Thames to the south-west; surveying or confronting the West Saxon territory up the Thames valley. Like the Sutton Hoo mounds, the T. barrow was constructed to send a powerful message to its own people and their neighbours. Such sentinel mounds, watching over boundaries, occur elsewhere in Anglo-Saxon England. This phenomenon is linked in part to an increasing social stratification towards the end of the 6th century; but also to new territorial claims, as the various kingdoms began to crystallize out of former tribal groupings, such as those mentioned in the document known as the → *Tribal Hidage,* which preserves record of a number of small tribal units, some from the area around T. The choice of a prominent prehistoric site for the barrow also served to validate such claims.

§ 3. The church. Finally, it is evident that the siting of the adjacent church is also significant (4). The building demolished in the 19th century was a medieval structure; but parch-mark surveys suggest that there may be an 8th or 9th century stone church underlying the later medieval foundations; this might have had an earlier, wooden, predecessor. The powerful siting of a new Christian church by an ancient burial mound immediately recalls other very prominent similar cases – most classically, at → Jelling in Denmark. This may have been to sanctify a pagan place, or to confer the traditional power of the old site to the new church, in the spirit of Pope Gregory's famous instruction to Augustine's Christian mission. Missionaries such as Bishop Birinus were active in this area in the 7th century, and it is not impossible that the first Christian use of this site belonged to the period not long after the mound was built.

(1) T. Allen et al., The T. hillfort, Current Arch. 15, no. 7 (175) 2001, 286–289. (2) B. Burgess, The opening of a tumulus at T., Records of Buckinghamshire 5, 1884, 331–335. (3) J. Stevens, Remains found in an Anglo-Saxon tumulus at T., Journ. of the British Arch. Assoc. 4, 1884, 61–71. (4) D. Stocker, D. Went, The evidence for a pre-Viking church adjacent to the Anglo-Saxon barrow at T., Buckinghamshire, Arch. Journ. 152, 1995, 451–454.

L. Webster

Tasche

Archäologisch – a. Allg. – b. T.n germ. Krieger der RKZ – c. T.n in Gräbern der VWZ und MZ – d. T.n ungar. Krieger – e. T.n der VZ und WZ

Archäologisch. a. Allg. Das Wort T. ist ahd. für das 9. Jh. überliefert, seine Bedeutung unklar (→ Tasche, Bd. 30), aber zu unterscheiden vom Beutel aus Textil oder Leder, dem ‚in einem Tuch Zusammengebundenen' (etwa Geld) (21, 906 f.), wozu der ma. Begriff ‚Beutelschneider' (Taschendieb) paßt.

Unter T.n können ganz verschiedene tragbare Behälter verstanden werden, die es zu jeder Epoche der Ur- und Frühgesch. gegeben haben wird, wenn sie arch. auch nicht immer nachweisbar sind.

Für einige Epochen sind am Körper getragene T.n in Opferniederlegungen oder als Grabbeigaben überliefert. Unter den Kriegsbeuteopfern der späten RKZ in Mooren des s. Skand. findet sich der meist dicht beieinanderliegende Inhalt von T.n, die somit indirekt nachgewiesen sind. T.n sind als Bestandteil der Kleidung in Gräbern von der MZ bis zur WZ überliefert. Ihre Häufigkeit spricht dafür, daß in der Kleidung selbst keine T.n eingenäht waren, wie heute in der Hose oder Jacke (22, 144 Anm. 279). T.n wurden umgehängt, am Gürtel getragen oder in das Gewand gesteckt, wie z. B. zur WZ.

Ob kleine Stücke von Ringgeflecht wie Teile von Kettenhemden (→ Rüstung), die in Frauengräbern der RKZ und MZ gefunden werden, oder Frg. von Schuppenpanzern in awarischen Gräbern (→ Schuppen- und Lamellenpanzer) auch Reste von T.n sein können, wie oft vermutet, oder vielmehr Amulette waren, kann hier nicht entschieden werden.

b. T.n germ. Krieger der RKZ. In den Fürstengräbern von → Marwedel I und II aus der ält. RKZ (24, 328 f. Abb. 3 und Abb. 8: Rekonstruktion) lagen silberne Zierknöpfe, Niete und Riemenverteiler sowie Riemenzungen, die als Beschläge von T.n rekonstruiert werden, die zu Füßen der Verstorbenen niedergelegt waren. Die Zierknöpfe saßen auf dem Deckel der rechteckigen T., die Riemenbeschläge an den Aufhängegurten. Ein Parallelbefund ist aus dem Doppelgrab von → Dollerup bekannt (24, 362). Bisher wurden diese Fundstücke als Teile des Schuhwerks angesehen. (Vgl. auch → Valloxsäby Abb. 36).

Im Opfermoor von Illerup (→ Illerup Ådal S. 351) lagen im Bereich einer Niederlegung der jüng. RKZ mehrfach dicht beieinander Gegenstände, die anscheinend seinerzeit von organischem Material zusammengehalten wurden. Doch sind Textilstoffe, Leder oder Kordeln nicht erhalten geblieben. So waren die Objekte entweder nur nebeneinander am → Gürtel aufgehängt oder wurden in einem Beutel/Säckchen aus organischem Material aufbewahrt, ebenfalls angehängt am Gürtel, und zwar mit Hilfe eines Ringes oder einer Öse, einem Knopf oder Niet (17, 232 f. Abb. 87 f.: Schematische Darst. zur Aufhängung einer T.; 17, 354 f. Abb. 144 f.: Rekonstruktion). Ein breites Sortiment von weiteren Gegenständen des persönlichen Bedarfs gehörte in die T.: Feuerstahl und Feuerschlagstein sowie Zunder (→ Feuerzeug), → Messer, Ahle, → Pinzette, Hakenschlüssel, → Kamm, Nähnadel, Zahnstocher, kleines Werkzeug, Angelhaken, Altmetall, Perlen, Anhänger, Münzen, Goldstückchen, Spielsteine, Würfel (17, 18 Abb. 3). Ähnliche Ansammlungen persönlicher Ausstattung in einer T. sind ebenso in anderen Mooren mit Opferniederlegungen von Kriegern nachgewiesen. Auch die größeren Fundkonzentrationen von Münzen in → Kalkriese, z. B. Denare als Soldatengeld, scheinen in einer Gürtel-T. aufbewahrt und mit dieser niedergelegt worden zu sein.

c. T.n in Gräbern der VWZ und MZ. Kulturgeschichtl. aufschlußreich sind die von Frauen und Männern am Körper getragenen T.n; von Frauen am Gürtel oder am Gürtelgehänge und von Männern ebenfalls am → Gürtel, denn sie enthalten persönliche Ausrüstungsgegenstände und Habseligkeiten: → Toilettbesteck, Messer und → Amulette (z. B. Altsachen wie Frg. kelt. Glasarmringe, Seeigel), auch Münzen, → Waagen und Gewichte (oft ant. röm. Bronzemünzen) sowie → Probiersteine, und die Zubehörteile zu einem Feuerzeug. Zwar hatte wohl eine Mehrheit der Toten die T. mit ins Grab bekommen, aber nur wenige sind direkt über die Beschläge, und manche nur über kleine T.n-Schnällchen (dazu ausführlich 46, 70 f.) und den dicht beieinanderliegenden Inhalt nachweisbar, der eine Fläche von 10 × 15 cm bis höchstens 20 × 15 cm einnimmt (6, 149; zur Skizzierung des Inhalts von T.n, die bis auf einige Beschläge und Schnallen vergangen sind: 35a, 360 f. mit Abb. 7). Die kleinen Schnallen, die zusätzlich zur größeren Gürtelschnalle gefunden werden, gehörten zur Aufhängung einer T. am Gürtel oder stammen von deren Verschluß. Von schlichten T.n aus Leder oder Textil, wobei für einige auch Holz als Versteifung oder Rahmenwerk benutzt worden ist, bis zu reich mit Gold und Almandin besetzten Prunk-T.n richtete sich die Ausgestaltung wie bei den anderen Beigaben nach dem Reichtum der Verstorbenen.

In Grab II von Apahida (→ Apahida Taf. 27) aus dem 3. Viertel des 5. Jh.s lagen zwei T.n, eine große mit prunkvollem Taschendeckel aus Gold und Zellwerk mit hunderten von Almandinplättchen und grünem Glas (Br. 18 cm, Hh. 6 cm, Gewicht fast 200 g), zugehörigen Schnallen und Riemenzungen aus Gold mit Almandin von der Aufhängung, sowie eine kleine T., von der zwei goldene, einst mit Almandin besetzte Pferdekopfenden des T.-Bügels erhalten sind (Br. der Teile ca. 4 cm; Hh. 1,5 cm). Die Zierplatte der großen T. ahmt eine Hänge-T. nach mit dem Deckel als spitz zulaufender Verschlußklappe.

Eine ähnlich große Leder-T. lag im Kg.sgrab von → Sutton Hoo, datiert um 625 (Br. 19 cm, Hh. 8 cm, Gewicht 172,5 g) mit einer Deckklappe, die Verzierung aus Gold, Almandin (über 1 500 Plättchen) und Glas trägt (5). Ein Kettenmuster aus Goldfiligran bildet die äußere Einfassung des Deckels, an der drei Goldplatten als Aufhängevorrichtung angesetzt sind. Der T.n-Deckel ist mit sieben größeren figürlichen Beschlägen (zweimal ein Mann zw. zwei Bestien sowie ein Greifvogel, der einen anderen Vogel schlägt) und vier kleinen, rundlichen Zierelementen besetzt. Die Bilder auf der T. sind vergleichbar mit Motiven auf nord. Kammhelmen (→ Helm) bzw. auf den Modeln von → Torslunda. Die T. enthielt 37 Goldmünzen aus dem Merowingerreich und drei Goldrohlinge sowie zwei Goldbarren.

Zu diesen großen Prunk-T.n mit geradem oberem Abschluß und wellenförmig geschwungenem unterem Rand liegen mehrere Vergleichsstücke vor: Aus Grab 812 von München-Aubing (ein noch größeres Ex., mit einfacher Randeinfassung aus Eisen; Br. 26,5 cm, Hh. 11,5 cm; frühes 6. Jh.); aus Grab 5 + 7 von Basel-St. Alban-

Graben (mit doppeltem Deckel, etwa 14 cm br., einem unteren aus Leder und dem darüberliegenden mit Almandinen besetzten Deckel) (16, 133, Abb. 6, 137 Abb. 10 f.: Restauratorenbericht); aus Grab 10 von Köln-Müngersdorf (kleineres Ex. mit erhaltenem Lederdeckel von 7,5 cm Br. und 5,5 cm Hh.) (5, 517 ff. mit Fig. 382), die Decke ist hier zusätzlich mit Bronzeblechen in Gestalt von Vögeln besetzt. Die Deckklappe der T. im Fürstengrab von →Beckum war mit drei goldenen, in Filigranmustern verzierten Beschlägen in Schnallenform besetzt; sie enthielt zwei kleine eiserne Messer, eine Pinzette aus Bronze, einen eisernen Pfriem und einen Feuerstein (47; 30, 19).

Kleinere T.n mit Taschenbügel wie die zweite T. aus Grab II von Apahida gehörten im 5./6. Jh. in verschieden reicher Ausführung zur regelmäßigen Gürtelausstattung der Männer (allg. Rekonstruktion → Alemannen Taf. 6). Geschmückt waren derartige T.n mit Metallbügeln aus einem eisernen Gehäuse mit innerem Zellwerkkasten aus Gold oder Buntmetall, teils an der Oberseite feuervergoldet. Sie enden beidseits in einem Pferde- oder Vogelkopf und waren vollständig mit Almandinen und Glas auf Goldfolie im Zellwerk besetzt. Beispiele finden sich im Fürstengrab 1782 von Krefeld-Gellep, Br. 10,9 cm (→ Almandin und Almandinverzierung Taf. 14), unmittelbar auf zwei Messern mit Griffhülsen und Ortbändern aus Gold, oder im Fürstengrab von → Planig (farbige Rekonstruktion des Kriegers mit einer solchen T., besetzt mit zwei goldbeschlagenen Messern in 38, 692 Abb. 562; dazu 28, 131 Anm. 330). Auch im Kölner Knabengrab lagen zwei Messer, die in einem Futteral steckten, darauf war ein Ledertäschchen befestigt, das eine verzierte Nähnadel aus Bein und einen Wollfaden enthielt.

Windler bringt eine Zusammenstellung dieser cloisonnierten T.n-Bügel, die nach Vorbildern wie im Kg.sgrab des → Childerich von Tournai oder in Grab II von Apahida entwickelt wurden und ausschließlich in Männergräbern nachgewiesen sind (46; Ergänzungen bei 41, 307 ff.): 14 Ex. des höchst qualitätvollen Typs Arlon, zu denen die T.n-Bügel aus den Gräbern von Krefeld-Gellep 1782, Planig und Lavoye 319 gehören, datiert vom ausgehenden 5. Jh. bis ins frühe 7. Jh.; 25 Ex. des einfacheren Typs Aulnizeux mit groberem Zellenwerk als billigere Imitationen, datiert vom frühen 6. Jh. bis um 600; 14 Ex. des Typs Marchélepot mit goldenen, silbernen oder bronzenen Blechauflagen auf eiserner Grundplatte sowie zahlreiche einzelne Formen (46, 71 ff. mit Abb. 97 ff.). Der Verbreitungsschwerpunkt dieser Typen liegt zw. Seine und Rhein (46, Karte Abb. 100 f.).

Derartige T.n-Bügel haben an der Unterseite mittig eine Schnalle, mit der ein Riemen die T. verschließt. Sie waren mit zwei Lederbändchen auf dem T.n-Deckel befestigt (Beispiel für eine mögliche Rekonstruktion zu Grab 695 von Schleitheim-Hebsack [25, 151 f. Abb. 94 f.]; auch 46, 72).

Diese T.n-Bügel des 5.–7. Jh.s sind in der Regel 10–13 cm br., Ausnahmen erreichen 22 cm Br. (26, 374). Anfangs zierten Pferdeköpfe die Enden, später ab Mitte des 6. Jh.s waren es Vogelköpfe. Nicht immer zu unterscheiden sind T.n-Bügel und Feuerstahle. Sie sind zwar von der äußeren Form ähnlich, aber nur mit der Schnalle in der Mitte gehören sie zur T. und können zugleich auch als Feuerstahl gedient haben (34), der sonst in der T. aufbewahrt worden ist (zu den Typen dieser T.n-Bügel oder Feuerstahle vgl. 29, Bd. B Taf. 43: T.n-Bügel und Taf. 44: Feuerstahle; jüngst 26, Abb. 96 f.: T.n-Bügel, Abb. 98: Feuerstahle; weitere Gliederung bei 41, 337–310) (→ Feuerzeug, Abb. 63: Rekonstruktion einer Zunder-T. mit T.n-Bügel nach Krefeld-Gellep Grab 43 und Abb. 64: nach Krefeld-Gellep Grab 1492; zur Doppelfunktion v. a. 4; auch 41). Die mit Silbertauschierung versehen T.n-Bügel aus Eisen, datiert ins mittlere 5. Jh. (z. B. Krefeld-Gellep Grab 43), u. a. mit nach innen weisenden Vogelköpfen (46, 76 mit Abb.), eignen sich sehr gut als Feuerstahle.

Die Messer wurden zumeist in der T. aufbewahrt (46, 78), an der Außenseite der T. befestigt oder am Gürtel oder Gürtelgehänge aufgehängt (28, 131).

Einen völlig anderen T.n-Verschluß rekonstruiert Quast aufgrund der kostbaren, goldenen und mit Almandinen verzierten Schnalle an einem kreuzförmigen Beschlag aus Grab 1901 von Gültlingen (→ Gültlingen Taf. 10) (33, Taf. 8, 15, Farb-Taf. 24, 15), zu der bisher keine Parallele bekannt ist (doch könnte eine Scheibenfibel aus Schwenningen wohl aus derselben Werkstatt stammen [→ Schwenningen Taf. 18]). Die Schnalle war durch zwei Löcher am Bügel und drei am Beschlag auf einer Unterlage aufgenäht, was die Deutung als T.n-Verschluß nahelegt (Rekonstruktion: 33, 58 Abb. 31).

T.n mit Metallbügel bzw. Feuerstahl sind zeitgleich auch für die → Awaren überliefert, Bronzetaschenbügel vereinfachter Form mit derselben Funktion finden sich in Bestattungen auf der Balkanhalbinsel und in der ungar. Steppe auch noch nach dem 7. Jh. (41, 310 f. mit Anm.).

Eine andere T.n-Form bezeugen U-förmige Fassungen aus Eisen für die T.n-Klappe (z. B. Niederstotzingen Grab 3c: Hh. etwa 8 cm, Br. etwa 10 cm [30]) (vgl. dazu auch 45, 18; 46, 77).

Zur Ausstattung der Frau gehörte ebenfalls die T. am Gürtelgehänge. Beutelförmige T.n werden aufgrund einer → Zierscheibe mit Elfenbein- oder Knochenring rekonstruiert (→ Alemannen Taf. 7 nach 43; so auch 44, 57 ff.; 45, 14 ff.), während inzw. zwar weiterhin mit einer T. gerechnet wird, zu der aber nicht regelhaft eine Zierscheibe gehört; diese wurde auch allein als Schmuckanhänger getragen. Dafür spricht

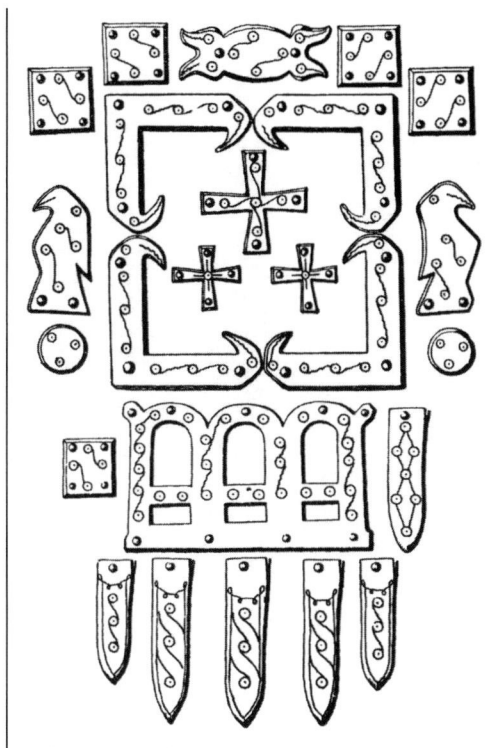

Abb. 8. Taschenbesatz aus Bronze von Essigny-le-Petit, Dép. Aisne. Nach Werner (44, 55 Abb. 28)

außerdem, daß in einigen Frauenbestattungen, so im Fürstinnengrab von → Wittislingen, sowohl Beschläge für eine rechteckige T. als auch eine runde Zierscheibe lagen.

Von den rechteckigen T.n sind manchmal das Leder und häufiger Eckbeschläge überliefert. Eine solche T., von der ausreichend Lederreste erhalten sind sowie die verschiedenen Riemenzungen vom Verschluß und der Aufhängung, lag in Grab 2268 von Krefeld-Gellep (um 600; Maße 17 × 18 cm) (8, Kat. Nr. VIII.4.9 Abb. 9; 31; 40; 32, II, Taf. 102 f.). Das Frg. einer rechteckigen T. aus der Zeit um 600 ist aus Grab 2661 erhalten (32, I, 206 f.; II, Taf. 118). Weitere rechteckige T.n mit vier Metallbeschlägen an den Ecken sind überliefert aus Köln-Müngersdorf Grab 10 (11), aus Essigny-le-Petit, Dép. Aisne (Maße: etwa 29,5 cm Hh., 26 cm Br.) (Abb. 8) (28,

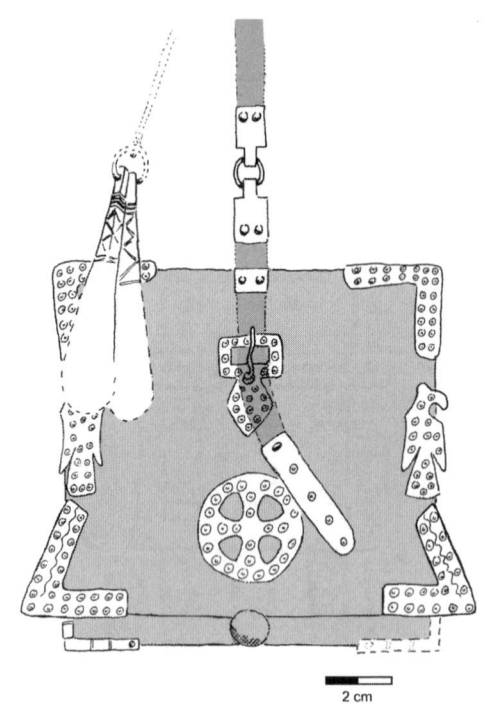

Abb. 9. Rekonstruktion der frk. Damentasche aus Lich-Steinstraß. Nach Becker/Päffgen (3, 48 Abb.)

Abb. 81), aus Grab 52 von Lich-Steinstraß (1. Hälfte 7. Jh.: Maße: ca. 12 × 12 cm) (Abb. 9) (8, Kat. VIII.10 Abb.; 3), aus einem Doppelgrab von Niedermerz, Kr. Düren (frühes 7. Jh.; Hh. etwa 15 cm, Br. etwa 12 cm) (18), aus Grab 41a von Ingelheim (Maße ca. 10–11 cm) (48), aus dem Fürstinnengrab von Wittislingen mit silbernen Beschlägen (44), aus Grab 1 von Engers ‚Feuerhöhle' im Neuwieder Becken (15); zusammengestellt und kartiert wurden derartige T.n mit Rechteckbeschlägen zuerst 1950 von Joachim →Werner (44 Karte Abb. 25) und 1990 von Zeller (48, 310 Karte 1 mit Anm. 45: 25 Funde; dazu 15, 72 f. Anm. 339); eine vergleichbare Ansammlung von Beschlägen, darunter Raubvögel, ist aus Andernach zu nennen (42a, Taf. 57,8).

Außer mit den Eckbeschlägen wurde der T.n-Deckel mit Beschlägen in Gestalt von Adlern oder mehreren Kreuzen geschmückt. Das Kreuz in zentraler Position ist als christl. Emblem zu deuten. Wie zum T.n-Inhalt oder Gürtelgehänge oftmals Amulette gehörten, so wurden die T.n selbst aufgrund dieser Beschläge zu Trägern von Amuletten und Heilszeichen (49, 311). Die Kleidung der Frau in Grab 139 von Westhofen aus dem 6. Jh. zeigt die rechteckige T. am Gürtelgehänge in Höhe des Oberschenkels (50, 675 Farb-Abb. 541, Kat. VIII.4.7., zeichnerische Rekonstruktion).

Eine Miniatur im Kloster Hirsau bildet noch für die Zeit um 1110–1120 bei Pilgern derartige quadratische T.n mit zwei Aufhängegurten ab (30, Abb. 3.1: Bibl. fol. 57, S. 234 und 235).

Tascheninhalt. Wie für die RKZ bezeugen auch für die MZ die dicht beieinanderliegenden Gegenstände im Gürtelbereich, daß sie einst in einer T. aufbewahrt gewesen sein müssen. Im Gräberfeld von Eichstetten waren dies Messer (33×), Kämme (13×), Pfrieme (28×), Ahlen (7×), Feuerstahle (21×), Feuersteine (29×), Niete oder Nägel (8×), Pinzetten (4×), Schere (1×), Eisenreste (17×), Bronzeteile (2×), Nadeln (4×) und Münzen (5×) (35, 93 f. mit Kombinations-Tab. Abb. 25). Im Grab 54 von Eichstetten enthielt eine T. (von 27 cm Br. und 12 cm Hh., während die meisten etwa 15 cm br. und 10 cm hoch waren) zwei Messer (davon ein Rasiermesser), Schere, Ahle, Stichel, zwei Feuerstahle, Feuersteine und Wetzstein.

Weitere Tab. zum Inhalt der Gürtel-T.n finden sich z. B. bei: v. Schnurbein 1987 – T.n als Bestandteil von Gehängen oder Inhalt von T.n in Frauengräbern (37, 74 Tab. 9), in Männergräbern (37, 67 Tab. 8); bei Martin 1991 – Männer- und Knabengräber (28, Tab. Abb. 76 a,b), Frauen- und Mädchengräber (28, Tab. Abb. 77); bei Knaut 1993 (22, 14 f. Tab. 19) sowie bei Windler 1994 (46, 69 Abb. 93).

T.n gehörten zur allg. Ausrüstung der Männer, häufig auch der Frauen. Vom Gräberfeld Köln-Müngersdorf sind Reste von zwölf T.n nachgewiesen, alle an der linken Seite getragen (11; 5, 521). In Basel-Bernerring trugen alle neun in einem Kammergrab bestatteten Männer eine T., auch die Männer in den meisten Sarggräbern, und zwar hatten sowohl Männer als auch Knaben eine T. bei sich (27, 66). Die T. wurde vom Mann an der linken Seite oder zumeist (so 28, 127: wohl befestigt an der Rückenplatte der zwei- und dreiteiligen Gürtelgarnituren; 46, 69 f.) in der Mitte auf dem Rücken getragen, von der Frau am Gürtel oder am Gürtelgehänge.

Obwohl T.n und ihr Inhalt persönliche Ausstattung zu sein scheinen, gab es sowohl eine Normung der Kleidung, daß nämlich T.n von den meisten Männern und Frauen getragen wurden, als auch die Normung der Ausrüstung; denn immer wieder lagen dieselben Gerätschaften in der T.: Messer, Teile zur Körperpflege und des Feuerzeugs. Individuelles Verhalten spiegelt sich nur in den wenigen ausgefallenen Amulettbeigaben. Herausgehoben erscheinen die T.n mit Feinwaage, Gewichtsstücken und Probiersteinen, da sie den Umgang mit Edelmetall andeuten. Manche T.n dienten in erster Linie als Geldbörse, so die T. im Kg.sgrab von Sutton Hoo mit 37 Goldmünzen, die T. des ‚Handwerkers' in Grab 10 von Hérouvillette aus der 1. Hälfte des 6. Jh.s mit 40 Münzen (8, Kat. VIII.5.2 Abb.) oder auch die T. im Frauengrab 590 von Schleitheim-Hebsack, erkennbar an der dichten Lage von 20 Goldmünzen der Zeitspanne von etwa 570 bis um 670 mittig links neben dem linken Oberschenkel (6, 273 ff.) sowie die T. aus einer Bestattung vom Gräberfeld Munningen, Kr. Nördlingen, der Zeit um 590 mit 9 Goldmünzen (6, 281). In einem Grab der Nekropole von Roujan, Hérault, lagen 28 Münzen, geprägt vor 524, in einem kleinen Bronzekästchen mit Schiebedeckel (6, 281). Münzen sind vielleicht auch direkt im Gürtel aufbewahrt worden, wie im Grab eines Mannes aus Lucy, Seine-Maritime, mit 5 Tremisses unter dem Beschlag der Gürtelschnalle (6, 281).

d. T.n ungar. Krieger. Reiterkrieger der → Magyaren oder Ungarn des 10. Jh.s trugen Leder-T.n, von denen einige aufwendig mit verzierten Metallbeschlägen auf dem Deckel geschmückt waren (Taf. 4). Sie sind „die bekanntesten Fundstücke der Landnahmezeit" (2, 204). Ein prächtiges Ex. schmückt die Titelseite der Zeitschr. Acta Arch. Acad. Scientiarum Hungaricae.

Die T. war aus Leder hergestellt, hing vom Gürtel herab und enthielt u. a. Feuersteine und anderes kleines Gerät. Die Maße betragen zw. 11,5–14,5 cm im Quadrat. Wahrscheinlich bestand die Mehrzahl der T.n nur aus Leder, deren Decke jedoch mit eingepreßter Palmettenzier geschmückt gewesen ist (2, 205 Abb. 99. 2). Andere T.n waren auf der Schauseite mit einer vergoldeten Silberplatte (in 20 Fällen erhalten) (20, 245 f.; 7; 10; 23; 42), manchmal mit einer Eisen- oder Kupferplatte besetzt (2, 204 Abb. 99), zumeist unverziert, andere mit Schmucksteinen in Zellen, Vergoldung und gepunzter Blattornamentik geschmückt, z. B. mit einem sich wiederholenden Pflanzenmotiv als Lebensbaum. Genannt seien die T.n von Túrkeve-Ecsegpuszta (42; Maße: 13 cm Hh., 11 cm Br.), von Bezdéd (23: Farbtaf. XIII, Hh. 13,7 cm), im Reitergrab von Svaljava/Szolyva (Hh. 12,5 cm), im Reitergrab von Bana (Maße: 11,6 × 11,5 cm), von Hlohovec/Galgóc (Hh. 12,5 cm), im Reitergrab 3 von Eperjeske (Maße: 13,1 × 11,8 cm) (dazu 23, 70–74, Foto-Abb. 165–172) und von Szolnok-Strázsaholm (Hh. 14,4 cm) (23, Farb-Taf. XIV). Die bronzenen Beschläge der Aufhängegurte sind ebenfalls erhalten geblieben und erlauben die Rekonstruktion der Trageweise.

Auffällig sind aus dem ungar. Bereich unter den 26 bisher bekannten T.n-Platten solche, die nicht nur Bronzebeschläge, sondern zusätzlich auch Stein- und Glaseinlagen aufweisen (16a, 170 f. und 153, Abb. 1). Die T.n-Beschläge sind in der ungar. Tiefebene nicht gleichmäßig, sondern mit zwei Schwerpunkten verteilt. T.n-Bleche mit Zentralverzierung und Polychromtechnik konzentriert in der Mitte des Landes in einem zentralen Gebietsstreifen an Donau und Theiss und T.n-Bleche mit endlosem Pflanzenmuster oder einem einzigen Lebensbaum im NO des Karpatenbeckens an der Theiss, was verschiedene zentrale Werkstätten vermuten läßt (20, Karte 3; 42, Karte Abb. 12). Ob damit auch ethnische Unterschiede erfaßt werden, bleibt offen; auf jeden Fall sind diese T.n Rangabzeichen.

Derartige T.n sind in den Herkunftsgebieten der Ungarn überliefert, im Kama-Wolga-Gebiet, dann im Kaukasus-Gebiet (2, 31 Abb. 9) und im Kiewer Gebiet (2, 113 Abb. 53); einige T.n mit vergleichbaren Beschlägen sind aus dem Baltikum und aus S-Schweden bekannt (9; 13).

Parallel dazu gab es T.n, die anders aufgebaut waren und nur einzelne Beschläge auf dem T.n-Deckel und an den Aufhängeriemen trugen (2, 205, Abb. 99.4). Die Rekonstruktionen sind noch ungenau, da Leder nicht überliefert ist, lehnen sich jedoch in der Form den T.n mit Blechdeckeln an. Analogien sind ebenfalls weiter im O bekannt, in Šarkel, in der Kama-Wolga-Region, im N-Kaukasus und im Gebiet um Kiew (z. B. 2, 31 Abb. 9.8 und 114 Anm. 501).

Aus der Türkenzeit (2, 257 f.) ist in einem reichen Männergrab eine Filz-T., die mit chinesischer Seide bezogen war, erhalten geblieben. Die Form ähnelt den T.n der ungar. Landnahmezeit, und vergleichbare T.n sind auf zentralasiat. Fresken der Ujgurenzeit wiedergegeben.

e. T.n der VZ und WZ. In Skand. sind aus der VZ Reste von T.n nachgewiesen. In Grab 6 von → Valsgärde lagen die Teile des Feuerzeugs (Feuerstahl, Flintsteine sowie Zunder) dicht beieinander in einer T.

Messer und Wetzsteine oder Schlüssel konnten am Gürtel aufgehängt werden, auch ein Feuerstahl. Zur Aufbewahrung von Münzen (arab. Dirhems), Hacksilberstückchen und v. a. von → Waagen und Gewichten während der WZ war jedoch ein Beutel oder eine T. notwendig; die Beigabe dieser Gegenstände ist indirekt der eindeutige Beleg für eine T. Im Rahmen der Gewichtsgeldwirtschaft des späten 9. bis 11. Jh.s in den Ländern rund um die Ostsee (→ Geld § 10) führten die am Handelsgeschäft Beteiligten – Männer und Frauen – regelhaft eine Waage und Gewichte bei sich, um bei Kauf und Verkauf Silber abwiegen zu können. Da jedoch diese Lederbeutel nicht immer im Bereich des Gürtels gefunden werden, sondern auch an anderen Stellen im Grab, ist zwar eine ‚Geldbörse' zu erschließen, nicht jedoch eine Gürtel-T.

Für das Gräberfeld von → Birka (1, Taf. 128–136) und Parallelfunde in Skand. hat Gräslund (13) vier Typen von T.n beschrieben, die in der Regel aus Rindsleder hergestellt waren, selten aus Ziegenleder, manchmal innen gefüttert mit Fell. In Birka konnten in 20 % der Kammergräber, 7 % der Sarggräber und 3 % der Schachtgräber T.n nachgewiesen werden, etwa gleichmäßig verteilt auf Männer- und Frauengräber, und auch in Kindergräber wurden T. beigegeben. Außer Beuteln gab es die Typen ‚Brief-T.', T. mit leierförmigem Randbeschlag und T. mit Faltklappe.

Die B e u t e l bestanden aus einfachen Leder- oder Stoffstücken, die an der Oberkante mit einem Riemen oder einer Schnur zusammengebunden wurden. Im Grabfund von Jåtten, Rogaland, lag die Waage in einem Leinenbeutel, im Bootgrab 12 von Valsgärde aus der 2. Hälfte des 10. Jh.s die Klappwaage samt Futteral aus Bronze in einem Lederbeutel. Aus mehreren Gräbern von Birka sind derartige Beutel nachgewie-

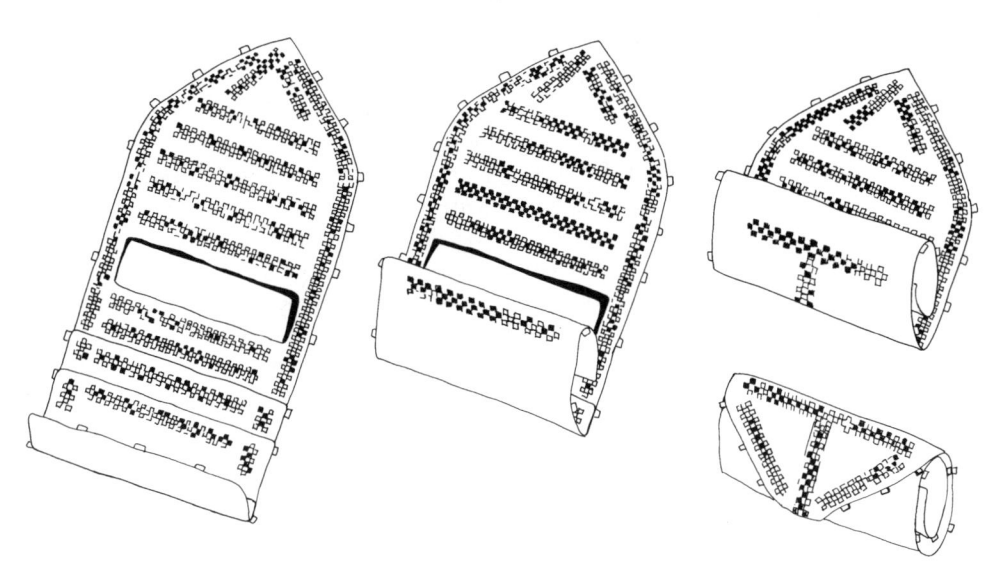

Abb. 10. Rekonstruktion der Tasche aus Grab 750 von Birka. Nach Gräslund (13, 144 Abb. 16:1)

sen, die neben anderem Kleingerät Münzen und auch Gewichte enthalten haben und somit als ‚Geldbörsen' dienten. Frg. derartiger Beutel gibt es auch unter dem Fundmaterial von Haithabu.

Am häufigsten sind in Birka die brieftaschenähnlichen Futterale mit mehreren Fächern (Abb. 10) (39; 13). Mehr als 20 Ex. sind nachgewiesen. Durch dreifache Reihen kleiner Einstiche wurden mit Blattgold versehene Lederstreifen gezogen, so daß eine Art Schachbrettmuster entstand. Die T.n waren unterteilt in mehrere Fächer wie bei heutigen Geldbörsen die Fächer für ‚Scheckkarten' (z. B. Birka Grab 750 [1, Taf. 130: Rekonstruktion], Maße: Br. 10 cm, Lg. mit Zipfel ca. 21 cm); Grab 543 und 904). Die breiten Lederstreifen mit einem zipfligen Ende wurden zusammengerollt verwendet und so ins Grab gelegt, meist auf die Brust des Toten, wahrscheinlich in die Kleidung geschoben, manchmal aber auch anderweitig im Grab am Fuß- oder Kopfende. Sie haben hauptsächlich als Geld-T. gedient, da sie zumeist Münzen, Frg. von Münzen sowie Gewichtsstücke enthielten. Bisher sind derartige Brief-T. in Skand. nur

aus Birka bekannt. Gräslund nennt nur eine Parallele aus den Niederlanden mit Münzen des 9. Jh.s (13, 145), vergleicht die Verzierung mit T.n der MZ u. a. aus Krefeld-Gellep Grab 2661 mit ähnlichem Schachbrettmuster und aus Köln-Müngersdorf (s.o).

T.n mit leierförmigem Randbeschlag kommen in mindestens fünf Gräbern von Birka vor (z. B. Grab 958; Maße 8,5 × 7,2 cm [1, Taf. 128:1]), auf die Brust gelegt oder am Gürtel aufgehängt. Sie enthielten ebenfalls Münzen, außerdem Teile des Feuerzeugs. T.n dieses Typs sind in Skand. häufiger überliefert. Eine T. aus dem 10. Jh. mit aufgenieteter leierförmiger Randleiste, deren Klappe vollständig mit Metall überzogen war, wurde in Kurikka, Österbotten, Finnland, gefunden; sie wird mit den ungar. ‚Säbel-T.n' der Reiterkrieger verglichen und die Anregung für derartige T.n aus dem O hergeleitet, auch wenn sie dann in Skand. selbst hergestellt worden sind (13, 147). Die T. mit Klappe aus Grab 644 (1, Abb. 184) wird mit dem ungar. T.n-Beschlag von Grab 3 in Esperjeske (13, 151; 10, 229 Taf. LIX:2) verglichen, deren Vorbilder im Gebiet zw. Don und Dnjepr bis hinauf nach Kiew zu suchen sind (13, 152). Weitere Vergleichsfunde gibt es im Gebiet von Černigov, Gnezdovo und dem Ladogasee.

Die T. aus Birka Grab 819 (1, Taf. 129:1; Maße: 8,9 × 7,7–8,4 cm) aus leinengefüttertem Leder hat eine Randborte, verstärkt mit einer Bronzeschiene, so daß sie wie ein modernes Portemonnaie für Münzgeld, ein sog. ‚Schütter', funktionierte.

T.n mit Klappe und Riemenzeug, die mit einzelnen Beschlägen versehen sind, kommen in Birka in acht Gräbern vor. Die T. aus Leder oder Wollstoff wurde mit einem durch eine Öse gesteckten, mit Bronze beschlagenen Lederriemen verschlossen (13, 150 Abb. 16:6). Einige dieser T.n haben ‚orientalische' Beschläge, sowohl in Birka (19) als auch in anderen Grabfunden wie in Rösta, Ksp. Ås, Jämtland (13, 149 mit Abb. 16:3; auch 19 zu Birka Grab 731 und 956); für die T. von Rösta wird neben einer neuen Rekonstruktion auch die spezielle ethnische Zuordnung zur finno-ugr. Bevölkerungsgruppe der Samen im Rang eines Kg.s oder Schamanen geboten (48). Obwohl die Vorbilder für diese Gürtel und Gürtel-T.n in Mittelasien zu suchen sind, handelt es sich um einheimische Herstellung, und die Träger waren Skandinavier. In zwei Gräbern fanden sich Stickereien aus Gold- und Silberdraht, Brettchenbänder u. a. als Zubehör der Tracht, die auch zu T.n und Beutel gehört haben können. Auffällig sind die rückwärts blickenden Hirsche an viereckigen T.n in den Kammergräbern 735 und 832 sowie die T. aus Köperseide (12, 118 und Taf. 36). Wenn diese T.n nicht als Geldbörsen für Münzen und Gewichte verwendet wurden, enthielten sie wie zur MZ auf dem Kontinent Feuerstahl und Feuerstein, oft auch einen Kamm.

Der Bremer Ebf. → Rimbert erzählt in der → *Vita Askarii* (c. 20) indirekt, daß in Birka Geldbeutel verwendet wurden: Katla, die Tochter der frommen Frideborg, trug eine T., als sie von Birka nach Dorestad kam und dort Almosen auf Wunsch der verstorbenen Mutter aus einem Geldbeutel verteilen wollte, und ein Wunder geschah; denn als sie, nachdem sie Lebensmittel gekauft hatte, nachzählte, was sie im Beutel *(saccum)* hatte, stellte sie fest, daß es ebenso viel war, wie sie mitgebracht hatte (13, 154).

In der Wurt → Elisenhof wurde auf der Marschenoberfläche an einem Priel eine 9,5 × 4,6 cm große T. aus bis zu 1 mm starkem Ziegenleder gefunden; sie hat die Form einer Brief-T. mit einer dreieckigen Klappe von 4,6 cm Hh. und einem Verschlußriemen, der in einem Knoten endet. Diese T. ist mit den T.n aus dem Gräberfeld von Birka zu vergleichen (14, 234 mit Taf. 76, Kat.-Nr. 127).

In der Stadt Schleswig wurden aus dem 12. und vermehrt aus dem 13. Jh. Reste von 62 Beuteln und T.n ausgegraben, die hier nur beispielhaft zum Vergleich genannt werden (36, 58 ff.), überwiegend Beutel aus rechteckigen (27×) oder runden (8×) Lederstücken und kleine Futteraltäschchen (7×), außerdem unterschiedlich geformte andere T.-Typen. Das Material ist Ziegen- oder Schafsleder, seltener Rindsleder. Die rechteckigen Beutel, zusammengenäht und mit einem Riemenzug verschlossen, sind durchschnittlich 18,6 cm br. und 13,5 cm hoch. Sie sind auch aus Haithabu (→ Haiðaby), also aus dem 10. Jh., überliefert. Die runden Beutel bestehen aus einem kreisförmig zugeschnittenen Lederstück mit einem mittleren Dm. von 15 cm. Ein solcher Beutel, vollständig erhalten, stammt ebenfalls aus Haithabu. Die durchschnittliche Größe der Futteraltäschchen beträgt 6,8 × 8,4 cm. Ein durch drei Ösen gezogener Riemen führte um das Futteral herum. Doch auch andere Verschlüsse sind möglich. Dieser Typ ist mit den ‚Brief-T.' aus Elisenhof und Birka zu vergleichen. Parallelen sind auch aus → Nowgorod für das 10.–14. Jh. überliefert.

Beutel und T.n wurden zumeist von Männern getragen und am Gürtel aufgehängt, mit angehefteten Riemen oder einer Umkehrschlaufe, wie auch bildlich dargestellt, so im Falkenbuch Ks. Friedrichs II. (36, Abb. 48), oder mit Hilfe eines Knebels, der entweder durch eine Öse im Gürtel oder durch einen an diesem befestigten Ring gesteckt werden konnte. Die Kombination von mehreren Beuteln am Gürtel wurde im hohen MA Mode, als die verschiedenen umlaufenden Geldsorten getrennt aufbewahrt werden sollten. Größere T.n enthielten Spielzeuge, Feuerzeug, Schlüssel, Nähutensilien oder Gewürze, kleinere T.n dienten als Geldbörse, enthielten Münzen, Perlen, Edelsteine, Amulette.

(1) H. Arbman, Birka I. Die Gräber, Taf. 1940, Text 1943. (2) C. Bálint, Die Arch. der Steppe, 1989. (3) H. Becker, B. Päffgen, Eine frk. Damen-T., in: Das Rhein. Landesmus. Bonn 1994, H. 2, 45–49. (4) D. Brown, Firesteels and Pursemounts again, Bonner Jb. 177, 1977, 451–477. (5) R. Bruce-Mitford, The Sutton-Hoo Ship Burial, 2. Arms, Armour and Regalia, 1978, VI. The purselid, sliding catch and purse, 487–522. (6) R. Burzler u. a., Das frühma. Schleitheim – Siedlung, Gräberfeld und Kirche, 2002. (7) D. Csallány, Ungar. Zierscheiben aus dem X. Jh., Acta Arch. Acad. Scientiarum Hungaricae 10, 1959, 281–325. (8) Die Franken. Wegbereiter Europas, 1996. (9) I. Dienes, Honfoglalás kori tarsolyainkról, Folia Arch. 16, 1964, 79–110. (10) N. Fettich, Die Metallkunst der landnehmenden Ungarn, Arch. Hung. 21, 1937, 221–237. (11) F. Fremersdorf, Das frk. Reihengräberfeld Köln-Müngersdorf, 1955. (12) A. Geijer, Birka III. Die Textilfunde aus den Gräbern, 1938. (13) A.-S. Gräslund, Beutel und T.n, in: G. Arwidsson (Hrsg.), Birka II:1, Systematische Analysen der Gräberfunde, 1984, 141–154. (14) G. Grenander-Nyberg, Die Lederfunde, in: Die frühgeschichtl. Marschensiedlung beim Elisenhof in Eiderstedt 5, 1985, 219–248. (15) L. Grunwald, Grabfunde des Neuwieder Beckens von der VWZ bis zum frühen MA, 1998. (16) G. Helmig u. a., Frühma. Grabfunde im Umkreis des Antikenmus.s in Basel, Arch. Bodenforsch. des Kantons Basel-Stadt, Jahresber. 2001, 129–149. (16a) C. Horváth, Angaben zum Fragenkreis der landnahmezeitlichen Waffen, T.n und Beschläge mit Stein- und Glaseinlagen, Communicationes Archæologicæ Hungariæ 2004, 151–169 (ungar.), 170 f. (dt.). (17) J. Ilkjær, Illerup Ådal, 3. Die Gürtel. Bestandteile und Zubehör, 1993. (18) W. Janssen, Eine reiche frk. Doppelbestattung aus Niedermerz, Kr. Düren, Offa 37, 1980, 77–96. (19) I. Jansson, Gürtel und Gürtelzubehör vom orientalischen Typ, in: G. Arwidsson (Hrsg.), Birka II:2, Systematische Analysen der Gräberfunde, 1986, 77–108. (20) A. Kiss, Stud. zur Arch. der Ungarn im 10. und 11. Jh., in: H. Friesinger, F. Daim (Hrsg.), Die Bayern und ihre Nachbarn 2, 1985, 217–379. (21) Kluge-Seebold, ^{24}2002. (22) M. Knaut, Die alam. Gräberfelder von Neresheim und Kösingen, 1993. (23) G. László, Steppenvölker und Germ. Kunst der VWZ, 1970. (24) F. Laux, Überlegungen zu den germ. Fürstengräbern bei Marwedel, Ber. RGK 73, 1992 (1993), 315–376. (25) J. Leicht, Die Beigaben der frühma. Gräber: Grabungen 1983–1990, in: [6], 123–195. (26) H. Losert, A. Pleterski, Altenerding in Oberbayern. Struktur des frühma. Gräberfeldes und „Ethnogenese" der Bajuwaren, 2003. (27) M. Martin, Das frk. Gräberfeld von Basel-Bernerring, 1976. (28) Ders., Das spätröm.-frühma. Gräberfeld von Kaiseraugst, Kt. Aargau, 1991. (29) R. Moosbrugger-Leu, Die Schweiz zur MZ, 1971. Bd. A. T.n der Männertracht, T.n-Inhalt 169–176; T.n der Frauentracht, 220, Bd. B. Taf. 43 T.n-Bügel, Taf. 44 T.n-Inhalte/Feuerstahle. (30) P. Paulsen, Alam. Adelsgräber von Niederstotzingen, 1967. (31) R. Pirling, Der Fund einer Leder-T. aus Grab 2268 des frk. Friedhofs von Krefeld-Gellep, Arch. Korrespondenzbl. 3, 1973, 81–87. (32) Dies., Das röm.-frk. Gräberfeld von Krefeld-Gellep 1964–1965, 1979. (33) D. Quast, Merowingerzeitliche Grabfunde aus Gültlingen, 1993. (34) A. Roes, Feuerstahl und T.n-B., Bonner Jb. 167, 1967, 285–299. (35) B. Sasse, Das frühma. Reihengräberfeld bei Eichstetten am Kaiserstuhl, 2001. (35a) M. Schäfer, Ein Gräberfeld der MZ bei Bad Mingolsheim (Gem. Bad Schönborn, Lkr. Karlsruhe), Fundber. aus Baden-Württ. 28, 2005, 319–546. (36) Ch. Schnack, Ma. Lederfunde aus Schleswig – Futterale, Riemen, T.n und andere Objekte, Ausgr. Schild 1971–1975. Ausgr. in Schleswig. Ber. und Stud. 13, 1998. (37) A. von Schnurbein, Der alam. Friedhof bei Fridingen an der Donau, 1987. (38) F. Siegmund, Kleidung und Bewaffnung der Männer im ö. Frankenreich, in: [8], 691–706. (39) E. Sörling, Penningsväskor från vikingetiden, Fornvännen 34, 1039, 45–57. (40) H. Staude, Die Leder-T. aus Grab 2268 von Krefeld-Gellep, in: [32], 216–219. (41) P. Straub, Eiserne Taschenbügel in Gräbern des 5. Jh.s von Keszthely-Fenékpuszta, Acta Arch. Acad. Scientiarum Hungaricae 52, 2001, 303–318. (42) J. G. Szabo, Das silberne T.n-Blech von Túrkeve-Ecsegpuszta, wie in [32], 1980, 271–293. (42a) A. Vogel, Die merow. Funde aus Andernach (Kr. Mayen-Koblenz), 2006. (43) E. Vogt, Interpretation und museale Auswertung

alam. Grabfunde, ZAK 20, 1960, 70–90. (44) J. Werner, Das alam. Fürstengrab von Wittislingen, 1950. (45) Ders., Das alam. Gräberfeld von Bülach, 1953. (46) R. Windler, Das Gräberfeld von Elgg und die Besiedlung der NO-Schweiz im 5.–7. Jh., 1994. (47) W. Winkelmann, Das Fürstengrab von Beckum. Eine sächs. Grabstätte des 7. Jh.s in Westfalen, 1962. (48) I. Zachrisson, Väskan från Röstahammaren i Ås och gravfältets etniska tillhörighet, Fornvännen 101, 2006, 19–28. (49) G. Zeller, Das frk. Gräberfeld von Ingelheim, Rotweinstraße, Mainzer Zeitschr. 84/85, 1989/90, 305–367. (50) Dies., Tracht der Frauen, in: [8], 672–683.

H. Steuer

Zum Namenkundlichen → Tasche, Bd. 30

Tau

§ 1: Definition, Herstellung, Material – § 2: Archäologisch – a. Paläol. und Mesol. – b. Neol. und BZ – c. EZ und MA bis ca. 1100 n. Chr. – d. MA ab 1100 n. Chr. und Neuzeit

§ 1. Definition, Herstellung, Material. Ein T. oder Seil ist ein langer, flexibler, sehr zugfester Strang, der entweder durch Flechten oder durch Drehen („Schlagen") hergestellt wird. Begriffe wie T., Seil, Strang, Strick etc. werden uneinheitlich gebraucht, nur in der Schiffahrt hat sich eine klare Terminologie entwickelt (z. B. 33). Allg. besitzt ein T. eine größere Stärke als ein Seil, das wiederum dicker ist als eine Leine oder eine Schnur; als Mindestdurchmesser wird im folgenden von ca. 8 mm ausgegangen.

Ausgangsprodukt für gedrehte T.e sind Garne (→ Spinnen; → Flechten § 2), die je nach ihrer Spinnrichtung als S- oder Z-gedreht bezeichnet werden. Zwei oder mehr Garne werden dann miteinander verdrillt, meist in entgegengesetzter Richtung zu den Garnen. Während das Material nach moderner Auffassung noch mindestens ein weiteres Mal verdrillt werden muß (33, Stichwort ‚Verseilstufen'), beschränkt sich das Herstellungsverfahren bei vielen arch. Funden auf die beiden ersten Schritte. Dementsprechend werden hier auch zweischäftige Stücke berücksichtigt, wenn sie aufgrund ihrer Stärke funktional als T. anzusehen sind. Das Spinnen und Verdrillen kann von Hand geschehen oder mit Hilfe verschiedener Werkzeuge, von denen einige in Ägypten bereits für die XVIII. Dynastie durch eine Wandmalerei belegt sind (18, 454). Die Endprodukte besitzen sowohl unter den arch. Funden als auch bei modernen Produkten fast immer eine Z-Drehung; die wenigen S-geschlagenen sind meist bes. dick. Geflochtene T.e liegen meist als einfache Zöpfe vor, nur selten in komplizierteren Var. (5, Tafel 1; 37, 70).

Je nach Epoche, Verfügbarkeit und Zweck kommen sehr unterschiedliche Ausgangsmaterialien infrage: arch. oder schriftlich belegt sind u. a. Rindenbast (→ Bast), Papyrus, Esparto, → Hanf, → Lein, → Moos, Binsen, Haar verschiedener Tiere, Därme, Sehnen, Haut- oder Lederstreifen.

§ 2. Archäologisch. Zum Forsch.stand. Obwohl T.e in wichtigen Lebensbereichen wie Hausbau, Landwirtschaft, Militär, Transportwesen und v. a. Schiffahrt vielfältige Verwendung fanden, ist das Interesse der Ur- und Frühgesch. an ihnen gering. Funde werden häufig in kurzen Art. publiziert (z. B. 22; 21) oder zusammen mit anderem Material. Zu den wenigen umfangreicheren Arbeiten zählen Glory 1959 und Körber-Grohne 1977 und 1989. Größeres Interesse findet das Thema im Hinblick auf die Seilerei als Handwerk in der klass. Arch. (z. B. kurzer Überblick bei 17) sowie in der Gesch. des MAs und der Neuzeit (z. B. 36).

a. Paläol. und Mesol. Daß das Zusammendrehen mehrerer Garne als grundlegende Technik für die Herstellung von T.en schon sehr lange bekannt ist, läßt sich am Schurz der Venus von Lespugue aus der Zeit vor 20000 v. Chr. ablesen (4, 40). Felszeichnungen in Spanien deuten auf die frühe Herstellung und Verwendung auch sehr belastbarer T.e hin (19, 163, Abb. 10). Dreischäftig, aus Pflanzenfasern gearbeitet und bis 8 mm stark (19, 144) ist das älteste hier zu nennende Ex., gefunden in der Höhle von Lascaux; es datiert auf nicht später als 15000 v. Chr. (26, 110 nach 4, 40).

Mehrere Reste wohl aus Weidenbast wurden in Friesack entdeckt, und zwar zum einen zweischäftige, ca. 1,2 cm starke Stücke aus der Zeit 7400–7200 v. Chr., zum anderen zopfartig geflochtene Ex. bis 2,6 cm Br., die in die J. 7100–6850 v. Chr. datieren (21, 26). Ebenfalls zopfartig aus pflanzlichen Fasern gefertigt ist ein bis ca. 8mm br. Fund aus dem dän. Tybrind Vig (2, 68), der aus der Zeit um 4200 v. Chr. stammt (3).

b. Neol. und BZ. Älter als die oben erwähnte Wandmalerei sind viele ägypt. Funde unterschiedlichen Materials, die bis in die Badari-Kultur zurückreichen (28, 160). In Europa erbrachten die circumalpinen Feuchtbodensiedlungen (→ Seeufersiedlungen) immer wieder T.-Reste aus Rindenbast, z. B. Robenhausen (in S-Drehung; 29, Taf. XXIII und XXVIII), Hornstaad und Wangen (zwei- und dreischäftig, bis 1,5 cm Stärke; 25, 19), La Neuveville (zopfartig, ca. 1,5 cm; 34, 337) sowie Zürich (31, Taf. 188). Aus Bolkilde in Dänemark ist ein 1 cm br. Zopf aus pflanzlichen Fasern zu nennen, der in das frühe Neol. datiert (3370–3490 v. Chr.; 7, 199. 204).

Bis zu 4 cm dicke T.-Fragmente aus Lindenbast liegen aus dem Salzbergwerk von → Hallstatt vor (27, 126). In die jüng. BZ datieren Funde aus Höhlen im Kyffhäusergebirge, die zwar etwas dünner sind als die übrigen Beispiele, aber aufgrund der dreischäftigen Machart sowie des Materials, nämlich Waldrebe, wohl als dünne Seile anzusehen sind (14, 125. 133).

c. EZ und MA bis ca. 1100 n. Chr. Schriftqu. berichten seit dem 5. Jh. v. Chr. von professionell arbeitenden Seilereien in Griechenland und später auch in Italien (36, 18; 17, 23 f.). Texte und arch. Funde stimmen darin überein, daß im Röm. Reich viel Esparto eingesetzt wurde. Beispiele für T.-Reste aus diesem auf der Iberischen Halbinsel und in Nordafrika heimischen Gras stammen aus Wracks, die im Nemi-See und im Porto di Claudio bei Ostia entdeckt wurden, sowie aus dem Hafen der Colonia Ulpia Traiana bei → Xanten (zweischäftig; 17, 25).

Auf der Wurt → Feddersen Wierde (50 v. Chr. bis 400 n. Chr.) fanden sich u. a. bis zu 1,2 cm dicke Seile aus Roßhaar sowie ein aus acht doppelten Wollfäden geflochtenes Stück mit quadratischem Querschnitt (37, 70). Zahlreiche eher dünne T.e aus Wolle und Roßhaar, teils gedreht, teils zopfartig, stammen von der Wurt → Elisenhof aus dem 8. Jh. (20).

T.e aus Walroßhaut nennt → Ottar in seinem Ber. an → Alfred den Großen von England um 890 n. Chr. (16, 101 f.; 13, 60). Aus dem norw. Gokstadschiff (→ Gokstad) liegen Reste von Hanftauwerk vor (8, 157). Mehr als 200 Reste wurden in Haithabu (→ Haiðaby) geborgen (23, 67 ff.). Sie sind ausschließlich gedreht, überwiegend Z-geschlagen, meist zwei- oder dreischäftig bei 0,8–1,9 cm Dm., max. aber zwölfschäftig bei einer Stärke von 10 cm. Weit überwiegend bestehen sie aus Eichenbast; daneben kommen u. a. Gras und Stroh vor (23, 73). Wohl aus Seegras ist ein bis 2,5 cm starkes T. aus dem 10. Jh. gefertigt, das in Duisburg gefunden wurde (15, 321). Aus den bei → Skuldelev in Dänemark geborgenen Wracks aus dem 11. Jh. stammen zwei Frg. aus Lindenbast sowie ein dreischäftiges, 2,5 cm dickes Stück aus teils gesplitteten Weidenruten (10, 62).

d. MA ab ca. 1100 n. Chr. und Neuzeit. Ab ca. 1100 n. Chr. mehren sich sowohl die Schriftqu. (vgl. 13, 59 f.) als auch die Funde. Das Sjövollenschiff (Norwegen) von ca. 1200 enthielt ein Roßhaarseil (35). Ausgr. in → York erbrachten u. a. mehrere Reste bis 4 cm starker, zopfartig geflochtener T.e aus Frauenhaarmoos; sie gehören dem 12./13. Jh. an (38, 394 f.). Das gleiche Material fand sich in Duisburg, Köln und Aachen, wobei ein 3 cm br. und über 10 m lg. Flechtzopf aus dem 13. Jh. bes. hervorzuheben ist (22, 420); Knörzer weist dabei auf die relativ geringe Zugbelastung dieser Produkte hin (22, 422). In Southampton wurden mehrere Frg. aus Palmfasern entdeckt, die in die J. kurz vor 1300 datiert werden (9, 339); sie sind dreischäftig und bis 2,5 cm im Dm. Daneben blieb v. a. Rindenbast weiter in Gebrauch; Beispiele sind ein zweischäftiges, ca. 2,5 cm starkes Ex. von der um 1190 gebauten Koldingkogge (Dänemark; 11, 12), zwei vielsträngige, bis 2,5 cm dicke Frg. aus der Bergbausiedlung Altenberg aus dem 13. Jh. (39, 185) sowie ein 30 m lg., 5 cm starkes T., das in dem auf ca. 1400 datierten Schiff Sørenga 2 in Oslo lag (30, 120 ff.). Rindenbast, v. a. Eiche, steht wie zuvor in Haithabu auch bei den Funden aus dem benachbarten Schleswig im Vordergrund, die sich über das 11.–14. Jh. verteilen (24, 101–110). Hinzu kommen dort Wolle, Roßhaar und Holzspäne bzw. -ruten verschiedener Art. Alle Stücke sind gedreht (einige wenige dabei S-geschlagen), die max. Schaftzahl beträgt 16, der max. Dm. 6,7 cm. Einen Überblick über Schriftqu. zum spätma. Seilerhandwerk gibt Troitzsch (36, 21 ff.). Er verweist darauf, daß die Seiler Z-geschlagenes Tauwerk produzierten, während die bevorzugt in den Hafenstädten ansässigen Reeper Seile mit S-Drehung herstellten (36, 28 f.).

Von der im J. 1628 bei Stockholm gesunkenen Wasa blieben zahlreiche T.-Reste aus geteertem Hanf erhalten. Sie sind dreischäftig und 5–8 cm stark (6, 35). Hanfseile setzten sich in der frühen Neuzeit stärker durch. V. a. in ländlichen Gegenden blieben aber auch andere traditionelle Materialien bis in das 20. Jh. hinein in Gebrauch, z. B. Holz (24, 103), Walroßhaut (1, 181 f.; 16, 101 f.), Schweineborsten (12) und Lindenbast (32, 252).

(1) E. Andersen, Rekonstruktion af rig, in: E. Andersen u. a., Roar Ege. Skuldelev 3 skibet som arkæologisk eksperiment, 1997, 175–207. (2) S. H. Andersen, Tybrind Vig, Journ. of Danish Arch. 4, 1985, 52–69. (3) Ders., L. Bender Jørgensen, Ältester europ. Textilfund in Dänemark, Dt. Textilforum 2, 1986, 48. (4) E. J. W. Barber, Prehist. Textiles. The Development of Cloth in the Neolithic and Bronze Ages, ³1992. (5) Dies., The Mummies of Ürümchi, 1999. (6) S. Bengtsson, The sails of the Wasa, The International Journ. of Nautical Arch. and Underwater Exploration 4, 1975, 27–41. (7) P. Bennike u. a., Early neolithic skeletons from Bolkilde bog, Denmark, Antiquity 60, 1986, 199–209. (8) A. W. Brøgger, H. Shetelig, Vikingeskipene, 1950. (9) E. Crowfoot, The textiles, in: C. Platt u. a., Excavations in Medieval Southampton 1953–69, Vol. 2, 1975, 333–339. (10) O. Crumlin-Pedersen, The Skuldelev Ships. Topography, arch., hist., conservation and display 1, 2002. (11) L. Dokkedal, Kolding-Kogge, Skalk 2001, Nr. 5, 9–13. (12) M. Eriksson, R. Norberg, Reip, Sverige, in: Kult. hist. Leks. XIV, 13–15. (13) H. Falk, Anord. Seewesen, 1912. (14) H. Farke, Schnüre, Geflechte und Leder aus Höhlen bei Bad Frankenhausen, Alt-Thüringen 26, 1991, 123–140. (15) Dies., Faser- und Gewebereste aus Grabungen in der Stadt Duisburg, in: G. Krause (Hrsg.), Stadtarch. in Duisburg 1980–1990, Duisburger Forsch. 38, 1992, 316–329. (16) R. Frimannslund, Rossmålreip, By og Bygd 14, 1960, 93–105. (17) W. Gaitzsch, Ant. Korb- und Seilerwaren, 1986. (18) K. R. Gilbert, Rope-making, in: Ch. Singer u. a. (Hrsg.), A Hist. of Technology, ³1956, 451–455. (19) A. Glory, Débris de corde paléolithique à la Grotte de Lascaux, Mém. de la Soc. Préhist. Française 5, 1959, 135–169. (20) H.-J. Hundt, Die Textil- und Schnurreste aus der frühgeschichtl. Wurt Elisenhof, 1981. (21) I. Kernchen, B. Gramsch, Mesol. Netz- und Seilreste von Friesack, Bez. Potsdam, und ihre Konservierung, Veröffentl. des Mus.s für Ur- und Frühgesch. Potsdam 23, 1989, 23–27. (22) K.-H. Knörzer, Ma. Mooseile vom Niederrhein, in: Der prähist. Mensch und seine Umwelt (Festschr. U. Körber-Grohne), 1988, 419–422. (23) U. Körber-Grohne, Botan. Unters. des Tauwerks der frühma. Siedlung Haithabu und Hinweise zur Unterscheidung einheimischer Gehölzbaste, Ber. über die Ausgr. in Haithabu 11, 1977, 64–111. (24) Dies., Botan. Unters. an ma. Tauwerk aus Schleswig, Ausgr. in Schleswig. Ber. und Stud. 7, 1989, 101–135. (25) Dies., Textiles, fishing nets, wickerwork and rope from the Neolithic sites of

Hornstaad and Wangen on Lake Constance (Bodensee): botanical investigations, in: P. Walton, J.-P. Wild (Hrsg.), Textiles in Northern Arch., 1990, 11–20. (26) A. Leroi-Gourhan, The Arch. of Lascaux Cave, Scientific American 246 (June), 1982, 104–112. (27) K. Löcker, J. Reschreiter, Rekonstruktionsversuche zu Bastschnüren und Seilen aus dem Salzbergwerk Hallstatt, in: M. Fansa (Hrsg.), Experimentelle Arch. Bilanz 1997, 1998, 125–132. (28) A. Lucas, Ancient Egyptian Materials and Industries, ³1948. (29) H. Messikommer, Die Pfahlbauten von Robenhausen, 1913. (30) P. B. Molaug, Middelalder-Oslo sett fra sjøen, Viking 56, 1993, 113–128. (31) A. Rast-Eicher, (Textilien), in: Jungsteinzeitliche Ufersiedlungen im Zürcher Seefeld 2, 1993. (32) E. Ruoff, Stein- und bronzezeitliche Textilfunde aus dem Kant. Zürich, Helvetia Arch. 45/48, 1981, 252–264. (33) J. Schult, Seglerlex., 1994. (34) H. Schwab, Kat. der im Bernischen Hist. Mus. aufbewahrten Faden-, Geflecht- und Gewebefrg. aus neol. (evtl. bronzezeitlichen) Seeufersiedlungen, Jb. des Bernischen Hist. Mus.s in Bern 39/40, 1959/60, 336–366. (35) H. Stigum, Reip, in: Kult. hist. Leks. XIV, 11–13. (36) F. Troitzsch, Das Seilergewerbe in Deutschland, 1910. (37) R. Ullemeyer, K. Tidow, Die Textil- und Lederfunde der Grabung Feddersen Wierde, Probleme der Küstenforsch. im s. Nordseegebiet 10, 1973, 69–93. (38) P. Walton, Textiles, Cordage and Raw Fibre from 16–22 Coppergate, The Arch. of York, The Small Finds 17/5, 1989, 283–454. (39) U. Willerding, Pflanzen- und Seilreste des 13. Jh.s aus der Bergbausiedlung Altenberg im Siegerland, in: C. Dahm u. a., Der Altenberg. Bergwerk und Siedlung aus dem 13. Jh., 1998, 184–189.

S. Möller-Wiering

Taurapilis. Bei der Ortschaft T., Raj. Utene, O-Litauen, liegen ein Burgwall und ein völkerwanderungszeitliches Hügelgräberfeld am s. Ufer des Tauragnas-Sees. Der direkt am See liegende, gut erhaltene Burgwall, Hh. der Wälle 13–14 m, (21, Abb. 1) wurde nicht erforscht (18, 167, Nr. 750; vgl. 12, 39 f.; 15, 248); seine herkömmliche Datierung in das Früh-MA scheint fraglich zu sein. Das stark zerstörte Hügelgräberfeld lag 0,5–0,6 km s. vom Burgwall (13, 113, Nr. 721; 14; 16; 21) und setzte sich aus zwei Grabgruppen zusammen. Ausgr. während der J. 1970–1971 legten in der w. Gruppe Umrisse von acht Hügelgräbern frei (Nr. 1–8), wobei von urspr. mehr als zehn Hügeln auszugehen ist (16, 321). In der ö. Grabgruppe wurden Spuren von sechs Hügeln (21, 19 f. Abb. 2) erkannt; sie bilden die Reste einer urspünglich viel höheren Zahl von Gräbern. Hier wurden ein Hügelgrab (Nr. 9) (21, 38–40, Abb. 41–42) und ein flaches Körpergrab (21, 40 Abb. 43–44) gefunden.

Alle ausgegrabenen Hügelgräber bestanden aus einer Sandaufschüttung, deren Basis von einem Steinkranz umgeben war, Dm. zw. 7,8 und 12–13 m. Unter der Aufschüttung, in der Mitte des Hügelgrabes, befand sich zumeist eine 1,2–1,6 m tiefe Grube mit einer Körperbestattung. Drei Hügelgräber (Nr. 1, 5, 6) enthielten außer menschlichen Bestattungen auch Pferdeskelette (16, 321 f.; 21, Abb. 35; 39). Die untersuchten Gräber bargen reiche Beigaben (v. a. konische Schildbuckel, Lanzenspitzen, Streitäxte, Dolchmesser, auch Armbrustfibeln mit festem Nadelhalter, Schnallen mit nierenförmigem Rahmen, Halsringe und Armringe aus tordiertem Bronzedraht [21, Abb. 36–38, 40, 42, 43]), eine Ausstattung, die eine Zuweisung an Männer- oder sogar Kriegergräber ermöglicht. Die Grabausstattung datiert in die späte VWZ (ca. Ende des 5. Jh.s bis 6. Jh.) und läßt sich mit der sog. ostlit. Hügelgräberkultur verbinden (9, 68–73; 20, 83 f. Abb. 3; 22, 46–57; vgl. 3, 179; 7, 37. 39. 121 f. Abb. 13:1, Karte VI).

Hervorzuheben ist Hügelgrab 5 mit einer 0,5–0,6 m hohen Aufschüttung und umrandet von einem im Dm. 14–15 m großen Steinkranz. Darunter befand sich eine Grube mit dem Skelett eines Mannes (40–50 Jahre) in gestreckter Rückenlage und einem Pferdeskelett ohne Zaumzeug (21, 20, Abb. 3–6; 23, Abb. 1). Die Bestattung des Mannes enthielt seine Waffenausrüstung: ein zweischneidiges Schwert (Abb. 11,1) in einer Scheide mit vergoldeten Silberschlägen (Abb. 11,2), zugehörige vergoldete

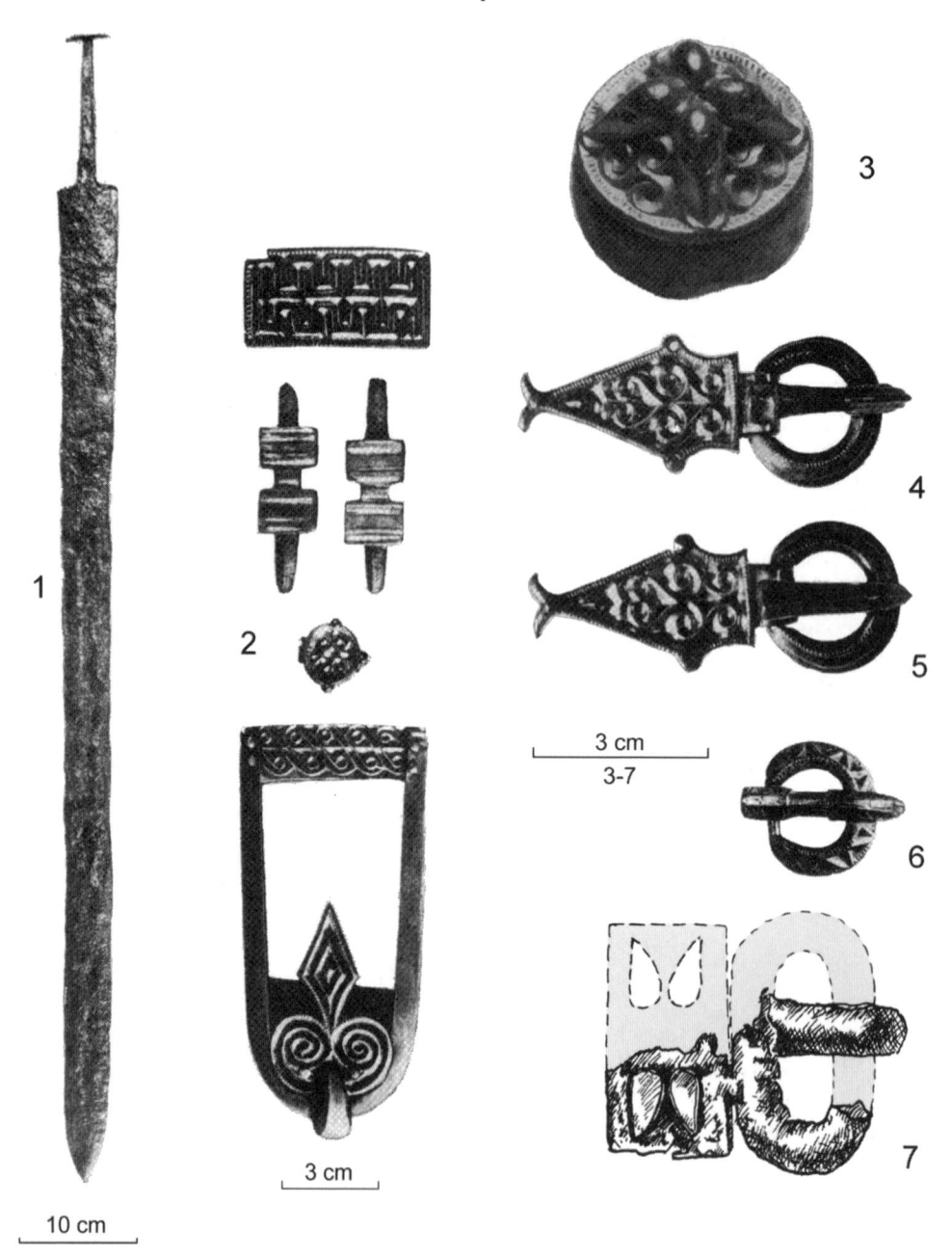

Abb. 11. Taurapilis. Hügelgrab 5. 1 Schwert; 2 Scheidenbeschläge; 3 Schwertanhänger; 4–7 Bestandteile des Wehrgehänges. Nach Tautavičius (21, Abb. 7–8, 14–17)

Silberschnallen mit Kerbschnittverzierung (Abb. 11,4–6) sowie eine Eisenschnalle mit Almandineneinlagen (Abb. 11,7) und einen Schwertanhänger aus Kalkstein mit vergoldetem Silberpreßblech (Abb. 11,3); eine Streitaxt; zwei Bronzesporen mit versilberten Bronzeschnallen und -beschlägen von Sporenriemen; einen konischen Schildbuckel mit breitem Kragen und zwei Lanzenspitzen Typ IG und III nach Kazakevičius (7, 29 f. 41 f. Abb. 15:3); ferner eine beschädigte Armbrustfibel mit festem Nadelhalter vom Typ Prag nach Schulze-Dörrlamm (14, 600–605, Abb. 7–11), ein Trinkhorn mit silbernem Randbeschlag, drei bronzene Spiralfingerringe, eine bronzene Pinzette, ein eisernes Messer und einen Schleifstein (16, 322; 18, 135 f. Abb. 1–14; 21, 23–31, Abb. 7–33; vgl. 7, 97. 117 f. Abb. 37:1, 39–40). Die Funde repräsentieren größernteils balt. (Trinkhorn, Schildbuckel, Sporen, Lanzenspitze des Typs IG [vgl. 6; 7, 29 f. 121 f. Karte IV]) oder sogar lokale, nur für die ostlit. Hügelgräberkultur typische Formen (Lanzenspitze des Typs III [7, 41 f. Karte VII]). Die Fibel weist hingegen auf Kontakte mit dem S Europas hin (vgl. 4, 40). Das Schwert mit Anhänger, Scheide und dazugehörenden Schnallen läßt sich sogar als Import aus dem Bereich der germ. Kultur an der mittleren Donau oder Italiens erkennen (23, 88 Abb. 2–3; vgl. 1, 577 Abb. 22:4–5; 2, 274 Abb. 10:4–5; 5; 7, 97. 117 f. Abb. 37:1, 39–40). Die stilistische Übereinstimmung der Rankenspiralen auf den Riemenkappen des Schnallenpaares von T. mit einem Ex. aus dem Hortfund aus Konarzew, Zentralpolen, spricht für einen Zeitansatz an das Ende des 5. Jh.s bis Anfang des 6. Jh.s (23, 90 Abb. 4; vgl. 1, 575–577. 587, Abb. 21; 8, 83. 85, Abb. 14; 10, 74. 118 f. Abb. 109; 11). Diese Datierung unterstützt auch die Zeitstellung der übrigen Funde aus Hügelgrab 5 (vgl. 5; 7, 121 f.) und aus den anderen Gräbern in T. (21, 31. 37 f. 41). Der Nachweis eines germ. Importfundes dieser Zeit in Litauen läßt sich wohl als eine Spur für die Politik des ostgot. Staates in der Zeit Theoderichs des Großen erklären, zu der auch Kontakte mit den ‚nördlichen' Barbaren an der Ostsee gehörten (23, 90; 24, 317).

(1) V. Bierbrauer, Das Frauengrab von Castelbolognese in der Romagna (Italien). Zur chron., ethnischen und hist. Auswertbarkeit des ostgerm. Fundstoffs des 5. Jh.s in SO-Europa und Italien, Jb. RGZM 38, 1991 (1995), 541–592. (2) Ders., Hist. Überlieferung und arch. Befund. Ostgerm. Einwanderer unter Odoaker und Theoderich nach Italien. Aussagemöglichkeiten und Grenzen der Arch., in: K. Godłowski, R. Madyda-Legutko (Hrsg.), Probleme der relativen und absoluten Chron. ab LTZ bis m Früh-MA, 1992, 263–277. (3) A. Bitner-Wróblewska, From Samland to Rogaland. East-West connections in the Baltic basin during the Early Migration Period, 2001. (4) Dies., Suwalscy „pacyfiści": Wpływ Gotów na obrządek pogrzebowy mieszkańców Suwalszczyzny w okresie wedrówek ludów?, in: Europa Barbarica. Ćwierć wieku archeologii w Masłomęczu, 2005, 33–42. (5) E. Butėnas, Sagtys iš Rytų Lietuvos pilkapių (tipai, paskirits), Lietuvos Archeologija 18, 1999, 37–56. (6) V. Kazakevičius, Motifs of Animal Decorative Pattern on Bindings of the 5th–6th Century Drinking Horns from Plinkaigalis burial ground (Lithuania), Finskt Mus. 1987, 45–63. (7) Ders., Oružie baltskich plemen II–VIII vekov na territorii Litvy, 1988. (8) M. Mączyńska, Die Endphase der Przeworsk-Kultur, Ethnographisch-Arch. Zeitschr. 39, 1998, 65–99. (9) M. Michelbertas, Senasis geležies amžius Lietuvoje (I–IV amžius), 1986. (10) E. Petersen, Der ostelbische Raum als germ. Kraftfeld im Lichte der Bodenfunde des 6.–8. Jh.s, 1939. (11) Ders., Zum völkerwanderungszeitlichen Hortfund von Konarzew, Kr. Lentschütz (jetzt Reichsgau Wartheland), Nachrichtenbl. für Dt. Vorzeit 16/12, 1940, 278–279. (12) F. Pokrovskij, Archeologičeskaja karta Kovenskoj gubernii, 1899. (13) R. Rimantienė (Hrsg.), Lietuvos TSR Archeologijos Atlasas. III: I–XIII a. pilkapynai ir senkapiai, 1977. (14) M. Schulze-Dörrlamm, Roman. oder germ.? Unters. zu den Armbrust- und Bügelkopffibeln des 5. und 6. Jh.s n. Chr. aus den Gebieten w. des Rheins und s. der Donau, Jb. RGZM 33, 1986, 593–720. (15) P. Tarasenka, Lietuvos archeologijos medžiaga, 1928. (16) A. Tautavičius, Raskopki kurganov u dereven' Taurapilis, Degsne i Labatiškes, in: A. Rybakov (Hrsg.), Archeologičeskie otkrytija 1970 goda, 1971, 321–323. (17) Ders., Taurapilio pilkapių (Utenos raj.) kasinėjimai 1970 ir 1971 m., in: Archeologiniai ir etnografiniai tyrinėjimai Lietuvoje 1970 ir 1971 metais, 1972, 40–48. (18) Ders., Prekybiniai-kultūriniai ryšiai V–VIII amžiais, in: M. Michelbertas (Hrsg.), Lietuvos gyventojų prekybiniai ryšiai I–XIII a., 1972, 126–148. (19) Ders. (Hrsg.), Lietuvos TSR Archeologijos Atlasas. II: Piliakalniai, 1975. (20) Ders., Baltskie plemena na territorii Litvy v I tysjačel. n.ė., in: Ė. S. Mugurevič (Hrsg.), Iz drevnejšej

istorii baltskich narodov (po dannym archeologii i antropologii), 1980, 80–88. (21) Ders., Taurapilio „kunigaikščio" kapas, Lietuvos Archeologija 2, 1981, 18–43. (22) Ders., Vidurinis geležies amžius Lietuvoje (V–IXa.), 1996. (23) J. Werner, Der Grabfund von Taurapilis, Rayon Utna (Litauen) und die Verbindung der Balten zum Reich Theodorichs, in: G. Kossack (Hrsg.), Arch. Beitr. zur Chron. der VWZ, 1977, 87–92. (24) H. Wolfram, Die Goten. Von den Anfängen bis zur Mitte des sechsten Jh.s, ³1990.

W. Nowakowski

Teja. Namenkundlich. Spekulationen über die richtige Form des Namens des Ostgotenkg.s, die Schönfeld (6, 225) referiert, gehen z. T. von Schreibungen *Thela* und *Thila* auf Münzen aus, die heute von Numismatikern als verwilderte Stempelformen interpretiert werden. Auch Kaufmann (3, 340) schätzt die Autorität der Münzbelege zu hoch ein. Diese Formen sind aus der weiteren Erörterung auszuscheiden.

Ein anderer Name ist möglicherweise der des Sohnes Odoakars (→ Odowakar § 2), *Thela* (der auch unter einem zweiten Namen, *Oclas,* erscheint; 5, 528. 660). Kögel (4, 59) meint, es sei unwahrscheinlich, daß es zwei so ähnliche Namen gegeben habe; es müßte sich daher beide Male um denselben Namen handeln, der für die beiden Personen unterschiedlich entstellt überliefert sei. Fast homonyme agerm. Namen gibt es aber öfter; das Argument ist also schwach. Der Name ist auch für andere Personen belegt, allerdings selten. *L* als Schreibfehler für *I* zeigt sich auch in der → *Vita Severini,* wo ein Mann im Text als *Teio* erscheint, im sekundär daraus erstellten Kapitelverz. jedoch als *Telo.* Der Name des Sohnes Odoakars unterscheidet sich aber auch durch das anlautende *Th.*

Die Schriftsteller des 6. Jh.s schreiben für den Ostgotenkg. einheitlich *Teia* bzw. Τεϊας. Besonderer Zeugniswert kommt der Schreibung Τεϊας in der Gotengesch. des Prokopios (→ Prokop von Caesarea) zu, der T. insgesamt zwölfmal und immer mit *T-* nennt, die Namen der feindlichen Feldherrn in mündlicher Tradition nennen hörte, außerdem als Grieche in der Lage war, germ. *t* und *þ* zu unterscheiden und germ. *þ* in den Namen, die wir etym. eindeutig zuordnen können, stets korrekt mit θ wiedergibt, nicht etwa nur in den häufigen, in griech. Schrifttradition bereits verfestigten Namen mit germ. *þeuda-*.

Auf den Münzbelegen findet sich dagegen bis auf einen Einzelbeleg *Teia* immer *Th-.* Das muß man als Tendenz röm. Münzmeister deuten, ihnen unbekannte nichtlat. Wörter gräzisierend mit *th* statt *t* zu schreiben.

Semantik. Bei einem eingliedrigen Namen, dessen Stamm nur die Silbe *tĕ-* (oder *þĕ-*) enthält, ist es für uns müßig, nach der Wortbedeutung zu fragen. Ob kurzes oder langes *e* anzusetzen ist, geht aus den Qu. nicht hervor; germ. leichter anknüpfbar wäre *ē*. Kein Hindernis gegen die Annahme von *ē* ist, daß Prokop ε schreibt, da im Diphthong im Griech. η nicht üblich wäre.

Aber auch für got. Zeitgenossen, die über die Motivation der Namengebung nicht Bescheid wußten, war der Name nicht eindeutig. Sie konnten nicht erkennen, zu welchem Wort mit *tĕ-* der Name gebildet sein sollte. Die Bildung eingliedriger Namen mit *-ja* ist im Got. häufig; z. B. *Wraia, Haria.* Diese sind aber meist als Nomina agentis zu einem geläufigen Wortstamm gebildet und daher semant. durchschaubar. Es ist daher damit zu rechnen, daß den Personen in der Umgebung T.s bekannt war, welcher der mit *tĕ-* anlautenden Wortstämme gemeint war; in Frage kommen v. a. solche, deren etwaiger stammschließender Konsonant vor *j* ausfallen konnte; also *teg-, *tew-* und andere. Wrede (7, 149) referiert mehrere Vorschläge; v. Grienberger (2, 335) hält bibelgot. *tēwa* (für griech. τάγμα ‚Ordnung, Reihenfolge' [bei der Auferstehung der Toten]) für eine gute Erklärung und deutet

Tēwja ‚der Ordner'; Förstemann (1, 1394), vom selben Etymon ausgehend, ‚Anführer einer Schar'. Keines von beiden wirkt überzeugend, doch ist es noch eher möglich als die anderen bisher vorgebrachten Vorschläge.

(1) Förstem., PN. (2) Th. von Grienberger, Rez. zu [7], Literaturbl. für germ. und rom. Philol. 12, 1891, 333–335. (3) Kaufmann, Ergbd. Förstem. PN. (4) R. Kögel, Rez. zu [7], Anz. für dt. Altert. und dt. Lit. 18, 1892, 43–60. (5) H. Reichert, Lex. der agerm. Namen 1, 1987. (6) Schönfeld, Wb. (7) F. Wrede, Über die Sprache der Ostgoten in Italien, 1891.

H. Reichert

Zum Hist. → Teja, Bd. 30

Tekelia. Ptolemaios (→ Ptolemaeus) nennt 2, 11, 12 Τεκελια als Polis Germaniens (31° Lg., 55° Br.); davor → Siatoutanda (29 1/3° Lg., 54 1/3° Br.), danach → Fabiranum (s. auch → Phabiranon) (31 1/2° Lg., 55 1/3° Br.). In der Hs. X liegt T. genau an der Wesermündung; in der Hs. U und ihren Verwandten liegt die Wesermündung um 1/4° nördlicher; dann wäre T. ein Ort im Mündungstrichter der Weser. Den Breitenabstand zur genau n. der Wesermündung angesetzten (also bei Cuxhaven gedachten) Elbmündung gibt Ptolemaios mit 1° an. An die Mündung der Hunte bei Elsfleth, die ungefähr diesen Angaben entspricht, denkt Šimek (8, III, 207 mit Lit. zu ält., von Ptolemaios stärker abweichenden Lokalisierungen; zustimmend Hansen [3, 583]). Rasch (7, I, 77) läßt die Lokalisierung offener: zw. Bremerhaven und Bremen.

Sprachlich. Der Anklang an den Namen des *Tegeler Platt* vor der Jademündung, mit dem Förstemann (1, II, 987) und ihm zustimmend Steche (9, 162 f.) T. identifizierten, ist wohl zufällig. Er würde sowohl eine Verschreibung in der lat. Qu. des Ptolemaios von G zu C als auch eine Fehllokalisierung voraussetzen, da dann T. nicht s. oder an der Wesermündung, sondern an der Jademündung läge. Andere alte, auf Grund von Namenanklängen erfolgte, räumlich noch weiter abliegende Identifizierungen (die fries. Insel Texel; Ort im Gebiet der Texuandri) verzeichnet Franke (2). Much (4, 134; 5) erkennt das Vorliegen eines der Homonyme idg. *tek-*, wobei für einen ON semant. das Kelt. mit *teki* ‚schön' oder, noch besser, ‚laufen, fließen, rinnen' (zu Pokorny [6, 1059] s. v. *teku̯*), also zu einem FluN, Anknüpfungsmöglichkeiten bietet.

(1) Förstem., ON. (2) A. Franke, Τεκελία, in: RE V A, 156 f. (3) G. Chr. Hansen, Ptolemaios, in: J. Herrmann (Hrsg.), Griech. und lat. Qu. zur Frühgesch. Mitteleuropas bis zur Mitte des 1. Jt.s u. Z. 3, 1991, 553–587. (4) R. Much, Die Städte in der Germania des Ptolemäus, ZDA 41, 1897, 97–143. (5) Ders., Τεκελία, in: Hoops IV, 310. (6) Pokorny, IEW. (7) G. Rasch, Die bei den ant. Autoren überlieferten geogr. Namen im Raum n. der Alpen vom linken Rheinufer bis zur pann. Grenze 1–2, Diss. Heidelberg 1950. (8) E. Šimek, Velká Germanie Klaudia Ptolemaia, 1930–1953. (9) Th. Steche, Altgermanien im Erdkundebuch des Claudius Ptolemäus, 1937.

H. Reichert

Tempel. Norden. Archäologisch. Die in der Religionsgesch. mit Skepsis geführte Diskussion über die Existenz von vorchristl. Kultgebäuden beeinflußte lange Zeit auch die Vorstellungen in der Arch. In den letzten Jahrzehnten hat jedoch die Auffindung einiger aufsehenerregender vorchristl. Gebäude sakralen Charakters das herkömmliche Bild verändert. Einzubeziehen in diese Problematik ist außerdem die Frage nach der Funktion von Hallengebäuden aus spätröm. Zeit und WZ, die neben ihrer Bedeutung als Repräsentationshallen für lokale Herrscher zugleich auch sakrale Funktion besaßen (9; 10; → Tempel §§ 4a, 4c, Bd. 30). Inzw. sind mehrere solcher Gebäude untersucht worden, z. B. in Alt-Uppsala (→ Gamla Uppsala) (z. B. 4), Sanda in

Uppland (→ Tempel § 4b, Bd. 30) (2), → Slöinge in Halland (22), Järrestad in Schonen (27), in Borg, N-Norwegen (→ Rituale; → Siedlungs-, Gehöft- und Hausformen § 4) wie auch in → Lejre, Jütland, → Gudme und → Tissø auf Seeland (4; 7; 8).

Diese Gebäude weisen z. T. eine lange Kontinuität auf (26, 107). Manchmal kommen auch andere Bauten von geringerer Größe, doch mit eindeutig sakraler Nutzung, in entspr. Sequenz vor, wie die palisadenumzäunten Gebäude bei Tissø bzw. Järrestad (7; 27).

Sakrale Nutzung ist jedoch nicht an die Existenz von Gebäuden gebunden. Die Lage von sakralen Plätzen im Freien, etwa in Hainen oder an Naturgebilden, wie sie → Tacitus (Tac. Germ. 9) hervorhebt, wird von arch. Funden gestützt. Was bei den Germ. fehlt, sind Gebäude aus Stein, die nach röm. Vorstellung einem T. gleichzusetzen wären (vgl. 15).

Neben reinen Naturgebilden sind auch verschiedene Konstruktionen als Kultplätze benutzt worden, bei denen natürlich anstehendes Steinmaterial als Baustoff verwendet wurde. Das trifft z. B. für sog. Steinscherbenhügel zu, die unter den durch Feuereinwirkung gesprengten Steinen oft Knochen und verschiedene Artefakte beinhalten. Vielleicht ist in solchen Befunden der Ursprung jener Kultstätten zu suchen, die in den norrönen Qu. *hǫrgr* genannt werden (→ Tempel § 4b, Bd. 30). Solche Steinsetzungen kann man mit Altarformen aus anderen idg. Traditionen vergleichen, z. B. der vedischen und altiranischen wie auch der röm. und griech. (13; 16). Derartige im Freien gelegene Kultstätten kommen in Skand. wenigstens seit der ält. BZ, ca. 1800 v. Chr., und später vor.

Eine andere Form bilden kombinierte Anlagen aus Steinscherbenhügeln und Grabarealen, umgeben von ovalen oder rechteckigen Einhegungen. Sie werden manchmal mit dem Terminus ‚Brobyhus' (nach → Broby im Ksp. Börje, Uppland) benannt, obwohl sie keinen Grundriß für ein Haus enthalten. Ihre sakrale Bedeutung schließt möglicherweise auch eine Funktion in Verbindung mit verschiedenen Grabritualen ein (29). Anlagen dieser Art finden sich in Gebieten, die als geheiligte Plätze beschrieben worden sind (vgl. 30).

Andererseits sind seit dem Neol. auch reale Gebäude mit eindeutig sakraler Funktion nachzuweisen. Das gilt für Konstruktionen, die seit den 1980er J. als Kult- oder Totenhäuser gedeutet werden (→ Totenhaus). Sie orientieren sich im direkten Anschluß an Gräber, seltener an Wohnstätten aus der jüng. BZ und der ält. EZ (17; 3; 24; 13; 16; 29). Ihre genaue Funktion ist z. T. noch unklar, doch gehören die Gebäude sehr oft in einen deutlich sakralen, rituellen Kontext. Sie sind häufig nach einer Seite hin offen, die auf Gräber/Steinsetzungen hinweist. Solche Bauten ähneln ihrer Gestalt nach bestimmten → Hausurnen der jüng. BZ. Gerade deren Gestalt gibt nur selten den Typ eines Langhauses als profanen Wohnbau in Skand. wieder. Vermutlich stellen solche Hausurnen Gebäude für Begräbnisrituale oder anderen relig. Kult dar, für die eine große Türöffnung oder offene Giebel erforderlich waren (23a, 35–38).

Eindeutige Beispiele für Kultbauten liegen v. a. aus der jüng. EZ vor, deren Funktion traditionell am intensivsten diskutiert worden ist. Zu den zweifelsfrei als rituell/sakral genutzten Gebäuden zählt → Uppåkra (dort § 2c und Abb. 90) in der Nähe von Lund (zu verschiedenen Aspekten s. 18). Die älteste Phase des Gebäudes wird in die röm. EZ datiert; es weist mit verschiedenen Umbauphasen eine Kontinuität bis in die WZ auf. Das Gebäude ist vermutlich hoch gewesen und erinnert in seiner Form an ma. → Stabkirchen (19, 35 f. mit Abb. 22). Das hoch gezimmerte Haus wurde versuchsweise als eine → Kenning für Odins Walhall (→ Valhǫll) gedeutet und soll eine kosmologische Symbolik enthalten (19, 42). Zu den herausragenden Funden in dem Haus (vgl. → Uppåkra § 2c) gehören ein Depotfund mit einem Becher aus Bronze und Silber mit Goldfolie, verziert in einer frühen Form von Stil I, um ca. 500 n. Chr. datiert (18), Trinkbecher aus Glas, wahrscheinlich aus dem Schwarzmeergebiet (25), sowie über hundert → Gubber (s. auch → Goldblechfigürchen; 28), Glasscherben und ein ringförmiger Handgriff, der zur Tür des Gebäudes gehören könnte.

Ein Kultgebäude aus der WZ wurde bei Borg in Östergötland untersucht (20; 23). Es wurde mit den Bezeichnungen *hof* und *hǫrgr* in den schriftlichen isl. Qu. in Verbindung gebracht. Als freistehendes Kultgebäude in nahem Anschluß an die spätere ma. Hofkirche dürfte es gut mit der Beschreibung eines T.s übereinstimmen (→ Tempel § 4a–b, Bd. 30). Der Hof Borg entstand im 8. Jh. und zeigte durch WZ und MA hindurch Kontinuität (→ Rituale; → Seehandelsplätze; → Siedlungs-, Gehöft- und Hausformen). Das interessanteste Gebäude der Anlage stellt ein kleines Haus (ca. 5,5 × 7 m) des 10./11. Jh.s mit Schwelle dar. Direkt an das Gebäude schloß ein mit Steinen gepflasterter Hof an, in dem sich 100 eiserne Amulettringe sowie Spuren von Eisengewinnung und -verarbeitung fanden. Möglicherweise wurden die Amulettringe hier in der Schmiede vor Ort hergestellt. Der Platz enthielt außerdem 75 kg gut erhaltenen Knochenmaterials v. a. von Pferd und Hund, gefolgt von Rind, Schaf und Schwein, das sich nach der Analyse aus einem ungewöhnlich großen Anteil aus Schädel- und Kieferknochen zusammensetzt. Im ö. Teil des Hauses befand sich ein Fundament aus großen, sorgfältig aufgestapelten Steinen nach Art eines Altares. Während des 11. Jh.s wurde das Haus bis auf den Steinsockel abgerissen, und danach der gesamte Platz mit einer dicken Schicht Kies bedeckt, möglicherweise als Akt einer rituellen Bestattung. Das Haus selbst sowie der umgebende Bereich sind als eindeutige Zeichen eines vorchristl. Kultes gedeutet worden (20, 31 ff.; 23). Für die Schmiedetätigkeiten bestehen Parallelen in ähnlichen Gebäuden aus sozial gehobenem Siedlungsmilieu in Järrestad, Schonen, ebenso in → Tissø und → Gudme (26; 27; 7). Diese Beispiele sind kleiner und besitzen eine andere Konstruktion, doch sind sie im Kontext mit anderen Kultgebäuden in Form von Hallen zutage getreten. Bei Tissø und Järrestad lagen die Häuser in einem palisadenumzäunten Gebiet in direktem Anschluß an die Halle. Die Konstruktionen der Einhegungen unterscheiden sich etwas, können aber entspr. Funktionen haben. In Tissø besteht diese aus einem Gräbchen, während in Järrestad deutlich die Form von Pfostenlöchern in drei Reihen erkennbar ist. Die kleineren Häuser hatten kräftige Wände, die im Gegensatz zur Konstruktion der Hallengebäude ein Dach trugen. Haus Nr. 1 in Järrestad zeigt darüber hinaus eine Artefakt-Anhäufung, und der Kontext wurde versuchsweise als symbolische Repräsentation der Schmiede in Asgård gedeutet (26, 131; 27, 233 ff.), eine Deutung, die auf gleicher Linie liegt wie Borg in Östergötland (23).

Ein eindeutiger Nachweis für einen sakralen Platz im Freien gelang den Unters. in Lunda bei Strängnes (Schweden). Möglicherweise können Teile der untersuchten Fläche Spuren des sakralen Platzes enthalten, der dem Namen Lunda (→ Lund) zugrunde liegt. In der untersuchten Fläche finden sich jedoch auch Spuren eines Hallengebäudes mit einem angrenzenden kleineren Gebäude. Für den sakralen Charakter auch der Gebäude sprechen nicht zuletzt die kleinen Figurinen (→ Phallusverehrung, Taf. 4 b–c, 5), von denen zwei in dem kleineren Gebäude gefunden wurden (1).

Schließlich sollte aus arch. Blickwinkel auch Alt Uppsala (→ Gamla Uppsala) genannt werden. Die Frage, inwieweit sich arch. Belege finden, die → Adam von Bremens T.-Beschreibung stützen, ist immer noch relevant. Nach einer Theorie sollen die unter der Kirche gefundenen Lehmschichten und Pfostenlöcher Spuren eines vorchristl. Kultgebäudes an gleicher Stelle darstellen, worauf die Ergebnisse ält. arch. Unters. hinzudeuten schienen (21). Jüng. Vorschläge gehen statt dessen davon aus, daß es vielmehr die großen Hallengebäude sein könnten, die auf die sog. Kg.shofterrassen n. der Kirche hindeuten, die den Hintergrund zu Adams Beschreibung des T.s bilden (5; 6 mit angeführter Lit.). Angesichts der z. B. oben angeführten Funde scheint es nun am wahrscheinlichsten, daß es sich auch in Alt-Uppsala um ein separates vorchristl. Kultgebäude gehandelt hat. Ausreichende arch. Unters. sind indessen an der Stelle noch nicht erfolgt, und handfeste Beweise für die Existenz eines möglichen Kultgebäudes stehen noch aus. Den oben genannten Beispielen sakraler Gebäude können weitere angefügt werden, von denen viele jedoch unsicher in der Deutung sind. Die Arch. spricht sich jedoch gleichzeitig dafür aus, daß verschiedene sakrale Plätze, vermutlich sogar die meisten von ihnen, im Freien gelegen waren (vgl. 14).

(1) G. Andersson u. a., Att föra gudarnas talan – figurinerna från Lunda, 2004. (2) C. Åqvist, Hall och harg. Det rituella rummet, in: K. Engdahl, A. Kaliff (Hrsg.), Relig. från stenålder till medeltid, 1996, 105–120. (3) N. Björhem, U. Säfvestad, Fosie 4. Bebyggelsen under brons- och järnålder, 1993. (4) T. Christensen, Lejre Beyond Legend. The Arch. Evidence, Journ. of Danisch Arch. 10, 1991, 163–185. (5) W. Duczko (Hrsg.), Arkeologi och miljögeologi i Gamla Uppsala. Studier och rapporter 1, 1993. (6) Ders. (Hrsg.), Arkeologi och miljögeologi i Gamla Uppsala. Studier och rapporter 2, 1996. (7) L. Jørgensen, En storgård fra yngre vikingetid vid Tissø, in: Centrala platser, centrala frågor. Samhällsstrukturen under Järnåldern. En vänbok till B. Stjernquist, Uppåkrastudier 1, 1998, 233–248. (8) Ders., Kongsgård – kultsted – marked, in: K. Jennbert u. a. (Hrsg.), Overvejelser omkring Tissøkomplexets struktur og function, 2002, (9) F. Herschend, The Origin of the Hall in Southern Scandinavia, Tor 25, 1993, 175–199. (10) Ders., The Idea of the Good in Late Iron Age Soc., 1998. (11) B. Hårdh, The Metal Beaker eith Embossed Foil Bands, in: [18], 49–91. (12) A. Kaliff, Kulthus och spår av gravritualer från bronsålder, Tor 27, 1995, 233–247. (13) Ders., Grav och kultplats. Eskatologiska föreställningar under yngre bronsålder och äldre järnålder i Östergötland, 1997. (14) Ders., Ritual and Everyday Life – The Archaeologist's Interpretation, in: Kontinuitäten und Brüche in der Religionsgesch. (Festschr. A. Hultgård), 2001, 442–463. (15) Ders., Arkeologisk kommentar till nyutgåvan av den svenska översättningen av Cornelius Tacitus' Germania. Svensk översättning av A. Önnerfors, 2005. (16) Ders., The Vedic Agni and Scandinavian Fire Rituals. A Possible Connection, Current Swedish Arch. 13, 2005, 77–97. (17) L. Karleby u. a., En grav och två bronsfynd från Linköping, Tor 23, 1997, 9–42. (18) L. Larsson (Hrsg.), Continuity for Centuries. A ceremonial building and its context at Uppåkra, southern Sweden. Uppåkrastudier 10, 2004. (19) Ders., K.-M. Lenntorp, The Enigmatic House, in: [18], 3–48. (20) K. Lindeblad, A.-K. Nielsen, Kungens gods i Borg. Om utgrävningarna vid Borgs säteri i Östergötland. Arkeologisk slutundersöknig, Borgs säteri 6702, RAÄ 276, Borgs socken, Norrköpings kommun, Östergötland. Rapport UV Linköping 1997:12. (21) S. Lindqvist, Uppsala hednatempel. Gamla och nya spekulationer, Ord och bild 36, 1927, 641–654. (22) L. Lundqvist, Slöinge 1992–1996. Undersökningar av en boplats från yngre järnålder. Slöingeprojektet 2, 2003. (23) A.-L. Nielsen, Pagan Cultic and Votive acts at Borg. An Expression of Central Significance of the Farmstead in the Late Iron Age, in: H. Andersson u. a. (Hrsg, Visions of the past. Trends and Traditions in Swedish Medieval Arch., 1997, 373–392. (23a) S. Sabatini, House Urns. Study of a Late Bronze Age Trans-Cultural Phenomenon, 2007. (24) U. Stålbom, Klinga, ett gravfält. Arkeologisk undersökning. Riksantikvarieämbetet UV Linköping, 1994:11. (25) B. Stjernqvist, A Magnificent Glass Bowl from Uppåkra, in: [18], 103–151. (26) B. Söderberg, Järrestad. Huvudgård i centralbygd, 2003. (27) Ders., Aristokratiskt rum och gränsöverskridande. Järrestad och sydöstra Skåne mellan region och rike 600–1100, 2005. (28) M. Watt, The Gold-Figure Foils („*Guldgubbar*") from Uppåkra, in: [18], 167–221. (29) H. Victor, Med graven som granne. Om bronsålderns kulthus, 2002. (30) D. Widholm, Rösen, ristningar och riter, 1998.

A. Kaliff

Zur ant. Welt; zum Kontinent und den Britischen Inseln; zu Skand. → Tempel, Bd. 30

Testament

§ 1: Bedeutung – § 2: T. im römischen Recht – § 3: T. im germanischen Recht – a. Allg. – b. Hausgut – c. Dt. Rechte – d. England und Norden – § 4: T. im jüngeren deutschen Recht – § 5: Angelsächsische T.e

§ 1. Bedeutung. Die Bezeichnung T. (von lat. *testari* ‚bezeugen'; *testis* ‚Zeuge'; *testamentum* ‚Zeugenakt'; *testamentarum* ‚Bezeugtes') und wichtigste Grundsätze gehen auf röm.-rechtliche Grundlagen zurück (Institutionen 2,10: *testamentum ex eo appellatur, quod testatio mentis est*) (3, 75); Ansätze sind bereits im att. und babylonischen Recht anzutreffen.

T.s-Urkunden gehören mit zu den frühesten urkundlichen Rechtszeugnissen.

Neben dem Erbvertrag ist das T. ein Grund der durch Willen des Erblassers – gewillkürten – Berufung zum Erben. Mit seiner einseitigen, nicht empfangsbedürftigen, jederzeit frei widerruflichen Willenserklärung trifft der Erblasser eine Verfügung hinsichtlich seines Vermögens als letztem Willen und ändert somit die gesetzliche Rechtslage (Erbfolge) ab.

§ 2. T. im römischen Recht. Bereits das altröm. Recht ließ T.e in verschiedenen Formen zu; so das durch Erz und Waage als Libralgeschäft vorgenommene, anfangs nur auf Übertragung einzelner Gegenstände gerichtete T. *(testamentum per aes et libram)*. In der Folge der Anerkennung des Einzeleigentums beim *pater familias* entwickelte das röm. Recht die letztwillige Anordnung der allumfassenden Übertragung von Vermögen durch T.e. Dabei geht die Entwicklung des röm. T.s auf eine treuhänderische Vermögensübertragung unter Lebenden zurück. Dazu übertrug (manzipierte) der Erblasser bestimmte Vermögensstücke an einen Treuhänder, die dieser nach dem Tod des Erblassers dem oder den Erben übertrug (→ Treuhand). Seit der Kaiserzeit erscheint das T. als Vertrag zugunsten eines Dritten, in der der *familiae emptor* noch eine treuhänderische Stellung als T.s-Vollstrecker einnimmt. In der Spätant. erlangte das vor besonders bestellten Personen errichtete T. *(testamentum apud acta conditum)*, unter Ks. Valentinian III. seit 446 n. Chr. im weström. Recht dann das eigenhändige T. *(testamentum per holographam scripturam)* rasch an Bedeutung (12, 86). Das justinianische Recht entwickelte das reguläre T. aus drei Schichten des ält. Rechts (*ius civile*, prätorischem und Kaiserrecht) und bezeichnete es als *testamentum tripertitum* (Institutionen 2,10,3) (4, 76). Dazu diktierte der Erblasser seinen Willen vor sieben Zeugen oder zeigte ihnen das – offene oder verschlossene – T., unterschrieb es in deren Gegenwart und ließ es von ihnen gleichfalls unterschreiben und besiegeln. Die Zeugen mußten während des gesamten Vorgangs anwesend sein (Cod. 6,23,21/28) (2, 951. 955). Als erleichterte Form entstand das Kodizill; errichtet vor fünf Zeugen (Cod. 6,36, 8,3) (2, 1006; 3, 159), es ließ aber keine Erbeinsetzungen zu. Im Anschluß an griech. Recht trat die Erklärung des T.s zu Gerichtsprotokoll – als Vorläufer des öffentlichen T.s – hinzu (Cod. 6,23,19) (2, 949).

§ 3. T. im germanischen Recht. a. Allg. Den Germ. war eine gewillkürte Erbfolge im allg. und folglich ein T. im besonderen fremd. → Tacitus berichtet: *Heredes tamen successoresque sui cuique liberi et nullum testamentum* (Tac. Germ. c. 20). Und noch bis ins ausgehende MA galt der Rechtsspruch: „Gott, nicht der Mensch macht die Erben." Fehlte ein natürlicher Erbe, so konnte dieser, allerdings unter strengem Formzwang, im Wege der → Adoption rechtlich geschaffen werden; belegt nach langob. *(gairethinx)* wie nach frk. *(adfatimus)* Recht (17, 625). Bei den Germ. war das Hausgut als Fahrnishabe (→ Fahrnis) zur gesamten Hand gebunden und als Erbe der Familie untrennbar mit dieser als Personenverband verknüpft. Eine gewillkürte Bestimmung der

Erbfolge im allg. und ein T. im besonderen als Ausdruck einer freien Verfügungsgewalt des Hausvaters war ausgeschlossen (18, 206). Tacitus belegt nur: *Heredes tamen succesoresque sui cuique liberi, et nullum testamentum* (Tac. Germ. c. XX) (20).

b. Hausgut. Das Hausgut war untrennbar mit der Familie als Personenverband verknüpft. Für eine freie Verfügungsmacht über Vermögen bestand weder ein wirtschaftl. Anlaß noch eine rechtliche Grundlage. Von daher trug das frühe → Erbrecht genossenschaftliche Züge: Der einzelne war als Glied in die Genossenschaften der Großfamilie, der → Sippe und der Gens hineingeboren und schied mit dem Tod aus ihr aus (22, 16). Der Boden mit seinem Inventar stand der Großfamilie zu, die höchstpersönliche Habe, Waffen, Schmuck folgten dem einzelnen nach seinem Tod als Grabbeigaben. Für ein Erbrecht daran war kein Raum. Die regelmäßige (normierte) Nachfolge in das Vermögen ergab sich aus der Gebundenheit des Gutes in der Familie (Familiengut), wobei die Hausgenossen schon zu Lebzeiten des Erblassers eine Anwartschaft in Gestalt des Wartrechts und Beispruchsrechts hatten. Die Sippenangehörigen mußten bei der Veräußerung von Liegenschaften durch den Erblasser zustimmen (Erbenlaub). Dieses Beispruchsrecht findet sich noch im sächs.-thür. Recht (Ssp. Landrecht I, 52 § 1: „*Ane erven gelof unde ane echt dink ne mut neman sin egen noch sine lude geven*") (5, 109).

Während das röm. Recht die Nachfolge in das gesamte Vermögen (Universalsukzession) ausbildete, wurde nach germ. Rechten Boden und Fahrnis getrennt vererbt. Erst im gemeinen Recht der frühen Neuzeit wurde der Gedanke der Universalsukzession trotz bis ins 20. Jh. fortbestehender vielfältiger Sonderreglungen für gebundenes Eigentum – Lehen, Fideikommisse – bestimmend.

c. Dt. Rechte. Die ma. dt. Rechte lehnten in Beibehaltung der tradierten Erbsitte eine Verfügung des Erblassers über seinen Nachlaß ab (12). Die Verfügung von Todes wegen entwickelte sich über die Stufe der Verfügungen unter Lebenden. Dazu übertrug der Erblasser zu seinen Lebzeiten seine Habe an einen Treuhänder *(familiae emptor)*, den → Salmann; diesem oblag der Vollzug des Erlasserwillens nach dessen Tod (27, 988). Während sich diese bereits im ant. Rom bekannte fiduziarische Übertragung dort zur echten Verfügung von Todes wegen entwickelt hatte und der *familiae emptor* in der Gruppe der Zeugen aufgegangen war, hielten die dt. Rechte hingegen an der Treuhandübertragung (→ Treuhand) fest. Im Unterschied zum Kontinent blieb der Treuhandgedanke im anglo-amerikanischen Rechtskreis bis in die Neuzeit lebendig.

Der altüberlieferte Grundsatz, daß die Blutsverwandten des Erblassers allein die berufenen Erben sind, wurde jedoch schon im frühen MA durchbrochen. Mit dem → Freiteil und sonstigem Seelenheilkult (Seelgeräten, mhd. *sēlgerǣte*) sowie den aufkommenden Möglichkeiten, über das Kaufgut frei zu verfügen, entstanden zahlreiche, das gebundene Familiengut veräußernde Rechte. Diese Rechtsgeschäfte unter Lebenden eröffneten den Raum für echte erbrechtliche Verfügungen.

d. England und Norden. In England verbreitete sich schon in ags. Zeit die Verfügung von Todes wegen (ags.: *cwide*) – sowohl als Vertrag wie als einseitige Vermögensverfügung, die sogar vor Zeugen in mündlicher Form erklärt Bestand hatte (29). Vergabungen zum Heil der Seele wurden ohne Zustimmung der wartberechtigten Erben zulässig und der Weg der gewillkürten Erbfolge eröffnet. Mit den zunehmenden Schenkungen an die Kirche *(donationes post obitum)* wurde diese Vermögensnachfolge in größerem Umfang beschritten. Diese erfuhren unter dem Einfluß der Kirche zunächst als solche zum Heil der Seele (Seelgerätstiftungen) und dann als Kleriker-T. eine zunehmende Verbreitung. In den fries. und skand. Rechten wurden teils bis zum Ende des 13., vereinzelt bis Anfang des 14. Jh.s nur Vergabungen unter Lebenden anerkannt und T.e oder von Todes wegen erteilte Seelgeräte verhindert.

§ 4. T. im jüngeren deutschen Recht. Die im dt. Recht sich verbreitenden Vergabungen von Todes wegen stellten als Rechtsgeschäft unter Lebenden jedoch kein erbrechtliches Geschäft dar, da sie erst mit dem Tode des Vergabenden rechtlich voll wirksam wurden. Diese Vergabungen von Todes wegen erfuhren einen starken Aufschwung und trugen zur Verbreitung gewillkürten Vererbens und des T.s bei; sie sind seit dem 12. Jh. auch in Laienkreisen belegt. Im Hoch-MA wurden die Vergabungen weitgehend durch Verfügungen von Todes wegen abgelöst, die nunmehr mittels T. oder durch Erbvertrag erfolgen konnten. Zugleich wurde der Anwendungsbereich der Vergabungen von Todes wegen ausgeweitet. Diese erfolgten nun auch zugunsten von Verwandten und Ehegatten (Gemächte, Geschäfte, Gelübde), bedurften jedoch der Vornahme vor Gericht (Ssp. Landrecht II 30: „*Swe so eme erve toseget nicht van sibbe halven, wan van gelovedes halven, dat hebbe men vor unrecht, men moge [dat] getugen, dat dat gelovede vor gerichte gestedeget si.*") (5, 158) oder schriftlicher Form (Schwabenspiegel, Landrecht, caput 22) (6, 56). Zugleich belegt der „Sachsenspiegel" bereits die Zulässigkeit der freien Verfügung an der fahrenden Habe, wobei diese Verfügung nur bei völliger Gesundheit (*sano corpore* ‚mit gesundem Leib') geschehen konnte.

Im Verlaufe des MAs verdrängten die T.e die Vergabungen. (In Wien und Lübeck schon im 14. Jh., im Gebiet des sächs.-magdeburgischen Rechts bis zum Ausgang des MAs) (23; 16, 420). Einfluß auf die T.e hatten ferner die Reichsnotarordnung von 1512 und dann das gemeine Recht. Allerdings entwickelten sich partikularrechtlich zahlreiche Sonderformen, die bis ins 19. Jh. bestanden (14).

Das dt. T. des MAs ist ein Legaten-T., ohne die Notwendigkeit einer Erbeinsetzung. Förmliche Erbeinsetzungen sind seit dem 15. Jh. bezeugt, aus dem 13. Jh. liegt bereits eine große Zahl von T.en von Geistlichen vor (21).

Das Wort *testamentarum* taucht zuerst in den ma. Stadtrechtsquellen auf (8; 24). In den Städten bestand zunächst ein wirtschaftl. Interesse an der Übernahme des röm. Testaterbrechts. In den Städten setzte sich die Testierfreiheit durch, die jedem die Errichtung eines T. als einseitige und unwiderrufliche letztwillige Verfügung zu jedem beliebigen Zweck gestattete. Städtisches Leben und Handel gaben dem Eigentümer größere Befugnis beim Ausschluß der gesetzlichen Erben durch ein T. (7). Zugleich mit der Errichtung des T.s vor Gericht oder dem Rat, seit dem 14. Jh. auch vor dem Notar, setzte sich der Grundsatz der Öffentlichkeit durch. Mit dem T. wurde häufig ein T.s-Vollstrecker eingesetzt, der als Treuhänder den letzten Willen des Erblassers zu garantieren hatte. Die Goslarer Statuten im 14. Jh. gestatteten auch über ‚gewonnenes Gut' durch ein T. zu verfügen, dies mußte aber vor dem Rat der Stadt erfolgen, dem ein Bestätigungsrecht zukam (10). Mit der Wormser Reformation von 1498 schlossen T.e die gesetzlichen Erben dann ausdrücklich aus.

Auf dem Lande widersetzten sich dem adlige wie bäuerliche Bodenbesitzer. Zur Sicherung des bäuerlichen Bodens entwickelten sich die Anerben- und Näherrechte der Familie, bei den adligen Familien wurden durch die Familienfideikommisse, die das Familiengut als Treuhandvermögen ansahen, enge Schranken für Verfügungen zu Lebzeiten und strenge Regeln für die fideikommissarische Erbfolge gelegt. Das dt. Recht blieb länger bei der Bindung des Bodens und unterschied dabei → Fahrnis und übriges Eigentum, zudem zw. Land- und Stadtgrundstücken sowie zw. Mannes- und Frauengut (29).

Mit der Rezeption des röm. Rechts gewannen die Verfügungen von Todes wegen – T. und Erbvertrag – zunehmend rechtliche Anerkennung. Das T., im röm. Verständnis als Erbenberufung, erlangte in der ma. Praxis unter dem Einfluß des kanonischen Rechts und des Statutarrechts seine beherrschende Stellung. Hinzu kam, daß die im MA sich ausbreitende rechtliche Benachteiligung der Fremden durch Reichsrecht zurückzudrängen versucht wurde, wobei v. a. die Aufnahme der Fremden und deren Testierfreiheit gesichert werden sollte (MGH Const. II, no. 85, 109; Cod. VI. 59, 10).

In Frankreich ließen viele Coutumes eine Berufung zum Erben durch T. nicht zu. „Der Satz nemo pro parte testatus, pro parte intestatus decedere potest (Institutionen 2,14,5 [4, 89]; Digesten 29,1,6; 50,17,7 [1, 121]) wurde in Frankreich und den Niederlanden als nicht rezipiert betrachtet." (15, 563). Erst im Spät-MA entwickelte sich in den Coutumes das eigenhändige T.

Qu.: (1) Digesten 28, 1–3; 29, 6/7; 35, 1. (Das Corpus Iuris Civilis (Romani), hrsg. von K. E. Otto u. a. 3, 1831, Neudr. 1984. (2) Cod. 1, 2, 1; (Das Corpus Iuris Civilis (Romani), hrsg. von K. E. Otto u. a. 5, 1832, Neudr. 1984. (3) Cod. 6, 22–24; 6, 34; 6, 36; 6, 46 (Das Corpus Iuris Civilis (Romani), hrsg. von K. E. Otto u. a. 6, 1832, Neudr. 1985. (4) Institutionen 2, 10, 2; 2, 14, 12; 2; 16. (Corpus Iuris Civilis, Text und Übersetzung, Bd. I: Institutionen, hrsg. von O. Behrends u. a., 1990. (5) Sachsenspiegel. Land- und Lehnrecht, hrsg. von K. A. Eckhardt, MGH Fontes iuris Germanici antiqui NS I/1–2, ³1973. (6) Schwabenspiegel, hrsg. von R. Grosse, MGH Fontes iuris Germanici antiqui NS 5, 1964. (7) H. G. Gengler, Cod. iuris municipalis Germaniae medii aevi. Regesten und Urk. zur Verfassungs- und Rechtsgesch. der dt. Städte im MA, 1863, Neudr. 1968. (8) Das Mühlhäuser Reichsrechtsbuch aus dem Anfang des dreizehnten Jh.s, Deutschlands ältestes Rechtsbuch, hrsg. von H. Meyer, 1923, ²1926, ³1936, Neudr. 1969. (9) F. Beyerle (Hrsg.), Qu. zur neueren Privatrechtsgesch., Deutschland, I/1: Ältere Stadtrechtsreformationen, 1936. (10) Th. Gaupp (Hrsg.), Dt. Stadtrechte des MAs, 1851/52, Neudr. 1966; Regesten der Lübecker Bürgertestamente 1 ff., 1964 ff. (10a) F. Ebel, Magdeburger Recht, II/2. Die Rechtsmitt. und Rechtsprüche für Breslau. Qu. von 1453 bis zum Ende des 16. Jh.s, 1995.

Lit: (11) G. Aders, Das Testamentsrecht der Stadt Köln im MA, 1932. (12) F. Bauer-Gerland, Das Erbrecht der Lex Romana Burgundionum, 1995. (13) M. Bretone, Gesch. des Röm. Rechts, 1992, 131–133, 150–152, 203–205. (14) H. Coing, Die Frankfurter Reformation von 1578 und das gemeine Recht ihrer Zeit, 1935. (15) Ders., Europ. Privatrecht 1, 1985, 564–573. (16) Conrad, DRG I, 414–421. (17) H. Dölling, Haus und Hof in westgerm. Volksrechten, 1958, Neudr. 1981. (18) H. Hattenhauer, Grundbegriffe des Bürgerlichen Rechts, ²2000, 204–212. (19) A. Heusler, Institutionen des Dt. Privatrechts 2, 1886, 621–644. (20) B. Kasten, Erbrechtliche Verfügungen des 8./9. Jh.s, ZRG GA 107, 1990, 236–270. (21) L. Kolmer, Spätma. Testamente, Zeitschr. für bayer. Landesgesch., 52, 1989, 475–497. (22) K. Kroeschell, Die Sippe in der germ. Recht, ZRG GA 77, 1960, 1–25. (23) H. Lentze, Das Wiener Testamentsrecht des MAs, I. Teil, ZRG GA 69, 1952, 98–154; II. Teil, ebd. 70, 1953, 159–229. (24) O. Loening, Das Testament im Gebiet des Magdeburger Stadtrechtes, 1906. (25) W. Ogris, Testament, in: HRG V, 152–165. (26) S. Rietschel, Testament, in: Hoops IV, 311–313. (27) K. O. Scherner, Fiducia Germanorum. Johannes Heumann und die Erfindung der Treuhand in der dt. Rechtsgesch., in: Festschr. K. Kroeschell, 1997, 973–998. (28) M. Sheehan, The Will in medieval England: from the conversion of the Anglo-Saxons to the thirteenth century, 1963. (29) O. Stobbe, Handb. des dt. Privatrechts 4, 1885, 217–133.

G. Lingelbach

§ 5. Angelsächsische T. e. England is alone in the early MA in having wills written in the vernacular. Of the sixty wills and bequests listed in the electronic version of Sawyer's index of Anglo-Saxon charters (5, nos. 1482–1539), five are in Latin (5, nos. 1493, 1502, 1503a, 1518, 1520), six are known from English and Latin versions (5, nos. 1488, 1497, 1511, 1513, 1530, 1532), one of which (5, no. 1513) has an English boundary clause, and one (5, no. 1517) is in English with a Latin abstract. There are seven texts which are preserved in OE, Middle English and Latin versions (5, nos. 1491, 1496, 1498, 1505, 1507, 1509, 1515). The rest are only extant in English. It seems that some forty wills dispose of the whole of the testator's property (8, 18). Seventeen English records (5, nos. 1482, 1486, 1487, 1489, 1492, 1494, 1497, 1500, 1503, 1506, 1508, 1510, 1522, 1530, 1533, 1534, 1536) are preserved as originals or in contemporary copies. A further text, the will of Wynflæd (5, no. 1539), which is dated to the 10th or early 11th century, is preserved in a slightly later (early-11th-century) copy. The rest of the texts of this type are all preserved in later copies. The earliest wills are from Kent, namely, that of the reeve Abba (3, no. 2; 5, no. 1482), an original text dating from 833 × 839, and that of Æthelnoth, reeve at Eastry, and his wife Gænburg (4, no. 3; 5, no. 1500), dating from 805 × 832, which makes arrangements for the disposal of an estate of three sulungs at Eythorne in Kent. Another early Kentish will is that of Badanoð Beotting (4, no. 6; 5, no. 1510), a contemporary record of 845 × 853, which was examined in detail by Campbell in 1938 (1, 133–142. 146–152). All three of these records are from the archive of Christ Church, Canterbury. Another Kentish text (2, no. 23b [p. 27]; 4, no. 9; 5, no. 1514), a bequest of a certain Dunn ca. 855 of property at Rochester to his wife with reversion to St Andrew of Rochester, is preserved in the early-12th-century *Textus Roffensis*. Whereas these Kentish texts involve members of the provincial gentry, those from Wessex involve the highest echelons of society. We have wills of King Alfred (→ Alfred der Große) (3, no. 11; 5, no. 1507), King Eadred (3, no. 21; 5, no. 1515) and of Æthelred II's son, the ætheling Æthelstan (5, no. 1503; 7, no. 20). The Ealdorman Æthelmær, whose will of the period 977 × 982 (5, no. 1498; 7, no. 10) is preserved in OE, Middle English and Latin versions in a later copy, was → ealdorman of Hampshire and closely associated with the New Minster at Winchester (7, 125 f.). The church is a major beneficiary in Anglo-Saxon wills. For example, the will of Wynflæd (5, no. 1539; 7, no. 3), which disposes of property in Wiltshire, Berkshire, Hampshire, Oxfordshire and Somerset, includes bequests to the relig. communities at Shaftesbury and Wilton. This text is also interesting in that it makes provision for the freeing of slaves. Similar provisions for the manumission of slaves are found in the will of the Lady Æthelgifu (5, no. 1497; 8, 6–17), dating from 990 × 1001 and one of the most impressive vernacular wills. There are several wills made by members of the episcopate (5, nos. 1488, 1489, 1491, 1492, 1499, 1526), but there are also wills made by local magnates. The famous will of Wulfric Spot (5, no. 1536; 6, no. 29; 7, no. 17) disposes of some eighty estates, mostly in Staffordshire, Derbyshire and Leicestershire, but with outliers in Warwickshire, Worcestershire, Gloucestershire, Shropshire, Cheshire, Lancashire, the West Riding of Yorkshire and Lincolnshire (see 6, xvi–xvii. xxiii–xxxiv), while that of Wulfgeat of Donington (5, no. 1534; 7, no. 19) disposes of property in Shropshire, Herefordshire, Worcestershire and Gloucestershire. There is also an interesting group of 11th-century wills which are preserved in Bury St Edmunds cartularies of the late 13th and 14th centuries and which relate to the provincial nobility of East Anglia (5, nos. 1490, 1516, 1519, 1521, 1525, 1525a, 1527, 1528, 1529, 1531, 1537). The language of these texts has been modernized to such an extent that we can hardly speak of them as OE texts and in this context they require a thorough investigation. They provide evidence for an Anglo-Scandinavian nobility in East Anglia, since some of the testators bear Scandinavian names, examples being Ketel (Old Norse *Ketill*, Old Danish *Kætil*), whose will (5, no. 1519; 7, no. 34) dates from the period 1052 × 1066, and Thurketel (Anglo-Scandinavian *Þurketel* < Old Norse *Þorketill;* the Latin rubric gives him the byname *Heyng,* which belongs to Old Norse *hœingr* m. 'salmon', cf. 7, 180) whose will (5, no. 1528; 7, no. 25) is probably later than 1020.

(1) A. Campbell, An OE Will, JEGP 37, 1938, 133–152. (2) Idem, Charters of Rochester, 1973. (3) F. E. Harmer (Ed.), Select English Hist. Documents of the Ninth and Tenth Centuries, 1914. (4) A. J. Robertson (Ed.), Anglo-Saxon Charters, ²1956 (1939). (5) P. H. Sawyer, Anglo-Saxon Charters. An Annotated List and Bibliography, 1968 (S. E. Kelly, The electronic Sawyer: an online version of the revised edition of Sawyer's Anglo-Saxon Charters [S1–1602], 1999). (6) Idem (Ed.), Charters of Burton Abbey. Anglo-Saxon Charters II, 1979. (7) D. Whitelock (Ed.), Anglo-Saxon Wills, 1930. (8) Idem, The Will of Æthelgifu. A Tenth-Century Anglo-Saxon Manuscript. Translated and examined by Dorothy Whitelock, with a note on the document by Neil Ker, and analyses of the properties, livestock and chattels concerned by Lord Rennell, 1968.

J. Insley

Teuderion. Ptolemaios nennt 2, 11, 13 Τευδέριον (so die Gruppe der Hs. U; Τευδέριον Hs. X; Τουδέριον schlechtere Hss.) als Polis Germaniens. Die Hs. X gibt 30° Lg., 54° Br. an; das ist 1° s. und 1° ö. der Emsmündung; die Gruppe der Hs. U 29 1/3° Lg., 53 1/3° Br., das ist 1 2/3° s. und 1/3° ö. der Emsmündung. Die unterschiedlichen Zahlzeichen können keine Abschreibfehler sein, sondern spiegeln unterschiedliche Redaktionen, wohl durch Ptolemaios selbst (→ Ptolemaeus S. 584; 6, 266 ff.). Der davor genannte Ort ist Mediolanion mit 28 1/6° Lg., 53 3/4° Br., der folgende ist → Bogadion mit 30 1/4° Lg., 52° Br. Der Raum zw. dem 29. und 31. Längengrad ist bei Ptolemaios auffällig ortsarm. Der nächstliegende ‚Ort' wäre nach der Hs. X im nächstnördlichen Ortsstreifen, → Siatoutanda, das eine Fehlinterpretation von *ad sua tutanda* (‚um das Ihrige in Sicherheit zu bringen') bei → Tacitus ist und eine Zufluchtsstätte der → Friesen meint.

Wegen des Namensanklanges hat man versucht, T. mit Tüddern bei Geilenkirchen nahe Aachen zu identifizieren (was sprachlich möglich ist). Diese Identifikation wird allg. für sicher gehalten; insbesondere von Much (3, 99 u. ö.), Franke (1), Steche (8, 133 f.), Rasch (5, I, 100), Šimek (7, III, 61 f.) und Hansen (2, 578). Doch handelt es sich eher um zufällig homonyme ON. Die Fehllokalisierung in der Breitenangabe betrüge gegen Tüddern in dieser Region unerklärbare 2 1/3° und in der Längenangabe gleichfalls unwahrscheinliche 1 1/2°.

Die Wahrscheinlichkeit der Existenz mehrerer ON mit *Theud-* ist dagegen groß (6, 265). Ptolemaios hätte zwar ein Itinerarium (→ Itinerare) nach Art des *Itinerarium Antonini* benutzten können, das Irrtümer provozierte, doch kaum einen, wie er hier vorliegen müßte. Die von den Befürwortern der Identifikation T. / *Theuderium herangezogene irreführende Angabe im *Itinerarium Antonini* (375,1 ff.) ist: Es nennt *Teudurum* (wird oft emendiert zu *Theuderium), heute *Tüddern,* auf der Route Xanten–Köln, ohne Angabe, daß es sich um keine gerade Verbindungsstrecke handelt; von Colonia Traiana (→ Xanten) geht es über mehrere Zwischenstationen nach Teudurum, von dort sind es 7 ‚Meilen' (tatsächlich: Leugen à 2,2 km; → Leuga) nach Coriovallum; von dort 12 nach → Juliacum (Jülich, 45 km w. von Köln). Da ist außer dem unbegründeten Umweg im Großen noch das Detail falsch, daß Coriovallum zwar nicht identifizierbar ist, aber westlicher als Tüddern liegen muß und daher in der Liste vorher stehen sollte. Es ist nämlich in einer anderen, insgesamt fehlerfreien Route des *Itinerarium Antonini* so verzeichnet (378,1 ff.): von Atuatuca Tungrorum (Tongern; → Aduatuca) 16 Leugen nach Coriovallum, weiter 18 Leugen nach Juliacum. Also ist Coriovallum bei Heerlen zu suchen. Da muß die Angabe von S. 375, von Teudurum seien es 7 Leugen nach Coriovallum und von dort 12 nach Juliacum, falsch sein. Jemand, der ein so fehlerhaftes Verz. auswertete, um Orten zw. Xanten und Köln schematisch Gradzahlen zuzuweisen, konnte unmöglich erkennen, daß die dazwischen liegenden Orte nicht am Rhein lagen. Aber wenn er wußte, daß Xanten und Köln linksrhein. lagen (Ptolemaios verzeichnet beide richtig), hätte er die Zwischenstationen ebenfalls linksrhein. verzeichnet. Auch ein Befürworter der Identifikation von T. mit Tüddern, Steche (8, 133), hat darauf hingewiesen, daß die von Ptolemaios benutzte Liste nicht mit der vom *Itinerarium Antonini* benutzten identisch sein kann. Ein noch so fehlerhaftes Itinerarium hätte Tüddern kaum so verzeichnet, daß man es auf der falschen Seite des Rheins vermuten konnte. Die Ursachen für irrige Plazierung linksrhein. Orte auf rechtsrhein. Gebiet bei Ptolemaios sind meist feststellbar: Tacitus nennt in der *Germania* den Ort → Asciburgium, ohne anzugeben, auf welchem Rheinufer er liegt. Bei → Neuss, das ebenfalls auf der falschen Seite des Rheins verzeichnet ist, ist die Breitenangabe richtig, was zu der Angabe des Ptolemaios (Geogr. 1,18,4) paßt, daß viele Orte in seiner Hauptqu., dem Werk des Marinos, nur in der Tab. der Breitenkreise verzeichnet seien, nicht aber in der Tab. der Längenkreise. Vergleichbare Irrtümer bei Ptolemaios entspringen stets der Auswertung von Qu., die Mißverständnisse dieser Art nahelegen; er selbst arbeitete sorgfältig. Šimek (7, III, 61 f.) und Hansen (2, 578) versuchen daher darzutun, daß Ptolemaios für T. einer liter. Qu. gefolgt sein müsse, da in solchen die Vorstellung, wo ein Ort gelegen sein könnte, sehr oft unmöglich ist. Eine solche ist aber nicht auszumachen; in den erhaltenen Texten des Tacitus findet sich T. nicht, und es z. B. in eines der verlorenen Bücher der Annalen zu verlegen, wäre eine unwahrscheinliche ad-hoc-Annahme. Tüddern war zwar eine Straßenstation, aber eine Schlacht oder ein sonstiges Ereignis, das eine verlorene liter. Qu. hätte nennen können, ist uns aus dieser Gegend nicht bekannt. Wenn man Šimek und Hansen darin Recht gibt, daß ein Itinerar als Qu. eines derartigen Fehlers unwahrscheinlich ist, ist die Annahme gleichnamiger Orte die insgesamt wahrscheinlichste Lösung.

Sprachlich. Je nachdem, ob man die Lesart *Teuderion* oder *Teuterion* vorzieht, liegt eine germ. oder kelt. Bildung zu idg. **teutā-* ,Volk' (4, 1084 f.) vor. Die Lesart mit *d* wird allg. bevorzugt – allerdings wegen des *d* im *Itinerarium Antonini* für *Teudurum/Tüddern*. Doch gilt diese Entscheidung auch, wenn wir mit einem gleichnamigen Ort im Emsgebiet rechnen: Man wird nicht für einen Ort in germ. Gebiet kelt. Lautung annehmen, wenn ein homonymer Ort in kelt. beeinflußtem Gebiet den Namen in germ. Form trägt. In jedem Fall und unabhängig von der geogr. Identifikation ist T. daher ein Zeugnis dafür, daß nicht automatisch die Lesarten von Hs. X bevorzugt werden sollen.

(1) A. Franke, Τευδέριον, in: RE V A, 1120 f. (2) G. Ch. Hansen, Ptolemaios, in: J. Herrmann (Hrsg.), Griech. und lat. Qu. zur Frühgesch. Mitteleuropas bis zur Mitte des 1. Jt.s u. Z. 3, 1991, 553–587. (3) R. Much, Die Städte in der Germania des Ptolemäus, ZDA 41, 1897, 97–143. (4) Pokorny, IEW. (5) G. Rasch, Die bei den ant. Autoren überlieferten geogr. Namen im Raum n. der Alpen vom linken Rheinufer bis zur pann. Grenze 1–2, Diss. Heidelberg 1950. (6) H. Reichert, Germanien in der kartographischen Sicht des Ptolemaios, in: G. Rasch, Ant. geogr. Namen n. der Alpen. Mit einem Beitr. von Hermann Reichert: „Germanien in der Sicht des Ptolemaios", hrsg. von St. Zimmer, 2005, 251–284. (7) E. Šimek, Velká Germanie Klaudia Ptolemaia, 1930–1953. (8) Th. Steche, Altgermanien im Erdkundebuch des Claudius Ptolemäus, 1937.

H. Reichert

Teurnia an der Drau (St. Peter in Holz, Gem. Lendorf, Kärnten). Der 620 m hohe Siedlungshügel (Holzer Berg) der röm. Stadt T. (Abb. 12) liegt zw. dem linken Ufer der Drau mit dem einmündenden Fischerbach und der Talsenke mit dem Freßnitz-

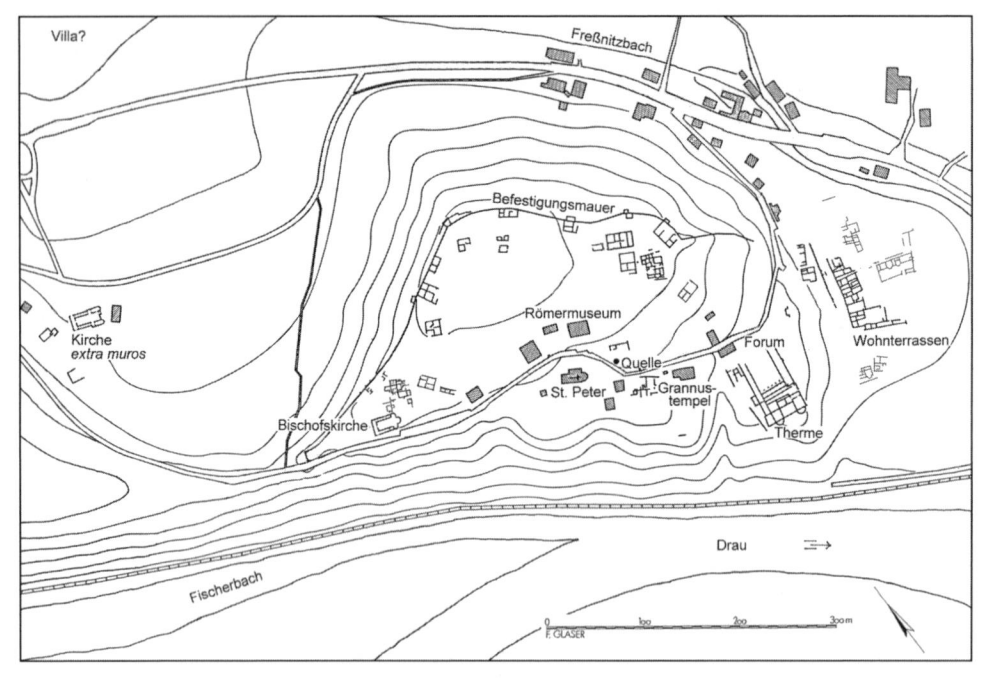

Abb. 12. Teurnia/St. Peter in Holz, Baudenkmäler der röm. Stadt

bach und der Drautalstraße, und zwar zw. dem Spittaler Becken und dem Lurnfeld, der fruchtbarsten Landschaft Oberkärntens (1; 4). Die zutreffende Identifikation der Ruinen mit T. erfolgte um die Mitte des 18. Jh.s (M. Hansiz). Erste laienhafte Grabungen wurden 1845, solche mit wiss. Zielsetzung von F. Pichler nach 1870 durchgeführt. An die zufällige Entdeckung der spätant. Kirche *extra muros* (1908) schloß R. Egger Grabungen im Stadtgelände bis 1915 an. 1971 wurden erneut Grabungen aufgenommen, die mit einer gezielten Fragestellung 1984 zur Entdeckung der Bf.skirche führten (F. Glaser).

Für die frühe Besiedlung seit dem 12. Jh. v. Chr. waren die sichere Lage und die Quelle auf dem steilen Holzer Berg maßgeblich; die Hallstattkultur ist durch Funde vom 9.–6. Jh. v. Chr. zu erfassen, im besonderen Gräber (B3–D1) in der Senke w. des Stadthügels. Die latènezeitlichen Funde verteilen sich nahezu auf den gesamten Holzer Berg, einschließlich des ö. Bergfußes und der w. Senke (1; 8; 9).

Der Name T. (spätant. Tiburnia) stammt aus einer nichtkelt. Sprache. T. gehört zu den claudischen *municipia* → Noricums und liegt im Gebiet des Stammes der Ambidravi. Zum Territorium des Munizipiums gehörte der Raum Oberkärnten mit dem Lungau, wie aus den Meilenzählungen hervorgeht, und es reichte im Kanaltal bis zur Grenze des Illyr. Warenzolls zw. Camporosso und Chiusaforte. Einerseits war die O-W-Verbindung zw. Virunum und Aguntum maßgeblich, andererseits führten Wege nach N über den Großglockner (Hochtor), den Katschberg und v. a. über den Radstädter Tauernpaß sowie nach S durch das Kanaltal, über das Findenig Thörl und den Plöckenpaß.

Der Ausbau des Munizipiums (4) wird deutlich in den enormen Terrassierungsmaßnahmen für die Hallen des Forums, die zweigeschossige Marktbasilika und die anschließende Therme (Abb. 12); ein Kapitolstempel (mit aufgefundenen korinthischen Kapitellen aus der 2. Hälfte des 1. Jh.s) am N-Rand des Forums bleibt vorerst eine Annahme. Der FO der Bauinschr. für eine *(aedis) navalis* des Heilgottes Grannus Apollo liegt in der Nähe der Quelle, so daß die Lage des Heiligtums w. des Forums zu vermuten ist. Mit *navalis* muß nicht der Tempel, sondern kann auch eine schmale Inkubationshalle analog zum Schiffshaus gemeint sein (mündliche Mitt. F. Brein). Weitere Heilgötter wie der Thrakische Reiterheros, Asklepios und Hygieia sind bezeugt. Neben den geläufigen Gottheiten sind die lokalen wie Teurnia, Abiona und Lutianus zu nennen. Von den orientalischen Göttern kommen Kybele und Mithras vor.

Die spätant. Häuser sind in der Oberfläche des Waldgeländes an vielen Stellen erkennbar. Wie ein ergrabenes Beispiel zeigt, sind unter den spätant. Gebäuden ält. Wohnbauten aus der 2. Hälfte des 1. Jh.s n. Chr. zu erwarten. Deutliche Veränderungen nach der 2. Hälfte des 4. Jh.s in der Parzellierung und im Verlauf der Straßen sind feststellbar. Am O-Fuß des Stadthügels befinden sich zwei Terrassen mit Häusern wohlhabender Bürger aus der claudischen und nachclaudischen Zeit (Abb. 12). Eine lokale Brandzerstörung gehört in die Zeit nach Ks. Elagabal (8). Von den Wohnterrassen stammen als jüngste Funde des 3. und 4. Jh.s Frg. mitteltunesischer Terra Sigillata Chiara C (Typ Hayes 50 A und 50 B), zwei Fibeln (Typ Hrušica) und einzelne Prägungen der Ks. Gallienus, Aurelianus sowie Gratianus. Vermutlich anläßlich der Errichtung der Stadtmauer (um 400) wurden 2 m von der 5 m hohen Terrassenmauer abgetragen, und das Ruinengelände als Friedhof (125 Gräber freigelegt) verwendet.

Frühkaiserzeitliche Holzbauten und mittelkaiserzeitliche Steingebäude kamen (teils über einem hallstattzeitlichen Grab) in der Senke w. des Stadthügels zutage. Wichtig für die Benützungszeit sind zahlreiche Frg. von Terra Sigillata Chiara C (Hayes 50 A und B), deren Produktion in die Zeit zw. ca. 230/250 und 300/20 fällt. Eine größere Zahl von Münzen Ks. Konstantins und seiner Söhne wurde in einem Hypokaustum gefunden. Die Planierungen der Ruinen dürften gleichzeitig mit der Errichtung der Kirche *extra muros* erfolgt sein, wofür ein Tremissis (→ Triens) des Ks.s Anastasius einen t. p. q. für die Anlage eines Friedhofes im Ruinengelände gibt (bisher 65 Gräber freigelegt).

Die Stadtmauer verläuft um die Hügelkuppe von ca. 10,5 ha Fläche und besitzt stellenweise Lisenengliederung, Artillerietürme und ein gut gesichertes W-Tor. Für die Errichtung darf man einen Zeitpunkt um das J. 402 vermuten, als aus Sicherheitsgründen die Hauptstadt des weström. Reiches von Mailand (→ Mediolanum) nach → Ravenna verlegt wurde. Wenige J. später (408/9) war dies für T. von Bedeutung, als → Alarich in den Raum von Celeia und Aquileia vorstieß und von Ks. Honorius die Prov. Noricum forderte. Die Belagerung der Stadt T. und die Abwehr der Ostgoten von Noricum ist im J. 467 anzusetzen (4; 11).

Im 5. Jh. sind der Bf. Paulinus und im 6. Jh. der schismatische Bf. Leonianus bezeugt. Die Bf.skirche zeigt zwei Bauper.: ein einschiffiger Apsidenbau aus der Zeit um 400 ist durch Brand schwer beschädigt und um die Mitte des 6. Jh.s zu einem Sakralbau mit Trikonchos und äußeren Hallen erweitert worden (1; 5; 6). Zur Ausstattung gehörten marmorne Altarschranken in Form einer Pergola wie in der Kirche *extra muros*. Der Kathedrale angeschlossen war ein Xenodocheion. Aus der Stadt gingen Hilfslieferungen an die notleidenden Christen an der Donau (7). Die Kirche *extra muros,* ein rechteckiger Saalbau besitzt zwei seitliche Apsidenkapellen und äußere Hallen. In der s. Reliquienkapelle befindet sich die Mosaikstiftung des *Ursus vir spectabilis,* der als

→ *dux* der Prov. Noricum (Mediterraneum) während der Ostgotenzeit gilt (10). An der W-Seite wird die Grablege des Ursus mit Familie (Bestattung *ad sanctos*) vermutet. Die Kirche konnte dem arianischen Gottesdienst während der Ostgotenherrschaft (493–536) dienen. W. der Kirche wurde bis zur Einwanderung der Slawen um 600/610 n. Chr. im Ruinengelände bestattet.

Im J. 2004 wurden unter der Straße n. der Pfarrkirche St. Peter Gräber des 9. Jh.s entdeckt, die in eine mit Asche durchsetzte Schicht über der untersten Fundamentschar eines röm. Gebäudes eingetieft wurden. Hinweise auf eine Kirche *(in Liburnia civitate)* des 8. Jh.s sind entgegen früherer Vermutungen bislang nicht feststellbar.

(1) F. Glaser, T. Römerstadt und Bf.ssitz, 1992. (2) Ders., Der behauptete Brandopferplatz und der tatsächliche FO eiserner Waffen in T., Carinthia 183, 1993, 289–293. (3) Ders., Frühes Christentum im Alpenraum. Eine arch. Entdeckungsreise, 1997, 131–141. (4) Ders., T., in: M. Šašel Kos, P. Scherrer (Hrsg.), The Autonomous Towns of Noricum and Pannonia 1, 2002, 135–147 mit Bibliogr. von M. Huber. (5) Ders., Der frühchristl. Kirchenbau in der nö. Region (Kärnten, Osttirol), in: H. R. Sennhauser (Hrsg.), Frühe Kirchen im ö. Alpengebiet. Von der Spätant. bis in ottonische Zeit, 2003, 414–437. (6) Ders. Frühchristl. Kirchen an Bf.ssitzen, in Pilgerheiligtümern und in befestigten Höhensiedlungen, in: wie [5], 865–869. (7) H. Graßl, Die wirtschaftl. Grundlagen für das Kunstschaffen in Noricum, Mitt. der Arch. Ges. Steiermark 5, 1991, 9. (8) Ch. Gugl, Arch. Forsch. in T. Die Ausgr. in den Wohnterrassen 1971–1978. Die latènezeitlichen Funde vom Holzer Berg, 2000. (9) Ders., Das Umland T.s vom 2. Jh. v. Chr. bis zum 1. Jh. n. Chr., Arh. Vestnik 52, 2001, 306–309. (10) H. Wolfram, Die Geburt Mitteleuropas. Gesch. Österr.s vor seiner Entstehung (378–907), 1987, 74. (11) K. H. Ziegler, Zwei röm. Kriegsverträge in der Vita Sancti Severini, ZRG RA 110, 1993, 638 f.

F. Glaser

Textkritik

§ 1: Grundsätzliches – § 2: Geschichte der T. – § 3: Die Varianz der Texte – § 4: Textkritische Arbeit – § 5: Kontextuelle Überlieferungstypologie

§ 1. Grundsätzliches. T. ist das „Verfahren der editorischen Herstellung eines Textes aufgrund der Sichtung und Bewertung seiner Überlieferung" (43, 602). Alle T. geht demnach von der Überlieferung eines Textes, von der Sammlung, Bewertung und dem Vergleich (Kollation) der Textzeugen aus. Die Qualität der Überlieferungssituation (vgl. 35) kann sehr unterschiedlich sein. In günstigen, aber für das Früh-MA seltenen Fällen existieren privilegierte Überlieferungen wie autornahe oder sogar autorisierte Hss. (z. B. die durch Korrekturen quasi autorisierte Hs. V neben weiterer, z. T. autornaher Überlieferung beim *Liber evangeliorum* → Otfrids von Weißenburg; oder autornahe, aber verschiedene Fassungen des *Liber de laudibus s. Crucis* des Fuldaer Abts → Hrabanus Maurus). In anderen Fällen existiert kopiale, aber singuläre Überlieferung im sog. *Codex unicus* (z. B. die um 840 in Fulda auf Vorsatzblättern getätigte Niederschrift des „Hildebrandslieds" [→ Hildebrand und Hildebrandslied]). In den Fällen privilegierter oder unikaler Überlieferung empfiehlt es sich, der Edition einen diplomatischen (urkundlichen, zeichengetreuen) Abdruck bzw. ein Faksimile beizugeben. In den weitaus meisten Fällen verteilt sich die Überlieferung jedoch auf verschiedene, im Falle ant. und hochma. Werke oft Jh. auseinanderliegende Textzeugen, aus denen ein dem ‚Original' nahestehender Text, wenn überhaupt, erst durch spezielle Verfahren zu gewinnen ist (z. B. die komplexe, auf ca. 6 Hss. und Handschriftenfrg. verteilte, von ca. 850 bis in die 2. Hälfte des 10. Jh.s reichende Überlieferung der as. Evangelienharmonie des *Heliand* [→ Heliand und Altsächsische Genesis]). Diese Verfahren ermitteln durch die Bewertung von Lesarten, in denen sich einzelne Textzeugen zusammenschließen oder differenzieren können (Leitfehler), Abhängigkeiten der Textzeugen untereinander, die idealerweise in einem Stammbaum (Stemma) zusammenzufassen sind und zur Rekonstruktion eines dem ‚Original' nahen Archetyps führen können.

§ 2. Geschichte der T. Der prominenteste und schulbildende Vertreter dieser zunächst an altphilol. Gegenständen gewonnenen klass. Methode der kritischen, original- und werkorientierten Rekonstruktion ist Karl Lachmann (1793–1851) gewesen (vgl. 38; 39; 63; 65; 2; 14). Alle handschriftliche Überlieferung war für Lachmann grundsätzlich ‚fehlerhaft'; die Var. stellten für ihn weniger Spuren des Gebrauchs, sondern v. a. Zeugen der Ferne oder der Nähe zum urspr. Werk dar, die der textkritisch bessernden Hand des Editors bedurften. T. war ihm ein wiss. Verfahren und eine ‚Kunst' zugleich, die sich daraus ergibt, daß der Editor die sprachlichen, metrischen oder stilistischen ‚Regeln', denen der Autor folgte, zu analysieren und zu verstehen vermag. In ihrer Anwendung überwindet der Editor das Chaos der Lesarten und gewinnt aus den Rezeptionszeugnissen den dem Autorwillen nächstkommenden Text. Zu Recht hat Karl Stackmann den Regelbegriff als den Schlüsselbegriff der Lachmannschen Methode bezeichnet. Durch die regelhafte Rekonstruktion wird dem Text eine neue, jenseits der hist. Kontingenz liegende „Wirklichkeit verliehen, die die Wahrheit der Tiefe atmet ...". Man könnte das Verfahren der Edition aus dem Geiste Lachmanns „eine normierte Wiedergeburt, eine geregelte Produktion oder kontrollierte und überwachte Schöpfung nennen" (65, 174 f.).

Die editionswiss. Diskussion des 20. Jh.s (57; 36; 56; 50; 61; 62, 274 ff.; 26; 17; 44; 3; 4; 48) hat freilich die Grenzen der Lachmannschen Rekonstruktion deutlich aufgezeigt. Sie kann grundsätzlich nur funktionieren, wenn a) am Ausgang der Überlieferung ein Archetypus, im Idealfall das ‚Original' des Werkes stand, wenn b) die Überlieferung stetig vertikal, ohne Kontamination verschiedener Überlieferungsstränge (etwa durch Abschreiben aus zwei verschiedenen Vorlagen) verlief. Freilich können auch bei komplexer Überlieferung in der Regel distinkte Überlieferungsgruppen (Klassen) mit Hilfe der rekonstruktiven Methode ermittelt werden (vgl. zur Illustration 27, 167–175; 8, 274 f.; 46; 47 zu Gregor von Tours; 64 für Paulus Diaconus). Zu fragen ist ferner, ob nicht auch komplexe Überlieferungssituationen jenseits des Stemmas mittels anderer Modelle (Netze, Cluster etc.) abgebildet werden könnten.

Bei komplexer und problematischer Überlieferung wurde daher – im Bewußtsein der Schwächen stemmatischer Rekonstruktion – schon sehr früh das Prinzip der sog. Leithandschrift verfolgt, d. h., die Edition richtete sich nach der am zuverlässigsten erachteten Hs. der Überlieferung, ein Verfahren, dem ein höherer Grad an Subjektivität zweifellos nicht abzusprechen ist. Eine an mehreren (den ältesten) Leithss. auf vorangegangener stemmatologischer Grobanalyse orientierte Edition stellt z. B. die Edition der *Historia Langobardorum* des → Paulus Diaconus durch Georg → Waitz (1878) dar (64; → Langobardische Sagen).

Eine Leiths. hat grundsätzlich bei werkorientierter Edition keineswegs einen höheren Näherungswert als ein auf der Grundlage rekonstruktiver Methode erarbeiteter Text. Sie ist als Instrument der Repräsentation eines Werks ebenso eine Setzung wie die kritische Rekonstruktion. Doch hat sie zweifellos den Vorteil, daß damit ein tatsächlich in Gebrauch befindlicher Text ediert wird (2, 30 ff.). Im Falle der Ermittlung mehrerer Fassungen eines Werks, die keine Ableitung von einem Archetyp zulassen, sondern selbstständige Ausführungen oder Bearbeitungen darstellen (10; 51), sind diese Versionen getrennt oder synoptisch zu edieren. Eine solche Überlieferungssituation liegt etwa bei den verschiedenen Fassungen der *Historia Francorum* des → Gregor von Tours vor (27; 8), ohne daß die kanonische Edition (MGH SS rer. Mer.

II, ed. B. Krusch, 1888) dies genauer berücksichtigt hätte. Im Zuge der pragmatischen Wende der Editionswiss. wurde aus diesen Einsichten die Methode der überlieferungsgeschichtl. oder textgeschichtl. Edition entwickelt (49; 60), deren Ziel es ist, die varianten Gebrauchsfassungen oder Redaktionen eines Werkes zu präsentieren.

§ 3. Die Varianz der Texte. Mit dieser im Kern rezeptionshist. Methode ist im Grunde ein fortgeschrittenerer Stand erreicht, als ihn die auf Forderungen von Cerquiglini (11) gegründete ‚New Philology' zu etablieren wußte. „L'oeuvre littéraire, au Moyen Age, est une variable" formulierte Cerquiglini 1989; das Wesen schlechthin der Lit. des MAs sei die ‚Varianz'. Zweifellos ist mit dieser Feststellung eine gebotene Aufwertung der in der Varianz verborgenen Informationen und Intentionen getroffen (vgl. z.B. 20; 47). Doch hat man auch zu Recht gesagt, daß hier das eine Extrem der Suche nach dem ‚Urtext' durch die ebenso problematische Festlegung auf einen „prinzipiell instabilen Text" ersetzt wird, in dem die Kohärenz der Werke zu verschwinden droht (58; vgl. 15). Der Philologe jedoch hat die Varianz nicht nur hinzunehmen, sondern muß die begegnenden Var. systematisieren und aus ästhetischen, literarhist. und anderen Perspektiven bewerten (4, 89 ff.). Insgesamt betrachtet bliebe eine ausschließende Konfrontation von ‚originalorientierter' oder ‚werkorientierter' T. einerseits und ‚überlieferungs-' bzw. ‚varianzorientierter' T. andererseits recht unfruchtbar. Überlieferungen, Fassungen, Redaktionen haben zweifellos stets eine literarhist. Dimension, doch hat eine solche in noch höherem Maße der Autortext, der ‚genuine' Werktext, wie schwer er auch zu erreichen ist. Ihm müssen trotz der überlieferungsgeschichtl. Wende priviligierte Bemühungen der T. gelten (vgl. 28, 10). Auch in dem vollen Bewußtsein, daß ein Werk- oder fassungsnaher Text nicht zu erreichen ist, bedarf es trotzdem der Bemühung darum, wenn man mit dem ‚Werk' noch etwas an Begriff verbinden will, und alle Überlieferungsgesch. bedarf dieses, wenn auch oft hypothetisch verbleibenden Ausgangspunktes.

§ 4. Textkritische Arbeit. Welcher Grundsatzentscheidung auch immer die Edition folgt, so hat doch die T. im Falle nichtautorisierter Überlieferung stets die Aufgabe, die Korruptelen eines Textes zu beseitigen, Interpolationen zu erkennen, Lesarten zu bewerten, zu verwerfen, durch Emendation den Text zu korrigieren, notfalls in begründender Weise verderbte Stellen durch Konjektur zu bessern. Dies ist festzuhalten auch gegen eine in neueren Publ. verbreitete Neigung, vorrangig den überlieferten Text gegen naheliegende Konjekturen oder die Einsicht in offensichtliche Interpolationen in interpretatorischer Kunst zu retten.

Die Ergebnisse dieser textkritischen Arbeit werden herkömmlicherweise in der Edition beigegebenen Apparaten (in denen auch auf die Relevanz textkritischer Entscheidungen hinzuweisen ist) festgehalten. Viele Voraussetzungen der textkritischen Arbeit im engeren Sinne werden von den chronisch unterschätzten Hilfswiss. geliefert: Paläographie als Wiss. von der Gesch. der Schrift und ihrer Entwicklung (vgl. z.B. 6; 7), die Kodikologie als Wiss. vom Aufbau der Hss. (vgl. z.B. 52), die speziellen Gattungen gewidmeten Disziplinen der Diplomatik (Urk.lehre), Sphragistik (Siegelkunde), Epigraphik (Inschr.kunde), Heraldik (Wappenkunde), Sprachgesch. (vgl. z.B. deren Rolle bei der Einordnung des „Hildebrandsliedes": 37; 12) und Onomastik (Namenkunde) – die letztere oft in ihrer Bedeutung gerade in Editionen chronistischer und urkundlicher Texte vernachlässigt (vgl. 22; 23). Bild-Text-Beziehungen (z.B. 33 zur „Fuldaer Beichte"; 13 zu Hrabans *Liber de laudibus s. Crucis*). Systematisch werden die

Methoden dieser Hilfswiss. in quellenkundlichen Einführungen zusammengefaßt (9; 45; 16); auf das Einzelwerk bezogen können ihre Ergebnisse in Werkkommentaren (vorbildlich der Edda-Kommentar 55) dargeboten werden.

§ 5. Kontextuelle Überlieferungstypologie. Grundsätzlich ist in der Verfolgung von Perspektiven der Kodikologie und durch die überlieferungsgeschichtl. Schule bereits eine weitere Seite der Editionsgesch. aufgeschlagen worden: die kontextuelle Textbetrachtung, die Bewertung und – wo nötig – Edition von Texten in ihrem handschriftlichen Verbund mit anderen Texten. Zu überwinden ist – v. a. für volkssprachig-lat. (aber auch lat.-lat.) Textensembles – die isolierende Betrachtungsweise und Edition, welche Zusammenhänge der Textpragmatik abschneidet (vgl. z. B. 5; 47). Aus diesem Ansatz läßt sich eine kontextuelle Überlieferungstypol. entwickeln, die sich gerade an den frühma. volkssprachigen (theodisken) Texten explizieren läßt (25). Für die KaZ scheinen sich mehrere Überlieferungstypen abzuzeichnen, die durchaus verschiedene Behandlung in Edition und Rekonstruktion verlangen:

1) Texte, die in werkbezogener Überlieferung den Haupttext einer Hs. darstellen, so wie die Werkhss. lat. Überlieferung (z. B. Vergil, Prudentius, Augustin, Biblia), aber auch die Fuldaer *Tatian*-Übs. (40), das as. *Heliand*-Epos (→ Heliand und Altsächsische Genesis; 1; 24, 214–225) und die poet. Evangelienharmonie *Liber evangeliorum* des → Otfrid von Weißenburg (34; 24, 227 ff.). Sie zeichnen sich durchweg durch planvolle skripturale Anlage (z. B. Initialen, Akro- und Telesticha), durch sorgfältige Ausführung und durch Praefationen, Widmungen und/oder Subscriptionen aus. In solchen Fällen kann man vielleicht nicht stets von einem Autorwillen, aber doch von einem (auch von der Rezeption gesteuertem) Werkwillen als legitimierender, auf das Publikum gerichteter Instanz sprechen, wobei die Intentionen z. T. in Praefationen (Hrabans *Liber de laudibus s. Crucis; Heliand;* Otfrid u. a.) ausdrücklich besprochen wird. In diesen Fällen läßt sich von textautonomer (werkbezogener) Überlieferung reden. Ihr scheint mir eine sowohl das Werk erschließende kritische Rekonstruktion als auch eine Nachzeichnung der Rezeption in der Überlieferung angemessen.

2) Der häufigste Überlieferungstyp der volkssprachigen Texte des frühen MAs läßt sich als korrelierte Überlieferung bezeichnen: der volkssprachige Text steht hier in Korrelation, in Mitüberlieferung zu einem anderen Haupttext oder in Korrelation zu anderen Texten eines Ensembles, wobei das Motiv dieser Gemeinschaft nicht mehr oder nur mühsam zu erschließen ist, z. B. beim ‚Ahd. Psalm 138' im Formelbuch des St. Galler Mönchs Notker Balbulus, das für Bf. Waldo von Freising (883–906) verfaßt wurde (19). Die korrelierte Überlieferung weist wiederum zwei wichtige Subtypen auf:

2a) Texte im Verbund eines Textensembles, wie der „Wessobrunner Schöpfungshymnus" (→ Wessobrunner Schöpfungsgedicht), der um 814 unter einer Reihe von Exzerpten aus biblisch-exegetischen und gelehrten Stücken aufscheint (54); wie das „Altsächsische Taufgelöbnis" (→ Taufgelöbnis § 3), das sich in einem dem Kreis um den Bonifatius-Schüler Lull, Ebf. von Mainz, zuzuordnenden *libellus* (zusammen mit auf die frk. Kirche und deren Heidenmission bezüglichen Texten aus der Mitte des 8. Jh.s) findet (59); wie die Text und Bild verknüpfende „Fuldaer Beichte" im Rahmen eines Sakramentars des 10. Jh.s (33); wie das lat.-dt. Textensemble des sog. „Weißenburger Katechismus" (frühes 9. Jh.), das sich in einem Großverbund weiterer gleichgerichteter oder funktional ähnlicher Texte eines *liber episcopalis* findet (23). In diesen Fällen ist eine funktionsgeschichtl. ausgerichtete, an der konkreten Überlieferungskorrelation orientierte Textedition zu fordern.

2b) Texte in limitaner Überlieferung, die diesen Texten eine Existenz am Rande *(ad marginem),* auf Vorsatzblättern oder am Ende einer Hs. zuweist, oft fragmentarisch, oft unverbunden mit dem Haupttext wie beim „Hildebrandslied" (12) oder „Georgslied" (18; 25, 102. 108 f.), gelegentlich aber auch sinnvoll interpretierbar, wie bei dem nach 880 in Metz in einen Bußbücher und kirchenrechtliche Texte umfassenden Cod. eingetragenen „Rheinfränkischen Gebet" (Vorsatzblatt), in dem es um die von der *gratia Dei* gespendete Befreiung von der Sünde geht (25, 103). In solchen Fällen ist eine kommentierende, die Bezüge verdeutlichende, ‚taktvoll' gehandhabte Edition samt Auswahl aus dem Haupttext zu empfehlen.

3) Texte in subordinierter Überlieferung, in denen sich zweistimmige oder besser ‚zweischriftige' Ensembles (z. B. lat.-ahd.) in ‚Kopräsenz' ergeben, z. B. bei → Glossen, Glossierungen und Interlinearversionen, die sich in oft komplexen Schichtungen bedeutsamen Haupttexten klass. Autoren, den Canones, der Bibel, monastischen Gebrauchstexten, vielgelesenen Viten usw. anlagern und auch als solche schulmäßig – immer als Hilfe zum Verständnis des Haupttextes – weitergegeben wurden (29–32; 42). Hier werden die kulturhist. und bildungsgeschichtl. Funktionen der Subordination von den bisherigen, durchweg von sprachgeschichtl. und lexikologischem Interesse geleiteten Glosseneditionen verkannt. Die logische Konsequenz des in der Forsch. sich anbahnenden (bei den Interlinearversionen teilweise bereits geleisteten) Neuansatzes zur Erschließung subordinierter Überlieferung wäre die Ko-Edition von Haupttext und sowohl lat. als auch volkssprachiger Glossierung (vgl. 41). Doch sind die vertikalen Bezüge zw. Text und Glossierung so sehr an die skripturale Anlage der Hs. gebunden, daß im Grunde eine typographische Edition überhaupt versagen muß und nur ein Faksimile (ob fotografisch oder elektronisch) den Intentionen des Ansatzes gerecht würde.

Die vorstehenden Ausführungen zeigen deutlich, daß es den einen und verbindlichen Weg der T. zur Edition nicht gibt, weil Editionen an Erkenntnis- und Wirkungsinteressen gebunden sind, z. B. an das Interesse an Werk (und Autor), an die Überlieferungs- und Wirkungsgesch. in ihrer Variabilität, an den kontextuellen und funktionalen Bezug der Texte, an die publikations- und funktionsbezogene Wirkungsabsicht der Edition usw. Je nach Relevanznahme des Editors in diesem Interessenspektrum wird das Ergebnis anders aussehen. „Edieren heißt interpretieren" (28, 15).

(1) O. Behagel, B. Taeger (Hrsg.), Heliand und Genesis, 1996. (2) Th. Bein, T. Eine Einf. in Grundlagen der Ed. altdt. Dichtung, 1990. (3) Ders. (Hrsg.), Altgermanistische Editionswiss., 1995. (4) Ders., Die mediävistische Ed. und ihre Methoden, in: R. Nutt-Kofoth (Hrsg.), Text und Ed. Positionen und Perspektiven, 2000, 81–98. (5) R. Bergmann (Hrsg.), Volkssprachig-lat. Mischtexte und Textensembles in der ahd., as. und ae. Überlieferung, 2003. (6) B. Bischoff, Paläographische Fragen dt. Denkmäler der KaZ, Frühma. Stud. 5, 1971, 101–134. (7) Ders., Paläographie des röm. Altert.s und des abendländischen MAs, 1979. (8) P. Bourgain, M. Heinzelmann, L'oeuvre de Grégoire de Tours: la diffusion des manuscrits, in: Grégoire de Tours et l'espace gaulois, 1997, 273–317. (9) A. von Brandt, Werkzeug des Historikers. Eine Einf. in die hist. Hilfswiss., ²1958. (10) J. Bumke, Die vier Fassungen der ‚Nibelungenklage', 1996. (11) B. Cerquiglini, Éloge de la var. Histoire critique de la philol., 1989. (12) K. Düwel, Hildebrandslied, in: Die dt. Lit. des MAs, Verfasserlex. III, 1240–1256. (13) M. Ferrari (Hrsg.), Il ‚Liber sanctae crucis' di Rabano Mauro: testo – immagine – contesto, 1999. (14) G. Fiesoli, La genesi del Lachmannismo, 2000. (15) M.-D. Gleßgen, F. Lebsanft (Hrsg.), Alte und neue Philol., 1997. (16) H. W. Goetz, Moderne Mediävistik, 1999. (17) J. Hamesse (Hrsg.), Les problèmes posés par l'éd. critique des textes anciens et médiévaux, 1992. (18) W. Haubrichs, Georgslied und Georgslegende im frühen MA. Text und Rekonstruktion, 1979. (19) Ders., Arcana Regum. Der ahd. 138. Psalm und die Synode zu Tribur (895), in: Architectura Poetica (Festschr. J. Rathofer), 1990, 67–106. (20) Ders.,

Variantenlob – Variantenfluch? Aspekte der Textüberlieferung der Georgslegende im MA, in: K. Gärtner, H.-H. Krummacher (Hrsg.), Zur Überlieferung, Kritik und Ed. alter und neuer Texte, 2000, 143–159. (21) Ders., Von der Kunst der Identifizierung. Personennamenforsch., Prosopographie und philol. Qu.kritik, Sächs. Akad. der Wiss. zu Leipzig. Arbeitsbl. der Komm. für Dt.-Slaw. Namenforsch. 1, 2000, 31–56. (22) Ders., Biogr. und Onomastik, in: Scripturus Vitam. Lat. Biogr. von der Ant. bis in die Gegenwart (Fetsgabe W. Berschin), 2002, 1–23. (23) Ders., Das ahd.-lat. Textensemble des Cod. Weiss. 91 ('Weißenburger Katechismus') und das Bt. Worms im frühen 9. Jh., in: [5], 131–173. (24) Ders., Ludwig der Deutsche und die volkssprachige Lit., in: W. Hartmann (Hrsg.), Ludwig der Deutsche und seine Zeit, 2004, 203–232. (25) Ders., Die Ed. ahd. (theodisker) Texte zw. Überlieferungstreue und Rekonstruktion, in: [53], 95–117. (26) L. Hay (Hrsg.), La naissance du texte, 1989. (27) M. Heinzelmann, Gregor von Tours (538–594). „Zehn Bücher der Geschichte". Historiographie und Geselschaftskonzept im 6. Jh., 1994. (28) J. Heinzle, Zur Logik mediävistischer Ed. Einige Grundbegriffe, editio 17, 2003, 1–15. (29) E. Hellgardt, Die lat. und ahd. Vergilglossen des clm. 18059. Plädoyer für eine neue Art der Glossenlektüre, in: E. Bremer u. a. (Hrsg.), Stand und Aufgaben der dt. Dialektlexikographie, 1996, 73–88. (30) N. Henkel, Die ahd. Interlinearversionen. Zum sprach- und literarhist. Zeugniswert einer Qu.gruppe, Wolfram-Stud. 14, 1996, 46–72. (31) Ders., Dt. Glossen. Zum Stellenwert der Volkssprache bei der Erschließung lat. Klassiker, in: Theodisca. Beitr. zur ahd. und and. Sprache und Lit. in der Kultur des frühen MAs, 2000, 387–413. (32) Ders., Synoptische Kopräsenz zweisprachiger Textensembles in dt. MA. Überlegungen zu Funktion und Gebrauch, in: [5], 1–25. (33) V. Honemann, Zum Verständnis von Text und Bild der ,Fuldaer Beichte', in: Dt. Lit. und Sprache von 1050–1200 (Festschr. U. Hennig), 1995, 111–125. (34) W. Kleiber, E. Hellgardt, Otfrid von Weißenburg, Evangelienbuch 1–2, 2004–2006. (35) K. Langosch (Hrsg.), Gesch. der Textüberlieferung der ant. und ma. Lit., 2. Überlieferungsgesch. der ma. Lit., 1964. (36) R. Laufer, Introduction à la textologie: vérification, établissement, éd. des textes, 1972. (37) R. Lühr, Stud. zur Sprache des ,Hildebrandsliedes', 1981. (38) P. Maas, T., ^{4}1960 (1927). (39) P. Maas, Leitfehler und stemmatische Typen, Byz. Zeitschr. 37, 1937, 289–294. (40) A. Masser (Hrsg.), Die lat.-ahd. Tatianbilingue Stiftsbibl. St. Gallen Cod. 56, 1994. (41) Ders. (Hrsg.), Die lat.-ahd. Benediktinerregel Stiftsbibl. St. Gallen Cod. 916, 1997. (42) St. Müller, Die Schrift zw. den Zeilen. Philol. Befund und theoretische Aspekte einer dt. ,Zwischen-Schrift' am Beispiel der Windberger Interlinearversion zum Psalter, in: [5], 315–329. (43) R. Nutt-Kofoth, T., in: Reall. der Literaturwiss. 3, 2006, 602–607. (44) E. Pöhlmann, Einf. in die Überlieferungsgesch. und in die T. der ant. Lit., 1. Altert., 1994. (45) H. Quirin, Einf. in das Studium der ma. Gesch., ^{3}1964. (46) H. Reimitz, Social networks and identities in Frankish historiography. New aspects of the textual hist. of Gregory of Tours' *Historiae*, in: R. Corradini u. a. (Hrsg.), The Construction of Communities in the Early MA. Texts, resources and artefacts, 2003, 229–268. (47) Ders., Die Konkurrenz der Ursprünge in der frk. Historiographie, in: Die Suche nach den Ursprüngen. Von der Bedeutung des frühen MAs, 2004, 191–209. (48) H.-G. Roloff (Hrsg.), Gesch. der Editionsverfahren vom Altert. bis zur Gegenwart im Überblick, 2003. (49) K. Ruh, Votum für eine überlieferungskritische Editionspraxis, in: L. Hödl, D. Wuttke (Hrsg.), Probleme der Ed. mittel- und neulat. Texte, 1978, 35–40. (50) A. Salvatore, Edizione critica e critica del testo, 1983. (51) H.-J. Schiewer, Fassung, Bearbeitung, Version und Ed., in: [53], 35–50. (52) K. Schneider, Paläographie und Kodikologie als Eingang zur Lit. des MAs, in: [53], 21–33. (53) M. J. Schubert (Hrsg.), Dt. Texte des MAs zw. Handschriftennähe und Rekonstruktion, 2005. (54) U. Schwab, Zum ,Wessobrunner Gebet', Romanobarbarica 10, 1988/89, 383–427. (55) K. von See, Kommentar zu den Liedern der Edda 2–4, 1997–2006. (56) C. Segre, Bemerkungen zum Problem der Kontamination in Prosatexten, in: W. Haubrichs (Hrsg.), Ed. und Wirkung, 1975, 63–67. (57) K. Stackmann, Ma. Texte als Aufgabe, in: Festschr. J. Trier, 1964, 240–267. (58) Ders., Neue Philol.?, in: J. Heinzle (Hrsg.), Modernes MA. Neue Bilder einer populären Epoche, 1994, 398–427. (59) Ch. Staiti, ,Indiculus' und ,Gelöbnis'. As. im Kontext der Überlieferung, in: [5], 331–384. (60) G. Steer, Textgeschichtl. Ed., in: K. Ruh (Hrsg.), Überlieferungsgeschichtl. Prosaforsch. Beitr. der Würzburger Forschergruppe zur Methode und Auswertung, 1985, 37–52. (61) G. Th. Tanselle, A Rationale of Textual Criticism, 1989. (62) Ders., Textual Criticism and Scholary Editing, 1990, 274–321. (63) S. Timpanaro, Die Entstehung der Lachmannschen Methode, ^{2}1971 (it. 1963). (64) G. Waitz (Hrsg.), Pauli Historia Langobardorum, MGH SS rer. Germ. in usu schol., 1878. (65) H. Weigel, Nur was du nie gesehn, wird ewig dauern. Carl Lachmann und die Entstehung der wiss. Ed., 1989.

W. Haubrichs

Theater. T. und Amphitheater gehören zu den beeindruckendsten Zeugnissen röm. Monumentalarchitektur. Dienten erstere der Aufführung von Schauspielen, so fanden in den Arenen, die in nahezu jeder Stadt und jedem Legionslager des Imperium Romanum errichtet wurden, vornehmlich Gladiatorenkämpfe und Tierhatzen – aber auch kulturelle Veranstaltungen – statt.

In der Spätantike wurde zunehmend, v. a. von christl. Seite heftige Kritik an den blutrünstigen Spektakeln in Circus und Amphitheater geäußert. Kirchenväter wie → Salvianus oder Ambrosius sprachen sich nachdrücklich gegen öffentliche Spiele aus, aber auch gegen das T.-Wesen wurde polemisiert. Salvianus etwa beklagte, daß Christen das T. dem Kirchbesuch vorzögen. Zudem war der Schauspielerberuf übel beleumundet (12, 389 f.).

Nachdem das Christentum Staatsrelig. geworden war, kamen Gladiatorenkämpfe aber erst an der Wende zum 5. Jh. allmählich zum Erliegen. Tierhatzen *(venationes)* lassen sich hingegen sogar bis in die 2. Hälfte des 6. Jh.s hinein nachweisen. Für → Theoderich den Großen, der auch das Pompeius-Theater in Rom instandsetzen ließ (Cassiod. var. 4,51), rühmte der Anonymus Valesianus die Erbauung des Amphitheaters von Pavia (c. 71). Der Ostgotenherrscher wird jedoch lediglich die dortige Arena wiederhergestellt haben, in der – wie wir aus einer Inschr. wissen – noch sein Nachfolger Athalarich (526–534) Sitzplätze errichten ließ (Fiebinger-Schmidt n. 203; CIL V 6418). Auch der durch → Gregor von Tours bezeugte Bau von Spielstätten in Paris und Soissons unter Kg. → Chilperich I. ist wohl eher als Renovierungsmaßnahme an bestehenden Amphitheatern zu verstehen (Lib. Hist. V, 17; 23, II, 80). Derartige *renovationes* zeigen jedoch neben zahlreichen anderen Hinweisen bes. eindringlich, daß sich diese germ. Herrscher durchaus in der Tradition des Imperium Romanum sahen, als dessen Repräsentanten sie auftraten und von dessen Fortbestehen sie ausgingen.

Bezieht man den Ber. Gregors von Tours über die auf Befehl Childeberts II. erfolgte Ermordung des *dux* Magnoald 585 in Metz mit der darin enthaltenen Aussage, der Kg. habe von seinem dortigen *palatium* aus Spielen zugesehen, auf die Veranstaltung von Tierhatzen, so könnten diese in dem dann ebenfalls wiederhergestellten, nahe der Mosel gelegenen sog. ‚kleinen Amphitheater' stattgefunden haben, das in die spätant. Stadtmauer integriert bis weit in die Frühe Neuzeit hinein zu bedeutenden Teilen sichtbar blieb (Lib. Hist. VIII, 36; 23, II, 79). Trifft diese Annahme zu, dann ist hier ein weiteres Zeugnis über die Wiederherstellung einer ant. Arena noch im fortgeschrittenen 6. Jh. auf uns gekommen. Nach diesem Saeculum gibt es kein Zeugnis mehr von Instandsetzungen weder eines T.s noch eines Amphitheaters mit der Absicht, dort weiterhin Aufführungen oder Kampfveranstaltungen durchführen zu lassen.

Bereits in der Spätant. wurde die Möglichkeit einer fortifikatorischen Nutzung der Spielstätten berücksichtigt, indem man einige als Großburgen in die Stadtbefestigungen des 3. und 4. Jh.s einbezog. Beispiele sind das sog. *Amphitheatrum Castrense* in Rom, die Arenen in Verona, Rimini, Amiens, Arles, Périgueux und Tours sowie das T. von Lillebonne oder der Circus von Mailand (10, 123; 18, 111).

Das Amphitheater von Trier war bereits als Stadttor in die Ummauerung der Moselmetropole aus der zweiten Hälfte des 2. Jh.s integriert worden (→ Trier S. 213). In der um 658/660 wohl in Metz verfaßten Chronik des sog. → Fredegar findet sich die knappe Mitteilung, die Trierer Bevölkerung habe sich während einer Belagerung zu Beginn des 5. Jh.s in dem zuvor befestigten Amphitheater verschanzt und so den Truppen des Vandalenkg.s Crocus getrotzt (Fred. II, 60: *Treverici vero in arenam huius civitatis, quem munierant, liberati sunt*). Die jüng. Forsch. hat nun zeigen können, daß dem

Ber. offenkundig eine Verwechslung mit einem Alamannenkg. Crocus zugrunde liegt, der Gallien mit seinen Plünderungen in der 2. Hälfte des 3. Jh.s überzogen hatte (9, 10–12). Dennoch dürfte der in die Chronik eingeflossene Passus eine damals in Trier und Metz noch lebendige Tradition wiedergeben und auf eine jener während der 1. Hälfte des 5. Jh.s erfolgten Eroberungen der Moselstadt zu beziehen sein.

Spätestens unter den Westgoten erfolgte der Ausbau des Amphitheaters von Nîmes zur Festung (14, 339. 349). Während der milit. Auseinandersetzungen zw. Byzanz und den Ostgoten wurden die Arenen von Parma und Spoleto ebenfalls als Großburgen genutzt (Agathias, Hist. I, 14,5 bzw. Prok. b. G. III, 23,3).

Seit der Spätant. entstehen in einem oftmals nicht genau faßbaren Zeitraum, wohl nicht zuletzt in Erinnerung an Christen, die in den Arenen das Martyrium erlitten bzw. erlitten haben sollen, Verehrungsstätten in Form kleiner Oratorien.

Ein derartiger Befund ist etwa für das ‚große' Metzer Amphitheater des 2. Jh.s zu konstatieren, das rund 650 m sö. der spätant. Befestigung zu liegen kam. Ende des 8. Jh.s berichtet → Paulus Diaconus, der Apostelschüler und erste Bf. der Stadt, Clemens, habe seinen Wohnsitz in den Gewölben des Amphitheaters genommen und dort ein Oratorium zu Ehren des hl. Petrus errichtet (Liber de episcopis Mettensibus, 261). Zu Beginn des 20. Jh.s durchgeführte arch. Unters. haben im n. Eingangsbereich des damals entdeckten T.s die Reste eines nach Aufgabe des Spielbetriebes errichteten „édifice à colonne" erbracht, dessen Anfänge nach Auskunft des Fundmaterials in das 4. Jh. datieren. Frühchristl. Grabinschr. gehören ins 5. Jh. bzw. in merow. Zeit (20; 11, 84). Eine Kirche *sancti Petri in amfiteatrum* ist seit der 2. Hälfte des 9. Jh.s in der schriftlichen Überlieferung bezeugt (17, 571).

Ein frühchristl. Oratorium wurde auch im Amphitheater von → Carnuntum arch. nachgewiesen (13, 79–92. 105–112). Frühchristl. Kleinfunde aus dem Trierer Arenakeller datieren vom 4. Jh. bis in frühkarol. Zeit und lassen auch hier an einen Märtyrerkult denken (11, 87). Wohl noch in das 6. Jh. gehört die in Tarragona in das Amphitheater hineingebaute kleine Kirche (16, 38 f.). Weitere Beispiele einer derartigen Nutzung sind etwa für die Arenen von Albano, Capua, Durres, Pozzuoli, Rimini, Salona oder Todi nachgewiesen (22, 320 f.).

Andernorts – so etwa in Paris oder Arezzo – wurden spätant. und frühma. Körpergräber in den dortigen Spielstätten gefunden (15; 10, 154 f.). Möglicherweise handelt es sich auch hier um den indirekten Nachweis auf dort verehrte Märtyrer und somit um Bestattungen *ad sanctos*. In ant. T.n findet man gelegentlich ebenfalls frühma. Bestattungen, so etwa in Mandeure (Dép. Doubs), Vendeuil-Caply (Dép. Oise) (21) oder Mainz (19).

Von vielen Amphitheatern haben wir jedoch erst aus späterer Zeit Kenntnis über eine dort errichtete Kirche, wobei in einigen Fällen das Anknüpfen an ält. Verehrungsorte wahrscheinlich ist (10, 155–165; 11, 85 f.).

Ehemalige ant. (Amphi)theater haben in vielen Städten, aber auch in aufgegebenen röm. Siedlungen auf dem Land als Ruinen fortgelebt. Sie sind zu unterschiedlichen Zeiten neuen Nutzungen zugeführt worden. Wichtiges Kriterium ihres Fortlebens war die topographische Situation des Bauwerks im jeweiligen Siedlungsgefüge, die sich in zahlreichen Städten schon in der Spätant. entscheidend änderte. Viele Amphitheater kamen damals außerhalb der neu errichteten kleinflächigen Befestigungen und somit fernab der geschützten Siedlungsareale zu liegen. Unter den einstigen Spielstätten, die eine bes. intensive Weiternutzung erfuhren, finden sich v. a. Anlagen, die kontinuierlich in Siedlungsnähe lagen.

Neben den aufgezeigten nachantiken Nutzungsmöglichkeiten als Großfestung oder Standort christl. Kultstätten lassen sich im weiteren Verlauf des MAs Anlagen nachweisen, die sich zu eigenen Stadtvierteln entwickelten, ferner ehemalige Spielstätten, in denen sich kleinere Burganlagen einnisten, und schließlich Bauwerke, die – sei es als Steinbrüche und/oder Weinbergareale – lediglich eine bescheidene ökonomische Funktion erhalten (11, 90–111). Dabei ist zu berücksichtigen, daß ein ehemaliges (Amphi)theater mehrere der aufgezeigten Nutzungen gleichzeitig oder in zeitlicher Abfolge innehaben konnte.

Qu.: (1) Agathiae Myrinaei Historiarum libri quinque, hrsg. von R. Keydell, 1967. (2) Cassiod. var., hrsg. von Th. Mommsen, MGH AA 12, 1894. (3) O. Fiebinger, L. Schmidt (Hrsg.), Inschriftenslg. zur Gesch. der Ostgerm., 1917. (4) Fred., hrsg. von B. Krusch, MGH SS rer. Mer. 2, 1888, Nachdr. 1984, 1–193. (5) Gregor von Tours, Libri historiarum X, hrsg. von B. Krusch, W. Levison, MGH SS rer. Mer. 1, 1, 1937–1951, Nachdr. 1965, 1992. (6) I. König, Aus der Zeit Theoderichs des Großen. Einleitung, Text, Übs. und Kommentar einer anonymen Qu., 1997 (Anonymus Valesianus). (7) Paulus Diaconus, Liber de episcopis Mettensibus, hrsg. von G. H. Pertz, MGH SS 2, 1829, 260–270. (8) Procopii Caesariensis opera omnia 1–4, hrsg. von J. Haury, G. Wirth, 1962–1964, Nachdr. 2001.

Lit.: (9) H. H. Anton, Trier im Übergang von der röm. zur frk. Herrschaft, Francia 12, 1984, 1–52. (10) P. Basso, Architettura e memoria dell'antico. Teatri, anfiteatri e circhi della *Venetia* romana, 1999. (11) L. Clemens, Tempore Romanorum constructa. Zur Nutzung und Wahrnehmung ant. Überreste n. der Alpen während des MAs, 2003. (12) A. Demandt, Die Spätant. Röm. Gesch. von Diocletian bis Justinian 284–565 n. Chr., 1989. (13) R. Egger, Das zweite Amphitheater [von Carnuntum], Der röm. Limes in Österr. 16, 1926, 68–158. (14) J.-L. Fiches, A. Veyrac (Hrsg.), Nîmes, 1996. (15) P. Forni, L'amphithéâtre à scène (dit les „Arènes), in: Lutece. Paris de César à Clovis, 1984, 167–171. (16) S. Keay, Tarraco in Late Antiqu., in: N. Christie, S. T. Loseby (Hrsg.), Towns in Transition. Urban Evolution in Late Antiqu. and Early MA, 1996, 18–44. (17) Th. Klauser, R. Bour, Un document du IXe siècle. Notes sur l'ancienne liturgie de Metz et sur ses églises antérieures à l'An Mil, Annu. de la Soc. d'Hist. et d'Arch. de la Lorraine 38, 1929, 497–639. (18) P. Pinon, Approche typologique des modes de réutilisation des amphithéâtres de la fin de l'Antiqu. au XIXᵉ siècle, in: C. Domergue u. a. (Hrsg.), Gladiateurs et Amphithéâtres, 1990, 103–127. (19) G. Rupprecht, Mainz – arch. erforscht. Mit besonderem Blick auf das röm. Bühnentheater, Arch. in Rheinland-Pfalz 2002, 66–67. (20) E. Schramm u. a., Das große röm. Amphitheater zu Metz, Jb. der Ges. für lothringische Gesch. und Altkde 14, 1902, 340–430 und Taf. 1–22. (21) C. Tchirakadzé, Découverte d'une sépulture du Haut MA au théâtre romain de Mandeure, RAE 34, 1984, 377–378. (22) J. Vaes, Christl. Wiederverwendung ant. Bauten: ein Forschungsber., Ancient Soc. 15/17, 1984/86, 305–443. (23) M. Weidemann, Kulturgesch. der MZ nach den Werken Gregors von Tours 1–2, 1982.

L. Clemens

Theoderich, Name. Der Name T. findet sich, abgesehen von einem vermutlich unechten Beleg, der angeblich der Zeit um 400 entstammen soll (dazu 2, 1070), erstmals bei einem Westgotenkg. (418–451), Nachfolger des → Valia; zumindest nach dem Ausweis der meisten Hss. Doch treten mehrfach Schreibungen wie *Theoderedus* für beide Westgotenkg. namens T. auf, so daß die Annahme möglich erscheint, durch die Bekanntheit der Träger des Namens T. seien Namen mit -*rēd* ‚Rat' von der Mehrzahl der Schreiber irrig zu -*rich* umgedeutet worden (3, 667).

Das Erstglied, germ. *theud-ō- ‚Volk', tritt, wenn auch in vorgerm. bzw. kelt. Lautung, in der kelt.-germ. Kontaktzone bereits Ende des 2. Jh.s v. Chr. auf (im VN *Teutones* und im PN *Teutobodus*), und als ON zu 9 n. Chr. *(Teutoburgiensis saltus).* Das Zweitglied ist Lehnwort aus kelt. *rīx*, in kelt. Namen häufig und in der Kontaktzone ebenfalls von derselben Zeit an vorhanden *(Boiorix).* Bei Goten findet es sich ab *Ariaricus* und *Aoricus* (Anfang 4. Jh.; Jord. Get. 21,112). Wieso die Griechen allg. sowohl kelt. als auch germ. Namen, die dieses Element enthielten, mit χ statt κ schrieben, ist nicht geklärt, hat aber sicher nichts mit germ. Lautung zu tun, da diese Schreibung schon vor Bekanntwerden von Griechen mit germ. Aussprache fest war. Lat. Schreibungen mit *ch* sind Nachahmung griech. Tradition.

Trotz des Alters beider Namenelemente scheint ihre Kombination im Namen T. eine zunächst ausschließlich ostgerm. (got., wandal.) Bildung zu sein. Er wird jedoch bald häufig vergeben, nicht erst als Nachbenennung nach → Theoderich dem Großen, denn → Theoderich Strabon (ebenfalls Ostgote, aber kein → Amaler) und der Wandale T. (Sohn → Geiserichs) sind ältere Zeitgenossen Theoderichs des Großen. Anscheinend durch die Berührung mit den Goten, wurde der Name schnell auch bei den Franken (Kg. → Theuderich I., 511–533) und im gesamten merow. Raum beliebt.

Da die Etym. durchsichtig ist, wird der Name T. in namenkundlicher Lit. zwar häufig erwähnt, doch meist nur Details der Lautform beider Namenelemente in einzelnen Dialekten betreffend (reiche Auswahl bei 1, 348 ff. 289 f.). Die wichtigsten Beobachtungen verzeichnet schon Wrede (4, 53 ff. 61 f. 65 f.).

(1) Kaufmann, Ergbd. zu Förstem. PN. (2) PLRE II. (3) H. Reichert, Lex. der agerm. Namen 1, 1987. (4) F. Wrede, Über die Sprache der Wandalen, 1886.

H. Reichert

Thermen

§ 1: Weiter- bzw. Wiedernutzung antiker T. –
§ 2: Funktionswandel antiker T.

§ 1. Weiter- bzw. Wiedernutzung antiker T. Öffentliche T.-Anlagen waren während der Ant. multifunktionale Kommunikationszentren. Ihre Errichtung und Unterhaltung gehörte zu den staatlichen bzw. gemeindlichen Aufgaben. Selbst in bescheidenen Landstädten existierten solche der Allgemeinheit zugänglichen Bäderkomplexe, größere Vororte einer → *civitas* sowie an den Reichsgrenzen gelegene Legionslager verfügten in der Regel über mehrere öffentliche T. Sind wir über die architektonische Entwicklung, Raumgruppierung und Ausstattung röm. T.-Anlagen vergleichsweise gut unterrichtet, so ist die Weiternutzung derartiger Komplexe über den Zusammenbruch des Imperium Romanum hinaus vielerorts erst in Ansätzen rekonstruierbar. Öffentliche Bäder können nur mit Hilfe einer funktionierenden Infrastruktur in Betrieb gehalten bzw. wiederhergestellt werden, die u. a. die Wasserver- und -entsorgung, den Brennholznachschub sowie die Unterhaltung respektive Wartung der aufwendigen Heizsysteme und Wasserbecken gewährleistet. Wo diese in Zeiten milit. Bedrohung zusammenbricht, werden derartige Anlagen binnen kurzer Zeit aufgelassen und verlieren ihre urspr. Funktionen. In diesem Zusammenhang sind deutliche regionale Unterschiede zu konstatieren, die von der jeweiligen Lage innerhalb des einstigen röm. Weltreiches abhängig sind. Gingen etwa am Rhein- und Donaulimes viele Kastellbäder bereits in der 2. Hälfte des 3. Jh.s unter, so sind in Italien bis in ostgot. Zeiten und darüber hinaus bestehende T. instandgesetzt und weitergenutzt worden. → Theoderich der Große ließ öffentliche T. in Pavia, Rom, Spoleto und Verona wiederherstellen; diese waren zuvor aufgelassen worden und bereits mit Gestrüpp überwachsen (20, 78; 24, 119–135). Den an der Wende vom 6. zum 7. Jh. enstandenen *Dialogi* – wohl doch – Gregors des Großen zufolge waren öffentliche Bäder in Zentralitalien nach wie vor in Nutzung; im Verlauf des 7. Jh.s werden sie dann aber aus der Überlieferung verschwinden (12, 73). In N-Afrika überdauert das ant. Badewesen die Vandalenherrschaft (429–534). Baumaßnahmen an monumentalen T. lassen sich selbst nach der byz. Rückeroberung nachweisen (23, 418–421). Auch hier scheint die

Nutzung großer Anlagen zu Badezwecken im 7. Jh. aufzuhören, während in Konstantinopel ein Ende des öffentlichen Badebetriebes im Verlauf des 8./9. Jh.s erfolgt (8, 156 f.; 17, 338–341). Außerhalb der mediterranen Städelandschaften hingegen wird das Badewesen in großen T. offenbar schon deutlich früher, nämlich spätestens in der 1. Hälfte des 5. Jh.s eingestellt, auch wenn vielerorts bislang eindeutige arch. Hinweise fehlen. Gut unterrichtet sind wir etwa über das Nutzungsende der Trierer Barbara-T., wo die aus den Einschwemmungen der Abwasserkanalisation stammende Keramik für diesen Zeitraum ein Ende der benötigten Wasserzirkulation anzeigt (10, 56).

Wesentlich eingeschränktere Funktionen als die ant. T.-Anlagen weisen die seit dem 7. Jh. bei Bf.skirchen, Klöstern sowie bei Einrichtungen der Armenfürsorge dann immer wieder erwähnten kleinen *balnea* auf (9, 50–54; 24, 135–146). Hierbei handelt es sich nicht um die Weiternutzung ant. Bäder, sondern um vergleichsweise bescheidene Neuschöpfungen.

Auch im Fall von bereits ant. genutzten Thermalquellen, deren Inbetriebnahme aufgrund natürlich sprudelnder Quellen mit einem vergleichsweise geringen Aufwand zu bewerkstelligen war, ist vielerorts ein Ende der Nutzung in der Spätant. und eine jüng. Wiederaufnahme des Badebetriebes mittels Aufbau neuer Infrastrukturen zu konstatieren. Dies gilt etwa für → Aachen, wo wir durch Notker (Gesta Kar. 2,15,80) erfahren, daß Kg. → Pippin der Jüngere vor der Nutzung der Heilquelle erst den dortigen Teufel habe bannen lassen. Dieser Passus läßt sich auf eine Entdämonisierung und rituelle Reinigung des ant. Ruinenbez.s beziehen. Von → Karl dem Großen berichtet sein Biograph → Einhard, er habe die heißen Bäder sehr geschätzt und deshalb seine Pfalz zu Aachen erbauen lassen (Vita Karoli Magni c. 22). Andernorts, so etwa in Badenweiler oder in Baden-Baden, wo Kleinfunde in den Baulichkeiten der ant. Heilbäder eine Nutzung im 7./8. Jh. bzw. in karol. Zeit anzeigen, ist dies kein Hinweis auf eine Fortdauer des Badebetriebes, der hier nachweislich im 3. Jh. endet (15, 127 f.; 13, 15 f.).

§ 2. Funktionswandel antiker T. Verlieren die öffentlichen T. mit dem jeweiligen Niedergang der röm. Infrastrukturen ihre urspr. Funktionen, so bleiben in vielen Fällen die Außenmauern erhalten. Zahlreiche dieser ramponierten Baukörper werden in der Folgezeit pragmatisch neuen Bedürfnissen angepasst, indem man sie oder Teile von ihnen als Kirchen, Paläste oder Burganlagen einer neuen Verwendung zuführt. Auf der Grundlage des für diese Fragestellung jedoch oftmals sehr unbefriedigenden Forsch.sstandes sind zu vielen Komplexen, gerade auch über den Zeitpunkt, wann das ant. Gebäude einen Funktionswandel erfuhr, allenfalls Spekulationen möglich. Dieser kann in vergleichsweise temporärer Nähe zum Ende des Badebetriebes oder Jh. später liegen.

Ein bekanntes mittelrhein. Beispiel für die Nutzung einer ehemaligen Therme als christl. Kultstätte ist die in das Kastellbad von Boppard hineingebaute Gem.- und Taufkirche mit Ambo und Baptisterium. Sie nutzte sechs Räume des aus der Mitte des 4. Jh.s stammenden Bades, darunter einen Saal mit ö. apsidialen Abschluß. Die übrigen Bereiche der Therme wurden niedergelegt. Ob die 32 m lg. und 8 m br. Kirche in der 2. Hälfte des 5. oder im Verlauf des 6 Jh.s entstand, ist umstritten; die jüng. Forsch. plädiert für den späten Ansatz (21). Im 5. oder 6. Jh. entstand auch der Kirchenbau in der ehemaligen Badeanlage von Entramme (Dép. Mayenne). Noch heute ist hier das ant. Mauerwerk der s. Fassade teilweise über 9 m hoch mit den vorhandenen Fensteröffnungen erhalten (18). Im 7. Jh. erfolgte die Errichtung einer christl. Kultstätte in dem von einer Schwefelquelle gespeisten T.-Komplex von Bad Gögging bei

Neustadt a. d. Donau, der offenbar seit den Alam.einfällen des 3. Jh.s ungenutzt geblieben war. Interessant ist das arch. dokumentierte Abbrennen eines Feuers in einer Grube, das der Ausgräber auf eine rituelle Reinigung des ant. Gebäudes bezieht (19). Auch die um 625/30 in Besançon erbaute, später dem hl. Paulus geweihte Klosterkirche war – wie arch. Unters. ergaben – in die Ruinen einer öffentlichen Therme hineingebaut worden. In seiner Frühzeit wurde das Kloster, wie uns Jonas von Bobbio mitteilt, *ob veterum monimenta murorum* als *Palatium* bezeichnet (Vita Columbani I,14). In spätmerow. Zeit reicht wohl die in die Trierer Barbara-T. hineingebaute Kirche St. Maria *ad pontem* zurück (6, 110). In Köln hingegen wurde in den Ruinen einer ant. Badeanlage in frühkarol. Zeit eine Kirche errichtet, an die im ausgehenden 9. Jh. das Kloster St. Cäcilien anknüpft (22, 211. 222 f.).

Neben einer Verwendung als christl. Kultort werden monumentale T. im Früh-MA als Palastanlagen einer neuen Nutzung zugeführt. Wohl im 5. Jh. werden Bf.spalast und Bf.skirche zu Reims in eine unter Ks. Konstantin erbaute Badeanlage hineingebaut (7). In Arras wurde in den ehemaligen T. gegen Ende des 5. oder zu Beginn des 6. Jh.s das *episcopium* unter Nutzung des einstigen *caldarium* errichtet (16, 174 f. 180–183). Qualitätvolle Kleinfunde des 5.–7. Jh.s aus den öffentlichen T. von Tours zeigen die Nutzung des Gebäudes durch eine sozial gehobene Bevölkerungsgruppe an. Womöglich hat in dem nun als Palast genutzten Bau eine jener Senatorenfamilien ihren Wohnsitz genommen, die → Gregor von Tours erwähnt. In karol. Zeit entsteht dort eine *aula*, in welche im 11. Jh. das *palatium* der Grafen von Anjou hineingesetzt wird (14, 40. 43). Schließlich sind in diesem Zusammenhang die Trierer Barbara-T. zu erwähnen, wo zahlreiche Funde des 6. und 7. Jh.s auf eine Nutzung von Teilen des Monumentalbaus als Palastanlage verweisen (10, 43). Während des Hoch-MAs errichtete hier das erzbischöfliche Dienstmannengeschlecht *de Ponte* mehrere Burganlagen (11, 64–68).

Werden die Mauerskelette ant. Bäder auch einer anderen Nutzung zugeführt, so bleibt die Kenntnis ihrer einstigen Funktion vielerorts noch lange Zeit bestehen (11, 120–130). Um 640 beschrieb Jonas von Bobbio die Ruinen des untergegangenen *Luxovium* (Luxeuil) am W-Rand der Vogesen und erwähnte neben der Ummauerung und dort zu findenden ant. Steindenkmälern die Überreste dortiger Heilthermen (Vita Columbani I, 10). Der Cod. Einsidlensis 326 aus dem 9. Jh. lokalisierte in seinem Pilgeritinerar durch Rom noch acht ant. T.-Anlagen (5, 145–158). Die Nordthermen von Metz wurden noch im J. 880 als solche bezeichnet *(infra murum civitatis Mettis ad Termas vocato loco)* und auch der ausgedehnte ant. T.-Komplex von Paris im Bereich des Hôtel de Cluny wurde gegen Ende des 9. Jh.s als Badeanlage identifiziert (11, 128 f.). Hier hält sich das lokale Wissen bis in die Neuzeit hinein. Zu Trier läßt sich die im J. 885 erfolgte Schenkung einer *piscina* an der Moselbrücke durch Ks. Karl III. an die Abtei St. Maximin – wenn man hier ‚Badeanlage' übersetzt – auf Teile der Barbara-T. beziehen (MGH DD Germ. Karol. II, Nr. 133).

Qu.: (1) Einhardi Vita Karoli Magni, hrsg. von O. Holder-Egger, MGH SS rer. Germ. 25, 1911, Nachdr. 1965. (2) Ionae Vitae Sanctorum Columbani, Vedastis, Iohannis, hrsg. von B. Krusch, MGH SS in usum schol. 37, 1905. (3) Notkeri Balbuli Gesta Karoli magni imperatoris, hrsg. von H. F. Haefele, MGH SS rer. Germ. NS 12, 1959, ²1980. (4) MGH DD Germ. Karol. II, 1937. (5) G. Walser (Hrsg.), Die Einsiedler Inschriftenslg. und der Pilgerführer durch Rom (Cod. Einsidlensis 326), 1987.

Lit.: (6) H. H. Anton, Trier im frühen MA, 1987. (7) S. Balcon u. a., Fouilles de la Cathédrale de Reims, 1995. (8) A. Berger, Das Bad in der byz. Zeit, 1982. (9) O. Bertolini, Per la storia delle diaconie romane nell'alto medioevo sino alla fine del secolo VIII, Archivio della Società Romana di Storia Patria 70, 1947, 1–145. (10) L. Clemens, Arch. Beobachtungen zu frühma. Siedlungsstrukturen in

Trier, Beitr. zur Mittelalterarch. in Österr. 17, 2001, 43–66. (11) Ders., Tempore Romanorum constructa. Zur Nutzung und Wahrnehmung ant. Überreste n. der Alpen während des MAs, 2003. (12) Ders., Vorstellungswelten in einer Umbruchszeit: Das 6. Jh. in den *Dialogi* Gregors des Großen, in: *Campana pulsante convocati* (Festschr. A. Haverkamp), 2005, 69–83. (13) G. Fingerlin, Zum röm. Badenweiler, Arch. Nachr. aus Baden 46, 1991, 3–16. (14) H. Galinié, Arch. et topographie hist. de Tours – IVème–XIème siècle, ZAM 6, 1978, 33–56. (15) H. Kaiser, Ausgr. an den röm. Baderuinen in Baden-Baden, Arch. Ausgr. in Baden-Württ. 1996, 124–128. (16) P. Leman, Topographie chrétienne d'Arras au VIe siècle: La Vita Vedasti et les données de l'archéologie, Revue du Nord – Archéologie 77, 1995, 169–184. (17) C. Mango, Daily Life in Byzantium, Jb. der österr. Byzantinistik 31, 1981, 337–353. (18) J. Naveau, Les thermes d'Entrammes (Mayenne), Revue Arch. de l'Ouest 9, 1992, 129–159. (19) H. U. Nuber, Ausgr. in Bad Gögging, Stadt Neustadt an der Donau, Ldkr. Kelheim. Röm. Staatsheilbad und frühma. Kirchen, 1980. (20) B. Pferschy-Maleczek, Heilbäder und Luftkurorte im ostgot. Italien. Zur Bewertung der Krankheit am Übergang von der Ant. zum MA, in: K. Brunner, B. Merta (Hrsg.), Ethnogenese und Überlieferung. Angewandte Methoden der Früh-Mittelalterforsch., 1994, 68–94. (21) S. Ristow, Der Begriff „Frühchristl." und die Einordnung der ersten Kirche von Boppard am Rhein, in: Vom Orient bis an den Rhein. Begegnungen mit der Christl. Arch. (P. Poscharsky zum 65. Geb.), 1997, 247–256. (22) E. M. Spiegel, St. Cäcilien. Die Ausgr., in: H. Kier, U. Frings (Hrsg.), Köln: Die roman. Kirchen 1984, 209–234. (23) Y. Thébert, Thermes romains d'Afrique du Nord et leur contexte méditerranéen. Études d'hist. et d'arch., 2003. (24) B. Ward-Perkins, From Classical Antiqu. to the MA. Urban Public Building in Northern and Central Italy AD 300–850, 1984.

L. Clemens

Theudebald (alem. Hz.). (auch Deotbaldus, Teudeballus, Theobaldus, Theodebaldus, Theotbaldus, Theudobaldus). Als der alem. Hz. → Gotefrid im J. 709 starb, erhoben seine Söhne → Lantfrid († 730) und T. († 746?) vermutlich beide – gemäß dem im *Pactus Alamannorum* (→ Leges Alamannorum) festgelegten Prinzip der Herrschaftsteilung – Anspruch auf den Titel eines → *dux*. Die Frage, ob T. tatsächlich bereits neben seinem Bruder als → Herzog – vielleicht eines s. Teilhzt.s – amtierte oder ob er erst nach dem Tod Lantfrids die Hz.würde übernahm, wird allerdings unterschiedlich beantwortet (23, 18 f.; 11, 193 ff.; zur Vertreibung T.s im J. 732: 17, 57 f.). Ob auch der in der Ortenau bezeugte *dux Wilharius* (20), der bei Thegan (9, 590 f.) genannte → Huochingus, der Bayernhz. → Odilo und ein (elsässischer *dux*?) Liutfrid (16, 133 f. 143) Söhne Gotfrids und damit → Agilolfinger und Brüder T.s waren, bleibt unsicher.

Nach dem Tode → Pippins des Mittleren standen Lantfrid und sein Bruder T. den → Hausmeiern in erbitterter Feindschaft gegenüber (6). Die Qu. berichten, 722 habe → Karl Martell (714–741) Alemannien und Bayern mit Waffengewalt unterworfen, 723 hätten sich beide Völker erneut gegen Karl erhoben und die ‚Friedenseide schmählich gebrochen' (8, 98; 2, 2). Offensichtlich standen die beiden miteinander verwandten Hz.sfamilien in Bayern und Alemannien in gemeinsamer Opposition gegen die frk. Hausmeier. 724 gründete der Klosterbf. → Pirmin unter dem Schutz Karl Martells auf der Bodenseeinsel → Reichenau ein Kloster, das inmitten des alten Kerngebietes der Alem.herzöge offensichtlich als Provokation empfunden wurde. Nur etwa drei J. konnte sich Pirmin als Abt auf der Insel halten, dann vertrieb ihn T. ‚aus Haß gegen Karl' (*ob odium Karoli*: 8, 98; 18; 21). Wenige J. später mußte auch sein Nachfolger Heddo (727–732) das Kloster verlassen, vermutlich, weil auch er das Vertrauen Karl Martells besaß, gerade deshalb aber wohl nicht das des alem. Hz.shauses zu erringen vermochte.

730 wandte sich Karl Martell mit einem Heerzug gegen Lantfrid, der noch im selben J. starb. In der darauffolgenden Zeit bis zur Beseitigung des alem. Hzt.s im J. 746 scheint T. allein das Hz.samt in Alemannien beansprucht zu haben. Ob er jedoch von den karol. Hausmeiern nach dem J. 732, in

dem er nach dem Ber. Hermanns des Lahmen ‚vertrieben' worden war (8, 98), noch als Hz. anerkannt worden ist, wird bezweifelt (17). In den dreißiger J. beschäftigten Karl Martell bekanntlich andere Aufgaben, ohne daß er jedoch das langfristig avisierte Ziel der Beseitigung des alem. Hzt.s und der Unterwerfung des ständig rebellierenden T. aus den Augen verloren haben dürfte. Die Teilung des Reiches nach dem Tod des Hausmeiers im J. 741 sah vor, daß → Karlmann Austrasien, Thüringen und Alemannien erhielt, während → Pippin der Jüngere, Neustrien, Burgund und die Provence zugesprochen bekam.

In diesem J. tritt auch T. wieder ins Blickfeld der Qu.: „Theudebald rebellierte, nachdem er zurückgekehrt war, im Elsaß mit den Waskonen, Bayern und Sachsen" (3; 16, 139). Mehrfach wird das Elsaß nun die bevorzugte Bühne für die Auftritte des letzten Alem.herzogs. Nach einem vergeblichen Versuch im J. 743, seinem Bruder, dem Bayernhz. Odilo, mit alem. Truppen gegen die Franken zu Hilfe zu kommen, muß er nach erlittener Niederlage durch die Hausmeier Pippin und Karlmann die Flucht ergreifen, und zwar, nach dem Ber. der Metzer Ann., ‚in eine andere Richtung' als Odilo, der über den Inn flüchtet (5). Im folgenden J. ist T., während das frk. Heer in Sachsen operiert, wieder im Elsaß, wie die *Annales Guelferbytani* berichten, die, da sie in Murbach aufgezeichnet wurden, gut unterrichtet sein dürften (3). Zum gleichen J. 744 hören wir vom Fortsetzer des sog. → Fredegar, T. sei, nachdem er rebelliert habe, von Pippin ‚durch die Macht seines Heeres schimpflich aus den Stellungen in den *Alpes* in die Flucht' geschlagen worden. Darauf habe Pippin ‚den Dukat dieser Gegend wieder an sich' genommen und sei als Sieger nach Hause zurückgekehrt (1, 180 f.). Die Erwähnung der *Alpes* als Ort der Auseinandersetzung Pippins mit T. hat in der Forsch. für zahlreiche Spekulationen Anlaß gegeben. Vorgeschlagen wurden das Alpenvorland s. des Hochrheins, die schwäbische Alb und die Schwarzwaldhöhen (24). Der von Bruno Krusch (1, 181) bereits erwogene Vorschlag, die *Alpes* mit den Vogesen gleichzusetzen, hat den Vorzug, daß er mit dem Ber. der *Annales Guelferbytani* (3), in dem von Aktionen T.s im Elsaß die Rede ist, und mit den ansonsten bekannten Fakten sehr gut in Einklang zu bringen ist (16). Denn wenn die Auseinandersetzung mit T. in Alemannien stattgefunden hätte, müßte man fragen, warum es Pippin war, der gegen T. zu Felde zog, ihn besiegte und ‚den Dukat dieser Gegend wieder (!) an sich zog' *(revocato ducato)* und nicht sein Bruder Karlmann, zu dessen Machtbereich Alemannien gehörte und in dessen Rechte Pippin folglich eingegriffen hätte. War jedoch das Elsaß der Schauplatz dieser Auseinandersetzung zw. Pippin und T. und ging es dabei um den *ducatus Alsatiae* und die Vertreibung des Rebellen aus einer Verschanzung in den Vogesen *(ab obsidione Alpium)*, so könnte dies vielleicht mit dem neuerlich arch. nachweisbaren Ausbau des etichonischen Hz.ssitzes auf dem → Odilienberg um 700 in Zusammenhang gebracht werden (16, 142 f.). Im folgenden J. 746 schlug Karlmann eine letzte alem. Empörung blutig nieder. ‚In großer Wut' *(cum magno furore)* sei er mit seinem Heer nach Alemannien eingefallen, schreibt der Fortsetzer des Fredegar, ‚und sehr viele von denen, die sich gegen ihn erhoben, tötete er mit dem Schwert' (1, 17). Die Metzer Ann. berichten von einer Versammlung *(placitum) in loco qui dicitur Condistat,* die Karlmann nach seinem Einfall wegen der ‚Treulosigkeit der Alemannen' *(Alamannorum infidelitas)* angeordnet habe. ‚Dort wurde das Heer der Franken und Alemannen vereint. Es war dort ein großes Wunder, daß ein Heer das andere ergriff und fesselte ohne irgendeine Kriegsgefahr. Die aber, die die ersten waren mit Theudebald bei der Unterstützung des Odilo gegen die unbesiegbaren Fürsten Pippin und Karlmann, nahm er fest und wies sie gnädig zurecht, wie es die einzelnen verdient hatten' (5, 37). Nach diesem sog. ‚Strafgericht' zu → Cannstatt, bei dem Karlmann, *ubi fertur*, ‚viele tausend Menschen getötet haben soll' (4) und mit dem das ältere alem. Hzt. endete, hören wir nichts mehr von T.

Qu.: (1) Chronicarum quae dicuntur Fredegarii Scholastici libri IV cum Continuationibus cont. c. 27, hrsg. von B. Krusch, MGH SS rer. Mer. 2, 1888, 175–181. (2) Ann. Fuldenses, hrsg. von F. Kurze, MGH SS rer. Germ., 1891. (3) Ann. Guelferbytani, hrsg. von G. H. Pertz, MGH SS 1, 1826, 27. (4) Ann. Petaviani, hrsg. von G. H. Pertz, MGH SS 1, 1826, 11. (5) Ann. Mettenses priores, hrsg. von B. Simson, MGH SS rer. Germ., 1905, 33–37. (6) Breviarium regum Francorum, hrsg. von G. H. Pertz, MGH SS 2, 1829, 327 f. (7) Chronicon Laurissense breve, hrsg. von H. Schnorr von Carolsfeld, NA 36, 1911, 26. (8) Herimanni Augiensis Chronicon, hrsg. von G. H. Pertz, MGH SS 5, 1844, 98. (9) Thegani vita Hludowici imperatoris 2, hrsg. von G. H. Pertz, MGH SS 2, 1829, 590 f. (10) Qu. zur Gesch. der Alam. H. 3–4, übs. von C. Dirlmeier, hrsg. K. Sprigade, Heidelberger Akad. der Wiss. Komm. für Alam. Altkde 5–6, 1979–1980.

Lit.: (11) B. Behr, Das alem. Hzt. bis 750, Geist und Werk der Zeiten 41, 1975. (12) M. Borgolte, Gesch. der Gft. Alemanniens in frk. Zeit, 1984, 26. (13) E. Ewig, Die Merowinger und das Frankenreich, erw. Aufl. 2003, 196–201. (14) D. Geuenich, Gesch. der Alem., erw. Aufl. 2005, 104–106, 108 f. (15) Ders., Alemannien im 6. bis 8. Jh., in: W. Berschin u. a. (Hrsg.), Mission und Christianisierung am Hoch- und Oberrhein, 2000, 30–32. (16) Ders., … *noluerunt obtemperare ducibus Francorum*. Zur bayer.-alem. Opposition gegen die karol. Hausmeier, in: M. Becher, J. Jarnut (Hrsg.), Der Dynastiewechsel von 751. Vorgesch., Legitimationsstrategien und Erinnerung, 2004, 129–143. (17) I. Heidrich, Die urkundliche Grundausstattung der elsässischen Klöster, St. Gallens und der Reichenau, in: P. Classen (Hrsg.), Die Gründungsurk. der Reichenau, 1977, 31–62. (18) J. Jarnut, Unters. zu den frk.-alem. Beziehungen in der ersten Hälfte des 8. Jh.s, Schweiz. Zeitschr. für Gesch. 30, 1980, 7–28. (19) Ders., Alemannien z. Zt. der Doppelherrschaft der Hausmeier Karlmann und Pippin, in: R. Schieffer (Hrsg.), Beitr. zur Gesch. des Regnum Francorum, 1990, 57–66. (20) Ders., Genealogie und polit. Bedeutung der agilolfingischen Herzöge, MIÖGF 99, 1991, 1–22. (21) R. P. Lacher, Die Anfänge der Reichenau und agilolfingische Familienbeziehungen, Schr. des Ver.s für Gesch. des Bodensees und seiner Umgebung 92, 1974, 95–124. (22) M. Richter, Neues zu den Anfängen des Klosters Reichenau, Zeitschr. für die Gesch. des Oberrheins 144, NF 105, 1996, 1–18. (23) H. K. Schulze, Ostfranken und Alem. in der Politik des frk. Reiches, in: F. Quarthal (Hrsg.), Alemannien und Ostfranken im Früh-MA, 1984, 13–38. (24) A. Zettler, Polit. Gesch. Alemanniens im Karolingerreich, in: Handb. der baden-württ. Gesch., I/1. Von der Urzeit bis zum Ende der Staufer, hrsg. von M. Schaab, H. Schwarzmaier, 2001, 315. (25) E. Zöllner, Die Herkunft der Agilolfinger, MIÖGF 59, 1951, 245 f.

D. Geuenich

Theudebald (merow. Kg.). (547/48–555). T. wurde als einziger Sohn Kg. → Theudeberts I. und der Gallorömerin Deoteria (nach 13, 38 ff. war sie eine Agilolfingerin) wohl um 534 geboren (3, III 27; 10, 41). Bereits um 540 wurde T. aus polit. Erwägungen heraus mit Walderada, der Tochter des einflußreichen Langobardenkg.s → Wacho, verlobt (13, 45). Nach dem Tode des Vaters Theudebert Ende 547 folgte ihm der noch minderjährige T. als Kg. des austrasischen Reichsteils (4, a. 448; 3, III 37). Der *rex parvulus* stand anfangs noch unter dem Einfluß der *proceres et primi regni Theodovaldi* (3, IV 6; 12, 106 f., 113; 18, 82 f.; 16, 196 ff.), wobei dem *domesticus* Conda offensichtlich eine führende Rolle zukam (6, VII 16; 19, 96). In der Folgezeit läßt sich eine gewisse Selbständigkeit in der Regierung konstatieren, worauf wohl die Fabel von der Schlange in der Flasche, die → Gregor von Tours T. zuspricht, hinweisen soll (3, IV 9; 19, 96). Als T. (*cum iam adultus esset*, 3, IV 9) seine lethingische Verlobte Walderada heiratete, führte dies zu Spannungen mit dem neuen langob. Herrscher, dem Gausen → Audoin. Vor diesem Hintergrund ist wohl die Errichtung des bayr. Dukats durch T. zu sehen (13, 49 ff.). Über die austrasische Teilreichsynode in Toul, die in T.s Regierungszeit tagte, sind wir nur durch einen Zufall der Überlieferungsgesch. unterrichtet (8, 131).

Auf eine Revision der frk. Italienpolitik bedacht, schickte Ks. → Justinian nach T.s

Regierungsantritt zw. 548 und 552 zwei Gesandtschaften an den austrasischen Hof, die Theudebert Eidbruch vorwarfen und von T. Unterstützung gegen die Goten und die Räumung der besetzten ital. Gebiete verlangten. In seiner Antwort verteidigte T. die väterliche Italienpolitik und kündigte seinerseits eine Gegengesandtschaft unter dem Franken Leudardus zur Überprüfung der Streitfragen an (2, 131 f. zur ersten Legation; 5, IV (VIII) 24; 9, 21 ff.). Als 552 der kaiserliche Feldherr → Narses in Italien einmarschierte und die Franken die *Via Postumina* (Straße nach → Verona) blockierten, konnte eine milit. Auseinandersetzung noch vermieden werden (5, IV (VIII) 26; 7, 67 f.; 9, 23 f.). Zwar gelang es den Franken Venezien zu behaupten und die Belagerung Veronas durch den Feldherrn Valerian zu beenden (5, IV (VIII) 33; 15, 44 ff.; 17, 28), doch lehnte T. ein Bündnisangebot des letzten Ostgotenkg.s → Teja gegen Byzanz ab (5, IV (VIII) 34; 19, 97 f.). Daß der Feldzug der alem. Heerführer → Leuthari und Butilinus nach Italien (553/54) gegen den Willen T. erfolgte, wie → Agathias behauptet (1, I 6; 11, 93 f.), wird in der Forsch. mehrheitlich verneint (19, 98; 14, 7 f.; 17, 28, s. dagegen 15, 46 f.; 9, 24).

Agathias schildert T. als kränkelnden und schwachen Herrscher und Gregor von Tours läßt seinen Tod im J. 555 durch eigenartige Naturerscheinungen ankündigen (1, I 6, II 14; 3 IV 9; 4, a. 555; 19, 101) Das austrasische Reich des kinderlos gebliebenen Kg.s konnte der jüngste Chlodwig-Sohn, → Chlothar I. für sich gewinnen.

Qu.: (1) Agathias, Historiae, in: [5], 1107–1213. (2) Epistolae Austrasicae, hrsg. von W. Gundlach, in: MGH Epp. 3, 1892, 110–153. (3) Gregor von Tours, Historiarum libri decem, hrsg. von B. Krusch, W. Levison MGH SS rer. Mer. 1,1 (4) Marius von Avenches, Chronica, hrsg. von Th. Mommsen MGH AA XI, 1894, 225–239. (5) Prokop, Gotenkriege. Griech.-Dt., hrsg. von O. Veh, 1966. (6) Venantius Fortunatus, Carmina, hrsg. von F. Leo, in: MGH AA 4,1, 1881, 1–270.

Lit.: (7) H. Büttner, Die Alpenpolitik der Franken im 6. und 7. Jh., Hist. Jb. 79, 1960, 62–88. (8) E. Ewig, Die frk. Teilungen und Teilreiche (511–613), in: Ders., Spätant. und frk. Gallien. Gesammelte Schr. (1952–1973) 1, 1976, 114–171. (9) Ders., Die Merowinger und das Imperium, 1983. (10) Ders., Stud. zur merow. Dynastie, Frühma. Stud. 8, 1974, 15–59. (11) D. Geuenich, Gesch. der Alem., 1997. (12) F. Irsigler, Unters. zur Gesch. des frühfränk. Adels, ²1981. (13) J. Jarnut, Agilolfingerstud. Unters. zur Gesch. einer adligen Familie im 6. und 7. Jh., 1986. (14) H. Keller, Frk. Herrschaft und alem. Hzt. im 6. und 7. Jh., Zeitschr. für die Gesch. des Oberrheins 124, 1976, 1–26. (15) G. Löhlein, Die Alpen- und Italienpolitik der Merow. im VI. Jh., 1932. (16) Th. Offergeld, Reges pueri. Das Kgt. Minderjähriger im frühen MA, 2001. (17) R. Schneider, Frk. Alpenpolitik, in: H. Beumann, W. Schröder (Hrsg.), Die transalpinen Verbindungen der Bayern, Alem. und Franken bis zum 10. Jh., 1987, 23–49. (18) Ders., Kg.swahl und Kg.serhebung im Frühma. Unters. zur Herrschaftsnachfolge bei den Langob. und Merowingern, 1972. (19) E. Zöllner, Gesch. der Franken bis zur Mitte des 6. Jh.s, 1970.

Th. Fischer

Þingvellir

§ 1: Geographisch-Topographisch – § 2: Historisch

§ 1. Geographisch-Topographisch. In der 1. Hälfte des 10. Jh.s gründeten die Isländer ein Thing (dt. auch Ding) für das gesamte Land. Allg. wird das J. 930 als Gründungsjahr angesehen, obwohl sich dies auf eine nicht ganz zuverlässige Deutung eines Berichts von → Ari Thorgilsson in seiner *Íslendingabók* stützt. Man nannte das Thing *Alþing* neutr. und die Thingstätte *Þingvöllr* mask. (meist im Pl. *Þingvellir*). Während der gesamten Freistaatzeit wurde das Thing an diesem Ort für die Dauer von zwei Wochen während des Hochsommers gehalten. (→ Ding § 16; → Island § 1b).

Die Þ. liegen im sw. Teil des Landes ca. 40 km von Reykjavík entfernt. Am Ort befindet sich ein großer Graben, der durch dort aufeinandertreffende Kontinentalplatten N-Amerikas und Eurasiens entstanden ist – derart, daß im Laufe der Zeit die Landmassen um ungefähr 70 m auseinanderdrifteten. Heute ist eine horizontale Bewegung kaum noch nachweisbar. Der Kontinentalgraben und die typischen Schluchten legen jedoch ein ungewöhnlich gutes Zeugnis davon ab, wie das Land auseinanderdriftet. S. der Thingstätte (→ Þingstaðr) befindet sich der großer Stausee Þingvallavatn („Þ.-See'), im N liegen die Berge nahe. Das eigtl. Thingfeld besteht aus Weideland, d. h. mit von Pflanzenwuchs bedeckter Lava. In w. Richtung wird die Thingstätte von dem 30 m hohen Rand der *Almannagjá* („Allmännerschlucht') abgegrenzt. Der ö. Rand der Schlucht ist zum größten Teil abgesunken und liegt somit tiefer. Ö. der Thingstätte befindet sich eine Lavafläche mit Birkensträuchern. Im W verläuft die *Öxará* („Axtfluß'), die ein Stück an der Schlucht entlangführt und dann zw. Ufern und Sandbänken in das Þingvallavatn mündet. Nach der *Sturlunga s.* (→ Sturlungen und Sturlunga saga) wurde die Öxará in die Almannagjá umgeleitet. Es kann sein, daß dies geschah, um in unmittelbarer Nähe der Thingstätte Wasser zur Verfügung zu haben.

In der → *Grágás* ist die Rede vom *Þingmark* („Thinggrenze') des Allthings. In den erhaltenen Gesetzestexten wird jedoch nirgendwo bestimmt, wo genau diese Grenze verlief; doch scheint sie im W deutlich am w. Rand der Almannagjá entlanggeführt zu haben. An der ö. Begrenzung der Weidelandschaft, etwa da, wo diese auf Lavagestein trifft, befindet sich eine tiefe Schlucht, deren Wasser teilweise in zwei Armen in dieselbe Richtung wie die Almannagjá fließt. Der eine Flußarm wurde *Flosagjá* („Flosaschlucht'), der andere *Nikulásargjá* („Nikolausschlucht') genannt (heutzutage auch *Peningagjá* „Geldschlucht'). Man darf mit einigem Recht annehmen, daß an dieser Stelle die ö. Grenze der eingefriedeten Thingstätte verlief. Schätzungsweise hat deren Areal von S her bis zum Thingvallavatn gereicht. Im N ist die Grenze mit ziemlicher Sicherheit bei den *Kastalar* genannten Lavahügeln verlaufen und hat so die Thingebene in die *Efri-Vellir* („die oberen Felder') und die *Neðri-Vellir* („die unteren Felder') halbiert. Aus den Sagas geht hervor, daß die Efri-Vellir außerhalb des eingefriedeten Gebietes lagen. Falls diese Aussage stimmt, umfaßte die Thingstätte einen Bereich von knapp 400 m in der Br. zw. Ost und West und knapp 1 000 m von Nord nach Süd, d. h., sie war etwa 30–40 ha groß.

Die Þ. sehen heutzutage nicht mehr genauso aus wie in der Freistaatzeit. Das Land ist seit der Besiedelung Islands um wahrscheinlich 4 m abgesunken. Aus diesem Grunde hat sich der See Þingvallavatn der Ebene der Vellir genähert, von denen Teile nun sumpfiger als früher sind. Um die Jh.wende des 19. Jh.s und in der 1. Hälfte des 20. Jh.s galt es als fortschrittlich, Island zu bewalden. Dazu wurde Nadelwald aus dem Ausland importiert und am Außenrand des Allthing-Gebietes angepflanzt. Ebenso wurde ein befahrbarer Weg durch die Almannagjá angelegt, indem man einen engen w. Paß in die Schlucht hinunter verbreiterte, damit Pferdewagen und später auch Autos dorthin gelangen konnten. Über die am ö. Rand der Schlucht fließende Öxará wurde eine Brücke gebaut. An der Stelle, die man für das Zentrum vergangener Thingversammlungen hielt, wurden keine Gebäude errichtet, doch befand sich zw. dieser Stätte und dem Þingvallavatn ö. der Öxará jahrhundertlang der Priestersitz *Þingvellir*. Seit dem 11. Jh. hat es dort eine Kirche gegeben, und es heißt, der Norwegerkg. → Olaf der Heilige habe den Isländern Holz für die Kirche auf Þ. geschenkt. Heute steht dort eine kleine Kirche aus dem 19. Jh., an ihrer Seite ein im Besitz der Regierung befindliches Gebäude aus dem 20. Jh. Der kreisförmige Platz aus dem J. 1940 an der O-Seite der Kirche wurde als Ehrenfriedhof für bedeutende Isländer angelegt. Noch weiter s., w. der Öxará, steht das Hotel *Valhöll*, ein Gebäude aus dem 20. Jh.; zudem finden sich kleine Häuser, die kaum auffallen und eigens w. und n. der Thingstätte für die Bewirtung von Reisenden gebaut wurden.

§ 2. Historisch. Das Thing wurde auf Þ. bis um die Jh.wende des 18. Jh.s abgehalten. Nach Ende der Freistaatzeit wurde es noch als Gerichtsstätte benutzt. Das Gericht tagte jedoch immer kürzer und immer weniger Menschen reisten dazu an. Lange Zeit lebten die Thingbesucher dort in Zelten, bis man sich im 18. Jh. für den Bau von Hütten entschied, deren Wände aus Erde aufgeschichtet wurden. Von den Ruinen, die heute an der Thingstätte zu sehen sind, stammen die meisten von solchen ‚Buden' aus dem 18. Jh. Im Ganzen wurden 50 Budenruinen an verschiedenen Stellen im Gebiet registriert, die meisten davon in der Almannagjá und zw. der Schlucht und der Öxará. Unters. ergaben, daß es vielerorts Gebäudereste gibt, die oberirdisch nicht zu erkennen sind. Bisher haben arch. Unters. über das alte Allthing nur wenige Auskünfte geben können, obwohl man in den Ruinen Überreste von Torfwänden aus dem 10. oder 11. Jh. gefunden hat. Ein aus dem 11. Jh. stammender Krummstab könnte einem Bf. oder Abt gehört haben.

Das Allthing der Freistaatzeit tagte genauso wie das ma. Thing der Nordländer unter freiem Himmel. Nach der Beschreibung der Thingversammlung bes. in der *Grágás* für die Zeit des 11.–13. Jh.s lassen sich vier Einrichtungen und Örtlichkeiten des Allthings feststellen: *Lögberg* (‚Gesetzesfelsen') präsentierte den Ort, an dem Gesetze vorgelesen und aktuelle Ankündigungen bekanntgemacht wurden, des weiteren → *Lögrétta* (‚Gesetzeskammer'), *Fjórðungsdómar* (‚Viertelgerichte') und *Fimmtardómr* (eine Art oberstes Gericht) (→ Island § 1b). Man kann zwar nicht alle Orte mit letzter Sicherheit bestimmen, aber doch eine gewisse Wahrscheinlichkeit da und dort erreichen.

Das *Lögberg* verlor seine Aufgabe im 13. Jh., als die Freistaatzeit zu Ende ging und neue Gesetzestexte gültig wurden. Seine Stätte scheint allmählich in Vergessenheit geraten zu sein. Seit etwa 1700 gibt es Zeugnisse dafür, daß der ‚Alte Lögberg' an einem Ort gewesen ist, den man *Spöngin* nennt. Dabei handelt es sich um ein Fleckchen Land, das von O und W her von den Flußarmen Flosagjá und Nikulásargjá umgeben ist und im N durch Schluchten eingeschlossen wird. Bei Spöngin fanden sich nicht genau definierbare aufeinandergeschichtete Überbleibsel, die jedoch zeitlich noch nicht genau bestimmt oder noch nicht mit den Methoden der gegenwärtigen Altertumsforsch. untersucht worden sind. Als im 19. Jh. großes Interesse am alten Allthing aufkam, dachte man zuerst, daß sich das *Lögberg* dort bei Spöngin befunden haben müßte. Dies widerspricht aber Aussagen, daß das *Lögberg* w. der Öxará gelegen habe. Am deutlichsten ist ein Ber. der *Sturlunga s.* von 1216, in dem → Snorri Sturluson „Buden ... oberhalb des Lögberg errichten ließ. Seine Brüder waren beide dort mit einer großen Gefolgschaft. Sie befanden sich alle w. des Flusses." Als man nach dem *Lögberg* w. der Öxará suchte, stieß man am ö. Rand der Almannagjá an einem Ort namens *Hallurinn* auf die Überreste von aufgeschichteten Gemäuern. Man hatte dort ein Plateau geschaffen, dessen Seitenlg. 15–20 m betrug und das an der Stelle, wo der Erdboden am steilsten war, nicht höher als 1 m war. Urspr. kann dieses Plateau horizontal verlaufen sein, obgleich es an der ö. Seite leicht abgesunken ist. Zusätzlich fand sich eine Erzählung aus dem 18. Jh. von Jón Ólafsson aus Grunnavík, dem Schreiber von → Árni Magnússon. Er erzählt, er (Jón) sei als junger Mann damit beschäftigt gewesen, die Steine, die groß genug waren, um darauf Platz zu nehmen, und die oben auf dem Hallurinn halbkreisförmig angelegt waren, hinunter in die Öxará zu rollen. Die Steine wurden dann zum Überqueren des Flusses benutzt. Ergänzend berichtet Jón: „Ich glaube, es hat dort in vergangenen Zeiten Lögberg geheißen." Ein anderer Zeitgenosse, Pastor Jón Steingrímsson, beschrieb den Erdwall auf Hallurinn: „Man nennt diesen Platz nun Kristna-Lögberg" (‚christl. Lögberg'). Als die 1000jährige Geburtstagsfeier des Allthings im J. 1930 vorbereitet wurde, schien es notwendig, den Ort des *Lögbergs* genau zu bestimmen. Daher wurde festgelegt, daß die Erzählung vom *gamla Lögberg* (‚dem alten Lögberg') bei Spöngin ö. des Flusses auf einem Missverständnis beruhe, welches daher stamme, daß sein Verf. *Lögberg* und *Lögrétta* verwechselt habe. Es wurde angenommen, daß das *Lögberg* sich am ö. Rande der Almanngjá befand. Auf Hallurinn wurde die Versammlung des Allthings am 17. Juni 1944 abgehalten und die Republik Island ausgerufen, nachdem das Land fast sieben Jh. lang ausländischen Kgr. unterworfen war. Es ist kaum auszuschließen, daß beide Orte zu verschiedenen Zeiten als *Lögberg* benutzt worden waren.

Manche halten es für unwahrscheinlich, daß man den ö. Rand der Almannagjá zum *Lögberg* gewählt habe, da es dort – auf einer Anhöhe mit Abhängen zu jeder Seite hin – für einen Vortragenden nicht leicht war, von einer Menschenmenge gehört zu werden. Man hat Stellen innerhalb der Almannagjá gefunden, wo der Schluchtweg den Schall wie ein Mikrofon verstärkt und überträgt. Tatsächlich entdeckte man eine Stelle am Rande des Lögberg-Plateaus, die sich jedoch s. der angelegten Erhöhung befindet. Dort wird die Rede eines Menschen von den Felsenwänden w. der Schlucht durch ein Echo übertragen. Es ist vorstellbar, daß Menschen, die auf dem *Lögberg* etwas vorzutragen hatten, auf einem der Steine gesessen haben, die später in die Öxará hinuntergerollt wurden. Anschließend stieg jeder von ihnen auf den Felsen, von dem aus das Echo am besten übertragen wurde, und trug dort sein Anliegen vor.

Die *Lögrétta* ist in der *Grágás* so beschrieben worden, daß „sich rund um die Lögrétta herum drei Tribünen befinden sollten, die groß genug waren, daß auf jeder 48 Menschen sitzen konnten". Auf der mittleren Tribüne saßen die → Goden, die in der *Lögrétta* stimmberechtigt waren, ihre Ratgeber aus dem Stand der → Bonden saßen auf den Tribünen davor und dahinter. Es ist geschätzt worden, daß der Dm. der *Lögrétta* nicht weniger als 20 m betragen habe. Zweifelsohne befand sie sich bei den Vellir in der Nähe des Flusses Öxará. Einem Ber. der → *Njáls saga* zufolge kann sie ö. des Flusses gelegen haben. Im 16. Jh. liegt sie auf einer Insel im Fluß, die daher stammen kann, daß der eine Flußarm sich seinen Weg ö. der *Lögrétta* gesucht hat. Man kann nicht genau sagen, ob die Tribünen der *Lögrétta* aus Holz oder Erdreich errichtet worden waren. Wenn sie aus Holz gewesen sein sollten, ist nicht damit zu rechnen, jemals ihre Überreste zu entdecken. Doch auch wenn man annimmt, daß sie aufgeschichtet worden sind, können sie verlorengegangen sein, da bei Überschwemmungen die Öxará vielerorts über Þ. geflossen ist und alles vernichtet hat, was früher dort existiert hat.

Dem Gesetz zufolge sollte der Ort der *Fjórðungsdómar* (‚Viertelgerichte') von dem Gesetzessprecher festgelegt werden. Dies weist darauf hin, daß es keine bestimmten von Menschen erbauten Einrichtungen gab, die diesen bestimmten. Nach einer unsicheren Qu. haben die *Fjórðungsdómar* auf einer Insel in der Öxará getagt, denn die Regeln für das Viertelgericht in der *Grágás* erläutern: „Das Gericht soll am Samstag beginnen und dort solange bleiben, bis die Sonne am Sonntag in Thingvellir aufgeht. Wenn man nicht trockenen Fußes auf die Insel kommen kann …" Da das Ende des Satzes im Gesetzestext fehlt, ist es nicht mehr möglich festzustellen, was man dann machen sollte. Die Insel wäre jedoch kaum an dieser Stelle erwähnt worden, hätte sie nichts mit dem Gericht zu tun. Erzählungen zufolge gibt es Beispiele dafür, daß für das Gericht ein Platz ausgewählt wurde, an dem es möglich war, sich vor Angreifern zu schützen. Ein J. vor der Christianisierung Islands auf dem Allthing war ein Vorkämpfer des christl. Glaubens auf einer Brücke über die Öxará für schuldig erklärt und verurteilt worden, während die Brückenpfosten vor den Angriffen der christl. Anhänger verteidigt wurden. Im J. 1120 gab es einen großen Streit auf dem Allthing zw. den beiden Häuptlingen Þorgils Oddason und Hafliði Másson. Hafliði ließ Þorgils in Spöngin verurteilen. Er mußte den Weg dorthin zw. der Schlucht beschützen lassen, damit die Männer des Thorgils ihn nicht angreifen konnten.

Der *Fimmtardómr* („das fünfte Gericht') sollte dem Gesetz zufolge in der *Lögrétta* stattfinden. Daher sind keine besonderen Überreste davon zu erwarten.

Zur Freistaatzeit wohnten die Menschen beim Allthing in Buden (aisl. *búðir*). Dies kommt sowohl im Gesetzestext als auch in Erzählungen zum Ausdruck. Eine Qu. deutet darauf hin, daß die Buden aus Holz gewesen sein könnten. Ansonsten ist es am wahrscheinlichsten, daß die Buden denen geähnelt haben, die auf dem Frühjahrsthing (→ *Þingstaðr*) errichtet wurden. Sie bestanden aus aufgeschichteten Wänden, die während der Thingzeit mit Zelten überdacht wurden. Im 18. Jh. glaubte man bestimmen zu können, an welchen Orten die jeweiligen Helden und Häuptlinge der Erzählungen ihre Lager gehabt hatten, doch konnte man in keiner Weise sicher sein. Immer noch werden einige wenige Ruinen bekannten Persönlichkeiten aus den Sagas zugeordnet, unter anderem die *Njálsbúð,* benannt nach dem Sagaheld Njáll der *Njáls s.*

In seiner *Íslendingabók* erläutert Ari Thorgilsson, weswegen Þ. zur Thingstätte gewählt wurde. Er berichtet, daß der Eigentümer der Stätte des Mordes für schuldig erklärt worden war. Sein Land sei daraufhin dem Allthing als Allgemeingut vermacht worden. Von der praktischen Seite her war Þ. ebenso ein glücklich gewählter Ort (zur Lage → *Þingstaðr* Abb. 40). Es war ein verhältnismäßig kurzer Weg dorthin, und von den meisten Teilen des Landes war es einfach, mit Pferden dorthin zu gelangen. Zu diesen Teilen zählen das Südviertel, der größte Teil des Westviertels, die gut zu bewältigenden Bergwege zw. Borgarfjörður und Þ. und schließlich einige w. Teile des Nordlandes. Vom ö. Abschnitt des Landes dauerte es unvermeidlich lange, nach Þ. zu kommen. In der → *Hrafnkels saga* wird berichtet, daß man 17 Tagesmärsche vom ö. liegenden Fljótsdalr nach Þ. zurücklegen mußte, wenn man die s. Strandroute benutzte. Um einige Tagesmärsche schneller war die über das Hochland führende Strecke n. der Gletscher. Es war jedoch kaum möglich, die Reise in weniger als zwei Wochen hinter sich zu bringen. Die Thingreise aus dem ö. Viertel dauerte also sechs Wochen.

Leben und Wirken in den letzten Jh. auf Þ. haben einige ON hinterlassen; sie zeigen das Hauptanliegen des Things, Menschen zu bestrafen. Die Gesetze der isl. Freistaatzeit sahen keine Exekutive in der Hand des Volkes vor. Es war die Aufgabe der Parteien und der Goden, gefällte Urteile auch zu vollstrecken. Mit der Zeit wurde die Staatsgewalt jedoch mächtiger und es wurden dem Thing Aufgaben zuteil, die Namen einbrachten wie *Drekkingarhylur,* wo für schuldig erklärte Frauen ertränkt wurden; *Brennugjá,* wo Zauberer verbrannt wurden; *Höggstokkseyri,* wo die Verurteilten geköpft wurden und *Kagahólmi,* wo Menschen an einem *Kagi* genannten Baumstamm ausgepeitscht wurden.

Seit die Isländer im 19. Jh. begannen nach Unabhängigkeit zu streben, sahen sie in Þ. gleichsam einen hl. Ort und rühmten stets seine Naturschönheit. Viele wünschten, daß das Volksthing der Isländer seinen Amtssitz dorthin verlegen sollte, doch vergebens. Im 19. Jh. tagten dort oftmals Landesversammlungen polit. Bewegungen, die die Unabhängigkeit forderten. Im 20. Jh. wurden dort einige Male Nationalfeiertage begangen, zuletzt das 1000jährige Jubiläum der Christianisierung Islands im J. 2000. 1930 wurden Þ. und seine Umgebung zum Nationalpark erklärt, und 2004 wurde Þ. in die Liste des Weltkulturerbes der UNESCO aufgenommen, sowohl wegen seiner hist. Bedeutung als auch wegen seiner geol. Eigenart.

Qu.: (1) Grágás. Lagasafn íslenska þjóðveldisins, 1992. (2) Íslenzk fornrit I, XI–XV, 1950–2003. (3) Sturlunga saga I, 1946.

Lit.: (4) Einar Arnórsson, Saga Alþingis, 1. Réttarsaga Alþingis, 1945. (5) Björn Th. Björnsson, Þ., staðir og leiðir, 1984. (6) Adolf Friðriksson u. a., Þinghald til forna, Framvinduskýrsla 2002, 2002. (7) G. Fellows-Jensen, Thingwall, Dingwall and Thingwall, in: Twenty-eight Papers presented to H. Bekker-Nielsen on the Occasion of his Sixtieth Birthday, 1993, 53–67. (8) Pétur M. Jónasson (Hrsg.), Ecology of oligotropic, subarctic Thingvallavatn, 1992. (9) Ders., Páll Hersteinsson (Hrsg.), Þingvallavatn, undraheimur í mótun, 2002. (10) Matthías Þórðarson, Þingvöllur. Alþingisstaðurinn forni, 1945. (11) Björn Þorsteinsson, Thingvellir. Iceland's National Shrine. A visitor's companion, 1987.

Gunnar Karlsson

Þorgils saga ok Haflíða. Die Saga ist nicht als eigenständige Saga erhalten, sondern nur als Teil der Kompilation der *Sturlunga s.* (→ Sturlungen und Sturlunga saga); sie findet sich eingeschoben zw. dem *Geirmundar þáttr heljarskinns* und den *Ættartǫlur* („Aufzählung der Geschlechter") (1–4). Die Saga erzählt vorwiegend von den Ereignissen der J. 1117–1121 und handelt von den Streitigkeiten der beiden Häuptlinge Þorgils Oddason auf Staðarhóll in Dalar und Haflíði Másson. Diese Streitigkeiten entstanden v. a. durch die Einmischung von Már Bergþórsson, einem Verwandten des Haflíði Másson. Es verbinden sich jedoch weitere kleinere Vorfälle damit, so daß es schwierig ist festzustellen, wer an den Streitigkeiten letzten Endes schuld war.

Man vermutet, daß die Saga früher in selbständiger Form existiert hat und dann später in die Kompilation der *Sturlunga s.* aufgenommen wurde. Sie erscheint gut konzipiert, ist sehr lebendig erzählt und vermittelt einen guten Einblick in das tägliche Miteinander der Kleinhäuptlinge zu Beginn des 12. Jh.s in Island. Die Saga ist als ein Beispiel dafür gesehen worden, wie ein geistlich gebildeter Mann Streitigkeiten von Kleinhäuptlingen zu einem Vergleich bringen kann, so daß daraus keine großen Auseinandersetzungen enstehen. Man kann in der Saga allerdings auch das Vorspiel zu der Geschichte der Streitigkeiten isl. Häuptlinge sehen, von denen die *Sturlunga s.* erzählt.

Am bekanntesten ist die *Þorgils saga ok Haflíða* jedoch wegen ihres Berichtes über die Hochzeit von Reykhólar im J. 1119 geworden, wo zum ersten Mal in den erhaltenen Qu. von den Unterhaltungsbräuchen der Isländer die Rede ist; hier finden sich Angaben darüber, wie Sagas vorgetragen wurden, welchen Wert die Menschen auf den Wahrheitsgehalt einer Saga legten und wie die Allgemeinheit sowie die Häuptlinge sich bei den Trinkgelagen unterhielten (→ Saga) (5–8). Das genaue Entstehungsdatum der Saga ist unbekannt, wahrscheinlich wurde sie aber in der 1. Hälfte des 13. Jh.s geschrieben.

Qu.: (1) Sturl. s. I–II. Efter membranen Króksfjarðarbók. Udfyldt efter Reykjarfjarðarbók, hrsg. von K. Kålund, 1906–11. (2) Sturl. s. I–II, hrsg. von Jón Jóhannesson u. a., 1946. (3) Sturl. s. I–II. Skýringar og fræði III, hrsg. von Örnólfur Thorsson u. a., 1988. (4) Þorgils saga ok Haflíða, hrsg. von U. Brown, 1952.

Lit.: (5) P. G. Foote, Sagnaskemmtan: Reykjahólar 1119, Saga-book 14, 1953–1956, 226–239. (6) D. Hofmann, Vers und Prosa in der mündlich gepflegten ma. Erzählkunst der germ. Länder, Frühma. Stud. 5, 1971, 173 (= Ders., Gesammelte Werke 1, 1988, 139). (7) Hermann Pálsson, Sagnaskemmtun Íslendinga, 1962. (8) Sverrir Tómasson, Formálar íslenskra sagnaritara á miðöldum, 1988.

Sverrir Tómasson

Thorsberg

§ 1: Namenkundlich – § 2: Archäologisch – a. Lage und Fundgesch. – b. Fundverhältnisse, Erhaltungsbedingungen – c. Chron. – d. Fundstatistik – e. Fundgruppen – f. Röm. – Germ. – g. Schlußfolgerungen

§ 1. Namenkundlich. Das Thorsberger Moor mit den bekannten Moorfunden im Ksp. Süderbrarup in der früher dän. Landschaft Angeln in Schleswig-Holstein ist nach einer Anhöhe s. des Moores, *Thorsberg,* dän. *Torsbjerg* (1683 *Taßberg, Toßberg;* 2, 146), benannt. Der Name ist aus adän. *biargh* neutr. ‚Berg' und wahrscheinlich dem Götternamen adän. *Thor* (→ Donar-Þórr) im Gen. zusammengesetzt (1, 189; 2, 146 ff.; zur Datierung des Namens und einem möglichen Zusammenhang mit dem Opfermoor s. auch 2, 74 f.). *T.* hat mehrere sakrale Gegenstücke in Schweden, *Torsberg(a),* und vielleicht auch in Dänemark, *Torsbjerg* (1, 189; 3, 154 ff.).

(1) K. Hald, Vore Stednavne, ²1965. (2) W. Laur, Germ. Heiligtümer und Religion im Spiegel der ON. Schleswig-Holstein, n. Niedersachsen und Dänemark, 2001. (3) P. Vikstrand, Gudarnas platser. Förkristna sakrala ortnamn i Mälarlandskapen, 2001.

E. Nyman

§ 2. Archäologisch. a. Lage und Fundgesch. Das T.er Moor liegt, umgeben von heute fast vollständig abgetragenen bronzezeitlichen Grabhügeln, am n. Rand von Süderbrarup, Kr. Schleswig-Flensburg (→ Sörup). Das ca. 140 × 300 m große Kesselmoor ist durch Torfabbau weitgehend gestört (13, 38), der Zustand des Moores insbesondere während der RKZ daher unbekannt.

Die Funde aus dem T.er Moor werden erstmals in den 1850er bzw. 1860er J. in die wiss. Fachlit. eingeführt (24; 5). Doch muß bereits vor diesem Zeitpunkt eine ganze Reihe von Funden durch die örtliche Bevölkerung geborgen und verwertet worden sein. Conrad → Engelhardt begann im Frühjahr 1858 im ö. Bereich des Moores mit systematischen Ausgr., die er 1860 und 1861 fortsetzte (6, 11). Insgesamt dürfte die Fst. in einer Ausdehnung von ca. 750 m² erfaßt worden sein. Der allergrößte Teil des heute vorliegenden Fundmaterials stammt aus diesen Ausgr. 14 Tage grub die Flensburger Altertumsges. mit Hilfe eines Baggers im J. 1885, das spärliche Material dieser Kampagne wurde somit ohne weitere Beobachtungen geborgen, die Fst. müßte in den betroffenen Bereichen weitgehend zerstört sein. Eine Ausgrabung des Anthrop. Vereins in Schleswig-Holstein vom 3. August–14. September 1895 erbrachte kein nennenswertes Ergebnis; eine Prospektion im ö. Randbereich der Fst. im J. 1997 ergab einige fragmentierte Holzobjekte (7), die Identifikation und räumliche Justierung der Engelhardtschen Grabung gelang allerdings nicht.

Die T.er Funde sind im Arch. Landesmus. in Schleswig sowie im Nationalmus. Kopenhagen magaziniert; kleinere Bestände befinden sich u. a. in Flensburg (Museumsberg Flensburg – Städtische Mus. und Slg. für den Landesteil Schleswig), Hamburg-Harburg (Helms-Mus., Hamburger Mus. für Arch. und die Gesch. Harburgs) und Berlin (Mus. für Vor- und Frühgesch., Staatliche Mus. zu Berlin – Preuß. Kulturbesitz). Das Schleswiger Inventar ist in wesentlichen Teilen in der arch. Dauerausstellung auf Schloß Gottorf zu sehen (Stand 2007).

Die wichtigsten Teile des Fundmaterials wurden 1863 durch Engelhardt publ. (6). Einen annähernd vollständigen, später ergänzten Kat. legte Klaus → Raddatz 1987 vor (19; 20). Das quantitativ und qualitativ reiche Inventar wurde in grundlegenden Publ. immer wieder berücksichtigt (z. B. 21; 9; 22; 16).

b. Fundverhältnisse, Erhaltungsbedingungen. Detaillierte Aufzeichnungen zu den Fundverhältnissen im T.er Moor liegen nicht vor, aus den Angaben Engelhardts (6) läßt sich jedoch erschließen, daß Teile des Materials in Fundkonzentrationen ähnlich wie in → Illerup Ådal niedergelegt wurden (6, 31 zu den Schilden). Wichtige Einblicke vermittelt das Grabungstagebuch Engelhardts aus dem J. 1860, das die ungefähre Verteilung des Materials sowie geschlossene Funde dokumentiert (12; 14; 19).

Das saure Milieu des T.er Moores bedingt in aller Regel keine Erhaltung von Gegenständen aus Eisen, Knochen und Geweih. Nur in Ausnahmefällen sind entspr. Stücke überliefert (5, 177 f.). Allerdings erlauben die speziellen moorgeol. Verhältnisse die Erhaltung von Textilien und Leder, die in den übrigen Kriegsbeuteopfern (→ Opfer und Opferfunde) der RKZ fast ganz fehlen. An zahlreichen Gegenständen sind intentionelle Zerstörungen feststellbar, die auf Gewalteinwirkung im Kampf oder aber auf die rituelle Zerstörung im Zuge der Opferung zurückgeführt werden können.

Exakte Angaben zur Fundverteilung innerhalb des ausgegrabenen Areals sind nur eingeschränkt möglich. Eine vorläufige Analyse des Engelhardtschen Grabungstagebuchs legt allerdings die Vermutung nahe, daß sich die Hauptniederlegung der Per. C1b über das gesamte ausgegrabene Areal erstreckte (12, 95 f. Fig. 1–2), während die Niederlegungen der ält. RKZ (Per. B2) sowie der jüng. RKZ (Per. C2) räumlich abgrenzt erscheinen (12, 95 f. Fig. 1). Differenzierte Verteilungsmuster, wie sie etwa für → Ejsbøl und Illerup nachweisbar sind, lassen sich für T. nicht rekonstruieren.

c. Chron. Bei der chron. Einordnung des Fundmaterials aus dem T.er Moor muß zw. der Keramik einerseits und den Militaria und persönlichen Ausrüstungen andererseits unterschieden werden. Niederlegungen von Gefäßen sind nach Raddatz ab der mittleren LTZ nachweisbar (17, 143), der jüng. Horizont dieser Fundart kann demnach in die Per. C der RKZ datiert werden (so auch 23, 414 ff.). Während insbesondere Herbert → Jankuhn und Raddatz die sukzessive, sich über einen längeren Zeitraum erstreckende Niederlegung von Waffen und Ausrüstungen vorschlugen (zusammenfassend: 18), geht die moderne Forsch. von der geschlossenen Niederlegung größerer Komplexe aus (zusammenfassend: 12; 14; 15). Den chron. Stud. Ilkjærs folgend (9, 334 f.), werden geschlossene Niederlegungen von Kriegsbeute sowohl in der Per. B2 als auch in C2 erfolgt sein, die Hauptniederlegung datiert jedoch in die Per. C1b, und damit in der 1. Hälfte des 3. Jh.s n. Chr. (so auch 1, 339 ff. Abb. 144). Absolutchron. Daten, etwa aus Hölzern, fehlen bislang. Engelhardt erwähnt als Schlußmünze für die insgesamt 37 von ihm entdeckten Stücke (6, 62) einen Denarbestand des Septimius Severus, der 194 n. Chr. geprägt worden sei (4, 99 mit weiteren Angaben), wobei die Zuweisung und Identifikation des unter T. inventarisierten Gesamtbestandes im Arch. Landesmus. in Schleswig unsicher ist. Aus den chron. Überlegungen Ilkjærs ergibt sich für die Hauptniederlegung allerdings eine Datierung in das 2. Viertel des 3. Jh.s n. Chr. (9, 324 f. Abb. 201).

d. Fundstatistik. Die von Raddatz vorgelegten Kat. (19; 20) erfassen mehr als 1 500 Positionen, die im Einzelfall mehrere Einzelstücke beinhalten können. Damit kann die Menge der heute erhaltenen Funde auf mindestens 1 700–1 800 Gegenstände geschätzt werden. Da eine umfassende Analyse des gesamten Fundstoffes fehlt, sind Aussagen über Sätze etwa von → Pferdegeschirren oder Gürtelgarnituren derzeit nicht möglich. Wird allerdings das Fundmaterial aus Eisen und Bronze von Illerup und → Vimose in ein Mengenverhältnis zu den erhaltenen Bronzegegenständen aus T. gesetzt (3, Tab. 1), so könnte in T. mit einigen Hundert Waffen und Ausrüstungen aus Eisen zu rechnen sein. Wird zudem berücksichtigt, daß Engelhardt lediglich 750 m² ausgrub, so muß es sich bei diesem Moorfund um eine Deponierung unvergleichlicher Dichte gehandelt haben.

e. Fundgruppen. Militaria. Aufgrund des weitgehenden Verlusts von eisernen Gegenständen können das Waffeninventar und konkrete Ausrüstungskombinationen aus dem T.er Moor nur eingeschränkt beschrieben und analysiert werden.

Griffteile von Schwertern sowie Schwertscheidenzubehör weisen runde bzw. flachlinsenförmige Knäufe auf und können als Standardausrüstung der Per. C1b betrachtet werden. Einzelne Garnituren sind aus Silber gefertigt und teilweise aufwendig mit Tremolierstich verziert. Bei den Schwertscheidenbeschlägen (Bügel, Ortbänder) können röm. und germ. Var. gut unterschieden werden. Schwertscheidenbügel mit halbrunder Kopf- und Fußplatte (19, Taf. 12,7) sowie rechteckigem Steg und verlängertem Kopf und Fuß (19, Taf. 6 und 9) und Ortbänder mit verlängerten Seitenteilen (19, Taf. 15,7–9) sind der Niederlegung der Per. C2 zuzuweisen.

Diese chron. Zweiteilung scheint sich auch bei den Schildfesselbeschlägen abzuzeichnen (11, 323 Tab. 20; 19, Taf. 20,7 und Taf. 21,4.6), während bei den Schildbuckeln bislang nur Var. der Per. C1b nachweisbar sind (s. auch → Schilde).

Aufgrund der vorliegenden Nasenbergen (19, Taf. 39, 40, 100 und 102) ist in T. mit mindestens 15 Pferdegeschirren zu rechnen, deren Bestandteile überwiegend aus Bronze, aber auch aus Silber und Eisen gefertigt sind. Neben Kopfzeug und Zügelketten sind diesen Garnituren Schnallen und Riemenzungen zuweisbar. Quantitativ beinhaltet diese Gruppe den wohl größten Anteil am gesamten Fundmaterial, eine umfassende Bearbeitung aller Pferdegeschirrteile steht allerdings noch aus.

Bemerkenswert sind die Prachtausrüstungen aus T. Goldener Armschmuck (→ Schlangenkopfringe), Helme (Taf. 5a) (→ Maskenhelm S. 393), Phaleren (Taf. 5b), Ringbrünnen mit Beschlägen (→ Rüstung S. 438; zu verzierten Beschlägen → Vergolden Taf. 11a), aber auch reiche Schwertgarnituren und Pferdegeschirre finden sowohl als Ensemble als auch als Einzelstücke in ähnlicher Qualität nur wenig Parallelen in den übrigen Moorfunden. Damit wird die Stratifizierung innerhalb des Materials bes. deutlich, womit auch in T. milit. Hierarchien sichtbar werden.

Aufgrund der ungünstigen Erhaltungsbedingungen von Eisen, Geweih und Knochen können die persönlichen Ausrüstungen (z. B. Gürtelgarnituren und Zubehör) nur schwer eingeordnet werden. Auffällig ist allerdings die relativ geringe Menge skand. Feuerzeuge (17, Taf. 72,10–13 und 73,1–12), die als Hinweis auf die Provenienz des Gesamtensembles der C1b-zeitlichen Niederlegung interpretiert werden kann (10, 241 f.; 253 ff. Abb. 99). Das umfangreiche Inventar von Schnallen, Riemenbeschlägen und Riemenzungen, das Raddatz bearbeitete (17), bedarf vor dem Hintergrund der in Illerup (10) erzielten Ergebnisse einer Neubearbeitung.

Von besonderer Qualität ist der Textilien- und Lederbestand aus T., der vermutlich der Hauptniederlegung der Per. C1b zugeordnet werden kann. Hervorzuheben sind dabei ein Prachtmantel (→ Mantel) sowie eine Tunica und eine Reithose (→ Hose; → Farbe und Färben), die aus röm. Produktion stammen und in T. vermutlich als Kleidung einer milit. Elite interpretiert werden können (8). Dazu kommen silberbeschlagene Ledersandalen.

Ausführlich bearbeitet sind die Fibeln, Schnallen und Riemenbeschläge des Fundes, die von Raddatz (17) vorgelegt wurden. Dabei ergibt sich aufgrund der Verbreitungsbilder (17, Karte 1–15) ein deutliche Tendenz, diese Fundgruppen eher mit dem

s. Ostseegebiet zu verknüpfen, während eindeutig skand. Material im Vergleich etwa zu Illerup Platz A sehr viel seltener ist.

Bislang nicht bearbeitet sind die zahlreichen Holzfunde aus T., zu denen Lanzen- und Pfeilschäfte, Schildbretter sowie Gefäße gerechnet werden müssen. Dabei ist ihre chron. Einordnung zunächst schwierig, holzartliche Bestimmungen werden Aufschlüsse zur Herkunft des Materials geben können. Ein aus Bast geflochtener Schildbuckel (6, Taf. 8,15) stellt auch heute noch ein Unikat dar.

f. Röm. – Germ. Wird das Gesamtensemble aus dem T.er Moor betrachtet, so fällt die im Verhältnis zu den übrigen Kriegsbeuteopfern der RKZ große Menge röm. Militaria ins Auge (3). Schwerter und Schwertscheidenzubehör, Brünnen, Helme, vermutlich aber auch Pferdegeschirre und andere Kleinteile ergeben ein Inventar von mehr als 100 Stücken, das im germ. Barbaricum kaum Vergleichbares findet. Dabei ist bemerkenswert, daß sich sowohl Gegenstandsgruppen identifizieren lassen, die als direkter → Römischer Import anzusprechen sind, als auch solche, die die enge Verknüpfung von röm. und germ. Handwerk mit einem breiten Überschneidungshorizont erkennen lassen (2; 21).

g. Schlußfolgerungen. Die Interpretation des Materials aus dem T.er Moor wird durch zwei Faktoren wesentlich erschwert: Zum ersten fehlt eine differenzierte Funddokumentation, zum zweiten ist das Gesamtensemble aufgrund der weitgehenden Zerstörung eiserner Gegenstände nicht ohne Probleme in das System kaiserzeitlicher Kriegsbeuteopfer in Skand. einzugliedern. Das Fundmaterial aus dem T.er Moor kann heute allerdings überzeugend in aktuelle Chron.systeme eingebunden werden, wobei die Hauptniederlegung – und damit der größte Teil des vorliegenden Inventars – in die Per. C1b datiert werden kann.

Der Charakter des Materials, seine Zusammensetzung und sein Zerstörungsgrad stützt die Interpretation, in diesem und vergleichbaren Komplexen, Niederlegungen einer lokalen Bevölkerung im Sinne eines Kollektivopfers (→ Beute) zu erkennen. Sie opferten nach siegreich bestandenen Kämpfen gegen feindliche Gruppen Teile der erbeuteten Waffen und Ausrüstungen als Dank für eine hilfreiche Gottheit. Dagegen muß insbesondere die Keramik aus dem T.er Moor als Individualopfer aufgefaßt werden; diese setzten bereits in der vorröm. EZ ein. Somit stellt der Fund nicht nur ein Zeugnis milit. Konflikte, sondern auch von Opferungspraktiken dar, die regional und chron. differenziert werden können.

Auf dieser Basis ist die Frage nach der Provenienz der Waffen und Ausrüstungen und damit der angreifenden Verbände zu stellen. Da im T.er Bestand der Hauptniederlegung skand. Material nur in geringen Mengen vertreten ist, muß hier an s. Regionen gedacht werden. Einen entspr. Interpretationsversuch haben Ilkjær und Lønstrup vorgelegt (12), die aufgrund bestimmter Fibelvar. der Gruppe VII nach Almgren eine engere Verknüpfung mit den Fundlandschaften zw. Elbe und Rhein erkennen können. Dieses Modell bedarf der weiteren Überprüfung, es wird aber durch die Beobachtung gestützt, daß das T.er Material einen hohen Anteil röm. oder röm. beeinflußter Gegenstände enthält, was zumindest eine s. Provenienz des Gesamtbestandes stützen würde.

Aufmerksamkeit sollte in Zukunft aber auch den Prachtausrüstungen aus T. geschenkt werden, die in allen wichtigen Fundgruppen (Bewaffnung, Pferdegeschirr, persönliche Ausrüstungen) vorhanden sind. Eine genauere Analyse dieses Ensembles wird einen wichtigen Einblick in die materielle Kultur kaiserzeitlicher Eliten des frühen 3. Jh.s n. Chr. zw. Elbe und Rhein geben können, die sich aus Grabfunden nur ansatzweise erkennen läßt.

(1) G. und J. Bemmann, Der Opferplatz von Nydam, 1998. (2) C. von Carnap-Bornheim, Neue Forsch. zu den beiden Zierscheiben aus dem T.er Moorfund, Germania 75, 1997, 69–99. (3) Ders., Röm. Militaria aus dem T.er Moor Fundzusammensetzung, Kontext, Interpretation, Corpus der Röm. Funde im Barbaricum. Deutschland, 5. Schleswig-Holstein, 2004, 15–24. (4) Corpus der Röm. Funde im Barbaricum. Deutschland, 5. Freie und Hansestadt Hamburg und Land Schleswig-Holstein, 2004. (5) C. Engelhardt, Om Sønder-Brarup Fundet. Slesvigske Provindsialefterretninger 1, 1860, 169–187. (6) Ders., T. Mosefund, 1863. (7) L. Fischer, Lanzen und Schilde aus dem T.er Moor in Süderbrarup, Kr. Schleswig-Flensburg. Holzarch. und technische Aspekte, Arch. Nachr. Schleswig-Holstein 9/10, 1998/1999, 73–89. (8) I. Hägg, Geopferte Gewänder, in: M. Gebühr, Nydam und T. Opferplätze der EZ. Begleith. zur Ausstellung, 2000, 28 f. (9) J. Ilkjær, Illerup Ådal, 1–2. Die Lanzen und Speere, 1990. (10) Ders., Illerup Ådal, 3–4. Die Gürtel. Bestandteile und Zubehör, 1993. (11) Ders., Illerup Ådal, 9–10. Die Schilde, 2001. (12) J. Ilkjær, J. Lønstrup, Interpretation of the Great Votive Deposits of Iron Age Weapons, Journ. Danish Arch. 1, 1982, 95–103. (13) H. Jankuhn, R. Schütrumpf, Siedlungsgesch. mit Pollenanalyse, Offa 10, 1952, 28–45. (14) J. Lønstrup, Older and newer Theories. The find from T. in the light of new discoveries, Frühma. Stud. 18, 1984, 91–101. (15) M. Ørsnes, Om mosefundees tolkning, in: Vorwort zu Sønderjyske og Fynske Mosefund. Bd. 1. T. Mosefund, 1969, XXI–XXVII. (16) Ders., Zaumzeugfunde des 1.–8. Jh. n. Chr. in Mittel- und N-Europa, Acta Arch. 64, 1993, 182–292. (17) K. Raddatz, Der T.er Moor. Gürtelteile und Körperschmuck, 1957. (18) Ders., Relig.sgeschichtl. Probleme des T.er Moorfundes, in: H. Jankuhn (Hrsg.), Vorgeschichtl. Heiligtümer und Opferplätze in Mittel- und N-Europa, 1970, 188–197. (19) Ders., Der T.er Moorfund. Kat. Teile von Waffen und Pferdegeschirr, sonstige Fundstücke aus Metall und Glas, Ton- und Holzgefässe, Steingeräte, 1987. (20) Ders., Der T.er Moorfund. Gürtelteile und Körperschmuck. Kat., Offa 44, 1987, 117–152. (21) J. Werner, Die beiden Zierscheiben des T.er Moorfundes, 1941. (22) S. Wilbers-Rost, Pferdegeschirr der RKZ in der Germania libera, 1994. (23) K.-H. Willroth, Unters. zur Besiedlungsgesch. der Landschaften Angeln und Schwansen von der ält. BZ bis zum Früh-MA, 1992. (24) J. J. A. Worsaae, Videnskabernes Selskabs Forhandlinger i Aaret 1857.

C. von Carnap-Bornheim

Zum Runologischen → Thorsberg, Bd. 30

Þórsdrápa

§ 1: Überlieferung – § 2: Inhalt des Gedichtes – § 3: Stoffgeschichte – § 4: Interpretation – a. Der Aufbruch – b. Die Überquerung des Flusses – c. Der Kampf gegen die Riesen – d. Psychologische Deutungen des Mythos – e. Þ., eine Parodie? – f. Þ., ein Gedicht für Jarl Hákon?

§ 1. Überlieferung. Die Þ. des Eilífr Goðrúnarson ist eines der wenigen größeren Skaldengedichte, die die Taten eines heidn. Gottes erzählen (→ Götterdichtung). Die Str. des Gedichtes sind in der *Snorra Edda* (→ Edda, Jüngere) (Hss. R, W, T; U nur Str. 16 und 21) erhalten und zwar fortlaufend geschrieben, mit Ausnahme von Str. 16, die an einer anderen Stelle ohne Nennung des Gedichts überliefert ist, aber sich ohne größere Probleme in die Þ. einfügen läßt. Die Str. folgen auf eine Prosaerzählung des Geirrøð-Mythos, die mit der Drápa aber nicht in allem übereinstimmt (s. u.). Möglicherweise kommt zu diesen Str. noch eine weitere hinzu, die von der SnE wie Str. 16 nur dem Dichter, aber keinem Gedicht zugeordnet wird. Man hat sie bisher für ein Frg. eines Gedichtes über Jarl Hákon (→ Hákon jarl Sigurðarson) gehalten, eine genauere Betrachtung dieser Str. zeigt jedoch, daß sie sich auf ein Thorgedicht (→ Thorsmythen) bezieht. In dieser Str. wendet sich der Dichter an einen Herrscher mit der Bitte, die Gaben für ein Gedicht zu bestimmen, er habe ein Gedicht auf einen *kon mærar* (Hss. R, W, T, 757), *mæran* (Hs. U) gemacht. Finnur → Jónsson hat in seiner Ausgabe (Skj. IB 139) die Var. *kon mæran* gewählt und darin eine Art Namenkenning für Hákon (*kon mæran* = *hǫkon*) gesehen. Wenn man jedoch der Mehrzahl der Hss. folgt, die auch die verstechnisch bessere Var. bieten (die *aðalhending* wäre dann korrekt), kommt man zu einer anderen Deutung, nämlich ‚Nachkomme des

Landes', was gleichbedeutend mit ‚Nachkomme der Erde' ist und das ist bekanntlich Thor (→ Donar-Þórr). Daß dies korrekt ist, zeigt eine genauere Analyse von Hs. U, die insgesamt einen von der Strophentradition in den anderen Hss. abweichenden Text bietet, so findet man, daß dort das *kon mæran* mit *jarðar* der ersten Zeile zu verbinden ist, was dann ebenfalls zu der Thorkenning ‚berühmter Sohn der Erde' führt. Der Inhalt der Str. wäre also: Ihr werdet die Gaben zu bestimmen haben, ich habe ein Gedicht auf den berühmten Sohn der Erde, d. h. Thor, gemacht. Diese Str. könnte in der Einleitung des Thorgedichtes oder in seinem Schlußteil gestanden haben.

Über den Dichter, Eilífr Goðrúnarson, ist fast nichts bekannt, außer daß er diese Þ. gedichtet hat; wenn man das Strophenfrg. der Þ. zuordnet (s. o.), dann fällt auch die Anknüpfung an Jarl Hákon weg. Ein Helming, der aus einem christl. Gedicht stammen dürfte, zeigt, daß Eilífr später aber offenbar zum Christentum übergegangen war.

Wenn die Þ. eine Drápa (→ Preislied § 4) ist, dann fehlt ihr zumindest eine Einleitung und ein Abschluß. Die Stefstrophen sind erhalten (Str. 10 und 21) und bestätigen so die Bezeichnung Þ., unter der die Str. in der SnE erhalten sind. Wieviel von dieser Drápa fehlt, ist schwer zu sagen, es ist auch nicht möglich abzuschätzen, wie umfangreich der Mittelteil und seine Strophengliederungen gewesen sind.

§ 2. Inhalt der Gedichtes. Der Inhalt des Gedichtes ist die Fahrt des Gottes Thor zum Riesen Geirrøðr, bei der er einen gewaltigen Fluß durchschreitet, Riesen in die Flucht schlägt, die Töchter Geirrøds und schließlich ihn selbst tötet. Str. 1–3 schildern den Aufbruch: Daraus geht hervor, daß die Fahrt auf Anraten → Lokis unternommen wurde, der aber selbst nicht teilnimmt. Als Begleiter Thors kommt der auch von anderen Unternehmungen Thors bekannte Þjalfi mit. Str. 4–10 schildern die gewaltigen Anstrengungen, mit denen die Fahrtgenossen Thor und Þjalfi durch den Fluß voll von Schwertern waten, der von den Riesinnen noch verstärkt wird. Str. 11–12 handeln von Riesenkämpfen, wobei Thor und Þjalfi die Riesen in die Flucht schlagen. Str. 13–14: Thor und seine Begleiter gehen in das Riesenhaus, dort wird Thor von den Riesinnen bedrängt und bricht ihnen das Rückgrat. Str. 15–18: Thor fängt das von Geirrøð gegen ihn geschleuderte rotglühende Eisen auf und erschlägt den Riesen. Str. 19–20: Thor vernichtet auch die anderen Riesen.

§ 3. Stoffgeschichte. Die Erzählung vom Kampf mit dem Riesen Geirrøðr scheint sehr populär gewesen zu sein, da sie in verschiedenen Gattungen verwendet wurde: Wir besitzen eine Prosaerzählung in der *Snorra Edda*, in *Skáldskaparmál* (= Skm) (Snorri Sturluson: Skáldskaparmál, ed. A. Faulkes 1, 1998, S. 24 ff.), die sich in einigen Aspekten von der Þ. unterscheidet: 1. Während in Þ. zwar auch in Zusammenhang mit dem Aufbruch der betrügerische Loki genannt wird, der Thor ‚grüne Wege' vorgaukelt, wird in Skm eine ganze Vorgeschichte zu Thors Fahrt erzählt, nämlich daß Loki in die Gefangenschaft beim Riesen Geirrøðr geraten war und um loszukommen versprechen mußte, Thor ohne seinen Hammer und ohne seinen Kraftgürtel ins Riesenreich zu bringen. 2. In der Þ. erscheint Gríð nur in der Bezeichnung des magischen Stabes *Gríðar vǫlr*. In Skm handelt es sich offenbar um einen Besuch Thors bei Gríð, die ihn warnt und mit einem Kraftgürtel, Eisenhandschuhen und einem speziellen Stab *Gríðarvǫlr* ausrüstet. 3. In der Þ. ist zwar auch die Rede von Riesinnen, die den Grenzfluß anschwellen lassen, aber die Art und Weise, nämlich daß eine Riesin über dem Flußbett steht und uriniert, findet sich nur in Skm. Dort jedoch zitiert Snorri einen eddischen Vers im → Ljóðaháttr, wo der

Fluß mit Namen Vímur angesprochen und ihm gedroht wird, daß Thors Asenmacht bis zum Himmel steigen würde, wenn der Fluß weiter anwachse. Ungeachtet dieser Drohung schafft Thor Abhilfe, indem er einen Stein nach der Riesin wirft, mit den Worten: „An der Quelle muß man den Fluß aufhalten". Nun gelingt es ihm und Loki, den Fluß zu überqueren. (Einen ausführlichen Vergleich von Skm und Þ. bietet Mohr [13]). 4. In Skm fehlt der Kampf mit den Riesen am Fluß. 5. Anstelle der etwas rätselhaften Klemme in die Thor auf dem ‚Hut' der Riesinnen gerät, sitzt er in Skm auf einem Stuhl, der sich gegen die Decke bewegt. Daß den Riesinnen das Rückgrat gebrochen wird, ist wieder beiden Versionen gemeinsam. Während in Skm der *gríðar vǫlr* dabei zu Hilfe genommen wird, ist es in der Þ. Thors Blitz und Donner, der die Riesinnen tötet. 6. Während in Skm ganz eindeutig der Tod des Riesen dadurch herbeigeführt wird, daß Thor das gegen ihn geschleuderte Eisen (das verwendete Wort *sía* bedeutet ‚Funken') zurückwirft, ist das in Þ. nicht ganz so eindeutig, wo die → Kenning *meina nesta* ‚Nadel des Unheils' für die Waffe Thors gebraucht wird. 7. Während Loki in Skm Thor auf seiner Fahrt begleitet (allerdings nur bei der Überquerung des Flusses erwähnt wird), ist in der Þ. Þjalfi der Begleiter Thors, der im Gegensatz zu Loki in Skm immer wieder fast als gleichwertiger Partner des Donnergottes genannt wird, sogar in der Stefstrophe (Refrainstrophe). Thor und Þjalfi werden etliche Male auch einfach nur als Krieger oder Riesenbekämpfer genannt. Insgesamt gesehen sind das doch erhebliche Differenzen, die es wahrscheinlich machen, daß Snorri einer anderen Version folgte – der zitierte Vers würde eine Darst. in einem Eddalied nahelegen (9, 90; 12). Finnur Jónsson vermutet, daß die Þ. von einem späteren Bearbeiter eingefügt wurde.

Anspielungen auf diesen Mythos findet man in Thorkenningar: *vegandi Geirrøðar* ‚Töter Geirrøds' Skm (Snorri Sturluson: Skáldskaparmál, ed. A. Faulkes 1, 1998, S. 14), *Víðgymnir Vimrar vaðs* ‚Víðgymnir der Furt des Vimur' (Húsdrápa 6) oder einmal in einer Thula.

Da die Prosaerzählung der Skm auch einen eddischen Vers (Ljóðaháttr) zitiert, der von der Überquerung des Vimur berichtet, ist es möglich, daß es auch ein eddisches Lied gab, das diesen Mythos gestaltet hat.

Weiter ist der Stoff bezeugt durch eine Anekdote im *Sneglu Halla Þáttr* (ed. Jónas Kristjánsson, Ísl. Fornr. 9, 1956, 267 ff.) über den Skalden Þjóðolfr Arnórsson (→ Sexstefja § 2), der von Kg. → Haraldr harðráði aufgefordert wird über den Streit eines Gerbers und eines Schmiedes ein Gedicht zu machen, wobei der eine Thor, der andere Geirrøð sein solle.

→ Saxo Grammaticus *(Gesta Danorum)* (ed. J. Olrik, H. Ræder, 1931, I, 8, XV, 1–20) erzählt von einer Unterweltsreise eines Thorkillus, wo dieser und seine Gefährten den Herrscher dieses Reiches, *Geruthus,* von dem glühenden Eisen durchbohrt und seine Töchter mit gebrochenem Rückgrat liegen sehen.

Zuletzt ist noch der isl. *Þorsteins þáttr bæjarmagns* aus der → *Flateyjarbók* (ed. Guðni Jónsson, Fornaldar Sögur Norðurlanda IV, 1959, c. 5–10) zu nennen, wo Geruthus ebenfalls als Kg. der Unterwelt auftritt, allerdings sind hier nur spärliche Erinnerungen an den Mythos vorhanden wie z. B. Belustigungen bei Festen am Hof dieses Kg.s, bei denen feurige Kugeln hin und her geworfen werden, denen die Besucher standhalten und den Kg. schließlich durch den Wurf mit einem magischen Stein töten (12; 1, 371).

§ 4. Interpretation. Bisher hat sich die Forsch. fast ausschließlich um die Erstellung eines verständlichen Textes und seine Deutung bemüht, wobei immer noch vieles zweifelhaft bleibt (2; 6; 7; 15; 17; 4; 9; 16).

Das größte Problem des Gedichts ist seine schwierige Kenningsprache (→ Kenning), aber auch seine – vermutlich deswegen – schlechte Überlieferung, der an manchen Stellen ohne Konjekturen kein Sinn abzuringen ist. Andreas → Heusler (8, 131) nennt es „das dunkelste der größeren Skaldenstücke". Die Kenningar sind zahlreich und bestehen meistens aus vielen Gliedern. Lie (10, 398) stellte fest, daß einige von ihnen die Grenzen des Systems sprengen und sich dem Absurden nähern. Man muß allerdings hinzufügen, daß dieser Eindruck zu einem großen Teil durch die bisherigen Deutungsversuche verursacht wird und insbesondere durch den in Finnur Jónssons Edition Skj. entsteht, wie z. B. Felix → Genzmer zurecht kritisiert.

a. Der Aufbruch. Anders als in der Prosa wird in diesen Str. nur geschildert, daß Loki, der Lügner, Thor zu der Fahrt überredet und ihm die Gefahren verschweigt. Str. 3 scheint mitzuteilen, daß Thor dann nur mit seinem bewährten Begleiter Þjalfi aufbricht, und wir hören in den restlichen Str. auch nichts mehr von Loki, sondern nur noch von Þjalfi, der als ein fast gleichwertiger Begleiter dargestellt wird (vgl. dazu die Interpretation Reichardts von Str. 3, [16, 339 ff.]).

b. Die Überquerung des Flusses. Der Überquerung des Flusses sind eine ganze Reihe von Str. gewidmet, sie dürften wohl eine ganze Abt. des stefjabalkr ausgemacht haben. Der Fluß, den die beiden zu überqueren haben, ist nicht nur der größte aller Flüsse, sondern er ist mit allen Attributen eines Unterweltsflusses ausgestattet: er versprüht Gift (Str. 5) und er ist voll von Schwertern. Damit entspricht er genau der Beschreibung des Unterweltsflusses Slíðr in der → Vǫluspá (Str. 36). Die Überquerung des Flusses ist aber zugleich auch ein Kampf gegen Riesinnen, die schuld sind am Anwachsen des Flusses, an den Schwertern darin (zu den Deutungen des Flusses als Urin oder Menstruationsblut der Riesin s. u.). Gleich zu Anfang wird kundgetan, daß es Thors Absicht war, gegen die Riesinnen dort zu kämpfen. Thor wird in diesen Str. zweimal mit dem Kenningmodell ‚Vernichter der Riesin' umschrieben, eine von diesen Kenningar scheint ganz gezielt für diese Situation gebildet zu sein: Thor wird dort vegþerrir Nǫnnu varra hjalts ‚Vernichter der Ehre der Nanna der Strömung des Schwertgriffes' genannt, die Riesin wird also als Göttin des Flusses bezeichnet. In Str. 9 wird direkt gesagt, daß die Riesinnen den Schwerterfluß verursachten, jedoch anders als in Skm nicht in welcher Weise. Allerdings erfahren wir in unseren Str. nichts über einen tatsächlichen Kampf gegen die Riesinnen, so wie ihn die Prosa der Skm erzählt, wo die Riesin, die über dem Fluß mit gespreizten Beinen steht, mit gezielten Steinwürfen getötet wird. Die Str. stellen nur dar, daß Thor und sein Begleiter unbeirrt durch den Fluß waten. Mohr (13, 224 f.) hat zurecht darauf hingewiesen, daß Skm eine derb, schwankhafte Version mit der urinierenden Riesin und eine heroische Version, wo Thor dem Fluß seine Asenmacht entgegenstellt (wie in der Str. angedroht) vereint hat. Diese heroische Version scheint auch die der Þ. zu sein.

Eine wichtige Rolle bei der Überquerung des Flusses spielt ein Stab, dessen Bedeutung dadurch hervorgehoben wird, daß er mehrmals durch Kenningar umschrieben wird: skotnaðr ‚Schuß-Natter', also eine Lanze, und hlympél ‚Lärmfeile', die laut auf die Kiesel des Stromes schlägt, eigtl. eher eine Metapher als eine Kenning, die an Egils Lausa vísa 23 erinnert, wo ein Sturmriese mit einem ‚Sturm-Meißel' große Eisflächen vor dem Schiff heraussschlägt. In Str. 9 erfahren wir mehr von diesem Stab: er ist der Gríðar vǫlr ‚der Stab der Gríð', einer Riesin, die Thor wohlgesonnen ist und ihn (Skm zufolge) mit diesem Stab zusammen mit Eisenhandschuhen und einem Kraftgürtel ausgestattet hat. Dieser vǫlr, der auch seinem Namen nach an die vǫlva erinnert, ist wohl in die Kategorie der Zauberstäbe einzuordnen. Man kann jedoch diese Stäbe zunächst einmal ganz realistisch interpretieren: Sie dienen dazu, beim Durchwaten den Boden des Flusses und seine Steine und die tiefen Stellen abzutasten. Daß ein Zauberstab noch bessere Dienste dabei leistet, ist verständlich. Man hat diesen Stab auch auf einer weiteren Ebene sexuell als Penis deuten wollen (9; 1; 5) (s. u.).

Dieser Abschnitt wird durch eine Stefstrophe abgeschlossen, die den Mut von Thor und Þjalfi beim Durchwaten dieses Flusses hervorhebt.

c. Der Kampf gegen die Riesen. Die Auseinandersetzung mit den Riesen, in deren Gebiet Thor nach Überschreiten des Flusses eingedrungen ist, vollzieht sich in drei Kämpfen: Zuerst werden Riesen in die Flucht geschlagen, dann betritt Thor das Haus der Riesen, wo sie sich zur Wehr setzen. Thor gerät in Bedrängnis – der Str. 13 zufolge wird er auf einem Hut der Riesinnen eingeklemmt. Möglicherweise ist das so zu verstehen, daß Thor auf einem Fels saß, der sich dann als Hut der Riesin erwies, die sich erhob und so Thor gegen das Dach drückte. Thors Gegenwehr mit Steinen und Blitzen ist erfolgreich, der Riesin wird das Rückgrat gebrochen. Danach scheint es ein Mahl mit den Riesen gegeben zu haben, bei dem die Riesen dem Bier reichlich zusprachen und schließlich wirft der Herr der Riesen, Geirrøðr, ein Stück glühendes Eisen gegen Thor, das dieser aber auffangen kann. Offenbar wirft er es aber nicht zurück, sondern schlägt dem Riesen das Haupt ab und spaltet ihn bis zur Mitte des Gürtels mit einer Waffe, die als *meina nesta* ‚Nadel des Unheils' bezeichnet wird. Das könnte ein Schwert sein, aber Thor tritt nicht mit dem Schwert auf, also wird man doch eher an einen Stab, vielleicht sogar den hilfreichen *Gríðar vǫlr* denken. Doch in nächsten Str. hat er plötzlich seinen Hammer wieder und vernichtet mit ihm das ganze Riesengeschlecht. Aber schon in der nächsten Str. ist es wieder ein Stück Holz, im Wald abgebrochen, mit dem er zuschlägt. Frank hat auf die stets wechselnden Waffen des Donnergottes verwiesen, stellt aber fest, daß sich keine dem Ablauf entspr. Logik darin erkennen läßt. Sie erklärt diesen seltsamen Wandel damit, daß „Eilífr's kennings for Thor's weapon seem to be telling and retelling the same mythical event in different terms." (5, 100). Diese haben alle dieselbe Bedeutung: ein Gott vernichtet einen Riesen und gibt damit den Menschen das Leben. Vielleicht könnte man noch etwas weiter denken: Wenn man an die in der *Snorra Edda* referierte Prosa denkt, dann erinnert man sich, daß Loki auferlegt bekam, Thor ohne seinen Hammer in das Riesenreich zu bringen. Könnte es sein, daß die Zauberkraft des *Gríðar vǫlr* darin besteht, sich in das gerade nötige Instrument zu verwandeln und schließlich im entscheidenden Sieg über die Riesen dann doch zum Hammer wird, mit dem sich der Donnergott als das offenbart, was er ist? (vgl. auch eine ähnliche Deutung bei Clunies Ross [1, 388]; sie meint, der vom Riesen geschleuderte glühende Eisenbolzen verwandle sich in den Hammer).

d. Psychologische Deutungen des Mythos. Ausgehend von der Idee Kiils (9, 106), der bereits den reißenden Strom, den Thor durchwatet, als Menstruationsblut der Riesin deutet, hat Clunies Ross eine tiefenpsychologische Deutung des Mythos vorgelegt (1). Sie sieht in der siegreichen Überquerung des Flusses, den sie als Urin oder Menstruationsblut einer mütterlichen Erdgottheit deutet, eine Auseinandersetzung des jugendlichen Gottes Thor mit einer lebensbedrohenden weiblichen Macht der inzestuösen mütterlichen Sexualität. Rettung bringt die (nur bei Snorri erwähnte) Eberesche, an der sich Thor aus dem Fluß zieht, ein Symbol für → Sif, die die Vereinigung mit einer Frau repräsentiert, die nicht durch Blutsbande mit ihm verbunden ist. In analoger Weise wird die Tötung der Riesinnen, die Thor in eine für ihn demütigende Lage bringen, als eine Besiegung der ungezügelten Sexualität der Frauen der eigenen Familie interpretiert. Die Auseinandersetzung mit Geirrøðr ist der erfolgreiche Kampf zw. Vater und Sohn um den Besitz der männlichen Macht, den glühenden Eisenbolzen, der sich in Thors Hand zur eigtl. Waffe des Donnergottes, zum Hammer, verwandelt. Die Fahrt zu Geirrøðr wird so insgesamt zu einer Initiationsreise vom Jugendlichen zum erwachsenen Mann (1).

e. Þ., eine Parodie? Die Interpretation von Lie (10, 389) geht von der Gestaltung der Kenningar aus. Er vermißt an ihnen jegliche panegyrische Funktion der Kenningar, anstelle die Handlung auf eine hohe, überirdische Ebene zu heben, zögen sie sie in eine Alltagssphäre herab, „sie entmythologisieren und anthropomorphisieren so viel wie möglich". Als Beispiele dienen ihm Riesenkenningar, deren Grundwort die Einw. eines Landes bezeichnen wie z. B. *hreinar gnúpu Lista* ‚die Rentiere der Felsen von Lister'. Aber auch Thor und Þjalfi werden ganz einfach *víkingar Gauta setrs* ‚Wikinger des Sitzes des Gautr' (Wikinger Walhalls) genannt. Auch im Stef, das davon spricht, daß weder Thor noch Þjalfi das Herz vor Furcht zitterte, sieht er eine solche Tendenz. Lies Urteil: „Som seriøs, religiøst motivert skaldskap betraktet gjør dette et mildest talt lite andaktsvekkende inntrykk, som infam parodi betraktet er det derimot skaldekunst av høy klasse." [Als seriös relig. motivierte Dichtung betrachtet macht das zumindest einen wenig Andacht weckenden Eindruck, als infame Parodie betrachtet, ist es dagegen skaldische Kunst von hohem Niveau.] Lie schließt daraus, daß die Þ. insgesamt am ehesten zu betrachten sei als „künstlerisch kamouflierte Persiflage", geschaffen von einem Skalden, der sich vom alten Glauben abgewandt hatte.

f. Þ., ein Gedicht für Jarl Hákon? Es ist richtig, daß man anhand der Kenningar den Eindruck gewinnt, Götterwelt und Menschenwelt gehen irgendwie ineinander, doch es gibt dafür möglicherweise eine andere Erklärung als die Parodie. Die Tatsache, daß die Riesen – v. a. in den Str., in denen ihre Besiegung dargestellt wird – mit Kenningar bezeichnet werden nach dem Modell ‚Tiere bzw. Völker der Berge', wobei der Dichter der Þ. insbesondere Gegenden und Völker in Norwegen wählt: Hǫrðar der Steilabhänge (Str. 11), Rentiere der Felsen von Listi (Str. 13), Rygir des Falken-Lagers von Listi (Str. 20), aber auch Völker von Britannien: Schotten der Zauberbucht (Str. 2), Briten, verwandt mit der Schützin (= Skaði) (Str. 11), Kymrer der Höhle (Str. 13), Ella (ags. Kg., Gegner von Ragnarr Loðbrók) des Steins (Str. 20) und schließlich auch noch Dänen und Schweden: Dänen der Rippe der Flut (> Stein > Riesen) (Str. 12), Kälte-Schweden (Variation zu den Reif-Riesen) Str. 12. Bereits Frank (5, 102) hat auf die polit. Bedeutung dieser Kenningar hingewiesen und erklärt sie mit den Versuchen der Nachkommen Eirík blóðøx' (→ Erik Blutaxt), Norwegen mit britischen Missionaren zu christianisieren, wodurch sie zu Gegnern Jarl Hákons geworden seien. Vielleicht sind aber auch die Schotten, Briten und Kymrer die traditionellen Feinde der norw. Wikinger, die ihre Beutezüge gerade auf diese Bereich richten. Sicher ist aber, daß in Norwegen v. a. die Gegenden genannt werden, wo Jarl Hákons Feinde ihre Machtbasis hatten. Einen besonderen Hinweis auf Jarl Hákon gibt noch die Riesenkenning mit dem Grundwort *Ella*. Dieser ags. Kg. wurde 867 von dän. Wikingern bei der Eroberung von York getötet. In der sagenhaften Tradition wurde dies als Vaterrache der Söhne von Ragnar loðbrók interpretiert. Möglicherweise liegt in der Verwendung dieses Namens eine Anspielung auf die Vaterrache, die auch Jarl Hákon auszuführen hatte, dessen Vater von den Eiríkssöhnen und seinem eigenen Bruder getötet worden war.

Eine weitere Eigenart dieses Gedichtes, die schon Lie bemerkt hatte, ist das Schwanken der Kenningar für die Protagonisten zw. Götter- und Kriegerkenningar. Thor wird bezeichnet als ‚Gaut des Heerdonners' (Str. 1), als ‚jemand der die Scharen in Bewegung bringt' (Str. 3), ‚Begleiter der Leute' (Str. 9), ‚Vorantreiber des Kampfes', ‚Schüttler des Feuers des Weges draußen' (Meer > Gold), d. h. Goldausteiler; diese alle sind ganz reguläre Kriegerkenningar. Thor und Þjalfi sind ‚die dem Schwertgefolge Gefährlichen' (Str. 11), die ‚eidverschworenen Wikinger des Sitzes des Gautr', (Str. 8). Lies Interpretation als Parodie, der aber das eigtl. Parodistische fehlt, könnte man folgende Deutung entgegensetzen: Dieses Schwanken erklärt sich aus dem Versuch, die Þ. zu einem Lobgedicht für Jarl Hákon selbst zu machen, und zwar dadurch, daß seine Taten auf die mythische Ebene der Ruhmestaten der Götter gehoben werden. Das geschieht dadurch, daß die Riesen die Namen seiner Feinde tragen, daß die Götter z. T. mit menschlichen Umschreibungen bezeichnet werden. Möglicherweise liegt der Schlüssel für das Gedicht in der Str. 10, der Stefstrophe. In dreifacher Steigerung wird dort vom Mut der Männer gesprochen. Im ersten Helming heißt es, daß die Krieger beim Herabstürzen des Stromes nicht den Mut verloren. Die letzten beiden Zeilen rühmen den Mut von Thor und Þjalfi: ‚Das Herz weder von Thor noch von Þjalfi erzitterte vor Furcht.' Die dazwischen liegenden Zeilen könnten einen Hinweis auf Jarl Hákon enthalten: *ógndjarfan hlaut arfi eiðsfjarðar hug meira* ‚der kampfstarke Erbe des Eidfjordes besitzt einen noch größeren Mut'. Der Eidfjord dürfte die s. Grenze des Machtgebietes von Jarl Hákon gewesen sein, so daß man ihn als Erben des Eidfjordes ansprechen konnte. Die Þ. wäre dann keine Parodie – was man sich am Hof von Jarl Hákon, der das Heidentum aus polit. Gründen wieder eingeführt hatte, kaum vorstellen kann – sondern eine Verwendung eines bekannten Mythos, um durch die Erzählung und die im Lauf der Erzählung durch verschiedene sprachliche Mittel hergestellte Beziehung zw. Thor und Jarl Hákon zu preisen (11).

Wenn die Þ. eigtl. ein Gedicht für Jarl Hákon war, dann könnte man die von der Literaturgesch. immer wieder gestellte Frage (z. B. 10, 397; 18, I, 204) beantworten, wie dieses Gedicht, das wohl am Ende der heidn. Per. entstanden sei, habe in der ganzen christl. Zeit bis ins 13. Jh. hinein überleben können. Darüber hinaus hat möglicherweise der rein mythische und nicht kultische Charakter des Gedichtes sein Überleben gesichert, da die Kirche in erster Linie heidn. Kulte bekämpfte, Mythen aber passieren ließ.

(1) M. Clunies Ross, An Interpretation of the Myth of Þórr's Encounter with Geirrøðr and his Daughters, in: Specvlvm Norroenvm (Norse Studies in Memory of G. Turville Petre), 1981, 369–391. (2) Sveinbjörn Egilsson, Tvö brot af Haustlaung og Þ. færð til rétts máls, og utskýrð með glósum í stafsrófsröð, 1851, 28, 32. (3) Guðmundur Finnbogason, Um Þórsdrápu. Nokkrar athugasemdir, Skírnir 1924, 172–181. (4) Finnur Jónsson, Þ. Eilífs Goðrúnarsonar fortolket, Oversigt over det Kgl. Danske Videnskaberns Selskabs Forhandlinger 1900, no. 5, 369–410. (5) R. Frank, Hand Tools and Power Tools in Eilifr's Þ., in: J. Lindow (Hrsg.), Structure and meaning in Old Norse Lit. New approaches to textual Analysis and literary Criticism, 1986, 94–109. (6) F. Genzmer, Die ersten Gesätze der Thosdrápa, in: Studia Germanica tillägnade E. A. Kock, 1934, 59–73. (7) Ders., Zwei angebliche Fälle von Wortspaltung, ANF 44, 1928, 305–311. (8) Heusler, Dicht. (9) V. Kiil, Eilífr Goðrúnarson's Þ., ANF 71, 1956, 89–167. (10) H. Lie, Þ., in: Kult. hist. Leks. XX, 397–400. (11) E. Marold, Skaldendichtung und Mythol., in: T. Pàroli (Hrsg.), Poetry in the Scandinavian MA. The Seventh International Saga Conference, 1990, 107–129. (12) E. Mogk, Die Überlieferungen von Thors Kampf mit dem Riesen Geirröð, in: Festskrift tillägnad H. Pipping, 1924, 379–388. (13) W. Mohr, Thor im Fluß. Zur Form der anord. mythol. Überlieferung, PBB 64, 1940, 209–229. (14) F. Niedner, Übs. der Þ. des Eilífr Goðrúnarson, Mitt. der Islandsfreunde 17, 1930, 59–63. (15) B. M.

Ólsen, Strøbemærkningar til norske og islandske Skjaldedigte, ANF 18, 1902, 195–210. (16) K. Reichardt, Die Þ. des Eilífr Goðrúnarson: Textinterpretation, Publ. of the Modern Language Assoc. 63, 1948, 329–391. (17) J. Thorkelsson, Bemærkninger til enkelte Vers i Snorra Edda, ANF 6, 1890, 1–13. (18) de Vries, Lit.gesch.

E. Marold

Thron

§ 1: Allgemein – § 2: T. des Herrschers – § 3: Klappstühle für Personen von Rang – § 4: Klotz- und Kastenstühle aus gehobenem Milieu

§ 1. Allgemein. Der T. (griech. θρόνος Sitz, Sessel, Lehnstuhl; lat. *solium*) ist ein wertvoll gestaltetes Möbel zum repräsentativen, erhöhten Sitzen, ist Sinnbild weltlicher und geistlicher Herrschaft, zudem in alten Kulturen, so auch bei den Germ., Sitz der Götter (7). Erhöhtes Sitzen von Würdenträgern wird über Stufen, die zum T. führen, sowie über einen Fußschemel erreicht. Der Herrscher sitzt, die Untertanen stehen, hocken oder liegen vor ihm (9; 10). Im afrikanischen Milieu (2) ist der Hocker als T. bis in die Gegenwart zu beobachten. Noch heute weisen Begriffe wie ‚Heiliger Stuhl' oder ‚Lehrstuhl' auf die Bedeutung des herausgehobenen Sitzens hin (15, 7). Die Ein‚setzung' entspricht der Inthronisation (44, 43). Seit dem 4. Jh. wird Christus als Herrscher thronend dargestellt. Der alte Götterstuhl der Mittelmeerwelt wurde zum T. der Ks. (7, 244 f.; 39). Zur Gesch. des T.s (7, 244 ff. mit Anm. 1), während der Ant. (17).

In hierarchisch gegliederten Ges. gibt es den T., das den führenden Rang ausdrückende Sitzmöbel, für verschiedene soziale Ebenen unterschiedlicher Ränge, den T. als kgl. → Herrschaftszeichen (→ Königsthron), als Sitz führender Amtsträger, ranghoher Militärs oder anderer Angehöriger der Elite, verbunden mit deren Mobilität, den Klappstuhl (→ Faltstuhl), und außerdem in jeder Familie wohl den besonderen Stuhl für den Hausherrn, *pater familias* (→ Mobiliar). Allg. zu Möbeln der Ant. (6), zu Sitzmöbeln der Ant. (6, 321 f. Abb.: Klappstuhl, Korbsessel, Kline), zum ant. Stuhl (16), zum germ. Wort Stuhl (11).

Außer der Form und Qualität des T.s macht erst der erhöhte Standort den Herrschersitz zum eigtl. T. Zum T. führen Treppen hinauf. Der Thronende stellt seine Füße niemals auf den Fußboden, immer auf einen Schemel oder auf vergleichbare abgestufte Treppchen.

In den großen Versammlungshallen in germ. Herrenhöfen (→ Halle) ist mit einer geregelten Sitzordnung und dem herausgehobenen Sitz innerhalb dieser regelhaften Sitzordnung (→ Hochsitz) zu rechnen; doch Spuren von Hochsitzen, die zudem kult. und relig. Aufgaben hatten, sind bisher nicht sicher erkannt worden.

Von Christus und dem kgl. Herrscher bis zum Hausherrn, entspr. bei Frauen von Maria bis zur Hausherrin, ist der vornehme Sitz vom T. bis zum Stuhl als gestufte Rangfolge zu betrachten.

§ 2. T. des Herrschers. Drei verschiedene T.e sind auf den Herrscherbildern und Miniaturen des frühen und beginnenden hohen MAs dargestellt: a) der kastenförmige Sitz mit gerader schulterhoher Rückenlehne, zu dem zwei Stufen führen (44, 44 Abb. 9, 11–13); b) der Sitz entspr. der Cathedra St. Petri, mit einer hohen abgerundeten und tuchbekleideten Rückenlehne, wie der T. Karls des Kahlen in der Vivian-Bibel (44, Abb. 8); c) der kastenförmige T. aus Marmor, einst mit Holzsitz, wie der T. Karls des Großen um 800, zu dem sechs Stufen wie beim T. Salomons hinaufführen (44, Abb. 14).

Der weltliche T. gleicht sich in der äußeren Pracht der Cathedra, dem Bf.ssitz, Symbol der geistlichen Macht, an. Der weltlichen offiziellen Machtübernahme bei der T.-Besteigung ging die rituelle T.-Besteigung des Bf.s schon voraus. Seit dem 4./

Thron 135

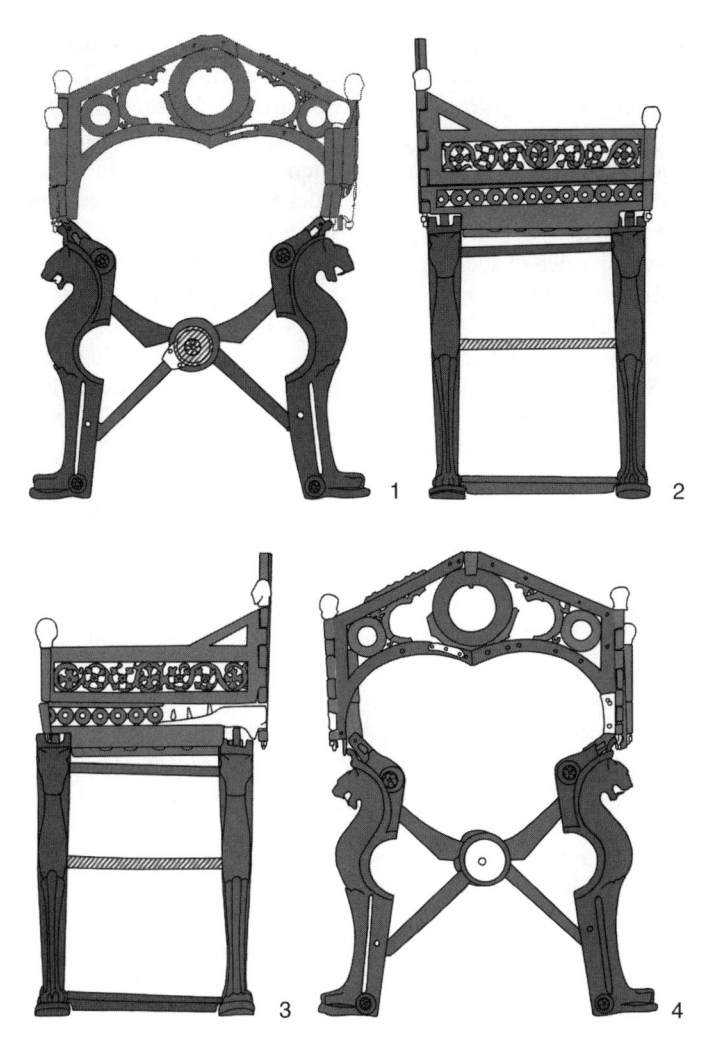

Abb. 13. Konstruktion des Dagobert-Throns. Nach Weidemann (46, Taf. XXX)

5. Jh. werden Christus und Maria als Thronende dargestellt. Die Verehrung des leeren T.s ist Sinnbild der geistigen Anwesenheit der Gottheit allg. im Kult, im röm. Kaiserzeremoniell und im christl. Ritus Symbol des erhöhten Christus. Bei den merow. und karol. Kg. war der T. zum Inbegriff ihrer Herrschaft geworden, zum *indicium* des *regnum* (39, I, 336; 20).

Herausragendes Beispiel für einen frühma. T. ist der sog. Dagobert-T. Dieser T. → Dagoberts I. (623/629–638/639) (zum Rang → Königsthron S. 137) soll in seinem technischen Aufbau kurz beschrieben werden (Taf. 6a; Abb. 13) (12; 29; 41; 46; 47; 44, 45 f. mit Abb. Kat. 11; 22, 170 f. Kat. 1.25 mit Abb.; 39, I, 316 ff. Abb. 36–37; 32, 283 Taf. 243; 33, 281 und Taf. 68).

Die tiergestaltige Form der Füße war im alten Orient bekannt; die Beschreibung des Salomonischen T.s im AT erläutert die Verzierung mit Gold und Elfenbein sowie die Erhöhung durch Stufen: „Und der König [Salomon] machte einen großen Thron von

Elfenbein und überzog ihn mit dem edelsten Gold. Und der Thron hatte sechs Stufen, und hinten am Thron waren Stierköpfe, und es waren Lehnen auf beiden Seiten am Sitz, und zwei Löwen standen an den Lehnen. Und zwölf Löwen standen auf den sechs Stufen zu beiden Seiten. Dergleichen ist nie gemacht worden in allen Königreichen." (Kön. 1, 10.18–20); dazu die Abb. mit dem weisen Salomon umgeben von Leibwächtern und Hofstaat, außerdem mit David, den Tod Sauls und Jonathans beklagend (Bibel von St. Paul vor den Mauern, Rom, fol. CCCXXXIV v, c. 188 sowie c. 93r, um 870 [44, 43 f. Abb. 11 und 12]; Stuttgarter Bilderpsalter, fol. 109r, 820/830 [44, 45 Abb. 13]).

Bei dem T. Dagoberts I. handelt es sich um einen Faltstuhl in ant. Tradition (*cella curulis; faldistorium* als Sitz des Konsuls). Er ist 1,04 m (Sitzfläche) hoch und 0,78 bzw. 0,82 m br., mit Seiten- und Rückenlehnen (1,15 m bzw. 1,35 m Hh.), auch von repräsentativem Gewicht, aus Bronze gegossen und war einst vergoldet. Er wurde mehrfach überarbeitet bzw. ergänzt. Nach Weidemann u. a. gehört das Kernstück des Klappstuhles in das 7. Jh., im 9. Jh. kamen die Lehnen hinzu, und im 12. Jh. wurde der T. unter Abt Suger von St. Dénis wieder restauriert (46, 259). Die Großkatzen-Protome gehören zu den ältesten Teilen und zeigen lombardischen Einfluß aus dem späten 8. Jh. (44, 45). Die Pflanzenornamente auf den Querstreben werden mit denen am →Warnebertus-Reliquiar und auf den Schrankenplatten von → Metz (→ Bilddenkmäler S. 557) verglichen, was zeigen würde, daß der T. im 7. Jh. gegossen worden sei. Die Pantherköpfe gehören „zu den wenigen erhaltenen Vollplastiken der vorkarol. Zeit und bezeugen den hohen Rang der merow. Hofkunst, die sich ... sehr eng an antike Vorbilder anlehnte" (M. Schulze in 32, 283 Nr. 243). Doch kann es sich nach Helmut → Roth beim Kern des T.s auch um eine wiederverwendete ant. *sella curulis* handeln, der damit wesentlich älter wäre (33, 74 und 281 Nr. 68). Der T. wird vielleicht um 800 in das Kloster St. Denis gekommen sein. Mitte des 9. Jh.s wurden die durchbrochenen Seitenteile und die giebelförmige Rückenlehne geschaffen, auf Veranlassung Karls des Kahlen, wie die stilistische Nähe zur Metzer Hofschule zeigt.

Der Dagobert-T. wird mit dem T. Lothars I. in dessen Psalter gleichgesetzt, der kurz nach 842 mit Löwenköpfen an den Seiten und Tatzen als Füßen gezeichnet ist (44, Abb. 6: Lothar-Psalter, Brit. Library London, Add. Md. 37768, fol. 4r, und weitere Thron-Abb. des 9. Jh.s 38 ff. Abb. 7–10; auch 22, I, 199 Abb. 3). Löwenstühle sind in der karol. Buchmalerei des 9. Jh.s häufiger dargestellt. Sie gehen zurück auf Konsulardiptychen des 5. und frühen 6. Jh.s, die Löwenstühle zeigen und sicher datiert sind. Auf ihnen thront Christus oder Maria.

Der T. des Dagobert ist ein Klappsessel (*faldistoria, sella plicatilis*) (38). Das Zusammenklappen für den Transport an andere Plätze ist ein entscheidendes Element des Herrschersitzes (→Faltstuhl S. 180 f.), nicht nur des Reise-Kg.s, sondern auch aller anderen mobilen Amtsträger. Damit wurde das Sitzen während eines Rituals an jedem Ort möglich, um bei der Zeremonie Rang zeigen zu können. (Napoleon stiftete als Konsul am 19. Mai 1802 im Feldlager von Boulogne, auf dem Dagobert-T. sitzend, den Orden der Frz. Ehrenlegion: 41, 266; 32, 74).

Der T. → Karls des Großen in der Marienkirche von → Aachen, der *regia sedes* (→ Königsthron S. 137), hat einen eichenen Holzkern und besteht aus ant. Marmorplatten in tertiärer Verwendung (wie ein eingeritztes Mühlespielfeld an einer Seitenwange belegt), die mit bronzenen Klammern zusammengehalten werden. Er ist in Aachen zw. 760–825 entstanden (22, 136 Abb. 4 und Kat. Nr. 2–23); es war der T., auf dem Karl der Große zum Kg. gesalbt und feierlich auf den T. des Kgr.s der Franken gesetzt worden war (14, 39).

Die Cathedra St. Petri aus der Peterskirche in Rom ist ein um 870 für Karl den Kahlen gefertigter T. aus Eichenholz (44, 44 f. mit Abb. 13 als Beispiel) (→ Königsthron S. 138).

Der T. in Goslar, 1060–1080, aus Bronze gegossen, ohne Spuren von Vergoldung, Hh. in der Mitte 89,3 cm, an den Seiten 61 cm, Br. 65,8 cm, Stärke der Bronzeplatten 2,2–2,8 cm, stammt aus der Zeit Heinrichs IV.; erhalten geblieben sind nur die Lehnen, der Sitz war aus Stein. Die Lehnen bestehen aus durchbrochenem Blatt- und Rankenwerk mit Palmettenblüten, wie in der byz. Buchmalerei und der Goldschmiedekunst des 10. Jh.s üblich (18, 20 Abb. 9; 27).

Auf dem Teppich von Bayeux (→ Bayeux Tapestry), entstanden gegen 1080, sind mehrere durchaus unterschiedliche T.e abgebildet. In der Anfangsszene sitzt Kg. Edward der Bekenner auf einem T. mit Korbgeflechtlehne und Holmen, die in einem Löwenkopf enden, und die Füße des Kg.s stehen auf einem flachen Schemel; bei den Verhandlungen um Lösegeld für den gefangenen Harald sitzt Graf Guy auf einem bankartigen T., dessen Seitenlehnen Tatzenfüße haben und oben in Tierköpfen enden; später sitzt auch Wilhelm auf einer solchen T.-Bank (beide sind zudem als Herrscher durch das senkrecht gehaltene Schwert in der Linken kenntlich, das sie wie ein Szepter halten); anschließend sieht man Wilhelm wiederum auf einer T.-Bank, diesmal ohne Seiten- oder Rückenlehne, doch enden die Holme der Bank oben in Tierköpfen, die Füße des Kg.s stehen auf einem Schemel bzw. Stufen führen zum T.; bei der Krönung Haralds sitzt der Kg. auf einem komplex gestalteten Kasten-T., später wiederum auf einem T., zu dem drei Stufen führen, und Wilhelm auf einem T. mit Tierköpfen und Tatzen. In allen Fällen werden die Füße des Herrschers nicht auf den Boden gesetzt, sondern immer auf einen abgetreppten Schemel oder ein Fußbänkchen.

§ 3. Klappstühle für Personen von Rang. Im Grab des Tutanchamun (18. Dyn., um 1320 v. Chr.) standen mehrere T.e zw. vielen anderen Möbeln, dabei auch ein hervorragend geschmückter Faltstuhl. Außerdem gibt es mehrfach Abb. mit dem Pharao oder einer Königin, die auf einem Klappschemel sitzen. Der Faltstuhl hatte auch hier schon die Funktion des repräsentativen Sitzens. Zeitgleich gibt es in Europa während der BZ derartige Faltstühle, die zur Ausstattung meist herausragend ausgestatteter Gräber gehörten (→ Faltstuhl; neue Befunde: 30).

Der Klappstuhl erschien im 6. Jh. v. Chr. in Griechenland als Sitz der Götter und Heroen, wurde von den Etruskern übernommen, bei den Römern mit Elfenbein geschmückt und diente als *sella curulis,* als Amts- und Ehrensitz der höheren Beamten (31; 39, I, 317 ff.; 45, 121 ff.). *Sellae curules* oder *sellae castrensis* waren seit der republikanischen Zeit Rangzeichen höchster Würdenträger in Rom, auch für Ks. (5), und sie zeichneten ebenso in den Prov. als Grabbeigaben entspr. Ränge aus (21), z. B. in Rätien im → Wehringen Grab 13.

Die Gestalt des Klappstuhls blieb bis in die Neuzeit Zeichen von Rang und Würde, weshalb am Ende sogar Pseudofaltstühle hergestellt wurden, die keinen Klappmechanismus mehr hatten (13, 75). Klappstühle sind ein bewegliches und gut zu verstauendes, somit leicht transportierbares Sitzmöbel (→ Mobiliar), das überall mit hingenommen werden kann, nicht nur auf die Reise, sondern auch an die Plätze, an denen – seit der BZ bis ins MA – Ranghöhe auch durch Sitzen ausgedrückt werden sollte. Es verwundert daher nicht, daß auch der Dagobert-T., obwohl beachtlich schwer, immer noch als Faltstuhl konstruiert ist (Taf. 6a).

Ein Klappstuhl besteht aus zwei rechteckigen in der Mitte durch einen Niet beweglich verbundene Rahmen; die Sitzfläche ist aus organischem Material hergestellt. Seit röm. Zeit sind Klappstühle aus Eisen überliefert; ein Kennzeichen der röm. Möbel sind S-förmige Winkelstützen, die bei den frühma. Faltstühlen fehlen (48; 3, 117 ff. 134 ff.; zu den röm. Fundstücken: 34, 286, Anm. 12). Aus → Nijmegen Grab 9, Grabung 1981–83, sind die Reste eines hölzernen Klappstuhls – wie zur BZ – erhalten, datiert um 100 n. Chr., in Form eines röm. Amtssessels, dem vom Rang her auch die übrigen Grabbeigaben entsprechen (13, 85).

Im Frühma. behielt der Klappstuhl seine Funktion als offizieller Würdesitz des Herrschers oder einer ranghohen Persönlichkeit bei, z. B. für Richter und klerikale Würdenträger, und ist in zahlreichen Bilderhss. überliefert, oft mit angesetzter Rückenlehne (13, 85 f. Abb. 49; 8, 22). Im Stuttgarter Bilderpsalter, um 820–830, ist ein Faltstuhl mit davorstehendem Fußbänkchen dargestellt. Der Faltstuhl hat Raubtierköpfe an der Sitzfläche und Pranken an den Füßen (Bibl. fol. 23, S. 64v, Württ. Landesbibl. Stuttgart) (28, 61 Abb. 43). „Als Sitzmöbel offizieller Würde hat der Klappstuhl auf Siegeln, Münzen und Skulpturen des Mittelalters bei Königen und Bischöfen eine große Rolle gespielt, noch in der ... Buchmalerei des 12. Jh.s" (28, 60; vgl. 25, Teil 2, 35 Anm. 1415).

Bei den Faltstühlen der MZ sitzen an den Schmalseiten eingelassene Rundösen, durch die ein Stab geführt ist, an dem die Sitzfläche befestigt wird (Beispiele: 34, 286 Anm. 13, 291 Fundliste mit frühma. Beispielen aus Frankreich, Italien, Ungarn, der Türkei und Nubien). Häufig sind die Eisenteile mit einer Silber-Messing-Tauschierung geschmückt, die auf ant. Vorbilder zurückgeht (zu den Mustern 19, 270 ff. Abb. 48; 34, 288 Abb. 6), vergleichbar mit röm. Grabreliefs, die derartige Amtsstühle mit Verzierung exakt darstellen (37, 165). Die Faltstühle kommen im frühen MA v. a. im byz. beeinflußten Raum und den angrenzenden Nachbargebieten vor, so in Ungarn bei den Awaren und Italien bei den Langob. Im türk. Sart/Sardis fanden sich Klappstühle in der Siedlung, datiert 400–616 n. Chr., im nubischen Ballana standen acht in der sog. Kg.sgräbern des 5. Jh.s, aus Ungarn sind vier Faltstühle bekannt (19, 270: Frühawarenzeit 2. Hälfte 6./frühes 7. Jh.; 34, 287 und Liste). Allein im langob. Gräberfeld von → Nocera Umbra fanden sich sechs Faltstühle (in den Gräbern 1, 5, 17, 60, 79 100), datiert um 600. Aus dem Gebiet n. der Alpen ist nur ein Fund aus Frankreich zu nennen, aus dem Frauengrab 363 aus Breny, Aisne, datiert um 500 (34, 291 Fundliste; 2, 104 Fig. 4 und dazu die Diskussion um eine kgl. *villa*). Die tauschierten Faltstühle (→ Zamárdi Taf. 21b) sind sicherlich in Italien in verschiedenen Werkstätten hergestellt worden, wofür auch die Verzierungsmuster selbst sprechen (19, 272. 275), zudem auf dem Klappstuhl aus Grab 60 von Nocera Umbra die Inschr. UTERE FEL(IX) angebracht ist.

Ranghöhe im Sinne eines T. symbolisiert der Klappstuhl (24, 63 Abb.), der am Kopfende im überaus reichen Fürstengrab von Prittlewell, Southend-on-Sea, Essex, stand, das 2003 entdeckt wurde und in die Zeit zw. 600–630 datiert wird (14a). In manchen Aspekten der Ausstattung ist es mit dem Schiffsgrab von → Sutton Hoo vergleichbar.

Doch nicht nur männliche Amtspersonen bekamen Faltstühle mit ins Grab, sondern anscheinend auch häufig Frauen, und zwar sowohl in röm. Zeit als auch im frühen MA. Die Gräber sind meist reich mit Beigaben ausgestattet oder aufwendig hergerichtet; z. B. kommen Faltstühle in röm. Wagengräbern vor (34, 290). Regelerscheinungen in der Beigabenauswahl zeichnen sich bei diesen Bestattungen aber nicht ab, wie schon bei Gräbern mit Faltstühlen während der BZ zu beobachten; doch weisen sie meist auf gehobenes Milieu hin, in dem Klappstühle anscheinend zum zivilisatorischen Standard gehörten und allg. Machtstellung und Würde ausdrückten (34, 290).

Ein anders gestalteter Faltstuhl, aus Eisen, Silber, Kupfer, tauschiert und teilvergoldet, Hh. 58 cm, Br. 55 cm, T. 48,5 cm (Pavia, Musei Civici, Inv. Nr. Or 41) (42, 53 f. Nr. II.12), datiert 8./9. Jh. (19, 274), wurde bei Bauarbeiten 1949 im Flußbett des Ticino entdeckt. X-förmig angeordnete Eisenstäbe laufen in einem Drehmechanismus in der Mitte zusammen, breite Kufen dienen als Standrahmen und entspr. Stäbe oben zur Befestigung der Sitzfläche (Taf. 6b). Zum ornamentalen Schmuck gehören Tierfüße, heraldische Figuren mit sich gegenüberstehenden Tieren sowie ein Lebensbaum am Scharnier. Daß dieser Faltstuhl die Grabbeigabe einer Amtsperson oder eines hohen Militärs war, als *sella castrensis*, ist unwahrscheinlich; jedenfall sind Grabbeigaben im langob. Raum seit dem 8. Jh. nicht mehr üblich. (Zu weiteren jüng. Klappstühlen in verschiedenen Museen: 19, 276; 48).

Wie schon zur BZ gab es auch zur MZ Klappstühle aus Holz, erkennbar anhand der eisernen Achse mit Abschlußknöpfen sowie weiterer Metallbeschläge (Rekonstruktion eines solchen Faltstuhls aus Grab 551.12 von Schleitheim: 25, Taf. 63; aus Grab 79 von Oberflacht: 28, 61). Die Achsen sind zw. 37,5–60 cm lg. und entsprechen damit den Maßen der eisernen Faltstühle aus röm. Zeit und der MZ wie z. B. aus Nocera Umbra. Für den sö. Reihengräberkreis, S-Deutschland und N-Schweiz, konnten von 16 Fundplätzen mehrere solcher Klappstühle nachgewiesen werden, die Verbreitungen der Klappstühle aus Metall oder Holz schließen sich also gewissermaßen gegenseitig aus (25, 194 Karte Abb. 116). Die Konstruktion ist denn auch unterschiedlich. Während alle metallenen Faltstühle eine Scharnierkonstruktion aufweisen, wie das auch zumeist im Bild dargestellt wurde, haben die Holzklappstühle statt dessen die durchgehende Achse. Sie gehören überwiegend in das späte 5. und 6. Jh. und waren zumeist Beigabe in reich ausgestatteten Frauengräbern, aber auch in einigen Männergräbern, so im Grab von Entringen mit Goldgriffspatha. Also waren Klappstühle auch hier in der Regel Bestandteil eines gehobenen Ausstattungsmusters als Zeichen von Macht und Würde des Besitzers (25, 194). Aus dem frühen 6. Jh. sagt eine schriftliche Überlieferung, daß im Kloster Condat „Holzarbeiten (eine *sella*) angefertigt wurden" (25, 195).

Die reichhaltige bildliche Überlieferung (Buchmalerei, Elfenbeinarbeiten, Malerei, Mosaike, Münzen, Sarkophage, Toreurik) (25, Teil 2, 35 Anm. 1415) zeigt außer den T.en des Herrschers im profanen Bereich sitzende Männer und Frauen, die gehobenen Lebensstil repräsentieren, oft umgeben von Dienern, ein Aspekt ant. Lebensweise, der von der germ. Oberschicht übernommen wurde. Auffällig ist, daß man auf den Klappstühlen aus Holz so saß, daß die sich überkreuzenden Stuhlbeine vorn und hinten standen, kennzeichnend für das Sitzen auf Faltstühlen in MA und Neuzeit, während man in der Ant. so saß, daß sich die Beinscheren an den Seiten des Stuhles befanden (25, 195).

§ 4. Klotz- und Kastenstühle aus gehobenem Milieu. Der Baumsessel oder Klotzstuhl wird aus dem Stammholz eines Baumes unter Beibehaltung der urspr. Rundung gefertigt, indem man den Baumklotz aushöhlt und als Sitz mit gerundeter Lehne verwendet (13, 55). Darst. im Bereich der → Situlenkunst zeigen Thronende auf Sesseln oder (Korb-) und Klotzstühlen (13, 56).

Im Gräberfeld auf der Fallward (→ Wremen § 2 mit Taf. 8b) stand im Bootsgrab als Klotzstuhl ein 65,5 cm hoher T.-Sessel, aus einem ausgehöhlten Erlenstamm gearbeitet, mit Kerbschnitt in Hakenkreuzmäander verziert sowie mit Kerbschnittflechtbändern und Winkelornamenten, gesäumt von Kerbbändern, datiert 1. Hälfte 5. Jh. n. Chr. (40, Abb.). Die Funktion als T. könnte dadurch betont worden sein (40a, 149), daß der Schemel mit Runeninschr. zum Aufsetzen der Füße einst vor den T. gestellt war. Er fand sich zu Füßen des Toten. In einem reich mit Schmuckbeigaben versehenen Kindergrab stand ein weiterer kleiner Klotzstuhl. Ob die zwei prächtig mit Kerbschnitt verzierten Vogelköpfe aus Grab 11 von → Oberflacht zu einem Klotzstuhl ähnlich wie dem von der Fallward oder zu einem Kastenstuhl gehört haben oder einem ganz anderen Zweck dienten, bleibt offen (28, 70 ff. mit Abb. 59).

Daß die Nachbildungen von sog. Klotzstühlen oder T.-Sesseln in Miniaturformat als sehr kleine Amulette in Südskand. im Rahmen des Frauenschmucks verwendet wurden, spricht ihnen eine besondere Bedeutung zu, der Hauck nachgegangen ist (7). Diese Miniatur-T.e waren als Amulette Devotionalien wie die → Goldbrakteaten. Mehr als zehn derartige Klotzstuhlversionen sind im N bekannt und zwar aus Frauengräbern in → Birka (Grab 632 und Grab 968 aus Silber), aus → Fyrkat Grab 4, aus den Schätzen von Gravlev und von → Fölhagen. Sie sind aus Bronze oder oft aus Silber gefertigt. Ein Klotzstuhl aus Ihre besteht aus Bernstein, ein T.-Anhänger von → Eketorp ist silbervergoldet (7, 266; auch 13, 478 f. Taf. 92 und 93 zu den Miniaturstühlchen).

Ein Klotzstuhl in natürlicher Größe ist in Sauland, Telemarken, erhalten, verziert mit Tierornamentik des 9. Jh.s (7, 257 Fig. 14; 13, 58 Fig. 28), ein weiterer in Hallingdalen, Norwegen (28, 62 Abb. 46).

Klotzstühle sind auch bildlich überliefert, so zwei auf einer Darst. im Stuttgarter Bilderpsalter (Bibl. fol. 23, S. 146v, Psalm 126, Württ. Landesbibl.) (28, 63 Abb. 47) oder ein Stuhl auf dem Brakteat aus Grab 21 von → Várpalota, Ungarn, mit einer sitzenden Gottheit (7, 257 Fig. 13; 28, 73 Abb. 61). Auf dem Oseberg-Teppich sind zwei Klotzstühle hintereinander auf einem Wagen dargestellt (→ Wandbehang Taf. 12a; 13, 59 Abb. 30). Ähnliche Stühle sind im Kopfteil auf dem Bildstein vom Kirchhof von Sanda (7, 258 Fig. 15; 13, 59 Abb. 29) aus dem 11. Jh. wiedergegeben: zwei Götter sitzen jeweils auf einem Klotz-T., und zw. ihnen steht ein Mann mit Lanze. Man vermutet, daß dieses Bild einen Rechtsakt wiedergibt; denn die rechte bärtige Gestalt faßt den Speer des vor ihm stehenden Kriegers.

Auch kistenförmige Stühle mit hoher Lehne und einem Fußschemel dienten als T. und herrschaftlicher Sitz, manchmal, so in der Bildüberlieferung, mit einem Baldachin, der den Götterhimmel über dem Götterstuhl bildete und so sinnfällig Himmel und Erde verklammerte (7, 245). Daher befinden sich unter den Miniaturmöbeln ebenfalls Kastenstühle, so in Birka Grab 844, in Gräbern von Eketorp und Tolstrup (7; 13, 74 Taf. 92) und in Haithabu (→ Haiðaby). Aus einem Körpergrab des Südgräberfeldes von Haithabu stammt ein solcher Miniatur-T. aus Silber (mit einer insgesamt nur 2,5 cm br. und 1,52 cm hohen Rückenlehne), mit Vogelfiguren auf der Rückenlehne und langschwänzigen Tieren als Seitenlehnen, Löwen oder Wölfe, datiert ins frühe 10. Jh. Das Stück könnte gewissermaßen die hundertfache Verkleinerung eines in seiner Sitzfläche 1,1–1,2 m großen und in der Rückenlehne 1,5 m hohen hölzernen T.s gewesen sein (7, Taf. XXIII Abb. 67; 13, Taf. 93,10).

Der T. des Ebf. Maximian (545–553) in Ravenna, 6. Jh., gehört zu den Kastenstühlen mit gebogener Rückenlehne; er besteht im wesentlichen aus Elfenbein (33, Taf. 95; 43), die Schnitzereien zeigen Weinrankendekor und Paradiesdarst. mit einer Tierwelt im Rankenwerk. Er ist ein typischer Vertreter byz. Elfenbeinkunst.

Holzstühle, als Kastenstühle gebaut oder rechteckig aus gedrechselten Stäben zusammengesetzt, sind in Gräbern ranghoher Personen der MZ mehrfach überliefert, so im Knabengrab unter dem Kölner Dom, in → Oberflacht Grab 92 und Grab 84 (Doppelstuhl), in → Neudingen und → Trossingen. Die kostbaren Stühle weisen meist gedrechselte Rücken- und Seitenlehnen auf. Im Frauengrab 168 von Neudingen standen neben anderem Holzgerät ein Totenbett sowie zu Füßen ein Stuhl und darunter ein Schemel, dendrodatiert ins 2. Viertel des 6. Jh.s (4, 164 Abb. 24).

Als T. und damit als Sitz einer Gottheit dienten Stühle auf Wagen, wie wahrscheinlich im Rahmen des Nerthus-Kultes (→ Nerthus und Nerthuskult). In diesen Zusammenhang gehören die beiden Wagen von → Dejbjerg aus der jüng. vorröm. EZ. Die älteren → Kultwagen der UZ und HaZ tragen statt eines T. die Sonnenscheibe (→ Trundholm), Kessel oder stehende Gottheiten (z. B. Strettweg; → Kultwagen). Doch gehörten Wagenstühle auch zu den als Grabbeigabe überlieferten vierrädrigen Wagen der HaZ (→ Wagen und Wagenbau, Wagengrab § 5), womit Rang ausgedrückt wurde (→ Fahren und Reiten). Ein thronartiger Kastenstuhl mit Bemalungsresten stand im Grab von → Oseberg, vermutlich Sitz für die Königin Åsa (13, Kat. 788 Taf. 85/86), der vergleichbar mit den Wagenstühlen ist.

Die Mutter Gottes, Maria mit dem Jesuskind auf dem T.-Sessel, flankiert von Engeln, ist auf einem Goldmedaillon aus einem Schatzfund von Zypern aus der Zeit um 600 abgebildet (36, 131 Abb. 3); eine ähnliche Darst. findet sich auf dem Pemmo-Altar in → Cividale, um 725 (36, 133 Abb. 5). In beiden Fällen stehen die Füße der Maria nicht auf dem Boden, sondern − auf dem Altarbild deutlich herausgearbeitet − auf einem Schemel; und bei beiden T.en handelt es sich um Kastenstühle mit gedrechselten Holmen. Maria mit dem Kind ist auf einer der Phaleren vom Zaumzeug aus dem Kammergrab 1 von → Hüfingen ‚Gierhalde' abgebildet, einer Kriegerbestattung, dendrodatiert 606. Sie sitzt auf einem T. aus gedrechselten Holmen mit hoher Rückenlehne, und die Füße stehen auf einem geriffelt gezeichneten Schemel. Die Phaleren stammen sicherlich aus dem byz. Mittelmergebiet. Ähnlich gestaltet und datiert sind die Phaleren aus dem Kammergrab 17 von → Niederhone bei Eschwege, ebenfalls einem Reitergrab. Zwei von ihnen zeigen einen Mann zw. zwei aufgerichteten Bären, und auf der dritten sitzt eine Frau mit einer Krone auf einem T., flankiert von zwei ebenfall aufgerichteten Löwen, die einen entspannten Reflexbogen in den Händen hält.

In diesem Zusammenhang ist eine Scheibenfibel aus Grab 81 von Eichstetten am Kaiserstuhl zu nennen, datiert Mitte 7. Jh., die den Einfluß röm. Bildmotive auf die germ. Kunst der MZ zeigt (35, 53 ff. mit Abb. 11). Auf der Preßblechfibel vom sog. Invicta Roma-Typ aus Bronze mit 5,5 cm Dm. ist die Göttin Roma dargestellt, auf einem T. sitzend, der anscheinend aus gedrechselten Holmen aufgebaut ist und auf einem Podest steht. In der linken Hand hält sie eine Lanze, in der rechten eine Kugel mit der Göttin Viktoria. Die Inschr. ist zwar nicht mehr zu lesen, doch als INVICTA ROMA UTERE FELIX zu rekonstruieren. Im 7. Jh. sind anhand von Modeln zahlreiche derartige Fibeln hergestellt worden. Die Darst. geht auf röm. Münzbilder oder Medaillons des 4./5. Jh.s zurück, die also noch in dieser Zeit bekannt war. Sie zeigt schon ebenfalls gerippte Holme des T.s. Das Bild der Roma scheint zudem als Kaiser- oder Christusbild umgedeutet worden zu sein (35, 55 Anm. 212).

Der T. Christi auf einem Mosaik in S. Maria Maggiore in Rom ist als prächtig mit Edelsteinen besetzter Kastenstuhl dargestellt, datiert ins 5. Jh. Der leere T. auf einem Mosaik in der Zenokapelle in Rom, datiert 9. Jh., ist ähnlich gebaut und geschmückt (7, Taf. 75 und 76). Jüng. Abbilder zeigen Richterstühle mit Pfosten, die oben in Tierköpfen enden (28, 67 ff.). In der ir. Buchmalerei des 8./9. Jh.s sind Kastenstühle bzw. T.e mit Vogel- oder Tierköpfen oben an den Pfosten der Lehne abgebildet, mit der Mutter Gottes (im Book of Kells), mit Kg. David auf einem Hochsitz oder mit Evangelisten (28, Abb. 54 und 55).

Ein Kastenstuhl aus dem hohen MA ist in Suntak, Schweden, erhalten, mit hoher Rückenlehne und einer Seitenlehne, die in einem Raubtierkopf endet; er trägt eine Runeninschr. (13, 74 Abb. 46).

Kg. David sitzt auf einem Kasten-T. mit dem Schwert über dem Schoß (Stuttgarter Bilderpsalter fol. 105r, 820/830 [44, 52 Abb. 16]), so wie noch der Graf von Freiburg am Turm des Freiburger Münsters auf dem T. sitzt, mit übergeschlagenem Bein und quer darübergelegtem Schwert als Zeichen seiner Gerichtshoheit für Kapitalverbrechen.

Eine besondere Form sind Doppelstühle. Sie sind auf der silbernen Preßblechfibel von Eichtersheim, Rhein-Neckar-Kreis, abgebildet, deren Lehne(n) enden oben in Tierköpfen, ähnlich wie in Holz erhalten im Grab 84 von Oberflacht (13, 90 Abb. 51; 28, 75 ff. Abb. 63). Im Bild auf der Fibel sitzen zwei vermummte Männer, beschäftigt mit einem Trankritual, erkennbar an den beiden Trinkhörnern (→ Trinkhorn).

Außer durch herrschaftliches Sitzen auf einem Stuhl wurde Ranghöhe anscheinend auch durch Liegen – nach ant. Vorbild – auf einem repräsentativen Möbel ausgedrückt, was im Totenkult seit der Ant. nachweisbar ist (23). Von dem Sofa aus Bronzeblech der HaZ, der Kline von → Hochdorf, bis zu den hölzernen, fein gedrechselten Betten in reich ausgestatteten Gräbern der MZ (Knabengrab unter dem Kölner Dom, Oberflacht Grab 84 und 211, Trossingen Grab mit Leier), sind Beispiele aus reichen Gräbern überliefert, in denen zudem gleichfalls ein sorgfältig gearbeiteter Stuhl stand.

(1) F. Armand, Localisation d'un palais royal mérov. dans l'Aisne: La *villa Brennacum*, Rev. Arch. de Picardie 2005, 101–107. (2) S. Bocola (Hrsg.), Afrikanische Sitze, 1994. (3) E. B. Bonis, Das kaiserzeitliche „Wagengrab" Nr. 3 von Környe, Folia Arch. 33, 1982, 117–156. (4) T. Brendle, Schemel, Stuhl und Totenbett, in: Cum grano salis. Beitr. zur europ. Vor- und Frühgesch. (Festschr. V. Bierbrauer), 2005, 143–164. (5) J. Creighton, Coins and Power in Late Iron Age Britain, 2000. (6) N. Cholidis u. a., Möbel, in: N. Pauly VIII, 318–323. (7) H. Drescher, K. Hauck, Götterthrone des heidn. Nordens, Frühma. Stud. 16, 1982, 237–301. (8) H. Eckstein, Der Stuhl – Funktion, Konstruktion, Form – von der Ant. bis zur Gegenwart, 1977. (9) H. Eickhoff, Himmelsthron und Schaukelstuhl, 1993. (10) Ders., Kulturgesch. des Sitzens, in: Ders. (Hrsg.), Sitzen. Eine Betrachtung der bestuhlten Ges., 1997. (11) H. Falk, Stuhl, in: Hoops IV, 296. (12) D. Gaborit-Chopin, Trône de Dagobert, in: Le trésor de Saint-Denis, 1991, 63–68. (13) B. Grodde, Hölzernes Mobiliar im vor- und frühgeschichtl. Mittel- und N-Europa, 1989. (14) N. Gussone, Ritus, Recht und Geschichtsbewußtsein. T. und Krone in der Tradition Karls des Großen, in: [22], 35–47. (14a) S. Hirst, The Prittlewell prince: the discovery of a rich Anglo-Saxon burial in Essex, 2004. (15) E. Holm, Stühle: von der Ant. bis zur Moderne. Eine Stilgesch. des Sitzmöbels, 1978. (16) R. Hurschmann, Stuhl, in: N. Pauly XI, 1059 f. (17) Ders. u. a., T., in: N. Pauly XII/1, 501–503. (18) R. Kahsnitz, T.-Lehnen, in: Ch. Stiegemann, M. Wemhoff (Hrsg.), Canossa 1077. Erschütterung der Welt. Gesch., Kunst und Kultur am Aufgang der Romanik, 2. Kat., 2006, 19–21. (19) A. Kiss, Das awarenzeitliche gep. Gräberfeld von Kölked-Feketekapu, 1996. (20) Th. Klauser, Die Cathedra im Totenkult der heidn. und christl. Ant., ²1971. (21) G. Kossack, Wagen und faltbarer Sessel in Gräbern röm. Provinzen, BVbl. 65, 2000, 97–107. (22) M. Kramp (Hrsg.), Krönungen. Könige in Aachen – Gesch. und Mythos 1–2, 2000. (23) H. Kyrieleis, T.e und Klinen. Stud. zur Formgesch. altorientalischer und griech. Sitz- und Liegemöbel vorhellenistischer Zeit, 1969. (24) D. Lakin, Der Fürst mit dem Kreuz, Arch. in Deutschland, 2005, H. 3, 62 f. (25) J. Leicht, Die Beigaben der frühma. Gräber: Grabungen 1983–1990, in: A. Burzler u. a., Das frühma. Schleitheim – Siedlung, Gräberfeld und Kirche, 2002, Teil 1, 122–195 und Anm. sowie Taf. in Teil 2. (26) I. Liversidge, Furniture in Roman Britain, 1955. (27) E. Meyer, Der Ks.stuhl in Goslar, Zeitschr. des Dt. Ver.s für Kunstwiss. 10, 1943, 183–208. (28) P. Paulsen, Die Holzfunde

aus dem Gräberfeld von Oberflacht und ihre kulturgeschichtl. Bedeutung, 1992. (29) P. Périn, Trône de Dagobert, in: Ders., L.-Ch. Feffer (Hrsg.), La Neustrie. Les pays au nord de la Loire, de Dagobert à Charles de Chauve (VIIe–IXe siècles), 1985, 47. (30) K. Prangsgaard u. a., Gravhøje ved Lejrskov, Kuml 1999, 53–97. (31) G. M. A. Richter, The Furniture of Greeks, Etruscans and Romans, 1969. (32) H. Roth (Hrsg.), Kunst der VWZ, Propyläen Kunstgesch. Suppl. 4, 1979. (33) Ders., Kunst und Handwerk im frühen MA. Arch. Zeugnisse von Childerich I. bis zu Karl dem Großen, 1986. (34) C. Rupp, Die Beweglichkeit des Sitzens. Ein byz. Faltstuhl aus dem Kunsthandel, in: wie [4], 283–292. (35) B. Sasse, Ein frühma. Reihengräberfeld bei Eichstetten am Kaiserstuhl, 2001. (36) H. Schach-Dörges, *Imitatio imperii* im Bestattungsbrauch?, Germania 83, 2005, 127–150. (37) Th. Schäfer, Imperii Insignia. Sella curulis und fasces. Zur Repräsentation röm. Magistrate, Mitt. des Dt. Arch. Inst.s. Röm. Abt. 29, Ergbd., 1989. (38) R. Schmidt, Zur Gesch. des frk. Kg.s-T.s, Frühma. Stud. 2, 1968, 45–66. (39) P. E. Schramm, Herrschaftszeichen und Staatssymbolik 1, 1954. (40) M. D. Schön, Der T. aus der Marsch. Ausgr. an der Fallward bei Wremen im Ldkr. Cuxhaven 1, 1995. (40a) Ders. u. a., Die Inschr. auf dem Schemel von Wremen, Ldkr. Cuxhaven, Germania 84, 2006, 143–168. (41) K. Staude, Unters. zur Mechanik und technischen Gesch. des Dagobert-Thrones, Jb. RGZM 23/24, T. III, 1976/77 (1982), 261–266. (42) M. Stiegemann, M. Wemhoff (Hrsg.), 799. Kunst und Kultur der KaZ. Karl der Große und Papst Leo III. in Paderborn. Ausstellungskat. 1, 1999. (43) W. F. Volbach, Elfenbeinarbeiten der Spätant. und des frühen MAs, 1952, 68, Nr. 140. (44) E. Wamers, Der T., in: Ders., Die Macht des Silbers. Karol. Schätze im Norden, 2005, 43–47. (45) O. Wanscher, Sella curulis. The folding stool an ancient symbol of dignity, 1980. (46) K. Weidemann, Zur Gesch. der Erforschung des Dagobert-T.es, Jb. RGZM 23/24, T. III, 1976/77 (1982), 257–260. (47) Ders., Unters. zur Ornamentik und Datierung des Dagobert-T.es, ebd. 267–274. (48) D. M. Wilson, An inlaid iron folding stool in the British Mus., Medieval Arch. 1, 1957, 39–56.

H. Steuer

Thronfolge. Skandinavien. In Skand. hat es seit Beginn u. Z. Kg. gegeben, die die polit. Führung über größere oder kleinere Gebiete hatten (1). Bekannt sind Tacitus' Beschreibungen des Kgt.s bei den *sviones* (d. h. den Schweden in Uppland). Hier hatte der Kg. eine umfassendere Macht, als es bei den Germ. sonst üblich war. Gleichzeitig gab es aber auch Kg., die Herrscher über kaum mehr als ein Siedlungsgebiet waren. Noch ca. 1016–17, zu Beginn der Regierungszeit von → Olaf dem Heiligen, wird in Norwegen eine Reihe von Kleinkg. als Olafs Widersacher im Ostland genannt. Der Skalde Óttarr svarti erzählt, Olaf habe über nicht weniger als fünf Kg. in einem so kleinen Gebiet wie die → Hedemark gesiegt.

Hinsichtlich der T. entzieht sich das vorhist. Kgt. einer näheren Beschreibung, gleich ob es sich dabei um Kleinkg. oder Kg. über größere Gebiete handelt. Generell darf man annehmen, daß ein kgl. Status mit Abstammung zu tun hatte sowie mit dem Verhältnis zw. Kg. und denen, die sein Amt anerkannten. Was für ein Gewicht diese beiden Faktoren – Erbe sowie Anerkennung durch das Volk – relativ gesehen hatten, wissen wir nicht. Es kann auch sein, daß die Angehörigen bestimmter Geschlechter außer einer gewissen Rangstufe und dem daraus resultierenden Ansehen keinen konkreten Nutzen von dem Titel hatten. Sigurðr sýr, der Stiefvater Olafs des Hl. (1015–1028/30) und Vater des späteren Norwegerkg.s → Haraldr harðráði (1046–1066), scheint ein solcher Kleinkg. gewesen zu sein.

Erst mit den Reichsgründungen der Skandinavier in der WZ wird es möglich, die Frage nach der T. auf einer zuverlässigeren Grundlage zu klären; das hat mit der Qu.lage zu tun. Man darf vermuten, daß der Begriff ‚Thronfolge' im eigtl. Sinne sachlich gesehen erst jetzt zutreffend wurde.

Die Gesch. der Reiche, um die es hier geht, beginnt in Dänemark im 9. und 10. Jh., in Norwegen im 10. Jh. und in Schweden im 11. Jh. (2). Gleichzeitig werden die Reichsgründungen und die polit. Ordnungen in den folgenden Jh. nicht fester, als daß die T. im einzelnen Fall in einem polit. und milit.

Zusammenhang ähnlich stark gehandhabt wird wie in einem verfassungsrechtlichen.

Die wirkliche T. war von mehreren Faktoren abhängig. Zunächst drehte es sich um die Auswahl innerhalb des Kg.sgeschlechts, dem der verstorbene Kg. angehört hatte. Ferner konnten sich mehrere Kg. die Macht teilen. Eheliche oder uneheliche Abstammung bedeutete vor dem 12. Jh. nur wenig. Zum anderen war die Frage, ob das Volk den Anschluß an das Kg.sgeschlecht hielt, von entscheidender Bedeutung. Auch hier gab es keine feste Regelung durch die Verfassung, und das Volk konnte ebensogut einem Kg. huldigen, der einem anderen Kg.sgeschlecht angehörte. Auch während der Regierungszeit eines Kg.s konnte der Prätendent aus einem anderen Geschlecht – oder sogar ein Rivale innerhalb des gleichen Geschlechts – die Kg.smacht erlangen. Es versteht sich somit von selbst, daß die Kg.swahl in erster Linie eine polit. Frage war. Eine Rivalität zw. dem regierenden Kg. und einem Herausforderer endete in der Regel in einer milit. Konfrontation.

Es konnte auch zu speziellen Abmachungen kommen. So soll der norw. Reichsgründer → Haraldr hárfagri (gest. 932) bestimmt haben, daß alle seine Söhne den Kg.snamen tragen sollten, während → Erik Blutaxt zum Oberkg. bestimmt war. Er regierte vor Haralds Tod auch zwei J. lang mit seinem Vater zusammen. Im 11. Jh. soll der dän. Kg. Sveinn Úlfsson (gest. 1074/76) bestimmt haben, daß seine Söhne nach seinem Tod das Kgt. nicht unter sich aufteilen sollten, sondern statt dessen einander auf dem Thron folgen sollten, doch ist diese Überlieferung unsicher (9).

Vor diesem Hintergrund ist leicht zu verstehen, daß die Historiker das skand. Kgt. nicht eindeutig als Erbkgt. oder als Wahlkgt. charakterisieren sollten. Ohne Zweifel gründete sich die Würde als Reichskg. sowohl auf Erbe als auch auf Macht. Da die Ordnung so wenig gefestigt war, war es wohl – bei isolierter Betrachtung des Verfassungsrechts – die Wahl des Volkes, die ein gesetzliches Kgt. konstituiert hat (1; 6).

Die formelle Kg.wahl vollzog sich in allen skand. Ländern urspr. auf dem Allthing (→ Ding); in Dänemark waren es die Landesthinge. Auf dem Landesthing von Viborg befand sich ein Stein, auf den der Kg. nach der Wahl hinaufgehoben wurde, und es wurde zur Gewohnheit, die Kg.swahl zuerst hier stattfinden zu lassen. Die Bevölkerung, die den Kg. wählte, legte gleichzeitig einen Treue-Eid (→ Treueid; → Untertaneneid) ab, und auch der Kg. legte einen Eid ab. Der erste, von dem wir wissen, daß er das tat, ist Kg. Niels (1104–1134).

Nach 1170 erhielt der Eid des Kg.s die Form eines Krönungseids. In der 2. Hälfte des 13. Jh.s ersetzten Abmachungen per Handschlag das frühere Kg.sgelöbnis. Rein formell blieb die alte dän. Kg.swahlordnung bis zur Wahl von Fredrik I. (1523–1533) einschließlich bestehen. Das verhinderte jedoch nicht, daß das Kg.sgeschlecht in Dänemark ab dem Ende des 11. Jh.s seine Position als unbestrittene Dynastie ausbaute. Während langer Zeiträume gab es jedoch erbitterten Streit zw. den Zweigen des Kg.sgeschlechts.

In Schweden dauerte es länger, bis eine Dynastie innerhalb des Kgt.s fest Fuß fassen konnte. Die Thronstreitigkeiten zw. den ‚Erich'schen' und den ‚Sverker'schen' Kg.geschlechtern im 12. und 13. Jh. zeigen deutlich, wie wenig gefestigt die Nachfolge war (2; 4; 10). Der Versuch des Folkunge-Geschlechts, nach 1250 ein faktisches Erbkgt. zu etablieren, löste innerhalb der Gruppe der Magnaten eine starke Reaktion aus. So blieb das Wahlkgt. in Schweden erhalten, doch nach und nach mit einem formell anerkannten Vorrecht für die Söhne eines Kg.s. Ende des 14. und 15. Jh.s herrschten in Folge polit. Streitigkeiten über lange Zeiten hinweg unklare Verhältnisse in der Nachfolge. Das galt sowohl bei den mecklenburgischen wie auch bei den nord. Unionen unter dem Dänenkg.

Die formelle Kg.smacht über das ganze Reich wurde Ende des 13. Jh.s von einer der größten Volksgruppen, den →Svear ausgeübt (4, 99 f.). So heißt es im *Ält. Vestgötalag*, daß *svear egho konung at taka ok sva vræka*, mit bindender Wirkung auch für die Göten. Die Wahl erfolgte auf der Wiese von Mora nahe Uppsala. Nach der Wahl, die damit endete, daß der Kg. auf den *Morasten* (→ Mora stenar) gehoben wurde, sollte er die sog. *Eriksgatan* antreten, eine Rundreise durch das Reich, und dabei sollte er auch auf den Thingen in den verschiedenen Landesteilen als Kg. bestätigt werden.

Im 14. Jh. wurde die Wahl von allen Gesetzesmännern des Landes mit einer Reichspräsentation von 12 → Bonden aus jedem Gesetzesbez. in Schweden ausgeführt. Das traditionelle Wahlkgt. bestand in Schweden bis Gustav Vasa 1544 das Erbkgt. einführte (3; 10).

Die Entwicklung in Norwegen verdient besondere Aufmerksamkeit. Für die Norweger war der Ausgangspunkt der gleiche wie für die Dänen und Schweden. Die Ordnung der T. basierte sowohl auf Erbe wie auf Wahl, und die Wahl *(konungstekja)* vollzog sich auf einer Reihe von Allthingen im Land, selbst wenn sich das Eyrathing bei → Nidaros mit der Zeit zum angesehensten Thing entwickelte. Doch dann bekam Norwegen als einziges der skand. Länder ein besonderes T.-Gesetz. Es wurde beim Reichstreffen 1163 in Bergen angenommen und regelte die Nachfolge und die formellen Wahlprozeduren auf eine in Europa ganz neue und revolutionierende Art und Weise. Im 13. Jh. ging die Entwicklung weiter, und Norwegen wurde im Unterschied zu den Nachbarländern ein reines Erbkgt., das sich mit den Kg. aus dem Sverre-Geschlecht verband (2; 5; 6).

Hintergrund für das neue T.-Gesetz war der damalige Bürgerkrieg nach 1134, der auf ein Jh. friedlicher Thronwechsel gefolgt war. Das Gesetz wurde gefördert durch die Zusammenarbeit zw. einer der Gruppierungen in diesem Streit und der norw. Kirchenführung. Die führende Person auf kirchlicher Seite war Ebf. Eysteinn Erlendsson, auf weltlicher Seite Erlingr skakki, Vater des damaligen Kg.s Magnús Erlingsson. 1163 wurde der siebenjährige Magnus als erster Kg. im N gekrönt und gesalbt.

Das neue Gesetz legte die Forderung nach der Eignung des Kg.s als ein *rex justus* fest, und zwar nach kirchlichem Maßstab (7; 11). Zugleich sollten der Ebf. und die Bischöfe die künftige Kg.swahl auf einem Reichstreffen durchführen, das aus den obersten Geistlichen und 12 Bonden aus jedem Bt. bestand. Die weltliche Aristokratie sollte auf der Treffen durch die Hird (→ Vitherlagsret § 2d–f) des verstorbenen Kg.s repräsentiert werden. Das Gesetz schaffte die lange praktizierte Ordnung des Mitkgt.s ab und bedeutete somit einen entscheidenden Schritt in Richtung Erbkgt., da die ehelich geborenen Söhne des verstorbenen Kg.s – und unter diesen der älteste – nun das Vorrecht auf den Thron erhielten. Hatte der Kg. keine ehelich geborenen Söhne, sollten die Bischöfe die Wahl entscheiden – entweder jemanden aus der ‚nächsten Verwandtschaft' einsetzen, wenn dieser geeignet war, oder eine ganz andere freie Wahl treffen.

Das T.-Gesetz von 1163 wurde bei keinem einzigen Thronwechsel befolgt. Sverrir Sigurðsson ignorierte die Neuordnung und gewann seine Kg.smacht auf dem Schlachtfeld. Ebenso war das Einzelkgt. Norm geworden, und im 13. Jh. hatten Sverrirs Nachkommen eine so feste Stellung, daß auch das Erbkgt. weitergeführt wurde, nun aber ohne jede Form von Eignungsprüfung oder Wahl in Verbindung mit den Thronwechseln. Die neuen T.-Gesetze von 1260, 1273 und 1302 bestimmten, daß das Erbe ganz automatisch nach einer zuvor festgesetzten Erbordnung weitergehen sollte. Die Kg.shuldigung, die auf dem Eyrathing stattfand, wurde zur Formsache und blieb ohne Bedeutung für die T.

Im 14. Jh. war das reine Erbkgt. tief im Bewusstsein der Norweger verankert. Es schränkte ihre polit. Handlungsfreiheit ein, weil dynastische Verbindungen durch einen mehr oder minder zufälligen Erbvorgang zu Unionkönigtümern führten.

(1) A. Bøe, Konge. *Innleiing og Noreg*, in: Kult. hist. Leks. IX, 1–3. (2) G. Hafström, Konge: Sverige, in: ebd. IX, 9–14. (3) D. Harrison, Sveriges historia: Medeltiden, 2002. (4) K. Helle, Norge blir en stat 1130–1319, Handbok i Norges hist. I/3, 1974. (5) Ders. (Hrsg.), The Cambridge Hist. of Scandinavia 1, 2003. (6) S. Imsen, Tronfølge: *Alm. Norge*, in: Kult. hist. Leks. XVIII, 689–692. (7) C. Krag, Skikkethet og arv i tronfølgeloven av 1163, (Norsk) Hist. tidsskr. 54, 1975, 153–180. (8) H. Nielsen, Konge. *Danmark*, in: Kult. hist. Leks. IX, 3–7. (9) Ders., Tronfølge. *Danmark*, in: ebd. XVIII, 693. (10) J. Rosén, Tronfølge. *Sverige*, in: ebd. XVIII, 694. (11) T. Tobiassen, Tronfølgelov og privilegiebrev, (Norsk) Hist. tidsskr. 43, 1964, 181–273.

C. Krag

Zum Begriff; zu VWZ und Früh-MA → Thronfolge, Bd. 30

Thronsetzung

§ 1: Begriff – § 2: Historische Wurzeln – § 3: T.en der merowingischen und karolingischen Könige

§ 1. Begriff. (lat. *elevatio*). Der Begriff kennzeichnet das konstitutive oder deklaratorische Element der Thronerhebung (auch: Thronbesteigung) als Teil des der Designation bzw. der *electio* nachfolgenden Krönungsaktes und macht den Herrschaftsantritt nach außen sinnfällig. Während im Terminus der Thronerhebung gefolgschaftliche Elemente stärker hervortreten, betont der synonym gebrauchte Begriff der Thronbesteigung stärker die herrschaftliche Machtvollkommenheit (1, 203; 9, 205).

§ 2. Historische Wurzeln. T. und → Throne als → Herrschaftszeichen lassen sich bereits im alten Orient, aber auch im Rom der nachklass. Zeit nachweisen; der in Westminster aufbewahrte ‚Schottische Königsstein' bietet Anhaltspunkte für kelt. T. (12, 212; 14, 317). Während die röm. *sella,* ein häufig transportabler, mit niedriger Rückenlehne ausgestatteter Thron, als Herrschaftszeichen röm. Ks. und hoher Amtsträger diente und als Klappthron auch als sog. *faldistorium* im Gebrauch war, wurde das *solium*, eine kistenförmige Bank mit hoher Rückenlehne und Schemel, häufig mit Baldachin und Vorhängen versehen, zum Thron der oström. Ks. (→ Faltstuhl S. 180 f.; 14, 317 f.).

Auch dem frühen Christentum sind T.en bekannt. So heißt es bei Eusebios (Hist. Eccl. 6,29,3), der röm. Bf. Fabianus (236) sei nach dem Niedersinken des hl. Geistes in Gestalt einer Taube auf sein Haupt vom röm. Volk auf den Thron gehoben worden (13). Der göttliche Wille als konstitutives, die T. begleitendes und rechtfertigendes Element ist der Hl. Schrift entlehnt; die Einzelakte v. a. der T. Kg. Salomons (1 Kön 30–40) können Vorbildcharakter auch für den Gesamtakt beanspruchen (→ Königsthron S. 136; 6, 198). Dem Willen seines Vorgängers Kg. David entspr. (1 Kön 13a, 17, 27, 30) wird der T.s-Ritus (1 Kön 34 f.) an Salomon vollzogen: *et unguat eum ibi Sadoc sacerdos et Nathan propheta in regem super Israhel et canetis bucina atque dicetis vivat rex Salomon, et ascendetis post eum et veniet et sedebit super solium meum et ipse regnabit pro me illique praecipiam ut sit dux super Israhel et super Iudam.* An die *electio* oder Designation schließt sich die → Salbung nebst feierlicher Ausrufung des Kg.s an. Dem voranschreitenden Kg. folgt das Volk in feierlichem Lobgesang (1 Kön 39 f.: *et dixit omnis populus vivat rex Salomon*). Hierauf folgt (1 Kön 46) die eigtl. T. und der Segen der Großen. Der gesamte Vorgang steht im Einklang mit dem göttlichen Willen (1 Kön 48: *insuper et haec locutus est benedictus Dominus Deus Israhel qui dedit hodie sedentem in solio meo videntibus oculis meis*). Parallelen findet dieser biblische T.s-Akt u. a. in der T. des ags. Ebf. Wilfried, der 664 nach erfolgter *electio* in eine *sella aurea* eingesetzt, anschließend *intra oratorium,* begleitet von Psalmen- und Hymnengesängen umhergetragen wurde (12, 216; 13, 3).

Die zunächst einfachen, schlicht geflochtenen und mit abgerundeter Rückenlehne versehenen, kirchlichen *cathedra*-Stühle werden bereits ab dem 3. Jh. an erhöhter Position innerhalb der Kirchen angebracht, ab dem 4. Jh. kaiserlichen Prunkstühlen angeglichen (6, 198; 14, 322). Soll die fehlende Legitimität einer Thronerhebung herausgestellt werden, etwa im Falle der Selbstinthronisation des Bf.s Paulus von Alexandrien (bei Eusebios, Hist. Eccl. 7,30,6 ff.) wird auf das Fehlen der die T. legitimierenden Merkmale verwiesen: Die Selbsteinsetzung auf einen erhöhten Thron folgt nicht mit dem Einverständnis, sondern zur Unterdrückung des Volkes; die durch die erhöhte Position des Thrones angedeutete Erhebung über die Gemeinde entspricht nicht dem Selbstverständnis christl. Gemeinschaft; es fehlt an einem die Erhöhung rechtfertigenden göttlichen Willen. Die eigenmächtige Thronerhebung ist so Ausdruck rein menschlicher Selbstüberhebung, angeleitet vom Laster der *superbia* zerschneidet sie das Band, das die Christen als im Glauben Gleiche verknüpft.

§ 3. T.en der merowingischen und karolingischen Könige. Ob und ab wann weltliche T.en im Reich der Merowinger und Karolinger stattgefunden haben, ist nach wie vor Gegenstand wiss. Auseinandersetzungen. Sicher belegt sind die Kg.sthrone Dagoberts und → Karls des Großen (6, 199), auch für den Langobardenkg. Agilulf läßt sich die Verwendung eines Thronobjektes anhand der in Val die Nievole aufgefundenen Abb. nachweisen. Eine von → Chlothar II. (613–628) in Auftrag gegebene *sella aurea* wurde von dem Hl. Eligius vollendet, der aus dem zur Verfügung gestellten Material gleich zwei *sellae* anfertigen ließ (10, 45 ff.; 12, 214; 14, 320). Der (mittlerweile) unbestrittenen Existenz von Thronobjekten steht die Schwierigkeit gegenüber, die Verwendung von Thronen anläßlich einzelner Krönungsakte nachzuweisen und dadurch zu verallgemeinerungsfähigen Aussagen zu gelangen.

Als Ursprung merow.-frk. T.en kommt neben der Anlehnung an die röm.-christl. Tradition der T. auch der dem → Heerkönigtum entsprungene Akt der → Schilderhebung in Betracht. Ob ausgehend von den für den germ. Heerführer Brinno (Tac. Hist. 4,15) erstmals nachgewiesenen und ebenso bei den röm. Kaisern → Julian (360), → Valentinian I. (364) und Anastasius vollzogenen Schilderhebungen über die *sublevatio* auf den Morastein (→ Mora stenar) nach nord. Recht die Tradition merow. T. begründet wurde, ist abschließend nicht zu beantworten (7, 203). Zwar kennen die barbarischen *regna* den Akt der Schilderhebung, wird Kg. → Chlodwig nach der Ermordung → Sigiberts von Köln auf den Schild erhoben (Greg. Tur. Hist. II, 40,91) und läßt sich auch für den Ostgotenkg. → Witigis 526 eine Schilderhebung nachweisen (Cassiod. var. 10,31 *scuto impositus, more gentis*). Doch wird in der Zeit nach Chlodwig die Schildsetzung bei den Merowingern nur noch bei illegitimen Herrschaftsantritten erwähnt: so die Erhebungen → Sigiberts I. durch abtrünnige Franken im J. 575 (Greg. Tur. IV, 51), sowie die des Prätendenten Gundowalds, eines vermeintlichen Sohnes Chlothars I.

Im Gegensatz zur Schilderhebung galten der ält. Lit. jedenfalls die T.en der merow. und frk. Kg. lange Zeit als gesichert. So verweist noch Brunner (4, 21 f.) zum Beleg der Tradition auf die *Gesta Dagoberti,* c. 39 *(Cumque et Francorum regibus moris erat, super solium aureum coronatus resideret)* und germ. Rechtsvorstellungen. Die T. ist danach wie die dem Heerkgt. entstammende Übergabe der → Herrschaftszeichen (z. B. Speer, Schwert,

→ Stab, → Zepter, später → Krone) v. a. Publizitätsakt, dokumentiert die feierliche Inbesitznahme der Herrschaft und knüpft so an ält. germ. Traditionen an, wonach etwa die wirksame Übertragung des Eigentums an Grundstücken von einer Inbesitznahme abhängig war. Parallelen, die bis hin zu einem weitgehend synonymen Sprachgebrauch im hochma. röm.-dt. Reich reichen, finden sich auch zur germ. Stuhlsetzung (12, 63), die häufig ebenso wie die röm. Tradition von *sella*-artigen Stühlen Gebrauch machte. Die oft bei unmündigen Kindern erfolgenden T., in den Qu. mit den Ausdrücken *sublimare, elevare [...] in regno* belegten Akte, dienen demnach v. a. der Dokumentation und Stärkung der Erbenposition (5, 95). Der Auffassung Brunners ist die spätere Lit. vielfach unter stärkerer Bezugnahme auf Qu.nachweise gefolgt. So betont Hauck (8, 68–73), schon Chlodwig habe auf der *sedes* des → Syagrius Platz genommen (Greg. Tur. Hist. II. c. 27). Im Anschluß sei die merow. Tradition der T. bis hin zu Childerich III. (744), den der → Hausmeier → Karlmann *in solium regni instituit*, fortgesetzt worden. Den Hauptbeleg merow. T.en bildet danach die Adoption Childerberts II. durch → Gunthramn bei der steinernen Brücke nahe dem heutigen Pompierre an der Maas (Greg. Tur. Hist. V, c. 17). Dieser erhebt jenen *super cathedram suam, cunctum ei regnum tradedit*. Die danach gesprochene Formel *una nos parma protegat unaque asta defendat* verweist auf die kgl. Insignien. Die merow. Tradition der T. ist danach auch von → Pippin dem Jüngeren bei seiner T. in Soissions fortgeführt worden, dessen Erhebungsakt schließlich wieder auf Gott *(iuvante domino, qui nos in solio regni instituit)* zurückgeführt wird. Sichere Belege für T.en in den Qu. der merow.- frk. Epoche will schließlich auch Schneider (12, 215 f.) ausgemacht haben. So verweisen sowohl die Fredegar-Chronik (→ Fredegar) (Fred. 10) als auch der Liber hist. Fran. auf die Existenz konkreter Thronobjekte und T.s-Akte. Ausgehend von der – allerdings fehlerhaften – Prämisse, daß es sich bei dem Thron Karls des Großen in der Aachener Marienkirche um eine Fälschung handele, ist Schmidt (9, 54) der vorherrschenden Auffassung mit der These entgegengetreten, daß auf Thronobjekte und T. hindeutende Begriffe wie *sedes, solium, sella* eher in einem metaphorischen Sinne, nämlich zur Bezeichnung von Herrschaft selbst gebraucht worden seien. Einzig der T.s-Akt von Pompierre belege merow. T., allerdings nur als Gegenstand einer Adoptionszeremonie. Bis zur T. Kg. Ludwigs durch Karl den Großen im J. 813 gelte daher der Satz „Wo der König war, da war auch ein Thron", seien also konkrete T.s-Akte nicht nachweisbar. Erst im J. 813 soll es zu einer T. Ludwigs durch Karl den Großen gekommen sei, da die Anlehnung des Zeremoniells an die Krönung Salomons, bei der ein konkreter Thron verwendet worden sei, eine T. in diesem Fall wahrscheinlich mache. Einer Gesamtschau der in der Lit. zugunsten der T. vorgetragenen Elemente hält diese Auffassung nicht stand. Jedenfalls am tatsächlichen Charakter der frühen (germ.) Schilderhebung dürften Zweifel unangebracht sein. Daß die röm. Herrscher über Thronobjekte verfügten und auch die Kirche hiervon Gebrauch gemacht hat, ist unbestritten. *Sellae* in Gestalt konkreter Thronobjekte sind auch als Ausdruck der röm. Amtsgewalt und als Gegenstand bischöflicher Ordinationsriten nachgewiesen. Daß entspr. Publizitätsakte zur Anzeige von Herrschaft auch von den Germanenkg. des 6. Jh.s vorgenommen wurden, ist durch die Schilderhebung Witiges belegt. Im Dagobertstuhl und im Karlsthron sind zudem zwei konkrete Thronobjekte der merow. und frk. Zeit erhalten. Es spricht also nichts dagegen, von einer konkreten T. auszugehen, wenn Chlodwig auf der *Sella* des Syagrius Platz nimmt (Greg. Tur. Hist. III. c. 27). Die Übernahme des in 1 Kön 48 anklingenden Gedanken der T. durch Gott zeigt sich spätestens in der T.

Pippins im J. 751, deutlicher in der T. Ludwigs (813). Von dort ausgehend ist sie im röm.-dt. Reich des 10. Jh.s zu einem konstitutiven Bestandteil der Kreierung des Herrschers geworden, dessen zunehmende Verrechtlichung schließlich die berühmte Sachsenspiegelstelle (Ldr. III, 52, § 1) widerspiegelt: „Die düdeschen solen durch recht den koning kiesen. Svenne die gewiet wert von den bischopen die dar to gesat sin, unde uppe den stul to aken kumt, so hevet he *koninglike walt unde* koninglike namen."

Qu.: (1) Cassiod. var., hrsg. von Th. Mommsen, MGH AA XII, 1894, Neudr. 1983. (2) Gregor von Tours, Libri historiarum decem, hrsg. von A. Krusch, W. Levinson, MGH SS rer. Mer. I, 1, 1951.

Lit.: (3) H. H. A n t o n, Kgt., in: Lex. des MAs 5, 2003, 1298–1305. (4) B r u n n e r, DRG II. (5) C o n r a d, DRG. (6) A. E r l e r, Thron, in: HRG V, 198–202. (7) D e r s., Thronerhebung, in: ebd, V, 203–206. (8) K. H a u c k, Von einer spätant. Randkultur zum karol. Europa, Frühma. Stud. 1, 1967, 3–93. (9) H. U. I n s t i n s k y, Bf.sstuhl und Ks.thron, 1955. (10) R. S c h m i d t, Zur Gesch. des frk. Kg.sthrones, Frühma. Stud. 2, 1968, 45–66. (11) R. S c h m i d t - W i e g a n d, Stuhlsetzung, in: HRG V, 203–206. (12) R. S c h n e i d e r, Kg.swahl und Kg.serhebung im Früh-MA. Unters. zur Herrschaftsnachfolge bei den Langob. und Merowingern, 1972. (13) D e r s., Bischöfliche Thron- und Altarsetzungen, in: Papstgesch. und Landesgesch. (Festschr. H. Jakobs), 1995, 1–15. (14) P. E. S c h r a m m, Herrschaftszeichen und Staatssymbolik. Beitr. zu ihrer Gesch. vom dritten bis zum sechzehnten Jh. 1, 1954.

F. Dorn

Tierdämonen. Entscheidend für die hier angesprochene Thematik ist das Verständnis des Grundwortes in diesem Kompositum: Dämonen, dämonisch. Das aus dem Griech. kommende Fremdwort gebrauchen Theol. und Religionswiss., um Wesen und Wirken über- und außermenschlicher Existenzen zu beschreiben, die einerseits die Fähigkeiten des gewöhnlichen Menschen übersteigen, andererseits der Sphäre göttlicher Wesen untergeordnet sind (4; 6; 3; 10; 14). Die heutige Religionswiss. vereint unter der Sammelbezeichnung ‚Zwischenwesen' Gestalten wie Dämonen, Geister, Heroen, Engel, Teufel und andere Wesen. Als Bindeglieder zw. transzendenter und irdischer Welt schaffen solche ‚Grenzgänger' in vertikaler Sicht eine hierarchische Verbindung zw. einem Oben und Unten, in horizontaler Ordnung folgen sie der Vorstellung von Zentrum und Peripherie (→ Miðgarðr und Útgarðr).

Das Bestimmungswort des Kompositums lenkt den Blick auf einen Teilbereich solchen ‚Grenzgängertums', den der tierischen Wesen. Daß gerade Tiere in solcher Funktion erscheinen, verbindet die germ. Relig. mit anderen Relig. Als lebendes Wesen dem Menschen nahestehend und andererseits mit seinen besonderen Fähigkeiten dem Menschen auch überlegen; dies macht das Tier geeignet, Grenzen zu erweitern, die in das Dämonische reichen (2; 7, 77–93; 8, 66–76).

Um die dämonische Dimension zu beschreiben, ist ein Blick auf Konzeption und Gesch. des Wortes zu werfen. Zur heutigen Denotation von ‚Dämon', ‚Dämonologie' tragen zwei Richtungen entscheidend bei: Die Auseinandersetzung mit der ant., bes. griech. Tradition einerseits und der christl.-theol. Lehre andererseits. Die ant. Tradition liefert höchst unterschiedliche Anschauungen zur Dämonenkonzeption – um nur einige Züge zu nennen: Es besteht eine Vielzahl dämonischer Zwischenwesen; sie scheiden sich in gute und böse Wesen, sind durch Magie und Zauber beeinflußbar, bewohnen bes. den Luftraum zw. Himmel und Erde. In biblisch-theol. Sicht (nicht unbeeinflußt durch die antik-griech. Tradition) entwickelt sich im Zuge der Monotheisierung ein Weltbild, das der göttlichen Trinität Zwischenwesen unterordnet: Engel und Heilige, Satan und Dämonen – wobei die Dämonen im NT stets auf der Seite der bösen Mächte stehen. Mit dem Begriff Dämon ist in dieser Sicht immer eine negative

Denotation verbunden. Dies gilt (meist) auch für die ma. Urteile über die polytheistische Welt der vor- und außerchristl. Relig. (3).

Im germ.sprachigen Wortschatz ist kein Beispiel zu nennen, das die Gesamtheit der heidn. Zwischenwesen lexikalisierte, d. h. es fehlte vermutlich auch die entspr. Vorstellung. Am nächsten kommt anord. *vættr* (*vættir*, pl.), das aber die Überwelt generell bezeichnete (unter Einschluß der Götter) – und böse und gute Wesen durch entspr. Adjektiva unterschied (→ Vættir; 5; 12). In den westgerm. Sprachen ist es *Geist* (ahd. *geist*, as. *gēst*, ae. *gāst*), das von einer Bedeutung Ekstase ausgehend, für übersinnliche Wesen stehen konnte und damit sowohl den angelologischen und dämonologischen Bereich umfaßte (1). Im ahd. Glossenwortschatz entspricht dem lat. *daemon, demon* (und Ableitungen) ahd. *tiufal* (und Zusammensetzungen damit) (11, 200). Da das Got. im wesentlichen nur die Bibelsprache repräsentiert, ist die griech. Vorgabe zu bedenken und die Unterscheidung von *ahma* (πνεῦμα) und *skohsl* (δαίμον) zwar aufschlußreich in der lexikalischen Differenzierung, doch findet *skohsl* in keiner anderen germ. Sprach eine Entsprechung (9). Im übrigen konnte das Got. auch mit dem Mittel der Präfigierung gut und böse unterscheiden (z. B. *sels – unsesels*). Die sprachlichen Befunde deuten also darauf hin, daß es im germ. Wortschatz keine genaue Entsprechung zu *Dämon, dämonisch* gab, wohl aber eine Unterscheidung guter und böser Zwischenwesen bekannt war und dies jederzeit durch adjektivische/morphologische Differenzierung zum Ausdruck kommen konnte.

Wenn von den dämonischen Wesen als Grenzgängern gesprochen wird, ist es nur konsequent, wenn T. gerade in Grenzsituationen bes. auftraten. Für das wikingerzeitliche Skand. lassen sich v. a. zwei Situation dieser Art ausmachen:

a. Das eschatologische Geschehen. Beim Weltuntergang entfesseln dämonische Tiere einen für die Götter dramatischen und verhängnisvollen Kampf. Der Wolf → Fenrir entkommt seinen Fesseln und tötet den Gott Odin. Die Midgardschlange kämpft gegen Thor – und beide verlieren dabei ihr Leben. Die → Untergangsmythen inszenieren das Weltende unter den Aspekten des T.-Kampfes, der Naturkatastrophen und des Einsturzes des Weltgebäudes. Kosmogonische Tiermythen, die andere Relig. kennen, sind dagegen in der germ. Überlieferung nicht zu belegen (13).

b. Der Glaubenskampf. Man darf wohl die Auseinandersetzung der ererbten heidn. Relig. mit dem vordringenden Christentum als eine Grenzsituation bezeichnen. Die heidn. Lehre und Sitte und das Opferwesen mußten der neuen Ordnung weichen. Die neue Ordnung brachte es zwar mit sich, daß die alten Götter zu Dämonen herabgestuft wurden und generell heidn. Dämonen nicht länger geopfert werden durfte (vgl. Grg. I, 22), aber die neue Lehre brachte auch ihre eigenen T. mit: den Drachen der Apokalypse, die Schlange im Paradies u. a. (14). Aber auch eine weitreichende → Tiersymbolik und die damit verbundene christl.-allegorisierende Auslegung kommt im Gefolge des Christentums (vgl. → Physiologus).

(1) Ahd. Wb., s. v. Geist. (2) Ch. Auffarth u. a. (Hrsg.), Metzler Lex. Relig., 2000, s. v. Tier. (3) O. Böcher u. a., Dämonen, in: TRE VIII, 270–300. (4) H. Cancik u. a. (Hrsg.), Handb. religionswiss. Grundbegriffe, 1988–2001, Bd. 2, s. v. Dämon (P. Habermehl), Bd. 5, s. v. Tier (M. Massenzio), Zwischenwesen (B. Lang). (5) I. Christiansen, Vetter, in: Kult. hist. Leks. XIX, 678 f. (6) L. Coenen u. a. (Hrsg.), Theol. Begriffslex. zum Neuen Testament, ³1972, s. v. Dämon, Tier. (7) F. Heiler, Erscheinungsformen und Wesen der Relig., 1961. (8) G. van der Leeuw, Phänomenologie der Relig., ²1956. (9) Lehmann, Dict. s. v. *ahma, skohsl*. (10) J. Ritter (Hrsg.), Hist. Wb. der Phil. 2, 1972, s. v. Dämonen, Dämonisch, Dämonologie. (11) R. Schützeichel, Ahd. und as. Glossenwortschatz 12, 2004. (12) S. Solheim, Landvette, in: Kult. hist. Leks. X, 300–302. (13) de Vries, Rel.gesch., § 188–189. (14) H.

Wohlstein, Zur Tierdämonologie der Bibel, Zeitschr. der Dt. Morgenländischen Ges. 113, 1963, 483–492.

H. Beck

Tiernamen

§ 1: Germanische T. – § 2: T. in der altnordischen Literatur – a. Mythische Tiere – b. T. der Heldensage – c. T. der Sagalit. – d. T. mit fremdsprachlichem Hintergrund

§ 1. Germanische T. Individualnamen von Tieren werden in der ant. Lit. über Germ. nicht erwähnt, obwohl Griechen und Römer Tieren Namen zu geben pflegten. So verzeichnen die Indices zu stadtröm. Inschr., insbesondere von Pferdefriedhöfen, zahlreiche T., meist Pferdenamen, aber auch drei Hundenamen (2, 358 f.). Da sich in aind., griech. und röm. Mythol. zahlreiche Tiere mit Eigennamen finden, ist für das germ. Altert. dasselbe anzunehmen. Die Namen, die Besitzer ihren Reitpferden, Jagd- und Schoßhunden usw. gaben, wären sicher von mythischen Namen zu trennen. Qu. aus agerm. Zeit schweigen jedoch für beide Arten von T. völlig. Ob die Sicht auf die Haustiere eher von ihrer relig. Funktion oder von ihrer persönlichen Funktion für den Besitzer geprägt war, ist auch bei arch. Qu. schwer zu entscheiden, wie Joachim → Werner (11) zeigte. Namen für Hunde, Katzen, Rinder und andere Haustiere sind ab dem Hoch-MA reich belegt, keiner reicht jedoch ins germ. Altert. zurück.

Der Mangel an sprachlichen Qu. ist dadurch zu erklären, daß die Ant. kein Interesse an barbarischen T. hatte. Eine Ausnahme ist, daß → Prokop (Bell. Got. 1,18,6) berichtet, daß die Goten das Pferd Belisars (→ Belisarios), welches am Kopf von der Stirn bis zu den Nüstern weiß war, βάλαν (Akk.) nannten (etym. entspr. dt. *fahl, Falbe*), die Griechen jedoch φαλιόν (wohl, Belisars Herkunft entspr., thrakisch; griech. entspricht etym. πολιός). Βαλίος als Individualname für eines der Pferde Achills findet sich schon bei Homer (P 149, T 400). Doch ist zu vermuten, daß es sich beim Ruf der Goten, auf βάλαν zu zielen, nicht um einen Individualnamen für dieses Pferd, sondern um die Farbbezeichnung, allerdings nicht wie dt. *Falbe* für ein helles Pferd, sondern für eines mit einer Blesse auf der Stirn, handelt (so auch 8, 94 f.). Die Bezeichnung *fealwe* für ein Pferd findet sich auch im → *Beowulf* und ist dort nur Farbbezeichnung, nicht Name (7, 128). Weitere Belege für entspr. Pferdebezeichnungen (nicht Namen) → Farbe und Färben S. 213. Im *Beowulf* (1399 f.) wird Hrothgars Stute *wundenfeax* ‚mit der geflochtenen Mähne' genannt. Auch hier ist die Deutung als Name unwahrscheinlich, da ähnliche Komposita (*wundenhals, wundenstefna* ‚mit gewundenem Hals, mit gewundenem Steven') zur Kennzeichnung von Schiffen benutzt werden. Die ält. germ. Heldendichtung scheint keine Namen von Tieren zu nennen. In die Lit. des 12. Jh.s findet diese Sitte über frz. Qu. Eingang (das Rolandslied überliefert die Pferdenamen *Gratamunt, Taskprūn* und *Velentih*). Auch die ält. Tierdichtung gibt keine Individualnamen; die *Ecbasis captivi* (vor 1050?) nennt nur die Gattungsnamen; erst im *Ysengrimus* (des Nivardus von Gent?, gegen 1150) werden sie für uns faßbar, obwohl aus ant. Lit. und ihren ma. Bearbeitungen die Sitte der Verleihung von Individualnamen an Tiere bekannt war, insbesondere Alexanders des Großen Roß (*Bûcifâl* in Lambrechts Alexander, um 1160?).

Im Gegensatz zum Schweigen in alten Qu. gibt die Heldensage des 13. Jh.s den Pferden der bedeutendsten Helden Individualnamen. Z. T. sind die T. (für Pferde und Hunde) aus dt. Heldensage nur in norw. Übs. in der → *Þiðreks saga af Bern* erhalten (s. § 2). In mehreren mhd. Werken werden jedoch insbesondere → Dietrich von Berns *Falke* und → Witeges *Schemming* genannt.

Während *Schemming* höchstwahrscheinlich zu dt. *Schimmel* zu stellen ist (anord.

skemmingr ‚eine Art Seehund'; 4, 221), ist die Namenbedeutung bei *Falke* weniger klar: er kann sich auf die Schnelligkeit des Tieres beziehen, dann vergleicht es der Name mit einem Jagdfalken, wie anord. *valr* ‚Habicht' unter den *hesta heiti* (Pferdebezeichnungen) der *Snorra Edda* genannt wird, oder von dt. *fahl* abgeleitet sein; allerdings könnte auch die Bezeichnung des Vogels zu *fahl* gehören (5, s. v. Falke). *Belche* als Pferd Dietleips (in „Biterolf und Dietleip") entspricht einer Bezeichnung für das Bleßhuhn, das nach einem weißen Fleck über dem Schnabel benannt ist (9, 142; 6, 55; 5, s. v. Belche).

(1) R. Barnes, Horse Colors in Anglo-Saxon Poetry, Philol. Quarterly 39, 1960, 510–512. I-447714/39. (2) CIL VI, Indices, fasc. 2. (3) G. T. Gillespie, A Catalogue of Persons named in German Heroic Lit. (700–1600), 1973. (4) B. Kahle, Awnord. Namenstud., Idg. Forsch. 14, 1903, 133–224. (5) Kluge-Seebold. (6) E. Schröder, Belisars Roß, in: Ders., Dt. Namenkunde, ²1944, 54–59. (7) F. Schubel, Probleme der Beowulf-Forsch., 1979. (8) E. Schwyzer, Germ. und Ungedeutetes in byz. Pferdenamen, ZDA 66, 1929, 93–100. (9) W. Wackernagel, Die dt. Appellativnamen, Germania 4, 1859, 129–159. (10) N. Wagner, Belisarius, KZ 97, 1984, 123–129. (11) J. Werner, Childerichs Pferde, in: H. Beck u. a. (Hrsg.), Germ. Religionsgesch. Qu. und Qu.probleme, 1992, 145–161.

H. Reichert

§ 2. T. in der altnordischen Literatur. Während der Gebrauch von Individualnamen für Tiere in germ. Zeit nur sehr spärlich zu belegen ist (vgl. § 1), wartet die anord. Überlieferung mit einer Fülle solcher Namen auf. Auch wenn dieser Befund nicht ohne weiteres auf das germ. Altert. übertragen werden kann, so ist doch zum einen zu berücksichtigen, daß es sich bei T. um ein in vielen Kulturen überaus verbreitetes Phänomen handelt und zum andern eine Reihe von Qu.gattungen, die für die anord. Überlieferung bes. ergiebig sind (Mythen, Sagalit.), für die ält. Zeit nicht zur Verfügung steht. Hier sollen im Folgenden vier Gruppen unterschieden werden: Namen von mythischen Tieren, insbesondere der *Lieder-Edda* (→ Edda, Ältere) und *Snorra-Edda* (→ Edda, Jüngere); T. der Heldensage; T. der Sagalit.; T. der anord Lit. mit fremdsprachlichem Hintergrund. Daß hierbei die Grenzen nicht immer scharf zu ziehen sind und es zu Überschneidungen kommt, versteht sich von selbst. Ein Tier wie *Fafnir* hat einerseits mythischen Hintergrund, ist aber v. a. in der Heldensage um Sigurðr (→ Sigurdlieder) zu Hause.

a. Mythische Tiere. Nirgendwo im Anord. ist die Überlieferung zool. artenreicher als im Bereich der mythischen Tiere. Benannt werden im einzelnen Adler, Eichhörnchen, Habicht, Hahn, Hirsch, Hund, Pferd, Rabe, Rind, Schlange/Drache, Schwein, Wolf und Ziege. Wichtigste Qu. sind die *Lieder-Edda* mit den Katalogstrophen der → *Grímnismál* sowie die *Snorra-Edda* und die mit ihr überlieferten *Þulur*. Letztere stellen in zahlreichen Merkversen ein reiches Material von T. zusammen. Dieses ist jedoch keineswegs nur auf den Bereich der mythischen Überlieferung beschränkt, sondern wurde offensichtlich aus den unterschiedlichsten Zusammenhängen requiriert. Es handelt sich dabei um die *Þórgrímspula* mit Pferdenamen (Þul I a 1–3) und Ochsennamen (Þul I b), die *Kálfsvísa* mit Pferdenamen (Þul II 1–4) sowie verschiedene Einzelstrophen zu Fischen (Þul IV x 1–4), Walen (Þul IV y 1–2), Rindern (Þul IV ö 1–4), Widdern (Þul IV aa 1–2), Ziegen (Þul IV bb 1–2), Bären (Þul IV ee), Hirschen (Þul IV cc), Ebern (Þul IV dd), Wölfen (Þul IV ee 1–2), Schlangen (Þul IV qq 1–4), Pferden (Þul IV rr 1–4), Habichten (Þul IV ss 1–2), Rabenvögeln (Þul IV tt 1–2), Hühnervögeln (Þul IV uu), Adlern (Þul IV vv) und Vögeln (Þul IV xx 1–7). Im einzelnen besteht die grundsätzliche Schwierigkeit, daß oft nicht zu unterscheiden ist, ob es sich um Eigennamen oder um Appellativa handelt. Hier wurden daher überwiegend nur solche Namen aufgenommen, die durch weitere Qu. eindeutig als Eigennamen belegt sind und dem mythischen Bereich zugeordnet werden können. Die Benennungsmotive unterscheiden sich insofern von den Gruppen Heldensage und Sagalit., als sie häufig auf die spezielle Rolle und Funktion der Tiere im Mythos Bezug nehmen.

- Adler: *Hræsvelgr* ‚Leichenfresser', adlergestaltiger Riese, der am Himmelsrand den Wind verursacht (SnE 26; Vm 37; Þul IV vv).
- Eichhörnchen: *Ratatoskr* ‚Bohrzahn', Bewohner Yggdrasills (→ Weltenbaum) (SnE 24; Grm 32).
- Habicht: *Hábrók* ‚Hoch-Hose' (64, 142 f.), idealtypischer Vertreter seiner Gattung (Grm 44; Þul IV ss 1); *Veðrfǫlnir* ‚der Wettergebleichte' (64, 143; 59, 599; 65, 259), sitzt dem Adler Yggdrasills zw. den Augen (SnE 24; Þul IV ss 2).
- Hahn: *Fjallar,* Etym. unsicher, vielleicht zu *fela* ‚verbergen' (64, 143 f.; 59, 135; 67, 122 f.; 66, 180), Hahn des Riesen Eggþér (Vsp 42; Þul IV uu); *Gullinkambi* ‚Gold-Kamm', kündet den Anbruch der → Ragnarök an (Vsp 43); *Salgofnir,* Etym. unsicher, der erste Bestandteil zu *salr* ‚Saal' (64, 144 f.; 59, 478; 67, 460 f.; 66, 793), Hahn, der die Einherjar (→ Einherier) weckt (HHII 49; Þul IV uu); *Viðofnir,* Etym. unsicher (64, 145; 67, 660; 66, 1131), Hahn in den Zweigen des Mimameiðr (Fj 24, 25, 30; Þul IV uu).
- Hirsch: *Dáinn* ‚Gestorben', einer der vier Hirsche Yggdrasills (SnE 24; Grm 33; Þul IV cc); *Duneyrr* ‚der mit daunigen/braunen Ohren' (64, 148 f.; 67, 87; 65, 261; 66, 136), Hirsch Yggdrasills (SnE 24; Grm 33; Þul IV cc); *Duraþrór,* Etym. unsicher (64, 149; 67, 88), Hirsch Yggdrasills (SnE 24; Grm 33; Þul IV cc); *Dvalarr,* zu *dvala* ‚verzögern' (67, 88; 66, 138), sonst unbekannter mythischer Hirsch (Þul IV cc); *Dvalinn* ‚der Langsame' (64, 149 f.; 59, 91; 67, 88; 65, 261; 66, 138), Hirsch Yggdrasills (SnE 24; Grm 33);
Eikþyrnir ‚der mit eichenartigem Geweih' (64, 150; 59, 101; 67, 96; 65, 474 f.; 66, 147), Hirsch, der auf Valhalls (→ Valhǫll) Dach das Laub des Baumes Læraðr frißt (SnE 43; Grm 26; Þul IV cc).
- Hund: *Garmr* ‚Hund', eigtl. ‚der Heuler' (64, 151; 67, 157; 66, 231), in Var. auch *Gramr* ‚der Wüter', vor Gnipahellir angeketteter Hund, der nach → Snorri Sturluson in den Ragnarök gegen Týr (→ Ziu-Týr) kämpft (SnE 45, 72; Grm 44; Vsp 44, 49, 58; vgl. 59, 173); *Geri* ‚der Gierige', einer der Hunde → Hels in der späten Überlieferung der *Fjǫlsvinnzmál* (Fj 14); *Gífr* ‚der Gierige' (64, 150 f.; 59, 183), einer der Hunde Hels (Fj 14).
- Pferd: *Alsviðr* ‚der sehr Schnelle' (64, 154; 59, 11; 65, 190), eines der beiden Sonnenpferde (SnE 18. 170; Grm 37; Sd 15; Þul IV rr 3); *Árvakr* ‚der früh Wache' (64, 155; 59, 31; 65, 189), Sonnenpferd (SnE 18. 170; Grm 37; Sd 15; Þul IV rr 3); *Blóðhófr/Blóðughófi* ‚Blutighuf', → Freyrs Pferd (SnE 170; Þul I a 3; Þul II 1; Þul IV rr 4;); *Falhófnir,* Etym. unsicher, vielleicht zu *fǫlr* ‚fahl' (64, 158 f.; 59, 120; 67, 110; 65, 252; 66, 162), Pferd der → Asen (SnE 22. 170; Grm 30; Þul I a 3; Þul IV rr 2); *Fjǫrsvartnir,* Etym. unsicher, vielleicht ‚der an Brust und Hals schwarz ist' (64, 159; 66, 184) = Hrímfaxi, Pferd, das die personifizierte Nacht zieht (SnE 170; Þul IV rr 2); *Garðrofa* ‚Zaundurchbrecherin' (64, 160; 60, 427; 59, 173; 65, 446), Mutter des Hófvarpnir (SnE 39); *Gísl/Gils* ‚der Strahlende' (64, 161; 59, 184; 67, 168; 65, 252; 66, 248), Pferd der Asen (SnE 22. 170; Grm 30; Þul I a 3; Þul IV rr 1); *Glaðr* ‚der Muntere' oder ‚der Glänzende' (64, 161; 67, 171; 65, 251; 66, 252) = Skinfaxi, Pferd des personifizierten Tages (SnE 22. 170; Grm 30; Þul IV rr 1; vgl. 59, 187); *Glær* ‚der Glänzende' (64, 161 f.; 59, 191; 60, 201), Pferd der Asen (SnE 170; Grm 30; Þul I a 3; Þul IV rr 1); *Gull(in)faxi* ‚Gold-Mähne', Hrungnirs Pferd (SnE 101. 103. 170; Þul I a 2; Þul

IV rr 1); *Gulltopr* ‚der mit goldenem Stirnhaar' (64, 162; 59, 197; 65, 252), → Heimdalls Pferd (SnE 22. 32. 66. 99. 169; Grm 30; Þul I a 1; Þul IV rr 1); *Gyllir* ‚der Goldfarbene', Pferd der Asen (SnE 22. 170; Grm 30; Þul I a 3; Þul IV rr 1; vgl. 59, 211); *Hamskarpr/Hamskerpir*, Etym. unsicher, vielleicht ‚der mit mageren Lenden' (64, 162 f.; 60, 427; 59, 226; 67, 208; 65, 445 f.), Vater von Hófvarpnir (SnE 39; Þul IV rr 4); *Hófvarpnir* ‚der seine Hufe schnell bewegt' (64, 163; 60, 427; 59, 275; 65, 446), Pferd der Asin Gná (SnE 39; Þul IV rr 4); *Hrímfaxi* ‚der Reifmähnige' = Fjǫrsvartnir, Pferd der personifizierten Nacht (SnE 17. 170; Vm 14; Þul IV rr 4); *Jór* ‚Pferd', Pferd der Götter (SnE 170; Þul IV rr 3; vgl. 59, 330); *Léttfeti* ‚der leicht Schreitende', Pferd der Asen (SnE 22. 169; Grm 30; Þul I a 1; Þul IV rr 2); *Móðnir* ‚der mit Mut begabte' (64, 165; 60, 434; 59, 412; 66, 629), Pferd des (Zwerges?) Dvalinn (SnE 170; Þul II 1; Þul IV rr 4); *Silfr(in)topr* ‚der mit silbernem Stirnhaar', Pferd der Asen (SnE 22. 170; Grm 30; Þul I a 2; Þul IV rr 1); *Sinir* ‚der Sehnige', Pferd der Asen (SnE 22. 170; Grm 30; Þul I a 2; Þul IV rr 1); *Skeiðbrimir* ‚der im Lauf Schnaubende' (64, 166; 60, 201; 59, 504; 65, 251), Pferd der Asen (SnE 22. 170; Grm 30; Þul I a 3; Þul IV rr 1); *Skinfaxi* ‚der mit leuchtender Mähne' = Glaðr, Pferd des personifizierten Tages (SnE 17. 170; Vm 12; Þul IV rr 1, 3); → *Sleipnir* ‚der rasch Gleitende' (64, 167; 67, 514; 65, 250 f.; 66, 891), das achtbeinige Pferd Óðinns (→ Wotan-Odin) (SnE 22. 45. 65. 100. 169; Vǫls 32, 52; Bdr 2; Grm 44; Hdl 40; Sd 15; Þul I a 1; Þul II 4; Þul IV rr 1; vgl. 59, 518); *Svaðilfari*, Etym. unsicher, vielleicht ‚der eine beschwerliche/unglückliche Reise macht' (64, 168 f.; 59, 547; 67, 563; 65, 494 f.), Hengst des → Riesenbaumeisters von Valhall, Vater Sleipnirs (SnE 45–47; Hdl 40).

- Rabe: *Huginn* ‚der Gedanke', einer der Raben Óðinns (SnE 42. 43; GrammIII, 15, 4; Grm 20; Þul IV tt 1; vgl. 59, 292); *Muninn* ‚der Gedanke', Rabe Óðinns (SnE 42. 43; GrammIII, 15, 4; Grm 20; Þul IV tt 1; vgl. 59, 414) (s. auch → Huginn und Muninn).
- Rind: *Auðhumla* ‚die milchreiche, hornlose Kuh' (64, 173; 67, 18; 65, 137; 66, 30), Urkuh aus dem Rauhreif des → Ginnungagap (SnE 13; Þul IV ö 4); *Himinhrjóðr* ‚der den Himmel verwüstet', in Var. auch *Himinhrjótr* ‚der auf den Himmel losstürzt', *Himinbrjótr* ‚Himmelbrecher', *Himinjóðr* ‚der den Himmel rötet' (64, 173 f.; 59, 251; 67, 227; 65, 545 f.), Stier, dessen Kopf Þórr (→ Donar-Þórr) als Köder für die Angelung des Miðgarðzormr verwendet (SnE 62; Þul I b; Þul IV ö 2). Ohne näheren Zusammenhang werden in der Þorgrímsþula weiter aufgeführt: *Apli*, Etym. unsicher, vielleicht zu *apall* ‚Apfel' (64, 172; 60, 434; 67, 11; 66, 22) (SnE 171); *Arfr*, Etym. unsicher, vielleicht zu *arfr* ‚Erbe' (64, 172; 60, 434; 59, 14; 67, 13; 66, 24) (SnE 171); *Arfuni* ‚Erbe' (64, 172 f.; 60, 434; 67, 13; 66, 24) (SnE 171); *Hæfir* ‚Bespringer' (64, 175; 60, 433; 59, 308; 67, 277; 66, 406) (SnE 171); *Kýrr* ‚männliches Rind'; *Rauðr* ‚Roter' (SnE 171); *Rekinn* ‚der getrieben wird' (64, 175; 59, 463; 67, 440; 66, 752) (SnE 171).
- Schlange/Drache: *Fáfnir* ‚der Umfasser', Hüter des Schatzes auf der Gnitaheiðr, Gegner von Sigurðr (SnE 127–131; Mork 236; Snegl 417; Vǫls 36 u. ö.; ÞiðrI 1. 2. 347; Br Prosa; Dr; Fm Prosa, Fm 1 u. ö.; Grp 11. 13. 15; Hdl 25; Hlr 10; Od 17; Rm 14 Prosa; Þul IV qq 1; vgl. 59, 125); *Góinn*, Etym. unsicher (64, 146; 67, 182; 65, 262 f.; 66, 266 f.), eine der Schlangen an den Wurzeln Yggdrasills (SnE 24; Grm 34; Krm 27; Þul IV qq 2; vgl. 59, 198); *Grábakr* ‚Graurücken', Schlange an den Wurzeln Yggdrasills (SnE 24; Grm 34; Þul IV qq 2); *Grafvitnir*,

zu *grafa* ‚graben' und *vitnir* ‚Wolf' (64, 147; 67, 184; 65, 263; 66, 272), Schlange an den Wurzeln Yggdrasills (SnE 24; Grm 34; Krm 1; Þul IV qq 2; vgl. 59, 199); *Grafvǫlluðr* ‚der sich im Feld Eingrabende' (64, 146 f.; 59, 199; 67, 184; 65, 263; 66, 272), Schlange an den Wurzeln Yggdrasills (SnE 24; Grm 34); *Jǫrmungandr* ‚gewaltiges Untier' (64, 147; 59, 331; 65, 419 f.) = Miðgarðzormr (SnE 34. 95. 100; Rdr 16; Vsp 50); *Miðgarðzormr* ‚Weltschlange' (SnE 34. 60–63. 71. 72. 75. 87. 95. 100; Fornk 11; Þul IV qq 4) (→ Miðgarðr und Útgarð); *Móinn* ‚Moorbewohner', Schlange an den Wurzeln Yggdrasills (SnE 24; Grm 34; Þul IV qq 4; vgl. 59, 412); *Níðhǫggr* ‚der voll Haß Dreinschlagende' (59, 428; 65, 243 f.), leichenfressender Drache, der die Wurzeln Yggdrasills benagt (SnE 22. 24. 75; Grm 32. 35; Vsp 39. 66; Þul IV qq 3); *Ófnir*, Etym. unsicher (64, 148; 67, 417; 65, 263; 66, 685 f.), Schlange an den Wurzeln Yggdrasills (SnE 24; Grm 34; Þul IV qq 1; vgl. 59, 443); *Sváfnir* ‚der Einschläferer' (64, 148; 67, 563; 65, 264; 66, 991), Schlange an den Wurzeln Yggdrasills (SnE 24; Grm 34; Þul IV ee 2; vgl. 59, 550).

– Schwein (Eber): *Gullinbursti* ‚der mit den goldenen Borsten', Zugtier Freyrs (SnE 66. 98); *Hildisvíni* ‚Kampf-Eber', → Freyjas Reittier (Hdl 7); *Slíðrugtanni* ‚der mit gefährlichen Hauern' = Gullinbursti (SnE 66. 98); *Sæhrímnir*, Etym. unsicher (64, 176 f.; 67, 256; 65, 466; 66, 1014), der sich als Mahlzeit der Einherjar stets erneuernde Eber Valhalls (SnE 42; Grm 18; Þul IV dd).

– Wolf: → *Fenrir*, Etym. unsicher, vielleicht zu *fen* ‚Sumpf, Gewässer' (64, 177; 67, 117; 65, 418; 66, 171; 63), Sohn → Lokis und der Riesin Angrboða, Gegner Óðinns in den Ragnarök (HH 40; Hkm 20; Ls 38; Mhkv 21; Sturl 4, 24; Vm 46. 47; Vsp 40; Þul IV ee 1; vgl. 59, 129); *Fenrisulfr* = Fenrir (SnE 32. 34. 71. 72. 75. 87; Ls Prosa);

Freki ‚der Gierige', einer der beiden Wölfe Óðinns (SnE 42; Hfl 11; Grm 19; Þul IV ee 1; vgl. 59, 152); *Geri* ‚der Gierige', Wolf Óðinns (SnE 42; Grm 19; Þul IV ee 1; vgl. 59, 180); *Hati* ‚Hasser' Hróðvitnisson (64, 177; 65, 196; 66, 310), Verschlinger des Monds (SnE 18; Heiðr 68; Grm 39; Þul IV ee 1); *Hróð(rs)vitnir* ‚Ruhmwolf', Vater des Hati, nach → *Lokasenna* mit Fenrir identisch (Grm 39; Ls 39; Þul IV ee 1); *Mánagarmr* ‚Mondhund', mondverschlingender Wolf (SnE 18); *Skǫll* ‚Betrüger' (64, 178; 59, 511; 67, 498; 65, 195; 66, 853), Verschlinger der Sonne (SnE 18; Heiðr 68; Grm 39); *Vánargandr* ‚das Ungeheuer des Flusses Ván' (64, 178; 67, 155; 66, 1103) = Fenrir (SnE 100).

– Ziege: *Heiðrún*, Etym. unsicher (64, 178; 67, 217; 65, 471 f.; 66, 314), Ziege auf Valhalls Dach, frißt vom Laub des Baumes Læraðr (SnE 43; Hdl 46. 47; Vsp 25; Þul IV bb 2); *Tanngnjóstr* ‚Zähneknirscher' (64, 178 f.; 59, 564; 67, 581; 65, 311; 66, 1026), einer der beiden Böcke Þórrs (SnE 29; Þul IV bb 1); *Tanngrisnir* ‚Zähnefletscher' (64, 179; 59, 564; 67, 581; 65, 311 f.), Bock Þórrs (SnE 29; Þul IV bb 1).

b. T. der Heldensage. Wesentlich artenärmer ist der Befund der Heldensage. Das Namenmaterial beschränkt sich hier mit Habicht, Hund und Pferd ausschließlich auf Tiere, die dem heroischen Milieu angemessen sind. In den überwiegenden Fällen sind die Tiere bestimmten Gestalten zugeordnet. Allerdings stehen die Pferdenamen der *Þorgrímspula* und der *Kálfsvísa* bisweilen bei nicht identifizierbaren Personen. Vereinzelt fehlt zudem jeder Bezug. Bei diesen Pferdenamen bleibt daher die Zuordnung zu Mythos oder Heldensage offen. Die Benennungsmotive sind hier wie in der folgenden Gruppe (Sagalit.) überwiegend den Bereichen ‚äußere Erscheinungsform' (insbesondere Farbe und Zeichnung) und

‚Eigenschaften' (sowohl Charakter als auch Fähigkeiten) entnommen.

– Habicht: *Hábrókr* ‚Hoch-Hose', Habicht Kg. Hrólfrs (Hrólf 92); *Hvítserkr* ‚Weißes Hemd', Habicht Dámustis (Dám 78. 91).
– Hund: *Gramr* ‚der Wüter', Hund Kg. Hrólfrs (Hrólf 100); *Hó,* zu *hóa* ‚schreien, rufen' (64, 152), einer der beiden Hunde Vifills (Hrólf 2. 6. 10); *Hoppr,* zu *hoppa* ‚hüpfen, springen' (64, 151; 67, 248; 66, 361), einer der Hunde Vifills (Hrólf 2. 6. 10); *Yrsa,* Etym. unsicher (64, 154; 67, 679), Hund von Olof, nach dem sie ihre und Helgis Tochter benennt (Hrólf 22).
– Pferd: *Blak(k)r* ‚Pferd', eigtl. ‚Gelbbrauner' (64, 155; 67, 42; 66, 62), Pferd des Björn, vielleicht identisch mit einem bei → Saxo Grammaticus genannten norw. Sagenheld (SnE 170; Þul I a 2; Þul II 4; Þul IV rr 3; vgl. 59, 51); *Drǫsull* ‚Pferd' (64, 157; 67, 81; 66, 132), Pferd des nicht näher zu bestimmenden Dagr (SnE 170; Þul II 1; vgl. 59, 84); *Fákr* ‚Pferd', Etym. unsicher (64, 159; 60, 435; 67, 109 f.; 66, 161), Pferd Hakis (Þul I a 2; Þul II 1; Þul IV rr 2; vgl. 59, 125); *Flugarr,* zu *fljúga* ‚fliegen', Pferd des Rǫgnvalldr (64, 160; 66, 195) (Mág 16. 36. 37); *Fulltrúi* ‚zuverlässiger Freund', Pferd des Dámusti (Dám 77. 91); *Fǫlkvir/Fǫlknir,* Etym. unsicher (64, 160; 67, 150; 66, 222), Pferd des nicht näher identifizierbaren Haraldr (SnE 170; Þul II 4); *Glaumr* ‚Lärm', Pferd des Hunnenkg.s Atli (SnE 170; Am 29; Þul II 4; vgl 59, 188); *Goti* ‚gotisches Pferd', Gunnarrs Pferd (SnE 130. 169. 170; Vǫls 66; Þul I a 1; Þul II 4; Þul IV rr 1; vgl. 59, 197); *Grani* ‚mit behaarter Oberlippe' (64, 162; 67, 184; 66, 273), Sigurðrs Pferd (SnE 130. 170; Norn 354; Vǫls 23 u. ö.; Fm Prosa 188; GðrI 22; GðrII 5; Grp 5. 13; Hlr 11; Rm Prosa 173; Sd 17; Sg 39; Vkv 19; Þul II 4; Þul IV rr 1; vgl. 59, 200); *Gǫnsuðr* ‚Wind', Pferd Kg. Menons (VSj 100); *Háfeti* ‚der hoch Schreitende' (64, 163; 60, 435; 59, 314), Pferd Hjálmþérs (SnE 170; Þul II 1); *Hrafn* ‚Rabe', Pferd des norw. Kleinkg.s Áli (SnE 140. 169. 170; Hrólf 163; Þul I a 1; Þul II 3; Þul IV rr 3; vgl. 59, 277); *Hǫlkvir,* Etym. unsicher (64, 163; 67, 280; 66, 411), Pferd Högnis (SnE 170; Vǫls 66; Þul II 4; Þul IV rr 3; vgl. 59, 312); *Kǫrtr,* Etym. unsicher (64, 164; 60, 437; 59, 356; 67, 307; 66, 457), Pferd des sonst unbekannten Bjár (SnE 170; Þul II 4); *Léttfeti* ‚der leicht Schreitende', Pferd des Konráðr bzw. des Saulus (Konr 61; Saulus 5); *Lungr* ‚Schnell' (64, 165; 60, 432; 67, 368; 66, 584), ohne Zuordnung (SnE 169; Þul I a 1; Þul IV rr 2; vgl. 59, 384); *Marr* ‚Pferd', ohne Zuordnung (SnE 169; Þul I a 1; Þul IV rr 3; vgl. 59, 394 f.); *Mélnir* ‚der mit einem Gebiß Versehene', Pferd aus der Mannschaft des Hǫðbroddr (HH 51); *Móðnir,* zu *móðr* ‚Zorn, Mut' (64, 165; 60, 434; 59, 412; 66, 629), Dvalinns Pferd (SnE 170; Þul II 1; Þul IV rr 4); *Mór* ‚Brauner' (64, 165; 60, 436; 67, 392; 66, 633), Pferd des sonst unbekannten Meinþjófr (SnE 169. 170; Þul I a 1; Þul II 2; Þul IV rr 3; vgl. 59, 412); *Mýlnir* ‚der mit einem Halfter Versehene', Pferd aus der Mannschaft des Hǫðbroddr (HH 51); *Skævaðr* ‚der beim Schreiten die Beine hochhebt' (64, 166 f.; 60, 435; 66, 883), Helgis Pferd (SnE 170; Þul I a 2; Þul II 1; Þul IV rr 1; vgl. 59, 517); *Slungnir/Slǫngvir* ‚der Schleuderer' (64, 167; 59, 521; 67, 517; 66, 899), Kg. Aðils Pferd (SnE 141. 170; Hmskr. I 56; Þul II 4); *Sóti* ‚der Rußschwarze' (64, 167; 60, 432; 67, 531; 66, 930), ohne Zuordnung (SnE 169; Þul I a 1; vgl. 59, 528); *Sporvitnir,* zu *spor* ‚Sporn' und *vitnir* ‚Wolf' (64, 168; 61, 101; 67, 670; 66, 1148), Pferd aus der Mannschaft des Hǫðbroddr (HH 51); *Stúfr* ‚Stumpf, Stummel', vielleicht für ein kastriertes Pferd (64, 168; 60, 436; 59, 542; 67, 555; 66, 977), Pferd des nicht näher zu identifizierenden Vífill, in Skævaðis Ges. (SnE 170; Þul I a 2; Þul II 2; Þul IV rr 1); *Sveggjuðr,*

Etym. unsicher, vielleicht ‚der geschmeidige' oder ‚der seinen Reiter in Bewegung versetzt' (64, 169; 61, 97; 67, 566; 66, 995), Pferd aus der Mannschaft des Guðmundr (Vǫls 23; HH 47); *Svipuðr* ‚der sich schnell Bewegende', Pferd aus der Mannschaft des Guðmundr (Vǫls 23; HH 47); *Tjaldari* ‚Zelter', ohne Zuordnung (SnE 169; Þul I a 1; Þul IV rr 2); *Vakr* ‚der Wakkere' oder ‚der Wachsame' (64, 170; 60, 436; 66, 1098), Pferd des sonst unbekannten Morginn (SnE 170; Þul II 2; Þul IV rr 2; vgl. 59, 587); *Valr* ‚Falke' (64, 171; 67, 642; 66, 1102), Pferd des sonst unbekannten Vésteinn (SnE 170; Þul I a 1; Þul II 2; Þul IV rr 2; vgl. 59, 591); *Vigblær,* Etym. unsicher (64, 172; 59, 23; 61, 126), Helgis Pferd (HHII 36); *Vigg* ‚Pferd', Etym. unsicher (64, 171; 67, 661; 66, 1133), ohne Zuordnung in Skævaðis Ges. (SnE 170; Þul I a 2; Þul IV rr 2; vgl. 59, 615); *Vingskornir,* Etym. unsicher (64, 171; 61, 203; 67, 666; 66, 1141), Brynhildrs Pferd (Fm 44; Þul IV rr 3).

c. T. der Sagalit. Die Namen dieser Gruppe beschränken sich durchwegs auf domestizierte Tiere, mit denen die Menschen engen Umgang haben. Benannt werden Hunde, Pferde, Rinder, Schafe und Schweine.

— Hund: *Buski,* zu *buskr* ‚Busch', vielleicht ‚der mit steifem Haar' (64, 150; 67, 66; 66, 95) (Sturl. s. I 361); *Flóki,* zu *flóki* ‚Flocke, Filz' (64, 150; 66, 193) (Hálf 175; Reykd 225. 226); *Gramr* ‚der Wüter' (ÞorstVík 423. 425. 426); *Lærir,* zu *lær* ‚Schenkel' (vgl. 64, 152; 67, 372; 66, 593) (Vǫlsa 332; Vǫl 14); *Rósta,* zu *rósta* ‚Kampf' (Hrafnk 45); *Sámr,* zu *sámr* ‚dunkelgrau' (64, 153; 66, 796) (Nj 173. 185. 186); *Saurr/Sórr,* zu *saurr* ‚Schmutz, feuchte Erde' (64, 153) (Fltb. I 24; Hauksb 456); *Selsnautr* ‚Geschenk des Selr' (HálfdEyst 125. 127); *Snati,* ‚der herumschnüffelt' (64, 154; 67, 523; 66, 912) (Bárð 27 u. ö.); *Strútr* ‚Schnauze' (67, 554; 66, 975) (Hallfr 103; Hfr Lv 17); *Vigi* ‚Kämpfer' (64, 154; 66, 1133) (Bárð 38; BjH 136; Hmskr. I 315 u. ö.; ÓTOdd 54 u. ö.).

— Pferd: *Álftarleggr,* zu *álft* ‚Schwan' und *leggr* ‚Schenkel' (64, 154) (Sturl. s. I 411); *Bandvettir,* Etym. unsicher (64, 155; 62, 44) (Gísl 15); *Bleikála,* zu *bleikálóttr* ‚falb mit dunklem Rückenstreifen', eine Stute (Gr 41); *Bleikr* ‚Falber' (Vígl 79); *Brúnn* ‚Brauner' (Vígl 79); *Dǫttr,* zu *dottr* ‚elendiges Geschöpf', eine ‚Schindmähre' (64, 156; 67, 79; 66, 122) (Háv 16); *Eiðfaxi,* Etym. unsicher (64, 157 f.) (Ldnb. 66); *Eldfari,* Etym. unsicher (64, 157) (Ldnb. 189); *Eykjarðr,* zu *eykr* ‚Lasttier' (64, 158; 66, 158) (Heið 74); *Faxi* ‚Pferd', eig. ‚Mähne' (Vatn 77; Qrv 14 u. ö.); *Fjǫllungr* = Svartfaxi (Harð 123); *Fluga* ‚Fliege' (64, 159), eine Stute (Ldnb. 66/189); *Fótr* ‚Fuß' (Eirsp 609; Hák 132; SkálYng 573); *Freyrfaxi* ‚Freys Pferd' (Hrafnk 97 u. ö.; Vatn 77); *Fǫlski,* zu *fǫlski* ‚die weiße, leichte Asche über dem ausgebrannten Feuer' (64, 160; 67, 150) (Sturl. s. I 510. 511); *Gautstafr,* Etym. unsicher (64, 160 f.; 67, 159) (Eirsp 609; Hák 132; SkálYng 574); *Hrafn* ‚Rabe', zwei Pferde gleichen Namens (Hmskr. I 56); *Hvítingr* ‚der Weiße' (BjH 136 u. ö.); *Illingr* ‚Übeltäter' (64, 163) (Flóam 14); *Innikrákr* ‚Drinnen-Krähe', weil das Pferd im Winter über im Stall ist (Flj 32 u. ö.); *Kengála* ‚die mit einem gebogenen Streifen' (64, 163 f.; 67, 306; 66, 455), eine Stute (Gr 41; Grettis 9); *Kinnskjóni* ‚der an der Backe Gefleckte' (64, 164) (Sturl. s. I 38); *Kinnskær* ‚der an der Backe Helle' (64, 164) *inn gamli* (GullÞ 37); *Kinnskær inn yngri* (GullÞ 39); *Krákr* ‚Rabe' (ÁlaFl 119); *Máni* ‚Mond' (Sturl. s. I 72); *Skálm,* zu *skálm* ‚Messer', ‚Gabelzweig', ‚Hülse'? (64, 166; 67, 482; 66, 828), eine Stute (Ldnb. 23/146); *Snækollr,* zu *snær* ‚Schnee' und *kollr* ‚Kopf' (64, 167) (Glum 42); *Sprógr* ‚Renner' (64, 168; 67, 538; 66, 942) (Sturl. s. I 481); *Svartfaxi* ‚Schwarz-Mähne' (Harð 123); *Sviðgrímr,* zu *sviða* ‚brennen, sengen' und *grímr* ‚Gesichtsmaske' (Þórð 200. 208); *Sǫðulkolla*, zu *sǫðull* ‚Sattel' und *kolla* ‚weibliches Tier' (64, 170), eine Stute (Gr 148 u. ö.; Grettis 23).

– Rind: *Brandkrossi*, zu *brandkrossóttr* ‚gestreift, mit einem weißen Kreuz auf der Stirn' (Brandkr 189–191; Vígl 80–81); *Brynja*, zu *brynja* ‚Brünne', eine Kuh (Ldnb. 12/136); *Garpr*, zu *garpr* ‚tüchtiger, tapferer Bursche' (GullÞ 32); *Glæsir* ‚der Glänzende' (Eb 300 u. ö.); *Harri* ‚Herr' (Laxd 105. 106); *Mús* ‚Maus', wohl nach der Farbe (64, 175), eine Kuh (Kjaln 5); *Síbilja*, zu *bylja* ‚brüllen', also ‚die, die immerzu brüllt' (67, 472; 66, 809) (Ragn 133 u. ö.); *Spámaðr* ‚Prophet' (ÓTII 146).

– Schaf (Widder): *Fleygir*, zu *fleygja* ‚werfen, schleudern' (64, 175 f.) (Heið 69); *Grímr*, zu *gríma* ‚Gesichtsmaske' (Dpl 173); *Hornskeggi* ‚Hornbart' (EgÁsm 48); *Hǫsmagi*, zu *hǫsmǫgóttr* ‚mit einem grauen Bauch' (Gr 259); *Skálkr* ‚Knecht', ein Hammel (Bós 53).

– Schwein (Eber): *Beigaðr* ‚einer der Furcht einflößt' (64, 176; 67, 30; 66, 46) (Ldnb. 60/183; Vatn 36).

d. T. mit fremdsprachlichem Hintergrund. Die T. dieser Gruppe unterscheiden sich insofern von den bislang aufgeführten, als es sich hier überwiegend um Namenmaterial handelt, das nicht aus dem Anord. stammt, vielmehr wurden fremdsprachige Namen (aus dem Afrz. im Falle der *Riddarasögur* und Märchensagas sowie aus dem Nd. im Falle der *Þiðreks saga*) oft in entstellter Form in die anord. Übs. und Bearbeitungen übernommen. Belegt sind fast ausschließlich Namen von Hunden und Pferden.

– Hund: *Albus* (Dám 78. 91); *Asper* (Dám 78); *Bonikt* (vgl. 64, 219) (ÞiðrII 135. 137. 138); *Brakki*, vgl. mhd. *brakke* ‚Spürhund' (64, 219) (ÞiðrII 127. 135. 136); *Luska/Loska* (vgl. 64, 219) (ÞiðrII 127. 135. 136); *Paron/Faron/Parme* (vgl. 64, 219) (ÞiðrII 135. 137. 138); *Porsi/Possi/Polli* (vgl. 64, 219) (ÞiðrII 135. 136); *Ruska/Rusko*, vgl. mhd. *rûschen* ‚eilig und mit Geräusch sich bewegen' (64, 219) (ÞiðrII 127. 135. 136); *Stapi/Stapp* (vgl. 64, 219 f.) (ÞiðrII 126. 135–137); *Stut(t)r* (vgl. 64, 220) (ÞiðrII 126 u. ö.).

– Pferd: *Amus* < afrz. Barbamosche (Klm 513); *Araz* (FlóvI 136); *Arundela* < afrz. Arundel (Bev 63 u. ö.); *Aviment* (vgl. 64, 222) (FlóvII 183); *Balarð* < afrz. Baiart (Streng1 52); *Befoli/Berfolen/Bifolen/Brocklafer* < afrz. Broiefort (Klm1980 103 u. ö.); *Bevarð* (vgl. 64, 223) (Mírm 39. 41); *Blanka* < mhd. Blanke (ÞiðrII 359. 391. 393); *Brúant/Burant/Bruant/Berant/Orphaitt* < afrz. Bruiant (Klm1980 152. 155; Rém 5); *Bucifal* < afrz. Bucifalas (Alex 34, 72. 137); *Dúlcifal* (vgl. 64, 222) (GHr 239 u. ö.); *Falete* (Kirj 97); *Flore* (Klm 463); *Falka* < mhd. Falke (Þiðr I 162 u. ö., ÞiðrII 189 u. ö.); *Gradamunt/Gvadamund* < afrz. Gramimont (Klm 514); *Guenun/Burmon/Benion* < afrz. Gaignon (Klm 519); *Klemingur* (Klm 71); *Lóngant* (vgl. 64, 223) (HálfdBr 582); *Magrimon* (vgl. 64, 223) (FlovI 126 u. ö.; FlóvII 170 u. ö.); *Marmore/Marmori(us)/Marmóri* < afrz. Marmorie (Klm 514; Mírm 39 u. ö.; Saulus 83); *Medard/Mevad* (Mírm 95. 126); *Mores* < afrz. Morel (Klm1980 198); *Nement* < afrz. Pennepie (Klm 453); *Nagrados/Nigradas/Nigratus hinn skjóti* < afrz. Migrados (Klm 441); *Penne* < afrz. Pennepie (Klm 453), *Píron* (vgl. 64, 223) (Elis 125. 127); *Porfajnr* < afrz. Orfanie (Bev 215); *Primsant/Primsamt* (vgl. 64, 223) (Elis 92 u. ö.); *Rispa* (vgl. 64, 220 f.) (ÞiðrI 40 u. ö., ÞiðrII 177 u. ö.); *Salpdunt/Kapandr* (Klm 514); *Skemmingr* < mhd. Schem(m)inc (vgl. 64, 221) (ÞiðrI 108 u. ö., ÞiðrII 7 u. ö.); *Spóliant* (vgl. 64, 223) (HálfdBr 582); *Telum*, zu lat. *telum* ‚Geschoß, Pfeil' (Hect 175); *Tengardus* < afrz. Tencendur (Klm1980 103); *Teskabrun/Askabrun* < afrz. Tachebrun (Klm 492); *Tronchevares/Trokunares* (vgl. 64, 223) (Bev 129); *Turnifent* (Klm 461); *Velantif/Vele-*

antis/Veliantif/Velientif < afrz. Veillantif (Klm 422. 501).
- Schlange/Drache: *Slangi* ‚Schlange', zu mnd. *slange* (ÞiðrI 137. 329. 330).

Abk.: ÁlaFl = Ála s. flekks (39); Alex = Alexanders s. (15); Am = Atlamál in grœnlenzco (44); Bárð = Bárðar s. Snæfellsáss (22); Bdr = Baldrs draumar (44); Bev = Bevers s. (50); BjH = Bjarnar s. Hítdœlakappa (54); Bós = Bósa s. (27); Br = Brot af Sigurðarqviðo (44); Brandkr = Brandkrossa þáttr (26); Dám = Dámusta s. (57); Dpl = Droplaugarsona s. (26); Dr = Dráp Niflunga (44); Eb = Eyrbyggja s. (52); EgÁsm = Egils s. einhenda ok Ásmundar berserkjabana (39); Eirsp = Eirspennill (14); Elis = Elíss s. ok Rósamundar (32); Fj = Fjǫlsvinnzmál (43); Fltb. = Flateyjarbók (23); Flj = Fljótsdœla s. (33); Flóam = Flóamanna s. (18); Flóv = Flóvents s. (8); Fm = Fáfnismál (44); Fornk = Fornkonunga s. (47); Gðr I/II = Guðrúnarqviða in fyrsta/ǫnnor (44); GHr = Gǫngu-Hrólfs s. (49:3); Gísl = Gísla s. Súrssonar (16); Glum = Víga-Glúms s. (30); Gr = Grettis s. Ásmundarsonar (24); Gramm = Grammatica (4); Grettis = Verse der Grettis s. (13:2); Grm = Grímnismál (44); Grp = Grípisspá (44); GullÞ = Gull-Þóris s. (35); Hák = Hákonar s. Hákonarsonar (42); Hálf = Hálfs s. ok Hálfsrekka (53); HálfdBr = Hálfdanar s. Brǫnufóstra (49:3); HálfdEyst = Hálfdanar s. Eysteinssonar (51); Hallfr = Hallfreðar s. (2); Harð = Harðar s. (25); Hauksb = Hauksbók (11); Háv = Hávarðar s. Ísfirðings (3); Hdl = Hyndlolióð (44); Hect = Hektors s. (40:1); Heið = Heiðarvíga s. (36); Heiðr = Heiðreks s. (29); Hfl = Egill Skallagrímsson: Hǫfuðlausn (13:1); Hfr Lv = Hallfreðr vandræðaskáld: Lausavísur (13:1); HH/HHII = Helgaqviða Hundingsbana in fyrri/ǫnnor (44); Hkm = Eyvindr Finnsson: Hákonarmál (13:1); Hmskr. = Heimskringla (12); Hlr = Helreið Brynhildar (44); Hrafnk = Hrafnkels s. Freysgoða (26); Hrólf = Hrólfs s. kraka (55); Kirj = Kirjalax s. (38); Kjaln = Kjalnesinga s. (48); Klm = Karlamagnúss s. (58); Klm1980 = Karlamagnúss s. (41); Konr = Konráðs s. keisarasonar (8); Krm = Krákumál (13:1); Laxd = Laxdœla s. (34); Ldnb. = Landnámabók (11); Ls = Locasenna (44); Mág = Máguss s. jarls (8); Mhkv = Málsháttakvæði (13:2); Mírm = Mírmants s. (56); Mork = Morkinskinna (19); Nj = Njáls s. (10); Norn = Norna-Gests þáttr (23:1); Od = Oddrúnargrátr (44); ÓT = Ólafs s. Tryggvasonar (45); ÓTOdd = Ólafs s. Tryggvasonar (20); Ragn = Ragnars s. loðbrókar (46); Rdr = Bragi Boddason: Ragnarsdrápa (13:1); Rém = Rémundar s. keisarasonar (7); Reykd = Reykdœla s. (5); Rm = Reginsmál (44); Saulus = Sáluss s. ok Nikanórs (40:2); Sd = Sigrdrífomál (44); Sg = Sigurðarqviða in scamma (44); SkálYng = Skálholtsbók yngsta (31); SnE = Edda Snorra Sturlusonar (17); Snegl = Snegl-Halla

þáttr (23:3); Strengl = Strengleikar (9) Sturl. s. = Sturlunga s. (37); Sturl = Sturla Þórðarson (13:2); Vatn = Vatnsdœla s. (21); Vígl = Víglundar s. (28); Vkv = Vǫlundarqviða (44); Vm = Vafðrúðnismál (44); VSj = Vilhjálms s. sjóðs (40:4); Vsp = Vǫluspá (44); Vǫl = Verse des Vǫlsa þáttr (13:2); Vǫls = Vǫlsunga s. (46); Vǫlsa = Vǫlsa þáttr (23:2); Þiðr = Þiðriks s. af Bern (1); Þórð = Þórðar s. hreðu (28); ÞorstVik = Þorsteins s. Víkingssonar (49:2); Þul = Þulur (13:1); Qrv = Qrvar-Odds s. (6).

Ausg.: (1) Þiðriks s. af Bern 1–2, hrsg. von H. Bertelsen, SUGNL 34, 1905–1911, 1908–1911. (2) Hallfreðar s., hrsg. von Bjarni Einarsson, SUGNL 64:1, 1953. (3) Hávarðar s. Ísfirðings, hrsg. von Björn K. Þórólfsson, SUGNL 47, 1923. (4) Den tredje og fjærde grammatiske afhandling, hrsg. von Björn M. Ólsen, SUGNL 12, 1884. (5) Ljósvetninga s. með þáttum/Reykdœla s. ok Víga-Skútu/Hreiðars þáttr, hrsg. von Björn Sigfússon, Ísl. Fornr. 10, 1940. (6) Qrvar-Odds s., hrsg. von R. C. Boer, 1888. (7) Rémundar s. keisarasonar, hrsg. von S. G. Broberg, SUGNL 38, 1909–12. (8) Fornsögur Suðrlanda, hrsg. von G. Cederschiöld, 1884. (9) Strengleikar, hrsg. von R. Cook, M. Tveitane, Norrøne tekster 3, 1979. (10) Brennu-Njáls s., hrsg. von Einar Ól. Sveinsson, Ísl. Fornr. 12, 1954. (11) Hauksbók, hrsg. von Eiríkur Jónsson, Finnur Jónsson, 1892–1896. (12) Heimskringla 1, hrsg. von Finnur Jónsson, SUGNL 23:1, 1893–1900. (13) Den norsk-islandske Skjaldedigtning B:1–2, rettet Tekst, hrsg. von Finnur Jónsson, 1912, 1915. (14) Eirspennill (AM 47 fol), hrsg. von Finnur Jónsson, 1916. (15) Alexanders s., hrsg. von Finnur Jónsson, 1925. (16) Gísla s. Súrssonar, hrsg. von Finnur Jónsson, 1929. (17) Edda Snorra Sturlusonar, hrsg. von Finnur Jónsson, 1931. (18) Flóamannas., hrsg. von Finnur Jónsson, SUGNL 56, 1932. (19) Morkinskinna, hrsg. von Finnur Jónsson, SUGNL 53, 1932. (20) S. Óláfs Tryggvasonar af Oddr Snorrason munk, hrsg. von Finnur Jónsson, 1932. (21) Vatsdælas., hrsg. von Finnur Jónsson, SUGNL 58, 1934. (22) Barðars. Snæfellsass/Viglundars./Þórðarsaga/Draumavitranir/Völsaþáttr, hrsg. von Guðbrandr Vigfússon, Nordiske Oldskrifter 27, 1860. (23) Flateyjarbok 1–3, hrsg. von Gudbrandr Vigfússon, C. R. Unger, 1860, 1862, 1868. (24) Grettis s. Ásmundarsonar/Bandamanna s./Odds þáttr Ófeigssonar, hrsg. von Guðni Jónsson, Ísl. Fornr. 7, 1936. (25) Harðar s., hrsg. von S. Hast, Editiones Arnamagnæanæ A:6, 1960. (26) Austfirðinga sǫgur, hrsg. von J. Jakobsen, SUGNL 29, 1902–03. (27) Die Bósa-Saga in zwei Fassungen nebst Proben aus den Bósa-Rímur, hrsg. von O. L. Jiriczek, 1893. (28) Kjalnesinga s./Jǫkuls þáttr Búasonar/Víglundar s./Króka-Refs./Þórðar s. hreðu/Finnboga./Gunnars s. Keldugnúpsfifls, hrsg. von Jóhannes Halldórsson, Ísl. Fornr. 14, 1959. (29) Heiðreks s., hrsg.

von Jón Helgason, SUGNL 48, 1924. (30) Eyfirðinga sǫgur, hrsg. von Jónas Kristjánsson, Ísl. Fornr. 9, 1956. (31) Det Arnamagnæanske Haandskrift 81a Fol. (Skálholtsbók yngsta), hrsg. von A. Kjær, L. Holm-Olsen, 1919–86. (32) Elis s. ok Rosamundu, hrsg. von E. Kölbing, 1881. (33) Fljótsdœla hin meiri, hrsg. von K. Kålund, SUGNL 11, 1883. (34) Laxdœla s., hrsg. von K. Kålund, SUGNL 19, 1889–91. (35) Gull-Þóris s. eller Þorskfirðinga s., hrsg. von K. Kålund, SUGNL 26, 1898. (36) Heiðarvíga s., hrsg. von K. Kålund, SUGNL 31, 1904. (37) Sturlunga s. 1–2, hrsg. von K. Kålund, 1906–1911, 1911. (38) Kirialax s., hrsg. von K. Kålund, SUGNL 43, 1917. (39) Drei lygisǫgur, hrsg. von Å. Lagerholm, Altnordische saga-bibliothek 17, 1927. (40) Late Medieval Icelandic Romances 1, 2, 4, hrsg. von A. Loth, Editiones Arnamagnæanæ B:20, 21, 23, 1962, 1963, 1964. (41) Karlamagnús s.: Branches I, III, VII et IX, hrsg. von A. Loth, 1980. (42) Hákonar s. Hákonarsonar, hrsg. von M. Mundt, Norrøne tekster 2, 1977. (43) Edda. Die Lieder des Cod. Regius nebst verwandten Denkmälern, 1. Text, hrsg. von G. Neckel, ³1936. (44) Edda: Die Lieder des Cod. Regius nebst verwandten Denkmälern, 1. Text, hrsg. von G. Neckel, H. Kuhn, ⁵1983. (45) Óláfs s. Tryggvasonar en mesta 2, hrsg. von Ólafur Halldórsson, Editiones Arnamagnæanæ A:2, 1961. (46) Vǫlsunga s. ok Ragnars s. loðbrókar, hrsg. von M. Olsen, SUGNL 36, 1906–08. (47) Sǫgur Danakonunga, hrsg. von C. af Petersens, E. Olson, SUGNL 46, 1919–25. (48) Kjalnesinga s., hrsg. von J. A. H. Posthumus, 1911. (49) Fornaldar sögur Nordrlanda 2, 3, hrsg. von C.C. Rafn, 1829, 1830. (50) Bevers s., hrsg. von Ch. Sanders, Rit 51, 2001. (51) Hálfdanar s. Eysteinssonar, hrsg. von F. R. Schröder, ASB 15, 1917. (52) Eyrbyggja s., hrsg. von F.S. Scott, Editiones Arnamagnæanæ A:18, 2003. (53) Hálfs s. ok Hálfsrekka, hrsg. von H. Seelow, Rit 20, 1981. (54) Borgfirðinga sǫgur, hrsg. von Sigurður Nordal, Guðni Jónsson, Ísl. Fornr. 3, 1938. (55) Hrólfs s. kraka, hrsg. von D. Slay, Editiones Arnamagnæanæ B:1, 1960. (56) Mírmanns s., hrsg. von D. Slay, Editiones Arnamagnæanæ A:17, 1997. (57) Þjalar Jóns s./Dámusta s. i teksten, hrsg. von L. F. Tan-Haverhorst, 1939. (58) Karlamagnus s. ok kappa hans, hrsg. von C. R. Unger, 1860.

Lit.: (59) Egilsson, Lex. Poet., ²1931. (60) H. Gering, B. Sijmons, Kommentar zu den Liedern der Edda, 1. Götterlieder, Die Lieder der Edda 3/1, 1927. (61) Diess., Kommentar zu den Liedern der Edda, 2. Heldenlieder, Die Lieder der Edda 3/2, 1931. (62) L. Heggstad u.a., Norrøn ordbok, 1975. (63) W. Heizmann, Zur Deutung von anord. fen, Stud. zur Sachsenforsch. 10, 1997, 154–162. (64) B. Kahle, Awnord. Namenstud., Idg. Forsch. 14, 1903, 133–224. (65) G. Lorenz, Snorri Sturluson: Gylfaginning. Texte, Übs., Kommentar, 1984. (66) Magnússon, Orðsifjabók. (67) de Vries, Anord. etym. Wb., ²1977.

W. Heizmann

Tiersymbolik

§ 1: Introduction – § 2: The animal concept and the animal template – § 3: The legacy of the Ancient World – § 4: Old Norse Literature – § 5: Cosmology and shamanism – § 6: Destruction myth – § 7: Political propaganda – § 8: Identifying quadrupeds – § 9: The wolf and the wolf-warrior – § 10: Horses – § 11: Boars and eagles, snakes, dragons and monsters

§ 1. Introduction. Animal symbolism is a phenomenon that is known from many cultures. In the Germanic world, it is found in the context of Germanic Animal Art (→ Tierornamentik, Germanische), primarily exemplified by Carl Bernhard → Salin's Styles I–III (AD c. 450–800) (36). The three stages of Germanic Animal Art all have their roots in Scandinavia and from there the first two spread to large parts of the Germanic regions of the Continent and Brit. (7; 16; 19; 18; 34). There has been much work on the chron. and the art hist. of these animal styles, but little has been done to identify animal species and their possible significance, partly because the theoretical approaches taken by some scholars preclude this (cf. 25, 48–51) and partly because the material has been felt to be too ambiguous or too complicated or the task too difficult (14). In recent years, however, the question has been taken up by an increasing number of scholars. First and foremost, Karl Hauck (→ Brakteatenikonologie) has opened up a whole world of iconographic information through a comparative study of the gold bracteates and Old Norse lit., and – although his interpretations are debateable – this has encouraged other scholars to cross boundaries and face the question.

§ 2. The animal concept and the animal template. One reason for the reluctance to identify animal species must also be seen in the way the animals are represented. They are never drawn naturalistically. They follow a very strict template or scheme, which makes them fairly easy to identify, but often complicated to decode. This strict template also implies that the craftsmen must have learned their skills within a relatively narrow circle, and that the template can be seen to change when the style is transferred to other geogr. areas, such as the Continent, where the range of variation is much narrower than in Scandinavia itself, although Helmut → Roth's conclusion (34, 17 f.), that the late animal style in Alamannia and Italy was only decoration copied without motivation is perhaps a bit too pessimistic.

Two main approaches have been followed in recent years: one leaves the animal unspecified (mostly in the context of Style I), while another attempts to identify the species of the animals in order to get deeper into their specific symbolic meaning (mostly in the context of Style II). To some extent, this also reflects a difference between Style I and II, since Style I is primarily characterized by hybrid animals and fabulous animals, whereas Style II to a much greater extent involves known animal species. It has also been argued that the species was probably unimportant and that, especially in Style I, it was the concept 'animal' which was important (26). It has been suggested that many of the animals and human beings were presented in a way that turned them into puzzle pictures playing games with the mind (27).

§ 3. The legacy of the Ancient World. In his analysis of the Nydam-Style and Style I, Günther → Haseloff discusses (8) a number of animal motifs found in the early phases of the animal style and concludes that it is almost impossible to identify any myths behind the motifs, although the legacy of Antiquity is evident: the dolphin-like creatures and a wheel-like symbol flanked by two dolphin- or lion-like creatures appearing in the Nydam-Style have their origin in the Roman motif 'Oceanos between dolphins', a motif which goes back to the oriental motif of a goddess as mistress of the animals. Furthermore, hybrid animals are common, such as a half terrestrial animal/half sea creature (hippocampus) or quadrupeds with bird-heads (eagle-griffin). All kinds of animals appear in the art of late Antiquity, but they hardly ever belong to a clearly defined species. Haseloff's opinion is that the same is true of the animals of the Nydam Style and to some extent of those belonging to Style I. He also discusses the many anthropomorphic beasts ('Tiermenschen') in the Nydam Style and Style I. In his opinion, they depict gods represented by androcephalous animals, whereas Roth (34) sees them as representing alter-ego conceptions and belonging to the ability of the shaman to transform himself into an animal.

§ 4. Old Norse Literature. In any analysis of the animals and species within Germanic Animal Art, Old Norse lit. is often consulted in order to attempt to decode the animals, and although — when we have identified the species — it is possible to identify some features characteristic to each animal, independent sources are needed to go beyond the basic level of knowledge about animal symbols and their meaning in comparable societies. Especially in Scandinavia, where the gap between the arch. finds and the oldest lit. — often written down in a Christian influenced context — is 600–800 years, there will always be some doubts about the validity of the connections and the interpretations made, although it has been argued that the myths have remained largely unchanged (for example 13). Undoubtedly many myths, legends and stories have been lost in the course of time. For example, there are many horse names and a number of animal names for Óðinn (→ Wotan-Odin § 4c) for which no contexts are known – Simek (39, 18 f.) mentions Jálkr and Björn, which probably refer to animal disguises in an older cult of Óðinn not mentioned in the surviving lit. The lost myths may survive in the art of the material culture, but to 'read' those 'texts' we need other methods to decode the motifs different to those which have been used hitherto.

§ 5. Cosmology and shamanism. In recent years, the unspecified animal's symbolic meaning has been discussed by Hedeager (10–12) as part of her analysis of the cosmology of the Post-Roman period in Scandinavia and among the Germanic peoples of the Continent. According to Hedeager, the access to political power or authority among the Germanic peoples in the Post-Roman Period consisted of the same three elements described by → Snorri Sturluson as crucial for Óðinn becoming king of the Æsir, namely, political alliances, cosmology and wisdom (12, 155). The cosmology includes origin myths and holy stories (preserved in skaldic poetry [→ Skaldische Dichtung]), the wisdom is that obtained through access to the Other World, which was through the medium of animals and hence the animal art styles had a natural place within these societies.

The basis for Hedeager's interpretations is a combination of what can be read from Old Norse lit. combined with anthropological studies of totemic societies with special reference to shamanism, a trait that Hedeager has identified in both groups of sources (10; 12–14), although the theory about the shaman character of Óðinn has come in for serious criticism (cf. 33; 37; 38, 461 footnote 16). In such societies, animals are not subordinate to humans as in Christian philosophy, but their equals or even superiors. Furthermore, animals can cross boundaries that human beings cannot, especially the boundaries to the Other World to which human beings need access in order to attain wisdom. The human being's way of attaining this wisdom is then to transform himself literally into an animal, which is what the shamans are supposed to have done. According to Old Norse lit., Óðinn could transform himself into animal shapes such as those of a fish or snake or bird. The arch. basis for Hedeager's argumentation (10; 12–15) rests primarily on the interpretation of the gold bracteates (for bracteates in general see → Brakteatenikonologie; → Goldbrakteaten), whereas the animal style proper is merely regarded as a paraphrase of the animal itself (15, 235).

§ 6. Destruction myth. Magnus's (28; 29) approach to an interpretation of the complicated animal motifs on some late equal-armed brooches generally does not take the species into account, apart from one important exception. In the rather chaotic decoration noticed on examples of this type of artefact, the many animals seem to be devouring each other, as well as devouring human beings, whose severed limbs are spread around. One animal seems to be a wolf-like creature swallowing a human being and Magnus suggests that they represent a destruction myth, possibly the one known from → Vǫluspá, the Sibyll's prophecy of the end of the world, → Ragnarök. This creature is thus the wolf → Fenrir devouring the god Óðinn (→ Wotan-Odin).

§ 7. Political propaganda. Høilund Nielsen (16; 17; 23) connects Style II, which is often found as decoration on weapons, with the emergence of royal power in southern Scandinavia in the 6th century. The animal style thus assumes a role as propaganda for this new ruling elite. Consequently, animal-style weapons found outside southern Scandinavia may to some extent reflect the presence of (former) members of the royal retinues of southern Scandinavia or may be material symbols of political alliances. Style II is also widespread in those areas of the Continent that were occupied by other Germanic peoples, especially the East Franks, the Alamans, the Langobards and, somewhat later, the Burgundians. Style II often appears in fairly well furnished weapon graves. According to Høilund Nielsen (18), there seems to be a connection between the appearance of Style II among the above-mentioned peoples, the appearance of Scandinavian origin myths and the local political situation. In this context therefore, Style II may be interpreted as a symbolic propaganda device in the rivalry among the political factions in the emerging Germanic kingdoms of the Continent.

In Anglo-Saxon England, Style II was limited in extent (19; 24). Its main influence was felt in East Anglia, where the style – and probably Scandinavian origin myths – clearly seems to be used as a political device in connection with dynastic changes. On the other hand, the Kentish version of Style II has its origin in the East Frankish area (vgl. → Tierornamentik, Germanische § 7d).

§ 8. Identifying quadrupeds. Høilund Nielsen's (22) method of identifying animal species is a rather different way of decoding the animals of Style II and early Style III, especially those that are traditionally referred to as quadrupeds. She has analysed the depiction of the animals in Style II, taking in the combinations of all the separate types of heads, feet, legs and bodies, with an emphasis on those details relevant for the identification of species, whether of natural or mythical origin. It seems possible to identify three different species with a few subspecies. It is argued that we are primarily concerned with wolves, horses and dragons – the term 'dragon' used for want of a more precise term. The wolf is identified by its claws and canine teeth, as well as by the proportions of the relatively short and wide ribbon-shaped body. The horse is identified by its muzzle, hooves, triangular body, and pronounced hindquarters. Finally, the so-called dragon is identified by its aggressively open/biting jaws, sometimes even catching a snake, aggressively poised claws, small head with almost malevolent oval eyes, long neck and an overtly long, almost snake-like body, in some cases ribbon-shaped, in others of diverging width. Whereas the wolf is an aggressive animal and the horse/stallion powerful, they are not represented as aggressive in contrast to the dragons which are clearly meant to appear in an aggressive pose. The wolves and the horses are sometimes represented with a human mask in one of their hips, remnants of the animal-man motif. This is never found in the case of the dragon figures. The symbolic meaning of these animals is subsequently discussed in relation to their contexts and to their appearance in pictorial settings, in Old Norse lit. and in theriophoric names.

§ 9. The wolf and the wolf-warrior. The wolf is the animal that is most widespread in Style II and in many areas it is also the most long-lived motif. It has not only survived as a decoration (mainly on weapons), but also in pictorial contexts in which a warrior is dressed in a wolf-skin (→ Torslunda § 2 with Taf. 4a; → Obrigheim with Abb. 67; Gutenstein [→ Schwertanhänger Abb. 134]; see also → Tierkrieger; → Tierverwandlung), a motif directly linked to the *úlfheðnar* of Old Norse lit., which occur parallel to the more well-known berserks (→ Berserker). The *úlfheðnar* were warriors of high rank with special duties, and closely associated with the character of the wolf and the world of relig. Furthermore, the personal name *Úlfr* is also widespread in Scandinavia. A number of wolves and horses carry human masks in one of their hips, but this characteristic is much less pronounced in Style II. Taken in conjunction with the pictures of the *úlfheðnar* however, they indicate that the animal-man transformation is still important. Both the wolf-clad warrior and the animal-man motifs indicate a metamorphosis between animals and human beings, and consequently a connection with the sacral. These motifs show that the warriors could move in and out of the relig. sphere. This is also compatible with the view that a warrior who goes berserk is possessed by Óðinn, and also that berserks and *úlfheðnar* are warriors dedicated to Óðinn. Their berserker fury is an ecstatic state of consciousness involving insensitivity to fire and pain (as well as to bleeding). When *úlfheðnar* and beserker fought, they were transformed into wolves or bears. The wolf-warriors and berserker were thus part of a masked cult and appear in masked bands of warriors. In the Icelandic Sagas, they appear either as elite troops that serve famous kings or as bands of warriors (2; 3; 14; 15; 20–22; 30; 31; 39).

Since they are seen as parallel to the *úlfheðnar*, one would expect the bears and berserker to be represented in art, but they hardly ever are and the few exceptions merely consist of depictions of bears. Since all literary references to the berserker are late (39) and there are no pictures to support the existence of warriors in the guise of bears, we have no positive proof of their existence before the Viking period (however see also 14).

Høilund Nielsen (20; 21) connects the supposed wolves of the animal style, which are often found as decoration on weapons, with elite troops of wolf-warriors. Chronologically, the emergence of the wolf symbol coincides approximately with an archaeologically attested unification of southern Scandinavia (16; 18); therefore Høilund Nielsen also sees the animal Style II as a symbol of and propaganda for the early kingdom and thus a part of the early attempts at state formation in this area. The extent of Style II seems too large to merely symbolize a small caste of warriors. As symbols on weapons the Style II wolves may therefore identify the king's elite troops, but the motif seems unlikely to have been restricted to this group and the troops may not all have been clad in wolf-skins, but may have just carried symbols that linked them to the same *Verband*, a group identity that was probably strengthened through a shared cult (of Óðinn).

Such groupings may also have been known on the Continent, although they may not have been part of real life, but have belonged to the realm of myth. Given the relatively limited number of objects in Style I and II from the Continent, it is more likely that Style II together with origin myths and perhaps myths about the wolf-warriors/ warriors of Óðinn were symbolic expressions (propaganda) used in the political struggles between competing factions in the emerging Germanic kingdoms of the Continent (18).

§ 10. Horses. According to Høilund Nielsen's analysis of the animal species in Scandinavian Style II, the successor to the wolf in Scandinavia was the horse, the symbolic meaning of which is much less clear (22; see also 32; 35). Many finds of representations of horses occur, although most are in the form of a single horse. As well as pictures, grave finds show that the horse was important as a status symbol and as a means of transport, but, except for → Sleipnir, horses are rarely mentioned in Old Norse lit. A long list of horse names appears in → *Grímnismál* (see also → Tiernamen § 2) and it seems possible that horses may have had a more important place in mythology at an early stage than in the literary fragments which have been handed down to us. Sometimes the horses appear in antithetic pairs and though some of these may represent horse fighting, there are others that fall outside this category. Hauck interprets these antithetic horse pairs as the Indo-European dioscuri (→ Dioskuren) in their horse shape (see also 39). Horses were an integral part of pagan cult, being sacrificed and eaten (→ Tieropfer) (39), and horse fighting (→ Pferdekämpfe) (5; 6) was known in Scandinavia and depicted on the mount from Floda in Södermanland (36). Since the horses seem to replace the wolves within the Scandinavian Style II for a period of time, it has been suggested that they mirror some short-lived dynastic changes within the southern Scandinavian kingdom (22).

§ 11. Boars and eagles, snakes, dragons and monsters. Boars (→ Brakteatenikonologie §; → Eber) and eagles (→ Adler), snakes, dragons (→ Drache) and monsters are other creatures in the animal style that have more or less precise counterparts in Old Norse lit. and to some extent in Germanic personal nomenclature, primarily in the elements *Eber-* (= boar) *Örn-/Arn-* (= eagle) and *Wurm-/Orm-* (= snake, worm). For most, if not all, it is possible to argue for a connection with Óðinn, although they may also be attributed to other deities (for example the boar to Freyr) (39; see also 14; 40).

Eagles and boars are hardly ever part of the more intricate Style II, but appear individually or together and possibly with a wolf or even a human mask. The eagles, or at least birds of prey in general, are common throughout the Germanic world and are of importance in Norse mythology. However, we are also concerned with a Roman legacy, since the eagle is *the* Roman symbol of power. The boar is rare in a Scandinavian context, but is more frequent in Brit. and on the Continent, where the theriophoric name element *Eber-* (OE *Eofor-*) is well known (3). As a symbol of war and battle, the boar goes back to the Celtic World, whence the helmet with the boar on the crest derives. The scenic panels on the helmets from → Vendel and → Valsgärde show warriors with eagles and boars on their helmets (→ Bilddenkmäler Abb. 115 f.; → Dioskuren Abb. 53 f., Taf. 34) and thus emphasise their continuous symbolic importance (22). Whereas the eagle is one of Óðinn's shapes, the boar may be linked to fertility and thus to → Freyr (39), and in some areas it is connected to kingship (40). In this last context, the motif is quite common in the → Sutton Hoo mound 1 burial. A few examples of the 'Adler-Eber-Wolf'-motif, which was discussed by Joachim → Werner (41) and designated the 'drei-Tier-Signum' by Karl Hauck (9), are known in Scandinavia, but the type is very common on the Continent. The meaning of the motif is still the subject of contention (→ Eber) (cf. 1; 31).

According to Dickinson (4), the animal world of the Anglo-Saxon shields iclude the animal-men/bird-men, birds-of-prey, and aquatic animals – all on metal mounts decorating the shield boards or shield bosses. Of the group of aquatic animals, many are fish and the best executed of these have a clear resemblance to the pike, which is a rather fearsome species of fish. Since these fish or fish-like creatures in the iconography seem interchangeable with dragons, she supposes that they have the same significance, namely, that they are underworld monsters, embodiments of evil and death. Gods or sorcerers who can defeat them or offer salvation from them are represented by the animal-men who have the facility of shape-changing as practised by shamans and in Norse mythology by Óðinn in particular. The eagle is one of the shapes into which Óðinn could change, as well as being an archetypal animal of the battlefield symbolising victory and being the supernatural harbinger of death, cf. the combination with the underworld monsters. The ornamental mounts on the shields had an apotropaic function; they gave the shield divine properties (involving Óðinn's protection) to protect its owner against defeat or death. Furthermore, a shield with supernatural power also provided the owner with increased authority and thus power, and in skaldic poetry shield and authority are symbolically linked.

The aggressive dragon-like animals of the late Style II and early Style III have some resemblance to aggressive animals in the → Lindisfarne Gospels manuscript and in some later gospels, but nothing that can explain the meaning of the pronounced aggressiveness of these creatures and their iconography (22). Their distribution in Scandinavia is primarily centred in eastern Scandinavia. → Adam of Bremen's reference to a dragon cult in Estonia (Gesta Hammaburgensis IV 17) (→ Drache) seems an interesting coincidence, but would need further investigation before being incorporated into any explanation of the dragon-like creatures in late Germanic Animal Art.

The dragons and monsters of the animal art and Norse lit. are varied in appearance, and their interpretations range from underworld monsters to guises of Óðinn. These creatures are known from both Christian and Old Norse tradition, so that a fluid borderline between the two is likely, this complicating any attempt to decode these animals.

(1) B. Arrhenius, Einige christl. Paraphrasen aus dem 6. Jh., in: H. Roth (Ed.), Zum Problem der Deutung frühma. Bildinhalte. Akten des 1. Internationalen Kolloquiums in Marburg a.d. Lahn, 1986, 129–151. (2) H. Beck, Die Stanzen von Torslunda und die liter. Überlieferung, Frühma. Stud. 2, 1968, 237–250. (3) Idem, Das Problem der bitheriophoren PN im Germ., in: cf. [1], 303–315. (4) T. Dickinson, Symbols of protection: the significance of animal-ornamented shields in Early Anglo-Saxon England, Medieval Arch. 49, 2005, 109–163. (5) G. Gjessing, Hesten i førhistorisk kunst og kultus, Viking 7, 1943, 5–143. (6) U. E. Hagberg, The Arch. of Skedemosse, 2. The Votive Deposits in the Skedemosse Fen and their Relation to the Iron-Age Settlement on Öland, Sweden, 1967.

(7) G. Haseloff, Die germ. Tierornamentik der VWZ: Stud. zu Salin's Stil I., 1981. (8) Idem, Bild und Motiv im Nydam-Stil und Stil I., in: cf. [1], 61–110. (9) K. Hauck, Zum zweiten Band der Sutton-Hoo-Ed., Frühma. Stud. 16, 1982, 317–362. (10) L. Hedeager, Skygger af en anden virkelighed. Oldnordiske myter, 1997. (11) Idem, Cosmological endurance: Pagan identities in early Christian Europe, European Journ. of Arch. 1, 1998, 382–396. (12) Idem, Myth and art. A passport to political authority in Scandinavia during the Migration Period, Anglo-Saxon Studies in Arch. and Hist. 10, 1999, 151–156. (13) Idem, Skandinavisk dyreornamentik. Symbolsk repræsentation af en førkristen kosmologi, in: Et hus med mange rom. Vennebok til Bjørn Myhre, 1999, 219–237. (14) Idem, Dyr og andre mennesker – mennesker og andre dyr. Dyreornamentikkens transcendentale realitet, in: A. Andrén et al. (Ed.), Ordning mot kaos: studier av nordisk förkristen kosmologi, 2004, 219–252. (15) Idem, Animal Representations and animal Iconography, Stud. zur Sachsenforsch. 15, 2005, 231–245. (16) K. Høilund Nielsen, Centrum og periferi i 6–8 årh. Territoriale studier af dyrestil og kvindesmykker i yngre germansk jernalder i Syd og Østskandinavien, in: P. Mortensen, B. M. Rasmussen (Ed.), Fra Stamme til Stat i Danmark 2, 1991, 127–154. (17) Idem, Retainers of the Scandinavian kings: An alternative interpretation of Salin's Style II (sixth-seventh centuries AD), Journ. of European Arch. 5, 1997, 151–169. (18) Idem, Animal style – a symbol of might and myth. Salin's Style II in a European context, Acta Arch. 69, 1998, 1–52. (19) Idem, Style II and the Anglo-Saxon elite, Anglo-Saxon Studies in Arch. and Hist. 10, 1999, 185–202. (20) Idem, Ulvekrigeren. Dyresymbolik på våbenudstyr fra 6.–7. årh., in: O. Høiris et al. (Ed.), Menneskelivets mangfoldighed. Arkæologisk og antropologisk forskning på Moesgård, 1999, 327–334. (21) Idem, The wolf-warrior. Animal symbolism on weaponry of the 6th and 7th centuries, in: Arch. Zellwerk. Beitr. zur Kulturgesch. in Europa und Asien (Festschr. H. Roth), 2001, 471–481. (22) Idem, Ulv, hest og drage. Ikonografisk analyse af dyrene i stil II–III, Hikuin 29, 2002, 187–218. (23) Idem, "… the sun was darkened by day and the moon by night … there was distress among men …" – some comments on the socio-political development in 5th–7th-century Scandinavia, Stud. zur Sachsenforsch. 15, 2005, 247–285. (24) Idem, Stil II – Spiegel einer Elitenidentität? Tierstil von Herkunftsmythol. bis zur Kg.ssymbolik und Kirchenkunst unter den Angeln in Brit., in: S. Brather (Ed.), Zw. Spätant. und Früh-MA. Arch. des 4. bis 7. Jh.s im Westen, Ergbd. RGA (forthcoming). (25) Idem, S. Kristoffersen, Germansk dyrestil (Salins stil I–III). Et historisk perspektiv, Hikuin 29,

2002, 15–74. (26) S. Kristoffersen, Transformation in Migration Period animal art, Norwegian Arch. Rev. 28, 1995, 1–17. (27) T. C. Lindstrøm, S. Kristoffersen, "Figure it out!" Psychological perspectives on perception of Migration period animal art, ibd. 34, 2001, 65–84. (28) B. Magnus, Monsters and birds of prey. Some reflections on form and style of the Migration Period, Anglo-Saxon Studies in Arch. and Hist. 10, 1999, 161–172. (29) Idem, The enigmatic brooches, in: B. Magnus (Ed.), Roman Gold and the Development of the Early Germanic Kingdoms. Aspects of technical, socio-political, socio-economic, artistic and intellectual development, A. D. 1–550, 2001, 279–295. (30) G. Müller, Zum Namen Wolfhetan und seinen Verwandten, Frühma. Stud. 1, 1967, 200–212. (31) Idem, Germ. Tiersymbolik und Namensgebung, ibd. 2, 1968, 202–217. (32) P. Olsén, Die Saxe von Valsgärde, Valsgärdestud. 2, 1945. (33) E. C. Polomé, Schamanismus in der germ. Relig.?, in: K. Hauck (Ed.), Der hist. Horizont der Götterbild-Amulette aus der Übergangsepoche von der Spätant. zum Früh-MA, 1992, 403–420. (34) H. Roth, Einf. in die Problematik, Rückblick und Ausblick, in: cf. [1], 9–24. (35) Idem, Stil II – Deutungsprobleme. Skizzen zu Pferdemotiv und zur Motivkoppelung, in: cf. [1], 111–128. (36) B. Salin, Die agerm. Thierornamentik. Typol. Studie über germ. Metallgegenstände aus dem 4. bis 9. Jh., nebst einer Studie über ir. Ornamentik, 1904. (37) J. P. Schjødt, Óðinn – Shaman eller fyrstegud?, in: Kontinuiäten und Brüche in der Religionsgesch. (Festschr. A. Hultgård), 2001, 562–577. (38) Idem, Initiation, liminalitet og tilegnelse af numinøs viden: En undersøgelse af struktur og symbolik i førkristen nordisk relig., 2003. (39) R. Simek, Dict. of Northern mythol., 1993. (40) G. Speake, Anglo-Saxon animal art and its Germanic background, 1980. (41) J. Werner, Tiergestaltige Heilsbilder und germ. PN, Dt. Vjs. für Literaturwiss. und Geistesgesch. 37, 1963, 377–383.

K. Høilund Nielsen

Zum Literarischen → Tiersymbolik, Bd. 30

Tilleda

Archäologisch – a. Natürliche und hist. Voraussetzungen – b. Ausgrabung – c. Baugesch. und Interpretation

Archäologisch. a. Natürliche und hist. Voraussetzungen. Zu Füßen des Kyffhäusers, s. des Ortes T., Ldkr. Sangerhausen, Sachsen-Anhalt, liegt die → Pfalz auf dem Sporn des Pfingstberges, 30 m über der Goldenen Aue und einer wichtigen Fernverkehrsroute.

Erste Erwähnung des ON *Tilleda* Anfang 9. Jh. in dem *Breviarium s. Lulli* des Klosters Hersfeld. 972 erhält Theophanu anläßlich ihrer Heirat mit Ks. Otto II. u. a. die *curtis imperatoria* T. als Wittum. In T. ausgestellte Urk. belegen Herrscheraufenthalte aus ottonischem, salischem und staufischem Geschlecht in den J. 974, 993, 1031, 1035, 1036, 1041, 1042, 1174 und 1194. Mitte des 12. Jh.s führt das Tafelgüterverz. T. unter den sächs. Pfalzen auf (4, 560. 583 ff. 588 f.). Spätere Nachrichten lassen sich nicht mit Sicherheit auf das Pfalzgelände beziehen.

Seit 1983 und verstärkt ab 2001 konnten die für das Verständnis der Anlage wichtigsten Bauteile in einem Freilichtmus. teilrekonstruiert und kleine Ausstellungsräume eingerichtet werden.

b. Ausgrabung. Als bisher einzige dt. Kg.spfalz konnte T. vollständig freigelegt werden (Abb. 14). Ausgr. 1935–1939 durch die „Landesanstalt für Volksheitskunde" zu Halle (Grabungsleitung H. Butschkow) setzte Grimm 1958–1979 für die AdW der DDR fort und publizierte die Ergebnisse ausführlich (5; 6). Eine 2002 begonnene Neubearbeitung des Materials führt allerdings zu abweichenden Bewertungen der Baugesch. und Funde (1–3).

c. Baugesch. und Interpretation (3). Abgesehen von steinzeitlichen Einzelfunden, einer Besiedlung in der BZ und RKZ wurde der Pfingstberg ab dem Früh-MA bis in das 13. Jh. genutzt.

Die entspr. Keramik mag bis in das 7. Jh. zurückreichen. Genauer datierbare Metallfunde setzen jedoch erst in der 2. Hälfte des 8. oder zu Beginn des 9. Jh.s ein. Einige Holzbaubefunde konzentrieren sich an der Spornspitze, die ein Palisadenzaun ab-

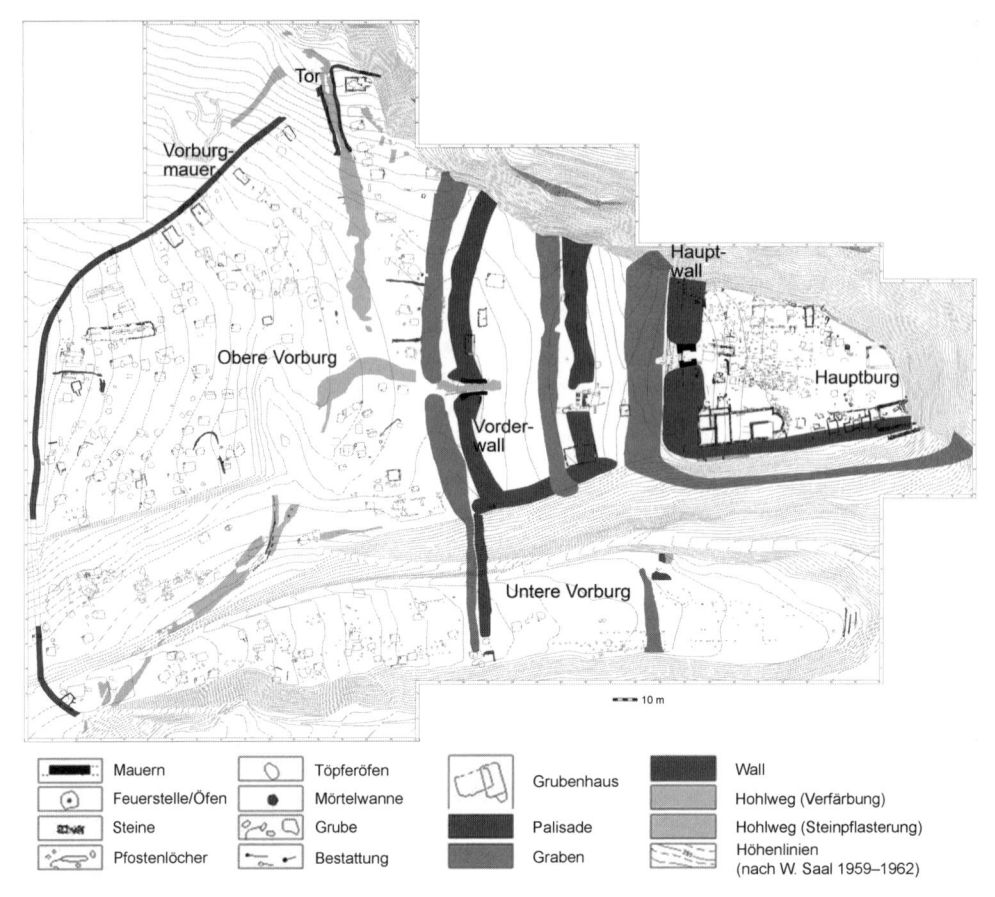

	Mauern		Töpferöfen		Grubenhaus		Wall
	Feuerstelle/Öfen		Mörtelwanne		Palisade		Hohlweg (Verfärbung)
	Steine		Grube		Graben		Hohlweg (Steinpflasterung)
	Pfostenlöcher		Bestattung				Höhenlinien (nach W. Saal 1959–1962)

Abb. 14. Die Königspfalz Tilleda

grenzte. Darüber hinaus streuen die Keramikfunde des 7.–9. Jh.s gleichmäßig über fast das gesamte Gelände. Ihre geringe Anzahl dürfte für eine eher zeitweilige Nutzung des späteren Vorburgbereichs sprechen. Eine Rolle T.s bei der endgültigen Einbeziehung der Region in das frk. Reich ist anzunehmen.

Mit dem Bau eines Holz-Erde-Walls (Abb. 14, Vorderwall) im 9. oder frühen 10. Jh. entsteht eine 200 m lg. (Haupt-)Burg, an die sich w. eine zunächst unbefestigte Siedlung anschloß. Hier bildeten sich spätestens im 10. Jh. Strukturen heraus, die bis in das 12. Jh. für das Tafelgut bestimmend blieben. Neben Scheunen gab es Bereiche für das Handwerk und solche, die ländlichen Anwesen gleichen.

In der (Haupt-)Burg errichtete man nun neben einfachen Gruben- und Pfostenhäusern auch Massivbauten, die sich deutlich von ländlichen Bauweisen unterschieden. Dazu zählen der profane Halbkeller unter der späteren Kirche und Schwellmauerbauten. Besonderen Wohnkomfort repräsentieren Reste von Unterboden-Heißluft-Heizungen.

Nach einer teilweisen Brandzerstörung im fortgeschrittenen 10. Jh. erfolgt ein groß angelegter Ausbau in spätottonisch/frühsalischer Zeit. Die nun intensiv genutzte Vorburg wird durch eine Umfassungsmauer mit

Zangentor geschützt (Abb. 14, Tor). Der Holz-Erde-Wall der Hauptburg erhält steinerne Torflanken. An der Spornspitze gruppieren sich repräsentative Großbauten: Zwei hölzerne Hallen mit Umgang, eine davon 30,7 m lg., zwei steinerne ‚Feste Häuser' und die Pfalzkirche mit Herrschaftsempore. Als Ensemble steht T. zw. dem Bautyp der letzten klass. Pfalzen (Goslar) und der sich herausbildenden klass. Adelsburg.

Unfertige Befestigungsteile deuten darauf, daß die umfassende Neugestaltung um 1000 nicht vollständig zu Ende geführt wurde. Statt dessen entstand Kyffhausen als nahe gelegene moderne Höhenburg. In T. zeigt sich der Bedeutungsverlust seit dem späteren 11. Jh. im Verfall der Repräsentationsgebäude sowie der Anlage von Grubenhäusern und Gräbern auf dem Hof der Hauptburg. Dennoch wurde diese, durch einen Erdwall mit Palisade stark verkleinert, etwa zu Zeiten des Sachsenaufstands (ab 1073) wieder befestigt (Abb. 14, Hauptwall). Diese Fortifikation setzte man in der 2. Hälfte des 12. Jh.s nochmals instand und ergänzte sie durch einen zusätzlichen, vorgelagerten Wall – wohl in den staufisch-welfischen Auseinandersetzungen um 1180. Deren Beilegung durch Heinrich VI. und Heinrich den Löwen 1194 in T. zeigt, daß derartige Hoftage auch in bescheidenem Umfeld stattfinden konnten.

Die bis in das 12. Jh ungebrochene wirtschaftl. Bedeutung der Vorburg zeigt sich z. B. in der Errichtung eines 30 m lg. Webhauses mit drei bis zu 6 m br. Gewichtswebstühlen. Insgesamt läßt sich, abgesehen von der Textilherstellung, beim Handwerk auf der Pfalz (Schmiede, Kammacherei, Knochenschnitzerei, Buntmetallguß, Drechslerei) lediglich ein bescheidener Umfang feststellen, auch wenn hin und wieder wertvolles Material, u. a. afrikanisches Elfenbein, verarbeitet wurde. Handel kann nicht sicher nachgewiesen werden.

Noch im 12. Jh. begann die Abwanderung der etwa 50 ständigen Bewohner der Pfalz aus der im späteren 13. Jh. aufgegebenen Anlage.

Vergleiche mit entspr. Anlagen (Helfta, → Magdeburg, Mühlhausen, Gebesee) zeigen, daß es bei Unterschieden in den Details eine zeittypische Organisationsform für derartige hochma. Anlagen – gleich welchen Herrschaftsträgers – gab. Im Falle T. besteht eine enge Verknüpfung mit den Zeitgeschehnissen und jeweiligen Entwicklungstendenzen.

(1) M. Dapper, Neuentdeckungen auf der Königspfalz T., Beitr. zur Heimatforsch. Veröffentl. des Spengler-Mus.s Sangerhausen 12, 2002, 154–163. (2) Ders., Die ottonische Pfalz T., in: K. G. Beuckers u. a. (Hrsg.), Die Ottonen. Kunst – Architektur – Gesch., 2002, 264–266. (3) Ders., Die Neuinterpretation der Grabungsergebnisse auf der Pfalz T., in: Zentren herrschaftlicher Repräsentation im Hoch-MA. Gesch., Architektur und Zeremoniell, Dt. Königspfalzen. Beitr. zur ihrer hist. und arch. Erforschung 8, 2005 (im Druck). (4) M. Gockel (Bearb.), Die dt. Königspfalzen, 2. Thüringen, 2000, 549–631. (5) P. Grimm, T. Eine Königspfalz am Kyffhäuser, 1. Die Hauptburg, 1968. (6) Ders., T. Eine Königspfalz am Kyffhäuser, 2. Die Vorburg und Zusammenfassung, 1990.

M. Dapper

Zum Namenkundlichen → Tilleda, Bd. 30

Tischgemeinschaft. Unter T. verstehen wir die Versammlung Gleichgesinnter zu einem gemeinsamen Essen und Trinken. T. schließt ein Gemeinschaftserleben ein, das ein ideelles Zusammengehören schafft und pflegt. Unter ersterem Gesichtspunkt ist auf die Beiträge → Eßsitten, → Mahl und → Trinkgelage und Trinksitten zu verweisen. Der zweite Punkt soll hier angesprochen werden.

Unter dem Terminus Gemeinschaft wird im soz. Diskurs (seit der Arbeit von F. Tönnies [21]) eine elementare Beziehung affektiver Art erörtert, die sich durch Sitte und Tradition geleitet, in natürlichen Ordnungen des Blutes (der Verwandtschaft), des Geistes (der Freundschaft, Genossenschaft) und des Ortes (der Gemeinde) darstellt. Nachbarschaften, Gilden, Kirchen etc. bilden solche wesenhaften Gemeinschaften. Den Gegenpol repräsentieren in dieser Diskussion die Gesellschaften, die sich als kalkulierte, zweckorientierte Beziehungsformen an äußeren Zielsetzungen orientieren (4; 11; 19; 21).

Dieses Konzept hat großen Einfluß ausgeübt, aber auch Kritik erfahren, die darin gipfeln konnte, z. B. für den Bereich der Religionswiss. auf den Begriff Gemeinschaft ganz zu verzichten (11). Die Kontroverse berührt auch die Diskussion über die Reichweite biologisch verstandener sozialer Gruppen. Die biologische Bestimmung steht dem Gemeinschaftsbegriff nahe – den Gegensatz bilden die intentionalen und konsensualen Einungen, die als solche dem Gesellschaftskonzept zuneigen. Betroffen davon sind z. B. die kontroversen Auffassungen von →Sippe, Bund (→Geheimbünde), Stamm (→Stamm und Staat).

Die T. ordnet sich keiner dieser Sozialformen exklusiv zu. Die Mahlzeit als wesentlicher Bestandteil der T. ist als identitätsstiftender Faktor so genereller Natur, daß sie von jeder Sozialordnung, sei sie nun als Gemeinschaft oder Ges. begriffen, mehr oder weniger geübt wurde.

Im folgenden sei versucht, die Bedeutung des Konzeptes T. an einigen Beispielen des geselligen und relig. Lebens anzusprechen.

Geselligkeit pflegten nach ant. Qu. die Germ. in reichem Maße (→Mahl). Sie äußerte sich in *convictus* und *convivia* einerseits, in *hospitia* andererseits – d. h. in den Formen eines gemeinsamen Essens und Trinkens in engeren oder weiteren Kreisen der Verwandtschaft, Nachbarschaft etc., aber auch von gemeinsamen Mählern, die einen fremden Gast einbezogen. Es ist nicht zu bezweifeln, daß das gemeinsame Mahl das Gefühl einer Zusammengehörigkeit schuf und pflegte, zugleich Ausdruck und Begründung einer Gemeinschaft war. Die Hinweise auf die Maßlosigkeit von Mahlteilnehmern machen aber auch deutlich, daß daraus Streit und Zwietracht erwachsen konnte, d. h. Gemeinschaften zerbrechen konnten. Die *convictus/convivia* waren für die Pflege der Gemeinschaft ebenso elementar wie anfällig für Zwistigkeiten.

Gastfreundschaft ist in ant. Qu. ein Topos, der den damaligen Historikern half, die barbarischen Randvölker zu charakterisieren, die Germ. in besonderer Weise (14). Nachdem →Caesar schon die Unverletzlichkeit des Gastes betont hatte (Caes. Gall. 6,23: *ab iniuria prohibent sanctosque habent*), Pomponius →Mela (De Chorographia 3, 28) ihre Güte und Milde gegenüber Gästen vermerkt hatte, spricht →Tacitus geradezu von einer Ausnahmestellung der Germ. hinsichtlich der Gastfreundschaft, die er vornehmlich in der Bewirtung realisiert sah – keine andere *gens* hätte sich so verschwenderischen Gelagen *(convictus, hospitia)* hingegeben wie die Germ., selbst von einem *ius hospitis,* einem Gastrecht, ist die Rede. Allerdings ist dieser ant. Topos von der Gastfreundschaft der Germ. auch textkritisch zu sehen – an erster Stelle ist hier Eduard →Norden (16) zu nennen. Unter der Titelüberschrift „Gastfreundschaft" behandelte er die betreffenden Belege der *Germania* und spürte dabei deren hellenische Grundlagen auf. Als Wandermotive (→Wandermotiv und Wandertheorie) erkannt, waren ihm Topoi keine authentischen Geschichtsqu. Hier hat bereits Reinhard →Wenskus einen neuen Ansatz gesucht und bemerkt, daß die Topik der ant. Ethnographie fast immer mit der Typik der ethnischen Selbstauffassung parallel läuft. Das bedeutet nach Wenskus, daß die Anwendung der Topoi durchaus dem Charakter ethnischen Selbstverständnisses gerecht werden konnte (23, 111). Ihm zufolge liegt hier eine Forsch.saufgabe vor, die nur in Zusammenarbeit von Philologen und Ethnosoziologen gelöst werden könne. Vgl. auch zu weiteren Qu. (12).

Alle Merkmale einer Gemeinschaft weist die → Gilde auf. Auch hier ist die T. ein konstituierender Faktor. Zwei → Runensteine von → Sigtuna sprechen erstmals von fries. Gildebrüdern, die Runensteine von Bjälbo und Törnevalla bezeugen eine Gildegemeinschaft in → Östergötland (10, 95 ff.; 1; 5). Man kann aus diesen und weiteren Qu. schließen, daß das spätwikingerzeitliche *gildi* eine Kaufmannsgemeinschaft darstellte. Die Bedeutungserweiterung von *gildi* zu Fest, Festmahl, Trinkgelage (in Kenningar auch für den Skaldenmet gebraucht) zeigt deutlich, daß die T. in diesen Gilden wesentlicher Bestandteil war.

Im relig. Leben wird die T. gepflegt – und das sowohl im heidn. als auch im christl. Ritus (8; 13; 15; 20). Dabei gilt das Opfer als eine zentrale Form der Kommunikation zw. Mensch und Gottheit. In Gestalt einer Eßgemeinschaft wird nicht nur die Gemeinschaft der Opfernden untereinander begründet und gepflegt, auch die Gemeinschaft mit den verehrten Gottheiten wird auf diese Weise dokumentiert. In seinen einflußreichen „Lectures on the Religion of the Semites" (1889) formulierte William Robertson Smith eine folgenreiche Opfertheorie: Nicht das *offering,* nicht der Tribut, die Gabe an die Gottheit sei die Grundidee des Opfers, sondern die Kommunion, die Gemeinschaft zw. dem Gott und seinen Verehrern durch gemeinsame Teilnahme am Opfermahl (17, 266). Die Teilnehmenden werden zu Brüdern, die miteinander und mit ihrem Gott über das gemeinsame Mahl in Zusammenhang treten (17, 239). Für Robertson Smith kam hinzu: Einige der semitischen Gottheiten sind ihrem Ursprung nach Totems. Das ‚Bindemittel' zw. den Verehrern und ihrem Gott bestand hier im Essen des Fleisches und im Trinken des Blutes des verwandten Tieres beim Opfermahl (17, 101. 240). Émile Durkheim, der frz. Soziologe und Relig.historiker (1858–1917), bekannte sich nachdrücklich zu Robertson Smith – auch ihm war das Opfer urspr. eine Eßgemeinschaft, in der sich die Teilnehmer durch den Verzehr des hl. Totemtieres als eine Gemeinschaft konstituierten – wobei Totem in diesem Zusammenhang nichts anderes ist, als eine Konsubstantialität von Mensch und Tier. Die Opferkommensalität verdankt sich einer Konsubstantialität (3, 130). Wie sehr die Arbeiten von Robertson Smith und Durkheim und die damit ausgelöste Diskussion die Auffassung von T. und Opfergemeinschaft geprägt haben, zeigt sich z.B. in der „Altgermanischen Religionsgeschichte" von Jan de → Vries, der jede gemeinsam vorgenommene Mahlzeit als friedensstiftende Kommunion zw. den Teilnehmern erklärt. Wenn das getötete Opfertier als eine Erscheinungsform der Gottheit betrachtet werde, könne die sakrale Mahlzeit ihm zufolge selbst sakramental werden (22, § 282). Opfern war ihm ein Verfahren, wodurch die menschliche Gemeinschaft sich durch das gemeinsam genossene Kultmahl mit der göttlichen Welt in Verbindung setzte (22, § 286). Vilhem → Grønbech war der erste, der der T. eine eindringliche Studie widmete (7, 91–108). Er hat Kritik erfahren. Doch ist ihm zugute zu halten, daß er unter Kultur und Relig. nicht nur die äußeren Ausdrucksformen kulturellen und relig. Lebens beschreiben wollte, sondern nach den inneren Antrieben, die eine Kultur, eine Relig. erst ausmachen, forschte. In einer jüngsten Studie diskutiert Schüttpelz kritisch, was die sog. ‚Primitiven' und die Kategorie des ‚Primitiven' zur Moderne beigetragen haben – und bezieht dabei auch die Thesen von Robertson Smith und Durkheim (zu Totemismus, Opfergemeinschaft etc.) ein (18, 107 ff.). Interpretiert Schüttpelz das ‚Primitive' im Kontext der Fremderfahrungen der kolonialen Mobilität, so stehen die Opfertheorien andererseits auch unter dem Einfluß ethnol. und christl.-theol. Anschauungen (6). Sie alle tragen dazu bei, die T. mit ihren Ritualen nach je eigenen Voraussetzungen zu charakterisieren (6; 9; 19).

(1) G. Authén Blom u. a., Gilde, in: Kult. hist. Leks. V, 299–313. (2) H. Cancik u.a. (Hrsg.), Handb. religionswiss. Grundbegriffe 1–4, 1988–2001. (3) É. Durkheim, Die elementaren Formen des relig. Lebens, 1912. (4) G. Endruweit, G. Trommersdorff (Hrsg.), Wb. der Soz., 1989, s. v. Gemeinschaft, Ges. (5) J. Gallén, Brödarskap, in: Kult. hist. Leks. II, 303–306. (6) B. Gladigow, Opfer und komplexe Kulturen, in: [9], 86–107. (7) W. Grönbech, Kultur und Relig. der Germ. I/2, [13]2002. (8) F. Heiler, Erscheinungsformen und Wesen der Relig., 1961, 248 ff. (9) B. Janowski, M. Welker (Hrsg.), Opfer. Theol. und kulturelle Kontexte, 2000. (10) S. B. F. Jansson, Runinskrifter i Sverige, [2]1977. (11) G. Kehrer, Gemeinschaft, in: [2] 2, 1990, 482–485. (12) H. Kuhn, in: Schneider, GAK, 194 ff. (13) G. van der Leeuw, Phänomenologie der Relig., [2]1956, bes. 408 f. (14) Much, Germania (vgl. den Kommentar zu c. 21). (15) A. Norberg, Krigarna i Odins sal. Dödsföreställningar och krigarkult i fornnordisk relig., 2003, bes. S. 73 f., 175–196. (16) E. Norden, Die germ. Urgesch. in Tacitus Germania, [5]1974, 130–142. (17) W. Robertson Smith, Die Relig. der Semiten, 1967 (Nachdr. der Übs. von 1899: Lectures on the Relig. of the Semites, [2]1894). (18) E. Schüttpelz, Die Moderne im Spiegel des Primitiven, 2005. (19) H. Seiwert, Opfer, in: [2] 4, 1998, 268–284. (20) Å. V. Ström, Das sakrale Mahl in den Relig. der Welt, in: TRE I, 43–47. (21) F. Tönnies, Gemeinschaft und Ges., 1887. (22) de Vries, Rel.gesch. (23) Wenskus, Stammesbildung.

H. Beck

Tissø. Namenkundlich. *Tissø* ist der Name eines großen Sees im w. Teil der Insel → Seeland. Das Zweitglied des Namens (1452 *Tisøe*; 2, 51) ist adän. *sio, siø* (awnord. *sjór, sjár*) mask. ‚See'. Das Erstglied ist entweder Gen. des in dän. ON ziemlich häufig vorkommenden Götternamens adän. *Tī*, awnord. *Týr* (über die Verbreitung des Götternamens in ON s. 1, 109. 123; 3, 141; 4, 405 ff.) oder Gen. Sing. oder Pl. einer mit dem Götternamen urspr. identischen Götterbezeichnung. Ein Seename *T.* scheint noch ein paarmal in Dänemark vorzukommen, aber die in Frage kommenden Namen sind nur schwach bezeugt, und eine sakrale Deutung erscheint in diesen Fällen als sehr unsicher (1, 115 mit Lit.; 2, 51; 3, 136. 140).

(1) B. Holmberg, Den hedenske gud Tyr i danske stednavne, in: Mange bække små. Til J. Kousgård Sørensen på tresårsdagen, 1986, 109–127. (2) J. Kousgård Sørensen, Danske sø- og ånavne, 7, 1989. (3) W. Laur, Germ. Heiligtümer und Relig. im Spiegel der ON. Schleswig-Holstein, n. Niedersachsen und Dänemark, 2001. (4) P. Vikstrand, Gudarnas platser. Förkristna sakrala ortnamn i Mälarlandskapen, 2001.

E. Nyman

Zum Arch. → Tissø, Bd. 30

Toilettebesteck

§ 1: Altertumskundliche Bedeutung – § 2: T. mit Scharnierverschluß – § 3: Überblick und jüngere Epochen

§ 1. **Altertumskundliche Bedeutung.** Unter T. erfaßt die arch. Forsch. Gehänge aus Bronze oder Eisen, bei denen verschiedene kleine Gerätschaften durch einen Ring oder ein Scharnier (s. § 2) zusammengehalten werden. Solche ‚Bestecke' enthalten zumeist mit der → Pinzette ein Gerät zur Entfernung von Körperhaar (→ Haar- und Barttracht; → Schönheitsmittel). Die Kombination mit einer Pinzette legt auch für die anderen Geräte eines T.s den Gebrauch für die menschliche Körperpflege nahe. Im einzelnen ist die Auswahl der klei-

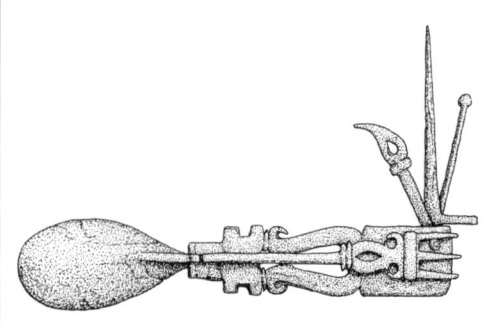

Abb. 15. Reisebesteck aus Silber von unbekanntem FO, M. 1:2. Nach Miron (14, Abb. 10)

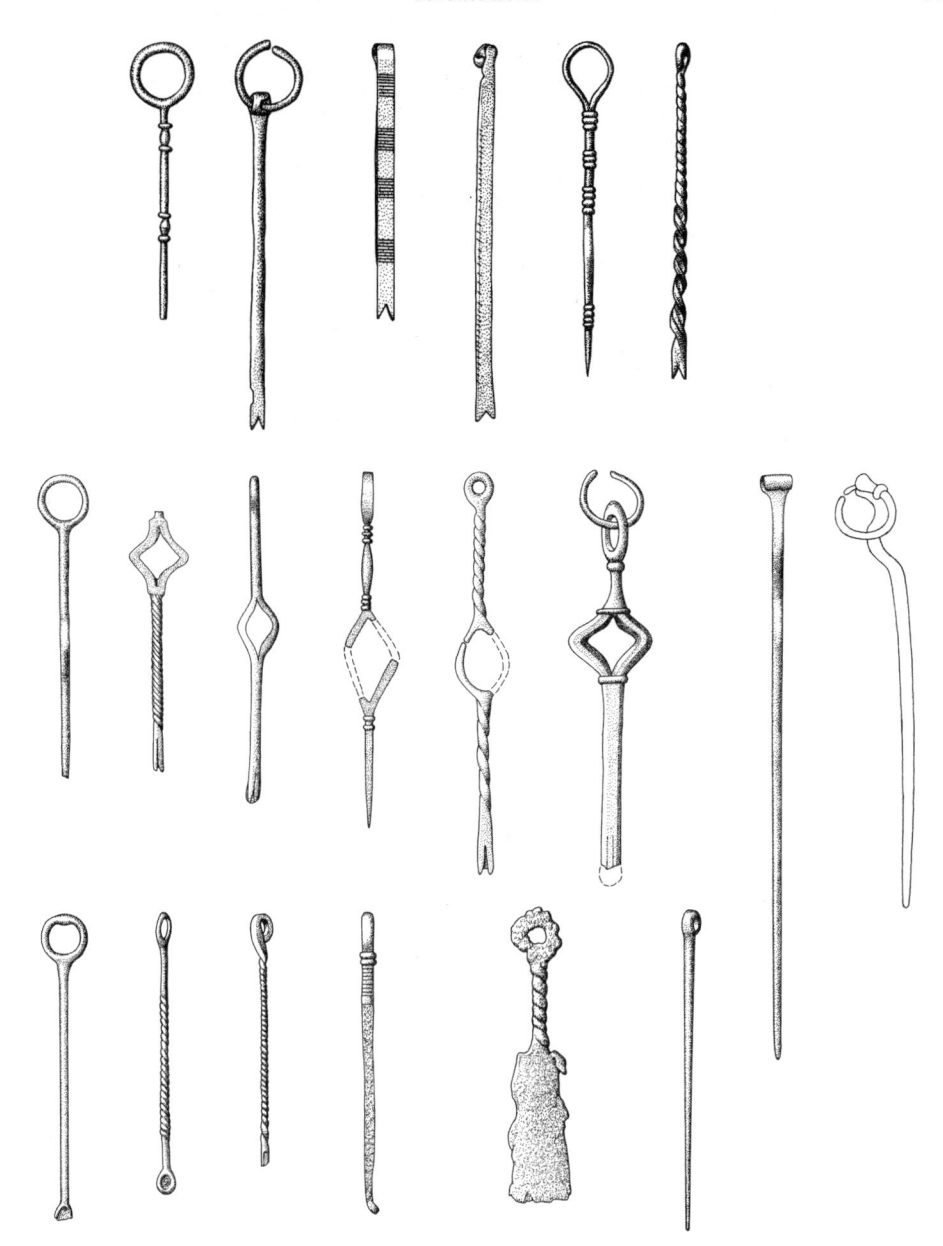

Abb. 16. Einzelbestandteile hallstattzeitlicher Toilettegeräte mit unterschiedlich geformten Enden oder ringförmig erweitertem Mittelstück sowie Bronzenadeln aus Toilettebestecken. Ohne M. Nach Gedl (4, Taf. 19–20)

nen Gerätschaften in den T.en allerdings sehr vielfältig und bezeugt unterschiedliche Anwendung. Sie weist über den Bereich der Leibespflege (→ Leib und Leibespflege) und ihrer gehobeneren Form im Sinne von Kosmetik (→ Farbe und Färben) hinaus auf einen Zusammenhang, der – modern ausgedrückt – zw. Reinhaltung des Körpers, Nahrungsaufnahme und Gesundheit besteht. Kultur- oder zeitbezogene Analysen

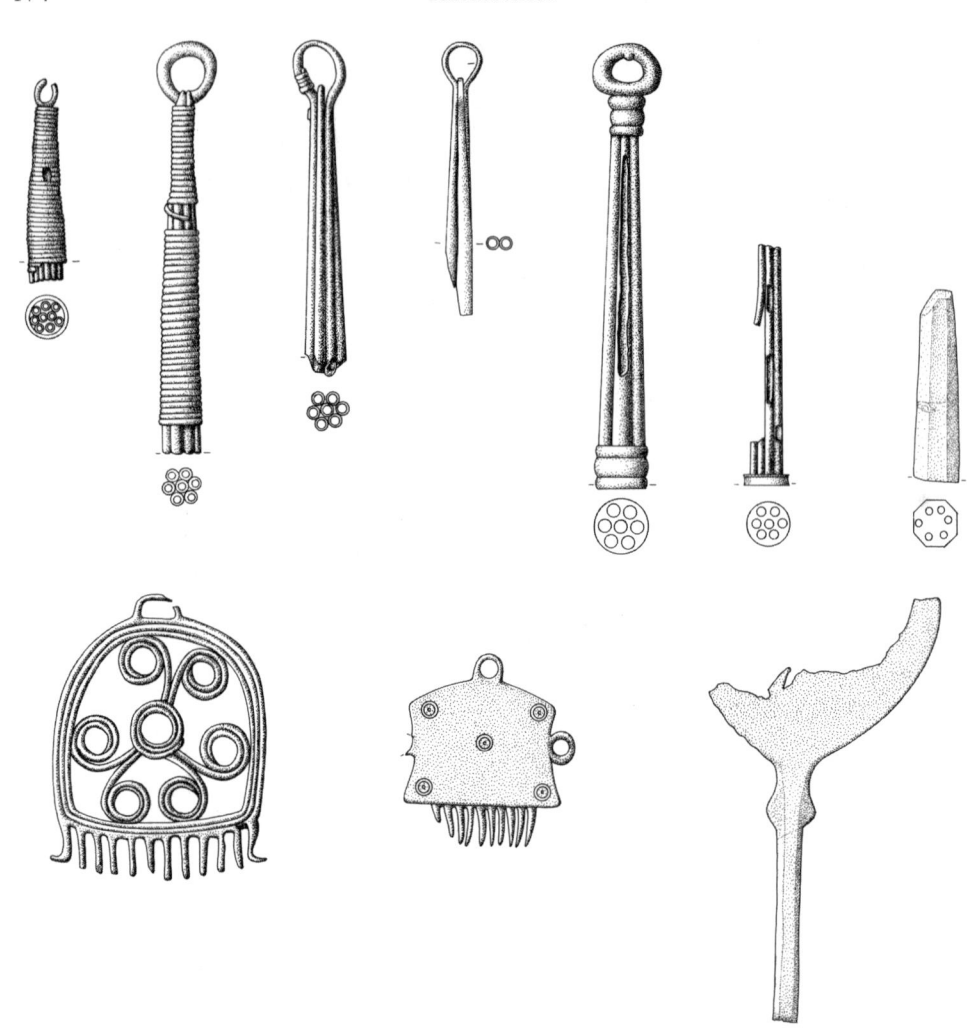

Abb. 17. Nadelbüchsen, Kammanhänger und Spiegel als Bestandteile hallstattzeitlicher Toilettebestecke. M. 1:2.
Nach Gedl (4, Taf. 21)

aufgrund der Einzelbestandteile des T.s führen daher auch nicht zu einem einheitlichen Anwendungsprinzip, wie das beispielsweise für die Rasur anhand von Rasiermessern möglich ist. Ebensowenig lassen die T.e allg. verbindliche und konkrete Aussagen darüber zu, von wem, warum und zu welchem Zweck die verschiedenen Gerätschaften verwendet wurden. Die Kombination unterschiedlicher Objekte in den T.en spricht eher dafür, daß für ihre Aus-

wahl nicht konkrete einzelne Praktiken ausschlaggebend waren. Vielmehr weisen die mitunter in diese Bestecke integrierten Miniaturformen von Sieben, Spiegeln, Kämmen oder Amulettringen auf einen weit gefächerten Anwendungsbereich (vgl. z. B. 1), der mit Reinhaltung beim Mahl, beim Essen und Trinken in alltäglicher („Reisebesteck', vgl. Abb. 15; → Eßbesteck) wie gehobener Form (→ Situlenfest; → Tischgemeinschaft; → Trinkgelage und Tischsitten; → Weih-

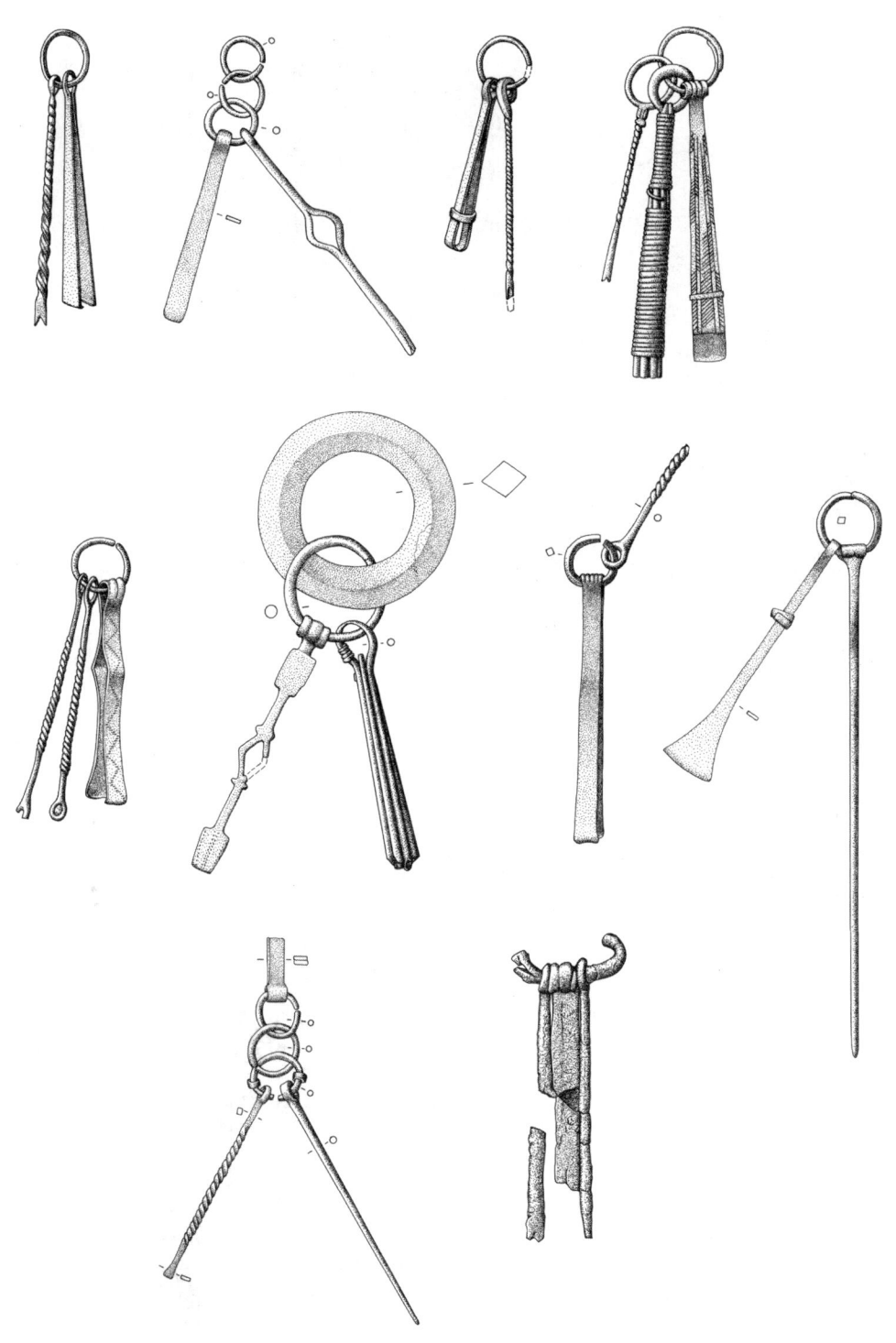

Abb. 18. Aus unterschiedlichen Geräten zusammengesetzte Toilettebestecke. M. 1:2. Nach Gedl (4, Taf. 22–23)

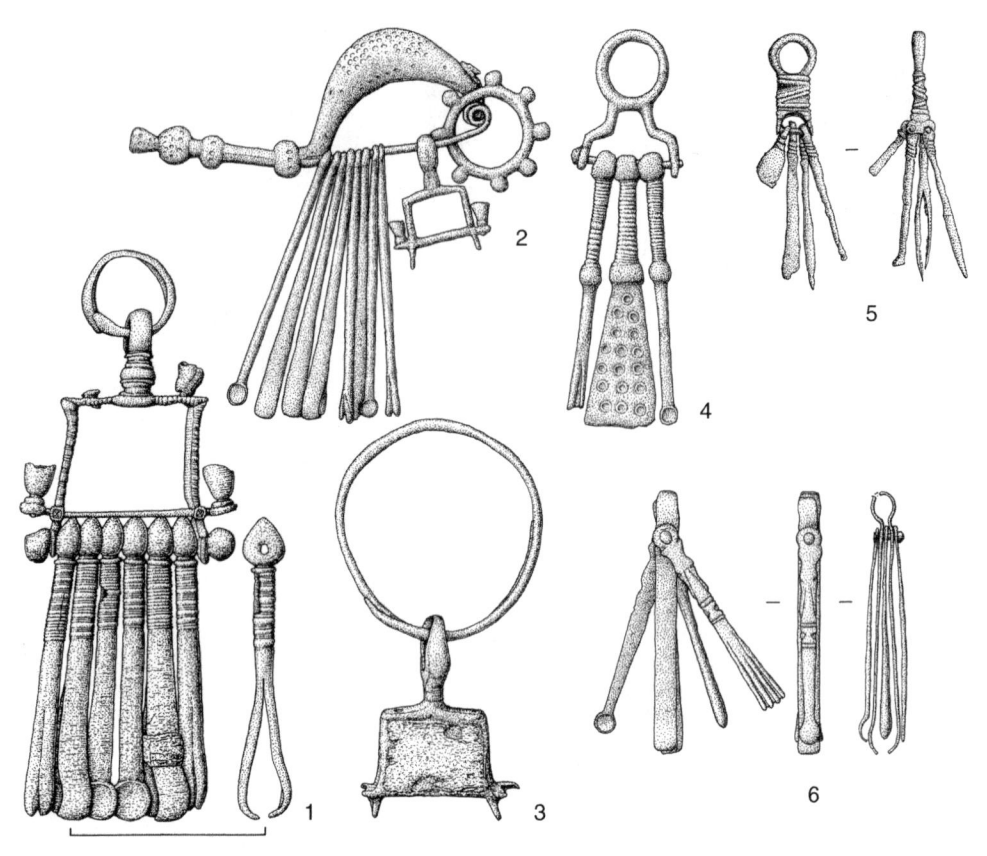

Abb. 19. Toilettebestecke mit Scharnierkonstruktion nach Miron (14, Abb. 1–10, passim). 1 Rebbio/Como (Italien), Grab, Silber mit partiellem Goldüberzug, Nagelschneider, Pinzetten und Ohrlöffel sind paarweise und symmetrisch angeordnet; 2 Palestro/Pavia (Italien), Grab, Bronze, sekundär auf Sanguisugafibel aufgereiht; 3 Arbedo, Fst. Molinazzo, Tessin (Schweiz), Grab, Bronze mit viereckigem Anhänger und darin gefaßtem Bernsteinplättchen; 4 Arbedo, Fst. Cerinasca, Grab mit zwei Toilettebestecken gleichen Typs; 5 Trier (Deutschland), Grab, Bronze; 6 Basel-Gasfabrik (Schweiz), Siedlung, Bronze. Alle M. 1:2

rauch) in Verbindung steht (vgl. auch → Abort; → Aderlaß; → Badewesen; → Schröpfen; → Sitte und Brauch; → Waschen; → Zahnpflege) und Praktiken bis hin zur → Tätowierung einschließt.

Eine Vorstellung über die Quantität von T.en vermittelt die Studie von Gedl (4, 1). Zu den darin erfaßten ca. 600 hallstattzeitlichen Toilettegeräten gehören allein ca. 400 Pinzetten. Die als Bd. 1 der Abt. XV konzipierte Monogr. hat innerhalb der Reihe „Prähistorische Bronzefunde" thematisch keine Forts. gefunden. Einschlägige Nachweise sind daher v. a. den Materialpubl. von Gräbern zu entnehmen, aus denen T.e zumeist überliefert sind. T.e enthalten außer Pinzetten auch drahtförmige Gegenstände mit einem breitgeschlagenen und gegabelten oder plattgehämmerten und längsgerieften Ende und einer ösenförmigen Aufhängevorrichtung am anderen Ende (sog. Kratzer), stäbchenförmige Geräte mit Löffelende und ösenförmiger Aufhängung, Nadelbüchsen zur Aufnahme von Tätowiernadeln, aber auch kleine Kämme oder Ösennadeln und manchmal sogar kleine Spiegel (Abb. 16–18), Siebe, Eßlöffel und Gabel (Abb. 15). Nicht üblich sind in ihnen jedoch → Rasiermesser oder → Schere. Da für die im einzelnen überlieferten Geräte ein Gebrauch nicht immer eindeutig ist, werden sie in Publ. oft unter ‚Kleinfunde' (vgl. auch → Miniaturgeräte) mit unterschiedlichen Anwendungsbereichen erfaßt (→ Griffel; Strigili [11]; med. Geräte [s. u.]; einfache Gebrauchsgeräte [12]).

Für die hauptsächlich aus Grabverbänden von Männern überlieferten T.e (4) wird die Tragweise in einem organischen Behälter am Gürtel vermutet, ähnlich wie das für → Feuerzeug, vereinzelt auch für Rasiermesser nachgewiesen ist. Inwieweit darin eine ‚gehobene' Körperpflege zum Ausdruck gebracht wird, ist weitgehend eine Frage der Qu.überlieferung. Auf jeden Fall ist für Frauen ebenfalls von Körperpflege, gerade auch in der verfeinerten Form der Kosmetik, auszugehen (8). Die importierten oder imitierten röm. Reibschalen in der Germania (10) werden nicht allein in der Küche Verwendung gefunden haben (wie für Haarhausen in Thüringen sicher zu Recht anzunehmen ist [3]), vielmehr wirft gerade ihre Nutzung im kosmetischen Bereich ein Licht auf die Art der Romanisierung (vgl. 9; 2).

T.e wurden manchmal unter zusätzlicher Verwendung von Edelmetallen (Abb. 19,1) oder Emaille (Abb. 20), aber auch Bernstein (Abb. 19,3) (14) sowie aus nichtmetallischen Rohstoffen hergestellt. Aus Knochen gearbeitete T.e stammen z. B. aus der röm. Stadt auf dem → Magdalensberg (5, 120 f.). Hier war eine Spezialwerkstatt für med. Gerät wie für T.e tätig, aus der auch vier Pinzetten mit Fabrikationsstempel nachgewiesen werden konnten (6; 7).

Altertumskundlich von Bedeutung sind neben chron., regionalen wie überregionalen Gesichtspunkten für T.e auch zahlreiche konkrete sachbezogene Beobachtungen (s. u.). Sie geben Aufschluß über unterschiedliche Zusammensetzungen der Gerätschaften in dem T., und enthalten nicht

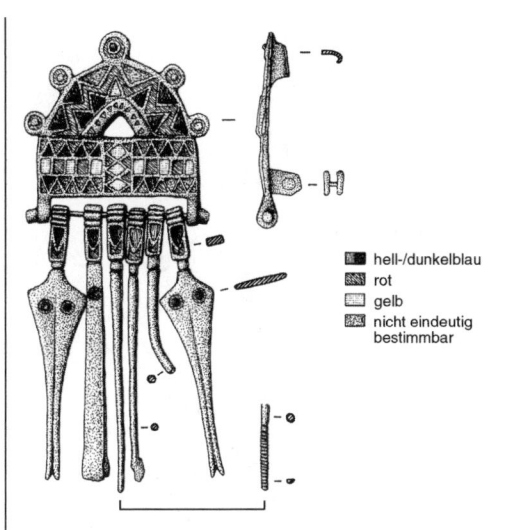

Abb. 20. Toilettebesteck aus Gimbsheim, Kr. Alzey-Worms, Einzelstück, Emailleverzierte Bronzefibel mit Scharnierstift. M. 1 : 2. Nach Miron (14, Abb. 9, 38)

zuletzt wertvolle technologische und funktionale Beobachtungen am Einzelstück.

§ 2. T. mit Scharnierverschluß. Im Gegensatz zur einfachen Ringverbindung bieten T.e mit Scharnierverschluß eine stabilere Form, verschiedene Geräte und Gegenstände aufzureihen. Bei dieser Konstruktion werden die Einzelteile auf einen geraden, nietartigen Stift aufgebracht, dessen Enden in einer gesondert gearbeiteten Halterung stecken. Für die sehr unterschiedliche Anzahl und Auswahl der einzelnen miteinander verbundenen Teile, die bei ihrer Handhabung dem Besteck zu entnehmen waren, bietet dieses technische Detail einen wesentlich besseren Halt. Einschlägige Beispiele aus acht Jh. von der HaZ bis zur VWZ hat Miron in seiner Übersicht (14) nach stilistischen Merkmalen zusammengestellt, bei denen die Halterung rahmenartig (Abb. 19,1), glockenförmig oder getreppt (Abb. 19,4), halbkreisförmig oder doppelt vorgesehen war. Die Reihe solcher T.e läßt sich inzw. erweitern, wie aus dem Geräte-Gehänge aus dem sächs. Gräberfeld von Gudendorf, Stadtkr. Cuxhaven, (15) (Taf.

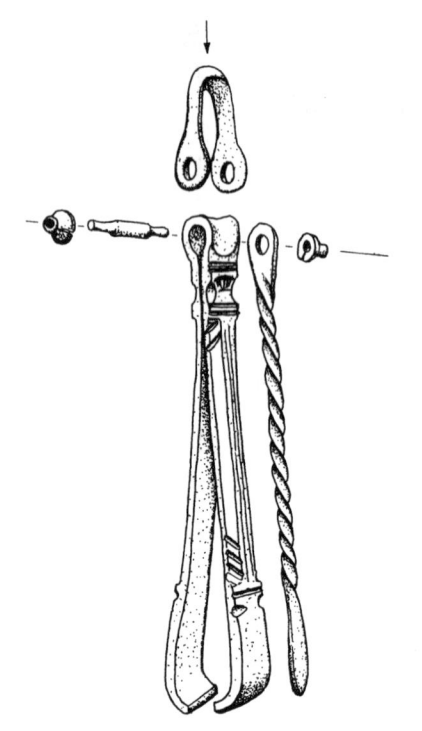

Abb. 21. Einzelteile des Toilettebesteckes aus Barchel, Ldkr. Rotenburg (Wümme). M. 1:1. Nach Meier (13, Abb. 2)

7a) und dem völkerwanderungszeitlichen Gehänge aus Barchel, Ldkr. Rotenburg (Wümme), hervorgeht (13) (Abb. 21).

(1) H. van den Boom, Zur symbolischen Bedeutung des Kammes in der Vorgesch., in: Arch. Zellwerk. Beitr. zur Kulturgesch. in Europa und Asien (Festschr. H. Roth), 2001, 186–196. (2) Ch. Bücker, Reibschalen, Gläser und Militärgürtel. Röm. Lebensstil im freien Germanien, in: Die Alam. Ausstellungskat., 1997, 135–141. (3) S. Dušek, Produktion und Verbreitung röm. Reibschalen im hermundurischen Thüringen, Acta Rei Cretariae Romanae Fautorum 29/30, 1991, 137–148. (4) M. Gedl, Die Toilettegeräte in Polen, 1988. (5) K. Gostenčnik, Die Kleinfunde aus Bein vom Magdalensberg, Carinthia I 186, 1996, 105– 137. (6) Dies., Zwei Pinzetten mit Agathangelus-Stempel vom Magdalensberg, ebd. 187, 1997, 141–168. (7) Dies., Zwei weitere *Agathangeli* vom Magdalensberg, ebd. 188, 1998, 109–112. (8) J. D. Hill, „The end of one kind of body and the beginning of another kind of body"? Toilet instruments and „Romanization" in southern England during the first century AD, in: A. Gwitt, C. Haselgrove (Hrsg.), Reconstructing Iron Age Soc. New approaches to the British Iron Age, 1997, 96–107. (9) R. Jackson, The function and manufacture of Romano-British cosmetic grinders: two important new finds from London, Antiquaries Journ. 73, 1993, 165–169. (10) T. Kolník, Zur Verbreitung und Beliebtheit der Reibschalen und deren Nachahmungen bei den swebischen Germ. (Quaden), Alba Regia 25 (=Acta Rei Cretariae Romanae Fautorum) 34, 1995, 249–252. (11) E. Kotera-Feyer, Die Strigilis, 1993. (12) E. Künzl, Zur Typol. von Klammern und Pinzetten, Saalburg-Jb. 49, 1998, 76–82. (13) M. Meier, Zur Herstellungstechnik eines völkerwanderungszeitlichen T.s aus Barchel, Ldkr. Rotenburg, Arch. Ber. des Ldkr.s Rotenburg (Wümme) 10, 2003, 127–134. (14) A. Miron, T.e mit Scharnierkonstruktion, Arch. Mosellana 1, 1989, 41–65. (15) A. Wendowski-Schünemann, T. mit Nagelschneider, Arch. in Niedersachsen 1, 1998, 61–63.

R. Müller

§ 3. Überblick und jüngere Epochen. Das T. gehört seit der Frühzeit menschlicher Kultur zur persönlichen Ausstattung für die Körperpflege, für Haar- und Bartpflege, für Mani- und Pediküre (→ Leib und Leibespflege). Damit bietet auch ein derartiges Kleingerät Einblicke in den Lebensstil früherer Epochen. Doch stellt die arch. Überlieferung, da diese kleinen Geräte oftmals aus organischem Material wie Holz oder Knochen hergestellt wurden, nur eine Zufallsauswahl dar, z. B. wenn einerseits das T. aus Metall besteht und wenn andererseits das T. als Beigabe mit ins Grab gelegt wurde.

Seit dem 3. Jt. v. Chr. – so in Mesopotamien aus der 1. Dynastie von Ur – sind T.e, sogar aus Gold, überliefert, zu denen Pinzette, Nadel und Ohrlöffelchen in einem Etui gehören. In Gräbern der frühen BZ kommen derartige T.e aus Ohrlöffelchen, Pinzetten, Spatel sowie Nagelreinigern und Zahnstochern vor, gemeinsam aufgehängt an einem Ring; sie sind im gesamten Vorderen Orient verbreitet (Negade II bis Ur I) (23, mit Karten Abb. 3 und 6). Seit der HaZ gibt es Sätze von kleinen T.en aus Nagelreiniger, Pinzette und Ohrlöffel im Bereich der Hallstattkultur. Die Sitte, derartiges Gerät zu verwenden und bei sich zu tragen bis zur Bestattung, breitet sich während der Per. VI der BZ über Europa aus, und in Männer- wie Frauengräbern sind T.e nachgewiesen. Ohrlöffel wurden während der HaZ und LTZ als T. zusammen mit Pinzette und einem vorn gegabelten Instrument (Nagelreiniger) gefunden; auch ergänzt durch eine → Feile u. a. (29, 260 f. mit Lit.). In spätkelt. bzw. frühröm. Zeit war im kelt. Milieu wie z. B. in → Goeblingen-Nospelt Grab A das T. bekannt (25, 132 mit Anm. 41; 26, 89 Abb. 2, 20).

Zu derartigem persönlichen Alltagsgerät für die Körperpflege gehörten außerdem → Kamm, → Schere, → Messer und manchmal auch ein → Spiegel. Häufig führten Männer ein spezielles → Rasiermesser (s. auch 28, mit 276 Fig. 5: Entwicklung des Rasiermessers im Bild von der BZ bis ins MA) und eine → Pinzette zur Bartpflege bei sich; ersteres nachgewiesen seit der BZ, als Rasiermesser sorgfältig verziert wurden. In röm. Zeit dienten Barbiermesser und Schere zur Bartpflege (10); während der MZ nutzte man zum Rasieren Klappmesser.

Daß die sog. Ohrlöffelchen tatsächlich zum Reinigen der Ohren verwendet wurden, ist durch Parallelbefunde und den Gebrauch bis ins 19. Jh. belegt. Im 7. Jh. sagt der byz. Chirurg Paulus von Aegina (ca. 625–690), daß Fremdkörper aus dem Gehörgang mit dem Ohrlöffel zu entfernen seien (13, 181 f.). Ein skand. Gemälde von 1827 zeigt eine Frau mit Ohrlöffelchen und Zahnstocher, die als Besteck an einer langen Kette über dem Rock hängen (12, 303 Fig. 7; 13, 181). Eine andere Möglichkeit war die Verwendung als Löffelsonde, um Salben und Schminken aus engen Gefäßen herauszuholen, wie z. B. früher bei dem T.-Satz aus Nydam vermutet wurde, der aus ‚Ohrlöffel‘, Pinzette und kleiner Dose mit zwei Fächern besteht, die zusammen an einem Ring getragen wurden und auch als Arztbesteck gedeutet werden (9, 19 Taf. V:6; 12, 305 Fig. 9). Die Erklärung, daß Ohrlöffelchen weniger zum Reinigen der Ohren gedient hätten, da sie viel zu starr seien, sondern eher zum Anrühren oder Auftragen von Kosmetika, kann nicht grundsätzlich ausgeschlossen werden (6, 99 mit Lit.), denn für die spätkelt. und röm. Zeit sind vielfältige Ausrüstungen in Frauengräbern überliefert, darunter außer Balsamarien Schminkutensilien mit langstieligen Löffelsonden und Löffelchen mit runder Laffe (11, 281 mit Abb. 5). Im Rahmen der röm. Arztbestecke werden Löffelsonden wie Pinzetten und lanzettförmige Messerchen ebenfalls verschiedenen Zwecken gedient haben (20; 21; 30). Ohrlöffel wurden im MA und in der Neuzeit als *Ohrengrübel* oder *Ohrenschaufelin* bezeichnet und gehörten als wichtigstes Instrument zum T.

Über den Zahnstocher (zur allg. Gesch.: 31) als Teil des T.s bei Griechen und Römern berichten ant. Qu. Martial spricht im 1. Jh. von *dentiscalpium* und *cuspis frontea* oder von *cuspis lentiscus,* dem aus Laubholz oder auch aus dem Mastixstrauch (*Pistacia lentiscus* L.) geschnitzten Zahnstocher (s. auch → Zahnpflege). Andere Zahnreiniger mögen aus Elfenbein oder Knochen hergestellt sein, auch silberne Zahnstocher wurden in der Ant. verwendet. So reinigt beim „Gastmahl des Trimalchio" des Petronius (Petr. 33,1) ein reicher Mann seine Zähne mit einer *spina argentea*. Derartiges Toilettegerät wurde tatsächlich häufig verwendet (25, 128).

Noch in der Neuzeit kommen Zahnstocher kombiniert mit Ohrlöffelchen vor, die beiden Enden eines Geräts sind entspr. gestaltet (24, 457 Abb. 1.2). Doch wurde es an einer Öse aufgehängt, während röm. Geräte direkt bei Tisch gewissermaßen beim Eßbesteck lagen und dann auch an der Tafel verwendet wurden (s. u.). Man bewahrte Zahnstocher, Ohrlöffelchen, Zungenschaber und Nagelreiniger in kleinen Schatullen oder hülsenförmigen Döschen auf oder trug sie an Schmuckketten oder am Gürtel.

In Ventimiglia, Ligurien, Grab 142, aus dem 3. Jh. n. Chr., fand sich ein ausfaltbares Reisebesteck aus Silber, das außer einem kleinen Löffel und einer Gabel aus Zahnstocher, Ohrlöffelchen und Nagelreiniger besteht, die durch Niete beweglich zusammengefügt sind; ein ähnliches Instrument liegt von Lioblen vor (24, 458 Abb. 2; 25, 101 mit Anm. 2 und 124 Abb. 67 sowie Taf. 33.1–3).

Während der jüng. RKZ verwendeten die Römer Zahnstocher aus Silber mit blattähnlichem Ende, dessen zur Seite weisende Spitze wie eine Kralle ausgebildet ist, oft kombiniert mit Ohrlöffelchen am anderen Ende des 12–15 cm lg. Instrumentes (24, 458 Anm. 6 und Abb. 3; 25, 122 ff. Abb. 64–66. 68, 1–7. 69–70, 1–2 sowie Taf. 27, 31 und 34). Als Teil von Schatzfunden mit kostbarem Tafelgeschirr, wie dem von → Kaiseraugst aus dem 4. Jh. und im → Saint Ninian's Isle Treasure aus der Zeit um 800 (33) zeigen sie, daß Ohrlöffel und Zahnstocher unmittelbar bei Tisch gebraucht wurden. Diese Doppelgeräte gehörten zum Tafelbesteck – wurden nicht an einem Ring aufgehängt mitgetragen –, bes. ein Ex. von Kaiseraugst mit einer Lg. von 25 cm (21, 99 Abb. 52). Drei weitere Zahnstocher mit Ohrlöffelchen gehören zum Schatz von Kaiseraugst; sie sind aus Silber hergestellt, teils vergoldet, bis zu 21,4 cm lang, aus dickeren Stäbchen zurechtgeschmiedet oder auch in der endgültigen Form gegossen und nachbearbeitet. Sie besitzen ein schnabelförmig ausgezogenes Blatt und sehr kleine Löffelchen. Ein Ex. zeigt im durchbrochenen Blatt ein Christogramm (25, Abb. 65 und Taf. 30.1: Kaiseraugst Nr. 39). Andere Zahnstocher haben die Form eines Storchenschnabels, der aus einem Fischmaul wächst, und tragen am anderen Ende das winzige Ohrlöffelchen. Es gibt außerdem Zahnstocher mit einem großem Eßlöffel am anderen Ende des Geräts (25, 126 Abb. 69: Kertsch).

Der Tischsitte entspricht, daß im Röm. T. und Weinsieblöffel gemeinsam vorkommen. Mehrfach hängen Ohrlöffel und Zahnstocher an einem Ring mit einem solchen Siebchen, das zum Entfernen von Gewürzen aus dem Wein diente. Die Sitte der Weinbereitung mit Würzen des Weins scheint aufgekommen zu sein, um dessen nachlassende Qualität zu überspielen. (Zu ält. Sieblöffeln der EZ mit ähnlicher Funktion → Sieb). Manchmal ist das obere Ende eines kleinen Sieblöffels als Zahnstocher ausgebildet, entspr. den Geräten, die die Funktionen Zahnstocher und Ohrlöffel vereinigen (25, 99 ff. Abb. 52 und 54,5: Stücke aus Kaiseraugst und Richborough).

Seit der RKZ und frühen VWZ ist auch für die Germ. der Brauch nachzuweisen, daß sie derartiges T. mit Zahnstocher, Ohrlöffel und anderem Gerät verwendet haben. Man kannte in Europa zur BZ Instrumente zur Körperpflege, und für die Zwischenzeiten ist das ebenso anzunehmen, auch wenn arch. Belege selten sind und erst während der jüng. RKZ und der VWZ mit Aufkommen der Körperbestattung wieder häufiger werden. Allg. gehörte zur persönlichen Ausstattung bei den Germ. ein sog. T. aus Ohrlöffel, Zahnstocher und Pinzette. Die kleinen Geräte waren oftmals zusammen in einen Ring eingehängt, wurden von Männern und häufiger noch von Frauen bei sich geführt und dann in der → Tasche aufbewahrt oder an einem Halsband oder dem Gürtelgehänge befestigt. Sie sind meist aus Eisen, oft aus Bronze und bei ranghöheren Personen aus Silber hergestellt, gewissermaßen dem Wert auch der anderen Grabausstattung entspr.

Aus dem Moorfund von → Nydam, der geopferten Kriegsbeute von Männerausrüstungen, sind drei Ohrlöffel-Pinzetten-Paare, die jeweils einst an einem Drahtring hingen, erhalten, eines aus Silber, die anderen aus Bronze, und außerdem weitere Pinzetten (5, T. 1, 151 mit Anm. 126 Parallelen, T. 2, Taf. 10, 179–186; 32, 54 Abb. 8 [nach C. Engelhardt: 9]). Als Beigaben in Gräberfeldern der jüng. RKZ und VWZ v. a. in N-Deutschland, im Elb-Weser-Dreieck, in Schleswig-Holstein und Mecklenburg überwiegen Pinzetten, Hinweis auf die Bartpflege der Männer, deutlich seltener sind Ohrlöffelchen. In der sonstigen Germania ist T. kaum überliefert. Dem Paar aus Silber mit profilierten und durchbohrten Köpfen aus dem Moor von Nydam entsprechen Ex. in Grab 1834 von → Leuna und im reich mit Importen ausgestatteten Grab von → Hågerup, Fünen, datiert in die Stufe C1b, 1. Hälfte 3. Jh. (5, 151; 32, 400 Kat. Nr. 4.19). Andere Pinzetten von Nydam sind mit dem Stück aus dem Moor von → Illerup Ådal Platz A vergleichbar.

In den → Fürstengräbern der jüng. RKZ gehören Teile eines T.s wie Ohrlöffelchen und Pinzette regelmäßig zur Ausstattung, und zwar meist aus vergoldetem Silber, so in → Leuna Grab 1834, → Sakrau Grab I (mit Messer und Schere aus Silber wie in Grab III) (2, 11 Abb. [nach W. Grempler]), → Emersleben Grab 1, Voigtstedt, Weißenfels sowie → Stráže (silberner Zahnstocher). Diese Instrumente aus Edelmetall hatten weniger symbolische Bedeutung, wie manchmal vermutet, sondern waren den Rang anzeigender Luxus; vgl. dazu auch die Tab. zur Ausstattung von Körpergräbern von Männern der jüng. RKZ u. a. mit T. (4, 67). So lagen auch im Fürstengrab von → Gommern Schere und Messer aus Silber zur Bartpflege, wohl aufbewahrt in einer Gürteltasche (3, 139 Abb.); ein Besteck, das ähnlich zu bewerten ist wie die T.e aus Silber mit Pinzette und Ohrlöffel in den genannten anderen Fürstengräbern.

Aus der VWZ sind ebenfalls reiche T.e aus Silber überliefert. Im Grab einer Frau von → Untersiebenbrunn (36, Kat. Nr. 2.4.6) lagen ein sarmatischer Ösenspiegel aus Weißbronze (→ Spiegel), eine Stilusnadel zum Verreiben von Schminke und ein T., eingehängt in einen Drahtring, mit Ohrlöffelchen und Zahnstocher, über 9 cm lg., und an einem weiteren Ring eine Pinzette, alle Geräte aus vergoldetem Silber. Im Kindergrab von Untersiebenbrunn (36, Kat. Nr. 2.5.4), wohl das eines Mädchens, lagen ebenfalls Spiegel, Kamm, Messer und ein T. aus Ohrlöffelchen und Zahnstocher bzw. Nagelreiniger (über 5 cm lg.), jeweils aus vergoldetem Silber. Beide Gräber gehören in das 1. Drittel des 5. Jh.s. Das Mädchen im Grab von Balleure, Dép. Saône-et-Loire, (36, Kat. 2.9.4) hatte einen Kamm bei sich, ein T. an einem geknoteten Ring mit Zahnstocher und Ohrlöffelchen (Lg. 7,7 cm) aus Silber. Die Stäbchen dieser Geräte sind jeweils durch einen Polyederknopf in der Mitte gegliedert. Im spätsarmatischen Grab von Kiskundorozsma-Kenyér-Vágódomb, Ungarn, (8, Kat. Nr. II, 2,i) fand sich an einem Ring ein silbernes T. aus Löffel, Kratzer und Pinzette, 6–9 cm lg., datiert in das 4./5. Jh. Im Fürstengrab von → Blučina (36, Kat. Nr. 4.12.6), datiert ins 3. Viertel des 5. Jh.s, fand sich außer einem Kamm auch vom T. eine silbervergoldete Pinzette, Lg. 7,8 cm (weitere Beispiele aus der Zeit um 500 in 21, 460 Anm. 9).

T. kommen in Gräbern des 4./5. Jh.s zw. unterer Elbe und Loire nicht häufig, aber doch regelmäßig vor. Zumeist sind es → Pinzetten, nur manchmal ergänzt durch Ohrlöffel, verbunden an einem beweglichen Ring (7); ein silbervergoldetes T. gehört zur Ausstattung der ‚Prinzessin' aus Grab 87 von → Zweelo aus dem späten 5. Jh. In Urnengräberfeldern beiderseits der Unterelbe und auch in England gibt es derartige T.e in Miniaturausführung aus Schere, Pinzette oder Messer. Diese Instrumente waren tatsächlich kaum benutzbar und daher wohl eine symbolische Grabbeigabe (7, 127 f.). An der Kette von → Szilágysomlyó hängen außer Miniaturwerkzeugen auch Teile, die als T. gedeutet werden können, datiert um 400 oder frühes 5. Jh.

(→ Miniaturgeräte). Ein kostbarer Ohrlöffel des 5. Jh.s im Schatzfund von Desana, Prov. Vercelli, 16,8 cm lg. aus vergoldetem Silber, besitzt einen mit einer niellierten Inschr. geschmückten sechskantigen Griff, der hohl gearbeitet ist, in dem wahrscheinlich früher der Zahnstocher steckte (25, 132).

Während der MZ wurden an Geräten zur Körperpflege Scheren, Messer, Pinzetten und Kämme von Männern und Frauen verwendet, in Männergräbern fanden sich die Instrumente in der Gürteltasche (→ Tasche), in Frauengräbern am Gürtelgehänge zusammen mit → Amuletten. Rasiermesser kommen in Männergräbern der MZ erst im Laufe des 7. Jh.s auf, zuvor dienten Bartzangen bzw. Pinzetten zur Bartpflege. Kamm und anderes T. lagen oftmals auch in der beigegebenen Bronzeschüssel. Seltener ist T. aus Löffelchen und Zahnstocher oder Nagelreiniger, einem lanzettförmigen Gerät aus Bronze oder Silber.

Ausschließlich Frauen trugen als derartiges kosmetisches Gerät außer Ohrlöffelchen diesen lanzettförmigen Anhänger, in der Regel an der Halskette, manchmal am Gürtelgehänge (zur Lage: 14, 97 Anm. 136); selten kommen beide Geräte gemeinsam vor (14, 96 f. mit Anm. 130). Vom frühen 6. bis vereinzelt ins 7. Jh. sind lanzettförmige Anhänger nachgewiesen, oft mit tordiertem Schaft und 7,5–10 cm lg. (Abb. 22) (19, 219 mit Liste 13, über 60 Beispiele aus dem Reihengräberkreis; 14, 96 f. mit Anm. 130; 25, 129 ff. Anm. 36 mit Abb. 74, 1–7 und 75). Sie werden als Zahnstocher oder Nagelreiniger gedeutet; denn auch dafür gibt es Beispiele bis in die Neuzeit. Sie sind aus Bronze und manchmal auch aus Silber hergestellt. Einige Stücke sehen wie Spatel aus, andere wie Messerchen. In einem reich ausgestatteten Frauengrab aus der N-Eifel, Anfang des 7. Jh.s, lagen die Reste eines kosmetischen Bestecks aus Bronze, das aus zwei sehr ähnlichen lanzettförmigen Geräten mit tordiertem Schaft besteht, vielleicht

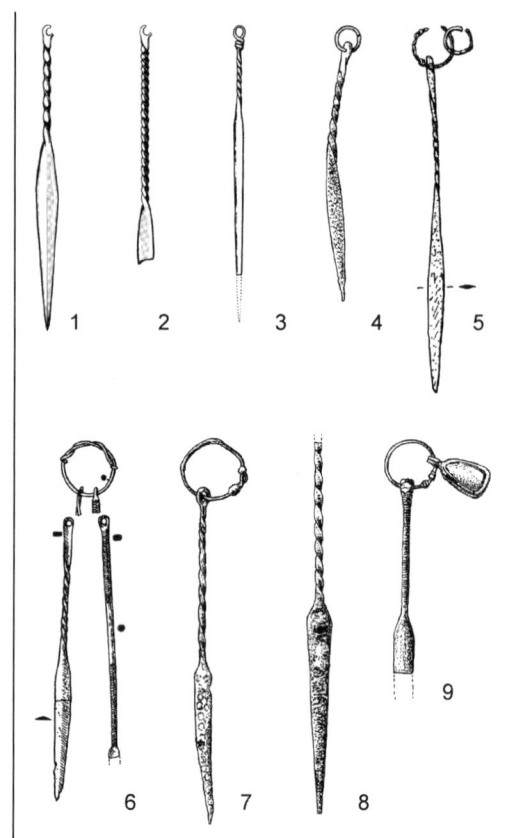

Abb. 22. Lanzettförmige Zahnstocher. 1–2 Frk. Grabfund aus der N-Eifel, nach Janssen (16, 368 Abb. 12,2.3); 3 Köln, St. Severin Grab 217; 4 Lommersum Grab 49; 5 Arlon Grab 7; 6 Merdingen Grab 139; 7 Pulling Grab 10a; 8 Ergenzingen Grab 1; 9 Měcholupy. Nach Martin (25, 130 Abb. 74)

Zahnstocher und Nagelreiniger (16, 368 f. mit Abb. 12 und 13) (Abb. 22,1.2). Bei einem T. aus Gold des 7. oder 8. Jh.s, einem Siedlungsfund aus Vienne im Rhônetal, hängt an einer halbrunden Kopfplatte ein lanzettförmiger Zahnstocher und ein Ohrlöffelchen. Auf der Platte ist die Inschr. IN D(e)I N(omine) GEMOLANE eingraviert.

Das T. kommt kombiniert mit einem Weinsiebchen – wie in der Spätant. in röm. Zusammenhängen – auch in der MZ vor, was zeigt, daß manche Tischsitten auch bei den Germ. weiterlebten. Aus Gräbern der MZ sind über 100 Ex. des 3.–7. Jh.s überlie-

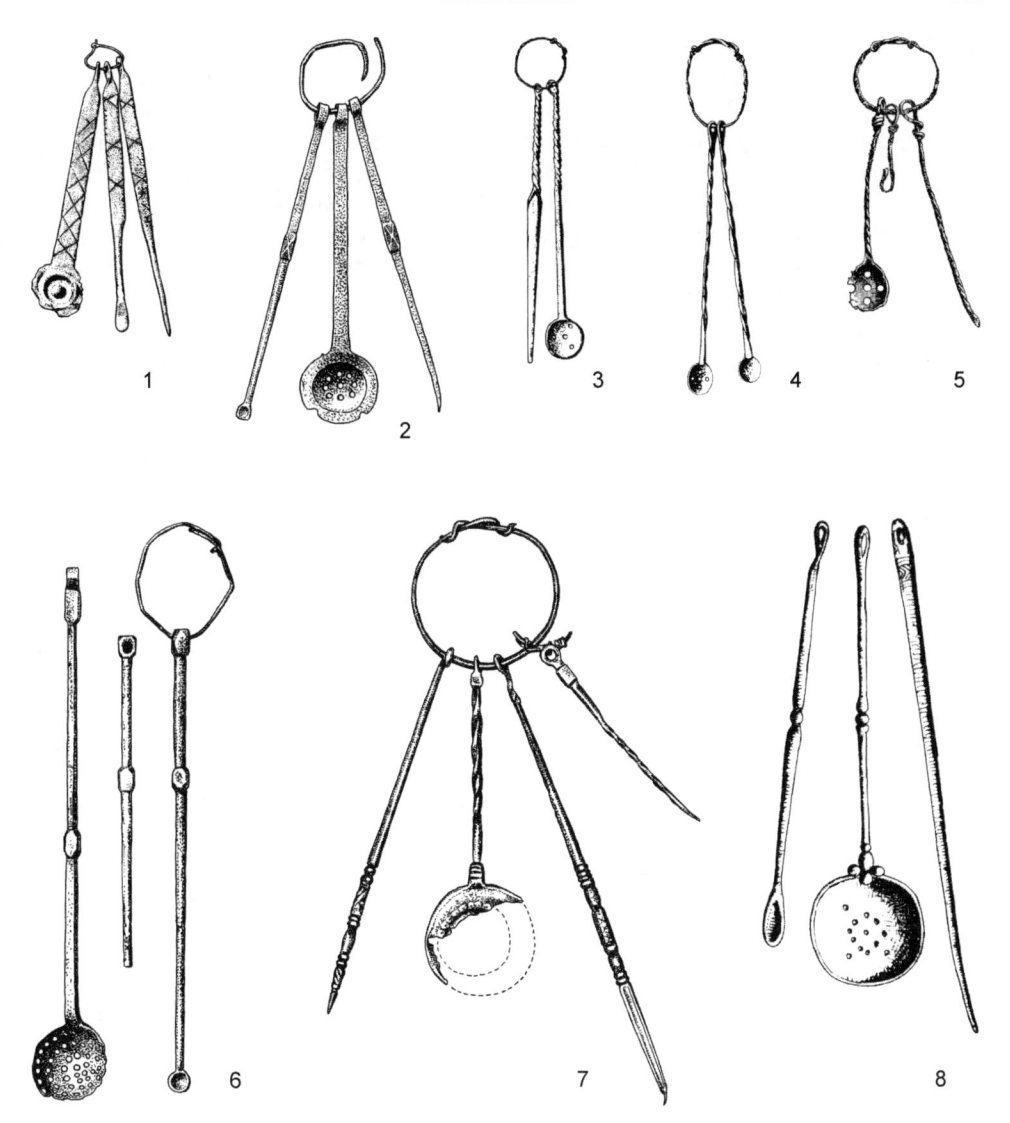

Abb. 23. Toilettebesteck. 1 Szentes-Nagyhegy; 2 Tortona; 3 Concevreux; 4 Marchélepot; 5 Neufchâtel-en-Bray; 6 Karavukovo; 7 Acquasanta; 8 Grues. Nach Martin (25, 105 f. Abb. 58)

fert (25, 101 und Kat. 119–121 sowie 103 Abb. 56 Tab. mit Zusammenstellung der Sieblöffel, gegliedert nach Fundkontext, Form und Material, Silber oder Bronze bzw. Eisen, und 104 Karte Abb. 57 zur Verbreitung der Typen; Ergänzungen bei: 18, 103 Anm. 531). Die Sieblöffel (→ Sieb) und Ohrlöffelchen liegen ausschließlich in Frauengräbern, in Männergräbern statt dessen Pinzette und Feuerzeug. Diese Trennung ergab sich anscheinend nur durch die Trachtsitte und den Grabbrauch, spiegelt nicht das reale Leben und ist daher nur scheinbar geschlechtsspezifisch (25, 116). Die Sieblöffel sind rundstabig, kantig oder tordiert und zeigen einen Mittelknoten bzw. Mittelpolyeder wie die Toilettegeräte (Abb. 23). Die Kombinationen mit Ohrlöffelchen

u. a. bei (25, 105 f. Abb. 58,1–8). Sie sind mit 7,4–12 cm Lg. kleiner als die ant. Instrumente. Da sie oft zum T. gehören, wird als alternative Verwendung außer Reinigen des Weines auch eine Funktion im Bereich der Kosmetik vermutet; denn mehrfach finden sich organisches Material und Pflanzenreste in Behältnissen, Röhrchen für Pinsel, beim T. (22, I, 181 mit Lit). (Zu Löffeln während der Spätant. und MZ, auch im christl. Kult → Silberlöffel; über Sieblöffel zum Filtern des geweihten Weines 25, 112).

Diese kleinen Geräte aus Silber, oft vergoldet, zeigen, daß sie nicht nur aus alltäglicher Notwendigkeit angefertigt und verwendet wurden, sondern auch für verfeinerte Tafel- und andere Sitten bei einer sozial höhergestellten Schicht den Bedarf geweckt haben, der auf Wirkung und Repräsentation angelegt war (25, 114). Zahnstocher, Ohrlöffel und sonstiges T. lagen in Frauengräbern fast immer im Halsbereich, seltener beim Gürtel (25, 114 Anm. 35). Sie waren wohl aufgezogen auf ein Band oder eine Schnur. Der Sieblöffel war ein Symbol für Reichtum, denn nur wer noch Wein trinken konnte, so während der Spätant. und der MZ, gehörte zur Elite, ebenso wer Fleisch essen konnte, ablesbar am lanzettförmigen Zahnstocher.

Nicht zu vergessen ist, daß wohl die Mehrzahl der T.e aus organischem Material bestanden hat und daher nicht überliefert ist. → Gregor von Tours (Greg. Tur. Gloria confess. 39,93,103 [25, 130 f. mit Anm. 39) berichtet, daß durch Zahnstocher *(hastulae)*, die aus Zweigen oder Buschwerk geschnitzt waren, das über Grabstätten von Heiligen wuchs, manchmal wunderbare Heilungen erreicht wurden.

Außerhalb des Reihengräberkreises ist vergleichbares T. ebenfalls überliefert. Garnituren mit T. und Sieblöffelchen aus Bronze und Silber kommen in Frauengräbern seit der Frühawarenzeit (spätes 6. und 7. Jh.) in Ungarn recht häufig vor (22, I, 172 ff. Liste mit 50 Fundkomplexen; II, mit Nachträgen; Typengliederung bei 35, Kartierung 166 Abb. 3; III, 142 Tab. 2), mit einigen Vorläufern in ant. Tradition aber schon im 5. und 6. Jh. in langob. oder gep. Umfeld (35, 161 f. mit Abb. 2). Auch lanzettförmige Zahnstocher bzw. Nagelreiniger gehören zum T. mit Ohrlöffelchen und Sieblöffel (35, 170 Abb. 6). Das T. wurde zumeist anscheinend in einem Beutel am Gürtel getragen. Die Mode, ein derartiges T. bei sich zu tragen, wird einerseits traditionell überliefert, andererseits aus dem w. Reihengräberkreis angeregt worden sein (35, 178). Auf Gotland sind aus der VZ rund 25 Ohrlöffelchen bekannt (27, Abb. 425). Aus → Helgö in Mittelschweden sind Ohrlöffel aus der Siedlung nachgewiesen.

Während der WZ gab es auffällig gestaltete Ohrlöffel, die mit Pinzetten im T. kombiniert sein können (1, II, Taf. 172/172 Pinzetten, Taf. 173 Ohrlöffel). In neun Frauengräbern des 10. Jh.s in → Birka kommen derartige Ohrlöffel vor (Abb. 24). Sie sind 7–8,5 cm lg., aus Bronze und in einem Fall aus Silber hergestellt (13). Sie lagen in Brust- oder Taillenhöhe und hingen wohl an der Kette zw. den Schalenspangen. Das untere Ende des Instruments ist zu einem

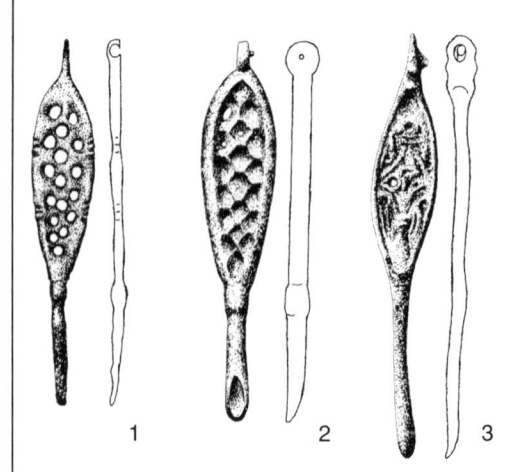

Abb. 24. Ohrlöffel aus Birka-Gräbern. Nach Gräslund (13, 178 f. Abb. 19): 1 Grab 973; 2 Grab 735; 3 Grab 38A

kleinen Löffel ausgehöhlt. Die dünne spitzovale Handgriffplatte ist durchbrochen und als Gittermuster gestaltet oder mit skand. Tierornamentik verziert. Die Löffelchen haben eine Öse zum Aufhängen und bilden zusammen mit anderen kleinen Geräten wie Pfriem, Pinzette, Nadelbüchse, Schere oder Messer ein T. Doch sind sie immer anders verziert und scheinen daher ein selbständiges Gerät gewesen zu sein (13, 179). Der silberne Ohrlöffel mit Spuren von Vergoldung aus Grab 507 von Birka zeigt in der Handgriffplatte auf der einen Seite eine Walküre mit Trinkhorn, auf der anderen ein vierfüßiges Tier im Jellingestil.

Derartige Ohrlöffel kommen während der WZ häufig in Grab- und Schatzfunden vor (13, 180), z. B. in den Schatzfunden von → Terslev aus dem 10. Jh. und von → Gamla Uppsala aus dem 11. Jh. (12, 299 Abb. 5–6). Im Fund von Gamla Uppsala gehört der Ohrlöffel zu einem T. an einem Ring, an dem er zusammen mit Zahnstocher und Zungenschaber hing, ein Gerät, das als Hygieneinstrument bis ins 19. Jh. bekannt war. Der Ohrlöffel aus dem Schatz von Terslev sieht anders aus; er endet in einem Tierkopf, der über den Aufhängering beißt, an dem noch ein Miniaturdolch, wohl ein Nagelreiniger, hängt. Auch zu diesen Geräten gibt es die Überlegung, ob sie eher eine symbolische als eine praktische Bedeutung hatten. Zu weiteren Funden z. B. auf Gotland (34, Taf. 198: 6 Ohrlöffel und 8 Pinzetten). Beachtenswert ist ein silbernes T. aus Ohrlöffel und Zahnstocher, gefunden am Strand von → Domburg, aufgrund der Verzierung skand. Herkunft und datiert in die WZ (14a).

Während der Kreuzzugszeit, also im 12./ 13. Jh., kommen in Karelien (→ Finnland S. 105) in Frauengräbern ebenfalls noch Ohrlöffel mit spitzovalem Griff vor, die mit Pflanzenmotiven verziert sind und deren Tradition sichtlich bis in die WZ zurückreicht (17, 124. 146 und Abb. 945–947 sowie 1213–1215: 6 Ohrlöffel aus Frauengräbern). Vom T. sind Pinzetten seit der slaw. Einwanderung bzw. seit dem 6. Jh. auch noch in einigen slaw. Gräbern des 11./ 12. Jh.s überliefert (15, Taf. 56). Manch früh- und hochma. → Griffel mag zusätzlich als Zahnstocher gedient haben.

(1) H. Arbman, Birka I. Die Gräber, I. Text 1943, II. Taf. 1940. (2) M. Becker u. a., Gold für die Ewigkeit. Das germ. Fürstengrab von Gommern, 2000. (3) Ders., Bekleidung – Schmuck – Ausrüstung, in: [2], 127–147. (4) J. Bemmann, Zum Totenritual im 3. Jh. n. Chr., in: [2], 58–73. (5) G. und J. Bemmann, Der Opferplatz von Nydam. Die Funde aus den ält. Grabungen: Nydam-I und Nydam-II, 1998. (6) M.-J. Bode, Schmalstede. Ein Urnengräberfeld der Kaiser- und VWZ, 1998. (7) H. W. Böhme, Germ. Grabfunde des 4. bis 5. Jh.s zw. unterer Elbe und Loire, 1974. (8) Germ., Hunnen und Awaren. Schätze der VWZ, 1988. (9) C. Engelhardt, Nydam mosefund 1859–1863, 1865. (10) W. Gaitzsch, Schere und Barbiermesser. Röm. Fundstücke aus Niederbieber, Das Rhein. Landesmus. Bonn, Ber. aus der Arbeit des Mus.s 1982, H. 3, 36–38. (11) K. Goethert, Zur Körper- und Schönheitspflege in frühröm. Zeit. Grab 1026, in: A. Haffner u. a., Gräber – Spiegel des Lebens, 1989, 275–288. (12) A.-S. Gräslund, Vikingatidens örslevar – ursprung och funktion, Tor 18, 1978–1979 (1980), 295–310. (13) Dies., Ohrlöffel, in: G. Arwidsson (Hrsg.), Birka II:1. Systematische Analysen der Gräberfunde, 1984, 177–182. (14) Ch. Grünewald, Das alam. Gräberfeld von Unterthürheim, Bayer.-Schwaben, 1988. (14a) R. M. van Heeringen, Een zilveren toiletgarnituur uit de Vikingtid van het strand van Domburg, Walacria 3 = ROB Overdrukken 380, 1990, 51–60. (15) J. Herrmann, Die Slawen in Deutschland, 1985. (16) W. Janssen u. a., Ein reicher frk. Grabfund aus der Nordeifel, Germania 59, 1981, 357–392. (17) E. Kivikoski, Die EZ Finnlands. Bildwerk und Text, Neuausg., 1973. (18) M. Knaut, Die alam. Gräberfelder von Neresheim und Kösingen, 1993. (19) U. Koch, Das alam.-frk. Gräberfeld bei Pleidelsheim, 2001. (20) E. Künzl, Med. Instrumente aus Sepulkralfunden der RKZ, Bonner Jb. 182, 1982, 1–131. (21) Ders., Med. Instrumente der RKZ im RGZM, 2002. (22) G. Lőrinczy, P. Straub, Neue Angaben zur Bewertung der awarenzeitlichen Sieblöffel I, II, III (ungar.), A Móra Ferenc Múzeum Évkönyve (MFMÉ), Studia Arch. 9, 2003, 171–188; 10, 2004, 305–337; 11, 2005, 127–145. (23) G. Mansfeld, Das frühbronzezeitliche Grab von Korinto/Achalgori und seine weitreichenden Beziehungen, Metalla 12, H. 1/2,

2005, 23–68. (24) M. Martin, Röm. und frühma. Zahnstocher, Germania 54, 1976, 456–460. (25) Ders., Weinsiebchen und Toilettgerät, in: H. A. Cahn, A. Kaufmann-Heinimann (Hrsg.), Der spätröm. Silberschatz von Augst, 1984, 97–132. (26) J. Metzler, Treverische Reitergräber von Goeblingen-Nospelt, in: Trier. Augustusstadt der Treverer. Stadt und Land in vor- und frühröm. Zeit, ²1984, 87–99. (27) B. Nerman, Die VZ Gotlands 2, Taf., 1969. (28) I. Nicolas, Au fil du rasoir: étude des rasoirs métalliques de l'âge du Bronze jusqu'au haut MA en Suisse, in: ConstellaSion (Hommage à A. Gallay), 2003, 273–289. (29) L. Pauli, Der Dürrnberg bei Hallein 3, 1978. (30) E. Riha, Röm. Toilettgerät und med. Instrumente aus Augst und Kaiseraugst, 1986. (31) H. Sachs, Der Zahnstocher und seine Gesch. Kulturgesch. der Zahnheilkunde in Einzeldarst. 1, 1913, Nachdr. 1967. (32) Sieg und Triumpf. Der Norden im Schatten des Röm. Reiches, 2003. (33) A. Small u. a., St. Ninian's Isle and its Treasure, 1973. (34) L. Thunmark-Nylén, Die WZ Gotlands II, Typentaf., 1998. (35) B. Tobias, Die awarenzeitlichen Sieblöffel im Karpatenbecken, Communicationes Arch. Hungariæ 2001, 161–182. (36) A. Wieczorek, P. Périn, Das Gold der Barbarenfürsten. Schätze aus Prunkgräbern des 5. Jh.s n. Chr. zw. Kaukasus und Gallien, 2001.

H. Steuer

Totenberg. Die Vorstellungen der Nordgerm. vom Aufenthaltsort der Toten sind weit vielfältiger gewesen, als es die auf → Hel und v. a. → Valhǫll als das Kriegerparadies fixierten populären Darst. des 19. und 20. Jh.s vermuten lassen. Schon der dän. Historiker Thomas Bartholin der Jüngere (1659–1690) erwähnt neben *Niflheimr* und *Valhall* einen dritten Ort mit Namen *Vdaensakr* (anord. → Ódáinsakr, wörtlich ‚Feld des Unverstorbenen', d. i. ‚Unsterblichkeitsgefilde'). Dieser sei den Gerechten außerhalb des Lärms von Walhalla *(extra strepitum Valhallæ)* bereitet (12, 585 f.). Das in den anord. Qu. überlieferte Repertoire an Orten, die von Toten bewohnt werden, ist damit aber noch nicht ausgeschöpft (s. auch → Totenreiche). Unerwähnt läßt Bartholin z. B., daß auch → Freyja ihren Anteil an den auf dem Schlachtfeld gefallenen Kriegern hat (Gylfaginning c. 24 [9, 24]; Grm 14).

Dem Namen ihres Wohnsitzes *Fólkvangr* ‚Feld des Kampfes bzw. der Heerschar' nach zu schließen, finden die Gefallenen dort Aufnahme. Nach welchen Kriterien allerdings die Aufteilung der Schlachttoten erfolgt, bleibt völlig im Dunklen. Daneben gibt es nur vereinzelt Hinweise darauf, daß Freyja auch für die verstorbenen Frauen zuständig ist. So kündigt Egill Skallagrímrs Tochter Þorgerðr an, sich dem Suizidversuch ihres Vaters anzuschließen und jegliche Nahrungsaufnahme zu verweigern, bis sie bei Freyja sei (Egils s. c. 78 [2, 285]).

Weit häufiger ist im Norden dagegen die Vorstellung belegt, daß die Ertrunkenen zu Ägirs Frau, der Meeresgöttin Rán (wohl zum homonymen *rán* ‚Raub, Beute'; für andere Herleitungen vgl. 30, 433; 20, 741) gelangen (24, 43 ff.; 29, 251 f.; 25, 270 f.). Dabei wird Rán in den Qu. durchaus ambivalent beschrieben. Einmal ist sie die Empfangende, ja Gastgeberin der Toten (Eyrbyggja s. c. 54 [3, 148]; Helgakviða Hjǫrvarðssonar 18; Helgakviða Hundingsbana I 30; Sneglu-Halli Lv 6 [Skj. B 1, 359]; Friðþjófs s. c. 5 [5, 16]; Verse der Friðþjófs s. I, 14 u. 15 [Skj. B 2, 295]), zum andern reißt sie die Seefahrer mit Absicht in die Tiefe (Sonatorrek 7 [Skj. B 1, 35]), wobei sie sich laut *Skáldskaparmál* (c. 33 [10, 41]; vgl. Reginsmál Prosa 173; Vǫlsunga s. c. 14 [11, 34]) eines Netzes bedient. Gelegentlich wird ihr eine sexuelle Motivation unterstellt (Fóstbrœðra s. c. 3 [4, 20]; Verse der Friðþjófs s. 11 und 13b [Skj. B 2, 294. 295]). Das Alter der skaldischen Belege, die mit Egill Skallagrímrs → *Sonatorrek* bis ins 10. Jh. zurückreichen sowie die Verbreitung in allen Gattungen (Skaldik, Eddische Dichtung, Sagalit.) legt den Schluß nahe, daß es sich hierbei um eine auf Island, möglicherweise sogar im Norden tief verwurzelte Anschauung handelt.

Nur in der isl. Sagalit. wird dagegen die Vorstellung überliefert, bestimmte Personen würden nach ihrem Tod in Berge als Aufenthaltsort eingehen. So heißt es in der → *Eyrbyggja saga* (c. 4) von dem Landnehmer Þórólfr Mostrarskegg, daß er einem Berg auf der Landspitze → Þórsnes besondere Verehrung zollte. Niemand durfte auf ihn schauen, ohne sich zuvor gewaschen zu haben, und es durften dort weder Mensch noch Tier getötet werden. Diesen Hügel nannte er *Helgafell* ‚Heiligenberg' und er glaubte, daß er und alle seinen Verwandten auf der Landzunge in diesen Hügel eingehen würden, wenn er stürbe (3, 9; vgl. Ldnb. c. 73 [7, 32]). Vergleichbares wird von einer Reihe anderer Personen berichtet. Kráku-Hreiðarr wünscht, in den *Mælifell* einzugehen (Ldnb. c. 164 [7, 65]). Sel-Þórir und seine heidn. Familienangehörigen gehen in die Þórir-Felsen ein (Ldnb. c. 56 [7, 23]). Die repaganisierten Verwandten der Landnehmerin Auðr verehren die Hügel *(Krosshólar)*, auf denen diese Kreuze hatte aufstellen lassen. Dort wurden ein Altar errichtet und Opfer dargebracht. Sie glaubten, daß sie in die Hügel sterben *(deyja í fjall)* würden (Ldnb. c. 97 [7, 158]). Svanr nimmt seinen Aufenthaltsort im *Kaldbakshorn* (Njáls s. c. 14 [1, 46]). Letztere Stelle verdient besondere Aufmerksamkeit, weil hier der Sagaverf. unterschiedliche Ansichten zu dem Thema ‚Fortleben nach dem Tod' zu Worte kommen läßt:

Von Norden aus dem Bjarnarfjord wurde als Neuigkeit bekannt, daß Svan im Frühjahr zum Fischfang ausgerudert war und daß ihn und seine Begleiter ein starker Oststurm überfallen hatte. Sie waren bei Veidilausa an die Küste getrieben worden und hatten dort alle ihr Leben gelassen. Einige Fischer, die vor Kaldbak auf See gewesen waren, meinten, sie hätten Svan in den Berg Kaldbakshorn eingehen sehen und er sei dort herzlich begrüßt worden. Einige widersprachen jedoch und sagten, daran sei nichts Wahres. Jedenfalls wußten aber alle, daß er nicht wieder gesehen wurde, weder lebendig noch tot (6, 50 f.).

Gelegentlich berichten die Qu. sogar genaueres über das Weiterleben der Toten. So heißt es in der *Eyrbyggja s.* (c. 11) über Þorsteinn þorskabítr, der ebenfalls beim Fischfang seinen Tod fand (3, 19):

Im selben Herbst fuhr Thorstein zur Höskuldsey hinaus zum Fischfang. Es war eines Abends im Herbst, da war ein Schafhirte Thorsteins nördlich zum Helgafell zu seinem Vieh unterwegs. Er sah, daß der Berg an seiner Nordseite offen lag. Er sah im Inneren des Bergs große Feuer und hörte dort fröhlichen Lärm und den Klang von Trinkhörnern. Und als er lauschte, ob er nicht ein paar Wörter unterscheiden könne, hörte er, wie Thorstein Thorskabit und seine Gefährten begrüßt wurden und wie gesagt wurde, er solle sich auf den Hochsitz gegenüber seinem Vater setzen (8, 26 f.).

Verschiedenen ält. Versuchen, Walhall als ‚Totenberg' zu deuten (21, 29. 108; 28, 97) hat mit Recht schon Gustav → Neckel eine Absage erteilt (22, 3 f.; 28, 104). Die Qu. bieten dafür keinen Anhalt.

Vom Berg als Aufenthaltsort der Toten besser getrennt zu halten ist auch die im Norden überaus verbreitete Überlieferung, Tote würden in ihren G r ä b e r n eine Form p h y s i s c h e r W e i t e r e x i s t e n z (→ ‚Lebender Leichnam') führen und häufig als sinistre → Wiedergänger den Umwohnenden das Leben schwer machen bzw. den ins Grab Eindringenden mit brachialer Gewalt entgegentreten (28, 20 ff.; 17; 18, 81 ff. 116 ff.). Nur gelegentlich klingen mildere Züge an, wenn etwa in der *Njáls s.* (c. 78) mitgeteilt wird, Gunnar von Hlíðarendis Grabhügel stünde in einer Vollmondnacht offen und in seinem dem Mond zugedrehten Gesicht spiegle sich Heiterkeit und Freude (1, 192 f.). Im Gegensatz zu den isl. T.en ist der Grabhügel sonst kein Ort der Freuden und obwohl die Toten physische Präsenz besitzen, werden sie doch als Leichen beschrieben, an denen ihre jeweiligen Todesumstände (Wunden etc.) sichtbar bleiben. Nichts dgl. wird von den Bewohnern der T.e berichtet. Es ist daher fraglich, ob zw. beiden Vorstellungen ein so enger Zusammenhang besteht, wie gelegentlich angenommen wurde (27, 437; 14, 90). Das vorliegende Qu.material läßt keine Entscheidung in diesem Sinne zu.

Über das Alter und die Verbreitung von T.en im Germ. ist keine Sicherheit zu gewinnen, da es Parallelen zu den oben genannten Zeugnissen in den anderen liter. Gattungen des Nordens nicht gibt und auch in west- und südgerm. Qu. nichts Vergleichbares überliefert ist. Die ält. Forsch. hat jedoch im Banne des Grimmschen Diktums vom Zusammenhang zw. der „deutschen und nordischen mythologie" (15, 9 f.) geglaubt, diese Fehlstelle mit Hilfe jüng. Volksüberlieferung beseitigen zu können. So sind Berge als Aufenthaltsort von Seelen und Toten aus Deutschland vornehmlich aus dem Bereich der Volkssage überliefert (Venus-, Hollenberge), die immerhin z. T. bis ins MA zurückreichen kann (15, 795 f.; 21, 27; 32, 1049; 31, 143; 19, 166 ff.). Insbesondere sind Berge als Wohnort der Toten mit dem Sagenkomplex vom Wilden Jäger bzw. Wilden Heer (→ Wilde Jagd und Wildes Heer) verbunden (→ Bergkult S. 272; 15, 782 f.; 32, 1049; 26, 1069; 33; 31, 143; 19, 166 ff.). Weiter wurde in diesen Zusammenhang die Sagenüberlieferung von bergentrückten Helden gestellt (32, 1049; 26, 1069; 29, 235). Sie knüpft sich an zahlreiche hist. und sagenhafte Gestalten: Friedrich Barbarossa, der wohl bekannteste Entrückte, wohnt im Kyffhäuser, Heinrich der Vogler im Sudemerberg, Karl V. im Untersberg, Karl der Große im Odenberg. Vergleichbares wird von Kg. Artus, Holger Danske, Kg. Olaf und vielen anderen berichtet (→ Bergkult S. 272; 15, 796 ff.; 21, 28; 23, 124; 26; 13, 53 f.; 19, 114) und ist auch aus anderen Kulturen gut belegt (23, 111 ff.; 26, 1068 f.; 31, 144 f.). Im Unterschied zur isl. Überlieferung handelt es sich hier aber durchweg um (oft schlafende) Entrückte, nicht um Tote (vgl. 22, 66; → Ahnenglaube und Ahnenkult S. 113). Beide Komplexe sollten daher besser nicht in einen Topf geworfen werden. Auch die Überlieferung vom Wilden Heer läßt sich den isl. T.en nicht wirklich zur Seite stellen. Hier haben wir es mit ausgesprochen dämonischen und gespenstischen Zügen zu tun, die im Bereich der männerbündischen Ideologie angesiedelt sind. In den T.en der aisl. Überlieferung finden sich dagegen alle Sippenangehörigen wieder und es herrscht eine Atmosphäre von Heiterkeit und Ausgelassenheit.

Im Gegensatz zu den Hel- und Walhalla-Vorstellungen (→ Valhǫll) des Nordens, bei denen in den Qu. ein nur schwer zu entwirrendes Konglomerat von sicher heidn., aber genauso sicher auch christl. Elementen entgegentritt, und der letztlich wohl auf kelt. Überlieferungen beruhenden *Ódáinsakr*-Überlieferung (16), dürfte es sich sowohl bei dem unterseeischen Totenreich der Rán wie den T.en Islands um genuin nord. bzw. isl. Traditionen handeln, die vom Christentum unbeeinflußt in die pagane Zeit zurückreichen. Während die Zeugnisse für Rán jedoch zeitlich wie auch räumlich recht weit gestreut sind, treten sie für den T. in eigentümlicher Konzentration auf. Ellis hat in diesem Zusammenhang darauf aufmerksam gemacht, daß alle Personen, die in den isl. Qu. mit der T.-Vorstellung in Verbindung gebracht werden, in verwandtschaftlichem Verhältnis zueinander stehen (14, 90). Es ist daher zumindest nicht völlig auszuschließen, daß es sich hierbei um eine sehr begrenzte Familienüberlieferung handelt, deren Wurzeln vielleicht noch in Norwegen liegen. Ob von hier ein Weg zu den bei den Lappen reichlich bezeugten T.en führt, bedarf eingehender Diskussion (28, 7 ff.).

Ausg. und Übs.: (1) Brennu-Njáls s., hrsg. von Einar Ól. Sveinsson, Ísl. Fornr. 12, 1954. (2) Egils s. Skallagrímssonar tilligemed Egils større kvad, hrsg. von Finnur Jónsson, SUGNL 17, 1886–1888. (3) Eyrbyggja s., hrsg. von Einar Ól. Sveinsson, Matthías Þórðarson, Ísl. Fornr. 4, 1935. (4) Fóstbrœðra s., hrsg. von Björn K. Þórólfsson, 1925–27. (5) Friðþjófs s. ins frœkna, hrsg. von L. Larsson, Anord. saga-bibl. 9, 1901. (6) R. Heller, Isländersagas 2, 1982. (7) Landnámabók. I–III, Hauksbók, Sturlubók, Melabók, hrsg. von Finnur Jónsson,

1900. (8) Die Saga von den Leuten auf Eyr. Eyrbyggja Saga, hrsg. und übs. von K. Böldl, 1999. (9) Snorri Sturluson, Edda. Prologue and Gylfagining, hrsg. von A. Faulkes, 1982. (10) Snorri Sturluson, Edda. Skáldskaparmál 1–2, hrsg. von A. Faulkes, 1998. (11) Vǫlsunga s. ok Ragnars s. loðbrókar, hrsg. von M. Olsen, SUGNL 36, 1906–1908.

Lit.: (12) Th. Bartholin, Antiqvitatum Danicarum de causis contemptæ a Danis adhuc gentilibus mortis libri tres, 1689. (13) Ch. Daxelmüller, Entrückung, in: EM IV, 42–58. (14) H. R. Ellis, The Road to Hel. A Study of the Conception of the Dead in Old Norse Lit., 1968. (15) J. Grimm, Dt. Mythol. I. (16) W. Heizmann, Hvanndalir – Glæsisvellir – Avalon. Traditionswanderungen im Nord und NW Europas, Frühma. Stud. 32, 1998, 72–100. (17) H.-J. Klare, Die Toten in der anord. Lit., APhS 8, 1933–1934, 1–56. (18) C. Lecouteux, Gesch. der Gespenster und Wiedergänger im MA, 1987. (19) Ders., Das Reich der Nachtdämonen. Angst und Aberglaube im MA, 2001. (20) Magnússon, Orðsifjabók. (21) E. Mogk, Germ. Mythol., ²1898. (22) G. Neckel, Walhall. Stud. über germ. Jenseitsglauben, 1913. (23) E. Rhode, Psyche. Seelencult und Unsterblichkeitsglaube der Griechen 1, ²1898. (24) O. Schoning, Dødsriger i nordisk hedentro, Studier fra sprog- og oldtidsforskning 57, 1903. (25) K. von See u. a., Kommentar zu den Liedern der Edda, 4. Heldenlieder, 2004. (26) W. Stammler, Bergentrückt, in: Handwb. dt. Abergl. I, 1056–1071. (27) F. Ström, Döden och de döda, in: Kult. hist. Leks. III, 432–438. (28) W. von Unwerth, Unters. über Totenkult und Odinnverehrung bei Nordgerm. und Lappen, Germanistische Abhandl. 37, 1911. (29) de Vries, Rel.-gesch. I. (30) de Vries, Anord. etym. Wb. (31) D. Ward, Berg, in: EM 2, 1979, 138–146. (32) L. Weiser, Berg, in: Handwb. dt. Abergl. I, 1043–1056. (33) L. Weiser-Aall, Hörselberg, in: ebd. IV, 1932, 400 f.

W. Heizmann

Totenfolge

§ 1: Definition – § 2: T. in frühen Hochkulturen – § 3: T. in Mittel- und Nordeuropa – § 4: Urgeschichtliche Mehrfachbestattungen von Kriegern – § 5: Mehrfachbestattungen während der Merowinger- und Wikingerzeit – § 6: Verschiedene Arten von T.

§ 1. Definition. Unter T. wird die freiwillige oder unfreiwillige Nachfolge eines oder mehrerer Menschen als Begleitung eines Verstorbenen in den Tod, während der Bestattungszeremonien, verstanden. Dazu wird die Witwentötung (→ Witwe § 2b) gezählt, die Beigabe von Dienern oder Sklaven, dann die Nachfolge von einem oder mehreren Kriegern einem Gefolgsherrn, die Tötung eines oder vieler Menschen während dieser Handlungen, die mit dem Toten dann als Begleitung im oder beim Grab liegen. Doch diese Defintion ist zu erweitern, da die Motivation berücksichtigt werden muß. Die Nachfolge in den Tod kann Opfer- und Weihegabe sein, eine Hinrichtung als Sühne oder aufgrund von Treueritualen z. B. ein Kampf bis zur tödlichen Verwundung.

T. kann real nur durch einen klaren arch. Befund bezeugt werden. Bei der Interpretation der meist komplexen arch. Befunde sind die verschiedenen Aspekte zu berücksichtigen. Entscheidende Voraussetzung ist, daß die Gestorbenen oder Getöteten mehr oder weniger gleichzeitig gestorben und tatsächlich gleichzeitig bestattet worden sind. Nachbestattungen in, über oder dicht bei einer früher angelegten Grabgrube spiegeln zwar eine Beziehung zw. den Toten, oft familiärer Art im weiteren Sinne, aber sollten nicht als T. bezeichnet werden. T. demgegenüber können wiederholte → Menschenopfer und → Tieropfer nach größerem zeitlichen Abstand von der Bestattung der Toten selbst sein.

Im arch. Befundbild sind bei Doppel- und Mehrfachbestattungen zu unterscheiden zw. der T. als wertvolle Beigabe, z. B. bei der Witwentötung und der Mitgabe von Dienern, und der T. aufgrund des Wunsches, über den Tod hinaus zusammenzugehören, z. B. bei der Bestattung mehrerer gefallener Krieger in einem Grab (53, 100). So ist auch die Mitbestattung einer getöteten Frau in der Regel kein Opfer an Götter, sondern wichtige Beigabe für den Toten neben Waffen und Pferd sowie Jagdtieren.

Denn auch die Opferung von Tieren, v. a. von Pferden (→ Pferdegräber) kann als eine

Art T. betrachtet werden, wobei von den hochgeschätzten Tieren zumeist das Reitpferd, in manchen Fällen aber sogar Pferdeherden bei oder nach der Bestattung getötet und im oder am Grab bestattet wurden.

Ob gemeinsam beerdigte Menschen in sog. Mehrfachbestattungen auch zugleich – und aus welchen Gründen dann – gestorben sind, läßt sich kaum je mit einiger Sicherheit sagen. Andererseits läßt sich T. ebenfalls nicht nachweisen, wenn bei einer tatsächlichen T. die Toten in verschiedenen Gräbern bestattet wurden. Bei Brandgräbern sind vielfach Knochenfrg. von mehreren Individuen gesammelt und z. B. in einer Urne begraben worden. Dabei ist nicht zu erkennen, was der Hintergrund für diese gemeinsame Bestattung war und ob auch die T. dabei eine Rolle gespielt haben könnte.

Bei Mehrfachbestattungen reicht die Spannweite vom Massengrab von niedergemetzelten Opfern (→ Kriegswesen § 10: Massaker und Massengräber; →Wassenaar, Bd. 35) bis zum ehrenhaften Grabmal. Bei Marathon war der Grabhügel der gefallenen Athener aus der Schlacht von 490 v. Chr. 9 m hoch und trug Stelen mit den Namen der Gefallenen (Pausanias 1,29,4; 1,32,3).

§ 2. T. in frühen Hochkulturen. Die Kg.sgräber von Ur in Mesopotamien bergen größere Zahlen von Menschen, die dem Herrscher in den Tod gefolgt sind, im Grab vergiftet und zugleich mit dem Kg. bestattet wurden. So lagen in einem Grab 74 Menschen, beim Sarg des Kg.s einige persönliche Diener, dann in den Gängen Mitglieder des Hofes, Krieger, Diener, Frauen und Musiker. Dem Kg., als Gott auf Erden geltend, geht das Gefolge nach (33, 7).

Als Substitution finden sich in den ägypt. Grabkammern ranghoher Persönlichkeiten außer den Wandmalereien mit Darst. von Dienern und Kriegern Modelle von Menschen und Tieren, Ushebtis, die an Stelle tatsächlicher T. mitbestattet wurden, um dem Toten im Jenseits zur Seite stehen und dienen zu können.

Während der Shang-Zeit in China im 14.–12. Jh. v. Chr. war T. bei den Herrschern üblich, und viele Dutzende von Menschen, oft enthauptet, wurden als Begleitbestattungen in die Grabzugänge gelegt (16, mit Abb. 5–13). Den ersten Ks. von China Ch'in Shih-huang-ti (221–210 v. Chr.) beschützten als T. dann statt dessen mehrere 10 000 lebensgroße Tonsoldaten, während in den folgenden Elitegräbern auch die beigegebenen Menschenfiguren von Generation zu Generation wesentlich kleiner wurden.

Reale Befunde von T. sind aus dem reiternomadischen Kulturbereich (→ Skythen) bekannt, wie zuerst ausführlich Herodot schilderte. Hier fanden sich ebenfalls beim Anführer, in Nebenkammern oder in den Gängen zur Hauptkammer niedergelegte Menschen als T., oft in großer Zahl, ebenso zahlreiche Gruppen von Pferden (→ Pferdegräber).

In den sog. Kg.skurganen waren die Fürsten und ihre Gefolgschaft in Begleitung der getöteten Ehefrauen, Konkubinen, Bediensteten, Sklaven und Pferde bestattet (24; 47, I, 80 ff.). Im Kurgan Kostromskaja Stanica aus dem 7./6. Jh. v. Chr. lagen auf den Abtreppungen der Grube über dem Skelett des Stammesfürsten oder ‚Königs' 13 Menschen, vermutlich die getöteten und mitbestatteten Diener des Fürsten, außerdem 22 Pferde. Im Kurgan von Čertomlyk fanden sich in verschiedenen Seitenkammern mehrere Bestattungen und Pferde, wobei es sich bei den Toten in Nebenkammern um Nachbestattungen zu späterer Zeit handeln kann. Rund um einen skythischen Kg.skurgan wie z. B. Čertomlyk wurden ein J. nach der Bestattung Totenreiter aufgestellt, deren Reste – Menschen- und Tierknochen – bei Ausgr. in dem umgebenden Graben gefunden wurden (24, 23). In den Großkurganen von Pazyryk im Altai waren Häuptlinge mit ihrem gesamten Besitz einschließlich ihrer Lieblingsfrau oder Konkubine und ihrer Reitpferde bestattet.

Massengräber als T. sind z. B. auch bei der nordamerikanischen Urbevölkerung nachgewiesen. Im Kg.sgrabhügel von Cahokia, Illinois, USA, Tumulus 72, aus dem Beginn des 2. Jt. n. Chr. lagen in eigenen Grabgruben einmal 40 Tote, in einer anderen 53 Frauen und 4 Männern (61, 88 Abb. 9 und 10).

Herodot (Hist. 4,71 f.) beschreibt, wie beim Tod eines Kg.s „eine der Frauen des Königs, sein Mundschenk, Koch, Leibwächter, Pferdeknecht, seine Reitpferde und ‚Erstlinge alles anderen Viehs'" getötet und im freien Raum der Grabgrube beigesetzt wurden. Er berichtet (Hist. 5,5–6) über die Witwentötung bei den Thrakern bzw. über den rituellen freiwilligen Tod der Witwen, der begeistert gefeiert wurde (34, 163): „Bei den Stämmen nördlich von den Krestonaiern hat jeder Mann viele Weiber. Stirbt nun einer, so entsteht ein heftiger Streit unter seinen Weibern, und auch seine Freunde beteiligen sich eifrig daran, welche von diesen Frauen am meisten von ihrem Manne geliebt worden sei. Ist der Streit entschieden, so wird die Auserwählte unter Lob und Preis der Männer und Frauen durch ihre nächsten Verwandten auf dem Grabe geschlachtet und dann mit dem Manne zusammen begraben..." (nach: Herodot, Historien. Übs. von A. Horneffer, neu hrsg. und erläutert von H. W. Haussig, ³1963, 330).

Der Geograph Pomponius Mela berichtete viel später ähnlich (43/44 n. Chr.): „Über dem Leichnam des Gatten umzukommen und mit ihm bestattet zu werden, ist ihr höchster Wunsch; da aber immer mehrere mit je einem Mann verheiratet sind, streiten sie vor einem Schiedsgericht in lebhaftem Kampf darum, welche diese Ehre erlangen soll ... Die anderen Frauen erheben Trauerrufe ... Wem aber der Sinn danach steht, sie zu trösten, der bringt Waffen und Schätze zum Scheiterhaufen ..." (Pomponius Mela 2,19–20; zitiert nach 34, 164).

Solinus (3. Jh. n. Chr.) formuliert diese Sitte anders: „Die Frauen, denen es viel an Sittsamkeit liegt, werfen sich in die Scheiterhaufen ihrer verstorbenen Männer und stürzen sich in die Flammen, was sie als allerhöchstes Anzeichen der Keuschheit betrachten" (Solinus 10.3; zitiert nach 34, 164).

Deutlich ist, daß diese alten Ber. über Jahrhunderte tradiert wurden, ohne dabei über ihren realen Hintergrund Neues zu bieten, so daß es beim Topos-Charakter bleibt (schon so vielleicht bei Herodot [34, 168]). Homers Schilderung von der Opferung zwölf junger Trojaner am Grabe des Patroklos wurde von Archäologen zur Erklärung von Bestatteten in den Zuwegen der mykenischen Kammergräber als T. herangezogen; Tote am Eingang wurden als Pförtner gedeutet; doch später stellten sich nach neuer arch. Erkenntnis alle diese Toten als Nachbestattungen heraus (35, 431). Kotova (34, 165) betont, für das thrakische Gebiet könne zu diesem Begräbnisbrauch zudem keine arch. Bestätigung genannt werden. Oeftinger (42) sieht zwar, wie im Titel der Abhandl. zum Ausdruck kommt, in allen Mehrfachbestattungen des Westhallstattkreises T., was aber in Rez. kritisch aufgenommen wurde; denn Beweise wurden kaum gesehen (44, 419 Anm. 45). Die ant. Lit. berichtet ausführlich auch über T. der Witwen bei den Indern (20; 34, 165 ff.), aber auch beim germ. Stamm der → Heruler. Über diesen einst bei den Herulern herrschenden Brauch ist bei Prokop (um 500 bis nach 562) zu lesen, daß die Witwe, sofern sie Tugend und guten Ruf erwerben wollte, am Grabe des verstorbenen Mannes kurz nach seinem Tod ihrem Leben durch Erhängen ebenfalls ein Ende machte (Prok. b. G. 2,14,1 ff.; zitiert nach 34, 166 und 19, 33). „Was die Heruler für Menschen sind ... will ich jetzt berichten ... Sie ... verehrten eine Menge Götter, deren Huld sie auch durch Menschenopfer gewinnen zu müssen glauben" (es folgt ein Abschnitt über Altentötung und dann der Satz zur T.) (Übs. nach: Prokop, Gotenkriege, Griech.-dt., ed. O. Veh, 1966, 311 ff.; 34, 166; 19, 33–52). Allg. zur Sitte der T. und Witwenverbrennung bei den Germ. s. auch → Selbsttötung S. 133 f.: § 3c 3; → Witwe § 2b; weltweit in anderen Kulturen: 34, 166 mit Lit.; in Indien: 20; in China: 13. Aus China ist überliefert, daß die Knochen einer kurz vor der Hochzeit verstorbenen Braut beim Tod ihres versprochenen Mannes 50 J. später wieder ausgegraben und mit dem Sarg des Mannes noch einmal bestattet wurden, eine spezielle Form der T. (44, 407 f.).

Warum nach den Berichten eigtl. immer nur eine Frau dem Toten folgen sollte (34, 169), hing vom Rang und den Wert der Frauen ab. Die T. ist überhaupt ein Privileg der hohen Krieger- und Herrscherschicht (34, 173; 44, 415 mit Lit.). Aber bei den skythischen Großgrabhügeln (s. o.) ist die mehrfache Beigabe von Frauen durchaus öfter belegt. Die T., das Ritual der Witwentötung, spiegelt eine ausgeprägte Geschlechterasymmetrie. Die höchste gesellschaftliche Anerkennung erfährt eine Frau dabei nur durch den Tod des Mannes, die Unterordnung oder Degradierung der Frau dem Manne gegenüber erreicht damit den höchsten Grad (34, 175). Andererseits ähnelt der Ritus der Tötung einer Witwe der neuen Vermählung, wodurch die Witwe zur wahren und ewigen Ehefrau wird; damit ist ein Wiederverheiratungsverbot durchgesetzt, während die anderen Frauen gewissermaßen vererbt wurden. Zu den Verhältnissen bei den Germ. s. auch → Selbsttötung S. 134; → Eherecht S. 494.

§ 3. T. in Mittel- und Nordeuropa. In den zentral- und nordeurop. Kulturkreisen ist T. nicht als Regelverhalten nachweisbar, und nur einige Befunde könnten als solche gedeutet werden.

Im sog. Fürstengrab der frühen BZ von → Leubingen wurde das Skelett eines jungen Menschen quer über dem Skelett des ält. Mannes in gestrecker Rückenlage (N-S) gefunden, wohl ein etwa 10jähriges Kind (O-W), das sowohl als weiblich, als auch als unbekannten Geschlechtes bestimmt wurde. Dieser Befund, der für T. sprechen könnte, wurde früher schnell als stellvertretende Witwentötung gedeutet, als ,Totenhochzeit', oder auch als Mitgabe eines Kindes als Sklave (56) (Abb. 25).

Für die → Fürstengräber der HaZ im Osthallstattkreis ist T. ebenfalls nachgewiesen (15). Im Kröllkogel waren nach Analyse der Leichenbrandreste drei Personen bestattet, darunter eine weibliche. Auch für die Grabhügelbestattungen in Ungarn gibt es Belege für die Tötung und Mitbestattung von Menschen am Grab mächtiger Herren, verbunden mit weiblichen Trachtensembles zw. sonst männlichen Ausstattungen, wobei nicht an die Tötung der Hauptfrau, die meist Mutter des Nachfolgers war, sondern an eine Sklavin oder Nebenfrau zu denken ist. Die Befunde von Suttö und Vaskeresztes in Ungarn sind weitere Belege für T. in der Hallstattkultur. Nach der Einäscherung des ranghohen Toten von Suttö, mit dem zusammen Pferde und andere Tiere sowie weitere Menschen verbrannt wurden, wurden die Gebeine des Herrn und eines juvenilen Individuums (eine Begleiterin?) ausgesondert und in der Kammer niedergelegt, außerdem nach Errichtung der Kammer und des Hügels ein unverbranntes Kinderskelett als weiteres Menschenopfer auf dem Kammerdach. Auch in zwei Grabhügeln von Vaskeresztes wurden jeweils zwei Personen mitverbrannt.

Der Ber. des → Ibn Faḍlān, Leiter einer Gesandtschaft des Kalifen al-Muqtadir 922 in den N, ins Innere Rußlands (62), über die aufwendigen Begräbnisfeierlichkeiten beim Tode eines Wikingeranführers an der Wolga im 10. Jh. bietet immer wieder den Hintergrund für diese Erklärung vergleichbarer Befunde seit der BZ. Ein Mädchen hatte sich mehr oder weniger freiwillig angebo-

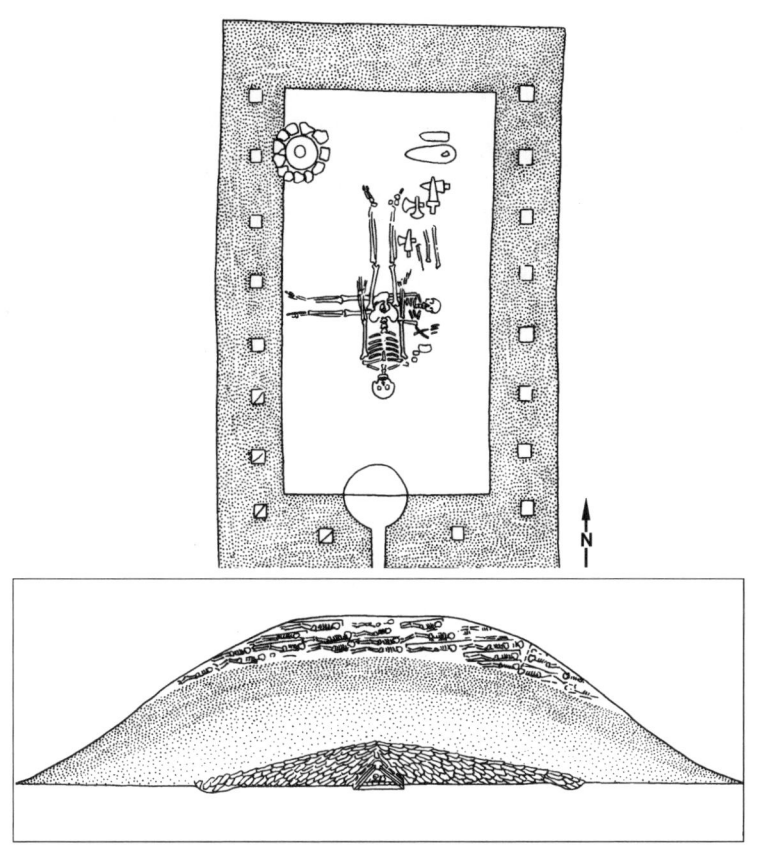

Abb. 25. Leubingen. Nach Walter (56, 489 Abb.). Nach dem Grabungsber. lag der jüng. Tote quer *über* dem ält., anders als die Zeichnung wiedergibt.

ten, dem Toten ins Jenseits zu folgen; sie spielt zuvor noch eine vielseitige Rolle im Bestattungsprozeß, ehe sie erwürgt und mit dem Toten verbrannt wurde (→ Selbsttötung S. 134; → Menschenopfer S. 543 f.; → Rituale S. 37). Die Suche nach ähnlicher T. im wikingischen Kulturbereich anhand arch. und lit. Überlieferung hat jedoch zu keinem gesicherten Ergebnis für die Existenz eines solchen Brauchs geführt (19). Vor einem Jh. hat Haakon → Shetelig die seit dem 4. Jh. bis in die WZ nachgewiesenen Doppelbestattungen in Norwegen in allg. Tradition als Belege für Witwentötung registriert (48, 196 ff.; 53, 92). Doch können wohl bei heutiger Kenntnis diese Befunde kaum als sicher gedeutet bezeichnet werden. Während Uecker 1966 aus der anord. Lit. und der zeitgleichen Überlieferung mehrere Beispiele von Witwentötung und T. zitieren kann (53, 92–102), findet Engster 1970 kaum einen arch. Beleg dafür und lehnt deshalb die Erscheinung der T. im Norden ab (19). Doch auch Uecker verweist auf die Möglichkeit, daß sowohl Witwentötung als auch die Kriegerbestattung in einem gemeinsamen Grab unter einem Hügel nur Motive für Erzählungen gewesen sein können und nicht realisiert wurden. Sigurds Tod und Brünhildes T. bei gemeinsamer Verbrennung (Völsunga s. c. 31; vgl. → Selbsttötung S. 131) oder Baldurs Bestattung auf dem Schiffsscheiterhaufen und der Tod seiner Frau Nanna aus Kummer, vielleicht auch eine Tötung und damit T., sind derartige Geschichten (17, 355; 53, 94 f.). Bei den Schweden sei es Gesetz, daß beim Tod eines Kg.s die Königin gleichzeitig mit in den Hügel gegeben werde, nach ihrer Tötung oder ihrem Selbstmord (Hervarar s. c. 5, im 16. Jh. nach Snorris Ber. über Baldrs Bestattung, und weitere Belege in anderen Sagas [53, 92]; vgl. auch → Selbsttötung S. 131; sowie bei → Saxo Grammaticus [53: Saxo B. 1, S. 27; 2, S. 52 und 4, S. 106] zur T. der Gunnild, Swanwitha oder Hermutruda). Zumal handele es sich bei einigen lit. Berichten bei der T. um Sklavinnen, Konkubinen, nicht aber um Ehefrauen, was dann also keine eigtl. Witwentötung sei (19, 54). T. in der anord. Lit. kann ebenso als ein Topos wie in der ant. Überlieferung angesehen werden. „Die alte Sitte des Mitsterbens des Weibes beruht ursprünglich auf der Meinung, daß sie zu seinem Dienst und zu seiner Lust ihm ebenso folgen müsse wie das Roß und die Knechte. Dies hielt sich im Norden lange..." (58, Vorwort; 35, 430). Auch über Berichte zur Witwentötung und T. bei den Slawen wird gesagt, daß diese Erzählungen keinen realen Hintergrund hätten (44, 415 mit Lit.).

Doch gibt es einige Befunde als Beleg für T.:

Im Schiffsgrab von → Oseberg (19, 54) lagen zwei weibliche Bestattungen, eine jüng. 25–40jährige Frau, möglicherweise die Königin, und eine 60–70jährige, eine Dienerin (17, 334), wobei nicht zu klären ist, ob es sich um ein Opfer oder um T. handelt (→ Menschenopfer).

Auf dem spätsächs. Gräberfeld bei Sarstedt, Ldkr. Hildesheim, mit zahlreichen → Pferdegräbern war im N-S ausgerichteten Kammergrab 18–20 ein mit Sax, Lanze und Schild bewaffneter Krieger mit einem Reitsporn und seinem gesattelten Pferd bestattet, datiert ins fortgeschrittene 8. Jh. Zw. Schweineknochen und dem Pferd lag eine grazile Frau mit angewinkelten Beinen. Eine nachträgliche Bestattung wird vom Ausgräber „mit absoluter Sicherheit ausgeschlossen", so daß der Befund nur als T. erklärt werden könnte, bei der die untergeordnete soziale Rolle der Frau anhand der Niederlegung zw. Pferd, Schweinefleischbeigabe und Reisegepäck zum Ausdruck kommt. Wiederum verglichen mit der Schilderung bei Ibn Faḍlān wird die Beigabe dieser Frau nicht als gemeinsamer Tod und Bestattung mit dem Krieger, auch nicht als Menschenopfer (wegen des Verbots von Menschenopfern in der *Capitulatio de partibus Saxoniae* von 782), sondern als T. gedeutet, der „bisher einzige Beleg seiner Art im altsächs. Stammesgebiet" (9).

Ein ähnlicher Befund aus dem 8.–11. Jh. ist aus dem Bereich der Kirche St. Peter auf dem Hüffert bei Warburg in Westfalen veröffentlicht (4, 392 ff. mit Abb. 4 und Kat. Nr. IV, 101–103): In einer Doppelbestattung liegt ein gewaltsam zu Tode gekommenes Paar, ein 40jähriger Mann, getötet durch eine Hiebverletzung am Kopf, und eine 25jährige Frau mit ihrem Kopf im Schoß des Mannes. Die reichen Beigaben der Frau (vergoldete Scheibenfibeln mit christl. Symbolik und Ohrringe) spiegeln ranghohe soziale Position.

Ein zweites Skelett, meist unsorgfältig abgelegt, bei oder über einem Toten kann Beleg für Menschenopfer und T. sein.

In Sewerby, Yorkshire, lag dicht über einer Frauenbestattung mit wertvollen Beigaben ein zweites weibliches Skelett mit dem Gesicht nach unten und mit einem Mühlstein beschwert (29; 17, 333; 7, 83 mit Abb. 46); mehrere Parallelen aus dem ags. Raum, wenn auch nicht immer sicher beobachtet, werden angeführt (29). In Mitcham, Surrey, lag eine kleine Frau mit dem Gesicht nach unten zw. zwei Männern; in → Finglesham, Kent, lag quer über einem mit Beigaben bestatteten Mann eine Frau. Im Grab von → Ballateare, Isle of Man, aus der WZ war ein Krieger in einer Kammer bestattet, und oberhalb im Hügel lag das Skelett einer jungen Frau mit eingeschlagenem Schädel und über den Kopf gehobenen Armen, dabei fand man außerdem verbrannte Knochen von Pferd, Schaf/Ziege und Hund. Auf den Orkneyinseln gibt es einen Befund mit den Resten einer ält. Frau über einem Männergrab. In einem Grabhügel von Donnybrook, Dublin, sollen zwei weibliche Skelette zu Füßen eines Kriegers der WZ gelegen haben (17, 334. 338). In diesem Hügel gab es weitere Nachbestattungen in Höhe des Zentralgrabes und andere in zufälliger Ordnung weiter oben, ein Befund, der als Hinweis auf ein Massaker gedeutet wird, da anscheinend alle Bestattungen gleichzeitig angelegt worden sind, aber auch Opfer gewesen sein können. Wahrscheinlich gibt es auch Fälle von Bestattungen lebender Menschen, so in Camerton, Somerset, in Winnhall II, Winchester, mit zahlreichen Körpern in seltsam unnatürlicher Lage; in → Cuddesdon, Oxfordshire sollen zahlreiche Skelette mit gekreuzten Beinen und dem Kopf nach außen in einem Kreis angeordnet gewesen sein (17, 39).

Hier verknüpft sich die Frage nach → Menschenopfer mit dem Problem der → Wiedergänger und ihres Nachweises.

Mehrfachbestattungen bei den → Awaren werden weniger als T., vielmehr als gemeinsamer Tod durch Krankheit oder Kampf, erklärt, Doppelbestattungen meist als Mitbestattung eines freiwillig folgenden Gefolgsmannes gedeutet (26, 1196 ff.; 43, 140). Bei Mehrfachbestattungen gibt es alle Kombinationen von Mann, Frau und Kind (26, 1201 f. Tab. 3 und 4), und mehrere Krieger sind selten. Die anthrop. Auswertung des Alters der Männer und Frauen ist aufschlußreich; denn oftmals liegt bei einem älteren Mann eine wesentlich jüngere Frau, so daß hier T. vermutet werden kann (44, 415), und vielfach liegt bei Doppelgräbern die wichtigere Person (der Erwachsene gegenüber dem Kind, der Mann gegenüber der Frau) auf der vornehmeren rechten Seite im Grab (52, 48). Zuletzt hat Tomka zu Mehrfachbestattungen als T. und rituallem Mord oder zufällig gleichzeitigem Tod bei den Awaren Stellung genommen und dabei einen Überblick über den gesamten Steppenraum gegeben, mit dem Hinweis, daß diese Bestattungsform selten mehr als 1–2% der Gräber ausmacht (52, 48), in manchen Fällen aber bis 7,5%.

Für die slaw. Welt gibt es zahlreiche Nachrichten, daß Frauen getötet wurden, nachdem ihr Mann gestorben war (17, 336). ‚Witwentötung' und ‚Totenhochzeit' werden bei finn. und slaw. Völkern bis in die Neuzeit angenommen (26, 1196 mit Lit.; 36, 73). Bei der Auswertung von Brandbestattungsbräuchen der Slawen im 6.–10. Jh. zieht Zoll-Adamikova (65) schriftliche Zeugnisse zur T. bei den Slawen heran, zeigt aber, daß ein sicherer arch. Nachweis bisher nicht möglich ist.

Der gewaltsame Tod einer Frau ist auf dem Gräberfeld von Prša, Tschechien, nachgewiesen, zum einen über einen gesondert bestatteten, abgeschlagenen weiblichen Schädel, in einem anderen Fall durch die Fesselung mit Lederriemen an den Mann; ein ähnlicher Befund ist vom awarischen Gräberfeld von Zwölfaxing, Niederösterreich, überliefert (26, 1196 f.). Im slaw. Gräberfeld von Sanzkow aus dem 12./13. Jh. lag im Grab 122/123 in gegensinniger Orientierung zum 40jährigen Mann eine 18jährige Frau, in deren Brustkorb ein Messer steckte, was auf den gewaltsamen Tod hinweisen könnte (26, 1197), wozu ebenfalls Parallelen bekannt sind (44, 412. 419 Anm. 46: Bestattung 8 von Penkun; Fahrland, Grab 9; Stove, Grab IV) und was mit T. erklärt wird. Doppel- oder Mehrfachbestattungen sind selten, ganz im Gegensatz zur häufigen Erwähnung in der Schriftüberlieferung, und zumeist handelt es sich um die Kombination Erwachsener und Kind, seltener von Mann und Frau (44, 411 f. und Tab.); in Ungarn wurden verstorbene Kleinkinder einem etwa zur selben Zeit gestorbenen Erwachsenen mit in die Grabgrube gelegt (44, 414).

§ 4. Urgeschichtl. Mehrfachbestattungen von Kriegern. Aus den meisten Epochen der Urgesch., auch während des Neol. und der BZ sowie der HaZ sind Mehrfachbestattungen nachgewiesen, aber selten als T. erkennbar. Hervorzuheben sind die Gräber, in denen mehrere Männer beigesetzt sind.

Das Brandgrab 72 von Rekem-Hangveld, Prov. Limburg, Belgien, enthielt Waffenbeigaben, verschmolzene Reste von drei Griffzungenschwertern und drei Bronzelanzenspitzen. Die anthrop. Bestimmung spricht von einem 25jährigen und einem 30–35jährigen Mann sowie einer jungen Frau von 20 Jahren. Wahrscheinlich waren es drei Krieger, darunter auch ein weiblicher, datiert in die ausgehende UZ, 8. Jh. v. Chr. (14, 353) (vgl. dazu unten die Befunde aus der MZ).

Die Bestattung zweier Krieger in einer Kammer, eingebaut in eine 4,2 × 2 m großen Grabgrube (Novo mesto, Kapiteljska njiva, Tumulus VII, Grab 19), war mit Beigaben u. a. jeweils eines Bronzehelms, eines Tüllenbeils und drei bzw. zwei Lanzenspitzen versehen, datiert in die 2. Hälfte des 6. Jh.s v. Chr.; eine ähnliche Doppelbestattung in Magdalenska gora gehört ebenfalls in die frühen EZ (14, 353).

In Mailleraye-sur-Seine, Normandie, enthielt ein Brandgrab mit dem Leichenbrand in einem Glasgefäß als Waffenbeigabe u. a. drei Schwerter, drei oder vier Schildbuckel, fünf Lanzenspitzen und zwei Äxte, Ausrüstungen, die zur gemeinsamen Bestattung von drei oder vier Kriegern gehören, datiert in den Übergang von LT C zu D (2. Hälfte 2. Jh. v. Chr.) (14, 352 f.).

Auf dem Balkan sind mehrere Doppelkriegerbestattungen der LTZ bekannt; die Deutung verbindet die Befunde mit Heldenpaaren, den → Dioskuren, Kastor und Pollux. Doch auffälliger sind die Bestattungen von drei oder vier Kriegern, wobei noch zu prüfen sei, ob diese biologisch verwandt waren oder eine Bluts- und Waffenbrüderschaft bildeten, wie Egg meint (14, 353).

Eine Mehrfachbestattung scheint durch die dreifache Waffenausrüstung in einem Brandgrab in Norwegen überliefert zu sein, datiert in den Übergang C1/C2 der RKZ, obgleich die Knochenanalyse nur einen 25–30 J. alten Krieger nachweist (21). Mehrfachbestattungen während der RKZ wurden in der Regel als T. interpretiert (8), was bei Brandgräbern mit Knochenresten mehrerer Toter aber kaum beweisbar ist, weil der zeitgleiche Tod nicht erkennbar sein kann. Die immer wieder zu beobachtenden Mehrfachausstattungen mit Waffen können also auch anders zu interpretieren sein; denn Mehrfachausrüstungen kommen als Grabbeigabe eines einzelnen Kriegers durch alle Zeiten vor und meinen entweder den Besitz mehrerer Ausrüstungen oder die Verfügungsgewalt über mehrere Krieger, die nur mit ihren Waffen dem Toten folgten.

§ 5. Mehrfachbestattungen während der Merowinger- und Wikingerzeit. Von arch. Seite werden Mehrfach- und Sonderbestattungen der jüng. Epochen ebenfalls daraufhin überprüft, ob es dabei Hinweise auf T. gibt. Ohne Zweifel wurden in verschiedenen Epochen Tiere bei den Bestattungsfeierlichkeiten geopfert (→ Tieropfer) und den Toten als Beigabe mit in die Grabgrube oder benachbart in ein eigenes Grab gelegt. Dabei handelt es sich bei den Tieren nicht etwa um Fleisch als Speisebeigabe, was es auch häufig gab, sondern um Begleiter des Menschen zu Lebzeiten, um Reitpferde und Jagdhunde oder auch um einen Lockhirsch (11; 49) sowie um Falken oder Habichte als Beizvögel (→ Pferdegräber; → Hund und Hundegräber; → Hirsch; → Rothirsch; → Beizjagd; → Greifvögel). Ihre Mitbestattung als Beigabe ist ein spezieller Fall von T., durchaus vergleichbar der Mitbestattung einer Frau als Beigabe.

Lüdemann hat die Mehrfachbestattungen der MZ zusammengestellt und auf Regelerscheinungen hin analysiert (35). Es fällt auf, daß sich die Toten in derartigen Gräbern gegenseitig umarmen, sich an den Händen halten oder Arm in Arm liegen, so daß der Bezug aufeinander eindeutig ist (35, 433). Oft handelt es sich um Krieger mit Bewaffnung aus → Spatha und → Sax, z. B. bei der Doppelbestattung von Fridingen Grab 94 (35, 451 Abb. 10), von Altenerding Grab 887/888 (35, 473 Abb. 20) oder von Mühlhausen (35, 493 Abb. 22). Manchmal läßt sich die geschlechtliche Zusammensetzung der Mehrfachbestattungen erkennen, was zeigt, daß nicht nur Krieger gemeinsam begraben wurden. Vielfach handelt es sich bei Doppelbestattungen um Frauen mit einem ungeborenen oder einem Kleinstkind, aber auch zwei Frauen oder Mann und Frau wurden zusammen bestattet, und alle Befunde sprechen für einen gleichzeitigen Tod, aber nicht von T. Männer- und Frauendoppelbestattungen kommen etwa gleich häufig vor. Die Datierung von Krieger-Mehrfachbestattungen weist v. a. in die jungmerow. Epochen II und III (64).

Doppelgräber sind relativ häufig, schon Dreifachbestattungen sind selten und Mehrfachbestattungen bildeten die Ausnahme (35, 515). Lüdemann führt 1994 erst eine Dreifachbestattung an, von Mindelheim Grab 48a–c, und eine Sechsfachbestattung von Herrsching Grab 9/10 (35, 475). Sie nennt außerdem drei Gräber der MZ, in denen jeweils ein beigabenloses Skelett in Hocklage über einer reich mit Beigaben versehenen Bestattung lag (35, 536 Anm. 579), ein Befund, bei dem gewaltsame Tötung und T. denkbar sein können, was aber eindeutig Sonderfälle gewesen sind.

Die Dreifachbestattung Grab 754 von Schleitheim gehört zu einer Familie aus Mann, Frau und Kind (6, 62 ff. 317 f., Teil 2, Kat. S. 198). Es scheint überhaupt so, daß familiäre Bindungen der Hauptgrund für Mehrfachbestattungen waren. Nirgendwo gäbe es, so Lüdemann, konkrete Anhaltspunkte für einen unnatürlichen Tod der Beteiligten, wie T. oder Witwenfolge, für Selbstopferung im Rahmen einer Weihung, wie das noch Paulsen am Beispiel von → Niederstotzingen annahm, oder aus einem Treueversprechen heraus (35, 535).

In den Kammergräbern 3a–c und 12a–c von Niederstotzingen (→ Niederstotzingen S. 193 Abb. 28: Plan von Grab 3) aus dem frühen 7. Jh. lagen jeweils drei Tote mit Waffenausstattung aus Spatha, Sax und Schild, in Grab 12 der Anführer zudem mit Helm und Panzer mit zwei Begleitern als T., die im Sinne der merow. Hofämter als → Mundschenk und → Marschall gedeutet wurden (43). Um 600 war jedoch in diesem Gebiet nahe der Donau das Christentum schon weit verbreitet, fast in Sichtweite standen z. Zt. der Bestattung Kirchen, so daß – da zudem in der schriftlichen Überlieferung jeglicher Hinweis auf mögliche T. in diesen Jh. fehlt – hier kaum von T. auszugehen ist, sondern eine andere Erklärung für den sichtlich gleichzeitigen Tod der drei Krieger zu suchen ist. Zudem scheint es sich bei der jeweils dritten Person um eine, wenn auch als Krieger bewaffnete Frau gehandelt zu haben (s. u.).

Gestützt wurde diese Deutung als T. von Mundschenk und Marschall anhand des Befundes im Bootkammergrab von → Haiðaby aus dem frühen 9. Jh., in dem ebenfalls drei Krieger mit ihrer Bewaffung bestattet waren (18). Vom Krieger mit der kostbarsten Schwertwaffe waren die beiden anderen Männer anscheinend durch eine Wand in der Grabkammer getrennt. „Nach ihm handelt es sich bei den drei Bestatteten um einen adligen Herrn (in Kammer B), mit seinem Gefolge (in Kammer A). Der Krieger zu seiner Linken mit dem großen Holzeimer zu Füßen sei sein *Mundschenk* gewesen, … und der zweite Krieger mit den Steigbügeln zu Füßen … sein ‚Steinbügelhalter', d. h. sein *Marschall*" (57, 4 nach 18).

Doch auch dieser Fall ist als T. nicht überzeugend, wenn man die Identifizierung des Toten als Kg. → Haraldr (Klakk-Haraldr) akzeptiert, denn dieser war am Hofe Ludwigs des Frommen zum Christentum übergetreten. Seine Gefolgsleute mögen ihn dann teilweise nach vorchristl. Sitte – wofür das Boot spricht – bestattet haben, aber von Menschenopfer und T. sollte auch hier nicht gesprochen werden, auch wenn in der skand. lit. Überlieferung für eine derartige T. einige Hinweise zu finden sind (vgl. auch → Valhǫll § 9, Bd. 35).

Im Kammergrab F II auf dem Gräberfeld der WZ von → Stengade II lag rechts neben einem etwa 25jährigen Krieger, der als Clanführer bezeichnet wird, ein enthaupteter, etwa 35jähriger ‚Sklave' mit gefesselten Händen und Füßen. Eine lange Flügellanze war quer über beide Toten gelegt worden (→ Stengade Abb. 113). In einem Doppelgrab von → Lejre aus der WZ lag ebenfalls ein an Händen und Füßen gefesselter und enthaupteter Mann über dem Grab eines weiteren männlichen Toten, was zur Deutung als erzwungene T. geführt hat (35, 536, Anm. 576; 10). Diese Deutung der T., ein Sklave hätte seinem Herrn ins Grab zu folgen, wurde zwischenzeitlich in Frage gestellt, und der gefesselte Tote als möglicher Wiedergänger gesehen, wegen der Enthauptung, der Fesselung und der Auffüllung der Grabgrube mit groben Steinen (50, 72–79). Doch bevorzugt man jetzt wieder die Deutung als T., wozu die Schriftüberlieferung mit Blick auf Ibn Faḍlān herangezogen wird, in der es aber um eine Frau geht, nicht um einen weiteren Mann.

Die anord. Lit. (51, 782 f.) bringt mit der Beschreibung der Bestattung des Ásmundr Atlason in der → *Landnámabók* eine solche T. Es heißt: „Asmund wurde in dem Asmundshügel bestattet; er wurde in ein Schiff gelegt und einer seiner Knechte neben ihn", der im übrigen nach Unters. des Grabhügels wieder aus dem Schiff genommen wurde, weil sich Asmund in einem Lied, aus dem Hügel zu hören, über den niederen Rang dieser Begleitung beschwerte (Übs. nach: Islands Besiedlung und älteste Gesch. Thule Anord. Dichtung und Prosa 23, 1967, 80; 53, 101). In der anord. Lit. sind weitere Mehrfachbestattungen von Männern als Krieger überliefert, so in der Saga von Hálfr, derzufolge die beiden Söhne des Vatnar mit den Namen Snjallr und Hjallr in einem ‚Brüdergrabhügel' bestattet sind, da sie zusammen erschlagen worden waren (53, 100). Die *Göngu-Hrólfs Saga,* frühes 14. Jh., berichtet über Hrólf, den hist. → Rollo in der Normandie, und über in der Schlacht gefallene ranghohe Krieger, die zu dritt jeweils mit ausgewählter Mannschaft in großen Grabhügeln bestattet wurden, und über die Bestattung des Kg.s in einem Grabhügel weit draußen in der Ödnis, zu seinen Seiten mögen die gefallenen Krieger liegen.

In den letzten J. sind auf süddt. Gräberfeldern der MZ mehrfach Bestattungen entdeckt worden, meist in großen Kammern, in denen mehrere mit Waffen ausgestattete Männer beigesetzt worden waren. Die Männer hatten sich bei den Händen gefaßt, oder die Hände lagen über den benachbarten Toten. Von gleichzeitiger Bestattung ist auszugehen und somit auch von einem gleichzeitigen Tod. Bei fünf bis acht toten Kriegern ist kaum von T. zu sprechen, auch wenn gewisse Rangunterschiede an der Art der Bestattung zu erkennen sind, nämlich die Teilung der Kammer und ein Qualitätsunterschied bei den Waffen selbst und bei der Waffenkombination. Einige Beispiele in Auswahl werden nachfolgend angeführt.

In einem Grab bei Inzighofen, Baden-Württ., wurden während der jüng. MZ um 700 drei männliche Tote gemeinsam bestattet (45, 62 Abb. 4: Grab I–III), und zwar fernab der Siedlungen auf einer einsamen Felskuppe über der Donau. An der n. Kammerwand lag ein 20jähriger Mann, ausgestattet mit einem Reitersporn, an der s. Kammerwand ein etwa 40 J. alter Mann, ebenfalls mit einem Reitersporn und zw. den beiden Erwachsenen ein 8–9jähriger Junge, der ebenfalls am linken Fuß einen Sporn trug. Jeweils mehrere schwere Hieb- und Stichverletzungen mit verschiedenen Waffen zeigen (55, 68 Abb. 53), daß alle drei Reiter (45, 64 Abb. 48) im Kampf zu Tode gekommen sind, vielleicht ein Vater mit seinen beiden Söhnen.

In Straubing-Bajuwarenstraße lagen drei Krieger im Grab 170/171/172 und drei Jugendliche in einem großen Grabhügel von Regensburg-Harting, Befunde, die immer noch mit der Deutung der Mehrfachbestattung von Niederstotzingen Grab 3 verglichen und als Beispiele für T. interpretiert werden (64, 235 Abb. 158).

Im Dreifachgrab II–IV von Büttelborn (22) lagen die Skelette mit sich überkreuzenden Armen, ein Schädel war von einem Schwerthieb gespalten; im Doppelgrab 269 vom selben Gräberfeld lagen zwei Männerskelette, ebenfalls mit Hiebverletzungen am Schädel.

Die Mehrfachbestattung Grab 267 A–C von La Grande Oye, Doubs, barg drei Männer (54, 50 Fig. 38).

Auf dem kleinen Gräberfeld von Inningen, Stadt Augsburg, wurde ein Vierergrab (Grab 2) entdeckt, datiert 1. Hälfte bis Mitte 7. Jh., in einem kleinen Gräberfeld mit nur zehn Bestattungen, darunter einige weitere Männergräber mit Waffenausstattung (1). Vier Krieger waren gemeinsam in einer 2,30 × 2,10 m großen Holzkammer beigesetzt. Drei waren mit Sax und Spatha bewaffnet. Der vierte n. am Rand liegende Mann trug nur einen Sax, doch zwei Lanzen. Er war kleiner und jünger als die drei anderen. Die vier Schildbuckel lagen zweimal auf dem linken und zweimal auf dem rechten Knöchel der toten Krieger. Der zweite Mann von S hatte eine massive Schädelverletzung, dem kleineren Saxträger war sein rechter Oberschenkelknochen durchgetrennt, beides eindeutig zum Tod führende Kampfverletzungen (Abb. 26).

In einer Hofgrablege w. des Gräberfeldes II bei Straubing-Alburg/Hochwegfeld lagen in einer Fünffach-Bestattung des 7. Jh.s (Grab 493/2000 und 2002) vier Männer und eine Frau. Trotz der weitgehenden Beraubung weisen die Reste von auffällig reichen Beigaben auf besondere Ranghöhe der Toten hin (38; 39). Der Tote in der Mitte war mit Goldtextilien bekleidet, erhalten sind insgesamt 5,5 m lg. Goldbrokatbänder, zweimal 2,75 m gesponnene Goldlahne und Seide von rotgefärbten Beinkleidern mit Bommel, umwickelt vom Schuh bis unters Knie mit langen Borten (vgl. die Malerei mit dem Krieger in der Kirche von → Mals) (38, 13). Im Bereich der Handgelenke und der Unterschenkel, sowie bei der rechts von ihm liegenden Frau fanden sich geschmückte Ärmelborten. Anscheinend war hier ein hochgestelltes Ehepaar (?) zusammen mit drei Begleitern bestattet worden, die zugleich zu Tode gekommen sind.

In Grab 143 von Großhöbing, Ldkr. Roth, Mittelfranken, lagen innerhalb eines Kreisgrabens und Palisadenringes von 16 m Dm., datiert Anfang 8. Jh., ebenfalls fünf Krieger in zwei nebeneinander gebauten Grabkammern (in der einen zwei und in der anderen drei Krieger) (40; 41). Die Bewaffnung bestand aus Spatha oder Sax. Der Mann im S der Zweierkammer trug eine bes. wertvolle Spatha sowie einen prächtigen Mantel mit Borten aus Goldbrokat (2). Die drei Krieger lagen eng beieinander mit eingehakten Armen und ineinandergelegten Händen. Die Schädel aller Männer weisen Hieb- und Stichverletzungen auf (Abb. 27).

Auf dem Reihengräberfeld Ergolding fand sich in Grab 244, umgeben von einem Kreisgraben von 14 m Dm., eine Sechsfachbestattung innerhalb einer großen Grabkammer der Maße 4,60 × 2,20 m, datiert in das späte 7. Jh. Drei Männer in der w. Kammerhälfte waren je mit einer Spatha und einem Schild, zwei davon zudem mit einem Sax oder einer Lanze ausgerüstet; sie waren mit Sporen ausgestattet; der Tote im S hatte

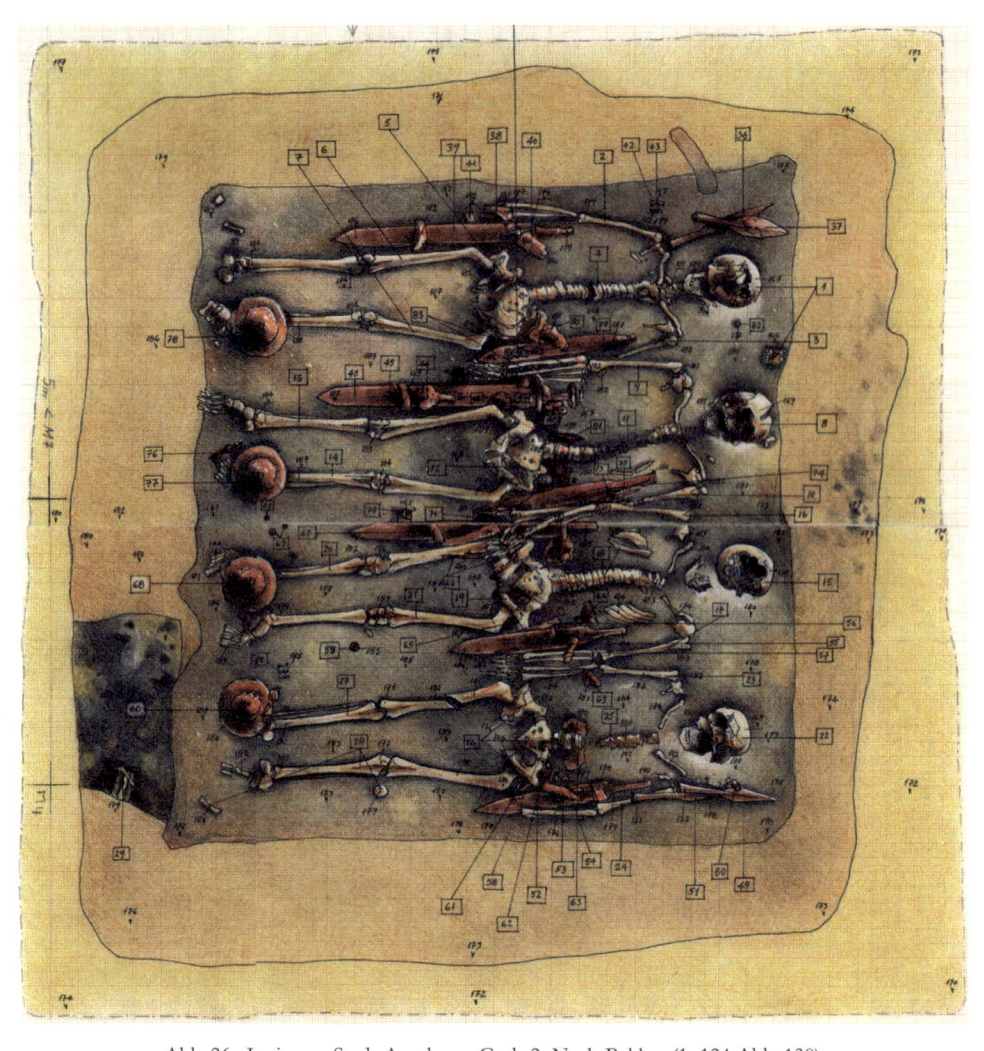

Abb. 26. Inningen, Stadt Augsburg, Grab 2. Nach Bakker (1, 124 Abb. 130)

weitere wertvolle Beigaben. Außerdem lag ein Leichenbrandhäufchen zw. den Beinen des im N bestatteten Kriegers, der als Waffe einen awarischen Säbel trug. In der ö. Hälfte der Kammer lagen ebenfalls drei Männer, von denen nur einer mit einem Sax bewaffnet war, die anderen beiden (Männer?) waren ihrer Ausstattung beraubt. Alle waren zusammen bestattet worden, wie die enge Lage nebeneinander und die teils überkreuzten Arme zeigen, was den Eindruck hervorruft, daß sie sich bei den Händen hielten (31; 32). In einer Dreifachbestattung Grab 187 auf demselben Gräberfeld lagen drei Männer mit einander überlagernden Armen; der mittlere Tote wies drei unverheilte Schwerthiebe auf (32, 194).

Die Rangfolge der toten Krieger wird außer über die Qualität der Beigabenausstattung auch darin ausgedrückt, daß der Ranghöchste jeweils im S der Kammer niedergelegt ist (Niederstotzingen 3; Büttelborn; Großhöbing; Inningen Grab 2; Ergolding Grab 244; Bootkammergrab von

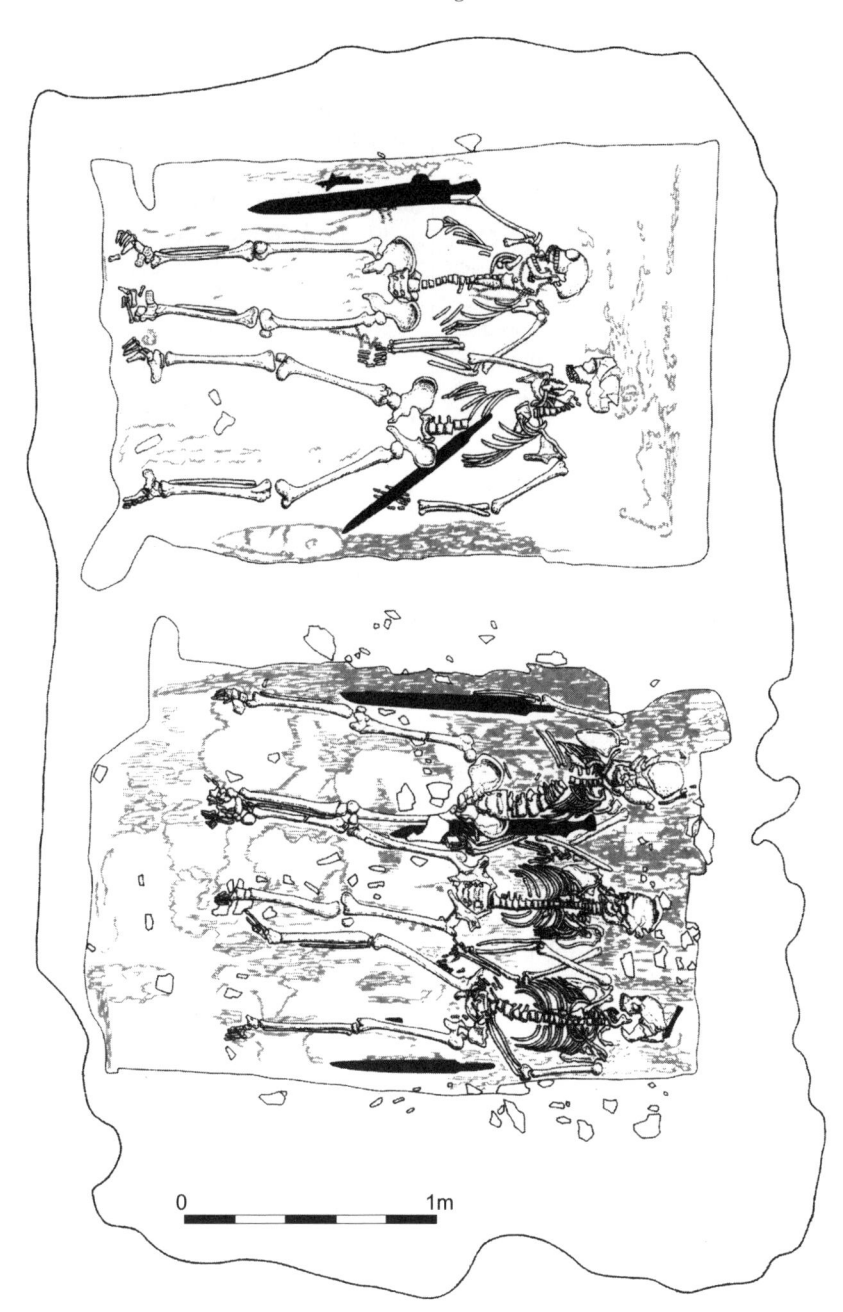

Abb. 27. Großhöbing, Ldkr. Roth, Grab 143. Nach Bartel u. a. (2, Abb. 4)

Haithabu) (43, 140; 37, 158). Eine größere Zahl der Toten weist sichtbare Verletzungen auf, meist am Schädel, die zum Tode geführt haben. Somit kann zwar kaum von T. ausgegangen werden, da alle gemeinsam bestatteten Krieger auch zur selben Zeit getötet worden sind, aber die innere persönliche Bindung zw. den Männern ist offensichtlich.

Auf dem frühma. Gräberfeld von Schortens, Friesland, waren in Grab 217, N-S ausgerichtet, zwei Krieger mit Spatha und Sax sowie bronzenen Sporen bestattet. Zwei Denare aus der ersten Prägeper. Karls des Großen von 768–790/94 (→ Karolingisches Münzwesen) datieren die Doppelbestattung ans Ende des 8. Jh.s. Einem der Männer steckte eine Pfeilspitze im Bereich des linken Auges; der Schädel war wie die anderen Knochen vergangen, aber ohne Zweifel hatte das in den Kopf eingedrungene Geschoß zum Tod geführt (28; 46) (Abb. 28).

In Brankovice, Mähren, wurde die Bestattung von vier Toten in einem Grab innerhalb eines Siedlungsbefundes 509, einer ehemaligen Vorratskammer, ausgegraben. Einer der Toten, 30–50 J. alt und von auffälliger Größe, hatte eine Pfeilspitze im Beckenknochen. Der Befund erscheint so, daß hier vier besiegte und getötete slaw. oder ungar. Krieger in Eile, aber trotzdem sorgfältig bestattet wurden, datiert ins 9./10. Jh. (12).

Aus der WZ sind Doppelbestattungen in Kammergräbern von → Birka zu nennen, in denen ein bewaffneter Mann, ein Kaufherr bzw. Kriegerkaufmann, mit seiner Frau lagen (die Gräber 707, 731, 735; z. T. auch mit einem Pferd, so in Grab 750 und 834; zwei Frauen in Grab 860; in Grab 861 zwei Männer). Auch einige Brandgräber waren Doppelbestattungen, meist wiederum mit Mann und Frau. Ein weiterer Befund fällt auf: Es wird vermutet, daß in Kammergrab 644 nach der Lage der Skelettreste eine Frau auf dem Schoß des Mannes niedergelegt war. Sie war tot oder wurde getötet und ins Grab gelegt, entspr. der Beschreibungen bei Ibn Rustah und anderen arab. Autoren (→ Selbsttötung S. 134; 25, 74 f.) sowie bei Ibn Faḍlān.

Neben den sorgfältig angelegten Mehrfachbestattungen von Kriegern der MZ gibt es auch Massengräber, die deutlich rasch und wenig ordentlich bestattete Tote direkt auf einem Schlachtfeld bergen. Ein Beispiel ist das Gräberfeld von Aldaieta im Baskenland, wo 116 Tote unregelmäßig, auch in unterschiedlicher Lage zu den Himmelsrichtungen, in mehreren Einzel- und mehrheitlich in Kollektivgräbern mit bis zu 15 Bestatteten begraben worden sind. Während die Skelette durcheinander und einzelne Glieder verstreut lagen, fällt die sorgfältige Ausstattung der Toten mit Grabbeigaben, v. a. auch mit Waffen auf. Die Toten werden als bis zu 80 % männliche Kriegsgefallene eines frk. Heeres aus dem mittleren Drittel des 6. Jh.s gedeutet, aber auch Kinder und Jugendliche mit Waffenbeigabe, etwa 12 %, und 13 % Frauen sind dabei. Leichte Waffen herrschen vor, Schwerter und Schilde fehlen, man nimmt einen Troß an, der niedergemacht und dann bestattet worden ist (5).

Bei den Hügelgräbern von → Sutton Hoo sind Mehrfachbestattungen ausgegraben worden, die als Ergebnis von Hinrichtungen oder als Menschenopfer interpretiert werden (17), als geopferte besiegte Gegner; denn einerseits ist ihre Bestattung in größeren Gruppen an diesem Ort bemerkenswert und andererseits unterscheiden sie sich von normalen Gräbern. Wären es Abhängige der in den Hügeln Bestatteten, dann wären sie sorgfältig ebenfalls im Hügel oder nahebei begraben worden. In einer Gruppe des 7./8. Jh.s liegen 18 Tote in ungeregelter Ausrichtung, teilweise mit dem Gesicht nach unten oder mit gebrochenem Genick. Der Schädel kann fehlen oder fand sich in einer anderen Grabgrube. In der zweiten Gruppe beim Hügel 5 mit 11 Bestattungen waren einige enthauptet, und der Schädel lag jeweils zu Füßen des Toten, auch gibt es Hinweise auf Erhängung. Diese Befunde deuten auf Hinrichtung von Feinden oder Übeltätern oder auf ein Massaker (17, 332). Die Hinrichtung von besiegten Feinden als relig. Menschen-

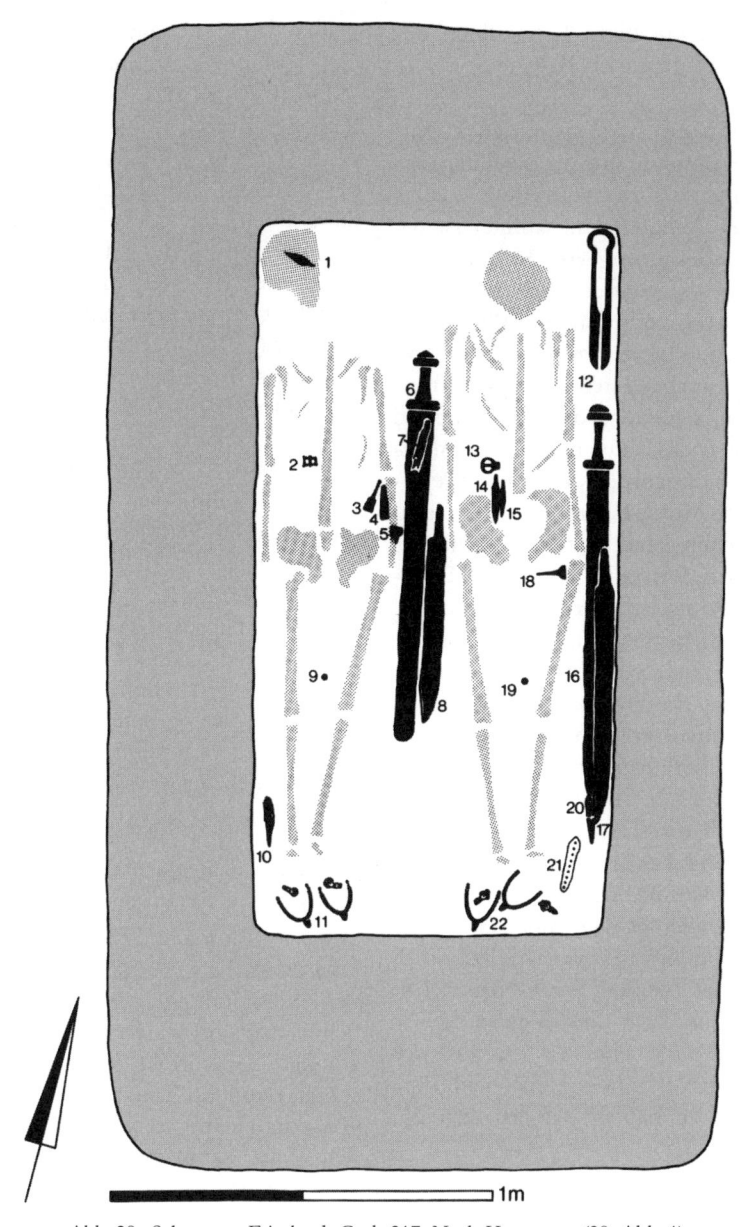

Abb. 28. Schortens, Friesland, Grab 217. Nach Herrmann (28, Abb. 1)

opfer (3) ist quer durch die Epochen nachweisbar.

Bei der → Trelleborg gibt es Massengräber, in denen Männer im Alter zw. 20 und 35 J. lagen. In einem der Gräber waren fünf Männer mit einander umschlingenden Armen niedergelegt, in einem anderen mit elf Bestattungen waren die Toten so niedergelegt, daß davon drei mit dem Kopf im W und zwei obenauf mit dem Kopf im O positioniert waren. Auch diese Mehrfachbestattungen von Kriegern erfolgten als bewußter

Vorgang mit sorgfältiger Behandlung der gefallenen oder getöteten Krieger.

§ 6. Verschiedene Arten von T. Nur wenige arch. Befunde sind aussagefähig, um Witwentötung als T. nachzuweisen, T. eines Sklaven oder Abhängigen; häufiger ist die gemeinsame Bestattung von Kriegergruppen oder -gefolgschaften nach gemeinsamem Kampftod, ein besonderes Phänomen von T. Ursachen für den gemeinsamen Tod können aber auch Krankheiten, Vergiftungen, Unfälle, Seuchen, die Justinianische Pest (Beispiel: das Frauengrab von Aschheim [s. u.]), Hinrichtung oder Opfer gewesen sein, auch Mord, Überfall von Räubern, von feindlichen Heerhaufen, Lynchjustiz von Nachbarn, Bestrafung durch die Familie oder Fehde sind zu berücksichtigen.

Kriegermehrfachbestattungen können dann als T. bezeichnet werden, wenn die gefolgschaftliche Bindung zw. den Kriegern der Gruppe nicht erlaubte, den gefallenen Anführer zu überleben, wie z. B. von Caesar (Caes. Gall. II, 22,2; VII, 40,7) berichtet (59, 358) und auch von Tacitus in der *Germania* gesagt wird und was als allg. Topos – nicht nur für kelt. Stämme – immer wieder zu lesen ist. Das bedeutet nicht nur Kampf bis zum Ende, sondern u. U. auch Selbstmord. So heißt es bei Tacitus (Tac. Germ. c. 14): „Vollends schimpflich für das ganze Leben und eine Schande aber ist es, aus der Schlacht herauszukommen und seinen Fürsten überlebt zu haben" (zitiert nach 23, 138 f.).

Jeder Krieger der MZ einer Gruppe hätte statt in einer Mehrfachbestattung auch bei gleichzeitigem Tod aller Kämpfer einzeln auf dem Gräberfeld in jeweils eigenem Grab, vielleicht in der Nähe von Angehörigen, mit seinen Waffen bestattet worden sein können. Auch benachbarte Kriegergräber auf den Friedhöfen könnten somit zur Gruppe der zeitgleich Gefallenen gehören, so wie Werner (60, 7) die großen Dreifachgräber 3 und 12 von Niederstotzingen als Gefolgsleute des Mannes in Grab 9 deutete.

Doch wurde v. a. während der späten Reihengräberzeit immer wieder die Gruppenbestattung, zumeist auf dem Friedhof der Siedlung, gewählt. Deshalb steht für diese Form der Mehrfachbestattung eine positive Entscheidung der bestattenden Gemeinschaft dahinter, die den Zusammenhalt der Gruppe über den Tod hinaus wahren wollte. Diese Beziehung kann schon zuvor bestanden haben, im Sinn einer Waffenbrüderschaft, einer Kriegergefolgschaft (→ Gefolgschaft) oder eines Ziehsohnverhältnisses bzw. einer Waffensohnschaft (→ Waffensohn), wie das in schriftlichen Qu. für gesellschaftlich hohes Niveau häufiger überliefert ist. Sie könnte aber auch erst durch das kriegerische Ereignis und den gemeinsamen Tod erzeugt worden sein. Es ging jeweils um Kampf zw. Gegnern aus der Nähe. Der arch. Befund der mehrfachen Kriegerbestattung spiegelt also T. als Ergebnis des Fehdewesens. Mehrere anthrop. Befunde bezeugen, daß die Krieger tatsächlich im gemeinsamen Kampf, in einer → Fehde, zu Tode gekommen sind (vgl. auch → Einzelkampf; → Zweikampf; → Rache, als Selbsthilfe des Einzelnen oder der Sippe; → Blutrache). Dafür sprechen einerseits die mehrfach am Skelett nachgewiesenen Verwundungen (Inning; Inzigkofen; Schortens) und andererseits die Bestattung auf dem Gräberfeld der Siedlungsgemeinschaft, denn ein Transport gefallener Krieger von einem fernen Schlachtfeld nach Hause war kaum möglich. Die zahlreichen Wergeldbestimmungen (→ Wergeld) in allen → Leges oder in → Kapitularien für → Totschlag sind Reaktion auf die wahrscheinlich zahlreichen Fehden und Versuche, diese Art der Vergeltung einzudämmen.

Hinzu kommen weitere Befunde, die für Gruppenzusammengehörigkeit oder gar Kriegergefolgschaft sprechen. Die toten Krieger hielten sich bei den Händen; es gab

Rang- und Altersunterschiede zw. ihnen. Bei den Vielfachbestattungen der MZ war der s., meist älteste Krieger am reichsten und sorgfältigsten ausgestattet, der nördlichste deutlich ärmer ausgerüstet. Insgesamt spiegeln fast alle Mehrfachbestattungen von Kriegern deren hohen, ‚adligen' Rang einer Elite, zu deren Lebensstil Kampf und Fehde gehört haben.

Weitere auffällige Befunde sind zu bewerten: Es hat bewaffnete Frauen – und auch Jugendliche – gegeben, die mit anderen Kriegern zusammen gefallen und dann gemeinsam bestattet worden sind. Anscheinend lagen im ausgeraubten sog. Kg.sgrab von → Mušov der 2. Hälfte des 2. Jh.s n. Chr. zwei Männer und eine Frau, und zu den Beigaben zählten außer Waffen sechs Gürtelgarnituren und zahlreiche Sporenpaare, also auch eine mehrfache männliche Ausstattung. Der im merowingerzeitlichen Grab von Inzigkofen für sein Alter von 8–9 J. ungewöhnlich große Junge, der wie 13 und älter wirkte, war Reiter und wurde im Kampf getötet wie ein Erwachsener. Jüngste aDNA-Analysen (→ Genetik S. 63; → Naturwissenschaftliche Methoden in der Archäologie § 8c) haben weiterhin gezeigt, daß unter den Kriegern in Mehrfachbestattungen auch Frauen waren. Ob und in welcher Weise sich durch diese Erkenntnisse die Deutungen der Mehrfachkriegerbestattungen verändern, wird diskutiert. So zeigt sich, daß im Dreiergrab 3a–c von Niederstotzingen mit drei schwer bewaffneten Kriegern einer davon eine Frau war. Bestattung 3a an der Südseite der Kammer war ein großer, kräftiger Mann im Alter zw. 20 und 30, 3b war ein Mann im Alter zw. 50 und 60 J. und 3c eine kleine, nicht eben kräftige Person, was schon N. Creel und Paulsen 1967 aufgefallen war (43, II, 28; 63, 39). Die aDNA-Bestimmung hat diesen dritten Krieger als weiblich identifiziert; der Krieger 3b und die waffenführende Frau 3c sind mütterlich verwandt, der junge Mann 3a könnte denselben Vater gehabt haben wie die junge Frau 3c, d. h. sie wären uneheliche Geschwister (63, 114. 118). Beim Dreifachgrab 12 von Niederstotzingen wird für 12c bemerkt, daß man dieses Skelett, ohne Beigaben auf einem Reihengräberfeld gefunden, ohne den geringsten Zweifel als weiblich eingestuft hätte. Weitere Parallelen weiblich wirkender Skelette mit Waffenbeigabe sind bekannt (N. Creel in: 43, II, 30).

Im Gräberfeld von → Kirchheim am Ries fanden sich vier Männerdoppelbestattungen, eine Dreierbestattung (Nr. 81, 87 und 88) und eine Viererbestattung (Nr. 279, 282, 286, 289) (63, 389). Von der Dreierbestattung werden über aDNA zwei Tote als männlich und eine Person als weiblich identifiziert, die zudem alle mütterlich miteinander verwandt waren, während im Vierergrab drei weibliche Personen und ein Mann bestattet waren, von denen zweimal Mutter und Kind bestimmt werden konnten (63, 114–117). In zwei Dreifachbestattungen auf dem Gräberfeld von → Hailfingen (Grab 50 und Grab 81 a–c) lagen ebenfalls jeweils zwei Männer und eine Frau; die beiden Frauen lagen s. im Grab.

Auf dem Gräberfeld von Aschheim-Bajuwarenring gibt es eine größere Zahl von Doppelbestattungen, drei Dreifachgräber, ein Vierfach- und ein Fünffachgrab (27, 200 Abb. 2). Im Doppelgrab 166/167 sind zwei Frauen bestattet worden, von denen jede nur eine der beiden Fibeln eines Bügelfibelpaares vom nord. Typ als Beigabe mitbekommen hat. Die anthrop. Knochen- und aDNA-Unters. hat gezeigt, daß die beiden Frauen miteinander verwandt sind, die eine ist etwa 48 J. alt, die andere etwa 13–16 J., was für Mutter und Tochter spricht, die zeitgleich bestattet worden sind. Sie sind an der Pest gestorben, der Pesterreger *yersinia pestis* ist nachgewiesen. Die schriftliche Überlieferung erwähnt für die Mitte und 2. Hälfte des 6. Jh.s Pestepidemien, wie Prokop und andere über den Ausbruch der Pest 541 berichten (27, 208), die als justinianische Pest benannt wird. Weiterhin wird für 543/544 die Pest in Gallien, 546 im Rheinland erwähnt (→ Pest). Da die meisten Doppel- und Mehrfachbestattungen mehrheitlich in die 2. Hälfte des 6. Jh.s datiert werden, kann es sich in vielen Fällen um Pestopfer handeln, also nicht um T.

Eine T. in der Realität, also die Tötung eines Menschen einige Zeit nach dem Tod der Hauptperson im Rahmen von Bestattungsriten setzt eine gesellschaftliche Struktur und eine kultisch-relig. Vorstellungswelt voraus, die nach bisheriger Kenntnis für die Germ. nicht gegeben war, keinesfalls für die MZ, als Mehrfachbestattungen von Kriegern in Sichtweite von Kirchen erfolgt sind. Ein Unfreier oder Sklave behielt sein Personenstatus, konnte über Besitz verfügen und war sicher nicht wie die Beigabe und Opferung von Pferden oder Hunden anzusehen.

Sonderbestattungen abseits von Gräberfeldern sind eher als Ergebnis einer → Hinrichtung zu verstehen und gehören selten in den Zusammenhang von T. Auch die Folge von → Spiegelnden Strafen, die als Sühne eines Verbrechens, das wie ein Unglück oder Krankheit ein Übel war, das die kosmische Ordnung störte, können zu derartigen ‚Bestattungen' geführt haben. Andere auffällige Sonderformen mögen mit der Abwehr von → Wiedergängern zu erklären sein.

Unabhängig von der Niederlegung geopferter Menschen in einem Heiligtum (30), wie z. B. nach der Umfahrt der → Nerthus (auch z. B. → Skedemosse; → Gamla Uppsala), gibt es Hinweise auf Menschenopfer im Rahmen von regulären Bestattungen, was dann als T. gedeutet werden darf (→ Menschenopfer § 3b. Das arch. Material, § 4e. Rituelles Töten bei Bestattungen) und für die Heruler und die Wikinger in Rußland (Ibn Faḍlāns Bericht) überliefert ist und was als rituelle Tötung und nicht als Opfer aufgefaßt wird (weitere Beispiele s. → Menschenopfer S. 544: Bollstanäs, Uppland – Sklavenopfer; Birka – 2 Männer, einer enthauptet auf dem anderen Mann liegend; Lejre – einer von zwei Männern im Doppelgrab enthauptet und gefesselt; Gerdrup, Själland; Stengade, Langeland – enthaupteter Mensch [s. o.]), wobei verschiedene Deutungen angeboten werden, als Menschenopfer oder als T. oder beides zugleich; denn enthauptete, gefesselte Tote können als Beigabe, als Reisegefährten oder als Opfer angesehen werden (s. o. § 5).

Die besiegte feindliche Schar wird nach dem Tod auf dem Schlachtfeld Odin (→ Wotan-Odin) geweiht und geopfert (→ Menschenopfer S. 545; dazu 3, 254). Menschenopfer betrafen immer die Gemeinschaft (3, 241), es gab einen Zusammenhang und einen Bezug zum öffentlichen Strafrecht (3, 245); Menschenopfer waren sakrale Strafen, Sühneopfer an die erzürnten Götter, oder Wiedergutmachung, oder Reinigungs- und Abwehrzauber (3, 247), keine T. Das Opfer wurde durch Tötung erbracht. Es ist zu fragen, wo danach die Leichen blieben. Sie wurden im See versenkt, wie beim Nerthus-Kult, oder an Bäumen aufgehängt, wie in Alt-Uppsala, nicht auf einem Gräberfeld bestattet. Die Scheidung von Recht und Relig. ist erst eine späte Erscheinung; zuvor galt, Frevler an der Gottheit durch deren Opfertod zu strafen (3, 251). Die Zeugnisse, die von Menschenopfern berichten, betreffen Opfer, die vor dem Kampf gelobt und Menschenopfer, die nach dem Sieg dargebracht wurden (3, 253). Die Verfügung des Hausherrn über Leib und Leben (3, 254) zwang die → Hausgemeinschaft (Männer, Frauen, Kinder, Knechte oder Sklaven), Fehden zu übernehmen. Offen ist, ob Tötung im Fehdeverhalten eine sakrale Konnotation hatte oder nicht (3, 256 f.), ebenso ist offen, ob die Tötung eines Rechtsbrechers eine Opferung war (3, 258). Die → Todesstrafe war zugleich ein Ausstoß aus der Gemeinschaft. Deshalb können Hingerichtete kaum unter den Bestattungen auf einem Gräberfeld gefunden werden.

(1) L. Bakker, Ein kleines Gräberfeld des frühen MAs aus Inningen, Stadt Augsburg, Schwaben, Das arch. J. in Bayern 2004, 2005, 123–125. (2) A. Bartel u. a. Der Prachtmantel des Fürsten von Höbing – Textilarch. Unters. zum Fürstengrab 143 von Großhöbing, Ber. Bayer. Bodendenkmalpflege 43/44, 2002/3 (2005), 229–249. (3) H. Beck, Germ. Menschenopfer in der lit. Überlieferung, in: H. Jankuhn (Hrsg.), Vorgeschichtl. Heiligtümer und Opferplätze in Mittel- und N-Europa, 1970, 240–258. (4) W. Best u. a., Frühma. Siedlungszentren im Warburger Raum, in: Ch. Stiegemann, M. Wemhoff (Hrsg.), 799. Kunst und Kultur der KaZ. Beitr. zum Kat. der Ausstellung, 1999, 299–307. (5) H. W. Böhme, Der Friedhof von Aldaieta in Kantabrien – Zeugnis für ein frk. Schlachtfeld des 6. Jh.s, Acta Praehist. et Arch. 34, 2002, 135–150. (6) A. Burzler u. a., Das frühma. Schleitheim – Siedlung, Gräberfeld und Kirche, 2002. (7) T. Capelle, Arch. der Ags., 1990. (8) P. Caselitz, Zur Sitte der Mehrfachbestattung in der RKZ, Hamburger Beitr. zur Arch. 8, 1981, 173–200. (9) E. Cosack, Menschenopfer bei den Altsachsen?, Arch. Korrespondenzbl. 35, 2005, 423–430. (10) A. Damm (Hrsg.), Danmarks oldtid på Moesgård, 1988. (11) C. Dobiat, *Cervus domesticus*. Die Jagd mit dem Lockhirsch im Frühen MA., in: Reliquiae gentium (Festschr. H. W. Böhme), 2005, 79–101. (12) E. Drozdová u. a., Hromadný hrob obětí slovansko-maďarského střetu v 9.–10. století u Brankovic (A mass grave of victims of a Slavic/Magyar conflict in the 9th–10th century at Brankovice (southern Moravia), Arch. rozhledy 57, 2005, 167–179. (13) S. Ebner in Eschenbach, In den Tod mitnehmen. Die T. in der Gesch. Chinas, in: A. Schottenhammer (Hrsg.), Auf den Spuren des Jenseits. Chinesische Grabkultur in den Facetten von Wirklichkeit, Gesch. und Totenkult, 2003, 167–191. (14) M. Egg, Waffenbrüder? Eine ungewöhnliche Bestattung der Früh-LTZ in Novo Mesto in Slowenien, Jb. RGZM 46, 1999 (2003), 317–356. (15) Ders., Anm. zu den Fürstengräbern im Osthallstattkr., in: Herrschaft – Tod – Bestattung. Zu den vor- und frühgeschichtl. Prunkgräbern als arch.-hist. Quelle, 2006, 41–60. (16) H. Eisenhofer-Halim, Menschenopfer und Totengeleit in der Shang-Zeit, Monumenta Serica 49, 2001, 181–205. (17) H. Ellis Davidson, Human sacrifice in the Late Pagan Period in North-Western Europe, in: M. O. H. Carver (Hrsg.), The Age of Sutton Hoo. The Seventh Century in North-Western Europe, 1992, 331–334. (18) D. Ellmers, Frk. Kg.szeremoniell auch in Walhall, Beitr. zur Schleswiger Stadtgesch. 25, 1980, 115–126. (19) H. Engster, Das Problem des Witwenselbstmordes bei den Germ., 1970. (20) J. Fisch, Tödliche Rituale. Die indische Witwenverbrennung und andere Formen der T., 1998. (21) H. Gjøstein Resi, R. Sjurseike, Eine kaiserzeitliche Brandbestattung mit dreifacher Waffenausstattung aus Åshaugen, Vestfold, Norwegen, Acta Arch. Lovaniensia Monographiae 15, 2004, 195–201. (22) H. Göldner, „… südlich und nördlich des Dornheimer Pfades" – Die Wiederentdeckeung des frk. Reihengräberfeldes bei Büttelborn, Hessen Arch. 2002, 2003, 136–140. (23) H.-W. Goetz, K.-W. Welwei (Hrsg. und übs.), Altes Germanien 1, 1995. (24) Gold der Skythen. Schätze aus der Staatl. Eremitage St. Petersburg, 1993. (25) A.-S. Gräslund, Birka IV. The Burial Customs. A study of the graves on Björkö, 1980. (26) S. Grefen-Peters, Doppelbestattungen in awarischen Gräberfeldern – Wege und Grenzen der anthrop. Forsch., in: F. Daim (Hrsg.), Awarenforsch. 2, 1992, 1193–1228. (27) D. Gutsmiedl, Die justinianische Pest n. der Alpen?, in: Cum grano salis (Festschr. V. Bierbrauer), 2005, 199–208. (28) B. Herrmann, Ein Leichenschatten mit besonderer Aussagemöglichkeit. Mit einem Beitr. von H. Rötting, Arch. Korrespondenzbl. 13, 1983, 499–502. (29) S. Hirst, An Anglo-Saxon Inhumation Cemetery at Sewerby, East Yorkshire, 1985. (30) H. Jankuhn, Arch. Beobachtungen zu Tier- und Menschenopfern bei den Germ. in der RKZ, Nachr. der Akad. der Wiss. zu Göttingen. I. Phil.-Hist. Kl. 1987, Nr. 6. (31) H. Koch, Zur Chron. des bajuwarischen Gräberfeldes von Ergolding, Hagnerleiten, Lkr. Landshut, in: Vorträge des 24. Niederbayer. Archäologentages, 2006, 191–199. (32) Ders., S. Stelzle-Hüglin, Das bajuwarische Reihengräberfeld von Ergolding, Das arch. J. in Bayern 2001, 2002, 111–114. (33) G. Kossack, Prunkgräber, in: Stud. zur vor- und frühgeschichtl. Arch. (Festschr. J. Werner) 1, 1974, 3–33. (34) D. Kotova, Für den Ehemann leben und sterben: ant. Ber. über ritualisierte Witwentötung in Thrakien, Thracia 16, 2005, 163–177. (35) H. Lüdemann, Mehrfachbelegte Gräber im frühen MA. Ein Beitr. zum Problem der Doppelbestattungen, Fundber. aus Baden-Württ. 19/1, 1994, 421–589. (36) J. Maringer, Menschenopfer im Bestattungsbrauch Alteuropas, Anthropos 37–40, 1942–1945, 1–112. (37) M. Menninger u. a., Im Tode vereint. Eine außergewöhnliche Doppelbestattung und die frühma. Topographie von Giengen a.d. Brenz-Hürben, Kr. Heidenheim, Arch. Ausgr. in Baden-Württ. 2003, 2004, 158–161. (38) S. Möslein, Die „goldenen" Schuhriemen, Arch. in Deutschland 2005, H. 3, 8–13. (39) Ders., „… *longissimae illae corrigiae* …" – Ein einzigartiger Goldtextil-Befund zur männlichen Beinkleidung der späten MZ aus Straubing-Alburg (Niederbayern), Jahresber. des Hist. Ver. Straubing 105, 2003 (2005), 79–118. (40) M. Nadler, Die Rettungsgrabungen entlang der ICE-Neubaustrecke Nürnberg-Ingolstadt im J. 1998, Beitr. zur Arch. in Mittelfranken 4, 1998, 221–246.

(41) Ders., E. Weinlich, Die Gräber der Herren von Höbing. Das arch. J. in Bayern 1997, 1998, 139–142. (42) C. Oeftinger, Mehrfachbestattungen im Westhallstattkreis. Zum Problem der T., 1984. (43) P. Paulsen, Alam. Adelsgräber von Niederstotzingen (Kr. Heidenheim), 1967. (44) A. Pollex, Betrachtungen zu jungslaw. Mehrfachbestattungen, Ethnographisch-Arch. Zeitschr. 3, 2000, 407–422. (45) H. Reim, Spätbronzezeitliche Opferfunde und frühma. Gräber. Zur Arch. eines naturheiligen Platzes über der Donau bei Inzighofen, Kr. Sigmaringen, Arch. Ausgr. in Baden-Württ. 2005, 2006, 61–65. (46) H. Rötting, Zur Bestattung und Repräsentation im fries. und frk. Stil im Spiegel herausgehobener Grabanlagen von Schortens, Ldkr. Friesland, in: Über allen Fronten. NW-Deutschland zw. Augustus und Karl dem Großen, 1999, 231–248. (47) R. Rolle, Totenkult der Skythen, Teil 1. Das Steppengebiet 1–2, 1979. (48) H. Shetelig, Traces of the Custom of „Suttee" in Norway during the Viking Ages, in: Saga Book of the Viking Club V, 1908–1909, 196 ff. (49) A. Siegmüller, Germ. Kultvorstellungen an der Regnitz: kaiserzeitliche Funde aus der Grabung Altendorf „Point II", Ber. der Bayer. Bodendenkmalpflege 45/46, 2004/2005 (2006), 195–270. (50) Z. Smetánka, Archeologické etudy, ²2003. (51) J. Starý, Slave and Master, Arch. and Lit.: Inhumation Grave F II at Stengade II in Denmark, Arch. rozhledy 57, 2005, 750–786. (52) P. Tomka, Neue Erkenntnisse in der Forsch. der Bestattungsbräuche zur Zeit der Awaren. Doppel-, Mehrfachbestattungen, Arrabona 41, 2003, 11–49. (53) H. Uecker, Die anord. Bestattungssitten in der lit. Überlieferung, 1966. (54) J.-P. Urlacher u. a., La nécropole mérov. de la Grande Oye à Doubs, Dép. Doubs., 1998. (55) J. Wahl, Tatort Inzighofen: Eine frühma. Mehrfachbestattung mit multiplen Gewalteinwirkungen von der Eremitage, Arch. Ausgr. in Baden-Württ. 2005, 2006, 66–68. (56) D. Walter, Leubingen, in: Arch. in der Dt. Demokratischen Republik 2, 1989, 488 f. (57) E. Wamers, Kg. im Grenzland. Neue Analyse des Bootkammergrabes von Haiðaby, Acta Arch. 63, 1994, 1–56. (58) K. Weinhold, Anord. Leben, ²1944. (59) Wenskus, Stammesbildung. (60) J. Werner, Adelsgräber von Niederstotzingen bei Ulm und von Bokchongdong in S-Korea. Jenseitsvorstellungen vor der Rezeption von Christentum und Buddhismus im Lichte vergl. Arch., 1988. (61) B. K. Young, Rites funéraires et stratégie politique. Le cas des tombes royales, in: L. Baray (Hrsg.), Arch. des pratiques funéraires. Approches critiques, 2004, 79–92. (62) A. Zeki Validi Togan, Ibn Fadlan's Reiseber., Abhandl. für die Kunde des Morgenlandes 24, Nr. 3, 1939, Reprint 1966. (63) M. Zeller, Molekularbiologische Geschlechts- und Verwandtschafts-Bestimmung in hist. Skeletten, Diss. Tübingen 2000 (Internet-Veröffentl.) (64) K. W. Zeller, Bestattungsformen und Beigabensitte, in: H. Dannheimer, H. Dopsch (Hrsg.), Die Bajuwaren. Von Severin bis Tassilo 488–788, 1988, 229–236. (65) H. Zoll-Adamikova, Zu den Bestattungsbräuchen der Slawen im 6.–10. Jh. in Polen, Ethnographisch-Arch. Zeitschr. 13, 1972, 497–542.

H. Steuer

Totenklage

§ 1: Sprachlich – § 2: Literaturgeschichtlich – a. Allg. – b. Skand. – c. Ae. Lit.

§ 1. Sprachlich. Das vorchristl. → Klagelied ist im vorliegenden Lex. bereits hinsichtlich der Überlieferung und der sich daraus ergebenden verschiedenen Arten besprochen worden (man vergleiche auch 2; 9). Zeugnisse für andere Klagelieder als die T. sind sehr selten, so daß diese im Mittelpunkt der genannten Betrachtung steht. Zu unterscheiden sind wohl der Totenpreis als Ehrung der Edlen für den Verstorbenen, die T. der Witwe und das Totenlied während der Leichenwache, das „sich als Totenbeschwörung apotropäischen Charakters in die Nähe zur Zauberdichtung stellt" (→ Klagelied S. 600).

Für die T. gibt es einen reichen Wortschatz in den germ. Sprachen, den zum großen Teil bereits Ehrismann (6, 41–44) zusammengestellt hat. Dabei ist zu beachten, daß die Überlieferung dieser Lexeme sowohl in nichtchristl. als auch in christl. und speziell biblischen Kontexten erfolgt, so daß aus den in christl. Kontexten verwendeten Wörtern auf die in vorchristl. Zeit verwendeten Ausdrücke geschlossen werden muß.

Die Bezeichnungen für das Klagen und das Trauerlied im Germ. (6, 41–44) sind im Got. das schwache Vb. *gaunon* ‚klagen, die Totenklage anstimmen' (7, 207 f.) und das starke Mask. *gaunoþus* ‚Klage' (7, 208). Got. *grētan* ‚weinen, klagen' (7, 221) ist verwandt mit anord. *gráta* ‚weinen' (14, 185) und dem starken Mask. *grátr* ‚Weinen' (14, 185), ags. *grétan, grétan, gréotan* (3, 488 f.), as. *grātan, griotan* (s. u.), mhd. *græzen* schwaches Vb. ‚leidenschaftliche erregung durch laute oder gebärden ausdrücken, schreien, aufschreien, wüten, sich übermütig od. anmasslich gebärden (von pferden u. menschen)' (10, I, 1075). Ferner sind zu nennen ags. *gnorn* ‚sorrow, sadness, affliction' zu *luctus, moeror, moestitia* (3, 482), das Vb. *gnornian* ‚to grieve, mourn, be sad, bewail, lament' (3, 482) und die dazugehörigen Wörter (3, 482). Weitere hierhergehörige Bezeichnungen sind ags. *wóp* zu *lamentatio, ploratus, planctus* und *fletus* (3, 1264), das Vb. *wépan* ‚to weep, wail, mourn, lament' (3, 1204 f.), got. *wopjan* ‚laut rufen, ausrufen' (7, 572), as. *wōp* ‚Jammerruf, laute Klage', *wōpian* ‚Jammern, Wehklagen', ahd. *wuof, wuoft* zu *luctus, fletus, ploratus, planctus, gemitus, wuofen* zu *flere, deflere, plorare, plangere, lacrimari, ululare* (s. u.).

Das Adj. ags. *geómor* (3, 425) zu *tristis, miser, querulus* bezieht sich als solches eher auf die innere Stimmung der Trauer, ebenso das dazugehörige Vb. *geómrian* (3, 425), und erst mittels der Zusammensetzung *geómorgid* (3, 425) wird der Klagespruch bezeichnet *(lugubris cantus, nenia, lamentatio)*.

Während das ahd. starke Fem. *morna* zu *moeror,* das dazugehörige Vb. *mornēn* (zu *moeror*) und seine Verwandten got. *maúrnan* ‚besorgt sein' (7, 351), as. *mornian* und *mornon* sich wohl eher auf das Sorgen oder die nach innen gewandte Trauer beziehen, kommt *kara* sowohl für die innere Trauer als auch für das nach außen getragene Wehklagen in Betracht: got. *kara* Fem. ‚Sorge' (7, 307 f.), ags. *cearu* ‚Sorge, Kummer' mit dem dazugehörigen Vb. *cearian* (3, 149), *ceargealdor* ‚Kummerlied' (3, 148 f.), ahd. *kara* ‚Wehklage' *(lamenta),* schwaches Vb. *karōn* zu *lugere* und *plangere* (s. u.). Das Wort *kara* ist in Karfreitag ‚Tag der Klage um den Tod Jesu' erhalten; in den it. sette communi bedeutete mdal. *kartag* ‚Tag, an welchem ein Verstorbener unter Klagegeschrei beerdigt und dann das Leichenmahl gehalten wird' (6, 42).

Im Ahd. und As. lassen sich wie bereits oben angedeutet, eine Reihe von Vb. und Subst. nachweisen, die den Inhalt des (Weh-)Klagens vermitteln (vgl. 8, 336–338), und die insoweit auch für die Bezeichnung des Beklagens eines Toten in Frage kommen könnten. Lexeme, die v. a. im Zusammenhang des Anklagens und Anschuldigens stehen, etwa *antōn* (12, 89; 11, I, 183), *lastarōn* (12, 191; 11, V, 472 f.), *ruogen* (12, 242; 11, VIII, 33), *stouwen* (11, IX, 258) und *stouwōn* (11, IX, 258), werden nicht besprochen.

Seltener belegt ist *hiofan* ‚beklagen' (zu *lugere* 11, IV, 333) im *Abrogans,* während *karōn* ‚trauern, (be)klagen' (12, 179) bei Notker, dem Notker-Glossator und in den *Samanunga* (zu *ingemiscere* ‚klagen' 11, V, 151) vorkommt. Angesichts seiner Einbettung in eine größere Wortfamilie darf wohl das häufig bezeugte *klagōn* mit den Bedeutungen ‚(be)klagen, (be)jammern, beweinen, betrauern, sich beklagen […]' in den Texten (12, 181) und den Bedeutungen ‚(sich) beklagen, (über etwas) klagen, beklagen, einklagen, klagen, sich beschweren, wehklagen' in den Glossen (11, V, 235 f.) neben dem selteneren *klagēn* ‚(be)klagen, bejammern' (12, 181) bzw. ‚(über etwas) klagen, beklagen, klagen, sich beklagen' (11, V, 234) als das Standardverb des Klagens und Beklagens angesehen werden. Daneben ist häufiger das Vb. *kūmen* (11, V, 370) bezeugt, das neben ‚klagen' v. a. ‚beklagen' (meistens zu *conplangere*) bedeutet und bei Otfrid mit den Bedeutungen ‚(be)klagen, (be)jammern' belegt ist (12, 185).

Das schwache Vb. *weinōn* (11, X, 472) hat in den Glossen die Bedeutungen ‚heulen, wehklagen' und in den Texten ‚weinen, jammern, beweinen, beklagen' (12, 314); *biweinōn* (12, 314; 11, X, 472) und *firweinōn* bedeuten ‚beweinen' (11, X, 472). Das Wehklagen wird mit *wēveren* (11, XI, 93 f.) bezeichnet, und auch das reduplizierende Vb.

wuofan ‚(be)weinen, (be)klagen, (be)trauern' (12, 331) bzw. ‚trauern, weinen' (11, XI, 296) sowie das schwache Vb. *wuofen* ‚(be)weinen, klagen, trauern, weinen' (12, 331) bzw. ‚weinen, beweinen, jammern, klagen, wehklagen, trauern' (11, XI, 296) sind in diesem Zusammenhang zu nennen. Ferner sind noch *riozan* ‚weinen, trauern, traurig sein, klagen, beweinen, beklagen, bereuen' (12, 239) bzw. ‚wehklagen' (11, VII, 439) und *biriozan* ‚beweinen' (12, 239; 11, VII, 439) belegt.

Subst., die für die Bezeichnung der Wehklagenden, Trauernden und der Wehklage in Frage kommen, sind v. a. *klaga* starkes Fem. ‚Klage, Jammer' (12, 181) bzw. ‚Klage(weib?)', letzteres zu *lamentatrix* (11, V, 233), *klagāra* ‚Klageweib' (11, V, 234) zu *lamentatrix*, *klagāri* ‚(sich be)klagender Mensch, Kläger, Trauernder' (11, V, 234), *klagārinna* ‚Klageweib' (11, V, 234), *klagōd* ‚Klage' (12, 181), ‚Klagen' (11, V, 235), *klagunga* ‚Beschwerde, Klage, Klagen' (11, V, 236). Dann sind zu nennen *wuof* starkes Mask. ‚Weinen, Klage, Seufzen' (11, 331), ‚Jammer, Jammern, Trauer, Wehklage, Weinen' (11, XI, 295 f.) und *wuoft* starkes Mask. ‚Weinen, Klage, Wehklagen, Jammer, Trauer, Zerknirschung' (12, 331), ‚Geschrei, Jammern, Trauer, Klage' (11, XI, 296); seltener bezeugte Lexeme wie *hiufida* ‚Wehklage' (11, IV, 344) im *Abrogans* bleiben hierbei wieder außer Betracht.

Speziell im Zusammenhang des Klagegesangs, des Trauergesangs und der T. stehen *chareleich* ‚Trauergesang' (12, 179) und *charasang* ‚Trauergesang' (12, 179) bei Notker, *klagasang* ‚Klagelied' zu *nenia* ‚Leichenlied, Leichengesang' (11, V, 234), *leidsang* ‚Trauergesang' zu *nenia* (11, VI, 28), das wohl onomatopoetische *sisu* ‚Totengesang, Trauergesang' zu *nenia* (11, VIII, 245), *sisusang* ‚Totengesang' zu *carmen lugubre* (11, VIII, 246), *sisuspilo* ‚Totengesang, Totenlied' zu *nenia* (11, VIII, 246), *tōdliod* ‚Trauergesang' zu *decisio, contentio, altercatio* (11, X, 3) und *trinsa* schwaches Fem. bzw. *trinso* schwaches Mask. ‚Klage' (11, X, 50) zu *threnus* ‚Klagelied, Trauergesang'. Bereits mhd. sind *jāmerleich* ‚Jammergesang' (10, I, 1470), *jāmersanc* ‚Klagegesang, Klagelied' (10, I, 1470; 1, II, 2, 304), *klagegesanc* ‚Klagegesang, gesungene Totenklage' (10, I, 1600), *klageliet* ‚Klagelied' (10, I, 1061), *klagesanc* ‚Klagegesang' (10, I, 1603), das starke Neutr. *leide* ‚Trauer, Totenklage' (10, I, 1863) und *weinleich* ‚Melodie des Weinens, Klagegesang' (10, III, 745). Ferner sei aus diesem Zusammenhang *klageliute* ‚Leute, die die Totenklage begehen, Trauernde' (10, I, 1061) genannt. Aus den hochma. Glossarien sind ferner *dottengesang, selen leich* (4, 378), *lychlied* und *den totten singen* zu *nomiari* (5, 263) belegt.

Aus dem As. sind aus dem Wortfeld des (schmerzlichen, trauernden) Klagens an Vb. zu nennen (vgl. 8, 336–338) *gornon* ‚trauern, klagen' (13, 207), *griotan* starkes Vb. ‚weinen' (13, 210), *hioban* starkes Vb. ‚wehklagen' (13, 260), *karon* schwaches Vb. ‚beklagen, betrauern' (13, 301), *klagon* schwaches Vb. ‚jammern, beklagen' (11, V, 235 f.), *kūmian* schwaches Vb. ‚(be)klagen' (13, 315), *quīðean* schwaches Vb. ‚wehklagen' (13, 432), *weinen* ‚weinen' (15, 244), *wōpian* starkes Vb. ‚wehklagen, jammern, beklagen, bejammern' (13, 714 f.) und *biwōpian* starkes Vb. ‚beklagen, bejammern' (13, 715). Hierher gehörige Subst. sind *hōfna* starkes Fem. ‚Wehklage' (13, 266), *gornword* starkes Neutr. ‚Klage' (13, 207; vgl. ags. *gnornword* 3, 482), *kara* starkes Fem. ‚Klage, Leid, Kummer' (13, 301), *klagunga* ‚Wehklage, Klage' (15, 200; 11, V, 236), *ses(s)pilo* schwaches Mask. in der sächs. Beichte des 10. Jh.s und *wōp* starkes Mask. ‚Wehklage, Jammerruf' (13, 714).

Das vielleicht interessanteste Zeugnis ist das im Zusammenhang mit nichtchristl. Totenriten überlieferte *dadsisas* zu dem starken Mask. as. *dōdsisu* ‚rituelle Totenklage' im *Indiculus superstitionum et paganiarum*, das vor dem überlieferungs- und kulturgeschichtl. Hintergrund mitsamt den Lexemen *sisu, sisusang* und *sisuspilo* ausführlich bei der Besprechung dieses Denkmals behandelt wird (→ *Indiculus superstitionum et paganiarum* § 2).

Ags. Bezeichnungen für das Klagelied sind über das bereits Genannte hinaus *bergelsléoþ* (3, 89), *bergelsong* (3, 89), *byrgenléoþ* (3, 139), *byrgensong* (3, 139), *byrigléoþ* (3, 140), *fúsléoþ* (3, 349), *hearmléoþ* (3, 523), *lícléoþ* (3, 637), *lícsang* (3, 638), *sorhléoþ* (3, 896) und *wópléoþ* (3, 1264; vgl. 6, 42).

(1) G. F. Benecke u. a., Mhd. Wb. 1–3, 1854–1866, Neudr. 1986. (2) G. Bernt, M.-R. Jung, Planctus, in: Lex. des MAs 6, 1993, 2198–2200. (3) Bosworth-Toller, Anglo-Sax. Dict. (4) Diefenbach, Gloss., Nachdr. 1973. (5) Diefenbach, Novum gloss., Nachdr. 1964. (6) G. Ehrismann, Gesch. der dt. Lit. bis zum Ausgang des MAs, 1. Die ahd. Lit., ²1932, Neudr. 1966. (7) S. Feist, Vergl. Wb. der got. Sprache, ³1939. (8) M. Fuß, Die relig. Lexik des Ahd. und As., 2000. (9) Geiger, Totenklage, in: Handwb. dt. Abergl. VIII, 1071–1074. (10) M. Lexer, Mhd. Handwb. 1–3, 1872–1878, Neudr. 1992. (11) R. Schützeichel (Hrsg.), Ahd. und As. Glossenwortschatz 1–12, 2004. (12) Ders., Ahd. Wb., ⁵1995. (13) E. H. Sehrt, Vollständiges Wb. zum Heliand und zur as. Genesis, ²1966. (14) de Vries, An. etym. Wb. (15) E. Wadstein, Kleinere as. sprachdenkmäler, 1899.

E. Meineke

§ 2. Literaturgeschichtlich. a. Allg. Wiewohl schon → Tacitus' Ber. (Tac. Germ. c. 27) über das öffentliche Wehklagen (im Gegensatz zur stillen persönlichen Trauer) als Beleg für die Existenz von T.n herangezogen wurde, gehört diese Anm. eher in den Bereich der ethnographischen Topoi, darüber hinaus ist in keiner Weise von einer (liter. oder kultischen) Form solcher T.n die Rede. Etwas konkreter sind zwei Angaben des → Jordanes aus dem 6. Jh.: die Goten hätten ihren gefallenen Kg. (in Prozession?) weggetragen und ihn dabei in Gesängen gepriesen (c. 41); immerhin ist hier ausdrücklich von einem *cantus* die Rede. Dagegen dürfte sich die literarisierte Beschreibung des Jordanes von der Bestattung → Attilas auf hunnische Bräuche beziehen, wenn Krieger den Leichnam umreiten und dabei Totenlieder singen. Offen bleibt, ob es sich bei diesem *cantus funereus* um T. handelte, wie offenbar bei den *dadsisas* des → *Indiculus superstitionum et paganiarum* (vor 800), oder um Preislieder. Letzteres ist mit großer Sicherheit aus der Schilderung des → *Beowulf* abzulesen (s. § 2c), wo zehn Tage nach der Einhügelung des Kg.s zwölf Krieger den Hügel umreiten und ihn dabei beklagen und seine Heldentaten preisen (V, 3137–3182).

Die Nähe der T. über Fürsten zum → Preislied ist hier offensichtlich, und auch die Stelle bei → Paulus Diaconus (8. Jh.), nach der die Langob. Lieder hätten, mit denen sie würdige Männer ehrten (*Historia gentis Langobardorum* 27), könnte sich sowohl auf den Fürstenpreis als auch auf formalisierte T. beziehen; eine allzu strikte Trennung zw. beiden ist aber ohnehin nicht sehr sinnvoll.

b. Skand. Nur in Skand. kennen wir die Gattung des *erfikvæði* oder der *erfidrápa,* den skaldischen Fürstenpreis nach dem Tod des Herrschers. Dieser dient mehreren Zwecken: zum einen der formalen öffentlichen T., nicht zuletzt des von seinem Mäzen abhängigen Skalden selbst stellvertretend für das ganze Fürstengefolge (die *hirð*), zum anderen zur Verherrlichung der Taten des Fürsten als Teil der *memoria,* und zum dritten mitunter der genealogischen Einbindung des Toten zw. Vorfahren und Erben. Eine spezifische Ausformung mit Gewichtung auf dem letztgenannten Aspekt (nach Vorbild ir. genealogischer Dichtung?) in Skand. in Form von rein genealogischer Dichtung (→ *Ynglingatal, Haleygjatal*) kann selbst als *erfidrápa* nicht als T. gesehen werden, sondern muß wie die runischen Gedenkinschr. mit genealogischer Anknüpfung auch als Rechtsdokument betrachtet werden. Runeninschr. geben uns auf Grund ihrer Knappheit zwar nur wenig Auskunft über formalisierte Formen der T., aber schmückende Epithete für die Verstorbenen lassen mitunter echte Trauer durchschimmern.

Die → *erfidrápa* ('Totenlied', 'Erinnerungsgedicht') ist zwar als Untergruppe des höfischen Preislieds zu sehen, auffällig ist dabei jedoch, daß diese Form des Fürstenpreises erst mit den christl. norw. Kg. einsetzt. Die erste derartige *erfidrápa* ist möglicherweise die des isl. Skalden Hallfreðr Óttarson vandræðaskáld auf → Óláfr Tryggvason (wohl kurz nach dessen Tod im J. 1000); Hallfreðr hat etwa fünf J. später noch eine zweite *erfidrápa* auf Óláfr Tryggvason verfaßt, von der noch 29 Strophen erhalten sind. Auf → Olaf den Heiligen hat dann eine Generation später der isländ. Skalde Sigvatr Þórðarson eine *erfidrápa* verfaßt, worin Olafs Werke, Endkampf und Wunder in 28 Strophen besungen werden; das Gedicht dürfte etwa 10 J. nach dem Tod Olafs enstanden sein, als dieser schon als Hl. verehrt wurde.

Kurz nach dem Tod des Kg.s wird dagegen die *erfidrápa* des isl. Skalden Arnórr Þórðarson jarlaskáld auf Kg. → Haraldr harðráði zu datieren sein, als dieser in der berühmten Schlacht von → Stamford Bridge am 25. September 1066 fiel; da nach abweichender Tradition (laut *Hemings þáttr Aslákssonar*) der Skalde aber in derselben Schlacht gefallen sein soll, muß die Zuschreibung unsicher bleiben. Vom selben Dichter stammt auch die schon früher entstandene *Magnúsdrápa,* eine *erfidrápa* auf den norweg. Kg. → Magnus den Guten (gest. 1047), in welcher es aber v. a. um die christl. Verdienste des Kg.s geht. Dies gilt auch für die als *Eiríksdrápa* bezeichnete *erfidrápa* des Skalden Markús Skeggjason, die er auf den Dänenkg. Eiríkr Sveinsson in góði wohl erst nach dessen Tod im J. 1103 verfaßt hat. In diesem Gedicht tritt der weltliche Aspekt von Eiriks Kgt. ganz zurück, die Betonung liegt auf Eiríks christl. Werken wie der Errichtung des Bf.ssitzes in → Lund oder seine diversen Pilgerreisen. Anonym überliefert, aber wohl Sturla Þórðarson zuzuschreiben ist ein nur in kleinen Frg. erhaltenes *erfikvæði* auf den norweg. Kg. Magnús lagabœtir (gest. 1280).

Neben diesen Fürstenpreisgedichten, die kaum Zeichen echter T. enthalten, sind aus dem isl. MA eine ganze Reihe von Gedichten erhalten, welche Trauer- oder Erinnerungsgedicht für persönliche Freunde darstellen. Dazu ist eine nicht konkret zu datierende *erfidrápa* des isl. Skalden Thormóðr Bersason Kolbrúnarskáld auf seinen Blutsbruder Thorgeir aus der → *Fóstbrœðra saga* zu stellen, aber auch eine Reihe von Gedichten aus der *Sturlunga s.* (→ Sturlungen und Sturlunga saga) darunter die *Brandsdrápa* von Skáld-Hallr auf den isl. Goden Brandr Kolbeinsson, der im Kampf von Haugsnes am 19. April 1246 fiel (worüber auch der *Brandsflokkr* des Ingjaldr Geirmundarson handelt), oder die von Sturla Þórðarson auf seinen Verwandten Þórgils skarði (gest. 1258) verfaßte *Þorgilsdrápa*. Dazu wäre noch die *Hrafnsdrápa* des Isländers Guðmundr Svertingsson auf den isl. Goden und Arzt Hrafn Sveinbjarnarson zu stellen, der 1213 fiel. Diese Werke zeigen, daß sich die *erfidrápa* als Trauer- oder Erinnerungsgedicht wenigstens im Hoch-MA nicht mehr nur als Teil des Fürstenpreislieds sehen läßt.

Aus vorchristl. Zeit setzen sich nur zwei Gedichte näher mit dem Tod von Herrschern auseinander, nämlich die anonyme → *Eiríksmál* auf Kg. → Erik Blutaxt (nach 954) und die wohl bald nach 960 entstandene, sich die *Eiríksmál* als Vorbild nehmende → *Hákonarmál* des Skalden Eyvindr skáldaspillir auf Kg. → Hákon goði Aðalsteinsfóstri. Beide beschreiben den Einzug des Herrschers in Walhall (→ Valhǫll), jeweils mit sehr unterschiedlicher Akzentsetzung, aber ohne ausgesprochene Trauer oder T. (10; 11)

Echte T. in vorchristl. Zeit ist nur in der → *Sonatorrek* ('Der Verlust der Söhne') des isl. Skalden Egill Skalla-Grímsson zu finden, in welcher er sowohl seine Trauer um den ertrunkenen Sohn als auch die dadurch – wegen der Unmöglichkeit der Rache – ausgelöste relig. Krise thematisiert wird, und stellt in beiden Hinsichten eine Ausnahme in der frühen Skaldik dar.

Ganz andere, literarisierte T.n finden sich in den sog. →Elegien der eddischen Dichtung, wozu aber angemerkt werden muß, daß wie bei den meisten Eddaliedern die Stimmung insofern funktionalisiert ist, als sie hier – durchweg Frauen – die Möglichkeit der erzählenden Rückschau bietet. Dabei ist allerdings zu differenzieren: zwar gehören diese Lieder überwiegend in das Genre der Heldendichtung (5; 14; 15), aber darin ganz allg. die späten Manifestationen einer schon vorliter. Form weiblicher elegischer Dichtung sehen zu wollen (3; 13), ist insofern problematisch, als höchstens die *Guðrúnarkviða in fyrsta* überhaupt noch Reminiszenzen alter Heldensagenstoffe aufweist, auch wenn die elegische Ausformung nach heutigem Forsch.sstand erst im 11. Jh. erfolgt ist, die anderen zu dieser Gruppe von sog. Elegien gezählten Werke aber durchweg eher in das 12. Jh. zu datieren sind: die *Guðrúnarkviða ǫnnur,* die *Guðrúnarkviða in þriðja,* dazu auch Str. 9–21 der beiden jungen Gedichte *Guðrúnarhvǫt* und *Helreið Brynhildar,* sowie Teile der beiden letzten im Cod. Regius zu findenden →Sigurdlieder (*Sigurðarkviða in forna* und der *Sigurðarkviða in scamma*). Der moralisierende →Oddrúnargrátr („Klage der Oddrun') mit seinem am meisten ausgeformten elegischen Grundton ist wohl ebenfalls erst im 13. Jh. entstanden. Für die Annahme einer schon vorliter., vorchristl. (frauenspezifischen? vgl. 1) elegischen Gattung (7; 8) bilden diese Werke also eine zu dünne Grundlage (12), aber im 12. und 13. Jh. fand diese elegische Form offenbar großen Zuspruch, ob nun direkt nach lat. Vorbild oder nicht.

(1) C. Clover, Hildigunnr's lament, in: J. Lindow u. a. (Hrsg.), Structure and Meaning in Old Norse Lit. New approaches to textual analysis and literary criticism, 1986, 141–183. (2) D. Frölich, Eddische Heroische Elegie und *Laxdoela saga*. Bemerkungen zu einigen motivischen und formalen Verbindungslinien, in: Stud. zur Isländersaga (Festschr. R. Heller), 2000, 51–71. (3) J. Harris, Hadubrand's Lament: On the Origin and Age of Elegy in Germanic, in: H. Beck (Hrsg.), Heldensage und Heldendichtung im Germ., 1988, 81–114. (4) A. Heusler, Lied und Epos in germ. Sagendichtung, 1905. (5) Heusler, Dichtung, 150–174. (6) E. Marold, Das Walhallbild in den Eiríksmál und Hákonarmál, Mediaeval Scandinavia 5, 1972, 19–33. (7) D. Sävborg, Sorg och elegi i Eddans hjältediktning, 1997. (8) Ders., *Beowulf* and *Sonatorrek* are genuine enough. An answer to Klaus von See, skandinavistik 2000, 44–59. (9) W. Schröder, Ist das germ. Heldenlied ein Phantom?, ZDA 120, 1991, 249–256. (10) K. von See, Zwei eddische Preislieder: Eiríksmál und Hákonarmál, in: Festg. U. Pretzel, 1963, 107–117. (11) Ders., Hastings, Stiklastaðir und Langemarck. Zur Überlieferung vom Vortrag heroischer Lieder auf dem Schlachtfeld, GRM NF 26, 1976, 1–13. (12) Ders., Das Phantom der agerm. Elegiendichtung – Kritische Bemerkungen zu Daniel Sävborg, ‚Sorg och elegi i Eddans hjältediktning', skandinavistik 28, 1998, 87–100. (13) Gísli Sigurðsson, On the Classification of Eddic Heroic Poetry in View of the Oral Theory, in: T. Pàroli (Hrsg.), Poetry in the Scandinavian MA. The Seventh International Saga Conference, 1990, 245–255. (14) U. Sprenger, Zum Ursprung der anord. Heroischen Elegie, in: H. Beck (Hrsg.), Heldensage und Heldendichtung im Germ., 1988, 245–287. (15) Dies., Die anord. Heroische Elegie, 1992.

R. Simek

c. Ae. Lit. →Tacitus sagt in seiner *Germania* (98 n. Chr.) nur kurz, daß bei Tod und Begräbnis den germ. Frauen laute Klage ziemte, den Männern dagegen stilles Gedenken (c. 27). Auch in der ae. Lit. (schriftliche Überlieferung der Dichtung größtenteils um 1000, Originale wohl schon früher entstanden) gibt es Passagen, in denen Frauen laut klagen; allerdings wird dort von klagenden Männern ebenfalls berichtet. Deutlich wird auch, daß T. und Preis des Toten oft nahe beieinanderliegen bzw. ineinander übergehen. Wieweit hier jedoch feste Gattungen der T. bzw. des →Klageliedes oder auch des →Preisliedes faßbar sind, und wieweit es sich um mehr oder weniger spontane Trauerbekundungen handelt, ist freilich schwer zu sagen. Jemand, der seinen Herrn verloren und begraben hat und nun einsam durch die Welt zieht, seine traurigen Gedanken aber für sich behält und nicht vor den Mitmenschen klagt, ist der Sprecher im Gedicht *The Wanderer,* das gewöhnlich zu den ae. → Elegien gerechnet wird und zu zahlreichen Interpretationen, auch christl., Anlaß gegeben hat.

Eine Reihe von öffentlichen T.n werden dagegen im ae. → *Beowulf*-Epos skizziert, dessen Entstehung nach wie vor umstritten ist (die Datierungsvorschläge reichen vom späten 7. bis zum 10. Jh.), dessen Handlung aber, soweit sie hist. belegt ist, um ca. 500 n. Chr. spielt (ca. 521/522: Tod → Hygelacs bei seinem Raubzug nach Friesland). Außerdem handelt *Beowulf* nicht in England, sondern größtenteils in Skand., zunächst in Dänemark und dann im Lande der Gauten (→ Gøtar) im heutigen S-Schweden (Götaland) (3; 4).

Meist werden im *Beowulf* die Klagen aber nur erwähnt, nicht jedoch ihr Inhalt mitgeteilt. Das Epos beginnt mit einem Begräbnis (dem Schiffsbegräbnis des frühen Dänenkg.s Scyld Scefing, 26–52) und endet mit einem Begräbnis (der Verbrennung und Bestattung des Haupthelden Beowulf, des langjährigen Kg.s der Gauten); die Finnsburg-Episode (1068–1159) schildert ferner die Trauer der Dänin Hildeburg um ihren Bruder Hnaef und ihren Sohn, die im Kampf mit den Friesen Finns (Hildeburgs Gemahl) gefallen sind und auf dem Scheiterhaufen verbrannt werden – *Beowulf* enthält also ein Schiffsbegräbnis und zwei Verbrennungen auf dem Scheiterhaufen. Von den Dänen zu Anfang des *Beowulf* wird jedoch nur berichtet, daß sie um Scyld trauern (*murnende mod,* 50); Hildeburg singt dagegen zwar Klagelieder (*geomrode giddum,* 1118), deren Wortlaut wir aber nicht erfahren.

Gegen Ende des Epos wird die Stimmung zunehmend düsterer und die Klagen häufen sich. Beowulf erzählt in seiner letzten langen Rede vor dem tödlichen Drachenkampf u. a. von der Klage des Vaters, der seinen Sohn am Galgen enden sieht und ihm weder helfen noch ihn rächen kann (*þonne he gyd wrece, sarigne sang,* 2446–7). Nach Beowulfs Tod hält Wiglaf dann eine lange Rede an die feigen Gefährten, in der er u. a. Beowulfs Taten preist, und anschließend berichtet ein Bote den Gauten vom Tode Beowulfs (2860–3027). Bei Beowulfs Verbrennung auf dem Scheiterhaufen singt eine Gautenfrau ein Klagelied (die Stelle ist verderbt und umstritten: die Frau ist aber wohl ein Klageweib mit ritueller Funktion, und nicht Beowulfs Gattin, da Beowulf anscheinend gar nicht verheiratet war): Sie fürchtet sich vor den kommenden Kämpfen (mit den Schweden) und vor der drohenden Niederlage und Versklavung ihres Volkes (3150–55). Anschließend errichten die Männer einen großen, auffälligen Grabhügel (laut Tacitus taten das die alten Germ. gerade nicht) und zwölf Krieger reiten um ihn herum. Deren Klagelied geht aber bald in ein Preislied über: in den letzten drei Versen des Gedichtes loben sie Beowulf als den freundlichsten, freigebigsten und ruhmbegierigsten aller Krieger (3156–82). Als eine Parallele zur Bestattung Beowulfs hat man das Begräbnis Attilas gesehen; auch hier singen trauernde Reiter Preislieder.

Einige Berichte über den Tod hist. ags. Herrscher sind in Gedichtform in die → *Angelsächsische Chronik* eingestreut (Chronikgedichte), insbesondere 975 zum Tod Kg. Edgars, 1036 zur Ermordung des Prinzen Alfred, 1065 zum Tod Kg. Eduards des Bekenners (Edward the Confessor), und, wobei die Gedichtform nicht ganz klar ist, 979 zur Ermordung Kg. Eduards, des Sohnes Edgars, im J. 978 (Edward the Martyr). Aber auch hier steht die Klage meist im Hintergrund. Bei den länger regierenden Kg. werden ihre Leistungen gepriesen, und bei allen kommt das christl. Motiv zum Tragen, daß der irdische Tod lediglich den Übergang und Eingang zu Gott im Himmel bedeutet, wo es den Verstorbenen ohnehin viel besser geht, so daß eigtl. kein Grund zur Klage besteht – Eduard der Martyrer wurde sogar bald als Hl. verehrt. Dieses Motiv ist auch charakteristisch für Heiligenlegenden; so sagt z. B. der Dichter → Cynewulf (8. oder 9. Jh.?) in *Juliana,* daß durch die Enthauptung die Seele der hl. Juliana vom Körper getrennt und in die ewigen Freuden geführt wurde (669–671).

Freilich weiß der gewöhnliche Christ nicht, ob sein Lebenswandel gut genug war, daß er nach dem Tod tatsächlich in den Himmel kommt, oder ob er aufgrund seiner Sünden vielleicht doch in die Hölle muß, was oft zu einer starken Todesfurcht führte: Diese Unsicherheit über das, was nach dem Tode kommt, erfaßte offenbar sogar den großen ags. Mönch und Gelehrten → Beda venerabilis († 735): Er verlieh ihr eindringlichen Ausdruck in seinem kurzen Sterbelied *(Bede's Deathsong),* das er möglicherweise auf den Sterbebett verfaßte.

Ed. aller ae. Gedichte in: (1) Krapp-Dobbie, 1931–1953; Bd. 3. Wanderer und Juliana; Bd. 4. Beowulf; Bd. 6. Chronikgedichte und Bedas Totenlied. Siehe auch: (2) Beowulf: A Student Ed., hrsg. von G. Jack, 1994.

Lit. (3) M. Lapidge u. a., The Blackwell Encyclopaedia of Anglo-Saxon England, 1999, s. v. (4) J. Hoops, Kommentar zum Beowulf, 1932, Nachdr. 1965.

H. Sauer

Totentracht. Als T. wird in der Regel Trachtschmuck (→ Tracht und Trachtschmuck) bezeichnet, mit dem man den Leichnam anläßlich der Bestattung geschmückt hat (inter alia: 1; 3; 4). Der unsystematisch gebrauchte und nicht genauer definierte Begriff soll verdeutlichen, daß den Toten Trachtelemente angelegt werden konnten, die keineswegs einer Alltagstracht der Lebenden entsprechen mußten.

Tatsächlich ist der Trachtschmuck in Gräbern bisweilen sehr aufwendig, kostbar oder auch schlicht zu unpraktisch für den täglichen Gebrauch. Manche Gegenstände, wie die überlangen → Nadeln in Frauengräbern der Hügelgräber-BZ, wurden zu Lebzeiten wohl nur zu besonderen Anlässen getragen. Mitunter wurden Personen, insbesondere Kinder, in einer Tracht beigesetzt, die nicht ihrem Alter entsprach (→ Kindergräber). In solchen Fällen sollte die Tracht wohl einen Status ausdrücken, den das Kind im Erwachsenenalter erreicht hätte.

Indes bleibt zu fragen, ob dgl. die Verwendung des Begriffes T. rechtfertigt. Im eigtl. Sinne kann die Bezeichnung nur eine Trachtausstattung meinen, die ausschließlich Toten angelegt und nicht zu Lebzeiten getragen wurde. Allerdings weiß man über allfällige Unterschiede zur Tracht der Lebenden so gut wie nichts, es sei denn, man verfügt über einschlägige Schriftqu. oder Bilddarst., was nur ausnahmsweise zutrifft. Ob man es mit einer regelrechten T. zu tun hat, ist daher kaum jemals zu entscheiden. Daß der Trachtschmuck in den Gräbern festlichen, d. h. nicht alltäglichen Charakter haben konnte, ist kein hinlänglicher Grund für die Bestimmung als T. Viel wahrscheinlicher ist, daß man den Toten auch zu Lebzeiten gebräuchliche Festtagstrachten anzog, z. B. Hochzeitstrachten und dgl. mehr. Auch altersuntypische Trachtausstattungen wie im Falle der Kindergräber sollten nicht als T. bezeichnet werden, weil die Tracht vermutlich einer Ausstattung lebender Personen entspricht.

Es steht außer Frage, daß für die Herrichtung des Leichnams vielfältige Vorschriften relig., rechtlicher, sozialer und anderweitiger Art maßgebend waren, darunter auch solche, die die Trachtausstattung festlegten (6). Ggf. war es wohl geboten, den Toten seiner Tracht teilweise oder vollständig zu entledigen. Das alles zeigt zwar, daß die Art der Bestattung nicht beliebig, sondern kulturell reglementiert war, erfordert aber nicht die Verwendung des Begriffes T. zur Beschreibung des Befundes. Analog müßte man auch von Totenbewaffnung,

Totengeschirr, Totenwagen usw. sprechen, was man aus gutem Grund unterläßt.

Einen Sonderfall stellt die Schmückung des Leichnams mit goldenen (Halsring, Fibeln, Armbänder) oder goldüberzogenen Gegenständen (Dolch, Gürtelblech, Schuhe) dar, wie sie in → Hochdorf bezeugt ist. Reste einer Werkstatt am Rande des Grabhügels belegen, daß manches davon erst anläßlich der Beerdigung hergestellt worden war. Dieser weithin in der vorröm. EZ geübte Brauch der Vergoldung des Toten sollte die Apotheose des Grabherrn im Jenseits veranschaulichen (5). Indes ist auch hier der Begriff T. nicht recht angemessen. Zur Heroisierung des Toten bediente man sich nämlich nicht nur der Trachtelemente. Vielmehr verwendete man auch Objekte wie Waffen, Totenmasken und in einem Fall eine sog. Blätterkrone (2). Schließlich war ein Teil der Gegenstände auch schon zu Lebzeiten getragen worden.

Im Ergebnis bleibt festzuhalten, daß der Begriff T. nicht wirklich zur Erhellung des arch. Befundes beiträgt und den klaren Blick auf die Dinge eher verstellt. Er sollte daher nur in gut begründeten Fällen verwendet werden.

(1) H. Helgert, Grabfunde der Čaka-Kultur (BZ D/Ha A1-Übergangsper.) aus Zurndorf, p. B. Neusiedl am See, Burgenland. Ein Beitr. zur weiblichen T., Arch. Austriaca 79, 1995, 197–248. (2) F.-R. Herrmann, Glauberg – Olympia des Nordens oder unvollendete Stadtgründung?, in: J. Biel, D. Krausse (Hrsg.), Frühkelt. Fürstensitze. Älteste Städte und Herrschaftszentren n. der Alpen?, 2005, 18–27. (3) R. Heynowski, Eisenzeitlicher Trachtschmuck der Mittelgebirgszone zw. Rhein und Thür. Becken, 1992. (4) H.-E. Joachim, Alltagszier und T. Schmuck und Tracht in der rhein. Vorgesch., Das Rhein. Landesmus. Bonn 1994, 38–43 und 57–65. (5) B. Kull, Tod und Apotheose. Zur Ikonographie in Grab und Kunst der jüng. EZ an der unteren Donau und ihrer Bedeutung für die Interpretation von „Prunkgräbern", Ber. RGK 78, 1997 (1998), 197–466. (6) M. Parker Pearson, The Arch. of Death and Burial, 1999.

Ch. Huth

Translatio

§ 1: T. Imperii – § 2: T. reliquiarum – a. Märtyrerkult und Reliquientranslation – b. Die Riten der Translation – c. Translationsberichte (Hagiographie)

§ 1. T. Imperii. Die Vorstellung von einer T. Imperii beinhaltet „als historischen Grundbegriff" die „Kurzformel für den Übergang hegemonialer Gewalt von einem Volk auf ein anderes" (7, 25) bzw. „als Übertragung oder Wanderung der weltlichen Vorherrschaft von einer Großmacht zur nachfolgenden" (9, 7). Erstmals in dieser Bedeutung wird das Begriffspaar von dem um die Zeitenwende auf lat. schreibenden und von Justinus im 2. nachchristl. Jh. überlieferten Geschichtsschreiber Pompeius Trogus (Epitome I, 3,89) gebraucht (6, 20–24; 7, 25; 9, 17 f.). Die Kirchenväter, insbesondere Hieronymus in seiner Chronik, aber auch Augustinus und → Orosius (6, 29–49) übernahmen diese Idee von Justinus und verbanden sie mit der in den alttestamentarischen Visionen des Daniel geschilderten, die Weltalter symbolisierenden Riesenstatue, die sich aus Gold, Silber, Kupfer sowie Eisen und Ton zusammensetzte (Daniel 2,31–35) (6, 7; 9, 8–14), und den vier Schreckenstieren (Daniel 7,3–15) (6, 9 f.). Daraus entstand unter Einbeziehung griech.-hellenistischer Ideen (8, 12 f. 18) die ma. Vorstellung der weltgeschichtl. Abfolge vierer Großreiche durch T. Imperii. Als eine T. wurde schon im 6.–8. Jh. die Verlegung der Hauptstadtfunktion von → Rom nach → Konstantinopel angesehen, und daraus entwickelte sich die seit dem hohen MA in historiographischen Texten feststellbare Meinung einer T. Imperii von den Römern zu den Griechen (6, 30. 53 f.; 7, 28). Obwohl schon in der Vita Willehadi (2, c. 5, S. 381; 9, 46 f.) aus der Mitte des 9. Jh.s die Kaiserkrönung → Karls des Großen im J. 800 als T. kaiserlicher Herrschaft von den Griechen auf die Franken bezeichnet wurde (3, 16 f.; 6, 73), gewann die Interpretation der Kaiserwürde des Frankenkg.s als T. Imperii entgegen ält. Meinungen nicht schon in der KaZ (8, 41–52), sondern erst im Zusammenhang der Auseinandersetzungen zw. päpstlicher Kurie und den Staufern im 12. und 13. Jh. an Bedeutung, als argumentiert wurde, die kaiserliche Gewalt habe Karl der Große ausschließlich apostolischer Autorität des Papstes zu verdanken (6, 62–76. 104–198; 7, 29–31; 10, 945; 5; 4). In der neueren Lit. wird die Übernahme der röm. Reichsadministration durch die Franken und die Erringung der Kaiserwürde durch Karl den Großen dennoch gelegentlich als T. Imperii bezeichnet (11).

Qu.: (1) Pompeius Trogus, Weltgesch. von den Anfängen bis Augustus im Auszug des Justinus, eingeleitet und erläutert von O. Seel (Die Bibl. der Alten Welt, Röm. R.), 1972. (2) Vita Willehadi, hrsg. von G. H. Pertz, MGH SS 2, 1879, 378–390.

Lit.: (3) P. A. van den Baar, Die kirchliche Lehre der T. Imperii Romani bis zur Mitte des 13. Jh.s, 1956. (4) M. Ditsche, Translationstheorie, in: LThK X, 170 f. (5) A. Erler, T. Imperii, in: HRG V, 300 f. (6) W. Goez, T. Imperii. Ein Beitr. zur Gesch. des Geschichtsdenkens und der polit. Theorien im MA und in der frühen Neuzeit, 1958. (7) Ders., Die Theorie der T. Imperii und die Spaltung der Christenheit, in: R. C. Meier-Walser, B. Rill, Der europ. Gedanke. Hintergrund und Finalität, 2000, 25–33. (8) W. Guldenfels, T. Imperii in Germanos. Eine Unters. über Entstehung und Bedeutung der ma. Translationstheorie, Diss. Freiburg/Breisgau 1950. (9) U. Krämer, T. Imperii et Studii. Zum Geschichts- und Kulturverständnis in der frz. Lit. des MAs und der frühen Neuzeit, 1996. (10) H. Thomas, T. Imperii, in: Lex. des MAs 8, 1996, 944–946. (11) I. Wood, Die Franken und ihr Erbe – „Translatio Imperii", in: Die Franken – Wegbereiter Europas 1, 1997, 358–364.

M. Hardt

§ 2. T. reliquiarum. a. Märtyrerkult und Reliquientranslation. Die Translation von Heiligenreliquien (→ Reliquie § 2) basiert auf dem Märtyrerkult und den Bestattungssitten der Christen, den Riten der Kirch- und Altarweihe und ant. Herrscherritualen (61). In Absetzung zur röm. Gewohnheit der Leichenverbrennung bevorzugten die frühen Christen die Erdbestattung ihrer Toten auf ausgewiesenen Coemeterien *(sepulcrum commune)* (56). Sie versammelten sich zur Feier des Totengedächtnisses am Anniversartag und nahmen am und auf dem Grab das Totenmahl ein. Die Gräber der Märtyrer wurden seit dem 2. Jh. bes. verehrt, mit Grabmonumenten herausgehoben (Petrusgrab auf dem Vatikanhügel um 180) und seit dem 4. Jh. mit Grabkirchen überbaut (Petrusgrab im Vatikan) (33; 58, 13–15).

Nach röm. Recht war die Exhumierung und die Translation der Toten untersagt und sanktioniert (Cod. Iust. IX,19,4,8 vom J. 356 oder 357; Nov. Val. 3,22; Dig. 47,12,7; Cod. Theod. IX,17,7 vom J. 386). Um die Leichname der Märtyrer dennoch berühren zu können, legten die Christen Schweißtücher und Kleidungsstücke in die Gräber bzw. Sarkophage. Die so entstehenden Berührungsreliquien *(brandea)* wurden an andere Orte transferiert (84, 96 f.). Da Papst → Gregor der Große († 604) die Öffnung der Heiligengräber für Kultzwecke nicht erlaubte (Gregorius Magnus, Ep. IV,30, CChrSL 140, 249,42–44: *In Romanis namque uel totius Occidentis partibus omnino intolerabile est atque sacrilegium, si sanctorum corpora tangere quisquam fortasse uoluerit.*), ließ er eine unterirdische Ringkrypta anlegen, die einerseits die Intaktheit des Petrusgrabes garantierte, es andererseits den Gläubigen ermöglichte, am Grab des Apostelfürsten vorbeizuziehen.

Die ö. Kirche handhabte das Exhumierungsverbot der Märtyrer weniger strikt als die röm. Kirche. Sie machte sich den Märtyrerkult einerseits zunutze, um hellenistische Heroenkulte zurückzudrängen. Im J. 354 wurde mit Babylus erstmals ein Märtyrer aus einem Coemeterium in Antiochien nach Daphne in die Orakelstätte des Apollo überführt (58, 17–19; 60, 2303 f.). Andererseits sah man nicht ein, weshalb die Splitter des ‚wahren' Kreuzes Christi in alle Welt verstreut werden durften (Cyrill von Jerusalem, Cat. 4,10; 10,19; 13,4), die Leiber der Hl. hingegen nicht (58, 23). Im 6. Jh. ließ die frk. Königin → Radegunde Reliquien vom Hl. Kreuz aus Palästina nach → Poitiers holen und stattete das von ihr gegründete Kloster damit aus (20, c. 16; 9, c. 5). Dafür wurde sie mit der hl. Helena, der Mutter Ks. Konstantins I. und Auffinderin des Kreuzes Christi, verglichen (69). Das Kloster wurde fortan nach dem Patrozinium der Reliquie benannt.

Nach einer Vision erfolgte am 3. August 415 in Jerusalem die Inventio und Elevatio der Gebeine des Protomartyrs Stephanus durch den Priester Lukianos (BHL 7850–7853: Migne PL 41, 805–818; dazu 66). Reliquien des Erzmärtyrers wurden anschließend in bedeutende Hafenstädte des Mittelmeerraumes transferiert (Ancona, Neapel, Arles). Augustin zeichnete die Wunderheilungen, die Stephan im Verlauf der Translation nach Nordafrika bewirkte, auf und begründete damit die hagiographische Gattung der Mirakelberichte (Augustinus, De civitate Dei XXII,8; dazu 32).

Jerusalempilger brachten von ihren Reisen Eulogien aus dem Hl. Land mit. Um 800 überbrachte Graf Scrot von Florenz, der sich mit einem Diakon auf Pilgerfahrt nach Jerusalem befand, Gebeine der Hl. Genesius und Eugenius für den Grafen Gebhard nach Treviso (BHL 3314: 21). Die Translation wurde zw. 822 und 830 von einem Reichenauer Mönch aufgezeichnet (57). Zum Dank überließ der Auftraggeber dem Translator den rechten Oberschenkel des hl. Genesius. Dieser deponierte das Heiltum in seinem Hauskloster in Schienen am Bodensee.

Bis in die KaZ blieb der ö. Mittelmeerraum für w. Herrscherhäuser, königsnahe Klöster (z. B. → Chelles) und mächtige Bischöfe (Sens, Verdun) die Hauptbezugsquelle von Märtyrerreliquien (67, 283–318. 298 [Map 10: Foreign Relics at Sens and Chelles 7th–9th Centuries]).

Weniger konsequent als in Rom wurde das Exhumierungsverbot in den Kirchen von Mailand und Brescia gehandhabt. Bf. Ambrosius von Mailand († 397) ließ im J. 386 die Leiber der Hl. Gervasius und Protasius in der Kirche St. Nabor und Felix elevieren. Damit sie an würdigerer Stätte begraben würden und damit ‚die siegreichen Opfer [der Märtyrer] näher an den Platz rücken [sollen], wo Christus, das Opfer, ist: dieser, der für alle gelitten hat, auf dem Altar, jene unter dem Altar, weil sie durch sein Leiden erlöst sind.' (*Succedant victimae triumphales in locum ubi Christus est hostia. Sed ille super altare qui pro omnibus passus est, isti sub altari qui illius redempti sunt passione;* Ambrosius, Ep. 77(22),7 und 12 f., CSEL 82,3, 130 f. und 134), überführte er sie in feierlicher Prozession in die gerade vollendete *basilica Ambrosiana* (Ambrosius, Ep. 77(22),2, CSEL 82,3, 127 f.). Während der Translation wurden Blinde und Besessene geheilt. Ambrosius ließ sich am Grab der Hl. (*ad sanctos*) beisetzen (58, 19 f.; 31). Da die Seelen der Märtyrer nach Apk 6,9 – und später wurde dies auch für die Seelen der Gerechten und der Hl. angenommen – ihren Platz am Fuß des himmlischen Altars innehätten, wurden die Reliquien in, unter oder beim Altar aufgestellt. Die Elevation, die ‚Erhebung zu den Altären' (→ Reliquie § 1d) kam einer Kanonisation durch den Bf. gleich.

In Gallien verteidigte Victricius von Rouen (19) im 4. Jh. den Märtyrerkult und die Translation der Gebeine zum Zweck der Ausstattung von Altären gegen die Priscillianer (28; 29; 54).

Die Position des Ambrosius und des Victricius setzte sich zw. dem 4. und 6. Jh. im W gegen den päpstlichen Rigorismus durch (60, 2305–2313). V. a. nach Gallien wurden vermehrt Reliquien zur Ausstattung neu errichteter Kirchen und Altäre transferiert. In Tours, der Stadt des hl. Martin, fertigte Bf. Gregor (538/39–593/94) Berichte über Translationen und Wunderereignisse an und schuf die ersten hagiographischen

Texte über diese Vorgänge (9, 34–111; 10; 10a). In Auxerre entstand um 600 mit dem *Martyrologium Hieronymianum* das erste Dokument der Heiligenfeste (12; 6). Bf. Aunacharius von Auxerre (561–605) ließ in seiner Diöz. das Anniversar der Translation mit Vigil, Litanei und Prozession feiern (Institutio de rogationibus et vigiliis [Ende 6./Anfang 7. Jh.]: 14). 673 überführte der Mönch Aigulf die Reliquien des hl. Benedikt und der hl. Scholastica von Montecassino nach Fleury (später Benoît-sur-Loire), um sie vor den Sarazenen zu schützen (Translationsberichte: a. Palimpsest Clm 6333, spätes 8. Jh. [BHL 1116]: 16; b. BHL 1117: 1; dazu 53; 30). Die Gebeine der Scholastica, der Schwester Benedikts, wurden um 706 dem Bf. von Le Mans überlassen (Relatio qualiter corpus sanctae Scolasticae virginis, sororis sancti Benedicti, Cenomannis advenerit et a Berario eiusdem urbis episcopo susceptum et conditum sit [BHL 7525]: 39).

Ab der 2. Hälfte des 8. Jh.s gab die röm. Kirche ihre Vorbehalte gegen die Exhumierung der Märtyrer auf (68). Dadurch wurden Importe von Reliquien aus den Kirchen und Katakomben Roms in die nordalpinen Regionen erleichtert (87: die korrekturbedürftige Karte verzeichnet nur Empfänger in Belgien, den Niederlanden, Deutschland und Österr., in der Schweiz teilweise; ergänzend: 27; 36; 46; 82). Die Zahl der nach Gallien (51; 52; 75) und in die Missionsgebiete ö. des Rheins (50; 49; 78) übertragenen Reliquien vermehrte sich seither schlagartig. Propst Rodoin holte mit Unterstützung des Erzkanzlers Hilduin von Saint-Denis im J. 826 die Reliquien des röm. Offiziers Sebastian nach St-Médard in Soissons (Annales regni Francorum et qui dicuntur Einhardi, a. 826, MGH SS rer. Germ., 171/72; Vita Hludovici, c. 40, MGH SS XV/2, 682. Der Originalbericht Rodoins ist nicht erhalten, nur ein Ber. aus dem 10. Jh.: Odilo von Saint-Médard, Ex translatione s. Sebastiani [BHL 7545], MGH SS XV/1, 377–391). Die Krypta des Klosters Saint-Germain zu Auxerre entwickelte sich in den 840–860er J. durch die Anhäufung röm. Importheiliger (Laurentius, Stephanus, Tiburtius, Urban), des Märtyrers Mauritius aus Agaunum und durch die aus der Kathedrale überführten Auxerroiser Bischöfe zu einem polit. bedeutsamen relig.-kulturellen Zentrum der Karolinger (Heiric v. Auxerre, Miracula s. Germani [BHL 3462], Lib. II, Migne 124, 1245–1279; dazu 55). Abt Markward von Prüm importierte mit Hilfe Ks. Lothars I. und mit Erlaubnis Papst Sergius II. 844 die Reliquien der Hl. Chrysanthus und Daria aus Rom und deponierte sie teils in Prüm, teils in → Münstereifel (BHL 1793: 8; dazu 47). 838 schenkte Ks. Lothar I. den Reichenauer Mönchen die Reliquien des hl. Januarius und der hl. Fortunata, die er aus Rom über die Alpen gebracht hatte (BHL 3083: Translationes s. Januarii et s. Fortunatae in Augiam, MGH SS XV/1, 472–473; Walafrid Strabo, Carmen 77, MGH Poet. lat. II, 415–416). Den Widerstand Papst Leos IV. gegen die Überführung der Gebeine des hl. Hermes nach Salzburg konnte Ebf. Liutpram von Salzburg 851 dank der Unterstützung des röm. Senats, der Optimaten, Ks. Lothars I. und Kg. → Ludwigs des Deutschen brechen (Miracula s. Remacli I,14, MGH SS XV/1, 436; Translatio s. Hermetis Iuvavum [BHL 3857], MGH SS XV/1, 410). Partikel des hl. Hermes erhielten in derselben Zeit die Mönche von Inden/Kornelimünster und Renaix (45). Zahlreiche röm. Reliquien erwarb Abt → Hrabanus Maurus in den J. 835–838, um die in und um → Fulda errichteten Altäre, Kirchen und Zellen auszustatten (Rudolf v. Fulda, Miracula sanctorum in Fuldenses ecclesiae translatorum [BHL 7044], MGH SS XV/1, 329–341). Im J. 850 (zur Datierung vgl. 78, 246 f.) holte Graf Waltbert, ein Enkel Widukinds, mit Unterstützung Ks. Lothars I. das Haupt des Märtyrers Alexander nach Wildeshausen in Sachsen (11; Faksimile des Cod. unicus aus dem 9. Jh. [15; 78, 127–134. 241–251]; zu weiteren Translationen aus Rom nach Sachsen im 8. und 9. Jh. vgl. 49; 78, 241–260, c. VI.4).

Dank verwandtschaftlicher und polit. Beziehungen des sächs. Adels zu den Karolingern und zur frk. Aristokratie konnten die Sachsen im 8. und 9. Jh. nicht nur aus Rom, sondern auch aus dem w. Frankenreich zahlreiche Reliquien zur Ausstattung ihrer Missionskirchen und -klöster gewinnen: 836 die Reliquien des hl. Vitus von Saint-Denis nach Corvey (BHL 8718–8719: 17; dazu 78, 174–184; 80) sowie die Gebeine des hl. Liborius von Le Mans nach Paderborn (78, 155–168), um 860 der Körper der hl. Pusinna von Binson bei Châlons-sur-Marne nach Herford (18; dazu 78, 190–214). Weitere Translationen genannt bei Honselmann (49; 78, 155–241, c. VI.1–3).

Für den Import der Reliquien engagierten sich insbesondere polit. Eliten des Frankenreiches, die karol. Herrscher, die sog. ‚frk. Reichsaristokratie' und Adelige in den ostfrk. Gebieten. Sie betrachteten die Heiligengebeine als Teil ihres Schatzes *(thesaurus)*, schenkten sie an Freunde, Vasallen und abhängige Klöster, sie statteten ihre Eigenkirchen damit aus (78, 137–154, c. V; 70–72).

Während der Normanneneinfälle wurden seit der 2. Hälfte des 9. Jh.s in Gallien und ö. des Rheins zahlreiche Reliquienschätze in Sicherheit gebracht (Liste bei 59, 98 f.; 73; 38). Die Welle der Reliquienflüchtungen ebbte erst Ende des 10. Jh.s ab. Spektakulär war die Flucht des hl. Philibert von Noirmoutier, der mehrfach umziehen mußte (836, 858, 862, 871), bevor er 875 eine dauerhafte Bleibe in Tournus fand (BHL 6809: 7; BHL 6810: 4). Allerdings hat Lifshitz (63; 64) der Ansicht von Marc Bloch widersprochen, daß die große Zahl der westfrk. Reliquientranslationen im 9. und 10. Jh. allein auf die Einfälle der Normannen zurückzuführen sei. Sie weist nach, daß zahlreiche Translationen durch innerfrk. Auseinandersetzungen unter den frk. Großen (Laien und Bischöfen) in der Zeit der Schwäche des Kgt.s verursacht wurden.

Im 9. Jh. brachten Christen Reliquien in Spanien vor den Arabern in Sicherheit (59, 100–104; 37; 44). Die Mönche Usuard und Odilard von S. Germain-des-Prés holten im J. 858 diverse Hl. aus Cordoba nach Paris (Ann. Bertiniani a. 858, MGH SS rer. Germ., 51; Amoin von S. Germain-des-Prés, De translatione ss. martyrum Georgii monachi, Aurelii et Nathaliae ex urbe Corduba Parisios, Migne PL 115, 939–960).

b. Die Riten der Translation. Eine legale Überführung von Reliquien fand in der Öffentlichkeit, vor den Augen von Klerikern und Laien statt und wurde von einer Vielzahl ritueller Handlungen begleitet. Die Riten und Zeremonien werden seit dem 4. Jh. in Briefen (Chrysostomos, Ep. 126 ad Rufinum; Ambrosius, Ep. 77(22), c. 3, 9 und 21; Paulinus von Nola, Epp. 31,1, 32,10 und 17), Traktaten (Hieronymus, Contra Vigilantium, c. 5), hagiographischen Berichten (Translationsberichte, Viten, Mirakelberichte: Gregor der Große, Dialogi III, 30; 9, c. 34 und 51; 10, c. 20 und 34; 10a, c. 8), in Ordines zur Konsekration von Altar und Kirche (Ordines des 9. Jh.s: 2, Ordo XLI, XLII, XLIII [= Ordo von Saint-Amand, Paris, BN, lat. 974], Ordo im Sakramentar Bf. Drogos von Metz [826–855] [Paris, BN, Ms. lat. 9428]; dazu 84, §§ 17–26; 23), in städtischen, herrscherlichen und liturgischen Prozessionsordnungen (zum 4. Jh.: 19; zum 6. Jh.: byz. Elfenbein aus dem Domschatz zu Trier; zum 9. Jh.: Hrabanus Maurus, De institutione clericorum, II,45), in Urk., Ann. und Chroniken beschrieben.

Der rituelle Umgang mit den Reliquien während der Translation und der Altarweihe war zwar nicht kanonisch sanktioniert, erlangte aber seit dem 9. Jh. zunehmend Rechtskraft (48). So beschloß das Konzil von Mainz 813, daß für die Translation der Reliquien die Erlaubnis des Fürsten, der Bischöfe und der Synode eingeholt werden müsse: *Deinceps vero corpora sanctorum de loco ad locum nullus transferre praesumat sine consilio principis vel episcoporum sanctaeque synodi licentia.* (Konzil von Mainz, can. 51, MGH Conc. II,1,272) (48, 177–189). In der Praxis wurde der zustimmungspflichtige Personenkreis seit dem 9. Jh. um den Populus, die Gem., den zuständigen Ortsbf. und den Kg. erweitert (76).

Durch Altarweihen verursachte Reliquientranslationen dürften seit dem 4. Jh. etwa folgendem Ritus gefolgt sein, wenngleich bis in das 9. Jh. mit Var. in Rom, Mailand, Gallien, Spanien, bei den Ags. und Iren zu rechnen ist (26, 676 ff.; 62, 402 ff.; 48, 143 ff. c. 3; 84, § 15). Die beteiligten Kleriker – der Weihbf. oder Bf., der Priester und die Diakone – und die Laien reinigten sich durch Bußübungen bestehend aus Fasten und Nachtwachen und bereiteten sich im Gebet auf die Translation und Konsekration vor. Dann galt es, Gebeine von Hl. – auf einen göttlichen Hinweis hin – zu finden *(inventio, revelatio)* (42, 77–80). War die Heiligkeit der Gebeine durch übernatürliche Zeichen bestätigt worden, etwa durch eine Lichterscheinung oder einen süßen Duft *(odor suavis)*, der dem gefundenen Leichnam bei der Graböffnung entströmte (85), durch ein Wunder *(signum, miraculum)*, das der Hl. aus seinem Grab heraus wirkte, oder durch die Unverweslichkeit und Intaktheit der Gebeine *(corpus incorruptum)* (22), so wurden sie aus dem Grab erhoben *(elevatio)* und am Vorabend *(Vigil)* der Altar- bzw. Kirchweihe in einem Zelt *(tentorium)* oder in der noch ungeweihten Kirche öffentlich ausgestellt *(ostensio)*. Während der ganzen Nacht bewachten die Kleriker die Heiligengebeine und ehrten sie durch Hymnen- und Psalmengesang. Sofern sie über Nacht außerhalb der Kirche ausgestellt waren, wurden sie am nächsten Morgen entweder in Leintücher gehüllt auf einer Bahre *(feretrum)* oder in seidenen und goldenen Gefäßen in einer feierlichen Prozession in die Kirche übertragen *(translatio)*. Auf einem byz. Elfenbein des 6. Jh.s, das heute im Domschatz zu Trier aufbewahrt wird und das möglicherweise die Translation des hl. Zacharias in Konstantinopel am 4. Sept. 415 darstellt (Chronicon Paschalis II. ad a. 415), fährt der Präfekt oder Patriarch in einem von mehreren Pferden gezogenen Wagen und zeigt die Reliquien öffentlich in einem kostbaren Behältnis, das auf seinen Knien ruht (Taf. 1b) (35). An der Prozession sollten sich die vornehmen Bürger der Stadt, der Populus, die Konsekranten in Alben gekleidet, Kerzen, Weihrauch und Kreuze, Evangelienbücher und Fahnen *(vexilla)* mit sich führend beteiligen und die Einheit sowie den Frieden der Gem. demonstrieren (19, c. 2, 3,7, 12; dazu 41), der sich in liturgischen Wechselgesängen zw. Klerus und Laien (Kyrie und Hymnus) artikulierte.

Die Reliquien wurden, gehüllt in kostbare orientalische Stoffe und geschützt durch Behältnisse aus Glas, Ton, Holz oder Blei, entweder in einem Sepulcrum der Altarmensa eingemauert ('Reliquienrekondition') oder im Altarstipes deponiert. Vollständige Körper wurden in einem Sarkophag unter oder hinter dem Altar niedergelegt wie im Falle des hl. → Willibrord in Echternach (merow. Kalksteinsarkophag des hl. Willibrord: 34, 45 Abb. 19) und durch Schranken vom übrigen Chorraum abgetrennt (Hochgrab des hl. Willibrord in Echternach und dazugehörige Schrankenanlage: 34, 44 Abb. 18a–b). Für manche Hl. wurden in Erwartung größerer Pilgerströme nach dem Vorbild der Peterskirche in Rom unter dem Hochaltar Ring- oder Stollenkrypten (→ Kirche und Kirchenbauten S. 558 f.; → Jouarre) angelegt, in denen die Gebeine der Hl. in hausförmigen Schreinen in der Confessio (8./9. Jh. → Nivelles S. 230) aufgestellt wurden, so etwa in Noyon für den hl. Bf. → Eligius († 666) (Vita Eligii, II,48, MGH SS rer. Mer. IV, 727 f.), im Paderborner Dom für den 836 aus Le Mans geholten hl. Liborius (→ Paderborn § 5, S. 439) und in der Klosterkirche von Corvey für den hl. Vitus nach dessen Ankunft aus Saint-Denis im J. 836 (65).

Der Zeitpunkt und Anlaß der Anlage des Reliquiendepots sowie die Namen der Konsekranten wurden in Form von Urk. und/oder Siegeln dokumentiert und dem Depot beigelegt (48, 106 ff., c. 2; 42, 86). Um die Identität der Reliquie mit der Person eines Hl. zu garantieren, wurden den Gebeinen Pergamentzettelchen *(cedulae)* mit dem Namen des Hl. angeheftet (,Authentiken') (3, 84–108, Nr. 669; dazu 42, 85 f.; 24) oder die Namen auf bzw. in die Verschlußdeckel der Behältnisse geschrieben oder eingeritzt (81).

Elevationen und Translationen, die durch Kirchenumbauten oder zur Förderung des Kultes bedingt waren, beschränkten sich in der Regel auf das nähere Umfeld der Kirche und des Altares. Wurden Reliquien über große Distanzen aus Rom oder aus anderen Regionen transferiert (Ferntranslationen), so traten weitere, aus dem ant. Herrscheradventus und aus Liminalitätsriten entlehnte Zeremonien hinzu (78, 325–365, c. VIII; 79). Sie lassen sich aus einigen Translationsberichten (s. u.) und aus den begleitenden Sachquellen rekonstruieren. Die aussendende Gem. und ihre polit. wie kirchlichen Repräsentanten statteten die scheidenden Reliquien und ihre Begleiter mit Wegzehrung *(amminicula)* und Geschenken aus, die auf Dauer der materiellen Ausstattung der Hl. dienten (Immobilien). Zur Identifizierung der Gebeine und als Kultanweisung für die Empfänger gaben sie den Transporteuren eine Abschrift der Vita des Hl. mit. Bei Ferntranslationen wurden die Gebeine auf einer mit einem Tuch abgedeckten Bahre *(feretrum)* von mehreren Trägern zu Fuß transportiert. Eine Darst. des Einzugs in die Kirche und der Altarkonsekration zeigt das Elfenbein auf dem Vorderdeckel des Sakramentars des Bfs. Drogo von Metz (826–855) (Paris, BN, Ms. lat. 9428; DACL 11/1, 1933, Abb. No. 8025).

Nicht um eine Reliquienbahre, wie behauptet wird (74, 86), sondern um eine Totenbahre handelt es sich bei der Miniatur Paris, BN, Ms. lat. 9386, 147^r (2. Hälfte 9. Jh.): zwei Personen tragen das mit einem Tuch bedeckte Haupt Johannes des Täufers zu Grabe (vgl. Mk. 6,29). Weniger auffällig war der Transport in großen Taschen oder Beuteln; eine Hirschledertasche, mit einem Vorhängeschloß aus der KaZ versehen und durch Pergamentzettel authentifiziert, benutzten die Mönche von Saint-Calais, als sie Reliquien ihres Patrons vor den Normannen in Sicherheit brachten (25, Abb. zw. 182 und 183). Während der Translation konnten Passanten die Heiligengebeine bzw. die darüber gedeckten Tücher jederzeit berühren, so daß sich während der Reliquienreise zahlreiche Wunder ereigneten, die zugleich die nachhaltige *virtus* der Hl. unter Beweis stellten. Die Träger bemühten sich, in der Nacht eine Kirche oder einen verschließbaren Raum zu finden, um die Reliquien dort sicher zu verwahren.

Zeremonien des Abschieds und Empfangs wurden bei einer Ferntranslation nicht nur in der ausliefernden und der empfangenden Gem. zelebriert, sondern in jeder größeren Siedlung unterwegs, die über entspr. herrschaftliche oder kirchliche Institutionen verfügte. Die lokalen Repräsentanten kleideten sich vornehm, ritten oder fuhren dem durch einen Boten angekündigten Hl. und dessen Begleitern bis zum Limes der *civitas* entgegen *(occursus)*, nahmen sie gebührend in Empfang *(adventus)* (42, 66–77) und begleiteten sie beim Verlassen der Siedlung in derselben Weise *(profectio)*. Diese Rituale waren aus dem ant. Kaiserritual übernommen.

c. Translationsberichte (Hagiographie). Berichte über Translationen (42, c. 3) als eigenständige hagiographische Gattung entstehen erst im 9. Jh. Bis dahin war über die Translationen innerhalb der Erzählungen über die Leidens- und Lebensgesch.

(Epistula, Passio, Vita) sowie der Wunder *(Miracula)* der Hl. berichtet worden, im Rahmen der Predigt *(Sermo)*, der Meßoffizien, der monastischen Lektionen zum Festtag des Hl. oder als Exkurs zum Kalender in den Martyrologien. Über zahlreiche Translationen wurde nie ein ausführlicher Ber. erstellt. Sie sind nur in kurzen Notizen von Ann., Chroniken oder durch die Nennung der Heiligenpatrozinien in Urk. bezeugt.

Der Ber. → Einhards über die Translation der Hl. Marcellinus und Petrus nach Seligenstadt am Main in den J. 827/28 wurde zum modellbildenden Text der Gattung (Einhard, Translatio et miracula ss. Marcellini et Petri [BHL 5233], MGH SS XV/1, 238–264; dazu 83; 43). Er wurde von Adrevald von Fleury für seine zw. 865 und 877 verfaßte *Translatio s. Benedicti* (BHL 1117; vgl. 53) und für die *Translatio Calixti papae* von Rom nach Cysoing (Diöz. Noyon) (Translatio S. Calixti Cisonium [BHL 1525], MGH SS XV/1, 418) benutzt. Von einigen Translationsberichten wurden – zur monastischen Meditation oder zum Vortrag in repräsentativen polit. Zusammenhängen? (42, 54 Anm. 38) – nachträglich metrische Versionen angefertigt.

Besondere Aufmerksamkeit erfuhr die Translation des hl. Liborius von Le Mans nach Paderborn im J. 836, von der schon im 9. Jh. vier verschiedene Autoren berichten: 1. Erconrad (BHL 4911a), Hs. Bielefeld, Ratsgymnasium Ms. II (5); 2. Ido (nicht erhalten); 3. BHL 4911b nach der Hs. Avranches, Bibl. mun., Ms. 167 (13); 4. Paderborner Anonymus (BHL 4913), MGH SS IV,149–157; weitere Versionen im 12. Jh. (zum hagiographischen Dossier vgl. 78, 95–100. 386–388 Taf. 7–10; 86). Ob die Version des Erconrad (BHL 4911a) eine Fälschung aus der Werkstatt von Le Mans ist, wie Goffart (40) behauptet, ist umstritten (Zweifel an der Fälscherthese hegt Heinzelmann: 42, 54 Anm. 37).

Im Prolog des Translationsberichts reflektieren die Autoren meist über die Tugenden und die Wirkkraft *(virtus)* der Hl. sowie deren Funktion als Mittler zw. Gott und den Menschen. Der Autor nennt seine Auftraggeber und die Qu., die ihm für die Abfassung des Berichts zur Verfügung standen (Augenzeuge, mündliche Berichte Beteiligter, bei der Reise verwendete Empfehlungsschreiben, Urk. etc.).

Die Erzählstruktur des autonomen Translationsberichts lehnt sich an die durch die Ordines vorgegebenen rituellen Handlungen der Translation und der Kirchweihe an (s. o.). Dennoch wird nie der gesamte Verlauf der Reise beschrieben, die die Delegation zur Einholung der Reliquien unternahm. Vielmehr konzentriert sich die Erzählung auf die Nennung der an der Aktion beteiligten Personen und deren Unterstützer (Kg., Kaiser, Papst, Bischöfe, Populus), denen nach erfolgreichem Abschluß der Translation gedankt wird *(Laudes)*, auf evtl. auftretende Widerstände bei der Auslieferung der Reliquien und auf die Wunder (42, 63–66), die der Hl. nach der Elevation, während der Reise und bei der Ankunft an seinem neuen Bestimmungsort wirkte. Durch die letztgenannten Erzählelemente wurde der Beweis angetreten, daß die Reliquien trotz ihre Dislozierung ihre *virtus* nicht verloren hatten (77).

Sofern die Reliquien anläßlich der Gründung eines Klosters oder eines Bt.s eingeholt wurden, wird den Translationsberichten gelegentlich die Gründungsgesch. der Institution *(Fundatio, Chronica, Gesta, Ann.)* vorangestellt (für das Kloster Corvey: Translatio s. Viti [BHL 8718–8719], c. III–IV; für das Bt. Paderborn: Anonymus Paderbrunensis, Translatio s. Liborii [BHL 4913], c. 2–6). Außerdem enthalten sie Kopien von Privilegien und anderen bedeutsamen Dokumenten der Institution (Schutz- und Immunitätsprivileg Ks. Ludwigs des Frommen für das Kloster Corvey vom 27. Juli 823 in Translatio s. Viti [BHL 8718–8719], c. 4), die im Original nicht mehr erhalten sind (die verschollenen Ann. von

Saint-Quentin inseriert in den Sermo in tumulatione SS. Quintini, Victorici, Cassiani, MGH SS XV/1, 271 ff.; vgl. 42, 60 f.). Einmalig ist die Überlieferung der → *Origo gentis* der Sachsen, ihrer Wanderung und Christianisierung, in den ersten drei Kapiteln der → *Translatio sancti Alexandri* durch → Rudolf von Fulda (BHL 283, c. 1–3: 11, 423–427). Denselben Verf. beauftragte Hrabanus Maurus für die Aufzeichnung des Berichts über die zw. 835 und 838 nach Fulda überführten Reliquien (Rudolf v. Fulda, Miracula sanctorum in Fuldenses ecclesiae translatorum [BHL 7044], MGH SS XV/1, 329–341).

Abk.: AASS = Acta Sanctorum; BHL = Bibliotheca hagiographica latina; DACL = Dictionnaire d'archéologie chrétienne et de liturgie

Ed.: (1) Adrevald von Fleury, Adventus et exceptio corporis ... Benedicti in agrum Floriacensem, Analecta Bollandiana 89, 1971, 87[66]. (2) M. Andrieu (Hrsg.), Les Ordines Romani du Haut MA 4, 1956. (3) H. Atsma, J. Vézin, Chelles, Église Saint-André, Authentiques de reliques (VIIe–IXe siècle), CLA 18, 1985. (4) Chronicon Trenorchiense auctore Falcone Trenorchiensi monacho (11. Jh.), in: R. Poupardin (Hrsg.), Monuments de l'Hist. des Abbayes de Saint-Philibert (Noirmoutier, Grandlieu, Tournus), 1905, 71–106. (5) A. Cohausz (Hrsg.), Erconrads Translatio S. Liborii. Eine wiederentdeckte Geschichtsquelle der KaZ und die schon bekannten Übertragungsber., 1966. (6) Commentarius perpetuus in Martyrologium Hieronymianum, AASS Nov. II, Pars 2, 1894, Neudr. 1971. (7) Ermentarius, De translationibus et miraculis sancti Filiberti libri duo (9. Jh.), in: R. Poupordin (Hrsg.), Monuments de l'Hist. des Abbayes de Saint-Philibert (Noirmoutier, Grandlieu, Tournus), 1905, 19–70. (8) H. I. Floß (Hrsg.), Romreise des Abtes Markward von Prüm und Übertragung der hl. Chrysanthus und Daria nach Münstereifel im J. 844, Ann. des hist. Vereins für den Niederrhein 20, 1969, 69–217. (9) Gregor von Tours, Liber in gloria martyrum, MGH SS rer. Mer. I/2, 1969, 489–492. (10) Gregor von Tours, Liber in gloria confessorum, ebd. 294–370. (10a) Gregor von Tours, Liber vitas patrum, ebd. 661–744. (11) B. Krusch, Die Übertragung des H. Alexander von Rom nach Wildeshausen durch den Enkel Widukinds 851. Das älteste ndsächs. Geschichtsdenkmal, Nachr. der Ges. der Wiss. zu Göttingen. Phil.-hist. Kl. 1933, 405–436. (12) Martyrologium Hieronymianum, AASS Nov. II, Pars 1 (3.–4. Nov.), 1894, Neudr. 1971, 1–156, Index 157–192, Errata 193–195. (13) A. Poncelet, Relation originale du prêtre Idon sur la translation de S. Liboire à Paderborn, Analecta Bollandiana 22, 1903, 145–172. (14) M. Sot u. a. (Hrsg.), Les gestes des évêques d'Auxerre 1, 2002, c. 19, 70–77. (15) Translatio S. Alexandri auctoribus Ruodolfo et Meginharto Fuldensibus. Landesbibl. Hannover Ms I 186. Mit einer Einf. von H. Härtel, 1979. (16) Translatio corporis s. Benedicti in Franciam, in: E. Munding u. a. (Hrsg.), Palimpsesttexte des Cod. latinus Monacensis 6333 (Frisingensis 133, Cimelium 308), 1930, 1–3. (17) Translatio s. Viti martyris. Übertragung des hl. Märtyrers Vitus, bearb. und übs. von I. Schmale-Ott, 1979. (18) Translatio s. Pusinnae (BHL 6995), in: R. Wilmans (Hrsg.), Die Kaiseruk. der Prov. Westfalen 777–1313, Bd. 1. Die Urk. des karol. Zeitalters 777–900, 1867, 541–546. (19) Victricius Rotomagensis, De laude sanctorum, CChrSL 64, 1985, 67–93. (20) De vita Radegundis libri duo, II (= auctore Baudonivia) c. 16, MGH SS rer. Mer. II, 387–389. (21) W. Wattenbach, Die Übertragung der Reliquien des hl. Genesius nach Schienen, Zeitschr. für die Gesch. des Oberrheins 24, 1872, 1–21.

Lit.: (22) A. Angenendt, Corpus incorruptum. Eine Leitidee der ma. Reliquienverehrung, Saeculum 42, 1991, 320–348. (23) S. Benz, Zur Gesch. der röm. Kirchweihe nach den Texten des 6.–7. Jh.s, in: H. Emonds (Hrsg.), Enkania. Gesammelte Arbeiten zum 800j. Weihegedächtnis der Abteikirche Maria Laach, 1956, 62–109. (24) P. Bertrand, Authentiques de reliques: authentiques ou reliques?, Le Moyen Age 112, 2006, 363–374. (25) A. Bouton, Le Maine. Hist. économique et sociale des origines au XIVe siècle, 1. Les temps antiques, [2]1975. (26) J. Braun, Der christl. Altar in seiner geschichtl. Entwicklung 1, 1924. (27) M. Caroli, Le traslazioni reliquiali dei secoli 8.–10. in occidente. Per la costruzione di un repertorio, 2001. (28) G. Clark, Translating Relics: Victricius of Rouen and fourth-century Debate, Early Medieval Europe 10/2, 2001, 161–176. (29) Ders., Victricius of Rouen: Praising the Saints, Journ. of Early Christian Studies 7/3, 1999, 365–399. (30) Le culte et les reliques de S. Benoît et S. Scholastique, Studia Monastica 21, 1979. (31) E. Dassmann, Ambrosius und die Märtyrer, Jb. AC 18, 1975, 49–68. (32) H. Delehaye, Les premiers ‚libelli miraculorum', Analecta Bollandiana 29, 1910, 427–434. (33) Ders., Les origines du culte des martyrs, [2]1933. (34) M. C. Ferrari u. a. (Hrsg.), Die Abtei Echternach 698–1998, 1999. (35) B. Fischer, Die Elfenbeintafel des Trierer Domschatzes, Kurtrierisches Jb. 9, 1969, 5–19. (36) H. Fros, Liste des translations et inventions de l'époque carolingienne, Analecta Bollandiana 104, 1986, 427–429. (37) B. de Gaiffier, Relations religieuses de l'Espagne avec le Nord de la France. Transferts de reliques (VIIe–XIIe siècle), in: Ders., Recherches d'hagiographie latine, 1971, 7–29. (38) P. Gasnault, Le tombeau de saint Martin et les invasions normandes dans l'histoire et dans la légende, Revue de l'hist. de l'Église de France 47, 1961, 51–66. (39) W. Goffart, Le Mans, St. Scholastica and the literary tradition of the translation of St. Benedict, Revue Bénédictine 77, 1967, 107–141. (40) Ders., The Literary Adventures of St. Liborius. A Postscript to the Le Mans Forgeries, Analecta Bollandiana 86, 1969, 5–62. (41) N. Gussone, Adventus-Zeremoniell und Translation von Reliquien. Victricius von Rouen, De laude sanctorum, Frühma. Stud. 10, 1976, 125–133. (42) M. Heinzelmann, Translationsber. und andere Qu. des Reliquienkultes, 1979. (43) Ders., Einhards „Translatio Marcellini et Petri": eine hagiographische Reformschrift von 830, in: Einhard. Stud. zu Leben und Werk (Dem Gedenken an H. Beumann gewidmet), 1997, 269–298. (44) P. Henriet, Sainteté martyriale et communauté de salut. Une lecture du dossier des martyrs de Cordou (milieu IXe siècle), in: M. Lauwers (Hrsg.), Guerriers et moines. Conversion et sainteté aristocratique dans l'Occident médiéval (IXe–XIIe siècle), 2002, 93–139. (45) K. Herbers, Leo IV. und das Papsttum in der Mitte des 9. Jh.s. Möglichkeiten und Grenzen päpstlicher Herrschaft in der späten KaZ, 1996, 370–373. (46) Ders., Rom im Frankenreich – Rombeziehungen durch Hl. in der Mitte des 9. Jh.s, in: D. R. Bauer u. a. (Hrsg.), Mönchtum – Kirche – Herrschaft 750–1100, 1998, 133–169. (47) Ders., Mobilität und Kommunikation in der KaZ – die Reliquienreisen der hl. Chrysanthus und Daria, in: Lit. – Gesch. – Literaturgesch. Beitr. zur mediävistischen Literaturwiss. (Festschr. V. Honemann), 2003, 647–660. (48) N. Herrmann-Mascard, Les reliques des saints. Formation coutumière d'un droit, 1975. (49) K. Honselmann, Reliquientranslationen nach Sachsen, in: V. Elbern (Hrsg.), Das erste Jt. Kultur und Kunst im werdenden Abendland an Rhein und Ruhr 1, 1962, 158–193. (50) W. Hotzelt, Translationen von Märtyrerreliquien von Rom nach Bayern im 8. Jh., Stud. und Mitt. aus dem Benediktinerorden und seiner Zweige 53, 1935, 286–343. (51) Ders., Translationen von Martyrerleibern aus Rom ins w. Frankenreich im 8. Jh., Archiv für elsässische Kirchengesch. 13, 1938, 1–52. (52) Ders., Translationen röm. Reliquien ins Elsaß im 9. Jh., ebd. 16, 1943, 1–18. (53) J. Hourlier, La translation d'après les sources narratives, in: [30], 213–239. (54) D. G. Hunter, Vigilantius of Calagurris and Victricius of Rouen: Ascetics, Relics, and Clerics in Late Roman Gaul, Journ. of Early Christian Studies 7/3, 1999, 401–430. (55) D. Iogna-Prat, Le texte des *Miracula sancti Germani* et son intérêt pour l'histoire des idées politiques, in: Saint-Germain d'Auxerre. Intelectuels et artistes dans l'Europe carolingienne IXe–XIe siècles. Abbaye Saint-Germain, juillet–octobre 1990, 1990, 101–104. (56) G. Klingenberg, Grabrecht (Grabmulta, Grabschändung), in: RAC XII, 590–637. (57) Th. Klüppel, Der hl. Genesius in Schienen. *Commemoratio brevis de miraculis s. Genesii martyris Christi*, in: Reichenauer Hagiographie zw. Walahfrid und Berno, 1980, 18–25. (58) B. Kötting, Der frühchristl. Reliquienkult und die Bestattung im Kirchengebäude, 1965. (59) A. Krah, Reliquienverehrung und Reliquienerwerbung im 9. Jh., in: The Divine Life, Lights and Love. Euntes in mundum universum (In Honour of P. B. T. Bilaniuk), 1992, 97–109. (60) H. Leclercq, Reliques et reliquaires, DACL 14, 1948, 2294–2359. (61) Ders., Translations, DACL 15, 1953, 2695–2699. (62) A. Legner (Hrsg.), Ornamenta ecclesiae. Kunst und Künstler der Romanik. Kat. zur Ausstellung des Schnütgen-Mus.s in der Josef-Haubrich-Kunsthalle 1, 1985. (63) F. Lifshitz, The Norman Conquest of Pious Neustria: Historiographic Discourse and Saintly Relics, 684–1090, 1995. (64) Dies., The migration of Neustrian relics in the Viking Age: the myth of voluntary exodus, the reality of coercion and theft, Early Medieval Europe 4/2, 1995, 175–192. (65) U. Lobbedey, Neue Ausgrabungsergebnisse zur Baugesch. der Corveyer Abteikirche, Westfalen 55, 1977, 285–297. (66) J. Martin, Die revelatio S. Stephani und Verwandtes, Hist. Jb. 77, 1958, 419–433. (67) M. McCormick, Origins of the European Economy. Communication and Commerce, AD 300–900, 2002. (68) J. M. McCulloh, From Antiquity to the MA. Continuity and Change in Papal Relic Policy from the 6th to the 8th Century, in: Pietas (Festschr. B. Kötting), 1980, 313–324. (69) B. Merta, Helenae conparanda regina – secunda Isebel. Darst. von Frauen des merow. Hauses in frühma. Qu., MIÖGF 96, 1988, 1–32. (70) R. Michałowski, Przyjaśń i dar w społeczeństwie karolińskiem w świetle translacji relikwii, 1. Studium źródłoznawcze (Freundschaft und Gabe z. Zt. der Karolinger im Lichte der Translationsber., 1. Quellenkundliche Unters.), Studia źródłoznawcze (Commentationes) 28, 1983, 1–39. (71) Ders., Przyjaśń i dar w społeczeństwie karolińskiem w świetle translacji relikwii, 2. Analiza i interpretacja (Freundschaft und Gabe z. Zt. der Karolinger im Lichte der Translationsber., 2. Analyse und Interpretation), Studia źródłoznawcze (Commentationes) 29, 1985, 9–65. (72) Ders., Le don d'amitié dans la soc. carolingienne et les „Translationes sanctorum", in: Hagiographie, cultures et sociétés, IVe–XIIe siècles, 1981, 399–416. (73) L. Musset, L'exode des reliques du diocèse de Sées au temps des invasions normandes, Bull. de la Soc. hist. et arch. de l'Orne 88, 1970, 3–22. (74) Naissance des arts chrétiens. Atlas des monuments paléochrétiens de la France, 1991. (75) F. Prinz, Stadtröm.-ital. Märtyrerreliquien und frk. Reichsadel im Maas-Moselraum, Hist. Jb. 87, 1967, 1–25. (76) P. Riché, Les carolingiens en quête de sainteté, in: Les fonctions des saints dans le monde occidental (IIIe–XIIIe siècle), 1991, 217–224. (77) H. Rökkelein, Über Hagio-Geo-Graphien: Mirakel in Translationsberichten des 8. und 9. Jh.s, in: M. Heinzelmann u. a. (Hrsg.), Mirakel im MA. Konzeptionen, Erscheinungsformen, Deutungen, 2002, 166–179. (78) Dies., Reliquientranslationen nach Sachsen im 9. Jh. Über Kommunikation, Mobilität und Öffentlichkeit im Früh-MA, 2002. (79) Dies., Nonverbale Kommunikationsformen und -medien beim Transfer von Hl. im Früh-MA, in: K.-H. Spieß (Hrsg.), Medien der Kommunikation im MA, 2003, 83–104. (80) Dies., Der hl. Vitus. Die Erfolgsgesch. eines Importhl., in: G. Signori (Hrsg.), Hl. Westfalen. Hl., Reliquien, Wallfahrt und Wunder im MA, 2003, 19–30. (81) Dies., *1 alter hölzerner Kasten voller Reliquien als alten schmutzigen Zeugflicken jeder Farbe und alte Knochen*: Über unansehnliche und verborgene Reliquienschätze des MAs, in: Vielfalt und Aktualität des MAs (Festschr. W. Petke), 2006, 383–402. (82) J. H. M. Smith, Old Saints, New Cults: Roman Relics in Carolingian Francia, in: Early medieval Rome and the Christian West (Essays in honour of D. A. Bullough), 2000, 317–339. (83) H. Schefers, Einhards röm. Reliquien. Zur Bedeutung der Reliquientranslation Einhards von 827/828, Archiv für hess. Gesch. und Altkde NF 48, 1990, 279–292. (84) D. Stiefenhofer, Die Gesch. der Kirchweihe vom 1.–7. Jh., 1909. (85) E. A. Stückelberg, Der Geruch der Heiligkeit, Schweiz. Archiv für Volkskunde 22, 1919, 203–205. (86) V. de Vry, Liborius – Brückenbauer Europas. Die ma. Viten und Translationsber. Mit einem Anhang der Manuscripta Liboriana, 1997. (87) M. Zender, J. Fellenberg gen. Reinold, Reliquientranslationen zw. 600 und 1200, in: H. Jedin u. a. (Hrsg.), Atlas zur Kirchengesch. Die christl. Kirchen in Gesch. und Gegenwart, 1987, Karte No. 28.

H. Röckelein

Treue

Sprachlich-Philologisch – a. Wissenschaftsgesch. – b. Etym. – c. Ma. Überlieferung – d. Die ant. Qu.

Sprachlich-Philologisch. a. Wissenschaftsgesch. Die Annahme einer spezifisch germ. bzw. dt. T. findet sich seit der Zeit um 1500 und dürfte schon hier ein Ergebnis der humanistischen Beschäftigung mit → Tacitus sein (16, 465 f.; vgl. unten d.). Im 19. Jh. wird diese Vorstellung gleichermaßen zum dt. Nationalmythos wie zum hist. Erklärungsmodell. Georg → Waitz zufolge ist „die besondere Verpflichtung zur Treue" in der dt. Rechtsgesch. „aus dem eigensten Wesen des deutschen Geistes geflossen" (31, 141), wobei die „deutsche Treue" alle Bereiche umfaßte, bes. aber den privaten und familiären Bezugsrahmen, namentlich die eheliche T. (31, 14). In der Folge etablierte die romantische Literaturwiss., ausgehend von mhd. *triuwe* als zentralem Wertbegriff der hochma. höfischen Dichtung (vgl. unten c.), den Glaubenssatz von der T. als einer der dt. bzw. germ. ‚Volksseele' inhärenten, hist. überdauernden Eigenschaft (30, 217: „beseelende und erhaltende Kraft des germanischen Lebens"), eingebettet in ein v. a. mit dem → Nibelungenlied begründetes „germanisch-deutsches Tugendmonopol" (28, 94. 105 ff.). Mit der expliziten Herleitung des ma. Vasallen- und Lehnswesen aus der germ. → Gefolgschaft (30, 216 ff.; kurz zuvor noch ebenso explizit abgelehnt bei 31, 141 ff.) und ihrer mentalistischen Verankerung im T.-Begriff übertrug die romantische Literaturwiss. diese germ.-dt. Kontinuitätsannahme auf die Verfassungsgeschichte.

Die differenziertere Sicht der positivistischen Rechtsgesch. führte zur konzeptionellen Unterscheidung ethischer und formalrechtlicher T. (‚Gesinnungs-T.' vs. ‚Geschäfts-T.'; vgl. → Treue § 2, Bd. 31). Unter Verweis auf die wichtige Rolle der *bona fides* im röm. Ethos und Recht (unterstrichen durch die Verkörperung in einer Gottheit *Fides*) wurde der allg., sozialethische T.-Begriff nicht mehr als typisch germ. (oder dt.) angesehen. Typisch germ. sei vielmehr die schon von Uhland ins Spiel gebrachte Gefolgschafts- bzw. „Dienst- und Unterthanentreue". Diese in germ. Vorzeit freiwillige, also unkontrollierbare und somit letztlich herrschaftsfeindliche T. hätte subversiven Entwicklungen in der ma. Adelsges. Vorschub geleistet. Die (jüng.) dt. T. unterscheide sich darin, daß sie als Rechtspflicht und somit als gesellschaftspolit. Stabilitätsfaktor anzusehen sei (5, 40 passim). Trotz solcher rationalisierenden Tendenzen wirkte die romantische T.-Vorstellung aber nach, so daß beispielsweise der Junggrammatiker H. Osthoff die etym. Verwandtschaft der Wörter für ‚Treue' und ‚Baum' (vgl. unten b.) zur metaphorischen Gleichsetzung von „deutsche Treue" und „deutsche Eiche" ausmalte (21, 180).

Der „formallogische Rechtspositivismus" (19, 528) fand im frühen 20. Jh. und speziell im Nationalsozialismus heftigen Widerspruch. Statt dessen wurde die aus der Romantik hervorgegangene mentalistische Überhebung der T. reaktiviert und zunehmend metaphysisch interpretiert. Der Begriff der Rechtspflicht wich der Vorstellung von der „inneren Wärme", die die T. „über die Grenze der rechtlichen Form hinaushebt" (26, 216). Diese „Glutwärme germanischer Treue", die den „Brennpunkt des germanischen Rechtsdenkens" bildete, wurde dem „eisigen Hauch leidenschaftslos-kühler Überlegung" der röm. *fides* entgegengestellt (19, 526).

Kritik an dieser von jeder hist. Evidenz losgelösten Interpretation und dem damit verbundenen Kontinuitätspostulat kam von Kuhn (17, bes. 33 ff.) und v. a. Graus (9), dem zufolge der T.-Begriff des Hoch-MAs erst in karol. Zeit unter kirchlichem Einfluß entstanden, Vasallentum und Feudalismus mit ihren typischen T.-Bindungen aus diesem T.-Motiv zu erklären seien. Neu beurteilt wurde auch der Qu.wert der ma. Heldendichtung (→ Held, Heldendichtung, Heldensage), die zuvorderst Ethos und Rechtsvorstellungen des zeitgenössischen Adels zum Ausdruck bringe und keine „urgermanische Treue" bezeugen könne (anders noch 11, 117 ff.). Die Kontinuitätsannahme einer bis in die dt. Gesch. fortdauernden germ. Moral- und Rechtsinstitution ‚Treue' sei somit ein liter. Topos und als solcher eine Konstruktion des 19. und 20. Jh.s. Das Diktum Graus' wurde in einigen Details zwar in Frage gestellt (24, 316 ff.; 15), ist in der Kernaussage aber nach wie vor gültig.

b. Etym. Den Kern einer germ. Wortfamilie ‚Treue' bildet das Primäradj. *trewwa- ‚treu', zu welchem die agerm. Einzelsprachen verschiedene Abstraktbildungen fortsetzen: Direkt abgeleitet sind:

1. germ. *trewwō in got. *triggwa* ‚Bündnis, Bund', anord. *tryggvar* ‚Vertragsgelöbnis, -zustand' (nur Pl., isolierter runen-nord. Dat. Sing. *triku*), ae. *trēow, trȳw* ‚Zuverlässigkeit, (Vertrags-)Treue, Versprechen, Bündnis', as. *treuwa* ‚Treue, Vertrauen', afries. *tre(u)we, triūwe* ‚Treue, Versprechen, Übereinkunft', ahd. *treuwa, triuwa* ‚Treue, Glaube, Beständigkeit, Beistand' (glossiert *fides, foedus, fas* und *pactum*), langob. *treuwa* (in mlat. Qu. romanisiert *treuga*) ‚Treuegelöbnis' und

2. germ. *trewwiþō in anord. *tryggð* ‚Vertrauen, Waffenstillstand; Pl. Treueschwur, (Friedens-)Vertrag', ae. *(un)trīowð* ‚(Un-)Treue', ahd. *gitriuwida* ‚Vertrauen, Glauben, Treue'.

3. Das Adj. *trewwa- hat neben sich eine Ablautvar. *trūa- in anord. *trúr* ‚treu, gläubig', ne. *true* ‚wahr' mit den Abstrakta anord. *trú* ‚Glaube', ae. *trūwa* ‚Vertrauen, Schutz' < *trū(w)ō sowie den zugehörigen Verben ahd. *trūōn*, as. *trūōn*, ae. *trūwian* ‚vertrauen, glauben, hoffen' (außergerm. vergleicht sich apreuß. *druwis* ‚Glaube'). Da der Langvokal in *trūa- eine laryngalisch schließende Schwundstufe idg. *druH- nahelegt, wurde auch die Verschärfung in vollstufigem *trewwa- (got. *triggws*, anord. *tryggr*) als Laryngalreflex angesehen (29; heute umstritten).

4. Morphologisch ferner, aber semant. benachbart ist das Adj. *trausta- ‚stark, fest' mit seinen Abstraktbildungen got. *trausti* ‚Vertrag, Bündnis', afrz. *träst* ‚Hilfe, Trost, Zuversicht', anord. *traust* ‚Trost, Stärke, Hilfe', ahd. *trōst* ‚Trost' (hierzu 11, 126 ff.).

Auffällig ist die auch ins Kelt. weisende Produktivität dieser Gruppe im Bereich der Gefolgschaftsterminologie (→ Antrustio; → Condrusi;→ Trustis).

Die ganze Wortfamilie ist wahrscheinlich wurzelverwandt mit dem alten idg. Baumwort, das in griech. δρῦς ‚Eiche‘, δόρυ, aind. *dāru* ‚Holz, Stamm‘ sowie in got. *triu,* ae. *trēow* (neutr., vs. *trēow* fem. ‚Treue‘), as. *treo, trio,* afrz. *trē* ‚Baum‘ (ne. *tree,* nschwed. *träd;* vgl. nhd. *Teer)* fortlebt. Urspr. Bedeutung dürfte ‚Eiche, Baum (mit hartem Holz)' gewesen sein. Die germ. Adj.bedeutungen ‚treu, fest' wie auch ‚wahr' erklären sich aus einem Bedeutungswandel ‚hart (wie Eichenholz)' ⇒ ‚(stand)fest' ⇒ ‚zuverlässig' (21 mit ält. Forsch.; zustimmend 7, 146 und 13, 603 ff.; anders 2, 257 ff.), wie er ähnlich in etym. verwandtem aind. *dāruṇa-* ‚hart, rauh' zu *dāru-* (s. o.) oder unverwandtem lat. *rōbustus* ‚fest, stark' zu *rōbur* ‚Eichenholz' zu beobachten ist. Die Abstrakta germ. **trewwō* und **trewwiþō* bezeichneten in den Einzelsprachen verschiedene Formen vertraglicher Bindung bzw. den dadurch erzielten Rechtsfrieden; **trewwō* war in dieser Funktion schon in der frühgeschichtl., womöglich auch vorgeschichtl. Rechtssprache terminologisiert (vgl. 11, 117 ff.; 22; 27, 204 ff.).

c. Ma. Überlieferung. Während germ. **trewwō* und seine Ableitungen in der volkssprachigen Lit. des MAs reich belegt sind, erscheint in den ma. RQu. überwiegend der lat. Terminus *fides.* Anders als die ant. *fides*-Belege (vgl. unten d.) verraten die frühma. → *Leges* eine streng technische ‚Treue'-Vorstellung (‚Geschäfts-T.' → Treue § 2b, Bd. 31), die zumindest teilweise autochthone Traditionen fortzusetzen scheint. Die → *Lex Salica* (L. S. = P. L. S. 50 § 1; ähnlich andere merow. und karol. RQu.) bezeichnet den Abschluß eines Schuldvertrags, der dem Gläubiger ein Zugriffsrecht auf den Vertragsgegenstand gewährt und dem Schuldner eine Leistungspflicht auferlegt, als *fidem facere* bzw. den abgeschlossenen aber noch nicht erfüllten Schuldvertrag als → *fides facta* (‚Urteilserfüllungsgelöbnis'; 12). Ein ähnlicher Vertrag liegt womöglich in der langob. *treuwa* < westgerm. **trewwō* (Liutpr. 42; vgl. 16, 484) vor. Der Vertragsgegenstand wurde symbolisiert durch ein *wadium* resp. *wadia* ‚Pfand' (germ. **wadja*-‚Einsatz', vgl. got. *wadi* ‚Versprechen', nhd. *Wette;* die frk. Qu. erwähnen dafür einen Holzstab namens *festuca)* woraus sich der langob.-lat. Terminus *wadiatio* (T.-Gelöbnis mittels einer Pfandgabe) erklärt. Ält. Ansichten, wonach sich derartige Vertragsformen im ma. T.-Gelöbnis etwa der karoling. → Kapitularien und späterer Vasalleneide, fortsetzen (8, 169 ff.), werden meist bestritten. Diese frühma. → Treueide stehen einer christl. überformten Tradition des röm. Militäreides näher (→ Treue §§ 2c, 4, 5, Bd. 31).

Die volkssprachigen Belege bezeugen sowohl eine allg., ethische als auch eine formalrechtliche Bedeutungskomponente; v. a. ablautendes **trūa-* wird zudem im relig. Wortschatz produktiv. Die Streuung der Wortbedeutungen ist nicht zuletzt textsortenspezifisch. So hat ahd. *triuwa* ‚Treue, Glaube, Beständigkeit, Beistand', das außerhalb der Glossen fast ausschließlich in der christl. Lit. bezeugt ist, seine Hauptfunktion im ethischen und relig. Bereich. Ähnliches gilt für das As. mit seinem noch begrenzteren Corpus, wobei as. *treuwa* stärker als ahd. *triuwa* die konkrete Bindung betont (11, 122 ff.). Etwas deutlicher als in der liter. Überlieferung tritt die urspr. Bedeutung ‚Bündnis, Vertrag' in den zahlreichen Glossenbelegen zutage (25, 54 f.). Die Entwicklung zu einem zentralen christl. Wertbegriff läßt sich, etwas weniger ausgeprägt, auch im Ae. beobachten (3, 1013. Suppl. 725). In den westgerm. Sprachen folgt dieser Bedeutungswandel dem analogen Prozeß bei lat. *fides,* das seinerseits von griech. πίστις geprägt ist (1, 824 ff.; 4, 489 ff.). Aus diesem Grund zeigt sich das schwer übersetzbare christl. Bedeutungsspektrum am ausgeprägtesten in der christl. übersetzenden und kommentierenden Lit.

Dagegen bezeichnet anord. *trygg* bzw. *tryggð*, meist pluralisch verwendet, den unbefristeten Versöhnungsvertrag, der einen Totschlagsstreit beendete ('Urfehdevertrag'; 27, 209 ff.). Der früheste Beleg für diese Bedeutung findet sich in der Runeninschr. Braddan II auf der Insel Man: **Roskitil uilti i triku aiþsoara siin** ‚Hrossketill betrog seinen Schwurpartner im Vertragszustand'; die entspr. Formel *véla í tryggð* ‚betrügen im Zustand vertraglicher Sicherheit' findet sich mehrfach in der anord. Lit. und scheint, wie auch andere formelhafte Verwendungen des Wortes, alt zu sein. Vorwiegende relig. Bedeutung kommt dagegen anord. *trúa* ‚glauben, trauen' und seinen Verwandten zu, wofür man as. Einfluß geltend machen wollte (18, 167 f.).

Für die Rückprojektion der T. als grundlegende ethische Qualität der Germ. verantwortlich ist nicht zuletzt ihre gewichtige Rolle in der mhd. Lit. und hier bes. der Heldendichtung (allein im Nibelungenlied wird *triuwe* weit über 100mal genannt). Doch kann mhd. *triuwe* nicht losgelöst vom höfischen Tugendkatalog betrachtet werden, wo es neben Begriffen wie *êre, stæte, mâze* oder *zuht* steht (6, 211 ff. und passim). Seine hist. Basis ist in der Vasallität zu suchen und somit verhältnismäßig jung (10, 11 ff.). Für die ält. Heldendichtung ist die T. als konstitutives Motiv dagegen grundsätzlich bestritten worden (17, 51; 9, 79 ff.; 10, 26 ff.).

d. Die ant. Qu. Germ. *trewwō* ist erst im MA bezeugt; die ant. (griech., röm.) Lit. erwähnt das Wort nicht. Auf einen frühen germ. ‚Treue'-Begriff sowie das zugehörige Wort schloß die Forsch. aber dort, wo die ant. Qu. im Zusammenhang mit Germ. von *fides* sprechen. Besondere Beachtung haben vier Tacitus-Stellen gefunden (vgl. v. a. 24, 318 ff.; dagegen 10, 34 ff.):

1. In Tac. hist. 3,5 gelten die von Sido (→ Vannius) und → Italicus angeführten Sweben als ein Volk, das ‚eher für Treue als für Befehle offen' ist *(fidei quam iussorum patientior)*. Da dieser Abschnitt jedoch ganz aus röm. Perspektive urteilt, bezeugt er keinen germ. T.-Begriff, sondern vielmehr die ethischen und rechtlichen Vorstellungen des Tacitus selbst.

2. In Tac. hist. 4,60 wirft → Civilis den aufständischen Germ. vor, sie hätten röm. Legionären freien Abzug versprochen, dann aber ‚verbrecherisch ihre Treue gebrochen' *(fidem per scelus abrumperent)*. Abgesehen davon, daß der Vorwurf fragwürdig ist (Civilis war selbst Initiator des Aufstands, hielt dies lediglich gegenüber Rom geheim), betonen kurz zuvor auch die röm. Legionäre den Gegensatz zw. ihrer eigenen T. und der Treulosigkeit des Civilis (Tac. hist. 4,21,2). Beide Passagen dürften damit letztlich taciteischer Rhetorik entstammen.

3. Ann. 13,54 beanspruchen die Friesenkg. Verritus und → Mal(l)orix im Theater denselben Ehrenplatz wie die anderen durch *virtute et amicitia Romana* ausgezeichneten Ausländer, da ‚niemand unter den Sterblichen die Germanen an Waffenruhm und Treue übertreffe' *(nullos mortalium armis aut fide ante Germanos esse;* ähnlich Sueton Claud. 25,4, der aber *conditio* statt *fides* verwendet). Da *armis aut fide* hier lediglich *virtute et amicitia* variiert, verrät auch dieser Satz keine germ., sondern röm. Rechtsvorstellungen (14, 325).

4. Meistdiskutierte Stelle ist Tac. Germ. 24,2 über die germ. Leidenschaft beim Würfelspiel, deretwegen die Spieler sogar ihre persönliche Freiheit aufs Spiel setzen: ‚So groß ist in der verkehrten Sache ihre Verbohrtheit, sie selbst nennen das Treue' *(ea est in re prava pervicacia, ipsi fidem vocant)*. Die Formulierung *ipsi fidem vocant* wurde so verstanden, daß Tacitus hier einen autochthonen Terminus übersetzt, vermutlich *trewwō* (vgl. oben b.; so 27, 206; 15, 319; dagegen 16, 475; unentschieden 10, 39),

und weiter gefolgert, „daß es die Germanen mit der Vertragstreue strenger nahmen als andere, war ihnen selbst bewußt" (20, 324). Doch ist zumindest die Kenntnis des Wortes *trewwō sehr fraglich, da Tacitus in entspr. Fällen die germ. Vorlage und nicht seine lat. Übs. nennt (Tac. Germ. 45,4 *sucinum, quod ipsi ‚glesum' vocant;* ähnlich Tac. Germ. 6,1 zu *framea* und evtl. 3,1 zu *barditus*). Unsicher bleibt aber auch der Bezug auf einen germ. ‚Treue'-Begriff: Für das in Rom verpönte Würfelspiel *(res prava)* freiwillig die eigene Freiheit aufzugeben, mußte einem Römer einfältig erscheinen. Aus diesem Grund kann die Bemerkung *ipsi fidem vocant* als ironischer Seitenhieb gemeint sein. Sollte hier dennoch ein germ. T.-Begriff zum Ausdruck kommen, dann auffälligerweise nicht die von der ält. Forsch. (23, 235 ff.) postulierte Gefolgschafts-T. (es ist in diesem Zusammenhang von Interesse, daß der Abschnitt über die Gefolgschaft Germ. 13 ff. keinen entspr. Begriff erwähnt).

Diese Tac. Germ. 14,1 implizit beschriebene Gefolgschafts-T. wiederum wird womöglich schon in der Spätant. persifliert (17, 18 f.): Amm. 16,12,60 berichtet von 200 alam. Adligen, die sich gefangen nehmen ließen, weil sie es ‚für eine Schande hielten, den König zu überleben bzw. nicht für ihn zu sterben' *(flagitium arbitrati post regem vivere vel pro rege non mori)*. Angesichts des prahlerischen Bildes, das → Ammianus Marcellinus generell wie auch im konkreten hist. Kontext von den Alam. zeichnet, ist das eher als Ironie denn als Wertschätzung zu verstehen. Gestrichen werden müssen des weiteren Zeugnisse, die germ. Bündnis-T. gegenüber Rom aus röm. Sicht beurteilen, etwa über die → Ubier (Tac. Germ. 28 *experimento fidei*) oder → Hermunduren (Tac. Germ. 41 *Hermundurorum civitas, fida Romanis*); ähnlich der Hinweis, Civilis habe die Baetasier und Nervier ‚in Treue aufgenommen' (Tac. Hist. 4,66 *in fidem acceptos*), da es sich hierbei um eine Wendung des röm. Völkerrechts handelt (→ *Dediticii*; 1, 812 f.).

Auch die Untreue *(infidelitas, perfidia, mendacitas)* der Germ. wird in ant. Texten mehrfach hervorgehoben, etwa bei Caes. Gall. 4,13, Vell. 2,118,1, Tac. ann. 1,55. In Ammians Alam.beschreibung bildet die germ. Treulosigkeit sogar den Grundtenor, und H. A. (Firmus 13,4) erklärt den Namen der Franken mit ihrer Neigung, ‚lachend die Treue zu brechen' *(familiare est ridendo fidem frangere)*. Doch lassen sich solche Stellen ebensowenig gegen (9, 149 ff.) eine germ. Rechtsinstitution T. werten, da ‚Treulosigkeit' und ‚Vertragsbrüchigkeit' ethnographische Stereotypen und somit für eine Bewertung konstitutiver Verhältnisse wertlos sind (vgl. 32, 41 ff.).

(1) C. Becker, *Fides*, in: RAC VII, 801–839. (2) E. Benveniste, Problèmes sémantiques de la reconstruction, Word 10, 1954, 251–264. (3) Bosworth-Toller, Anglo-Sax. Dict. (4) Du Cange III. (5) V. Ehrenberg, Die T. als Rechtspflicht, Dt. Rundschau 39, 1884, 39–51. (6) O. Ehrismann, Ehre und Mut, Âventiure und Minne. Höfische Wortgesch. aus dem MA, 1995. (7) P. Friedrich, Proto-Indo-European Trees, 1970. (8) O. Gierke, Schuld und Haftung im ält. dt. Recht, 1910. (9) F. Graus, Über die sog. germ. T., Historica 1, 1959, 71–121 (= in: Ders., Ausgewählte Aufsätze [1959–1989], 2002). (10) Ders., Herrschaft und T. Betrachtungen zur Lehre von der germ. Kontinuität, Historica 12, 1966, 5–44. (11) D. H. Green, The Carolingian Lord, 1965. (12) H. R. Hagemann, *Fides facta* und *wadiatio*. Vom Wesen des altdt. Formalvertrages, ZRG GA 83, 1966, 1–34. (13) F. Heidermanns, Etym. Wb. der germ. Primäradj., 1993. (14) E. Kaufmann, T., in: HRG V, 320–338. (15) W. Kienast, Germ. T. und „Königsheil", HZ 227, 1978, 265–324. (16) K. Kroeschell, Die T. in der dt. Rechtsgesch., in: Studi Medievali X/1 (Festschr. A. G. Ermini), 1969, 465–489. (17) H. Kuhn, Die Grenzen der germ. Gefolgschaft, ZRG GA 73, 1956, 1–83. (18) H. Ljungberg, Trúa. En ordhistorisk undersökning, ANF 62, 1947, 151–171. (19) W. Merk, Die T. im ält. dt. Recht, Dt. Recht 4, 1934, 526–528. (20) Much, Germania. (21) H. Osthoff, Eiche und T., in: Ders., Etym. Parerga 1, 1901, 98–180. (22) U. Pretzel, T., in: Grimm, DWb. XI,I.2, 1952, 282–342. (23) W. Schlesinger, Herrschaft und Gefolgschaft in der germ.-dt. Verfassungsgesch., HZ 176, 1953, 225–275. (24) Ders., Randbemerkungen zu drei Aufsätzen über

Sippe, Gefolgschaft und T., in: Ders., Beitr. zur dt. Verfassungsgesch. des MAs 1, 1963, 286–334. (25) R. Schützeichel, Ahd. und as. Glossenwortschatz 10, 2004. (28) C. Frhr. von Schwerin, Der Geist des agerm. Rechts, das Eindringen fremden Rechts, und die neuerliche Wiedererstarkung germ. Rechtsgrundsätze, in: H. Nollau (Hrsg.), Germ. Wiedererstehung. Ein Werk über die germ. Grundlagen unserer Gesittung, 1926, 205–291. (27) K. von See, Anord. Rechtswörter. Philol. Stud. zur Rechtsauffassung und Rechtsgesinnung der Germ., 1964. (28) Ders., Barbar, Germane, Arier. Die Suche nach der Identität der Deutschen, 1994. (29) H. L. Smith, The Verschärfung in Germanic, Language 17, 1941, 93–98. (30) L. Uhland, Schr. zur Gesch. der Dichtung und Sage 1, 1865. (31) G. Waitz, Dt. Verfassungsgesch. 1, 1844. (32) R. Wenskus, Stammesbildung.

L. Rübekeil

Zum Hist.; zu Formen der T.; zu Rechtsfolgen; zu T. und Christentum → Treue, Bd. 31

Treueid. In der neuzeitlichen Systematisierung von Eidformen (6, 866) gilt der T. als promissorischer oder versprechender → Eid (Gelöbniseid), der das künftige Verhalten des Schwörenden regelt (8), während der assertorische oder bekundende Eid (Wahrheitseid) als Beweismittel vor Gericht dient (2, 13; 8, 1; → Eid § 3). Beiden gemeinsam ist, daß sie in ihrem Wesen als pflichtbegründendem Akt eine bedingte Selbstverfluchung sanktionieren, die im Rahmen eines Schwurs, dem Mittel der Bindung, geschieht. T.e begründen stets ein Unterordnungsverhältnis auf der Basis von → Treue, zeigen damit ein Mittel an, auf einer gestuften Vielzahl personaler Bindungen (6, 867) bestimmte Formen des sozialen Lebens zu institutionalisieren und eine verstärkte Bindung des oder der den T. Schwörenden an eine übergeordnete Instanz zu sichern, woraus letztlich die Bedeutung des T.s als Bindemittel des ma. Verfassungsgefüges ersichtlich wird (7, 1679). Zur Begründung von T.en nebst der Ausrichtung auf rechtlich fixierte Dienstleistung (Verpflichtung) und Unterordnung wird angeführt, sie seien, etwa unter → Karl dem Großen, „notwendig, weil Aufrührer im Reiche sich zu ihrer Rechtfertigung darauf beriefen, sie hätten dem König ja keine Treue geschworen" (6, 867). Garantie für die Einhaltung der Treue gewährleistete insbesondere die Verpflichtung von Treue-Geber und Treue-Nehmer gegenüber einer dritten Größe (→ Eid § 2), wobei allerdings unklar bleibt, inwieweit diese Größe auch bei der Leistung eines T.s zum Ausdruck kam oder nur für assertorische Formen von Belang war, da die neuzeitliche Unterscheidung der beiden Eidformen dem germ. Recht fremd war (7, 1678). Formal besteht der T.-Schwur im weiteren Sinne aus Kommendation und Eid. Während letzterer in recht allg. Art die gegenseitige Treue mündlich bekräftigt, besteht die Kommendation aus einer Art Handreichung (→ Gelübde), in der sich der Schwörende dem Herrn unterordnet, indem er diesem etwa seine gefalteten Hände in die Hand legt (vgl. die Darst. im „Heidelberger Sachsenspiegel", Cod. Pal. germ. 164, Bl. 1r). Die Kommendation spielt insbesondere beim Eingehen von Lehensverhältnissen eine wichtige Rolle, sie hat ihren Ursprung wohl in der mediterranen Ant., wie vielleicht auch der allg. → Untertaneneid in die röm. Spätant. zurückreicht (10; 3, 6, 78). Das Gefüge von T.en kann ein soziales oder polit. System festigen (vgl. 1, 163), es kann jedoch auch zu Konflikten führen, wenn Unvereinbarkeiten bestehen, insbesondere wenn relig. Pflicht und weltliche Handlungsverpflichtungen einander entgegenstehen oder wenn durch einen sog. Treuevorbehalt das Treueverhältnis zum Kg. durch einen T. auf anderer Stufe beeinträchtigt wird (13). Hier – und ganz bes. im Rahmen von Mehrfachvasallität – eröffnet sich das Spannungsfeld von Treue und Gehorsam (→ Gehorsam; → Lehnswesen). Während das Konzept der Treue (insbesondere auf der Seite des Untergeordneten) auf eine intensive Erforschung zurückblicken darf, wird die Gegenleistung – auch infolge einer schwer zu beurteilenden Qu.grundlage – oftmals vernachlässigt. In der Tat bleibt es häufig unklar, ob das Eintreten in ein durch Eid beschworenes Treueverhältnis allein die gegenseitige Treue einleitet oder ob, wie etwa im Rahmen der → Gefolgschaft, materielle Gaben ein Unterordnungsverhältnis bekräftigen und stabilisieren. Allg. liegt diese Schwierigkeit darin begründet, daß zwar der Begriff ‚Eid' im wesentlichen faßbar ist, nicht jedoch der Komplex der ‚Treue' in seiner verwinkelten Forsch.sgeschichte.

In der ält. Theorie von ‚Schuld und Haftung' galt der T. primär als Mittel der Haftungsbestärkung, also als sekundäre, durch rituelles Handeln unterstützte Bekräftigung einer bereits bestehenden Verpflichtung (9; 5, 422). Die ält. wie die neuere Forsch. setzt zudem, wiewohl kontrovers (12) und nicht immer systematisch, vasallitische T.e von → Untertaneneiden ab (11, 25), indem sie letztere auch als ‚allgemeine Treueide' bezeichnet (→ Huldigung). Die Diskussion kreist hier insbesondere um die Herkunft und die Einordnung der Schwurformel des Untertaneneids, den Karl der Große 802 die Bevölkerung schwören ließ, wonach diese dem Ks. treu zu sein hatte *sicut homo per drictum debet esse domino suo, ad suum regnum et ad suum rectum* (MGH Cap I, 34, 102). Weitere Systematisierungsversuche scheitern vielfach an der zeitlich-räumlichen Varianz von T.en, der Überlieferung selbst sowie an allzu dogmatischem Beharren auf hist. Erklärungsmodellen.

Für den germ. T. wird als ältesten Beleg in der Regel auf Tac. Germ. c. 14 verwiesen, wo von einer Art vasallitischem T. die Rede ist, worin der Gefolgsmann dem Herrn schwört, *illum defendere, tueri, sua quoque fortia facta gloriae eius assignare praecipuum sacramentum est*. In frk. Zeit schwor die kgl. Gefolgschaft dem Kg. *trustem et fidelitatem* ‚Mannschaft und Treue' oder *fidelitatem et leudesamio* (Form. Marc. I, 40). Ähnliche Formeln finden sich verstreut bis in die Neuzeit, doch fehlen meist genauere inhaltliche Angaben, worin die Treue besteht, weswegen zu Recht bisweilen von ‚Leerformeln' die Rede ist. Verständlich ist die formelartige Inhaltsleere vor dem Hintergrund ihrer Überlieferungsform: Gehören Eide primär der mündlichen Rechtsaktivität an, die durch rituelle Handlungen begleitet werden, so sind niedergeschriebene Eide bereits gattungsentfremdet als Urk. anzusehen, die jedoch, wie die „Straßburger Eide" von 842 in ihrer Mehrsprachigkeit deutlich machen, den Stellenwert des genauen Wortlauts hervortreten lassen. Über den eigtl. T. hinaus geht die schriftliche Namensauflistung derjenigen, die den Eid geleistet hatten ([...] *nomina vel numerum de ipsis qui iuraverunt ipsi missi in brebem secum adportent*. Capitulare missorum v. J. 792 oder 786, MGH Cap. I, 25, 67).

(1) Amira, Grundr. (2) M. Becher, Eid und Herrschaft. Unters. zum Herrscherethos Karls des Großen, 1993. (3) H. Brunner, Dt. Rechtsgesch. 2, neu bearb. von C. Frhr. von Schwerin, Nachdr. 1958. (4) Brunner, DRG 1, ³1961. (5) Conrad, DRG. (6) G. Dilcher, Eid § 3 Versprechenseide, in: HRG I, 866–870. (7) H. Drüppel, Eid, A IV: Germ. und dt. Recht, in: Lex. des MAs 3, 1986, 1677–1680. (8) U. Eckardt, Unters. zu Form und Funktion der T.-Leistung im merow. Frankenreich, 1976. (9) O. von Gierke, Schuld und Haftung im ält. dt. Recht. Insbesondere die Schuld- und Haftungsgeschäfte, 1910. (10) P. Herrmann, Der röm. Kaisereid. Unters. zu seiner Herkunft und Entwicklung, 1968. (11) A. Holenstein, Die Huldigung der Untertanen. Rechtskultur und Herrschaftsordnung (800–1800), 1990. (12) Ch. E. Odegaard, Carolingian oaths of fidelity, Speculum 16, 1941, 284–296. (13) W. Kienast, Untertaneneid und Treuevorbehalt in Frankreich und England. Stud. zur vergl. Verfassungsgesch. des MAs, 1952.

M. Graf

Tribigild. Dieser Name wird zw. Sommer 398 und dem Winter 399/400 in den Qu. erwähnt. T. war ein *comes rei militaris* und dem *magister militum* → Gainas unterstellt.

Die beiden waren verschiedener got. Herkunft, T. ein Greutunge (→ Greutungen), Gainas ein Vesier, und dennoch miteinander verwandt. T. befehligte als → *comes* die greutungischen Reiter, die anscheinend aus den Resten und Nachkommen der 386 geschlagenen → Odotheus-Gruppe bestanden und im kleinasiatischen Phrygien stationiert waren. Aus ihren Reihen wurde eine ‚röm. Legion' gebildet, eine untechnische Bezeichnung für diejenige Kavallerieabt., mit der sich T. 398 im Kampf gegen die Hunnen verdient gemacht hatte. Im Sommer 399 forderte er persönlich in Konstantinopel eine entspr. Belohnung, wurde jedoch von Eutrop in kränkender Weise abgewiesen. Darauf verließ T. die Hauptstadt, ging nach Phrygien zurück und rebellierte gegen die Reichsregierung, indem er die kleinasiatischen Prov. zu verwüsten begann. In Pisidien fand sein Siegeszug vorübergehend ein Ende. Von einem einheimischen Selbsthilfe-Kommando, das unter der Führung eines städtischen Notabeln stand, wurden die Greutungen in einen Hinterhalt gelockt und vernichtend geschlagen. T. selbst konnte mit 300 Mann nur deshalb entkommen, weil ein barbarischer Offizier derjenigen röm. Heeresabt., die die Irregulären unterstützen sollte, mit den Goten gemeinsame Sache machte und sich bestechen ließ. Der Vorgang kennzeichnet die Schwierigkeit, rebellierende Barbaren durch andere Barbaren bekämpfen zu lassen. Auch gab es in Kleinasien genügend unzufriedene Goten; die röm. Armee war voll davon, so daß sich T. ihrer nur bedienen mußte, sobald sie gegen ihn marschierten. Nachdem wieder ein Römerheer geschlagen oder vielmehr übergelaufen war, wurde Gainas mit der Kriegführung gegen T. beauftragt. Seine Manöver sind nur schwer durchschaubar. Die röm. Beobachter sehen darin jedenfalls das Spiel zweier Verräter. T. wollte wohl eine Position erringen, die der → Alarichs I. glich, was die Entstehung eines got. Volkes in Kleinasien bedeutet hätte. Dagegen rebellierte Gainas, um sein Leben zu retten. T. dürfte ihm dabei – neben anderen Barbarenführern – nur ein Mittel zum Zweck gewesen sein. Im Winter 399 auf 400 läßt Gainas jedenfalls die Maske fallen, vereinigt sich mit den kleinasiatischen Rebellen und geht über die Meerenge nach Europa. Sehr bald nach der Ankunft in Thrakien fällt T. entweder noch 399 oder bereits in den ersten Monaten des J.es 400 (vgl. auch 1; 2).

(1) PLRE II. A. D. 395–527, 1125 f. (2) H. Wolfram, Die Goten. Von den Anfängen bis zur Mitte des 6. Jh.s. Entwurf einer hist. Ethnographie, ⁴2001, bes. 155 f.

H. Wolfram

Tribut

§ 1: *Tributum* und T.e – § 2: Germanische T.e und röm. Subsidien

§ 1. *Tributum* und T.e. Der lat. Begriff *tributum,* ‚Umlageanteil', ‚Umlage', das ‚Abgeteilte' oder ‚Abgabe' (vgl. auch *tribus,* die für das Bürgersein und die Mitsprache konstitutive Einteilung der *cives Romani* in die Stimmbez.), bezeichnete urspr. die von den röm. Bürgern jeweils dann außerordentlich eingeforderten direkten Geldsteuern, wenn die vom Staat aus Grundbesitz erzielten bzw. die aus Hoheitsrechten eingeforderten indirekten Einnahmen zur Deckung seiner Ausgaben nicht mehr ausreichen. Zumeist in Not- oder Kriegszeiten erhoben, war eine Rückzahlung des *tributum* durchaus vorgesehen (z. B.: Liv. 39,7,4 f.; vgl. 20; 21; 28).

Mit der Ausdehnung des *Imperium Romanum* und den wachsenden Einnahmen aus Herrschaft wurden die *cives Romani* ab 167 v. Chr. in der Regel nicht mehr zu einer direkten Besteuerung herangezogen (Plin. nat. 33,56). Haupteinnahmen des röm. Staates waren nun die den Prov. (→ Provinzen des Römischen Reiches) auferlegten Abgaben, deren Bemessung in der Regel den vorröm. Traditionen folgte. Dabei waren die wichtigsten direkten Abgaben das an den

Personalstatus gebundene *tributum capitis* sowie das den Boden erfassende *tributum solis* (grundlegend: 20, insbes. 26 ff. 218 f.). Aus regionaler Perspektive immer noch den jeweiligen Umlageanteil beschreibend, wurde von Rom aus für *tributum* eine Perspektive vorherrschend, die darunter die aus Herrschaft geforderten Abgaben von der Reichsbevölkerung verstand und nicht mehr die *tributim* eingeforderten Solidarbeiträge der steuerlich privilegiert bleibenden eigenen Bürger (zu verschiedenen Legitimationen für die Erhebung direkter Steuern von den Provinzbewohnern: 20, 7 ff.). *Tributaria* konnte jetzt, ähnlich wie *stipendiaria*, zur unterscheidenden Bezeichnung für die rechtliche Zugehörigkeit eines Gebietes zu Rom werden (*provincia stipendiaria/tributaria*; vgl. Vell. 2,38,5 f.). *Tributum* insgesamt entwickelte sich aus dieser Perspektive zu einer breit genutzten Bezeichnung für verschiedenste direkte und indirekte Steuern (mit vielen Beispielen: 20, 61 ff.).

Dabei wurde der Begriff *tributum* ebenso für Abgaben im zwischenstaatlichen Bereich verwendet, deren Zahlung auf unterschiedlichster Grundlage erfolgte. Eine von den tatsächlichen Gegebenheiten absehende oder diese umdeutende Vorstellung der Abhängigkeit oder Unterordnung wurde mit der Begriffswahl teils bewußt eingesetzt.

Auch in der modernen Forsch. wird eine durch T.-Zahlung ausgedrückte Form der Anerkennung oder Unterordnung zumeist bewußt konnotiert. Entspr. wird für die Abgaben der Bewohner innerhalb eines Gemeinwesens, unabhängig von der ant. Terminologie, der Begriff ‚Steuern' bevorzugt, während ‚Tribute' vorrangig für Abgaben zw. verschiedenen Gemeinwesen Verwendung findet. Zusammengeführt werden unter dem Begriff einmalige oder regelmäßige Zahlungen, solche mit oder ohne vertragliche Grundlage, in Geld-, Naturalform oder als Leistung erbrachte. Der Anwendungsbereich der modernen Zuschreibungen ist weit und unscharf und kann sich nicht auf eine einheitliche Terminologie der Qu. stützen. Das Spektrum reicht weiterhin von Abgaben aus direkter Abhängigkeit über Entschädigungen für Kriegskosten, die Besoldung von Diensten bis hin zu → Geschenken.

Mit Bezug auf das *Imperium Romanum* und die Germ. gab es unter den außenpolit. Zahlungen sowohl solche an Rom, als auch Zahlungen von Rom. Für letztere hat sich mehr und mehr der Begriff ‚Subsidien' etabliert. Er ist in der Lage, die polit. Motivation dieser keineswegs aus Schwäche erfolgten Geld- und Naturalleistungen zu verdeutlichen (2; 4; 10; 15, 432 ff.; 26, 116 ff.; vgl. 19).

§ 2. Germanische T.e und röm. Subsidien. Eher als Vorstufen einer regulären Besteuerung sind jene *tributa* zu verstehen, wie sie in der augusteischen Okkupationsphase und von den Friesen auch noch unter → Tiberius in regelmäßigen Naturalleistungen zu erbringen waren (Cass. Dio 56,19,1; vgl. Tac. ann. 1,59,5; 4,72,1 f.; Cass. Dio 56,18,3). Denn bereits vor der Einführung einer auch rechtlich fixierten provinzialen Ordnung war die Erhebung von Abgaben eines jener Merkmale, in denen die röm. Herrschaft um sich griff und mit denen der Übergang zu einer direkten Herrschaft eingeleitet wurde (25, 216 f.; für entspr. Regelungen Caesars in Gallien: ebd., 77 ff.).

Deutlich davon zu trennen sind die in den Qu. teils auch als *tributa* bezeichneten Zahlungen Roms an die Germ. Sie werden ebenfalls schon aus der Zeit kurz nach der gescheiterten Okkupation bekannt und durchzogen, mit zunehmender Intensität, alle Phasen der röm.-germ. Beziehungen (umfassende Zusammenstellung der Qu. bei: 10; 12, 290 ff.; 15, 432 ff.; 22; 26, 116 ff.): Großzügige Geschenke an germ. Fürsten, Gelder für die Anwerbung und Ausrüstung von Truppen oder die Vergabe von entlohnten Kampfaufträgen waren von Rom gewählte Wege, dem eigenen Interesse dienende Vorhaben und polit. Ordnungen zu unterstützen, um so mit begrenzt bleibenden Mitteln auf das Vorfeld des Reiches einzuwirken. Insbesondere die ersatzweise Zahlung von Geld, wenn germ. Gruppen ein direktes milit. Engagement Roms forderten, verdeutlicht den Charakter dieser Zahlungen als Instrument, das ein weiteres Hineinziehen in nicht gewünschte Auseinandersetzungen eben verhinderte (vgl. Dio 67,5,1 [Cheruskerkg. Chariomerus]; mit Bezug auf Markomannen und Quaden: *raro armis nostris, saepius pecunia iuvantur, nec minus valent* [Tac. Germ. 42,2]).

Die ideologische Einschätzung dieser Zahlungen war schon in der Ant. unterschiedlich. Röm. Autoren bewerteten sie teils als selbst herbeigeführte Abhängigkeit des Gegners (Tac. Germ. 15,2: *iam et pecuniam accipere docuimus* – vgl. 42,2: *iam et externos [reges] patiuntur;* abgewogen auch die Beurteilung des Cassius Dio zu den Zahlungen Hadrians: Dio 69,9,5 [anders: H. A. vit. Hadr. 17,10; Aur. Vict. Epit. 14,10]), teils aber auch als erkauften Frieden und Zeichen der Schwäche Roms. Damit wurde ihre Erwähnung zu einem Gegenstand der Herrscher- oder der Zeitkritik (die Qu. bei 4, 5 ff.). Hingegen hielt die röm. Führung durchgehend am Postulat der Freiwilligkeit dieser Zahlungen fest. Zumal ab dem 2. Jh. n. Chr. waren sie auch eine bewußte Entscheidung Roms gegen die Inkorporation auswärtiger Völkerschaften ins Reich (15, 451).

Polit. entwickelten sich die Subsidien einerseits aus den im zwischenstaatlichen Bereich üblichen Geschenken (auch in Form von Dienstleistungen oder Überlassung von Handwerkern: Beispiele bei 11, 36 f.), andererseits aus der Besoldung angeworbener auswärtiger Truppen (26, 116 ff.): Für von Rom direkt angeworbene geschlossene Kontingente oder für im röm. Auftrag selbständig durchgeführte Aktionen erhielten deren Führer schon in Zeiten der späten Republik Gelder, welche diese dann nach eigenem Ermessen an ihre Krieger weiterverteilten. Die Annahme derartiger Aufträge war für außerhalb des Reiches stehende Gruppen und deren Führer eine Möglichkeit, den Wunsch nach Teilhabe an der überlegenen materiellen Kultur des Röm. Reiches zu realisieren (7). Die Vorbildwirkung dieser Zahlungen bei im einzelnen wohl nicht immer klar erkennbarer Gegenleistung dürfte gemeinsam mit den zunehmenden Wanderbewegungen vor den verschiedenen Reichsgrenzen den Übergang zu Zahlungen verstärkt haben, die bald unter mehr oder weniger Druck gefordert wurden und als ‚Stillhaltegelder' interpretiert werden konnten bzw. solchen in Schwächeper. Roms auch tatsächlich gleichkamen.

Dabei sind die Zahlungen des 1. und frühen 2. Jh.s weitestgehend noch als ein Relikt der in der Okkupationszeit entwickelten polit. Beziehungen zu sehen, die in diesem Instrument eine von Rom mit geringem Aufwand aufrechterhaltene Fortsetzung fanden (15; 26). Eine gesteigerte Bedeutung wuchs den Zahlungen in der Zeit der → Markomannenkriege zu (vgl. Cass. Dio 71,11,1; 12,1 f.; 71,19,1; H. A. vit. Marc. 21,7; Herodian 1,6,9; 26, 120 f.), und ein dichter Horizont von Denarhorten n. der Grenzen des Imperiums wird als deren materieller Niederschlag interpretiert (1, 122 ff.; 8, 66 ff. 122 ff.; 18). Allerdings bleibt wegen der sich danach beschleunigenden Verschlechterung der Substanz der Silbermünzen eine Verzerrung des Fundbildes infolge gezielter Auswahl älterer Stücke möglich, so daß die hinter dem Fundhorizont vermuteten polit. und wohl auch wirtschaftl. Vorgänge sich möglicherweise über einen längeren Zeitraum erstreckten (Forderung vollwertiger Münzen durch die Germ. bei Cass. Dio 77,14,3 f.). Den Umfang sämtlicher außenpolit. Zahlungen des Röm. Reiches vergleicht der in Finanzfragen oft über gutes Qu.material verfügende → Cassius Dio zu Beginn des 3. Jh.s mit den jährlichen Ausgaben für das Heer (Cass. Dio 78,13,3; Herod. 4,15,7 f.), worin allerdings auch die hohen an den Partherkg. gezahlten Beträge enthalten sind (Cass. Dio 78,27,1; Herod. 4,15,7 f.; zu entspr. Schätzungen: 27, 223 ff.).

Nach Herodian soll Severus Alexander bei einem Zug gegen die Alem. dem Heer bereits eine Gesandtschaft mit dem Angebot von Geldzahlungen zur Erhaltung des Friedens vorausgeschickt haben (Herod. 6,7,9); die Einstellung der Jahresgelder unter Philippus Arabs wird bald darauf als Anlaß für einen Einfall der Goten ins Reich genannt (Petr. Patr. Frgm. 8; Jord. Get. 16,89; 92; 105).

Derartige Geldzahlungen an Germ. und dann insbesondere auch die → Hunnen blieben in der Spätant. sowohl im Weström. Reich als auch in Byzanz unverändertes Mittel der Außenpolitik (Qu. bei 10, 63 ff.; 23, 117 ff.). Einerseits wurden sie weiterhin als Geschenk geleistet, zumeist im Kontext vertraglicher Abmachungen. Dabei waren sie nicht selbst Gegenstand des Vertrags (vgl. Amm. 17,10,8, die Forderung der Alem. *ex more;* 23, 38 f.), was von röm. Seite abermals das Postulat der Freiwilligkeit dieser Zahlungen unterstreicht. Andererseits erfolgten die Zahlungen unverändert aufgrund von Gegenleistungen, als Besoldung für ganz bestimmte Waffenhilfen, Verteidigungsaufgaben oder für Bereitschaftsdienste. Von hier ergibt sich dann ein Übergang zu den mit Wehrauftrag im Reich angesiedelten Gruppen, denen im Gegenzug Land bzw. Steueranteile zugesprochen wurden (→ foederati, insbes. 296 ff.).

Eine abermalige Zunahme der außenpolit. Zahlungen im 5. und 6. Jh. evozierte heftige Kritik, und sie wurden jetzt verstärkt als an die Barbaren gezahlte T.e bezeichnet (2, 62 f.; 3, 11 ff.; 4, 3 f.; Quantifizierungen der Zahlungen bei: 14). Die Staatsdoktrin hielt dessen ungeachtet an einer Charakterisierung als Geschenke bzw. als an konkrete Gegenleistungen gekoppelte Abgaben fest (24, 986). Unberührt von gleichzeitig bestehenden Ausfuhrverboten (Cod. Theod. 9,23,1; Cod. Iust. 4,63,2; vgl. 13, 257 ff.; 14, 80; → Gold § 2c) erfolgten die Zahlungen jetzt in Gold, wie es parallel zur liter. Überlieferung die reichen Funde von → Solidi im Barbaricum belegen (6; 9; 13; 16; 17). Gleichzeitige Klagen über den Geldabfluß lassen sich als Motiv allerdings bis in das Rom des 1. Jh.s n. Chr. zurückverfolgen und waren eher polit.-moralisch; eine das röm. Währungssystem erschütternde Größenordnung erreichten auch die spätant. Goldzahlungen nicht (14).

In der jüng. arch. Forsch. werden die als Subsidien nach Germanien gekommenen Gelder eng mit den in diesem Raum arch. bezeugten röm. Importen verbunden und aufgrund der besseren Datierbarkeit der Münzen auch für deren Zeitstellung genutzt (1, 156 ff.; 8, 122 ff.). Doch kann einerseits der vom Prägedatum unabhängige Zufluß der Münzen eigenen Rhythmen gefolgt sein (s.o.). Andererseits ist zu bedenken, daß die Subsidien nur ein – und trotz allem: nur gelegentlich – eingesetztes Instrument der röm. Außenpolitik waren (zur geringen Anwendungstiefe auch 15, 448 ff.; ähnlich 5, 183; für in Rechnung zu stellende andere Austauschformen auch → Römischer Import).

Vgl. für die WZ → Danegeld

(1) F. Berger, Unters. zu den römerzeitlichen Münzfunden in NW-Deutschland, 1992. (2) R. C. Blockley, Subsidies and Diplomacy: Rome and Persia in Late Antiquity, Phoenix 39, 1985, 62–74. (3) H. Brandt, Zeitkritik in der Spätant. Unters. zu den Reformvorschlägen des Anonymus De rebus bellicis, 1988. (4) Ders., Subsidienzahlungen in der Historia Augusta, Bonner Historia-Augusta-Colloquium 1986/89, 1991, 3–11. (5) D. Braund, Rome and the Friendly King, 1984. (6) A. Bursche, Later Roman-Barbarian Contacts in Central Europe. Numismatic Evidence, 1996. (7) G. Dobesch, Vom äußeren Proletariat zum Kulturträger. Ein Aspekt zur Rolle der Germ. in der Spätant., 1994. (8) M. Erdrich, Rom und die Barbaren, 2001. (9) J. M.

Fagerlie, Late Roman and Byzantine Solidi Found in Sweden and Denmark, 1967. (10) C. D. Gordon, Subsidies in Roman Imperial Defence, Phoenix 3, 1949, 60–69. (11) H. Grassl, Sozialökonomische Vorstellungen in der kaiserzeitlichen griech. Lit. (1.–3. Jh. n. Chr.), 1982. (12) K. W. Harl, Coinage in the Roman Economy, 1996. (13) M. Hendy, Studies in the Byzantine Monetary Economy, c. 300–1453, 1985. (14) J. Iluk, The Export of Gold from the Roman Empire to the Barbarian Countries from the 4th to the 6th Centuries, Münstersche Beitr. zur ant. Handelsgesch. IV 1, 1985, 79–103. (15) P. Kehne, Formen röm. Außenpolitik in der Kaiserzeit. Die auswärtige Praxis im Nordgrenzenbereich als Einwirkung auf das Vorfeld, Diss. Hannover 1989. (16) A. Kiss, Die Goldfunde des Karpatenbeckens vom 5.–10. Jh., Acta Arch. Acad. Scientiarum Hungaricae 38, 1986, 106–145. (17) O. Kyhlberg, Late Roman and Byzantine Solidi. An Arch. Analysis of Coins and Hoards, in: Excavations at Helgö X. Coins, Iron and Gold, 1986, 13–126. (18) L. Lind, Roman Denarii found in Sweden, 2. Catalogue, Text, 1981. (19) E. N. Luttwak, The Grand Strategy of the Roman Empire from the First Century A. D. to the Third, ^{3}1984. (20) L. Neesen, Unters. zu den direkten Staatsabgaben der RKZ (27 v. Chr. – 284 n. Chr.), 1980. (21) C. Nicolet, Tributum. Recherches sur la fiscalité directe sous la république romaine, 1967. (22) L. F. Pitts, Relations between Romans and the German ‚Kings' on the Middle Danube in the First to the Fourth Century A. D., The Journ. of Roman Studies 79, 1989, 45–58. (23) R. Schulz, Die Entwicklung des röm. Völkerrechts im vierten und fünften Jh. n. Chr., 1993. (24) G. Wirth u. a., T., in: Lex. des MAs 8, 1999, 986 f. (25) R. Wolters, Röm. Eroberung und Herrschaftsorganisation in Gallien und Germanien. Zur Entstehung und Bedeutung der sog. Klientel-Randstaaten, 1989. (26) Ders., Der Waren- und Dienstleistungsaustausch zw. dem Röm. Reich und dem Freien Germanien in der Zeit des Prinzipats. Eine Bestandsaufnahme, Münstersche Beitr. zur Ant. Handelsgesch. IX 1, 1990, 14–44; X 1, 1991, 78–132. (27) Ders., Nummi Signati. Unters. zur röm. Münzprägung und Geldwirtschaft, 1999. (28) Ders., Vectigal, tributum und stipendium – Abgabenformen in röm. Republik und Kaiserzeit, in: H. Klinkott u. a. (Hrsg.), Geschenke und Steuern, Zölle und T.e. Ant. Abgabenformen in Anspruch und Wirklichkeit, 2007, 437–462.

R. Wolters

Trient

§ 1: Naturräumliche Voraussetzungen und ältere Besiedlung – § 2: Römische Zeit – § 3: Spätantike bis Mittelalter

§ 1. Naturräumliche Voraussetzungen und ältere Besiedlung. Die nordit. Stadt T. liegt in einem Talkessel 193 m über NN im mittleren Abschnitt des Etschtals. Sie wurde einst durchquert von der via *Claudia Augusta* und von der aus *Hostilia* kommenden Straße, die in einer ab T. vereinten Strecke in röm. Zeit die mittelöstliche Poebene mit den transalpinen Regionen des → Noricums und → Raetiens verbanden (6, 83–93. 132–155; 32). In unmittelbarer Nähe des Stadtzentrums stoßen das Sugatal (im O) und das vom Gardasee kommende Tal (im W) zusammen. Wenige Kilometer n. liegen das Nontal (rechts der Etsch) und das Cembra-Tal (links der Etsch), das von dem Bach Avisio durchquert wird.

Die ältesten menschlichen Spuren im Trienter Gebiet sind an den Berg- und Hügelhängen gefunden worden; sie verteilen sich ohne Unterbrechung zw. Mittel- und Jungsteinzeit. Zahlreich sind zudem die Zeugnisse aus der BZ und EZ.

Im eigtl. Stadtgebiet sind vorröm. Zeugnisse hingegen äußerst gering und beschränken sich auf vereinzelte Funde und einige Spuren von Hütten aus der jüng. BZ (13.–10. Jh. v. Chr.). Wenn auch spärlich, haben diese Daten Anlaß zur Annahme von vor- und frühgeschichtl. Vorgängersiedlungen des röm. *Tridentum* gegeben (19, 288–290).

§ 2. Römische Zeit. Das Entstehungsdatum von *Tridentum* geht mit ziemlicher Sicherheit auf die Zeit Cäsars zurück; der Ausbau des zw. 49 und 42/41 (oder zw. 59 und 51) zum *municipium* ernannten Stadtzentrums erfolgte jedoch später unter Augustus in den Jahrzehnten um Chr. Geb.

In etwa dem Muster eines *castrum* entspr., war die städtische Anlage durch einen regelmäßigen Aufbau gekennzeichnet; sie folgte der Morphologie des Ortes, der – in O-W-Richtung einen Abhang entlang – in S-N-Richtung einen fast viereckigen Grundriß und ein rechtwinkliges Straßennetz entwikkelte (19, 292 f.).

Die Stadt war auf drei Seiten von einem Graben und einer Mauer umgeben, die anfänglich 1,2 m (4 Fuß) br. war, während die N-Seite durch die Etsch begrenzt wurde, die bis 1857/58 einen anderen Lauf als heute hatte. In der 2. Hälfte des 3. oder spätestens zu Beginn des 4. Jh.s wurde der ersten Mauer eine zweite äußere Mauer hinzugefügt, die 1,5–1,7 m (5–6 Fuß) br. war; insgesamt ergaben sie eine Br. von beinah 3 m. Beide Bauwerke, von denen beträchtliche Abschnitte noch erhalten sind, waren in ein und derselben Technik errichtet, mit inneren und äußeren Wänden aus mittelgroßen und kleinen Porphyrsteinen und Gesteinsmasse, die mit starkem Kalkmörtel zusammengehalten wurden (19, 294–302; 21, 40).

Arch. bekannt sind auch zwei viereckige Türme und ein Stadttor (sog. *Porta Veronensis*) in der s. Mauer, durch das der decumanus maximus aus der Stadt führte (19, 300; 3). Lediglich in schriftlichen Qu. belegt ist hingegen die *Porta Brixiana*, die im w. Mauerring gelegen war (19, 300).

Von der Straßenpflasterung aus dem roten örtlichen Kalkstein kennt man Reste des *cardus* und des *decumanus maximus* sowie anderer Abschnitte des sekundären Straßennetzes. Die Straßen, die man arch. erkennen konnte, gehörten wohl immer zusammen mit der darunterliegenden Kanalisation (4; 19, 302–308).

Zeugnisse des öffentlichen Bauwesens sind äußerst spärlich. Fraglich ist der Standort des Forums (wahrscheinlich im Gebiet der Kirche Santa Maria Maggiore [19, 309]), die Lage der damit verbundenen Denkmäler (*capitolium*, Basilika) sowie die des Theaters und der Thermen ist unbekannt. Man ist sich nur über das Amphitheater sicher, *extra moenia* ö. der Stadt gelegen, von dem einige Reste in den Kellergeschossen und den Höfen des Viertels entlang der Kirche San Pietro erhalten sind (19, 320–324).

Zahlreicher sind die Zeugnisse von privaten Wohnhäusern, von denen sowohl innerhalb als auch außerhalb der Stadtmauer eine beachtliche Anzahl von Räumen – z. T. mit Mosaikböden geschmückt – bekannt ist. Bekannt sind außerdem die Reste von Werkstätten und Handwerksanlagen (19, 311–320). Insgesamt erfolgte die größte Bauentwicklung von *Tridentum* zw. der Mitte des 1. und dem Anfang des 2. Jh.s n. Chr.

Die Gräberfelder, von denen man nur fragmentarische Kenntnisse hat, waren außerhalb der Stadt gelegen, wie vom röm. Gesetz verordnet (19, 324–326). Unklar bleibt schließlich die Funktion des *Doss Trento*, einer isolierten Anhöhe nw. des Stadtzentrums, vielleicht Sitz einer Kultstätte in den Jh. der frühen Kaiserzeit (19, 326–330).

§ 3. Spätantike bis Mittelalter (Abb. 29). Die Ausdehnung der Stadt wurde plötzlich Mitte des 3. Jh.s vielleicht infolge der alam. Überfälle unterbrochen, die nicht nur die Aufgabe der vorstädtischen Wohngebiete verursachten, sondern wahrscheinlich auch zur oben genannten Verdoppelung der Stadtmauer und gleichzeitig (bis zum Beginn des 4. Jh.s) zur möglichen Eingliederung des Amphitheaters in einen erweiterten Schutzring führten (21, 40). Im 4. Jh. scheint außerdem die Aufgabe der *Porta Veronensis* erfolgt zu sein (3, 358 f.), während ein Teil des Gebietes des Teatro Sociale, zuvor von einer *domus* besetzt, möglicherweise Sitz einer milit. Behörde wurde (8, 80–84; 21, 40 f.).

Vermutlich in der Mitte des 4. Jh.s wurde T. zu einem Diözesansitz. Erster Bf. war Jovinus, gefolgt von Abbondanzio, 381 beim Konzil von Aquileia anwesend, dem Vigilio (bezeugt zw. 397 und 400 oder 405) folgte (36, 482).

Bis zum Beginn des 5. Jh.s gliederten sich zwei neue Gebäude in das Stadtbild ein: Die *ecclesia*, Bf.ssitz im Gebiet der heutigen Kirche San Maggiore (nach Ansicht einiger

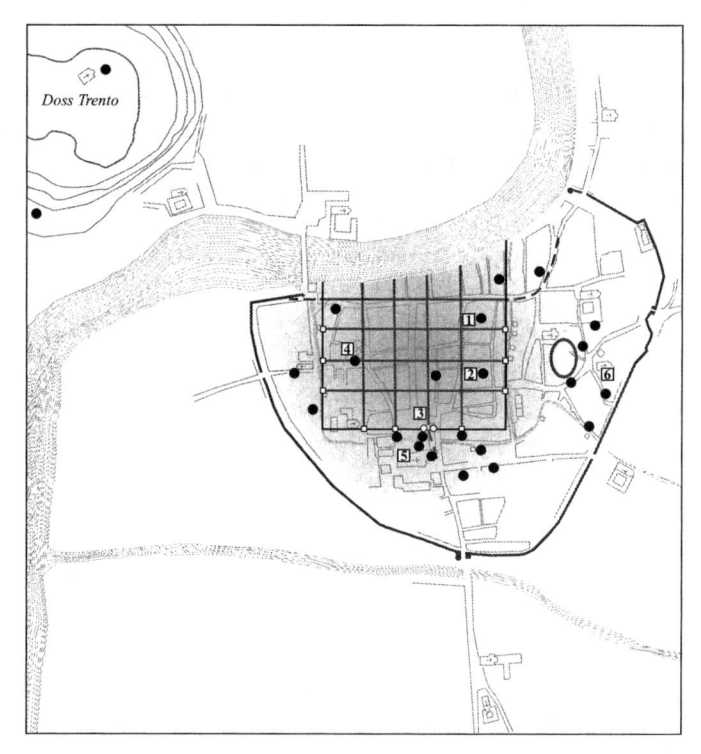

Abb. 29. Arch. Fundstellen im spätant. und hochma. Trient. 1 Teatro Sociale; 2 Palazzo Tabarelli; 3 Basilika Vigiliana; 4 Kirche Santa Maria Maggiore; 5 Kirchen Santa Maria Maddalena und San Pietro; 6 Gedächtniskirche der Hl. Cosma und Damiano oberhalb des *Doss Trento*; ● einzelne got. und langob. Grabstellen. Nach Cavada (14)

Autoren im Gebiet des Forums, s. 21, 42), und die vorstädtische Bestattungsbasilika, die unmittelbar s. der *Porta Veronensis* lag (37). Von der urspr. Bf.sbasilika fehlen jedoch arch. Belege, da die ältesten Zeugnisse nicht älter sind als das Ende des 5. Jh.s (17; 36, 507 f.; 21, 42). Viel reicher sind hingegen die Kenntnisse bezüglich der vorstädtischen Bestattungsbasilika. Diese Kirche, die 1964–1977 untersucht wurde, erwies sich als Gebäude mit einer einzigen Aula, die z. T. die ehemaligen röm. Strukturen nutzte (Br. 14,3 m, Lg. mind. 43,7 m); ihr Bau wurde von Bf. Vigilio 400 oder 405 gefördert. Dieser hatte sie zum Standort des eigenen Grabes und der Aufbewahrung von Reliquien der 397 im Nontal verstorbenen Märtyrer Sisinnio, Martirio und Alessandro gewählt (39, 293–295; 16, 597–600).

Vom 5.–7. Jh. erlebte T. die Verschärfung einer Baukrise, die bereits in den vorhergehenden Jh. begonnen hatte. Im 5. Jh. wurde der Innenhof der *Porta Veronensis* als zeitweiliger Unterschlupf verwendet und mit Feuerstellen versehen, die unmittelbar auf dem Straßenpflaster aus dem örtlichen roten Stein gelegen waren (3, 358 f.), während das angrenzende Gebiet unweit der Bestattungsbasilika, seit dem 6. Jh. – wenn nicht sogar schon im Laufe des 5. Jh.s – als Nekropole benutzt wurde (3, 359; 14, 250).

Im allg. bewahrten die Gebäude innerhalb der Stadt die Fassadenmauern, sie waren jedoch großen Veränderungen im Inneren unterworfen. Das innere Mauerwerk wurde in der Regel abgerissen und durch Holzzwischenwände mit einer neuen Parzellierung ersetzt. Die Bodenflächen bestanden aus einfachem Erdfußboden, der die römerzeitlichen Böden überdeckte (Gebiet des Teatro Sociale, des Palazzo Tabarelli, der Piazza Bellesini). Im Inneren der ant., zuvor leergeräumten Häuserblöcke fanden sich dicke Aufschüttungen aus dunkler Erde, die für Gemüsegärten und zum Aufstallen des Viehs bestimmt waren. Letztgenanntes Phänomen betraf auch öffentliche Flächen wie das Straßenpflaster (Teatro Sociale) (15; 11; 21, 42 f.; 14, 248–259).

Die Wohnhäuser außerhalb der w. Stadtmauer wurden im Laufe des 6. Jh.s endgültig aufgegeben, als eine Überflutung der Etsch, wovon beachtliche Mengen an sandigem Schwemmland gefunden worden sind, die Reste der Villen aus dem 2. Jh. überspülte, nachdem sie bereits im 3 Jh. von den Alam. zerstört und später der Marmor- und Mosaikverkleidungen beraubt worden waren (21, 43).

Bauarbeiten wurden auch im Bereich der sakralen Architektur durchgeführt. Im Laufe des 5. Jh.s wurde der Innenraum der außerhalb der *Porta Veronensis* gelegenen Basilika vollständig und systematisch mit Gräbern belegt (39, 291–293, 297), viele davon versehen mit Grabinschr. für Personen orientalischer Herkunft (syrisch), deren Präsenz in der Stadt bis zur Mitte des 6. Jh.s dadurch nachgewiesen ist (27). Um die Mitte des 6. Jh.s wurde in der Basilika – vermutlich am Ende des griech.-got. Krieges – eine klarere Trennung zw. dem presbyterialen Bereich und der Aula durch ein erhöhtes Podest (Bema) mit einem zentralen Gang, Chorschranken und vertikalen Pfeilern erzielt. Ein vielfarbiger Mosaikboden wurde auf die innere Bodenfläche der Aula gelegt, wobei die Gräber aus dem 5. und der 1. Hälfte des 6. Jh.s entfernt wurden (39, 297–299; 41; 16, 601–603).

Auf das Ende des 5. und den Anfang des 6. Jh.s geht schließlich der Bau einer Kirche auf der Anhöhe des *Doss Trento* mit wertvollen Mosaikböden und liturgischer Steineinrichtung zurück. Das Gebäude, mit O-W-Ausrichtung, gehörte zu einem Komplex, der aus einer Basilika mit longitudinalem Grundriß und einem einzigen Kirchenschiff (21 × ca. 9,5 m) mit w. gerichtetem Narthex und presbyterialem Bema bestand. Zu einer Gedächtniskirche, die an die n. Seite der Basilika angrenzt und den Hl. Cosmas und Damian geweiht war, gehörten einige Mosaikreste, darunter Zeugnisse für den Namen des Bf.s Eugippio (530–535) (30; 28, 386; 36, 496–498). In der Nähe der Kirche wurden zahlreiche christl. Gräber angelegt, einige davon mit Beigaben, die eine Nutzung des Gebietes als Gräberfeld bis mindestens zum 7. Jh. bezeugen (34, 104 f.; 35, 354 f.; 2, 932 f.). Bedeutend ist die vom *Doss* stammende Anzahl der zw. dem 4. Jh. und der 1. Hälfte des 6. Jh.s datierbaren Goldmünzen (Tremisses; → Triens), die die Präsenz *in loco* von wichtigen Persönlichkeiten aus Militär bzw. Verwaltung annehmen lassen (34, 27 Nr. 26).

Bemerkenswert ist die Anlage von Gräbern, zw. 6. und 7. Jh., innerhalb der Stadtmauer. Die Grablegungen, einzeln oder in kleinen Gruppen, wurden vorwiegend in Gebieten eingerichtet, die zuvor für Höfe und Gärten bestimmt waren (13, 126 f.; 21, 43). Symptomatisch ist, daß zumindest in einigen Fällen (Palazzo Tabarelli) die Gräber auf die Familie zurückzuführen sind, die das frühma. im Areal vorhandene Gebäude bewohnte (14, 250 f.). Die vorstädtischen, an die Stadtmauer grenzenden Gebiete wurden weiter als Gräberfelder *par excellence* benutzt. Insgesamt sind etwa fünfzehn Grabstätten mit verschiedenartigen Bestattungen bekannt, die eine gewisse soziale und kulturelle Schichtung der Toten widerzuspiegeln scheinen. Eine solche Differenzierung ist der Typol. der Gräber (größtenteils in der nackten Erde, ein kleiner Prozentsatz in Steinplatten und gelegentlich in Sarkophagen gelegen) und den Beigabenausstattungen zu entnehmen, die – obwohl prozentual geringfügig – in manchen Fällen auf einen näher definierten kulturellen Kontext (got., langob.; s. u.) zurückgeführt werden können (14, 251–257).

Ein Kapitel für sich stellt schließlich das oben erwähnte Gebiet der Bestattungsbasilika in der Nähe der *Porta Veronensis* dar. Hier zeichnete sich im Laufe des 5. Jh.s außer in den Innenräumen, die bis zur Mitte des 6. Jh.s benutzt wurden, eine Zuweisung des dem Gebäude angrenzenden Areals als Bestattungsgebiet ab (39, 297), dessen Nutzung zu Bestattungszwecken sich ohne Unterbrechung bis zur jüngsten Zeit hinzog.

Was die materielle Kultur betrifft, scheint das frühma. *Tridentum* durch ein qualitativ und quantitativ hohes Niveau gekennzeichnet zu sein, das sich für eine Stadt eignete, die noch in der Lage war, von außen Materialien und Mittel, v. a. Lebensmittel, dank des Fern- und Nahhandels zu beschaffen. Neben Gefäßen aus grobem Ton, vermutlich örtlicher Herstellung, und solchen aus ‚Topfstein'/Steatit (→ Lavezgefäße), aus der Region bzw. Makroregion stammend, sind Gläser und Kelche aus Glas bezeugt, Eßgeschirr aus afrikanischer Sigillata, spät datierte Öllampen und orientalische Amphoren, deren Datierung insgesamt bis zum 6. Jh. reicht (12; 14, 246 f.).

In einen solchen Kontext, der bisher keine klaren Zäsuren betreffend genauer polit. Fakten und Ereignisse aufzeigt, ordnen sich einige arch. Funde ein, die es zusammen mit den schriftlichen Qu. ermöglichen, die ostgot. und langob. Präsenz in der Stadt näher zu definieren.

Für die ostgot. Zeit heben die Belege die wichtige Rolle von T. im Rahmen des spätant. Schutzsystems hervor, das von → Theoderich übernommen und verbessert wurde. Der Großteil der Forscher (anderer Meinung ist Settia [40, 112–114] und neuerdings u. a. Dal Rì/Marzoli/Rizzi [22, 378–380]) ist sich einig in der Betrachtung des *Doss Trento* – auf dessen Gipfel sich, wie oben erwähnt, eine Kirche vom Ende des 5. und Anfang des 6. Jh.s erhob – als Sitz des *castellum Verruca*. Dessen Beschreibung paßt gut zu jener der Anhöhe: „*in mediis campis tumulus saxeus in rotunditate consurgens [...] silvis erasus, totus mons quasi una turris efficitur*". Laut → Cassiodor, dem die zitierte Beschreibung des Standortes entnommen wurde (Cassiod. var. III, 48, S. 130–132 [= Magnus Aurelius Cassiodorus, Variarum libri XII, hrsg. von Å. J. Fridh, 1973), habe Theoderich die örtliche Bevölkerung angespornt, an dieser Stelle für die eigene Sicherheit zu sorgen, indem sie Wohnhäuser bauen und Vorräte für Notzeiten horten sollten (7, 218 f.). Ebenfalls durch Cassiodor erfahren wir, daß T. 535/536 Sitz eines *horreum* war (Cassiod. var. X, 27, S. 408–409), eines staatlichen Lebensmittellagers, das *in primis* für die Verpflegung des Heers und als solches an einem Ort mit bedeutendem strategischem und milit. Wert gedacht war (38, 326 f.; 31, 37 f.). Von dieser Struktur fehlt jedoch jeglicher materieller Beweis, und ebenfalls unklar ist der Standort.

Die arch. Zeugnisse, die der materiellen Kultur der Ostgoten zuzuschlagen sind, bestehen aus einigen im vorstädtischen Gebiet entdeckten Frauengräbern. Die erste Auffindung geht auf das J. 1923 zurück, als in der Nähe von Piazza della Vittoria drei Erdgräber ans Tageslicht kamen, von denen eines eine vergoldete Silberfibel enthielt, die an den Anfang des 6. Jh.s datiert wird (5, 327 f. Taf. 39,10; 25, 230 f.; 14, 252). Einen zweiten Fund stellt eine Fibel vom Ende des 5. und Beginn des 6. Jh.s dar, die aus einem mehrfach verwendeten Grab stammt, untersucht im Gebiet der urspr. Bestattungsbasilika außerhalb der *Porta Veronensis* (25, 228; 23, 510 f.; 14, 256). Nicht weit entfernt war schließlich in der Nähe der nö. Ecke der aktuellen Basilika ein 1988 gefundenes Grab aus anderthalbfüßigen Ziegelsteinen, das die Überreste einer Frau enthielt. Anhand der Ausstattung (Bügelfibeln ostgot. Herkunft, zwei Armringe aus Silber mit verdickten Enden, tauschierte Eisenschalle, Beinkamm, Bernsteinspinnwirtel,

Frg. eines Glaskelches) und Art der Niederlegung der Beigaben gilt sie als wahrscheinliche Angehörige der Alam. Diese wurden, nachdem sie von den Franken (496/497) besiegt worden waren, in *enclaves* am Rande des Reiches unter dem Protektorat Theoderichs angesiedelt (9, 75–92; 10; 25, 228–230; 23, 510 f.; 14, 256 f.).

Wie für die ostgot. Zeit sind auch die arch. Zeugnisse der langob. materiellen Kultur nicht sehr zahlreich, obwohl T. zumindest in bestimmten Momenten eine bedeutende Rolle in der Gesch. des langob. Reiches in Italien spielte. Laut *Historia Langobardorum* des → Paulus Diaconus (der seinerseits die Ereignisse am Ende des 6. Jh.s der *Histioriola* von Secondo aus Non, dem Sekretär der Königin Dietlinde, entnommen hatte) (1, 32) war T. 574 nach dem Tod von Cleph Sitz eines von Eoin regierten Hzt.s (H. L. 2,32, S. 114 f. [Paolo Diacono, Storia dei Longobardi, hrsg. von L. Capo, 1998]). Letztgenannter spielte eine äußerst wichtige Rolle nicht nur in den Feldzügen außerhalb der Region Trentino, sondern auch bei den Ereignissen am Ende des 6. Jh.s, die zu wiederholten Schlachten zw. Franken (in dieser Phase Verbündete der Byzantiner) und Langob. im Etschtal führten. Nach dem ersten Überfall, der um 580 von Eoin persönlich abgewehrt wurde, gipfelten die Kämpfe um 590 in der Deportation der Einw. der trientinischen *castra* in ein Gebiet jenseits der Alpen. Sie wurden von den Franken gefangengehalten, und für ihre Befreiung sendete Kg. Agilulf den Bf. von T., Agnello, an den frk. Hof. Kurz darauf folgte eine ähnliche Unternehmung des Hz.s Eoin, „der nach Gallien fuhr, um den Frieden zu erlangen und, erst als er ihn geschlossen hatte, zurückkam" (26, 167–172; 1, 32–36).

T. wird erneut zw. 680 und 688 erwähnt, infolge der Ereignisse um Hz. Alachis, der in jenen J. zur Bezugsperson der größtenteils in den nö. Regionen Italiens (damals ‚Österreich' genannt) versammelten Streitkräfte geworden war. Diese beanstandeten die Versöhnungspolitik und den Beitritt zum Katholizismus, die von Kg. Bertarit und später von seinem Sohn und Nachfolger, Kg. Kunibert, gefördert wurden. Der Aufstand endete mit dem Tod Alachis', der weit entfernt von T. in der Schlacht von Adda fiel (Prov. Milano) (26, 172–176; 1, 36–38).

Trotz dieser Nachrichten haben T. und seine Umgebung bisher wenige Zeugnisse der materiellen langob. Kultur aufgewiesen. Aus der ersten Immigrationsphase (letztes Drittel des 6. Jh.s) stammt der einzige Fund, vermutlich aus einem Grab auf dem Areal der Piazza Vittoria (wo bereits Funde got. Objekte ausgegraben wurden; s. o.). Es handelt sich um eine vergoldete Silberfibel pann. Manufaktur, die in die Phase unmittelbar nach Ankunft der Langob. in T. zu datieren ist (24, 13. 55 und Taf. 1; 2, 934; 23, 527–530; 14, 252 [der sie aber als spätgotisch betrachtet]). Bisher fehlt hingegen jedes Zeugnis von langob. stempelverzierter Keramik. Im 7. Jh. nehmen die Zeugnisse zu, auch wenn sie nicht bes. zahlreich sind. Im Stadtzentrum sind die Gräber der 1. Hälfte des 7. Jh.s im Gebiet des Palazzo Tabarelli (s. o.) und ein isoliertes Grab aus der Mitte des 7. Jh.s bei Piazza Pasi bekannt (13, 126 f.). Die bedeutendsten Funde wurden jedoch im Gebiet der Vorstadt ausgegraben. Am Fuße des *Doss Trento* wurde 1838 bei Piedicastello eine Gruppe von Gräbern mit O-W-Orientierung gefunden, die N-S ausgerichtete Reihen bildeten. Von den z. T. verlorengegangenen Beigaben blieben ein kleines Goldblattkreuz, zwei Spathen, drei Messer und zwei Gürtelbeschläge erhalten (2, 931). Im J. 1921 wurde hingegen ein isoliertes Grab vom Ende des 7. Jh.s ausgegraben, von dessen Ausstattung der Buckel eines Paradeschildes, ein Sporn, eine Lanzenspitze, eine Gürtelschnalle aus Eisen mit dazugehöriger Riemenzunge und verschiedene eiserne Elemente einer vielteiligen Gürtelgarnitur mit geometrischen

Verzierungen in Tauschierarbeit und Plattierung erhalten sind (35, 354; 17, 360–363; 2, 931 f.; 29, 118 f.). Zu bemerken ist hingegen, daß keine Objekte langob. Typus in den Gräbern, die oben auf der Anhöhe lagen, zu finden sind.

Auch wenn handwerklich von bescheidenem Niveau soll schließlich ein Sarkophag vom Ende des 6. bzw. Anfang des 7. Jh.s erwähnt werden, dem als Vorbild Ex. von der nö. Adria dienten. Er wird gewöhnlich als ‚langobardisch' bezeichnet. Er ist aus dem örtlichen roten Stein gefertigt und wurde ohne Deckel im Gebiet der Bestattungsbasilika San Vigilio gefunden (33, 521–525).

(1) G. Albertoni, I Longobardi a Trento, in: Romani & Germani nel Cuore delle Alpi tra V e VIII secolo, 2005, 29–43. (2) C. Amante Simoni, Schede di Archeologia Longobarda in Italia. Trentino, Studi Medievali, 3 ser., 25, 1984, 901–955. (3) E. Baggio Bernardoni, La Porta „Veronensis", in: E. Buchi (Hrsg.), Storia del Trentino, 2. L'età romana, 2000, 347–361. (4) C. Bassi, La città di Trento in età romana: l'impianto fognario. Scavi 1994–1996, in: L. Quilici, S. Quilici Gigli (Hrsg.), Architettura e pianificazione urbana nell'Italia antica, 1997, 215–227. (5) V. Bierbrauer, Die ostgot. Grab- und Schatzfunde in Italien, 1975. (6) L. Bosio, Le strade romane della Venetia e dell'Histria, 1991. (7) G. P. Brogiolo, Edilizia residenziale di età gota in Italia settentrionale, in: [25], 214–221. (8) B. Callegher, Trento, Teatro Sociale: scavi 1990–1992. Le monete repubblicane, imperiali, medievali. Analisi critica e catalogo del complesso numismatico, Archeologia delle Alpi-Archeoalp 4, 1998, 7–341. (9) E. Cavada, La città di Trento tra l'età romana e il medio evo. Campione stratigrafico nell'area di Piazza Duomo, ebd. 1, 1993, 75–110. (10) Ders., Tombe di età teodoriciana a Trento, in: Teodorico il Grande e i Goti d'Italia, in: Atti del XIII Convegno internazionale di studi sull'Alto Medioevo, 1993, 621–632. (11) Ders., Trento in età gota, in: [25], 224–227. (12) Ders. (Hrsg.), Materiali per la storia urbana di Tridentum, Archeologia delle Alpi-Archeoalp 3, 1995. (13) Ders., Cimiteri e sepolture isolate nella città di Trento (secc. V–VIII), in: G. P. Brogiolo, G. Cantino Wataghin (Hrsg.), Sepolture tra IV e VIII secolo, 1998, 123–141. (14) Ders., Trento in età gota e in età longobarda. Resistenze, sopravvivenze, mutamenti, in: wie [1], 241–261. (15) Ders., G. Ciurletti, Beni archeologici (ricerche, scoperte, segnalazioni): Trento palazzo Tabarelli, Studi Trentini di Scienze Storiche, s. 2, 61, 1982, 319–323. (16) Ders., I. Rogger, Valutazioni conclusive, in: [37] 2, 595–608. (17) G. Ciurletti, La zona archeologica di S. Maria Maggiore, in: Restauri e acquisizioni 1973–1978, 1978, 305–311. (18) Ders., Reperti longobardi del Museo Provinciale d'Arte di Trento recentemente restaurati. Contributo all'archeologia longobarda nel Trentino, in: Atti del VI Congresso internazionale di Studi sull'Alto Medioevo, 1980, 355–371. (19) Ders., Trento romana. Archeologia e urbanistica, in: E. Buchi (Hrsg.), Storia del Trentino, 2. L'età romana, 2000, 287–346. (20) Ders., Qualche riflessione su Trento romana alla luce di dati storici ed evidenze archeologiche, in: L. Dal Rì, S. Di Stefano (Hrsg.), Archeologia romana in Alto Adige. Studi e contributi, 2002, 73–85. (21) Ders., Il caso Tridentum, in: J. Ortalli u. a. (Hrsg.), Abitare in città. La Cisalpina tra impero e medioevo, 2003, 37–45. (22) L. Dal Rì u. a., Gli scavi archeologici a Castelfirmiano, in: wie [1], 373–381. (23) L. Endrizzi, F. Marzatico (Hrsg.), Ori delle Alpi, 1997. (24) S. Fuchs, J. Werner, Die langob. Fibeln aus Italien, 1950. (25) I Goti. Milano, Palazzo Reale, 1994. (26) J. Jarnut, Das Hzt. T. in langob. Zeit, Atti dell'Accad. Roveretana degli agiati. Contributi della classe di Scienze umane. Lettere ed Arti. Ser. VI, 25, 1986, 29–43. (27) D. Mazzoleni, Reperti epigrafici della basilica vigiliana di Trento, in: [37] 2, 2001, 379–412. (28) G. C. Menis, La basilica paleocristiana nelle regioni delle Alpi orientali, Antichità Alto Adriatiche 9, 1976, 375–420. (29) Ders. (Hrsg.), I Longobardi, 1990. (30) L. Oberziner, Di un'antica chiesa cristiana sul Dos Trento e del vescovo Eugipio, Archivio Trentino 15, 1900, 248–270. (31) M. Pavan, Il Trentino in età gotica, Atti dell'Accad. Roveretana degli agiati. Contributi della classe di Scienze umane. Lettere ed Arti. Ser. 6, 26, 1987, 29–43. (32) S. Pesavento Mattioli, Il sistema stradale nel quadro della viabilità dell'Italia nord-orientale, in: E. Buchi (Hrsg.), Storia del Trentino, 2. L'età romana, 2000, 11–46. (33) P. Porta, Sculture tardoantiche, altomedievali e romaniche dalla basilica vigiliana di Trento: profilo iconografico e stilistico, in: [37] 2, 437–544. (34) G. Roberti, Disiecta membra archeologiche di Trento (X contributo alla carta archeologica del Trentino), Studi Trentini di Scienze Storiche 21, 1940, 89–108. (35) Ders., Quadro sinottico dei recuperi archeologici germanici nel Trentino dalla caduta dell'Impero romano d'Occidente alla fine del regno longobardo, ebd. 30, 1951, 323–360. (36) I. Rogger, Inizi cristiani nella regione tridentina, in: E. Buchi (Hrsg.), Storia del Trentino, 2. L'età romana, 2000, 475–524. (37) Ders., E. Cavada (Hrsg.), L'antica basilica di S. Vigilio in Trento. Storia, archeologia, reperti 1–2, 2001. (38) L. Ruggini, Economia e società nell' „Italia annonaria". Rapporti fra agricoltura e com-

mercio dal IV al VI secolo d.C., 1961, Nachdr. 1995. (39) G. Seebach, Arch. und bauhist. Unters. 1991–1994/Indagini archeologiche e morfologiche-stratigrafiche: anni 1991–1994, in: [37] 1, 135–316. (40) A. A. Settia, Le fortificazioni dei Goti in Italia, in: wie [10], 101–131. (41) S. Tavano, La basilica vigiliana. Mosaici e tipologia, in: [37] 2, 413–436.

E. Possenti

Trinkgefäße und Trinkgeschirr

§ 1: Ältere Epochen – a. Allg. – b. Beispiele und Verwendung – § 2: Gefäßinhalte – § 3: Jüngere Epochen – a. Allg. – b. RKZ – c. MZ – d. KaZ und WZ – e. T. und Trinksitten

§ 1. Ältere Epochen. a. Allg. Grundsätzlich vorauszusetzen ist, daß der Mensch zu allen Zeiten die zum Essen, Trinken wie zur Bevorratung benötigten Gefäße nach seinen Bedürfnissen und Ansprüchen wie hinsichtlich seiner verfügbaren Ressourcen sowohl für den Eigen- wie Fremdbedarf fertigte (26; 17). Auszugehen ist weiterhin von multifunktionalem Einsatz der Behältnisse im häuslichen Gebrauch, d. h., identische Gefäße dienten sowohl der Zubereitung und dem Verzehr fester Speisen als auch der Aufbewahrung und dem Genuß von flüssiger Nahrung (→ Eimer; → Faß; → Kessel und Kesselhaken). Für die Handhabung von Flüssigkeiten eignen sich naturgemäß höhere Gefäße, wie Krüge oder Kannen, flachere, ggf. gehenkelte Gefäße wie Tassen oder Schalen eher zum Trinken, wenn darin auch keine strikte Trennung besteht, wie Trinkbecher oder Humpen zeigen (vgl. auch → Eßsitten; → Eßbesteck; → Gast und Gastfreundschaft; → Mahl; → Mahlzeiten; → Sitte und Brauch; → Tischgemeinschaft). Weitgehend unreflektiert blieb ein Vorschlag, zwei steilkonische Henkelbecher von Schwechat, Niederösterr., aus unsicherem spätneol. Grabverband als Hohlmaße zu interpretieren (nach 43, 352).

Die auf Realien basierende Arbeitsweise in der Prähist. zielte im Falle von Gefäßen zunächst auf das Registrieren und Ordnen von Merkmalen, weshalb bes. markante Formen namengebend für verschiedene Kulturen wurden, wie das z. B. in Bezeichnungen wie Becherkulturen oder Glockenbecher-Kultur zum Ausdruck kommt. Ausschlaggebend dafür waren v. a. Ordnungsprinzipien und nicht der Verwendungszweck von Keramik.

Eindeutig als T. genutzt sind solche mit erhaltenen Resten der betreffenden Flüssigkeiten (→ Bier; → Met; → Wein; → Getränke; s. auch weiter unten und § 2); weiterhin solche, deren urspr. Name ihren Gebrauch bezeichnet (→ Kanne, Sprachliches) wie *glas(a)koph* für ein Trinkgefäß aus Glas (→ Glas § 2), lat. *phiala*. Hinzu kommen einige knapp gehaltene Inschr. mit Bezug auf das Trinken (→ Gallien [Frankreich] § 5d). Häufiger finden sich Inschr. auf röm. Gefäßen, so mehrfach in Noviomagus etwa auf einem schwarzen Firnisbecher OLA TENE BIBE, auf anderen Bechern zu lesen sind die Aufforderungen: REPLA OLA; REPLE ME; GAUDIAS; DA MIHI MERUM (CIL XIII 10018). Mit Merum ist außerdem ein Bezug auf den Inhalt des Bechers gegeben, nämlich unverdünnter Wein. Außer an prov.-röm. Beispielen (→ Magdalensberg [7]; gestempelte röm. Weinamphoren wie → Vesontio; Inschr. oder Stempel auf Importgeschirr [z. B. 27; 39; 40; 48]) existieren Hinweise auf die Verwendung jedoch nur selten. In der Regel wird daher aus der Kombination funktional verschiedener Bestandteile des Geschirrs auf den Gebrauch einzelner Formen geschlossen. Nicht auf Resonanz gestoßen ist ein vereinzelter Vorstoß, Namen für prähist. Gefäße in einer hypothetischen Sprachfamilie zu suchen (20).

Importierte Gefäße, die in gleicher oder ähnlicher Gestalt in ihren Ursprungsländern v. a. mit der Zubereitung, dem Servieren und dem Genuß von Wein verwendet wurden, werfen Fragen danach auf, ob mit den eingeführten Objekten auch die Praxis ihrer Handhabung und die damit verbundenen gesellschaftlichen und ideellen Voraussetzungen und Praktiken übernommen oder zumindest angestrebt wurden (→ Prestigegüter). Diese Aspekte zeigen, daß die Art des überlieferten Fundmateriales und sein Kontext v. a. Aussagen zum Trinken in der gehobenen Form mit Tafelgeschirr (→ Bronzegefäße) ermöglichen und der alltägliche Gebrauch damit nicht gemeint ist (19; 44). Unter dieser Einschränkung sind T. am häufigsten aus Grabzusammenhang überliefert – vgl. in diesem Lex. zur BZ: → Poing; → Seddin; zur HaZ/LTZ: → Appenwihr; → Apremont; → Besseringen; → Cannstatt; → Dürkheim; → Dürrnberg; → Eigenbilzen; → Grächwil; → Grafenbühl; → Hohenasperg; → Ihringen; → Kappel (inzw. 5; 6) ; → Kleinaspergle; → Reinheim; → Rodenkirchen; → Vilsingen; → Waldalgesheim; → Weiskirchen – dem sie als Service oder in Einzelteilen angehören. Größere Behälter des Trinkgeschirrs dienten vielfach als Urne (z.B: 10; 14). Ebenso enthalten Siedlungen mit gehobener Ausstattung Trinkgeschirr (z. B. → Glauberg [15, 90 ff.]; → Heuneburg). Aus Bronze (11; 16; 35; 37; 25; 38; 41) oder Silber (46) wurde Trinkgeschirr in Hort- und Schatzfunden desauiert, aus Gefäßdeponierungen überliefert sind zumeist keramische T. (18; 36).

Gesichtspunkte für eine Bewertung des Trinkens (→ Trinkgelage und Trinksitten) setzen an bei der Funktionsbestimmung einzelner Gefäße und schließen das erforderliche Geschirr zum Mischen, Sieben, Gießen oder Schöpfen ein (dazu zählen auch Sauggefäße und Siebheber aus Ton).

Berücksichtigung findet weiterhin das Material, aus dem die T. gefertigt wurden. Ihren besonderen Wert heben Gefäße aus Edelmetall (→ Goldgefäße) oder auserlesenen und seltenen Materialien hervor (→ Trinkhorn aus Glas, aus dem Horn des → Ur), doch kann auch ein weniger kostbarer Rohstoff wie Holz – etwa mit Applikationen versehen – durchaus den gleichen Stellenwert besitzen. Das geht z. B. aus kelt. Holzgefäßen hervor (Daubeneimer mit Preßblechverzierung [→ Eimer, Verbreitungskarte Abb. 97]; → Schwarzenbach, [Gefäß mit Goldblechappliken, dort Taf. 15b]; Röhrenkanne von Brno-Maloměřice [Abb. 30] [29; 4]). Begehrte Gefäße des Trinkservices wurden imitiert, wie Nachbildungen bronzener → Schnabelkannen aus Ton, aber auch aus Holz zeigen (vgl. inzw. auch 21). Für die Ausübung von Trinkritualen sind in Bereichen der Lausitzer und Billendorfer Kultur vornehmlich Geschirrsätze aus Keramik verwendet worden (vgl. dazu auch § 1b).

Sets aus verschiedenen Gefäßen und unterschiedlichen Materialien wie Metall und Keramik belegen den gemeinsamen Gebrauch jeweils in einem Service (16, 206).

b. Beispiele und Verwendung. Die arch. erkannte Überlieferung von T.n und Trinkgeschirr aus Siedlungen, Gräbern und Horten ist regional und zeitlich sehr uneinheitlich, weshalb sich generalisierende Aussagen verbieten. So sind aus der mitteleurop. BZ nur etwa 50 Gräber mit Bronzegefäßen überliefert im Gegensatz zu einer wesentlich höheren Zahl aus Horten (38, 15). Dabei ist nicht erwiesen, ob die Geschirrbeigabe für den im Grab zu Ehrenden derselben Intention folgt wie die Deponierung im Hort. Aus regionalen Beobachtungen geht hervor, daß in Pann. urnenfelderzeitliche Horte w. der Donau überwiegend Brucherze aus zerstückelten Bronzegefäßen, ö. der Donau dagegen intakte Gefäße mit einer kleinen Typenauswahl und Waffen enthalten (38, 16).

In der ält. EZ stammen im Karpatenbecken dagegen die meisten Bronzegefäße aus Gräbern, die nur w. der Donau als Hügelgräber angelegt sind. Ö. davon enthalten die Flachgräber der Tiefebene außer dem Bronzegefäßesatz zudem Golddiadem, Panzer und Waffen (38, 15).

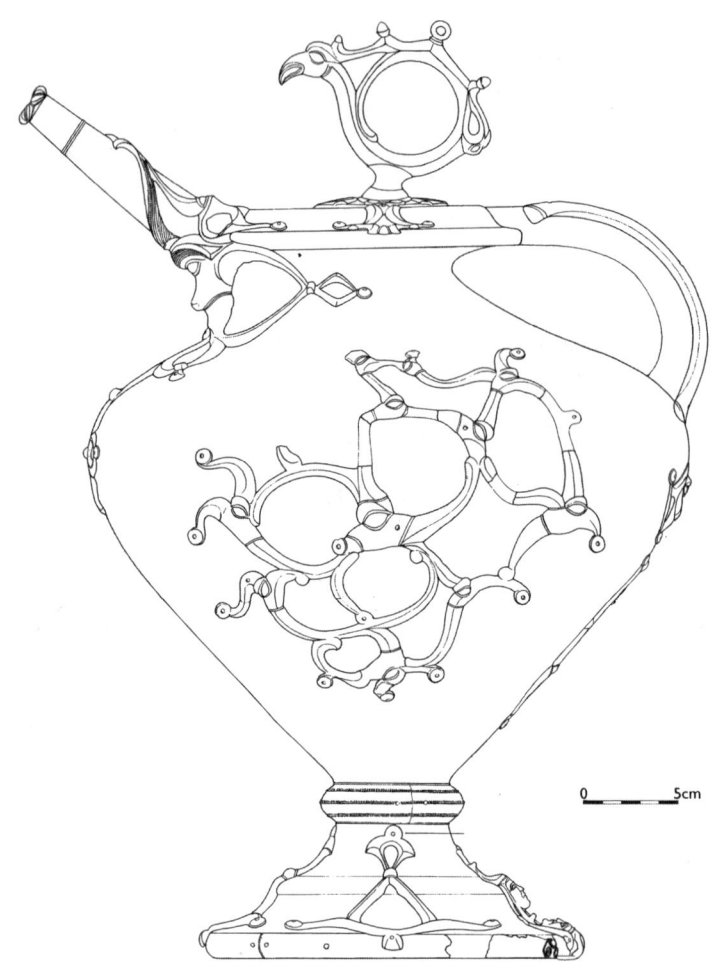

Abb. 30. Röhrenkanne aus Holz mit Bronzeapplikationen in rekonstruierter Anordnung aus Brno-Maloměřice. Ansicht von links. Zeichnung I. Peškař und B. Ludikovská. Nach Meduna/Peškař (29, 221 Abb. 19)

Die seit der UZ in Gräbern nachgewiesenen Bronzegefäße werden in ihrer Funktion als Trinkgeschirr bewertet, seit H. Müller-Karpe (31, 58) das Bronzegeschirr im Grab von Hart an der Alz, bestehend aus Eimer, Sieb und Tasse, als zusammengehörendes Service bewertet hat (51; → Wagen und Wagenbau, Wagengrab § 4). Dessen Bestimmung, eine vornehme Person ins Jenseits zu begleiten, wird unterstrichen durch den ebenfalls mitgegebenen Wagen (→ Kesselwagen).

Bei der Herstellung der getriebenen bronze- und eisenzeitlichen Gefäße war die Form vorher geplant, denn die Behälter sind aus einzelnen Teilen zusammengesetzt. Darüber hinaus erforderte auch die Verzierung mit Buckeln oder Punkt-Buckel-Mustern in geometrischer wie anthro- oder zoomorpher Form an Eimern, Amphoren, Situlen oder Zisten eine vorherige Festlegung (38, 8 f.). Zur Stabilisierung sind die Gefäßränder oft verstärkt über dünnen Blechstreifen, Holzreifen oder eisernen Reifen, etwa bei Zisten. Die meist unverzierten Henkel sind angenietet, Stab- und Bügelhenkel sind geschmiedet, Attachen etwa bei Becken sind gegossen. Manche getriebenen Gefäße sind auch in Mitteleuropa mit gegossenen Henkeln versehen, keinesfalls ist das erst ein späterer Zusatz im Norden (38, 9). Um das Ausreißen der Niete zu vermeiden, wurden bei den Henkeln von Tassen Untersatzbleche benutzt. Abnutzungsspuren und Reparaturen an den Gefäßen weisen auf längere Nutzung.

Detaillierte Beobachtungen der Befunde und Fundzusammensetzungen in überdurchschnittlich ausgestatteten eisenzeitlichen → Fürstengräbern (vgl. auch → Häuptling, Häuptlingtum) wie für bes. herausragende Siedlungen (→ Fürstensitze) haben die Kenntnis über ideelle und kultische Praktiken und Vorstellungen bei der Auswahl und Handhabung von Trinkgeschirr wesentlich erweitert. Die Ausstattung mit importiertem wie einheimischem Trink- und Speisegeschirr zeichnet nicht nur die Personen der betreffenden Gräber aus, wie sie uns vom → Glauberg (inzw. 9; 42) oder aus → Hochdorf (inzw. 2) entgegentreten. Die meisten Deutungen dieser Gräber stimmen im wesentlichen darin überein, daß sie eine Zone am Nordrand der klass. Welt voraussetzen, in der Zusammenhänge zw. der Ausstattung herausragender Toter und deren Stellung zu Lebzeiten bestanden, die sich in Gemeinsamkeiten des Totenrituals niederschlagen (vgl. dazu ausführlich 24). Speziell in bezug auf die Trinksitte werden Hintergründe namhaft gemacht, die sich an der Praxis griech. Trinksitten orientieren (22; 49; 50). Gegenstimmen lehnen v. a. die Vorgehensweise über Analogieschlüsse ab, die allein zu Generalisierung, nicht aber zu hist. Individualität führten (zuletzt 8; 13).

Eine Einbeziehung heimischer Erzeugnisse in die kopierten oder verstandenen Rituale wird u. a. deutlich an der sorgfältigen Umhüllung der Bestandteile eines solchen Symposions mit Geweben in heimischer Webtechnik (Glauberg, vgl. A. Bartel in 9, 522 ff. und Taf. 8; Reste von Textilien an Gefäßen auch im → Hohmichele beobachtet), zudem enthielt die Schnabelkanne vom Glauberg ein heimisches Getränk (Rösch in 9, 545 ff.) und der Kessel von Hochdorf ein „keltisches Bier" (47).

Aus dem ö. Hallstattkreis liegen mit den Bilderfriesen auf Situlen, blechförmigen Bronzeeimern zum Mischen des Weines (→ Figürliche Kunst; → Situlenfest; → Situlenkunst), Bilddarst. vom Ablauf einzelner Handlungen vor (Taf. 10) (32; 33). Noch zu wenig lassen sich Praktiken erschließen, deren Ausübung an Protomen- und Kernosgefäße aus Ton gebunden war, wie sie für den ostalpinen Bereich überliefert sind (45; vgl. auch → Kleinklein). Hier tritt die aktive Ausübung von Trinken gegenüber der Darreichung von Getränken als Opfer zurück. So sind die zahlreichen oft grellbunten Protomengefäße (Taf. 9a) und Kernoi (Taf. 9b) sowie Gefäße in Tiergestalt entweder zum Trinken ungeeignet, oder einzelne Gefäßbestandteile wie Näpfchen fassen nur geringe Mengen einer Flüssigkeit und sind daher eher zu Libationen geeignet.

Für umfangreiche keramische Geschirrsätze mit T.n ermöglicht eine exakte Befundbeobachtung gebietsweise Einblick in einige Vorgänge innerhalb des Bestattungsrituals. So wurden in der südtt. HaZ Gefäße unterschiedlicher Größe und Funktion im Grab getrennt positioniert von den zerschlagenen und in das Grab geworfenen Überresten des Totenmahles. Solche Befunde können bis in die UZ zurückverfolgt werden (49; 50). Auch im gesamten Bereich der Lausitzer Kultur und ihrer eisenzeitlichen Nachfolgegruppen läßt die im Grabbrauch übliche Ausstattung mit umfangreichen Geschirrsätzen aus Ton in ihrer Auswahl feste Kriterien bei der Wahl des Trink- und Speisegeschirrs erkennen (1; 3). Normen, die auf verschiedene Abläufe des Bestattungszeremoniells hinweisen, sind für das sächs. Niederkaina bemerkt worden

(34). Hier konnte die getrennte Aufstellung von Geschirrsätzen innerhalb der hölzernen Kammer beobachtet und mit einer Aufteilung der ‚möblierten' Grabkammer in den Hügeln mit Körperbestattung der w. Hallstattkultur verglichen werden. Selbst die Praxis der Einhüllung ist hier auf Leichenbrandbehälter übertragen worden (34). Geschirrsätze von 16–30 Gefäßen enthalten in Niederkaina manchmal Rasseln, deren Gebrauch mit dem Totenkult in Verbindung gebracht wird (28, 221 ff.), so auch → Rasseln mit § 2c. Auch hier fanden sich unabhängig von der Deponierung der Geschirraufstellung im Grab zerschlagene keramische Reste in der Grabgrube. Somit erweist sich die Zeremonie des Trinkens – als Symposion interpretiert – für den Toten und am Grabe als gemeinsamer ideeller Hintergrund, dessen Realisierung in der späten BZ und während der EZ sehr unterschiedlich praktiziert wurde.

(1) R.-H. Behrends, Stud. zur Funktion und Typenkombination der Lausitzer Grabkeramik, Jb. RGZM 29, 1982, 156–248. (2) G. Bieg, Hochdorf 5. Der Bronzekessel aus dem späthallstattzeitlichen Fürstengrab von Eberdingen-Hochdorf (Kr. Ludwigsburg). Griech. Stabdreifüße und Bronzekessel der archaischen Zeit mit figürlichem Schmuck, 2002. (3) E. Bönisch, Jüngstbronzezeitliche Gräber von Saalhausen, Kr. Senftenberg, mit einheitlichem Prinzip der Beigefäßausstattung, Veröffentl. Mus. für Ur- und Frühgesch. Potsdam 20, 1986, 119–131. (4) M. Čižmář, K nálezum české provenience na moravských keltských pohřebištích, in: Sbornik Miroslavu Buchvaldkovi, 2000, 51–56. (5) R. Dehn u. a., Ausgr. in der Restaurierungswerkstatt. Zum hallstattzeitlichen Fürstengrab im Hügel 3 von Kappel-Grafenhausen, Ortenaukr., Arch. Ausgr. in Baden-Württ. 2002, 83–86. (6) M. Egg u. a., Zum hallstattzeitlichen Fürstengrab im Hügel 3 von Kappel-Grafenhausen (Ortenaukr.) in Baden, Arch. Nachr. aus Baden 67, 2003, 15–27. (7) R. Egger, Inschr. auf Eß- und Trinkgeschirr vom Magdalensberg, in: Provinzialia (Festschr. R. Laur-Belart), 1968, 269–277. (8) M. K. H. Eggert, Über Zimelien und Analogien: Epistemologisches zum sog. S-Import der späten Hallstatt- und frühen Laténekultur, in: [13], 175–194. (9) O.-H. Frey, F.-R. Herrmann, Ein frühkelt. Fürstengrabhügel am Glauberg im Wetteraukr., Hessen. Mit Beitr. von A.

Barthel, A. Kreutz und M. Rösch, Germania 75, 1997, 459–550. (10) W. Gaitzsch, Der Weinkrug als Urne, Arch. in Deutschland 1997, 2, 48. (11) M. Gedl, Die Bronzegefäße in Polen, 2001. (12) I. Griesa, R.-M. Weiss, HaZ. Die Altertümer im Mus. für Vor- und Frühgesch. 2, 1999. (13) M. Heinz u. a. (Hrsg.), Zw. Erklären und Verstehen? Beitr. zu den erkenntnistheoretischen Grundlagen arch. Interpretation. Tagungsber., 2003. (14) J. Hennze, Kultur aus der Kanne, 1995. (15) F.-R. Herrmann, Fürstensitz, Fürstengräber, Heiligtum, in: [42], 90–107. (16) Ch. Jacob, Metallgefäße der Bronze- und HaZ in NW-, W- und S-Deutschland, 1995. (17) G. Kaenel, Essen und Trinken in der W-Schweiz am Ende der LTZ, Arch. der Schweiz 8, 1985, 3, 150–159. (18) J. Koós, Ein spätbronzezeitliches Gefäßdepot von NO-Ungarn (ungar.), Studia Arch. Szeged 9, 2003, 121–128. (19) G. Kossack, Trinkgeschirr als Kultgerät der HaZ, in: Varia Arch. (Festschr. W. Unverzagt), 1964, 96–105. (20) A. P. Kowalski, Genealogia sztuk 2. Gefäße im Wortschatz der „Nostratischen Kultur". Analyse magischer Sacherfahrung (poln.), in: H. van den Boom u. a. (Hrsg.), Eidolon. Kultura archaiczna w zwierciadle wyobrażeń, słów i rzeczy, 2000, 149–166. (21) I. Krauskof, Wein- und Wasserkannen. Zur unterschiedlichen Exportsituation verschiedener etr. Schnabelkannen, in: M. A. Guggisberg (Hrsg.), Die Hydria von Grächwil. Zur Funktion und Rezeption mediterraner Importe in Mitteleuropa im 6. und 5. Jh. v. Chr., 2004, 127–135. (22) D. Krauße, Trinkhorn und Kline. Zur griech. Vermittlung orientalischer Trinksitten an die frühen Kelten, Germania 71, 1993, 188–197. (23) Ders., G. Längerer, Hochdorf 3. Das Trink- und Speiseservice aus dem späthallstattzeitlichen Fürstengrab von Eberdingen-Hochdorf (Kr. Ludwigsburg), 1996. (24) B. Kull, Tod und Apotheose. Zur Ikonographie in Grab und Kunst der jüng. EZ an der unteren Donau und ihrer Bedeutung für die Interpretation von „Prunkgräbern", Ber. der RGK 78, 1997 (1998), 197–466. (25) O. Kytlicová, Die Bronzegefäße in Böhmen, 1991. (26) U. Leuzinger, Die Holztassen-Herstellung im jungsteinzeitlichen Dorf Arbon-Bleiche 3. Plattform 7/8, 1998/99, 104–107. (27) M. Manov, Eine neue Inschr. auf zwei silbernen Schöpfkellen aus Thrakien, Tyche 9, 1994, 89–98. (28) G. Manschus, Die Funde aus Quartier A des Gräberfeldes von Niederkaina, Kr. Bautzen und die Tonrasseln der Lausitzer Kultur aus Sachsen, ungedr. Mag.-Arbeit Berlin 2006. (29) M. Meduna, I. Peškař, Ein latènezeitlicher Fund mit Bronzebeschlägen von Brno-Maloměřice, mit einem Beitr. von O.-H. Frey, Ber. RGK 73, 1992 (1993), 181–268. (30) C. W. Müller, Das Bildprogramm der Silberbecher von Hoby. Zur Rezeption frühgriech. Lit. in der röm. Bildkunst der augusteischen Zeit, Jb. des DAI 109, 1994, 321–352. (31) H. Müller-Karpe, Das urnenfelderzeitliche Wagengrab von Hart a. d. Alz, BVbl. 21, 1956, 46–75. (32) L. Nebelsick, Figürliche Kunst der HaZ am NO-Alpenrand im Spannungsfeld zw. alteurop. Tradition und ital. Lebensstil, in: Festschr. zum 50j. Bestehen des Inst.s für Ur- und Frühgesch. der Leopold-Franzens-Univ. Innsbruck, 1992, 401–432. (33) Ders., Trunk und Transzendenz. Trinkgeschirr im Grab zw. der frühen Urnenfelder- und späten HaZ im Karpatenbecken, in: Chronos. Beitr. zur prähist. Arch. zw. N- und SO-Europa (Festschr. B. Hänsel), 1997, 373–387. (34) Ders., Der doppelte Abschied. Das Gräberfeld von Niederkaina, in: W. Menghin, D. Planck (Hrg.), Menschen – Zeiten – Räume. Arch. in Deutschland, 2002, 225–228. (35) J. Nekvasil, V. Podborský, Die Bronzegefäße in Mähren, 1991. (36) J.-W. Neugebauer, Zu Metall- und Keramikdepots der BZ aus dem Zentralraum Niederösterr.s, Arch. Österr.s Sonderausg., 1998/99, 5–45. (37) M. Novotná, Die Bronzegefäße in der Slowakei, 1991. (38) P. Patay, Die Bronzegefäße in Ungarn, 1990. (39) R. Petrovszky, Bemerkungen zu Stempeln auf Bronzegefäßen, in: Instrumenta inscripta latina. Das röm. Leben im Spiegel der Kleininschr., 1991, 69–91. (40) Ders. (Petrov), Stud. zu röm. Bronzegefäßen mit Meisterstempeln, 1993. (41) G. Prüssing, Die Bronzegefäße in Österr., 1991. (42) Das Rätsel der Kelten vom Glauberg. Glaube, Mythos, Wirklichkeit, 2002. (43) E. Ruttkay, Ein Brandgrab der Kosihy-Čaka/Makó-Gruppe und die „Meßbecher" der Wieselburger Kultur von Schwechat in Niederösterr., Fundber. aus Österr. 33, 1994, 352–356. (44) H. Schmitz, Hl. Wein. Relig.sgeschichtl. Anm. zu einigen Trinksitten, Zeitschr. für Papyrologie und Epigraphik 28, 1978, 288. (45) A. Siegfried-Weiss, Der O-Alpenraum in der HaZ und seine Beziehungen zum Mittelmeergebiet, 1979 (1980). (46) D. Spânu, Stud. zum Silberschatzfund des 1. Jh.s v. Chr. von Lupu, Rumänien, PZ 77, 2002, 84–136. (47) H.-P. Stika, Kelt. Bier aus Hochdorf. Kelt. Handwerkskunst wiederbelebt, in: J. Biel (Hrsg.), Experiment Hochdorf: kelt. Handwerkskunst wiederbelebt, 1996, 64–75. (48) K. Szabo, Lat. Inschr. auf Bronzegefäßen, in: wie [39], 17–19. (49) St. Winghart, Einige Überlegungen zu Ursprung und Herleitung des kelt. Gastmahls, Arch. im Ldkr. Freising, 5, 1996, 121–137. (50) Ders., Zu spätbronzezeitlichen Traditionsmustern in Grabausstattungen der südtl. HaZ, in: Arch. Forsch. in urgeschichtl. Siedlungslandschaften (Festschr. G. Kossack), 1998, 355–371. (51) Ders., Die Wagengräber von Poing und Hart a. d. Alz, in: Eliten in der BZ, 1999, 515–532.

R. Müller

§ 2. Gefäßinhalte. Die Gefäßform ist stark von Gefäßinhalten abhängig (20; 21). Die Arch. hat sich lange nur mit Analogien beschäftigt und vergleichsweise selten auf die Suche nach dem tatsächlichen Inhalt gemacht. Den Naturwiss. kommt hierbei eine Schlüsselrolle zu. Dabei hat dieses Forsch.sgebiet bereits eine lange Geschichte. Die ersten Beobachtungen wurden aufgrund exzellenter Erhaltungsbedingungen in den verschütteten Vesuvstädten angestellt. Gefäße mit Opfergaben in Form von exotischen Früchten waren bereits im 18. Jh. im Isistempel von Pompeji und später auch n. der Alpen entdeckt worden (32). Pflanzenreste aus Töpfen und Vorratsgefäßen finden sich regelhaft seit dem Neol. (25, 69 f.; 29) und geben wichtige Hinweise auf die Gefäßfunktion. Auch Grabfunde mit Speisebeigaben, die sowohl Pflanzen- (17) wie Tierreste umfassen, fanden bereits früh Interesse (25, 69 f.). Beispielhaft zu nennen sind auf Tellern gefundene Knochen von Hühnern und Ferkeln in den jüngerkaiserzeitlichen Fürstengräbern von →Leuna (13). Fischreste aus Amphoren weisen auf ‚Fischkonserven' oder Fischsaucen (31).

Inhaltsreste in ant. Gefäßen haben auch schon früh Chemiker fasziniert (25, 65–67). Der rasante Aufschwung der Analysetechnik seit den 1980er J. hat die Aussagekraft der Analysen inzw. gut abgesichert.

Folgende Getränke lassen sich archäometrisch nachweisen: → Wein (Gaschromatographie von Harzresten, Traubenkernöl, Weinstein; 1; 15), → Bier (Hefezellen, Pollen und Makroreste von Bierwürzen; 27; 28, 38), → Met (Pollenanalyse; 22), → Milch (Protein- und Isotopennachweis; 3–6). Für die Neue Welt ist ein Maisnachweis an Scherben mit Hilfe des stabilen Kohlenstoffisotopes ^{13}C möglich und damit indirekt auch der Nachweis von Maisbier (26).

Das ethnographisch belegte Trinken von → Blut (28, 36) könnte zumindest theoretisch durch einen Blutnachweis in Gefäßen aufgezeigt werden (DNA; 2, 79), obgleich hier auch andere Blutquellen, z. B. bei der Fleischverarbeitung, ausgeschlossen werden müßten. Aufgrund der in das Trinkwasser gelangten stabilen Strontiumisotope und ihrem Nachweis an Zähnen und Knochen ist eine ortsfeste oder mobile Lebensweise feststellbar und indirekt das Trinken von Wasser (14).

Außer Getränken können Gefäße aber eine Vielzahl von Stoffen enthalten haben, z. B. Tier- oder Pflanzenfette, Bienenwachs, Birkenteer u. a. m.

Analysen von Gefäßtyp und Inhalten am Beispiel des prähist. Englands ergaben, daß es keine spezifischen Typen zur Milch- und Fleischverarbeitung gibt, was heutigem Verhalten weitgehend entspricht. Allerdings bestehen durchaus beim Randdurchmesser Bezüge (kleinerer Dm. Milchverarbeitung, größerer Dm. Fleischprodukte; 3, 903). Dies konnte für die Verarbeitung von Pflanzen mit (größerer Randdm.) und ohne Fleisch (kleinerer Dm.) für die Neue Welt nachgewiesen werden (9). Mit Hilfe von Gefäßinhaltsanalysen konnte aufgezeigt werden, daß sich in den bekannten kupferzeitlichen ‚Milchkrügen' nie Milch befunden hat (6). Gefäßinhaltsanalysen sind bes. für die ant. ‚Container', die Amphoren, deren Herkunft man meist recht gut kennt, von Bedeutung, wenn Inhaltsangaben fehlen. Sie können → Öl (vornehmlich Olivenöl, möglicherweise auch Haselnuß-, Walnuß-, Mandel-, Traubenkernöl [archäochem. kaum zu trennen]), Wein/Essig, Mehl/Getreide, eingelegten Fisch/Fischsaucen, eingelegtes Fleisch oder Wasser enthalten (23, 85).

Die Analysemethoden der Wahl sind Gaschromatographie/Massenspektrometrie, Infrarotspektroskopie (9; 10; 19; 23) einschließlich Isotopenanalyse (11) sowie Protein- (5) und DNA-Analysen (2). Makroskopisch-mikroskopische Unters. können insbesondere bei zool. (31) und pflanzlichen Funden (17) sowie bei der Unters. von Krusten auf Gefäßen (30) nützlich sein.

Weiterhin sind mit Hilfe naturwiss. Unters. u. a. nachweisbar: Das Abdichten und Reparieren von Gefäßen, die Gewinnung von Klebstoff (18), der Brennstoff für Lampen (24), Parfums in Balsamarien (7; 8), Sondernutzungen wie Salzsiedegefäße (12; 16).

(1) J.-P. Brun u. a. (Hrsg.), Le vin, nectar des dieux, génie des hommes, 2005. (2) J. A. Burger, Sequenzierung, RFLP-Analyse und STR-Genotypisierung alter DNA aus arch. Funden und hist. Werkstoffen, Diss. Göttingen 2000. (3) M. S. Copley u. a., Processing of milk products in pottery vessels through British prehist., Antiquity 79, 2005, 895–908. (4) O. E. Craig, The Development of Dairying in Europe: potential evidence from food residues on ceramics, Documenta Praehistorica 29, 2002, 87–107. (5) Ders. u. a., Arch.: Detecting milk proteins in ancient pots, Nature 408, 2000, 312. (6) Ders. u. a., Milk Jugs' and other Myths of the Copper Age of Central Europe, European Journ. of Arch. 6, 2003, 251–265. (7) J. Csapó, Analyse von Gefäßinhalten, in: D. Hintermann, Der Südfriedhof von Vindonissa. Arch. und naturwiss. Unters. im römerzeitlichen Gräberfeld Windisch-Dägerli, 2000, 211–212. (8) V. Ebbinghausen, W. Karl, in: A. Haffner, Gräber – Spiegel des Lebens. Zum Totenbrauchtum der Kelten und Römer am Beispiel des Treverer-Gräberfeldes Wederath-Belginum, 1989, 427–432. (9) J. W. Eerkens, GC-MS analysis and fatty acid ratios of arch. potsherds from the western Great Basin of North America, Archaeometry 47, 2005, 83–102. (10) R. P. Evershed u. a., New Criteria for the Identification of Animal Fats Preserved in Arch. Pottery, Naturwiss. 84, 1997, 402–406. (11) Ders. u. a., Identification of animal fats via compound specific $\delta^{13}C$ values of individual fatty acids: assessments of results for reference fats and lipid extracts of arch. pottery vessels, Documenta Praehistorica 29, 2002, 73–96. (12) J. Fries-Knoblach, Gerätschaften, Verfahren und Bedeutung der eisenzeitlichen Salzsiederei in Mittel- und NW-Europa, ²2004. (13) O. F. Gandert, Die Säugetier- und Vogelreste aus den Gräbern von Leuna, in: W. Schulz, Leuna. Ein germ. Bestattungsplatz der spät-RKZ, 1953, 85–94. (14) G. Grupe, M. M. Schweissing, Stable strontium isotopes in human teeth and bone: a key to migration events of the late roman period in Bavaria, Journ. of Arch. Science 30, 2003, 1373–1383. (15) P. E. Mcgovern u. a., Neolithic resinated wine, Nature 381, 1996, 480–481. (16) D. W. Müller, Die Kochsalzgewinnung in der Urgesch. des Mittelelbe-Saale-Raumes, in: Surowce mineralne w pradziejach i w wczesnym średniowieczu Europy środkowej, 1988, 91–105.

(17) M. Petrucci-Bavaud u. a., Samen, Früchte und Ferigprodukte, in: wie [7], 151–159. (18) M. Regert u. a., Adhesive production and pottery function during the Iron Age at the site of Grand Aunay (Sarthe, France), Archaeometry 45, 2003, 101–120. (19) Dies. u. a., Structural characterization of lipid constituents from natural substances preserved in arch. environments, Measurement Science and Technology 14, 2003, 1620–1630. (20) P. M. Rice, Pottery analysis: a sourcebook, 1987. (21) Dies., Journ. of Arch. Research 4, 1996, 133–163. (22) M. Rösch, Evaluation of honey residues from Iron Age hill-top sites in south-western Germany: implications for local and regional land use and vegetation dynamics, Vegetation Hist. and Archaeobotany 8, 1999, 105–112. (23) R. C. A. Rottländer, Die Resultate der modernen Fettanalytik und ihre Anwendung auf die prähist. Forsch., Archaeo-Physika 12, 1990, 1–355. (24) Ders., Der Brennstoff röm. Beleuchtungskörper. Zu einem Neufund einer Bildlampe aus dem Gräberfeld Kaiseraugst-Im Sager, Jahresber. Augst und Kaiseraugst 13, 1992, 225–229. (25) Ders., H. Schlichtherle, Gefäßinhalte. Eine kurz kommentierte Bibliogr., Archaeo-Physika 7, 1980, 61–70. (26) J. Smalley u. a., Sweet Beginnings, Current Anthrop. 44, 2003, 675–703. (27) H.-P. Stika, Traces of a possible Celtic brewery in Eberdingen-Hochdorf, Kr. Ludwigsburg, southwest Germany, Vegetation Hist. and Archaeobotany 5, 1996, 81–88. (28) U. Sommer, Sekt oder Selters? Vorgeschichtl. Getränke, in: M. Schmidt u. a., 100.000 J. Eßkultur. Essen und Trinken von der Steinzeit bis zu den Römern, 1996, 35–44. (29) W.-R. Teegen, Mensch und Landschaft. 7000 J. Gesch. im Unstruttal bei Karsdorf. Arch. in Sachsen-Anhalt, Sonderbd. (in Druckvorbereitung) (Leinsamenfund in salzmündezeitlichem Gefäß). (30) M. Währen, Ch. Schneider, Die *puls*. Röm. Getreidebrei, 1995. (31) Ch. Wustrow, Fischreste aus zwei Amphoren aus Mainz, Emausweg, in: Dies., Die Tierreste aus der röm. Villa von Borg, Kr. Merzig-Wadern, 2004, 226–228. (32) B. Zach, Vegetable offerings on the Roman sacrificial site in Mainz, Germany – short report on the first results, Vegetation Hist. and Archaeobotany 11, 2002, 101–106.

W.-R. Teegen

§ 3. Jüngere Epochen. a. Allg. Die Zusammensetzung und Formen des Trink- und Eßgeschirrs sind der materielle Ausdruck von Trink- und Speisesitten, und der Wandel in der Zusammensetzung dieser Service spiegelt sich verändernde Sitten. Daher sind die überlieferten Trinkgefäße (T.) greifbare Zeugnisse von alltäglichem Lebensstil und gehobener Festlichkeit. Während im Abfall ehemaliger Siedlungen aller Epochen, geborgen bei Ausgr., unter den Keramikscherben sicherlich zahlreiche Reste von T.n und Trinkgeschirr verborgen sind, die jedoch nicht immer zu rekonstruieren sind und deren einstiger Zweck selten zu erkennen ist, bieten Grabbeigaben aus frühgeschichtl. Epochen in großer Zahl T. im Rahmen der verschieden umfangreichen Ausstattung mit Tischgeschirr. Je nach Rang der Toten sind die beigegebenen T. aus Keramik, Glas oder Metall (Bronze oder Silber, selten Gold) hergestellt.

Eß- und Trinkgeschirr, teils mit nachweisbarem Speise- und Getränkeinhalt, waren einerseits regelhaft Grabbeigabe, verbunden mit Jenseitsvorstellungen, von der schlichten, das Notwendige umfassenden Ausstattung für eine Mahlzeit bis zur üppigen Ausrüstung für ein Festgelage einer größeren Gefolgschaft, und andererseits vom Material und der Qualität der T. her Statussymbole. Die Toten wurden für die Abhaltung eines Festes ausgestattet, oder sie bekamen als Beigaben das Geschirr, was zuvor zum Totenmahl gebraucht worden war. Trinkservice gehören immer zu den wichtigsten Beigaben.

Die T. in Gräbern der RKZ bis ins MA spiegeln zudem oftmals das Vorbild und den Einfluß fremder Trinksitten, die als Ausdruck eines gehobenen Lebensstils übernommen wurden, um damit elitären Rang zu zeigen: Paradebeispiele sind die Silberbecher in den → Fürstengräbern der ält. und jüng. RKZ, die aus dem Röm. Reich importiert, als Beute oder Geschenk, manchmal auch nach germ. Geschmack kopiert oder verändert worden sind und immer als Paare ins Grab gestellt wurden (31; 52; 54), oder auch die Beigaben vom Kontinent stammender Gläser in Gräbern der VZ in → Vendel und → Valsgärde (1) oder in den Bestattungen von → Birka aus der WZ (39).

Ob der Brauch, das →Trinkhorn als Trinkgefäß zu verwenden, aus urgeschichtl. Epochen allg. weiterentwickelt und übernommen wurde oder ob die Germ. hierin die röm. Welt beeinflußt oder umgekehrt röm. Vorbilder wiederum germ. Trinkhörner hervorgerufen haben, bleibt offen. Zwei prächtige farbige Trinkhörner aus Glas vom spätröm. Gräberfeld im Hambacher Forst im Rheinland stammen wohl aus Kölner Glaswerkstätten (13a, 306 f. Abb. 533). Trinkhörner gehören wohl allg. zur Ausstattung bei elitären Festen, sie sind hergestellt aus einem Tierhorn oder nachgeahmt in Glas oder Keramik und oft als Paar beigegeben.

Die T. der MZ, Spitz- und Sturzbecher sowie Tummler, und die Trichterbecher der KaZ hatten wie die Trinkhörner keine Standfläche und mußten daher entweder in einem Zuge ausgetrunken oder weitergereicht werden. Zuvor waren in der röm. und der byz. Welt Trinkgläser mit einer Standfläche oder einem Standring üblich und dann später wieder im MA seit dem 12./13. Jh. Somit spiegeln T. direkt die seinerzeit jeweils üblichen Trinksitten wider.

Die germ. Elite der RKZ konnte sich nicht nur mit röm. Glas-, Silber- und Bronzegeschirr versorgen, sondern übernahm weitgehend auch die röm. Eß- und Trinksitten, Beispiel ist die Paarigkeit der Trinkbecher. Diese Elite stattete die Tafel mit dem eingehandelten oder erbeuteten Geschirr aus und betrachtete das als Ausdruck luxuriösen Lebensstils, der auch im Tod bei den Bestattungssitten gezeigt werden sollte. Damit verhielt sich die Oberschicht ähnlich wie schon zur vorröm. EZ im Bereich der Hallstatt- oder Latènekultur. Damals wurde Importgeschirr aus dem Mittelmeerraum für die Tafel und das Festgelage gewählt.

Erneut ist dieses Verhalten im Skand. der KaZ und WZ zu beobachten, als kostbares Trinkgeschirr (Glas, besondere Keramik oder auch zweckentfremdete Silbergefäße) für das festliche Gelage in der Halle und auch beim Totenkult eingeführt wurde.

b. RKZ. Röm. Brand- und später auch Körpergräber sind oftmals mit einem üppigen Satz an Tischgeschirr ausgestattet worden, der aus mehr als einem Dutzend Gefäße bestehen konnte. Das Keramikgeschirr, darunter →Terra Sigillata, umfaßt Teller und Tassen, Schalen und Schüsseln, Krüge und Kannen, Flaschen und Vorratsgefäße. Dieselbe Vielfalt gab es auch bei den Glasgefäßen, von kleinen Bechern und Stengelgläsern bis zu den auffälligen Diatretgläsern, geziert mit Trinksprüchen, die es ebenfalls auf Tongeschirr, den sog. Spruchbechern gibt. Keramik- und Glasgeschirr wurde außerdem variationsreich miteinander kombiniert auf der Tafel und im Grab verwendet. In der nachfolgenden frk. Zeit vereinfachte sich das Spektrum der T.; nicht selten wurde aber altes, aus ‚Raubgrabungen' stammendes röm. Geschirr benutzt. Die in der Germania überwiegende Brandbestattungssitte hat dazu geführt, daß in den Gräbern wenig Geschirr beigegeben wurde, oft war die Urne Teil des ehemaligen Eß- oder Trinkgeschirrs. Es bleibt schwierig, anhand dieser Ausstattung Aussagen über T. und Trinkgeschirr zu treffen; denn auch die bruchstückhaften Funde in Siedlungen sind nicht eindeutig in ihrer Funktion zu bestimmen. Erst mit dem Aufkommen der Körperbestattung änderte sich das.

In der Germania wurden T. nur als Keramik- oder Holzgefäße hergestellt. Glas- oder Metallgefäße wurden nicht gefertigt, sondern bei diesen Grabbeigaben handelt es sich immer um Importgeschirr. Glasgefäße zeichnen sowohl die Fürstengräber der jüng. RKZ auf dem Kontinent und den dän. Inseln aus, als auch die der VWZ und WZ im skand. Raum als Bestattungen der Elite, durch die weitgespannten Kontakte gespiegelt werden.

Unter dem röm. Import in der Germania sind außer den Silber- und Glasbecherpaaren umfangreiche Trinkgeschirrsätze als Grabbeigaben überliefert, z. B. röm. Getränkekessel (→ Westlandkessel), zusammen mit einheimischen Holzeimern, diese teils mit prächtigen Beschlägen (→ Eimer), und mit importierten Metalleimern (→ Hemmoorer Eimer) sowie mit Kelle und Sieb als Hinweis auf Weinkonsum.

Die beste Übersicht über die Vielfalt des röm. Trinkgeschirrs, das in die Germania importiert wurde, bieten immer noch die chron. Typentafeln von H. J. Eggers, die für die von ihm definierten Stufen der RKZ zeigen, daß nicht nur Datierungen gewonnen, sondern auch kulturgeschichtl. Fragen beantwortet werden; sie zeigen fast nur röm. Gefäße aus Silber, Bronze und Glas (9, Abb. 1–4; und auch 35).

Röm. T. fanden sich in den Fürstengräbern der ält. RKZ, wie in → Hoby und → Lübsow, und der jüng. RKZ, wie in → Valløby, → Himlingøje oder Nordrup sowie in → Haßleben, → Leuna, → Sakrau, → Mušov, → Stráže, → Gommern (zu den Grabschätzen mit Silberbecherpaaren und ihren Nachahmungen: 35a; 24, 109; 54); die Palette der nachgeahmten röm. Formen ist beachtlich groß, vgl. dazu: 24a, 308 ff. mit Abb. 48–50). Kanne und Griffschale bildeten nicht nur ein Handwaschgeschirr mit sakraler oder profaner Funktion, sondern zumindest die Kanne könnte auch, zumal im germ. Raum, zum Weinausschank gedient haben, da solche Gefäße häufiger zusammen mit anderem Geschirr in Fürstengräbern beigegeben worden sind, so in Gräbern von → Hagenow, Hoby, Lübsow, Stráže oder → Łęg Piekarski (43). Aus der ält. RKZ sei die Zusammensetzung des Trinkgeschirrs in einigen Bestattungen genannt; zum Grab von → Hoby, datiert B1a, gehören ein silbernes Becherpaar, Kasserolle, Eimer, Kanne u. a., zu → Juellinge Grab 4, datiert B2, Kasserolle, Kelle und Sieb, großes Bronzegefäß und zwei Glasbecher.

Die Trinkservice in den Gräbern der Gruppe Haßleben-Leuna hat Schlüter eingehend analysiert (4, 125 ff. mit Tab. 5). In Haßleben Grab 8 stand am Kopfende die Gruppe der T.: zwei Holzeimer mit Silber- bzw. Bronzebeschlägen, aus Bronze Kelle und Sieb, ein steilwandiges Bronzebecken und zwei Gläser (Faltenbecher und Glasschale) sowie ein Hemmoorer Eimer. In Leuna Grab 1834 besteht das Trinkgeschirr aus Eimer mit Bronzebeschlägen, Kelle und Sieb aus Bronze und zwei Glasschalen; in Grab 1/1926 aus Terra-Sigillata-Schale, Glas- und Keramikbecher; in Grab 2/1917 aus Silber- und Glasschale (beide mit ähnlicher Facettenverzierung), Kelle und Sieb; in Grab 2/1926 bestand das Trinkgeschirr aus zwei kleinen Tonschalen, die zwei größeren Tongefäße gehörten wohl zum Eßgeschirr; in Grab 3/1926 (→ Leuna Taf. 4) gehörten zum Trinkgeschirr u. a. Kelle und Sieb, eine Silberschale und eine Glasschale (beide mit vergleichbarem Facettenmuster), ein hoher Becher und ein Faltenbecher aus Keramik, wahrscheinlich auch ein Eimer; in Grab 2/1927 wurden Kelle und Sieb sowie eine Glas- und eine Silberschale als Trinkgefäße durch Keramikgefäße ergänzt.

Wenn auch kaum Vollständigkeit oder Normung erzielt wurde, so gehörten zum Trinkgeschirr der Elite – v. a. der am reichsten ausgestatteten Gruppe Ia nach W. Schlüter – während der jüng. RKZ in der Germania ein größeres Mischgefäß, Holzeimer, Hemmoorer Eimer, Becken, als Schöpfgefäße Kelle und Sieb sowie zwei Trinkbecher oder -schalen (44, 128).

Ähnlich sind die Trinkgeschirre der jüng. RKZ in den seeländischen Fürstengräbern durch röm. Import bestimmt, und nur der Eimer war meist heimischer Produktion (35; 35a, 233 ff. und Verbreitungskarte Fig. 8:14). Während die größeren Eimer als Transportbehälter für eine umfangreiche Menge des Getränks dienten, scheinen die Miniaturausgaben die Funktion des T.s gehabt zu haben. Zu den Trinkgeschirren der

Stufe C1b gehört das in heimischen Werkstätten entstandene silberne Becherpaar von → Himlingøje 1828, ergänzt als Trinkservice durch einen Hemmoorer Eimer, einen hohen Eimer, Kelle und Sieb, ein hohes Fadenglas, einen Glaspokal und ein gläsernes Trinkhorn (35, 205 Farb-Abb. 134). In Grab 1949/1 standen Hemmoorer Eimer, Kelle und Sieb sowie drei Glasbecher und weiteres Bronzegeschirr (35, 206 Farb-Abb. 135). Zum Grab von Valløby gehören ein Silberbecherpaar (→ Valløby Taf. 2a: vergoldetes Preßblech am Rand mit Tierfiguren), zwei Kelle-Sieb-Sätze und zwei Bronzeeimer, zwei Gläser sowie Trinkhornbeschläge und eine Terra-Sigillata-Schale. In → Varpelev, Grab von Fst. 6, bildeten ein Hemmoorer Eimer, die Kelle-Sieb-Garnitur, drei Glasschalen u. a. das Trinkservice. Von zentraler Bedeutung waren die Becherpaare aus heimischer Produktion bzw. als Bearbeitung röm. Gefäße in den Gräbern von Himlingøje, Valløby, Nordrup und Brokjær (35a, 238 Karte Fig. 8:16).

Bes. umfangreich ist der Geschirrsatz im Fürstengrab von → Gommern aus dem späten 3. Jh. n. Chr., datiert in die Stufe C2 (3; 4): Die Gefäße waren, z. T. ineinandergesetzt, unter der Liege und im Fußbereich der Grabkammer abgestellt. In einem großen Westlandkessel (ca. 17 kg Gewicht) aus Bronze standen zwei gleichartige Holzeimer mit Bronzebeschlägen und Bronzehenkel, außerdem ein Holzbottich, ein Bronzebecken mit Weinblatt-Attaschen und ein Tongefäß. Im Holzbottich wiederum standen ein kleiner Hemmoorer Eimer aus Silber (mit vergoldetem Zierfries) und darin ein Glasgefäß. Im Zwischenraum zw. den beiden Holzeimern waren in einem geflochtenen Körbchen zwei weitere Glasgefäße ineinandergestellt (→ Gommern Taf. 11). Beim Kopf standen zwei größere Hemmoorer Eimer aus Bronze, neben dem Körper ein mit Silber beschlagenes Holzgefäß und im Fußbereich ein Schlangenfadenglas und eine Garnitur Kelle und Sieb aus Silber.

Insgesamt gehörten zum Trinkgeschirr u. a. also drei Hemmoorer Eimer und vier Glasgefäße. In einem der Holzeimer wurden Reste eines mit Honig gesüßten Getränkes festgestellt (25, 172). Nachweisbar sind oftmals als pollenhaltige Speisen und Getränke im Geschirr Honig, Honigmet und mit Honig gesüßte Nahrungsmittel. Kelle und Sieb sprechen für Weinimport (42).

Allg. zum Nachweis von Getränken in den T.n: Wein (42), Honigmet (25), Bier über die Zeiten hinweg (5).

Die Sitte, zwei gleichartige Trinkgefäße, Paare aus Silber oder Glas, zu verwenden, war auch während der jüng. RKZ verbreitet (jetzt mit einheimischen Nachahmungen) und ging schon zurück auf die Sitte während der ält. RKZ in der Lübsow-Gruppe, die wiederum ält. Vorbilder während der ausgehenden LTZ hatte (52). In den Gräbern von Leuna sind manche Trinkgeschirre gemischt aus einheimischer Keramik und röm. Importgefäßen zusammengesetzt, so daß die Funktionen der einzelnen Gefäße vergleichbar sind, wobei die Keramik zumeist aber zum Eßgeschirr gehört hat.

Wie die Germ. in der späten RKZ und frühen MZ in Besitz der röm. Trinkgefäß-Garnituren, Kessel, Kelle und Sieb, gelangten, veranschaulichen die Beutefunde aus dem Rhein von → Neupotz und → Hagenbach, die eine beachtliche Menge derartigen Tischgeschirrs enthalten (7; 32). Die röm. T. wurden in die gesamte Germania bis nach Skand. verbreitet, als Raub- oder Handelsgut (→ Römischer Import; → Glas § 4). Eine Auswahl-Tab. zu den spätkaiserzeitlichen Fürstengräbern mit Metall- und Glasgeschirrbeigabe von Mitteldeutschland bis Seeland (49, 126 Tab. 3) zeigt die regelmäßige Zusammensetzung der Service aus Hemmoorer Eimer, Kelle und Sieb sowie mehreren Glasgefäßen (Tab.).

c. MZ. Wie während der RKZ (→ Glas § 4) ist auch aus Gräbern der MZ eine

Trinkgefäße und Trinkgeschirr 255

Tab. Ausstattung einiger Körpergräber der RKZ. Nach Voss (49, 126 Tab. 3, Ausschnitt)

Sachtypen □ Silber O Aes u. aurichalcum Fundort Grab	Geschlecht Alter	Datierung	Metallgefäße insgesamt					Glasgefäße
Himlingøje 1894-1	M 20-35	C 1b	2		O	O		2
- 1949-2	W 40-50	C 1b	3	O	O	O		2
- 1977-3	? ca. 20	C 1b	3	O	O		O	2
Häven 1868/1	M 25-35	C 2	3	O O	O	O		1
- 1868/2	M	C 2	2	O	O			
- 7/1872	W ca.50	C 2	3	O	O	O		1
- 1967/1	M 30-35	C 2	1		O			
Grabow	m	C 2	3	O	O	O		
Gommern	M 35-40	C 2	6 (2 □)	□ O O	□ O	O		4
Emersleben 1	m	C 2	3	O O		O		
- 2	w	C 2	4		O	O	O	2
Leuna 3/1926	M 20-25	C 2	5 (1□)		O	O	O O	3
- 2/1917	m	C 2	3 (1□)		O		O	1
Merseburg	W 20-40	C 2/3						
Dienstedt	w	C 2	2	O		O		
Haßleben 8	W	C 2	6 (1□)	O	O	O	□ O	3
- 4	M	C 2	1			O		
Haina	m	C 2	4	O O	O	O		4
Nordhausen	M 20-40	C 2	5	O O	O O	O		3
Gundelsheim	w infans	C 2	1 Mini					

große Variation von Glasgefäßen erhalten, die allesamt zum Trinkgeschirr gehören: Flaschen, Schalen, Becher, auch importierte Stengelgläser aus dem Mittelmeergebiet (→ Glas § 5 mit Abb. 19–27). Die sog. Spitz- und Sturzbecher spiegeln durch ihre Form eine neue germ. Trinksitte.

Im Grab von → Apahida I des späten 5. Jh.s standen zwei Silberkannen; zum Schatz von → Szilágysomlyó gehören u. a. drei kleine Goldschalen, zum Schatz von → Pietroassa neben den großen Platten aus Gold eine goldene Kanne und eine weitere (eingeschmolzene) Kanne.

Während der MZ wurden Gläser als Grabbeigabe im gesamten Kreis der Reihengräberzivilisation für die Ausstattung ranghöherer Personen gewählt (31; 5a)

(→ Glas § 5), teils zusammen mit Keramikgefäßen oder als wertvollerer Anteil am Hausgeschirr, auch in Kombination mit Getränkeeimern aus Holz (→ Eimer). In der MZ und frühen KaZ erreichten Gläser vom Kontinent auch Skand. (40; 44a) und gelangten als Luxusgeschirr bis weit nach N-Norwegen. In Gräbern der MZ standen oftmals Glasschalen, Sturzbecher oder Keramikbecher im Bronzebecken, dessen Zweck wechselnd im Rahmen des Trinkgeschirrs, als Teil des Trinkservices, des Eßgeschirrs oder des Handwaschgeräts gesucht wird. Die umfassende Analyse der Beigabe von Trink- und Eßgeschirr in Gräbern der MZ ist noch ein Desiderat, die Bewertung der einzelnen Gefäße sowie von Geschirrsätzen als Utensilien einer gehobenen Trinkkultur steckt noch in den Anfängen (38, 65; 48, 116). Die Formenvielfalt der Glasgefäße der MZ ist groß (auf dem Kontinent: 31, 612 Abb. 465, in England: 22; 23). Doch auffällig ist, daß kaum eine Gefäßform eine Standfläche hat. Die glockenförmigen Becher des 5. Jh.s oder die Rüsselbecher hatten zwar noch einen kleinen scheibenförmigen Fuß, im 2. Viertel des 6. Jh.s lösten dann Spitz- und Sturzbecher die konischen Becher und Schalen mit geringer Standfläche ab (31, 611 ff.). Die schalenartig geöffneten Becher mit rundem Boden haben den Namen Tummler (taumelnde Becher), die wiederum teilweise die Sturzbecher ablösten, ehe seit der frühen KaZ der Trichterbecher zum vorherrschenden Trinkgefäß wurde.

Der Anteil der Gräber mit Glasgeschirr ist in jedem Friedhof relativ gering. Glas war Luxusgeschirr, deshalb auch oft lange in Gebrauch und wurde erst nach Generationen zur Grabbeigabe. Während noch im 6. Jh. Glasgefäße recht häufig und variantenreich waren, ist für das 7. und 8. Jh. eine Hinwendung zum Trinkbecher aus Holz oder auch zu kleinen Knickwandgefäßen aus Keramik zu beobachten und bei den Gläsern eine Beschränkung der Formen.

Flaschen, Kannen und Krüge waren bei wohlhabenden Leuten aus Metall oder Glas, bei den übrigen Leuten aus Keramik und Holz. Ein Großteil des Eß- und auch des Trinkgeschirrs bestand aus Holzgefäßen, wie sie z. B. im Gräberfeld von → Oberflacht erhalten geblieben sind. Holzeimer unterscheiden sich in der Qualität der Metallbeschläge, die manchmal mit germ. Tierstil verziert sind. Kannen waren nicht immer Teil des Trinkgeschirrs, sondern gehörten auch zum Waschgeschirr, zusammen mit Metallbecken oder Griffschalen. Doch auch einige der sog. koptischen Bronzegefäße, wie manche Kannen, waren ebenfalls zusammen mit Glasgefäßen Teil des Trinkgeschirrs (→ Bronzegefäße § 8 ff.; → Koptisches Bronzegeschirr).

Im fürstlichen Frauengrab unter dem Kölner Dom stand zu Füßen der Toten das Trinkgeschirr, zwei Schalen, eine große Flasche (noch mit Flüssigkeit), eine kleine Flasche und eine Fadenglasflasche in einem Eimer, ein Sturzbecher sowie noch ein Trinkhorn und nahebei auch eine Lederflasche. Das Trinkgeschirr im Knabengrab unter dem Kölner Dom bestand aus einer großen und einer kleinen Glasflasche, einem Sturzbecher, einem Holzeimer und einem Trinkhorn sowie ergänzt durch eine hölzerne (Pilger)-Flasche, einem Trinkbecher und weiteren Holzschälchen. Im Fürstengrab 1782 von Krefeld-Gellep standen Glasschale und Glaskanne, ein Bronzekännchen, ein Holzeimer sowie Teile des Eßgeschirrs. Das Bronzebecken und die Kanne gehörten wohl zum Handwaschgeschirr. Die Glasgefäße, Schale und Kanne waren bei der Grablegung schon 200 J. alte Stücke aus röm. Werkstätten (8).

Das anhand der Beschläge rekonstruierte Trinkhorn, ein Stengelglas aus Italien sowie ein Sturzbecher gehörten zur Ausstattung eines Mannes in Grab 85 von Dittigheim, Baden-Württ. (13a, 335 Abb. 584). Auf einem Rüsselbecher der MZ aus dem Gräberfeld von Immenbeck, Ldkr. Stade, aus dem

Befund AE 287 sind Spuren einer Inschr. zu lesen, die in die noch weiche Glasmasse gedrückt worden war, und zwar VINI (Gefäß des Weines) (20). Auf einem weiteren Rüsselbecher AE 146 dieses Gräberfeldes heißt es VIVA IN VIN (Lebe im, durch [den] Wein) (21); Inschr., die an die röm. Sitte, Trinkgefäße mit Sprüchen zu versehen, erinnern.

Feldflaschen waren T. und standen in Gräbern der MZ, auch ohne Eimer und andere Trinkgefäße dabei. Sie dienten zur Stärkung auf der Reise im Diesseits und ins Jenseits, wie die christl. Inschr. auf der Feldflasche aus einem Grab von Concevreux (Aisne), datiert 6. Jh., sagt (10, 32 mit Anm. 72). Die Toten unter dem Kölner Dom hatten außer dem Trinkservice jeweils auch eine solche Pilgerflasche mitbekommen.

Zu den Beigaben im Kg.sgrab von → Sutton Hoo gehörten außer zahlreichen Kesseln und Gefäßen vom Eßgeschirr neben den großen Silberplatten vom Tafelgeschirr mehrere Trinkservice (Plan auch in 38, 56 f. Abb. 12).

Die Gruppe der Gefäße beim Haupt des Toten besteht aus einem Eimer, Hh. etwa 36 cm, Fassungsvermögen 25 l, und den zehn Convivium-Silberschalen, die einzeln 0,8 l fassen konnten, was zusammen 8 l ausmacht, d. h., aus dem Eimer konnten die Schalen etwa dreimal gefüllt werden.

Zum Grab gehört weiterhin ein großer Holzbottich (Bierkübel), Hh. 58 cm, für 100 l (vergleichbar mit dem Holzkübel im Schiffsgrab von → Oseberg mit 126 l Fassungsvermögen), in dem ein kleinerer Holzeimer als Schenkeimer stand und ein Paar Trinkhörner aus Auerochsgehörn lagen, Lg. 61,4 cm, je 2 l Inhalt (nicht 7 l, wie fälschlich publiziert), sowie ein Satz von sechs Trinkbechern aus Ahornholz mit Randbeschlägen aus Edelmetall, die nur für Bier gedacht waren (→ Trinkhorn Abb. 47).

Ein silberner Schöpfer, ein kleiner Silberbecher und acht kleine Kugelbecher aus Walnußholz (davon standen sechs im Silberbecken) und dabei noch Reste eines kleinen Bechers aus Horn und einer Schale oder Schöpfers aus Ahornholz sowie zwei kleinere bronzene Hängebecken dienten wohl für Honig oder eine alkoholische Flüssigkeit, die dem Bier zugesetzt werden sollte (im doppelt so großen Kugelbecher aus → Oberflacht gab es Spuren von Honig). Diese Gefäße bildeten zusammen wieder ein achtteiliges Bankettgeschirr.

Die Auerochshörner und Ahornbecher waren das Trinkgeschirr für den engeren Bereich der Tischgenossen (38, 57). Die acht Walnußbecher, zwei davon mit vergoldeten Randbeschlägen, dienten zur Aufnahme eines weiteren Getränks, und Eimer sowie Bottich gehören wohl ebenfalls zu diesem Ensemble. Die Silberschalen und Löffel waren wohl als ein Taufgeschenk an Kg. → Rædwald anläßlich der Bekehrung 618 und zur Feier des Abendmahls gedacht, oder sie waren Weinschalen zu einem weltlichen *convivium* Gleichgesinnter, wobei die Löffel zum Einrühren der Gewürze dienten (38, 58; 52, 477). Die Service waren jedenfalls in beiden Fällen für ein festliches Gelage vorgesehen. Die drei Eibenholzeimer im Grab hatten ein unterschiedliches Fassungsvermögen (8, 25, 100 l) und damit unterschiedliche Funktionen.

Die Trinkservice von Sutton Hoo erinnern an die Bankettausstattung im kelt. Fürstengrab von → Hochdorf aus dem 6. Jh. v. Chr., die für neun Personen gedacht war und aus einem Bronzekessel mit 500 l Kapazität für einheimischen Honigmet sowie neun Trinkhörnern und einem Speisegeschirr aus drei Bronzeschalen und neun bronzenen Tellern bestand. – Das älteste erhaltene Glasgefäß n. der Alpen, eine Trinkschale iranischer Herkunft, wurde in einem Fürstengrab der HaZ bei → Ihringen am Kaiserstuhl gefunden.

In einigen Gräbern von → Vendel und → Valsgärde (1) in Schweden standen Teile eines Trinkgeschirrs, Gläser, Trinkbecher und -schalen sowie Trinkhörner und außerdem Kessel, die aber nicht unbedingt als Getränkebehälter, sondern auch als Kochkessel gedient haben können. Dabei zeichnet sich jedoch keine systematische Ausstattung ab (in chron. Folge – Vendel Grab XI: zwei Trinkhörner [?], Kessel; Grab XII: Glasbecher; Grab I: zwei Glasbecher, zwei Glasschalen und ein Kessel; Valsgärde Grab 8: Glasbecher, ein Trinkhorn und Trinkschalen, Kessel; Grab 7: drei Trinkhörner, Trinkschalen, Kessel; Grab 5: Glasbecher, Eisenkessel; Grab 6: zwei Glasbecher, Glasschale, Kessel).

d. KaZ und WZ. In Skand. spiegeln v. a. Beigaben im Gräberfeld von → Birka die Kombinationen des Trinkgeschirrs (Holzeimer, Bronzeschüsseln, Kelle, Gläser, Kannen und Trinkhörner) (39, 134–136, Tab. Abb. 57). Am häufigsten ist der Getränkeeimer kombiniert mit einem Trichterbecher aus Glas, ein Import aus dem Karolingerreich. Getrunken wurde daraus wohl Bier. Eine zweites Trinkgeschirr bestand aus Tatinger Kanne und Glasbecher, die als Weingeschirrsatz bezeichnet werden (10, 28 ff.). Im Grab 854 von Birka standen beide Trinkgeschirrsätze, waren also vielleicht tatsächlich für zwei verschiedene Getränke gedacht.

Nicht nur Glasscherben als Rohmaterial für die Perlenproduktion gelangten über den Fernhandel in den Norden (43a), sondern wie schon zur RKZ auch Glasgefäße für die Festtafel. Sie sind im Karolingerreich hergestellt (u. a. wohl in → Paderborn [15]) und von Dorestad (28) aus über die Nordsee verhandelt worden (zu den FO mit Trichtertummlern mit Wulst [43a, 29 Abb. 9]). Die Trichtergläser z. B. erreichten im O → Staraja Ladoga und → Nowgorod und in N-Norwegen Borg auf den Lofoten (→ Lofoten § 2). Vergleichbar ist die Verbreitung der Kannen vom Typ der → Tatinger Keramik des 8./9. Jh.s, hergestellt im Rheinland; als Teil des Trinkgeschirrs waren sie ebenfalls bis nach England und N-Norwegen verbreitet (46, 139 Abb. 7; 14, 133 ff.; 6, Liste 12; 38, 85 Karte 2). Die Versorgungsströme beim Keramikimport waren verschieden: Ribe in Jütland wird von karol. Keramik erreicht, Åhus in S-Schweden von slaw. Keramik (34, 253).

Im Handelsplatz Haithabu (→ Haiðaby) ist in größerer Zahl das Spektrum der Trinkgläser der KaZ registriert (45, 58 ff.), v. a. Trichterbecher (45, Taf. 10 und 11), Traubenbecher, Flaschen und Gläser unbestimmter Form, meist Schalen, mehrfach mit Reticella-Auflage. Diese Reticella-Gläser (Verbreitungskarten: 34, 217 Fig. 20; 45, 115 f. Fundliste 2 mit Karte Abb. 29) und die Trichtergläser (Verbreitungskarten: 46, 149 Abb. 12; 14, 135 ff. mit Karte Abb. 12 zu Trichtergläsern in England und Skand.; 6, Liste 15; neue Karte der Trichterbecher bei 41; 34, 236 Fig. 34) sind die auffälligsten Formen an T.n auf dem Kontinent und im N.

Im Handelsplatz → Ribe wurden ähnlich wie in Haithabu nicht nur Rohglas, Scherben, Stäbchen und Tesserae als Material für die Glasperlenherstellung gefunden, sondern auch derart viele Scherben von Hohlgläsern, daß der Import und die Verwendung von Gläsern als T. aus dem karol. Reich vorauszusetzen sind. Es sind wiederum mehrheitlich Trichterbecher und Tummler, auch Schalen, aus grünem und blauem Glas, von denen mehrere mit Reticella-Dekoration verziert sind, in Ribe datiert zw. 700 und 850 (34, 210 Fig. 11, 241, Fig. 38); und auch das Hinterland wurde damit versorgt.

Ält. Material der MZ wie Rüsselbecher oder Gläser vom Typ Snartemo, wie in → Dankirke gefunden, gibt es in Ribe nicht. Hier öffnet sich eine Lücke in der Versorgung mit T.n aus Glas zw. dem 6. und 8. Jh. (34, 251). Im 8. Jh. zeichnet sich eine noch größere Variation der Glasgefäßformen ab als im 9. Jh.

In → Uppåkra in Schonen ist die Variationsbreite der Gläser vom Typ des Snartemo-Bechers und der Rüsselbecher der frühen MZ ungebrochen bis zu den Trichterbechern der KaZ überliefert, trotz der insgesamt bisher geringeren Scherbenmenge als in Ribe (47), ebenso in Helgö, wo nicht nur Glasperlen, sondern auch Scherben von Trinkgläsern gefunden wurden (37).

Aus dem gleichartigen Bestand an Glasgefäßen kann auf entspr. Trinksitten geschlossen werden. Durch die Ausgr. in allen Seehandelsplätzen sind diese Gläser auch überall nachgewiesen: in Birka, → Helgö, Åhus, Uppåkra, → Slöinge, → Kaupang, Borg auf den Lofoten, auch in → Sorte Muld auf Bornholm, in → Toftegård auf Seeland und im S in Haithabu, in → Groß Strömkendorf, Dorestad und → Hamwic/Southampton (27; 34, 255). Vollständige Gläser sind naturgemäß nur als Grabbeigaben wie in Birka überliefert.

In Birka und allg. in Skand. hat es – wie erwähnt – zwei verschiedene Trinkservice gegeben, ablesbar an der Beigabenausstattung v. a. in den Kammergräbern (10, 24 Tab. 1). Das erste Geschirr bestand aus Holzeimer, manchmal einer Schöpfkelle und immer aus Trinkgefäß(en) aus Holz, Metall oder Glas, z. B. gehörten manchmal auch zwei Trinkhörner dazu (mehrfach in eine Schüssel gelegt, die eher zum Handwaschen gedient hat). Kelle, Trinkgefäße und Trinkhörner können auch aus Holz bzw. organischem Material hergestellt sein, sind dann kaum nachweisbar. Sie wurden von allen gesellschaftlichen Schichten benutzt (10, 22). Holzgefäße sind denn auch in den Bootsgräbern von → Oseberg und → Gokstad beigegeben worden. Dieses Service diente zum Trinken von Bier oder Met. Mit dem Schöpfgefäß wurde aus dem Faß Bier in den Eimer gefüllt und dieser dann zur Tafel getragen, wo Gläser oder Trinkhörner daraus gefüllt wurden.

Das zweite Service wurde anscheinend zum Trinken von Wein benutzt. Als Transportbehälter für Wein in den N und O dienten → Reliefbandamphoren, ebenso Holzfässer, auch Badorfer Keramik (→ Badorf) (6, 69 ff. mit Karte Abb. 18, Liste 13). Diese Weingeschirre bestanden aus Tatinger Kannen sowie Glasgefäßen, v. a. aus Trichtergläsern (10, 28 ff.). Bei Festtafeln wurde den Gästen von einem Diener aus der Kanne Wein in die Becher gegossen. Der Wein wurde mit der Kanne aus Fässern geschöpft.

Die Trichtergläser waren vom 8.–11. Jh. das wichtigste Trinkgefäß – abgesehen von Holzschalen – (2, 60 ff.; 15). Einige Bilddarst. der Zeit um 900 zeigen das Trinken aus Trichtergläsern (die im übrigen auch als Lampen dienten) (45, 59 ff. Abb. 14, 2.3). Nur wenige andere Glasgefäße, wie Traubenbecher und Flaschen, sind überliefert. Alle diese Gläser aus dem karol. Reich wurden nach Skand. verhandelt, wo sie im Siedlungsschutt, so in Ribe und Haithabu (45, Taf. 10 und 11), aufgrund des Ausgrabungsstandes häufiger nachgewiesen sind als auf dem Kontinent, und als Grabbeigaben sind auch vollständige Gläser erhalten geblieben. Die sonstige Typenvielfalt der Gläser als T. (40, 65 Fig. 7 Typentafel) ist jedoch nur scheinbar groß; die meisten Formen sind selten, die Trichterbecher dominieren.

Es sind also zwei Arten von Trinksitten anhand des Trinkgeschirrs im N nachweisbar, einerseits für Bier bzw. Met und andererseits für Wein. Die erste Kombination (für Bier) wird als einheimisch angesehen (10), die zweite (mit Wein) als einst röm. und kontinental. Die Pilgerflasche ist eine christl. Grabbeigabe. Trinkgefäße als Grabbeigabe spiegeln Jenseitsvorstellungen: die christl. Pilgerreise wurde von der Pilgerflasche aus Holz begleitet, der heidn. Empfang in Walhall erfolgte mit dem Trinkhorn.

In den Kölner Gräbern findet sich beides nebeneinander.

Glasgefäße mit Dekoration aus Goldfolie (34, 250) fallen als besonderes Luxusgeschirr auf (2, 66 ff. und Abb. 7–10; 47, 81 ff.). Funde existieren aus Ribe, Uppåkra, Helgö (36), Valsgärde und Borg in Skand., aus Dorestad sind Scherben erhalten, jeweils wohl von Trichterbechern und datiert ins 8. Jh. Die Tatinger Kannen und die Gläser mit Goldauflage werden nicht nur als Bestandteil des weltlichen Trinkgeschirrs angesehen, sondern auch als Zeugnisse einer Missionsbewegung (38, 84 f.). Sie waren vom späten 8. bis ins 10. Jh. in Benutzung, so daß bei der Bewertung der Glasgefäße parallel beide Facetten, der Weinimport und die damit verbundenen Trinksitten und T. einerseits sowie die Missionierung andererseits berücksichtigt werden sollten.

Zu dem um 800 in der Kirche von St. Ninian auf den Shetlands verborgenen Fundkomplex gehörten u. a. außer einer Hanging bowl (→ Hanging-Bowls) sieben verzierte Silberschalen, davon sechs mit einem Omphalusboden, und eine weitere Schale halbkugeliger Form sowie ein Löffel und ein Hakenmesser, außerdem ein Dutzend Fibeln. Der Schatzfund wird entweder als Versteck liturgischen Geräts angesehen oder auch als eine profane, mit Sutton Hoo vergleichbare Ausstattung mit einem Trinkservice (38, 89) (→ Shetlandinseln; → Saint Ninian's Isle Treasure).

In geringerer Zahl sind Teile von orientalischem Tafelgeschirr in den N gelangt (30, 621–627 Karte Abb. 30), die v. a. auf Gotland und im Mälargebiet entdeckt wurden, bronzene Kannen und Flaschen für das Einschenken von Getränken, Glasbecher (z. B. Birka Grab 542 mit eingeschliffenen Tierbildern) und eine glasierte Tontasse (Hemse, Gotland) als Trinkgefäß (30, Abb. 31B; auch 33), außerdem zahlreiche Frg. von zerschnittenen (→ Hacksilber) Silbergefäßen.

Einige Trinkservice im N bestanden aus einem Haupt- und mehreren Nebengefäßen aus Silber (50; 55). Außer der altskand. Trinksitte, bei der man zum Konsum größerer Biermengen Eimer, Trinkhorn, Holz- oder Glasbecher und Schöpfkelle benötigte (51, 178 ff.), waren diese Service aus einem größeren und mehreren kleinen Silberbechern eher für Wein, Met/Honigwein gedacht, zum symbolhaften Trinken einer → Tischgemeinschaft, einer Gruppe oder Gilde, die Trink- und Speisegemeinschaft war, so vielleicht von fries. oder einheimischen Fernhändlern, die dann nach dem Service aus vier bis acht Personen bestand (51, 179). Derartige Geschirrsätze aus Silberschalen wurden bisher nur als Schatzfunde an Orten der herrscherlichen und kultischen Zentralgewalt gefunden (51; 55), so das Trinkservice von → Fejø, Lolland, das aus einem großen und fünf kleinen Silberbechern des 8./10. Jh.s besteht (51, 179 Kat. Nr. 43; 55, 151 Fig. 7 und 8), das Trinkservice von → Lejre, Seeland, mit Frg. mehrerer Silberbecher (51, 179 Kat. Nr. 44; 55, 168 Fig. 23a) oder das Trinkservice von → Terslev (55, 168 Fig. 23 b) sowie das Trinkservice von Ribe, mit einer Pyxis und sechs weiteren kleinen Silberbechern (51, 90 Kat. Nr. 28; 55, 167 Fig. 21 und 22). Als Parallele ist das Service aus einem größeren und sieben kleineren Silberschalen von Kuczumare, Rußland, zu nennen (55, 169 Fig. 24). Vom Kontinent eingeführte einst eucharistischem Zweck dienende Gefäße wurden im N losgelöst von der urspr. Bestimmung und zu Teilen eines luxuriösen Trinkservices umgewidmet, ergänzt durch mehrere, fünf bis sieben, kleine Silberbecher.

Zum umfangreichen awar. Schatz von Nagyszentmiklós (→ Sânnicolau Mare) gehören 23 Gefäßen aus rund 10 kg gediegenem Gold: Flaschen, Krüge und Kannen, Schalen, Kelche und Becher sowie ein Trinkhorn, ein vielfältiges fürstliches Trinkgeschirr, teils als paarige Gefäße zusammengestellt, datiert in das späte 8. Jh. (17). Aus derselben Zeit sind bei den Awaren Fußbecher und Krüge aus Silber und Gold bekannt, auch Fußbecher aus Glas und Metall, außerdem große Amphoren, Krüge und Flaschen aus Ton, seltener aus Glas und als Trinkgefäße Holzschalen mit Goldbeschlägen, Trinkhörner aus Metall und ebenfalls aus Glas, wie im W im Kreis der Reihengräberzivilisation (→ Trinkhorn) (16).

e. T. und Trinksitten. Die „Hallenfreude" oder der „Saaljubel", also die Feste in der Halle (48, 118), waren höchster Ausdruck des Gemeinschafts- und Gefolgschaftslebens (→ Trinkgelage und Trinksitten § 2; zu Trinksitten und T.n während der MZ und bis zum MA [29; 31]). Auf den Höhensiedlungen im S Deutschlands wurden zerscherbte röm. Gläser des 4./5. Jh.s gefunden, so auf dem → Runden Berg bei Urach oder auf dem → Zähringer Burgberg bei Freiburg, sicherlich Überreste von Festgelagen. Zahlreiche Glasscherben wurden in den Hallen von Helgö bis Borg auf den Lofoten als Niederschlag von Trinkgelagen ausgegraben, wie sie für das Leben an Attilas Hof von → Priscus und mehrfach auch in den skand. Qu. des MAs beschrieben werden (→ Trinkgelage und Trinksitten § 4). Auch die Bildüberlieferung, z. B. auf dem Horn von → Gallehus und v. a. auf den Bildsteinen auf Gotland (→ Bilddenkmäler), zeigt Trinkgeschirr, Trichterbecher oder Trinkhorn sowie Getränkeeimer, so beim Willkommenstrunk in Walhall (vgl. zur Rolle der Frau bei Trinkgelagen von Gefolgschaften mit Textbelegen: 11; 12). Eine weibliche Gestalt reicht einem Reiter das Trinkhorn und trägt manchmal in der anderen Hand einen Eimer (10, 24 und Taf. 1.4: Bildstein von → Lärbro St. Hammars IV, Gotland) oder hat ihn neben sich stehen (10, 25 Abb. 2.2: Bildstein von → Hablingbo K, Gotland, und weitere Beispiele). Zum Gelage trug man das Getränk im Ei-

mer heran und goß es mit Hilfe eines Schöpfers in einen Trinkbecher oder ein Trinkhorn. Der Eimer wurde als *hantvat* oder *schenke vat* bezeichnet, was den Schenkeimer bei den Walküren gut beschreibt. Diesen Willkommenstrunk, der im Eimer vor den Gast gebracht und ihm dann im Trinkhorn gereicht wurde, zeigen weitere Bildsteine wie Halle Broa XVI (eine Gestalt auf einem Hochsitz trinkt einer anderen zu oder erhält von ihr ein Trinkhorn) oder der Stein von Tängelgårda IV (→ Stora Hammars) (fünf stehende Männer trinken sich mit hocherhobenen Trinkhörnern gegenseitig zu) (10, 35). Mehrere Trinkgelage sind auch auf dem Teppich von Bayeux (→ Bayeux Tapestry; → Trinkhorn Abb. 48) dargestellt, wo in Haralds engl. Landhaus oder beim Festmahl Wilhelms des Eroberers mit Bf. Odo kleine henkellose Becher, die von der Tafel unmittelbar an den Mund geführt wurden, als T. benutzt wurden; man trinkt v. a. aus Schalen und Trinkhörnern. Auf dem Kontinent war das schon seit der HaZ über die RKZ und die MZ bis ins MA üblich gewesen; die Trinksitten auf dem Kontinent werden gewissermaßen durch die Fundstücke an Glasgefäßen im N beschrieben.

Die skand. Lit. des MAs kennt viele Überlieferungen zu Opfermahl, Jahreszeitenfest, Hochzeit, Siegesfeier, fürstlicher Tafelrunde mit Angaben zu T.n und Trinksitten (19, Bd. 2, 144 ff.: Um den Bierkessel). In der *Egils s.* heißt es im c. 71 (10, 34 f.) (vgl. auch → Trinkgelage und Trinksitten S. 237): Egil wird auf Reisen im Kg.sdienst vom Hofherrn Armod nach der üblichen Gewohnheit empfangen, und das war die Bewirtung der Kg.sboten mit Essen und Trinken, zuerst nur mit Milch. „Dann ward Bier hereingebracht, und das war stark eingebrauter Haustrunk. Bald gab es ein Einzeltrinken. Jeder Mann sollte allein ein Horn leeren … Das ging solange, bis die Tische fortgenommen wurden. Alle, die in der Stube waren, waren bereits ganz berauscht.

Armod rief bei jedem Horn, das er trank: ‚Ich trinke dir zu, Egil'. Seine Knechte aber tranken den Gefährten Egils mit demselben Zuspruch zu … Da sagte die Hausfrau zu dem Mann, der den Abend über (ein)geschenkt hatte, er sollte weiter zu trinken bringen, daß kein Mangel wäre, wenn jemand zechen wolle. Er nahm ein gewaltiges Trinkhorn, füllte es und brachte es Egil. Egil trank es in einem Zuge aus …" (Die Gesch. vom Skalden Egil, übertragen von F. Niedner, Thule 3, 1963, 211 f.) (allg. zu diesen Trinksitten: 10, 35 mit Anm.).

Der Krug wird im Keller oder im Vorratsraum gefüllt und dann an die Festtafel gebracht, um dort die Gläser zu füllen. Der Eimer steht im Grab meist am Fußende. Daraus wurden einst die Trinkbecher gefüllt, die neben der rechten Hand im Grab abgestellt sind. Im Bootkammergrab von Haithabu stand beim Mundschenk der Eimer, nicht beim vornehmsten Krieger (10, 42) (→ Totenfolge). Die Getränkemengen lassen sich anhand der Eimergrößen abschätzen. Die Eimer – manchmal zwar als Pferdetränkeimer gedeutet, dafür aber zu klein – dienten als Zwischentransport von Trank von einem großen Faß oder Bottich zur Tafel, an der dann daraus geschöpft wurde. Ein Eimer mit 22–30 cm Dm. hat ein Fassungsvermögen von 4–6 bzw. 12–15 l; Trinkhörner von 25–30 cm Lg. fassen 0,3–0,5 l, das Horn von Gallehus 1,3 l, das große Horn von Sutton Hoo 2 l; die Trinkbecher 0,2–0,8 l, ein kleiner Eimer reicht somit zum Füllen von 10–15 Trinkgefäßen, ein größerer für 30–35 Gefäße. Also müssen beim Fest größere Behältnisse verwendet worden sein, weil sonst bei zehn Männern nur dreimal nachgefüllt werden konnte.

Für die Alem. ist aus der Zeit um 600 überliefert, daß beim Fest zu Ehren Wodans ein großer Bottich (mit 160 l Fassungsvermögen [52, 484 Anm. 40]) mit Bier bereitstand (Vita Columbani MGH SS Merov. IV 102, 15 ff.): Sie haben *vas … magnum, quem vulgo cupam vocant, qui XX modia amplius minusve capiebat, cervisa plenum in medio positum*. Es war ein großer mit Reifen zusammengehaltener Bottich, aus dem 20 Schenkeimer gefüllt werden konnten. Es gibt weitere Beispiele derartiger Bottiche: Der oben genannte Kübel mit durchbrochenen Bronzebeschlägen und vier Ringhenkeln zum Tragen im Oseberggrab war 45 cm hoch, hatte in der Mitte 60 cm Dm. und faßte 126 l, man konnte also 20 Eimer von 25–30 cm Dm. mit je 6 l füllen (10, 40).

Bei neol. Megalithgräbern N-Deutschlands wurden im 8. und 9. Jh. n. Chr. kultische Feste an sakralem Ort, vielleicht der Ahnenverehrung, veranstaltet, gewissermaßen Gastmähler. In einem Steingrab auf der Fischbeker Heide wurden z. B. Bruchstücke von mehr als 900 Töpfen, Kümpfen und Schalen gefunden, Reste von Speise- und Trankopfern von Feiern, die einst an und auf dem eingehügelten Grab stattgefunden haben, wonach die Gefäße auf den Decksteinen des Grabes zerschlagen wurden (33a).

(1) G. Arwidsson, Some glass vessels from the boat-grave cemetery at Valsgärde, Acta Arch. (Kopenhagen) 3, 1932, 251–266. (2) E. Baumgartner, I. Krueger, Phönix aus Sand und Asche. Glas des MAs, 1988. (3) M. Becker, Luxuriöser Haushalt für den Toten, in: [18], 148–157. (4) Ders., Das germ. Fürstengrab von Gommern, in: [7], 224–229. (5) K.-E. Behre, Zur Gesch. des Bieres und der Bierwürzen in Mitteleuropa, in: [13], 49–88. (5a) D. Beilharz, Vorsicht: Zerbrechlich, Arch. in Deutschland, 2006, H. 6, 28 f. und weitere Beitr. zu T. im Heft. (6) S. Brather, Merowinger- und karolingerzeitliches „Fremdgut" bei den NW-Slawen. Gebrauchsgut und Elitenkultur im sw. Ostseeraum, PZ 71, 1996, 46–84. (7) Der Barbarenschatz. Geraubt und im Rhein versunken, 2006. (8) O. Doppelfeld, Frk. Fürsten im Rheinland, 1966. (9) H. J. Eggers, Zur absoluten Chron. der RKZ im freien Germanien, Jb. RGZM 2, 1955, 196–288. (10) D. Ellmers, Zum Trinkgeschirr der WZ, Offa 21–22, 1964–65, 21–43. (11) M. J. Enright, Lady with a mead-cup. Ritual, group cohesion and hierarchy in the Germanic war band, Frühma. Stud. 22, 1988, 170–203. (12) Ders., Lady with a mead-cup: ritual, prophecy and lordship in the European warband from La Tène to the Viking age, 1996. (13) M.

Fansa (Hrsg.), Gerstensaft und Hirsebier. 5000 J. Biergenuß, 1998. (13a) U. von Freeden, S. von Schnurbein (Hrsg.), Spuren der Jahrtausende. Arch. und Gesch. in Deutschland, 2002. (14) I. Gabriel, Hof- und Sakralkultur sowie Gebrauchs- und Handelsgut im Spiegel der Kleinfunde von Starigard/Oldenburg, Ber. RGK 69, 1988 (1989), 103–291. (15) S. Gai, Karol. Glasfunde der Pfalz Paderborn, in: Ch. Stiegemann, M. Wemhoff (Hrsg.), 799 – Kunst und Kultur der KaZ. Karl der Große und Papst Leo III. in Paderborn. Beitr. zum Kat. der Ausstellung, 1999, 212–217. (16) É. Garam, Die Verbindung awarenzeitlicher Fürsten- und Gemeinvolk-Grabfunde mit dem Schatz von Nagyszentmiklós, in: [17], 81–111. (17) Gold der Awaren. Der Goldschatz von Nagyszentmiklós, 2002. (18) Gold für die Ewigkeit. Das germ. Fürstengrab von Gommern, 2000. (19) W. Grönbech, Kultur und Relig. der Germ. 1–2, ^{12}1997. (20) B. Habermann, P. Pieper, VIVA IN VIN. Arch. in Niedersachsen 7, 2004, 82–85. (21) Dies., [Gefäß] des Weines, Arch. in Niedersachsen 9, 2006, 41–44. (22) D. B. Harden, Glass vessel in Brit. A. D. 400–1000, in: Ders. (Hrsg.), Dark Age Brit., 1996, 132–167. (23) Ders., Anglo-Saxon and later medieval glass in Brit.: some recent developments, Medieval Arch. 22, 1978, 1–24. (24) M. Hardt, Gold und Herrschaft. Die Schätze europ. Kg. und Fürsten im ersten Jt., 2004. (24a) M. Hegewisch, Germ. Adaptionen röm. Importgefäße, Ber. RGK 86, 2005, 197–348. (25) M. Hellmund, Zum „Wohle" des „Fürsten" – Pollenanalysen an Gefäßinhalten aus Gommern, in: [18], 168–172. (26) J. Henderson, I. Holand, The glass from Borg, an early medieval chieftain's farm in Northern Norway, Medieval Arch. 36, 1992, 29–58. (27) J. R. Hunter, M. P. Heyworth, The Hamwic Glass, 1998. (28) C. Isings, Glass finds from Dorestad, Hoogstraat 1, in: W. A. van Es, W. J. H. Verwers (Hrsg.), Excavations at Dorestad 1. The Harbour: Hoogstraat I, 1980, 225–237. (29) W. Janssen, Essen und Trinken im frühen und hohen MA aus arch. Sicht, in: Liber Castellorum (Festschr. J. G. N. Renaud), 1981, 324–337. (30) I. Jansson, Wikingerzeitlicher orientalischer Import in Skand., Ber. RGK 69, 1988 (1989), 564–647. (31) U. Koch, Glas – Luxus der Wohlhabenden, in: Die Franken – Wegbereiter Europas, 1996, 605–617. (32) S. Künzl, Röm. Luxus und germ. Fürstengräber, in: M. Boetzkes u. a. (Hrsg.), Der Hildesheimer Silberfund. Original und Nachbildung. Vom Römerschatz zum Bürgerstolz, 1997, 114–124. (32a) Dies., Das Tafelgeschirr, in: E. Künzl, Die Alam.beute aus dem Rhein bei Neupotz. Plünderungsgut aus dem röm. Gallien, 1. Unters., 1993, 113–227. (33) C. J. Lamm, Oriental glass of mediaeval date found in Sweden and the early hist. of lustre-painting, Kgl. Vitterhets Hist. och Antikvitets Akademiens Handlingar 50, H. 1, 1941. (33a) F. Laux, Das Steingrab in der Fischbecker Heide, Hammaburg NF 14, 2003, 7–177. (34) L. Lund Feveile, Hulglasskår fra markedspladsen i Ribe, ASR 9 Posthuset, Summary: The glass-vessel sherds from Ribe marketplace, ASR 9 Posthuset, in: C. Feveile (Red.), Ribe studier: det ældste Ribe. Udgravninger på nordsiden af Ribe Å 1984–2000, Bd. 1/1, 2006, 195–246, Summary 247–256. (35) U. Lund Hansen, Röm. Import im Norden. Warenaustausch zw. dem Röm. Reich und dem freien Germanien, 1987. (35a) Dies., Himlingøje – Seeland – Europa. Ein Gräberfeld der jüng. RKZ auf Seeland, seine Bedeutung und internationalen Beziehungen, 1995. (36) A. Lundström, Cuppa vitrea auro ornata, Early medieval Studies. Antikv. arkiv 40, 1971, 52–68. (37) Dies., Survey of the glass from Helgö. Excavations at Helgö VII, 1981, 1–38. (38) U. Müller, Zw. Gebrauch und Bedeutung. Stud. zur Funktion von Sachkultur am Beispiel ma. Handwaschgeschirrs (5./6. bis 15./16. Jh.), 2006. (39) M. Müller-Wille, Das Bootkammergrab von Haithabu. Ber. über die Ausgr. in Haithabu 8, 1976. (40) U. Näsman, Vendel Period Glass from Eketorp II, Öland, Sweden. On Glass and Trade from Late 6th to the Late 8th Centuries A. D., Acta Arch. (Kopenhagen) 55, 1984 (1986), 55–116. (41) Ders., Om Fjärrhandel i Sydskand. yngre järnålder. Handel med glas under germansk järnålder och vikingatid, Hikuin 16, 1990, 89–118. (42) R. Nierhaus, Kaiserzeitlicher Südweinexport nach dem freien Germanien, Acta Arch. (Kopenhagen) 25, 1954 (1955), 252–260. (43) H. U. Nuber, Kanne und Griffschale. Ihr Gebrauch im täglichen Leben und ihre Beigabe in Gräbern der RKZ, Ber. RGK 53, 1972, 1–232. (43a) A. Pöche, Perlen, Trichtergläser, Tesserae. Spuren des Glashandels und des Glashandwerks auf dem frühgeschichtl. Handelsplatz von Groß Strömkendorf, Ldkr. NW-Mecklenburg, 2005. (44) W. Schlüter, Versuch einer sozialen Differenzierung der jungkaiserzeitlichen Körpergräbergruppe von Haßleben-Leuna anhand der Analyse der Grabfunde, Neue Ausgr. und Forsch. in Niedersachsen 6, 1970, 117–145. (44a) M. Segschneider, Frk. Glas im Dünensand. Ein Strandmarkt des 5. Jh.s auf der nordfries. Insel Amrum und die völkerwanderungszeitliche Handelsroute zw. Rein und Limfjord, Arch. Korrespondenzbl. 32, 2002, 117–136. (45) P. Steppuhn, Die Glasfunde von Haithabu, Ber. über die Ausgr. in Haithabu 32, 1998. (46) H. Steuer, Der Handel der WZ zw. N- und W-Europa aufgrund arch. Zeugnisse, in: K. Düwel u. a. (Hrsg.), Unters. zu Handel und Verkehr der vor- und frühgeschichtl. Zeit in Mittel- und N-Europa 4, 1987, 113–197. (47) B. Stjernquist, Glass from Uppåkra: A Preliminary Study of Finds and Problems, in: B. Hårdh (Hrsg.), Fynden i centrum. Keramik, glas och metall från Uppåkra, Uppåkrastudier 2, 1999, 67–94. (48) H. Vierck, Hallenfreude. Arch. Spuren früher ma. Trinkgelage und mögliche Wege zu ihrer Deutung, in: D. Altenburg u. a. (Hrsg.), Feste und Feiern im MA, 1991, 115–122. (49) H.-U. Voss, Arch. Qu., in: Ders. u. a., Röm. und germ. Bunt- und Edelmetallfunde im Vergleich, Ber. RGK 79, 1998 (1999), 123–157. (50) E. Wamers, Pyxides imaginatae. Zur Ikonographie und Funktion karol. Silberbecher, Germania 69, 1991, 97–152. (51) Ders., Imitatio Imperii – Silber verändert den Norden, in: Ders., Die Macht des Silbers. Karol. Schätze im Norden, 2005, 149–181. (52) J. Werner, Röm. Trinkgefäße in germ. Gräbern der Kaiserzeit, in: Ur- und Frühgesch. als hist. Wiss. (Festschr. E. Wahle), 1950, 168–176. (53) Ders., Nachlese zum Schiffsgrab von Sutton Hoo. Bemerkungen, Überlegungen und Vorschläge zu Sutton Hoo Bd. 3, Germania 64, 1986, 465–497. (54) J. Wielowiejski, Die römerzeitlichen Silbergefäße in Polen. Importe und Nachahmungen, Ber. RGK 70, 1989 (1990), 191–241. (55) D. M. Wilson, The Fejø-Cup, Acta Arch. (Kopenhagen) 31, 1960, 147–173.

H. Steuer

Tritsum

§ 1: Allgemein – § 2: Befunde und Fundmaterial – § 3: Ausgewählte Schlußfolgerungen

§ 1. Allgemein. Die Wurt T. in Westergo (Gem. Franekeradeel, Prov. Friesland, Niederlande) wurde in den J. 1958–61 ausgegraben. Nachdem durch Grabungen in → Ezinge und später in → Feddersen Wierde ein sehr hoher Erkenntnisgewinn zu den Wurten erzielt worden war (→ Wurten und Wurtensiedlungen), ergab sich die Frage, ob dies auch im w. Teil des Marschengebietes der Fall sein würde (→ Marschenbesiedlung, Marschenwirtschaft, Küstenveränderungen). Im Auftrag von H. T. Waterbolk führte dessen Vorgänger im Biologisch-Archaeologischen Inst. in Groningen, A. E. van Giffen, zunächst einige Probegrabungen in Westergo durch, dem wurtenreichsten Gebiet der n. Niederlande. Nach kleinen Unters. u. a. in Klein Gietens und Kubaard wurde die Ausgrabung der Wurt T. in Angriff genommen.

Die unbewohnte Wurt war etwa 3 ha groß; ihre urspr. Höhe – ein Teil war abgetragen – betrug ca. 2,8 m über NN. Zunächst wurde im J. 1958 im Zentralteil ein N-S orientierter Suchgraben angelegt, an dessen beiden Seiten in den folgenden drei J. größere Flächen freigelegt und schichtweise bis auf die Sohle abgetieft wurden. Dabei wurden vom s. Teil nur die obersten fünf Schichten flächig freigelegt. Insgesamt wurden etwa 0,5 ha untersucht.

Bereits kurz nach Grabungsende wurde ein Vorbericht publiziert (10), doch wegen anderer Grabungsprojekte kam es nie zu einer Synthese der Ergebnisse. Dazu trug auch bei, daß eindeutige Hausgrundrisse kaum erkannt werden konnten (vgl. 14, 33) und sich das Fundmaterial aus großen Mengen von Keramik (15 m^3) und Tierknochen (8 m^3) zusammensetzt. Das Material wurde daher nur in Stichproben, z. T. von Studenten, gesichtet und erst nach 20 J. konnte H. Praamstra 11 Siedlungshorizonte rekonstruieren. Derzeit richten sich die Unters. besonders auf die (früh)ma. Besiedlung von T. (Abb. 31) (8; 6).

§ 2. Befunde und Fundmaterial. Die ältesten Siedlungsspuren von T. liegen im sw. Grabungsteil und orientieren sich zu beiden Seiten eines Priels auf einem Niveau von ca. 0,6 m unter NN. Der s. Teil dieser Flachsiedlungsphase wurde nicht untersucht. Der n. Teil enthielt ein Grabensystem parallel zum Verlauf des Priels, vermutlich aus dem 5. Jh. v. Chr. Der Priel wurde später, ca. im 4./3. Jh. v. Chr., mit Klei und Soden ausgefüllt, worauf sich das Zentrum der Bebauung unter fortwährender leichter Erhöhung und Verbreiterung mit 12 Ausbauphasen während der mittleren EZ in NO-Richtung verschob. Eine absichtliche Wurt-Aufhöhung fand vermutlich nicht statt (14, 34).

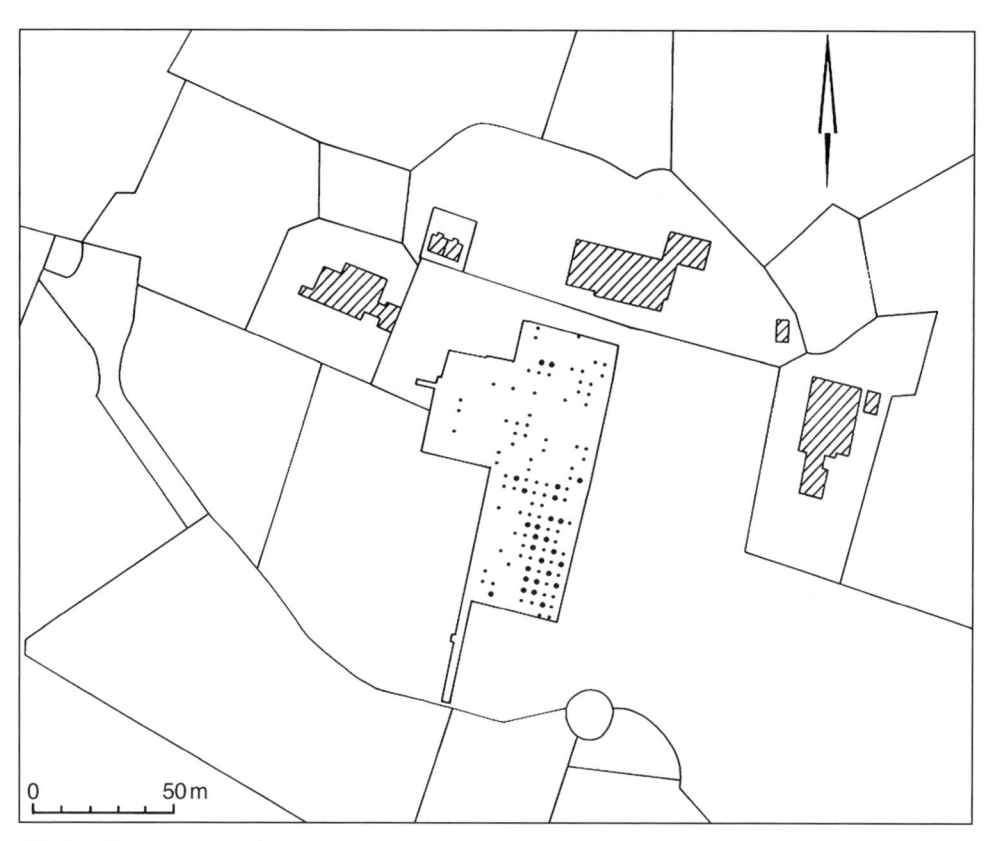

Abb. 31. Übersicht der Grabung Tritsum. Die Punkte (· 1–4 Funde, • 5 oder mehr Funde pro Fach [Abschnitt 4 × 4 m]) repräsentieren die Funddichte der frühma. Keramikfunde. Nach Taayke/Knol (8, Fig. 1)

Während der Grabungen konnte Holz als Baumaterial kaum nachgewiesen werden, und Mistschichten fehlten weitgehend, ein Befund der im gesamten Westergo ähnlich beobachtet wird (vgl. 1). Dies ist vermutlich darauf zurückzuführen, daß solche brennbaren Materialien in dieser baumarmen Gegend später wohl alle zum Heizen verwendet wurden. Anhand von Pfostengruben sind höchstens 7–8 unvollständige Grundrisse von Häusern bzw. Nebengebäuden nachweisbar, eindeutig ist allein ein ma., z.T. erneuerter Vierpfosten-Speicher am N-Rand der Grabung.

Im Grabungszentrum sind, mit leicht wechselnder Orientierung (ungefähr NNO-SSW bis NO-SW), mehrere aufeinanderfolgende Spuren eines rechteckigen Hofes erkennbar, die nach Grabungsunterlagen auf ein – zwei- oder dreifach erneuertes – dreischiffiges Wohnstallhaus mit Sodenwänden schließen lassen. Die äußere Breite eines dieser Häuser betrug ca. 6–6,5 m, die Zwischenbreite der Innenpfosten ca. 3,5 m; seine Länge ist nicht festzustellen. Der mit Gräben umgebene Hof datiert in die RKZ. W. davon kann ein zweites, parallel orientiertes Gehöft gelegen haben. Häuser mit Sodenwänden aus der RKZ sind ebenfalls z.B. in → Ezinge, → Wijnaldum und der Prov. Noord-Holland nachgewiesen (vgl. → Friesen S. 43; 1).

Die meisten dokumentierten Aufzeichnungen enthalten Hinweise auf Gräben, Gruben und Brunnen. Hervorzuheben sind etwa 60 in die kaiserzeitlichen Schichten eingetiefte Grubenhäuser von O-W-Orientierung, vorwiegend an der S-Flanke der Wurt aus dem 6.–8. Jh. Ihre Wände bestanden aus Soden, wobei Pfosten nur in drei Fällen festgestellt wurden (einmal zwei Ständer, einmal sechs und einmal vermutlich vier). Zugehörige Großbauten wurden nicht beobachtet.

Die älteste Keramik, eine einheimische, vorwiegend mit Muschelgrus gemagerte Ware, datiert in das 5. Jh. v. Chr. und läßt sich kulturell dem Übergang Ruinen-Wommels I/II oder Westergo G1/G2 (14; 7) anschließen (→ Ruinen). Für eine bemalte Randscherbe des Typs G3b (etwa 4. Jh. v. Chr.) können Parallelen aus Hichtum und Kubaard (11) herangezogen werden. Die weitere Abfolge läßt sich ohne Unterbrechung bis in das 3. Jh. n. Chr. verfolgen und führt von mit geometrischen Ritzmustern verzierter Keramik der mittleren EZ über die ‚streepband'-Keramik der späten EZ bis zu schlanken Henkelgefäßen und dunklen polierten Fußbechern der mittleren RKZ; dies entspricht der Abfolge in den anderen Teilen Westergos (7). Die bei weitem meisten Funde stammen aus dem 1. und 2. Jh. n. Chr. Im Gegensatz zu Wurten wie Hatsum oder Cornjum-Dekama mit Hunderten von Terra Sigillata-Resten (2, Bijlage IV), fehlen solche Nachweise in T. Vermutlich bestanden hier nur geringe Kontakte mit dem röm. Gebiet. Nur drei winzige Frg. von → Terra Sigillata und ein röm. → Wetzstein mit Fischgrätenverzierung (5) konnten im Verlaufe der Grabungen gefunden werden. Zumindest deuten zahlreiche Bruchstücke von späteisenzeitlichen und kaiserzeitlichen Tephrit-Mahlsteinen auf einen beschränkt bestehenden Fernhandel. Eine noch unpubl. Analyse von Stichproben der Tierknochen erwies Schaf (Ziege) als wichtigstes Haustier. Botanisch konnte → Gerste (*Hordeum vulgare*) und → Lein (*Linum* L.) nachgewiesen werden (17, 150 f.).

Ein zur Wurt gehörendes Gräberfeld ist unbekannt. Wohl aber wurden in Gräben zwei eisenzeitliche Skelette freigelegt, davon eines in Hocklage und in geringer Entfernung ein weiteres in Rückenlage. Solche Formen der Beisetzung sind durchaus aus anderen fries. Wurten bekannt (4, 65) und dürften auf einen gewalttätigen Hintergrund zurückgehen.

Das Fundmaterial läßt auf ein Besiedlungsende der Wurt im Laufe des 3. Jh.s n. Chr. schließen. Als Ursachen für das Ende der Besiedlung in weiten Bereichen der nordndl. Marschgebiete werden natürliche Gründe herangezogen wie Überflutungen durch verschlechterte Entwässerung (9, 124 f.), aber auch polit. Unruhen (→ Friesen, S. 36). In den darauffolgenden Jh. wurden die mittleren und s. Teile Westergos mit einer Schicht schweren Tons (‚knipklei') überzogen. Erst um 500, später als in Oostergo und Groningen, wurden einige der alten Wohnstätten erneut genutzt.

Im Früh-MA verschob sich das Siedlungszentrum in T. erneut zum S-Teil (8, 86 Fig. 2). So lassen sich innerhalb der Grubenhäuser und in ihrem Umfeld einige hundert Keramikscherben einer organisch gemagerten Var. des Typs Hessens-Schortens nachweisen (8), mit einer Magerung, die sich auch bei einigen ‚angelsächsischen' Scherben wiederfindet. Drehscheibenkeramik spielte eine untergeordnete Rolle. Den größten Anteil besitzen rauhwandige Wölbwandtöpfe; dagegen sind Argonnen-Sigillata und frk. Knickwandkeramik selten.

Im Laufe des MAs verlagerte sich die Bebauung zum N-Rand der Wurt. In einigen ma., aus Soden aufgebauten Brunnen wurden Reste von Kugeltöpfen und Badorfer- wie → Pingsdorfer Keramik geborgen.

Obwohl sich die Besitzungen des Klosters Fulda im 10. Jh. bis in direkte Nachbarschaft von T. erstreckten, gehörte die Wurt nicht dazu. Für das J. 1511 werden vier Bauernhöfe genannt, derzeit sind es noch drei (6, 19).

§ 3. Ausgewählte Schlußfolgerungen. Mit einer Gründung im 5. Jh. v. Chr.

gehört T. nicht zu den frühesten Marschsiedlungen, die im Gebiet Westergos bis in das 7. Jh. v. Chr. zurückreichen. Für die Auswahl von günstigen Siedlungsplätzen erwiesen sich Stellen am Rande pleistozäner ‚Inseln' als sehr geeignet. Sie waren von den bronzezeitlichen Meeresvorstößen verschont geblieben und danach von fast 2 m starken Moor- und Tonschichten überlagert, deren Ränder vermutlich als leichte Erhebungen sichtbar waren (15; 7). Frühe Siedlungen sind u. a. Hichtum und Wommels-Stapert (3).

Die Grabung T. mit großen Mengen an Keramik stimulierte eine Typochronologie eisenzeitlicher Keramik. Die dabei festgestellten Ähnlichkeiten in der Tonware von T. und der anderer Fst. in Westergo, aber auch zu dem keramischen Material aus dem Sandgebiet (Drenthe), führten zur Ruinen-Wommels Typol. (→ Ruinen). Der Terminus sollte nicht nur stilistische Ähnlichkeiten, sondern auch eine Richtung innerhalb der Besiedlung der Marsch zum Ausdruck bringen (12–14). Späterhin wurde aber klar, daß die früheste Kolonisation der Marsch eine etwas kompliziertere Angelegenheit gewesen sein muß, wobei das ndsächs. Küstengebiet (→ Hatzum-Boomborg, → Rodenkirchen, Jemgum [→ Reiderland]), aber vielleicht auch die w. holländische Küste (Texel) einzubeziehen sind (7; 3; 16, 370–376).

Die partielle Ausgrabung der Wurt und die wenig aufschlußreich überlieferten Befunde erlauben kaum verbindliche Aussagen zur Gesamtanlage der Siedlung. Auszugehen ist jedoch davon, daß gleichzeitig jeweils nur wenige Häuser bestanden. Die Zahl der Keramikfunde kann vielleicht für eine grobe Schätzung der Besiedlungsdichte herangezogen werden. Bei einer ‚Nutzung' von fünf Gefäßen pro Haushalt und Jahr, die sich schätzungsweise in 250 Scherben niederschlägt, und nach Abzug durch nachträglichen Verlust von 70 %, dürften die erhaltenen 150 000–200 000 eisenzeitlichen und kaiserzeitlichen Scherben auf durchschnittlich drei Haushalte im untersuchten Teil der Wurt während einer Siedlungsdauer von 700 Jahren deuten.

(1) J. C. Besteman u. a., The excavations at Wijnaldum, Reports on Frisia in Roman and Medieval Times 1, 1999. (2) P. C. J. A. Boeles, Friesland tot de elfde eeuw, ²1951. (3) J. M. Bos u. a., Sporen van IJzertijdbewoning in de terpzool van Wommels-Stapert (Friesland), Palaeohistoria 41–42, 1999–2000, 177–223. (4) H. Halbertsma, Terpen tussen Vlie en Eems, 1963. (5) J. N. Lanting, Wetzsteine mit Fischgrätenverzierung: Artefakte aus röm. Zeit, Germania 52, 1974, 89–101. (6) P. N. Noomen, T. en omgeving in de oudste teksten, in: G. J. de Langen u. a. (Red.), Verborgen verleden belicht. Introductie tot het hist. en archeologische archief van Friesland, 1996, 18 f. (7) E. Taayke, Die einheimische Keramik der n. Niederlande, 600 v. Chr. bis 300 n. Chr., Ber. ROB 42, 1996/97, 9–85 (Teil 3: Mittel-Groningen); 87–161 (Teil 4: Oostergo); 163–208 (Teil 5: Übersicht und Schlußfolgerungen). (8) Ders., E. Knol, Het vroeg-middeleeuwse aardewerk van T., gem. Franekeradeel, Paleo-aktueel 3, 1992, 84–88. (9) P. C. Vos, E. Knol, Wierden ontstaan in een dynamisch getijdelanschap, in: E. Knol u. a. (Hrsg.), Prof. Van Giffen en het geheim van de Wierden, 2005, 119–135. (10) H. T. Waterbolk, Beschouwingen naar aanleiding van de opgravingen te T., gem. Franekeradeel, It Beaken 23, 1961, 216–226. (11) Ders., Beschilderd vroeg La Tène-aardewerk uit Westergo, Helinium 1, 1961, 147. (12) Ders., Hauptzüge der eisenzeitlichen Besiedlung der n. Niederlande, Offa 19, 1962, 9–46. (13) Ders., Ein eisenzeitliches Gräberfeld bei Ruinen, Prov. Drenthe, Niederlande, in: R. von Uslar (Hrg.), Stud. aus Alteuropa 2, 1965, 34–53. (14) Ders., The occupation of Friesland in the prehistoric period, Ber. ROB 15/16, 1965/66 (1967), 13–35. (15) M. W. ter Wee, Toelichting bij de Geol. kaart van Nederland 1:50.000, bladen Sneek-West (10 W) en Sneek-Oost (10 O), 1976. (16) P. J. Woltering, Occupation hist. of Texel, IV. Middle Bronze-Late Iron Age (1350–100 BC), Ber. ROB 44, 2001, 9–396. (17) W. van Zeist, Prehistoric and early historic food plants in the Netherlands, Palaeohistoria 14, 1968, 41–173.

E. Taayke

Trivières. Im Ortsbereich von T. (Gem. La Louvière, Prov. Hainaut, Belgien) wurde zw. 1865 und 1909 ein ausnehmend großes Reihengräberfeld der MZ von privater Seite ausgebeutet, ohne daß die Fundzusammenhänge im einzelnen dokumentiert worden sind. Die Gesamtzahl der Gräber wurde nach Abschluß dieser Unternehmungen max. mit 385 angegeben, jedoch lassen sowohl die Ausdehnung des Fundareals (1, 42 Abb. 6) als auch die Menge des geborgenen Fundstoffes (u. a. 213 Tongefäße, 52 Franzisken, 57 Bügelfibeln) eine erheblich höhere Anzahl von Bestattungen erschließen. Eine Nachgrabung fand 1973/74 statt (2); sie erfaßte 31 durchweg gestörte Gräber mit äußerst geringen Beigabenresten sowie die baulichen Spuren einer Kapelle des 12. Jh.s, die trotz ihres Martinspatroziniums offenbar in keinem Zusammenhang mit der merowingerzeitlichen Sepultur steht.

Nicht nur die Quantität des heute im Mus. Mariemont verwahrten, aus jenen Privatgrabungen stammenden Fundkomplexes ist beachtlich, sondern auch seine Qualität. Unter den Waffen vertritt ein eiserner, einst zweifellos mit Leder überzogener Helm eine nur selten belegte Form. Wiederholt gewürdigt wurde ferner die aus T. vorliegende Kollektion von Bügelfibeln, unter welchen sich Stücke befinden, die „zweifellos zu den wertvollsten und technisch herausragendsten Stücken unter den merow. Bügelfibeln wie überhaupt den Erzeugnissen des merow. Kunstgewerbes" gehören, „provenant peut-être d'un atelier royal du nord de la France" (1, 49; 3, 147; 4). Insgesamt weist der Fundkomplex einen deutlichen Schwerpunkt in der Ält. MZ, gerade auch in der Frühen MZ auf (5.–6. Jh.), während die Jüng. MZ (7. Jh.) allenfalls schwach vertreten ist.

(1) G. Faider-Feytmans, Les coll.s d'arch. régionale du Musée de Mariemont, 2. Les nécropoles mérov., 1970. (2) Dies., Fouilles du Musée Royale de Mariemont: Le lieu-dit „Vieux-Cimetière" à T. (Hainaut), 1979. (3) A. Koch, Bügelfibeln der MZ im w. Frankenreich, 1998. (4) H. Kühn, Die Fibeln von T., IPEK 15/16, 1941/42, 268–270 Taf. 100–101.

H. Ament

Tröndelag (andere Schreibweise: Trøndelag). T., das heute die mittelnorw. Prov. („fylker') Sør-Trøndelag ‚Süd-T.' und N-Trøndelag umfaßt, war in frühhist. Zeit (vom 10. Jh. an) und sicher auch schon davor ein Gebiet von kleinerem Umfang. Zu diesem urspr. T. gehörten nur die Siedlungen rund um das zentrale Fjordbassin (Trondheimsfjorden). Sowohl die Mündung des Fjords wie auch die äußeren Küstengebiete (Fosen) gehörten zu Nordmøre; auch Namdalen zählte nicht zum eigtl. T.

Der Name *Tröndelag* setzt sich aus dem Stammesnamen *þrœnda-* (Gen. Pl. von *þrœndir* ‚Trönder') und *lǫg* ‚Rechtsbez.' zusammen und bedeutet ‚Rechtsbez. der Trönder'. Damit ist der Name weitgehend gleichbedeutend mit *Frostuþingslǫg* (→ Frostuþing und Frostuþingsbók) d. h. mit dem Gebiet, in dem das Frostathing-Gesetz galt, selbst wenn dieses mit der Zeit auch außerhalb des T. Anwendung fand. Ein ält. Name der Landschaft T. ist *Þróndheimr,* heute der Name der Stadt Trondheim (früher dt. Drontheim; der Name der Stadt erklärt sich aus einer Verkürzung für die Stadt [*kaupangr*] in Trondheim). Dieser Landschaftsname ist der einzige in Norwegen, der mit *-heimr* ‚-heim' zusammengesetzt ist. (Zum Namen s. auch → Länder- und Landschaftsnamen S. 566 f.).

Die Namensverhältnisse zeigen, daß die gesellschaftliche Organisation und Zusammengehörigkeit im T. wesentlich mit der Thing-Gemeinschaft (→ Ding) verbunden war. In hist. Zeit bestand das T. aus insgesamt acht Prov. (→ Fylki): vier im Inn-Tröndelag ‚Inneren T.' *(Eynafylki, Sparbyggjafylki, Verdœlafylki, Skeynafylki)* und vier im Ut-Tröndelag ‚Äußeren T.' *(Strindafylki, Stjórdœlafylki, Gauldœlafylki, Orkdœlafylki).* Neben dem allen acht Prov. gemeinsamen Thing gab es spezielle Things für jeweils vier und zwei Prov. sowie solche für die einzelnen Prov.

Wie alt die Thingorganisation ist, läßt sich nicht mit Sicherheit sagen. Lange Zeit ging man üblicherweise davon aus, daß sie weit in die vorhist. Zeit zurückreichte; eine Datierung in den Zeitraum von 300–600 n. Chr. hielten die meisten für sehr wahrscheinlich (8, 58–62; 13, 24 f.). In jüng. Zeit wollten einige Historiker den Thing-Zusammenschluß in die WZ (10. Jh.) datieren, weniger auf Grundlage konkreter Anhaltspunkte als vielmehr aus einer Beurteilung der allg. Bedingungen heraus, unter denen polit. Organisationen zu verschiedenen Zeiten entstanden sind (7; 18, 175). Selbst wenn das, was sich an positiven Qu.angaben findet, keine sicheren Rückschlüsse zuläßt, deutet das Vorliegende – nicht zuletzt die Besiedlungsentwicklung und -struktur in dem gesamten Gebiet – auf einen Thing-Zusammenschluß aus der Zeit vor dem Reichskgt. (19). Es ist nicht möglich, den urspr. Grenzverlauf zw. den verschiedenen Prov. eindeutig festzulegen. Hist. Karten geben die Grenzen in der Regel nach den Beschreibungen in Aslak Bolts Grundbuch aus dem 15. Jh. wieder.

Nach allg. Auffassung hat in jeder der tröndischen Prov. – am deutlichsten sichtbar in Inn-Trøndelag – ein markantes Zentrum existiert (→ Zentralorte). Hier sollen sich die Bewohner der Prov. zu Rechtspflege und Kulthandlungen versammelt haben. Des weiteren geht man von einer nahen Verbindung zw. solchen Zentralfunktionen und einer lokalen (Klein)Kg.smacht aus, die sich schon in der VWZ etablierte. Allen voran war es Magnus Bernhard → Olsen, der durch eine gewagte Kombination aus ON und sagenartiger Überlieferung dazu beigetragen hat, ein solches Bild aufzubauen (17). Später waren die Historiker etwas zurückhaltender; bisweilen ist das T. von ihnen als eine ‚Bondenrepublik' bezeichnet worden. Zugleich hat man in Bezug auf das T. in höherem Grad als für andere norw. Landschaften mit einer langen Kontinuität sowohl relig. als auch polit. Machtstrukturen rechnen wollen. Konkret wollte man Zeugnisse für solch alte Zentren in Namen auf *Hof* (Ut-Trøndelag) und *Haugr/-haugr* (Inn-Trøndelag) sehen (18, passim). In der Sagaüberlieferung spielt *Mærin* (heute Mære) eine wichtige Rolle als Kultzentrum im Inn-Trøndelag.

Es ist strittig, wann die Ausweitung des tröndersehen Thinggebietes stattgefunden hat, bei der auch Romsdal, Nordmøre und Namdalen mit dem T. verbunden wurden. Konrad von → Maurer war der Meinung, daß dies erst im 13. Jh. geschehen sei und auch da nur im Rahmen einer „Rechtsgenossenschaft", nicht „Dinggenossenschaft" (15, 4 ff.; 16). Die meisten Historiker hielten es dennoch für sehr wahrscheinlich, daß die Erweiterung gegen 1100 durchgeführt wurde (4, xx ff.). Man stützt sich dabei nicht zuletzt auf die geogr. Beschreibung in der → *Historia Norvegiae* aus der 2. Hälfte des 12. Jh.s, in der es zum T. folgendermaßen heißt: *Tert[i]a patria* [d. h. in Norwegen] *Trondemia vocitatur et est sinus ostio angustissimo, octo capiens provincias in sua latissima receptacula, etiam extra sumens et fiunt XI* (10, 77 f.) ‚Der dritte Gerichtsbezirk wird Trondheim genannt und ist eine Einbuchtung im Meer mit einer sehr schmalen Einmündung; er umfaßt acht Provinzen in seinem weiten Behältnis, auch einige Provinzen außerhalb, so daß es insgesamt elf sind'.

Ein anderes umstrittenes Thema war die Lage des alten gemeinsamen Things der Trönder. Da das Frostathing als *logþing,* also als gemeinsames Thing der zu einem Rechtsverband gehörenden Bez., in hist. Zeit ein Thing für Repräsentanten (das sich nur einmal im J. traf) und das Eyraþing ein Allthing (→ Volksversammlung) war – was bis in die Mitte des 10. Jh.s sämtliche Thinge zu sein schienen –, war man lange Zeit der Auffassung, daß das Eyraþing auch das alte Gemeinschaftsthing gewesen sei (8, 59; 13, 21 f.; 21, 3 f.). Dieser Gesichtspunkt wurde von Sandnes (19) ernstlich in Frage gestellt (obwohl auch Maurer eine entspr. Auffassung des Verhältnisses zw. den beiden Thingorten betonte hatte [15, 4]). Für Sandnes war es entscheidend, daß in der ält. EZ (vor ca. 600 n. Chr.) der siedlungsmäßige Schwerpunkt im Inn-T. gelegen hat. An Hofnamen auf *-vin* ‚Weide, Wiese' und *-heimr*, die sich mit einer gewissen Sicherheit in diese Per. datieren lassen, finden sich im Inn-Trøndelag ganze 109, im Ut-Trøndelag hingegen nur 39 Namen. In der jüng. EZ (ca. 600–1050) ist die Verteilung mit 146 Hofnamen (die auf *-staðir* ‚-stätten' und *-setr* ‚Aufenthaltsort' enden) im Inn-Trøndelag und 150 im Ut-Trøndelag ausgeglichener.

Vor diesem Hintergrund ist es wenig wahrscheinlich, daß das alte Gemeinschaftsthing weit draußen im Fjord, an der Mündung des Flusses Nid, lag und nicht bei Frosta mit seiner zentralen Lage mitten im Fjordgebiet. Sandnes rechnet folglich damit, daß das urspr. Gemeinschaftsthing bei Frosta lag, wo auch ON erhalten sind, die in die gleiche Richtung deuten. Das Eyrathing sei hingegen in der WZ als ein neues Thing entstanden. Seine Funktion sei vermutlich die eines Treffpunktes für Trönder und die neue Fürstenmacht gewesen, d. h. die Reichskg. und die → Jarle; letztere ließen sich bei → Lade nahe dem Eyrathing nieder. Diese Überlegungen passen gut zu der Tatsache, daß das Eyrathing in hist. Zeit als *konungsþing* (Huldigungsthing für Kg.) fungierte und daß sich die Fürstenmacht entlang der norw. Küste etabliert hatte, bevor sie sich das eigtl. T. unterwarf. Nidaros und das Eyrathing wurden da zu einem natürlichen Treffpunkt für Küste und Inland.

Es sieht nicht so aus, als hätten die norw. Reichskg. vor 1035 im T. sonderliche Geltung erlangt, mit Ausnahme von → Óláfr Tryggvason (995–1000), der während seiner kurzen Regierungszeit zur Entwicklung der Stadt → Nidaros (Trondheim) beigetragen haben wird. Die dominierenden Fürsten im 10. Jh. sowie in den ersten drei Jahrzehnten des 11. Jh.s waren im T. die Ladejarle. Diese hatten zugleich großen Einfluß in den Küstenregionen N-Norwegens (da das Geschlecht Ende des 9. Jh.s von dort gekommen war), zeitweise auch – als Jarle der dän. Kg. zu den Zeiten, als diese formell die Herrschaft über Norwegen übernommen hatten – in großen Teile S-Norwegens. Die Allianz zw. den Ladejarlen und der dän. Kg.smacht bestand von ca. 970 bis 1029, mit kurzer Unterbrechung durch den Konflikt zw. → Hákon jarl Sigurðarson und → Haraldr blátǫnn in den 980er Jahren.

Das trönderische Kerngebiet, die Siedlungen rund um den Trondheimfjord, setzte das ganze 10. Jh. hindurch in gewissem Sinne sein eigenständiges Leben, relativ unabhängig von den Küstengebieten, fort. Die Trönder scheinen weniger als die Nordmänner entlang der Küste an den großen Bewegungen der WZ Anteil gehabt zu haben; es sind auch keine Landnahmemänner aus dem eigtl. T. auf Island bekannt (→ Landnahme), hingegen mehrere aus den äußeren Küstengebieten wie Namdalen und Nærøy. Auch nachdem etwa Mitte des 10. Jh.s das Heidentum in anderen Landesteilen wesentlich geschwächt war, blieb es im T. unvermindert stark erhalten. Daß Kg. Hákon der Gute (→ Hákon góði Aðalsteinsfóstri) seinen Christianisierungsversuch aufgab, lag vermutlich nicht zuletzt an seinem nahen Verhältnis zu dem Ladejarl Sigurðr. Dessen Sohn, Hákon jarl (der um 970 der dominierende Machthaber im Lande wurde), war der letzte heidn. Fürst Norwegens; er sorgte für eine heidn. Reaktion auf die christl. Eiríkssöhne. Der Skalde Einarr Skálaglamm Skúlason preist ihn in seinem Gedicht → *Vellekla,* weil er wieder ‚Thors verwüsteten Tempelbereich schützen ließ' (6, 119).

Hákons Söhne, die Jarle Eiríkr und Sveinn, ließen sich hingegen zum Christentum bekehren, und nach dem J. 1000 hatten sich die relig. Verhältnisse so verändert, daß dies ihre Stellung im T. nicht schwächte. Daß die Trönder die Hauptmacht gegen → Olaf den Heiligen bildeten, als er 1030 in der Schlacht von → Stiklastaðir fiel, hat von daher keinen direkten Zusammenhang mit dem Gegensatz Heidentum–Christentum. Dennoch haben sich die Trönder allem Anschein nach dem eher ‚modernen' und machtvollkommenen christl. Kgt., das Olaf repräsentierte, widersetzt. Wenn der Widerstand gegen Olaf eine konservative Reaktion gegen etwas Neues von außen war, so waren es wohl auch nicht zufällig die Bewohner des Inn-Trøndelag, wie der Skalde → Sighvatr Þórðarson andeutet (6, 242), die in dem sog. ‚Bauernheer' von besonderem Gewicht waren. Die Gebiete waren hier dichtbevölkert und weniger vom Reichskgt. beeinflußt als im Ut-Trøndelag. (Natürlich war es auch von Bedeutung, daß Olaf gerade hierher kam, als er die Grenze von Schweden überquerte.)

Im Frostathinggesetz findet sich eine eigentümliche Bestimmung (Fþl. IV 50), die den Tröndern kollektiv den Widerstand gegen einen Kg. auferlegt, der sich einer *atfǫr,* eigtl. ‚Vorgehen; Zwangsvollstreckung', im rechtlichen Sinne eines Überfalls auf jemanden in seinem Heim, schuldig machte (vielleicht bes. in Verbindung mit der Konfiskation von Eigentum, die ein übliche kgl. Strafmaßnahme war) (14). Die → Bonden sollten den Kg. erschlagen, wenn sie ihn zu fassen bekamen, und entkam er, so sollte er niemals in das Land zurückkommen dürfen. Einige Historiker wollten eine Verbindung sehen zw. dieser Gesetzesvorschrift und dem Kampf der Trönder bei Stiklastaðir gegen Olaf (12, 107 f.; 20). In jedem Fall zeugt dies von einer starken und selbstbewußten Bondengesellschaft.

In den → Königssagas ist es geradezu ein Leitmotiv, daß das T. als bes. stark, bevölkerungsreich und polit. von Bedeutung dargestellt wird (eine Übersicht zu solchen Aussagen bei 7, ix f.). So heißt es in der → *Fagrskinna,* das T. sei immer das *hǫfuð Nóregs* ‚Haupt Norwegens' gewesen (3, 212), und in der *Historia Norvegiae* wird das T. *patria principalis* des Landes genannt (5, 97). Unsicher ist indessen, ob diese Charakteristik für den gesamten Zeitraum vom 10.–13. Jh. Geltung hat (9). Vermutlich spiegelt sie bes. die Verhältnisse zu der Zeit wider, in der Sagas niedergeschrieben wurden (10). Es kann dabei eine Rolle gespielt haben, daß es v. a. das T. war, auf das Kg. Sverrir (1177–1202) seine Herrschaft stützen konnte. Über keinen anderen Landesteil hatte er in gleichem Maße eine so nachhaltige Kontrolle wie hier. So scheint das T. seit der Mitte des 12. Jh.s eine Sonderstellung innegehabt zu haben als der Teil des Landes, in dem die sog. Partei der Lehnsmänner (→ Lendir menn) unter der Leitung von Gregorius Dagsson und Erlingr skakki die größten Schwierigkeiten hatte, den Anschluß zu vollziehen (11, 69 ff.). Sverrirs Sieg über Erlingr skakki und Kg. Magnús Erlingsson in den 1180er J. war also ein demonstratives Beispiel für die Bedeutung, die das T. haben konnte. In dem folgenden Jh. wurde das Eyrathing unter den Kg. aus dem Geschlecht des Sverrir zum zentralen Thing für die Kg.shuldigung, und eine *konungstekja* ‚Königswahl' hier war für das ganze Land bindend. In gewissem Maße können die Sagaverf. die führende Rolle des T. zeitlich rückprojiziert haben.

Eine solche Projektion kann durch die unzweifelhafte Führungsstellung verstärkt worden sein, die das T. – und v. a. die Stadt Nidaros (später: Trondhjem/Trondheim) – als kirchliches Zentrum erhielt. Dies war eine direkte Folge der Rolle Olafs des Hl. als Nationalheiliger des Landes. Der Schrein des Hl. befand sich seit den 1030er J. in Nidaros, und schon → Adam von Bremen (ca. 1075) spricht von der Stadt als von Norwegens kirchlicher Hauptstadt *(metropolis)* (1, 480) – obwohl das Land zu diesem Zeitpunkt noch keinen festen Bf.ssitz hatte. Nidaros wurde ca. 1100 Bf.sstadt (zusammen mit Bergen und Oslo) und Ebf.ssitz, als das Land 1152/53 eine eigene Kirchenprov. wurde. Zweifellos trug dies zur Prestigesteigerung der Stadt und des Landesteils bei.

Die norw. Bürgerkriege zw. 1134 und 1217 können in gewisser Perspektive als die letzte Phase der norw. Reichseinigung betrachtet werden (11, 37 ff.). Frühere Unterschiede zw. den Landesteilen wurden ausgeglichen. Die gemeinsame Staatsmacht, die Kgt. und Kirche repräsentierten, war danach im T. zumindest ebenso markant vertreten wie an anderen Stellen des Landes. Dies kommt z. B. in der Entwicklung der Grundbesitzverhältnisse vom 11. Jh. bis hin zur Reformation zum Ausdruck. Im T. endete das damit, daß Kg. und Kirche zusammen 85 % des gesamten Grundwertes besaßen. Das Eigentum der Bauern, das im 11. Jh. das Normale war, wurde auf ein Bruchteil reduziert – weit mehr im T. als in anderen Landesteilen (12, 118 f.).

Qu.: (1) Adam von Bremen, Gesta, hrsg. und übertragen von W. Trillmich, in: Qu. des 9. und 11. Jh.s zur Gesch. der hamburgensischen Kirche und des Reiches. Ausgewählte Qu. zur dt. Gesch. des MAs (Frhr. vom Stein Ausg. 11), 1973, 135–503. (2) Das Rechtsbuch des Frostothings, hrsg. von R. Meissner, Germ.rechte 4, 1939. (3) Fagrskinna, hrsg. von Bjarni Einarsson, Ísl. Fornr. 29, 1985. (4) Frostatingslova, übs. von J. R. Hagland, J. Sandnes, 1994. (5) Historia Norvegiae, in: Monumenta historica Norvegiæ, hrsg. von G. Storm, 1880. (6) Skj. B I.

Lit.: (7) S. K. Alsaker u. a., Trøndelags historie 1, 2005, 201 f. (8) P. S. Andersen, Samlingen av Norge og kristningen av landet 800–1130, 1977. (9) A. Bergsgård, Trøndelag i norsk soge, Heimen 4, 1934, 38–51. (10) E. Bull, Trøndelags – landets makt og styrke, Den norske turistforenings årbok 1930, 34–39. (11) K. Helle, Norge blir en stat 1130–1319, Handbok i Norges historie 3, ²1974. (12) A. Holmsen, Nye studier i gammel historie, 1976. (13) G. Indrebø, Fjordung, Bergens Mus. Årbok, Hist. antikv. rekke, 1935, Nr. 1, 1936. (14) C. Krag, Motstandsbestemmelsene i Frostatingsloven, Forum Mediaevale 1999, 1/2, 1–34. (15) K. Maurer, Die Entstehungszeit der ält. Frostuþingslög, Abhandl. der kgl. Bayer. Akad. der Wiss. 13, 3. Abt., 1875, 1–84. (16) Ders., Vorlesungen über die anord. Rechtsgesch. I/2, 1907, 7, 11, 23 ff. (17) M. Olsen, Ættegård og helligdom. Norske stedsnavn sosialt og religionshistorisk belyst, 1926, 262–272. (18) M. Røskaft, Maktens landskap. Sentralgårder i Trøndelag ca. 800–1200, 2003. (19) J. Sandnes, Trøndelags eldste politiske historie, (Norsk) Hist. tidsskr. 46, 1967, 1–20. (20) Ders., Noen merkna-der til motstandsbestemmelsene i Frostatingsloven, ebd. 85, 2006, 289–298. (21) A. Taranger, Trondheimens forfatningshistorie, Det kgl. Norske Videnskabers Selskabs skrifter 1929, nr. 5.

C. Krag

Trullhalsar. T. is located in the northern part of Anga parish, near the border to Norrlanda. Today, it is situated about 500 m from the eastern coast of → Gotland, but during the time when the cemetery was in use, it lay close to the shore. T. was situated in the northern part of a bay, the southern point of which is enclosed by a wall. The cemetery is somewhat isolated, and other ancient remains are much farther inland. There are no known settlements in its vicinity. The cemetery's isolated coastal location has been linked to a possible harbour, and it shows similarities to the harbours in → Paviken, Västergarn parish, and Fröjel (4).

The cemetery of T. in Anga parish is fairly well known to archaeologists, as well as to the general public. Its unique location and appearance have long since made it an attractive tourist site. In spite of this, no extensive or thorough research has been done at T. Apart from an osteological analysis of the material from the excavated graves (7), T. has been mentioned only in passing. For detailed information on the excavation results, one has to turn to archive material (1).

One explanation for the name *Trullhalsar* is that it alludes to the graves' appearance; the dry-wall sides are said to resemble the necks of trolls (9, s. v.). More likely, however, the name relates to the stones standing here.

T. was described and mapped as early as 1801 by C. G. G. Hilfeling in the account of his travels on Gotland (3). Already at that time, the cemetery had been damaged and many of the graves had been plundered. The inner stone cist was visible in some of the stone-settings, and standing stones had been toppled. Subsequently, police reports speak of repeated vandalism and of the theft of some of the stone balls adorning the graves (1).

Archaeological excavations were not undertaken until 1888, when Gabriel Gustafson investigated about 35 graves. Birger → Nerman continued the work in 1915–16 and excavated about 25 graves. According to archive material, some of the graves that Gustafson excavated were re-investigated by Nerman. Since Nerman made finds in these graves, they cannot have been completely excavated the first time around. No other excavations have been undertaken, but when the association 'Föreningen Gotlands fornvänner' acquired the area in the 1930s, they subjected the cemetery to extensive 'restoration'. This means that we cannot be sure whether the cemetery we see today actually matches the original in appearance.

Typical for T. are the cake-shaped stone-settings, with high kerbs constructed of limestone slabs in dry walling. The cemetery is also known for its beautifully turned stone balls that decorate several of the graves (2, fig. 239). According to the National Heritage Board's register, the cemetery has a total of 351 features, but older descriptions speak of many more, namely, up to 500 (1). Stone-settings (→ Steinsetzungen) are the most common type of grave, but there are also more than 30 standing stones, which in one case form a row 10 m long. Stone circles (→ Steinkreise), commonly called 'judges' circles' (swedish *domarringar*), represent another type of grave. These last graves have probably given rise to the other name by which the cemetery is known Domarsätet (1). The stone circles usually consist of 7 or 9 rounded stones, and in some cases also have a stone in the centre. There is also a ship-setting (→ Schiffssetzungen) in the cemetery. Possibly at one time, there were more ship-settings, of which only a few standing stones remain today.

Many graves were found to be well furnished, and almost all of them contained finds. The cemetery seems to have been in use for only a short time; the majority of dateable finds being from the Vendel Period (6), though a couple are from the Viking Age (8). Most of the excavated graves are cremations, but inhumations also occur.

Among the artefacts, the women's jewellery stands out, and several of the graves yielded interesting finds, such as bead necklaces and gilt brooches. Weapon graves also occur in the cemetery, as well as graves containing gaming pieces. Objects found in a couple of the graves have been interpreted as indicating early Christian influence, and they might be relics of a Christian mission on Gotland in the 8th–9th centuries. One of these finds is a unique bell-shaped amber pendent. It has been interpreted as a miniature copy of a hand bell that the missionaries brought with them (5).

More recently, the bones from 30 of the graves investigated in 1888 and 1915–16 were subjected to an osteological analysis (7). These graves contained a total of 33 individuals, of which the sex of only 7 (4 women and 3 men) could be determined. In many of the graves, there were also animal remains: those of the horse and of dogs were most common, but those of the cow, sheep/goats, pigs and birds were also found. Even a fish bone was discovered, despite the fact that the investigational methods were not as good as those of today. Bear and lynx claws, indicating that an animal skin accompanied the deceased in the grave, were also present. These species do not occur naturally on Gotland, yet as many as 9 graves contained remains of the bear and 4 those of the lynx.

(1) The Antiquarian Topographical Archive, Stockholm. (2) G. Burenhult, Arkeologi i Norden 2, 1999. (3) C. G. G. Hilfeling, Hilfelings gotländska resor 1800 och 1801, vol. 2, 1995. (4) M. Jonsson,

S.-O. Lindquist, Vägen till kulturen på Gotland, Gotländskt Arkiv, 1987. (5) B. Nerman, En kristen mission på Gotland, Fornvännen 1941, 30–40. (6) Idem, Die Vendelszeit Gotlands. Text und Taf., 1969 and 1975. (7) B. Sigvallius, T. Om den osteologiska undersökningen, in: Ur den gotländska jorden. RAGU Arkeologiska skrifter 1991:1, 23–25. (8) L. Thunmark-Nylén, Die WZ Gotlands, IV/1. Kat., 2000. (9) M. Wahlberg (Hrsg.), Svenskt ortnamnslex., 2003.

K. Cassel

Trunksucht → Rauschmittel

Truppenstärken

Archäologisch – a. Allg. – b. Heeresbeuteopfer – c. Milit. Ränge – d. Rekrutierungsräume – e. Überlieferte Heeresstärken

Archäologisch. a. Allg. Über germ. T. geben auch arch. Qu. Auskunft, und zwar auf verschiedenen Wegen. Die Heeresbeuteopfer der vorröm. EZ, der späten RKZ und der VWZ in südskand. Mooren erlauben Schätzungen; an diesen Befunden lassen sich sowohl durch die Zusammensetzung der Bewaffnung als auch anhand der Qualität der einzelnen Waffen Rangfolgen und damit Heeresgliederungen erkennen. Schätzungen sind auch möglich anhand der Rekrutierungsräume von Kriegern aufgrund der Dorfgrößen und der Besiedlungsdichte in der Germania.

Die Zahlenangaben zu T. im Vergleich mit den überlieferten röm. Heeresgrößen, wie z. B. zur Schlacht im Teutoburger Wald im J. 9 n. Chr. (→ clades Variana; → Kalkriese) oder zur Schlacht bei Straßburg 357 n. Chr. zw. der röm. Armee und den Alem. sind durchaus zu bewerten und sollten nicht als prinzipiell unglaubwürdig betrachtet werden. Wenn 3 Legionen samt Troß bei Kalkriese vernichtet worden sind, etwa 15 000–20 000 Mann, dann wird die Größenordnung des Heeres auf der Seite der Germ. unter → Arminius ähnlich gewesen sein (→ Heerwesen S. 127: 25 000–30 000 Krieger auf der Seite des Arminius).

→ Velleius Paterculus (Vell. 2,109) nennt als Stärke des Heeres von → Marbod 70 000 Fußsoldaten und 4 000 Reiter, gegen die 6 n. Chr. 12 Legionen zusammengezogen werden sollten. Die Angabe der T. auf germ. Seite wird keine übertriebene Zahl gewesen sein, denn sie entspricht der eigenen T. auf röm. Seite (20, 941; 40, 39), da 12 Legionen auch etwa 70 000 Mann sind.

Germ. T. sind nicht nur als Echo bei den röm. Schriftstellern zu lesen, sondern lassen sich auf unabhängigem Weg als geschätzte Größen über arch. Qu. erschließen.

Auffällig ist, daß von der Beute z. B. aus der Varus-Schlacht (z. B. 10 000–20 000 Gladii) (→ Gladius; → Kriegswesen § 12 S. 365) wenig im arch. Fundstoff nachgewiesen werden kann. Entweder wurden tatsächlich alle Waffen der besiegten Gegner geopfert und dabei vernichtet – entspr. der Versenkung aller Waffen besiegter Kriegergruppen in den Mooren Jütlands – oder gerade dieser Befund zeigt, daß die bekannten und dokumentierten arch. Funde immer nur einen äußerst geringen Anteil, zw. 1 % und 1 ‰, ausmachen; d. h. wiederum, die überlieferten Zahlenmengen sind mit 100 oder 1 000 zu multiplizieren, um die ehemalige Größenordnung erfahren zu können, bei Waffen also indirekt die Größe röm. und parallel dazu germ. Truppenkontingente.

Die Waffenbeigabe in germ. Gräbern erlaubt keine realistische Aussage zur Militarisierung der damaligen Ges.; denn von Landschaft zu Landschaft und diachron im Verlauf der Jahrzehnte änderte sich der Grabbrauch und damit die Ausstattung der Toten mit Beigaben, u. a. mit Waffen, die also nur über den Totenkult Auskunft geben, nicht über das Kriegswesen. In der RKZ ist die Zahl der Gräber mit Waffenbeigabe relativ begrenzt (zwischen 5 und 30 %), demgegenüber enthielten während der MZ im Bereich der Reihengräberzivilisation die Mehrheit der Männergräber (bis zu 75 %) Waffen (→ Kriegswesen § 11). Die

Heeres- oder Truppenstärken waren während der RKZ nicht grundsätzlich anders als während der MZ und im frühen MA (31, 186 ff.).

Über T. allg. auch → Heerwesen; → Kriegswesen; → Römisches Heerwesen.

b. Heeresbeuteopfer. Die Größenordnung der im Inneren Germaniens agierenden Heerhaufen läßt sich anhand der Niederlegungen von Waffen besiegter Krieger verschiedener Gefolgschaftsheere in den großen dän. Moorfunden abschätzen (6; 32; 33, 25 ff.). Die Qualität der Waffen erlaubt zusätzlich Schlüsse auf die Rangstaffelung innerhalb der Heerhaufen. Die Zahl der Ausrüstungen in den Mooren gibt nur die Mindestgröße der Heerhaufen wieder, da unbekannt ist, welcher Anteil tatsächlich als Opfer versenkt wurde. In der ant. Mittelmeerwelt wurde in der Regel nur ein Zehntel der Beutewaffen im Tempel oder Tropaion aufgehängt (→ Waffenopfer).

Von den Moorfunden der vorröm. EZ erlaubt ein Fundkomplex Aussagen zu T. Anhand der Bewaffnungen im Moor von → Hjortspring auf Alsen (um 350 v. Chr.) mit einem Boot sowie mindestens 64–100 Schilden und zahlreichen anderen Waffen (Speere, Schwerter), darunter 10–12 Kettenpanzern, wird ein Heerhaufen rekonstruiert, der wohl mit vier Booten und mindestens 92–100 Kriegern von S gekommen war und eine Niederlage erlitten hatte (19, 218). Nach Art der Bewaffnung ist eine Struktur des Heerhaufens erkennbar. In den vier Booten saßen 72 einfache Krieger (mit Speeren), 8 ‚Unteroffiziere‘ und 4 ‚Offiziere‘ (mit Schwertern und Panzern) sowie 8 Bootsmänner bzw. Schiffsführer unter einem Heerführer. Jeder 10. Krieger hatte den Rang eines ‚(Unter-)Offiziers‘.

Zahlreicher sind die Kriegsbeuteopfer der RKZ und frühen VWZ (von B2 bis D1, vom 2. bis zum 4./5. Jh.) in Südskand. Die Waffenfunde aus dem Moor bei → Illerup Ådal bestehen an der Opferstelle A (C1b, nach ca. 205 n. Chr.) aus 5–6 Schildbuckeln aus Silber, 36 aus Bronze und 350 aus Eisen. Von den silberbeschlagenen Schilden ist einer zusätzlich mit Halbedelsteinen besetzt (18, 50). Da von diesem Platz 366 Lanzenspitzen und 410 Speerspitzen stammen, wird insgesamt die Ausrüstung von etwa 400 Kriegern faßbar; und da die ca. 400 Schilde und 2 × 400 Lanzen/Speere aus nur 40 % des geschätzen Gesamtareals des Opferplatzes stammen, die übrigen Areale aber nicht so dicht mit Funden bedeckt gewesen sind, wurden schätzungsweise die Waffen von 600 besiegten Kriegern versenkt.

Aus den Funden im Moor von Ejsbøl Nord (um 300 n. Chr.) läßt sich am Platz die Bewaffnung eines Heerhaufens von ungefähr 200 Kriegern (mit Lanze und Speer ausgerüstet), darunter 60 mit dem Schwert bewaffnete Kämpfer und 9 Reiter, erschließen (26; 5, 255 ff.).

Aus dem Moor von → Vimose sind mehrere Kriegsbeuteopfer mit jeweils Waffen von bis zu 200 Kriegern untersucht; z. B. stammen von Vimose 3 rund 200 Lanzen, mehr als 155 Speere und 67 Schwerter (27, 226 ff.).

„Die Heeresgröße und das zahlenmäßige Verhältnis zwischen den einzelnen Rängen können mit relativ großer Sicherheit ermittelt werden. Die großen Opferfunde von Illerup Platz A, Vimose 3 und Thorsbjerg enthalten Ausrüstungen von ungefähr 300 Mann. Diese Zahl beruht lediglich auf den geborgenen Fundmaterialien… Verluste von 30 % kommen in der Regel der Niederlage eines Heeres gleich… Vor diesem Hintergrund könnten die großen Moorfunde theoretisch Heere repräsentieren, die bis zu 1 000 Mann umfaßten" (28, 311).

c. Milit. Ränge. Drei milit. Ränge spiegeln sich in der Bewaffnung (7, Kap. 4.4; 28, 311 ff. 323 f.; 23, 34 Fig 6: Tabelle zur Rangstruktur anhand der Mooropfer). Der Heerführer ist mit Schwert, einer Reitausrüstung und Schild mit Beschlägen aus vergoldetem Silber ausgestattet, die ‚Offiziere' mit Schwert, Reitausrüstung und Schilden mit Bronzebeschlägen und die einfachen Krieger mit Lanzen und Schilden mit Eisenbeschlägen. Diese Truppengliederung ist vergleichbar mit der bei → Tacitus beschriebenen Gliederung in *princeps* (Fürst, Anführer), *comites* (Offiziere) und *pedites* (Krieger zu Fuß), und auch mit der bei → Ammianus Marcellinus beschriebenen Gliederung in *reges, optimates* und *armatores* (28, 313).

Das Zahlenverhältnis in Illerup zw. den Anführern mit silbern beschlagenem Schild und Kriegern mit anderen Schildbuckeln hat etwa 1:60 betragen (6:36:350), d. h., im Vergleich mit dem röm. Militär hatte ein solcher Schildträger den Rang eines *centurio* oder *centenarius* (→ Römisches Heerwesen; 10). In seinem heimatlichen lokalen Umfeld mochte er durchaus eine höhere Bedeutung gehabt haben. Der Fund eines derartigen mit Silber beschlagenen Prunkschildes im Fürstengrab von → Gommern mit goldenen Fibeln und schwerem goldenem Halsring bestätigt die Ranghöhe eines solchen Anführers mit derartiger Prunkwaffe (C2, gegen 300) als Anführer einer Kriegerschar von 60 bis 80 Kämpfern oder auch als Kommandeur eines Zusammenschlusses mehrerer derartiger Einheiten. Die Gruppe aus einem ‚(Unter-)Offizier' und acht (bis zehn) Kriegern entspricht z. B. einem röm. *contubernium*, einer Zeltgemeinschaft (28, 314). Diese Größenordnung ist nun auch schon für Hjortspring nachgewiesen und im übrigen eine Grundgliederung milit. Einheiten bis in die Moderne.

Die geopferten Waffenausrüstungen kamen aus Arsenalen und zeigen an, daß hier durchorganisierte Gefolgschaftsheere unter Heerkg., Kriegsfürsten, einheitlich ausgerüstet gewesen sind (7, V, 483 ff.), während die Krieger, deren Waffen im Moor von Hjortspring versenkt wurden, ungleichmäßiger ausgerüstet waren, wie Stammeskrieger. Die größeren Einheiten der RKZ und VWZ sind mit der röm. Militärorganisation durchaus zu vergleichen. Man kannte sie in der Germania. Arminius und Marbod hatten sich im röm. Reich und in Rom aufgehalten, Arminius war höherer röm. Offizier und kommandierte Auxiliareinheiten. Velleius Paterculus (Vell. 2,109) schildert, daß Marbod sein Heer nach röm. Art und Weise ausbildete und führte: *Corpus suum custodientium imperium, perpetuis exercitiis paene ad Romanae disciplinae formam redactum, brevi in emines et nostro quoque imperio timendum perduxit ... exercitumque, quem LXX milium peditum, quattuor equitum fecerat, adsiduis adversus fibitimos bellis exercendo maiori quam, quod habebat, operi praeparabat* (Den Stammes-Verband [*corpus suum*] derjenigen, die über seine Herrschaft wachten und die durch fortdauernde Übung fast das Gepräge römischer Zucht gewonnen hatten, führte er in kurzer Zeit auf einen deutlichen und für unser Reich auch besorgniserregenden Höhepunkt ... Sein Heer, das er auf 70 000 Fußsoldaten und 4 000 Reiter gebracht hatte, bereitete er durch ständige Kriege gegen die Nachbarn zur Übung auf eine größere Aufgabe ... vor).

Röm. Auxiliareinheiten bestanden aus Cohorten der Fußtruppen und den *alae* der Reiterei von etwa 480–500 Mann (von einem Praefekten kommandiert) sowie aus teilweise berittenen Cohorten *(cohortes equitatae)* mit etwa 120 Reitern und 480 Fußsoldaten (insgesamt 600 Mann) (8; 10; → Römisches Heerwesen S. 163). Die *ala* war die Einheit der Reiterei mit etwa 500 Mann zu 16 *turmae* à 30–32 Mann. Die Kohorte der frühen Republik umfaßte 500 Mann, z. Zt. → Caesars 480 Mann zu 6 Centurien unter einem Centurio. Die 80 Mann einer Centurie entsprechen also ungefähr der Gliederung der germ. Heereseinheiten, die sich in den Waffenopfern spiegeln.

d. Rekrutierungsräume. Auch für ält. Epochen Mitteleuropas ist von einer sehr dichten Besiedlung und damit entspr. großen Einw.zahl auszugehen. Die Dörfer lagen nicht verstreut in einzelnen Inseln inmitten eines finsteren Urwalds, wie die ant. Schriftsteller Germanien beschreiben und damit einen Topos ständig wiederholen, sondern in einer weitgehend offenen Landschaft, oft mit Blickverbindung zueinander. Das dichte Netz der Siedlungen steht für eine erstaunlich hohe Bevölkerungsdichte, weshalb die Germ. auch beachtliche Truppenkontingente aufstellen konnten, die den Röm. entspr. Widerstand entgegensetzten (37).

Ausgangspunkt für die Frage nach Rekrutierungsräumen ist die Beobachtung (→ Kriegswesen § 9.7, 359–361: Einzugsbereich von Heeren), daß → Fürstengräber der ält. und der jüng. RKZ oder die → Fürstensitze auf Höhen in der VWZ (→ Zähringer Burgberg) im Abstand von 20–30 km zu lokalisieren sind (16; 33; 36). Der Abstand der dörflichen Siedlungen betrug in der Regel 3–5 km. Die Distanz der Dorfwurten in der Marschenzone (→ Feddersen Wierde) maß nur 2 km. Das ist zudem eine von der Siedlungsgeogr. vielfach bestätigte Zahl. Radien von 2 km um Siedlungen umfassen das bequem nutzbare Wirtschaftsareal. Der Mittelwert für kaiserzeitliche Dörfer geht von 5–7 Betrieben aus, die auf 25 Betriebe anwachsen konnten. In Territorien von 25 × 25 km bestanden durchschnittlich etwa 25 Dörfer zu mindestens 10 Gehöften mit jeweils 10 Bewohnern. Das sind 2 500 Menschen, von denen bis zu 500 Krieger gestellt werden konnten. Legt man Territorien von 50 × 50 km der Schätzung zugrunde, dann konnte dort das Vierfache an Dörfern existieren, mit 10 000 Einw., und etwa 2 000 Krieger konnten gestellt werden. Die Zahl der Krieger pro Siedlungsgemeinschaft ist nach Parallelen im ethnol. Bereich mit 20 % als Regel anzunehmen (→ Kriegswesen S. 351: 10–25 %). D. h. ein ‚Fürst' konnte in einem solchen Territorium von 50 × 50 km max. 2 000

Krieger rekrutieren und aus einem Herrschaftsgebiet von 60 × 60 km rund 3 000, eine häufig in den Schriftqu. genannte Zahl. Waren die Dörfer größer und erreichten gar 25 Gehöfte, dann erhöhten sich die Kriegerzahlen beachtlich, so daß die hier genannten Schätzungen sicherlich einen niedrigen Wert angeben.

Für die dän. Inseln wurde (11; 12; 21; 22) die Entwicklung von → Reichtumszentren als polit. Kerne seit der RKZ rekonstruiert. Mit der Massierung der Fürstengräber auf Seeland in der Landschaft Stevns der jüng. RKZ von → Himlingøje, → Varpelev oder → Valløby wird die ält. Phase erfaßt. Die Kartierungen der wertvollen Importfunde aus Gräbern und Horten haben gezeigt, daß hier sich der röm. Import für einige Generationen konzentriert hat und daß erst im Abstand von 10 km rund um Stevns ‚Subzentren' mit häufigem, aber weniger wertvollem Import zu verzeichnen sind. In noch einmal 20 km Abstand fängt die Zone an, in der röm. Importe die Ausnahme darstellen. Als Reichtumszentrum steht Stevns mit seinen Gräbergruppen und Siedlungen an der Spitze, umringt von weniger mächtigen Häuptlingtümern, und beherrscht ein Areal von 30 km Radius.

Auch in Jütland heben sich vor dem Hintergrund der landschaftlichen Gliederung durch die zur Ostsee entwässernden breiten Flußtäler vergleichbare Herrschaftsgebiete ab, die arch. über die Kartierung von Krieger- und Reitergräbern greifbar werden (13; 33, 29 f.) und außerdem über die → Landwehren (s. auch → Grenze) aus Palisaden und Gräben der RKZ und VWZ, die in einem Abstand von 20–30 km Gebiete als Befestigungen Territorien kontrollierten – jetzt liegen über Dendrochron. und 14C-Datierung absolute Zeitangaben für die RKZ vor (25). Der Abstand der Mooropferplätze in Jütland entspricht dem Abstand der Landwehren oder dem Abstand der natürlichen Flußniederungen bzw. Fjorde. Der → Olgerdiget, der die Siedlungskammer mit dem Nydam-Moor nach W zw. zwei Flußtälern abriegelte, war immerhin 12 km lang, wovon rund 7,5 km die Palisade abdeckte, die aus 90 000 Pfosten errichtet worden war. Die Gesamtanlage wurde zuerst 219 n. Chr. erbaut und zudem bis um 300 mehrfach erneuert. Wenn die durch Palisaden eingegrenzte Teillandschaft etwa 25 auf 25 km mißt (der nächste Wall im N Æ Vold ist 15 km entfernt), dann gab es dort geschätzt ebenfalls bis zu 25 Dörfer zu 10 Höfen mit 10 Bewohnern, also insgesamt 2 500 Einw., die 500 Krieger stellen konnten.

Ähnliche Zahlenangaben wurden für norw. Heerhaufen während der VWZ ermittelt (24; → Schiffshaus); denn vor dem Hintergrund der Gliederung durch Gebirge und Fjorde und der Kartierung von Gold und anderen hervorragenden Fundarten heben sich Herrschaftsgebiete von genormter Größe, mit 20–100 km Dm., heraus. Anhand von Bootshäusern an der Küste und der Zahl von 30–40 Ruderern bzw. Kriegern pro Schiff ergeben sich beispielsweise für die Landschaft am Salafjord 10 Schiffe mit 300–350 Kriegern bei 60 Gehöften, für die Landschaft der Insel Åmoy 5–6 Schiffe mit 200–250 Kriegern bei 10 Farmen und schließlich für Jaeren 20–30 Schiffe und 600–800 Krieger bzw. einschließlich Hinterland 40–50 Schiffe und 1 000 Mann. Das sind Machtstrukturen, die genau die Heeresgrößen stellen können, wie sie – nachdem sie in Jütland besiegt worden sind – sich nach den Zahlen der in jütländischen Mooren niedergelegten Beutewaffen errechnen lassen; denn einige der besiegten Heere kamen anscheinend aus Norwegen, andere aus Schweden.

Die Siedlungen der MZ hatten eine ähnliche Größenordnung wie zur RKZ, z. B. in S-Deutschland → Lauchheim (7 gleichzeitige Gehöfte) oder → Kirchheim (bis 14 gleichzeitige Gehöfte), also im Mittel 10 Gehöfte. Im Breisgau haben zur MZ rund 200 Ortsstellen gleichzeitig – mit überliefer-

tem Namen – bestanden (14). Die Landschaft ist etwa 55 km lang und 30 km breit, dreieckförmig, umfaßt insgesamt etwa 800–850 km^2. Bei 200 Siedlungen bleiben pro Siedlung 4 km^2, also eine Fläche von 2 × 2 km, 40 ha. In diesen 200 Dörfern standen durchschnittlich 10 Gehöfte mit 10 Einw. Also wurde eine Bevölkerungsgröße von 20 000 erreicht. Wenn auch hier ein Fünftel der Bewohner milit. rekrutiert werden konnte, waren das bis zu 4 000 Krieger im Alter zw. 14 und 45 Jahren.

Aus 150 Dörfern hätten 3 000 Krieger rekrutiert werden können. Eine Landschaft mit dieser Anzahl von Weilern oder Dörfern entspricht der Größenordnung des Gebietes, das während des 4./5. Jh.s ein auf der Höhe residierender Kg. beherrschte (→ Zähringer Burgberg § 5 bes. S. 415).

Im übrigen waren Zahlen von 600 Kriegern als Heer eher die Regel; schon 30 Dörfer bildeten dafür den Hintergrund. Daraus folgt, daß die in dem spätröm. Militär- und Verwaltungshandb. → *Notitia dignitatum* genannten Truppenteile der *Brisigavi seniores* und *iuniores* den gesamten Breisgau zw. Basel und Straßburg vertreten haben; und die bei Ammianus Marcellinus genannten – hier lokalisierten – Brüder → Vadomarius und → Gundomad mußten sich die Herrschaft schon teilen.

Noch ein Beispiel aus der späten MZ und KaZ von den Britischen Inseln: Die Dál Riatan Armee des 7. Jh.s in Schottland umfaßte 2 000 Mann, ein Fünftel der Bevölkerung von 10 000 Einw.; die Größe der piktischen Armee wird auf 3 000 bis 4 000 geschätzt oder auf ca. 6 000, zusammengestellt aus neun Unterbez., die je 650 Mann aufbrachten. Nach den Aufzeichnungen im → *Tribal Hidage* rüsteten fünf Hiden (Hufen) einen Krieger aus, das Kgr. Mercia z. B. umfaßte 30 000 Hiden und konnte demnach 6 000 Mann stellen (4, 154 ff.).

Anhand der in ma. Qu. überlieferten Schiffszahlen zu Wikingerzügen lassen sich ebenfalls Größenordnungen von Streitkräften erschließen. Es geht weniger um Seeschlachten als vielmehr um den Transport von Kriegern über das Meer zu milit. Angriffen. Die Flottengrößen umfaßten danach im J. 820 zur westfrk. Küste 13 Schiffe, 843 beim Angriff auf Nantes 67 Schiffe, 845 auf der Seine 120 Schiffe; zu 852 werden Flotten von 105, 130 und 252 Schiffen genannt. Im 9. Jh. segelten gegen Dublin mehrfach 120 oder 140 Schiffe, und eine 849 eingefallene Truppe von Skandinaviern wurde bei ihrer Rückfahrt im J. 852 von 160 Schiffen angegriffen. Die Zahlen liegen bei 120, 140, 160 oder 200 Schiffen. Mit 100 Schiffen segelte Harald Klak 826 den Rhein hinauf nach Ingelheim zum Empfang bei Ludwig dem Frommen. Ein Kriegsschiff wie das von → Gokstad konnte 68 Männer, davon 60 trainierte Krieger aufnehmen (z. B. 38, 238 f. 242. 244). Geht man von einigermaßen korrekten Zahl der Flottengröße aus, dann lassen sich T. abschätzen, wobei die Flotten zum einen nicht nur aus Kriegsschiffen bestanden und zum anderen die Schiffe nicht alle 60 Krieger aufnehmen konnten. Doch liegen die zu schätzenden Zahlen bei Flotten von 100 Schiffen durchaus bei 3 000 Kriegern.

Alle die genannten Zahlen sind Schätzungen, die auch nur als solche verwendet werden sollten.

e. Überlieferte Heeresstärken. Zahlenangaben zu T. sind in den ant. Qu. selten, dann auch oftmals überhöht oder toposartig normiert beziffert worden. Mehrfach werden germ. Heerestärken von 60 000 Mann, von 30 000, 6 000, 3 000 genannt, ebenso hoch lauten die Zahlen für gefangene oder getötete bzw. verwundete Krieger (15; 34). Aus den 15 000 Kriegern des Ariovist wurden schließlich nach Caesar 120 000 und mehr Siedler (Caes. Gall. 1,31). Vor der Schlacht 58 v. Chr. hatte Ariovist 6 000 Reiter und 6 000 bewegliche und draufgängerische Fußsoldaten, die er im Kampf trainierte (Caes. Gall. 1,48), außerdem wurden vom Heer 16 000 Mann und die gesamte Reiterei geschlossen eingesetzt (Caes. Gall. 1,49); die Streitmacht war gefolgschaftlich gegliedert und kam aus mehreren germ. Stämmen (Caes. Gall 1,51) (2, I, 279 ff.). 80 000 Krieger fielen auf germ. Seite (2, I, 304: Plut., Caesar 19,12,306: App. Celtica fr. 1,9).

Es gibt somit Obergrenzen auch für übertriebene Heereszahlen: Ariovist führte also 58 v. Chr. – als Teilstreitmacht – etwa 25 000 Mann in die Schlacht, Ks. Probus (276–282) gliederte 16 000 besiegte Germ. unter 9 Anführern in sein Heer ein (3, II, 42: Scriptores Historiae Augustae, Probus 15,1 ff.)., der Alamanne → Chnodomar führte 357 n. Chr. 35 000 Mann unter 17 Anführern gegen → Julian (3, I, 48 ff.: Amm. 16,12,23 ff.) und Priarius gar 40 000 Mann gegen das röm. Heer (Amm. 31, 10,5 ff.).

Über die Zusammenschau mehrerer Angaben aus der ant. Überlieferung lassen sich wenigstens Größenordnungen abschätzen, die realistisch sind und übliche Heeresgrößen spiegeln. Entscheidend ist, daß alle noch so großen Heere zusammengesetzt waren aus mehreren Kriegergefolgschaften unter jeweils eigener Führung.

Am Ende des 5. Jh.s ließ sich der Frankenkg. → Chlodwig mit seinem Heer von 3 000 Mann taufen. Zahlreiche Beispiele dieser Zahl von 3 000 Kriegern können für die VWZ und rückblickend auf die RKZ aufgeführt werden (39, 409 Anm. 57 ff.). Am Ende entspricht dies der Stärke röm. Legionen der Jahrzehnte um 350. Schematisiert bilden 50 Zenturien zu 60 Mann eine solche Heereseinheit, jeweils unter dem Kommando eines Centurio. In den Auxiliareinheiten aus Germ. bestanden die Abt. bzw. *numeri* der *limitanei* aus 50 oder 60 Soldaten (3, II, 42: Scriptores Historiae Augustae, Probus 14,7). So hat Ks. Probus (276–282) nach seinem Sieg über die Germ. die genannten (s. o.) 16 000 Krieger bzw. Rekruten von 9 *reguli* bzw. *reges* als *quinquage-*

nos et sexagenos in das Heer eingegliedert (→ Kriegswesen § 9 S. 359).

Für die germ. Seite schildert → Tacitus (Tac. Germ. 6) die Heeresgliederung im 1. Jh. n. Chr. Je eine Hundertschaft Krieger aus den einzelnen Gauen *(centeni ex singulis pagis)* bildeten das Heer; sog. Hundertschaften werden von Gauen gestellt, die nach röm. Vorstellung ethnische oder räumliche Untereinheiten der Stämme waren. Man kämpfte in verwandtschaftlichen Gruppierungen und griff in Keilform an.

Tacitus (Tac. Germ. 13) schildert aber auch die für die nachfolgenden Jh. entscheidend werdenden Kriegergefolgschaften. Diese bestehen aus Kriegern unterschiedlicher räumlicher und stammlicher Herkunft, die sich einem Anführer anschließen; und innerhalb einer solchen Gefolgschaft gibt es eine deutliche Rangstaffelung (Tac. Germ. 13) in *principes, comites* und *pedites,* was noch der Rangstaffelung im 4. Jh. zu entsprechen scheint, über die Ammianus Marcellinus berichtet, wenn er von *reges* und *regales, optimates* und *armatores* spricht (s. o.). Die arch. Überlieferung anhand der Waffenopferfunde in den dän. Mooren aus dem 3. Jh. bestätigt diese Staffelung und ermöglicht zudem eine Abschätzung der zahlenmäßigen Größenordnung dieser Ränge.

Zu unterscheiden sind das mögliche Gesamtheeresaufgebot und die jeweils aktuelle Stärke bei einem Feldzug bzw. in einer Schlacht (→ Truppenstärken, Bd. 31; → Römisches Heerwesen). Die Größen der germ. Heerhaufen unter einem Anführer oder Kg. betrugen also etwa 200 bis 300, höchstens 600 und erreichten kaum 1000 Mann. Man findet für die in den Schriftqu. genannten Gefolgschaften Zahlenangaben von 300, 600 oder 900 bzw. von 400 oder 800 Kriegern. → Dio Cassius (38,49,6) schildert schon für die Schlacht zw. Caesar und Ariovist, wie im Abwehrkampf jeweils 300 Mann einen Haufen bildeten, die sich hinter ihren Schilden einigelten (2, I, 312). Diese Zahlen müssen im Vergleich zu den schriftlich überlieferten Angaben von 30 000 oder 60 000 Mann, 3 000 oder 6 000 Krieger in Beziehung gesetzt werden. Die großen Heere kamen aber zusammen, indem sich einzelne germ. ‚War Lords' oder Kriegsfürsten mit ihren 2 000–3 000 Mann zu einer Koalition zusammenschlossen (→ Heerwesen § 4: Heerestärken a. frühgerm. Bündnisse, S. 130), wie z. B. die 17 ranghohen Anführer im Bündnis mit Chnodomar im J. 357, dessen Heer 30 000 Krieger gezählt haben soll.

Solche Koalitionen auf Zeit sind für Ariovist, Arminius und Marbod in den ersten Jahrzehnten nach Chr. Geb. überliefert, für Vadomar oder Chnodomar für das 4. Jh. (35; 17). Die 100 Gaue der Sueben, die Caesar (Caes. Gall. 4,1) nennt und die jährlich 1 000 Bewaffnete zu Kriegszügen aus dem Land führten, mögen ein Reflex dieser Situation sein. (Caesar fährt aber fort, daß die übrigen Krieger zuhause bleiben, um die Landwirtschaft für den Unterhalt der Familien zu betreiben, dann aber im folgenden J. an der Reihe sind.)

In der entscheidenden Schlacht gegen Caesar 58 v. Chr. waren im Heer des Ariovist 24 000 → Haruden, Nachfahren der Krieger, die einst mit den → Kimbern durch Mitteleuropa gezogen waren, außerdem → Markomannen, → Triboker, Vangionen (→ Wangionen), → Nemeter, Eudusier (→ Eudusii) und Sueben (→ Sweben), also mindestens sieben verschiedene Gruppen.

In der Varus-Schlacht kämpften neben → Cheruskern außerdem → Marsen, → Brukterer, wohl auch → Chatten, und später noch → Langobarden und → Semnonen unter seinem Oberkommando. Es wird von *Cherusci sociique* gesprochen. Wiederum kam eine Koalition verschiedener Kriegerverbände unter eigenen Anführern zusammen, seien das nun Gruppen, die auch als Auxiliareinheiten des röm. Heeres im Einsatz waren, oder Gruppen, die noch nicht im röm. Sold standen. Der Markomanne Marbod, *genere nobilis* (Vell. 2,108,2) und mit festem Kg.ssitz *(regia),* brachte ebenfalls eine Koalition aus verschiedenen Heerhaufen zusammen. Er zog mit den Markomannen und anderen sueb. Gruppen 9 v. Chr. nach Böhmen, vergrößerte durch Unterwerfung und Verträge mit den Lugiern, Zumern, Butonen, Sibinern, Semnonen und auch Hermunduren sowie Langob. sein straff organisiertes Reich (Strab. 7).

In den Kriegen → Marc Aurels und seines Sohnes Commodus hatten die röm. Truppen Heerhaufen abzuwehren, die aus dem Inneren Germaniens die röm. Prov. bedrohten. Zum J. 168 werden Viktualen und Markomannen und andere (2, II, 288: H. A., Marcus Antoninus 14,1: *Victualis et Marciomannis cuncta turbantibus aliis gentibus*) genannt, die nach ihren Beutezügen von Rom Landzuweisungen als Tribut forderten. Für das J. 166/167 wird vom Heer aus 6 000 verbündeten Markomannen, Langob., Obiern und anderen berichtet. Später verhandelte der Markomannenkg. Ballomarius als Sprecher von elf Gesandtschaften (Cass. Dio 71,3,1a), also als Anführer einer Koalition mit weiteren zehn Heerkg. Wenn dem so war, dann gehörte zu jedem Anführer ein Heer von etwa 600 Mann (2, II, 282 und 286: Cass. Dio nach Petr. Patr. exc. de leg. G 6).

Im J. 357 besiegte der röm. Feldherr und spätere Ks. → Julian ein alem. Heer bei Argentoratum/Straßburg (die folgenden Zitate nach 1: Amm. 16,12,1 ff.). ‚Ihr Gefolge bildeten die an Macht am nächsten stehenden Könige *(reges),* fünf an der Zahl (Vestralp, Urius, Ursicinus, Suomer, Hortar), dazu zehn (berittene) Kg.ssöhne *(regales)* und eine stattliche Reihe von Adligen *(optimates),* danach 35 000 Bewaffnete *(armatores)*‘; *Ductabant autem populos omnes pugnaces et saeuos Chnodomarius et Serapio, potestate excelsiores ante alios reges ... hos sequebantur potestate proximi reges numero quinque regalesque decem et optimatum series magna armatorumque milia triginta et quinque ex uariis nationibus ...* (Amm. 16,12,23 ff.). In mehreren Keilformationen griffen die einzelnen Heerhaufen unter Führung des Chnodomar und seines Enkels Agenarich, oder mit röm. (!) Namen Serapio, an. Mindestens 17 ranghohe Anführer mit ihrem Gefolge zogen also in den Kampf, was als Obergrenze für den einzelnen Heerhaufen etwa 2 000 Mann bedeutet. Billigt man den genannten Adligen *(optimates)* ebenfalls eigene Kriegergefolge zu, dann liegt die Größe des einzelnen Heerhaufen sicherlich deutlich unter 1 000 Mann. Weitere Zahlen zu T.: Julian umgab sich persönlich mit einem Gefolge von 200 Reitern (Amm. 16,12, 28). Auch Chnodomar war von 200 Kriegern begleitet, als er sich nach der Niederlage gefangennehmen ließ (Amm. 16,12,60).

Ein Heerhaufen von 600 leichtbewaffneten Franken hatte sich im Winter 357/358 in zwei längst verlassenen röm. Kastellen am Niederrhein verschanzt und leistete der Belagerung durch Julian mehr als zwei Monate Widerstand (Amm. 17,2,1 ff.). Aus diesen Angaben ist die Größe eines germ. Heeres von 600 oder von zwei Kriegerscharen von je etwa 300 Mann zu erschließen.

Die Kämpfe um die Prov. an Rhein und Donau erzwangen derartige Zusammenschlüsse zahlreicher gefolgschaftlich organisierter Kriegerverbände überschaubarer Größe zu beachtlichen Heeren. Spezifisch für die VWZ scheint zu sein, daß ethnische Identität oft an derartige Kriegerverbände geknüpft erscheint, daß ‚Völker' und ‚Heere' bes. auf der Wanderschaft kaum auseinanderzuhalten sind; denn im Frühma. waren der Krieg und damit verbundene Aktivitäten und Rituale das wichtigste dieser Felder, nämlich gemeinsames Handeln und Erzählen über diese Ereignisse, was Traditionen schaffte (29, 22).

f. T. bei H. Delbrück. Die Veröffentl. des Werkes von Delbrück (9) zuerst am Ende des 19. Jh.s, in 2. Aufl. 1909, Wiederabdruck 2000, hat aufgrund seiner Zahlenangaben zu T. eine bis heute anhaltende

Diskussion ausgelöst. Kernpunkte waren die von ihm als mögliche T. angegebenen wesentlich geringeren Zahlen als die in der ant. Lit. selbst genannten (z. B. 9, 334 ff.; dazu auch D. Hoffmann in seiner Einleitung zum Nachdr. von 1966: 9, 531). Diese wurden schon zuvor als übliche Übertreibungen angesehen, aber nicht entscheidend korrigiert. Da diese Zahlenwerte bei Delbrück aber durchaus mit den anhand der arch. Quellen erschlossen Größenordnungen vergleichbar sind, werden sie hier in Auswahl genannt. Zu unterscheiden sind (vgl. § 1) die mögliche Stärke des Gesamtaufgebots eines Staates oder Reichs von der T. in einer Schlacht sowie von der Größenordnung eines Heeres samt Troß, was z. B. die Versorgung der Pferde und andere Hilfskräfte betrifft. Das kann jedoch im folgenden nicht ausführlicher thematisiert werden. Ebenso ist zu unterscheiden zwischen Kriegen außer Landes und im Lande (Hans Kuhn in seiner Einleitung zum Nachdr. 1966: 9, 542 Anm.7).

Für die Kimbern errechnete Delbrück zum Italienzug über den Brenner 101 v. Chr. höchstens 10 000 Mann gegenüber den in den Qu. genannten 200 000 (9, 337 mit Anm. 1). In der Schlacht bei Straßburg zw. Julian und den Alam. 357 waren auf röm. Seite 13 000 bis 15 000 Mann, auf germ. Seite 6 000 bis 10 000 (9, 304); in der Schlacht bei Adrianopel zw. Valens und Goten 378 auf röm. Seite 30 000 bis 40 000 Mann (nach D. Hoffmann in seiner Einleitung zum Nachdr. von 1966: 9, 552), auf der Seite der Westgoten 12 000 bis 15 000 (9, 323. 335).

Belisar siegte 530 mit 25 000 Mann über die Perser (9, 401), landete mit 15 000 in Afrika, von denen 5 000 Reiter die Wandalen besiegten, und nach Italien zog er mit nur 10 000 bis 11 000 Mann, hatte in der Schlacht bei Taginae nicht mehr als 15 000 Mann (9, 401).

Die in den Qu. selbst vielfach genannten Zahlen von 2 000 bis 3 000 Kriegern (s. o. 39, 409 Anm. 57 ff.) kommen auch bei Delbrück zur Sprache, z. B. werden für die Burg. 3 000 Krieger zum J. 435 überliefert (9, 336), der Langobardenkg. Audoin gab von seiner Gefolgschaft 2 500 Krieger zur Unterstützung des Justinian, ergänzt von 3 000 ‚Knappen', 3 000 Heruler zogen mit Narses (9, 403); das Gesamtheer des Narses war nach Delbrück etwa 25 000 Mann stark (9, 403 f. 448). Kg. Theudes des Westgotenreichs in Spanien hatte als Gefolge 2 000 Krieger (9, 459).

Als Größenordnung für die Heere der Kriegsfürsten oder Heerkg. (Delbrück spricht noch von „wandernden Volksheeren") sollte nie von mehr als 5 000 bis 15 000 ausgegangen werden (9, 345).

Delbrück berechnet übrigens ebenfalls aufgrund der Dorfgröße und der Zahl der Höfe die Rekrutierungsmöglichkeiten und geht von je 2–3 Höfen aus, die einen Krieger stellten; bei 3–6 Dörfern mit zusammen 90 Höfen auf jeder Quadratmeile setzt er also 30 Krieger an (9, 461). Die Zahlen bot er zu einer Zeit, als arch. noch keine Höfe und Dörfer ausgegraben waren.

Hans Kuhn meint in seiner Einleitung zum Nachdruck von 1966 (9, 539), daß die germ. Einheiten nicht irgendwelche abstrakten Hundertschaften waren, sondern „am ehesten der römischen *centuria* nachgebildet, mit 100 (oder 120) Mann als normale Stärke".

Qu.: (1) Amm., Röm. Gesch. Lat. und dt. und mit einem Kommentar versehen von W. Seyfarth 1–4, 1968–1971. (2) H.-W. Goetz, K.-W. Welwei (Hrsg.), Altes Germanien. Auszüge aus den ant. Qu. über die Germ. und ihre Beziehungen zum Röm. Reich. Qu. der Alten Gesch. bis zum J. 238 n. Chr. 1–2, 1995. (3) Qu. zur Gesch. der Alam. von Cassius Dio bis Ammianus Marcellinus. Qu. zur Gesch. der Alam. 1–2, 1976–1978.

Lit.: (4) L. Alcock, Kings and Warriors, Craftsmen and Priests in Northern Brit. AD 550–850, 2003. (5) H. Ch. H. Andersen, Neue Unters. im Moor von Ejsbøl, in: [30], 246–256. (6) C. von Carnap-Bornheim, Die germ. Gefolgschaft. Zur Interpretation der Mooropfer der jüng. RKZ in Südskand. Ein arch. Diskussionsbeitr., in: E.

Straume, E. Skar (Hrsg.), Peregrinatio Gothica III, 1992, 45–52. (7) Ders., J. Ilkjær, Illerup Ådal, 5–8. Die Prachtausrüstungen, 1996. (8) J. B. Campbell, Auxilia, in: N. Pauly V, 364f. (9) H. Delbrück, Gesch. der Kriegskunst, 2. Die Germ., ³1921, Nachdr. 1966, Neuausg. 2000. (10) Th. Fischer, Militär, in: Ders. (Hrsg.), Die röm. Prov. Eine Einf. in die Arch., 2001, 103–113. (11) L. Hedeager, Besiedlung, soziale Struktur und polit. Organisation in der ält. und jüng. RKZ O-Dänemarks, PZ 55, 1980, 38–109. (12) Dies., Danmarks jernalder. Mellem stamme og stat, 1990. (13) Dies., K. Kristiansen, Bendstrup. A Princely Grave from Early Roman Iron Age: Its Social and Hist. Context, Kuml 1981 (1982), 81–164. (14) M. Hoeper, Alam. Siedlungsgesch. im Breisgau. Zur Entwicklung von Besiedlungsstrukturen im frühen MA, 2001. (15) Ders., H. Steuer, Zu germ. „Heeresverbänden" bzw. „Heerlagern" im Spiegel der Arch., in: W. Schlüter, R. Wiegels (Hrsg.), Rom, Germanien und die Ausgr. von Kalkriese, 1999, 467–493. (16) Diess., Eine völkerwanderungszeitliche Höhenstation am Oberrhein – der Geißkopf bei Berghaupten, Ortenaukr. Höhensiedlung. Kultplatz oder Militärlager?, Germania 77, 1999, 185–246. (17) D. Hoffmann, Wadomar, Bacurius und Hariulf. Zur Laufbahn adliger und fürstlicher Barbaren im spätröm. Heere des 4. Jh.s, Mus. Helveticum 35, 1978, 307–318. (18) J. Ilkjær, Dän. Kriegsbeuteopfer, in: [30], 44–64. (19) F. Kaul, Der Hjortspring-Fund. Das älteste große Kriegsbeuteopfer in N-Europa, in: [30], 212–223. (20) V. Losemann, Maroboduus, in: N. Pauly VII, 941f. (21) U. Lund Hansen, Handelszenten der RKZ und VWZ in Dänemark, in: Trade and Exchange in Prehist. Studies in Honour of B. Stjernquist, 1988, 155–166. (22) Dies., Himlingøje – Seeland – Europa. Ein Gräberfeld der jüng. RKZ auf Seeland, seine Bedeutung und internationalen Beziehungen, 1995. (23) Dies., Logistic considerations in connection with the attacks on Denmark from the sea in the Late Roman period, in: A. Nørgård Jørgensen u. a. (Hrsg.), Maritime Warfare in Northern Europe, 2002, 29–46. (24) B. Myhre, Chieftains' Graves and Chiefdom Territories in South Norway in the Migration Period, Stud. zur Sachsenforsch. 6, 1987, 169–187. (25) A. Nørgård Jørgensen, Befestigungsanlagen und Verkehrskontrolle auf dem Land- und Wasserweg in der vorröm. EZ und der RKZ, in: [30], 194–209. (26) M. Ørsnes, Der Moorfund von Ejsbøl bei Haderslebcn und die Deutungsprobleme der großen nordgerm. Mooropferfunde, in: H. Jankuhn (Hrsg.), Vorgeschichtl. Heiligtümer und Opferplätze in Mittel- und N-Europa, 1970, 172–187. (27) X. Pauli Jensen, Der Moorfund aus Vimose, in: [30], 224–238. (28) Dies. u. a., Das germ. Heer. Krieger, Soldaten und Offiziere, in: [30], 310–328. (29) W. Pohl, Die Völkerwanderung. Eroberung und Integration, 2002. (30) Sieg und Triumpf. Der Norden im Schatten des Röm. Reiches, 2003. (31) H. Steuer, Frühgeschichtl. Sozialstrukturen in Mitteleuropa. Eine Analyse der Auswertungsmethoden des arch. Qu.materials, 1982. (32) Ders., Interpretationsmöglichkeiten arch. Qu. zum Gefolgschaftsproblem, in: G. Neumann, H. Seemann (Hrsg.), Beitr. zum Verständnis der Germania des Tacitus 2, 1992, 203–257. (33) Ders., Arch. und germ. Sozialgesch. Forsch.stendenzen der 1990er Jahre, in: K. Düwel (Hrsg.), Runische Schriftkultur in kontinental-skand. und -ags. Wechselbeziehung, 1994, 10–55. (34) Ders., Germ. Heerlager des 4./5. Jh.s in SW-Deutschland (?), in: A. Nørgård Jørgensen, B. L. Clausen (Hrsg.), Military Aspects of Scandinavian Soc. in a European Perspective, AD 1–1300, 1997, 113–122. (35) Ders., Kriegerbanden und Heerkg. – Krieg als Auslöser der Entwicklung vom Stamm zum Staat im ersten Jt. n. Chr. in Mitteleuropa. Überlegungen zu einem theoretischen Modell, in: W. Heizmann, A. van Nahl (Hrsg.), Runica – Germanica – Mediaevalia, 2003, 824–853. (36) Ders., Die Alamannia und die alam. Besiedlung des rechtsrhein. Hinterlandes, in: Imperium Romanum. Römer, Christen, Alam. Die Spätant. am Oberrhein, 2005, 26–41. (36a) Ders., Warrior Bands, War Lords, and the Birth of Tribes and States in the First Millenium AD in Middle Europe, in: T. Otto u. a. (Hrsg.), Warefare and Soc. Arch. and Social Anthrop. Perspectives, 2006, 227–236. (37) Ders., Besiedlungsdichte, Bevölkerungsgrößen und Heeresstärken während der ält. RKZ in der *Germania magna*, in: G. A. Lehmann, R. Wiegels (Hrsg.), Röm. Präsenz und Herrschaft im Germanien der augusteischen Zeit. Der Fundplatz Kalkriese im Kontext neuerer Forsch. und Ausgrabungsbefunde, 2007, 337–362. (38) E. Wamers, The 9th century Danish-Norwegian conflict. Maritime warfare and state formation, in: wie [23], 237–248. (39) H. Wolfram, Die Goten. Von den Anfängen bis zur Mitte des 6. Jh. Entwurf einer hist. Ethnologie, ³1990. (40) R. Wolters, Die Römer in Germanien, 2000.

H. Steuer

Zum Hist. außerdem → Truppenstärken, Bd. 31

Tuberkulose

§ 1: Begriff – § 2: Schwindsucht, Lungen-T. – § 3: *Lupus vulgaris* – § 4: Skrofulose – § 5: Knochen-T., *Spondylitis tuberculosa* – § 6: Therapie

§ 1. Begriff. T. ist ein moderner pathologischer Terminus, der zu Beginn des

19. Jh.s in Frankreich aufkommt, auf den Sektionsbefund bei Lungenschwindsucht Bezug nimmt und ausgehend von lat. *tuberculum* („das ist knötgen") den Anblick multipler, bis zur Größe von Kirschen angewachsener acinös-nodöser (Kokarden-)Tuberkel beschreibt. Vor Entdeckung des Tuberkelbazillus *Mykobacterium tuberculosis* (1882 durch Robert Koch) war es nicht möglich, die Vielzahl der durch diese Infektionskrankheit verursachten Krankheitsbilder auf eine gemeinsame Ätiologie zurückzuführen; die je nach Organbefall, Kondition, Verlauf und Stadium sich stark unterscheidenden Erscheinungsformen wurden mit heterogenen Krankheitsursachen zusammengebracht, unter denen sich die Ableitung von der Komplexion bzw. Kondition auch dann noch hielt, als Jean-Antoin Villemin 1865 die Übertragbarkeit eindeutig nachgewiesen hatte. Die Infektionsgefahr wurde lange Zeit nicht anerkannt; bei Gruppen-Infektion und entspr. familialer Durchseuchung war man geneigt, von ‚hereditärer' Lungen-T. zu sprechen (5, 821 f. 1423 f.; 6, XII, 240–325; XX, 285–316; 12, VI, T 150 f.).

Von den zahlreichen pulmonalen und extrapulmonalen Manifestationen sind im germ. Altert. als eigene Krankheitsbilder abgegrenzt worden: (a) die (Lungen-)Schwindsucht, (b) der Lupus, (c) die *Lymphadenitis* bei Skrofulose, (d) die *Spondylitis tuberculosa* mit charakteristischer Wirbelkaries und Keilwirbelbildung (Morbus Pott).

§ 2. Schwindsucht, Lungen-T., die mit etwa 90 % der Primärinfektionen häufigste Manifestation (und vom 18. bis ins 20. Jh. auch häufigste Todesursache der industriellen Bevölkerung), ist bereits in der Ant. unter dem Leitsymptom konsumptiver Prozesse gesehen und entspr. als *Phthisis* (als ‚das Abnehmen', ‚das Hinschwinden', ‚die Auszehrung') bezeichnet worden. In den germ. Sprachen begegnet als Lehnübs. mhd. *swînende suht, swîn-suht* ‚febris hectica [Zehrfieber]' und in volksetym. Umdeutung *swintsuht,* mnd. *swintsûke, swintsucht, swindesucht* (der tuberkulöse Patient ist *swintsüchtich*). Als weniger spezifisch erweist sich das konkurrierende *darre,* das – schon ahd. belegt – ganz allg. die ‚Atrophie' (den Muskelschwund usw.) bezeichnet und neurologisch bzw. inaktivitäts-bedingte Prozesse mit einbegreift (7). Und was die *brust-suhte* anbelangt, so bezieht sie sich v. a. auf chronisch-obstruktive Erkrankungen und wird nur dort spezifischer, wo es um den „trockenen husten" geht, „des wewe nicht groz ist" (8, 36va–37rb).

Etwa zur gleichen Zeit – um 1280 – charakterisiert Ortolf von Baierland („Arzneibuch", 109: „Von der derre") die „swint sucht" als eine „tötliche sucht", die von einem „geswere" oder von „fewlnusz der lungen" herrühre, so daß den Kranken „müeleich zu helfen" sei, insbesondere wenn es sich um „jung lewt" handele, die „pösze hicz haben" (hohes Fieber bei *Phthisis florida,* 6, XII, 300 f.). Das Aushusten von Blut wertet Ortolf als gefährliches Zeichen („Husten sy aber sere vnd ist daz plut pösze"); in seinem Hämoptoe-Kap. (107), in dem er beschreibt, wie „dem menschen plut ausz dem munde geet" (15, 35*), läßt er die pulmonale Genese „von der lungen" aber als nur eine von mehreren konkurrierenden Ursachen gelten (Plethora, Trauma, Magen[-Oesophagus], Überbeanspruchung durch „vberiges rüffen").

Jan Yperman, der in seiner „Medicine" (Kap. 10: „tysike") Johannes Platearius dem Jüngeren folgt (Practica brevis, Kap. 33), geht von einem Feuchtigkeitsverlust aus („dat verteren van der substancien verscheit van den lichame"), der „tfleisch ... verteert ende al die lichame mager" macht. Die erkrankte Lunge zu heilen hält er für nahezu ausgeschlossen („si en mach nemmermeer genesen"); seine Prognose bezieht sich auf eine der größten Städte Deutschlands in der Zeit um 1300 (28 000 Einw.): „In wien tysike es geconformeert, die en geneest nemmermeer. die jonc onder 40 jaer werden tysike, die mogen qualike leuen bouen X jaer. maer die bouen 40 jaer werden tysike, die mogen der lange met leuen", das aber auch nur, wenn man sie gleich von „begiin" der Erkrankung an vorschriftsmäßig therapiert (4, 54–57).

In gleicher Weise äußert sich der „Mittelniederdeutsche Bartholomäus" im 14. Jh.: Sein berühmtes ‚Schwindsucht'-Kap. (11, 191: c. 46) beginnt mit der vielsagenden Feststellung: „Eyne sware suke de heth ptisis vnde wert wan [! lies „vertert van"] eynen mynschen dat vleisch, vnde dat blot beginnet to drogende" (7, 715). Im Mndl. wird dieser Aspekt des Krankheitsbildes beschrieben als ‚Austrocknung' („tisike <dats> utdroocht", 2, I, 140).

§ 3. *Lupus vulgaris*. Die Haut-T., *der Wolf* bzw. die *Tuberculosis cutis luposa* erscheint in ma. Fachtexten als *Noli me tangere* bzw. als ‚Fressende Flechte' *(Herpes esthiomenes)* (16, 209 f.). Ihre Erscheinungsformen gegen die Symptomenvielfalt konkurrierender Dermatosen abzugrenzen war der ma. Diagnostik bestenfalls andeutungsweise möglich. Trotzdem ist offensichtlich ein Zusammenhang zw. Lungenschwindsucht und dem Formenkreis von *Lupus exuberans, L. verrucosus* oder *L. cornutus* hergestellt worden. Im Phthisis-Kap. des „Mittelniederdeutschen Bartholomäus" sagt der gelehrte Verf. von den schwindsüchtigen Patienten: „ere huet ys aueral rudich", was auf exfoliative, serpiginöse, verruköse und hyperkeratotische Symptomatik des Hautwolfs hinzudeuten scheint (11, 191: c. 46; 1, XXVII/II [2005], 485–489; 6, XII, 327 ff.; vgl. Die dt. Lit. des MAs. Verfasserlex. 6, 1987, 620 ff.; 5, 1000 f.).

§ 4. Skrofulose. Ein anderer Formenkreis der die T. begleitenden Erscheinungen ist v. a. durch seine *Lymphadenitis* aufgefallen, die sowohl bei konstitioneller Reaktionslage wie auch bei tuberkulöser Infektion auftritt und zu fistelnden, vernarbenden *Schwindbeulen* führt *(Tuberculosis cutis colliquativa, Skrofuloderm)* (16, 208 f.). Die dichtgedrängten geschwollenen Halslymphknoten entlang dem Unterkiefer wurden mit einem Wurf von ‚Ferkeln' („scrofulae") verglichen, wofür Jan Yperman ein gutes Beispiel liefert („Surgie", VI, 10; 9, 133): „Scophula in latine es of bediet in vlaemsce soch [! lies „varken"], want also die soch werpt vele verkenen, also werpt dit ongemac vele clieren [‚Bubonen'], die wassen onder die oren omtrent die kele ende onder die … kinne".

Thomaes Schelling van Tienen sieht das Tertium comparationis im gesteigerten Sexualtrieb der Schweine (in „haer geelicheit") entspr. dem nosologischen Befund, daß um einen ersten befallenen Lymphknoten sich bald weitere Bubonen tasten lassen („van een wast er vele"). Aufgrund des Palpationsbefunds der Verschieblichkeit oder des Verbackenseins kann er zw. konstitueller *Lymphadenitis* (Skrofulose) und tuberkulöser Affektion (Skrofuloderm) der Lymphdrüsen unterscheiden (1343; „Boec van surgien", II, 16–19; 10, 114–120), wie das übrigens auch Yperman tut, während Ortolf („Arzneibuch", Kap. 99) die Differentialdiagnose zusätzlich aus dem Verlauf zu stellen sucht: „<Man> sal auch mercken, ob es ein pösz drüsz sey <die> lange geweret hab" (5, 372 f.).

§ 5. Knochen-T., *Spondylitis tuberculosa*. Während eine Vielzahl tuberkulöser Affektionen der Knochen und Gelenke wie Osteomyelitiden und Arthritiden mit ihren Geschwüren, Fisteln, Senkabszessen, Nekrosen, Versteifungen und dem *Tumor albus* der angrenzenden Weichteile zwar wahrgenommen, aber nicht als spezifisch erkannt wurden und damit auch nicht differentialdiagnostisch von konkurrierenden Krankheitsbildern abgegrenzt werden konnten (6, XX, 311 f.), hat man die tuberkulöse Wirbelkaries mit ihren Wirbelkörper-Zusammenbrüchen, Keilwirbel-Bildungen und dem Erscheinungsbild eines scharfwinkligen Knicks der Wirbelsäule schon in der Ant. als eigenständige Krankheit gesehen und als (Pottschen) Buckel oder Höcker beschrieben (12, V, P 240; VI, T 150 f.). Osteoarch. ist die Abgrenzung der tuberkulösen Knochenveränderungen gegenüber unspezifischen Erkrankungen und Abnutzungserscheinungen nur selten möglich (3, 12 f. 39; 14, 110–112), so daß die anhand von jütländischen und gotländischen Skeletten getroffene Schlußfolgerung, „die Tuberkulose hat sicher auch im MA im Norden viele Opfer gefordert" (13, I, 310), mit Zurückhaltung aufgenommen werden sollte.

§ 6. Therapie. a) Die Behandlung der Lungen-T. hatte sich drei Ziele gesetzt: zunächst die Bildung von ‚Geschwüren' („ulcera") einzudämmen, den tuberkulösen ‚Auswurf' („sanies") zu verringern und schließlich dem ‚Schwinden', der ‚Auszehrung' („consumptio") entgegenzuwirken. Entspr. brachte sie Wundheilmittel („consolidativa"), Epektorantien („mundificativa") und des weiteren geeignete Nahrungsmittel („nutrientia") zum Einsatz, die als Aufbaustoffe („resumptiva") der „consumptio" des Abbaus Einhalt gebieten sollten. Als bes. geeignet galt die Milch, und zwar in der Präferenzreihe Muttermilch, Eselmilch, Ziegenmilch (4, 56: „melc van wiuen, van geyten of van eselinnen; … tyseinen"). Unter gleicher Einschätzung wurde Wein bzw. Absud von Gerstengrütze („ptisana") verordnet. Die Milch sollte möglichst „so heet ghedronken <werden> als die ghemolken wart" (2, II, 298); andernfalls hat man einen im Feuer erhitzten Kieselstein in ihr abgelöscht („daer in gebluscht"; 4, 56). Sie kam auch äußerlich zur Anwendung („bestrik se [die Schwindsüchtigen] aller ersten myt vrouwenmelke al vmme ere<n> liff"; 11, 191). Im übrigen hat man die Lungenschwindsüchtigen oral mit Absuden, (alkoholischen) Destillaten (2, II, 668. 674. 732), Sirupen, Pillen und Lutschpastillen behandelt, wobei für letztere vorgeschrieben wurde, daß der Patient sie „ten langsten so <hi> moghe" im Munde behalten sollte „sonder <si te> swilgen", damit das Aerosol („die doome, diere af comen") „ter longeren dalen" könne und so in der Lage sei, das erkrankte Organ „te conforterne ende te suuerne" (4, 56). Immer wieder wird der Zusatz von Gerstengrütze-Sud verordnet („getempert met tyseinen"). Als organotherapeutischen Zusatz zur Milch hat man die geräucherten Brust-Innereien eines Hirschs empfohlen („dy longe ende thart van eyn hert … myt gheyten melck", 2, II, 1068). Die Aufbau-Diät blieb bis ins 20. Jh. hochkalorisch („Sy [die Schwindsüchtigen] mügen essen sweyne clawen, junge hüner, junges scheffeins fleisch oder zickein<s>, newpachen weys-<s>es prot", Ortolf, „Arzneibuch", 109; 6, XII, 311: „Auffütterung": Kräftige, gute Nahrung, … besonder[e]s … Milch").

b) Der Hautwolf *Lupus vulgaris* mit seinen furchtbaren Zerstörungen des Gesichts wurde als autonome Erkrankung gedeutet und wie der ‚Krebs' (Wasserkrebs *[Noma]*, Spinaliom, Basaliom *[Ulcus rodens]* usw.) als ontologisch eigenständige Wesenheit gewertet, die – wenn sie nicht ‚getötet' wurde – mit ihrem verstümmelnden ‚Fressen' nie aufhörte: „Ich habe lange Zeit … in Würzburg eine Frau behandelt, bei der fast das ganze Gesicht eine Narbe war, inmitten derer die Nasenhöhle als ein weiter einfacher Kanal mündete; von den Augäpfeln waren nur rundliche Stümpfe übrig; der Mund konnte … nicht geschlossen werden" (1, XXVII/II, 489). Entspr. kann es nicht überraschen, daß alle Strategien, „den **wlf** te doden", darauf abzielen, ihn „so te ghenesen alse men den cankere doet", wobei als spezifisch auf die Haut-T. lediglich die „vraie medicine jeghen den wulf" zugeschnitten erscheint, die auf jener bei der Lungenschwindsucht erprobten Gerste aufbaut und im Wechsel mit der „ghersten salue" Essigwaschungen zur Anwendung bringt: „aldus dootmen den wolf" (2, I, 333. 556; II, 178. 965).

c) Die geschwollenen, eiternden, einschmelzenden Halslymphknoten beim Skrofuloderm bzw. der Skrofulose hat man mit den gleichen Mitteln wie Abszesse behandelt und wie diese zum Einschmelzen und Abszedieren zu bringen versucht. Therapieresistente Lymphdrüsen ist man chirurgisch angegangen und hat sie mit Skalpell und Scharfem Haken exzidiert (9, 135; 10, 118–120), was nicht selten zur Verletzung von Sehnen und Gefäßen führte („hoet u … om die vreese van den pesen of van arterien"). Bei ängstlichen Patienten wurde „niet met jser ghewerct", sondern mit „corrosiven" geätzt. Thomaes Schelling entfernte auch den „sac", d. h. die den Knoten umschließende Kapsel. Ortolf („Arzneibuch", Kap. 99) bietet gegen die starken, durch den Eingriff bedingten Blutungen mehrere – auch mechanische – Hämostyptika: So „die wunt sere plutet vnd die aderen versnitten seyn".

(1) Ch. Andree (Hrsg.), Rudolf Virchow, Sämtliche Werke 1 ff., 1990 ff. (2) W. L. Braekman, Middelnederlandse geneeskundige recepten 1–2, 1970–1975. (3) A. Czarnetzki u. a., Menschen des frühen MAs im Spiegel der Anthrop. und Med., 1989. (4) L. Elaut (Hrsg.), De Medicina van Johan Yperman, 1972. (5) Enzyklopädie Medizingesch., 2005. (6) A. Eulenburg (Hrsg.), Real-Encyclopädie der gesammten Heilkunde 1–22, ²1885–1890. (7) M. Höfler, Dt. Krankheitsnamen-B., 1899, Neudr. 1970. (8) C. Külz, E. Külz-Trosse (Hrsg.), Das Breslauer Arzneibuch, 1908. (9) E. C. van Leersum (Hrsg.), De ‚Cyrurgie' van meester Jan Yperman, 1912. (10) Ders. (Hrsg.), Het ‚Boec van surgien' van meester Thomaes Scellinck van Thienen, 1928. (11) S. Norrbom (Hrsg.), Das Gothaer mnd. Arzneibuch und seine Sippe, 1921. (12) Reall. der Med. 1–4, 1966–1977. (13) H. Reier, Heilkunde im ma. Skand. Seelenvorstellungen im Anord. 1–2, 1976. (14) E. Strouhal, Evidence of some rare pathologies from the New Kingdom Necropolis at Saqqara, in: H.-W. Fischer-Elfert (Hrsg.), Papyrus Ebers und die ant. Heilkunde, 2005, 103–120. (15) L. Vaňková, Med. Fachprosa aus Mähren. Sprache – Struktur – Ed., 2004. (16) K. Van't-Land, Animal Allegory and Late Medieval Surgical Texts, in: B. van den Abeele (Hrsg.), Bestiaires médiévaux. Nouvelles perspectives sur les manuscrits et les traditions textuelles, 2005, 201–212.

G. Keil

Tuch. Sprachlich. T. als Produktbezeichnung eines Webvorganges ist urspr. ein Wort der westgerm.-kontinentalen Sprachen – bezeugt als ahd. *tuoh* mask. oder neutr., as. *dōk* neutr., afries. *dōk* mask., mndl. *doec* mask. (6; 10; 11; 18). Die skand. Entsprechungen, aisl. *dúkr* mask., aschwed. *duker* usw., gelten als afries. oder nd. Lehnwörter (7; 19). Sichere außergerm. Anknüpfungen sind nicht zu nennen.

Die ahd. Glossenbelege zeigen zusammen mit den lat. Lemmata *sagum* ‚Wollstoff', *pitacus* ‚Flicken', *pannus* ‚Lappen', *velamen* ‚Hülle, Gewand', *linteamen*, *linteum* ‚Leintuch' und weiteren (5, 309 f.; 15, X, 97 f.) ein breites Bedeutungsspektrum an. Erwägenswert ist eine Ausgangsbedeutung, die für jede Art gewebten Materials stand (→ Weben, Webstuhl, Webschwert). Differenziert werden konnte nach den gewebten Materialien – dabei war die Wolle von besonderer Bedeutung, aber auch Leinen (Gewebe aus den Materialien Flachs/Hanf) ist zu nennen (vgl. die Komposita Lein-T. in ahd. Glossen: *linentuoch, lininaz tvoch* [15, VI, 104]), schließlich auch die → Seide (Seiden-T.). In jüng. Zeit kommt ‚Stoff' hinzu, ein Lehnwort des 17. Jh.s (11). Das ‚Wachstuch' weist auf eine bestimmte Appretur des T.es. Zahlreich sind die Komposita, die eine Zweckbestimmung beinhalten: Kopf-, Hals-, Hand-, Schweiß-T. etc. (8, III, 192). Verbunden damit ist auch eine Bedeutungskomponente, die eine gewisse Flächigkeit des Materials beinhaltet (verbunden z. B. mit Vb. wie *ausbreiten, zusammenlegen, falten* etc.). Als eine jüng. Entwicklung kann die Unterscheidung der Pl.-Bildungen gelten: ‚Tuche' im Sinne qualitativ unterschiedlicher Webstoffe, die noch keiner Zweckbestimmung folgen, ‚Tücher' im Sinne einer

Mehrzahl bereits zweckorientierter Gewebe (1; 6).

Der anord. Beleg *dúkr* (12) begegnet im eddischen Lied → *Rigspula* in der Bedeutung Hals-T. (Str. 16) und Tisch-T. (Str. 31). Kopfputz, Hemd, Hals-T. und *dvergar á öxlom* (16, 573) werden dabei als charakterisierende Kleidungsstücke der Bauersfrau genannt, während der adeligen Frau ein Kopfputz, ein Medaillon auf der Brust, Schleppe und ein blaufarbenes Hemd zugesprochen werden. Für eine gehobenere Wohn- und Eßkultur spricht auch das gemusterte (bestickte), weiße (gebleichte) Leinen-T. auf dem Tisch (*merktan dúk, hvítan af hörvi* – vgl. zur Interpretation 16, 573. 604). Auch im anord. „Königsspiegel" wird dem Kaufmann empfohlen, den Tisch mit weißen Tüchern zu decken und feines Essen und Getränke aufzutischen (9, 4. 30 f.). Bezeugen solche *dúkr*-Belege einen gehobenen Lebensstil, so sprechen skaldische Belege für *ennidúkr* ‚Stirnband' und *hördukr* ‚Tuch aus Leinen' aus dem 10. Jh. für eine relativ frühe Lehnbeziehung (16, 572 f.).

Wenn dem Lexem T. zurecht als bestimmende Bedeutungskomponente ‚gewebtes Material' zugeschrieben werden darf, dürften → Wolle und → Lein zu den ältesten Stoffen gehört haben, auf die sich T. bezog (→ Textilien).

Weitere Lexeme unterschiedlicher sprachgeogr. Geltung berühren sich semant. mit T.

Die ahd. Glossenwörter *blahha* fem. ‚ärmliche Kleidung, Zelttuch', *blaha* fem. ‚Zeltplane', *blah* neutr. (?) ‚ärmliche Kleidung' (2; 15), das mhd. *blahe, plahe* ‚grobes Leintuch, das über einen Wagen gespannte Tuch' und das nhd. *Plane* fem. finden Entsprechungen im Nord. und Langob.: langob. *blaio*, aisl. *blæja*, ‚Tuch, Laken', dän. *ble* ‚Laken, Windel' (weitere Belege und sprachgesch. Erl. [14]). Die sprachgeogr. Verteilung spricht für das Alter dieser Wortgruppe – und auch dafür, daß generell ein Differenzkriterium im Bereich der T.-Terminologie die Grob- bzw. Feinstruktur des Gewebes gewesen war.

Das neutestamentliche Gleichnis, daß niemand ein altes Kleid mit einem Lappen von neuem T. flicke, da der Lappen doch wieder vom Kleid reiße und der Riß schlimmer werde (Mt. 9, 16), gibt die got. Bibelübs. unter Verwendung von *plat* ‚Lappen' (slaw. Lehnwort?), *fana* ‚Tuch', *fullo* ‚Lappen, d. h. etwas, das füllt', *snaga* ‚Gewand, Mantel' wieder (zur Interpretation vgl. 13; 17). Auch im ahd. „Tatian" (LVI, 8) wird das Gleichnis angeführt – und von dem alten *giuuāti (vestimentum)* gesprochen, an das niemand ein Stück neuen T.es = *blezza niuues duoches* anflickt. Ob ahd. *blezza* fem. ‚Lappen, Flicken, Fetzen' mit dem got. *plat* zusammenhängt und ein heimisches Wort ist oder ein nichtgerm. Lehnwort vorliegt, ist eine vieldiskutierte Frage (14).

Das got. *fana* (das griech. ῥάκος wiedergibt) findet in den übrigen germ. Sprachen Entsprechungen: Im as. → Heliand steht *fano* für ‚Tuch, Laken' (Hel. 4506 und 5903), im ahd. Glossenwortschatz dient *fano* als Interpretamentum für lat. Lemmata der Bedeutung ‚Binde, Fahne, Feldzeichen, (feines) Leinentuch, Schleier, (Schulter)tuch, Überwurf' (15), ahd. *hjalsfano* steht für ‚Halstuch' (3, 557), ae. *fana* entspricht ‚Banner, Standarte'. Die Verengung auf Feldzeichen kommt durch eine Rückübertragung der Bedeutung von Komposita (und Simplicia) für kriegerische, heraldische und kirchliche Zeichen (z. B. *gundfano* = Kriegsfahne) auf das Simplex *fano* zustande – vgl. auch (12).

Ahd. *lappa* fem., as. *lappo* mask. weisen auf eine Bedeutung ‚Zipfel' (lat. *lacinia* etc.) (15). Die Entsprechungen in den übrigen germ. Sprachen (mit Umlaut ae. *læppa*, anord. *leppa*) deuten ebenso auf ein Teilstück eines Ganzen, ein T.-Stück, einen Fetzen (auch in einem minderwertigen Sinne).

Ein bedeutsames Wort im Zusammenhang der Bezeichnungen gewebter Materialien ist dt. *Wat* fem. – ein heute im Gebrauch als archaisch einzustufendes Wort (6), das in allen germ. Sprachen bezeugt ist, ausgeschlossen allein das Got.: ahd. *wāt* fem. ‚Kleidung, Gewand', as. *wād* fem. ‚Gewand', ae. *wǣd* fem. ‚clothing, garment, covering', aschwed. *vāþ* fem., awnord. *váð* fem. ‚gewebtes Zeug'. Im Ablaut dazu stehen Belege wie awnord. *vaðr* mask. (vermutlich ein a-Stamm) ‚Angelschnur, Seil', ahd. *wata* fem. ‚Seil, Zugnetz', mhd. nhd. *wate* fem. ‚Zugnetz' (vermutlich ō-Stämme). Mit dem Kollektiv-Suffix *gi-* ist gebildet ahd. *giwāti* neutr. ‚Kleidung', ae. *gewǣde* neutr. ‚garment, clothing' (engl. *weed*). Es lassen sich diese Belege auf eine Wurzel der Bedeutung ‚weben, flechten' zurückführen (eine noch frühere Stufe im Sinnen von ‚binden' wird ebenso diskutiert (4, 1009). Die semant. Entwicklung führte offenbar vom ‚Geflochtenen, Gewebten' zur Bezeichnung der konkreten Produkte – Seil, Netz einerseits, Stoff, T. > Gewand, Kleidung andererseits.

Anord. *vaðmál* neutr., ein bestimmtes Maß groben Wollstoffes (→ Tuchgeld), ist als Kompositum aus anord. *váð* fem. und *mál* neutr. ‚Sache, Maß' (= got. *maþl* ‚Versammlungsort', dt. ‚Mahl' in Mahlstatt) zu verstehen (mit einer Vokalkürzung im ersten Kompositionsglied). Das als *Watmal* bis ins Nd. und Hd. gedrungene Wort (im Sinne von grobes Wollzeug) gilt als nord. Einfuhr (4, 1008; 6; 12)

(1) J. Bumke, Höfische Kultur 1, ²1986, 172–210. (2) Ahd. Wb., s. v. *blah, blahha, blaha, blezza*. (3) R. Bergmann, Die Bamberger Glossenhs., in: R. Bergmann u. a. (Hrsg.), Ahd.1, 1987, 545–560. (4) H. Bjorvand, F. O. Lindeman, Våre Arveord. Etymologisk Ordbok, 2000. (5) Th. Frings, in: G. Müller, Th. Frings, Germania Romana 2, 1968. (6) Grimm, DWb., s. v. *Tuch, Wat, Watmal*. (7) Hellquist, Ordbok, s. v. *duker, dok, vadmal*. (8) R. Hildebrandt (Hrsg.), Summarium Heinrici 1–3, 1974–1995. (9) L. Holm-Olsen, Konungs Skuggsiá, ²1983. (10) Kluge-Mitzka, s. v. *Fahne, T.* (11) Kluge-Seebold, s. v. *Fahne, T.* (12) Kult. hist. Leks., s. v. *Baner, Duk, Vadmål.* (13) Lehmann, Dict., s. v. *fana, fullo, plat, þarihs, snaga.* (14) A. L. Lloyd, O. Springer, Etym. Wb. des Ahd. 2, 1998, s. v. *blaha, blez/plez*. (15) R. Schützeichel, Ahd. und as. Glossenwortschatz, 2004, s. v. *blahha, fano, lappa, lappo, tuoh*. (16) K. von See u. a., Kommentar zu den Liedern der Edda 4, 2004. (17) W. Streitberg (Hrsg.), Die got. Bibel 2, ³1960, s. v. *parihs*. (18) Trübners Dt. Wb., 1993–1957, s. v. T. (19) de Vries, Anord. etym. Wb., s. v. *dúkr, vaðmál*.

H. Beck

Zum Tuchhandel → Tuch, Bd. 31

Tuchgeld

§ 1: Allgemein – § 2: Reglementierung und Normierung – § 3: Handel

§ 1. Allgemein. Der isl. Name für T. *vaðmál* neutr., gebildet aus *váð* ‚einfacher Wollstoff; gewebtes Zeug' und *mál* ‚Maß; gemessene Größe oder Länge', bezeichnet einen einheimischen Wollstoff, eine Art Fries oder Loden (7; 8; 17). *Vaðmál* wurde in Island zur Wertbestimmung genutzt und als gängiges → Zahlungsmittel verwendet und war der häufigste Exportartikel, bis ca. 1330 getrockneter Fisch *(skreið)* an die erste Stelle trat.

Die Qualitätsbezeichnung *Vaðmál* wurde in N-Europa für ein Wollgewebe in Köperbindung K 2/2 (vgl. 9, 69–71) verwendet, das auf Gewichtswebstühlen hergestellt wurde. Dadurch kommt ein → Gewebe zustande, das die Isländer im MA *þriskeft* ‚dreibindig' nannten. Heute bezeichnet man es in den nord. Sprachen als *firskaft* ‚vierbindig' (oder *firskaftkypert* ‚vierbindiger Köper'). Das isl. *vaðmál* entspricht dem engl. 2/2 Köper, nicht dem 2/1 oder 1/2 Köper *(twill),* der heutzutage in den nord. Ländern – außer Island – *treskaft* ‚dreibindig' (oder *treskaftkypert* ‚dreibindiger Köper') genannt wird. In früher Zeit, ebenso im Spät-MA, wurde dieses Gewebe aber auch im norrönen Gebiet außerhalb Islands *vaðmál* genannt (11, 411).

Das isl. *vaðmál* umfaßte zwei unterschiedliche Arten: *vara* oder *vǫruvaðmál*, einen marktgängigen Stoff, und *hafnarvaðmál*, einen Mantelstoff, der feiner und fester gearbeitet war. *Vǫruvaðmál* wurde bald standardisiert; im 12. Jh. galten hierfür feste Bestimmungen, wie die aisl. Gesetzessammlung der → *Grágás* zeigt. Diese Vorschriften bezogen sich auf die Beschaffenheit, so sollte es sich bei *vaðmál* um *þrískeft* handeln, der 2 Ellen *(álnir)*, d. h. nahezu einen Meter br. war (1 *alin* = ca. 48 cm). Ein sechs Ellen lg. Tuch aus solchem *vaðmál*, neu und ungebraucht, sollte dem Wert einer *eyrir* ('Öre', Pl. *aurar*) entsprechen, auch *lǫgeyrir* (wörtlich „gesetzliche Öre', d. h. ein gesetzliches Zahlungsmittel) genannt (Grg. Ib, 192. 246; Grg. Ia, 129–130). Der Wert von Waren wurde also in Ellen und *aurar* gemessen. Ist der Wert in Ellen angegeben, so sind damit immer Ellen von *vǫruvaðmál* gemeint.

§ 2. Reglementierung und Normierung. Das Alter der Bestimmungen zur Beschaffenheit des *vaðmál* ist unbekannt, doch dürften solche Festlegungen kaum über das J. 1100 zurückreichen, denn die offizielle Einführung des Zehnten in Island 1096/97 erforderte Normen und feste Regeln. Da *Vaðmál* in Norwegen als Zahlungsmittel (NgL I, 75. 347. 362; II, 175) auf der Grundlage von *vaðmálsaurar* ‚Vaðmál-aurar' fungierten (NgL I, 30. 65. 347; II, 175), gehen die isl. Standards aus der Zeit vor 1100 evtl. auf norw. Regeln zurück. Andererseits sind keine ma. Bestimmungen aus Norwegen über die Beschaffenheit von *vaðmál* sowie seine Länge und Breite bekannt; es wird zunächst einheimisches *vaðmál* gewesen sein, das im Land als Zahlung angenommen wurde. Hingegen gab es im MA in Norwegen Vorgaben über die Arbeit mit *vaðmál*, das Weben und Walken betreffend (NgL IV, 463), die mit Bestimmungen in den isl. *Búalǫg* vergleichbar waren (15).

Die Anforderungen an die Präzision bei der Herstellung und beim Messen scheinen um 1200 durch die sog. *stikulǫg* ‚Meßstabgesetze' in Island gestiegen zu sein (13, 378 f.). Die Breite sollte mit zwei Ellen langen Meßstäben gemessen werden, und alles *vaðmál*, das zehn Ellen und länger war, sollte mit ganz bestimmten Meßstäben gemessen werden; es gibt auch spezielle Regeln für *vaðmál*, das an Rücken und Kante unterschiedlich lang war (Grg. Ib, 250. 251). Tuchstoffe von häufig 20 Ellen Lg. sind seit etwa 1200 bekannt (Grg. II, 289).

Zur Freistaatzeit (vor 1262) gab es Bestimmungen, deren Hauptverordnung in dem Gesetzbuch der → *Jónsbók* von 1280 (5, 214) in der Übs. so lautet: ‚Dies ist ein *lǫgeyrir* [‚gesetzliches Zahlungsmittel']: sechs Ellen trefflichen *vaðmáls*, neu und ungebraucht, sollen ein *eyrir* ergeben, zwei Ellen breit und an den Kanten nicht länger als eine Elle, berechnet auf jeweils 20 Ellen am Rücken, und man soll messen, wo man will, am Rücken oder Rand, und mit der Eigenschaft, das es auf dem Althing angenommen wird; an der kürzeren Kante soll man messen, wenn es schief ist.' Hier wird die Qualität von *vaðmál* festgelegt, um auf dem Lögthing des ganzen Landes, dem *alþingi* auf den → *Þingvellir*, als Zahlungsmittel akzeptiert zu werden. Mit ‚Eigenschaft' könnte z. B. die Anzahl der Fäden oder ihre Feinheit gemeint sein, oder auch, wie sie gesponnen waren, wobei einiges sicherlich Ermessens- und Ansichtssache war.

1329 erließ Kg. Magnús Euríksson eine Verordnung (DI II, 645 f.; berichtigt, vgl. 16, 213), daß: „... die *vaðmál*, die man außerhalb des Landes kommen läßt, so gut von Alter, Herstellung, Eigenschaft und Gewicht (seien), wie es von Alters her Sitte ist, ebenso daß die *vaðmál* am Rücken wie an den Rändern gleichlang seien.' Diese Verordnung ist in einer isl. Hs. erhalten, aber nicht unmittelbar an die Isländer gerichtet. Sie sind als Adressaten jedoch kaum zweifelhaft, denn von der Güte des *vaðmál* war die Höhe der Steuerabgaben aus Island abhängig, die dem Kg. zum größten Teil in *vaðmál* gezahlt wurden. Neu ist die Bestimmung über das Gewicht und das Wiegen, vermutlich wurden beide Vorgehensweisen im frühen 14. Jh. aufgenommen. Als Hauptvorschrift galt, daß 120 Ellen eine *vætt* wiegen sollten (etwa 36 kg).

Nach der *Grágás* sollte das *hafnarvaðmál*, neu und ungebraucht, *virðingarfé* sein, d. h. das, was der amtliche Prüfer zum Messen und Bewerten brauchte; das Gleiche findet sich in der *Jónsbók*. Das Wort *höfn* bezeichnet hier wahrscheinlich den Besitz (16, 233 f.) und bezieht sich darauf, daß die Hersteller das *hafnarvaðmál* immer für sich selbst behielten und das *voruvaðmál* verkauften. Nach der *Jónsbók* war das *hafnarvaðmál* kein gesetzliches Zahlungsmittel und auch nicht vollkommen genormt, so daß man amtliche Prüfer zum Messen brauchte, zwei nach der *Grágás* und sechs nach der *Jónsbók*. Zw. 1280 und 1320 wurde das *hafnarvaðmál* genormt, wie aus der oben genannten Verordnung des Kg.s von 1329 hervorgeht, nach der das *hafnarvaðmál* gewogen werden sollte und nicht mehr als *virðingarfé* galt. Es galt von da an als gesetzliches Zahlungsmittel wie vorher das *voruvaðmál*. Möglicherweise geschah dies, als Kg. Hákon háleggur im J. 1305 eine Verbesserung der Gesetze erließ, um die Waagen und Scheffelmaße, 1314 auch die anderen Maßgefäße, zu vereinheitlichen und dem Mißbrauch vorzubeugen (5, 292. 298). Es scheint, als habe die Realisierung dieser Maßnahmen einige Zeit gebraucht und 1329 einer kgl. Verordnung bedurft, bis das *hafnarvaðmál* tatsächlich gewogen wurde. Das gängigste *hafnarvaðmál* war das *gjaldavaðmál*; es war zweieinhalbmal so teuer wie das *voruvaðmál*, so daß acht Ellen dieser Art von *hafnarvaðmál* in ihrem Wert 20 Ellen *voruvaðmál* entsprachen. Beides, die acht Ellen des *gjaldavaðmál* und die 20 Ellen *voruvaðmál*, galten als Zahlungsmittel für den Betrag, den jeder steuerpflichtige → Bonde dem König zahlen mußte.

Ein *hundraðsvirði* ‚Wert von einem Großhundert' (→ Zahlensysteme) an solchem *vaðmál* betrug 48 Ellen und sollte ein *vætt* wiegen. Dieses gängige *hafnarvaðmál* entsprach in den späteren Jh. – etwa vom Beginn des *vaðmál*-Wiegens an – zweieinhalb Ellen in der Breite.

Isl. *vaðmál* wurde bis weit ins 19. Jh. hinein auf dem alten, senkrechten Webstuhl (Gewichtwebstuhl) gewebt und nicht auf dem Trittwebstuhl, der im 11. Jh. nach W-Europa kam (→ Weben, Webstuhl, Webschwert § 2). Hoffmann weist darauf hin, daß die normale Länge eines Stoffes vom senkrechten Webstuhl etwa sechs Ellen beträgt (evtl. kommt daher auch das Wort *vaðmál*, ein Tuch mit einer gewissen Länge), die Länge war bei einem senkrechten Webstuhl kein Problem. Hoffmann berichtet, man habe in Island begonnen, 20 Ellen lg. Tücher auf Gewichtswebstühlen zu weben, unter dem Einfluß des Trittwebstuhls und den Nachfragen des westeurop. Handelsmarktes (10, 130–131. 178. 197–198). Möglicherweise begann die Verwendung des Trittwebstuhls in den Städten Norwegens aber schon zu Beginn des 12. Jh.s (9, 293–297), und die Forderungen hinsichtlich der Länge nahmen von dort ihren Ausgang. Hoffmann vermutet, daß die Isländer schon im Hoch-MA unter dem Einfluß engl. Stoffherstellung standen; sie findet dafür drei Hinweise, nämlich die Übereinstimmung mit dem engl. *yard,* die Forderung, daß Stoffe an Rücken und Seitenkanten die gleiche Länge haben sollten, und schließlich die Bestimmung über die Anzahl der Fäden. Sie verweist darauf, daß kein Zweifel an den Handelsverbindungen zw. Island und England besteht (10, 196. 198. 225. 272). Die Verbindung zum Yard ist vielleicht nichts anderes, als daß zwei isl. Ellen einem Yard entsprachen, aber die isl. Elle wird ansonsten norw. Ursprungs sein – tatsächlich eine natürliche Elle. Es ist denkbar, daß sich die Anforderungen an die Genauigkeit mit den oben genannten Meßstabgesetzen von 1200 steigerten, um den Ansprüchen aus dem Ausland zu genügen, aber wohl eher doch denen aus Norwegen, das damals der ausländische Hauptmarkt für Islands Handel war (s. § 3). Die Bestimmung, daß der Stoff im Rücken wie an den Seitenkanten gleich gut sein müsse, ist so selbstverständlich, daß sie kaum ausländischer Vorbilder bedurft haben wird. Die Vorschrift über die Anzahl an Fäden im Gewebe findet sich erst in isl. Hss. des 16. und 17. Jh.s (in den *Búalǫg*), könnte aber älter sein, wenn das Wort *kosti* ‚Eigenschaft' (so die *Jónsbók*) oder *að kosti* recht verstanden ist. Wenn die Schätzer *hafnarvaðmál* beurteilten, mußten sie sich auf feste Normen einigen, und dabei hat die Anzahl der Fäden eine ganz natürliche Beachtung gefunden, unabhängig von ausländischen Märkten. An den interessanten Hinweisen Hofmanns besteht daher einiger Zweifel.

§ 3. Handel. Hauptexportland für isl. *vaðmál* war Norwegen, und der zunehmende Export hing natürlich mit dem Wachstum der norw. Städte im 12. Jh. sowie mit dem Aufblühen der Fischerdörfer infolge des erhöhten Fischfanges zusammen. Obwohl im 12. Jh. in Norwegen die Bedeutung des Stockfischs als Zahlungsmittel zunahm, stieg zugleich der Bedarf an *vaðmál* für Kleidung, Decken, Zelte, Segel, Abdichtmaterial für Boote etc. Die Schafzucht spielte hier im Vergleich zu Island eine wesentlich geringere Rolle; das Angebot an Wolle war beschränkt und weitgehend an den Eigenbedarf auf dem Land gebunden (mit Ausnahme des n. Guðbrandsdalur).

Sehr viele Qu. berichten über die Ausfuhr von *vaðmál* aus Island für den Verbrauch in Norwegen, von wo es allem Anschein nach nicht weiter exportiert wurde. Zuverlässige Qu. aus O-England für die J. 1303–1311 sprechen von umfangreicher Einfuhr aus vielen Ländern, u. a. in erheblichem Maße von *vaðmál*. Vermutlich wurde es von dt. Kaufleuten aus Dänemark oder Schweden importiert und weiterverhandelt. Die engl. Qu. berichten zudem von umfangreichen Importen aus Norwegen, bes. von Fisch (16). Dt. Kaufleute werden um 1330 in Bergen vieles in *vaðmál* – wahrscheinlich am meisten in isl. – bezahlt haben, über deren weiteren Umlauf nichts bekannt ist. Das Interesse an isl. *vaðmál* stieg im 15. Jh. mit dem Vordringen engl. Kaufleute nach Island und erhöhte sich noch mehr bei dt. Kaufleuten, v. a. aus Hamburg, die bereits vor 1500 mit großer Mannschaft nach Island gefahren waren.

Das *mórent vaðmál* ‚braungestreiftes Wollzeug' war vermutlich wegen seiner Streifen etwas teurer als das *vǫruvaðmál*, und davon wurde einiges exportiert. 1294 legte der Kg. 6 Ellen *mórent* als Äquivalent für einen *eyrir* fest (5, 285), was eine Wertminderung des *mórent vaðmáls* zur Folge hatte, der aus unbekannten Gründen dann als *lǫgeyrir* verschwand.

Für das 13. und 14. Jh. ist auch die Rede von *sǫluvað*, einem gewöhnlichen groben Stoff, vermutlich war dies nur eine andere Bezeichnung für *vǫruvaðmál* (z. B. DI II, 674).

In Norwegen sprach man von isl. *pakkavaðmál* ‚Packen-*vaðmál*'; es wird erstmals 1337 in Bergen erwähnt und auch als *íslenzka* ‚Isländisch' bezeichnet: *jslencha sive pakka vedmaal* (DI II, 718; DN VII, 161), was fälschlicherweise zur Vorstellung von *vaðmál* als Verpackungsmaterial von Waren führte. Vielmehr wird es sich bei *pakkavaðmál* um ein in *pakki* (Pl. *pakkar*) ‚Packen, Ballen' zusammengelegtes *vaðmál* handeln, wie aus der *Lárentius s.* hervorgeht, die für das J. 1323 von *vaðmál* in Packen und *spýtingar* spricht (Biskupa sǫgur III, 362). Im 16. Jh. entsprach ein Packen 60 Ellen *vaðmál* (12, III, 599; 12, IV, 9). Wahrscheinlich haben sich diese Packen zw. 1280 und 1320 durchgesetzt; vorher exportierte man *vaðmál* in *sekkir* (Sing. *sekkur*) ‚Säcken', über deren Umfang und Größe jedoch nichts bekannt ist. *Hafnarvaðmál* wurde niemals in Packen, sondern vielmehr in *spýtingar* gehandhabt. Im J. 1476 heißt es, dt. Kaufleute seien in Island beraubt worden, und zwar um *sex petres burelli vulgariter spytingh dictis*, *quorum quilibet sexaginta tenet ulnas* (DI VI, 64). Das Gewicht *sex petres* kann gut mit drei *hafnarvaðmál* übereinstimmen. Packen und *spýtingar* könnten die Säcke zu der gleichen Zeit ersetzt haben, als das Wiegen Eingang in die Handhabung von *vaðmál* fand, wahrscheinlich im 14. Jh. (s. § 2).

Gegen Ende des 14. Jh.s schwand das *vǫruvaðmál* aus den Exportartikeln. Die Ursachen dafür lagen wahrscheinlich auf isl. Seite (16). Das im 15. Jh. aus Island exportierte *vaðmál*, eine Art des *hafnarvaðmal*, wurde *gjaldavaðmál* ‚Bezahlungswollzeug' genannt. Für die Berechnung der Steuern galten 8 Ellen anstelle von 20 Ellen *vǫruvaðmál*. Man fuhr demnach fort, den Wert in Ellen zu berechnen, auch als das *vǫruvaðmál* verschwunden war. Damit war die Einheit ‚eine Elle Wollzeug' zur bloßen Rechnungseinheit geworden.

Qu.: (1) Biskupa sögur III. Árna saga biskups. Lárentius s. biskups …, hrsg. von Guðrún Ása Grímsdóttir, Ísl. Fornr. 17, 1998. (2) DI = Diplomatarium islandicum, 1857 ff. (3) DN = Diplomatarium norvegicum I–XXII, 1849–1976. (4) Grg. I a–b; II. (5) Jónsbók. Kong Magnus Hakonssons lovbog for Island … og réttarbætr, hrsg. von Ólafur Halldórsson, 1904. (6) NgL I–V.

Lit.: (7) Hj. Falk, Awnord. Kleiderkunde mit besonderer Berücksichtigung der Terminologie, Videnskapsselskapets Skrifter. II. Hist.-filos. Kl. 1918, 1919. (8) Elsa E. Guðjónsson, Forn röggvarvefnaður, Árbók Hins íslenzka fornleifafélags 1962 (1962), 12–71. (9) K. G. Hagen, Profesjonalisme og urbanisering. Profesjonalismeproblemet i håndverket belyst ved et tekstil- og vevloddsmateriale fra middelalderens Trondheim fra 1000-tallet frem til slutten av 1300-tallet, 1994. (10) M. Hoffmann, The Warp-weighted Loom. Studies in the Hist. and Technology of an Ancient Implement, ^{2}1974. (11) Dies., Vadmål, in: Kult. hist. leks. XIX, 409–412. (12) H. J. Huitfeldt-Kaas (Hrsg.), Norske Regnskaber og Jordebøger fra det 16de Aarhundrede 1–4, 1887–1906. (13) Jón Jóhannesson, Íslendinga s. I. Þjóðveldisöld, 1956. (14) Inga Lárusdóttir, Vefnaður, prjón og saumur, Iðnsaga Íslands 2, 1943, 154–192. (15) Jón Þorkelsson (Hrsg.), Búalög um verðlag og allskonar venjur í viðskiptum og búskap á Íslandi 1–3, Sögurit 13, 1915, 1916, 1933. (16) Helgi Þorláksson, Vaðmál og verðlag. Vaðmál í utanlandsviðskiptum og búskap Íslendinga á 13. og 14. öld, 1991. (17) E. Strömberg u. a., Nordisk textilteknisk terminologi. Förindustriell vävnadsproduktion, ^{2}1974.

Helgi Þorláksson

Überlieferung

§ 1: Problemstellung – § 2: Arten der Ü. – a. Mündliche Ü. – b. Schriftliche Ü. aus Außensicht – c. Ü. aus Innensicht (einheimische Qu.) – d. Übergang zur Schriftkultur in verschiedenen Textsorten – e. Relig. Texte – § 3: Varianz in der schriftlichen Ü.; Textkritik, Handschriftenkunde – a. Textherstellung – b. Spuren verlorener schriftlicher Vorstufen

§ 1. Problemstellung. Die Qu. der germ. Altkde sind oft undeutbar, weil wir über ihren hist. Kontext zu wenig wissen. Das beruht einerseits darauf, daß sich unsere Fragestellungen gemäß den Interessen unserer Epoche ändern (über die prinzipielle Notwendigkeit, Gesch. immer wieder neu zu schreiben: 8, 270 ff.) und nicht dem entsprechen, was eine frühere Ges. für überlieferungswürdig hielt. Anderseits ist auch von dem, was in der agerm. Kultur als überlieferungswürdig galt, sehr wenig auf uns gekommen. Die Ursachen der Wissenslücken lassen sich in zwei Gruppen fassen:

1. Vieles wurde weder bildlich dargestellt noch schriftlich aufgezeichnet, selbst wenn den Trägern dieser Kultur Schriftlichkeit zugänglich war. V. a. in den Bereichen der Relig. und der Dichtung scheint Feindlichkeit gegen schriftliche Aufzeichnungen bestanden zu haben, noch mehr als gegen bildliche Darst. (ähnlich wie in der kelt. Kultur nach Caesar Gall. VI,14). Viele schriftliche Aufzeichnungen und Objekte der Sachkultur gingen durch Umwelteinflüsse oder Zerstörung durch Menschenhand verloren.

2. Was schriftlich oder bildlich festgehalten wurde oder als Sachrelikt erhalten ist, ist in wesentlichen Eigenschaften verändert (z. B. Farbgebung bei bemalten Objekten), aus dem kulturellen Kontext gerissen, be-

schädigt usw., bzw. im Falle indirekter Ü. durch Abschreiber, Abzeichner oder Berichterstatter fehlerhaft überliefert bzw. mißinterpretiert oder der Mißinterpretation verdächtigbar, ohne daß wir klare Regeln hätten für die Abgrenzung berechtigter Vorsicht von einerseits übergroßer Kritik und anderseits übergroßem Vertrauen. Von der Entstehung und der Vortragsweise her sind Mündlichkeit und Schriftlichkeit einander oft unterstützende, nicht ausschließende Produktions- und Rezeptionsformen von Texten (→ Mündlichkeit und Schriftlichkeit). Als Qu. der Altkde unterscheidet man hingegen schriftlich aufgezeichnete und daher teilweise erhaltene von mündlichen, d. h. nicht schriftlich aufgezeichneten und daher verlorenen Texten, deren Existenz z. T. durch Erwähnung in schriftlich aufgezeichneten Texten gesichert ist und bei der Interpretation der erhaltenen Texte in Rechnung gestellt werden muß. Da ihre Inhalte im Detail aber unbekannt sind, ist Interpretation des Erhaltenen nur mit Hilfe von Hypothesen über Nichterhaltenes möglich; infolgedessen sind viele Interpretationsansätze notwendigerweise umstritten und eindeutige Urteile oft unmöglich.

Um trotz dieser Probleme zu sinnvollen Aussagen zu gelangen, liegen allen Einzelunters. Vorstellungen zu Grunde, was in einer Kultur überhaupt bzw. wie überliefert wurde. Es gibt Dinge, die uns erhalten sind, ohne daß man von ‚Überlieferung' sprechen kann, weil man nicht beabsichtigte, sie der Nachwelt zu erhalten, oder sogar Maßnahmen durchführte, sie den Blicken der Nachwelt zu entziehen (z. B. Versenken). Andere dagegen sollten der Nachwelt überliefert werden, doch durch (wesentlich, nicht zufällig) mündliche Tradition, die sich im Laufe der Zeit entweder von den Trägern unbemerkt ändert oder kreativ verändert wird, wie auch die Trägerkultur selbst, und verlorengeht, wenn diese ausstirbt. Erhalten sind uns solche Elemente nur, wenn Angehörige einer anderen Kultur sich dafür interessieren und sie, freilich aus einer Außensicht, schriftlicher oder bildlicher Darst. anvertrauen. → Beda venerabilis (Hist. Eccl., Pref. 6, Schluß) formuliert nach ant. Vorbildern (direkt: Eusebius von Caesarea), daß neue Ü. eine Auswahl des aus ihrer Sicht Überlieferungswürdigen aus alter Ü. trifft: *quae memoratu digna ... credideram*. Ein Grenzfall ist es, wenn eine Kultur ohne Kulturbruch sich insofern verändert, als sie Elemente, die mündlicher Tradition vorbehalten waren, ab einem bestimmten Zeitpunkt auch für schriftliche Gestaltung zuläßt. Dieses wurde der Heldendichtung zuteil, die zunächst in mündlicher Form aus der agerm. in die durch ein christl. Weltbild bestimmte ma. Kultur übernommen wurde. Als aber Teile von ihr auch schriftlich gestaltet wurden, und zwar auf Ü.s-Trägern (meist Pergament), die auch nach dem Erlöschen des Interesses an ihr teilweise bis in unsere Zeit erhalten bleiben konnten, brachte das schwerwiegende Veränderungen an ihrer Substanz und Struktur; die Rekonstruktion verlorener Vorstufen ist daher mit großen Unsicherheitsfaktoren verbunden. Aber auch für die Geschichtsschreibung gilt, daß der ebenfalls der Ant. verpflichtete Satz Bedas (Hist. Eccl., Pref. 5) *vera lex historiae est, simpliciter ea, quae fama vulgante collegimus, ad instructionem posteritatis litteris mandare* (‚das wahre Gesetz der Geschichtsschreibung ist, einfach das, was wir aus allgemeiner Überlieferung gesammelt haben, zur Belehrung der Nachwelt der Schrift anzuvertrauen') weder von seinen ant. Vorbildern noch von ihm selbst oder späterer Historiographie eingehalten wurde.

Standardwerke zum Umgang von Gesellschaften mit Ü.en und Gesch. sind die Werke von Fichtenau (6), Auerbach (1; 3), Curtius (3) und Le Goff (7).

§ 2. Arten der Ü. a. Mündliche Ü. Dunphy (5, 103) betont, daß ‚Mündlichkeit' sehr verschiedenen Gattungen angehören kann; mündliche Verdichtung, Erzähltraditionen, Epik usw. können sehr Veschiedenes sein. Zeugnisse für mündliche Ü. in agerm. Kulturen finden sich seit der Ant.: → Tacitus Germania 2,2, nennt *carmina antiqua* als einzige Gattung von *memoria* und *annales;* in diesen werden die (mythischen) Ursprünge der *gens* gefeiert. Germania 3,1 nennt er den *barditus,* das sind Lieder, die Hercules preisen und gesungen werden, wenn das Heer in die Schlacht zieht. Ann. II, 88 erwähnt er, daß Arminius bei barbarischen Völkern *adhuc canitur;* das ist über 100 J. nach der Varusschlacht bzw. 90 J. nach dem Tod des Arminius. → Ammianus Marcellinus schreibt (31,7,11; zu a. 377) vom Verhalten der Goten bei Beginn der Schlacht von Marcianopolis: *maiorum laudes clamoribus stridebant inconditis* (‚sie kreischten das Lob ihrer Vorfahren in ungeordnetem Geschrei').

Daß die Ausführungen des → Priscus über Preislieder und Geschichtserinnerung am Hof → Attilas immer wieder germ. Ü. zugerechnet werden, obwohl sie doch hunnische Sitten bezeugen, rührt daher, daß in dieser Hinsicht die Barbarenvölker wohl nicht so sehr voneinander abwichen, daß es für uns möglich wäre, sie voneinander abzugrenzen.

Vorauszusetzen sind mündliche Traditionen, wenn Athalarich Cassiod. Var. IX,25 → Cassiodors Verdienste um die Amalergenealogie rühmt (→ Amaler § 4). → Jordanes, Getica IV,25 und 28, berichtet, daß die Gesch. der Auswanderung der Goten *in priscis eorum carminibus pene storico ritu in commune recolitur* (‚in ihren alten Gedichten fast nach Art der Geschichtsschreibung allgemein erinnert wird'); Jord. Get. XIV,79 bezeichnet er ihre alte Ü. von *heroes* (die er, Jord. Get. XIII,78, in seiner euhemeristischen Denkweise für Menschen, die nach ihrem Tod als Halbgötter bezeichnet wurden, hält) als *fabulae.* Jord. Get. XXXI,162 erinnern sich Wandalen und Alanen *ex relatione maiorum suorum* (‚nach dem Bericht ihrer Vorfahren') der ihnen von den Goten beigebrachten Niederlagen. Jord. Get. XLI,214 ehren die Vesegothi den a. 451 auf den katalaunischen Feldern gefallenen Theoderith *cantibus.* Einen weiteren Verweis auf got. Traditionen (Jord. Get. XI,71–72) vermischt er mit Angaben über die Geten.

Bei den Langob. finden sich Verweise auf mündliche Ü., die sich in den verschiedenen Fassungen der Origo g. Lang. spiegeln. Was davon die heidn. Relig. berührt, berichtet → Paulus Diaconus I,8 als *ridicula fabula.* Paulus unterscheidet also innerhalb der Ü. für ihn als ‚historisch' geltende von märchenhaften, für uns ‚mythischen' Elementen. Weder seine noch unsere Kategorisierung sind allerdings der agerm. Begriffswelt adäquat. → Alboins *liberalitas et gloria bellorumque felicitas et virtus* wurden nach Paul. Diac. I,27, auch bei den Baioarii und Saxones ‚und anderen Menschen dieser Sprache' in ihren *carmina* gefeiert.

Was in diesen Berichten die Erinnerung an die Taten der Vorfahren des regierenden Kg.s und was Erinnerung an die Gesch. der ganzen *gens* ist, ist oft nicht festzustellen. Wolfram widmete mehrere Arbeiten dem Problem der → Origo gentis, bes. der *Origo Gothica* (zusammenfassend 21). Der geschriebene Text hat einen Gegenstand und einen Zweck, von Wolfram exemplifiziert u. a. am Schluß der *Getica* (Jord. Get. LX, 315 f.): die *nobilitas* des Herrschergeschlechts (der Amaler), die *virorum fortium facta* und den Ruhm derer, die sie besiegten (Justinians und Belisars) für alle Zukunft weiter zu tradieren.

Innerhalb der Hypothesen über Mündlichkeit nehmen breiten Raum ein: Heldensage und Heldendichtung vom Heldenlied bis zum (für das Germ. nicht anzunehmenden) mündlichen Großepos, genealogische Merkdichtung und vermutete mündliche Grundlagen von Rechtsaufzeichnungen (→ Recht § 2); Erforschung von Mündlichkeit innerhalb einer Ges., die auch die Schrift kennt; Anpassung von schriftlichem Stil an mündlichen, z. T. für mündlichen

Vortrag schriftlich fixierter Texte, z. T. zur Fiktion eines mündlichen Erzählers innerhalb der Schriftlichkeit. Dunphy (5, 103) gibt einen breiten Überblick über verschiedene mündliche Textsorten; allerdings rückt er (5, 106 f.) das „Hildebrandslied" zu nahe an die von Lord (10) basierend auf Forsch. Milman Parrys formulierte und an Hand von Texten serb. Epensänger beschriebene Theorie des durch die Verwendung formelhafter Wendungen unterstützten Dichtens während des Vortrags. Ein Zeugnis für die Ü. von Heldenliedern und ihre Vortragsweise ist → Alcuins Kritik (in einem Brief von a. 797 an Speratus von Lindisfarne, Mon. Germ. Hist., Epist. Karolini Aevi II, 183), im Kloster habe nur der die christl. *sermones patrum* vortragende *lector,* aber nicht der *carmina gentilium* vortragende *citharista* gehört zu werden, gipfelnd in: *Quid Hinieldus (Ingeld) cum Christo?* Innerliter. bedeutsam ist das Auftreten des *scop* (→ Dichter § 6) im → *Beowulf,* der Beow. 867 als Mitglied der Hofges. bezeichnet wird.

Alcuins oben zitierte Wortwahl bezeugt, daß von ihm die Heldensage nicht als religionslos angesehen wurde, sondern als heidn. Denken verhaftet. Möglicherweise gingen beim Kulturwechsel entspr. Elemente verloren. Doch wiesen v. a. Schneider (18, 22 ff.) und von See (19, 31 ff.) darauf hin, daß in späteren isl. Texten der mythische Anteil eher zunimmt und das Mythische als typisches Aufbauelement der Heldensage nicht zu erweisen ist, auch wenn „vorsichtiges Nachtasten" (18) Zusammenhänge von Heldensagen und Mythen aufspüren kann. Forsch.spositionen zur Ü. der Heldensage → Held, Heldendichtung und Heldensage § 9.

b. Schriftliche Ü. aus Außensicht. Ab der Nennung der Skiren auf der Protogenes-Inschr. (ca. 240–200 v. Chr.) finden sich gelegentlich Nennungen germ. Völker durch ant. Autoren; reicher fließen die Qu. ab → Caesar. Für Skand. beginnen sie erst mit Pomponius Mela und → Plinius; reichlich und mit hohem Qu.wert sogar erst ab → Adam von Bremen. Die Hauptprobleme, die die Außensicht aufwirft, sind:

- Mangelnder Wille der ant. wie später der christl. Autoren, die geistige Welt der Germ. zu verstehen
- Klischees von Barbarenvölkern, die als konkrete Beobachtungen an agerm. Völkern ausgegeben werden. Teilweise sind sie als liter. Übernahmen kenntlich; z. B. bei auffällig großer Ähnlichkeit mit Schilderungen Herodots über die Thraker; zusammengestellt von E. Norden (12, 48 ff.). Viele der Zuweisungen Nordens halten allerdings der Kritik nicht stand.
- Generalisierungen einmaliger Beobachtungen
- Simple Mißverständnisse, sei es durch den Gewährsmann bzw. Autor, sei es durch die neuzeitliche Forsch.

c. Ü. aus Innensicht (einheimische Qu.). Bereits vor der ältesten erhaltenen Ü. scheint Tacitus die Verwendung von Schriftzeichen durch Germ. zu bezeugen: er nennt Germania 3,2 Inschr. *Graecis litteris* im Grenzgebiet zu Rätien; diese waren aber nach heutiger communis opinio nicht germ. Germania 10,1 nennt er *notae,* die zur Unterscheidung in die Holzstückchen geritzt werden, die zum Losorakel dienen. Ob es sich dabei um Vorläufer der → Runenschrift, frühe Runen, ein anderes Zeichensystem oder lediglich Markierungen zur Unterscheidung der Stäbchen handelte, ist nicht feststellbar. Sichere Zeugnisse über das Bestehen schriftlicher agerm. Ü. vor den ältesten erhaltenen Runeninschr. gibt es daher nicht. Runeninschr. sind einerseits wertvolle kulturgeschichtl. Zeugnisse (→ Runen und Runendenkmäler; → Runendichtung; → Runeninschriften), andererseits sprachgeschichtl. Charakteristische Hindernisse bei der sprachgeschichtl. Auswertung einheimischer Qu. sind, abgesehen von der Mehrdeutigkeit der Texte ohne kulturellen Kontext: bei Inschr. auf transportablen Gegenständen ist nicht entscheidbar, ob die Beschriftung durch am FO Einheimische erfolgte (oder z. B. Runeninschr. auf in Jütland gefundenen eroberten Objekten die Sprache eines feindlichen, aus Skand. oder N-Deutschland kommenden Volkes spiegeln); weiters, daß Schriftzeichen, Grapheme, überliefert sind: für welche Lautwerte sie stehen können oder sollen, ist bisweilen nur mit geringer Sicherheit entscheidbar.

Die bibelgot. Texte bieten zwar für semant. Unters. große Vorteile dadurch, daß die Wortbedeutungen, insbesondere für die got. Bibel durch Vergleich mit dem griech. Text, meist klar sind oder zumindest in einem klaren Kontext stehen; anderseits bieten sie nicht den got. Alltagswortschatz und sind syntaktisch und stilistisch in unbekanntem Ausmaß durch das Griech. beeinflußt. Für die Zuordnung der Sprachlaute zu Graphemen ist der Vergleich mit Fremdzuordnung der gehörten Laute wichtig; z. B. sind Vermutungen über das got. Vokalsystem, die sich aus strukturalistischer Unters. des got. Schriftsystems ergeben (die Geltung von got. *ai* und *au* sei ausnahmslos monophthongisch, und zwar für bestimmtes *e* bzw. *o*-Laute), korrigierbar durch Zeugnisse röm. Schreibungen der Namen von Goten mit diphthongisch geltendem *ai* wie Gainas oder Radagaisus (→ Gainas § 1b), die diphthongische Aussprache für alten Diphthong zumindest in einigen Stellungen sichern.

d. Übergang zur Schriftkultur in verschiedenen Textsorten. Inwieweit sich die Formung von Stoffen, die in mündlicher Tradition gelebt hatten, beim Übertritt in die Schriftlichkeit so stark veränderte, daß wir besser von neuen Gattungen sprechen, wird unterschiedlich gesehen. Oft ist auch der Zeitpunkt des Übertrittes nicht bestimmbar: Erhaltene schriftliche Ü.en beruhen meist auf verlorenen schriftlichen Vorlagen, deren Alter und damit der Zeitpunkt des Übertrittes von der Mündlichkeit in die Schriftlichkeit nur durch Hypothesen bestimmt werden kann. Außerdem: Wie lange lebten die mündlichen Fassungen noch neben den schriftlichen, und wenn: konnten die einen als Korrektiv für die anderen dienen? Stark konkurrierende Ansätze entstanden speziell für die Heldendichtung (→ Held, Heldendichtung und Heldensage) und für Rechts-Ü.en (→ Recht; → Rechtsaltertümer; → Rechtsbücher; → Rechtsgeschichte; → Rechtskenntnis; → Rechtssatzung; → Rechtssprache; → Rechtsprichwort; → Rechtsverse).

f. Relig. Texte. Hier haben wir aus heidn. Zeit die geringste schriftliche Bezeugung. Nur in den stark von röm. Kultur beeinflußten Rheinlanden sind germ. Namen von Gottheiten auf Bilddarst. erhalten, die die Gottheit abbilden; und zwar nur weibliche Gottheiten, während germ. Namen bzw. Beinamen männlicher Gottheiten zwar vorkommen, wo germ. Soldaten im röm. Dienst standen (z. B. am Hadrianswall), aber die Gottheit nicht abgebildet ist. Daher bleiben bezüglich der Funktion dieser Gottheiten immer Alternativmöglichkeiten denkbar; die Tendenz von Forsch.sarbeiten, sich auf eine Deutungsmöglichkeit festzulegen, auch wenn objektiv mehrere möglich bleiben, ist beklagenswert. Es ist nicht feststellbar, ob es Sinnfindung oder Sinnstiftung ist, wenn man für → Nehalennia eine der möglichen Etym., zu lat. *necare*, auswählt und das Hundesymbol, mit dem sie vergesellschaftet ist, mit der Hundesymbolik um Freyja (→ Freyja § 5) und ihrer Rolle als Totengöttin verbindet (nach Snorra Edda Gylfaginning 24 erhält sie die Hälfte der Schlachttoten) und sie als Vorstufe oder westgerm. Entsprechung der anord. Freyja auffaßt (Lit. → Nehalennia S. 62). Das Schiffssymbol, das Nehalennia mit Isis verbindet, läßt sich auch mit Tacitus, Germania 9,1 verbinden und orientalische Kulteinflüsse auf die germ. Relig. unabhängig von ähnlichen Bezügen der nord. Freyja annehmen. Bilddarst. auf Amuletten (Brakteaten) sind in erster Linie mit Wörtern aus dem Bereich der Magie bzw. der Schutzfunktion für den Träger zu denken; es ist daher die Frage, ob Versuche, Erzählungen aus der eddischen Mythol. in ihnen zu finden, nicht auf Zirkelschlüssen beruhen; jedenfalls erfordern sie eine petitio principii. Die Bilddarst. auf den Goldhörnern von → Gallehus, die einer nicht viel ält. Epoche als die → Brakteaten angehören, können offensichtlich nicht mit Eddaliedern parallelisiert werden; es kann daher nicht davon ausgegangen werden, daß die Möglichkeit einer Deutung von Einzelbildern aus eddischer Mythol. auf den Brakteaten, für die prinzipiell die Übereinstimmung durch Zufall eher möglich ist als für Bildsequenzen wie auf den Hörnern, schon die Wahrscheinlichkeit einer solchen Deutung sichert. Auch die Versuche zur Verbindung mit Pferdesegen wie dem 2. Merseburger Zauberspruch (→ Merseburger Zaubersprüche S. 602 ff.) oder den ahd. Wurmsegen (→ Wurm § 6) müssen wesentliche Unterschiede ignorieren. Bilddenkmäler auf Gedenksteinen für Verstorbene, die teilweise mit Motiven aus Eddaliedern harmonisierbar sind, treten erst beträchtlich später, v. a. auf Gotland ab dem 8. Jh., auf (→ Bilddenkmäler § 6).

§ 3. Varianz in der schriftlichen Ü.; Textkritik, Handschriftenkunde. a. Textherstellung. Die Überlieferungsgesch. der ant. Autoren und damit die Bewertung der Hss.-Lesarten ist ein Problem, dessen Tragweite sehr unterschätzt wird. Hauptstreitpunkte bezüglich der Texte der bekanntesten Autoren sind: Ob die Trennung der Ü. von Caes. Gall. in zwei Hss.-Familien auf die Ant. zurückgeht und daher alle in allen Hss. enthaltenen Exkurse auf die Ant. (und damit wohl auf Caesar oder seine Mitarbeiter, da Caesar außer von Sueton, → Plutarch und → Orosius nur von wenigen gelesen wurde) zurückgehen müssen, oder der Archetypus erst merowingerzeitlich ist, was möglich machen würde, daß ein Teil der Exkurse erst in ihn interpoliert wurde, ist nach wie vor nicht eindeutig bewiesen. Doch spricht die seit Herodot faßbare Tradition, auch *Mirabilia* in hist. Werke aufzunehmen, dafür, daß auch die betreffenden Einschübe auf die Zeit Caesars zurückgehen, selbst falls der Archetypus der Hss. erst merow. oder gar erst karol. sein sollte (9, 95 ff.). Auch die Sprache der Exkurse verweist eher auf die Zeit Caesars als auf die MZ oder karol. Epoche. In der derzeit maßgeblichen Caesar-Ausgabe von Hering wurden daher die früher athetierten Passagen wieder eingefügt. Eines der wenigen Indizien, die man zur Caesar-Ü. findet, ist die Schreibung *Paemani* bei Orosius, der in den erhaltenen Caesar-Hss. die Schreibungen *Caemani* (Hss.-Gruppe α) und *Paemani* (Hss.-Gruppe β) gegenüberstehen: Sinnvoll etymologisierbar ist v. a. *Paemani,* zu griech. ποιμήν ‚Hirte' (→ Paemani S. 443), da die Bezeichnung als ‚Hirtenvolk' naheliegend ist. Orosius benutzte also einen korrekten Text, es ist daher nicht beweisbar, daß es ein β-Text war, da der Fehler erst später in der Gruppe α entstanden sein könnte. Da Orosius jedoch mehrere Lesarten mit β teilt, wird die Annahme, die Ü. sei bereits in der Spätant. getrennt gewesen und nicht alle erhaltenen Ex. auf ein einziges merowinger- oder karolingerzeitliches Ex. zurückzuführen, attraktiv bleiben. Bei Tacitus ist die Schreibung der germ. Namen auf Grund der Ü.s-Situation in verschiedenen Teilen seiner Werke unterschiedlich gut gesichert: Ausgangspunkt der gesamten Ü. war der *Cod. Hersfeldensis* (9. Jh.), der jedoch nur für Ann. I–VI im Original erhalten ist; schlechter ist die Situation für den Rest der erhaltenen Bücher der Ann. und die Historien, am schlechtesten für die *Germania,* die sowohl durch Abschreibfehler als auch durch in den Text geratene humanistische Interlinear- und Randglossen als auch durch humanistische Konjekturversuche entstellt ist, ohne daß feststellbar ist, welche der Hss. an einer bestimmten Stelle das Original repräsentieren und welche einen sinnstiftenden Einfall eines Humanisten. Gefährlich für die Deutung ist, daß wir bei der Texterstellung einen Sinn herstellen wollen, anderseits der uns am meisten einleuchtende Sinn einer Stelle durch eine humanistische Konjektur entstanden sein kann. Dadurch, daß diese Eingriffe jeweils punktuell waren und durch Kontakte der Humanisten untereinander verbreitet wurden, versagt die konventionelle Methode der Erstellung eines Stemmas hier völlig. Der Weg, anzunehmen, daß auch eine bes. schlechte und junge Hss.-Gruppe an einer Stelle als einzige das Richtige überliefern könnte, ist aber trotzdem nicht gangbar. Ein Beispiel dafür ist, daß die auf der Lesart einer minderwertigen Hs. für *Nerthum* Germ. 40,2, *Herthum,* aufbauende Konjektur *Hertham abgelehnt werden muß (14). Übersichten über die Probleme der Herstellung des Textes der Werke von Strabon: Diller (1); Tacitus: Römer (17); Ptolemaios: Reichert (15; → Ptolemaeus).

Getrennt zu bewerten ist: Glaubwürdigkeit (verfälscht er?) und Vertrauenswürdigkeit (irrt er?) des Autors in Bezug auf hist. Fakten, ihre kulturelle Interpretation und die lautrichtige Wiedergabe germ. Wörter; inhaltliche Vertrauenswürdigkeit der Hs. und orthographische Vertrauenswürdigkeit der Hs. in der Wiedergabe barbarischer Wörter (Reichert in 16). Ein Autor, der als Teilnehmer eines Germanienfeldzuges erste Vertrauenswürdigkeit besitzt, wie → Velleius Paterculus, kann in der Orthographie der Namen wegen der schlechten handschriftlichen Ü. überhaupt keinen Qu.wert besitzen und ein anderer, wie Tacitus für die ersten Bücher der Ann., obwohl nicht Zeitzeuge, durch die gute Ü. für die Namenformen als Beweismittel eingesetzt werden (Standardwerk zur Bewertung der Tacitus-Hss.: 17). Auch Strabon ist, da er in der Ant. zunächst wenig bekannt war und relativ selten abgeschrieben wurde, also die Abschreibfehler von nur wenigen Hss.-Generationen zu tragen hat (Standardwerk zur Bewertung der Strabon-Hss.: 1), ein für die Schreibung germ. Namen relativ gut überlieferter Autor, während, das Inhaltliche betreffend, seine vollständige Unkenntnis der Geogr. Mitteleuropas die Forsch. oft in die Irre führt. Die von klass. Philologen veranstalteten Textausgaben bewerten die Hss. üblicherweise nur nach der Qualität des lat./griech. Textes und geben oft nicht einmal Hinweise, auf Grund derer man die Bewertung der Schreibungen barbarischer Namen durchführen könnte. Hinderlich für die Forsch. ist v. a., daß die Hrsg., wo der lat. Wortlaut klar ist, den Gebrauch von Buchstaben, diakritischen Zeichen und Abkürzungen in lat. Wörtern stillschweigend normalisieren, so daß auch richtige Angaben im Apparat bei den germ. Namen, wie die Hss. sie schreiben, irreführen können. Beispiel: der Name der Seherin Velaeda wird bei Tacitus an den Stellen, an denen ein Schreiber arbeitete, der im lat. Text zw. *e* und *ae* (tatsächlich Hs.: *ę* [,e caudata']) unterschied, immer mit *ae* <*ę*> geschrieben. Ein Teil des Textes wurde aber von einem Schreiber geschrieben, der nie *ae* verwendet, sondern *e* unterschiedslos für *ae* und *e* schreibt. Die Ausgaben normalisieren in lat. Wörtern stillschweigend zu *ae,* wo dieses vorliegt. In den germ. Namen geben sie jedoch die genaue Schreibung an; es entsteht daher beim Benutzer der Eindruck, die Schreibungen für Velaeda schwankten zw. *ae* und *e*. Natürlich wäre nach dem Hs.-Befund überall *ae* herzustellen und damit die Länge gesichert (13, 770), was eine Rolle in der Diskussion spielt, ob der Name germ. oder kelt. ist, da sich die Kürze leichter bei kelt., die Länge leichter bei germ. Herkunft erklären ließe.

b. **Spuren verlorener schriftlicher Vorstufen.** Während in den ant. Qu. die Abschreibetätigkeit v. a. Fehler in den Originaltext brachte, ergibt es sich bei einheimischen Qu., daß aus Unregelmäßigkeiten der erhaltenen Hss. auf die Natur der Vorlagen geschlossen werden kann. Das „Hildebrandslied" ist as. mit ahd. Einsprengseln überliefert, die eine ahd. Grundlage beweisen; der *Cod. Regius* der Liederedda zeigt eine uneinheitliche Orthograpie, die z. T. der angenommenen Entstehungszeit (ca. 1270) entspricht, z. T. einer ält. Schreibweise, die vor ca. 1250 üblich war; dadurch ist beweisbar, daß es schon vor 1250 schriftliche Aufzeichnungen der Eddalieder gegeben hat (→ Edda, Ältere S. 358).

Die Vorgesch. der überlieferten isl. Sagas ist umstritten; die Differenzen zw. der alten, mündliche Traditionen voraussetzenden ‚Freiprosalehre' und der ‚Buchprosalehre' (→ Saga S. 98) versucht Sigurðsson (20) zu überwinden, indem er die Isländersagas zwar, wie heute fast alle Forscher, als Kunstprodukte der Sturlungenzeit ansieht, aber auch mündliche Ü. heranzieht; allerdings nicht, wie die alte Freiprosalehre, für eine ‚Urgestalt' der Sagas, sondern nur für ihre Qu., die er zumindest teilweise in der Mündlichkeit sucht.

(1) E. Auerbach, Mimesis. Dargestellte Wirklichkeit in der abendländischen Lit., 1946. (2) Ders., Lit.sprache und Publikum in der lat. Spätant. und im MA, 1958. (3) E. R. Curtius, Europ. Lit. und lat. MA, 1948. (4) A. Diller, The Textual Tradition of Strabo's Geography, 1975. (5) R. Graeme Dunphy, Orality, in: wie [21], 103–118.) (6) H. Fichtenau, Mensch und Schrift im MA, 1946. (7) J. Le Goff, Gesch. und Gedächtnis, ²1999. (8) E. Heintel, Wie es eigentlich gewesen ist, in: Erkenntnis und Verantwortung (Festschr. Th. Litt), 1960, 207–230, 2 ff. (9) W. Hering, Die Recensio der Caesarhs., 1963. (10) A. B. Lord, The Singer of Tales, 1960. (11) E. Norden, Alt-Germanien. Völker- und namensgeschichtl. Unters., 1934. (12) Ders., Die germ. Urgesch. in Tacitus' Germania, 1920. (13) Ders., Lex. der agerm. Namen 1, 1987. (14) Ders., Rez. von A. A. Lund, Die ersten Germ., GGA 252, 2000, 139–175. (15) Ders., Germanien in der Sicht des Ptolemaios, in: G. Rasch, Ant. geogr. Namen n. der Alpen, hrsg. St. Zimmer, 2005, 248–284 und 4 Karten. (16) Ders., A. Sitzmann, Chatten, Wodan und die Kontaktzone, PBB 2006 (im Druck). (17) F. Römer, Kritischer Problem- und Forschungsber. zur Ü. der taciteischen Schriften, in: ANRW II,33,3, 2299–2339. (18) H. Schneider, Germ. Heldensage 1, ²1962. (19) K. von See, Germ. Heldensage. Stoffe, Probleme, Methoden, ²1981. (20) Gísli Sigurðsson, The Medieval Icelandic Saga and Oral Tradition, 2004. (21) H. Wolfram, Origo Gentis: The Lit. of germanic Origins, in: B. Murdoch, M. Read (Hrsg.), Early Germanic Lit. and Culture, 2004, 39–54.

H. Reichert

Ulme. Mythologisch. Mythol. Bezüge der U. lassen sich über die nord. Vorstellungen der Erschaffung der ersten Menschen erschließen (→ Schöpfungsmythen § 5; → Baumkult). Nach der Version der → Vǫluspá Str. 17/18 fanden drei → Asen *askr* und *embla* auf dem Lande und schufen aus ihnen das erste Menschenpaar. In Gylfaginning c. 9 präzisiert und spricht → Snorri Sturluson von zwei Bäumen am Meeresstrand, denen die *Borr*-Söhne *Óðinn, Vili* und *Vé* Leben, Kleidung und Namen gaben: Der Mann hieß *Askr,* die Frau *Embla*. Von ihnen stammt das Menschengeschlecht ab, das den *Miðgarðr* (→ Miðgarðr und Útgarðr) bewohnen sollte. Während *Askr* eindeutig als ‚Esche' zu identifizieren ist, bietet *Embla* mehrere diskussionswürdige Herleitungen:

– Über den ahd. Frauennamen *Embila* (2) fand Sperber zu einer germ. Form **ambilō,* die er mit griech. ἄμπελος ‚Weinstock, Weinrebe', einem mediterranen Kulturwort, verband (3; 16). Er hat Anerkennung und Nachfolge gefunden (10; 18). Bereits Jacob → Grimm (5) hatte auf neuisl. *embla* ‚sich geschäftig regende Frau' verwiesen, etym. aber eine Anknüpfung an das Verbum *ama* ‚plagen, belästigen' gesucht (vgl. dazu 7).

– die Verbindung zu anord. *almr* ‚Ulme' könnte über **elmla* < **almilōn* verlaufen sein, d. h. über eine Diminutivform zu *almr*, das wiederum im Ablaut steht zu nhd. *Ulme* (ae. *ulmtreow*, mhd. *ulmboum*, vgl. lat. *ulmus*) (→ Ulme § 1, Bd. 31; 19; 10).

Semant. wird germ. **ambilō*, wie das griech. Wort auch eine Schlingpflanze bezeichnet haben: solche werden – nach Gering/Sijmons – häufig als Gattinnen der Bäume, um die sie sich winden, betrachtet (4). In jüngeren Belegen wird dies z. B. von U. und Rebe gesagt: *die reben umfangen, aus süszem verlangen, die ulmen mit lust* (Ph. Zesen in: 6).

In der Ant. fand sich bereits der Brauch, die U. als Stütze der Weinrebe anzupflanzen. Dieses Zusammenwachsen von U. und Rebstock nannte man *maritare* (7). Zweifellos hat es also alte Vorstellungen vom gepaarten Schlingpflanzen und bestimmten Bäumen gegeben. Ob die *Askr/Embla*-Paarung damit zu tun hat, muß doch Hypothese bleiben.

Ein zweites Argument fügen Gering/Sijmons an: Das älteste primitive Feuerzeug, dessen sich die Menschen bedienten, bestand aus zwei Hölzern, einem Stempel aus hartem Holz (z. B. dem der Esche) und einem zweiten ausgehöhlten weichen Holz (etwa dem von Schlingpflanzen). Die Erzeugung des Feuers durch das Drehen des harten Stempels in der Höhlung des weichen Holzes wurde „geradezu als ein begattungsakt aufgefasst". So wäre nach Gering/Sijmons die Vorstellung gewachsen, daß der Mensch aus der Begattung zweier Bäume entstanden sei (4).

Die philol.-religionswiss. Forsch. hat auf diese Hypothesen zwiespältig reagiert – die *Askr*-Etym. bietet sich an (dabei ist bemerkenswert, daß bereits in frühgriech. Zeit Hesiod von einer Erschaffung des Menschen aus Eschenholz sprach), die *Embla*-Deutung wurde jedoch kontrovers aufgenommen (18; 3; 17). Jan de → Vries fand die Schlingpflanzen-These „recht abenteuerlich" (in [18], anders aber in [19]), die Feuerbohrung durchaus erwägenswert!

Aufgegriffen wird das Thema hier deswegen, weil doch wahrscheinlich ist, daß mit *Askr* und *Embla* zwei Baumnamen vorliegen – die Verbindung mit U. bleibt weiter erwägenswert! Die Frage nach der mythol. Bedeutung stellt sich deswegen generell im Blick auf die Gattung Baum, bzw. auf eine denkbare Wechselbeziehung zw. anthropogonischem Mythos und Umweltmythos.

In Skaldik und Namengebung ist zu beobachten, daß hier Bildungselemente verwendet werden, die den Menschen mit Holz (Stab) und Baum gleichsetzen.

Skaldische Beispiele: *ættar askr, kynviðr kvánar minnar* (→ Sonatorrek 21). Egill nennt seinen Sohn in dieser Str. *askr* ‚Esche' des (d. i. seines) Geschlechts bzw. Sippenholz (-zweig) seiner Frau. Zahlreich sind die Mann-Kenningar (→ Kenning) mit *viðr* ‚Baum, Holz, Wald' als Grundwort: *randviðr* ‚Schildbaum' etc.

Die Namenkunde liefert Beispiele wie *Ala-wid* (Brakteateninschr.), *Vidi-mer* (Gotenkg.) etc. (14). Dem entsprechen in → Skaldischer Dichtung die Bezeichnungen des Mannes als Baum (ohne Hinzufügung eines Gen.s). Helgi ist ein *almr ítrborinn* ‚Ulme von herrlicher Geburt' (Helgakviða Hundingsbana I,9); in einem Vergleich wird von Helgi Hundingsbani als *ítrskapaðr askr* ‚herrlich geschaffene Esche' (Helgakviða Hundingsbana II,9) gesprochen (zu weiteren Beispielen vgl. 12).

Krause erkannte in der dichterischen Gleichsetzung des Menschen (und bes. des Fürsten und Kriegers) mit dem Holz eine alte Gemeinsamkeit der Kelten und Germ. Schramm baute diese These weiter aus (9; 15).

Die germanistische Diskussion brachte einen weiteren Aspekt ins Spiel – die Analogie von Mensch und Baum in der Dichtersprache wurzelt nach dieser Anschauung (1; 1) im anthropogonen Mythos von der Erschaffung des ersten Menschenpaares aus zwei Baumstämmen (Schöpfungsmythen § 5b).

(1) M. Clunies Ross, Skáldskaparmál. Snorri Sturluson's ars poetica and medieval theories of language, 1987, 109 ff. (2) Förstem., PN, s. v. *Embila*. (3) H. Frisk, Griech. etym. Wb., ²1973, s. v. *ámpelos*. (4) H. Gering, E. Sijmons, Kommentar zu den Liedern der Edda, 1. Häfte. Götterlieder, 1927, 21. (5) Grimm, Dt. Mythol. I, 474. (6) Grimm, DWb., s. v. U. (7) Ch. Hünemörder, U., in: N. Pauly XII/1, 978 f. (8) A. Jóhannesson, Isl. Etym. Wb., 1956, 88 (9) W. Krause, Die Kenning als typische Stilfigur der germ. und kelt. Dichtersprache, 1930. (10) Magnússon, Orðsifjabók, s. v. *álmur, Embla*. (11) C. Mastrelli, Reflections of Germanic Cosmogony in the kenningar for „Man/Woman", in T. Pàroli (Hrsg.), Poetry in the Scandinavian MA. The Seventh International Saga Conference, 1990, 535–544. (12) R. Meissner, Die Kenningar der Skalden, 1921, 266 ff. (13) S. Nordal, Völuspá, ²1952, 71. (14) H. Reichert, Lex. der agerm. Namen 2, 1990, 650 f. (15) G. Schramm, Namenschatz und Dichtersprache, 1957. (16) H. Sperber, Embla, PBB 36, 1910, 219–222. (17) G. Steinsland, Norrøn relig. Myter, riter, samfunn, 2005,116–119. (18) de Vries, Rel.gesch. § 578 (19) de Vries, Anord. etym. Wb., s. v. *almr, Embla*.

H. Beck

Zum Sprachlichen; zum Botan.; zum Arch. → Ulme, Bd. 31

Umsiedlung

§ 1: Allgemein – § 2: U.en im Römischen Reich und seinen Einflußgebieten – § 3: Angebliche und tatsächliche U.en im Frühmittelalter

§ 1. Allgemein. Das Wort *Umsiedlung* scheint als Fachausdruck erst seit dem 2. Drittel des 20. Jh.s gebräuchlich zu sein. Vorher bezeichnete es den Ortswechsel (,Umzug') einer einzelnen Person oder Familie.

Unter einer U. ist der Vorgang zu verstehen, daß eine Staatsgewalt einer bestimmten Siedlungs- oder Wohngemeinschaft zwangsweise ein neues Niederlassungsgebiet oder einen neuen Wohnort zuweist und die Betroffenen dorthin überführt (25, 3888). Es kann sich z. B. darum handeln, daß ein Dorf an einen anderen Platz verlegt wird, weil sein bisheriges Gelände einer Talsperre oder einem Tagebau zum Opfer fällt.

Auf jeden Fall bildet der Zwang eine notwendige Bedingung, damit von einer U. gesprochen wird. Die betroffene Siedlungsgemeinschaft kann bis zur Größe eines gesamten Volkes gesteigert sein. In Sonderfällen mag der Zwang aus Naturgegebenheiten herrühren (wenn etwa Uferflächen unbewohnbar zu werden drohen und ihre bisherigen Bewohner eine neue Heimat erhalten müssen). Gewöhnlich liegen dem Zwang jedoch menschliche Willkür und Planung zugrunde. So werden U.en oftmals aus milit. oder polit. Gründen vorgenommen. Folglich kann die U. auch einzelne Bevölkerungsschichten eines bestimmten Gebiets treffen: die dortigen Angehörigen eines (Rechts-)standes, einer sozialen Klasse oder einer Relig.sgemeinschaft.

Bei U.en, die aus polit. Gründen erfolgen, wird der Zwang vielfach zur rohen und rohesten Gewalt gesteigert. Daraus ergibt sich, daß das Wort *Umsiedlung* als Tarnbezeichnung dienen kann, wenn die Vertreibungen (,Deportationen') ganzer Völker oder Volksteile aus ihren angestammten Siedlungsgebieten gemeint sind. Hierzu rechnen auch die Vorgänge, die heute ,ethnische Säuberungen' genannt werden und bei denen eine Staatsgewalt aus dem ihr unterworfenen Machtbereich die Angehörigen eines bestimmten Volkes oder mehrerer Völker vertreibt. Bei den Vertreibungen kümmern sich die Vertreiber überhaupt nicht darum, wo die Vertriebenen neue Wohnstätten finden, was darauf hinausläuft, daß der Tod der Betroffenen billigend in Kauf genommen wird. Bei den U.en im eigtl. Sinne weist die umsiedelnde Staatsgewalt den Umgesiedelten wenigstens die neuen Aufenthaltsorte zu. In den oben genannten Fällen wie der Verlagerung von Dörfern ist damit zu rechnen, daß der Staat außerdem wirtschaftl. Unterstützung – Aufbauhilfe o. ä. – gewährt.

Es herrscht die Meinung, daß in den Großreichen des Altert.s und des Früh-MAs mit einiger Häufigkeit U.en ganzer Völker oder Volksteile stattgefunden hätten. Man scheint zu glauben, daß die Umgesiedelten in Gestalt einer geschlossenen Volksgruppe ihr Dasein an den neuen Wohnorten fortgesetzt hätten, als ob nichts geschehen wäre. Die betreffenden Vorgänge wurden ehemals als *Verpflanzungen* bezeichnet (z. B. 32, 208).

Nun sind aber in Großreichen – gleich welchen Zeitalters – die U.en, die ganze Bevölkerungsgruppen treffen, nicht unbedingt von Vertreibungen zu unterscheiden, denn die Staatsgewalt ist gewöhnlich nicht fähig oder nicht willens, die Verpflegung der Menschen zu gewährleisten, die sich auf dem Weg von ihrem alten Siedlungsgebiet zum neuen befinden. Folglich erleiden viele der Umzusiedelnden unterwegs den Hungertod. Hinzu kommt, daß in den Aufnahmegebieten schwerlich Vorbereitungen getroffen waren, um die Neuankömmlinge auch nur mit dem Notwendigsten zu versorgen. Man wird sich also die Folgen auch der U.en, die von der röm. Staatsgewalt ausgingen, gar nicht schlimm genug vorstellen können. Die Auswirkungen konnten dann gemildert sein, wenn die U. eine bestimmte Oberschicht betraf, deren Angehörige über Geld verfügten und sich unterwegs Nahrungsmittel kaufen konnten. Bei etlichen U.en, die scheinbar die gesamte Bevölkerung betrafen, dürfte in Wirklichkeit nur eine bestimmte Schicht erfaßt worden sein.

Streng von der U. zu unterscheiden ist der Vorgang, daß Truppeneinheiten (mit ihren Angehörigen) von einem Standort an einen anderen verlegt wurden. Hierbei waren nämlich nicht die auf dem Marsch Befindlichen die Leidtragenden, sondern die Bewohner der durchzogenen Gebiete. So verlegte z. B. → Theoderich der Große († 526) während der zwanziger J. des 6. Jh.s → Gepiden nach Gallien und traf Vorkehrungen, damit die Prov., durch die der Marsch ging, keine ‚Verwüstungen' *(vastatio)* erlitten, wie aus den *Variae* des → Cassiodor ersichtlich ist (5, XII, 149 [= Cass. var. 5,10–11]). Übrigens bleibt zweifelhaft, ob es sich bei diesem Vorgang tatsächlich um die Zuweisung neuer Standorte handelte oder ob die betreffenden Gep. nur für die Dauer eines Feldzugs nach Gallien verlegt wurden.

Es sei noch darauf hingewiesen, daß der Verkauf von Kriegsgefangenen in die Sklaverei und die Strafe der Verbannung sachlich und begrifflich von U.en zu unterscheiden sind.

§ 2. U.en im Römischen Reich und seinen Einflußgebieten. Im Folgenden geht es um die tatsächliche oder scheinbare U. von Völkern oder Volksteilen, die entweder von den Römern als *Germani* angesehen wurden oder die nach den Einteilungsgrundsätzen der neuzeitlichen Wiss. als Germ. zu gelten haben. Natürlich trifft auf etliche Personengruppen das eine wie das andere zu.

Ein frühes Beispiel bilden die → Sugambrer. Sie hat der nachmalige Kaiser → Tiberius im J. 8 v. Chr. aufs linke Rheinufer übergeführt. In den heutigen Darst. steht, daß die Anzahl der Umgesiedelten 40 000 betragen hätte. (Zum Zustandekommen dieser Angabe s. u.). Eine Mitteilung → Strabons († 23/24 n. Chr.) kann man so verstehen, daß es sich nur um einen Teil des Volkes gehandelt habe. Wie dieser Verf. nämlich ausführt, hätten die Römer die Bewohner des rechten Rheinuferlandes, die nicht ins Innere Germaniens abgezogen wären, nach Gallien ‚umgesiedelt' (μετήγαγον). ‚Übriggeblieben sind nur wenige, so auch ein Teil der Sugambrer' (4, I, 230–233).

Von → Tacitus wurde das Umsiedeln mit *traicere* bezeichnet: Sofern die Sugambrer nicht ausgerottet wurden *(excisi),* wurden sie nach Gallien *traiecti* ‚umgesiedelt' (4, III, 154 f. [= Tac. ann. 12,39,2]). Zw. den beiden Behandlungsarten scheint also der Unterschied nicht bes. groß gewesen zu sein, jedenfalls aus der Sicht des Tacitus. Man vergleiche das Schicksal der (nichtgerman.) → Raeter, von denen um 15 v. Chr. laut → Dio Cassius († nach 230) ‚der größte und tüchtigste Teil des waffenfähigen Volkes aus dem Lande' gebracht wurde und nur so viele zurückblieben, ‚daß sie zwar das Land bewirtschaften konnten, aber für neue Feindseligkeiten zu schwach waren' (4, III, 296 f. [= Cass. Dio 54,24,5]; → Raetien S. 80 f.; 17, 169).

Übrigens schreibt Sueton († nach 121 n. Chr.), daß Augustus neben den Sugambrern auch ‚Sweben' nach Gallien umgesiedelt habe *(conlocavit)* (4, III, 188 f. [= Augustus 21,1]). Weil die lat. Sprache keinen Artikel hat, weiß man nicht, ob der Verf. sagen wollte, daß die → Sweben, also das ganze Volk, über den Rhein verpflanzt worden wäre. (Zu dieser Unklarheit des Lat. grundsätzlich → Völker- und Stammesnamen S. 500). Um den Wahrheitsgehalt der Mitteilung brauchen wir uns hier nicht zu kümmern (vgl. Krenkel/Labuske, in: 4, III, 544).

Auf Sueton geht nun auch die Zahl der 40 000 umgesiedelten Sugambrer zurück. Allerdings heißt es bei diesem Verf., Tiberius habe ‚während seines Germanenfeldzugs' (im J. 8 v. Chr.) ‚40 000 → *Dediticii* nach Gallien gebracht *(traiecit)* und ... sie am Rheinufer auf zugewiesenen Wohnplätzen' angesiedelt *(conlocavit)* (4, III, 190 f. [= Tiberius 9,2]). Wie sich aus der vorhergehenden Stelle ergibt, dachte Sueton nicht bloß an die Sugambrer. Es gibt die Meinung, daß die Kugerner und Baetasier ‚Teilstämme' der umgesiedelten Sugambrer gebildet hätten (→ Kugerner S. 409).

Die Zahl 40 und ihre Vielfachen sind gemeinplätzlich. Nach → Plutarch († um 120 n. Chr.) hatte → Caesar z. B. 400 000 → Usipeten/Usipier und Tenkterer erschlagen (4, I, 398 f.; → Truppenstärken). Nicht zu den U.en ist der „freiwillige Übertritt in röm. Gebiet" zu rechnen, den die Ubier vor 19 v. Chr. vornahmen (→ Ubier S. 356). (Zur angeblichen U. der Triboker → Triboker S. 202 f.). Neuerdings ist behauptet worden, daß auch die Überführung der Sugambrer auf röm. Reichsboden z. T. auf freiwilliger Grundlage erfolgt sei (21; 39). Die betreffenden Niederlassungen in linksrhein. Gebieten waren wahrscheinlich deshalb möglich, weil Caesar während der fünfziger J. des 1. vorchristl. Jh.s in Teilen Galliens eine reine Ausrottungspolitik betrieben hatte und das Land streckenweise entvölkert war.

Ein besonderer Vorgang war offensichtlich auch die Ansiedlung der (H)Ermunduren (→ Ermunduri) in der Zeit zw. 7/6 und 1 v. Chr. Geburt: Diese hätten ihre Heimat ‚aus einem unbekannten Grund verlassen und irrten auf der Suche nach einem anderen Land (γῆς Gen.) umher'. Domitius Ahenonarbus, der ‚die Donauprovinzen verwaltete', habe sie unter seine Obhut genommen und ‚sie in einem Teil des Markomannenlandes angesiedelt' (ἐν μέρει τῆς Μαρκομαννίδος κατᾴκισε). So lautet die Erzählung des Dio Cassius (4, III, 302 [= Cass. Dio 55,10a,2]). Weil die zwangsweise Aussiedelung fehlt, kann man nicht von einer U. sprechen. Wir wissen weder, wo sich die Heimat der (H)Ermunduren befand, noch wo der betreffende ‚Teil des Markomannenlandes' lag (→ Thüringer S. 523 f.; vgl. 18, 16 f.).

Eine tatsächliche U. bildeten wohl die folgenden von Tacitus geschilderten Begebenheiten: Als 18 n. Chr. → Marbod und bald danach → Catualda sich ins röm. Reich flüchteten, waren sie jeweils von Anhängern begleitet. Diese Leute wurden von ihren Herrschern getrennt. Damit sie nicht ‚friedliche Provinzen durcheinanderbrachten, wurden sie jenseits der Donau zwischen den Flüssen March und Cusus angesiedelt' und ihnen der Quade → Vannius als Kg. gegeben (4, III, 140 f. [Ann., 2,63,6]). Wie im Falle der Sugambrer ist hier die Politik des → Tiberius zu erkennen. Völlig andere Vorgänge als U.en waren die ‚Völkerverschiebungen', die während der sog.

VWZ erfolgten (→ Völkerwanderung) und zur Gründung der germ.-roman. Nachfolgestaaten des Weström. Reichs führten. Sie setzten stets den Willen der betreffenden Germ. voraus, sich in bestimmten Gebieten niederzulassen bzw. Standquartiere einzurichten.

§ 3. Angebliche und tatsächliche U.en im Frühmittelalter. Es ist oder war ziemlich beliebt, den → Merowingern die U. zahlreicher Völker nach Mitteldeutschland zuzuschreiben. Diese Ansichten wurden einerseits mit der Lehre von der frk. → Staatssiedlung und andererseits mit der Vorstellung von Hin- und Herwanderungen der → Sachsen verbunden (z. B. bei 37, 78. 162). In zugespitzter Form ergab das folgende Bild: „1. a) Aussiedlung großer Teile der Thüringer vor allem nach dem Niederrhein 531; b) Ansiedlung von Übersiedlern aus Britannien durch Theuderich: Sachsen, Friesen und Angeln; 2. Ansiedlung von Warnen (durch Theudebert I.?), die ... noch in der Gegend von Mecklenburg saßen, einerseits in das Gebiet zwischen Saale und Mulde, andererseits an die Rheinmündung; 3. a) Abwanderung der Sachsen mit den Langobarden nach Italien 568; b) Ansiedlung der semnonischen Sueben ... auf das von den Sachsen geräumte Gebiet westlich der Saale ... durch Sigibert I. 4. Rücksiedelung der nach Süden gezogenen Sachsen in ihre alten Sitze um 572; dabei sind einige Langobardengruppen mitgekommen" (38, 133).

Die betreffenden Vorstellungen kamen dadurch zustande, daß eine Mitteilung des → Gregor von Tours († 594) mit ‚Gaunamen' verknüpft wurde, die frühestens aus der Zeit → Karls des Großen stammen, z. T. aber noch jünger sind: Wie Gregor nämlich schreibt, hätten ‚zu der Zeit, als → Alboin in Italien einbrach', die Könige → Chlothar I. († 561) und → Sigibert I. († 575) ‚Sueben und andere Leute in jener Gegend angesiedelt': *Suavos et alias gentes in loco illo posuerunt* (8, I/1, 213 [= Gregor von Tours: Zehn Bücher Geschichte, 5,14 f.]). Nimmt man Gregor beim Wort, dann war mit ‚jener Gegend' *(in loco illo)* die Champagne gemeint. Jedenfalls gehört seine Erzählung in nordwestgall. Zusammenhänge und nicht in innergerm. Bei den betreffenden *Suavi* ist zunächst an Sueben von der Pyrenäenhalbinsel oder gar an Personengruppen zu denken, die vom nordwestgerman. Festland stammten (→ Sigibert I. S. 390; 33, 100–111). Jüngst sind auch südd t. Schwaben, also ‚Alemannen' in Betracht gezogen worden (→ Sweben S. 211).

Was nun die fraglichen mitteldt. Gaue angeht, so handelt es sich um Gebilde, die in wiss. Darst. als ‚der Schwabengau', ‚das Warnenfeld', ‚der Gau Engilin' (‚Angelngau'), ‚der Harudengau', ‚der Hassegau/ Hosgau' (‚Hessengau') und ‚das Friesenfeld' erscheinen (s. die Aufzählung bei 22, 78; vgl. 22, 121. 126–129. 148–151; 29, 100–114).

Die Vertreter der Meinung von den merow. An- und Umsiedlungen behaupten nun, daß der ‚Schwabengau' nach denjenigen Schwaben heiße, von denen Gregor an der oben wiedergegeben Stelle spricht, während die anderen Gaue ihre Namen von umgesiedelten → Warnen, → Angeln, → Haruden, → Hessen und → Friesen hätten. Diese wären eben unter ‚den anderen Leuten' *(aliae gentes)* des Gregor von Tours zu verstehen.

Man bringt die angebliche U. der Angeln und Warnen gern mit dem Untergang des Thür.reichs (531/33) in Verbindung. Das ist mit der Gregor-Stelle nicht vereinbar, denn diese bezieht sich (frühestens) auf die sechziger J. des 6. Jh.s. Es ist daher auch behauptet worden, daß das ‚Warnenfeld' seinen Namen schon lange vor 531/33 und nicht durch merow. U.en bekommen habe (30, 120). Wahrscheinlich hat der Name der Örtlichkeit aber gar nichts mit den Warnen zu tun. Er erscheint nämlich als *Hwerenofeld;* und das betreffende Gebiet lag im elbslaw.

Bereich. Auch ist die Bezeichnung nur zum J. 805 belegt. Bei der Häufigkeit, mit der ein FluN das Bestimmungswort von -*feld*-‚Gaunamen' bildet, hat die Deutung viel für sich, die in ‚*Hwereno-*' eine Verballhornung des FluNs *Querne* sah (→ Warnen, S. 279).

Die früheste Nennung des ‚Angelngaus' (772) lautet im Zusammenhang so: ... *in regione vero Thuringorum in pago Engili* ... (11, 97 [Nr. 57]). Hier scheint *Engili* noch nicht als VN verstanden worden zu sein. Sonst wäre *in pago *Engilorum* zu erwarten gewesen. Man beachte, daß im selben Atemzug *in regione Thuringorum* geschrieben ist. Daß *Engili* später als VN aufgefaßt wurde, steht auf einem anderen Blatt.

Das Wort ‚*Harudengau*' steht für *Harzgau* < Hardaga (zum Namen des Gebirges → Harz S. 24 f.). → Rudolf von Fulda (oder wer sonst die Annales Fuldenses schuf), hat den Namen der Haruden, der ihm aus Caesar oder Tacitus bekannt war, benutzt, um die Bewohner des Harzes zu bezeichnen (34, 330). Zum Sachverhalt, daß ma. Verf. Namen aus der Lit. des Altert.s verwendeten, um zeitgenössische Personengruppen zu bezeichnen, wenn deren Namen ähnlich lauteten, s. grundsätzlich → Völker- und Stammesnamen S. 505. An der betreffenden Stelle der Fuldaer Ann. heißt es, daß 852 → Ludwig der Deutsche *per Angros, Harudos, Suabos et Hohsingos* gezogen sei (1, 43). Der Verf. der Jahrb. hat also nicht nur ma. Haruden, sondern auch das Volk der *Hohsingi* erfunden (zu erdichteten Völkern → Völker- und Stammesnamen S. 504). Nach der üblichen Begriffsbildung durchquerte der ostfrk. Kg. Engern, den Harzgau, den Schwabengau und den Hassegau/Hessengau.

Ob der ‚Hassegau' (780 *Hassega*: 9, I, 179, Nr. 129) unmittelbar mit dem Namen der Hessen zusammenhängt, ist fraglich (→ Hessen S. 502). Es sei daran erinnert, daß es den Mannesnamen *Hessi/Hassio* gab. So hieß einer der Anführer der Sachsen in ihrem Kampf gegen Karl den Großen. Mit diesem Mann oder einem seiner Verwandten wird der Name des Ortes Hessen (nw. Halberstadt) in Zusammenhang gebracht (28, 20). Vom selben PN könnte auch das Wort *Hassega* abgeleitet sein. Der betreffende Gau erscheint jedoch auch unter Bezeichnungen, die etym. von *Hessi/Hassio* und *Hessen* zu trennen sind − einerlei, wie das Zustandekommen dieser Wörter zu erklären ist. Jedenfalls gründet sich auf sie der Versuch, den urspr. Namen des Gaus als den ‚Hochseeburggau' zu deuten (→ Hochseeburg; → Seeburg; 23).

Was das Friesenfeld angeht, so kommt sein Name zuerst im Hersfelder Zehntverz. vor, das im späten 9. Jh. angelegt wurde (12, 66). Die angebl. 777 erfolgte Nennung der Örtlichkeit ist gefälscht (36, 221). Offensichtlich bildet der Name eine Hersfelder Neuprägung. Er bezeichnete nichts anderes als den Hassegau oder wenigstens einen Teil davon (34, 332; 22, 82). Es wirkt doch einigermaßen befremdlich, daß im selben Gau zur selben Zeit sowohl Friesen als auch Hessen angesiedelt worden sein sollen.

Die Vermutung, daß von den Merowingern Friesen nach Mitteldeutschland verbracht worden wären, schwebt nun völlig in der Luft (35). Die Friesen, deren Unterstützung → Pippin der Jüngere 748 genossen haben soll, waren mit Sicherheit keine Bewohner des ‚Friesenfelds' (33, 171 f.). Schon 1872 hatte Förstemann den ‚Gaunamen' *Friesenfeld* mit dem ON *Friesdorf* (n. Sangerhausen) in Verbindung gebracht (20, 587). ON mit dem Bestimmungswort **Fris°*- sind nicht ganz selten. Sie erlauben jedoch nicht den Schluß, daß sie durch die Ansiedlung von Leuten aus Friesland zustande gekommen wären (27; vgl. 14; 15).

Wie sehr der Schluß von den betreffenden ‚Gaunamen' auf merow. An- und Umsiedlungen von vorgefaßten Ansichten abhängig ist, geht schon daraus hervor, daß man die Bezeichnung des ‚Nordthüringgaus' (in dem → Magdeburg lag) gerade in umgekehrter Weise erklären möchte: Sein Name soll aus der Zeit vor 531 stammen und den Untergang des Thür.reichs überdauert haben. Er bilde einen Beweis für die sächs. Eroberung (also gerade nicht für merow. U.en). Das Wort *North-Thuringas* kommt erstmals zum J. 798 in den *Annales Laureshamenses* vor (7, I, 37). Vorausgesetzt, daß keine Fälschung vorliegt, taucht die Wortgruppe in *pago Nordthuringa* zuerst am Ende des 9. Jh.s oder genauer 889 (?) auf (9, III, 158; 16, 111). Ihr frühester unbezweifelbarer Beleg stammt aus dem J. 937 (13, 2, Nr. 1).

Was die KaZ angeht, so finden wir unter Karl dem Großen die im § 1 genannte U. der Angehörigen bestimmter Stände, nämlich von Teilen der sächs. Oberschicht. Die Vorgänge sind nicht immer von Vergeiselungen zu unterscheiden. So heißt es in einer Schrift, die der Jahreszählung gewidmet ist, zum J. 798 u. a., Karl der Große habe ‚aus Sachsen ein Drittel des *populus* als Geiseln empfangen': *obsides accepit de Saxonia tertiam partem populi,* übrigens mit der Lesart *hospites* statt *obsides* (31, 9 f.). Die Nachricht kann natürlich nicht bedeuten, daß der Kg. ein Drittel der Bevölkerung als Geiseln genommen hätte. Sie bildet einen Beleg dafür, daß unter dem *populus* in solchen Zusammenhängen ein beschränkter, und zwar gehobener Personenkreis zu verstehen ist. Er entspricht dem *irmindeot* des Hildebrandsliedes (→ Hildebrand und Hildebrandslied). (Zu Geiselstellungen → Geisel; 26).

Zum J. 804 berichten die Reichsann., Karl der Große habe ‚alle Sachsen, die jenseits der Elbe und in Wigmodien wohnten, mit Frauen und Kindern ins Frankenland schaffen lassen und Gaue jenseits der Elbe den Abodriten gegeben': *omnes, qui trans Albiam et in Wihmuodi habitabant, Saxones cum mulieribus et infantibus transtulit in Franciam et pagos Transalbianos Abodritis dedit* (2, 118). → Einhards Mitteilung, der Ks. habe ‚10 000 Männer von beiden Ufern der Elbe mit Frauen und Kindern umgesiedelt *(transtulit)* und über Gallien und Germanien verteilt' (3, 10), wird gewöhnlich mit den Vorgängen des J.es 804 in Verbindung gebracht, kann sich aber auf die → Sachsenkriege insgesamt beziehen (19, 476 f.). So oder so ist die Zahlenangabe maßlos übertrieben (ähnlich 24, 47). Gemeint ist wiederum die Oberschicht — übrigens auch sonst, wenn von *omnes Saxones* oder *omnes Franci* gesprochen wird. Die Lorscher Ann. reden zum J. 798 ausdrücklich davon, daß Karl der Große so viele von den *capitaneos* (Akk.), ‚den großen Herren', weggeführt habe, wie er wollte. Mit den Geiseln *(de obsidibus)* sei er ebenso verfahren (7, I, 37). Es sei darauf hingewiesen, daß hier zw. Geiseln und anderen Verschleppten unterschieden wird. Da der Ks. seine Getreuen mit Grundbesitz in Sachsen belohnte, konnte er nicht die Leute entfernen, die das Land bearbeiteten.

Das Schicksal eines vornehmen Sachsen namens Richart, der umgesiedelt worden war, ist aus einer Beschwerde bekannt, die sein Sohn nach 814 an Ludwig den Frommen richtete, weil ihm sein väterliches Erbgut immer noch nicht zurückerstattet war (6, V, 30 ff. [Nr. 2]; 33, 207 f.).

Qu.: (1) Ann. Fuldenses, hrsg. von F. Kurze 1978 (= 1891). (2) Ann. regni Franc., hrsg. von F. Kurze, 1950 (= 1895). (3) Einhard, Vita Karoli Magni, hrsg. von O. Holder-Egger 1965 (= 1911). (4) J. Herrmann (Hrsg.), Griech. und lat. Qu. zur Frühgesch. Mitteleuropas bis zur Mitte des 1. Jt.s u. Z. 1–4, 1988–1992. (5) MGH AA. (6) MGH E. (7) MGH SS. (8) MGH SS rer. Mer. (9) MGH. Die Urk. der dt. Karolinger. (10) MGH. Die Urk. der Karolinger. (11) UB des Klosters Fulda I, hrsg. von E. E. Stengel, 1958. (12) UB der Reichsabtei Hersfeld I, hrsg. von H. Weirich, 1936. (13) UB des Erzstifts Magdeburg I, hrsg. von F. Israël, W. Möllenberg, 1937.

Lit.: (14) J. Bazelmans, Het laat-Romeinse bewoningshiaat in het Nederlandse kustgebied en het voortbestaan van de Friezennaam, Vereniging voor Terpenonderzoek. Jaarsverslagen 76–82, 1992–1998 (2000), 14–75. (15) Ders., Die spätrömerzeitliche Besiedlungslücke im ndl. Küstengebiet und das Fortbestehen des Friesennamens, Emder Jb. für hist. Landeskunde Ostfrieslands 81, 2001 (2002), 7–61. (16) M. Becher, Zw. Kg. und „Herzog": Sachsen unter Ks. Arnolf, in: F. Fuchs, P. Schmidt (Hrsg.), Ks. Arnolf. Das ostfrk. Reich am Ende des

9. Jh.s, 2002, 89–121. (17) B. Campell, Power without Limit: ‚The Romans always win', in: A. Chaniotis, P. Ducrey (Hrsg.), Army and Power in the Ancient World, 2002, 167–180. (18) J. Deininger, Flumen Albis, 1997. (19) R. Drögereit, Wigmodien. Der „Stader Raum" und seine Eroberung durch Karl den Großen (1973), in: Ders., Sachsen – Ags. – Niedersachsen 2, 1978, 413–511. (20) Förstem., ON, ²1872. (21) J. Heinrichs, Röm. Perfidie und germ. Edelmut? Zur Umsiedlung protocugernischer Gruppen in den Raum Xanten 8. v. Chr., in: Th. Grünewald (Hrsg.), Germania inferior. Besiedlung, Ges. und Wirtschaft an der Grenze der röm.-germ. Welt, 2001, 54–92. (22) W. Heßler, Mitteldt. Gaue des frühen und hohen MAs, 1957. (23) W. Holtzmann, Hochseeburg und Hochseegau, Sachsen und Anhalt 3, 1927, 47–86. (24) M. Kintzinger, Geiseln und Gefangene im MA, in: A. Gestrich u. a. (Hrsg.), Ausweisung und Deportation. Formen der Zwangsmigration in der Gesch., 1995, 41–59. (25) R. Klappenbach †, W. Steinitz † (Hrsg.), Wb. der dt. Gegenwartssprache 5, ⁴1980. (26) A. J. Kosto, Hostages in the Carolingian World, Early medieval Europe 11, 2002, 123–147. (27) St. Lebecq, On the use of the word ‚Frisian' in the 6th-10th centuries written sources: some interpretations, in: S. McGrail (Hrsg.), Maritime Celts, Frisians and Saxons, 1990, 85–89. (28) W. Meibeyer, Dörfer und Burgen, Braunschweigisches Jb. für Landesgesch. 85, 2004, 13–24. (29) E. Neuß, Besiedlungsgesch. des Saalkreises und des Mansfelder Landes, 1995. (30) P. von Polenz, Landschafts- und Bez.snamen im frühma. Deutschland, 1961. (31) R. Schieffer, Neues von der Kaiserkrönung Karls des Großen, 2004. (32) L. Schmidt, Allg. Gesch. der germ. Völker bis zur Mitte des sechsten Jh.s, 1909. (33) M. Springer, Die Sachsen, 2004. (34) H. Stöbe, Die Unterwerfung N-Deutschlands durch die Merowinger und die Lehre von der sächs. Eroberung, Wiss. Zeitschr. der Friedrich-Schiller-Univ. Jena. Gesellschafts- und Sprachwiss. R. 6, 1956/57, 152–190 und 323–336. (35) A. Timm, Das Friesenfeld und die Friesen, Wiss. Zeitschr. der Univ. Rostock. Gesellschafts- und sprachwiss. R. 4, 1954/55, 2, 123–127. (36) H. Walther, Namenkunde und geschichtl. Landeskunde, 2003. (37) R. Wenskus, Sächs. Stammesadel und frk. Reichsadel, 1976. (38) Ders., Zur frk. Staatssiedlung im Saalegebiet, in: Festschr. H. Beumann, 1977, 125–136. (39) R. Wolters, Germ. Mobilität und röm. Ansiedlungspolitik: Voraussetzungen und Strukturen germ. Siedlungsbewegungen im röm. Grenzland, in: wie [21], 146–168.

M. Springer

Uncleby. At U., East Yorkshire (NGR. SE822594), 71 graves (plus 3 disturbed burials) were excavated by Canon Greenwell in 1868. They site was published by Reginald Allender → Smith (1). The burials were partly laid down on top of a Bronze Age burial-mound, originally with a diameter of some 23 m, which had been increased by the Anglo-Saxon overlay to some 27.5 m. Some of the bodies were laid a metre apart in rows, which ran East to West, with their heads North to West. There was one double grave of a male and a female, and one infant skeleton in a male grave. Above another grave were the remains of a dog (the date of which is uncertain). Charcoal was scattered in the fill of all the graves, and quantities of burnt earth were found in the fill of 3 or 4 graves.

20 graves were unfurnished; 7 had a knife only. A hone-stone, 46 cm long, was found standing vertically, but not associated with any specific grave. The richest grave contained a silver penannular brooch (its ends terminating in animal heads with eyes of cabochon garnets set in a collar of beaded gold), a silver-pin, a bronze thread-box, knife, steel, a bronze bowl with drop handles on a tripodal ring stand, a bronze buckle and a gold pendant disc. Interesting finds were a number of very small annular brooches of copper alloy – barely 25 mm in diameter (either plain or decorated with transverse lines). Other brooches of similar form are some somewhat larger with confronted animal-heads on the ring, possibly related to Style II (→ Tierornamentik, Germanische § 7). Other finds from the cemetery included another gold pendant, a bossed silver pendant, a fragment of gold cloisonné jewellery, buckles, 4 cylindrical thread-boxes and more knives. A number of beads were also found – of amethyst, of red glass inlaid with yellow and green trails, as well as a number of small glass beads – roughly biconical or cylindrical – in clear dark or light blue, or opaque red, green or

grey. The only weapons were a sword and four seaxes. The finds are in the Yorkshire Mus., York.

The graves would seem to belong to the late 7th century, and the grave-field is clearly related to other Anglian cemeteries of South Northumbria.

(1) R. A. Smith, Proc. Soc. Antiqu. Soc. London 24, 1912, 146–158.

D. M. Wilson

Unterglauheim. Am 7. September 1834 kam bei U. (Ldkr. Dillingen, Bayr. Schwaben) ein Bronzeeimer ans Licht, in dem zwei Bronzebecken lagen. Die zu einem schützenden Behältnis zusammengefügten Gefäße enthielten zwei gleichfalls mit den Mündungen aufeinandergesetzte und angeblich mit Golddraht in dieser Position fixierte Goldbecher (Taf. 7b). In der Erstveröffentl. werden auch Frg. eines Tongefäßes sowie Kalk- und Mörtelreste erwähnt (11). Die zunächst für Überreste eines röm. Grabes gehaltenen Gegenstände gingen durch Ankauf in die Slg. des noch jungen Hist. Ver.s im Oberdonau-Kr. (jetzt Hist. Ver. Schwaben) ein. Die fünf Metallgefäße werden im Röm. Mus. Augsburg aufbewahrt.

Der entschiedenen Auffassung Paul → Reineckes folgend (12, 198 mit vermeintlicher Richtigstellung einer Formulierung Ernst Sprockhoffs 16, 111 f.), die sich mit Gustaf → Kossinnas Einschätzung deckte (3, 20), galt das singuläre Ensemble bis in die Handbuchlit. hinein lange als Depotfund (1; 9, 293; 17, 164 f.; 13, 42; vorsichtiger 2, 83). Allerdings spricht bereits der Fundber. von „verbrannte(n) kleine(n) Beinchen" und „Asche" in den Gefäßen. Eine unveröffentlichte Packliste, die noch im Fundjahr entstanden sein muß, führt ebenfalls unmißverständlich „ein Paket mehrerer aufgefundener Gebeine" und eines „mit verkohlten Knochen" auf (22).

Durch diese Nachricht gewinnt der Fund, bislang immerhin der einzige verbürgte Nachweis von → Goldgefäßen aus dem Kernraum der Urnenfelderkultur, eine andere Qualität. Man darf ihn unter verschiedene Ausnahmebefunde der Epoche einreihen, bei denen jeweils ein kostbares Metallgefäß als Urne fungiert und Goldobjekte die bestattete Person als Exponenten der herrschenden Elite kennzeichnen (19; 23).

Die beiden untereinander zum Verwechseln ähnlichen Goldbecher (14, 18 f. mit Abb. 18; 13, Taf. 34, 1; 22) besitzen keine echten Vergleichsstücke. Zwar erinnert ihre Verzierung (von ziselierten Leisten gesäumte ‚Schnurbänder' und abwechselnd Bänder aus Punzeinschlägen, die – von unten nach oben – mit einer Perlpunze, einem einfachen Kreisstempel mit Mittelpunkt und einem mit drei konzentrischen Ringen ausgeführt sind) an Dekorelemente der Goldgefäße der nordeurop. BZ. Der Musteraufbau ist jedoch singulär und die glatt belassenen Wandpartien wirken ebenso eigenartig wie die schlichte Becherform, zu der sich allerdings Parallelen unter den keramischen Erzeugnissen der süddt. Urnenfeldergruppen ausmachen lassen. Für bestimmte Regionen ist bei dieser kostbaren Objektgattung wohl mit großen Überlieferungslücken zu rechnen. Dies kann prinzipiell auch für die Bronzegefäße gelten.

Der aus getriebenen Blechen zusammengenietete und mit gegossenen Henkeln versehene Eimer von U., bislang in S-Deutschland singulär, ist einer der größten Vertreter des bes. häufig in den Metalldepots des Karpatenbeckens überlieferten Typus Hajdúböszörmény (→ Bronzegefäße Taf. 45a). In dem eponymen Depotfund, der anhand der kennzeichnenden Schalenknaufschwerter in die jüng. UZ (Ha B1) zu datieren ist (7; 18), geht diese Form wie in U. mit Bekken mit gerundeter Wandung und Kreuzattaschen zusammen (10, Nr. 7–8. 57–59; 8, 23. 43 ff.). Hinter der charakteristischen Verzierung, deren falsche Rekonstruktion am Objekt erst kürzlich behoben wurde (22; korrekte Zeichnungen bereits 5, Abb. 3 und 9, Taf. 169; unter den zahlreichen fotografischen Abb. des irreführenden Vorzustandes etwa 4, 88 ff.), steht wohl eine mythische Erzählung, die den zyklischen Lauf der Sonne zum Gegenstand hat. Durch ihren außergewöhnlichen Fundzusammenhang wird die Situla von U. zu einem der Schlüsselfunde für das Verständnis des Ornamentkomplexes der → Vogel-Sonnen-Barke (24). Die aus der Erstveröffentl. erschließbare, seltsam ineinandergeschachtelte Anordnung der Gegenstände (vgl. dazu 15, 43 ff. 52 ff.; 20, 250 f.; 21; zu speziellen Parallelen bei paarigen Goldgefäßfunden im N vgl. 13, 54; 6) entspricht vermutlich dem Bestreben, die sterblichen Überreste im Schutz dieser hl. Zeichen geborgen zu wissen (→ Vogel-Sonnen-Barke § 3).

(1) G. Behrens, U., in: M. Ebert (Hrsg.), Reallex. zur Vorgesch. 14, 1929, 30 f. (2) Ch. Jacob, Metallgefäße der Bronze- und HaZ in NW-, W- und S-Deutschland, 1995. (3) G. Kossinna, Der Goldfund von Messingwerk bei Eberswalde und die goldenen Kultgefäße der Germ., 1913. (4) W. Menghin, P. Schauer, Der Goldkegel von Ezelsdorf. Kultgerät der späten BZ, 1983. (5) G. von Merhart, Stud. über einige Gattungen von Bronzegefäßen, in: Festschr. des RGZM in Mainz zur Feier seines hundertjährigen Bestehens 2, 1952, 1–71. (6) C. Metzner-Nebelsick, Ritual und Herrschaft. Zur Struktur von spätbronzezeitlichen Metallgefäßdepots zw. N- und SO-Europa, in: Rituale in der Vorgesch., Ant. und Gegenwart, 2003, 99–117. (7) A. Mozsolics, Rekonstruktion des Depots von Hajdúböszörmény, PZ 59, 1984, 81–93. (8) Dies., Bronzefunde aus Ungarn. Depotfundhorizonte Hajdúböszörmény, Románd und Bükkszentlászló. Zusammengetragen und bearb. von E. Schalk, 2000. (9) H. Müller-Karpe, Beitr. zur Chron. der UZ n. und s. der Alpen, 1959. (10) P. Patay, Die Bronzegefäße in Ungarn, 1990. (11) J. N. von Raiser, Fund mehrerer Grab-Gefäße mit einer goldenen Vase bey Unter-Glauheim, Landgerichts Höchstädt, Jahrs-Ber. des hist. Ver.s im Oberdonau-Kreise 1, 1835, 12–14 und 62 mit Taf. VI, Fig. 62–65. (12) P. Reinecke, Rez. zu [16], Germania 15, 1931, 195 ff. (13) P. Schauer, Die Goldblechkegel der BZ, 1986. (14) C. Schuchhardt, Der Goldfund vom Messingwerk bei Eberswalde, 1914. (15) T. Soroceanu (Hrsg.), Bronzefunde aus Rumänien, 1995. (16) E. Sprockhoff, Zur Handelsgesch. der germ. BZ, 1930. (17) F. Stein, Kat. der vorgeschichtl. Hortfunde in S-Deutschland, 1979. (18) Ph. Stockhammer, Zur Chron., Verbreitung und Interpretation urnenfelderzeitlicher Vollgriffschwerter, 2004. (19) S. Verger, L'incinération en urne métallique: un indicateur des contacts aristocratiques transalpins, in: P. Brun, B. Chaume (Hrsg.), Vix et les éphémères principautés celtiques. Les VIe–Ve siècles avant J.-C. en Europe centre-occidentale, 1997, 223–238. (20) E. Warmenbol, Le neuf chez les Anciens. Une autre approche des dépôts de l'âge du Bronze final, in: La Préhist. au Quotidien (Mél. P. Bonenfant), 1996, 238–274. (21) Ders., Drowning by numbers. Nine Lives, twelve deaths in the Bronze Age, in: wie [24]. (22) S. Wirth, Die Goldbecher von U., in: Gold und Kult der BZ, 2003, 132–141. (23) Ders., Le mystère de la barque solaire: quelques considérations à propos des décors sur les situles du type Hajdúböszörmény et sur une situle inédite du Bronze final, in: Artisanats, sociétés et civilisations (Hommage à J.-P. Thevenot), 2006, 331–345. (24) Ders., Sonnenbarke und zyklisches Weltbild. Bemerkungen zur Ikonographie der mitteleurop.en Spät-BZ, in: Der Griff nach den Sternen. Wiss. Begleitbd. zu einer internationalen Tagung in Halle 2005 (im Druck).

St. Wirth

Untertan

§ 1: Sprachlich – § 2: Historisch. Kontinent

§ 1. **Sprachlich.** Das Wort *Untertan* ist ab dem 9. Jh. im Ahd. überliefert (3, 944), der Form nach handelt es sich um das (von Fall zu Fall als Adj. verwendete) Part. Perf. *undertān* ,untertan, untergeben, unterworfen' zum Vb. ahd. *undertuon* ,unterwerfen, stellen unter'. Bereits im ahd.-lat. *Abrogans* (8. Jh.) erscheinen die Übs.sgleichungen *untartoad* : *subdit* und *untarteta* : *subent* [sic] (2, 301). In dem terminologisierten, rechtssprachlichen Sinne, wie es sich im System von Über- und Unterordnung absolutistischer Staaten der Neuzeit etabliert hat, war es jedoch dem frühen MA – jedenfalls im dt. Sprachgebrauch – weitgehend fremd; als Subst. scheint es sich erst im 17. Jh. aus dem

Adj. entwickelt zu haben (5, 235). Es ist davon auszugehen, daß die ahd. Begrifflichkeit des U.s insbesondere in die Sphäre der biblischen Vorstellung der Untergebenheit des Menschen gegenüber Gott und Christus gehört (etwa bei Notker, Ps. 17, 39 und 48; Ps. 44, 6; vgl. 4, 537), teilweise jedoch, soweit es sich abschätzen läßt, als Lehnbildung nach lat. Vorbild. Einen Übergang in die Sphäre der weltlichen Unterordnung markiert Notker in einer Predigt, wo es heißt: *[...] denne unser herro der heilige Christ, der dir rihtet alla, die er kiscuof, also der hushérro rihtet die imo untertanen?* (6, 169). Zur lat. Begrifflichkeit s. u.

§ 2. Historisch. Kontinent. Das von der Sprache losgelöste polit.-soziale Konzept des U.s scheint sich unter dem Einfluß der panegyrischen und patristischen Lit. in der O-Hälfte des spätröm. Imperiums (4, 536) herausgebildet zu haben, wenn ab dem 6. Jh. häufig von *subiecti imperio nostri* die Rede war. Im Hinblick auf das germ. Altert. ist es jedoch wenig angebracht, die heute terminologisierte Vorstellung des U.s zu verwenden. Der statische U.-Begriff sollte daher besser zugunsten der verfeinerten Begrifflichkeit im Rahmen der Betrachtung von → Gesellschaft sowie → Stamm und Staat vermieden werden (s. auch → Freie; → Freigelassene; → Leudes; → Unfreie). Ein dynamischer U.-Begriff ist aber für die Frühzeit ebenso problematisch, bezieht er sich doch bis zu einem gewissen Grad auf das Bild eines bürokratisch-zentralisierten Reichsgebildes (4, 536), in der jedes Individuum U. ist, das der realen polit. → Herrschaft des höchsten Machthabers untergeordnet ist. Dazu kommt ferner, daß das dynamische Konzept für die älteste Zeit insofern defizitär ist, als die Unterwerfung fremder Völker weniger polit.-integrativen Charakter hatte als vielmehr temporär wirtschaftl., vielleicht sakralen (7, 454 f.). Selbst in den Reichsbildungen der frühen VWZ, wo häufig die Rede von Unterwerfungen ist (vgl. z. B. Paul. Diac. I, 21: *Eodemque tempore Waccho super Suavos inruit eosque suo dominio subiugavit*), findet das Konzept des U.s kaum Anknüpfungspunkte. Der ma. U.-Begriff bezog sich erst allmählich auch im kontinentalen W vorderhand auf die Person des obersten Herrschaftsträgers, insofern dieser als Unterwerfer fremder Völkerschaften in Erscheinung trat (vgl. Fred. IV, 58) oder mittels eines → Untertaneneids resp. eines allg. → Treueids eine auf → Treue und Loyalität basierende personale Herrschaftsbeziehung zur botmäßigen Bevölkerung vollziehen ließ. Hier ist denn aber auch eher von *fideles, homines* oder von *populus* die Rede (*fideles nostri* heißt es etwa in der Promulgatio einer Urk. Karls III vom J. 880, MGH D Karl III., 23; *omnes fideles* 883, ebd., 126). Insbesondere im Rahmen einer vom Kg. verfügten Gesetzgebung hat sich der U.-Begriff nach röm. Vorbild aber rasch gefestigt. So spricht der langob. Kg. → Rothari im Prolog seines 643 erlassenen Edikts direkt ‚seine Untertanen' an (*subiecti nostri;* MGH LL 4, 1).

Einen statischen U.-Begriff kennt ferner die geistliche Hierarchie, wenn es in einem Kapitular → Karlmanns vom J. 742 heißt (c. 3): *Decrevimus quoque iuxta sanctorum canones, ut unusquisque presbiter in barrochia habitans episcopo subiectus sit illi in cuius barrochia habitet [...]*. Dieser statische Begriff führt in allgemeiner Verwendung über die Rechtsverhältnisse der → Grundherrschaft mit ihren Hintersassen (oder Untersassen, U.en, *homines, subiecti;* vgl. 1, 162) weiter zum hoch- und spätma. Gebrauch, wo mit mhd. *undertān* die hierarchisch tiefer gestellte Person in allen Bereichen des Lebens gemeint sein kann.

(1) Amira, Grundr. (2) E. Seebold, Chron. Wb. des dt. Wortschatzes. Der Wortschatz des 8. Jh.s (und früherer Qu.), 2001. (3) Kluge-Seebold, s. v. untertan. (4) E. Reiling, U., in: HRG V, 536–542. (5) R. Schneider, Die Begriffe Gemeiner Mann, U. und Bürger in dt. Wörterbüchern von 1561 bis 1811, Archiv für Begriffsgesch. 34, 1991,

225–236. (6) E. von Steinmeyer, Die kleineren ahd. Sprachdenkmäler, 1916. (7) Wenskus, Stammesbildung.

M. Graf

Zum Norden → Untertan, Bd. 31

Untertaneneid. U. meint – als neuzeitlich geprägter Begriff für den ält. der → Huldigung – das unter → Treueid besprochene Treue- und Gehorsamsversprechen eines → Untertans gegenüber einem Herrn im weitesten Sinne. Die Schriftqu. der MZ und KaZ sprechen in der Regel von einem *sacramentum* oder von einem *sacramentale* zu leistenden Versprechen (vgl. z. B. MGH Cap. I, Nr. 34, 102). Wie der Treueid ist auch der U. ein promissorischer oder versprechender → Eid (Gelöbniseid).

Heute wird der Begriff U. zugunsten desjenigen des ‚allg. Treueids' oder der ‚allg. Vereidigung' eher vermieden, da der Terminus „die Vorstellung eines gefestigten Staatswesens" wecke (1, 13). In weiterer Anwendung hat er jedoch seine Berechtigung, insofern er besagt, daß mittels eines Eides ein Unterordnungsverhältnis begründet und gefestigt wird. In engerer Anwendung meint U. insbesondere die Eidesleistung von Volk, Klerus und Adel gegenüber dem Kg. im Hinblick auf eine Herrschaftsfestigung, ein wohl regelmäßig geübtes Verfassungsinstitut bei Herrschaftsnachfolgen (9, 542 f.). Das germ. Altert. kannte wohl keine U.e in dem Sinne, wie sie spärlich aus der MZ und später v. a. aus der KaZ dokumentiert sind (anders 3), weswegen im allg. von einer röm. Herkunft des Brauches (Rückgriff auf die röm. *sacramenta militiae*) ausgegangen wird (1; 4; 8). Es scheint, daß Ostgoten, Franken und Langob. je für sich die Sitte der röm. Ks.-Eide entlehnt haben; die späten ags. U.e des 10. Jh.s gehen dagegen auf westfrk. Einflüsse zurück (2, 79). Dennoch bestehen enge Beziehungen zu den Gefolgschaftseiden der → Antrustionen, den Lehenseiden sowie den suburbikarischen Bf.s-Eiden der röm. Kirche (9, 543). Eine feste Lehrmeinung zur Herkunft des U. hat sich bisher nicht etabliert.

Eidespflichtig waren sämtliche Untertanen, die das zwölfte Lebensjahr vollendet hatten (MGH Cap. I, 33, c. 2, 92). In der MZ läßt Greg. Tur., Hist. Franc. III, 14 den Prätendenten Munderich sprechen *egrediar et collegam populum meum atque exegam sacramentum ab eis [...]* (MGH SS rer. Mer. 1, 1, 110) und bringt damit bereits zum Ausdruck, was fortan u. a. den mobilen Charakter des früh- und hochma. Kgt.s ausmacht: die Umfahrt des Kg.s bei Regierungsantritt mit dem Zweck der Huldigung seitens der Untertanen und der Festigung der Herrschaftslegitimität (6, 112). Im speziellen Fall ließ sich das Volk durch die Gesandten des Kg.s vereidigen. U.e mußten ferner bei Gebietserweiterungen geleistet werden, um die neuen Untertanen eidlich an den Kg. zu binden. Unter → Karl dem Großen wurde die Praxis der allg. Treueide erheblich erweitert, indem dieser 802 nach Erhalt der Ks.-Würde eine erneute Beeidigung der Untertanen verlangte (MGH Cap. I, 33, c. 2, 92), 806 mit Rücksicht auf die beschlossene Reichsteilung (MGH Cap. I, 46, 131), 812 oder 813 nach dem Tod der Söhne Pippin und Karl (MGH Cap. I, 80, c. 13, 177) erneute U.e einforderte, da die Thronfolgeordnung von 806 keine Gültigkeit mehr hatte (2, 76 f.). Ergänzungen der Treueide waren darüber hinaus notwendig, wenn der Teil der Jugend herangewachsen war, der bisher noch keinen Eid hat leisten können (MGH Cap. I, 46, c. 2, 131). Das große Anwachsen von in der KaZ zu leistenden U.en hatte zur Folge, daß Eide sich bisweilen widersprechen konnten und daß dadurch die aktualisierten Eide immer wieder von neuem zu leisten waren. Mit dem aufkommenden → Lehnswesen löste sich ab der 2. Hälfte des 9. Jh.s das Institut des U.s zugunsten der nunmehr praktizierten territorialen Huldigung allmählich auf (9, 545).

Im Hintergrund der allg. U.e stand das Bemühen, Adel, Klerus und Volk explizit an den Kg. zu binden, dem Kg. allg. Anerkennung zu verschaffen, wenngleich ihm auch ohne die Eide ein gewisses Maß an Loyalität sicher war. Damit verbunden war eine Zurückstufung des Adels und im Rahmen der juristischen Machbarkeit die Erschaffung eines Instrumentariums zur Verfolgung eidbrüchiger Untertanen. Über den Inhalt eines karol. U.s gibt das *Capitulare missorum generale* von 802 Auskunft. Es ordnet über die Großen, die Erzbischöfe, Bischöfe und weitere Missi (c. 1) die strikte Befolgung der kgl. Gebote auch ohne ausdrücklichen Befehl des Kg.s an (c. 3), die Respektierung, Wahrung und den Schutz des Reichsgutes (c. 4), sanktioniert den kgl. Schutz von Witwen, Waisen und Fremden (c. 5), fordert die allg. Achtung vor Recht und Gerechtigkeit und untersagt alle Arten des Entgegenwirkens gegen die Bestimmungen (c. 6–9) (MGH Cap. I, 33, 92 f.). Der Eid wurde in Kirchen geleistet und auf die Reliquien abgelegt, die der Kg. dem *missus* mitgegeben hat (6, 112).

(1) M. Becher, Eid und Herrschaft. Unters. zum Herrscherethos Karls des Großen, 1993. (2) H. Brunner, Dt. Rechtsgesch. 2, neu bearb. von C. Frhr. von Schwerin, Nachdr. 1958. (3) D. Claude, Königs- und U. im Westgotenreich, in: H. Beumann (Hrsg.), Hist. Forsch. für W. Schlesinger, 1974, 358–378. (4) P. Herrmann, Der röm. Kaisereid. Unters. zu seiner Herkunft und Entwicklung, 1968. (5) A. Holenstein, Die Huldigung der Untertanen. Rechtskultur und Herrschaftsordnung (800–1800), 1990. (6) R. Kaiser, Das röm. Erbe und das Merowingerreich, ³2004. (7) W. Kienast, U. und Treuevorbehalt in Frankreich und England. Stud. zur vergl. Verfassungsgesch. des MAs, 1952. (8) L. Kolmer, Promissorische Eide im MA, 1989. (9) E. Reiling, U., in: HRG V, 542–546.

M. Graf

Uraias. Der Neffe von Kg. → Witiges (536–540) wird v. a. von → Prokop für die Zeit zw. Herbst 538 bis zu seiner Ermordung 541 erwähnt. U. befehligte 538/39 in der Poebene eine beachtliche Streitmacht von 4 000 Goten und war einer der letzten erfolgreichen got. Heerführer im Kampf gegen → Belisarios. Am Beginn des J.es 539 gelang U. die Einnahme von Mailand, worauf er vergeblich *Auximum*/Osimo zu entsetzen suchte. Als er zu Ende 539 gegen die vereinigte röm. Hauptarmee, die Ravenna belagerte, heranrückte, kapitulierten die got. Garnisonen, die in den Kottischen Alpen, in der Prov. n. von Genua, lagen. Auf diese Weise bekam die kaiserliche Po-Armee den Rücken frei, gleichzeitig waren die Familien der meisten Gotenkrieger des U. schutzlos dem Gegner ausgeliefert. Das got. Entsatzheer löste sich auf, die Leute gingen nach Hause und unterwarfen sich dem Kaiser. So blieb U. nichts anderes übrig, als das Gebiet s. des Pos zu verlassen und sich mit seinen Getreuen in Pavia einzuschließen. Nachdem Ravenna 540 kapituliert hatte, nahm der kaiserliche Feldherr den ostgot. Hofadel und dessen Gefolge gefangen und brachte sie nach Konstantinopel. Unter den Deportierten befanden sich auch das Kg.spaar Witiges und Matasuintha, anscheinend ein Sohn des Witiges aus erster Ehe, Sohn und Tochter der thür. Exkönigin Amalaberga sowie die Kinder Hildebads. Letzterer kommandierte in Verona und war neben U., der Pavia hielt, der wichtigste Anführer der transpadanischen Goten. Einerseits kämpften diese nicht ohne Erfolg gegen die Römer weiter, andrerseits nahmen sie, wie alle transpadanischen Gotenführer, mit Belisar Verbindung auf, um über Kapitulationsbedingungen zu verhandeln. Um dies zu verhindern, trugen die transpadanischen Goten 541 U. das Kgt. an. Er lehnte jedoch mit der Begründung ab, die Niederlage seines Onkel Witiges habe gezeigt, daß der Familie das Kg.sglück fehle. Dafür käme es ihm aber zu, Hildebald als neuen Kg. vorzuschlagen. Die Wähler folgten dem Vorschlag, und die Tragödie des U. nahm noch im selben J. ihren Lauf. Sein Onkel Witiges war nichtadeliger Herkunft und konnte dennoch 536 nach dem Ende der → Amaler das got. Kgt. in Italien fortsetzen. Ein Jahrfünft zuvor hatte der Ostgote → Theudis das amalisch-balthische Kgt. der span. Goten errungen. Den kgl. Rang, den U. von Witiges empfing, verlieh der Westgotenkg. Theudis seiner eigenen, in Italien gebliebenen Familie, insbesondere seinem Neffen Hildebad und Großneffen → Totila. Da beide Familien nicht zum got. Hochadel zählten, mußten ihre Angehörigen, wollten sie ihren Rang behaupten, die entspr. materiellen Mittel individuell erwerben. Theudis fand als Statthalter → Theoderichs des Großen in Spanien Gelegenheit, eine bes. reiche Römerin zu heiraten. Ähnlichen Reichtum erheiratete U. durch die Verbindung mit einer it. Gotin. Zw. ihm und Hildebad, der noch nicht das ‚große Geld gemacht' hatte, entbrannte daher bald ein Kampf auf Leben und Tod, dem U. noch 541 zum Opfer fiel. Das Unheil, wird überliefert, entstand aus einer unfreundlichen Begegnung ihrer beiden Frauen, die an den Streit der Königinnen Brunhild und Krimhild erinnert. Hildebald begründete die Untat mit der Behauptung, U. wolle zu den Römern übergehen.

(1) PLRE III/2, 1992, 1392 f. (2) H. Wolfram, Die Goten. Von den Anfängen bis zur Mitte des 6. Jh.s. Entwurf einer hist. Ethnographie, ⁴2001 bes. 349 ff.

H. Wolfram

Urheimat

§ 1: Definition – § 2: Zeitlicher Rahmen der U.-Debatte – § 3: Inhaltliche Schwerpunkte – § 4: Methodische Zugänge – § 5: Biblisch-christliche Genealogie als Grundlage – § 6: Die U. der Indogermanen – a. Die asiatische U. – b. Die europ. U. – c. Die ‚nordische' U. – d. Wiss. Status Quo – § 7: Politische Implikationen

§ 1. Definition. Der Begriff der U. bezeichnet in der Kulturgeschichtsschreibung zumeist ein ethno-hist. Absolutum, mit dem der vermeintlich älteste Siedlungsraum eines Volkes, einer Sprachgemeinschaft oder der Menschheit umschrieben wird. Fast regelmäßig handeln U.-Thesen von der Diskrepanz zw. einem angeblichen Erstzustand (ausgedrückt durch das semant. nicht überbietbare Präfix Ur-) und einem durch hist. Entwicklung erzielten Gegenwartsoder Endstatus, den es historiographisch zu dokumentieren oder zu erklären gilt. Dabei haben U.-Thesen meist nicht nur einen hist. Aussagewert, sondern sind auch häufig in ein polit.-ideologisches Funktionsgefüge eingebunden.

V. a. seit dem Aufstieg des Nationalismus diente die Bezugnahme auf den U.-Begriff der Legitimierung oder Delegitimierung territorialer Ansprüche und ethnisch-kultureller Zusammengehörigkeiten: Sofern sich etwa die unterstellte U. einer Bevölkerung mit deren aktuellem Siedlungsraum deckte, sollten die Autochthonen gegenüber tatsächlich oder angeblich Eingewanderten ‚historische' Vorrechte besitzen. War hingegen die aus der U. auswandernde Bevölkerung in der Lage, die Autochthonen zu dominieren, bildeten Überlegenheitsvorstellungen oder Kulturträgertheorien ein häufiges Erklärungsmuster.

Diese ineinander verschränkten und in der Kulturgeschichtsschreibung stereotypisch auftretenden Szenarien bringen zum Ausdruck, daß U.-Thesen mit dem ethnohist. Topos der Wanderung (1) eng verknüpft sind.

Teilweise wird U. aber auch ohne ausdrücklichen ethno-hist. Bezug als Herkunftsgebiet bestimmter kultureller Praktiken thematisiert.

Neben dem Erkenntniswert der U.-Bestimmung im Sinne einer altertumswiss. These sind ‚Urheimat' und ‚Wanderung' zentrale Begriffe hist.-polit. Mythisierung.

§ 2. Zeitlicher Rahmen der U.-Debatte. Eine systematische Beschäftigung mit der U.-Frage begann mit dem erkenntnisleitenden Interesse, die spätestens seit dem MA allg. gängige biblische Vorstellung einer (vorder-)asiatischen Menschen- und Völkerherkunft mit neuen altertumswiss. Methoden zu verifizieren oder durch alternative Erklärungsmodelle zu ersetzen. Die eigtl. Debatte erstreckt sich im wesentlichen vom ausgehenden 18. Jh. bis zur Gegenwart. Ihr zeitlicher Schwerpunkt liegt aufgrund der Relevanz der U.-Frage für die Definition nationaler Identität zw. dem ausgehenden 19. und der 1. Hälfte des 20. Jh.s. In diesem Zeitraum erschienen auch die meisten monographischen Arbeiten und eine kaum überschaubare Anzahl von Aufsatzbeiträgen zu U.-Fragen. Einschlägige Monogr. und Sammelbde zum Thema bieten einen repräsentativen Querschnitt von bibliogr. Nachweisen, auf die hier nur in einer Auswahl eingegangen werden kann (32; 22; 38; 61; 60).

Seitens der seriösen Forsch. bilden Stud. zu U.-Fragen aufgrund ihrer unvermindert vorhandenen wiss. und polit. Reichweite seit den letzten Jahrzehnten ein eher sekundäres Betätigungsfeld. Fragen zu ältesten Kulturzentren wie zu frühesten Herkunftsgebieten und Wanderungen von Bevölkerungen stellen jedoch nach wie vor eine intellektuelle Versuchung dar.

§ 3. Inhaltliche Schwerpunkte. Anspruchsvollen wiss. Unters. zu Fragen der U. steht eine Fülle von populär-, halb- und unwiss. Darst. von Laienforschern und fachlichen Dilettanten gegenüber, die den angedeuteten polit.-ideologischen Implikationen der Thematik erlegen sind. Alle Argumente beruhen auf der Prämisse einer ethnisch und sprachlich homogenen Gruppe mit einheitlichem Siedlungsgebiet. Den größten Anteil an der U.-Debatte hat die Frage nach Herkunft und Ausbreitungswegen eines theoretisch angenommenen idg. Urvolkes. Dieses Urvolk wurde und wird im allg. als eine uridg. Sprechergemeinschaft aufgefaßt, bevor diese in verschiedene heute noch existente sowie bereits ausgestorbene Einzelsprachen zerfiel (→ Indogermanische Altertumskunde I. Sprachlich, bes. § 4). Die idg. U. bezeichnet den urspr. Siedlungsraum dieser uridg. Sprechergemeinschaft. Da dieser festgestellte Ausgangsort idg. Sprachgruppen nicht unbedingt mit deren eigtl. U. übereinstimmen muß, wird bisweilen von einer primären und einer sekundären Heimat der Idg. gesprochen (27, 52–54). Obwohl es sich bei dieser rein linguistisch definierten idg. Sprechergemeinschaft nicht um ein ‚Volk' im ethnischen Sinne handelt, spielen formal abwegige ethno-hist. Ableitungen in der Debatte zur idg. U. dennoch eine gewichtige Rolle.

Darüber hinaus ist intensiv über die U. einzelner Völker diskutiert worden, die der idg. Sprachfamilie angehören. Hierbei gilt im dt.sprachigen Raum und in Skand. der U. der Germanen bzw. des Germanischen ein herausgehobenes Interesse, zumal mit dieser Lokalisierung eine ethnische Selbstidentifikation verbunden war und ist (47; 49; 67; 4). Für die an einem statischen Nationsbegriff orientierte Historiographie bildet die Frage der U. ein zentrales Element der Volksgeschichte. V. a. wenn nationale (Gebiets-)Ansprüche miteinander konkurrierten, wurde die U.-Debatte kontrovers und bisweilen äußerst agressiv geführt. Dies betrifft beispielsweise Fragen der urspr. Siedlungsgebiete von Germ., Kelten oder Slawen, die etwa in Deutschland, Frankreich oder Polen jeweils im Zentrum nationalistischer Vereinnahmungen standen (40; 59; 75). Dagegen kommen Ethnogenesekonzepte zumeist ohne ein U.-Szenario aus.

Gleichermaßen erstreckt sich die U.-Debatte auf die Herkunft einzelner anerkannt nicht-idg. Völker bzw. Sprachgruppen Europas, für die eine Einwanderung in die gegenwärtigen Siedlungsgebiete (z. B. Finno-Ugrier [25] sowie Roma und Sinti [37]) bzw. eine weit zurückreichende Autochtonie (z. B. Basken [68]) diskutiert wird.

Ferner beziehen sich Stud. zur U. auf den geogr. Ursprung der Menschheitsentwicklung überhaupt, der traditionell in Asien vermutet, dann aufgrund sehr alter Datierungen von Hominidenfunden zeitweilig in Ostasien gesucht wurde. In den letzten Jahrzehnten ist im Rahmen der ‚Out-of-Africa'-Hypothese sowohl die Hominidenentwicklung als auch die Entwicklung des modernen Menschen in Ostafrika lokalisiert worden. Dieser ‚Out-of-Africa'-Hypothese steht die Multiregional-Hypothese gegenüber, die für die Evolutionsphasen seit dem *homo erectus* keine zentrale U. voraussetzt, die aber gegenwärtig eine deutlich geringere Akzeptanz erfährt (14).

Schließlich erstreckt sich die U.-Debatte auf die Besiedlungsgesch. der Kontinente, wie z. B. auf die Frage der Erstbesiedlung Amerikas oder Australiens (65). Dies betrifft insbesondere auch die Frage der Herkunft von Inselbevölkerungen, für die, wie beispielsweise für die Südsee-Inseln oder Neuseeland, per se eine Einwanderung aus älteren U.-Gebieten vorausgesetzt werden muß (31; 3).

Neben den Bestrebungen, die physische U. der Menschheit, einzelner ‚Rassen', Völker oder Sprachgruppen zu bestimmen, ist die U.-Frage in zahlreichen anderen Stud. in erster Linie eine kulturgeschichtl. Beispielsweise die Neolithisierung, die Verbreitung der Pferdedomestikation (siehe auch → Indogermanische Altertumskunde § 9) oder die Konstruktion megalithischer Bauten werden als kulturelles Phänomen begriffen, das sich – diffusionistischen Modellen folgend – von einem Ursprungszentrum ohne maßgebliche Bevölkerungsverschiebungen mittels Kulturadaptation in die Peripherie ausbreitete.

§ 4. Methodische Zugänge. Die U.-Debatte insgesamt zeichnet sich durch Interdisziplinarität aus, die eine eigene Gesch. hat.

Zunächst sind Mutmaßungen über die U. des Menschen ein Erbe der ma. und frühneuzeitlichen Historiographie, die v. a. auf Interpretationen der Bibel fußt. Daneben bildeten auch andere mythische Texte den Ausgangspunkt für Spekulationen über Herkunft und Ursprung, so die Trojasage (20) oder der Atlantismythos (9).

Mit der seit dem ausgehenden 18. Jh. einsetzenden Publizität der These eines verwandtschaftlichen Zusammenhanges von zahlreichen europ. und asiatischen Sprachen wird die Debatte zur U. der Idg. zur ‚Königsfrage' der Linguistik (60, 69). Diese Disziplin beansprucht die Kernkompetenz für die Erklärung des primär sprachwiss. Problems der idg. U. Mittels der linguistischen Paläontologie (→ Indogermanische Altertumskunde § 2) wird auf den urspr. → Wortschatz einer angenommenen idg. Ursprache geschlossen. Aufgrund des Vorkommens oder Fehlens von Wörtern oder Wortfeldern in bestimmten Entwicklungsstufen einer Sprache bzw. im rekonstruierten uridg. Wortschatz werden Rückschlüsse auf die klimageogr. Lebensumwelt einschließlich ihrer Flora und Fauna, sowie auf Wirtschaftsweise und Sozialstruktur der untersuchten Sprechergemeinschaft gezogen. Wortliche oder grammatische Lehnbeziehungen zw. verschiedenen idg. Einzelsprachen wie auch mythenvergl. Analysen oder Aussagen über gebräuchliche Zahlsysteme verweisen auf sprach- und kulturgeschichtl. Entwicklungstendenzen oder Verschiebungen. Ausgehend von diesen linguistischen Erkenntnissen werden Vermutungen zur idg. U. angestellt.

Die auf Rekonstruktion einer Rassengesch. zielende ethnische Anthrop. formulierte etwa seit der Mitte des 19. Jh.s Theorien über die hist. Verbreitung der Menschheit im allg., so wie einzelner ‚Rassen' und Völker im besonderen. Hierbei wurden sowohl kulturgeschichtl. als auch sprachwiss. Verbreitungsthesen rezipiert. Mit der Überlagerung von bestimmten sprachgeogr. Verbreitungen und physisch-anthrop. Merkmalshäufungen kam es im ausgehenden 19. Jh. zur Postulierung eines ‚arischen Rassentyps', der bes. dann mit dem politisierten Ideal des ‚germanischen' oder ‚nordischen' Rassentyps zur Deckung gebracht wurde, sofern eine (nord-)europ. U. der Idg. intendiert werden sollte (60, 124–130; 74, 234 f. 260–278).

Jenseits rassenideologischer Prämissen werden neuerdings ethnische Genom-Analysen für die Rekonstruktion ältester Wanderrouten einzelner Menschheitszweige angewendet, die sich an der U.-Konzeption der ‚Out-of-Africa'-Hypothese orientieren (11).

Die ur- und frühgeschichtl. Arch. beschäftigte sich vor dem Hintergrund der Annahme einer ethnischen Identifizierbarkeit arch. Kulturprov. (Gustaf → Kossinna) etwa seit dem ausgehenden 19. Jh. verstärkt mit Fragen der U. Thesen zur Herkunft und Verbreitung sprachlicher und rassischer Substrate wurden dabei großzügig rezipiert und für die Interpretation arch. Funde und Befunde eingesetzt.

Diese methodisch problematische Erhebung wiss. strittiger oder eindeutig polit. motivierter Annahmen zur Ausgangsbasis weiterer Forsch. ist ein Phänomen, das in der Phase der Etablierung der ur- und frühgeschichtl. Arch. als akademische Disziplin seitens der seriösen Wissenschaftler nicht effektiv kritisiert wurde. Um Zirkelschlüsse zu vermeiden, sollte eine Synthese von Forsch. verschiedener Disziplinen nur erfolgen, wenn es sich um unabhängig voneinander erzielte Ergebnisse handelt.

Aber auch dann können derartige Synthesen, die sich zwangläufig auf selektiv wahrgenommene und generalisierte Forsch.sergebnisse beziehen, mitunter leicht zur wiss. problematischen, unkritischen oder interessengeleiteten Kompilation umschlagen (36; kritisch dazu 26; ferner 7; pseudowiss. und mit deutlich polit. Impetus: 17; 63).

§ 5. Biblisch-christliche Genealogie als Grundlage. Das ethno-hist. Konzept der U. hat seine wichtigste Vorlage in der biblischen Vorstellung von der am kaukasischen Ararat gestrandeten Arche Noah. In allegorischer Übertragung dieser biblischen Vorstellung ist die Erde ausgehend von diesem mythischen Ursprungsort nach der Sintflut von den Nachkommen Noahs Sem, Ham und Japhet neu bevölkert worden, wobei diesen Nachkommen i. d. R. die Erdteile Asien, Afrika und Europa zugewiesen wurden. Noch der maßgebliche Begründer der biologischen Anthrop. J. F. Blumenbach bezeichnete die Europäer aufgrund ihrer vermeintlichen Herkunft als ‚Kaukasische Race', die er zudem wegen ihrer „Mittelform" als „schönsten Menschenstamm" ansah (74, 202).

Der aus 70 oder manchmal bis zu 74 Namen bestehende Stammbaum Noahs wird schon in der ma. und frühneuzeitlichen Historiographie mit bestimmten Völkergruppen bzw. Einzelvölkern identifiziert, die jeweils als deren Stammvater gelten. Während die Nachkommen Noahs zunächst eine einzige Sprache redeten, sei es im Zuge der ‚Babylonischen Sprachverwirrung' zur Aufspaltung der Sprachen und zu einer Zerstreuung der Völker gekommen. Die auf biblischen Vorstellungen fußende Herkunft der Menschheit oder zumindest der kulturellen Hauptimpulse aus dem ‚Heiligen Land', vom kaukasischen Ararat oder aus Babylon besaß in der Historiographie bis zum Beginn des 19. Jh. einen weitgehend kanonischen Charakter und gehört z. T. weit darüber hinaus zum hist. Allgemeinwissen (8; 53).

Mit der wiss. Entdeckung der altorientalischen Kulturen des Zweistromlandes und insbesondere im Zuge des ‚Bibel-Babel-Streits', der die Historizität der biblischen Überlieferung maßgeblich in Frage stellte (34), wurde die Rolle Vorderasiens als Ort der Menschheits- und Kulturherkunft differenziert und relativiert.

Darüber hinaus gewannen naturwiss. Vorstellungen über eine das legendäre Zeitmaß von 6 000 J. weit überschreitende Menschheitsentwicklung (10) sowie sprachwiss. Entwicklungstheorien, die auch andere U.-Konzeptionen zuließen, bereits seit der Mitte des 19. Jh.s an Bedeutung und schließlich die Oberhand.

§ 6. Die U. der Indogermanen. Mit der Entdeckung der wortlichen und grammatischen Verwandtschaft verschiedener europ. und asiatischer Sprachen u. a. durch W. Jones (1786) und F. Bopp (1833) wurde die biblische Vorstellung von der asiatischen U. insbesondere der europ. Völker modifiziert bzw. erweitert.

a. Die asiatische U. Schon die der Erforschung der idg. Sprachverwandtschaft vorausgehende Erschließung des in seinem sprachlichen Aufbau archaisch geltenden Sanskrit als Sprache alter hl. Texte sowie die Einstufung Indiens als kulturgeschichtl. Urzentrum und deren intellektuelle Übersteigerung als Indomanie (33) ließen in den Augen vieler Gelehrter, wie etwa der Brüder F. und A. W. Schlegel kaum einen Zweifel daran, daß der südasiatische Subkontinent oder gar ‚Hochasien' als ‚Dach der Welt' auch der älteste Herkunftsraum der Idg. ist. Von dorther sollten die Völker Europas in der Abfolge ihrer modernen west-östlichen Verbreitung eingewandert sein (55, 213–222; 60, 69).

Vertreter der idg. Sprachwiss. diskutierten während des 19. Jh.s verschiedene Variationen der asiatischen U. Die Lokalisierungen divergieren im wesentlichen zw. Hindukusch und Kaspischem Meer, zw. den Flüssen Oxus und Jaxartes (heute Amu-Darja und Syr-Darja) oder Baktrien (heute Afghanistan) (60, 70).

Die Asienthese beruhte einerseits auf mythengeschichtl. Denktraditionen. Andererseits ging man von der Vorstellung aus, die zw. Vorderem Orient und Indien ent- deckten Sprachzeugnisse, Schriftqu. und materiellen Altertümer besäßen im Vergleich zu den europ. ein deutlich höheres Alter, was wiederum als Bestätigung der Mythen gewertet wurde.

Darüber hinaus basierte die Asienthese auf der Annahme, die sich von SO nach NW verbreitende Neolithisierung oder das Vordringen viehzüchtender und streitaxtbewehrter → Reiternomaden aus dem Osten sei mit der Indogermanisierung Europas zu parallelisieren. Wie der Einfall ö. Steppenvölker wurde auch der Ausgleich des postulierten beständigen Kulturgefälles zw. ‚Orient und Europa' in der Regel auf umfassende Migrationen zurückgeführt (28).

Diese Denk- und Wissenschaftstradition war mitunter von ehrfürchtiger Emphase begleitet, die durch den Leitspruch ‚*ex oriente lux*' zum Ausdruck kam. Die Lokalisierung einer asiatischen U. gehörte nicht nur zum Selbstververständnis altertumswiss. Praxis, sondern verkörperte darüber hinaus einen bis ins 20. Jh. nachwirkenden Identitätsmythos des Abendlandes (73).

Eine wiss. anspruchsvollere Auseinandersetzung mit der Frage nach der idg. U. setzte im Grunde erst ein, als die Methoden der linguistischen Paläontologie einen höheren Grad an Professionalisierung erreichten.

Hauptvertreter der Asienthese sind F. Bopp, A. F. Pott, R. Rask, J. Grimm, A. Schleicher, A. Kuhn, K. M. L. Heyse, A. Pictet, A. Fick, G. Ascoli, M. Müller, S. Feist, H. Güntert, E. Wahle, H. v. Wolzogen. F. Kern, A. Nehring, V. Hehn (60, 70–72).

b. Die europ. U. Die Behauptung einer europ. U. der Idg. bzw. eines autochthonen Ursprungs der europ. Völker im Einzelnen stellte in der Kulturgeschichtsschreibung zunächst einen eklatanten Bruch mit feststehenden Denkgewohnheiten dar.

Für den Beleg einer europ. U. der Idg. wurden einerseits sprachwiss. Analysen angeführt, die aufgrund des Vorkommens bestimmter Wortfelder im erschlossenen uridg. Wortschatz auf eine europ. Topographie schließen ließen (Buchen- und Lachsargument, alteurop. Hydronymie; → Indogermanische Altertumskunde § 4, 396 f.). Andererseits hatten insbesondere in der 1. Hälfte des 20. Jh.s rassentheoretische Ableitungen Konjunktur, mittels derer die Uridg. mit einem ‚europiden‘ oder sogar ‚germanischen‘ Rassentypus assoziiert wurden, dessen vorgeschichtl. und moderne Verbreitung auf eine autochthone Kontinuität in Europa verweisen sollte.

Arch. Befunde und Kulturen wurden auf europ. Boden insbesondere dann mit Idg. identifiziert, wenn diese frühzeitig eine großräumige und tendenziell expansive Verbreitung zeigten oder überhaupt Territorien betrafen, die sich über Kontinuitätsbeziehungen mit ‚sicher‘ idg. Sprechergemeinschaften verbinden ließen. Diejenigen Befunde, die angeblich ein derartiges Dominanz- und Expansivpotential widerspiegelten – so etwa technisch innovative Metallwaffen, Wagenteile, Pferdegeschirr – sollten den idg. Charakter bestimmter arch. Kulturen erweisen. Ungeachtet dieser Versuche, läßt sich ein bereits für die Uridg. typisches Kulturinventar auch in Europa arch. nicht verifizieren (→ Indogermanische Altertumskunde § 7).

Diese etwa ab dem 1. Drittel des 19. Jh.s artikulierten Ansätze zur Begründung einer europ. U. der Idg. hatten einen wiss. argumentativen Charakter und einen ideologischen Hintergrund.

Südost- und Osteuropa. Eine südost- oder osteurop. U. der Idg. wurde v. a. diskutiert, sofern diese mit ö. Steppenvölkern in Verbindung gebracht wurden. Diese sollten die aus dem Vorderen Orient vermittelte neol. Wirtschaftsweise übernommen und sich von dort ausgebreitet haben. Vertreter dieser These sind u. a. L. Geiger, O. Schrader, M. Gimbutas (21; 62; 23).

Teilweise wird diese südost-, oder osteurop. U. der Idg. bis in mitteleurop. Regionen ausgedehnt (so etwa 36). Die Trennlinien dieser Lokalisierungsversuche zu den ‚Nordthesen‘ sind nicht immer eindeutig.

c. Die ‚nordische‘ U. Die Verkettung der U.-Frage mit der Legitimierung nationaler Identität ließ nach Ansicht verschiedener (v. a. dt.) Gelehrter den Leitsatz ‚*ex oriente lux*‘ als Herabsetzung der ‚eigenen‘, zu unrecht als barbarisch abqualifizierten Vorfahren erscheinen. Insbesondere mittels rassentheoretischer Interpretationen wurde statt dessen ein beständiger, durch Klimaungunst und Erobererübermut ausgelöster Auszug ‚germ. Völkerwellen‘ behauptet (2). Mit dieser angeblich von NW nach SO gerichteten Völkerbewegung sollte eine kulturgeschichtl. korrespondieren, die zugleich auch eine schlüssige Erklärung des Idg.-Problems biete (42). Die Gleichsetzung der idg. U. mit einem nord. Atlantis (so etwa 76) tendierte zu einem rückwärtsgewandten Entwurf einer utopischen Vergangenheit. Die These ‚*ex septentrione lux*‘ stellt damit einen v. a. ideologisch motivierten Gegenentwurf zu ‚*ex oriente lux*‘ dar (73).

Mitteleuropa. H. Schulz, K. J. Clement und R. G. Latham schlugen bereits in der 1. Hälfte des 19. Jh.s statt einer Einwanderung der Germ. aus Asien einen autochthonen Ursprung in Europa vor. Diese Autoren stützten sich auf ein wörtliches Verständnis der taciteischen Behauptung einer Ureinwohnerschaft der Germ. sowie auf rassengeschichtl. Assoziationen (64; 12; 44; 48; dazu 60, 70; 74, 251–254). Diese ideologiebasierte These wird in der 2. Hälfte des 19. und der 1. Hälfte des 20. Jh.s durch zahlreiche weitere prähist.-anthrop. Stud. hypertrophiert (41; 69; 24; 57; 30) und mit arch. Argumentation untersetzt (32, kritisch zum rassentheoretischen Diskurs 39).

Skandinavien. Die Behauptung einer skand. U. der Idg. stellt eine Radikalisierung der These von der mitteleurop. Herkunft dar, die sich ausschließlich auf rassentheoretische bzw. germanenideologische Annahmen stützt. Vorausgesetzt, die Idg. seien urspr. mit einem blonden, blauäugigen und dolichocephalen ‚germanischen' Typus bzw. mit der ‚nord. Rasse' identisch, erklärt sie den skand. Verbreitungsschwerpunkt dieser zudem rezessiv vererbten Merkmalskombination zum einzig denkbaren Ausgangsort. Ihre Hauptvertreter sind E. Krause, K. Penka und L. Wilser (43; 51; 52; 70). Allerdings plädierte Th. Poesche mit ähnlichen rassentheoretischen Annahmen für eine osteurop. U. (54).

Arktis. Eine extreme Var. der nord. U.-These sind Spekulationen über eine arktische Herkunft der Idg. bzw. des Menschen überhaupt. Hatte bereits J.-S. Bailly im 18. Jh. aufgrund geophysikalisch-astronomischer Überlegungen über eine arktische Herkunft der Menschheit spekuliert (53, 126), wurde sie um 1870 mittels klimageogr. Überlegungen durch M. Wagner zu einer anthropogeographischen Verbreitungsthese weiterentwickelt (74, 258). Spekulationen des indischen Nationalisten B. G. Tilak über eine arktische Herkunft der Veden (66) wurden in Deutschland im Kontext einer völkischen Begeisterung für den Norden rezipiert und mit sozialdarwinistischen Vorstellungen verknüpft (6; 71; 72; 35).

d. Wiss. Status Quo. Zur Frage der U. der Idg. existiert bislang keine abschließende Lösung und ist angesichts der Komplexität der Argumentationen auch für die absehbare Zeit nicht zu erwarten (46, 66. 68). Die Auffassungen divergieren gegenwärtig in der Hauptsache einerseits zw. einer vorderasiatisch-südkaukasischen (58; 19; 18) und einer südosteurop. U. (23), andererseits werden jenseits des Migrationen voraussetzenden ethno-hist. U.-Konzepts alternative Erklärungsmodelle für die Entstehung der idg. Sprachverwandtschaft diskutiert (27; 29). Diverse ‚Nordthesen' spielen in der seriösen Forsch. heute keine Rolle mehr.

§ 7. Politische Implikationen. Wie bereits mehrfach angedeutet, sind U.-Konzeptionen ohne Berücksichtigung ihrer jeweiligen Funktion für polit. Positionen und Interessen nicht angemessen zu bewerten. Diese quasi inhärente polit. Funktionalität von U.-Konzepten kann, aber muß nicht unbedingt den Autorenabsichten entsprechen. Diese Funktionalität gibt sich i. d. R. offensichtlicher zu erkennen, wenn die Rezeptionswege einzelner U.-Thesen analysiert werden. Die bloße Scheidung von U.-Konzepten in ‚seriöse' und unwiss. wird ihrer generellen polit. Instrumentalisierbarkeit nicht gerecht.

Die Konstruktion einer ethno-hist. U. hat insbesondere für die Völkische Ideologie bzw. für die völkische Konzeption der Gesch. eine herausragende Bedeutung (→ Völkische Weltanschauung). Während sich nationale Zugehörigkeit primär in sprachlich-kulturellen Bindungen ausdrückt, verlangt völkisches Denken zusätzlich das Abstammungskriterium. Insbesondere die Behauptung einer Autochthonie von ‚Rasse' und Kultur in der vermeintlichen U. stellt ein ethno-hist. Ideal völkischen Denkens dar, das in der Sakralisierung von ‚Blut und Boden' gipfelt (56; 74).

Die Funktionalität von U.-Konzepten besteht v. a. in der Legitimierung ethnischer Inklusion oder Exklusion: Diese Form der polit. Instrumentalisierung von U.-Konzeptionen liegt etwa vor, wenn das Anstreben oder Vollziehen einer ‚Rückkehr' in die behauptete U. mit der Ausgrenzung aktuell Ansässiger als angeblich illegitime Einw. einhergeht. Eine entspr. Inanspruchnahme arch. Forsch. zur einseitigen Beilegung nationaler und relig. Konflikte stellen im Nahen Osten eine beständige intellektuelle Herausforderung dar (45; 15; 16). Ebenso problematisch ist es, wenn die Behauptung einer Authochthonie dazu dient, ethnische Authentizität einer vermeintlichen U.-Bevölkerung zu unterstreichen. So trifft beispielsweise die Behauptung einer arischen Einwanderung nach Indien bei Vertretern und Sympathisanten des modernen Hindu-Nationalismus auf entschiedene Ablehnung, weil diesen nur eine Autochthonie der Arier in Indien akzeptabel erscheint (5). Dies betrifft auch entspr. Deutungen des Idg.-Problems im Sinne der sog. Alteuropa-Konzeption oder anderweitiger Autochthonie-Thesen, bei denen von einer „kontinuierlichen Weiterentwicklung der alteingesessenen Bevölkerung seit dem Mesolithikum bzw. Jungpaläolithikum" die Rede ist (27, 63). Diese Thesen, über deren Wahrscheinlichkeit hier nicht geurteilt werden kann, spielen für die tendenziell völkisch-rassische Europa-Ideologie der ‚Neuen Rechten' eine wichtige Rolle (13; hierzu 50; vgl. Zitierung bei 27, 64).

(1) M. Andresen, Stud. zur Gesch. und Methodik der arch. Migrationsforsch., 2004. (2) Th. Arldt, Germ. Völkerwellen und ihre Bedeutung in der Bevölkerungsgesch. von Europa, 1917. (3) T. Bargatzky, Gesch. wird Mythos. Die Ortung der polynesischen U., Anthropos 98, 2003, 529–531. (4) H. Beck u. a. (Hrsg.), Zur Gesch. der Gleichung „germanisch-deutsch". Sprache und Namen, Gesch. und Institutionen, 2004. (5) M. Bergunder, R. P. Das (Hrsg.), „Arier" und „Drawiden". Konstruktionen der Vergangenheit als Grundlage für Selbst- und Fremdwahrnehmungen S-Aiens, 2002. (6) G. Biedenkapp, Der Nordpol als Völkerheimat, 1906. (7) C.-H. Boettcher, Der Ursprung Europas. Die Wiege des Westens vor 6000 J., 1999. (8) A. Borst, Der Turmbau zu Babel. Gesch. der Meinungen über Ursprung und Vielfalt der Sprachen und Völker, 1957/63. (9) B. Brentjes, Atlantis. Gesch. einer Utopie, 1993. (10) S. Cartier, Licht ins Dunkel des Anfangs. Stud. zur Rezeption der Prähistorik in der dt. Welt- und Kulturgeschichtsschreibung des 19. Jh.s, 2000. (11) L. L. Cavalli-Sforza, Gene, Völker und Sprachen. Die biologischen Grundlagen unserer Zivilisation, 1996. (12) K. J. Clement, Die nordgerm. Welt oder unsere geschichtl. Anfänge. Eine Einleitung zur Universalgesch., 1840. (13) A. Benoist, Indo-européens: à la recherche du foyer d'origine, Nouvelle École 49, 1997, 13–105. (14) G. Bräuer, Das Out-of-Africa-Modell und die Kontroverse um den Ursprung des modernen Menschen, in: N. J. Conard (Hrsg.), Woher kommt der Mensch?, 2004, 164–187. (15) I. Finkelstein, N. Silberman, Keine Posaunen vor Jericho – die arch. Wahrheit über die Bibel, ²2003. (16) Diess., David und Salomo – Archäologen entschlüsseln einen Mythos, 2006. (17) W. P. A. Fischer, Alteuropa in neuer Sicht. Ein interdisziplinärer Versuch zu Ursprung und Leistung der Indoeuropäer, 1986. (18) Th. V. Gamkrelidze, Neueres zum Problem der idg. Ursprache und der idg. U., Zeitschr. für vergl. Sprachforsch. 100, 1987, 366–377. (19) Ders., V. V. Ivanov, Indo-European and the Indo-Europeans. A reconstruction and hist. analysis of a proto-language and a proto-culture 1–2, 1995. (20) J. Garber, Trojaner – Römer – Franken – Dt. „Nationale" Abstammungstheorien im Vorfeld der Nationalstaatsbildung, in: Ders., Nation und Lit. im Europa der Frühen Neuzeit, 1989, 108–163. (21) L. Geiger, Über den Ursitz der Idg., in: Ders., Zur Entwicklungsgesch. der Menschheit. Vorträge, 1871, 113–150. (22) Germ. und Idg. (Festschr. H. Hirt) 1–2, 1936. (23) M. Gimbutas, The Kurgan culture and the Indo-Europeanization of Europe. Selected articles from 1952 to 1993, 1997. (24) H. F. K. Günther, Die Nord. Rasse bei den Idg. Asiens. Zugleich ein Beitrag zur Frage nach der Ur-heimat und Rassenherkunft der Idg., 1934. (25) J. Gulya, Loch im Stammbaum? Zur U.-Frage der Ugrier und der Ungarn, in: J. Pusztay (Hrsg.), Die Vorgesch. der uralischen Völker, 1994, 45–62. (26) R. Hachmann, Rez. zu [36], Offa 47, 1990 (1991), 477–480. (27) A. Häusler, Ursprung und Ausbreitung der Idg.: Alternative Erklärungsmodelle, Idg. Forsch. 107, 2002, 47–75. (28) Ders., Nomaden, Idg., Invasionen. Zur Entstehung eines Mythos, 2003. (29) Ders., Über alte und neue Hypothesen zum Ursprung und zur Verbreitung der Idg., Ethnographisch-arch. Zeitschr. 44, 2003, 503–521. (30) G. Heberer, Rassengeschichtl. Forsch. im idg. U.-Gebiet, 1943. (31) R. Heine-Geldern, U. und früheste Wanderungen der Austronesier, Anthropos 27, 1932, 543–619. (32) H. Hirt, Die Idg., ihre Verbreitung, ihre U. und ihre Kultur 1–2, 1905–1907. (33) M. Hulin, Ch. Maillard (Hrsg.), L'Inde inspiratrice. Réception de l'Inde en France et en Allemagne (XIXe & XXe siècles), 1996. (34) K. Johanning, Der Bibel-Babel-Streit. Eine forschungsgeschichtl. Studie, 1988. (35) S. Kadner, U. und Weg des Kulturmenschen, 1931. (36) L. Kilian, Zum Ursprung der Idg. Forsch. aus Linguistik, Prähist. und Anthrop., 1983. (37) D. Kenrick, Von Indien bis zum Mittelmeer. Die Wanderwege der Sinti und Roma, 1998. (38) W. Koppers, Die Idg.- und Germ.frage. Neue Wege zu ihrer Lösung, 1936. (39) Ders., Der nord. Mensch und die Idg.frage. Aktuelle Probleme, völkerkundlich und universal-ge-

schichtl. betrachtet, Anthropos 33, 1938, 240–259. (40) G. Kossinna, Die dt. Ostmark, ein U.-Boden der Germ., Oberschlesien 17, H. 12, 1919. (41) Ders., Die Idg., 1. Das idg. Urvolk, Mannus-Bibl. 16, 1921. (42) Ders., Nord. oder asiatische U. der Idg., Mannus 17, 1925, 236–241. (43) E. Krause, Thuisko-Land der arischen Stämme und Götter U., 1891. (44) R. G. Latham, The Germania of Tacitus, with ethnol. diss.s and notes, 1851. (45) A. D. Marcus, Tempelberg und Klagemauer. Die Rolle der biblischen Stätten im Nahost-Konflikt, 2001. (46) M. Meier-Brügger, Idg. Sprachwiss., ⁸2002. (47) O. Montelius, Ueber die Einwanderung unserer Vorfahren in den Norden, Archiv für Anthrop. 17, 1887, 151–160. (48) M. Much, Die Heimat der Idg. im Lichte der urgeschichtl. Forsch., 1901. (49) B. Nerman, Die Herkunft und die frühesten Auswanderungen der Germ., 1924. (50) M. Olender, Idg. Urgesch. und „Nouvelle Droite", in: R. Faber u. a. (Hrsg.), Rechtsextremismus. Ideologie und Gewalt, 1995, 189–203. (51) K. Penka, Origines Ariacae. Linguistisch-ethnol. Unters. zur ältesten Gesch. der arischen Völker und Sprachen, 1883. (52) Ders., Die Herkunft der Arier. Neue Beitr. zur hist. Anthrop. der europ. Völker, 1886. (53) M. Petri, Die Urvolkhypothese. Ein Beitr. zum Geschichtsdenken der Spätaufklärung und des dt. Idealismus, 1990. (54) Th. Poesche, Die Arier. Ein Beitr. zur hist. Anthrop., 1878. (55) L. Poliakov, Der arische Mythos. Zu den Qu. von Rassismus und Nationalismus, 1977. (56) U. Puschner, Die völkische Bewegung im wilhelminischen Kaiserreich, 2001. (57) O. Reche, Rasse und Heimat der Idg., 1936. (58) C. Renfrew, Arch. and Language. The Puzzle of Indo-European Origins, 1987. (59) B. von Richthofen, Gehört O-Deutschland zur U. der Polen? Kritik der vorgeschichtl. Forsch.smethode an der Univ. Posen, 1929. (60) R. Römer, Sprachwiss. und Rassenideologie in Deutschland, ²1989. (61) A. Scherer (Hrsg.), Die U. der Idg., 1968. (62) O. Schrader, Sprachvergleichung und Urgesch. Linguistisch-hist. Beitr. zur Erforschung des idg. Altert.s, 1883. (63) H. Schröcke, Idg. – Germ. – Slawen. Ihre Wurzeln im mittel- und osteurop. Raum, 2003. (64) H. Schulz, Zur Urgesch. des dt. Volksstamm's, 1826. (65) W. Stein (Hrsg.), Kolumbus oder wer entdeckte Amerika? Begleitbuch zur gleichnamigen Ausstellung des Staatlichen Mus.s für Völkerkunde, München, 1992. (66) B. G. Tilak, The arctic home in the Vedas. Being also a new key to the interpretation of many Vedic texts and leg-ends, 1903. (67) J. Udolph, Namenkundliche Stud. zum Germ.problem, 1994. (68) T. Vennemann, Basken, Semiten, Idg. U.-Fragen in linguistischer und anthrop. Sicht, in: W. Meid, Sprache und Kultur der Idg. Akten der X. Fachtagung der Idg. Ges. Innsbruck, 1998, 119–138. (69) J. Walther, Die U. des nord. Menschen, 1926. (70) L. Wilser, Herkunft und Urgesch. der Arier, 1899. (71) Ders., Der nord. Schöpfungsherd, Zeitschr. für den Ausbau der Entwicklungslehre 3, 1909, 121–138. (72) H. Wirth, Der Aufgang der Menschheit. Unters. zur Gesch. der Relig., Symbolik und Schrift der Atlantisch-Nord. Rasse, 1928. (73) I. Wiwjorra, „Ex oriente lux" – „Ex septentrione lux". Über den Widerstreit zweier Identitätsmythen, in: A. Leube (Hrsg.), Prähist. und Nationalsozialismus, 2002, 73–106. (74) Ders., Der Germ.mythos. Konstruktion einer Weltanschauung in der Altertumsforsch. des 19. Jh.s, 2006. (75) L. Zotz, B. von Richthofen, Ist Böhmen-Mähren die U. der Tschechen?, 1940. (76) K. G. Zschaetzsch, Atlantis, die U. der Arier, 1922.

I. Wiwjorra

Vada. Gut befestigtes röm. Auxiliarkastell *(praesidium; castra)*, dessen genaue Lage anscheinend am linken Ufer des *Vacalus*/Waal und unweit des Auxiliarlagers → *Grinnes*/Rossum unbekannt ist (1; 3). Der Name läßt auf eine Furt schließen. Während des Bataverkrieges wurde V. 70 n. Chr. von Iulius → Civilis angegriffen, aber von Q. Petilius Cerialis erfolgreich entsetzt (Tac. hist. 5,20 f.) (1; 4, 89 f.). Zur problematischen Lesung und Interpretation einiger 1929 in Utrecht gefundener Inschr. u. a. mit Nennung einer *colonia V.* vgl. 1, 2045 f. und 2, 119 Nr. 257.

(1) P. Goessler, V., in: RE 7 A, 2043–2046. (2) H. Nesselhauf, Neue Inschr. aus dem röm. Germanien und den angrenzenden Gebieten, Ber. RGK 27, 1938, 51–229. (3) B. H. Stolte, De Nederlandse plaatsnamen uit de Romeinse tijd, Meded. van de Vereniging voor Naamkunde te Leuven en de Commissie voor Naamkunde te Amsterdam 39, 1963, 83–100. (4) R. Urban, Der „Bataveraufstand" und die Erhebung des Iulius Classicus, 1985.

R. Wiegels

Vadomarius (Alemannenkg., 4. Jh.). Zum ersten Mal erwähnt → Ammianus Marcellinus V. zum J. 354 in seinem Ber. über den Alem.feldzug des Westks.s Constantius II. (22, 25–28; 4, 116; 7, 37 f.). Das milit. Unternehmen galt V. und dessen Bruder → Gundomad, die durch ihre ‚häufige(n) Einfälle die ihnen benachbarten gallischen Gebiete verwüstet' hatten (1, XIV 10,1; 2, 32). Die beiden kgl. Brüder herrschten über die alem. Völker, die im n. und s. → Breisgau siedelten (15, 45; 37, 393). Als Constantius II. sein Heer in die Nähe von Rauracum (→ Kaiseraugst) führte, das, nach Ammian, dem Gebiet des V. gegenüber lag (1, XVIII 2,16: *cuius erat domicilium contra Rauracos;* 30, 31), stieß man zunächst auf alem. Widerstand (1, XIV 10,6). Doch angesichts der bedrohlichen Lage (1, XV 10,9) – vielleicht auch bestärkt durch die Vermittlertätigkeit einiger Alem. im röm. Heer (so 22, 27 mit Anm. 11) – entschlossen sich die beiden *reges*, Gesandte zu schicken, die um Frieden baten. Daraufhin gewährte ihnen der Ks. den Frieden. Ammian sagt ausdrücklich, daß am Ende der Verhandlungen ein Bündnis nach dem Völkerrecht, d. h. ein *foedus*, geschlossen wurde (1, XIV 10,16: *foedere gentium ritu;* vgl. zur rechtlichen Bedeutung 22, 27 f.). Die Tragweite jenes Bündnisses zeigte sich rund drei J. später, als unter dem Caesar → Julian, der von Constantius nach Gallien geschickt wurde, ein erneutes Aufflammen der Auseinandersetzungen drohte. Während Gundomad und V. sich an den Friedensschluß gebunden fühlten, forderten die Breisgauer (*Brisigavi;* → Alemannen), sich den kampfbereiten Alem. anzuschließen. Als Gundomad dies offensichtlich ablehnte, wurde er, obwohl „mächtiger und treuer" als sein Bruder, durch die Seinen ermordet. Auch das Volk des V. (*Vadomarii plebs;* vgl. zur Bezeichnung 14, 32 f.; 35, 498) stellte sich – „gegen seinen Willen", wie dieser beteuerte – auf die Seite „der nach Krieg schreienden Barbaren" (1, XVI 12,17; 15, 44). Entgegen Zosimos 3, 4,2, der V. wohl mit dem Alemannenkg. → Chnodomar verwechselt (3, 67 mit Anm. 16; 25, 928; 34, 109), beteiligte sich V. tatsächlich nicht an der alem. Koalition, die sich im Spätsommer 357 den Truppen Julians zur Schlacht bei Straßburg entgegenstellte und vernichtend geschlagen wurde (1, XVI 12,1; 34, 109; zum Ablauf der Schlacht: 1, XVI 12; 14, 46 ff.).

Als Julian im J. 359 ein drittes Mal über den Rhein zog, um die noch nicht unterworfenen Alem. zu befrieden (5, 42 ff.; 22, 53 ff.), berichtet Ammian davon, daß V. im röm. Lager erschienen war, welches am → Limes in der nicht exakt zu lokalisierenden *regio palas* aufgeschlagen wurde (1, XVIII 2,15; 22, 60 f. mit Anm. 227 ff.). Da V. als Grenznachbar der Römer schon seit frühester Jugend an den Kontakt mit Rom gewöhnt war, machte das prunkvolle Heer einen weniger starken Eindruck auf ihn als auf die ebenfalls anwesenden alem. *fratres et reges* → Macrianus und → Hariobaudus (1 XVIII 2,16). Da V. ein Empfehlungsschreiben des Constantius II., das sich wohl auf den Friedensschluß von 354 bezog, vorzeigen konnte, „wurde er entsprechend freundlich empfangen", und man begann über einen Frieden zu verhandeln. Als V. – nachdem seine Angelegenheiten geregelt waren – auch im Namen der alem. Kg. → Ursicinus, → Urius und → Vestralp bei Julian um Frieden bat, lehnte dieser ein solches Gesuch ab, da er nur mit ihnen persönlich den Frieden aushandeln wolle. Erst als er die Gebiete der drei *reges* verwüstete und sie eigene Boten sandten, wurde ihnen unter der Bedingung, alle röm. Kriegsgefangenen auszuliefern, der Friede gewährt (1, XVIII 2,18; 3, 44; 6, 13 f.; 22, 62).

In den Zusammenhang der Verhandlungen an der *regio palas* gehört vermutlich ein Eunap-Frg., das besagt V. habe als Garantie, daß auch er alle in seiner Gewalt befindlichen Kriegsgefangenen zurückgebe, seinen Sohn Vithikab als Geisel gestellt (Eunapios Fr. 13; 3, 53; 28, 262; 35, 508). Doch obwohl V. sein Versprechen nicht einhielt, forderte er kurze Zeit darauf unter Drohungen seinen Sohn zurück. Julian gab der Forderung nach und sandte den Knaben mit der Bemerkung zurück, „ein einziges Kind sei für ihn kein entsprechendes Unterpfand für so viele Menschen von besserer Herkunft" (3, 53). Gleichzeitig zog der Caesar nach Kaiseraugst, um zu demonstrieren, daß er auf einer Gefangenenrückgabe bestand (zur chron. Einordnung des Eunap-Frg.s: 5, 43 f.; 22, 57 mit Anm. 211. 62 f. mit Anm. 241 f.).

Im Frühjahr 360 überfielen ‚die Alemannen vom Gau des Vadomarius' *(Alammannos a pago Vadomarii)* die an → Raetien angrenzenden Gebiete (1, XXI 3,1; 15, 51 f.). Gegen die plündernden Scharen entsandte der inzw. zum Gegenks. erhobene Julian den → *comes* Libino mit zwei Auxiliareinheiten, der jedoch in einem Kampf in der Nähe der Stadt Sanctio (wohl eher Besançon als Säkkingen, vgl. 15, 52 mit Anm. 21) den Alem. unterlag und getötet wurde. Nun behaupten dem Ks. Julian freundlich gesonnene Qu., Constantius II. habe die Alem. in Briefen dazu aufgefordert, ins röm. Gebiet einzufallen, um Julians Kräfte in Gallien zu binden (22, 68 f. mit Anm. 268 ff.). Während Libanios erzählt, der Ks. habe nur einen von diesen überreden können, „den Eid zu brechen", nennt Ammian zwar den Namen des V., gesteht aber gleichzeitig ein, daß es sich bei der ganzen Angelegenheit nur um das Gerücht eines einzelnen handele (3, 19; 1, XXI 3,4). Deshalb sowie aufgrund der einseitigen Qu.lage mag es als fragwürdig erscheinen, ob der Augustus in seinem Konflikt mit Julian tatsächlich zu solchen Mitteln der Politik griff (5, 46 f.; 22, 68 f.). Ungeachtet dessen berichtet Ammian anschließend davon, daß die Wachposten Julians bei einem Schreiber des V. einen Brief an Constantius gefunden haben, in dem V. den Ks. wissen ließ: ‚Dein Caesar hält keine Disziplin' (1, XXI 3,6: *Caesar tuus disciplinam non habet*). Daß V. in seinen Briefen an den Usurpator Julian diesen dagegen als „Herr und Augustus und Gott" bezeichnete, mag darauf hinweisen, daß V. versuchte, die beiden Widersacher gegeneinander auszuspielen (15, 52; 33, 86). Jener Vorfall gab Julian letztlich den Anlaß, sich eines gefährlichen Gegners in seiner unmittelbar bevorstehenden Auseinandersetzung mit Constantius zu entledigen (5, 47; 27, 669; 31, 46 f.; 32, 37). Deshalb sandte er den Notar Philagrius in das Grenzgebiet mit dem Geheimauftrag V. gefangenzunehmen, sobald dieser auf linksrhein. Gebiet erschien (1, XXI 4). Eine solche Gelegenheit ergab sich, als V. die Einladung zu einem Gastmahl im röm. Lager annahm (3, 19). Der ebenfalls anwesende Philagrius ließ V. festnehmen und zu Julian bringen. Doch Julian behandelte V. auffallend milde und verbannte ihn lediglich nach Spanien (1, XXI 4,6). Nachdem V. auf diese Weise aus dem Weg geräumt war, nutzte Julian die Gelegenheit und unterwarf die breisgauischen Alem. (1, XXI 4,7 f.).

Nach Ammian begegnet V. einige J. später als milit. Befehlshaber in röm. Diensten. Unter Ks. Jovian (363–364) wurde er zum → *dux* der Grenzprov. Phoenice ernannt (XXI 3, 5; 21, 308; 25, 928). Doch verlor er – angeblich wegen seines unaufrichtigen Charakters (vgl. zur Beurteilung V. durch Amm.: 33) – diese Stellung alsbald wieder, weshalb ihn Ammian bei seiner nächsten Erwähnung als *ex duce et rege Alamannorum*, d. h. ‚gewesenen Befehlshaber und Alemannenkönig' bezeichnet (so 21, 309 gegen 31, 47; vgl. auch 9, 619 mit Anm. 43). Von Ks. → Valens wurde V. 365 in Bithynien als „General zur besonderen Verwendung" in dessen Kampf gegen den Usurpator Procopius eingesetzt (1, XXVI 8,2; 21, 308; 15, 52). Letztmalig trat V. im J. 373 in Erscheinung, als er gemeinsam mit dem *magister peditum* Traian einen Sieg gegen die Perser in einer Schlacht bei Vagabanta (Mesopotamien) errang (31, 47; 34, 110). An der Karriere des V., „der die Stufen vom Reichsfeind über den Klientelfürsten zum militärischen Befehlshaber" (33, 84) durchlaufen hat, ist beispielhaft zu sehen, in welch hohe milit. Ämter Alem. in röm. Diensten aufsteigen konnten (21, 308 f.; 24, 122 mit Abb. 119; 31, 45 ff.; 34, 108 ff.).

Noch zu V. Leibzeiten übernahm dessen Sohn Vithikab die Herrschaft über die Breisgau-Alem. (26; 34, 47 f.). Vithikab, den Ammian einerseits als „schwächlich und kränklich" andererseits aber als „furchtlos und energisch" charakterisiert, bereitete den Römern durch seine zahlreichen Raubzüge offensichtlich so viel Ärger, daß sich → Valentinian I. im J. 368 gezwungen sah, den *rex* durch einen gedungenen Mörder beseitigen zu lassen (1, XXVII 10,3 f., XXX 7,7; 15, 52 f.).

Daß Gundomad und V. sowie dessen Sohn Vithikab neben- bzw. nacheinander als *reges* in Erscheinung treten, läßt an das Bestehen einer *stirps regia* denken (6, 5 ff.; 10, 154; 14, 35 f.; 15, 45), deren Herrschaftsgebiet sich im s. Oberrheintal „etwa zwischen Kaiseraugst und dem Nordrand des Kaiserstuhls" befand (12, 67). Nun liegt in diesem Gebiet auf dem → Zähringer Burgberg eine Höhensiedlung, die im Laufe des 4. Jh.s „gewaltige Umbaumaßnahmen zur Schaffung eines repräsentativen Wohnsitzes" erfuhr (19, 221; 18, 334) und die man gerne mit V. und Gundomad in Verbindung bringen möchte (13, 106 f.; 11, 136; 29, 196). Doch konnte für eine solche Vermutung – wie für die Höhensiedlung auf dem Hertenberg, der gegenüber Kaiseraugst liegt – bisher kein stichhaltiger arch. Beweis erbracht werden (19, 223).

Qu.: (1) Amm., Rerum gestarum libri qui supersunt, hrsg. von W. Seyfarth, 1978. (2) Qu. zur Gesch. der Alam., 1. Von Cassius Dio bis Ammianus Marcellinus, übs. von C. Dirlmeier, 1976. (3) Qu. zur Gesch. der Alam., 2. von Libanios bis Gregor von Tours, übs. von C. Dirlmeier, 1978.

Lit.: (4) L. Bakker, Bollwerk gegen die Barbaren. Spätröm. Grenzverteidigung an Rhein und Donau, in: Die Alam. Austellungskat., 1997, 111–118. (5) P. A. Barceló, Roms auswärtige Beziehungen unter der Constantinischen Dynastie (306–363), 1981. (6) B. Behr, Das alem. Hzt. bis 750, 1975. (7) H. Büttner, Gesch. des Elsaß 1, 1991. (8) H. Castritius, E. Schallmayer, Ks. Julian am obergerm. Limes in den J. 357 bis 359 n. Chr., Beitr. zur Erforschung des Odenwaldes und seiner Randlandschaften 6, 1997, 1–16. (9) A. Demandt, Der spätröm. Militäradel, Chiron 10, 1980, 609–636. (10) O. Feger, Zur Gesch. des alem. Hzt.s, in: W. Müller (Hrsg.), Zur Gesch. der Alem., 1975, 151–222. (11) G. Fingerlin, Frühe Alam. im Breisgau. Zur Gesch. und Arch. des 3.–5. Jh.s zw. Basler Rheinknie und Kaiserstuhl, in: H. U. Nuber u. a. (Hrsg.), Arch. und Gesch. Freiburger Forsch. zum ersten Jt. in SW-Deutschland 1, 1990, 97–137. (12) Ders., Die alam. Landnahme im Breisgau, in: M. Müller-Wille, R. Schneider (Hrsg.), Ausgewählte Probleme europ. Landnahmen des Früh- und Hoch-MAs 1, 1993, 59–82. (13) Ders., Grenzland in der VWZ. Frühe Alam. im Breisgau, in: wie [4], 103–110. (14) D. Geuenich, Zur Landnahme der Alem., Frühma. Stud. 16, 1982, 25–44. (15) Ders., Gesch. der Alem., 1997. (16) P. Goessler, V. – Ein alam. Gaufürst im Breisgau, Volk und Vorzeit 1, 1940, 7–14. (17) Ders., V. (2), in: RE VII A 2, 2065–2071. (18) M. Hoeper, Die Höhensiedlungen der Alem. und ihre Deutungsmöglichkeiten zw. Fürstensitz, Heerlager, Rückzugsraum und Kultplatz, in: D. Geuenich (Hrsg.), Die Franken und die Alem. bis zur „Schlacht bei Zülpich" (496/97), 1998, 325–348. (19) Ders., Residenzen auf der Höhe – die alam. Höhensiedlungen am Schwarzwaldrand, in: Imperium Romanum. Römer, Christen, Alam. – Die Spätant. am Oberrhein, 2005, 219–223. (20) D. Hoffmann, Das spätröm. Bewegungsheer und die Not. Dign. 1–2, 1969–1970. (21) Ders., Wadomar, Bacurius und Hariulf. Zur Laufbahn adliger und fürstlicher Barbaren im spätröm. Heere des 4. Jh.s, Mus. Helveticum 35, 1978, 307–318. (22) St. Lorenz, Imperii fines erunt intacti. Rom und die Alam. 350–378, 1997. (23) W. Lütkenhaus, V. [2], in: N. Pauly XII/1, 1078. (24) M. Martin, zw. den Fronten. Alam. im röm. Heer, in: wie [4], 1997, 119–124. (25) PLRE I, 928, s. v. V. (26) PLRE I, s. v. Vithicabius. (27) I. Runde, Die Franken und Alem. vor 500. Ein chron. Überblick, in: wie [18], 656–690. (28) Schmidt, Westgerm. (29) H. Steuer, Höhensiedlungen des 4. und 5. Jt.s in SW-Dt. Einordnung des Zähringer Burgberges Gem. Gundelfingen, Kr. Breisgau-Hochschwarzwald, in: wie [11], 139–205. (30) Ders., Die Alamannia und die alam. Besiedlung des rechtsrhein. Hinterlands, in: wie [19], 26–41. (31) K. F. Stroheker, Alam. im röm. Reichsdienst, in: Ders., Germanentum und Spätant., 1965, 30–53. (32) Ders., Die Alam. und das spätröm. Reich, in: wie [10], 20–48. (33) I. Ulmann, Der Alamannenkg. Vadomar in der Darst. Ammians, in: Rom und die Germ. Dem Wirken W. Hartkes gewidmet, SB der Akad. der Wiss. der DDR/Gesellschaftswiss. 15, 1982, 84–88. (34) M. Waas, Germ. im röm. Dienst (im 4. Jh. n. Chr.), ²1971. (35) Wenskus, Stammesbildung, 1977. (36) G. Wirth, V., in: Lex. des MAs 8, 1997, 1365. (37)

Th. Zotz, Die Alem. um die Mitte des 4. Jh.s nach dem Zeugnis des Ammianus Marcellinus, in: wie [28], 384–406.

Th. Fischer

Vættir

§ 1: Sprachgeschichtlich – § 2: Die *landvættir* – a. Definition; Beziehung zu Land und Siedlungswesen – b. Erscheinung – c. Fähigkeiten – d. Naturwesen und andere Wesen – e. Kult

§ 1. Sprachgeschichtlich. Mit *vættir*, fem. Pl., werden in den awnord. Qu. verschiedene übernatürliche Wesen bezeichnet, von denen sich einige bemerkenswert lange im Volksglauben Skand.s gehalten haben. Awnord. *vættr* (mit den parallelen Formen *véttr* und *-vítr*), fem. Sing., hat in den modernen skand. Sprachen wie auch in anderen germ. Sprachen zahlreiche Äquivalente (54, s. v. *véttur, vættur;* 80, s. v. *vættr*), z. B. got. *waíhts* ‚Ding, Sache', ae. *wiht* ‚Sache, Wesen, Dämon' (51, 153–155), vgl. ne. *wight* und *whit,* ‚Wesen, Wicht', as. *wiht* ‚Wesen, Geist', ahd. *wiht,* mhd. *wicht* ‚Wesen, Geschöpf, Geisterwesen', vgl. nhd. *Wicht* mit dem Kompositum *Wichtelmännchen,* adän. *væt(tæ)* ‚Wesen, Geist', aschwed. *væter* und schwed. *vätter* ‚Kobold, Wesen', vgl. schwed. *vätte,* norw. *vett* ‚dasselbe', fär. *vætti* ‚dasselbe'.

Awnord. *vættr* ist vermutlich eine Ableitung zur idg. Wurzel *$\ast\textit{u̯ek}^u$* ‚sprechen' – vgl. aind. *vāc* ‚Rede, Sprache', griech. ἔπος ‚Epos', lat. *vōx* ‚Stimme' und anord. *váttr* ‚Zeuge' –, so daß es urspr. ‚das, wovon man spricht; Sache, Grund' bedeutet hätte (54, s. v. *véttur, vættur;* 58, s. v. *vætte;* 80, s. v. *vættr,* vgl. 45, 144 f. 160, mit Hypothese einer idg. Form *$\ast\textit{u̯ek}^u\textit{-ti}$*).

Eine weitere Hypothese ist die Ableitung von dem germ. Vb. *$\ast$weʒan* ‚betasten; wiegen': Das Subst. *$\ast$wehti-* hätte urspr. die Bedeutung ‚etwas, das wiegt; Gewicht' gehabt, bevor es sich zu ‚Sache' entwickelt habe (48, 159 f.). Der Übergang von der Bedeutung ‚Sache' zur Bezeichnung eines übernatürlichen Wesens, ist bisweilen als Euphemismus gesehen worden, vergleichbar mit bestimmter Verwendung von franz. *chose* (47, s. v. *vätte* bzw. *vätt;* 48, 159 f.).

In den awnord. Qu. hat *vættr* drei Hauptbedeutungen (40, s. v. *véttr, vétr;* 43, s. v. *vættr*): ‚übernatürliches Wesen, Geist', ‚Geschöpf, (in der Regel) lebendiges Wesen' und ‚Sache', wobei die letzte Bedeutung v. a. in pronominaler Form begegnet, die eine Negation zum Ausdruck bringt, z. B. *vætr manna* ‚niemand; kein Mensch', *vætki* ‚niemand; nichts'; *ekki vætta* ‚nichts' und *engu vætta* ‚nichts'.

Als Simplex wird *vættr* sehr häufig durch Epitheta näher bestimmt, entweder im lobenden Sinne wie *hollr* ‚hold, treu, wohlgesonnen' – *Svá hiálpi þér hollar vættir, Frigg oc Freyia oc fleiri goð* ‚So mögen holde Wesen dir helfen, Frigg und Freyja und andere Götter' (Oddrúnargrátr, Str. 9) – oder häufiger in pejorativer Bedeutung: *argr* ‚arg, schlimm; feige, weibisch, pervers', dazu fast synonym *ragr* (so im Blick auf → Loki in den Str. 57, 59 und 61 der → *Lokasenna*), *armr* ‚arm, elend', *illr* ‚schlecht', *vándr* ‚böse, schlecht', *heiðinn* ‚heidnisch' oder auch *rammr* ‚stark, kraftvoll' mit deutlich magisch-relig. Konnotation.

Selbst wenn *vættr* v. a. in beleidigender Apostrophierung gern polemisch gebraucht wird, zeigen diese Belege doch eindeutig, daß das Lexem selbst keine negative Konnotation besitzt. Diese Beobachtung wird gestützt durch mehrere awnord. Komposita auf *-vættr* oder *-vítr,* die Wesen oder Geister unterschiedlicher Natur oder Funktion bezeichnen, z. B. *bjargvættr* ‚Schutzgeist', *gorningavættr* ‚Zauberwesen, Hexe', wörtlich ‚Geist magischen Zaubers' (Þuríðr in der *Grettis s.,* c. 78, Ljót und ihr Sohn Hrolleifr in der *Vatnsdœla s.;* 19, 117; vgl. 37, 150. 215), *landvættir* ‚Schutzgeister des Landes' (s. § 2), *meinvættr* ‚böser Geist, schädliches Wesen', *óvættr* ‚Dämon, Monster'; *alvítr* (vgl. ae. *ælwiht* ‚Fremdwesen', als Beiname oder

Name einer Walküre [→ Valhǫll]), *fólcvítr* (wörtlich: ‚[übermenschliche] Schlachtjungfrau'), *hiálmvítr* (wörtlich: ‚Helmwicht', d. h. Walküre) und *sárvítr* (wörtlich: ‚Wundenwicht' d. h. Wunden schlagende Walküre, gleicher Bezug).

In diesen Beispielen wird das Wort *vættr* – z. T. in komponierter Form wie *óvættr* und *meinvættr* – für Menschen (bes. Magierinnen und Zauberinnen, bisweilen aber auch Heldinnen, z. B. Brynhildr, wie in Str. 22 der *Guðrúnarkviða* I) und für verschiedene übernatürliche Wesen (bes. Göttinnen und Walküren) verwendet; es bezeichnet bisweilen auch wilde Tiere oder Ungeheuer, z. B. eine Schlange im c. 16 der *Bósa s. ok Herrauðs,* einen Drachen in c. 1 der *Ketils s. hængs* und in den *Vitæ Patrum* (II, 409; hier übersetzt der Terminus *meinvættr* das lat. *bestia*). Das Kompositum *óvættr* wird manchmal auch für ein Seeungeheuer verwendet, z. B. für die *margýgr* oder Sirene, mit der Kg. Óláfr Haraldsson im Laufe einer See-Expedition zusammenstößt (Fltb. II, 26; vgl. 33, 374 f.).

In anderen Episoden in → Königssagas wird der Gegensatz zw. den *illar vættir* ‚bösen Wesen, Ungeheuern' und einem Missionskg. betont (z. B. c. 80 der *Óláfs s. Tryggvasonar* [Hmskr. I, 328], wo von *trǫll ok illar véttir* die Rede ist, mit denen es Kg. → Óláfr Tryggvason zu tun hat; c. 179 der *Óláfs s. helga* [Hmskr. II, 325], wo *meinvéttir* eine Sennhütte heimsuchen). In mehreren kirchlichen Gesetzbüchern des ma. Norwegens und Islands nimmt unter den Maßnahmen zur Ausrottung ererbter Praktiken aus vorchristl. Zeit die Verurteilung der Verehrung von *heiðnar vættir* ‚heidnischen Wesen' einen wichtigen Platz ein (Ældre Frostathings-Lov, NgL I, 152; Ældre Bjarkö-Ret, NgL I, 318; Kong Sverrers Christenret, NgL I, 430; Erkebiskop Jons Christenret, NgL II, 381; Kristinna laga þáttr, Grg. 22). Der in diesen Rechtstexten verwendete Terminus *heiðnar vættir* scheint meist nicht nur verschiedene Natur- und Hausgeister zu bezeichnen, sondern umfaßt auch Gottheiten der anord. Mythol. Unter den verschiedensten Bezeichnungen – seien sie nun mit dem awnord. *vættr* verwandt oder nicht – lebte indessen der Glaube der ländlichen Bevölkerung an gute oder schlechte übernatürliche Wesen in Skand. jahrhundertelang weiter; das bezeugen die im 19. Jh. gesammelten volkstümlichen Erzählungen und Legenden sowie volkskundliche Befragungen im 19. und 20. Jh. und bisweilen auch die Toponymie (s. z. B. 41; 35; 28; 44; 59; 61; 66; 75).

§ 2. Die *landvættir*. a. Definition; Beziehung zu Land und Siedlungswesen. In der nicht fest abgegrenzten Menge der übernatürlichen Wesen, die in den Texten als *vættir* (samt parallelen Formen und Komposita) bezeichnet werden, bilden die *landvættir* eine eigene Kategorie, die in ihren Konturen und Funktionen deutlicher und besser definiert ist als die anderen *vættir*. Nach übereinstimmendem Zeugnis der awnord. Qu. erscheinen die *landvættir* als eine kollektive Einheit (belegt ist hier nur die Pl.form *landvættir*). Wie der Name andeutet, haben diese Wesen eine direkte Beziehung zum Land: Ihre Aktivitäten üben sie in einem bestimmten ‚Land' aus, wobei eine geogr.-polit. Einheit (z. B. Norwegen: Egils s. Skalla-Grímssonar, c. 57; Island: Óláfs s. Tryggvasonar, c. 33 [Hmskr. I, 271]), oder auch ein Gegensatz zum Meer gemeint sein kann (vgl. die Anordnungen in den Gesetzen des → Ulfljótr; s. u.).

Manchmal werden die *landvættir* präziser als Wesen beschrieben, die ‚alle Berge und Hügel' bevölkern (Óláfs s. Tryggvasonar, c. 33) oder in den ‚Hainen, Hügeln oder Wasserfällen' wohnen (Nyere Gulathings-Christenret, NGL II, 308; vgl. die isl. Urk. Um sakeyri biskups og konungs (5, 224); hier wird der Glaube an die Existenz der *landvættir* in Wasserfällen oder in Hügeln verurteilt). Eine der zahlreichen Erkenntnisse, die man dazu aus einer in der *Hauksbók* (10) überlieferten Predigt ziehen kann, ist, daß zumindest im 13. Jh. bestimmte Frauen gerügt wurden, weil sie an *landvættir* im Inneren oder in der Nähe von Steinhaufen *(hreysar)* und Grotten *(hellar)* glaubten; zu diesen Stellen brachten sie ihre Nahrung, um sie den *landvættir* genannten Wesen zu weihen. Im Epilog des *Þiðranda þáttr ok Þórhalls* (17, 125) offenbart sich dem Seher Þórhallr die Vision von zahlreichen sich öffnenden Hügeln, aus denen *kykvendi* ‚lebendige Wesen‘ herauskommen, ‚große und kleine zugleich‘; man geht allg. davon aus, daß sich diese Episode auf *landvættir* bezieht, die wegen des Vordringens der neuen Relig. ihre alte Behausung verlassen (vgl. z. B. 70, 57; 17, 125 Anm. 3).

b. Erscheinung. In c. 33 seiner *Óláfs s. Tryggvasonar* erzählt → Snorri Sturluson von einer Erkundungsreise an die Küsten Islands, die ein Magier im Auftrag von → Haraldr blátǫnn Gormsson, Kg. von Dänemark, unternommen hätte; zuvor hätte dieser Magier die Gestalt eines Wals angenommen. Diese Episode ist in keinerlei Hinsicht ein plausibles Zeugnis für den alten Glauben an die Erscheinung der *landvættir,* trotz der weit verbreiteten Auffassung, daß diese Wesen mit den vier wichtigsten Gestalten gleichzusetzen sind, die sich dem Magier entgegen stellen (vgl. z. B. 42, 117 f.; 52, 44; 56, 145; 77, 232 f.); dies spiegelt die im heutigen Island gängige Bezeichnung *Landvættasaga* wider (‚Gesch. von den *landvættir*‘, vgl. 72, 117).

Diese vier hünenhaften Gestalten – ein Drache, ein Vogel, ein Stier und ein *bergrisi* ‚Bergriese‘ –, die im 20. Jh. in das Wappen Islands Eingang fanden, werden von Snorri nicht mit den Terminus *landvættir* beschrieben: Dieses Appellativ behält er Wesen von unbestimmtem Äußeren vor, die er zwei Mal im Laufe dieser Erzählung ins Spiel bringt.

Der Magier bemerkt die Wesen bereits, als er in die offene See vor Island kommt und beginnt, die Insel von N her zu umrunden; die ersten, die ‚alle Berge und Hügel‘ bevölkern, sind nur als Wesen, ‚einige groß, einige klein‘ beschrieben, wobei letztere den großen Stier, der brüllend den Breiðafjǫrðr verläßt, begleiten bzw. ihm folgen (zum Unterschied zw. den vier Hauptgestalten in Snorris Ber. und den *landvættir* s. 60, 264; 25, 147–154; 21, 351 f.; 22, 83).

Landvættir waren für die meisten Menschen unsichtbar, konnten aber von *ófreskir menn,* Menschen, die das → Zweite Gesicht hatten, wahrgenommen werden; dieser Glaube hat sich in der → *Landnámabók* niedergeschlagen (S 329/H 284). Ebenso wurden sie nach dem Ber. der *Óláfs s. Tryggvasonar* bei zwei Gelegenheiten von dem in einen Wal verwandelten Magier wahrgenommen. Obgleich sich keine der beiden Qu. mit Sicherheit über das ihnen im Allg. zugeschriebene Aussehen äußert, bleibt die Annahme eines anthropomorphen Aspekts der *landvættir* (25, 149) die am wenigsten gewagte.

c. Fähigkeiten. In c. 57 der → *Egils saga Skalla-Grímssonar* (vgl. 25, 89 f.; 37, 128 f.; 39; 68, 20 f.) wird der isl. → Skalde Egill beschrieben, wie er auf einem hervorspringenden Felsen der Insel Herðla im Meer vor der Küste Norwegens steht, während er seine Feinde verflucht, in der Hand einen Haselnußstock, auf den er einen Pferdekopf gesteckt hat: „Hier setze ich eine Neidstange [→ *níð*] und ich richte diesen Fluch gegen König Eiríkr und Königin Gunnhildr". Er richtete den Pferdekopf landeinwärts: „Ich wende diese Neidstange gegen die *landvættir,* die dieses Land bewohnen, damit sie alle umherirren, so daß keine von ihnen weder Haus noch Heimstatt finde, bis sie König Eiríkr und Gunnhildr aus dem Lande vertrieben haben." Dann stieß er den Stock in eine Felsspalte und ließ ihn dort aufgerichtet stehen. Er richtete auch den Pferdekopf landeinwärts und ritzte Runen auf den Stock; sie halten den ganzen Spruch fest.' Laut Autor dieses Berichtes wurde die an die *landvættir* gerichtete Verwünschung wirksam, da der norw. Kg. und seine Frau bald das Land verlassen mußten (Egils s., c. 59).

Die Episode illustriert mehrere Aspekte des alten Glaubens an *landvættir:* zunächst die Vorstellung, nach der diese Wesen nicht nur Ziel einer Fluchformel sein konnten, sondern auch durch den Anblick eines gegen ihr Land gerichteten Tierkopfes aufgescheucht würden; daneben die Beweglichkeit der *landvættir,* die ihren Aufenthaltsort verlassen und im Land umherschweifen konnten, und schließlich die Notwendigkeit für diese Wesen, ihren urspr. Siedlungsraum wiederzugewinnen. Andernfalls – würden sie dauerhaft umherirren müssen – hielt man die *landvættir* für imstande, Zwangsmaßnahmen zu ergreifen, etwa derart, daß sie die Herrschenden außer Landes trieben.

Dieser Abschnitt aus c. 57 der *Egils s.,* die im 1. Drittel des 13. Jh.s niedergeschrieben sein dürfte, beleuchtet zugleich eine der ersten Verordnungen der alten *Ulfljótslǫg* ,Gesetz des Ulfljótr', die → Ulfljótr nach dem Zeugnis des → Ari Thorgilsson (Íslendingabók, c. 2) kurz vor der Gründung des *alþingi* (→ Ding; → Volksversammlung) um das J. 930 erließ, nachdem der vermutlich erste *lǫgsǫgumaðr* Islands von einem Auftrag in Norwegen zurück gekommen war. Der Anfang der Gesetze des Ulfljótr ist aus vier liter. Qu. bekannt (*Landnámabók* in der Version der Hauksbók, H 268; Brot af Þórðar sögu hreðu, c. 1; Þorsteins þáttr uxafóts, c. 1; Anhang zur Redaktion der *Þórðarbók* der *Landnámabók* [14, 144 f.]), die auf einen Archetyp zurückgehen müssen, der der ersten Redaktion der *Íslendingabók* angehört haben dürfte (37, 511; 55, 69; 64a, 178). Die Gesetze des Ulfljótr (im Folgenden zitiert nach der *Landnámabók,* Red. Hauksbók, 313) beginnen mit dem Verbot, mit *hǫfuðskip* auf der offenen See zu segeln, d. h. mit Schiffen, deren Steven oder Heck in einem Tierkopf (des öftern einem Drachenkopf) mit klaffendem Maul ausliefen.

Liter., ikonographisch und arch. sind tierkopfförmige Stevenfiguren an skand. Schiffen alter Zeit gut bezeugt, was zeigt, daß dieses Verbot sicherlich nur bedingt respektiert wurde (dazu 38). Es wurde verstärkend ergänzt durch eine Anordnung, die Seeleuten, die dennoch auf solchen Schiffen fuhren, zur Auflage machte, diese Verzierungen abzunehmen, bevor sie in Sichtweite zum Land gerieten, ,damit sie nicht gegen das Land segelten mit den klaffenden Köpfen oder den weit aufgerissenen Mäulern, die die *landvættir* mit Entsetzen erfüllten'.

Wie wichtig es war, daß die Navigatoren im alten, vorchristl. Island den *landvættir* Ruhe und Frieden zu bewahren halfen, zeigt sich deutlich in der Tatsache, daß dieses Verbot ganz zu Anfang der Landesgesetze steht (38; 30, 71; 70, 58). Trotz einer verbreiteten Interpretation (vgl. z. B. 56, 145; → Schutzgeister, S. 404; → Schiffsnamen S. 76) wäre es indessen abwegig davon auszugehen, daß diese Anordnungen ausschließlich die Navigation vor den Küsten Islands betrafen. Nach der mündlichen Überlieferung, die sich in Ari Þorgilssons *Íslendingabók* widerspiegelt, wurden die Gesetze des Ulfljótr zum erheblichen Teil nach dem Vorbild der *Golaþingslǫg* (→ Gulaþingsbók) eingerichtet, unter Mitwirkung eines norw. Gelehrten, Þorleifr Hǫrða-Kárason (Íslendingabók, c. 2), so daß das Verbot, mit figürlichen Verzierungen in Richtung Küste zu fahren, vermutlich norw. Ursprungs ist, wenn es nicht der damaligen gesamtskand. Kultur gemein war. Diese Hypothese wird in hohem Maße bestätigt durch die Darst. der Überquerung des Ärmelkanals durch → Wilhelm den Eroberer, wie sie ein ikonographisches Dokument aus dem letzten Drittel des 11. Jh.s von großem Wert, der Teppich von Bayeux (→ Bayeux Tapestry) zeigt: Hier sind Bug und bisweilen auch Heck mehrerer Schiffe während ihrer Überquerung des Meeres abgebildet; alle Ornamente in Form von Drachenköpfen sind jedoch verschwunden, als die Schiffe auf den

Strand von Pevensey (in England) gezogen werden (38; 57, Taf. 80–89 und S. 282; 81, Taf. 40–44). Es ist also durchaus vorstellbar, daß unter anderen urspr. skand. nautischen Traditionen, die im Hzt. der Normandie bzw. im anglo-normannischen Kgr. erhalten blieben, auch der Glaube, daß bestimmte Bugornamente die den *landvættir* vergleichbaren Wesen erschrecken könnten, mehr oder weniger bewußt und umfangreich noch lebendig war, als England von den Normannen erobert wurde.

Furcht und Schrecken, den die *landvættir* unter bestimmten Umständen verbreiten konnten, zeigen sich deutlich im Anschluß an die Ermordung eines Siedlers; dieser Schluß läßt sich aus einem Abschnitt der *Landnámabók* ziehen (S 330, H 289–290) im Blick auf Landstriche an der S-Küste Islands, die von Hjǫrleifr Hróðmarsson besiedelt worden waren: Nachdem der *landnámsmaðr* (→ Landnahme) und seine Angehörigen von Sklaven getötet worden waren, wagte eine Zeitlang niemand, sich *fyrir landvættum* ‚wegen der *landvættir*' an dieser Stelle niederzulassen. Hintergrund war sicherlich die Überlegung, daß diese Wesen durch die blutigen Ereignisse beleidigt worden waren, da das Land, das sie schützten (oder in dem sie wohnten), nunmehr beschmutzt war (70, 64) und man ihre feindliche Einstellung fürchtete.

Andererseits konnten die *landvættir* dem einen oder anderen auch helfen oder ihn gar beschützen, wie eine vorausgehende Episode der *Landnámabók* (S 329/H 284) zeigt: Im Traum erhielt ein Mann namens Bjǫrn Molda-Gnúpsson Besuch von einem *bergbúi* ‚einem, der im Berg wohnt', der ihm vorschlug, sich mit ihm zusammenzutun. Kurze Zeit danach vermehrte sich das Vieh des Bjǫrn so stark, daß er ein reicher Mann wurde. Dann sahen Personen, die das Zweite Gesicht hatten (*ófreskir menn*, nach Lesart von *Sturlubók* – aber eine einzige *ófresk kona* ‚Frau mit dem Zweiten Gesicht', nach gemeinsamer Lesart von *Hauksbók* und *Þórðarbók*), daß ‚alle *landvættir*' den Bjǫrn begleiteten, wenn er sich zum Thing begab, sowie seine beiden Brüder, wenn sie jagten und fischten.

In der Lit. (bes. 69, 201–203 und 140–142; vgl. 26, 148; 30, 74; 31, 84) wurde oft die Hypothese vertreten, daß die *landnáms*-Riten (z. B. die *circumambulatio* der Ländereien, die sich der Siedler aneignen wollte, mit einer Fackel in der Hand; vgl. *at fara eldi um landnám sitt* ‚ein Stück Land mit brennender Fackel umschreiten') hauptsächlich dazu dienten, das Wohlwollen oder die Zustimmung der *landvættir* zu erhalten, ein Gebiet in Besitz zu nehmen, in dem sie vorher allein geherrscht hatten. Eine Analyse der Qu. kann diese Hypothese nicht bestätigen: Kein einziger Abschnitt aus der *Landnámabók* noch einem anderen awnord. Werk zeigt einen Siedler bei einem Opfer für die *landvættir*, noch weiht er sein *landnám* einem dieser Wesen, wie es z. B. für den Gott Thor (→ Donar-Þórr; → Þórsnes) bekannt ist (vgl. Ldnb. S 85 / H 73. S 343 / H 301).

d. Naturwesen und andere Wesen. Vielleicht haben bestimmte neuskand. Überlieferungen, in denen verschiedene volkstümliche Wesen vorkommen – z. B. die aus den norw. Gebieten Telemark, Setesdal und Sørlandet bekannten *vetten*, ausschließlich vom *haugtypen* ‚Hügeltyp' (vgl. 27, 140 f.) –, zu der Behauptung geführt, die *vættir* und bes. die *landvættir* würden die Toten (53, 61) oder die ‚Seelen der Toten' repräsentieren (56, 145; 46, 18; zustimmend und verschärft 29, 386 f.). Diese Behauptung stimmt nicht mit dem überein, was dazu die awnord. Qu. liefern können.

Sowohl aufgrund ihrer Eigenschaft als verantwortliche Wesen eines Landes, das wie Island gerade besiedelt worden war (69, 202 und 140; gefolgt bes. von 24, 356–358; 42, 118; 60, 264 f.) als auch wegen ihrer starken Bindung an die sie umgebende Natur und des Schutzes, den sie manchmal bei Fischerei, Jagd und allg. beim Gedeihen eines Gehöfts gewährten (vgl. Ldnb. S 329/ H 284; Hauksbók, 167), können die *landvættir* sicherlich nicht als Totengeister verstanden werden, sondern müssen vielmehr als Naturwesen gesehen werden (61, 153 f.; 71, 141; 73, 161; 64, 196 f.), selbst wenn jüng. Qu. (Nyere Gulathings-Christenret, NgL II, 308; vgl. die isl. Urk. Um sakeyri biskups og konungs, DI II, 224) den Glauben an die Existenz von *landvættir* in den *haugar* (‚Grabhügel') oder anderen angeblichen Aufenthaltsorten verurteilen. Wie oft in solchen Fällen, können solche kirchlich inspirierten juristischen Verordnungen auch auf einer Verwechslung der verschiedenen übernatürlichen Wesen aus vorchristl. Zeit bei den Redaktoren oder ihren Informanten beruhen.

Die Unterscheidung zw. *landvættir* und anderen mythischen Wesen oder Figuren wie den *alfar* (→ Alben) oder *dísir* (→ Disen) ist umstritten: Nach Auffassung der einen hätten die *landvættir* keine besondere Gruppe innerhalb der *vættir* gebildet; die auf Island bezogenen Qu. würden es nicht erlauben, sie von den *alfar* und *dísir* zu unterscheiden (30, 88; vgl. 31, 95. 100). Andere hingegen sind der Meinung, der Terminus *landvættir* habe in der alten Zeit ganz allg. sämtliche mit Land oder Natur verbundenen übernatürlichen Wesen bezeichnet (60, 268). Hinsichtlich der Beziehung zw. den *landvættir* und den *dísir* sollten Steine oder Felsen namens *landdísarsteinar* in der Ísafjarðarsýsla in Island als Beweis für die Gleichsetzung von *landvættir* und bestimmten *dísir* gelten (76; 77, 225): Die *landdísir* hätten in dem Fall als Bindeglied zw. *dísir* und *landvættir* gedient (30, 85; 31, 95).

Ein recht kühner Vergleich wurde zw. dem Ber. der *Landnámabók* (S 329 / H 284) über die Vision der *ófreskir menn,* alle *landvættir* würden Bjǫrn Molda-Gnúpsson (s. o.) zum *þing* begleiten, und dem *dísaþing* in ma. schwed. Qu. (62, 188 f.) gezogen. Aber außer der Tatsache, daß ein Kompositum **landvættaþing* nicht belegt ist, berücksichtigt diese Hypothese auch nicht, daß die *landvættir* in gleicher Weise ja auch die Brüder des genannten Bjǫrn auf der Jagd oder beim Fischen begleiteten, so daß der Schutz, den sie bestimmten Personen angedeihen ließen, sich nicht auf die Reise zum *þing* beschränkte. Ferner gelten die *dísir* oft als die *dead female ancestors* (76, 201; 77, 225); wie oben dargelegt, können die *landvættir* aber keinesfalls als solche verstanden werden. Trotz einer gewissen Nähe unterscheiden sich die *landvættir* deutlich genug von den *alfar* (oder *álfar*) (24, 360): Die awnord. Überlieferung tendiert dazu, letztere als recht menschlich darzustellen, schreibt ihnen sogar die Möglichkeit von Liebesbeziehungen mit Menschen zu und individualisiert sie, so daß gewisse hervortretende Persönlichkeiten nach ihrem Tod einen Beinamen auf *-alfr/-álfr* erhalten (vgl. Kg. Óláfr Geirstaðaálfr Guðrøðarson in den Königssagas; → Alben, 131). Keiner dieser den *alfar* eigenen Züge kommt in den Qu. bei den *landvættir* auf.

e. Kult. In der alten Zeit hat man den *alfar* und *dísir* offenkundig Opfer dargeboten; dies belegt auch der Wortschatz. Die Komposita *alfablót* ‚Albenopfer' und *dísablót* ‚Disenopfer' sind zwar nicht sehr zahlreich, aber dennoch gut belegt (vgl. 63, s. v.). Auch mehrere Episoden in liter. Qu., die auf einer authentischen mündlichen Tradition fußen müssen, legen davon Zeugnis ab, wie z. B. der Abschnitt in c. 22 der → *Kormáks saga,* in der die Magierin Þórdís spákona einem verwundeten Kämpfer zwecks Heilung rät *[at] gera álfum veizlu af slátrinu,* d. h. den Alben ein Mahl vom Fleisch des Rinds anzubieten, das kurz nach dem Ende eines → Holmgangs rituell geschlachtet worden war. Die Frage nach einem möglichen Kult in vorchristl. Zeit gegenüber den *landvættir* hat radikal entgegengesetzte Antworten erhalten (vgl. z. B. 25, 149; 71, 141; 73, 162; 22; 70, 64 f.; 77, 232 f.; 78, II, 374 f.; 79, I, 261).

In dieser Debatte muß man natürlich jegliches Fehlen von Komposita wie *vættablót und *landvættablót berücksichtigen; es darf aber nicht als entscheidendes Argument gewertet werden. Von größerem Gewicht ist vielmehr, daß die sich auf das vorchristl. Norwegen und Island beziehenden Qu. weder direkt noch indirekt Opfer an die *landvættir* erwähnen, selbst wenn sich ein Ber. in der *Landnámabók* wie der über den Mord an Hjǫrleifr und seine Konsequenzen (s. o.) unzweifelhaft dazu eignete (22, 81). Umgekehrt darf in kirchlich inspirierten Texten, von denen die ältesten bis zu Beginn des 12. Jh.s zurückgehen, die Verurteilung der Verehrung der *heiðnar vættir* im allg. oder des Glaubens an die Existenz der *landvættir* in der Natur, bes. in Hainen, Wasserfällen und Grabhügeln (Nyere Gulathings-Christenret, NGL II, 308; vgl. NGL II, 326 f., NGL V, 56) nicht bagatellisiert werden, umso weniger, als es dafür eine Bestätigung in zwei anderen schriftlichen Qu. gibt: Die eine Qu. ist eine urspr. ags. Predigt, die in die *Hauksbók* aufgenommen wurde; sie enthält Beschreibungen von mehreren magisch-relig. Bräuchen mit unleugbar authentisch skand. Charakter (65; 37, 472–474, mit Lit.), z. B. daß einige Frauen den *landvættir* in den Steinhaufen oder Grotten ihre Nahrung weihen. Bei der zweiten Qu. handelt es sich um die isl. Urk. *Um sakeyri biskups og konungs* (DI II, hier 224), die die ausgesetzten Strafen für magisch-relig. Praktiken aus vorchristl. Zeit auflistet, bes. für *[at] vekia vpp troll. eda lannduæt[t]ir j forsvm eda havgvm* ‚das Heraufbeschwören von Trollen oder *landvættir* in Wasserfällen oder Hügeln'. Aber die Einsicht, die man aus diesen kirchlichen Qu. ziehen kann, bleibt mehrdeutig, da keine einzige Qu. wirklich von Opfern an die *landvættir* spricht: Es ist in erster Linie der Glaube an die Gegenwart dieser Wesen an bestimmten bevorzugten Orten der Natur, der sich in diesen Verurteilungen zeigt – ein Glaube, der nach der isl. Urk. durch die Anrufung der *landvættir* (hier mit den *trǫll* in Verbindung gebracht, mit Wesen also, die meist in den anord. Praktiken der Nekromantie beschworen wurden; s. 37, 42 f.) die Form einer Divination hatte, nach der Predigt in der *Hauksbók* die Form einer Nahrungsweihe an die gleichen Wesen, interpretiert als „a debased form of communion" (77, 233). Zusammenfassend läßt sich festhalten, daß der Volksglaube an die Existenz von *landvættir* an bestimmten Orten wie Wasserfällen *(fossar)*, Grabhügeln *(haugar)* oder Steinhaufen *(hreysar)* in Norwegen wie auch in Island gleichermaßen vorhanden war; er scheint einerseits nicht nur auf die vorchristl. Per., sondern auf die Zeit vor dem *landnám* in Island zurückzugehen, sich andererseits auch mit der Verehrung bestimmter Orte wie etwa Wasserfälle zu verbinden, wie es z. B. die *Landnámabók* mehrfach belegt (z. B. in c. S 355/H 313 bei Þorsteinn rauðnefr, dem Sohn eines Siedlers in S-Island, der dem Wasserfall in der Nähe seines Gehöfts opferte; vgl. 37, 49 f.). Schließlich scheint der Glaube mit urspr. Praktiken vergleichbar, die im jüng. skand. Volksbrauch gut belegt sind (vgl. z. B. 27, 141; 32, 138; 50, I, 103; 74).

Qu.: (1) Brennu-Njáls s., hrsg. von Einar Ól. Sveinsson, Ísl. Fornr. 12, 1954. (2) Bósa s. ok Herrauðs, hrsg. von Guðni Jónsson, Bjarni Vilhjálmsson, Fornaldarsögur Norðurlanda 2, 1944. (3) Brot af Þórðar sögu hreðu, hrsg. von Jóhannes Halldórsson, Ísl. Fornr. 14, 1959. (4) S. Bugge (Hrsg.), Norrœn fornkvæði, 1867. (5) Diplomatarium Islandicum 2, 1893. (6) Edda. Die Lieder des Cod. Regius nebst verwandten Denkmälern, hrsg. von G. Neckel. I. Text. Vierte, umgearbeitete Aufl. von H. Kuhn, 1962. (7) Egils s. Skalla-Grímssonar, hrsg. von Sigurður Nordal, Ísl. Fornr. 2, 1933. (8) Fltb. En Samling af norske Konge-Sagaer, hrsg. von Guðbrandur Vigfússon, C. R. Unger 2, 1862. (9) Grettis s. Ásmundarsonar, hrsg. von Guðni Jónsson, Ísl. Fornr. 7, 1936. (10) Hauksbók, hrsg. von Eiríkur Jónsson, Finnur Jónsson, 1892–1896. (11) Íslenzkar þjóðsögur og ævintýri. Safnað hefur Jón Árnason, hrsg. von Árni Böðvarsson, Bjarni Vilhjálmsson 1–6, 1954–1961. (12) Ketils s. hængs, hrsg. von Guðni Jónsson, Bjarni Vilhjálmsson, Fornaldarsögur Norðurlanda 1, 1943. (13) Kormáks s., hrsg. von Einar Ól. Sveinsson, Ísl. Fornr.

8, 1939. (14) Ldnb. Melabók AM 106. 112 fol, hrsg. von Finnur Jónsson, 1921. (15) Ldnb., hrsg. von Jakob Benediktsson, Ísl. Fornr. 1, 1968. (16) Snorri Sturluson, Heimskringla I, hrsg. von Bjarni Aðalbjarnarson, Ísl. Fornr. 26, 1941. (17) Þiðranda þáttr ok Þórhalls, hrsg. von Ólafur Halldórsson, Ísl. Fornr. 15/2, 2003. (18) Þorsteins þáttr uxafóts, hrsg. von Þórhallur Vilmundarson, Bjarni Vilhjálmsson, Ísl. Fornr. 13, 1991. (19) Vatsdæla s., hrsg. Finnur Jónsson, SUGNL 58, 1934–1935. (20) Vitæ Patrum, hrsg. von C. R. Unger, Heilagra Manna Søgur 2, 1877.

Lit.: (21) Jón Hnefill Aðalsteinsson, Þjóðtrú, in: Frosti F. Jóhannsson (Hrsg.), Íslensk þjóðmenning, 5. Trúarhættir, 1988, 341–400. (22) Ders., Landvætttir. Verndarvættir lands, in: Skæðagrös. Skrif til heiðurs Sigurjóni Björnssyni, 1997, 75–92. (23) Ders., Blót í norrænum sið, 1997. (24) O. Almgren, Nord. Felszeichnungen als relig. Urk., 1934. (25) B. Almqvist, Norrön niddiktning. Traditionshistoriska studier i versmagi, 1. Nid mot furstar, 1965. (26) W. Baetke, Das Heilige im Germ., 1942. (27) E. Birkeli, Fedrekult i Norge, 1938. (28) Guðrún Bjartmarsdóttir, Vättetro í isländska huldrefolksägner, in: G. Steinsland u. a. (Hrsg.), Nordisk hedendom, 1991, 41–46. (29) R. Boyer, La vie religieuse en Islande (1116–1264) d'après la Sturlunga Saga et les Sagas des Évêques, 1979. (30) Ólafur Briem, Heiðinn siður á Íslandi, 1945. (31) Ders., Heiðinn siður á Íslandi, ²1985. (32) H. Celander, Ett offer till vättarna, Folkminnen och Folktankar 31, 1944, 138. (33) I. Christiansen, Sjøvette, in: Kult. hist. Leks. XV, 372–378. (34) Ders., Vetter, in: ebd. XIX, 678 f. (35) R. Th. Christiansen, Havfruen. Til de norske sjøvetters historie, Maal og Minne 1935, 1–25. (36) Ders., Gårdvette og markavette, ebd. 1943, 137–160. (37) F.-X. Dillmann, Les magiciens dans l'Islande ancienne. Études sur la représentation de la magie islandaise et de ses agents dans les sources littér.s norroises, 2006. (38) Ders., Les figures de proue des navires scandinaves à l'époque ancienne (im Druck). (39) G. Dumézil, La malédiction du scalde Egil, in: Ders., Mythes et dieux de la Scandinavie ancienne, hrsg. von F.-X. Dillmann, 2000, 343–368. (40) Egilsson, Lex. Poet. (41) Bjarni Einarsson, Vættatrú og nokkur íslenzk örnefni, in: Árbók Hins íslenzka fornleifafélags 1967 (1968), 110–116. (42) H. R. Ellis, The Road to Hel. A Study of the Conception of the Dead in Old Norse Lit., 1943. (43) Fritzner, Ordbog. (44) Helgi Hallgrímsson, Vættastöðvar í Hrafnkelsdal og á Brúardölum, in: Þjóðlíf og þjóðtrú. Ritgerðir helgaðar Jóni Hnefli Aðalsteinssyni, 1998, 137–154. (45) J. Haudry, La relig. de la vérité dans le monde germanique, Études indo-européennes 10, 1991, 125–168. (46) Jón Helgason, Islands Kirke fra dens Grundlæggelse til Reformationen.

En historisk Fremstilling, 1925. (47) E. Hellquist, Svensk etymologisk ordbok, 1925. (48) G. Holm, Två norröna etymologier, in: Festskrift O. Grønvik, 1991, 157–160. (49) Å. Hultkrantz (Hrsg.), The Supernatural Owners of Nature. Nordic symposion on the relig. conceptions of ruling spirits (genii loci, genii speciei) and allied concepts, 1961. (50) G. O. Hyltén-Cavallius, Wärend och Wirdarne. Ett försök i Svensk Ethnologi 1–2, ²1921–1922. (51) R. Jente, Die mythol. Ausdrücke im ae. Wortschatz. Eine kulturgeschichtl.-etym. Unters., 1921. (52) J. Jochens, Old Norse Images of Women, 1996. (53) K. Krohn, Skandinavisk mytologi, 1922. (54) Magnússon, Orðsifjabók. (55) K. Maurer, Die Qu.zeugnisse über das erste Landrecht und über die Ordnung der Bez.sverfassung des isl. Freistaates, 1869. (56) E. Mogk, Schutzgeister, in: Hoops IV, 145 f. (57) L. Musset, La tapisserie de Bayeux. Œuvre d'art et document historique, 1989. (58) N. Å. Nielsen, Dansk Etymologisk Ordbog. Ordenes Historie, ⁴1989. (59) E. Odstedt, Norrländsk folktradition. Uppteckningar i urval och med kommentar av B. af Klintberg, 2004. (60) Kristján Bersi Ólafsson, Landvættir og álfar, Andvari 1962, 260–271. (61) A. Olrik, H. Ellekilde, Nordens Gudeverden, Vætter og helligdomme 1, 1926–1951. (62) M. Olsen, Hedenske kultminder i norske stedsnavne, 1915. (63) Ordbog over der norrøne prosasprog, 1989 ff. (64) B. Pering, Heimdall. Religionsgeschichtl. Unters. zum Verständnis der anord. Götterwelt, 1941. (64a) Sveinbjörn Rafnsson, Sögugerð Landnámabókar. Um íslenska sagnaritun á 12. og 13. öld, 2001. (65) I. Reichborn-Kjennerud, Et kapitel av Hauksbók, Maal og Minne 1934, 144–148. (66) S. Solheim, Norsk sætertradisjon, 1952. (67) Ders., Landvette, in: Kult hist. Leks. X, 300–302. (68) F. Ström, Gudarnas vrede, Saga och Sed 1952, 1953, 5–40. (69) D. Strömbäck, Att helga land. Studier i Landnáma och det äldsta rituella besittningstagandet, in: Festskrift tillägnad A. Hägerström, 1928, 198–220 (= in: Ders., Folklore och Filol., 1970, 135–165). (70) Ders., Några drag ur äldre och nyare isländsk folktro, in: Island. Bilder från gammal och ny tid, 1931, 51–77. (71) Einar Ól. Sveinsson, Um íslenzkar þjóðsögur, 1940. (72) Ders., Landvættasagan, in: Afmælisrit helgað Kristjáni Eldjárn, 1976, 117–129. (73) Ders., The folk-stories of Iceland, rev. Einar G. Pétursson, hrsg. von A. Faulkes, 2003. (74) S. Svensson, Goavätta från Österlen, in: Folkloristica (Festskrift D. Strömbäck), 1960, 189–196. (75) C. W. von Sydow, Övernaturliga väsen, in: N. Lid (Hrsg.), Folketru, Nordisk Kultur 19, 1935, 95–159. (76) E. O. G. Turville-Petre, A Note on the *Landdísir*, in: Early English and Norse Studies (Presented to H. Smith), 1963, 196–201. (77) Ders., Myth and Relig. of the North. The Relig. of Ancient

Scandinavia, 1964. (78) J. de Vries, Agerm. Religionsgesch., 2. Relig. der Nordgerm., 1937. (79) de Vries, Rel.gesch. (80) de Vries, Anord. Etym. Wb. (81) D. M. Wilson, The Bayeux Tapestry, 1985.

F.-X. Dillmann

Val Camonica, Inschriften

§ 1: Allgemein und Forschungsgeschichte – § 2: Zeitstellung – § 3: Sprache und Schrift – § 4: Inhalt bzw. Funktion – § 5: Weitere Bedeutung

§ 1. Allgemein und Forschungsgeschichte. An zahlreichen Stellen in der V. C. finden sich auf den Felswänden neben bildlichen Darst. auch Inschr. in einem einheimischen Alphabet und in einheimischer Sprache. Die Inschr. sind über zahlreiche FO verteilt; derzeit kennt man bes. viele aus Naquane, es ergeben sich aber immer wieder Neufunde. Insgesamt sind z. Zt. weit über 100 Inschr. bekannt. Neben den Felsinschr. gehören zu dieser Inschr.gruppe noch Inschr. auf Steinstelen aus der V. C. und dem Veltlin (13, 59–62; 7, 104; 5, 144) sowie eine Inschr. auf einer Schnabelkanne aus dem s. Graubünden (6, 205 f.). Die früheste Bekanntmachung der Inschr. stammt aus den 30er J. des 20. Jh.s (1). Eine erste Übersicht wurde dann von Prosdocimi herausgegeben (9), und das bis 1980 bekannte Korpus wurde von Mancini zusammengefaßt (5); die jetzige Zitierweise der Inschr. folgt dem von Mancini zusammengestellten Inschriftenkat., in dem jede Inschr. eine Sigle für den FO und eine auf den FO bezogene laufende Nr. trägt (z. B. Na 1 für die erste Inschr. von Naquane). Dennoch ist Mancinis Korpus nur mehr bedingt brauchbar. Ende der 80er J. erkannte man nämlich aufgrund des Fundes mehrerer Alphabetarien, daß man einige der eigenartigen Graphemformen falsch interpretiert hatte (11; 12; 7), und außerdem sind seither einige Neufunde gemacht worden (vgl. etwa 2). Die Forsch. ist nach wie vor im Fluß; eine neue Zusammenfassung der Inschr. ist bis heute (2006) nicht erschienen.

§ 2. Zeitstellung. Ebenso wie bei den Felsbildern ist eine absolute Datierung der Inschr. unmöglich. Als t. p. q. läßt sich das späte 8. Jh. v. Chr. angeben (s. § 3), der Großteil der Inschr. dürfte aber etwa aus der Zeit zw. 500 v. Chr. und der Zeitenwende stammen. Nach der Eingliederung der V. C. in den röm. Herrschaftsbereich (um 16 v. Chr.) wurde das einheimische Alphabet vermutlich rasch vom lat. Alphabet verdrängt. Es gibt aber nur einige wenige Inschr. in lat. Alphabet, was wohl darauf hindeutet, daß die Sitte, Inschr. auf den Felsflächen der V. C. einzutragen, im 1. Jh. n. Chr. gleichzeitig mit der Sitte, Bilder auf den Felsflächen anzubringen, aufgegeben wurde.

§ 3. Sprache und Schrift. Rein linguistisch sind die Inschr. wenig aussagekräftig: Die meisten davon sind Ein-Wort-Inschr., z. B. FN 6 *uelai* (5, 136–138), FN 15 *uelalaus* (5, 143 f.), Na 12 *nemases* (5, 110 f.), Se 4 *zeriau* (5, 122 f.), FN 14 *piqiau* (5, 143; 7, 103). Auffällig ist nur, daß der Auslaut bei vielen dieser Wörter entweder -*s* (wie etwa bei *uelalaus* und *nemases*) oder -*au* (wie etwa bei *zeriau*, *piqiau*) ist. Daraus läßt sich mit einer gewissen Sicherheit nur ableiten, daß es sich um Inschr. einer einzigen, einheitlichen Sprache handelt, und diese Sprache wird – entspr. der Tatsache, daß die Bewohner der V. C. von den Römern *Camunni* genannt wurden und als autonomes Ethnos behandelt wurden – als *camunisch* bezeichnet. Weitergehende Schlüsse sind z. Zt. nicht möglich. So läßt sich weder feststellen, ob das Camunische mit dem Raetischen (→ Raetische Sprache) und folglich mit dem Etr. verwandt ist, noch ob es sich um eine idg. oder gar um eine genetisch isolierte Sprache handelt.

Die bis zur Römerzeit verwendete einheimische Schrift ist eine Alphabetschrift, die direkt oder indirekt von einem westgriech. Alphabet abgeleitet ist; sie wird zu den → Norditalischen Schriften gezählt und tra-

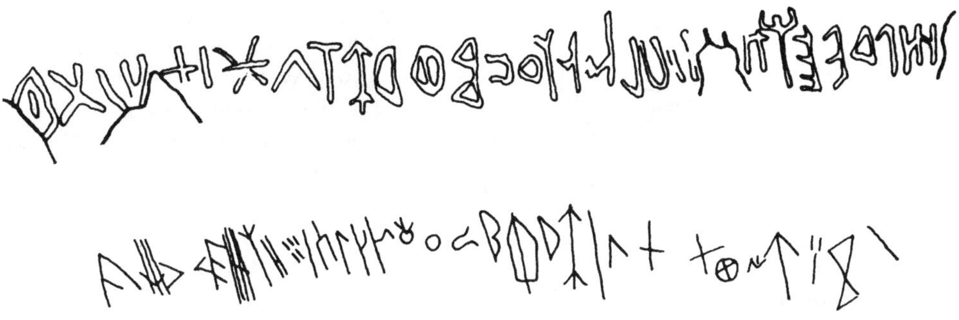

Abb. 32. Zwei Alphabetarien aus der Val Camonica, stark verkleinert (7, 108. 110)

ditionell ‚Alphabet von Sondrio' genannt, sollte aber besser ‚V. C.-Alphabet' genannt werden. Unser Wissen über diese Schrift stützt sich zum einen auf die bereits erwähnten Ein-Wort-Inschr., zum anderen v. a. auf die in der V. C. mehrfach belegten Alphabetarien (11; 12). Bei den letzteren handelt es sich um Inschr., die aus einem vollständigen Alphabet bestehen und meist keine sonstigen Zusätze aufweisen (Abb. 32). Die Auffindung dieser Alphabetarien in den späten 80er J. erlaubte die eindeutige Identifikation bisher strittiger Grapheme, und ält. Lesungen müssen dementsprechend korrigiert werden.

Der T. p. q. für die Übernahme der Schrift durch die Camunni ist das späte 8. Jh. v. Chr., d. h. der Zeitpunkt, ab dem die vorher schriftlosen Etrusker das westgriech. Alphabet für Aufzeichnungen in ihrer eigenen Sprache übernahmen. Aus kulturellen und geogr. Gründen ist es nämlich wahrscheinlich, daß die Camunni das westgriech. Alphabet etwas später als die Etrusker für die Niederschrift ihrer Sprache übernahmen und adaptierten; anders als bei den → Venetern, → Raetern und → Lepontiern deutet jedoch beim Schriftgebrauch der Camunni nichts zwingend darauf hin, daß die griech. Schrift durch die Etrusker übermittelt wurde. Die Alphabetarien aus der V. C. enthalten nämlich wie die frühen etr. Alphabetarien sämtliche Grapheme des westgriech. Alphabets, und aus den Inschr.,

die keine Alphabetarien sind, läßt sich erkennen, daß gewisse, von den Etruskern beiseite gelassene Grapheme, wie etwa das Qoppa, bei den Camunni tatsächlich Teil des Gebrauchsalphabets waren (etwa in FN 14 *piqiau,* s. 7, 103). Daraus ist zu schließen, daß die Camunni das griech. Alphabet entweder von den Etruskern übernahmen, bevor diese irgendwelche Eingriffe durchgeführt hatten, oder daß sie es ohne Vermittlung durch die Etrusker unmittelbar von den Griechen lernten.

Gewisse Charakteristika sind am Alphabet der V. C. bes. bemerkenswert:

1. Zum Unterschied vom etr. Alphabet und den anderen norditaln. Alphabeten hatte man in der V. C. keine Scheu, die Graphemformen des übernommenen Alphabets vollkommen zu verändern: So wurde etwa das griech. Sigma zu einem pfeilförmigen Zeichen umgebildet bzw. durch dieses ersetzt; dieses pfeilförmige Zeichen wurde daher vor der Identifikation der Alphabetarien fälschlicherweise als Zeta gedeutet (12, 342–344). Hingegen wurde das M-förmige griech. San um 90° gekippt und zu einem betaförmigen Zeichen umgemodelt (12, 339–341), usw. Die Umbildung einzelner Zeichen scheint dabei eine ganze Kettenreaktion weiterer Umbildungen nach sich gezogen zu haben, die sogar Zeichen erfaßte, von denen wir heute nicht mit Sicherheit sagen können, ob sie je im Gebrauchsalphabet verwendet wurden, etwa das Beta

Abb. 33. Das Zeta und das Pi des Val Camonica-Alphabets (7, 107)

2. Die bemerkenswertesten Umbildungen betreffen jedoch folgende Grapheme: Das Zeta wurde zu einer Hasta mit zwei Seitenästen am oberen oder unteren Ende umgeformt (Abb. 33) (12, 324 f.). Das Pi wurde umgebildet zu einem offenen Rechteck mit einer Öffnung an einer Schmalseite und um 90° bzw. 180° gedreht, so daß die Öffnung in Schriftrichtung bzw. nach oben weist. Zusätzlich konnte es einen runden, hufeisenförmigen Duktus mit nach außen gebogenen Enden bekommen (Abb. 33) (12, 337 f.). Mit anderen Worten, das Zeta bzw. das Pi des V. C.-Alphabets haben eine sehr ähnliche Form wie die z-Rune bzw. die p-Rune des ält. Futhark, was durchaus kein Zufall sein muß (s. § 5).

§ 4. Inhalt bzw. Funktion. Was die Ein-Wort-Inschr. betrifft, spricht vieles dafür, daß es sich dabei um PN handelt. Da jedoch die Morphologie des Camunischen unbekannt ist, muß offen bleiben, ob wir es mit besonderen Kasusformen zu tun haben. Prinzipiell naheliegend wären sowohl Nom. (dann könnte es sich etwa um Namen von Personen handeln, die sich in die Felswände eingetragen haben) als auch Dat. (dann könnte es sich etwa um Namen von Personen handeln, für die man Gutes wünschte).

Was die Alphabetarien betrifft, so erinnern sie zwar ihrer Form nach an die aus dem etr. Bereich häufig belegten Alphabetarien. Eine tiefere Verbindung läßt sich aber nicht finden, zumal die etr. Alphabetarien primär im Zusammenhang mit dem Unterricht bzw. dem Erlernen bzw. Memorieren des Alphabets stehen dürften (vgl. 8). Eine typol. Parallele könnte hingegen in den germ. Futhark-Inschr. vorliegen (→ Futhark), denn so wie bei den Futhark-Inschr. läßt sich auch bei den Alphabetarien der V. C. eine irgendwie geartete magische Funktion vermuten.

§ 5. Weitere Bedeutung. Es steht durchaus im Bereich des Möglichen, daß das Alphabet der V. C. unter den nordital. Schr. eine wesentliche Bedeutung für die Entstehung der → Runenschrift hat. Paläographisch sprechen dafür v. a. die Übereinstimmung des Zeta bzw. des Pi des V. C.-Alphabets mit der z-Rune bzw. der p-Rune; ferner sind auch andere Runen aus dem V. C.-Alphabet herleitbar (etwa die n-Rune, die u-Rune, die l-Rune und die þ-Rune, letztere aus dem in § 3 beschriebenen betaförmigen San). Diese meist als obsolet betrachtete Ansicht, wonach der V. C. eine besondere Rolle bei der Entstehung der Runenschrift zukommt, wurde in letzter Zeit wieder ins Spiel gebracht (10, 419; 7, 124). Die scheinbar große Distanz zw. der V. C. und Germanien kann nicht als Gegenargument gegen eine solche Verbindungslinie ins Treffen geführt werden, denn neue arch. Funde weisen auf kulturelle Kontakte zw. dem mittleren und s. Alpenraum und Mitteldeutschland hin (Übernahme von germ. Trachtbestandteilen, vgl. 3; 4). Im Rahmen dieser Kontakte kann auch die Kenntnis der Schrift von S nach N gewandert sein.

(1) F. Altheim, E. Trautmann, Nord. und ital. Felsbildkunst, Die Welt als Gesch. 3, 1937, 83–113. (2) L. Bellaspiga, Le iscrizioni camune delle rocce 24 e 1 di Pia' d'Ort, Notizie Archeologiche Bergomensi 2, 1994, 249–260. (3) P. Gleirscher, Ein früher germ. Gürtelhaken aus Sanzeno im Nonsberg, Arch. Korrespondenzbl. 16, 1986, 85–91. (4) A. Lang, Germ. im Unterinntal? Hist. Versuch und arch. Realität, in: Kulturen zw. Ost und West. Das Ost-West Verhältnis in vor- und frühgeschichtl. Zeit und sein Einfluß auf Werden und Wandel des Kulturraums Mitteleuropa (Festschr. G. Kossack), 1993, 293–307. (5) A. Mancini, Le iscrizioni della Valcamonica, Studi Urbinati di Storia, Filosofia e

Letteratura. Supplemento linguistico 2, 1980, 75–166. (6) A. Morandi, Epigrafia italica, 1982. (7) Ders., Epigrafia camuna. Osservazioni su alcuni aspetti della documentazione, Revue belge de philol. et d'hist. 76, 1998, 99–124. (8) M. Pandolfini, A. L. Prosdocimi, Alfabeto e insegnamento della scrittura in Etruria e nell'Italia antica, 1990. (9) A. L. Prosdocimi, Per una edizione delle iscrizioni della V. C., Studi Etruschi 33, 1965, 575–599. (10) H. Rix, Thesen zum Ursprung der Runenschrift, in: L. Aigner-Foresti (Hrsg.), Etrusker n. von Etrurien, 1992, 411–441. (11) M. G. Tibiletti Bruno, Nuove iscrizioni camune, Quaderni Camuni 49–50, 1990, 29–171. (12) Dies., Gli alfabetari, ebd. 60, 1992, 309–380. (13) J. Whatmough, The Prae-Italic dialects of Italy 2, 1933.

St. Schumacher

Zum Bildprogramm → Val Camonica, Bd. 32

Valentinianischer Festungsbau

§ 1: Überlieferung – § 2: Kriterien der Zuweisung – § 3: Baugrundrisse und Architekturformen

§ 1. Überlieferung. → Ammianus Marcellinus (XXVIII,2,1 ff.; XXX,7,5 ff.; XXX,9,1), Symmachus (or. II,20 ff.), → Codex Theodosianus (XV,1,13) und → Zosimos (4,12) berichten über Festungsbauten und Sicherungsmaßnahmen unter → Valentinian I. (365–375 n. Chr.) an Rhein und Donau. 369 n. Chr. begann dieser den gesamten Rheinlauf, vom Oberlauf in → Raetien bis zur Mündung in die Nordsee mit Flußbauten, Türmen und Lagerfestungen zu bewehren (11, 73 f.; 21, 184; 26, 294 f.), verbunden mit Ufersicherungen und Flußumleitungen. Zahlreiche weitere Bauten sind von Raetien entlang der Donau bis zum Unterlauf nachgewiesen worden (3; 15; 24). Gemeinhin werden diese Baumaßnahmen als ‚letztes, umfassendes Festungsbauprogramm Roms' an Rhein und Donau bezeichnet. Dabei handelte es sich sowohl um Reparaturarbeiten (Cod. Theod. XV,1,13), wie auch um tatsächliche Neubauten und neue Konstruktionsformen. Eine lückenlose Linie mit Festungstürmen wie am Hochrhein wurde weiter flußabwärts offenbar nicht angestrebt; erkennbar sind im Bauprogramm Schwerpunkte gegen die Alam., d. h. gegenüber den rechten Nebenflüssen Main, Neckar und Dreisam um → *Mogontiacum*/Mainz, → *Alta Ripa*/Altrip und *Brisiacum*/→ Breisach. Zu einigen Festungswerken haben sich die zugehörigen Bauinschr. erhalten (25; 27 Taf. 4), die regelhaft den Umstand betonen, daß das Werk *a fundamentis* errichtet wurde, d. h., es sich um einen Neubau handelte. Ferner werden neben dem Zeitpunkt die Verantwortlichen und Ausführenden der Baumaßnahme (meist Truppenteile) genannt. Weitere Angaben können sich auf die Art des Bauwerks *(burgus, murus, murus cum turribus horum castrorum)*, zuweilen auch auf die Namen der Örtlichkeiten *(Commercium, Magidunum, Summa rapida, [---]iacum confinis)* beziehen. Berühmt geworden ist die Inschr. aus Esztergom (Abb. 34) (CIL III 3653, ILS 762, RIU [Die röm. Inschr. Ungarns] 771), die eine (Rekord-?) Bauzeit von 48 Tagen vermerkt (6).

§ 2. Kriterien der Zuweisung. Im günstigsten, aber selteneren Fall erfolgt diese über eine Bauinschr. Dies ist auch mit Hilfe von gestempelten → Ziegeln möglich (13, 340 f.; 16, 103; 24, 185; 28, 104), sofern deren valentinianische Zeitstellung (22, 195) und ihre Primärverwendung gesichert sind. In jüng. Zeit mehren sich die Erbauungsdaten mit Hilfe der Dendrochron., wobei hölzerne Mauersubstruktionen (Pfahlroste) ebenso gut verwertbar sind (2 [Aegerten]; 5 [Bregenz]) wie Stützbalken von Brücken (12 [Zurzach AG]) oder Brunnenschächte im Innern von Anlagen (23 [Altrip]). Bewährt und daher meist anzuwenden ist die Datierung mit Hilfe sicher beobachteter und chron. verwertbarer Fundmünzen (23, 521; 28, 104 [Altrip]; 20, 297. 328 [Alzey]; kritisch 22, 195). Ein Kat. sicher zu-

IMPERATORES CAESARES DDNN
VALENTINIANVS ET VALENS FRATRES
CONCORDISSIMI VICTORES MAXIMI
AC TRIVMPHATORES SEMPERQVE AVGVSTI
MVROS CVM TVRRIBVS HORVM CAS
TRORVM A RVDIMENTIS FVNDAMENTO
RVM CONSVRGERE IMPERARVNT DISPO
NENTE EO VITIO VC COMITE MAC EQVITVM
PEDITVMQVE CVRANTE AVGVSTIANO
VC COMITE ORD PRIMI ET DVCE VAL LIMITIS
NVMINI CLEMENTIEQVE EORVM DICATISSIMIS

Abb. 34. Esztergom, valentinianische Lagerbauinschr. 364/367 n. Chr. Nach Soproni (25, Abb. 3)

weisbarer Rädchen-Sigillata (→ Terra Sigillata S. 349) valentinianischer Zeitstellung liegt noch nicht vor. Aufgrund ihrer liter. Detailüberlieferung sind auch bestimmte, unter Valentinian I. neukonstruierte Grundrißformen wie die Schiffsländen (22) eindeutig zuweisbar. Hinzu kommt eine Eigenart im Mauerbau (2, 128 f.; 8, 169 f.; 18, 246): über die Pfahlroste unter dem Steinfundament ragten meist randlich einzelne, höherstehende Balken heraus mit Hilfe derer kreuzweise verlegte Hölzer zu Balkenrahmen fixiert wurden, die in mehreren Lagen übereinander angeordnet waren. Häufig sind an den Rändern auch Abdrücke von Schalbrettern zu erkennen. In diese Holzkonstrukte wurden lagenweise Packungen aus unbehauenen Steinen eingebracht und jeweils mit flüssigem Mörtel übergossen.

Mit Hilfe dieser ‚valentinianischen Schnellbauweise', die in den Türmen am Hochrhein (27, 46 f. 114 f.), bes. gut in den *horrea* in Aegerten (2, 129) oder in der Festung Oedenburg (18, Abb. 33) beobachtet wurde, war es möglich, in kürzester Zeit Fundamente herzustellen, schneller jedenfalls als in der alten, konventionellen Bauweise. Das Aufgehende konnte dann in Zweischalenmauertechnik mit Mauerkernschüttung hochgezogen werden. Die Vermessung und Markierung der Außenmauern mit Türmen läßt sich an der nicht fertiggestellten valentinianischen Festung von Göd eindrucksvoll beobachten (16).

§ 3. Baugrundrisse und Architekturformen. Das Spektrum valentinianischer Bauten (Abb. 35) beginnt beim einfa-

Valentinianischer Festungsbau   339

Kleiner Laufen (CH)   Tössegg (CH)   Stelli (CH)   Ladenburg (D)   Asperden (D)

Basel (CH)   Kloten (CH)   Mumpf (CH)   Aegerten (CH)

Altrip (D)   Bregenz (A)

Oedenburg (F)   Alzey (D)   0 10   50m

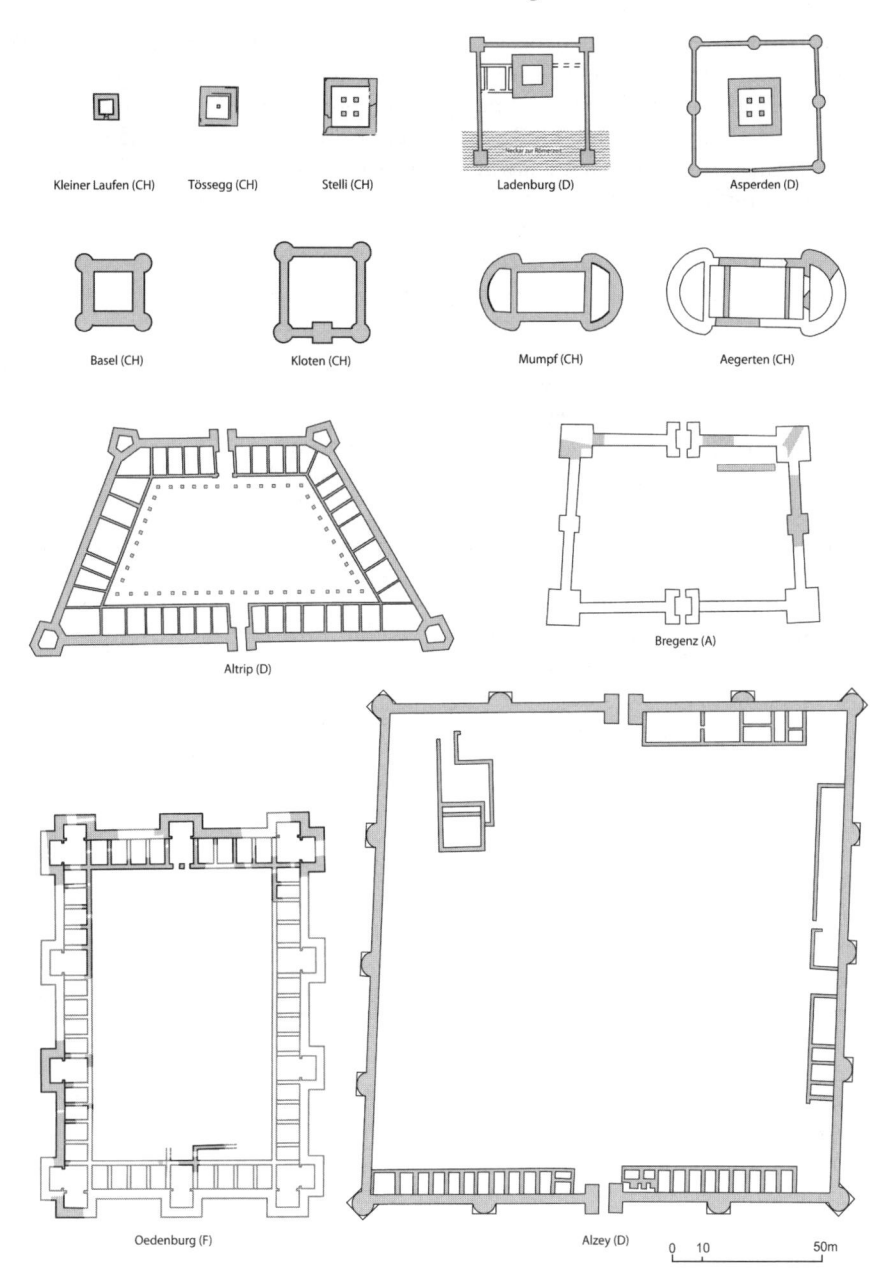

Abb. 35. Grundrisse valentinianischer Festungsbauten. Nach Nuber (19, 22)

chen, quadratischen Turm (→ *burgus*) von 8–10 m Seitenlg. und Mauerdicken bis zu 3 m, gefolgt von größeren Bauwerken mit 12 m Seitenlg. und einer Mittelstütze; vier Mittelstützen finden sich in *burgi* von 18 m Seitenlg. In der Regel waren die *burgi*, denen man neben ihrer Aufgabe als Kontrolleinrichtung auch Speicherfunktionen zuschreibt (4; 7) mit Gräben umgeben, bisweilen waren sie aber auch von einem zusätzlichen Mauergeviert mit Eckbastionen geschützt. Ummauerungen, dem Fluß zu offen und in diesen hineinragend, kennzeichnen die Schiffanlegeplätze vom Typ Engers/Veröce, deren Konstruktionsmerkmale auf Valentinian I. selbst zurückgehen sollen (Ammianus XXVIII,2,2: *munimentum celsum et tutum, quod ipse a primis fundarat auspiciis;* 8, 164; 22, 191 Anm. 5). Während die genannten Befestigungen auch an weiteren Fluß- und Straßenstrecken nachzuweisen sind, kommen andere überwiegend oder bisher nur in der *Sequania* vor, wie die Rechteckbauten mit halbrunden Bastionen an den Schmalseiten (Typ Mumpf), die in zwei Größen gebaut wurden. Die Doppelposition in Aegerten (2) spricht sehr dafür, daß es sich um Speicher handelt. Der bekannteste valentinianische Neubau eines Truppenlagers ist *Alteium*/Alzey (20), der aber in Anlagen wie → Horburg oder *Boudobriga/* → Boppard Vorläufer hat. Ein fast quadratisches Mauergeviert von 3 m Dicke im Fundament mit zwei gegenüberliegenden Toren, vier runden Eck- und 10 halbrunden Zwischentürmen umschließt eine Innenfläche von 2,4 ha. Die Truppenunterkünfte reihen sich entlang der Innenseiten. Diese Bauweise verbindet Alzey mit dem trapezoiden → *Alta Ripa*/Altrip (23) mit 0,44 ha Innenfläche. Seine Breitseite nimmt Bezug zum Fluß. Ähnlich, die Seeseite aber nicht so konsequent in die Breite gezogen, stellt sich das Hafenlager von *Brigantium/*→ Bregenz (10) dar. Einen neuen valentinianischen Typ verkörpert die 1 ha große Festung von *Argentovaria*/Oedenburg (18). Die konstruktive Lösung der Bastionen, insbesondere die maß-identischen Eckbastionen verbinden das Bauwerk auf das Engste mit *Palatiolum*/Trier-Pfalzel (9), beide Anlagen wohl nach dem Entwurf eines kaiserlichen Architekten der Residenz gebaut. Die größte (ca. 8 ha) und ungewöhnlichste Festung sollte in Göd (16) gebaut werden. Während die ellipsoide Form am ehesten an Anlagen wie Jünkerath und → Bitburg erinnert (1, 103) und die 12 integrierten Rundtürme mit 10,5 m Dm. stark an diejenigen aus dem ebenfalls constantinischen *Divitia/*→ Deutz (1, 93), deuten die gefundenen Ziegel auf valentinianische Zeit. Einmalig sind hier jedoch die erhaltenen Spuren eines frühen Baustadiums, das nicht vollendet wurde.

(1) E. Anthes, Spätröm. Kastelle und feste Städte im Rhein- und Donaugebiet, Ber. RGK 10, 1917, 86–167. (2) R. Bacher, P. J. Suter, Die spätröm. Befestigungsanlagen von Aegerten BE, Arch. der Schweiz 12, 1989, 124–135. (3) A. A. Barb, Ein spätröm. „Burgus" bei St. Margarethen im Burgenland, Jahresh. Österr. Arch. Inst. 37, 1948, Beibl. 263–286. (4) T. Bechert, Wachtturm oder Kornspeicher. Zur Bauweise spätröm. Burgi im Rheinland, Ant. Welt 10, 3, 1979, 17– 22. (5) A. Billamboz, W. Tegel, Die dendrochron. Datierung des spätröm. Kriegshafens Bregenz, Jb. Vorarlberger Landesmusumsver. 1995, 23–30. (6) L. Borhy, *Praepositus Legionis Hunc Burgum A Fundamentis In Diebus XXXXVIII Fecit Pervernire*: Überlegungen zu CIL III 3653 aus Esztergom hinsichtlich der Dauer der Errichtung spätröm. Militäranlagen, Arctos 33, 1999, 7–13. (7) Ders., „Non Castra sed Horrea…"– Bestimmung einer der Funktionen spätröm. Binnenfestungen, Arch. Ért. 1996–1997, 2000, 213 f. (8) R. Brulet, L'architecture militaire romaine en Gaule pendant l'Antiqu. tardive, in: M. Reddé u. a., Les fortifications militaires, 2006, 155–179. (9) H. Cüppers, Palatiolum-Pfalzel, in: W. Reusch (Hrsg.), Frühchristl. Zeugnisse im Einzugsgebiet von Rhein und Mosel, 1965, 152–162. (10) Ch. Ertel, Brigantium, Valentinianus – kori eröd a Bodeni tónál (Raetia), in: Pannoniai Kutatások, 1999, 21–35. (11) J. Garbsch, Die Burgi von Mekkatz und Untersal, BVbl. 32, 1967, 51–82. (12) M. Hartmann, eine spätröm. und eine ma. Rheinbrücke in Zurzach AG, Arch. der Schweiz 10, 1987, 13–15. (13) D. Hoffmann, Das spätröm. Bewegungsheer und die Notitia Dignitatum, Epigraphische Stud. 7, 1969. (14) St. Johnson, Late Roman Fortifications,1983. (15) M. Mackensen, Late Roman fortifications and building programmes in the province of *Raetia*: the evidence of recent excavations and some new reflections, in: J. D. Creighton, R. J. A. Wilson (Hrsg.), Roman Germany. Studies in Cultural Interaction, 1999, 199–244. (16) Zs. Mráv, Arch. Forsch. 2000–2001 im Gebiet der spätröm. Festung von Göd-Bócsaújtelep, Communicationes Arch. Hungaricæ, 2003, 83–114. (17) A.

Nagl, Valentinianus I., in: RE 2. Reihe VII, 2158–2204. (18) H. U. Nuber, L'antiquité tardive autour des buttes de Westergass et d'Altkirch, in: M. Reddé u. a., Oedenburg une agglomération d'époque romaine sur le Rhin Superieur, 2005, 240–249. (19) Ders., Das röm. Reich (260 – 476 n. Chr.), in: Imperium Romanum. Römer, Christen, Alam. – Die Spätant. am Oberrhein, 2005, 12–25. (20) J. Oldenstein, Neue Forsch. im spätröm. Kastell von Alzey, Ber. RGK 67, 1986 (1987), 289–356. (21) H. von Petrikovits, Fortifications in the North-Western Roman Empire from the Third to the Fifth Centuries A. D., Journ. of Roman Studies 61, 1971, 178–218. (22) W. Schleiermacher, Befestigte Schiffsländen Valentinians, Germania 26, 1942, 191–195. (23) S. von Schnurbein, H.-J. Köhler, Der neue Plan des valentinianischen Kastells Alta Ripa (Altrip), Ber. RGK 70, 1989 (1990), 507–526. (24) S. Soproni, Der spätröm. Limes zw. Esztergom und Szentendre, 1978. (25) Ders., Militärinschr. aus dem 4.Jh. im Donauknie, Acta Arch. Acad. Scientiarum Hungaricae 41, 1989, 103–118. (26) F. Staehelin, Die Schweiz in röm. Zeit, 1948. (27) K. Stehelin †, V. von Gonzenbach, Die spätröm. Wachttürme am Rhein von Basel bis zum Bodensee, 1957. (28) E. Stein, Rhein. Militärstempel der Spätzeit, Ber. RGK 18, 1928, 103–114.

H. U. Nuber

Valhǫll

§ 1: Name – § 2: Die altwestnordischen literarischen Quellen – § 3: Der *valr*, der Gott Óðinn und die *valkyriur* – § 4: Die Reise gen V. – § 5: V. als Gebäude – a. Lokalisierung – b. Topographie – c. Beschreibung – § 6: Die *einheriar* und die sonstigen Bewohner von V.; ihre Kämpfe und Festmahle – § 7: Individuelle und kollektive Eschatologie – § 8: Die Diskussion über die Ursprünge des Glaubens an V. Fremde Einflüsse und skandinavische Tradition – § 9: Ikonographische Zeugnisse und archäologische Befunde

§ 1. Name. Mit dem Namen *Valhǫll* (dt. *Walhall*) wird in den awnord. Schriftqu. einer der Aufenthaltsorte der Toten bezeichnet und damit zugleich eine Ausdrucksform des Jenseitsglaubens im skand. vorchristl. Altert. Das Kompositum wird auf der Grundlage des Appelativs *hǫll* fem. ‚Halle‘ gebildet, das in sämtlichen germ. Sprachen bezeugt ist und auf ein urgerm. Wort *hallō aus idg. *kolnā (vgl. lat. *cēlāre;* 161, s. v. *hǫll*; 102, s. v. *höll,* † *hǫll*) zurückgeht, das aber manchmal auch als nord. Entlehnung aus ags. *heall* angesehen wird (91, 428 f. Kl. Schr. 373; 94, 166), zu den Konsequenzen dieser Hypothese s. u. § 8; zum Gebrauch von *hǫll* im Awnord. vgl. bes. 56; 40, 21–27 mit Bibl.

val- als erstes Element des Kompositums wird im allgemeinen und v. a. nach der grundlegenden Studie von Neckel (111, 1 ff.) als der Stamm des Wortes *valr* mask. angesehen. Es bezeichnet nach der Definition von Neckel, der sich auf eine sorgfältige Prüfung der Vorkommen des Wortes in den awnord. Qu. stützt und namentlich auf Formulierungen wie *rjúfa val, valr liggr, fella val, feldr valr* „‚die hingestreckten Kämpfer nach dem Kampf‘ oder auch ‚das Schlachtfeld nach der Schlacht (mit Toten, Verwundeten und Kriegsgerät)‘". Denoch besteht theoretisch die Möglichkeit, daß das Element *val-* in V. auf andere Wörter zurückgeht, v. a. auf *valh-* ‚welsch‘ wie in gewissen geogr. Gebräuchen des Eigennamens *Valland* ‚Welschland‘ (manchmal gebraucht um einen Teil des heutigen Frankreich zu bezeichnen) oder auf *valr* ‚Falke‘ wie in den Komposita *valveiðr* ‚Falkenjagd‘ und *valklif* ‚Falkenklippe‘ (eine → Kenning für Arm oder Faust). Die Hypothese eines urspr. Kompositums *Walha-hallō* („den ‚vaelske‘ hall, die ‚welsche‘ Halle") ist denn auch unter Vorbehalt von Magnus Bernhard → Olsen (126, 164) vorgeschlagen worden, im Zusammenhang mit seiner Annahme vom Einfluß der Spiele im röm. Collosseum auf die Ausbildung der skand. Vorstellungen über V. (s. hierzu § 8). Das Vorkommen des Kompositums *valhǫll* in der Folge *vín í valhǫllu* in den Str. 2 und 14 des Edda-Liedes *Atlakviða* (15, 142. 151; 4, 240. 242; 18, 3. 5) ist gelegentlich zugunsten einer Deutung des Namens V. als „welsche Halle" gewertet worden (102, s. v. *höll,* † *hǫll*), jedoch überzeugt das vorgebrachte Hauptargument nicht, insofern die Gleichsetzung von ‚welsch‘ und ‚römisch‘ einerseits sowie von

‚welsch' und ‚italisch' andererseits offensichtlich abwegig ist. Die Formulierung *vín í valhǫllu* in der *Atlakviða* läßt sich übrigens auch anders denn als Vergleich mit dem Palast frk. Fürsten erklären, z. B. als eine direkte oder indirekte Anspielung auf den Wohnsitz des Gottes Óðinn (→ Wotan-Odin) oder als „a thoughtless repetition of an archaic formula" (18, 47).

Die Tatsache, daß im Awnord. mehrere Komposita mythol. Inhaltes auf *val-* belegt sind, namentlich die Namen *Valfǫðr* und *Valgautr* für Óðinn, aber auch Appelative wie *valtívar* ‚Götter der Walstatt' und *valkyria* ‚Walküre' (vgl. § 3), Ausdrücke, die sich in dieser oder jener Weise auf gefallene Krieger auf dem Schlachtfeld beziehen, gibt Anlaß zu der Feststellung, daß das erste Element des Kompositums V. in der Tat das Appelativ *valr* enthält (111, 15 ff.). In dieser Betrachtungsweise muß sich der Name V. – zumindest anfänglich – auf einen konkreten Bedeutungsinhalt beziehen, und zwar auf ein Gebäude *(hǫll)*, das die auf dem Schlachtfeld Gefallenen *(valr)* bergen soll, nicht jedoch um eine ‚Todeshalle' im Sinne einer „Halle, in der die Toten weilen" (140, 224). Es handelt sich nicht um ein allg. Totenreich (vgl. → Totenreiche), sondern um einen in direkter Weise mit dem Schlachtfeld verbundenen Ort, d. h. verbunden mit den Folgen einer bestimmten Aktion, im vorliegenden Fall mit dem Tod von Kriegern im Verlauf eines Kampfes (111, 6).

§ 2. Die altwestnordischen literarischen Quellen. Die ältesten Erwähnungen eines für gewisse Tote bestimmten und ausdrücklich V. genannten Aufenthaltsortes im Jenseits finden sich höchstwahrscheinlich in zwei Skaldengedichten, in den → *Eiríksmál* (14, 21–23) und in den → *Hákonarmál* (14, 23–28). Beide sind in der 2. Hälfte des 10. Jh.s entstanden, zum Andenken an Kg. → Erik Blutaxt und Kg. → Hákon góði Aðalsteinsfóstri. Der Verf. des zweiten Gedichtes ist der norw. Skalde → Eyvindr skáldaspillir Finnsson, der Name aber des erstgenannten ist unbekannt. Beide Gedichte weisen untereinander deutliche, wenn auch umstrittene, Beziehungen auf (s. bes. 142; 103; 104, 701–703). Abgesehen von unterschiedlichen Nuancierungen und Perspektiven stellt in beiden Fällen die Schilderung des Empfangs eines Kriegerkg.s in V. das früheste Zeugnis der awnord. Auffassung dieses Vorstellungskomplexes in der vorchristl. Epoche dar (111, 53; 45). Indessen ist es nicht ausgeschlossen, daß darüber hinaus das eine oder andere eddische Gedicht, das ebenfalls zum Kreis der ältesten mythol. Dichtungen zählt, so die → *Vafþrúðnismál* und die → *Grímnismál*, ihrerseits noch älter sind (zur Diskussion darüber 154, 269 ff.; → Edda, Ältere). Drei der ältesten Skaldengedichte der vorchristl. Zeit, v. a. die → *Ragnarsdrápa* von → Bragi (Str. 12) und das → *Haraldskvæði* (Str. 11), enthalten *kenningar* (→ Kenning), die sich auf ein bauliches Element der Odinshalle beziehen, während der Dichter des *Haraldskvæði* in der Str. 12 den *valr* beschreibt, der nach der Schlacht von → Hafrsfjord auf einer Sandfläche ausgebreitet liegt, unter Hinweis darauf, daß er Óðinn gewidmet sei (13, 145; 14, 18). Ferner wird die Str. 21 des → *Sonatorrek* (14, 37) allg. als ein Hinweis auf V. interpretiert (148, 438), auch wenn der Name des Wohnsitzes von Óðinn nicht in dieser Str. genannt wird (30, 116).

In direkter Form wird die V. genannt in drei alten Eddagedichten (→ Eddischen Dichtungen) des mythol. Zyklus (Götterlieder), und zwar in der → *Vǫluspá* Str. 33 (6, 8) im Zusammenhang mit dem Tod → Balders, der als *vá Valhallar* ‚Leid von V.' empfunden worden ist, ferner in den *Vafþrúðnismál* Str. 41 (7, 7) anläßlich des täglichen Kampfes der *einheriar* (s. u. § 6; → Einherier) und v. a. in den *Grímnismál* Str. 8–10 (7, 13–16), die eine farbige Beschreibung der Topographie von V. bieten, sowohl des Bauwerkes selbst als auch der Aktivitäten seiner Bewohner (s. u. §§ 5–6). Knapper erwähnt in den → *Hyndluljóð* Str. 1 (7, 80), erscheint V. auch in einem der Heldenlieder des in jüng. Zeit (vielleicht gegen Ende des 12. Jh.s: 159, 142 f.; 162, I, 313) entstandenen Helgi-Zyklus (→ Helgilieder und Helgisagen), in der *Helgakviða Hundingsbana II* Str. 38 pr. und Str. 49–50 (8, 39. 42), und zwar in der Episode von der Rückkehr des Helden in die Welt der Lebenden, um seiner Frau für eine Nacht im Grabhügel wiederzubegegnen und danach nach V. zurückzukehren. Unter den anderen poet. Zeugnissen, die mehr oder weniger direkte Anspielungen auf V. enthalten, verdient ein gemeinhin an das Ende des 12. Jh.s zu datierendes Werk, die → *Krákumál* Str. 29 (Skj. A, II, 649), Erwähnung wegen der darin ausgedrückten Haltung gegenüber dem Tod – im Unterschied zum Zeugnis eines Dichters der vorchristl. Zeit, wie z. B. Eyvindr in den *Hákonarmál* (123, 42 f.; 111, 25).

Innerhalb der Prosalit. enthält des Werk von → Snorri Sturluson, sei es die *Edda* (→ Edda, Jüngere) oder der erste Teil der → *Heimskringla*, die meisten Auskünfte über die awnord. Auffassung von V., teils als Übernahme von Angaben aus der skaldischen und eddischen Dichtung: so in der *Gylfaginning* c. 2 (21, 2) und c. 38–41 (21, 41–45), in den *Skáldskaparmál* (5, 89. 91) und in der *Hákonar s. góða* c. 32 (26, 193); teils als Mitteilung sonst nicht belegter Informationen: z. B. in der *Gylfaginning* c. 49 (21, 63) zur Stelle, wo die Pflanze *mistilteinn* wächst, in den *Skáldskaparmál* (5, 121 f.) im Blick auf das leuchtende Gold bzw. den Schein der Schwerter in der Halle und auf das Vorhandensein eines Haines vor dem Gebäude oder in der → *Ynglinga saga* c. 8 über Leichenverbrennung und das Mitführen von Schätzen der Toten nach V. (26, 20).

Abgesehen von der *Heimskringla* erwähnen lediglich zwei Werke aus der liter. Gattung der → Königssagas die V. Erstens die → *Fagrskinna* in c. 7 (1, 77) mit dem Ber. über die Umstände der Entstehung der *Eiríksmál* und in c. 13 (1, 95), das im Vergleich zu der Erzählung von Snorri Sturluson eine Präzisierung der auf V. bezüglichen Glaubensvorstellungen ‚der Heiden' enthält. Zweitens das *Sǫgubrot af fornkonungum* im c. 9 (28, 9) mit der großartigen Schilderung der Bestattung des legendären Dänenkg.s → Haraldr hilditǫnn, über die auch die *Gesta Danorum* des → Saxo Grammaticus, Buch VIII c. v,1 (20, 220) berichten.

Wenn auch die → *Landnámabók* offensichtlich keine ausdrückliche Erwähnung der V. betreffenden Auffassungen enthält, so haben doch die Verf. der → Isländersagas sie nicht völlig ignoriert; ihr Zeugnis ist aber bruchstückhaft und von unterschiedlichem Wert. Das belegt insbesondere das Beispiel der → *Njáls saga*: Im c. 29 (2, 194) scheint der Hǫgni zugeschriebene Ausspruch über die Bewaffnung seines Vaters zweifellos die vorchristl. Vorstellungen über die Waffen der in V. aufgenommenen Krieger zu reflektieren (158, II, 58). Hingegen ist im c. 88 (2, 215) der vom Autor dem norw. Herrscher → Hákon jarl Sigurðarson in den Mund gelegte Vorschlag bezüglich eines Mannes, der einen Frevel in einem heidn. Tempel von Guðbrandsdalr begangen hatte, unbestreitbar beeinflußt durch die christl. Lehre von dem durch ihre Lebensführung bestimmten Schicksal der Menschen nach ihrem Tod. Umgekehrt erfordert der Ausspruch, den – gemäß dem Verf. einer der Fassungen der *Gísla s. Súrssonar* (M, c. 14 [11, 21]) – der *goði* (→ Gode, Godentum) Þorgrímr Þorsteinsson bei der Bestattung des Vésteinn Vésteinsson getan hätte, eine besondere Beurteilung, auch wenn er gegenüber der Langfassung dieser Saga vermutlich sekundär ist (s. u. § 4 mit der Diskussion über die *helskór*).

Schließlich enthalten die → Fornaldarsagas einige seltene Belege des Namens V. (so c. 3 der → *Hervarar saga* und c. 33 der *Hrólfs s. kraka*), allerdings sind die Auskünfte, welche diese Erwähnungen für die Kenntnis der authentischen Auffassungen von V. bieten, in der Mehrzahl der Fälle von geringem Interesse, dies um so mehr, als diese Erzählungen manchmal Verwechslungen neueren Datums unterlegen sind, wie es im Fall des c. 1 der *Gautreks s.* (10) erkennbar wird, in welchem die Opferung von Greisen mit dem Ausdruck *at fara til Valhallar* ‚nach V. fahren' bezeichnet wird. Hier und da kann man jedoch möglicherweise eine Anspielung auf einen Einzelaspekt der Glaubensvorstellung bezüglich V. entdecken, z. B. im c. 33 der → *Völsunga saga* (29, 84) in Gestalt der Erwähnung der Pforte, die sich unmittelbar auf den Fersen schließt.

§ 3. Der *valr*, der Gott Óðinn und die *valkyriur*. Nach der Definition von Snorri Sturluson (Gylfaginning c. 38 [21, 41; 25, 69]) ‚sind alle Männer, die seit Beginn der Welt im Kampf gefallen sind, jetzt bei Óðinn in V. angekommen'. Da dieser Satz Gangleri in den Mund gelegt wird, einer Person, die ihre Gesprächspartner in einer oft naiven Weise befragt, kann man annehmen, daß dieser nicht die Gedanken des Autors wiedergeben, vielmehr eine offenkundige Übertreibung darstellen soll. Aber schon im 20. Kap. derselben mythol. Abhandl. läßt Snorri durch Þriði, einen der drei Gesprächspartner Gangleris, in folgender Weise einen der Beinamen des Gottes Óðinn erklären: ‚Er wird auch Valfǫðr genannt, weil alle, die auf dem Schlachtfeld fallen *(er í val falla)*, seine Adoptivsöhne sind; er teilt ihnen einen Platz in der V. und in Vingólf zu, und sie erhalten dann den Namen *Einheriar*'.

An anderen Stellen seines Werkes, sei es in der *Edda* oder in der *Heimskringla,* hat Snorri indessen beachtenswerte Nuancierungen an dieser Darst. angebracht, derzufolge die Gesamtheit der im Kampf gefallenen Männer als Bewohner der V. oder teilweise von *Vingólf* anzusehen wären – letzteres ein Aufenthaltsort, der im c. 3 der *Gylfaginning* mit → Gimlé in Verbindung gebracht wird, der aber im c. 14 als ein Heiligtum *(hǫrgr)* im Besitz von Göttinnen dargestellt wird. In der Tat erläutert der isl. Mythograph im c. 24 der *Gylfaginning* (21, 29; 25, 57) mit Zitat der Str. 14 der *Grímnismál,* daß die Göttin → Freyja, zu welchem Schlachtfeld auch immer sie reitet, ‚die Hälfte des *valr* erhält, Óðinn hingegen die andere Hälfte'. Diese Schilderung, daß der *valr* bestimmter Schlachten zw. Óðinn und Freyja aufgeteilt wird, dürfte eine Überlieferung widerspiegeln, die von derjenigen abweicht, welche Óðinn die Verfügung über die Gesamtheit der im Kampf gefallenen Krieger zuschreibt. Diese Vorstellung kann plausibel mit dem Namen des Wohnsitzes in Verbindung gebracht werden, den Freyja im Himmel besitzen soll (Gylfaginning c. 24 [21, 29; 25, 57]) – *Fólkvangr;* der erste Bestandteil dieses Namens geht auf den Begriff ‚Kriegerschar' zurück; weiterhin kann sie mit der Zuweisung des Heiligtums Vingólf an Göttinnen verglichen werden (s. u.).

Eingangs der → *Ynglinga saga* hat Snorri die Künste Óðinns beschrieben und dabei seine Auffassung verdeutlicht: Óðinn, der hier als erster Kg. von Schweden vorgestellt wird, hatte sich selbst mit einer Lanzenspitze verwundet, als er im Sterben lag; auf diese Weise hat er sich *allir vápndauðir menn* ‚alle durch Waffen getöteten Männer' (26, 22; 27, 63) zu eigen gemacht. Wie es schon in der Str. 8 der *Grímnismál* ausgedrückt ist, schloß diese Vorstellung die Ausdehnung des Zugriffs des Gottes Óðinn über den *valr* im engeren Sinn hinaus ein, indem sie Männer einbezog, die den Tod nicht auf dem Schlachtfeld, sondern als Folge von dort empfangenen Verwundungen gefunden hatten. Dies war namentlich beim Kg. Hákon góði Aðalsteinsfóstri der Fall, der am Ende der Schlacht von Storð schwer verwundet wurde und wenig später starb. Was implizit für den Dichter der *Hákonarmál* gilt, ebenso für Snorri Sturluson in dem Bericht, den er von Tod und Bestattung des Kg.s im c. 32 der *Hákonar s. góða* (26, 192 f.; 27, 198) gibt, die Vorstellung nämlich von der Einbeziehung auch der tödlich verwundeten Krieger in die Gesamtheit des *valr,* wird in ausdrücklicher Form durch den Verf. der *Fagrskinna* c. 13 (1, 95) dargelegt, in seinem Ber. über die Beisetzung des Kg.s Hákon: ‚dies war der Glaube der heidnischen Männer, daß alle, die an ihren Wunden sterben, nach Valhǫll gehen müßten'.

Als *Valfǫðr* ‚Vater des *valr*' bezeichnet in zwei eddischen Liedern (Vǫluspá Str. 1 und 28; Grímnismál Str. 48) und demzufolge auch von Snorri Sturluson (Gylfaginning c. 20; 111, 57–59), wird Óðinn nach dem übereinstimmenden Zeugnis der ältesten skaldischen Gedichte (104, 700 ff.) als diejenige Gottheit aufgefasst, die den *valr* erhält (→ Vellekla Str. 32) oder für welche der *valr* bestimmt ist (Haraldskvæði Str. 12). Diese Vorstellung wird in gleicher Weise ausgedrückt in dem eddischen Gedicht → *Hárbarðsljóð* Str. 24 (7, 34): *Óðinn á iarla, þá er í val falla* ‚Óðinn besitzt die Jarle, die im Kampf fallen' sowie durch Wendungen wie ‚jemanden Óðinn geben' oder ‚jemanden zu Óðinn schicken'. Im übrigen wird der Gott gern vergegenwärtigt, wie er – entweder selbst oder durch Vermittlung der *valkyriur* – diejenigen Krieger auswählt, die auf dem Schlachtfeld den Tod finden müssen (z. B. Eiríksmál Str. 7; Hákonarmál Str. 1; Grímnismál Str. 8).

Seit den ältesten Zeugnissen erscheint der Name V. auch als Bezeichnung für den Wohnsitz Óðinns (Eiríksmál Str. 1 und 3–4, mit der Erwähnung von *Óðins salir* ‚die Wohnstatt Óðinns'; Hákonarmál Str. 1 Vers 5–6: *með Óðni fara ok í Valhǫll at vera,* vgl. Str. 13–15 desselben Gedichtes). Diese Auffassung ist in allen awnord. Qu. breit bezeugt, sowohl in ausdrücklicher Form in den beiden Skaldengedichten des 10. Jh.s (und auch in den *Grímnismál,* in der *Gylfaginning,* der *Fagrskinna* c. 8 und 12, oder auch in der *Hervarar s.* c. 3) als auch implizit in Form von Umschreibungen wie *salir Óðins* (Helgakviða Hundingsbana II Str. 50), *salir Sigtýs* (Skáldskaparmál [5, 122; 23, 41]), *Herjans hǫll* (Krákumál Str. 29) sowie *Valhallar vísi(r)* (im isl. Runengedicht [17, 5]).

Wenn auch der Dichter der *Grímnismál* (Str. 5 ff.), dem Snorri Sturluson in mehreren Kapiteln der *Gylfaginning* weithin folgt, den verschiedenen Göttern unterschiedliche himmlische Wohnsitze zuweist, wird in der mythol. Tradition, wie sie v. a. in den *Hákonarmál* überliefert ist, V. als Sitz Óðinns und der Götter in ihrer Gesamtheit angesehen. Der Dichter Eyvindr gebraucht mehrfach Appelative, welche die Götter insgesamt bezeichnen: *goð* (Str. 10, 12, 13, 21), *bǫnd* (Str. 10), *æsir* (Str. 16), *ráð ok regin* (Str. 18), und in der Str. 14 erwähnt er unter den Bewohnern von V. zwei andere Götter neben Óðinn mit Namen, Hermóðr und → Bragi, welch letzterer in diesem Kontext schon in den Eiríksmál Str. 3–4, erscheint.

Nach dem Zeugnis der *Eiríksmál* suchte sich Óðinn manchmal die Krieger selbst aus, die er ums Leben brachte, um sie in V. empfangen zu können (in der Str. 7 dieses Gedichtes fragt Sigmundr den Gott nach den Gründen für die Niederlage, die er dem Kg. Eiríkr zugefügt hat). Diese Vorstellung liegt der *kenning* von Kormakr Ǫgmundarson zugrunde (lausavísa 21 [Skj B, I, 74]), durch welchen der isl. Skalde den Gott als *valkiósandi* schildert, ein auf der Grundlage des Verbums *kiósa* ‚wählen' gebildetes Kompositum, das hier im Part. Praesens gebraucht wird. Anderen Skalden zufolge schickt Óðinn die *valkyriur* (Fem. Pl. von *valkyria,* das seinerseits zusammengesetzt ist mit Hilfe des Verbes *kiósa,* hier in der Gestalt eines Nomen agentis) an den Ort des Kampfes, damit sie ihrerseits diejenigen der Krieger auswählten, die den Tod finden sollten, um nach V. zu gelangen. In einer bes. deutlichen Weise ist das der Fall bei Eyvindr in den *Hákonarmál* (14, 25): *Gǫndul ok Skǫgul / sendi Gautatýr / at kiósa um konunga, / hverr Yngva ættar / skyldi með Óðni fara / ok í Valhǫll at vera.* Später im Gedicht (Str. 13) erklärt die Walküre Skǫgul dem

Hákon, daß sie verantwortlich ist (man beachte den Pl. auctoris im Vers 4!) für den Sieg, den er davongetragen hat, selbst wenn er im Moment der Flucht der Feinde tödlich verwundet wurde. Im → Walkürenlied – genannt auch → *Darraðarljoð,* ein Werk im eddischen Stil, das vermutlich kurze Zeit nach der Schlacht von → Clontarf im J. 1014 (80a) entstanden ist, das aber nur durch die → *Njáls saga* c. 157 (2, 454–460) bekannt ist – erscheinen die Walküren in der Zwölfzahl, sie reiten zum Ort der Schlacht, indem sie ihre Schwerter schwingen (Str. 11); sie sind zugegen da, wo die Kämpfer aufeinanderprallen (Str. 4 Vers 5–8; Str. 5 Vers 5–8) und bestimmen diejenigen, die umkommen müssen (Str. 6 Vers 7–8: *eigu valkyriur vals of kosti*).

Offensichtlich aus der awnord. mythol. Tradition heraus schreibt Snorri Sturluson in der *Gylfaginning* c. 36 (21, 39; 25, 67), nachdem er Str. 36 der *Grímnismál* zitiert hat, welche die Namen von 13 *valkyriur* angibt (105), daß Óðinn diese Frauen zu jeder Schlacht sende und daß ‚sie die Männer bestimmen, die den Tod finden sollen, und über den Sieg entscheiden' *(þær kiósa feigð á menn ok ráða sigri).* Danach erwähnt er drei andere *valkyriur,* unter diesen die → Norne Skuld, und stellt auch für diese Gruppe fest, daß ‚sie beständig reiten, um die Krieger zu bestimmen, die auf dem Schlachtfeld fallen sollen, und um über den Ausgang der Kämpfe zu entscheiden' *(ríða iafnan at kiósa val ok ráða vígum).*

Gemäß der Str. 9 der → *Húsdrápa* (Skj A, I, 138) – die von Ulfr Uggason gegen Ende des 10. Jh.s verfaßt wurde, ausgehend von Szenen, welche auf den Wänden des Bauernhofs eines Häuptlings im w. Island dargestellt waren (vgl. Laxd. s. c. 29 [136]) – begleiteten die *valkyriur* den Gott Óðinn und seine Raben, und zwar, den Str. 7–8 und 10 derselben Dichtung zufolge, zur Stätte des Scheiterhaufens von → Balder. Wie immer die Erklärung im einzelnen ausfallen mag (vgl. Skj. B, I, 129; 86, § 1891; 88), so liefert doch diese Darst. eines mythischen Leichenzuges offensichtlich ein unmittelbares und authentisches Zeugnis dafür, daß die *valkyriur* eng mit Óðinn verbunden waren. In der Tat bezeichnet der Dichter der → *Voluspá* die *valkyriur* als *nǫnnor Herjans* ‚Mädchen Óðinns', nachdem er ihrer sechs namentlich genannt und dargelegt hat, daß sie zu Pferd von weither kommen. Diese enge Verbindung zw. Óðinn und den *valkyriur* wird auch durch andere Dichtwerke bezeugt, manchmal mit ganz ähnlichen Ausdrücken (*Herjans dísir,* in der Str. 19 der *Guðrúnarkviða I;* vgl. die Verse 1–3 der Str. 29 der *Krákumál: heim bióða mér dísir / þærs frá Herjans hǫllu / hefr Óðinn mér sendar*).

Damit ist das Tätigkeitsfeld der *valkyriur* noch nicht vollständig beschrieben: Seit dem 10. Jh. schildern die Dichter sie beim Darreichen von Getränken im Innern von V. (s. u. § 6). In einer der ältesten unter den erhaltenen Skaldengedichten, im → *Haraldskvæði,* das gegen Ende des 9. Jh.s zu Ehren des Kg.s → Haraldr hárfagri verfaßt worden ist, wird die Beschreibung der Schlacht im Hafrsfjord dem Skalden teilweise durch eine Unterredung geliefert, welche eine Walküre mit einem Raben führt. Die Charakterisierung dieser Frau im *Haraldskvæði,* das wohlgemerkt den ältesten Beleg des awnord. Wortes *valkyria* enthält, ist völlig verschieden vom Typ des „finsteren Todesdämon" (111, 88), der die gelehrte Lit. bezüglich des vermeintlich urspr. Charakters der *valkyriur* beherrscht. Im *Haraldskvæði* erscheint die Walküre als Mädchen *(mey)* von strahlender Schönheit: Sie hat eine weiße Haut und helle Haare (Str. 1), einen weißen Hals (Str. 2) vielleicht auch stechende Augen und klare bzw. durchscheinende Augenlider (oder Wimpern?; Str. 3). Im übrigen gilt sie als klug sowie zurückhaltend gegenüber Männern (Str. 2; zu den Schwierigkeiten des Textes hinsichtlich der einen oder anderen Einzelheit dieser Beschreibung s. 13, 134; 14, 15). In der Darst., welche der Dichter der *Hákonarmál* bringt, erscheinen die beiden *valkyriur* Gǫndul und Skǫgul als Reiterinnen (Str. 11, 13); sie sind bewaffnet (in Str. 10 stützt sich Gǫndul auf den Schaft einer Lanze, in Str. 11 treten beide mit Helm und Schild auf), bestimmen den *valr* und entscheiden über den Sieg (s. u.). Ihre Haltung gegenüber ihrem Opfer, dem Kg. Hákon, als sie sich von ihren Pferden herab an ihn wenden, ist die von jungen Mädchen *(mærar)*, zugleich stolz und machtvoll (vgl. Str. 13 Vers 2: *hin ríka Skǫgul*), aber auch überlegt (der Dichter verwendet in Str. 11 das Adverb *hyggiliga*) und verbindlich; ihre Äußerungen verraten große Hochachtung vor dem Verstorbenen, der sich anschickt, ‚das Gefolge bzw. die Schar oder die Gemeinschaft der Götter zu vergrößern' (*gengi goða*, Str. 10). Zu Recht wurde über diese beiden *valkyriur* gesagt: „Diese Wesen umstrahlt eine göttliche Erhabenheit ..." (111, 89).

§ 4. Die Reise gen V. Nach der Erzählung über das Leichenbegängnis von Hákon góði im c. 32 der *Hákonar s. góða* (26, 193; 27, 198) sprachen die Gefolgsleute des Kg.s an seinem Grab eine Gebetsformel, die ihn nach V. geleiten sollte. Andere Prosa-Qu. bezeugen ein ähnliches Zeremoniell, so die *Gísla s. Súrssonar* anläßlich der Bestattung von Vésteinn Vésteinsson oder das *Sǫgubrot af fornkonungum* aus Anlaß der Beisetzung des dänischen Kg.s Haraldr hilditǫnn (s. u.). Wenn auch die Vorstellung von einem ‚Weg nach V.' in der awnord. Terminolgie weniger gut bezeugt ist als die vom *helvegr* – ein Kompositum, das wörtlich ‚Weg nach Hel' (= Weg zur Unterwelt), allg. aber auch ‚Todesweg' bedeutet (57, s. v.) –, so kennen doch die *Hákonarmál* Str. 9 (14, 27) auch den Ausdruck *eiga vega til Valhallar* ‚die Wege nach V. (einschlagen) müssen'. In einem Zusammenhang, der offenkundig nichts mit der Reise eines Toten ins Jenseits zu tun hat, verwendet der Dichter der *Hyndluljóð* (Str. 5) ein Hapaxlegomenon, und zwar das Kompositum *goðvegr* ‚Götterweg, Weg nach V.' (57, s. v.), um den Ritt der Göttin Freyja und der Riesin Hyndla nach V. zu bezeichnen, später noch ein anderes Hapaxlegomenon, das Kompositum *valsinni* ‚Gang nach V. oder Begleitung dorthin' (13, s. v.; 58, I, 372; 143, 711 ff.).

Einer Meinung zufolge, welche die gelehrte Lit. weithin beherrscht, vollzieht sich die Reise des gefallenen Kriegers normalerweise zu Pferd. Indessen erweist die Sichtung der liter. Qu., daß dieses Motiv erst in einer Passage eines der aus der → *Skjöldunga saga* erhaltenen Frg. vorkommt, das unter der Bezeichnung *Sǫgubrot af fornkonungum* bekannt ist. In c. 9 berichtet der Autor dieser legendenhaften Erzählung, daß nach der mythischen Schlacht von Brávellir der Leichnam des Kg.s Haraldr hilditǫnn, in einem großen Hügel beigesetzt wurde, samt seinem Pferd und dem Streitwagen, von dem aus Haraldr seines hohen Alters wegen gekämpft hatte. Sein Überwinder, der Kg. Hringr, ließ daraufhin den Sattel seines eigenen Pferdes in dem Hügel niederlegen und forderte den Toten auf, selbst zu entscheiden, ob er gen V. reiten oder sich mit seinem Wagen dorthin begeben möchte (*bað hann gera hvárt, er hann vildi, ríða til Valhallar eða aka* [28, 69]). Diese Beschreibung der Beisetzung eines gefallenen Kriegers samt seinem gesattelten Roß, verbunden mit der ausdrücklichen Aufforderung, gen V. zu reiten, steht zwar isoliert in der awnord. Lit., ist jedoch in gleicher Weise bei Saxo Grammaticus in den *Gesta Danorum* VIII c. v,1 (20, 220; vgl. 76, 550–552) belegt, zwar mit nicht zu vernachlässigenden Unterschieden, die aber die Vorstellung von einer Reise zu Pferd oder Wagen *ad Tartara* nicht berühren (45).

Die ältesten Skaldengedichte, welche V. erwähnen, die *Eiríksmál* und die *Hákonarmál*, enthalten in der Tat keinerlei Hinweis auf einen evtl. Ritt der Kg. Erik Blutaxt und Hákon góði zum Wohnsitz von Óðinn, ungeachtet gegenteiliger Feststellungen von seiten mehrerer Forscher, namentlich bezüglich der *Hákonarmál* (143, 693; 85, 78), aufgrund einer irrtümlichen Interpretation eines Personalpronomens, welches Skǫgul im Vers 1 der Str. 13 verwendet (der Dual *vit* bezieht sich offensichtlich auf die Walküre Skǫgul selbst und ihre Gefährtin Gǫndul). Im übrigen erwähnt Snorri Sturluson mit keinem Wort in seinem Ber. über das Begräbnis des Hákon góði im c. 32 der *Hákonar s. góða* (26, 193; 27, 198), daß ein Pferd beigesetzt worden wäre, hält darüber hinaus aber fest, daß die Gefolgsleute des Kg.s dessen gesamte Waffenrüstung *(alvæpni sitt)* im Grab deponierten; eine Angabe, die man vergleichen muß mit der Beschreibung der Ankunft des Kg.s in V., der dort mit seinen eigenen Waffen auftritt, die er bewahren wollte (Str. 17).

Der letzte Teil der *Helgakviða Hundingsbana II* Str. 38 pr. bis Str. 51 bietet zwar die Schilderung eines Rittes gen V., jedoch ist der Zusammenhang hier ein gänzlich anderer als derjenige einer Abreise eines gefallenen Kriegers ins Jenseits: Der Held Helgi, der seinen Schwager Dagr getötet hat, wird vom Dichter als ‚lebender Leichnam' beschrieben, der wegen der Klagen seiner Witwe Sigrún in die Welt der Lebenden zurückkehrt, um eine Nacht mit ihr in seinem eigenen Grabhügel zu verbringen („Leonoren-Motiv': 144, 603 ff. mit Bibliogr. 608 ff. 772 ff.; zum evtl. Vorliegen von zwei verschiedenen Totenvorstellungen s. v. a. 111, 19–24; mit Kritik von 72, 338 f.). Wie so oft in Wiedergängergeschichten, muß Helgi vor Sonnenaufgang seinen eigtl. Aufenthaltsort wieder erreichen, in diesem Fall also V. (so jedenfalls hat der Autor der in dieses Gedicht eingefügten Prosapassagen den Sigrún in Str. 50 zugeschriebenen Ausdruck *frá sǫlom Óðins* interpretiert). Der Weg, den der Tote am Ende der Nacht auf einem fahlen Pferd zurücklegt, wird mit bildhaften Ausdrücken beschrieben (Str. 49). Dieser großartige Abschluß eines Werkes, das man als „typisches Beispiel der Kunstdichtung aus der Periode der ‚nordischen Rennaissance'" eingestuft hat (159, 142), stellt zweifellos „die Begabung des Dichters" (ebd.) unter Beweis, der den „mythologische(n) Apparat" reichlich ausgeschöpft hat (ebd.), aber es wäre verwegen, ihm den Charakter eines authentischen Zeugnisses für die vorchristl. Auffassungen von V. zuzusprechen (45).

Das Motiv des ‚Rittes nach Valhǫll' scheint von den Skalden der ält. Zeit v. a. in zweierlei Hinsicht verwendet worden zu sein: Einmal für den Ritt der Walküren, wenn sie, in ihrer Eigenschaft als Óðinns Boten, diesem die Nachricht von der Ankunft eines Toten und zumal eines herausragenden Toten überbringen (Hákonarmál Str. 13), zum anderen für den Ritt anderer mythischer Figuren, wie der Göttin Freyja und der Riesin Hyndla, welche, dem Anfang der *Hyndluljóð* zufolge (bes. Str. 1 Vers 6–8: *ríða vit skolom / til Valhallar / ok til vés heilags*), auf diese Weise Óðinn um Rat bitten. Die Umstände und die Absicht des Rittes von Freyja und Hyndla sind unbestreitbar sehr verschieden von denen der Reise der gefallenen Krieger ins Jenseits (143, 693–696).

Die Vorstellung von einer Reise, die zu Schiff in Richtung auf V. unternommen wird, ist in den liter. Qu. noch schlechter bezeugt als die von einem Ritt. Gewiß ist der Ber. über die Beisetzung des legendären schwed. Kg.s *Sigvardus* (Sigurðr) gelegentlich in diesem Sinn interpretiert worden (34, 31), jedoch ist der Beleg für diese Episode, die ihrerseits lediglich durch Frg. aus dem Zyklus der → *Skjǫldunga saga* bekannt ist, mehrdeutig. In der Kurzfassung dieses Werkes, die durch den isl. Humanisten Arngrímr Jónsson am Ende des 16. Jh.s erstellt worden ist *(Ad catalogum regum Sveciæ annotanda)*, wird in der Tat berichtet, daß Sigurðr den Entschluß faßte, gemäß der Sitte seiner Vorfahren Óðinn aufzusuchen, nachdem er im Verlauf eines Kampfes schwer verwundet worden war. Aber die im lat. Text verwendeten Ausdrücke (... *more majorum suorum, regali pompa Odinum Regem [id est inferos]*

... ipse vero tempestatibus ratem gubernantibus, Stygias sine mora tranavit undas [16, 132; 28, 74 f.]) lassen keine sichere Entscheidung zu, ob als Ziel des Schiffes vom Verf. der *Skjöldunga s.* V. oder vielmehr Hel oder ein anderes Totenreich (122, 248–256; 45) ins Auge gefaßt war. Man möge ferner beachten, daß diese Erzählung offenbar als Vorlage für Snorri Sturlusons Ber. über die Beisetzungsfeierlichkeiten für Haki, den legendären Kg. von Schweden, im c. 23 der → *Ynglinga saga* (26, 45, mit Anm. 3; 27, 79 f. 399 [Anm. 12]), gedient hat, daß aber der isl. Historiker sich gehütet hat, die endgültige Bestimmung des Totenschiffes genauer anzugeben.

Der Kurzfassung der *Gísla s. Súrssonar* c. 14 (11, 21) zufolge bestand in der vorchristl. Ära die Sitte, die Füße der Toten mit fest gebundenen Schuhen zu bekleiden, in denen sie bis nach V. marschieren sollten *(at binda mǫnnum helskó, þá er þeir skulu ganga á til Valhallar)*. Dieser dem Þorgrímr Þorsteinsson bei der Beisetzung von Vésteinn Vésteinsson zugeschriebene Ausspruch – der Vorgang soll sich während der 2. Hälfte des 10. Jh.s im Haukadalr im NW Islands abgespielt haben – ist zweifellos aufschlußreich für die die Schuhe der Toten betreffenden awnord. Glaubensvorstellungen (32, 217 ff.: 33, 236 ff.; 34, 35–37; 151; 153), allerdings zeigt das hier vom Redaktor des Textes verwendete Kompositum *helskór* ‚Hel-Schuhe' unwiderlegbar an, daß diese Sitte in erster Linie die Reise zur Hel betrifft und nicht den Weg nach V. Im übrigen ist diese Lesart der Kurzfassung aller Wahrscheinlichkeit nach als eine Neuerung im Vergleich zur Langfassung aufzufassen, insofern sie nicht V., sondern *Hel* als Ziel des zurückzulegenden Weges nennt *(at binda helskó at fótum mǫnnum ..., at þeir skyldi til Heljar fara* [12, 29] – zu den wahrscheinlichen Gründen für diese vom Verf. der Kurzfassung eingeführte Neuerung vgl. 45).

Anders als der Weg zur Hel *(helvegr)*, der relativ ausführlich von Snorri Sturluson im c. 49 der *Gylfaginning* (21, 64 f.; 25, 90 f.) in seiner Erzählung vom unterirdischen Ritt Hermóðrs nach dem Tod von Balder beschrieben wird, werden Dauer und Eigenschaften des Weges, von dem man annimmt, daß er nach V. führt, in den liter. Qu. nicht beschrieben (mit Ausnahme der Episode von der Rückkehr Helgis nach V. in Str. 49 der *Helgakviða Hundingsbana II;* vgl. oben). Die awnord. Qu. treffen keine Feststellungen über ein Geleit der gefallenen Krieger durch die Walküren – im Widerspruch zu mehreren Forschern, die dieses Motiv in den *Hákonarmál* zu erkennen glauben. Der Dialog zw. Hákon und den beiden Walküren spielt sich offensichtlich auf dem Schlachtfeld ab, am Ende des Kampfes (Str. 9–13), bevor Gǫndul und Skǫgul allein gen V. reiten, um Óðinn die baldige Ankunft des Kg.s und seines Heeres zu melden (s. o.).

Nach allem beziehen sich die einzigen Angaben, welche die liter. Qu. bezüglich der Reise des gefallenen Kriegers nach V. machen, zum einen Teil auf deren gesamte letzte Etappe (s. u. § 5), ferner auf den ihm bereiteten Empfang, der aber, so scheint es, allein in Gegenwart ebenso berühmter Toter wie der Kg. Eiríkr und Hákon stattfand, so jedenfalls nach dem Zeugnis zweier Skaldengedichte des 10. Jh.s: Der Verf. der *Eiríksmál* (Str. 5) und Eyvindr in den *Hákonarmál* (Str. 13) schildern einer wie der andere den Gott Óðinn, wie er zwei herausragende Bewohner der V. anweist – hier Hermóðr und Bragi, dort Sigmundr und Sinfjǫtli –, sich zu erheben und dem Kg. entgegenzugehen, der soeben den Heldentod gefunden hat.

§ 5. V. als Gebäude. a. Lokalisierung. Unter dem Einfluß von „vorstellungen von dem totenreich in der unterwelt" (140, 227 ff. 258 ff.) wurde V. anderen Forschern zufolge (158, 377) zunächst aufgefaßt als „eine unterirdische Halle, wo die in einer Schlacht Gefallenen versammelt waren", später wurde sie „in den Himmel versetzt". Nach einer anderen Hypothese, die zum großen Teil auf einer naturalistisch aufgefaßten Mythol. beruhte und auf einer gewagten Interpretation gewisser ON in Schweden (s. u. § 8), wurde V. ‚im Berge' lokalisiert, bevor es „später in himmlisches Licht erhoben" wurde (61a, 289 f.). Indessen erlaubt keine awnord. Qu. zu unterstellen, man habe sich V. jemals unter der Erde vorgestellt, auch nicht in einem Berg, sei es auf Dauer oder lediglich vorübergehend.

Eine völlig andere Erklärung zur Lokalisierung von V. wurde von Neckel (111, 27 ff.) vorgebracht: Sie stützte sich v. a. auf frühe skaldische *kenningar*, welche Schildbuckel vergleichsweise als Dach und sogar als Tor von V. bezeichnen (104, 695), ferner auf die Beschreibung des Gebäudes in Str. 9 der *Grímnismál*, derzufolge der Dachstuhl aus Lanzen gebildet wird. Nach Neckel (111, 28) rufen diese Vergleiche die Vorstellung von „der Walstatt nach der Schlacht, bedeckt mit Leichen und Waffen aller Art" hervor, was Neckel zu der Schlußfolgerung führte: „Walhall ist ein als Halle stilisiertes Schlachtfeld" (111, 30). Zu einem späteren Zeitpunkt habe die „Inbesitznahme von V. durch den Gott Óðinn" die Versetzung dieses Gebäudes in den Himmel nach sich gezogen (111, 56 ff.; vgl. 91, 427 f. Kl. Schr. II, 373; 92, 125). Die Hypothese von der urspr. Lokalisierung der V. auf dem Schlachtfeld wird jedoch durch eine grundlegende Schwierigkeit erschüttert, durch den offenkundigen Unterschied nämlich zw. der Vorstellung von einer bloßen Notunterkunft für die Leichen der gefallenen Krieger und der von einem majestätischen Gebäude, wie es das awnord. Wort *hǫll* ‚Halle' ausdrückt (s. auch unten § 8).

Ungeachtet abweichender Meinungen (41, 100 ff.; 138, 37 ff.; s. auch 45) läßt es das Zeugnis der awnord. Qu. nicht zu, sich V. zu irgendeinem Zeitpunkt woanders als im Himmel vorzustellen. Die Vorstellung einer Positionierung im Himmel ergibt sich deutlich aus der Beschreibung in dem eddischen Gedicht *Grímnismál* (111, 54 ff.). Sie wird gestützt durch die Str. 62–63 der *Vǫluspá*: Der Wohnsitz Óðinns wird dort durch die Umschreibung *Hropts sigtóptir* (Str. 62 Vers 6: Siegstätte Óðinns) bezeichnet, und diese sind offensichtlich im Himmel gelegen, der wiederum in der Str. 63 Vers 5 als *vindheimr víðr* ‚weite Windwelt' beschrieben wird (144, 798). Ganz allg. kann diese Vorstellung in Beziehung gesetzt werden zu der originär idg. Glaubensvorstellung von der Gegenwart souveräner Götter im Himmel (111, 59), wofür ein Beleg in den awnord. Qu. in Gestalt der Str. 21 des *Sonatorrek* (14, 37; dazu 104, 703 ff.; 45) vorliegt.

b. Topographie. V. wird von Snorri Sturluson im c. 43 der *Skáldskaparmál* (5, 122; 23, 41) als Teil der Ländereien von *Ásgarðr* beschrieben (vgl. auch ebd. in c. 3 [5, 101; 23, 20] die Drohung des Riesen Hrungnir, der sich anheischig macht, V. zu beseitigen, danach Ásgarðr zu versenken). Wahrscheinlich wird V. in Str. 13 der *Hákonarmál* (14, 27) durch den Ausdruck *grænir heimar goða* ‚grüne Welt der Götter' bezeichnet, als Ort, wohin die beiden Walküren Gǫndul und Skǫgul reiten (s. o. § 4; 118, 56; 45).

Nach dem Zeugnis der lebhaft diskutierten Str. 21 der *Grímnismál*, welche als „die dunkelste strophe des gedichtes und eine der dunkelsten der Edda überhaupt" (58, I, 195) eingestuft worden ist, scheint V. von dem Anwesen getrennt gewesen zu sein, eingeschlossen von einem Fluß namens *Þund*, den der *valglaumr* (Hapaxlegomenon, das vielleicht „die Menge der nach V. strömenden Waltoten" bedeutet, 108, 116) durchschreiten *(vaða)* mußte, konfrontiert mit der gewaltigen Strömung *(árstraumr ofmikill)*, die dort herrschte. Die Hypothese vom Vorhandensein einer Brücke, welche die gefallenen Krieger auf dem Weg nach V. benutzen können, ist manchmal vorgebracht worden (111, 55), beruht indessen auf einem zwar geistreichen, aber doch unsicheren Argument: Um die bevorstehende Ankunft des Kg.s Eiríkr in V. zu beschreiben, wird in Str. 3 der *Eiríksmál* das Verbum *bifask* ‚zittern' verwendet, das zugleich dem Wort *Bifrǫst,* einem der Namen der kosmischen Brücke verglichen worden ist, der wiederum noch früher in der Form → Bilrǫst bekannt ist, so auch aus der Episode des unterirdischen Rittes von Hermóðr über die *Gjallarbrú* genannte Brücke in Richtung des *helvegr* im c. 49 der *Gyfaginning* (21, 65).

Nach Snorri Sturluson (Skáldskaparmál [5, 122; 23, 41]), der in diesem Textzusammenhang drei Verse eines unbekannten eddischen Gedichtes zitiert, befindet sich in unmittelbarer Nähe von V. eine *Glasir* genannte Baumgruppe, deren Laub rotgolden *(gullt raut)* bzw. golden *(með gullnu laufi)* gefärbt ist. Das Gebäude selbst wird überragt von einem *Læraðr* genannten Baum (Grímnismál Str. 24–26; vgl. Gylfaginning c. 39), von dessen Zweigen sich zwei Fabelwesen nähren (s. u.). Schließlich soll im W von V. eine *mistilteinn* ‚Mistel' genannte Pflanze wachsen (vgl. den der Göttin Frigg in c. 49 der *Gylfaginning* zugeschriebenen Ausspruch).

In einem gewissen Abstand von V. wird eine Einfriedung lokalisiert, genannt *Óðins tún* (Pl.), welche der Dichter der *Vafþrúðnismál* (Str. 41) erwähnt, ein Ort, an welchem die *einheriar* jeden Tag fechten (s. u. § 6) und von wo sie zu Pferd nach V. zurückkehren (s. auch Gylfaginning c. 41 [21, 44; 25, 72 f.]).

c. Beschreibung. Die detailreichste Qu. für unsere Kenntnis des äußeren Erscheinungsbildes von V., die *Grímnismál,* werten sie v. a. als *gullbjǫrt* ‚goldglänzend' und *víð* ‚weit' (Str. 8). Das Gebäude selbst wird im folgenden (Str. 9) vom Dichter als ‚sehr leicht wiedererkennbar' geschildert, und zwar aufgrund seines Dachstuhles, der aus Lanzenschäften errichtet ist, während das Dach aus Schilden besteht – ein Bild, dem man in c. 2 der *Gylfaginning* (21, 2; 25, 30) wiederbegegnet, wo Snorri Sturluson als Stütze für seine Auffassung eine Halbstrophe zitiert, die er dem norw. Skalden Þjóðólfr enn hvinnverski zuschreibt und in welcher eine *kenning* enthalten ist, welche die Schilde als Kennzeichen des Wohnsitzes von Óðinn bezeichnet.

Auf dem Dach von V. halten sich zwei Tiere auf, zum einen eine Milchziege (s. u. § 6), die *Heiðrún* heißt und die gelegentlich mit der Ziege Amaltheia der griech. Mythol. in Zusammenhang gebracht wird (64, 369; 65), zum anderen ein *Eikþyrnir* genannter Hirsch, dessen Geweih den Ursprung aller Wasserläufe bildet und den man im kosmischen Kontext des ‚Weltenbaumes' hat sehen wollen (80; zur symbolischen Bedeutung s. 48; 110).

Gemäß der einführenden Beschreibung, die Snorri Sturluson im c. 2 der *Gylfaginning* (21, 2; 25, 30) gibt, ist das Gebäude von V. zugleich als sehr hoch und als über alle Maße weitläufig aufgefaßt worden: Es soll 640 (eher als 540) Tore aufweisen (Grímnismál Str. 23; Gylfaginning c. 40 [21, 44; 25, 72]), und diese Tore sind nicht nur außergewöhnlich zahlreich, sondern auch ungeheuer breit; sie können 960 (eher als 800) *einheriar* auf einmal durchlassen (zu diesen Kriegern und ihrer sagenhaften Anzahl vgl. unten § 6 – zur Debatte über die Ursprünge dieser Vorstellung vgl. unten § 8).

In der Str. 22 der *Grímnismál* tritt eine *Valgrind* genannte Gittertür in Erscheinung; sie befindet sich in der Ebene zu Füßen der V. und wird vom Dichter als *forn* ‚alt' und *heilǫg* ‚heilig' bezeichnet. Sie wird fallweise mit der Tür der Halle gleichgesetzt, welche Snorri Sturluson in c. 2 der *Gylfaginning* erwähnt und dazu ausführt, daß sie sich augenblicklich auf den Fersen der eintretenden Person schließt (58, I, 196). Nach Str. 10 der *Grímnismál* überragt ein Adler einen Wolf, welcher vor einem der Tore von V. aufgehängt ist, näherhin vor dem Westtor (zu dieser Vorstellung und ihrer Konnotation zu Odin s. 63, I, 527; 158, II, 378; 43, 177 f.; vgl. auch 45 mit Heranziehung eines Kap. der Landnámabók).

Die Vorstellung, welche sich die alten Skandinavier vom Innern der V. machten, wird in den liter. Qu. weniger deutlich als die von ihrem Äußeren. Immerhin wird das Vorhandensein von Bänken erwähnt (indirekt auch von Tischen laut einer Lesart, s. u. § 6), und zwar vom Skalden der *Eiríksmál* Str. 1 (14, 22), der weiter ausführt, daß diese für den Empfang des Königs Eiríkr und seines Heeres von den *einheriar* mit Stroh belegt wurden, ferner vom Dichter der *Grímnismál* (Str. 9), demzufolge diese Sitze normalerweise mit Brünnen bedeckt waren. Snorri Sturluson unterstreicht die große Zahl der *gólf* (abgeteilte Räume/Zimmer) (Gylfaginning c. 2), und er führt aus, daß die Schwerter als Beleuchtung dienten, und vergleicht dieses Verfahren mit dem *lýsigull* ‚leuchtenden Gold', das der Überlieferung nach den Festsaal von Ægir erhellte (Skáldskaparmál, c. 42 [5, 121; 23, 41]).

§ 6. Die *einheriar* und die sonstigen Bewohner von V.; ihre Kämpfe und Festmahle. Gemäß dem Zeugnis der maßgeblichen liter. Qu. *(Eiríksmál, Hákonarmál, Grímnismál, Gylfaginning)* stellen die durch Waffengewalt getöteten Krieger die bei weitem größte Gruppe unter den Bewohnern von V. dar. An diesem ihrem Aufenthaltsort im Jenseits werden die gefallenen Krieger indessen nicht mehr mit dem Sammelbegriff *valr* bezeichnet (111), sondern durch das Pl.-Appelativ *einheriar* (→ Einherier), dessen Bedeutung umstritten bleibt. Die namentlich von Jan de → Vries (161, s. v. *einheri*) vorgeschlagene Deutung ‚der allein kämpft' ist akzeptabel, was seine Bildung angeht (vgl. z. B. *einberni* ‚einziges Kind'), ist jedoch ohne Zweifel schwierig zu begreifen unter dem Gesichtspunkt des Bedeutungsinhaltes – mit Ausnahme wiederum seines Vorkommens in Str. 60 der → *Lokasenna,* in welcher das Wort von → Loki in ironischer Weise gebraucht wird, um den Gott → Donar-Þórr zu charakterisieren. Während der Sing. *einheri* eine Neubildung auf der Grundlage des Pl.s *einheriar* zu sein scheint, ein stehender Begriff, um die in V. versammelten toten Krieger zu bezeichnen, werden im allgemeinen zwei andere Deutungen von der Forsch. angeboten: a) „Krieger, die Teil ein und desselben Heeres bilden" (125, 71 ff.), eine Interpretation, die die Bevorzugung der Lesart *eins heriar* erkennen läßt, diese belegt durch eine der Hs. der Str. 41 der *Vafþrúðnismál* und geeignet, einige Aspekte der Vorstellung von den *einheriar* zu erklären (78, 243, Anm. 270; 149, 532; 115, 215); b) „einzige Krieger" im Sinne von ‚einzigartige, hervorragende Krieger' (54, mit Bibliogr.), wobei sich diese letztgenannte Interpretation auf die Unters. von im Awnord. oder im Isl. belegten, mit Hilfe des Präfixes *ein-* gebildeten Adj. stützt (45).

Die Idee von einer Vielzahl von Kriegern, die seit Beginn der Welt den Tod gefunden haben und die deshalb bei Óðinn in V. versammelt sind (Gylfaginning c. 38 [21, 41: 25, 69 f.]), wo sie nun den Namen *einheriar* tragen, wird in den *Grímnismál* in bes. ausdrucksvoller Form unterstrichen, und zwar im Verlauf der Beschreibung des Gebäudes (s. o. § 5). In Str. 23, die von Snorri Sturluson zitiert und kommentiert wird (Gylfaginning c. 40 [21, 44; 25, 72]), legt der Edda-Dichter dar, daß nicht weniger als *átta hundruð einheria* im Moment der eschatologischen Schlacht gleichzeitig aus jedem Tor strömen. Nach Schröder (139, 15 ff.) ist die Gesamtzahl der *einheriar,* die sich ihm zufolge auf 432 000 beläuft, der Klass. Ant. entliehen, die sie ihrerseits aus der indischen Welt erhalten habe, wo sie auf den kosmischen Zyklus Babyloniens mit 432 000 J. zurückzuführen ist. Diese Zusammenstellung weist offenkundig mehrere Schwächen auf, unter welchen die Interpretation des Zahlwortes *hundrað* als 100 nicht die geringste ist, insofern es häufig die Zahl 120 bezeichnet (s. auch → Zahlensysteme § 2e) (57, s. v.; 58, 196; 74). Im übrigen legt die Formulierung dieser Str. den Gedanken nahe, daß es sich nicht um eine präzise Zahl, sondern um einen Annäherungswert handelt, durch den der Dichter einen Eindruck von einer ungeheuren Menge erwecken wollte (126, 153).

Unter den übrigen Bewohnern von V. kennen die liter. Qu. neben Óðinn und den Göttern, die teils in ihrer Gesamtheit, teils einzeln und namentlich erwähnt werden, sowie einigen wenigen Helden, die den Tod anders als durch Waffen gefunden haben (158, II, 377 ff.), lediglich einen Koch (s. u.) und die *valkyriur* – aber nicht eine einzige Frau aus der menschlichen Ges. (78, 224 ff.; 131, 180 ff.; 145).

Ferner umfaßt V. eine bunte Tiergesellschaft: Abgesehen von der Ziege *Heiðrún* und dem Hirsch *Eikþyrnir,* die beide auf dem Dach des Gebäudes plaziert sind wie ohne Zweifel auch der Hahn *Gullinkambi,* welcher aus Str. 43 der *Vǫluspá* bekannt ist (6, 10; was den *Salgofnir* genannten Hahn angeht, der in Str. 49 der *Helgakviða Hundingsbana II* erwähnt wird, vgl. 144, 799; 45), wird ein → Eber unter dem Namen *Sæhrímnir* erwähnt (s. u.), ferner zwei Raben → *Huginn* und *Muninn,* die ausschließlich Óðinn zu Diensten sind (Grímnismál Str. 20; Gylfaginning c. 38 [21, 42; 25, 70. 71]), sowie zwei Wölfe *Geri* und *Freki,* welche derselbe Gott unterhält (Grímnismál Str. 19; vgl. Gylfaginning Kap 38 [21, 42; 25, 70]). Neben → Sleipnir, dem Pferd Óðinns, muß eine sagenhafte Zahl von Pferden ebenfalls in V. vereinigt gewesen sein, jedenfalls nach der Lehre, die man der Str. 41 der *Vafþrúðnismál* und ihrem Kommentar in der *Gylfaginning* c. 41 (21, 44; 25, 72 f.) ziehen kann.

Die Aktivitäten der *einheriar.* Sieht man von der einen oder anderen häuslichen Tätigkeit ab, die der Dichter der *Eiríksmál* Str. 1 (14, 22) in diesem Zusammenhang anführt (die *einheriar* erhalten von Óðinn den Auftrag, die Bänke der V. mit Stroh zu polstern *[bekki at strá]* und die Trinkgefäße zu reinigen *[biórker* (oder *borðker*) *at leyðra],* um V. für die Ankunft gefallener Krieger herzurichten), so sollen sich die *einheriar* täglich zwei Obliegenheiten widmen: Sie nehmen einerseits an Kämpfen, andererseits an Festmahlen teil.

Laut Str. 41 der *Vafþrúðnismál* (7, 7) bekämpfen sich die *einheriar* tagtäglich in den Einhegungen Óðinns *(Óðins túnum í),* einem Platz, der etwas abseits von V. liegt (vgl. oben § 5). Dort sind sie es selbst und nicht Óðinn oder die *valkyriur,* die – anders als bei den Kämpfen zu ihren Lebzeiten – diejenigen unter sich auswählen, die umkommen sollen *(val þeir kiósa).* Danach kehren sie zu Pferd zurück und sitzen versöhnt beieinander (vgl. c. 41 der *Gylfaginning* [21, 44; 25, 72 f.]). Diese Vorstellung von einem Kampf zw. den *einheriar,* an den sich die Auferstehung der dabei gefallenen anschließt und der an jedem Tag von neuem beginnt, ist bewußt angelehnt an die Sage von Hildr (→ Hildedichtung und Hildesage; Hjaðningavíg), die v. a. in den *Skáldskaparmál* c. 62 (5, 153–155; 23, 72 f.; 25, 131 f.) überliefert ist (siehe bes. 78, 167 ff.; 149, 532). In den *Gesta Danorum* I,VIII,14 (20, 30) hat offenbar Saxo Grammaticus in mehr oder weniger deutlicher Form (76, 102 ff.) die Erinnerung an den Mythos vom täglichen Kampf der *einheriar* bewahrt, wie es sein Ber. über die unterirdische Reise von Hadingus zeigt, mit dem Schauspiel der beiden Heere, die sich im Jenseits ununterbrochen bekämpfen (58, I, 174).

Das Motiv der Versöhnung unter den *einheriar* nach ihren Kämpfen, wie sie in den *Vafþrúðnismál* zum Ausdruck kommt, kann im übrigen mit dem zentralen Begriff *grið* ‚Frieden, Schutzvertrag, Sicherheit' in Verbindung gebracht werden, der allen *einheriar* anhaftet und der dem Kg. Hákon góði bei seiner Ankunft in V. verheißen wird. Diese Vorstellung ist auch in anderen mythol. Zusammenhängen vorhanden: *grið* wird den in

V. eingehenden Personen förmlich garantiert, damit sie, wer immer auch ihre Gegner seien, am Festmahl der Götter teilnehmen können, wie etwa der Riese Hrungnir (Skáldskaparmál, c. 25 [5, 101; 23, 21; 25, 112]).

Von ihren Kämpfen zurückgekehrt, in der morgendlichen Stunde der ersten Tagesmahlzeit, lassen sich die *einheriar* zu ihrem Bankett nieder, welches sie den größten Teil des Tages in Anspruch nimmt (Gylfaginning c. 41 [21, 44; 25, 73. 170 mit Kommentar zu *dǫgurðarmál*; vgl. Ordbog over det norrøne prosasprog, s. v.]). Die Bedeutung des Festmahles in V. wird aus mehreren liter. Qu. deutlich, bes. in den *Hákonarmál*: so empfängt in Str. 16 dieses Gedichtes Bragi den norw. Kg. Hákon góði in V., indem er folgende Einladung an ihn richtet: *þigg þú at ásom ǫl* ‚komm und nimm teil am Gastmahl der Asen' (49, s. v. *ǫl*, Bedeutung 2; 42, 130 f.).

Die Skalden erwähnen mehrere Getränke als Bestandteil des Banketts in V., so den Wein (Eiríksmál Str. 1 [14, 22]), ein Getränk, das in anderen Qu. v. a. (oder ausschließlich?) von Óðinn getrunken wurde (Grímnismál Str. 19; Gylfaginning c. 38 [21, 41; 25, 70]), ferner Bier, direkt (z. B. Grímnismál Str. 36, zitiert und kommentiert in der Gylfaginning c. 36 [21, 38 f.; 25, 67; lausavísa 61 von Kormakr [Skj. B, I, 84]) oder indirekt (vgl. den Gebrauch des Wortes *biórker* ‚Biergefäß' laut einer Lesart im Vers 8 der Str. 1 der Eiríksmál [eine andere Lesart ist aber *borðker* ‚Tischgefäße', vgl. 45]) bezeugt, und schließlich Met, welchen der Dichter der *Grímnismál* (Str. 25) mit dem Adj. *skírr* ‚leuchtend, strahlend, klar, hell' kennzeichnet (57, s. v.). Letztgenanntes Getränk, das in demselben Gedicht auch unter dem Namen *veig* (berauschendes Getränk – 57, s. v.) erscheint, wurde in unerschöpflicher Menge von der Ziege Heiðrún hergestellt (Grímnismál Str. 25, danach die malerische Schilderung von Snorri Sturluson in der Gylfaginning c. 39 [21, 42 f.; 25, 7] – zu Heiðrún und dem Met vgl. besonders 110).

Das Ausschenken von Getränken an die *einheriar* während des Festmahls in V. besorgen die *valkyriur* – nach dem übereinstimmenden Zeugnis mehrerer awnord. Dichter sowie von Snorri Sturluson in seinem Mythol.-Traktat (Eiríksmál Str. 1; Grímnismál Str. 36; zitiert und kommentiert in der Gylfaginning c. 36 [21, 38 f.; 25, 67]; Krákumál Str. 29). In der Erzählung Snorri Sturlusons vom Kampf des Riesen Hrungnir mit dem Gott Þórr (Skáldskaparmál c. 25–26 [5, 84–87; 23, 21; 25, 111 ff.]) schenkt die Göttin → Freyja eigenhändig das Getränk ein *sem at gildi Ása* ‚wie beim Mahl der Asen'. Angesichts der Rolle, die ihr zuweilen bei der Auswahl der gefallenen Krieger und bei der Zuteilung des *valr* zukommt, hat die Übereinstimmung zw. der Funktion Freyjas und dem Dienst der *valkyriur* an den *einheriar* in V. zu der Auffassung geführt, daß diese Göttin als *valkyria* par excellence zu betrachten sei (111, 87. 133; 45).

Mit Ausnahme von Óðinn, dem der Wein zugleich als Getränk und als feste Nahrung dient (Grímnismál Str. 19; zitiert und kommentiert in der Gylfaginning c. 38 [21, 41 f.; 25, 70]), ernähren sich die Bewohner von V. und namentlich die *einheriar* von Schweinefleisch. Dieses stammt von dem Eber *Sæhrímnir* und wird in einem Kessel namens *Eldhrímnir* von einem Koch namens *Andhrímnir* gekocht (Grímnismál Str. 18). Beim Zitieren dieser Stelle fügt Snorri Sturluson (Gylfaginning c. 38 [21, 41; 25, 70 f.]) hinzu, daß der Eber am Abend nach dem Festmahl wieder heil und lebendig *(heill at aptni)* ist. Dieses Motiv der Auferstehung eines verzehrten Tieres ist teils als eine „spätere märchenhafte Ausgestaltung" (158, II, 379) unter irländischem Einfluß (ebd. mit Bibl.) angesehen worden, teils als Widerspiegelung des Ablaufs eines Opfermahles (115, 180 ff.; zur Diskussion 45).

§ 7. Individuelle und kollektive Eschatologie. So, wie sie in den verläßlichsten awnord. Qu. in Erscheinung treten, stellen die Schilderungen der V. ein zwar ausschnitthaftes, jedoch höchst wertvolles Zeugnis für die Eschatologie der alten Norweger und ihrer Verwandten in den nordatlantischen Siedlungsgebieten (bes. auf Island) dar. Die auf V. bezüglichen Vorstellungen sind zunächst einmal dem Individuum zuzuordnen: Während der Leichnam des mit Waffengewalt getöteten Menschen entweder begraben oder eingeäschert wird, wird der Krieger selbst bei seiner Ankunft in V. mit den Wesenszügen eines Lebenden dargestellt, auch wenn er noch verwundet und mit Blut besudelt zu seinem Empfang in V. erscheint (Hákonarmál Str. 15 [14, 27 f.]). Wie Jan de → Vries betont (158, I, 156), läßt sich „der Walhallglaube ... nur von der Voraussetzung aus erklären, daß der Tote nicht nur als in seinem Grabe wohnend gedacht wurde, sondern auch in eine geistige, den Göttern verwandte Sphäre erhoben werden könnte". Nahe dem Glauben an Unsterblichkeit, ohne jedoch völlig in ihm aufzugehen (s. u.), scheint diese Vorstellung auf mehreren Grundlagen zu beruhen, unter welchen die wichtigste die von einer Gemeinschaft – oder mindestens einer engen Beziehung – zw. der Gottheit und ihren Gläubigen gewesen sein dürfte (81, 293), wie es z. B. die Ausdrucksweise in Str. 24 der → Hárbarðslióð nahe legt (Óðinn ‚besitzt' die im Kampf gefallenen *jarlar*) oder die verschiedenen Skalden-Strophen zeigen, die demselben Gott den ‚Besitz' des *valr* zubilligen (s. o. § 3).

Die Vereinigung zw. den gefallenen Kriegern und Óðinn drückt sich in der Vorstellung aus, nach welcher die *einheriar* in V. den Göttern nicht nur zur Seite stehen, sondern zuweilen selbst als göttergleich erscheinen (111, 65–69). Das geht so weit, daß die Vergöttlichung dieses oder jenes Kg.s, der im Kampf umgekommen ist, höchstwahrscheinlich in zwei Skaldengedichten des 10. Jh.s zum Ausdruck kommt, in ausdrücklicher Form in den *Hákonarmál* Str. 10 (14, 27) in der von der Walküre Gǫndul in Anwesenheit des Kg.s Hákon góði und seiner gefallenen Krieger getroffenen Feststellung *Vex nú gengi goða / er Hákoni hafa / með her mikinn / heim bǫnd um boðit* (zu *gengi goða*: 111, 69. 125 f.; 103, 24 ff.; 142, 524; 104, 702 ff.; 45) sowie implizit in den *Eiríksmál* mit ihrer Beschreibung der hohen Ehren, die dem Kg. Eiríkr bei seiner Ankunft in V. erwiesen wurden (111, 69; 45). Es ist darüber hinaus möglich, daß der Mythos vom göttlichen Ursprung mancher skand. Herrschergeschlechter (so für Norwegen das Geschlecht der *jarlar* vom Hlaðir, gemäß dem Zeugnis des genealogischen Preisgedichts → *Háleygjatal*) zur Bekräftigung dieser Vorstellung beigetragen hat, zumindest in bezug auf jene Krieger, die zur Gruppe der Fürsten gehörten. Die zugrundeliegende Idee dürfte die der Heimkehr zu Óðinn als dem Stammvater des Geschlechtes gewesen sein (111, 72 ff.).

Wahrscheinlich im Zusammenhang mit dem Begriff der Unsterblichkeit stehen mehrere in den auf V. bezüglichen Qu. verwendete Metaphern, die die Vorstellung von einem paradiesischen Zustand evozieren, v. a. die *grœnir heimar goða* ‚die grünen Heime der Götter' in den *Hákonarmál* Str. 13 (14, 27; 111, 67; 45), dann der Begriff *Glasir*, ‚ein Hain mit goldenem Laub' (s. o. § 5b), der in der Nähe von V. angesiedelt wird, ferner das Gebäude selbst mit seinen vergoldeten Schilden (Gylfaginning c. 2 [21, 2; 25, 30]) sowie schließlich die Beschreibung der täglichen Aktivitäten der *einheriar* (s. o. § 6), namentlich ihrer morgendlichen Kämpfe, die für sie zu einem Spiel geworden sind – der Ausdrucksweise Snorri Sturlusons zufolge (Gylfaginning c. 41 [21, 44; 25, 71 f.]) –, insofern die Gefallenen augenblicklich wieder lebendig werden und alle Kämpfer einträchtig zurückkehren zu ihrem Festmahl mit Getränken und Eberfleisch, die ihnen im Überfluß aufgetischt werden.

Die Vorstellung vom Aufenthalt in V. als dem eines ‚glücklichen Schicksals' (47, 63; 146, 179) bedarf allerdings der Nuancierung. Die Einstellung, welche einem Helden in einem Skaldengedicht vom Ende des 12. Jh.s, von den *Krákumál* (Str. 29; s. u.) unterstellt wird, einem Helden, der angesichts des Todes in einer Schlangengrube seiner Freude darüber Ausdruck gibt, daß er bald ‚Bier mit den Asen trinken' wird, und der behauptet, daß er ‚lachend in den Tod geht' *(læjandi skalk deyja),* mochte man gewiß in der vorchristl. Ära antreffen (ein Beispiel liefert womöglich eine Str. des Kormakrs, in einer allerdings zweideutigen Formulierung: lausavísa 61 = Skj. B, I, 84), jedoch ist die Aussicht, alsbald Óðinn in V. zu begegnen, manchmal in ganz anderen Farben geschildert worden. Psychologisch sehr überzeugend hat der Dichter des *Hákonarmál* die düstere Stimmung von Hákon góði und der anderen gefallenen Krieger (während bzw. nach der Schlacht von Storð) wiedergegeben, als sie die Wege nach V. einschlagen mußten (Str. 9 [14, 27]). Ferner hat er die Furcht betont, welche den Norwegerkg. beim Anblick von Óðinn befiel (Str. 15 [14, 27 f.]), der ausdrücklich als *illúðigr miǫk* ‚sehr böse/grausam/feindselig' bezeichnet wird – in offenkundigem Einklang mit der mythischen Überlieferung bezüglich gewisser Aspekte des Wesens dieser Gottheit (103, 27 ff.). Diese wirklichkeitsgetreue Schilderung der Gefühle von Hákon góði hat indessen den norw. Skalden in die Lage versetzt, den glorreichen Empfang in V. umso mehr hervorzuheben, in Form nämlich einer Apotheose, welche „sämtliche göttlichen Mächte" schließlich dem Herrscher vorbehalten hatten (Str. 18 [14, 28]; zur Interpretation der Hákonarmál in diesem Kontext s. 103; 45).

Im Unterschied zu anderen Vorstellungen der awnord. Qu. vom Schicksal *post mortem,* namentlich vom unterirdischen Aufenthaltsort → Hel, weist der Glaube an die Aufnahme der gefallenen Krieger in V. über den Rahmen der individuellen Endzeiterwartung hinaus. Er ist in der Tat in hohem Grad Teil der Vorstellung vom Schicksal der Welt und insofern von der kollektiven Eschatologie – aufgrund der Rolle, die den *einheriar* am Beginn des → Ragnarök genannten kosmischen Kampfes zugeschrieben wird. Das persönliche Schicksal des Kg.s Erik Blutaxt, seine Niederlage und sein Tod im Verlauf einer Schlacht, wird vom Gott Óðinn mit der Unsicherheit erklärt, die in dem Augenblick herrschte, als ‚der graue Wolf', also das Wolfsungeheuer → Fenrir, gegen den Sitz der Götter loszog (Eiríksmál Str. 7 [14, 23]; zur Interpretation dieser Strophe s. 135, 7–11. 24 f.; 45).

Wie es beiläufig in den *Hákonarmál* Str. 20 (14, 28; 45) und in einem Satz in c. 79 (2, 194) der *Njáls s.* über das *vápnaþing* ausgedrückt ist, diente die permanente Bedrohung, die für die Götter in der Existenz von riesenhaften und zugleich feindlichen Kräften – Kräften, die sinnbildlich durch Fenrir verkörpert wurden – bestand, Óðinn dazu, seinen Wunsch zu rechtfertigen, an seiner Seite einen Kg. zu wissen, der sich in Kämpfen ausgezeichnet hatte (Eiríksmál Str. 6 [14, 23]). Implizit hat folglich in diesem Dichtwerk die Anwesenheit ausgewählter Krieger in V. den fundamentalen Zweck, den Sitz der Götter gegen den künftigen Ansturm feindlicher Mächte zu verstärken (38a, 412–414). In direkterer Form deutet der Dichter der *Grímnismál* Str. 23 (7, 10) bei der Beschreibung des V.-Gebäudes und seiner zahlreichen Tore an, daß die *einheriar* in überaus großer Zahl aus jedem von diesen strömen, *þá er þeir fara at vitni at vega* ‚wenn sie ausziehen, den Wolf zu bekämpfen'.

Die Rolle, welche den *einheriar* im Kampf der Götter am Ende der Zeiten vorbehalten ist, kommt indessen in der awnord. Dichtung nicht deutlich zum Ausdruck (78, 247 ff.), und es ist unter diesem Gesichtspunkt bezeichnend, daß Snorri Sturluson in der *Gylfaginning* lediglich ausführt, daß ‚die Asen und alle *einheriar* ihre Waffen anlegen und sich zur Ebene *Vígríðr* begeben', angeführt von Óðinn (c. 51 [21, 70; 25, 96]), ohne daß er jedoch die Waffentaten beschreibt, welche die *einheriar* vollbringen oder auch nicht. Die *einheriar* geraten offensichtlich in den Hintergrund der Schilderung des kosmischen Dramas; die Aufmerksamkeit konzentriert sich vielmehr, wie z. B. in der *Vǫluspá*, auf die Einzelkämpfe zw. diesem oder jenem Gott und jenem Ungeheuer. Im weiteren Text derselben mythol. Darst. Snorris wird das Verschwinden ‚sämtlicher *einheriar*' im Verlauf des Kampfes einfach und in beiläufiger Weise festgestellt (c. 52 [21, 74; 25, 99]). Das Prinzip der Unsterblichkeit, wie es mit dem Aufenthalt der *einheriar* in V. verbunden war, findet offenkundig mit dem Tod ihres Gottes ein Ende, mit dem Tod Óðinns, der vom Wolfsungeheuer verschlungen wird.

Mit den *einheriar,* mit Óðinn und der Schar der anderen Götter, geht auch V. selbst im Weltenbrand zugrunde, den Surtr (→ Surt) während des Ragnarök entfacht. Nach der Vision der *Vǫluspá* wird sie ersetzt durch eine neue Himmelshalle mit Namen → Gimlé.

§ 8. Die Diskussion über die Ursprünge des Glaubens an V. Fremde Einflüsse und skandinavische Tradition. Sieht man von Hypothesen ab, die sich nicht haben halten lassen, wie die Hempels (75, 190), der die Vorstellung von V. für „wurzelverwandt" mit der Vision vom Himmlischen Jerusalem hielt, oder die auf einem schlecht begründeten Vergleich mit dem Mithras-Kult basierende (85, 77 ff. 106), so stammt der bedeutendste Versuch der Herleitung V.s von Vorbildern, die der skand. Welt fremd sind, von Magnus Bernhard → Olsen: Danach soll sowohl die Darst. des Gebäudes als auch die des täglichen Lebens der *einheriar* weithin auf Eindrücke von den Schauspielen im Kolosseum zurückgehen, welche Söldner germ. Herkunft bzw. germ. Mitglieder der kaiserlichen Garde aus Rom mitgebracht hätten (126, 155–170). Dieser geistreiche Vergleich, der meist zurückgewiesen worden ist (78, 152 ff.; 101; 158, II, 378 Anm. 3; 47, 49), aber auch Befürworter gefunden hat (zur Forschungsgesch. s. 45), beruht hauptsächlich auf der Beobachtung des Vorhandenseins zahlreicher Tore in beiden Gebäuden, wobei vorausgesetzt wurde, daß im einheimisch-skand. Milieu ein solches Motiv nicht vorstellbar war, da das im alten Skand. als *Halle* bezeichnete Bauwerk lediglich ein einzige Türöffnung hatte (*hallardyrr,* 126, 155 f. – in diesem Punkt treffend kritisiert von 101, 64 ff.). Wie Olsen selbst bemerkte (126, 155 Anm. 1), findet sich die Schilderung eines Gebäudes oder einer Stadt mit einer märchenhaften Zahl von Toren auch in anderen archaischen Kulturen (vgl. bes. Theben als „Stadt mit hundert Toren" in der Ilias [IX,381–384]), so daß „dieses poetische Motiv im Norden womöglich sehr alt sein kann". Im übrigen scheinen die Unterschiede zw. Kolosseum und V. grundlegender Natur zu sein: Die Tore von V. sind nicht nur außerordentlich zahlreich, sondern sind auch überaus breit (111, 65 f.); die *einheriar* kämpfen nicht im Innern, sondern außerhalb von V.; V. ist von einem sehr charakteristischen Dach überdeckt u. a. m. (45).

Ebenfalls ausgehend von der Beschreibung des Gebäudes selbst, diese aber nun nicht unter architektonischen, sondern philol. Gesichtspunkten betrachtend (vermutliche Ableitung des Wortes *hǫll* vom ags. *heall*; erste Belege des Namens V. und des Appelativs *hǫll* in den *Eiríksmál,* wobei dieses Gedicht in England bald nach 950 entstanden ist), meinte Kuhn den Ursprung der V. betreffenden Glaubensvorstellung in die Zeit gegen die Mitte des 10. Jh.s verlegen zu können (91, 427 f. Kl. Schr. II, 373; 92, 125; 94, 166; 95, 247). Abgesehen von der Tatsache, daß die These einer Entlehnung des Wortes *hǫll* aus dem Ags. unsicher bleibt, wurde in Skand. das Vorkommen von großdimensionierten Gebäuden, welche offensichtlich von Herrschern und namentlich für ihre Bankette benutzt worden sind, seitens der Arch. nachgewiesen (101; 77; → Halle S. 415 f.), so daß die Vorstellung von V. als einer Halle aller Wahrscheinlichkeit nach sehr wohl im Norden hat entstehen können (101; 45).

Manchmal als eine Antwort der skand. Welt auf das Vordringen des Christentums angesehen (132, 47; 53, 166; 71, 287), scheint die V. beinhaltende Glaubensvorstellung den einen zufolge im Verlauf der WZ (106, 258) im Zusammenhang mit den sozialen Strömungen und Gegenströmungen dieser Epoche in Erscheinung getreten zu sein (79, 539) oder – anderen Forschern zufolge, die sich bevorzugt auf die ikonographischen Denkmäler stützten (s. u.), – an den Anfang des 8. Jh.s (53, 171) oder zumindest in die Zeit vor 800 n. Chr. (71, 287), folglich in einen Zeitraum vor der WZ. In dieser Betrachtungsweise wurde die Meinung geäußert, daß die Hoffnung, nach V. zu gelangen, „a major reason for the bravery and defiance to death with which the Vikings introduced themselves into world history in the late 8th century" ausmachte (53, 171).

Eine gänzlich andere Interpretation des Glaubens an V. und namentlich der eschatologischen Vorstellungen, die darin zum Ausdruck kommen, ist von Jan de → Vries vertreten worden (158, II, 58 f.): Die Begründung, welche – dem Dichter der *Eiríksmál* zufolge (s. o. § 7) – der Gott Óðinn für die Aufnahme des Kg.s Eiríkr in V. gibt, spiegele „die düstere Stimmung des sinkenden Heidentums" wider. Selbst wenn diese Auffassung mehr als die vorigen der Darst. der Skaldengedichte *Eiríksmál* und *Hákonarmál* gerecht wird, unterstellt dieser Datierungsversuch einerseits, daß das 10. Jh. in Skand. eine „Epoche des Niederganges und der Auflösung" wäre (158, II, 59), und andererseits, daß die von der Bedrohung durch den Wolf Fenrir geprägte eschatologische Vorstellung genau in dieser Zeit entstanden sei. Im ersten Fall kann die darin ausgedrückte Feststellung leicht zurückgewiesen werden, während sie im zweiten starke Skepsis hervorruft (45).

Gut bezeugt in den awnord. Qu. seit der 2. Hälfte des 10. Jh.s und in einzelnen Elementen bereits ausgeprägt in Skaldengedichten vom Ende des 9. Jh.s (s. o. § 2), dürfte die Vorstellung von V. als postmortalem Aufenthaltsort der durch Waffengewalt zu Tode gekommenen Krieger, die als solche Óðinn zu eigen sind, wahrscheinlich weit in die Frühzeit zurückreichen, ohne daß es beim gegenwärtigen Stand der Dokumentation möglich erscheint, ihre ersten Bekundungen in Skand. zeitlich festzulegen. Der einzige beweisbare Punkt in dieser Diskussion dürfte die Existenz einer wesentlichen Verbindung zw. dem Glauben an V. und dem Mythos und damit auch dem Kult des Gottes Óðinn sein (45).

Die in der gelehrten Lit. weitverbreitete Meinung, der Glaube an V. sei relativ jungen Datums, beruht zum großen Teil auf einem evolutionistischen Denkschema: Nach manchen Forschern ist die Idee von V. aus den Vorstellungen von einem → Hel genannten Aufenthaltsort der Toten hervorgegangen, aus Vorstellungen also, die allg. als älter angesehen werden, folglich sei jene Idee von diesen abgeleitet (111; 96, 161 ff.; 79, 541. 549; 39, 127 ff.; 90, 107; 119, 107). So betrachtet hätte die ‚Geographie' der Hel, insbesondere das Vorhandensein eines Flusses sowie einer Brücke und eines Gitters, das Bild von V. tiefgreifend geprägt (111, 51–56); jedoch ist diese Interpretation nicht zwingend (72, 342; 45).

Des weiteren hat die Hypothese, der Glaube an V. sei von der Vorstellung von einem → Totenberg ausgegangen, großen Anklang in der wiss. Lit. gefunden (61a, 289 ff.; 106, 258. 337; 107, 474; 150, 68; 156,

55; 41, 98 ff.; 30, 33 ff.). Im wesentlichen stützt sich diese Erklärung zum einen auf das Vorkommen von Bergnamen wie *Valhall* in Schweden, namentlich in Blekinge und v. a. in → Västergötland (60; 124, 473 ff.), zum anderen auf eine Passage im c. 11 der → *Eyrbyggja saga,* in welcher die Toten bei einem Fest im Innern des Berges *Helgafell* (an der N-Küste der Halbinsel Snæfellsnes im W von Island) beschrieben werden.

Das Zeugnis der schwed. ON ist indessen nicht geeignet, die Herausbildung des Glaubens an V. in vorchristl. Zeit zu erklären: Keiner von ihnen scheint nachweisbar alt zu sein, vielmehr erklärt sich die Mehrzahl von ihnen als sekundäre Benennungen aus jüng. Zeit, als Volksetym. oder gelehrte Bildungen im Geist des → Gotizismus (mündl Mitt. von Mats Wahlberg). Dabei ist ihre Bedeutung meist unbestimmt: Wenn der zweite Wortbestandteil *hall* naheliegenderweise ‚Berg, Felsen, Felswand' bedeutet, ist die Bedeutung des ersten Bestandteils *val-* mehrdeutig (115, 25–30; 45).

Jene in der *Eyrbyggja s.* überlieferte Episode vermittelt, für sich genommen, eine ganz andere Vorstellung vom Schicksal nach dem Tod als die von V.; nicht allein daß Óðinn hier überhaupt keine Rolle spielt, es ist auch keine Rede von gefallenen oder ihren Wunden erlegenen Kriegern. Nicht anders als in dem Bericht vom Verschwinden Svanr Bjarnarsons (Njáls s. c. 14 [2, 46]; 44, 99. 331) geht es hier ausschließlich um Ertrunkene (Þorsteinn þorskabítr und seine Leute), die im Gebirge vom Vater Þorsteinns empfangen werden, einer Person, die offenbar an Altersschwäche gestorben ist (Eyrbyggja s. c. 9). Die örtlichen Traditionen bezüglich des Eintritts der Toten in den Helgafell, die beim Autor der *Eyrbyggja s.* anklingen, entspringen offensichtlich einer Glaubensvorstellung, die der vom ‚Ahnenberg' vergleichbar ist (69): In c. 4 der *Eyrbyggja s.* wird berichtet, daß der am Ort ansässige Þórólfr Mostrarskegg, der Vater von Þorsteinn, der Überzeugung war, er würde, sobald er stürbe, in diesen Berg eintreten, ebenso wie alle seine *frændr* ‚männliche (Bluts-)Verwandte' aus dieser Gegend (zu dieser Episode und allg. zu den Totenbergen in Island und Norwegen vgl. auch 105a; 150, 66–69; 156a, 17 f.; 69; 117; 39, 124 ff.; 45; → Ahnenglaube).

Wägt man die Schriftqu. ab, so haben mehrere Vorstellungen vom Jenseits in der awnord. Welt der Frühzeit nebeneinander bestanden, je nach Region wie auch nach sozialer Schicht. Untereinander klar unterschieden, scheinen sie nicht einer einzigen Qu. zu entspringen, sei diese nun die Vorstellung von ‚Hel' oder vom ‚Totenberg'. Die Bedeutung, welche der Óðinn-Mythos (44, 269) in Norwegen besaß, v. a. im Milieu der kriegerischen Aristokratie verbunden mit der Person des Kg.s und der *jarlar,* dürfte die Bevorzugung erklären, die die Skalden, als sie Gedichte wie die *Eiríksmál* oder die *Hákonarmál* schufen, dem V.-Motiv einräumten.

§ 9. Ikonographische Zeugnisse und archäologische Befunde. Unter den ikonographischen Denkmälern, welche in bevorzugter Weise bei der Unters. der eschatologischen Vorstellung im frühen Skand. herangezogen worden sind, nehmen die Bildsteine Gotlands (→ Bilddenkmäler § 6) einen wesentlichen Platz ein. Einer bedeutenden Forsch.stradition zufolge, die in den Publikationen der schwed. Forscher, welche diese Denkmäler als erste systematisch beschrieben haben (116, 150), ihren Anfang genommen hat, wird eine auf zahlreichen Bildsteinen der Per. C und D, bes. in der sog. → Tjängvide-Gruppe (99, I, 40–51; vgl. 121, 171 ff.) in Erscheinung tretende Szene als Darst. des „Empfangs eines toten Kriegers in V." gedeutet (139a, 210 ff.; 73, 213; 34; 99, I, 102; 100, 116; 158, II, 43; 83; 84). Dargestellt ist ein Reiter, welcher gelegentlich auf einem achtfüßigen Pferd sitzt; in seiner Nähe erscheint häufig eine weibliche Gestalt, die einen Gegenstand in Händen hält, oft augenscheinlich ein Trinkhorn. Dabei wird die weibliche Figur im allgemeinen als *valkyria* aufgefaßt (65, 24 ff. fig. 51; 34, 32; 98, 55 f.; 99, I. 96 ff. 103 ff.; 165, 97 ff.; 83; 84; 82, 89 ff.). Die solcherart vorgeschlagene Deutung stützt sich darüber hinaus auf andere Darst. im oberen Teil der Steine Ardre VIII und Alskog → Tjängvide I (→ Ardre Taf. 32; → Alskog Taf. 18), namentlich solche, die als Giebel eines vermutlich hallenartigen Gebäudes aufgefaßt werden können (99, I, 86). Mehrere Forscher haben mit mehr oder weniger großen Vorbehalten in Betracht gezogen, es könne sich hier um eine Darst. der V. selbst handeln (99, I. 96; 34, 32; 152, 219 ff.; 70, 49 [1965, 429]; 160, 320; 41, 104 ff.; 83, 228. 274).

Auf einer großen Zahl von gotländischen Bildsteinen ist die Darst. eines oft imposanten Schiffes zu sehen (→ Alskog Taf. 18; → Ardre VIII Taf. 32; → Bilddenkmäler Taf. 50a.c, Taf. 52; → Boot Abb. 59). Auch sie wird manchmal als symbolisch, näherhin als ein Ausdruck der Glaubensvorstellung von einer Reise des toten Kriegers ins Jenseits aufgefaßt (34, 29–35; vgl. → Bilddenkmäler S. 565 ff.). Jedoch wurde durch Lindqvist in seiner großen Edition dieser Denkmäler auch eine andere Deutung ins Spiel gebracht, die nämlich eines Erinnerungsmals an die Seefahrten des Verstorbenen (99, I, 101 ff.; vgl. 100, 116); vgl. aber auch die von demselben Gelehrten vorgelegte Hypothese in Richtung auf eine symbolische Deutung und deren Anwendung auf die Szenen des Bildsteins von Klinte Hunninge I (99, 103 ff.). Ungeachtet der Skepsis, welche Lindqvist (100, 116) gegenüber der ‚modernen Konstruktion' vorgebracht hatte, derzufolge das Schiffsbild den Glauben an eine Seefahrt ausdrücken sollte, welche der Tote zuerst unternehmen müsse, um dann zu Pferd die letzte Wegstrecke nach V. zurückzulegen, ist es genau diese Erklärung, die bevorzugt in der Forsch. aufrechterhalten wurde, bes. auf seiten der Arch. und v. a., seit ihre Aussage von Ellmers neuerlich bekräftigt wurde (51–53), der sich dabei auf einen Vergleich mit der poet. Schilderung bei Ermoldus Nigellus von dem Empfang stützte, welchen Ks. Ludwig der Fromme dem dän. Kg. → Haraldr (klakk-Haraldr) in seiner Pfalz zu Ingelheim bei Mainz bereitet hat (zur ausführlichen Kritik dieses Vergleichs: 45).

Ob in ihrer langen Version (zwei Transportmittel: zuerst Schiff, dann Pferd) oder in ihrer kurzen (nur Ritt) – jene Deutung, die gewissen Bildsteinen Gotlands im Hinblick auf das Motiv ‚Empfang des toten Kriegers durch eine *valkyria*, die ihm einen Trank reicht' unterlegt worden ist, stößt auf beträchtliche Schwierigkeiten. Die Unsicherheiten, welche allen Versuchen innewohnen, auf solchen ikonographischen Zeugnissen durch schriftliche Überlieferung bekannte Personen oder Mythen zu identifizieren (137, 199 ff.; 168, 69 ff.; 45), werden bei jedem Schritt des Unternehmens deutlich, v. a. aber am Gegenstand der zentralen Figur, der nämlich des Reiters auf einem achtfüßigen Pferd, das im allgemeinen und durchaus mit großer Wahrscheinlichkeit mit → Sleipnir gleichgesetzt wird. Sleipnir allerdings gehört in der awnord. Überlieferung ausschließlich zu Óðinn, und aus diesem Grund wird es nur von diesem Gott geritten, mit Ausnahme einer einzigen Episode, in welcher der Gott Hermóðr von seinem Vater Óðinn in die Unterwelt ausgesandt wird, um von Hel die Zustimmung zur Rückkehr → Balders in die Welt der Lebenden zu verlangen (Gylfaginning c. 49 [21, 64–66; 25, 90–92]). Das Motiv des Rittes eines toten Kriegers auf Slepinir ist in der liter. Qu. nirgends belegt; deswegen kann die Identifikation des auf einem Pferd mit acht Beinen aufgesessenen Reiters mit einem Verstorbenen – z. B. auf den Steinen Ardre VIII und Alskog Tjängvide I – nur als Spekulation aufgefaßt werden, wobei man unterstellt, daß es auf

→ Gotland eine mythische Überlieferung gab, die in den Schriftqu. nicht festgehalten worden ist und die darüber hinaus von der awnord. Überlieferung verschieden war.

Weitere, damit konkurrierenden Deutungen des Bildes eines Reiters auf einem achtfüßigen Pferd stoßen auf dieselbe Schwierigkeit, so etwa – im Falle des Steins von Alskog Tjängvide I – die Hypothese, derzufolge es sich um Óðinn handele, der nach V. zurückkehrt, nachdem er dem Riesen → Suttungr den Dichtermet entwendet hat, und derzufolge der Gegenstand, den er in einer Hand hält, eine mit dem kostbaren Getränk gefüllte Schale darstellt (59, 78 ff; 155; 155a, 364). Nicht anders verhält es sich, beim Bildstein Ardre VII, mit einer Konstruktion, die in jenem Reiter ebenfalls Óðinn sieht, jedoch befinde sich der Gott hier auf der Rückkehr von der Schlacht bei Brávellir, in deren Verlauf er den Kg. Haraldr hilditönn mit einem Knüppel erschlagen hat, und es sei dieses Gerät, welches der Reiter schwingt (41, 107–109).

Im übrigen hat die Mehrzahl der Versuche, die Szenen der gotländischen Bildsteine mittels eschatologischer, aus der awnord. Überlieferung bekannter Vorstellungen zu deuten, eine wesentliche Tatsache nicht berücksichtigt: Das Motiv einer Schiffsreise, die der gefallene Krieger gen V. unternimmt, ist weder in den norw. noch in den isl. Qu. bezeugt (s. o. § 4), wohingegen die Vorstellung, der tote Krieger komme zu Pferd in V. an, nicht in der norw. Dichtung der vorchristl. Zeit erscheint, sondern ausschließlich im *Sǫgubrot af fornkonungum,* einem späten Zeugnis, das weniger beweiskräftig ist als das der Dichter des 10. Jh.s. Man muß auch feststellen, daß das in der wiss. Lit. weithin angenommene Motiv ‚Empfang eines gefallenen Krieger in V. durch eine *valkyria,* die einen Trank darreicht' in den awnord. Qu. nicht belegt ist (s. o. § 4 mit dem Kommentar zum Empfang der Kg. Eiríkr und Hákon nach den *Eiríksmál* und den *Hákonarmál*), daß aber die Darst. keineswegs andere Deutungen der weiblichen, ein Horn haltenden Gestalt ausschließt (45). Darüberhinaus ist die Zurückhaltung meist unbeachtet geblieben bzw. geringgeschätzt worden, welche Lindqvist (99, I, 86) in seiner Beschreibung des hallenartigen Gebäudes im oberen Teil der Steine Arde VIII und Alskog Tjängvide I hat walten lassen (zu diesem Punkt s. auch [45] mit der Diskussion der auf einer Seite des Runensteines von → Sparlösa [34, 32–35; 71, 286] eingravierten Szene oder eines Frg.s des im Grab von → Oseberg [168, 77] entdeckten Teppichs).

Hauptsächlich von der Hypothese ausgehend, mehrere Szenen der Bildsteine Gotlands stellten eine *valkyria* beim Empfang eines gefallenen Kriegers dar, war eine Anzahl von Archäologen und waren diesen folgend auch andere Wissenschaftler geneigt, in einer Gruppe kleiner metallener Fibeln und Anhänger, die meist an den Beginn der WZ zu datieren sind, eine Darst. des Motivs einer *valkyria* zu sehen (→ Tissø Taf. 16b), die in der gleichen Haltung ein Trinkhorn einem in V. ankommenden Krieger darreicht (62, 190; 128, 65 ff.; 97, 129 ff.; 146, 256. 312; → Trinkhorn § 6).

Diese Interpretation wurde in erster Linie auch auf kleine weibliche Figuren angewendet, die in → Gamla Uppsala (Bootgrab 36 [113; 114, 50–53]), Klinta auf der Insel Öland (84, 277) sowie Nygård auf der Insel Bornholm (156b, 41) entdeckt worden sind und die sehr wohl das Aussehen einer Frau besitzen, deren Haartracht, Kleidung und Haltung dieser oder jener Figur auf den gotländischen Bildsteinen ähnlich sind und die ihrerseits ein Horn oder einen anderen Gegenstand halten (168, 77 ff.; 114, 52 f.) Andere Figurinen, den vorgenannten in bezug auf Haartracht und Kleidung ähnlich, stellen ebenfalls eine Frau dar, jedoch trägt diese weder ein Horn noch ein anderes Trinkgefäß; es handelt sich namentlich um Funde aus Tuna in Alsike (→ Tuna § 1; 97, 49), aus dem Grab 825 von → Birka (37; 35,

IV, 25 ff. und V, 27 ff.) sowie aus Gorodischte bei Nowgorod (120).

Andere Figurinen, die bevorzugt als *valkyriur* interpretiert worden sind, werden in Form einer reitenden weiblichen Gestalt dargestellt – so ein Fund aus Kalmergården auf der Insel Seeland (170, 10) – oder in Form zweier Personen en face, eine zu Pferd, die andere stehend. Manchmal ist die Person zu Pferd augenscheinlich ein Krieger, dem eine Frau gegenübertritt, welche einen runden Schild trägt und ein Trinkhorn darzubieten scheint. Das ist möglicherweise der Fall bei einem Altfund aus → Haiðaby (82a, 187; 55, 78; 157, 24 ff.); – diese Figurine ist nur fragmentarisch wie auch sonst schlecht erhalten), während in anderen Fällen, z. B. bei Funden aus → Ribe (156b, 42–44), von Stentinget in Vendsyssel (112, 7; 156b, 42–44) und von → Tissø auf Seeland (128, 65 ff.; 146, 256), die berittene Person weibliche Haartracht und Kleidung zeigt, jedoch ebenfalls Waffen, und zwar Lanze und Schwert trägt, dabei einer anderen weiblichen Gestalt gegenübertritt, die ihrerseits stehend gezeigt wird, mit einem runden Schild, womöglich auch mit einem Trinkhorn und sogar einem Helm. Schließlich stellt eine Figurine von Donnington (Lincolnshire) ohne Zweifel eine Frau dar, die aufrecht steht und eine Lanze, ein Schwert und einen Rundschild trägt (127, 192).

Die, wie gezeigt, große Vielfalt sowohl der Form und der Komposition dieser Figuren als auch ihrer Fundumstände mahnt zur Vorsicht, um so mehr als der schlechte Erhaltungszustand etlicher von ihnen die Deutung jedes ihrer Details als gewagt erscheinen läßt. Andere Aspekte der *valkyriur*, die in den awnord. Qu. klar in Erscheinung treten, können mit Recht in Betracht gezogen werden, etwa ihr Ritt zum Schlachtfeld und von diesem zurück (156b, 45; 170, 10; zur Diskussion 45). Andere Forsch.swege müssen allemal erkundet werden, v. a. im Zusammenhang mit der mutmaßlichen, ohne Zweifel magisch-relig. Funktion etlicher dieser in Frauengräbern gefundenen weiblichen Figuren. Die Möglichkeit der plastischen Darst. dieser oder jener nord. Göttin (z. B. Freyja) oder anderer mythischer Figuren außer den *valkyriur* (z. B. der *dísir*) muß ebenfalls ins Auge gefaßt werden, auch unter Berücksichtigung der künstlerischen Einflüsse aus dem röm. Reich und aus anderen Bereichen, denen Skand. im ersten Jt. n. Chr. ausgesetzt war (zur Figur der *Victoria*, die als solche erkennbar auf mehreren gotländischen Bildsteinen erscheint: 99, I, 96 ff.; 37, 58; → Bilddenkmäler 587).

Schließlich ist im Rahmen arch. Unters. auch die Hypothese aufgestellt worden, der Beigabeninhalt bestimmter reicher Gräber der WZ in Schweden und Dänemark, aber auch anderer derartiger, zeitlich früherer Bestattungen im kontinentalen Germanien, liefere eine beachtenswerte Illustration der grundlegenden Auffassungen von V. Skizziert von Oscar → Almgren (34, 29–35) angesichts der berühmten uppländischen Bootgräber, namentlich derjenigen von → Vendel, wurde diese Auffassung von Roesdahl (131, 192 ff.; 132; 133, 160 ff.; 134, 131 ff.) unterstützt, und zwar in bezug auf reiche Waffen- bzw. Reitergräber Dänemarks, die hauptsächlich ins 10. Jh. zu datieren sind (Pferdegräber § 5). V. a. die Beobachtung, daß in diesen Gräbern die Skelette von Pferden sowie oft prächtig gearbeitete Zaumzeuge und bestimmte Waffen zu finden sind, begründete die Argumentation zugunsten einer Reise ins Jenseits und namentlich nach V., dies in Anbetracht der Bedeutung, die dem Óðinn-Kult in Dänemark für diese Epoche zugeschrieben wurde (67; 132, 44). Aus dem gleichen Gesichtswinkel heraus wurde die Anlage und die Ausstattung des Bootkammergrabes von → Haiðaby von Ellmers (52, 119 ff.) als Ausdruck des Glaubens an die Reise gewertet, welche die in diesem Grab beigesetzte hochrangige Persönlichkeit nach V. unternehmen solle, zuerst zu Schiff, danach zu Pferd, dabei in

Begleitung zweier Männer, die als Bedienstete dieses ‚Angehörigen des Adels' angesehen wurden, eines Marschalls sowie eines Mundschenks. Diese gedankliche Konstruktion, die von mehreren Archäologen übernommen worden ist (133, 162; 36, 22; → Haiðaby S. 369; s. auch mit gewissen Vorbehalten 163; 164), hat Joachim → Werner dazu veranlaßt (166), eine ähnliche Deutung nicht nur für das Grab von → Niederstotzingen in Württ., das um 600 n. Chr. datiert ist, vorzuschlagen – eine bereits von Ellmers (52, 123 ff.) ins Auge gefaßte Interpretation –, sondern auch für das sog. Fürstengrab von → Beckum in Westfalen (70, 66), dies im Rahmen einer eindringlichen Studie zu den zahlreichen Pferdebestattungen (167, 158) welche 1983–1985 in Tournai in der Nähe des berühmten Childerich-Grabes (→ Childerich von Tournai) gefunden worden sind (vgl. auch Totenfolge § 5).

Alle diese Versuche der Interpretation von Grabsitten der WZ und sogar der MZ im Licht sehr präziser und strukturierter eschatologischer Glaubensüberzeugungen, von denen die awnord. liter. Qu. im Hinblick auf V. Zeugnis geben, scheitert indessen an erheblichen Schwierigkeiten der Methode und des Faktenbezugs. Das betrifft in erster Linie die Einschätzung, ob es legitim ist oder nicht, bei der Analyse arch. Fundstoffs auf diesen oder jenen Aspekt derjenigen Darst. von V. – mehr als auf anderes dieser Art – Wert zu legen, welche die norw. Dichtungen des 10. Jh.s zum Ausdruck bringen, weil nämlich diese eschatologischen Vorstellungen – die Umstände des Todes der bestatteten Person, ihre Reise ins Jenseits, die Ausrüstung des Kriegers, das tägliche Leben zusammen mit den übrigen *einherjar* und den Göttern – offensichtlich ein in sich geschlossenes Ganzes bilden (45).

Qu.: (1) Ágrip af Nóregskonunga sǫgum. Fagrskinna – Nóregs konunga tal, hrsg. von Bjarni Einarsson, Ísl. Fornr. 29, 1984. (2) Brennu-Njáls s., hrsg. von Einar Ól. Sveinsson, Ísl. Fornr. 12, 1954. (3) S. Bugge (Hrsg.), Norrœn fornkvæði, 1867. (4) Edda. Die Lieder des Cod. Regius nebst verwandten Denkmälern, hrsg. von G. Neckel, 1. Text. Vierte, umgearbeitete Aufl. von H. Kuhn, 1962. (5) Edda Snorra Sturlusonar, hrsg. von Finnur Jónsson, 1931. (6) Eddadigte, 1. Vǫluspá, Hávamál, hrsg. von Jón Helgason, ^{2}1955. (7) Eddadigte, 2. Gudedigte, hrsg. von Jón Helgason, ^{3}1962. (8) Eddadigte, 3. Heltedigte, Teil 1, hrsg. von Jón Helgason, ^{2}1959. (9) De gamle Eddadigte, hrsg. von Finnur Jónsson, 1932. (10) Die Gautrekssaga in zwei Fassungen, hrsg. von W. Ranisch, Palaestra 11, 1900. (11) Gísla s. Súrssonar, hrsg. von A. Loth, Nordisk Filol. A: tekster 11, 1956 [= kurze Red.]. (12) Gísla s. Súrssonar, hrsg. von A. Loth, Membrana Regia Deperdita (Ed. Arnamagnæanæ 5), 1960, 1–80 [= lange Red.]. (12a) Laxd. s., hrsg. von Einar Ól. Sveinsson, Ísl. Fornr. 5, 1934. (13) Jón Helgason, Haraldskvæði, Tímarit Máls og menningar, 1946, 131–146. (14) Ders. (Hrsg.), Skjaldevers, Nordisk Filol. A: tekster 12, 1961. (15) Ders. (Hrsg.), Tvær kviður fornar. Vǫlundarkviða og Atlakviða með skýringum, 1962. (16) A. Olrik (Hrsg.), Skjoldungasaga i Arngrim Jonssons udtog, Aarbøger, 1894, 81–164. (17) R. I. Page (Hrsg.), The Icelandic Rune-Poem, 1999. (18) The Poetic Edda, 1. Heroic Poems, hrsg. von U. Dronke, 1969. (19) The Poetic Edda, 2. Mythol. Poems, hrsg. von U. Dronke, 1997. (20) Saxo, Gesta Danorum, I: Textum continens, hrsg. von A. Olrik, H. Ræder, 1931. (21) Snorri Sturluson, Edda. Gylfaginning og prosafortellingene av Skáldskaparmál, hrsg. von A. Holtsmark, Jón Helgason, Nordisk Filol. A I, ^{2}1962. (22) Snorri Sturluson, Edda. Prologue and Gylfaginning, hrsg. von A. Faulkes, 1982. (23) Snorri Sturluson, Edda. Skáldskaparmál, 1. Introduction, Text and Notes, hrsg. von A. Faulkes, 1998. (24) Snorri Sturluson, Edda. Skáldskaparmál, 2. Glossary and Index of Names, hrsg. von A. Faulkes, 1998. (25) Snorri Sturluson, L'Edda. Récits de mythol. nordique, hrsg. und übs. von F.-X. Dillmann, ^{9}2005. (26) Snorri Sturluson, Heimskringla I, hrsg. von Bjarni Aðalbjarnarson, Ísl. Fornr. 26, 1941. (27) Snorri Sturluson, Histoire des rois de Norvège I, hrsg. und übs. von F.-X. Dillmann, 2000. (28) Sǫgubrot af fornkonungum, in: Danakonunga sǫgur […], hrsg. von Bjarni Guðnason, Ísl. Fornr. 25, 1982, 46–71. (29) Vǫlsunga s. ok Ragnars s. loðbrókar, hrsg. von Magnus Olsen, SUGNL 36, 1906–1908.

Lit.: (30) Jón Hnefill Aðalsteinsson, Trúarhugmyndir í Sonatorreki, 2001. (31) M. Alkarp, Källan, lunden och templet – Adam av Bremens Uppsalaskildring i ny belysning, Fornvännen 92, 1997, 155–161. (32) O. Almgren, Hällristningar och kultbruk. Bidrag till belysning av de nordiska bronsåldersristningarnas innebörd, 1926/1927. (33) Ders., Nord. Felszeichnungen als relig. Urk., 1934.

(34) Ders., Resan till Valhall, in: Uppländsk bygd. En samling studier tillägnade W. von Essen, 1940, 29–37. (35) B. Ambrosiani, B. G. Eriksson, Birka: Vikingastaden 4–5, 1994–1996. (36) H. H. Andersen, Hedenske danske kongegrave og deres historiske baggrund – et forsøg på en syntese, Kuml 1985, 11–34. (37) G. Arwidsson (Hrsg.), Birka II:3. Systematische Analysen der Gräberfunde, 1989. (38) R. C. Boer, Beitr. zur Eddakritik. I. Über Grímnismál, ANF 22, 1905, 133–174. (38a) H. de Boor, Dichtung, in: Schneider, GAK, 1938, 306–430. (39) Ólafur Briem, Heiðinn siður á Íslandi, ²1985. (40) St. Brink, Fornskandinavisk relig. – förhistoriskt samhälle; in: U. Drobin u. a. (Hrsg.), Relig. och samhälle i det förkristna Norden. Ett symp., 1999, 11–55. (41) L. Buisson, Der Bildstein Ardre VIII auf Gotland. Göttermythen, Heldensagen und Jenseitsglaube der Germ. im 8. Jh. n. Chr., 1976. (42) M. Cahen, Études sur le vocabulaire religieux du vieux-scandinave. La libation, 1921. (43) F.-X. Dillmann, Le heaume du roi Hákon. À propos des strophes III et IV des *Hákonarmál*, Journ. des savants, 2002, 151–178. (44) Ders., Les magiciens dans l'Islande ancienne: Études sur la représentation de la magie islandaise et de ses agents dans les sources littéraires norroises, 2006. (45) Ders., Fenrir et la Valhalle. Études de philol. nordique et de mythol. scandinave (in Vorbereitung). (46) Ch. Donahue, The Valkyries and the Irish War Goddesses, Publ. of the Modern Language Assoc. of America 54, 1941, 1–12. (47) G. Dumézil, Les dieux des Germains. Essai sur la formation de la relig. scandinave, 1959. (48) Ders., Notes sur le bestiaire cosmique de l'*Edda et du Ṛg Veda*, in: Mél. de linguistique et de philol. (F. Mossé in memoriam), 1959, 104–112 (= Ders., Mythes et dieux de la Scandinavie ancienne, hrsg. von F.-X. Dillmann, 2000). (49) Egilsson, Lex. Poet. (50) H. R. Ellis, The Road to Hel. A Study of the Conception of the Dead in Old Norse Literature, 1943. (51) D. Ellmers, Der frühma. Hafen der Ingelheimer Kaiserpfalz und gotländische Bildsteine, Schiff und Zeit 1, 1975, 52–57. (52) Ders., Frk. Kg.szeremoniell auch in Walhall, Beitr. zur Schleswiger Stadtgesch. 35, 1980, 115–126. (53) Ders., Valhalla and the Gotland Stones, in: O. Crumlin-Pedersen u. a. (Hrsg.), The Ship as Symbol in Prehistoric and Medieval Scandinavia, 1995, 165–171. (54) L. Elmevik, Fisl. *einherjar* ‚krigare i Valhall' och några andra fornnord. sammansättningar med *ein-*, Saga och Sed 1982, 75–84. (55) H. Elsner, Wikinger Museum Haithabu: Schaufenster einer frühen Stadt, [1989]. (56) Hj. Falk, Halle, in: Hoops II, 366. (57) H. Gering, Vollständiges Wb. zu den Liedern der Edda, 1903. (58) Ders., B. Sijmons, Kommentar zu den Liedern der Edda, 1. Götterlieder, Die Lieder der Edda, 1927; 2. Heldenlieder, Die Lieder der Edda, 1931. (59) G. Gjessing, Hesten i forhistorisk kunst og kultus, Viking 7, 1943, 5–143. (60) J. Götlind, Valhall och ättestupa i västgötsk tradition, in: Folkeminnesstudier till H. Celander, 1926, 69–84. (61) W. Golther, Stud. zur germ. Sagengesch. I. der valkyrjenmythus. II über das verhältniss der nord. und dt. form der Nibelungensage, 1888, 401–504. (61a) Ders., Handb. der germ. Mythol., 1905. (62) A.-S. Gräslund, Torshammare, hängkors och andra amuletthängen, in: Viking og Hvidekrist. Norden og Europa 800–1200, 1992, 190 f. (63) Grimm, Dt. Mythol. (64) H. Güntert, Der arische Weltkg. und Heiland. Bedeutungsgeschichtl. Unters. zur indo-iranischen Religionsgesch. und Altkde, 1923. (65) Ders., Agerm. Glaube nach Wesen und Grundlage, 1937. (66) A. Gulermovich Epstein, The Morrígan and the Valkyries, in: Studies in Honor of J. Puhvel 2, 1997, 119–150. (67) K. Hald, The Cult of Odin in Danish Place-names, in: Early English and Norse Studies Presented to H. Smith, 1963, 99–109. (68) E. F. Halvorsen, Valhall, in: Kult. hist. Leks. XIX, 464 f. (69) E. Hartmann, Der Ahnenberg. Eine anord. Jenseitsvorstellung, Archiv für Religionswiss. 34, 1937, 201–217. (70) K. Hauck, Brieflicher Hinweis auf eine kleine onord. Bilder-Edda, in: Festschr. E. Karg-Gasterstädt, 1961, 47–67 (= Ders. [Hrsg.], Zur germ.-dt. Heldensage, 1965, 427–449). (71) Ders., Der Missionsauftrag Christi und das Kaisertum Ludwigs des Frommen, in: P. Godman, R. Collins (Hrsg.), Charlemagne's Heir. New Perspectives on the Reign of Louis the Pious (814–840), 1990, 275–295. (72) E. Hellquist, Bespr. von [111], ANF 32, 1916, 337–345. (73) Helm, Rel.gesch. I. (74) K. Helm, Die Zahl der Einherjar, ANF 42, 1926, 314–319. (75) H. Hempel, Hellenistisch-orientalisches Lehngut in der germ. Relig., GRM 16, 1928, 185–202. (76) P. Herrmann, Erläuterungen zu den ersten neun Büchern der Dän. Gesch. des Saxo Grammaticus, 1. Übs.; 2. Kommentar, 1901–1922. (77) F. Herschend, The origin of the hall in South Scandinavia, Tor 25, 1993, 175–200. (78) O. Höfler, Kultische Geheimbünde der Germ. 1, 1934. (79) G. Høst, To runestudier, NTfSpr. 19, 1960, 418–554. (80) U. Holmberg (Harva), Valhall och världsträdet, Finsk tidskr. för vitterhet, vetenskap, konst och politik 48, 1917, 349–377. (80a) A. Holtsmark, Darraðarlióð, in: Kult. hist. Leks. II, 667 f. (81) A. Hultgård, Ragnarǫk and Valhalla: Eschatological Beliefs among the Scandinavians of the Viking Period, in: B. Ambrosiani, H. Clarke (Hrsg.), The Twelfth Viking Congress. Developments Around the Baltic and the North Sea in the Viking Age, 1994, 288–293. (82) L. M. Imer, Gotlandske billedsten – dateringen af Lindqvists gruppe C og D, Aarbøger 2001, 2004, 47–111. (82a) H. Jankuhn,

Haithabu. Eine germ. Stadt, ²1938. (83) I. Jansson, Bildsten, in: wie [62], 228 [Kat. 1] und 274 f. [Kat. 175]. (84) Ders., Ryttarfigur och kvinnofigur, in: wie [62], 277 [Kat. 186]. (85) A. Kaliff, O. Sundqvist, Oden och Mithraskulten. Religiös ackulturation under romersk järnålder och folkvandringstid, 2004. (86) E. A. Kock, Notationes Norrœnæ. Anteckningar till Edda och skaldediktning, 1923–1944. (87) A. H. Krappe, The Valkyries, Modern Language Rev. 21, 1926, 55–73. (88) W. Krause, Húsdrápa 9, in: Studia Germanica tillägnade E. A. Kock, 1934, 116–120. (89) G. Kreutzer, Valhall – Himmel – Hölle. Das Bild des Kg.s Hákon Aðalsteinsfóstri in der nord. Lit. des MAs, in: Die Aktualität der Saga (Festschr. H. Schottmann), 1999, 85–110. (90) Jónas Kristjánsson, Heiðin trú í fornkvæðum, in: Úlfar Bragason (Hrsg.), Snorrastefna: 25–27. júlí 1990, 1992, 99–112. (91) H. Kuhn, Gaut, in: Festschr. J. Trier, 1954, 417–433 (= Ders., Kl. Schr. 2, 1971, 364–377). (92) Ders., Die Relig. der nord. Völker in der WZ, in: I Normanni e la loro espansione, Settimane di studi del Centro italiano di studi sull'alto medioevo 16, 1968, 117–129. (93) Ders., Edda. Die Lieder des Cod. Regius nebst verwandten Denkmälern. Hrsg. von G. Neckel, 2. Kurzes Wb., ³1968. (94) Ders., Das alte Island, 1971. (95) Ders., Kl. Schr. 4, 1978. (96) B. Kummer, Midgards Untergang. Germ. Kult und Glaube in den letzten heidn. Jh., ²1935. (97) J. P. Lamm, Figural gold foils found in Sweden: a study based on the discoveries from Helgö, in: B. Gyllensvärd u. a., Excavations at Helgö XVI. Exotic and Sacral Finds from Helgö, 2004, 41–142. (98) S. Lindqvist, Hunningestenen och Franks skrin, Saga och Sed, 1940, 55–63. (99) Ders., Gotlands Bildsteine 1–2, 1941–1942. (100) Ders., Bildstenarna, in: M. Stenberger (Hrsg.), Boken om Gotland 1, 1945, 108–124. (101) Ders., Valhall: Colosseum eller Uppsalatemplet?, Tor 2, 1949–1951, 61–103. (102) Magnússon, Orðsifjabók. (103) E. Marold, Das Walhallbild in den Eiríksmál und Hákonarmál, Mediaeval Scandinavia 5, 1972, 19–33. (104) Dies., Die Skaldendichtung als Qu. der Religionsgesch., in: H. Beck u. a. (Hrsg.), Germ. Religionsgesch. Qu. und Qu.probleme, 1992, 685–719. (105) K. Maurer, Die Valkyrjen Hlokk und Herfjötr, Zeitschrift für dt. Mythol. und Sittenkunde 2, 1855, 341–343. (105a) Ders., Die Hölle auf Island, Zeitschr. des Ver.s für Volkskunde 4, 1894, 256–269. (106) E. Mogk, Germ. Mythol., Grundriss der germ. Philol., ²1900, 230–406. (107) Ders., Walhall, in: Hoops IV, 474 f.; Walküren: in: ebd., 475 f. (108) Müllenhof, DAK V. (109) G. Müller, Zur Heilkraft der Walküre. Sondersprachliches der Magie in kontinentalen und skand. Zeugnissen, Frühma. Stud. 10, 1976, 350–361. (110) E. Mundal, Heiðrún – den mjødmjølkande geita på Valhalls tak, in: Eyvindarbók (Festskrift E. F. Halvorsen), 1992, 240–247. (111) G. Neckel, Walhall. Stud. über germ. Jenseitsglauben, 1913. (112) T. Nilsson, Stentinget, Skalk 1992, Nr. 4, 3–9. (113) E. Nordahl, En kvinna från Gamla Uppsala, Gotländskt Arkiv 56, 1984, 111–116. (114) Dies., Båtgravar i Gamla Uppsala. Spår av en vikingatida högreståndsmiljö, 2001. (115) A. Nordberg, Krigarna i Odins sal. Dödsföreställningar och krigarkult i fornnordisk relig., 2003. (116) F. Nordin, Till frågan om de gottländska bildstenarnas utvecklingsformer, in: Studier tillägnade O. Montelius, 1903, 142–155. (117) O. Nordland, Valhall and Helgafell: Syncretistic Traits of the Old Norse Relig., in: S. S. Hartman (Hrsg.), Syncretism, 1969, 66–99. (118) E. Noreen, Studier i fornvästnordisk diktning, 1921. (119) R. North, Heathen gods in OE literature, 1997. (120) E. N. Nosov, Kvinnofigur, in: wie [62], 302 [Kat. 281]. (121) E. Nylén, Bildstenar, ³2003. (122) A. Olrik, Danmarks Heltedigtning. En oldtidsstudie, 1. Rolf Krake og den ældre Skjoldungrække, 1903. (123) Ders., Nordisk Aandsliv i Vikingetid og tidlig Middelalder, 1927. (124) Ders., H. Ellekilde, Nordens Gudeverden, Vætter og helligdomme 1, 1926–1951. (125) B. M. Ólsen, Til Eddakvædene, ANF 31, 1915, 52–95. (126) M. Olsen, Valhall med de mange dører, APhS 6, 1931–1932, 151–170 (= in: Ders., Norrøne Studier, 1938, 109–129). (127) C. Paterson, New light on the Viking presence in Lincolnshire: the artefactual evidence, Part 2. The finds, in: J. Graham-Campbell u. a., Vikings and the Danelaw: Select Papers from the Proc. of the Thirteenth Viking Congress, 2001, 191–202. (128) A. Pedersen, Religiøse symboler i vikingetidens arkæologiske materiale, in: N. Lund (Hrsg.), Kristendommen i Danmark før 1050, 2004, 60–74. (129) L. Præstegaard Andersen, On Valkyries, shieldmaidens and other armed women – in Old Norse sources and Saxo Grammaticus, in: Mythol. Women (Studies in Memory of L. Motz), 2002, 291–318. (130) N. S. Price, The Viking Way. Relig. and War in Late Iron Age Scandinavia, 2002. (131) E. Roesdahl, Danmarks vikingetid, 1980. (132) Dies., Fra vikingegrav til Valhal i 900-årenes Danmark, in: T. Kisbye, E. Roesdahl (Hrsg.), Beretning fra Andet tværfaglige vikingesymp., 1983, 39–49. (133) Dies., Princely Burial in Scandinavia at the Time of the Conversion, in: C. B. Kendall, P. S. Wells (Hrsg.), Voyage to the Other World. The Legacy of Sutton Hoo, 1992, 155–170. (134) Dies., Pagan Beliefs, Christian Impact and Arch. – a Danish View, in: A. Faulkes, R. Perkins (Hrsg.), Viking Revaluations, 1993, 128–136. (135) J. Sahlgren, Eddica et scaldica. Fornvästnordiska studier 1–2, 1927–1928. (136) K. Schier, Die Húsdrápa von Úlfr Uggason und die bildliche Überlieferung anord. Mythen, in: Minjar og menntir. Afmælisrit helgað Kristjáni Eldjárn, 1976, 425–443. (137) Ders., Skand. Felsbilder als Quelle für die germ. Religionsgesch.?, in: wie [104], 162–228. (138) J. P. Schjødt, Horizontale und vertikale Achsen in der vorchristl. skand. Kosmologie, in: T. Ahlbäck (Hrsg.), Old Norse and Finnish Religions and Cultic Place-Names, 1990, 35–57. (139) F. R. Schröder, Germanentum und Hellenismus. Unters. zur germ. Religionsgesch., 1924. (139a) H. Schück, Studier i nordisk Litteratur- och Religionshistoria 2, 1904. (140) A. Schullerus, Zur Kritik des anord. Valhollglaubens, PBB 12, 1887, 221–282. (141) K. von See, Das Walkürenlied, PBB 81, 1959, 1–15 (= Ders., Edda, Saga, Skaldendichtung, 1981, 329–343). (142) Ders., Zwei eddische Preislieder: Eiríksmál und Hákonarmál, in: Festgabe U. Pretzel, 1963, 107–117 (= in: Ders., Edda, Saga, Skaldendichtung, 1981, 318–328 [Nachtrag 522–525]). (143) Ders.u.a., Kommentar zu den Liedern der Edda, 3. Götterlieder (Vǫlundarkviða, Alvíssmál, Baldrs draumar, Rígsþula, Hyndlolióð, Grottasǫngr), 2000. (144) Ders. u. a., Kommentar zu den Liedern der Edda, 4. Heldenlieder. Helgakviða Hundingsbana I, Helgakviða Hjǫrvarðssonar, Helgakviða Hundingsbana II, 2004. (145) G. Steinsland, Antropologiske og eskatologiske ideer i førkristen nordisk relig., Collegium Medievale 3, 1990/1991, 59–72. (145a) Dies., Eros og død i norrøn kongeideologi. Kan mytisk herskerideologi kaste lys over forestillinger og riter knyttet til død, begravelse og gravkult?, in: J. P. Schjødt (Hrsg.), Myte og Ritual i det førkristne Norden, 1994, 141–157. (146) Dies., Norrøn relig. Myter, riter, samfunn, 2005. (147) K. Stjerna, Mossfynden och Valhallstron, in: Från filologiska föreningen i Lund. Språkliga uppsatser. III. Till. A. Kock, 1906, 137–161. (148) F. Ström, Döden o. de döda, in: Kult. hist. Leks. III, 432–438. (149) Ders., Einherjar, in: ebd. III, 532–534. (150) D. Strömbäck, Några drag ur äldre och nyare isländsk folktro, in: Island. Bilder från gammal och ny tid, 1931, 51–77. (151) Ders., Att binda helskor. Anteckningar till Gisle Surssons s., in: Kungl. Humanistiska Vetenskaps-Samfundet i Uppsala. Årsbok 1952, 139–148 (= Ders., Folklore och Filol. Valda uppsatser, 1970, 192–200). (152) Ders., The Realm of the Dead on the Lappish Magic Drumbs, in: Arctica (Essays presented to Å. Campbell), 1956, 216–220. (153) Ders., Helskor, in: Kult. hist. Leks. VI, 411 f. (154) Einar Ól. Sveinsson, Íslenzkar bókmenntir í fornöld 1, 1962. (155) G. Trotzig, Ett bildstensmotiv i arkeologisk belysning, Gotländskt Arkiv 53, 1981, 31–38. (155a) Ders., Den gamla och den nya religionen, in: I. Jansson (Hrsg.), Gutar och vikingar, 1983, 357–394. (156) E. O. G. Turville-Petre, Myth and Relig. of the North. The Relig. of Ancient Scandinavia, 1964. (156a) W. von Unwerth, Unters. über Totenkult und Óðinnverehrung bei Nordgerm. und Lappen mit Excursen zur anord. Literaturgesch., 1911. (156b) P. Vang Petersen, Valkyrier i Ribe, By, marsk og geest 5, 1992, 41–46. (157) H. Vierck, Zwei Amulettbilder als Zeugnisse des ausgehenden Heidentums in Haithabu, Ber. über die Ausgr. in Haithabu 34 (Das arch. Fundmaterial, VII), 2002, 9–67. (158) de Vries, Rel.gesch. (159) J. de Vries, Die Helgilieder, ANF 72, 1957, 123–154. (160) Ders., Theoderich der Große, GRM 42, 1961, 319–330. (161) de Vries, Anord. Etym. Wb. (162) de Vries, Lit.gesch. (163) E. Wamers, König im Grenzland. Neue Analyse des Bootkammergrabes von Haiðaby, Acta Arch. (Kopenhagen) 65, 1994, 1–56. (164) Ders., The Symbolic Significance of the Ship-graves at Haiðaby and Ladby, in: O. Crumlin-Pedersen u. a. (Hrsg.), The Ship as Symbol in Prehistoric and Medieval Scandinavia, 1995, 149–159. (165) G. W. Weber, Odins Wagen. Reflexe anord. Totenglaubens in liter. und bildlichen Zeugnissen der WZ, Frühma. Stud. 7, 1973, 88–99. (166) J. Werner, Adelsgräber von Niederstotzingen bei Ulm und von Bokchondong in Südkorea. Jenseitsvorstellungen vor Rezeption von Christentum und Budhismus im Lichte vergl. Arch., 1988. (167) Ders., Childerichs Pferde, in: wie [104], 145–161. (168) D. M. Wilson, Vikingatidens konst, 1995. (169) Ders., The Gotland Picture-Stones. A Chron. Re-Assessment, in: Stud. zur Arch. des Ostseeraumes. Von der EZ zum MA (Festschr. Müller-Wille), 1998, 49–52. (170) M. K. Zeiten, Amulets and Amulet Use in Viking Age Denmark, Acta Arch. (Kopenhagen) 68, 1997, 1–74.

F.-X. Dillmann

Vallentuna

§ 1: Archäologisch – § 2: Runologisch

§ 1. Archäologisch. Bei und in der Kirche von V., 25 km n. von Stockholm, befinden sich mehrere bedeutende → Runensteine: U 212 A/B (4, 321–324 sowie Fig. 206–207, Taf. 133–134), U 216 (SHM; 4, Taf. 136) und U 217 (4, Fig. 211–212), datiert um 1000 (2; 4). Auf dem Gebiet am Vallentuna-See stehen noch heute 85 Steine, 30 weitere sind verschollen bzw. in Museen verlegt worden (4, 276–475, Nr. 180–294 u. a., heute und einst in und bei der Kirche 321 ff., Nr. 212 A/B–223). Im Ksp. von

→ Täby sind über 30 weitere Steine erhalten.

In der Kirche von V., erbaut im 12. Jh., haben sich in Runenschrift auf einigen Blöcken am Turm – aus der ersten Bauphase – auch mehrere Steinmetze mit ihrem Namen verewigt; auf drei Steinen steht der Name *Andur*, auf einem anderen *David* (3, 168). Einer dieser Steine (U 219) in der Kirchenmauer (→ Runen und Runendenkmäler S. 506; 4, Taf. 137) nennt außer dem Runenmeister *Andur* als Qualitätsbezeichnung das Wort *fagr* ‚schön', im Sinne von Ansehnlichkeit und Dauer.

Der Stein U 214 (SHM; 4, Taf. 135) in der Vorhalle der Kirche von V. wurde von einer Ingeborg für ihren Mann gesetzt, der mit seinem Schiff unterging; bemerkenswert ist, daß die Inschr. erstmals neben der Alliteration auch den Endreim bezeugt (→ Runen und Runendenkmäler S. 516; 2, 142 f. und Abb.).

Den Stein U 212 A/B von V. ließ Jarlabanke wie eine Reihe anderer (→ Täby Bd. 35; → Runeninschriften S. 526, 531 f.; → Runensteine S. 594) für sich selbst errichten, als er noch lebte, zum eigenen Gedenken und mit christl. Segenswunsch verbunden bzw. um die Annahme des Christentums kundzutun (→ Runeninschriften S. 532).

Unter den insgesamt 16 Runensteinen der Jarlabanke-Familie von Täby (1a, 33 Fig. 9: Genealogie) ist dieser Stein U 212 A/B in V. von besonderer Bedeutung, denn er bringt auf beiden Seiten eine Inschr. Auf der glatten Seite A steht: „Jarlabanke ließ diesen Stein errichten na[ch sich selbst als Le]benden. Er besaß allein ganz Täby. [Gott helfe] seiner Seele".

Die Inschr. auf der noch vom Brechen im Steinbruch rauhen Seite B beginnt wie Seite A und fährt dann aber fort: „... und diesen Thingplatz machen, und allein besaß er diesen ganzen *hundari*-Bezirk".

Man deutet die Inschr. in der Weise, daß der Stein (mit seiner Seite A) zuerst in Täby gesetzt worden war. Dann wurde nach einer Beschädigung erst Seite B eingemeißelt, nachdem der Stein an den neuen Thing- und Versammlungsplatz bei V. umgesetzt worden war. Jarlabanke war vom Eigentümer des Dorfes Täby zum Inhaber der höchsten Gewalt im *Valænda hundare* aufgestiegen, einem Gerichts- und Verwaltungsbezirk (→ Hundare) (1, 130. 132; 1a, 84).

Am ehemaligen Thingplatz von Bällsta im Ksp. V. stehen zwei Runensteine (4, 346 ff. Taf. 139–141, Nr. 225/226), auf denen zu lesen ist, daß Ulvkel und Arnkel und Gye den Thingplatz angelegt haben (2, 120). Der Platz blieb nicht lange in seiner Funktion erhalten, da der Jarlabanke-Stein U 212 in der Kirche von V. sagt, daß Jarlabanke – etwa drei oder vier Jahrzehnte später – hier einen Thingplatz ausbaute und er Herr über den Bezirk war (2, 121), als lokaler Magnat und Beamter/Verwalter des Kg.s in diesem Gebiet. (Zu den Runeninschriften im einzelnen s. u. § 2).

Urspr. bildeten vier Jarlabanke-Steine, nämlich die Steine in den Kirchen von V., Danderyd (4, 188–190 und Taf. 82), Täby und Fresta (4, 430–432 und Fig. 266), die Kennzeichnung einer Brücke, über die drei fast gleichlautende Inschr. (U 127, U 164, U 261; wohl vom selben Ritzer) sagen: „Jarlabanke ließ diese Steine errichten nach sich selbst als Lebenden und machte diese Brücke für seine Seele. Und allein besaß er ganz Täby. Gott helfe seiner Seele". (vgl. zu den Runeninschr. § 2 und hierzu → Täby, Bd. 35).

Bei der Brücke handelt es sich um einen mächtigen 6,5 m br. und 150 m lg. Steindamm als Wegeaufschüttung (1, 107 Abb. oben; 1a, 22 Fig. 1 und 24 Fig. 3; 4, 244–251, Taf. 106 und 197, Fig. 153–154 sowie Fig. 159: Rekonstruktion der Jarlabanke bro 1934/35). An beiden Enden war diese Brücke von jeweils zwei einander gegenüberstehenden Runensteinen flankiert, und sie war außerdem seitlich von kleineren Steinen ohne Inschr. eingefaßt (4 mit Skizzen zur Situation; 3, 501 f.). Runensteine waren oftmals an Brücken oder anderen wichtigen Verkehrspunkten als sichtbares Repräsentationsmittel aufgestellt. Dieser Bau fester Wege, als Brücken bezeichnet, war anscheinend mit der Einführung des Christentums verbunden (s. auch → Brücke I § 2b; → Runen und Runendenkmäler S. 505–507; → Runeninschriften S. 532). Man baute solche Wege, um zur Kirche zu gelangen. Der Brücken- bzw. Straßenbau war also ein gottgefälliges Werk, weshalb das 11. Jh. in Schweden eine straßenbauende Epoche war (2, 106).

(1) K. Düwel, Runenkunde, ³2001. (1a) H. Gustavson, K.-G. Selinge, Jarlabanke och hundaret. Ett arkeologiskt/runologiskt bidrag till lösningen av ett historiskt tolkningsproblem, NoB 76, 1988, 19–85. (2) S. B. F. Jansson, Runinskrifter i Sverige, ³1984 (engl. Runes in Sweden, 1987, Neudr. 1997). (3) M. Stenberger, Vorgesch. Schwedens, 1977, 501 f. (4) E. Wessén, S. B. F. Jansson, Upplands Runinskrifter, SvR 8, 1940–1943.

H. Steuer

§ 2. Runologisch. Aus dem Ksp. V. sind nicht weniger als 41 Runeninschr. bekannt, die sich hauptsächlich auf → Runensteinen des 11. Jh.s befinden, aber auch in einigen Inschr. des MAs vorkommen, die in den ma. punktierten Runen ausgeführt sind. Eine dieser Inschr., U 219, befindet sich auf Ecksteinen im W-Turm der roman. Kirche von V. (6, 337); zum Würfel von Rickby vgl. → Würfel und Würfelspiel mit Abb. 30. In dem Ksp. sind viele der bekannten Runenritzer (→ Runenmeister) Upplands tätig gewesen, wie Asmund Karason, Drosboe, Gunnar, Sven, Visäte, Öpir.

Zu den interessantesten Inschr. gehören die beiden Monumente von Bällsta, U 225–226 vom Anfang des 11. Jh.s (6, 346 ff.). Sie stammen von dem Runenritzer Gunnar (I, 73) und enthalten poet. Formulierungen in dem eddischen Versmaß → Fornyrðislag. Seit langem gibt der Text Anlaß zu den unterschiedlichsten Deutungen. Götizistische Gelehrte (→ Gotizismus) ält. Zeit glaubten, der Text handle von Nachkommen des Magog und sei nur wenige hundert J. nach der Sintflut entstanden. Die Runeninschr. ist verwittert, aber der Hauptteil des Textes läßt sich lesen und deuten:

U 225 … **uk · arkil · uk · kui · þiR · kariþu · iar · þikstaþ … unu · iki mirki · mairi ·uirþa · þan · ulfs · suniR · iftiR · kir … iR · suinaR · at · sin · faþur**

‚[Ulvkel] und Arnkel und Gye, die machten hier einen Thingplatz. Es wird kein größeres Denkmal (gefunden) werden als dasjenige, das Ulvs Söhne nach [ihm, Ulv] errichte[ten, tapfe]re Söhne (eigentl. Burschen, Jünglinge) nach ihrem Vater.' (→ Runen und Runendenkmäler S. 507).

U 226 **ristu · stina · uk · staf · uan · uk · in · mikla · at · iartiknum uk kuriþi · kas at · uiri · þu mon i krati · kiatit lata kunar ik stin**

‚Die errichteten Steine und machten den großen Stab zum Wahrzeichen (des Ruhms). Und Gyrid liebte ihren Mann. Deshalb soll in Trauer (Tränen) von ihm gesprochen werden. Gunnar hieb [die Runen in] den Stein.'

Diese Deutung kann im Großen und Ganzen als richtig angesehen werden, auch wenn der Abschnitt **staf · uan · uk** immer noch Schwierigkeiten macht (→ Runen und Runendenkmäler S. 504). Der in der Inschr. angeführte Ulv wird seit langem mit Ulv in Skålhamra in → Täby identifiziert, von dem auch in den Monumenten U 160–161 in Risbyle die Rede ist, die ebenfalls vom Runenritzer Gunnar ausgeführt worden sind (5, 157). Das Geschlecht hatte offenbar in der damaligen Ges. eine herausragende Rolle; es lassen sich noch weitere Runenritzer mit ihm in Verbindung bringen (5, 161).

Interessant ist die Erwähnung eines Thingplatzes, denn bei der Kirche von V. findet sich eine weitere Inschr., die vom Anlegen eines Thingplatzes spricht:

U 212B × **iarlabaki × lit raisa × stain × þin- at sik × kuikuan × auk × þinkstaþ**

× þina × karþi + auk × ain ati + alt hutari × þita +

‚Jarlabanke ließ diesen Stein errichten nach sich selbst als Lebendem und diesen Thingplatz machen, und allein besaß er diesen ganzen hundare-Bezirk' (→ Hundare).

Zur seltenen Selbsterrichtungsformel → Runeninschriften S. 529 f.

Es wurde vorgeschlagen, daß dieser Platz identisch sei mit dem bekannten ma. Thingplatz in der Nähe von Gullbro (1, 57). Dagegen wurde vorgebracht, daß dieses Gebiet wahrscheinlich einer zeitgenössischen Familie in Lindö gehört habe, welche dort die von dem Runenritzer Visäte bearbeiteten Runensteine U 236–238 errichtet und wohl auch die Brücke bei Gullbro angelegt haben soll. Stattdessen wurde vorgeschlagen, daß der Thingplatz des Jarlabanke nahe der Wegkreuzung gelegen habe, an der die heutige Kirche steht (4, 150). Wahrscheinlich ist der Stein von Täby hierher transportiert worden (2, 61). Die Seite A (U 212A → Täby Bd. 35) wurde in Täby eingetragen, die Seite B erst, nachdem der Stein an den neuen Standort versetzt worden war. In der Zwischenzeit war Jarlabanke vom Eigentümer des Dorfes Täby zum Inhaber der höchsten Gewalt im *Valænda hundare* – so die Bezeichnung für einen Gerichts- und Verwaltungsbez. (→ Hundare) – aufgestiegen.

In der Nähe der heutigen Kirche sowie in ihrem Innenraum wurde eine ganze Reihe von Runensteinen gefunden. Zumindest einen von ihnen, U 216, kann man als Grabmonument bezeichnen; das deutet darauf hin, daß es die Kirche und den Kirchhof schon gegen Ende des 11. Jh.s gegeben hat (1, 59). U 214 und U 215 gelten als ein zusammengehöriges Monument (1, 58); man sollte jedoch erwägen, ob nicht vielmehr U 216 und U 214 ein solches Monumentpaar bilden.

Interessant ist eine weitere Gruppe von Runensteinen im Ksp. V., nämlich die beiden Runensteine von Asmund Karason in Lingsberg, U 240 und U 241 (1, 90; 6, 402). In dieser hist. Runeninschrift wird davon gesprochen, wie Ulvrik einen Anteil von zwei Tributen erhalten hat, die in England gezahlt wurden. Den letzten dieser Tribute nahm → Knut der Große 1018 entgegen. Dieses liefert einen der wenigen absoluten chron. Anhaltspunkte, die sich in der Diskussion um die Entstehungszeit der Runensteine ins Spiel bringen lassen.

Zwei Inschr., U 244 und U 251, haben fast identische Texte: ‚Faste ließ diesen Stein nach seinem Sohn Fastulf hauen' (6, 410. 418). Sie sind auf einer festen Platte und einem festem Block ausgeführt, der eine n. des Hofes Mällösa, der andere 2 km s. davon; möglicherweise haben sie als Grenzmarkierungen gedient. Von dem Ritzer dieser Inschr. stammen vermutlich weitere Inschr. in V.; er ist evtl. der gleiche Ritzer wie jener, der sich auf dem nahegelegenen Stein U 247 Sven nennt.

Die Runensteine in V. sind von großem Interesse, da sie sich mit bestimmten Geschlechtern und Runenritzern verbinden, die in eine relative Chron. eingeordnet werden können. Es entsteht so das Bild einer Gesellschaftsordnung während des 11. Jh.s.

(1) H. Gustavson, Runstenar i V., 1991. (2) Ders., K.-G. Selinge, Jarlabanke och hundaret. Ett arkeologiskt/runologiskt bidrag till lösningen av ett historiskt tolkningsproblem, NoB 76, 1988, 19–85. (3) S. E. Hagenfeldt, R. Palm, Sandstone Runestones. The use of sandstone for erected runestones, 1996. (4) M. G. Larsson, Tvegifte i Täby? Några synpunkter på Jarlabanke-stenarnas datering och placering, Fornvännen 91, 1996, 143–151. (5) P. Stille, „Gunnarsstenarna" – en kritisk granskning av en mellansvensk runstensgrupp, in: Blandade runstudier 1, 1992, 113–172. (6) Upplands runinskrifter, 1. Text, SvR 6, 1940–1943.

P. Stille

Zum Namenkundlichen → Vallentuna, Bd. 32

Valloxsäby. Bei V., in der Gem. Östuna s. von Uppsala im ö. Mittelschweden, wurde in den 1930er J. unter Leitung von G. Ekholm eines der ersten Gräberfelder der ält. EZ in Uppland zwar unvollständig, doch wiss. untersucht. Die Ergebnisse waren für eine Studie über die ält. EZ in Uppland bestimmt, womit Ekholm an frühere Arbeiten zum Neol. und der BZ sowie an Ausgr. kaiserzeitlicher Gräber aus den J. 1915 und 1924–25 bei → Gödåker in Uppland anschloß (1; 4). Ekholms Beteiligung an der Gödåkerunters. hatte die Voraussetzungen zu einer Beschäftigung mit der ält. EZ in Uppland und dem röm. Import im N geschaffen (3).

Eine Bestandsaufnahme eisenzeitlicher Gräberfelder in Uppland seit 1926 durch das Mus. der Univ. Uppsala blieb unvollendet, doch konnten die Unters. des neuentdeckten Gräberfeldes bei Lillängen, Kvarnbo, Läby, 5 km sw. von Uppsala nachweisen, daß Gräberfelder in der Region bereits in der vorröm. EZ angelegt wurden (5). Daher richteten sich anschließende Ausgr. auf den Nachweis von Bestattungsplätzen aus dem Zeitraum zw. der Belegung von Lillängen und Gödåker, d. h. auf die Zeit um Chr. Geb. und die ersten Jh. danach. Inzw. ist mit den Unters. von V. und der anderer Gräberfelder wie Rönnängen, Råby Park, Ängeby und Knivsta (5–8) die bis dahin bestehende zeitliche Lücke innerhalb der Belegungsabfolge während der ält. EZ in Uppland geschlossen. Weil aus den Gräbern von V. die meisten chron. relevanten Funde stammen, besitzt dieser Platz außerdem einen hohen Vergleichswert für die Altersbestimmung der übrigen inzw. zu Hunderten in Uppland bekanntgewordenen Plätze, die Ekholm glaubte, den Taciteischen *Suionen* (→ Svear) zuschreiben zu können (6).

Das Gräberfeld bei V. liegt auf dem Südhang eines N-S verlaufenden Moränenrückens. Im n. Teil kreuzt ein alter Hohlweg das Gräberfeld, an dessen s. Rand der Weg zw. Östuna und Knivsta verläuft. Bei der oben genannten Befundaufnahme von 1926 wurden auf dem 35 × 130 m großen Gräberfeld allein 45 → Bautasteine und 81 Steinpflasterungen verzeichnet. Diese besaßen Dm. zw. 3–10 m und einen äußeren Steinrand, in der Mitte stand zumeist ein Stein. Es wurden auch einige drei-, vier- und rechteckige Steinpflasterungen festgestellt, womit sich die Grabform der Bestattungen als sehr unterschiedlich erweist, was gerade für die Gräberfelder der ält. EZ der Region charakteristisch ist.

Ekholm untersuchte in den J. 1937–1939 insgesamt 23 Gräber in V. (5–7) und ein ähnliches Gräberfeld bei Rönnängen in der gleichen Gem. (7). Im J. 1961 wurde anläßlich einer Straßenverbreiterung ein weiterer Bautastein bei V. untersucht, ohne Zusammenhang mit einem Grab. Die genannten 23 Gräber enthielten ausschließlich Brandbestattungen. Bei einem zunächst als Kenotaph bewerteten Grab könnte es sich urspr. um ein Körpergrab gehandelt haben, der Art, wie sie aus der ält. RKZ auf anderen Plätzen in der Region gefunden worden sind (12).

Fundmaterial ist aus den untersuchten 23 Gräbern verhältnismäßig zahlreich überliefert und setzt sich in erster Linie aus Werkzeugen zusammen. Einige Gräber enthielten kleinere Mengen keramischer Scherben, die nur in einem Falle ein annähernd komplettes Gefäß ergaben, andere bargen Harzdichtungen von Urnen (sog. Urnenharz → Pech).

Zu den Grabausstattungen zählen: Drei Messer, ein halbrundes Messer mit Beschlägen zu einer Messertasche vom Harzefeld-Nerguhrt-Typ (Abb. 36), eine Schere, drei Sicheln, vier Nadeln und drei Pfrieme mit vierkantiger Griffzunge, davon einer mit teilweise erhaltenem Griff aus Bein. Zwei Sicheln gehören zu Form 18 nach Penack (vorröm. EZ und ält. RKZ), eine repräsentiert Form 20 (jüng. vorröm. EZ und ält. RKZ) (11, 27 ff.). Einige Gegenstände wie-

Abb. 36. Messertasche von Valloxsäby. Rekonstruktion von A. Fridell. Nach Ekholm (6, 22 Fig. 22)

sen alte Beschädigungen auf, ähnliche Beobachtungen sind bei anderen Gräberfeldern aus der gleichen Zeit gemacht worden (13). Für die 24 cm lg. Schere mit Wulst und unechten Perlstäben auf den Bügeln gibt es eine Parallele aus einem Grab in Gotland aus dem 1. Jh. n. Chr. (2, Taf. 11, Fig. 171). Ein anderes Grab von V. enthielt ein eisernes Fibelpaar mit falscher Spirale, Martens Phase IIB Lt D1 (9). Zum Fundspektrum zählen außerdem eine eiserne, rechteckige Riemenschnalle und zwei Schnurendenbeschläge aus Eisen bzw. Bronze; ein eiserner Kästchenbeschlag mit Holzresten auf der Rückseite, vermutlich für ein röm. Schloß (5, 28); eine Lanzenspitze der kurzen Form von Ilkjaer, Typ 22, die nach Niklasson (10) der ält. RKZ (Stufe B1) angehört.

(1) O. Almgren, Ett uppländskt gravfält med romerska kärl, Fornvännen 11, 1916, 76–103. (2) Ders., B. Nerman, Die ält. EZ Gotlands, 1914–1923. (3) K. Andersson, I Oskars och Gunnars fotspår – en form av inledning, in: Ders. (Hrsg.), Suionem hinc civitates. Nya undersökningar kring norra Mälardalens äldre järnålder, 1998, 9–18. (4) G. Ekholm, Gravfältet vid Gödåker. En prelimi-när redogörelse, Fornvännen 20, 1925, 326–345. (5) Ders., Ett uppländskt gravfält från La Tène-tiden och andra fornminnen i trakten av Läbyvad, ebd. 33, 1938, 69–99. (6) Ders., V. logbacke. Ett uppländskt gravfält från 1:a århundradet e. Kr., ebd. 34, 1939, 1–34. (7) Ders., Uppländska gravfält från äldre järnåldern. I. Rönnängen, Östuna sn. II. Efterundersökningar å V. logbacke, Östuna sn., ebd. 39, 1944, 83–110. (8) Ders., Uppländska gravfält från äldre järnåldern III. Knivsta stationssamhälle, Knivsta sn., ebd. 41, 1946, 193–215. (9) J. Martens, En halsring med fugleformede endestykker fra Nordre Rør, Østfold. Om betydningen af de zoomorfisk udsmykkede genstande fra afslutningen af den yngre førromerske jernalder, Universitetets Oldsaksamling. Årbok 1999, 39–74. (10) P. Nicklasson, Svärdet ljuger inte. Vapenfynd från äldre järnålder på Sveriges fastland, 1997. (11) J.-J. Penack, Die eisenzeitlichen Erntegeräte im freien Germanien, 1993. (12) J. Wikborg, Skelettgravarna på Bastubacken. Skelettgravskicket i Mälardalen under romersk järnålder, Tor 28, 1996, 105–151. (13) Ders., Bärsärkar och magiskt järn. Om föremålen i de förromerska gravarna vid Holmsmalma. Tidens resenärer, in: L. Karlenby (Hrsg.), Arkeologiska händelser längs vägen mellan Köping och Kolsva, 2005, 141–152.

J. Wikborg

Vallstena. Bildsteine. Der Gotländische Bildstein V. Vallstenarum I (Statens Historiska Mus. 14127) (→ Bilddenkmäler § 6a und Taf. 53) ist um 1874 unweit der Kirche von V. auf einem stark ausgeplünderten Gräberfeld (→ Vallstenarum) von einem Raubgräber unmittelbar unter der Bodenoberfläche gefunden worden. Sowohl an den oberen Ecken als auch im Bereich der Wurzel fehlen Stücke des Steines. Auf der Schauseite sind mehrere Stellen beschädigt, die Bildmotive aber weitgehend unversehrt. Die nunmehr 170 cm hohe, oben max. 80 cm br. und 12–16 cm dicke Kalksteinplatte ist auf der Rückseite unbearbeitet, die Vorderseite hingegen glattgeschliffen (19, 139).

Die Bilddarst. sind flach, bis etwa 0,1 cm tief eingemeißelt. Reste von Bemalung, die auf den Gotländischen Bildsteinen einst einen wesentlichen Teil der Komposition ausgemacht haben dürfte (23), sind auf V. Vallstenarum I nicht nachzuweisen.

Die bebilderte Fläche wird oben und unten von breiten, mit Ornament gefüllten Borten eingerahmt. Ein Rondell mit 56 cm Dm. dominiert die obere Hälfte der Schauseite. Das Rondell beinhaltet ein großes Spiralmuster sowie fünf weitere, kleinere Rondelle mit Rosetten-, Wirbel- und Sternmotiven. Nach den Einfärbungen von Sune → Lindqvist (18, Fig. 16) sind unterhalb des Rondells zwei kleine anthropomorphe, offenbar unbekleidete Figuren zu sehen, die jeweils einen Schild und einen Speer in ihren Händen halten. Die Schilde scheinen mit nicht näher bestimmbaren Wirbelmotiven versehen zu sein. In den Zwickeln über dem Rondell ist jeweils ein Vierbeiner mit zurückgewandtem gehörntem Haupt auszumachen. Weitere Fortsätze im Hals- und Kopfbereich könnten als Mähne oder Zügel zu deuten sein.

Dank einer speziellen, der Kriminalistik entlehnten Methode, die mit Hilfe von flüssig aufgetragenem Latex feinste Ritzlinien sichtbar macht, ist es Karl Hauck 1957 gelungen, weitere Bildelemente zu identifizieren (8). Einige J. später haben auch Arrhenius/Holmqvist zusätzliche Darst.sdetails ermitteln können (2, 188; → Bilddenkmäler Taf. 53). Es handelt sich zum einen um eine Art Kopfputz oder Helm auf dem Haupt der anthropomorphen Figur unten links und um die Verzierung der Schilde. Diese kann nun auf dem linken Schild als Wirbel und auf dem rechten Schild als Spirale oder schlangenartiges Gebilde angesprochen werden. Zum anderen handelt es sich um die Vierbeiner in den Zwickeln, auf denen die schwachen Überreste von Reitern identifiziert wurden. Der Reiter im linken Zwickel scheint einen runden Gegenstand – einen Panzer oder einen Schmuckgegenstand – auf der Brust zu tragen. Die bei Lindqvist als Fortsätze am Hals der Vierbeiner wiedergegebenen Objekte erscheinen in der Lesung von Arrhenius/Holmqvist als längliche Ober- und Unterkiefer. Auch wenn einige der Ergänzungen wie die Konturen des rechten Reiters und der Kopf- bzw. Helmschmuck des linken Infanteristen nur schwer nachzuvollziehen sind, kann der Neueinfärbung weitgehend zugestimmt werden. Insbesondere die linke Reiterfigur ist bei entspr. Beleuchtung zweifelsfrei zu identifizieren.

Auch auf dem Bildstein → Hablingbo Havor I (18, Fig. 18) meinten Arrhenius/Holmqvist die Darst. zweier Vierbeiner ergänzen und Reiterfiguren identifizieren zu können (2, 188). Tatsächlich scheint zumindest das linke Tier mit Zügeln ausgestattet zu sein. Weitere erkennbare Ritzungen könnten als Kopf eines Reiters zu deuten sein. Anhand dieser Beispiele wird deutlich, wie problematisch die Lesung der Gotländischen Bildsteine ist, wie unzureichend ihr Dokumentationsstand und wie wichtig eine Neuunters. des Materials. Ein im Herbst 2003 ins Leben gerufenes Bildsteinprojekt, in dem u. a. moderne Lasertechnik zum Einsatz kommen soll, erscheint vielversprechend (30, 83).

Der Bildstein V. Vallstenarum I ist nach der Einteilung von Lindqvist der Gruppe A zuzuordnen und datiert in die Zeit von 400–600 n. Chr. (18, 28). Form, Beschaffenheit, Fundkontext und die Bildmotive von V. Vallstenarum I sind für die Gruppe A charakteristisch (→ Bilddenkmäler S. 562 f.). Vergleichbare Spiralmuster finden wir etwa auf den Steinen Väskinde Björkome I (18, Fig. 7) und Halla Kyrka (18, Fig. 9). Paarweise auftretende und antithetisch angeordnete Vierbeiner – Pferde oder Boviden bzw. Cerviden – sind ferner auf Hellvi Ire 7 (20, Bild 1), Väskinde Kyrka 5 (21, Bild 4) und Garda Kyrka 3 (24, 37) dargestellt.

Ein weiteres Kriegerpaar neben einem Wirbelmotiv ist nach Lamm auf dem unpublizierten Frg. Väskinde Kyrka 7 zu sehen (24, Nr. 334). Ob die auf dem Bildstein Bro Kyrka I dicht am zentralen Rondell eingeritzten Linien und Kreise wirklich zwei mit Schild und Speer ausgerüstete Krieger darstellen, ist ganz unsicher. Die bei Lindqvist veröffentlichte Zeichnung von Olof Sörling ist in diesem Punkt unvollständig und ungenau (19, Fig. 319). Mit Schild und Speer ausgerüstete Reiter sind auf dem Bildstein Martebo Kyrka I (→ Martebo-Bildsteine) dargestellt (18, Fig. 6).

Weitere Motive der Gruppe A sind Ruderboote (Bro Kyrka I [18, Fig. 11]; Väskinde Björkome I [18, Fig. 7]; Lärbro Kyrka [20, Bild 6]; Sanda Kyrka IV [22, Fig. 2]; Martebo Kyrka II [24, 34 f.]; Stenkyrka Kyrka 46 [→ Bilddenkmäler Taf. 50c]; Hangvar Austers I [18, Fig. 27]) sowie schlangen- und seepferdchenartige Kreaturen (z. B. Hablingbo Havor I und II [18, Fig. 18 und 23]; Bro Kyrka II [18, Fig. 13]).

Die zentralen Rondelle mit ihren Spiral-, Wirbel- und Rosettenmustern werden seit der ält. Forsch. als Sonnensymbole gedeutet (18, 91; 9, 42 ff.; 24, 15. 20. 24). Eine alternative Deutung ergibt sich aus der Tatsache, daß eine in den großen Rondellen häufig dargestellte Wirbelform auch auf dem Schild eines der Krieger von V. Vallstenarum I wiederzufinden ist. Ein möglicher Schluß wäre, daß die zentralen Rondelle bemalte Schilde abbilden, deren Muster auf Familien- oder Stammeszugehörigkeiten verweisen (18, 91; 3, 5). Schildbemalung ist auch arch. nachzuweisen (4).

In den berittenen und unberittenen Kriegern sowie in den Vierbeinerpaaren hat Hauck Dioskuren erkennen wollen, die als Nothelfer in Erscheinung treten (12). Das Vierbeinermotiv ist ferner als Hengstkampf und Pferdeopfer interpretiert worden (9, 66; 14, 12; 5, 247 f. 252). Eine eindeutige Hengstkampf-Szene wird auf dem etwa zeitgleichen Bildstein von → Häggeby in Uppland gezeigt (→ Bilddenkmäler Taf. 54). Das Ruderboot, das auf den Steinen der A-Gruppe im unteren Teil der Bildfläche dargestellt wird, hat man häufig als Totenfahrzeug, das den Verstorbenen in das Totenreich befördert (18, 92; 7, 350) oder aber als Hinweis auf diesseitige Tätigkeit des durch das Denkmal geehrten Toten (→ Bilddenkmäler S. 565 f.) interpretiert. Gjessing deutet Boot, Wirbel und Vierbeiner vor dem Hintergrund der bronzezeitlichen Überlieferung und ordnet sie einem alten Sonnenglauben zu (9, 66).

Den Ursprung der frühesten Gotländischen Bildsteine vermutete Lindqvist in prov.-röm., v. a. span. Grabsteinen (18, 91 ff.). Holmqvist leitet die Bildmotive von der röm. Kunst ab und verweist insbesondere auf frühchristl. Mosaike (14; → Bilddenkmäler S. 562. 565). Auch einheimische Wurzeln hat man zu rekonstruieren versucht. So führt Romdahl die Form der Steine auf bronzezeitliche Äxte zurück (27). Eine auffallende Parallele zur Motivkomposition von V. Vallstenarum I stammt vom schwed. Festland: Auf dem Steinfrg. von Träkvista in Uppland ist neben dem Überrest eines großen Wirbelmotives ein Krieger mit Schild und Speer zu sehen (28, Fig. 1–2).

Es ist häufig erwogen worden, daß die figürlichen Darst. auf den Gotländischen Bildsteinen der A-Gruppe mythol. Sinngehalt transportieren. Daß dieser Sinngehalt mit Hilfe der anord. Schriftüberlieferung erhellt werden kann, darf trotz des großen zeitlichen Abstandes der Qu. keinesfalls ausgeschlossen werden. Wie Haucks langjährige und umfangreiche Stud. zu den nord. → Goldbrakteaten gezeigt haben, sind insbesondere die *Edda*-Texte eine durchaus geeignete Grundlage für die Entschlüsselung völkerwanderungszeitlicher Bildchiffren und -programme.

Die Bildkomposition des 330 cm hohen Riesensteines Sanda Kyrka IV (→ Bilddenkmäler Taf. 50a) ist wiederholt mit der anord. Kosmologie in Verbindung gebracht worden (6, 36 ff.; 13, 536 ff.; 7, 342 ff.; 1, 82 ff. 94 ff.; 29, 48). Unterhalb eines großen Rondells in der oberen Hälfte der Bildfläche sind zwei Schlangen positioniert, deren Leiber zwei weitere, kleinere Rondelle umschließen. Ähnliche Darst. sind auf Martebo Kyrka I (18, Fig. 6) und Bro Kyrka II (18, Fig. 13) festgehalten. Eine vergleichbare Schlange findet sich auf dem Goldbrakteat Lyngby-B (IK 161) aus dem 5. Jh. Als Uroboros rahmt sie hier das gleiche Knotenmotiv kreisförmig ein, das auch auf dem Bildstein Hablingbo Havor II (18, Fig. 23) dargestellt ist. Diese Figuren dürften mit der Vorstellung von der Weltenschlange, die im Meer liegt und die Erde umgibt, zu verknüpfen sein. Die ältesten liter. Belege für die das Weltmeer umgürtende Midgardschlange (→ Miðgarðr und Útgarðr) verdanken wir Skaldengedichten des 9. und 10. Jh.s, insbesondere der → *Ragnarsdrápa* des Bragi enn gamli Boddason (15, 428).

Auf dem Bildstein När Smiss III ist eine breitbeinig hockende Gestalt mit je einer Schlange in der Hand dargestellt (→ Bilddenkmäler Taf. 50b). Sie ist mit Daniel in der Löwengrube in Verbindung gebracht und als Magier, Schlangenhexe, Magna Mater oder als der kelt. Gott Cernunnos gedeutet worden (17 mit Zusammenfassung der bisherigen Deutungen). Hauck sieht in der Figur Odin als Heilgott im Schlangengeleit, als zaubermächtigen Schamanen und Kriegsherr bzw. als Seelenführer und Gott der Regenerationsekstase (10, 267; 11, 202; 13, 547. 556). Eine Reihe vergleichbarer Darst. stammt aus der VWZ bis WZ (25, 74 ff. Abb. 244–254). Die Nähe des Tiermaules (bzw. des Schnabels) zum Kopf der anthropomorphen Figur wird nicht nur bei den Odinsdarst. der Goldbrakteaten (z. B. IK 15, 59, 77, 105; 16), sondern offenbar auch auf dem spätwikingerzeitlichen Runenstein von Aspö (Sö 175) (→ Runen und Runendenkmäler Abb. 62) hergestellt, um eine Wissensvermittlung, eine Kommunikation zw. Gott und Tier wiederzugeben.

Der Bildstein von Hangvar Austers I (18, Fig. 27) zeigt nach Lindqvist über einem zentralen Rondell eine einfache anthropomorphe Figur, die waffenlos gegen eine tausendfüßlerähnliche Kreatur antritt. Das gleiche Ungetüm findet man auch auf Martebo Kyrka 2 (24, 34 f.). Die bereits erwähnten, von Hauck im Zuge eines Colloquiums des Max-Planck-Inst.s für Gesch. in Göttingen vorgestellten Unters. ließen jedoch weitere Ritzungen sichtbar werden (8). Das wurmartige Untier verfügt über ein Vorderbein, spitze Zähne und eine gebleckte Zunge (vgl. Hellvi Ire IV [18, Fig 207]), die es seinem Gegenüber entgegenstreckt. Der Mann, der sich dem Ungeheuer stellt, hält eine Axt in der Hand. Mit der anderen Hand hält er einen Riemen, mit dem das Tier am Hals gefesselt ist. Die von Hauck mit Hilfe von Latexabgüssen nachgewiesenen Details sind auch bei entspr. Ausleuchtung weitgehend erkennbar. Die Axt, die gebleckte Zunge und die Halsfessel verbinden die Darst. mit einer Gruppe von vendelzeitlichen und wikingerzeitlichen Denkmälern, die mit dem mythol. Motiv vom gefesselten Ungeheuer verknüpft sind (26). Die Zuweisung der Szene zur Sigurdüberlieferung ist unglücklich (24, 30).

V. Vallstenarum II. Ein 47 cm hohes und 43,5 cm br. Frg. eines weiteren Bildsteines aus V. ist 1907 in den Fornsal in Visby verbracht worden. Es handelt sich um die Kopfpartie eines Steines der Gruppe A. Nur Teile der Einrahmung und ein zentrales Rondell mit einem Rosettenmuster sind erhalten geblieben (22, 17, Bild 8).

V. Kyrka. Zu den zw. 1976 und 1979 gemachten Neufunden Gotländischer Bildsteine gehören auch drei Frg., die in der Kirche von V., in der untersten Stufe vor dem Altar entdeckt wurden. Nur die Überreste eines karierten Segels sind noch auszumachen. Der Stein kann daher nur grob dem 8.–11. Jh. zugewiesen werden (24, Nr. 394).

(1) S. Althaus, Die Gotländischen Bildsteine: Ein Programm, 1993. (2) B. Arrhenius, W. Holmqvist, En bildsten revideras, Fornvännen 55, 1960,

173–192. (3) B. Böttger-Niedenzu, Darst. auf gotländischen Bildsteinen, v. a. des Typs C und D, und die Frage ihres Zusammenhangs mit Stoffen der anord. Lit. Hausarbeit zur Erlangung des Magister Grades an der Ludwig-Maximilian-Univ. München, 1982. (4) T. Capelle, Zu den bemalten Schilden der Germ., in: Sprache und Recht. Beitr. zur Kulturgesch. des MAs (Festschr. R. Schmidt-Wiegand), 1986, 80–87. (5) D. Ellmers, Zur Ikonographie Nord. Goldbrakteaten, Jb. RGZM 17, 1970 (1972), 201–284. (6) Ders., Relig. Vorstellungen der Germ. im Bildprogramm gotländischer Bildsteine und der Ostkrypta des Bremer Domes, Jb. der Wittheit zu Bremen 25, 1981, 31–54. (7) Ders., Schiffsdarst. auf skand. Grabsteinen, in: H. Roth (Hrsg.), Zum Problem der Deutung frühma. Bildinhalte. Akten des 1. Internationalen Kolloquiums in Marburg a.d. Lahn, 1986, 341–372. (8) A. Gauert, Colloquium des Max-Planck-Inst.s für Gesch. in Göttingen über die von Karl Hauck, Erlangen, im Rahmen seiner Forsch. zur unschriftlichen Laienkultur des frühen MAs durchgeführten Unters. arch. Fein- und Restbefunde, Mitt. aus der Max-Planck-Ges. zur Förderung der Wiss., 1958, 114–117. (9) G. Gjessing, Hesten i førhistorisk kunst und kultus, Viking 7, 1943, 5–143. (10) K. Hauck, Die Veränderung der Missionsgesch. durch die Entdeckung der Ikonologie der germ. Bilddenkmäler, erhellt am Beispiel der Propagierung der Kampfhilfen des Mars-Wodan in Alt-Uppsala im 7. Jh. Zur Ikonologie der Goldbrakteaten XX, Westfalen 58, 1980, 227–307. (11) Ders., Germania-Texte im Spiegel von Bildzeugnissen des Nordens. Zur Ikonologie der Goldbrakteaten XXIV, in: Romanitas-Christianitas. Unters. zur Gesch. und Lit. der RKZ (Festschr. J. Straub), 1982, 175–216. (12) Ders., Dioskuren in Bildzeugnissen des Nordens vom 5. bis zum 7. Jh. Zur Ikonologie der Goldbrakteaten XXVIII, Jb. RGZM 30, 1983, 435–464. (13) Ders., Text und Bild in einer oralen Kultur. Antworten auf die zeugniskritische Frage nach der Erreichbarkeit mündlicher Überlieferung im frühen MA. Zur Ikonologie der Goldbrakteaten XXV, Frühma. Stud. 17, 1983, 510–599. (14) W. Holmqvist, De äldsta Gotländska bildstenarna och deras motivkrets, Fornvännen 47, 1952, 1–20. (15) W. Heizmann, Midgardschlange, in: U. Müller, W. Wunderlich (Hrsg.), Dämonen, Monster, Fabelwesen. Ma. Mythen 2, 1999, 413–438. (16) Ders., Bildchiffren und Runen von Kommunikationsformen und Heilverfahren auf goldenen C-Brakteaten, in: Kontinuitäten und Brüche in der Religionsgesch. (Festschr. A. Hultgård), 2001, 326–351. (17) L. Hermodsson, En invandrad gud? Kring en märklig gotländsk bildsten, Fornvännen 95, 2000, 109–118. (18) S. Lindqvist, Gotlands Bildsteine 1, 1941. (19) Ders., Gotlands Bildsteine 2, 1942. (20) Ders., Tre nyfunna bildstenar, Gotländskt arkiv 27, 1955, 41–52. (21) Ders., Bildstensfynd vid kyrkorestaureringar, ebd. 28, 1956, 19–30. (22) Ders., Jättestenen från Sanda och andra nyfunna bildstenar, ebd. 34, 1962, 7–22. (23) E. Nylén, Färg i forntiden, ebd. 32, 1960, 67–71. (24) E. Nylén, J. P. Lamm, Bildstenar, ³2003. (25) S. Oehrl, Zur Deutung anthropomorpher und theriomorpher Bilddarst. auf den spätwikingerzeitlichen Runensteinen Schwedens, 2006. (26) Ders., „Das große Tier" – Zur Deutung eines spätwikingerzeitlichen Bildmotivs, in: A. Heitmann, W. Heizmann (Hrsg.), Tiere in der skand. Lit. und Kulturgesch., 2007 (im Druck). (27) A. L. Romdahl, Bildstenar och yxor, Fornvännen 41, 1946, 1–10. (28) S. Rydh, Bildstenen från Träkvista på Ekerö, Tor 15, 1972–1973, 103–109. (29) G. Westholm, Att välja himmel. Vikingarnas relig., Gotländskt arkiv 76, 2004, 46–56. (30) P. Widerström, J. Norderäng, Vikingtida bildstenar – några exempel på nya fund, ebd. 76, 2004, 82–89.

S. Oehrl

Zum Namenkundlichen → Vallstena, Bd. 32

Valsgärde

§ 1: Background – § 2: Cemetery – § 3: Settlement

§ 1. Background. V. is situated in central Uppland, Sweden, about 6 km from the centre of Uppsala. The River Fyrisån, the major watercourse in the Uppsala region, flows next to the site. After the discovery of boat burials in 1928, excavations were initiated, these ending in 1952 (9). Over 90 graves were excavated. These can be broken down as follows: 15 boat burials (→ Bootgrab), 15 chamber graves and inhumations, at least 62 cremation burials. Excavations at the site were resumed in 1994, though the emphasis was now focussed upon the settlement site discovered in the 1950s. In contrast to many other places with similar graves and settlement sites, such as → Ultuna, → Vendel and → Gamla Uppsala, the historical V. is relatively insignificant (6). However, the place is situated by a ford and thus has a strategic location.

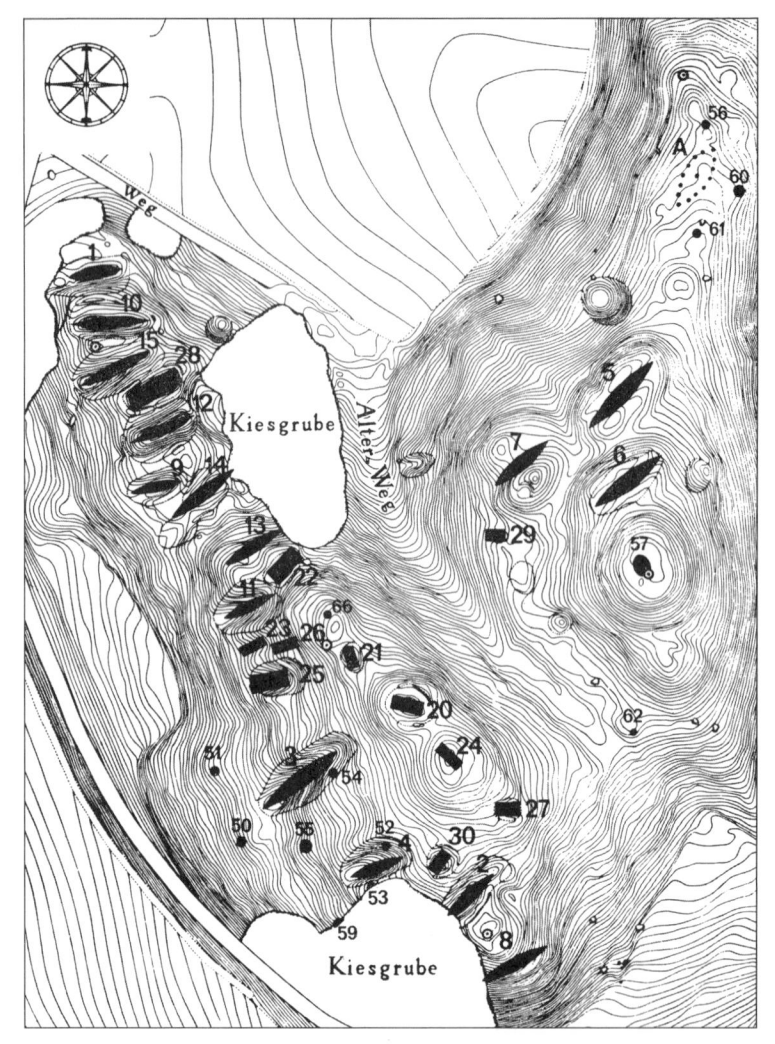

Abb. 37. Valsgärde, Hügel 7 mit Höhenschichtlinien und Grabpositionen. Symbole: Boote = Bootgräber; Rechtecke = Kammer- bzw. Kistengräber; gefüllte Kreise = Brandgräber; Punktkreise = Meßpunkte. Nach Arwidsson (3, innere Umschlagseite)

§ 2. Cemetery. The V. cemetery stands on a hill or rather on a low part of the Uppsala ridge which runs parallel to the Fyrisån. The cemetery is bisected by the combination of a gully and an ancient track running through the hill (Abb. 37).

The earliest burials have been dated to the pre-Roman Iron Age. At least four inhumations and probably also cremation burials can be assigned to this period. All these burials are related to a large cairn or stone setting on which the Vendel period grave 57 (10) was subsequently sited. A series of chamber graves, all of which have been plundered to a greater or lesser extent, begins in the late Roman Iron Age. Cremation burials from this period are insignificant in number. In the early Vendel period, a phase of expansion begins. During this period, cremation burials belonging to the

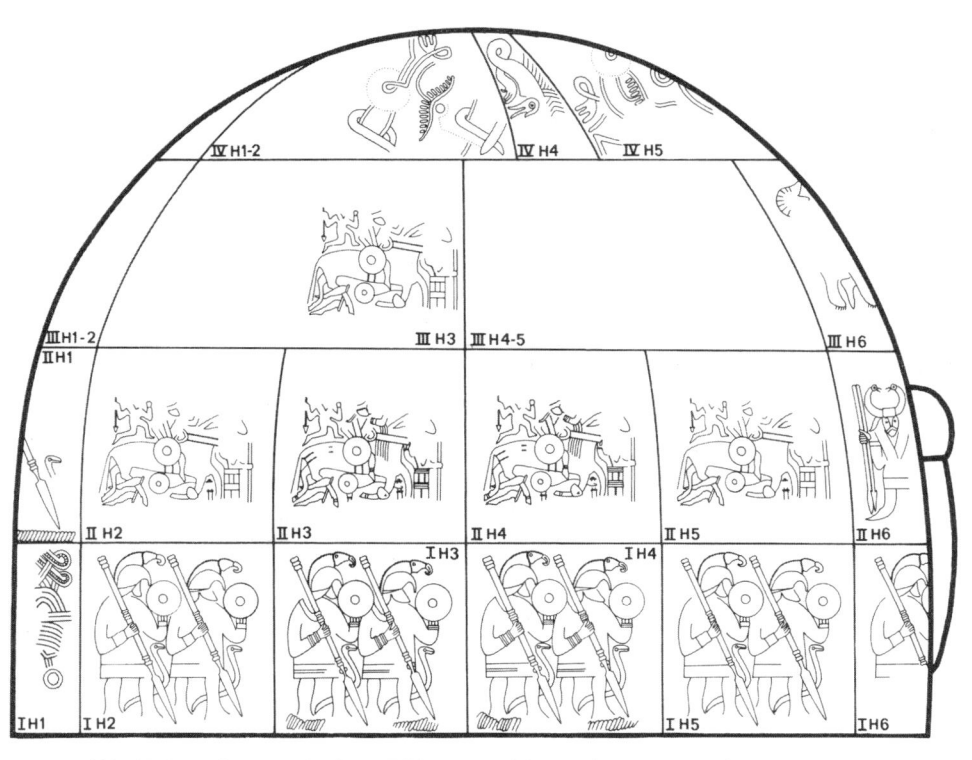

Abb. 38. Verteilung verschiedener Bildmotive auf dem Helm von Valsgärde 7 (rechte Seite). Nach Arwidsson (3, Abb. 25)

same layer spread over most of the cemetery. There are clear indications that different families or social groups used different parts of the cemetery. The first of the boat burials, V. 8, belongs to the late 6th or 7th century. It has been dated to the same phase as chamber grave 29. In addition, at least 25 cremation burials and four more boat burials have been assigned to this period. Each boat burial contains a complete set of weapons, horse harnesses, kitchen utensils, glass vessels, board games and a far higher number of animal remains than have been found in the normal graves (see e. g. V. 7: Taf. 11; Abb. 38 and 39).

In the 9th century, there is a clear shift in the structure of the cemetery. All of the Viking period graves seem to be placed in the western part of the cemetery. In the late Viking period, there are more boat burials than in the earlier period. Inhumation or chamber graves reappear in the latest phase, which covers the 11th and perhaps even the 12th century, and reflect the advent of Christianization. They are initially placed in a SW direction, but later in a NW direction. Between the 6th and 11th or 12th century, the status of the cemetery changes from being the burial place for a number of families to that of a small and exclusive aristocratic group (→ Fürstengräber).

The cemetery at V. is important, since hardly any of the boat burials have been plundered or damaged unlike those at such sites as → Vendel, → Ultuna, Tuna i Alsike (→ Tuna § 1), → Augerum and → Årby. In addition, the V. cemetery has been almost completely excavated and has suffered less damage than other cemeteries.

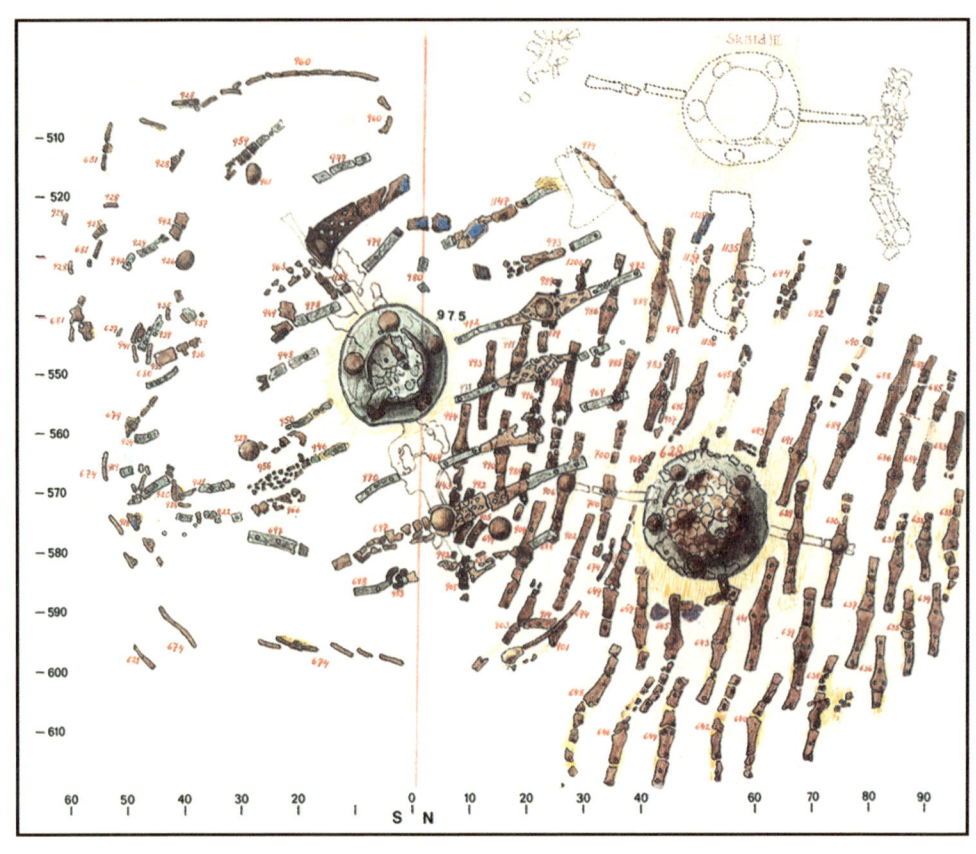

Abb. 39. Valsgärde, Hügel 7. Schilde I und II. Vermessungszeichnung von A. Fridell.
Nach Arwidsson (3, Taf. D)

No other place in central Sweden has more excavated aristocratic burials. They range in date from at least the 4th or the 5th century to the 11th. In contrast to the Vendel period boat burials, all the early chamber burials have been plundered. Major differences between Vendel and Viking period boat graves are that the latter contain fewer animals, no helmets or armour and only one weapon of each type. All the boat burials are probably male burials. Among the cremation burials, female graves predominate, although a sizeable proportion is male. The status of the cremation burials varies considerably. There are some female high status burials. Grave 66 stands out, since it is a Viking Age male cremation boat burial with fragmentary luxury articles as grave goods. A glass vessel and 31 litres of burnt bones give it a character different to that of the other Viking Age boat burials in V.

So far (2006), six boat burials (1–3; 7; 8; 16), one chamber grave (19), and a few cremation burials have been published (10; 17). Summaries on the boat burials have been presented inter alia by Arwidsson and by Schönbäck/Thunmark Nylén (4; 5; 13; 18; 11). Summaries describing the cremation burials exist in manuscript (12).

§ 3. Settlement. The settlement has been estimated to cover more than 10 000 m². This area is geographically dominated by a hill on which a large hall had been erected. Remains of an intensively used settlement area have been discovered west and north-west of this house. At the time of writing, the boundaries of this settlement to the north and west have been delineated. It is likely that additional settlement remains will be found in the surrounding area. In the excavated area, the remains of two houses have been investigated. This first is a three aisled building and the second a pit dwelling. Both have been 14C-dated to the 7th century. Metal detector surveys have resulted in finds from the Vendel and Viking periods (14; 15).

The evidence of the settlement material reveals V. to have been an aristocratic residence with a hall placed on an elevated site with surrounding farm buildings. In addition, some remains of specialized metal-working have been discovered. An interesting project for the future is to determine whether an aristocratic farmstead existed on the site for the entire duration of the period in which the cemetery was used for aristocratic burials.

(1) G. Arwidsson, V. 6. Die Gräberfunde von V. 1, 1942. (2) Idem, V. 8, Die Gräberfunde von V. 2, 1954. (3) Idem, V. 7, Die Gräberfunde von V. 3, 1977. (4) Idem, Båtgravarna i V., in: B. Ambrosiani at al., Vendeltid, 1980, 45–64. (5) Idem, V., in: J. P. Lamm, H.-Ä. Nordström (Ed.), Vendel Period Studies. Transactions of the Boat-Grave symp., 1983. (6) G. Dahlbäck et al., Det medeltida Sverige, I/2. Tiundaland: Ulleråker, Vaksala, Uppsala stad, 1984, 203. (7) M. Dyfverman, Båtgraven nr 2 vid V., Gamla Uppsala, Rig 12, 1929, 170–179. (8) A. Fridell, Den första båtgraven vid V. i Gamla Uppsala socken, Fornvännen 25, 1930, 217–237. (9) S. Lindqvist, V. gravbacke, Rig 12, 1929, 163–169. (10) Idem, En förnäm kvinnas grav på V. gravbacke, Finska fornminnesföreningens tidskr. 40, 1934. (11) J. Ljungkvist, En hiar atti rikR, 2006, 70–73, 150–154. (12) Idem, V. grave field. Cremation burials and chron., (manuscript). (13) A. Lundström, Gravgåvorna i V., in: cf. [4], 65–74. (14) S. Norr, A. Sundkvist, V. revisited. Fieldwork resumed after 40 years, Tor 27, 1995, 395–417. (15) Idem, Boplatsundersökningarna i V. 1994–1996. Rapport från utgrävningarna i V., Svealand i vendel- och vikingatid, 1997. (16) R. Oden-krants, Båtgraven nr 4 vid V., Upplands fornminnesförenings tidskr. 43:2, 1933, 225–239. (17) B. Schönbäck, A grafwae bakkae, Tor 3, 1957, 133–147. (18) Idem, L. Thunmark-Nylén, De vikingatida båtgravarna i V.- relativ kronologi, Fornvännen 97, 2002, 1–8. (19) A.-M. Tjernberg, V. 20, Tor 1, 1948, 49–64.

J. Ljungkvist

Zum Namenkundlichen → Valsgärde, Bd. 32

Vampirismus

§ 1: Grundzüge – § 2: Überlieferung: Antike und Mittelalter – § 3: Neuzeitlicher Volksglaube – § 4: Entstehung und Abwehr von Vampiren

§ 1. Grundzüge. Ein Vampir ist ein zurückkehrender Toter, der seine Grabstätte verläßt, um an Lebenden Blut zu saugen, aber auch Vieh zu schädigen. Er ist weder ein Gespenst noch ein Dämon (→ Dämonen), sondern ein wandelnder → Lebender Leichnam und daher fleischlich, zudem immer auch ein Individuum.

Der v. a. im Balkan faßbare volkstümliche Vampirglaube basiert auf einer großen Variationsbreite von unterschiedlichen Einzelzügen, die von den verschiedenen Völkerschaften des Balkanraumes im Zuge ihrer Besiedlung und Wanderung ausgebildet und weitergeben wurden. Daher kann man davon ausgehen, daß Nachbarschaft bei den urspr. verschiedenen Traditionen zu Kontaminationen und Kombinationen mit bereits vorgefundenen Vorstellungen von Geistern und Dämonen geführt hat.

Der Vampir als wandelnder Toter gehört zum Komplex der → Wiedergänger, da auch beim Vampir die Problematik der gestörten Bestattung zu seiner Entstehung geführt hat (12; 12a; 15; 6; 30, 90 ff.; 5, 374 ff.; 10; 11). Oft sind es die bösartigen Toten, die in ihrer Gier nach Leben oder nach weiterem Verbundensein mit den Angehörigen umgehen. Die ant. Gleichsetzung – Blut = Leben – tritt auch hier in der Vorstellung zutage, der Tote sauge den Lebenden das Blut aus, indem er in körperlicher Form zurückkehre und sich auf die Schlafenden lege. Allerdings wird noch nicht von einem tatsächlichen Beißen der Opfer gesprochen. Daß es sich hier also eher um ein ‚metaphorisches' Saugen handelt, bezeugt, daß der Tote die Lebenden auch aus der Ferne nachziehen kann (→ Nachzehrer) indem er ihnen vom Grab aus auf nichterklärte, aber zu der Zeit als möglich angenommene, geheimnisvolle Art die Lebenskraft auszehrt (12; 25, 170; 39). Daß diese Vorstellung in Zusammenhang mit der Partizipation bzw. dem Sympathieglauben steht, wird dadurch belegt, daß der Tote, wenn er an seinen eigenen Gliedern und Kleidern zog, die immer noch mit ihm verbunden gedachten Verwandten mitnahm. Bes. droht diese Gefahr, sobald die Lebenden sich in die Gewalt des Toten begeben, indem sie sich etwas von dessen Besitz aneignen oder umgekehrt dem Toten etwas von ihrem Eigentum (→ Grabbeigabe) überlassen (27, 168 f.). Dafür lassen sich ab dem 14. Jh. auf slaw.-dt. Gebiet Belege finden. Luther führt das Phänomen in seinen Tischreden bereits als Einbildung (32).

§ 2. Überlieferung: Antike und Mittelalter. Der in der Ant. weiblich gedachte Saugegeist, die Lamia, soll durch Aussaugen des Blutes und Verschlingen des Herzens den Menschen die Lebenskraft genommen und Krankheit und Tod verbreitet haben; in späterer Zeit wandelt sie sich zum Kinderschreck. Die mythol. Lamia, Geliebte des Zeus, hat mit diesem Kinder, die sie im durch Hera bewirkten Wahnsinn tötet. In ihrem Leid raubt sie Kinder und frißt diese (13).

Aus Indien sind die Abenteuer des legendären Kg.s Vikram mit einem Vampir überliefert. Die in eine Rahmenhandlung eingebundenen 25 Erzählungen *Vetala Panchvimshati* oder *Baital Pachisi* handeln von einem Vetal oder Dämon, der Leichname beleben kann, wobei beobachtet wird, wie er kopfüber wie eine Fledermaus an einem Baum hängt (vgl. 48). Die indischen Veden kennen bereits die Gandharven, blutgierige, faunartige Buhlgeister, welche die Frauen im Schlaf heimsuchten, um ihr Blut zu trinken. Gegen jene existieren tatsächlich Bannflüche, womit bewiesen ist, daß es sich bei den Gandharven um eine beängstigende, geglaubte Realität gehandelt hat (45).

Im germ.-dt. Raum treibt ein Naturgeist mit analogen Zügen sein Unwesen, der schon relativ früh in Zusammenhang mit der Hexenvorstellung steht (37). Der Alp (*Percht* oder *Trud*) vergreift sich an Schlafenden, würgt sie und saugt sogar deren Blut (19; 9; 34; 4, 227 ff.). Urspr. ein Naturgeist, wandelt sich die Trud bald zum alten Weib: *So sprichet maniger tummer leib/ die trutte sei ain altes weib/ Und chumme die leute saugen* (v. 7706–7708), wußte der Südtiroler Vintler, der in seinem didaktischen Werk „Die pluomen der tugent" lange Aberglaubenslisten führt (36).

Die bereits erwähnten → Nachzehrer verließen ihr Grab in der Regel nicht, sondern veranlaßten von dort aus, eben durch ihr Zehren und ‚Schmatzen', mehrfaches, oft epidemisches Sterben. Bezüge zur Zauberei sind bei den meisten Wiedergängerfällen als evident anzusetzen, wie auch der erste Zaubereifall im schlesischen Raum, der Fall der ‚Hexe' von Lewin, belegt. Bei der Bestattung wurde z. B. separate Beerdigung von Kopf und Körper angewandt; was aber nicht immer genügte, weshalb man vielfach auch zur Verbrennung schritt (17).

Als eigtl. Vampire sind nur jene → Wiedergänger zu bezeichnen, die tatsächlich den Lebenden das Blut aussaugen. Die dt. Bezeichnungen ‚Gier', ‚Gierhals', ‚Gierrach' stehen für den auf dt. Boden seltenen Vampir und sind hauptsächlich in ehemals slaw. Gebieten zu finden, so daß man mit einer Übertragung rechnen muß.

Dieses die explizite Form des Vampirmythos konstituierende Motiv war im MA und in der frühen Neuzeit nur als Einzelmotiv und in völlig anderer Funktion kontextualisiert worden und bezog sich nicht auf bösartige Unholde. Diese Auszeichnung dürfen die gleich mehrfach auftretenden Monster in ‚Der Stricker: „Daniel von dem blühenden Tale"' zu Recht in Anspruch nehmen (40, V. 1874 ff.). Das bauchlose Ungeheuer besitzt weder Abdomen noch Genitalien, dafür aber einen riesigen Kopf und ein enormes Maul, ist also ein Kopffüßer, dessen Extremitäten direkt am Kopf angewachsen sind, und es bedient sich zudem eines Gorgonenhauptes, dessen Blick niemand standhalten kann. Das Wesen lebt ausschließlich vom Blut seiner Opfer. Der zweite Unhold, ein kranker, kahlköpfiger Mann mit hypnotischem Blick und einer Sirenenstimme, läßt in regelmäßigen Abständen die Kehlen von einer großen Anzahl von Männern durchtrennen und diese ausbluten, damit er in deren Blut baden kann. Wichtiger für unseren Zusammenhang ist das bauchlose Ungeheuer mit seinem Gorgonenhaupt. Woher ‚Der Stricker' dieses Ungeheuer ‚bezog', ist ungeklärt, allerdings kann Lecouteux überzeugende Hinweise beibringen (29).

§ 3. Neuzeitlicher Volksglaube. Von seiner äußeren Gestalt her entspricht der Vampir dem Verstorbenen, der Leichnam ist unversehrt beweglich und in gutem Zustand, oft aufgequollen. Hinsichtlich der physischen Details des Leichnams gibt es allerdings unterschiedliche Auffassungen, so sprechen Rumänen und Albaner vom Leichnam, so wie er im Leben war, während die Südslawen von einem Körper ohne Knochen ausgehen und sich eine (vom Teufel ausgefüllte) Haut vorstellen, die sich mit Blut auffüllt. Obwohl der Vampir meist in menschlicher Gestalt gedacht ist, besitzt er die Fähigkeit der → Verwandlung, wobei der Glaube an die Frei-Seele eine Rolle zu spielen scheint, denn seine Seele kann sich temporär vom Körper lösen und jede beliebige Gestalt annehmen und diese auch nach Bedarf vergrößern oder verkleinern (→ Seelenvorstellungen; 31, 222 ff.). Kommen bei den Tieren ebenso wie in der Hexenvorstellung alle außer den sog. christl. Symboltieren vor, so ist die bes. in der filmischen Darst. verwendet Fledermaus keine urspr. Form der Vampirverwandlung; diese kam erst mit der Entdeckung und Erforschung der mittel- und südamerikanischen blutsaugenden Fledermäuse im 19. Jh. v. a. in der liter. Verarbeitung zum Tragen (35). Bes. bemerkenswert die Fähigkeit des Vampirs niedrigere Lebewesen, aber auch Gegenstände, nach seinem Willen zu beeinflussen, ebenso das Wetter und die Ernte. Er besitzt außergewöhnliche Körperkraft und einen hypnotischen Blick. In Rumänien unterscheidet man zw. lebenden und toten Vampiren; die toten sind solche, die erst nach dem Tod des betreffenden Menschen zum Vampir werden. Die lebenden sind solche, die u. U. schon bei Geburt prädestiniert sind und die man auch an bestimmten Merkmalen erkannte (25, 32 f.). Der Übertragungsmechanismus durch einen Biß scheint liter. und nicht durch den Volksglauben belegt.

Die Etym. des Wortes *Vampir* bleibt trotz zahlreicher Versuche der Sprachwissenschaftler umstritten. Das Wort *Vampir* fächert sich in eine große Zahl von mdal. Var., wobei in den Einzelsprachen *Vampir* einen Oberbegriff wie z. B. im Rumän., aber auch in zahllosen Ableitungen Facetten der Vampirgestalt bezeichnen kann (25, 68 ff.; 49). Zwei Erklärungsmodelle gibt es: innerslaw. Entwicklung oder Entlehnung aus den Turksprachen. Die slaw. Erklärung konzentrierte sich auf die zweite Silbe des Wortes *-pir* und konstruierte ein Zusammenhang mit *pero* ‚fliegen', was überdies eine direkte Verbindung zur urslaw. Bezeichnung für Fledermaus aufwies; dies wird allerdings durch die neuslaw. Bezeichnung nicht gestützt. Die Entlehnung aus den Turksprachen *ubyr* ‚Hexe' geht auf eine ält. Verbalform *op-* ‚fressen, verschlingen' zurück und hat vom Semant. her höhere Plausibilität als die innerslaw. (25, 71).

§ 4. Entstehung und Abwehr von Vampiren. Bereits zu Beginn eines Lebens besteht die Gefahr, daß ein Neugeborenes zum Vampir wird. Jede Auffälligkeit des Körpers oder des Verhaltens kann als Zeichen des zukünftigen Vampirtums gewertet werden, wie ein eigentümlicher Leberfleck oder angeborene Zähne oder ein schwanzartiger Rückgratfortsatz; dies gilt ebenso für kahl oder mit roten Haaren, blauen Augen etc. Geborene. Der schon in der Ant. wichtige Glaube an die Glückshaube kann als Zeichen gewertet werden, auch der besondere Tag der Geburt u. a. m.

Ebenso wichtig sind die Umstände des Todes und die ordnungsgemäß ausgeführten Begräbnisriten. Allerdings spielen nicht nur Eintritt und Ausgang ins und aus dem Leben eine Rolle, sondern auch die Lebensführung. Ein moralisch verwerflicher Mensch, ein Übeltäter, sozialer Abweichler kann zum Vampir werden, daher auch Hexen und Zauberer.

Um einen Vampir abzuwehren, gibt es eine Vielzahl von prophylaktischen und ebenso aktiven Abwehrmaßnahmen. Die prophylaktische Abwehr soll verhindern, daß ein Verstorbener durch die Schuld der Angehörigen zu einem Wiedergänger wird. Daher sind diese Maßnahmen mit den Begräbnisritualen verknüpft (→ Grab und Grabbrauch); aber nicht nur mit diesen, sondern es muß auch der Tote bewacht werden, damit kein Tier über ihn oder sein Grab springt. Auch zu heftige Trauer kann ihn herbeirufen. Ebenfalls muß der Körper des Toten entspr. behandelt werden: die Augen stets geschlossen, der Mund ebenso, der auch mit Knoblauch oder anderem verbunden wird. Bes. umfassende Maßnahmen sind bei einem Toten erforderlich, bei dem von vornherein der Verdacht besteht, er könne zum Vampir werden. Bei diesem werden fesselnde Maßnahmen angewandt, den Körper selbst, aber auch den Sarg betreffend. Da man von einer Fortbewegung ausgeht, gehören hierzu das Zerschneiden der Sehnen oder das Pflanzen eines Baumes auf dem Grab, der mit seinen Wurzeln den Vampir festhält, ebenso die Verletzung des Leichnams am Bauch oder Rücken mit einem Nagel oder aber das Beschweren mit Steinen. Diese Bannriten, die in rechtshist., volkskundlichen und med. Abhandl. erwähnt werden, wurden vielfach mit arch. Grabfunden in Verbindung gebracht wie auch gestützt durch Ausgr. (41, 105 ff.).

Das gehäufte Auftreten von angeblichen Vampirfällen im Habsburgerreich des 18. Jh.s führte zu einer Unters. durch Militärärzte und ließ die Thematik zuerst in die med. Fachlit. und in der Folge in die Lit. Eingang finden (21; 22; 25; 26; 36). Der Vampirglaube diente auch als Erklärungsmodell für gesellschaftlich-soziale Anomalien (25, 175 ff.). Die Verbindung des Vampirs zum rumän. Fürsten Vlad Tepes zog erst Bram Stoker mit seinem erfolgreichen Roman. Als fiktiver Held bzw. Antiheld von Lit. und Film ist die Gestalt des Vampirs bis in die Jetztzeit präsent (35).

(1) P. Barber, Vampires, Burial, and Death, 1988. (2) J. Bertschik, C. Tuczay (Hrsg.), Poet. Wiedergänger. Dt.sprachige V.-Diskurse vom MA bis zur Gegenwart, 2005. (3) H. Birkhan, Daniel von dem blühenden Tal vom Stricker. Aus dem Mhd. übertragen mit einer Einf. und Anm., 1992. (4) W. de Blécourt, Bedding the Nightmare: Somatic Experience and Narrative Meaning in Dutch and Flemish Legend Texts, Folklore 114, 2003, 227–245. (5) H. Bock, Vampire in der Altmark? Der Glaube an Doppelsauger oder Nachzehrer in der nw. Altmark und im benachbarten Hannoverschen Wendland, in: Ders., Städte – Dörfer – Friedhöfe. Vom Hoch-MA bis zur Neuzeit, 2002, 347–351. (6) E. Boehlich, Die Hexe von Lewin (1345). Ein Beitr. zur Gesch. des V., Glatzer Heimatbl. 14, 1928, 1–16. (7) N. Borrmann, V. oder die Sehnsucht nach Unsterblichkeit, 1998. (8) B. Copper, Der Vampir in Legende, Kunst und Wirklichkeit, 1974. (9) O. Davies, The Nightmare Experience, Sleep Paralysis, and Witchcraft Accusations, Folk-Lore 114, 2003, 181–203. (10) H. R. Ellis [Davidson], The Road to Hel. A study of the conception of the death in Old Norse literature, 1943. (11) H. Feilberg,

The Corpse-Door: A Danish Survival, Folk-Lore 18, 1907, 617–696. (12) P. Geiger, Nachzehrer, in: Handwb. dt. Abergl. VI, 812–823. (12a) Ders., Unverwest, in: ebd. VIII, 1496. (13) H. von Geisau, Lamia, in: Kl. Pauly III, 464 f. (14) R. Grenz, Arch. Vampirbefunde aus dem westslaw. Siedlungsgebiet, Zeitschr. für Ostforsch. 16, 1967, 255–265. (15) G. Grober-Glück, Aufhocker und Aufhocken, in: M. Zender, Atlas der dt. Volkskunde, Erl. zur 4. Lfg, 1966, 127–223 und ebd., Erl. zu den Karten 43–48, 1981, 427–456. (16) D. Harmening, Der Anfang von Dracula. Zur Gesch. von Geschichten, 1983. (17) M. Hellmich, Vampir oder Hingerichteter?, Altschlesien 3, 1930/31, 273–280. (18) S. Hock, Die Vampyrsagen und ihre Verwertung in der dt. Lit., 1900. (19) D. J. Hufford, The Terror that comes in the Night. An Experience-Centered Study of Supernatural Assault Traditions, 1982. (20) Katha Sarit Sagara, or Ocean of the Streams of Story, übs. von C. H. Tawney, 1880. (21) G. Klaniczay, Heilige, Hexen, Vampire. Vom Nutzen des Übernatürlichen, 1991. (22) Ders., Hist. Hintergründe: Der Aufstieg der Vampire im Habsburgerreich des 18. Jh.s, in: [2], 83–113. (23) O. Klaukien, Arch. Beobachtungen zu Kontinuität und Wandel der „Nachzehrer"- und „Vampirvorstellung", 1996. (24) J. Kögler, Die Chroniken der Gft. Glatz, 1. Die Stadt und Pfarrchroniken von Lewin Mittelwalde, Wünschelburg, Neurode, Wilhelmsthal, neu bearb. und hrsg. von D. Pohl, 1992, 73. (25) P. M. Kreuter, Der Vampirglaube in SO-Europa. Stud. zu Genese, Bedeutung und Funktion. Rumänien und der Balkanraum, 2001. (26) Ders., Vom „üblen Geist" zum „Vampir": Die Darst. des Vampirs in den Ber. österr. Militärärzte zw. 1725 und 1756, in: [2], 113–129. (27) N. Kyll, Bestattung der Toten mit dem Gesicht nach unten, Trierer Zeitschr. für Gesch. und Kunst des Trierer Landes und seiner Nachbargebiete 27, 1964, 168–183; hier 168 f. (28) K. Lambrecht, Hexenverfolgung und Zaubereiprozesse in den schlesischen Territorien, 1995, 385. (29) C. Lecouteux, Das bauchlose Ungeheuer, Euphorion 71, 1977, 272–276. (30) Ders., Die Gesch. der Vampire. Metamorphose eines Mythos, 2001. (31) Ders., Gesch. der Gespenster und Wiedergänger im MA, 1987. (32) M. Luther, Tischreden aus verschiedenen Jahren, in: Luther Tischreden. 6, 1921, Nr. 6823. (33) H. Meurer, Der dunkle Mythos. Blut, Sex und Tod: die Faszination des Volksglaubens an Vampyre, 1996. (34) C. Oates, Cheese gives you Nightmares: Old Hags and Heartburn, Folklore 114, 2003, 205–225. (35) S. Pütz, Vampire und ihre Opfer. Der Blutsauger als liter. Motiv, 1992. (36) P. Rohrs, Dissertatio Historico-philosophica de masticatione mortuorum, 1679. (37) M. Rumpf, Luxuria, Frau Welt und Domina Perchta, Fabula 31, 1990, 97–120. (38) M. Scharfe, Wiedergänger. die Lebenden sterben, die Toten leben – Anm. zu einer flüssigen Kultur-Grenze, in: J. Rolshoven (Hrsg.), „Hexen, Wiedergänger, Sans-papiers …" Kulturtheoretische Reflexionen zu den Rändern des sozialen Raumes, 2003 46–90. (39) T. Schürmann, Nachzehrerglauben in Mitteleuropa, 1990. (40) Der Stricker, Daniel von dem Blühenden Tal, hrsg. von G. Rosenhagen, 1894. (41) A. Stülzebach, Vampir- und Wiedergängererscheinungen aus volkskundlicher und arch. Sicht, Concilium medii aevi, 1998, 97–121. (42) M. Stute, Hauptzüge wiss. Erforschung des Aberglaubens und seiner populärwiss. Darst. der Zeit von 1800 bis in die Gegenwart, 1997, 250 ff. (43) A. Summers, The Vampyre in Europe, Neudr. 1980. (44) C. Tuczay, „… swem er den tôt getuot, dem sûgents ûz ddaaz warme bluot". Wiedergänger, Blutsauger und Dracula in dt. Texten. des MAs", in: [2], 61–83. (45) Vikram and The Vampire, übs. von Sir R. R. Burton, 1870. (46) H. Vintler, Die pluemen der tugent des Hans, hrsg. von I. V. Zingerle, 1874. (47) K. Völker, Von denen Vampiren oder Menschensaugern, Neudr. 1997. (48) G. Wiegelmann, Der „lebende Leichnam" im Volksbrauch, Zeitschr. für Volskunde 62, 1966, 161–183. (49) K. M. Wilson, The hist. of the Word ‚Vampire', Journ. of the Hist. of Ideas 46, 1985, 577–583.

Ch. Tuczay

Vasall. Der Begriff *Vasall* < *vassus* (auch *vasallus*) wird allg. vom kelt. **was, gwas* abgeleitet und meint in merow. Zeit – dem lat. Wort *puer* (griech. παῖς) entspr. – zunächst einen unfreien Diener oder → Knecht. Mit diesem Gehalt begegnet der Terminus zuerst in der → *Lex Salica* zw. 507 und 511. Mitunter noch während des 8. Jh.s in diesem Sinn gebraucht, konnte er aber seit dem 7. Jh. auch sich in Abhängigkeit befindende → Freie *(ingenui in obsequio)* bezeichnen. In dieser Bedeutung begegnet das Wort zuerst in der *Lex Alamannorum* (→ Leges Alamannorum) und in der → *Lex Baiuvariorum*. Seinem Herrn war der V. zum Dienst *(servitium, obsequium)* verpflichtet, wobei das Spektrum der zu leistenden Dienste – analog zur heterogenen Sozialstruktur der unter die V.en zu subsumierenden Personengruppe – ausgesprochen breit gestreut sein konnte (1; 8).

Durch den bereits in der Ant. bekannten Rechtsakt der Kommendation (Terenz, Eunuchus 1039; Caes. Gall. IV, 27,7) begab sich der V. normalerweise zeitlebens unter den Schutz und in die Gewalt seines Herrn *(senior, dominus)*, für den daraus die Pflicht zum Unterhalt des V.en erwuchs. Im 5. Jh. ist die Verwendung des Wortes in diesem Sinn durch die Gesetze des Westgotenkg.s → Eurich, für das 6. Jh. durch die Hist. Franc. des → Gregor von Tours belegt; über ihren synallagmatischen Charakter unterrichtet eine wahrscheinlich ält. Zustände reflektierende Urk. in den *Formulae Turonenses* aus dem 2. Viertel des 8. Jh.s. Unklar bleibt, ob mit der Kommendation der V.en zugleich auch ein → Treueid wie bei den Antrustionen (→ Antrustio) verbunden war, doch wird man in einzelnen Fällen vielleicht bereits in der MZ damit zu rechnen haben.

Aufgrund der wenigen Qu.belege bleibt ferner unsicher, inwieweit V.en in größerer Zahl bereits vor Mitte des 8. Jh.s über Lehen *(beneficia)* verfügten (→ Lehnswesen). Erste deutliche Anzeichen für die Verbindung von Vasallität und Benefizium *(vasalli casati)* sind immerhin für die Zeit → Karl Martells erkennbar. Unter seinen beiden Söhnen, den → Hausmeiern → Karlmann und → Pippin dem Jüngeren, wurde die Belehnung der V.en üblich und fand ihren Ausdruck u. a. in der Leihe zuvor säkularisierter Kirchengüter. Im gleichen Zeitraum nahm der anfangs geringe Anteil freier V.en so weit zu, daß sich das frühere Verhältnis, das sich durch eine weit höhere Zahl unfreier Personen mit niederem sozialem Status auszeichnete, umzukehren begann.

Des weiteren wurden V.en stärker als zuvor zum Waffendienst herangezogen, während umgekehrt die Bedeutung des allg. Heeresaufgebots der → Freien *(populus)* in den Hintergrund trat. Parallel dazu setzte ein allmählicher Wandel des Waffendienstes zum Reiterdienst ein (2; 4). Dem daraus resultierenden Problem der *pauperes* im frk. Heer, die bald schon nicht mehr in der Lage waren, die Mittel für den Waffendienst zu Pferd mit Brünne, Schwert und Helm aufzubringen, versuchte schließlich → Karl der Große in den J. 807 und 808 durch eine Heeresreform zu begegnen (3; 6). Maßgebend für die Art des zu leistenden Kriegsdienstes sollte fortan die dem Einzelnen zur Verfügung stehende Größe des (Lehens-) Besitzes sein, wobei der Kampf im für V.en obligatorischen (Ketten-)Panzer (→ Rüstung §§ 4 und 8) mindestens 12 Hufen (→ Hufe) voraussetzte. Bei den Kron-V.en *(vassi dominici)*, die hinsichtlich ihres Ansehens vor den übrigen Freien rangierten, ist im Durchschnitt mit etwa 30 Hufen Besitz zu rechnen, doch lassen sich z. T. auch weit über 100 Hufen in ihrer Hand nachweisen. In ihnen sind jene → Panzerreiter zu erblicken, die schon in den großen Feldzügen Karls des Großen den Kern des frk. Heeres bildeten. Ihre Bedeutung kommt v. a. darin zum Ausdruck, daß unter ihnen auch Adlige begegnen, was zugleich zeigt, daß die Vasallität inzw. selbst für den Adel äußerst attraktiv geworden war. Auch wenn sein Umfang zunächst noch relativ gering erscheint, so ist doch die steigende Zahl adliger V.en während des 9. Jh.s unverkennbar. Zu sehen ist darin der Auftakt für die spätere, in der 2. Hälfte des 10. Jh.s weitgehend abgeschlossene Entwicklung hin zum reinen, auf dem → Lehnswesen basierenden V.en-Heer adliger Prägung, dessen konstitutives Element der schwer gepanzerte *miles* ist (2; 5; 7).

(1) M. Bloch, Die Feudalges., 1999. (2) H. Brunner, Der Reiterdienst und die Anfänge des Lehnswesens, ZRG GA 21, 1887, 1–38. (3) M. Becher, Eid und Herrschaft. Unters. zum Herrscherethos Karls des Großen, 1993. (4) J. Fleckenstein, Adel und Kriegertum und ihre Wandlung im Karolingerreich, in: Nascità dell'Europa ed Europa carolingia: un'equazione da verficare 1, Settimane di studio del Centro italiano di studi sull'alto medioevo 27, 1981, 67–94. (5) F. L. Ganshof, Was ist das Lehnswesen?, 1983. (6) W. Kienast, Die frk. Vasallität. Von den frk. Hausmeiern bis zu Ludwig dem Kind und Karl dem Einfältigen, hrsg. von P. Herde, 1990. (7)

H. Mitteis, Lehnrecht und Staatsgewalt. Unters. zur ma. Verfassungsgesch., 1933. (8) T. Reuter, Vasallität, in: HRG V, 644–648.

J. Lieven

Vedastes

§ 1: Herkunft und Episkopat – § 2: Lebensbeschreibungen

§ 1. Herkunft und Episkopat. Der hl. V. (ndl. Vaast, frz. Gaston) wurde in der 2. Hälfte des 5. Jh.s geboren und stammte aus dem Périgord. V. ging nach Nordgallien und führte dort das Leben eines Religiosen (1, c. 3, 311: *sub relegionis cultu;* 18, 1442; 19, 302). Nach der Tradition wurde er um 500 mit Hilfe des Bf.s Remigius von Reims der erste, sicher belegte Bf. von Arras. V. sollte im Bt. die Missionsarbeit fortführen (1, c. 5, 313; 22, 144 f.). Nachdem V. nahezu vier Jahrzehnte als Bf. von Arras gewirkt hatte, kündigte eine Feuersäule seinen nahen Tod an und V. verstarb an einem 6. Februar um das J. 540. Sein Leichnam ließ sich zunächst nicht in die Bf.skirche überführen, da V. – nach Auskunft seiner späteren Vita – ‚in dem Gebetshaus, das er selbst noch aus Holzplanken über dem Ufer des Flüßchens Crinchon erbaut hatte', begraben sein wollte. Erst das Gebet des Archipresbyters Scupilio vermochte die Unbeweglichkeit in ihr Gegenteil zu verkehren, so daß sich die Bahre nun vielmehr ‚schwerelos' in die Bf.skirche übertragen ließ (1, c. 9, 317; 5, 158). Vermutlich unter Bf. Autbert entstand jenseits des Crinchon eine Einsiedelei, aus der noch vor 680 das Kloster St. Vaast hervorging, und in dem letztlich die Reliquien des hl. V. verehrt wurden (19, 179. 279 mit Anm. 61; vgl. zum Schicksal der Reliquien: 18, 1443).

§ 2. Lebensbeschreibungen. Die wichtigste Qu. für das Wirken des hl. V. ist die im 7. Jh. entstandene *Vita Vedasti,* als deren Verf. Bruno Krusch den bedeutenden Vitenschreiber Jonas von Bobbio identifizieren konnte (1, 406–413; 2, 309–319; 14; 17, 624 f.). Die Vita hat Jonas wahrscheinlich im Auftrag des Bf.s Autbert von Cambrai-Arras angefertigt. Der Ortskenntnis ihres Autors, der um 642 in der Gegend um Arras missionierte, ist es zu verdanken, daß zahlreiche topographische Angaben der Vita mit dem arch. Befund übereinstimmen (5, 157 mit Anm. 161; 18, 1442; 15).

Seine *Vita Vedasti* beginnt Jonas mit einem aus → Gregor von Tours entnommenen Ber. über → Chlodwigs Alemannenschlacht und dessen anschließende Taufe (8, 429 mit Anm. 25; 16, 221; 23, 25). Als der siegreiche Chlodwig nach Hause *(ad patria)* zurückkehrte, begegnete er in Toul dem dort lebenden V., der in das Gefolge des Frankenherrschers aufgenommen wurde. Die darauffolgende Erzählung von der auf dem Weg nach Reims bewirkten Blindenheilung und die Geschichte von der Reimser Weinvermehrung entstammen zwar den Evangelien, doch werden die Wunder den merow. Verhältnissen angepaßt (1, c. 3–5; 5, 157 f.) (vgl. zum Typus der Heiligenvita: → Heiligenleben; → Lebensbeschreibungen; → Vita Anskarii; → Vita Severini; → Vita Eligii). Nach der Taufe in Reims wurde V. durch Chlodwig dem Reimser Bf. Remigius empfohlen (21, 238). Remigius machte V. zum Bf. von Arras, ‚damit er das Volk der Franken langsam durch Lehren und fleißiges Ermahnen zur Taufgnade ziehen möge' (1, c. 5, 313; 5, 157). In der Gegend um Arras war nämlich das Christentum durch die frk. Besiedlung zurückgedrängt worden (20, 438; 22, 144). So mußte V. kurz nach seiner Ankunft in Arras einen Bären aus einer verlassenen Kirche vertreiben (1, c. 6; 5, 68 mit Anm. 166; 9, 208 mit Anm. 147) und bei einem Gastmahl gegen heidn. praktizierte Riten wundertätig eingreifen (1, c. 7; dazu ausführlich 5, 157 f. 166 f.).

Rund 150 J. nachdem Jonas von Bobbio die erste Lebensbeschreibung des Hl. verfaßt hatte, bat Abt Rado von St. Vaast (um

790–808) → Alcuin um eine Überarbeitung der Vita. Alcuin lieferte der Abtei nicht nur eine neue Vita, sondern folgende weiteren Texte: ‚Tituli für die neuerrichteten Kirchen und Altäre', ein (verlorenes) Messformular, das Alcuin den Mönchen ebenfalls versprochen hat, eine ‚Predigt und vielleicht einen Hymnus auf den Klosterpatron' (5, 160; MGH E 4, 454 f.; vgl. 18, 1442). Bei der Neufassung der Vita hat sich Alcuin nicht nur darauf beschränkt, gramm. Versehen zu beseitigen. Durch Alcuin erhält das Werk einen doppelten Umfang, er gestaltet die Vita als eine Slg. von Exempla und gliedert den Text in neun Kapitel, wobei c. 1–8 den gleichen Umfang erhalten. Für Berschin weisen diese Texteingriffe darauf hin, daß Alcuin die „Vita zur Lesung in der I., II. und III. Nokturn des Stundengebets (je 3 Lesungen)" verwendet wissen wollte (5, 167 f.; 4; 12). Spürbare Veränderungen erfährt die alte Vitenfassung v. a. in der Erzählung von der Alemannenschlacht und in der Episode über das frk. Gastmahl. In dem Schlachtenbericht werden die Kontrahenten nach dem Vorbild von Sallusts *Bellum Iugurthinum* (c. 94, 5) einander gegenübergestellt. Während die Alem. bei Alcuin um ihre *patriae libertas* kämpfen, ‚um die Freiheit des Vaterlandes nicht zu verlieren', geht es den Franken nur um *triumphi gloria,* ‚um den Ruhm des Triumphs'. Gleichwohl bleiben die Franken ‚das tapferste Volk' und ein ‚heiliger Stamm' (*gens sancta;* 2 c. 2; zum Ganzen 5, 165 f.). Es entspricht dieser Auffassung, wenn Alcuin beim Gastmahl des Hocinus nicht mehr edle Franken die Bierkrüge mit heidn. Riten weihen läßt, sondern dafür ‚irgendwelche Winkelgeister' verantwortlich macht (2, c. 8; 5, 166).

Insgesamt konnte Krusch 33 Hss. der *Vita Vedasti* des Alcuin nachweisen. Von diesen sind die um 800 geschriebene Hs. Merseburg 105 und die Hs. Wien 550, IX^1 von besonderer Bedeutung (4; 5, 160).

Qu.: (1) Ionae vitae sanctorum Columbani, Vedastis, Iohannis, hrsg. von B. Krusch, MGH SS in usum schol., 1905, 295–320. (2) Vita S. Vedastis episcopi Atrebatensis auctore Alcuino, hrsg. von B. Krusch, MGH SS rer. Mer. 3, 1896, 414–427. (3) Haimin von St. Vaast, Sermo in natali S. Vedasti, Acta Sanctorum Februarii 1, 1658, 802 f. (4) Ch. Veyrard-Cosme, L'oeuvre hagiographique en prose d'Alcuin: vitae Willibrordi, Vedasti, Richarii. Ed., traduction, études, narratologiques, 2003.

Lit.: (5) W. Berschin, Biogr. und Epochenstil 3, 1991. (6) L. Brou, L'ancien office de S. Vaast, évêque d'Arras, Études grégoriennes 4, 1961, 7–42. (7) Ch. Eger, Vedastus, in: LThK 10, ^{3}2001, 573. (8) D. Geuenich, Chlodwigs Alem.schlacht(en) und Taufe, in: Ders. (Hrsg.), Die Franken und die Alem. bis zur „Schlacht bei Zülpich" (496/97), 1998, 423–437. (9) H.-W. Goetz, Wunderber. im 9. Jh. Ein Beitr. zum liter. Genus der frühma. Mirakelslg., in: M. Heinzelmann (Hrsg.), Mirakel im MA. Konzeptionen – Erscheinungsformen – Deutungen, 2002, 180–227. (10) E. Guilbert, Saint-Vaast, fondateur de l'Eglise d'Arras, 1928. (11) A. B. Hoxie, Translatio civitatis Atrebatensis, Revue belge de philol. et d'hist. 16, 1937, 591 ff. (12) I Deug-Su, L'opera agiografica di Alcuino: la ‚Vita Vedastis', Studi Medievali 21, 1980, 605–622. (13) G. Kiesel, Vedastus, in: Lex. für christl. Ikonographie 8, 1976, 537–539. (14) B. Krusch, Zwei Heiligenleben des Jonas von Susa, MIÖGF 14, 1893, 385–448. (15) P. Leman, Topographie chrétienne d'Arras au VIe siècle: la Vita Vedasti et les données de l'arch., Revue du Nord – Arch. 77, 1995, 169–184. (16) M. Manitius, Gesch. der lat. Lit. des MAs 1, ^{2}1965. (17) I. Pagini, J(onas) v(on) Bobbio, in: Lex. des MAs 5, 1991, 624 f. (18) J.-C. Poulin, V., in: ebd. 8, 1997, 1442 f. (19) F. Prinz, Frühes Mönchtum im Frankenreich, 1965. (20) Ders., Europ. Grundlagen dt. Gesch., in: Gebhardt, Handb. der dt. Gesch. 1, ^{10}2004. (21) V. Saxer, Les rites du baptême de Clovis dans le cadre de la pratique paléochrétienne, in: M. Rouche (Hrsg.), Clovis 1, 1997, 229–241. (22) G. Scheibelreiter, Der Bf. in merow. Zeit, 1983. (23) W. von den Steinen, Chlodwigs Übergang zum Christentum, ^{2}1963. (24) W. Wattenbach, W. Levison, Deutschlands Geschichtsqu. im MA. Vorzeit und Karolinger, H. 1, 1952.

Th. Fischer

Venantius Fortunatus

§ 1: Lebensdaten – § 2: Dichtkunst – a. Elegien – b. Geistliche Dichtung – c. Biographisches Werk (Viten)

§ 1. Lebensdaten. Der Lyriker und Biograph Venantius Honorius Clementianus Fortunatus (V. F.) wurde zw. 530 und 540 in Duplavis (Valdobbiadene) bei Treviso n. von Venedig geboren und starb in den ersten J. des 7. Jh.s als Bf. von → Poitiers (10; 14; 22). Sein Studium absolvierte er in → Ravenna, dem Sitz des Exarchen von Byzanz. Dort boten sich ihm zahlreiche kulturelle Anregungen und Aufstiegsmöglichkeiten. Aus Dankbarkeit für die Heilung eines Augenleidens durch den hl. Martin (→ Martin von Tours) soll V. F. eigenen Angaben zufolge Italien verlassen haben, um das Grab des Heiligen in Tours aufzusuchen. Möglicherweise hatte er aber schon in Ravenna einflußreiche Gönner, auf deren Empfehlung er Italien verließ, um in den Machtbereich der → Merowinger zu ziehen, wo sich viele Interessenten für seine enkomiastischen Dichtungen, aber auch für Kunststücke wie die *carmina quadrata* fanden (13). Um 565/66 kam V. F., der neben den herkömmlichen Schulklassikern auch Claudian sowie die christl. Kunstdichtungen des Paulinus von Nola, des Prudentius, des Paulinus von Périgueux und des Arator kannte, über Bayern und das Rheinland in das Frankenreich.

An den Höfen der Kg. und einiger weltlicher Adeliger in → Metz, → Paris, Tours, → Poitiers, Nantes, Bordeaux, Toulouse, Angers und Vienne genoß V. F. hohes Ansehen; zu → Gregor von Tours (19), aber auch zu Königin → Radegunde, der Gemahlin Kg. → Chlothars I., sowie zu ihrer Pflegetochter Agnes unterhielt er freundschaftliche Beziehungen. Nach Paulinus von Nola ist V. F. der zweite hagiographische Epiker, den man als Heiligen verehrte (Fest: 14. Dezember). Sein Reliquienschrein wurde 1562 von den Hugenotten zerstört.

§ 2. Dichtkunst. V. F. hat die verschiedensten Gattungen der Dichtkunst gepflegt (12; 17; 21). Seine zum überwiegenden Teil in elegischen Distichen verfaßten Gedichte sind in einem Corpus von elf Büchern überliefert, das noch auf den Dichter selbst zurückgeht; hinzu kommen als Appendix rund dreißig gesondert überlieferte Gedichte. Auf Veranlassung Gregors von Tours hatte V. F. zunächst die jetzigen Bücher I–VIII zusammengestellt und seinem Freund gewidmet; dieser Teil enthält die Gedichte, die bis zum J. 576 entstanden waren. Geordnet sind sie teils nach chron., teils nach sachlichen Gesichtspunkten, ohne dabei allerdings einem allzu strengen Prinzip zu folgen. Die Gedichte der J. 577–584 scheint V. F. später noch selbst als Buch IX herausgegeben zu haben, während die Zusammenstellung der beiden letzten Bücher vielleicht erst nach seinem Tod erfolgte. Obschon V. F. in seinem Widmungsbrief seine große Reise beschwört, die ihn durch barbarische Gegenden geführt und seine Gedichte schon deshalb nicht zur formalen Vollendung habe kommen lassen, brachte erst die vermeintliche Pilgerreise und der Aufenthalt in Gallien seine Poesie, deren Spektrum von der Landschaftsbeschreibung bis zum Hochzeitsgedicht reicht, zur Vollendung.

a. Elegien. Auf Anregung Radegundes entstanden einige Elegien, zwei davon „wahre Meisterwerke ihrer Gattung" (9). Die eine (VI, 5) beklagt das traurige Schicksal der westgot. Prinzessin Gelesuintha, die gegen ihren Willen mit Kg. → Chilperich I. vermählt und nach kurzer unglücklicher Ehe auf Anordnung Fredegundes, der Nebenfrau ihres Gatten, ermordet wurde. Einzelne Episoden sind dabei poet. bes. wirksam herausgestellt: der Schmerz der jungen Gelesuintha, als sie erfährt, daß sie allein und für immer in die Ferne ziehen soll; ihr Abschied von der Heimatstadt Toledo und die Trennung von der Mutter; die einsame Reise durch Gallien und schließlich nach ihrem gewaltsamen Tod die Klagen der Mutter, der Schwester und der Amme (20).

Die andere Elegie mit dem – allerdings nicht zeitgenössischen – Titel *De excidio*

Throingiae (Appendix 1) schrieb V. F. aus der Perspektive Radegundes. Vor den Augen der thür. Kg.stochter ersteht das Bild der vom Krieg verwüsteten Heimat, deren Untergang sie mit dem Fall Trojas vergleicht; sie klagt um ihre Lieben, namentlich um ihren Vetter Amalfred, dem sie bereits als Kind in zärtlicher Zuneigung verbunden war und der sich nun im fernen Byzanz aufhält, sowie um den Bruder, der ihretwegen in frk. Gefangenschaft geraten war und erschlagen wurde.

b. Geistliche Dichtung. Im Zentrum der geistlichen Dichtung des V. F. steht eine Gruppe von sechs Hymnen auf das Kreuz Christi, die im Zusammenhang mit der um 570 erfolgten Schenkung einer großen Kreuzreliquie an das dem hl. Kreuz geweihten Kloster der Radegunde in Poitiers entstanden sein dürfte. Darüber hinaus verfaßte V. F. auch das Gedicht, mit dem sich Radegunde bei Ks. Justin II. und der Kaiserin Sophia für diese Reliquie bedankte. Hinzu kommt ferner ein großes, 55 elegische Distichen umfassendes Ostergedicht (III 9), das V. F. Bf. Felix von Nantes widmete. Entfaltet wird darin das Motiv der erwachenden Natur, das zur Verherrlichung des Ostergedankens überleitet. Aufgrund des festlichen Tons erfreute sich dieses Gedicht großer Beliebtheit, wurde für liturgische Zwecke oft bearbeitet und in gekürzter Fassung auch zu Festen wie Christi Himmelfahrt oder Pfingsten als Prozessionslied gesungen.

c. Biographisches Werk (Viten). Die offenbar während des Sommers 575 in relativ kurzer Zeit verfaßte *Vita sancti Martini*, die mit vier Büchern das umfangreichste poet. Werk des V. F. darstellt, ist einerseits frühchristl. Epen verpflichtet, trägt andererseits aber auch deutliche Züge hagiographischer Dichtung. Als Vorlage für den Stoff dienten die *Vita Martini* des Suplicius Severus sowie auch die daran angelehnten sechs epischen Bücher des Paulinus von Périgueux. Am Ende der nahezu 2 240 Verse meldet sich V. F. selbst zu Wort, indem er mit seinem Werk Grüße verbindet, die er an seine namentlich nicht genannten Freunde in Italien adressiert und die Vita auf eine Reise schickt, die den Weg beschreibt, den er einst selbst in umgekehrter Richtung genommen hatte.

Das umfangreiche biographische Werk des V. F., das „einer Kritik nach klassischen Maßstäben [durchaus] standhält" (7), ist bis heute nicht endgültig umrissen und abgegrenzt. Neben dem *Liber de virtutibus S. Hilarii* werden ihm seit Krusch die *Vita S. Hilarii Pictaviensis episcopi*, die *Vita S. Germani Parisiensis episcopi*, die *Vita S. Albini Andegavensis episcopi*, die *Vita S. Paterni Abricensis episcopi*, die *Vita S. Radegundis reginae* sowie die *Vita S. Marcelli Parisiensis episcopi* zugewiesen; wenig später kam noch durch die Zuschreibungen von Quentin und Levison die *Vita S. Severini Burdegaolenis episcopi* hinzu (15; 18). Nicht gesichert oder umstritten ist hingegen die Urheberschaft des V. F. für die *Vita S. Medardi*, die *Vita S. Amantii Rutensis episcopi*, die *Vita S. Remedii Remensis episcopi*, die *Vita S. Medardi Veromandensis episcopi*, die *Vita S. Leonini Carnotiensis episcopi* sowie die *Passio SS Dionysii, Rustici et Eleutherii*.

Von besonderem Interesse sind die frühen Viten des V. F., weil sie für die Hagiographie der späteren Zeit in mehrfacher Hinsicht richtungsweisend wurden. Dies gilt insbesondere mit Blick auf die Zweiteilung von *Vita* und *Miracula*. Zunächst in der *Vita S. Marcelli* nur theoretisch grundgelegt, begegnet die selbständige Beschreibung der Wunder erstmals im Zusammenhang mit der Aufzeichnung der zw. 565 und 573 entstandenen *Vita S. Hilarii*, der V. F. den *Liber de virtutibus S. Hilarii* zur Seite stellte. Wie V. F. im Prolog der *Vita S. Albini* (vor 569) ausdrücklich zu verstehen gibt, zielten die als Auftragsarbeiten verfaßten, frühen Viten in erster Linie auf die Förderung des Heiligenkultes und auf die Erbauung des Volkes.

Dem Spätwerk des V. F. gehört die ohne Prolog überlieferte *Vita S. Germani* (nach 576) und die *Vita S. Radegundis* (nach 587) an. Anders als bei den frühen Lebensbeschreibungen handelt es sich bei beiden nicht um Auftragsarbeiten, sondern um Viten, mit denen der Verf. aus eigenem Antrieb den wichtigsten Förderern seine Reverenz erweisen wollte. Das Radegundisleben läßt sich fraglos als eindruckvollste Vita des V. F. – als „der Weise in der Krone seiner Prosa" (7) – bezeichnen. Nach dem Prolog gliedert er die Vita entspr. den Stationen ihres Lebens in vier größere Abschnitte: Der erste beinhaltet Herkunft, Jugend und Heirat (c. 2), der zweite ist der Zeit ihrer Ehe mit Kg. Chlothar gewidmet (c. 3–11), der dritte ihrem Leben als Diacona (c. 12–20) und der vierte umfaßt schließlich ihr Leben als Klosterfrau (c. 21–38). In einem kurzen Schlußkapitel (c. 39) entschuldigt sich der Autor dann für das Wenige, was er zu berichten weiß, und nennt zusammenfassend nochmals die wichtigsten Tugenden Radegundes. In engem Zusammenhang mit der chron. Komposition der äußeren Lebensumstände thematisiert V. F. in einer weiteren Dimension der Vita das von christl. Werten getragene Leben Randegundes und beschreibt darin den stufenweisen Aufstieg der Königin zur Vollkommenheit, wobei das asketische, von Demut geprägte Leben im Kloster die Vollendung ihrer Heiligkeit bedeutet. Darüber hinaus ist V. F. bemüht, ihr inniges Verhältnis, ihre geradezu mystische Beziehung zu Christus zum Ausdruck zu bringen, geht dabei aber nicht so weit, sie als *sponsa Christi* zu bezeichnen (11).

Langfristig gesehen läßt sich das Radegundisleben zweifellos als die überragende Vita des V. F. bezeichnen. Gleichwohl waren für die unmittelbar nachfolgende Zeit seine Bf.sviten wichtiger. Obschon die preziöse Knappheit des V. F. und seine Variationsbreite im Ausdruck nicht wieder erreicht wurden, orientierte sich die spätere Hagiographie nicht selten an den von ihm vorgegebenen sprachlichen Wendungen. Nachgeahmt wurde nicht zuletzt aber auch seine Art, den Leser an die Gegenwart des Erzählers zu erinnern oder Wunder an Wunder und Sensation an Sensation zu reihen sowie möglichst kontrastreich darzustellen.

Ausg.: (1) Venanti Honori Clementiani Fortunati presbiteri italici opera poetica, MGH AA IV/1, hrsg. von F. Leo, 1881 (2) Venanti Honori Clementiani Fortunati presbiteri italici opera pedestria, MGH AA IV/2, hrsg. von B. Krusch, 1885. (3) La Vita di S. Martino di Tours, Introduzione, traduzinone, note e appendice, hrsg. von S. Tamburri, 1991 (4) Venance Fortunat, Poèmes Tome I, Livres I–IV, hrsg. und übs. von M. Reydellet, 1994. (5) Venance Fortunat. Poèmes Tome II, Livres V–III, hrsg. und übs. von M. Reydellet, 1998 (6) Venance Fortunat, Poèmes Tome III, Livres IX–XI, hrsg. und übs. von M. Reydellet, 2004.

Lit.: (7) W. Berschin, Biogr. und Epochenstil im lat. MA 1, 1986. (8) B. Brennan, The Career of V. F., Traditio 41, 1985, 49–78. (9) F. Brunhölzl, Gesch. der lat. Lit. des MAs, 1975, 118–128. (10) R. Düchting, V. F., in: Lex. des MAs 9, 1998, 1453 f. (11) S. Gäbe, Radegundis: Sancta, Regina, Ancilla. Zum Heiligkeitsideal der Radegundisviten von Fortunat und Baudonivia, Francia 16, 1, 1989, 1–30. (12) J. W. George, V. F. A Latin Poet in Merovingian Gaul, 1992. (13) W. Kirsch, Laudes Sanctorum. Gesch. der hagiographischen Versepik vom IV. bis X. Jh., I. Ansätze (IV.–VIII. Jh.) 2, 2004. (14) R. Koebner, V. F. Seine Persönlichkeit und seine Stellung in der geistigen Kultur des Merowingerreiches, 1915, Neudr. 1973. (15) W. Levison, Die Entwicklung der Legende Severins von Köln, Bonner Jb. 118, 1909, 34–53. (16) L. A. Macchiarulo, The Life and Times of V. F. (17) W. Meyer, Der Gelegenheitsdichter V. F., Abhandl. der kgl. Ges. der Wiss. zu Götingen. Phil.-hist. Kl. NF 4, 1901. (18) H. Quentin, Mél. Léonce Couture. Études d'hist. méridionale dédiées à la mém. de Léonce Couture, 1902, 23–63. (19) M. Reydellet, Tours et Poitiers: les relations entre Grégoire et Fortunat, in: N. Gauthier, H. Galinié (Hrsg.), Grégoire de Tours et l'espace gaulois, 1997, 159–167. (20) K. Steinmann, Gelesuintha-Elegie des V. F. (Carm. VI 5). Text, Übs., Interpretation, 1975. (21) D. Tardi, Fortunat. Étude sur un dernier représentant de la poésie Latine de la Gaule mérov., 1927. (22) Wattenbach-Levison. Deutschlands Gechichtsqu. im MA. Vorzeit und Karolinger. H. 1. Die Vorzeit von den Anfängen bis zur Herrschaft der Karolinger, bearb. von W. Levison, 1952.

J. Lieven

Vercellae. Οὐερκέλλοι (Strab. V 1, 12, p. 218), Οὐερκέλλαι (Ptol. III 1, 36), Βερκέλλαι (Plut. Mar. 25); heute Vercelli.
Stadt in der Transpadana, urspr. kelt.-lig. Siedlung, später röm. Municipium. Am rechten Lauf des Sesites (heute Sesia) an der Straße von *Ticinum* (→ Pavia) nach Eporedia gelegen, besaß V. eine gewisse Bedeutung als Knotenpunkt für den Verkehr über die Alpen und wird mehrfach in den → Itinerarien erwähnt (Itin. Anton. 282,8; 344,6; 347,3; 350,7; Tab. Peut. 2,5: Vergellae). Die ehemalige Existenz von Goldvorkommen im Gebiet von V. und deren Abbau belegen → Plinius (Plin. nat. XXXIII 78) und → Strabon (V 1,12, p. 218).

Der Name findet sich noch andernorts in Oberitalien belegt, so als → *pagus* von Placentia (Vercellensis bzw. Vergellensis, CIL XI 1147) und als *saltus* im Po-Delta (5).

Nach Plinius (Plin. nat. III 124) urspr. eine Gründung der Sallui, erscheint V. dann als Hauptort der Libici (ebd. und Ptol. III 1,36; vgl. Liv. V 35,2: Salluvii).

Gewöhnlich wird V. mit dem Schauplatz des Sieges von Marius über die Kimbern am 30. 7. 101 v. Chr. auf den Raudischen Feldern identifiziert (→ Kimbern S. 499). Da diese Beziehung in den Qu. jedoch explizit einzig von → Plutarch hergestellt wird (τὸ πεδίον τὸ περὶ Βερκέλλας, Plut. Mar. 25,3) und das Toponym in Oberitalien mehrfach belegt ist, wird die Lokalisierung in jüngster Zeit wieder in Frage gestellt (4; 5).

Als röm. Municipium (vgl. CIL V 6668 und 6673) war V. der 11. Region sowie der *tribus Aniensis* zugehörig (1; Plin. nat. III 124). → Tacitus zählt es im Rahmen seiner Schilderungen der Ereignisse des Vierkaiserjahres 68/69 n. Chr. zusammen mit → Mediolanum, Novaria und Eporedia zu den *firmissima Transpadanae regionis municipia* (Tac. hist. I 70).

Seit der Mitte des 4. Jh.s n. Chr. war V. ein zeitweise bedeutender Bf.ssitz. Hieronymus zeichnet jedoch anläßlich eines Besuches 371 ein eher tristes Bild (*olim potens nunc raro est habitatore semiurata*, Hier. epist. I 3).

(1) Th. Mommsen, in: CIL V, S. 736. (2) H. Nissen, It. Landeskunde 2, 1902, 176 f. (3) G. Radke, V., in: RE 8 A, 980 f. (4) A. Sartori, V. [1], in: N. Pauly XII/2, 26. (5) G. Uggeri, V. [2], in: ebd. XII/2, 26. (6) V. Viale, Vercelli e il Vercellese nell'antichità, 1971

Th. Beigel

Verhau

§ 1: Formen des V.s – § 2: Schriftquellen

§ 1. Formen des V.s. Behandelt wird hier der (oder das) V. im Sinne des → Kriegswesens. (Das Wort *Verhau* bildet auch einen Fachausdruck der Forstwirtschaft sowie des Bergbaus). Die V.e gehören zu den künstlichen Annäherungshindernissen wie die Festungsgräben, Wolfsgruben, Fußangeln u. ä.

Ein natürliches Annäherungshindernis bildet dagegen der Grünhag, obwohl seine Herstellung die Bearbeitung von Menschenhand voraussetzt. (Zum Begriff des natürlichen V.s im Gegensatz zu dem des Schleppverhaus s. u.) Der Grünhag „besteht aus dichtverwachsenen Bäumen, die durch Niederbiegen u. Verschränken der Äste auf das innigste miteinander verbunden sind" (11, 28). In diesem Zusammenhang ist auch das Gebück zu nennen. Das Wort ist erst seit dem 14. Jh. belegt, die Sache jedoch weit älter. Zu ihrer Bezeichnung konnte in einigen Gegenden das Wort *Hain* dienen (10, 1879–1881). Das Gebück, zumindest wie es im Rheingau anzutreffen war, „bestand aus einem bis zu 50 Schritt breiten Waldstreifen, in welchem man alle Bäume in verschiedenen Höhen gekappt und dann den neuen Ausschlag zur Erde niedergebogen und dicht verflochten hatte. Indem diese Bäume nun so fortwuchsen, entstand ein für Menschen und größere Tiere fast undurchdringliches Hackelwerk ..." (11, 463). → Befestigungen und Befestigungswesen; → Hag; → Landwehren; → Palisade; → Wall/Wälle.

Man unterscheidet Baum- und Strauchverhaue: „Der Baumverhau besteht aus umgehauenen Bäumen, die mit ihren Wipfelenden nach dem Feinde kreuzweise übereinander geworfen sind. Ein Strauchverhau besteht aus struppigen, womöglich mit Dornen besetzten Ästen. Beim natürlichen V. bleiben die Bäume da, wo sie gefällt sind, liegen und werden nicht ganz durchgesägt, so daß sie mit einem Drittel der Holzstärke mit dem Stamm noch verbunden bleiben. Werden die Bäume o. ä. nach anderen Stellen gebracht, so heißt der V. Schleppverhau. Um das Aufräumen eines Verhaues zu erschweren, befestigt man die Stämme durch Pfähle, die man vor und zwischen den Ästen einschlägt ... Der V. muß tief liegen (in Gräben an Abhängen) oder die Verteidiger müssen erhöht aufgestellt werden, um frei über den V. hinweg schießen zu können" (12). Der letzte Satz bezieht sich zwar auf die Verwendung von Feuerwaffen, hat jedoch eine allg. Gültigkeit, weil auch in den vorhergehenden Zeitaltern die Angreifer von den Verteidigern über die V.e hinweg oder von ihnen herab mit Pfeilen, Wurfgeschossen oder -spießen bekämpft worden sind.

§ 2. Schriftquellen. V.e können Bestandteile von Festungen und befestigten Lagern bilden oder zur Sperrung von (Hohl)wegen sowie (Gebirgs)pässen angelegt werden. Als lat. Fachausdruck zur Bezeichnung des V.s diente während der RKZ das Wort *concaedes,* gewöhnlich in der Mehrzahl. Vor → Tacitus († nach 120 n. Chr.) kommt es nicht vor. Überhaupt blieb es selten (14, 3). Der angebliche Beleg aus Gellius (2. Jh. n. Chr.) bei Du Cange (9, II, 480) beruht wohl auf einem Mißverständnis.

Nach dem 6. Jh. scheinen eher *concisa* (fem.) und *concisum* (neutr.) zur Bezeichnung des V.s gebraucht worden zu sein. Diese Wörter konnten jedoch auch ‚Hecke' oder ‚Niederwald' bedeuten (13, II, 1169).

Der Kriegsschriftsteller Vegetius (383–450) gibt an, *concaedes* (pl.) sei ein Fachausdruck, der eine aus gefällten Bäumen hergestellte Wegsperre bezeichne. Doch hält der Verf. in seiner Unkenntnis den Verhau für ein Mittel, den Rückzug eines Heeres zu sichern (7, 176 f. [3,22,16]; 8, 168 f.).

Bei röm.-germ. Auseinandersetzungen werden folgende V.e genannt: Im J. 14 n. Chr. legte → Germanicus rechts des Rheins ein Lager an, dessen ‚Flanken Verhaue schützten' *latera concaedibus munitus* (Tac. ann. 1,50,1, in: 5, III, 96 f.). Umgekehrt fanden nach → Ammianus Marcellinus die Römer während eines Feldzugs rechts des Rheins im J. 356 ‚alle Pfade durch dichte Baumverhaue gesperrt' *concaede arborum densa undique semitis clausis* (1, I, 188 f. [16,12,15]; 2, I, 91; 5, IV, 36 f.). Als → Julian 357 seinen Angriff auf die Alem. vorbereitete, ‚sperrten die Barbaren, die sich diesseits des Rheins angesiedelt hatten ..., die schlechten und an sich schon abschüssigen Straßen eifrig durch Verhaue, für die sie Bäume von außerordentlicher Stärke fällten' *concaedibus clausere sollerter arboribus immensi roboris caesis* (1, I, 182 f. [16,11,8]; 2, I, 87; 5, IV, 30 f.). 358 wurde der Vormarsch Julians im Gebiet des Alemannenkg.s → Hortar zwischen Main und Neckar (?) ‚durch einen Verhau von hohen Bäumen gehindert' ... *exercitus celsarum arborum obsistente concaede ire protinus uetabatur.* ‚Doch man gelangte über weite und verschlungene Umwege endlich ans Ziel' (1, I, 234 f. [17,10,6]; 2, I, 120; 5, IV, 60 f.).

→ Gregor von Tours († 594) gibt aus dem verlorenen Werk des Sulpicius Alexander einen Ber. wieder, der sich auf das Ende der achtziger J. des 4. Jh.s bezieht: Der röm.

Feldherr Quintinus überschritt bei Neuss den Rhein, um die Franken zu bekämpfen. Diese hatten aber mehr als zwei Tagesmärsche weiter in den Wäldern zahlreiche V.e errichtet (*concidibus per extremam silvarum procuratis*). Auf diesen stehend hätten sie die Römer mit vergifteten Pfeilen überschüttet und ihnen eine Niederlage beigebracht (3, 53 [2,9]; 4, I, 82 f.). Diese Schilderung ist zwar nach dem Vorbild der Schlacht im Teutoburger Wald gestaltet (→ Sulpicius Alexander); doch läßt der Geschichtsschreiber Sulpicius Alexander im Unterschied zu dem Kriegsschriftsteller Vegetius eine richtige Vorstellung davon erkennen, wie V.e verwendet wurden. Übrigens macht der textkritische Apparat der Ausgabe von Krusch und Levison sichtbar, daß *conc<i>dibus* eine vulglat. Schreibung für *concedibus < concaedibus* ist (3, 53, Z. 45).

Für das 6. Jh. berichtet Gregor von Tours zweimal von V.en. Die erste Stelle bezieht sich auf die Mitte der dreißiger Jahre: Der Kg. → Chlothar I. habe auf der Flucht vor seinem Bruder → Childebert I. und seinem Neffen → Theudebert I. in einem Wald große V.e (*concides magnas*) angelegt (3, 124 [3,28]; 4, I, 180 f.). An der zweiten Stelle heißt es, der → Patricius Mummolus habe bei Embrun im Kampf gegen Langob., die nach Gallien eingefallen waren, V.e errichtet (*factis etiam concidibus*). Der Zusammenhang läßt erkennen, daß diese Hindernisse den Zweck hatten, die Langob. am Entweichen zu hindern (3, 175 [4,42]; 4, I, 254 f.). Die Ereignisse gehören in die Zeit um 571.

Diese Nachricht verdient auch deswegen Beachtung, weil → Paulus Diaconus sie unmittelbar in seine Langobardengesch. übernommen hat, wobei er jedoch *concisis* (Abl.) statt *concidibus* schrieb (6, 94, [3,4]).

Weitere Belege finden sich bei Du Cange unter ‚CONCISA', hier auch die griech. Entsprechungen δένδρων ἐκκοπή und ξυλοκλασία (9, II, 480 f.).

Es wäre ein abwegiger Schluß, daß die Anlage von V.en sich auf die genannten Fälle beschränkt hätte. Derartige Hindernisse wurden gewiß überall errichtet, wo sich die Gelegenheit bot und es die Lage erforderlich machte.

Qu.: (1) Amm., lat. und dt. von W. Seyfarth 1–4, 1968–1971. (2) Amm., Res gestae, hrsg. von W. Seyfarth, 1978. (3) Gregor von Tours, Libri Historiarum X, hrsg. von B. Krusch, W. Levison, MGH SS rer. Mer. I/1, 1965 (= 1951). (4) Gregor von Tours, Zehn Bücher Geschichten, hrsg. von R. Buchner 1–2, ⁸2000. (5) J. Herrmann (Hrsg.), Griech. und lat. Qu. zur Frühgesch. Mitteleuropas bis zur Mitte des 1. Jt.s u. Z. 1–4, 1989–1992. (6) Paulus Diaconus, Historia Langobardorum, in: MGH SS rer. Lang., 1878, 12–187. (7) P. Flavius Vegetius Renatus, Epitome rei militaris, hrsg. von A. Önnerfors, 1995. (8) Publius Flavius Vegetius Renatus, Abriß des Militärwesens, hrsg. von F. L. Müller 1997.

Lit.: (9) Du Cange. (10) Grimm, DWb. IV/1/1, 1878. (11) M. Jähns, Handb. einer Gesch. des Kriegswesens 1, 1979 (= 1880). (12) Meyers Konversationslex. 17, 1897, 252, s. v. V. (13) Mittellat. Wb. bis zum ausgehenden 13. Jh., 1967 ff. (14) ThLL, s. v.

M. Springer

Vermessung

§ 1: Allgemein – § 2: Verfahren – a. Hand-V. und zeichnerische Dokumentation – b. Taktile Verfahren – c. Tachymetrische V. und GPS – d. Photogrammetrische Verfahren – e. Zweidimensionale Bildentzerrung – f. Photogrammetrische 3D-Auswertung – g. 3D-Scanning – h. Dreidimensionale Computertomographie (3D-CT) – i. Datenverarbeitung (Post Processing)

§ 1. Allgemein. Die V. und Dokumentation arch. Denkmäler, Ausgr. und Objekte gehört zu den Grundaufgaben der praktischen arch. Arbeit (1; 2; 6). Dabei können vermessungstechnische Mittel sowohl zum Messen bestimmter Größen als auch für die Erfassung und Dokumentation des tatsächlichen Ist-Zustandes eingesetzt werden. Natürlich orientiert sich die arch. V. grundlegend an der Landes- und Ingenieurs-V., wenn sie auch in Teilbereichen insbesondere in der Kombination der verschiedenen

Verfahren spezifische Arbeitsweisen entwickelt hat.

Die meßtechnische Erfassung von Punkten wird z. B. beim Oberflächensurvey, bei der Prospektion und Bestandserfassung wie auch bei der Ausgrabungs- oder der Funddokumentation notwendig. Durch die sich rasant weiterentwickelnden Technologien und die zunehmende Integration und Kombination unterschiedlicher Verfahren in kombinierten Meßinstrumenten ergeben sich auch für die Arch. neue Aufnahmestrategien (7; 13). Die Auswertung der Meßdaten mit computergestützten Hard- und Softwarelösungen wird dazu führen, daß sich die arch. Dokumentation zunehmend in Richtung einer photorealistischen dreidimensionalen Objekterfassung entwickeln wird (13).

In der täglichen arch. Praxis werden verschiedene Verfahren eingesetzt. Die meßtechnische Dokumentation findet heute noch vorwiegend zweidimensional statt. Da die Objekte im Arch.- und Denkmalbereich aber fast ausnahmslos ausgeprägte und oftmals überaus komplizierte 3D-Strukturen aufweisen, kommt dreidimensionaler Erfassung eine zunehmende Bedeutung zu.

§ 2. Verfahren. a. Hand-V. und zeichnerische Dokumentation. In der praktischen Denkmalpflege, der Bauforsch. und der Arch. erfolgt die Dokumentation noch immer überwiegend mit Papierzeichnungen (7, 87 ff.). Hier wird die einfache Hand-V. mit Meßbändern und Meterstäben praktiziert, wobei die dritte Dimension nur punktuell mithilfe von Setzlatten, Wasserwaagen und Nivelliergeräten erfaßt wird.

Eine nachträgliche 3D-Rekonstruktion kann aus dieser 2D-Dokumentation nicht abgeleitet werden. Der Zeitaufwand und die Abhängigkeit von den subjektiven zeichnerischen Möglichkeiten des Dokumentationspersonals ist zu berücksichtigen.

b. Taktile Verfahren. Die zweidimensionale Erfassung von Punkten kann durch Abtaststifte erfolgen, deren Position über einen mechanischen Pantographen auf Papier übertragen wird (7, 65–69. 125–127; 14, 123–125). Diese Methode ist im Außeneinsatz allerdings nur bedingt einsetzbar.

Für die dreidimensionale Dokumentation wurde ein System mit drei an einem festen Punkt fixierten elektronischen Maßbändern entwickelt (7, 127), an deren Ende der Benutzer ebenfalls einen Abtaststift bedient. Aus den Bewegungen der Maßbänder werden entspr. 3D-Koordinaten elektronisch abgeleitet und an den angeschlossenen Rechner übergeben.

Alternativ wurde ein sog. 3D-Laserpantograph (8; 14, 127 f.) entwickelt. Die 3D-Erfassung der Objekte nach dem Abtastprinzip wird hier durch einen Entfernungen messenden Laser an Gelenkarmen, deren Knickwinkel automatisch registriert wird, erfaßt. Vom zugehörigen Kleinrechner werden die eingehenden 3D-Koordinaten mit einem integrierten CAD-Programm automatisch in dreidimensionale Zeichnungen umgesetzt. Ähnliche Koordinatenabtastsysteme werden in der Industrie bes. für die robotergekoppelte hochpräzise Aufnahme von 3D-Punkten eingesetzt. Neue Entwicklungen ermöglichen über am Roboterarm angebrachte 3D-Scannerköpfe eine möglichst vollautomatische 3D-Erfassung. Für Arch. und Denkmalpflege sind diese teuren und in der Regel nicht mobilen Meßstationen aber nur bedingt geeignet.

c. Tachymetrische V. und GPS. Seit ca. 20 J. sind bei arch. Ausgr. und der Gelände-V. Tachymeter (Totalstationen) im Einsatz (14, 120–123; 15). Neuerdings können für die 3D-Punktbestimmung alternativ auch GPS-Geräte eingesetzt werden, die ihre Punktkoordinaten über geostationäre Satelliten beziehen.

Tachymeter erfassen dreidimensionale Punkte im Raum durch die Messung und

Registrierung des Horizontal- und Vertikalwinkels sowie der elektronisch gemessenen Schrägdistanz. Zur Signalisierung der aufzunehmenden Punkte werden in der Regel Reflektoren verwendet, die je nach Geräte- und Reflektorentyp die Aufnahme von Punkten in bis zu mehreren km Entfernung erlauben. Müssen schwer oder nicht zugängliche Punkte vermessen werden, so können bei eingeschränkter Reichweite und geringerer Genauigkeit reflektorlos messende Systeme eingesetzt werden. Die eingehenden Daten werden in automatisierten Prozessen zu druckfertigen Plänen ausgearbeitet (14, 131–135).

Die Dokumentation mit Totalstationen ist dreidimensional, doch lassen sich mit einem Tachymeter nur beschränkte Punktmengen aufnehmen. Der Befund kann so nur in einem gewissen Abstraktionsgrad und einer grundlegenden Schematisierung dargestellt werden.

d. **Photogrammetrische Verfahren.** Ein ausgereiftes Verfahren für die zwei- und dreidimensionale Kulturgut-Dokumentation bietet die Photogrammetrie. Auf Grund der kurzen Belichtungszeiten ist es das einzige Verfahren, das auch eine Objekterfassung von instabilen oder bewegten Standpunkten aus wie Leitern, Steigern oder fliegenden Plattformen ermöglicht.

Durch den Einsatz hochwertiger digitaler Kameras bieten sich auch in der Denkmalpflege neue Möglichkeiten. In der Photogrammetrie wird eine Kamera durch die innere Orientierung beschrieben. Neben der Verzeichnung des Objektivs gehört dazu die relative Lage von Projektionszentrum und Bildebene. Nur wenn diese Größen in einer Kamerakalibrierung bestimmt werden und die Kamera diese durch eine entspr. stabile Konstruktion beibehält, eignen sich die Bilder für eine meßtechnische Auswertung (4, 454).

e. **Zweidimensionale Bildentzerrung.** In der Arch. wird heute vorwiegend die einfache 2D-Bildentzerrung und Orthofotoerstellung von Einzelaufnahmen eingesetzt (15). Dazu werden mit geeigneten Meßverfahren, zumeist mit dem Tachymeter, pro Photosektor mindestens fünf Referenzpunkte bestimmt, die sowohl im Bild als auch im Meßergebnis vorliegen. Anschließend kann über eine Parallelprojektion eine Bildentzerrung durchgeführt werden, wobei den gemessenen Punkten die jeweiligen Entsprechungen im 2D-Bild zugeordnet werden. Mehrere Einzelbilder werden entzerrt und auf diese Weise zu neuen Bildverbänden zusammengebaut. Dieses Verfahren der 2D-Bildentzerrung ist nur bei annähernd ebenen Oberflächen einzusetzen.

f. **Photogrammetrische 3D-Auswertung. Konvergente Aufnahmen.** Nimmt man ein Objekt aus zwei verschiedenen Blickwinkeln auf, so kann man während der Auswertung bei bekannter innerer Orientierung der Kamera die beiden resultierenden Strahlenbündel mithilfe identischer Objektpunkte wieder zum Schnitt bringen und damit die relative Orientierung der beiden Kameras rekonstruieren. Die absolute Orientierung, den Objektmaßstab und die räumliche Orientierung des Objekts sowie den Anschluß an ein übergeordnetes Koordinatensystem erhält man über Passpunkte, die beispielsweise mit einem Tachymeter bestimmt werden (4, 456).

Softwareprodukte erlauben die Berechnung von 3D-Koordinaten derjenigen Raumpunkte, deren ebene 2D-Koordinaten in mindestens zwei Bildern gemessen wurden. Für größere Objekte müssen entspr. umfangreiche überlappende Bildverbände aufgenommen werden.

Das Verfahren ist bei der Auswertung einer großen Anzahl von Punkten sehr arbeitsaufwendig. In Bereichen, wo auf Grund gleichartiger Texturen und fehlender Kanten keine sicheren identischen Punkte ausgemacht werden können, versagt das Verfahren.

Bei Stereo-Aufnahmen werden jeweils zwei Bilder mit parallelen Aufnahmeachsen aufgenommen, wobei der Abstand zw. den beiden Kameras etwa 1/5 bis 1/10 der Objektentfernung betragen sollte. Bei der computergestützten Auswertung wird nun dafür gesorgt, daß das linke Auge das linke Bild und das rechte das rechte Bild sieht. So entsteht bei dem Betrachter ein räumlicher Eindruck, der dem natürlichen stereoskopischen Sehen entspricht. Nach Erzeugung einer räumlichen Meßmarke kann das Objekt am Rechner dreidimensional digitalisiert werden (4, 456 f.).

Die 3D-Photogrammetrie kommt hauptsächlich bei der Dokumentation von Baubefunden sowie in der Fassadendokumentation zum Einsatz.

Generell ist das photogrammetrische Verfahren bei Objekten mit deutlichen Texturen und Kanten effizient einzusetzen.

g. 3D-Scanning. Seit knapp einem Jahrzehnt halten auch verschiedene 3D-Scanning-Technologien (3; 11; 13) Einzug in die arch. Dokumentation, die bei unregelmäßigen Oberflächen als Meßverfahren erster Wahl gelten können.

3D-Laserscanning. Während des 3D-Laserscannens (3; 16) werden Punkte mit Millimetergenauigkeit in ‚Lichtgeschwindigkeit' vermessen. Dabei gibt es prinzipiell zwei unterschiedliche Verfahren, um mit Laserlicht die Entfernung zu bestimmen: Beim Phasenvergleichsverfahren werden mehrere Wellen unterschiedlicher Längen ausgesandt. Durch Bestimmung der Perioden und des Phasenreststücks läßt sich damit die Entfernung ermitteln. Bei der Laufzeitmessung oder dem Impulsverfahren wird mit einem hochgenauen Zeitgeber die verstrichene Zeit zw. Senden und Empfangen des Laserpulses gemessen. Die Lichtlaufzeit, die der Laserstrahl benötigt, um auf das zu vermessende Ziel zu stoßen und von dort reflektiert zu werden, wird mit einem hochempfindlichen Detektor gemessen. Der ermittelte Streckenwert erlaubt es, die Entfernung des gemessenen Punktes präzise zu bestimmen. Durch einen schnell rotierenden Spiegel und einen sich drehenden Scannerkopf wird der Laserstrahl im Meßbetrieb systematisch in der Vertikalen und Horizontalen abgelenkt, so daß die Oberflächen der zu vermessenden Objekte in einem engen Punkteraster abgetastet werden. Während eines solchen Meßvorganges können viele Millionen Meßpunkte mit einer Genauigkeit von wenigen Millimetern aufgenommen werden. Auf diese Weise entstehen sehr schnell extrem dichte Punktewolken mit mehreren Millionen 3D-Punkten, die die Geometrie der vermessenen Oberfläche präzise beschreiben (4, 458–460).

Gerade bei arch. Ausgr. ergibt sich durch die meist kompliziert verschachtelten, engräumigen, unterschnittenen und tiefen Befunde die Notwendigkeit, aus relativ vielen Positionen aufzunehmen, um eine möglichst komplette flächendeckende Erfassung zu gewährleisten. Bei der Arbeit in einem entspr. befahrbaren Gelände gibt es die Möglichkeit den Scanner auf mobilen terrestrischen Plattformen zu befestigen und auf diese Weise verschiedene Standorte anzufahren.

Beim V.s-Vorgang in arch. Umgebungen ist auf Grund der Schattenproblematik und der oft gravierenden Niveauunterschiede v. a. auch das Scannen aus erhöhten Positionen hilfreich. Aktuelle Entwicklungen fliegender Plattformen in Modellhubschraubern und Drohnen versprechen hier eine deutliche Effizienzsteigerung.

Airborne 3D-Laserscanning. Für großflächige Aufnahmen sind die im sehr niedrigen Dezimeterbereich auflösenden luftgestützten Laserscanner (LIDAR: Light

Detection and Ranging) einsetzbar. Durch Geländebefliegungen lassen sich heute großflächige hochdetaillierte Geländemodelle in der Kombination aus Photogrammetrie und Laserscanning erarbeiten. In der Kombination mit dem terrestrischen Laserscanning ermöglichen diese Verfahren eine enorm hohe Datenqualität der 3D-Dokumentation (9).

Da sich das Fluggerät während des Meßvorganges weiterbewegt, muß die Position und Orientierung des Laserscanners synchron zur Streckenmessung mittels eines integrierten GPS und Inertialsystems bestimmt werden.

LIDAR-Systeme liefern für große Flächen innerhalb kürzester Zeit und bei beschränkten Kosten dreidimensionale Daten, die zusammen mit einer geodätischen Signalisierung und Kontrollmessung von ausgewählten Bodenpunkten eine ausgezeichnete Grundlage etwa für die Erarbeitung digitaler Modelle und Höhenlinienpläne großflächiger Geländedenkmäler bieten.

Derzeit wird beim flugzeuggestützten Laserscanning eine Meßpunktdichte von ca. 4 Punkten pro m^2 erreicht. Einer der entscheidenden Vorteile für die Datenerfassung ist es, daß bei LIDAR-Laserscansystemen durch die Unterscheidung des ersten und letzten gemessenen Impulses die Vegetation ausgefiltert werden kann. Diese Unterscheidungsmöglichkeit ist bei den oft in bewaldeten Gebieten gelegenen Geländedenkmälern ein unschätzbarer Vorteil.

3D-Triangulationsscanner. Bei komplexen arch. Objekten, wie etwa Skeletten, kleineren Funden oder komplizierten Bauteilen werden zusätzlich hochpräzise Triangulations-Scanner benötigt, die Genauigkeiten im Submillimeterbereich bieten (4, 458 f.; 16). Hier werden zumeist Streifenlichtscanner eingesetzt, die auf der Basis des Meßprinzips mit strukturiertem Licht Auflösungen bis zu 5/100 mm erreichen und damit auch für die Erfassung von Kleinfunden in Größe einer Münze geeignet sind.

Die V. mit strukturiertem Licht erfolgt automatisch und berührungslos nach dem Triangulationsprinzip. Dieses Verfahren orientiert sich am menschlichen Sehen, wobei die Augen durch zwei Kameras oder durch Projektor und Kamera ersetzt werden. Der Projektor, die digitalen Videokameras und der Objektpunkt bilden ein Dreieck, bei dem die Projektionsrichtungen von Kameras und Projektor unter dem Triangulationswinkel am Objekt auftreffen. Das Ergebnis dieser Einzelmessungen sind digitale Bilder der strukturiert ausgeleuchteten Oberfläche, die mittels bestimmter Algorithmen in Punktkoordinaten umgerechnet werden.

Durch die Lichtprojektion ist dieses Verfahren am besten bei abgedunkelten Bedingungen einsetzbar. Bei Außenaufnahmen kann das System durch einen Zelt- oder Pavillonüberbau auch bei Tag eingesetzt werden. Ggf. können auch größere zusammenhängende Flächen durch sektorenweise Aufnahme abgedeckt werden.

h. Dreidimensionale Computertomographie (3D-CT). Für die komplette, hochgenaue 3D-V. im 1/100 mm-Bereich eröffnet die 3D-Röntgen-Computertomographie neue Optionen (12). Mit dieser Technologie werden die arch. Objekte in extrem dünnen Schichten durchleuchtet. Unterschiedliche Materialien innerhalb eines Objektes können nach ihren Dichteeigenschaften unterschieden werden. Die komplette 3D-Erfassung auch der inneren, unsichtbaren Strukturen eines Objektes ist möglich.

Sehr erfolgreich wurde die 3D-CT bei Echtheitsprüfungen, bei der Textilien- und Papierrestaurierung, bei der 3D-Analyse von Blockbergungen, bei enghalsigen Keramiken oder Gläsern, bei Massenunters. von Keramiken und bei der beprobungsfreien

Dendrochron. (10) eingesetzt. Die Einsatzmöglichkeiten dieser Technologie sind in erster Linie dadurch beschränkt, daß Objekte nur bestimmter Größe zur Maschine gebracht werden müssen.

i. Datenverarbeitung (Post Processing). Die Verarbeitung der Meßdaten erfolgt in einer Vielzahl unterschiedlicher und kombinierter Softwarepakete (3; 4; 15; 16). Neue spezifisch arch. Entwicklungen sind Informationssysteme, die die Meßdaten in entspr. CAD- bzw. GIS-Pläne umsetzen (5).

Generell sind automatisierte Prozeßabläufe von Vorteil, die mit wenigen Arbeitsschritten aus den strukturiert aufgenommenen Meßdaten entspr. Planmaterialien für die Auswertung erstellen können (14, 131–141).

Im Bereich der 3D-Datenauswertung werden z. Zt. arch. 3D-Informationssysteme entwickelt, die auch für die computergestützte Dokumentation komplexer Ausgrabungsbefunde neue Perspektiven eröffnen (5).

(1) J. Albertz (Hrsg.), Surveying and Documentation of Historic Buildings – Monuments – Sites. Traditional and Modern Methods. Proc. of the XVIII. International Symp. CIPA, 2002. (2) O. Altan (Hrsg.), New Perspectives to save the Cultural Heritage. CIPA 2003 International Symp. The ISPRS International Archives of the Photogrammetry, Remote Sensing and Spatial Information Sciences. Vol. XXXIV-5/C15, 2003. (3) W. Böhler (Hrsg.), Scanning for Cultural Heritage Recording. Proc. of the CIPA WG6 International Workshop on Scanning for Cultural Heritage, 2002. (4) Ders., Dreidimensionale Erfassung von Denkmälern, in: [5], 450–466. (5) V. Coors, A. Zipf (Hrsg.), 3D-Geoinformationssysteme. Grundlagen und Anwendungen, 2005. (6) S. Dequal (Hrsg.), Proc. of the XX. International Symp. CIPA 2005. International Cooperation to save the world's Cultural Heritage 1–2, 2005. (7) E. Gersbach, Ausgr. heute. Methoden und Techniken der Feldgrabung, ³1998. (8) H. Gieß u. a., Der Einsatz neuentwickelter 3D-Messtechnik an einer wiederentdeckten Zisterne im Rathausgarten zu Hemau, in: A.Tillmann (Hrsg.), Beitr. zur Arch. in der Oberpfalz 3, 1999, 451–458.

(9) N. Haala, Laserscanning zur dreidimensionalen Erfassung von Stadtgebieten, in: [5], 26–38. (10) E. Keefer, Kelten Digital. Geglückter Durchbruch, Arch. in Deutschland H.2, 2005. (11) T. Luhmann (Hrsg.), Optische 3D-Messtechnik – Photogrammetrie – Laserscanning. Beitr. der Oldenburger 3D-Tage, 2004. (12) I. Pfeiffer-Schäller, Beispiele für den Einsatz der Röntgen-3D-Computertomographie in der Arch. und Restaurierung, in: Vorträge und Kurzzusammenfassungen der Tagung „Anwendungen der 3D-Computertomographie in Archäologie, Restaurierung und Kunstgeschichte" an der Fachhochschule Aalen, 06. 12. 2004 (CD-Publ. der FH Aalen, 2004). (13) M. Schaich, 3D-Scanning for Arch. and Cultural Heritage. Preserving Hist. with Geospatial Technology, in: J. Thurston (Hrsg.), Geoinformatics. Magazine for Surveying, Mapping & GIS Professionals 6, Vol. 7, 2004, 18–21. (14) Ders., Computergestützte Grabungsdokumentation, in: [7], 117–142. (15) Ders., Computergestützte Grabungsdokumentation im Netzwerk aus elektronischer Vermessung, Fotogrammetrie, CAD und Datenbanken. PDF-Publ. Workshop 5, Arch. und Computer 9.–10. November 2000. Forschungsges. Wiener Stadtarch., 2001, 118–135. (16) Ders., Vom 3D-Scan zur fotorealistischen 3D-Dokumentation. Sonderh. Restauro 3, 2005, 16–20.

M. Schaich

Verona

§ 1: Namenkundlich – § 2: Naturräumliche Voraussetzungen und ältere Besiedlung – § 3: Römische Zeit – § 4: Spätantike bis Mittelalter

§ 1. Namenkundlich. Die nordit. Stadt, am rechten Ufer des *Atesis* (heute Adige/ Etsch) gelegen, trägt heute noch den ant. Namen. In der lat. Lit. findet sich durchweg die Schreibung *Verona* (z. B. Plin. nat. 3,130; noch Fred. 2,57; weitere Belege: 6, 229 ff.). Der epigraphische Befund bestätigt die handschriftliche Überlieferung: z. B. *domo Verona* (CIL III, 2041; weitere Belege: 6, 235 ff.). Ält. griech. Qu. bieten die Schreibung Οὐήρων (z. B. Ptol. 3,1,31) später dann Βερώνη (Prok. b. G. 2,29,41; weitere Belege: 6, 229 ff.). U. a. aufgrund der griech. Schreibung geht man von anzusetzendem *Vērōna* aus (8, 696).

→ Plinius (Plin. nat. 3, 130) gibt zwar die urspr. Bewohner als *Raeti* (→ Raeter) und *Euganei* an (s. 11; 4), dennoch ist die Etym. unklar. Einerseits wurde an einen autochtonen Ursprung gedacht, da das Suffix *-ōna* in ON aus einer „weit zurückliegenden Epoche" regelmäßig wiederkehre (8, 696). Anderseits wurde an etr. Herkunft gedacht (bereits 6, 229): wahrscheinlich als Ableitung von einem PN (13, 574). Als Stütze für die etr. Herkunft wurde auf die Existenz von gleichlautenden ON in der Toskana hingewiesen (9, 151; 10, 211).

Bereits im Ahd. findet sich die Schreibung *berna* (1, III, 127, 37. 209, 46) bzw. obd. *perna* (1, II, 256,45; III, 611,30), *perina* (5, 214, Qu.: Zürich Stiftsbibl. Ms. Car. C 164 [= 1, Nr. 651, wo dieser Teil nicht abgedruckt ist], 10. Jh. nach 2, 1904, Nr. 1008). Glossiert wird als ‚Verona, Veronensis urbs'. Der unterschiedliche Anlaut kann folgendermaßen erklärt werden: ahd. *v(v)*- (graphische Var.: *uu-, uv-, vu-, u-,* heute normalisiert als *w-*) repräsentierte einen bilabialen Laut (entspr. ne. *w-;* 3, § 104), der roman. Labiodental, dem Ahd. fremd, wurde möglicherweise als dem stimmhaften bilabialen Plosiv *b-* am ähnlichsten empfunden und durch diesen ersetzt (zu *b-* und obd. *b-* > *p-*: 3, § 134–136). Dieser Vorgang läßt sich auch bei ahd. *rabana, rapana* ‚Ravenna' beobachten (1, II, 91,14; III, 610,28) (mhd. *Raben[e]*, z. B. Biterolf 5667 u. ö.). Der mhd. Name von V. ist *berne*, v. a. anzutreffen in Zusammenhang mit *Dietrich von Berne* (→ Dietrich von Bern) (z. B. Nib. 2362, 1; vgl. auch *der herre von Berne,* Nib. 1995, 1 II u. ö.; *der helt von Berne,* Nib. 2238, 1 u. ö.) bzw. seinem Gefolge *die von Berne* (z. B. Nib. 2276, 2; vgl. auch *dise von Berne,* Nib. 1875, 1). Daneben existiert die Zugehörigkeitsbildung *Bernære* (seltener *Berner*) ‚einer aus Berne' (z. B. Nib. 2312, 1 u. ö. [Nib. 1903, 1]). V. a. in mhd. Urk. ist auch die Münzbezeichnung *berner (pfenninc)* (obd. *perner*) ‚(denarius) Veronensis' belegt (12, I, 279; II, 1111; 7, 196; der ahd. Beleg *b'ner* = *berner* bei 14, I, 311 scheidet wohl aus: Hs. 14. Jh., s. 2, 970 f., Nr. 472).

(1) Ahd. Gl. (2) R. Bergmann u. a. (Bearb.), Kat. der ahd. und as. Glossenhs. 1–6, 2005. (3) W. Braune, I. Reiffenstein, Ahd. Gramm. 1, [15]2004. (4) E. Buchi, V., in: N. Pauly XII/2, 77 f. (5) E. G. Graff, Ahd. Sprachschatz 3, 1837, Reprint 1963. (6) A. Holder, Alt-Celtischer Sprachschatz 3, 1907, Reprint 1962. (7) B. Kirschstein u. a., Wb. der mhd. Urk.sprache 1, 1994. (8) C. Marcato, V., in: A. Ferrari u. a. (Hrsg.), Dizionario di toponomastica. Storia e significato dei nomi geografici italiani, [2]1991, 695 f. (9) D. Olivieri, Toponomastica veneta, [2]1962. (10) G. B. Pellegrini, Ricerche di toponomastica veneta, 1987. (11) G. Radke, V., in: RE VIII A 2, 2426–2433. (12) J. A. Schmeller, Bayer. Wb. 1–2, 1827–1837, Reprint 1961. (13) W. Schulze, Zur Gesch. lat. Eigennamen, 1904, Reprint 1933. (14) R. Schützeichel (Hrsg.), Ahd. und as. Glossenwortschatz, 2004.

F. E. Grünzweig

§ 2. Naturräumliche Voraussetzungen und ältere Besiedlung. Die nordit. Stadt V. erhebt sich 30 m über NN auf einer ebenen Flußterrasse der Etsch, die hier, am Fuß der Lessinischen Berge, in die Poebene eintritt. Die n. vom Hügel San Pietro begrenzte Stadt war in röm. Zeit von zwei Straßen durchquert: der *via Postumia*, die in O-W-Richtung Aquileia mit Cremona verband, sowie von der *Claudia Augusta Padana* genannten Straße, die von *Hostilia* kommend nach N führte. Diese passierte → Trient, gabelte sich in *Pontedrusi* und verband die mittlere Poebene mit den Transalpinregionen von → Noricum und → Raetien (5, 43–57. 83–93; 30).

Vermutlich entstand die Stadt in der Nähe einer Furt. Die vorröm. Siedlung nahm die Hänge und den Gipfel des Hügels San Pietro ein. Der hochgelegene Standort, der zum ersten Mal in der EZ aufgesucht wurde, blieb die einzige Siedlung der Gegend bis zum Beginn des 1. Jh.s v. Chr., als der Stadt (89 v. Chr.) – wie allen Siedlungen der Region – die lat. Rechte *(ius Latii)* verliehen wurden (12, 3 f.; 11, 21–27).

§ 3. Römische Zeit. Die röm. Siedlung entwickelte sich am rechten Ufer der Etsch. Urspr. als *colonia* angelegt, stieg sie in der Mitte des 1. Jh.s v. Chr. in den Rang eines *municipium* auf (11, 25–30). Die daraus entstandene städtische Siedlung entsprach dem Muster eines *castrum* und wurde durch ein orthogonales Straßen- und Kanalisationsnetz gekennzeichnet. Seine Ausrichtung folgte der *via Postumia*, die im J. 148 v. Chr. eröffnet worden war. Sie war mit schwarzem Basalt gepflastert und diente als *decumanus maximus* der Stadt, die weiteren Straßen hingegen mit Steinen aus Lessinien (12, 4–7). Entlang der Etsch schützten Dämme vor Überschwemmungsgefahr.

Im S grenzte die Siedlung eine mit Türmen versehene Mauer aus Ziegelsteinen ab. Sie gliederte sich in zwei unterschiedlich orientierte Abschnitte, deren Funktion lediglich symbolisch und repräsentativ war. Der Hauptzugang erfolgte durch zwei Tore, die noch heute erhalten sind. Durch sie führten im SW die *via Postumia* (*Porta Iovia*, heute *Porta Borsari*) und im SO die aus *Hostilia* kommende Straße (*Porta Leoni*) in die Stadt hinein; kleinere Zugänge ermöglichten Schlupfpforten. Am linken Ufer der Etsch wurden zwei weitere Tore (eines nur vermutet) errichtet, im Bereich der Zugänge, die ehemals in die vorröm. Siedlung führten. Diese Tore, die etwas später datieren (Ende des 1. Jh.s v. Chr.), waren nicht mit der Schutzmauer verbunden und hatten lediglich repräsentativen Wert (12, 7–12). Im Laufe der frühen Kaiserzeit geriet der Mauerring infolge der Stadterweiterung zunehmend in Verfall und wurde an verschiedenen Stellen ganz zerstört. Im 3. Jh. ließ Ks. Gallienus anläßlich des Einfalls der Alem. einige Bauarbeiten ausführen. Diese Arbeiten, die in einer auf der Außenseite der *Porta Borsari* erhaltenen Inschr. verewigt wurden, führten zur Wiederherstellung der ant. Mauer, zum Bau einiger an den bereits vorhandenen Ring angelehnter rechteckiger Türme und zur Erweiterung des spätrepublikanischen Mauerrings durch einen langen ausspringenden Winkel, der das Amphitheater einschloß, das bis dahin außerhalb der Ringmauer gelegen hatte (13, 204; 14, 636; 17, 71 f.).

Aus der röm. Zeit stammen bedeutende öffentliche Bauten, die schon aufgrund ihrer Größe beachtlich sind; die wichtigsten und repräsentativsten erhaltenen Gebäude auf dem Forum – unterhalb bzw. auf der Höhe der heutigen Piazza Erbe – sowie das nw. gelegene *capitolium* (35 × 42,2 m), das auf einer künstlichen, 2 m hohen Terrasse errichtet war. Sie wurde von einem Kryptoporticus mit daraufliegendem *triporticus* gestützt, der seinerseits einen Tempel enthielt. Auf der sw. Seite befanden sich die Basilika (29 × 80 m), die Kurie (27,5 × 78 m) und eine Reihe von *tabernae*, die auf das 1. Viertel des 1. Jh.s n. Chr. zurückgehen. Zum Forum gehörte außerdem ein mit erhöhter Laube versehener Platz, auf dem ein möglicherweise mit dem kaiserlichen Kult verbundenes Gebäude stand. Weitere öffentliche Bauten waren das Theater (150 × 108 m) und das auf dem Hügel San Pietro effektvoll gelegene Odeum, wo auch ein weiterer Tempel stand. Das jüngste öffentliche Gebäude war das 152,4 × 123,2 m große Amphitheater (sog. Arena), das viertgrößte in Italien, das ein wenig außerhalb s. der Stadt lag und bis heute noch größtenteils sichtbar ist. Fragmentarische Auskünfte sind über die Thermen erhalten, die in zwei getrennten Bereichen existiert haben dürften (12, 12–41).

Sehr ergiebig sind die Erkenntnisse bezüglich des privaten Bauwesens, von dem man heute noch etwa 70 Häuser im städtischen und vorstädtischen Gebiet kennt. Viele davon werden aufgrund der Bautechnik und der Qualität der aufgefundenen Baustoffe der röm. Mittelschicht von V. zugeordnet. Die *domus* hatten in der Regel eine Fläche von ca. 400 m² (20 × 20 m), sie wurden meist am Ende des 1. Jh.s v. Chr. erbaut und bis mindestens zum 3. Jh. stetig verändert und erneuert. Infolge der von Gallienus angeordneten Verstärkung der Stadtmauer wurden das vorstädtische Gebiet und damit auch die *domus* vorzeitig aufgegeben und verlassen (12, 22 f. 41–44. 47–49; 15, 47–53). Recht bescheiden sind hingegen die Kenntnisse bezüglich der handwerklichen und kaufmännischen Einrichtungen (12, 50).

Wie in allen röm. Städten lagen die Nekropolen außerhalb der Stadt. Insbesondere sind Gräberfelder des 1.–3. Jh.s n. Chr. bekannt, die ö. der Siedlung entlang der *via Postumia* jenseits des Gavi-Bogen (Mitte des 1. Jh.s n. Chr.) gelegen waren (12, 50 f.).

§ 4. Spätantike bis Mittelalter (Abb. 40). In der Zeit nach den alem. Streifzügen spielte V. eine große milit. Rolle, welche die Stadt zu einer der wichtigsten Städte N-Italiens erhob. Hier wurde gegen Ende des 3. Jh.s eine Schilde- und Waffenfabrik *(fabrica scutaria et armorum)* angesiedelt (4, 99–106).

Im J. 312 n. Chr. führte der Kampf zw. Maxentius und → Constantin dem Großen zur Belagerung und Kapitulation der Stadt; möglicherweise wird sie in einem Fries des Konstantinbogens in Rom dargestellt (9, 178, Sp. 2,6). Der Zerfall des monumentalen Zentrums dürfte jedenfalls bevorgestanden haben, wie es einer Inschr. aus den J. 379/380 zu entnehmen ist, die auf eine kurz zuvor zerstörte Statue in der Gegend des *capitolium* anspielt. In den J. 401/402 drangen die → Westgoten in N-Italien ein, und der General der Wandalen → Stilicho besiegte sie bei V., nachdem er sie zuvor in Pollenzo (Piemont) bereits aufgehalten hatte (8).

In got. Zeit war die Stadt eines der Zentren, denen Kg. → Theoderich besondere Aufmerksamkeit schenkte; er förderte hier zahlreiche Werke im Bereich des öffentlichen Bauwesens (17; 15, 58 f.; über die Baupolitik Theoderichs s. 26; 6, 105–108).

Nach einer kurzen byz. Phase wurde V. im J. 569 von den Langobarden erobert, die es zu Beginn ihrer Reichsbildung zur Residenz wählten (7, 136–140; → Langobarden § 8). Ausgerechnet hier wurde 572 → Alboin, der erste Kg. der Langob. in Italien, ermordet und – nach der Überlieferung von → Paulus Diaconus – unterhalb der am *palatium* angrenzenden Treppe begraben (H. L. 2,28 [Paolo Diacono, Storia dei Longobardi, hrsg. von L. Capo, 1998]). Dieselbe hist. Qu. erwähnt V. auch wegen folgender Ereignisse: Erstens die Überschwemmung am 17. Oktober 589, die das Wasser der Etsch bis zu den Fenstern der Kirche San Zeno steigen ließ, ohne jedoch ins Gebäude einzudringen; zweitens ein Brand, der zwei Monate später die Stadt zerstörte (H. L. 3,23).

Im 4. und 5. Jh. wurden innerhalb der Stadtmauer teilweise Restaurierungen und Veränderungen der weiterhin bewohnten *domus* vorgenommen. In einigen Fällen (via Dante, vielleicht via San Mamaso) fielen im Laufe des 5. Jh.s die Fassaden mancher Gebäude auf die Straßen und blieben liegen (22, 56; 23, 336); ein klares Zeichen dafür, daß die Straßen nicht mehr der systematischen Aufsicht und Wartung der öffentlichen Behörde unterlagen. Trotz Bauarbeiten entsteht der Eindruck einer fortschreitenden allg. Entvölkerung der Stadt. Der Großteil der Häuserblöcke wurde allmählich verlassen und landwirtschaftl. genutzt, worauf beachtliche Grundstücke oberhalb der bereits geräumten röm. Strukturen hinweisen (15, 57 f.).

Im nö. Stadtbereich folgte auf die Verödung der Bau einer bischöflichen Basilika, die der Gründung der seit 343/344 und vielleicht bereits am Ende des 3. Jh.s bezeugten Diöz. diente. Die älteste bischöfliche Basilika (mit ö. gerichteter Apsis, erhöhtem Hochaltarraum mit darunterliegender Heizung sowie w. gerichtetem Narthex) wurde bis zur Mitte des 4. Jh.s errichtet und

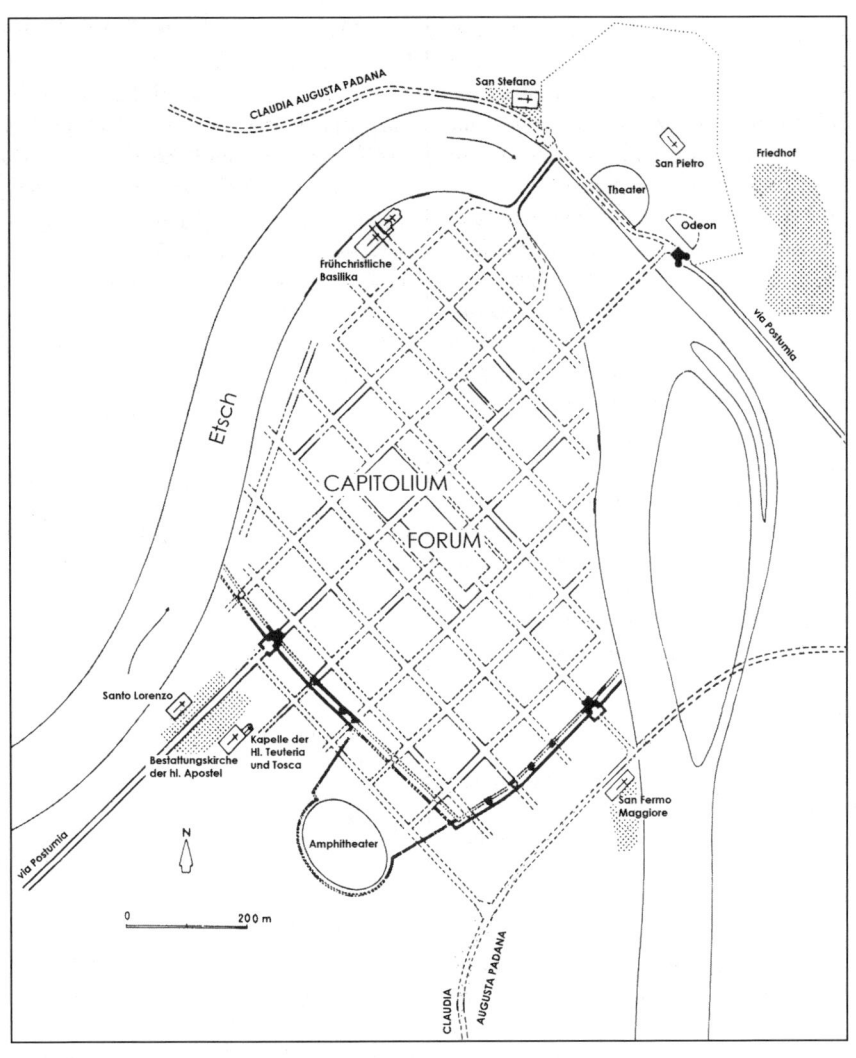

Abb. 40. Verona in Spätant. und MA. Nach Cavalieri Manasse/Bruno (15)

möglicherweise unter Bf. Zenon (362–372) mit einem kunstvollen Mosaikboden geschmückt. Zw. Ende des 4. und Anfang des 5. Jh.s wurde eine zweite größere Basilika erbaut (mit ö. orientierter Apsis, drei mit Mosaikböden ausgestatteten Kirchenschiffen, erhöhter *solea* und w. gerichtetem Narthex), in deren Nähe sich vermutlich das Baptisterium, das Episkopat und das Scriptorium befanden (arch. nicht identifiziert) (20, 103–112. 117–119; 3, 52–57).

In den Gebieten außerhalb der Stadtmauer zeichnete sich die fast völlige Entvölkerung der alten vorstädtischen Viertel ab, dort wurden Nekropolen angelegt und auch Kultgebäude errichtet. S. der Stadt befand sich entlang der *via Postumia* die vorstädtische Bestattungskirche der Hl. Apostel mit der angrenzenden Gedächtniskapelle der Hl. Teuteria und Tosca, die Anfang des 5. Jh.s datiert, wenn nicht sogar anhand der Weihe ins 4. Jh. Die Kirche San Zeno lag sw., lediglich durch schriftliche Qu. bekannt, errichtet im 5.–6. Jh. über dem Grab des Bf.s Zenon – es ist unklar, ob diese Kirche bei der Kirche San Zeno maggiore oder bei San Zeno in oratorio stand, die ohnehin nur wenige hundert Meter voneinander entfernt sind. Unweit lag die Kirche San Procolo, errichtet Ende des 5. und Beginn des 6. Jh.s auf einem Gräberfeld, das seit dem 4. Jh. als solches verwendet wurde. N. befand sich links der Etsch die Kirche Santo Stefano, in der von Anfang des 5. bis Mitte des 6. Jh.s zahlreiche Bischöfe von V. und weitere bedeutende Persönlichkeiten begraben wurden. Nö. war, ebenfalls links der Etsch, die Kirche San Giovanni in Valle (5.–6. Jh.) in einem Gebiet gelegen, das ab dem 5. Jh. von einer Nekropole vielleicht auch mit christl. Gräbern eingenommen war (20, 112–117. 119–131; 10, 98–100; 3, 94 f.).

In der Zeit Theoderichs entstanden wichtige öffentliche Bauwerke – auch in den schriftlichen Qu. erwähnt –, die größtenteils mit Baumaterialien aus den röm. Gebäuden errichtet wurden. Die bedeutendste arch. Dokumentation betrifft die Verdoppelung der Stadtmauer, die von → Anonymus Valesianus erwähnt wird *(muros alios novos circuit civitatem)* (An. Val. I,22 [Anonimi Valesiani, Fragmenta Historica, hrsg. von R. Cessi, Rerum Italicarum Scriptores 24/4, 1912]) und bis vor wenige Jahrzehnte anhand der obengenannten Inschr. auf der Außenseite der *Porta Borsari* fälschlicherweise Ks. Gallienus zugeschrieben wurde. Den vom got. Kg. veranlaßten Bauwerken war die Eingliederung einiger Strebemauern vorangegangen, die nicht vor das 5. Jh. datierbar sind (vielleicht infolge der Invasion → Attilas 452 oder der Verschanzung → Odowakars beim Vormarsch Theoderichs 489) (17, 85). Sie betrafen den Bau eines zweiten, 1,8–2 m br. Mauerrings, ca. 10 m außerhalb der spätrepublikanischen Stadtmauer. Er bestand aus wiederverwerteten Elementen, die durch hochwertigen Mörtel zusammengehalten wurden. Die Mauer, von der bis zu 14,3 m hohe Ruinen erhalten sind, bildete sicher zusammen mit der ält. ein einheitliches System und schützte die s. Seite der Stadt, wobei der Teil des Amphitheaters, der von Gallienus angeordnet worden war, davon ausgeschlossen blieb (17, 71–85). Sich auf die *Iconographia Rateriana* berufend, eine ins 10. Jh. datierte Darst. von V., die möglicherweise auf einem Vorbild aus got. Zeit beruht (27, 523, Anm. 78; 17, 85; 28), könnte man die Festung auf dem Hügel San Pietro als zeitgenössisch zur zweiten Mauer betrachten. Auf demselben Hügel befand sich das → *palatium* Theoderichs, das vermutlich innerhalb des Odeons errichtet war (13, 642; 17, 85) und in dessen Nähe die Kirche San Pietro in Castello stand, vielleicht eine got. Gründung, die auf dem Podest eines röm. Tempels errichtet war und im 19. Jh. völlig zerstört wurde (24, 79 f.; 20, 119–121). Es existiert hingegen kein arch. Beweis für den Bau der Thermen, während wohl Indizien, wenn auch indirekte, für die Wiederherstellung eines Teils des Aquäduktes vorhanden sind (15, 58 f. Anm. 49).

Anders als für das öffentliche Bauwesen verzeichnete der private Bereich weder grundlegende Veränderungen in der Ordnung der Häuserblöcke noch neue beachtliche Bauaktivitäten (15, 58–61).

Mangels deutlicher Daten bleibt es bisher problematisch – wenn auch möglich – festzustellen, ob der Brauch, isolierte Gräber innerhalb der Stadt anzulegen, bereits der got. Zeit zugeschrieben werden kann, für die man – mit Ausnahme von den Gräbern einiger Bischöfe in der Kirche San Pietro in Castello und einem mit Sicherheit in die langob. Zeit datierbaren Kern (s. u.) – von einer frühma. Zeitspanne zw. 6. und 7. Jh. sprechen muß (24, 80–83; 10, 100). Bemerkenswert ist jedoch die Lage solcher Gräber, die in der Regel in zuvor von *domus* oder öffentlichen Gebäuden besetzten Gebieten angelegt wurden, welche offensichtlich nicht mehr genutzt wurden (röm. Theater, Amphitheater, Tempel).

Noch immer fehlen Zeugnisse der materiellen Kultur, die der got. Phase mit Sicherheit zugeschrieben werden können. Der einzig bekannte Fund ist ein Paar versilberter Bügelfibeln vom Ende des 4. und Anfang des 5. Jh.s, die in die Zeit → Alarichs und vielleicht anläßlich seines Streifzuges datiert werden, in Villafontana aufgefunden, einer etwa 20 km sö. von V. gelegenen Ortschaft (1, 75–82; 25, 104, Taf. XIX,3; 2, 33 f.).

Mit der langob. Zeit beginnt für V. ein völlig neues Kapitel, gekennzeichnet durch wichtige und grundlegende Veränderungen in der Ordnung und Nutzung der Stadträume, deren Voraussetzung die systematischen, in got. Zeit durchgeführten Ausräumungen darstellen.

Bezüglich des städtischen Bereiches weisen die Ergebnisse der seit den 1970er J. durchgeführten arch. Unters. auf die langob. Zeit als ein Moment effektiven progressiven Bruchs, gekennzeichnet durch den Mangel an Wartung der Infrastruktur und eine allg. Verschlechterung des Lebensstandards, von dem beispielsweise in den Wohnhäusern die Feuerstellen zeugen, die direkt auf Stampflehmböden angelegt wurden. Bezeugt ist zudem im Bauwesen die Verwendung von Materialien wie Lehm, Holz oder schlechtem Mörtel.

Diesem Bild entspr. sind die Zeugnisse aus dem Gebiet des *capitolium,* einem Areal, das in langob. Zeit offen und unbebaut war und in dessen Gebiet lediglich der die Zerstörung des *triporticus* überstehende Wandelgang während des ganzen 7. Jh.s weiterbenutzt wurde. Am Ende des 6. Jh.s endete endgültig auch der Lebenszyklus der *domus,* die zw. dem Ende der Republik und der Kaiserzeit entstanden waren. In den meisten Fällen wurde das Mauerwerk durch Holzstrukturen und Aufschüttungen ersetzt, die oft oberhalb einer Brandschicht – vermutlich aus dem J. 589 – belegt sind (Areal des Gerichtshofes). Seltener wurden einige bes. wertvolle Gebäude (Areal von via Adua/via Monachine) weiter wie in got. Zeit von hervorragenden Persönlichkeiten der langob. Ges. benutzt, mindestens bis zum 7. Jh. (15, 55. 59–61).

Der Kern der langob. Siedlung dürfte jedoch an den Hängen des Hügels San Pietro gelegen haben, den die ma. Qu. als *castrum* (24, 79 f.) bezeichnen. Er war bereits Sitz des *palatium* Theoderichs und in seiner Nähe war Alboin begraben worden. In der Umgebung sollte zudem die Kirche San Pietro weiter in Gebrauch bleiben, in der Mitte eines frühma. Friedhofes, wo einige im Inneren mit Fresken geschmückte Gräber (nunmehr zerstört) belegt wurden, die auf stilistischer Basis ins 8. Jh. datierbar sind (24, 83 Anm. 54; 20, 120 f.).

Mit Sicherheit an den Anfang des 7. Jh.s datierbar ist die Eingliederung mancher, z. T. mit Beigaben versehener Gräber in die Stadt. Dies gilt für mindestens vier FO: a) Palazzo Miniscalchi, im Gebiet der *curtis alta* (zum ersten Mal 908 erwähnt), wo 1904 ein Frauengrab mit einer Ausstattung aufgefunden wurde, die aus Goldschmuck röm.-byz. Manufaktur (Körbchenohrringe, Ring) und einem kleinen Goldblattkreuz mit Verzierung im Tierstil II besteht (21, 7 f.; 31, 156–160; 25, 53 f.). b) das Gebiet des Gerichtshofes, wo über den Resten einer aus röm. Zeit stammenden und bis zum 6. Jh. bewohnten *domus* ein Doppelgrab oberhalb einer Brandschicht (aus dem J. 589?) angelegt wurde. Dieses enthielt zwei Erwachsene, von denen einer einen Beinkamm und zwei Armringe mit verdickten Enden beigeben hatte (22, 284 f.; 25, 55–58). c) das Gebiet vom Palast Zenobi auf der via Quattro Spade, wo 1992 ein Areal mit neun Gräbern untersucht wurde, von denen acht einen einfachen Beinkamm aufwiesen und das neunte, isoliert gelegen, einem am Anfang des 7. Jh.s bestatteten Krieger gehörte und einen Beinkamm, einen Schild, eine Lanzenspitze von der Form eines Lorbeerblattes und ein Schwert mit dekorierter Scheide und Griff sowie zugehörigem eisernem Tragegurt aufwies (16, 44 f.). d) das Gebiet der Kathedrale, wo in den 1960er J. während der Ausgrabung der frühchristl. Basiliken beim Hochaltarraum des Gebäudes aus dem 5. Jh. drei Gräber aufgefunden wurden, von denen eines völlig mit Fresken geschmückt war und die Überreste eines Erwachsenen und eines Kindes enthielt, jeweils mit einer Schnalle mediterraner Herkunft, einem Goldring (Erwachsener) und zwei Gürtelschnallen, eine davon vom Siracusa-Typ (Kind) (25, 54 f.; 20, 115 f.). Später datiert sind hingegen die beiden anderen Gräber (1. Hälfte des 8. bzw. 8.–9. Jh.), ebenfalls im Inneren mit Fresken geschmückt (18, 258–268; 19, 420–422; 20, 115 f.).

Weitere Gräber der ersten Generationen von in V. siedelnden Langob. wurden auch an zwei verschiedenen Orten im vorstädtischen Gebiet gefunden: Auf der via Monte Suello, links der Etsch, wurde 1964 eine Gruppe von drei Männergräbern vom Beginn des 7. Jh.s aufgefunden, wobei die Ausstattung des Grabes Nr. 3 bes. reich war. Diese bestand aus zahlreichen Objekten, u. a. einer vielteiligen Gürtelgarnitur röm.-byz. Herkunft mit Goldverzierungen und fünf →Goldblattkreuzen mit gestanzter Verzierung (21, 22–27; 25, 59–71 [die Autoren weisen eine unterschiedliche Numerierung der Gräber auf]). Entdeckungen jüng. Datums (1993) sind hingegen drei Gräber, ebenfalls an den Anfang des 7. Jh.s datiert, die in der Gegend zw. via Cantore, corso Cavour und vicolo Chiodo, d. h. entlang dem sw. Trakt der *via Postumia,* gelegen sind, wo in röm. Zeit die wohlhabenderen *domus* standen. Von diesen Gräbern ist lediglich die Ausstattung einer der drei Bestattungen im Detail bekannt ist (Lanzenspitze, Schwert, Teile des Trageriemens, Messer) (16, 46).

Problematischer ist schließlich die Zuordnung einer bauchigen Flasche aus stempelverzierter Keramik zu einem langob., verwüsteten Grab aus dem Gebiet der Kirche San Fermo Maggiore (25, 58).

Das Ende der langob. Zeit und die darauffolgende karol. Zeit (2. Hälfte des 8. bis Anfang des 9. Jh.s) wurden durch die Gründung oder die Restaurierung zahlreicher Kultgebäude gekennzeichnet, sowohl städtischer als auch vorstädtischer, deren Anzahl bei weitem größer ist als die der frühma. Kirchen, die noch immer erhalten sind oder aus arch. Unters. bekannt wurden. Im städtischen Bereich wurden die größten Bauarbeiten im Domareal durchgeführt. Hier wurde um die Mitte des 8. Jh.s auf Anordnung des Bf.s Annone (750–780) ein neues Kultgebäude errichtet (Santa Maria), bei der jetzigen Kathedrale gelegen (s. des urspr. Gebäudes), in dem am Anfang des 9. Jh.s Bauarbeiten auf Veranlassung des Archidiakons Pacifico stattfanden. Von diesen Arbeiten ist kein arch. Nachweis erhalten. Es bleiben hingegen Spuren der Veränderungen im Gebiet der ant. frühchristl. Kirchen und insbesondere des aus der Mitte des 5. Jh.s stammenden Gebäudes, das ab den ersten Jahrzehnten des 7. Jh.s als Bestattungskirche verwendet wurde (für die Funde s. oben) (20, 131–134).

Bezüglich der zahlreichen außerhalb der Stadtmauer gelegenen Kirchen, die in der Regel arm an arch. Funden sind, stellt der *Versus de Verona,* ein Lob an die Stadt aus dem Ende des 8. Jh.s (24, 73 f.), ein wertvolles Zeugnis dar, in dem alle vorstädtischen Kirchen der Stadt aufgelistet sind. Unter ihnen erscheinen neben der oben erwähnten Kirche San Pietro in Castello, wo in der 1. Hälfte des 9. Jh.s Bauarbeiten von dem Archidiakon Pacifico veranlaßt wurden, nö. der Stadt San Giovanni in Valle und Santa Maria in Organo und nw. Santo Stefano. Die urspr. frühchristl. Aula von Santo Stefano wurde vermutlich im Laufe des 10. Jh.s in drei Kirchenschiffe unterteilt und mit zwei übereinanderliegenden apsidialen Wandelgängen versehen (20, 123. 151). Im

SW stellt die Kirche San Fermo Maggiore das bedeutendste Zeugnis dar (heute ausschließlich in den roman. Überresten sichtbar). Sie wurde in den allerersten J. des 9. Jh.s geweiht. In ihrem Turm wurden einige architektonische Frg. wiederverwendet, die möglicherweise aus einer frühchristl., dem karol. Bau vorhergehenden Kirche stammten (möglicherweise diejenige, die von Paulus Diaconus erwähnt wird) (20, 128–131). In der Kirche San Procolo – in unmittelbarer Nähe zur Kirche San Fermo maggiore – wurden in der Krypta aus der 1. Hälfte des 9. Jh.s einige Kapitelle wiederverwendet, die teils ins 8. Jh., teils ins 9.–10. Jh. datiert werden und möglicherweise auf eine anderweitig nicht belegte karol. Renovierung des urspr. frühchristl. Gebäudes zurückgehen (32; 20, 112).

Ein Besonderheit stellt die Wanddekoration der Felsenkapelle der Hl. Nazarus und Celsus im vorstädtischen Gebiet dar, deren Gründung vermutlich ins 6.–7. Jh. zurückgeht. Für das Gebäude ist eine Renovierung in spätlangob. Zeit angenommen worden, die zu einer mit Marmorplatten geschmückten Wanddekoration und Stuckaturen in der Hauptnische und vielleicht an der Decke führte (29).

Eine letzte Anm. betrifft schließlich die Binnengliederung der Stadtsiedlung im 8.–10. Jh., von der man bisher nicht über eine passende arch. Dokumentation verfügt. Anhand der schriftlichen Qu. ist es berechtigt anzunehmen, daß die Gebäude – grundsätzlich noch durch die ant. röm. Straßenzüge beeinflußt – parataktisch entlang der Straßen gesetzt waren und einen angebauten Hof auf der Rückseite besaßen (24, 96 f.). Ebenfalls anhand der schriftlichen Qu. ist die Hypothese einer Verdichtung der Stadtsiedlung zw. dem 9. und 10. Jh. erstellt worden (24, 98 f.), der am Ende des 10. Jh.s die Aufteilung des Theaters (bis dahin im kgl. Besitz) in Parzellen folgte, die Kg. Berengarius I. an Privatpersonen schenkte (24, 105 f.).

(1) V. Bierbrauer, Das westgot. Fibelpaar von Villafontana, in: O. von Hessen, I ritrovamenti barbarici nelle collezioni civiche veronesi del Museo di Castelvecchio, 1968, 75–82. (2) Ders., Germ. des 5. und 6. Jh.s in Italien, in: R. Francovich, G. Noyé (Hrsg.), La storia dell'Alto Medioevo italiano (VI–X secolo) alla luce dell'arch., 1994, 33–56. (3) M. Bolla (Hrsg.), Archeologia a V., 2000. (4) Ders., Militari e militaria nel territorio veronese e gardesano (III–inizi V sec. d.C.), in: M. Buora (Hrsg.), Miles Romanus dal Po al Danubio nel tardoantico, 2002, 99–138. (5) L. Bosio, Le strade romane della Venetia e dell'Histria, 1991. (6) G. P. Brogiolo, Ideas of the town during the transition from Antiqu. to the MA, in: Ders., B. Ward-Perkins (Hrsg.), The Idea and Ideal of the Town between Late Antiqu. and the Early MA, 1999, 99–126. (7) Ders., Capitali e residenze regie nell'Italia longobarda, in: G. Ripoll, J. M. Gurt (Hrsg.), Sedes regiae (ann. 400–800), 2000, 135–162. (8) A. Buonopane, V.133 Base di statua, in: Tesori della Postumia. Archeologia e storia intorno a una grande strada romana alle radici dell'Europa, 1998, 547. (9) G. Calcani, I tondi adrianei e l'Arco di Costantino, Rivista dell'Istituto Nazionale di Arch. e Storia dell'Arte. Ser. 3, 19/20, 1996/97, 175–201. (10) G. Cantino Wataghin, C. Lambert, Sepolture e città. L'Italia settentrionale tra IV e VIII secolo, in: Dies., G. P. Brogiolo (Hrsg.), Sepolture tra IV e VIII secolo, 1998, 89–114. (11) M. Capozza, La voce degli scrittori antichi, in: E. Buchi (Hrsg.), Il Veneto nell'età romana, 1. Storiografia, organizzazione del territorio, economia e relig., 1987, 1–58. (12) G. Cavalieri Manasse, V., in: Dies. (Hrsg.), Il Veneto nell'età romana, 2. Note di urbanistica e di archeologia del territorio, 1987, 1–57. (13) Dies., Le mura di V., in: Mura delle città romane in Lombardia, 1993, 179–215. (14) Dies., Le mura teodoriciane di V., in: Teoderico il Grande e i Goti d'Italia. Atti del XIII Congresso internazionale di studi sull'Alto Medioevo, 1993, 634–644. (15) Dies., B. Bruno, Edilizia abitativa a V., in: J. Ortalli u. a. (Hrsg.), Abitare in città. La Cisalpina tra impero e medioevo, 2003, 47–64. (16) Dies., P. Hudson, Scheda 6, in: Restituzioni '96. Opere restaurate, 1996, 42–47. (17) Diess., Nuovi dati sulle fortificazioni di V. (III–XI secolo), in: G. P. Brogiolo (Hrsg.), Le fortificazioni del Garda e i sistemi di difesa dell'Italia settentrionale tra tardo antico e alto medioevo, 1999, 71–91. (18) C. Fiorio Tedone, Tombe dipinte altomedievali rinvenute a V., Archeologia Veneta 8, 1985, 251–288. (19) Dies., Dati e riflessioni sulle tombe altomedievali internamente intonacate e dipinte rinvenute a Milano e in

Italia settentrionale, in: Milano e i Milanesi prima del Mille. Atti del X Congresso internazionale di studi sull'Alto Medioevo, 1986, 403–428. (20) Dies., V., in: A. Castagnetti, G. M. Varaninini (Hrsg.), Il Veneto nel Medioevo. Dalla „Venetia" alla Marca Veronese 2, 1989, 103–137. (21) O. von Hessen, I ritrovamenti barbarici nelle collezioni civiche veronesi del Museo di Castelvecchio, 1968. (22) P. J. Hudson, La dinamica dell'insediamento urbano nell'area del Cortile del Tribunale di V.: l'età medievale, Quaderni di Archeologia del Veneto 1, 1985, 50–64. (23) Ders., Contributi archeologici alla storia dell'insediamento urbano veneto (IV–XI secolo), in: wie [20], 331–348. (24) C. La Rocca, „Dark Ages" a V.: edilizia privata, aree aperte e strutture pubbliche in una città dell'Italia settentrionale, in: Paesaggi urbani dell'Italia padana nei secoli VIII–XIV, 1988, 71–122. (25) Dies., Catalogo, in: Dies., D. Modenesi (Hrsg.), Materiali di età longobarda nel veronese, 1989, 47–148. (26) Dies., Una prudente maschera „antiqua". La politica edilizia di Teoderico, in: wie [14], 1993, 451–515. (27) S. Lusuardi Siena, Sulle tracce della presenza gota in Italia: il contributo delle fonti arch., in: Magistra Barbaritas. I barbari in Italia, 1984, 509–588. (28) Dies., Teodorico, in: Enciclopedia dell'Arte Medievale 11, 2002, 118–125. (29) Dies., Miris olim constructa figuris aula: alle origini del sacello rupestre presso la chiesa dei SS. Nazaro e Celso, in: G. M. Varanini (Hrsg.), Il sacello rupestre di S. Michele presso la chiesa dei SS. Nazaro e Celso a V., Sommacampagna (VR), 2004, 39–69. (30) G. Rosada, La viabilità tra decima regio, Raetia e Noricum come sistema territoriale, in: L. Dal Rì, S. di Stefano (Hrsg.), Arch. der Römerzeit in S-Tirol. Beitr. und Forsch. / Archeologia romana in Alto Adige. Studi e contributi, 2002, 47–55. (31) H. Roth, Die Ornamentik der Langob. in Italien. Eine Unters. zur Stilentwicklung anhand der Grabfunde, 1973. (32) F. Sogliani, I capitelli altomedievali della cripta, in: P. Brugnoli (Hrsg.), La Chiesa di S. Procolo a V. Un recupero e una restituzione, 1988, 97–104.

E. Possenti

Verschlüsse (Schloß und Schlüssel)

§ 1: Allgemein und Definitionen – § 2: Formen – § 3: Entwicklungsgeschichte – a. Vorröm. EZ – b. Röm. Prov. – c. Germanen während der RKZ – d. MZ – e. KaZ – f. WZ – g. Slawen – h. MA – § 4: Symbolische Bedeutung – a. Arch. – b. Hist. Überlieferung

§ 1. Allgemein und Definitionen. Schloß und Schlüssel sind seit mehreren Jt. einerseits ein unverzichtbarer Teil der Ausstattung von Mobiliar, Haus, Gehöft und Siedlung, zum Zwecke der möglichst sicheren Absperrung gegenüber allen, die keinen passenden Schlüssel hatten, und andererseits über das symbolische Schließen und auch Öffnen ein vielfältiges Zeichen allg. kultisch-relig. Vorstellungen.

Das Schloß, lat. *claustrum/claustra,* und der Schlüssel, lat. *clavis,* haben im Germ. eine eigene Wurzel, abzuleiten von ‚schließen', ahd. *sliozan,* aber zu vergleichen mit lat. *claudere*. Lat. *clavis* meint ‚Schlüssel' oder ‚Riegel', das griech. κλείς ‚Riegel, Haken, Schlüssel', und *sliozan* bedeutet daher soviel wie ‚einen Riegel geben'. Ahd. *sloz* meint ‚Türverschluß', und ahd. *sluzzil* sowie z. B. as. *slutil* sind direkt von ‚schließen' abzuleiten (52, 810–812); zu den anord. Bezeichnungen (21, 135). Das Wort griech. κλείς hat denn auch dem sichelförmig gebogenen Schlüsselbein, lat. *clavicula,* den Namen gegeben.

Zum Abschließen von Toren und Türen, Truhen und Kästchen gibt es unterschiedliche Verfahren. Zur Sicherung von Eigentum und Begrenzung des Zugangs durch Fremde bzw. Unbefugte wurden Schloß und Schlüssel entwickelt. Doch um Türen geschlossen zu halten, genügen auch einfache Riegel von innen, was eine gewisse Sicherheit schafft, oder auch hölzerne Klampen bzw. ein um einen Holz- oder Eisennagel drehbares Holzstück (innen und außen), was gegen Wind und Tiere schützt, aber von jedermann geöffnet werden kann; denselben Zweck erfüllt eine Schnur, die außen oder innen – auf der einen Seite der Tür befestigt, auf der anderen um einen Pflock im Türpfosten gewickelt werden konnte (ausführlich aus dem Blickwinkel und der Kenntnis der eigenen Zeit: 46, 465 ff.; 45, 214 ff.; 21, 135). Tore, z. B. von Befestigungen oder in Stadtmauern, wurden auch ohne Schloß mit quer eingelegten Balken *(sera)* sicher verschlossen (22; 46, 463).

Kulturgeschichtl. entscheidend waren jedoch die Einführung von Schloß und Schlüssel, überliefert schon seit dem 3. Jt. v. Chr. in Mesopotamien auf Siegelzylindern, abgebildet als Symbol in der Hand des Sonnengottes (45, 214), und seit dem 2. Jt. v. Chr. in Ägypten als Holzschlüssel und Zeichen des Gottes Bes (45, 216; 46, 468), also im Zusammenhang mit Gottheiten, aber zugleich erfunden zum Zweck des Schutzes der Tempel und allg. vor fremdem bzw. unerlaubtem Zutritt oder Zugriff, so L. Jacobi 1897 (46, 463 mit Anm.). Dies hat nicht unbedingt etwas mit Individualisierung von zuvor allg. Besitz zu tun, von unterschiedlichen gesellschaftlichen Gruppen und Schichten mit unterschiedlichem Besitz, womit seinerzeit vom Hist. Materialismus das Aufkommen von Schloß und Schlüssel bei den Germ. und Slaw. gedeutet wurde. Vielmehr ist die Einführung von Schloß und Schlüssel mit einem veränderten Denken zu verbinden, mit neuer Einschätzung wertvoller Güter (so auch 1897 [46, 463]), von Rangunterschieden in Haushalten (Schlüsselgewalt der Hausfrau; Herr über die Vorräte im Keller) und damit von Rechten und Pflichten, mit Abgrenzungen wie beim Zaun gegenüber Nachbarn und Fremden. Die Zahl der Gebäude, Räume, Möbel und Kästchen, die verschließbar wurden, nahm von der vorröm. EZ über die röm. Epoche zum MA ständig zu. Zwar sind Schlösser weniger häufig erhalten geblieben, dafür ist aber die wachsende Anzahl der Funde von Schlüsseln in Siedlungen beachtlich. Nicht nur einzelne Schlüssel, sondern auch Bündel mit mehreren wurden gefunden und sind in Miniaturen im MA abgebildet, was die zunehmende Zahl der verschließbaren Räume und der Behältnisse wie Truhen in einem Gehöft spiegelt.

Das Schloß markiert die Grenzlinie zum Haus oder Hof (→ Tür und Türschwelle; → Eigentum; → Diebstahl); Einbruch bricht den Hausfrieden. Ähnliches gilt für Tore zum Gehöft, zum Kultbau oder zur Festung (→ Befestigungen und Befestigungswesen). Doch außer der Haustür werden auch Türen innerhalb des Hauses, wie zum Schlafraum, zur Speisekammer bzw. zu Vorratsräumen, außerdem Truhen und Kästchen mit einem Schloß versehen. Damit steigert sich die Individualität des Zugriffs auf Sachen, denn nur einzelne aus der *familia* im erweiterten Sinne hatten den Schlüssel. Außerdem werden Rangunterschiede innerhalb Familie mit Gesinde betont, und Funktionsbereiche werden definiert, was in erster Linie für die Aufbewahrung von Vorräten gilt, aber sich auch auf Schmuck und vielleicht außerdem auf Waffen, die verschlossen sein sollten, bezieht.

Schloß und deutlicher Schlüssel hatten zudem von Anfang an neben der profanen Funktion auch eine symbolische Bedeutung im Kult, was zur Herstellung von Schlüsselformen führte, die ohne entspr. Schloß und ohne funktionsfähig zu sein als Amulette dienten, getragen zumeist von Frauen.

Schloß und Schlüssel haben bis in die Gegenwart auch unter ästhetischen und schmiedetechnischen Aspekten breite Aufmerksamkeit gefunden; die Übersichts-Lit. bringt jeweils auch Abschnitte zu den Frühformen von Schloß und Schlüssel (11; 61; 69; 72; 75; 77a; 85; 98).

Die Gesch. der Tür (22; 43) (→ Tür und Türschwelle), des Tores (35), der → Truhe und des Kästchen (→ Mobiliar) sind ebenfalls mit der Entwicklung von Schloß und Schlüssel verbunden.

§ 2. Formen. Von Beginn an – während der späten BZ und der vorröm. EZ in Europa – gab es vier Grdf. von Schlössern und zugehörigen Schlüsseln, das Schubriegelschloß mit Hakenschlüssel, das Fallriegelschloß mit ähnlichem Hakenschlüssel, das Federschloß mit Steckschlüssel, jeweils innen eingesetzt an Türen und Kästen, sowie das Hang- oder Vorhängeschloß (16; 44; 51; 22; 33; 36).

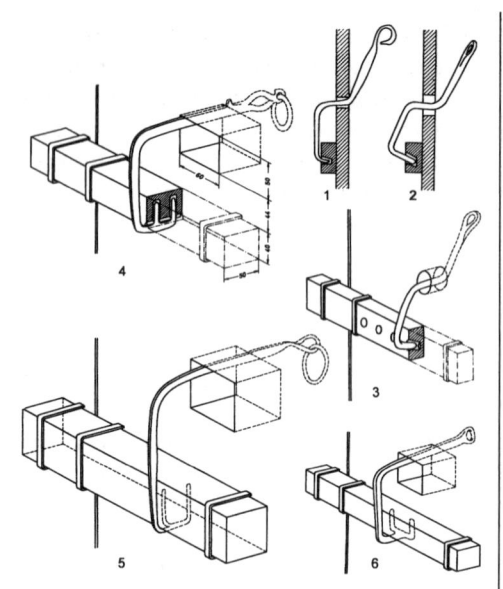

Abb. 41. Rekonstruktionen von Schubriegelschlössern. Nach G. Jacobi (44, 155 Abb. 37)

Schub- und Fallriegelschlösser waren anfangs (und es gibt Beispiele noch heute) aus Holz hergestellt (L. Jacobi 1897 zu seiner Zeit [46, 465 ff.]; auch H. Jacobi 1930 ausführlich [45]), auch Schlüssel waren aus Holz, Knochen oder Hirschgeweih geschnitten (46, 467 mit Abb.); erst seit der vorröm. EZ wurden sie aus Eisen gefertigt. Anhand ant. Berichte haben Autoren im späten 19. Jh. vom hölzernen karischen oder vom lakonischen Schlüssel gesprochen (z. B. nach J. Fink [26]) (45, 216), weil in Lakonien im 6. Jh. v. Chr. nach → Plinius der eiserne Schlüssel erfunden worden sei (46, 467; aber 45, 216).

Beim Schubriegelschloß werden die Enden des gebogenen Schlüssels mit einem, zwei oder mehreren Haken durch ein Schlüsselloch in der Tür oder im Kastendeckel nach innen geführt, greifen von unten in entspr. Aussparungen im Holzriegel und erlauben es, den Riegel zu verschieben (Abb. 41). Das Fallriegelschloß besteht aus einem Riegel, der durch mehrere einzeln bewegliche, senkrechte Fallstifte oder Klötzchen (Sperrstifte oder *pessuli*) in einem Schloßkasten fest arretiert ist. Die entspr. angeordneten und geformten Hakenenden heben diese Stifte an und geben damit den Riegel frei (Abb. 42) (44, 153 ff.; 16, 46 ff.). Diese Holzschlösser können beachtliche Ausmaße von mehr als 40 cm annehmen, die Schlüssel mehr als 20 cm lg. sein, entspr. der Entfernung zw. Schlüsselloch und Riegel.

Das Federschloß besteht aus zwei Teilen, einem Schlüsselkörper und einer Spreizfeder, die durch Ineinanderstecken geschlossen werden, durch das Einrasten bzw. Spreizen der Feder. Mit einem Steckschlüssel, der eine passende Aussparung im Bart aufweist, werden die gespreizten Federblätter zusammengedrückt, was das Auseinandernehmen der beiden Schloßteile ermöglicht und damit das Schloß öffnet (Abb. 43). Federschlösser sind in der Regel aus Eisen hergestellt, da die Feder aus Metall am besten funktioniert. Aber auch Schlösser mit hölzerner Feder sind seit der LTZ überliefert (44, 174; 45, 219).

Der Schlüssel besteht aus Griff (Reite/Raite/Reide/Raute), Schaft und Haken bzw. Bart, die jeweils verschieden ausgebildet sein können, der Schaft z. B. rundstabig, vierkantig, spiralig gedreht oder als Hülse, der Griff ringförmig, oval oder tropfenförmig und dabei flach ausgeschmiedet oder ebenfalls rundstabig, das schließende Ende als einfacher oder mehrfacher Haken, als Bart mit Aussparungen an den Kanten oder auch in der Fläche. Der Bart kann flach oder geschweift, in den Schaft eingesetzt oder aus dem Blech herausgebogen sein (Abb. 52) und weist an den Kanten, v. a. unten – manchmal auch oben und an der Seite – Einschnitte auf, die den Formen im Schloß entsprechen. Die Durchbrüche inmitten der Bartfläche haben nicht nur Zierwert, wie Keßler meinte (50, 96), sondern können komplexe Federschlösser bedienen.

Der Halm oder Schaft kann massiv sein, im Querschnitt rund, vierkantig oder tor-

Verschlüsse

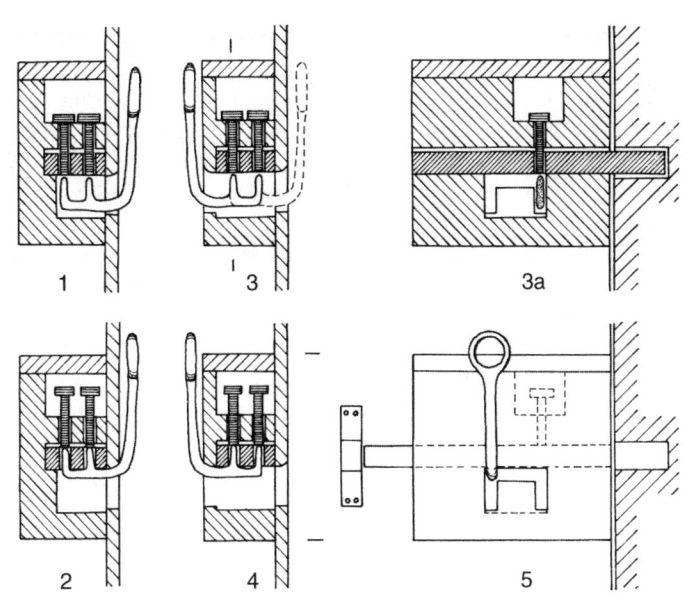

Abb. 42. Schema eines Fallriegelschlosses. Nach G. Jacobi (44, 160 Abb. 39)

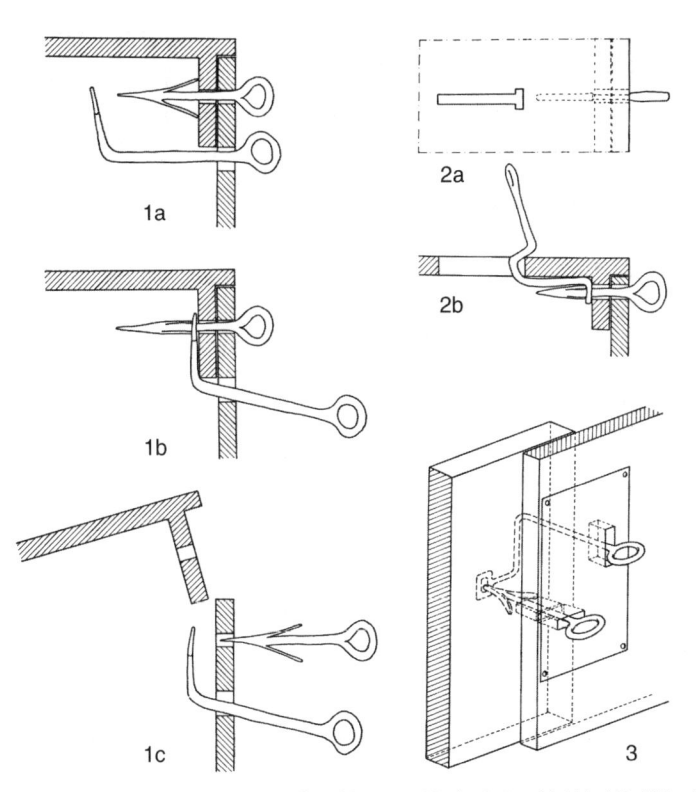

Abb. 43. Schematische Darst. von Federschlössern. Nach G. Jacobi (44, 163 Abb. 41)

a – Drehhülse mit Mitteldorn; Führung für Hohldornschlüssel
b – Schieberiegel, beweglich gelagert, kombiniert mit Zuhaltung
c – Blattfeder; Sperrvorrichtung für den Schieberiegel (a)
d – Steckbolzen; ösenförmiges Griffende für anschließende Kette

A

a – Drehhülse mit Mitteldorn; Führung für Hohldornschlüssel
b – Zuhaltung; fest montiert
c – Blattfeder; Sperrvorrichtung für Steckbolzen
d – Steckbolzen; ösenförmiges Griffende für anschließende Kette

B

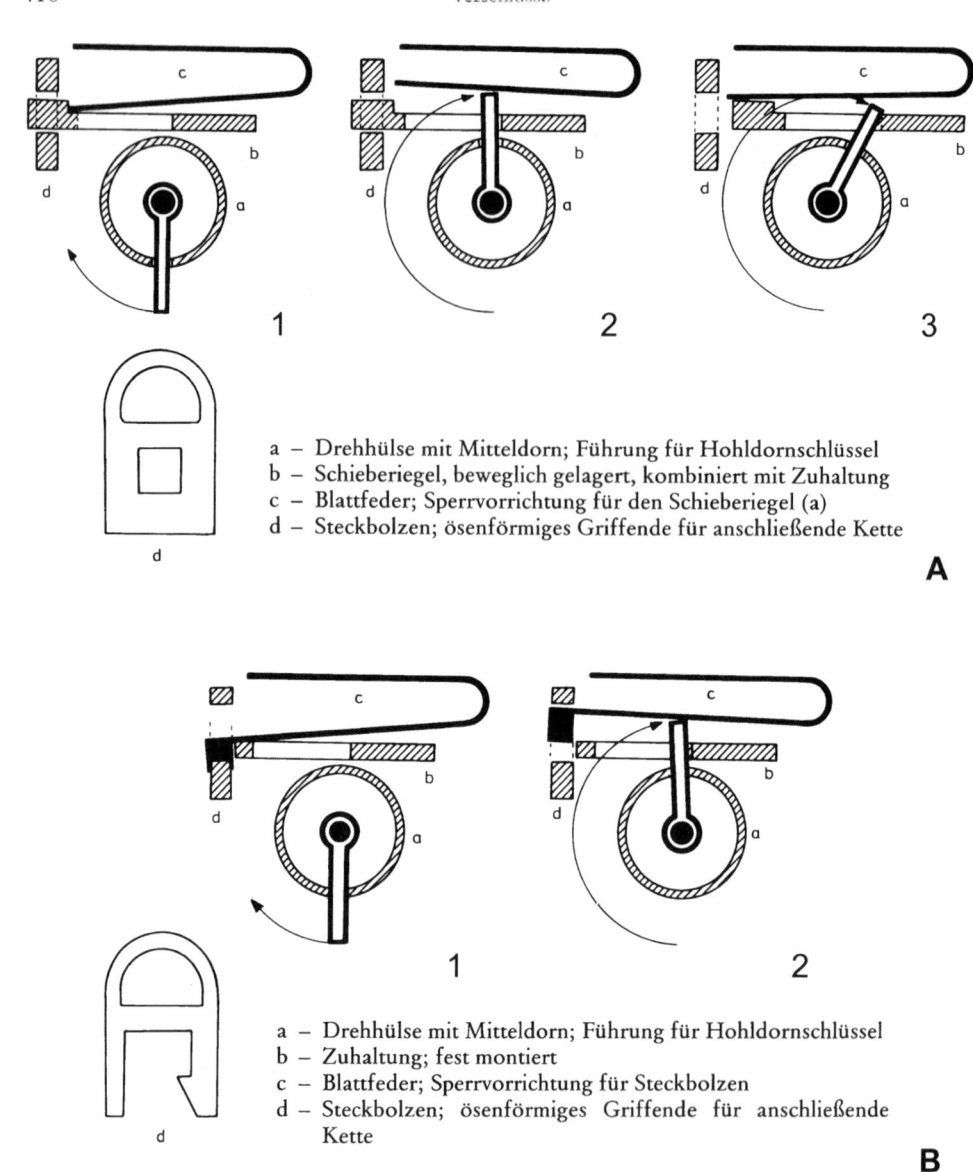

Abb. 44. Drehschloß mit Schubriegel (A) und Schnappverschluß (B). Schematisierter Ablauf des Schließprozesses. Nach Schauerte/Steiner (84, 377 Abb. 5 und 6)

diert, er kann in einem Volldorn enden, über dem der Bart ansetzt, er kann hohl sein, ausgebildet als zusammengelötetes Rohr oder nur zur Hülse zusammengebogen, mit einem durchlaufenden Spalt, an dessen unterem Ende der Bart eingeschoben ist. Schlüssel mit Dorn oder Hohl-schlüssel gehören zu Drehschlössern (Abb. 44); die sichere Führung beim Drehen bzw. Schließen benötigt eine Fixierung des Schlüssels, beim Dorn in einem Loch im Rückblech des Schloßkörpers oder bei der Hülse an einem am Rückblech angelöteten Stift. Wo Rohr oder Schaft und Reite zu-

Verschlüsse 411

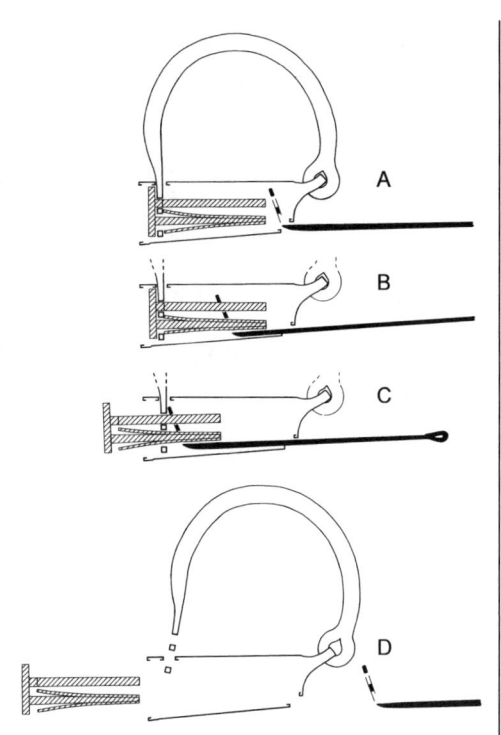

Abb. 45. Schema eines Vorhängeschlosses. Nach Goodall (31, 1004 Fig. 310)

sammengesetzt sind (das Gesenke), gibt es vielfach eine besondere Profilierung.

Das Schloß hat also als Kernstück entweder einen verschiebbaren Riegel mit unterschiedlichen Aussparungen, in den Stifte eingreifen und damit das Schloß verriegeln; das Aufschließen erfolgt durch Anheben dieser Stifte, was dann die Verschiebung des Riegels erlaubt. Die andere Art des Abschließens beruht auf der Spreizung einer Feder, die mittels eines speziell geformten Steckschlüssels wieder zusammengepreßt wird, was den Riegel beweglich macht, wodurch das Schloß geöffnet werden kann. In diese Gruppe gehört das sog. Hang- oder Vorhängeschloß, überliefert seit der späten vorröm. EZ, als Federschloß, das zwei Krampen, Ringe oder auch Fesseln verbindet (Abb. 45).

Es gibt zwei grundsätzlich unterschiedliche Schloßsysteme. Beim Kastenschloß ist der Verriegelungsmechanismus auf einer Seite der Tür oder des Truhendeckels (innen) angebracht und bietet somit Sicherheit nur von der anderen Seite, wird nur von außen betätigt. Auf diese Weise sind alle Schlösser der Ant. bis ins MA konstruiert. Das jüng. moderne Einsteckschloß ist von der Kante in das Türblatt eingelassen, kann von beiden Seiten bedient werden und bietet nach dem Verschließen Schutz nach außen als auch nach innen.

Von Beginn der Entwicklung an im 3./ 2 Jt. mit Holzschlössern ist bis heute allen Schloßarten der im Gehäuse geführte Riegel gemeinsam. Ebenso greift von den ältesten Schlössern bis in die Neuzeit der Schlüssel mit dem Haken oder Bart in Aussparungen des Riegels und kann ihn auf diese Weise verschieben. Sowohl die Form des Schlüssellochs im Schloßblech als auch die Ausgestaltung des Schlüsselbartes bieten die Sicherheit gegen unbefugtes Öffnen, denn nur mit dem individuell passenden Schlüssel sollte der Schließvorgang möglich sein.

Das Schloß für einen schlichten Hakenschlüssel läßt sich leicht mit einem Nachschlüssel *(clavis adultera)*, dem ‚Dietrich' öffnen. Diese Bezeichnung mit einem Männernamen ist seit dem 14. Jh. für den Diebesschlüssel überliefert (52, 200). Man wehrte sich dagegen durch Versetzung des Schlüssellochs weit vom Schloß und durch die entspr. Formung des Schlüsselschaftes sowie v. a. über die Variationsbreite der Gestaltung von Schlüsselbärten und Haken, deren Querschnitte ebenfalls unterschiedlich gestaltet sein können, rund, halbrund, viereckig, oder polygonal (48, 474). Zur Perfektion brachten es dabei die Römer mit ihren zahlreichen Haken am rechtwinklig abgebogenen Bart ihrer Schlüssel, die beliebig viele Kombinationen zuließen, überzeugend vorgelegt anhand der Funde von der Saalburg, wo unter mehr als 250 Schlüsseln keine identische Ausbildung vorkommen soll (46, Taf. 75. 17–36) (Abb. 46).

innen angeheftete Schloß reichen mußte. Die Mehrheit der ausgegrabenen Schlüssel gehört zu Kästchen und kleineren Möbeln, zu beweglichen Behältnissen. Die Lg. des Schlüssels läßt den Zweck ahnen, liegt sie unter 10 cm und meist bei 5 cm, dann ist von Kästchen- oder Truhenschlössern auszugehen. Lange Schlüsselgriffe gehören entweder zu einem Schloß an dickem Türholz oder zu einem Schloß, das in größerem Abstand unterhalb des Schlüssellochs angesetzt ist.

§ 3. Entwicklungsgeschichte. Die ant. Entwicklung von Schloß und Schlüssel bieten Diels (16) oder H. Jacobi (45) und die neuen Handbücher (43), eine Darst. der Entwicklung des Schlüssel seit dem ägypt. Altert. findet sich bei Klima 1980 (51, 86 Abb. 41; wieder abgedruckt bei 40, 79 Abb. 70) (Abb. 47); allg. zu ant. Schloß und Schlüssel (43), knapp zur Gesamtentwicklung (25), zur Weiterentwicklung im MA (78; 79).

Schlösser und Riegel aus speziell ausgewähltem, hartem Holz, auch teils komplexer Struktur, sind durch alle Epochen bis in die Gegenwart verwendet worden. Die ältesten Verschlüsse waren Schub- oder Fallriegelschlösser, in der späten vorröm. EZ kam das Federschloß mit Drehschlüssel auf. Während schon seit der späten BZ Schlüssel aus Metall bestanden, auch für die Holzschlösser, wurden erst die Federschlösser und die Vorhängeschlösser selbst seit der späten vorröm. EZ aus Eisen, dazu dann auch die Schlüssel aus Eisen, hergestellt.

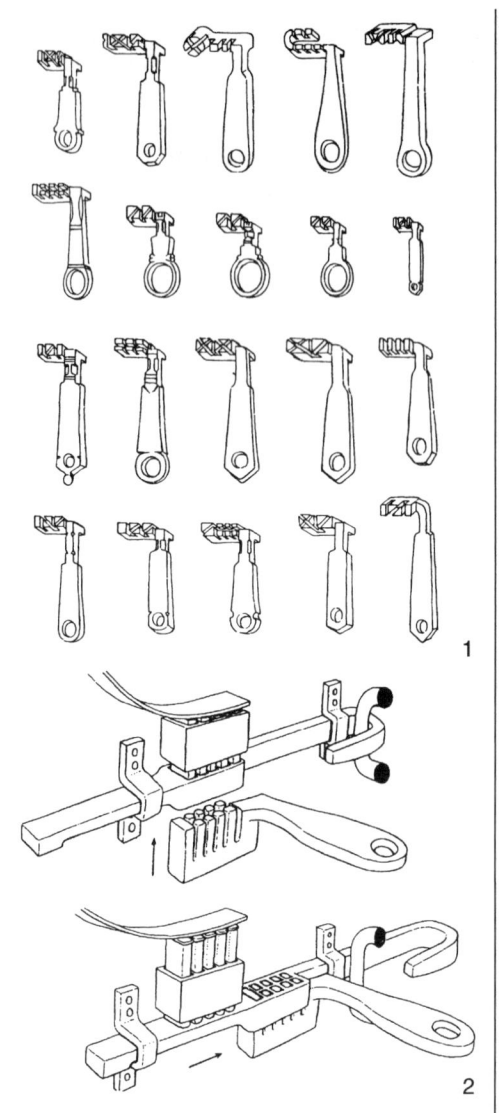

Abb. 46. 1 Schlüssel mit rechtwinklig abgeknicktem und unterschiedlich gezähntem Bart. Nach L. Jacobi (46, 473 Fig. 75, 17–36); 2 Schloß für röm. Schlüssel mit rechtwinklig abgeknicktem Bart und vielen Zähnen. Nach Fernández-Ibáñez (24, 114 Fig. 14 B)

Die Unterscheidung, ob ein Schlüssel für ein Schloß an einem Hoftor, einer Haustür oder einem Kasten gedacht war, ist einerseits natürlich an der Größe ablesbar, andererseits unmittelbar an der Lg. des Schaftes, der durch die Dicke des Türblattes in das

a. Vorröm. EZ. Homer (Odyssee 21. Gesang, 6 f. und 46–50) beschreibt den Hakenschlüssel, mit dem Penelope die Tür zum Gemach des Odysseus öffnet, indem sie damit den Riegel auf der Innenseite der Tür zurückstößt: ‚Faßte mit zarter Hand den schöngebogenen Schlüssel, zierlich (?) von Erz gegossen, mit elfenbeinernem

Verschlüsse 413

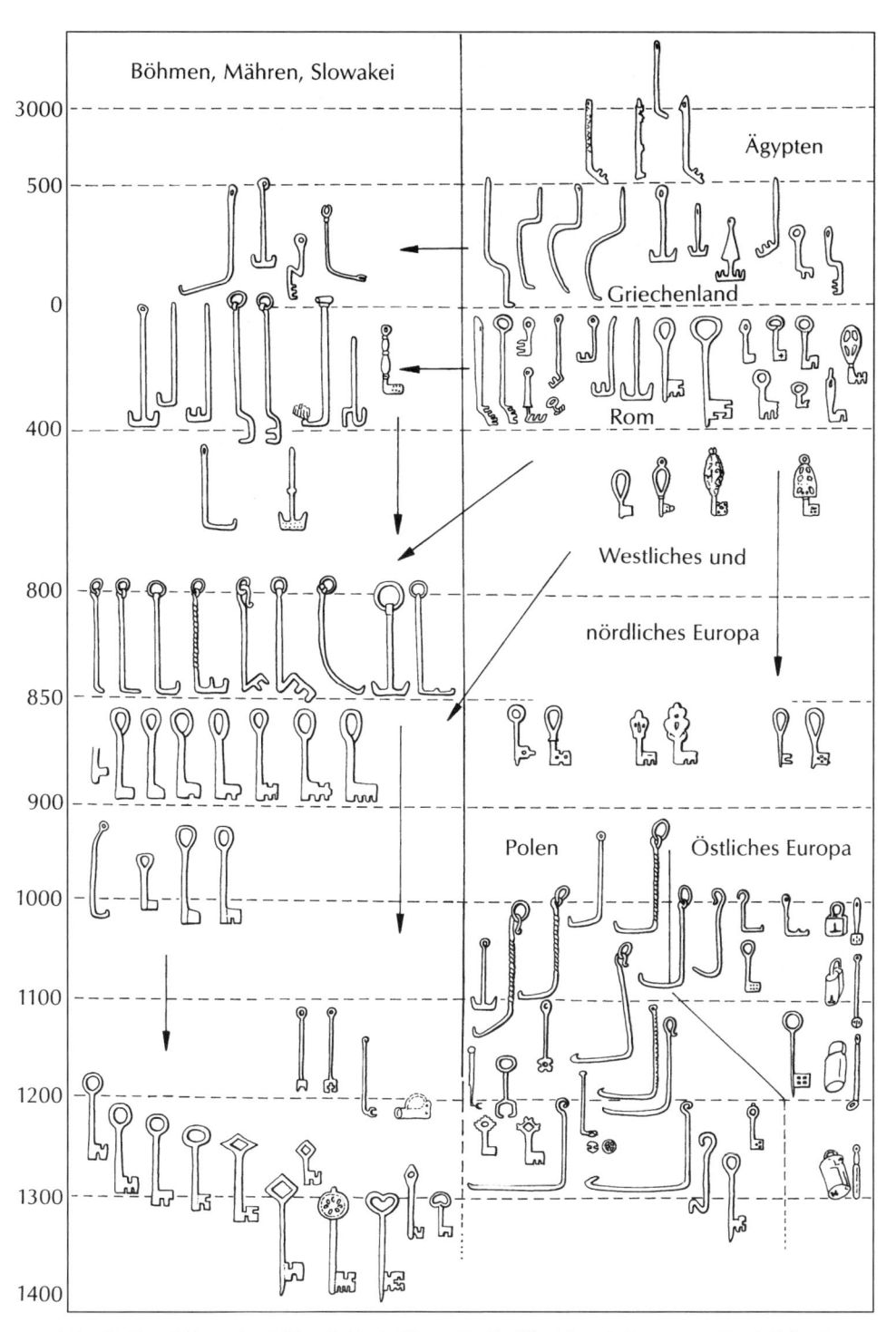

Abb. 47. Entwicklung der Schlüssel. Nach Klima (51, 86 Abb. 41) und Herrmann (40, 79 Abb. 70)

Griff' (44, 171; sehr ausführlich 45, 225–227 und Anm. 37). In der Ilias (6. Gesang, 89) fordert Helenos, daß Hekuba zum Tempel der Athene geht und mit dem Schlüssel das Heiligtum öffnet.

Schlüssel tragen auf Vasenbildern und anderen ant. Denkmälern die Tempel-Diener und Dienerinnen als κληδοῦχοι / clavigeri. Die Bilder zeigen beachtlich große, den kelt. Sichelschlüssel entspr. Gerätschaften. Eine rotfigurige Hydra aus dem 5. Jh. v. Chr. zeigt den Vorgang, wie eine Frau mit Hakenschlüssel eine Tür öffnet (44, 171; 16, Taf. 6; 92, 236 Abb. 9; 24, 103 Fig. 1). Aus Italien sind Funde derartiger Schlüssel überliefert, so in Grab 277 von Este aus der 2. Hälfte des 8. Jh.s v. Chr. Im Gebiet am N-Rand der Alpen sind aus Hortfunden der späten UZ in Österr. lange Hakenschlüssel aus Bronze bekannt, sowie aus einigen Schweizer Pfahlbausiedlungen. Fundstücke sind aus Griechenland anscheinend erst aus dem 5. Jh. v. Chr. erhalten, aus dem etrusk. Italien ebenfalls, so aus Marzabotto bei Bologna (6.–4. Jh. v. Chr.) lange Hakenschlüssel mit einfach umgebogenem Haken und geradem Griff mit Ringende (45, 221; 44, 171 f.). Schlüssel mit mehreren Zinken am Bart sind seit dem 5. Jh. v. Chr. überliefert, so aus Mykene und Olynth. Diese wurden als ‚lakonische' Schlüssel bezeichnet (s. o.) und von Aristophanes (um 445–um 385 v. Chr.) beschrieben. Es heißt bei ihm, daß Männer die Schlüssel tragen (Θεσμοφοριάζουσαι 419 ff.): ‚Denn seht, die Männer tragen selbst jetzt wohlverwahrt die Schlüssel [zur Speisekammer] mit sich, Schlüssel von ganz verwünschter Art, lakonisch' Zeug, zwei Kerben eingefeilt dem Bart' (zitiert nach 45, 174). → Plinius meint, daß Theodorus von Samos diesen Typ und damit auch das Schloß in Lakonien erfunden habe (16, 48), doch sind sie zuvor schon in Ägypten bekannt gewesen (44, 172; 33a, 25 Fig. 3 und 4: Lakonische Schlüssel).

Die Schlüssel aus der späten BZ/UZ im Alpengebiet sind bis zu rund 50 cm lg. sichelförmige Stäbe aus Bronze, die zudem mehrere 100 g wiegen. Sie sind rundstabig oder im Querschnitt rhombisch. Die Griffe haben Ringenden, sind tordiert oder plastisch gestaltet, tragen als Zierde Wasservögel. Zuerst erkannten G. Jacobi 1930 (44, Abb. 2) und Vogt 1931 (99) die langen Bronzehaken als Schlüssel für Schubriegelschlösser (92; auch 24, 104, Fig. 4; auch 14a). Reste von Türriegeln sind aus Feuchtbodensiedlungen, so von der Wasserburg → Buchau, überliefert (92, 236 ff.).

Die ältesten Belege stammen aus der späten BZ, dem 9./8. Jh. v. Chr., aus den alpenländischen → Seeufersiedlungen, verwendet wurden sie während der HaZ und der frühen LTZ im 6./5. Jh. v. Chr. (→ Heuneburg [90, 68 f.]) und in den spätkelt. Oppida des 2./1. Jh.s v. Chr. (→ Manching); eine Produktion derartiger Schlüssel in Manching selbst wird angenommen. N. der Alpen gewinnt dieser Schlüsseltyp und damit auch das zugehörige Schloß während der Spät-LTZ noch an Bedeutung.

In der südalpinen Fritzens-Sanzeno-Kultur (67) sind von zahlreichen Plätzen Hakenschlüssel für Schubriegelschlösser der jüng. EZ überliefert (64, 40 f. Fig. 2 Sanzeno-Schlüssel, 42 Fig. 3 Verbreitungskarte zu den Sanzeno-Schlüsseln; 64a, 109, Karte Fig. 59; 68, Karte 1137 Abb. 6; 62, 575 mit Karte Abb. 3; 83). Der Sanzeno-Schlüssel, nach dem FO im Nonsberg, Trient, benannt (67, 111. 141 ff., Nr. 782–830, Taf. 54–61), hat meist einen mehrzinkigen oder schleifenförmigen Bart, einen sichelförmig gebogenen Schaft und einen Zapfen am Griffende, wobei der Griff variantenreich gestaltet ist; er ist bis zu 40 cm lg. (Abb. 48). Die Griffverkleidung bestand aus organischem Material, aus Bein oder Horn. Der Schlüssel wurde senkrecht nach unten ins Schlüsselloch eingeführt und griff von unten in die Aussparungen im Riegel, um ihn zu verschieben (45, 223 Abb. 3, 7; 44, 155 Abb. 37). Das Schlüsselloch zu dem Schubriegelschloß war deutlich oberhalb des an

Verschlüsse 415

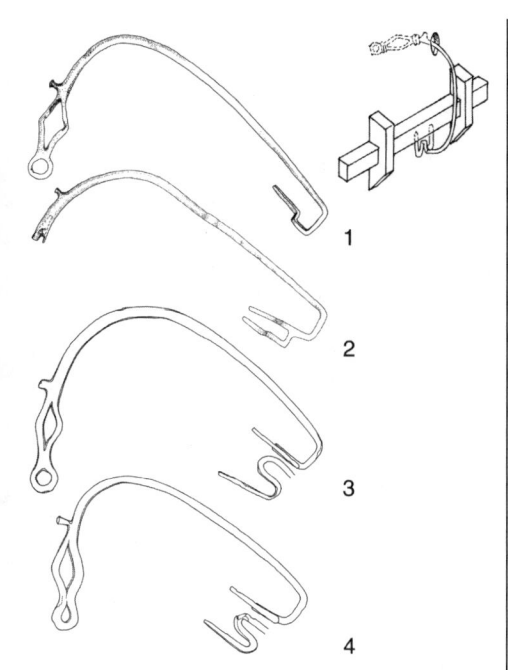

Abb. 48. Sanzeno-Schlüssel. M. 1:4. Nach Mansel (61, 585 Abb. 6, 1.2) und Marzatico (63, 108 Fig. 58, 3.4); Funktion des Schubriegelschlosses. Nach H. Jacobi (45, 223 Abb. 3.5)

582). Sie kommen in Siedlungen vor, aber v. a. an Brandopferplätzen. Andernorts sind derartige Schlüssel in Häusern gefunden worden, manchmal mehrere in einem, mit verschiedenen Griff-Formen. Es wird diskutiert, ob sie zu Bauten als Schatzhäuser gehörten, zu Niederlassungen um Heiligtümer mit Wohn- und Schatzhäusern und anderen Kultstätten, ob sie also vordringlich Kultbauten sichern sollten. Auf den Bronzescheiben aus Montebelluna (Treviso) des 4./3. Jh.s v. Chr. ist jeweils eine Frauenfigur in ven. Tracht zw. zwei Tieren dargestellt, die große Bartschlüssel tragen. In der griech. Ant. führten Priesterinnen die Schlüssel des ihnen anvertrauten Heiligtums (62, 583). Dike, die Göttin der Rechtsprechung und Hüterin des Tores, des Tages und der Nacht, verwaltet Schlüssel der Beratung und der Kriege (62, 584; Hinweis in Anm. 57 zu ant. Reliefs und Vasenbildern). Wasservögel am Griff der Schlüssel aus der späten BZ und Stiere an jüngereisenzeitlichen Schlüsseln weisen beide in den Kontext eines Fruchtbarkeitskultes (62, 586). Solch ein 40,5 cm lg. Schlüssel aus dem Heiligtum der Artemis-Hemera zu Lusoi in Arkadien aus dem 5. Jh. v. Chr. mit Inschr. zeigt ihn ebenfalls als Tempelschlüssel (44, 222).

Im Bereich der Latène-Kultur, in den Oppida von Frankreich bis Böhmen, sind ähnliche Schlüsselformen und damit die Schlösser allg. üblich (44, 169 f. mit Anm.). Im Oppidum von → Manching sind mehr als 60 Schlüssel für Schub- und Fallriegelschlösser gefunden worden, mit einer beachtlichen Variationsbreite der Haken- bzw. Bartformen der Schlüssel und damit auch der Konstruktion der Schlösser (44, 168 ff.; 45). Ähnlich zahlreich sind die Funde aus anderen Oppida von → Alesia und → Bibracte bis zu den böhmischen Oppida wie → Staré Hradisko oder → dem Hradiště von Stradonice, außerdem auch von der Steinsburg (→ Gleichberge). Derartige Schlüssel werden in die Früh- und Mittel-

der Innenseite der Tür angebrachten Riegels eingeschnitten. Die Lg. des Schlüssellochs ergibt sich aus der Lg. des Weges, um den der Riegel verrückt werden muß (62, 582). Bei einem Schlüssel vom Karlstein bei Bad Reichenhall von 60 cm Lg. liegt das Schlüsselloch weit oberhalb des Riegels. Diese Schlüssel gehören also wohl zu großen Türen oder zu Toren. Ein Sanzeno-Schlüssel der LTZ aus Sonthofen im Allgäu ist wegen des 18,3 cm lg. Griffs mit Stierkopf und des 44 cm lg. sichelförmig gebogenen Schaftes, insgesamt also 62,5 cm Lg., bemerkenswert (62). Er besteht aus einem geschmiedeten Eisenstab, denn Eisen ist wegen der Elastizität besser geeignet als Bronze. Der bronzene Stierkopf am Griff ist über dem Eisenkern im Überfangguß hergestellt.

Allein in Sanzeno sind fast 50 derartige Schlüssel gefunden worden (68, 1131; 62,

LTZ datiert, kommen ab dem 4. oder 3. Jh. vor (67) und sind bis Ende 2. Jh. v. Chr. nachweisbar (62).

Die Erfindung des abgewinkelten eigtl. Schlüsselbartes fällt erst in die Mittel-LTZ. Zuvor hatten die Schlüssel im griech., etrusk. oder früh-latènezeitlichen Milieu nur ein verdicktes Hakenende (62, 586). Die Variationsbreite dieses Schlüsseltyps der LTZ vom Gebiet n. der Alpen über die Bereiche der Latène-Kultur bis England hat schon H. Jacobi 1930 skizziert (45). Er spricht 1930 vom sichel- oder hakenförmigen ‚Tempel'- oder ‚keltischen' Schlüssel (45, 220 f. mit Abb. 2), den er noch aus röm. Zusammenhängen kennt, so in Deutschland (5 derartige Schlüssel aus dem röm. Augsburg und mehrere aus dem Depotfund von Oberhausen), so in Schottland, in leicht gewandelter Form, nämlich geformt wie eine Laubsäge mit doppelt geknicktem Schaft und 30–43 cm Lg., oder in Frankreich (J. Déchelette, Manuel d'arch. 3, 1914 [LTZ], 1390 ff. und Fig. 619, 1–39) und bezeichnet ihn als Tempelschlüssel nach den ant. Vasenbildern (45, 221).

Noch während der LTZ wurde das Federschloß entwickelt und war auch bei den Germ. bekannt, erkennbar anhand des Drehschlüssels (43, 189). Während der LTZ und der RKZ sind meist nur Schlüssel und Schloßbleche – Beschlagbleche mit Schlüsselloch – aus Metall, Bronze oder Eisen erhalten geblieben, da der übrige Teil des Schlosses immer noch aus Holz war.

b. Röm. Prov. In röm. Siedlungen und Lagern sind alle Formen von Schlössern und Schlüsseln in großer Zahl überliefert, von v. Cohausen 1876 (13) und L. Jacobi schon 1897 von der Saalburg veröffentlicht (46), mit dem Hinweis, daß die besten Informationen zu röm. Schloß und Schlüssel in Pompeji zu gewinnen seien (46, 480). Als Antwort auf die Studie zu Schloß und Schlüssel von der Saalburg 1897 durch L. Jacobi (12. Aufl. 1930 von H. Jacobi) beschrieb H. Jacobi 1930 erneut die Hakenschlüssel und erstmals auch die Sichelschlüssel (s. o.) (45). Römerzeitliche Fundkomplexe mit Schlüsseln sind mehrfach vorgelegt, so z. B. für Lauriacum (→ Lorch) (15), für → Vindolanda (7), allg. für die Iberische Halbinsel (24), für das Alpengebiet (12b, 77 Fig. 16–18 röm. Schlösser und Schlüssel; außerdem 5a, 12a).

Neben den alt eingeführten Riegelschlössern kommt das Drehschloß auf, zu dem Hohlschlüssel gehören, und das dosen- oder büchsenartige Hang- bzw. Vorhängeschloß mit Federschloß. Drehschlösser sind aus der gesamten RKZ bis ins 4. Jh. aus röm. Zusammenhängen überliefert; ebenso sind sie seit der RKZ für importierte Kästchen auch in der Germania nachgewiesen.

Auffällig sind die sehr kleinen Schlüsselringe, die während der jüng. RKZ bis ins 4. Jh. häufig sind, nur an einem Frauenfinger zu tragen waren und zum Öffnen von Schmuckkästchen gedient haben werden. Die Form des Bartes zeigt, daß sie zu allen Typen von Schlössern, zu Schub-, Dreh- und Federschlößchen gehört haben (15, 107 ff.).

Kennzeichen sind für eine Hauptgruppe der röm. Schlüssel die rechtwinklig abgeknickten Bärte mit einer großen Zahl von Zacken, sowohl bei normalen, als auch bei Ringschlüsseln (15, Abb. 24; 46, Taf. 75). Die Vielfalt der Schlüsselbärte war beachtlich. Allein von der Saalburg veröffentlichte schon L. Jacobi 1897 rund 200 Ex., und bei jedem war der Bart anders geformt, nicht allein, was die Anzahl und Stellung der Zähne betrifft, sondern auch ihre verschiedene Höhe (46, 474, dazu auch 15, Abb. 22; 58, 209–212 mit Abb.) (Abb. 46). Die individuelle Funktion des Schlüssels wird damit überzeugend faßbar, zumal in einem röm. Kastell die öffentlichen Einrichtungen milit. bewacht wurden und Schlüssel deshalb eher den persönl. Besitz der Legionäre schützen sollten (46, 463).

Seit der LTZ gab es dieses Schubriegelschloß aus Eisen. Es konnte nun kleiner konstruiert und damit auch für Truhen und Kästchen verwendet werden (45, 217), zu dem dann die Schlüssel mit rechtwinklig abgeknicktem Bart gehörten. Das Schlüsselloch ist in das Schloßblech rechtwinklig eingeschnitten und mit einer Schutzklappe versehen. Mehrere vollständige Schlösser aus röm. Zeit sind erhalten, so auch in Pompeji, die die große Variationsbreite zeigen und Sicherheit boten vor falschem Schlüssel, *clavis adultera* oder *adulterina* (46, Fig. 75). Die unendliche Kombination der Zacken oder Haken von der Spät-LTZ bis gegen Ende der RKZ ist typisch röm.; diese Schlüssel und damit die Schlösser kommen während der MZ nicht mehr vor (45, 217).

Schub- und Fallriegelschlösser und Schlüssel aus Holz sind noch aus röm. Zusammenhang bei entspr. Erhaltungs- und Überlieferungsbedingungen nicht selten erhalten, so aus → Vindolanda (24, 119 Fig. 17–19, 120 Fig. 21; 7) (Abb. 49) oder aus den Südalpen (12a, 95 Fig. 31 Mehrzinkiger Schlüssel aus Holz, 96 Fig. 32 Schloß aus Holz). Aus dem Brunnen Nr. 76 von der Saalburg ist ein hölzerner Schloßkasten (Eiche) für einen zweizinkigen Hakenschlüssel aus der Zeit Trajan/Hadrian geborgen worden (45, 213); zwei vollständige Schlösser stammen aus dem Kastell → Oberaden aus augusteischer Zeit. Für die Fallriegelschlösser bietet H. Jacobi (45) aus der ant. Lit. von Apuleius bis Augustinus samt der griech. und lat. Bezeichnungen der Schloß- und Schlüsselteile Beispiele. Die Bedeckung des Schlosses durch einen Schloßkasten innen an der Tür mache jetzt erst die Konstruktion zum eigtl. Schloß, was die Bezeichnung *claustrum* rechtfertigt (45, 214 Anm. 9). Beim Wiederaufbau der Saalburg wurden seinerzeit die von L. Jacobi rekonstruierten Schlösser eingebaut und praktisch ausprobiert (45, 213 Anm. 3: Zusammenstellung der damaligen Lit.). Die Verbesserung des Holzriegelschlosses mit T- oder ankerförmigem Schlüssel forderte jetzt den Schlüssel aus Metall, der unzerbrechlich und mit zwei oder drei Zinken ausgestattet ist (45, 215). Der größte Schlüssel stammt vom Kastell Zugmantel, ist 33 cm lg. und hat 10 cm lg. Zinken, gedacht wohl für ein mächtiges Torschloß (45, 215).

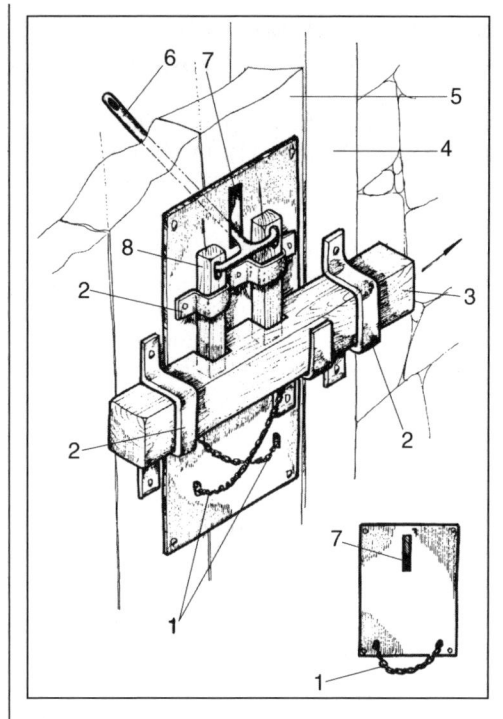

Abb. 49. Rekonstruktion eines röm. Fallriegelschlosses mit T-förmigem oder lakonischem Schlüssel. 1 Kette aus Metall oder Schnur zum Verschieben des Riegels von außen nach Öffnung des Schlosses; 2 Führungsklammern für den Riegel; 3 Riegel; 4 Türrahmen; 5 Tür; 6 T-förmiger Schlüssel; 7 Schlüsselloch; 8 Fallstifte zur Arretierung des Riegels. Nach Fernández Ibáñez (24, 108 Fig. 7)

Neu sind Vorhängeschlösser (engl. *padlocks*, franz. *cadenas*), verbunden mit leichten Ketten, in Form eines Dosenschlosses mit zwei Var. (84; 24), mit Schubriegel und mit Schnappverschluß (56, Abb. 1 und 3), für Hohldornschlüssel sowie weitere Var. der Schlüssel mit rechtwinklig abstehendem Bart. Die Lg. der Schlösser liegen durchaus über 10 cm bei einem Dm. von 4–5 cm. Es gibt eine große Variationsbreite der äußeren Form, darunter sind auch achteckige Schlösser. Manche dieser Schlösser sind aufwendig verziert, so z. B. mit Maskendeckeln (88; 51, 29 Abb. 11). Der Schubriegelmechanismus wird als die ält., der Schnappverschluß mit Blattfeder als die jüng. Entwicklungsform angesehen (Abb. 44); doch kommen beide Formen auch zeitgleich nebeneinander vor. In Metz, Gallia Belgica, zeigt der Grabstein des Caratullius einen Händler mit Ketten und Schlössern (56, 369 Abb. 5), datiert um 100 n. Chr. Die Inschr. erläutert den Beruf: *Caratullio Cintussi filio/ neg(otiatori) artis clostrariae h(eres) p(onendum) c(uravit)*. Vorhängeschlösser gab es für Hoftore, Haustüren, zum Anketten von Haushunden, zum Verschließen von Werkzeugschuppen oder Wagenladungen und auch in Verbindung mit Hals- und Fußeisen für Sklaven, so bei Kelten und Römern (56, Farbtafel 46 und 47 mit dosenförmigen, runden Vorhängeschlössern und Fesseln) von der Spät-LTZ bis ins 4. Jh. (56, 370 Abb. 6 mit Verbreitungskarte Abb. 8; 376 Abb. 10: Hortfund von Künzing mit Eisenfesseln und Ketten bis zu 2 m Lg., weitere Lit. bei 84, 374 Anm. 8) und auch noch bzw. wieder im MA im Sklavenhandel, gleich weit verbreitet. Eisenfesseln sehen aus wie moderne Handschellen, wobei die beiden Hälften in der Mitte in ein Schloß einrasten (56, 370 Abb. 6) (Abb. 50). Die Verbreitung dieser Schloß- und Fesselformen (46; 27; 65) ist nicht nur nach der äußeren Gestalt, sondern nach den Verschlußmechanismen (die oft nur im Röntgenbild erkennbar sind) zu analysieren (nach 56, Abb. 6: Typ NJ 6 – doppelte Fessel wie Handschellen; Typ NJ 7 – einfache Handschelle an einer Kette mit Schloß am anderen Ende). Auch sind römerzeitliche Grabfunde bekannt, bei denen die Gliedmaßen menschlicher Skelette noch mit derartigen Eisenfesseln verbunden waren, an den Füßen oder an den Händen (38, 408. 410). Derartige Fesseln gelangten während der RKZ auch nach Germanien, wie

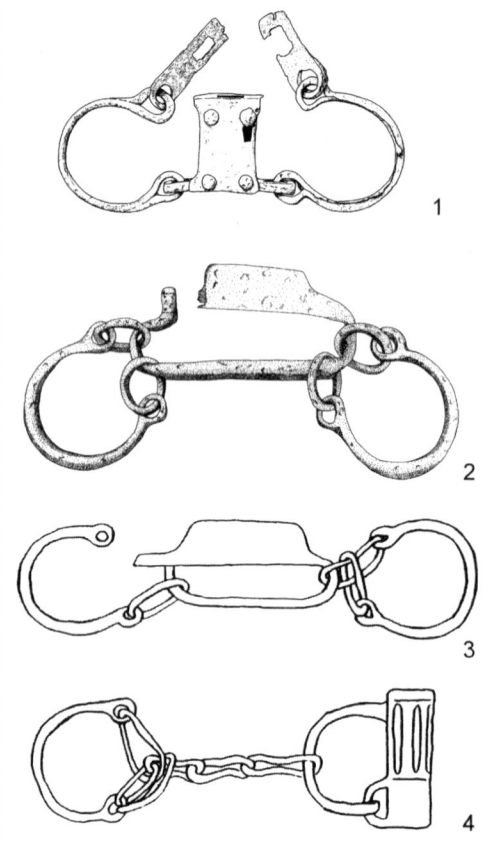

Abb. 50. Eisenfesseln mit Schlössern. 1–2 Nach Künzl (56, 370 Abb. 6, 1.2); 3–4 Nach Henning (38, Abb. 2,3 und 4,5)

Funde des 2./3. Jh.s bei Hildesheim und in Mecklenburg belegen (10, 355 Abb. 25; 14), durchaus vergleichbar mit den Fesseln im slaw. Siedlungsraum des 6.–12. Jh.s (s. u.) (38).

Kästchen mit Verzierungsblechen waren während der Spätant. im 3./4. Jh. häufige Beigabe in Frauengräbern. Sie wurden in verschiedenen Teilen des Reiches hergestellt, was sich an der unterschiedlichen Konstruktion des Schlosses zeigt: die ö. Kästchen sind mit einem Schubschloß versehen (27, 231 ff.), die w. mit einem Schloß für Drehschlüssel (77, 93 Anm. 38; 76). Schloßbleche waren während der LTZ noch unbekannt, sie kommen erst während der

RKZ auf und dienen zur Fixierung des Schlüssellochs sowie des Federendes. Bei einem Klappdeckel sollte das Federschloß innen an der Kastenwand so angebracht sein, daß die Feder beim Zuklappen einrastet (33, 144). Als Schlüssel dienten anfangs Schiebeschlüssel mit hakenförmigem oder T-förmigem Bart, dann auch Drehschlüssel, die später als Amulette noch in Frauengräbern der MZ gefunden werden (71, I, 478; 3, 338 ff.; 19, 108 f.). Zu röm. Kästchen in Frauengräbern und ihrem Inhalt (u. a. Schmuck, Textilien, Gewürze, Nüsse, Datteln, Schere und Nadel, Kamm, Haarnadeln) (71, 242 ff. mit Lit.); zu Schloß und Schlüssel der Kästchen aus der MZ (63, 98 ff. und Karte Abb. 27, mit Ergänzungen bei 71, 473 Anm. 1); zum Verschlußmechanismus mit federndem Riegel (71, 474 mit Anm.); zur Rolle der Kästchen im Grabkult (32, 262 ff.). Solche Kästchen sind auf Grabstelen des 3. Jh.s an der linken Hand der Verstorbenen dargestellt.

In den verschließbaren Kästchen lagen außer Schmuck und Münzen z. B. auch ‚Mithrassymbole‘, die relig.-kult. Bedeutung hatten (32, 262 ff.). Ob die Kästchen eigens für den Totenkult hergestellt wurden (32, 262 mit Zitaten), ist zu bezweifeln, denn dann wäre es nicht nötig gewesen, ein kompliziertes Schloß einzubauen. Statt eines *Scrinium*-Kultes und Kultes der *Iuno Lucina* können die Kästchen (28, 7 ff.) statt dessen nur als *arca* oder *arcula* erklärt werden; denn in den Kästchen lag dasselbe private Eigentum wie sonst als Beigabe auch außerhalb bzw. ohne Behälter im Grab, so daß die Behälter wie eine Handtasche gedacht waren, so wie auf Grabsteinen dargestellt. Sie waren einst Brautgabe zur Vermählung, Verlobungs- oder Hochzeitsgeschenk an die Frau, wie mehrmals ein Doppelporträt auf den Stirnblechen andeutet (Kästchen von Burgheim, Ldkr. Neuburg a. d. D. [77, 92. 96]), das sie nach langjährigem Gebrauch mit ins Grab nahm (allg. 32, 262 f.; 28, 40 Anm. 44; 29). Auch als Dokumentenbehälter wird das Kästchen betrachtet. Nach dem Tod wurde es mitsamt dem Heiratsdokument der gestorbenen Frau beigegeben.

c. Germanien während der RKZ. Zusammenstellungen der Schloß- und Schlüsselfunde der RKZ und VWZ in der Germania hat zuletzt Kokowski 1997 (54) vorgelegt, ergänzt von Schuster 1999 (89) zu einem speziellen Schloßtyp. Dabei handelt es sich ausschließlich um Relikte von Kästchen und den dazugehörenden Schlüsseln, die relativ häufig in germ. Gräbern beigegeben worden sind, in den wenigen Körpergräbern der Fürstengräbergruppe und sehr viel häufiger in Brandgräbern, in denen die verschieden geformten Beschläge aus Eisen übriggeblieben sind (Abb. 51). Die Gesch. der Rekonstruktionsversuche sowie der Schlösser und Schlüssel insgesamt hat Kokowski erörtert (54, 9–11), zuvor u. a. Pescheck (73, 44–48 mit Abb. 19). Vorbilder für die germ. Kästchen sind im Röm. (28; 17) zu suchen, auch für die ant. Schlüsselformen (58).

Seit der späten vorröm. EZ und im Übergang zur RKZ kommen Kästchen und Schlüssel als Grabbeigaben auf, ein Brauch, der bis ins 4./5. Jh. kontinuierlich zu verfolgen ist. Die Zusammenstellung von Kokowski (54) registriert über 1 400 Komplexe von rund 400 Fundorten, davon 485 Schloßbeschläge und über 930 Schlüssel, wobei die alleinige Schlüsselbeigabe, einst meist am Gürtel der Frau aufgehängt, rituell gedeutet wird. Die dichte Verbreitung reicht von der Elbe-Saale-Linie bis zur Weichsel und nach N (für dieses Gebiet ist der ungenügende Forsch.sstand für die geringe Verbreitung verantwortlich) bis Gotland und Norwegen; es gibt kaum Funde weiter w. (54, Karte Abb. 4) (Abb. 51). Einen Schwerpunkt bildet die Verbreitung in der → Przeworsk-Kultur (65 %), bei den Elbgerm. sind nur 5 % des Gesamtbestandes nachweisbar (54, 17 Diagramm 1). Neben den Formen der Schloßbeschläge, verschie-

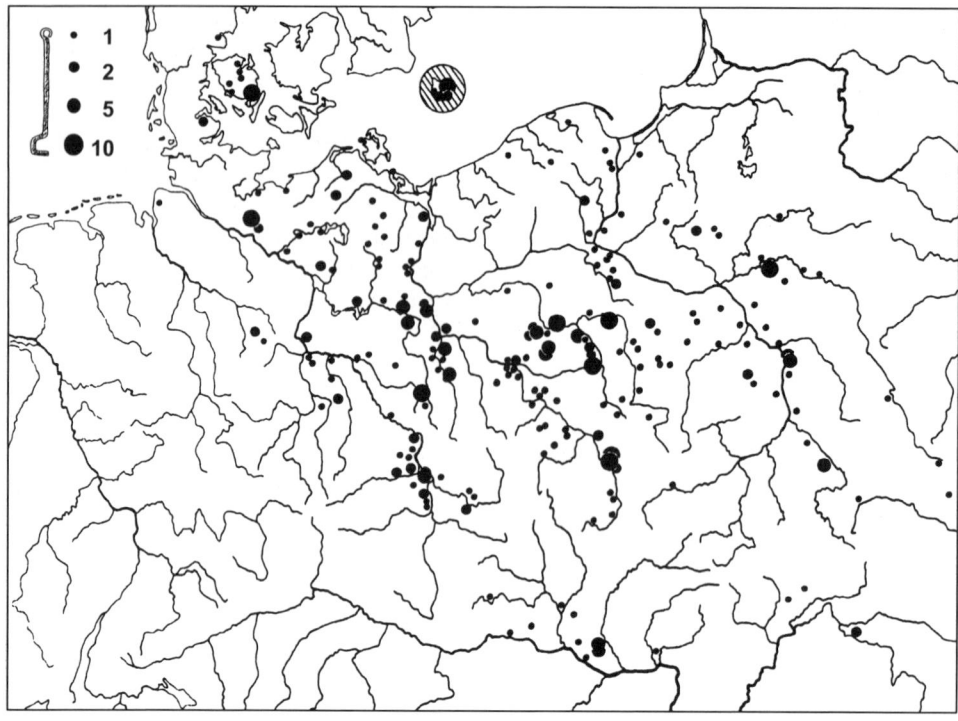

Abb. 51. Verbreitungskarte zu Hakenschlüsseln der RKZ in der Germania. Nach Kokowski (54, 138 Abb. 38)

denen rechteckigen oder dreieckigen Metallplättchen mit Schlüsselloch, sind die Schlüssel recht einfach gestaltet. Zumeist sind es schlichte U-förmige Haken (über 670 Ex.), manchmal mit tordiertem Schaft (nur 13 Ex.), seltener mit zweizinkigem (436 Ex.) oder anker- bzw. T-förmigem (21 Ex.) Bart. Sie alle gehören zu Schubriegelschlössern. Die Mehrzahl (95 %) dieser Schlösser und Schlüssel besteht aus Eisen, ein kleiner Anteil aus Kupferlegierung, wozu noch die Kästchen aus der Gruppe der jüngerkaiserzeitlichen → Fürstengräber vom Typ Haßleben-Leuna kommen. Aus Silber sind nur die Schloßbeschläge aus den Fürstengräbern von → Sakrau Grab II (auch 33, 410 Taf. 24) und → Haßleben. Im Kriegergrab von → Gommern stand u. a. ein Holzkasten mit verzierten Schloßbeschlägen aus Bronze und einem einfachen Hakenschlüssel, sonst vorwiegend eine Beigabe in Frauengräbern. Die chron. Verteilung hat einen Schwerpunkt in den Stufen B2 bis C1 der RKZ (54, 21 Diagramm 6 und 22 Chron.-Tab. nach Typen) (2. Hälfte des 1. Jh.s bis um 200).

An einigen Kästchen gab es während der RKZ in Germanien auch Federschlösser; zu nennen sind die Grabfunde von → Chorula, → Großromstedt, → Hiddensee, → Lalendorf, Wetzendorf, Rondsen, dann von → Diersheim, das Fürstinnengrab von → Haßleben (mit 2 Kästchen), die Gräber von → Juellinge, → Leuna Grab 2/1917 und Leuna Grab 3/1926 (33). Zur Grabausstattung der RKZ gehören manchmal sogar mehrere Kästchen (oder Kästchen mit mehreren Schlössern), so z. B. ein Kästchen mit drei Schloßfedern im Grab von Sakrau II, von denen die metallenen Beschläge und

Schloßteile erhalten blieben (54). Einige Kästchen der Fürstengräber wie in Haßleben oder Sakrau haben Drehschlösser.

Bemerkt sei zudem, daß über Schloßbeschläge und Schlüssel in Gräbern die Kästchen immer indirekt nachgewiesen werden. Doch ist davon auszugehen, daß in germ. Gräbern ebenso Kästchen aus Holz, z. B. mit Schiebedeckel, zur Ausstattung gehörten, ohne jegliche Metallteile. Solche Kästchen sind aus dem → Nydam Moor (49, 271 Abb. 19 und 20), aus dem Moor von → Garbølle (49, 391, Kat. 4.3: Eibenholz-Schachtel mit Schiebedeckel und Runen) und aus dem Moor von → Vimose (33, Taf. 20, 2, mit Schiebedeckel) bekannt. Auch in den Gräbern der Zeit um 400 von der Fallward bei Wremen standen Holzkästchen ohne Schloß, so im Bootgrab ein Erlenholzgefäß in Gestalt eines Vogels mit einem beweglichen Deckel (→ Wremen § 2 mit Taf. 8a), sowie im Mädchengrab neben dem Sarg ein kleines Holzkästchen mit pyramidenförmigem Deckel aus Spitzahorn von 22 cm Lg. mit zwei Fächern (87).

Zwei Typen von Kastenschlössern werden unterschieden, das zahlenmäßig häufigere Schloß mit einer befestigten Feder, und eine zweite, als Typ Wetzendorf bezeichnete Form, mit beweglichem Riegel und federnder Zunge, zu dem auch spezielle Schlüssel gehören. Dieser Typ Wetzendorf zeigt zwei geogr. unterschiedlich verteilte Var. (89, 565 Kt. 2), die eine kommt massiert im Saale-Unstrut-Raum in Thüringen vor, die andere ö. der Elbe. Die feststehende Feder des häufigsten Typs wird im Prinzip mit dem U-förmig gebogenen Teil des Schlüssels herunter- oder heraufgedrückt, um sie aus einer Aussparung in einem Blech zu lösen, wodurch der arretierte Deckel des Kästchens freigegeben wird. Die alternative Lösung besteht aus einem beweglichen Riegel und daran befestigter federnder Zunge, wobei einfach das Metallband der Zunge umgelegt oder ein Streifen abgespalten wurde; Riegel und Zunge bestehen aus einem Stück, oder die Zunge war angelötet oder angenietet (silberne Feder des Schlosses im Fürstengrab von Sakrau II). Die unterschiedlichen Verbreitungsmuster sind erkennbar allein anhand der beiden möglichen um 90 Grad abweichenden Ringstellungen des Riegels, horizontal im O und vertikal im W (89, 566). Die Schlüssel und damit auch die Schlösser kommen seit der Stufe B1 oder auch schon in der späten vorröm. EZ (54), der Typ Wetzendorf seit C1b, v. a. in C2, vor, während der Zeit der Fürstengräber. Herkunft und Verbreitung betrachtet Schuster (89, 569) als Ideentransfer aus dem mitteldt. Raum nach O, was genau so aber für jeweils lokale Produktion spricht.

d. MZ. Die Schlüssel zeigen, daß während der MZ weiterhin die üblichen Schubriegel- und Federriegelschlösser für Tür und Kasten verwendet worden sind, allerdings sind bisher zu den zahlreichen Schlüsseln nur wenige Schlösser überliefert. Die Hakenschlüssel für Schubriegelschlösser (44, 153 ff.) werden von Frauen am Gürtel getragen und finden sich daher sehr häufig in Frauenbestattungen der Reihengräberfelder des 5.–7./8. Jh.s. Vereinzelt ist auch ein Vorhängeschloß in der MZ nachgewiesen, so im Goldschmiedegrab 6 von → Poysdorf aus der 1. Hälfte des 6. Jh.s (Bd. 23, 329 Abb. 61,3). Somit ist davon auszugehen, daß die Lücke zw. RKZ und frühem MA nur aufgrund der Überlieferungsbedingungen besteht (s. u.).

Alle Formen kommen sicherlich auch in Siedlungen vor, doch sind bisher nur wenige ausgegraben. Häufiger sind Schlüsselfunde aus Höhensiedlungen, so auch vom → Runden Berg bei Urach, der mit Unterbrechungen vom 4. bis 10. Jh. besiedelt war, so daß die Fundstücke die Entwicklung von Schloß und Schlüssel von der späten RKZ über die MZ bis zum MA spiegeln.

Kästchen in Bestattungen der MZ mit verzierten Metallbeschlägen an der Vorder-

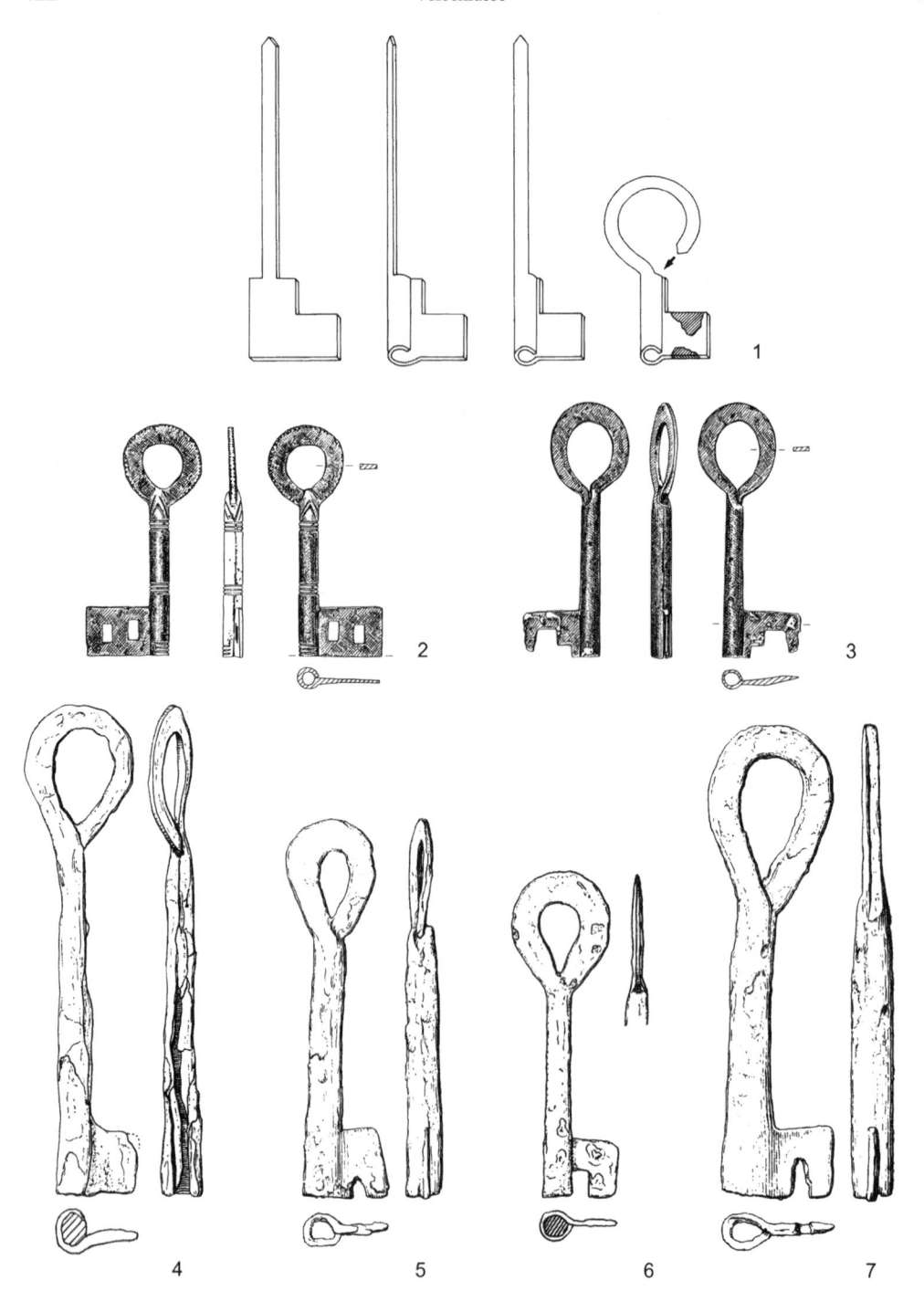

Abb. 52. Hohlschlüssel des 9. Jh.s: 1 Herstellung eines Hohlschlüssels aus einem Stück Blech. Nach Lungershausen (59, 82 Abb. 32); 2 einfache zusammengebogene Form; 3 gelötete Form. Nach Westphal (100, 450 Abb. 1a und 1f); 4–7 Hohlschlüssel aus Mikulčice. Nach Klima (51, 62 f. Abb. 26.5, 27, 1.3.5)

seite mit Schlüsselloch zeigen die Nachwirkung röm. Vorbilder, so die Ex. von Lauffen Grab 2 (5. Jh.), von St. Severin, Grab V/217 (um 500), aus dem Frauengrab unter dem Kölner Dom (525/530) und von → Oberflacht Grab 5 oder nachfolgend auch von → Pleidelsheim Grab 128 und 140 (53a, 241 ff. mit Verbreitungskarte Abb. 99 und Liste 22). Die passenden und dabeiliegenden Schlüssel haben zwei Haken (zu Schlüsselbünden auch 53a, 550 Liste 8). Es gibt dann auch andere Kästchenformen, wie z. B. in St. Severin Grab III/73 (71, 476 f. mit Abb. 168) ein Holzkästchen mit komplett erhaltenem Schloß, Schloßblechen und Überfangbügel, wozu es bisher nur wenige Parallelen gibt, z. B. im langob. Gräberfeld von → Nocera Umbra (allg. dazu 33).

Am gebräuchlichsten sind seit dem 5. Jh. die T- oder Ankerschlüssel, die oft paarweise und manchmal auch zu Bündeln von fünf bis sechs Stück getragen wurden. Sie fanden sich als normale Kasten- oder auch Türschlüssel als Beigabe in Frauengräbern mehrfach kombiniert mit sog. T-förmigen Zierschlüsseln oder Gürtelanhängern *(girdle hangers)* aus Bronze oder auch Silber (17, 142; 3; 19; 94), die als Amulette gedeutet werden.

e. KaZ. In Handelsplätzen der KaZ gehören Schlüssel zu den bes. häufigen Funden. Schon vor J. wurden von → Domburg auf Walcheren als Sammelfunde 15 Ex. mit großer Variationsbreite vorgelegt (12, Taf. 32–34) und von → Dorestad mehr als 20 Ex. (80, Pl. VI–VIII). Nachdem Keßler 1932 schon mehr als 100 derartige Schlüssel der späten MZ und KaZ, des 8./9. Jh.s, veröffentlicht hatte (50), legte in weitgreifender Studie Oscar → Almgren (1955) rund 200 Schlüssel vom Kontinent und 250 aus Skand. vor (1, 9), mit Typentafeln für alle Bronzeschlüssel aus dem Rhein-Maas-Gebiet bis zum Oberrhein, aus Friesland und England, außerdem auch aus Skand. (Abb. 53). Diese Schlüssel sind ohne Zweifel miteinander verwandt, charakterisieren einen relativ engen Zeithorizont, sind aber doch zw. dem Kontinent und Skand. unterschiedlich. Zumeist handelt es sich auf dem Kontinent um Hohlschlüssel zu Drehschlössern. Sie sind gegossen, 5–15 cm lg., haben sehr unterschiedliche Bärte, darunter solche mit durchbrochener Bartfläche, und in den hochovalen, tropfenförmigen Griffen ist auffälliger Schmuck eingefügt, zumeist Kreuze, so daß sie als christl. Symbole oder gar Petrus-Schlüssel gedeutet werden (s. u.), doch haben sie zumeist funktionstüchtig zu Kästen und Türen gehört. Bemerkenswert ist, daß im Gegensatz dazu im N statt Hohlschlüssel in der Mehrheit Dornschlüssel hergestellt wurden, auch daß statt der Kreuzsymbolik vielfach skand. Tierornamentik den Schlüsselgriff ziert.

Einige große Schlüssel, deren Griff korbartig gebildet ist, stehen in derselben Tradition. Dazu zählen der Schlüssel des Hl. Hubertus, Bf. von Lüttich, Lg. 37,3 cm, aus Bronze (11, 155 Abb.), und der Schlüssel des Hl. Servatius aus Maastricht, Lg. 28,5 cm, aus einer Gold-Silberlegierung, einem Griff mit Blattwerk-Ornamentik und einem Bart mit fünf Kreuzen als Durchbruch, datiert aufgrund der Ornamentik ins 8./9. Jh. (11, 156 Abb.).

Die auffällige Gestaltung der Schlüssel des 8./9. Jh.s mit verziertem Griff-Oval wird wieder abgelöst von üblichen Schlüsseln aus Eisen, die jetzt zumeist als Hohl- oder Drehschlüssel geformt sind und auf Federschlösser hinweisen. Sie sind seit dem 9. Jh. immer gebräuchlicher geworden, auch wenn sie schon seit der röm. Zeit bekannt sind. Die Hohlschlüssel sind aus einem Blechstück zum Rohr rund das, das obere Ende bandförmig geschmiedet und zu einem Ring gebogen, dessen Ende in den hohlen Schaft zurückgesteckt wird (Abb. 52). Auf dem → Runden Berg bei Urach sind 25 Ex. registriert, die hier von Koch ins 9./10. Jh. datiert werden (53, 156 f. mit

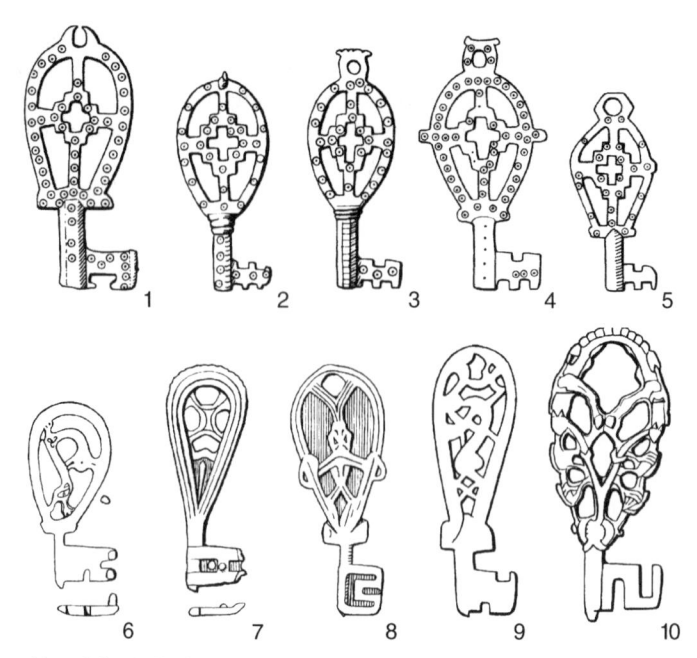

Abb. 53. Bronzeschlüssel des 8./9. Jh.s mit Ornament im tropfenförmigen Griff. 1–5 Schlüssel mit Kreuzornament vom Kontinent. Nach Almgren (1, Tabelle 1, R 18. R 37. R 73. § 35. R 6); 6–10 Schlüssel mit skand. Tierornamentik. Nach Almgren (1, 55 ff.) 6 Fig. 128, 7 Fig. 136, 8 Fig. 130, 9 Fig. 116, 10 Fig. 127

Taf. 43 und Lit. in Anm. 48–56). Von den Truhenschlössern selbst sind oftmals nur das Schloßblech mit dem Riegel oder einzeln der Riegel erhalten, z. B. mit zwei Stollen bzw. ausgeschmiedeten Zacken, die innen am Schloßblech mit zwei Ösen angenietet sind (53, 159); der Schließvorgang bewegt mit Hilfe dieser Zacken den Riegel. Derartige Hakenschlüssel (53, 152–160, Taf. 41) und die Hohlschlüssel des 9./10. Jh.s (53, Taf. 42) sind europaweit verbreitet; dazu gehören regelhaft Truhenschlösser mit Riegel und zwei Zacken (53, Taf. 45). Das zeigt der Vergleich mit den Fundstücken an anderen Plätzen – von Klima 1980 beispielhaft anhand der Funde aus → Mikulčice (51, 42–68 mit Abb. 15–30, 83 Abb. 40: Funktionsweise eines Vorhängeschlosses, 86, Abb. 41: Typentafel, Verbreitung der Schlüssel in Mikulčice: 87, Abb. 42, dt. Text 98–101) oder von Dostál 1988 für → Pohansko-Břeclav (18) vorgelegt – die in Bezug auf Haus und Hof sowie auf Gräberfeldern kartiert werden.

Anhand der eisernen Hohlschlüssel vom Domhügel in Münster hat Westphal (100) deren technische Funktion erörtert, da eine Gruppe in ihrer Konstruktion von den üblichen Hohlschlüsseln abweicht, die jedoch nicht so selten zu sein scheint, denn allein in Westfalen ist sie durch mehr als 100 Parallelen belegt. Kennzeichen dieses Schlüsseltyps sind einerseits der leicht oval gerundete Griff, der sonst ringförmig ist. Außerdem besteht der Schlüssel aus separat hergestellten Teilen und ist nicht aus einem Blechstück geformt; Reide und Bart werden durch Hartlöten mit dem Halm verbunden. Üblicherweise besteht der Schlüssel aus einem Stück Schweißeisen, das aus einem Blech geschnitten und dann entspr. zusammengefaltet wurde, erkennbar daran, daß der Bart aus der Mittelachse seitlich versetzt ist (Abb. bei 51, 58 f. Abb. 24–25 zu Mikulčice), und an der teils offenen Stoßnaht (Abb. 52). Diese Schlüssel sind nicht sehr stabil, was einen leichten, weichen Schloßgang fordert. Auffällig ist, daß bei den massiveren Schlüsseln statt der Aussparungen an der Außenkante hier Aussparungen im Mittelfeld des Bartes vorliegen, was eine komplexe halbkreisförmige Schlüsselführung anzeigt, eine Lösung, die in Münster seit dem 8. Jh. belegt und sonst für das hohe MA kennzeichnend ist (61).

Doch sind immer noch Schlüssel mit anker- oder T-förmigem Bart während der MZ bis ins MA üblich geblieben (53, 152), die schon zahlreich in provinzialröm. Siedlungen und Gräbern seit der RKZ, dann auch in germ. Gräbern vorkommen. Sogar indirekt sind sie belegt als Abdrücke der T-förmigen Schlüsselbärte in Webgewichten des 9. Jh.s in ganz Mitteleuropa (93, 50 ff. 119 ff.), neben Abdrücken von zweifachen Hakenschlüsseln oder – im N Mitteleuropas – auch von Thorshämmern.

Während der Zeit des →Großmährischen Reiches, des 9. Jh.s, kommen in Mikulčice Hakenschlüssel mit einem, zwei oder drei Haken und Schlüssel mit T-förmigem Bart vor, ebenfalls Dreh- oder Hohlschloß. Es sind parallele Lösungen, und damit wird – wie auch postuliert – keine Ablösung der Schloß- und Schlüsselformen im 9. Jh. bezeugt.

f. WZ. Zeitgleich wie auf dem Kontinent wurden in Skand. im 8./9. Jh. handliche Schlüssel aus Bronze hergestellt, die für Kastenschlösser gedacht waren, mit ihren vielgestaltigen und variantenreichen Bärten (1; 97, 122; 6), die zu den verschiedenen Schub-, Fall- und v. a. Federschlössern passen (1, 57 Fig. 137: Spreizfederschloß). Im Gegensatz zum Kontinent, wo sie zumeist als Hohlschlüssel gestaltet waren, wiesen die Schlüssel im N einen Dorn auf. Auffällig aber ist der meist tropfen-, manchmal kreisförmige Griff, dessen Fläche ornamental und mit skand. Tierstil gestaltet ist (Abb. 54), während auf dem Kontinent oftmals ein Kreuz die Mitte ziert (s. o.). Von den Handelsplätzen in Skand. sind andere Schlösser und Schlüssel in größerer Zahl erhalten, so vom ält. Platz →Helgö der VZ und den jüng. Plätzen der WZ von →Birka (96; 97) und →Paviken in Schweden oder von →Kaupang in Norwegen (8). Es sind mehrheitlich Schlüssel zu Kästen und Türen, aber auch Vorhängeschlösser gehören dazu, in unterschiedlicher Größe und variantenreicher Gestaltung (95). Die Herstellung vermutet man an den Handelsplätzen selbst, sichtbar an den verzierten Bronzeschlüsseln mit der Ornamentik im skand. Tierstil, auch wenn Anregungen aus Mitteleuropa angenommen werden können. Alle Typen kommen seit der VZ vor und kontinuierlich weiter über die WZ bis ins MA (95, 9 ff.; allg. 74). Schon Studien im frühen 20. Jh. haben gezeigt, daß diese Schloß- und Schlüsseltypen ebenso in Finnland und Rußland vorkommen, aber nicht von dort nach Skand. importiert worden seien, ebenso wenig wie vom Kontinent. Zwar mögen die Idee und die technische Lösung als Anregung aus Mitteleuropa gekommen sein, aber eine Herstellung im N selbst ist nachweisbar (95, 12). Auf dem Kontinent hatten sich bei den Germ. die Formen aus röm. Vorbildern weiterentwickelt, und von dort gelangten die Anregungen dann nach Skand. (s. o).

Kästchen oder Truhen sind aus reicher ausgestatteten skand. Gräbern häufig überliefert, zu denen in der fortgeschrittenen WZ außer Drehschlüsseln immer noch auch andere, schlichtere Schlüssel gehörten. Im Kammergrab 5, 1964, aus dem 10. Jh. vom Südgräberfeld in Haithabu (→Haiðaby), stand eine kleine Truhe, die von Hundt rekonstruiert wurde, einschließlich der drei Überfall-Bügel und des Schlosses und der Phasen des Schließvorganges (42, Abb. 1–2 sowie Abb. 3–8). Die Truhe war 54 cm lg., 30 cm br. und knapp 20 cm hoch. Die Überfallbügel sind auf dem Deckel der Truhe mit Ringgelenken befestigt und enden in Tierköpfen, die auf der Unterseite eine Ringöse aufweisen, die durch Schlitze in der Frontplatte in die Truhe greifen, so daß der Schubriegel beim Abschließen durchgeführt werden konnte. Dazu gehört ein einfacher Schlüssel mit U-förmigem Bart. Ähnliche Truhenschlösser sind vom Gräberfeld in → Birka bekannt. Gut erhaltene Schlösser zu Kästchen und kleinen Truhen mit Überfangbügeln fanden sich dort in den Gräbern 639, 739, 847, 854, 963, kleinere Schloßbleche in den Gräbern 585, 823, 980 und 1081 (4). Aus Haithabu ist unter den Siedlungsfunden der Grabung 1963/64 ein Schnappschloß mit Preßfederriegel in Rekonstruktion veröffentlicht, das ebenfalls zu einem Kasten oder einer Truhe gehört hat (37, Abb. 1). Nahe Haithabu gibt es eine kleine Truhe aus Kammergrab 21 von → Thumby-Bienebek (33, Taf. 90, 4) mit Schloßbeschlägen. Parallelen zu diesem Schloßtyp sind ebenfalls von Birka Grab 963 und aus → Fyrkat bekannt (81). Herrmann zieht derartige Truhen und Kästchen mit Schloßkonstruktionen zum Vergleich mit den Funden aus → Ralswiek heran (40, 88 Abb. 83–86), die Truhen aus Birka Grab 639 und Grab 845 (33, 447 Taf. 61, 1–2 und 448 Taf. 62, 1) sowie aus → Lejre (40, 88 Abb. 84; 33, 448 Taf. 62, 3) und Fyrkat Grab 4 (82, 118 Fig. 31; 40, 88 Abb. 85) (Abb. 54). Im Königinnen-Grab von → Oseberg standen mehrere Truhen mit Schloß, so Truhe 178, 66,5 cm lg. mit Vorhängeschloß (33, Kat. 789 Taf. 87,1), Truhe 156, 104 cm lg. (33, Kat. 790 Taf. 87,2) und Truhe 149, 113 cm lg. mit einem Schloß in der Vorderseite und drei in Tierköpfen endenden Überfallbügeln (33, Kat. 791 Taf. 88). An der Werkzeugkiste von → Mästermyr auf Gotland, 88,5 cm lg., ist das Schloß erhalten (33, Kat. 781, Taf. 62, 2).

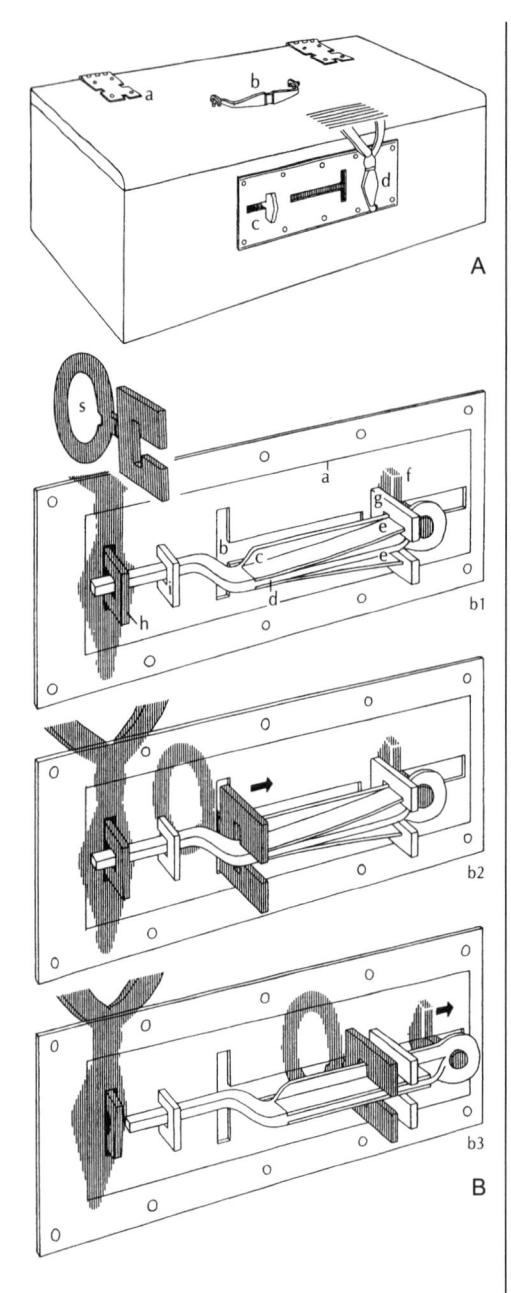

Abb. 54. Rekonstruktion eines Kästchens mit Schloß aus Grab 4 von Fyrkat. A Kästchen; B Rekonstruktion des Schlosses: b1 geschlossener Zustand; b2 Einführung des Schlüssels; b3 geöffneter Zustand. s Schlüssel; a Trägerblech; c Führungsschiene für den Schlüssel; d Schloßfedern; e Öffnung für die zusammengedrückten Federn; f Schlitz für einen zweiten Schlüssel zur Verschiebung des Riegels; g Laschen für die Riegelführung; h Überwurf vom Deckel für die Verriegelung. Nach Herrmann (40, 88 Abb. 85) und Roesdahl (81, 118 Fig. 31) mit Ergänzungen

In Birka kommen acht der von Almgren (1) erarbeiteten westeurop./skand. Typen von insgesamt 23 Bronzeschlüsseln vor, alle in Frauengräbern; außerdem insgesamt 143 Schlüssel, davon 51 in der Siedlung ‚Schwarze Erde' und 92 weitere in 75 Gräbern. Nach den Bärten werden sie in mehr als ein Dutzend Gruppen eingeteilt, außerdem Schlüssel mit Stift oder Rohr unterschieden, was die ganze Spannweite der Herstellung von Schloß und Schlüssel spiegelt (97). Im Gräberfeld liegen die Schlüssel zumeist in Frauenbestattungen, aber auch einige Male in Männer- und Kindergräbern; in mehreren Bestattungen kamen die Schlüssel zusammen mit Kästchen vor, mehrheitlich in Kammergräbern (97). In 8 Gräbern von Birka fand sich ein Vorhängeschloß in zwei Variationen. Bei Typ 1 wird ein Drehschlüssel eingesetzt, bei Typ 2 ein Steckschlüssel zum Zusammenpressen der Feder (96). Weitere derartige Schlösser stammen aus den Bootgräbern von → Tuna, Alsike, von → Valsgärde 12 und von Järvsta, Gästrikland (96, 134). Auch die Vorhängeschlösser dienten zum Sichern von Truhen und Schreinen, aber darüber hinaus zur Plombierung von Waren, im Sinne eines Siegels, da sie wegen ihrer Kleinheit kaum wirkliche Sicherheit bieten konnten und kaum zu Türen gehört haben können (95, 13). Zum regelhaften und massenhaften Vorkommen von Schlüsseln während der WZ bietet die Zusammenstellung für Gotland eine gute Übersicht mit einigen Dutzend Hakenschlüsseln vom kleinen Format mit langovalem, in Durchbruchsarbeit verziertem Griff bis zu mächtigen Haken(?)schlüsseln von mehr als 25 cm Lg., die wohl zu großen Türen gehörten (94a, Taf. 199–212).

g. Slawen. Schloß und Schlüssel für das slaw. Siedlungsgebiet erläutert Herrmann anhand von Rekonstruktionszeichnungen (39, 26 f. mit Abb. 22 a–e: Schloß und Schlüssel – a Vorhängeschloß in Kastenform, b Vorhängesteckschloß, c Schnappschloß mit Preßfederriegel, d Riegeleinbauschloß, e Holzriegel-Türschloß; 40, 81 Abb. 72–76). Das Prinzip der Schlösser beruht hier wie üblich darauf, daß eine gespreizte Feder die Öffnung und Verschiebung des Riegels verhindert, das Zusammenpressen der Feder mit Hilfe eines geschlitzten Schlüssels den Riegel öffnet. Anhand der Funde vom Handelsplatz → Ralswiek wird die Parallele mit skand. Funden erläutert (40) und damit die Vergleichbarkeit eigtl. für ganz Mittel- und Nordeuropa betont. In Ralswiek gibt es Schlüssel aus Eisen, die manchmal verzinnt sind, der Form nach Hakenschlüssel, Schlüssel mit Bart, Stechschlüssel und Drehschlüssel. Allein an diesem Ort sind fast 50 Schlüssel gefunden worden, auch Schloßfedern und Schloßverkleidungen und Riegelschlösser für Hakenschlüssel von Haustüren, auch für Laden und Truhen, außerdem das röhren- oder kastenförmige Steckschloß als Vorhängeschloß.

Aus dem 6. bis 12. Jh. sind im slaw. Siedlungsgebiet eiserne Fesseln für Fuß- und Handgelenke überliefert, ähnlich den heutigen Handschellen, die mit einem Steckschloß verschlossen wurden und damit eindeutig für Menschen gedacht waren. Jeweils einer der Fesselringe wurde durch den Bügel des Steckschlosses gebildet. Solche Fesseln sind bis ins hohe MA nachgewiesen. Sie sind mit den Fesselfunden in Villen und Horten der RKZ unmittelbar zu vergleichen (s. o.). Doch auch Fesseln aus Holz gab es, die wahrscheinlich wesentlich häufiger waren als die aus Eisen.

Die Vorhängeschlösser gehen auf provinzialröm. Vorbilder zurück und gelangten am Übergang von der frühen zur späten RKZ, im 2. Jh., in die Germania bis zur → Przeworsk-Kultur. Sie sind dort bis in das 5. Jh. nachweisbar. Für eine Spanne von der Mitte des 5. bis in die Mitte des 10. Jh.s gibt es im ö. Mitteleuropa keine Belege. Doch die ins MA zu datierenden Stücke sind bis in Details, so z. B. im seitlich angelöteten Zickzack-Ornament aus dekorativer Drahtleiste (48, 394), mit den Stücken der VWZ zu vergleichen. Im MA kommen sie im gesamten ö. Gebiet von Kiew und → Alt-Ladoga bis zur Weichsel vor, und die Frage des Imports aus dem O wurde diskutiert. Doch ist lokale Produktion anzunehmen (48, 392) und eine Konvergenzerscheinung der frühma. Schlösser im slaw. Bereich als konsequente Weiterführung der Formen der RKZ und VWZ zu sehen. Den weiteren kontinuierlichen Fortgang in der Herstellung derartiger Vorhängeschlösser bezeugen Funde aus den Wohnschichten in → Nowgorod vom 10.–16. Jh. (48, 396).

h. MA. Die Weiterentwicklung von Schloß und Schlüssel ins hohe und späte MA belegen die Funde aus Stadtgrabungen in England wie in → London (20), → Winchester (31) oder → York (70), in Skand. (6) wie → Lund (9), in den Alpen Schlüssel und Schlösser des 11. Jh.s und später (77a, 168 ff.) sowie allg. in Mitteleuropa (55), wie z. B. in Braunschweig (59). Der Zusammenhang mit den ält. Formen ist gegeben; erstaunlich viele technische Einzelheiten werden weiter angewendet, z. B. Vorhängeschlösser mit Spreizfeder-Schließmechanismus, die mit einem Steckschlüssel geöffnet werden (55, 54 Abb. 8 und 58, Karte 10), und solche, die mit einem drehbaren Schlüssel entriegelt werden, jetzt meist aus Eisen, äußerlich oft verzinnt, wegen der besseren Haltbarkeit und als Schutz vor Korrosion, und nur manchmal aus Buntmetall (55, 55).

Das Spreizfederschloß, in der späten LTZ entwickelt (44, 174; 55, 56), war in Mitteleuropa bis ins 5. Jh. bekannt und kam nach einer Überlieferungslücke dann wieder seit dem 10. Jh. auf, eindeutig zudem die Weiterentwicklung des röm. Schlosses (48, 392–399) (Rekonstruktionszeichnung eines Spreizfederschlosses bei 20, 92 Fig. 64 und danach bei 55, 54 Abb. 8; dazu auch 59, 84 f. mit Anm. 422 mit weiterer Lit.). Die Zeichnung der Funktionsweise eines faßförmigen Vorhängeschlosses des MAs mit Stechschlüssel zum Zusammenpressen der Feder mit Scharnierbügel (31, 1004 Fig. 310) erläutert diese Weiterentwicklung (Abb. 45), wobei der Schlüssel mit querstehendem Bart nicht mehr nur eine quadratische Öffnung zum Zusammenpressen aufweist, sondern im Bart mehrere Aussparungen, was eine entspr. komplexe Federkonstruktion braucht und damit zu erhöhter Sicherheit führte.

Ähnlich belegt ist die Entwicklung der montierten Schlösser vom Schubriegelschloß bis zum Schloß für Drehschlüssel vom 9.–13. Jh., die durchaus parallel verwendet wurden. Ein Gruppe von Drehschlüsseln mit Dorn und tropfenförmigem offenem Griff reicht ebenfalls vom frühen 10. Jh. bis ins 12. Jh. Der Drehschlüssel mit rundem Griff und komplexem Bart ist ebenso vom 9.–12. Jh. gebräuchlich, während die rhombenförmigen Griffe in Winchester ins frühe 13. Jh. datiert werden. Fast 40 Schlüssel gehören zu einem Vorhängeschloß, 8 tropfenförmige Schlüssel und weitere etwa 125 Schlüssel aus etwa 10 Typen gehören zu Federschlössern.

Auch die Kontinuität in der Herstellung und Verwendung von Vorhängeschlössern ist anhand der Funde aus Winchester gut belegt, einschließlich der Zickzack-Verzierung des Schloßkörpers (31, 1009 Fig. 311). Die Entwicklungsreihe beginnt hier in der Mitte bzw. der 2. Hälfte des 10. Jh.s und reicht bis ins 13. Jh.

Noch an der Wende vom 18. zum 19. Jh. wurde in Polen die indirekt auf röm. Vorbilder zurückgreifende Art des Vorhängeschlosses mit zylindrischer Büchse, oberem oder seitlichem Bügel und widerhakenartiger Feder hergestellt, ein Kontinuum der Kulturentwicklung im ö. Mitteleuropa von der Ant. bis in die Neuzeit (48, 399).

§ 4. Symbolische Bedeutung. Schloß und Schlüssel haben von Anfang an bis ins MA eine symbolische Bedeutung; Öffnen und Schließen wurden zu Zeichen für Schutz des Eigentums, als Symbol der Hausfrau oder des Kellermeisters, aber auf höherer Ebene für Herrschaft über Kult und polit. Macht (für das MA: 41); Schloß und Schlüssel waren Attribute verschiedener ant. Götter (43, 187), der Schlüssel ist bis heute als Zeichen des Petrus üblich (57).

a. Arch. Die ältesten Schlüssel seit der BZ und frühen EZ, auch die Sanzeno-Schlüssel der Mittel- und Spät-LTZ (s. § 3a) haben wohl in erster Linie zum Schließen und Öffnen von Kultbauten gedient; denn einige Schlüsselgriffe weisen Weihe-Inschr. auf (68, 1129 Abb. 2). Solche Schlüssel sind also weitgehend dem profanen Bereich entzogen gewesen (68, 1141; 92). Ebenso gehören Schlüssel mit Tierprotomen in den kult. Bereich; der Zusammenhang von Geweihvotiven und Schlüsselgriffen führt zum Vergleich mit der sakralen Bedeutung des Schlüssels in der Ant. (45), in Verbindung mit Göttern Griechenlands und Roms.

In Grab 68/2 am → Dürrnberg bei Hallein hält die Frau einen Eisenschlüssel in der linken Hand als Symbol der reichen Oberschicht oder auch als Priesterin (68, 1141). Auf der Bronzescheibe von Montebelluna (s. o.) (68, 1129, Abb. 1,1) trägt eine Frau einen Hakenschlüssel mit Tüllengriff in der rechten Hand, gedeutet als Symbol einer Göttin, die aufschließt, Zeichen für Fruchtbarkeit und Geburt, Priesterin einer Gottheit, die für Geburt und Leben steht.

Die gall. Göttin → Epona trägt einen Schiebeschlüssel. Im Mithraskult (→ Mithras und Mithraskult) spielte der Schlüssel eine Rolle, deshalb wurden Schlüssel Mithras-Anhängern auch als Grabbeigabe zusammen mit Miniaturgerät mitgegeben. An der Kette aus dem Schatzfund des 5. Jh.s von → Szilágysomlyó hängen ebenfalls Schlüssel, ein Haken- und ein T-förmiger Schlüssel (→ Miniaturgeräte). Schlüssel sind schon während der RKZ Amulette, wie ein trapezförmiger Anhänger mit drei Miniatur-Zierschlüsseln zeigt (30).

Einige mit Preßblech verzierte Kästchen in spätant. Frauengräbern zeigen an der Schauseite heidn. oder christl. Motive, also indirekt einen relig.-kultischen Hintergrund.

Kleine röm. Hohlschlüssel aus Bronze dienten während der MZ Frauen als Amulette (3, 108 ff. mit 111 röm. Drehschlüssel, 1180–1182 Taf. 17–19 und Karte 336–341 in Reihengräbern der MZ). Aber auch ein zweijähriges Kind hatte einen röm. Drehschlüssel im Grab, vielleicht im Vorgriff auf die zukünftige Rolle des Mädchens gedacht (2, 20 ff.) oder als Zeichen für sichere Geburt, denn magische Gemmen mit der Darst. des Uterus-Schlüssels können damit verglichen werden (2, 21 Abb. 10). Oft wurden nur Frg. von solchen röm. Schlüsseln als Beigabe gewählt, die also kaum die Schlüsselgewalt der Hausfrau symbolisieren sollten.

Die aus Bronze oder seltener aus Silber hergestellten Zierschlüssel-Paare aus dem 5./6. Jh. haben nur äußerlich Ähnlichkeit mit T-förmigen Schlüsseln, sind aber nicht verwendbar und aufgrund des kostbaren Materials und der Verzierung sowie der regelhaften Paarigkeit ebenfalls als Amulette zu betrachten (Abb. 55). Für die Erklärung dieser Zierschlüssel-Paare in Frauengräbern der MZ (3; 66; 91; 94) werden zahlreiche Deutungsvorschläge angeboten, von den Schlüsseln der Göttin Freya bis zu den Petrus-Schlüsseln (34, 61 ff.). Auffällig ist die zeitliche Konzentration auf das 5. und 6. Jh. (anders: 47), sowie auf die Verbreitung mit verschiedenen Schwerpunkten, so ags. England, in Thüringen und außerdem im Reihengräberkreis. Zierschlüssel sind in ags. Gräberfeldern wesentlich häufiger als in der Kartierung von Steuer aus dem J. 1982 wiedergegeben (94, 198 f. Abb. 10/11 von 1982); dazu jetzt (60, 228–231: 12 Zierschlüssel; 91). Oftmals enthalten auch mehrere Gräber auf einem Friedhof des 6. Jh.s *girdle hangers*. Man deutet sie als Hinweis auf den Status der verheirateten Frau oder auf

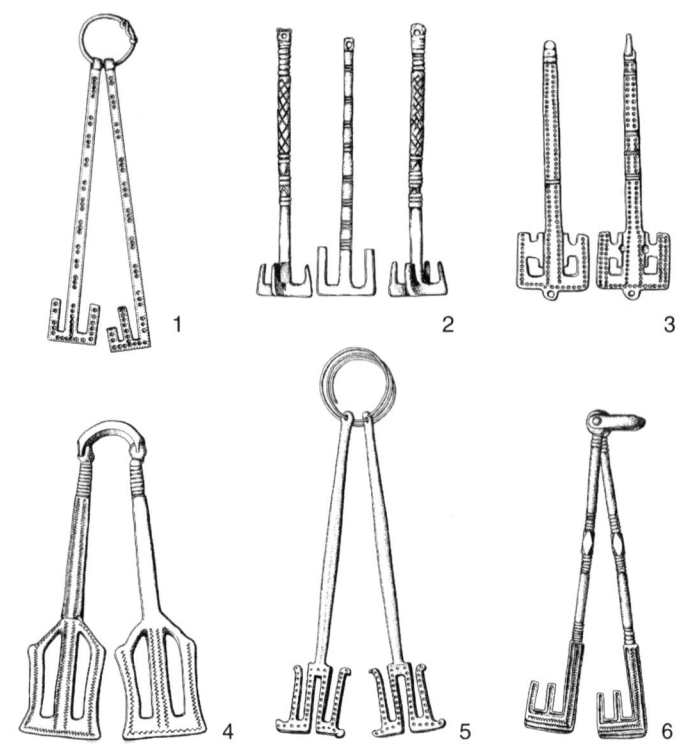

Abb. 55. Zierschlüsselpaare der MZ. Nach Steuer (94), 1 190 Abb. 4 rechts; 2 241 Abb. 28.3; 3 236 Abb. 23.4; 4 237 Abb. 24.6; 5 244 Abb. 31.4; 6 245 Abb. 32.7

die ökonomische Kontrolle des Haushalts, was ausschließlich gedacht nicht überzeugen kann, da in denselben Gräbern mit Zierschlüsseln auch normal verwendbare Schlüssel für Kasten und Tür, manchmal als Bund, lagen. So wird erwogen, ob es Unterschiede gäbe im Rang der Frauen mit derartigen Zierschlüsseln, ob die Hausherrin oder die Chefin des Hauspersonals Schlüssel mit ins Grab bekäme; denn auf manchen Gräberfeldern im ags. England enthielten die Frauengräber mit kostbarem Schmuck keine normalen Schlüsseln, aber Zierschlüssel.

Die Verbreitung der zuerst auf dem Kontinent entwickelten Schlüssel, gegossen aus Buntmetall mit christl. Symbolik, und im Norden umgestaltet mit skand. Tierornamentik im Griffoval, aus dem späten 8./frühen 9. Jh. sind trotz möglicher Funktionsfähigkeit christl. Zeichen oder Hinweis auf nord. Götter (86, 374 Abb. 134; 1; 8, 128 Fig. 3 Karte) (Abb. 53).

(Zur symbolischen Rolle von Schlüsseln in Werkzeughorten der WZ vgl. J. Lund, Fornvännen 101, 2006, 323–341 mit Lit.).

Anscheinend absichtlich zerbrochene Schlösser fanden sich in Gräbern von Birka, und eine Notiz aus dem 19. Jh. vermerkt, daß im w. Ural die Gewohnheit herrschte, den Toten Vorhängeschlösser beizulegen. Bei wiederholtem Verlust von Kindern in einer Familie legte man ein verschlossenes Vorhängeschloß auf die Brust des verstorbenen Kindes, um den Tod daran zu hindern, noch weitere Opfer zu holen (95, 13; 96, 134 Anm. 2). Eine Überlieferung besagt, daß zur Ausstattung jüdischer Gräber des 17. und 18. Jh.s Vorhängeschlösser gehörten, so bei Ausgr. nachgewiesen auf einem Friedhof in Lutomiersk nahe Łódz, was bei Befragung als altes Brauchtum von jüdischen Einw. bestätigt wurde (48, 398).

b. Hist. Überlieferung. Es gibt zahlreiche griech. und röm. Gottheiten mit Schlüssel (45, 227 ff.), die den Verschluß schwerer Tore zw. Himmel, Erde und Unterwelt, zw. Tag und Nacht, Land und Meer beherrschen. Ihre Diener tragen für sie die Schlüssel. Jahwe selbst besitzt Schlüssel zu allem, Moses schlägt mit dem Schlüssel Wasser aus dem Felsen, Christus wirkt durch Übergabe des Schlüssels, z. B. wenn er sie Petrus überreicht (57). Komplexe Hakenschlüssel mit mehreren Zinken als Bart sind auch in der ant. Bildüberlieferung mit verschiedenem Symbolgehalt belegt, bis zum Petrus-Schlüssel (2; 24, 138 Abb. IV: Kommentar zur Apokalypse, Cod. des 10. Jh.s; 57).

Nach Jesaja 22.22 lautet die Herrschaftsübertragung: *Und will die Schlüssel zum Hause Davids auf seine Schulter legen, daß er auftue und niemand zuschließe, daß er zuschließe und niemand auftue.*

Christus hat Petrus die Schlüssel übergeben (Mt. 16.19): „*Ich will dir des Himmelreichs Schlüssel geben, und alles, was du auf Erden binden wirst, soll auch im Himmel gebunden sein, und alles, was du auf Erden lösen wirst, soll auch im Himmel los sein*", als sein Stellvertreter auf Erden und später Hüter der Himmelstür; die höchste richterliche Gewalt zu lösen und zu binden ist die *potestas clavium*. Seit dem 5. Jh. trägt Petrus den Drehschlüssel als Zeichen (45, 218). Die ältesten Darst. finden sich auf einem Sarkophag (45, 229 mit Anm. 41) und auf einem Mosaik im Mausoleum der Galla Placidia in Ravenna, und nachfolgend im Baptisterium der Arianer, 6. Jh. (→ Mosaik); (zur Symbolik des Kirchen- bzw. Petrus-Schlüssel 11, 146 ff. mit zahlreichen Bibelzitaten) (57).

Schlüssel waren seit je Symbol auch für die Stadt; bei belagerten Städten wurde der Torschlüssel dem Sieger übergeben: so von Rom (Prokop, Gotenkriege I 14: ‚Den Gotenführer Leutharis und die Schlüssel der Tore sandte Belisar an den Kaiser') und von Karthago (Prokop, Vandalenkriege I 16: Sie, die Soldaten des Belisar, riefen nach der Besetzung der Stadt ‚den Bischof und alle vornehmen Bürger zusammen und gaben ihnen die Aufträge des Feldherrn bekannt, worauf sie ohne weiteres die Schlüssel zu den Toren ausgehändigt erhielten. Diese schickten sie dann an den Feldherrn') (45, 228).

Der Schlüssel ist schließlich auch Symbol der ehelichen Gemeinschaft. Bei der Verheiratung wurden der Frau die Schlüssel des Hauses (der Behälter und für die Räume im Haus) übergeben, meist ein Schlüsselbund am Gürtel. Die Vielfalt der Deutungsmöglichkeiten der Schlüssel als Symbol mit verschiedenen Facetten wird denn auch zusammengefaßt als Zeichen der weiblichen persönlichen Identität gewertet (5).

(1) B. Almgren, Bronsnycklar och djurornamentik vid övergången från Vendeltid till Vikingatid, 1955. (2) H. Ament, Das alam. Gräberfeld von Eschborn (Main-Taunus-Kr.), 1992. (3) U. Arends, Ausgewählte Gegenstände des Früh-MAs. mit Amulettcharakter, 1978. (4) G. Arwidsson, H. Thorberg (†), Kästchen und Schachteln, in: G. Arwidsson (Hrsg.), Birka II:3. Systematische Analysen der Gräberfunde, 1989, 113–121. (5) E. Arwill-Nordbladh, Nyckelsymbolik i järnalderns kvinnogravar, Fornvännen 85, 1990, 255–260. (5a) C. Bassi, Catalogo e osservazioni di carattere tipocronologico, in: [77a], 84–93. (6) A. Berg u.a., Lås, in: Kult. hist. Leks. XI, 48–72. (7) A. Birley, Security: the keys and locks. Vindolanda Research Rep. NS IV. The Small Finds II, 1977. (8) Ch. Blindheim u. a., Kaupang-Funnene 2, 1999. (9) R. Blomqvist, Medeltida bultlås och bultlåsnycklar från Lund, Kulturen 1940. (10) J. Brandt, Eine Siedlung des 2.–5. Jh.s bei Brahlsdorf, Lkr. Ludwigslust, Bodendenkmalpflege in Mecklenburg-Vorpommern Jb. 52, 2004, 323–365. (11) J.-J. Brunner, Der Schlüssel im Wandel der Zeit, 1988. (12) T. Capelle, Die frühgeschichtl. Metallfunde von Domburg auf Walcheren 1–2, o. J. (12a) E. Cavada, Chiavi e complementi di chiusura di età romana e altomedievale: contesti di rinvenimento e cronologia di alcuni esemplari trentini, in: [77a], 94–103. (12b) G. Ciurletti, La chiave in età romana, in: [77a], 67–83. (13) A. V. von Cohausen,

Die Schlösser und Schlüssel der Römer, Ann. des Ver.s für Nassauische Altkde und Geschichtsforsch. 13, 1874, 135. (14) E. Cosack, P. Kehne, Ein arch. Zeugnis zum germ.-röm. Sklavenhandel?, Arch. Korrespondenzbl. 29, 1999, 97–109. (14a) Ph. Curdy, Le chiavi in bronzo degli abitati palafitticoli svizzeri, in: [77a], 29–34. (15) H. Deringer, Schlüssel und S.-Teile aus Lauriacum. Forsch. in Lauriacum 6–7, 1960, 101–115. (16) H. Diels, Ant. Technik, 1914. (17) H.-J. Dölle, Zum röm. Einfluß auf die Herausbildung und Verwendung von Schloß und Schlüssel, Feinwaage und Gewicht bei den germ. Stämmen, in: Römer und Germ. in Mitteleuropa, ^{2}1976, 139–148. (18) B. Dostál, Schlüssel und Schloßteile von Břeclav-Pohansko, Sborník prací filozofické fakulty brněnské univerzity E 33, 1988, 141–153. (19) B. Dübner-Manthey, Zum Amulettbrauchtum in frühma. Frauen- und Kindergräbern, in: W. Affeldt (Hrsg.), Frauen in Spätant. und Früh-MA, 1990, 65–87. (20) G. Egan, Security equipment, in: Ders. (Hrsg.), The Medieval Household Daily Living c. 1150–1450. Medieval Finds from Excavation in London 6, 1998, 88–120. (21) H. Falk, Schloß und Schlüssel, in: Hoops IV, 135. (22) Ders., Tür, in: ebd. IV, 367 f. (23) F. M. Feldhaus, Die Technik. Ein Lex. der Vorzeit, der geschichtl. Zeit und der Naturvölker, 1931, Sonderausg. 1970. (24) C. Fernández-Ibáñez, Cerrajería romana, Castrelos 12, 1999, 97 140. (25) Filip, Enzykl. Handb., s. v. Schlüssel und Schloß. (26) J. Fink, Der Verschluß bei den Griechen und Römern, 1890. (27) A. Gaheis, Das röm. Tür- und Kastenschloß, Jahresh. des Österr. Arch. Inst. 26, Beibl., 1930, Sp. 231–262. (28) D. Gáspár, Spatröm. Kästchenbeschläge aus Pann., 1971. (29) Ders., Röm. Kästchen aus Pann., I und II, Mitt. des Arch. Inst.s der Ungar. Akad. der Wiss. 15, 1986. (30) K. Godłowski, Opatow. Woiwodschaft Częstochowa, Gem. Opatów/Gräberfeld der Lausitzer Kultur und der jüng. Kaiserzeit, Recherches arch. de 1984 Krakow, 1986, 36–39. (31) I. H. Goodall, Locks and Keys, in: M. Biddle (Hrsg.), Objects and Economy in Medieval Winchester II. Winchester Studies 7.II. Artefacts from Medieval Winchester, 1990, 1001–1036. (32) J. Gorecki, Stud. zur Sitte der Münzbeigabe in römerzeitlichen Körpergräbern zw. Rhein, Mosel und Somme, Ber. RGK 56, 1975, 182–467. (33) B. Grodde, Hölzernes Mobiliar im vor- und frühgeschichtl. Mittel- und N-Europa, 1989. (33a) M. Guaitoli, Le più antiche chiavi fra documentazione arch. e citazioni nelle fonti classiche, in: [77a], 19–28. (34) H.-J. Hässler, Neue Ausgr. in Issendorf, Ldkr. Stade, Niedersachsen, 1994. (35) A. Haupt, L. Dietrichson, Tor, in: Hoops IV, 331 f. (36) E. Heinsius, Schloß und Schlüssel im vorgeschichtl. Europa. Auf Grund der Bodenfunde. Diss. Göttingen und Berlin, 1946. (37) Dies., Ein Schnappschloß mit Preßfederriegel aus Haithabu, Ber. über die Ausgr. in Haithabu 6, 1973, 38–40. (38) J. Henning, Gefangenenfesseln im slaw. Siedlungsraum und der europ. Sklavenhandel im 6.–12. Jh., Germania 70, 1992, 403–426. (39) J. Herrmann, Slawen und Wikinger in der Frühgesch. der Ostseevölker, in: Ders. u. a., Wikinger und Slawen, 1982, 26 f. (40) Ders., Ralswiek auf Rügen, 3. Die Funde aus der Hauptsiedlung, 2005. (41) L. Hödl, Schlüsselgewalt, in: Lex. des MAs 7, 1995, 1494–1496. (42) H.-J. Hundt, Ein eisernes Truhenschloß und Textilreste aus einem Kammergrab in Haithabu, Jb. RGZM 13, 1966 (1968), 304–315. (43) R. Hurschmann, V. Pingel, Schloß, Schlüssel, in: N. Pauly XI, 186–190. (44) G. Jacobi, Werkzeug und Gerät aus dem Oppidum von Manching, Ausgr. in Manching 5, 1974. (45) H. Jacobi, Der kelt. Schlüssel und der Schlüssel der Penepole. Ein Beitr. zur Gesch. des ant. Verschlusses, in: Festschr. K. Schumacher, 1930, 213–232. (46) L. Jacobi, Das Römerkastell Saalburg bei Homburg vor der Höhe, 1897, 462–480. (47) I. Jadczykowa, Klucz ze Śladkowa Górnego, Gm. Zgierz/A key from Śladków Górny, Zgierz Commune, Acta Univ. Lodziensis, Folia Arch. 16, 1992, 139–142. (48) K. Jażdżewski, Einiges über kaiserzeitliche, völkerwanderungszeitliche und ma. Vorhängeschlösser aus Poln, in: Festschr. R. Pittioni, 1976, 388 401. (49) E. Jørgensen, P. Vang Petersen, Das Nydam Moor. Neue Funde und Beobachtungen, in: Sieg und Triumpf. Der Norden im Schatten des Röm. Reichs, 2003, 258–284. (50) P. T. Keßler, Schlüssel aus spätmerow.-karol. Zeit, Mainzer Zeitschr. 27, 1932, 96–101. (51) B. Klima, Zámečnická práce staromoravských kovářů v Mikulčicích (Schlosserarbeit der großmährischen Schmiede in Mikulčice), 1980. (52) Kluge-Seebold, ^{24}2002. (53) U. Koch, Die Metallfunde der frühgeschichtl. Per. aus den Plangrabungen 1967–1981. Der Runde Berg bei Urach V, 1984. (53a) Dies., Das alam.-frk. Gräberfeld bei Pleidelsheim, 2001. (54) A. Kokowski, Schloßbeschläge und Schlüssel im Barbaricum in der RKZ und der frühen VWZ. Klassifizierung, Verbreitung, Chron., 1997. (55) S. Krabath, Die hoch- bis spätma. Buntmetallfunde n. der Alpen, 2001. (56) E. Künzl, Schlösser und Fesseln, in: Ders., Die Alam.beute aus dem Rhein bei Neupotz 1, 1993, 365–378. (57) H. Leclercq, Clefs, Clefs de Saint Pierre, in: Dict. d'Arch. Chrétienne et de Liturgie III/2, 1948, 1860–1867. (58) V. Lilčič, Prilog kon antičkiot ključ / Une contribution à l'étude de la clef antique, Macedonia Acta Arch. 13, 1992, 201–212. (59) A. Lungershausen, Buntmetallfunde und Handwerksrelikte des MAs und der frühen Neuzeit aus arch. Unters. in Braunschweig, 2004. (60) A. MacGregor, E. Bolick, A Summary Catalogue of the Anglo-Saxon Coll.s (Non-Ferrous Metals), 1993. (61) G. Mandel, Der Schlüssel. Gesch. und Symbolik der Schlüssel und der Schlösser, 1993. (62) K. Mansel, Ein latènezeitlicher Schlüssel mit Stierplastik aus Sonthofen im Allgäu, Germania 67, 1989, 572–587. (63) M. Martin, Das frk. Gräberfeld von Basel-Bernerring, 1976. (64) F. Marzatico, La chiave nelle Alpi orientali fra il V–I secolo avanti Cristo: la chiave di Sanzeno o retica, in: [77a], 39–66. (64a) Ders., I materiali preromani delle valle dell'Adige nel castello del Buonconsiglio, 1997. (65) H. Masurel, Contribution à l'étude de a serrurerie gallo-romaine. Mémoire de l'École du Louvre, 1979. (66) A. L. Meaney, Anglo-Saxons Amulets and Curing Stones, 1981. (67) J. Nothdurfter, Die Eisenfunde von Sanzeno im Nonsberg, 1979. (68) Ders., Schlüssel – Schlüsselgriffe – Geweihmotive, in: L. Zemmer-Plank (Hrsg.), Kult der Vorzeit in den Alpen. Opfergaben, Opferplätze, Opferbrauchtum 2, 2002, 1127–1154. (69) F. Nüssel, E. Pfeiffer-Belli, Schlüssel und Schloß. Schönheit, Form und Technik im Wandel der Zeiten, ⁴1984. (70) B. Ottaway, Anglo-Scandinavian Ironwork from 16–22 Coppergate. The Arch. of York 17: The Small Finds, 1992. (71) B. Päffgen, Die Ausgr. in St. Severin zu Köln 1–3, 1992. (72) H. Pankofer, Schlüssel und Schloß. Schönheit, Form und Technik im Wandel der Zeiten, 1973. (73) Ch. Pescheck, Die germ. Bodenfunde der RKZ in Mainfranken, 1978. (74) D. Prochnow, Schönheit von Schloß, Schlüssel, Beschlag, 1966. (75) J. Petersen, Vikingatidens redskaper, 1951. (76) A. Radnóti, Möbel und Kästchenbeschläge, Schlösser und Schlüssel, Arch. Hungarica 36, 1957, 241–363. (77) Ders., Spätröm. Gräber und Kästchenbeschläge aus Burgheim, Lkr. Neuburg a. d. Donau, BVbl. 23, 1958, 83–96. (77a) U. Raffaelli (Hrsg.), Oltre la porta. Serrature, chiavi e forzieri dalla preihistoria all'età moderna nelle Alpi orientali, 1996. (78) R. Reith, Schloß (Türschloß), in: Lex. des MAs 7, 1995, 1491 f. (79) Ders., U. Nilgen, Schlüssel, in: ebd. 7, 1995, 1492 f. (80) A. Roes, Vondsten van Dorestad, 1965. (81) E. Roesdahl, Fyrkat. En jysk vikingeborg, 2. Oldsagerne og gravpladsen, 1977. (82) Dies., Viking Age Denmark, 1982. (83) A. Ruta Serafini, La „chiave di Penelope" nella prima età de ferro, in: [77a], 35–38. (84) G. Schauerte, A. Steiner, Das spätröm. Vorhängeschloß, in: W. Gaitzsch u. a., Ein Verwahrfund des 4. Jh.s aus dem Königsforst bei Köln, Bonner Jb. 184, 1984, 371–378. (85) F. W. Schlegel, Kulturgesch. der Türschlösser, 1963. (86) P. Schmid, Fries. Gräberfelder und das Verhältnis ihrer Funde zur Sachkultur im Karolingerreich und in Skand., in: G. Kossack u. a. (Hrsg.), Arch. und naturwiss. Unters. an Siedlungen im dt. Küstenbereich, 1. Ländliche Siedlungen, 1984, 361–377. (87) M. D. Schön, Der Thron aus der Marsch, 1995. (88) H. Schönberger, Röm. Vorhängeschlösser mit Maskendeckel, Saalburg-Jb. 15, 1956, 81–94. (89) J. Schuster, Bemerkungen zu einigen Schlössern und Schlüsseln von Kästchen in der späten RKZ. Schloßbestandteile des Typs Wetzendorf, Ethnographisch-Arch. Zeitschr. 40, 1999, 555–575. (90) S. Sievers, Die Kleinfunde der Heuneburg, 1984. (91) E. Southworth (Hrsg.), Anglo-Saxon Cemeteries. A Reappraisal. Proc. of a conference held at Liverpool mus. 1986, 1990. (92) J. Speck, Schloß und Schlüssel zur späten Pfahlbauzeit, Helvetia Arch. 12, 1981, 230–241. (93) H. Steuer, Die Südsiedlung von Haithabu. Stud. zur frühma. Keramik im Nordseeküstenbereich, 1974. (94) Ders., Schlüssel-Paare in frühgeschichtl. Gräbern. Zur Deutung einer Amulettbeigabe, Stud. zur Sachsenforsch. 3, 1982, 185–247. (94a) L. Thunmark-Nylén, Die WZ Gotlands, 2. Typentaf., 1998. (95) J.-E. Tomtlund, Locks and keys, in: Excavations at Helgö V:1, Workshop Part II, 1978. (96) Ders., Die Vorhängeschlösser, in: G. Arwidsson (Hrsg.), Birka II:3. Systematische Analysen der Gräberfunde, 1989, 133 f. (97) A. Ulfhielm, mit Vorbemerkung von G. Arwidsson, Schlüssel, in: G. Arwidsson, Birka II:3, Systematische Analysen der Gräberfunde, 1989, 122–132. (98) Unter Verschluß. Schlösser, Schlüssel und Beschläge aus den Slg. des Mainfrk. Mus. Würzburg. Kat., 1992. (99) E. Vogt, Die ältesten Schlüssel, Germania 15, 1931, 142–145. (100) H. Westphal, Eiserne Hohlschlüssel. Zur Konstruktion und Funktion einer Sonderform, Stud. zur Sachsenforsch.13, 1999, 449–463.

H. Steuer

Vesontio

§ 1: Naturräumliche und historische Voraussetzungen – § 2: Ausgrabungen innerhalb der keltischen und römischen Stadt

§ 1. Naturräumliche und historische Voraussetzungen. V., heute Besançon, in der Region Franche-Comté, Dep. Doubs, ist nach natürlichen Voraussetzungen geogr. wie kulturell als Bindeglied zw. Burgund, der Schweiz und dem benachbarten Elsaß zu bewerten. Das vom Dubis (heute Doubs) in einer Flußschlinge umgebene Areal von 100 ha Größe ist nur nach SO offen, wo eine natürliche Schwelle den

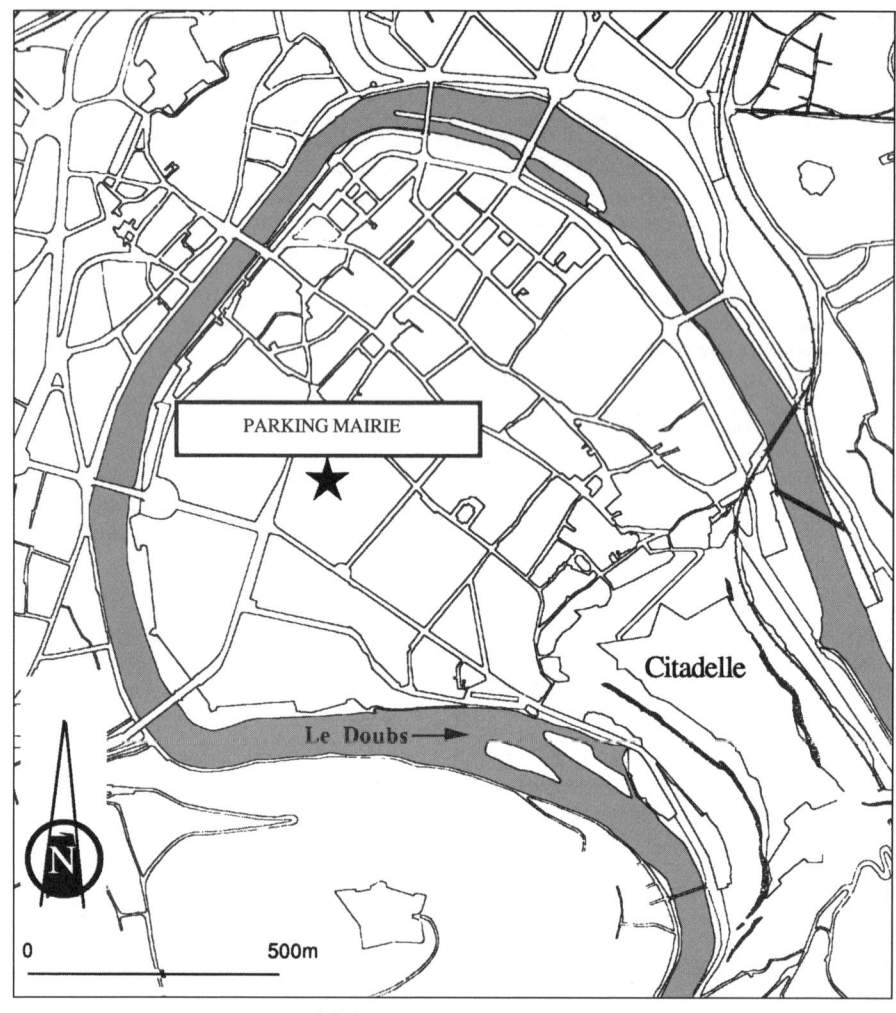

Abb. 56. Lage des Oppidums Vesontio innerhalb einer Flußschlinge des Doubs mit Grabungsgelände am Rathausparkplatz. Nach Guilhot (5, Abb. 1)

Zugang blockiert (Colline de la Citadelle, trägt als Wahrzeichen der Stadt die neuzeitliche Zitadelle) (Abb. 56). „... denn der Doubs umfließt, wie mit dem Zirkel herumgeführt, fast den ganzen Ort; den vom Fluß offengelassenen Zwischenraum, nicht mehr als 1 600 Fuß [480 m], nimmt ein Berg von bedeutender Höhe ein, dessen Ausläufer beiderseits das Flußufer berühren. Ihn macht eine herumgeführte Mauer zu einer Festung und verbindet ihn mit dem Ort."

Caes. Gall. 1,38, 3–6 (zit. nach J. Herrmann [Hrsg.], Griech. und lat. Qu. zur Frühgesch. Mitteleuropas bis zur Mitte des 1. Jt.s u. Z. 1, 1988, 99).

Die Stadt liegt im Jura etwa 235 m über NN, umgeben von sieben Anhöhen, unter denen der Name des höchsten Berges (610 m über NN), Saint Etienne, aus röm. (lat. *Coelius*) und gall. Zeit (kelt. *Ves*) bekannt ist. Der griech. Name des späteren V., Χρυσόπολις, weist auf Goldvorkommen, die hier aus dem Fluß gewonnen worden sind.

Seit dem Neol. wurde die natürliche Lage des Platzes als besonderer Schutz für menschliche Siedlungstätigkeit genutzt (1; Zur Arch. von Besançon vermitteln Einzeldarst. in den Annales Littéraires de l'Univ. de Franche-Comté. Sér. Arch. et Préhist. einen aktuellen Überblick zu einzelnen Epochen, aber auch zu Themen wie: etr. → Schnabelkannen, gallo-röm. Fibeln [→ Fibel und Fibeltracht § 31] und → Import sowie → Terrra Sigillata).

Die topographische Lage zw. Rhône, Saone und Jura und die daraus resultierende hervorragende strategische Position veranlaßte → Caesar, V., den Hauptort der kelt. Sequaner, im J. 58 v. Chr. noch vor → Ariovist zu besetzen (Caes. Gall. 1,38 f.). Während des 2. nachchristl. Jh.s erlebte die Stadt ihre Blütezeit. Jetzt wurde die gesamte Innenfläche der Flußschleife bebaut, und die Besiedlung über das ö. Flußufer hinaus erweitert. (Zur röm. Stadt V. und ihrer Urbanisation, mit Wirtschaft und Gesellschaft, Architektur, Verwaltung, Relig., ihren Tempeln und Kulten, zu öffentlichen Gebäuden, Amphitheater, Triumphbogen und Nekropolen: 9; 10).

Die frühma., alam., burg. und frk. Besiedlung ist zuletzt zusammenfassend dargestellt in (2). Im MA wurde Besançon nach dem Vertrag von Verdun im J. 843 dem Kgr. Lotharingen zugeordnet und stand unter der Herrschaft der Grafen von Burgund. Im Kgr. Burgund (Arelat) wurde Besançon 887 Teil des Hl. Röm. Reiches und einem Ebf. unterstellt, von 1307–1664 Freie Reichsstadt, und 1678 Frankreich angeschlossen. Noch bis 1803 blieb der Ebf. von Besançon geistlicher Reichsfürst.

§ 2. Ausgrabungen innerhalb der keltischen und römischen Stadt. a. Besiedlung. An den w. und n. Ufern des Flußbogens konnten Ausgr. die Reste einer spätlatènezeitlichen Stadt nachweisen. Der Ort wurde durch einen Graben vom anderen Teil der Flußschleife abgetrennt. Einen partiellen, doch exakten Einblick in Besiedlungsstruktur, Hauskonstruktion, Kult, Handwerk und Wirtschaft von V. vermitteln die Ausgr. der J. 1989–1990, die vor der Errichtung eines Parkplatzes am Rathaus unter Leitung des Mus.s in Besançon durchgeführt wurden (Abb. 56). Die dabei gewonnenen Resultate wurden umgehend publiziert (7; mit Einzelaufsätzen: 3–6; 8). Die untersuchte Fläche von 4000 m^2 ergab eine kontinuierliche Besiedlung vom Ende des 2. Jh.s v. Chr. bis zum Ende des 2. Jh.s n. Chr. Einzelne Siedlungsschichten erstreckten sich über die gesamte Grabungsfläche und konnten zusätzlich mit Hilfe erhaltener Hölzer dendrochron. datiert werden. Die dabei gewonnenen Zeitmarken verifizieren mehrere Phasen für den Besiedlungsablauf (5):

Phase I: 124–40 v. Chr.; Phase II: 40er J. bis 30 v. Chr.; Phase III: augusteisch bis Ende des 1. Jh.s v. Chr.

Aus der ersten Phase konnten ca. 10 Gebäude erfaßt werden, die sich n. und s. eines unbebauten Platzes am Rande eines ca. 7 m br. und 2 m tiefen Grabens orientierten. Die Häuser (Abb. 57) von etwa 28 m^2 Grundfläche sind als Schwellrahmenbauten aus Nadelholz konstruiert und besitzen alle eingetiefte, holzverblendete Keller von ca 2 × 2,5 m Größe und 2 m Tiefe, wie sie auch aus anderen Oppida im NO Galliens bekannt sind (Mont Beuvray, → Alesia, Vertault, → Titelberg). Die Feuerstellen, zumeist in zentraler Lage der Häuser, bestehen aus Tonplatten, die jeweils einem Steinfundament aufliegen.

Eines der beiden Häuser der N-Gruppe (Abb. 57) zeichnet sich aus durch reicheres Inventar und eine andere Bauweise, u. a. mit einem äußeren Keller, in den man aus dem Hausinneren über eine hölzerne Treppe gelangte.

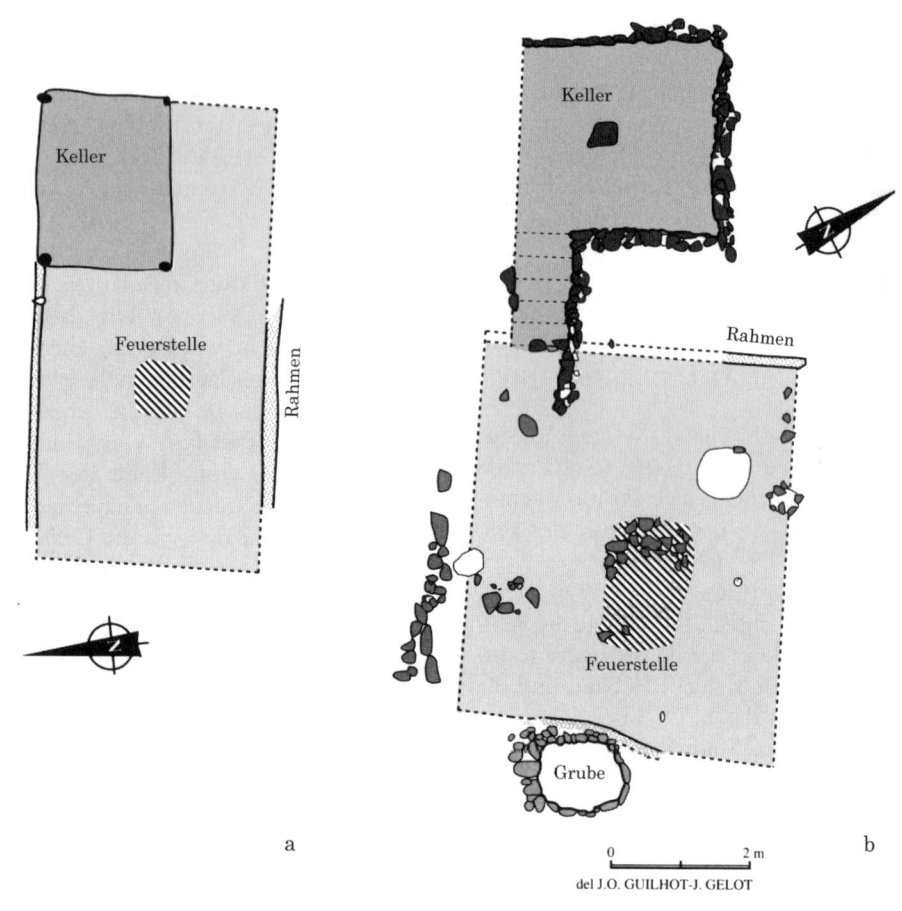

Abb. 57. Besançon, Rathausparkplatz, Hausgrundrisse aus Phase I. Nach Guilhot (5, Abb. 3)

Im S grenzt an das besiedelte Areal ein Brandgräberfeld, auf dem bis ca. 60/70 n. Chr. bestattet wurde. Hier wurden in der Mitte des 19. Jh.s bereits Funde getätigt (Abb. 59).

Die detaillierten Ergebnisse für eine kontinuierliche Bebauung und ununterbrochene Besiedlung gelten zunächst für den untersuchten Teilbereich der Siedlung. Um sich ein Gesamtbild über den Besiedlungsablauf in V. zu verschaffen, sind weitere Untersuchungen erforderlich.

Phase II kann als Übergangsper. bewertet werden; Siedlungsnachweise liegen nur aus verstreuter Lage vor.

Phase III: Zu beiden Seiten einer von NO nach SW verlaufenden Verkehrsachse (Abb. 58) entstanden drei verschiedene Hausgruppen, die voneinander durch unbebaute Flächen getrennt waren: eine n. aus vier Gebäuden, eine s. mit zwei Hauskomplexen und eine dritte Gruppe im O mit sechs Gebäuden. Diese Aufteilung blieb im untersuchten Areal bis zum Ende der röm. Besiedlung bestehen, und es liegt nahe, darin eine Kontinuität der latènezeitlichen Parzellierung zu sehen. Obwohl Veränderungen im Hausbau wie die Verwendung gebrannter Ziegel und Mörtelverputz, eine Aufteilung in mehrere Räume, dezentrale Position der Feuerstellen schnell Aufnahme

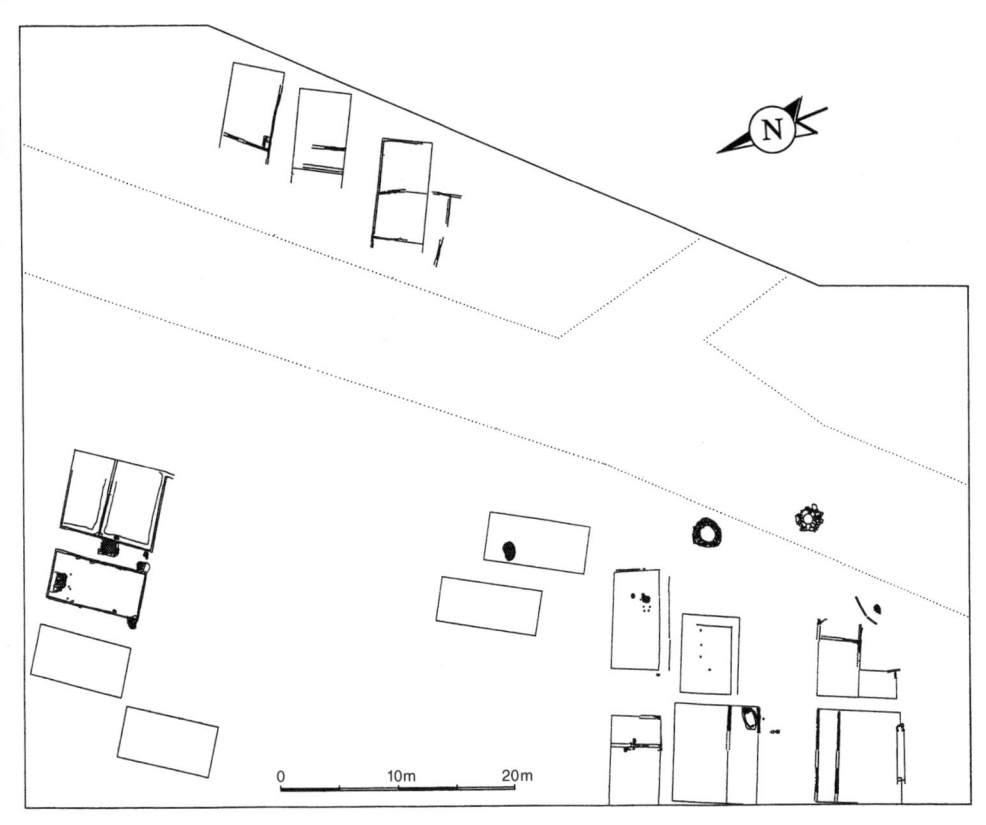

Abb. 58. Besançon, Rathausparkplatz, Bebauung in Phase III. Nach Guilhot (5, Abb. 6)

fanden, lehnt sich die augusteische Urbanisierung stark an die vorausgehende Struktur an und folgt keinem romanisierenden Schema.

b. **Aussage des Fundmaterials zum Charakter der Siedlung.** Aus der rund 400 J. andauernden Besiedlung sind insgesamt 837 Funde überliefert, die bes. aussagefähig für die Zeitbestimmung und den Charakter von V. sind (3). So erlaubt das spätlatènezeitliche Fundmaterial exakte Zeitansätze, die stratigr. und durch dendrochron. Daten abgesichert sind. Danach läßt sich für die Besiedlungsdauer des → Oppidums eine Abfolge mit verschiedenen Bebauungsphasen und dazugehörendem Fundinventar erkennen (s. o. Phasen I–III). Unter den Kleinfunden der Phase I ist ein *stilus*

hervorzuheben, der als Längenmaß für einen halben röm. Fuß interpretiert wird (3, 147 f.). Er stammt aus der Füllung eines Grabens, der möglicherweise zu einer röm. Verschanzung gehört hat und als Anhaltspunkt für die Existenz eines caesarischen Lagers in der Flußschleife des Doubs gilt.

Die Schmuckgegenstände (26 Fibeln, 5 Glasarmringe, 4 Perlen aus Glas oder Bernstein) sind annähernd gleichmäßig auf das Umfeld der ausgegrabenen Häuser verteilt. Hinweise auf Pferdezubehör (Jochfrg. und Sporn) finden sich allein in dem Haus mit separat angelegtem Keller (vgl. Abb. 57), das als Haus eines ‚Anführers' gedeutet wird.

Von Interesse für eine Interpretation ist ein weiterer Kleinfund, das Frg. eines massiven Bronzerings mit Stöpselverschluß (3,

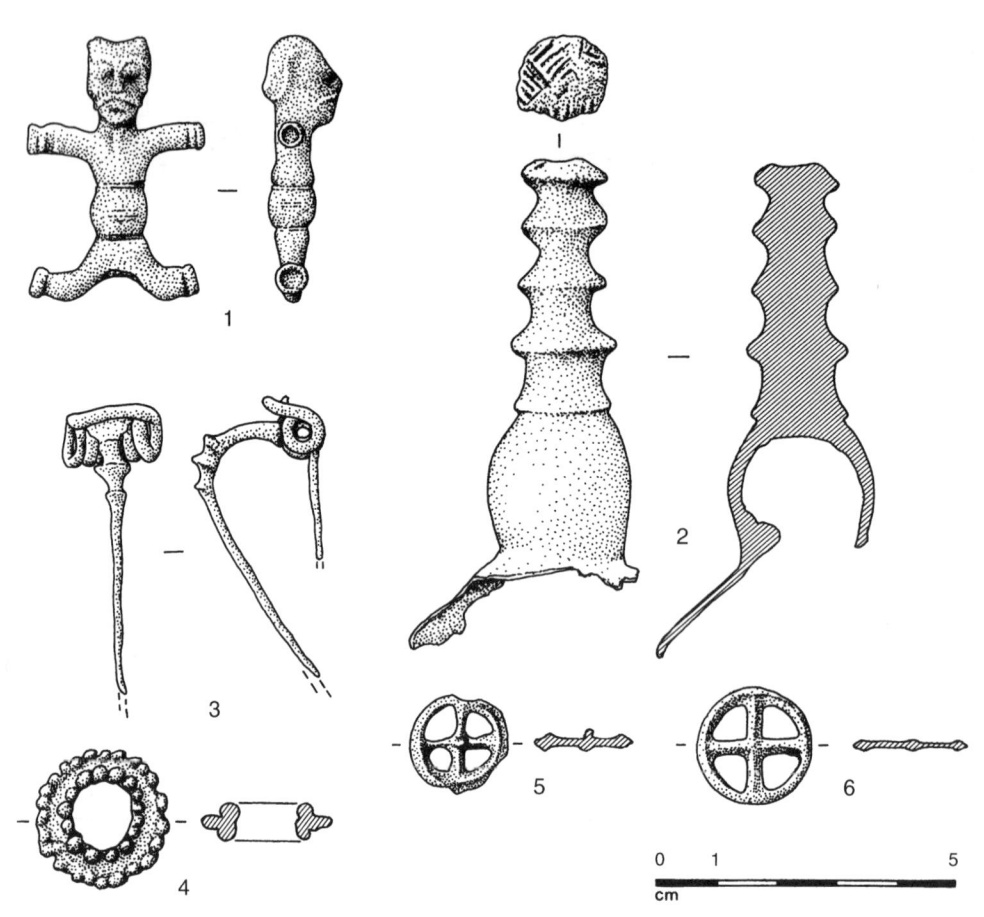

Abb. 59. Besançon, bronzene Altfunde aus Grabungen des 19. Jh.s. 1 Anthropomorpher Griff; 2 Aufsatz eines Wagenkastens oder Joches; 3 Fibel Almgren 65; 4–6 Anhänger. Nach Feugère (3, Abb. 7)

Abb. 4,1), für das Parallelen aus anderen Oppida bekannt sind (3, 148). Feugère sieht darin den Rest eines Halsringes und verbindet damit den Hinweis darauf, daß in V. bei den besiegten Gall. mit einem Wiederaufleben von Halsschmuck als Statuszeichen zu rechnen ist.

Aus Schichten der Phase III (30 v. Chr. bis um Chr. Geb.) stammen Gußformen für Rädchen-Amulette (Abb. 60), des weiteren nicht näher bestimmbare Amulett-Frg., die vermutlich mit der Kultpraxis der abgeschlagenen Köpfe (tête coupée) zusammenhängen.

SW des Areales mit diesem Fundmaterial ist das große Rund-Monument der Claudiuszeit zu lokalisieren. Es wurde vermutlich auf ält. Strukturen erbaut, davon zeugen Kleinfunde der Spät-LTZ, die bereits im 19. Jh. gefunden worden sind. Dazu gehört auch ein Ensemble, das wohl nicht als Grabausstattung, sondern vielmehr als Depot eines Handwerkers zu bewerten ist, der auf den Verkauf von Votivgaben spezialisiert war (3, 148). Die Resultate der Ausgr. am Parkplatz legen nahe, daß die Baustrukturen in Phase IV (1–15 n. Chr.) auf vorausgehenden Ausrichtungen beruhen und da-

Abb. 60. Besançon, steinerne Gußformen für verschiedene Anhänger. Nach Feugère (3, Abb. 6)

mit deutlich älter sind als die „Claudische Monumentalisierung".

Die jüngsten Ausgr. haben in demselben Sektor, der auch die präaugusteischen Formen geliefert hat, die Aktivität von Bronzeschmieden nachgewiesen, die eindeutig mit dem gallo-röm. Tempel der J. 20–65 verbunden sind. Daher ist anzunehmen, daß hier bereits in LT D2 eine handwerkliche Aktivität in Verbindung mit einem gall. Heiligtum bestand, das daher nur unter dem kaiserzeitlichen Tempel gelegen haben kann.

Münzen. Von den 165 gefundenen Münzen lassen sich 110 bestimmen, davon gehören 91 zu Prägungen der Sequaner (4, Abb. 1). Die ältesten kelt. Goldprägungen sind in V. nicht vertreten. Von den sieben überlieferten Silbermünzen der 1. Hälfte des 1. Jh.s v. Chr. gehören sechs Ex. zu Prägungen, deren Herkunft sich in NO-Gallien lokalisieren läßt (→ Münzwesen, keltisches § 3b), wo das Territorium der Sequaner liegt. Ein Ex. trägt die Legende TOGIRIX (Abb. 61,1), vier Münzen mit der Aufschrift KALETEDOU sind den Lingonen *(Lingones)* zuzuordnen (Abb. 61,2), eine inschriftenlose den → Häduern (Abb. 61,3).

Alle anderen Münzen bestehen aus Bronze und wurden entweder gegossen, mehrheitlich (61 %) geschlagen. Die meisten der identifizierbaren Stücke legen sequanische Fabrikation nahe. Vier gallo-röm. Münzen repräsentieren einen weit verbreiteten Typus, drei davon mit der Legende GERMANVS INDVTILLI L (Abb. 61,13), eine mit der Aufschrift SEX F/T POM (Abb. 61,12). Bis auf diese Münzen sind alle anderen geschlagenen Ex. sequanisch. Sie enthalten zwei verschiedene Typen: kleine Bronzemünzen mit der Inschr. TOGIRIX (Abb. 61,5) oder TVRONOS/CANTORIX (Abb. 61,7). Die letzteren wurden auch in Bronze gegossen. Im Gegensatz zu silbernen Münzen mit der Legende TOGIRIX sind solche aus Bronze mit gleicher Aufschrift nur mit einigen zehn Ex. bekannt, die v. a. aus der Region Mandeure/Montbéliard stammen, wo sie vermutlich auch hergestellt wurden. Mit der Legende TVRONOS/CANTORIX (Abb. 61,6) wurden in V. aus allen 6 Phasen insges. 11 geschlagene Bronzemünzen und 12 aus → Potin gefunden.

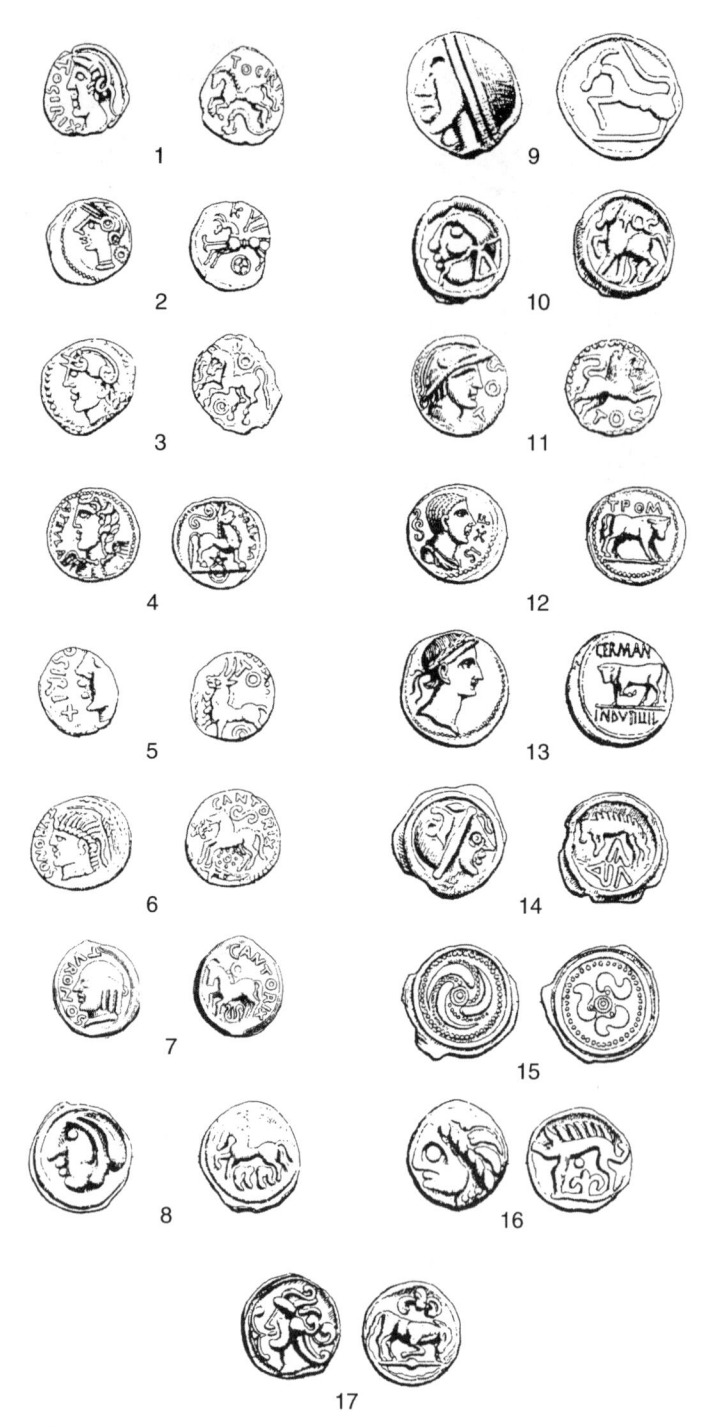

Abb. 61. Auswahl kelt. Münzen aus der Grabung Besançon, Rathausparkplatz. 1–4 Silber; 5–6; 12–13 Bronze; 7–11; 14–17 Potin. Nach Fischer (4, Taf. 1,1–17)

Ein Großteil der in V. gefundenen Potinmünzen gehört der Serie ‚mit dem großen Kopf‛ (‚grosse tête‛) an, von denen eine bisher unbekannte Serie vermutlich aus einer lokalen Werkstatt in V. stammt (Abb. 61,8 eine hybride Form). Am häufigsten belegt sind Potinmünzen der Serie LT XVI (Abb. 61,9) mit 13 Ex. 9 Münzen entsprechen dem Typus LT XVII (Abb. 61,10).

Eine graphische Darst. mit der Verteilung der verschiedenen Münztypen auf die einzelnen Siedlungsphasen (4, Abb. 2) macht deutlich, daß in V. in 10 J. zw. 40–30 v. Chr. mit 28 Ex. mehr Münzen in Umlauf waren als in den 80 J. der ält. Per. I (120–40 v. Chr.) mit 27 Ex.

Die Zufuhr von Potinmünzen nicht-sequanischer Herkunft (Abb. 61,14–17) nach V. blieb auf eine erstaunlich kleine Zahl aus dem Gebiet der Häduer, Lingonen und Leuker beschränkt, wie auch die Münzausbeute insgesamt das ökonomische Bündnis zw. diesen Stämmen demonstriert, das die röm. Eroberung überdauert hat.

Keramik. Geschirr der Spät-LTZ bis zum Ende der augusteischen Zeit. Durch stratigr. Zuordnung und dendrochron. Datierung können in V. insgesamt 4 Phasen für die Keramiknutzung unterschieden werden (6).

Phase I (120–40 v. Chr.) entspricht der Latène-Besiedlung in Ia–c. Die Tonware der ersten Besiedlungsphase (Ia; 120–80 v. Chr.) stammt aus Gruben- und Kellerfüllungen (6, Tab. auf S. 161 mit Verteilung der Keramik-Kategorien). Bei der importierten Keramik dominieren Amphoren der Form Dressel 1 und kampanische Ware (Campanienne A). Gedrehte Tonware dominiert in allen Besiedlungsphasen von V. Für die handgefertigte Keramik steht solche vom ‚Typ Besançon‛ an erster Stelle.

In Phase Ib (60–40 v. Chr.) dominieren unter den Importen weiterhin solche ital. Herkunft, im einzelnen mit anderen Formen wie Campanienne B, hinzu kommen Importe anderer Provenienz wie von der iberischen Halbinsel.

Kennzeichen der Phasen II und III (6, Tab. S. 162 und S. 163) bilden Keramikimporte unterschiedlicher Herkunft und fortbestehende heimische Produktion. Vergleichbare handgefertigte Keramik, wie sie in V. nur in geringer Zahl verwendet wurde, stellt in Siedlungen Zentral- und Ostgalliens eine repräsentative Gruppe dar.

Phase IV (1–15 n. Chr.) (zur Zusammenstellung der Keramikkarten vgl. Humbert, Tab. S. 164): erste südgall. Erzeugnisse treten in größerer Zahl auf, dagegen bleibt der Austausch mit der rhein. Region auf wenige Stücke begrenzt.

Die Fertigung von Keramik bezeugen in V. zumindest die beiden Töpferöfen im Inneren der Doubs-Schleife, die bis um Chr. Geb. in Betrieb waren. Eine Produktion von Alltagsgeschirr in romanisierter Form ist in V. nicht nachgewiesen, und es fehlt jeglicher Hinweis auf Töpferöfen des 1. nachchristl. Jh.s.

Aufgrund der geogr. Lage ist V. prädestiniert für die Vermittlung beim Güteraustausch vom Rhônebereich in das Flußgebiet des Rheines. Der Handel mit dem Mittelmeergebiet über V. florierte auf dieser Trasse seit 120 v. Chr. und nahm bei der Versorgung der röm. Lager am Rhein noch zu. Einflußnahme zeigt sich auch an Imitationen röm. Geschirrs aus lokalen Werkstätten.

Insgesamt gesehen besteht für das keramische Fundbild von V. eine deutliche Verwandtschaft mit den Siedlungen des Saône-Tales, mit denen von Basel und des Schweizer Jura.

Amphoren der Endlatène- und augusteischen Zeit. Die Grabungen auf dem Rathausparkplatz haben etwa 3,7 t Amphorenscherben erbracht (8). Eine perfekte Zählmethode, um daraus eine Gefäßanzahl zu rekonstruieren, besteht nicht, doch wird mit unterschiedlichen Zählverfahren versucht, minimale Zahlenwerte zu ermitteln (NMI = l'évaluation du nombre minimum d'individus: 8, 168). Unter dieser Voraussetzung ist mit 905 Amphoren aus der Grabung V. zu rechnen. Ein exakterer Zugang führt über stratifizierte Einheiten (US = unité stratigraphique; 8, 168). Ausgedehnt auf eine größere Zahl aus einem überregionalen Bereich wurden mit diesen beiden Methoden Aussagen zu Herkunft und Zeitstellung der stratifizierbaren Amphoren aus V. für die ersten drei Phasen gewonnen.

Weinamphoren sind in V. am häufigsten vertreten (8, Abb. 1). Die meisten von ihnen stammen aus Phase I, als Wein das einzige Lebensmittel war, das die ‚Verpakkung transportierte'. Bis etwa 50 v. Chr. besaß der Wein von der tyrrhenischen Küste Italiens in V. eine Monopolstellung (8, Abb. 3,4), danach gelangte auch Wein anderer Lieferanten nach V. Diese Öffnung des Marktes der iberischen Halbinsel in den J. um 50 v. Chr. bezeichnet einen Wendepunkt und das Ende eines Monopols. Zwar sind die Mengen des importierten span. Weines noch vergleichsweise gering, doch wird an ihnen eine Veränderung in Geschmacks- und Speisegewohnheiten bemerkbar. *Defrutum* wie aus Amphoren vom Typ H70 – unbekannt aus Gefäßen der Form Dressel 1 –, ein eingekochter unvergorener Traubenmost, diente in der Küche als Süß- und Konservierungsmittel u. a. für Oliven, Früchte und wurde als Süßreserve beim Wein eingesetzt.

Obwohl die Fabrikation der Amphoren Dressel 1 in den letzten Jahrzehnten v. Chr. endete, ist die reale Abnahme der Importe solcher Behälter schwer zu fassen. Vielmehr zeigt sich gerade in V. exemplarisch: Man importiert zu Beginn des 1. Jh.s keine Amphoren Dressel 1 mehr, trotzdem stellen sie im keramischen Fundaufkommen der ersten 15 J. n. Chr. fast 60% dar. Daher darf der Prozentsatz ital. Importe nicht überschätzt werden.

Die ersten Importe für Öl aus der Prov. Hispania Betica liegen wie die Amphoren für Fischsoße *(garum)* und gesalzenen Fisch (Dressel Form 7/11) ab den 30er J. v. Chr. in V. vor. Insgesamt vermittelt die Zirkulation von Amphoren ein dynamisches Bild über den Import während zweier Jh. (8, Abb. 5 und 6). Die Reihenfolge dafür erfolgt konkret von Importen für ein einziges Produkt, den tyrrheischen Wein, bis zur Zufuhr verschiedener Lebensmittel aus unterschiedlichen Ländern.

(1) D. Baudais u. a., Le gisement néolithique et protohistorique de Besançon–Saint Paul (Doubs), 1979. (2) Burgondes, Alamans, Francs, Romains dans l'Est de la France, le Sud-Ouest de l'Allemagne et la Suisse. Ve-VIIe siècle après J.-C. Actes des 21e Journées internationales d'arch. mérov., 2003. (3) M. Feugère, Les fouilles du Parking de la Mairie de Besançon (Doubs) (1998–1990). Petit objets des niveaux laténiens, in: [7], 146–155. (4) B. Fischer, Les monnaies gauloises du Parking de la Mairie à Besançon, in: [7], 156–160. (5) J.-O. Guilhot, Besançon (Doubs), Parking de la Mairie. Urbanisme et habitat, in: [7], 137–145. (6) S. Humbert, Besançon (Doubs), Parking de la Mairie. Les vaisselle de La Tène finale à la fin du règne d'Auguste, in: [7], 161–167. (7) P. Jud (Hrsg.), Die spätkelt. Zeit am s. Oberrhein. Le Rhin supérieur à la fin de l'époque celtique, 1994. (8) F. Laubenheimer, Besançon (Doubs), Parking de la Mairie. Un regard sur les amphores à La Tène finale et au début de la per. augustéenne, in: [7], 168–179. (9) C. Stoulling (Hrsg.), Da Vesontio à Besançon. Austellungskat., 2006. (10) H. Walter, J.-C. Barçon, V., 2006.

R. Müller

Vestby

§ 1: Vestby (Lunner Hadeland) – § 2: Vestby (Sørum)

§ 1. Vestby (Lunner). Auf dem Hof V., Ksp. Lunner, Hadeland in Opland Fylke, S-Norwegen wurde 1924–25 beim Pflügen ein Hortfund der späten BZ (Per. VI) gefunden (1).

Zum Hort gehören drei Halsringe mit Endspiralen und großen Platten, die bei einem Halsring mit der für Per. V–VI üblichen Schiffsornamentik verziert sind, eine große Nadel mit Mehrscheibenkopf, ein Kollier aus ca. 350 Bronzeperlen und zwei bronzene Tierfigürchen von 12,3 und 11,6 cm Lg. (1; 3, 99 Fig. 1). Die beiden nahezu identischen Figürchen wurden einzeln in sog. verlorener Form über einem Tonkern gegossen. Naturalistische zool. Kennzeichen oder Parallelen für die Figürchen sind nicht bekannt. Nach Analyse ihrer Fertigung ist erwiesen, daß zwei fast identische Tierprotome nachträglich in die beiden Tierkörper eingegossen wurden (3, 102 f. Fig. 3; 4). Die Köpfe besitzen gebogene Hälse und flach-breite, geschwungene Hörner. Die langen schmalen Köpfe sind den schwed. Protomen aus Svartarp (Vestergötland) der Per. V sehr ähnlich. Während Svartarp eher Pferde zeigt, gleichen die Hörner auf den V.-Tieren mehr Geisbockhörnern. Die Köpfe eines schwed. Beispieles von einem Tierpaar haben die gleichen flachen Hörner (2).

Die Schmuckstücke des Hortes sprechen eindeutig für eine Niederlegungszeit in Per. VI, ein Ansatz, der für die Figuren nicht zu gelten braucht. Für die gehörnten Protome liegen Parallelen aus dem dän. Hort von → Fårdal aus der Per. V vor, allerdings mit Hörnern aus einfachen Drähten (3, 105 Fig. 4). Sie sind, wie die V.-Protome mit Basen versehen, um sie auf einer organischen Unterlage zu montieren, wie das bei den Bronzefigürchengruppen von → Grevensvænge und Fårdal angenommen wird. (Ein Schiff, wie Peter Vilhelm → Glob vorgeschlagen hat, ist nicht als zwangsläufig anzunehmen.)

Die Verwendung der Köpfe im Zusammenhang mit den Tierkörpern ist in V. sekundär. Neben Fårdal bezeugen die Figurinen von V. ein weiteres Beispiel für ein Gefährt der späten BZ mit einem Aufsatz aus Tier- und wahrscheinlich auch Menschenfiguren. Ob die Figuren als Einzelteile oder bereits zusammengesetzt im N gefertigt sind oder mit ihrer Provenienz aus dem O zu rechnen ist, läßt sich ohne Vergleichsstücke schwer entscheiden; diese sind weder für die Figuren selbst noch für die gehörnten Köpfe bekannt (2; 3), doch ist nord. Herstellung anzunehmen.

(1) A. Bjørn, V.-fundet. Et yngre bronsealders votivfund fra Hadeland, Universitetes Oldsaksamlings Skr. 2, 1929, 35–73. (2) J. E. Forssander, Koban und Hallstatt, Meddel. från Lunds Universitets Historiska Mus. 1941–42, 176–204. (3) A. Hagen, Europeiske impulser i østnorsk bronsealder, Viking 18, 1954, 97–123. (4) A. M. Rosenqvist, Studier av bronseteknikken i Vestbyfunnet, ebd. 18, 1954, 125–155.

§ 2. Vestby (Sørum), S-Norwegen. Von hier stammt – wahrscheinlich aus einem Grabhügel – ein Altfund, der aus einem Pferdegebiß mit flachen Kinnstangen eines in das späte 10. Jh. datierendenTypus besteht sowie Lanzenspitze, Messer und Bronzeschmuck (→ Pferdegeschirr).

H. Thrane

Vidivarier

§ 1: Namenkundlich – § 2: Historisch

§ 1. Namenkundlich. Dieser VN wird nur von → Jordanes (Get. 5,36; 17,96) als *Vidivarii* (Nom. Pl.) überliefert, wobei er sie als Mischvolk an der Mündung der *Vistula* (= Weichsel) und Nachbarn der *Aesti* anführt.

Das Zweitglied lat.-germ. *-varii* kann auf den germ. *ja*-Stamm *-warjōz (Nom. Pl. mask.) zurückgeführt werden (vgl. ahd., as. *-ere, -era*, ae. *-ware, -waran*, aisl. *-verjar*). Mehrheitlich geht die Forsch. von einem zugrundeliegenden Verbalstamm germ. *war- aus, fortgesetzt in ahd., as. *warōn*, ae. *warian* ‚hüten, besitzen, bewohnen', folglich für *-varii* von der Bedeutung ‚Bewohner, Besitzer' (3, 54; 5, 79 f.; 12, 18 f.; 13, 161; 2, 384; 14, 129; 10, 204; 1, § 173, 1c; vgl. → Chattwarier S. 391; Engern, 287). Ein anderer Ansatz stellt

-*varii* zu germ. **warjan-*, fortgesetzt in got. *warjan*, ahd., as. *wer(j)an* ‚wehren, verteidigen' (8, IV, 424; 17, 4 f.), was aus semant. Gründen weniger wahrscheinlich ist. Das Zweitglied kann demnach leicht germ. gedeutet werden als ‚Bewohner, Besitzer' oder evtl. als ‚Beschützer, Bewahrer'. Somit müßte das Erstglied die ‚Einwohner' näher bestimmen.

Bereits Johann Kaspar → Zeuß (18, 668 Anm. 1) sah eine Verbindung zu dem in Wulfstans Reisebericht (→ Wulfstan § 3) erwähnten *Witland*. Als verfehlt muß jedoch seine Annahme gelten, daß *wid-* ein altes [sonst nicht belegtes] germ. Wort für ‚Bernstein' sei (von einem Vb. **wadan-* ‚durchdringen', bezogen auf die Durchsichtigkeit des Bernsteins). Karl Victor → Müllenhoff (8, II, 347) griff Wulfstans *Witland* wieder auf und verglich mit dem lett. Namen Livlands *Widsemme* (bei den finn. Liven: *Vidumaa* ‚*Vidu*-Land'). Rudolf → Much (4, 298 Anm. 1; 7, 124; 6) deutete ebenfalls als ‚Bewohner Widlands', wobei er eingestand, daß -*t*- für -*d*- bei Wulfstan unklar sei; das Erstglied stellte er zu germ. **widu-* ‚Wald, Holz', wollte aber gleichzeitig die Möglichkeit einer Hybridbildung nicht ausschließen; dabei ging er von einem urverwandten Wort aus zu lit. *vidùs* ‚Mitte, Inneres'. Das griff Schütte (13, 12) auf, der als Kompromiß ein urspr. dem lit. *vidùs* verwandtes Wort annahm, das von den Goten als germ. Wort **vidu-* ‚Wald' verstanden worden und um das germ. Einwohnersuffix erweitert worden sei.

Eine Verwandtschaft zw. dem balt. und germ. Wort scheint zwar möglich, ist aber unsicher (9, 1177). Der Vorschlag der Hybridbildung erscheint dennoch denkbar: balt. *Wid-* in lett. *Widsemme* ‚Land in der Mitte, im Inneren' hätte durch germ. **widu-* ‚Wald' substituiert und ausgehend von einem so umgedeuteten Landschaftsnamen ein VN in der Bedeutung ‚Waldbewohner' gebildet werden können (s. 15 auch zur unwahrscheinlichen Deutung bei 11, 382).

(1) Bach, PN. (2) F. Holthausen, Got. etym. Wb., 1934. (3) R. Much, Die Südmark der Germ., PBB 17, 1893, 1–136. (4) Ders., Falchovarii, ZDA 40, 1896, 295–301. (5) Ders., Am(p)sivarii, in: Hoops I, 79 f. (6) Ders., Vidivarii, in: ebd. IV, 418. (7) Much., Stammeskunde. (8) Müllenhoff, DAK. (9) Pokorny, IEW. (10) P. von Polenz, Landschafts- und Bez.snamen im frühma. Deutschland 1, 1961. (11) O. Pritsak, The Slavs and the Avars, in: Gli Slavi occidentali e meridionali nell'allto medioevo 1, Settimane di studio del Centro italiano di studi sull'alto medioevo 30, 1983, 353–432. (12) Schönfeld, Wb. (13) G. Schütte, Our Forefathers. The Gothonic Nations 2, 1933. (14) Schwarz, Stammeskunde. (15) A. Sitzmann, F. E. Grünzweig, Die agerm. Ethnonyme (im Druck), s. v. Vidivari. (16) J. Trier, VN, Westf. Zeitschr. 97, 1947, 9–37. (17) N. Wagner, Zur Etym. von lat.-germ. -*varii*, BNF 28, 1993, 1–5. (18) Zeuß, Die Deutschen.

F. E. Grünzweig

§ 2. Historisch. Die beiden Stellen, an denen die *Getica* die V. erwähnen (2, 36. 96; vgl. 3, 61. 435. 469), bilden die gesamte Überlieferung, die einer hist. Interpretation zur Verfügung steht. Demnach siedelten die V. in unmittelbarer Nachbarschaft der Aesten = balt. Völker. → Cassiodor kannte die Aesten, an die er im Auftrag → Theoderichs des Großen ein Staatsschreiben richtete (1, V 2,2) und dabei die taciteische *Germania* c. 45 zitierte (6, 216; → Origo gentis S. 178). Cassiodor könnte daher der Verf. der beiden Stellen gewesen sein, die folgendes berichten: 1. Dort wo die drei Arme der Weichsel in den Ozean münden, leben die V., die aus verschiedenen Völkern bestehen (2, 36). 2. Die etwas langsamen Gep. leiten zwar ihre Herkunft ohne Zweifel von den Goten ab, sind aber auf diese neidisch, wollen es ihnen gleichtun und wandern vom Land Spesis auf eine Weichselinsel, die sie Gepedoios, Gepidenauen, nennen. Sie verlassen auch diese, um bessere Wohnsitze zu erringen. Nun wohnt dort die *gens Vividaria* (verschrieben für *Vidivaria*). Diese V. seien aus verschiedenen Völkern – wie in einem Asyl vereinigt – zu einem Volk gemacht worden (2, 95 f.).

Der Name (s. auch § 1) ist die germ. oder germ. gedeutete Fremdbezeichnung ‚Waldleute' für ein neues Volk, dessen einzelne Gruppen – in Frage kommen Goten, Gep. und Balten – ihre eigenen Namen zugunsten einer territorialen Bestimmung aufgegeben haben. Schon Karl Victor → Müllenhoff verglich den V.-Namen mit dem der Bayern (5, 24 mit Anm. 58).

Qu.: (1) Cassiod., Variae epistolae, hrsg. von Th. Mommsen, MGH AA 12, 1894, Nachdr. 1981. (2) Jord. Get., hrsg. von Th. Mommsen, MGH AA 5, 1, 1882, Nachdr. 1982, 53 ff.

Lit.: (3) Wenskus, Stammesbildung. (4) H. Wolfram, Die Goten. Von den Anfängen bis zur Mitte des 6. Jh.s. Entwurf einer hist. Ethnographie, ^{4}2001. (5) Ders., Salzburg, Bayern, Österr. Die Conversio Bagoariorum et Carantanorum und die Qu. ihrer Zeit, 1995. (6) Ders., Got. Stud. Volk und Herrschaft im Frühen MA, 2005.

H. Wolfram

Viehverstellung. Die auch als ‚Leihviehkontrakt' bezeichnete V. (4, 42) ist ein in die Ant. zurückweisender (dazu näher 2; 8, 27 ff.), auf Überlassung von Hausvieh zielender Vertrag, der bis an die Gegenwart heran in zahlreichen, sich überschneidenden Spielarten praktiziert wurde; so kennt noch der frz. Code Civil mehrere Ausprägungen des *bail à chaptel* (3, 566).

In ihrer einfachsten Form war die V. ein schlichter Pachtvertrag (→ Pacht; zur Rechtsnatur 4; 5; 6; 8; 9), der sich auf ein einzelnes Tier oder auf eine Herde beziehen konnte: Der ‚Versteller' (Verpächter) überließ dem ‚Einsteller' Vieh zu Pflege, Fütterung und Nutzung. Der Einsteller hatte für die von ihm gezogenen Nutzungen (Milch, Wolle, Dünger, Arbeitskraft) einen Pachtzins in Geld oder Naturalien zu entrichten und für Schäden einzustehen, die nicht auf höherer Gewalt (Zufall) beruhten. Mitunter wurde ‚Halbpacht' verabredet, indem das Stammvieh Eigentum des Verstellers blieb und beide Parteien sich den Gewinn teilten oder indem das Stammvieh geteilt wurde, so daß Einsteller und Versteller eine Gemeinschaft oder Ges. eingingen (7, 584).

Für das frühe MA finden sich Hinweise auf die V. im *Edictus Rothari* (643) (→ *Leges Langobardorum*), dessen c. 234 es dem *servus massarius* gestattet, *de peculio suo, id est bovem vaccam caballum, similiter et de minutis peculiis in socio dare et in socio recipere*; die Annahme, daß hier ein Vertragstyp angesprochen ist, der z. Zt. der Einwanderung der Langob. nach Italien bereits gebräuchlich war, liegt nah. In der Folgezeit blieb die V. in Gebrauch; sie ist im lombardischen Lehnrecht, seit dem 13. Jh. in den Schr. der Postglossatoren als *contractus ad caput ferreum* angesprochen: Beim ‚Eisernviehvertrag' (3, 568 f.) hatte der Einsteller durch Nachzucht für einen gleichbleibenden Bestand der Herde zu sorgen und dem Versteller bei Beendigung der V. Tiere in gleicher Zahl und Gattung zurückzugewähren: ‚Eisern Vieh stirbt nie'.

Dokumentiert ist die V. in den Statuten oberit. Städte, und sie war auch in Spanien und in Frankreich verbreitet (9, 5 f.). In anord. Qu. (dazu 1 I, 452 f., 457, 630; 8, 30 ff.) finden sich Hinweise auf eine V. in Form der Viehpacht und des Eisernviehvertrages, für den dt. Rechtsraum tritt die V. ab der Mitte des 13. Jh.s in Erscheinung (9, 7 f.).

(1) K. von Amira, Nordgerm. Obligationenrecht 1–2, 1882–1885. (2) S. von Bolla, Unters. zur Tiermiete und Viehpacht im Altert., 1940, Neudr. 1969. (3) O. von Gierke, Dt. Privatrecht, 3. Schuldrecht, 1917, 566–569 (mit reichen Nachweisen zu älterer Lit.). (4) N. Grass, Beitr. zur Rechtsgesch. der Alpwirtschaft. Vornehmlich nach Tiroler Qu., 1948, 42–62. (5) Ders., V., in: HRG V, 912 f. (6) Huck, Die V., Zeitschr. für dt. Recht und dt. Rechtswissensch. 5, 1841, 226 ff. (7) R. Hübner, Grundzüge des dt. Privatrechts, ^{5}1930, 582 f. (8) H. Schmidt, Die V. Eine hist.-dogm. Studie. Diss. Breslau 1912. (9) J. Wackernagel, Die V. Eine Sonderbildung der spätma. Ges., dargestellt auf Grund ital., frz. und dt. Qu., 1923.

St. Ch. Saar

Vindeliker

§ 1: Namenkundlich – § 2: Historisch – § 3: Archäologisch – a. Späte LTZ – b. Frühe Kaiserzeit – c. Mittlere Kaiserzeit – d. Fazit

§ 1. Namenkundlich. Der Name der V. ist inschriftlich als *Vindelici* belegt (z. B. CIL X 4873, XIII 6821) und findet sich auch so in lat. liter. Qu. seit Horaz (dort *Vindĕlĭcī*). Daneben gibt es auch die Schreibung *Vindolici*, die ebenfalls inschriftlich vorkommt (CIL V 4910, IX 3044), aber auch auch bei → Strabon (Strab. 4,6,8 u. ö.) als Οὐινδολικοί belegt ist. Die nur einmal vorkommende Schreibung *Vindal[ici* (Suppl. Ital. NS 5, 1989, 111 f. Nr. 7) mit *-a-* läßt sich als Schreibfehler betrachten. – Man kann von einem kelt. Namen mit Nom. Sing. **U̯indelikos* und Nom. Pl. **U̯indelikī* ausgehen (zu den Formen mit *-o-* s. u.). Dieser Name ist deswegen mit Sicherheit kelt., weil er auf dem ausschließlich im Kelt. vorkommenden Adj. **u̯indos* ‚klar, strahlend, hell, weiß' aufbaut (**u̯indos* beruht auf dem urkelt. Präsensstamm **u̯i-n-d-e/o-* ‚herausfinden, erfahren', s. 3, 692–695). Schwieriger ist die Frage, auf welche Weise **U̯indelikos* mit dem Grundwort **u̯indos* zusammenhängt. Traditionell wird angenommen, **U̯indelikos* sei mit einem Suffixkonglomerat **-eliko-* (zusammengesetzt aus den Suffixen **-elo-* und **-iko-*) von **u̯indos* abgeleitet (1, III, 331), was in dieser Form etwas fragwürdig erscheint. Zwar dient das Suffix **-elo-* im Kelt. durchaus zur Ableitung von Ethnonymen, z. B. in dem kymr. Ethnonym *Gwyddel* ‚Ire', das von *gŵydd* ‚wild' abgeleitet ist; wenn aber an *Gwyddel* ein weiteres Suffix angehängt wird (etwa *-ig* < **-īkos*), dann ist das solchermaßen gebildete Wort *Gwyddelig* seinerseits eine Ableitung vom Ethnonym und bedeutet ‚irisch, zu den Iren gehörig'. – Angemessener erscheint hingegen der Vorschlag Schmejas (2), der **U̯indelikos* von einem FluN **U̯indelis* (vgl. FluN wie ‚Lauterach, Weißenbach') herleitet (denkbar wäre auch **U̯indelos*); dementsprechend wären die **U̯indelikī* die Anwohner des **U̯indelis* bzw. **U̯indelos*. Dabei könnte mit **U̯indelis*/**U̯indelos* der Lech oder einer seiner Zuflüsse gemeint sein. Daß dieser FluN als solcher nicht mehr nachweisbar ist, macht diese Etym. nicht von vornherein unplausibel.

Ein gewisses Problem ergibt sich aus den Belegen, die als zweiten Vokal nicht *-e-*, sondern *-o-* aufweisen. Diese lassen sich aber als Produkte einer Volksetym. erklären: Man konnte das Ethnonym **U̯indelikos* auch als ein Kompositum des Adj.s **u̯indos* mit dem Namen des Flusses *Lech* (belegt als Λικίας bzw. *Licca*) interpretieren; und da solche Komposita gewöhnlich mit dem Fugenvokal *-o-* gebildet werden, konnte es als logisch erscheinen, den *e*-Vokal von **U̯indelikos* zu **U̯indolikos* umzubilden (die Bedeutung dieses durch volksetym. Umbildung entstandenen Kompositums wäre ‚Anwohner des klaren Lechs'). – Eine solche Umbildung **U̯indelikos* > **U̯indolikos* läßt sich jedoch nur als sekundär verstehen: Nominalkomposita mit **u̯indo-* im Vorderglied sind recht häufig (vgl. *Vindobona*), und es ließe sich nicht verstehen, was die umgekehrte Umformung einer morphologisch transparenten Bildung **U̯indolikos* zu einer vergleichsweise weniger durchsichtigen Bildung **U̯indelikos* veranlassen sollte.

(1) A. Holder, Alt-celtischer Sprachschatz, 1896–1913. (2) H. Schmeja, Der FluN *Vindelis, BNF 12, 1961, 286–293. (3) St. Schumacher, Die kelt. Primärverben. Ein vergl. etym. und morphologisches Lex., 2004.

St. Schumacher

§ 2. Historisch. Im weiteren Sinne umfaßten die V. alle vorröm., n. der → Raeter gedachten Keltenstämme, deren kaiserzeitliche Siedlungsgebiete mithin auf der oberbayer.- oberschwäbischen Hochebene und in Teilen Vorarlbergs sowie Tirols lagen. Neben dieser Sammelbezeichnung gab es offenbar einen aus vier Unterteilungen zusammengesetzten Stamm der V. im engeren Sinn (s. u.).

Die Nachrichten der ant. Autoren über die V. sind spärlich (12, III 331 ff.; 13, 400 Index), zudem mehrheitlich von ethnol.-geogr. Interessen bestimmt (Strabo, Plinius d. Ä., Ptolemaios) oder/und auf die augusteische Eroberung S-Deutschlands fixiert (Horaz, Velleius, Sueton etc.). Dabei werden die V. meist gemeinsam mit den Raetern genannt. Außer einigen versprengten Erwähnungen in der späteren Dichtung fanden die V. Niederschlag noch auf Inschr. röm. Funktionäre (18, 77 ff.) und Militärs (17, 288 ff.) und in der Namengebung (14, 171). Hinzu kommen Zeugnisse für einzelne Stämme, deren Zugehörigkeit zu den V. nur im Sinne der oben genannten Sammelbezeichnung zu verstehen ist (6).

Die Römer nahmen die V. viel später zur Kenntnis als deren Nachbarn (10; und ders. in zahlreichen Arbeiten, bes. 11). Seit der Gründung der *colonia Raurica* rückten sie S-Deutschland zwar näher, interessierten sich dafür indessen erst im Rahmen der von Octavian inaugurierten Doktrin der sicherheitspol. Abschließung Italiens (4, 540 Anm. 56).

Wissen über die Herkunft der V. besaßen die Römer nicht. Aus dem angeblichen Brauch der V., mit dem Amazonenbeil zu kämpfen (Hor. c. 4,4,18 ff.), wurde ihre Vertreibung aus Thrakien durch die oder gar ihre Abstammung von den Amazonen (Porph. c. 4,20; Serv. Aen. 1,243). Darst. der *Vindelicia* (1, 70–72 Nr. 39 Abb. 65; 2, 25 Abb. 1; 13a, 405 Taf. 45,2) sind stritig; anders als das raetische Ethnos fehlt das der V. im Sebasteion von Aphrodisias (AE 1982,892n; → Raetische Sprache).

Die Überlieferung zu den V. setzt mit ihrer Unterwerfung 15 v.Chr. ein, die am Ende des Alpenfeldzugs des → Tiberius und → Drusus erfolgte (dazu nur 20; 9; außerdem unten). Den Erfolg über die angeblich seit langem sieggewohnten Truppen der V. am 1. August sprach Horaz dem Drusus zu (Hor. c. 4,4 und 4,17 mit den spätant. Erklärern; zum *grave proelium* 4,

31 f.); Tiberius soll V. auf dem Bodensee bezwungen haben, dessen Anrainer sie waren (Strab. 7,1,5) (→ Binnenschiffahrt; zu Tiberius Vell. 2,39,2; 95,2 etc.). Von den ‚vielen Stämmen‘, die es auch bei den V. gegeben haben soll (Plin. nat. 3,133), erscheinen auf dem Tropaeum Alpium unter den von Augustus *gentes Alpinae devictae* (*revictae* bei Hor. c. 4,4,24) nur *Vindelicorum gentes quattuor,* gefolgt von *Cosuanetes, Runicates, Licates* und *Cattenates* (Plin. nat. 3,137). Dabei sind die letzten vier Namen schwerlich Konkretisierung zu *quattuor,* weil diese kein zeitgenössischer Leser verstanden hätte (6, 1 f.). Neben den vier Teilstämmen *(pagi?)* der eigtl. V. (mit der Origo *Vindelicus* [6, 9 Anm. 89], später *Augusta Vindelicum* CIL VI 3353; RIB 671; s. 3) gab es offenbar benachbarte Stämme, die V. im o. g. weiteren Sinne waren. Bei Strabo sind die *Likattioi* (Aly liest *Likantioi*) und *Klautenatioi* zu den ‚verwegensten unter den V.‘ gezählt (4, 206). Obwohl letztere mit den *Cattenates* identisch gewesen sein können, sind Strabos ethnische Zuweisungen kaum von Wert, zumal er auch die *Vennones* zu den V., die *Rukantier* (= *Runicates?*) und *Kotuantier* (= *Cosuanetes?*) aber zu den Raetern rechnet (6). Als offenbar nicht zu den ‚verwegensten‘ zu zählende V. nennt er ferner die *Estiones* und die *Brigantioi* und als deren Städte *Kambodunon/* → Kempten und *Brigantion/* → Bregenz. Gleichsam die Akropolis der *Likattier* sei *Damasia* gewesen (s. u.). Zu Bregenz gehörten wohl die *Brixen(e)tes* auf dem Trop. Alp., die bei Ptol. Geogr. 2,12,3 als *Brixantai* samt ihrem Vorort *Brigantion* (vgl. Ptol. Geogr. 8,7,3) dem nördlichsten Raetien zugewiesen werden. Ptol. separiert allerdings auf künstliche Weise *Raetia* von *Vindelkia* durch den Lech und siedelt ö. dieses Flusses die V. an, von denen er von N nach S die *Runikatai,* die *Leunoi* (handschriftlich auch *Leukoi*), die *Konsuantai,* die *Benlaunoi* und die *Breunoi* auflistet; am Lech wohnten außerdem die *Likatioi* (6, 4 ff.).

Zunächst scheinen die Römer Kempten, den Hauptort der offenbar friedlich übergelaufenen Estionen bes. gefördert zu haben. Rasch bedeutend wurde daneben der röm. Vorort der V., *Augusta Vindelicum*/Augsburg (16; 3), der spätestens in flavischer Zeit Statthaltersitz der prokuratorischen Prov. *Raetia et Vindelicia* war (15 zu AE 2000, 1132 in der Lesung von 8). Diese Provinz, die zwar meist nur → Raetien genannt wurde, ist ziemlich sicher als tiberisch zu erachten (Vell. 2,38,1; s. 16, 102 f. m. weiterer Lit.; CIL V 3936); im offiziellen Sprachgebrauch bewahrte sie noch im 2. Jh. den Namen der V. (CIL IX 4964; vgl. XI 6221). Durch Hadrian wurde Augsburg zum Municipium *(Aelia Augusta)* erhoben (7). Der Rest S-Deutschlands blieb eine auf Stammesbasis verwaltete Region (6, 6 ff.; 19).

Früh dienten die V. als Auxiliarsoldaten im germ. Heer in *cohortes Raetorum et Vindelicorum* (CIL XIII 7048; AE 1940, 114 f.; Tac. ann. 2,17,4; dazu 5); länger einheimisch rekrutiert hat die *coh. I Vindelicorum* (CIL XIII 8320; AE 1935, 103; 17, 288 f.); für die *coh. IV Vindelicorum* reichen die Belege wenigstens bis in die Zeit um 50 zurück (z. B. RMD 278 [M. M. Roxan, Roman Military Diplomas, 1978 ff.]; 17, 290 f.). In den *auxilia* des 1. und 2. Jh.s dienten noch Angehörige der den V. im weiteren Sinne zuzurechnenden *civitates* (*Runicas*: AE 1940, 114; RMD 278; *Cattenas*: AE 1935, 103; *Licas*: RMD 119; 170; vgl. AE 2000, 1143b).

(1) P. Bieńkowski, De simulacris barabarum gentius apud Romanos, 1910. (2) W. Czysz u. a., Die Römer in Bayern, 1995. (3) K. Dietz, Die röm. und frühma. Namen Augsburgs, in: J. Bellot u. a. (Hrsg.), Forsch. zur Provinzialröm. Arch. in Bayer. Schwaben, 1985, 79–115. (4) Ders., Okkupation und Frühzeit, in: [2], 18–99. (5) Ders., Zum Fortleben rät.-vindelikischer Stämme, in: Ad fontes! (Festschr. G. Dobesch), 2004, 587–591. (6) Ders., Zur vorröm. Bevölkerung nach den Schriftqu., in: C.-M. Hüssen u. a. (Hrsg.), Spät-LTZ und frühe röm. Kaiserzeit zw. Alpenrand und Donau, 2004, 1–23. (7) Ders., W. Czysz, Die Römer in Schwaben, in: A. Kraus (Hrsg.), Gesch. Schwabens bis zum Ausgang des 18. Jh.s, 2001, 46–95. (8) U. Ehmig u. a., Le garum de Caius Saturius Secundus, Revue des Études Anciennes 106, 2004, 123–131. (9) R. Frei-Stolba, Der Alpenfeldzug und die Bedeutung der Schleuderbleie aus dem Oberhalbstein, Jahresber. des Arch. Dienstes und der Denkmalpflege Graubündens 2003, 2004, 67–73. (10) R. Heuberger, Rätien im Altert. und Früh-MA, 1932. (11) Ders., Vindelici, in: RE, X A1, 1–17. (12) A. Holder, Altceltischer Sprachschatz, 1896–1913. (13) E. Howald, E. Meyer, Die röm. Schweiz. Texte und Inschr. mit Übs., 1940. (13a) E. Künzl, Gladiusdekorationen der frühen RKZ: Dynastische Legitimation, Victoria und Aurea Aetas, Jb. RGZM 43, 1996 (1998), 383–474. (14) B. Lőrincz, Onomasticon Provinciarum Europae Latinarum 4, 2002. (15) R. Rollinger, Cambodunum versus Augusta Vindelicum, Tyche 19, 2004, 149–155. (16) A. Schaub, Zur Frage der Kontinuität von der Spät-LTZ in die frühe Kaiserzeit in Augsburg, in: wie [6], 93–104. (17) J. E. H. Spaul, Cohors[2]. The evidence for and a short hist. of the auxiliary infantry units of the Imperial Roman army, 2000. (18) B. E. Thomasson, Laterculi praesidum 1, 1984. (19) H. Wolff, Civitates ohne städtischen Zentralort, in: Von Sacerdotium und Regnum (Festschr. E. Boshof), 2002, 3–10. (20) W. Zanier, Der Alpenfeldzug 15 v. Chr. und die Eroberung Vindelikiens, BVbl. 64, 1999, 99–132.

K. Dietz

§ 3. Archäologisch. Die kelt. V. werden gewöhnlich in S-Bayern zw. Iller und Inn sowie zw. Alpenrand und Donau lokalisiert. Sie sind in keiner Qu. vor dem Alpenfeldzug des J.es 15 v. Chr. genannt; erst mit diesem Sommerfeldzug der beiden kaiserlichen Stiefsöhne → Tiberius und → Drusus treten sie in den Blickpunkt Roms und werden öfters erwähnt (s. § 2). Es gilt nun zu prüfen, ob innerhalb des hist. überlieferten V.-Gebietes eine charakteristische Sachkultur arch. erkennbar wird. Auch wenn sich bereits altereisenzeitliche Fundgruppen auf S-Bayern konzentrieren (z. B. bestimmte Formen, Verzierungsmuster und Herstellungstechniken des hallstattzeitlichen Ringschmucks: 72, 161. 164. 169 f. 178. 181. 182. Taf. 200B. 201A u. B. 204A. 207A u. B. 215 A; Herrenhöfe der HaZ: 6, 163 Abb. 1; süddt. Vierundzwanzigstelstatere der Mittel-LTZ: 72a, 19–21 mit Karte 1; 104, 25 Abb. 1), beschränken wir uns auf der Suche nach typisch vindelikischen Denkmälergattungen auf die Zeit vom 1. Jh. v. bis ins 3. Jh. n. Chr. Denn nur für diese Zeitspanne kann die kelt. bzw. kelt.-röm. Bevölkerung S-Bayerns einigermaßen sicher als V. bezeichnet werden.

a. Späte LTZ. Die spätkelt. Goldprägungen der Regenbogenschüsselchen – insbesondere solche mit Vogelkopf – kommen konzentriert in S-Bayern und Württ. vor, streuen aber bis N-Bayern und Hessen. Aufgrund ihrer süddt. Provenienz werden sie mitunter den V.n zugewiesen (→ Münzwesen, keltisches § 3a; 7, 148 f.; 55, 10 f. 12 f.; 72a, 27–42; 125, 29 Abb. 10; 130, 150 Abb. 40; nach Steffgen/Ziegaus [104, 33 f.] sollte man für die Prägungen des 2. Jh.s v. Chr. nicht von vindelikischen, sondern „besser von süddeutschen Keltenmünzen sprechen"). Auch die Schatzfunde spätkelt. Goldmünzen scheinen in S-Bayern bes. häufig zu sein (116, 117 Abb. 83). Geschweifte Fibeln Almgren 18a der Var. Altenburg datieren in die Endlatènezeit und sind hauptsächlich im alpinen Raum sowie im südbayer. Alpenvorland verbreitet (114, 156 Abb. 3. 180–183 mit Abb. 14. 188. 232 Tab. 17). Die sog. kelt. → Viereckschanzen finden sich bevorzugt in S-Deutschland zw. Inn und Rhein sowie zw. Alpenrand und Main (9, 19 f. Abb. 9; 99, Karte 2; 121), d. h. im vindelikischen Siedlungsgebiet sowie w. und nw. davon. Nach von Schnurbein läßt ihre Verbreitung die spätere Grenze zw. den röm. Prov. → Raetien und → Noricum am Inn bereits erahnen (93, 13).

Das spätkelt. → Oppidum bei → Manching wird gerne als vindelikisch, mitunter sogar als Hauptort der V. bezeichnet (z. B. 55, 12 f.; 58, 287). Stöckli hingegen hält das zum ostkelt. Raum gehörende Manching eher für ein boisches Oppidum, sieht aber zw. boisch und vindelikisch keinen Gegensatz, weil die V. voraugusteisch zu den Boiern gezählt worden sein könnten (106, 197 f.). Auch nach Rieckhoff liegt Manching auf boischem Gebiet, die Grenze zw. Helvetiern und Boiern könnte „etwa auf der Höhe von Lech und Wörnitz verlaufen sein" (86, 188). Diese Boier-These zu Manching wird mit guten Gründen abgelehnt (26, 386; 59, 250). Eine andere Ansicht vertritt Overbeck: zu welchem kelt. Stamm die Einw. des Oppidums Manching gehörten, wüßten wir nicht. Der Name der V. sei jedenfalls nicht auf die Bewohner von Manching anzuwenden, sondern auf die spärliche kelt. Restbevölkerung während der 2. Hälfte des 1. Jh.s v. Chr. (76, 39).

Mit dem Ende der Oppidakultur um 50 v. Chr. bricht im süddt. Alpenvorland das polit.-soziale System zusammen: zentrale Großsiedlungen existieren nicht mehr, es folgt die Endlatènezeit (= LT D2) mit einem kümmerlichen Fundniederschlag. Fragt man nach den Bevölkerungsverhältnissen in S-Deutschland, als im J. 15 v. Chr. röm. Truppen ins Alpenvorland marschierten, stehen sich zwei konträre Ansichten gegenüber. Viele Autoren charakterisieren S-Deutschland w. des Inn als weitgehend siedlungs- und menschenleer (8, 292; 24, 381. 395; 27, 23 f.; 29, 226. 228; 85, 241; 86, 189. 201; 87, 270–276; 100, 612–614; 101, 281–284; 102, 123 f. 129; 122, 45. 70). Sommer hält es sogar für möglich, die V. seien erst nach der röm. Okkupation vermutlich aus dem alpinen Raum ins Alpenvorland gekommen (101, 283 f.; zustimmend 86, 199 f.). Andere wiederum gehen in Zusammenhang mit dem Ende der Oppida von einem Bevölkerungsrückgang aus und erklären die bescheidene arch. Qu.situation mit den schlechten Auffindungschancen kleiner ländlicher Gehöfte in Holzarchitektur, mit dem weitgehenden Fehlen von Gräbern, was an den spätlatènezeitlichen Bestattungssitten liegt, sowie mit dem nur ungenau datierbaren Fundmaterial, v. a. der Grobkeramik (25, 245–250; 45, 290 f. 299; 46, 78–80; 94, 32; 95, 18 f.; 96, 244. 248; 107, 52; 108, 290. 297; 120, 181 f.; 125, 111 f.; 126–128). Von Schnurbein unterstellt Christlein einen Widerspruch, wenn dieser schreibe, „daß ‚Orte wie Brigantium (Bregenz), Cambodunum (Kempten), Damasia (Auerberg) und Abodiacum (Epfach) das neugeschaffene organisatorische Korsett weiterbestehender rätisch-keltischer Teilstämme bildeten'" (94, 32; 95, 18; ebenso 102, 130 Anm. 3). Doch zählt Christlein Funde auf, die „eine Besiedlung des unmittelbaren Voralpenlandes in den letzten Jahrzehnten vor Christus belegen", und spricht von kelt. Bevölkerungsresten „am Alpenrand und im unmittelbaren Alpenvorland". Auf seiner Karte mit den Bevölkerungsgruppen in S-Deutschland um 30 v. Chr. liegen die genannten Plätze → Bregenz, → Kempten, Auerberg und → Epfach innerhalb des Bereichs einer „Bevölkerung keltischer Zivilisation" (8, 290 f. Anm. 93. 292. 286 Abb. 5).

Hinweise für eine kontinuierliche Besiedelung während der Jahrzehnte um Chr. Geb. bieten schon immer die schriftliche Überlieferung (s. § 2) sowie die vorröm. ON und GewN (113). Auch die Ergebnisse der archäobotan. und archäozool. Unters. (60, 558; 61, 28 f.; 80; 81) sprechen dafür. Seit Beginn der 1990er J. verdichten sich zunehmend die arch. Hinweise auf eine heimische Bevölkerung. V. a. im ländlichen Siedelwesen und in den relig. Ausdrucksformen werden die Kontinuitätsstränge immer deutlicher. Ländliche Siedlungen der 2. Hälfte des 1. Jh.s v. Chr. müssen sich nicht prägnant von ält. LT D1-Siedlungen unterscheiden. Die bäuerlich geprägte kelt. Bevölkerung lebte in kleinen weilerartigen Gehöften, Gehöftgruppen und in vereinzelt noch bewohnten → Viereckschanzen mit einer ärmlichen arch. Sachkultur (zu den charakteristischen Siedlungsformen der späten LTZ in der gut erforschten Münchner Schotterebene vgl. 48; 89, 146 f. 150. 201. 206). Bis in spättiberisch-claudische Zeit dürften diese einheimischen Siedlungen auf dem Land überwiegend ungestört weiterbestanden haben, was erstmals in Eching wahrscheinlich gemacht werden konnte (46, 81–91).

b. Frühe Kaiserzeit. V. a. aufgrund frühkaiserzeitlicher Grabfunde von → Kempten wird angenommen, daß im bayer. Alpenvorland in tiberisch-claudischer Zeit eine aus Italien, Gallien, Noricum, aus dem Alpenraum und aus Germanien zugezogene fremde Bevölkerung dominierte, eine heimische Komponente sei nicht zu erkennen (22, 13. 21; 23, 195; 31, 131; 24, 392. 394; 28, 89; 51, 57; 52, 29; 66, 179–181). Allerdings wird man einen angepaßten, romanisierten V. arch. kaum nachweisen können. Auch in den röm. stadtähnlichen Siedlungen wie in Kempten, auf dem Auerberg (31; 111; 112) oder in → Augsburg (2; 88) scheint der röm. Einfluß so stark, daß sich die bodenständige Bevölkerung in der uns bekannten materiellen Überlieferung nicht oder nur in geringen Spuren widerspiegelt. Einen großen Fortschritt lieferten in den letzten etwa 15 J. großflächige Ausgr. in der Münchner Schotterebene, um Augsburg sowie an der Donausüdstraße zw. Lech und Ilm, wo eingezäunte Hofanlagen mit mehreren Gebäuden in Pfostenbauweise aufgedeckt wurden. Diese ländliche Siedlungsform in einheimischer Tradition ist mehrfach für die frühe Kaiserzeit nachgewiesen, vereinzelt bestanden sie bis weit in die mittlere Kaiserzeit hinein (z. B. 3; 46, 75–78; 82; 105, 114 f.). Vermutlich waren in ihnen vornehmlich heimische Bauern im Pachtverhältnis tätig (126, 242 f.; 128, bes. 232 f.).

Einen Sonderfall im Bestattungswesen bilden die etwa von tiberischer bis in claudisch-neronische Zeit datierenden Gräber der sog. Heimstettener Gruppe, die im südbayer. Alpenvorland zw. Kempten und Münchner Schotterebene, also im zentralen V.-Gebiet liegen. Nach Paul → Reinecke könnte diese Gräbergruppe ein nach der röm. Okkupation 15 v. Chr. fortbestehendes Stammesgebiet anzeigen, wobei er offen läßt, ob es sich um eine aus dem Inntal stammende raetische Bevölkerung inmitten vindelikischer Kelten oder um einen der verschiedenen V.-Stämme handelte (83, 57 f.). In der Folgezeit werden für die Heimstettener Gräbergruppe verschiedene Interpretationen vorgeschlagen: Die einen meinen, in den Gräbern seien die Verstorbenen einer autochthonen Bevölkerung bestattet worden (z. B. 10, 43. 46; 35, 15. 20; 53, 119; 57, 308; 75, 669; 62, 208 f.; 63, 206 f.; 65, 62–66; 109, 79; 115, 18 f.), Schleiermacher spricht in Bezug auf die charakteristischen Schmuckbeigaben von einer „vindelikischen Tracht" (90, 128). Andere hingegen vermuten unter den Bestatteten eine aus dem raetisch-westnorischen Anteil der Zentralalpen oder aus N-Tirol zugezogene Fremdbevölkerung, wobei auch eine von der röm. Vewaltung gesteuerte Umsiedlungsaktion für möglich gehalten wird (5, 277; 29, 227 f.; 51, 52 f. 56 f.; 52, 29; 66, 49–51; 70, 151. 157; 97, 63 f.; 102, 126). Nach Maier hat diese staatlich gelenkte → Umsiedlung alpenraetischer Volksteile in das kelt. V.-Gebiet eine Neubelebung der alten Brandopfersitte während der frühen Kaiserzeit ausgelöst, weshalb man die Gräber der Heimstettener Gruppe – wie schon Reinecke – wieder als „raetisch" bezeichnen sollte (67, 246; 247; 68, 219; 221). Anders Gleirscher: zwar sieht auch er in den Gräbern alpine Elemente, weil sie aber in Vindelikien liegen, müsse man vielleicht richtiger von einer „vindelikischen Skelettgräbergruppe" sprechen (34, 82). Faber verbindet die Gräber der Heimstettener Gruppe mit vindelikisch-raetischen Auxiliarsoldaten, die im Rheinland stationiert waren und „sich nach der Entlassung mit ihren Familien in ihrer alten Heimat niederließen" (22, 23). Mit einer Rückkehr ehemaliger Soldaten und einer Wiederbesiedlung ab tiberischer Zeit rechnet auch Hüssen. Die inhomogene Ausstattung der Frauengräber erklärt er mit einer Umsiedlung der nicht wehrfähigen kelt. Bevölkerung in das Umland der frühen röm. Siedlungen (46, 90 f.). Heitmeier vermutet eine Bevölkerungsgruppe, die als Verkehrs- oder Handelsorganisation einen Sonderstatus besaß (42b, 122–124). Haffner wertet die Körpergräber, die als Nachbestattungen in vorgeschichtl. Hügelgräbern angelegt wurden, sowie die charakteristischen Beigaben, die an ähnliche Fundobjekte der späten HaZ und frühen LTZ erinnern, „als Hinweis für ein Wiederaufleben keltischer Religion nach einem ersten kräftigen Romanisierungsschub" (42, 234). Die Gräber könnten demnach auch als Ausdruck eines nativistischen Verhaltens der heimischen Bevölkerung gedeutet werden: vermutlich führte die röm. Fremdherrschaft wenige Jahrzehnte nach der Eroberung bei einem Teil der Einheimischen zu einer bewußten Abgrenzung, die sich durch einen Rückgriff auf alte Traditionen äußert, die bis in die späte HaZ und frühe LTZ zurückreichen. Auffallend ist, daß die Heimstettener Gruppe der tiberisch-claudischen Zeit sich gerade in der Region befindet, wo zw. Iller und Isar auch die ältesten röm. Fundplätze der augusteisch-frühtiberischen Zeit verbreitet sind. In diesem Gebiet dürfte schon bald nach 15 v. Chr. die röm.-milit. Verwaltung einen dominanten Einfluß auf die heimische Bevölkerung ausgeübt und damit eine Gegenreaktion bewirkt haben, die dazu führte, indigene Bewohner arch. sichtbar werden zu lassen (125, 147 f.; 126, 241 f.). – Das bewußte Aufgreifen jahrhundertealter relig. Glaubensvorstellungen und Riten zeigt sich auch am Wiederaufleben der seit der BZ üblichen Brandopfersitte (→ Brandopfer) im bayer. Alpenvorland während der frühen RKZ (125, 147; 126, 245; Nachtrag zu den römerzeitlichen Brandopferplätzen: 122, 43–45 mit Abb. 11). Weil sich die meisten vorgeschichtl. und römerzeitlichen Brandopferplätze innerhalb der Grenzen der späteren Prov. Raetien befinden, sieht Maier in ihrer Gesamtverbreitung eine „alte Religionslandschaft oder Kultprovinz", die für die „Herausbildung der römischen Reichsprovinz Rätien" eine Rolle gespielt haben könnte (67, 247; 68, 223). Allerdings gibt es auch außerhalb der späteren Prov.grenzen – an der Salzach und in Oberitalien – zahlreiche Brandopferplätze. Zudem ist noch unklar, ob die Brandopferplätze, die fast ausschließlich in Bergzonen und in Regionen mit überwiegender Grünlandwirtschaft vorkommen, ein falsches Verbreitungsbild suggerieren, weil sie in typischen Ackerbaugebieten nur schwer nachweisbar sind, dort also unterrepräsentiert sein könnten (129, 255 mit Anm. 1747).

Die Römer stießen 15 v. Chr. im bayer. Alpenvorland auf ein dünnbesiedeltes Gebiet mit einer überwiegend bäuerlichen Bevölkerung. Eine zugewanderte Fremdbevölkerung spielte an den folgenden Akkulturationsprozessen wohl nur eine untergeordnete Rolle. Auf die sozial wenig geschichtete heimische Bevölkerungsstruktur lassen sich etliche Eigenheiten der späteren Prov. Raetien zurückführen: die schwach ausgeprägte Urbanisierung (11, 199 f.), die auffallend wenigen Wandmalerei- (77, 6. 27. 29; 78, 101 f.; 121a, bes. 103–110) und Mosaikreste (77, 29; 79, 91. 101. 108), die relativ seltenen Steininschr. (30, 112; 129, 278 mit Anm. 1905) sowie das weitgehende Fehlen von inschriftlich überlieferten Lokalgottheiten (19, 216; 30, 112; 93, 10 f.; 110, 18; 118, 126). Die bemerkenswert hohe Zahl an bronzenen Militärdiplomen in Raetien könnte mit der Rechtsstellung der Mehrheit der Bewohner erklärt werden: vielleicht war es unter einer fast ausschließlich peregrinen Bevölkerung für die ehemaligen Auxiliarsoldaten wichtig, ihre mit den Entlassungsurk. verbundenen Bürgerrechte zur besseren Demonstration auf dauerhaftem Material dokumentieren zu lassen (54, 245).

Weil von etwa tiberischer Zeit bis zu den → Markomannenkriegen unter → Marc Aurel keine die Romanisierung fördernde Legion in Raetien stationiert war, konnte sich hier nach Drexel die Keramik in Latènetradition sehr viel stärker durchsetzen als in Obergermanien. Offen sei es, ob der röm.-raetischen Keramik bodenständige oder gall. Vorbilder zugrunde lägen (20, 73 f.; ähnlich 109, 81). Die sog. Auerbergtöpfe der frühen Kaiserzeit kommen häufig in Raetien, aber auch in Noricum und in S-Tirol vor (31, 77–107. 90 Abb. 11; 44, 63. 76; 129, 265 Anm. 1824). – Daß das Fibelspektrum des letzten Drittels des 1. Jh.s v. Chr. im mittleren Alpenraum und dem n. Alpenvorland keine eigene Formtradition begründet, dafür macht Demetz die Alpeneroberung 16/15 v. Chr. verantwortlich. Traditionsbildend seien etwa ein Dutzend norische Fibeln der mittel- bis spätaugusteischen Zeit w. des Inns, eine daraus entstandene raetisch-vindelikische Eigenentwicklung setze in spätaugusteisch-frühtiberischer Zeit ein und breche in frühflavischer Zeit vielleicht wegen der polit.-milit. Umwälzungen im Dreikaiserjahr 69/70 n. Chr. ab. Diese etwa 120 Fibeln seien in lokalen Werkstätten hergestellt worden, weshalb er sie als „raetisch" oder „vindelizisch" oder „raetisch-vindelizisch" bezeichnet (13, 52. 54. 119. 122. 130–133. 141. 146 f. 170 f. 175. 191. 195–197; ähnlich bereits 32, 169. 176 Abb. 8 u. 9; 178; auch 74, 19–24 mit Abb. 3–5. 26 f. 53–55 weist auf eine Gruppe eigenständiger raetisch-westalpiner Fibelformen der frühen Kaiserzeit hin). Wer für diese neue Fibelentwicklung zw. etwa 10–70 n. Chr. verantwortlich ist, läßt sich nicht bestimmen. Neben der heimischen, ortsansässigen Bevölkerung kämen auch zugewanderte Noriker in Frage.

c. Mittlere Kaiserzeit. Am Ende des 1. Jh.s n. Chr. kommt im N der Prov. → Raetien zw. Donau und → Limes ein Gebiet hinzu, dessen Vorbevölkerung wir nicht kennen. Auch wenn dort keine V. wohnten, wird im folgenden der N-Teil Raetiens vom Alpenrand bis zum Limes als Ganzes betrachtet. Laut Heuberger kann die noch im 2. Jh. n. Chr. inschriftlich bezeugte Prov.bezeichnung *Raetia et Vindelicia*

„keine tiefere Bedeutung mehr gehabt haben, da sich damals alle völkischen und sonstigen Verschiedenheiten innerhalb der Provinzbevölkerung zweifellos schon längst verwischt hatten" (43, 14). Wie sind aber die arch. erkennbaren Eigenheiten des 2./3. Jh.s n. Chr. in N-Raetien zu erklären?

Im Verlauf des 2. Jh.s n. Chr. vollziehen sich in den Nordwestprov. tiefgreifende kulturelle Veränderungen. Mit einer langsamen Abkehr von der ital.-röm. Lebensweise ist ein Absinken des handwerklich-technischen Niveaus, eine Tendenz zur Vereinfachung in vielen Lebensbereichen sowie eine zunehmende Regionalisierung verbunden (84, bes. 24 f.). Im Zuge dieser Entwicklung werden in Raetien Rückgriffe auf heimische Wurzeln erkennbar. Gschwind und Ortisi machen darauf aufmerksam, daß das Vorkommen der mittelkaiserzeitlichen Fibelform Almgren 86 „mit den Verwaltungsgrenzen der Provinz Raetien korrespondiert". Die zivilen Träger dieser in N- und S-Raetien beheimateten Fibelform seien „tief in den kulturellen Traditionen der Provinz Raetia verwurzelt" (41, bes. 408 f. 411). Steidl verweist auf eine intensive Tradition des Messergebrauchs im süddanubischen Raetien und erwägt für die von Männern am Gürtel getragenen Messer eine identitätsstiftende Bedeutung. Aus diesem Grund denkt er bei Fibeln des 2. Jh.s n. Chr. in Messerform, wie sie v. a. im Regensburger Umfeld verbreitet sind, an einen engeren raetischen Hintergrund, „der vielleicht etwas mit dem Selbstbewußtsein oder dem Selbstverständnis eines traditionsorientierten Ethnikums zu tun hatte" (104a, 133 f. mit Abb. 4. 136 f.).

Handgemachte Keramik der mittleren Kaiserzeit kommt häufig in den Limeskastellen vor und wird einer wenig romanisierten Bevölkerung zugewiesen (40, 248–251; 123, 143–145). Feinkeramik mit schwarzem bis bräunlichem, machmal metallisch glänzendem Überzug und meist geometrischem Barbotinedekor ist v. a. im n. Raetien verbreitet und wird deshalb als raetische Ware bezeichnet (30, 112; 71, 51–54; 93, 8 f.; 102a, 47–49; 123, 221). Doppelhenkelkrüge mit schematisch-plastischer Zier aus dem N-Teil der Prov. Raetien bezeichnet Maier als „Symbol- und Ritualkrüge". Er führt sie auf urnenfelderzeitliche Schneppenkannen (Laugener Keramik) zurück und weist den Bewohnern der raetischen Limeszone eine besondere Aufnahmebereitschaft für alpine Kulturimpulse zu (67, 248 f. mit Abb. 12. 254 Anm. 66). Sog. Henkeldellenbecher tauchen im zentralen Alpenraum bereits seit dem 6. Jh. v. Chr. auf. Unter den röm. Ex. unterscheidet Leitner einen kleinen inneralpinen Typ, der hauptsächlich im Etschtal zw. Gardasee und Bozen verbreitet ist, und einen größeren flachlandraetischen Typ. Um 100 n. Chr. entwickelte sich aus dem inneralpinen Typ der flachlandraetische oder besser ‚vindelikische' Typ, der bis Anfang des 3. Jh.s n. Chr. in Gebrauch war. Leitner vermutet im Trentiner Etschtal und Bozener Becken eine lokale Kulturgruppe, „die altes Formengut der Latènezeit auch nach der Romanisierung weiterführte" und im 2. Jh. n. Chr. eine Nachahmung der Henkeldellenbecher im n. Raetien vermittelte (64, 188). Maier betrachtet „die Übernahme und Ausbreitung der alten keramischen Eisenzeit-Form des Henkeldellenbechers während der mittleren Kaiserzeit als Beleg renaissancehafter Neubildungen auf der Grundlage alpiner Kulturbeharrung" (67, 249).

Die meisten Eigenheiten des 2./3. Jh.s n. Chr. im N der röm. Prov. Raetien sind weniger auf ein vindelikisches Bevölkerungssubstrat zurückzuführen, als vielmehr ökonomisch zu erklären: mit Absatzgebieten überregional verbreiteter Handelsprodukte wie beispielsweise → Terra Sigillata (69, 39–46), mit kleinen Werkstätten für den lokalen Bedarf (z. B. 39) sowie v. a. mit den Verbreitungsmechanismen von Alltagsgegenständen, die auf periodischen Märkten angeboten werden (z. B. 42a, 416). Nach von Schnurbein stellten die Prov.grenzen nicht nur formale Verwaltungsgrenzen dar, sondern hatten „im täglichen Leben der offensichtlich überwiegend immobilen Bevölkerung eine wesentlich größere und manchmal wohl durchaus einschneidende Bedeutung" (93, bes. 5 f. 14–16; ähnlich 29, 228; 30). Er verweist auf die Prov.grenze zw. Raetien und Noricum, die im 2. Jh. n. Chr. trachtgeschichtl. eine deutliche Trennlinie bilde, „die sich freilich nicht so sehr durch eine eigenständige rätische Tracht zu erkennen gibt, als vielmehr durch das nun in Rätien fast völlige Ausbleiben der typisch norischen Elemente" (93, 9). Immerhin lassen sich aber charakteristische Fibelformen des 2./3. Jh.s n. Chr. auch für die Prov. Raetien beobachten: Scharnierbügelfibeln mit breiter Schmuckzone sind hauptsächlich in N-Raetien verbreitet (1; 37; 38; 38a; 42a; 74, 33 f. Taf. 17,279.280), ebenso durchbrochene Scheibenfibeln mit planem Trompetenornament (123, 113 f. mit Anm. 454. Taf. 15,B12–14; 36, 126 Nr. 73. 127 Abb. 7,73); Scheibenfibeln mit zweimal durchlochten Plättchen für Spiralachse und -sehne könnten auf eine Werkstatteigentümlichkeit im N Raetiens hinweisen (49, 24 Abb. 5,6; 50, 192 Abb. 5,15; 123, 114 mit Anm. 456. Taf. 15,B15). Kräftig profilierte Fibeln Tiroler Form sind hauptsächlich im s. Raetien beheimatet (44a). Balteusbeschläge in Form von Benefiziarierlanzenspitzen sind nahezu ausschließlich von der N-Grenze Raetiens bekannt. Spindler betrachtet sie als milit. Kleinabzeichen, deren Herstellung und Verleihung „eine provinzinterne und wohl dem Statthalter obliegende Angelegenheit war" (103, 186–190 mit Abb. 5. 191 f. Liste E; dagegen 39, 621–623; vgl. auch 21, 282–284. 291). Armringe vom Typ Wiggensbach mit verbreiterten punzverzierten Enden datieren in die 1. Hälfte des 3. Jh.s n. Chr. und treten offenbar ausschließlich in Raetien auf (92, 84 f. mit Abb. 12. 273 Fundliste 17; 93, 9; 27, 257 [Grab 7]. Taf. 133,B1.2; 30, 113).

Die Terra Sigillata-Manufaktur von Schwabegg sowie die Töpfersiedlung bei Schwabmünchen produzierten während der mittleren Kaiserzeit in erster Linie für den regionalen Bedarf innerhalb der Prov. Raetien (99a, 103–107; 102a, 110–112; 133). In den mittelkaiserzeitlichen Urnengräbern des n. Raetiens dominieren seit der Mitte des 2. Jh.s n. Chr. drei verschiedene Tongefäße als Grabbehälter: die Diota-, die Trauben- und die Kolbenrand-Urnen. V. a. die Trauben- und Diota-Urnen finden sich fast ausschließlich in Raetien. Während die Trauben- und Kolbenrand-Urnen sowohl in Gräbern als auch in Siedlungen vorkommen, wurden die Diota-Urnen offensichtlich nur als Grabgefäße verwendet (30, 113; 92, 39–46; 93, 7 f.). Die mittelkaiserzeitlichen Bild- und Firmalampen schließen sich im n. Raetien, Noricum und Pann. zu einer großen Gruppe zusammen. Auffallend ist insbesondere, daß die Firmalampen in den Donauprov. keine Henkel hatten, während sie im Rheingebiet fast ausnahmslos mit Henkel vesehen waren (92, 55–72; 93, 8). Daß der unterschiedliche Lampengebrauch zw. Rhein- und Donauländern genau mit der polit. Grenze zw. den Prov. Obergermanien und Raetien zusammenfällt, liegt nach von Schnurbein an bisher unbekannten wirtschaftsgeogr. Gründen. „Ethnische Gegebenheiten können sicher nicht in Anspruch genommen werden, da die beiden Räume in sich zu unterschiedlich bevölkert waren" (92, 72).

Das urspr. Vindelikische in N-Raetien wird seit dem 2. Jh. n. Chr. nicht nur durch intraprovinziale Faktoren, sondern auch durch Einflüsse der Nachbarprov. Germania Superior und → Noricum in vielen Bereichen zunehmend überlagert. Raetien hatte von Anfang an polit.-administrative Verbindungen nach Obergermanien. Bis zu seiner Verselbständigung als prokuratorische Prov. in frühtiberischer Zeit (s. § 2) war Raetien dem Kommandobereich des obergerm. Militärverwaltungsdistrikts *(exercitus superior)* zugeordnet (15, 83; 16, 442; 124, 124 mit Anm. 205). Nach der Ankunft der 3. ital. Legion in Raetien um 172 n. Chr. wurde die prokuratorische Prov. bis etwa 180 n. Chr. wahrscheinlich vom obergerm. Legaten mitverwaltet und erst danach zu einer prätorischen Prov. umgewandelt (16; 17, 134 f.). Bei diesen Beziehungen der raetischen Administration nach W scheint es unerwartet, wenn von Schnurbein in der arch. Hinterlassenschaft eine relativ enge Bindung Raetiens an Noricum konstatiert, „während sich zu Obergermanien wesentlich mehr trennende Elemente ergaben" (93, 11). Allerdings ist hier zu berücksichtigen, daß Obergermanien an das Flußsystem des Rheins und das n. Raetien an das Flußsystem der Donau angebunden war. Raetien verfügte mit der Donau über einen günstigen Handelsweg nach O, der die Grundlage bildete für intensive Kontakte mit Noricum. Doch lassen sich arch. auch Verbindungen nach W feststellen. Die Wandmalereien von Kempten und Augsburg zeigen in ihrem Motivschatz enge Beziehungen zum gall.-germ. Raum (77, 29; 78, 101 f.; 121a, 19. 23. 112. 115 betont, daß sich die Wandmalerei in den Nordwestprov. grundsätzlich an ital. Vorbildern orientierte). Die mit ‚*artis*' gebildeten Bezeichnungen der Kaufmannsberufe im w. Raetien rechnet Kneißl dem gall. Wirtschaftsgebiet zu (56, 188 f.). Die Herkunftsangaben auf Inschr. der Prov. Raetien weisen verstärkt nach W (18, 432). Die nahe Verwandtschaft der wenigen Reste von Jupitersäulen (→ Jupitergigantensäulen) im NW der Prov. Raetien mit den entspr. Denkmälern in Obergermanien (4; 119, 170–174. 254–259. Beilage Karte 2) deutet Weber als eine Orientierung Raetiens zu den w. Prov. (117, 277 f.; 118, 118). Nach Nuber zeigen die severischen Steinsarkophage Raetiens einmal mehr, „daß sich diese Provinz nach Westen (Gallien, Germanien) orientierte, und eigentlich irreführend als ‚Donauprovinz' bezeichnet wird" (73, 102). Für die sog. Pfeilergrabmäler aus Augsburg und Regensburg, die in die 2. Hälfte des 2. und die 1. Hälfte des 3. Jh.s n. Chr. datieren, werden Beziehungen zum Trierer Land, aber auch zum donauländischen Raum vermutet (33, bes. 88; 91, bes. 86). Mit Sigillatagefäßen wurde Raetien im 1. Jh. n. Chr. „deutlich aus den Westprovinzen beliefert ... und erst im 2. Jh. in den Lieferbereich der auf die Donaumärkte spezialisierten Produktionszentren mit einbezogen" (69, 44), wobei für die großen Sigillatafabrikanten nicht die Zolltarife zw. den Zollbez., sondern feste Absatzgebiete entscheidend gewesen seien (69, 45). Für die unterschiedliche Bauweise der Limites in Obergermanien (Wall, Graben, Palisade) und Raetien (Steinmauer) werden verschiedene Gründe angeführt: der geol. Untergrund (98, 410), neu verfügbare Arbeitskräfte durch die Stationierung der *Legio III Italica* (14, 535 f.) sowie die Entscheidungsfreiheit der zuständigen Statthalter (93, 15 Anm. 31).

d. Fazit. Die während der Spät-LTZ in S-Bayern wohnenden V. haben in ihrer allg. kelt. Sachkultur nur wenig Spezifisches hinterlassen. Die polit., wirtschaftl., sozialen und kulturellen Verhältnisse, wie sie im südbayer. Alpenvorland bei Ankunft der Römer 15 v. Chr. herrschten, haben die folgende Entwicklung der Prov. Raetien geprägt. Im Laufe der RKZ verliert sich das vindelikische Element immer mehr. Die auf N-Raetien beschränkten Eigenheiten der mittleren Kaiserzeit sind vereinzelt auf lokale Traditionen zurückzuführen, meist aber mit regional begrenzten Vorlieben bzw. innerprovinzialen Werkstattkreisen zu erklären, die nicht oder kaum über die Prov.grenzen hinausreichen. In spätröm. Zeit schließlich verschwindet provinztypisches Fundgut fast ganz (30, 114 f.) und ist nur noch vereinzelt erkennbar: als charakteristisch im spätröm. Keramikbestand Raetiens gelten die sog. ‚rehbraune Ware' (40, 232 f. 239 Abb. 47) sowie glasierte Reibschüsseln (20a, bes. 153 mit Abb. 12; 40, 241–246); kleine breitlanzettförmige Eisenmesser finden sich im mittleren Drittel des 4. Jh.s n. Chr. bevorzugt in der *Raetia secunda* (74a, 124 f. mit Abb. 3. 126 Fundliste 1).

(1) H. Allewelt, Eine „raetische" Fibelform, Jb. Heimat- und Altertumsver.s Heidenheim 1989/90, 39–46. (2) L. Bakker, Siedlungsgesch. und arch. Denkmalpflege in Augsburg, in: B. von Hagen, A. Wegener-Hüssen, Stadt Augsburg. Denkmäler in Bayern VII.83, 1994, XLV–LVI. (3) Ders., S. Wirth, Eine frühröm. Siedlung auf der Hochterrasse in Göggingen, Stadt Augsburg, Schwaben, Das Arch. J. in Bayern 2003, 69–72. (4) G. Bauchhenß, P. Noelke, Die Iupitersäulen in den germ. Prov., 1981. (5) H. Bender, Agrargesch. Deutschlands in der RKZ innerhalb der Grenzen des Imperium Romanum, in: J. Lüning u. a., Dt. Agrargesch. Vor- und Frühgesch., 1997, 263–374. (6) S. Berg-Hobohm, Umfriedete Höfe der HaZ in Bayern. Aktueller Forsch.sstand zu den Herrenhöfen und den zeitgleichen rechteckigen Grabenwerken, Ber. Bayer. Bodendenkmalpflege 43/44, 2002/03, 161–189. (7) K. Castelin, Kelt. Münzen. Kat. der Slg. des Schweiz. Landesmus.s Zürich II, 1985. (8) R. Christlein, Zu den jüngsten kelt. Funden S-Bayerns, BVbl. 47, 1982, 275–292. (9) K. Bittel u. a., Die kelt. Viereckschanzen, Atlas Arch. Geländedenkmäler Baden-Württ. 1, 1990. (10) W. Czysz, Der röm. Gutshof in München-Denning und die römerzeitliche Besiedlung der Münchner Schotterebene, 1974. (11) Ders. u. a., Die Römer in Bayern, 1995. (12) H. Dannheimer, R. Gebhard (Hrsg.), Das kelt. Jt., 1993. (13) S. Demetz, Fibeln der Spätlatène- und frühen RKZ in den Alpenländern, 1999. (14) K. Dietz, Kastellet Sablonetum und der Ausbau des rät. Limes unter Ks. Commodus, Chiron 13, 1983, 497–536. (15) Ders., Einrichtung und Verwaltung der Prov. Rätien bis auf Ks. Mark Aurel, in: Die Römer in Schwaben. Jubiläumsausstellung 2000 J. Augsburg, 1985, 82–86. (16) Ders., Zur Verwaltungsgesch. Obergermaniens und Rätiens unter Mark Aurel, Chiron 19, 1989, 407–447. (17) Ders., Legio III Italica, in: Y. Le Bohec (Hrsg.), Les Légions de Rome sous le Haut-Empire, 2000, 133–143. (18) Ders., G. Weber, Fremde in Rätien, Chiron 12, 1982, 409–443. (19) Diess., Diis Deabusque omnibus – allen Göttern und Göttinnen, in: wie [15], 213–218. (20) F. Drexel, Das Kastell Faimingen, 1911. (20a) D. Ebner, Die spätröm. Töpferei und Ziegelei von Friedberg-Stätzling, Lkr. Aichach-Friedberg, BVbl. 62, 1997, 115–219. (21) K. Eibl, Gibt es eine spezifische Ausrüstung der Beneficiarier?, in: Der röm. Weihebez. von Osterburken II. Kolloquium 1990 und paläobotan.-osteologische Unters., 1994, 273–297. (22)

A. Faber, Zur Bevölkerung von Cambodunum-Kempten im 1. Jh, in: Prov.-röm. Forsch. (Festschr. G. Ulbert), 1995, 13–23. (23) Dies., Das röm. Gräberfeld auf der Keckwiese in Kempten II., 1998. (24) P. Fasold, Romanisierung und Grabbrauch: Überlegungen zum frühröm. Totenkult in Rätien, in: M. Struck (Hrsg.), Römerzeitliche Gräber als Qu. zu Relig., Bevölkerungsstruktur und Sozialgesch., 1993, 381–395. (25) F. Fischer, SW-Deutschland im letzten Jh. v. Chr, in: D. Planck (Hrsg.), Arch. in Württ., 1988, 235–250. (26) Ders., Rez. zu [86], Germania 77, 1999, 382–386. (27) Th. Fischer, Das Umland des röm. Regensburg, 1990. (28) Ders., Zivile Besiedlung in claudischer Zeit / Zur Bevölkerung in der frühen Kaiserzeit in: [11], 88–94. (29) Ders., Kelten und Römer in Bayern, Arch. Informationen 18, 1995, 225–229. (30) Ders., Ist Prov. gleich Provinz?, in: H. Hesberg (Hrsg.), Was ist eigtl. Provinz? Zur Beschreibung eines Bewußtseins, 1995, 107–117. (31) Ch. Flügel, Der Auerberg III. Die röm. Keramik, 1999. (32) J. Garbsch, Ein Flügelfibelfrg. vom Lorenzberg bei Epfach, in: Stud. zur vor- und frühgeschichtl. Arch. (Festschr. J. Werner), 1974, 163–183. (33) W. Gauer, Die raetischen Pfeilergrabmäler und ihre moselländischen Vorbilder, BVbl. 43, 1978, 57–100. (34) P. Gleirscher, Tiroler Schüssel- und Palmettenfibeln, Germania 65, 1987, 67–88. (35) P. Glüsing, Frühe Germ. s. der Donau. Zur ethnischen Deutung der spätlatènezeitlichen Grabfunde von Uttenhofen und Kronwinkl in Niederbayern, Offa 21/22, 1964/65, 7–20. (36) E. Grönke, Die Fibeln vom Gebiet der röm. Kastelle und des Vicus in Theilenhofen, Lkr. Weißenburg-Gunzenhausen, BVbl. 70, 2005, 103–132. (37) Dies., E. Weinlich, Röm. Scharnierfibeln mit breiter Schmuckzone aus Obergermanien und Rätien n. der Alpen, BVbl. 59, 1994, 97–115. (38) Diess., Eine neu entdeckte röm. Scharnierfibel mit breiter Schmuckzone – ein Nachtrag, BVbl. 61, 1996, 225–228. (38a) Diess., Ein neu entdeckter „Altfund" im Germ. Nationalmus. Nürnberg, Beitr. Arch. Mittelfranken 3, 1997, 149–161. (39) M. Gschwind, Bronzegießer am raetischen Limes. Zur Versorgung mittelkaiserzeitlicher Auxiliareinheiten mit milit. Ausrüstungsgegenständen, Germania 75, 1997, 607–638. (40) Ders., Abusina. Das röm. Auxiliarkastell Eining an der Donau vom 1. bis 5. Jh. n. Chr., 2004. (41) Ders., S. Ortisi, Zur kulturellen Eigenständigkeit der Prov. Raetien – Almgren 86, die raetische Form der sog. pann. Trompetenfibel, Germania 79, 2001, 401–416. (42) A. Haffner, Rez. zu [51], Germania 66, 1988, 233 f. (42a) A. Heising, Eine Fibel Typ „Sontheim" aus den Mainzer canabae legionis, in: Im Dienste Roms (Festschr. H. U. Nuber), 2006, 409–422. (42b) I. Heitmeier, Das Inntal. Siedlungs-

und Raumentwicklung eines Alpentales im Schnittpunkt der pol. Interessen von der röm. Okkupation bis in die Zeit Karls des Großen, 2005. (43) R. Heuberger in: RE 9, A1, 2–17 s. v. Vindelici. (44) A. Höck, Arch. Forsch. in Teriola 1. Die Rettungsgrabungen auf dem Martinsbühel bei Zirl von 1993–1997. Spätröm. Befunde und Funde zum Kastell, 2003. (44a) Ders., Die Tiroler kräftig profilierte Fibel – eine südrät. Form, in: Vis imaginum (Festschr. E. Walde), 2005, 144–152. (45) C.-M. Hüssen, Endlatènezeitliche Fst. im oberbayer. Donauraum, Ber. RGK 81, 2000 (2001), 235–301. (46) Ders., Besiedlungswandel und Kontinuität im oberbayer. Donauraum und in der Münchner Schotterebene von der Okkupation unter Augustus bis in tiberisch-claudische Zeit, in: [47], 73–91. (47) Ders. u. a. (Hrsg.), Spät-LTZ und frühe RKZ zw. Alpenrand und Donau, 2004. (48) W. Irlinger, S. Winghart, Eine Statuette der Athene aus dem südbayer. Alpenvorland sowie Siedlungs- und Grabfunde der mittleren bis späten LTZ von Dornach, Gem. Aschheim, Ldkr. München, Germania 77, 1999, 71–162. (49) Jahresber. Hist. Ver. Straubing und Umgebung 77, 1974, 14–26. (50) I. Jütting, Die Kleinfunde aus dem röm. Lager Eining-Unterfeld, BVbl. 60, 1995, 143–230. (51) E. Keller, Die frühkaiserzeitlichen Körpergräber von Heimstetten bei München und die verwandten Funde aus S-Bayern, 1984. (52) Ders., Das Schicksal der einheimischen Bevölkerung und das Fortleben kelt. Traditionen, in: wie [15], 28 f. (53) H.-J. Kellner, Die Römer in Bayern, 1971. (54) Ders., Die Möglichkeit von Rückschlüssen aus der Fundstatistik, in: W. Eck, H. Wolff (Hrsg.), Heer und Integrationspolitik. Die röm. Militärdiplome als hist. Qu., 1986, 241–248. (55) Ders., Die Münzfunde von Manching und die kelt. Fundmünzen aus S-Bayern, 1990. (56) P. Kneißl, Die utriclarii. Ihre Rolle im gallo-röm. Transportwesen und Weinhandel, Bonner Jb. 181, 1981, 169–204. (57) W. Krämer, Manching II. Zu den Ausgr. in den J. 1957 bis 1961, Germania 40, 1962, 293–317. (58) Ders., Zwanzig J. Ausgr. in Manching 1955 bis 1974, in: Ausgr. in Deutschland 1, 1, 1975, 287–297. (59) Ders., Sind die Bayern kelt. Abstammung? in: [12], 249 f. (60) H. Küster, Werden und Wandel der Kulturlandschaft im Alpenrheintal. Pollenanalytische Aussagen zur Siedlungsgesch. am Auerberg in S-Bayern, Germania 64, 1986, 533–559. (61) Ders., Botan. Unters. zur Landwirtschaft in den Rhein-Donau-Prov. vom 1. bis zum 5. Jh. nach Chr., in: H. Bender, H. Wolff (Hrsg.), Ländliche Besiedlung und Landwirtschaft in den Rhein-Donau-Prov. des röm. Reiches, 1994, 21–36. (62) A. Lang, Das Gräberfeld von Kundl im Tiroler Inntal. Stud. zur vorröm. EZ in den zentralen Alpen, 1998. (63) Dies., Der Übergang von der späten LTZ zur frühen RKZ in N-Tirol, in: [47], 199–209. (64) S. Leitner, Der raetische Henkeldellenbecher. Ein Beitrag zur alpinen Kulturgesch. der RKZ, Ber. Bayer. Bodendenkmalpflege 45/46, 2004/05, 173–194. (65) J. Lichardus, Körpergräber der frühen Kaiserzeit im Gebiet der s. Elbgerm., 1984. (66) M. Mackensen, Das röm. Gräberfeld auf der Keckwiese in Kempten I., 1978. (67) R. A. Maier, Ein römerzeitlicher Brandopferplatz bei Schwangau und andere Zeugnisse einheimischer Relig. in der Prov. Rätien, in: J. Bellot u. a. (Hrsg.), Forsch. zur Prov.-röm. Arch. in Bayer.-Schwaben, 1985, 231–256. (68) Ders., Römerzeitliche Brandopferplätze – Zeugnisse alpenrät. Volksrelig., in: wie [15], 219–223. (69) A. W. Mees, Modelsignierte Dekorationen auf südgall. Terra Sigillata, 1995. (70) M. Menke, „Rät." Siedlungen und Bestattungsplätze der frühRKZ im Voralpenland, in: wie [32], 141–159. (71) M. Müller, Faimingen-Phoebiana II. Die röm. Grabfunde, 1999. (72) C. Nagler-Zanier, Ringschmuck der HaZ aus Bayern (Arm- und Fußringe, Halsringe, Ohrringe, Fingerringe, Hohlwulstringe), 2005. (72a) M. Nick, Gabe, Opfer, Zahlungsmittel. Strukturen kelt. Münzgebrauchs im w. Mitteleuropa, 2006. (73) H. U. Nuber, Röm. Sarkophage in Raetien, in: 2. Internat. Koll. über Probleme des Prov.-röm. Kunstschaffens, 1991, 101–108. (74) S. Ortisi, Die früh- und mittelkaiserzeitlichen Fibeln, in: Röm. Kleinfunde aus Burghöfe 2, 2002, 9–58; Taf. 1–24. (74a) S. Ortisi, Ein spätant. Messer mit Inschrift aus Aelia Augusta-Augsburg, BVbl. 71, 2006, 121–128. (75) B. Overbeck, Raetien zur Prinzipatszeit. ANRW II 5.2, 1976, 658–689. (76) Ders., Kelt. Münzwesen in Altbayern, Jahresber. Stiftung Aventinum H. 9/10, 1996, 5–55. (77) K. Parlasca, Röm. Wandmalereien in Augsburg, 1956. (78) Ders., Wandmalereien, in: W. Krämer, Cambodunumforschungen 1953-I. Die Ausgr. von Holzhäusern zw. der 1. und 2. Querstraße, 1957, 93–102. (79) Ders., Die röm. Mosaiken in Deutschland, 1959. (80) M. Peters, Landschaft und Siedlung in S-Bayern von der EZ bis zur VWZ – Kontinuität oder Diskontinuität?, in: [47], 31–38. (81) J. Peters, H. Manhart, „… und jegliches heimische Rind ist weit besser als ein auswärtiges …". Zur Frage der Kontinuität kelt. Viehwirtschaft im südtt. Raum, in: [47], 47, 39–52. (82) M. Pietsch, Ganz aus Holz – Röm. Gutshöfe in Poing, bei München, in: wie [42a], 339–349. (83) P. Reinecke, Skelettgräber der frühen Kaiserzeit in Raetien, BVbl. 22, 1957, 36–59. (84) M. Reuter, Die „kelt. Renaissance" in den Nordwestprov. des röm. Reiches, in: P. Noelke (Hrsg.), Romanisation und Resistenz in Plastik, Architektur und Inschr. der Prov. des Imperium Romanum. Neue Funde und Forsch. Akten VII. Internat. Coll. über Probleme des Prov.-röm. Kunstschaffens, 2003, 21–26.

(85) S. Rieckhoff, Frühe Germ. in S-Bayern, in: [12], 237–242. (86) Dies., S-Deutschland im Spannungsfeld von Kelten, Germ. und Römern. Stud. zur Chron. der Spät-LTZ im s. Mitteleuropa, 1995. (87) Dies., J. Biel, Die Kelten in Deutschland, 2001. (88) A. Schaub, L. Bakker, Zur Stadtentwicklung des röm. Augsburg, in: G. Precht, N. Zieling (Hrsg.), Genese, Struktur und Entwicklung röm. Städte im 1. Jh. n. Chr. in Nieder- und Obergermanien, 2001, 177–189. (89) M. Schefzik, Die bronze- und eisenzeitliche Besiedlungsgesch. der Münchner Ebene. Eine Unters. zu Gebäude- und Siedlungsformen im süddt. Raum, 2001. (90) W. Schleiermacher, Cambodunum-Kempten. Eine Römerstadt im Allgäu, 1972. (91) Th. Schmidts, Verbauter Mythos – Relief eines Grabmals aus Regensburg, BVbl. 68, 2003, 79–88. (92) S. von Schnurbein, Das röm. Gräberfeld von Regensburg, 1977. (93) Ders., Die kulturgeschichtl. Stellung des n. Rätien, Ber. RGK 63, 1982 (1983), 5–16. (94) Ders., Die Funde von Augsburg-Oberhausen und die Besetzung des Alpenvorlandes durch die Römer, in: wie [67], 15–43. (95) Ders., Die Besetzung des Alpenvorlandes durch die Römer, in: wie [15], 17–24. (96) Ders., Nachleben in röm. Zeit?, in: [12], 244–248. (97) F. Schön, Der Beginn der röm. Herrschaft in Rätien, 1986. (98) H. Schönberger, Die röm. Truppenlager der frühen und mittleren Kaiserzeit zw. Nordsee und Inn, Ber. RGK 66, 1985 (1986), 321–497. (99) K. Schwarz, Atlas der spätkelt. Viereckschanzen Bayerns, 1959. (99a) R. Sölch, die Terra-Sigillata-Manufaktur von Schwabmünchen-Schwabegg, 1999. (100) C. S. Sommer, Kastellvicus und Kastell. Unters. zum Zugmantel im Taunus und zu den Kastellvici in Obergermanien und Rätien, Fundber. Baden-Württ. 13, 1988, 457–707. (101) Ders., Die röm. Zivilsiedlungen in SW-Deutschland, in: wie [25], 281–310. (102) Ders., Das röm. Militär und sein Einfluß auf die Bevölkerung in Obergermanien und Raetien rechts des Rheins und n. der Alpen, in: H. Vetters, M. Kandler (Hrsg.), Akten 14. Internat. Limeskongress 1986 in Carnuntum, 1990, 121–131. (102a) G. Sorge, Die Keramik der röm. Töpfersiedlung Schwabmünchen, Landkr. Augsburg, 2001. (103) K. Spindler, Benefiziarier-Abzeichen, in: Arch. in Gebirgen (Festschr. E. Vonbank), 1992, 185–192. (104) U. Steffgen, B. Ziegaus, Unters. zum Beginn der kelt. Goldprägung in S-Deutschland, Jb. für Num. und Geldgesch. 44, 1994, 9–34. (104a) B. Steidl, auf Messers Schneide. Eine ungewöhnliche Fibel mit Gravur aus Pförring, BVbl. 71, 2006, 129–138. (105) B. Steidl, M. Will, Römer und Bajuwaren – Ausgr. auf der Trasse der A99, Autobahnring München-West, Freiham, Landeshauptstadt München, Oberbayern, Das Arch. J. in Bayern 2004, 113–116. (106) W. E. Stöckli, Die Grob- und Importkeramik von Manching, 1979. (107) C. Tappert, Kelten und Romanen in Straubing, Jahresber. Hist. Ver. Straubing und Umgebung 106, 2004, 23–54. (108) Dies., Die Gefäßkeramik der latènezeitlichen Siedlung Straubing-Bajuwarenstraße, 2006. (109) G. Ulbert, Die röm. Donau-Kastelle Aislingen und Burghöfe, 1959. (110) Ders., Einf., in: G. Gamer u. a., Raetia (Bayern s. des Limes) und Noricum (Chiemseegebiet). Aus dem Nachlaß von Friedrich Wagner, CISR Deutschland I 1, 1973, 7–18. (111) Ders., Der Auerberg I. Topographie, Forschungsgesch. und Wallgrabungen, 1994. (112) Ders., W. Zanier, Der Auerberg II. Besiedlung innerhalb der Wälle, 1997. (113) J. Untermann, Vorröm. Namen zw. Alpen und Donau, in: [47], 25–29. (114) Th. Völling, Stud. zu Fibelformen der jüng. vorröm. EZ und ältesten RKZ, Ber. RGK 75, 1994 (1995), 148–282. (115) F. Wagner, Denkmäler und Fundstätten der Vorzeit Münchens und seiner Umgebung, 1958. (116) L. Wamser, Ein Schatzfund kelt. Kleingoldmünzen aus dem Hofoldinger Forst? Zur Entwicklung der fühen Goldprägung in Bayern, in: Ders., R. Gebhard (Hrsg.), Gold. Magie, Mythos, Macht. Gold der alten und neuen Welt, 2001, 100–123. (117) G. Weber, Jupitersäulen in Rätien, in: [67], 269–280. (118) Ders., Diis deabusque omnibus. Zur römerzeitlichen Götterverehrung im NW der Prov. Raetien, in: Zivile und milit. Strukturen im NW der röm. Prov. Raetien. 3. Heidenheimer Arch.-Colloquium, 1988, 112–130. (119) R. Wiegels, Lopodunum II. Inschr. und Kultdenkmäler aus den röm. Ladenburg am Neckar, 2000. (120) G. Wieland, Die Spät-LTZ in Württ., 1996. (121) Ders. (Hrsg.), Kelt. Viereckschanzen. Einem Rätsel auf der Spur, 1999. (121a) N. Willburger, Die röm. Wandmalerei in Augsburg, 2004. (122) P. Wischenbarth, Die jüng. LTZ im w. Bayer.-Schwaben, BVbl. 64, 1999, 19–97. (123) W. Zanier, Das röm. Kastell Ellingen, 1992. (124) Ders., Der Alpenfeldzug 15 v. Chr. und die Eroberung Vindelikiens. Bilanz einer 100j. Diskussion der hist., epigraphischen und arch. Qu., BVbl. 64, 1999, 99–132. (125) Ders., Der spätlatène- und römerzeitliche Brandopferplatz im Forggensee (Gde. Schwangau), 1999. (126) Ders., Gedanken zur Besiedelung der Spätlatène- und frühen RKZ zw. Alpenrand und Donau, in: [47], 237–264. (127) Ders., Ende der Nauheimer Fibeln in früher RKZ?, Arch. Korrespondenzbl. 34, 2004, 65–80. (128) Ders., Ende der kelt. Viereckschanzen in früher RKZ?, Fundber. Baden-Württ. 28, 2005, 207–236. (129) Ders., Das Alpenrheintal in den Jahrzehnten um Christi Geburt, 2006. (130) B. Ziegaus, Die Münze, in: [48], 147–154.

W. Zanier

Visimar

§ 1: Namenkundlich – § 2: Historisch

§ 1. **Namenkundlich.** Dieser wandal. Kg. wird nur von → Jordanes (Iord. Get. 22,113,3 und 22,114,5) genannt, der ihn als *rex Vandalorum, Asdingorum stirpe* bezeichnet. Er zitiert an dieser Stelle Dexippos von Athen, doch ist der Umfang des Zitats unsicher (11, I, 786). Erwähnung findet V. bei Jordanes, da er in einer Schlacht gegen die Goten fiel, die wohl um 335 stattfand (so 13, 106) (siehe auch § 2).

Bei V. handelt es sich um einen zweigliedrigen zusammengesetzten PN (zu Zusammenstellung und Variation → Personennamen §§ 3a, 4a), der auch in ahd. *Wisumar* belegt ist (1, § 73).

Das Erstglied ist mehrheitlich in der Lesart *Visi-* belegt (Hss. AXYZLO) aber auch als *V(v)isu-* (Hss. BOab) (s. 11, I, 786). Dieses Namenelement ist auch andernorts belegt: *Visibado* (Dat. Sing. mask.; Bezugszeit 535/36), *Wisefredus*, Bf. von Vichy (Ende 7. Jh.), und *Visigardem* (Akk. Sing. fem.), Tochter des langob. Kg.s Theudeberts I. (Nachweise: 11, I, 783 und II, 649). Auch im Ahd. ist das Namenelement *Wisu-/Wisi-* belegt (2, 1623 ff.). Wahrscheinlich handelt es sich dabei um dasselbe Wort, das auch im VN *Visi(gothae)* ‚Westgoten' enthalten ist. Dieses kann auf ein Adj. idg. *$\underline{u}\check{e}su$- ‚gut' zurückgeführt werden (etwa 15, 301 ff.; 1, § 73; 4, 10; 9, 25) (zu aind. *vásu-* ‚gut', *vásu* ‚Gut, Besitztum, Habe, Reichtum', illyr. *vese-*, gall. *$^{*}vesu$-* ‚gut'; 10, 1174). Möglicherweise liegt in idg. *$^{*}e\underline{u}s$-* eine Umbildung durch Metathese von demselben Adj. in got. *iusiza* ‚besser', *iusila* ‚Erholung, Erleichterung' vor (vgl. akslaw. *unje* ‚besser', Komparativ zu *$^{*}uno$-* < *$^{*}e\underline{u}s$-no-*, 10, 1174). Möglicherweise geht das PN-Element *Visi-/Visu-* nicht direkt auf das idg. Adj., sondern auf den VN *Visi(gothae)* zurück.

Etwas schwieriger gestaltet sich die Einordnung des Zweitgliedes *-mar* (man vgl. ostgot. *Marabadum* [Akk. Sing.; a. 508/11;

11, I, 488]). Auf den ersten Blick ist man versucht dieses zu dem häufig belegten Namenelement germ. *$^{*}m\bar{a}r$-a-* zu stellen (11, II, 571 ff.). Dieses gehört wohl zu den Appellativen germ. *$^{*}m\bar{a}r$-ija-:* 1. Vb. (davon Abgeleitetes Faktitivum) fortgesetzt in got. *merjan*, ahd. *māren*, as. *mārian*, ae. *mǣran*, aisl. (poet.) *mæra* ‚bekannt machen, verkünden, loben, rühmen' und 2. Adj. (wohl aus dem Vb. rückgebildet) fortgesetzt in got. *waila-meri* (neutr.; Phil. 4,8) ‚wohllautend, löblich', ahd. *māri*, ae. *mǣre*, aisl. (poet.) *mærr* ‚berühmt, bekannt' (10, 704; 3, 409; 8, 382; anders 5, 26: denominales Adj. zum Adj. *$^{*}m\bar{a}ra$-*). Problematisch bei diesem Ansatz ist aber, daß im Ostgerm. in der Regel *-mer/-mir* erscheint: z. B. ostgot. *Valamer* (5. Jh.; 11, I, 748 ff.), wandal. *Geilamir* (6. Jh.; 11, I, 312 ff.). Die Form *-mar* repräsentiert einen nur für das West- und Nordgerm. typischen Lautwandel **-$\bar{a}$-* (sog. ē₁) > *-ā-* (einer der frühesten sicheren Belege: quadisch Γαϊοβόμαρον, Cass. Dio 77,20,3, Gegner Caracallas; 11, I, 301; 12, 343; 7, 162; 8, 381) (die frk. Belege wie *Ballomerem* [Akk. Sing.; Greg. Tur. Hist. Franc. 7,14 u. ö.; childebertzeitlicher Bezug] sind hier nicht von Belang). Sollte hier dennoch dieses Namenelement vorliegen, müßte es sich um einen Einfluß durch Nachbarn mit westgerm. Sprache oder um Einheirat einer westgerm. Adelsfamilie handeln (Markomannen?). Zu bedenken ist allerdings, daß V. explizit als Angehöriger einer alten ostgerm. Adelsfamilie (?), der *stirps Asdingorum* ausgewiesen wird (s. o.).

Formal möglich wäre ein Anschluß an germ. *$^{*}mari$-*, fortgesetzt in got. *mari-saiws** ‚See', ahd. *meri*, ae., afries. *mere*, aisl. *marr* ‚Meer'. Es ist unwahrscheinlich, daß dieses Wort tatsächlich Eingang in die agerm. PN-Gebung gefunden hätte (8, 385).

Endlich wurde noch ein Anschluß an germ. *$^{*}marha$-* vorgeschlagen, fortgesetzt in ahd. *maraha*, ae. *mearh*, aisl. *marr* ‚Pferd' (so 16, 48 f.; 6, 118 f.; 14, 268). Dieses Namenelement ist durchaus belegt, z. B. *Marchari-*

dus (a. 401; Cod. Theod. 9,42,18; 11, I, 489). Allerdings müßte man dann annehmen, daß entweder vorliegendes *-mar* durch einen Ausfall von *-h-* zw. Liquida und Vokal entstanden ist, oder es müßte mit lautlichen Veränderungen auf dem Überlieferungsweg gerechnet werden (8, 385).

Somit muß es bei der Deutung des Zweitgliedes bei einem *non liquet* bleiben.

(1) Bach PN. (2) Förstem. PN. (3) F. Heidermanns, Etym. Wb. der germ. Primäradj., 1993. (4) W. Krause, Handb. des Got. ³1968. (5) R. Lühr, Die Gedichte des Skalden Egill, 2000. (6) R. Much, Rez. zu R. Loewe, Die ethnische und sprachliche Gliederung der Germ., 1899, Anz. für dt. Altert. und dt. Lit. 27, 1901, 113–126. (7) R. Nedoma, Rez. zu H. F. Nielsen, The Early Runic Language of Scandinavia, 2000, Kratylos 48, 2003, 159–164. (8) Ders., PN in südgerm. Runeninschr., 2004. (9) C. Otto, Existe-t-il des traces d'une „légende des origines" ... schéma trifonctionnel dans le De Origine actibusque Getarum de Jordanes, Études Indo-Européennes 9, 1990, 21–27. (10) Pokorny, IEW. (11) H. Reichert, Lex. der agerm. Namen 1–2, 1987–1990. (12) Ders., Vier Miszellen zum Urgerm. und ‚Altrunischen', ZDA 132, 2003, 335 f. (13) Schmidt, Ostgerm. (14) Schönfeld, Wb. (15) W. Streitberg, Ost- und Westgoten, Idg. Forsch. 4, 1894, 300–309. (16) F. Wrede, Über die Sprache der Wandalen, 1886.

F. E. Grünzweig

§ 2. Historisch. Sein Name und seine Kg.sherrschaft über die → Wandalen sind lediglich durch ein isoliertes Qu.zeugnis, nämlich durch Jordanes überliefert (s. § 1). Danach wäre er auch der zeitlich Erste, der nach einer gut belegten Reihe von Doppelkg. und Doppelanführern bei den Wandalen (→ Raos und Raptos; → Wandalen §§ 1d und 1i) allein die Kg.sherrschaft innegehabt hätte. Der hasdingischen Kg.ssippe (→ Hasdingen) entstammend, seien er und sein Volk mit einem Angriff got. Scharen unter dem Kg. Geberich konfrontiert worden, der Kg. habe in einer großen Schlacht an den Ufern der Marosch (im heutigen Siebenbürgen) den Tod gefunden (wohl im J. 334 oder 335). Den geschlagenen Wandalen sei noch von Ks. → Constantin dem Großen die Übersiedlung nach Pann. und damit auf Reichsgebiet erlaubt worden (Jord. Get. 115).

Dieser Ber. enthält zahlreiche Ungereimtheiten, ist aber andererseits nicht gänzlich zu verwerfen; sein hist. Kern sind zweifellos ein Schlachtensieg der Goten über die Wandalen wie auch weitere kriegerische Auseinandersetzungen zw. diesen beiden *gentes,* die keinen Niederschlag in den Qu. gefunden haben. So trägt ein anderer Gotenkg. den (Sieger- und Prunk-)Namen *Vandalarius,* ohne daß wir über die Umstände der Namengebung etwas Genaueres erfahren. Daß die geschlagenen Wandalen in Pann. als Untertanen der röm. Ks. über 60 J. lang friedlich gelebt hätten und schließlich von dem röm. ‚Generalissimus' → Stilicho in hochverräterischer Absicht angestachelt nach Gallien aufgebrochen seien, ist ein – aufgrund welcher Absichten auch immer konstruiertes – unhaltbares Zeugnis (3, 12). Der wandal. Traditionskern um die *stirps regia,* wohl kurz zuvor noch durch die Aufnahme der sog. Herren-Sarmaten (→ Sarmaten § 1b) erweitert (4, 71 f.), verblieb damals in den alten Wohnsitzen im oberen Theiß-Gebiet und damit außerhalb der röm. Reichsgrenzen.

Es stellt sich die Frage, ob die Wandalen in den Jahrzehnten zw. den 70er J. des 3. und den 30er J. des 4. Jh.s n. Chr. das Doppelkgt. aufgegeben haben. Dafür könnte sprechen, daß auch → Godegisel zu Beginn des 5. Jh.s keinen Mitkg. hatte, die Qu. jedenfalls keinen Hinweis auf einen solchen geben. Dem widerspricht allerdings, daß nach Godegisel zeitweise wieder zwei Kg., → Gunderich und → Geiserich, gleichzeitig die Herrschaft innehatten (1; 2). Daß die Wandalen nach der schweren Niederlage gegen die Goten Geberichs und dem Schlachtentod ihres Kg.s V. sich nicht auflösten und stärkeren Gruppierungen anschlossen, könnte allerdings so gedeutet werden, daß sie eben nach der Schlacht an der Marosch wegen der Institution des Doppelkgt.s nicht führerlos waren.

(1) H. Castritius, Das vandal. Doppelkgt. und seine ideell-relig. Grundlagen, Veröffentl. Inst. für frühma. Forsch., Österr. Akad. Wiss. (im Druck). (2) Ders., Die Vandalen. Etappen einer Spurensuche, 2007, 67–72. (3) Schmidt, Vandalen. (4) H. Wolfram, Die Goten. Von den Anfängen bis zur Mitte des sechsten Jh.s, ⁴2001.

H. Castritius

Vita Eligii

§ 1: Allgemein – § 2: Handschriftliche Überlieferung und gedruckte Editionen – a. Hss. und Verbreitung – b. Drucke – c. Neuedition als Desiderat – § 3: Datierung, Verfasserschaft und Entstehungsgeschichte – § 4: Adressaten und Sitz im Leben – § 5: Struktur und Inhalt – a. Formale Einteilung und Metatextualität – b. Erzählordnung – c. Inhalt – d. Hauptthemen – e. Adressaten der Missionspredigt des Bf.s Eligius – § 6: Sprache und Stil – a. Vorbemerkung – b. *Latin médiatique* – c. *Sermo humilis* – d. Stilmittel – § 7: Prätexte der V. E. – a. Die V. E. ohne die inserierte Predigt-Anthologie – b. Die inserierte Predigt-Anthologie – § 8: Die V. E. als Prätext – § 9: Auf die V. E. bezügliche und gemeinsam mit ihr überlieferte Texte – a. Begleitendes Briefpaar (Autor/Korrektor) – b. Poet. Eligius-Vita – c. Kurze prosaische Eligius-Vita

§ 1. Allgemein. Der Held der V. E. (CPL³ 2094 = BHL 2474; im vorliegenden Art. nach der Edition von Krusch [3] in Verbindung mit der Ausgabe von Ghesquière [1] und den Ergänzungen von Westeel [226] zitiert; dazu und zur Kapitelzählung in Buch 2 der V. E.: unten § 2b), → Eligius von Noyon (frz. Éloi), wurde vor 590 in Chaptelat bei Limoges geboren. Seine Eltern, Eucherius und Terrigia, waren Freie, gehörten aber nicht zum Adel; die Familie war, wie die V. E. betont, seit vielen Generationen christl., und Eligius (E.) wurde christl. erzogen. Die V. E. nennt einen Bruder namens Alicius. E. erhielt in Limoges eine Ausbildung zum Goldschmied und gelangte früh an den neustrischen Hof in Paris, wo er unter den Kg. → Chlothar II. († 629) und → Dagobert I. († 639) sein Handwerk ausübte (→ Eligius von Noyon § 3). Beide Herrscher schenkten ihm größtes Vertrauen, was ihm Ansehen verschaffte; am Hof und wohl auch im Reich gelangte er zu einigem Einfluß. Seine Lebensweise war von Askese und Wohltätigkeit geprägt, beides übte er in ungewöhnlichem Maß. Am Hof hatte sich ein relig. ausgerichteter Freundeskreis gebildet, dem neben E. selbst v. a. Audoin (Dado) von Rouen und dessen Bruder Ado angehörten, sodann Paul von Verdun, Sulpicius von Bourges und Desiderius von Cahors (s. 51, II, 54 f. in Verbindung mit V. E. 1,8; vgl. 108, 78; 80, 124 f. 133; 187, 21); außer Ado sollten alle Genannten später ein Bf.samt erhalten. In diesem Kreis hatte die Spiritualität des irofrk. Mönchtums große Bedeutung, dessen Zentrum, die Abtei Luxeuil, E. häufiger besuchte. Luxeuil und das von ihm ausgehende Mönchtum genoß auch sonst am Hof und in Kreisen des Adels hohe Wertschätzung. Kurz nach Dagoberts Tod, also unter der vormundschaftlichen Regierung Chlodwigs II. († 657), wurde E. zum Bf. von Noyon und → Tournai erhoben. Nach einem J. der Vorbereitung erhielt er 641 die Bf.sweihe, und zwar zusammen mit seinem Freund Audoin, der zum Bf. von → Rouen erhoben worden war. Als Bf. einer Diöz. im NO der Kirchenprov. Reims, in der das Christentum noch nicht allg. verbreitet war, widmete er sich anscheinend bes. der Predigt und Heidenmission. Auch nach der Übernahme des Bf.samts hielt er enge Verbindung zum Hof, v. a. stand ihm Königin Balthild († 680 oder später) nahe. Mit Unterstützung Kg. Dagoberts I. hat E. mehrere Klöster gegründet, so im J. 638 die Abtei Solignac bei seiner Vaterstadt Limoges, der er eine sog. benediktinisch-kolumbanische Mischregel verlieh und deren ersten Abt, → Remaclus, er aus Luxeuil oder einem anderen Kloster Luxeuiler Observanz berief. Am 1. Dezember 660 starb E. in Noyon und wurde dort in der vorstädtischen Basilika St. Lupus (nachmals St. Eligius) bestattet; bereits im folgenden J. wurde der Leib feierlich erhoben. Die zahlreichen Wunder, v. a. an E.' Grab in Noyon, brachten rasch den Kult des neuen Hl. zur Blüte.

Die num. Forsch. kennt durch Inschr. auf Münzen einen Münzmeister E., dessen Tätigkeit vor 629 beginnt und nach 634 endet, und identifiziert diesen mit E. von Noyon (→ Eligius von Noyon § 2). Die V. E. spricht nicht von einer solchen Tätigkeit ihres Helden, erwähnt aber, daß E. seine Lehre bei einem Goldschmied machte, der damals in Limoges die kgl. Münzanstalt leitete.

Der Verfasser der V. E., Audoin (frz. Ouen) oder Dado, wurde wohl um 600 geboren (biographisch-metalitätsgeschichtl. Skizze: 178). Er entstammte im Unterschied zu E. einer bedeutenden adligen Familie, die in der Gegend von Meaux reich begütert war; seine Eltern waren Autharius und Aiga, seine Brüder hießen Ado und Rado. Als Kind war Audoin dem hl. → Kolumban persönlich begegnet und dieser hatte ihn gesegnet. Am Hof erzogen, wurde er schließlich Referendar Kg. Dagoberts I. Zur gleichen Zeit wie E. schied er aus dem Hofdienst aus, um wie dieser ein Bf.samt zu übernehmen: 640 wurde er zum Bf. von Rouen erhoben, 641 erhielt er zusammen mit E. die Bf.sweihe. Am polit. Geschehen nahm er jedoch weiterhin Anteil, um die Mitte des 7. Jh.s hat er zu den einflußreichsten Gestalten des neustrischen Adels gehört (Fouracre/Gerberding in 21, 133–152, hier bes. 133). In den 770er J. unternahm er eine Reise nach Rom. Nachdrücklich hat Audoin das irofrk. Mönchtum gefördert: Mit Hilfe Dagoberts I. gründete er 635 zusammen mit seinem jüng. Bruder Rado die Abtei Rebais, nachdem kurz zuvor sein ält. Bruder Ado die Abtei → Jouarre gegründet hatte; als Bf. gründete er weitere Klöster, darunter Fontenelle (St-Wandrille). Am 24. August 684 starb Audoin auf der Rückreise von Köln, wo er im Auftrag Kg. Theuderichs III. und des Hausmeiers Waratto ein Friedensabkommen mit → Pippin dem Mittleren ausgehandelt hatte, in der Kg.spfalz Clichy; sein Leichnam wurde nach Rouen überführt und dort in der vorstädtischen Basilika St. Peter (nachmals St. Audoin) beigesetzt; 688 wurden die Reliquien von seinem Nachfolger erhoben. Schon bald nach dem Tod wurde er als Hl. verehrt.

Mit E. verband Audoin zeitlebens eine tiefe Freundschaft. Zu einem unbekannten Zeitpunkt nach E.' Tod im J. 660 begann er mit den Arbeiten an einer Lebensbeschreibung des Freundes, die erst J. später abgeschlossen wurden. Entstanden ist eine hagiographische Vita (98, passim, bes. 60–139; vgl. → Heiligenleben; → Lebensbeschreibungen) von außerordentlicher liter. Qualität und ungewöhnlichem Umfang, die als *Vita sancti Eligii episcopi et confessoris* (= V. E.; der zitierte Wortlaut des Titels fußt auf dem Incipit der Praefatio, die Audoin der Vita insgesamt vorangestellt hat: 3, 663) auf uns gekommen ist. Allerdings wird seit dem 19. Jh. die Meinung vertreten, der überlieferte Text der V. E. sei nicht der von Audoin verfaßte, sondern eine spätere Bearbeitung oder ‚Fälschung'. Dieser Ansicht war auch der Monumentist B. Krusch, der herausragende Editor merow. Viten: In der Einleitung zu seiner Ausgabe der V. E. (3), die 1902 erschien, schrieb er das Urteil fest, daß es sich nicht um den urspr., von Audoin verfaßten Text handle, sondern um eine karol. ‚Fälschung', hergestellt auf der Grundlage der urspr. Vita, die selbst aber verloren sei (Näheres unten § 3).

Infolge des Fälschungsverdikts von Krusch, dem sich andere Gelehrte anschlossen, wird die V. E. in den allg. mlat. Lit.geschichten (138; 58) nicht behandelt; in der Gesch. der lat. Biogr. vom 3. bis ins 13. Jh. von Berschin ist sie allerdings berücksichtigt (51, II, 58–63). Im Lex. des MAs findet sie sich nicht unter den dort lemmatisierten Viten (ebd. 8, 1997, 1754–

1760), noch wird sie unter ‚Audoenus' auch nur erwähnt (159); unter ‚Eligius' wird sie, stillschweigend im Anschluß an die ält. Forsch., als Werk eines anonymen Mönchs von St. Eligius vor Noyon geführt, verfaßt in der 1. Hälfte des 8. Jh.s auf der Grundlage einer tatsächlich von Audoin geschriebenen, verlorenen Vita (160, 1830). Diese Einschätzung ist allg. verbreitet (z. B.: 213, 31. 46; 57, 262) und hat offenkundig auch dazu beigetragen, daß sie in der Textsammlung zur späten MZ von Fouracre und Gerberding nicht eigens gewürdigt wird (21, 149 Anm. 96; eine vollständige Aufnahme in die Slg. hätte allerdings schon der bloße Umfang der V. E. nicht zugelassen).

Allerdings ist auch darauf hinzuweisen, daß die V. E. in den letzten Jahrzehnten trotz ihrer Kategorisierung als ‚Fälschung' immer wieder als hist. Qu., hagiographisches Zeugnis oder sprachhist. Denkmal herangezogen wurde (bes. übrigens in der frz.sprachigen Forsch.), und zwar durchaus im Hinblick auf Fragestellungen, die das 7. Jh. betreffen. Offenbar erschienen wenigstens die jeweils benutzten Textstellen (manchmal aber auch die Vita insgesamt) als unverdächtig; gelegentlich wurde die wiss. Benutzung durch Klauseln gesichert, die eine bestimmte Stelle ausdrücklich von der insgesamt anerkannten Fälschungsnatur des Textes ausnahmen.

Der vorliegende Art. beabsichtigt u. a. das Fälschungsverdikt zu revidieren (unten § 3), um dazu beizutragen, der V. E. als einem bedeutenden liter. Werk des 7. Jh.s das Interesse zu sichern, das ihr unter literaturgeschichtl. und sprachgeschichtl., hist. und kulturhist. Aspekten gebührt. Daß es sich bei ihr zudem um den umfangreichsten Text handelt, der überhaupt aus dem an Texten bes. armen Gallien des 7. Jh.s überliefert ist, sei wenigstens am Rande erwähnt.

§ 2. Handschriftliche Überlieferung und gedruckte Editionen. a. Hss. und Verbreitung. Nach derzeitigem Kenntnisstand ist die V. E., vollständig oder unvollständig, in 115 Hss. überliefert; deren älteste (Brüssel, Bibliothèque royale de Belgique, ms. 5374–75) stammt erst aus dem 2. Viertel des 9. Jh.s (Datierung von B. Bischoff bei 5, 17; zu diesem Kodex s. ebd. 17–19. 145 f.; vgl. 227, 224). In der Einleitung seiner MGH-Ausgabe von 1902 unterscheidet Krusch auf der Grundlage von 19 Hss. neun Überlieferungsformen des Textes (3, 656–659; Ergänzungen 1920: 126, 842 f.; s. u. Abschnitt b). Der Text einer ‚Limousiner Sonder-Redaktion' (bis heute sind drei Textzeugen bekannt geworden, davon wurde einer in Limoges, einer wahrscheinlich im benachbarten Solignac und einer in Solignac oder in Tours geschrieben; zur Sache und zu den Hss.: 226, passim; vgl. 227, 225; 225, 41–43; 5, 17 Anm. 53; zu dem in Solignac oder Tours entstandenen Textzeugen: unten §§ 2b und 9a; zur Bedeutung der Zusätze für die Datierung der V. E.: unten § 3), von Krusch bereits als eigene Überlieferungsform erkannt und unter Nr. 7 rubriziert (damals nur mit einer Hs.: 3, 658 f.), enthält sechs unterschiedlich lange Zusätze (s. u. § 5c zu V. E. 1,20. 31 und 2,2. 19. 20. 32, jeweils in geschweiften Klammern { }), von denen Krusch allerdings nur zwei zur Kenntnis genommen hat (3, 659 in Verbindung mit ebd. 710 f. Anm. * und 712 f. Anm. *), was aber möglicherweise auf die Qualität der ihm zur Verfügung stehenden Kollationen zurückgeht (zum Problem der Fremdkollationierung bei MGH-Editionen im 19. Jh. allg.: 114, 201. 203. 216–219. 223 f. 229 f.; zur Fremdkollationierung bei der Ausgabe der V. E. von Krusch: 3, 662).

Neben der hier behandelten V. E. liegt eine versifizierte Vita des hl. E. vor (s. u. § 9b), außerdem sind mehrere prosaische Kurzformen überliefert (vgl. unten § 9c). In verschiedenen Fassungen haben Lebensbeschreibungen des hl. E. Aufnahme in Legenden-Slg. gefunden (5, 18 f.), darunter auch in eine Überlieferungsgruppe der weitverbreiteten *Legenda aurea* (die betreffende E.-Vita gehört nicht zum Normalcorpus dieser Slg.; Edition: 18, 952 f.), die in Rouen entstanden ist und später an der Pariser Univ. verwendet wurde (es handelt sich um die Gruppe E nach Fleith: 82, 440. 463 und 394–397. 422–428).

b. Drucke. Seit dem 16. Jh. ist die V. E. in sechs gedruckten Editionen erschienen, und zwar stets im Rahmen großer Textslg. (Übersicht in: 3, 662 f.; 5, 19 f.). Die Editio princeps von 1575 besorgte L. Surius; sie bietet einen vom Hrsg. stilistisch überarbeiteten Text (mehrere Auflagen). Getreuer ist die Ausgabe von L. d'Achery, die 1661 erschien; sie wurde 1723 von J. de la Barre in verbesserter Neuauflage herausgebracht. 1785 erschien die Ausgabe von J. Ghesquière (1), deren Text auf den Editionen von d'Achery und de la Barre sowie zusätzlich kollationierten Hss. beruht. J.-P. Migne druckte 1851 den Text von de la Barre ab (2) und fiel damit hinter den von Ghesquière erreichten editorischen Stand zurück.

Schließlich erschien 1902 im Rahmen der MGH die noch heute maßgebliche, ganz neu erarbeitete Ausgabe von Krusch (3). Die damals bekannten 19 Hss. gruppierte Krusch im Hinblick auf den Text der V. E. zu neun Überlieferungsformen (vgl. oben Abschnitt a) und versuchte, auch darüber hinaus die Abhängigkeitsverhältnisse der Überlieferungszeugen genauer zu bestimmen (in 3, 656–662), klärte jedoch deren Filiation nicht vollständig auf (wie er folglich auch kein Stemma bot). Den Text stellte er her, indem er die Vulgataausgabe der V. E. (1 ?) zugrundelegte und diese nach den ält. und ihm vorzüglicher erscheinenden Überlieferungszeugen emendierte (Krusch in 3, 656: *Plerique libri* [gemeint sind Hss.] *textum vulgatum continent, ad quem emendandum et vetustiores et praestantiores adhibui* …; allg. zu diesem, um 1900 editionsphilol. eigtl. überholten Verfahren: 114, 198 f.); insgesamt zieht er dazu zehn Hss. (aufgeführt in 3, 662) heran sowie einschlägige Stellen der Vita des Abtes Aridius (Aredius, Arigius) von Limoges († 591), die unter ausgiebiger Benutzung der V. E. abgefaßt worden ist (vgl. unten § 8; zur Verwendung der *Vita Aridii* für die Textherstellung bei der MGH-Edition der V. E.: Krusch in 3, 656. 661; vgl. die betreffenden Noten im textkritischen Apparat der V. E.). – Als liter. Denkmal aus merow. Zeit konnte die V. E. für Krusch nicht anders als in ‚roher Sprache' (*sermo barbarus*: Krusch in 3, 659) abgefaßt worden sein (was in Anbetracht seines Fälschungsverdikts eigtl. inkonsequent war), und so verstand er die Textherstellung wesentlich als Rekonstruktion eben jener ‚alten Rohheit' (*vetus barbaries*: Krusch in 3, 656), die nach seiner vorgefaßten Meinung dem urspr. Text eignen mußte. Deswegen bevorzugte er tendenziell ‚merowigisch' unkorrekte Lesarten, und zwar auch ohne Rücksicht auf die von ihm selbst vorgenommene Zuweisung der Hss. zu bestimmten Überlieferungsformen des Textes (aufschlußreiche Zusammenstellung textkritischer Entscheidungen: 3, 659–662), was aber bedeutet, daß er den Text oft gegen die stemmatischen Verhältnisse und damit willkürlich ‚barbarisiert' hat. Das Bild, das der auf diese Weise konstituierte Text von der Sprachqualität der V. E. zeichnet, dürfte die Sprachqualität des urspr. Textes in einem gewissen Maß depravierend verfälschen (wie dies im übrigen bekanntlich wohl auch für die Latinität etwa der Werke Gregors von Tours in den von Krusch besorgten Ausgaben [MGH SS rer. Mer. 1,1–2] gilt, die editorisch aber trotzdem ebenfalls von grundlegender Bedeutung sind). – Der von Krusch gebotene Text hat zudem leider viele und oft umfangreiche Auslassungen (Übersicht bei 5, 152–154). Diese sind einer hist.-positivistischen Sicht geschuldet, welche den Text vornehmlich (wo nicht ausschließlich) als Qu. hist. Nachrichten wahrnimmt und deshalb Passagen, die derartige Inhalte (anscheinend) nicht bieten, für entbehrlich hält, also v. a. rein paränetische oder enkomiastische Abschnitte (vgl. unten § 5c.d; § 6d), Reden und bestimmte Wunder-Erzählungen (zur Problematik gekürzter Texteditionen in der Frühzeit der MGH: 114, 191. 193; zur Vorstellung, Wunder-Erzählungen seien hist. wertlos, bei Editoren und Historikern im späten 19. und im 20. Jh.: 223, 22–26; 113, 9 f.; zu Krusch als Editor hagiographischer Texte: 40, 372 f.; 98, 90 f.; 136, 304–306; 71, 56; 181, 441 [Krusch als ‚Zensor' der von ihm edierten Texte]); wiederholt verurteilt Krusch ausdrücklich die weitschweifig-wortreiche Erzählweise der V. E. und das nach seiner Meinung übermäßige Lob auf ihren Helden (in 3, 645. 653 u. ö.). Der auf diese Weise lückenhaft gebotene Text der V. E. hat seine semant. Ganzheitlichkeit verloren, was nicht nur eine angemessene liter. Würdigung erschwert, sondern letztlich auch die sachgerechte Bewertung des überlieferten hist. Materials behindert.

Zwar legte I. Westeel-Houste 1994 als Diplomarbeit an der École des chartes eine die MGH-Ausgabe ergänzende Edition der von Krusch ganz oder teilweise ausgelassenen Kap. vor (4), doch wurde diese nicht publiziert. Aus dem veröffentlichten Resümee der Arbeit (227) läßt sich u. a. folgendes entnehmen: Die Teiledition beruht auf fünf Hss. (227, 225 f.), nämlich auf vier bereits von Krusch herangezogenen Kodizes (in 3, 657 mit den Siglen 1a, 2a, 2c, 3 bezeichnet) und auf dem „Eligius-Kodex" Tours, Bibliothèque municipale, ms. 1028 (dazu: unten § 9a), einer hagiographisch-liturgischen Slg. von Texten über den hl. E. (zu diesem Hss.-Typ: 155, 99–101, unter der Rubrik „libelli"); der Touroner Kodex entstand zw. um 970 und 1021 (wahrscheinlich zu Beginn des 11. Jh.s: 132, 326 f.) in Solignac (227, 225; 225, 41 f.; 5, 18 [mit Abb.]; 226, 210 f.) oder in Tours (174, 541). Über das für ihre Edition angewandte Verfahren zur Textherstellung teilt Westeel-Houste in dem veröffentlichten Resümee nichts mit.

Beim gegenwärtigen Editionsstand ist die V. E. demnach grundsätzlich in der MGH-Ausgabe von Krusch (3) zu benutzen, subsidiär ist zusätzlich für die von Krusch ausgelassenen Passagen die Ausgabe von Ghesquière (1) heranzuziehen und für die beiden von Krusch nicht zur Kenntnis genommenen Zusätze der Limousiner Sonder-Redaktion (s. o. Abschnitt a) deren Abdruck bei Westeel (226, 213–216). Zu beachten ist, daß die Kapitelzählung in Buch 2 divergiert: Auf c. 8 folgt in der Ausgabe von Krusch eine Lücke; während nach dem von Krusch edierten Kapitelverz. dort die zwei enkomiastischen Kap. „*9. Qua doctrina in populo polleret.*" und „*10. Quibus praecipuę floruerit virtutibus.*" ihren Platz hätten (3, 667), bieten die Ausgaben von d'Achery und de la Barre, von Ghesquière (1, 239) und von Migne (2, 519 f.) deren Text, additiv vereinigt, als c. 9 (mit entspr. additivem Titel). Damit ist die Kapitelzählung von hier an in der Ausgabe von Krusch um eine Einheit höher, also: Buch 2 c. 11 (*Igitur quodam tempore ...*) – 81 ed. Krusch = Buch 2 c. 10–80 ed. Ghesquière, ed. d'Achery/de la Barre und ed. Migne. Man darf vermuten, daß Buch 2 urspr. tatsächlich 80 Kap. umfaßt hat (vgl. unten §§ 3 und 5a); daß aber deshalb die Zusammenziehung von V. E. 2,9–10 zu einem einzigen Kap. (gegen die bei Krusch [3, 667] edierte Capitulatio) der originalen Textgestalt entspricht, ist nicht wahrscheinlich. – Im vorliegenden Art. wird stets nach der Ausgabe von Krusch gezählt (das gilt auch für diejenigen Kap., deren Text dort fortgelassen ist).

c. Neuedition als Desiderat. Nötig wäre eine Neuausgabe der V. E. (CPL[3] 2094 wird angekündigt, daß I. Houste [jetzt I. Westeel; vgl. unten Bibliogr. Nr. 4–5 und Nr. 225–227] eine neue Edition [im Rahmen des CChrSL] vorbereite). Angesichts der großen Zahl von Überlieferungsträgern (s. o. Abschnitt a) und des beträchtlichen

Textumfangs würde sicher erst nach einer systematischen Musterung der gesamten Überlieferung über das weitere editorische Vorgehen entschieden werden können; dieses müßte sowohl den Prinzipien methodischer →Textkritik Rechnung tragen als auch den Möglichkeiten praktischer Durchführung. Eine neue Edition müßte selbstverständlich den vollständigen Text der V. E. bieten; sie wäre auf einer systematischen Recensio zu gründen und hätte bei der Textkonstitution das Problem der Sprachqualität mit besonderer Umsicht zu behandeln; das insgesamt Überlieferte müßte angemessen dokumentiert werden.

§ 3. Datierung, Verfasserschaft und Entstehungsgeschichte. Als Verf. der V. E. wird im Incipit des Vorworts zum Gesamtwerk ebenso wie im Incipit des Haupttextes unmittelbar vor Buch 1 Dado (Audoin) genannt (3, 663. 669). In dem ersten der beiden begleitenden Briefe (s. u. § 9a) bittet Dado als Autor einer Vita des hl. E. einen Bf. Chrodobert um Korrektur des Textes; dieser antwortet mit dem zweiten Brief und läßt Dado wissen, daß seine Vita des hl. E. keiner Korrektur bedürfe (3, 741).

Diesen Sachverhalten zum Trotz bestreitet Rettberg 1848 in seiner „Kirchengeschichte Deutschlands" (zur wissenschaftsgeschichtl. Position dieses Werks: 98, 26 mit Anm. 49) die Verfasserschaft Audoins mit lediglich folgender Wahrnehmung: „... allein die Persönlichkeit des Biographen drängt sich überall so absichtlich, und so gezwungen hervor, daß die Vermuthung, in dem jetzigen Werke nur eine Ueberarbeitung zu finden, der jedoch ein alter Bericht von Audoen selbst zu Grunde liegen mag, kaum abzuweisen ist." (165, 508). Eine genauere Begründung erfolgt nicht.

Krusch greift 1902 in der Einleitung seiner Edition der V. E. Rettbergs Urteil auf (in 3, 645 mit Anm. 8; vgl. bereits ders. 1896 in 30, 579) und verschärft es sogar noch (in 3, 650). In dem ihm eigenen, apodiktischen Ton und mit moralisierendem Eifer erklärt er den Text zu einer „Fälschung", die in „karolingischer Zeit" von einem Angehörigen der Abtei St. Eligius vor Noyon, in deren Kirche der hl. E. bestattet lag (s. u. § 5c zu V. E. 2,38), angefertigt worden sei. Die Fälschung habe einen doppelten Zweck verfolgt: E., der in Wirklichkeit ein Anhänger der Iroschotten gewesen sei, habe man „dem katholischen Glauben" (gemeint ist eine röm. ausgerichtete Kirchlichkeit) zuweisen und dem eigenen Institut, also der Abtei St. Eligius, habe man Vorteile sichern wollen. Der in betrügerischer Absicht handelnde Fälscher habe für sein Machwerk eine tatsächlich von Audoin (Dado) verfaßte Vita des hl. E. benutzt, so daß die vorliegende V. E. auch zutreffende Nachrichten enthalte. Krusch unternimmt es aber zugleich, die beiden gemeinsam mit der V. E. überlieferten Briefe, der eine von Audoin (als Autor) an Chrodobert (als Korrektor), der andere als Antwort des letzteren an ersteren (s. u. § 9a), als echt zu erweisen (in 3, 650 f.; die gleiche Meinung bei 196, 236–239).

Zur Begründung seines entschiedenen Fälschungsverdikts (methodisch kritische Bemerkungen zu derartigen Urteilen über ma. Hagiographen, bes. bei Krusch: 40, 372 f.; 136, 299 f. mit Anm. 7) führt Krusch Befunde aus der V. E. an (in 3, 645–654), die nach seiner Meinung (oder auch nach dem Kenntnisstand seiner Zeit) Anachronismen darstellen oder sonstige Unstimmigkeiten aufweisen; einige wichtigere Beispiele: Die Schenkung des Steuerrechts durch den Kg. an die Kirche von Tours (V. E. 1,32) sei nicht mit den merow. Verhältnissen zu vereinbaren, wohl aber in karol. Zeit möglich (in 3, 647 f.); E. habe nicht die „apostolische [d. h. röm.] Tonsur" getragen (so V. E. 1,31), sondern sei nach iroschott. Art tonsuriert gewesen (in 3, 638. 641. 649. 688 Anm. 1: dieses Argument liegt Krusch offenbar bes. am Herzen); der

Verf. der V. E. spreche von Audoin teils wie von einem Fremden, teils in der ersten Person (in 3, 646 f. mit Verweis auf die einschlägigen Stellen der V. E.); die Nachrichten über den Monotheletismus-Streit (V. E. 1,33–34) seien fehlerhaft, bes. in chron. Hinsicht (in 3, 648). Was die Lokalisierung betrifft, so stützt sich Krusch v. a. auf die lange Serie der Erzählberichte über die Wunder, die nach dem Tod des Hl. geschahen (V. E. 2,39–80), und zwar vornehmlich an dessen Grab in der Basilika St. Eligius; diese Mirakel seien aus der Sicht der Abtei St. Eligius geschrieben (in 3, 646. 649 f.).

Das Ergebnis der von Krusch vorgenommenen Echtheitskritik stieß wiss. in der Hauptsache auf breite Zustimmung (auch bei den Bollandisten: 157, 108 f.; s. ferner z. B. 197, 329–336; vgl. 218, 127 f.; s. auch oben § 1).

Im gleichen J. wie die Edition der V. E. von Krusch, 1902, erschien eine Biogr. des hl. Audoin aus der Feder von Vacandard (196); im Hinblick auf die Autorschaft der V. E. vertritt Vacandard, allerdings ohne eingehende Unters. des Problems, eine ähnliche Meinung wie Krusch (196, 235–239; vgl. ebd. 361 f.).

1956 veröffentlichte Stracke eine umfangreiche Studie über die V. E. (193). In seinen Augen ist der Text das Ergebnis der Überarbeitung einer urspr., von Audoin verfaßten Vita; diese Überarbeitung sei um 700 von einem Kleriker in Rouen vorgenommen worden (193, 245–254, bes. 245 f. 253 f., vgl. ebd. 266 u. ö.) und habe hauptsächlich darin bestanden, den im wesentlichen kaum veränderten übernommenen Text Audoins durch Einfügung zahlreicher, meist enkomiastisch geprägter Passagen zu erweitern. Ausdrücklich gegen Krusch gerichtet, will Stracke v. a. darlegen, daß die V. E. im Hinblick auf die mitgeteilten Ereignisse und Sachverhalte (die auf Audoin zurückgehen) eine glaubwürdige Qu. darstellt und ihr frommer Überarbeiter keinen ‚vorsetzlichen Betrug' („opzettelijk bedrog") begangen hat. Die Unters. deckt einerseits zahlreiche Schwächen der Argumentation und Arbeitsweise von Krusch auf, bietet aber andererseits keine überzeugende Begründung der eigenen Sicht; anscheinend blieb die Studie ohne größeren Einfluß auf die weitere Forsch.

Neuerdings hat sich Westeel(-Houste) mit der Autorschaft der V. E. beschäftigt (Publ. 1994–2002: 227, 222 f.; 225, 38–41; in 5, 14–16). Westeel folgt im wesentlichen der Argumentation von Krusch, doch bewertet sie die Indizien für eine angebliche ‚Fälschung' im 8. Jh. vorsichtiger als dieser. Im Hinblick auf die Verfasserfrage sieht sie zwei Arten problematischer Sachverhalte: die Passagen, in denen von Audoin in der dritten Person die Rede ist (neben den anderen in denen er in der ersten Person spricht), und verschiedene Anachronismen. Sie stellt allerdings fest, daß die V. E. nach heutigem Kenntnisstand weniger Anachronismen enthält, als Krusch annahm; so erregt etwa die Steuerschenkung an die Kirche von Tours keinen Anstoß mehr (vgl. unten § 5c zu V. E. 1,32). Die wichtigsten Anachronismen finden sich ihrer Meinung nach in den beiden Kap. gegen Ende von Buch 1, die vom Monotheletismus und dem Schicksal Papst Martins I. handeln (V. E. 1,33–34; s. dazu unten § 5c). Aufs Ganze gesehen, urteilt sie etwas milder als Krusch: Der vorliegende Text soll Ergebnis einer weitgehenden Überarbeitung und Erweiterung der originalen, von Audoin zw. 673 und 675 (s. dazu weiter unten; vgl. § 5c zu V. E. 2,32) verfaßten Vita sein. Die Neufassung (‚réécriture'; zur Terminologie s. u.) sei in der 1. Hälfte des 8. Jh.s in Noyon von einem ‚Mönch' der Abtei St. Eligius vorgenommen worden (so im Anschluß an Krusch), der damit ‚kultische' und vielleicht auch polit. Zwecke verfolgt habe. Für eine kultische (liturgische?) Zweckbestimmung sprächen die zahlreichen postumen Mirakel sowie die langen epideiktischen und paränetischen Ausführungen; eine mögliche polit.

Absicht soll angeblich darin zu erkennen sein, daß der Autor der Umschreibung zu der Zeit, „da die Pippiniden sich bemühen, ihre Macht zu festigen und ihre Legitimität zu sichern", den hl. E. als „Urbild des mustergültigen Dieners" des Kgt.s (allerdings des merow.!) darstelle (227, 223; 225, 41; diesen Gedanken hat sie allerdings verständlicherweise zuletzt stillschweigend fallengelassen: in 5, 16).

Hier soll nun (in gebotener Kürze) der Versuch unternommen werden zu zeigen, daß die von Krusch und, abgeschwächt, von Westeel vertretene Meinung zur Verfasserfrage nicht stichhaltig ist. – Der Wechsel von der ersten zur dritten Person in Bezug auf den Autor der betreffenden Erzählung ist selbstverständlich in echtheitskritischer Hinsicht von größter Bedeutung, doch geht er in der V. E. kaum darauf zurück, daß ein postulierter Fälscher gelegentlich vergißt, in welcher Rolle er redet (so Krusch in 3, 646 f.). Vielmehr dürfte es sich hier um Wechsel der Erzählperspektive handeln, die ihrerseits verschiedene Ursachen haben können, etwa unterschiedliche Weisen der autobiographischen Konnotation (und damit der emotionalen Implikation) des Verf.s bei der Erzählung unterschiedlicher Szenen, bestimmte Absichten der Darst. oder bloße erzähltechnische Umstände (Diktat, Bearbeitung von Vorlagen u. a.); an einer Stelle wird deutlich, daß auch mit einem Einfluß der Überlieferung zu rechnen ist (V. E. 2,2: 3, 696 mit Note *; vgl. ebd. 662; Näheres dazu unten). – Was das Problem der Anachronismen betrifft (zur Bedeutung von Anachronismen im Rahmen der hist. Kritik hagiographischer Texte grundlegend: 40, 201 f.), so ist offenkundig noch weit größere Zurückhaltung angebracht, als sie bereits von Westeel geübt wird. Manche angebliche Anachronismen beruhen einfach auf unhaltbaren Konstruktionen von Krusch, so z. B. auch die von diesem für so bedeutsam erachtete Art der Tonsur, was bereits Poncelet 1903 in seiner ansonsten sehr zustimmenden Rez. ausgestellt hat (157, 109 Anm. 1); andere haben sich durch den Fortgang der hist. Forsch. erledigt, so die schon erwähnte Steuerschenkung an die Kirche von Tours (s. o.). Das gilt auch für die Besetzung der Basiliken St. Dionysius vor Paris und St. Eligius vor Noyon mit Klerikern (Kleriker an St. Dionysius: V. E. 1,23; Kleriker an St. Eligius: V. E. 2,65. 66; außer an diesen beiden von Krusch in 3, 647 verzeichneten Stellen werden Kleriker an St. Eligius noch in V. E. 2,39. 60 erwähnt und wohl auch in V. E. 2,72) statt mit Mönchen, wie Krusch es für die Zeit des hl. E. erwartet (ders. in 3, 647): An St. Dionysius sind zwar zu 625 sicher Mönche bezeugt (s. 26, D 28 in Verbindung mit 120, passim; den Überlegungen bei 186, 97–105 [vgl. 187, 23] ist durch die zitierte Neuedition der merow. Kg.surk. teils der Boden entzogen), doch zu 632/633 ebenso sicher auch Kleriker (26, D 41); die gall. Großbasiliken waren damals offenbar komplexe Institutionen, an denen unter der Leitung eines (nichtmonastischen) Abtes neben einer Klerikergemeinschaft auch noch andere Gruppen und Verbände von Personen gleichzeitig leben konnten, wie Mönche, Nonnen, Arme und Bedienstete verschiedenster Art (dazu: 147, passim, Resümee ebd. 354 f., zu St. Dionysius ebd. 352). An St. Eligius sind für das 7. Jh. überhaupt nur Kleriker nachzuweisen (s. die im Vorstehenden angeführten Stellen in V. E. 2); die V. E. 2,75 genannte Mönchsgemeinschaft ist nicht nach Noyon zu lokalisieren, wie allg. angenommen wird (s. etwa Krusch in 3, 647; 43, 176 f. in Verbindung mit ebd. 166 f. 183), sondern wahrscheinlich nach Solignac (s. u. § 5c zu V. E. 2,75). Wieder andere Diagnosen von Anachronismus halten einer genaueren Prüfung nicht stand, was wenigstens für die angeblichen groben chron. Irrtümer in der Erzählung über den Monotheletismus-Streit (vgl. oben; s. u. § 5c zu V. E. 1,33–34), die Westeel für bes. gravierend hält, hier kurz dargelegt werden soll. Im wesentlichen geht es dabei um zwei chron. Relationen, nämlich zum einen um das Verhältnis zw. dem Zeitpunkt des Lateran-Konzils und dem Beginn der Kg.szeit Chlodwigs II., und zum anderen um das Verhältnis zw. den Datierungen des Pontifikats Martins I. und der bischöflichen Amtszeiten von E. und Audoin. Nach dem Vorgang von Krusch (in 3, 648) verknüpft auch Westeel (in 5, 15 f.; vgl. 225, 40) zwei chron. Angaben in V. E. 1,33 ohne Rücksicht auf die Erzählfolge und meint, die V. E. verlege den Beginn des Pontifikats Papst Martins I. und damit das Laterankonzil von 649 irrig in den Beginn der Kg.szeit Chlodwigs II., also in das J. 639. Dem Text nach bezieht sich aber die relativ-chron. Angabe „zu dieser Zeit", mit der das Wirken Martins I. eingeführt wird, gar nicht auf den Zeitpunkt des Aufblühens des Monotheletismus im Orient, das (acht Zeilen weiter oben!) vom Verf. der V. E. tatsächlich zu Beginn der Herrschaft Chlodwigs II. angesetzt wird, sondern auf eine spätere Phase weiter Verbreitung dieser Häresie, in der sie schließlich Rom erreicht hat. Die andere Beanstandung geht davon aus, daß Buch 1 von der Zeit berichtet, die E. als Laie verbracht hat (dazu: unten § 5a), und deshalb vor seiner Aufnahme in den Klerikerstand im J. 640 (unten § 5c zu V. E. 2,2) abschließt; da die Erzählung über den Monotheletismus-Streit aber hauptsächlich von Papst Martin I. handelt, der 649 gewählt wurde und 655 starb, soll sie insgesamt zeitlich falsch eingeordnet sein. Diese Ansicht berücksichtigt jedoch nicht die Tatsache, daß die Erzählung unter liter.-formalem Gesichtspunkt als Digression anzusehen ist, deren Unabhängigkeit vom Gesamttext im vorliegenden Fall auch durch eine eigene Chron. zum Ausdruck kommt (dazu: unten § 5b). Die Problematik angeblicher Anachronismen in der V. E. kann hier zwar nicht erschöpfend untersucht werden, doch zeichnet sich ab, daß sie für echtheitskritische Fragen nur noch im Hinblick auf begrenzte Passagen oder einzelne Sätze von Bedeutung sein kann, nicht mehr im Hinblick auf die Vita insgesamt. – Die Lokalisierung der V. E. in die Abtei St. Eligius vor Noyon wird hauptsächlich im Hinblick auf die umfangreiche Slg. von Erzählberichten über postume Wunder in der 2. Hälfte von Buch 2 (V. E. 2,39–80) begründet (Krusch in 3, 649 postuliert zudem, der „Fälscher", den er ja für den eigtl. Autor der V. E. hält, müsse germ. Abstammung sein, doch ist die Begründung nicht haltbar). In der Tat ereignen sich die meisten dieser Wunder am Grab des Hl. in der Basilika St. Eligius (vormals St. Lupus; zur Begräbnisstätte: unten § 5c zu V. E. 2,38. 48), zudem wird in der Mirakel-Slg., genauer in deren erster Serie (V. E. 2,39–66; zu den drei unterscheidbaren Mirakel-Serien: unten § 5c zu V. E. 2,39–80), aus der Perspektive und oft gemäß den Interessen der Abtei erzählt. Andererseits fällt sehr auf, daß die Basilika St. Lupus (nachmals St. Eligius), ihr Abt oder ihr Klerus außerhalb der Mirakel-Slg. an keiner einzigen Stelle der V. E. auch nur erwähnt wird: Es wird von keinem Besuch berichtet, den E. der Basilika zu Lebzeiten abgestattet hätte, obgleich er als Bf. von Noyon sicher häufig die vor der Stadt gelegene Kirche aufgesucht hat, und es ist, außerhalb der Mirakel-Slg., von keiner Gunst die Rede, die E. der Basilika gewährt hätte (dieser signifikante Negativbefund wird von Krusch und Westeel nicht thematisiert). Offensichtlich wechselt mit Beginn der ersten Serie postumer Wunder die Erzählperspektive, was einfach dadurch zu erklären ist, daß der Verf. für die Darst. dieser Wunder eine in St. Eligius entstandene Mirakel-Slg. benutzt hat (dazu: unten § 5c zu V. E. 2,39–80, bes. auch zu dem Mirakel V. E. 2,47).

Aufs Ganze gesehen, erweckt die Argumentation von Krusch und, davon abhängig, teils auch diejenige von Westeel den Eindruck, daß bestimmte textliche Befunde wie Erzählfugen und Wechsel der Erzählperspektive oder der Erzählordnung, die einen gewissen Mangel an Kohärenz oder auch ein gewisses Maß an Heterogenität im Text spüren lassen, ohne weiteres als Indizien für die ‚Fälschung' oder Neufassung des Textes angesehen werden, obgleich sich diese Befunde genauso gut oder besser als Folgen bestimmter Vorgehensweisen des Autors deuten lassen: Die bereits erwähnten abschweifenden Ausführungen über den Monotheletismus und über Papst Martin I. (V. E. 1,33–34) sind nicht als Interpolation zu verstehen, sondern als Digression, die als solche ja sogar durch einen abschließenden Metatext explizit ausgewiesen wird (s. u. § 5c zu V. E. 1,34); die Integration urspr. fremder Texte, z. B. einer umfangreichen Mirakel-Slg. in Buch 2 (verarbeitet in V. E. 2,39–66: unten § 5c zu V. E. 2,39–80), bringt eben einen Wechsel der Erzählperspektive mit sich (dazu weiter unten); die Unterbrechung der chron. Erzählordnung durch Serien thematisch verbundener Erzählberichte muß nicht unbedingt auf die Tätigkeit eines ‚Fälschers' oder Bearbeiters zurückgehen (vgl. unten § 5b).

Das älteste Zeugnis für eine Rezeption der V. E. bietet die *Vita Landiberti,* die zw. 727 und kurz nach 743 verfaßt wurde (s. u. § 8); mithin lag die V. E. spätestens in den 740er J. vor (die handschriftliche Überlieferung setzt erst im 9. Jh. ein: s. o. § 2a). Ein noch wesentlich früherer t. a. q. läßt sich aber anhand der Limousiner Sonder-Redaktion der V. E. (s. o. § 2a) gewinnen, die sich nämlich aufgrund von Angaben ihrer Zusätze recht genau datieren läßt, was bisher nicht zur Kenntnis genommen wurde. Einerseits setzt der Zusatz zu V. E. 2,32 (s. u. § 5c zu V. E. 2,32, mit Lit. und Nachweisen) den Tod Kg. Theuderichs III. voraus, der 691 starb. Andererseits wird in dem Zusatz zu V. E. 2,20 (s. u. § 5c zu V. E. 2,20, mit Lit. und Nachweisen) Bf. Ansoald von Poitiers offenkundig als noch lebender Zeitgenosse des Schreibers im Präsens genannt (Krusch, aus der Perspektive seiner Spätdatierung der V. E., nennt den Schreiber kurzum „lügenhaft": in 3, 659; Westeel übersieht die implizite Zeitgenossenschaft des Interpolators mit Bf. Ansoald: 225, 43; 226, 213): ‚Denn der apostolische Mann … Ansoald, Bischof der Stadt Poitiers, war bei dieser Begebenheit anwesend, und er pflegt … zu bekräftigen, daß in seiner Gegenwart dieses Wunder geschehen sei … und jene Heilung eine Zahl von mehr als fünfhundert Besessenen gehabt habe …' (*Vir enim apostolicus … Ansoaldus Pictave urbis episcopus huic rei interfuit et … affirmare solet, quod se presente hoc miraculum gestum sit … et illa curatio … amplius quingentorum numerum habuerit vexatorum …*; das Präsens *solet* kann nicht verderbt oder irrig für ein Imperfekt *solebat* stehen, da in den von *affirmare solet* abhängigen vorzeitigen Nebensätzen nach den Regeln der Zeitenfolge korrekt jeweils ein Konjunktiv Perf. steht, das eben einem Präsens im übergeordneten Satz zugeordnet ist). Ansoald ist 677–697 als Bf. von Poitiers nachzuweisen. Folglich ist die als Limousiner Sonder-Redaktion bezeichnete Fassung der V. E. nach dem Tod Theuderichs III. und vor dem Tod Ansoalds von Poitiers entstanden, also zw. 691 und 697 oder wenig später. Diese Datierung paßt gut zu den Angaben in dem ‚Limousiner' Zusatz zu V. E. 1,31 (s. u. § 5c zu V. E. 1,31, mit Lit. und Nachweisen) über ein durch E. gewirktes Wunder, die den Eindruck vermitteln, daß die Begebenheit kaum mehr als zwei Generationen zurückliegt. Wenn nun aber die V. E. bereits in den 690er J. eine gewisse Verbreitung gefunden hatte und mit Zusätzen (in beiden Büchern) versehen werden konnte, gibt es wohl keinen Grund mehr, sie Audoin (Dado) abzusprechen, der erst ungefähr ein Jahrzehnt zuvor, 684, verstorben war und der im Incipit des Vorworts zum Gesamtwerk, im Incipit des Haupttextes und im begleitenden Briefpaar als ihr Autor genannt wird.

Der überlieferte Text der V. E. ist demnach keine ‚Fälschung' aus späterer als der vorgegebenen Zeit mit der Absicht betrügerischer Täuschung, wie Krusch meint (übrigens hat der Monumentist auch andere der zahlreich von ihm in den Bänden der SS rer. Mer. herausgegebenen merow. Viten nach neuerer Ansicht zu spät angesetzt; dazu: 40, 202, vgl. ebd. 372 f.; 163, 67 Anm. 124; 136, 305 f. 345–347, ebd. 347 Anm. 202 wird Krusch sogar eine „Spätdatierungsmanie" nachgesagt; 71, 56 [Lit.]). Noch handelt es sich um die Neufassung einer urspr., von Audoin verfaßten Vita, sei es zum Zweck inhaltlicher Anpassung an neue Erfordernisse, wie Westeel meint, sei es als formale Bearbeitung im Sinne einer sprachlichen Umstilisierung, wie dies an sich häufig bei derartigen Texten zu beobachten ist (51, I, 24–27 und ebd. V, 85 f., s. auch die Verweise ebd. V, 278 im Register unter „Überarbeitung …von lat. Biographien"; ganz allg. ist gerade im Bereich der Hagiographie die Neufassung von Texten eine verbreitete Übung; dazu neuerdings v. a.: 95, passim [mit einer sehr gehaltvollen Einleitung von M. Goullet und M. Heinzelmann]; grundlegend zur hagiographischen ‚réécriture' jetzt: 94, passim). Die auf uns gekommene V. E. stammt vielmehr tatsächlich von Audoin selbst, ganz entspr. der Angabe im Incipit der Praefatio des Gesamtwerks wie im Incipit des eigtl. Werktextes (vor Buch 1); dies schließt natürlich nicht aus, daß einzelne, begrenzte Passagen interpoliert sein können (s. u.). Die Verfasserschaft Audoins erklärt die Charakterisierung hist. Gestalten im Text. Soweit nämlich das persönliche Verhältnis des Autors der V. E. zu bestimmten Figuren seiner Erzählung deutlich wird, entspricht es, soweit sich das hist. feststellen läßt, dem Verhältnis, das eben Audoin zu den entspr. Personen unterhielt: tiefe Freundschaft zu E., Respekt vor Kg. Chlothar II., hohe Achtung und dankbare Verehrung für dessen Sohn Dagobert I., respektvolle Zuneigung zu Königin Balthild, Sympathie für Theuderich III., verhaltene Ablehnung gegenüber dessen Bruder Childerich II. (s. u. § 5c zu V. E. 2,32. 77), kaum verhüllter Haß auf den Hausmeier Erchinoald, gutes Einvernehmen mit dessen Amtsnachfolger Ebroin (hist. zum Verhältnis zw. Audoin und den beiden genannten Hausmeiern: Fouracre/Gerberding in 21, 105–109. 112 f. [Erchinoald] und ebd. 105–109. 112 f. 143. 149–151 [Ebroin]); die Bewertung der beiden Hausmeier in der V. E. kontrastiert mit deren Charakterisierung bei Fredegar: unten § 5c zu V. E. 2,27).

Unter der Voraussetzung, daß die überlieferte V. E. im Prinzip als die von Audoin urspr. verfaßte Vita des hl. E. anzusehen ist, sind als grundsätzliche Eckdaten für ihre Entstehung natürlich der Tod des Helden 660 und der Tod des Autors 684 vorgegeben. Was die Erzähldistanz betrifft, steht dieser Text also nach der von F. Lotter in Anlehnung an die Sagenforschung (C. W. von Sydow) für die hist. Kritik hagiographischer Qu. eingeführten Begrifflichkeit zw. den Kategorien der ‚Erlebnislegende' und der ‚Erinnerungslegende' (erstere gibt unmittelbar Erlebtes wieder, letztere geht auf Erinnerungen von Zeitgenossen zurück, während bei der aus noch größerer Erzähldistanz verfaßten ‚Traditionslegende' „eine fehlende gewachsene Überlieferung durch Motiventlehnungen ersetzt wird": 136, 320–322, bes. 321 mit Anm. 93, mit Verweis auf 195, passim). Bestimmte Abschnitte der primären Textgesch. der V. E. können zeitlich aber noch enger eingegrenzt werden. In V. E. 2,32 wird von einer Prophezeiung erzählt (s. u. § 5c zu V. E. 2,32), die E. über die Schicksale der neustroburg. Kg.sfamilie gemacht hatte, nämlich über den Tod Chlodwigs II. († 657/659), die Regentschaft seiner Gemahlin Balthild († 680 oder später: weiter unten) und die Abfolge der Kg.sherrschaften der drei Söhne, also Chlothars III. († 673), Theuderichs III. († 691) sowie Childerichs II. († 675). Der Verf. stellt fest, daß die Vorhersagen des Hl. durch den Gang der Ereignisse bis dahin bestätigt worden sind, nur die Erfüllung der letzten Vorhersage, die das Schicksal der beiden jüng. Söhne Theuderich und Childerich betrifft, soll z. Zt. der Niederschrift noch ausstehen. Daraus ergäbe sich für V. E. 2,32 eine Datierung in die Zeit zw. dem Tod Chlothars III. 673 und der Ermordung Childerichs II. 675; weil jedoch das Motiv der erst teilweise erfüllten Weissagung liter. Fiktion vermuten läßt (s. u. § 5c zu V. E. 2,32), diese andererseits aber auch nicht nachzuweisen ist, kann als sicherer Terminus a quo für V. E. 2,32 nur das J. 673 gelten (für Krusch ist der Erzählbericht über die Prophezeihung eine freie Erfindung des karol. „Fälschers": in 3, 651. 718 Anm. 1; dagegen nimmt Westeel an, daß die Passage aus der originalen, von Audoin verfaßten Vita in die Neufassung des 8. Jh.s übernommen worden sei, und datiert aufgrund der Prophezeihung den nach ihrer Meinung verlorenen Urtext in den Zeitraum 673–675: 227, 222; 225, 39; in 5, 15). Ein gesicherter Terminus ad quem für Buch 2 der V. E., der noch vor dem Tod des Verf.s 684 läge, konnte bisher nicht ermittelt werden. Das Sterbejahr zweier Personen, deren Tod für die Datierung der V. E. von Bedeutung ist, läßt sich jeweils nur annähernd feststellen: Königin Balthild, die mehrfach in der V. E. vorkommt (s. u. § 5c zu V. E. 2,32. 37–38. 41. 48) und für den Autor anscheinend noch am Leben ist, starb an einem 30. Januar, 680 oder in einem der folgenden J. (jedenfalls später als Genesius von Lyon, der sie nach *Vita Balthildis* c. 14 mit den Engeln im Jenseits erwartet; Genesius starb am 1. November 679: 125, 485 f.; 222, 189 f.; zum Sterbedatum Balthilds: Krusch in 32, 476; vgl. Fouracre/Gerberding in 21, 114); Bf. Chrodobert von Tours, der von Audoin um eine sprachlich-stilistische Korrektur der fertiggestellten Vita gebeten wurde, starb 682 oder später (s. u. § 9a). In den Erzählberichten über E.' postume Wunder kommen mehrere hist. faßbare Personen als Lebende vor, deren Tod jedenfalls einen t. a. q. für die Qu. des betreffenden Mirakels darstellt, doch sind die Daten teils ebenfalls zu ungenau und außerdem scheint nicht gesichert, daß ihr Tod auch als t. a. q. für die Abfassung von Buch 2 der V. E. in Anspruch genommen werden kann: Abt Aegiricus von St. Martin vor Tours (s. u. § 5c zu V. E. 2,68) amtierte z. Zt. des Papstes Adeodatus II. (672–676), Genaueres ist anscheinend nicht bekannt (vgl. Krusch in 3, 735 Anm. 1); Hausmeier Ebroin (s. u. § 5c zu V. E. 2,56, vgl. zu V. E. 2,19) wurde 680/681 ermordet, wahrscheinlich 681; Bf. Clemens von Beauvais (s. u. § 5c zu V. E. 2,76) ist 667–683 nachgewiesen, sein Nachfolger Constantinus begegnet aber anscheinend erst ab 692–693 in den Qu. Buch 2 wurde also zw. 673 und 684 vollendet, vielleicht vor dem Tod Ebroins 681. Wie der Verf. im Vorwort zu diesem Buch 2 mitteilt, hatte er ‚vor langer Zeit' *(pridem)* mit der Abfassung der V. E. begonnen, diese aber ‚auf halbem Wege' *(medio tramite)*, also nach dem Abschluß von Buch 1, zunächst ausgesetzt. Wenn demnach Buch 1 geraume Zeit, vermutlich mehrere Jahre, für sich alleine vorlag, könnte es durchaus sein, daß es bereits damals, gleichsam als Torso des geplanten Gesamtwerkes, abgeschrieben wurde. Wollte man diese Möglichkeit zur Hypothese erheben, so fände sie insofern eine vorläufige Stütze in der Überlieferung, als tatsächlich eine eigene Gruppe von Hss. Buch 1 unabhängig von Buch 2 und, vielleicht bezeichnenderweise, ohne das Vorwort zum Gesamtwerk (wie auch ohne Capitulatio) tradiert: Es handelt sich um die von Krusch mit der Zahl 1 bezeichnete Hss.-Klasse, der dieser (1902) vier Kodizes zuweisen konnte (in 3, 656 f.). Sollte sich diese Hypothese durch genauere Unters. an den Hss. bestätigen lassen, dann wäre die damit aufgewiesene Korrespondenz zw. den Angaben des Autors, also Audoins, zur Textgenese einerseits und den Überlieferungstatsachen andererseits ein zusätzliches Indiz für die (ohnehin nicht zu bezweifelnde) ‚Echtheit' der auf uns gekommenen Vita des hl. E. (daß Krusch und Westeel diese Korrespondenz zwangsläufig unbemerkt lassen mußten, versteht sich angesichts ihrer Überzeugung von der ‚Fälschung' oder völligen ‚Neufassung' der Vita wohl).

Allerdings ist der Text der V. E. selbstverständlich nicht völlig unberührt auf uns gekommen. V. a. weist der Anfang von Buch 2 (V. E. 2,1–2) einen umfänglicheren gestörten Bereich auf. Das erste Kap. ist anscheinend fast vollständig interpoliert: Die Aufzählung der Kg. *(fuerat quoque ... mansit in corpore),* unter deren Herrschaft E. sein Leben insgesamt verbracht hat, ist ungeschickt formuliert und paßt inhaltlich nicht an diese Stelle (vielleicht bot eine urspr. Aufzählung nur die Kg., unter denen E. am Hof tätig war); der anschließende Ber. *(Sed crudeliter ... ... ad officium pontificatus eligerent),* der naiv und sachlich in jeder Hinsicht unbestimmt erzählt, wie E. und Audoin eine Anordnung geistlicher Autoritäten und des Kg.s herbeiführten, mit der die im ganzen Reich verbreitete „simonistische Heresie" verboten wurde (!), bezeichnet die beiden Initiatoren als ‚die hl. Männer Eligius und Audoin' *(sancti viri Eligius et Audoinus)* und kann schon wegen dieser Formulierung sicher nicht von Audoin stammen (was selbstverständlich schon Krusch bemerkt: in 3, 647, vgl. ebd. 651). Der eingeschobene Erzählbericht über das Simonieverbot will offenkundig auf die Angaben zur Wahl von E. und Audoin zu Bischöfen vorbereiten, mit denen das folgende Kap. beginnt: E. wird ‚aufgrund des Verdienstes seiner Heiligkeit' *(ex merito sanctitatis)* zum Bf. gewählt, also nichtsimonistisch (unausgesprochen gilt das auch für seinen Freund Audoin, doch stellt der als Verf. des Textes das nicht ausdrücklich für sich selbst fest). Es ist nicht ausgeschlossen, daß der Interpolator originale, verlorene Sätze Audoins verarbeitet hat; den Ausdruck *ad sacerdotale officium* (3, 695 Zl. 5) hat er offenkundig aus V. E. 2,2 entlehnt (ebd. Zl. 9), gegen Ende seines Einschubs benutzt er ihn, abgewandelt zu *ad officium pontificatus,* abermals (ebd. Zl. 7).

Die Interpolation muß überlieferungsgeschichtl. sehr früh stattgefunden haben, denn da sie anscheinend von der gesamten Überlieferung bezeugt ist (vgl. den textkritischen Apparat von Krusch: 3, 694 f.), war sie bereits im Archetypus des Textes enthalten. – Das zweite Kap. dürfte im wesentlichen von Audoin stammen, doch zeigen sich mindestens an zwei Stellen kleinere Eingriffe von fremder Hand: Im Kontext der Erzählung von der zweifachen Bf.swahl wird Audoin als E.' Freund mit der Formulierung *Audoinum sodalem eius qui vocabatur Dado* genannt, wobei der erläuternde Relativsatz im Imperfekt kaum von Audoin selbst geschrieben worden sein dürfte, sondern wohl dessen Tod voraussetzt; weiter unten wird im Kontext der Erzählung von der gemeinsamen Bf.sweihe der beiden Freunde für den Ausdruck *... ego Rodomo, ille vero Noviomo* (, ... [sind wir zu Bischöfen geweiht worden,] ich [zum Bf.] in Rouen, er [zum Bf.] in Noyon') in der Limousiner Sonder-Redaktion (oben § 2a) alternativ die Lesart *... Audoenus Rodomo, Elegius vero Noviomo* überliefert (unten § 5c zu V. E. 2,2), bei der es sich offenbar um eine Var. handelt, die im Zusammenhang mit einer beabsichtigten, dann aber nicht durchgeführten Änderung des Satzes (nach Ausweis des überlieferungskritischen Apparats von Krusch ist das Prädikat nicht entspr. der vorgesehenen Änderung des Subjekts in die dritte Person übertragen worden, sondern in der ersten Person stehen geblieben: 3, 696) wohl auf dem Rand notiert worden ist. Die interpolierte Namenserl. muß wie die große Interpolation in V. E. 2,1 schon im Archetypus gestanden haben, da sie wie jene einheitlich in der Überlieferung bezeugt ist (vgl. den textkritischen Apparat von Krusch: 3, 695). Die alternative Lesart, die von einer beabsichtigten Umschreibung des betreffenden Satzes von der ersten in die dritte Person zeugt, läßt sich überlieferungsgeschichtl. bereits für den Hyparchetypus nachweisen, von dem die Limousiner

Sonder-Redaktion abhängt, denn sie findet sich in allen drei einschlägigen Hss. (226, 212; vgl. 3, 696 Anm. *); damit ist diese Lesart spätestens im Zusammenhang mit der Limousiner Sonder-Redaktion, also zw. 691 und 697 oder wenig später entstanden (s. o.), doch könnte sie, wie die beiden anderen Texteingriffe, sogar auf den Archetypus zurückgehen (was man bei genauerer Kenntnis der Gesamtüberlieferung vielleicht einmal verifizieren können wird, aus methodischen Gründen jedoch nicht falsifizieren kann). – Auch in Buch 1 läßt sich eine Interpolation ausmachen. Bei der Nennung von Audoins Bruder Ado in V. E. 1,8 wird eine kurze Erl. eingeschaltet, die den hohen gesellschaftlichen und polit. Rang der beiden Brüder in Verbindung mit ihrer familären Herkunft angibt: *erant enim viri incliti obtimates aulae, filii scilicet Autcharii.* Es versteht sich von selbst, daß diese Auskunft kaum von Audoin selbst stammen wird. Auf die Erl. folgt eine Wendung, mit der die unterbrochene eigtl. Aussage wieder aufgegriffen wird: *hii ergo, commune habito consilio, ...* Diese Formulierung, die Wortmaterial aus dem authentischen Anfang des Satzes mit einigem sprachlichen Ungeschick wiederverwendet, wird ebenfalls auf den Interpolator zurückgehen. Wiederum ist der Eingriff anscheinend von der gesamten Überlieferung bezeugt (vgl. den textkritischen Apparat von Krusch: 3, 675 f.) und somit dem Archetypus zuzuweisen. – Die vier bisher im Bereich von V. E. 1,8 und V. E. 2,1–2 festgestellten Interpolationen lassen keine widersprüchlichen Tendenzen erkennen, sie könnten also im selben Zusammenhang vorgenommen worden sein; dafür spricht v. a. die zeitliche Nähe ihrer Entstehung, bei V. E. 2,1–2 vielleicht auch ihre Nachbarschaft im Text. Die Eingriffe lassen sich sehr genau datieren: T. p. q. ist der Tod Audoins im J. 684, Terminus ad quem der spätestmögliche Zeitpunkt für die Entstehung der Limousiner Sonder-Redaktion im J. 697 oder wenig später. Damit ist zugleich die Datierung des Archetyps unserer Textüberlieferung (nicht zu verwechseln mit dem Abschluß der Arbeit am Text durch den Verf.!) gewonnen: Der Archetyp ist nämlich entweder mit dem Textex. identisch, in dem die vier Interpolationen vorgenommen wurden, oder es handelt sich um eine frühe, noch vor der Limousiner Sonder-Redaktion angefertigte Abschrift dieses Ex.s.

Athetiert man in V. E. 2,1 die gesamte interpolierte Passage *fuerat quoque ... ... ad officium pontificatus eligerent,* so bleibt von dem Kap. nur noch der erste Satz übrig: ‚Eligius also hatte schon damals im Palast, als er das weltliche Gewand trug, für den ewigen König und den Fürsten aller, für Christus gestritten' *(Eligius itaque olim iam in palatio militaverat sub saeculari habitu regi aeterno omniumque principi Christo).* Vielleicht schloß sich daran urspr. eine vermutlich kurze Aussage an (über die Kg., unter denen E. am Hof tätig war?: s. o.), die in Verbindung mit dem ersten Satz auf das vorangegangene Buch 1 verwiesen haben dürfte; vielleicht aber folgte urspr. auf den ersten Satz von V. E. 2,1 unmittelbar der erste Satz von V. E. 2,2 (möglicherweise in einer etwas anderen Form als der überlieferten): ‚Dementsprechend also erwählten sie [sc. ‚Klerus und Volk' von Noyon: dazu unten § 5c zu V. E. 2,2] aufgrund des Verdienstes der Heiligkeit den mit allen guten Werken begabten heiligen Eligius ... zum priesterlichen [sc. bischöflichen; zur Bedeutung von *sacerdos*: unten § 5c zu V. E. 1,7–8] Amt ...' *(Exinde igitur elegerunt ex merito sanctitatis cunctis bonis operibus praeditum ad sacerdotale officium sanctum Eligium ...).* Wahrscheinlich bildete jedoch allein der kurze Rückblick auf Buch 1 ein eigenes Kap., so daß vor dem Eingriff des Interpolators Buch 2 eigtl. mit dem Erzählbericht über die Erhebung von E. und Audoin zu Bischöfen im 1. Kap. begann. Damit hätte die urspr. Kapitelzählung gleich von Beginn des ersten Buches an um eine Einheit niedriger gelegen als die Kapitelzählung der Edition von Krusch (3; zur Kapitelzählung der verschiedenen Editionen: oben § 2b), d. h., sie hätte in Verdopplung der Kapitelzahl des ersten Buchs genau die runde Zahl 80 erreicht (dazu: unten § 5a).

Damit lassen sich für die Genese des heute vorliegenden Textes der V. E. insgesamt vier Phasen nachweisen, die resümierend in folgende chron. Ordnung gebracht werden können: (I) Buch 1 (in 40 Kap., ohne Vorwort zum Gesamtwerk) nach 660 und längere Zeit vor der folgenden Phase; (II) Buch 2 (wahrscheinlich in 80 Kap.) und Vorwort zum Gesamtwerk zw. 673 und 684 (oder 681); (III) Tätigkeit eines Interpolators, die aber auf einige wenige, kurze Passagen beschränkt blieb (wahrscheinlich Vorschaltung eines zusätzlichen Kap.s, das aus dem Beginn des urspr. 1. Kap.s und einer größeren Interpolation besteht: 81 Kap.) zw. 684 und der folgenden Phase; (IV) Limousiner Sonder-Redaktion zw. 691 und 697 oder wenig später. Der Fortfall des urspr. beigefügten Bibel-Florilegiums (s. u. § 5c zu V. E. 2,81) läßt sich chronolgisch nicht einordnen. Ob die (uneinheitlich) überlieferte Capitulatio vom Autor der Vita herrührt (jedenfalls war die V. E. urspr. mit einem Kapitelverz. ausgestattet: ebenfalls unten § 5c zu V. E. 2,81), wäre zu untersuchen; textgeschichtl. bedeutsam ist die Tatsache, daß sie das vermutlich interpolierte Kap. V. E. 2,1 berücksichtigt (zum Phänomen der Capitulatio in hagiographischen Texten allg.: 161). Daß später, v. a. seit der karol. Reform, beim Abschreiben des Textes sicher gelegentlich stilistische Glättungen und Korrekturen der Schreibweise vorgenommen worden sein dürften, versteht sich von selbst.

§ 4. Adressaten und Sitz im Leben. Im Vorwort zum Gesamtwerk heißt es: ‚Jedesmal also, wenn wir die Feste der Heiligen im Jahreslauf feiern, müssen wir etwas aus ihren Taten, was zur Erbauung des christlichen Volkes geeignet ist, zum Lobe Christi vorlesen, da es ja in Wirklichkeit von einer Gabe Christi zeugt, was an seinen Heiligen lobenswert ist.' (V. E. praef.: *Quotienscumque ergo sanctorum sollemnia anniversario curriculo caelebramus, aliqua ex eorum gestis ad aedificationem christianae plebis convenientia in Christi laudibus recitare debemus, quoniam re vera Christi muneris est, quicquid in sanctis eius laudabile est.*) Dies stellt der Verf. hier in allg. Hinsicht nur deshalb fest, um damit das Wesentliche über Zweck, Adressaten und Sitz im Leben des vorgelegten Werks auszusagen: Die V. E. dient der Erbauung (zu diesem Zweck hagiographischer Viten: 200, passim; 51, V, 74–80), sie richtet sich an alle Christen und sie soll offenbar (in Auszügen: *aliqua ex eorum gestis*; zur hagiographischen Lesung in Auszügen aus größeren Texten: 207, 709–713, ebd. 710 zu V. E. praef.) am Festtag des Hl. (Hauptfest ist der Jahrestag des Todes, der 1. Dezember: unten § 5c zu V. E. 2,34–38. 48; daneben wurden in Noyon und Rouen am 14. Mai der Jahrestag der Bf.sweihe von E. und Audoin gefeiert und vielerorts schon früh der Jahrestag einer Translation am 25. Juni: 213, 44 f.; das Tagesdatum der Bf.sweihe ist hist. umstritten: unten § 5c zu V. E. 2,2) vorgelesen werden (dazu allg.: 202, 39 f.; 200, passim; 207, 691–696; 199, 451; 48, 218; 51, V, 109); ob diese öffentliche Lesung urspr. in einem liturgischen oder paraliturgischen Rahmen stattfinden sollte, läßt sich aus dem Vorwort (und auch sonst) nicht erkennen, jedoch wird deutlich, daß die V. E. nicht zur Lesung bei einer ausschließlich Klerikern oder Mönchen vorbehaltenen liturgischen Feier bestimmt war (Annahme einer liturgischen Lesung: 51, V, 75 f.; allg. und umfassend zur hagiographischen Lesung im Zusammenhang mit der Feier eines Hl.festes: 207, 697–716). Der Verf. beharrt einerseits darauf, daß er sein Werk gerade auch für die weniger Gebildeten geschrieben habe, setzt aber andererseits selbstverständlich voraus, daß Gebildete zu seinem Publikum gehören; er will sich im Hinblick auf erstere Adressaten einer (angeblich) schlichten Ausdrucksweise (s. u. § 6b) bedienen, für die er bei den anderen Adressaten um Verständnis wirbt (V. E. praef.). Verschiedentlich wird der ‚Leser' *(lector)* als solcher angeredet (V. E. praef. und V. E. 2,81), was die Annahme auch eines Lesepublikums voraussetzt (zu Lesern als Adressaten merow. Hagiographie: 200, passim, bes. 55; 207, 687–691), und wenn im Nachwort vom Gebrauch der Capitulatio und von der Nützlichkeit eines Nachweises der Bibelzitate gesprochen wird (V. E. 2,81), so wendet sich der Autor damit vollends an ein Publikum, das im Umgang mit Büchern erfahren ist.

§ 5. Struktur und Inhalt. a. Formale Einteilung und Metatextualität. Die V. E. besteht aus zwei Büchern. Das erste Buch umfaßt 40 Kap. und behandelt die Zeit vor der Bf.sweihe des Helden; das zweite umfaßt 81 Kap., urspr. aber wohl 80 (s. o. § 3; vgl. im folgenden Absatz) und behandelt die Zeit ab der Bf.sweihe, endet jedoch nicht mit E.' Sterben, Tod und Begräbnis (V. E. 2,34–38), sondern erzählt anschließend noch (auf Grundlage von mündlichen Wundererzählungen und wenigstens einer Mirakel-Slg. aus fremder Feder: s. o. § 3) eine große Zahl von Wundern, die sich nach dem Tod des Hl. zugetragen haben (V. E. 2,39–80).

Den Kapitelzahlen 40 und 80 eignet anscheinend Bedeutung (zur Symbolik von Kapitelzahlen: 51, II, 274 f.; 161, 337): Die 40 des ersten Buchs könnte den Lebensabschnitt, den E. als Laie verbracht hat, als Phase der Vorbereitung bezeichnen wollen (zur 40 als Zeichen v. a. des Irdischen, der Entsagung und der Vorbereitung: 140, 709–723); daran anschließend könnte die 80 des zweiten Buchs die Zeiträume, in denen E. als Bf. tätig war und endlich im Jenseits fortwirkt, als Phasen der Vollendung bezeichnen wollen (zur 80 als Hinweis u. a. auf die Auferstehung und das Neue Testament: 140, 768–773). In jedem Falle aber dürfte die 80 hier als verdoppelnde Steigerung der 40 zu verstehen sein.

Die Inhalte der Vita und ihre Verteilung auf zwei Bücher werden dem Leser in einem expliziten Erzählplan kurz vorgestellt (V. E. praef. in Verbindung mit V. E. 1,40 als dem Abschluß von Buch 1; vgl. V. E. 2, praef.; s. ferner V. E. 2,34 mit einer Überschrift, die als Thema dieses und der folgenden Kap. den Tod des hl. E. nennt, und V. E. 2,38 mit einer Überleitung zu den Mirakeln in den anschließenden Kap.). Offenbar als Insert ist in Buch 2 als Zeugnis für E.' pastoralen Dienst und theol. Anschauungen eine Art Anthologie aus seinen Predigten eingefügt, die beträchtlichen Umfang hat (V. E. 2,16).

Die Art der Einteilung in zwei Bücher, wie sie die V. E. bietet, ist für eine hagiographische Vita ungewöhnlich. Wenn (bei bedeutenderen Biogr.) eine Verteilung des Stoffes auf zwei Bücher vorgenommen ist, dann bildet normalerweise nicht ein Standeswechsel (Eintritt in den Klerus) oder die Übernahme eines Amtes (z. B. des Pontifikats) den Einschnitt, sondern der Tod des Hl., so daß gewöhnlich das erste Buch dessen vollständigen Lebenslauf enthält, während das zweite Buch eine Art Anhang dazu liefert: Meistens enthält es, nach dem Vorbild des Doppelwerks von → Venantius Fortunatus über den hl. Hilarius (*Vita Hilarii* und *De virtutibus Hilarii*), die Mirakel des Hl. (Schema ‚Vita/Mirakel': 51, I, 281 f. und ebd. V, 30. 68); Jonas von Bobbio behandelt im ersten Buch seiner *Vita Columbani abbatis discipulorumque eius* hauptsächlich das Leben Kolumbans, im zweiten hauptsächlich das Wirken seiner Schüler (Schema ‚Meister/Jünger': 51, II, 37 f.); in späteren Biogr. zu zwei Büchern steuert gelegentlich das zweite Buch eine Slg. von Dokumenten zur Lebensgesch. des Hl. bei, die wie üblich vollständig im ersten Buch erzählt wird (Schema ‚Vita/Dokumentation': 51, IV/2, 403. 414 und ebd. V, 40); die *Vita Caesarii Arelatensis,* deren zwei Bücher je von einer anderen Autorengemeinschaft verfaßt sind, stellt einen Sonderfall dar (51, I, 249–258; 206, 1313–1317; 94, 247).

Grundsätzlich folgt die Zweiteilung der V. E. in die Zeit vor und in die Zeit ab der Bf.sweihe dem Aufbau der *Vita Martini* von Sulpicius Severus (so 51, II, 59, vgl. Westeel in 5, 13 mit Anm. 31; zu verschiedenen Ansätzen der Zweiteilung der *Vita Martini*: 206, 1266), die der Autor der V. E. selbstverständlich gekannt hat (VE 2,2 mit deutlichen Parallelen zu Sulpicius Severus, Mart. 10,1–2: Nachweis von Krusch in 3, 696 Marginalnote; vgl. Westeel in 5, 78 Anm. 248. 250 f.) und die allg. das wichtigste Vorbild für hagiographische Bf.sviten im lat. Westen war; allerdings ist die Martinsvita, die sehr viel kürzer ist als die V. E., nicht formal in zwei Bücher geteilt. Das Prinzip dieser Zweiteilung des Stoffes wird, wie schon bei Sulpicius Severus, auch vom Verf. der V. E. explizit genannt: ‚Nun also haben wir unterdessen nur jenes, was er in Laientracht getan hat, im vorliegenden Buch zu durchlaufen unternommen, …. Im übrigen wollen wir das, was noch verbleibt, was er im Bischofsamt getan hat, auf welche Weise er aus dieser Welt ausgezogen ist, welche Wundertaten er nach seinem Hinscheiden gewirkt hat, in einem anderen Buch ergänzen.' (V. E. 1,40: *Nunc ergo interim illa solummodo, quae sub laico habitu gessit, praesenti libello transcurrere fecimus, …. Ceterum ea quae adhuc restant, quaeque in episcopatu gesserit, quoque ordine de hoc saeculo migraverit, quasque etiam post obitum virtutes operavit, …, alio libello explere desideramus.*; ähnlich, doch kürzer ebd. 2, praef.: *Satisque sufficiat priori libro ea tantum exposuisse, quae sub habitu saeculari gesserit; nunc vero de his quae in episcopatu egerit haec prima conveniant.*; vgl. Sulpicius Severus, Mart. 1,7: *Igitur sancti Martini uitam scribere exordiar, ut se uel ante episcopatum uel in episcopatu gesserit, …*).

Der Gesamttext der V. E. umfaßt außer den narrativ oder enkomiastisch darstellenden Teilen, deren Gegenstand das Leben und die Wundertaten, die relig. Bedeutung und die ethische Größe des hl. E. ist, und außer der inserierten Predigt-Anthologie auch zahlreiche metatextuelle Teile. Dazu gehören fünf etwas größere Metatexte, nämlich ein Vorwort zum Gesamtwerk (V. E. praef.), ein Nachwort zu Buch 1 (V. E. 1,40), ein Vorwort zu Buch 2 (V. E. 2, praef.), eine Erl. zur homiletischen Anthologie (V. E. 2,17) und ein Nachwort zum Gesamtwerk (VE 2,81); überdies sind häufiger kurze metatextuelle Aussagen in die Erzählung eingeflochten, die als autoreflexive Bemerkungen z. B. das Erzählte kommentieren, eine Digression abschließen, zum Nächstfolgenden überleiten oder eine neue größere Erzähleinheit ankündigen. Diese Metatexte, die längeren, hauptsächlich programmatischen, wie die kurzen, vornehmlich erzähltechnischen, stehen offenbar meist in Verbindung mit Etappen der Entstehung des Objekttextes, also dem Beginn oder Abschluß größerer oder kleinerer Teile der Darst. oder der Einfügung bereits vorliegender Abschnitte, seien diese vom Autor selbst verfaßt gewesen oder, als urspr. fremde Texte, von diesem lediglich überarbeitet worden (vgl. oben § 3).

b. Erzählordnung. Die eigtl. Lebensbeschreibung ist im wesentlichen chron. angelegt (vgl. 222, 181), wie dies auch für die grundlegende Aufteilung des Stoffes auf die zwei Bücher gilt; der Verf. folgt also prinzipiell dem Ordo naturalis (zu dieser Erzählweise in biographischer Lit.: 51, V, 92). Doch daneben werden Einzelberichte verschiedentlich unter inhaltlichen Aspekten nach Erzählgegenständen (Wunder, Goldschmiedearbeiten, Prophezeiungen u. a.) zusammengestellt und unabhängig vom chron. Grundgerüst der Vita als thematisch nach einem Ordo artificialis angelegte Serien in den Text eingefügt. Diese Serien können mehrere Kap. umfassen (wie etwa die Wunder V. E. 1,23–31, die Abwehrmaßnahmen gegen Häretiker V. E. 1,35–36 oder die Prophezeiungen V. E. 2,27–32; vgl. unten Abschnitt c) oder auf ein Kap. beschränkt sein (V. E. 1,32: Goldschmiedearbeiten; vgl. unten Abschnitt c); sie scheinen eine wiederum chron. Binnenordnung anzustreben. Die lange Reihe von Erzählberichten über postume Wunder, welche, abgesehen vom Epilog (V. E. 2,81), die ganze 2. Hälfte von Buch 2 ausmacht (V. E. 2,39–80), ist im Hinblick auf ihre textgenetischen Voraussetzungen gesondert zu betrachten (s. o. § 3). Selbst ohne Berücksichtigung dieser Mirakel-Serie hat das Prinzip der sachlichen Zusammengehörigkeit für die Strukturierung der Vita erhebliche Bedeutung, auch wenn die Darst. insgesamt chron. angelegt ist; dieser Befund dürfte auf die Genese des Textes, d. h. auf die Arbeitsweise des Verf.s zurückgehen (vgl. oben § 3).

Anders verhält es sich bei bestimmten Darst.sformen, die ihrer Natur nach die chron. Ordnung der Gesamterzählung in ihrem Bereich außer acht lassen können. Das gilt etwa für die Digression über die Monotheleten und Papst Martin I. gegen Ende von Buch 1 (V. E. 1,33–34), die eine zusammengehörige Abfolge von Ereignissen, also eine kohärente ‚Geschichte' mit autonomer Chron. erzählt. In ihrem zeitlichen Verlauf überschreitet diese Gesch. die für Buch 1 durch die Verteilung des Viten-Stoffes auf die beiden Bücher gegebene chron. Grenze von 640 (E.' Eintritt in den Klerikerstand: oben Abschnitt a), die für sie ohne Belang ist: Sie beginnt (aus Sicht des Erzählers) am Anfang der Kg.szeit Chlodwigs II., mithin um 639, und endet mit dem Tod Martins I. im J. 655. Mit Rücksicht auf den Zeitpunkt ihres Beginns hat der Verf. diese Nebenerzählung, chron. assoziierend, hinter den Mitteilungen über den Tod Dagoberts I. und die Amtsnachfolge seines Sohnes Chlodwigs in die Gesamterzählung eingerückt (vgl. oben § 3). Übrigens folgen auf die Digression einige thematisch verwandte Erzählberichte über Maßnahmen gegen Häretiker, die E. allerdings noch als Laie, d. h. vor 640, ergriffen hat (V. E. 1,35– 36); bei dieser Anordnung verfährt der Verf. nach dem Prinzip der sachlichen Zusammengehörigkeit.

c. Inhalt. Einzelheiten werden in Auswahl und wechselnd ausführlich mitgeteilt, dabei gelegentlich kommentiert; bes. berücksichtigt werden Mitteilungen, die zur Interpretation der V. E. und zur Kärung der Verfasserfrage beitragen, sowie Nachrichten, die allg. für bestimmte geschichtl., kulturelle und relig. Vorgänge oder Sachverhalte größere Bedeutung haben oder die bes. für die germ. Altertumswiss. von Interesse sein dürften. In Klammern sind erläuternde Hinweise und Angaben zu weiterführender Lit. beigegeben; sie bieten zusammen mit den Ausführungen unten in den Abschnitten d und e sowie in den §§ 6– 9 Ansätze zu einer Kommentierung, die nicht zuletzt erweisen sollen, daß nach formalen wie inhaltlichen Kriterien der Datierung der V. E. in die 2. Hälfte des 7. Jh.s und ihrer Attribuierung an Audoin nichts im Wege steht.

Praefatio (Vorwort zum Gesamtwerk): Indem er die ‚Lügen' der heidn. Dichter mit der christl. Wahrheit kontrastiert, begründet der Verf. zunächst allg. seine Erzählabsicht und stellt sein Grundthema vor, das Lob auf den Hl. Er nennt summarisch den Stoff, Geburt, Leben und Tod des hl. E., und weist darauf hin, daß zwar bereits von anderen Autoren verfaßte Lebensbeschreibungen des hl. E. vorlägen, diese jedoch wegen ihrer Kürze dem Gegenstand nicht angemessen seien. Veranlassung zum Schreiben sind ihm ein früher gemachtes Versprechen und die wiederholten Aufforderungen ‚der Brüder', v. a. aber die Liebe zum hl. E. und die Furcht, durch Schweigen Schuld auf sich zu laden (ähnlich Sulpicius Severus, Mart. ep. ded. 5, der es für einen Frevel hält, die Tugenden seines Helden im Verborgenen zu lassen; zum Topos ‚Besitz von Wissen verpflichtet zur Mitteilung': 64, 97 f.).

Die (vorgebliche) Schlichtheit der sprachlichen Gestaltung begründet er zweifach (vgl. unten § 6b.c): Die Darstellungsweise soll ihrem Gegenstand, also der Lebensweise des hl. Helden, entsprechen, und die Vita soll auch für einfache, ungebildete Leute verständlich sein; zum Publikum, an das sich das Werk richtet (vgl. oben § 4), und zum Sprachregister, das er im Hinblick auf die Adressaten zu wählen hatte, nimmt er recht ausführlich Stellung. Die Beredsamkeit der alten Autoren lehnt der Verf. der V. E. ausdrücklich ab und liefert dabei einen Kat. von 20 Namen griech. und röm. Philosophen, Dichter, Geschichtsschreiber, Redner und sonstiger Autoren (Cicero wird zweifach, nämlich auch als Tullius genannt!). Abschließend mahnt er ungewöhnlich eingehend zu sorgfältigem Abschreiben (zu einschlägigen Stellen aus Irenäus [bei Eusebius, in der Übs. von Rufinus], Rufinus und Gregor von Tours als möglichen Vorbildern dieses Passus: 109, 15–22). Im übrigen nehmen Bescheidenheitstopoi (teils als Unfähigkeitsbeteuerungen) breiten Raum ein und auch sonst ist die Einleitung (wie gewöhnlich) weitgehend topisch (zur Exordialtopik in der lat. Hagiographie vom 5.–7. Jh.: 194, 13–76; vgl. 204, 398 f.; 51, V, 107 f.; zu häufig genannten Gründen für das Schreiben und zur Zielsetzung hagiographischer Viten im Überblick: 51, V, 74–80).

Capitulatio (Kapitelverz. für beide Bücher [zu dieser Plazierung der Capitulatio: 161, 316]).
Buch 1. 1,1–3: Herkunft, Geburt und Jugend. c. 1: E. stammt aus der *villa* Chaptelat bei Limoges; die Lage der Civitas wird durch eine Reihe geogr. Angaben ungewöhnlich ausführlich beschrieben. Seine Eltern sind Freie (aber nicht von Adel; allerdings besaßen sie wohl ein gewisses Vermögen: unten zu V. E. 2,15) und die Familie ist schon seit vielen Generationen christl., wie ausdrücklich gesagt wird *(parentibus ingenuis atque ex longa prosapia christianis Eligius natus ... est)*. (Nach Angaben ihrer Hagiographen sind merow. Hl. gewöhnlich vornehmer Abkunft, meist adelig: 97, 86 f.; 136, 325; 204, 399 f.; dies gilt, entspr. den tatsächlichen hist. Verhältnissen, bes. für hl. Bischöfe: 176, 12–37. 41–50; zu *ingenuii* als Eltern merow. Hl.: 97, 86 f. mit Anm. 102; 176, 29. 31; 93, 3 f. mit Anm. 6; vgl. unten zu V. E. 2,2. Der Hinweis auf eine lange christl. Tradition der Familie des Hl. begegnet häufiger in der zeitgenössischen Hagiographie und kann verschieden motiviert sein: 176, 31–35; 148, 144.) Der Vater heißt Eucherius, die Mutter Terrigia; seinen eigenen Namen erhält E. durch göttliche Vorsehung (Anspielung auf Namen-Etym.; zu dieser: unten § 6d; zur Darst. der Herkunft des Helden einer Vita: 51, V, 88 f.). c. 2: Kurz vor der Geburt hat die Mutter die verstörende Vision eines Adlers, der sie anruft und ihr etwas verspricht. Starke Wehen bringen sie in Gefahr; ein Priester wird herbeigerufen, der ihr eröffnet, daß ihr Kind ein heiligmäßiger und bedeutender Mann der Kirche sein wird (zu Visionen der Mutter während der Schwangerschaft und zu wunderbaren Umständen bei der Geburt eines Hl.: 98, 68 f. 102 [Auserwählung im Mutterleib]; 148, 191–193. 245 f.; 199, 467 f.; 201, 61–65; 204, 385; 205, 93 f.; 51, V, 87 f.; im Hinblick auf hl. Bischöfe: 176, 37–41; zu priesterlichem Beistand in schwierigen Lagen, so auch bei einer gefahrvollen Niederkunft: 93, 404; zur Prophezeiung des Priesters: unten § 6d). c. 3: E. wird ‚im rechten Glauben erzogen und von seinen christlichen Eltern mit katholischer Religion erfüllt'. Der Vater übergibt ihn zur Ausbildung dem Goldschmied Abbo in Limoges (s. u. Abschnitt d), der damals die dortige kgl. Münzanstalt leitet. E. erlernt in kurzer Zeit sein Handwerk und erwirbt Ansehen, sein Verhalten zeugt von Aufrichtigkeit und Klugheit (der Autor bedient sich über Hieronymus, epist. 58,6,4, des zweifachen Vergleichs, den Jesus nach 7, Matth. 10,16 in der sprichwörtlichen

Aufforderung an die zur Mission ausgesandten Apostel verwendet: „Seid also klug wie die Schlangen und einfältig wie die Tauben!"). ‚Auch wohnte er häufig den Zusammenkünften der Kirchen bei' *(Ecclesiarum etiam conventiculis frequenter intererat)*; dort macht er sich mit der Hl. Schrift vertraut (dazu: 203, 82).

1,4–20: E. geht nach Neustrien: *extitit quaedam causa …, ut … Francorum adiret solum* (der Ausdruck ‚Boden der Franken' für Neustrien kontrastiert mit dem Ausdruck ‚röm. Provinz' für Aquitanien: unten zu V. E. 2,20), kommt an den Hof (in Paris) und begibt sich zunächst in den Schutz des kgl. Schatzmeisters Bobo (dazu: 74, 86 Nr. 85; 179, 119), doch erwirbt er bald das Vertrauen Chlothars II. (584–629) und später Dagoberts I. (Regierung im Gesamtreich: 629–639). E. arbeitet als Goldschmied (vgl. unten Abschnitt d), aber er sieht sein Leben ganz unter eschatologischem Aspekt und richtet es deshalb als beständiges Streben nach Heiligung ein, völlig bestimmt von christl. Askese (Gebet, Lesung, Kasteiungen) und tätiger Sorge für Bedürftige: Geben von Almosen, oft in exzessiver Weise (zur zeitgenössischen privaten Caritas allg.: 191, 43–46; zum Topos ‚der Hl. verteilt sein Gut': 98, 488–490, vgl. ebd. 70), Loskauf von Sklaven und Befreiung von Gefangenen (beides gerade in merow. Hagiographie verbreitete Themen: 97, 91–99 und 99–125. 151; 204, 394 f.), Pflege von Kranken (vgl. unten Abschnitt d). c. 5: Für Chlothar II. fertigt er mit dem Gold, das dieser ihm für die Herstellung einer einzigen *sella* (strittig, ob Thron oder Prunksattel: z. B. nach Schramm [184, 320] Thron, nach Vierck [212, 311] Sattel) übergeben hatte, deren zwei, was ihm dauerhaftes Vertrauen des Kg.s verschafft (zu den sozialen Hintergründen: 62, 254 f.). c. 6: Chlothar II. verlangt eine Eidesleistung auf Reliquien, doch ängstlich scheut sich E., trotz großer Furcht vor dem Kg., die Reliquien mit den Händen zu berühren; schließlich erläßt der Kg. ihm den Eid (zur Ablehnung dieses Treueids durch E. aus hist. Sicht: 172, 425 mit Anm. 13; zu E.' Verhalten aus mentalitätsgeschichtl. Sicht: 179, 119 f.; zur Bedeutung des Reliquienwesens in der V. E.: unten Abschnitt d). c. 7–8: E.' Sündenbekenntnis und Buße, Gottes Annahme der Buße. Vor einem Priester oder Bf. *(coram sacerdote confessus est)* legt E. ein umfassendes Bekenntnis sämtlicher Verfehlungen seiner Jugend ab (215, 24: „confession générale"; 96, 211 f.; vgl. 213, 32) (c. 7) und erlegt sich selbst eine strenge Buße auf (später als Bf. empfiehlt E. im pastoralen Dienst die Beichte als spirituelles Heilmittel: unten zu V. E. 2,4). (Das Wort *sacerdos* bezeichnete zunächst und noch bis ins 5. Jh. gewöhnlich den Bf., doch erweiterte sich seine Bedeutung später, bis es am Ende des 7. Jh.s neben dem Bf. fast immer auch den Priester bezeichnen konnte: 93, 171–208; im Rahmen der damals in Gallien noch neuen, von den Iren übernommenen Praxis der Tarifbuße [s. u. Abschnitt d] erfolgte das Sündenbekenntnis zwar auch vor einem Priester oder Bf. [215a, 36; 121, 512], doch ist dieses Verfahren hier nicht angesprochen, wie der weitere Verlauf zeigt.) Längere Lobrede auf die Bußwerke des Hl. (Gebet, oft unter Tränen, Nachtwachen, Fasten) und auf seine Tugenden (Keuschheit, Geduld, Liebe, Gottesfurcht); als beherrschender Beweggrund wird die Vorstellung vom Gericht Gottes genannt (vgl. unten Abschnitt d). Eine sakramentale Lossprechung durch den Geistlichen erfolgt nicht (zu dieser Art von Schuldbekenntnis: 215, 20–26, ebd. 24 f. die vorliegende Stelle, vgl. ebd. 11 f.), doch erfährt E. in einer nächtlichen Vision (c. 8), daß Gott seine Buße angenommen hat (dazu: 93, 394); Wohlgeruch, der sich im Raum ausbreitet, und eine balsamische Flüssigkeit, die aus einem der in seinem Schlafzimmer aufgehängten Reliquiare austritt und auf sein Haupt herabtropft, versteht E. als Bestätigung der Vision (dazu: 215, 12). Der Autor gibt mit verhaltenem

Pathos zu wissen: ‚Dies also war der Beginn seiner Wunder, vielmehr [derjenigen] des allmächtigen Gottes, durch den alle alles können.' *(Hoc ergo fuit initium virtutum eius, immo omnipotentis Dei, per quem omnes omnia possunt.*; zu den durch E. gewirkten Wundern: unten Abschnitt d). Gleich im Anschluß daran heißt es: ‚Als der heilige Mann [sc. E.] dies seinem Gefährten mit Namen Audoin, mit Beinamen Dado, den er wie seine Seele liebte, ganz im Geheimen genau erzählt hatte, verlangte er im Gegenzug von ihm, daß er, solange er selbst [sc. E.] im Leibe ausharre, diese Dinge niemandem verrate.' Die vertrauliche Mitteilung berührt Audoin (also den Verf. der V. E.) im Innersten und veranlaßt ihn, E. nachzueifern. Seinen Bruder Ado, der auch zu den Optimaten am Hof Chlothars II. gehört (die hier geschilderten Vorgänge haben sich noch unter diesem Kg. ereignet, da dessen Tod 629 erst im folgenden Kap. vermeldet wird), gewinnt er für den Entschluß, fortan ihren Lebenswandel nach E. als Vorbild auszurichten, ‚und sie hatten vertraute Gemeinschaft und waren ein Herz im Herrn und eine Seele'. (Deutliche biblische Anspielung auf das Ideal des gemeinschaftlichen Lebens in der Urkirche: 7, act. 4,32. Bei aller Stilisierung bleibt doch die emotionale Betroffenheit zu spüren, mit der sich Audoin hier nach ungefähr 50 J. seiner spirituellen Konversion und den Anfängen der tiefen Freundschaft zu dem der Herkunft nach weniger vornehmen, aber vom Kg. sehr geschätzten [s. im Folgenden], etwa zehn J. ält. E. erinnert; zur Freundschaft der beiden Männer vgl. unten zu V. E. 1,12.) c. 9: ‚E. also fand Gnade vor dem Herrn und vor den Kg. der Franken …' *(Invenit ergo Eligius gratiam coram Domino et coram regibus Francorum …).* Nach dem Tod Chlothars II. († 629) erlangt dessen Sohn Dagobert I. die Herrschaft im Gesamtreich, ‚von dem E. mit solcher Vertrautheit behandelt worden ist, daß sein Glück den ungeheuren Haß sehr vieler erzeugte'. c. 10: E. fertigt Gebrauchsgegenstände für den Kg., ‚die meisten aus Gold und Edelsteinen' (mehr Aufmerksamkeit als diesen profanen Goldschmiedearbeiten schenkt der Verf. der V. E. den sakralen Werken: unten zu V. E. 1,32). Selbst bei der Arbeit liest E. in der Hl. Schrift. Mit ihm arbeitet ‚Thille, sein Unfreier aus sächsischem Stamm' *(… Thille vernaculus eius ex genere Saxonico)* (E. leitet also eine Werkstatt: unten Abschnitt d; zu Thille: Krusch in 3, 676 Anm. 5; er dürfte Angelsachse gewesen sein: 77, 254 Anm. 110). Auswärtige Gesandte oder sonstige Besucher des Kg.shofs wenden sich an E., weil sie sich Rat und Unterstützung von ihm erhoffen. Unter den Gefangenen aus fremden Ländern, die E. in großer Zahl loskauft, sind bes. viele ‚aus dem Stamm der Sachsen' *(ex genere Saxonorum),* die damals ‚wie Herden' aus ihrer Heimat ins Frankenreich verschleppt werden. In seinem Haushalt leben neben anderen Unfreien ‚Tituin, von suebischem Stamm, der treue Laien-Kämmerer' *(Tituinus genere Suevus fidelis cubicularius laicus)* (Vermutung über seine Herkunft: unten Abschnitt e), und Buchinus, ein ehemaliger Heide, der später dem Kloster von Ferrières vorsteht (dazu: 163, 135). c. 12: E.' Aussehen und persönliche Lebensumstände. Seine körperliche Erscheinung ist von natürlicher Schönheit (zur topischen Schönheit des Hl.: 98, 463–468; 204, 380); er kleidete sich zuerst mit außerordentlicher Pracht (51, II, 60: „Die Schilderung des schönen und goldbedeckten Eligius ist die farbigste Personenbeschreibung der merowingischen Biographie"; vgl. ebd. V, 102 f., wo als Bezeichnung für diese Art liter. Personenbeschreibung der Terminus ‚Ikonismus' vorgeschlagen wird [merkwürdigerweise mit Berufung auf eine hist.-kunsthist. Arbeit (G. B. Ladner); philol. zum ‚ikonischen Portrait': 142 a; zum Terminus ‚Ikonismus' vgl. auch → Lebensbeschreibungen § 2.4]; aus mentalitätsgeschichtl. Sicht: 179, 119), wenngleich er bereits damals ein härenes Untergewand *(cilicium)* trug, später aber ist seine Kleidung von bisweilen sogar anstößiger Schlichtheit. Am Kg.shof hat E. eine Wohnung in unmittelbarer Nachbarschaft Audoins, ‚denn wie seine eigene Seele, so liebte er jenen' (vgl. oben zu V. E. 1,8). In seinem Schlafzimmer verwahrt er ‚viele herabhängende Unterpfänder der Heiligen und besonders auch sehr viele heilige Bücher auf einem Drehpult' (zu den im Schlafzimmer aufbewahrten Reliquien: oben zu V. E. 1,8; zu dem bemerkenswerten Drehpult: 169, 372 f.; das offenbar damals ungewöhnliche Drehpult wird nicht mit einer bestimmten Bezeichnung direkt genannt, sondern umschrieben: *libros in giro per axem*). Einen Großteil der Nacht verbingt E. mit Gebet, Psalmengesang und Bibellektüre. Bei inständigem Beten weint er oft: ‚Ihm war nämlich in reichem Maße die Gnadengabe der Tränen zugeteilt'. c. 13: Im Auftrag Dagoberts I. unternimmt E. eine Gesandtschaft zum ‚Fürsten' *(princeps)* der Bretonen (dessen Name Judicaël aus Fredegarius, chron. 4,78 [16, 160], bekannt ist, wo er als *rex Brittanorum* bezeichnet wird; dazu: 172, 94. 508 Anm. 51). c. 15–18: E. gründet, mit Unterstützung Kg. Dagoberts I., zwei Klöster, eines für Männer in Solignac bei Limoges (→ Remaclus § 1 und § 5a mit weiterer Lit.; ferner 217, 69. 70; die Gründung erfolgte 638 [nicht 632]: 222, 181) und eines für Frauen in Paris (vgl. 26, Dep. 163; zur Sache: 43, 173; 163, 134 mit Anm. 77; 217, 69; 191, 271–273). Beide Einrichtungen erhalten eine sehr reiche Ausstattung und sind bald schon von großen Konventen besiedelt, die sich teils aus Freigelassenen (Solignac) oder Mägden (Paris) des Gründers zusammensetzen. Im Zusammenhang mit der Klostergründung in Solignac wird von Einzelheiten einer Steuereinziehung erzählt (c. 15); die Steuer wird in Form von Geldzahlungen geleistet (dazu: 129, 114 f.; 172, 346 f.; 116, 5. 8; 73, 119 f. mit Anm. 197). Der Verf. der V. E. berichtet (c. 16), daß er selbst Solignac besucht habe. Er lobt ‚die so inständige Beobachtung der hl.

Regel' *(tantam sacrae regulae observantiam)* und die Lebensweise der Mönche. (Genauer wird die Regel von Solignac in der V. E. nicht bezeichnet, doch ist aus der Gründungsurk. bekannt, daß die Mönche nach einer sog. benediktinisch-kolumbanischen Mischregel leben sollten, und daß das Kloster der Verfügungsgewalt des Ortsbf.s entzogen war, zugleich aber, in jeweils verschiedener Hinsicht, der Autorität des Kg.s und des Abtes von Luxeuil unterstand: → Remaclus § 5a; die Gründung von Solignac wird auch bei Ionas, Columb. 2,10 [17, 255] erwähnt; im Hinblick auf die beiden von E. gegründeten Frauenklöster spricht die V. E. jeweils von einer ‚strengen' Regel: unten zu V. E. 1,17 [Paris] und V. E. 2,5 [Noyon].) Ferner erwähnt er, daß es dort auch ‚sehr viele, in verschiedenen Künsten erfahrene Künstler [Handwerker]' *(artifices plurimi diversis artibus periti)* gibt, und schildert ausfürlich die Lage des Klosters (nicht aber dessen Gebäude) und die es umgebende Örtlichkeit (diese ist bei allem realen Gehalt der Darst. als Locus amoenus stilisiert, der hier, christl. gedacht, zuletzt gar das Paradies evoziert; zum Topos des Lustortes: 64, 202–206). Das Frauenkloster in Paris richtet E. ‚in seinem Haus' ein (c. 17), das er vom Kg. geschenkt bekommen hat. (Es lag innerhalb der Mauern, also auf der Île de la Cité, und zwar etwa in deren Mitte, zw. den heutigen Straßenzügen des Boulevard du Palais und der Rue de la Cité, sö. gegenüber der merow. Kg.spfalz: 100, 107 und ebd. Album, Pl. II; 86a, 15. 60 und Karten II. V. XI ebd. 54. 111. 195; 211, 19 f. 63; 73a, 99 [Karte]. 114 f. Nr. 5; 81, 113. 395; nicht berücksichtigt bei 53; die Gründung wird auch bei Ionas, Columb. 2,10 [17, 255] erwähnt. Mit unzureichenden Argumenten [86a, 62 mit Anm. 3] wird allg. angenommen, als Klosterkirche habe urspr. die benachbarte Kirche St. Martial [vgl. unten zu V. E. 1,19] gedient, doch lag diese außerhalb des ummauerten Klosterbez.s [‚Ceinture-Saint-Éloi'; vgl. 86a, 60. 62 f.]; wahrscheinlich war die urspr. Klosterkirche keine andere, als die innerhalb der Klostermauer gelegene Kirche, die später unter dem Patrozinium des hl. E. stand und nach der dann das Kloster als ‚Abtei St. Eligius' bezeichnet wurde; früheste Belege für diese Bezeichnung zu 872 und 878: 43, 173 mit Anm. 61, allerdings identifiziert der Verf. irrig [wohl im Anschluß an 211, 63] die Kirchen St. Eligius und St. Martial. Demnach wäre das urspr. Patrozinium der Abteikirche unbekannt; das später von E. in Noyon gegründete Frauenkloster war urspr. wohl den Hl. Petrus und Paulus geweiht, das Männerkloster in Solignac hatte die gleichen Hauptpatrone: unten zu V. E. 2,5 [Noyon] und → Remaclus § 5a [Solignac].) Er verleiht dem Kloster eine strenge Regel (die jedoch nicht näher gekennzeichnet wird: vgl. oben zu V. E. 1,16 [Solignac], unten zu V. E. 2,5 [Noyon]) und setzt als erste Äbtissin die Jungfrau Aurea ein (sie stirbt nach E.' Tod an einer Seuche: unten zu V. E. 2,54). Als das Baugelände der Größe nach nicht ganz ausreicht (es fehlt der Platz für die Abortanlage, wie der Autor in verhüllender Rede mitteilt), erbittet und erhält E. vom Kg. zusätzlich ein kleines Stück angrenzenden Fiskallands (nach Vercauteren [209, 459 f.] bietet die Erzählung ein anschauliches Zeugnis für die Bebauungsdichte innerhalb der Stadtmauern, doch widerspricht dem eigtl. die beträchtliche Größe des Klosterbez.s; zum Umfang der ‚Ceinture-Saint-Eloi': 86a, 60 mit Karte V ebd. 111). An den Erwerb dieses Grundstücks knüpft sich eine Episode, die E.' ungewöhnlich minutiöse Ehrlichkeit bezeugt. Nach Fertigstellung der Klostergebäude (c. 18) errichtet E. als ‚Bestattungskirche' der Nonnen die Basilika St. Paul *(basilicam in honore sancti apostoli Pauli ad ancillarum Dei corpora sepelienda)*. (Die Kirche lag außerhalb der Mauern, auf dem rechten Ufer der Seine an der alten Straße nach Meaux, etwa 250 m nö. des Flusses, in der heutigen Rue St-Paul, Hausnr. 30–32; nach dem Untergang der Kirche am Ende des Ancien Régime wurde ihr Patrozinium mit dem der benachbarten Kirche St. Ludwig vereinigt: 100, 115 und ebd. Album, Pl. II; 86a, 15. 78 f. 287–293. 369–374 und Karten I. III ebd. 17. 72; 211, 19 f. 21 [Karte]. 63; 73a, 99 [Karte]. 115. 127 Nr. 24; 142, Plan III Nr. 20; 43, 173 mit Anm. 61; 73a, 127 Nr. 24; 81, 112. 395; zur außerstädtischen Basilika als Friedhofskirche und Bestattungsgebäude: unten zu V. E. 2,61.) Des weiteren ‚erneuert' er *(Aedificavit etiam immoque renovavit ...)* die Basilika St. Martial. (Diese lag auf der Île de la Cité, ungefähr in deren Mitte, zw. den heutigen Straßenzügen des Boulevard du Palais und der Rue de la Cité, ungefähr 50 m ö. der Kirche des von E. gegründeten Frauenklosters [vgl. oben zu V. E. 1,17]: 100, 113 und ebd. Album, Pl. II; 86a, 62 f. 112. 196 f. 380 f. und Karten II. V. XI ebd. 54. 111. 195; 211, 63; 73a, 99 [Karte]. 115 unter Nr. 5; 81, 395. Es handelte sich dem Text nach eindeutig um die Wiederherstellung einer ält. Kirche, keineswegs um eine Neugründung, wie in der Lit. gelegentlich behauptet wird; St. Martial war wohl kaum die urspr. Hauptkirche des w. davon eingerichteten Frauenklosters, wie man allg. annimmt [vgl. oben zu V. E. 1,17], auch wenn dieses ganz in der Nähe lag [vgl. unten zu V. E. 1,19].) Bei der feierlichen Überführung von Reliquien nach St. Martial ereignet sich die wunderbare Befreiung von sieben Männern aus dem Kerker, ‚seien es Unschuldige oder Verbrecher' *(sive innocui seu noxii)* (zum Ereignis und zu seiner Darst.: 97, 99–125, bes. 111 Nr. 42; 51, II, 60 f.; zur Lage des bereits mehrfach bei Gregor von Tours erwähnten Gefängnisses auf der Île de la Cité: 211, 49; zum Problemkreis von Schuld und Bestrafung bei wunderbar erretteten Verbrechern: 137, passim; vgl. unten zu V. E. 2,15). c. 19: Bei einem Stadtbrand in Paris auf der Île de la Cité geraten auch das von E. gegründete Kloster (vgl. oben zu V. E. 1,17–18) und die von ihm ‚erneuerte' Kirche St. Martial (vgl. oben zu V. E. 1,18) in Gefahr abzubrennen. E.

fordert den hl. Martial auf, sein ‚Haus' zu schützen, und droht ihm an, es andernfalls nie mehr wiederherzustellen. Sogleich kommt ‚die Gnade des Herrn' zu Hilfe, der Wind dreht, und St. Martial wie das Kloster bleiben von der Feuersbrunst verschont. c. 20: Langes Lob auf die Tugenden des hl. E. {Kurzer Zusatz der Limousiner Sonder-Redaktion (vgl. oben § 2a) etwa im 1. Drittel von c. 20, innerhalb eines Tugend-Kat.s, zw. ... *nihil quippe ejus animo clementius* und *nihil illius severitate jocundius* ... (1, 214 f.; in der Ausgabe von Krusch [3, 684] fehlt bezeichnenderweise das ganze, rein enkomiastische Kap.; zu derartigen Auslassungen: oben § 2b): *nihil erga humiles blandius fuit* (Wortlaut: 226, 212; zur Sache: 226, 211 f.)}

1,23–31: Wunder, die E. noch im Stand des Laien wirkt (zu einzelnen dieser Wunder: 205, 123 Anm. 323 f. 80 Anm. 104. 97 Anm. 198. 118 f. Anm. 304). c. 30: Als E. in Paris weilt, flüchtet sich der *custos* von St. Kolumba zu ihm und berichtet entsetzt, daß die Kirche *(basilica, oratorium)* in der Nacht um ihre ‚ganze Ausstattung' *(omni ornatu)* bestohlen worden sei. (Seit Lebeuf [1754] wird St. Kolumba mit der aus späterer Zeit bekannten kleinen Kirche St. Bonitus [oder Bonus, frz. St-Bon] identifiziert [in diesem Zusammenhang wird der hl. Baldus von Sens ins Spiel gebracht: 211, 19 f. Anm. 4; 73a, 127 Nr. 23]. St. Bonitus jedenfalls lag außerhalb der Mauern, auf dem rechten Ufer der Seine, bei der alten Straße nach Senlis, etwa 200 m nö. des Flusses, in der heutigen Rue St-Bon, Hausnr. 6–8; die Kapelle wurde am Anfang des 19. Jh.s abgerissen: 100, 106 und ebd. Album, Pl. II; 86a, 61 f. Anm. 2. 62 Anm. 1. 145. 147 [die Angaben beziehen sich hier alle auf St. Bonitus, ein Zusammenhang dieser Kirche mit St. Kolumba, die der Verf. nach Ausweis des Reg.s auch sonst nirgends erwähnt, wird nicht hergestellt!]; 211, 19 f. 21 [Karte]. 63; 73a, 99 [Karte]. 127 Nr. 23; 81, 395.) E. begibt sich nach St. Kolumba, wendet sich unmittelbar eben an die hl. Kolumba als deren Patronin und trägt ihr auf, das Gestohlene rasch wieder zu beschaffen, andernfalls werde er die Kirchentüre mit Dornen versperren, ‚damit dir [sc. Kolumba] ab heute niemals mehr an diesem Ort Verehrung erwiesen werde'. Am nächsten Morgen findet sich alles wieder an seinem alten Platz. E. wird benachrichtigt und kommt nach St. Kolumba, er lobt die Hl., preist aber mehr noch den Namen Christi. c. 31: E. verschafft sich beim Kg. die Genehmigung, unbestattet gebliebene Leichen zum Tode Verurteilter zu begraben, und trägt Sorge für die Durchführung dieses Vorhabens (hingerichtete Verbrecher erhielten nach röm. Recht kein Begräbnis, doch konnte die Leiche auf Antrag zur Bestattung freigegeben werden: 220, II, 237 Anm. 146; das Begraben von Toten, um die sich niemand kümmert, wird in christl. Lit. seit Laktanz zu den ‚Werken der Barmherzigkeit' gezählt: unten Abschnitt d). Ein nur scheinbar toter Gehenkter wird von E. wiederbelebt und vor erneuter Verfolgung bewahrt, indem der Hl. für ihn beim Kg. einen Schutzbrief (vgl. 26, Dep. 189) erwirkt. (Eigtl. handelt es sich nur um eine wunderbar anmutende Errettung aus Lebensgefahr, nicht um ein wirkliches ‚Galgenwunder': 97, 126 Nr. 15; 137, 2 mit Anm. 4; das Ereignis ist also keine Totenerweckung: 205, 107; zum hagiographischen Motiv des Galgenwunders: 97, 125–134; die wunderbare Errettung Gehenkter in merow. Hl.viten, meist in Form eines sog. ‚Galgenwunders' erzählt, kann als Reflex des kirchlichen Widerstands gegen die Todesstrafe verstanden werden, bes. wenn diese zur Ahndung nur eines Diebstahls verhängt wurde: 136, 339 f.; 137, passim; zur allg. Scheu merow. Hagiographen, ihrem jeweiligen Hl. eine wirkliche Totenerweckung zuzuschreiben: 204, 380 f.; 205, 104–107. 128, hier bes. 107.) {Langer Zusatz der Limousiner Sonder-Redaktion (vgl. oben § 2a) gegen Ende von c. 31, nach ... *appareret in propatulo,* welches Satzende in der Limousiner Überlieferungsform des Textes statt ... *apparuerit conspectu* (3, 688,2) steht: E. erweckt einen weiteren Gehenkten wieder zum Leben, nachdem er ihn selbst vom Galgen geschnitten hat. Der Name des wiederbelebten jungen Mannes und der seines Vater werden genannt, ebenso der Name von dessen Herkunftsort, einer *villa* ‚im Territorium von Limoges', deren Lage auffällig genau angegeben wird *(... de villa Tiberiaco que sita est in territorio Lemovicino prope de novo vico quem vulgari proverbio Fanensem vocant)*. (Wortlaut: 226, 215 f. [nicht bei 3, 688]; zur Sache: 226, 214–217; der Herkunftsort ist bisher nicht identifiziert: 226, 216 Anm. 33; zu *territorium* als Terminus polit.-administrativer Geogr.: 221, 114 f.; zur Bedeutung des Zusatzes für die Datierung der V. E.: oben § 3).}

1,32: Zusammenstellung der wichtigsten von E. ausgeführten sakralen Goldschmiedewerke (profane Goldschmiedewerke: oben zu V. E. 1,5. 10). Für viele Hl. Galliens (darunter gerade die bes. verehrten) hat E. „aus Gold und Silber sowie aus Edelsteinen" ein ‚Grab' *(sepulchrum)* hergestellt, so für Germanus, Severin, Piato (Piatus), Quintin, „Lucius" (Lucianus von Beauvais: 190), Genovefa, Columba, Maximianus und Lolianus, und Julianus (vgl. unten zu V. E. 2,6. 7; Königin Balthild bringt die allg. Wertschätzung dieser Arbeiten bei Gelegenheit der Ausschmückung von E.' eigenem Grab zum Ausdruck: unten zu V. E. 2,41). In Tours hat er mit Unterstützung Kg. Dagoberts I. ein bes. kostbares ‚Grab' für den hl. Martin verfertigt, außerdem eine *tumba* für den hl. Brictius und eine weitere *tumba* für die Stelle des urspr. Martinsgrabes (zur Tätigkeit in Tours: unten zu V. E. 2,68). Ebenfalls mit Hilfe Dagoberts I. hat E. in St. Dionysius bei Paris mehrere bes. aufwendige Werke geschaffen, die im einzelnen angeführt werden (vgl. unten Abschnitt d). Für die Kirche von Tours (die V. E. formuliert hier mißverständlich, gemeint ist aber nicht die Abtei St. Martin, wie in der Lit. gelegentlich angenommen wird, sondern die Diöz. Tours, vertreten durch den Bf.) erwirkt E. zudem eine ganz besondere Vergünstigung *(beneficium)*: Auf seine Bitte hin wird dieser nämlich von Kg. Dagobert I. das Steuerrecht *(censum)* übereignet (vgl. 26, Dep. 184; zur Sache: 76, 216–218; 172, 348. 661 Anm. 108; 116, 12. 13; 117, 92 f.; 219, 191. 291 f.; 118, 148 f.; 225, 39 f.).

1,33–36: Herrscherwechsel. Bekämpfung von Häretikern. c. 33–34: Kurze Notiz über Tod und Begräbnis Kg. Dagoberts I. († 639) und über den Beginn der Kg.sherrschaft seines Sohnes Chlodwig II. Daran ausdrücklich anknüpfend, folgt eine Digression (vgl. oben § 3) über den Monotheletismus und über Papst Martin I. (649–653 [Absetzung durch den Kaiser], † 655). Erzählt wird zunächst vom Ursprung der ‚ruchlosen Häresie' im Osten und von ihrer Ausbreitung bis nach Rom, sodann von dem Kampf Martins I. gegen die ‚Häretiker' und dem Lateran-Konzil (im J. 649), von einer Schrift über den rechten Glauben, die Martin herausgegeben und nach Gallien geschickt hat (wohl ein allgemeines Rundschreiben), und zwar mit einem Begleitbrief, in dem er den frk. Kg. bittet, zu seiner Unterstützung ‚katholische gelehrte Männer' zu entsenden. Schließlich wird das ‚Martyrium' des Papstes erzählt, der um der Reinheit des Glaubens und der Einheit der Kirche willen Absetzung, Gefangennahme, Fortführung nach Konstantinopel, Haft und Tod in der Verbannung erlitten (zu den hist. Vorgängen: 59, 553–574; 193, 129–137. 160–168; 50, 40–43; 168, 642–644; mit teils erwägenswerten Vermutungen und Kombinationen im Hinblick auf Martins I. Rundschreiben und die [anzunehmenden] Reaktionen von Kg. und Kirche in Neustroburgund: 56, passim, bes. 58–67; mit dieser abschweifenden Erzählung über Ereignisse aus der Zeit von 649–655 verläßt der Autor den prinzipiellen zeitlichen Rahmen von Buch 1, das ja von E. als Laien berichten will und sich damit eigtl. auf die Zeit bis 640 [in diesem J. wird E. Kleriker: unten zu

V. E. 2,2] beschränkt; dazu: oben § 5b). Die Digression schließt mit einem kurzen Metatext, der ihre Aufnahme in die V. E. genauer begründet. c. 35: Ein Häretiker aus Übersee (gemäß dem Erzählzusammenhang anscheinend ein Monothelet aus dem Mittelmeerraum: 193, 168–174; andere Ansichten: nach Krusch [in 3, 648 f. 691 f. Anm. 3] ein iroschott. Wanderprediger; dieser soll nach Rouche [172, 400] wahrscheinlich pelagianisches Gedankengut propagiert haben; vgl. Westeel in 5, 70 Anm. 228) verbreitet seine Lehren in Autun. Auf Betreiben von E. wird ein Konzil nach Orléans einberufen, das den Häretiker verurteilt; er wird des Landes verwiesen. (Das Konzil ist nur durch die vorliegende Nachricht der V. E. bekannt; es muß in den J. 639–641 stattgefunden haben: 10, 301, vgl. 158, 193.) c. 36: E. spürt immer wieder Häretiker auf und vertreibt sie aus dem Frankenreich.

1,37–39: Charakterisierung E.' im Hinblick auf Werke der Barmherzigkeit (Sorge für Alte, Witwen und Waisen, Kranke, ungenügend Bekleidete), auf Askese, und auf sein sonstiges Verhalten. c. 39: Lob auf E., der schon als Laie ‚durch göttlichen Willen das gottgefällige Wesen eines Bischofs in ungewöhnlich reichem Maße besaß' *(divino nutu Pontificis gratiam possideret uberius)*.

1,40: Nachwort zu Buch 1. Resümierend stellt der Verf. fest, er habe im jetzt abgeschlossen vorliegenden Buch *(praesenti libello)* das behandelt, was E. als Laie getan hat. Er teilt mit, daß er die Absicht habe, E.' Taten als Bf., dessen Hinscheiden und die Wunder, die er nach seinem Tod gewirkt hat, später in einem anderen Buch *(alio libello)* ergänzend darzustellen.

Buch 2. Praefatio zu Buch 2. Der Autor kündigt an, daß er die Arbeit an seinem Werk, das er vor langer Zeit *(pridem)* begonnen, aber unvollendet liegen gelassen habe *(opus inperfectum reliqueram)*, wieder aufnehme. Die Fülle des Stoffs zwinge ihn zu einer Auswahl, was größte Schwierigkeiten mit sich bringe. Er sagt nochmals, daß er im ersten Buch nur dargelegt habe, was E. ‚in weltlichem Gewand' getan hat; nun folge der Beginn der Darst. seines Pontifikats.

2,1: Das Kap. beginnt mit dem Hinweis, daß E. auch in der Zeit seines Dienstes ‚im Palast' bereits ‚für den ewigen König und für den Fürsten aller, Christus', gestritten habe. Darauf folgt eine Aufzählung der Kg., die zu Lebzeiten E.' regiert haben. Schließlich wird berichtet, wie ‚die heiligen Männer Eligius und Audoin' zu einem früheren Zeitpunkt ein Verbot der Simonie erwirkten. (Zur Simonie im merow. Gallien: 93, 108–110. – Bis auf den ersten Satz dürfte das ganze erste Kap. interpoliert sein: oben § 3.)

2,2: E. wird (im J. 640, also kurz nach dem Tod Dagoberts I. 639) zum Bf. von Noyon gewählt (oder eigtl. von Vermand [Saint-Quentin]/Noyon und Tournai; zur Verlegung des Bf.ssitzes von Vermand [Saint-Quentin] nach Noyon erst zu Beginn des 7. Jh.s und zur Union der Diöz. Noyon und Tournai etwa zur gleichen Zeit: 208, 167 f.; vgl. unten Abschnitt d), sein Freund Audoin zum Bf. von Rouen (zum hist. Hintergrund: 164, 411): ‚Dementsprechend also erwählten sie [zu den Wählern: weiter unten] aufgrund des Verdienstes der Heiligkeit den mit allen guten Werken begabten heiligen Eligius, der schon von Licht erstrahlte, zum priesterlichen [sc. bischöflichen: oben zu V. E. 1,7] Amt, daß er der Kirche von Noyon vorstehe; in dem selben Jahreskreis war nämlich Aigachar, der Bischof der vorgenannten Stadt, verschieden [zu Aigachar: unten Abschnitt d]. Sie erwählten aber gleichzeitig mit ihm auch seinen Gefährten Audoin, der Dado genannt wurde, daß er der Kirche von Rouen vorstehe. Auf diese Weise also bestellten sie einen Goldschmied, der gegen seinen Willen tonsuriert worden war, zum Hüter der Städte und Landstädte mit folgenden Namen: Vermand selbstverständlich, das die Metropole ist, Tournai aber, das einstmals eine Königsstadt war, auch Noyon und die flandrische Landstadt [wohl Brügge: 173, 741 f.; der Name ‚Brügge' – älteste Formen *Bruggas* und *Bruccia* – ist erst seit dem 9. Jh. belegt: 99, I, 195 s. v. ‚Brugge'], Gent auch und Kortrijk [Courtrai]. Deswegen also bestellten sie ihn [sc. E.] wohl vor allem an diesen Orten zum Hirten, weil die Einwohner dieser Gegend noch großenteils vom Irrtum des Heidentums gefangengehalten wurden …' (*Exinde igitur elegerunt ex merito sanctitatis cunctis bonis operibus praeditum ad sacerdotale officium sanctum Eligium iam lumine radiatum, ut praeesset ecclesiae Noviomagensi; decesserat enim in ipso anni circulo Acharius praefatae urbis antestis. Elegerunt autem cum eo et Audoinum sodalem eius, qui vocabatur Dado, ut praeesset ecclesiae Rodomagensi. Hoc ergo modo aurificem invitum detonsum constituerunt custodem urbium seu municipiorum his vocabulis, Vermandensi scilicet, quae est matropolis urbs, Tornacensi vero, quae quondam regalis extitit civitas, Noviomagensi quoque et Flandrensi, Gandensi etiam et Corturicasensi. Ob hoc itaque eum vel maxime in his locis dederunt pastorem, quod incolae eiusdem regionis magna adhuc ex parte gentilitatis errore detinebantur …*). (Die Wähler werden nicht genannt; nach Krusch in 3, 695 Anm. 1 handelt es sich um ‚Klerus und Volk' der betreffenden Civitates. Die Wahl durch ‚Klerus und Volk' der Civitas unter Mitwirkung des Metropoliten und der Komprovinzialbischöfe entsprach alter, als „kanonisch" angesehener Tradition [61, 17 f.; 92, 50; 220, I, 115]. Das Konzil von Paris 614 sah eine Wahl durch Metropolit, Komprovinzialbischöfe sowie ‚Klerus und Volk' vor, oder auch eine Wahl durch den Metropoliten mit Zustimmung von ‚Klerus und Volk' [10, 275 can. 2; dazu: 92, 53 f.; 158, 182–188, bes. 184 f. (teils ungenau); vgl. 217, 104 f.]; das zusammen mit den Konzilskanones von Kg. Chlothar II. promulgierte *Edictum Chlotharii* bestimmt hingegen, daß der Bf. von ‚Klerus und Volk' gewählt werden soll, und daß der Kg., wenn der Erwählte des Amtes würdig ist, dessen Weihe anordnet, die der Metropolit zusamt den Komprovinzialen vollzieht [dies entspricht genau den einschlägigen Bestimmungen des Konzils von Orléans 549: 10, 151 f. can. 10; dazu: 92, 52; 158, 98; vgl. 220, I, 116–118; 217, 99 f.], und es stellt zudem fest, daß Angehörige des Hofes, wenn sie zu Bischöfen gewählt werden, ‚aufgrund des Verdienstes der Person und der Gelehrsamkeit' geweiht werden sollen [10, 283 can. 1; dazu: 92, 54 f.; 158, 182–188, bes. 186 f.; vgl. 217, 104 f.]. Bei dem an den Bf.swahlen beteiligten ‚Klerus' dürfte es sich in Wirklichkeit nur um eine kleinere Gruppe führender Kleriker der betreffenden Civitas gehandelt haben [76, 209]; das wahlberechtigte ‚Volk' bestand aus den *cives* der jeweiligen Civitas, d. h. aus den Angehörigen der freien Mittelschicht der merow. Gesellschaft, welche die Herrenschicht der Civitates bildete [so 220, II, 307–319; vgl. 60, 82–84; 108, 40. 57–62. 71; zur Beteiligung der *cives* an der Bf.swahl: 76, 209; 61, 19. 22; 220, II, 307; zum Eingreifen der *cives* von Noyon bei E.' Bestattung: unten zu V. E. 2,37]. Normative Qu. allein geben natürlich kein vollständiges Bild der wirklichen Verhältnisse; Einfluß auf die Bf.serhebung hatten sicher verschiedene Gruppen, wie außer den genannten auch der regionale Adel oder die Großen am Hofe, doch war zuletzt der Wille des Kg.s maßgeblich [61, 18–75; 92, 56–62; 220, I, 117. 119; 158, 178; 108, 68–73, bes. 70. 75. 77; 117, 85–89, bes. 88 (Audoin und E.); Fouracre/Gerberding in 21, 5] oder jedenfalls der Wille der bestimmenden Persönlichkeiten am Hof. Nach der um 700 entstandenen *Vita Audoini* wurde jedenfalls Audoin ‚auf königlichen Befehl' zum Bf. erhoben [31, c. 7; zur Datierung: Levison in 31, 543; 218, 128; Fouracre/Gerberding in 21, 133]; im J. 640, also z. Zt. der Bf.swahl von E. und Audoin, führte in Neustroburgund der Hausmeier Aega unter der Regentschaft der Königinmutter Nanthild für den noch unmündigen Chlodwig II. die Regierungsgeschäfte [80, 146 f.; 150, 246–250; zur Bf.serhebung Audoins *iusso regali:* Fouracre/Gerberding in 21, 143; 150, 249 mit Anm. 668]. Die Wahl von E. und Audoin beachtete nicht das Indigenatsprinzip, obwohl dieses durch das Konzil von Clichy 626–627 für das Amt des Bf.s verbindlich vorgeschrieben worden war [10, 296 can. 28; dazu: 158, 187. 189–192, bes. 192; vgl. 217, 105 f.; ferner 176, 171]; andererseits spricht aber, wie schon bemerkt, das 614 erlassene *Edictum Chlotharii* davon, daß Angehörige des Hofes, eine bestimmte Eignung vorausgesetzt, zu Bischöfen bestellt werden können [s. o.]. Die Tatsache, daß mit E. ein Goldschmied, also ein Handwerker, zum Bf. erhoben wird, ist offenkundig auch in den Augen des Verf.s der V. E. ein sehr bemerkenswerter Aspekt des Vorgangs; zum gewöhnlich adeligen Geburtsstand merow. Bischöfe vgl. oben zu V. E. 1,1. Zu E.' Wirken als Missionar s. u. Abschnitte d. e.) Nach Wahl und Tonsur (durch letztere erfolgte die Aufnahme in den Klerus: 93, 23–27) verbringt E. zunächst eine gewisse Zeit *(aliqua temporis curricula)* als Kleriker (wohl ein Jahr, wie kanonisch vorgeschrieben: Krusch in 3, 695 f. Anm. 6; die einjährige Vorbereitungszeit im Klerikerstand war für einen künftigen Bf., der als Laie erwählt worden war, zuletzt vom Konzil von Orléans 549 festgesetzt worden: 10, 151 can. 9; dazu: 61, 43. 61; 92, 52; 158, 94–101, bes. 98 [ungenau]; vgl. 220, I, 116 f., vgl. ebd. 118; 217, 99 f.; bereits früher hatten die Konzilien von Arles 524 und Orléans 538 ein solches Vorbereitungsjahr für die Empfänger aller höheren Weihen angeordnet, die noch keine Kleriker waren: 10, 43 f. can. 2 und ebd. 116 f. can. 6; dazu: 158, 52 f., bes. 53, und ebd. 78–85, bes. 82; vgl. 176, 117. 120; 220, I, 115). Sodann wird er von Bf. Deodat von Mâcon zum Priester geweiht (wahrscheinlich hatte er während des Vorbereitungsjahres auch die Weihestufen unterhalb des Presbyterats durchlaufen: 93, 32–49, bes. 45 f.). Die Bischofsweihe erfolgt zusammen mit der seines Freundes in Rouen, und zwar am 13. oder, wahrscheinlicher, am 14. Mai (13. Mai: 125, 468–470; vgl. Levison in 31, 538 mit Anm. 15. 556 Anm. 3; Fouracre/Gerberding in 21, 143 Anm. 68; 14. Mai: 222, 191 f.; der 14. Mai wurde später in Noyon und Rouen als Jahrestag der Bf.sweihe der beiden Freunde liturgisch gefeiert: 213, 44; vgl. oben § 4) des J.es 641 (?). (Nach kanonischem Recht hätte E. die Bf.sweihe in der Kathedrale seiner künftigen Diöz. empfangen sollen, auf jeden Fall aber innerhalb der betreffenden Kirchenprov. [Reims]; s. die einschlägigen Bestimmungen des Konzils von Orléans 541: 10, 133 can. 5; dazu: 158, 85–93, bes. 89. 91; vgl. 220, I, 121.) {Kurzer Zusatz der Limousiner Sonder-Redaktion (vgl. oben § 2a) gegen Ende des 1. Drittels von c. 2, im Anschluß an ... *ego Rodomo, ille vero Noviomo:* Verzeichnung einer alternativen Lesart mit den Worten *Item aliter: Audoenus Rodomo, Elegius vero Noviomo.* (Wortlaut: 3, 696 Anm. *; vgl. 226, 212; zur Sache: 226, 211 f.; zur Bedeutung des Zusatzes für die Entstehungsgesch. der V. E.: oben § 3).} Langes Lob der Tugenden des hl. E. (etwa zwei Drittel des Kap.s umfassend) (vgl. 93, 269).

2,3: Predigend und missionierend bereist Bf. E. seine Diöz. (vgl. unten Abschnitt d). Als Adressaten der Missionspredigt werden ‚Flamen' *(Flanderenses),* ‚Antwerpener' *(Andoverpenses),* ‚Friesen' *(Fresiones),* ‚Sweben' *(Suevi)* und ‚die Barbaren, die am Ufer des Meeres leben' genannt (vgl. unten zu V. E. 2,8; zu Flamen, Antwerpenern, Friesen und Sweben: unten Abschnitt e).

2,4: Lob auf E. als Bf. Der Hl. empfiehlt u. a. ‚gegen die Verwundungen des Zauberers [sc. die vom Teufel bewirkten Sünden] den heilsamen Umschlag der Beichte' *(... contra vulnera incantatoris salutare malagma confessionis).* (Vielleicht ist hier die Tarifbuße gemeint; bei Vogel [215] ist die Stelle leider übersehen. Zur Bedeutung der Beichte für E. selbst: oben zu V. E. 1,7–8; vgl. unten Abschnitt d).

2,5: E. gründet ein Frauenkloster in Noyon (nachmals St. Godeberta, urspr.

wohl St. Peter und Paul: 171, 223 mit Anm. 14; es lag im S der Stadt, nahe vor der Mauer: 208, 168 f.; 171, 223 f.; zum hist. Kontext: 43, 176, vgl. ebd. 166 f. 183; 84, 80; 217, 69; 163, 134 [mit irrigen Angaben]. 195 f.); er siedelt dort eine große Gemeinschaft an, stattet sie hinlänglich aus und gibt ihr eine strenge Regel (die allerdings nicht genauer bezeichnet wird: vgl. oben zu V. E. 1,16 [Solignac]. 17 [Paris]). Aber ‚heute' kennt man in Gallien noch ‚viele andere Klöster', die von E. oder von seinen Schülern gegründet worden sind (dazu: 163, 134; überhaupt waren gerade im 7. Jh. die Klostergründungen in Gallien bes. zahlreich: 43, 168; vgl. Fouracre/Gerberding in 21, 5 f. 8; auch bei Ionas, Columb. 2,10 [17, 255] wird ausdrücklich erwähnt, daß E. außer den Klöstern in Solignac und Paris noch ‚viele andere Klöster' gegründet habe).

2,6–7: E. sucht und erhebt die Leiber mehrerer altchristl. Martyrer im nw. Teil der Kirchenprov. Reims. Nach längerer Suche findet er den Leib des hl. Quintin (c. 6) in dessen Grabkirche bei Vermand (Diöz. Noyon) (zu dieser sehr ausführlich erzählten Begebenheit aus mentalitätsgeschichtl. Sicht: 179, 121 f.; anscheinend ist die Qu. dieses Erzählberichts überliefert [BHL 7015?]: 193, 255–269; bei der Grabkirche entstand die heutige Stadt Saint-Quentin); ferner erhebt er die Leiber des hl. Piato (Piatus) in Seclin (s. von Lille, damals Diöz. Tournai), der hl. Crispinus und Crispinianus in Soissons und des hl. ‚Lucius' (Lucianus: oben zu V. E. 1,32) in Beauvais. (E. nimmt also nicht nur im eigenen Sprengel Noyon-Tournai Elevationen regionaler Hauptl. vor, sondern auch in den benachbarten Diöz. Soissons und Beauvais; eigtl. fiel die Erhebung solcher Reliquien in die Zuständigkeit des jeweiligen Diözesanbf.s: 187, 12–15; vgl. Qu. und Lit. ebd. Anm. 5–8; zum hist. Kontext dieser Elevationen: 84, 86–88.) Für diese Hl. fertigt er kostbare ‚Tumben', ‚Mausoleen' oder ‚Memorien' (in Bezug auf Quintin heißt es: *tumbam denique ex auro argentoque et gemmis miro opere desuper fabricavit*), aber auch sonst verwendet er viel Sorgfalt auf die Denkmäler der Hl. (vgl. oben zu V. E. 1,32; E. arbeitet demnach auch im Bf.samt weiterhin als Goldschmied: unten Abschnitt d).

2,8: Wiederum Missionstätigkeit bei heidn. Gruppen im n. Teil des Sprengels, nämlich ‚in Flandern' *(in Flandris)*, ‚in Antwerpen' *(Andoverpis)* und bei den ‚Sweben' *(Suevos)* (vgl. oben zu V. E. 2,3 und unten Abschnitt e); dabei zerstört E. auch pagane ‚Heiligtümer' *(fana)*.

2,9–10: Erneutes Lob auf E. c. 10: Die Franken bezeichnet der Verf., kontrastierend zum tugendhaften Helden seiner Erzählung, als ‚rücksichtsloses Volk', unterscheidet sie aber von den ‚Barbarenstämmen' *(... inter Francorum protervam gentem, barbarasque nationes ...).* (Auch die *Lex Salica* unterscheidet zw. einem ‚Franken' und einem ‚Barbaren, der nach salischem Recht lebt', wie P. L. S. tit. 41, 1 [22, 154] zeigt: *Si quis ingenuum Francum aut barbarum, qui lege Salica uiuit, occiderit, ...*; zur Bezeichnung *barbari* nach erzählenden Qu.: 77, 249–255; zu *Franci* vgl. unten zu V. E. 2,20, zu *barbari* vgl. unten Abschnitt e).

2,11–13: Wunder, die E. auf einer Reise in die Provence bewirkt. c. 13: Als Lasttier wird ein Dromedar verwendet (dies war im Gallien des 7. Jh.s anscheinend nicht ungewöhnlich: 172, 256).

2,14: Wiederum Lob auf E.

2,15: E. reist in die heimatliche Civitas Limoges. Sein Interesse gilt v. a. den dortigen monastischen Einrichtungen: Er besucht alle Klöster in der Stadt selbst und in den Vorstädten; in seiner eigenen Gründung (Solignac: oben zu V. E. 1,15) setzt er den zweiten Abt ein (der erste, → Remaclus, war inzw. nach Austrien gegangen) und hält den ‚Brüdern' asketische Mahnreden; er begibt sich auch zum Landgut seiner Familie *(praedium parentum suorum,* in Chaptelat: oben zu V. E. 1,1), auf dem sein leiblicher Bruder Alicius ebenfalls ein Kloster eingerichtet hat. In Bourges befreit E. mehrere Verbrecher schließlich mit Wunderkraft aus dem Kerker; sie waren zum Tode verurteilt, denn ‚sie hatten nämlich einen Grafen umgebracht' *(interficerant enim quendam fiscalem iudicem)*. Während auf der Hinreise ein Versuch, die Gefangenen auch nur zu besuchen, an den Wächtern scheitert, geschieht dann auf der Rückreise das eindrucksvolle Befreiungswunder, das dramatisch in mehreren Szenen erzählt wird. Als die Wächter aufgrund des Wunders erkennen, daß sie gegen Gottes Willen gehandelt haben, flehen sie bei E. um Vergebung ihrer Sünde; dieser entspricht ihrer Bitte mit einer Lossprechung in Wunschform (offenkundig Anklang an eine Absolutionsformel: 215, 160; da aber die Bitte um Vergebung teilweise ebenfalls formelhaft wirkt, scheint außer einem [optativen] Absolutionsformular auch ein Beichtformular anzuklingen, so daß anscheinend ein Bußordo rezipiert ist; zur Lossprechung ohne Auferlegung einer Buße: 214, 161 f. 196; vgl. unten Abschnitt d. – Diese ausführlich erzählte, zweiteilige Episode einer Gefangenenbefreiung hat in der Sekundärlit. einiges Interesse erfahren; aus hist.-literarhist. Sicht: 97, 99–125, bes. 111 Nr. 43; aus literarhist. Sicht: 51, II, 62; aus mentalitätsgeschichtl. Sicht: 179, 123 f.; vgl. oben zu V. E. 1,18.)

2,16–17: E.' Predigt. c. 16: Umfangreiche Anthologie (etwa 23 Quart-Seiten [1, 244–270]; damit ist dieses Kap. bei weitem das längste der ganzen V. E.) aus Predigten von E. (Es handelt sich offenkundig um ein Insert, wobei eine gewisse, doch keineswegs strikte durchgeführte thematische Ordnung auf eine redaktionelle Bearbeitung hinweist. Die Anthologie ist auch selbständig überliefert [CPL³ 2096], und zwar wenigstens in drei Fassungen mit teils verschiedenen Inhalten [Kenntnisstand von 1902 nach Krusch in 3, 705 Anm. 1 und in 14, 749 f.]: eine hat den gleichen Textumfang wie V. E. 2,16, die beiden übrigen sind deutlich kürzer, enthalten aber jeweils wieder z. T. verschiedene Abschnitte; Edition der kürzeren Fassungen: 14. Zu Aufbau, Inhalten und Formelgut von Predigten des 6.–10. Jh.s sowie zur Verwendung sprachlicher Bilder und anderer Gestaltungsmittel in diesen Texten: 41, passim; vgl. 168, 677 f.) E. ruft in seiner Predigt zu christl. Lebensführung und Tugendübung auf, wobei er den Wert des Almosengebens stets bes. hervorhebt (was seiner eigenen Frömmigkeitsübung entspricht: vgl. etwa oben zu V. E. 1,4–20; zum Almosengeben: unten Abschnitt d); er droht immer wieder mit dem Gericht Gottes und verweist auf Belohnung und Bestrafung im Jenseits (verbreitete Thematik in Predigten der Zeit: 41, 7. 11); er warnt vor dem Teufel, vor Götzendienst und vielfältigen Formen heidn. Aberglaubens (zu den hist. Hintergründen: 217, 17–36, bes.18 f. 30 f.; 168, 675 f.; vgl. unten zu V. E. 2, 20!); so mahnt er u. a., bei Krankheit nicht zu paganen magischen Praktiken Zuflucht zu nehmen, von denen er einige nennt, sondern auf kirchliche Gnadenmittel zu vertrauen, nämlich auf den Empfang der Eucharistie und auf die Krankensalbung (3, 707; dazu 93, 400–404, bes. 404; es handelt sich hier übrigens nicht ausschließlich um das Viatikum und die Letzte Ölung, wie bei 215, 15. 16 f. zu Unrecht angenommen wird). Durchgehend verkündet E. in paränetischem Ton und, wie es seiner persönliche Einstellung entspricht, mit eschatologischer Ausrichtung (vgl. oben zu V. E. 1,4–20 und unten Abschnitt d). c. 17: Der Autor der Vita bemerkt ausdrücklich, daß mit dem Vorangehenden nicht der Text einer einzigen, von E. zusammenhängend so gehaltenen Predigt geboten wird, sondern vielmehr eine Zusammenstellung aus dessen Predigten insgesamt.

2,18–26: Wunder; einige (c. 20. 21. 23) geschehen bei Visitationen von Landgem. (zur bischöflichen Visitation in merow. Zeit: 84, 80–83; 176, 212–215; 93, 278–282). c. 19: Ein unverschämt auftretender Mann, der zur *familia* Ebroins gehört, erhebt Anspruch auf einen Wald der Kirche von Noyon. Nachdem er E. schon längere Zeit deswegen belästigt hat, kommt es zu einer Konfrontation in der Öffentlichkeit. E. versucht, den Mann zu beruhigen, doch als dieser bei seinen dreisten Forderungen bleibt, den Hl. zudem verlacht und beschimpft, schleudert E. ‚den Wurfspieß der Exkommunikation' gegen ihn. Da stürzt der Bestrafte leblos zu Boden; die Umstehenden bitten E., den Missetäter durch sein Gebet vor dem Tod zu retten, damit er Gelegenheit zur Reue habe. Wie es ausgegangen ist, weiß der Erzähler nicht. (Ebroin wird hier noch nicht als Hausmeier genannt [s. hingegen unten zu V. E. 2,56], wohl aber wird sein Amtsvorgänger Erchinoald im folgenden Kap. V. E. 2,20 als solcher bezeichnet. In der Verwendung des Titels macht sich anscheinend die chron. Erzählordnung [s. o. Abschnitt b] geltend, so daß sich die Begebenheit vor dem Amtswechsel infolge von Erchinoalds Tod um 659 [s. u. zu V. E. 2,27] ereignet haben dürfte. Zum hist. Kontext: 84, 90.) {Langer Zusatz der Limousiner Sonder-Redaktion (vgl. oben § 2a) gegen Ende von c. 19: Ein weiteres Strafwunder, das sich diesmal gegen Bf. Landerich von Paris (nachgewiesen 653–654: 70, 59–62 Nr. 28; vgl. 72, II, 472 Nr. 28) richtet. Eine Streitsache der Bischöfe Landerich und E. soll von weltlichen Großen und Bischöfen auf einem ‚Konzil' in der Basilika auf dem Montmartre bei Paris untersucht werden; Landerich provoziert E. mit einer unerträglichen Invektive und wird daraufhin von diesem, der Gottes Gericht anruft, durch einen Gestus niedergestreckt und bleibt ‚halbtot' liegen (die genau beschriebenen Symptome lassen an einen epileptischen Anfall denken). Auf Bitten des Kg.s, der sich im nahegelegenen Clichy aufhält, erwirkt E. durch sein Gebet schließlich die Wiederherstellung des Gestraften. (Wortlaut: 3, 710 f. Anm. *; zur Sache: 226, 212. – Bei dem ‚Konzil', das bisher sonst nicht nachgewiesen ist, könnte es sich um die Synode samt Reichsversammlung handeln, die indirekt durch das im Original erhaltene Diplom Chlodwigs II. von 654 für die Basilika St. Dionysius bezeugt ist [s. 26, D 85; vgl. 158, 205 f.]: Die Urk. wurde in Clichy ausgestellt, also am Aufenthaltsort des Kg.s während des ‚Konzils', und sie trägt die Unterschriften von 48 Bischöfen und weltlichen Großen als Konsentienten, darunter E. und Landerich, woraus sich die Tatsache einer gemeinsamen Zusammenkunft dieser Bischöfe und weltlicher Großer ergibt.)} c. 20: Um die Zeit des Petrus-Festes (29. Juni) predigt E. in einer Pfarre *(in diocesim quandam)* bei Noyon gegen heidn. Bräuche (im 7. Jh. war in Neustrien bes. auf dem Land die Christianisierung noch längst nicht umfassend erreicht: 135, passim, bes. ebd. 460–462. 465; 203, 97 f.; Fouracre/ Gerberding in 21, 33; → Christentum der Bekehrungszeit, B. Frömmigkeitsgeschichte [Kontinent]; erhellend sind die Gegenstände von E.' eigener Predigt: s. o. zur inserierten Predigt-Anthologie V. E. 2,16!). Es kommt zu einer Auseinandersetzung mit Einheimischen, unter denen sich bes. Angehörige der *familia* Erchinoalds hervortun, ‚der zu dieser Zeit Vorsteher des Palastes *(praepositus palatii)* war' (die V. E. verwendet auch sonst den Ausdruck ‚Palastvorsteher' als Amtsbezeichnung des Hausmeiers: unten zu V. E. 2,27 [ebenfalls Erchinoald] und bes. zu V. E. 2,56 [Ebroin]; das Verhältnis zw. Erchinoald und E. war offenkundig gespannt: unten zu V. E. 2,27). E. wird mit dem Tod bedroht und abweisend als ‚Römer' angefahren: „„Niemals wirst du, Römer, unsere Gebräuche vernichten können …"" *(„Numquam tu, Romane, …, consuetudines nostras evellere poteris, …")*. (Der Ausdruck ‚Römer' bedeutet hier anscheinend nicht mehr allg. ‚Provinzialrömer', sondern bereits, enger gefaßt, ‚Aquitanier'; so zu dieser Stelle: 77, 248 Anm. 84 und 172, 395; im Anschluß an letzteren ferner: 47, 66 Anm. 58; 5, 97 Anm. 291; zu dem auch: → Eligius von Noyon § 1; 224, 159 f.;

entspr. bezeichnet in V. E. 1,10 der Ausdruck ‚röm. Provinz' [*Romana ... provintia*] nach Rouche [172, 199] ‚Aquitanien' damit kontrastiert der Ausdruck ‚Boden der Franken' für Neustrien: oben zu V. E. 1,4; zu den Bezeichnungen *Francus, Franci, Francia*: 77, 259–270, mit Bezug auf die V. E. ebd. 261. 265. 268; vgl. oben zu V. E. 2,10. – Zu diesem Akt der Zurückweisung eines als auswärtigen ‚Römer' empfundenen Bf.s aus hist. Sicht: 75, 186; 84, 82 f. 89; 217, 30; zur ‚heidnischen Brauchtumsopposition', bes. im N und O des Merowingerreiches [unter Heranziehung von V. E. 2, 20]: → Christentum der Bekehrungszeit, B. Frömmigkeitsgeschichte [Kontinent] S. 523; zu den Hintergründen aus mentalitätsgeschichtl. Sicht: 179, 126 f.; zum Fortleben ‚römischer' Identität im frk. Reich: 21, 170; zur Bezeichnung *Romani*: 77, 246–249.) Wegen ihrer Widersätzlichkeit werden ‚sehr viele, vor allem diejenigen, die von der Partei Erchinoalds waren', mit Besessenheit geschlagen, von der E. sie erst ein J. später befreit; betroffen sind über 50 Leute. {Zusatz der Limousiner Sonder-Redaktion (vgl. oben § 2a) im Anschluß an c. 20: Die Zahl der Geheilten ist zu korrigieren, denn der ‚Geschichtsschreiber' *(ystoriographus)*, als welcher der Verf. der V. E. bezeichnet wird, hat aus Vorsicht eine viel zu geringe Zahl genannt. Nach verläßlichem Zeugnis des Bf.s Ansoald von Poitiers (nachgewiesen 677–697: 72, II, 84 Nr. 14 in Verbindung mit 222, 197 und 26, D 149; 65, 96 f. Anm. 1385; 187, 40 f. 46; zu Ansoald ferner: 60, 50–62), eines Augenzeugen der Heilung, seien es über 500 Leute gewesen, die E. damals von Besessenheit befreit hat. (Wortlaut: 3, 712 f. Anm. *; zur Sache: 226, 213; zur Bedeutung des Zusatzes für die Datierung der V. E.: oben § 3).} c. 26: E. kommen Klagen über einen Priester ‚in einer bestimmten Pfarre' seiner Diöz. zu Ohren. Mehrfach weist er den Beschuldigten zurecht, doch läßt dieser von seiner offenbar schweren Verfehlung (die verhüllend und zugleich in steigernder Variation des Ausdrucks nacheinander als *pristinum contagium, vitium, crimen* und *scelus* bezeichnet wird) nicht ab. Schließlich bestellt E. ihn ein und versucht, ihn zu einem Sündenbekenntnis zu bewegen *(invitans ... ad confessionem)*. Als der Priester sein Vergehen weiter leugnet und eine Beichte ablehnt, ‚exkommunizierte er [sc. E.] ihn, damit er [sc. der Priester] unterdessen wegen des begangenen Verbrechens öffentlich Buße täte und in keiner Weise wagen sollte, an den Altar zu treten und die heiligen Geheimnisse zu feiern ...' *(excommunicavit eum, ut interim pro admisso scelere publice poeniteret, et nullo modo altare adiens sacra mysteria celebrare praesumeret ...)*. E. kündigt dem Missetäter an, eine Zuwiderhandlung bleibe ihm nicht verborgen, und er droht für diesen Fall mit schwerer Strafe. Als der Priester sich dennoch schon nach wenigen Tagen anschickt, das Meßopfer zu feiern, wird er durch göttliches Eingreifen beim Altar niedergestreckt und stirbt. Seit diesem Vorkommnis fürchtet man sich vor E.' Unwillen und sieht sein Wort als himmlische Weissagung an. (Wahrscheinlich bestand die dem Priester zur Last gelegte Verfehlung darin, daß er weiterhin mit seiner Frau geschlechtlich verkehrte, obwohl ein verheirateter Kleriker im Bereich der merow. Kirche nach dem Empfang einer höheren Weihe eheliche Enthaltsamkeit zu beobachten hatte [dazu: 93, 112–138]. Hinweise für diese Deutung des *crimen*: Es geht nicht um eine bestimmte Tat, sondern um eine fortdauernde Verhaltensweise; der Beschuldigte legt große Unbekümmertheit an den Tag [die Regelung wurde allg. häufig mißachtet]; obwohl die ‚Exkommunikation' [zum Begriffsinhalt hier: 214, 177–181] selbstverständlich ein Verbot der Eucharistiefeier einschloß, wird ein solches jener mit Nachdruck beigefügt [dahinter steht die Vorstellung von der Keuschheit als erforderlicher kultischer Reinheit: 93, 112–138, bes. 129]; der Ausdruck *pristinum contagium* dürfte auf den vor der Weihe erlaubten geschlechtlichen Umgang verweisen [zu *contagium* in diesem Sinne: Mlat. Wb. 2, 1680 Zl. 5–10]. Das Konzil von Tours 567 hatte vorgeschrieben, Priester, Diakone und Subdiakone, die nach der Weihe mit ihren Ehefrauen geschlechtlich verkehren, für ein J. zu exkommunizieren und jedweden klerikalen Amtes zu entheben: 10, 184 can. 20; dazu: 158, 131 f.; 93, 123–125; vgl. 214, 170–174. Ungewöhnlich erscheint, daß einem Kleriker öffentliche Buße auferlegt wird. – Zu V. E. 2,26: summarisch behandelt 93, 280 f.; fehlerhaft übs. 5, 101; nicht berücksichtigt 215.)

2,27–32: Prophezeiungen. c. 27: Der ‚Palastvorsteher' Erchinoald (zu dieser Bezeichnung des Hausmeiers: oben zu V. E. 2,20 [Erchinoald], unten zu V. E. 2,56 [Ebroin]) bittet E. dringend, in seinem Gefolge an einen fernen Ort zu reisen, was E. zunächst ablehnen will. Auf Drängen der führenden Leute seiner Civitas, die den Unwillen des mächtigen Hausmeiers fürchten, willigt E. schließlich ein; er versucht alle Ängste zu zerstreuen, indem er den baldigen Tod Erchinoalds voraussagt. Am Ziel der Reise angekommen, sieht E. eines Nachts eine Lichterscheinung über Erchinoalds Schlafzimmer und als er über deren Bedeutung nachdenkt, ‚zeigt er den Untergang jenes wilden Tieres [gemeint ist Erchinoald] seinem Diakon ... an'. Erchinoald, der, ‚von göttlicher Rache getroffen', plötzlich von brennenden Leibschmerzen gequält wird, läßt E. zu sich rufen. Der rät ihm, wenigstens angesichts des Todes endlich die gehorteten Reichtümer ‚zur Erquikkung seiner Seele' an die Armen zu verteilen (zum Besitz Erchinoalds unter Berücksichtigung dieser Passage: 106, 220 f.), doch jener, habgierig und geizig wie von jeher, verzögert das Almosen und stirbt plötzlich als ein ‚Erbärmlicher' *(miser)*. (Mit E.' gebefreudigem Enthusiasmus, den die V. E. an vielen Stellen preist, wird hier der verweigernde Geiz Erchinoalds kontrastiert; Erchinoald findet als *miser* den Tod, weil er selbst auf dem Sterbebett kein Almosen geben will, obwohl gerade dies ein geeignetes Mittel gewesen wäre, Vergebung der Sünden zu erlangen: unten Abschnitt 5d. Offenkundig hatte E., wie sicher auch der Erzähler selbst, ein schlechtes, ja sogar feindschaftliches Verhältnis zu Erchinoald: oben zu V. E. 2,20. In völligem Gegensatz zu V. E. 2,27 steht die ebenfalls zeitgenössische Charakterisierung Erchinoalds bei Fredegarius, chron. 4, 84 [16, 163]: ‚Und er [sc. Erchinoald] war ein geduldiger Mann, voll von Güte, ..., und er war weder vor Stolz aufgeblasen, noch wütete er vor Habgier, ... Er war weise, aber vor allem sehr aufrichtig, maßvoll begütert, von allen war er geliebt.'; dazu: Fouracre/Gerberding in 21, 99; zur meist lobenden Charakterisierung und Bewertung der Hausmeier bei Fredegarius, chron. und cont.: 93a, 21–24.) Aus Barmherzigkeit versieht E. das Begräbnis des Hausmeiers. (Erchinoald ist 658 oder etwas später gestorben: 74, 137–139 Nr. 156; Kölzer in 26, 228 zu D 88. Da er nach dem Ber. der V. E. von E. begraben wurde, ist dessen Tod am 1. Dezember 660 als t. a. q. für Erchinoalds Tod anzusehen. Neuerdings wurde der Versuch unternommen, den Tod Erchinoalds in die J. 660–661 oder 661–662 zu datieren: 101, passim, bes. 94. 96; aufgrund des Zeugnisses der V. E. könnte jedoch allenfalls das 1. Drittel des Zeitraums 660–662 in Betracht gezogen werden.) c. 32: Prophezeiungen über verschiedene Kg. und ihre Angehörigen (gutes Beispiel für eine thematische Serie, die in die übergeordnete chron. Gesamtordnung der Erzählung eingerückt ist: vgl. oben § 5b; zu Weissagungen über Kg. und Kgr. in der merow. Hagiopraphie: 98, 385). U. a. prophezeit E. der schwangeren Königin Balthild (Gattin Chlodwigs II.), die fürchtet, durch die Geburt einer Tochter das Kgt. *(regnum)* zu gefährden, daß sie ein männliches Kind gebären wird, das durch die Taufe auch sein Sohn werden wird; dem Kind gibt E. noch im Mutterleib den Namen Chlothar (unter Kg. Chlothar II., dem Urgroßvater des Kindes, hatte E.' Aufstieg am Hof begonnen: oben zu V. E. 1, 4–20.) Balthild gebiert tatsächlich einen Sohn, den späteren Kg. Chlothar (III.), und E. nimmt ihn als Patensohn an (zu dieser Erzählung: Fouracre/Gerberding in 21, 106). Nach der Geburt zweier weiterer Söhne sagt E. aufgrund einer Astral-Vision die Zukunft der kgl. Famile voraus, nämlich den baldigen Tod Kg. Chlodwigs, die Regentschaft von dessen Gattin (Balthild) sowie die Herrschaftsabfolge von deren beider drei Söhne (dem Alter nach Chlothar III., Theuderich III. und Childerich II.; zur Erfüllung der Vision: 188, 1 f. 4). Der Autor der V. E. stellt im Anschluß an die Erzählung dieser Prophetien fest, daß die Voraussagen über den Tod Chlodwigs II. († 657 [oder 659?]: 101, 71–75. 92–94. 96]), über die Regentschaft Balthilds (657 [oder 659?] bis um 665) und über den Tod des ältesten der drei Söhne, der als erster verstarb (Chlothar III., † 673), bereits eingetroffen seien, und er tut kund, daß er deshalb auch nicht an der noch ausstehenden Erfüllung der Voraussagen über die beiden übrigen Söhne zweifle; was mit diesen ‚nunmehr' geschehe, sei allein dem Urteil Gottes vorbehalten. (Nach dem frühen Tod Chlothars III. 673 war zunächst Theuderich III. vom Hausmeier Ebroin zum Kg. des neustroburg. Teilreichs ausgerufen worden, doch die Optimaten entschieden sich für Childerich II., der seit 662 bereits Kg. des austrasischen Teilreichs war; Theuderich wurde nach St. Dionysius verbannt. 675 wurde Childerich ermordet. Man setzte Theuderich als Kg. von Neustroburgund wieder ein, und nachdem Dagobert II. 679 ermordet worden war, wurde Theuderich III. als letzter verbliebener Merowinger auch als Kg. von Austrien anerkannt, so daß die drei Teilreiche schließlich unter ihm vereinigt waren [zur Kg.sherrschaft der drei Söhne Chlodwigs II.: 80, 152–172; 187, 27–40; 164, 332–336]. Setzt man diese Ereignisfolge mit dem Kommentar des Autors der V. E. zu E.' Vision in Beziehung, so ist V. E. 2,32 anscheinend nach dem Tod Chlothars III. und vor der Ermordung Childerichs II., also zw. 673 und 675 abgefaßt worden; damals war Childerich II. Alleinherrscher über alle drei Teilreiche, während sein Bruder Theuderich in Klosterhaft lebte. Darauf beruht die übliche Datierung der angeblich verlorenen Originalfassung der V. E.: z. B. 227, 222; Westeel in 5, 15. Vor diesem Hintergrund erhält die Aussage, das Schicksal der beiden Brüder werde letztlich vom Urteil Gottes bestimmt, eine besondere Bedeutung: Wenn der Satz, wie er sich den Anschein gibt, tatsächlich vor der Wende von 675 niedergeschrieben wurde, bringt er zum Ausdruck, daß der Verf. die Entfernung Theuderichs aus dem Kg.samt nicht für endgültig hielt, und wäre damit Zeugnis einer vorsichtigen Hoffnung auf Änderung; wenn der Satz aber erst nach 675 geschrieben worden ist, verweist er darauf, daß die Verhältnisse, wie sie 673–675 herrschten, eben nur vorläufig Geltung hatten, und wäre Zeugnis einer verhaltenen Genugtuung über die eingetretene Wende [eine gewisse Sympathie für Theuderich III., verbunden mit Abneigung gegen Chlothar III., läßt der Verf. übrigens auch in einem der Erzählberichte über E.' postume Wunder erkennen: unten zu V. E. 2,77]. In diesem Falle wäre die vorgebliche Offenheit des Ausgangs eine erzähltechnische Fiktion, und für eine solche Auffassung spricht manches. Zur Bedeutung der Passage im Zusammenhang mit der Verfasserfrage und der Datierung der V. E.: oben § 3.) {Kürzerer Zusatz der Limousiner Sonder-Redaktion (vgl. oben § 2a) gegen Ende von c. 32, anstelle des getilgten Satzes *De ipsis* [sc. Theuderich III. und Childerich II.] *iam quid agatur, solius Dei iudicio definiri convenit.* (3, 718 Zl. 13): Abfolge und Dauer der Regierungen Childerichs II. und Theuderichs III.; ersterer hat in seinem dritten Kg.sjahr ‚durch plötzlichen Tod verhindert' (euphemistischer Verweis auf den Mord an

Childerich), dem Bruder die Herrschaft überlassen (die Zeitangabe bezieht sich also nur auf die Regierung im Gesamtreich 673–675; vgl. 222, 185 f. 230), letzterer hat dann, gemäß der Ankündigung des hl. E., alle drei Teilreiche innegehabt und 17 J. die ‚Alleinherrschaft des Reiches' ausgeübt. (In Wirklichkeit ist diese Zeitangabe eine aufgerundete Addition der Kg.sjahre im neustroburg. Teilreich, 675–679, mit denjenigen im Gesamtreich, 679–691; Theuderich III. starb 691 [222, 186–190. 193. 202. 218. 222 f. 230]; die Gesamtdauer der Kg.sherrschaft Theuderichs III. wird auch in anderen Qu. meist mit 17 J. angegeben [222, 212]. – Wortlaut des Zusatzes: 226, 214 [nicht bei 3, 718]; zur Sache: 226, 213 f.; zur Bedeutung des Zusatzes für die Datierung der V. E.: oben § 3.)}

2,33: Erneutes Lob auf E.

2,34–38: E.' Tod und Bestattung (vgl. unten Abschnitt d). c. 34: Überschrift: ‚Tod des heiligen und allerseligsten Bischofs und Bekenners Eligius' (Erzählplan: s. o. zu V. E. 1,40; vgl. § 5a); Beginn mit der feierlichen biblischen Formel ‚Es geschah aber in jenen Tagen …'. Im Alter von mehr als 70 J. kündigt E. seinen Tod an. Er wird krank und läßt die Leute seiner Umgebung an sein Sterbebett rufen: Diener und Gehilfen, Amtsträger wie den ‚Abt der Kirche von Tournai', Freunde und Schüler. Beginn einer langen Wechselrede, mit der E. unter Gebeten Abschied nimmt von den um ihn Versammelten, die ihn mit Weinen und Klagen anflehen, sie nicht zu verlassen. c. 35: Fortführung des dramatischen Abschiedsdialogs. c. 36: Schluß des Abschiedsdialogs. Zur ‚ersten Stunde der Nacht' stirbt E. (Nacht auf den 1. Dezember 660). Seine Seele fährt in Gestalt einer Lichterscheinung zum Himmel auf. Noch in der Nacht wird sein Leib ‚zur Kirche' (Kathedrale von Noyon) überführt. Totenwache. c. 37: Um E. zu betrauern, strömt eine gewaltige Menschenmenge in die Stadt Noyon; auch Königin Balthild (als Witwe Kg. Chlodwigs II. leitete sie zu dieser Zeit für ihren unmündigen ältesten Sohn Chlothar die Regierung des neustroburg. Teilreichs) trifft mit ihren Söhnen und großem Gefolge ein. Es entsteht ein Streit um den Ort der Bestattung: Balthild will den Leib des Verstorbenen in ihrem Kloster → Chelles beisetzen, andere wollen ihn nach Paris bringen, die ‚Bürger' *(cives)* von Noyon wollen ihn in ihrer Stadt behalten (die *cives* bilden die führende Schicht der Bevölkerung einer Civitas: oben zu V. E. 2,2). Die Königin veranlaßt ein dreitägiges Fasten. Nachdem die anwesenden Bischöfe und Großen beschlossen haben, dem Wunsch der Königin zu entsprechen, erhebt sich ein Tumult in der Stadt; daraufhin überantwortet Balthild die Entscheidung einem Gottesurteil: Wenn sich die Bahre, die bisher auf wunderbare Weise unbewegbar stehengeblieben ist (zu diesem Wundertyp: 98, 65; 51, V, 279, Verweise s. v. ‚Unbeweglichkeitswunder'), nunmehr nach Chelles forttragen ließe, solle E. dort begraben werden, andernfalls nicht. Trotz aller Anstrengungen seitens der Königin läßt sich die Bahre weiterhin nicht bewegen. Als Balthild schließlich darin einwilligt, daß der Leichnam am Ort verbleibt, läßt sich die Bahre mühelos anheben (zu dieser Stelle: 205, 92 f. Anm. 177). c. 38: Der Leichnam wird zur vorgesehenen Grabstätte überführt (in der Basilika St. Lupus, nachmals St. Eligius, außerhalb der Mauern; zu den Patrozinien dieser Kirche: 90, IX, 1055; zum Streit zw. der Kathedrale von Noyon und der Abtei St. Eligius über die Reliquien des Hl. im 12. und 13. Jh.: 90, IX, 1056–1064 und 90, X, Instrumenta, 383–386, Nr. 26; vgl. 213, 42–44. 47 f.; die Basilika, die in V. E. 2,38 merkwürdigerweise ungenannt bleibt, lag ö. vor der Stadt an der Straße nach Soissons: 208, 168 f.; 171, 222–224, ebd. 222 Anm. 12 mit irrigen Angaben); eine große Volksmenge, die Königin, zahlreiche Mönche und Kleriker begleiten den Zug, lautes Weinen und Wehklagen erfüllt die ganze Stadt. Am Grab angekommen, hindert die Menge die Beisetzung, weil sie sich von der sichtbaren Gegenwart des Leibes nicht trennen kann; der Fortgang der Zeremonie wird gewaltsam durchgesetzt, und die anwesenden Bischöfe bestatten den Leichnam (nach V. E. 2,37–38 am letzten Tag des von Balthild veranlaßten dreitägigen Fastens, also am 3. Dezember 660; ein Bf. ist von Amtsgenossen zu bestatten, das Konzil von Orléans 533 mahnt diese Verpflichtung an: 10, 99 f. can. 5–6; dazu: 217, 96; 158, 72–75, bes. 74 f.). Preisender Nachruf auf E., der als Erlöster Aufnahme im Paradies gefunden hat (das als sog. Zwischenzustand aufgefaßt wird). Überleitung zur Mirakel-Slg., die den restlichen Teil des Buches ausmachen soll (entspr. dem Erzählplan: s. o. zu V. E. 1,40; vgl. oben Abschnitt 5a).

2,39–80: Postume Wunder. (Zu einzelnen dieser Mirakel: 97, 114 Nr. 60. 137 Nr. 4; 205, 82 Anm. 114. 113 Anm. 277. 79 Anm. 102. 91 Anm. 167. 96 Anm. 192. 113 Anm. 278. 116 Anm. 292. 115 Anm. 288; zu Bedeutung, Zahl und Typol. der Mirakel in der VE: unten Abschnitt d. – Die sehr zahlreichen Mirakel sind auf drei unterschiedlich große Erzähleinheiten aufgeteilt, die der Verf. jeweils durch eine autoreflexive Bemerkung ankündigt: I. Wunder, die ‚beim allerheiligsten Leib' des Hl. gewirkt werden, also in oder bei der Basilika St. Eligius zu Noyon [c. 39–66, Ankündigung am Schluß von c. 38; einige wenige Mirakel dieser Serie spielen allerdings in oder bei Paris: c. 40. 41. 54]; II. Wunder, die ‚durch seine Reliquien fern und nah … offenbar werden', d. h. an Orten, an denen man E.-Reliquien aufbewahrt [c. 67–75, Ankündigung zu Beginn von c. 67]; III. Wunder, das ‚am Bett' des Hl. ‚offenbar wurde', und zwar in einem Haus bei Compiègne; tatsächlich folgen auf den ersten, ausführlicheren Erzählbericht über ein Strafwunder in diesem Haus Nachrichten von weiteren Wundern daselbst wie auch in Vitry-en-Artois [Département Pas-de-Calais], wo ein weiteres Bett von E. aufbewahrt wurde [c. 76–79, Ankündigung am Schluß von c. 75]. Diese drei Mirakel-Serien beschließt der Verf. mit einer allg. Würdigung der postumen Wundertaten des hl. E., und im Mittelpunkt dieser Betrachtung steht wieder das Grab des Hl. in Noyon [c. 80]. – Die grobe Ordnung des Materials in drei Serien abnehmender Länge geht von den Reliquien des Hl. aus, d. h. von deren Qualität und, in Verbindung damit, von deren Aufbewahrungsorten; es wurde bereits deutlich, daß dieses Ordnungsprinzip allerdings nicht ganz strikte eingehalten wird. Die Struktur der Mirakelsammlung, d. h. ihre Einteilung in drei Erzähl-Serien und eine Schlußbetrachtung, ist in der Forsch. bisher unbemerkt geblieben, was zu verschiedenen, teils schwerwiegenden Mißverständnissen geführt hat. Offenkundig benutzt der Verf. verschiedene Qu., mündlich übermittelte Erzählungen und wohl auch bereits schriftlich niedergelegte Berichte. Serie I beruht vermutlich weitgehend auf einer in St. Eligius entstandenen Mirakel Slg., die aus einem Konvolut von Aufzeichnungen einzelner Wunder bestanden haben könnte oder auch aus einer bereits red. Zusammenstellung von Mirakeln [zu derartigen Vorlagen merow. Hagiographen: 107, 240–248]. Der Verf. hat diese Slg. bearbeitet und dabei zusätzliche Mirakel eingefügt, die ihn wenigstens z. T. auf mündlichem Weg erreicht hatten, wie das aus dem Anfang von c. 59 erhellt: ‚Aber auch über einen anderen [sc. Meineidigen], nichtsdestoweniger nur durch Hörensagen, haben wir erfahren, daß …'. Die Formel ‚nur durch Hörensagen' *[auditu solo]* dürfte nach dem Zusammenhang hier in kontrastierendem Bezug auf schriftliche Mitteilungen gebraucht sein, so daß die zitierte autoreflexive Bemerkung zugleich einen indirekten Hinweis darauf gibt, daß dem Verf. tatsächlich auch schriftliches Material bei der Arbeit an Mirakel-Serie I zur Verfügung stand [zum Zusammenhang zw. Metatextualität und Entstehungsgesch. der V. E.: oben § 5a]. Was hingegen die Serie II betrifft, sind dem Verf. anscheinend die meisten oder sogar alle Mirakel mündlich übermittelt worden. Das ergibt sich für einige Mirakel sicher aus den einschlägigen autoreflexiven Angaben, nämlich den Formeln ‚was ich allein vom Hörensagen weiß' und ‚ich habe nämlich gehört' [c. 67 und 68, jeweils am Schluß] sowie der Nennung eines Priesters Fredegisil als Gewährsmann für mündliche Nachrichten [c. 73]; für andere Mirakel läßt es sich rückschließend vermuten [zur mündlichen Überlieferung hagiographischer Stoffe, bes. von Mirakeln: 207, 724–731]. Diese Verschiedenheit der Erzählqu. führt zu Wechseln der Erzählperspektive; dazu: oben § 3.)

Aus der Mirakel-Serie I (c. 39–66). c. 39: In der Nacht nach seinem Begräbnis erscheint E. dem Abt Sparvus der Basilika St. Lupus (St. Eligius) vor Noyon, um den Diakon Uffo, ‚Suebe der Abstammung nach', des Diebstahls zu überführen (Uffo gehört offenbar zum Klerus von St. Lupus; Diakone hatten an einer Basilika anscheinend oft die Funktion eines Aedituus: 220, I, 231. 240 f.; Vermutung über die Herkunft Uffos: unten Abschnitt e). c. 41: E. erscheint einem Angehörigen des Hofes und beauftragt ihn, in seinem Namen Königin Balthild zu veranlassen, aus Ehrfurcht vor Christus ihren Schmuck abzulegen. Erst als E. ihn mit schwerem Fieber züchtigt, berichtet der Hofmann der Königin von der Erscheinung und von seinem Auftrag. Balthild folgt eilends der Weisung und gibt ihren Schmuck als Almosen weg; einen Teil verwendet sie jedoch auf ein prachtvolles Kreuz, das sie ‚zu Häupten des heiligen Eligius' anbringen läßt (zu derartigen Kreuzen über Gräbern von Hl.: 220, II, 129). Sein Grab läßt sie außerdem mit einer kostbaren Abdeckung aus Edelmetall versehen: ‚Dieser allerseligste [sc. E.] hat die Gräber vieler Heiliger verfertigt [vgl. unten Abschnitt d], und ich [sc. Balthild] werde, wie es geziemend ist, wenn ich es denn vermag, sein Grabmal verfertigen.' Dem Beispiel der Königin eifern viele Große nach und stiften zahlreiche Schmuckstücke aus Gold und Edelsteinen an E.' Grab (vgl. unten zu V. E. 2,50. 56). c. 42: Zu Beginn der Fastenzeit wird über die goldschmiedene Abdeckung des Grabes ein Tuch gelegt, das nach einigen Tagen plötzlich tropfnaß wird. Man wringt das Tuch aus; die so gewonnene Flüssigkeit wird in ein Gefäß gefüllt und als Heilmittel verabreicht (s. im Folgenden; vgl. unten Abschnitt d; zu Decken auf Hl.gräbern bei Gregor von Tours: 220, II, 129). c. 43: Graf Ingomar von Thérouanne erhält auf sein inständiges Bitten von der wunderkräftigen Flüssigkeit (s. o.) und gelobt, der Kirche St. Eligius ‚vom gegenwärtigen Tag an das Zehnteil seines Besitzes' *(decimam rerum suarum ex die praesenti)* und eine größere Domäne zu übertragen, wenn seine Güter durch die Fürsprache des hl. E. von der zu jener Zeit wütenden Seuche verschont blieben. Ingomar läßt alle Bewohner seiner Güter mit der Flüssigkeit benetzen, und als keiner von ihnen der Seuche zum Opfer fällt, erfüllt er sein Gelübde, was der Abtei St. Eligius beträchtliche Einkünfte verschafft. (Es bleibt zu untersuchen, in welchem Zusammenhang diese freiwillige aber anscheinend dauernde Abgabe eines Zehnteils des Besitzes an eine frei gewählte Kirche [übrigens außerhalb der betreffenden Diöz.] mit dem langen Prozeß der Ausgestaltung und Durchsetzung des allg. Zehntgebots steht. Im Anschluß an das Konzil von Tours 567 hatten Bischöfe der Kirchenprov. Tours in einem ‚Brief an das Volk' zur Entrichtung des Zehnten aufgerufen, wobei sie diesen noch als freiwillige Abgabe nach Art eines Almosens verstanden [10, 198 f.; dazu: 158, 128–135, bes. 130. 134, vgl. ebd. 250 f.]; das Konzil von Mâcon 585 hatte dann die Leistung des Kirchenzehnten, unter Androhung der Exkommunikation im Falle der Weigerung, verbindlich vorgeschrieben [10, 241 can. 5; dazu: 158, 161–167, bes. 164, vgl. ebd. 250 f.]. Die gall. Konzilien des 7. Jh.s haben den Zehnt nicht behandelt;

was die Abgabe des Kirchenzehnten betrifft, so ist in der Forsch. bisher für den gall.-frk. Raum vom Ende des 6. bis zum Beginn des 8. Jh.s anscheinend nur ein Zeugnis bekannt [zum Forsch.sstand: 123, 1396], nämlich das Lektionar von Luxeuil, entstanden wohl am Ende des 7. Jh.s [Paris, Bibliothèque Nationale, Lat. 9427; dazu: 91, 176 Nr. 255]; ordnet man die Abgaben Ingomars der Gesch. des Kirchenzehnten zu, läge mit V. E. 2,43 ein zweites Zeugnis vor.) c. 47: Zu Lebzeiten hat E. bevorzugt ein bestimmtes, bes. zahmes Pferd geritten, das nach dem Tod des Hl. in den Besitz des Abtes von St. Eligius übergegangen ist, diesem aber ‚gewaltsam' *(violenter)* von Mummolenus, dem neuen Bf. von Noyon, genommen wird. Der Abt wendet sich vertrauensvoll an den hl. E. Das Pferd erkrankt und wird zudem äußerst bösartig, was sich auch nicht bessert, als der Bf. es ‚einer gewissen, ihm teuren Dame' *(cuidam ... matronae sibi dilectae)* zum Geschenk macht. Auf den Rat eines frommen Priesters hin gibt Mummolenus das Tier schließlich an den Abt zurück, und bereits nach wenigen Tagen ist das Pferd genesen und wieder ebenso zahm wie früher. (Das Mirakel bietet einigen Aufschluß über die Beziehungen zw. Bf. und Abt sowie über die Erzählperspektive der Vorlage für die Mirakelserie I.; zu letzterem: oben § 3.) c. 48: Auf Veranlassung des Bf.s Mummolenus von Noyon und der Königin Balthild wird am Jahrestag der *depositio* (Tod, 1. Dezember, oder Bestattung, 3. Dezember?: oben zu V. E. 2,36–38) des hl. E. eine Translation vorgenommen: Urspr. seitlich des Altars beigesetzt, wird der Leib des Hl. nun in ein aufwendigeres, hinter dem Altar seiner Grabkirche errichtetes *mausoleum* übertragen (vgl. 42, 176). c. 50: Über dem Grab hängt zu Häupten des Hl. eine Lampe, die sich eines Tages, halb leer, von selbst wieder gefüllt und entzündet hatte; ‚von da an brannte sie sowohl meistens wie sie auch überlief' (vgl. unten zu V. E. 2,61. 80 und Abschnitt d). Bei einem Besuch des Grafen Garifred von Vermand erlischt die Lampe zwei Mal, sobald Garifred die Basilika betritt. Bestürzt erforscht der Graf sein Gewissen, erinnert sich schließlich eines lange zurückliegenden Mißverhaltens gegen E. zu dessen Lebzeiten, bereut seine Schuld und bittet inständig um Vergebung, die ihm schließlich gewährt wird, wie die sich wieder entzündende Lampe anzeigt. Garifred bringt dem Hl. ein kostbares Silbergefäß dar (vgl. oben zu V. E. 2,41) und verspricht weitere Schenkungen an die Basilika. c. 51: Ein junger Angelsachse mit einer schweren Lähmung wird aus ‚Übersee' an das Grab des hl. E. gebracht und durch dessen Fürsprache geheilt. c. 54: Als Paris von einer Seuche heimgesucht wird und ‚einige Jungfrauen aus dem Kloster des heiligen Mannes' (gemeint ist das von E. gegründete Kloster auf der Île de la Cité: oben zu V. E. 1,17–18) bereits verstorben sind, kündigt E. in einer Erscheinung an, daß die Äbtissin Aurea zusamt anderen Nonnen bald zu ihm eilen werde. Aurea verabschiedet sich von ihren Mitschwestern und stirbt, an die 160 Nonnen folgen ihr in den Tod. c. 56: Der ‚erlauchte Mann Ebroin, Vorsteher des Palastes – was gewöhnlich Hausmeier genannt wird ...' *(vir inlustris Ebroinus palati praepositus – quod vulgo dicitur maior domus ...)* und seine Gattin erflehen bei E. die Heilung ihres todkranken Sohnes Bobo und bringen einige seiner Schmuckstücke dar, ‚sein überaus schönes Wehrgehenk' *(balteum ... eius speciosissimum;* zum *balteus:* 220, II, 263 f.) befestigen sie am Grab des Hl. (vgl. oben zu V. E. 2,41. – Die Amtsbezeichnung *palati praepositus* wird vom Verf. der V. E. auch für den Hausmeier Erchinoald verwendet: oben zu V. E. 2,20. 27; sie begegnet ausschließlich in der V. E.: 105, 101; bei Wolfram [229] wird die ungewöhnliche Amtsbezeichnung nicht erwähnt; nach Ebling [74, 132 Nr. 149 und ebd. 137 Nr. 156] handelt es sich um eine ‚Umschreibung des offiziellen Rangs' und um einen ‚untechnischen Titel'; Goetz [93a, 15 mit Anm. 31. 36] zieht in Hinblick auf V. E. 2,56 in Erwägung, daß z. Zt. der Abfassung des Textes *maior domus* möglicherweise gar nicht mehr [oder auch: noch nicht] der offizielle Titel war; zur Paraphrasenformel *quod vulgo dicitur:* unten § 6b; Ebroin wurde 680–681 ermordet, wahrscheinlich 681: 222, 193.) Auf die Fürsprache des hl. E. hin wird der Knabe sogleich geheilt (Bobo wird im J. 667 als ‚einziger, sehr geliebter Sohn' seiner Eltern im Bf.sprivileg für das von Ebroin in Soissons gegründete Kloster St. Marien genannt: 13, II, 138–141 Nr. 355; polit. hat er keine Bedeutung gewonnen: 106, 220). c. 58: Im Zusammenhang eines gerichtlichen Verfahrens ist von einer Eidesleistung mit Eidhelfern (→ Eidhelfer) ‚nach dem Gesetz der Franken' *(secundum Francorum legem)* die Rede (darin könnte man eine Bezugnahme auf die *Lex Salica* sehen: so Krusch in 3, 731 Anm. 1; vgl. Westeel in 5, 129 Anm. 354; der Verf. der V. E. hat die *Lex Salica* jedenfalls gekannt: unten § 7a). c. 61: ‚Ein gewisser Modolenus, Zentenar und Kolone der Stadt Noyon' bittet beim Abt von St. Eligius für seine Frau, die im Sterben liegt, um ein Grab in der Basilika (zur außerhalb der Mauern gelegenen Basilika als Friedhofskirche und Bestattungsgebäude: 156, 192. 197. 201–204; 220, II, 62–66; vgl. oben zu V. E. 1,18). Gemäß einer Weisung des hl. E., die er in einer nächtlichen Vision empfangen hatte, eilt der Abt an das Grab des Hl., nimmt von dem Öl, das sich dort ergießt (es dürfte sich um das Öl aus der überfließenden Lampe handeln: oben zu V. E. 2,50; vgl. unten zu V. E. 2 sowie Abschnitt d) und salbt damit die todkranke Frau, die sogleich gesundet.

Aus der Mirakel-Serie II (c. 67–75). c. 67: Die Begebenheit hat sich ‚neulich in meinem Kloster' (gemeint ist die Abtei Rebais in der Diöz. Meaux, die Audoin und sein Bruder Rado mit Hilfe Kg. Dagoberts I. gegründet hatten: vgl. Krusch in 3, 734 Anm. 1; vgl. unten zu V. E. 2,71) zugetragen. ‚Ein gewisser Bruder aus unseren Mönchen' leidet an einem sehr schlimmen Geschwür, das ausgebrannt werden soll. Stattdessen verlangt der bange Kranke schließlich nach einem Öl, das in einem Oratorium des Klosters, vor Reliquien des hl. E. hängend, ‚zu Heilzwecken' aufbewahrt wird (vgl. unten Abschnitt d). Durch den Auftrag des Öls wird das Geschwür sogleich beseitigt. c. 68: Als E. in Tours eine ‚Tumba' für den hl. Martin anfertigte (vgl. oben zu V. E. 1,32), hatte er sich eines Tages von einem Diener der ‚Dame' *(matrona)*, die ihm Herberge bot, Bart- und Haupthaar scheren lassen. Diese hatte in E. einen ‚Diener Gottes' erkannt und das abgeschnittene Haar sorgsam aufbewahrt, dies aber später vergessen. Nach E.' Tod nimmt sie nachts Gesang und Lichterscheinungen wahr; verängstigt, läßt sie Abt Aegiricus von St. Martin (zu diesem: oben § 3) rufen. Auf Fragen des Abtes erinnert sie sich an das Haar, das man daraufhin sucht; nachdem es gefunden ist, erkennt man in der Anwesenheit dieser Reliquien die Ursache für die wunderbaren Vorkommnisse. c. 71: ‚Auch noch ein anderer Bruder in meinem Kloster' (Rebais: oben zu V. E. 2,67) wird von schwerer Krankheit wunderbar geheilt. Diesmal legt man ein leinenes Tuch, dessen sich der hl. E. zu Lebzeiten bedient hatte, wiederholt auf die Brust des Kranken, der dadurch Genesung findet. c. 72: Ein Mann aus der Nähe von Reims, der auf seinem Besitz eine ‚Basilika' zu Ehren des hl. E. errichtet hat, begibt sich nach Noyon, wo er für seine Kirche mit Erfolg um Reliquien des Hl. bittet. Als er zur Rückreise aufbricht, wird er von einem Kleriker bedrängt, der für die Abgabe dieser Reliquien ein Geschenk verlangt und erhält (nach Lage der Dinge dürfte es sich um einen Anghörigen des Klerus von St. Eligius handeln). E. züchtigt den habgierigen Kleriker mit einem Strafwunder. Der Verf. der V. E. nimmt die Gelegenheit wahr, um durch einen Kommentar zu diesem Ereignis gegen den Handel mit Reliquien zu polemisieren. c. 75: Aufgrund einer schweren Fußgicht ist ‚ein gewisser Bruder aus den Mönchen des seligen E.' bettlägrig. Durch Abtupfen mit einem Schaffell aus dem Besitz des Hl. gesundet der Fuß. (Krusch [3, 647 mit Anm. 10] geht davon aus, daß die hier genannten Mönche Insassen der Abtei St. Eligius vor Noyon sind, doch ist dies schon deshalb unwahrscheinlich, weil in der Mirakel-Serie II, zu der das Kap. ja gehört, nach eigener Aussage des Verf.s der V. E. gerade nicht von den Wundern erzählt wird, die sich in Noyon ereignet haben, sondern von solchen, die an anderen Orten geschehen sind [s. V. E. 2,67; vgl. oben zu V. E. 2,39–80]. Wahrscheinlich handelt es sich um Mönche des Klosters Solignac, das von E. mit Hilfe Kg. Dagoberts I. gegründet worden war [s. o. zu V. E. 1,15–16]; dazu würde passen, daß die Nennung des kranken Mönchs und seiner Kommunität hier ganz analog zur Nennung des kranken Mönchs und dessen Kommunität in V. E. 2,67 formuliert ist [vgl. oben]: Dort sind die Insassen des von Audoin gegründeten Klosters Rebais gemeint. Vgl. ferner die Formulierung ‚einige Jungfrauen aus dem Kloster des heiligen Mannes [E.]' zur Bezeichnung von Nonnen der von E. in Paris gegründeten Frauen-Abtei [s. o. zu V. E. 2, 54].)

Aus der Mirakel-Serie III (c. 76–79). c. 76: Da E. zu Lebzeiten häufiger in der kgl. Domäne Compiègne (ungefähr 25 km sw. von Noyon) zu Besuch war, hatte er sich dort, allerdings auf der anderen Seite der Oise (also wohl auf dem Gebiet der heutigen Städte Venette oder Margny-lès-Compiègne), im Haus eines Mannes namens Waldolenus eine Unterkunft eingerichtet. Nach E.' Tod baut Waldolenus dessen Bett auseinander, um das Material anders zu verwenden, und nutzt dessen ehemalige Unterkunft als Schlafzimmer für sich und seine Frau. Diese Mißachtung des Hl. wird durch eine schwere Erkrankung geahndet. Durch Visionen gemahnt, stellt Waldolenus den vormaligen Zustand wieder her und gesundet. Das Wunder wird bekannt, Volk strömt herbei, weitere Wunder geschehen, das Haus wird durch eine Kirche ersetzt, in der man das nunmehr reich geschmückte Bett des hl. E. aufbewahrt. Zuständiger Ortsordinarius ist damals Bf. Clemens von Beauvais (nachgewiesen 667–683, sein Nachfolger Constantinus ist erst ab 692/693 belegt: 72, III, 120 Nr. 15 und 16, in Verbindung mit 26, D 136; vgl. 187, 15). c. 77: Die ‚zwei verschwisterten Könige' Chlothar (III.) und Theuderich (III.) (*duo reges germani* ...; im Zuge einer Politik zur Wahrung der Reichseinheit ließen die Regenten Urk. nur auf den Namen des ältesten Kg.ssohns Chlothar ausstellen, die Bezeichnung auch des jüng. Bruders Theuderich als ‚König' ist deshalb auffällig; nach Ewig repräsentiert diese Bezeichnung hier ‚wohl die Auffassung des Volkes': 75, 208 Anm. 147) suchen zum Gebet die Kirche St. Eligius bei Compiègne auf (s. o. zu V. E. 2,76); Theuderich folgt im Unterschied zu Chlothar dem Rat einiger Optimaten und bringt ein Geldopfer dar. Chlothar, der dies verweigert, wird daraufhin mit Fieber und heftigen Zahnschmerzen gestraft, die erst nachlassen, als er anderntags, ‚gezwungen, nur um ein Heilmittel zu verdienen' der nämlichen Kirche ebenfalls Geld zukommen läßt (zur Charakterisierung der Brüder: oben zu V. E. 2,32). c. 79: In der Kirche bei Compiègne gibt es auch eine Lampe, die von Öl überfließt. Das Öl wird als Heilmittel verwendet (vgl. unten Abschnitt d).

Abschluß der Mirakel-Slg. c. 80: Zu Beginn nimmt der Verf. nochmals auf die Teilung der Slg. in die drei Serien Bezug, indem er, zurückschreitend, summarisch die Wunder nennt, die ‚bis jetzt' ‚an diesem Ort' (in Compiègne und Vitry) geschehen (Serie III), ‚an verschiedenen Orten' (Serie II) und ‚besonders bei seinem allerheiligsten Leib' (Serie I). Zur Beglaubigung seiner Erzählungen verweist er auf die materiellen Zeugnisse der durch E. gewirkten Wunder, die bei seinem Grab in St. Eligius zu sehen sind: viele zersprungene Fußfesseln verschiedener Art sowie zerrissene Ketten (befreiter Gefangener) und Stöcke von (geheilten) Lahmen; die Austreibung von Dämonen und die Heilung Blinder werden durch Blutspuren auf dem Boden bezeugt. Bisher sind ‚innerhalb kurzer Zeit' *(infra pauco tempore)* schon so viele Wunder geschehen, doch in Zukunft werden noch viel mehr geschehen: Heilungen Kranker, Befreiungen Gefangener, Heilungen Lahmer, Bestrafungen Meineidiger, Befreiungen Besessener, Heilungen Blinder. Viele Heilungen werden durch das Öl bewirkt, das ‚dort' *(illic)*, am Grab, hervorquillt (gemeint ist sicher die von Öl überfließende Lampe: oben zu V. E. 2,50. 61; vgl. unten Abschnitt d).

2,81: Nachwort zum Gesamtwerk. Um die Vita gleichsam zu rahmen, greift der Verf. am Ende die Themen und Topoi des Vorworts am Beginn des Werks (V. E. praef.) nochmals auf, verschiebt aber die Akzente; so scheint etwa das unentwegte Lob auf den Hl. jetzt einer gewissen Verteidigung zu bedürfen und die Schlichtheit der Ausdrucksweise wird nur noch mit Rücksicht auf den Gegenstand der Erzählung, nämlich die *humilitas* des Helden, begründet, während die Rücksicht auf das Publikum nun unerwähnt bleibt. Wie das Vorwort zum Gesamtwerk mit praktischen Hinweisen für den Kopisten schließt, endet das Nachwort mit praktischen Hinweisen für den Leser: Der Verf. teilt mit, er habe, um die Benutzung des Werks zu erleichtern, diesem ein Kapitelverz. angehängt *(conpendium facere volui, ut, subnexis capitulis, quod nosse quis velit, mox sine tarditate inveniret;* dieses Kapitelverz. identifiziert Krusch mit demjenigen, das in der Überlieferung auf das Vorwort zum Gesamtwerk folgt [vgl. oben V. E. Capitulatio]; es soll von dem „Noyoner Autor" [also dem angeblichen Fälscher des 8. Jh.s] stammen: Krusch in 3,740 Anm. 2 in Verbindung mit ebd. 654; nach derzeitiger Kenntnis ist die Capitulatio der → *Vita Severini* von Eugippius aus dem Anfang des 6. Jh.s das erste Kapitelverz. einer lat. Biogr., das nachweislich vom Autor der betreffenden Vita verfaßt wurde: 52, 5–7; vgl. 51, V, 84 f.; 161, 313. 322) und er habe das abgeschlossene Werk vervollständigt und geziert, indem er ‚wie kostbare Edelsteine hinzugefügt habe', was der hl. Mann beim Predigen als ‚Zeugnisse' *(testimonia)* aus der Hl. Schrift angeführt habe und an was er sich erinnern könne (dieses biblische Florilegium ist nach derzeitigem Kenntnisstand nicht überliefert; die verlorenen *testimonia* hält Krusch selbstverständlich, wie folgerichtig implizit das ganze Kap. V. E. 2,81, ebenfalls für eine Zutat des „Noyoner Autors": ders. in 3, 740 Anm. 2 in Verbindung mit ebd. 654; Stracke [193, 249 f.] hält die inserierte Predigt-Anthologie V. E. 2, 16 [s. o.] für die hier angesprochenen *testimonia*).

d. Hauptthemen. Lob des Hl. Allgegenwärtig ist das Lob auf E. und mehrere, manchmal umfangreiche Kap. enthalten nichts als reine Lobpreisung (V. E. 1,37–39 und 2,4. 9–10. 14. 33; zum stilistischen Befund: unten § 6d; zur Editionsweise von Krusch [3], nach der gerade diese Kap. bezeichnenderweise meist ausfallen oder wenigstens stark gekürzt werden [vgl. Übersicht bei 5, 152–154]: oben § 2b). Das Thema wird gleich zu Beginn, am Anfang des Vorworts zum Gesamtwerk (V. E. praef.), programmatisch angekündigt, und am Schluß, im Nachwort zum Gesamtwerk (V. E. 81), wird seine sehr breite Ausführung vorsorglich gegen mögliche Beanstandungen in Schutz genommen, wobei sich der Verf. wieder einer der Bibelstellen bedient, die er im Prolog zur Vorstellung des Themas ‚Heiligenlob' verwendet hat: *Laudemus viros gloriosos* (7, Sirach 44,1). Die enkomiastische Beschreibung der asketischen Tugenden des Helden ist trotz ihrer liter. Stilisierung (s. u. § 6d) und hagiographischen Typisierung auch hist. von Interesse (dazu grundsätzlich: 136, 322–328).

Askese und Wohltätigkeit. Die enkomiastische Grundstimmung des Werkes tritt auch bei der ausführlichen Schilderung der asketischen Lebensweise des Helden und dessen tätiger Barmherzigkeit hervor. Letztere erweist sich für den Verf. in einem Kanon von Handlungen, der über die bekannte Zusammenstellung von sechs sog. ‚Werken der Barmherzigkeit' (dazu: 55) bei Matthäus (7, Matth. 25,35–45) hinausgeht und etwa an die Werke sozialer Fürsorge erinnert, die Laktanz († 325?) anführt, zunächst in Buch 6 der ‚Göttlichen Unterweisungen', dann in den ‚Epitome' (zu Inhalt, Bedeutung und Rezeptionsgesch. dieser beiden Werke: Wlosok in 102, V, 385–392. 402–404 § 570), wo er, gestrafft in Form eines Kat.s, acht ausdrücklich als solche bezeichnete ‚Werke der Barmherzigkeit' nennt (Lactantius, epit. 60, 6–7 [20, 96 f.]; am Ende des Kat.s heißt es: *haec sunt opera, haec officia misericordiae* ...; vgl. Lactantius, inst. 6, 12, 3–6. 16. 21–25 [19, 525–529], allerdings wird dort nicht der Schutz vor Drangsalierung seitens Mächtiger erwähnt). Die Auslösung von Gefangenen (s. o. Abschnitt c zu V. E. 1,4–20), die Sorge für Witwen und Waise (s. o. Abschnitt c zu V. E. 1,37) und v. a. das Begraben von Toten (s. o. Abschnitt c zu V. E. 1,31) wird nicht in dem Werke-Kat. bei Matthäus aufgeführt, wohl aber in demjenigen bei Laktanz (das Begraben von Toten wohl unter Einfluß von 7, Tob. 1,20 f.). Wenigstens die ‚Göttlichen Unterweisungen' hat der Verf. der V. E. sicher gekannt (Benutzung von Lactantius, inst. 4,18,12 [19, 351] in V. E. 2,2: 126, 844; Westeel in 5, 78 Anm. 249; vgl. unten § 7a).

Wiederholt spricht die V. E. von den Verdiensten, die durch Werke der Barmherzigkeit bei Gott erworben werden können, und mit Blick auf das eschatologische Gericht Gottes (vgl. oben zu V. E. 1,4–20) stellt sie himmlischen Lohn für irdische Anstrengung in Aussicht. Diese Verbindung werktätiger Nächstenliebe mit dem Lohngedanken liegt bereits bei Matthäus vor, findet sich aber viel deutlicher gerade bei Laktanz im Zusammenhang mit dessen Kat. der Werke der Barmherzigkeit (Lactantius, epit. 60,8–9). Bes. dem Almosengeben mißt die V. E. sündentilgende Kraft bei (auch negativ: Erchinoald muß als ‚Erbärmlicher' sterben, weil er sich auch beim Herannahen des Todes nicht entschließen kann, reiche Almosen zu geben [vgl. oben Abschnitt c zu V. E. 2,27]). Die Vorstellung vom Almosen als Mittel der Sündenvergebung ist allg. christl. (z. B.: 185, 306 f.; 214, 162); sie läßt sich biblisch begründen (anscheinend werden in patristischer Lit. diesbezüglich bes. häufig 7, Sirach 3,33 und Luc. 11,41 [Angaben der Einfachheit halber nach der Vulgata] herangezogen: 185, 306) und wurde für den Bereich der lat. Kirche v. a. von Cyprian von Karthago († 258) in der Schrift „Über das Werk und die Almosen" (11, passim [unter Benutzung zahlreicher weiterer Bibelstellen]) theol. entfaltet (dazu: Poirier in 12, 24–40, und bes. ebd. 166–169) und nachdrücklich propagiert. Cyprian genoß in der Folgezeit höchstes Ansehen, seine Werke waren weit verbreitet (Schmidt in 102, IV, 535–540. 574 f. § 478) und der Verf. der V. E. hat die Abhandl. „Über das Werk und die Almosen" nachweislich gekannt (Benutzung von Cyprianus, eleem. 19 [11, 67] in V. E. 1, 20: Westeel in 5, 58 f. Anm. 201 f.; vgl. unten § 7a).

Offenkundig entsprechen die genannten Werke von Cyprian und Laktanz inhaltlich wichtigen Bereichen der relig. Gedankenwelt und sittlichen Haltung des Verf.s der V. E. und allem Anschein nach auch ihres Helden, also Audoins und E.', die einander in enger, auch geistlich ausgerichteter Freundschaft länger als drei Jahrzehnte verbunden waren (vgl. oben § 1).

Gericht Gottes. Die eschatologische Vorstellung vom Jüngsten Gericht durchzieht, mehr oder weniger deutlich, die ganze V. E. Daß diese Vorstellung tatsächlich nicht nur für den Erzähler größte Bedeutung hat, sondern auch für den Helden E.

selbst, zeigt authentisch dessen umfangreiche, in den Text der Vita inserierte Predigt-Anthologie (V. E. 2,16). Gewöhnlich wird die Gerichtsthematik paränetisch mit dem Gedanken an Lohn und Strafe im Jenseits verbunden (vgl. im Vorigen) und dient so, ganz in der Tradition der lat. Patristik, v. a. als Motivation zu sittlichem Handeln.

Wunder. Nach der *Vita Columbani abbatis dicipulorumque eius* von Jonas von Bobbio (17) erzählt die V. E. unter den gall. Viten der Zeit von 600–750 mit Abstand die meisten Wunder, nämlich nicht weniger als 107 (Zählung nach 205, 83. 86 f. 89), von denen viele sogar recht ausführlich zur Sprache kommen (zur Bedeutung des Wunderglaubens im frk. Christentum: 98, 49–59; 220, II, 161. 191–201; vgl. → Christentum der Bekehrungszeit, B. Frömmigkeitsgeschichte [Kontinent]; zum Interesse an Prodigien und anderen Wundern im 7. Jh.: 110, 58 f.; zur narrativen Funktion, inhaltlichen Struktur, hagiographischen Stilisierung, liter. Verarbeitung und hist. Bedeutung von Wunderepisoden: 98, 78–88; 136, 328–340; zu rechtlichen Hintergründen bei bestimmten Mirakeln: 104, passim); die Addition aller Wunder aus allen vier Evangelien zusammen ergibt dagegen die im Vergleich bescheidene Summe von 62 (205, 136 Anm. 383 in Verbindung mit ebd. 385)! Erzähltechnisch bemerkenswert ist die in einem Ton feierlicher Ergriffenheit vom Verf. der V. E. im Anschluß an das erste Mirakel vorgetragene Feststellung, daß dies ‚der Beginn seiner Wunder' gewesen sei (s. o. Abschnitt c zu V. E. 1,8). Zugleich wird aber theologisierend darauf hingewiesen, daß Gott (Christus) allerdings der eigtl. Urheber der Wunders ist, und diese Aussage begegnet, implizit oder explizit, auch sonst in den Mirakeln der V. E., die den Hl. meist eher als Vermittler des jeweiligen Wunders erscheinen lassen. Ganz allg. eignet den Wundererzählungen der merow. Hagiographie, bei gelegentlichen Ausnahmen, diese Theozentrik, die sich im übrigen häufig als Christozentrik darstellt (198, 107; 203, 103; 205, 111–119).

Zur Typol. der durch E. gewirkten Wunder. Erzählt werden v. a. Heilungen (31 Fälle: 205, 95); es erstaunt deshalb nicht, daß E. einer an seinem Grabe auf Heilung hoffenden Frau als Arzt erscheint (V. E. 2,52). Bei den postumen Heilungen spielen wunderkräftige Flüssigkeiten, meistens als ‚Öl' bezeichnet, eine bedeutende Rolle: In St. Eligius vor Noyon benetzt sich einmal plötzlich ein Tuch, das über das Grab gebreitet ist, mit einer geheimnisvollen Flüssigkeit (V. E. 2,42. 43) und später quillt aus der Lampe, die über dem Grab des Hl. hängt, gewöhnlich Öl hervor (V. E. 2,50. 61. 80), in Rebais wird Öl hängend vor E.-Reliquien aufbewahrt (V. E. 2,67) und in Compiègne gibt auch eine Lampe überschüssiges Öl ab (V. E. 2,79); alle diese Flüssigkeiten werden für Heilungen verwendet oder vorbeugend zum Schutz vor Krankheiten eingesetzt (zu wundertätigem Öl bei Gregor von Tours, das gewöhnlich aus Lampen an Hl.gräbern oder bei Reliquien stammte: 220, II, 165 f.; zu ganz ähnlich gewonnenem und gebrauchtem Balsam bereits in der Alten Kirche: 124, 1155–1157). Auf die Heilungswunder folgen der Zahl nach Strafwunder (20 Fälle: 205, 98), Erscheinungen verschiedener Art (17 Fälle: 205, 94 mit Anm. 183), Hilfe in verschiedenen Nöten (205, 96 f.), wunderbare Befreiungen von Strafgefangenen, seien sie schuldig oder unschuldig in Haft (7 Fälle: 205, 103 f.; etwas anderes ist der Freikauf von Sklaven, den E. in zahllosen Fällen praktiziert: s. u.), Kampf mit dem Teufel und Heilungen Besessener (5 Fälle: 205, 101 f.), Vermehrungen von Lebensmitteln wie etwa Öl (205, 98 mit Anm. 201), Prophezeiungen und verschiedene andere Wunder. Eigens hingewiesen sei auf zwei Wundererzählungen, in denen es um die Beeinträchtigung von Kultstätten bestimmter Hl. geht: Eine Kirche des hl. Martial ist durch Brand gefährdet (V. E. 1,19), eine Kirche der hl. Kolumba hat ihre Ausstattung durch Diebstahl verloren (V. E. 1,30). Beide Male erzwingt E. die wunderbare Hilfe des jeweiligen Titelhl., indem er diesem für den Fall, daß er untätig bleibt, mit der Einstellung des Kultes an der betreffenden Kirche droht.

Reliquien. Besondere Aufmerksamkeit des Verf.s gilt dem Reliquienwesen (vgl. Hinweise bei 51, II, 62 f.; zur Bedeutung von Reliquien im frk. Christentum: 98, 179–182; 220, II, 161–191; 203, 100 f.; vgl. → Christentum der Bekehrungszeit; B. Frömmigkeitsgeschichte [Kontinent]; → Heiligenkult § 3b, 2. Reliquienkult). Reliquien werden in öffentlichem Kult und privat verehrt, sie können Wunder bewirken, sie werden bei der Eidesleistung verwendet (s. o. Abschnitt c zu V. E. 1,6). E. selbst besitzt schon als Laie, vor seiner Bf.sweihe, zahlreiche Reliquien (s. o. Abschnitt c etwa zu V. E. 1,8. 12); als Bf. findet er später die Leiber mehrerer Hl. auf, nimmt deren Erhebung vor (s. o. Abschnitt c zu V. E. 2,6–7; zum Phänomen des Hellseherischen bei der Suche nach den Leibern: 205, 93 mit Anm. 179) und stellt prachtvolle ‚Gräber' für sie her (vgl. unten). Das dringende Interesse der Zeitgenossen, gerade auch von E. selbst, am Besitz von Reliquien zeigt sich sehr anschaulich, bisweilen drastisch, z. B. in V. E. 2,6 (v. a. gegen Ende). 37. 48. 68.

Der Langprolog der *Lex Salica* (aus dem die V. E. in anderem Zusammenhang eine Formulierung entlehnt: unten § 7a) zeigt, welch große Bedeutung aus frk. Sicht der öffentlichen Verehrung der Martyrer aus röm. Zeit zukam, deren Reliquiare ‚die Franken' mit Gold und Edelsteinen geschmückt hätten (Lex Salica D [K] prol. I, 4 [23, 8]; zur hist. Situation: 145, 42 f.; 54, 231–233; bes. 182, 236–242).

Eligius als Goldschmied. In beiden Büchern der V. E. kommt mehrfach zur Sprache, daß E. Goldschmied war; teils wird davon mehr oder weniger ausführlich erzählt (V. E. 1,3. 5. 10. 32 und V. E. 2,6–7), teils wird die Tatsache in verschiedenen Zusammenhängen nur erwähnt (V. E. 2,2. 41. 68). E. hat sein Handwerk in Limoges bei dem namentlich genannten Goldschmied Abbo gelernt, der zugleich kgl. → Münzmeister war (V. E. 1,3; zu Lehrverhältnissen in der MZ: 62, 259). Später gelangte er an den Hof in Paris, wo er zunächst unter Chlothar II. († 629), später unter dessen Sohn Dagobert I. († 639) als Goldschmied tätig war und zahlreiche Arbeiten für den Kg. schuf (V. E. 1,4–5; zu den merow. Hofgoldschmieden: 62, 238–240; zu E.' kunsthandwerklichem Schaffen in arch. und kunsthist. Sicht: 212; → Eligius von Noyon § 3 mit Abb. 18–19 und Taf. 5–10; → Chelles § 5 mit Abb. 129; zum sozialgeschichtl. Kontext allg.: → Königsschatz; → Prestigegüter). Zu jener Zeit hatte E. einen Mitarbeiter namens Thille, der in der Werkstatt ‚ihm gegenüber' seinen Platz hatte; Thille war ein Unfreier sächs. Abstammung (vermutlich ein Angelsachse), der später eine geistliche Laufbahn einschlug (V. E. 1,10; zu Unfreien und Freien als Goldschmiede in merow. Zeit: 62, 247 f. 253 [Heranziehung von V. E. 1,10]). Sonst werden keine Angaben über Ausstattung, Größe oder Organisation der Werkstatt gemacht. Mit besonderem Interesse spricht der Verf. von den sakralen Goldschmiedewerken seines Helden. Für viele Hl., von denen die wichtigsten mit Namen genannt werden, hat E. ein kostbares ‚Grab' (*sepulchrum*) oder eine ‚Tumba' gefertigt (V. E. 1,32 und V. E. 2,6–7). Bes. aufwendig waren die Arbeiten in St. Martin vor Tours und v. a. in St. Dionysius bei Paris, die er jeweils mit Unterstützung Kg. Dagoberts I. ausführen konnte (V. E. 1,32; zu den Arbeiten für St. Dionysius: 133, 25 f.; 143, 4; 139, 139 f.; 230, 30). Als E. in Tours arbeitete, nahm er übrigens Herberge bei einer offenkundig wohlhabenden Dame, die in ihm bereits damals einen Hl. erkannte und deshalb heimlich die beim Scheren seines Hauptes anfallenden Haare an sich nahm und aufbewahrte (V. E. 2,68). Daß ein Goldschmied

Bf. wurde, war ganz ungewöhnlich (dazu: oben Abschnitt c zu V. E. 1,1 und V. E. 2,2). Aber E. blieb selbst im Bf.samt als Goldschmied tätig und führte wahrscheinlich seine Werkstatt fort. Diese muß einen guten Ruf genossen haben, da sie weit über Noyon hinaus tätig war und Arbeiten in verschiedenen Städten im NW der Kirchenprov. Reims (V. E. 2,6–7) ausführte. Die V. E. bietet keinen Anlaß für die Vermutung, daß E. im Bf.samt die eigenhändige Arbeit als Goldschmied aufgegeben habe.

Das goldschmiedische Arbeiten als Tätigkeit wird in der V. E. gewöhnlich mit dem Vb. *fabricare* bezeichnet (V. E. 1,5. 10. 32 und V. E. 2,6. 7. 41. 68), das sowohl transitiv als auch absolut gebraucht wird (Beispiele für beide Verwendungsweisen: V. E. 1,10). Demgegenüber werden andere Verben wie etwa *componere* (V. E. 1,5. 32 und V. E. 2, 7) und *contexere* (V. E. 1,32) oder Umschreibungen wie *insigni ornamento decorare* (V. E. 2,7) und *inpendere diligentias* (V. E. 2,7) anscheinend nur mit der Absicht der Variation des Ausdrucks eingesetzt, also ausschließlich oder wenigstens vornehmlich aus stilistischen Gründen (vgl. unten § 6d).

Beichte und Buße. Im merowingerzeitlichen Gallien wies das Bußwesen eine gewisse Vielfalt auf (214, 79–203; 215, passim; 93, 391–398). Die altkirchliche ‚kanonische' Buße zur Tilgung schwerer Sünden bestand fort (hatte jedoch an praktischer Bedeutung sehr verloren), sie wurde öffentlich unter Leitung des Bf.s vollzogen; ihr zugeordnet gab es seit alters ein besonderes Bußverfahren für Sterbende. Zur Tilgung leichterer Verfehlungen wurden asketische Übungen und gute Werke, bes. das Almosengeben empfohlen und praktiziert. Auch das Sündenbekenntnis spielte in diesem Zusammenhang eine wichtige Rolle; es konnte öffentlich abgelegt werden oder im Geheimen, sei es vor einem Priester oder vor einer anderen Person, sei es vor Gott allein; wurde das Sündenbekenntnis vor einem Priester abgelegt, konnte dieser anschließend eine Lossprechung vornehmen. In der klösterlich geprägten Kirche Irlands hatte sich im 6. Jh. eine von der alten kanonischen völlig verschiedene Form der Buße ausgebildet: die nichtöffentliche, wiederholbare tarifierte Buße, für schwere wie für leichtere Sünden. Schon bald gelangte diese neue Praxis nach Großbritannien und auf den Kontinent (215a, 34–39; 121, passim, bes. 511. 523), wo sie zunächst v. a. durch ir. (Kolumban) und irofrk. Mönche verbreitet wurde. E., der dem irofrk. Mönchtum verbunden war (so hat er mehrfach dessen Zentrum, die Abtei Luxeuil, besucht: V. E. 1,21; vgl. oben § 1) und es tatkräftig förderte (was sich bes. im Hinblick auf das von ihm gegründete Kloster Solignac erweist: oben Abschnitt c zu V. E. 1,15–16 und V. E. 2,15), hat auch die neuen Formen der Beichte und Buße zweifellos gekannt.

In Zusammenhang mit verschiedenen Formen des kirchlichen Bußverfahrens kommt an vier Stellen der V. E. die ‚Beichte' (*confiteri, confessio* oder Erzählbericht des Vorgangs) zur Sprache (V. E. 1,7–8 und V. E. 2,4. 15. 26); dabei dürfte an einer Stelle (V. E. 2,15) ein Bußordo rezipiert worden sein (zur Vielfalt von Bußordines und zu ihrer Überlieferung: 122, 388–395). Es bleibt zu untersuchen, welche Formen und Riten der Buße im einzelnen gemeint sind; die als solche verdienstliche Übersicht bei Vogel (215) reicht für ein genaueres Verständnis der einschlägigen Passagen der V. E. nicht aus, zumal dort die beiden wichtigen Stellen V. E. 2,4. 26 nicht berücksichtigt sind (was darauf zurückzuführen sein wird, daß Vogel die unvollständige Edition von Krusch [3] benutzt hat).

Das Konzil von Chalon-sur-Saône (647–653; 10, 302–310; dazu: 158, 193–197; vgl. 217, 106), das einzige, an dem E. als Bf. nachweislich teilgenommen hat (zur Teilnahme von Audoin und E. an diesem Konzil: 84, 78 f. 88), behandelte das Bußverfahren in einem eigenen Kanon (10, 304 can. 8; vgl. 158, 195 f.); dieser empfiehlt die

Buße als ‚Heilmittel der Seele' *(medilla animae)* und stellt fest, daß den Büßern nach dem Sündenbekenntnis ‚von den Priestern' *(a sacerdotibus;* zu *sacerdos* s. o. Abschnitt c zu V. E. 1,7–8) eine Buße aufzuerlegen ist; die Bestimmung bietet zwar kein ausdrückliches Zeugnis für die Tarifbuße (dies betont, wohl zu insistent, 214, 195 f.), doch ist, nach Lage der Dinge, wohl durchaus das neue, von den Iren eingeführte Bußverfahren angesprochen, das im Anschluß an das (nichtöffentliche) Sündenbekenntnis die Auferlegung eben einer tarifierten Bußleistung vorsah (215a, 35 f.; 121, 158). Der Verf. der V. E. bedient sich hinsichtlich der Beichte übrigens ebenfalls einer med. Metaphorik (s. o. Abschnitt c zu V. E. 2,4; zum verbreiteten Motiv der Buße als spiritueller Med. in Predigten des 6.–10. Jh.s: 41, 7).

Eligius als Missionar. Von E.' bischöflichen Amtstätigkeiten wird v. a. die Mission bei der noch teils heidn. Bevölkerung im N der Doppeldiöz. (dazu: 75, 186–189) hervorgehoben. Sein Vorgänger Aigachar, als Mönch von Luxeuil vor 627 noch von Chlothar II. zum Bf. von Noyon-Tournai erhoben, scheint Dagobert I. bei der Besetzung der Bistümer zw. Somme und Kohlenwald, also im n. Teil der Kirchenprov. Reims, beraten und in diesem Bereich, mit Unterstützung des Kg.s, die Missionstätigkeit organisiert zu haben (163, 123. 172. 279; 87, 86; 78, 114–118; 80, 133–138); Ewig vermutet: „Mit der Union von Noyon und Tournai war anscheinend eine Aufsicht über das große Missionsgebiet zwischen Kohlenwald und Somme verbunden." (80, 136 f.). Vor diesem Hintergrund wird verständlich, warum der Verf. der V. E. die Bestellung von E. zum Bf. von Noyon-Tournai in so auffälliger Weise mit der Notwendigkeit der Heidenmission in diesem Sprengel verbindet (s. o. Abschnitt c zu V. E. 2,2).

Nachdrücklich rühmt die V. E. den missionarischen Eifer, die unermüdliche Ausdauer und den aufopferungswilligen Mut ihres Helden, namentlich auf seinen Predigtreisen. Die angeblich großen Erfolge dieses Engagements werden in panegyrischem, ja bisweilen hyperbolisch anmutendem Ton gepriesen, doch genauere, sachliche Nachrichten über den Verlauf der Mission werden nicht geboten (zu E.' Missionstätigkeit aus hist. Sicht: 145, 90–92; 87, 86–88. 92 f.; 78, 117–119; 84, 79 f.; 80, 149 f.; 187, 21; 164, 439 f. 445; zu E.' Missionspredigt aus mentalitätsgeschichtl. Sicht: 179, 124–126; zur zeitgenössischen Missionierung grundlegend: 152, passim; vgl. → Mission, Missionar, Missionspredigt; zur summarisch enkomiastischen Darst. des Missionserfolgs in den einschlägigen Viten: 66, 37; zum persönlichen Einsatz des Missionars und zur Missionspredigt, bes. im 7.–8. Jh. bei den Ags. und durch Ags. auf dem Kontinent: 152, 113–151; 153, passim; 154, passim; zu den im Zusammenhang mit der Missionierung genannten ethnischen und geogr. Namen: unten Abschnitt e).

Tod des Hl. Was die dargestellten Einzelereignisse betrifft, werden mit Abstand am ausführlichsten E.' Sterben, mit mehreren eingeschalteten Reden, und die dramatischen Umstände seiner Bestattung geschildert (V. E. 2,34–38: 7 Quart-Seiten [1, 282–289]; zum Tod und zur Beschreibung des Todes eines merow. Bf.s allg. und zu den einschlägigen liter. Konventionen: 98, 64–66; 176, 237–256; 177, passim, zur V. E. bes. 39; Nachrichten über Tod und Begräbnis bei Gregor von Tours: 220, II, 233–237).

e. Adressaten der Missionspredigt des Bf.s Eligius. Das Kap. V. E. 2,3 (vgl. oben Abschnitt c) beginnt mit den Worten: ‚Außerdem hat er [sc. E.], von der Sorge des Hirten bewegt, die Städte und Landstädte allumher bereist, die ihm anvertraut waren. Aber die Flamen und Antwerpener, auch die Friesen und die Sweben und welche Barbaren auch immer am Ufer des Meeres leben, …, haben ihn anfangs mit feindlicher Einstellung und abgeneigter Gesinnung empfangen, späterhin jedoch, …, ist der größte Teil des wilden und barbarischen Volkes zum wahren Gott bekehrt und Christus unterworfen worden; ...' *(Praeterea pastoris cura sollicitus lustrabat urbes vel municipia circumquaque sibi commissa. Sed Flanderenses atque Andoverpenses, Fresiones quoque et Suevi et barbari quique circa maris litora degentes, ..., primo eum hostili animo ... susceperunt, postmodum vero, ..., pars maxima trucis et barbari populi ... conversa est ad verum Deum Christoque subiecta; ...).* Und am Anfang des Kap.s V. E. 2,8 heißt es: ‚Außerdem hat er [E.] sich viel in Flandern abgemüht, mit anhaltender Beharrlichkeit hat er in Antwerpen gestritten und viele im Irrtum lebende Sweben hat er bekehrt; ...' *(Multum praeterea in Flandris laboravit, iugi instantia Andoverpis pugnavit multosque erroneos Suevos convertit; ...* Die Übs. von *erroneos Suevos* [nicht: ‚umherschweifende Sweben'] erfolgte im Hinblick auf den folgenden Ausruf etwas weiter unten im selben Kap.: *O quanti Eligii industria ab errore gentilium retracti, venerabili Christi iuncti sunt gregi!*).

Für die Namen ‚Flamen' (V. E. 2,3) und ‚Flandern' (V. E. 2,8) bietet die V. E. die Erstbelege (149, 151; 193, 177; 99, II, 1019 s. v. ‚Vlaanderen'; im Artikel → Flandern wird eine Nennung Flanderns aus dem 6. Jh. angeführt, aber kein Nachweis geboten; zu Lage und Ausdehnung Flanderns im 7. Jh. und zu Orten, an denen E. dort gewirkt haben könnte: 149, 151–158. 160 f.). Die hier genannten ‚Antwerpener' betrachtet man gemeinhin als Bewohner jenes Ortes → Antwerpen, der mit der heutigen belg. Großstadt dieses Namens identisch ist (so auch 5, 79. 85); dies liegt nahe, ist aber in Frage gestellt worden (149, 145–151. 160 f.; vgl. → Eligius von Noyon § 1 [S. 146]), doch wohl zu Unrecht. Auch für den ON ‚Antwerpen' bietet die V. E. den Erstbeleg (99, I, 61 s. v. ‚Antwerpen'; vgl. → Antwerpen). ‚Friesen' werden nur an dieser einen Stelle in der V. E. erwähnt; nach Noterdaeme/Dekkers (149, 158–161) soll es sich bei den *Fresiones* der V. E. in Wirklichkeit um *Fresnerenses* handeln, also um Bewohner von *Fresnere*, dem heutigen Varsenare w. von Brügge; im Artikel → Eligius von Noyon § 1 wird angenommen, daß wohl nur an eine kleinere isolierte Gruppe zu denken sei, wenn es sich wirklich um Friesen handeln sollte; V. E. 2,3 wird in → Friesen § 25 bei der Darst. der fries. Missionsgesch. nicht berücksichtigt. Nach den allg. Darlegungen bei Lebecq (130, mit Karte ebd. 339) lebten allerdings durchaus Friesen im n. Teil des in V. E. 2,3 angesprochenen geogr. Raums. ‚Sweben' sind gelegentlich auch sonst in diesem Raum bezeugt (Krusch in 3, 696 Anm. 6; 149, 144 f. 159 Anm. 2, vgl. ebd. 149. 160; 166, 46 [Heranziehung von V. E. 2,3. 8] in Verbindung mit ebd. 28 f. 38 f. 47; vgl. → Eligius von Noyon § 1 [S. 146]; allg. → Sweben § 8 und bes. § 13, ohne Heranziehung der V. E.; vgl. 77, 234 f.). Die V. E. erwähnt in verschiedenen Zusammenhängen und mit unterschiedlicher Wertung zwei ausdrücklich als Sweben bezeichnete Personen mit Namen, nämlich den unfreien Laien Tituin, einen treuen Diener von E. am Hof in Paris (s. o. Abschnitt c zu V. E. 1,10), und den Kleriker Uffo, einen Dieb in Noyon (s. o. Abschnitt c zu V. E. 2,39). Für diese beiden Sweben erwägt Ewig jeweils eine andere Herkunft (77, 234 Anm. 14): Tituin könne als Nachkomme swebischer Laeten aus Wissous s. von Paris stammen (Département Essonne, vormals Seine-et-Oise; die Erwägung beruht einzig auf der etym. Hypothese von Longnon, das Toponym Wissous sei von *vicus Suevorum* abzuleiten: 134, 135 Nr. 540), Uffo sei dagegen wohl als ein Swebe aus Kortrijk anzusehen. Übrigens nennt Venantius Fortunatus († um 600) in einem Lobgedicht auf Chilperich I. Friesen zusammen mit Sweben als Völker eines fernen (allerdings unbestimmten) Randgebietes: ‚Ein Schrecken bist du [sc. Chilperich] den Friesen und Sweben in weiterster Ferne' (carm. 9,1,75: *Terror es extremis Fresonibus atque Suebis;* vgl. 149, 159 Anm. 2; 166, 38 f., vgl. ebd.

28 f. 46. 47; → Sweben § 13). Bei allen Schwierigkeiten, die hier verwendeten ethnischen und örtlichen Benennungen hist. sicher zuzuweisen, kann man vielleicht doch davon ausgehen, daß E. als Diözesanbf. seine Missionstätigkeit auf den Bereich des eigenen Sprengels beschränkt hat, also auf die Doppeldiöz. Noyon-Tournai (→ Eligius von Noyon § 1 [S. 146 f.]; vgl. 149, 149). Dafür spricht v. a. auch, daß es in dem das Kap. einleitenden Satz heißt, E. habe aus Gründen der Seelsorge die ‚Städte und Landstädte allumher' besucht, ‚die ihm anvertraut waren'. Was Antwerpen betrifft, so gehörte dessen Gebiet zwar seit dem 10. oder 11. Jh. zur Diöz. Kamerich (Cambrai), doch ist ungewiß, seit wann diese kirchliche territoriale Zuordnung bestand (210; zur späteren, bekannten Gebietseinteilung: 145, 64–70 in Verbindung mit 146, Texte 114 und ebd. Cartes I[a]. II; vgl. 145, 54; 87, 99 f. Anm. 87); mit Blick auf V. E. 2,3. 8 erscheint es durchaus möglich, daß der Ort im 7. Jh. zur Diöz. Tournai gehörte. Die Bezeichnung ‚Barbaren' hatte in der 2. Hälfte des 7. Jh.s wohl mehr oder minder die Bedeutung ‚Heiden' angenommen (77, 249–255; vgl. oben Abschnitt c zu V. E. 2,10).

§ 6. Sprache und Stil. a. Vorbemerkung. Die V. E. ist in spätlat. Kunstprosa verfaßt. Eine genauere systematische Unters. des sprachlichen Befundes fehlt; bei den Darlegungen zum Sprachgebrauch, die Krusch in der Einleitung seiner Edition bietet (3, 654–656), wäre noch im einzelnen zu prüfen, wie die dort herangezogenen Ausdrucksweisen stemmatisch zu bewerten sind. Dringend erwünschte wenn nicht notwendige Grundlage weiterer Forsch. in diesem Bereich wäre ohnehin eine vollständige und methodische Neuedition des Textes (s. o. § 2c).

b. *Latin médiatique*. Der Verf. teilt mit (V. E. praef.), daß er in einfacher, möglichst verständlicher Sprache schreiben will, um sein Publikum (s. o. § 4), zu dem auch Ungebildete gehören, tatsächlich zu erreichen, doch zugleich soll seine Ausdrucksweise die Gebildeten nicht vor den Kopf stoßen. Diese Stilisierung im Hinblick auf Verständlichkeit für ein breites Publikum wird von den Autoren vieler merow. Heiligenleben ausdrücklich angestrebt (dazu: 200, passim; 203, 105; 207, 691–696) und sie muß gerade im 7. Jh. wegen der allmählichen Umformung der Sprechsprache vom Lat. zum Roman. (ab dem 8. Jh. wird das Lat. dann als Sprechsprache zunehmend vom Roman. abgelöst: 48, passim, bes. 223–226. 228–230; 49, 158 mit Anm. 5; vgl. ebd. 163. 199; 207, 716–722, bes. 719) von großer praktischer Bedeutung gewesen sein (hingegen starb nach traditioneller Übereinkunft romanistischer Lexikographen das ‚Vulgärlatein' als „übliche Sprechsprache der Bürger des Röm. Reiches" bereits um 636 [Todesjahr des universalen Schriftstellers → Isidor von Sevilla] und „die Grenze zw. dem noch muttersprachlich gebrauchten Spätlat. und dem bildungssprachlich verwendeten Mittellat. liegt für die wichtigsten worthist. Werke … um das J. 600": → Vulgärlatein § 2). Vor dem Hintergrund dieses Sprachwandels kann das vom Verf. der V. E. gewählte sprachliche Register als ein *latin médiatique* (192, I, 92 f. I § 32.11 mit Berufung auf Banniard [46] und andere Arbeiten desselben Autors) bezeichnet werden, das eine ‚vertikale Kommunikation' (46; 47; 48, 221. 223 f. 228 f.; vgl. 192, I, 92 f. I § 32.11; 203, 104–106; 204, 399; 207) gewährleisten soll: Ein gebildeter Autor wendet sich über einen schriftsprachlichen Text, der im Hinblick auf gute Verständlichkeit stilisiert ist, an ein weniger gebildetes Publikum, das trotz fortgeschrittener Umgestaltung der gesprochenen Sprache noch genügend passive lat. Sprachkompetenz besitzt, um den vorgelesenen Text verstehen zu können. Dies impliziert, daß z. Zt. der Abfassung der V. E., also in der 2. Hälfte des 7. Jh.s (s. o. § 3), das schriftsprachliche Latein im nö. Gallien noch nicht außer Gebrauch gekommen war, wenngleich sich die aktive Sprachkompetenz in diesem Register auf einen kleinen Kreis beschränkte (Übersicht: 192, I, 92 f. I § 32.11 mit Anm. 23; zur V. E., mit besonderer Berücksichtigung von V. E. praef.: 46, 259–263; 47, 62–72). Durch diese neuere Auffassung vom Verlauf der Sprachgesch. und von den damit verbundenen kommunikationshist. Verhältnissen bekommt der in der hagiographischen Lit. gerade vom 6. Jh. bis in die 2. Hälfte des 8. Jh.s verbreitete Exordialtopos ‚Verständlichkeit für alle durch schlichte Ausdrucksweise' reale Bedeutung (204, 399; vgl. 200, 57 f.).

Verschiedentlich werden Umschreibungen des Typs *quod vulgo vocant* verwendet (dazu: 202, passim, bes. 39–42. 46–48). Die mit derartigen Paraphrasenformeln zur Erklärung oder Präzisierung dargebotenen Ausdrücke sind durchaus nicht immer der volkstümlichen Sprechsprache entnommen (vgl. etwa oben § 5c zu V. E. 2,56); sind sie es aber doch, so handelt es sich keineswegs um Zeugnisse des Protoroman., sondern um Zeugnisse eines anderen Registers des Lat., das gelegentlich auch mit einem gall. Lehnwort wie *tunna* (‚Faß') aufwarten kann (V. E. 2,18: ... *positum vas in cellario, quod vulgo tunna vocatur,* ...; vgl. 202, 41 f. 46 f.).

Die in die V. E. eingerückte Predigt-Anthologie, die auf E. selbst zurückgeht (s. o. § 5c zu V. E. 2,16), ist gesondert zu betrachten; gerade dieser Text ist im Hinblick auf ‚vertikale Kommunikation' von entschiedenem Bemühen um Verständlichkeit geprägt (so jedenfalls 47, 72–79). Die Frage, wie E. sich auf seinen Missionsreisen zu den germ.sprachigen Gruppen in seinem Amtsbereich (s. o. § 5c zu V. E. 2,3. 8 und § 5d) Gehör verschaffen konnte, ist hier nicht zu behandeln.

c. *Sermo humilis*. Neben der leichten Verständlichkeit gibt es aber nach Meinung des Autors noch einen anderen Grund, in ‚einfacher Sprache' zu schreiben, nämlich das rechte Verhältnis zw. Form und Inhalt; so sagt er im Vorwort zum Gesamtwerk programmatisch: „ich werde versuchen, das einfache Leben des Heiligen in einfacher Sprache ... zu erzählen" (V. E. praef.). Damit stellt er sich in eine bestimmte Tradition christl. Lit., die im Anschluß an Augustinus die Lehre der paganen Rhetorik von den drei Stilstufen (einem niederen, mittleren, hohen Stil) für die christl. Verkündigung verwirft und einen niederen Stil eigener Art, einen christl. *sermo humilis,* als diejenige Ausdrucksweise betrachtet, welche der Glaubensrede allein angemessen ist. Sulpicius Severus lehnt in dem Widmungsbrief an Desiderius, der seiner *Vita Martini* vorangestellt ist, die pagane Beredsamkeit ebenfalls ab (Mart. ep. ded. 3 sq.; der Verf. der V. E. kannte selbstverständlich die *Vita Martini*: s. o. § 5a und unten § 7a). Auch diese rhetorische Einfachheit hat im Hinblick auf Pastoral und Katechese eine kommunikative Relevanz (49, 164–171. 201 f.), aber ihr eignet noch darüber hinaus theol. Bedeutung, da sie sprachlicher Ausdruck christl. Demut ist und letztlich auf die Selbsterniedrigung Gottes in der Inkarnation verweist (45, 25–53; 194, 14–26 [zu Sulpicius Severus]. 52–57 [zur *Vita Caesarii* und anderen Viten des 6. Jh.s]. 57–62 [zu Gregor von Tours]. 64–66 [zu Braulio von Saragossa]. 74–76 [Zusammenfassung]; 231). Dieser christl. *sermo humilis,* der in den Texten selbst recht verschieden bezeichnet wird (Beispiele: 45, 34 f.; in der V. E. werden in praef. und 2,81 die Ausdrücke *sermone vel tenui, simplici sermone, sermone inculto, vilitatem nostri sermonis,* sowie verschiedene Umschreibungen verwendet), ist also seinem Wesen nach nicht das Gleiche wie die unterste Stufe der drei Genera dicendi der paganen Rhetorik. Auch muß weder bei Augustinus, noch bei Sulpicius Severus, noch schließlich beim Verf. der V. E. christl. Reden einer rhetorischen Gestaltung und eines (recht bemessenen) sprachlichen Schmucks entbehren.

d. **Stilmittel.** Größere Beachtung hat bisher nur die Schmuckform der Reimprosa gefunden (225, 43–46; vgl. 227, 224; 5, 25. 81 Anm. 259), die mehr als die Hälfte des Textes ziert (225, 43) und anscheinend für alle vorkommenden Redeweisen (Beschreibung, Bericht, Lobpreis des Helden, paränetische sonstige Rede) verwendet wird (225, 43–45), auch für die inserierte Predigt-Anthologie (V. E. 2,16).

Einzelne weitere Beobachtungen seien mitgeteilt. – Eine stark rhetorische Stilisierung macht sich bes. in den rein enkomiastischen Kap. (s. o. § 5d) bemerkbar. Umfangreiche Tugendkat. werden in langen Reihen von Isokola dargeboten, betont durch Anaphern und Reimverbindungen (Reimprosa), gelegentlich geschmückt mit Paronomasien (zu hagiographischen Tugendkat.: 96, 218–226; 89, 157–163; 136, 322–324; 51, V, 99 f.); der Lobpreis des Hl. wird großenteils in Exklamationen und rhetorischen Fragen vorgetragen, deren Nachdruck durch weitere rhetorische Figuren (etwa effektvolle Anaphern, gebildet aus der Interjektion *o* oder dem Interrogativpronomen *quid,* Polyptota, u. a.) gesteigert werden kann. – Allenthalben läßt sich ein Bemühen um Variation des Ausdrucks erkennen (das manchmal als gleichsam mechanisch einsetzende Gestaltungsprozedur erkennbar wird: oben § 5d zu ‚Eligius als Goldschmied‘; vgl. § 5c zu V. E. 2,26). – Manche Szenen werden durch den Einsatz direkter Rede, meist aus dem Mund des Helden, dramatisiert; auch Wechselrede kommt vor, bleibt aber selten (etwa V. E. 2,15 bei einer Gefangenenbefreiung; V. E. 2,20, doch nur ansatzweise, bei der Konfrontation mit Leuten Erchinoalds; V. E. 2,34 bei einem Spaziergang mit Schülern, denen E. seinen Tod ankündigt). Längere Passagen wörtlicher Rede (abgesehen von der inserierten Predigt-Anthologie V. E. 2,16) legt der Verf. seinem Helden v. a. auf dem Sterbebett in den Mund (V. E. 2,34–36). – Für den Bereich der Metaphorik sei nur auf die Verwendung bemerkenswerter Körperteil-Metaphern (zu diesen grundlegend: 64, 146–148) hingewiesen, wie ‚Bienenkorb des Herzens‘ (V. E. 1,12: *in alvearium sui* [sc. E.'] *pectoris*) oder ‚Schatz des Herzens‘ (V. E. 2,17: *ex locupletissimo cordis sui* [sc. E.'] *thesauro*). – Den Namen des Helden, ‚Eligius‘, benutzt der Verf. kunstreich für Bezugnahmen und Anspielungen verschiedener Art. Ausgangspunkt ist die paronomastische Wahrnehmung von ‚Eligius‘ als *‚electus‘*. Für das Publikum der 2. Hälfte des 7. Jh.s war die lautliche Ähnlichkeit von ‚Eligius‘ und ‚*electus*‘ noch größer als für den modernen Leser, da sich die Aussprache von *i* und *e* im Zusammenhang mit dem Lautwandel des Lat. angeglichen hatte und häufig auch beim Schreiben *e* für *i* eintrat (192, III, 5 f. VII § 2.4 und ebd. 34–40 § 27–29, vgl. ebd. I, 90 f. I § 32.7–8), so ist die Schreibung *Elegius* auch in der handschriftlichen Überlieferung der V. E. belegt (3, 669, im textkritischen Apparat zu V. E. 1,1 die Noten a, b und bes. f); ferner begegnet bei den Unterschriften von E., die in textkritischen Editionen zugänglich sind, außer der Namensform *Eligius* auch *Elegius* (*Elegius* abschriftlich in den Akten des Konzils von Chalon-sur-Saône, 647–653 [10, 309]; *Elegius* und *Eligius* [je nach Textzeugen] abschriftlich in der Gründungsurk. des Klosters Solignac von 638 [15, 748 mit Note n; zu dieser Urk.: → Remaclus § 1. 5a]; *Eligius* original in der Urk. Chlodwigs II. von 654 [26, D 85; 8, 36–43, Nr. 558, mit Abb.; 120, 6 f.; vgl. oben § 5c zu V. E. 2,19]). Auf dieser Grundlage weissagt der Priester, den man zu der in schweren Wehen liegenden Mutter des Hl. gerufen hat, feierlich die außergewöhnliche Zukunft des Kindes, indem er dessen Namen etym. deutet: „‚Es wird nämlich ein heiliger und aus seinem Volk erwählter Mann sein, und er wird ein großer Priester in der Kirche Christi genannt werden.'" (V. E. 1,2: „*Erit* [sc. *partus*] *enim vir sanctus ac de gente sua electus vocabiturque magnus in ecclesia Christi sacerdos*".; wohl Anspielung auf 7,

Luc. 1,32). Schon zuvor, im Zusammenhang mit der Nennung der Namen der Eltern, wird darauf hingewiesen, daß der Hl. aber nach göttlicher Vorsehung ‚ihm angemessen und gleichsam als Spiegel seines Geistes den Namen ‚Eligius' erhalten hat' (V. E. 1,1: *Ipse* [sc. E.] *autem, divina gratia praesciente, congruum sibi ac veluti speculum mentis suae Eligius nomen accepit.*); später, gegen Ende des ersten Buchs, heißt es bildlich von E., er sei ein Tempel, würdig, daß der Herr in ihm wohne, ‚... erwählt aufgrund seines Namens und besonders auch aufgrund seines Verdienstes', und er bestätige die Würde der Erwähltheit, die ihm sein Name verleiht, durch seinen Lebenswandel (V. E. 1,39: *Vere dignissimum in quo Dominus habitaret templum, ... nomine etiam meritoque electum; quique dum nominis sui dignitate pascitur, sic se quotidie exerit, ut nequeat amittere quod vocatur in Christo Jesu Domino nostro.*). Namen-Etym. kommen bereits in griech. und röm. Lit. wie auch in der Bibel vor (64, 486–490; 119, 57–65), in der lat. Hagiographie begegnen sie häufig (51, V, 89 mit Anm. 236), und zwar überwiegend solche, die auf Ereignisse aus dem Leben oder auf die Lebensweise des betreffenden Hl. Bezug nehmen (119, 61 in Verbindung mit ebd. 57 f.). E., ‚der Erwählte', wird in einem weiteren Schritt als ‚Gefäß der Erwählung' bezeichnet (V. E. 1,37: *In tali itaque proposito* [sc. Werke der Barmherzigkeit und Selbstkasteiung] *perseverans praebuit se in futurum vas electionis et utile Deo ad omne opus bonum paratum.*), also mit demselben Ausdruck benannt, mit dem Jesus Christus den künftigen Apostel Paulus im Zusammenhang mit dessen Bekehrung und Berufung bezeichnet (7, act. 9,15: *dixit autem ad eum* [sc. Ananias] *Dominus* [sc. Jesus] */ vade quoniam vas electionis est mihi iste* [sc. Saul(us), jüdischer Name des Apostels Paulus] */ ut portet nomen meum coram gentibus et regibus et filiis Israhel*; auch die V. E. nennt Paulus einmal ‚Gefäß der Erwählung'; s. ebd. 2,15: *qui* [sc. der Herr] *vinctum in carcere absolvit vas electionis Paulum, ipse nunc ...*); auf diese Weise erscheint E. im Sinne einer halbbiblischen Typol. (dazu: 151) implizit als Antitypus des Heidenapostels Paulus (zum theol. Hintergrund dieser Art der Bezugnahme: 131, 111–117; explizite, ‚namentliche' Typol. sind in der Hagiographie des 7.–8. Jh.s selten: 201, 20 f.). Indem sie eine Stelle bei Paulus selbst (7, II Tim. 2, 21: *si quis ergo emundaverit se ab istis* [sc. von den Gefäßen, d. h. Menschen, der Unehre] */ erit vas in honorem sanctificatum / et utile Domino ad omne opus bonum paratum*) benutzt, spricht die V. E. mehrfach auch sonst von ihrem Helden als einem ‚Gefäß' Gottes und verbindet damit die Attribute ‚geheiligt' (V. E. 1,7: *cupiens* [sc. E.] *se vas Deo exhibere sanctificatum*; ebd. 1,38: *studebat* [sc. E.] *se vas sanctificatum exhibere, ut habitatorem Deum in mentis suae hospitio posset recipere*) und ‚nützlich' (V. E. 1,39: *utile nempe vas* [sc. E.] *in Christi domo*; s. zudem die bereits oben zu *vas electionis* zitierte Stelle aus V. E. 1,37). Auch als ‚fettes [im Sinne von ‚ergiebiges'] Gefäß' wird E. apostrophiert (V. E. 2,17: *O pingue vas* [sc. E.] *quod ita affluenter ministrabat plebi adipem frumenti Christi* [bildlich von der Lehre Christi]; die Junktur *pingue vas* ist biblisch nicht belegt. Der Ausdruck ‚Gefäße' bezeichnet übrigens V. E. 2,23 Besessene, die von E. geheilt werden: *... ac vasa dudum obsessa sana illico dimiserunt* [sc. die Dämonen]).

Die zusammengetragenen Beobachtungen machen deutlich, daß trotz des vom Autor gewählten Sprachregisters eines *sermo humilis* und entgegen manchen (topischen) Aussagen des Verf.s über seinen Sprachgebrauch im Vorwort und Nachwort (V. E. praef., V. E. 2,81) der Text im großen und ganzen anspruchsvoll gestaltet ist; einzelne Passagen sind von durchaus glanzvoller Diktion.

§ 7. Prätexte der V. E. a. Die V. E. ohne die inserierte Predigt-Anthologie. Röm. Lit. Bisher sind nur zwei Parallelen zur V. E. registriert worden, nämlich Vergil, Aeneis 6,637–639 zu V. E. 1,16 (83,

45 Anm. 40; vgl. Westeel in 5, 29 f. 55 mit Anm. 191) und, erstaunlich genug, Ovid, Ars amatoria 1,532 zu V. E. 2,37 (Krusch in 3, 721 Marginalnote; vgl. Westeel in 5, 29. 114 mit Anm. 335). Die Übereinstimmungen sind aber mindestens bei der Stelle aus Ovids Liebeskunst wohl kaum signifikant.

Lat. Bibel. In ihrer Liste biblischer Parallelen (5, 147–149) nennt Westeel insgesamt 126 Stellen (manche davon sind mehrfach in der V. E. benutzt) aus zusammen 33 Büchern des Alten und Neuen Testamentes, aber sehr viele Entlehnungen aus der Hl. Schrift sind dabei übersehen worden. Vier oder mehr Parallelen (drei kommen nicht vor) sind für die folgenden 12 biblischen Bücher (bezeichnet gemäß der Vulgata: 7) nachgewiesen, absteigend nach der Anzahl der gebuchten Entlehnungen geordnet: Matthaeus (21 Stellen); Lucas (12 St.); Psalmi (10 St., damit vergleichsweise wenig zit.: 5, 23 f.; vgl. 131, 107 f.); Iob (8 St.); Sapientia (8 St.); Actus apostolorum (7 St.); Sirach (7 St.); Proverbia (6 St.); Marcus (5 St.); I ad Corinthios (4 St.); II ad Corinthios (4 St.); Ad Romanos (4 St.). – Im allg. wurde die Bibel häufig nicht unmittelbar rezipiert, sondern vermittelt über andere Texte, v. a. liturgische, daneben auch über hagiographische, theol. u. a. (131, 104 f. 119 f. 126–128; 89, 153 f.; 198, 109 f.). Dies dürfte auch für die V. E. gelten, doch ist Genaueres nicht bekannt. – Eine Unters., welche lat. Bibelübs. herangezogen wurden (zu dieser Problematik: 131, 103 f. 108 f.), liegt nicht vor; wenigstens in einem Fall läßt sich nachweisen, daß nach der Vetus Latina zitiert wird, nämlich I Tim. 6,8 in V. E. 1,11 (die Stelle scheint nicht liturgisch vermittelt zu sein: 5, 24 mit Anm. 99). – Das Verhältnis der V. E. zur Hl. Schrift ist natürlich nicht auf einzelne Similien (und seien sie noch so zahlreich) beschränkt. Die Bibel hat als beherrschender Prätext (dazu grundlegend, bes. im Hinblick auf die damaligen Bildungsverhältnisse und die Kommunikation im Bereich der Katechese und Liturgie: 203, passim) auch auf andere Weise die Vita beeinflußt, direkt oder indirekt: Verwendung liter. Motive, die aus der Bibel bekannt sind (5, 24–26); explizite Vergleiche des Helden mit biblischen Personen, z. B. mit David (V. E. 1,18), mit der Witwe von Sarepta (V. E. 1,37), mit Abraham (V. E. 2,33; dieser Vergleich begegnet häufiger in hagiographischen Texten, v. a. in Mönchsviten: 131, 114; 199, 455) (5, 25 f.). Die durchgängige Darst. des Hl. als Nachahmer Christi entspricht hagiographischer Konvention (zu dieser: 199, 457 f.; 201, 71–102), sie bleibt hingegen, wie gewöhnlich, implizit (201, 21). – Eine meist umfassende und zugleich oft vielseitige Prägung des Textes durch die Bibel ist eine allg. Eigenschaft hagiographischer Lit. (131, passim; 89, 153–163; 198, passim; 199, passim; 201, passim; 203, passim; 204, 371–375. 401–403); diese Art intertextuellen Bezugs ist als „biblischer Hintergrundstil" (Berschin: 51, I, 71 f.) oder als „stylisation biblique" (201, passim) bezeichnet worden. – Eine bes. aufschlußreiche Art biblischen Bezugs in Form einer Typol. geht von der etymologisierenden Deutung des Namens ‚Eligius' aus (s. o. § 6d).

Außerbiblische christl. Lit. Entlehnungen aus Werken christl. Autoren sind zahlreich, naturgemäß stammen sie hauptsächlich aus hist. und biographischer Lit. (5, 26–29. 150 f.; zur Rezeption ält. hagiographischer Lit. in hagiographischen Texten: 204, 375–401). Westeel verzeichnet in ihrer Liste nichtbiblischer Parallelen zur V. E. (5, 150 f.) insgesamt 77 Stellen (wovon manche mehrfach in der V. E. herangezogen werden) aus zusammen 27 christl. Texten; absteigend nach der Anzahl der gebuchten Entlehnungen geordnet, sind dies: Rufin, *Eusebii historia ecclesiastica translata et continuata* (18 Stellen; dazu: 193, 233–245); Hieronymus, *Epistulae* (7 Stellen); Venantius Fortunatus, *Vita Hilarii* (7 Stellen); Sulpicius Severus, *Epistulae* (5 Stellen); Athanasius, *Vita Antonii** (3 Stellen); Isidor von Sevilla, *Syn-*

onyma (3 Stellen); Sedulius, *Carmen paschale* (3 Stellen); *Vita Melaniae iunioris* (3 Stellen); *Actus Silvestri papae* (2 Stellen); Ephraem Syrus, *Vita Abrahae eremitae** (2 Stellen); Gregor d. Gr., *Dialogi* (2 Stellen); Hieronymus, *Vita Hilarionis** (2 Stellen); Rufin, *Historia monachorum* (2 Stellen); Sedulius, *Epistulae ad Macedonium* (2 Stellen); Sulpicius Severus, *Vita Martini* (2 Stellen); Venantius Fortunatus, *Vita Radegundis* (2 Stellen); Pseudo-Venantius Fortunatus, *Vita Remedii* (2 Stellen); Pseudo-Ambrosius, *Passio sancti Sebastiani* (1 Stelle); Benedikt von Nursia, *Regula* (1 Stelle); Cyprian von Karthago, *Ad Donatum* (1 Stelle); ders., *De dominica oratione* (1 Stelle); ders., *De opere et eleemosynis* (1 Stelle; vgl. oben § 5d); Hieronymus, *De viris illustribus* (1 Stelle); ders., *Vita Pauli** (1 Stelle); Juvencus (1 Stelle); Laktanz, *Divinae institutiones* (1 Stelle; vgl. oben § 5d); Orosius, *Historiae adversum paganos* (1 Stelle). Die mit Asterisk (*) markierten vier Viten sind auch gemeinsam, zusammen mit weiteren Schriften, in den *Vitas patrum* überliefert, einem frühen hagiographischen Sammeltext (51, I, 188–191; 85); diese Beobachtung läßt vermuten, daß der Autor der V. E. ein Ex. eben der *Vitas patrum* zur Verfügung hatte. – Westeel weist darauf hin, daß von Krusch und de Vogüé noch weitere Parallelen zur V. E. genannt werden (5, 29), nimmt diese aber nicht in ihre Liste der Entlehnungen (5, 150 f.) auf: drei Stellen in der → *Vita Columbani* von Jonas (Columb. 2,10. 8 zu V. E. 2,5 und Columb. 1,19 zu V. E. 2,15), und eine Stelle in der *Historia ecclesiastica* von Beda (hist. eccl. 1,29 zu V. E. 1,17). In allen drei Fällen ergeben sich die jeweiligen Übereinstimmungen aus der Sache und reichen kaum aus, Abhängigkeitsverhältnisse zw. den betreffenden Passagen zu erweisen. – Krusch (in 3, 654; vgl. ebd. 682 Anm. 5) will aber noch zwei weitere Parallelen zu Jonas erkennen (Columb. 1,26 zu V. E. 1,8 und Columb. 2,10 zu V. E. 1,17), von denen eine (Columb. 2,10 zu V. E. 1,17) tatsächlich auf den Text der V. E. gewirkt haben könnte.

Für den langen Erzählbericht über die Auffindung der Reliquien des hl. Quintin hat der Verf. der V. E. wohl eine ält. *Inventio sancti Quintini* herangezogen (s. o. § 5c zu V. E. 2,6); außerdem ist anscheinend ein Bußordo rezipiert worden (s. o. § 5c zu V. E. 2,15; vgl. oben § 5d, Beichte und Buße) sowie vermutlich eine Mirakel-Slg. aus Noyon und sicher mehrere mündlich übermittelte Erzählberichte über Wunder (s. o. § 5c zu V. E. 2,39–80); vielleicht waren dem Verf. der V. E. auch die Akten der Lateransynode von 649 samt dem dogmatischen Rundschreiben und einem Begleitbrief Papst Martins I. zugänglich (s. o. § 5c zu V. E. 1,33; vgl. Krusch in 3, 654; vgl. ebd. 690 Anm. 1). Daß schließlich die inserierte Predigt-Anthologie (s. o. § 5c zu V. E. 2,16; vgl. unten zu den Prätexten der V. E. gehört, versteht sich von selbst.

Die Zweiteilung des Stoffes geht wohl auf die *Vita Martini* von Sulpicius Severus zurück (s. o. § 5a).

Sonstige Texte. Krusch meint (in 3, 654; vgl. ebd. 689 Anm. 6. 715 Anm. 2. 716 Anm. 1), der Verf. der V. E. habe die → Fredegar-Chronik benutzt, doch bieten die angeblichen Parallelen (Fredegarius, chron. 4,79 zu V. E. 1,33 und Fredegarius, chron. 4,90 zu V. E. 2,28) dafür keine überzeugenden Anhaltspunkte.

Besondere Beachtung verdient dagegen eine Parallele zur → *Lex Salica* (s. Krusch in 3, 680 Anm. 2, und Eckhardt in 23, 6 Anm. 4; bei Westeel [5] nicht gebucht; s. ferner: 68, 164; 54, 233), genauer zu einer Stelle in deren längerem Prolog (prol. I), welcher der Fassung D („100-Titel-Text") dieses Gesetzbuches zugeschrieben wird, die nach herrschender Meinung erst unter → Pippin dem Jüngeren († 768) entstanden sein soll (z. B.: Eckhardt in 22, XL; 183, 1951; 144, 488; → Lex Salica § 2). In V. E. 1,14 spricht der Verf. von dem zum Erzählinhalt zeitgenössischen Herrscher, Dagobert I. († 639), rühmend mit den Worten *rex Dagobertus torrens, pulcher et inclitus* und nimmt damit offenkundig Bezug auf die Nennung Chlodwigs I. in L. S. D prol. I, 3 (23, 6) als *rex Francorum Chlodouius, torrens et pulcher [et inclitus]*. Soweit es die Edition der *Lex Salica* von Eckhardt (23) erkennen läßt, ist das dritte Attribut *inclitus* eine Hinzufügung der Redaktion K („70-Titel-Text" oder *Lex Salica emendata*) und begegnet deshalb folgerichtig auch in der von dieser abhängigen Fassung S (23, 198); die Redaktion K soll aber, nach derzeitigem Forsch.sstand, sogar erst von → Karl dem Großen veranlaßt worden sein. Daraus ergibt sich möglicherweise eine textgeschichtl. Problematik von einiger Tragweite: Weil die dreigliedrige Reihe von auf Kg. Dagobert I. bezogenen Attributen in der V. E. keine (sehr) späte Interpolation sein kann (die Einheitlichkeit der Überlieferung schließt das aus: s. den textkritischen Apparat zu V. E. 1,14 bei 3, 680), müßte der Langprolog der *Lex Salica* (und damit womöglich deren Fassungen D und K) bereits vor der V. E. entstanden sein, also vor 684 (s. o. § 3; wenn man mit Krusch die V. E. für eine ‚Fälschung' halten will, wäre immerhin die Mitte des 8. Jh.s t. a. q., da die V. E. ihrerseits schon vom Verf. der *Vita Landiberti* zw. 727 und kurz nach 743 benutzt wurde: oben § 3 und unten § 8; Datierung des Langprologs zu 555/556 bei 68, 158–165, bes. 163 f.; Datierung in den Zeitraum ungefähr 576–641 bei 54, passim)! Wirklich unanfechtbare Argumente für die oben genannte, z. Zt. übliche Datierung (im Sinne einer absoluten Chron.) der Redaktionen D und K der *Lex Salica* scheint es im übrigen nicht zu geben.

b. Die inserierte Predigt-Anthologie. Die in die V. E. inserierte Fassung der Anthologie (V. E. 2,16; vgl. oben § 5a.c) ist nur zu einem sehr geringen Teil in Auszügen von Krusch ediert worden (3, 705–708), und die annotierte Übs. der V. E. von Westeel hat das betreffende Kap. ausgespart (5, 93; dazu: Anm. unten in der Bibliogr. bei Nr. 5). Angesichts dieses Sachstandes können hier nur einige Hinweise gegeben werden. Nach Inhalt wie Ausdrucksweise ist diese homiletische Anthologie stark von den Sermonen von → Caesarius von Arles († 542) bestimmt (Nachweise von Krusch in den Anm. zu V. E. 2,16 [3, 705–708], zusammenfassend ders. in 14, 749 f.). Außerdem läßt sich ein deutlicher Einfluß der Schrift *De correctione rusticorum* von Martin von Braga († 579) nachweisen (Krusch in 3, 705 Anm. 6. 706 Anm. 5. 7. 9; 189, 320–322; 51, IV/1, 141 f. mit Anm. 427); ferner ist die *Admonitio ad filium spiritualem* von Pseudo-Basilius (6. Jh.?) benutzt worden (216, passim). Die biblische Prägung versteht sich von selbst.

§ 8. Die V. E. als Prätext. Die Rezeption der V. E. ist noch nicht eigens untersucht worden, so daß hier nur einige Beobachtungen zusammengetragen werden können.

Die früheste bisher nachgewiesene Benutzung der V. E. durch den Autor eines einigermaßen sicher datierbaren Textes (vgl. hingegen unten zur *Vita Aridii!*) zeigt sich in der *Vita Landiberti [vetustissima]* (CPL[3] 2121 = BHL 4677; Edition: 35), deren anonymer Verf. die V. E. in großem Umfang ausgeschrieben hat (128, 101–112; Krusch in 35, 310; vgl. die Nachweise ebd. in den Marginalnoten der Edition; vgl. 227, 223; 225, 46 f.; Westeel in 5, 16); diese älteste Vita des Bf.s Lamberts von Tongern/Maastricht entstand zw. 727 und kurz nach 743 (127, 6 f. mit Anm. 3). Die *Vita Amandi [I]* (BHL 332; Edition: 29) aus der Mitte des 8. Jh.s (218, 133 mit Anm. 319; inzw. ist ein Frg. vom Ende des 8. Jh.s bekanntgeworden, das einen Text bezeugt, der sich deutlich von BHL 332 unterscheidet: 170, 277–289, bes. 281–287) hat in dem knappen c. 9 über den Freikauf von Gefangenen vielleicht eine inhaltlich entspr., aber viel ausführlichere Schilderung in V. E. 1,10 benutzt (als Parallele gebucht von Krusch in 29, 435 Marginalnote; die Abhängigkeit von

Vita Amandi c. 9 von der V. E. wird bestätigt von 51, II, 62 Anm. 157, aber ausdrücklich zurückgewiesen von 204, 395 Anm. 143, vgl. ebd. 376; die betreffende Passage ist nicht in dem oben genannten Frg. enthalten: Transkription bei 170, 281 f. 286). In ungewöhnlichem Ausmaß hat der Verf. der *Vita Aridii* (BHL 666; Edition: 30), welche frühestens in der 2. Hälfte des 8. Jh.s entstanden sein soll (218, 104 Anm. 227; die Datierung ist allerdings von derjenigen der V. E. abhängig: Krusch in 30, 578 f.), die V. E. für seinen Text herangezogen, so daß dieser teilweise wie ein Cento aus der V. E. wirkt (vgl. oben § 2b). Auch die *Vita Desiderii episcopi* (BHL 2143; Edition: 33), um 800 verfaßt (218, 127), ist stark von der V. E. geprägt (Krusch in 33, 553; vgl. die Nachweise ebd. in den Marginalnoten der Edition; s. ferner ders. in 3, 656; vgl. 204, 382). Im 8. oder 9. Jh. diente die V. E. als Vorlage für eine poet. Eligius-Vita, die in der Überlieferung später als 3. Buch der V. E. begegnet (s. u. § 9b). Ausgiebigen Gebrauch von der V. E. haben die *Gesta sanctorum patrum Fontanellensis coenobii* gemacht, die wohl 823–845 verfaßt, überarbeitet und erweitert wurden (so Pradié in 9, XXV–XLV, bes. XXVII); neben einzelnen Ausdrücken beruhen drei etwas längere Passagen der *Gesta* auf dem Text der V. E. (Pradié in 9, LX in Verbindung mit den einschlägigen Nachweisen im quellenkritischen Apparat). Spätestens im 10. Jh. entnahm der Autor der *Homilia de actibus vel de praedicatione S. Gisleni* (BHL 3553; Edition: 36) der V. E. Angaben über E., der ein Zeitgenosse des hl. Gislenus (frz.: Ghislain) war (197, 249–260; zur Datierung der *Homilia*: ebd. 258; zur Benutzung der V. E.: Poncelet in 36, 256; 197, 254. 259. Faltblatt nach 436). Schließlich zeigt die jüng. Vita des hl. Mummolenus (BHL 6025; Edition: 38), die im 11. oder 12. Jh. geschrieben wurde, Entlehnungen aus der V. E. (197, 377–384, hier bes. 384. Faltblatt nach 436).

Was die inserierte Predigt-Anthologie (V. E. 2,16) betrifft, vermerkt Krusch (in 3, 705 Anm. 12. 706 Anm. 2. 6. 11. 12) Entsprechungen in dem vielleicht von → Pirmin († um 750) zusammengestellten *Scarapsus*. Diese sind jedoch meist sachlicher Art und haben sich daraus ergeben, daß E. und der Verf. des *Scarapsus* die gleichen Texte herangezogen haben (v. a. Caesarius von Arles und Martin von Braga); eine direkte Abhängigkeit des *Scarapsus* von E.' Predigten besteht nicht (so 115a, 104 Anm. 9. 113 mit Anm. 41. 131–154. 159 [resümierend]. 163 f.).

Im Hinblick auf die Formgesch. der lat. Biogr. scheint die V. E. ebenfalls eine gewisse Nachwirkung gehabt zu haben. Die eher ungewöhnliche Verteilung des Stoffes auf zwei Bücher in der Weise, daß ein Standeswechsel wie die Aufnahme in den Klerus oder die jeweils maßgebliche Amtsübernahme den Einschnitt bildet (vgl. oben § 5a), findet sich jedenfalls auch in einigen späteren Viten. In der Vita des hl. Abtes Meneleus (BHL 5918; Edition: 37), nach Levison im 10.–12. Jh. entstanden (in 37, 130; vgl. 218, 126 Anm. 300), bildet die Aufnahme in den Klerus die Zäsur, in der Vita des hl. Papstes Leo IX. (BHL 4818; Edition: 28), die um 1050, also noch zu Lebzeiten Leos († 1054), begonnen und um 1060, einige J. nach dessen Tod, vollendet wurde (in 28, XXVII–XXIX; 51, IV/1, 205–208), die Übernahme des Papats. Der hl. Abt Odo von Cluny erhielt bald nach seinem Tod († 942) eine Vita (BHL 6292–6296; Edition: 39) aus der Feder seines Schülers Iohannes Italus (51, IV/1, 41–49), die ediert in einer Einteilung zu drei Büchern vorliegt (39), doch ist sie nach Angabe der Bollandisten auch in einer Einteilung zu zwei Büchern überliefert, die sich dadurch ergibt, daß Buch 3 nicht von Buch 2 abgetrennt ist (Hinweis bei BHL 6292–6296; keinerlei Angabe dazu in der Vorstellung des „dossier hagiographique" Odos bei 115, 81–87). Berschin bemerkt zu Buch 3, daß „dessen Abgrenzung vom vorausgehenden nicht recht einleuchtet" (51, IV/1,

46); Buch 2 beginnt jedenfalls bezeichnenderweise mit dem Wechsel Odos von Baume-les-Messieurs nach Cluny und der Übernahme des dortigen Abbatiats durch Odo.

§ 9. Auf die V. E. bezügliche und gemeinsam mit ihr überlieferte Texte. a. Begleitendes Briefpaar (Autor/ Korrektor). In mehreren Hss. sind der V. E. zwei Briefe beigefügt (BHL 2475 f., vgl. bei CPL³ 2094; Edition: 3, 741). Krusch hat für seine Ausgabe fünf Kodizes benutzt (verzeichnet 3, 741 im Apparat), außerdem sind die beiden Briefe noch in dem „Eligius-Kodex" Tours, Bibliothèque municipale, ms. 1028 (65, 10 f.; 132, 326; vgl. oben § 2b) und wahrscheinlich in weiteren Hss. überliefert, doch teilt Genaueres zur Überlieferung auch Westeel in ihren verschiedenen Publ. nicht mit (Gegenüberstellung des 3, 741 edierten Textes mit dem im „Eligius-Kodex" in Tours überlieferten Text: 65, 10 f.). In dem ersten, recht kurzen Brief bittet Audoin (hier *Dado*), der Verf. der V. E., einen Bf. Chrodobert, die Vita kritisch zu lesen und, wenn nötig, sprachlich zu korrigieren. In dem zweiten Brief antwortet Chrodobert, daß es nichts zu verbessern gebe; er lobt den Text und teilt mit, er habe „für die Brüder" und für sich selbst Abschriften hergestellt. Die beiden Briefe werden selbst von Krusch ausdrücklich als echt anerkannt (3, 650. 741 Anm. 1). Was die Identifizierung Chrodoberts betrifft, sind v. a. die gleichnamigen Bischöfe von Paris und von Tours in Betracht gezogen worden; Mabillon postulierte einen weiteren, sonst unbekannten Bf. dieses Namens (nach Krusch in 3, 650 f.; vgl. ebd. 741 Anm. 1). Chrodobert von Paris ist von 657 (d. h. zum Tod Chlodwigs II., der aber nach einer jüngst vorgetragenen Meinung erst 659 gestorben sein soll: oben § 5c zu V. E. 2,32) bis 664 nachgewiesen; noch vor 667 war bereits sein zweiter Nachfolger im Amt (70, 62–64 Nr. 29 und 31; vgl. 72, II, 473 Nr. 29 und 31; 3, 651 mit Anm. 1; 187, 15 f.); Chrodobert von Tours ist von einem nicht genau bekannten Zeitpunkt vor den Jahren um 668 bis 682 nachgewiesen (72, II, 309 Nr. 34–35 in Verbindung mit Passio Leudegarii II, 27 [24, 625 f.] samt dem Hinweis von Krusch ebd. 626 Anm. 99; über die Amtszeit seines Nachfolgers Peladius scheinen keine Daten bekannt zu sein: 72, II, 309 Nr. 36; 187, 16 f.). Wenn man im Hinblick auf V. E. 2,32 davon ausgeht, daß Audoin die Niederschrift der V. E. zw. 673 und 684 abgeschlossen hat (s. o. § 3 und § 5c zu V. E. 2,32), kommt von den beiden hist. auch sonst nachgewiesenen Bischöfen mit Namen Chrodobert als Adressat der Bitte um Korrektur nur noch Chrodobert von Tours in Frage (Krusch, der V. E. 2,32 selbstverständlich für gefälscht hält, neigt aus anderen Gründen ebenfalls zu dieser Identifizierung: in 3, 650 f. 741 Anm. 1; vgl. 65, 9 f. [mit teils irrigen Angaben]; 187, 17).

b. Poet. Eligius-Vita. In einigen Hss. folgt auf die beiden Bücher der V. E. als ‚drittes Buch' eine ‚von anderer Hand verfaßte Vita des heiligen Eligius' in Versen, die genauer wie folgt angekündigt wird: *Incipit alterius manu conscripta vita sancti Eligii rethorice atque commatice expolita lib. III.* (BHL 2478 = ICL 8127; Edition: 34, Beginn und Schluß auch bei 3, 742). Strecker hat für seine Ausgabe vier Überlieferungszeugen herangezogen (verzeichnet 34, 785 f.), doch ist der Text auch in dem schon mehrfach genannten „Eligius-Kodex" Tours, Bibliothèque municipale, ms. 1028 (132, 326; vgl. oben § 2b) und vielleicht noch in weiteren Hss. überliefert (vgl. Krusch in 3, 657). Wie der anonyme Autor ausdrücklich mitteilt (Nachwort in Prosa: 34, 805 f.), handelt es sich um die Versifizierung eines Prosatextes, der vom hl. *Dado* (Audoin) verfaßt wurde (vgl. die Parallelen zur V. E. im Apparat von 34). Die Versifikation einer schon länger vorliegenden Prosa-Vita ist gerade in karol. Zeit nicht ungewöhnlich (51, V, 81 f.);

sie steht in einer formgeschichtl. Tradition, die zum Opus geminum geführt hat, einem zweiteiligen Werk, das den gleichen Stoff einmal in ungebundener und einmal in gebundener Rede darstellt. Das erste von vornherein so angelegte hagiographische Opus geminum ist Alkuins *Vita Willibrordi* in zwei Büchern (literarhist. Überblick: 51, III, 122), von denen das erste eine prosaische Lebensbeschreibung → Willibrords bietet (BHL 8935; Edition: 6 [Liber I.] und das zweite eine poet. (BHL 8938 f.; Edition: 6 [Liber II.]); Sedulius (1. Hälfte 5. Jh.) hatte seiner urspr. selbständigen Bibeldichtung *Carmen paschale* erst nach einiger Zeit mit dem *Opus paschale* eine Prosabearbeitung desselben Stoffes folgen lassen.

Die Vers-Vita des hl. E. ist ein enkomiastisches Gedicht von insgesamt 498 oder urspr. anscheinend 500 (s. u.) Versen. Der Dichter hat sein Werk mit einem längeren Prolog (v. 1–32) und einem kurzen Epilog (v. 495–498) versehen und ihm damit einen Rahmen aus Paratexten gegeben, in welchen er u. a. seinen Beweggrund nennt und sich zur Vortragsweise äußert: Aus Liebe zum hl. E. (v. 28. 498) hat er eine erzählende Dichtung verfaßt, die er (angeblich) unter musikalischer Begleitung durch ein Saiteninstrument vortragen will (v. 9. 13. 16. 23–26. 495. 498; in dem zweiten, prosaischen Nachwort wird allerdings ein Lesepublikum vorausgesetzt); selbstverständlich fehlt es nicht an den üblichen Bescheidenheitstopoi. Im Basistext schildert der Autor zunächst das Leben des Hl. auf Erden (v. 33–318) von der Geburt (v. 33–38) über die Bf.sweihe (v. 129 f.) bis zum Tod (v. 309–318), und anschließend das Dasein im Jenseits (v. 319–436) von der Ankunft im Paradies (v. 319–322) bis zum Beistand, den der hl. E. denen leistet, die seine Hilfe erflehen, und der sich in den Wundern manifestiert, die sich an seinem Grab ereignen (v. 429–436). Danach wendet sich der Dichter unmittelbar an seinen Helden (v. 437–476), bis die Apostrophe des Hl. in eine Apostrophe Christi (v. 477–486) übergeht, um schließlich, ähnlich wie ein liturgischer Hymnus, in eine Doxologie (v. 487–494) zu münden, wobei diese trinitarische Lobpreisung hier deutlich dogmatisch geprägt ist. In einem zusätzlichen Nachwort in Prosa erläutert der Verf. die Absicht, die er mit seiner Versifizierung verbindet: Für viele Gebildete ist die Beschäftigung mit Dichtung attraktiver als das Lesen von Prosa (mit Bezug auf diese Stelle: 69, 63 mit Anm. 83; allg. z. B.: 207, 688. 715); ganz entspr. empfiehlt Alkuin in der Praefatio von Buch 1 seines Doppelwerks dessen zweites, poet. Buch als Lektüre für Gelehrte (Text, Übs. und Kommentar der Praefatio bei 51, III, 118–122).

Der als erster Satz des Prosa-Nachworts gedruckte Textteil dürfte in gebundener Rede als zwei Verse zu lesen sein und somit noch zum Gedicht selbst gehören, das demnach auf die runde Zahl von 500 Versen käme (so 141, 235; vgl. 51, II, 59).

In reichem Maße wird die ält. christl. Dichtung benutzt, v. a. Laktanz (*De ave Phoenice;* zur Verfasserfrage: Wlosok in 102, V, 398–401. 402–404 § 570), Juvencus, Prudentius, Sedulius und Venantius Fortunatus (Strecker in 34, 784 f.; vgl. den Apparat zu 34), auch Corippus wird mindestens an einer Stelle ausgeschrieben (228, 220; 175, 350; Parallelen [unsicherer Bedeutung] zu einigen weiteren Autoren notiert bei 228, 219 f.).

Der Autor hält seine Verse ausdrücklich für Hexameter (34, v. 497: *Haec pauca exametris reciprocare studui versiculis*), tatsächlich liegt aber eine sonderbare Mischung von wörterzählenden, hebungszählenden und pseudometrischen Versen vor (141, passim; Strecker in 34, 784 f.; 175, 350), die allerdings stets sechs Hebungen aufweisen. Alle diese Verse zerfallen in zwei Teile mit jeweils drei Hebungen, die Schlüsse der beiden Versteile sind fast immer durch (meist einsilbigen) Binnenreim verbunden, je zwei Verse bilden dem Sinn nach ein Paar (141, passim; Strecker in 34, 784).

Das Gedicht soll im 8. (Strecker in 34, 784 mit Anm. 4; 51, II, 59. 268) oder spätestens im 9. Jh. in nordfrz. Milieu (175, 350) entstanden sein, wahrscheinlich in Noyon, dem ehemaligen Bf.ssitz des hl. E. und dem Ort seiner Bestattung (kurzgefaßtes Städtelob auf Noyon, v. 419 f.: *Dives nunc municipius nomen nanctus Noviomus, / Quaeque cuius* [sc. des hl. E.] *ob merita celsa fulget ad imo*.; zu diesem Typ des hagiologischen Städtelobs: 64, 166). Philol. Beobachtungen (wörterzählendes Bauprinzip eines Teils der Verse, Corippus-Imitation) haben vermuten lassen, daß der Verf. „dem westgotischen Kulturkreis in irgendeiner Weise verbunden" gewesen sei (175, 350). Im Hinblick auf die literarhist. Bewertung des Werks (51, II, 59. 268) und seine Verortung in der karol. Bildungsgesch. (Strecker in 34, 784 mit Anm. 4) ist die Frage nach der Datierung selbstverständlich von größter Bedeutung. Die älteste Hs. (Brüssel, Bibl. Royale de Belgique, ms. 5374–75) entstand nach Ansicht von B. Bischoff im 2. Viertel des 9. Jh.s in NO-Gallien (bei 5, 17); dieselbe Hs. enthält übrigens auch den paläographisch ältesten Textzeugen der V. E. (vgl. oben § 2a).

c. Kurze prosaische Eligius-Vita. Krusch weist auf eine Kurzvita (BHL 2477) hin, die in (wenigstens) vier Hss. überliefert ist (3, 657). In zwei Fällen begegnet diese Vita anstelle von Buch 2 der V. E., das in diesen Hss. fehlt (Krusch in 3, 657); es sei darauf hingewiesen, daß diese beiden Hss. V. E. 1 in einer Überlieferungsform des Textes bieten, die jedenfalls nach Meinung von Krusch der urspr. Textfassung bes. nahe steht (3, 656 f. 659). In den beiden übrigen Fällen ist der Text unabhängig von der V. E. überliefert. Krusch hält die Vita für eine Kurzfassung der V. E., doch wäre das Verhältnis der beiden Texte zueinander wohl noch genauer zu untersuchen. Es ist daran zu erinnern, daß bereits dem Verf. der V. E. mehrere kürzere E.-Viten anderer Autoren bekannt waren (s. o. § 5c zu V. E. praef.).

Auf weitere, meist unabhängig von der V. E. überlieferte Texte über den hl. E., darunter Kurzfassungen der V. E. und Auszüge aus dieser, ist hier nicht näher einzugehen (BHL 2476b. 2477b. 2479 f.; s. außerdem in BHL die unter ‚Eligius', § 4, als *Epitomae* verzeichneten Texte [ohne Nr.]; vgl. Krusch in 3, 657; vgl. oben § 2a).

Abk.: BHL = Bibliotheca hagiographica Latina antiquae et mediae aetatis, 1898–1901, Novum suppl. 1986.
CPL = Clauis patrum Latinorum, hrsg. von E. Dekkers, Ae. Gaar, ³1995.
ICL = Initia carminum Latinorum saeculo undecimo antiquorum. Biblogr. Repertorium für die lat. Dichtung der Ant. und des früheren MAs. Bearb. von D. Schaller u. a., 1977 / Fortgeführt von Th. Klein. Suppl.-Bd. 2005.
Mlat. Wb. = Mittellateinisches Wörterbuch 1 ff., 1967 ff.

Primärlit. Ed. und Übs. der V. E. (in Auswahl, chron. angeordnet): (1) Vita S. Eligii episcopi, auctore S. Audoëno episcopo Rotomagensi, in: Acta Sanctorum Belgii selecta, quae ... collegit, chronologico ordine digessit, commentariisque ac notis illustravit J. Ghesquierus 3, 1785, 194–311 (Einleitung 194–198, Text 198–311). (2) S. Eligii episcopi Noviomensis vita a sancto Audoeno Rothomagensi episcopo scripta [Ex Spicilegio Acherii], in: Migne PL 87, 477–594 (Vorbemerkung 477–480, Text 479–594). (3) Vita Eligii episcopi Noviomagensis, in: Passiones vitaeque sanctorum aevi Merovingici [2], hrsg. von B. Krusch, MGH SS rer. Mer. 4, 1902, 634–742 (Einleitung 634–663, Text 663–741 [mit erheblichen Auslassungen]; s. ergänzend: [126], 842–844). (4) ‚Vie de saint Éloi': étude critique et éd. von I. Westeel-Houste [= I. Westeel] (Diplomarbeit Paris, École des chartes, 1994; nicht publiziert, Resümee in: [227], Anzeige in: Bibl. de l'École des chartes 152, 1994, 617, vgl. Ankündigung in: CPL 2094). (5) Vie de saint Éloi, Einleitung und Übs. von I. Westeel [= I. Westeel-Houste]. Vorwort von M. Rouche 1, 2002. (Informative Einleitung; vier Anhänge mit Listen: Hs. der V. E., Parallelen aus Bibel und sonstiger Lit., Konkordanz zu den Ausg. von Migne [2] und Krusch [3]; nützliche Hinweise in den Anm. zur Übs. Ohne lat. Text; Übs. auf der Grundlage von [2] [deshalb Kapitelzählung ab V. E. 2,10 um eine Einheit niedriger als in [3]: s. o. § 2b]. Kritisch zu dieser Arbeit: [67]. – Das sehr umfangreiche Kap. V. E. 2,16 mit E.' Predigt [s. o. § 5c zu V. E. 2,16] ist in dem vorliegenden Band ausgespart; es soll demnächst separat als Bd. 2, diesmal mit einem lat. Text, vorgelegt werden.) (Ält. Übs. der V. E. ins Französische und eine moderne Übs. ins Engl., letztere auf der Grundlage von [3], sind bei [5, 21 f.] verzeichnet; vgl. die Angaben in [3, 663] mit dem Hinweis auf eine dt. Übs. ausgewählter Passagen der V. E.)

Sonstige Texte: (6) [Alcuinus] Vita Willibrordi archiepiscopi Traiectensis auctore Alcuino. [Liber I.], hrsg. von W. Levison, in: Passiones vitaeque sanctorum aevi Merovingici cum supplemento et appendice [5], hrsg. von B. Krusch, W. Levison, MGH SS rer. Mer. 7, 1920, 81–141 (Einleitung 81–113, Text 113–141) / De vita sancti Willibrordi episcopi. [Liber II.], hrsg. von E. Dümmler, in MGH Poetae 1, 1881, 207–220. (7) Biblia sacra iuxta Vulgatam versionem, hrsg. von R. Weber, B. Fischer u. a. 1–2, ^{3}1983 [Abk. des betreffenden biblischen Buches nach ThLL Index^2 227 f., s. v. Vulg(ata)]. (8) Chartae Latinae antiquiores. Facsimile-Ed. of the Latin Charters Prior to the Ninth Century, 13. France I, hrsg. von H. Atsma, J. Vezin, 1981. (9) Chronique des abbés de Fontenelle (Saint-Wandrille), hrsg., übs. und kommentiert von P. Pradié, 1999. (10) Concilia Galliae. A. 511 – a. 695, hrsg. von C. de Clercq, CChL 148 A, 1963. (11) [Cyprianus] Sancti Cypriani episcopi opera. ... De opere et eleemosynis. ..., hrsg. von M. Simonetti, in: Sancti Cypriani episcopi opera. Pars II, CChL 3 A, 1976, 53–72. (12) [Ders.] Cyprien de Carthage, La bienfaisance et les aumônes, hrsg., übs. und mit Anm. versehen von M. Poirier, SC 440, 1999. (13) Diplomata, chartae, epistolae, leges aliaque instrumenta ad res Gallo-Francicas spectantia ..., hrsg. von J. M. Pardessus 1–2, 1843–1849 Nachdr. 1969. (14) [Eligius] Praedicatio Eligii de supremo iudicio, V. E. episcopi Noviomagensis, Appendix II, in: Passiones vitaeque sanctorum aevi Merovingici [2], hrsg. von B. Krusch, MGH SS rer. Mer. 4, 1902, 749–761 (Einleitung 749 f., Text 751–761). (15) [Ders.] Eligii charta cessionis Solemniacensis, Vita Eligii episcopi Noviomagensis, Appendix I, in: Passiones vitaeque sanctorum aevi Merovingici [2], hrsg. von B. Krusch, MGH SS rer. Mer. 4, 1902, 743–749 (Vorbemerkung 743–746, Text 746–749). (16) [Fredegarius] Chronicarum quae dicuntur Fredegarii scholastici libri IV cum continuationibus, in: Fredegarii et aliorum chronica. Vitae sanctorum, hrsg. von B. Krusch, MGH SS rer. Mer. 2, 1888, 1–193 (Einleitung 1–18, Text 18–193). (17) [Ionas Bobiensis] Vitae Columbani abbatis discipulorum eius libri II, in: Ionae Vitae sanctorum Columbani, Vedastis, Iohannis, hrsg. von B. Krusch, MGH SS rer. Germ. in usum schol. [37], 1905, 1–294 (Einleitung 1–144, Text 144–294). (18) [Jacobus a Voragine] Jacobi a Voragine Legenda Aurea vulgo Historia Lombardica dicta ..., hrsg. von Th. Graesse, ^{3}1890. (19) [Lactantius] L. Caeli Firmiani Lactanti Diuinae institutiones, hrsg. von S. Brandt, in: CSEL 19, 1890, 1–672. (20) [Ders.] L. Caeli Firmiani Lactanti Epitome Diuinarum institutionum, hrsg. von E. Heck, A. Wlosok, 1994. (21) Late Merovingian France: hist. and hagiography 640–720, hrsg. von P. Fouracre, R. A. Gerberding, Manchester Medieval Sources Series, 1996. (22) [Lex Salica] P. L. S., hrsg. von K. A. Eckhardt, MGH LL nat. Germ. 4,1, 1962. (23) L. S., hrsg. von K. A. Eckhardt, MGH LL nat. Germ. 4, 2, 1969. (Grundsätzliches zu diesen beiden Ausg. der L. S. bei [103], 233–236. 238 f. 243). (24) Passiones Leudegarii episcopi et martyris Augustodunensis, hrsg. von B. Krusch, in: CChL 117, 1957, 517–644 (Einleitung 517–525, Text 526–644). (25) [Sulpicius Severus] Sulpice Sévère, Vie de saint Martin, hrsg., übs. und kommentiert von J. Fontaine, 1–3, 1967–1969. (26) Die Urk. der Merowinger. Nach Vorarbeiten von C. Brühl (†) hrsg. von Th. Kölzer unter Mitwirkung von M. Hartmann, A. Stieldorf 1–2, MGH DD regum Francorum e stirpe Merovingica, 2001. (27) [Venantius Fortunatus] Venance Fortunat, Poèmes, 3. Livres IX–XI. Appendice. In laudem sanctae Mariae, hrsg. und übs. von M. Reydellet, 2004. (28) La vie du Pape Léon IX (Brunon, évêque de Toul), hrsg. unter Leitung von M. Parisse, übs. von M. Goullet, Les classiques de l'hist. de France au MA 38, 1997. (29) Vita Amandi episcopi [I], hrsg. von B. Krusch, in: Passiones vitaeque sanctorum aevi Merovingici [3], hrsg. von B. Krusch, W. Levison, MGH SS rer. Mer. 5, 1910, 395–449 (Einleitung 395–428, Text 428–449). (30) Vita Aridii abbatis Lemovicini, in: Passiones vitaeque sanctorum aevi Merovingici et antiquiorum aliquot [1], hrsg. von B. Krusch, MGH SS rer. Mer. 3, 1896, 576–609 (Einleitung 576–581, Text 581–609). (31) Vita Audoini episcopi Rotomagensis, hrsg. von W. Levison, in: Passiones vitaeque sanctorum aevi Merovingici [3], hrsg. von B. Krusch, W. Levison, MGH SS rer. Mer. 5, 1910, 536–567 (Einleitung 536–553, Text 553–567). (32) Vita sanctae Balthildis, in: Fredegarii et aliorum chronica. Vitae sanctorum, hrsg. von B. Krusch, MGH SS rer. Mer. 2, 1888, 475–508 (Einleitung 475–481, Text 482–508). (33) Vita Desiderii Cadurcae urbis episcopi, in: Passiones vitaeque sanctorum aevi Merovingici [2], hrsg. von B. Krusch, MGH SS rer. Mer. 4, 1902, 547–602 (Einleitung 547–563, Text 563–602). (34) Vita Eligii, in: MGH Poetae 4,2, hrsg. von K. Strecker, 1914, 784–806 (Einleitung 784–786, Text 787–806). (35) Vita Landiberti episcopi Traiectensis vetustissima, hrsg. von B. Krusch, in: Passiones vitaeque sanctorum aevi Merovingici [4], hrsg. von B. Krusch, W. Levison, MGH SS rer. Mer. 6, 1913, 299–384 (Einleitung 299–352, Text 353–384). (36) Vita quinta sancti

Gisleni sive homilia die ipsi sacro in coenobio Cellensi dicta, hrsg. von A. Poncelet, in: Analecta Bollandiana 6, 1887, 256–270 (Einleitung 256, Text 257–270). (37) Vita Menelei abbatis Menatensis, hrsg. von W. Levison, in: Passiones vitaeque sanctorum aevi Merovingici [3], hrsg. von B. Krusch, W. Levison, MGH SS rer. Mer. 5, 1910, 129–157 (Einleitung 129–135, Text 135–157). (38) Vita s. Mummolini ep. Noviomensis et Tornacensis, auctore anonymo. [Nach J. Ghesquière hrsg. von J. Van der Moere, J. Van Hecke], in: J. Bollandus u. a. (Hrsg.), Acta Sanctorum, Oct. 7, 980–985 (ebd. 953–980 ‚Commentarius praevius' zum hl. Mummolenus). (39) Vita sancti Odonis abbatis Cluniacensis secundi. Scripta a Joanne monacho, ejus discipulo, in: Migne PL 133, 43–86.

Sekundärlit.: (40) R. Aigrain, L'hagiographie. Ses sources – Ses méthodes – Son histoire. Reproduction inchangée de l'éd. originale de 1953. Avec un complément bibliogr. par R. Godding, 2000. (41) Th. L. Amos, Early Medieval Sermons and their Audience, in: J. Hamesse, X. Hermand (Hrsg.), De l'homélie au sermon. Hist. de la prédication médiévale, 1993, 1–14. (42) A. Angenendt, Heilige und Reliquien. Die Gesch. ihres Kultes vom frühen Christentum bis zur Gegenwart, 1994. (43) H. Atsma, Les monastères urbains du nord de la Gaule, in: [167], 163–187. (44) Ders. (Hrsg.), La Neustrie. Les pays au nord de la Loire de 650 à 850 Bd. 1–2, 1989. (45) E. Auerbach, Lit.sprache und Publikum in der lat. Spätant. und im MA, 1958. (46) M. Banniard, Viva voce. Communication écrite et communication orale du IVe au IXe siècle en Occident latin, 1992. (47) Ders., Latin et communication orale en Gaule franque: Le témoignage de la ‚Vita Eligii', in: J. Fontaine, J. N. Hillgarth (Hrsg.), Le septième siècle. Changements et continuités, 1992, 58–86 (Diskussion: 80–86). (48) Ders., Latin tardif et latin mérov.: communication et modèles langagiers, Revue des études latines 73, 1995, 213–230. (49) Ders., Niveaux de langue et communication latinophone (V^e–VIIIe siècle), in: [63] 1, 155–208. (50) H.-G. Beck, Die frühbyz. Kirche, in: Handb. der Kirchengesch. II,2, 1975, 1–92. (51) W. Berschin, Biogr. und Epochenstil im lat. MA 1–5, 1986–2004. (52) Ders., Possidius, Vita Sancti Augustini. Eine patristische Biogr. mit klass. Hintergrund, in: Ders., Mittellat. Stud., 2005, 1–7. (53) P. Biver, M.-L. Biver, Abbayes, monastères, couvents de femmes à Paris des origines à la fin du XVIIIe siècle, 1975. (54) P. C. Boeren, De proloog van de Lex Salica, Bijdragen voor de geschiedenis der Nederlanden 3, 1949, 229–239. (55) K. Bopp, Werke der Barmherzigkeit. II. Hist. / III. Praktisch-theol., in: LThK 10, ^{3}2001, 1099 f. (56) A. Borias, Saint Wandrille et la crise monothélite, Revue bénédictine 97, 1987, 42–67. (57) É. Brouette, Éloi, in: DHGE XV, 260–263. (58) F. Brunhölzl, Gesch. der lat. Lit. des MAs, 1. Von Cassiodor bis zum Ausklang der karol. Erneuerung, 1975. (59) E. Caspar, Gesch. des Papsttums von den Anfängen bis zur Höhe der Weltherrschaft, 2. Das Papsttum unter byz. Herrschaft, 1933. (60) D. Claude, Topographie und Verfassung der Städte Bourges und Poitiers bis in das 11. Jh., 1960. (61) Ders., Die Bestellung der Bischöfe im merow. Reiche, ZRG KA 49, 1963, 1–75. (62) Ders., Die Handwerker der MZ nach den erzählenden und urkundlichen Qu., in: H. Jankuhn u. a. (Hrsg.), Das Handwerk in vor- und frühgeschichtl. Zeit 1, 1981, 204–266. (63) Comunicare e significare nell'alto medioevo, Settimane di studio della fondazione Centro italiano di studi sull'alto medioevo 52,1–2, 2005. (64) E. R. Curtius, Europ. Lit. und lat. MA, ^{9}1978. (65) K. H. Debus, Stud. zu merow. Urk. und Briefen. Unters. und Texte. Zweiter Teil, Archiv für Diplomatik 14, 1968, 1–192. (66) M. De Reu, Pas à pas: la conversion des campagnes au cours du haut MA, in: J.-P. Massaut, M.-E. Henneau (Hrsg.), La christianisation des campagnes 1, 1996, 37–46. (67) F. De Vriendt, Rez. zu: [5], Analecta Bollandiana 121, 2003, 444 f. (68) O. Dippe, Der Prolog der Lex Salica, die Entstehung der Lex und die salischen Franken, Hist. Vjs. 2, 1899, 153–188. (69) F. Dolbeau, Les hagiographes au travail: collecte et traitement des documents écrits (IXe–XIIe siècles). Avec annexe: Une discussion chronologique du XIIe siècle (éd. de BHL 5824e), in: [111], 49–76. (70) J. Dubois, Les évêques de Paris des origines à l'avènement de Hugues Capet, Bull. de la Soc. de l'Hist. de Paris et de l'Île-de-France 96, 1969, 33–97. (71) Ders., J.-L. Lemaitre, Sources et méthodes de l'hagiographie médiévale, 1993. (72) L. Duchesne, Fastes épiscopaux de l'ancienne Gaule, 2. L'Aquitaine et les Lyonnaises; 3. Les provinces du Nord et de l'Est, ^{2}1910/1915. (73) J. Durliat, Les finances publiques de Dioclétien aux Carolingiens (284–889), 1990. (73a) N. Duval u. a., Paris, in: Topographie chrétienne des cités de la Gaule des origines au milieu du VIIIe siècle 8, 1992, 97–129. (74) H. Ebling, Prosopographie der Amtsträger des Merowingerreiches von Chlothar II. (613) bis Karl Martell (741), 1974. (75) E. Ewig, Die frk. Teilreiche im 7. Jh. (613–714), Trierer Zeitschr. 22, 1953, 85–144 (= in: [79] 1, 172–230 [danach zit.]). (76) Ders., Milo et eiusmodi similes, in: St. Bonifatius. Gedenkgabe zum zwölfhundertsten Todestag, 1954, 412–440 (= in: [79] 2, 189–219 [danach zit.]). (77) Ders., Volkstum und Volksbewußtsein im Frankenreich des 7. Jh.s, in: Caratteri del secolo VII in occidente, Settimane di studio del Centro italiano di studi sull'alto medioevo 5,2, 1958, 587–648 (Diskussion 682–697) (= in: [79] 1, 231–273 [ohne Wiedergabe der Diskussion; danach zit.]). (78) Ders.,

Die Missionsarbeit der lat. Kirche, in: Handb. der Kirchengesch. II/2, 1975, 95–179. (79) Ders., Spätant. und frk. Gallien. Gesammelte Schr. (1952–1973), hrsg. von H. Atsma 1–2, 1976–1979. (80) Ders., Die Merowinger und das Frankenreich, ⁴2001. (81) J. Favier, Paris. Deux mille ans d'hist., 1997. (82) B. Fleith, Stud. zur Überlieferungsgesch. der lat. Legenda aurea, 1991. (83) J. Fontaine, La culture carolingienne dans les abbayes normandes: L'exemple de Saint-Wandrille, in: L. Musset (Hrsg.), Aspects du monachisme en Normandie, 1982, 31–54. (84) P. Fouracre, The work of Audoenus of Rouen and Eligius of Noyon in extending episcopal influence from the town to the country in seventh-century Neustria, in: D. Baker (Hrsg.), The Church in town and countryside. Papers read at the seventeenth summer meeting and the eighteenth winter meeting of the Ecclesiastical Hist. Soc., 1979, 77–91. (85) K. S. Frank, Vitae Patrum, in: LThK 10, ³2001, 824. (86) Die Franken – Wegbereiter Europas 1, 1996. (86a) A. Friedmann, Paris. Ses rues, ses paroisses du MA à la Révolution. Origine et évolution des circonscriptions paroissiales, 1959. (87) W. H. Fritze, Universalis gentium confessio. Formeln, Träger und Wege universalmissionarischen Denkens im 7. Jh., Frühma. Stud. 3, 1969, 78–130. (88) D. Gaborit-Chopin, Les trésors de Neustrie du VIIe au IXe siècle d'après les sources écrites: orfèvrerie et sculpture sur ivoire, in: [44] 2, 259–293. (89) B. de Gaiffier, Hagiographie et historiographie. Quelques aspects du problème, in: La storiografia altomedievale, Settimane di studio del Centro italiano di studi sull'alto medioevo 17, 1, 1970, 139–166. 179–196 (= in: Ders., Recueil d'hagiographie, 1977, Nr. IV [Seitenzählung beibehalten]). (90) Gallia christiana, in provincias ecclesiasticas distributa … Opera et studio Monachorum Congregationis S. Mauri Ordinis S. Benedicti 9/10, 1751. (91) K. Gamber, Codices liturgici Latini antiquiores 1, ²1968. (92) J. Gaudemet (mit J. Dubois, A. Duval, J. Champagne), Les élections dans l'église latine des origines au XVIe siècle, 1979. (93) R. Godding, Prêtres en Gaule mérov., 2001. (93a) H.-W. Goetz, Der frk. maior domuus in der Sicht erzählender Qu., in: Vielfalt der Gesch. Lernen, Lehren und Erforschen vergangener Zeiten (Festg. J. Heidrich), 2004, 11–24. (94) M. Goullet, Écriture et réécriture hagiographiques. Essai sur les réécritures de Vies de saints dans l'Occident latin médiéval (VIIIe–XIIIe s.), 2005. (95) Dies., M. Heinzelmann (Hrsg.), La réécriture hagiographique dans l'Occident médiéval. Transformations formelles et idéologiques, 2003. (96) F. de Graaff, De heiligheidsopvatting in de periode der Merowingers, Ons geestelijk erf 15, 1941 163–227. (97) F. Graus, Die Gewalt bei den Anfängen des Feudalismus und die „Gefangenenbefreiungen" der merow. Hagiographie, Jb. für Wirtschaftsgesch., 1961, 61–156. (98) Ders., Volk, Herrscher und Hl. im Reich der Merowinger. Stud. zur Hagiographie der MZ, 1965. (99) M. Gysseling, Toponymisch woordenboek van België, Nederland, Luxemburg, Noord-Frankrijk en W-Duitsland (vóór 1226) 1–2, 1960. (100) L. Halphen, Paris sous les premiers Capétiens (987–1223). Étude de topographie historique/Album, 1909. (101) St. Hamann, Zur Chron. des Staatsstreichs Grimoalds, DA 59, 2003, 49–96. (102) Handb. der lat. Lit. der Ant., hrsg. von R. Herzog, P. L. Schmidt, 4–5. Handb. der Altertumswiss. Abt. 8, 1997/1989. (103) W. Hartmann, Brauchen wir neue Editionen der Leges?, in: [180], 233–245. (104) H. Hattenhauer, Das Recht der Heiligen, 1976. (105) I. Heidrich, Titulatur und Urk. der arnulfingischen Hausmeier, Archiv für Diplomatik 11–12, 1965–66, 71–279. (106) Dies., Les maires du palais neustriens du milieu du VIIe au milieu du VIIIe siècle, in: [44] 1, 217–229. (107) M. Heinzelmann, Une source de base de la litt. hagiographique latine: le recueil de miracles, in: Hagiographie, cultures et sociétés. IVe – XIIe siècles, 1981, 235–259 (Diskussion 257–259). (108) Ders., Bf. und Herrschaft vom spätant. Gallien bis zu den karol. Hausmeiern. Die institutionellen Grundlagen, in: [162], 23–82. (109) Ders., La réécriture hagiographique dans l'œuvre de Grégoire de Tours, in: [95], 15–70. (110) Ders., Die Funktion des Wunders in der spätant. und frühma. Historiographie, in: [112], 23–61. (111) Ders. (Hrsg.), Manuscrits hagiographiques et travail des hagiographes, 1992. (112) Ders. u. a. (Hrsg.), Mirakel im MA. Konzeptionen, Erscheinungsformen, Deutungen 3, 2002. (113) Ders., K. Herbers, Zur Einf., in: [112], 9–21. (114) H. Hoffmann, Die Ed. in den Anfängen der Monumenta Germaniae Historica, in: [180], 189–232. (115) D. Iogna-Prat, Panorama de l'hagiographie abbatiale clunisienne (v. 940 – v. 1140), in: [111], 77–118. (115a) G. Jecker, Die Heimat des hl. Pirmin, des Apostels der Alamannen, 1927. (116) R. Kaiser, Steuer und Zoll in der MZ, Francia 7, 1979, 1–17. (117) Ders., Kgt. und Bf.sherrschaft im frühma. Neustrien, in: [162], 83–108. (118) Ders., Royauté et pouvoir épiscopal au nord de la Gaule, in: [44] 1, 143–160. (119) R. Klinck, Die lat. Etym. des MAs, 1970. (120) Th. Kölzer, Ein „Neufund" zur merow. Diplomatik, in: J. Petersohn (Hrsg.), Mediaevalia Augiensia. Forsch. zur Gesch. des MAs, 2001, 3–12. (121) R. Kottje, Überlieferung und Rezeption der ir. Bußbücher auf dem Kontinent, in: H. Löwe (Hrsg.), Die Iren und Europa im früheren MA 1, 1982, 511–524. (122) Ders., Bußpraxis und Bußritus, in: Segni e riti nella chiesa altomedievale occidentale, Settimane di studio del Centro italiano di studi sull'alto medioevo

33, 1, 1987, 369–395 (Diskussion 397–403). (123) Ders., Zehnt. II. Hist., in: LThK 10, ³2001, 1395–1398. (124) L. Krestan, Balsam, in: RAC I, 1153–1157. (125) B. Krusch, Zur Chron. der Merow. Könige, Forsch. zur Dt. Gesch. 22, 1882, 449–490. (126) Ders., Appendix [sc. zu MGH SS rer. Merov. 1–4], in: Passiones vitaeque sanctorum aevi Merovingici cum supplemento et appendice [5], hrsg. von B. Krusch, W. Levison, MGH SS rer. Mer. 7, 1920, 707–844. (127) J.-L. Kupper, Saint Lambert: de l'histoire à la légende, Revue d'hist. ecclésiastique 79, 1984, 5–49. (128) G. Kurth, Étude critique sur Saint Lambert et son premier biographe, Ann. de l'Acad. d'arch. de Belgique, 3ᵉ sér. 33, 1876, 5–112. (129) J. Lafaurie, Eligius monetarius, Rev. numismatique VIᵉ Sér. 19, 1977, 111–151 mit Taf. XI–XIII. (130) S. Lebecq, Franken und Friesen, in: [86], 338–340. (131) J. Leclercq, L'Écriture sainte dans l'hagiographie monastique du haut MA, in: La bibbia nell'alto medioevo, Settimane di studio del Centro italiano di studi sull'alto medioevo 10, 1963, 103–128. (132) J.-L. Lemaître, La bibliothèque et le chartrier de l'abbaye Saint-Pierre de Solignac, Rev. bénédictine 95, 1985, 321–338. (133) L. Levillain, Études sur l'abbaye de Saint-Denis à l'époque mérov., Bibl. de l'École des chartes 86, 1925, 5–99. (134) A. Longnon, Les noms de lieu de la France. Leur origine, leur signification, leurs transformations ... hrsg. von P. Marichal, L. Mirot, 1999, Nachdr. von 1920–1929. (135) C. Lorren, Le village de Saint-Martin de Trainecourt à Mondeville (Calvados), de l'antiqu. au haut MA, in: [44] 2, 439–466. (136) F. Lotter, Methodisches zur Gewinnung hist. Erkenntnisse aus hagiographischen Qu., HZ 229, 1979, 298–356. (137) Ders., Hl. und Gehenkter. Zur Todesstrafe in hagiographischen Episodenerzählungen des MAs, in: Ecclesia et regnum. Beitr. zur Gesch. von Kirche, Recht und Staat im MA (Festschr. F.-J. Schmale), 1989, 1–19, mit Faltbl. (138) M. Manitius, Gesch. der lat. Lit. des MAs, 1. Von Justinian bis zur Mitte des zehnten Jh.s (Handb. der Altert.swiss. 9,2,1), 1974 (1911). (139) J. van der Meulen, A. Speer, Die frk. Kg.sabtei Saint-Denis. Ostanlage und Kultgesch., 1988. (140) H. Meyer, R. Suntrup, Lex. der ma. Zahlenbedeutungen, 1987. (141) W. Meyer, Span. zur Gesch. der ältesten mittellat. Rythmik, Nachr. der Kgl. Ges. der Wiss. zu Göttingen. Philol.-hist. Kl., 1913, 104–175 (= Ders., Gesammelte Abhandl. zur mlat. Rythmik 3, 1936, 187–266, Nr. XVII [danach zit.]). (142) G. Michaud (Hrsg.), Paris. Croissance d'une capitale, 1961. (142a) G. Misener, Iconistic Portraits, Classical Philol. 19, 1924, 97–123. (143) B. de Montesquiou-Fezensac, Le trésor de Saint-Denis. Inventaire de 1634. Avec la collaboration de D. Gaborit-Chopin, 1, 1973. (144) H. Mordek, Leges und Kapitularien, in: [86], 488–498.

(145) É. de Moreau, Hist. de l'Église en Belgique, 1. La formation de la Belgique chrétienne. Des origines au milieu du Xᵉ siècle, ²1945. (146) Ders., ebd., Tome complémentaire 1. Circonscriptions ecclésiastiques ..., Texte/Cartes, 1948. (147) H. Noizet, Les basiliques martyriales au VIᵉ et au début du VIIᵉ siècle, Rev. d'hist. de l'Église de France 87, 2001, 329–355. (148) C. Nolte, Conversio und christianitas. Frauen in der Christianisierung vom 5. bis 8. Jh., 1995. (149) J. Noterdaeme, E. Dekkers, Sint Eligius in de Pagus Flandrensis. De kerk te Snellegem, Sacris erudiri 7, 1955, 140–161. (150) Th. Offergeld, Reges pueri. Das Kgt. Minderjähriger im frühen MA, 2001. (151) F. Ohly, Halbbiblische und außerbiblische Typol., in: Simboli e simbologia nell'alto medioevo, Settimane di studio del Centro italiano di studi sull'alto medioevo 23,2, 1976, 429–472 (= in: Ders., Schr. zur ma. Bedeutungsforsch., 1977, 361–400 [danach zit.]). (152) L. E. von Padberg, Mission und Christianisierung. Formen und Folgen bei Ags. und Franken im 7. und 8. Jh., 1995. (153) Ders., Topos und Realität in der frühma. Missionspredigt, Hagiographica 4, 1997, 35–70. (154) Ders., Die Inszenierung relig. Konfrontationen. Theorie und Praxis der Missionspredigt im frühen MA, 2003. (155) G. Philippart, Les légendiers latins et autres manuscrits hagiographiques, 1977. (156) Ch. Pietri, Remarques sur la topographie chrétienne des cités de la Gaule entre Loire et Rhin (des origines au VIIᵉ siècle), in: [167], 189–204. (157) A. Poncelet, Rec. zu: Bruno Krusch. Passiones Vitaeque sanctorum aevi merovingici. Hannoverae, Hahn, 1902 ..., MGH SS rer. Mer. tomus IV, in: Analecta Bollandiana 22, 1903, 103–109. (158) O. Pontal, Die Synoden im Merowingerreich, 1986. (159) J.-C. Poulin, Audoenus, in: Lex. des MAs 1, 1980, 1196 f. (160) Ders., Eligius, in: ebd. 3, 1986, 1829 f. (161) Ders., Un élément négligé de critique hagiographique: les titres de chapitres, in: „Scribere sanctorum gesta". Recueil d'études d'hagiographie médiévale offert à G. Philippart, 2005, 309–342. (162) F. Prinz (Hrsg.), Herrschaft und Kirche. Beitr. zur Entstehung und Wirkungsweise episkopaler und monastischer Organisationsformen, 1988. (163) Ders., Frühes Mönchtum im Frankenreich. Kultur und Ges. in Gallien, den Rheinlanden und Bayern am Beispiel der monastischen Entwicklung (4. bis 8. Jh.), ²1988. (164) Ders., Europ. Grundlagen dt. Gesch. (4.–8. Jh.), in: Gebhardt, Handb. der dt. Gesch. 1, ¹⁰2004. (165) F. W. Rettberg, Kirchengesch. Deutschlands 2, 1848. (166) R. L. Reynolds, Reconsideration of the hist. of the Suevi, Revue belge de philol. et d'hist. 35, 1957, 19–47. (167) P. Riché (Hrsg.), La christianisation des pays entre Loire et Rhin (IVᵉ–VIIᵉ siècles), Rev. d'hist. de l'Église de France 62/1, 1976. (168) Ders., Von Gregor dem

Großen bis Pippin dem Jüngeren, in: J.-M. Mayeur u. a. (Hrsg.), Die Gesch. des Christentums. Relig., Politik, Kultur. Dt. Ausg. hrsg. von N. Brox u. a. 4, 1994, 603–685. (169) Ders., Éducation et culture dans l'Occident barbare. VIe–VIIIe siècle, ^{4}1995. (170) J. Riedmannn, Unbekannte frühkarol. Handschriftenfrg. in der Bibl. des Tiroler Landesmus.s Ferdinandeum, MIÖG 84, 1976, 262–289. (171) M. Roblin, Le terroir de l'Oise aux époques gallo-romaine et franque. Peuplement, défrichement, environnement, 1978. (172) M. Rouche, L'Aquitaine des Wisigoths aux Arabes 418–781. Naissance d'une région, 1979. (173) M. Ryckaert, Brügge. I. Topographie und Stadtgesch., in: Lex. des MAs 2, 1983, 741–745. (174) Ch. Samaran (†), R. Marichal (Hrsg.), Catalogue des manuscrits en écriture latine portant des indications de date, de lieu ou de copiste, 7. Ouest de la France et Pays de Loire, hrsg. von M.-C. Garand u. a., 1984. (175) D. Schaller, Frühkarol. Corippus-Rezeption, Wiener Stud. 105, 1992, 173–187 (= Ders., Stud. zur lat. Dichtung des Früh-MAs, 1995, 346–360, Nr. XVII [danach zit.]). (176) G. Scheibelreiter, Der Bf. in merow. Zeit, 1983. (177) Ders., The death of the bishop in the early MA, in: D. Loades (Hrsg.), The End of Strife, 1984, 32–43. (178) Ders., Audoin von Rouen. Ein Versuch über den Charakter des 7. Jh.s, in: [44] 1, 195–216. (179) Ders., Ein Galloromer in Flandern: Eligius von Noyon, in: W. Pohl (Hrsg.), Die Suche nach den Ursprüngen. Von der Bedeutung des frühen MAs, 2004, 117–128 (180) R. Schieffer (Hrsg.), Ma. Texte. Überlieferung – Befunde – Deutungen, 1996. (181) P. G. Schmidt, Editoren als Zensoren, Mittellat. Jb. 40, 2005, 431–443. (182) R. Schmidt-Wiegand, „Gens Francorum inclita". Zu Gestalt und Inhalt des längeren Prologes der Lex Salica, in: Festschr. A. Hofmeister, 1955, 233–250. (183) Dies., Lex Salica, in: HRG II, 1949–1962. (184) P. E. Schramm, Herrschaftszeichen und Staatssymbolik. Beitr. zu ihrer Gesch. vom dritten bis zum sechzehnten Jh. 1, 1954. (185) W. Schwer, Almosen. B. Christl., in: RAC I, 302–307. (186) J. Semmler, Von der bischöflichen Coemeterialbasilika zur kgl. Benediktinerabtei, in: [44] 2, 75–123. (187) Ders., Per Iussorium Gloriosi Principis Childerici Regis, MIÖG 107, 1999, 12–49. (188) Ders., Spätmerow. Herrscher: Theuderich III. und Dagobert II., DA 55, 1999, 1–28. (189) M. Simonetti, Longus per divinas scripturas ordo dirigitur. Variazioni altomedievali su un tema catechetico agostiniano, Romanobarbarica 6, 1981–1982, 311–339. (190) F. Staab, Lucianus v(on) Beauvais, in: LThK 6, ^{3}1997, 1082. (191) Th. Sternberg, Orientalium more secutus. Räume und Institutionen der Caritas des 5. bis 7. Jh.s in Gallien, 1991. (192) P. Stotz, Handb. zur lat. Sprache des MAs 1–5, 1996–2004. (193) D. A. Stracke, Over de V. E., Bijdragen tot de geschiedenis bijzonderlijk van het oud hertogdom Brabant 39, 1956, 90–137. 160–206. 221–269. (194) G. Strunk, Kunst und Glaube in der lat. Hl.legende. Zu ihrem Selbstverständnis in den Prologen, 1970. (195) C. W. von Sydow, Kategorien der Prosa-Volksdichtung, in: Volkskundliche Gaben (J. Meier zum 70. Geb.), 1934, 253–268 (= in: L. Petzoldt [Hrsg.], Vergl. Sagenforsch., 1969, 66–89 [danach zit.]). (196) E. Vacandard, Vie de saint Ouen, évêque de Rouen (641–684). Étude d'hist. mérov., 1902. (197) L. Van der Essen, Étude critique et littér. sur les vitae des saints mérov. de l'ancienne Belgique, 1907. (198) M. Van Uytfanghe, La bible dans les vies de saints mérov. Quelque pistes de recherche, Revue d'hist. de l'Église de France 62, 1976, 103–111. (199) Ders., Modèles bibliques dans l'hagiographie, in: P. Riché, G. Lobrichon (Hrsg.), Le MA et la Bible, 1984, 449–488. (200) Ders., L'hagiographie et son public à l'époque mérov., in: E. A. Livingstone (Hrsg.), Studia patristica 16. Papers presented to the Seventh International Conference on Patristic Studies 2, 1985, 54–62. (201) Ders., Stylisation biblique et condition humaine dans l'hagiographie mérov. (600–750), 1987. (202) Ders., Les expressions du type *quod vulgo vocant* dans des textes latins antérieurs au Concile de Tours et aux Serments de Strasbourg: témoignages lexicologiques et sociolinguistiques de la ‚langue rustique romaine'?, Zeitschr. für roman. Philol. 105, 1989, 28–48. (203) Ders., La bible et l'instruction des laïcs en Gaule mérov.: des témoignages textuels à une approche langagière de la question, Sacris eruditi 34, 1994, 67–123. (204) Ders., Le remploi dans l'hagiographie: une „loi du genre" qui étouffe l'originalité?, in: Ideologie e pratiche del reimpiego nell'alto medioevo, Settimane di studio del Centro italiano di studi sull'alto medioevo 46,1, 1999, 359–411. (205) Ders., Pertinence et statut du miracle dans l'hagiographie mérov. (600–750), in: D. Aigle (Hrsg.), Miracle et karāma, 2000, 67–144. (206) Ders., Biogr. II (spirituelle), in: RAC Suppl. 1, 2001, 1088–1364. (207) Ders., Voies communicationnelles du message hagiographique au haut MA, in: [63] 2, 685–731. (208) F. Vercauteren, Étude sur les civitates de la Belgique seconde. Contribution à l'hist. urbaine du Nord de la France de la fin du IIIe à la fin du XIe siècle, 1934. (209) Ders., La vie urbaine entre Meuse et Loire du VIe au IXe siècle, in: La città nell'alto medioevo, Settimane di studio del Centro italiano di studi sull'alto medioevo 6, 1959, 453–484 (Diskussion: 509–525). (210) A. Verhulst, Antwerpen. I. Siedlung und Verfassung, in: Lex. des MAs 1, 1980, 736–738. (211) M. Vieillard-Troïekouroff u. a., Les anciennes églises suburbaines de Paris (V^e–Xe siècle), in: Paris et Île de France. Mém. de la Fédération des sociétés hist. et arch. de Paris et de l'Île de

France 11, 1960, 2–282. (212) H. Vierck, Werke des Eligius, in: Stud. zur vor- und frühgeschichtl. Arch. (Festschr. J. Werner) 2, 1974, 309–380. (213) Vies des saints et des bienheureux selon l'ordre du calendrier avec l'historique des fêtes 12, 1956, 31–48 [s. v. „Saint Éloi, évêque de Noyon († 660)"]. (214) C. Vogel, La discipline pénitentielle en Gaule des origines à la fin du VIIe siècle, 1952. (215) Ders., La discipline pénitentielle en Gaule des origines au IXe siècle: le dossier hagiographique, Revue des Sciences religieuses 30, 1956, 1–26. 157–186 (= in: Ders., En rémission des péchés. Recherches sur les systèmes pénitentiels dans l'Église latine, hrsg. von A. Faivre, Variorum Collected Studies Ser. 450, 1994, Nr. VI. [danach zit.]). (215a) Ders., Les „Libri paenitentiales", 1978. (216) A. de Vogüé, Vestiges de l' ‚Admonitio ad filium spiritualem' du Pseudo-Basile dans la prédication de saint Éloi, Revue bénédictine 98, 1988, 18–20. (217) J. M. Wallace-Hadrill, The Frankish Church, 1983. (218) W. Wattenbach, W. Levison, Deutschlands Geschichtsqu. im MA. Vorzeit und Karolinger, H. 1. Die Vorzeit von den Anfängen bis zur Herrschaft der Karolinger, bearb. von W. Levison †, 1952. (219) Ch. Wehrli, Ma. Überlieferungen von Dagobert I., 1982. (220) M. Weidemann, Kulturgesch. der MZ nach den Werken Gregors von Tours 1–2, 1982. (221) Dies., Das Testament des Bf.s Berthramn von Le Mans vom 27. März 616. Unters. zu Besitz und Gesch. einer frk. Familie im 6. und 7. Jh., 1986. (222) Dies., Zur Chron. der Merowinger im 7. und 8. Jh., Francia 25, 1, 1998, 177–230. (223) A. Wenz-Haubfleisch, Miracula post mortem. Stud. zum Qu.wert hochma. Mirakelslg. vornehmlich des ostfrk.-dt. Reiches, 1998. (224) K. F. Werner, Naissance de la noblesse. L'essor des élites politiques en Europe, ²1999. (225) I. Westeel, Quelques remarques sur la ‚Vita Eligii', Vie de saint Éloi, in: Vies de saints dans le nord de la France (VIe–XIe siècles), Mél. de science religieuse 56, 2, 1999, 33–47. (226) Dies., Courte note d'hagiographie: un nouvel épisode du „pendu- dépendu" dans la vie latine de saint Éloi, in: Famille, violence et christianisation au MA (Mél. offerts à M. Rouche), 2005, 209–217. (227) I. Westeel-Houste, ‚Vie de saint Éloi': étude critique et édition, in: École nationale des chartes, Positions des thèses, 1994, 221–226 (Resümee von [4]). (228) C. Weyman, Zu den Poetae Latini medii aevi t. IV pars II 1 ed. K. Strecker, in: Münchener Mus. 3, 1918, 199–210. (= Ders., Beitr. zur Gesch. der christl.-lat. Poesie, 1926, 211–222, Nr. XXVIII [danach zit.]). (229) H. Wolfram, Intitulatio, 1. Lat. Kg.s- und Fürstentitel bis zum Ende des 8. Jh.s, 1967. (230) M. Wyss (Hrsg.), Atlas hist. de Saint-Denis. Des origines au XVIIIe siècle, 1996. (231) R. Zerfaß, Sermo humilis, in: LThK 9, ³2000, 488 f.

C. M. M. Bayer

Vitrodorus. Nach → Ammianus Marcellinus (Amm. 17,12) war V. ein quadischer Fürst (→ Regalis), Sohn des Kg.s Viduarius, dessen Truppen um die Mitte des 4. Jh.s n. Chr. über die Donau in das Röm. Reich eingefallen sind. Beim Anmarsch des röm. Heeres auf Brigetio im J. 357 – in der Absicht, die w. Teile des Quadenlandes zu unterwerfen – erschienen V., als Vertreter seines Vaters Viduarius, und *subregulus* Agilimund ebenso wie Edle und Anführer anderer Stämme im kaiserlichen Lager von Constantius II. und baten um Gnade und Frieden. Das wurde ihnen nach Leistung des → Treueides und dem Versprechen der Rückgabe von Gefangenen sowie der Stellung von Geiseln gewährt. Aus dieser kurzen Information bei Ammianus geht eindeutig hervor, daß Constantius II. nicht mit dem quadischen Kg., sondern lediglich mit dessen Sohn verhandelte und mit ihm ein Bündnis schloß. Es ist daher anzunehmen, daß die → Quaden zu diesem Zeitpunkt – vielleicht wegen Viduarius' Tod – keinen verhandlungsfähigen von Rom anerkannten Kg. besaßen (1). Vielmehr herrschten gegen Ende der 350er J. n. Chr. bei den Quaden anarchische Zustände. Daher hat Constantius II. im Interesse der Regelung der Lage und einer Neuorganisation des Bündnissystems persönlich in die Kämpfe und Verhandlungen eingegriffen (2).

(1) Zs. Mráv, „Valentinianus ... in ipsis Quadorum terris quasi Romano iuri iam aedificari praesidiaria castra mandavit". (Amm. Marc., XXIX6,2). Die quadische Außenpolitik Valentinianus I. im Spiegel einer strittigen Textstelle bei Ammianus Marcellinus, in: A. Gaal (Hrsg.), Pannoniai kutatások. A. Soproni Sándor emlékkonferencia előadásai 1998, 1999, 89–111. (2) A. Mócsy, A Constantinus-dinasztia kora (Das Zeitalter der Constantinus-Dynastie), in: Ders., J. Fitz (Hrsg.), Pannonia régészeti kézikönyve, 1990, 46–48.

T. Kolník

Vǫluspá

§ 1: Ausgaben und Fassungen – § 2: Wortschatz – § 3: Themen und literarische Stellung – § 4: Forschungssituation

§ 1. Ausgaben und Fassungen. *Vǫluspá* ‚Die Weissagung der Seherin' ist der Name eines Eddaliedes (→ Edda, Ältere) im Langzeilenversmaß → Fornyrðislag; es ist in den isl. Hss. des MAs in zwei vollständigen Fassungen erhalten, als Lied mit 63 Str. im *Cod. Regius* der *Älteren Edda* von ca. 1270 (Abb. 62) und als Lied mit 59 Str. in jenem Teil der Sammelhs. *Hauksbók,* der in die Mitte des 14. Jh.s datiert wird. 28 Str. der V. finden sich in Auszügen einzeln oder zusammenhängend in verschiedenen Hss. der *Snorra Edda* (→ Edda, Jüngere); sie ähneln stark der Fassung in der *Hauksbók*. In der *Snorra Edda,* die zudem auch den Titel des Liedes überliefert, wird auch viel von dem Stoff des Liedes nacherzählt.

In den Ausgaben des Liedes wird die Numerierung der Str. unterschiedlich gehandhabt. Dies beruht weitgehend auf zwei Faktoren: Da es erstens eine Zeitlang üblich war, in heutigen gedruckten Ausgaben die unterschiedlichen Fassungen der alten Texte miteinander zu vermischen, um so eine rekonstruierte ‚urspr. Fassung' des Liedes zu veröffentlichen, kam man bei der V. dadurch auf 66 Str. (vgl. die eine Fassung bei 8 und 3; auch 6), wobei sich einige Str. und Strophenteile nur in der einen Hs. fanden. Verfährt man nun so wie im folgenden Artikel und behandelt die verschiedenen Fassungen des Liedes als jeweils eigenständige Qu., so ändert sich zwangsläufig die traditionelle Numerierung und Anzahl der Str. Zweitens ist es weitgehend Ansichtssache, wie man ein Lied wie die V. in Str. einteilt. Deswegen findet sie sich bisweilen in 63 Str. gegliedert (bei 5) oder in nur 62 (vgl. eine andere Fassung bei 8 sowie 9), je nach Auffassung und Behandlung der augenscheinlichen ‚Unordnung' im *Cod. Regius* im Umfeld der Str. 46 (5). Diese Str. wird bei (4) für sich veröffentlicht, als Nr. 47 mit berichtigter Aneinanderreihung der Zeilen gedruckt. Diese Zeilen sind bei (8) und (9) als Teil von Str. 45 abgedruckt, bei (3) mit einer Ergänzung aus der *Hauksbók* versehen und dann als Str. 47 publiziert. Die Strophenzahl im Folgenden orientiert sich an Sigurðsson (5), der – wie auch Bugge (8) – beide Texte, *Cod. Regius* und *Hauksbók,* getrennt und vollständig veröffentlicht, im Gegensatz zu anderen Ausgaben, die die Unterschiede in den Fassungen nur im kritischen Apparat anführen.

Es besteht ein ziemlicher Unterschied zw. den Fassungen im *Cod. Regius* und in der *Hauksbók;* dies gibt Anlaß zu eigenständigen Deutungen jeder der Fassungen des Liedes. In der Str. in der *Hauksbók* bittet die → Völva, die Seherin also, *allar helgar kindir* (‚alle hl. Geschlechter', d. h. Götter) um Gehör, im *Cod. Regius* hingegen nur *allar kindir* (‚alle Geschlechter'). In der 1. Str. ist der Anteil Odins (→ Wotan-Odin) je nach Version unterschiedlich; normalerweise geht man davon aus, daß sich in der Fassung des *Cod. Regius* die Völva im Gespräch mit Odin befindet und daß Odin bei ihr Kunde von ihrem ältesten Wissen sucht. Falsch an dieser Deutung ist, daß im *Cod. Regius* die Völva in der 1. Str. nur die Menschen anspricht und erst dann Odin erwähnt, ohne daß dabei erkennbar wäre, daß es sich bei dem Lied um ein Gespräch zw. ihnen handelt; auch bleibt unklar, ob man von einem Vokativ oder einem Dat. auszugehen hat. In der Fassung der *Hauksbók* steht eindeutig der Gen. *Váfǫðrs* ‚des Wehvaters' (Odin wird auch als Valfǫðr ‚Vater des *valr*' der gefallenen Krieger bezeichnet; → Walstatt), und das läßt sich nur im Zusammenhang verstehen: *forn spjǫll fira Váfǫðrs* ‚alte Kunde der Lebenden des Wehvaters'. Es spielt auch eine große Rolle für das Gesamtverständnis des Liedes, wie die *útiseta* der Völva, das nächtliche Draußensitzen zum Ausüben von Zauberhandlungen – eine Form der praktischen Magie also –, in Str. 28 und 29 der Fassung im *Cod. Regius* gedeutet wird; und dieses Zwischenstück, das sie betrifft, ist nur im *Cod. Regius* erhalten. Das nächtliche Ausüben von Zauber ist oft so verstanden worden, als habe Odin hier die Völva

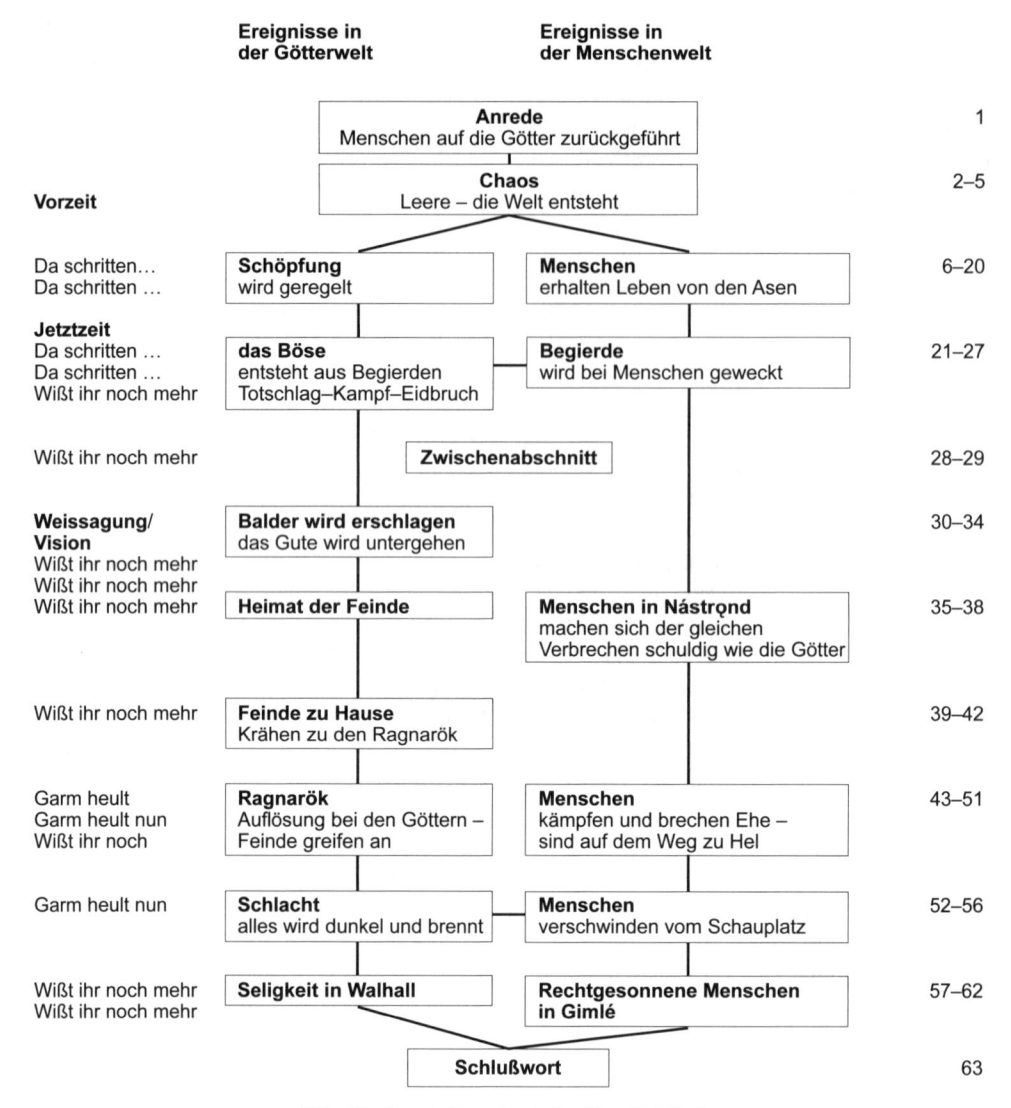

	Ereignisse in der Götterwelt	Ereignisse in der Menschenwelt	
	Anrede Menschen auf die Götter zurückgeführt		1
Vorzeit	**Chaos** Leere – die Welt entsteht		2–5
Da schritten … Da schritten …	**Schöpfung** wird geregelt	**Menschen** erhalten Leben von den Asen	6–20
Jetztzeit Da schritten … Da schritten … Wißt ihr noch mehr	**das Böse** entsteht aus Begierden Totschlag–Kampf–Eidbruch	**Begierde** wird bei Menschen geweckt	21–27
Wißt ihr noch mehr	**Zwischenabschnitt**		28–29
Weissagung/ Vision Wißt ihr noch mehr Wißt ihr noch mehr Wißt ihr noch mehr	**Balder wird erschlagen** das Gute wird untergehen		30–34
	Heimat der Feinde	**Menschen in Nástrǫnd** machen sich der gleichen Verbrechen schuldig wie die Götter	35–38
Wißt ihr noch mehr	**Feinde zu Hause** Krähen zu den Ragnarök		39–42
Garm heult Garm heult nun Wißt ihr noch	**Ragnarök** Auflösung bei den Göttern – Feinde greifen an	**Menschen** kämpfen und brechen Ehe – sind auf dem Weg zu Hel	43–51
Garm heult nun	**Schlacht** alles wird dunkel und brennt	**Menschen** verschwinden vom Schauplatz	52–56
Wißt ihr noch mehr Wißt ihr noch mehr	**Seligkeit in Walhall**	**Rechtgesonnene Menschen in Gimlé**	57–62
	Schlußwort		63

Abb. 62. Der Aufbau der *Vǫluspá* im *Cod. Regius*

zu weiteren Geschichten gezwungen. Diese Deutung erfährt jedoch durch das Lied selbst nur wenig Unterstützung; sie beruft sich vielmehr auf eine andere Suche Odins nach Weisheit in dem Lied *Baldrs draumar* ‚Baldrs Träume‘ (→ Götterdichtung). In der V. bezeugt die Völva früheres nächtliches Zaubern; dieses ist im allg. das typische Verfahren von Wahrsagern und Weissagern, um mit einer anderen Welt in Verbindung zu treten, mit den Toten in Kontakt zu kommen und dabei geheimes Wissen zu erringen. Alle bekannten Beispiele dieses nächtlichen Zaubers in den awnord. Qu. – in den Gesetzestexten wie auch in den Sagas des MAs und den Volkssagen späterer Jh. – deuten darauf hin, daß der oder die Draußensitzende und dabei Zauber Ausübende auf diese Art und Weise sein Wissen zu mehren sucht (45; s. auch 31; 46; 51; 52).

Es gibt keine Belege dafür, daß göttliche oder übernatürliche Wesen bei den Draußensitzenden nach solchem Wissen suchen. Daher ist es sehr gut möglich, die Worte der Völva im *Cod. Regius* so zu verstehen, daß Odin ihr bei ihrem nächtlichen Draußensitzen erschienen sei, sie gefragt habe, was sie dort suchte, ihr Geschenke gegeben und ihr dann die Prophezeiung eröffnet habe, die im Folgenden erzählt wird – wie es in den Erzählungen über solche Geschehnisse gängig ist. Die Prophezeiung offenbart sich also mit Unterstützung des höchsten Gottes und trägt somit stark zur Glaubwürdigkeit der Völva gegenüber den Menschen bei, denen sie ihre Vision zuteil werden läßt. Eine solche Deutung bringt die V. in nahe Beziehung zur Visionslit., einem beliebten Lit.zweig im Spät-MA, der meist die Vision erklärt, die sich den Irdischen mit Hilfe von göttlichen Kräften offenbart (s. weiter 17; 22; 43; 49).

Der größte Unterschied zw. den beiden Fassungen liegt im übrigen darin, daß die Reihenfolge der Str. unterschiedlich ist, und jede Fassung hat einige Str., die die andere nicht kennt (Abb. 63.). Zu diesen gehört eine wichtige Str. am Ende des Liedes, die dessen Gesamtdeutung angeht; sie findet sich nur in der *Hauksbók*: *Þá kømr hinn ríki / at regindómi, / ǫflugr, ofan, / sá er ǫllu rœðr* ‚Dann kommt der Mächtige zum erhabnen Gericht, der Starke von oben, der alles lenkt' (alle Übs. nach Krause [6]). Der Mächtige und Starke, der da in Erscheinung tritt, ist oft als Christus selbst aufgefaßt worden, der vom Himmel herabsteigt, um die Menschen zu richten. Diese Str. ist dazu verwendet worden, die Prophezeiung des Liedes über den Weltenuntergang auf das Ende der heidn. Sitten und das aufkommende Christentum zu übertragen. Diese Deutung wird jedoch nur von der Fassung der *Hauksbók* gestützt, die in mehreren Versionen unter augenscheinlich christl. Ein-

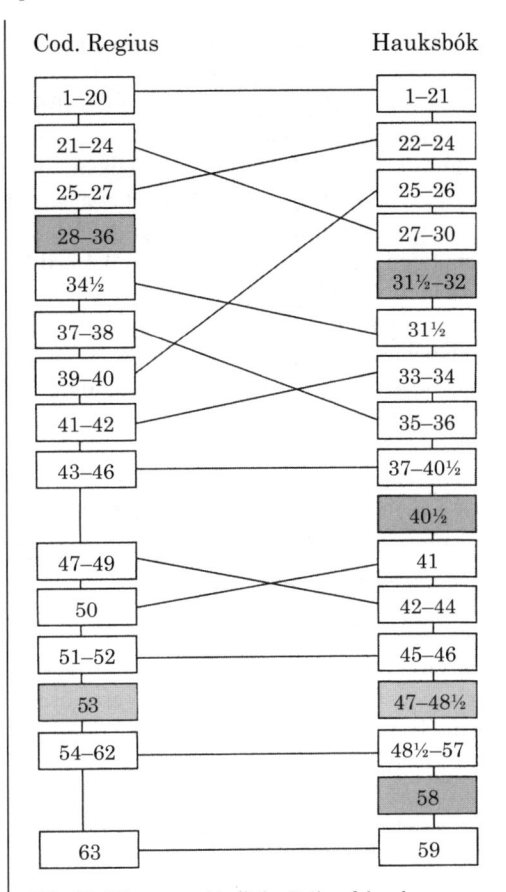

Cod. Regius	Hauksbók
1–20	1–21
21–24	22–24
25–27	25–26
28–36	27–30
34½	31½–32
37–38	31½
39–40	33–34
41–42	35–36
43–46	37–40½
	40½
47–49	41
50	42–44
51–52	45–46
53	47–48½
54–62	48½–57
	58
63	59

Abb. 63. Die unterschiedliche Reihenfolge der zusammenpassenden Strophen in den zwei Hauptfassungen der *Vǫluspá*. Die Strophen in den grau hinterlegten Feldern finden sich nur in der zweiten Fassung

fluß steht. Z. B. ist ihre Darst. vom Untergang, den → Ragnarök, ausführlicher als im *Cod. Regius,* was als Zeichen dafür gedeutet worden ist, daß die Fassung in der *Hauksbók* größeren Nachdruck auf die moralische Botschaft des Liedes legt als der *Cod. Regius* (39; s. auch 40; 41).

Nach allg. Auffassung besteht die Verwandtschaft der beiden unversehrten Fassungen der V. darin, daß sie beide direkt aus der mündlichen Überlieferung aufgeschrieben worden sind. Vor einiger Zeit hat Dronke (9; s. dazu 28) jedoch versucht Gründe dafür zu finden, daß die beiden bekannten Fassungen auf eine gemeinsame schriftliche Urfassung von etwa 1200 zurückgeführt werden können. Diese schriftliche Fassung habe als Testimonium für eine mündlichen Fassung des Liedes gedient, die um das J. 1000 entstanden sei, habe sich aber später wahrscheinlich durch die Bearbeitungen der Schreiber im 13. und 14. Jh. verändert und so zu den Liedern entwickelt, die wir kennen. Der einzige Grund für die Wahrscheinlichkeit, daß sich *Cod. Regius* und *Hauksbók* in einer schriftlichen Fassung berührten, ist die Unsicherheit, die beide Hss. in Str. 17 zeigen (*Unz þriár qvómo / ór því liði* ‚bis drei kamen aus dieser Schar' im *Cod. Regius* gegenüber *Unz þriár qvómu / þussa meyar* ‚bis drei Mädchen der Riesen kamen' in der *Hauksbók*); diese muß im *Cod. Regius* berichtigt werden (*þrír* anstelle von *þriár*), kann aber in der *Hauksbók* so stehenbleiben, auch wenn das nicht einfach ist. Obwohl es sich hier um einen auffallenden gemeinsamen ‚Fehler' handelt, ist doch der Unterschied zw. den Fassungen anderweitig so groß, daß ihre Verwandtschaft durch eine gemeinsame schriftliche Qu. nur schlecht zu begründen ist – auch wenn Dronke diesen Weg zu gehen versucht. Einfacher ist es, eine mündliche Überlieferung für das Lied vorauszusetzen. Diese Überlieferung kann einer beliebigen schriftlichen Fassung des Liedes aus dem 13. Jh. entstammen und wäre dann ein Beispiel für eine ‚Reoralisierung'. Die beiden bekannten Fassungen sind einander zu ähnlich, als daß sie unabhängig voneinander eine mündliche Tradition aus der Zeit vor der Annahme des Christentums bis in die Schreibezeit widerspiegeln könnten; zugleich sind sie aber auch zu unterschiedlich, als daß die Vorstellung, die Schreiber könnten all diese Veränderungen beim Abschreiben vorgenommen haben, überzeugend und wahrscheinlich wäre. Allerdings steht aus der lebendigen Überlieferung kein Vorbild zur Verfügung, das die (von früheren Philologen vertretene) Vorstellung stützen könnte, das Lied, das aus einer mündlichen Überlieferung im 13. Jh. aufgezeichnet worden ist, als einen wortgetreuen Repräsentanten jenes Liedes aufzufassen, das ein Skalde im J. 1000 oder früher gedichtet hat. Das ändert nichts an der Tatsache, daß die V. von einer Geschichte handelt, die zweifellos jahrhundertelang von den Lippen der Menschen in einem Lied ertönte, das in Stoff und Form jener V. sehr ähnlich war, die wir heute kennen (vgl. auch 23).

§ 2. Wortschatz. Ähnlichkeiten mit dem Wortschatz des →Wessobrunner Schöpfungsgedichtes vom Anfang des 9. Jh.s (*dat ero ni uuas noh ûfhimil*) lassen z. B. erkennen, daß die Sprache der Dichtkunst aus einer alten gemeingerm. Tradition geschöpft hat. Es ist zwar behauptet worden (42), die V. sei im 13. Jh. unter dem Einfluß der *Merlínusspá* ‚Weissagung des Merlin' (eine awnord. Übs. in gebundener Sprache des lat. Prosatextes *Prophetie Merlini* in der *Historia Regum Britanniae* des Geoffrey von Monmouth) entstanden, aber diese These ist – milde gesagt – völlig haltlos und berücksichtigt in keiner Weise unser Wissen von mündlicher Überlieferung und traditioneller Skaldensprache. Die unbestreitbaren Ähnlichkeiten zw. der V. und der *Merlínusspá* erklären sich möglicherweise dadurch, daß sich der übersetzte Text den heimischen Traditionen der Dichtkunst angepaßt hat – wie es auch üblich war, als sich die christl. Botschaft an inländischen Sitten und Bräuchen des MAs orientierte. Mündliche Lieder mit alten Wurzeln, wie z. B. die V., richten sich in irgendeiner Weise immer an ihrer jeweiligen Gegenwart aus, an Vortragenden, Zuhörern oder äußeren Umständen. Es ist z. B. darauf hingewiesen worden, daß die bildhafte Sprache des Liedes auf byz. Einfluß zurückzuführen sein könnte, der sich in der isl. Kirchenmalerei des 11. Jh.s bemerkbar machte (38).

§ 3. Themen und literarische Stellung. Die V. ist im *Cod. Regius* ein grundlegendes Lied, in dem Sinne, daß in ihr viele Themen der enthaltenen Lieder anklingen, wie z. B. Habgier, Kämpfe, Rache und ein schreckliches Ende. Der *Cod. Regius* stellt die V. an den Anfang des Werks. Das Lied zeugt von einem Weltbild, das man auf pagane Grundlagen zurückführen kann, und es bewahrt die awnord. Fassung einer Schöpfungsgeschichte, wie sie die meisten Völker in irgendeiner Art und Weise kennen. Wie der Name andeutet, wird die Prophetie einer Völva in den Mund gelegt, die von der Erschaffung der Welt und Frieden im Überfluß bei den Göttern erzählt, bis drei Riesenfrauen kommen und die Götter beginnen, die Zwerge und später die Menschen zu erschaffen (vgl. auch 18; 20; 24; 25; 47; 48; 50). → Gullveig kommt zu den Göttern wie auch zu den Menschen (von den Menschen wird sie Heiður genannt), und durch ihr Kommen entstehen Streitigkeiten, die zu Kämpfen, wachsendem Unfrieden und dem Brechen von Eiden führen, bis schließlich alle Gesetze gebrochen werden. Dann erklärt die Völva, wie sie sich durch ihr Draußensitzen samt nächtlichem Zauber jene Vision verschafft, die in ihrer Prophetie zum Ausdruck kommt. Dann sieht sie, daß → Balder, der gute Ase, getötet werden wird, während die Feinde der ratlosen Götter triumphieren und gedeihen, bis der Hahn krähend die → Ragnarök verkündet, in denen alles im Feuer versinkt, die Welt der Götter und die Welt der Menschen. Aber die Erde wird sich ein zweites Mal erheben, und auf ihr werden die Unbescholtenen siedeln und die Wonnen genießen.

Die erste und die letzte Str. des Liedes bilden im *Cod. Regius* Teile des erzählerischen Rahmens: In der ersten Str. wendet sich die Völva an ihre Zuhörer und führt alle Menschengeschlechter auf den Gott → Heimdall zurück, bevor sie mit ihrer eigtl. Erzählung beginnt; in der letzten Str. erklärt sie, sie werde nun versinken. In den Str. 2–5 berichtet die Völva von der Erschaffung der Welt, von Chaos und Leere, die vor der Schöpfung herrschten. Die Str. 6–20 beschreiben die Schöpfung, erzählen, wie Ordnung in die Welt gekommen sei und wie die Menschen ihr Leben von den → Asen erhalten hätten. Diese Ereignisse spielen in ferner Vorzeit; der erste wiederkehrende Vers des Liedes (Str. 6), *Þá gengo regin ǫll / á rǫcstóla* ‚da schritten alle Rater [i. e. Götter] zum Richterstuhl', erklingt hier zweimal (auch Str. 9). In den Str. 21–27 wird ein Bild jenes Zustandes entworfen, den man auf die Gegenwart der Zuhörer der Völva – und auf unsere – beziehen darf. Streitigkeiten kommen auf wegen Habsucht und Gier bei den Göttern wie bei den Menschen, und es wird von Kämpfen, Schlachten und gebrochenen Eiden erzählt. Der Kehrreim über die Notlage der Götter, *Þá gengo regin ǫll / á rǫcstóla*, ertönt weitere zwei Male, und der Abschnitt ähnelt dem mächtigen Kehrreim, *vitoð ér enn, eða hvat?* ‚wisst ihr nun noch etwas?', der dann achtmal wiederholt wird, bis zum letzten Abschnitt des Liedes über Glück und Seligkeit in den Gefilden Walhalls (→ Valhǫll) und → Gimlés nach den Ragnarök.

Nach dieser Zustandsschilderung der Gegenwart beginnt ein zweistrophiges Zwischenstück in der 28. und 29. Str., über das Draußensitzen und den nächtlichen Zauber, nach dem die Völva die sich anschließende Vision erreicht. Damit nimmt die eigtl. Weissagung des Liedes ihren Anfang. Sie beginnt in den Str. 30–34 damit, daß Balder getötet wird; dies ist ein Zeichen dafür, daß das Gute in der Welt untergehen wird. Der Kehrreim *vitoð ér enn …* erklingt zweimal zusätzlich in den Str. 35 und 38. Hier wird gleichzeitig das Umfeld der feindlichen Mächte der Asen beschrieben und ein Bild der Menschen in *Náströnd* ‚Totenstrand' entworfen. Die Menschen haben sich der gleichen Verbrechen schuldig gemacht wie die Götter in der Geschichte, die dargestellt worden ist, und das entworfene Bild wird beendet mit den Worten *vitoð ér enn* ... Die Str. 39–42 beschreiben die Feinde selbst an ihren Orten; dieser Abschnitt wird beendet durch das Krähen, das die Ragnarök verkündet.

Den Abschnitt mit den Schilderungen des Untergangs prägt der Kehrreim *Geyr Garmr mioc / fyr Gnipahelli* ‚Garm heult laut vor Gnipahellir' (Str. 44), dann zweimal *Geyr nú Garmr mioc / fyrr Gnipahelli* ‚Garm heult nun laut vor Gnipahellir' (Str. 49 und 58), und gleichzeitig kommt auch einmal *vitoð ér enn* ... (Str. 48) vor. Die Darst. der Ragnarök teilt sich in zwei Abschnitte. Die Str. 43–51 erzählen von der Auflösung bei den Göttern und dem gleichzeitigen Vordringen der feindlichen Mächte; außerdem wird ein Bild der Menschen entworfen, wie sie Unzucht treiben und Ehebruch begehen und auf dem Weg zu → Hel, in das Totenreich, sind. Die eigtl. Schlacht findet in den Str. 52–56 statt. Da verdunkelt sich alles, und gleichzeitig brennt die Welt der Götter, die Menschen verschwinden von der Erde. In den Str. 57–62 wird ein Bild der Welt entworfen, wie sich aus dem Meer erneut erhebt; der Kehrreim *vitoð ér enn* ... klingt zweimal an, und schließlich werden die neuen Verhältnisse bei Göttern und Menschen beleuchtet. Eine unberührte Erde erhebt sich aus dem Meer, die Asen erhalten Gelegenheit, etwas Neues aufzubauen wie auch die Menschen, die in Gimlé für immer und ewig die Freude genießen werden.

Die V. ist das eindruckvollste und schönste aller Götterlieder; das Lied hat sicherlich schon lange vor der WZ bei den nord. Völkern existiert. Von der im *Cod. Regius* enthaltenen Fassung weiß man mit Sicherheit jedoch nur, daß sie so geschrieben wurde, wie die Menschen es in der 2. Hälfte des 13. Jh.s wußten; Unters. deuten jedoch darauf hin, daß das Lied eine geschriebene Urfassung aus der Zeit vor 1200 gehabt hat. In der V. ist die Gesch. der Menschheit mit der Gesch. der Götter verbunden; auch wenn sich die Erzählung weitgehend um Vorfälle aus der Götterwelt rankt, so wird doch stets auf ähnliche Handlungen und Vorfälle bei den Menschen hingewiesen. Diese haben die gleichen Voraussetzungen und Motivationen für ihre Taten, begehen die gleichen Verbrechen wie die Götter, und ihre Welt geht auf die gleiche Art und Weise unter wie die Welt der Götter (13; 14). Obwohl die Erzählung sich in erster Linie um die Götter dreht, ist es ihr Anliegen, menschliches Verhalten zu beleuchten. Das ist allerdings Aufgabe sämtlicher Göttersagen, obwohl sich eine – durch die fortwährenden Hinweise auf die Welt der Menschen – so zielgerichtete Betonung wie in der V. nur an wenigen anderen Stellen findet. Die zweigeteilte Prophetie im Blick auf die Götter- und die Menschenwelt erfährt Unterstützung durch den Kontext im *Cod. Regius,* in dem sich die Götterlieder im ersten Teil des Buches finden, die Heldenlieder im zweiten. Es ist möglich, die ganze Hs. als eine Auslegung der in der V. zum Ausdruck kommenden Weltgesch. über die tragischen Schicksale derer zu sehen, die in Begierde und Sucht nach dem Gold befangen sind. Die Helden der → Nibelungensagen betreten wahrscheinlich den gleichen Weg ins Totenreich wie die in Str. 51 der V. genannten Männer.

Die V. muß man so verstehen, daß – wenn die Menschen mit ihrer Tätigkeit zu töten und zu lügen fortfahren – plötzlich Schicksal und Verhängnis über sie hereinbrechen werden, wie im Lied dargestellt. Die Männer sind verantwortlich, daß das Gute in Gestalt des Gottes Balder untergeht, die Frauen, Frigg und Sigyn, Repräsentantinnen der Liebe und des Friedens, stehen vor der vollendeten Tatsache, beweinen sie und können nichts tun. Die Darst. der Ragnarök wird abgegrenzt von dem Kehrreim *Geyr Garmr mioc* ... und dann *Geyr nú Garmr mioc* ... Durch die Wiederholung des Kehrreims mit dem Zusatz *nú* ‚jetzt' wird erreicht, daß alle Geschehnisse, zu denen es bei den Ragnarök kommt, gleichzeitig und auf einmal passieren. Jede Str. beschäftigt sich mit etwas anderem, und die

Auswirkungen sind ähnlich wie in Kampfszenen von Filmen, wenn die Schnitte schnell und hart sind.

Die Völva schließt ihre Rede mit der Bemerkung, sie werde nun versinken, und es ist denkbar, daß diese Worte sich auf die Schlußszene jener Handlungen beziehen, von denen der Vortrag der V. Teil gewesen sein kann (29; 30). Man kann sich vorstellen, daß eine Frau in Gestalt einer Völva epische und prophetische Lieder im Stil der V. vorgetragen hat, unter Verhältnissen, die denen nicht unähnlich waren, wie sie im vierten Kap. der → *Eiríks saga rauða* im Blick auf Þorbjǫrg lítilvǫlva und ihre Zaubertätigkeit auf Grönland berichtet werden. In den Wintern reiste sie zw. den Siedlungen umher, weis- und wahrsagte den Menschen und ließ sie Kissen mit Hühnerfedern anfertigen. Dann fand ein *Seiðr,* ein großartiger → Zauber statt, und Frauen, die magisches Wissen hatten, wurden angehalten, einen Kreis um den Zauberplatz zu zeichnen: *Kvað Guðríðr þá kvæðit* [*Varðlokur*] *svá fagrt ok vel, at engi þóttisk heyrt hafa með fegri rǫdd kvæði kveðit, sá er þar var hjá* ‚Da sprach Guðríðr das Gedicht [Varðlokur] so schön und so gut, daß niemand, der dabei war, glaubte, jemals ein Gedicht mit so schöner Stimme vorgetragen gehört zu haben'.

§ 4. Forschungssituation. Die Unters. zur V. sind von verschiedenen Forsch.srichtungen geprägt sowie von den Vorstellungen der Philologen unterschiedlicher Zeiten hinsichtlich der mündlichen Überlieferung, der Rolle des Verf.s und Dichters und dem Qu.wert alter Texte, sofern eine Qu. genannt ist. Die gesamte Diskussion innerhalb der Forsch. über das Alter des Liedes war z. B. von der von vornherein gegebenen Voraussetzung gekennzeichnet, daß es sich bei der V. um das Originalgedicht eines Verf.s zu einer bestimmten Zeit handle – wobei auch das Geschlecht und die Nationalität des besagten Verf.s zum Streitpunkt zw. den Philologen werden konnten. Viele haben es als gegeben angenommen, daß dies unmittelbar vor dem J. 1000 der Fall gewesen sei und daß sich das Lied dann in nahezu unveränderter Form bis zur Schreibezeit gehalten habe. Wie sich in der 1997 gedruckten Ausgabe von Dronke (9) erkennen läßt, wird diese Hypothese hier kritiklos zu Grunde gelegt, ohne dabei zu berücksichtigen, wie Dichtung in mündlicher Überlieferung bewahrt wird. Z. B. hält sich fortwährend die Debatte, daß es möglich sei, Einschübe in das Lied sowie Anhaltspunkte für Streichungen festzustellen – geprägt von dem Glauben an einen einstigen ‚richtigen Urtext', der dann verändert wurde zu ‚dem falschen Lied' oder ‚den falschen Liedern', das/die wir heute vorliegen haben (erfreuliche Ausnahmen dieser Sicht sind: 15 und 34). Diese Vorstellungen widersprechen allem, was über mündliche Dichtung bekannt ist, und man kann sie einfach nur als völlig veraltet bezeichnen (vgl. 5). Gleiches läßt sich zu den Versuchen der Philologen sagen, ‚die urspr. *Vǫluspá*' auf das Ende des 10. Jh.s zu datieren, ausgehend von den Fassungen des Liedes, die wir heute vorliegen haben. Aufgabe der Forsch. ist es nun, sich dem Lied in den beiden Formen anzunähern, die in den Qu. zutage treten, die V. neu herauszugeben und sie im Kontext ihrer Qu. zu lesen. Eine solche Lesart muß nicht ausschließen, daß das Lied oder die Lieder zugleich Zeugnisse eines alten Glaubens und einer paganen Weltsicht der nord. Länder vor der Christianisierung sind – aber sie sind in erster Linie Zeugnisse eines alten Glaubens und einer paganen Weltsicht, wie sie von christl. Isländern des 13. und 14. Jh.s gesehen wurden (26; 27). Gleichzeitig läßt sich die V. nur als ein Teil zusammenhängender Dichtungsüberlieferung verstehen, die es schon lange vor der Christianisierung der Nordländer gegeben hat. Eine solche Überlieferung muß sich in stetiger Veränderung befunden haben; sie hat vieles vom Umfeld der Lieder zu den verschienen Zeiten aufgenommen, von den Vortragenden und von den Zuhörern sowie von den allg. Auffassungen von der Relig. und den Weltuntergangsvorstellungen in all den vielen und langen Jh., die vergangen sind, während die V. ein lebendiger Teil der Dichtungsüberlieferung der Nordmänner war (s. auch 16; 17; 19; 37). Das bedeutet, daß das Gedicht nicht entweder isl. oder norw., samisch oder engl., heidn. oder christl. sein kann. Das Lied erscheint so, als werde es von der Völva selbst vorgetragen, und in einer mündlichen Überlieferung ist dies sehr wahrscheinlich auch der Fall gewesen. Daher darf man natürlicherweise davon ausgehen, daß das Lied jahrhundertelang Teil einer ‚weiblichen' poet. Überlieferung war (20), stetigen Veränderungen unterworfen, während es gleichzeitig in sich ganz alten Stoff bewahrte. So ist die These Nordals sehr unwahrscheinlich, die V. sei von dem Sohn einer Völva „gedichtet" worden (32; 33). Nordal war in der festen Überzeugung befangen, daß ‚Skalden' Männer waren. Seine These ist daher − wie so viele andere − in erster Linie wertvoll als Qu. für die Prämissen dieses Philologen.

Hs.: (1) Cod. regius af den ældre Edda, hrsg. von L. F. A. Wimmer, Finnur Jónsson, 1891. (2) Konungsbók eddukvæða. Cod. Regius. Stofnun Árna Magnússonar á Íslandi Gl. Kgl. sml. 2365 4to. Íslensk miðaldahandrit, Manuscripta Islandica Medii Aevi 3, 2001.

Ausg.: (3) Edda. Die Lieder des Cod. Regius nebst verwandten Denkmälern, hrsg. von G. Neckel. Vierte umgearb. Aufl. von H. Kuhn, 1962. (4) Eddadigte I., hrsg. von Jón Helgason, ³1971. (5) Eddukvæði, hrsg. von Gísli Sigurðsson, 1998. (6) Die Götter- und Heldenlieder der Ält. Edda, übs. kommentiert und hrsg. von A. Krause, 2004. (7) Hauksbók. Udg. [av Finnur Jónsson] efter de Arnamagnæanske håndskrifter no. 371, 544 og 675 4to, 1892–1896. (8) Norrœn fornkvæði, hrsg. von S. Bugge, 1867. (9) The Poetic Edda, 2. Mythol. Poems, hrsg. von U. Dronke, 1997. (10) Voluspå, hrsg. von G. Steinsland, P. Meulengracht Sørensen, 1999. (11) Völuspá gefin út með skýringum af Sigurði Nordal. Árbók Háskóla Íslands 1922–1923, 1923 (engl. Übs. in: Durham and St. Andrews medieval texts 1, 1978.). (12) Völuspá: The Sibyl's Prophecy, hrsg. von Hermann Pálsson, 1996.

Lit.: (13) Haraldur Bessason, Myth and Literary Technique in Two Eddic poems, in: Úlfar Bragason (Hrsg.), Snorrastefna 25.–27. júlí 1990, 1992, 70–80. (14) Ders., Um rúm og tíma í Völuspá, in: Ders., Baldur Hafstað (Hrsg.), Heiðin minni. Greinar um fornar bókmenntir, 1999, 181–208. (15) R. Boyer, On the Composition of Völuspá, in: H. Bessason, R. J. Glendinning (Hrsg.), Edda: A Coll. of Essays, 1983, 117–133. (16) U. Dronke, Völuspá and Satiric Tradition, Annali − Studii Nordici 22, 1979, 57–86. (17) Dies., Völuspá and Sibylline Traditions, in: R. North, T. Hofstra (Hrsg.), Latin Culture and Medieval Germanic Europe, 1992, 3–23. (18) Tryggvi Gíslason, „hverr skyldi dverga dróttir skepia", in: Festskrift til L. Holm-Olsen 1984, 84–88. (19) J. Harris, Eddic Poetry, in: J. Lindow, C. J. Clover (Hrsg.), Old Norse-Icelandic lit.: A critical guide, 1985, 68–156. (20) J. Jochens, Völuspá: Matrix of Norse Womanhood, in: T. Pàroli (Hrsg.), Poetry in the Scandinavian MA. The Seventh International Saga Conference, 1990, 257–277. (21) K. G. Johansson, Völuspá − muntlig och skriftlig tradition, in: K. Jóhannesson u. a. (Hrsg.), Den fornnordiska texten i filologisk och litteraturvetenskaplig belysning, 2000, 64–82. (22) H. Kress, The apocalypse of a culture. Völuspá and the myth of the sources/sourceress in old Icelandic lit., in: wie [20], 279–302. (23) L. Lönnroth, Den dubbla scenen. Muntlig diktning från Eddan till ABBA, 1978, 31–52. (24) Ders., Iorð fannz æva né upphiminn, in: Specvlvm Norroenvm (Norse Studies in Memory of G. Turville Petre), 1981, 310–327. (25) Ders., The Founding of Miðgarðr (Völuspá 1–8), in: P. Acker, C. Larrington (Hrsg.), The Poetic Edda: Essays on Old Norse Mythol., 2002, 1–25. (26) J. McKinnell, Norse Mythol. and Northumbria: A Response, Scandinavian Studies 59, 1987, 325–337. (27) Ders., Both one and many: Essays on change and variety in late Norse heathenism, 1994. (28) Ders., Bespr. von [9], Alvíssmál 10, 2001, 116–128. (29) E. Mundal, Korleis endar eigentleg Völuspá?, in: Festskrift til F. Hødnebø, 1989, 210–223. (30) Dies., Skapning og undergang i Völuspá, in: Sagnaheimur (Studies in Honour of Hermann Pálsson), 2001, 195–207. (31) Dies., Austr sat in aldna … : Giantesses and female powers in Völuspá, in: Mythol. women (Studies in memory of L. Motz 1922–1997), 2002, 185–195. (32) Sigurður Nordal, Three essays on Völuspá, Saga-Book 18, 1970–71, 79–135. (33) Ders., The author of Völuspá, ebd. 22, 1978–79, 114–130. (34) Ólafur M. Ólafsson, Völuspá Konungsbókar, Landsbókasafn Íslands. Árbók 22, 1965, 86–124. (35) Vésteinn Ólason, Eddukvæði, in: Guðrún Nordal u. a. (Hrsg.), Íslensk bókmenntasaga 1, 1992, 85–96. (36) Heimir Pálsson, Til varnar dvergatali, Skírnir 170, 1996, 32–58. (37) Hermann

Pálsson, Völuspá and the heroic tradition, Hugur 1997, 259–277. (38) Pétur Pétursson, Völuspá, dómsdagur og kristnitakan á alþingi, Glíman 2, 2005, 141–164. (39) J. Quinn, Völuspá and the Composition of Eddic Verse, in: [20], 303–320. (40) Dies., Editing the Edda – the case of Völuspá, Scripta Islandica 51, 2000, 69–92. (41) Dies., Dialogue with a völva: Völuspá, Baldrs draumar og Hyndluljóð, in: wie [25], 245–274. (42) Sveinbjörn Rafnsson, Merlínusspá og Völuspá í sögulegu samhengi, Skírnir 173, 1999, 377–419. (43) K. Samplonius, Sibylla borealis: Notes on the Structure of Völuspá, in: K. E. Olsen u. a. (Hrsg.), Germanic Texts and Latin Models. Medieval Reconstructions, 2001, 185–229. (44) P. Schach, Some Thoughts on Völuspá, in: wie [15], 1983, 86–116. (45) J. P. Schjødt, Völuspá – cyclisk tidsopfattelse i gammelnordisk relig., Danske studier 1981, 91–95. (46) Gísli Sigurðsson, ‚Ein sat hún úti …' Leitar Óðinn þekkingar hjá völvunni eða opnast henni sýn fyrir tilstilli Óðins?, in: wie [14], 209–219 (norw. Übs.: Søger Odin viden hos volven i Voluspå – eller fik hun sin viden hos Odin?, Tradisjon 2, 2000 (2001), 3–13). (47) G. Steinsland, Treet i Völuspá, ANF 94, 1979, 120–150. (48) Dies., Antropogonimyten i Völuspá. En tekst- og tradisjonskritisk analyse, ANF 98, 1983, 80–107. (49) Dies., Draumkvedet og Voluspå: To visjonsdikt fra nordisk middelalder, in: International Scandinavian and medieval studies in memory of G. W. Weber, 2000, 461–470. (50) Dies., Ask og Embla i Völuspá – fri fantasi eller gammel tradisjon? Om et mulig imago dei-motiv i Völuspás skapelsesmyte, in: wie [30], 247–262. (51) Sölvi Sveinsson, Allt veit eg, Óðinn: Hugleiðingar um Völuspá og túlkun hennar, Tímarit Máls og menningar 54, 1993, 7–25 (52) Ólína Þorvarðardóttir, Vitoð ér enn, eða hvat? Hvað „sér" völvan og hver „sekkur"?, Skírnir 170, 1996, 59–78.

Gísli Sigurðsson

Vogelgesang

A. Wüstung Vogelgesang
B. Speyer – Noviomagus – Nemetae – Spira
§ 1: Vorrömische Besiedlung – § 2: Die frührömische Militärperiode – a. Posten, Kastelle – b. *vici* – § 3: Die zivile Stadt *Noviomagus* – a. Straßennetz, private und öffentliche Bauten – b. Handel und Gewerbe – c. Gräber – § 4: Zerstörungen im 3. Jh. und Wiederaufbau – § 5: Zerstörungen um 352 n. Chr. – § 6: Die valentinianische Periode – § 7: Speyer im 5. Jh. n. Chr. – § 8: Nemetae/Spira im frühen Mittelalter – § 9: Die früh- bis hochmittelalterliche Stadt

A. Wüstung Vogelgesang

Die frühma. Wüstung, namentlich mit dem 1220 erstmals benannten Winternheim zu verbinden, liegt rund 2 km s. von Speyer. Umfangreiche Grabungen 1979–82 haben die Siedlung zu großen Teilen auf 410 m Lg. erschlossen (1). Noch in vorfrk. Zeit am Ausgang des 5. Jh.s gegründet, entwickelt sich die Siedlung aus 1–2 Hofstellen von Weiler- zur Dorfgröße und fällt im 13. Jh. wüst. In der Gründungphase vom 5.–7. Jh. lassen sich drei Pfostenbauten von bis zu 6 × 10 m Größe, gestelzte → Speicher (Vierpfostenbauten) und Grubenhäuser als Siedlungseinheit nachweisen. Seit dem 8. Jh. fehlen Pfostenbauten, die offenbar durch schwer nachweisbare Schwellbalkenbauten ersetzt wurden. Rund 160 Grubenhäuser mit einer deutlichen Gewerbekomponente auf Textilherstellung sind für die gesamte Siedlungszeit nachzuweisen. Die Siedlung entwickelt sich vom 5. Jh. bis zum 13. Jh. entlang der Niederterrassenkante von O nach W. Im ausgehenden 5. Jh. läßt sich eine deutliche nordseegerm. Komponente anhand typischer Keramikformen erkennen (9). In karol. Zeit entsteht eine kleine Saalkirche von rund 8 × 10 m Größe, die offenbar nach 1000 durch einen Neubau in unmittelbarer Nähe, jedoch arch. nicht mehr nachweisbar, ersetzt wird. Die neue Kirche trägt das Ulrichspatrozinium.

B. Speyer – Noviomagus – Nemetae – Spira

§ 1. Vorrömische Besiedlung (6; 2). Eine siedlungsgünstige Niederterrassenzunge reicht weit in die Rheinaue hinein und ermöglicht mit einer Hh. von 100 m über NN eine weitgehend hochwassergeschützte Ansiedlung. Spuren steinzeitlicher Besiedlung sind gering. Erst mit der späten BZ seit 1100 v. Chr. kommt es zu einer dichten Aufsiedlung mit Hofstellen und zugehörigen kleineren Gräbergruppen. Die eisenzeitliche Besiedlung setzt dieses Schema fort. Ein Grab mit zugehöriger

Hofstelle in der Ludwigstraße wird in die 2. Hälfte des 1. Jh.s v. Chr. datiert. Ob die Bewohner dieser Siedlungseinheit die Ankunft röm. Militärs noch erlebten, ist eher fraglich. Keineswegs geht der röm. Militärphase eine kelt. Ansiedlung von Oppidumqualität voraus. Dafür fehlen alle Belege.

§ 2. Die frührömische Militärperiode (Abb. 64) (6; 2; 3). a. Posten, Kastelle. Lange Zeit galt Speyer als eines der unter → Drusus (12–9 v. Chr.) angelegten Kastelle am Rhein. Das inzw. durchaus repräsentative Fundmaterial dieser Frühzeit deutet auf einen jüng. Gründungs-Zeitpunkt, etwa ab 8 v. Chr. hin. Von dem ersten augusteischen Posten sind einige Grabenstücke nachgewiesen. Zusammen mit topographischen Überlegungen ergibt sich daraus ein kleiner Militärposten A auf der N-Seite der Terrassenzunge mit allenfalls 160 × 130 m Größe.

In frühtiberischer Zeit entsteht auf der S-Seite der Terrasse ein offenbar reguläres Hilfstruppenlager B von mindestens 170 × 200 m Ausdehnung. Im Kastellgelände B bezeugt ein schräg ausgerichteter Lagergraben, der in claudisch/neronischer Zeit verfüllt wurde, eine weitere Kastellanlage.

Ein jüng. Kastell C mit mindestens 200 m Br. und 300 m Lg. entstand nach der Mitte des 1. Jh.s auf der mittleren Terrassenfläche. Von allen drei Lagern ist weder die Truppenart noch der Name der stationierten Truppen bekannt.

b. *vici*. Allen drei Militäranlagen sind ‚Zivilsiedlungen' (→ Vicus) zuordenbar. Ein größerer Ausschnitt des zu Kastelle B gehörigen W-*vicus* konnte am Stiftungskrankenhaus ergraben werden (Abb. 64). Entlang der Straße waren die typischen Streifenhäuser errichtet. S. der Straße wurde um 60 n. Chr. anstelle der *vicus*-Bauten ein Marktforum in Form einer 41 × 33 m großen Dreiflügelanlage erbaut. Auf der O-Seite des Lagers B ist ein weiterer ‚Zivil-*vicus*' zu vermuten.

Sowohl in Abfallgruben der Militäranlagen wie in den zugehörigen *vicus*-Teilen findet sich seit augusteischer Zeit ein hoher Anteil elbgerm. geprägter Funde, die direkt mit den in der Masse seit spätaugusteisch/tiberischer Zeit neu angesiedelten germ. → Nemetern in Verbindung stehen. Jedoch findet sich unter der Keramikware auch ein starker Anteil kelt. geprägter Formen, die auf eine Wiederbelebung kelt. Elemente seit frühröm. Zeit hindeuten.

§ 3. Die zivile Stadt *Noviomagus* (2; 10; 3). a. Straßennetz, private und öffentliche Bauten. Die Truppenverlagerung auf die ö. Rheinseite seit 74 n. Chr. führt zum Ende der Militärper. Die Militäreinrichtungen werden niedergelegt, aber ein Teil des Straßennetzes wird beibehalten. Eine breite OW-Straße als *decumanus* und eine rechtwinklig dazu angelegte NS-Straße als *cardo* bestimmen zwar die Einteilung des neuen Straßennetzes, die beibehaltenen Straßen aus der Militärzeit verlaufen aber

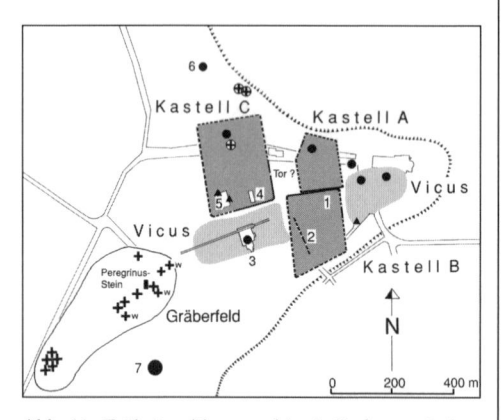

Abb. 64. Frühröm. Topographie. 1 Grabung „Judenbad"; 2 ält. Spitzgraben; 3 Grabung Stiftungskrankenhaus; 4 Grabung Königsplatz; 5 Grabung Heydenreichstraße; 6 Töpferei am Siebertplatz; 7 Töpferei am Feuerbachpark (Kreis mit Kreuz: spätkelt. Gräber; Punkte: augusteisch/tiberische Funde; Kreuze: Grabfunde, Kreuze mit W: Gräber mit Waffenbeigabe).
Nach Bernhard (3, 561, Abb. 491)

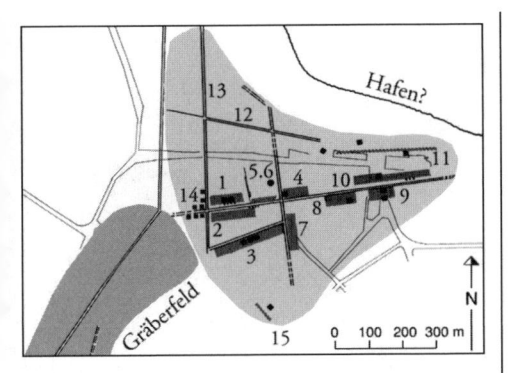

Abb. 65. *Noviomagus* im 2.–3. Jh. 1–4, 7–11, 14 Straßenseitige Bebauung mit Streifenhäusern (1 Heydenreichstraße; 2 Ludwigstraße; 3 Stiftungskrankenhaus; 4; 8; 10 Kleine Pfaffengasse; 9; 11 Domhügel; 14 Roßmarktstraße); 12, 13 Straßenzüge; 5 Forum; 6 Jupitersäule im Forumshof. Hellgrau: Ausdehnung der röm. Stadt

oft schräg zu diesen Hauptachsen und ergeben so eine völlig unregelmäßige Einteilung (Abb. 65).

Entlang der Straßenfronten werden in dichter Folge Streifenhäuser von 7–10 m Br. und bis zu 30 m Lg. errichtet. In den rückwärtigen Parzellen entstehen Häuser unterschiedlicher Bauformen. Nahezu alle Gebäude, ob in Stein oder Fachwerk ausgebaut, waren z. T. aufwendig ausgemalt.

Von öffentlichen Bauten ist recht wenig bekannt. Vom Marktforum im Zentrum der Stadt sind drei massive Mauerzüge nachweisbar, die zur Portikusumbauung des Forumshofes mit den obligaten Ladenlokalen gehörten. An zentraler Stelle im Hof, wohl vor der noch nicht nachgewiesenen Basilika wurden die Fundamentierung und eine Säulentrommel einer Jupitersäule (→ Jupitergigantensäule) mit Darst. einer Weinernte gefunden.

Ein wohl szenisches Theater ist durch einen Brüstungsstein mit Platzreservierung für bestimmte Personengruppen nachweisbar.

Von zentralen Heiligtümern fehlen jegliche Spuren. Weihealtäre finden sich durchweg in sekundärer Lage für nahezu alle Gottheiten incl. Mithraskult (→ Mithras und Mithrazismus). Ein Quellheiligtum für Apollo Grannus ist s. außerhalb der Stadtgrenze bezeugt.

Größere Thermenanlagen sind derzeit nicht nachweisbar. Ein Hafenbereich ist nö. unterhalb der Niederterrasse bei der Einmündung des Woogbaches in den Rhein zu vermuten. Dort waren wohl auch die Stapelplätze mit Speichern angesiedelt.

Der Hauptort *Noviomagus*, (kelt. ‚Neufeld') mit rund 35 ha besiedelter Fläche blieb im 1.–3. Jh. als Vorort der *Civitas Nemetum* wie viele vergleichbare Orte ohne Stadtmauer. Rechtlich war *Noviomagus* immer nur *vicus*, also Dorf. Lediglich unter → Postumus 267 n. Chr. wird *Noviomagus* auf einer Leugensäule (→ Leuga) von Hagenbach als *Colonia* bezeichnet.

b. Handel und Gewerbe. Als Etappenort an der wichtigen Rheinuferstraße wie an der Flußverbindung gelegen, spielte *Noviomagus* eine wichtige Rolle im Güterumschlag. Arch. ist dieser u. a. durch Packnadeln für Warenbündel wie durch große Gewichte nachweisbar. Hinzu kommt gerade im 1. Jh. intensive Keramikproduktion, bis im 2. Jh. Rheinzabern (→ Zabern § 2; → Terra Sigillata) dem röm. Speyer den Rang abläuft und Töpferei kaum noch nachweisbar ist. Hinzu kommt Bronze- und Eisenverarbeitung sowie Beindrechselei und Glas- bzw. Glasurverarbeitung im frühen 4. Jh.

c. Gräber. An der sw. Ausfallstraße entstand schon in der Militärzeit des 1. Jh.s ein ausgedehnter Bestattungsplatz, der bis zum 4. Jh. beibehalten wurde (Abb. 65). An der n. Ausfallstraße konnten bislang nur Gräber der Zeit nach 300 bis gegen 350 n. Chr. nachgewiesen werden. Separierte Gräbergruppen mit Steinsärgen und reichen Glasbeigaben, darunter der in einer Flasche erhaltene ‚Römerwein' (3, Abb. 497, S. 566), bezeugen Einzelsepulturen der städtischen Oberschichten im frühen 4. Jh.

§ 4. Zerstörungen im 3. Jahrhundert und Wiederaufbau. Nach dem Ende des Gall. Sonderreiches führen erneute Germ.einfälle zu erheblichen Zerstörungen in Stadt und Land. Münzdatierte Brandschichten und Kellerverfüllungen sowie Brunnen mit Skelettresten getöteter Einw. sprechen eine deutliche Sprache über das Ausmaß der Zerstörungen.

Der Wiederaufbau ab 300 n. Chr. beschränkt sich weitgehend auf die beiden Straßenhauptachsen. Das constantinische Speyer, nunmehr nach dem Civitas-Namen als *Nemetae* bezeichnet, hat allenfalls noch knapp 15 ha Siedelfläche (Abb. 66). Die Stadt bleibt weiterhin unbefestigt und ohne milit. Garnison.

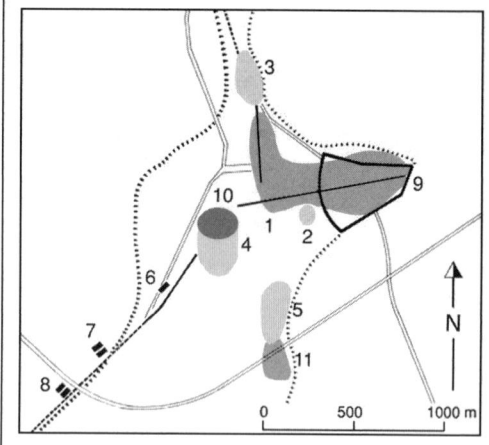

Abb. 66. Speyer/*Nemetae* in der Spätant. 1. Hälfte 4. Jh. 1 Siedlung in der 1. Hälfte 4. Jh.; 2 Nekropole am Stiftungskrankenhaus; 3 N-Gräberfeld; 4 SW-Gräberfeld; 5 S-Gräberfeld; 6–8 Familiengräber. 2. Hälfte 4.–5. Jh.: 9 vermutliche Ausdehnung der ummauerten Stadt; 10 W-Nekropole; 11 Gräberfeld ‚St. German'. Nach Bernhard (3, 566, Abb. 498)

§ 5. Zerstörungen um 352 n. Chr. (2; 10; 3; 4). Die erneuten Zerstörungen infolge des Bürgerkrieges während der Magnentiuszeit und durch den großen Alam.einfall 352 n. Chr. führen zu einer erneuten Flächenreduzierung auf die Spitze der Niederterrassenzunge. Ein großer Münzschatz mit Prägungen bis zur Mitte des 4. Jh.s in einer Kellerverfüllung eines Privathauses auf der Domhügelspitze bezeugt diesen Unruhehorizont überdeutlich. Für gut 12 J. setzt mit dem Datum 352 der geregelte Münzumlauf in Speyer aus.

§ 6. Die valentinianische Periode (4; 5; 8). Erst mit den valentinianischen Wiederaufbaumaßnahmen ab 369 beginnt wieder ein reguläres Leben. Die abermals auf gut 9 ha reduzierte Siedlungsfläche wird mit einer 2,5 m starken Mauer umgeben (Abb. 66). In der Mauer finden sich in der Masse Spolien von Grab- und Weihedenkmälern sowie von zerstörten öffentlichen Gebäuden. Die spätant. Festungsmauer ist derzeit nur im N und S nachweisbar, aber im O durch den Rhein abgerissen. Der W-Abschluß der spätant. Stadt wurde durch zwei breite parallele Sohlgräben (Doppelgräben) mit der dort noch nicht gefundenen Wehrmauer gesichert.

Die Innenbebauung ist weiterhin durch Privatbauten geprägt. Ein mit Portikus versehener Bau von mindestens 17 m Br., aber unbekannter Länge, wurde in valentinianischer Zeit s. des heutigen Doms an der Hauptstraßenachse neu errichtet. Andere Bauteile von Privathäusern aus constantinischer Zeit wie ein Keller werden zu einem Badegebäude umgewidmet.

Das spätant. Staatshandb. → *Notitia Dignitatum* verzeichnet für *Nemetae*/Speyer die Vindices als Garnison. Milit. Einrichtungen dieser Einheiten wurden bislang nicht nachgewiesen. Ein bei Symmachus beschriebener Kriegshafen kann durchaus auf Speyer bezogen werden und würde sich dann an der Stelle des alten Hafens auf der N-Seite der umwehrten Stadt befunden haben.

Der Germ.- und Alanensturm 406/407 n. Chr. hat offenbar zu keinen nachhaltigen

Störungen geführt. Die ält. Forsch. ging noch von einem Untergang der Grenztruppen zw. Bingen und Seltz zu diesem Zeitpunkt aus; nach der neueren Forsch. lagen die Vindices mindestens bis 422/423 n. Chr. in ihrer Speyerer Garnison.

§ 7. Speyer im 5. Jh. n. Chr. (4; 5; 8). Ein Tragealtar aus Kalkstein mit dem Christusmonogramm XP (3, Abb. 134, S. 246) bezeugt für das 5. Jh. eine christl. Gem. Kirchliche Einrichtungen dürften im 5. Jh. im Bereich des heutigen Domes noch nicht bestanden haben, da dort und im Umfeld noch Privatbauten bis gegen 500 nachweisbar sind.

Eine St. Stephanskirche, auffallenderweise längs der s. Stadtmauer angelegt, erreichte mit 32 m Lg. und 9 m Br. die gleichen Ausmaße wie die frühchristl. Kirche von Boppard, so daß auch für Speyer eine gewisse Wahrscheinlichkeit für eine frühchristl. Kirche besteht.

Das ausgedehnte große Gräberfeld bei St. German, s. an den großen Bestattungsplatz des 1.–4. Jh.s im S von Speyer anschließend (Abb. 67), mit zahlreichen beigabenlosen Bestattungen des 5. Jh.s belegte ohnehin schon eine größere Romanengem., wenngleich das völlige Fehlen von frühchristl. Grabsteinen und das Unvermögen den ant. Stadtnamen in das MA zu tradieren doch zeigen, daß auf Dauer die germ. Neuansiedler das Sagen hatten. Noch weit im MA findet sich die Bezeichnung ,Nemetae vel Spira'; der germ. Name setzt sich jedoch durch.

Siedlungsfunde wie qualitativ hochwertige Gläser, die erst nach der Mitte bzw. erst in den 70er und 80er J. des 5. Jh.s in Mode kommen, bezeugen auch in der umwehrten Siedlung ein Fortbestehen ant. geprägten Lebens mit funktionierenden Badeanlagen bis gegen 500 n. Chr. Wohl erst zu diesem Zeitpunkt entsteht s. des heutigen Domes bei der Emmeramkapelle ein 17 m br. und mindestens 20 m lg. dreischiffiger Bau, der als weitere Kirchenanlage zu werten ist.

§ 8. *Nemetae*/Spira im frühen Mittelalter (4; 5). Bereits um die Mitte des 5. Jh.s entstehen im Umfeld der ant. Stadt kleinere Hofgründungen germ. Prägung, ohne daß zu klären wäre, ob es sich hierbei um die erste Ansiedlung von alam. Gruppen handelt oder von Personengruppen unterschiedlicher, etwa nordseegerm. Herkunft. Für die etwa 480 n. Chr. beginnende Siedlung Vogelgesang s. der Stadt (s. o. unter A) weisen die Gründerfamilien auf diese Herkunft. Die kleineren seit der Mitte des 5. Jh.s gegründeten Hofansiedlungen haben keine Weiterentwicklung. Die um 480 n. Chr., also noch in vorfrk. Zeit, gegründete Siedlung Vogelgesang/Winternheim (1) und die nach 500 n. Chr. entstandene frk. Neugründung ,Altspeyer' hingegen haben einen Fortbestand als dörflich eigenständige Siedlung bis gegen 1200 bzw. als Stadtteil am N-Rand der seit 1084 ummauerten Stadt (Abb. 67).

Beide Siedlungen haben eigene → Reihengräberfriedhöfe: Altspeyer in typischer Lage w. der Siedlung auf einer leichten Anhöhe. Vogelgesang/Winternheim bestattet seine Toten wohl bis in das 8. Jh. in dem großen frühma. Bestattungsplatz ,Karmel', der unmittelbar s. an das roman. Gräberfeld bei St. German anschließt. Dieses Gräberfeld ist auch der Bestattungplatz der germ. geprägten Einw. von *Nemetae*/Spira. Ein ergrabener Ausschnitt mit 160 Gräbern weist 16 große Kreisgrabenanlagen mit Kammergräbern und zugeordneten Pferdebestattungen auf. Die Bestattung eines ,adligen' Knaben um 530 n. Chr. weist eher auf die städtische Oberschicht als auf die dörfliche in Vogelgesang/Winternheim hin.

Inmitten des roman. Gräberfeldes St. German entsteht im 7. Jh. eine kleine Saalkirche (St. German I), der durchaus eine spätant. *Memoria* vorausgegangen sein kann.

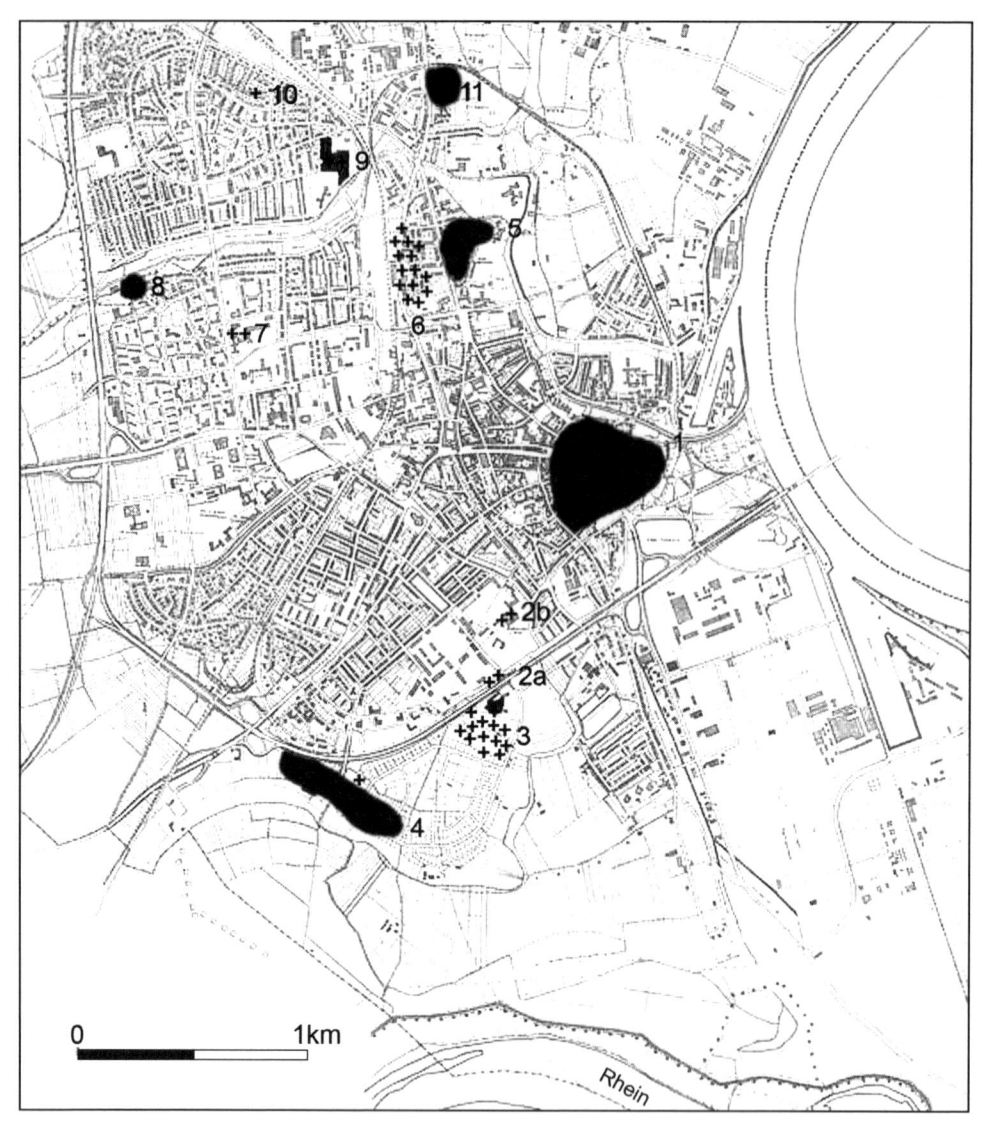

Abb. 67. Frühma. Topographie von Speyer und unmittelbarem Umland. 1 Spira 5.–10. Jh.; 2a Gräber 2. Hälfte 5. Jh. bei St. German; 2b Gräber des 7. Jh.s; 3 Gräberfeld St. German; 4 Siedlung Vogelgesang/Winternheim; 5 Siedlung ‚Altspeyer'; 6 Gräberfeld; 7 Gräber des 5. Jh.s, vom Burgfeld; 8 Siedlung des 5. Jh.s am Woogbach; 9 Gräber bei der Baumwollspinnerei; 10 Grab am Schnaudiglweg; 11 Siedlung am ‚Roßsprung'. Nach Bernhard (4, 34, Abb. 15)

§ 9. Die früh- bis hochmittelalterliche Stadt (5; 7). Bis zu den frühsalischen Stadterweiterungen ab 1035 verbleibt Spira in den engen Grenzen der spätant. Befestigungslinie (Abb. 67). Nachweislich wurde die ant. Wehrmauer schon im 7. Jh. wenigstens partiell niedergelegt und auch der Doppelgraben nicht mehr gesäubert, so daß er bis etwa 946 völlig verfüllt und nicht mehr brauchbar war. Erst zu diesem Zeitpunkt entsteht eine neue Befestigung mit Mauer und Doppelgräben.

Eine spätfrk.-karol.-ottonische Domkirche ist sicherlich vorhanden, aber als Bau nicht oder nur indirekt (Estrichböden unter dem heutigen Dom) nachweisbar.

Die wirtschaftl. Bedeutung des früh- bis hochma. Speyer scheint bezogen auf die wenigen Aufenthalte frk. bis ottonischer Kg. recht gering gewesen zu sein. Die Benennung von Spira als ‚Kühstadt/*vaccina*' durch Walter von Speyer im 10. Jh. zeigt dies wohl deutlich an. Eine deutliche Rangerhöhung zur *metropolis Germaniae* erfährt Spira erst durch die Förderung des salischen Kaiserhauses.

(1) H. Bernhard, Die frühma. Siedlung Speyer „Vogelgesang", Offa 39, 1982, 217–233. (2) Ders., Speyer in der Vor- und Frühzeit, Gesch. der Stadt Speyer 1, 1983, 3–161. (3) Ders., Speyer, in: H. Cüppers (Hrsg.), Die Römer in Rheinland-Pfalz, 1990, 557–567. (4) Ders., Von der Spätant. zum frühen MA in Speyer, in: Palatia Historica (Festschr. L. A. Doll), 1994, 1–48. (5) Ders., Die MZ in der Pfalz. Bemerkungen zum Übergang von der Spätant. zum frühen MA und zum Stand der Forsch., Mitt. des Hist. Ver.s der Pfalz 95, 1997, 7–106. (6) Ders., G. Lenz-Bernhard, Das Oberrheingebiet zw. Caesars Gall. Krieg und der flavischen Okkupation (58 v. Chr.–73 n. Chr.). Eine siedlungsgeschichtl. Studie, ebd. 89, 1991. (7) C. Brühl, Palatium und Civitas, Teil 2. Belgica I, beide Germanien und Raetia II, 1990, 133–148. (8) R. Scharf, Der Dux Mogontiacensis und die Notitia Dignitatum, 2005. (9) H. Schenk, Die Keramik der früh- bis hochma. Siedlung Speyer „Im Vogelgesang", Arch. Forsch. in der Pfalz 1, 1998. (10) Unter dem Pflaster von Speyer. Arch. Grabungen von 1987–1989, 1989.

H. Bernhard

Zum Namenkundlichen → Speyer

Waagen und Gewichte

§ 1: Allgemein – § 2: Bronzezeit – § 3: Hallstatt- und Latènezeit – § 4: Römische Kaiserzeit und Merowingerzeit – § 5: Karolingerzeit und Wikingerzeit – § 6: Phasen der Gewichtsgeldwirtschaften

§ 1. Allgemein. (a) Die Waage mit dazu gehörenden Gewichten ist ein seit Jt. gebräuchliches Instrument, um Lasten und Mengen zu wiegen, also vergleichend zu messen, um den Umfang und damit verbunden den Wert des zu Wiegenden möglichst genau kennenzulernen. Weil es bei der Waage um die Herstellung des Gleichgewichtes geht, indem eine bekannte Masse mit einer unbekannten solange verglichen wird, bis der Waagebalken sich waagerecht eingependelt hat, wurde die Waage auch zum Symbol für Gerechtigkeit und Schicksal.

In Mitteleuropa und dem späteren germ. Raum ist die Waage seit der BZ bekannt und wurde, teils mit Gewichten, auch Toten als Beigabe mit ins Grab gelegt. In einer Tasche aufbewahrt, sind W. und Gewichte als Instrumente des Alltags aufzufassen. Doch da sie meist in reicher ausgestatteten Gräbern gefunden werden, sind sie auch Zeichen der Elite, nicht zuletzt, weil diese am ehesten z. B. über → Gold und Luxusgüter verfügte. Auch ist nicht auszuschließen, daß die Waage als symbolische Grabbeigabe gedient hat, um z. B. nach einer ‚Seelenwägung' den Weg in ein Jenseits zu öffnen.

Die Waage hat daher immer wieder zu diachron. Darst. ihrer kulturgeschichtl. Rolle angeregt, die zusätzlich auch Informationen zur Altkde Mittel- und N-Europas enthalten (5; 6; 7; 10; 11; 13; 14; 22–24; 29). Die physikalischen Grundlagen zum Prinzip der gleicharmigen Waage und der Schnellwaage haben 1908 Ibel (9) und 1982 Knorr (14a) anhand der ma. griech., lat. und arab. Texte zu den Hebelgesetzen des Archimedes erläutert und auch z. B. die Bestimmung spezifischer Gewichte mit Hilfe mehrschaliger W. beschrieben.

(b) Zur Waage: Zwei unterschiedliche Prinzipien sind als W. zum Messen von Massen entwickelt worden, wobei das Grundprinzip der Massenvergleich über zwei Hebelarme ist.

Die gleicharmige Waage mit zwei Schalen dient zum Vergleich zweier Massen, wobei in eine Schale bekannte Gewichtsgrößen gelegt werden, um eine unbekannte Masse in der anderen Schale zu messen. Der Waagebalken ist in der Mitte aufgehängt, und die Beobachtung eines Zeigers oder einer Zunge erlaubt, die Genauigkeit der Messung zu registrieren. Auch der Vergleich mit genormten Gewichtsstücken oder Münzen in einer Schale kann umgekehrt dazu dienen, eine bestimmte gesuchte Menge in der anderen Schale zu messen. Mit der gleicharmigen Waage können zudem auch ohne ein Gewicht Massen miteinander verglichen werden, z. B. um Mischungsverhältnisse für Legierungen aus verschiedenen Metalle herzustellen, indem bei mehreren Wägevorgängen die verschiedenen Bestandteile jeweils auf die Schalen verteilt werden (vgl. z. B. Lit. § 6 Nr. 7).

Das zweite Prinzip beruht auf dem Verschieben eines Gewichts an dem längeren Hebelarm der Waage, auf dem eine Skala die Gewichtsgrößen anzeigt, während das zu messende Objekt am anderen, kürzeren Hebelarm befestigt ist. Der Balken dieser Laufgewichtswaage, Schnellwaage oder Besmer, ist also exzentrisch aufgehängt; mit Hilfe des verschiebbaren Gewichts, dem Laufgewicht (röm. *aequipondium*), kann die Waage geeicht werden. Je nach Aufhängepunkt am Waagebalken und der Schwere des verschiebbaren angehängten Gewichts können sehr unterschiedlich große Lasten gemessen werden.

Die gleicharmige Waage ist seit urgeschichtl. Epochen bekannt. Ein Waagebalken aus rötlichem Kalkstein ist als Grabfund in Ägypten aus der amratischen Per. erhalten, datiert 5000 v. Chr.; Gewichtsstücke sind noch früher nachgewiesen (6, 267). Auch gibt es die Waage als Hieroglyphe. Bildlich überliefert sind große und kleine W. seit der 5. Dynastie (Mitte 3. Jt. v. Chr.) und nachfolgend auf vielen Darst. in Grabkammern bei profaner und kultischer Verwendung (Abb.s-Zusammenstellung in Lit. § 5, Nr. 85, 14 f. Fig. 2.2). Sogar das verschiebbare Ausgleichsgewicht auf einem der Arme war bekannt. Die Waage des Geldwechslers ist auf einem hethitischen Relief überliefert. Für die ur- und frühgeschichtl. Epochen in Europa blieb es nur bei der Übernahme dieser alten Erfindung; kaum Neues konnte hinzugefügt werden.

Das physikalische Prinzip des Gleichgewichts und des auf einer Drehachse gelagerten Balkens wurde rasch perfektioniert, d. h., die Position dieser Achse möglichst dicht über dem Schwerpunkt anzubringen, ist auf verschiedene Weise gelöst worden. Die Waage wurde erst seit dem 2. Jh. n. Chr. mit einem Zeiger, meist nach oben gerichtet, ausgestattet, und zwar wurde an Stelle des einfachen Rings der Aufhängung bzw. zur Handhabe ein Zeiger in die Mitte des Balkens eingesetzt und durch dessen Basis eine Achse geführt, eingehängt in eine Gabel oder Schere, an der das Instrument gehalten wurde. Dieser Zeiger wurde im Laufe der Zeit immer länger konstruiert, um eine verbesserte Ablesung zu ermöglichen (Abb. 68). Des weiteren wurden die Lagerung des Waagebalkens – nachdem Gabel bzw. Schere und Zunge bzw. Zeiger die einfache mittige Aufhängung abgelöst hatten – und die Einhängung der Schalen an den Balkenenden ständig weiter verbessert, um die Reibung zu vermindern; doch erst neuzeitlich ist die Lagerung auf einer im Querschnitt keilartigen Schneide. Ziel war die Erhöhung der Empfindlichkeit und damit Genauigkeit der Instrumente.

Zu den unterschiedlichen Formen von W.: Die gleicharmige Waage kann in jeder beliebigen Größe für Bruchteile von Gramm bis zu großen Lasten hergestellt werden; das kleine Instrument kann als Perlenwaage eingesetzt werden, die Waage mit meterlangem Balken zum Abwiegen von großen Metallbarren, Getreidesäcken oder anderen Massengütern, was schon im Bild für Ägypten überliefert ist, wo anhand von Gewichten seit etwa 3000 v. Chr. damit auch die Waage nachgewiesen ist.

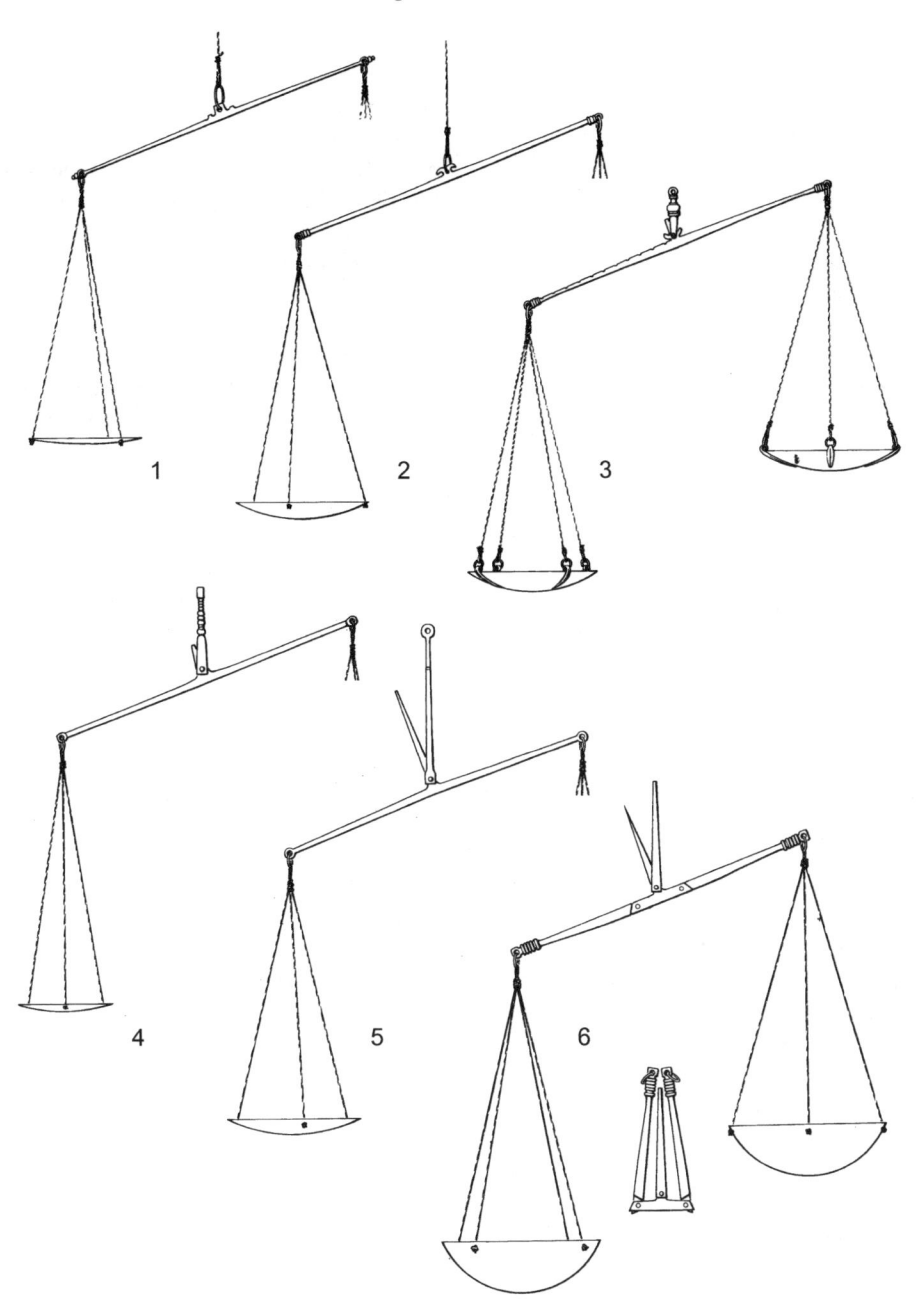

Abb. 68. Typen frühgeschichtl. zierlicher Waagen. 1 Kelt. Waage; 2 frühröm. Waage; 3 spätröm. Waage; 4 merowingerzeitliche Waage; 5 byz. Waage; 6 ma. zusammenklappbare Waage

Ebenso sind Laufgewichts-W. in allen Größen hergestellt worden. Die unterschiedliche Anbringung von Haken an demselben Balkenende zum Aufhängen der zu wiegenden Last, was die jeweilige Länge des Balkenarms verändert, erlaubt, mit demselben

Instrument sehr unterschiedliche Lastenbereiche abzumessen. Der im Querschnitt quadratische oder dreieckige Balken ist dafür mit verschiedenen Skalen versehen. Die ungleicharmige Schnellwaage ist seit dem 4. Jh. v. Chr. bekannt, die Laufgewichtswaage, röm. *statera* oder *romana,* seit 200 v. Chr. Nach der Entwicklung der Laufgewichtswaage zur Dreibereichswaage, d. h. mit drei Hakenaufhängungen und drei Skalen, erreichte man auch mit dieser annehmbare Genauigkeiten.

Empfindlichkeit und Genauigkeit der Waage bestimmen die Qualität der Messung und werden auf verschiedene Weise angegeben (29). Die Genauigkeit einer Waage ergibt sich aus dem kleinsten zusätzlichen Gewicht, das bei größerer Belastung noch einen Ausschlag erzeugt; die Empfindlichkeit wird durch die Größe des – zu definierenden – Ausschlags bestimmt, der durch ein solches zusätzliches Gewicht hervorgerufen wird (12; 21, 112 ff.). Es ist einsichtig, daß kleine feine W. nicht mit einem Pfundgewicht belastet werden sollten, denn einerseits wird dadurch die Waage beschädigt, und andererseits ist das Meßergebnis unbefriedigend. Die Suche nach metrischen Einheiten muß Genauigkeit und Empfindlichkeit berücksichtigen. Diese sind bei W. der Ant., der MZ und der WZ beachtlich, so daß Messungen von 0,1 g möglich waren, was wiederum heißt, daß es auch derartig kleine Gewichte gegeben hat.

Die röm. gleicharmige Waage erreichte eine Auflösung (das Verhältnis von der höchstmöglichen Belastbarkeit und der unteren Grenze der Ablesbarkeit) von 1: 10 000. Ein röm. → Pfund, die *libra,* zu 12 Unzen, *unciae,* war danach u. U. bis auf ein *granum* bestimmbar, 1/12 Karat (27, 1883). Zu röm. W., zu arab. W. in der Levante und zu W. der WZ im Ostseeraum sind Gewichtsstücke von weniger als 0,2 g überliefert.

Eine Kombination von gleicharmiger Waage und Laufgewichtswaage wird erreicht, indem man zum Austarieren auf einer Balkenseite der gleicharmigen Waage ein verschiebbares Gewicht anbringt. Verbunden mit einer Skala können dann vorher quantifizierte Mengen nach abgestuften Größenordnungen gewogen werden. Derartige W. sind aus röm. Zeit überliefert.

Zur Kontrolle von kleinen, jeweils definierten Edelmetallmengen, in der Regel von Münzen, wurde eine spezielle Waage entwickelt, die zwar auf dem Prinzip der ungleicharmigen Laufgewichtswaage beruht, aber so konstruiert wird, daß nur eine feste Größeneinheit bzw. ein bestimmtes Gewicht gemessen werden sollte. Als Seiger oder Kippwaage verwirft sie zu leichte oder zu schwere Münzen, weil sie aus dem Gleichgewicht kommt. Derartige W. gab es im Röm. Reich und während der MZ sowie erneut wieder im hohen MA.

(c) Zu den Gewichten: Gewichtssätze wurden dann notwendig, wenn über den einfachen Vergleich hinaus einerseits beliebige Lasten möglichst genau gemessen (was z. B. bei Gold und Silber sowie Edelsteinen gewünscht war) und andererseits, wenn definierte Gewichtseinheiten und ihre Bruchteile oder Vielfache definiert und kontrolliert werden sollten.

Gewichte wurden sowohl in der Ant. als auch im MA als Teil eines in sich geschlossenes Systems verstanden und verwendet: Über den Zusammenhang von Länge × Länge erhält man die Fläche, Fläche × Länge bringt das Hohlmaß, das Hohlmaß × Dichte einer Sache das Gewicht (zur Errechnung und der darüber möglichen Eichung von W. und Gewichten: 26).

In arithmetischer Reihe aufgebaute Gewichtssätze sind Abfolgen von untereinander systematisch gestaffelten, nach regelmäßigen Vielfachen und Bruchteilen einer Bezugsgröße hergestellte Stücke. Mehrere gestaffelte Gewichtssätze sind mit der Waage zu vergleichen, d. h. miteinander zu parallelisieren, ohne daß schon eine Eicheinheit, ein hinterlegtes Grundgewicht existiert. Doch eine solche, von einer Obrigkeit festgesetzte und über ein Eichgewicht regelmäßig zu überprüfende Einheit kann sich auf natürliche Vorgaben stützen, wie z. B. auf die Masse eines Getreidekorns oder auf das Gewicht des Samenkorns des Johannisbrotbaumes bzw. dessen gezähltes Vielfaches. Diese Einheit kann auch aufgrund eines Erfahrungswertes definiert werden oder ergab sich der Kommunikation zw. Handwerkern und Kaufleuten, die beim gegenseitigen Handels- und Zahlungsgeschäft Vergleichbarkeit erzielen wollten.

Nicht aufgrund des Zufalls, sondern über Kontinuitäten durch die Jt. und Jh. entwickelten sich näherungsweise Einheiten, wie die ant. Unze, die karol. Unze oder die skand. Unze, die ihre Wurzel in den frühen Hochkulturen des Orients haben und bei vergleichbarer Größe geblieben sind.

In der frühen Phase der Metallgewinnung und -verwendung während der BZ (vgl. § 2) wurden Kupfer- und Bronzebarren und -geräte durch die regelhaft gleichartig hergestellten Gußformen nur scheinbar nach bestimmten Gewichtseinheiten produziert.

(d) Metrologie (vgl. auch → Maße und Gewichte; → Münzfuß; → Zahlen und Maße). Die Legende besagt, daß die Samenkörner vom Johannisbrotbaum, mit 10–15 Samenkörnern je Hülse, namengebend für die Gewichtseinheit Karat gewesen seien. Das Durchschnittsgewicht des Samens des Johannesbrotbaums *Ceratornia siliqua* beträgt nach dieser Definition 0,189 g. Das metrologische System der röm.-byz. Zeit war ein Duodezimalsystem und errechnete sich auf der Basis dieses Wertes (und die Zahlenangaben sind nur Rechnungswerte, da nicht einmal zwei Dezimalstellen hinter dem Komma meist wirklich gemessen wurden, auch wenn theoretisch manche W. dazu in der Lage waren). Das spätröm.-frühbyz. Pfund *(libra)* mißt – nach Verabredung der Geschichtswiss. seit Theodor → Mommsen oder F. Hultsch (Lit. § 4 Nr. 39) – 327,450 g zu 12 Unzen *(unciae)* zu 27,2875 g (→ Pfund § 2). Der → Solidus oder *exagium,* die von Konstantin eingeführte Goldmünze und zugleich die Gewichtseinheit und das Kontrollgewicht, entspricht 1/72 des Pfundes oder 24 *siliquae* oder *karat,* wog also rund 4,5479 g. Die Unterteilung des Pfundes ging hinunter bis zu einem *scripulum* von 1,137 g, und weiter: 24 *scripula* zu 1,137 g oder 144 *siliquae* zu 0,189 g waren 1 Unze.

Doch stellte man schon für die Ant. Schwankungen und örtlich verschiedene Angaben für das Pfund fest (17, 166 ff.): Das Pfund maß 324 g vom 4.–6. Jh., 322 g im 6./7. Jh., 320 g vom 7.–9. Jh., 319 g zw. 9. und 13. Jh.

Für die karol. Zeit errechnet man für die 12-Unzen-Einheit mit 192 *denarii* (den Silbermünzen) 326,592 g. Nach der Münzreform Karls des Großen seit 793/794 betrug das Münzpfund *(pondus Caroli)* 408,204 g zu 240 *denarii* zu 1,701 g und das Handelspfund 435,456 g zu 16 Unzen von 27,216 g. Zum hohen MA hin wurde das Pfund im Münzwesen von der (frühen Kölner) Mark von 233,28 g abgelöst (26; 27) (→ Pfund; → Mark). Diese theoretisch definierten Basiseinheiten wandelten sich also im Laufe der Zeit teils beträchtlich, andererseits blieben Grundeinheiten, z. B. das Gewicht der Unze, im Prinzip über Jt. ähnlich.

Die Suche nach einer festen Basiseinheit im arch. überlieferten Bestand an Gewichten einer Epoche oder eines Gebietes ist daher müßig. Einerseits hat es keine solchen absolut definierten Einheiten gegeben, sondern nur durch den praktischen Gebrauch verabredete Gewichtsgrößen, andererseits ist der Ausschnitt des überlieferten Materials aus dem einst vorhandenen Bestand statistisch so eingeschränkt, die Stücke durch Korrosion meist verändert und aufgrund technischer Grenzen schon in einer gewissen Spannweite hergestellt worden, daß nur

Näherungswerte errechnet werden können (s. auch Lit. § 2, Nr. 8, 176 ff.).

Die Versuche der Forsch. seit dem 19. Jh. bis heute, Gewichtssysteme zu errechnen, stoßen an Grenzen und scheitern nicht nur am eingeschränkten überlieferten Qu.bestand. Während Gewichtssätze mit relativ großer Genauigkeit der einzelnen Gewichte untereinander hergestellt werden können, die nur von der Empfindlichkeit der Waage abhängt, ist der Versuch, aus zusammengestellten einzelnen Gewichtsstücken verschiedener Fundkomplexe und unterschiedlicher Zeitstellung Einheiten zu abstrahieren, von vornherein mit einem großen Unsicherheitsfaktor behaftet, der verhindert, tatsächlich einst vorhandene, aber nur punktuell gültige Einheiten erkennen zu können. Schon Böckh 1838 (2) und Hultsch 1862 (Lit. § 4 Nr. 39) oder Bleibtreu 1863 (1) konstatierten das Fehlen einer normativen Überlieferung, und Witthöft meint heute ebenfalls, daß eine hohe Präzision bei der Wiederfeststellung der Maße und Gewichte der Alten nicht zu erwarten sei: „Keine reale antike Maßeinheit ist je als absolute Größe gedacht oder tradiert worden. Alle Leiteinheiten existierten nur in der Praxis ..." (28, 308) als Relationen; aber immerhin konnten Relationen exakt vermessen werden, und die im 19. Jh. erarbeiteten Richtwerte werden bis heute akzeptiert.

Die aus verschiedenen Epochen seit der BZ bis ins MA überlieferten W. und die dazu gehörenden Gewichte setzen einerseits also eigtl. voraus, daß es Maßeinheiten gegeben haben müßte, nach denen gesucht wird. Andererseits folgt aus der Suche nach diesen Einheiten über die Analyse der Gewichtsgrößen der Metallsachen in Hortfunden der BZ bis zu den Silberschatzfunden der WZ, daß davon ausgegangen wird, es habe W. und Gewichte zum Wiegen der Metallstücke gegeben, auch wenn sie aus manchen Epochen wie der BZ und der HaZ kaum überliefert sind. Für jede Epoche seit der BZ gilt es daher, nicht nur die W. und Gewichte zu registrieren, sondern auch die metrologischen Studien zu beachten und zu bewerten.

Vor den obrigkeitlich eingesetzten Eichämtern – vor der Möglichkeit einer Festlegung über eine physikalische Definition wie in der Neuzeit – hat es also keine abstrakten festen Gewichtseinheiten gegeben; denn schon die Herstellung von Gewichten in bezug auf eine solche abstrakte Grundeinheit war kaum – je nach Empfindlichkeit und Genauigkeit der W. – ohne entspr. statistische Abweichungen möglich. Mustergewichte, die an zentralen Orten, so an Marktplätzen, unter Aufsicht der röm. Aedilen oder in den Kirchen der byz. Städte, zur Kontrolle und zum Vergleich aufbewahrt wurden, hat es außerhalb des röm.-byz. Reiches nicht gegeben. Über größere Entfernung reisende Kaufleute nahmen ihre Gewichtssätze mit und konnten überall fremde Einheiten damit vergleichen. So ist davon auszugehen, daß in den urgeschichtl. Epochen Europas, von der BZ bis in die LTZ keine überregional gültigen Gewichtseinheiten bestanden haben, die als absolute Größen faßbar sind, ebenso nicht während der RKZ in der Germania oder auch nicht während der MZ sowie der WZ im N. Die metrologischen Analysen (s. u.) wollen zwar immer wieder derartige Einheiten für größere Räume, wie das Mittelmeergebiet oder Mitteleuropa, entdecken, doch spricht schon die schriftliche Überlieferung für die Ant. von zahlreichen lokalen Systemen. So ist nicht vorstellbar, daß zur BZ eine geogr. weitgespannte Einheit geherrscht haben soll, während im röm.-byz. Reich und später bei den Städten des MAs zahlreiche örtliche Gewichtssysteme gültig gewesen wären. Überlieferte Gesetze zur staatlichen Kontrolle von Maß und Gewicht besagen nicht, daß bei Zunahme der territorialen Durchdringung von Verwaltung auch das Maßwesen entspr. exakt und weiträumig einheitlich organisiert wurde. Was für das röm.-byz. Reich noch nicht möglich war, erreichten auch die anderen Staaten oder Reiche des frühen MAs nicht.

Im Laufe der Jt. sind Maße und Gewichte von Ägypten und Mesopotamien über Griechenland und Rom nach Europa weitergegeben worden. Alle Maßeinheiten waren schließlich in langer Überlieferungskette abhängig von den ant. orientalischen Systemen (→ Islamische Beziehungen); selten ist erkennbar, daß Einheiten endogen neu erfunden oder festgelegt wurden, die exogenen Entwicklungen waren bestimmend. Man kann skand. Einheiten des MAs vergleichen mit ägypt. Einheiten (Lit. § 2 Nr. 32, 618). Die Gewichtseinheit um 26,6 g, also die Unze, war allg. gebräuchlich: Als Einheit der BZ werden 26,6 g errechnet; die röm. Unze maß 27,3 g; die islamische Einheit (6 Mitqal um 696 n. Chr.) lag bei 25,5 g; die norw. Öre des MAs wurde nach dem Fund von Braaten (vgl. Lit. § 4 Nr. 3) zu 26,4 g errechnet; die schwed. Öre im 13./15. Jh. betrug 27,95 g. Auch der Zusammenhang mit dem att. Standard im frühen Griechenland des 5. Jh.s v. Chr. von 8,8 g ist gegeben, das Dreifache beträgt 26,4 g. Z. Zt. der 18. Dynastie in Ägypten (ca. 1550–1304 v. Chr.) gab es die Einheit von 8,75 g, eine Didrachme, das Dreifache davon sind 26,25 g.

Daß derartige ähnliche Werte zustande kommen, ergibt sich entweder aus einem – nicht unmittelbar erkennbaren – natürlichen Verhalten, so wie die Elle oder der Fuß als Maßeinheiten gewählt worden sind; oder die Gemeinschaft der fernreisenden Kaufleute hat zu jeder Zeit über Währungs- und Kulturgrenzen hinweg für eine praktische Angleichung der Gewichtseinheiten gesorgt. „The long-distance merchants would prefer to work within the weight system of their own country. If there were many merchants from that country its weight system might become the only one in common use" (Lit. § 2, Nr. 32, 619). Das war zur BZ in Europa so, dann im röm.-byz. Reich und ebenso wieder zur WZ im Ostseeraum und

Rußland (s. u.). Weil die überregionale absolute Angleichung der Gewichtssätze nicht möglich war, führte jeder dieser Kaufleute seine Ausrüstung aus W. und Gewichtssätzen mit sich, so daß beim Zahlungsverkehr und Handelsgeschäft beide Partner jeweils mit ihrem Gewichtssatz gewogen haben und man sich dann einigte. Dies wird für die neuzeitliche Goldstaub-Währung der Ashanti ausführlich berichtet (3, 71). Eine andere Lösung war, so für Skand. zur WZ überliefert, daß beide Partner zu einem Dritten gingen, vielleicht einem offiziellen Wägemeister, der für sie dann das Abwägen übernahm. Derartige Verfahren betreffen nur die wertvollen Sachen wie Münzen oder ungeprägtes Edelmetall. Bei großen Lasten war das prinzipiell nicht möglich, da weder die mannsgroßen W. noch die zugehörenden Gewichte transportabel waren. Man brauchte also – wie für das Altert. und das MA überliefert – offizielle W. und W.-Häuser, teils sogar für verschiedene Waren spezielle W.

(e) Arch. Überlieferung: Während W. und ihre einzelnen Teile, z. B. die Schalen, im arch. Qu.bestand relativ leicht nachzuweisen sind, ist die Suche nach Gewichtsstücken nicht immer erfolgreich. Gibt es genormte Gewichtsformen und regelmäßige Staffelungen der Gewichtssätze, wie in der griech.-röm.-byz. Welt oder auch während der WZ im Ostseeraum, dann sind Gewichtsstücke auch in größerer Anzahl im arch. Qu.bestand überliefert und leicht erkennbar. Bestehen die Gewichtssätze jedoch aus mehr oder weniger willkürlich zusammengesammelten Steinen oder aus sekundärem Material wie ant. Münzen während der MZ oder aus willkürlich geformten Metallstücken, meist Blei oder Bronze, dann sind diese Einzelstücke als Gewichte oft nicht zu identifizieren.

Zwar ist davon auszugehen, daß zu vorhandenen gleicharmigen W. irgendwelche Gewichte existiert haben werden, auch wenn sie nicht nachzuweisen sind, aber man sollte dann trotzdem nicht übersehen, daß die Waage auch ohne spezielle Gewichte sinnvoll eingesetzt werden kann.

Große W. zum Messen von schweren Lasten wurden im Handelsverkehr immer benötigt. Vielfach waren ihre Teile dann sogar aus Holz gefertigt und sind nicht erhalten geblieben. Kleine feine W. dienten im Edelmetallgeschäft, zur Kontrolle des Münzgewichts oder zum Wiegen von Edelsteinen oder Gewürzen. Auch dann sind dazu nicht immer Gewichte nötig, wenn schon der Vergleich mit einer akzeptierten Masse, so z. B. mit einer als korrekt erkannten Münze für die Kontrolle genügte.

Eine Waage benötigten auch der Buntmetallhandwerker und der → Goldschmied, wenn es um die Erstellung von Legierungen oder allg. von Mischungen ging. Dabei waren ebenfalls Gewichte nicht unbedingt nötig, wenn es um Anteile an einer Legierung ging, um gewünschte exakte Mengenverhältnisse im Endprodukt. Gewichte werden immer dann gebraucht, wenn aufgrund von Verabredungen absolute Gewichtsgrößen gefordert werden. Das ist seit der Erfindung des Münzgeldes der Fall (→ Zahlungsmittel).

Während der ur- und frühgeschichtl. Epochen, die im Lex. erfaßt werden, sind W. überall und immer bekannt gewesen, doch ist die arch. Überlieferung sehr unterschiedlich, einerseits sicherlich abhängig von der Häufigkeit der seinerzeit vorhandenen W. und vom Material, aus dem sie hergestellt waren. Denn es gibt auch W. aus Holz oder Knochen, so während der BZ in Mitteleuropa, die vergangen sein können. Andererseits ist die Anzahl der überlieferten W. auch abhängig von speziellen, z. B. besonderen geldgeschichtl. und währungsorganisatorischen Verhältnissen. Brauchten nur der Buntmetallhandwerker und Edelmetallhändler die feinen W., dann wurden sie in begrenzter Anzahl hergestellt und sind entspr. selten in der arch. Überlieferung. Brauchte jedoch jeder Haushalt bzw. jedermann, der sich am Zahlungsverkehr – bei Silber nach Gewicht im Rahmen der Gewichtsgeldwirtschaften (vgl. § 6) – beteiligte, eine Waage und auch Gewichte, dann hat das für eine weit größere arch. Überlieferung gesorgt.

War die Waage aus Metall hergestellt, dann wurde dieses wieder eingeschmolzen, wenn das Instrument unbrauchbar geworden war; im arch. Fundbestand sind größere W. fast aus keiner Epoche erhalten geblieben. Viele kleine W. werden sowohl durch bestimmte Grab- und Beigabensitten überliefert, als auch durch entspr. Wirtschafts- und Währungsverhältnisse. So sind aus den urgeschichtl. Epochen nur vereinzelt W. erhalten (vgl. § 2–3), während aus der röm. Welt, dem Merowingerreich und wieder während der WZ n. und ö. der Elbe (vgl. § 4–5) W. in größerer Zahl überliefert sind, genormte Gewichtssätze aus dem röm.-byz. Reich und aus der WZ.

(f) Gewichtsgeldwirtschaften (vgl. § 6): Auf zwei unterschiedliche Weisen wurde Geld ‚gemessen'. Im Rahmen einer staatlich garantierten Münzgeldwirtschaft wurden Münzen bei Kauf oder Verkauf gezählt. Die Prägung garantierte Gewicht und Feingehalt, so daß ein Warenpreis durch die Anzahl der zu ‚zahlenden' Münzen definiert wurde. Nur bei großen Mengen wurde die Waage eingesetzt, um nicht zu vermeidende Abweichungen der einzelnen Münzen, die sich addieren konnten, ausgleichen zu können. Dann erfolgte die Zahlung *al pondo*, also nach Gewicht, was schneller geht als zählen. Das andere Verfahren im Rahmen der sog. Gewichtsgeldwirtschaft ging davon aus, daß man beim Zahlungsvorgang die Menge an Edelmetall abgewogen hat. Dabei spielte es keine Rolle, in welcher Form das Metall vorlag, als → Barren, Schmuck (→ Münzen als Schmuck) oder fremde Münze. Die gewünschte Portion wurde aus dem vorhandenen Material zurechtgeschnitten (→ Hacksilber). Zum Abwiegen brauchte man dann immer die Waage und Gewichte.

Bei prämonetären Geldformen zahlte man, indem Objekte nicht gewogen, sondern u. a. Ringbarren und Schmuckringe aller Art von der BZ bis in die WZ gezählt wurden (→ Geld § 9: Gerätegeld, § 10: Gewichtsgeld; → Ringgeld; → Barrengeld).

(g) Symbolik: Die gleicharmige Waage gewann von Beginn an symbolische Bedeutung. Schon zur ältesten bildlichen Überlieferung gehörten in Ägypten im Rahmen des Osiris-Kultes die Darst. der Seelenwägung in den Totenbüchern auf Papyrus und auf Grabwänden (im neuen Reich 1150–1070 v. Chr.), die vor dem Weg ins Jenseits den Verstorbenen bewertete. Die Waage im Gleichgewicht steht seither bis heute für Recht und Gerechtigkeit (16; 18); die Seele oder das Herz werden gegen eine Feder aufgewogen (8; 15; 20). Die goldene Waage des Zeus wird in der Ilias mehrfach genannt (Lit. § 2 Nr. 19, 475 f.); die Trojaner werden gegenüber den Achäern aufgewogen. Als Schicksalswaage stand sie für Kriegsglück und Gerechtigkeit. So wurde die Waage im Röm. Reich auch zum Symbol der Justitia und der Juno Moneta oder der Aequitas, der Göttin der rechten Münze (19). Das Sternbild Waage geht über die Ant. auf babylonische Vorbilder zurück (4). Im Alten und im Neuen Testament sowie im Koran gibt es zahlreiche Gleichnisse, die die Waage und das Wägen verwenden. Mit dem ersten Schöpfungsakt ist die Darst. des Schöpfers als Weltarchitekt mit Zirkel und Waage verbunden (Jesaja 40, 12): „Wer mißt die Wasser mit der hohlen Hand und faßt den Himmel mit der Spanne und begreift den Staub der Erde mit einem Maß und wägt die Berge mit einem Gewicht und die Hügel mit einer Waage?" Auch im Islam werden die guten und die schlechten Taten, die in einem Buch gezählt werden, abgewogen, mit dem Gewicht der Wahrheit (Koran,

Sure 7:7–8). (Zur symbolischen Bedeutung der Waage im MA und entspr. Abb. 21, 249 ff.).

Auch manchen Gewichtsserien wird neben der profanen Verwendung eine symbolische Bedeutung zugeschrieben. Vielfach wählte man als Form für die Gewichte Tierfiguren, so Enten im alten Ägypten, später Löwen oder Rinder um 1300 v. Chr., so im Schiffswrack von Uluburun, und z. B. während der späten WZ und im MA in Norwegen Pferdefiguren (Lit. § 4 Nr. 9, 91 ff). Für die späte BZ sind im s. Skand., auf Seeland und in Schonen, Frauenfigürchen aus Bronze als Gewichte gedeutet worden, die aus dem Vorderen Orient den N erreicht haben (Lit. § 2 Nr. 12–15). Die Statuetten könnten, wie schon T. J. Arne 1909 vermutet hat, die babylonische Göttin Ishtar, die phönizische Astarte oder die zyprische Aphrodite darstellen.

(1) L. C. Bleibtreu, Handb. der Münz-, Maß- und Gewichtskunde, 1863. (2) A. Böckh, Metrologische Unters. über Gewichte, Münzfüße und Maße des Alterthums in ihrem Zusammenhange, 1838. (3) Ch. von Graffenried, Akan Goldgewichte im Bernischen Hist. Mus., ²1992. (4) H. G. Gundel, Zodiakus. Tierkreisbilder im Altert. Kosmische Bezüge und Jenseitsvorstellungen im Altert. Alltagsleben, Kulturgesch. der ant. Welt 54, 1992. (5) Th. Ibel, Die Waage in Altert. und MA. Erlangen, 1908. (6) K. E. Haeberle, 10 000 J. Waage. Aus der Entwicklungsgesch. der Wägetechnik, 1966. (7) G. M. M. Houben, The Weighing of Money, 1982. (8) U. Häussermann, Ewige Waage, 1962. (9) Th. Ibel, Die Waage in Altert. und MA, 1908. (10) H. R. Jenemann, Zur Entwicklungsgesch. der Neigungswaage, 1. Wägen und Dosieren 11, H. 5, 210–215; Teil 2. H. 6, 1980, 248–253. (11) Ders., Zur Gesch. der Substitutionswägung und der Substitutionswaage. Technikgesch. 49, Nr. 2, 1982, 89–131. (12) Ders., Über Ausführung und Genauigkeit von Münzwägungen in spätröm. und neuerer Zeit, Trierer Zeitschr. 48, 1985, 163–194. (13) Ders., Die Waage des Chemikers, 1979, ³1997. (14) B. Kisch, Scales and Weights. A Hist. Outline, ³1975. (14a) W. R. Knorr, Ancient Sources of the Medieval Tradition of Mechanics. Greek, Arabic and Latin Studies of the Balance, 1982. (15) L. Kretzenbacher, Die Seelenwaage. Zur relig. Idee vom Jenseitsgericht auf der Schicksalswaage in Hochrelig., Bildkunst und Volksglaube, 1958. (16)

W. Pleister, W. Schild (Hrsg.), Recht und Gerechtigkeit im Spiegel der europ. Kunst, 1988. (17) E. Schilbach, Byz. Metrologie. Byz. Handb. 4. Handb. der Altertumswiss. 12.4, 1970. (18) W. Schild, Bilder von Recht und Gerechtigkeit, 1995. (19) K. L. Skutsch, Libramen-Aequum. Eine Unters. über die Entwicklung des Wägungsgedankens von der Ant. bis ins christl. MA, Die Antike 12, 1936, 49–64. (20) G. Snyder, Wägen und W., 1957. (21) H. Steuer, W. und Gewichte aus dem ma. Schleswig. Funde des 11. bis 13. Jh. aus Europa als Qu. zur Handels- und Währungsgesch., 1997. (22) R. Vieweg, Maß und Messen in kulturgeschichtl. Sicht. Beitr. zur Gesch. der Wiss. und der Technik H. 4, 1962. (23) Ders., Vergl. Betrachtungen zur Kulturgesch. der Metrologie. Vorabdruck der Akad. der Wiss. und der Lit. in Mainz, Jb. 1963. (24) Ders., Aus der Kulturgesch. der Waage, 1966. (25) H. Witthöft, Zum Problem der Genauigkeit in hist. Perspektive, in: Ders., D. Hoffmann (Hrsg.), Genauigkeit und Präzision in der Gesch. der Wiss. und des Alltags, 1996, 3–31. (26) Ders., Gewichte, in: Lex. des MAs 4, 1989, 1422 f. (27) Ders., Waage, in: Lex. des MAs 8, 1997, 1883–1887. (28) Ders., Maß und Gewicht, in: N. Pauly XV/1, 303–314. (29) D. A. Wittop Koning, G. M. M. Houben, 2000 Jaar Gewichten in de Nederlanden, 1980.

§ 2. Bronzezeit. (a) Die Formen. Eine zusammenfassende Studie zu W. und Gewichten im prähist. Mitteleuropa hat Pare 1999 vorgelegt und zugleich die Nachweise für mögliche Gewichtseinheiten diskutiert (19). Über 20 Fundkomplexe mit meist mehr oder weniger rechteckigen Gewichten von rund 1 bis 65–70 g und vier gleicharmige Waagebalken aus Knochen der späten BZ (Stufe D) sind katalogisiert (19, 468 Karte Fig. 31) (7, 119. 121 Fig. 5: weitere Abb. zu Waagebalken). Die beiden Waagebalken von Marolles-sur-Seine, Dép. Seine-et-Marne (21; 22), sind aus Knochen hergestellt und 10,5 bzw. 11,3 cm lg. Ein Loch in der verdickten Mitte dient der Aufhängung bzw. zum Halten der Waage. Die Enden des Balkens sind trompetenförmig verbreitert ausgebildet, wie zeitgleich bei W. in Ägypten und noch in der Hallstatt-Kultur. Die Waagschalen sind nicht erhalten und waren wohl aus organischem Material wie Horn oder Knochen. Als Parallelen werden Waagschalen aus Bronze mit je vier Aufhängelöchern und einem Dm. von 7,5–10 cm von FO in der Ägäis und im Nahen Osten sowie in Ungarn angeführt (19, 453 Fig. 23). Datiert in die Stufe BZ D (13. Jh. v. Chr.), lagen diese feinen Instrumente wohl in einer Tasche, dabei Objekte aus Stein als Gewichte, darunter ein Steinbeilchen, vielleicht als → Probierstein verwendbar, auch Bronzestücke wie Nadelfrg. – Werkstattabfälle des Bronzehandwerks – sowie Gold und Bernstein, wertvolle Materialien, die gewogen wurden.

Überliefert sind diese W. aufgrund der speziellen Beigabensitte im Bestattungsbrauch, weshalb nur aus einem beschränkten Ausschnitt des s. Mitteleuropa Belege erhalten sind, obwohl W. allg. verbreitet gewesen sein werden. Die unscheinbaren Instrumente aus Knochen sind andernorts entweder nicht erhalten geblieben oder werden bei Ausgr. leicht übersehen. Zu den W. gehören variantenreiche Gewichtsformen, jedoch mehrheitlich langrechteckige quaderförmige Stücke aus Bronze von etwa 5 g bis rund 1,4 kg (Abb. 69).

Größere Steingewichte von 36,5–850 g mit einer Vorrichtung zum Aufhängen haben wahrscheinlich zu Laufgewichts-W. gehört, und aus ihnen lassen sich zwar Größenordnungen der zu wiegenden Lasten abschätzen, prinzipiell aber keine Gewichtseinheiten errechnen, wie das versucht wird (19, 484 Fig. 35 und 501 Fig. 40; auch 3; 4).

Die W. und Gewichte gehörten zu Bestattungen ranghoher Männer, die den Metallhandel kontrollierten und z. B. über Gold sowie Bernstein verfügten und diese Materialien abwogen, wofür kleine, leichte W. gebraucht wurden, mit denen nur geringe Mengen gewogen werden können. Ein Siedlungsfund bei Singen in der Nähe des Bodensees in einem Handwerkerareal weist auf die Verwendung der Waage bei der Herstellung von Legierungen hin (19, 470). Als Grabbeigabe war die Waage zur BZ kaum Kultgegenstand oder Symbol im Zu-

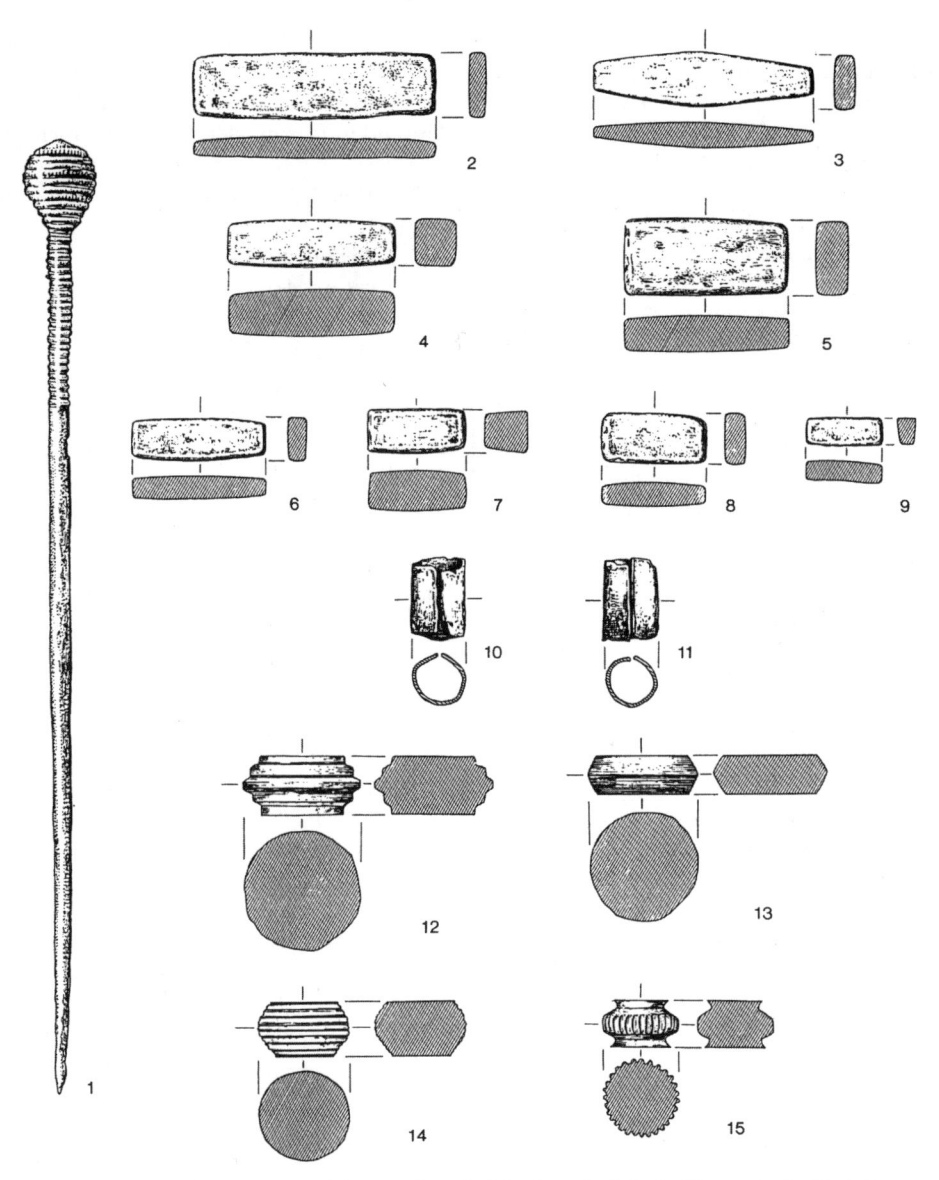

Abb. 69. Rechteckige Bronzegewichte aus dem Grabfund von Steinfurth, Wetteraukreis. Nach Pare (19, 440 Fig. 14)

sammenhang mit Tod und Übergang in eine andere Welt, sondern eine reale Ausrüstung, da sie in der Tasche aufbewahrt wurde.

Aus der späten BZ sind im s. Griechenland und auf Kreta ebenfalls Gräber mit W. und Gewichten von mehr als 30 Fst. registriert, meist Waagschalen aus Bronze; vergleichbares Fundmaterial ist von Zypern und im Nahen Osten bekannt; einige W. gehören in die frühe EZ (19, 470–474). Die Dm. der Waagschalen liegen zw. 4,5 und 8,5 cm, bei einigen größeren bis 13,8 cm, was indirekt auf die Lg. der Waagebalken schließen läßt (Abb. auch in 16, 285 ff.:

Waagschalen Nr. 616–652, 2–10 cm Dm., auch 23 cm, so von Enkomi; 35, 676 Kat. Nr. 378: Waage und Gewicht von Enkomi, Zypern, 12. Jh. v. Chr.). W. und Gewichte sind in der Ägäis vom 17.–12. Jh. v. Chr., in Zentraleuropa eigtl. erst für das 13. Jh. v. Chr. belegt. Ob die goldenen Waagebalken von Mykene von 16–23 cm Lg. und Waagschalen mit 5,2–6,2 cm im Dm. oder von Pylos mit einer Balken-Lg. von 36,8 cm und einem Schalen-Dm. von 5–8 cm auch zu profanen oder eher zu kultischen Zwekken verwendet wurden, wird diskutiert.

W. und Gewichte sind in einigen Schiffswracks im Mittelmeergebiet gefunden und ausgewertet worden (Ayia Irini: 1; 25; Uluburun an der SW-Küste der Türkei, um 1300 v. Chr.: 27; 28; 35), was auch zur präzisen Erfassung von Gewichtseinheiten geführt hat. Rund 150 als Gewichte bezeichnete Objekte im Wrack von Uluburun bilden den größten derartigen Komplex aus der BZ im Mittelmeergebiet, die Hälfte der Gewichte ist aus Hämatit, die andere aus Bronze oder Stein hergestellt (28, 255 Fig. 17.2; außerdem 35, 306 Abb. 5: Steingewicht aus dem Schiffswrack vom Kap Gelidonya). Zw. der Markierung der Gewichtsstücke und dem Gewicht selbst ist keine Relation erkennbar (28, 261: es scheinen verschiedene Einheiten auf dem Schiff vorhanden gewesen zu sein, z. B. 9,3 g als syrischer Standard, 8,3 g als mesopotamischer Standard und 7,4 g als weiterer Standard). Große Waagschalen mit einem Dm. von 8,5 cm sind noch mit Teilen der Waage in einer Holzschachtel erhalten (dazu 28, 248 Anm. 6 mit Parallelen).

Die Waage der späten BZ oder der frühen EZ (Ha B/C) aus der Siedlung Bordjoš im Banat (17) kann als ein Beispiel für die Verbindung zw. mykenischer Welt und dem Donauraum gesehen werden (18).

(b) Metrologie. Zur mittleren und späten BZ, im 16.–13. Jh. v. Chr., galten anscheinend minoisch-ägäische Gewichtseinheiten für Metall in den meisten Teilen Europas, im 12.–11. Jh. v. Chr. wurden sie ersetzt durch den Shekel des Nahen Ostens, während in Europa der frühen EZ mehrere lokale Gewichtssysteme existiert haben sollen (8, 194. 198). Zwar sind die Einheiten vergleichbar, nicht aber Form und Material der Gewichte. In Ergänzung zu Pare (19) referiert Bouzek weitere Vorschläge zu den verschiedenen Gewichtseinheiten, so 7,9 g als 1 Shekel, 36–37 g = 5 Shekel, 79 g = 10 Shekel, 160 g = 20 Shekel, 320 g = 40 Shekel (30; 2, 308). Die weitreichende Einheitlichkeit der Gewichtsstandards wird als Folge der Handelsnetzwerke erklärt, was nach Störungen dieser Netze dann zur Aufteilung der Gewichtssysteme geführt habe.

Man hat diese Einheiten des Mittelmeergebietes mit Gewichtsgrößen in mittel- und nordeurop. Fundkomplexen verglichen. Malmer erkannte in den im s. Skand. gefundenen Frauenstatuetten aus Bronze Gewichte, datiert in die späte BZ, die meist um 107 g oder regelmäßige Bruchteile davon wiegen. Mit diesen Gewichten hat man u. a. Gold gewogen, z. B. die ebenfalls ein genormtes Gewicht aufweisenden goldenen Eidringe (12, 381), oder auch die Fårdrup-Äxte aus Bronze, die mit 515/540 g das Fünffache dieser Einheit ausmachen. Der Vergleich mit Gewichtseinheiten der mykenischen und der nahöstlichen Welt zeigt, daß ein Viertel der Einheit von 107 g bei ca. 26,7 g liegt; 26,6 g waren 3 att. Drachmen zu 8,87 g; im schwed. N galten also zur BZ Mittelmeereinheiten (weitergehende Diskussion bei Malmer [13–15]: „How and why did Greece communicate with Scandinavia in the Bronze Age") (15, 11 ff.; 32; auch 8).

Die Berechnungen der Gewichtseinheiten zu den Schiffsfunden gehen vom Talent zu 29 kg oder der Mine von ca. 488 g aus; 1/8 davon sind ca. 61 g (24; 25), die Einheit im 13. Jh. v. Chr. entspricht den Terramare-Gewichtsstücken als Vielfaches von 6,1 g, z. B. ist das Vierfache 24,4 g oder auch das

Zehnfache 61 g, und das 80fache der ägäischen Mine 488 g (19, 493). So wird auch für Zentraleuropa zur BZ eine Basiseinheit von 61,3 g errechnet, entspr. der Einheit zur späten BZ in der Ägäis. Auch wenn das überzeugend klingt, ergeben andere Horte der BZ andere hypothetische Einheiten z. B. von 17 g (19, 493; 23, 219) oder z. B. norddeutsche Horte Einheiten von 13 g bzw. 26 g oder 12 g (8, 194 f.). Zwei Horte aus Slowenien führen zu untereinander erstaunlich entspr. Gewichtseinheiten von 25,24 g und 25,21 g (19, 497).

Auf zwei Wegen wird versucht, die Verwendung von W. und Gewichten während der BZ auch in Mittel- und N-Europa nachzuweisen. Zum einen wird der Inhalt der zahlreichen Hortfunde der frühen bis späten BZ, die vollständigen und gleichförmig wirkenden Geräte sowie das Bruchmaterial, unter dem Aspekt analysiert, ob deren Gewichte sich systematisch gruppieren lassen und damit Einheiten widerspiegeln, weshalb die Stücke dann als prämonetäre Geldformen angesehen werden können. Zum anderen wird untersucht, ob diese postulierten Gewichtseinheiten von solchen im Mittelmeergebiet und im Bereich der frühen Hochkulturen abzuleiten sind, und gefragt, wie sie mit diesen zusammenhängen.

Für Epochen mit sog. Gerätegeld (→ Geld § 9–10), in Hortfundkomplexen aus genormten Sachgütern wie während der ält. BZ Halsring- oder Spangenbarren, Randleistenbeile, in der mittleren und jüng. BZ dann Sicheln, Absatz- oder Tüllenbeile, die in größeren Zahlen in Depots gefunden werden, sucht man nach den zugrundeliegenden Gewichtseinheiten, ohne daß W. oder Gewichte in größerer Zahl überliefert sein müssen.

Die Analyse des Gerätegeldes und der Brucherzhorte der frühen und der späten BZ läßt zwar Normungen erkennen, die jedoch aufgrund der Erfahrung und des überregionalen Kontaktes zustande gekommen sein werden. Die Studien von Petruso 1978 und 1992 (24; 25), Pulak 1996 und 2000 (27; 28), Lenerz-de Wilde 1995 (Lit. § 6 Nr. 5), Sommerfeld 1994 (31), Primas 1998 (26), Pare 1999 (19) sowie Neugebauer 2002 (18a), Krenn-Leb 2006 (9a) und Hoßfeld (8) haben unterschiedliche Einheiten rekonstruiert und ausgewählt.

Offene Gußformen lassen sich sehr ähnlich herstellen, was dann zu ebenso ähnlichen Gewichten bei den Barren führt, zu standardisierten Barren *(aes formatum)*. Diese Maßgrößen sind also durchaus Ergebnisse des praktischen Handelns ohne W. und Gewichte, auch ohne ein einheitliches Gewichtssystem der UZ. Die untereinander etwa gleichschweren Halsringe der frühen BZ oder die Armreifen der späten BZ sind durch das Herstellungsverfahren im Guß in offener Form genormt. Die gleichgroßen Gußformen wurden mit einer beliebigen geschmolzenen Bronzemenge gefüllt; die übergebliebene Bronze wurde dann anderweitig verwendet, z. B. für die nächste Form. Für die schwereren Bronzegeräte und Barren fehlt bisher jeder Hinweis auf eine Waage, wenn man nicht die Steingewichte mit einer Aufhängung als Beleg für die Existenz von Laufgewichts-W. betrachtet, die derartig schwere Lasten wiegen können, während die wenigen feinen Waagebalken (mit zugehörigen leichten Gewichten) nur für das Abwiegen geringer Massen, z. B. von Gold, gedacht waren, oder auch von Bronze, und zwar der Frg., da die Mehrheit der späten Brucherzhorte aus kleinsten Bruchstücken von 1–20 g bestehen (34, 117).

Daß systematische Gewichtsklassen auch ohne W. und Gewichte zu erreichen sind, zeigte ein Experiment. Die ausgegossenen Gußformen von Zürich-Alpenquai lieferten Barren von 31 g, 62 g und 124 g, jeweils eine Verdoppelung des Gewichts. Dem entspricht der Sichelbruch aus Horten mit 20 g, 40 g, 90 g und 170–190 g (letzte Zahl komplette Sicheln) oder 10–20 g, 30–50 g, 70–90 g (34, 112 ff.).

In den Depotfunden in Österr. waren die Ringbarren in Bündeln, zu je fünf oder zehn Stück zusammengeschnürt, eng beieinander gestapelt niedergelegt worden. Die einzelnen Ringbarren wiegen nach Lenerz-de Wilde zw. 165 und 235 g mit dem Mittelwert von rund 200 g (Lit. § 6 Nr. 5), J.-W. Neugebauer (18a) nennt Mittelwerte für einige Horte von 195,6 g, 196,2 g und 199,2 g. Der größte Ringbarrendepotfund mit einem Gesamtgewicht von 51 kg bietet als Mittelwert 190 g, bei einer Streuung zw. 170–210 g (9a, 8). Bei den jüng. Depots mit gebündelten Spangenbarren findet man ebenfalls Mittelwerte von 195 g. Gemischte Depots aus Ringbarren und Randleistenbeilen sowie Spiralarmreifen, ebenfalls in bestimmten Stückzahlen gebündelt portioniert, sind nach Gewichten niedergelegt worden. So wiegen in einem Hort von Fels am Wagram die drei Randleistenbeile im Durchschnitt 200,33 g und die 33 kompletten Ringbarren 200,67 g (9a, 10). Der Eindruck drängt sich auf, daß bei diesen Depots die Metallmenge sowohl abgezählt als auch nach Gewicht abgewogen werden konnte und daß mit den Barren ein prämonetäres Zahlungsmittel vorliegt.

Doch Barren und Bruchstücke von Barren aus verschiedenen Horten im s. Mitteleuropa erlauben nur, mehrere Gewichts- und Qualitätsklassen zu bilden, grundlegende Gewichtseinheiten sind immer noch nicht erkennbar (26, 45). Trotz der Vielfalt möglicher Gewichtseinheiten zeichnen sich aber zwei Phasen und damit indirekt die Verwendung der Waagen ab, die frühe BZ mit genormten Metallformen, die gezählt werden konnten, gefolgt von einer Zwischenphase mit Bronzeschrott, der im Handel nach Gewichten gewogen wurde, ehe neue Einheiten in der späten BZ und weiter in der frühen EZ eine wiedergewonnene Stabilität im Handelsgeschäft spiegeln.

Gerätegeld konnte auch nach anderem Prinzip als nach abgewogenen Einheiten verwendet werden. Der Hortfund von Hénon, Bretagne, besteht aus 600 Tüllenbeilen von insgesamt 180 kg Gewicht. Die Beile waren keine Werkzeuge, sondern gezähltes Gerätegeld, ebenso wie Sicheln in anderen Horten. Bei diesen Horten stand offenbar weniger die Normierung des Gewichts im Vordergrund, als vielmehr die Normierung der Form, „die Rechnungsgrundlage war weniger das Wägen als das Zählen" gleichartiger Objekte (Lit. § 3 Nr. 15, 202 Farbabb. 141).

Die Verwirrung bei der Suche nach Gewichtseinheiten entsteht auch dadurch, daß für unterschiedliche Gewichtsbereiche verschiedene W. und Gewichte verwendet wurden, zum einen für schwere Lasten große W., zum anderen für Edelmetall, Gold und Silber, sowie Bernstein die feine Waage. Für Ägypten sind sowohl kleine W. überliefert (9) als auch der mannsgroße Waagebalken mit trompetenförmigen Enden, z. B. aus dem Grab des Nebamun und Ipuki (Neues Reich, 14. Jh. v. Chr.) (5, 444 Abb. 1). Der von Eiwanger (5) errechnete Goldstandard der BZ zw. Ägäis und Mitteleuropa soll in spätere Epochen fortgewirkt haben; denn z. B. wiegt ein zylindrisches Gewicht der späten BZ 327,02 g und damit etwa soviel wie später das röm. Pfund (5, 445 Abb. 2). Peroni (23) und ähnlich Hoßfeld (8, 194) erarbeiten die Gewichtseinheit um 26 g, was der röm. Unze vergleichbar ist. Doch führt das Talanton von 31,440 kg über seine Bruchteile zu einem eurobalkanischen Goldstandard von 11,228 g und dem 1/12 zu 0,936 g, und damit zu wieder anderen Gewichtseinheiten. An Hand der Horte der späten BZ in Slowenien wird ein Basisgewicht von 10,975 g errechnet (33). Weitere Einheiten werden bei Lassen (10) als ostmediterranes und bei Ruiz-Gálvez (30) als allg. mediterranes System beschrieben.

Die prähist. Gewichtssysteme auf der Iberischen Halbinsel beruhen wiederum auf anderen Basiswerten (6; 11). Die Gewichtsanalyse von → Torques der Castro-Kultur stellt jedoch die Beziehung zum ostmediterranen phönizischen Shekel fest. In der späten BZ und der frühen EZ existierten zudem je nach Material verschiedene Systeme, für Gold, Silber, Bronze und Schmuck, z. B. für Bronze und Schmuck auf der Basis 11,5 g und für Gold auf der Basis 3,65 bzw. 36,5 g. Aus dieser Epoche sind auch W. als Grabbeigaben überliefert, die ältesten Funde auf der Iberischen Halbinsel, die z. T. aber schon in die frühe EZ zu datieren sind (29).

(1) A. M. Alberti, Ayia Irini: Les poids de balance dans leur contexte, Quaderni Ticinesi di Numismatica e Antichitá Classica 24, 1995, 9–38. (2) J. Bouzek, Nadregionální systém váhových jednotek doby bronzové a přechod k lokálním systémům na počátku doby železné (Supra-regional weight units and the coming of the Age of Iron in Europe), Arch. rozhledy 56, 2004, 297–309. (3) A. Cardarelli u. a., Pesi da bilancia dell'età del bronzo?, in: M. Bernabò Brea u. a., Le Terramare. La più antica civiltà padana, 1997, 629–642. (4) Diess., Pesi i bilance dell'età del bronzo italiana, in: C. Corti, N. Giordani (Hrsg.), Pondera, pesi i misure nell'Antichitá. Modena della Bilancia, 2001, 89–94. (5) J. Eiwanger, Talanton. Ein bronzezeitlicher Goldstandard zw. Ägäis und Mitteleuropa, Germania 67, 1989, 443–462. (6) E. Galán, M. Ruiz-Gález Priego, Divisa, dinero y moneda. Aproximación al estudio de los patrones metrológicos prehistóricos peninsulares, Complutum Extra 6/II, 1996, 151–165. (7) J. Gomez de Soto, Un noveau locus du Bronze final au Bois du Roc à Vilhonneur (Charente): le réseau de la Cave Chaude, Bull. de la Soc. Préhist. Française 98, 2001, 115–122. (8) H. Hoßfeld, Prämonetäre Phänomene bei Ringhorten seit der mittleren BZ beidseits der Oder, PZ 81, 2006, 175–199. (9) H. R. Jenemann, Über altägypt. Kleinwaagen und artverwandte Wägeinstrumente, Technikgesch. 62, 1995, 1–26. (9a) A. Krenn-Leeb, Gaben an die Götter? Depotfunde der Früh-BZ in Österr., Arch. Österr.s 17, 2006, 4–17. (10) H. Lassen, Introduction to weight systems in the Bronze Age East Mediterranean: the case of Kalavasos-Ayios Dhimitrios, in: [20], 233–246. (11) X. Lois Ladra Fernandes, Análisis ponderal de los torques castreños, Complutum 10, 1999, 143–156. (12) M. P. Malmer, Weight systems in the Scandinavian Bronze Age, Antiquity 66, 1992, 377–388. (13) Ders., How and why did Greece communicate with Scandinavia in the Bronze Age?, in: C. Orrling (Hrsg.), Communications in Bronze Age Europe. Transactions of the Bronze Age symp. in Tanumstarand, Bohuslän, Sweden. The Mus. of National Antiquities 9, 1995, 33–42. (14) Ders., Vikt och värde / Weight and value, in: Amico Amici, 1997, 73–83. (15) Ders., On Objectivity and Actualism in Arch., Current Swedish Arch. 5, 1997, 7–18. (16) H. Matthäus, Metallgefäße und Gefäßuntersätze der BZ, der geometrischen und archaischen Per. auf Cypern, 1985. (17) P. Medović, Die W. aus der frühhallstattzeitlichen Siedlung Bordjoš (Borjas) bei Novi Bečej (Banat), in: B. Hänsel (Hrsg.), Handel, Tausch und Verkehr im bronze- und früheisenzeitlichen Südosteuropa, 1995, 209–218. (18) Ders., Contribution to the study of Mycenaean and the Danubian basin relations in the Bronze Age and Early Iron Age, Recueil du Musée National 16, 1996, 117–121. (18a) J.-W. Neugebauer, Die Metalldepots der Unterwölblinger Kulturgruppe Ragelsdorf 2 und Unterradberg 1 und 2. Überlegungen zum prämonetären Charakter der niedergelegten Wertgegenstände, Mitt. der Anthrop. Ges. Wien 132, 2002, 25–40. (19) Ch. Pare, Weights and Weighing in Bronze Age Central Europe, in: Eliten in der BZ 2, 1999, 421–514. (20) Ders. (Hrsg.), Metals Make The World Go Round. The Supply and Circulation of Metals in Bronze Age Europe, 2000. (21) R. Peake u. a., La Nécropole de l'Âge du bronze de „La Croix de la Mission" à Marolles-sur-Seine (Seine-et-Marne), Bull. de la Soc. Préhist. Française 96, 1999, 581–605. (22) Ders. u. a., Trois exemples de fléaux de balances en os de l'Âge du Bronze, ebd. 96, 1999, 643 f. (23) R. Peroni, Bronzezeitliche Gewichtssysteme im Metallhandel zw. Mittelmeer und Ostsee, in: B. Hänsel (Hrsg.), Mensch und Umwelt in der BZ Europas, 1998, 217–224. (24) K. M. Petruso, Systems of Weights in the Bronze Age Aegean, Diss. Michigan, 1978. (25) Ders., Ayia Irini: The Balance Weights. An analysis of weight measurement in prehistoric Crete and the Cycladic Islands, 1992. (26) M. Primas, E. Pernicka, Der Depotfund von Oberwilflingen. Neue Ergebnisse zur Zirkulation von Metallbarren, Germania 76, 1998, 25–65. (27) C. M. Pulak, Analysis of weight assemblages from the Late Bronze Age shipwrecks at Uluburun and Cape Gelidonya, Turkey, Diss. Texas A&M Univ. 1996. (28) Ders., The balance weights from the Late Bronze Age shipwreck at Uluburun, in: [20], 247–266. (29) M. Rosario Luca Pellicer, La balanza de dos platillos: el primer instrumento de medida conocido en la peninsula Ibérica, Verdolay (Murcia) 2, 1990, 61–66. (30) M. Ruiz-Gálvez, Weight systems and exchange networks in Bronze Age Europe, in: [20], 267–279. (31) Ch. Sommerfeld, Gerätegeld Sichel. Stud. zur monetären Struktur bronzezeitlicher Horte im n. Mitteleuropa, 1994. (32) E. Sperber, Establishing weight systems in Bronze Age Scandinavia, Antiquity 67, 1993, 613–619. (33) P. Turk, The weight of objects in Late Bronze Age hoards in Slovenia and pos-

sibilities für determining weight standards, Arheološki vestnik 52, 2001, 249–279. (34) A. Weihs, Der urnenfelderzeitliche Depotfund von Peggau (Steiermark), 2004. (35) Ü. Yalçin u. a. (Hrsg.), Das Schiff von Uluburun. Welthandel vor 3000 Jahren, 2005.

§ 3. Hallstatt- und Latènezeit. Im Typenspektrum sind die W. der HaZ und frühen LTZ noch mit denen der BZ zu vergleichen. Auffällig sind die scheibenförmigen Enden der Balken, wie beim Ex. aus der Siedlung von → Hochdorf, oder die trompetenartige Ausformung, wie bei W. von der Iberischen Halbinsel.

Die einzigartige gegossene 11,6 cm lg. Bronzewaage von Hochdorf (Ha D1 und LTZ A; 6. Jh. v. Chr.) ist zudem gekennzeichnet durch regelmäßige Tarierskalen auf beiden Balkenarmen. Die Aufhängung erfolgt an einem kleinen Ring, der in der leicht verdickten Mitte angegossen ist (Abb. 70) (3, 43 Abb. 23 und Kat. Nr. 145 b). Die Waage wird als Import aus dem großgriech. Raum gewertet.

Ein Waagebalken von ca. 20 cm Lg. mit trompetenförmigen Enden aus dem 6. Jh. v. Chr. ist in Oral, Alicante, Iberische Halbinsel, erhalten (1; 2, 205 Fig. 20,8), zu dem Parallelen angeführt werden (1, 228 Fig. 169,5 und 229) (vgl. auch Lit. § 2, Nr. 29), ein ähnlicher Waagebalken aus Italien (5, Taf. 101, 1746). Auf der Iberischen Halbinsel waren W. und Gewichte bes. in den letzten Jh. v. Chr. häufiger notwendig, denn Schatzfunde enthielten sowohl Hacksilber aus Silbergerät (18) als auch zerschnittene Münzen (12). Studien zur Metrologie bis zur und im Rahmen der Romanisierung stützen sich für die Iberische Halbinsel (4; 8; 10) auf zahlreiche Gewichtsfunde (7), v. a. auf gestaffelte zylindrische stapelbare Bleigewichte (10).

Als Gewichte für Laufgewichts- oder Schnellwaagen der HaZ und frühen LTZ dienten Steine, die zum Anbringen einer Aufhängung angebohrt sind, Beispiele aus S-Deutschland bei Müller-Depreux (17, 104–106 mit Parallelbefunden).

Kleine Fein- oder Handwaagen der Spät-LTZ, meist ohne dazugehörende Gewichte, sind in großer Zahl bekannt. Die Waagebalken sind zw. 5 und 23 cm lg., mit einem Mittelwert bei 15 cm. Die selten überlieferten Schalen aus Bronze sind sehr flach und haben meist drei Löcher für ihre Aufhängung an Schnüren oder Kettchen. Für die Handhabung der Waage ist nur ein Ring oder eine nach oben ausgeschmiedete bzw. mitgegossene Öse in der Balkenmitte angebracht. Die Ablesungsgenauigkeit ist begrenzt, da nur die Pendelbewegung oder ein waagerechtes Gleichgewicht beobachtet werden kann. Das Gewicht der Balken zw. 15 und 20 g deutet auf die Größenordnung der zu messenden Belastung. Die Genauigkeit bzw. Empfindlichkeit erlaubt, daß die geringste Belastung zw. 0,05 und 0,1 g noch meßbar ist, in der Regel liegt sie aber bei 0,25 g. Diese Genauigkeit ist aber notwendig, da stempelgleiche kelt. Münzen Unterschiede von 0,1 bis mehr als 0,3 g aufweisen.

W. wurden bei der Buntmetallverarbeitung und v. a. bei der Produktion der Münzen aus Gold, Silber, Bronze und Potin – also beim Abmessen von Legierungszusammensetzungen und Edelmetallmengen für den Guß von Münzschrötlingen – verwendet.

Sie dienten folglich weniger zur Kontrolle und zum Abwiegen fertiger Münzen (16, 138 f.), sondern in erster Linie zum

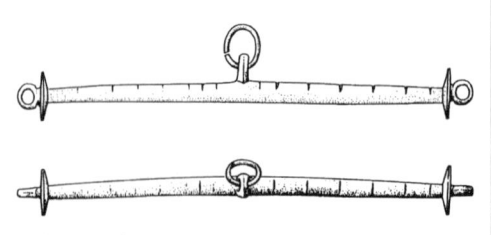

Abb. 70. Balken einer griech. Feinwaage aus der hallstattzeitlichen Siedlung bei Hochdorf. Nach Biel (3, 43 Abb. 23)

Abwiegen des benötigten Goldstaubs bzw. der Goldfrg., die in den Näpfchen der → Tüpfelplatten zusammengeschmolzen wurden (9). Funde von Tüpfelplatten und W. nicht nur in befestigten Oppida, sondern auch in größeren offenen Siedlungen zeigen, daß mit Münzherstellung an vielen Orten der gesamten kelt. Welt zu rechnen ist (auch → Münzwesen, keltisches). Die Verteilung von Tüpfelplatten und W. ist z. B. für → Manching oder Villeneuve-en-Saint Germain (Aisne) kartiert (6, 60 Fig. 7: zahlreiche W.); aus dem Oppidum → Hradiště von Stradonice sind über 30 W., vom Malé Hradisko etwa 20, aus Manching mehr als 20 überliefert (Kartierung bei 23, 413 Abb. 1 und 1a mit Liste 1). In den kelt. Oppida wie z. B. in Manching wurden fast auf jedem Areal der großen innerörtlichen Gehöfte nicht nur Reste von Tüpfelplatten zur Münzherstellung (9, 219 Fig. 1), sondern zahlreiche W. (zuletzt 20, 642 und Abb. 8, 2.3) sowie vereinzelt auch Münzstempel gefunden.

Den zahlenmäßigen Umfang der Verwendung kelt. Münzen in der Spät-LTZ spiegeln nachdrücklich Kultplätze und Tempelanlagen, teils auch im Bereich von Oppida, wo über Jh. Hunderte von Münzen als Weihegaben nahe der Götterbilder niedergelegt bzw. geworfen wurden (15, 183 ff.). Im Heiligtum von La → Villeneuve-au-Châtelot wurden als Ersatzgeld rund 70 000 Votivrädchen aus Blei, Bronze, Silber und Gold niedergelegt, zu deren Herstellung und Bewertung sicherlich die Waage benutzt wurde.

Außer den kleinen W. hat es beachtlich größere gleicharmige W. gegeben, wie eine Waagschale von 14,5 cm Dm. aus der Viereckschanze von Pockung-Hartkirchen beweist (19, 183 f. mit Abb. 18,1). Gewichte zur Kontrolle der Münzen fehlen bisher, wahrscheinlich dienten zum Gewichtsvergleich als korrekt wiegend empfundene Ex. Auffällig sind einige Gewichte, die für die erhaltenen zierlichen W. eigtl. zu schwer sind. Zwei stempelgleiche quadratische Bleigewichte mit eingeprägter menschlicher Büste mit Torques von 62 g und 125 g wurden in Manching gefunden (21, 375 Abb. 11, 1; 22, 82 ff. Abb. 89 Bleigewicht) (→ Manching Taf. 4a: Bleigewicht mit Büste), es handelt sich um einheimische Nachahmungen hellenistischer Marktgewichte, die das Bildnis der jeweiligen Stadtgottheit zeigen (13). Ein rundes scheibenförmiges Gewicht aus Bronze zu 295,15 g stammt vom Hellbrunnerberg bei Salzburg, datiert noch in die späte HaZ. Ein quadratisches Gewichtsstück mit der athenischen Eule aus dem späten 5. Jh. v. Chr. von 114,94 g aus dem Schwarzmeer-Gebiet belegt die weitreichende Gültigkeit dieser griech. Metrologie mit W. und Gewichten (14). Nach Einführung der Münzen in Griechenland in der 2. Hälfte des 6. Jh.s v. Chr. sind von dort auch Gewichte überliefert (12a).

Selten sind W. während der Spät-LTZ als Beigabe mit ins Grab gekommen. Im Gräberfeld → Wederath-Belginum gehörten zur Beigabenausstattung im Kriegergrab 1178 (datiert LTZ D 1, etwa 130–100 v. Chr.) eine gut erhaltene Waage und in Grab 781 Frg. einer Waage (11). Die Waage im Grab 1178 hat einen dreiteiligen Balken aus Bronze von insgesamt 10,2 cm Lg., der zusammenlegbar ist, um das Instrument besser mit sich führen zu können: Vorwegnahme des Klappmechanismus an W. des frühen MAs. Ein vergleichbarer Fund stammt aus dem Oppidum von Altenburg-Rheinau (Germania 44, 1996, 298 Abb. 5.6). Eine Waage lag im Frauengrab der 1. Hälfte des 1. Jh.s v. Chr. von Frankfurt-Fechenheim (11, 184).

(1) L. Abad Casal, F. Sala Sellés, El poblado ibérico de El Oral (San Fulgencio, Alicante), 1993. (2) Diess., El Oral (San Fulgensio, Alicante): Un poblado ibérico antiguo en el Sureste de la Península Ibérica, Madrider Mitt. 35, 1994, 183–211. (3) J. Biel, Frühkelt. Fürsten, in: H. Dannheimer, R. Gebhard (Hrsg.), Das kelt. Jt., 1993, 40–46. (4) L. A. Curchin, La metrología de los Celtíberos y

su romanización / Celtiberian metrology and its romanization, Zephyrus 55, 2002, 247–255. (5) I. Damiani u. a., L'età del ferro nel Reggiano 1, 1992. (6) J. Debord, Le mobilier en bronze du site Gaulois de Villeneuve-Saint-Germain (Aisne), Revue arch. de Picardie, 1998, No. 3/4, 53–91. (7) D. Fletcher Valls, L. Silgo Gauche, De nuevo sobre ponderales ibericos, Verdolay 7, 1995, 271–275. (8) E. Galán, M. Ruiz-Gálvez Priego, Divisa, dinero y moneda. Aproximación al estudio de los patrones metrológicos prehist. Peninsulares, Complutum Extra 6/II, 1996, 151–165. (9) R. Gebhard u. a., Production Techniques of Celtic Gold Coins in Central Europe, in: L'Or dans l'Antiquité de la mine à l'objet, 1999, 217–233. (10) I. Grau Mira, J. Moratalla Jávega, La regulación del peso en la contestania ibérica. Contribución al estudio formal y metrológico de las pesas de balanza, AmMurcia 19–20, 2003–2004, 25–54. (11) A. Haffner, Das spätlatènezeitliche Kriegergrab 1178 mit Feinwaage, in: Ders. u. a., Gräber – Spiegel des Lebens. Zum Totenbrauchtum der Kelten und Römer am Beispiel des Treverer-Gräberfeldes Wederath-Belginum, 1989, 173–186. (12) H. J. Hildebrandt, Münzen als Hacksilber in Schatzfunden der iberischen Halbinsel um 200 v. Chr., Madrider Mitt. 34, 1993, 161–189. (12a) K. Hitzl, Die Gewichte griech. Zeit aus Olympia. Olympische Forsch. 25, 1996. (13) W. Krämer, Kelt. Gewichte aus Manching, Arch. Anz. 1997, 73–78. (14) H.-C. Meyer, A. Moreno, A Greek metrological *koiné*: A lead weight from the western Black Sea region in the Ashmolean Mus. Oxford, Oxford Journ. of Arch. 23, 2004, 209–214. (15) F. Müller, Götter – Gaben – Rituale. Relig. in der Frühgesch. Europas, 2002. (16) Ders., G. Lüscher, Die Kelten in der Schweiz, 2004. (17) A. Müller-Depreux, Die hallstatt- und frühlatènezeitliche Siedlung „Erdwerk I" von Niedererlbach, Ldkr. Landshut, 2005. (18) K. Raddatz, Die Schatzfunde der Iberischen Halbinsel vom Ende des Dritten bis zur Mitte des Ersten Jh. v. Chr., 1969. (19) M. Schaich, Zur Ausgrabung der Viereckschanze von Pockung-Hartkirchen, Lkr. Passau, in: Vorträge des 16. Niederbayr. Archäologentages, 1998, 157–191. (20) S. Sievers u. a., Vorber. über die Ausgr. 1996–1997 im Oppidum von Manching, Germania 76, 1998, 619–672. (21) Dies. u. a., Vorber. über die Ausgr. 1998–1999 im Oppidum von Manching, ebd. 78, 2000, 355–394. (22) Dies., Manching. Die Keltenstadt. Führer zu arch. Denkmälern in Bayern, Oberbayern 3, 2003. (23) H. Steuer, Gewichtsgeldwirtschaften im frühgeschichtl. Europa. Feinwaagen und Gewichte als Qu. zur Währungsgesch., in: K. Düwel u. a. (Hrsg.), Unters. zu Handel und Verkehr der vor- und frühgeschichtl. Zeit in Mittel- und N-Europa 4, 1987, 405–527.

§ 4. Römische Kaiserzeit und Merowingerzeit. Die Entwicklung von W. und Gewichten verläuft in den Jh. um Chr. bis ins 7. Jh. im Röm. Reich und in den Nachbargebieten in Mitteleuropa in parallelen Strängen.

Im Röm. Reich werden Gewichtssysteme und die für das Abwägen nötigen Instrumente aus überlieferten Typen weiterentwickelt. So wird die kleine Waage nicht mehr nur mittig an einem Textilband gehalten, sondern sie bekommt einen kurzen Zeiger und wird in einer Gabel bzw. Schere aufgehängt, so daß sie besser zu handhaben ist. In der nachfolgenden byz. Zeit setzt sich die Entwicklung fort, erkennbar an dem länger werdenden nadelförmigen Zeiger (Abb. 68). N. der Alpen werden Waagetypen aus dem Mittelmeerraum übernommen oder nachgeahmt. Auch die Gewichtseinheiten hängen zusammen.

Zur RKZ wurde im Röm. Reich eine Fülle von gleicharmigen und Laufgewichts-W. aller Größen hergestellt. Daher sind erstaunlich viele Instrumente aus milit. Anlagen und zivilen Siedlungen oder auch aus Schiffswracks überliefert, höchst selten aber aus Gräbern. Auch in den n. Prov. kommen sie in größerer Anzahl vor. Dagegen gibt es aus dem germ. Raum während der RKZ kaum Belege. Erst in der MZ wird aufgrund der Währungsverhältnisse eine große Zahl kleiner W. zur Überprüfung des Münzgewichts in der Hand breiterer Bevölkerungsgruppen notwendig. Diese W. sind nun v. a. als Grabbeigabe überliefert, während nur wenige Stücke aus Siedlungen stammen.

(a) Röm. und byz. W. und Gewichte. Die Waage heißt lat. *libra,* auch *statera, trutina,* die Schnellwaage *statera* (so bei Vitruv 10,3,4), *campana* (so bei Isidor, Orig. 16,25,6, um 600 n. Chr., der die Entstehung deshalb auch in Campanien vermutet) (65; 93). Röm. W. beider Typen sind auch vielfach im Bild dargestellt, von Grabreliefs bis zu Tonlampen.

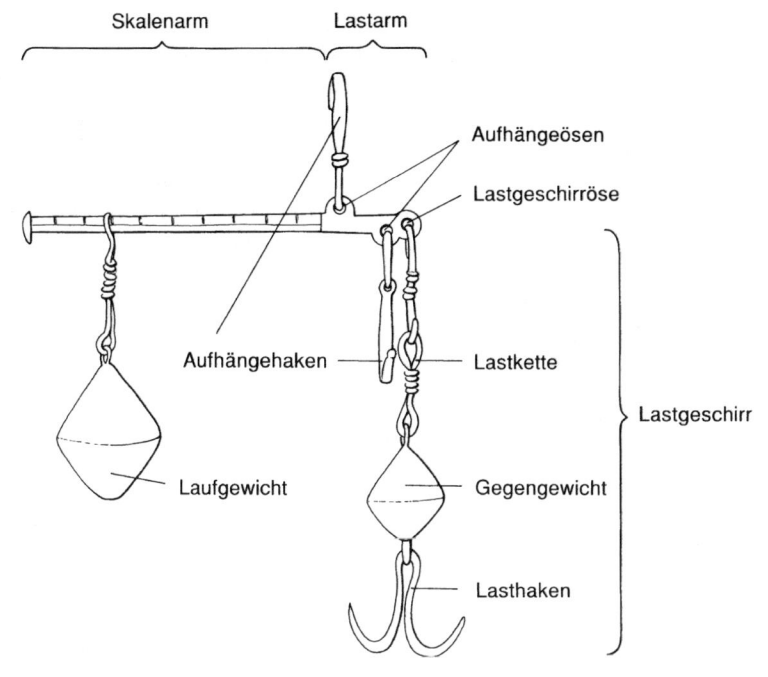

Abb. 71. Schematische Darst. einer ant. Schnellwaage. Nach Franken (20, 71 Abb. 1)

Die Schnell- oder Laufgewichtswaage ist seit dem 2. Jh. v. Chr. in Italien nachgewiesen und wurde bald die im gesamten Röm. Reich am weitesten verbreitete Waage. Variable Armlängenverhältnisse für das Laufgewicht und zwei, später drei (seit der 2. Hälfte 2. Jh. n. Chr.) versetzte Aufhängehaken ergeben mehrere exzentrische Drehpunkte und damit Hebelverhältnisse, also verschiedene Wägebereiche. Der Balken war rundstabig und später vierkantig, mit mehreren Skalen, auf denen man das Wägeergebnis ablesen kann (93, 202 Abb. 1–3, nach 20). Die staatliche Produktion von derartigen W. spiegelt sich sowohl in der Einheitlichkeit der W. als auch in den Typen der Laufgewichte, die oftmals als Büsten von Kaiserinnen oder Ks. ausgebildet sind (21), sonst alle erdenklichen geometrischen Formen aufweisen – vom Kegelstumpf bis zur Doppelpyramide. Im Warenhandel verwendete man Laufgewichts-W. mit Balken-Lg. von etwa 20 cm aufwärts mit Gewichten in Kilogramm-Größe. Münzen oder Gold wurden mit kleinen nur 10 bis deutlich unter 20 cm messenden Instrumenten gewogen (55; 24; 25; 40; 83; 32; 20; 22) (Abb. 71).

Die Abschätzung, welche Lasten mit einer Schnellwaage gemessen werden konnten, ergibt sich aus der Lg. des Waagebalkens, des Aufhängungspunktes sowie der Schwere des Laufgewichts und aus dem Eigengewicht der Waage (89; noch anders 55, 44 ff.; 20). Es gibt zahlreiche Versuche, anhand der Laufgewichte oder der Balken-Lg. die meßbaren Lasten zu schätzen. Die frühere Methode der Berechnung anhand der Formel Lastarm × Last = Skalenarm × Laufgewicht hat das Eigengewicht der Waage vergessen. Der Nullpunkt der Waage sollte beim Aufhängungspunkt liegen, von wo dann für zwei oder drei Meßbereiche jeweils – bei den 20 cm und längeren Balken – Pfund-Skalen auf dem längeren Balkenarm abgetragen sind. Nur das Eigengewicht der Waage bestimmt die Stelle des Nullpunktes. Wenn dieser nicht dicht genug beim Aufhängungspunkt liegt, wird an der Kette mit dem Lasthaken ein zusätzliches Tariergewicht angebracht.

Mit Schnellwaagen (24, 220 Liste) von 21,5 cm/11,75 *digiti* bis 60 cm/32,5 *digiti* Lg. wog man z. B. als höchste Last 47,5–103 röm. Pfund (ca. 15,2 kg bis 33 kg) über zwei Wiegebereiche (1 *digitus* ca. 1,85 cm); und von 27,5 cm/15 *digiti* bis 106 cm/57,25 *digiti* Lg. als höchste Last etwa 52–245 Pfund (ca. 16,6–78,4 kg), bei drei Wiegebereichen. Im byz. O ist ein größtes bekanntes Ex. (aus dem Wrack von Yassi Ada [5]) mit 1,46 m Lg. für bis zu 400 Pfund, ca. 128 kg, ausgelegt.

Im Röm. Reich waren Geld- und Edelmetallgewichtseinheiten identisch. Im Byz. Reich war der Ks. auch für das Maß- und Gewichtswesen zuständig. Eichmaße wurden wie früher in Rom nun in Konstantinopel aufbewahrt, von wo Kopien in die Städte des Reichs geschickt wurden. Derartige mit Bild und Schrift der Ks. versehene Gewichte sind überliefert (z. B. Chr. Entwistle, in: 10, Nr. 81: Mauricius Tiberius 582–602; Nr. 82: Justinian I. 527–565). → Justinian I. hat im J. 545 angeordnet, daß die Eichmaße jeweils in der Hauptkirche der Städte aufbewahrt werden sollten (Novellae Just. 128. 15) (71, 244 f.). Während derartige Eichmaße kaum erhalten blieben, sind die Gewichte in der Regel von Handwerkern gefertigte Gebrauchsmaße, was zu der auffälligen Vielfalt der Formen, der Beschriftung und auch zu den Abweichungen von einer theoretischen Gewichtsnorm geführt hat. Anscheinend hat es im Byz. Reich und auch in den w. germ. Reichen am Mittelmeer lokale Maße gegeben.

Zu den Einheiten (96): Das röm. Pfund *(libra)* maß 327,45 g, das sind zugleich drei Viertel einer festlandsgriech. Silber- und Handelsmine zu 436,6 g, und die röm. Unze *(uncia)* als 1/12 Pfund wog 27,28 g (s. o.). Das röm.-byz. Pfund wurde durch eine bestimmte Menge von Samen des Johannisbrotbaumes *(Ceratonia siliqua)* definiert (s. o. und 70; 71, 245). Konstantin der Große hatte den Solidus als 1/72 des Pfundes eingeführt (für das man sich seit Theodor → Mommsen auf 327,45 g geeinigt hat; dazu 39, 158 ff.; 69, 162 ff.; Lit. § 3 Nr. 23, 436 ff.; 52; 71, 245), das Gewicht eines Solidus hieß *exagium* oder griech. *nomisma*. Zu unterscheiden sind im 6. Jh. Handels- und Münzgewichte; im Handel wurde das größere oder normale Pfund von 73 1/2 *exagia/nomismata* benutzt (damals 326 g), bei der Prägung und Wägung von Goldmünzen wurde ein leichteres Pfund angewendet, dessen Gewicht 72 *nomismata* betrug (320 g) (71, 245). Doch waren diese Pfunde im Laufe der Jh. auch Wandlungen unterworfen. Zur Wägung der einzelnen Goldmünzen benutzte man die *exagia*, Solidi oder Glasgewichte, größere Mengen wurden *al pondo* gewogen, was bedeutet, daß dem Nennwert einer bestimmten Geldsumme eine bestimmte Gewichtsmenge von Goldmünzen zugewogen werden mußte.

Aus dem Mittelmeergebiet, aber auch n. der Alpen gibt es eine beachtliche Fülle aller Typen von Gewichten; die Mehrzahl der veröffentlichten Stücke liegt jedoch ohne FO-Angabe in den Museumsslg. Die schweren Handelsgewichte bestanden aus Blei oder Stein (z. B. 42: bis zu 50 Pfund, d. h. ca. 15,05 kg), die leichteren Münz- und Edelmetallgewichte aus Bronze, Blei oder Glas. Vom 3./4. Jh. bis zum 5. Jh. herrschten Kugelzonengewichte vor, seit dem 4.–6. Jh. wurden quadratische flache Bronzegewichte zum Standardtyp. Achteckige Gewichte gehören ins Ende des 5. und ins 6. Jh., seit der Mitte des 6. Jh.s kommen runde scheibenförmige Gewichte auf, die bis ins 12. Jh. hergestellt und verwendet wurden. Die Markierung nennt die Gewichtsgröße, ergänzt oft durch dekorative Elemente (63; 7; 71, 251). Kugelzonen gibt es für ein Gewicht von einem Pfund über die Unze bis zur 1/8 Unze (ca. 3,4 g). Die quadratischen Handelsgewichte, auf denen manchmal röm. Ks. abgebildet sind, datiert 2. Hälfte 4. bis 2. Hälfte 5. Jh., wiegen von 2 Pfund bis 1/12 Unzen (ca. 2,3 g), die quadratischen Münzgewichte bis hinunter zu einer Tremissis (1,51 g) (gute Beispiele jetzt bei 71, Kat. Nr. III. 30–68, darunter auch scheibenförmige Eichgewichte mit einem fast idealen Pfundgewicht von 326 g) (Tab. der Gewichtssysteme, Handels- und Münzgewichte sowie der Zeichen auf den Gewichten: 71, 246) (allg. zu röm. und byz. Gewichten samt metrologischer Erläuterungen außer 69: 30; 36).

Diese röm.-byz. Gewichtsformen kommen auch n. der Alpen vor, nicht jedoch bisher die Glasgewichte (4; 15; 43; 54), die im Byz. Reich vom Ende des 5. bis Mitte des 7. Jh.s verwendet und später ebenfalls in das arab. Münzwesen für die Kontrolle übernommen wurden. Glas ist ein billigeres, flexibles, kaum zu verfälschendes Material gegenüber Metall. Glasgewichte dienten zur Überprüfung der drei wichtigsten Goldmünzen, Solidus/Nomisma (4,54 g), Semissis (2,27 g) und Tremissis (1,51 g). Sie waren mit einem Block- oder Kreuzmonogramm, teils mit kaiserlichen Büsten, gestempelt (71, 265 ff.; 88).

(Zu den Schnellwaagen und ihrer Gesch. in der Ant. [11; 20; 22; 24; 26; 28; 32; 40; 41; 47; 68; 83 mit Anm. 9; 89; 90; 93], teils mit hölzernem Balken, aber Armierungen aus Metall [25; 28], oder Balken aus Knochen [87], und zu Laufgewichten allg. [21], zu den selteneren gleicharmigen W. [72]; zu röm. und byz. Gewichten allg. in Slg. oder in Auktionskat., meist ohne FO, im modernen Münzhandel umlaufend [10, Ch. Entwistle, Gewichte, 14 ff.; 13–16; 27; 30; 38; 50; 61; 64; 68; 71; 72; 74; 78; Lit. § 3, Nr. 23; 88; 91, 153–171 byz. Gewichte und Schnellwaage], zu Glasgewichten [10, Ch. Entwistle]; 60; 71 [Ch. Entwistle]; 73; 74; auch 91).

W. und Gewichte wurden in derselben Regelmäßigkeit auch in den Prov. n. der Alpen verwendet wie im Mittelmeergebiet; viele Stücke ohne bekannten FO in den großen Slg. der Museen sind wohl hier gefunden worden; Funde n. der Alpen von Schnellwaagen (58), auch von gleicharmigen W. (59: Schalen mit Kaiserporträt), ebenso von Gewichten (6; 8; 8a; 82; 92; 354 f. Kat. 77 W. und Gewichte, auch siebenteiliger Satz von Einsatzgewichten Kat. Nr. 77 b., etwa 1 röm. Pfund 320 g).

Eine Typol. der ant. Schnellwaage hat Franken am Beispiel von rund 250 Ex. vorgelegt und ihre Nachweise, v. a. auch in den w. Prov. des Röm. Reichs, kartiert (22) (Abb. 71). Nur ganz vereinzelt handelt es sich um Grabfunde.

Die gleicharmige Waage, Lg. des Balkens noch 14,5 cm, aus Heidelberg-Neuenheim weist Porträts des Ks.s Domitian in den Waagschalen auf; zur Waage gehören vier Kugelzonengewichte aus Kupferlegierung mit silbereingelegten Gewichtsangaben (Unze 25,32 g / 2 Unzen bzw. *sextans* 51,50 g / 4 Unzen bzw. *triens* 102,67 g / 6 Unzen bzw. *semis* 157,09 g) (59). Wie diese W. haben einige der gleicharmigen W. auf einer oder beiden Armen eine Skala, zum Verschieben eines zusätzlichen Tarier- oder Ausgleichsgewichts.

Byz. W. mit langer Zunge wurden samt Gewichten einst aufbewahrt in einer Holzlade (45; 48; 62; 67; 86). Der nördlichste Fund eines solchen Kastens mit Aussparungen für die Waage mit langem Zeiger und die quadratischen Gewichte stammt von Lutlommel in Belgien, ein Grabfund des 6./7. Jh.s (8a).

Arabo-byz. Serien von Gewichten, gefunden in Ägypten und datiert in die Jahrzehnte um 650/700 (Ch. Entwistle in 71, 268 Kat. III.80; 4), spiegeln den vom Kalifat nach der Eroberung der byz. Prov. übernommenen Brauch der Münzkontrolle, ehe dann bald rein arab. Glasgewichte durch

Abd' 'al Malik um 690 eingeführt wurden (4; auch 71; vgl. auch § 5).

Kippwaagen oder Seiger sind in mittel- bis spätbyz. Zeit aufgekommen. Zwei Waagenarme, beide um 7 cm lg., sind mittig durch eine Achse verbunden. Jeder Arm hat an einem Ende die runde Auflagenfläche für einen speziellen zu wiegenden Münztyp, somit können zwei Münztypen geprüft werden. Man faßt entweder die Waage an einem Arm und prüft Münzen z. B. zu 0,7 oder am anderen Arm für 2,3 g schwere Münzen. Zu schwere Münzen lassen den Arm nach unten klappen, zu leichte nach oben (72, 359 Kat. 787; 49; Lit. § 1 Nr. 21, 336 ff.) (Abb. 74).

(b) W. und Gewichte in der Germania zur RKZ und frühen VWZ. Die röm. Metrologie (96) und die zugehörigen Realien an W. und Gewichten haben wie anderer röm. Import auch die germ. Gebiete erreicht, wenn auch die Spuren im arch. Fundbestand gering sind. Bisher sind einige Feinwaagen und Gewichte überliefert, die erkennen lassen, daß germ. Handwerker das Instrument für das Abwiegen von wertvollem Material, z. B. für das Abmessen von Legierungsanteilen bei der Buntmetallverarbeitung oder auch der importierten Münzen, selbst angefertigt haben. Das zeigen die Ausgestaltung der Balkenenden als Tierköpfe und die variantenreichen, meist zylindrischen Blei- und Bronzegewichte, die nicht den röm. Normgewichten entsprechen. Kleine W. der RKZ aus den Prov. am Rhein und der Germania, v. a. in Norwegen sind aufgelistet (94; 84). Die Gewichte im Satz sind durch unterschiedliche Markierungen gekennzeichnet. In der Siedlung von Groß Meckelsen, Niedersachsen, wurde eine kleine Waage mit zehn Gewichten gefunden; einige W. sind aus den Moorkomplexen wie Vimose nachgewiesen und mehrere Ex. aus Gräbern in Norwegen (84). Ein Gewichtssatz von Braaten, Ringerike, aus der Zeit um 400 war Anlaß zu metrologischen Studien (3; 9).

In den Höhensiedlungen in SW-Deutschland des 4./5. Jh.s wurden spätröm. Feinwaagen verwendet, dazu genormte quadratische byz. und nachgeahmte Gewichte, die zum Abwiegen kleiner Metallmengen und Münzen gedacht waren. Derartige byz. Gewichte lagen auch mit Feinwaagen als Beigaben in Bestattungen des 6. Jh.s im Reihengräberkreis (82).

Als Einzelstück bzw. Sonderfall ist eine Waage mit zusammenklappbarem Balken, faltbar durch zwei Scharniere beiderseits der Drehachse, und mit einer 7 cm lg. Zunge bemerkenswert (71, 250 Kat. Nr. III. 28), ohne genauen FO im ö. Mittelmeergebiet. Die Gabel oder Schere hat in der Mitte einen Schlitz, um die Zunge oder den Zeiger bei Gleichgewicht exakt ablesen zu können, eine alte röm. Lösung (57). Die kurze Zunge und die Profilierung an den Enden des Balkens unterscheiden das Ex. deutlich von denen der WZ und des MAs (s. u. § 5), bei denen erst der Klappmechanismus am Balken die Regel wird. Das Stück wird ins 4.–10. Jh. datiert; mit dem FO im ö. Mittelmeergebiet könnte das Instrument ein Prototyp (bei der frühen Datierung) für die spätere Entwicklung im arab.-islamischen Bereich sein oder (bei später Datierung) den ma. W. entsprechen.

(c) W. und Gewichte der MZ im Reihengräberkreis und in England. Gleicharmige W. und dazu Gewichte sowie Schnellwaagen in röm. Tradition waren Grabbeigaben im Bereich der Reihengräberzivilisation; sie wurden in einer Gürteltasche aufbewahrt, manchmal zusammen mit einem → Probierstein, und dienten zur Überprüfung der Goldmünzen, der Solidi und Tremisses. Doch auch in den übrigen Gebieten des Merowingerreiches ist von der Verwendung von W. und Gewichten im Geldwesen und Zahlungsverkehr auszugehen. Das seinerzeit von Joachim → Werner

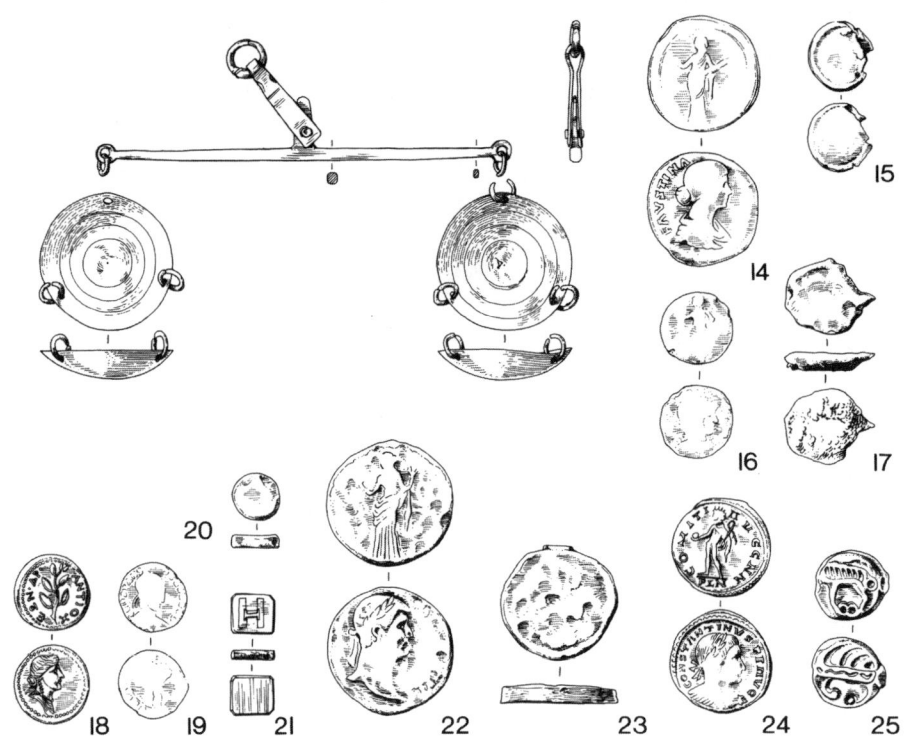

Abb. 72. Waage und Gewichte – dabei röm. Münzen – aus einem Grab von Watchfield F. 67. Nach Scull (76, 201 Fig. 5 und 203 Fig. 6)

postulierte Nebeneinander eines Gebiets mit Münzgeldwirtschaft im W des Frankenreichs und einer Gewichtslandschaft im O (94; 95) ist daher nur scheinbar und nur durch die speziellen Überlieferungsbedingungen der Reihengräbersitte hervorgerufen, was allg. durch weitere Funde belegt ist (vgl. Lit. § 3 Nr. 23). In England gibt es auffällige Fundverdichtungen von W., ebenfalls als Grabbeigaben, im oberen Themsetal und in Kent (Karte: 76, 206 Fig. 9).

Die Herstellungszeit der kleinen zierlichen Waage läßt sich am besten an der Zunge bzw. dem Zeiger ablesen. Während kelt. und frühe röm. W. in der Mitte des feinen Waagebalkens nur eine Aufhängvorrichtung und noch keinen Zeiger hatten, kam in spätröm. Zeit die kleine Zunge auf, die Waage war nun durch eine Drehachse an der Basis der Zunge über eine kurze Gabel oder Schere eingehängt und wurde daran gehalten. Diese Gabel hatte eine Aussparung, durch die die pendelnde Zunge beobachtet und das Gleichgewicht leicht abgelesen werden konnte (ausführlich dazu: 57). In der nachfolgenden byz. Epoche wurde die Zunge immer länger, wie bei modernen Feinwaagen, so daß an den Pendelausschlägen jetzt sehr gut die Meßgenauigkeit abgelesen werden konnte (Abb. 68).

Die W. der MZ haben etwa 10 bis selten mehr als 20 cm lg. Balken; die Mehrheit mißt zw. 10 und 15 cm. Die zugehörigen Gewichte sollten sich nach der Belastbarkeit der Waage und damit der gewünschten Genauigkeit richten, um etwa die Spanne von 1 Tremissis über 1 Nomisma bzw. Solidus bis zu höchstens 6 Unzen, etwa von 1,51 über 4,55 g bis 166,95 g wiegen zu können. Die Empfindlichkeit der Waage er-

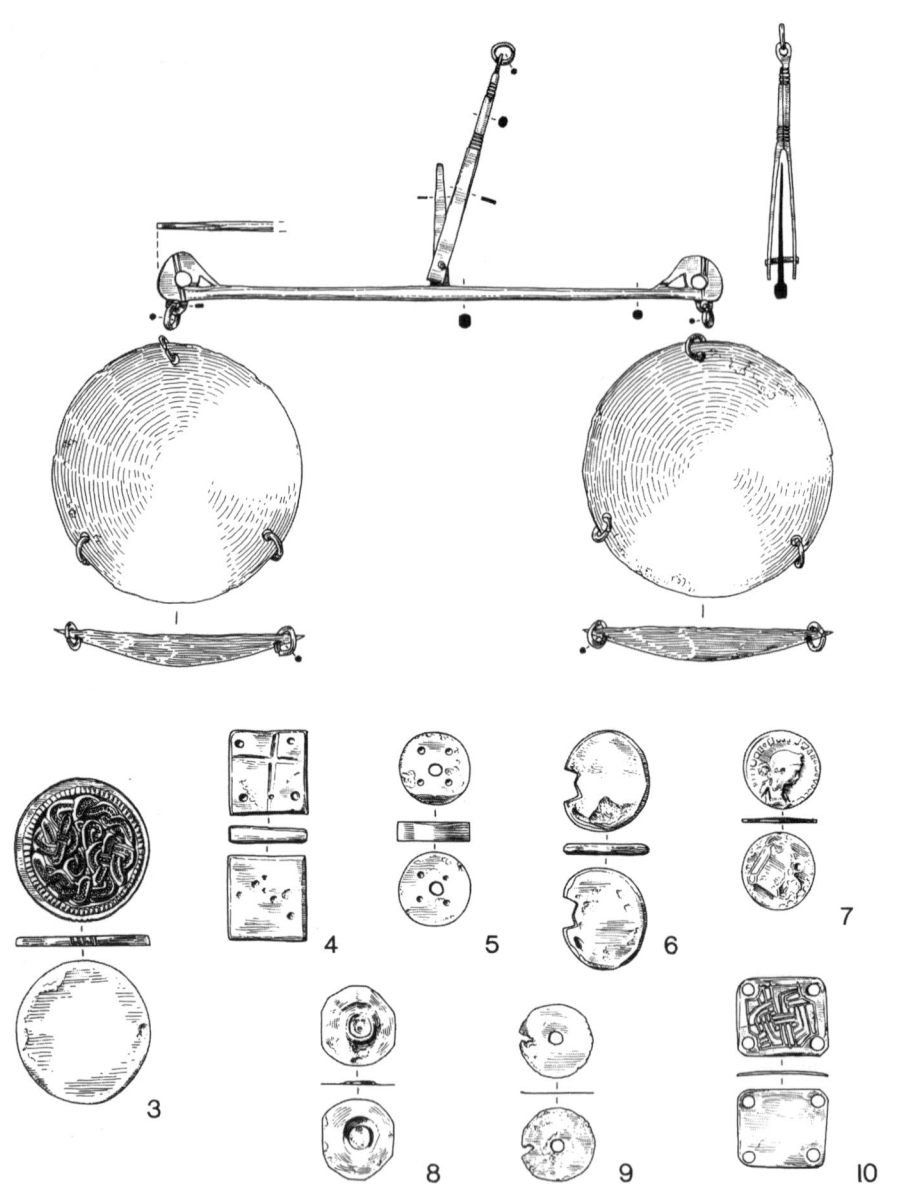

Abb. 73. Waage und Gewichte – dabei röm. Münzen – aus einem Grab von Castledyke South, Barton-on-Humber. Nach Scull (76, 203 Fig. 6)

laubt es, auch leichtere Sachen zu wiegen. Die oben genannte Waage von Groß Mekkelsen aus der RKZ hat einen 10,1 cm lg. Balken, und die Gewichte wiegen von 0,32 g bis 29,4 g, also bis etwa 1 Unze, was eine sinnvolle Ausstattung darstellt (84). Im Grab 67 von Watchfield, England, datiert ins 6. Jh., lag die Waage mit 9 cm lg. Balken noch erkennbar in einem Behälter zusammen mit röm. Münzen und einer kelt. Münze als Ersatzgewicht zw. 1,37 g und 18,2 g, wobei einige Gewichtsgrößen unter

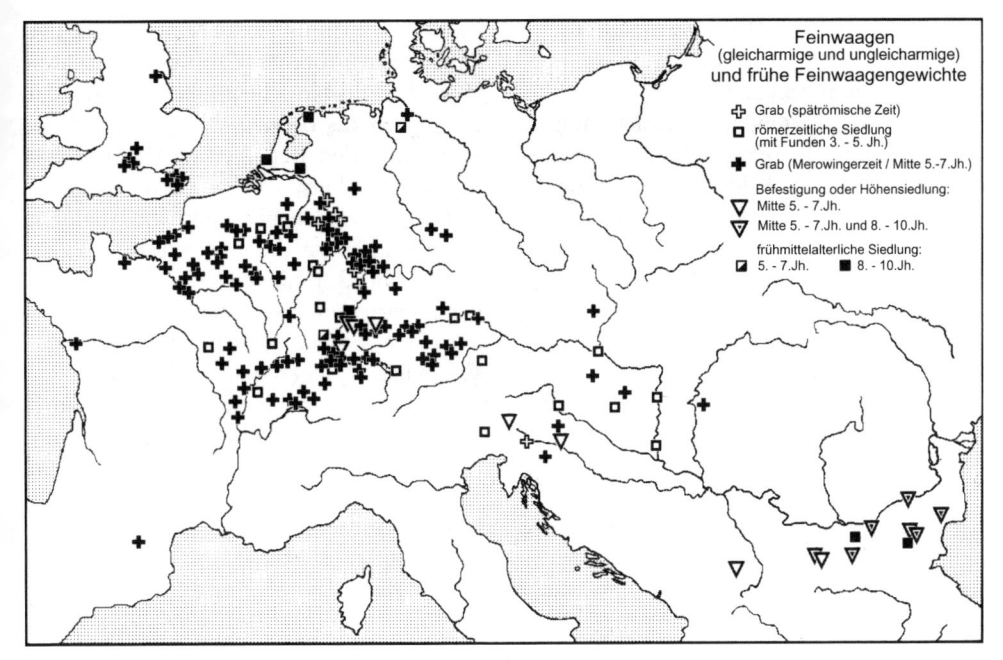

Abb. 74. Verbreitung der gleicharmigen und der Schnellwaagen im Reihengräbergebiet des 6./7. Jh.s. Nach Knaut (44, 406 Abb. 1)

den 11 Stücken mehrfach vorkommen (75; 51, 230) (Abb. 72–73).

Außer den schlichten gleicharmigen W. gibt es einige bes. ausgeführte Ex. mit Tierköpfen am Balkenende, wie zuvor während der VWZ (84), z. B. in Alach Grab 1/81 in Thüringen (85; 84, 420), und wieder zur WZ auf der Insel Man (79) oder in Haug, Norwegen (84, 420) (Abb. 72–73).

Die Formen der Schnellwaage des 6. Jh.s gehen auf röm. Vorbilder zurück. Die Lg. der Balken liegt zw. 7,4 und 15 cm, was derselben Größenordnung wie bei den gleicharmigen W. entspricht. Diese Gewichtsgrößen belegen den speziellen Zweck der Waage, das Messen wertvollen Materials bei geringem Gewicht, z. B. Gold.

Die Vorbilder der gleicharmigen Waage sind im byz. Gebiet seit dem 6. Jh. durch eine längere, deutlich anzeigende Zunge gekennzeichnet. Zu den W. gehören quadratische, achteckige oder auch zylindrische plattenförmige Gewichtsstücke aus Kupferlegierung, teils mit Silbereinlage, jedoch immer markiert durch die Gewichtseinheit. Wie die Waage kommen auch derartige Gewichte bis ins 6. Jh. im Reihengräberkreis als Beigaben vor sowie auch als einzelne Fundstücke in Siedlungen. Eine Kartierung von 1990 (82, 46 Abb. 2), die inzw. zu ergänzen ist, zeigt eine merkbare S-N-Verbreitung im Zuge des Rheinlaufs bis nach S-England. Ob die Gewichte im Merowingerreich tatsächlich im Sinne der Gewichtssätze des spätröm. und frühen Byz. Reiches systematisch verwendet wurden, oder ob sie nur so wie alte röm. Kupfermünzen in selbständig zusammengesetzten Gewichtsreihen eingefügt wurden, bleibt noch zu untersuchen. W. und Gewichte byz. Herkunft sind im 6./7. Jh. auch bei den Awaren nachgewiesen (23, 160 ff.). Zur Geldwirtschaft während der VWZ im späteren Tiroler Raum anhand von W. und Gewichten (66,

288 ff. 290 Abb. 145–146: byz. quadratische Gewichte, 291 f. Abb. 148 Münzstempel und Siliquenunterteilung).

Verbreitungskarten zu den gleicharmigen und den Schnellwaagen der MZ sind vorgelegt in: Lit. § 3 Nr. 23, 445 Abb. 3 – Schnellwaagen, 446 f. Abb. 4/4a – gleicharmige W.; 34, 798 Abb. 645; wieder abgedruckt in 44, 406 Abb. 1 mit Ergänzungen Nr. 152–165 zur Liste bei 82, 57 f. (Abb. 74).

Die zugehörigen, seltener überlieferten Gewichte bestehen aus Blei oder Bronze und weisen die unterschiedlichsten Formen auf. Häufig wurden alte röm. Kupfermünzen zu Gewichtssätzen zusammengestellt, wie sie in mehreren Grabfunden, v. a. im ags. England des 6. Jh.s (75–77) mit sechs und mehr Gewichten und auch auf dem Kontinent (94) mit z. B. drei spätröm. Münzen als Gewichten überliefert sind (29). Derartige Gewichte aus Blei und Bronze kommen außerdem in allen umfangreicher ausgegrabenen Siedlungen der MZ und KaZ vor, von → Dorestad am Niederrhein bis → Helgö in Mittelschweden. Es fehlt bisher eine Zusammenstellung. Zerschnittene Kupfermünzen des 4. Jh.s v. bis 4. Jh.s n. Chr. aus dem bosporanischen Gebiet wurden noch im 6. Jh. n. Chr. als Gewichte im byz. Gewichtssystem verwendet, zw. 2,5 Siliquae und 2,5 Nomisma bei nur 0,01 g Abweichungen vom Idealgewicht (31).

Kleine zylindrische Stäbchen aus Bronze oder Silber wurden als besondere Form von Gewichten angesprochen, die meist paarig vorkommen, und zwar vom 4.–7. Jh., so z. B. in Grab 62 von → Liebenau in Niedersachsen (56) (mit 7,367 und 7,362 g), anscheinend zum Wägen von Aurei zu 1/45 Pfund (7,28 g) gedacht (51, 231 Anm. 62), in einem Schatzfund von Beelen in Westfalen (33) aus dem 5. Jh. oder in → Beckum, außerdem in süddt. Gräbern wie in Erpfting, Grab 235 (mit 1,58 g und 2 g), sowie in → Sontheim (97). Ob die paarigen Stücke tatsächlich als Gewichte gedacht waren oder aber als Orakelstäbchen dienten, wird diskutiert (33 und 97, 111), weil derartige Stäbchen in größerer Zahl aus der späten RKZ eher aus Knochen überliefert, die der MZ jedoch aus Bronze hergestellt sind. Sie lagen unter den Beigaben in Männer- und in Frauengräbern. Auf weitere mögliche Gewichte in Tascheninhalten von Männern in Reihengräbern der MZ hat Stauch (81, 46–48 Abb. 22) hingewiesen. An zusammengewürfelten Gewichtssätzen, von denen einige Stücke manchmal noch in der Waagschale gelegen haben, ist abzulesen, daß außer alten röm. Bronzemünzen auch Blei- und andere Metallplättchen, Steine oder auch Spielsteine als Gewichte gedient haben. Bei den Spielsteinen aus Glas mag dabei die Erinnerung an byz. Glasgewichte eine Rolle gespielt haben, die im Mittelmeergebiet neben den quadratischen und anderen genormten Bronzegewichten verwendet wurden.

Der besondere Typ des Seigers oder der ‚balance monétaires à tare fixe' der Spätant. und der MZ als Münzwaage mit feststehendem Gegengewicht, konstruiert, um nur eine spezielle Münzsorte zu prüfen, war ein unauffälliges, aber nützliches Instrument. Bei einigen Seigern gibt es wie bei der kleinen Laufgewichtswaage zwei Aufhängungen, um zwei Münztypen wiegen zu können (18: 10 Beispiele, Karte 352 Fig. 3; 37 mit Abb.) (Abb. 75).

Neben diesen Feinwaagen sind große W. für schwere Lasten nicht überliefert, auch wenn davon auszugehen ist, daß zumindest Laufgewichts-W. aus Holz im Handel benutzt werden mußten.

Zusammen mit W. und Gewichten bezeugen → Probiersteine in den Gräbern, daß es um Prüfung von Goldmünzen ging. Nur bei bekanntem Goldgehalt war das Wiegen sinnvoll. Als in der Zeit der Monetarmünzen im Verlauf des 7. Jh.s der Goldgehalt der Münzen immer weiter abgesenkt und durch Silber oder Kupfer ersetzt wurde, verlor die Waage beim Zahlungsvorgang ihren Sinn. Zuerst verschwand die

Waagen und Gewichte   565

Verwendung gleicharmiger feiner W., wohl von Metallhandwerkern, aber nicht mehr im Bereich des Zahlungswesens. Sie bleibt für den Monetar notwendig bei der Abmessung der Legierungen, aus der die neuen geringerwertigen Münzen hergestellt werden sollten, aber nicht zur Prüfung des Münzgewichts selbst.

Feinwaagen und Gewichte sind für die MZ deshalb so zahlreich bekannt, weil sie ihre Hauptfunktion im Zahlungswesen im Rahmen einer Gewichtsgeldwirtschaft hatten, von vielen Leuten in der Tasche bei sich geführt wurden – vielleicht auch zusätzlich als Status- und Rangzeichen – und deshalb auch als Beigabe in die Gräber gelangt sind (vgl. dazu § 6; → Handel S. 544 ff.). Für die mit W. Bestatteten im ags. England wird eine offizielle Funktion im Zahlungsverkehr innerhalb der Elite und mit fremden Partnern vermutet. Den Amtscharakter könnte das Ringschwert in Grab C von Dover betonen (75, 130; 77, 101). Eine vergleichbare Interpretation wird für die mit W. Bestatteten auf dem Kontinent ebenfalls erwogen, da die meisten Gräber recht gut mit Beigaben versehen sind. Bei Einbeziehung der manchmal scheinbar funktionslos beigegebenen Waagschalen ohne Balken wird der Symbolcharakter hervorgehoben (44, 407 f.). Doch spricht die Häufigkeit und Zufälligkeit der Waage als Beigabe eher für den allg. Gebrauch in der Hand von ‚wohlhabenden' Leuten, die mit Münzen und Edelmetall umgingen, und für Buntmetallhandwerker, zumal W. und W.-Teile nicht nur in Männer-, sondern auch in Frauen- und Kindergräbern beigegeben wurden. Auf einem Gräberfeld kommen oft mehrere Gräber mit W.-Beigabe vor. Die Dichte der Nachweise ist eine Frage der Statistik; sie hängt unmittelbar von der Zahl und Größe der untersuchten Reihengräberfelder ab.

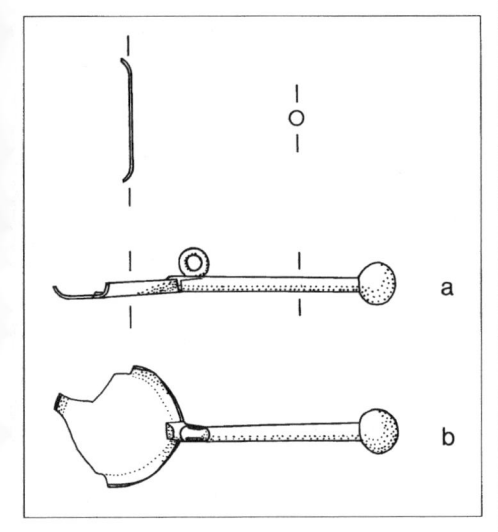

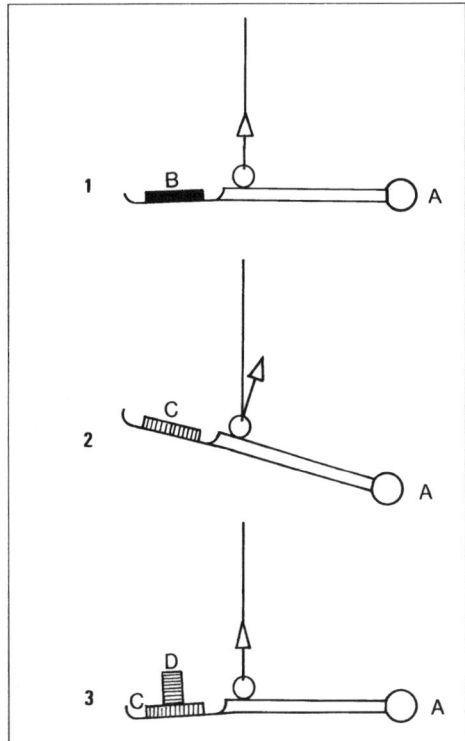

Abb. 75. Münzwaage mit fixer Tara bzw. ‚balance à tare fixe'. Nach Hochuli-Gysel (37, 201 Fig. 2 und 3)

Schnellwaage aus den Grabbeigaben, dann auch die gleicharmige Waage. Nur vereinzelte Siedlungsfunde bezeugen die weitere

(d) Metrologie (69). Anhand der Gewichtsstücke sowie der Münzen als Gewichte in Gräbern wird versucht, Gewichtseinheiten herauszufinden, z. B. auch anhand der Münzen aus dem Grab von → Sutton Hoo im Vergleich zu anderen Goldobjekten, um Gewichtskategorien in röm. Tradition von Unze und Pfund bei Edelmetallobjekten der MZ wiederzuentdecken; denn das röm.-byz. Unzialsystem scheint überall im Merowingerreich angewendet worden zu sein (so 94, 17; 51; 1; 9; 80). Für England wird anhand der Gewichtssätze aus Gräbern ein System auf der Basis von 1,58 g und 1,32 g errechnet, des damaligen Standards der Goldmünzen, dem Tremissus nach byz. Standard zu 8 *siliquae* mit ca. 1,51 g und nach merow. Standard zu 7 *siliquae* mit 1,30 g (76). Anhand der Münzen aus dem Grab von Sutton Hoo erkannte Arrhenius (1), daß das Durchschnittsgewicht der 37 Münzen und 3 Schrötlinge 40 × 6 *siliquae* (zu 1,137 g) und die 2 Barren je 24 *siliquae* entsprächen, zusammen 288 *siliquae*, also 2 Unzen Gold, und daß man die Münzen selbst als Gewichte genutzt hätte (51). Doch keiner der Trienten der damaligen Zeitphase entspricht mehr dem Gewicht eines eigtl. bis ins 6. Jh. geltenden 1/3 Solidusgewichts zu 4,54 g (1,51 g) bzw. des 1/72 des Pfundes zu 327,45 g. Doch mit Gewichten von 1,22–1,39 g sind die Unterschiede so gering, daß man die Stücke kaum als unterschiedliche Gewichte benutzt haben wird (so 51, 207 Anm.; zum röm. Pfund: 52).

Für das 5./6. Jh. wurde bei Berechnungen des Standards der in Dänemark gefundenen Goldobjekte als Zahlungsgold die Unze von 27,3 g als Gewichtseinheit zugrunde gelegt, bei einem späteren Versuch (19) ein Gewichtsmodul zw. 4 und 4,5 g (das in der WZ wieder begegnet), abhängig vom Solidusgewicht. Der Hort von Havredal enthält außer Gold ein Gewichtsstück von 4,545 g (19, 148 Fig. 5). Für Öland wurde die röm. Unze von 26,84 g nachgewiesen (35). Eine andere Einheit von 6,5 g wird anhand von Goldringen für Bornholm erschlossen. Anton Wilhelm → Brøgger errechnete 1921 anhand der Gewichtssätze aus fünf norw. Grabfunden der VWZ eine alte nord. Öre von 26,8 g, er hat dabei die wechselnden Örewerte der Ant. im Blick, die zw. 25,59 und 28 g liegen, bezogen auf (sieben) Drachmen von 3,828 g, und sieht außerdem die sich fortsetzende Linie bis zur WZ (9, 7 f. und Anm. 1; 19, 142). Seine komplexe Analyse der Gewichtsfunde sowie der Silber- und Goldobjekte und Münzen wird nachfolgend von Kyhlberg 1980 (46) und Bakka 1978 und 1981 (2; 3) erweitert. Bakka hat nach erneuter Analyse aller Gewichtskombinationen des norw. Fundkomplexes von Braaten/Bråten auf die Öre/*eyrir* von 26,45 g geschlossen (3, 306) und erläutert anhand des Fundes von Holta, daß mit denselben Gewichten auch zwei verschiedene Eyrir-Werte von 27,35 g und 29,13 g gewogen werden könnten (2, 287 ff.), was wiederum verdeutlicht, wie willkürlich oft alle Berechnungen erscheinen müssen. Kyhlberg (46, 147 ff.) äußert sich zum Wägevorgang, bei dem Gewichte – auf beiden Schalen verteilt – helfen, ein zu wägendes Objekt zu messen, was dann eine theoretisch postulierte Gewichtseinheit verschleiert. Für das Material von Helgö mit Blick auf die Gewichte in ags. Gräbern und norw. Funden der MZ wird eine kelt.-germ. Unze von 52,8 g diskutiert, die gewissermaßen nur das Doppelte der ant. Unze von ca. 26,4 g ist.

Man nähert sich, ob von den röm.-byz. Einheiten der Unze oder des Solidus ausgegangen wird oder von den realen Gewichten der Edelmetall-Frg., immer den ant. Systemen an, die sich so ähneln, daß die Berechnungen entweder eine Bestätigung bringen oder die Willkürlichkeit der statistischen Auswertung erkennen lassen (12; 52) (s. o.).

(1) B. Arrhenius, Rez. zu: R. Bruce-Mitford, The Sutton Hoo Ship Burial I, Medieval Arch. 22, 1978, 189–195. (2) E. Bakka, Two aurar of Gold. Contributions to the weight history of the Migration Pe-

riod, The Antiqu. Journ. 58, 1978, 279–298. (3) Ders., A Set of Weights from late Roman or Early Migration Times Found at Bråten in Ringerike, Eastern Norway, Frühma. Stud. 15, 1981, 294–315. (4) P. Balog, Poids monétaires en verre byzantino-arabes, Revue Belge de Num. 104, 1958, 127–137. (5) G. F. Bass, F. H. van Doorninck, Yassi Ada 1. A Seventh-Century Byzantine Shipwreck, 1982. (6) G. Behrens, Merow. Gewichte und W., Mainzer Zeitschr. 34, 1939, 17–22. (7) S. Bendall, Byz. Weights. An Introduction, 1996. (8) W. Binsfeld, Röm. Gewichte in Trier, Trierer Zeitschr. 53, 1990, 281–290. (8a) J. Breuer, J. Alenus-Lecerf, La boîte à poids monétaires de Lutlommel, Arch. Belgica 86, 1965, 103–116. (9) A. W. Brøgger, Ertog og Øre. Den gamle norske vegt, 1921. (10) D. Buckton (Hrsg.), Byzantium. Treasures of Byz. Art and Culture from British Coll.s, 1994. (11) E. Cavada u. a., Lineamenti di metrologia antica: stadere e bilance romane nel Trentino, Archeologia delle Alpi 2, 1993, 83–127. (12) H. Chantraine, H.-J. Schulzki, Bemerkungen zur kritischen Neuaufnahme ant. Maße und Gewichte, Saalburg-Jb. 48, 1995, 129–138. (13) P. De Palol, Ponderales y exagia romanobizantinos en España, Ampurias 11, 1949, 127–150. (14) N. Dürr, Catalogue de la coll. Lucien Naville au cabinet numismatique du Musée d'art et d'hist. de Genève, Genava NS 12, 1964, 65–106. (15) C. J. S. Entwistle, A catalogue of the Late Roman and Byz. Weights, Steelyards and Counterpoises in the British Mus. (im Druck). (16) Ders., Byzantine Weights, in: [10], 14–150. (17) D. Feissel, Le préfet de Constantinople, les poids-étalons et l'estampillage de l'argenterie au VI et au VIIe siècle, Rev. num. 6. Ser. 28, 1986, 119–142. (18) M. Feugère u. a., Balances monétaires à tare fixe. Typol., métrologie, interprétation, Gallia 53, 1996, 345–362. (19) E. Fonnesbech-Sandberg, Vægtsystemer i ældre germansk jernalder, Aarbøger 1987, 1988, 139–160. (20) N. Franken, Zur Typol. ant. Schnellwaagen, Bonner Jb. 193, 1993, 69–120. (21) Ders., Aequipondia. Figürliche Laufgewichte röm. und frühbyz. Schnellwaagen, 1994. (22) Ders., Kat. der röm. Schnellwaagen im Rhein. Landesmus. Bonn, Bonner Jb. 195, 1995, 425–438. (23) É. Garam, Funde byz. Herkunft in der Awarenzeit vom Ende des 6. bis zum Ende des 7. Jh.s, 2001. (24) J. Garbsch, Wagen oder W.?, BVbl. 53, 1988, 191–222. (25) Ders., Röm. Schnellwaagen mit hölzernen Balken, BVbl. 57, 1992, 231–259. (26) Ders., Byz. Schnellwaagen – ein Nachtrag, BVbl. 58, 1993, 341–348. (27) Ders., Gewichte gleicharmiger W. in der Prähist. Staatsslg. München, Budapest Régiségei 30, 1993, 273–280. (28) Ders., Röm. Schnellwaagen aus Bronze und Holz im Rhein. Landesmus. Trier, Trierer Zeitschr. 57, 1994, 275–282. (29) S. Gerlach, Ein frk. Gräberfeld bei Salz, Das arch. J. in Bayern 2000, 2001, 93–97. (30) Gewichte, in: Reallex. zur byz. Kunst 2, 1971, 791–800. (31) A. V. Gorely, The Use of the Bosporus Coins as the Byzantine Weights, Ross. Arch. 1996, 1, 87–99. (32) E. Grönke, E. Weinlich, Röm. Laufgewichtswaagen, BVbl. 57, 1992, 189–230. (33) Ch. Grünewald, Stempel, Gewicht oder Orakel? Gedanken zur Funktion gemarkter Rundstäbe des frühen MAs, in: Arch. Beitr. zur Gesch. Westfalens (Festschr. K. Günther), 1997, 207–217. (34) J. Henning, Handel, Verkehrswege und Beförderungsmittel im Merowingerreich, in: Die Franken – Wegbereiter Europas, 1996, 789–801. (35) F. Herschend, A Case-Study in Metrology: The Szikáncs Hoard, Tor 23, 1990/91, 85–104. (36) K. Hitzl, Gewichte, in: N. Pauly IV, 1050–1055. (37) A. Hochhuli-Gysel, Une balance monétaire à taxe fixe, Bull. de l'Assoc. Pro Aventico 39, 1997, 199–202. (38) G. M. M. Houben, Bronze Byzantine Weights, Oudheidkundige Meded. uit het Rijksmus. van Oudheden te Leiden 63, 1982, 133–143. (39) F. Hultsch, Griech. und röm. Metrologie, ²1882. (40) H. R. Jenemann, Zur Gesch. der W. mit variablem Armlängenverhältnis im Altert., Trierer Zeitschr. 52, 1989, 319–352. (41) Ders., Die Besmer-Waage im Altert., Jb. RGZM 41, 1994 (1996), 199–229. (42) M. Jeremić, Roman Stone Weights from Sirmium, Starina NS 42, 1991, 77–84. (43) M. Jungfleisch, Les Déneraux et Estampilles Byzantins en Verre de la Coll. Froehner, Bull. de l'Inst. d'Egypte 14, 1932, 233–256. (44) M. Knaut, Merowingerzeitliche Feinwaagen. Neue Funde und Anregungen, in: Arch. Zellwerk. Beitr. zur Kulturgesch. in Europa und Asien (Festschr. H. Roth), 2001, 405–415. (45) W. Kosack, Alltag im alten Ägypten. Aus der Ägyptensammlung des Mus.s. Städtische Museen Freiburg i. Br. Veröffentl. des Mus.s für Völkerkunde 1, 1974. (46) O. Kyhlberg, Vikt og Värde. Arkeologiska studier i värdemätning, betalingsmedel och metrologi under Yngre Järnalder, 1. Helgö; 2. Birka, 1980. (47) M. Lazzarini, La bilance romane del Museo Nazionale e dell' antiquarium comunale di Roma. Rendiconti dell' Accademia dei lincei VIII, vol. 3, 1948, 221–254. (48) L. Long, G. Volpe, Ile de Port-Cros, épaves de la Palud, in: Bilan scientifique du Dép. des recherches arch. Sous-Marines 1994, 1995, 48 f. (49) A. MacGregor, Coin balances in the Ashmolean mus., The Antiqu. Journ. 65, 1985, 439–445. (50) F. Manns, Some Weights of Hellenistic, Roman and Byzantine Periods, 1984. (51) M. Martin, Redwalds Börse. Gewicht und Gewichtskategorien völkerwanderungszeitlicher Objekte aus Edelmetall, Frühma. Stud. 21, 1987, 206–238. (52) Ders., Zum Gewicht des röm. Pfundes, in: F. Baratte (Hrsg.), Argenterie Romaine et Byzantine, 1988, 211–225. (53) Maß, in: Lex. des MAs 6, 1993, 366–370 (I.

Westl. Bereich: H. Witthöft, II. Byz. Reich und SO-Europa: P. Schreiner, III. Islamischer Bereich: U. Rebstock). (54) U. Monneret De Villard, Exagia Bizantini in Vetro, Rivista Italiana di Numismatica 35, 1922, 93–107. (55) A. Mutz, Röm. W. und Gewichte aus Augst und Kaiseraugst, Augster Museums. 6, 1983. (56) F. B. Naber, Ein Grab mit zwei bronzenen Münz-Gewichten aus dem sächs. Gräberfeld Liebenau, Kr. Nienburg/Weser, Stud. zur Sachsenforsch. 2, 1980, 289–300. (57) E. Nowotny, Zur Mechanik der ant. W., Jahresh. des österr. arch. Inst.s in Wien 16, Beibl. 1913, 6–36 und Nachträge 180–196. (58) H. U. Nuber, Zwei röm. Schnellwaagen aus Eining, Ldkr. Kelheim und Arxtham, Gem. Höslwang, Ldkr. Rosenheim, BVbl. 32, 1967, 29–39. (59) Ders., W. mit Kaiserporträts aus Heidelberg-Neuenheim, Fundber. aus Baden-Württ. 6, 1981, 501–528. (60) C. Perassi, Pesi monetali bizantini in vetro dal territorio siciliano, in: Quaderni del'Instituto Siciliano di Studi Bizantini e Neoellinici 15 /Byzantino-Sicula IV. Atti del I congresso internazionale di archeologia della Sicilia bizantina, Corleone 1998, 2002, 439–474. (61) E. Pernice, Griech. Gewichte, 1894. (62) W. M. F. Petrie, Ancient Weights and Measures, 1926. (63) K. Pink, Röm. und byz. Gewichte in österr. Slg. Sonderschriften des Österr. Arch. Inst.s 12, 1938. (64) S. da Porte, Balanças e pesos de Conimbriga, Conimbriga 18, 1979, 121–132. (65) M. Pujila, W., in: N. Pauly XII/2, 355. (66) H. Rizzolli, Völkerwanderungszeitliche Geldwirtschaft im nachmaligen Tiroler Raum, in: Romanen und Germ. im Herzen der Alpen zw. 5. und 8. Jh., 2005, 283–295. (67) M.-H. Rutschkowscaya, Le bois dans l'Égypte chrétienne (d'après la coll. du Mus. du Louvre, in: X. Barral i Altet (Hrsg.), Artistes, Artisans et Production Artistique au MA. Colloque internat. 3, 1990, 211–221. (68) G. K. Sams, The Weighing Implements, in: [5], 202–230. (69) E. Schilbach, Byz. Metrologie. Byz. Handb. 4. Handb. der Altertumswiss. 12.4, 1970. (70) Ders., Rechtes Maß von Gott gesetzt. Zur Legitimierung von Maßen in Ant. und frühem MA, in: Acta Metrologiae Historicae 5, 1999, 17–31. (71) Ders., Maß und Gewicht in Byzanz, in: Ch. Stiegemann (Hrsg.), Byzanz. Das Licht aus dem O. Kult und Alltag im Byz. Reich vom 4. bis 15. Jh., Kat. der Ausstellung Paderborn, 2001, 244–263, darin nachfolgend: Ch. Entwistle, Exagia Solidi, Glasgewichte, 263–268. (72) Ders., W. und Gewichte, in: L. Wamser (Hrsg.), Die Welt von Byzanz – Europas ö. Erbe. Glanz, Krisen und Fortleben einer tausendj. Kultur, 2004, 357–367, Kat. Nr. 782–864, auch: Gegenstände mit Kaiserdarst. 42–45 Kat. Nr. 10–31. (73) Ders., Glas-Gewichte für Follisprägungen aus der Zeit des Ks.s Justinos II. (im Druck). (74) Ch. Schmidt, Byz. Handels-, Münz- und Glas-Gewichte, in: L. Wamser, G. Zahlhaas (Hrsg.), Rom und Byzanz. Arch. Kostbarkeiten aus Bayern, 1998, Text 153–155: Ch. Entwistle, übs. von Ch. Schmidt, 155–172 Kat. Nr. 176–223: Ch. Schmidt, Nr. 225–227: G. Zahlhaas. (75) Ch. Scull, A Sixth-Century Grave containing a Balance and Weights from Watchfield, Oxfordshire, England, Germania 64, 1986, 105–138. (76) Ders., Scales and weights in early Anglo-Saxon England, The Arch. Journ. 147, 1990, 183–215. (77) Ders., Balances and weights from early Anglo-Saxon graves: Implications for the contexts of exchange, Stud. zur Sachsenforsch. 8, 1993, 97–102. (78) K. Simoni, Ranobizantski utezi iz srednjovjekovne zbirke arheološkog muzeja u Zagrebu (Frühbyz. Gewichte aus der ma. Slg. des arch. Mus.s in Zagreb), Vjesnik arheološkog Muzeja u Zagrebu 32–33, 1999–2000, 187–196. (79) F. G. Skinner, R. L. S. Bruce-Mitford, A Celtic Balance-Beam of the Christian Period, The Antiqu. Journ. 20, 1940, 87–120. (80) M. Spratling, The Sutton Hoo purse: analyzing the weights of its contents, in: Ph. Rahtz u. a. (Hrsg.), Anglo-Saxon Cemeteries 1979. The Fourth Anglo-Saxon Symp. at Oxford, 1980, 24. (81) E. Stauch, Merowingerzeitvertreib? Spielsteinbeigabe in Reihengräbern, 1994. (82) H. Steuer, Spätröm. und byz. Gewichte in SW-Deutschland, Arch. Nachr. aus Baden 43, 1990, 43–59. (83) D. Stutzinger, Zwei spätant. Schnellwaagen, in: Tesserae (Festschr. J. Engemann), 1991, 304–328. (84) W.-D. Tempel, H. Steuer, Eine röm. Feinwaage mit Gewichten aus der Siedlung bei Groß Meckelsen, Ldkr. Rotenburg (W.), I. Die Waage und die Gewichte: Fundumstände und Datierung; II. W. und Gewichte der RKZ und der VWZ in der Germania, Stud. zur Sachsenforsch. 13, 1999, 395–400 und 401–426. (85) W. Timpel, Das frk. Gräberfeld von Alach, Kr. Erfurt, Alt-Thüringen 25, 1990, 61–155. (86) L. Török, Late Antique Nubia. Hist. and arch. of the southern neighbour of Egypt in the 4th-6th c. A. D. Antaeus: Communicationes ex Instituto Arch. Acad. Scientiarum Hungaricae, 1988. (87) M. Turgay, Eine röm. Schnellwaage aus Knochen in Vindonissa, Jahresber. der Ges. Pro Vindonissa 1999, 27 f. (88) G. Vikan, J. Nesbitt, Security in Byzantium: Locking, Sealing, and Weighing, Dumbarton Oaks Byz. Coll. Publ. 2, 1980. (89) Z. Visy, Röm. und byz. Schnellwaagen aus der Türkei, in: Akten der 10. Internat. Tagung über ant. Bronzen Freiburg 1988, 1994, 435–444. (90) Ders., Die röm. Schnellwaage von Besnyö, Kom. Fehér, BVbl. 71, 2006, 169–172. (91) L. Wamser, G. Zahlhaas (Hrsg.), Rom und Byzanz. Arch. Kostbarkeiten aus Bayern, 1998. (92) L. Wamser u. a., Die Römer zw. Alpen und Nordmeer. Kat.-Handb. zur Landesausstellung des Freisstaates Bayern, 2000. (93) P. Weiß, Schnellwaagen, in: N. Pauly XI, 200–204. (94) J.

Werner, Waage und Geld in der MZ, SB Bayer. Akad. Wiss. Phil.-Hist. Kl., 1954, H. 1. (95) Ders., Fernhandel und Naturalwirtschaft im ö. Merowingerreich nach arch. und num. Zeugnissen, Ber. RGK 42, 1961, 307–346. (96) H. Witthöft, Maß und Gewicht, in: N. Pauly XV/1, 303–314. (97) B. Wührer, Magie und Glaube im frühma. Erpfting, Stadt Landsberg a. Lech, BVbl. 68, 2003, 109–113.

§ 5. Karolinger- und Wikingerzeit. (a) Im 8./9. Jh. gehörten zur Ausstattung von Handwerkern und Kaufleuten sowohl große Schnellwaagen *(steelyard)* zum Abwägen schwerer Lasten, von denen kaum etwas überliefert ist (zum Seiger: 22; 92, 336 ff.), als auch kleine gleicharmige W. Im Werkzeugfund von → Mästermyr auf Gotland ist eine Schnellwaage – das einzige komplette Instrument vor dem hohen MA in Skand. – aus Eisen erhalten, die mit Schmuckelementen aus Bronze verziert ist. Der Balken ist 35,3 cm lg.; das doppelkonische Laufgewicht wiegt noch über 310 g. Einst vorhandene zwei Skalen ermöglichten das Abwiegen größerer Massen an Fischen oder Eisen. Im Bronzegießerfund von → Smiss in Eke auf Gotland lagen Teile einer Schnellwaage und zwei Laufgewichte von etwa 295 und 2065 g. Gewichte zu Schnellwaagen sind häufiger überliefert und finden sich in fast allen Handelsplätzen unter den Eisengegenständen.

Die zierlichen W. aus Buntmetall bestanden aus einem 15–20 cm lg. Balken mit profilierten Enden und Schalen, die selten aus Metall gefertigt waren, sondern meist wohl aus Horn (was nicht erhalten geblieben ist). Die dazu gehörenden Gewichte waren sehr vielgestaltig, was Form und Material angeht; die meisten Gewichte aus Blei hatten eine flachzylindrische oder quaderartige Form, und auf den Flächen finden sich Punktmarkierungen. Diese W. und Gewichte dienten wie in den Jh. zuvor zum Abwägen von kostbaren Sachen, von Edelmetall, Perlen und anderem Schmuck sowie Gewürzen, und waren Werkzeug für die Arbeit des Bunt- und Edelmetallhandwerkers. Sowohl die Waage als auch die Gewichte lassen keine Normungen erkennen; sie sind in den verschiedenen geogr. Gebieten traditionell wenigstens ähnlich in der Form (Beispiele für W. und Gewichte der Frühzeit in → Haiðaby: 38; 39; weiterhin in → Ribe oder → Birka). Eine obrigkeitliche Regelung der Gewichtssysteme ist nicht zu erkennen. W. und Gewichte, diese aus Blei oder Bronze, gehören jedoch regelhaft zum Fundbestand in allen frühstädtischen Siedlungen des 8./9. Jh.s (→ Seehandelsplätze), sind jedoch noch nicht umfassend ausgewertet worden.

(b) Im gesamten Raum in Mittel-, O- und N-Europa ö. und n. der Elbe änderte sich um 880/890 die Form von W. und Gewichten grundsätzlich (28; 85, 104 f.; 92, 12 f.; Lit. § 3, Nr. 23, 480; 98, 69 ff.; 99, 137 ff.; bei den Westslaw.: 12; 14). Während in den w. Staaten Münzgeldwirtschaft herrschte, beim Zahlungsvorgang nach Gewicht und Feingehalt genormte Silbermünzen (Pfennige oder Denare als einzige Münzsorte) abgezählt wurden, wechselte im N und O Silber als Gewichtsgeld, d. h. nach abgewogenem Gewicht, den Besitzer. Damals brauchten alle, die an Geldgeschäften als Kaufleute, Handwerker oder einfache Marktbesucher teilnahmen, W. und Gewichte. In Männer- und Frauengräbern kommen W. und Gewichte vor. Sie wurden also von allen gebraucht, die zahlen oder kaufen wollten, nicht nur von Händlern, wie oftmals vermutet wird (51). In den erzählenden Qu. des ma. Skand.s gibt es ausreichend Hinweise auf Zahlungen mit abgewogenem Silber, und zwar über Geldwörter (19) und anhand von Beschreibungen, wie der Vorgang des Zahlens mit W. und Gewichten ablief. Silber lag in Form von Barren, Schmuck und Münzen vor, die zerschnitten wurden (→ Hacksilber), um die für den Zahlungsvorgang gewünschte Silbermenge zu gewinnen. Das Silber in den skand. und slaw. Ländern bestand im 8./9. Jh. aus Münzen der w. Länder (→ Sceat-

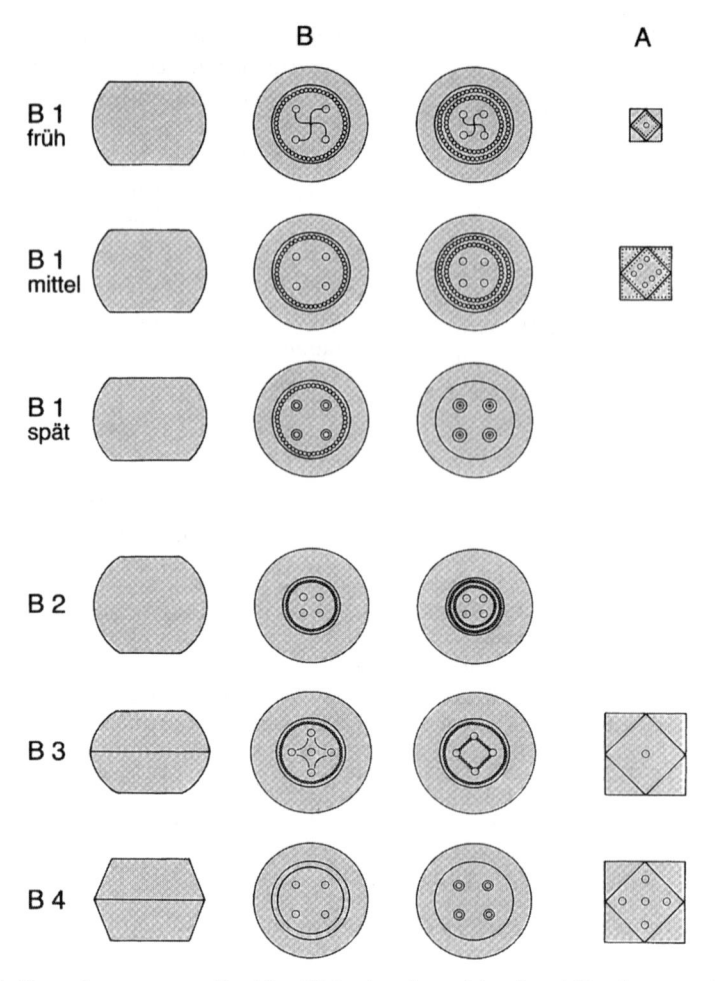

Abb. 76. Typen der genormten Gewichte (Kubooktaedergewichte A und Kugelzonengewichte B)

tas und karol. Denare), seit dem 9. Jh. bis ins späte 10. Jh. aus großen Mengen an importierten Dirhams aus dem Kalifat (→ Münzwesen, islamisches), die überwiegend auf dem Weg aus dem Zweistromland und aus Mittelasien über Rußland den Ostseeraum erreichten, wo sie eingeschmolzen und zu Schmuck (Armringe) oder Barren (die wieder zerschnitten werden konnten) verarbeitet wurden. Im späten 10. Jh. brachen die Verbindungen zu den mittelasiatischen Silberquellen ab, da im Ursprungsgebiet nach dem Niedergang der Dynastie der → Samaniden der Silbergehalt der Münzen stark abgesunken war; statt dessen gelangten große Mengen an engl. und dt. Münzen nach Skand. (31) (→ Danegeld) und in die slaw. Gebiete.

Nachdem zuvor im 8. und 9. Jh. Blei- und Bronzegewichte der unterschiedlichsten Art für das Abwiegen von Silber gedient hatten, wurden seit dem späten 9. Jh. (880/890) bis weit ins 11. Jh. im gesamten Raum ö. und n. der Elbe genormte W. und Gewichtssätze verwendet. Im Zuge des Zustroms arab. Dirhams gelangte auch die Idee genormter Gewichtssätze und spezieller W.-Konstruktionen aus dem Orient in

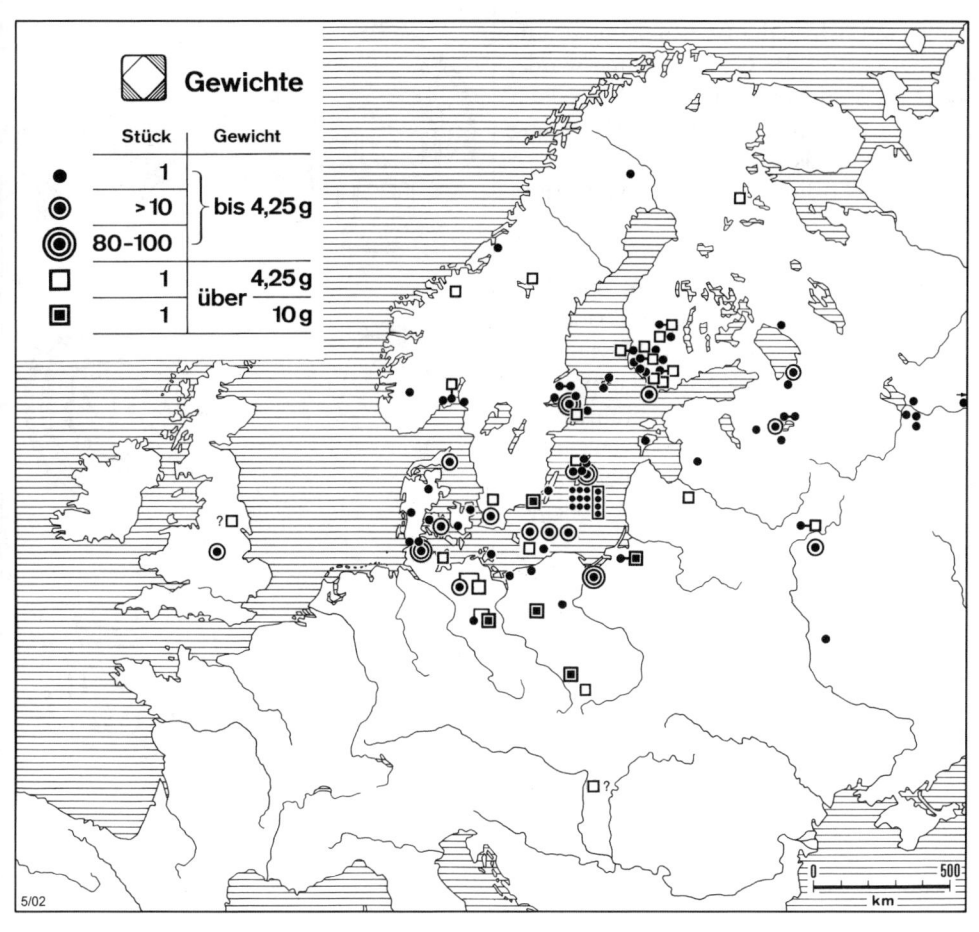

Abb. 77. Verbreitung Kubooktaedergewichte des 10. Jh.s. Nach Steuer (98, 73 Abb. 12)

den N, und damit auch das Gewichtssystem. W. und Gewichte wurden zwar in den Handelsplätzen produziert, aber nach dem orientalischen Vorbild (Tafeln zu den W.-Typen nach Steuer 1 bis 9 außer in [92, Abb. 2 bis 12] auch in [94, 82 Abb. 1 und 83 zu den Verzierung der Waagebalken der Typen 3 und 6 bis 8], Abb. zu den Gewichtstypen [92, 45 Abb. 15; 94, Abb. 2; 98, 71 Abb. 10 und zur Differenzierung der Kubooktaedergewichte 72 Abb. 11]; 25, 252 Fig. 2 und eine ält. andere Typengliederung 249 Fig. 1 nach 44 [Kyhlberg]) (Abb. 76).

Die W. sind gekennzeichnet durch einen Klappmechanismus, der es mit Hilfe von zwei Scharnieren im Balken ermöglichte, das Instrument zusammenzufalten, in speziell dafür gefertigte Metallbehälter oder Lederbeutel zu legen und zusammen mit den Gewichten aufzubewahren, was zudem einen bequemen Transport ermöglichte (Abb. 69,6).

Man findet W. und Gewichte in größeren Zahlen in allen Siedlungen, sowohl in den Handelsplätzen, als auch in manchen dörflichen Siedlungen sowie in und bei slaw. Burganlagen. In Skand. waren sie zudem häufige Grabbeigabe.

Die Klappwaagen des 9./10. Jh.s sind aus Bronze oder Messing, haben aber eine feine Zunge aus Stahl; da das Instrument durch ein Loch an der Basis der Zunge aufgehängt und an der Gabel gehalten wurde, war diese Wahl von Stahl wegen der exakten Lagerung und der geringeren Abnutzung bzw. Reibung als bei Bronze eine optimale technische Lösung. Ähnlich perfekt waren die Gewichte hergestellt, für die geringen Größen als sog. Kubooktaeder, für die größeren als Kugelzonen (Abb. 76). Die Kugelzonen bestehen aus Eisen und sind von einer dünnen Bronze- oder Messinghaut eingehüllt, die bei jeglicher Manipulation zur sichtbaren Beschädigung geführt hätte. Die Gewichte waren markiert, weniger um das absolute Gewichtsmaß festzuhalten, als vielmehr um die Position innerhalb eines Gewichtssatzes zu kennzeichnen. Diese technisch auffällig perfekte Konstruktion der W. (Klappmechanismus; Stahlzunge) und Gewichte (Metallhaut über dem Eisen) geht auf Vorbilder und Einflüsse aus dem Orient zurück. Das Gebiet der Gewichtsgeldwirtschaft wird durch die Verbreitung der Dirhams und Klappwaagen (Typ 3 nach Steuer) sowie der Kubooktaedergewichte (92, Abb. 170 a/b, c/d) beschrieben (Abb. 77).

Münzen wurden sowohl im Kalifat vom Orient bis zur Iberischen Halbinsel zerschnitten und die Splitter abgewogen (36), als auch im n. Europa. Die Markierungsmuster auf den Polflächen der schweren Kugelzonengewichte der WZ im N werden auf islamischen Einfluß zurückgeführt, da die Muster den Eindruck eines arab. Schriftzuges hervorrufen (85, 96–101) (Abb. 78). Doch handelt es sich eher um eine systematische graphisch ausgewogene Kennzeichnung der Position des Gewichts im Satz (zwei Punkte auf den Polen der Kugelzonen werden durch eine gebogene Linie verbunden, drei Punkte durch einen Dreiwirbel, vier Punkte durch sich kreuzende gebogene Linien, was dann bei 12 Punkten zu einem komplexen Muster, aber zu keinem lesbaren Schriftzug führt; s. auch → Ringfibel S. 13:

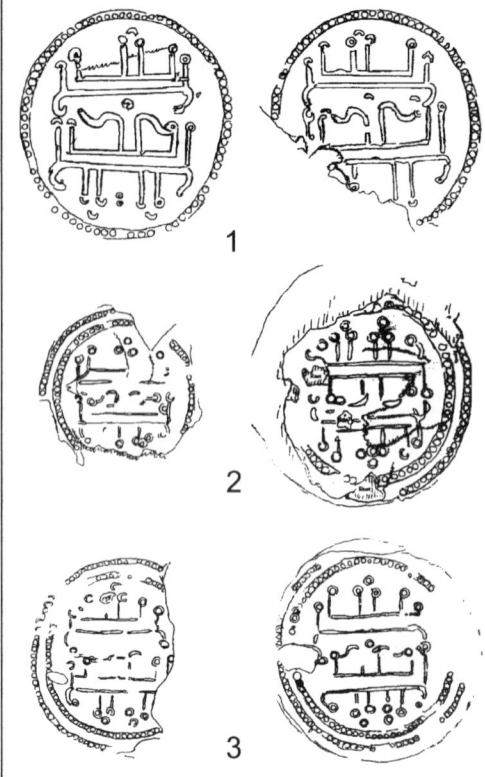

Abb. 78. Schwere Kugelzonengewichte mit komplexem Markierungsmuster. Nach Sperber (85, 96 f. Fig. 8.1–3)

Exemplare mit vergleichbarer Verzierung der Endknöpfe).

Die Verwendung der beschriebenen genormten W. und Gewichte war in der Regel auf den skand. und slaw. Raum begrenzt. Doch wurden derartige genormte Ausstattungen seit der Eroberung und Besiedlung der w. Länder auch auf Island, in England (50), auf den Orkneys (60) und in Irland (105) durch Skandinavier benutzt. Da die Kaufleute auch über die Grenzen des Raums der Gewichtsgeldwirtschaft in die w. Staaten Handel trieben, finden sich, wenn auch bisher nur in geringer Zahl, Klappwaagen und Kugelzonengewichte an der s. Nordseeküste zw. Elbemündung (z. B. in Stade: 58; 80; in Altenwalde: 107) und den Niederlanden, zu vergleichen mit den –

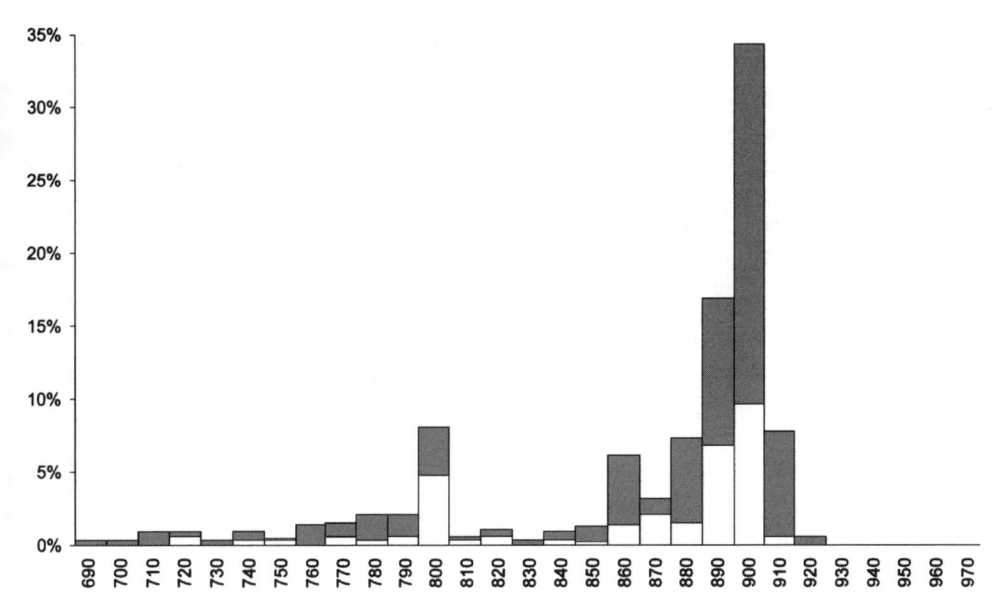

Abb. 79. Zeitliche Verteilung der arab. Münzen im N am Beispiel des Schatzfundes von Dransau/Giekau (Schlußmünze 921/922); grau: fragmentierte Münzen, weiß: vollständige Münzen. Nach Brather (12, 190 Abb. 8)

wenn auch nur wenigen – Silberschatzfunden (→ Westerklief) vom skand. Typ.

Der Grund, warum gerade gegen Ende des 9. Jh.s die genormten W. und Gewichte eingeführt wurden, ist nicht eindeutig zu erkennen; denn Dirhams sind schon seit dem gesamten 9. Jh., in geringen Maße schon im 8. Jh. in den N gelangt (12). An Handelsplätzen, die vor dem Ende des 9. Jh.s aufgegeben werden, wie z. B. → Groß Strömkendorf, fehlen die Normgewichte. Doch gab es in Mittelasien unter der Dynastie der → Samaniden (819–1005) einen massiven Anstieg der Silbergewinnung. Parallel dazu stieg die Menge der Münzen seit dem späten 9. Jh. im N noch einmal stark (Abb. 79). Die feinen Gewichte, die hinunter bis zu Bruchteilen eines Gramms (untere Grenze bei 0,1 und 0,3 g) die kleinsten Stücke eines Satzes bildeten, und die ebenso klein zerschnittenen Münzen (ein Achtel oder Zehntel eines Dirhams von 2,987 g) entsprechen einander und bezeugen sowohl Zahlungen von geringem Wert, als auch eine beachtliche Genauigkeit.

Während in → Birka vergleichbar mit den Fundzahlen kleiner Gewichte auch zeitgleiche Münzfrg. (27; 1, 35 Tab. 4 [G. Rispling]) registriert werden konnten, fehlen die zerschnittenen Silbermünzen im Verhältnis zu den hohen Zahlen von Gewichtsfunden in → Haiðaby, trotz der systematischen Ausgrabung und Ausschlämmung des Bodens (108, 190 ff.). Für den Handelsplatz → Truso bei Elbing zeichnet sich ein dritter Befund ab (13). Hier gibt es ebenfalls eine große Zahl von kleinen Kubooktaedergewichten, auch eine Menge an zerschnittenen Münzen. Doch diese Münzen sind ausschließlich im früheren 9. Jh. geprägt worden, und jüng. Münzfrg. fehlen; die gegen Ende des 9. Jh.s aufkommenden kleinen Normgewichte dienten anscheinend zum Abwiegen alten Münzmaterials. Um die verschiedenen Handelsplätze entstanden somit jeweils eigene kleine Währungsräume, um Birka, Haithabu (108), Truso (13) oder auf Gotland.

Die große Zahl der Silberschätze im skand. und im slaw. Gebiet (→ Schatzfunde;

→ Hacksilber) und die ebenso zahlreichen Funde an W. und Gewichten als Grabbeigaben und mehr noch in den Siedlungen sprechen für eine beachtliche Intensität der Geldgeschäfte mit gewogenem Silber (92, 19). Die anscheinend ungeheure Menge an Silberhorten im N wurde so gedeutet, daß die dortige Wirtschaft das Silber nicht in ausreichendem Maße im Handelsbetrieb verwenden konnte, weshalb es als Hausschatz vergraben wurde; denn gleichzeitig gibt es in den w. Ländern mit Münzgeldwirtschaft nur wenige Schatzfunde und ebenso nur wenige W. und Gewichte. Das unterschiedliche Verhalten gegenüber Silbergeld hat jedoch andere Ursachen, die eher mit dem Stand der staatlichen Organisation zusammenhängen. Um sich z. B. der Steuerzahlung zu entziehen oder vor Ausplünderung durch Piraten zu schützen, versteckte man sein Silber. Die Schatzfundverteilung spiegelt weder inflationäre Erscheinungen, noch eine rückständige Wirtschaftsstruktur, sondern eher den Stand staatlicher Durchdringung der Ges.

Für die Intensität des Zahlungsverkehrs mit gewogenem Silber sprechen die Mengen von kleinen Gewichten, wie sie in Haithabu (Lit. § 3 Nr. 23, 469 f.) und Birka (24; 27) oder auf Gotland (72) sowie im slaw. → Parchim (45; 98, 75 Abb. 14) und in → Truso (Gewichte, auch Bleigewichte, und W.: 74, 102 ff. Nr. 178–185) im Rahmen systematischer Ausgr. gefunden wurden. Die Hochrechnungen anhand der Stücke aus den Grabungsflächen für den gesamten Handelsplatz bieten Zahlen von mehr als hunderttausend von Gewichten, und das sind nur die verlorengegangenen Stücke. Das wird erneut bestätigt allein durch die Streuung der von Metalldetektoren entdeckten Gewichte in → Uppåkra (25, 263 ff. mit Fig. 11–16 Kartierung der Typen) oder → Tissø (42, 202 Fig. 15.24: Verbreitung der Gewichte). Auf dieser großen Zahl allein der verlorengegangenen Gewichte beruht die These, daß die Gewichtsstücke selbst als eine Art Ersatzgeld verwendet wurden (23, 167; 55, 196 und 269).

Dieselbe These wird auch für Befunde in der arab. Welt vertreten. In Caesarea Maritima 40 km s. von Haifa und in anderen Städten des Vorderen Orients wurden ebenfalls derartig viele Gewichte gefunden, daß man von ‚token currency' und nicht von Gewichten spricht (35, 186). Auch ist hier die Fundsituation bei den Münzen ähnlich, was z. B. die große Zahl der Goldsplitter von zerschnittenen Dinaren oder Silberfrg. von Dirhams (bis zu 0,017 g) betrifft, die entweder als Tariergewichte nicht ausreichend wiegende größere Münzmengen ergänzten oder allein für geringere Zahlungen abgewogen werden mußten (Lit. § 3, Nr. 23, 477 ff.: Äußerungen in den Briefen der jüdischen Händler in der Kairoer Geniza zum Abwiegen von Münzbeuteln). In Schriftqu. ist überliefert, daß man mit Teilungen kleiner als ein Drittel oder Viertel eines Dinars oder auch Dirhams (z. B. Stücke von 0,13 bis 0,90 g) zahlte, und zwar mit der Waage (35, 187 f.). Aufgrund der großen Zahlen der verlorenen Gewichte ist zu postulieren, daß jeder, der mit Geld hantierte, eine Waage und einen Satz Gewichte haben mußte, nicht nur offizielle Beamte oder Gold- und Silberschmiede (35, 191).

Die Häufigkeit der auffällig genormten W. und Gewichte im arch. Fundspektrum hat schon frühzeitig im 19. Jh., seit 1842, zur Beschäftigung mit diesem Sachgut geführt (29; 48). Kataloge wurden in den meisten Ländern rund um die Ostsee erstellt: Übersicht bei 92, 51 ff.; – Haithabu: 38; 39; 88; 92, 281 ff.; – Dänemark: 32; 92, Abb. 238; 69a, Abb. 20; – Schweden: allg. 85; Birka: 2; 24; 27; 53; 56; 86; Paviken: 59; 84; Uppåkra: 25; 26; Gotland: 100, Taf. 272–274: Waagen, Taf. 274–275: Gewichte; 72; 100; Bandlunde: 47; 85, 61 ff.; – Norwegen: 43; 106; – Finnland 44; 77, 19 Tab. der W. und W.-Dosenfunde, 20 Abb. 5 Karte; 79; – Polen: 51; 102–104; 115; Truso: 74; – Rußland: 8; 71: Rjurikovo Gorodišče 17:

Staraja Ladoga; 37; – Baltikum: 78; Lettland: 9; 10; 16; Litauen: 68; 101; – ehemaliges Ostpreußen: 11; 41; 57; 67); – im westslaw. Gebiet: Parchim (45) oder Spandau (94). Zudem wurden auf der Suche nach den Basiseinheiten metrologische Studien durchgeführt.

Die Herstellung von W. und Gewichten ist an mehreren Handelsplätzen direkt nachgewiesen, so in Haithabu (92, 239 [H. Drescher: unfertige Mittelstücke zu Klappwaagen], in Parchim und auf Gotland (72, 171 f. und fig. 156; 26, 107 Fig. 5:12). Die komplizierte Produktion der Kugelzonengewichte mit dünner Haut aus Buntmetall wird anhand von ‚Gußformresten', den sog. Schmelzkugeln, in → Birka und → Sigtuna beschrieben (81; 23, 170), ergänzt durch Studien zu den Gewichtsfunden von Bandlunde auf Gotland (82). Falls der Herstellungsprozeß tatsächlich so verlaufen ist, dann könnte die Produktion der Gewichte unter der Regie des Kg.s (23; 26) erfolgt sein. Doch können ebenso Kaufleute Auftraggeber gewesen sein, oder jedermann konnte Gewichtssätze von örtlichen Spezialhandwerkern erworben haben, was am wahrscheinlichsten ist; denn unmittelbarer Import aus der islamischen Welt, außer dem Ideentransfer, ist nicht zu belegen. Die Form der Kubooktaedergewichte und die Verzierung der Würfelflächen sind mit den Endknöpfen der Ringnadeln und Hufeisenfibeln (→ Ringfibel S. 13) oder mit den sog. permischen Ringen sowie deren Verzierungen zu vergleichen, was zeigt, wie üblich und beliebt diese ‚Würfelform' war, daß die Herstellung bei den heimischen Handwerkern allg. bekannt gewesen ist (92, 128 ff.; 26, 114 ff.) und über die profane Gewichtsform hinaus eine symbolische Bedeutung gehabt haben könnte (26, 261 ff.).

Die genormten Gewichtssätze verschwinden seit dem 11. Jh. aus dem Fundbestand, die jüngsten Sätze sind aus den unterschiedlichsten Formen zusammengesetzt und spiegeln keine überregionale Einheit mehr. Manche Gewichte sind grob gekerbt und zeigen damit Individualität und zugleich eine nur geringe Präzision der gewünschten Messungen (91; 92, 312 ff. mit Karte Abb. 230 a/b). Die Entwicklung verläuft parallel zur Herausbildung der Kgr. bei Skandinaviern und Slawen seit der Jt.wende und der Entwicklung einer jeweils eigenen Münzprägung. Der Übergang zur geregelten Münzgeldwirtschaft machte die Verwendung von genormten Gewichtssätzen zum Abwiegen von kleinen Portionen von Silber überflüssig. Die Klappwaagen wurden zwar weiterentwickelt, die Waagebalken z. B. wurden immer länger, um das Abwiegen ständig größer werdender Silbermengen, auch als Barren, zu ermöglichen, und zwar bis ins frühe 14. Jh. Die Tradition der Münzwaagen setzte sich nach Wiedereinführung von Goldmünzen im 14. Jh. fort, als die zierlichen W. – wieder wie zur byz. Phase – in Holzkästchen aufbewahrt wurden, zusammen mit quadratischen Münzgewichten aus Messing, die den realen Goldmünzen der verschiedenen europ. Prägeorte entsprachen und eine ähnliche Prägung aufweisen. Auf Bronzetüren ma. Kathedralen sind W. für das Wiegen von Silber sowie des Handwerkers dargestellt (22a; 62), auf dem Portal der Sophienkathedrale in Novgorod (um 1152/56) der Gießer Ricquin mit der Waage zum Abwiegen einer Bronzemenge und auf der Domtür von Gnesen (2. Hälfte 12. Jh.) das Aufwiegen des hl. Adalbert gegen Silber.

Aus dem Nahen Osten sind aus dem 9./10. Jh. bisher (1986) keine W. überliefert (35, 183 Anm. 21), und die Gewichtsformen sind von den nordeurop. verschieden. Zwar gibt es facettierte Polyeder, aber Kubooktaeder nur ganz vereinzelt (35, 174; 46, 97 fig. 53: türk. Gewichte). Der Fund einer Klappwaage im Vorderen Orient (s. o.) ist nicht sicher datiert und könnte somit nur eine Gleichzeitigkeit mit Europa bezeugen. Die Form der Kugelzone war im ant. Rom üblich, aber nur bis ins 4. Jh., und für eine

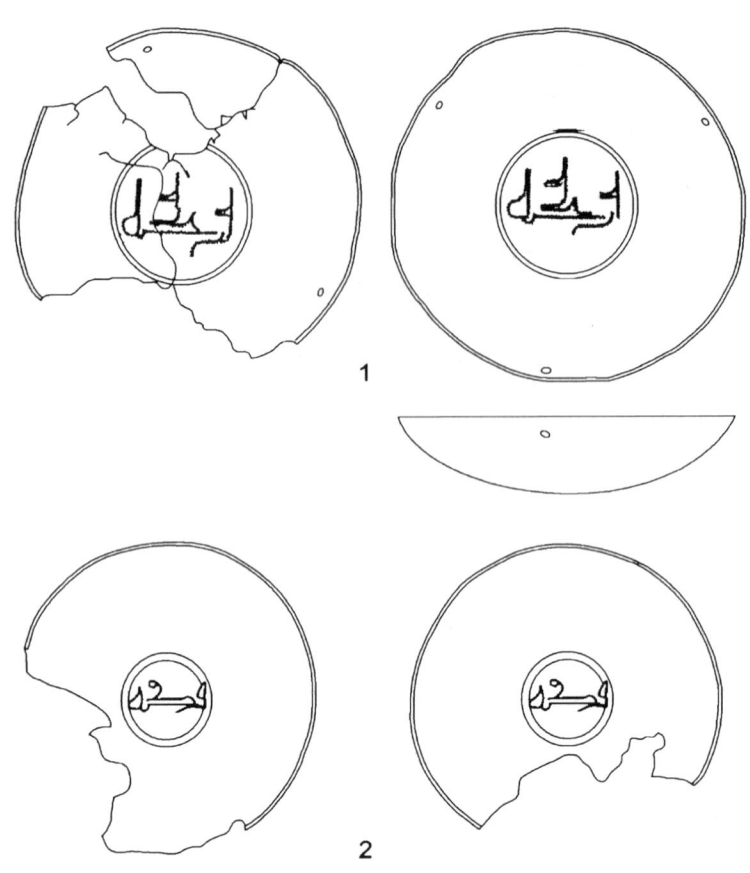

Abb. 80. Waagschalen mit arab. Inschr. 1 Mežāres, Lettland; 2 Bol'soe Timerevo, Rußland. Nach Steuer (98, 70 Abb. 9)

Kontinuität der Entwicklung im Orient liegen bisher keine Belege vor, denn in der byz. und islamischen Epoche wurden andere Gewichtsformen verwendet. Die Kubooktaeder als Gewichte für die kleinen Gewichtseinheiten des späten 9./10. Jh.s bis zu ca. 4,25 g wurden später im 11. Jh. durch größere, d. h. auch schwerere Stücke ergänzt. Aber der Zusammenhang mit den Kubooktaedern des türk.-osmanischen Bereichs im 14./15. Jh. ist nicht unmittelbar zu erkennen (20; 21; 52; 76, 160 Taf. 104).

(c) Die Beziehungen zum Orient bestanden ohne Zweifel. Der massive Import von Dirhams und manch andere Kultureinflüsse erwecken durch die Intensität den Eindruck, daß weite Teile des skand. Ns und des slaw. Gebiets auf dem Wege waren, in das islamische Kultur- und Wirtschaftssystem eingebunden zu werden, ähnlich wie im SW die Iberische Halbinsel (→ Islamische Beziehungen), was auch die relig. Beeinflussung einschließt, zu der Mikkelsen außer den Islam auch den Buddhismus zu berücksichtigen rät (65). Die Typen der W. und Gewichte sowie die Gewichtseinheiten kamen im Zuge der Silberströme vorwiegend als Dirhams aus dem Vorderen Orient über Rußland in den Ostseeraum (61; 87; auch 26 und 30; ebenso 92; 96; 97); zu den Silberbergwerken im Mittelasien (93; 95).

Die Kontakte zur islamischen Welt wurden schon frühzeitig konstatiert, so von

Arne (4) bei den Formen, aber auch den Gewichtseinheiten (3; 5). Nähere Begründungen des arab. Einflusses finden sich bei Kisch zu den Formen von W. und Gewichten (46), zu den metrologischen Bezügen bei Witthöft (109; 111), bei Steuer zu den Zahlungsvorgängen, den Verbindungen im Fernhandel und den Bergwerken als Herkunftsgebiet des Silbers (89; 93; 95). Die Beschreibung von Kugelzonen- und Kubooktaedergewichten im mittleren O scheint sich im Reisebericht von 922 des → Ibn Faḍlān über das Gebiet der Chasaren zu finden (89, 297 nach 114, 12 § 10): „Ihre Geldwechsler verkaufen auch die Würfel, Kreisel und Dirhem", wobei das entscheidende Problem die Übs. der Originalbezeichnungen bleibt. Die sonstigen Beziehungen im arch. Sachgut in Skand. stellt Jansson dar (40). Neue Studien zum islamischen Einfluß bieten die Arbeiten von Duczko (18), Gustin (28), Mikkelsen (64, 45 ff. balances and weights) und Piltz (75). Die Verbindungen zum Orient belegen am nachdrücklichsten zwei W., in deren Schalen arab. Schriftzüge auf die Funktion im Geld- und Steuerwesen hinweisen (93, 118 fig. 5; 98, 70 Abb. 9) (Abb. 80).

(d) Metrologie. Es gibt zahlreiche Versuche, ein weitreichendes oder mehrere Gewichtssysteme (z. B. unterschiedlich für Gold oder für Silber) nebeneinander zu rekonstruieren, die von Grundeinheiten des Orients abhingen. Die metrologischen Berechnungen haben – wie für die ält. Epochen – bisher zu keinem überzeugenden Ergebnis geführt. Dafür gibt es mehrere Gründe: Das ehemalige exakte Maß der Gewichte ist wegen unterschiedlicher Korrosion der Stücke nur unbefriedigend zu rekonstruieren; die Gewichte eines Satzes sind oftmals – seit dem fortgeschrittenen 10. Jh. – sichtlich aus verschiedenen Serien zusammengestückelt worden. Trotz der geforderten hoheitlichen Aufsicht über Maße und Gewichte, so im karol. Reich oder später in den entstehenden skand. Königtümern, ist die Kontrolle der Herstellung von Gewichtssätzen durch den ‚Herrn' eines Handelsplatzes oder des Kg.s nicht beweisbar. Vielmehr scheinen die mobilen Kaufleute selbst – gewissermaßen wie Vorgänger der Kaufleutehanse des hohen MAs – mit Hilfe der Handwerker, die W. und Gewichte herstellten, für eine weiträumige Angleichung der Gewichtsgrößen gesorgt haben. Die Folge ist, daß bei einem Zahlungsvorgang jeweils beide Partner mit ihren Instrumenten und Gewichtssätzen die gewünschte Silbermenge kontrollierten. Auch dafür gibt es Belege in der schriftlichen Überlieferung und aus dem ethnol. Bereich; z. B. wurde Gold bei den Ashanti bei Zahlungen im Rahmen der dortigen Gewichtsgeldwirtschaft von den beiden beteiligten Partnern mit jeweils eigener Waage und eigenem Gewichtssatz gemessen (s. o.).

Die Voraussetzungen zu metrologischen Berechnungen sind die Empfindlichkeit und Genauigkeit der W. sowie die mögliche Präzision bei der Herstellung der Gewichte (54; 92, 112; 83; 85, 22 ff., 26 ff.). Zu den möglichen Einheiten des Gewichtssystems im Ostseeraum nach orientalischem Vorbild haben sich Schilbach (Lit. § 4, Nr. 69) und Hinz (34) systematisierend geäußert. Der unmittelbare überregionale Vergleich mit den zeitgleichen islamischen Glasgewichten der Omaijjaden (661–749/50 in Bagdad, 756–1031 in Córdoba) und der Abbasiden (749/50–1258) sowie der Fatimiden (909–1171) gehört eigtl. dazu (6; 6a; 7; sowie 66).

Die vielfachen Versuche, die Grundeinheiten der Gewichtssysteme für die Kubooktaeder- und die Kugelzonengewichte in Skand. zu errechnen, berücksichtigen nicht, daß sich im weiten geogr. Raum von Jütland bis ins ferne Rußland unterschiedliche lokal begrenzte Einheiten entwickelt haben können, daß in den verschiedenen Handelsorten Spezialhandwerker die Gewichte hergestellt haben und daß zudem im Verlauf der Zeit von 890 bis ins 11. Jh. Wandlungen eingetreten sein werden. Alte Gewichte wurden in jüng. Sätzen weiterverwendet. Immer war entscheidend, daß ein Gewichtssatz in sich exakt gestaffelt war, nicht so sehr, daß eine Grundeinheit absolut erreicht wurde. Der beschriebene Vorgang (s. o.) einer doppelten Wägung von Käufer und Verkäufer machte das nicht notwendig, und die reisenden Fernhandelskaufleute von einem kleineren Wirtschaftsraum in den anderen mußten akzeptieren, daß ihr Gewichtssatz nicht überall in derselben Weise galt.

Da die ummantelten Kugelzonengewichte im feuchten Erdboden wegen der beiden verschiedenen Metalle leicht korrodierten, war man seit jeher auch bestrebt, die exakten Volumina und spezifischen Gewichte nachträglich zu rekonstruieren. Von Jentzsch (41) im J. 1900 über Kyhlberg (54) 1980 bis zu Sperber (82; 85, 28; 86, 64 ff.) 1996 reichen die Versuche. Herleitung und Berechnung begann Arne 1911/12 (3; 5), der die skand. Gewichtseinheit mit der pers.-sassanidischen Drachme von 4,25 g parallelisierte. Hinz (33) benannte in seinem Handb. 1955 als islamisches Münzgewicht (Mitqal) 4,233 g und für das Warengewicht 4,464 g. Für das russ. Zolotnik-System errechnete Belaiew 1927 ebenfalls 4,266 g, verwendbar für die Kubooktaedergewichte (8); und Mongait hat 1947 als Einheit 3,97 g und ihm folgend Janin 1956 das Maß 4,01 g für die Kugelzonengewichte (37, 178) gefunden.

Um 1900 versuchten auch Bezzenberger und Jentzsch für O-Preußen aufgrund recht weniger Gewichte schon die Einheit für die Kugelzonengewichte zu erschließen und unterschieden eine kurische und eine samländische Einheit (11; 41). Wenige J. später, 1904, suchte Sachssendahl für die balt. Gebiete nach der Einheit (78) und fand für Kugelzonengewichte Werte von 4,085 g und 3,998 g, also ähnlich dem gegenwärtig bevorzugten Wert von 4,1 g (78, 51).

Aufgrund der Gewichtsfunde aus Haithabu, Birka und Truso lassen sich als Basiseinheit für die Kubooktaedergewichte 4,25 g und für die Kugelzonengewichte 4,1 g errechnen (92, 281 ff. mit Diagrammen Abb. 204 zu den Kubooktaedergewichten und Abb. 205 zu den Kugelzonengewichten; außerdem 98, 74 Abb. 13 zu Kubooktaedergewichten in Truso und allg. im Ostseeraum) (Abb. 81). Die Reihe der Kubooktaedergewichte als Satz beginnt nach den Markierungen auf den gegenüberliegenden Würfelflächen bei 0,35 g (1 Punkt), 0,71 g (1+1 Punkte), 1,42 g (2+2) bis 4,25 g (6+6), wobei auffällig die Markierung (5+5) ausgespart wird. Bei den Kugelzonengewichten bilden die Markierungen 8,2 g (1+1), 12,3 g (1+2), 16,4 g (2+2), 20,5 g (2+3) [bei diesen Kugelzonengewichten ist also die Fünferstufe durchaus vorhanden] bis 98,4 g (12+12) oder 196,8 g (24+24) etc. Für einen geschlossenen Gewichtssatz aus dem Hafen von Haithabu wird als Basiseinheit auch 4,1 g errechnet (69, Abb. 5; 92, 287 Abb. 206).

Die Gewichtseinheiten an der Levante-Küste z. Zt. der Fatimiden (909–1171) ließen sich 1986 aufgrund der gemessenen Werte an originalen, korrodierten Stücken, im Durchschnitt für Golddinare mit 4,15 g und für Silberdirhem mit 2,85 g angeben. Läßt man die Stücke mit den größten Abweichungen weg, so kommt man auf 4,19 g und 2,9 g (35, 183). Idealwerte sind 4,25 g und 2,97 g, Näherungswerte 4,22/4,23 g und 2,9 g (35, 190 Anm. 38), das sind das Goldgewicht und die Dirham- bzw. Silbergewichte.

Die Diskussion ist noch offen, ob die kleinen Kubooktaedergewichte für Gold und die Kugelzonengewichte für Silber gedacht waren oder ob die kleinen Stücke als Tariergewichte für die größeren Gewichte gedient haben. Die beschrifteten und durch Markierungen in der Größe gekennzeichneten Gewichte im ö. Mittelmeergebiet waren zur selben Zeit eindeutig entweder für Gold oder für Silber gedacht (35, 173).

Die Bedeutung der unterschiedlichen Staffelung mit dem Fünferschritt in einem

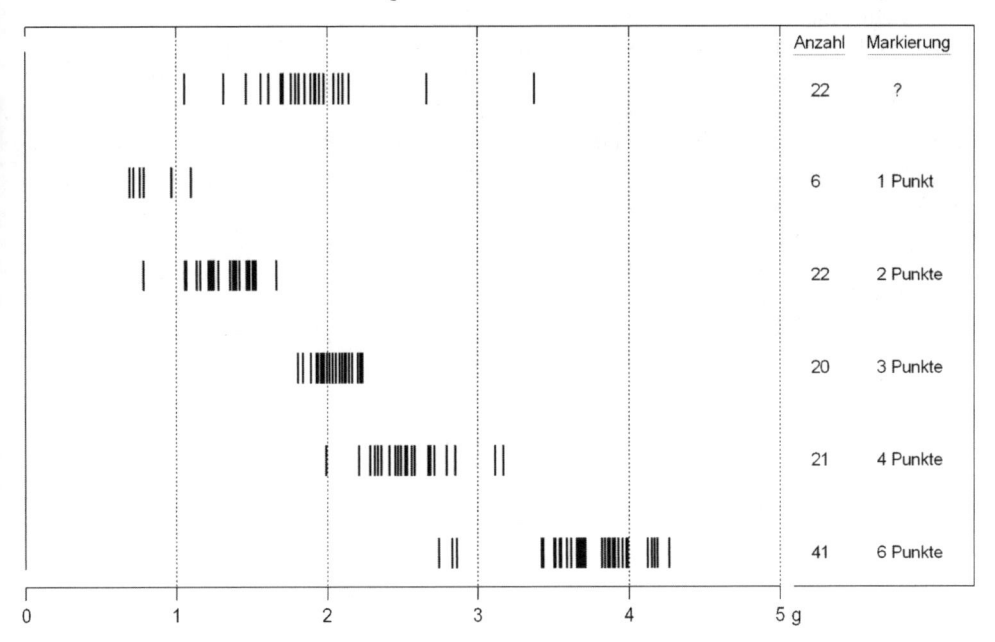

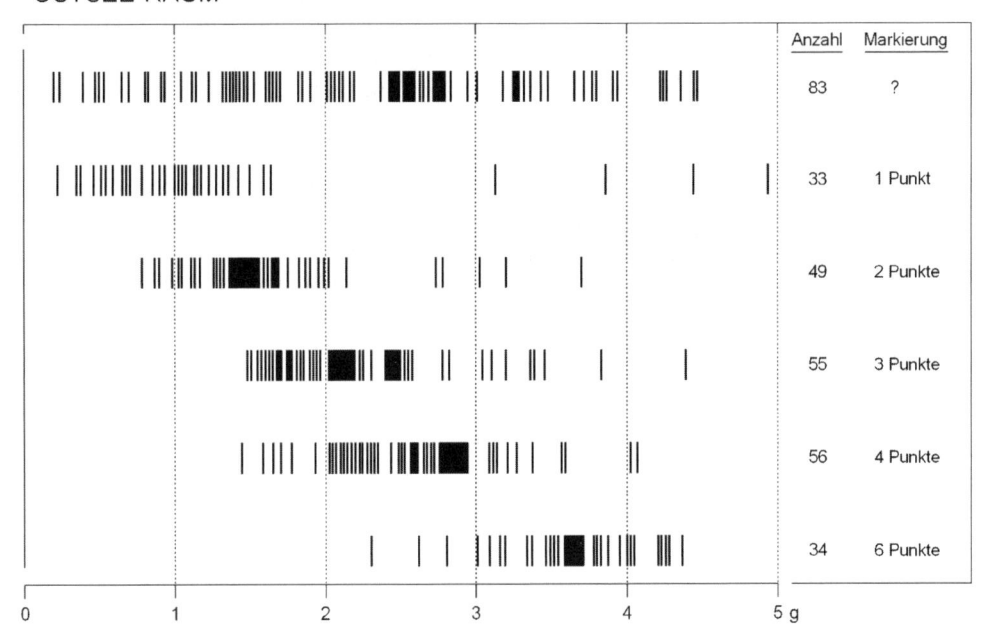

Abb. 81. Gewichtsverteilung der Kubooktaederstücke in Truso und im Ostseegebiet.
Nach Steuer (98, 74 Abb. 13)

Dezimalsystem bei den Kugelzonengewichten und ohne diese Stufe in einem Duodezimalsystem bei den Kubooktaedergewichten ist weiter zu überprüfen.

Die Armbügel und die zu permischen Armringen zusammengedrehten Halsringe aus schwed. Silberschätzen weisen genormte Gewichtsgrößen auf, wie das schon zur frühen BZ als prämonetäre Geldform konstatiert wurde. Sie wiegen entweder um 102 g, d. h. 24 × 4,25 g und 204 g, d. h. 48 × 4,25 g, oder um 100 g und 200 g (30, 58 ff., 69 ff. und 137 ff.), Ringe und Barren um 50 g, 100 g und 200 g (49).

Sperber (85; 86, 62) geht von drei oder vier Gewichtssystemen aus, die in Schweden und auf Gotland nebeneinander gegolten haben sollen (23, 166). Zwei Systeme, die sich auf die islamische Einheit für Gold (Mitqal) von 4,233 g beziehen, würden die Kubooktaedergewichte von Birka und die Kubooktaeder- und Kugelzonengewichte auf Gotland verkörpern, während Kugelzonengewichte von Birka und dem schwed. Festland einem anderen Gewichtssystem von 4 g zugehören würden (85, 110; 86, 68 ff.), das sich aber nicht einhängen ließe, und eine weitere Gruppe von Gewichten müßte sich auf ein Modul von 3 g zurückführen lassen, zumal 3,05 g gerade 1/5 der nord. Öre von 24,4 g entsprächen (23, 166).

Das schwed.-islamische System würde auf 3 Mitqals zu 12,70 g und der Unterteilung in 1/8 zu 1,59 g oder 1/4 zu 3,175 g beruhen, was für Birka und Bandlunde nachgewiesen sei. (Bei den Kubooktaedergewichten auf der Basis von 4,25 g bei einer Punktmarkierung von 6+6 [Grundeinheit pro Punkt also 0,354 g] entsprechen dem 3,18 g, d. h. einer Punktmarkierung zw. 4+4 und 5+5, die aber als 4+5 kaum vorkommt, oder dem Dirhamgewicht zu 2,83 g, was der Markierung 4+4 entspricht [92, 283]). In der jüngsten Zusammenstellung zu den Gewichten aus Birka von 2004 (86, 70 f.; frühere Berechnungen: 55; 56) nennt Sperber für die Bleigewichte und die Kubooktaedergewichte zwei unterschiedliche Systeme: Die Bleigewichte basieren auf 1 Dirham zu 2,822 g und 1/4 Dirham zu 0,706 g, die Kubooktaedergewichte auf 9/8 Dirham (3,175 g) und 1/4 des Dirham (0,794 g). Diese beiden Wertereihen lassen sich ohne Probleme mit der von mir vorgeschlagenen Gewichtsabstufung der Kubooktaedergewichte verknüpfen und ebenso an das orientalische System anhängen, das Hinz mit 2,822 g und 4,233 g vorschlägt, ohne daß also zwei unabhängige Gewichtssysteme benötigt werden.

Diese regionalen Variationen, die Gustin (23, 173) akzeptiert, würden gegen die These sprechen, daß die Kaufleutegemeinschaft für die weitreichende Angleichung der Gewichtssysteme gesorgt hätte. Aber gerade die minimalen regionalen Unterschiede sprechen zwar einerseits für zahlreiche lokale Produktionen der Gewichtssätze (und der Waage), aber zugleich dafür, daß beide Partner eines Zahlungsgeschäftes gewogen haben, um z. B. mit Hilfe der leichten Kubooktaedergewichte die Unterschiede zw. den Gewichtssätzen auszutarieren; denn es gab keine überregionale Einheitlichkeit oder gar Normung der Gewichte nach einem überall gültigen System. Örtlich produzierte Gewichtseinheiten waren lokale Lösungen, die sich aus dem Herstellungsprozeß ergaben, die aber nicht von einer Obrigkeit organisiert oder definiert wurden. Herbert → Jankuhn hat 1943 formuliert, was immer noch gültig ist (38, 202): „Für all die nach Haithabu kommenden Kaufleute kam es in der Hauptsache darauf an, festzustellen, ob der Gegenwert ihrer Waren in Silber dem in ihrer Heimat üblichen Gewichtswert entsprach, und das konnten sie am besten mit den in ihrer Heimat üblichen Gewichtseinheiten feststellen. Waage und Gewicht waren also nicht wie heute ein objektives, staatlich garantiertes Prüfmittel für einen einheitlich festgelegten Edelmetallwert, sondern ein auf einzelne

Wirtschaftsbezirke abgestimmtes subjektives Kontrollorgan".

In den Ländern s. der Ostsee, wo v. a. Gewichte aus einer jüng. Phase, dem 11. Jh., vorliegen, hat Krzyszowski als Basiseinheiten verschiedene Werte, z. B. 4,1 g, aber auch 5,6 g und 5 g errechnet (51; 70), weitere Werte, die für das slaw. Gebiet genannt werden, sind 7 g und 9 g bzw. 3,5 g und 4,5 g, doch auch noch andere Werte wurden rekonstruiert (94, 94). Michna führt für den s. Bereich bis Mähren wiederum mehrere Einheiten auf, deren kleinste ebenfalls bei 4,1 g liegt (63). Für Litauen liegen andere Berechnungen vor, die sich jedoch nur auf Größenordnungen von Einheiten zw. 4 und 5 g oder 8–10 g einigen (68 und 101).

Kruse listet die Gewichte, meist Bleigewichte, teils mit Markierungen, aus England im Vergleich zu drei verschiedenen Basiseinheiten auf, einer postulierten ags. Einheit zu 3,1 g, der skand. Einheit zu 4,07 g und der Dubliner Einheit zu 4,43 g (49; 50, 85 ff., 87 Tab. 1); 3,1 g entsprechen 1/10 einer Troy-Unze und diese 1/12 eines Troy-Pfundes, die aber nicht früher als für das 13. Jh. überliefert sind. Die Bleigewichte aus → Dublin weisen auf 26,6 g hin, davon 1/6 zu 4,43 g (50, 86; in Zukunft: 105), Kugelzonengewichte aus York beziehen sich auf 1/6 von 24,4 g. Zu weiteren Bleigewichten anhand von zwei Funden bei einem Bootgrab von den Orkneys, die beide 26,65 g wiegen, also eine Unze (73), äußert sich Maleszka, die anhand eines Kugelzonengewichts von den Orkneys bei der Einheitsberechnung die islamische Basis von 0,71 g, entspr. 1/4 des Dirham (60) bevorzugt, vergleichbar dem System in York (50, 87).

Für einen Satz mit sechs unterschiedlichen Gewichtstypen von Åkerhaugen in Norwegen mit einer Waage des 12./13. Jh.s errechnet Bakka (5a) im Gegensatz zu Brøgger (15, 81 f.), der eine niedrige Öre zu 24,6 g angenommen hat, oder einer anderen Berechnung von Steinnes aus dem J. 1936 zu 26,8 g, den fast idealen Örewert von 27,55 g mit Variationsbreiten bei verschiedenen Rechnungen von 26,35–26,60 g oder 26,25–26,35 g und 27,65–27,75 g, was erneut die Willkürlichkeit der Analysen bestätigt.

Die unter Kg. → Óláfr skötkonungr geprägten Münzen von Sigtuna (etwa 995 bis 1005) spiegeln definierte Gewichtseinheiten, und zwar beziehen sie sich jetzt auf ein Markgewicht von 208,5 g. Die Denare wiegen etwa 1/96, also 2,17 g (33). Diese Mark entspricht den gotländischen Armringen des Typs 2 nach Stenberger. Somit haben anscheinend zwei Gewichtssysteme für Silber nebeneinander bestanden, das Öregewicht und die → Mark, wobei 1 Mark Silber 8 Öre wert war (→ Maße und Gewichte; und z. B. 110; 112; 113).

Es gibt in der Forsch. also keine Einigkeit darüber, ob man von kleinen Einheiten das System nach oben hin aufbauen oder von größeren Einheiten die Bruchteile errechnen soll. Daher begegnet in der Lit. eine verwirrende Vielfalt von Einheitsrechnungen, die aber (s. o.) zumeist auf die ant. bzw. islamischen Vorbilder zurückzuführen sind.

(1) B. Ambrosiani (Hrsg.), Eastern Connections Part Two: Numismatics and Metrology, Birka Studies 6, 2004. (2) H. Arbman, Birka I. Die Gräber, 1943. (3) T. J. Arne, Ein pers. Gewichtssystem in Schweden, Orientalisches Archiv 2, 1911/1912, 122–127. (4) Ders., La Suède et l'Orient, 1914. (5) Ders., Viktenheterna i Sverige under Vikingatiden, Fornvännen 1918, 61–64. (5a) E. Bakka, Ein ma. Gewichtssatz von Åkerhaugen in Sanherad, Telemark, O-Norwegen, Offa 37, 1980, 154–168. (6) P. Balog, Islamic Bronze Weights from Egypt, Journ. of economic and social hist. of the Orient 13, 1970, 233–256. (6a) Ders., Umayyad, Abbasid and Tulunid glass weights and vessel stamps, American Num. Soc. Num. Studies 13, 1976. (7) M. L. Bates, The function of Fatimid and Ayyubid glass weights, Journ. of economic and social hist. of the Orient 24, 1981, 63–92. (8) N. T. Belaiew, The Hist. and Development of Russian Weights and Measures. Seminarium Kondakovianum 1, 1927, 247–288 (russ.). (9) T. Berga, in: A. Loit (Hrsg.), Die Kontakte zw. Ostbaltikum und Skand. im frühen MA, 1992, 9–12. (10) Dies., W. zum Wägen von Münzsilber in Lettland, in: wie [9], 33–40. (11) A. Bez-

zenberger, Vorgeschichtl. Gewichte des Prussia-Mus.s, SB der Altertumsges. Prussia für die Vereinsj. 1896–1990, 21. H., 270–278. (12) S. Brather, Frühma. Dirham-Schatz- und -Einzelfunde im s. Ostseeraum. Die Anfänge der Gewichtsgeldwirtschaft bei den W-Slawen, in: Arch. als Sozialgesch. (Festschr. H. Steuer), 1999, 179–197. (13) Ders., Early dirham finds in the south-east Baltic. Chron. problems in the light of finds from Janów Pomorski (Truso), in: M. Bertašius (Hrsg.), Transformatio mundi. The transition from the late Migration period to the early Viking age in the east Baltic, 2006, 133–142. (14) Ders., Counted and weighed silver. The fragmentation of coins in early medieval East Central Europe, in: J. Henning (Hrsg.), Post-Roman towns, trade and settlement in Europa and Byzantium 1. The heirs of Roman West. Millenium-Stud. 5,1, 2007 (im Druck). (15) A. W. Brøgger, Ertog og Øre. Den gamle norske vegt, 1921. (16) R. Ceplīte, Gewichte aus Gräbern des 10.–13. Jh.s auf dem Territorium Lettlands, Arheologija un etnogrāfija 11, 1974, 198–211. (17) O. Davidan, Weights from Staraya Ladoga (russ.), Arch. Sbornik 28, 1987, 119–129. (18) W. Duczko, Viking Age Scandinavia and Islam, in: [75], 107–115. (19) S. Engeler, Anord. Geldwörter. Eine philol. Unters. anord. Geld- und Münzbezeichnungen und deren Verwendung in Dichtung, 1991. (20) G. Fehér, Osmanisch-Türk. Gewichtsstücke in Ungarn, in: II. Internat. Congress on the Hist. of Turkish-Islamic Science and Technology (Istambul), III, 1986, 211–222. (21) Ders., Oszmán-török mérlegsúlyok, Communicationes Arch. Hungaricæ 1993, 231–247. (22) G. Galster, En Seiger, Fra Nationalmuseets Arbeidsmark 1931, 53–54. (22a) A. Goldschmidt, Die frühma. Bronzetüren, 2. Die Bronzetüren von Nowgorod und Gnesen, 1932. (23) I. Gustin, Islam, Merchants, or Kings? Who was behind the manufacture of Viking Age Weights?, in: H. Andersson u. a. (Hrsg.), Vision of the Past. Trends and Traditions in Swedish Medieval Arch., 1997, 163–177. (24) Dies., Means of Payment and the Use of Coins in the Viking Age Town of Birka in Sweden, Current Swedish Arch. 6, 1998, 73–83. (25) Dies., Vikter och varuutbyte i Uppåkra / Weights, trade and exchange in Uppåkra, in: Fynden i centrum. Keramik, glas och metall från Uppåkra, Uppåkrastudier 2, 1999, 243–269. (26) Dies., Mellan Gåva och Marknad. Handel, tillit och materiell kultur under Vikingatid, 2004. (27) Dies., The Coins and Weights from the Excavations 1990–1995. An Introduction and Presentation of the Material, in: [1], 11–25. (28) Dies., Islamic Coins and Eastern Contacts, in: [1], 96–120. (29) G. Hällström, Undersökning om et i lappmarken gjordt fynd av gamla vigter och mynt, Acta Societatis Scientarum Fennicae 1, 1842. (30) B. Hårdh,

Silver in the Viking Age. A Regional-Economic Study, 1996. (31) G. Hatz, Handel und Verkehr zw. dem Dt. Reich und Schweden in der späten WZ. Die dt. Münzen des 10. und 11. Jh.s in Schweden, 1974. (32) V. Hermansen, Maale- og vejeredskaber i Danske museer, in: Maal og Vægt, Nordisk Kultur 30, 1936, 162–174. (33) F. Herschend, What Olof had in mind, Fornvännen 87, 1992, 19–31. (34) W. Hinz, Islamische Maße und Gewichte umgerechnet ins metrische System, Handb. der Orientalistik, Ergbd. 1, H.1, 1955. (35) L. Holland, Islamic Bronze Weights from Caesarea Maritima, The American Num. Soc. – Mus. Notes 31, 1986, 171–201. (36) L. Ilisch, Whole and frg. dirhams in Near Eastern hoards, in: K. Jonsson, B. Malmer (Hrsg.), Commentationes de nummis saeculorum IX–XI in Suecia repertis NS 6, 1990, 121–128. (37) V. L. Janin, Geld- und Gewichtssysteme des russ. MAs – Vormongolische Zeit (russ.), 1956. (38) H. Jankuhn, Die Ausgr. in Haithabu (1937–1939). Vorläufiger Grabungsber., 1943. (39) Ders., Haithabu. Ein Handelsplatz der WZ, [8]1986. (40) I. Jansson, Wikingerzeitlicher orientalischer Import in Skand., Ber. RGK 69, 1988 (1989), 564–647. (41) A. Jentzsch, Über die im Ostpreuß. Provinzialmus. aufbewahrten Gewichte der jüngsten heidn. Zeit Preußens, SB der Altertumsges. Prussia für die J. 1896–1900, H. 21, 1896–1900, 278–289. (42) L. Jørgensen, Manor and Market at Lake Tissø in the Sixth to Eleventh Centuries: The Danish ‚Productive' Sites, in: T. Pestell, K. Ulmschneider (Hrsg.), Markets in Early Medieval Europe. Trading and ‚Productive' Sites, 650–850, 2003, 175–207. (43) E. Jondell, Vikingatidens balansvågar i Norge. C.1-uppsats i arkeologi. Univ. Uppsala, 1974. (44) M. Kampman, Kansallismuseon esihistorialliset punnukset. Fysikalis=kemiallinen tutkielma, Suomen Museo 35, 1928, 55–60. (45) H. Keiling, Eine wichtige slaw. Marktsiedlung am ehemaligen Löddigsee bei Parchim, in: Arch. Freilichtmus. Groß Raden, 1989, 72–80. (46) B. Kisch, Weights and Scales in Medieval Scandinavia. A New Proof of Arabic Influence on Northern Europe in Viking Times, Journ. of the Hist. of Medicine and Allied Sciences 14, 1959, 160–168. (47) S. Koivunen, M. Derestorp, Vågen från Bandlundeviken med en laborativ analys. Uppsats i Arkeologi. Stockholms Univ., 1986. (48) F. Kruse, Necrolivonica oder Alterthümer Liv-, Esth- und Curlands (Dorpat), 1842. (49) S. E. Kruse, Ingots and weight units in Viking Age silver hoards, World Arch. 20, 1988, 285–301. (50) Dies., Late Saxon balances and weights from England, Medieval Arch. 36, 1992, 67–95. (51) A. Krzyszowski, Frühma. Grab eines Kaufmannes aus Sowinki bei Poznań in Großpolen, Germania 75, 1997, 639–667. (52) G. Kürkman, Osmanlilarda Ölçü ve Tartilar. Ottoman

Weights and Measures, 1991. (53) O. Kyhlberg, Viktlod, in: Birka. Svarta jordens hamnområde. Arkeologisk undersökning 1970–1971, Riksantikvarieämbetet rapport C1, 1973, 207–215. (54) Ders., Vågar och viktlod. Diskussion kring frågor om precision och noggrannhet, Fornvännen 1975, 156–165. (55) Ders., Vikt och Värde. I Helgö. II Birka, 1980. (56) Ders., Die Gewichte in den Gräbern von Birka – Metrologie und Wirtschaft, in: G. Arwidsson (Hrsg.), Birka II: 2. Systematische Analysen der Gräberfunde, 1986, 147–162. (57) P. La Baume, J. Wilczek, Die frühma. Silberwaagen aus Ostpreußen, Alt-Preußen 5, 1940, 39–43. (58) T. Lüdecke, Die nassen Archive. Hafenarch. in Stade, Arch. in Niedersachsen 2, 1999, 67–71. (59) P. Lundström, De kommo vida... Vikingars hamn vid Paviken på Gotland, 1981. (60) M. Maleszka, A Viking Age weight from Cleat, Westray, Orkney, Proc. of the Soc. of Antiqu. of Scotland 133, 2003, 283–291. (61) M. McCormick, Origins of the European Economy. Communication and Commerce, A. D. 300–900, 2001. (62) U. Mende, Die Bronzetüren des MAs 800–1200, 1983. (63) P. Michna, Das Gewicht aus Melice im Gebiet Wischau (Mähren, CSSR) und seine Stellung in den frühma. Gewichtssystemen N-Europas, ZAM 6, 1978 (1979), 105–114. (64) E. Mikkelsen, Islam and Scandinavia during the Viking Age, in: [75], 39–51. (65) Ders., Handel – misjon – religionsmøter. Impulser fra buddhisme, islam og kristendom i Norden 500–1000 e.Kr., Viking 65, 2002, 91–136. (66) G. C. Miles, Early Arabic Glass Weights and Stamps, 1948. (67) B. von zur Mühlen, Die Kultur der Wikinger in Ostpreußen, 1975. (68) O. Navickaitė-Kuncienė, Seniausios (X–XIII amžių) svorio matų sistemos Lietuvoje klausimu. Lietuvos TSR mokslų akademijos darbai, Serija A 2/21, 1966, 143–158. (69) H.-O. Nielsen, Röntgenologische und metrische Unters. an zwei Kugel-Gewichtssätzen aus Haithabu, Ber. über die Ausgr. in Haithabu 18, 1983, 109–119. (69a) L. Ch. Nielsen, Trelleborg, Aarbøger 1990, 105–178. (70) E. M. Nosek, A. Kowalska, Unters. der Bleigewichte, Eisengewichte und der Bronzewaage, Germania 75, 1997, 667–671. (71) E. N. Nosov, Novgorodskoe (rjurikov) gorodišče, The Ryurik Gorodishche near Novgorod (russ.), 1990. (72) M. Östergren, Mellan stengrund och stenhus. Gotlands vikingatida silverskatter som boplatsindikation, 1989. (73) O. Owen, The lead bullion weights, in: Ders., M. Dalland (Hrsg.), Scar: A Viking Boat Burial on Sanday, Orkney, 1999, 118–126. (74) Pacifica terra. Prusowie-Słowianie-Wikingowie u ujścia Wisły. Kat. wystawy (Malbork), 2004. (75) E. Piltz (Hrsg.), Byzantium and Islam in Scandinavia. Acts of a Symp. at Uppsala Univ. 1996, 1998. (76) M. Popović, V. Bikić, The Complex of the Medieval Mitropolitan Church in Belgrade. Excavation of the Lower Town of the Belgrade Fortress, 2004. (77) J. Riikonen, Kaksi vaakaa naisenhaudasta kirkkomäestä (Två vågar i en kvinnograv på Kyrkbacken och tolkningar av några andra gravgåvor), in: Turun maakuntamuseo vuosikirja / Åbo landskapsmus. årsbok 66–67, 2002–2003, 11–32 und 33–45. (78) J. Sachssendahl, Das Gewichtssystem des XI. und XII. Jh.s in Liv-, Est- und Curland, SB der Gelehrten Estn. Ges. 1903, 1904, 34–70. (79) P. Sarvas, Suomesta Löydetyt Rautakautiset Vaa'at ja Punnukset. Suomen ja Phjoismaiden arkeologian laudaturkirjoitus 22.4.1964. Staatsexamensarbeit Helsinki, 1964. (80) A. Schäfer, Die Stader Hafengrabung, in: Arch. – Land – Niedersachsen. Führer durch die Ausstellung, 2004, 117 f. (81) A. Söderberg, Schmelzkugel: Identifikation av en handverksprocess. Fyndmateral från Birka och Sigtuna, 1996. (82) E. Sperber, Weight or Volume? A Study of Bronze Covered Iron Weights, Laborativ Arkeologi. Rapport från Stockholms Universitets Arkeologiska Forskningslaboratorium Nr. 1, 1986, 59–79. (83) Ders., How accurate was Viking Age weighing in Sweden, Fornvännen 83, 1988, 157–166. (84) Ders., The weights found at the Viking Age site of Paviken. A metrological study, Fornvännen 83, 1989, 129–133. (85) Ders., Balances, Weights and Weighing in Ancient and Early Medieval Sweden, 1996. (86) Ders., Metrology of the Weights from the Birka Excavations 1990–1995, in: [1], 61–95. (87) P. Spufford, Money and its use in medieval Europe, 1988. (88) H. Steuer, Gewichte aus Haithabu, Ber. über die Ausgr. in Haithabu 6, 1973, 9–22. (89) Ders., Geldgeschäfte und Hoheitsrechte im Vergleich zw. Ostseeländern und islamischer Welt, ZfA 12, 1978, 255–260. (90) Ders., Feinwaagen und Gewichte als Qu. zur Handelsgesch. des Ostseeraums, in: H. Jankuhn u. a. (Hrsg.), Arch. und naturwiss. Unters. an ländlichen und frühstädtischen Siedlungen im dt. Küstengebiet im 5. Jh. v. Chr. bis zum 11. Jh. n. Chr., 2. Handelsplätze des frühen und hohen MAs, 1984, 273–292. (91) Ders., Gekerbte Gewichte der späten WZ, Fornvännen 82, 1987, 66–74. (92) Ders., W. und Gewichte aus dem ma. Schleswig. Funde des 11. bis 13. Jh.s aus Europa als Qu. zur Handels- und Währungsgesch., 1997. (93) Ders., The Ore Deposits in Middle Asia and Viking Age Silver in Scandinavia, Hammaburg NF 12 (Festschr. H. Drescher), 1998, 111–124. (94) Ders., W. und Gewichte vom Burgwall in Berlin-Spandau. Aspekte der Währungsgesch. um 1100, in: A. von Müller, K. von Müller-Muči (Hrsg.), Neue Forsch.sergebnisse vom Burgwall in Berlin-Spandau. Arch.-hist. Forsch. in Spandau 5, 1999, 80–103. (95) Ders., Schatzfunde mit Münzen und/ oder Hacksilber aus dem Ostseeraum. Provenienz, Chron. und Typenansprache, in: Dirham und Rappenpfennig. Ma. Münzprägung in Bergbauregionen, 2003, 127–137. (96) Ders., Münzprägung, Silberströme und Bergbau um das J. 1000 in Europa – wirtschaftl. Aufbruch und technische Innovation, in: A. Hubel, B. Schneidmüller (Hrsg.), Aufbruch ins zweite Jt. Innovation und Kontinuität in der Mitte des MAs, 2004, 117–149. (97) Ders., Minting, Silver Routes and Mining in Europe: Economic Expansion and Technical Innovation, in: J. Heitzmann, W. Schenkluhn (Hrsg.), The World in the Year 1000, 2004, 105–117. (98) Ders., Die Ostsee als Kernraum des 10. Jh.s und ihre Peripherien, Siedlungsforschung. Arch.-Gesch.-Geogr. 22, 2004, 59–88. (99) Ders. u. a., Der Wechsel von der Münzgeld- zur Gewichtsgeldwirtschaft in Haithabu um 900 und die Herkunft des Münzsilbers im 9. und 10. Jh., in: K. Brandt u. a. (Hrsg.), Haithabu und die frühe Stadtentwicklung im n. Europa, 2002, 133–167. (100) L. Thunmark-Nylén, Die WZ Gotlands, II. Typentaf., 1998. (101) R. Volkaitė-Kulikauskienė, Kalludest ja kaalusüsteemist leedus varase feodalismi ajal (Über die W. und das Gewichtssystem in Litauen in der Zeit des frühen Feudalismus), in: H. Moora, J. Selirand (Hrsg.), Pronksiajast varase feodalismini, 1966, 216–224. (102) K. Wachowski, Nowe znaleziska wczesnośredniowiecznych wag i odważników z terenu Śląska. New early-medieval finds of balances and weights in Silesia, Silesia Antiqua 14, 1972, 201–205. (103) Ders., W. und Gewichte im frühma. Schlesien. Ein Vergleichstudium, Przegląd Arch. 22, 1974, 173–207. (104) B. und K. Wachowski, Uwagi o chronologii i typologii wczesnośredniowiecznych wag składanych z terenu Śląska. Remarks on the chronology and the typology of early mediaeval balances from terrritory in Silesia, Silesia Antiqua 13, 1971, 215–222. (105) P. F. Wallace, Weights, Balances and Leadworking in Viking Dublin (im Druck). (106) E. Wamers, Insularer Metallschmuck in wikingerzeitlichen Gräbern N-Europas. Unters. zur skand. Westexpansion, 1985. (107) A. Wendowski-Schünemann, Ostseefernhandel bis nach Cuxhaven? Ein Kugelzonengewicht aus Altenwalde, Arch. in Niedersachsen 2, 1999, 72–74. (108) R. Wiechmann, Edelmetalldepots der WZ in Schleswig-Holstein. Vom „Ringbrecher" zur Münzwirtschaft, 1996. (109) H. Witthöft, Northern European Weight-Standards in the 9th and 10th Centuries and the Problems of Oriental Influence and Origin, Journ. of Central Asia 3/2, 1980, 146–159. (110) Ders., Münzfuß, Kleingewichte, pondus Caroli and die Grundlegung des nordeurop. Maß- und Gewichtswesens in frk. Zeit, 1984. (111) Ders., Spuren islamischen Einflusses in der Entwicklung des frk. Münzwesens des 8. Jh.s, in: Orientalische Kultur und europ. MA, 1985, 400–420. (112) Ders., Die Rechnung und Zahlung mit Gold und Silber nach Zeugnissen des 6. bis 9. und 13./14. Jh.s, Hamburger Beitr. zur Num. 30/32, 1976/78 (1985), 3–36. (113) Ders., Thesen zu einer karol. Metrologie, in: P. L. Butzer, D. Lohrmann (Hrsg.), Science in Western and Eastern Civilization in Carolingian Times, 1993, 503–524. (114) A. Zeki Validi Togan, Ibn Fadlan's Reiseber. Abhandl. für die Kunde des Morgenlandes 24, 3, 1939, Nachdruck 1966. (115) J. Żurek, Early Weight Systems in Polish Territories in the Light of Materials in Digging out and in Documents, Wiadomości Arch. 16, 1948, 387–418.

§ 6. Phasen der Gewichtsgeldwirtschaft. Im Geldwesen, das auf der Basis von Gewichten des Metalls als Währungsgrundlage beruht, sei es Kupfer, Bronze, Silber oder Gold, ist die Waage notwendiger Bestandteil des Zahlungsvorganges. Auch wenn weder W. noch Gewichte überliefert sind, kann ihre Existenz aufgrund der speziellen Geldsituation vorausgesetzt werden. Diese wird anhand von Schatzfunden greifbar, die entweder Metallgerät und Schmuck in genormten Gewichtsgrößen enthalten oder zerteiltes Material nach Art des → Hacksilbers, daß in der Fragmentierung ebenfalls genormte Portionen erkennen läßt.

Es gab Phasen einer reinen Gewichtsgeldwirtschaft, für die W. und Gewichte unbedingt notwendige Utensilien waren, weil nur Metall nach Gewichten den Besitzer wechselte. Außerdem wurden auch im Rahmen mancher Münzgeldwirtschaften W. und Gewichte benötigt, weil einerseits ebenfalls mit zerteilten Münzen gezahlt wurde, und weil andererseits bei größeren Münzbeträgen die vom gewünschten Idealgewicht der gezählten Münzen abweichende Menge hinzugewogen werden mußte.

In Mesopotamien wurde seit sumerischer Zeit Silber in Form von – urspr. gedacht als Schmuck – Ringen verwendet, die im Gewicht vereinheitlicht waren, wie z. B. auch zur WZ. Sie wogen regelmäßige Vielfache der Gewichtseinheit Shekel, und daneben gab es entspr. Hacksilber. Zw. den Begriffen ‚Wiegen' und ‚Abhacken' und dem Wort für Geld oder Zahlungsmittel gibt es in manchen Sprachen einen Zusammenhang. Die Wurzel des Wortes Shekel bezeichnet in den semitischen Sprachen den Vorgang des Wiegens. Eine Gewichtseinheit bildet damit die Grundlage für den Namen Geld, wie im engl. ‚Pfund'. Das Wort ‚Talaton' meint Gewichte und Geldsumme. Das griech. *komma*, Münzgepräge, wird von *koptein*, was abschlagen heißt, hergeleitet, was bedeutet, daß von größeren Metallstücken Teile als Zahlungsmittel abgehackt werden (5, 320).

In Europa herrschte Gewichtsgeldwirtschaft auch zu Zeiten einer rudimentär entwickelten Geldwirtschaft, in deren Rahmen erkenntlich die Waage unverzichtbaren Anteil am Zahlungsvorgang hatte: während der späten BZ in der Ägäis und auf Zypern sowie in Mitteleuropa und später dann während der Spät-LTZ auf der Iberischen Halbinsel sowie in W- und Mitteleuropa, während der spätröm. Zeit, im spätant. Nubien des 5./6. Jh.s (11), während der MZ und der WZ. Sowohl im Röm. als auch im Byz. Reich spielten W. und Gewichte trotz entwickelten Münzwesens eine Rolle im alltäglichen Wirtschaftsleben. Auch in den islamischen Ländern, aus denen man die Typen der W. und Gewichte parallel zum Import des Dirham übernommen hatte, wurden W. und Gewichte regelmäßig eingesetzt, belegt über die auffällig zahlreichen Gewichtsfunde in Siedlungen.

Die große Anzahl der bronzezeitlichen Hortfunde hat immer wieder zur Unters. und statistischen Auswertung der Gewichtsgrößen geführt, die für einige Zeitabschnitte und Räume nachweisen konnten, daß sowohl vollständige Bronzegeräte als auch zerschnittenes Material als Geld mit genormten Gewichtsgrößen im Umlauf gewesen sind. Zur Kupferzeit lassen Beile und Äxte noch keine Normierung der Gewichtsgrößen erkennen. Die Ring- und Spangenbarren sowie Miniaturbarren der frühen BZ sind nach einem Gewichtsstandard gegossen worden (was sich aus der Erfahrung bei der Herstellung der Gußformen ergeben konnte, ohne daß eine Waage notwendig war). Es zeigt sich auch, daß im Verlauf der Zeit immer kleinere Geräte hergestellt und dann mit Brucherz kombiniert wurden, was die Geldfunktion betont. Sogar unterschiedliche Wirtschaftsräume konnten gegeneinander abgegrenzt werden (5, 321), z. B. wurden in S-Deutschland, Oberösterr. und Teilen von Böhmen Spangen- und Miniaturbarren verwendet, in Niederösterr. und Mähren zur selben Zeit Ringbarren. Die gehorteten Beile in Mitteldeutschland scheinen noch keine Geldfunktion gehabt zu haben.

Die Metallurgen der BZ hatten ein Gewichtssystem, nach dem sie das Rohmaterial portionierten und Frg. bewerteten. Im Gewicht ähnliche Stücke wurden in Gruppen zusammengefaßt, nach erkennbaren Mittelwerten geordnet und die Stücke mit einer gleicharmigen Waage gegeneinander ausbalanciert (Näheres zum Vorgang bei 7, 256 f. mit Tab.).

Die Gewichtsgeldwirtschaft ist für die späte vorröm. EZ, z. B. in den letzten beiden Jh. v. Chr. auf der Iberischen Halbinsel mit der Basis von Silber nachgewiesen (8) oder in Italien bis ins 3. Jh. v. Chr. auf der Basis von Kupfer, als nach der frühen röm. Tradition Kauf und Verkauf von Gütern über Zahlung durch Abwiegen von Bronze mit der Waage erfolgten *(per aes et libra)* (6, 505 mit Lit.).

Die kelt. Münzwirtschaft in der Spät-LTZ ist gekennzeichnet durch eine Vielzahl von Münzmetallen einerseits und andererseits durch die unterschiedlichsten ‚Stammesprägungen' mit je eigenem Umlaufgebiet, die sich jedoch weitgehend überlagern, was zeigt, daß die Münzen nach Prüfung großräumig akzeptiert wurden. W. und Gewichte wurden v. a. zur Herstellung der Legierungen für die Münzen verwendet und sicherlich beim Abwiegen größerer Münzmengen bzw. nur die Waage für die Überprüfung des richtigen Gewichts durch einen Münzvergleich. Ähnlich ist die Situation während der jüng. MZ, der Phase der Monetarprägungen mit mehr als 1 500 Monetarnamen auf den Münzen und über 800 Prägeorten (→ Münzmeister). In beiden Epochen fehlte noch eine überregionale obrigkeitliche Garantie von Gewicht und Feingehalt der Münzen, was ihre Kontrolle nötig machte.

Während der WZ ist in Skand. (9; 10) und im slaw. Siedlungsraum (12; 1) die ausgeprägteste Form der Gewichtsgeldwirtschaft entwickelt worden, da neben Barren und Silbergefäßen auch fremde Münzen, erst arab., dann dt. und engl., nach System zerschnitten wurden, damit in bestimmten Quantitäten gezahlt werden konnte. Nach Gewicht genormte Halsringe zu 100 oder 200 g, auch 300 oder 400 g, wurden, zu Spiralarmringen gebogen, in Rußland und Schweden gehortet (2; 3, 188). Ähnlich genormte Ringe wurden auf den Britischen Inseln gehortet (4). Zum 10. Jh. hin nahm der Fragmentierungsgrad des Silbers immer weiter zu, und der prozentuale Anteil von Hacksilber an den Horten stieg an, was W. und Gewichte in immer mehr Händen immer wichtiger machte (2; 9).

(1) S. Brather, Lit. § 5 Nr. 12 und 14. (2) B. Hårdh, Lit. § 5 Nr. 30. (3) Dies., Silber im 10. Jh. Ökonomie, Politik und Fernbeziehungen, in: J. Henning (Hrsg.), Europa im 10. Jh. Arch. einer Aufbruchszeit, 2002, 181–193. (4) S. E. Kruse, Lit. § 5, Nr. 49. (5) M. Lenerz-de Wilde, Prämonetäre Zahlungsmittel in der Kupfer- und BZ Mitteleuropas, Fundber. aus Baden-Württ. 20, 1995, 229–327. (6) Chr. Pare, Lit. § 2 Nr. 19. (7) E. Pühringer, Das Gewicht der Metalle, Arch. Nachrichtenbl. 7, 2002, 253–259. (8) K. Raddatz, Lit. § 3 Nr. 18. (9) H. Steuer, Lit. § 3 Nr. 23. (10) Ders., Lit. § 5 Nr. 99. (11) L. Török, Lit. § 4 Nr. 86. (12) Ch. Warnke, Die Anfänge des Fernhandels in Polen 900–1025, 1964.

H. Steuer

Wagen und Wagenbau, Wagengrab

§ 8: Römische Kaiserzeit – a. Arch. Qu. – b. W.-Bau – c. W.-Grab – § 10: Merowingerzeit – a. W.-Bau – b. W.-Grab

§ 8. Römische Kaiserzeit. a. Arch. Qu. Aus den Niederlanden, N-Deutschland und Dänemark stammen zahlreiche Funde einzelner W.-Teile (5; 22). Allem Anschein nach wurden die W. im germ. Raum weitgehend ohne Verwendung metallener Teile gebaut, die Überlieferung ist somit an günstige Erhaltungsbedingungen für Holz geknüpft. Der Großteil der Funde stammt deshalb aus Siedlungen mit Feuchtbodenmilieu oder aus Mooren; allein die Siedlungsfunde von → Dankirke (3) und Fredbjerg (11) geben einen W. aufgrund seiner Metallteile zu erkennen. Die Ursachen für die Deponierung der W.-Funde sind vielfältig.

Aus den Siedlungsschichten von → Ezinge (25, 121–126. 143–146) und bes. zahlreich aus der → Feddersen Wierde (7) stammen Reste von einzelnen W.-Teilen. Hierbei handelt es sich um schadhafte Stücke, die im Zuge von Reparaturen ausgetauscht worden waren und in der Siedlung als Rohstoff für weitere Nutzungen verblieben. Wässergruben mit Naben- und Felgenrohlingen belegen auf der Feddersen Wierde das Stellmacherhandwerk. Hier konnten zwei Werkplätze identifiziert werden, die anscheinend auf bestimmte W.-Typen spezialisiert waren (7, 58 f.).

Schwieriger zu beurteilen sind die zahlreichen Moorfunde. In keinem Fall wurde ein ganzer W. überliefert – wenngleich vereinzelte frühe Berichte den Fund ganzer W. bezeugen wollen (s. 2, 8 f.; 5, 152; 23, 42) –, auch in den Mooren wurden nur einzelne, meist isolierte W.-Teile ohne weiteren konstruktiven Zusammenhang gefunden. Vielfach waren diese Stücke ebenfalls schadhaft. Die Deponierungen können einen profanen Hintergrund haben, etwa daß Bauteile zur Wässerung ins Moor gelegt (4, 84; 15, 189 f.) oder während der Querung eines gefrorenen Moores bzw. auf einem → Bohlenweg schadhaft und vor Ort ausgetauscht und liegengelassen wurden (s. 1; 6). In vielen Fällen wird man jedoch von einem rituellen Motiv ausgehen müssen. V. a. aus den Mooren → Rappendam (Abb. 82) (14) und

Wagen und Wagenbau, Wagengrab

Verbindung bringen lassen, wird der Komplex von Rappendam v. a. durch die Deponierung von W.-Rädern geprägt. Die Niederlegung von Radimitaten (14, 55 f.) unterstreicht den rituellen Charakter der Deponierungen.

b. W.-Bau. Da uns nur Einzelteile von W. ohne konstruktiven Zusammenhang vorliegen, und diese meist auch nur fragmentiert, läßt sich ein Bild von den W. der RKZ nur auf rekonstruktivem Wege erreichen. Durch die für Holz günstigen Erhaltungsbedingungen im Feuchtbodenmilieu der Marschensiedlungen und Moore gewinnen wir jedoch, trotz des weitgehenden Fehlens von Metall, einen guten Einblick in die W.-Technologie. Die Holzteile sind meist sehr gut erhalten und lassen neben charakteristischen Gebrauchsspuren eine Reihe konstruktiver Details erkennen. Die W.-Technologie der RKZ bietet kaum Neuerungen, die nicht auch schon vorher bekannt gewesen sind.

Abb. 82. Scheibenradfrg. von Rappendam, Dänemark. Nach Kunwald (14, Taf. 6b)

Die größte Fundgruppe stellen die Räder, die auf Formen zurückgreifen, die seit der BZ bekannt waren (→ Wagen und Wagenbau, Wagengrab § 3, Bd. 33; → Stader Räder). Einteilige und dreiteilige Scheibenräder mit eingeschobener Nabenbuchse wurden ebenso verwendet wie Speichenräder. Die Bretter der mehrteiligen Scheibenräder waren mit eingeschobenen Leisten, z. T. noch zusätzlich mit Dübeln verbunden (7). Neben dem Buchsenloch hatten viele der Räder halbmondförmige Öffnungen. Diese Räder stehen in einer W.-Bautradition, die bereits in den neol. Funden der zirkumalpinen Seeufersiedlungen greifbar ist (19). In ihrer technischen Ausführung und ihrem äußeren Erscheinungsbild entsprechen sie vollkommen bronzezeitlichen Rädern. Ihre Dm. liegen auf der Feddersen Wierde bei 60–90 cm (7), in Rappendam bei 45–80 cm (14, 51).

Abb. 83. Speichenrad von Tranbær, Dänemark, mit Reparatur. Nach Witt (27, 130 Abb. 16b)

Tranbær (Abb. 83) (21, 134–140; 22, 235–239) ist eine große Anzahl an einzelnen W.-Teilen überliefert. Während die Funde von Tranbær sich mit den südskand. Kriegsbeuteopfern (vgl. → Kriegswesen § 9.5.6) in

Die Speichenräder bestanden aus mehreren, meist 4–6 Felgensegmenten. Da Radreifen fehlten, wurden sie durch Dübel, nachträglich bei losem Sitz auch durch Klammern und Klötze zusammengehalten. Die einzelnen Segmente wurden nicht in Form gebogen, sondern in Faserrichtung aus einer Bohle herausgearbeitet. In der Regel nahm jedes Segment zwei Speichen auf. Der Dm. der Speichenräder von der Feddersen Wierde ließ sich zw. 75 und 110 cm rekonstruieren, allein ein Segment gehörte zu einem aus sechs Segmenten zusammengesetzten Speichenrad mit 18 Speichen und 141 cm Dm. (7, 30); ähnlich die Funde aus dem Tranbær Moor (14, 57 Anm. 21a). Die Bruchempfindlichkeit der Speichenräder war unter Belastung bes. groß. Zur Stabilisierung wurden ab dem 2. Jh. die Felgen deutlich erhöht, was bei gleichbleibendem Raddm. zu kürzeren Speichen führte. Dieser Radtyp fand bis ins MA weite Verwendung (9, 431 f.). Eine höhere Bruchfestigkeit wurde ebenfalls durch den Einbau konischer Speichen erreicht. Aus den röm. Prov. ist diese Form mehrfach belegt, aus dem N durch einen ndsächs. Moorfund (8).

Die im W.-Bau seit der BZ angewandte Biegefelgentechnik ist im N nur durch einen Fund von der Feddersen Wierde zweifelsfrei belegt (7, 26 f.). Das in ca. 1 m Lg. erhaltene Frg. läßt jedoch weder die Art der Zusammenfügung des Radkranzes erkennen noch ob die Felge zu einem ganzen Kreis oder nur einem Teilkreis gebogen war. Räder mit Biegefelgen erforderten möglichst viele Speichen, um dem Rad die nötige Stabilität zu verleihen. Ihre Konstruktion war handwerklich sehr aufwendig und in Schadensfällen waren sie meist nicht zu reparieren (10, 20). Hingegen ließen sich schadhafte Teile von Speichenrädern mit zusammengesetzten Felgen, deren Segmente aus einer Bohle herausgearbeitet und nicht gebogen wurden, problemlos austauschen.

Die Achsen waren ebenfalls sehr großen Belastungen ausgesetzt, die häufig zu Brüchen führten. Gebrochene Achsen konnten nicht repariert, sondern mußten als Ganzes ausgetauscht werden. Nur wenige Funde lassen die originalen Abmessungen erkennen, daraus ergeben sich Längen von durchschnittlich 165–180 cm, bei einer Spurweite von 114–125 cm (7, 39 f.; 22, 236 f.).

Vereinzelte Funde von Teilen der Unterwagenkonstruktion sowie der Zugvorrichtung erlauben die Rekonstruktion wesentlicher Merkmale der W. Die Y-förmigen Langfuhren lassen ebenso die Verwendung vierrädriger W. erkennen wie die Zugarme auf eine lenkbare Vorderachse und damit ebenfalls auf einen vierrädrigen W. schließen lassen. Für unser Verständnis des vierrädrigen W.s der EZ bietet der W.-Fund von → Dejbjerg den Schlüssel. Die Rekonstruktion der W. der HaZ (s. 18, 132 f.; → Wagen und Wagenbau, Wagengrab § 5, Bd. 33) und der LTZ (20, 96; → Wagen und Wagenbau, Wagengrab §§ 6–7, Bd. 33) basiert in wesentlichen Teilen auf dem Befund von Dejbjerg (zu den W. von Dejbjerg s. 20, 97–107), und auch die W. der RKZ sind in ihrer Unterkonstruktion nur auf Basis der dort beobachteten Technologie zu verstehen (9, 457–462).

Die Zugkonstruktion bestand im wesentlichen aus der Schwenkachse (S), an der die vertikal bewegliche Deichsel befestigt war, den beiden Zugarmen (Z), einem Tragebrett (Tv), über das mit einem Reibnagel die Zugkonstruktion an der Langfuhr fixiert war, und der Vorderachse (Av) (Abb. 84). Diese Konstruktion bildete einen stabilen, rechteckigen Rahmen. Die Drehkraft wurde über zwei Zugarme auf die schwenkbare Vorderachse übertragen, wobei der Drehpunkt in dem am Tragebrett vor der Vorderachse gesetzten Reibnagel saß. Durch diese Konstruktion brauchte man die Vorderachse nicht für die Aufnahme des Reibnagels zu durchbohren und umging so das Problem einer erheblichen konstruktiven Schwächung der Achse. Die auf die Zugvorrichtung wirkenden Kräfte wurden auf optimale Weise aufgefangen. Diese Kon-

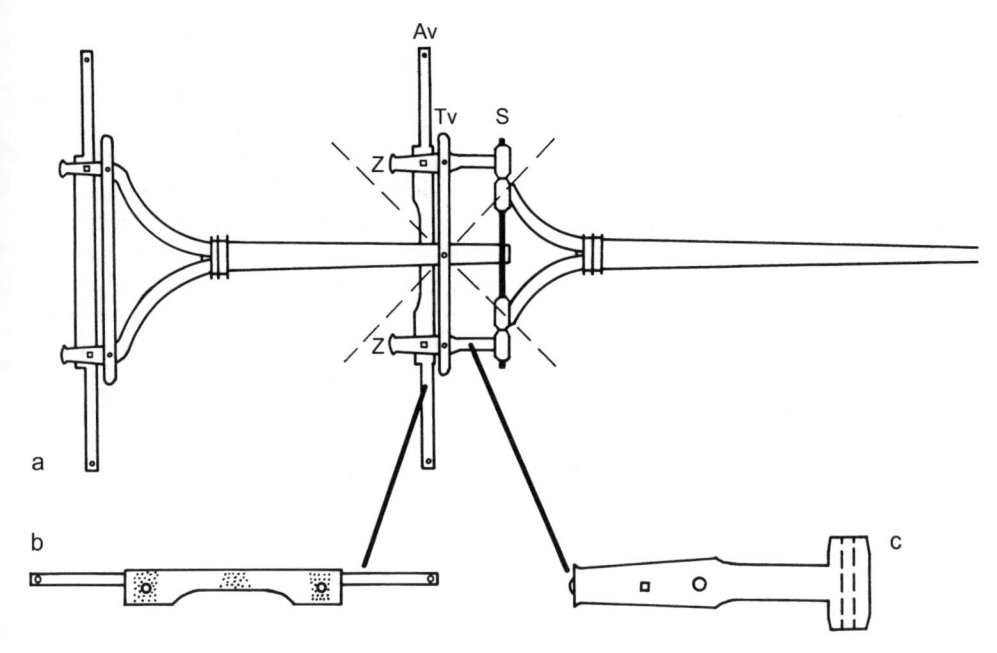

Abb. 84. Vierrädriger Wagen mit Zugarmkonstruktion. a Unterwagen von Dejbjerg; b Vorderachse mit typischen Abnutzungsspuren; c Zugarm. Nach Hayen (9, 458 Abb. 16)

struktion hielt sich bis in die Neuzeit hinein und kann bereits in der RKZ als ausgereift gelten.

Ein alternatives Konstruktionsprinzip zum W. mit Zugarmen wäre der Drehschemel-W. (9, 453–457), der auch bereits durch den Fund eines Drehschemelfutters vom Bohlenweg V (Pr), Ldkr. Diepholz, für die BZ belegt ist, bislang aber für die RKZ nicht nachgewiesen werden konnte.

Da weder Langfuhren noch Deichseln vollständig erhalten sind, können wir keine Angaben zur Länge der W. machen. Auch die Konstruktion der Oberwagen kann aufgrund der fehlenden Überlieferung charakteristischer Bauteile nicht ermittelt werden.

Im W.-Bau wurden die unterschiedlichsten Hölzer eingesetzt. V. a. aber für die Bauteile, die den größten Belastungen ausgesetzt waren, verwendete man meist Eiche.

Auf Basis der Funde von Rappendam und Tranbær wurde jeweils ein eigener W.-Typ rekonstruiert (→ Rappendam S. 135 f. mit Abb. 16; 22, 132 f. 133–135). Aufgrund der mangelhaften Befunde sind diese Rekonstruktionen in etlichen technischen Details allerdings fragwürdig.

Bei den W. der RKZ, die wir aus den arch. Funden erschließen können, handelte es sich fast ausschließlich um Wirtschafts-W. Weitere funktionale Untergliederungen entbehren einer empirischen Grundlage. Durch Einzelfunde hoher Speichenräder aus Tranbær oder von der Feddersen Wierde sowie das Frg. einer Biegefelge erhalten wir evtl. Hinweise auf W., die keinen unmittelbaren wirtschaftl. Verwendungszweck hatten.

Es scheint, daß die W. ausschließlich aus Holz aufgebaut waren. Weder konnte Metall direkt nachgewiesen werden noch ließen sich indirekte Hinweise auf die Verwendung z. B. eiserner Radreifen durch Nagellöcher oder Brandspuren feststellen. Hiervon abzusetzen sind die beiden W. von → Dankirke (3) und Fredbjerg (11) aus dem 1. Jh. n. Chr. Aufgrund ihrer Metallarbeiten sind sie an die Seite der latènezeitlichen W. von Dejbjerg zu stellen. Diese Fahrzeuge werden primär im Kult oder zur Statusrepräsentation verwendet worden sein, damit heben sie sich von den meisten anderen dinglich überlieferten W. der RKZ ab.

Der W.-Bau im Barbaricum folgte in seinen konstruktiven Prinzipien den allg. technologischen Traditionen, die überregional mindestens seit der vorröm. EZ allg. praktiziert wurden. Im Vergleich mit den zeitgenössischen W. der röm. Prov. fällt zunächst das weitgehende Fehlen metallener Bauteile auf. Gerade an jenen neuralgischen Punkten, die dem größten Verschleiß ausgesetzt sind, erhöht die Verstärkung durch Metall die Belastbarkeit des Materials. Der Großteil der röm. W. wurde an den reibenden Oberflächen mit Eisen bewehrt (24). Die höhere Belastbarkeit erlaubte eine größere Dimensionierung der W.: Anhand der Funde von → Neupotz läßt sich für diese W. eine Spurweite von 164 cm ermitteln (24, 326). Da die röm. W. größtenteils durch ihre Beschläge überliefert sind, ist ein unmittelbarer Vergleich technologischer Prinzipien kaum möglich. Die typol. Vielfalt, die uns in der röm. Welt entgegentritt (vgl. → Wagen und Wagenbau, Wagengrab § 9, Bd. 33), findet im germ. Kulturraum in der arch. Überlieferung keine Entsprechung; ein Vergleich der jeweiligen W.-Bautraditionen findet somit schnell seine Grenzen.

c. W.-Grab. Im Qu.bestand der RKZ haben die W.-Gräber eine untergeordnete Bedeutung. Auf Fünen und der jütischen Halbinsel enthielten vier Gräber (Nørre Broby, Rønslunde, Troelstrup, Quern) eine paarige Beigabe von Zaumzeug bzw. die Skelettreste zweier Pferde, und auch das mitgegebene Zaumzeug wich in seiner Art von dem zweifelsfreier → Reitergräber ab. Es ist deswegen statthaft, diese Befunde als ‚Wagengräber' anzusprechen, wobei der W. selbst nicht mit ins Grab gelangt ist, sondern nur durch die Zugtiere bzw. die Anschirrung als *pars pro toto*-Beigabe symbolisiert wurde (26, 138–145). Über die Art der W. bzw. ihre Technik gewinnen wir aus diesen Gräbern folglich keine Hinweise.

Dennoch sind diese Gräber trotz ihrer nur kleinen Zahl kulturgeschichtl. hier von weiterem Interesse. Von einem Grab abgesehen sind die Gräber reich ausgestattet, zwei der Gräber gehören zur Gruppe der Fürstengräber vom Lübsow-Typ (vgl. → Fürstengräber § 4c). Anhand der Beigaben handelt es sich um Frauengräber; mit ihrer Datierung an den Anfang der Stufe B2 nach Eggers handelt es sich um ein kurzfristiges Phänomen.

Die Gräber lassen auf den sozial herausragenden Kontext der W.-Fahrt schließen. In der Gegenüberstellung von Reiter- und ‚Wagengräbern' erkennen wir zudem einen geschlechtsspezifischen Aspekt, demzufolge Männer als Reiter, Frauen als W.-Fahrerin ausgestattet wurden (26). Aus dem gleichen Raum stammen aus der jüng. vorröm. EZ (vgl. → Wagen und Wagenbau, Wagengrab § 7, Bd. 33) ebenfalls vier W.-Gräber, bei denen es sich jedoch um Männergräber handelte. Ende des 1. Jh.s n. Chr. erfolgte nach 100–200 J. die regionale Wiederbelebung einer alten Bestattungssitte; dies allerdings verbunden mit einem Wechsel in der geschlechtsspezifischen Zuweisung.

Ein ähnliches Phänomen läßt sich in Thrakien und Moesien sowie in Teilen Galliens beobachten (12). In den röm. Prov. setzte am Beginn des 2. Jh.s n. Chr. die W.-Grabsitte wieder ein, nachdem sie hier für mindestens zwei Jh. nicht praktiziert wurde. Dieser Grabbrauch wurde bis ins 3. Jh., auf dem Balkan vereinzelt bis ins 4. Jh. vollzogen. Auch mit diesen Gräbern fassen wir die Oberschicht, wenngleich sich entgegen gegenteiliger Behauptungen (17, 174) die W.-Grabsitte nicht auf Frauen beschränkte (12, 98 f.; 16, 124). Das erneute Aufgreifen dieser Sitte wird als ‚Renovatio' relig. Denkens gedeutet (12, 101), das in Abkehr von röm. Repräsentationsformen die archaisierende Selbstdarst. traditioneller Eliten prägte. Ein ähnlicher Vorgang wird in der Aufnahme von latènezeitlichen Objekten in den gallo-röm. Heiligtümern vermutet, indem die prov.-röm. Elite sich über ein eigenes Traditionsbewußtsein zu legitimieren versuchte (13, 483).

Trotz einiger Parallelen wird man den Befund aus den röm. Prov. nicht auf das Barbaricum übertragen können. Die dürftige Qu.lage im N und der Wechsel in der Geschlechtsspezifität der W.-Beigabe erlauben es kaum, die symbolische Bedeutung des W.s bei den Germ. zu ermitteln.

(1) St. Burmeister, „Don't litter" – Müll am steinzeitl. Wegesrand, in: M. Fansa, S. Wolfram (Hrsg.), Begleitschr. zur Sonderausstellung „Müll – Facetten von der Steinzeit bis zum Gelben Sack", 2003, 47–54. (2) C. Engelhardt, Kragehul mosefund, 1751–1865. Et overgangsfund mellem den ældre jernalder og mellem-jernalderen, 1867. (3) H. J. Hansen, Fragmenter af en bronzebeslået pragtvogn fra Dankirke, Aarbøger 1984, 217–243. (4) H. Hayen, Vier Scheibenräder aus dem Vehnemoor bei Glum (Gem. Wardenburg, Ldkr. Oldenburg), Die Kunde NF 23, 1972, 62–86. (5) Ders., Räder und W.-Teile aus nordwestdt. Mooren, Nachr. aus Niedersachsens Urgesch. 42, 1973, 129–176. (6) Ders., Der Bohlenweg VI (Pr) im Großen Moor am Dümmer, 1979. (7) Ders., W. der Wurt Feddersen Wierde, in: W. Haarnagel (Hrsg.), Feddersen Wierde, 3. Einzelunters. zur Feddersen Wierde. W., Textil- und Lederfunde, Bienenkorb, Schlackenanalysen, 1981. (8) Ders., Räder mit konischen Speichen. Ein vorläufiger Ber., Nachr. aus Niedersachens Urgesch. 50, 1981, 303–310. (9) Ders., Handwerklich-technische Lösungen im vor- und frühgeschichtl. W.-Bau, in: H. Jankuhn u. a. (Hrsg.), Das Handwerk in vor- und frühgesch. Zeit 2, 1983, 415–470. (10) Ders., „Handwerkliche Techniken und Probleme im frühen W.-Bau, Arch. Mitt. aus NW-Deutschland 14, 1991, 7–24. (11) St. Jensen, Fredbjergfundet. En bronzebeslået pragtvogn på en vesthimmerlandsk jernalderboplads, Kuml 1980, 1981, 169–216. (12) G. Kossack, W. und faltbarer Sessel in Gräbern röm. Prov., BVbl. 65, 2000, 97–107. (13) S. und E. Künzl, Der Fund von Neupotz. Die hist. Momentaufnahme der Plünderung einer röm. Domäne in Gallien, in: E. Künzl, Die Alam.beute aus dem Rhein bei Neupotz. Plünderungsgut aus dem röm. Gallien, 1. Unters., 1993, 473–504. (14) G. Kunwald, Der Moorfund im Rappendam auf Seeland, PZ 45, 1970, 42–88. (15) J. D. Møller, Vedanatomisk analyse af vogndele, in: [22], 185–193. (16) Zs. Mráv, Kaiserzeitliche W.-Bestattungen in Pann., in: F. Daim, Th. Kühtreiber (Hrsg.), Sein & Sinn – Burg & Mensch, 2001, 123–129. (17) H.-U. Nuber, Kanne und Griffschale. Ihr Gebrauch im täglichen Leben und die Beigabe in Gräbern der RKZ, Ber. RGK 53, 1972 (1973), 1–232. (18) Ch. F. E. Pare, Bemerkungen zum W. von Hochdorf, in: Vierrädrige W. der HaZ. Unters. zu Gesch. und Technik, 1987, 128–133. (19) H. Schlichtherle, W.-Funde aus den Seeufersiedlungen im zirkumalpinen Raum, in: M. Fansa, St. Burmeister (Hrsg.), Rad und W. Der Ursprung einer Innovation, 2004, 295–314. (20) M. Schönfelder, Das spätkelt. W.-Grab von Boé (Dép. Lot-et-Garonne). Stud. zu W. und W.-Gräbern der jüng. LTZ, 2002. (21) P. O. Schovsbo, Henry Petersen og vognfunde fra de ældre jernalder. En forskningshistorisk skitse, Aarbøger 1981, 118–159. (22) Ders., Oldtidens vogne i Norden. Arkæologiske undersøgelser af mose- og jordfunde vogndele af træ fra neolitikum til ældre middelalder, 1987. (23) W.-D. Tempel, Die „Moorbrücke" bei Gnarrenburg. Vorgeschichtl. Funde zw. Gnarrenburg und Karlshöfen, Rotenburger Schr. 77, 1992, 33–46. (24) Zs. Visy, W. und W.-Teile, in: E. Künzl, Die Alam.beute aus dem Rhein bei Neupotz. Plünderungsgut aus dem röm. Gallien, 1. Unters., 1993, 257–327. (25) J. D. van der Waals, Neolithic Disc Wheels in the Netherlands, with a note on the Early Iron Age Disc Wheels from Ezinge, Palaeohistoria 10, 1964, 103–146. (26) S. Wilbers-Rost, Pferdegeschirr der RKZ in der Germania libera. Zur Entstehung, Entwicklung und Ausbreitung des „Zaumzeugs mit Zügelketten", 1994. (27) T. Witt, Egerhjul og vogne, Kuml 1969, 111–148.

§ 10. Merowingerzeit. a. W.-Bau. Die arch. Qu., die uns Aufschluß über die W.-Technologie der MZ geben könnten, sind äußerst rar. Die in der RKZ noch reichlich vorliegenden Funde setzen in NW-Europa in der VWZ parallel mit dem allg. Fundrückgang ebenfalls aus. Die einzelnen W.-Teile von den südskand. Moopferplätzen lassen sich meist keiner spezifischen Deponierung zuweisen, können in Einzelfällen somit noch ins 5. Jh. gehören. Der einzige sicher zu datierende Fundkomplex stammt aus einem Moor von Alt-Bennebek, Schleswig-Holstein: hier wurden sie-

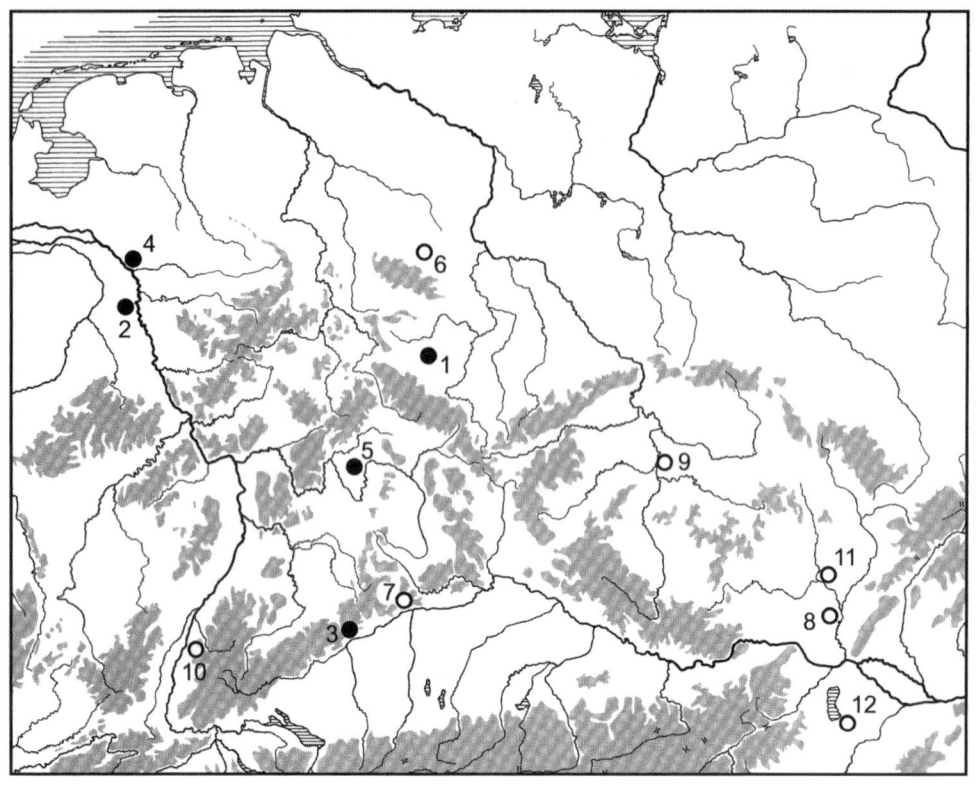

Abb. 85. Wagengräber der MZ (●). 1 Erfurt-Gispersleben (14); 2 Krefeld-Gellep (9); 3 Langenau (5); 4 Wesel-Bislich (9); 5 Zeuzleben (8, 161–166). Gräber mit fraglicher oder symbolischer (Joch-/Schirrungszubehör) Wagenbeigabe (O); 6 Deersheim (10, 257–266); 7 Ebermergen (2, 169); 8 Hauskirchen (1); 9 Kamýk (12, 245); 10 Mahlberg (3); 11 Šakvice (13, 48 f.); 12 Veszkény (4)

ben einteilige Scheibenräder mit fester Nabenbuchse freigelegt, die typol. weitgehend neol. Rädern gleichen; anhand zweier kalibrierter 14C-Daten müssen die Räder ins 6./7. Jh. datiert werden (11).

Einen besseren Einblick in den W.-Bau der MZ geben einige Grabfunde (Abb. 85). Das W.-Grab von Erfurt-Gispersleben (→ Fahren und Reiten Abb. 17; → Erfurt S. 490) enthielt einen zweirädrigen W., der in seinen wesentlichen Zügen rekonstruiert werden konnte (14). Die beiden Speichenräder waren durch einen eisernen Reifen eingefaßt, der nicht heiß aufgezogen, sondern mit Nägeln befestigt war. Lage und Anzahl der Nägel ließen erkennen, daß die Felgen jeweils aus sechs Segmenten zusammengesetzt waren, wobei jedes zwei Speichen aufgenommen hatte. Die 12speichigen Räder hatten einen Dm. von 105 cm. Die Naben waren mit eisernen Nabenringen bewehrt, die nicht nur den Verschleiß verringerten, durch sie ließ sich auch bei Bedarf das zunehmende Achsspiel reduzieren. Die Achsschenkel wurden durch das jeweilige Einlassen eines Eisenbandes vor starkem Verschleiß und Bruch geschützt. Sie schlossen mit einer eisernen Achskappe ab. Da im Bereich des Oberwagens keine metallenen Bauteile gefunden wurden, läßt sich dieser nur ansatzweise rekonstruieren. Es scheint, daß er durch Holzverzapfungen und Holznägel zusammengefügt war. Der W.-Kasten wird mit einer Lg. von 2,4 m und einer Br.

von 1 m angenommen. Die am Achsfutter befestigte Deichsel hatte eine anzunehmende Lg. von 3,7 m, ihre freie Lg. vor dem W. betrug 2,4 m. Der vordere Abschluß der Deichsel wurde durch einen eisernen Deichselbeschlag gebildet; hier befand sich auch das Geschirr für zwei Zugtiere (14, 218–221). In vielen technischen Details steht dieser W. in der Tradition des kelt. und röm. W.-Baus. Da die Oberwagenkonstruktion jedoch zu unklar ist, lassen sich keine stichhaltigen Parallelen zu den Typen röm. W. (7) ziehen.

Ein ebenfalls zweirädriger W. befand sich im Grab 2268 von Krefeld-Gellep (→ Gelduba). Trotz schlechter Erhaltungsbedingungen, die nur einige Angaben zu den beiden Rädern erlauben, ließ sich hier die Biegefelgentechnik nachweisen. Die im Dm. ca. 110 cm messenden Speichenräder waren aus einer einteiligen Felge aufgebaut; die beiden Enden der Felge wurden jeweils durch ein Felgenschloß verbunden (9).

In drei weiteren Gräbern konnte jeweils ein vierrädriger W. festgestellt werden. Während in → Wesel-Bislich sich der W. noch durch den Fund von vier eisernen Radreifen und eiserne Speichenendverstärkungen belegen ließ (9, 141), konnte er in → Zeuzleben (15, 8) und Langenau (5, 248) nur durch die in den Kammerboden eingetieften Standspuren der Räder erschlossen werden. Für Zeuzleben wurde aus den wenigen Indizien eine Spurweite des W.s von 90–95 cm und ein Achsstand von 90–100 cm ermittelt, die Räder hatten einen Dm. von 85–115 cm (8, 161–166). Die W. wurden von zwei Tieren gezogen.

Die fragmentarische Überlieferung der W.-Funde erlaubt in keinem Fall nähere Aussagen zur Zugkonstruktion sowie zur Konstruktion der Ober- und Unterwagen.

Bei den W. in den Gräbern wird es sich sicherlich nicht um Wirtschafts-W. gehandelt haben. V. a. die Biegefelgen lassen an W. des nicht-alltäglichen, gehobenen Bedarfs denken. → Gregor von Tours führt eine Reihe von W. ganz unterschiedlicher Funktion an, die sich jedoch nicht durch ihre Bezeichnung, sondern nur in ihrer Verwendung unterscheiden (16, 355 f.). Da W. außerhalb der Gräber im arch. Befund weitgehend fehlen, fehlen somit auch die Vergleichsmöglichkeiten, die es erlaubten, die W. in ihrer Funktion näher einzugrenzen. Die wenigen bildlichen Darst. sind zu schematisch, um weitergehende Einsichten in den W.-Bau zu gewähren. Der Kontext der Bildträger läßt jedoch auf den sozial gehobenen Verwendungszusammenhang der dargestellten W. schließen (z. B. 17, 318 f., Taf. 104,3).

b. W.-Grab. Es gibt eine kleine Anzahl von Gräbern, die zwei- bzw. vierrädige W. enthielten. Eine weitere, ebenfalls sehr kleine Gruppe von Gräbern läßt aufgrund der Beigabe zweier Pferde bzw. Teilen der Anschirrung indirekt auf einen W. schließen. Der W. ist in diesen Fällen nicht mit ins Grab gegeben worden, sondern wird durch die *pars pro toto*-Beigabe symbolisiert. Die Ansprache einiger der Fundobjekte als Anschirrungsteile wurde kritisiert (6, 25 ff.), die Herleitung eines W.-Kontextes allein anhand des mitunter sehr uncharakteristischen Schirrungszubehörs ist problematisch.

Die W.-Gräber, die unsicheren sind hier durchaus mit einzubeziehen, weisen eine Reihe von Gemeinsamkeiten auf, die diesen Gräbern einen eigenen Charakter verleihen. Soweit eine Aussage anhand anthrop. Bestimmungen oder anhand der Beigaben möglich ist, wurden in allen Fällen in diesen Gräbern Frauen bestattet. Wir beobachten in den Grabausstattungen, wie schon in der RKZ, eine geschlechtsspezifische Dichotomie fahrender Frauen und reitender Männer. Grabausstattung, Grabbau und Lage weisen diese Frauen als Angehörige der sozialen Elite aus. Die Bestattungen sind zum Großteil ant. beraubt, dennoch geben selbst diese Gräber immer noch einen deutlichen

Reichtum zu erkennen. Die W.-Gräber müssen der Qualitätsgruppe C nach Christlein zugerechnet werden (vgl. 2). Neben den reichen Beigaben ließen sich bei einigen Gräbern sehr aufwendige Grabeinbauten feststellen. Den herausragenden Befund liefert das W.-Grab von Zeuzleben, dessen Grabanlage aus einem mehrgeschossigen ‚Grabhaus' bestand, das mindestens 3,8 m in den Boden eingetieft war (→ Zeuzleben mit Abb. 98; 8).

Soweit Funde chron. Aussagen ermöglichen, sind die W.-Gräber in das 6. Jh. zu datieren. Allein für das Grab aus Wesel-Bislich wird, allerdings auf unsicherer Grundlage, eine Datierung für das 7./8. Jh. angegeben (9, 141).

(1) H. Adler, Ein langob. Frauengrab aus dem niederösterr. Weinviertel, in: F. Daim, Th. Kühtreiber (Hrsg.), Sein & Sinn – Burg & Mensch, 2001, 145–147. (2) R. Christlein, Besitzabstufungen zur MZ im Spiegel reicher Grabfunde aus W- und S-Deutschland, Jb. RGZM 20, 1973 (1975), 147–180. (3) G. Fingerlin, Mahlberg (Ortenaukr.), Fundber. aus Baden-Württ. 1983, 402–409. (4) J. Gömöri, „Das langob. Fürstengrab" aus Veszkény, Anz. des Germ. Nationalmus.s 1987, 105–119. (5) D. Hachmeister, Gräber der MZ von Langenau, Alb-Donau-Kr., Arch. Ausgr. in Baden-Württ. 1992, 247–249. (6) M. Müller-Wille, Frühma. Bestattungen in W. und W.-Kästen, in: In Honorem E. Baudou, 1985, 17–30. (7) M. Polfer, Der Transport über den Landweg – ein Hemmschuh für die Wirtschaft der RKZ?, Helinium 31, 1991, 273–295. (8) A. Rettner, Das frühma. Gräberfeld von Zeuzleben (Gde. Werneck, Lkr. Schweinfurt). Die Grabbeigaben. Gesamtauswertung der Funde und Befunde, ungedr. Diss. München 1994. (9) Ch. Röring, W., in: R. Pirling, Das röm.-frk. Gräberfeld von Krefeld-Gellep, 1979, 140–142. (10) J. Schneider, Deersheim. Ein völkerwanderungszeitliches Gräberfeld im N-Harzvorland, Jahresschr. für Mitteldt. Vorgesch. 66, 1983, 75–358. (11) K. Struve, Hölzerne Scheibenräder aus einem Moor bei Alt-Bennebek, Kr. Schleswig, Offa 30, 1973, 205–218. (12) B. Svoboda, Čechy v době stěhování národů, 1965. (13) J. Tejral, Die Langob. n. der mittleren Donau, in: R. Busch (Hrsg.), Die Langob. Von der Unterelbe nach Italien, 1988, 39–54. (14) W. Timpel, Das altthür. W.-Grab von Erfurt-Gispersleben, Alt-Thüringen 17, 1980, 181–238. (15) L. Wamser, Eine thür.-frk. Adels- und

Gefolgschaftsgrablege des 6./7. Jh.s bei Zeuzleben, 1984. (16) M. Weidemann, Kulturgesch. der MZ nach den Werken Gregor von Tours 2, 1982. (17) J. Werner, Stud. und Exkurse zu den merowingerzeitlichen Grabfunden von St. Ulrich und Afra, in: Ders. (Hrsg.), Die Ausgr. in St. Ulrich und Afra in Augsburg 1961–1968, 1977, 275–351.

St. Burmeister

Zu Neol.; BZ; HaZ; LTZ; Röm. Prov.; WZ → Wagen und Wagengrab, Wagenbau, Bd. 33

Wageningen. Archäologisch. In dem frühma. Gräberfeld W., Prov. Gelderland, Niederlande, fanden in den J. 1927, 1949 und 1980–1981 Grabungen statt (1–4). Der Platz liegt an der Westflanke einer Moräne an dem N-S verlaufenden Diedenweg, einer frühen Wegeverbindung zu einer nahegelegenen Furt über den Rhein. Die Grenzen des Gräberfeldes sind vollständig erfaßt. In einem Bereich von gut 6 000 m^2 lagen urspr. mehr als 1 000 Gräber, für mehr als 800 davon liegt Dokumentation vor. Die Belegung erfolgte kontinuierlich vom Ende des 4. Jh.s bis zum Beginn des 9. Jh.s n. Chr., und zwar hauptsächlich von S nach N, am Diedenweg entlang.

Auf der Basis von Grabritual, Ausrichtung und Ausstattung der Gräber und ihrer Lage innerhalb des Gräberfeldes lassen sich acht Per. unterscheiden. Körpergräber gab es in allen Per., Brandbestattungen nur in den Per. 1 und 3–5. Mit Ausnahme von Gräbern der Per. 6 fehlten reich ausgestattete Bestattungen weitgehend. In fast allen Per. bestand das Gräberfeld aus kleinen Gräbergruppen, wahrscheinlich den Bestattungen verschiedener Gehöfte.

Per. 1: Körpergräber verschiedener Ausrichtung, Brandgruben, Urnenbestattungen und Knochenhaufen; Ende 4. bis Anfang 5. Jh.

Per. 2: Körpergräber, W-O und S-N; 5. Jh.
Per. 3: Körpergräber S-N; Im Verlauf oder am Ende dieser Per. setzen wieder Brandbestattungen ein; 6. Jh.
Per. 4: Körpergräber S-N, Leichenbrand in Urnen oder in vergänglichen Behältern, z. T. Kreisgräben; Ende 6. und 7. Jh.
Per. 5: Körper- und Brandgräber liegen in wechselnden Mengen in N-S Streifen mit relativ leeren Bereichen dazwischen, Körpergräber wechselnder Ausrichtung, vorherrschend N-S, Brandbestattungen wie in der Per. 4; Ende 7./Anfang 8. Jh.
Per. 6: Zuerst noch in Streifen gruppierte Gräber entwickeln sich zu mehreren Gruppen von Körpergräbern, mehrfach um ein oder mehrere Kammergräber, einzelne von letzteren waren mit Pfahlsetzungen umgeben. Körpergräber W-O, weniger N-S, mit einigen Ausnahmen; als Beigaben Flügellanzen, späte → Saxe, zuckerhutförmige Schildbuckel und → Sceattas; 1. Hälfte 8. Jh.
Per. 7: Sehr viele W-O Körpergräber liegen in regelmäßigen Reihen bis an die Nordgrenze des Gräberfeldes; außer einem Denar von Pippin keine Beigaben; 2. Hälfte 8. Jh.
Per. 8: Die W-O Körpergräber liegen ausschließlich in einem langen Streifen am Westrand des Gräberfeldes am Diedenweg entlang; keine Beigaben; Ende 8. bis Anfang 9. Jh.

(1) W. A. van Es, Het rijengrafveld van W., Palaeohistoria 10, 1964, 181–316. (2) Ders. u. a., W., gem. W., vroeg-middeleeuws grafveld, Jaarverslag Rijksdienst voor het Oudheidkundig Bodemonderzoek Amersfoort 1981, 1983, 74–76. (3) J. H. Holwerda, Het grafveld van W., OMRO 9, 1928, 82–116. (4) R. S. Hulst, W. A. van Es, Publ. in Vorbereitung.

R. S. Hulst, W. A. van Es

Zum Namen → Wageningen, Bd. 33

Walhall → Valhǫll, Bd. 35

Walküren

§ 1: Die W.-Bezeichnung. – § 2: Die W. in den Quellen. – § 3: Die Funktionen der W. – § 4: Die Entstehung der W.-Vorstellung

§ 1. Die W.-Bezeichnung. Bei an. *valkyrja* (Pl. *valkyrjur*) handelt es sich um ein Kompositum aus an. *valr* ‚Gefallene(r) auf dem Schlachtfeld' und einer Ableitung von an. *kjósa* ‚wählen'. *Val-kyrja* bedeutet also ‚Wählerin der Gefallenen', was zumeist als ‚Wählerin derjenigen, die fallen sollen' verstanden wird (20, 1; 23, 109. 316; 22, I, 41; 30, 468); vereinzelt wurde auch eine Bedeutung ‚Wählerin unter den bereits Gefallenen' angenommen (32, 103. 209 f.; 55, 19. 128. 172). Andere Bedeutungsvorschläge, wie ‚Kämpferin' (49, 225), ‚Todwählerin' (24, 16), ‚Kämpfertöterin' (37, 475), gehen von falschen Auffassungen der Einzelglieder aus und sind nicht haltbar. Eine parallele Bildung zu an. *valkyrja* stellt ae. *wælcyrge* dar, zu ae. *wæl* ‚Gefallene(r); Blutbad' und ae. *ceosan* ‚wählen'; es ist aber unklar, welche Beziehung zw. der an. und der ae. Bezeichnung besteht. Erwogen wurde eine voreinzelsprachliche Bildung, die in den anderen germ. Sprachen nicht erhalten ist (26, I, 346; 26, III, 119; 32, 210), eine ae. Bildung, die ins Anord. entlehnt wurde (24, 18), oder eine an. Bildung, die ins Ae. entlehnt wurde (23, 109).

§ 2. Die W. in den Quellen. Die ae. Bezeichnung *wælcyrge* kommt v. a. in → Glossen und Glossaren vor, wo sie zumeist für gr./lat. *Erinnys* oder eine der Erinnyen verwendet wird (3, 19/44, 25/27, 50/40, 189/11, 417/12, 347/32, 533/26). In zwei Glossaren steht *wælcyrge* auch für die röm. Kriegsgöttin Bellona (3, 360/3, 527/17), im *Narratiunculae Anglice Conscriptae* wird lat. *oculos Gorgoneos* ‚Gorgonenaugen' mit *wælkyrian eagan* ‚Walkürenaugen' wiedergegeben (7, 34/6), und in einer Hs. von Aldhelms *De laudibus virginitatis* wird *Venus* mit *wælcyrie* glossiert (1, 115/4449; vgl. 44, 67;

15, 48). Im Unterschied zu dieser Verwendung für mythische Figuren steht ae. *wælcyrge* in einigen Texten auch für eine (menschliche) Hexe oder Zauberin (32, 209; vgl. 9, 64 f.). So enthält der *Sermo Lupi ad Anglos* aus dem J. 1014 eine Art ‚Verbrecherkatalog', in dem u. a. *wiccan and wælcyrian* ‚Hexen und Walküren' genannt werden (9, 64 f.). Diese formelhafte Verbindung ist auch in weiteren Qu. bis ins 14. Jh. hinein belegt (vgl. 1, lvii; 9, 64 Anm.).

In der an. Skaldendichtung (→ Skaldische Dichtung) kommen W. als meist in Gruppen auftretende mythische Frauenfiguren vor, die eine Rolle in Todes- und Jenseitsvorstellungen spielen und mit dem Kampf assoziiert sind. Der älteste Beleg findet sich in dem Ende des 9. Jh.s datierten → *Haraldskvæði* (Str. 1–3), wo eine überirdisch strahlende, menschenfeindliche Walküre einen Dialog mit einem Raben führt (Skj. B I, 22). In den Mitte des 10. Jh.s entstandenen → *Eiríksmál* (Str. 1) werden die W. zusammen mit den Einherjar (→ Einherier) von Odin (→ Wotan-Odin) damit beauftragt, Walhall (→ Valhǫll) für die Aufnahme des toten Eiríkr vorzubereiten (Skj. B I, 164). In den zeitlich und inhaltlich eng verwandten → *Hákonarmál* (Str. 1, 10–12) werden die W. *Gǫndul* und *Skǫgul* von Odin ausgesandt, um unter den Kämpfenden denjenigen auszuwählen, der fallen soll, und treten nach Hákons Tod als bewaffnete und berittene Frauenfiguren in Erscheinung (Skj. B I, 57–59). W. werden auch in der → *Húsdrápa* (Str. 9) erwähnt, wo sie im Gefolge Odins zu → Balders Begräbnis reiten (Skj. B I, 129), und walkürenhafte Frauenfiguren kommen in verschiedenen → Lausavísur als Todesbotinnen vor (Skj. B I, 112. 113; II, 147. 230); in *Finngálkn* treten als *sigmeyjar* bezeichnete W. als Verursacherinnen eines Kampfes auf (Skj. B I, 176).

Teilweise andere Vorstellungen als in diesen norw. und isl. Qu. zeigen sich in den wahrscheinlich ebenfalls im 10. Jh., aber auf den Britischen Inseln entstandenen → *Darraðarljóð* (s. auch → Walkürenlied) (Skj. B I, 389–391; 4, 454–459; 2, 123 f.; 46, 116–119). Das Gedicht schildert eine Schlacht zw. Iren und Wikingern, bei der W. mit Speeren und Schwertern aus menschlichen Körperteilen ein blutiges Gewebe schaffen. Gleichzeitig üben sie eine Schutzfunktion für den namenlosen jungen Kg. aus, dem sie in die Schlacht folgen, und verhelfen ihm, begleitet von (magischem) Singen, zum Sieg. In der ält. Forsch. wurde das Weben als schicksalbestimmende Handlung betrachtet, durch welche die W. den Kampf lenken (21, 163; 41, 148), und das Lied selbst wurde als Schutz- oder Kampfzauber interpretiert (2, 193 Anm. 4; 31, 84). Wahrscheinlicher ist, daß es sich beim Weben der W. um eine Metapher zur Schilderung der Schlacht handelt (50, 5. 15; 46, 131–137). Diese wird aber nicht zufällig gewählt worden sein, denn vergleichbare Vorstellungen lassen sich in der ir. Erzählung *Táin Bó Cuailnge* nachweisen, in der die webende Zauberin Feidelm den Ausgang einer Schlacht vorhersagt, und kommen in poet. Ausdrücken der air. und ae. Dichtung zum Ausdruck (2, 117 f.; 46, 138–141).

Nach dem 10. Jh. kommen W. als Figuren in der Skaldik nicht mehr vor, häufig bleibt jedoch bis ins 14. Jh. die Verwendung von W.-Namen in Kenningar (→ Kenning) für Kampf, für Teile der Bewaffnung (v. a. Schild, aber auch Brünne und Schwert), für den Krieger und gelegentlich für die Raben als Schlachtbegleiter (36, 121. 157. 172. 183. 189. 192. 196–198. 199–202; vgl. 48, 341–346). In Lausavísur und zumeist späten Skaldengedichten kommen W.-Namen auch in Frauenkenningar vor (36, 405–408), eine Verwendungsweise, die vielleicht erst möglich wurde, als die mit Kampf und Tod assoziierten W.-Vorstellungen zu verblassen begannen.

Die W.-Namen bilden eine eigene Qu.-gruppe und liefern zusätzliche Hinweise auf die mit den W. verbundenen Vorstellungen, auch wenn es sich bei einigen von ihnen um späte Hinzudichtungen handelt, denn auch deren Bildungsweise folgt meist den bereits im 10. Jh. verwendeten Mustern. W.-Namen stellen zumeist Personifikationen des Kampfes und seiner Begleiterscheinungen dar, wie *Gunnr* und *Hildr* ‚Kampf‘, *Gǫll* und *Hlǫkk* ‚Waffenklang; Kampf‘, verweisen aber auch auf andere mit den W. assoziierte Phänomene (eine Zusammenstellung der Namen findet sich bei 48, 338–340; zur Bedeutung der einzelnen Namen vgl. 54; 59). Außer in Kenningar kommen W.-Namen auch in den *Thulur* der *Snorra Edda* (→ Edda, Jüngere) (Skj. B I, 661. 678) und in zwei katalogartigen eddischen Strophen (Vǫluspá 30, Grímnismál 36) vor.

In der *Snorra Edda* werden die W. als Begleiterinnen Odins bei Balders Begräbnis erwähnt (10, 46/39), wofür die *Húsdrápa* als Qu. gedient haben dürfte. Ausführlicher behandelt werden die W. und ihre Funktionen im Anschluß an eine Besprechung der Asinnen (→ Asen) (10, 30/22–36), wobei sich → Snorri Sturluson, neben den von ihm an dieser Stelle zitierten → *Grímnismál*, wohl auf *Eiríksmál* und *Hákonarmál* gestützt hat. Die *Snorra Edda* reflektiert also v. a. die W.-Vorstellung, die sich bei den norw.-isl. Skalden des 10. Jh.s zeigt, bei denen die W. in erster Linie als ‚Odins Mädchen‘ erscheinen.

In der eddischen Heldendichtung zeigt sich, neben einer Rezeption der aus der Skaldik des 10. Jh.s bekannten W.-Vorstellungen und ihrer unterschiedlichen Interpretation durch die Dichter der einzelnen Lieder, eine Ausweitung des W.-Begriffs auf Sagenfiguren, bei denen es sich urspr. wohl nicht um W. handelte. Neben den in Gruppen auftretenden W. kommen hier Einzelfiguren vor, die nicht nur den Helden schützen und ihm im Kampf beistehen, sondern auch zu seiner Geliebten werden und direkt oder indirekt seinen Tod verursachen. In der *Helgaqviða Hjǫrvarðssonar* (→ Helgilieder und Helgisagen) gibt die Walküre Sváva dem Helden seinen Namen *Helgi*, erlöst ihn von seiner Schweigsamkeit und verhilft ihm zu einem Schwert, mit dem er seinen ersten Kampf besteht. Nach verschiedenen Abenteuern verloben sich Helgi und Sváva, doch bevor es zu einer Heirat kommen kann, wird Helgi im Kampf getötet. Am Ende des Liedes heißt es, daß Helgi und Sváva wiedergeboren würden (vgl. 52, 371–592).

Sie kehren wieder als Helgi Hundingsbani und Sigrún, die Protagonisten von *Helgaqviða Hundingsbana I* und *II*. Auch Sigrún ist, wie ihre Vorgängerin, eine mythische Figur mit übernatürlichen Fähigkeiten und gleichzeitig eine menschliche Kg.stochter. Sie bittet Helgi, ihr gegen den unerwünschten Verlobten Hǫðbroddr beizustehen, womit sie eine Schlacht heraufbeschwört, in der neben Hǫðbroddr auch die meisten ihrer Verwandten fallen. Mit der Heirat zw. Sigrún und Helgi endet die *Helgaqviða Hundingsbana I,* in *Helgaqviða Hundingsbana II* setzt sich die Handlung fort, indem Sigrúns Bruder Dagr, von Odin mit einem Speer zur Vaterrache ausgestattet, Helgi tötet. Auch Helgi und Sigrún werden wiedergeboren, als Helgi Haddingjaskaði und die Walküre Kára (vgl. 52, 99–370. 593–810).

Von diesem dritten Paar ist kein Heldenlied erhalten, sie kommen aber in den um 1400 entstandenen *Griplur* (IV 23–47, 58–59, 63) und der auf diesen basierenden *Hrómundar saga Gripssonar* (c. 6–7; 6, II, 416 f.) aus dem 17. Jh. vor. Kára wird hier als zaubermächtige Geliebte Helgis dargestellt, die in der Schlacht in Schwanengestalt über ihrem Helden schwebt und durch magisches Singen seine Feinde lähmt. Als er sie versehentlich tötet, ist auch sein Leben verwirkt. Es zeigt sich hier eine Zusammenstellung verschiedener Motive mit fliegenden und zauberbegabten Frauen, die teils aus der eddischen Dichtung übernommen sind, teils auf andere Qu. zurückgehen (vgl. 52, 118. 126. 607 f. 612. 614 f.).

Als Walküre wird in einigen eddischen Heldenliedern auch die Brünhild der → Nibelungensage aufgefaßt *(Guðrúnarqviða I)*, in anderen Liedern trägt sie eher Züge eines Schildmädchens *(Sigurðarqviða in scamma)* oder wird als menschliche Liebende dargestellt *(Brot af Sigurðarqviðo)*. Unklar ist ihr Verhältnis zur Figur der Walküre Sigrdrífa, die in einem Kampf den Falschen tötet und von Odin bestraft wird, indem er sie ihrer W.-Eigenschaften beraubt und mit dem ‚Schlafdorn' sticht. Der junge Sigurd gelangt nach dem Drachenkampf auf den Berg, auf dem sie schläft, und erweckt sie, worauf sie ihm Runenwissen vermittelt und Ratschläge erteilt (Fáfnismál 42–44; Sigrdrífumál; → Jungsigurddichtung). In *sigrdrífa* ‚Siegtreiberin' könnte auch eine W.-Kenning vorliegen, die fälschlicherweise als Name aufgefaßt wurde, so daß es sich bei der Figur der Sigrdrífa auch um die als Walküre interpretierte Brynhildr handeln könnte (zur Figur der Sigrdrífa/Brynhildr vgl. u. a. 34; 13; 56; 53, 362–364. 481–492. 503–516. 531–620).

Der Autor der auf den eddischen Heldenliedern basierenden → *Völsunga saga* versucht nicht nur, die verschiedenen Sagentraditionen, die sich in den Eddaliedern zeigen, sondern auch die unterschiedlichen Sichtweisen auf die Figur der Brynhildr in Einklang zu bringen, wodurch Sigurd hier im Verlauf der Handlung mehrfach derselben Frau begegnet, die W.- und Schildmädchenzüge trägt (c. 21–33; 12, 47–85). In der um 1250 in Bergen ausgehend von nd. Qu. entstandenen → *Þiðreks saga af Bern* (c. 273–274, 319, 387–391; 11, I, 315–322; II, 37–43. 258–268) wird Brynilldr weder als Walküre noch als Schildmädchen interpretiert – ein weiterer Beleg dafür, daß diese Sagenfigur in Skand. im 13. Jh. nicht einhellig als Walküre aufgefaßt wurde.

Als. W. interpretiert wurden aber, zumindest in der Prosaeinleitung im *Cod. Regius*, die Schwanenmädchen (→ Schwanjungfrauen) der → *Völundarkviða*. In den Strophen werden sie als *alvitr unga[r]* ‚junge Fremd-Wesen' bezeichnet, und ihnen wird die Fähigkeit zugeschrieben, Schicksale zu bestimmen (Str. 1, 3); in der Prosa hingegen werden sie als *valkyrjur* bezeichnet, und es heißt von ihnen, daß sie Kämpfe aufsuchen (vgl. 51, 87 f. 118–143. 184–188).

Als Belege für W.-Vorstellungen wurden auch Bildqu. herangezogen. Insbesondere die Darst. von Frauenfiguren mit einem Trinkhorn auf den gotländischen Bildsteinen (→ Bilddenkmäler § 6; vgl. die Zusammenstellung bei 43, 72 f.) wurden als W. interpretiert, die den im Jenseits ankommenden Toten mit einem Trank begrüßen (vgl. u. a. 35, I, 96–98; 43, 68–70). Es ist aber auch eine Interpretation dieser Figuren als → Freyja (25, 230 f.) oder eine andere mit dem Tod assoziierte mythische Frau denkbar. Vorsicht geboten ist auch bei der Interpretation figürlicher Darst. horntragender Frauenfiguren als W., da das Motiv des Tranküberreichens verschiedene Funktionen haben kann (vgl. 48, 336 f.; → Valhǫll § 9).

§ 3. Die Funktionen der W. Bereits die W.-Bezeichnung verweist auf die Funktion ihrer Trägerinnen, die zum Tod Bestimmten zu wählen; explizit genannt wird sie in *Hákonarmál* 1 und *Gylfaginning*, wo die W. im Auftrag Odins in die Schlacht reiten, um über Leben und Tod zu entscheiden. Unklar bleibt dabei, ob die W. selbst eine Entscheidung fällen oder lediglich göttliche Befehle ausführen. In der eddischen Heldendichtung zeigt sich, in der Geschichte der Walküre Sigrdrífa, die eigenmächtig einen Kampf entschieden hatte und dafür von Odin bestraft wurde, die Vorstellung, daß die W. einerseits göttliche Anweisungen erhalten, andererseits aber die Fähigkeit haben, eigene Entscheidungen umzusetzen (Fáfnismál 43–44, Sigrdrífumál 4 pr.). Auch in *Darraðarljóð* 6 bestimmen die Walküren, wer fallen soll, sind hier aber nicht von einer höheren Macht abhängig. Diese todesbestimmende Funktion kommt in der eddischen Dichtung sonst den Göttern zu (vgl. Grímnismál 8, 14). Die Verbindung der W.

mit dem Tod zeigt sich auch in einigen Lausavísur, in denen walkürenhafte Frauen mit ihrem Erscheinen einen bevorstehenden Tod ankündigen (Skj. B I, 112; B II, 230), und vielleicht in → Vǫluspá, wo die möglicherweise interpolierte W.-Strophe (Str. 30) unmittelbar vor Balders Tod und den dadurch in Gang gesetzten Untergang der Welt plaziert wurde. Diese Funktion als Todesbotinnen ist jedoch nicht auf die W. beschränkt und auch mit anderen Traumerscheinungen sowie den Fylgien (→ Fylgia) verbunden.

In einen anderen Bereich von Todesvorstellungen führt die Rolle, welche die W. in Walhall spielen. Nach *Eiríksmál* 1, *Grímnismál* 36 und *Gylfaginning* ist es ihre Aufgabe, Odin und die Einherjar in Walhall zu bewirten, was oft als dienende Tätigkeit aufgefaßt wurde. Nimmt man aber an, daß Walhall im 10. Jh. nach dem Vorbild der weltlichen Trinkhalle gestaltet wurde, läßt sich die Rolle der W. mit der Rolle der weiblichen Angehörigen des Anführers beim Kult in der Halle vergleichen (42, 293 f.). Es wird angenommen, daß diese als Offiziantinnen der Trinkzeremonie fungierten, bei der die Hierarchie in der Gefolgschaft festgelegt und die Verbindung zw. Anführer und Gefolge erneuert wird (vgl. 19). Die W. würden nach dieser Interpretation eine zwar untergeordnete, aber wichtige Rolle in der Beziehung zw. Odin und den Einherjar in Walhall spielen. Es läßt sich aber auch an Vorstellungen von anderen mythischen Frauenfiguren anknüpfen, die ebenfalls als Trankspenderinnen im Jenseits fungieren (vgl. 17), so daß sich mit den W. in Walhall möglicherweise ältere Vorstellungen über Todesgöttinnen fortsetzen.

Im Zusammenhang mit ihrer Todes- und Kampffunktion erscheinen die W. in einigen Qu. als ambivalente Figuren (z. B. in *Haraldskvæði* und *Hákonarmál*), ausgesprochen negative Bewertungen sind aber selten und kommen nur in Verbindung mit einer Rolle als Hetzerin vor. In *Helgaqviða Hundingsbana I* 38 wird *valkyrja* in einer Aufzählung mit den Bezeichnungen *scæða* ‚Schädliche' und *scass* ‚Hexe' genannt (vgl. 52, 293 f.) und das Aufhetzen der Einherjar zum Kampf als Eigenschaft der W. hervorgehoben. Man hat angenommen, daß dieses W.-Bild im → Danelag unter engl. Einfluß entstanden ist (29, 123), was wahrscheinlich erscheint, angesichts der in ae. Texten belegten formelhaften Wendung ‚Hexen und W.' und der Verwendung der ae. W.-Bezeichnung zur Glossierung der Erinnyen, die in der griech. Mythol. als Verursacherinnen von Kämpfen unter Verwandten betrachtet wurden. In diesem negativen Aspekt der W.-Vorstellung zeigt sich aber auch eine Verwandtschaft mit der Figur der Hildr (→ Hildedichtung und Hildesage), die in einigen Qu. als Hetzerin dargestellt wird, die Kampf um des Kampfes willen verursacht und sich am Tod der Krieger freut.

W. wurden aber nicht nur als Verursacherinnen von Kämpfen betrachtet, ihnen wurde auch eine Schutzfunktion für bestimmte Helden zugeschrieben (*Darraðarljóð* 6; *Helgaqviða Hundingsbana II* 54) und die Fähigkeit, auf verschiedene Weise in Kämpfe einzugreifen und so deren Ausgang zu bestimmen. Ausgesprochene Kampfeshelferinnen stellen die W. der *Darraðarljóð* dar, die s*igrljóð* ‚(magisch wirkende?) Siegstrophen' zur Hilfe des jungen Kg.s, dem sie in die Schlacht folgen, singen (Str. 10; vgl. 29, 113 f.; 46, 118; 2, 125). Die Vorstellung, daß W. durch magisches Singen den Kampf lenken, könnte auch in der Kampfkenning *Gunnar galdr* ‚Zauberlied der Gunnr' (Skj. B I, 214) zum Ausdruck kommen, und ein später Reflex dieser Vorstellung zeigt sich in der *Hrómundar saga Gripssonar*. Einen Beleg dafür, daß die W. mit Zauber assoziiert wurden, bildet auch der W.-Name *Gǫndul* ‚die Zaubermächtige', der eine Ableitung von an. *gandr* ‚Zauber; Zauberstab' darstellt (22, I, 42; 59, s. v. *Gǫndul*) und bereits in der Skaldik des 10. Jh.s belegt ist. Als zaubermächtige Kampfeshelferinnen gleichen die W. Odin, es lassen sich aber vielleicht auch Beziehungen zu menschlichen Zauberinnen herstellen (vgl. 48).

Auf eine andere Art der Einflußnahme auf den Kampf durch die W. verweist der – allerdings nur selten belegte – W.-Name *Herfjǫtur* (vgl. 40, 75; 22, I, 205). Das entspr. Appellativum *herfjǫturr* ‚Heerfessel‘ bezeichnet in der an. Lit. einen lähmenden Zustand, der im Kampf oder auf der Flucht über den Krieger kommt und seinen Tod zur Folge hat. Vergleichbare Lähmungserscheinungen sind auch in anderen Qu. überliefert und wurden mit dem Wirken der *idisi* im *Ersten Merseburger Zauberspruch* (→ Merseburger Zaubersprüche) verglichen, denen die Fähigkeit zugeschrieben wird, Gefangene zu fesseln, Heere zu hemmen und die Fesseln wieder zu lösen (vgl. 14, 1–85; 18, 26–47). Wenn auch die W. nicht mit den *idisi* gleichgesetzt werden können, wie dies in der ält. Forsch. oft geschehen ist, zeigen sich hier doch verwandte Vorstellungen.

Eine weitere Fähigkeit der W., die sie allerdings nicht zum Eingreifen in Kämpfe, sondern zum Schutz ihres Helden in gefährlichen Situationen nutzen, zeigt sich in *Helgaqviða Hundingsbana I* 18 pr. und *Helgaqviða Hundingsbana II* 28–30, wo Helgi und seine Mannschaft auf dem Weg zur Schlacht in einen Sturm geraten, den Sigrún und die W. beruhigen. Die Fähigkeit, das Wetter zu beeinflussen, teilen die W. mit Odin und mit Þorgerðr Hǫlgabrúðr, die dem Ladejarl Hákon in der Schlacht gegen die Jómsvíkingar (→ Jómsvikinga saga) beigestanden haben soll, indem sie ein Unwetter verursachte. Daß man auch die W. nicht nur mit dem Beruhigen von Stürmen, sondern möglicherweise auch mit dem Hervorrufen von Wettererscheinungen assoziierte, könnte sich in den W.-Namen *Róta* ‚stürmisches Wetter‘ und *Mist* ‚Nebel, Wolke‘ zeigen.

Trotz der engen Verbindung der W. mit dem Kampf und ihrer Darst. als gepanzerte, bewaffnete und teilweise berittene Figuren, die sich bereits in den skaldischen Qu. des 10. Jh.s zeigt, wurden die W. nicht als Kämpferinnen aufgefaßt. Sie beeinflussen den Kampf lediglich indirekt, indem sie einzelne Kämpfer schützen, anderen den Tod bestimmen und mittels übernatürlicher Fähigkeiten eingreifen. Darin zeigt sich ein entscheidender Unterschied zu den *skjaldmeyjar* ‚Schildmädchen‘ der → Fornaldarsagas, die in eine männliche Rolle schlüpfen und als aktive Kämpferinnen an der Schlacht teilnehmen.

In einigen eddischen Heldenliedern und den davon abhängigen Qu. zeigt sich in der Darst. der Figuren eine Vermischung von W.- und Schildmädchenvorstellungen. Darüber hinaus spielen die W. der Heldensagen zumeist eine komplexe Rolle im Leben ihres Helden, die weder Parallelen bei den W. der Skaldik des 10. Jh.s noch bei den Schildmädchen der Fornaldarsögur hat. Die Qu. der Helgisagen (→ Helgilieder und Helgisagen) zeigen ein gemeinsames Handlungsmuster, in dem die W. am Beginn des Heldenlebens in Erscheinung treten, eine Liebesbeziehung mit ihrem Helden eingehen, indirekt seinen Tod verursachen und mit ihm zusammen wiedergeboren werden. Phillpotts hat die Helgisagen als Reflexe von Jahreszeitendramen interpretiert, in denen der Held das Opfer einer rituellen Tötung darstellt und sich in einer → Heiligen Hochzeit mit einer Priesterin verbindet, die als Stellvertreterin der Göttin → Freyja agiert (45, 161–175). Otto → Höfler sieht in den Helden und den ihnen zugeordneten Frauenfiguren Repräsentanten eines sueb. Stammeskultes, bei dem sich ein Frau vornehmer Herkunft, die als Priesterin ein göttliches Wesen verkörpert, einen Helden zum Verlobten wählt und ihn zum *Helgi*, zum ‚Geweihten, Heiligen‘, erhebt, der nach einiger Zeit geopfert wird. Nach seinem Tod übernimmt ein Nachfolger seinen Namen und seine Funktion, und „auch die Würde seiner Braut und Gattin, der Gott-Priesterin, überdauerte die Lebenszeit ihrer

Trägerin. So galten der Geweihte und die Weihende als unsterblich, immer wieder verkörpert" (28, 25). Welcher Interpretation man auch folgen mag, bei den Protagonistinnen der Helgilieder scheint es sich um Figuren zu handeln, die erst sekundär zu W. wurden – vielleicht bei dem Versuch, diesen Sagen ein wikingerzeitliches Gepräge zu verleihen.

Dies gilt wohl auch für die Figur der Brynhildr, die in der eddischen Heldendichtung und der *Völsunga saga* nur teilweise als Walküre erscheint. Sie hat möglicherweise ein hist. Vorbild in der westgot. Prinzessin → Brunichilde, trägt aber auch – und zwar unabhängig von ihrer Interpretation als Walküre – mythische Züge, denn sie tritt, wie die mythischen Frauenfiguren der Helgisagen, am Beginn von Sigurds Heldenleben in Erscheinung, geht eine Liebesbeziehung mit ihm ein und wird zur Verursacherin seines Todes.

§ 4. Die Entstehung der W.-Vorstellung. Neben Unters., in denen einzelne Aspekte der W.-Vorstellung im Zentrum stehen (49; 40, 74–89; 41, 120–123; 38; 48, 331–346. 393; 42, 126. 294) oder die W. im Kontext anderer (mythischer) Frauenfiguren betrachtet werden (57, 70–79. 101; 15, 41–57; 39, 135–141. 149 f.; 33, 89–96; 27; 47), gibt es mehr oder weniger ausführliche Gesamtdarst. zu den W. (u. a. 20; 26, I, 346–362; 24; 23, 109–116. 317–324; 37, 475 f.; 22, I, 40 f.; 58, I, 273 f.; 30, 468 f.; 16, 92–101; 54, 471 f.; 55, 17–19. 127 f. 138. 155. 172; 52, 294–301; 60).

Im Zentrum steht dabei oft die Frage nach der Herkunft der W.-Vorstellung, wobei man Mahren (→ Mahr[t]; 37, 475) oder Totendämonen (26, I, 354; 54, 471; 55, 19. 128. 172) als Vorgängerinnen der W. betrachtet hat. Häufig wird auch angenommen, daß die ae. Qu., in denen *wælcyrge* zur Glossierung finsterer, dämonischer Wesen verwendet wird, auf eine ältere W.-Vorstellung schließen lassen (24, 17 f.; 40, 74 f. 78; 58, I, 273 f.; 30, 468; 15, 44 f. 50. 53). Die W. wurden aber auch mit den → Disen gleichgesetzt oder als Untergruppe der Disen betrachtet (15, 69–71. 73; 57, 74–79. 101; 39, 135) und mit den → Nornen (26, 353; 41, 121; 24, 27) sowie den Fylgien (→ Fylgia; 22, I, 40 f.) verbunden. Es wurde auch die Ansicht vertreten, Freyja sei eine der W. bzw. in ihrer Figur hätten sich Vorstellungen von einst selbständigen W. erhalten (40, 87 f.; 57, 101), oder umgekehrt, bei den W. der Heldenlieder handle es sich um Reflektionen von Freyja (39, 141). Die W. der Heldendichtung wurden aber auch als Mischung aus (älteren) mythischen W. und Schildmädchen betrachtet (20, 48–53; 24, 25; 23, 321) oder ausschließlich als Schildmädchen aufgefaßt, die auf das Vorbild kämpfender Frauen bei den Germ. und in der WZ zurückzuführen seien (49, 224–226; 37, 475 f.; 58, I, 273 f.).

Überblickt man die unterschiedlichen Funktionen der W. in den Qu., zeigt sich, daß sie in der Tat Gemeinsamkeiten mit verschiedenen mythischen Frauenfiguren aufweisen. Es liegt also nahe, den Ursprung dieses facettenreichen W.-Bildes, das sich bereits in den Qu. des 10. Jh.s zeigt, nicht in einer einzelnen Gruppe verwandter Figuren zu suchen, sondern anzunehmen, daß in den W. verschiedene Vorstellungen zusammengekommen sind – über mythische Totenwählerinnen, Trankspenderinnen im Jenseits und zauberbegabte Kampfeshelferinnen. Dieser Vorstellungskomplex wurde in einem Weiteren Schritt auf einzelne Sagenfiguren der Heldendichtung übertragen. Dreh- und Angelpunkt dieser Entwicklung scheint Odin gewesen zu sein, als dessen weibliche Entsprechungen, Stellvertreterinnen und Töchter die W. betrachtet wurden.

Qu.: (1) Anecdota Oxoniensia. OE Glosses chiefly unpublished, hrsg. von A. S. Napier, 1900. (2) Anglo-Saxon and Norse Poems, hrsg. und übs. von N. Kershaw, 1922. (3) Anglo-Saxon and OE Vocabularies, I. Vocabularies, hrsg. von Th. Wright, R. P. Wülcker, ²1884. (4) Brennu-Njáls s., hrsg. von E. O. Sveinsson, Ísl. Fornr. 12, 1954. (5) Edda: die Lieder des Cod. Regius nebst verwandten Denkmälern, I. Text, hrsg. von G. Neckel, H. Kuhn, ⁵1983. (6) Fornaldar Sögur Norðurlanda I–IV, hrsg. von G. Jónsson, 1954. (7) Narratiunculae Anglice Conscriptae, hrsg. von O. Cockayne, 1861. (8) Skj. (9) Sermo Lupi ad Anglos, hrsg. von D. Whitelock, 1976. (10) Snorri Sturluson, Edda. Prologue and Gylfaginning, hrsg. von A. Faulkes, ²1988. (11) Þiðriks s. af Bern 1–2, hrsg. von H. Bertelsen, 1905–1911. (12) Vǫlsunga s. ok Ragnars s. loðbrókar, hrsg. von M. Olsen, 1906–1908.

Sekundärlit.: (13) Th. M. Andersson, The Legend of Brynhild, 1980. (14) W. Beck, Die Merseburger Zaubersprüche, 2003. (15) H. Damico, Beowulf's Wealhtheow and the Valkyrie Tradition, 1984. (16) H. E. Davidson, Myth and Symbols in Pagan Europe: Early Scandinavian and Celtic Relig.s, 1988. (17) R. Doht, Der Rauschtrank im germ. Mythos, 1974. (18) H. Eichner, R. Nedoma, Die Merseburger Zaubersprüche: Philol. und sprachwiss. Probleme aus heutiger Sicht, Die Sprache 42, 2000/2001, 1–162. (19) M. J. Enright, Lady with a mead-cup. Ritual, group-cohesion and hierarchy in the Germanic warband, Frühma. Stud. 22, 1988, 170–203. (20) L. Frauer, Die Walkyrien der skand.-germ. Götter- und Heldensage, 1846. (21) F. Genzmer, Das eddische Preislied, PBB 44, 1920, 146–168. (22) H. Gering, B. Sijmons, Kommentar zu den Liedern der Edda 1–2, 1927–1931. (23) W. Golther, Handb. der germ. Mythol., 1895. (24) Ders., Stud. zur germ. sagengeschichte, 1. der valkyrjenmythus, 1888. (25) E.-M. Göransson, Bilder av kvinnor och kvinnlighet. Genus och kroppsspråk under övergången till kristendomen, 1999. (26) Grimm, Dt. Mythol. (27) A. Gulermovich Epstein, The Morrígan and the Valkyries, in: Mythol. and Relig. (Studies in honor of J. Puhvel) 2, 1997, 121–152. (28) O. Höfler, Das Opfer im Semnonenhain und die Edda, in: Edda, Skalden, Saga (Festschr. F. Genzmer), 1952, 1–67. (29) D. Hofmann, Nord.-engl. Lehnbeziehungen der WZ, 1955. (30) A. Holtsmark, Valkyrje, in: Kult. hist. Leks. XIX, 468 f. (31) Dies., Vefr Darraðar, Maal og Minne 1939, 74–96. (32) R. Jente, Die mythol. Ausdrücke im ae. Wortschatz. Eine kulturgeschichtl.-etym. Unters., 1921. (33) J. Jochens, Old Norse Images of Women, 1996. (34) W. Lehmgrübner, Die Erweckung der Walküre, 1935. (35) S. Lindqvist (Hrsg.), Gotlands Bildsteine 1–2, 1941. (36) R. Meissner, Die Kenningar der Skalden. Ein Beitr. zur skaldischen Poetik, 1921. (37) E. Mogk, W., in: Hoops IV, 475 f. (38) G. Müller, Zur Heilkraft der Walküre. Sondersprachliches der Magie in kontinentalen und skand. Zeugnissen, Frühma. Stud. 10, 1976, 350–361. (39) B.-M. Näsström, Freyja – the Great Goddess of the North, 1995. (40) G. Neckel, Walhall. Stud. über germ. Jenseitsglauben, 1913. (41) E. Neumann, Das Schicksal in der Edda, 1. Der Schicksalsbegriff in der Edda, 1955. (42) A. Nordberg, Krigarna i Odins sal. Dodsföreställningar och krigskult i fornnordisk relig., 2003. (43) E. Nylén, J. P. Lamm, Bildstenar, ³2003. (44) E. A. Philippson, Germ. Heidentum bei den Ags., 1929. (45) B. S. Phillpotts, The Elder Edda and Ancient Scandinavian Drama, 1920. (46) R. Poole, Viking Poems on War and Peace. A Study in Skaldic Narrative, 1991. (47) L. Præstgaard Andersen, On Valkyries, shield-maidens and other armed women – in Old Norse Sources and Saxo Grammaticus, in: Mythol. Women (Studies in Memory of L. Motz), 2002, 291–318. (48) N. S. Price, The Viking Way. Relig. and War in Late Iron Age Scandinavia, 2002. (49) A. Schullerus, Zur Kritik des anord. Valhollglaubens, PBB 12, 1887, 221–282. (50) K. von See, Das W.-Lied, PBB 81, 1959, 1–15. (51) Ders. u. a., Kommentar zu den Liedern der Edda 3, 2000. (52) Diess., Kommentar zu den Liedern der Edda 4, 2004. (53) Diess., Kommentar zu den Liedern der Edda 5, 2006. (54) R. Simek, Lex. der germ. Mythol., ²1995. (55) Ders., Relig. der Germ., 2003. (56) M. I. Steblin-Kamenskij, Valkyries and Heroes, ANF 97, 1982, 81–93. (57) F. Ström, Diser, nornor, valkyrjor: Fruktbarhetskult och sakralt kungadöme i Norden, 1954. (58) de Vries, Rel.gesch. (59) Ders., Anord. etym. Wb., ²1962. (60) U. Zimmermann, Kampf, Tod und die Erweckung des Helden – Zu den W.-Vorstellungen in der ma. skand. Lit., Diss. Kiel 2006.

U. Zimmermann

Wall/Wälle

§ 1: Bedeutung – § 2: Formen – § 3: Forschungsgeschichte – a. Hist. Deutung/Zuweisung – b. Erfassung/Kartierung

§ 1. Bedeutung. Wälle gehören zu den am weitesten verbreiteten Bodendenkmälern in Europa. Als Reste von Befestigungen (→ Befestigungen und Befestigungswesen; → Burg; → Grenzen und → Landwehren bilden sie eine dichte Streuung in der Landschaft, zumeist in sog. Schutzlagen, z. B. sowohl auf Bergkuppen als auch in Niederungen zw. Flußläufen. Die äußere gegenwärtige Erscheinung hat in der wiss. und populären Lit. zu den Bezeichnungen W.-Burgen, Burgwälle, Ringwälle oder W.-

Anlagen geführt, obgleich es sich in der Regel um verstürzte Mauerwerke handelt, aufgebaut aus Erde, Holz und Steinen.

Das Wort W. ist aus dem lat. *vallum* übernommen und bedeutet Verschanzung durch W. und → Palisade, aus Pfahlwerk auf einem Schanz-W., nach lat. *vallus* ‚(Schanz)-Pfahl', got. *walus* ‚Stab'. Das engl. *wall* ist mehrdeutig und bezeichnet eine Wand oder Mauer, auch einen Stadt-W. und die Stadtmauer. Carl → Schuchhardt (53, 476) meinte, daß die Umhegung der Burgen immer die Form einer Mauer gehabt hätte, wenn auch nur aus Stein, Holz und Erde (→ Burgenkunde S. 218). Oft war eine solche Mauer aber nur die Verkleidung eines dicken Erd-W.s. Schuchhardt war einer der ersten, der zeigen konnte, daß die heutigen Wälle meist Ruinen alter Holz-Erde-Mauern darstellen. Die as. Glosse *walweorht* = ‚murarius' bezeuge, daß im Wort schon der Begriff Mauer stecke. Das lat. *murus* ‚Mauer' meint auch Erd-W. und Damm, allg. eine Schutzwehr, und das drückt auch die lat. Bezeichnung der kelt. Befestigungen als *murus gallicus* (→ Murus Gallicus) aus, die als Trockenmauern aus Bruchsteinen mit entspr. Holzeinbauten (Pfostenschlitzmauer) errichtet waren, also eine Mauer, die heute zumeist nur als W. im Gelände erhalten ist. Schuchhardt erkannte auch, daß Mauern mit Kalkmörtel erst seit den Franken der MZ, die die Technik wie den Namen *Mauer/murus* von den Römern übernommen hätten, aufgekommen seien (vgl. Mauer, in: Hoops III, 204). Doch werden inzw. derartige Bauweisen erst in die KaZ oder Ottonenzeit datiert.

Mit dem Wort W. wird also in erster Linie auch nur die gegenwärtige Erscheinung im Gelände bezeichnet, nämlich eine künstlich entstandene Erdaufhäufung mit mehr oder weniger steilen Vorder- und Rückfronten. Dabei handelt es sich um verfallene Konstruktionen, die einst als Befestigung eine steile Außenfront und auf der Innenseite einen Wehrgang hatten. Sie waren gebaut aus Erde und Steinen, eingefaßt und stabilisiert durch Holzeinbauten. Nachdem diese verwittert waren, sackte die Befestigungsmauer zusammen, und das Material aus Erde und Steinen floß gewissermaßen auseinander.

§ 2. Formen. Es gibt im Rahmen des Burgenbaus Ringwälle, Abschnittswälle, die eine Bergkuppe absperren, Riegelwälle, Annexwälle, Vorwälle, Stich- oder Strahlenwälle, Haupt- und Vorwälle, gestaffelte W.-Linien und W.-Systeme, die zudem die unterschiedlichsten Areale einhegten, von wenigen Dutzend Meter Dm. bis zu den kilometerlangen Wällen kelt. Oppida, also von 0,1 bis über 200 ha Flächeninhalt. Außer Burgwällen gibt es Stadtwälle, so bei frühma. Handelsplätzen wie → Haiðaby oder → Birka, Landwehren als Ringe in weitem Abstand um ma. Stadtplätze und lineare Wälle, die ein Territorium abgrenzten.

W.-Anlagen als Befestigungen wurden an topographisch und damit fortifikatorisch günstigen Positionen errichtet, was dazu führte, daß derartige Plätze immer wieder aufgesucht und ausgebaut wurden, somit besteht ein W. oftmals aus mehreren Bauphasen unterschiedlicher Zeitstellung. Erst sorgfältige Ausgrabungsschnitte durch einen solchen W. erlauben es, diese zeitliche Abfolge zu rekonstruieren, sofern sich die relativ aufeinanderfolgenden, sich stratigr. überlagernden Bauphasen auch datieren lassen. Jedenfalls sind Umfang und Höhe eines W.s nicht unmittelbar dem ‚Gesamtaufwand' einer Bauphase zuzuordnen, da manche Ausbauten nur geringfügige Erneuerungen gewesen sein können und andere entscheidende Aufhöhungen und Verstärkungen wichtiger waren als z. B. der letzte Aufbau. Daher ist die Zuordnung von Wällen zu einer Burgenbauphase im Sinne von Ereignisgesch. kaum ohne Ausgrabung möglich. Auch weisen Burgwälle einer Epoche, so z. B. der vorröm. EZ, eine Vielzahl von Befestigungstechniken auf, so daß sich Wälle nicht nach der Bauweise datieren las-

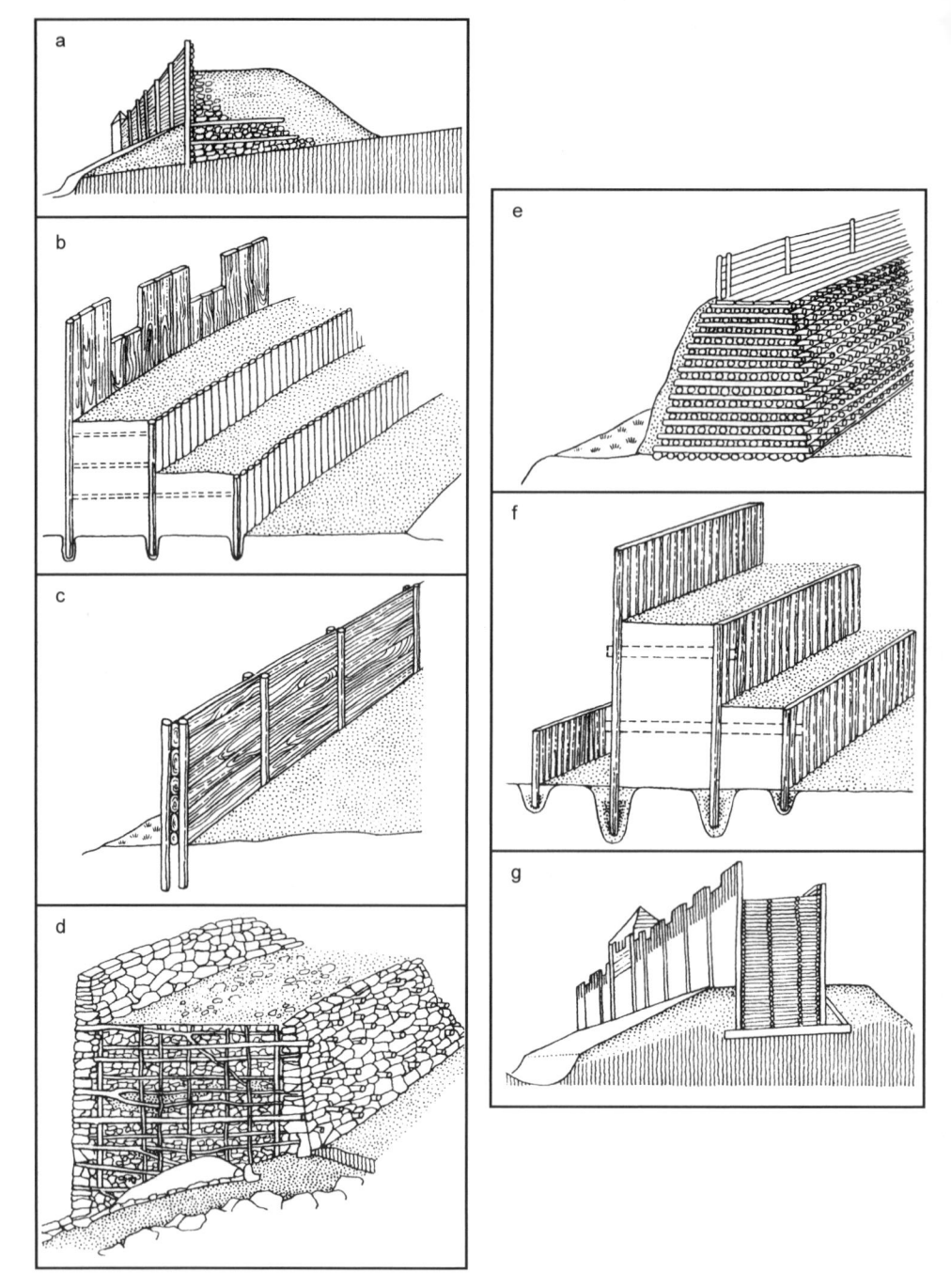

Abb. 86. Grundkonstruktionen von Mauern in Wällen der BZ. a. und c. Plankenwand; b. und d. Palisaden-Schalenbauweise; e. Rostkonstruktion; f. Palisaden-Schalenbauweise; g. Kastenkonstruktion. Nach Herrmann (26, 115 Abb.)

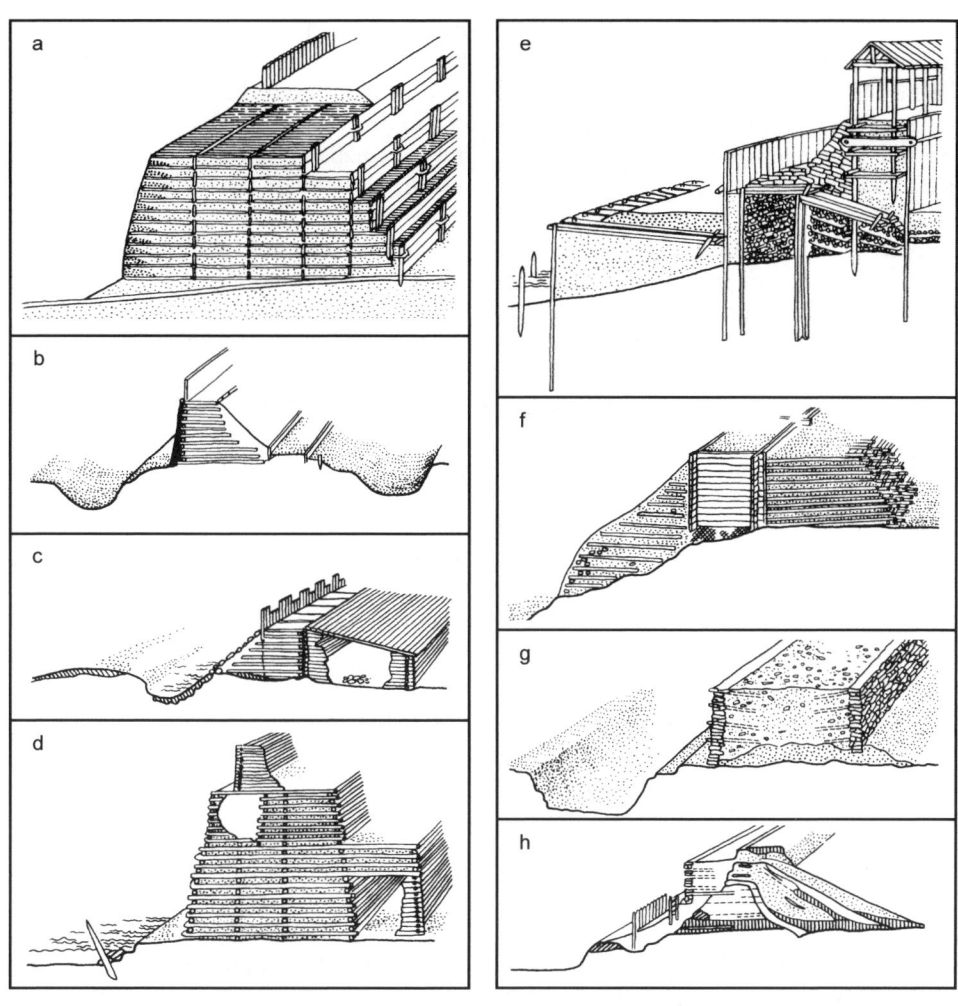

Abb. 87. Verschiedene Konstruktionen von Befestigungswällen slaw. Burgen aus Holz, Erde und Trockenmauern. Nach Herrmann (27, 328 Abb.)

sen (10, 261) (vgl. für das Früh-MA auch Abb. 88). Grundkonstruktionen von Wehrmauern in Wällen der BZ (Abb. 86) stellt Herrmann dar sowie verschiedene Konstruktionen von slaw. Befestigungswällen des frühen MAs aus Holz, Erde und Trokkenmauern (Abb. 87).

Von Anfang an nur als Erdwälle gedacht sind wahrscheinlich einige Formen der neol. Graben- oder → Erdwerke (auch → Rondelle), von denen zwar die ausgehobenen und später wieder künstlich oder natürlich verfüllten Gräben erhalten sind, deren Aushub aber zuvor als W. aufgeschüttet worden war. Ähnlich entstanden die sog. kelt. → Viereckschanzen (7), deren erhöhte Ecken durch dieses schlichte Aufhäufen vom Grabenaushub entstanden waren. Wie die kelt. Viereckschanzen zeichnen sich röm. Wehranlagen (38) im Gelände nur als Wälle ab. (Zu umwallten Kultplätzen → Schnippenburg).

Noch die ma. Motten waren von mehreren Wällen und Gräben umringt, und Wälle wurden auch als Annäherungshindernisse bei hochma. Burgen aufgeworfen. Aus dem hohen MA sind →Landwehren erhalten, bei denen der W. nicht steile Wände, sondern Böschungen hatte; sie trugen obenauf eine Dornenhecke oder anderes Gebüsch.

Langwälle wie in der ungar. Tiefebene (→Befestigungen und Befestigungswesen § 5; auch →Grenze; →Zaun) oder auf der jütischen Halbinsel als →Danewerk und in England als →Offa's Dyke waren nicht nur Erdaufschüttungen, sondern waren ebenso zumindest in Teilabschnitten mit mächtigen Holzkonstruktionen stabilisiert und mit Gräben, Palisaden und Wehrgängen ausgestattet. Auch die Grenzbefestigungen in Jütland während der vorröm. EZ und der RKZ bis zum frühen MA waren Langwälle (41).

Die frühma. Ringwälle an der ndl. Küste und im Rheindelta (16; auch 33) ebenso wie die exakt kreisförmigen Burgen vom Typ →Fyrkat und →Trelleborg aus dem späten 10. Jh. waren im Gelände nur noch als Wälle erhalten.

Auch gibt es reine Steinwälle aus zerfallenen Mauern, wie die gewaltigen Wälle von →Otzenhausen im Saarland aus der LTZ oder die Steinwälle der frühgesch. Burgen auf Öland wie →Eketorp oder →Ismanstorp oder auf Gotland wie Torsburgen (→Torsburgen mit Taf. 2a). Aufgrund des überreich vorhandenen Baumaterials sind die ur- und frühgeschichtl. Burgwälle in Skand. oftmals überwiegend Wälle aus Steinen (12a).

§ 3. Forschungsgeschichte. a. Hist. Deutung/Zuweisung. Die dichte Verbreitung von Burgwällen hat in der Frühphase der Ur- und Frühgeschichtsforsch. zu Parallelisierungen mit verschiedenen ereignisgeschichtl. Situationen geführt, wobei strategische Überlegungen im Vordergrund standen. So hieß es früher, Lausitzer Burgwälle der späten BZ entstanden zur Abwehr gegen vordringende Germ. der Nordischen BZ, oder auch die Kelten hätten ihre W.-Burgen am Nordrand der Mittelgebirge zum Schutz gegen die nach S vordringenden Germ. errichtet (10, 280 nach z. B. 39), gewissermaßen Abwehrriegel geschaffen, als eine großräumige strategische Planung gegen die Germ., was nur aus dem zeitgenössischen Denken in Völkern mit geschlossenen Territorien, wie Nationalstaaten des 19. Jh.s, zu erklären ist. Doch inzw. hat sich gezeigt, daß alle diese Burgwälle in verschiedene Epochen gehören und also keine Systeme bilden. Frühma. Ringwälle in der norddt. Tiefebene wurden mit verschiedenen ethnischen Gruppen verbunden (Abb. 88), mit den Sachsen w. der Elbe und den Slawen ö. der Elbe und zur Beschreibung der inneren soziopolit. Verhältnisse benutzt. Man vermeinte sogar, unterschiedliche Bauweisen den ethnischen Großgruppen zuweisen zu können: Sächs. Ringwälle wären aus Grassoden aufgebaut, slaw. demgegenüber aus Holzkastenkonstruktionen (Abb. 87), die mit Erde aufgefüllt waren. In der Regel sind Burgwälle nicht als Sicherung größerer Territorien errichtet worden, sondern als individuelle Anlagen zur Durchsetzung lokaler Herrschaft oder als Schutz vor nachbarschaftlicher Bedrohung.

Nachdem die strategische polit. Einordnung von Burgwall-Landschaften nicht mehr akzeptiert wird, folgte der Bezug zu Siedlungsmustern und Netzen von Verkehrswegen (z. B. 47; 52).

Zahlreiche falsche Datierungen, als man Keramik noch nicht sicher zeitlich einordnen konnte, schienen solche Systeme zu unterstützen (so auch Schuchhardt: 45). Außerdem haben Vermutungen über die Auswirkung soz. (Volksburgen: 53) oder polit. Ereignisse (54) – abhängig vom Zeitgeist – ohne Ausgr. zu Datierungen von Burgen geführt, die erst durch arch. Unters. korrigiert werden konnten. Die wenigsten Heinrichsburgen und Ungarnwälle lassen sich tatsächlich mit diesen Ereignissen der ungar. Einfälle verbinden (13). Sächs. Ring-

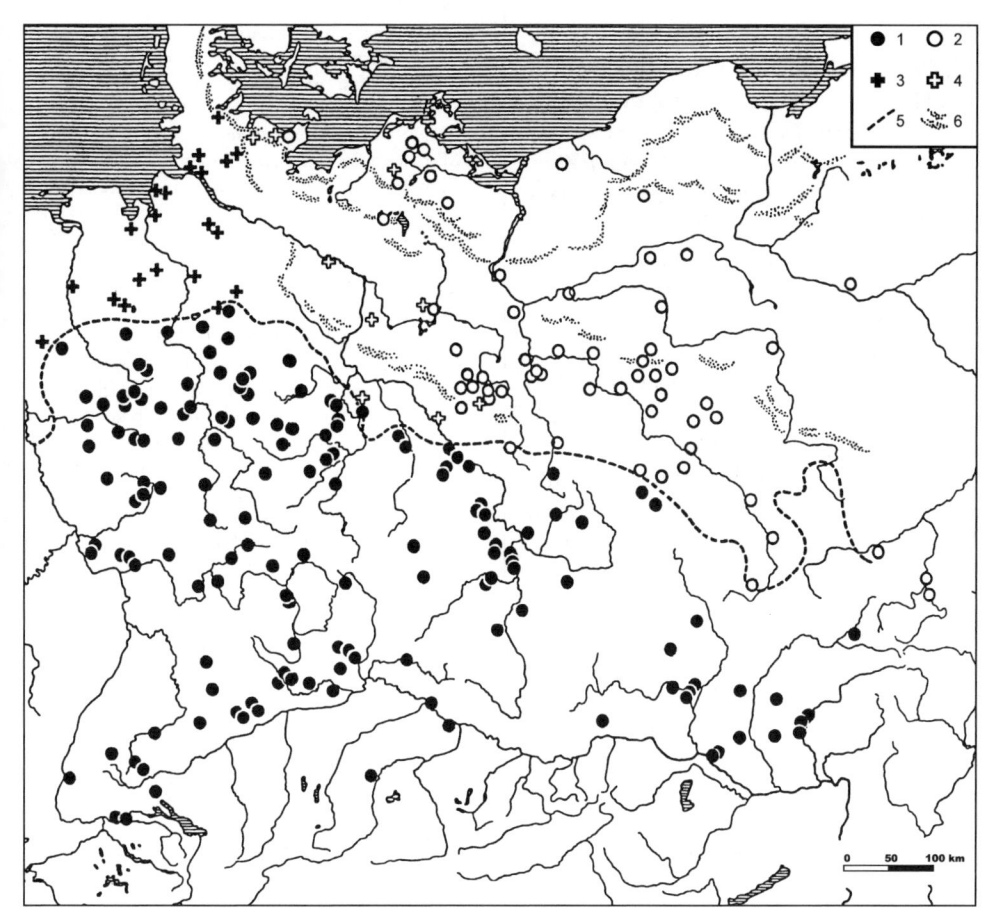

Abb. 88. Frühma. Burgenbau (8.–10. Jh.): 1 Trockenmauern und Blenden aus gebrochenem Berggestein; 2 aus nordischen Geschieben und 3 aus Soden/Plaggen/Trockenziegeln (3 germ. und 4 slaw. Gebiet); 5 N-Grenze örtlich anstehender Berggesteine; 6 Endmoränenzüge mit nordischen Geschieben. Nach Henning (23, 25 Abb. 3)

wälle entstanden nicht nur in Abwehr der karol. Kriegszüge zur Eroberung und Missionierung der Gebiete bis zur Elbe (8). Die slaw. Ringburgen ö. der Elbe wurden nicht nur im Zuge der Einwanderung und inneren polit. Entwicklung der gesellschaftlichen Verhältnisse seit dem 7./8. Jh. errichtet, sondern – wieder eine ereignisgeschichtl. Deutung – z. B. erst als Reaktion auf die Ostexpansion des dt. Reiches im 10. Jh. (23a).

b. Erfassung/Kartierung. Kat. und Karten zur Verbreitung von W.-Anlagen wurden schon in der Frühphase der Ur- und Frühgeschichtsforsch. um 1900 erarbeitet (45; 59), da sie in der Landschaft leicht zu registrieren waren. Ihre unterschiedliche Altersstellung wurde ebenfalls bald erkannt, auch wenn immer wieder anhand der Verbreitung derartiger Wälle Burgenlandschaften, Burgenhorizonte und Burgensysteme als Verteidigungslinien konstruiert wurden. Einige landschaftliche Zusammenstellungen werden als Beispiele im folgenden genannt: W.-Burgen in Mitteleuropa allg. (57), während der EZ (35) und im frühen MA (9; 24); in Schleswig-Holstein

(12; 56); in Hessen mit Schwerpunkt EZ (14; 48); in Mitteldeutschland, in den ehem. Bez. Halle und Magdeburg (15) und in Berlin und Potsdam (25), in Thüringen zur EZ (46; 55); in Niedersachsen von der EZ bis ins frühe MA schon im 19. Jh. (45), dann (47; 49; 52; 58; 18–22); in Westfalen, schon 1899 (59), dann (1) mit Betonung der W.-Burgen der EZ (2–4) und im frühen MA (5; 29–31), in Lippe (32) oder in Ostwestfalen (37); im Trierer Land während der EZ (42; 43); im Saarland (51); in S-Deutschland (6; 17; 44; 50), im frühen MA, im 10. Jh. (13), und allg. Mittelgebirgsburgen (10).

Es gibt jedoch tatsächlich Phasen intensiven Baus von Burgwällen, so z. B. während der späten BZ und vorröm. EZ oder im frühen MA, aber z. B. kaum in den Jh. um und nach Chr. Geb. bei den Germ., trotz der Zusammenstellung von Gerhard → Mildenberger (40). Sächs. Ringwälle des frühen MAs sind dicht über die Landschaft verteilt (8; 12; 18; 21; 34; 58). Slaw. Burgwälle sind z. B. geradzu ein Charakteristikum des frühen und hohen MAs im ö. Mitteleuropa (11; 23a; 27; 28; 36; 56): aus dem westslaw. Raum sind etwa 3 000 W.-Anlagen bekannt, 2 000 im heutigen Polen, 700 in Deutschland (28, Anm. 38), von denen nur 10% arch. untersucht sind, 200 in Mähren und in der Slowakei, 120 in Böhmen (11, 119).

(1) Atlas vor- und frühgeschichtl. Befestigungen in Westfalen, hrsg. von der Altertumskomm. für Westfalen, 1920. (2) D. Bérenger, Die Befestigungen der vorröm. EZ im ö. Westfalen. Bemerkungen zu ihrer topographischen Lage, Bautechnik und Funktion, Ausgr. und Funde in Westfalen-Lippe 1, 1983, 45–59. (3) Ders., Die eisenzeitlichen Burgen Westfalens, in: Hinter Schloß und Riegel. Burgen und Befestigungen in Westfalen, 1997, 51–76. (4) Ders., Ältereisenzeitl. Burgen in Westfalen?, in: [35], 99–110. (5) W. Best u. a., Burgenbau in einer Grenzregion, in: Ch. Stiegemann, M. Wemhoff (Hrsg.), 799 – Kunst und Kultur der KaZ. Karl der Große und Papst Leo III. in Paderborn. Beitr. zum Kat. der Ausstellung, 1999, 328–345. (6) J. Biel, Vorgeschichtl. Höhensiedlungen in S-Württ.-Hohenzollern, 1987. (7) K. Bittel u. a. (Hrsg.), Die kelt. Viereckschanzen. Atlas arch. Geländedenkmäler in Baden-Württ. 1, 1990. (8) H. Brachmann, Die sächs.-frk. Auseinandersetzungen des 8. Jh.s im Spiegel des Befestigungsbaues, ZfA 19, 1985, 213–224. (9) Ders., Der frühma. Befestigungsbau in Mitteleuropa. Unters. zu seiner Entwicklung und Funktion im germ.-dt. Bereich, 1993. (10) J. Brandt, Mittelgebirgsburgen der vorröm. EZ als ethnischer und sozialer Faktor, Offa 56, 1999, 259–282. (11) S. Brather, Arch. der w. Slawen. Siedlung, Wirtschaft und Ges. im früh- und hochma. O.-Mitteleuropa, 2001. (12) A. Dähn, Ringwälle und Turmhügel. Ma. Burgen in Schleswig-Holstein, 2001. (12a) J. Engström, Fornborgarna och samhällsutvecklingen under mellersta järnåldern / Fortified hillforts and social development in the Roman Iron Age and Migration Period, in: Ch. Fabech, J. Ringtved (Hrsg.), Samfundsorganisation og Regional Variation. Norden i romersk jernalder og folkevandringstid, 1991, 267–276. (13) P. Ettel, Der Befestigungsbau im 10. Jh. in S-Deutschland und die Rolle Ottos d. Gr. am Beispiel der Burg von Roßtal, in: wie [23a], 365–379. (14) R. Gensen, Die eisenzeitlichen Befestigungen in Hessen, in: [35], 81–98. (15) P. Grimm, Die vor- und frühgeschichtl. Burgwälle der Bez. Halle und Magdeburg. Handb. vor- und frühgeschichtl. W.- und Wehranlagen 1, 1958. (16) R. van Heeringen u. a., Vroege-Middeleeuwse ringwalburgen in Zeeland, 1995. (17) H. W. Heine, Stud. zu Wehranlagen zw. junger Donau und w. Bodensee, 1978. (18) Ders., Frühe Burgen und Pfalzen in Niedersachsen. Von den Anfängen bis zum frühen MA, [2]1995. (19) Ders., Ältereisenzeitliche Burgen und Befestigungen in Niedersachsen – Stand der Forsch. und Perspektiven, in: [35], 111–124. (20) Ders., Die ur- und frühgeschichtl. Burgwälle im Regierungsbez. Hannover, 2000. (21) Ders., Zur Arch. ma. Burgen aus Holz und Erde zw. Ems und Ostsee. Ein Forschungsber., Nachr. aus Niedersachsens Urgesch. 72, 2003, 75–110. (22) Ders., „Frühe Burgen" zw. Ems, Elbe und Werra. Ein Forschungsber., in: St. Hesse (Hrsg.), Spurensicherung. 25 J. Kreisarch. Rotenburg (Wümme), 2004, 305–344. (23) J. Henning, Ringwallburgen und Reiterkrieger, in: G. DeBoe, J. Verhaeghe (Hrsg.), Papers of the ‚Medieval Europe Brugge 1997' Conference 2, 1997, 21–31. (23a) Ders., Der slaw. Siedlungsraum und die ottonische Expansion ö. der Elbe: Ereignisgesch. – Arch.-Dendrochron., in: Ders. (Hrsg), Europa im 10. Jh. Arch. einer Aufbruchszeit, 2002, 131–146. (24) Ders., A. T. Ruttkay (Hrsg.), Frühma. Burgenbau in Mittel- und O-Europa, 1998. (25) J. Herrmann, Die vor- und frühgeschichtl. Burgwälle Groß-Berlins und des Bez.s Potsdam, Handb. vor- und frühgeschichtl. W.- und Wehranlagen 2, 1960. (26) Ders., Burgen und befestigte Siedlungen der jüng.

BZ und frühen EZ, in: Arch. in der Dt. Demokratischen Republik 1, 1989, 106–118. (27) Ders., Siedlungen und Burgen slaw. Stämme, in: ebd., 312–329. (28) Ders. W. Coblenz, Burgen und Befestigungen, in: Ders. (Hrsg.), Die Slawen in Deutschland. Neubearb., 1985, 186–232. (29) Ph. R. Hömberg, Unters. an frühgeschichtl. W.-Anlagen Westfalens, 1980. (30) Ders., Frühe Burgen im Münsterland, in: Führer zu vor- und frühgeschichtl. Denkmälern 45, 1980, 238–248. (31) Ders., Burgen des frühe MA.s in Westfalen, in: Hinter Schloß und Riegel. Burgen und Befestigungen in Westfalen, 1997, 120–159. (32) F. Hohenschwert, Ur- und frühgeschichtl. Befestigungen in Lippe, 1978. (33) K.-U. Jäschke, Burgenbau und Landesverteidigung um 900. Vorträge und Forsch. Sonderbd. 16, 1975. (34) H. Jankuhn, Die sächs. Burgen der KaZ, in: H. Patze (Hrsg.), Die Burgen im dt. Sprachraum. Ihre rechts- und verfassungsgeschichtl. Bedeutung 1, 1976, 359–382. (35) A. Jockenhövel (Hrsg.), Ältereisenzeitliches Befestigungswesen zw. Maas/Mosel und Elbe, 1999. (36) T. Kempke, Slaw. Burgen des 7.–10. Jh.s, in: H. W. Böhme (Hrsg.), Burgen in Mitteleuropa. Ein Handb. I. Bauformen und Entwicklung, 1999, 45–53, slaw. Burgen 77–83. (37) M. Kralemann, Ostwestf. W.-Burgen, Ausgr. und Funde in Westfalen-Lippe 1, 1983, 89–99. (38) J.-S. Kühlborn, Die röm. Militäranlagen in Westfalen, in: wie [31], 77–119. (39) F. Kutsch, Ringwälle im Lahn-Maingebiet als Zeugen der germ. Einwanderung und der röm.-germ. Kämpfe um Chr. Geb., in: Deutschtum im Ausland 23/24, 1930, 241–250. (40) G. Mildenberger, Germ. Burgen, 1978. (41) A. Nørgård Jørgensen, Befestigungsanlagen und Verkehrskontrolle auf dem Land- und Wasserweg in der vorröm. EZ und der RKZ, in: Sieg und Triumpf. Der Norden im Schatten des Röm. Reiches, 2003, 194–209. (42) A. Nortmann, Die eisenzeitlichen Burgwälle des Trierer Landes, in: A. Haffner, A. Miron (Hrsg.), Stud. zur EZ im Hunsrück-Nahe-Raum, 1991, 121–140. (43) Ders., Burgen der Hunsrück-Eifel-Kultur, in: [35], 69–80. (44) C. Oeftinger, D. Müller (Hrsg.), Vor- und frühgeschichtl. Befestigungen. Atlas archäol. Geländedenkmäler in Baden-Württ. 2, H. 1, 1990 ff. (45) A. von Oppermann, C. Schuchhardt, Atlas vorgeschichtl. Befestigungen in Niedersachsen: Originalaufnahmen und Ortsunters. im Auftrag des Hist. Ver.s für Niedersachsen, 1887–1916. (46) K. Peschel, Höhensiedlungen der ält. vorröm. EZ n. des Thür. Waldes, in: [35], 125–158. (47) H.-G. Peters, Ur- und frühgeschichtl. Befestigungen zw. Oberweser und Leine – ihre Beziehung zur Siedlungs- und Verkehrsgesch. ihrer Zeit, Neue Ausgr. und Forsch. in Niedersachsen 5, 1970, 63–183. (48) H. Polenz, Späthallstatt- und latènezeitliche Befestigungen im Rhein-Main-Gebiet – Anm. zum Forsch.sstand, in: Stud. zu Siedlungsfragen der LTZ (Festschr. W. Dehn), 1984, 39–64. (49) Ring-W. und Burg in der Arch. W.-Niedersachsens, 1971. (50) P. Schauer, Befestigte Höhen der UZ und der ält. EZ in S.-Deutschland, in: Das kelt. Jt., 1993, 62–74. (51) R. Schindler, Stud. zum vorgeschichtl. Siedlungs- und Befestigungswesen des Saarlandes, 1968. (52) W. Schlüter, Vorgeschichtl. und ma. Burgenbau im Osnabrücker Land, in: Ders. (Hrsg.), Burgen und Befestigungen, 2000, 17–54. (53) C. Schuchhardt, Volksburgen, in: Hoops IV, 434–441; s. v. W. ebd., 476. (54) Ders., Die Burg im Wandel der Weltgesch., 1931, Nachdr. 1991. (55) K. Simon, Höhensiedlungen der Urnenfelder- und HaZ in Thüringen, Alt-Thüringen 20, 1984, 23–80. (56) K. W. Struve, Die Burgen in Schleswig-Holstein, 1. Die slaw. Burgen, 1981. (57) R. von Uslar, Stud. zu frühgeschichtl. Befestigungen zw. Nordsee und Alpen, 1964. (58) Ders., Ringwälle NW-Deutschlands, Die Kunde NF 18, 1967, 52–84. (59) A. Wormstall, Übersicht über die vor- und frühgeschichtl. Wallburgen, Lager und Schanzen in Westfalen, Lippe-Detmold und Waldeck, Mitt. der Altert.s-Komm. für Westfalen (Münster) 1, 1899, 1 ff.

H. Steuer

Walsum

§ 1: Forschungsgeschichte – § 2: Auswertung und Stellung des Reihengräberfeldes

§ 1. Forschungsgeschichte. Das Reihengräberfeld der späten MZ von W., Stadt Duisburg, wurde im J. 1933 beim Einschnitt in die Niederterrasse des Rheins anläßlich des Baus eines Werkhafens s. der Kirche von W. entdeckt und im folgenden J. zw. Juli und September von Stampfuß auf einer Fläche von 35 × 45 m vollständig freigelegt. Auf einer flachen, sich kaum merklich über die Niederterrasse des Flusses erhebenden Geländewelle konnten insgesamt 44 Bestattungen, darunter die dreier Kinder, geborgen werden; den urspr. Bestand schätzte Stampfuß auf 60 Gräber (7, 2). Zwei Bestattungen wiesen deutliche Spuren von Beraubung auf, während weitere neun durch neuzeitliche Bodeneingriffe zerstört worden waren. Die Funde des Gräberfeldes gelangten ins Mus. Duisburg. Allerdings ging ein großer Teil von ihnen während des Zweiten Weltkrieges verloren (8, 323).

Die vollständige Publ. des frk. Gräberfeldes von W. durch den Ausgräber bereits im J. 1939 (7) enthält auch die Ergebnisse der mineralogischen Unters. einiger der unter den Funden W.s zahlreich angetroffenen Gefäße, die hier mit der Badorfer Keramikproduktion verknüpft wurden (7, 53 ff.; Analysen durch F. Schmitt). 1952 zogen F. Tischler und J. Frechen zur mineralogisch-typol. Unters. der frühma. Tonware von → Badorf (vgl. auch → Pingsdorfer Keramik) auch eine Reihe direkt datierter Gefäße aus W. heran, leiteten die Anfangsdatierung der Badorfer Keramik gar aus diesem Gräberfeld ab (11, 197; 6, 178).

Eine ausführlichere Behandlung erfuhr W. weiterhin bei Stein im Rahmen ihrer Abhandl. zu den Adelsgräbern des 8. Jh.s (8) sowie bei Siegmund, der die frk. Funde vom dt. Niederrhein und der n. Kölner Bucht untersuchte (6). Die Überprüfung der mineralogischen Analysen Frechens schließlich erfolgte Ende der 80er J. durch Bridger und Siegmund (3, 555, Abb. 6, Dreiecksignatur).

Das Reihengräberfeld von W. wurde in einem stark sandigen Lehm, der stellenweise von rein sandigen Streifen durchsetzt war, angelegt, so daß sich die Umrisse von Grabgruben und hölzernen Särgen nur z. T. im Boden nachweisen ließen (7, 2). Es läßt sich keine exakte, durchgängige Reihung der Gräber beobachten, allerdings liegt nur in zwei Fällen eine Überschneidung von Grabgruben vor, so daß eine oberirdische Kennzeichnung der Bestattungen anzunehmen ist (7, 27, Abb. 17). Neben überwiegend angelegten Körpergräbern, die zumeist eine nö.-sw. Ausrichtung besaßen, erwähnt Stampfuß vier Brandgräber (Grab 10, 11, 18 und 33). Aufgrund des Vorkommens vereinzelter verbrannter Knochen zählt Siegmund weiterhin die Gräber 14 und 27 zu den Brandbestattungen, bei denen es sich durchweg um Urnenbestattungen zu handeln scheint (6, 82).

Zwar haben sich mit Ausnahme von Zahnresten keine (unverbrannten) Teile des Skeletts der Bestatteten erhalten, jedoch rekonstruierte Stampfuß anhand der Lage der Beigaben und der Zähne die Positionierung der Toten zumeist mit dem Kopf im W entlang der n. Längsseite der Grabgrube, deren s. Teil die Beigaben enthielt.

Seine vollständige Ergrabung, sein reiches Fundgut und v. a. die Tatsache, daß die Belegung des Friedhofs samt Beigabensitte deutlich bis in das 8. Jh. hinein über die Stufe Böhner IV hinaus zu verfolgen sind, macht W. zu einer wichtigen Qu. für die Erforschung der späten MZ am Niederrhein.

§ 2. Auswertung und Stellung des Reihengräberfeldes. Die Trennung von Männer- und Frauengräbern erfolgte anhand der Grabbeigaben (7, 28; vollständiger Kat. 3–24; vgl. auch 8, 323–326, Nr. 234). Erstere waren zumeist mit einer vollständigen Waffenausrüstung, bestehend aus Spatha, Lanze und Schild oder Sax, Lanze und Schild ausgestattet, während den Frauen – allerdings in deutlich geringerem Umfang – Schmuck (v. a. Perlen, daneben u. a. einige Ringe, Schmuckplatten und eine bronzene Scheibenfibel mit Glasfluß) und Teile des Hausrates (z. B. Spinnwirtel) beigegeben waren. Sowohl Männer- als auch Frauengräber enthielten häufiger eiserne Messer mit gerader Schneide und geknicktem Rücken, während Klappmesser ausschließlich in Gräbern mit Waffenausrüstung zu finden waren. Eine einzige Bestattung (Grab 37) war durch die Beigabe eines Glases – eines Tummlers mit breit umgeschlagenem Rand – charakterisiert.

An Waffen sind neben wenigen Breitsaxen ausschließlich Langsaxe, daneben zwei Spathen vom Typ Schlingen sowie eine weitere des Typs Niederramstadt-Dettingen-Schwabmühlhausen überliefert. An weiteren Angriffswaffen fanden sich neben einfachen Lanzenspitzen auch Flügellanzen. Bei den Schildbuckeln überwogen stark bis extrem aufgewölbte Formen. Reste eiserner Pfeilspitzen deuten auf die Beigabe von Pfeil und Bogen hin. Trotz der schlechten Bedingungen für die Erhaltung organischer Materialien konnten in einigen Fällen sowohl bei den Saxen als auch bei den Spathen Reste der hölzernen, mit Leder bezogenen, innen möglicherweise mit Fell ausgefütterten Scheiden nachgewiesen werden (7, 33 f.).

In zwei Fällen wurde dem Toten eine Münze ins Grab mitgegeben: Grab 38 enthielt die Nachprägung eines Dorestader → Triens des → Madelinus, dessen Vorbild in der Zeit von 640–680 n. Chr. geprägt wurde, während Grab 41 einen ags. → Sceatta aufwies.

Hervorzuheben ist die außerordentlich hohe Anzahl an Gefäßen in allen Bestattungen W.s (7, 42–55). Neben einem Knickwandtopf aus Grab 25 sowie zwei handgeformten Gefäßen aus den Gräbern 5 und 28 – eines mit leicht ausbiegendem, gekehltem Rand und Wackelboden sowie ein weiteres mit nicht abgesetztem, einbiegendem Rand aus uneinheitlich gebrannter Irdenware – fanden sich ausschließlich auf der Drehscheibe hergestellte Gefäße gelber Irdenware. An Formen kommen u. a. Wölbwandtöpfe, Einhenkelkannen mit kleeblattförmiger Ausgußtülle, Mehrhenkelkrüge, Flaschen und Schalen vor. Einige der Gefäße sind durch Stempeleindrücke und Rillenbänder verziert (7, 44). Die Machart der Gefäße wurde mehrfach untersucht (11; 3). Neben merow. rauhwandigen Waren konnte wohl auch Keramik Badorfer Machart nachgewiesen werden (5, 278; 6, 176 f.; 4, 80, Anm. 63).

Die Erhellung der Belegungsstruktur des Gräberfeldes von W. gelang Siegmund mittels der Kartierung des Vorkommens bestimmter Beigaben in ihren unterschiedlichen, zeitlich relevanten Formen, wie der Einhenkelkannen, der Spathen, der Schildbuckel und der Lanzenspitzen (6, 82 ff., Abb. 12): Kreisförmig um das älteste Grab 25 des Bestattungsplatzes herum, welches durch einen Knickwandtopf, eine vielteilige Gürtelgarnitur sowie eine bronzene Spathagarnitur mit gestreckten Beschlägen charakterisiert ist und in der Mitte eines kleinen natürlichen Höhenrückens lag, gruppieren sich die Bestattungen der Belegungsphase A (u. a. charakterisiert durch Spathen vom Typ Schlingen, schwere Breitsaxe, Schildbuckel mit niedriger Krempe und flach aufgewölbtem Buckel oder rauhwandige Einhenkelkannen mit kleeblattflörmiger Ausgußtülle). Dieser Phase gehört auch das münzdatierte Grab 38 an. Daß Grab 25 möglicherweise überhügelt gewesen ist, darauf deutet die Tatsache, daß sich alle Bestattungen der Phase A in einem relativ großen Abstand von 7–8 m zum ältesten Grab 25 fanden. Die Gräber der jüng. Bestattungsphase B (u. a. charakterisiert durch die Spatha vom Typ Niederramstadt-Dettingen-Schwabmühlhausen, Flügellanzen oder hoch aufgewölbte Schildbuckel) sind einerseits kreisförmig um diejenigen der Phase A angeordnet, andererseits belegen sie auch den direkten Umkreis von Grab 25, welches in diesem Zeitabschnitt demnach seine Überhügelung verlor. Siegmund weist alle erhaltenen Brandbestattungen aufgrund der Ausprägung der Gefäße der jüng. Belegungsphase B zu.

Im N des Grabareals, welches durch die Baumaßnahme, die zur Auffindung des Gräberfeldes führte, gestört wurde, vermutet Siegmund einen weiteren, um ein heute verlorenes ält. Grab sich kreisförmig ausbreitenden Belegungsring.

Absolutchron. ordnet Siegmund die Belegungsphase A seiner Niederrhein Phase 10 zu, die er von 670–ca. 705 n. Chr. ansetzt, während er die Belegungsphase B der Niederrhein Phase 11 und mithin der Zeit von ca. 705–740 n. Chr. zuweist (6, 149 ff.).

(1) H. Ament, Chron. Unters. an frk. Gräberfeldern der jüng. MZ im Rheinland, Ber. RGK 57, 1976 (1977), 285–336. (2) K. Böhner, Die frk. Altertümer des Trierer Landes, 1958. (3) C. Bridger, F. Siegmund, Funde des 8. Jh.s aus Xanten, Bonner Jb. 187, 1987, 543–562. (4) A. Heege, Die Keramik des frühen und hohen MAs aus dem Rheinland. Stand der Forsch. – Typol., Chron., Warenarten, 1994. (5) M. Sanke, Gelbe Irdenware, in: H. Lüdtke, K. Schietzel (Hrsg.), Handb. zur ma. Keramik in N-Europa, 2001, 271–428. (6) F. Siegmund, Frk. Funde vom dt. Niederrhein und der n. Kölner Bucht, Diss. Köln 1989. (7) R. Stampfuß, Der spätfrk. Sippenfriedhof von W., 1939. (8) F. Stein, Adelsgräber des 8. Jh.s in Deutschland, 1967. (9) H. Steuer, Frühgesch. Sozialstrukturen in Mitteleuropa. Eine Analyse der Auswertungsmethoden des arch. Qu.materials, 1982. (10) Ders., M. Last, Zur Interpretation der beigabenführenden Gräber des achten Jh.s im Gebiet rechts des Rheins, Nachr. aus Niedersachsens Urgesch. 38, 1969, 25–88. (11) F. Tischler, Zur Datierung der frühma. Tonware von Badorf, Lkr. Köln, Germania 30, 1952, 194–200. (12) H. Zeiß, Spätmerow.-karol. Schildbuckel von Zuckerhutform, in: Festschr. Reinecke, 1950, 173–180.

Ch. Ruhmann

Walther und Hildegund

§ 1: Überlieferung – § 2: Entstehung – § 3: Inhalt

§ 1. Überlieferung. Die Walther-Sage zählt zu den kleineren dt. Sagenkreisen, im Gegensatz zu den großen, den Nibelungen- und den Dietrich von Bern-Sagen (→ Nibelungenlied; → Dietrich von Bern; → Dietrichdichtung) – wobei Sage (→ Sage und Sagen) nicht als Gattungsgröße verstanden wird, vielmehr die stoffliche Gesamtheit des Überlieferten meint. D. h., daß kleinere und größere Sagenkreise sich auch durch ein Quantitätsmerkmal unterscheiden.

Überliefert ist die Sage von Walther und Hildegund einerseits im lateinsprachlichen → *Waltharius,* andererseits im ae. *Waldere*-Bruchstück und dem Frg. eines mhd. Walther-Epos, dem „Walther und Hildegund" (1–5). Stofflich gehören dazu auch intertextuelle Bezüge, die zur Kenntnis der Sage beitragen – so u. a. die weitgehenden Umdichtungen in der → *Þiðreks saga af Bern* und in poln. Chroniken des 14./16. Jh.s, die Referenzen in „Biterolf", „Alpharts Tod", „Nibelungenlied" und weiteren (1, 3; 9).

Bezeugt ist die mhd. Walther und Hildegund-Sage nur in zwei Frg., die in das bair. Sprachgebiet weisen. Das erste Frg. (die Grazer Hs.) bietet einen Teil eines Gesprächs zw. Walther, Hildegund und → Hagen am hunnischen Etzelhof (wo die Genannten, so ist vorauszusetzen, als Geiseln lebten). Das zweite Frg. (die Wiener Hs.) berichtet von der Heimkehr der Flüchtlinge und der Vorbereitung der Hochzeit von Walther und Hildegund (7).

Altertumskundliches Interesse verbindet sich mit mehreren Fragen, die im Zusammenhang mit der Walther-Überlieferung auftauchen:

Wie könnte die urspr. Walther-Dichtung gestaltmäßig ausgesehen haben und welches Alter könnte ihr zugeschrieben werden?

Was lehrt die Gesch. der Walther-Dichtung im Blick auf die Sagentradition (im Sinne der Gattungsgeschichte) allg.?

Welche zeitgeschichtl. Botschaft suchte diese Dichtung zu vermitteln?

§ 2. Entstehung. Andreas → Heusler erklärte das doppelseitige Ereignislied mit überschaubarem Umfang (120–180 Langverse) und stabreimender stichischer Gestalt (→ Stichische und strophische Dichtung) zur Urform des germ. Heldenliedes – und postulierte auch eine ‚Urform' des Waltherliedes (8). Ein geschichtl. Anstoß für die Handlung sei nicht erkennbar: Das Paar Gunther–Hagen sei der Brünhild- oder Burgundensage (→ Burgunden § 3) entnommen. Die Entstehung ließe sich bei den Ostgoten oder bei den Erben ihrer Sagendichtung, den Baiern-Alem., suchen. Eine obere Zeitgrenze ergebe sich mit dem J. 453, d. h. mit dem Burgundenuntergang und dem Tod → Attilas (beides setzt der dichterische Burgundenuntergang voraus).

Diese Heuslersche Sicht, der sich Schneider anschloß (10), ist allerdings an Prämissen geknüpft, die heute nicht mehr ohne weiteres geteilt werden. Vermutlich ist mit einer breiten mündlichen Präsenz völkerwanderungszeitlicher Fabeln zu rechnen, die neben den liedgewordenen Dichtungen Qu. und Anlaß für stets neue Interpretationen boten, und das auch – eine Neuerung – in epischer Form. In karol. Zeit oder kurz danach entstand der → *Waltharius* und der ae. *Waldere* (wohl um 1000); „Walther und Hildegund" ist in die 1. Hälfte des 13. Jh.s zu datieren. Auch wenn alle Rekonstruktionen hypothetisch bleiben müssen, wird die Alternative, den lat. *Waltharius* an den Anfang zu setzen, nicht alle Fragen beantworten.

Offenbar ist, daß die Koordinaten von Raum und Zeit für die Geschichtsüberlieferung feste Größen sind, nicht aber für die Gattung Sage. Mehrfache örtliche Anknüpfungen (und damit auch Aneignungen) sind ebenso sagenspezifisch wie die Aufhebung der Zeitdimension. Etzels Zeitgenossen sind keinesfalls auch die, die auch den hist. Attila begleiten. Walters Heimat ist im *Waltharius* in Aquitanien gelegen, in „Walther und Hildegund" aber in Spanien, Gunther ist in „Walther und Hildegund" ein Burgunde und kein Franke, wie im *Waltharius* usw. Gattungsgeschichtl. weisen die mhd. Frg. auf ein episches Werk (formal mit weiterentwickelter Nibelungenstrophe). Das steht grundsätzlich im Gegensatz zur liedhaften Knappheit. Auch die tragische Zuspitzung zu einer persönlichen Fehde ist eher liedgemäß. Die buchepische Anschwellung bedeutet eine breitere Führung der Fabel, mehr Schilderung und Beschreibung als Dialog und Dramatik.

§ 3. Inhalt. Die Botschaft der Walthersage läßt sich nicht auf einen Nenner bringen. *Waltharius, Waldere* und „Walther und Hildegund" stehen allenfalls insofern in einer Wechselbeziehung, als sie aus einem gemeinsamen Überlieferungsgut schöpfen, das zwar vorauszusetzen ist, in seiner Gestalt und Vielfalt aber nicht direkt faßbar ist. Die drei Werke sind ansonsten eigenständige und voneinander unabhängige Schöpfungen. Ihre Fabel zählt nicht zu den Brautwerbungsgeschichten (→ Brautwerbungssage), auch wenn Walther und Hildegund einander von früher Kindheit an versprochen sind. Die vorauszusetzende Fabel kann sich auch nicht in einer Fluchterzählung oder einem Reiseabenteuer erschöpft haben.

Den drei Werken ist jedoch eine gemeinsame Vorlage mit einer Kampfszene zuzuschreiben, die in einer blutigen Auseinandersetzung zw. Hagen, Gunther und Walther gipfelte. Walther entflieht (in der Version des Waltharius, Zl. 489 ff.) zusammen mit Hildegund der hunnischen Geiselhaft, gerät aber am Rhein nahe Worms in den Herrschaftsbereich Gunthers. Gunther will dem flüchtenden Walther Hildegund und die mitgeführten Schätze abjagen. Hagen wird unter dem Vorwurf der Feigheit genötigt (Zl. 628 ff.), Gunther zu folgen. Im Wasgenwald kommt es zum Kampf – und letztlich muß auch Hagen gegen den eigenen Freund antreten. Treue gegenüber dem Kg. einerseits, dem Freund andererseits stehen im Konflikt. Der Kampf endet mit einer grotesken gegenseitigen Verstümmlung der drei Helden.

Heusler sah an dieser Stelle einen urspr. Konflikt zw. Waffenbrüderschaft und Lehnsmannstreue (Hoops, s. v. Walther und Hildegund). Wenn diese Analyse zurecht bestünde, könnte darin eine Liedperspektive bestanden haben, die auch sonst in der Heldendichtung zu finden ist. Für den *Waltharius* wäre dann anzunehmen, daß der Dichter in einem entscheidenden Punkt geneuert hätte (Heusler meinte, „die heroische Haltung erniedrigt" hätte [8]). In anderer Sicht ist zu bedenken, daß der Walther-Dichtung ein Stil eigen ist, der vom heroischen Lied doch augenscheinlich abweicht.

Wäre dies bereits in den Anfängen eine bewußte Distanzierung vom hergebrachten Lied heroischer Provenienz, ließe sich nach Ursachen fragen. Ist die Dichtung eine Schöpfung der Westgoten (im span.-südfrz. Raum) — unter dem Einfluß eines christl.-spätant. Kultureinflußes (6, 199)?

Qu.: (1) Waldere, hrsg. von A. Zettersten, 1979. (2) Waldere: testo e commento, hrsg. von U. Schwab, 1967. (3) Waltharius, in: K. Langosch, Waltharius, Ruodlieb, Märchenepen. Lat. Epik des MAs mit dt. Versen, ³1967. (4) Ekkehards Waltharius, hrsg. K. Strecker, 1907 (Die mhd. Frg. S. 100–109). (5) W. Eckerth, Das Waltherlied. Gedicht in mhd. Sprache, ²1909.

Lit.: (6) H. de Boor, Die höfische Lit. Vorbereitung, Blüte, Ausklang: 1170–1250 (Gesch. der dt. Lit. von den Anfängen bis zur Gegenwart 2), ²1955. (7) W. Haug, Walther und Hildegund, in: Die dt. Lit. des MAs. Verfasserlex. 10, 1999, 644–646 (mit weiteren Lit.angaben). (8) A. Heusler, Walter und Hildegund, in: Hoops IV, 476–477. (9) W. Hoffmann, Mhd. Heldendichtung, 1974, 112–116. (10) H. Schneider, Germ. Heldensage 1, 1962, 331–344.

H. Beck

Wandbehang

§ 1: Allgemein — § 2: Quellen — a. Behänge in der bildenden Kunst — b. Schriftqu. — § 3: Die Originale. Charakterisierung des Bestandes — a. Ausmaße, Material, Technik — b. Themen des Dekors — c. Lokalisierungs- und Datierungsfragen — § 4: Funktionsbestimmung — a. Zum FO — b. Überlegungen zum Verwendungsort — § 5: Skandinavien — a. Allg. — b. Techniken und Beispiele

§ 1. Allgemein. Eine Vorstellung davon, wie Textilien im 1. Jt. im Raum verwendet wurden, speziell Wandbehänge, vermitteln am besten Gewebe des Mittelmeerraumes (→ Textilien § 4d). Aus diesem Gebiet sind sowohl eine große Zahl an originalen Textilien als auch Bildqu. und schriftliche Nachrichten erhalten. Insgesamt liegen immerhin so viele Nachrichten vor, daß auch prinzipielle und definitorische Erwägungen möglich sind. Diese sind deshalb bes. notwendig, weil derartige Textilien — also Wandbehänge, Vorhänge, Decken, → Teppiche — nicht in situ gefunden wurden und auch eine genauere Identifizierung lange Zeit nicht Gegenstand der Forsch. war. Spuren der ehemaligen Nutzung, etwa der Befestigung, blieben nur vereinzelt erhalten (W. in Stuttgart: 24, 171. 174f. Abb. 4; Behang mit alttestamentlichen Szenen in Riggisberg: 14, 103, Taf. 8) und können für eine Definition nicht ausgewertet werden.

Für die Charakterisierung des Bestandes ist es zunächst sinnvoll, den Begriff ‚Wandbehang' eng zu fassen und als einen solchen nur das Textil zu verstehen, das ausgebreitet vor der Wand hängen sollte, nicht, wie ein Vorhang, zum Auf- und Zuziehen gedacht war und auch nicht frei im Raum hing. Ein W. im strengen Sinne gleicht also in seiner planen Anordnung direkt auf der Wand einem Wandgemälde oder -mosaik und ist auch in seiner großformatigen, oft monumental wirkenden Ikonographie mit Werken dieser Gattungen verwandt (z. B. Behang mit Meleager und Atalante: 26, Nr. 5). Ebenso ist ein W. von einem Teppich auf dem Boden zu unterscheiden, selbst wenn die ant. Qu. hier begrifflich nicht differenzierten (s.u.). Zu diesen theoretischen Überlegungen passen Merkmale, die die Objekte selbst aufweisen: Eine große Gewebedicke oder auch -breite spricht eher für einen W. als für einen Vorhang. Eine Dekortechnik, die beidansichtige Seiten bewirkt, kommt bes. bei einer Aufhängung im Raum zur Geltung und kann so auf eine ehemalige Nutzung als Raumteiler oder aufgehängt zw. Säulen verweisen. Sehr dünne Gewebe und solche, deren Dekor nur auf eine Schmal- oder Breitseite ausgerichtet ist, kommen als Teppich weniger in Betracht. Eine erstaunlich hohe Zahl an spätant. Geweben läßt sich aufgrund dieser Überlegungen als W. identifizieren. Zur Beurteilung von Raumausstattung spielen sie eine herausragende Rolle.

Den Bildqu. ist aber zu entnehmen, daß auch dünn wirkende Tücher vor eine Wand gehängt werden konnten (s. u.). Angesichts der hier vorliegenden Aufgabe, die Wandausstattung mit Textilien zu beschreiben, erscheint es deshalb nützlich, im folgenden Überblick auch die Behänge zu berücksichtigen, bei denen wir heute nicht mehr genau zw. W., Vorhang und anderen Behängen differenzieren können.

§ 2. Quellen. a. Behänge in der bildenden Kunst. Den Bildqu. sind v. a. Behänge zu entnehmen, die, dem Faltenwurf nach zu schließen, dünne Gewebe mit einem einheitlichen Flächenmuster waren. Sie konnten sowohl frei im Raum (Ravenna, S. Apollinare Nuovo: 11, Abb. 107–10), wie auch vor einer Wand aufgehängt sein (Pompeji: 10, Taf. 135. 139; Vergilius Romanus, fol. 100v: 34, 56 f.). Auch Tücher, die als Sonnensegel gespannt waren, sind zu sehen (pompejanische Wandmalerei: 10, Taf. 90; ,Nilmosaik' des Fortunaheiligtums in Palestrina: 5, 100 f.). Darst. von eigtl. Wandbehängen, wie sie mit den unten genannten Ex. vorliegen und die einem großen Gemälde oder → Mosaik entsprechen, sind jedoch anscheinend nicht bekannt. Eines der seltenen Beispiele, bei denen vermutlich ein Textil mit einer monumentalen, bildartigen Darst. geschmückt ist, bietet eine Wandmalerei im Collegio degli Augustali in Herkulaneum (VI,21 und 24: 10, Taf. 144). Doch ist auch hier – entspr. dem Vergnügen der pompejanischen Maler an Durchblicken – das Gewebe zw. Säulen aufgespannt und hing nicht an der Wand. Die Gründe für das Schweigen der Qu. in diesem Punkt sind noch nicht erforscht, sind aber sicher nicht als Argument gegen die Existenz von Wandbehängen anzuführen. Sie könnten darin liegen, daß gemalte, mosaizierte oder gemeißelte Szenen keine weitere Hintergrundszene (gleichgültig ob als Wandmalerei oder als W. gedacht) vertragen.

b. Schriftqu. Ant. bis frühma. Autoren haben in unterschiedlichsten Zusammenhängen Textilien und speziell Behänge angeführt. Eurip. Ion 1141/62 (3; 22, 21) erwähnt Ausstattungsgegenstände eines Festzeltes, die in der Forsch. zu Recht für gewirkte Behänge gehalten werden, und nennt sie βαρβάρων ὑφάσματα. In Aristophanes „σφῆκες" 1212/15 (1) fordert Antikleon sein Gegenüber Philokleon auf, zur Decke zu schauen und ,die prächtigen Behänge' (κρεκάδια) zu bewundern. Laut Suet. Aug. Claudius 10 (4) versteckte sich Claudius ,auf das Gerücht von der Ermordung des Kaisers ... zwischen den Vorhängen der Türe' (beide freundl. Hinweis Sjoukje Colenbrander, Amsterdam). Athenaios zitiert in „Δειπνοσοφισταί" V,196a–203b (2; 20, 69–75) die Beschreibung des Festzeltes von Ptolemaios II, das u. a. purpurne Vorhänge und persische Decken oder Teppiche mit kunstvoll eingewebten Figuren aufwies.

Eine erste Einsicht in die Qu. läßt jedoch vermuten, daß die Autoren bei den Textilien begrifflich nicht in einer Weise differenzierten, die uns die konkrete Verwendung im Raum ableiten ließe oder die bei der Identifizierung von Originalen weiterhelfen könnte. Deutlich wird dies bei dem allg. Begriff τάπης für alle Arten von Behängen und Teppichen (28). Auch der im *Liber Pontificalis* häufig anzutreffende Begriff *velum* (6) tritt in einer antiqu. recht unpräzisen Form auf. Ebenso gilt dies für die zahlreichen Stellen bei Greg. Tur. in seiner *Historia Francorum* (Belege bei 33, bes. 139. 359 f.; freundl. Hinweise H. Steuer, Freiburg). Es ist aber faßbar, welch höchst bedeutende Rolle Behänge in einer prunkvollen Ausstattung und auch als hochrangige Stiftungen spielten.

§ 3. Die Originale. Charakterisierung des Bestandes. a. Ausmaße, Material, Technik. Vollständige oder zu großen Teilen erhaltene Wandbehänge beherbergen v. a. die Abegg-Stiftung in Riggisberg, das Textile Mus. und die Dumbarton Oaks Coll. in Washington, das Cleveland

Mus. of Art in Cleveland, das Musée du Louvre in Paris, die Musées royaux d'Art et d'Histoire in Brüssel und das Württ. Landesmus. in Stuttgart (26, 24–77, bes. Anm. 1). Unter ihnen finden sich hochrechteckige Ex. von mehr als 3 m Hh. (26, Nr. 7) und querrechteckige Stücke mit einer (rekonstruierten) Br. von über 7 m (26, Nr. 1). Da die Max.breite der Webgestelle (und damit der Kette) bei etwa 2,8 m lag, wurden letztere mit während der Herstellung quer zum Weber liegenden Figuren gefertigt. Vereinzelt läßt sich auch nachweisen, daß zwei, vielleicht auch mehrere Bahnen nebeneinander gesetzt und zusammengenäht wurden (26, Nr. 7; W. in kuwaitischem Privatbesitz).

Für die Kette läßt sich bisher am häufigsten Leinen nachweisen, doch ist auch die Zahl der Behänge mit Wollkette nicht gering (z. B. sog. Marienbehang, Cleveland Mus. of Art: 23, 135; 29; 31, Taf. XXXV; Behang mit Eroten in Washington, Textile Mus.: 32, Nr. 1; 31, Taf. IIf; sog. Monatsbehang in Riggisberg, Abegg-Stiftung: 26, Nr. 16). Inwieweit die Materialwahl mit regionalen Traditionen (s. u.) oder z. B. mit der konkreten Benutzung (Wärmeisolierung) der Behänge zusammenhing, ist noch nicht geklärt. Da → Wolle wesentlich leichter zu färben war als Leinen, wurde erstere meist im musterbildenden Schuß verwendet. Eine Ausnahme bildet das sog. Gunther-Tuch in → Seide (8; 21).

Für den Dekor läßt sich am häufigsten die Technik der Wirkerei nachweisen. Sie erzeugt → Gewebe, deren Rückseite auch bei sorgfältiger Arbeit an losen oder vernähten Fäden zu erkennen ist (s. zwei Quadrate vermutlich eines großen Behanges: 26, Nr. 216, Abb. S. 446). Die entspr. Textilien hingen also vermutlich nicht frei im Raum. Verwandt mit dieser Technik sind die sog. Noppengewebe, bei denen die Wollfäden als kleine Schlaufen zw. den Kettfäden stehenbleiben ('Jonasbehang' im Louvre: 23, 126 f.). In ihrer Licht-Schatten-Wirkung sind sie den *tesserae* eines Mosaikes verwandt, ein Effekt, der beabsichtigt gewesen sein könnte.

Eine andere Möglichkeit des Dekors ist die sog. Reservetechnik, dem Batiken verwandt (23, 26–28). Die Erkennbarkeit der Darst. derart gefärbter Gewebe ist auf Vorder- und Rückseite fast identisch, weshalb sich die entspr. Textilien sowohl als Vorhang wie auch als W. geeignet haben müssen (sog. Dionysosbehang im Louvre: ebd; weitere Stücke: 26, Nr. 19/21). Die Technik, gleichermaßen für Leinen, Woll- und Baumwollgewebe benutzt, und ihre Produkte waren weit verbreitet (vgl. schon die ant. Beschreibung bei Plin. nat. 35), denn reservegefärbte Gewebefrg. fanden sich außer in Ägypten beispielsweise auch in einem skythischen Grab etwa des 4. Jh.s v. Chr. (15) und in Zentralasien (12).

Auch Malerei mit Temperafarben wurde eingesetzt, blieb aber äußerst selten erhalten. Einzigartig in seiner Größe ist der mit alttestamentlichen Szenen in drei Registern bemalte Behang in der Abegg-Stiftung (14; mit Hinweis auf weitere Frg.).

b. Themen des Dekors. Themen und Kompositionen, die im Dekor von Wandbehängen zu fassen sind, besitzen v. a. in der Malerei und Mosaikkunst Parallelen. Großer Beliebtheit erfreuten sich bis ins 6. Jh. hinein Darst. aus der ant. Mythol., v. a. dionysische Zyklen, Meereswesen und Gestalten, die sich direkt oder indirekt mit dem Jagdthema verbinden ließen (Artemis, Meleager, Adonis etc.). Personifikationen beispielsweise der Erde, von Jahreszeiten, Monaten oder umfassenden Aspekten wie Wohlergehen, Segen und Tugend sind ebenfalls oft nachzuweisen. Diese Themen konnten der repräsentativen Selbstdarst. des Auftraggebers dienen. In ähnlicher Weise sind vermutlich auch die Gabenträger einer Gruppe von Wandbehängen zu verstehen, die ebenfalls in zahlreichen Ex. vorliegen (26, Nr. 12–14). Für die Beurteilung von

Themen in der Raumausstattung sind letztere bes. wichtig, denn für sie sind in Mosaik und Malerei bisher kaum Parallelen bekannt.

Welch wichtige Objekte für die Beurteilung des spätant. und frühma. Kunstschaffens sich gerade unter den Wandbehängen befinden, demonstrieren Ex. mit christl. Thematik. Große reservegefärbte Tücher mit biblischen Szenen aus dem 4.–6. Jh., als W., Vorhang oder Raumteiler verwendet (17; 23; 25), stammen sicherlich aus denselben Werkstätten wie ihre Pendants nichtchristl. Thematik. Der bemalte Behang mit 17 alttestamentlichen Szenen in der Abegg-Stiftung (4. Jh.) ist eines der frühesten Beispiele für ausführliche biblische Wandzyklen (14). Der sog. Eliasbehang derselben Slg. (14C-datiert ins späte 4. bis mittlere 6. Jh.: 26, Nr. 7) besitzt enge ikonographische Parallelen in Malereien von mittelägypt. Klosteranlagen und ist mit seinem komplexen theol. Programm ein wichtiger Vorläufer ma. biblisch-typol. Bildwerke.

Häufig gliedern Arkadenreihen oder eingestellte Bäume bzw. Säulen die großen Flächen. Figurenzyklen sind in breiter Reihung oder zwei- bis dreistöckigen Friesen angeordnet (reichhaltige Belege für die angeführten Themen und Kompositionsweisen bei 23; 26; vgl. auch 30).

c. Lokalisierungs- und Datierungsfragen. Die Lokalisierung der Werkstätten ist bei Textilien insgesamt eine schwierige Aufgabe. Es ist davon auszugehen, daß gerade diese Objekte wegen ihrer leichten Transportierbarkeit über weite Strecken gehandelt wurden. Der in der Regel zu vermutende und oft nachzuweisende FO Ägypten sagt nichts über den Herstellungsort aus. Bereits seit den 40er J. wird bei einer Reihe von Behängen (z. B. im Textile Mus., Washington: 32), die z. T. im ägypt. Antinoopolis gefunden wurden, die Alternative Ägypten oder Persien als Herstellungsort diskutiert (18). Ihre in der sassanidischen Kunst nachweisbaren Motive weisen in Richtung Persien, ihre Wollkette (mit in S-Richtung gedrehter Wolle) dagegen auf ägypt. Produktion. Kitzingers Lokalisierung in Ägypten wird in der Forsch. bevorzugt (s. auch die Unters. zu einem Behang mit Frg. in Paris und Lyon: 7).

Einen anders gearteten Anhaltspunkt scheint der Erotenbehang des Textile Mus.s in Washington (32, Nr. 1) zu bieten. Die Inschr., die fragmentarisch in einem der Kränze der Eroten erhalten ist, wird verschiedentlich zu ‚Herakleia' ergänzt und als der Herstellungsort Herakleia Perinthos interpretiert. Auf die Probleme dieser These machte jüngst Török (31, 222 f.) aufmerksam.

Die genaue Datierung von Textilien des 1. Jt.s n. Chr. ist v. a. im Mittelmeerraum noch nicht vollständig gesichert. Probleme bereiten hier die Objekte ohne arch. Kontext. Neue Ausgr. und gruppenweise, aufeinander abgestimmte 14C-Datierungen lassen jedoch neue und für die Zukunft nutzbare Ergebnisse erwarten (s. zahlreiche Beiträge in 27).

§ 4. Funktionsbestimmung. a. Zum FO. Am urspr. Verwendungsort wurden Wandbehänge nicht mehr gefunden, jedoch in Zweitverwendung im Grab. Hier müssen sie entweder als Grabbeigabe im eigtl. Sinne, nämlich zusammengefaltet, als ins Jenseits begleitendes Geschenk hinzugefügt worden sein (sog. Artemisbehang: vgl. oben und 13, 358–363), oder man verwendete sie als Grabtuch, um den Leichnam darin einzuwickeln. Letzteres ist sicherlich der weitaus häufigste Grund, warum ein W. in sepulkralen Zusammenhang gelangte (bezüglich Textilien überhaupt → Textilien S. 375). Er läßt sich entweder mit Hilfe der großflächigen Zerstörungen durch den Leichnam nachweisen (19, Nr. 166) oder anhand der diagonal laufenden bräunlichen Streifen, die von der rautenförmigen Umwicklung des Toten stammen (Noppenfrg. mit Widder:

26, Nr. 10). Es gehört zu den großen und für die Altertumswiss. höchst schwerwiegenden Mißständen, daß so viele Objekte, v. a. Textilien, lange Zeit nicht ordnungsgemäß ausgegraben wurden. So ist auch die Zweitverwendung der Wandbehänge kaum je in situ dokumentiert. Begleitfunde, die gerade bei den Besitzern solcher Prunkobjekte äußerst wertvolle Hinweise geliefert hätten, sind so gut wie nie bekannt. Zumindest partiell ist eine der wenigen Ausnahmen der sog. Colluthus-Behang in Brüssel (9).

b. Überlegungen zum Verwendungsort. Die Frage nach der genaueren Funktion eines Textils – W., Vorhang, Teppich? – zielt nicht nur ab auf die Frage, wo im Raum, sondern auch in welchem Raum das Objekt verwendet wurde. Wie bei Mosaiken und der Malerei scheint oft der Dekor eine Antwort anzubieten. Beispielsweise erscheint es naheliegend, daß dionysische Themen im Triklinium angebracht waren. So ist zu erwägen, ob etwa der Dionysosbehang des Louvre oder der Abegg-Stiftung (s. o.) einst einen solchen Raum schmückte. Bis auf wenige Ausnahmen gelangte man hier jedoch bisher über Vermutungen nicht hinaus. Zu den Ausnahmen gehört ein Noppenbehang mit komplexem theol. Programm (sog. Eliasbehang: 26, Nr. 7; vgl. auch oben). Nicht nur dieses Programm sondern auch konkrete ikonographische Parallelen zur Malerei der mittelägypt. Klosterkirche in Abu Fano machen die Verwendung des W.es in einem Kirchenraum Ägyptens höchst wahrscheinlich. Spuren der Verwendung geben bei einem Behang-Paar im British Mus. (16) konkrete Anhaltspunkte. Die beiden spiegelbildlich gestalteten Hälften sind im oberen Teil noch original zusammengenäht. Zusammen mit dem Dekor zweier einen Kranz tragenden Flügelwesen, der öfter bei Durchgängen auftritt, kann hier die ehemalige Verwendung als Türvorhänge als gesichert gelten.

Qu.: (1) Aristophanes, Die Wespen, übs. von L. Seeger, hrsg. von H.-J. Newiger, P. Rau, 1968; TB 1990. (2) Athenaios, Das Gelehrtenmahl, B. V, c. 26. Übs. und Kommentar C. Friedrich, Th. Nothers, Bibl. der griech. Lit. 48, Abt. klass. Philol., 1998, 406–415 (bes. 407). (3) Euripides, Ion, übs. von E. Staiger, Slg. Überlieferung und Auftrag. R. Texte 2, 1947. (4) Sueton, Cäsarenleben, Claudius, Einl. von R. Till, Kröners Taschenbuch Ausg., 1936, 289.

Lit.: (5) B. Andreae, Ant. Bildmosaiken, 2003. (6) F. A. Bauer, Das Bild der Stadt Rom im Früh-MA, 2004. (7) D. Bénazeth, P. Dal Prà, Renaissance d'une tapisserie antique, Revue du Louvre 45, 4, 1995, 29–40. (8) B. Borkopp, M. R. Restle, Gunthertuch, in: R. Baumstark (Hrsg.), Rom und Byzanz. Schatzkammerstücke aus bayr. Slg., 1998, Nr. 64, 206–210. (9) F. Calament, Le „suiare de Colluthus" ressuscité, Bull. des Musées royaux d'Art et Hist. 67, 1996, 37–56. (10) G. Cerulli Irelli u. a., Pompejanische Wandmalerei, 1990. (11) F. W. Deichmann, Bauten und Mosaiken von Ravenna, ²1995. (12) S. Desrosiers, Frg. de toile à décor de pois et de rosettes teinte à réserve en bleu foncé, in: C. Debaine-Francfort u. a. (Hrsg.), Keriya, mém. d'un fleuve. Arch. et civilisation des oasis du Taklamakan, 2001, 80. (13) M. Flury-Lemberg, Textilkonservierung im Dienste der Forsch., 1990. (14) Dies. u. a., Der bemalte Behang in der Abegg-Stiftung in Riggisberg. Eine alttestamentliche Bildfolge des 1. Jh.s, 2004. (15) D. Gerziger, Eine Decke aus dem sechsten Grab der „Sieben Brüder", Ant. Kunst 18, 1975, 51–55. (16) H. Granger-Taylor, Pair of curtains, in: H. D. Buckton (Hrsg.), Byzantium. Treasures of Byzantium from British Coll., 1994, Nr. 112, 102 f. (17) V. Illgen, Zweifarbige reservetechnisch eingefärbte Leinenstoffe mit großfigurigen biblischen Darst. aus Ägypten, 1968. (18) E. Kitzinger, The Horse and Lion Tapestry at Dumbarton Oaks, Dumbarton Oaks Papers 3, 1946, 1–71. (19) M. Martiniani-Reber, Tissus coptes 1–2, 1991. (20) M. Pfrommer, Königinnen vom Nil, 2002. (21) G. Prinzing, Das Bamberger Gunthertuch in neuer Sicht, in: V. Vavřínek (Hrsg.), Byzantium and its Neighbours from the Mid-9th till 12th Centuries, 1993, 218–31. (22) A. Rapp Buri, M. Stucky-Schürer, Zahm und wild. Basler und Straßburger Bildteppiche des 15. Jh.s, 1990. (23) M.-H. Rutschowscaya, Tissus Coptes, 1990. (24) S. Schrenk, Der Elias-Behang in der Abegg-Stiftung, Riggisberger Ber. 1, 1993, 167–181. (25) Dies., Die „topographischen" Friese auf den Behangfrg. mit Danielszene und Petrusszene in Berlin, in: Hairesis (Festschr. K. Hoheisel), 2002, 72–83.

(26) Dies., Textilien des Mittelmeerraumes aus spätant. bis frühislamischer Zeit, 2004. (27) Dies. (Hrsg,), Textiles in Situ. Their find spots in Egypt and neighbouring countries in the first millennium CE, 2006. (28) Schroff, tapes, in: RE 2. R. IV,2, 8. Halbbd., 2251–2253. (29) D. Shepherd, An Icon of the Virgin, Bull. of the Cleveland Mus. of Art 56, 1969, 90–120. (30) A. Stauffer, Der Baumgarten. Zur Herkunft und Bedeutung spätant. Baumbehänge, in: Dies., Textilien aus Ägypten aus der Slg. Bouvier, 1991, 35–49. (31) L. Török, Transfigurations of Hellenism. Aspects of late antique art in Egypt AD 250–700, 2005. (32) J. Trilling, The Roman Heritage. Textiles from Egypt and the Eastern Mediterranean 300 to 600 AD, 1982. (33) M. Weidemann, Kulturgesch. der MZ nach den Werken Gregors von Tours 2, 1982. (34) K. Weitzmann, Spätant. und frühchristl. Buchmalerei, 1977.

S. Schrenk

§ 5. Skandinavien. a. Allg. In the Scandinavian countries, the custom of decorating the wall with textiles has a long history (6) (Taf. 12b). The OE poem → *Beowulf* dating from the 8th century gives a description of a hall decorated for a feast which probably reflects contemporary usage. Information about textiles is regularly found in Norse literary sources of the Viking period and the Central MA, viz in scaldic poetry, the Edda and, above all, in the Icelandic sagas. In the *Hákonar saga Hákonarsonar,* the house is said to have been decorated with painted or printed textiles and fine fabrics. In the → *Njáls saga,* Queen Gunnhildr's hall is decorated with exquisite tapestries.

The historical sources, especially inventories from Icelandic churches, *maldage,* the earliest dating from 1120, and other written documents, such as wills and letters, describe the use of different kinds of textiles as wall-hangings. The earliest and most abundant details about native terminology are supplied by West Norse lit. In Sweden and Denmark, Latin was used instead of the vernacular until the 14th century. The main words used for the fabrics used for wall furnishing are as follows:

The word *bunaðr* was used as a more general term for the decoration of a room. *Tjald* is by far the most common word used for textile furnishings in the Icelandic inventories. The earliest known occurrence dates from 1120. *Tjald* is almost invariably used in the pl. and must denote several pieces of fabric. *Refill* is a West Norse word which denotes a strip of fabric, a piece of woven cloth whose width corresponded to that of the loom (7). In Norway and Iceland, the word came to denote a long and narrow wall-hanging which apparently served as a decorative furnishing, unlike *tjald,* which must also have served as protection against damp and cold. To judge from the evidence provided by Icelandic sources, the *refill* appears to have served as a long decorative border and to have been attached to a piece of cloth which was presumably wider and longer. Pictorial decorations are sometimes mentioned. *Borði* was a wall-hanging relatively narrow in relation to its length (4), and was used in the same way as *refill*. Most of the sagas convey the impression of *borði* as being patterned with human or animal figures. It seems as though *borði* might be the correct term for the fragmentary weaves from the Oseberg ship. *Borði* is less frequent than *refill*. Probably it was more expensive, and it is reasonable to suppose that the main difference between the two lay in manufacturing techniques, *refill* probably being embroidered (10) while *borði* is woven with a figurative patterning using a tapestry-like technique (6). *Bjorr* is the term used for a curtain for the upper part of the gable wall of the same name.

Two terms which might correspond to the above mentioned, occur in Swedish sources of the period between the 12th and 14th centuries, namely, the *dorsale* and *cortina*.

The *maldage* are our best source for ecclesiastical textile furnishings, while the sagas can be used to obtain information about normal dwelling houses. Due attention must be given to social and geogr. differences, and the distance of time separating the Viking era from the Central and Later MA must also be borne in mind.

b. Techniken und Beispiele. In Sweden and Norway, surviving material shows various manufacturing techniques, such as tapestry weave, picked up double cloth, soumak and other types of brocaded work, tablet weaving and embroidery in couching and pattern darning. Painted or printed objects certainly existed, but none have survived. Silks were probably also used as wall-hangings, but it is not possible to ascertain the original purpose of the surviving material.

Not much material has survived from the Viking era and preceding centuries. What textile finds there are largely stem from graves and are consequently connected with items of clothing (→ Kleidung; → Mantel; → Textilien; → Tracht und Trachtschmuck). The Norwegian → Oseberg find is a famous exception to this rule (12; 13; 15). The Oseberg ship was excavated in 1904. Grave plunderers probably broke into the barrow not very long after the burial had taken place and destroyed the burial chamber. The walls of the chamber were probably decorated with long, narrow, pictorial wall-hangings. There are 25–30 fragments preserved, each with a loom width of between 16 and 23 cm. It is impossible to say how many wall-hangings there were originally. Tablet woven bands seem to have existed on all four sides. They all have a woollen warp and weft, as well as a vegetable weft that has now disappeared, and they are woven in tapestry technique. The figures are picked in about 20 different bindings.

The middle section of the wall-hangings depicts a number of figures all moving in the same direction from right to left. Horses, chariots and human beings are lined up on top of each other with birds, arrows and geometrical patterns filling the spaces in between. Except for the red pigments, the colours have faded into a greyish brown tone (Taf. 12a).

The motifs are probably all taken from Norse mythology and the sagas. A couple of scenes can be tentatively interpreted. One of them is a wide-branched tree with a line of men hanging from it (→ Bilddenkmäler Abb. 113). This is presumed to represent a ritual act, probably a sacrifice to Óðinn (→ Wotan-Odin). This scene is usually known as Odin's tree (2; 12; 13).

The other scene features warriors and Norse Amazons. A chariot with a man covered by a shield appears beneath a row of men carrying spears (→ Bilddenkmäler Abb. 109). This piece of martial imagery has been thought to represent the Battle of Bråvalla at which → Haraldr hilditönn, 150 years old and blind, directed his forces from a chariot (12; 13).

In addition to the fragments with an epic content, there are others similar in size and using the same manufacturing technique with a strict symmetrical palmette composition within a medallion framework (12). The pattern, which is unfamiliar in Scandinavian decoration, can be compared with a common type of silk ornamentation found mainly in the Byzantine Empire and Central Asia.

A date of 834 AD can be given for the felling of the timber used for the burial chamber and this marks the year of the burial (1).

Other Norwegian finds of tapestry woven fragments from the Viking Age similar to the Oseberg fragments were discovered at → Rolvsøj in Østfold and at Bø and Jåtten in Rogaland (13). Small fragments of the same kind which were probably used in the same way were found at → Birka in Sweden (8).

Only one further Scandinavian tapestry woven wall-hanging has been noted, namely, the Baldishol tapestry from Baldishol church in Hedmark. It is probably a part of a longer frieze-shaped weave with dimensions of 118 × 203 cm and is most likely to be of Norwegian origin. Two out of a total of originally 12 scenes have been preserved. One shows a bearded man standing beside a tree with birds and the other depicts a fully armed horseman who can be compared to the Norman knights on the → Bayeux Tapestry (3). The 14C analysis shows the fabric to have been woven between 1040 and 1190 (14).

Two tablet woven bands from Iceland may have been used as parts of wall-hangings before they were added as a top border to an altar-frontal (6). Both bands are of multicoloured wool. The pattern on one band is rhythmically divided into sections, partly with animals (mostly deer, but in one case birds) facing each other around a tree. The open-mouthed deer facing the tree recalls the story of Yggdrasil which is constantly assaulted by a deer gnawing at its branches (→ Weltenbaum). The other band has an ornamental pattern. The dating appears to be roughly the same as that of the picked-up double cloths mentioned below.

A number of heavy woollen fabrics with reddish brown brocaded check patterns were found in the Oseberg ship. The ground weave is tabby and the patterns are best compared to the brocaded tabby type 'krabbasnår' (13). Whether they were meant to be used on the walls or for some other furnishing purpose must remain an open question. Fragments using the same technique also occur at Birka in Sweden (8). A fragment with a loom width of 11 cm, which was found in Uppsala and dated to the 13th century, reveals that the technique was used for narrow wall-hangings later in the MA (6), and it also occurs later in folk art.

A number of narrow wall-hangings were discovered in northern Sweden at the beginning of the 20th century. Five wall-hangings, subsequently sewn together to form a blanket, were found in Överhogdal church in 1910 (Taf. 13a) (6). One of the Överhogdal wall-hangings was a picked up double cloth, which, following Scandinavian tradition, is a patterned fabric consisting of two complete differently coloured layers of tabby which interact in such a way that the same pattern with colours reversed appears on both sides. On the actual contour of the pattern they are interconnected, but otherwise they are completely separate. The Överhogdal wall-hanging was meant to be hung vertically. Its surface is covered with a line of octagons. Within the octagons, cross and knot motifs occur, together with figures like birds facing each other and stylized ships. In all, there are five picked-up double cloths preserved in the north of Sweden and neighbouring Norwegian territory, (Revsund, Kyrkås and Marby in Jämtland and Rennebu in Sør-Trøndelag). The Rennebu hanging is horizontally patterned. Its pattern consists of a house with two figures wearing long gowns on either side of a geometrical object. The picked-up double cloths are 14C dated to between 900 and 1100 (14).

The other wall-hangings from Överhogdal were thought to have been embroidered with stem stitch, because nothing like them had ever been seen before. Eventually, it was decided that they were really done in soumak. The four Överhogdal soumak wall-hangings (Ia, Ib, II and III) have a linen or hemp tabby background and are patterned with woollen yarn in red, blue, yellow and green. All of them have selvages running their full length and are woven from right to left. They are between 35 and 37 cm across, which is a little more than the Oseberg hangings. Ia and Ib are woven on the same warp, but their characters are very different.

These wall-hangings have been subject to all manner of interpretations and dating. It should be noted that the technique does not allow round shapes to be produced. The pattern yarn is coarse and not suitable for exact portrayals and has been worn away in places. These facts make the interpretation difficult.

With few exceptions, the animal and human figures move from right to left. In two of the wall-hangings, a tree seems to be the central point. The direction of the figures, the use of a central point and the division into horizontal strata are apparently the sole structural principles here. In the middle of Ia, there is a tree with a bird at the top of the picture. To the right of the tree, there are animals of various kinds, here and there accompanied by small human figures, a house in cross-section in which a figure is reclining. In the left half, there is a cluster of new elements (two ships, a building occupied by people, a runic inscription underneath and several large beasts). One of the most easily recognised motifs is a recumbent man surrounded by decorative loops and it must represent Gunnar in the snake-pit, a common theme in Scandinavia during the Viking era and the MA. The large building is interpreted to be Atli's banqueting hall with Guðrun and her maids preparing the terrible meal made from the flesh of his sons which will later be served to him and his followers (→ Atlilieder). The runes have been read in different ways, for example, as **gudbo** or **kudby** (6). It is hard to tell whether the uppermost ship has anything in particular to do with the motif beside it. The lower ship however may possibly provide an acceptable explanation, namely, that it depicts an episode from the *Hjaðningasaga,* where Högni sets off with his warriors in search of Hildr and Heðinn. This motif also appears on the Gotland picture stones. In these portrayals of the story, Högni's ships are beached on the coast where he finds his daughter and Heðinn.

Narrative intentions seem to be confined to the middle of wall-hanging Ib. Here a horseman, axe in hand, riding up a steep slope which ends in an angled peak is positioned beneath a mounted worshipper in the middle of the picture. At the top of the slope, a figure wearing a long garment is sitting in a high-backed chair. It has been interpreted as Sigurðr Fafnisbani riding up Hindarfjäll to wake the Valkyrie from her enchanted sleep (6). The pictorial language of wall-hanging Ia and Ib belongs entirely to pagan times.

The central point in wall-hanging II is a tree with a bird perched on top. On both sides, we have a plethora of pattern figures, most of them animals walking in three rows. All the animals occur in Ia, but are much simpler and less stringent in form. To the left of the tree, can be seen a horse pulling a sleigh and four buildings in cross-section can be seen. The buildings have crosses and there are people inside. The larger building must be a church with nave and chancel. The priest is standing in the nave in front of the congregation. The smaller buildings are probably chapels. This wall-hanging must have been woven after the establishment of Christianity in the community.

Wall-hanging III is fragmentary and very badly worn (Taf. 13a). It is probably the oldest of them all and its pattern is drawn more precisely than those of the others. One recognizes the ship from the Viking picture stones of Gotland. We are back in the pagan world again with no symbols relating to Christianity.

14C analysis shows that these wall-hangings were made between 900 and 1100 (14).

The Oseberg find is associated with the uppermost stratum of society. A large number of artists and craftsmen were probably involved in its making, and the wall hangings are specimens of the work done in and for high-ranking Viking households. The Överhogdal wall-hangings were probably woven on a farm.

Embroidery. Embroidered fabrics are rare in Scandinavia before 1100. Some small fragments have been found in connection with excavations in Norwegian stave churches (→ Stabkirchen). Two fragments from → Urnes in Sogn and Uvdal in Numedal, respectively, are in inlaid and couched work, the figures outlined in stem stitch and couched work on twist weave. Nothing can be said about the patterns (11). A third fragment, with dimensions of 0,64 × 0,63 cm, was found in Røn church in Valdres (11). It is coarse piece of embroidery with two red, two blue and one yellow colour strands of woollen yarn and is outlined with linen or hemp yarn on linen or hemp twist weave. In the middle, we find a tree, to the left of the tree a horse and to the right seven people on top of each other. One of these people is a bishop in mitre. Helmets and some swordhilts are seen to the right. The fragment has often been compared to the → Bayeux Tapestry and might be of a similar date, i. e. the late 11th century.

Two Norwegian embroideries in pattern darning *(skakkaglit)* may be dated to before 1100. The wall-hanging from Høylandet in Trøndelag is embroidered in yellow, green and blue woollen yarn on red twist weave. The figures are outlined in white linen yarn in stem stitch and darning in a great verity of stitches. The motif, The Three Magi, has been compared to a similar motif, which is found in the 11th-century Echternach Gospels (→ Echternach § 3) and in English manuscripts from the school of St Albans (5). The work is of a high order, both artistically and technically.

Another Norwegian embroidery fragment using the same technique comes from Lom in Gudbrandsdal (11).

(1) N. Bonde, A. E. Christensen, Dendrokronologisk datering af tømmer fra gravkamrene i Oseberg, Gokstad og Tune, Universitetets Oldsaksamling Årbok 1991/1992, 153–160. (2) H. Dedekam, Odins træ Kunst og Handverk, in: Nordiske studier tilegnet J. Bøgh, 1918. (3) G. W. Digby, Technique and Production, in: F. Stenton (Ed.), The Bayeux Tapestry. A Comprehensive Survey, 1957, 37–55. (4) H. Falk, Awnord. Kleiderkunde mit besonderer Berücksichtigung der Terminologi, 1919. (5) A. M. Franzén, Høylandteppet, Årbok 1960 for Det Kgl. Norske Videnskabers Selskab, 87–103. (6) Idem, M. Nockert, Bonaderna från Skog och Överhogdal och andra medeltida väggbeklädnader, 1992. (7) J. Fritzner, Ordbog over Det gamle norske sprog 1–3, 1886–1896. (8) A. Geijer, Birka III. Die Textilfunde aus den Gräbern, 1938. (9) Idem, Ur textilkonstens historia, 1972. (10) E. Gudjónsson, Traditional Icelandic Embroidery, 1985. (11) M. Hoffmann, Tekstil. Norges kunsthistorie, 2. Høymiddelalder og Hansa-tid, 1981. (12) B. Hougen, Osebergfunnets billedvev, Viking 4, 1940, 85–124. (13) Idem, Billedvev, in: A. E. Christensen et al. (Ed.), Osebergfunnet, 4. Tekstilene, 2006, 15–131. (14) M. Nockert, G. Possnert, Att datera textilier, 2002. (15) Idem, Appendix, in: cf. [13], 132–139.

M. Nockert

Wandersiedlung. Der Begriff W. wird in der arch. Lit. für zwei verschiedene Phänomene verwendet, in beiden Fällen handelt es sich jeweils um die Wohnplätze ein- und derselben Siedlungsgemeinschaft:

1. Streusiedlung mit Einzelhöfen (→ Einzelhof), die innerhalb der Ackerflächen verlegt wurden oder weiträumig mit der Verlagerung der Äcker diesen folgten. Hierfür sollte auch weiterhin der Begriff W. verwendet werden.

2. Dörfliche Siedlungen, die meist nur über kürzere, seltener größere Abstände verlagert wurden. Hierfür sollte der Begriff ‚wandernde Dörfer' verwendet werden (→ Siedlungs-, Gehöft- und Hausformen; 1–8).

Das Prinzip der häufigen Verlagerungen in den nachchristl. Jh. erkannte zuerst Schindler (5) anläßlich der Siedlungsgrabung bei Hamburg-Farmsen. In seiner Definition beschränkt er den Begriff aber nicht ausdrücklich auf dörfliche Anlagen.

W.en in Form einzelner Höfe in Streulage bildeten weithin in ur- und frühgeschichtl. Zeit das vorherrschende Siedlungssystem. Die Höfe wanderten innerhalb der Ackerflur oder auch mit dieser. Es bestand wie in → Flögeln auch zeitgleich mit Dörfern

(→ Dorf; 8). Wie weitläufig oder dicht die Besiedlung jeweils gewesen sein mag, ist mit arch. Mitteln schwer genauer zu bestimmen, da sich dieser Besiedlungstyp oft über viele Quadratkilometer erstreckte und deshalb nur Ausschnitte davon durch die → Archäologische Landesaufnahme bzw. Grabungen erfaßt werden können. Die Verlagerung erfolgte in der Regel nach einer Hausgeneration. Nur aus Schweden (→ Siedlungs-, Gehöft- und Hausformen § 10) wird berichtet, daß ein Hof nach max. drei Neubauphasen verlegt wurde.

Die Dörfer der vorröm. EZ bis VWZ, teilweise bis zum frühen MA, in Mittel- und Nordeuropa (1–8) verlagerten sich in der Regel kleinräumig nach unterschiedlich langen Siedlungsphasen von ca. 100–200 Jahren. Oft ging jeweils mit dem Schritt zum neuen Ort wie im Falle von → Flögeln, → Vorbasse, → Peelo eine Änderung der Siedlungsstruktur einher. Ablesen läßt sich eine solche Entwicklung nur dort, wo Siedlungen großflächig untersucht werden. Hinweise kann auch eine gründliche arch. Landesaufnahme geben.

Da die einzelnen Siedlungsphasen und deren Übergänge mit den zugeordneten Funden meist nur ungenau datiert werden können, ist die Art der Verlagerung, ob in einem Schritt oder nach und nach, nur schwer zu bestimmen. Daß sie für alle Höfe gleichzeitig oder in einem Zeitraum von nur wenigen J. erfolgte, kann bisher von keiner Siedlung sicher gesagt werden. Auch wenn von einem kurzen Zeitraum wie im Falle von Flögeln gesprochen werden kann, ist doch nicht auszuschließen, daß es sich um bis zu wenige Jahrzehnte gehandelt haben kann. Nach Kähler Holst (4) verlagerte sich das Dorf → Nørre Snede, Zentraljütland, im 2.–7. Jh. n. Chr. schrittweise jeweils über mehrere Generationen.

Nach der Verlagerung der Einzelhöfe in Streusiedlung wurde der, durch die Besiedlung mit Nährstoffen angereicherte, wüste Hofplatz oft landwirtschaftl. genutzt. Der Grund für die meist geringfügige Verlagerung der Dörfer ist viel schwerer zu beantworten. In beiden Fällen sind die Ursachen wohl multikausal.

Seltener sind dörfliche Siedlungen, die über viele Jh. platzkonstant waren. Dazu gehören Wurten (→ Wurt und Wurtensiedlungen) und die ‚byhøj', die tellartigen Siedlungshügel Skand.s (Archsum; → Nørre Tranders), aber auch ein Machtzentrum wie → Uppåkra.

(1) M. Châtelet, Un habitat médiéval encore instable: l'exemple de Nordhouse „Oberfuert" en Alsace (IXe–XIe siècle), Archéologie médiévale 36, 2006, 1–56. (2) F. Herschend, The origin of the hall in southern Scandinavia, Tor 25, 1993, 175–199. (3) S. Hvass, Jernalderens bebyggelse, in: P. Mortensen, B. M. Rasmussen (Hrsg.), Jernalderens stammesamfund, Fra Stamme til Stat i Danmark 1, 1988, 53–92. (4) M. Kähler Holst, The Syntax of the Iron Age Village. Transformations in an orderly Community, Diss. Aarhus 2004. (5) R. Schindler, Siedlungsprobleme im Stormarngau im Anschluß an die Ausgr. Hamburg-Farmsen, Arch. Geographica 5, 1956, 25–32. (6) K. Schinkel, Zwervende erven: bewoningssporen in Oss-Ussen uit Bronstijd, Ijzertijd en Romeinse Tijd, Diss. Leiden 1972. (7) H. T. Waterbolk, Mobilität von Dorf, Ackerflur und Gräberfeld in Drenthe seit der LTZ, Offa 39, 1982, 97–137. (8) W. H. Zimmermann, Haus, Hof und Siedlungsstruktur auf der Geest vom Neol. bis in das MA im Elbe-Weser-Dreieck, in: Haus und Hof in ur- und frühgeschichtl. Zeit (Gedenkschr. H. Jankuhn), 1997, 414–460.

W. H. Zimmermann

Wassenaar. In W., Niederlande, wurde 1987 ein Massengrab als Folge eines Massakers aus der frühen/mittleren BZ entdeckt (1–3; 5, 117, Fig. 5.8). 14C-Messungen ergaben Daten um 1700 v. Chr. In der Grabgrube lagen zwölf mit den Köpfen nach W und O ausgerichtete Individuen, die gleichzeitig bestattet worden waren: zwei Kinder, zwei Jugendliche und acht Erwachsene (sechs Männer, zwei junge Frauen) (Abb. 89).

Die Toten wurden nach einem System bestattet: alle Männer mit dem Gesicht nach oben, der älteste in der Mitte des Grabes

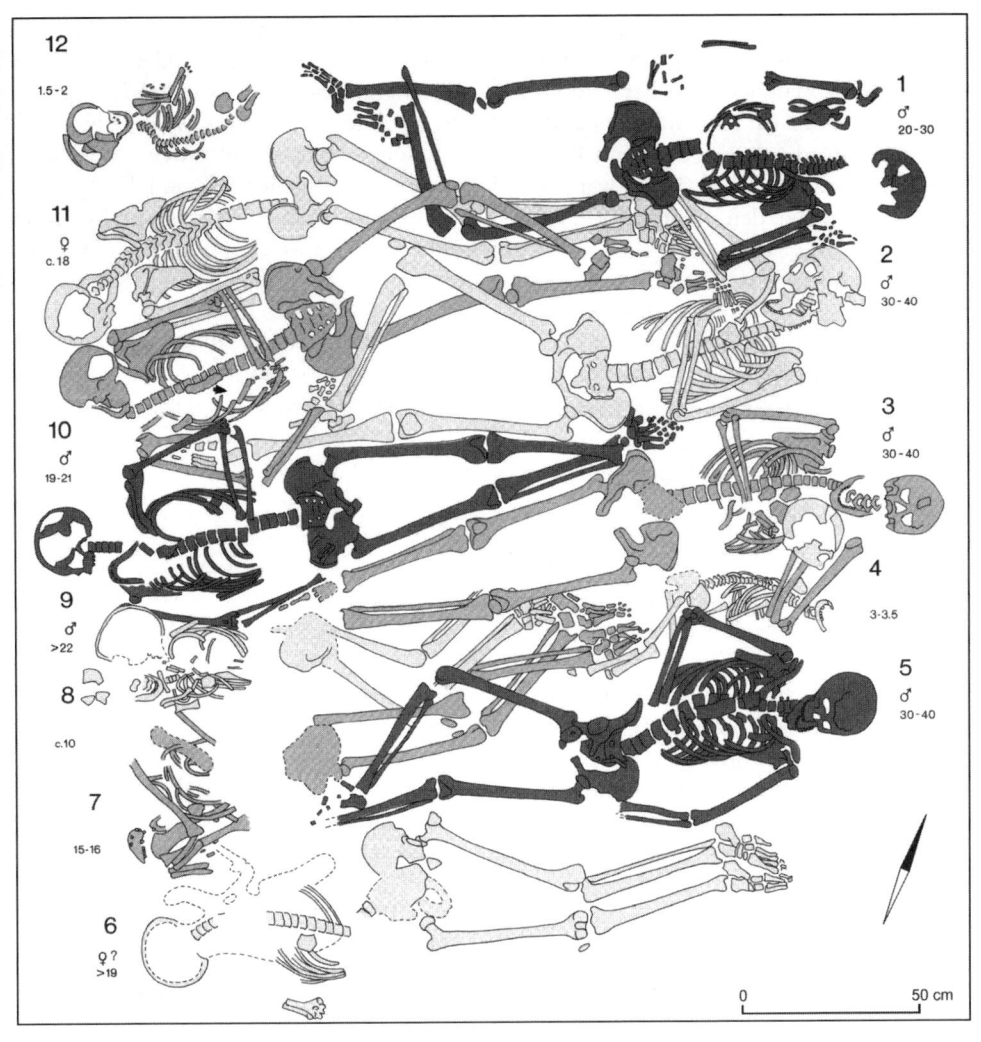

Abb. 89. Plan des Grabes von Wassenaar mit den numerierten Skeletten und Angaben des Geschlechts und des Alters. Nach Louwe Kooimans (3, 459 fig. L1)

und die jüng. Männer zu beiden Seiten; ein Bein war jeweils gekrümmt und mit dem Fuß gegen das Schienbein des anderen Beines plaziert. Die Kinder und Jugendlichen waren auf die Seite gelegt, mit leicht gebeugten Knien. An beiden Enden der Reihe der Toten war jeweils eine Frau mit dem Gesicht nach unten niedergelegt. Die Gliedmaße der Toten waren offensichtlich während der Bestattungsvorgangs systematisch geordnet worden. Es scheint so, daß zuerst die beiden ält. Männer in der Mitte und die zwei Frauen mit den Kindern an den Enden niedergelegt worden sind und daß man dann die Jugendlichen und jungen Männer dazwischenlegte, insgesamt nach einem Ritual, bei dem Alter und Geschlecht die Position der Toten im Grab bestimmt haben.

Alle Individuen wurden gleichzeitig getötet und bald danach bestattet, und zwar nach einem kriegerischen Konflikt. In der Brust eines Toten, eines jungen Mannes

(Nr. 10), steckte noch eine Pfeilspitze aus Flint. Andere Hinweise auf gewaltsame Tötung sind Hiebwunden am Kiefer (Nr. 2), am rechten Oberarm (Nr. 3) und am Schädel (Nr. 5) verschiedener getöteter Männer. Der Schädel eines Kindes (Nr. 4) war abgetrennt und neben den Arm eines älteren Mannes (Nr. 3) gelegt.

Der Befund wird als Folge eines bewaffneten Konflikts zw. benachbarten Siedlungsgemeinschaften gedeutet, bei dem auch Frauen und Kinder getötet wurden. Die sorgfältige Bestattung weist darauf hin, daß die Toten von überlebenden Verwandten begraben wurden und nicht etwa von den Gegnern.

Der Befund ist einer der seltenen Hinweise, daß während der BZ in diesem Gebiet kriegerische Ereignisse vorkamen, auch wenn z. B. in den Niederlanden keine Befestigungen bekannt sind.

Ethnographische Vergleiche – so Louwe Kooimans – haben gezeigt (4), daß auch von einfachen Ges., von der Horde bis zum Häuptlingtum und von den Jäger-Sammlern bis zu den Ackerbauern, Angriffs- oder Verteidigungskriege geführt wurden. Je komplexer die Ges., desto entwickelter auch Bewaffnung und Organisation des Krieges. Stammesges. hatten nur schlichte Waffen, und die Kriege führten in der Regel zu wenig Toten und zu geringen Verwüstungen, da sie auch keine speziellen Kriegergruppen ausgebildet haben, so daß ein Krieg daher kaum arch. Spuren hinterlassen hat.

Nur selten eskalierten aber derartige kriegerische Auseinandersetzungen und arteten in Massakern aus, bei denen auch Frauen und Kinder getötet wurden. Plünderungszüge, auch über größere Distanzen von mehreren Tagesmärschen, dienten zum Pferde- und Viehdiebstahl oder dem Frauenraub. Manche Kriege dieser Art waren örtlich begrenzt und hatten keine speziellen Ursachen, doch waren sie struktureller Teil des Lebens.

Die Beschreibungen solcher Erscheinungen von Krieg dienen als Erklärung für ein Massengrab wie das von W. Im Europa jener Epoche gab es anderweitig durchaus zahlreiche Hinweise auf Krieg, da Befestigungen während der BZ und EZ, ausgeprägte Bewaffnungen, Kriegergräber bzw. Gräber mit Waffenbeigabe und Waffenhorte (→ Waffenopfer) auf komplexere Formen des Krieges hinweisen. Massengräber und Massaker sind in geringer Zahl aus ganz W-Europa bekannt, z. B. aus dem Neol. von Talheim, Kr. Heilbronn, oder Herxheim (→ Kriegswesen § 10). Die Toten wurden oftmals achtlos vergraben, in anderen Fällen fand man hunderte von Pfeilspitzen.

(1) L. Louwe Kooimans, Bronstijdstrijd, slachtoffers van een vervorlag, Natuur en technick 58, 1990, 748–759. (2) Ders., An Early/Middle Bronze Age multiple burial at W., the Netherlands, Analecta Praehist. Leidensia 26, 1993, 1–20. (3) Ders., Bronze Age war. A collective burial at W., in: Ders., P. Leendert (Hrsg.), The Prehist. of the Netherlands 1, 2005, 459–462. (4) K. F. Otterlein, The Evolution of War. A cross-cultural study, ²1985. (5) M. Parker Pearson, The Arch. of Death and Burial, 2003.

H. Steuer

Wege und Wegenetz

§ 1: Bezeichnungen, Fachterminologie – § 2: W.-Forschung – a. Qu. und Forsch.smethoden – b. Forschungsgesch. – c. Forsch.sstand, Forsch.sübersichten – d. Forsch.sprojekte, Fachkonferenzen, Fachzeitschr. – § 3: Der Weg als Landschaftselement und Geländeobjekt und seine Relikte: Befunde und Funde – § 4: W.-Bau und W.-Besserung – § 5: Linienführungen – § 6: Flußübergänge: Furten, Fähren, Brücken – § 7: Wegbegleitende Anlagen und Siedlungen – § 8: Das W.-Netz – a. W.-Netz und Klassifikation von W.n – b. Das W.-Netz in seinem raumstrukturellen und kulturlandschaftlichen Zusammenhang – § 9: Die Nutzung der W., Verkehrsmittel – § 10: Regionale Differenzierung und Beispiele

§ 1. Bezeichnungen, Fachterminologie. Wege (W.) im landschaftsbezogenen Sinne sind allg. gespurte, unterhaltene oder gebaute Verkehrsbahnen eines Landverkehrs, genutzt von einem Fuß-, Reit-, Saum- oder Wagenverkehr (→ Fahren und Reiten). Der Begriff ist für die Frühzeit übergeordnet zu verstehen, bezogen auf einen Verkehr unterschiedlicher Bedeutung, Qualität oder Distanzen. Zustand oder ein möglicher Ausbau sind zunächst nicht begriffsbestimmend, während die Bezeichnung Straße — wenn auch für die frühen Verhältnisse oft unbestimmt — vornehmlich auf einen angelegten oder auch ausgebauten, einen innerörtlichen Weg wie auch auf einen überregionalen Verkehr bezogen sein kann. Neben die Grundbegriffe ‚Weg' und ‚Straße' wären noch die Bezeichnungen Steig — meist für Saum-W. über Gebirgszüge — und Pfad — allg. W. eines untergeordneten Fußverkehrs — zu stellen.

In den schriftlichen Qu. finden sich meist nebeneinander und in ihrer Bedeutung durch ihren weitgehend fehlenden Kontext nicht immer deutlich differenziert die lat. Bezeichnungen *strata* und *via*, für kleinere Pfade *semita*, *callis* oder *trames* (→ Straßen; 78). Nähere rechtliche Bestimmungen — auch auf die Bedeutung verweisend — sind dann Bezeichnungen wie *via publica* (öffentlicher Weg), *via regia*, *via militaris* (Reichsstraßen), *via urbica* (innerstädtische Straße) sowie *via privata* (Privatwege mit eingeräumten W.-Rechten) und *via vicinalis* (innerörtlicher Weg, Ortsverbindung).

Im Ahd. entsprechen weitgehend die Bezeichnungen *heristrāza*, *strāza*, *uueg*, *pfad* und *stīga* in einer gewissen Rangfolge in Breite, Wartung und Verkehrsbedeutung (186). Ahd. *uueg* — vornehmlich in den Glossen belegt — dient in der Übs. von lat. *via* wesentlich und meist wenig spezifisch als Oberbegriff, die Belege in den liter. Qu. beziehen sich auch überwiegend auf abstrakte Bedeutungen des Weges (Lebensweg u. a.). Bemerkenswert ist, daß sich *strāza* in den ahd. Glossen häufiger auf einen höherrangigen Verkehrsweg, zugleich aber auch weitgehend auf innerörtliche Straßen bezieht, im Gegensatz zur Bezeichnung *uueg*. Die Bezeichnung *gazza* ist eindeutig auf innerörtliche W. bezogen.

Vielfältig sind differenzierende Bezeichnungen, in der überlieferten Hodotoponymie wie auch in der bereits entwickelten Fachterminologie der Altstraßenforsch. Differenziert wird v. a. nach der Lage zum Relief, nach der Art einer W.-Befestigung, nach fixierten Rechtsverhältnissen wie auch nach einer Nutzung. ‚Fastweg' (Firstweg, engl. ridgeway), Hohestraße (Höhenweg), Stieg, Steige (auf Höhenrücken herangeführter Paßweg, sowie Hellweg (Weg am Gebirgs-/ Hangfuß: 132) sind Bezeichnungen, die sich im MA und weiter zurückreichend in schriftlichen Qu. und FlN weit verbreitet finden, darauf hindeutend, daß die Orientierung an Höhenzügen in der Frühzeit der Verkehrsentwicklung eine grundlegende Bedeutung hatte. Auf einen Ausbau bezogen sind die für das MA überlieferten Straßennamen ‚Steinweg', ‚Grandweg' oder ‚Speckenweg' bezeichnend.

Auf dem Gebiet des frühen W.-Ausbaus und der Wegebautechnik hat die arch. Moorwegforsch. in jüng. Zeit eine differenzierte Fachterminologie eingebracht, deren Anwendung einzuhalten gesucht wird (→ Bohlenweg; 85, II, 159–176; 87; 148). Der aus starken Hölzern gezimmerte Bohlenweg wird mit den Begriffen ‚Spaltbohlenweg', ‚Bohlendamm' oder ‚Moorbrücke' differenziert, denen der mit Ästen und Zweigen befestigte ‚Speckenweg', ‚Knüppeldamm' oder ‚Pfahlsteg' an die Seite zu stellen ist (→ Bohlenweg Abb. 44).

Rechtsverhältnisse werden deutlich in Bezeichnungen wie *via regia*, *via publica* oder *via privata*. Ein breites Spektrum an Nutzungen wird seit dem späten MA in differenzierenden Wegbezeichnungen deutlich (Stadtstieg, Kohlenweg u. a.).

Auch in der engl. Sprache und anderen europ. Sprachen hat sich die bautypol. Terminologie vornehmlich der Moor-W. zunehmend differenziert. Grundbegriffe im

Rahmen der *bog road* sind *pathway, track* oder *trekker, trackway, walkway* oder auch *togher* (45; 123; 147; 44; 149). Einen speziellen Ausbau bzw. eine besondere Ausbautechnik bezeichnen Begriffe wie *causeway* (aufgehöhter Fußweg, Dammweg), *flagged trackway* (gepflasterter Gehweg), *plank path* (Bohlendamm), *round wood path* (Rundholzweg), *corduroy road* (Knüppeldamm), *brushwood track* oder *hurdle track* (mit hölzerner Flechtmatte befestigter Weg).

Im übertragenen Sinne verstehen sich ‚Wege‘ als W. der Wanderung, der Kommunikation, des Transports und Handels von Gütern, ohne dabei konkrete Linienführungen oder gar Trassierungen zu verfolgen oder belegen zu können. Es geht dabei um Nachweise räumlicher Beziehungen, um Güteraustausch und Kulturtransfers, aus denen Verkehrsbewegungen und damit auch Verkehrs-W. zu erschließen sind. Faßbare Indizien dafür sind v. a. der Nachweis ortsfremder Rohstoffe und → Importe von Gegenständen, die in entfernten Gebieten produziert worden sind (180; 76; 159; 154; 176). Hierher gehören auch in weiterem Sinne Übertragungen von Techniken und Gestaltungen, die auf kulturelle Kontakte hinweisen können, d. h. auf konkrete Kommunikationen, die in der Frühzeit nur durch Verkehrsbeziehungen gegeben waren. Dieser für die vor- und frühgeschichtl. Zeit bedeutsame Forsch.sbereich gehört in den Zusammenhang von Verkehrsbeziehungen, Handelskontakten, Kulturströmungen oder auch Wanderungsbewegungen und wird auch konkret an spezifischen Fundmaterialien mit ihren Rohstoffen, Produktionsstätten und zugehörigen Verbreitungsgebieten festgemacht (50; 170; 190; 120), z. B.: Flint aus W-Europa für Michelsberger Spitzklingen, Grand-Pressigny-Flint aus Mittelfrankreich für Dolche, Bernstein, mit der kaum zu lösenden Frage der Herkunft von der Ostsee oder Nordsee. Unmittelbare Linienführungen benutzter Transport-W. lassen sich so nur vage ausmachen, wenn auch versucht wird – wie das Beispiel der Bernsteinstraßen zeigt –, genauere Handelsrouten zu entwerfen oder anzubinden (105; 66; 71). Manche Bezeichnungen dieser Art haben sich auch mit der Geschichtsschreibung durchgesetzt, bei einer mehr oder weniger gesicherten Bindung an eine Linienführung und ihre Nutzung (Salzstraße, Eisenstraße, Ochsenweg u. a.).

W. und das W.-Netz werden in diesem Art. in einem übergeordneten Sinne verstanden, als Linienführungen und Trassen eines Fernverkehrs wie auch eines regionalen Verkehrs, für eine Zeit, in der die Verkehrsbahnen fast ausschließlich nur eingespurte Natur-W. gewesen sind, ohne angelegt, ausgebaut oder gewartet worden zu sein. Damit werden hier umfassend Betrachtungen und Forsch. miteinbezogen, die auch unter dem Begriff der Straße (‚Altstraßenforschung‘) behandelt werden. Zielsetzung ist die Behandlung vorma. W., wobei spezifisch in der W.-Forschung die allg. zunächst weitgehend undatierten W.-Relikte als wesentliche topographische und arch. Befunde es mit sich bringen, zeitliche Einordnungen erst nach grundlegenden Unters. oder auch gar nicht erbringen zu können.

§ 2. W.-Forschung. a. Qu. und Forsch.smethoden. Eine gezielte hist.-geogr. und arch. W.-Forschung basiert zunehmend auf spezifischen Qu. und Arbeitsmethoden, wobei andererseits der größte Teil der Befunde auf Einzelbeobachtungen und Zufallsfunden beruht, was eine systematische Forsch. erschwert. Die Beteiligung verschiedener Disziplinen, die zu kombinierende Quellen- wie auch Geländearbeit sowie die besonderen Schwierigkeiten des Nachweises der topographischen Zusammenhänge und der Datierung von W.-Zügen haben immer wieder zu spezifischen methodischen Weiterentwicklungen geführt (52; 144; 184; 185; 7; 8; 53; 90).

Die Annahme einer langzeitigen Kontinuität v. a. von Fernverkehrsrouten, auch auf Römerstraßen bezogen (177; 178), W.-Bezeichnungen und die – allg. undatierten – sichtbaren W.-Relikte im Gelände führen häufig zu Rückschreibungen, was nur sehr bedingt tragfähig sein kann. Bes. die ält. Lit. ist daraufhin kritisch zu lesen. Die archivalische Forsch. geht von frühen Reiseber., Erwähnungen von Routen, frühen Karten (bes. der → Tabula Peutingeriana; 188) und v. a. den aus genannten Orten von Beurkundungen rekonstruierten → Itineraren des MAs aus, was Verbindungsrouten, aber keine topographisch fixierbaren W.-Züge erschließen läßt. Wichtige Hinweise vermitteln überlieferte W.-Bezeichnungen (Hodotoponyme), wenn hier auch eine zeitliche Zuordnung schwierig und die Tendenz einer zu weiten Rückdatierung zu leichtfertig sein kann. Konkretere Anhaltspunkte zum Verlauf, zum Alter oder auch zur Funktion von W.n geben für die WZ in Skand. wegorientierte Runensteine (55; 56) und für die Römerzeit die aufgefundenen Meilensteine, wenn ihr einstiger Standort gesichert werden kann (→ Runen und Runendenkmäler, S. 505–507; → Meile und Meilenstein).

Bedeutsam für die Kenntnis früher W.-Trassen selbst ist die Geländeforsch. Einen Überblick erhaltener W.-Spuren und Zusammenhänge von Linienführungen vermittelt eine hist.-geogr. Geländeaufnahme oder eine quellenkomplexe Inventarisation (51–53; 1), die Rekonstruktionen von W.-Netzen des späten MAs und der frühen Neuzeit ermöglichen. Die Luftbildarch. (→ Prospektionsmethoden § 2) kann alte W.-Trassen erkennen lassen (21), allerdings nur gebaute Trassen – vornehmlich Römerstraßen – oder einst stärker eingetiefte Hohlwege, die dann allerdings weitgehend in die nachma. Zeit gehören.

Eine ‚Wegearchäologie' an Natur-W.n ist bes. auf Profilgrabungen ausgerichtet, wobei Tritt- und Radspuren oder auch einstige Wegebesserungsmaßnahmen erschlossen werden können. Zunehmend gewinnt auch spezifisches Fundmaterial aus W.-Relikten und aus → Flußübergängen an Bedeutung. Anschaulich und gut datierbar sind die in Mooren und feuchten Niederungen ergrabenen Holz-W. und Brücken, die einen Einblick in frühe Wegebautechniken vermitteln (s. § 4). Naturwiss. Methoden, die 14C-Datierung wie bes. die Dendrochronologie ermöglichen genauere Datierungen der Bauhölzer, womit sich nicht nur die Bauzeit, sondern auch spätere Umbauten oder Reparaturen erkennen lassen (100; 23; 156).

Die neuere systematische hist.-arch. Altwegeforsch. ist – auch unter dem Gesichtspunkt der Denkmalpflege – auf eine flächenhafte Erfassung von W.-Relikten im Gelände ausgerichtet (51; 7; 1; 15; 20), zugleich konzentriert sie sich aber auch auf die Verfolgung ausgewählter W.-Züge aufgelassener alter Fernverkehrslinien (98; 191).

b. Forschungsgesch. Forsch. zum Nachweis vorma. W.-Züge gehen in die 2. Hälfte des 19. Jh.s zurück, zunächst auf der Suche nach Straßen der Römer in der *Germania Romana,* u. a. mit Arbeiten von F. W. Schmidt 1861 und von Veith 1884/85, zusammengefaßt von J. Hagen (1931; für die Rheinprovinz: 161; 80) oder mit Arbeiten für die Paß-W. der Schweiz (25; 163).

Eine kritische jüng. Forsch. kommt zu dem Ergebnis, daß frühere Zuordnungen mancher Strecken und W.-Relikte in die röm. Zeit nicht haltbar sind, bes. Geleisestraßen in der Schweiz (101; 162–164) und Moor-W. im Oldenburger Land (64) betreffend.

In die frühe Zeit der Forsch. gehören auch die ersten Funde von Holz-W.n in den norddt. Mooren, die z. T. fälschlich den Römern zugeschrieben worden sind (2; 115; 118). Ein besonderes frühes Interesse fanden weiterhin die Pässe der Mittel- und Hochgebirge (→ Alpenpässe; Pässe) als zu überwindende und den Verkehr konzentrierende Engpässe, die dann seit dem MA stellenweise einen besonderen Ausbau erforderten (167; 70). Unter dem Gesichtspunkt von Höhen-W.n der Vorzeit hat sich die Regionalforsch. auch schon früh und immer wieder mit den Rennwegen (Rennsteige, nicht nur im Thüringer Wald) beschäftigt (92).

Basis dieser Altertumsforsch. waren zumeist indirekte schriftliche Qu., frühe W.-Namen, lokale Überlieferungen wie auch entdeckte markante W.-Relikte (bes. Geleise im festen Gestein und Holz-W. im Torfmoor). Einen neuen Ansatz brachte der Archäologe Sophus → Müller in die Forsch. ein (130), der in der Folge und bis heute kontrovers diskutiert wird, mit dem Versuch, Wegverläufe im Gelände für die BZ und die EZ anhand von Aufreihungen von Hügelgräbern zu rekonstruieren, bei der Annahme einer ehemaligen Orientierung der Gräber an einem bedeutenderen W.-Zug (z. B. → Stična § 2). Mit immer wieder neuen regionalen Beispielen, v. a. bei einer Ausrichtung der Gräberreihen auf festzustellende Furtübergänge (→ Furt Abb. 31) wird anschaulich vorgestellt, wie diese Hypothese zu stützen sei (4; 96; 158; 10; 135, 11).

In der Zeit vor und bald nach dem Zweiten Weltkrieg beginnt eine intensivere arch. W.-Forschung mit Inventarisierungen von Geländebefunden im Rahmen der arch. Landesaufnahmen und einzelnen Grabungen (46; 47; 112; 113; 4; 96; 5; 50, 124), wobei die Unters. der vorzeitlichen hölzernen Moor-W. (→ Bohlenweg) in NW-Deutschland, bes. mit den Arbeiten von Hayen (118; 85–87), eine herausragende Rolle spielen, die auch in der Folgezeit ihre Forts. gefunden haben (61–64). Die Beachtung der Relikte von Verkehrs-W.n im Rahmen auch der Fundinventare deutet Anfänge einer komplexeren Sicht der arch. Forsch. an, auf dem Wege zu einer Landschaftsarch.

In den 1960er und 1970er J. wird im Rahmen der Forsch. zur Kulturlandschaftsentwicklung eine fundierte hist.-geogr. Wege- und Altstraßenforsch. entwickelt, methodisch wie auch regional konzipiert auf der Basis einer komplexen Quellen- und Geländeforsch. (142; 51; 52; 7; 8; 53; 1). Diese breit angelegte Forsch. ist allerdings auf einen Längsschnitt, vornehmlich vom MA bis in die Neuzeit hinein angelegt. In diesen Zusammenhang gehört auch das große nationale Projekt des ‚Inventars historischer Verkehrswege der Schweiz' (IVS), mit dem der weitere Schritt zu einer anwendungsorientierten Forsch. im Rahmen von Kulturlandschafts- und Denkmalpflege erreicht worden ist (6; 1; vgl. als eine frühe und lange nicht beachtete Forderung: 24). Seit den 1990er J. hat die arch. Forsch., auch im Rahmen der Denkmalinventare und der Denkmalpflege, eine deutlich und stetig anwachsende Zahl einzelner Befunde und auch Grabungen beigetragen, z. T. verbunden mit einigen größeren Forsch.sprojekten (172; 73; 74; 77; 168; 75). Der größte Anteil der Befunde ist dabei dem MA zuzuordnen, es zeigen sich jedoch auch manche Wegstrecken und Indizien für frühere Nutzungen.

Die wiss. Erforschung prähist. Moor-W. ist in den einzelnen Ländern vornehmlich durch spezialisierte Fachleute vertreten, wenn zunehmend auch größere Forsch.sprojekte dahinter stehen: In NW-Deutschland H. Hayen sowie M. Fansa und R. Schneider, in den Niederlanden W. A. Casparie, in Dänemark M. S. Jørgensen, in England B. J. Coles und in Irland B. Raftery. In der hist.-arch. und hist.-geogr. Altstraßenforsch. treten ähnliche spezialisierte Fachvertreter hervor, ohne jedoch das Forsch.sfeld zu dominieren: K. Grewe, H. E. Herzig (Römerstraßen), D. Denecke, R. Aurig (hist.-geogr. W.-Forschung), J. A. Bakker (Niederlande), K. Aerni (Schweiz), D. Szabó (Italien, frühes MA).

c. Forsch.sstand, Forsch.sübersichten. Die Erkenntnisse zu Einzelbefunden einer hist., hist.-geogr. und arch. W.-Forschung sind insgesamt in der wiss. und v. a.

mit kleinen Einzelbeiträgen in der Regionallit. verstreut. Sie beziehen sich zeitlich vorwiegend auf das hohe und späte MA sowie auf die frühe Neuzeit, während für die prähist. Zeit die Moorwegforsch. im Zentrum der Unters. steht. Damit ist der Forsch.sstand zum vorma. Netz der Land-W. noch recht bescheiden, abgesehen von vagen Rekonstruktionen oder Rückschreibungen.

Einige wenige wiss. geschlossene Regionalstudien im Rahmen der Gesamtbetrachtung der Verkehrsentwicklung im Längsschnitt einer Kulturlandschaftsentwicklung im MA und bis zur Neuzeit hin sind Beispiele einer hist.-geogr. Rekonstruktion auf der Basis einer komplexen Qu.kombination (142; 48; 51; 89). Auf einzelne Verkehrsachsen gerichtete Forsch.sprojekte erlauben methodische und fachliche Vertiefungen der Forsch. sowie Zusammenhänge bedeutender langzeitiger Linienführungen zum jütischen Ochsenweg (3; 12; 191; 192), zum → Hellweg (97; 116; 121; 175) oder auch zur Hohen Straße in Thüringen/Sachsen, den Steigen über das Erzgebirge (167; 136; 140, 172; 155; 141) wie auch zu den → Alpenpässen (29; 16; 31; 169; 122).

Einen gewissen Überblick über neuere Forsch., Forsch.sfragen und regionale Schwerpunkte vermitteln die Sammelbde einiger sachspezifischer interdisziplinärer Symposien, mit Aufarbeitungen bisheriger Lit. (26; 114; 134; 119; 171). In bisher nur wenigen Forsch.übersichten werden auch Entwicklungen, Problemstellungen sowie Defizite der Forsch. deutlicher herausgestellt (52; 165; 189; 8).

In der Dokumentation der Linienführungen und W.-Netze spielt die kartographische Darst. eine wichtige Rolle. In der Frühzeit der Forsch. sind es weitgehend nur Verbindungslinien oder Verkehrsrouten in kleineren Maßstäben. Erst mit der systematischen Geländeforsch. sind anhand belegbarer Fixpunkte genauere Darst. von Linienführungen in größerem Maßstab möglich geworden (51, Beil.; 155, 284–297; als Übersicht über den Forsch.sstand regionaler Altstraßenkarten, Stand 1978, s. 52, Beil. 1). Ein geschlossenes Kartenwerk der Darst. von Geländebefunden alter W. („Geländekarte', ‚Fundkarte') sowie auch eine Klassifizierung nach der Bedeutung der W.-Züge im nationalen, regionalen und lokalen Sinne (‚Inventarkarte') ist für die Schweiz mit dem IVS erarbeitet worden (1). Anschaulich sind weiterhin Darst. von Belegen zu alten Wegstrecken in einem hist.-geogr. Streckendiagramm (52, Übersicht 2, S. 441), wenn nunmehr auch die Daten der Altstraßeninventarisationen spezifisch aufbereitet im GIS (Geogr. Informationssysteme) und in Datensätzen gespeichert werden.

Besondere Fortschritte sind in der jüng. Zeit in der arch. Erforschung röm. Straßen gemacht worden (26; 187; 67; 74; 134; 119), in der Arch. der Moor-W., bes. in NW-Deutschland, Dänemark, den Niederlanden, England und Irland (64; 109; 354; 44; 149; 150), in der Unters. ausgewählter Landstrecken bes. in Sachsen (172; 155) und der Schweiz (163) sowie in der Freilegung befestigter W.-Reste in früh- und hochma. Siedlungen und Städten, bes. in Sachsen und Mecklenburg-Vorpommern.

d. Forsch.sprojekte, Fachkonferenzen, Fachzeitschr. Mit Forsch.sprojekten, interdisziplinären Fachkonferenzen und zugehörigen Sammelbänden sowie speziellen Fachzeitschr. ist die W.-Forschung in jüng. Zeit zu einem speziellen und geschlosseneren Forsch.sbereich geworden. Ein auf die bronze- und eisenzeitlichen Moor-W. gerichteter Forsch.sschwerpunkt hat sich mit Hayen im Oldenburger Land und am Landesmus. in Oldenburg schon in den 1950er J. herausgebildet (85–87), der unter Fansa weitergeführt worden ist (61–64). Beachtlich sind die Erfolge der jüng. Forsch.sprojekte zur Bohlwegforsch. im Rahmen einer interdisziplinären ‚wetland archaeology' (37; 38; 43; 30; 42; 40; 36), die v. a. auch klimageschichtl. und ökologischen Fragen nachgeht, bes. in Irland unter der Leitung des Archäologen Raftery (147–150).

Mit dem Forsch.sschwerpunkt ‚Römerstraßen zwischen Köln und Trier' vom Rhein. Amt für Bodendenkmalpflege, begonnen 1988, hat die arch. Geländeforsch. grundlegend neue Erkenntnisse zum Bau röm. Straßen in der Rheinprov. beitragen können, verbunden mit fundierten Belegen für einen Schutz ihrer nachweisbaren Relikte (74; 119; 75; 119). Aus grundlegenden hist.-geogr. Vorarbeiten aus der Schule von G. Billig sind vom Sächs. Landesamt für Arch. weiterführende Forsch. zu den frühen Steigen über das Erzgebirge in den böhmischen Raum durchgeführt worden (172; 155). In der Forschungsgesch. weit zurückreichend und umfangreich sind die hist. und arch. Forsch. zum jütischen Heerweg oder ‚Ochsenweg' (→ Olgerdiget Abb. 15; s. auch → Kograben; → Nørre Snede), die durch vertiefende Forsch.sarbeiten des Arch. Landesamtes Schleswig-Holstein weiter vorangebracht worden sind (125; 12; 139; 190; 191) und durch die Aktivitäten der ‚Arbeitsgemeinschaft Ochsenweg e. V.' denkmalpflegerisch und touristisch in der Öffentlichkeit wirksam wurden (95). Die ‚Altertumskommission für Westfalen', die sich lange Zeit der Erforschung der ur- und frühgeschichtl. Wallburgen Westfalens gewidmet hat, hat sich nunmehr längerfristig auf eine systematische Erforschung des hist. W.-Netzes in Westfalen konzentriert (114; 15; 77). Ein Beispiel weiterer arch. Forsch.sprojekte in anderen europ. Ländern ist das ‚Hulvegsprojektet i Vestfold', S-Norwegen (68; 69; zu Norwegen s. auch 173; 174).

Unter der Initiative der Geschichtsforsch. hat eine Fachtagung am Beispiel der Rheinprov. wesentlich zur Gesch. der Römerstraßen und v. a. zur Frage ihrer Kontinuität bis ins MA beigetragen (26), ebenfalls eine Fachtagung im Rahmen des Stuttgarter Kolloquiums zur Hist. Geogr. des Altert.s (134). Das ma. Straßen- und Verkehrswesen hat durch eine Fachtagung des Konstanzer Arbeitskreises in einem breiteren Zusammenhang weiterführende Erkenntnisse zu verschiedenen Themenfeldern der Altstraßenforsch. erbracht (171). Fachtagungen in Göttingen (Max-Planck-Inst. für Gesch. 2006) unter dem Thema ‚Die Welt der europäischen Straßen – Von der Antike bis zur frühen Neuzeit' und in Löwen (2007) unter dem Thema ‚La route au Moyen Age: Réalités et Représentations' werden folgen, was insgesamt ein merklich wachsendes Interesse an der hist. W.-Forschung zeigt.

Herausragend in der Organisation, im Umfang und in den Forsch.sergebnissen ist das nationale Projekt IVS (1984–2003), mit dem für die gesamte Schweiz Gelänrelikte hist. W.-Trassen erfaßt, dokumentiert und teilweise auch weiter untersucht worden sind (1; 162). Gehört auch der größte Teil der erfaßten Geländezeugnisse der Neuzeit an, so ist doch früheren Relikten und römerzeitlichen Spuren auch eine besondere Aufmerksamkeit gewidmet worden (93; 94; 163; 20). Die institutionalisierte Altstraßenforsch. in der Schweiz findet ihre Forts. in der wiss. Vereinigung ‚Via Storia', mit dem Projekt einer umfassenden ‚Verkehrsgeschichte der Schweiz' (157). Systematische Geländeaufnahmen dieser Art sind auch für Landesteile in Deutschland zu fordern, unter dem Gesichtspunkt einer gezielten wiss. Forsch., einer Denkmal- wie auch Landschaftspflege (7).

Das allg. Interesse an der Gesch. der Verkehrs-W. und Straßen in jüng. Zeit wird deutlich in der Einrichtung spezieller Verkehrsmuseen und der Begründung spezifischer laufender Fachzeitschr., wobei auch die frühe Gesch. der Verkehrs-W. eine Rolle spielt. Museen: Landesmus. Oldenburg – Hellwegmus. Unna – Finnlands Vägmus. – Norsk Vegmus. – Danmarks Vejmus. – Vägverkets Mus. (Schweden). Fachzeitschr.: Bulletin IVS, Inventar hist. Verkehrswege der Schweiz (1, 1985 ff.) – Braut: Nordiske

Vejhistoriske Studier (1, 1996 ff.) – Vejhistorie, Tidsskrift fra Dansk Vejhistorisk Selskab (1, 2000 ff.) – Wege und Geschichte, Zeitschr. des Inventars historischer Verkehrswege der Schweiz [IVS] (1, 2002 ff.).

§ 3. Der Weg als Landschaftselement und Geländeobjekt und seine Relikte: Befunde und Funde. W. sind als Geländerelikte einstiger Trassen (W.-Bahnen, W.-Spuren) für das MA wie auch für prähist. Zeiten nur in kürzeren Teilstükken zu fassen. Über den topographischen Nachweis als Geländerelikte eines ehemaligen Verkehrswegs und eine mikromorphologische Aufnahme, Beschreibung und Analyse hinaus lassen sich die Geländespuren vornehmlich nur arch. weiter erschließen. V. a. im Mittelgebirgsraum weit verbreitet sind als sichtbare Relikte Hohlwegspuren, Eintiefungen der unbefestigten Verkehrsbahnen, die topographisch im Zuge vorma. Linienführungen liegen können, als solche jedoch weitgehend durch Nutzungen seit dem späten MA entstanden, vermehrt und auch vertieft worden sind (Spurengenerationen). Inventarisierungen im Zuge hist.-geogr. Geländeforsch. haben sich methodisch mit dem Ziel topographisch genauerer Rekonstruktionen hist. W.-Netze bes. auf diese Geländerelikte konzentriert (51–53; 1; 7; 155), die in jüng. Zeit auch als arch. Denkmale Beachtung finden (Fundakten, Aufnahme in die Denkmalkartei: 6; 15). Dabei ist jedoch zu beachten, daß der weitaus größte Teil vornehmlich in Waldgebieten erhaltener Hohlwegspuren in der Zeit des 15.–18. Jh.s entstanden ist, bei einer einst allg. auch im Kulturland weiten Verbreitung. Erst der Chausseebau seit dem Ende des 18. Jh.s und die frühe Flurbereinigung (Verkopplung) haben die ausgefahrenen Spuren der unbefestigten W. (Natur-W.) weiträumig beseitigt. Erst gezielte und genauere Unters. einer W.-Archäologie an geeigneten Spurenrelikten wie auch weitere Befunde aus Siedlungsgrabungen werden Nutzungen und Datierungen vorma. unbefestigter Überlandwege in größerem und vergleichbarem Maße erschließen können.

Arch. Befunde früherer W.-Trassen, bis in die BZ, EZ und röm. Okkupationszeit zurück, beziehen sich weitgehend auf mit Holz, Schotter oder Stein befestigte Wegstrecken, zumeist in Niederungen (z. B. → Risby) und an Flußübergängen (→ Furt S. 264 f.), für die Zeit seit dem MA dann auch auf in festes Gestein eingearbeitete Gebirgsstrecken (Paß-W.). Die Moorarch. (64; 27; 150) hat durch die guten Erhaltungsbedingungen und die exakten Möglichkeiten einer Datierung (Dendrochronologie) bautechnisch und in ihrer regionalen Verbreitung v. a. in den nordwestdt. Mooren (85–87; 55–58; 128), im slaw. Siedlungsgebiet (19), in den Niederlanden (33–35; 37; 38), in England (41–45) und in Irland (147–150; 127) beachtliche Moorbrücken vornehmlich aus der BZ und EZ erschließen können. Römerzeitliche W.-Trassen in der *Germania* ließen sich durch ihre generell geradlinige Linienführung und meist auch bauliche Zurichtung (Begrenzung, Aufdämmung, Schotterung u. a.) durch gezielte arch. Unters. der jüng. Zeit v. a. im Rheinland und in S-Deutschland vermehrt sicher nachweisen (13; 146; 9; 74; 75), mit einem besonderen Schwerpunkt der Unters. zur *via Claudia* (187; 67; 89). An der Vorstellung, daß die Straßen der Römer meist mit Steinen befestigt oder auch gepflastert sein müßten, wie dies aus den röm. Städten und bedeutenden Teilstrecken bekannt ist, kann bei diesen Befunden nicht festgehalten werden, immerhin waren die Trassen bedeutender Strecken jedoch künstlich angelegt.

Eine besondere Aufmerksamkeit wird in der arch. W.-Forschung zunehmend frühen → Flußübergängen gewidmet, d. h. den Resten einer Festigung von Furten oder auch von Brückenkonstruktionen (z. B. → Teterow mit Abb. 30) (39; 145; 166; 17; 108; 19;

111; 168), wozu auch bes. die Auswertung von Flußfunden und ihren Konzentrationen gehören (183; 79). Hiermit werden Knotenpunkte im Verkehrsnetz v. a. auch datierend erschlossen, was oft eine mehrphasige Nutzung belegt.

Bedeutsam ist auch die Erfassung von W.-Befestigungen mit Holz, Schotter oder Pflasterungen im Zuge von Siedlungsgrabungen (innerörtliche W.: z. B. → Trelleborg; → Vorbasse), im germ., bes. aber im slaw. Siedlungsraum, bis hin zu vermehrten Befunden aus der Frühphase städtischer Siedlungen (frühes und hohes MA). Es handelt sich zumeist um Zuwegungen, die mit Reisig, Knüppeln oder auch Schotter – oft auch mehrfach nacheinander – bes. für schlechte Wetterverhältnisse begehbar gemacht worden sind (3a).

Eine besondere Erscheinung sind neben den noch sichtbaren Resten verfallener Hohlwegspuren und den arch. zu erschließenden Relikten von W.-Befestigungen oder Brücken die Radspuren (lat. *orbita*), die sich im Laufe einer Nutzung im Boden eingetieft oder auch in festes Gestein eingeschliffen haben (z. B. → Oudenburg; → Overbygård;→ Risby; im Bereich von Toranlagen: → Hollenstedt; → Manching; → Stare Hradisko). In arch. Querprofilen sind sie oft noch gut erhalten. Sie belegen einen Karren- oder Wagenverkehr und lassen auch mit mehr oder weniger Genauigkeit die Spurweiten (Radabstände) ermitteln, die man schon früh, zumindest regional und für bestimmte Wagentypen und W.-Klassen zu normen versuchte, um in den allg. eingefahrenen Geleisen und Hohlwegen reibungslos und maßgerecht fahren zu können. Maßangaben aus Geländebefunden finden sich weit verstreut, aber auch schon in einigen Zusammenstellungen in der Lit. (25; 4; 52, mit Übersichtskarte für Mitteleuropa: Beil. 2), allerdings sehr oft bei der Unsicherheit, ob es sich um äußere, innere oder mittige Maßangaben der Spurpaare oder Gleisabstände handelt. Auch manche zeitliche Zuordnungen sind nicht gesichert oder sind zu korrigieren. Genauere Meßmethoden, bei denen einheitlich von einem mittigen Maß einer Spurbreite ausgegangen werden sollte sowie mehrere Messungen von Profilen einer Spur, die sich mitteln lassen, können dann zu ‚Spurtypen' führen, die zumindest vergleichbare Zuordnungen wie auch Differenzierungen in komplexen Spurenfeldern erlauben, in denen auch Nutzungsgenerationen innerhalb eines Spurenbündels erkennbar werden können (163, 277–284).

Eine besondere Art von Radspuren sind die künstlich in festes Gestein einer W.-Sohle eingeschlagenen Geleise (‚Sicherungsrillen') und damit die ‚Geleisestraßen' im engeren Sinne (163). Sie treten im Gebirge auf kürzeren Strecken auf, wo ein seitliches Abgleiten der Karren oder auch Wagen durch diese Maßnahme verhindert werden sollte. Seit der frühen W.-Forschung der 2. Hälfte des 19. Jh.s – v. a. in den Alpen – und noch bis in die Gegenwart sind diese Geleisestraßen den Römern zugeschrieben worden. Neuere Unters. weisen jedoch darauf hin, daß künstlich angelegte Geleisestraßen erst seit dem späten MA und v. a. bis in das 17./18. Jh. angelegt worden sind (101; 162–164), mit bisher in der Schweiz und im Elsaß festgestellten Spurtypen zw. 104,5 und 115 cm. Eine nicht unwesentliche Problemstellung ergibt sich für die Feldforsch. bei Spurrillen im festen Gestein mit dem notwendigen Nachweis, ob es sich jeweils – wenigstens primär – um bloße Radspuren (‚Nutzungsrillen') oder um künstlich eingearbeitete Geleise und damit um einen ‚Kunststraßenbau' handelt (24a).

Bedeutend für den Hinweis auf eine Nutzung und zeitliche Einordnung des Geländerelikts eines alten Verkehrsweges sind die gezielt zu erschließenden Funde in den unmittelbaren Spurenbereichen. Es ist eine spezifische Fundkategorie, zu der als Metallfunde Münzen, Hufeisen, Nägel, Wagenteile, Schellen oder Pfeifen gehören. An verlorenem Transportgut finden sich in Bergbaugebieten Erzbrocken, Holzkohle oder auch Fremdgestein, seltener auch Gerätschaften. Grundlegend für eine Datierung, Funktionsbestimmung und Bedeutung eines W.-Reliktes ist übergeordnet eine Einfügung in einen Zusammenhang von Ausgangs- und Zielorten, von verkehrsbezogenen Einrichtungen und Anlagen sowie auch zugehörigen Hodotoponymen (W.-Namen).

Geländespuren alter W., hauptsächlich viel genutzter Fernwege, sind in vielen Fällen über Jh. hin gebildet worden, v. a. in der Zeit des zunehmenden Wagen- und Frachtverkehrs bis in die 2. Hälfte des 18. Jh.s. Dabei sind ält. Spuren des früheren MAs und der Vorzeit, die durch den vorherrschenden Fuß- und Saumverkehr ohnehin nur geringe Eintiefungen hinterlassen haben, oft zerstört oder überlagert worden, so daß Spuren aus der Frühzeit einer W.-Nutzung nur durch eingehende Unters. und meist nur in einer relativen zeitlichen Einordnung in Spurenbündeln nachweisbar sind. Die sichersten arch. Befunde sind noch immer Relikte von Wegebau- oder Besserungsmaßnahmen sowie anliegende verkehrsbezogene Funde.

§ 4. W.-Bau und W.-Besserung. Bestanden die W. der Frühzeit und noch bis ins 18. Jh. hinein aus eingespurten Naturtrassen ohne eine planmäßige Anlage oder einen Ausbau – abgesehen von einem größeren Teil der röm. Straßen –, so hat es doch schon seit dem späten Neol. und der BZ z. T. perfektionierte W.-Bauten gegeben, in Bereichen, die ohne diese nicht zu jeder Zeit oder gar nicht passierbar gewesen wären. Hierzu gehören die für die BZ und EZ eindrucksvollen Moorbrücken (→ Bohlenweg; Knüppeldämme, Astflechtwerk), nachgewiesen v. a. im Oldenburger Raum, aber auch in süddt., dän., ndl. und in der jüng. Zeit auch den ir. Mooren. Seit dem hohen MA mehren sich dann auch weitere ausgebaute W.-Passagen und gezielt angelegte Teilstücke künstlicher W.-Trassen außerhalb von Siedlungen (z. B. → Teterow), wie Durchbrüche, Dämme, Furtzugänge und Brücken, Hang- und Terassen-W., Stützmauern, Trittstufen oder auch künstlich eingearbeitete Geleise für einen Karren- und Wagenverkehr. Diese künstlich ausgebauten Passagen verbesserten seit dem MA die Befahrbarkeit vieler Strecken wesentlich und ermöglichten auch die Auslegung neuer Linienführungen, bes. im Gebirge und in Niederungen.

Arch. Befunde von W.-Besserungen an Naturtrassen, die v. a. einer Trockenlegung der W.-Sohlen dienten, lassen erkennen, daß zumindest mit dem MA, aber auch schon in der Vorzeit Maßnahmen einer Ableitung von Wasser aus den Spuren, ein Aushub von Lockermaterial aus der W.-Sohle oder eine Ausfüllung von Erosionsrinnen und Feuchtstellen mit Holz oder Gesteinsmaterial ergriffen worden sind. Arch. Unters. an Hohlwegrelikten der nachma. Zeit lassen Maßnahmen einer W.-Besserung dieser Art vielfach nachweisen.

Zur W.-Besserung gehören auch die Ausbesserungen und Neuanlagen im Moor gebauter Holz-W. einer beschränkten Lebensdauer, die sich für die freigelegten bronze- und eisenzeitlichen Bohlen-W. recht genau datieren und auch in ihrer Ausführung verfolgen lassen (62; 63; 149). Dies gilt auch für arch. untersuchte Brückenbauten, die immer wieder Zerstörungen durch Hochwasser ausgesetzt gewesen sind (s. auch → Zimmermannskunst § 6).

Ein künstlicher W.-Bau ist in vor- und frühma. Zeit nur für kürzere und besondere Wegstrecken ausgeführt worden, allerdings keineswegs generell nur für viel genutzte Hauptwege. Es ging um eine Eintiefung oder Aufdämmung der Trasse, wie sie bes. bei röm. Straßen vorgenommen worden ist, um eine Befestigung der W.-Sohle mit Holz, Schotter oder Steinmaterial (z. B. → Risby) und letztlich auch um durchgehende Brücken- oder Dammkonstruktionen, d. h. Kunsttrassen, über Flüsse, Feuchtgebiete und Moore.

Mit Sand, Kies und Schotter (Grand) konnte die W.-Bahn gefestigt, aufgehöht und drainiert werden, wobei sich auch manche erneute Packlagen feststellen lassen. Die Anwendung von Bruchsteinen oder Pflasterungen sind in der Vorzeit kaum üblich gewesen. Weiter verbreitet – in Sumpfgebieten wie auch innerhalb der Siedlungen – waren Befestigungen von W.-Trassen mit Reisig, Astwerk, Knüppeln und Spaltholz, wobei hier auch verschiedene Techniken angewandt worden sind: Ungeregelte Lagen, Zweigbündel, Flechtmatten, Knüppel in Längs- und Querlage mit und ohne Unterzug u. a. Aufwendig errichtete, technisch perfektionierte Wegkonstruktionen sind die → Bohlenwege, die sich vornehmlich aus der BZ und EZ in den Mooren erhalten haben. Hier lassen sich verschiedene Bautechniken unterscheiden, die aber auch im großräumigen Vergleich z. T. deutliche Ähnlichkeiten erkennen lassen, so daß bereits Typol. aufgestellt und zugehörige Begriffe eingeführt worden sind (85; 87). Die Holzkonstruktionen waren allg. mit einer Erd- und Schotterdecke überdeckt, so daß auch nur selten Gebrauchsspuren von Trag- und Zugtieren wie etwa auch von Wagen erkennbar sind.

Maßnahmen von W.-Bau und W.-Besserung sind markanten Phasen zuzuordnen, so daß keineswegs eine lineare oder kontinuierliche Entwicklung zu erkennen ist. Hervorragend und ohne sichere erkennbare Wurzeln sind die hölzernen Moorbrücken der BZ und EZ, die Straßenbauten im röm. Okkupationsgebiet – ohne eine nachweisbare Kontinuität – und dann in das MA führende Maßnahmen eines Ausbaus von Passagen im Gebirge und an Flußübergängen, die in der Folgezeit bes. einem zunehmenden Karrenverkehr dienen sollten.

Die Erschließung, Inventarisierung, Unters. und differenzierende Datierung sowie v. a. auch die Analyse von Bautechniken bis hin zu Fragen der Bauorganisation, zu Bauaufwand, Zweck und Nutzung früher ausgebauter Wegstrecken sind zu einem eigenen interdisziplinären Forsch.sbereich geworden, der mit spezifischen Fragestellungen weit über eine W.-Forschung im engeren Sinne hinausgeht. Andererseits geht die Erforschung der Moor-W. und die Bergung ihrer Relikte auch in die Anfänge der hist.-arch. W.-Forschung zurück.

§ 5. Linienführungen. Die Linienführung vorma. Fernverkehrs-W. bei einem vornehmlichen Fuß- und Saumverkehr war abhängig von der Verkehrsspannung zw. Ausgangs- und Zielgebieten, von Zwangspunkten einer Passage und einer anzustrebenden direkten Verbindung sowie einem geringen Steigungsverlust. Ausgangs- und Zielgebiete waren Siedlungsräume und bei aufgelockerten Besiedlungsstandorten bes. Siedlungsinseln, Standorte von Rohstoffgewinnung, Rohstoffverarbeitung und Absatz sowie Handelsplätze, Zugänge zu Flüssen und einem Flußverkehr (→ Wasserstraßen) wie auch verkehrsgünstige Küstenstandorte. Zwangspunkte einer Verkehrsführung, die häufig zu einer Bündelung von Verkehrslinien führten, waren v. a. Talübergänge, Flußpassagen (→ Furten; → Fähren) und Querungen von Sumpf- und Moorgebieten sowie Fußpunkte von → Pässen und Paß-W. mit ihren Engstellen selbst. In der Forsch. kritisch zu beachten sind die naturbedingten Gunstfaktoren einer Passage von Niederungen in ihrem zeitlichen Kontext, die durch oft nur geringfügig höher gelegene und in die Niederung vorstoßende Landzungen, Reste von Flußterrassen, Geestinseln, Wörden, Kies- oder Sandbänke gegeben waren. Stromstrich und Flußverlagerungen führten allerdings auch oft zur Verlegung von Furtstellen, ein Forsch.sgebiet der Geoarch.

Notwendige Talaufgänge wurden weitgehend direkt mit dem Gefälle auf möglichst gleichmäßig ansteigenden Geländevorsprüngen (Rampen) angegangen. Der Grad der Steigung, der seit dem MA mit dem grundlegend zunehmenden Karren- und Wagenverkehr zur Veränderung von Linienführungen führte, spielte in vorma. Zeit in der Linienführung keine wirkungsvolle Rolle.

Querungen von Gebirgszügen und Hochgebirgen paßten sich natürlich vorgegebenen Pässen an, zunächst weitgehend unabhängig von notwendigen, künstlich angelegten Passagen. In höheren Gebirgen gab es in der Nutzung jahreszeitlich bedingte alternative Routen. Die Linienführung durchgehender Strecken war in der Frühzeit des Verkehrs sehr deutlich relieforientiert, bei einem Bestreben möglichst trockenen Untergrund zu suchen und Taleinschnitte zu vermeiden. So herrschten Höhen-W. und First-W. (Fastweg), Linienführungen auf Hochflächen und Plateaus zw. Flußtälern sowie W. auf Sand- oder Geestrücken vor, in Talzonen wurden Terrassenkanten und Hangfußzonen für den Verkehr aufgesucht, wo sich dann auch Siedlungen am Weg aufreihen konnten. Die Höhen-W. dagegen verliefen auf weite Strecken siedlungsfern, was wohl auch mehr Sicherheit versprach. An den Siedlungen orientierte und diese verbindende W. und Pfade waren sicher vielfältig, teilweise mit Knüppeln, Reisig oder Schotterungen befestigt, wie dies zunehmend bei Siedlungsgrabungen Beachtung findet. Die aufwendigen Moor-W. der BZ und EZ fügen sich nur teilweise in ein mögliches Fernwegenetz ein, so daß manche von ihnen vermutlich nur Siedlungsareale verbanden.

Gesicherte Befunde durchgehender Linienführungen vorma. W.-Trassen von Fernverbindungen sind noch äußerst selten. Die W.-Bahnen waren morphologisch wenig ausgeprägt, und man muß von der Annahme ausgehen, daß einer gleichen Hauptrichtung folgend eine größere Zahl alternativer W.-Züge bestand, die sich erst seit dem MA auf festere Linienführungen konzentrierten. Aufgabe der zukünftigen W.-Forschung für die Vorzeit ist es, nicht nur Linienführungen des MAs und der frühen Neuzeit zurückzuschreiben, sondern v. a. in Bereichen von Relikten ihrer Trassen, bes. auch an Furtstellen und an Niederungen Befunde zu erschließen, die eine vorzeitliche Nutzung belegen können. Mit dem frühen und hohen MA beginnen zunehmend verkehrspolit. Maßnahmen der Territorialherrschaften, die auf Territorien und Städte gerichtete Linienführungen wesentlich beeinflußten (54).

§ 6. Flußübergänge: Furten, Fähren, Brücken. → Flußübergänge waren Knoten und Engpässe im Verkehrsnetz, an diesen naturbedingt bevorzugten Passagen konzentrierten sich oft mehrere Linienführungen, hier war auch oft ein erzwungener Aufenthalt gegeben. Die Forsch. hat diesen Zwangspunkten des Verkehrs besondere Aufmerksamkeit zu widmen, da in den Feuchtbereichen für evtl. Holzeinbauten gute Erhaltungsbedingungen gegeben sind und auch mit einer Konzentration von Funden zu rechnen ist (81; 108; 19; 110; 168). Durch eine allg. Lagegunst können Flußübergänge (s. auch → Furt) eine hohe Standortkonstanz aufweisen oder immer wieder erneut Bedeutung erlangen (110; 168), aber örtlich erfuhren sie durch Stromstrichverlagerungen oft geringere Verschiebungen, was durchaus auch für Brückenbauten und Moor-W. zutrifft. Für jüng. Zeiten faßbare Furtbereiche oder Brückenstandorte können als Flußübergänge durchaus auch Befunde aus früheren Epochen erbringen. Wertvolle Hinweise, auch für die Frühzeit sind Furtnamen als ON oder FlN, die zu den wichtigsten Hodotoponymen gehören (181). Sie deuten auf eine Vielzahl von Furten hin, die seit dem MA aufgegeben oder durch Fähren und Brücken abgelöst worden sind. Furten sind bis in das MA hinein die häufigste Form von Flußübergängen kleiner und mittlerer Größe gewesen. Auf Furtstellen können – bes. für die BZ und EZ – auch auf Flußläufe zulaufende Reihungen von Hügelgräbern an rekonstruierbaren Wegstrecken hinweisen (→ Furt Abb. 31) (10; 11).

Gezielte Forsch. sind in jüng. Zeit den → Flußfunden als einer spezifischen Fundgruppe in ihren Konzentrationen und in ihrer besonderen Zusammensetzung gewidmet worden (183; 108; 79), was Flußübergänge, aber auch Umschlagplätze, Anfangspunkte einer Schiffbarkeit oder Landstationen der Wasser-W. (→ Wasserstraßen) andeuten kann. An Vorrichtungen für einen Ladevorgang in seichtem Wasser ließen sich Land- und Kiesschüttungen, Pflasterungen, Flechtmatten und Astholzlagen sowie auch Bohlenbeläge nachweisen (59). Für die vorma. Zeit ist weitestgehend mit Furtübergängen und bei größeren Flüssen mit → Fähren zu rechnen, womit größere Gewässer keineswegs zu jeder Zeit passierbar gewesen sind.

Brückenbauten werden im germ. und slaw. Raum (19), bei einzelnen Vorläufern bes. der EZ (111; 168), seit dem 10. Jh. deutlich häufiger, oft versehen mit einer mit Holz befestigten Zuwegung durch das angrenzende Feuchtgebiet (→ Brücke § 5–8; → Teterow Abb. 30; 19; 82; 100; 166). Für die WZ belegen auch rund 120 Runensteine den Bau von Brücken oder Dämmen, was als ein bes. christl. Werk angesehen worden ist (→ Brücke § 2b; → Runen und Runendenkmäler S. 505–507; → Runeninschriften S. 532; 55; 56; 346; 89; 110). Von Brücken aus der Römerzeit sind manche Relikte oder auch teilweise Bauwerke erhalten (57; 133), eine Kontinuität der Nutzung bis in das MA ist jedoch nur für wenige von ihnen gegeben. Neuere Forsch. und Zusammenstellungen zu frühen Brücken und ihren meist mehrfachen Bauphasen liegen beispielhaft für Mecklenburg und Vorpommern (79; 166), für die Schweiz (111), für die EZ in Dänemark (81; 107) und für England vor (57; 82; 100), viele weitere Einzelbefunde sind jedoch in der Lit. weit verstreut. Für die meisten arch. Befunde von Brücken und Dämmen fehlen Versuche einer Einbindung in ein zugehöriges W.-Netz.

Bedeutende Flußübergänge und Fähren oder auch schon frühe Brücken gab es über den Rhein, die Donau oder auch die Elbe. Ein vielfach untersuchter Übergang bes. des frühen MAs über die Elbe lag am Höhbeck bei Hitzacker (145), ebenfalls mit Burganlagen gesichert war die Rauhe Furt (39).

§ 7. Wegbegleitende Anlagen und Siedlungen. Am Netz der Fernwege waren verkehrsbegleitende Anlagen und Einrichtungen orientiert. Ihre Funktionen galten Kontrolle und Sicherung der W., der Versorgung, Handel und Kommunikation oder auch dem Kult im Sinne von Mahnung und Erinnerung. Mit ihnen wird der Weg als solcher in einen Zusammenhang mit dem Verkehr gestellt, sie tragen zur Datierung der Nutzung bei und werden oft zur Rekonstruktion von Linienführungen herangezogen, auch wenn keine konkreten Trassenbefunde vorhanden sind.

Frühe Wallburgen (z. B. → Breisach-Münsterberg; → Heuneburg; → Staré Hradisko) in ihrem v. a. aus dem Lagebezug postulierten Verkehrszusammenhang werden als Anlagen der Sicherung und Kontrolle herangezogen, im Gegensatz zu einer Funktion als Fluchtburgen (39; 145; 72; 137). So ist auch die W.-Forschung bes. in Westfalen (142, Abb. 28; 99) und Sachsen (17) immer wieder von einem solchen Zusammenhang ausgegangen, was im Einzelfall sicher seine Berechtigung haben kann, aber immer erneut kritisch zu problematisieren ist.

Versorgungseinrichtungen sind bei einem organisierten Verkehr vornehmlich am röm. Straßennetz mit den Legionslagern und Straßenstationen eingerichtet worden. Im frühen MA sind es dann für die reisenden Kg. bes. die Pfalzen (→ Pfalz und Pfalzen; z. B. → Pöhlde; → Werla) und für die Kaufleute frühstädtische Handelsplätze (z. B.

→ Haiðaby; → Staraja Ladoga; → Wollin) (102; 83; 137) und dann sich oft daraus entwickelnde Städte als ‚Rastplätze' (‚Rastorttheorie'). Wesentlich als Ziel- und Knotenpunkte des Verkehrsnetzes waren auch die Umschlag- und oft auch temporäre oder sporadische Marktplätze als Orte des Handels und der Kommunikation (102; 83).

An bedeutenderen W.n orientiert waren in vorma. Zeit offensichtlich auch Grabanlagen, wie dies für die BZ und EZ immer wieder darzustellen versucht wird, wenn auch W.-Spuren selbst in einem konkreten Bezug nur selten zu finden sind (130; 158; 10; 135; 11). Lang hinziehende, oft auch auf Furtstellen zulaufende Reihungen von Gräbern (→ Furt Abb. 31), Reihungen im Verlauf von Bergspornen, die als Aufgänge zu Höhenwegen gedient haben könnten, sowie Reihungen auf Höhenzügen lassen Zusammenhänge mit einstigen Verkehrs-W.n vermuten (z. B. → Haglebuvatn). Interessant ist der Nachweis von gräberfreien Streifen in Gräberfeldern der späten BZ und frühen EZ, die auf einen querenden Weg schließen lassen (s. auch → Wederath-Belginum § 2 mit Abb. 41), wie auch die dazu parallele Anordnung von Langbetten (77). Wenn diese topographischen Zusammenhänge oft auch nicht eindeutig zu belegen sind, so ist der kultische Brauch einer Orientierung von Grabanlagen als Mahn- und Erinnerungsmale an bedeutenderen W.n durchaus nicht abwegig, wie dies u. a. für die röm. Zeit anschaulich zu belegen ist.

Eindeutig meist direkt an W.n *(brautu naesta)*, W.-Gabeln und Kreuzungen *(á vegamóti)* orientiert und mit ihren Inschr. bezogen auf W.-Trassen und ihren Verkehr sind viele Runensteine der ält. VWZ und der WZ in Skand., die als Erinnerungsmale auch unmittelbar den passierenden Weggenossen ansprechen und als W.-Marken dienen sollten (55; 56). Die Inschr. erinnern an Stiftungen von W.- und Brückenbauten bzw. mit Holz befestigter Passagen in Niederungen (über 120 Steine, 74 davon allein in Uppland) und an Rodungen für W. *(braut ryðia)*, ausgeführt als fromme Werke für eine Allgemeinheit (→ Runeninschriften S. 532). Eine weitere Gruppe dieser standortgebundenen, wegorientierten hist. Qu. diente dem Totengedenken und dem Seelenheil oft auf der Reise verstorbener, hier und da unter Angabe der Fahrtenziele. Erhalten sind die Steine nicht immer am Originalstandort. Als datierender Beleg der Existenz des Weges kann der Stein von Järsberg (Värmland) aus dem 6. Jh. gelten, gelegen am Letstig, der s. Teilstrecke der Fernverbindung vom Mälargebiet nach Vestfold. Das bedeutendste Wegmonument in Schweden ist der Runenstein am → Anundshügel in Västerås mit 14 zugehörigen → Bautasteinen, gelegen am Königsweg, der Eriksgata. Die gesicherten wie auch rekonstruierten Standorte der Runensteine bilden ein grundlegendes datierendes Netz für die Rekonstruktion wikingerzeitlicher Linienführungen und W.-Trassen des Fernverkehrs in Skand.

Reihungen von Siedlungen an Flußterrassen, am Rande von Niederungen, in Talzonen oder auf natürliche Pässe zu lassen letztlich auch W.-Verbindungen annehmen, wobei es sich hier jedoch vornehmlich um Ortsverbindungen des Regionalverkehrs handeln wird.

§ 8. Das W.-Netz. a. W.-Netz und Klassifikation von W.n. Ein W.-Netz war auch in der vorma. Zeit bereits ausgebildet und in sich differenziert, wenn auch nicht so wie in der folgenden Zeit der Besiedlungsverdichtung und des vorherrschenden Fahrzeugverkehrs. Der dominierende Fuß- und Saumverkehr, die geringfügigen Bau- und Besserungsmaßnahmen wie auch ein wenig entwickelter Fernverkehr ließen es allerdings nicht zu einer stärkeren Ausprägung der Verkehrsbahnen im Gelände kommen. Die Bemühungen um befestigte Zuwegungen waren im lokalen Bereich intensiver als bei Routen des Fernverkehrs. Die W. des Fernverkehrs wie auch des örtlichen Verkehrs glichen in ähnlichem Maße ausgetretenen Pfaden.

Eine deutlichere Differenzierung im W.-Netz war funktional gegeben. Der Fernverkehr bevorzugte durchgehende, weitgehend ortsferne Linienführungen eines weitgespannten Netzes. Ein Regionalverkehr beruhte auf Ortsverbindungen in einem Siedlungsraum oder einer Siedlungskammer, v. a. wenn ein organisierter Siedlungsverband bestand. Örtlich war ein W.-Netz gegeben, das dem jeweiligen Wirtschaftssystem angepaßt war (Jagdgebiet, Weideareal, Feldflur), wozu auch letztlich das innerörtliche W.-Netz gehörte. Durch Maßnahmen einer Festigung der Zuwegungen im Siedlungsbereich und durch die Freilegung ihrer Relikte im Zuge von Siedlungsgrabungen sind diese W.-Bauten und immer wieder ausgeführte Besserungen zunehmend gut erschlossen. Die Zuordnung arch. erschlossener W.-Relikte zu einer funktionalen Klassifizierung ist keineswegs immer möglich. So stellt sich bei den durchaus oft aufwendig gebauten Moor-W.n immer wieder die Frage, ob sie — aus ihrem Verlauf heraus — als Fernwege angesprochen werden können oder nur einem örtlichen Verkehr gedient haben.

Eine besondere Beachtung im Rahmen gerade des frühen Verkehrsnetzes muß der Verknüpfung des Landverkehrs mit dem Wasserverkehr auf Flüssen geschenkt werden (58; 84; 60; 143; 88; 89). Die Anschlüsse und Übergänge zum Flußverkehr waren für einen Umschlag oft durch einen gewissen Ausbau zugerichtet (59). Weite Strecken wurden auf dem Wasserweg zurückgelegt, bei Vermeidung der beschwerlicheren und oft auch weiteren Land-W. Ob dem Wasserweg in prähist. Zeiten eine allg. Priorität eingeräumt werden kann, wie dies bes. von Ellmers durchaus plausibel vertreten wird (→ Wasserstraßen; 60), muß dahingestellt bleiben und ist sicher auch regional unterschiedlich gewesen. In jedem Fall haben die Römer in ihren besetzten Gebieten den Wasserweg auf den größeren Flüssen intensiv genutzt (22; 89).

Für das Netz der Verkehrs-W. insgesamt sind dabei auch die Landbrücken oder Portagen (→ Schleppstrecken) von Bedeutung, d. h. Verbindungen schiffbarer Flußsysteme über Wasserscheiden, zumeist am Flußoberlauf (→ Wasserstraßen § 4d). Eine der bedeutendsten, in der WZ genutzten Überlandverbindungen, in diesem Fall von der Ostsee zur Nordsee, ist die Verbindung des Handelsplatzes → Haiðaby mit → Hollingstedt mit dem Schiffsverkehr über die Treene zur Nordsee (65). Verbindungs-W. dieser Art — allg. nachweisbar durch Fundkonzentrationen — sind bisher arch. kaum erfaßt, die meisten sind vermutlich bereits im MA aufgegeben worden. Auch Umgehungen von Stromschnellen oder unpassierbaren Flußstrecken gehören in diesen Zusammenhang.

Die Knoten des Verkehrsnetzes wie auch Vereinigungen alternativer Linienführungen waren die Flußübergänge und Passagen über Niederungen, sowie reliefbedingte Engpässe. Kreuzungen und W.-Gabeln waren sicher markante Punkte im Netz, aber hatten meist keine weitere funktionale Bedeutung, abgesehen von zentralörtlichen Siedlungen, Versammlungsorten oder Herrschaftszentren, auf deren verkehrszentrale Funktion siedlungsarch. Befunde, u. a. Konzentrationen von Importfunden hinweisen können.

In den → Weistümern und → Rechtsbüchern des späten MAs finden sich klassifizierende Angaben zu vorgesehenen Wegbreiten, die besitzrechtlich wie auch als Vorgaben anzusehen sind, die jedoch bei den eingespurten Natur-W.n wohl nur selten eingehalten worden sind und klassifizierend wirkten. Für die vorma. Zeit sind Wegbreiten nur für gebaute Wegstrecken anzunehmen (zur Breite röm. W. → Landvermessung § 4 bes. S. 11 f.). Für die Länge von Wegstrecken galt in Germanien wie auch in Gallien seit der frühen RKZ das Maß der röm. → Meile, seit dem 3. Jh. setzte sich das kelt. W.-Maß der → Leuga durch. Daneben bestand das germ. Längenmaß der *rasta* (siehe auch → Maße und Gewichte S. 403).

b. Das W.-Netz in seinem raumstrukturellen und kulturlandschaftlichen Zusammenhang. Die Betrachtung und Unters. von Linienführung und Netzgestalt der Verkehrs-W. führt auch zu Fragen ihrer Nutzung und Funktion, der Raumentwicklung und Raumorganisation, das W.-Netz ist das Medium jeder Kommunikation und jedes Raumkontaktes. Mit den Wegverbindungen stellen sich auch Fragen der Verkehrsverhältnisse und Verkehrsmittel (→ Fahren und Reiten; → Wagen und Wagenbau, Wagengrab), des → Handels, der Wanderungen, der Mobilität sowie der Kulturkontakte und Kulturübertragungen. In der Siedlungslandschaft kommt dem W.-Netz Bedeutung zu im Zusammenhang mit der Verteilung besiedelter Räume, mit Vorgängen der Raumerschließung sowie Verhältnissen der Raumorganisation. Grundlegend ist das Netz der Verkehrs-W. für ein Wirtschaftssystem, für die Gewinnung und den Austausch von Rohstoffen und Produkten. Letztlich spiegelt sich im Netz der Verkehrs-W. auch eine herrschaftliche Organisation oder auch Zentrenbildung (102; 83; 137), v. a. wenn in ihm W.-Ausbau und Verkehrskontrolle deutlich werden.

Bei einer komplexen Rekonstruktion der Entwicklung eines Siedlungsraumes im Rahmen einer Landschaftsarch. und dem Betrachtungsansatz einer hist.-geogr. Kulturlandschaftsentwicklung nimmt die Genese des Verkehrsnetzes eine führende Stellung ein (vgl. als Beispiele: 110; 89).

§ 9. Die Nutzung der W., Verkehrsmittel. Im Zusammenhang mit den W.n des Fernverkehrs wie auch eines Nahverkehrs ist der Nachweis einer Nutzung eng an Befunde an den W.n selbst gebunden. Hierzu gehören Wagen- oder auch Trittspuren sowie unter den Funden Wagenteile und Hufeisen, die auf genutzte Verkehrsmittel hinweisen (→ Fahren und Reiten). Wagenspuren ließen sich an Bohl-W.n der BZ, v. a. aber für die WZ und dann seit dem MA nachweisen (z. B. → Hollenstedt; → Overbygård; → Risby). Unsicher bleibt dabei allerdings, ob es sich bei den Fahrzeugen um vierrädrige Wagen oder um zweirädrige Karren gehandelt hat. Bei Trittspuren von Tieren und Hufbeschlägen ist die Frage möglicherweise nur aus dem Kontext zu lösen, ob es sich um Reittiere, Saumtiere oder Zugtiere gehandelt hat.

Wenn auch der Wagen und Karren seit dem späten Neol. und der frühen BZ bekannt waren, so ist doch erst im Zusammenhang mit W.-Spuren zu erfassen, wo diese zum Einsatz kamen. Für die vorma. Zeit ist weitgehend davon auszugehen, daß Nutzfahrzeuge vornehmlich im örtlichen und regionalen Verkehr, d. h. im Zusammenhang des engeren Wirtschaftssystems genutzt worden sind, während der Handel und Ferntransport von Trägern, Saumtieren und auf dem Wasserweg bewältigt wurde. Der Wagenverkehr auf den Fernwegen des Landverkehrs setzte sich erst durchschlagend seit dem frühen MA durch, was v. a. arch. Unters. an Relikten von Fernverkehrstrassen zu erhärten haben.

Transportiert wurden im regionalen Wirtschaftssystem vornehmlich Holz, Steinmaterial und Agrarprodukte, im Fernhandel waren es Rohstoffe und hochwertige Gebrauchsgegenstände (Importwaren). Im Kontext des W.-Netzes sind v. a. diejenigen Fundzusammenhänge von Bedeutung, die unmittelbare Aussagen zum Weg selbst beitragen (an gebauten Trassen, in Hohlwegen, an Furten, an Paß-W.n). Diese Fundgruppe ist im Rahmen einer gezielten arch. W.-Forschung vermehrt zu erschließen.

Die Bedeutung von W.-Trassen im Verkehrsnetz, v. a. in ihrer Differenzierung für einen regionalen oder einen Fernverkehr ist – abgesehen von anliegend hinweisenden Funden – v. a. aus dem Kontext zugehöriger Linienführungen, in manchen Fällen auch aus frühen Bezeichnungen zu erschließen. Eine Typisierung der W. in diesem Sinne ist anzustreben, aber für den einzelnen Befund keineswegs immer möglich (91). Während es seit dem MA zunehmend auch Fernverbindungen gab, die sich aus einer Reihung von Ortsverbindungen, dabei dann später bes. aus Städteverbindungen, zusammensetzten, waren vom Fernverkehr genutzte Linienführungen davor vom Regionalverkehr stärker getrennt, schon allein durch eine geringere Besiedlungsdichte.

Über Verkehrsfrequenzen, d. h. die Häufigkeit einer Nutzung, lassen sich von den W.-Relikten her kaum Aussagen machen. Die Dichte paralleler Spuren in Hohlwegbündeln hat sich vornehmlich erst in der Neuzeit gebildet und ist auch für diese nicht unbedingt ein Zeichen für einen starken und zugleich überregionalen Verkehr. Auch ein besonderer Ausbau von Teilstrecken, etwa in Form von aufwendigen Bohlen-W.n und Knüppeldämmen, ist keineswegs ein sicheres Zeichen für eine einst bes. frequentierte Fernstraße, wie dies für viele der prähist. Bohlen-W. erkennbar ist.

Einige Hinweise gibt es auch darauf (Kultsymbole, abbrechende Wegstrecken u. a.), daß markierte kurze Wegstrecken für kultische Zwecke angelegt worden sein können (49; 68; z. B. → Glauberg § 4). Kultische Zusammenhänge bestehen jedenfalls mit den wegorientierten Grabanlagen wie auch mit den Runensteinen.

§ 10. Regionale Differenzierung und Beispiele. Wenn Verkehrs-W. auch zu den grundlegenden Elementen jeder Kulturlandschaft gehören, so sind in ihrer Verbreitung, Ausprägung oder Anlage doch z. T. wesentlich regionale Unterschiede gegeben. Im Flachland haben sich W.-Spuren nur wenig ausgeprägt, im reliefierten Gelände haben sich an Steigungsstrecken Hohlwegbündel gebildet, im Hochgebirge sind streckenweise Trassen und Spuren in festem Gestein ausgebildet oder eingearbeitet. Regional unterschiedlich sind auch die Erhaltungsbedingungen von W.-Relikten. Im Moor und in Feuchtbereichen haben sich datierbare Konstruktionen aus Holz bis aus prähist. Epochen erhalten, Hohlwegspuren im Lockermaterial sind vornehmlich nur unter Wald zeitlich undifferenziert erhalten, und Ausprägungen im festen Gestein finden sich seltener und meist nur in verschüttetem Zustand. Verteilung und Dichte der einstigen Siedlungsgebiete sowie Ausgangs- oder Zielpunkte einer Verkehrsspannung sind weitere regional differenzierende Kriterien einer Dichte von Verkehrsnetzen.

Letztlich sind Forsch.sentwicklung und Forsch.sintensität im dt. Raum und den europ. Ländern deutlich unterschiedlich, abgesehen davon, daß sich die Erkenntnisse der W.-Forschung für die vorma. Zeit in besonderem Maße auf weit verstreute Einzelbefunde beziehen. Es wird jedoch auch deutlich, daß v. a. die arch. W.-Forschung in vielen Ländern und Regionen vornehmlich von nur einzelnen Fachleuten vertreten wird (s. § 2b).

Regionale Beispiele: Westfalen: Die regionale Struktur früher W.-Verhältnisse im Rahmen einer längeren und auch aktuellen Forsch.sentwicklung wird im westf. Raum charakteristisch deutlich. Nach ersten, z. T. vagen hist. Rekonstruktionen von Verkehrslinien zur Gesch. der Kriegszüge der Germ. und Römer sowie der Franken und Sachsen im Zusammenhang von Wallburgen und zugehörigen Verkehrsverbindungen im 19. Jh. und dann in den 1930er J. (41; 42) beginnt mit den Arbeiten von Koch und Hohenschwert in den 1970er J. eine systematische und durch Geländebefunde fundierte regionale W.-Forschung (116; 99; s. im Überblick: 15, 109–111). Mit der Arbeit von Koch wird eine Rekonstruktion des W.-Netzes und v. a. des westf. → Hellweges im Raum Paderborn für die KaZ versucht, der auch jüng. Forsch. folgen (153). Hohenschwert versucht die Wallburgen der EZ in ein Netz von Fernverkehrs-W.n einzubinden, mit aus der Neuzeit zurückgeschriebenen oder zu vermutenden Routen, deren Existenz für die vorma. Zeit kaum zu sichern ist. Mit der regionalen, hist.-geogr. Darst. von Pöschel (142) für die mittlere westf. Bucht im weitgespannten Längsschnitt wird eine weitere systematisch aufgebaute Grundlage für die W.-Forschung in Westfalen geschaffen. Das im Überblick faßbare hist. W.-Netz unter Hinzufügung der bisher unsystematisch von der arch. Denkmalpflege erfaßten W.-Relikte für Ostwestfalen-Lippe (15, Übersichtskarte S. 110) ist Ausgangspunkt für weiterführende systematische Erfassungen und arch. Unters., von denen auch einige Beispiele bereits vorliegen (77; 98). Die hist. und in jüng. Zeit auch die arch. Forsch. haben sich bes. mit der früh- und hochma. Gesch. des westf. Hellweges befaßt, der bedeutenden W-O-Achse mit ihren Verzweigungen, deren Verlauf allerdings zum größten Teil überbaut ist (97; 121; 175). Nach manchen früheren hist. Studien – bes. auch zu → Paderborn und Höxter – haben jüng. arch. Unters. in den zugehörigen Stationen Duisburg, Paderborn/Balhorn und Höxter/Corvey jüngst mehr Licht in die Verkehrsbedeutung dieser Etappen gebracht (18; 153).

Sachsen/Erzgebirge: Auch in Sachsen geht die Altstraßenforsch. bereits mehr als 100 J. zurück, mit hist. Arbeiten zum Zusammenhang mit der ma. Stadtentwicklung und zu den Pässen über das Erzgebirge von Sachsen in den böhmischen Raum. Für die ur- und frühgeschichtl. Zeit wurden die Unters. im Zusammenhang mit den Pässen, Furten und Burgen Ende der 1950er J. in ausgewählten Bereichen arch. konkreter vertieft (39). Die Forsch. für das MA bedeutend vorangebracht haben die hist.-geogr. Regionalstudien aus der Schule von Billig, auf der Grundlage intensiver Geländeaufnahmen von W.-Relikten (17; 8). Hier konnten dann weitere Unters. der Mittelalterarch. anschließen (140; 136; 172; 155), konzentriert auf die frühe Entwicklung der Steige über das Erzgebirge (Goldener Steig, Kulmer Steig, Frühbußer Steig u. a.), mit wesentlichen Erkenntnissen zu alternativen Linienführungen, die sich erst allmählich auf dauerhaftere Trassen festlegten.

Die regionalen Initiativen einer systematischen Forsch., wozu Westfalen und Sachsen, das nw. Niedersachsen mit der prähist. Bohlwegforsch., Mecklenburg sowie bes. die Schweiz führend gehören, haben vorbildhaften Charakter und sollten dazu führen, daß v. a. auch den Befunden für die ur- und frühgeschichtl. Zeit eine gezielte und in ihren Ergebnissen zusammenführende Aufmerksamkeit gewidmet wird, bes. auf dem Gebiet der weiten Überlandstrecken.

(1) K. Aerni, Das Inventar der hist. Verkehrs-W. der Schweiz (IVS) – Zielsetzung, Methodik, Illustration und Anwendung, in: V. Denzer u. a. (Hrsg.), Kulturlandschaft: Wahrnehmung – Inventarisation – Regionale Beispiele, 2005, 237–253. (2) F. von Alten, Die Bohl-W. (Römer-W.) im Herzogthum Oldenburg, 1879. (3) S. W. Andersen, Haervejen og bebyggelsen i Nordslesvig i den aeldre bronzealder, Nordslesvigske Museer 10, 1983, 53–62. (3a) F. M. Andraschko, Stud. zur funktionalen Deutung arch. Siedlungsbefunde in Rekonstruktion und Experiment, 1995. (4) W. D. Asmus, Ein urgeschichtl. Weg von N-Jütland nach Niedersachsen, sein Verlauf zw. Oste und Wümme und seine Datierung durch die Ausgrabung von Helvesiek, Kr. Rotenburg, Die Kunde NF 4, 1953, 28–43. (5) Ders., Prähist. Weg- und Wagenspuren im Bereich der Lüneburger Heide, Germania 36, 1958, 173 f. (6) R. Aurig, Altstraßenreste als arch. Denkmäler, Ausgr. und Funde 34, 1989, 1–5. (7) Ders., Zur Notwendigkeit einer Landesaufnahme hist. Verkehrs-W. in Sachsen, Neues Archiv für Sächs. Gesch. 65, 1995, 227–247. (8) Ders., Altstraßenforsch. in Sachsen – Qu., Methoden und Ergebnisse, in: [114], 17–39. (9) R. W. Bagshawe, Roman roads, 2000. (10) J. A. Bakker, On the possibility of reconstructing roads from the TRB period, Ber. ROB 26, 1976, 63–91. (11) Ders., Prehistoric long-distance roads in North-West-Europe, Saarbrücker Beitr. zur Altkde 55, 1991, 505–528. (12) H. Becker-Christensen, Haervejen i Sønderjylland – et vejhistorisk studie: Fra Kongeåen til Danevirke, 1981. (13) H. Bender, Röm. Straßen und Straßenstationen,

1975. (14) Ders., Verkehrs- und Transportwesen in der RKZ, in: H. Jankuhn u. a. (Hrsg.), Unters. zu Handel und Verkehr der vor- und frühgeschichtl. Zeit in Mittel- und N-Europa 5, 1989, 108–154. (15) D. Bérenger, Altwege in Ostwestfalen-Lippe: Erforschungen und Erfassung, in: [114], 109–116. (16) H. Beumann, W. Schröder (Hrsg.), Die transalpinen Verbindungen der Bayern, Alem. und Franken bis zum 10. Jh., 1987. (17) G. Billig, Burgenarch. und siedlungskundliche Betrachtungen zum Flußgebiet der Zschopau und der Freiberger Mulde, ZfA 15, 1981, 265–297. (18) G. und E. Binding, Arch.-hist. Unters. zur Frühgesch. Duisburgs, 1969. (19) R. Bleile, Slaw. Brücken in Mecklenburg-Vorpommern, Jb. der Bodendenkmalpflege in Mecklenburg-Vorpommern 46, 1998, 127–169. (20) S. Bolliger, Unters. zum röm. Straßennetz in der Schweiz: Inventar der röm. Siedlungen und Straßen. Ergebnisse, Bonner Jb. 202/203, 2002/2003, 237–266. (21) O. Braasch, Arch. Luftbilder früher Straßen und Gräben an Lech und Wertach, in: J. Bellot u. a. (Hrsg.), Forsch. zur Prov.-röm. Arch. in Bayer.-Schwaben 1985, 117–146. (22) E. Bremer, Die Nutzung des Wasserweges zur Versorgung der röm. Militärlager an der Lippe, 2001. (23) A. L. Brindley, J. N. Lanting, Radiocarbon dates for Irish trackways, The Journ. of Irish Arch. 9, 1998, 45–68. (24) B. Bruhns, Schutz für die siedlungsgeschichtl. wertvollen W., Mitt. des Ver.s für Sächs. Volkskunde 5, 1909, 38–41. (24a) G. O. Brunner, Karrengeleise: ausgefahren oder handgemacht, antik oder neuzeitlich?, Bündner Monatsbl. 4, 1999, 243–263. (25) H. Bulle, Geleisestraßen des Altert.s, SB der Bayer. Akad. der Wiss. Phil-hist. Kl. 1947, H. 2. (26) F. Burgard, A. Haverkamp (Hrsg.), Auf den Römerstraßen ins MA. Beitr. zur Verkehrsgesch. zw. Maas und Rhein von der Spätant. bis ins 19. Jh., 1997. (27) S. Burmeister, Straßen im Moor. Die befahrbaren Moor-W. in NW-Deutschland, Hemmenhofener Skripte 3, 2001, 123–132. (28) L. Carlie, Spår av spår. Äldre kommunikationsleder och hålvägar i södra Hallend, Utskrift 6, 1999. (29) W. Cartellieri, Die röm. Alpenstraßen über den Brenner, Reschen-Scheideck und Plöckenpaß mit ihren Nebenlinien, 1926, 1–186. (30) C. J. Caseldine, J. M. Hatton, Early land clearance and wooden trackway construction in the third and fourth millennia BC at Corlea, Co. Longford, Proc. of the Royal Irish Acad. 95 B, 1996, 1–9. (31) G. Caselli, K. Sugden, Ancient Pathways in the Alps, 1988. (32) W. A. Casparie, The Neolithic wooden trackway XXI (Bou) in the raised bog at Nieuw-Dordrecht, Palaeohistoria 24, 1982, 115–164. (33) Ders., The three Bronce Age footpaths XVI (Bou), XVII (Bou) and XVIII (Bou) in the raised bog of southeast Drenthe, ebd. 26, 1984, 41–94. (34) Ders., The two Iron Age wooden trackways XIV (Bou) and XV (Bou) in the raised bog of southeast Drenthe, ebd. 28, 1986, 169–210. (35) Ders., Bog trackways in the Netherlands, ebd. 29, 1987, 35–65. (36) Ders., Prehistoric building disasters in Derryville Bog, Ireland: Trackways, flooding and erosion, in: [150], 115–128. (37) Ders., A. Moloney, Niederschlagsklima und Bautechnik neol. hölzener Moor-W., Arch. Mitt. aus NW-Deutschland 15, 1992, 69–88. (38) Dies., Neolithic wooden trackways and bog hydrology, Journ. of Palaeolimnology 12, 1994, 49–64. (39) W. Coblenz, Die Burgen an der Rauhen Furt und ihre Vermessung, Arbeits- und Forschungsber. zur sächs. Bodendenkmalpflege 6, 1957, 367–416. (40) J. Coles, Wetland arch. in the 20th century: hist. and commentary, Archaeologia Polona 35, 1998, 287–317. (41) Ders., B. J. Coles, Sweet track to Glastonbury: The Somerset Levels in prehist., 1986. (42) Diess., Enlarging the Past: The Contribution of Wetland Arch., 1996. (43) B. J. Coles, Tracks across the Wetlands: Multi-disciplinary studies in the Somerset Levels of England, in: J. M. Coles, A. J. Laurson (Hrsg.), European Wetlands in Prehist., 1987, 145–167. (44) Ders., Passages of time, Arch. Mitt. aus NW-Deutschland 15, 1991, 29–48. (45) J. M. Coles, Prehistoric Roads and Trackways in Brit.: Problems and possibilities, loads and roads in Scotland and beyond, 1984, 1–21. (46) F. Copei, Frühgeschichtl. Straßen der Senne, Mannus 30, 1938, 64–91. (47) Ders., Straßenforsch. und Vorgesch., Germ.-Erbe 4, 1939, 297–305. (48) P. Csendes, Die Straßen Niederösterr.s im Früh- und Hoch-MA, 1969. (49) D. Damell, Rösaring and a Viking Age cult road, in: In honorem E. Baudou, 1985, 171–185. (50) H. Dannheimer, Thalmässing. Ein bair. Friedhof der MZ mit bedeutenden Zeugnissen frühma. Fernverbindungen, BVbl. 24, 1959, 56–67. (51) D. Denecke, Methodische Unters. zur hist.-geogr. W.-Forschung. im Raum zw. Solling und Harz, 1969. (52) Ders., Methoden und Ergebnisse der hist.-geogr. und arch. Unters. und Rekonstruktion ma. Verkehrs-W., in: H. Jankuhn, R. Wenskus (Hrsg.), Geschichtswiss. und Arch. Unters. zur Siedlungs-, Wirtschafts- und Kirchengesch., 1979, 433–483. (53) Ders., Altwegerelikte: Methoden und Probleme ihrer Inventarisation und Interpretation: Ein systematischer Überblick, in: [114], 41–55. (54) Ders., Linienführung und Netzgestalt ma. Verkehrs-W. – eine raumstrukturelle Perspektive, in: R. C. Schwinges (Hrsg.), Straßen- und Verkehrswesen im hohen und späten MA, 2007, 49–70. (55) K. Düwel, W. und Brücken in Skand. nach dem Zeugnis wikingerzeitlicher Runeninschr., in: Sprache und Recht. Beitr. zur Kulturgesch. des MAs (Festschr. R. Schmidt-Wiegand) 1, 1986, 88–97. (56) Ders., Handel und Verkehr der WZ nach den Zeugnissen der Runeninschr., in: K. Düwel u. a. (Hrsg.), Unters. zu Handel und Verkehr der vor- und frühgeschichtl. Zeit in Mittel- und N-Europa 4, 1987, 313–357. (57) D. P. Dymont, Roman bridges on Dere Street, County Durham, with a general appendix on the evidence for bridges in Roman Brit., Arch. Journ. 118, 1963, 136–164. (58) M. Eckoldt, Schiffahrt auf kleinen Flüssen Mitteleuropas in Römerzeit und MA, Schr. des Dt. Schifffahrtsmus.s 14, 1980. (59) D. Ellmers, Warenumschlag zw. Schiff und Wagen im Wasser, Dt. Schifffahrtsarchiv 6, 1983, 209–241. (60) Ders., Frühe Schiffahrt auf Ober- und Mittelweser und ihren Nebenflüssen, in: J. Bachmann, H. Hartmann (Hrsg.), Schiffahrt, Handel, Häfen: Beitr. zur Gesch. der Schiffahrt auf Weser und Mittellandkanal, 1987, 17–50. (61) M. Fansa, R. Schneider, Die Bohl-W. bei Ockenhausen/Oltmannsfehn, Gde. Uplengen, Ldkr. Leer, Arch. Mitt. aus NW-Deutschland 16, 1993, 23–43. (62) Diess., Der Bohlenweg XII (Ip) – Hünenbrücke – im Ipweger Moor und Grasmoor/Ldkr. Ammerland u. Ldkr. Wesermarsch, ebd. 18, 1995, 5–42 u. 45–63. (63) Diess., Die Moor-W. im Großen Moor und im Aschener-Brägeler Moor, ebd. 19, 1996, 5–66. (64) M. Fansa (Hrsg.), Moorarch. in NW-Europa (Gedenkschr. Dr. h.c. H. Hayen), 1993. (65) F. Frahm, Der Transitverkehr Schleswig-Hollingstedt, Zeitschr. der Ges. für Schleswig-Holsteinische Gesch. 60, 1930, 1–23. (66) F. Freising, Die Bernsteinstraße aus der Sicht der Straßentrassierung, 1977. (67) V. Galliazzo (Hrsg.), Via Claudia Augusta. Un'arteria alle originé dell'Europa: ipothesi, problemi, prospettive, 2002. (68) T. Gansum, Veier uten forbindelse? Positivisme og sosialteorie i veiforskningen, META: Medeltidsarkeologisk tidskrift 1, 1999. (69) Ders., Hulveger, fragmenter af fortidens ferdsel. Rapport fra Hulvegprojektet i Vestfold, 2000. (70) W. Gerbing, Die Pässe des Thür. Waldes in ihrer Bedeutung für den innerdt. Verkehr, 1904. (71) P. Gleirscher, Eisenzeitliche Bernsteinfunde in Kärnten und ihr ‚W.-Netz', in: Kontakte längs der Bernsteinstraße (zw. Caput Adria und Ostseegebieten) in der Zeit um Chr. Geb., 1996, 35–46. (72) K. Goldmann, Die Lage der Burgen im Verkehrsnetz. Beitr. zum bronzezeitlichen Burgenbau in Mitteleuropa, 1982, 209–220. (73) G. Grabherr, Michlhallberg. Die Ausgr. in der röm. Siedlung 1997–1999 und die Unters. an der zugehörigen Straßentrasse, 2001. (74) K. Grewe, Römerstraßen im Rheinland – Zum Stand der Forsch., in: [114], 41–55. (75) K. Grewe, Alle Wege führen nach Rom – Römerstraßen im Rheinland und anderswo, in: [119], 9–42. (76) H. Grünert, Austausch und Handel in ur- und frühgeschichtl. Zeit. Von der arch. Qu. zur hist. Aussage, 1979. (77) C. Grünewald, „Den rechten Weg finden" – Zur W.-Forschung im Regierungsbez. Münster aus arch. Sicht, in: [114], 117–130. (78) M. Guy, Les termes ‚via' et ‚strata' dans les actes notariés médiévaux, Les routes du sud de la France de l'antiquité à l'époque contemporaine, 1985. (79) M. Haan, Die Flußfunde aus Oder, Uekker und Randow als Hinweise auf Kult, Schiffahrt und Handel, Beitr. zum Oderprojekt 3, 1997, 66–139. (80) J. Hagen, Römerstraßen der Rheinprovinz, ²1931. (81) V. Hansen, H. Nielsen, Oldtidens veje og vadesteder, belyst ved neje undersøgelser ved Stevns, Årbøger 1977, 72–117. (82) D. Harrison, The Bridges of Medieval England: Transport and soc. 400–1800, 2004. (83) J. Haslam, Market and fortress in England in the reign of Offa, World Arch. 19, 1987, 76–93. (84) B. Hårdh, See- und Fluß-W. in Südskand. aus der Sicht der Arch., Siedlungsforschung. Arch. – Gesch. – Geogr. 4, 1986, 45–62. (85) H. Hayen, Zur Bautechnik und Typol. der vorgeschichtl., frühgeschichtl. und ma. hölzernen Moor-W. und Moorstraßen 1, 1945; 2, 1957, 83–189. (86) Ders., Der Bohlenweg VI (Pr.) im Grossen Moor am Dümmer, 1979. (87) Ders., Bau und Funktion der hölzernen Moor-W.: Einige Fakten und Folgerungen, in: wie [14], 11–82. (88) J. Heinzelmann, Der Weg nach Trigorium – Grenzen, Strassen und Herrschaft zw. Untermosel und Mittelrhein im Früh-MA, Jb. für westdt. Landesgesch. 21, 1995, 9–132. (89) I. Heitmeier, Das Inntal, Siedlungs- und Raumentwicklung eines Alpentales im Schnittpunkt der polit. Interessen von der röm. Okkupation bis in die Zeit Karls des Großen, Stud. zur Frühgesch. des hist. Tiroler Raums 1 = Schlern-Schr. 324, 2005, bes. Kap. E I: Straßen und Straßenstationen, 59–83. (90) J. Herrmann, Naturwiss. Methoden, schriftliche Qu.überlieferung und arch. Analysen: Fallstud. zur Erforschung frühma. Kommunikations-W., in: Phil. und Wiss. in Vergangenheit und Gegenwart (Festschr. H. Hörz), 2003, 165–178. (91) Ders., Typen von Kommunikations-W.n im frühen MA im nordwestslaw. Gebiet, Mitt. der Dt. Ges. für Arch. des MAs und der Neuzeit 14, 2003, 55–64. (92) L. Hertel, Die Rennsteige und Renn-W. des dt. Sprachgebietes, Programm Hildburghausen 1899. (93) H. E. Herzig, Altstraßenforsch. zw. Gesch., Geogr. und Arch. Dargestellt am Beispiel der Römerstraßen des Schweiz. Mittellandes, Arch. Korrespondenzbl. 25, 1995, 209–216. (94) Ders., Alle Wege führen nach Rom – Erste Ergebnisse der Römerstraßenforsch. in der Schweiz, in: [114], 57–65. (95) T. Hill u. a., Von W.n: Auf den Spuren des Ochsenweges (Heerweg) zw. dän. Grenze und Eider, 2002. (96) H. Hinz, Die Entwicklung des Wegenetzes in W-Schleswig, Jb. für die Schleswigsche Geest 1, 1953, 16–34. (97) A. K. Hömberg, Der Hellweg. Sein Werden und seine Bedeutung, in: Ders., Zw. Rhein und Weser. Aufsätze und Forsch.

zur Gesch. Westfalens, 1967. (98) P. R. Hömberg, Altwege in S-Westfalen aus der Sicht der arch. Bodendenkmalpflege im Regierungsbez. Arnberg, in: [114], 131–144. (99) F. Hohenschwert, Ur- und frühgeschichtl. Befestigungen in Lippe, 1978. (100) M. B. Honeybourne, The pre – Norman bridges of London, in: Studies in London hist. presented to P. E. Jones, 1969, 17–42. (101) B. Horisberger, Zur Problematik der ‚röm.' Karrgeleise im schweiz. Jura, Arch. des Kant.s Solothurn 8, 1993, 7–35. (102) F. Horst, Ein jungbronzezeitliches Fernhandelszentrum im Gebiet von Brandenburg/Havel, Veröffentl. des Mus.s für Ur- und Frühgesch. 19, 1985, 267–276. (103) S. W. Jager, A prehistoric route and ancient cart-tracks in the gemeente Anloo (Drenthe), Palaeohistoria 27, 1985, 185–245. (104) W. Janssen, Reiten und Fahren in der MZ, in: wie [14], 174–228. (105) J. Jensen, Bernsteinfunde und Bernsteinhandel der jüng. BZ Dänemarks, Acta Arch. 36, 1965, 43–86. (106) M. S. Jørgensen, To jyske bronzealderveje – og en ny metode til arkaeologisk opmåling, Nationalmuseets arbejdsmark 1982, 142–152. (107) Ders., Vej, vejstrøg og vejspaerring. Jernalderens landfaerdsel, in: P. Mortensen, B. M. Rasmussen (Hrsg.), Fra Stamme til Stat i Danmark, 1. Jernalderens stammesamfund, 1988, 101–116. (108) Ders., Vandløbet som forhindring, vadesteder og broer fra en arkaeologisk synsvinkel, in: N. Hørlück Jessen u. a. (Hrsg.), Vandløb og kulturhistorie, 1990, 75–92. (109) Ders., Oldtidens veje i Danmark. Nagle aspekter af den forhistoriske landfaerdsel, in: J. Veller (Hrsg.), Braut 1. Nordiske Vejhistoriske Studier, 1996, 37–62. (110) Ders., J. T. Møller, Landskabet som historiens scene: Ravning Enge i vikingetid og middelalder, Vejle Amts Årbog, 1999, 67–82. (111) P. Jud, Latènezeitliche Brücken und Straßen der W-Schweiz, in: [120], 13–146. (112) K. Kersten, Frühgeschichtl. Heer-W. um Stade, Stader Archiv NF 30, 1940, 55–75. (113) Ders., Zum Problem der ur- und frühgeschichtl. W. in N-Deutschland, in: Festschr. G. Schwantes, 1951, 136–141. (114) B. Knoche (Red.), W. als Ziel, 2002. (115) F. Knoke, Die röm. Moorbrücken in Deutschland, 1895. (116) J. Koch, Frühe Verkehrsstraßen in der ö. Westf. Bucht. Straßengeschichtl. Unters. zur Verkehrslage der Stadt Paderborn, 1977. (117) H. Krüger, Die vorgeschichtl. Straßen in den Sachsenkriegen Karls des Großen, Korrespondenzbl. des Gesamtver.s der dt. Geschichts- und Altert.svereine 80, 1932, 223–280. (118) Ders., Zur Gesch. der Bohlenwegforsch. in NW-Deutschland, Mannus 28, 1936, 463–495. (119) Landschaftsverband Rheinland – Amt für Bodendenkmalpflege: „Alle Wege führen nach Rom …": Internationales Römerstraßenkolloquium Bonn, 2004. (120) A. Lang, V. Salač (Hrsg.), Fernkontakte in der EZ. Konferenz Liblice, 2002. (121) P. Leidinger, Der westf. Hellweg als frühma. Etappenstraße zw. Rhein und Weser, Westf. Zeitschr. für vaterländische Gesch. und Altkde 149, 1999, 9–33. (122) A. Lippert, Neue Forsch. zu den ant. Paßstraßen über den Mallnitzer Tauern und den Korntauern, Wiss. Mitt. aus dem Nationalpark Hohe Tauern 5, 1999, 205–227. (123) A. T. Lucas, Toghers or causeways: some evidence from arch., literary, hist. and place-name sources, Proc. of the Royal Irish Acad. 85 C, 1985, 37–60. (124) K.-H. Marschalleck, Vor- und frühgeschichtl. Straßenforsc.: Beispiele aus dem Nordseeküstenraum, in: Varia Archaeologica (Festschr. W. Unverzagt), 1964, 410–426. (125) H. Matthiessen, Haervejen. En tusendaarig vej fra Viborg til Danevirke: En historisk-topografisk studie, 1930, reprint 1961. (126) M. McCormick, Verkehrs-W., Handel und Sklaven zw. Europa und dem Nahen Osten um 900. Zur neuen Geschichtsschreibung zur Arch.?, in: J. Henning (Hrsg.), Europa im 10. Jh. Arch. einer Aufbruchszeit, 2002, 171–180. (127) C. McDermott, Trekkers through time: Recent arch. survey results from Co. Offaly, Ireland, in: [150], 13–25. (128) A. Metzler, Ber. über die Grabungen am Bohlenweg IP 12 durch das Inst. für Denkmalpflege, 1989 und 1991, Arch. Mitt. aus NW-Deutschland 18, 1995, 45–63. (129) J. Molitor, „Die Straße, die nach Bayern führt" und der Gunthersteig. Zwei Altstraßen von der Donau durch den mittleren Bayr. Wald nach Böhmen, Arch. Arbeitsgemeinschaft O-Bayern, W.- und S-Böhmen 11, 2002, 227–240. (130) S. Müller, Vej og bygd i sten – og bronzealderen, Aarbøger 19, 1904, 1–64. (131) H.-J. Niederehe, Straße und Weg in der galloroman. Toponomastik, 1967. (132) E. Nörrenberg, De oorsprong van het woord ‚Helweg', in: Ders., Zur nd. Philol. Eine Slg. verstreut veröffentlichter Forsch., 1969, 135 f. (133) C. O'Connor, Roman Bridges, 1993. (134) E. Olshausen, H. Sonnabend (Hrsg.), Zu Wasser und zu Land: Verkehrs-W. in der ant. Welt, 2002. (135) J. Pätzold, Hinweise auf Altstraßen und vorgeschichtl. Siedlungsplätze in Niedersachsen durch Grabhügelvorkommen, Jahresber. der Bayer. Bodendenkmalpflege 21, 1980, 39–42. (136) L. Pauli, Der Goldene Steig. Wirtschaftsgeogr.-arch. Unters. im ö. Mitteleuropa, in: Stud. zur vor- und frühgeschichtl. Arch. (Festschr. J. Werner), 1974, 115–139. (137) Ders., Der Münsterberg im überregionalen Verkehrsnetz, in: H. Bender, Der Münsterberg im Breisgau, 2. Hallstatt- und LTZ, 1993, 110–170. (138) T. Pekáry, Unters. zu den röm. Reichsstraßen, 1968. (139) S. A. Petersen, Haervejen – fra Limfjorden til Danevirke, 1983. (140) E. Plesl, Der Zittauer Weg und seine Bedeutung für die Besiedlung NO-Böhmens in der Zeit der Lausitzer Urnenfelder, Arbeits- und Forschungsber. zur sächs.

Bodendenkmalpflege 16/17, 1967, 93–103. (141) E. Pleslová-Štiková, Zu Fragen der Beziehungen zw. Mitteldeutschland und Böhmen im jüng. Aneol., ebd. 16/17, 1967, 27–58. (142) H. C. Pöschel, Alte Fernstraßen in der mittleren Westf. Bucht, 1968. (143) M. Polfer, Der Transport über den Landweg – ein Hemmschuh für die Wirtschaft der RKZ?, Helinium 31, 1991, 273–295. (144) M. Pollak, Zur Rekonstruktion urzeitlicher Handels- und Verkehrs-W. – Grenzen und Möglichkeiten der arch. Landesaufnahme, Mitt. der Österr. Arbeitsgemeinschaft für Ur- und Frühgesch. 37, 1987, 51–55. (145) A. Pudelko, Ein alter W-O-Übergang durchs Elbtal in Anlehnung an den Höhbeck, Die Kunde NF 16, 1965, 158–166. (146) L. und G. St. Quilici, Tecnica stradale Romana, 1992. (147) B. Raftery, Trackways through time: Arch. investigations on Irish bog roads, 1985–1989, 1990. (148) Ders., Ir. Bohlen-W., Arch. Mitt. aus NW-Deutschland 15, 1992, 49–68. (149) Ders., Trackway excavations in the Mount Dillon bogs, Co. Longford, 1985–1991, Irish Archaeologic Wetland Unit, Transactions 3, 1996. (150) Ders., J. Hickey (Hrsg.), Recent Development in Wetland Research, Seandálaíocht, 2001. (151) M. Rathmann, Unters. zu den Reichsstraßen in den w. Prov. des Imperium Romanum, 2003. (152) J. Röschmann, Die Entwicklung des W.-Netzes im ö. Mittelschleswig, Jb. für die Schleswigsche Geest 2, 1954, 6–22. (153) B. Rudnick, Balhorn – Arch. am Schnittpunkt. Ein ma. Handwerksquartier am Hellweg, 1997. (154) E. Ruttkay, Fernbeziehungen im neol. Europa, Mitt. der Anthrop. Ges. Wien 115, 1985, 139–162. (155) M. Ruttkowski, Altstraßen im Erzgebirge. Arch. Denkmalinventarisation böhmischer Steige, Arbeits- und Forschungsber. zur sächs. Bodendenkmalpflege 44, 2002, 264–299. (156) W. A. B. van der Sanden, Veenwegen in Drenthe: enkele nieuwe dateringen, Nieuwe Drentse Volksalmanak 121, 2002, 101–112. (157) H.-U. Schiedt, Ch. Pfister, Forsch.sprojekt Verkehrsgesch. der Schweiz. Der Blick auf den gesamten Verkehr, 2003. (158) E. Schlicht, Von alten Verkehrs-W.n: Die Hünengräberstraße des Hümmlings, Jb. des Emsländischen Heimatver.s 9, 1962, 74–85. (159) Dies., Handels- und Kulturbeziehungen auf Grund von Importfunden aus ndsächs. Großsteingräbern, in: H. Schirnig (Hrsg.), Großsteingräber in Niedersachsen, 1979, 169–178. (160) B. Schmidt, Hölzerne Moor-W. als Unters.sobjekt für die Dendrochron., Arch. Mitt. aus NW-Deutschland 15, 1992, 147–159. (161) F. W. Schmidt, Hinterlassene Forsch. über die Römerstraßen… im Rheinlande, Bonner Jb. 31, 1861, 1–220. (162) G. Schneider, W. Vogel, Karrgeleise. Römerstraßen oder Trassen der Neuzeit? Zur Frage der zeitlichen Einordnung am Beispiel der Geleiselandschaft von Vuiteboeuf/Ste Croix VD., Spuren, W. und Verkehr, Jb. der Geogr. Ges. Bern 60, 1997, 117–130. (163) G. Schneider, Unters. zum röm. Straßennetz in der Schweiz: Geleisestraßen, Bonner Jb. 202/203, 2002/2003, 267–334. (164) Ders., Alle Wege führen nach Rom – auch Geleisestraßen?, in: [119], 67–78. (165) H.-Ch. Schneider, Altstraßenforsch., 1982. (166) E. Schuldt, Burgen, Brücken und Straßen des frühen MAs in Mecklenburg, 1975. (167) H. Schurtz, Die Pässe des Erzgebirges, 1891. (168) M. Schussmann, Ein mehrphasiger, vorgeschichtl. Sumpfübergang bei der Feldmühle, Gem. Rennertshofen, Ldkr. Neuburg-Schrobenhausen, 2003. (169) K. Schwarz, Arch.-topographische Stud. zur Gesch. frühma. Fernwege und Ackerfluren im Alpenvorland zw. Isar, Inn und Chiemsee, 1989. (170) G. Schwarz-Mackensen, W. Schneider, Petrographie und Herkunft des Rohmaterials neol. Steinbeile und -äxte im n. Harzvorland, Arch. Korrespondenzbl. 16, 1986, 29–44. (171) R. C. Schwinges (Hrsg.), Straßen- und Verkehrswesen im hohen und späten MA, 2007. (172) K. Simon, K. Hauswald, Der Kulmer Steig vor dem MA. Zu den ältesten sächs.-böhmischen Verkehrs-W.n über das Osterzgebirge, Arbeits- und Forschungsber. der sächs. Bodendenkmalpflege 37, 1995, 9–98. (173) I. Smedstad, Etableringen av et organisert veihold i Midt-Norge i tidlig historisk tid, 1988. (174) Dies., Research on wooden trackways in Norway, in: [150], 191–200. (175) R. Stephan-Maaser (Hrsg.), Zeitreise Hellweg. Spuren einer Straße durch die Jt. Ausstellung der Stadt Unna, Hellweg-Mus., 2000. (176) B. Stjernquist, Methodische Überlegungen zum Nachweis von Handel aufgrund arch. Qu., in: H. Jankuhn u. a. (Hrsg.), Unters. zu Handel und Verkehr der vor- und frühgeschichtl. Zeit in Mittel- und N-Europa 1, 1985, 56–83. (177) T. Szabó, Ant. Erbe und karol.-ottonische Verkehrspolitik, in: Institutionen, Kultur und Ges. im MA (Festschr. J. Fleckenstein), 1984, 125–145. (178) Ders., Der Übergang von der Ant. zum MA am Beispiel des Straßennetzes, in: U. Lindgren (Hrsg.), Europ. Technik im MA, 800–1400. Ein Handb., 1996, 25–43. (179) R. Thörn, Förhistoriska vägar i Malmö, in: wie [109], 2005. (180) H. Thrane, Europaeiske forbindelser. Bidrag til studiet af fremmede forbindelser i Danmarks yngre bronceader (per. IV–V), 1975. (181) H. Tiefenbach, Furt-Namen und Verwandtes, in: wie [14], 262–290. (182) D. Timpe, W.-Verhältnisse und röm. Okkupation Germaniens, in: wie [14], 1989, 83–107. (183) W. Torbrügge, Vor- und frühgeschichtl. Flußfunde. Zur Ordnung und Bestimmung einer Denkmälergruppe, Ber. RGK 51/52, 1970/71 (1972), 1–146. (184) E. Vion, L'analyse arch. des réseaux routiers: une rupture méthodologique, des réponses nouvelles, in: Paysage découverts 1, 1989, 67–99. (185) Ders.,

Itinéraires et lieux habités: les deux pôles de l'analyse archéologique des réseaux routiers, Caesarodunum 25, 1991, 231–259. (186) L. Voetz, Zu den zentralen W.-Bezeichnungen im Ahd., in: wie [14], 229–261. (187) E. Walde (Hrsg.), Via Claudia. Neue Forsch., 1998. (188) E. Weber, Tabula Peutingeriana. Cod. Vindobonensis 324, Kommentar, 1976. (189) K.-H. Willroth, Land-W. auf der cimbrischen Halbinsel aus der Sicht der Arch., Siedlungsforschung. Arch. – Gesch. – Geogr. 4, 1986, 9–44. (190) Ders., Verkehr und Warenaustausch, BZ in Niedersachsen. Ausstellungskat. des Ndsächs. Landesmus.s Hannover, 1996, 133–145. (191) B. Zich, Von W.n. Auf den Spuren des ö. Heerweges (Ochsenweg) zw. dän. Grenze und Eider, Arch. Nachr. aus Schleswig-Holstein 6, 1995, 78–102. (192) Ders., Ochsenweg/Haervejen – N-Europas kulturhist. Wirbelsäule, in: [114], 68–86.

D. Denecke

Weilbach. Im Ortsbereich von W. (Stadt Flörsheim, Main-Taunus-Kr.) wurden 1951 Teilflächen eines merowingerzeitlichen Reihengräberfeldes (→ Reihengräberfriedhöfe) systematisch untersucht, nachdem bereits vorher an dieser Stelle sporadisch Grabfunde der MZ zutage getreten waren (1, 144 Nr. 18 a; 3). Die 1951 erfaßten 81 Gräber stellen etwa ein Drittel des auf ungefähr 300 Bestattungen veranschlagten Gräberfeldes W. I dar. Das besondere wiss. Interesse an diesem Fundkomplex hat sich an dem Nachweis einer vormerow. Belegungsschicht entzündet, die namentlich durch das bereits 1940 entdeckte Grab A (2) und durch Grab 13/1951 repräsentiert wird. Wenn auch wie im ähnlich gelagerten Fall von Wenigumstadt (4) theoretisch die Möglichkeit einer Lücke in der Belegungsabfolge besteht, kann bis zum Erweis des Gegenteils der Friedhof W. I – neben anderen (6, 132 f. Abb. 25) – als Beispiel für ein bereits in der 1. Hälfte des 5. Jh.s einsetzendes Reihengräberfeld angesehen werden.

Im übrigen haben die 1951 untersuchten Gräber durchweg Fundmaterial der Ält. MZ ergeben. Hingegen ist der jung- bzw. spätmerow. Fundhorizont durch ein weit außerhalb der Ortslage lokalisiertes und 1952 ebenfalls nur teilweise untersuchtes Gräberfeld (W. II) belegt (1, 144 f. Nr. 18 b; 3). Die 28 grabungsmäßig erfaßten Bestattungen dürften den größten Teil einer auf 45–50 Gräber geschätzten Sepultur darstellen (ergebnislose Nachunters.: 5). 1905 in einer Lehmgrube sw. des Ortes und zugleich im Bereich einer röm. Siedlungsstelle aufgefundene Bestattungen sind ausweislich einer dort gefundenen Lanzenspitze ebenfalls am ehesten dem frühen MA zuzuordnen (W. III: 1, 145 Nr. 18 d). Während W. I und W. III offensichtlich als die Sepulturen zweier Siedlungskerne aufzufassen sind, aus welchen der heutige Stadtteil Flörsheim-W. hervorgegangen ist, dürfte W. II einer später entstandenen und abermals später wüstgefallenen Ausbausiedlung zuzuordnen sein (arch. Indizien für diese: Fundber. Hessen 13, 1973, 330).

(1) U. Dahmlos, Arch. Funde des 4. bis 9. Jh.s in Hessen, 1979. (2) H. Roth, E. Wamers (Hrsg.), Hessen im Früh-MA., 1984, 96 f. (Grab A) u. ö. (3) H. Schoppa, Die frk. Friedhöfe von W., Maintaunuskr., 1959. (4) E. Stauch, Wenigumstadt, 2004. (5) D. Vorlauf, W., Fundber. Hessen. Beih. 2, 2005, 239 f. (6) K. Weidemann, Unters. zur Siedlungsgesch. des Landes zw. Limes und Rhein vom Ende der Römerherrschaft bis zum Früh-MA, Jb. RGZM 19, 1972, 99–154, bes. 135 f. Abb. 27.

H. Ament

Weißstorch und Schwarzstorch

§ 1: Paläozoologisch – § 2: Sprachlich – § 3: Religionsgeschichtlich

§ 1. **Paläozoologisch.** Innerhalb der Ordnung der Schreitvögel *(Ciconiiformes)*, unter deren 38 Gattungen und 113 Arten auch Reiher, Löffler und Ibis geführt werden, nehmen die eigentlichen Störche *(Ciconiidae)* mit 19 Arten einen relativ bescheidenen Platz ein (20, 60). Das vermutete Auftreten erster Vorfahren in der Kreidezeit, vor etwa 100 Millionen J., weist der Gruppe ein stammesgeschichtl. hohes Alter zu.

Nach dem Ausscheiden irrtümlich zugewiesener Unterarten (37) stellt *Palaeoephippiorhynchus dietrichi* (30) die älteste im fossilen Befund feststellbare und zugleich taxonomisch bezeichnete Storchenart dar. Als ihr wichtigster Fundplatz gilt die Oase von Fayum in Ägypten, wo wiederholt Knochenreste urzeitlicher Vogelarten aus dem Eozän (ca. 36 Millionen J.) sichergestellt werden konnten (35). An die 30 bekannte ‚frühe' Storchenarten lassen sich im Oligozän unterscheiden (20, 60), jedoch bereitet der immer nur fragmentarische Fossilbefund dieser Arten große Schwierigkeiten bei der Zuweisung neuer Funde (2, 166).

Die heute lebenden Storcharten umfassen neben dem in Europa und Asien heimischen und daher zuerst erforschten Weißstorch (*Ciconia ciconia*, Linnaeus 1758) und Schwarzstorch (*Ciconia nigra*, Linnaeus 1758) auch die afrikanischen Arten Sattelstorch (*Ephippiorhynchus senegalensis*, Shaw 1800), Nimmersatt (*Mycteria ibis*, Linnaeus 1766), Marabu (*Leptoptilos crumeniferus*, Lesson 1831), Schwarz-Klaffschnabel (*Anastomus lamelligerus*, Temminck 1823) und Abdimstorch (*Ciconia abdimii*, Lichtenstein 1823), die ostasiatischen Arten Schwarzschnabelstorch (*Ciconia boyciana*, Swinhoe 1873), Wollhalsstorch (*Ciconia episcopus*, Boddaert 1783), Silberklaffschnabel (*Anastomus oscitans*, Boddaert 1783), Buntstorch (*Mycteria leucocephala*, Pennant 1769), Milchstorch (*Mycteria cinera*, Raffles 1822), Riesenstorch (*Ephippiorhynchus asiaticus*, Latham 1790), Großer Adjutant (*Leptoptilos dubius*, Gmelin 1789), Kleiner Adjutant (*Leptoptilos javanicus*, Horsefield 1821), Höckerstorch (*Ciconia stormi*, Blasius 1896) sowie die mittel- und südamerikanischen Arten Waldstorch (*Mycteria americana*, Linnaeus 1758), Jabiru (*Jabiru mycteria*, Lichtenstein 1819) und Maguaristorch (*Ciconia maguari*, Gmelin 1789). Frühere Studien versuchten durch die Verbindung von Morphologie (57, 24) und Verhalten (21; 22) auf Beziehungen innerhalb der Familie zu schließen. Dadurch entstanden Klassifikationen (23) und Cluster-Diagramme (61), jedoch vorerst noch keine Abstammungstafeln. Erst mit der Entdeckung der DNS-Stränge eröffneten sich neue Wege, um Verwandtschaftsbeziehungen und -grade innerhalb der Gattung festzustellen oder wenigstens darzustellen. Eine Vergleichsstudie des mitochondrischen Zytochrom-b-Gens an verschiedenen, v. a. in Zoos gehaltenen Exemplaren von 16 der insgesamt 19 Storcharten wurde im J. 1997 veröffentlicht (50). Diese Meßergebnisse wurden um einen weiteren Datensatz, nämlich um die durch DNA-DNA-Hybridisierung von nuklearen ‚single-copy' Genen ermittelten genetischen Distanzen, bei 15 der untersuchten Storcharten erweitert. Ziel war es, den wahrscheinlichsten Genbaum der Familie zu erhalten. Beide Datenquellen wurden bewußt gewählt, da der blinde Bereich bei der DNA-DNA-Hybridisierung, nämlich die Unfähigkeit Beziehungen zw. engverwandten Arten zu erkennen und aufzulösen, durch die Analyse von Zytochrom-b-Sequenzen wettgemacht werden sollte (50, 275). Die erhaltenen, je nach Datenbasis und gewählten Parametern wahrscheinlichsten Stammbäume waren nicht ident, aber einigermaßen ähnlich. Auffallend war, daß eine schon länger vermutete verwandtschaftliche Nähe zw. Störchen und dem Neuweltgeier (*Cathartidae*) (18, 436), unterstrichen durch Fossilfunde von langbeinigen Geiervorfahren, auch in den erhaltenen Stammbäumen aufscheint; die Beziehungen innerhalb der Familie sind jedoch enger. Weiterhin ist v. a. die Position von *Ciconia nigra* in den Stammbäumen unklar. Der Schwarzstorch ist zwar den anderen Arten der Nomenklatur *Ciconia* am nächsten verwandt, der durch DNA-DNA-Hybridisierung ermittelte Baum bringt ihn mit *Ciconia maguari* und *Ciconia ciconia* in Verbindung, der durch Zytochrom-b-Daten erstellte Baum rückt ihn aber eher an *Ciconia abdimii*, *Ciconia stormi* und *Ciconia episcopus* heran. Die Art könnte zw. den beiden

Gruppen stehen, was die Ansicht Kahls unterstützen würde, der in *Ciconia nigra* den primitivsten und damit ältesten Vertreter dieses Genus erkennen wollte (50, 295 f.).

Erwähnt werden muß an dieser Stelle auch der Versuch, ein geogr. Ursprungsgebiet der Störche festmachen zu können. Aus den allg. Überlegungen Stresemanns im J. 1934 zur hist. und geogr. Dimension des jährlichen Zuges bestimmter Vogelarten versuchte Szidat 1940 auf die „Urheimat der Störche" schließen zu können (56). Stresemann hatte zwar nachdrücklich darauf hingewiesen, daß die Brutgebiete noch in der jüngsten erdgeschichtl. Vergangenheit erheblichen Verschiebungen unterworfen waren. Dennoch glaubte er, die Zugrichtung der Vögel zw. den neuen, nach der letzten Eiszeit als Lebensraum in Anspruch genommenen, Brutgebieten und den Überwinterungsgebieten zeige immer noch ihre ‚Urheimat' an. In vielen Fällen werde sie noch heute überflogen: „Mancherlei spricht dafür, daß zuweilen mit dem Vorrücken einer Art nach den Polen zu einer Verlagerung des Winterquartiers in entgegengesetzter Richtung verbunden war, so daß der Zuweg gleichzeitig an seinen beiden Enden eine Verlängerung erfuhr." (52, 666). Auf diese, viele Fehlerquellen unberücksichtigt lassende, Interpretation begründete Szidat seine Annahme, das urspr. Herkunftsgebiet des weißen Storches liege „ungefähr auf der Hälfte des Zugweges Ostpreußen–Südafrika", etwa „an der Südgrenze der paläarktischen Region in Nordafrika bis zum oberen Nil" (56, 585). Die Millionen J. lange Entwicklungsgesch. der Störche verbietet es, ein geogr. Ursprungsgebiet dieser Arten auszuweisen, zumal wenn an die Stelle von fossilen Belegen, die offensichtlich keine klare Sprache sprechen, ethologische Beobachtungen treten.

Aus dem europ. Raum sind erst relativ spät datierte Reste dieser Gattung bekannt, nämlich mit Funden aus dem Pleistozän in Frankreich (Höhle von Lunel-Vieil), der Schweiz (Salève) und der Tschechischen Republik (Holubic) (31, 735). Die heute in Mitteleuropa heimischen Arten sind der Haus- oder Weißstorch *(Ciconia ciconia)* und der Schwarzstorch *(Ciconia nigra)*. Während der Weißstorch den Lebensraum mit den Menschen teilt, ist der Schwarzstorch ein ausgesprochener Waldbewohner. Auffallend ist, daß beide Arten v. a. in Mittel- und Osteuropa sowie auf der iberischen Halbinsel anzutreffen sind, während das insulare Europa und Skand., Italien und große Teile Frankreichs nicht mehr zu den Brutgebieten der Störche zählen (20, 70 f.; 4, 15 f.).

§ 2. Sprachlich. Die linguistische Interpretation der Storchnamen orientierte sich lange Zeit an den verbreiteten Vorstellungen des Storches als Kinderbringer und Hausbeschützer, als Sumpfbewohner, Stelzengeher und Federträger. Die jüng. Beschäftigung mit ihrer Etym. läßt Volksetym. und Anregungen durch das Material der europ. Volkserzählung außer acht. Das Wort ‚Storch', das in anord. *storkr,* ae. *storc,* ahd. *storah* belegt ist, leitet die „Encyclopedia of Indo-European Culture" von der ie. Wurzel **(s)ter-* ab (34, 548), Witczak hingegen von der ie. Gruppe **srC* (60). Während lange Zeit in **sterg-* das Konzept von ‚Steifheit' erkannt zu werden geglaubt wurde (24, 753), verwies nun Lockwood unter Heranziehung des färöischen Vogelnamens ‚Storkur', des bayer. *Storch* ‚Fischer-stange' und des tirolischen *Storch* ‚Strunk-, Baumstrunk' auf die Stockähnlichkeit der Storchenbeine als wahrscheinlicheren Ursprung des Vogelnamens. Damit würde ein konkreter Zusammenhang eher als ein abstraktes Konzept, wie es jenes der ‚Steifheit' ist, den Ausschlag für die Namensentstehung geben (33, 374). Dieser Interpretation wurde jüngst wiederum durch das Etym. Wb. (24; 25) eine auf populäre Traditionen verweisende, jedoch unbelegte Ableitung zur Seite gestellt: „Hieran könnte über die mittelalterliche Bedeutung ‚männliches Geschlechtsglied' die Sage angeschlossen werden, dass der ‚Storch' die Kinder bringt (ein nur germanischer Glaube)" (25, 887).

Ähnliche Vorstellungen standen auch den linguistischen Interpretationen des dt. Wortes *adebar* Pate (ahd. *odebero*, nd. *Ådebor, Aarbar, Aiber*, ndl. *oudevaar, ouwevaar, ooievaar*). Diese Bezeichnung für den Storch in mitteldt. und nd. Mundarten wurde von Jacob → Grimm als Kompositum aus ahd. *ôt* ‚Besitz, Reichtum, Segen' und *-bëro, boro* ‚Träger', also als ‚Glücksbringer' gedeutet (6, 560): „bero oder boro ist träger, aber das erste wort, solange man der qualität des vocals unsicher bleibt, läßt sich schwer erklären, zwischen glücksbringer (von ôt opes) und kindbringer wäre die wahl, doch das letzte stimmt zu dem noch allgemein herschenden volksglauben, dass der storch die neugebornen kinder zutrage" (6, 560). Später versuchte Grimm gar ein got. *uddjabaira oder *addjabaira* ‚Eiträger' zu rekonstruieren (8, 147). Diese ersten Versuche einer Deutung fanden bald Eingang in die etym. Wörterbücher und wurden, trotz besonnener Stimmen (55, 370 f.), zur Doktrin erhoben (33, 373). Etwas abweichend und von spekulativen Assoziationen getrieben, versuchten später Hassencamp und Kuhn den ersten Wortteil mit „unserem ‚Athem' oder ‚Odem'" (9, 23) in Verbindung zu bringen, wodurch der Storch für Hassencamp zum „Bringer des Lebens, selbstverständlich des Kinderlebens" wird. Für Kuhn ist er „der seelen-, nicht der kinderbringer" (29, 95). Erst 1938 kam es zum Versuch, eine gänzlich alternative Etym. zu der von Grimm vorgelegten zu belegen. Krogmann (27) ging dabei von der von Grimm vernachlässigten Form ahd. *otuaro* aus und schloß beim ersten Wortteil auf ein mit dem ae. *waðum(a)* ‚Strom, See' verwandtes, im Dt. aber verlorengegangenes Wort für ‚Sumpf'. Seine Interpretation des Adebar als ‚Sumpfgänger' wurde, obwohl nicht ausreichend gesichert, lange Zeit in etym. Wörterbüchern angeführt und erst Ende des 20. Jh.s zurückgestellt. Während Libermann nach Vergleichen mit ndl. und engl. Vogelnamen die Endungsformen *vaar/-bar/-fare/-fore* als verbreitete Suffixe für Vogelnamen erkannt und sie am ehesten mit ‚-bewohner' erklärt haben will (32, 129), verweist Lockwood auf die Tatsache, daß andere Wasservögel weit eher die Bezeichnung ‚Sumpfgänger' verdienen würden als der Storch (33, 373). Er betont, daß heute die Philol. des Wortes Adebar, entgegen früherer Auffassung, nichts zur Erklärung der Volkserzählung beizutragen habe (33, 374).

Für den Schwarzstorch ist als weiterer Name mit vermeintlich hoher kultureller Konstanz schwed. *oden(s)svala* ‚Odinsschwalbe' belegt (55, 373). Schon Grimm hatte zu dieser Bezeichnung das ahd. *vtinswaluwe* ‚fulcia' gestellt (5, 132; 7, 60). Doch erst Suolahti behandelte 1909 die spät-ahd. Glossen *v'tsualui* ‚fulice' (Ambr. Hexaemeron 3,4,38) und *vtinsvvvalvve* ‚folica' (Versus de vlucr.: cod. Zwettel 293, 25a) (14, 212) eingehender. Die Nennungen lassen sich auf das bayer.-österr. Dialektgebiet einschränken, also jene Region, aus der auch jüng. Belege für den Namen stammen: 1586 *Vttenschwalben* bei Wigulens Hund (Bayerisch Stammen B. II, 132) und 1555 *ütenschwalb* bei Gesner (Historia Animalim III, Avium Natura, 12). Auch wenn Soulahti mit diesem Namen sogar gern das ahd. *odobero* in Zusammenhang gebracht hätte, so war ihm dennoch klar, daß diese „Vermutung doch hypotetisch" (55, 373) bleiben muß, da die frühneuzeitlichen Beschreibungen der *Vttenschwalben* für eine eindeutige ornithologische Identifikation nicht ausreichen und auch die Möglichkeit besteht, einen zufällig ähnlichen Wortlaut gefunden zu haben (55, 372 f.).

Als alternative Qu. zur Interpretation des Namenbefundes zog Janssen die schwed. ON und FlN heran, indem er die Nennungen verschiedenen schwed. sprachwiss. Publ. entnahm. Dabei erkannte er, daß zw. Örtlichkeiten, die *Odensvala*-Namen tragen, und solchen, die den Odins-Namen führen, „beachtliche Überschneidungen festzustellen" seien (19, 31). Sie lägen vorwiegend in den Randzonen hist. Siedlungsgebiete und im Umfeld der Gemarkungsgrenzen, und sie seien v. a. in S-Schweden und Dänemark anzutreffen (kaum in N-Schweden und Norwegen), also genau in jenen Gegenden, in denen auch der Schwarzstorch im 16. Jh. heimisch war (19, 32): „Es sieht damit so aus, als sei Odin bevorzugt an solchen Stätten verehrt worden, an denen gemeinhin die Anwesenheit des Schwarzstorchs nicht unmöglich war. So scheint es nicht ausgeschlossen, dass die Odinsschwalbe Bestandteil der Verehrung des Gottes gewesen sein könnte." (19, 31). Inwiefern aus diesem Befund für die betreffenden Örtlichkeiten auf eine hist. Bedeutung in germ. Zeit geschlossen werden kann, bleibt schon deswegen fraglich, weil eine Entstehung auch erst zu einem Zeitpunkt möglich sein könnte, als Odin bereits eine dämonisierte Gestalt geworden war (19, 32).

§ 3. Religionsgeschichtlich. So wesentlich eine religionsgeschichtl. Bedeutung des Storches heute von der Odinssvals-Frage abhängig gemacht werden könnte, so unwichtig war sie für die mythol. Forsch. des 19. Jh.s. Unter der Prämisse einer ungebrochenen Kontinuität wurden für Jacob Grimm, mehr aber noch für seine zahllosen Epigonen, die als rückständig erachteten Bräuche und Vorstellungen der deutschsprachigen Landbevölkerung zu Relikten einer vermeintlichen heidn. Vorzeit und germ. Kulturschicht. Grimm selbst hatte auf den „allgemein herschenden volksglauben" bei seiner etym. Interpretation des Adebar-Namens hingewiesen (6, 560). Seine Nachfolger entwickelten verschiedene Argumentationsstränge, die die herausragende Bedeutung des Storches ihrer Gegenwart in die Vergangenheit zu projizieren halfen. Dabei bedienten sie sich der Vorstellungswelt einer Naturmythol. Zunächst war es aber Bachofen, der eine Verbindung zw. dem Namen des Pelasger-Volkes mit dem des Storches (griech. πέος πελαζγός ‚der Storch') herzustellen versuchte: „Sie ruht auf der Religionsbedeutung des Storchs. Dieser König der feuchten Niederungen ist eine Darstellung des männlichzeugenden Wassers, welches nach der pelasgischen Acheloosreligion die Grundlage der Naturkraft bildet (...)" (1, 424). Auf den feuchten Lebensraum des Storches machte auch Kuhn in Zusammenhang mit der Vorstellung der Kinderherkunft aus dem Wasser aufmerksam und erklärte ihn zum geeignetsten Boten (28, 241). Die dt. Sagensammler des 19. Jh.s haben zahlreiche Belege zusammengetragen, die genaue Orte benennen, woher die Kinder stammen sollen: Teiche, Brunnen, Sümpfe, Moore, Flüsse oder das Meer. Natürlich gibt es auch abweichende Nennungen, aber nur wenige und begrenzt auf gewisse Wiesen, Bäume und Steine (38, 32 ff.). Aber der hydrologische Zusammenhang genügte Kuhn nicht, in seiner Argumentation versuchte er ihn zu einem atmosphärischen auszubauen: „Dass der teich oder brunnen, aus dem er sie holt, die wolke sei, kann nicht bezweifelt werden (...)" (29, 94) und „Das Alles sind Ausdrücke für Wolke. Die Vorstellung ist also die, dass die Neugeborenen, wie bei den Indern das erste sterbliche Paar (Yama und Kore), ebenfalls aus der Wolke stammen. Von dort werden sie entweder geholt oder es bringt sie der Storch, der Bote der Wolkengöttin (...)" (28, 240). Tatsächlich versuchten einige Autoren in die mythol. Tendenz jener Zeit, nämlich atmosphärische Erscheinungen mit germ. Göttervorstellungen in Einklang zu bringen (vgl. 46; 47), auch den Storch einzuführen. Hassencamp betonte seine Bedeutung in der populären Vorstellung als Schützer vor Gewitter und Blitzeinschlag und erweiterte sie schließlich zu einer allg. Beziehung zum Feuer. Die Feuergewinnung durch einen Holzbohrer (→ Notfeuer) sollte der „älteste Indogermane" in den Himmel projiziert haben, „er nahm an, dass der Donnergott im goldenen Sonnenrade den Blitzstab so lange herumdrehe, bis dass er den Blitzesfunken hervorgelockt hatte" (9, 23 f.). Und da der „himmlische Feuerfunke" nur durch Vögel zur Erde heruntergebracht werden konnte, gelten Vögel als Blitzträger. Bei den Indern sei es der Falke, bei den Griechen der Adler, bei den Römern der Specht, bei den Kelten der Zaunkönig und bei „unseren Vorfahren" der Storch gewesen (9, 24). Interessant ist dabei, wie durch die Verbindung mit der Feuererzeugung wieder auf die Fruchtbarkeitssymbolik (Analogie des Bohrens mit dem Zeugungsakt) zurückverwiesen wurde, wie Prometheus außer Feuerbringer auch Erschaffer des Menschen war (29, 20 f.). Auch für Kuhn waren Storch und Blitz geradezu identisch: „keiner aber wie er passte zum vogel der gewitter, weil er mit ihnen ging und wieder kam, überdies brachte ihn die rothe farbe seiner beine, wie ähnliche eigenschaften bei andern thieren (...) leicht in beziehung zum feuer" (29, 94 f.). Ja, Ploss ging sogar so weit, den Storch, freilich ohne dies mit Lit.verweisen zu belegen oder weiter auszuführen, als einen Diener des Gewittergottes → Donar-Þórr, nicht aber → Wotan-Odins, zu bezeichnen (38, 35).

Aber auch die Verbindungslinien zu göttlichen Wesen anderer Kulturkreise wurden immer wieder gezogen. So sei der Storch der Bote der Göttin Hera (12, 384) gewesen, was für den germ. Bereich in einem vermeintlichen Naheverhältnis des Storches zu Perhta (48, 1483; 3, 72) zu spiegeln versucht wurde. Und während skeptische Stimmen dem Storch jede Bedeutung als Kinderbringer in der Ant. absprachen (51, 73), fanden die Befürworter im röm. Halbgott bzw. Waldgeist Picus (Specht) (39), eine vage Entsprechung in seinen Eigenschaften als ‚Blitzträger' und ‚Kinderbringer' (9, 24; 38, 36). Bes. gern wurde auch auf Episoden der Storchüberlieferung in den verwandten Bereichen der Fruchtbarkeit- und Seelenthematik aufmerksam gemacht. So wurde häufig auf die ant. und ma. Belegstellen für sein pietätvolles Verhalten gegenüber Menschen und seinen Nachkommen (51, 71 f.; 13, 89 f.), seine Wache über die eheliche Treue (41, 354 f.) und seine Hin- und Rückverwandlung in Menschen (51, 72; 59, 490; 42, 502) verwiesen.

Weit seriöser wurde die Auseinandersetzung um die Odinsvala-Frage geführt. Dabei fällt auf, daß sie, trotz des seit Grimm bekannten sprachlichen Befundes, erst sehr spät und v. a. im skand. Raum thematisiert wurde. Sie trat in Zusammenhang mit der Diskussion um den in der eddischen Überlieferung genannten, sonst aber wenig faßbaren Gott → Hœnir auf. In der → *Vǫluspá* (Str. 17/18) tritt Hœnir neben Lóðurr als Gefährte des Odin auf und stattet den Menschen bei seiner Erschaffung mit der Gabe des óðr ‚Verstand oder Seelenleben' aus (49, 187). Die Interpretation dieser Textstelle hat verschiedene Autoren in Hœnir eine Erscheinung oder einen Repräsentanten Odins erkennen lassen (44, 239; 17, 53; 45, 228). Und Hœnir wurde gleichzeitig auch als theriomorphes Wesen aufgefaßt, als Vogel. Angefangen von Vigfússon (58, CII f.), der in Hœnir den großen, weißen Vogel, Schwan oder Storch, erkennen wollte, der das Weltei legte, über den Dichter Rydberg (40, 552), der mit Hœnir den kinderbringenden Storch der Gegenwart identifizierte, bis hin zu Schnittger (43, 104 f.), der lat. *ciconia* mit griech. χυχνος zusammenbringen wollte, das Vigfússon für die Etym. des Hœnir-Namens verwendet hatte, war es immer der Weißstorch, der den Mythologen vor Augen schwebte. Daher ist es nicht verwunderlich, daß die Odinsvala-Frage (Schwarzstorch) in diesem Zusammenhang nicht angerissen wurde. Bezeichnenderweise blieb sie selbst im Storch-Art. (42) des Handwb.s des dt. Aberglaubens unerwähnt. Zu bemerken ist, daß auch alternative Vogelarten mit weißem oder hellem Federkleid (z. B. Schwan, Gans, Kranich und Hahn) (vgl. 53, 126; 26) in Zusammenhang mit Hœnir ins Gespräch gebracht wurden und daß dieser Gott ganz analog zum Storch Gegenstand naturmythol. Spekulationen wurde: als hypothetischer Wassergott (36, 34) und Personifikation der Wolke (15, 111 ff).

Erst 1956 griff Folke Ström das schwed. *Odinsvala* in Zusammenhang mit Hœnir auf und betonte die weit besser auf den Schwarzstorch zutreffenden Verbindungen. Für ihn wird *ciconia nigra* zu einer Hypostase, einer körperlichen Manifestation, des abstrakten Gottes Odin (54). Jahrzehnte später kam sein Namensvetter Åke F. Ström auf diesen Aufsatz zurück, freilich nur um den Aussagen einer jüng., kontinuitätskritischen Publ. zur Tradition des kinderbringenden Storches (16, 125 ff.) entgegenzutreten. Er nannte vier Gründe dafür, den Storch doch mit Hœnir in Verbindung zu bringen: 1. die jüng. etym. Arbeiten schließen weiterhin einen Zusammenhang von Hœnir (mask. von *hœna* ‚Huhn') und lat. *(ci)conia* ‚Storch' nicht aus, 2. der vogelgestaltige Gott Viṣṇu in Indien hat einen Bezug zur Zeugung der Nachkommen, 3. zur Verleihung des Geistesvermögens *(óðr)* findet sich eine Parallele zum iranischen Bundahišn, 4. die Vorstellung vom Storch als Kinderbringer ist nicht erst Ende des 19. Jh.s entstanden, sondern läßt sich weiter zurückverfolgen (53, 128). Daß der Storch als Symbol oder Repräsentant jenseitiger Instanzen trotz aller Kontextualisierung mit einigem Recht auch im Umfeld der transkulturellen Vogel-Seele-Vorstellungen zu interpretieren ist, zeigt sich im Lichte der *interpretatio graeca/romana* (→ Interpretatio § 2). Jüngst hat Janssen in diesem Zusammenhang durch Aufgriff ält. arch. Erkenntnisse (10; 11), auf die Gleichsetzung von Wotan/Odin mit Mercurius, Mercurius mit Hermes und Hermes mit dem ägypt. Weisheitsgott Thot in Verkörperung als Ibis hingewiesen, die bes. beim Verständnis der transkulturellen Aufnahme von Bildmustern, wie im Falle der Drei-Götter-Brakteaten (→ Brakteatenikonologie § 19), von Bedeutung sind (19, 21–27).

(1) J. J. Bachofen, Gesammelte Werke II (Das Mutterrecht I), 1948. (2) W. E. Boles, A Review of the Australian Fossil Storks of the Genus Ciconia (Aves: Ciconiidae). With a Description of a New Species, Records of the Australian Mus. 57, 2005, 165–178. (3) G. Buschan, Agerm. Überlieferungen in Kult und Brauchtum der Deutschen, 1936. (4) G. Creutz, Der Weißstorch. Ciconia ciconia, 1988. (5) Grimm, Dt. Mythol. I. (6) Grimm, Dt. Mythol. II. (7) Grimm, Dt. Mythol. III. (8) J. Grimm, Über Diphtongen nach weggefallenen Konsonanten, in: Ders., Kleinere Schr. III., 1866, 103–170. (9) Hassencamp, Der Storch im dt. Volksleben, Globus. Illustrierte Zeitschr. für Länder- und Völkerkunde 24, 1873, Nr. 2, 23–24. (10) K. Hauck, Zur Ikonographie der Goldbrakteaten XV: Die Arztfunktion des Seegerm. Götterkg.s, erhellt mit der Rolle der Vögel auf den goldenen Amulettbildern, in: Festschr. H. Beumann, 1977, 98–124. (11) Ders., Die Goldbrakteaten der VWZ 1–7, 1985–1989. (12) Haug, Hera, in: RE VIII (Helikon-Hyagnis), 1913, 369–404. (13) K. Heckscher, Die Volkskunde des germ. Kulturkreises 1, 1925. (14) H. Hoffmann, Glossen aus dem Thier- und Planzenreiche, Altdt. Blätter 2, 1840, 210–216. (15) J. Hoffory, Eddastud. 1, 1889. (16) C. Högstedt, Storken i den folkliga föreställningen, Varbergs Mus. årsbok 21, 1970, 119–158. (17) A. Holtsmark, Mythen om Idun og Tjatse i Tjodolvs Haustlog, ANF 64, 1949, 1–73. (18) J. del Hoyo u. a. (Hrsg.), Handbook of the Birds of the World 1, 1992. (19) G. Janssen, Verehrung und Verfolgung – Kulturgeschichtl., in: [20], 15–59. (20) G. Janssen u. a. (Hrsg.), Der Schwarzstorch. Ciconia nigra, 2004, 15–59. (21) M. P. Kahl, Social behaviour and taxonomic relationships of the storks, Living Bird 10, 1971, 151–170. (22) M. P. Kahl, A revision of the family Ciconiidae (Aves), Journ. of Zool. (London) 167, 1972, 451–461. (23) Ders., Family Ciconiidae, storks, in: E. Mayr, G. W. Cottrell, Check-list of Birds of the World 1, 1979, 245–252. (24) Kluge-Mitzka, 1975. (25) Kluge-Seebold, 2002. (26) W. Krogmann, Hœnir, APhS 6, 1931–32, 311–327. (27) Ders., „Adebar", Korrespondenzbl. des Ver.s für nd. Sprachforsch. 51, 1938, 71–73. (28) A. Kuhn, Sagen, Gebräuche und Märchen aus Westfalen und einigen andern, bes. den angrenzenden Gegenden N-Deutschlands 1, 1859. (29) Ders., Die Herabkunft des Feuers und des Göttertranks, 1886 (= Mythol. Stud. 1). (30) K. Lambrecht, Stud. über fossile Riesenvögel, Geologica Hungarica, Abtl. Palaeontologica VII, 1930, 18–21. (31) Ders., Handb. der Palaeornithologie,

1964. (32) A. Liberman, Etym. Studies VII. A Small Animal Farm, General Linguistics 35, 1997, 97–130. (33) W. B. Lockwood, Philol. and Folklore: The Case of Adebar and Storch, German Life and Letters 48, 1995, 371–375. (34) J. P. Mallory, D. Q. Adams, Encyclopedia of Indo-European Culture, 1997. (35) E. R. Miller u. a., Fossil storks (Ciconiidae) from the Late Eocene and Early Miocene of Egypt, Ostrich. Journ. of African Ornithology 68, 1997, 23–26. (36) Müllenhoff, DAK. I. (37) S. L. Olson, The fossil record of birds, in: D. S. Farner u. a. (Hrsg.), Avian Biology 8, 1985. (38) H. H. Ploss, Das Kind in Brauch und Sitte der Völker. Anthrop. Stud., 1876. (39) G. Rohde, Picus, in: RE, R. II, VII (Stoa-Symposion), 1214–1218. (40) V. Rydberg, Undersökningar i germanisk mythologi 1, 1886. (41) R. Schenda, Das ABC der Tiere. Märchen, Mythen und Gesch., 1995. (42) E. Schneeweis, Storch, in: Handwb. dt. Abergl. VIII (Silber-Vulkan), 498–507. (43) B. Schnittger, Storken som kulturbringare i våra förfäders tro. Ett bidrag till nordisk religionshistoria, Fornvännen 11, 1916, 104–105. (44) F. R. Schröder, Hœnir. Eine mythol. Unters., PBB 43, 1918, 219–252. (45) H. Schück, Studier i nordisk litteratur- och religionshistoria 2, 1904. (46) W. Schwartz, Die poet. Naturanschauungen der Griechen, Römer und Deutschen, 2. Wolken und Wind, Blitz und Donner, 1879. (47) Ders., Idg. Volksglaube. Ein Beitr. zur Religionsgesch. der Urzeit, 1885. (48) Ders., Perhta, in: Handwb. dt. Abergl. VI (Mauer-Pflugbrot), 1478–1492. (49) R. Simek, Lex. der Germ. Mythol., 1984. (50) B. Slikas, Phylogeny of the Avian Family Ciconiidae (Storks) Based on Cytochrome b Sequences and DNA-DNA Hybridization Distances, Molecular Phylogenetics and Evolution 8, 1997, 275–300. (51) Steier, Storch, in: RE, R. II, VII (Stoa – Symposion), 67–73. (52) E. Stresemann, Aves, in: W. Kükenthal, Th. Krumbach (Hrsg.), Handb. der Zool. 7/2, 1934. (53) Å. V. Ström, Germ. Relig., in: Ders., H. Biezais, Germ. und Balt. Relig., 1975, 9–305. (54) F. Ström, Guden Hœnir och odensvala, Arv 12, 1956, 41–68. (55) H. Suolahti, Die dt. Vogelnamen. Eine wortgeschichtl. Unters., 1909. (56) L. Szidat, Die Parasitenfauna des weissen Storches und ihre Beziehungen zu Fragen der Ökologie, Phylogenie und der Urheimat der Störche, Zeitschr. für Parasitenkunde 11, 1940, 563–592. (57) R. Verheyen, Contribution à l'anatomie et a la systématique de base des Ciconiiformes (Parker 1868), Bull. Inst. Royal des Sciences Naturelles de Belgique 35, 1959, 24. (58) G. Vigfússon, Corpus Poeticum Boreale I, Eddic Poetry, 1883. (59) E. Westermarck, The Origin and Development of the Moral Ideas 2, 1908. (60) K. T. Witczak, Indo-European *sr̥C in Germanic, Hist. Sprachforsch. 104, 1991, 106–107. (61) D. S. Wood, Phenic Relationships within the Ciconiidae (Aves), Annals of Carnegie Mus. 52, 1983, 79–112.

O. Haid

Zum Arch. → Storch

Wesel-Bislich. Das frk. Gräberfeld von W.-B., Kr. Wesel, etwa 7,5 km w. der Stadtmitte von Wesel und 650 m von der Mitte des Ortes Bislich, liegt dicht am rechten Ufer des Niederrheins, gegenüber dem etwa 3 km nö. gelegenen → Xanten *(Ad Sanctos)*, auf einem flachen Hügel (5). Reste eines polygonalen wohl röm. Spitzgrabens deuten darauf hin, daß der Friedhof u. U. im Bereich eines röm. Brückenkopfes angelegt wurde, sofern nicht Bislich erst nach einer Rheinlaufverlagerung auf die rechte Seite gelangt ist. Der Spitzgraben diente noch im Früh-MA zur Begrenzung einzelner Grabbezirke (3).

Ausschnitthafte Ausgr. fanden 1972–74 statt. Etwa 30–40 Gräber sind vernichtet, von den übrigen frk. Bestattungen sind 20 % stark beraubt. Insgesamt wurden 865 Bestattungen registriert, einschließlich des Brandgräberfeldes der vorröm. EZ mit etwa 50–60 Bestattungen am selben Platz. Somit gehören etwa 800 Bestattungen in die MZ; die Belegung reicht von der Mitte des 6. Jh.s bis ins 1. Drittel des 9. Jh.s. Die Siedlungsgemeinschaft ließ sich hier also in größerem zeitlichen Abstand nach der frk. Landnahme nieder ohne Forts. einer röm. Ansiedlung, was eine andere Bevölkerungsdynamik spiegelt als z. B. das große Gräberfeld von Krefeld-Gellep (→ Gelduba) oder der Friedhof von → Rödingen (s. auch → Reihengräberfriedhöfe).

Zu den jüngsten Beigaben gehören Kugeltöpfe vom Typ Walberberg (→ Vorgebirgstöpfereien) in den Gräbern 7 und 448 und Münzen Ludwigs des Frommen. Wie üblich ist eine Abnahme der Beigaben im 7. Jh. zu verzeichnen. Die typische späte

Grabausstattung besteht aus einem Tongefäß und manchmal einem Messer. Unter den Gräbern der Zeit um 600 sind einige sehr reich ausgestattet (5): z. B. Grab 16a mit Wadenbindengarnitur und einem Ring mit röm. Gemme, Grab 21 mit einem Goldfingerring (5, Farbtaf. IIIc), acht Goldanhängern, teils mit Almandineinlagen, und einer Almandinscheibenfibel (ohne Almandine im Zellwerk) (5, Farbtaf. I) und das beraubte 3 × 1,25 m große Kammergrab 39 mit prächtigen Spathagurtbeschlägen (5, Farbtaf. II), Resten eines Lamellenpanzers aus Eisen und Leder (→ Schuppen- und Lamellenpanzer; 1, 1013: Kat. VIII.6; 5, Taf. 15–17) und einem goldenen Fingerring mit der Umschrift DODIVS (→ Namenring; 5, Farbtaf. III b), datiert Ende 6./Anfang 7. Jh.

Bekannt geworden ist v. a. das Grab 446 mit den Beschlägen eines Sattels (Abb. 90; Taf. 20a) (4; 2), aufgrund der Perlen und eines Webschwertes die Bestattung einer Frau. Der 1973 entdeckte → Sattel war außerhalb des beraubten Sarges in der Kammer niedergelegt (2, Kat. IX.27 FarbAbb. 657). Eine Münze des byz. Ks.s Maurikios Tiberios (582–602), getragen als Anhänger, datiert das Grab in die 1. Hälfte des 7. Jh.s. Die Beschläge aus Kupferlegierung waren auf Holz des Bergahorns angebracht. Hinzu kommt Zaumzeug (→ Pferdegeschirr) aus mehreren Schnallen und Riemenzungen, das in deutlicher Entfernung vom Sattel in der Kammer lag. Der rekonstruierte Holzsattel paßt nur auf die steilere Rückenpartie von Maultieren, nicht einmal auf den Rücken sehr kleiner Pferde. Damit ist der Befund ein Beleg für die Aufzucht von Maultieren im frk. Rheinland oder den Import dieser Tiere (2). Randbeschläge und vogelförmige Zierbeschläge schmücken das vordere und hintere Sattelbrett, die mit Beschlägen an den Sätteln aus → Vallstenarum, → Valsgärde 6–8 und → Vendel XIV verglichen werden können, was Material

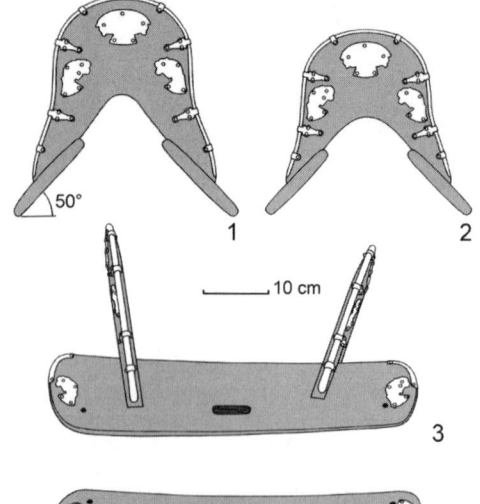

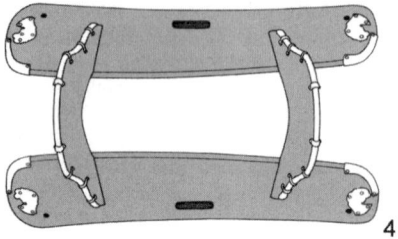

Abb. 90. Wesel-Bislich Grab 446. Rekonstruktion des Sattels. 1 Vorderer Zwiesel; 2 hinterer Zwiesel; 3 Seitenansicht; 4 Aufsicht. Nach Giesler (2, 809 Abb. 655)

und Motivwahl betrifft (→ Sattel S. 533; → Reitergräber S. 392).

Goldene Anhänger fanden sich in den Frauengräbern 426, 577 und 632, das zudem mit Webschwert, Haarnadel, Perlenkette, Almandinscheibenfibel, drei Goldanhängern mit Filigranauflage und einem Glasgefäß ausgestattet war.

Reste von Speichenrädern zu einem Pferdewagen wurden im Gräberkomplex 98 und 317 geborgen. Zum Grab 98 gehören ein goldener, gemmenbesetzter Fingerring, ein → Silberlöffel mit Kreuzsymbol sowie eine gläserne Schale mit Vogeldarst. Grab 317 war sicherlich sehr reich ausgestattet, aber bis auf einige Silbernägel völlig ausgeraubt. Geblieben sind Reste eines Wagens und zweier Pferde, vor deren Köpfen noch

zwei Futternäpfe gestanden haben. Bisher sind weniger als zehn Bestattungen mit Wagenbeigabe im Reihengräberbereich registriert; es handelt sich immer um Frauengräber (→ Zeuzleben Grab 25; Erfurt-Gispersleben Grab 41 → Thüringer S. 541; → Fahren und Reiten § 5b mit Abb. 17; → Wagen und Wagenbau, Wagengrab § 10: Merowingerzeit, Bd. 35).
Das Beigabengut zeigt mehrfach christl. Einflüsse, neben den eher paganen Grabbräuchen. Zu den auffälligeren Grabformen gehören Kreisgräben, Pferde- und Reiterbestattungen, die in ö. Gebiete weisen, auch manche Keramik wie das Gefäß aus Grab 12, das Anklänge an eine sächs. Bukkelurne zeigt (5, 91 Taf. 2, 2). Tonflaschen und Wölbwandtöpfe sind typisch niederrhein. (vgl. → Walsum), die Knickwandtöpfe typisch frk. Die gruppenweise Belegung dieses Gräberfeldes mit meist auch reichen Gräbern spricht für den Friedhof einiger ranghoher Sippen (5, 87).
In Gräbern oder auch als Einzelstücke wurden 17 Münzen des 6.–9. Jh.s gefunden, als Schmuckanhänger und → Oboli (6): Vier imperiale Prägungen (ein geöster → Solidus des Mauricius Tiberius [582–602] im Frauengrab 446 mit dem Sattel; ein Streufund, ebenfalls ein Solidus des Mauricius Tiberius; in Grab 39 mit dem Ring des DOLIVS ein Solidus des Justinian [527–565], datiert noch ins 6. Jh.; ein Einzelfund, ein Halb-Tremissis (→ Triens) des Phokas [602–610]); fünf pseudoimperiale Prägungen (im Kriegergrab Grab 362 ein Tremissis aus Massilia nach Justinian I. [527–565], datiert ins letzte Drittel des 6. Jh.s; in Grab 33 ein Tremissis nach Mauricius Tiberius, datiert ins 1. Drittel des 7. Jh.s; in Grab 21 als Nachbildungen ein Kollier mit fünf geösten Tremisses, einer nach Justin II. [565–578], vier nach Anastasius [491–518] oder Justinian I. [527–565], wodurch das Grab noch ins letzte Drittel des 6. Jh.s datiert wird); vier Monetarprägungen (in den Gräbern 560, 452, 3, 244) und in Grab 47b beim Oberschenkel, wohl einst in einem Beutel, zwei XRISTIANA-RELIGIO-Prägungen Ludwig des Frommen (814–840).

(1) Die Franken – Wegbereiter Europas 1–2, 1996. (2) J. Giesler, Rekonstruktion eines Sattels aus dem frk. Gräberfeld von W.-B, in: [1] 2, 808–811. (3) U. Grote, W.-B. (D): Das frühma. Gräberfeld, in: Der Niederrhein zw. Xanten und Nijmegen. Führer zu arch. Denkmälern in Deutschland 47, 2006, 182 f. (4) W. Janssen, Die Sattelbeschläge aus Grab 446 des frk. Gräberfeldes von W.-B, Kr. Wesel, Arch. Korrespondenzbl. 11, 1981, 149–169. (5) Ders., Das frk. Gräberfeld von W.-B. Ber. I, ZAM 18/19, 1990/91, 71–116. (6) V. Zedelius, Die Münzen aus dem Gräberfeld von W.-B. Ber. II, ZAM 20, 1992, 81–87.

H. Steuer

Weser. Naturraum und archäologische Bedeutung. Die W. ist nach dem Main der zweitlängste Fluß, der nur durch dt. Territorium fließt. Die längeren Flüsse → Donau, → Rhein, → Elbe, → Oder und Mosel (→ Trier) entspringen und/oder münden außerhalb Deutschlands. Die W. durchfließt Thüringen, Hessen, Nordrhein-Westfalen, Niedersachsen und Bremen und mündet nach 744 km bei Bremerhaven in die Nordsee. Sie wird bis zur Vereinigung mit der Fulda bei Hannoversch Münden mit einer ält. Namenform als Werra bezeichnet (→ Weser, Bd. 33, S. 493 f.; s. auch → Melibokon). Ihr Einzugsgebiet umfaßt ca. 46 000 km².
Der Flußlauf der Oberweser setzt ein bei Hann. Münden mit 116,5 m über NN und führt durch das Weserbergland bis Porta Westfalica als Oberweser-Durchbruchstal. Dieses erstreckt sich bis zum Weserknie w. von Bad Karlshafen und ist eingerahmt von steilen Berghängen aus Buntsandstein, in die sich die W. bis zu 300 m eingegraben hat. Nach dem kurzen Durchbruchstal der Porta Westfalica bei der gleichnamigen Stadt fließt die W. durch die norddt. Tiefebene.

Die Mittelweser, ab → Minden, wird durch viele Staustufen, Wehre und Schleusen reguliert, die in den 1920er und 1930er J. erforderlich wurden, infolge von Grundwasserabsenkungen, die durch Ausbaggerung der Unterweser für den Überseehafen Bremerhaven entstanden waren. Die Unterweser mit Tidenstrom enthält den Flußabschnitt ab Bremen, der Mündungstrichter (Ästuar, mit Süß- und Salzwasser) wird auch als Außenweser bezeichnet.

Diese Daten geben den heutigen Zustand des Fließgewässers und seines Umfeldes wieder, im Gegensatz dazu ist die Altlandschaft der W. weit weniger bekannt (vgl. grundsätzliche Bemerkungen in → Gewässer). Gerade die unterschiedlichen hydrogeogr. Verhältnisse sind jedoch für Flora und Fauna, für Besiedlung, Wirtschaft und Handel und nicht zuletzt für die Kriegsführung in ur- und frühgeschichtl. Zeit von großer Bedeutung.

Andere Verlaufsrichtungen der W. zeigen Wesergerölle in Holland, wonach die W. ab Minden dem n. Rand des Wiehengebirges in Richtung Ijsselmeer folgte. Exakte Unters. liegen für Teilgebiete vor, so zum Verlauf der W. zw. Hameln und Porta Westfalica (6). Zurückziehende Eiszeiten haben immer wieder Richtungsänderungen der W. innerhalb des ausgedehnten Aller-Weser-Urstromes hervorgerufen (5; 8). Auch der Mündungstrichter der W. in die Nordsee schwankte über Jt. zw. Wangerooge und Helgoland. Die neuzeitliche große Weserkorrektion wurde erst im J. 1883 abgeschlossen.

In prähist. Zeit stellten die Flußläufe von W., → Elbe, → Donau und → Oder keine Barriere im Sinne einer → Grenze dar. Vielmehr sind sie als Zentralachsen von Kulturzonen zu bewerten, als die sie eher verbindenden Charakter besaßen. Die prähist. Fachlit. orientiert sich oft an Flüssen als markanten Leitlinien zur geogr. Umschreibung wie → Rhein-Weser-Germanen (vgl. z. B. auch 1–3; 7). Erst die Römer haben Wasserstraßen zu Grenzlinien erhoben, wie das am deutlichsten an → Rhein und → Donau wird, wo der Flußverlauf zugleich eine kulturelle Kluft markiert. Erst in röm. Zeit erhielt der Rhein auch strategische Bedeutung, indem er zugleich Basis für den Vormarsch der Feldzüge, die Auswahl der Marschwege und die Truppenversorgung in Richtung W. und Elbe bildete. Röm. Präsenz an Lippe (→ Lippelager) und W. (→ Werra [augusteisches Lager Hedemünden]) hat dazu geführt, daß hier → Römische Importe zu den wichtigsten altertumskundlichen Qu. zählen.

Hist. Qu.: Die W. (griech. Βίσουργις, lat. Visurgis) findet im Rahmen der röm. Germanienpolitik mehrfach Erwähnung: Strabon, Geographica 7,1,3 vermerkt: „… in die gleiche Richtung wie die Ems fließen die Weser, die Lippe …' (zit. nach J. Herrmann [Hrsg.], Griech. und lat. Qu. zur Frühgesch. Mitteleuropas bis zur Mitte des 1. Jt.s u. Z. 1, 1988, 233). Vell. 105,1: ‚Unverzüglich marschierte er (Tiberius) in Germanien ein …. Die Weser wurde überschritten und das jenseitige Gebiet durchzogen' (Herrmann S. 269). Pomponius Mela, De Chorographica 3,30 schreibt: „… am bekanntesten von den in den Ozean mündenden (Flüssen) Germaniens sind) die Ems, die Weser und die Elbe' (Herrmann, S. 299). Plinius (Plin. nat 4,100) zählt auf: ‚… berühmte Ströme, die in den (nördlichen) Ozean münden, sind … die Elbe, die Weser, die Ems, der Rhein und die Maas' (Hermann S. 331). Zu den ant. Namen vgl. 4, 105 und Tab. 1, 5–6; vgl. auch → Origo gentis § 2 bes. S. 180.

Die von der W. durchflossene Altlandschaft hat der Mensch seit dem Paläol. genutzt und verändert. Zeugnis davon geben Funde im Fluß (→ Flußfunde; → Waffenopfer), aber auch in den verschiedenen Teilbereichen wie in Mooren zw. Weser und Elbe (→ Bohlenweg). Für die Nutzung der

W. als → Wasserstraße ist bereits im Neol. auszugehen, mit → Fellbooten (vgl. auch → Floß), die leicht über Land über die Wasserscheide zw. den Geestgebieten zu transportieren waren. Wie weit die Römer auf der W. nach N gelangten, ist unklar, vielmehr ist davon auszugehen, daß sie mit ihren Flotten vom N über die Mündung flußaufwärts vordrangen. Das trifft für → Germanicus in den J. 14–16 n. Chr. und vorher für seinen Vater → Drusus während der J. 12–9 v. Chr. zu (→ Germanen, Germania, Germanische Altertumskunde § 4a–c), die mit dem Heer in die nordgerm. Hauptflüsse Elbe, W. und Ems eindrangen, um so in das Innere Germaniens vorzustoßen. Eine regelrechte → Handelsschiffahrt ist erst ab 700 auf der W. bekannt (vgl. auch → Navigation).

(1) F. Laux, Bronze- und EZ in Niedersachsen w. der W., in: Arch. Denkmäler zw. W. und Ems, 2000, 61–79. (2) H. J. Nitz, Die ma. und frühneuzeitliche Besiedlung von Marsch und Moor zw. Ems und W., Siedlungsforschung. Arch. – Gesch. – Geogr. 2, 1984, 43–76. (3) H. Nortmann, Die vorröm. EZ zw. unterer W. und Ems, 1983. (4) G. Rasch, Ant. geogr. Namen n. der Alpen. Mit einem Beitr. von Hermann Reichert: „Germanien in der Sicht des Ptolemaios", 2005. (5) P. Rohde, W. und Leine am Berglandrand zur Ober- und Mittelterassen-Zeit, Eiszeitalter und Gegenwart 44, 1994, 106–113. (6) P. L. Wellmann, Kies-/Sandkörper im W.-Tal zw. Hameln und Porta Westfalica, Mitt. Geol. Inst. Univ. Hannover 38, 1998, 203–212. (7) J. Werner, Kriegergräber aus der 1. Hälfte des 5. Jh.s zw. Schelde und W., Bonner Jb. 158, 1958 (1960), 372–413. (8) J. Winsemann, U. Asprion, Glazilakustrine Deltas am Südhang des W.-Gebirges: Aufbau, Entwicklung, und Kontrollfaktoren, Geol. Beitr. Hannover 2, 2001, 139–157.

R. Müller

Zum Namenkundlichen → Weser, Bd. 33

Wetzstein

§ 1: Sprachlich – § 2: Archäologisch – a. Allg. und Definition – b. W.e in ur- und frühgeschichtl. Epochen – c. W.e im N und Handel mit Rohstoffen – d. Symbolisches zum W.

§ 1. Sprachlich. Man darf annehmen, daß das Werkzeugschärfen so alt ist wie der Werkzeuggebrauch selbst – schon die steinzeitlichen Äxte, Keile, Messer usw. wurden geschärft. Dazu waren wiederum Werkzeuge einer zweiten Ordnung nötig, die die Brauchbarkeit der Werkzeuge erster Ordnung gewährleisteten. Es wurde vermutet, daß in lat. *cos, cotis* fem. ‚Wetz-, Schleifstein' (zu *catus* ‚scharf') und verwandten Entsprechungen und Bildungen in weiteren idg. Sprachen die Spur einer ursprachlichen Bezeichnung eines solchen Werkzeuges zweiter Ordnung vorliegt (4; 7; 8). Zu diesen Entsprechungen wird auch ein germ. Wort gezählt, das zwar in der got. Bibelsprache nicht zu belegen ist, wohl aber im Anord. als *hein* fem. ‚Wetz-, Schleifstein' (nschwed. *hen*, neunorw. *hein*) und im Ae. als *hān* ‚Grenzstein' (ne. *hone* ‚Wetzstein') bezeugt ist. Germ. läßt sich also ein *hainō* als Bezeichnung des Wetz- oder Schleifsteins voraussetzen (6; 7).

Die mit dem W. ausgeübte Tätigkeit wird mit ‚wetzen' oder ‚schleifen' bezeichnet. Doch sind beide Verben semant. nicht völlig identisch. Während unter ‚wetzen' verstanden wird, eine vorhandene Schneide zu voller Schärfe zu bringen, beinhaltet ‚schleifen' als intransitives Verbum zunächst das Gleiten über eine Fläche. Eine seit dem Ahd. beobachtbare Transitivierung führt für das Verbum ‚schleifen' zu Objektbeziehungen, die einerseits das Schärfen von Werkzeugen und Waffen, andererseits das Glätten und Polieren von Gegenständen und Geräten zum Ausdruck bringen (5).

Wetzen ist also die dem W. angemessene alte Tätigkeitsbezeichnung. Das Verbum ist gemeingerm., d. h. in allen germ. Sprachen gut bezeugt: got. *ga-hvatjan*, ahd. *hwazzan*, ae. *hwettan*, anord. *hvetja* – eine faktitive j-Ableitung vom Adj.stamm *hvata-* ‚scharf, kühn, tapfer' (anord. *hvatr*, ae. *hwæt*, ahd. *hwas*). Semant. ist beachtenswert, daß Verbum und Ableitungsbasis eine konkrete Bedeutung (‚Schärfe' und ‚schärfen' im gegenständlichen Sinne) mit einer abstrakt-bildlichen verbinden (‚Schärfe' als geistig-seelische Eigenschaft). ‚Wetzen' konnte in alter Zeit also sowohl das Schärfen von Sense oder Sichel bedeuten, wie auch ein Scharfmachen der Sinne von Kriegern vor einer Schlacht (im Anord. *hvöt* genannt, zu *hvat, hvetja* gehörig).

Wetzen läßt sich noch in einer weiteren Dimension verorten. Der agerm. Wortschatz im Bereich der ‚Seelenwörter' legt eine Vorstellung nahe, nach der eine Zweiteilung der Seelenkräfte nach einer affektiven und einer intellektuellen Orientierung bestand. Für den affektiven Bereich stand germ. **mōða-*, für den intellektuellen **hugi-*, beide auch in Paarformeln gebraucht: ahd. *in huge ioh in muate,* anord. *móðr eða hugr* etc. Zur Formelhaftigkeit zählt auch die Verbindung von *hugr* und *hvetja.* Der Verstandesbereich läßt sich reizen und schärfen – und es diente offenbar die Reizrede (anord. *hvöt*) z. B. dazu, den Mann an Rachepflichten zu erinnern, aber auch der Anführer hatte die Aufgabe vor Kampfesantritt seine Mannschaft zu motivieren, in einer Reizrede den *hugr* zu *wetzen* (3).

In einer kleinen Schrift *De profectione Danorvm in Hierosolynam* wird ein Ako, ein Neffe des Ebf.s Tuco (im jütländischen Børglum) gepriesen, weil er die Aufgabe des ‚Wetzsteins' nie aufgegeben und die Glaubenskrieger (zum Kampfe) aufgereizt habe: *uicem cotis gerere non destitit, cunctos, quos poterat, acuendo* (2, II, 469).

Es liegt nahe, auch herrschaftliche Symbole – wie z. B. das Wetzstein-Szepter im Grab von → Sutton Hoo – in diesem Kontext zu sehen. Selbst als Beiname eines Kg.s erscheint der W. Dem Dänenkg. Harald (1074–1080) wurde dieser Beiname (*Hen* = W.) zugelegt. Eine überzeugende Begründung gibt die Überlieferung dazu allerdings nicht. Der Geschichtsschreiber → Sven Aggesen sagt, es sei seine weiche Freundlichkeit gewesen, die ihm diesen Beinamen eingetragen habe *(ob benignitatis mollitiem cotem cognominabant)* (2, I, 127). Auch die → *Knýtlinga saga* (c. 27) vermerkt, daß er kein Krieger gewesen sei, vielmehr seinem Volke gegenüber ruhig und umgänglich erschienen sei – doch ist auch von Unruhen im Lande die Rede, die seinen Anspruch auf den Thron begleiteten (1).

Qu.: (1) Danakonunga sǫgur, hrsg. von Bjarni Guðnason, Ísl. Fornr. 35, 1982. (2) Scriptores minores historiae Danicae medii aevi, hrsg. M. C. Gertz 1–2, 1917–1918–20.

Lit. (3) H. Beck, Seelenwörter des Germ., in: R. Bergmann u. a. (Hrsg.), Ahd. 2, 1987, 985–999. (4) H. Frisk, Griech. etym. Wb., ²1973, s. v. κῶνος. (5) Grimm, DWb., s. v. schleifen, wetzen, W. (6) Hellquist, Ordbok, s. v. *hen*. (7) Magnússon, Orðsifjabók, s. v. *hein*. (8) Schrader-Nehring, s. v. Schleifstein. (9) A. Walde, J. B. Hofmann, Lat. etym. Wb., 1938–1954, s. v. *catus*.

H. Beck

§ 2. Archäologisch. a. Allg. W.e gehören zum allg. üblichen Werkzeug- und Gerätebestand; ausgewähltes Material und Formen haben sich über die Jh. kaum verändert. Man wird auf sie aufmerksam, wenn in manchen Epochen sogar anhand von W.en weitergreifende kulturgeschichtl. Aussagen möglich sind. Seit es schneidende Geräte aus Metall gab, wurden zur Schärfung der Schneide W.e benutzt. Messer, Scheren, Sicheln, Sensen und Pfeile, Lanzen und Schwerter, Äxte und Angelhaken müssen geschärft werden. Also gab es in jedem Haushalt einen oder mehrere W.e, und meist wurde auch ständig ein kleiner W. mit sich geführt, zusammen mit dem Messer am Gürtel. Doch schon neol. Steingeräte mit Schneidekanten wurden geschliffen, auf Sandsteinblöcken als Schleifsteinen.

Das Wetzen und Schärfen von Klingen hat über den rein praktischen Zweck hinaus auch eine Funktion in besonderen Vorstellungen im Volksglauben, wie die häufigen Schleifspuren an Kirchen, Brunnen oder anderen öffentlichen Bauten belegen (→ Schleifstein). Der Amulettcharakter wird faßbar, wenn farbig gebänderte W.e

(Taf. 14), die eigtl. nicht praktisch zu verwenden waren, während der WZ mit dem Messer zusammen getragen und als Beigaben in die Gräber gelangten. Der W. wird zum → Herrschaftszeichen (→ Sutton Hoo; 12, 311 ff.) und spielte eine Rolle in der nord. Mythol. (49; 50).

W.e, die alltäglich verwendet wurden, stellte man aus Material sorgsam ausgewählter Qualität her, das von weither eingehandelt wurde. So spiegeln kleine, eigtl. unscheinbare Geräte wie W.e für die WZ im Nord- und Ostseeraum weitreichende Wirtschaftsbeziehungen wider. Das Interesse an diesen Fernbeziehungen hat zu einer beachtlichen Reihe von petrographischen und mineralogischen Analysen des W.-Materials geführt.

Die Unterscheidung zw. Wetz- und Schleifsteinen ist nur begrenzt möglich. „Schleif- und Wetzsteine sind Steingeräte, um die Schneiden von Waffen, Messern, Sicheln und anderen Schnittwerkzeugen zu schärfen. Das Schärfen der Schneide geschieht im allgemeinen in zwei Etappen. Zuerst schleift man sie mit einem Schleifstein, um eventuelle Scharten und Unebenheiten auszugleichen. Darauf beginnt die Arbeit, mit Hilfe des Wetzsteins die Schneide zu tadelloser Schärfe zu bearbeiten" (51, 102 nach: Svenska akademiens ordbok 1925, 4386). Der Unterschied zw. Schleif- und Wetzsteinen liegt in ihrer Mobilität: W.e wurden regelhaft mitgeführt, ihre ständige aktive Verwendung zum Schärfen kleiner Klingen war überall möglich, während Schleifsteine eher ortsgebunden verwendet wurden, sie waren als Rotationsschleifsteine manchmal auch fest gelagert (vgl. → Schleifstein Abb. 38).

Gewöhnlich wurden die W.e am Gürtel getragen, waren 8–12 cm lg., mit quadratischem Querschnitt und einer Durchbohrung am oberen Ende zur Aufnahme eines Rings für die Aufhängung. Falls die Lochung fehlt, wird man den W. in einer Gürteltasche mitgenommen haben (→ Tasche).

Die volkskundliche Lit. (45, 51) beschreibt v. a. das Wetzen von Sensen. Die Erläuterungen gelten jedoch auch für die anderen schneidenden Geräte. Sensen wurden z. B. zweimal am Tag gedengelt, mußten aber am Arbeitstag wiederholt mit dem W., Wetzholz oder dem Schabemesser nachgeschärft werden. Ein Wetzholz ist ein mit Teer und Sand bzw. W.-Grus beschichtetes, flaches Hartholz. Das Anschleifen mit dem Schabemesser ist mit dem Schleifen zweier Messer aneinander zu vergleichen; der dabei entstehende Grat muß dann durch einen W. ‚abgezogen' werden. In einigen norw. Gräbern kommen W.e aus hellem und dunklem Schiefer zusammen vor, woraus auf eine jeweils spezielle Funktion geschlossen werden könnte.

Schleifsteine sind von grobkörniger Struktur, bestehen häufig aus Sandstein oder Quarzit. W.e oder Abziehsteine bestehen aus feinkörnigen, kieseligen Gesteinen, z. B. Kieselkalke, Quarzite, Sandsteine und quarzhaltige Tonschiefer, ähnlich wie Schleifsteine und Poliersteine oder wie → Probiersteine. Nach volkskundlicher Analogie wurden außer Stein auch Knochen und Geweihteile sowie Leder zum Wetzen benutzt (45; 25, 15).

b. W.e in ur- und frühgeschichtl. Epochen. Längliche, stabförmige, an einem Ende durchbohrte W.e sind seit der späten BZ mit Messern als Einheit nachgewiesen (→ Rasiermesser). Am Gürtel angeknotet sind W.e in den Jh. v. Chr. Teil der sarmatischen Kriegerausrüstung gewesen (24, 255 ff. mit Abb. 6, mit Trageweise der W.e Abb. 9; 30, 197).

In Bestattungen der HaZ kommen W.e recht häufig vor, so auch im Gräberfeld von → Hallstatt. Sie sind stabförmig, meist am oberen Ende durchbohrt und wurden an kleinen Metallbügeln am Gürtel getragen (27, 130). Während der LTZ ist die Zahl der in den Oppida gefundenen W.e und W.-Fragmente erheblich, entspr. der Zahl der

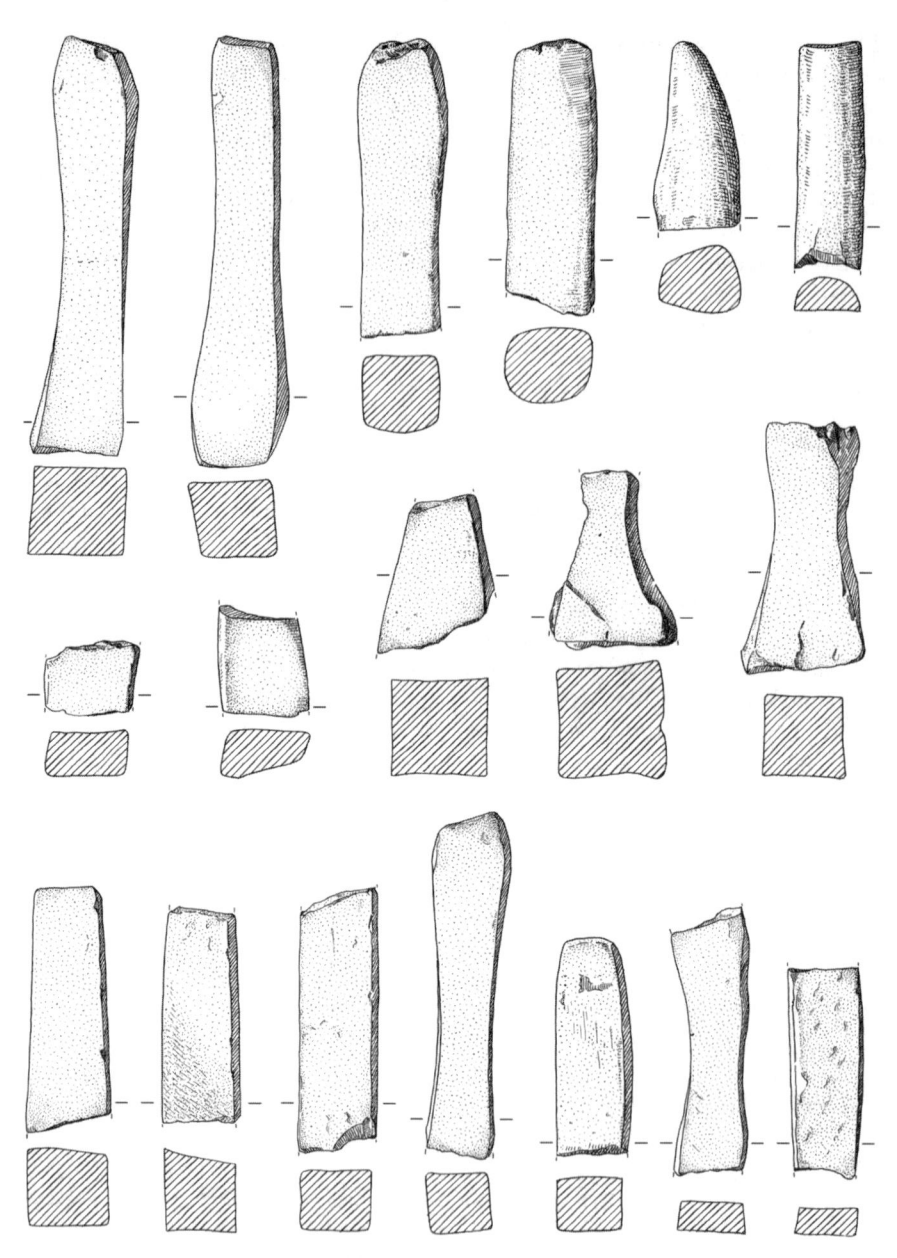

Abb. 91. Wetzsteine aus dem Oppidum von Manching. Nach G. Jacobi (27, Taf. 84)

Messer und Waffen; genannt als Beispiel seien die zahlreichen quaderförmigen länglichen W.e im Oppidum von → Manching (27, 129 f., Taf. 83–85, Nr. 1641–1703) (Abb. 91). Die Maße betragen zw. 7–13, 15 und 20 cm Lg. Sie sind länglich, haben einen vierkantigen, mehr oder weniger quadratischen Querschnitt und zeigen oft Abnutzungsspuren und Schleifrinnen. Größere W.e sind auf allen vier Seiten mittig abgenutzt und sehen wie Langknochen mit den verdickten Enden aus. Unter den größeren Ex. sind außer vier- und dreikantigen W.en auch Steine mit flachem Querschnitt. In den Siedlungen liegen sie meist nur als Bruchstücke vor; in einigen Gräbern (27, 130 Anm. 582) sind vollständige Ex. zusammen mit Messern, Rasiermessern oder Waffen beigegeben, was ihren Zweck unterstreicht.

Bei Grabungen in röm. Siedlungen wird selten auf W.e geachtet, sie kommen aber regelmäßig vor (z. B. im Kastell Oberstimm [48, 291 und Taf. 115] quaderförmige, längliche scharfkantige W.e aus feinkörnigem Sandstein). Stabförmige W.e mit rundem, ovalem oder abgerundet rechteckigem Querschnitt (Lg. bis 30 cm), bei denen die gesamte Oberfläche mit Fischgrätmotiven bedeckt ist, sind im Bereich des Limes am Rhein häufiger gefunden worden (22; 31). Das Material ist glimmerhaltiger Schiefer in zwei Var.; die eine ist feinkörnig und enthält kaum Quarz, die andere grobkörnig mit viel Quarz (Grauwacke) und ist härter als die erste Gruppe, weitere sind aus Tonschiefer oder Kieselschiefer. Die Fischgrätverzierung ist mit einem Gerät aus Eisen angebracht worden. Oft sind Ober- und Unterseite abgeschliffen, was dann am teilweise fehlenden Muster leicht erkennbar ist. Sie werden zumeist in röm. Lagern, Kastellen oder Villen sowie am Niederrhein und in der fries. Wurtenzone in einheimischen Siedlungen aus röm. Zeit gefunden, datiert zw. etwa 40 und 120 n. Chr.

In der Germania sind W.e unterschiedlich länglicher Form aus grauem Sandstein in Siedlungen, Gräbern und Moorfunden regelmäßig, wenn auch nie in größerer Zahl nachgewiesen.

Aus der Siedlung → Baldersheim in Mainfranken sind außer Poliersteinen auch mehrere scharfkantige Schleif- und W.e veröffentlicht, einige mit deutlichen Wetzrillen (41, 55 und Taf. 58, 1–13).

Aus dem Moorfund von → Thorsberg sind vier W.e registriert (43, 124 und Taf. 72, 6–9); sie sind langrechteckig mit einem Loch am oberen Ende. Im Moor von → Vimose lagen u. a. mehr als 10 W.e (17, 24). Im Moor von → Illerup Ådal gehörten die W.e zur Tasche oder waren zusammen mit dem Messer geopfert worden (26, Tab. 120 f.), sechs W.e stammen von Illerup Platz A (13, 377), neben den Feuerschlagsteinen (→ Feuerzeug). Einzelstücke fanden sich auch in den Mooren von → Ejsbøl und → Skedemosse (13, 376 f.). Im Moor von → Nydam gehörte zu den persönlichen Ausstattungen der Krieger, deren Ausrüstung im Wasser versenkt worden ist, manchmal auch ein W. (9, 155 und Taf. 27, 360–362 mit Lit. zu weiteren W.en der RKZ und VWZ).

In Gräberfeldern der RKZ, z. B. von → Sörup, → Husby und Süderbrarup in Schleswig-Holstein, waren mehrfach W.e unter den Beigaben, dann mit Krumm-Messern kombiniert (42), auch im Gräberfeld von Møllegårdsmarken auf Fünen (→ Gudme; 13, 377). In Grab 1955/16 von Husby lag ein 12,8 cm lg., flacher, quaderförmiger W. mit einem Metallstift in der Öse zum Aufhängen (42). Der Fund eines W.s zusammen mit einem Angelhaken zeigt passende Schleifspuren. Diese W.e sollen aus norw. hellgrauem Schiefer bestehen, der aus der Gegend um Eidsborg/Telemark importiert sein wird (s. u.) (13, 337). In Gräbern des 3.–6. Jh.s zw. unterer Elbe und Oder sind W.e – immer vereinzelt – überliefert (46, 98), oder in Siedlungen und Gräbern seit der späten vorröm. EZ bis in die VWZ in Sachsen, langrechteckige mit quadratischem Querschnitt aus weichem, hellem, meist gelblichem Sandstein. Die Stücke aus Siedlungen sind wie zu erwarten als Abfälle nur fragmentarisch und stark abgenutzt; sie zeigen kräftige Schleifspuren und Rillen als Hinweis auf längeren oder intensiven Gebrauch. W.e sind typische Beigaben in Männergräbern (34, 162 f.).

W.e sind auch in den Reihengräbern der MZ als Beigabe allg. bekannt, insgesamt jedoch selten und ebenfalls wie zuvor typisch für Männergräber, in Frauengräbern sind sie die Ausnahme. Sie liegen beim Messer, in der Gürteltasche (viele haben keine Aufhängung), und werden wegen der Unscheinbarkeit des Gesteins wohl oft übersehen, zumal sie klein, oft weniger als 5 cm lg. sind (was vergleichbar ist mit der Fundsituation bei → Probiersteinen). Gefertigt aus lokalem Sandstein, zeigen sie deutliche Abnutzungsspuren.

Beispiele für W.e in Gräbern der MZ (29, 152; 30, 201 mit weiterer Lit. zu Männergräbern mit Waffen und W.en): Im Reitergrab 12 von → Stößen lag ein 22 cm lg., schlanker quaderförmiger W. aus gelbem Sandstein, im Fürstengrab von → Morken ein 28 cm lg. W., im Reitergrab in einer Steinkammer von → Kirchheim unter Teck ein 11,6 cm lg., abgenutzter W. aus Schilfsandstein, im Grab 12a von → Niederstotzingen ein sehr ausgewetzter Stein von nur 6 cm Lg. und im Grab mit Goldgriffspatha von → Rommersheim ein lg. quaderförmiger W. (30, 201 mit Lit.). In Handwerkergräbern gehörte der W. zum Werkzeug. Ein W. lag im Körpergrab 12 von Naumburg, 5. Jh., in Grab 3 von Fellbach-Schmiden oder in → Hailfingen Grab 371 der MZ; der Goldschmied von Brünn hatte zwei unterschiedliche, 8,6 und 26 cm lg. W.e aus feinem hellen Sandstein, der Goldschmied von Poysdorf Grab 6 (→ Poysdorf Abb. 61, 11) einen 14,5 cm lg. W., in Schönebeck Grab 4 lag ein W., und in Hérouvillette Grab 10 gehörte ein 15 cm lg. weißlicher W. zur Ausstattung.

Die vollständige Ausgrabung der Höhensiedlung auf dem → Runden Berg bei Urach hat eine große Zahl von W.en aus allen Epochen von der späten BZ bis ins MA erbracht, darunter auch solche der VWZ, MZ und KaZ, die jedoch kaum nach der Zeitstellung zu unterscheiden sind (30, 113 ff. 197–208) (Abb. 92). Diese Geräte lassen sich gliedern in stabförmige W.e, scharfkantige quaderförmige W.e, scharfkantige W.-Blöcke u. a. m., die meist aus Schilfsandstein hergestellt sind, weiterhin in handliche quaderförmige W.e (auch Dengelsteine), die in der Tasche, in einem Futteral oder am Gürtel bei sich geführt wurden, dann in W.e mit spitzovalem Querschnitt aus linsenförmigen Geröllen vom Schilfsandstein oder Schwammkalk oder in große quaderförmige W.e sowie in andere unregelmäßige Formen (auch → Probiersteine) (30, Kat. 114–138, Taf. 25–39). Schilfsandstein ist ein gelblich grüner, auch rotbrauner, feinkörniger Sandstein, der in Süd- und Norddeutschland in mächtigen Schichten vorkommt. Der Name geht auf die eingeschlossenen Pflanzenfossilien zurück. In S-Deutschland war er nicht nur ein beliebter Baustein, sondern wurde auch für W.e verwendet. Fast immer handelt es sich bei den W.-Funden um Bruchstücke oder Frg.; längliche, teils zum Aufhängen durchbohrte kleine W.e wie unter den Grabbeigaben, kommen auf dem Berg nicht vor. Die W.e sind auf dem gesamten Runden Berg verteilt, mit Häufungen nahe den Steilkanten (30, Karte 8). Der Versuch, Werkstätten und Wohnhäuser anhand von Fundkonzentrationen einschließlich der W.e abzugrenzen und darüber zu datieren, z. B. das 4./5. Jh. oder die MZ auszusondern, kann jedoch nicht überzeugen. Zum Hortfund L vom Runden Berg gehört ein vollständiger 16 cm lg., quaderförmiger W. aus feinkörnigem braunen Sandstein des 5./6. Jh.s.

In ags. Gräbern kommen W.e als Beigabe ebenfalls vor, fragmentarisch finden sie sich im Siedlungsabfall. Die W.e von den Britischen Inseln hat Evison vorgestellt (18) und die petrographisch-mineralogischen Analysen hinzugezogen (16; 36). Es gibt drei Gesteinsarten und damit drei Herkunftsgebiete für das Material der W.e. Ein Drittel der W.e aus Schiefer ist aus dem s. Norwegen importiert, aber erst seit der Ankunft

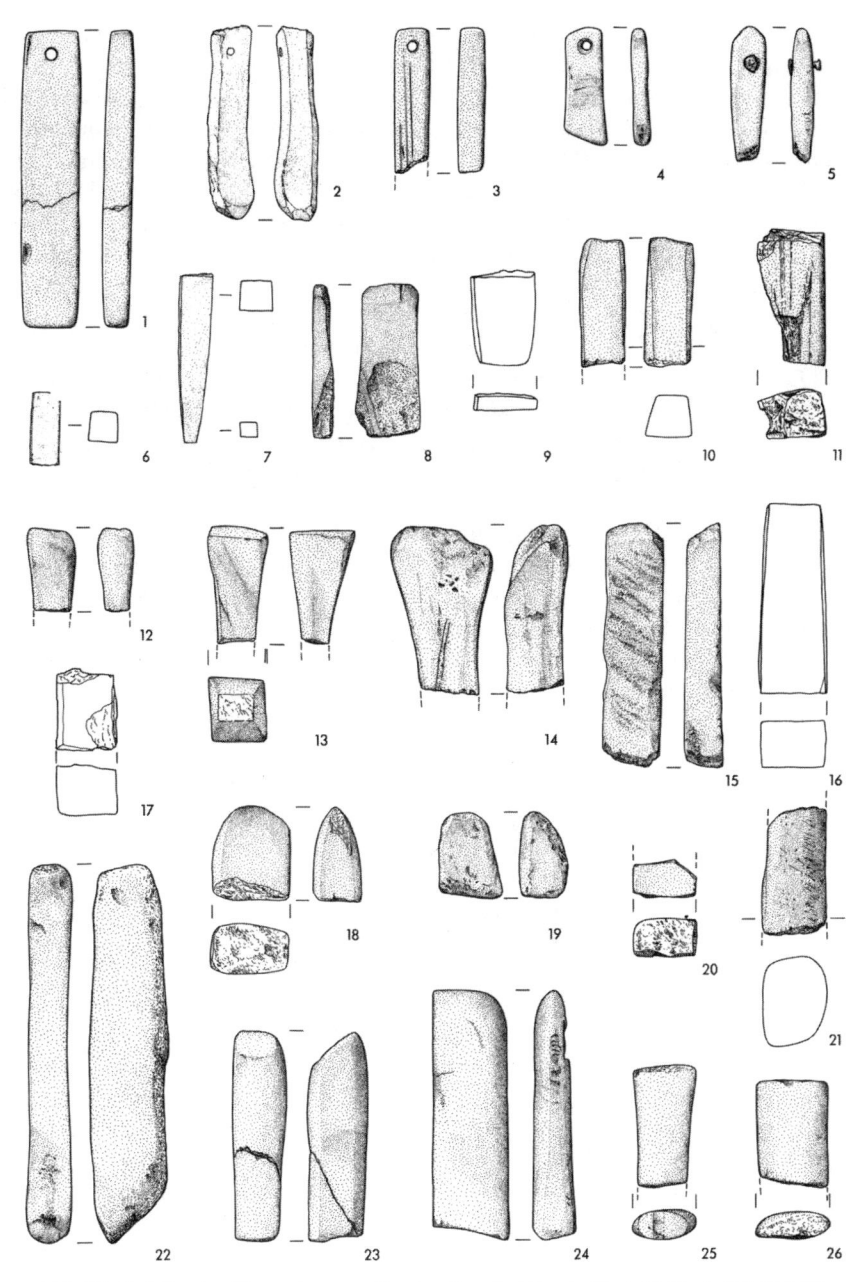

Abb. 92. Stabförmige Wetzsteine vom Runden Berg bei Urach. Nach U. Koch (30, Taf. 25)

wikingischer Gruppen auf den Inseln nach 900, ein zweites Drittel besteht aus Grauwacke, einem Material aus dem s. Schottland, aus Wales oder andernorts aus England, das also auch über einige hundert Kilometer Entfernung jeweils eingehandelt wurde. Die restlichen W.e aus Quarz, Sandstein und Kalksandsteinen sind jeweils lokaler Herkunft. Vom 5.–7. Jh. war Kent ein Herkunftsgebiet für W.e, von wo seit der röm. Zeit ein Export stattfand (38). Die Formen der W.e sind sehr unterschiedlich, da meist nur als Bruchstücke oder als natürliche Rohformen im Siedlungsmaterial überliefert, z. B. von → West Stow, Suffolk (5.–7. Jh.), von Sutton Coutenay, Oxfordshire (5./6. Jh.), oder von → Mucking, Essex (18, Fig. 1 und 2). Die W.e aus Gräbern des 6./7. Jh.s sind langschmal, manche haben eine Durchbohrung am Ende zum Aufhängen am Gürtel; sie kommen zumeist zusammen mit einem oder zwei Messern vor, sind 10–20 cm lg., und die meisten weisen deutliche Wetzspuren auf (18, Fig. 4).

In Grab 11 von → Uncleby, Yorkshire, gehörte zu den Beigaben eines bewaffneten Mannes, der reichsten Bestattung des Gräberfeldes, datiert ins 7. Jh., ein großer 30 cm lg. W. (18, 81 Fig. 6) aus heimischer Grauwacke bzw. Kalksandstein mit deutlichen Benutzungsspuren. In den Bestattungen dieses Gräberfeldes scheint ein Dutzend W.e gefunden worden zu sein, die jedoch wieder verloren sind (18, 83 Anm. 1; 12, 364). Nahebei zu Grab 11 stand einst wohl aufrecht am Hügelfuß ein zweiter W. von 46,3 cm Lg., max. 5 cm Dicke und mit V-förmigen Markierungen am oberen Ende. Mit 2,77 kg Gewicht war er kaum als W. tatsächlich zu handhaben (18, 80 Fig. 5). Das andersartige Gesteinsmaterial soll aus Kent oder aus dem s. Schottland importiert worden sein (s. § 2d).

Auch in schwed. Gräbern fanden sich W.e, so im Bootgrab → Vendel 4 ein W. von 31,2 cm Lg. und in Vendel 1 ein W. von 28 cm Lg., im Grab von → Gamla Uppsala lag ebenfalls ein beschädigter W.

Für den Handelsplatz → Dorestad sind mehr als 400 W.-Funde des 7.–9. Jh.s aufgearbeitet worden (28; 30, 114). Eine größere Zahl von W.en besteht aus länglichen blockförmigen Steinen unregelmäßiger Form mit Schleifrinnen und Schleifflächen auf allen vier Seiten, so daß die Form eines ‚Knochens' entstanden ist. Manche dieser W.e müssen einst eingespannt gewesen sein, um damit zu arbeiten, waren also eher Schleifsteine. Mehrere hundert stabförmige W.e konnten in die Hand genommen und bei sich geführt werden. Schmale blockförmige und stabförmige W.e, davon manche mit gelochtem Ende, 10–12 cm lg., gehören zu den transportablen Stücken (ähnlich den kleineren, teils mit einem Metallaufhänger versehenen Probiersteinen: 28, 26 Fig. 121). Spuren der zu wetzenden Werkzeuge und Geräte zeichnen sich auf dem W. ab.

Zahlreiche Halbfabrikate kommen aus den Buntsandsteinbrüchen im S von Dorestad und aus den rhein. Mittelgebirgen. Zahl und Verteilung sprechen dafür, daß auch an diesem Platz jeder Haushalt mindestens einen W. hatte (Kartierung 28, 24 Fig. 120; 30, 114). 87 % aller W.e bestehen aus dem ungeformten aufgesammelten Material der Umgebung, aus Flußgeröll, aus Sandstein, grünem Quarzphylit oder graublauem Phylit; es gibt dabei auch Hinweise auf Sandsteinbeschaffung aus röm. Ruinen (19, 251 f.). Alle Bruchstücke von runden Schleifsteinen mit zentralem Loch sind aus Bundsandstein.

Im slaw. Handelsplatz → Ralswiek auf Rügen bestehen die W.e aus Schiefer, die Schleifsteine aus Sandstein (25, 15–28). Die W.e lassen sich klassifizieren, und zwar (a) in stabförmige, grazile W.e zumeist aus feinem Schiefer mit Durchbohrung, um wie Anhänger mitgeführt werden zu können, die meist aus thür. Quarzitschiefer bestehen, (b) in kleine bis mittelgroße, zumeist stabförmige W.e mit rechteckigem oder dreikantigem Querschnitt, die meistens nicht durchbohrt sind und daher wohl in einem Beutel aufbewahrt wurden und aus importiertem Schiefer und manchmal aus gröberem Geschiebe bestehen, (c) in längere und massive W.e mit rechteckigem Querschnitt, bis zu 20 cm lg., die nicht zum Transport geeignet sind und zum Schärfen größerer Klingen gedacht waren, (d) in eine weitere

Gruppe fest montierter W.e bzw. Schleifsteine für professionelle Arbeiten (25, Abb. 14), wie Schleifplatten zum Schärfen von Schneiden und Spitzen, und schließlich in (e) W.e oder Schleifsteine, die auf einer Achse angebracht gedreht werden konnten (→ Schleifstein Abb. 38), für größere Geräte wie Schwerter und Äxte. Derartige Schleifsteine sind auch aus → Haiðaby und → Groß Raden überliefert. Aus Spandau sind über 150 W.e und Reste von solchen und aus der Grabung Brandenburg-Dom 40 W.e analysiert worden. Sie haben stets längliche prismatische, zylindrische oder plattige Form von wenigen Zentimetern bis über 30 cm Lg. (7; 8).

Die Materialanalysen (7) zeigen, daß die W.e von Ralswiek überwiegend aus Gestein fremder Herkunft angefertigt worden sind, zu 86 % aus frk.-thür. Quarzitschiefer, der auch in anderen slaw. Burgen und Siedlungen wie z. B. in Spandau (8) vorkommt, auch in geringerem Anteil in Haithabu. In Spandau bestehen die W.e aus Quarzschiefer, Quarzit, Grauwacke und Muskovitquarzit. Nur 8 % der W.e in Ralswiek sind aus dem skand. Material aus Telemark, Norwegen (s. § 2c). Das örtliche Moränenmaterial Rügens wurde kaum für W.e verwendet, importiert wurden fertige W.e und auch Rohmaterial zur weiteren Bearbeitung (25, 19).

In anderen binnenländischen slaw. Siedlungen nimmt das aus dem S importierte W.-Material, je weiter man nach S kommt, entspr. zu. Überall bestanden 70–90 % der W.e aus importierten Materialien, die beste Hinweise auf Handelsverbindungen geben, zum einen nach S zum Thür. Mittelgebirge, zum anderen nach Norwegen. In der Küstenzone ist diese Mischung in anderer Prozentzusammensetzung zu erwarten. Umschlagorte für den Handel mit W.en neben anderen Gütern (auch → Speckstein) waren an der Elbe die im → Diedenhofener Kapitular genannten Orte und alle → Seehandelsplätze an der s. Ostseeküste.

Ähnlich sind die W.e aus der slaw. Großburg → Starigard/Oldenburg zusammengekommen (19, 248–252 und 285 Liste 19; 20). Auch hier wurden die W.e gemeinsam mit dem Messer ständig mitgeführt, aufgehängt an einem Ring; abgewetzte W.e und zerbrochene Stücke wurden neu gelocht und weiterbenutzt, was den Wert des Materials bescheinigt. Der größte Teil des Materials für die W.e ist hier aus Norwegen importiert, der sehr feine dunkle Schiefer, graubraun bis grauviolett, aus W-Norwegen zw. Stavanger und Bergen, und ein etwas gröberer, silbergrauer Schiefer aus den Steinbrüchen in Telemark (s. u.).

W.e länglich-rechteckiger Form mit unterschiedlichen Abnutzungsspuren und unterschiedlicher Herkunft finden sich in allen slaw. Siedlungen und Burgen als Teil des allg. Inventars (Beispiele: 52, 40 f., Abb. 22; 30, 198). Die Fundstücke in Sachsen bestehen aus feinkörnigem, schiefrigem Material, einem Buntsandstein, wie er in der Nachbarschaft ansteht (52, 41 f. und Abb. 22, 90 und Abb. 73, 7).

c. W.e im N und Handel mit Rohstoffen. W.e sind unter Ausnutzung der Gesteinseigenschaften, des speziellen Gefüges, der Schieferung und der Schichtung herausgearbeitet worden. Entscheidend sind die Quarzgesteine, d. h. Quarzitschiefer, dichte Quarzite und Grauwacken, dann das Gefüge, d. h. die Korngröße und Korngrößenverteilung, Kornform und Kornbindung. Außer Flußgeröllen sind alle Mittelgebirge auf den Britischen Inseln, in Skand. und in Mitteleuropa auf die Möglichkeit der Herkunft von W.-Material zu befragen. Daher gibt es ein breites Spektrum von naturwiss. Analysen, um diese Frage zu klären (2–4; 6; 7–8; 15; 16; 23; 35–40; 47). Grundsätzlich zeigt sich, daß auch für dieses unscheinbar wirkende Gerät jeweils bes. geeignetes Material gesucht und eingehandelt wurde. Wie die Schiffsladung im Wrack von Klåstad vor der norw. Küste zeigt, wurden große Mengen an → Speckstein zusammen mit W.-Material transportiert (14); oftmals wird Schiefer für W.e nur Beiladung gewesen sein, zumal bei weiteren Fahrten von Handelsplatz zu Handelsplatz, und muß auch nicht die entscheidende Fracht gewesen sein (→ Handel S. 562 ff.).

In Starigard/Oldenburg folgt aus der Stratigraphie, daß der W.-Import zu Beginn des 9. Jh.s mit 75–80 % norw. Material einsetzt, wobei der dunkle westnorw. Stein anfangs überwiegt und sein Anteil zum 11./12. Jh. von 59 auf 44 % sinkt, während der graue Schiefer von 18 auf 31 % steigt, sichtlich ein Hinweis auf sich ändernde Handelsbeziehungen. Das sonstige Rohmaterial für W.e in Starigard besteht bis zu 12 % nur aus Geschiebe, also aus aufgelesenem Steinmaterial, und feinen bräunlichen Sandsteinen, die ebenfalls und zwar aus dem S importiert wurden. Vereinzelt sind andere Importe unter dem Material, so sehr feine blaugraue Schiefer oder feine weiße Sandsteine aus dem Westen; dunkelgraue, teils bläuliche, teils grünliche Ton- und Kieselschiefer könnten aus dem Harz eingeführt sein.

In Handelsplätzen wie Haithabu, aber auch in der Burganlage → Fyrkat weisen größere Stangen und Platten darauf hin, daß Rohmaterial und Halbfabrikate verhandelt wurden. An allen Endorten des Handels findet sich in großem Anteil dieses Rohmaterial, was zeigt, daß die meisten W.e erst am Ort der Verwendung hergestellt wurden. In der Wurt → Elisenhof an der W-Küste Schleswig-Holsteins bestand ein Drittel aus Rohstücken, die halbfertig unmittelbar als W.e verwendet wurden (kartierte Verteilungsmengen bei 19, 249 Abb. 57 und 250 f. Tab.; 20, 277 f.). Der dunkle westnorw. Schiefer überwiegt in den Handelsplätzen an der Nord- und Ostseeküste mit 3:1 bis 2:1. Der Handel mit diesem Material reichte in Jütland nach S bis zur Elbe. Die Siedlungen haben bis zu 90 % norw. Material. Auf der Wurt Elisenhof sind noch 34 % aus norw. Rohstoff, weiter s. in Dorestad nur wenige Prozent (53, 124–144 mit Verteilungsdiagramm Abb. 9).

Für den Handelsplatz Haithabu sind über 10 000 Bruchstücke von W.en ausgewertet worden (45). Die Aufhängungsarten der W.e sahen eine mittige Durchlochung am oberen Ende vor, oder eine seitliche umlaufende Einkerbung (45, 30 Abb. 17). Hier machen zwei Schieferarten 91 % aus (68,8 % dunkler blaugrauer, sehr feinkörniger Muskovit-Quarz-Schiefer, dazu [6; 37]; 22,5 % heller silbergrauer, schiefriger, feinkörniger Muskovit-Quarzit, dazu ebenfalls [6; 37]), beides eindeutig Importmaterial aus Norwegen. Die anderen Gesteinsarten in Haithabu sind einheimische Geschiebe, auch die Drehschleifsteine aus Sandstein (47). Für die Herkunft des dunklen grauen oder braunen Schiefers (Muskovit-Quarz) sind in W-Norwegen Landschaften einzugrenzen, in der die Lagerstätten zu suchen sind, z. B. Gloppen, Nordfjord, denn dort kommen in Gräbern der WZ häufig W.e aus diesem Schiefer vor (16). Der helle silbergraue Schiefer (Muskovit-Quarzit) dagegen kommt aus den bekannten Steinbrüchen von Eidsborg in Telemark (6, 135 f.). Im Handelsplatz → Kaupang dominiert er, und im Schiffsfund der WZ aus Klåstad nahe Kaupang gab es die entspr. Ladung (6; 14). Die stangenförmigen W.e von 5–15 cm Lg. machen in Haithabu die Mehrheit mit 7 500 Bruchstücken aus (darunter dunkler Schiefer 4 500 Stücke, heller Schiefer 1 950 Stücke, andere Gesteinsarten 560 Stücke). Nach stratigr. Befund vom 8.–11. Jh. nehmen auch hier wie in Starigard die W.e aus dunklem Schiefer nach oben hin zu, während die aus hellem Schiefer gleich häufig bleiben. Die W.e aus einheimischen Gesteinen verschwanden im Laufe der Zeit. Der Bedarf an W.en wurde vollständig durch Importe abgedeckt.

Eine spezielle Form bilden sog. ‚wetzsteinähnliche' Stücke aus gebändertem Schiefer, einem dunkelrötlich grauen Stein mit hellgrüner Bänderung (Taf. 14). Sie sind relativ kurz, nur 2,8–8,4 cm lg., die Flächen sind geschliffen, und zwar bei der Herrichtung der Objekte, nicht durch den Gebrauch. Sie wurden anscheinend mehr aus ästhetischen als aus praktischen Gründen mit dem Messer am Gürtel getragen. In Birka (s. u.) als Grabbeigabe überliefert, liegt das Material in Haithabu auch in der Siedlung (45, 34 f. und Taf. 20–21), als grobes blockförmiges Rohmaterial (45, Taf. 21). Zwei dieser W.e haben Bänderung in Längsrichtung, der eine trägt zwei vergoldete Metallbeschläge an der Aufhängung (45, Taf. 10.1), der andere ein Muster aus Vertiefungen auf allen vier Seiten. Sonst besteht die Aufhängung in Ringen aus Eisen oder Bronze. Auch organisches Material kommt in Frage. Diese gebänderten wetzsteinähnlichen Geräte sind in Haithabu also am Ort hergestellt worden, aus importiertem Rohmaterial (45, 44).

Diese wetzsteinähnlichen Anhänger kommen von den Ålandinseln bis Island überall im N als Besonderheit vor, mit auffallend vielen Ex. in Birka (45, 44 und 65 Anm. 13 Liste: FO aus ganz Skand.). Wetzversuche (45, 50) haben gezeigt, daß der gebänderte Schiefer am wenigsten geeignet ist, Messerklingen zu schleifen, dunkler Schiefer sich günstiger verhält, heller Schiefer sich stark verbraucht, aber am besten geeignet ist. Als Deutungen wurden daher für diesen Typ W. vorgeschlagen: Abziehstein, Probierstein, Feuerschläger, Schmuckanhänger, Amulett oder doch W. Zur möglichen Amulett-Funktion und rituellen Bedeutung s. § 2d (45, 36).

Die Einbindung des Handelsplatzes → Ribe in den W.-Handel (39; 23) ist ebenfalls über das Material erkennbar. Es sind die petrographischen Gruppen, darunter die beiden aus Norwegen, die auch für Haithabu (→ Haiðaby), → Wollin, → Aggersborg und → Kaupang belegt sind (35; Karte mit Diagrammen zur prozentualen Verteilung in 11, 767 Fig. 4), aber auch Sandstein, der aus England kommen könnte, ist dabei (36, 145). Die Verbreitung dieser Materialgruppen der W.e seit dem 9. Jh. in Dänemark zeigt die Außenwirkung dieses Handelsplatzes Ribe auf das Hinterland (40, Diagramm 131 Fig. 6; 28a; 38a, 7 ff. mit Karte Abb. 5, 40 Liste 1). Auch das Umland von Haithabu wurde in vergleichbarer Dichte mit W.en versorgt, wobei noch mehrere Produktionsorte außerhalb des Handelsplatzes erkannt sind, die das Rohmaterial weiterverarbeitet haben (38a, 23 f. mit Karte Abb. 16 und 41 Liste 2).

Es gibt kaum unterschiedliche Verteilungen der einzelnen W.-Materialien in den Nord- und Ostseeländern und damit auch keine unterschiedlichen Transportwege, unabhängig von der Chron. Doch ist im frühen 12. Jh. ein deutlicher massiver Wechsel zum norw. Eidsborg-W. mit rund 60 % zu registrieren. Während der WZ gibt es noch einige kleinere Unterschiede zw. den arch. untersuchten Plätzen, ehe dann das Eidsborg-Material im hohen MA dominiert (Karten dazu für Nord- und Ostseeländer: 40, 133 Fig. 9–11 vom 9.–16. Jh.).

Die W.e in den schwed. Handelsplätzen und Siedlungen sind aus Gesteinen anderer, einheimischer Herkunft, meist aus dem N, hergestellt. Im Handelsplatz → Birka besteht der größte Teil der W.e (zu den W.en aus den Gräbern [5] und aus der Siedlung [51]) aus fremdem, importiertem Gestein; nur die Sandsteine kommen von den benachbarten Inseln (51; neue W.e in: 1, 50 Tab. 1). Doch scheint auch das meiste Sandstein- und Schiefermaterial über weitere Strecken aus Süd- und Mittelschweden verhandelt worden zu sein (51, 103). Die Größe der W.e liegt zumeist zw. 5–10 cm Lg., wenige sind bis 20 cm lg. Die W.e lagen wie üblich und zu erwarten in den Gräbern zumeist unmittelbar neben dem Messer.

Deutlich ist der Unterschied zw. den W.en aus den Gräbern, die wohlgeformt sind und wenige Abnutzungsspuren zeigen, und dem Material aus der Siedlung ‚Schwarze Erde', das oft sehr stark abgenutzt ist und in zahlreichen Bruchstücken vorliegt. Manche zeigen Schleifrinnen speziell für Pfeilspitzen oder Bohrer (51, Abb. 21) sowie Kerben oder anders geformte Vertiefungen, je nach speziellem Zweck. Die Handwerker hatten unterschiedlich geformte W.e für verschiedene Geräte, die gewetzt werden sollten. Im Werkzeugkasten von → Mästermyr lagen zwei W.e verschiedener Größe aus Schiefer (21, Taf. Nr. 415); in den sonstigen Schmiedegräbern der WZ finden sich auch immer ein oder zwei W.e.

Der fremdartige farbige Bandschiefer überwiegt in Birka in den Gräbern als Beigabe gegenüber Funden in der ‚Schwarzen Erde' (51, 104. 107 Diagramm 1), wenn auch Tonschiefer für die W.e allg. bevorzugt wurde. Diese wetzsteinartigen Geräte aus farbig gebändertem Schiefer sind 2–9 cm lg., im Querschnitt vier- oder sechskantig mit aufgebohrtem Loch am schmaleren oberen Ende; sie sind gut poliert und ohne oder nur mit geringen Abnutzungsspuren (51, 107; 5, Farbtaf. 188; 21, 49 f., Abb. 171–173) (Taf. 14). Getragen wurden sie aufgehängt an Ringen aus Eisen, Bronze oder Silber am Gürtel. Obwohl sie nicht gut zum Wetzen geeignet sind (s. o.), waren sie regelhaft beim Messer und dienten eher als Schmuck oder Amulett mit einer noch unbekannten rituellen Bedeutung (6, 59; 12, 345 ff.); denn es gibt derartige Miniaturformen der W.e auch als Bernsteinanhänger.

Im Handelsplatz → Paviken auf Gotland besteht ein Drittel des W.-Material aus dort anstehendem Sandstein und Tonschiefer, während die anderen zwei Drittel importiert sind, als Alaunschiefer von Öland, als gebänderter Tonschiefer aus N-Schweden (32, 72 f.; 19, 252). Rohmaterial für W.e wurde schon während der MZ/VZ aus Norrland nach → Helgö und ins Mälargebiet verhandelt, wie die petrographische Analyse nachgewiesen hat.

Die Verbreitung der W.e aus den wichtigsten beiden norw. Schieferarten hat Resi 1990 für Norwegen kartiert (45, Karte 24: W.e aus dunklem Schiefer mit immerhin 268 FO; Karte 25: W.e aus hellem Schiefer mit 108 FO; zum innernorw. Handel auch 11 und 44). Die Verteilung ist sehr ähnlich jeweils mit Konzentrationen nahe den Küsten. Auch diese Kartenbilder unterstützen die Ansicht, daß der dunkle Schiefer aus verschiedenen Steinbrüchen des s. W-Norwegen, der helle Schiefer aus dem Gebiet Eidsborg in S-Norwegen kommt, wo seit über 1 000 J. kontinuierlich W.-Material abgebaut wird.

Die norw. Schieferarten sind über weitere Jh. an die s. Ostseeküste verhandelt worden, finden sich auf Usedom und in Greifswald. Der Handel mit diesem Material für Schleifsteine und W.e aus dem norw. Eidsborg (35) geht von der WZ weiter bis ins 13./14. Jh. Die stangenförmigen, bis zu einem halben Meter lg. Rohlinge wurden zu Bündeln verschnürt in Tonnen über den norw. Hafen Skien über See verhandelt (4, 131 f.; 33, 490–493). Noch in dieser späten Zeit sind die W.e stark abgenutzt und zeigen dadurch die Wertschätzung dieser Geräte aus importiertem Material. Zumeist wird auch für die norddt. Küstenzone unbedenklich die Herkunft der W.e aus W-Norwegen angenommen, weil dort die Steinbrüche bekannt sind (35; 15; 19; 6), wenn auch das Thür. Schiefergebirge inzw. in den Blick genommen wird (7; 8).

Als Herkunftsgebiet für die W.-Materialien aus Spandau werden daher nun auch der Thüringer Wald und der Frankenwald vorgeschlagen, weil andere Gebiete im Binnenland auszuschließen sind (8, 121 f. mit Karte). Zwei Drittel der W.e stammen aufgrund des Materials aus einem recht umgrenzten Gebiet im thür.-frk. Raum, aber immerhin etwa 25 % aus dem norw. Telemark: „Da dieses Material relativ gleichartig, durch die gröbere Körnung nur für bestimmte Schleifvorgänge und nicht zum Abziehen zu gebrauchen ist, wäre ein Anteil in dieser Größenordnung auch etwa zu erwarten" (8, 124).

Auch in England (s. o.) wurden W.e aus eingehandeltem Material hergestellt, so ebenfalls aus Norwegen während der WZ oder über Handel innerhalb der Britischen Inseln während der VWZ und MZ, und nur in geringem Prozentsatz nahm man Steine vom Ort (16, 9; 45).

d. Symbolisches zum W. Evison erörtert für einige W.e der ags. Epoche eine rituelle Bedeutung (18, 78 ff.). Der große W. von → Uncleby gehört dazu, v. a. der Stein aus dem Kg.sgrab von → Sutton Hoo, der um 60 cm lg. und max. 5 cm dick ist. Weitere Steine ähnlicher Art gibt es; dazu zählt der Stein von Hough-on-the-Hill, Lincolnshire. Er ist beschädigt, max. 5,6 cm dick, war also wohl noch länger als der Stein von Sutton Hoo, mit menschlicher Büste am oberen Ende. Wenn diese ‚Wetzsteine' auch aus vergleichbarem Rohmaterial bestehen, so sind sie doch jeweils am Ort hergestellt worden, wie die unterschiedliche Ausgestaltung der menschlichen Köpfe zeigt. Die einen haben Parallelen im kelt. Milieu, die anderen weisen nach Skand. Diese W.e zeigen keine Benutzungsspuren.

Zwei kleine W.e aus grau-schwarzem Schiefer mit V-förmiger Falz am Ende an allen vier Seiten, gefunden in der ‚Schwarzen Erde' von Birka, werden mit Blick auf diese großen engl. W.e als Miniaturzepter gedeutet (6, 59 f. Fig. 1; 12, 361). In diesem Zusammenhang sollten auch die prächtig gefärbten, gebänderten W.e aus Birka und Haithabu als Amulette und Rangzeichen gedeutet werden.

Es besteht eine Ähnlichkeit des großen W.s von Sutton Hoo mit einigen langschmalen Steinen oder Stelen mit menschlichem Kopf oder Köpfen am Ende (12, 368 Fig. 267–269), die zwar keine direkte Parallele sind; denn sie zeigen im Stil der Darst. kelt. Traditionen. Demgegenüber sind in den Gesichtern des Zepters von Sutton Hoo eher Parallelen mit germ. Hintergrund zu finden, v. a. in Skand.; in diesem großen W. oder Zepter verbinden sich ält. kelt. und jüng. germ. Elemente. Das Zepter als solches mag eine Reflexion spätröm. Insignien sein, mit dem Hirsch als Bekrönung vergleichbar dem röm. Adler (12, 375). Der symbolische W. wurde in das Grab von Sutton Hoo gelegt und damit begraben, so Bruce-Mitford, weil er als paganes Symbol kgl. Macht in einem christl. Kgt. nicht mehr zu akzeptieren war (12, 377).

Das Material zum W. von Sutton Hoo kommt aus Schottland (12, 361). Das Zepter ist also in England geschaffen worden, wohl in kgl. Werkstatt des → Rædwald oder seines Vorgängers (12, 375), trotz skand. Beeinflussung.

Zur kult.-rituellen Funktion von W.en im N meint Bruce-Mitford: „The substance of the sceptre was a whetstone, to Germanic minds the emblem of Thor, perhaps also seen as the sharpener of the swords of the king's warband and companions" (12, 375). Doch diese Beziehung zu → Donar-Þórr ist recht undeutlich, ebenso die Verbindung zw. Thor und einem W. (49). Zwar wird ein Zepter nach → Adam von Bremen (→ Donar-Þórr S. 2) dem Thor zugeschrieben, aber das Symbol des hammerschwingenden Gottes ist der → Thorshammer. Zu den Mythen (→ Thorsmythen S. 495) gehört der Geirrødr-Mythus, in dem es heißt, daß dem Thor ein Kraftgürtel, eiserne Handschuhe und ein Stab (ein Zepter?) von einer Riesin übergeben worden seien. Im Hrungnir-Mythus bei → Snorri Sturluson (→ Thorsmythen S. 496 f.) wird der Kampf zw. Thor und dem Riesen Hrungnir geschildert. Dieser ist mit einem Schild und einem W. (!) bewaffnet. Er schleudert den W. gegen den Hammer, der W. zerbricht, und ein Stück trifft Thor am Kopf, bleibt in seinem Kopf stecken, während die anderen Teile zur Erde fallen, woraus alle Wetzsteinfelsen entstanden, die Steinbrüche (!) *(fellr annarr hlutr á jǫrð, ok eru þar af orðin ǫll heinberg)* (49, 33;

50, 194 f. 391. 395). Nach ‚heidnischem' Volksglauben soll man W.e nicht über den Boden werfen, denn dann werde sich der W.-Splitter in Thors Haupt bewegen.

Es sei noch erwähnt, daß für die gotländische Inschr. von Timans (G 216) aus der 2. Hälfte des 11. Jh.s ein W. gewählt wurde. Sie nennt zwar nur lapidar die PN Ormika und Ulvair, dafür aber Ziele von Fernreisen zu Raub- oder Handelszügen wie Griechenland, Jerusalem, Island, Serkland, die Auflistung von Merkwürdigkeiten, Personen und Örtlichkeiten, durch einen runenkundigen Schreiber (K. Düwel, in: wie [11] 446 f.).

(1) B. Ambrosiani, Finds from the Birka Excavations 1990. General comments, in: Ders., H. Clarke (Hrsg.), Excavations in the Black Earth 1990, Birka Studies 2, 1995, 49–51. (2) J. Ansorge, Zur anthropogenen Verbreitung von Leitgeschieben in vorindustrieller Zeit – ein Beitr. zum skand. Natursteinexport, Geschiebekunde Aktuell 18, H. 3, 2002, 77–93. (3) Ders., Bemerkenswerte Funde und Befunde vom Grundstück Markt 23 in Greifswald, Bodendenkmalpflege in Mecklenburg-Vorpommern Jb. 52, 2004 (2005), 547–580. (4) Ders., Handel mit Natursteinen und mineralogischen Rohstoffen, in: H. Jöns u. a. (Hrsg.), Arch. unter dem Straßenpflaster. 15 J. Stadtkernarch. in Mecklenburg-Vorpommern, 2005, 129–134. (5) H. Arbman, Birka I. Die Gräber. Taf., 1940. (6) B. Arrhenius, Rez. zu: R. Bruce-Mitford, The Sutton Hoo Ship Burial. A Handbook 1972, Fornvännen 68, 1973, 59 f. (6) H. Askvik, Petrographische Unters. an Schiefer-W.en aus Haithabu, in: [45], 135–142. (7) H.-J. Bautsch, Mineralogisch-petrographische Unters. zur Herkunftsbestimmung frühma. W.e, Veröffentl. des Brandenburgischen Landesmus.s für Ur- und Frühgesch. 29, 1995, 237–244. (8) Ders., Mineralogisch-petrographische Unters. an W.en und Mahlsteinen aus der Grabung Spandauer Burgwall, in: A. von Müller, K. von Müller-Muči (Hrsg.), Neue Forsch.sergebnisse vom Burgwall in Berlin-Spandau. Arch.-Hist. Forsch. in Spandau 5, 1999, 109–129. (9) G. und J. Bemmann, Der Opferplatz von Nydam. Die Funde aus den ält. Grabungen: Nydam I und Nydam II, 1998. (10) M. Bencard u. a. (Hrsg.), Ribe Excavations 1970–1976, Vol. 3, 1991. (11) Ch. Blindheim, Internal Trade in Viking Age Norway. An attempt at A Stand der Forsch., in: K. Düwel u. a. (Hrsg.), Unters. zu Handel und Verkehr der vor- und frühgeschichtl. Zeit in Mittel- und N-Europa 4, 1987, 758–772. (12) R. Bruce-Mitford, The Sutton Hoo Ship Burial, 2. Arms, armor and regalia, 1978. (13) C. von Carnap-Bornheim, J. Ilkjær, Illerup Ådal, 5. Die Prachtausrüstungen, 1996. (14) A. E. Christensen, Klåstadskipet, Naturen 2, 1978, 79–84. (15) D. D. B. Crosby, J. G. Mitchell, A survey of British metamorphic hone stones of the 9th to 15th centuries AD in the light of potassium-argon and natural remanent magnetization studies, Journ. of Arch. Science 14, 1987, 483–506. (16) S. E. Ellis, The petrography and provenance of Anglo-Saxon and medieval English honestones, with notes on some other hones, Bull. of the British Mus. (Natural Mus.), Mineralogy ser. 2, 1969, 135–187. (17) C. Engelhardt, Vimose Fundet, 1869. (18) V. I. Evison, Pagan-Saxon Whetstones, The Antiqu. Journ. 55, 1975, 70–85. (19) I. Gabriel, Hof- und Sakralkultur sowie Gebrauchs- und Handelsgut im Spiegel der Kleinfunde von Starigard/Oldenburg, Ber. RGK 69, 1988 (1989), 103–291. (20) Ders., Handel und Fernverbindungen, in: M. Müller-Wille (Hrsg.), Starigard/Oldenburg. Ein slaw. Herrschersitz des frühen MAs in Ostholstein, 1991, 251–278. (21) J. Graham-Campbell, Viking Artefacts. A selected catalogue, 1980. (22) W. Haberey, Röm. W.e, Bonner Jb. 146, 1946, 176. (23) N. Hald, The Petrography of the Honestones, in: [10], 142–146. (24) A. Häusler, Grab- und Bestattungssitten der frühen Sarmaten, Alt-Thüringen 21, 1986, 238–267. (25) J. Herrmann, Ralswiek auf Rügen, 3. Die Funde aus der Hauptsiedlung, 2005. (26) J. Ilkjær, Illerup Ådal, 3. Die Gürtel. Bestandteile und Zubehör, 1993. (27) G. Jacobi, Werkzeug und Gerät aus dem Oppidum von Manching, 1974. (28) H. Kars, Early-Medieval Dorestad, an Archaeo-Petrological Study, Part V: The Whetstones and the Touchstones, Ber. ROB 33, 1983, 1–37. (28a) S. Jensen, Handel med dagligvarer i vikingetid, Hikuin 16, 1990, 119–138. (29) M. Knaut, Die alam. Gräberfelder von Neresheim und Kösingen, 1993. (30) U. Koch, Frühgeschichtl. Funde aus Bein, Geräte aus Ton und Stein aus den Plangrabungen 1967–1984. Der Runde Berg bei Urach VIII, 1994. (31) J. N. Lanting, W.e mit Fischgrätenverzierung: Artefakte aus röm. Zeit, Germania 52, 1974, 89–101. (32) P. Lundström, De kommo vida... Vikingars hamn vid Paviken på Gotland, 1981. (33) G. Mangelsdorf u. a., Unters. zum frühgeschichtl. Wirtschafts- und Herrschaftszentrum Usedom II. Die spätslaw. Siedlung am Priesterkamp, Bodendenkmalpflege in Mecklenburg-Vorpommern Jb. 52, 2005, 397–545. (34) E. Meyer, Die germ. Bodenfunde der spätröm. Kaiserzeit und der frühen VWZ in Sachsen, Text 2, 1976. (35) J. G. Mitchell u. a., Potassium-argon ages of schist honestones from the Viking ages sites at Kaupang (Norway), Aggersborg (Denmark), Hedeby (West Germany) and Wolin (Poland), and their

arch. implications, Journ. of Arch. Science 11, 1984, 171–176. (36) D. T. Moore, The Petrography and Arch. of English Honestones, ebd. 5, 1978, 61–73. (37) Ders., Petrographische Analysen an einigen Schiefer-W.en aus Haithabu, in: [45], 143–149. (38) J. E. Morey, K. C. Dunham, A Petrological Study of Mediaeval Hones from Yorkshire, Proc. of the Yorkshire Geol. Soc. 29, 1953, 141–148. (38a) M. Müller-Wille u. a., Frühstädtische Zentren der WZ und ihr Hinterland. Das Beispiel Ribe, Hedeby und Reric, Akad. Wiss und Lit. Mainz. Abhandl. der Geistes- und naturwiss. Klasse 2002, Nr. 3. (39) S. Myrvoll, The trade in Eidsborg hones over Skien in the medieval period, Iskos 5, 1985, 31–47. (40) Ders., The hones, in: [10], 115–141. (41) Ch. Pescheck, Die germ. Bodenfunde der RKZ in Mainfranken, 1978. (42) K. Raddatz, Husby. Ein Gräberfeld der EZ in Schleswig 2, 1974. (43) Ders., Der Thorsberger Moorfund. Kat. Teile von Waffen und Pferdegeschirr, sonstige Fundstücke aus Metall, Glas, Ton und Holzgefäße, Steingeräte, 1987. (44) H. G. Resi, Reflections on Viking Age Local Trade in Stone Products, Proc. of the tenth Viking Congress. Univ. Oldsaksamling Skr. NR 9 (Oslo), 1987, 95–102. (45) Dies., Die Wetz- und Schleifsteine aus Haithabu, Ber. über die Ausgr. in Haithabu 28, 1990, 9–134. (46) H. Schach-Dörges, Die Bodenfunde des 3. bis 6. Jh.s n. Chr. zw. unterer Elbe und Oder, 1970. (47) G. Schlüter, Wetz- und Schleifsteine aus Haithabu. Petrographische Beschreibung einiger Gesteinsarten, in: [45], 150–158. (48) H. Schönberger, Kastell Oberstimm. Die Grabungen von 1968 bis 1971, 1978. (49) F. R. Schröder, Thor und der W., PBB 51, 1927, 33–35. (50) R. Simek, Lex. der germ. Mythol., 1984. (51) K. Sundbergh, G. Arwidsson, Schleif- und Wetzsteine, in: G. Arwidsson (Hrsg.), Birka II:3. Systematische Analysen der Gräberfunde, 1989, 102–110. (52) H.-J. Vogt, Die Wiprechtsburg Groitzsch, 1987. (53) P. Westfalen, Die Kleinfunde aus der frühgeschichtl. Wurt Elisenhof, Elisenhof 7, 1999, 1–232.

H. Steuer

Whitby. Archäologisch. W., an der Mündung des Flusses Esk in die Nordsee im N von Yorkshire gelegen, wurde um 657 von Kg. → Oswiu als Doppelkloster gegründet, die erste Äbtissin war Hild († 680) aus kgl. Familie, die zuvor das Kloster → Hartlepool geleitet hatte. Das Kloster W. wurde Grablege für Oswiu († 671) und Edwin, doch ist über die Lage der Gräber nichts mehr bekannt. Etwa 867 durch dän. Wikinger zerstört, was jedoch nicht schriftlich überliefert ist, wurde das Kloster 1077 neu gegründet und erlebte im 13. Jh. eine Blütezeit (2). Die Klosterbauten wurden im 16. Jh. abgebrochen; die normannische Kirche des Abtes Roger (1222–1244) blieb wohl als Seezeichen bestehen und verfiel nach und nach.

Bei W. oben auf der Steilküste, dem East Kliff 55 m hoch über der Nordsee, endete die von → York zur Küste führende Straße; ein hier in der Kette der bekannten Signalstationen postulierter und in der lokalen Tradition seit jeher angenommener röm. Leuchtturm kann indessen nicht nachgewiesen werden, weil Teile der Steilküste abgetragen sind (3, 314 Illus. 7, 317 Illus. 9). Der Name W. ist erst seit dem 9. Jh. möglich; die Frage bleibt, wie der Platz zuvor geheißen hat, wohl *Streanæshealh* (→ Whitby § 1, Bd. 33). Der Wechsel zu W. kann erst nach der Zerstörung des Klosters durch die Wikinger und der Landnahme durch Skandinavier im 9. Jh. erfolgt sein. Ein Name *Witebi* der Hafensiedlung kann den Namen *Prestebi* der Höhensiedlung, 1072 genannt, absorbiert haben (2, 313 f.; 11, 606).

Ausgr. n. der Kirchenruine fanden in den J. 1920–1925 auf einer Fläche von etwa 150 × 60 m statt (9). In dem von Peers und Radford 1943 vorgelegten Plan (9, Pl. XXXI) sind etwa acht rot herausgezeichnete Räumlichkeiten als Fundamente des frühen Klosters bezeichnet worden. Doch handelt es sich kaum um selbständige Bauten innerhalb des sorgfältig gezeichneten Steinplans, sondern u. U. nur um Räume in größeren Gebäuden. Daher wurde von Rahtz 1976 ein neuer Gesamtplan dieses kaum mehr als 0,5 ha großen untersuchten Gebiets veröffentlicht (10, 460; 5, 224 f. Fig. 5.7), das nicht den Kern des alten Klosters gebildet hat, sondern nur das n. Areal des Gesamtkomplexes. Die zahlreichen Fundamentverläufe bestehen aus zwei Fuß br. Trockenmauerwerk, auf dem entweder

Steinwände aufgesetzt waren – zu den Räumen gehören Architekturfrg., steinere Türschwellen und Feuerstellen – oder aber Flecht- oder Fachwerkkonstruktionen. Die gefundenen Lehmverputzreste können jedoch auch von vermuteten ält. Holzbauphasen stammen, die von mehreren in Stein errichteten Bauphasen abgelöst wurden. Der größte Bau oder Raum (Bau E) ist immerhin ca. 14,3 m lg. und 5,8 m br. Grabungen 1958 durch Rahtz (11, 605, Fig. 1; 12) in größerem Abstand von der Abteikirche im N und durch Pacitto im Bereich des Friedhofs sö. der Kirche ergänzen die ält. Berichte.

Da jedoch aussagefähige Stratigraphien fehlen, lassen sich Bauabfolgen von der ags. Zeit bis ins hohe MA nicht erarbeiten, denn auch der Fundstoff ist nicht einzuordnen. Nach NO begrenzt eine Straße oder das Fundament einer Befestigung *(vallum monasterii)* das Areal (4, 9); doch befinden sich Baureste verschiedener Phasen auf beiden Seiten. Von den mehr als 10 Brunnen beiderseits dieser Linie befinden sich einige gewissermaßen unter der Straße. Flächen ohne Mauern sind im neuen Plan als Wege eingezeichnet.

Manche Bauten dieses n. Areals enthielten häusliche Gerätschaften wie Mühlsteine, Schmucknadeln und Griffel (z. B. ein quadratischer Bau F, errichtet über dem Nordrand des Friedhofes im frühen 9. Jh.). Fundarten spiegeln in einigen Grundrissen weibliche Tätigkeiten: Spinnen, Weben, Nähen, Kochen, auch Buchproduktion. Vielleicht lagen s. der alten Kirche die großen öffentlichen Bauten für Frauen und Männer der Gemeinschaft. Direkte Hinweise auf Werkstätten für Holz, Metall oder Stein gibt es nicht; sie können nur anhand der Objekte indirekt erschlossen werden (8, 72).

Metallfunde und Münzen decken die Spanne vom späten 7. bis späten 9. Jh. ab (8, 64 f.). Unmittelbar n. der got. Kirche sind mehr als 250 Gräber nachgewiesen, die teils erst im 12. Jh. und später eingetieft wurden. Grabsteine, die aber anscheinend auch verlagert worden sind, weisen auf ags. Bestattungen hin. Zwei Steine zeigen Tierornamentik, von den 26 Grabsteinen tragen manche Inschr. Ein bedeutender Bestand an skulptierten Steinen, darunter zahlreiche Frg. von Kreuzen, reflektiert wie überhaupt in Northumbrien auch kontinentale Einflüsse (7; 8, 69 ff.).

Das Fundregister (6) nennt über 1 100 Nr.; doch lassen sich die Funde im Areal nicht vollständig kartieren, um sichere Funktionshinweise für die Gebäudenutzung erkennen zu können.

Zwei große scheibenförmige, durchbrochene, vergoldete Kupferbeschläge in Gestalt achtlappiger, ineinandergefügter, abgerundeter Kreuzarme mit flächendeckender Ornamentik (9, XXVI a,b; 8, 67 Fig. 7.2) werden als Buchbeschläge auf farbigem Leder gedeutet (Dm. ca. 8,6 und 10,4 cm). Gußformen für ähnliche Stücke gibt es im Komplex des → Saint Ninian's Isle Treasure aus dem 8. Jh. (15, allg. zu den Metallfunden 192–201, pl. XXXVIII–XL), Gußformen im Kloster Hartlepool, das Äbtissin Hild vor W. geleitet hat, und in Hackness, ihrer nachfolgenden Tochtergründung (8). Der Typ des Kreuzes mit abgerundeten Enden der Arme erscheint im Milieu von Northumbrien auch bei Steinkreuzen (13, 156; 8, 67 f.).

Zu den Metallfunden gehören weiterhin kleine Schlüssel von Schreinen oder Kästchen, mehr als zehn Frg. von → Hanging Bowls (15), zahlreiche lanzettförmige Riemenzungen des 8./9. Jh.s (9, 57 Fig. 11; vgl. dazu 13, 149 Fig. 3: derartige Riemenzungen aus Silber, 161 Fig. 6 Verbreitungskarte), Nadeln aus Bronze und Knochen, Schnallen, Pinzetten, Griffel sowie Bleigewichte. Zum weiteren Fundstoff zählen Wetzsteine, außerdem Kammfrg., Spinnwirtel und Webgewichte, ags. und importierte karol. Keramik – und Keramik des 12.–16. Jh.s (11, 612) – sowie Bruch von Glasgefäßen, Tesserae und einige Beschläge mit Glaseinlagen. Der Metallschmuck und manch Steinornament spiegeln einen Wandel in den externen Beziehungen des Klosters W. nach Irland (7./8. Jh.) und zum Kontinent sowie wohl auch eine Veränderung der Nutzung des Areals, sofern die arch. Erforschung eines Teilbereichs das nicht nur vortäuscht. Parallelen finden sich auf ir. oder auch ags. weltlichen Plätzen und Gräberfeldern.

Ein beachtlicher Bestand an Münzen (geborgen seinerzeit noch ohne Metallsuchgerät) hilft bei der Datierung (1): neben 11 röm. Münzen des 4. Jh.s und einigen hochma. Silbermünzen zahlreiche Münzen der Spanne von 700–850, darunter 17 → Sceattas, mehr als 100 der frühesten Münzen der Kg. von → Northumbria, des Ealdfrith (685–705), Eadberht (757/8), Ecgberht, Ebf. von York, Aelfwald I. (778–789), parallel zu den Sceatta-Prägungen, weiterhin Eardwulf (796–806), Eanred (807–841), Ethelred II. (841–849), Redwulf (844), Osberht (849–857), auch → Stycas aller Kg., die solche prägen ließen, außerdem Münzen der Erzbischöfe von York Eanbald II. (796–808) und Wigmund (837–854) (Schreibweise der Namen nach [1]). Eine 1874 gefundene Bleibulle weist mit der Inschr. auf einen Archidiakon Bonifatius (14) hin; zwei Diakone dieses Namens sind für die Zeit um 655 und das J. 685 überliefert (14).

Arch. Vergleiche gibt es mit den Klöstern → Lindisfarne und → Jarrow, wo ebenfalls frühe Holzbauphasen nachgewiesen sind, mit → Hartlepool, → Monkwearmouth oder → Flixborough.

(1). J. Allan, The Coins of W., Archaeologia 89, 1943, 85 f. (2) P. S. Barnwell u. a., The Confusion of Conversion: Streanæshalch, Strensall and W. and the Northumbrian Church, in: M. Carver (Hrsg.), The cross goes north. Processes of conversion in northern Europe, AD 300–1300, 2003, 311–326. (3) T. W. Bell, A Roman signal station at W., The Arch. Journ. 155, 1998, 303–313. (4) A. W. Clapham, W. Abbey, 1952. (5) R. J. Cramp, Monastic Sites, in: [16], 201–252 (W.: 223–229). (6) Dies., Analysis of the finds register and location plan of W. Abbey, in: [16], 453–457. (7) Dies., Corpus of Anglo-Saxon Stone Sculpture I. County Durham and Nothumberland, 1984. (8) Dies., A Reconsideration of the Monastic Site of W., in: R. M. Spearman, J. Higgitt (Hrsg.), The Age of Migration Ideas. Early Medieval Art in Northern Brit. and Ireland, 1993, 64–73. (9) C. R. Peers, C. A. R. Radford, The Saxon monastery of W., Archaeologia 89, 1943, 27–88. (10) P. A. Rahtz, The building plan of Anglo-Saxon monastery of W. Abbey, in: [16], 459–462. (11) Ders., W. 1958, The Yorkshire Arch. Journ. 40, 1962, 604–618. (12) Ders., Anglo-Saxon and later W., in: L. R. Hoey (Hrsg.), Yorkshire Monasticism: arch., art and architecture from the seventh to sixteenth centuries, 1995. (13) G. Thomas, Reflections on a ‚9th-century' Northumbrian Metalworking Tradition: A Silver Hoard from Poppleton, North Yorkshire, Medieval Arch. 50, 2006, 143–164. (14) A. White, Finds from the Anglian monastery at W., The Yorkshire Arch. Journ. 56, 1984, 33–40. (15) D. M. Wilson, Anglo-Saxon Ornamental Metalwork 700–1100 in the British Mus. Catalogue of Antiquities of the Later Saxon Period I, 1964. (16) Ders. (Hrsg.), The Arch. of Anglo-Saxon England, 1976.

H. Steuer

Zum Hist.; zur Synode von W.; zum Runologischen → Whitby, Bd. 33

Wiedergeburt

§ 1: Terminologie und religionsgeschichtlicher Hintergrund – § 2: Das Problem der Wiedergeburt in der altgermanischen und altskandinavischen Überlieferung

§ 1. Terminologie und religionsgeschichtlicher Hintergrund. Der Terminus W. ist mehrdeutig und kann sich sowohl auf die Vorstellung einer Seelenwanderung nach dem Tod – ähnlich der indischen Lehre vom *saṃsāra* – als auch auf die Wiederverkörperung eines Toten in einem anderen lebenden Menschen beziehen. Des weiteren kann der Terminus als bildlicher Ausdruck für das symbolische oder geistige Neubeleben eines Menschen verwendet werden. Alle diese Bedeutungen einer W. sind von der Forschungsgesch. für die agerm. Vorstellungswelt vertreten worden. Hinzu kommt die Schwierigkeit, daß W. auf den ersten Blick mit Begriffen wie Transmigration und Reinkarnation synonym zu sein scheint, sich bei näherer Betrachtung aber nicht problemlos mit diesen gleichsetzen läßt (vgl. 12; 6, 144).

In den Relig. des vorchristl. Europas ist die Vorstellung einer W. bes. mit den Griechen und den Kelten verknüpft. Am besten unterrichtet sind wir über die griech. Relig., in der die Vorstellungen von einer *metempsychosis* oder *palingenesia*, namentlich bei den Orphikern und Pythagoräern, bedeutsam waren (s. dazu 17; 4). Die Kelten betreffend sind die Zeugnisse einer genuinen Seelenwanderungslehre hingegen unklar, es dürfte sich eher um die Vorstellung eines neuen Lebens im Jenseits handeln, vermutlich veranlaßt durch den Glauben an die Unsterblichkeit der Seele (zur Diskussion s. 7; 15, 115 f.; 14, 270–273).

§ 2. Das Problem der Wiedergeburt in der altgermanischen und altskandinavischen Überlieferung. Unter den ant. Aufzeichnungen über die Germ. ist eine Aussage Appians (Kelt. I,3) von besonderem Interesse (s. 21, § 158): Die Germ. des → Ariovist verachteten den Tod, hegten sie doch die Hoffnung auf ein ‚Wiederaufleben' (griech. ἀναβίωσις). Es läßt sich aber nicht näher bestimmen, ob damit eine W. in einem anderen Menschen oder ein neues Leben im Jenseits gemeint ist.

Nur vereinzelt finden sich in der awnord. Lit. klare Angaben über die Vorstellung einer W. (namentlich die Helgi-Dichtung in der *Edda;* → Edda, Ältere; → Helgilieder und Helgisagen). Man hat aber angenommen, diese Vorstellung sei bei den Skandinaviern allgemeiner verbreitet gewesen, als es die spärlichen direkten Aussagen vermuten lassen (20; 9; 16; 8). Behauptet wird, die Sitte, Kindern die Namen verstorbener Verwandter zu geben, ließe sich am ehesten vor dem Hintergrund von W.-Vorstellungen interpretieren (20; 9; 22; 8; 2; vgl. 1; s. auch → Personennamen § 4). Unterschieden wird dabei zw. zwei Arten der Namengebung, dem Variationsprinzip und dem Prinzip der Nachbenennung nach toten Verwandten, wobei das letztgenannte mit der Vorstellung einer Seelenwanderung eng verbunden sei (20). Andererseits kann man auch annehmen, daß die Nachbenennung und die Vorstellung von einer W. nicht unbedingt ein biologisches Verwandtschaftsverhältnis voraussetzt (3).

Ebenfalls umstritten ist die Frage nach dem Ursprung der Verbindung von Nachbenennung und W. Laut G. Storm tauchte das Prinzip der Nachbenennung zuerst im 5. Jh. unter germ. Stämmen in Gallien auf und wurde danach zusammen mit der Seelenwanderungslehre (→ Seelenvorstellungen) nach Skand. vermittelt, wo das Prinzip der Nachbenennung schon im 9. Jh. vorhanden war (20). Das Verhältnis der Namengebungsprinzipien – Variation, Alliteration und Nachbenennung (→ Personennamen § 4) – ist jedoch komplizierter und läßt sich nicht problemlos chron. einordnen, ergibt doch die Variation oft dieselben Namenbildungen wie die Nachbenennung (22; 9; 12; 6). Darüber hinaus könnten auch andere Vorstellungen, nicht nur diejenige einer W., bei der Namengebung eine Rolle gespielt haben (12). Wenngleich direkte Aussagen über die tieferen Gründe einer Namengebung fehlen, deutet doch vieles darauf hin, daß der Gedanke an die W. oder Reinkarnation eines Menschen in einem anderen diese beeinflußt haben könnte (9; 3; 6; 21, § 138; 2). Des weiteren kann nicht bewiesen werden, daß bei den Germ. der Glaube an eine W. jung ist und auf fremdem Einfluß beruht (21, § 138).

Es ist auch darauf hingewiesen worden, daß das Ritual des Rasengangs (*jarðarmen* ‚Rasenstreifen'; → Schwurfreundschaft) zur Bestätigung der Blutsbrüderschaft mit dem

Gedanken an symbolischen Tod und W. zusammenhängen könnte (21, § 211).

Im Hinblick auf diese vagen und indirekten Hinweise kommt den expliziten Aussagen, die in der awnord. Lit. trotz allem zu finden sind, eine umso größere Bedeutung zu. Das Zeugnis einiger awnord. Texte legt die Vermutung nahe, die W.-Vorstellungen könnten zum alttradierten Glaubensgut der Germ. gehört haben.

Die Erzählung über Olaf den Dicken oder Geirstaðaálfr und seine teilweise W. in → Olaf dem Heiligen ist in ihrer jetzigen Form als Versuch der Christianisierung eines zurückliegenden altskand. Gedankengutes zur W. zu verstehen (zur Diskussion s. 10; 18, 80–95). Die Erzählung bezieht sich auf Volksvorstellungen zur W., denen man doch in gewisser Weise entgegentreten wollte.

Der *Óláfs þáttr Geirstaðaálfs* berichtet, ,als Olafs Freunde und Verwandten das hörten, glaubten sie, daß die Seele Olafs des Dicken Besitz vom Körper des anderen Olafs (d. i. Olaf der Hl.) genommen habe'.

Die Helgidichtung zeigt eine andere Var. des Glaubens an W., bei der die Polemik weniger auffällig ist. Die Prosapassage am Ende der *Helgakviða Hjǫrvarðssonar* teilt mit, ,es heißt, Helgi und Svava wurden wiedergeboren' *(væri endrborin)*. Der Prosaschluß der *Helgakviða Hundingsbana II* ist etwas ausführlicher und verweist auf die altertümliche Vorstellung, Menschen würden wiedergeboren *(þat var trúa í forneskio at menn væri endrbornir)*. Der Prosatext bezeichnet dies jedoch als ,Irrvorstellungen alter Frauen' *(þat er nu kǫlluð kerlingavilla)*. Das meiste spricht dafür, daß die Auskünfte im Prosateil zur W. nicht später hinzugefügt, sondern dem Sagenstoff von vornherein nachgestellt wurden, in der Absicht, die vorchristl. Vorstellungswelt zu erklären (13; vgl. 5, 256).

Eine religionsgeschichtl. interessante, wenn auch allzu spekulative Interpretation zur W. wurde von Otto → Höfler vorgebracht, der Tacitus' Aussagen zu dem hl. Hain der Semnonen und den dort praktizierten Menschenopfern mitanführte (Tac. Germ. c. 39; → Menschenopfer § 3). Die Angaben der Helgidichtungen zur W. sollen nach ihm letztlich zurückgehen auf eine kultische Einrichtung der Sweben, die mit sich brachte, daß „eine Frau aus edlem Geschlecht, die als Priesterin ein übermenschlich-göttliches Wesen verkörperte, einen Helden zum Verlobten wählte und ihn zum ‚Geweihten' erhob" (vgl. den Namen *Helgi*). Dieser sei später im hl. Hain geopfert, sein Name und seine Rolle aber von einem Nachfolger übernommen worden. Nach dem Tod der Priesterin lebte ihre repräsentative Funktion in einer anderen Frauengestalt weiter: „So galten der Geweihte und die Weihende als unsterblich, immer wieder verkörpert" (11, 25).

Das kurze Sigurdlied (Str. 45; → Jungsigurddichtung) gibt Auskunft darüber, daß Hǫgni den Wunsch äußerte, Brynhild solle nicht wiedergeboren werden *(pars hon aptrborin aldri verði)*. Es wurde sogar die Vermutung erhoben, die Göttererneuerung in den → Ragnarök hätte einen alten, vorchristl. Glauben an Seelenwanderung und W. in Nachfahren vorausgesetzt (20; 16).

Zusammenfassend kann mit gutem Grund angenommen werden, daß der Glaube an unterschiedliche Formen der W. ein Bestandteil der alttradierten germ. Vorstellungswelt war.

(1) H. Beck, Das Problem der bitheriomorphen PN im Germ., in: H. Roth (Hrsg.), Zum Problem der Deutung frühma. Bildinhalte. Akten des 1. Internationalen Kolloquiums in Marburg a. d. Lahn, 1986, 303–315. (2) O. Bø, Namngjeving, in: Kult. hist. Leks. XII, 206–210. (3) K. Bugge, Reinkarnation og opkaldelse, Maal og Minne, 1922, 101–106. (4) W. Burkert, Griech. Relig. der archaischen und klass. Epoche, 1977. (5) M. Clunies Ross, Prolonged Echoes, 1. The Myths, 1994. (6) H. R. Ellis Davidson, The Road to Hel. A study of the conception of the dead in Old Nore literature, 1943. (7) C. Dröge, Ein ir. Saṃsāra? Betrachtungen zur Frage der kelt. „Seelenwanderungslehre", ZCP 39, 1982, 261–268. (8) K. A. Eckhardt, Irdische Un-

sterblichkeit: Germ. Glaube an die Wiederverkörperung in der Sippe, 1937. (9) G. T. Flom, Alliteration and variation in Old Germanic namegiving, Modern Language Notes 32, 1917, 7–17. (10) A. Heinrichs, Der Óláfs þáttr Geirstaðaálfs. Eine Variantenstudie, 1989. (11) O. Höfler, Das Opfer im Semnonenhain und die Edda, in: Edda, Skalden, Saga (Festschr. F. Genzmer), 1952, 1–67. (12) M. Keil, Aisl. Namenwahl, 1931. (13) A. Kragerud, Helgediktningen og reinkarnasjonen, Scripta Islandica 40, 1989, 3–54. (14) F. Le Roux, C-J. Guyonvaric'h, Les Druides, 1986. (15) D. Ó hÓgáin, The Sacred Isle. Belief and Relig. in Pre-Christian Ireland, 1999. (16) A. Olrik, Ragnarök. Die Sagen vom Weltuntergang, 1922. (17) E. Rohde, Psyche: Seelencult und Unsterblichkeitsglauben der Griechen, 1–2, 1925. (18) G. Røthe, Helt, konge og helgen. Den hagiografiske tradisjon om Olaf den hellige i Den legendariske s., Heimskringla og Flateyjarbók, 2004. (19) K. von See u. a., Kommentar zu den Liedern der Edda, 4. Heldenlieder, 2004. (20) G. Storm, Vore forfædres tro paa sjælevandring og deres opkaldelsesystem, ANF 9, 1883, 199–222. (21) de Vries, Rel.gesch. (22) E. Wessén, Nordiska namnstudier, 1927.

A. Hultgård

Wiege

§ 1: Sprachlich – § 2: Archäologisch

§ 1. Sprachlich. Für die Kufen-W. (das mit Querkufen zum schaukelnden Schwingen bestimmte Kinderbett) erwägt Hjalmar Falk in der 1. Auflage dieses Lex.s (4) urgerm. Alter (mit der Einschränkung, daß die Ags. sie nicht gekannt zu haben scheinen). Falks Argumente sind sprachlicher Art. Anord. *vagga,* ahd. *waga* bzw. *wiga* sprechen für ihn für seine Annahme – d. h., die sprachgeogr. Beleglage (an der Peripherie des germ. Sprachraums) und die nominale Stammbildung (mit o-stufiger Ableitung zum starken Verbum germ. **wega-* ‚bewegen') deuten auf hohes Alter der Bildung (5). Außerdem ist für das nord. *vagga* eine expressive Konsonantendoppelung vorauszusetzen – bei einem stark gefühlsbetonten Wortschatz keine abzuweisende Annahme. Schwieriger wird die Beurteilung, wenn das von Falk zitierte ahd. *wiga* (mit kurzem Wurzelvokal) einbezogen werden soll. Kluge-Mitzka sahen die lautlichen Schwierigkeiten als ungelöst an, solange das Verhältnis von ahd. mhd. *ie: i: a* (in mhd. *wiege,* ahd. *wiga,* mhd. *wage*) nicht klarzulegen sei (9; 10). Den eingehendsten Versuch dazu hat Wissmann gemacht. Er glaubt, wahrscheinlich machen zu können, daß in *wiga* kein urspr. *i* vorliegt, so daß etym. nur mit *wiege* und *wage* zu rechnen sei, wobei *wage* als o-stufige Bildung gelten darf und *wiege* am ehesten als reduplizierende Bildung (vielleicht iterativen Charakters) aufgefaßt werden könne (19; 10; 12). Sprachgeschichtl. gesehen spricht also nichts dagegen, mit urgerm. Alter zu rechnen, wenn auch phonologische und morphologische Fragen in der Diskussion sind.

Im Ae. ist aus Abbot Alfrics „Vocabulary" ein Lexem *cradel* zu nennen, das für lat. *cunabulum* ‚Wiege, Wiegenbett' steht (20) – belegt ist auch die Form *cradol* (1). Wenn in diesen ae. Belegen die sprachliche Basis vorliegt, die in ahd. *kratto* ‚Korb' (16) bezeugt ist, würde dies auf einen eigenen Typus deuten: ein Korbgeflecht, das sich hauptsächlich durch seine Beweglichkeit von der W. als einem Möbel unterschied.

Ein weiterer W.n-Typus wird mit dem anord. Lexem *lúðr* mask. greifbar. Semant. ist das Wort breit gefächert. Es steht für ‚Unterlage eines Mühlsteines' (heute noch norw. *lur*), ‚Mahlkasten, Holzbehältnis', ‚zylinderförmiges Blasinstrument', ‚ausgehöhlter Baumstamm – benützt als Trog, Bett, Kinderbett'. Das oft diskutierte Lexem (2; 3; 8; 11; 17; 18) könnte von einer Grundbedeutung ‚ausgehöhlter Baumstamm' ausgegangen sein. Das ahd. as. Glossenwort *ludara* als volkssprachiges Interpretament für lat. *cuna, cunabula, crepundium* – vgl. auch *ludihorn* ‚Kriegstrompete' (16) – gehört in diesen Zusammenhang. Die kontinental-nord. Gemeinsamkeit spricht für das Alter der Vorstellung einer solchen Trog-W. Nach Falk scheint diese Art Kinder-W. im Norden an einem der Querbalken der Wohnstube schwebend aufgehängt worden zu sein.

Sprachlich von eigenem Interesse (weil herkunftsmäßig unerklärt) ist ein Beleg aus dem → *Gutalag,* dem ma. Rechtsbuch Gotlands. Dort wird die W. mit *ketti* mask. bezeichnet (6; 13; 7). Weitere Belege für *kætti, kätte, kietti* aus Rechtstexten und Mda. (15; 14) deuten auf räumliche Gegebenheiten (kleiner Raum, Verschlag). Stand das Kleinkindbett in einem kleinen Raum oder – wahrscheinlicher – einem bes. abgetrennten Teil eines Wohnraumes? Weitere Anknüpfungen des Lexems in anderen germ. Sprachen sind unsicher: ahd. *ketti* ‚Höhlung, Grube' (Otfrid)?, isl. *kati* ‚kleines Fahrzeug, Holzgefäß'? und weitere. Auch die Frage, ob finn. *kehto* ‚Wiege' als Lehnwort gelten darf, bedarf weiterer Klärung.

Aus dem Wortschatz lassen sich also zwei unterschiedliche W.n-Typen ableiten:

– die Kufen-W., die mit ihren Querkufen eine wiegende Bewegung ermöglichte und wohl als Möbel einen festen Platz im Hause/in der Wohnung beanspruchte,
– die Trog-W., die hängend oder liegend ebenfalls die Tätigkeit des Wiegens, die für dieses Bett entscheidend ist, umzusetzen erlaubte.

Ein weiterer Typus ließe sich unter der Bezeichnung Tragekorb fassen. Von W. könnte man hier kaum noch sprechen – es fehlte die Möglichkeit des an das Bett gebundenen rhythmischen Wiegens ebenso wie die Ortsfestigkeit. Doch zeigt gerade dieses Beispiel, daß die Sachkultur Änderungen unterworfen sein konnte, der die sprachliche Bezeichnung nicht unbedingt folgen mußte – so wie auch für W. gilt, daß Wort und Sache (→ Wörter und Sachen) in keinem direkten und hist. konstanten Beziehungszusammenhang stehen.

(1) Bosworth-Toller, Anglo-Sax. Dict., s. v. *cradol.* (2) H. Christiansen, Det norrøne ord lúðr, Maal og Minne 1952, 101–106. (3) Ders., Ordene lur og stokk i moderne norsk, ebd. 1952, 107–122. (4) Hj. Falk, W., in: Hoops IV, 528. (5) Ders., A. Torp, Wortschatz der germ. Spracheinheit, Vergl. Wb. der germ. Sprachen 3, ⁴1909, 383. (6) J. Granlund, Vagga, in: Kult. hist. Leks. XIX, 424–426. (7) H. Gustavson, Gotländsk ordbok. På grundval av C. och P. A. Säves samlingar, 1918 (1940), s. v. *kätta.* (8) A. Holtsmark, Det norrøne ord lúðr, in: Dies., Studier i norrøn diktning, 1956, 66–80. (9) Kluge-Mitzka, s. v. W. (10) Kluge-Seebold, s. v. W. (11) E. A. Kock, Notationes Norrœnæ, 1923–1944, § 1468. (12) W. Pfeifer, Etym. Wb. des Deutschen, 1989, s. v. W. (13) H. Pipping (Hrsg.), Gutalag och Gutasaga jämte ordbok, 1905–07, 22. (14) J. E. Rietz, Ordbok över Svenska Allmoge-Språket, 1867, s. v. *kætte.* (15) C. J. Schlyter, Ordbok till Samlingen af Sweriges Gamla Lagar, 1877, s. v. *kætti, kietti.* (16) R. Schützeichel (Hrsg.), Ahd. und as. Glossenwortschatz, 2004, s. v. *cratto, ludara, ludihorn.* (17) K. von See u. a., Kommentar zu den Liedern der Edda 4, 2004, 654 f. (mit weiteren Lit.angaben). (18) de Vries, Anord.etym. Wb., s. v. *lúðr.* (19) W. Wissmann, in: Grimm, DWb, s. v. W. (20) Th. Wright, R. P. Wülker, Anglo-Saxon and OE Vocabularies 1, ³1968, 124,29.

Nachtrag: (21) Ethnologia Europaea 8, 1975 (mit Beitr. zu den verschiedenen W.-Typen Europas). (22) T. Hofstra, Ostseefinnisch und Germanisch, 1985 (zu finn. *kehto* < urgerm. *keχtan). (23) H. Brok, Germanic Synthesis of Question ALE.OI: 418 „cradle", in: Aspects of Language. Studies in Honour of Mario Alinei 1, 1986, 306–314.

H. Beck

§ 2. Archäologisch. Sprachwiss. lassen sich (vgl. § 1) die Kufen- und die Trog-W. sowie auch die Korb-W. teils seit der Zeit der urgerm., zumindest seit ahd. und anord. Sprache nachweisen. Die W. war in der Regel aus Holz oder Korbgeflecht hergestellt und die Aufhängung aus Seilen, also aus organischem Material, das sich arch. meist nicht erhält. Nur in Feuchtboden-Umgebung, so im Moor, in Gewässern oder z. B. in den Wurten an der Nordseeküste, können Hölzer überliefert sein und damit auch W.n, vollständig oder eher in Frg. (→ Mobiliar).

Wahrscheinlich wird manches Kleinkind in einer W. bestattet worden sein; doch sind Unterscheidungen zw. kleinem Sarg und W. an den verbliebenen Holzspuren im Boden kaum möglich. Ebenso wurden Backtröge anscheinend häufiger auch als W. verwendet.

Aufgrund dieser Überlieferungsbedingungen sind die Funde von W.n vom Zufall abhängig; die wenigen datierten Ex. sagen also kaum etwas über die Enwicklung der verschiedenen Formen aus.

Die W. als schaukelbares Kinderbett wurde in der Ant. verwendet, was Schriftqu. und Statuetten (7, 114 Abb. 63–65; 15, 364 f.) sowie Reliefdarst. bezeugen, im MA kommen Miniaturen in Hss. dazu (7, 11). Es gibt die W. in Trog- oder Schachtelform; sie wurde aufgehängt oder mit Kufen zum Wippen ausgestattet. Erst seit dem Hoch-MA, dem 14./15. Jh., ist die Gestell- oder Ständer-W. überliefert, d. h. die in eine starre Vorrichtung eingehängte Holz-W.

Eine Mulden-W. ist auf der → Trajanssäule wiedergegeben; hier trägt eine Römerin die Mulden-W. mit dem Wickelkind auf dem Kopf (7, 115; 15, 68). Auf einem Memorienstein vom Gräberfeld St. Severin in Köln ist eine Amme dargestellt, die sich über den toten Säugling in einer Trog-W. beugt (7, 115; 15, 40 mit Abb. 64).

Aus der Wurt → Elisenhof an der nordfries. Küste ist im Bereich des Hauses 26 das Seitenstück eines Kastens mit Tragegriff und Löchern für die Aufhängeschnur erhalten, das als Teil einer W. erklärt wird (14, 121 f. mit Abb. 107 Nr. 244, 216 Abb. 170: Rekonstruktion eines möblierten Hauses mit aufgehängter W.; 7, Kat. Nr. 725 Abb. 60,5). Die Lg. beträgt 36,5 cm, die Hh. 18 cm und die Brettstärke 2,1 cm. Die Holzfunde der Wurt werden allg. ins 8./9. Jh. datiert. Die Kiste hatte keinen Deckel, wie Handgriff und Form des Oberteils sicher erkennen lassen. Es gibt zahlreiche Parallelen zu einer solchen Kasten-W. aus dem volkskundlichen Bereich (10; 13; 14, 122). Man meint, daß dieser Typ der Hänge-W. viel älter sei als die Kufen-W., die erst seit dem Hoch-MA häufiger sei (4, 114; 5; 6).

Aus der Wurt Tofting stammt ein Kindersarg aus Birkenholz mit Löchern an der Schmalseite, 85,5 cm lg., 31,5 cm br. und 12,5 cm hoch, der zuvor als Hänge-W. gedient hat. An den beiden Enden des Trogs sind flache Handgriffe mit Durchbohrungen herausgearbeitet (7, Taf. 25,1 Kat. Nr. 346; 11, 97 Taf. 16; 9; 8, II, Taf. 41). Darin lag ein 10 Monate alter Säugling, der als Hausopfer gedeutet wird. Ein ähnlicher Befund, auch als Bauopfer interpretiert, liegt aus der Grabung 1968, Schicht 8, in Haithabu (→ Haiðaby) vor; das Stück besteht aus Eichenholz und ist 58 cm lg. sowie 31 cm br. (7, Kat. Nr. 745, Taf. 66,2).

Auch ein Trog kann also als W. gedient haben, zumindest lassen das Bestattungen und andere Funde ahnen. Im Watt vor Ostbense, Ldkr. Wittmund, wurde das Skelett eines höchstens dreimonatigen Säuglings auf einem Pflanzenpolster, mit einem Gefäß als Beigabe, in einem 90 cm lg. Holztrog aus Eiche gefunden, datiert in die VWZ. Eine Verwendung als Backtrog oder Teichmulde wird ebenfalls vermutet (1, 5 ff. mit Abb. 2–4; 2, 76 Abb. 2). Ein vergleichbarer Trog von 48 cm Lg., aus Erlenholz mit zwei Griffen, stammt vom Gräberfeld der Fallward bei → Wremen, Ldkr. Cuxhaven, als Beigabe in einem reich ausgestatteten Mädchengrab des 4. Jh.s (12, 58 f. Abb.). Ein Trog, als W. verwendbar, fand man im Moor von → Nydam (8, I, 321).

Trog-W.n sind erkennbar an den Löchern, die zum Durchziehen von Schnüren für die Aufhängung oder zum Anbinden des Kleinkindes dienten; Löcher im Boden waren wohl als Abfluß für den Urin gedacht. So kann man von der Mehrzweckverwendung von Getreide- oder Backmulden oder -trögen ausgehen. Trog-W.n mit gebogenen Böden und Seitenwänden sind wie Kufen-W.n gestaltet; bei diesen ist jedoch der Korpus weiter abgehoben vom Boden, indem zw. den Beinen der W. unten Kufen eingesetzt sind. Es gibt „Längs- und meist aber Querschwinger", die beide seit röm. Zeit sicher bezeugt sind (3, 117, Abb. 69 a–d).

Eine Kufen-W. ist in Herculaneum, datiert 79 n. Chr., 70 cm lg. und 40 cm br., gefunden worden, noch mit den Skelettresten des Säuglings (7, 117 f. Abb. 70, dazu vgl. das Bild in der Wiener Genesis 7, Abb. 71a; 15, 91 f.). Weiterhin sind Kufen-W.n in der *Biblia pauperum* und dem Heidelberger „Sachsenspiegel" abgebildet, die Trog-W. in einer flämischen Hs. (7, 118 Abb. 71a–c). Aus dem ma. Schleswig sollen Frg. einer Kufen-W. vorliegen (7, 118). Byz. Abbilder des 10.–13. Jh.s zeigen W.n mit breiten Kufen, die über die W.n-Füße hinausreichen und an den Enden leicht nach oben gebogen sind, wie auch bei der modernen W. (3, 129). Die archaische Form der Trog-W. auf Kufen ist also bis in die Gegenwart erhalten.

Frg. einer Korb-W. liegen aus der slaw. Siedlung von → Wollin vor. Im ma. → Nowgorod sind zwei Bast-W.n und zwei hölzerne Trog-W.n gefunden worden (7, 116 Rekonstruktion Abb. 67).

Manche W.n hatten eine rechteckige Kastenform und waren aus massiven Brettern, Latten oder Stabhölzern hergestellt (15, 71), wie kleine Truhen.

Das älteste Fundstück aus Skand. ist die kastenförmige W. von Ervalla, Västmanland, datiert aber erst in die Mitte des 15. Jh.s (7, 118), zeitlich parallel dazu gibt es Wandmalereien mit W.n in Kirchen.

Die Kufen-W. der WZ erscheint in der später niedergeschriebenen Saga von Tjodolf von Hviné (7, 11; 6, 146 ff.); in dem um 1280 entstandenen Västergöta-Gesetz Kap. 19 (→ Västgötalag) wird ebenfalls eine Kufen-W. als freistehendes Möbel erwähnt, das seinen Platz neben dem Bett der Mutter hatte (7, 119 Anm. 42).

(1) R. Bärenfänger u. a., Zwei völkerwanderungszeitliche Körpergräber aus dem ostfries. Wattenmeer bei Ostbense, Ldkr. Wittmund, Niedersachsen – arch., anthrop., paläopathologischer und paläoethnobotan. Befund, Stud. zur Sachsenforsch. 10, 1997, 1–47. (2) Ders., Körpergräber der VWZ im ostfries. Wattenmeer, in: Über allen Fronten. NW-Deutschland zw. Augustus und Karl dem Großen, 1999, 75–77. (3) K. H. Csilléry, Typen der Kinder-W. in Europa, Ethnologica Europea 8, 1975, 123–139. (4) S. Erixon, Folklig möbelkultur i svenska bygder, 1938. (5) J. Granlund, Vagga, in: Kult. hist. Leks. XIX, 424–426. (6) Ders., Å. Nyman, Kinder-W.n in Skand., Ethnologica Europea 8, 1975, 146–155. (7) B. Grodde, Hölzernes Mobiliar im vor- und frühgeschichtl. Mittel- und N-Europa, 1989. (8) B. Krüger (Hrsg.), Die Germ. 1, 1976; 2, 1983. (9) J. Lund, Barnets jernalder, Skalk 1977, H. 1, 32. (10) K. Moszyński, Kultura Ludowa Słowian 1, 1929. (11) K. Schlabow, Textilfunde und Hausopfer von Tofting, in: A. Bantelmann, Tofting, eine vorgeschichtl. Warft an der Eidermündung, 1955, 94–97. (12) D. Schön, Der Thron aus der Marsch, 1995. (13) H. Stigum, K. Visted, Vår gamle bondekultur 1–2, ²1971. (14) M. Szábo u. a., Die Holzfunde aus der frühgeschichtl. Wurt Elisenhof, Elisenhof 5, 1985, 1–217. (15) F. von Zglinicki, Die W., 1979.

H. Steuer

Wiesel

§ 1: Allgemein – § 2: Sprachlich – § 3: Mythologisch und Kulturgeschichtlich

§ 1. Allgemein. Die artenreiche Familie der → Marder *(Mustelidae)* ist bzw. war bis in die Neuzeit in Europa mit einer Reihe von Arten und Unterarten vertreten. Es sind dies: 1. → Dachs *(Meles meles);* 2. → Fischotter *(Lutra lutra);* 3. → Frettchen *(Mustela putorius* f. *furo);* 4. → Hermelin/Großwiesel *(Mustela erminea);* 5. → Iltis *(Mustela putorius);* 6. Marder *(Martes foina* ‚Baummarder' und *Martes martes.* ‚Steinmarder'); 7. Maus-/Zwergwiesel *(Mustela nivalis);* 8. Nerz *(Mustela lutreola);* 9. Vielfraß *(Gulo gulo);* 10. Zobel *(Martes zibellina).* Diese wurden in diesem Lex. z. T. unter eigenen Stichwörtern behandelt. Nachzutragen sind von sprachlicher Seite die Bezeichnungen ‚Hermelin', ‚Iltis', ‚Marder', ‚Nerz', ‚Vielfraß', ‚Wiesel' und ‚Zobel'.

Zum Zool. vgl. → Marder

§ 2. Sprachlich. Hermelin. Die einzelsprachlichen Bezeichnungen ae. *hearma*

(36, I, 522, II, 525; 50, 40 f.) für lat. *mygale* ‚Spitzmaus' und *nitedula* ‚Haselmaus', ahd. *harmo* (seit dem 9. Jh.), *harm* (11. Jh.), dazu die Diminutivform *hermilī(n), hermil, hermilo* (11. Jh.) (65, 59 ff.; 77, 256; 55, 518 f.; 31, IV, 717 f. 719 f. 997 f.; 72, IV, 173 f.) für lat. *mygale, mus gulosus, nitedula*, mlat. *martus* ‚Marder' sowie as. *harmo* führen zurück auf germ. **harman-*. Zu vergleichen sind lit. *šarmuõ*, lett. *sermulis* ‚Hermelin', rätorom. *carmún* ‚Wiesel'. Zugrunde liegt die idg. Wurzel **ker-, k̂er-* für dunkle, schmutzige und graue Farbtöne (65, 59 f.; 50, 40 f.; 68, I, 573 f.; 66, I, 534; 54, 408).

Iltis. Das nur im Dt. belegte Wort begegnet im Ahd. seit dem 11. Jh. in den Formen *illi(n)tis, illi(n)tisso, illi(n)tissa* (65, 62 f.; 77, 299; 55, 577; 31, IV, 1488; 72, V, 17 f.). Das Wort glossiert lat. *hyaena* ‚Hyäne', gelegentlich *choerogryllus* ‚Stachelschwein, Schweinigel' und mlat. *puto(sius)* eig. ‚Stinker'. Die Etym. ist unklar (65, 62; 66, I, 572 f.; 54, 435).

Marder. Ae. *mearþ* (36, I, 675; 50, 38 ff.) für lat. *furuncus, furo* etc. ‚Frettchen', ahd. *mardar, mardaro* (seit dem 9. Jh.), *mard* (12. Jh.) (43, II, 858; 65, 58 ff.; 77, 401; 55, 762; 72, VI, 275 f.) für lat. *martus, mygale, squirus* ‚Eichhörnchen', *lynx* ‚Luchs', as. *marõrīn* ‚aus Marderfell' sowie anord. *mörðr* (42, II, 773) beruhen auf germ. **marþu-*. Die Herkunft ist unklar (54, 598). Erwogen wurde unter Hinweis auf die dem Marder häufig unterstellte Mordlust u. a. die Herleitung aus germ. **múrþa-* ‚Mord'. Älter ist die auf vergleichbaren, wenngleich schwer zu durchschauenden Bezeichnungen des W.s in zahlreichen europ. Sprachen (71, 19 ff.; 70, 579 f.; 60, 123 ff.; 44, 22; 38, 166 f.) beruhende Zusammenstellung mit lit. *martì* ‚Braut' (65, 58; 50, 39 f.; 79, 401; 61, 653; 66, II, 837 f.).

Nerz. Der dt. Name des heute in weiten Teilen Europas wegen seines Pelzes ausgerotteten Tieres (56, 407 ff.; 78) ist seit dem 15. Jh. zuerst in der Form *norz, nurz* belegt (58, 122). Es handelt sich dabei um eine Ableitung von altsorb. *nor'c* ‚Taucher' (66, II, 919; 54, 649).

Vielfraß. Der Vielfraß ist der größte Vertreter der Marderfamilie. Sein Verbreitungsgebiet erstreckt sich über die Taiga- und Tundrengebiete N-Eurasiens und N-Amerikas (56, 419 f.; 69). Er spielt in der Überlieferung der dort lebenden Völker eine überaus bedeutsame Rolle und ist berüchtigt für seine ins Mythische gesteigerte Gefräßigkeit (32, 38 ff.). Ahd. *filufrezzo* (seit dem 10. Jh.), *filufrāz* (11. Jh.) (31, III, 843 f.) glossiert lat. *gulo*, ‚Schlemmer'. Seit dem 15. Jh. wird die Bezeichnung im Milieu der hansischen Pelzhändler für den Großmarder unter Einwirkung und volksetym. Umdeutung von dessen ält. norw. Namen *fjeldfross* ‚Bergkater' verwendet (30, 160). Das dt. Wort wirkt dann seinerseits wieder auf die Bezeichnungen in den nord. Sprachen zurück, vgl. norw. *fjellfras, fillefrans* (46, 1350), schwed. *filfras* (63, 531), dän. *fel(d)fraas, fjæl(d)fras, filfras* (51, 526 f.; 64, 1105) (66, II, 1516; 54, 960). Im Anord. ist in jungen Vorzeitsagas die Bezeichnung *glátunshundr* bzw. *glátunshundtík* (42, I, 609 und IV, 128; 45, 128; 61, 254) belegt. Zu vergleichen sind afrz. *glouton* bzw. me. *gloton* in der Bedeutung ‚Vielfresser, Verschlinger' (57, 5 f.). In den Sagas tritt das Tier als gewaltiges furchterregendes Ungeheuer auf.

Wiesel. Als ‚Wiesel' werden die in ganz Europa heimischen W.-Arten *Mustela nivalis* ‚Maus-/Zwergwiesel' und *Mustela erminea* ‚Hermelin/Großwiesel' (56, 389 ff. 395 ff.) bezeichnet. Ae. *wesle, weosule* (36, I, 1210; 50, 41 ff.) für *mustela*, ahd. *wisula, wisala, wisel* (seit dem 8. Jh.) (43, I, 1078; 65, 61 f.; 77, 739; 55, 1283; 74, 927; 72, XI, 229 f.) für *mustela, mus longa*, anord. *hreysivisla* (42, IV, 163) führen zurück auf westgerm. **wisulōn*. Möglicherweise ist der Name gemeingerm. Die Etym. ist unklar. Erwogen wurde Anschluß an idg. **u̯īs-* ‚Gestank' (65, 61; 50, 42 f.; 68, I, 1134; 79, 255; 61, 371. 1146; 66, II, 1567; 54, 989). Im Anord. sind daneben belegt *hreysikattr, -köttr* (42, II, 55; IV, 163) für *mustela*, zu *hreysi* ‚steiniger Grund' (61, 371) sowie *urðarköttr* (42, IV, 399) zu *urð* ‚Steinhaufen, Geröllfeld'.

Zobel. Wegen seines kostbaren Pelzes ist das Verbreitungsgebiet des Zobels heute auf die Taiga ö. des Urals beschränkt. Urspr. erstreckte es sich über große Teile Eurasiens und reichte im W bis Skand. (56, 413 ff.). Ahd. *zobel, zabel, zebil, zobil* (seit dem 11. Jh.) (43, V, 1840; 77, 767; 55, 1331; 72, XI, 439 f.) für mlat. *tebellus* ‚Zobel' und *mygale* ist wie anord. *safal, safali, safel, safelin* ‚Zobelfell' (42, III, 157 und IV, 296; 41, 75) entlehnt aus russ. *sóbol'* mit unklarer Etym. (66, II, 1620 f.; 54, 1015).

§ 3. Mythologisch und Kulturgeschichtlich. Mit den verschiedenen Spezies der Marderfamilie sind seit der Ant. eine Reihe von mythol., sagenhaften und abergläubischen Vorstellungen verbunden, die sich z. T. bis in die Gegenwart hinein verfolgen lassen. Für das germ. Altert. ist die Beleglage dagegen äußerst spärlich.

Mit Sicherheit reicht die Überlieferung nur für den Otter in die vorchristl. Zeit zurück, der in der mythischen Vorgeschichte des Nibelungenhorts einen prominenten Auftritt hat. Nach den eddischen → *Reginsmál* (Rm), der → *Völsunga saga* (27, 33 ff.) sowie den *Skáldskaparmál* (23, 45 f.) wirft → Loki Otr, den Bruder von Reginn und Fafnir, mit einem Stein zu Tode, als sich dieser den über die Welt wandernden Göttern Óðinn, Hœnir und eben Loki in Ottergestalt beim Verzehren eines Lachs am Ufer des Andvarafors zeigt. Als Mannbuße verlangt sein Vater Hreiðmar von den Göttern, daß sie den Otterbalg in- und auswendig vollständig mit Gold bedecken. Dies gelingt nur durch eine neuerliche Neidingstat, indem Loki mit dem Netz der Meeresgöttin Ran den lachsgestaltigen Zwerg Andvari einfängt und ihn als Hauptesslösung zur Herausgabe seines Schatzes samt dem Ring zwingt, der dann, vom Zwerg verflucht, seine unheilvolle Wirkung im weiteren Verlauf der Geschichte entfalten wird (vgl. 73, 271 f. 275 ff.). Daß die Otterbuße fest im Motivschatz der nord. Nibelungenüberlieferung verankert ist, zeigt zum einen die mehrfache Verwendung der Kenning *otrs gjǫld* u. ä. in skaldischen Gedichten vom 10.–14. Jh. (40, 441; vgl. 73, 237 f.), zum andern eine reiche Bildüberlieferung in Skand. und dem Siedlungsbereich der Wikinger in England. In die Zeit um 1000 führt das Kreuzfrg. von Maughold auf der Isle of Man. Es zeigt in eigentümlicher Verschränkung zweier zeitlich aufeinanderfolgender Phasen der Erzählung den Otterbalg, der jedoch in Anspielung an die Lachsmahlzeit des Otters so dargestellt wird, als fräße er einen Fisch vom Bauch her auf (→ Sigurddarstellung S. 414) (39, 242; 62, 39; 73, 236). Aus der Mitte des 11. Jh.s stammen die beiden Ritzungen von → Ramsund und Gök aus der schwed. Landschaft Södermanland. Hier wird in einem Ensemble von Bildelementen zur Geschichte von Sigurðrs Horterwerbung der Otter als Repräsentant der Vorgeschichte zitiert (→ Ramsund S. 126) (39, 243; 62, 39 f.). Das von Gold bedeckte Otterfell schließlich zeigen Darst. auf den hölzernen Portalplanken der norw. → Stabkirchen von Lardal und Mæl aus dem 13. Jh. (→ Sigurddarstellung S. 418) (39, 245; 73, 236). Aus diesen Belegen folgt, daß das Motiv der Otterbuße bei allen Skandinaviern schon an der Schwelle zum Christentum offensichtlich weit verbreitet und damit bekannt war. Daß dieses Motiv und seine mythische Einbettung jedoch eine weitaus größere zeitliche Tiefendimension aufzuweisen hat, läßt sich mit Hilfe der Brakteatenüberlieferung zeigen. Nach dem synoptischen Prinzip, also der Darst. von Ungleichzeitigem in einem Bild, wird dort das zentrale Thema der sog. Drei-Götter-Brakteaten (→ Brakteatenikonologie § 19), die Tötung Balders durch Loki, von Bildchiffren begleitet, die als Adstrat Vergangenes und Zukünftiges in die Bildaussage einbeziehen. Auf IK 66 Gummarp-B verweist das Kürzel

'Otter-Tötung' auf Lokis unheilvolle Rolle in der Vorgeschichte des Nibelungenhorts und entlarvt ihn somit als notorischen Bösewicht und Ränkeschmied.

Einfluß germ. Volksmed. glaubt man in dem zuerst in Hss. des 9. Jh.s überlieferten Traktat *De taxone* über die Heilwirkung der einzelnen Teile des Dachses (3, 229 ff. 220. 266 ff.; 29, 196 ff.; 49) zu erkennen. Die Schrift stammt urspr. wohl aus dem 4./5. Jh. n. Chr. (52; vgl. 67, 274 f.) und wurde im 11. Jh. sowohl von Constantinus Africanus als auch einem ags. Übersetzer mit dem *Liber medicinae* des Sextus Placitus verbunden (8, 115; 7, 326 ff.).

Zu keinem anderen Mitglied der Marderfamilie gibt es in Europa ein reichere Überlieferung als zu dem Wiesel (48, 451 f.; 53, 164 ff.; 75; 71, 12 ff.; 35, 15 ff.; 70; 44; 37; 38, 161 ff.; 75, 303 f.). Dabei ist der germ. Anteil jedoch kaum zu fassen. Häufig handelt es sich nämlich um sog. gesunkenes Kulturgut aus der Ant., das über die ma. Fachlit. weiter verbreitet wurde. Zu den Eigenschaften, die dem W. immer wieder zugeschrieben werden, gehören:

1. Das W. empfängt durch das Ohr und gebiert seine Jungen durch den Mund (76, 905; 53, 167 f.). Dieser von den Griechen den Ägyptern zugeschriebene Auffassung (Plutarch: *De Iside et Osiride* 74 [21, 73/74, vgl. Anm. S. 555]) wurde in der Physiologus-Tradition umgekehrt (*Physiologus* [19, 20]; Isidor von Sevilla: *Etymologiae* 12,3,3 [15]; Hrabanus Maurus: *De universo* 8, 2 [14, 226]; Pseudo-Hugo von St. Victor: *De bestiis et aliis rebus* 2,18 [22, 66]; *Bestiarium* fol 36r [6, 68/69]; Bartholomaeus Anglicus: *De proprietatibus rerum* 18,72 [5]; Alexander Neckam: *De naturis rerum* 2,123 [2, 201]; *De laudibus divinae sapientiae* 9,175 ff. [2, 490]; Vincentius Bellovacensis: *Speculum naturale* 19,133 [26]), wodurch das W. in den Geruch ausschweifender Sexualität und Lüsternheit gebracht wurde (Vincentius Bellovacensis: *Speculum naturale* 19,134; 53, 168).

2. Das W. ist als einziges Tier in der Lage, den Basilisk zu bekämpfen (Solinus: *Collectanea rerum memorabilium* 27,53 [16, 127]; Alexander Neckam: *De laudibus diviae sapientiae* 9,179 f. [2, 490]; Bartholomaeus Anglicus: *De proprietatibus rerum* 18,72; Vincentius Bellovacensis: *Speculum naturale* 19,133 und 134; Thomas Cantimpratensis: *Liber de natura rerum* 4,77 [25, 152]; Konrad von Megenberg: *Das Buch der Natur*, c. 52 [17, 152]; 47, 172; 35, 17; 70, 581). Dieser Antagonismus hat seinen Niederschlag bis in die übersetzte ma. Lit. Islands gefunden (*Stjórn* 93 [24]; *Nikulás s. erkibiskups* 61 [11]).

3. Das W. ist daneben ein besonderer Feind der Schlangen. Wie der → Hirsch kennt es die Kräfte der Heilkräuter. Vor dem Kampf mit Schlangen frißt es Raute, um sich gegen das Schlangengift zu schützen (Aristoteles: *Historia animalium* IX,6 [4, 403]; Plinius: *Naturalis historia* 8,98 [20, 78/79]; Aelianus: *De natura animalium* 4,14 [1, 226/227]; Isidor v. Sevilla: *Etymologiae* 17,11, 8 [15]; Vincentius Bellovacensis: *Speculum naturale* 19,133 und 134; Thomas Cantimpratensis: *Liber de natura rerum* 4,77 [25, 152]; Konrad von Megenberg: *Das Buch der Natur*, c. 52 [17, 152]; 47, 172; vgl. Gervasius von Tilbury: *Otia Imperialia* 38 [9, 23 mit Anm. S. 113]; 70, 589 f.; 71, 17).

4. Eng damit verbunden ist die Vorstellung, das W. könne aufgrund seiner Kräuterkenntnisse kranke und tote Artgenossen zum Leben erwecken (*Fecunda ratis* [28, 310]; Pseudo-Hugo von St. Victor: *De bestiis et aliis rebus* 2,18 [22, 66]; Hildegard von Bingen: *Das Buch von den Tieren*, c. 38 [13, 122]; *Bestiarium* fol 36r [6, 68/69]; Marie de France: *Eliduc* 1032 ff. [18]; Gervasius von Tilbury: *Otia Imperialia* [9, 113]; Alexander Neckam: *De naturis rerum* 2,123 [2, 201]; *De laudibus divinae sapientiae* 9,181 f. [2, 490]; Giraldus Cambrensis: *Topographia Hibernica* 1,27 [10, 61]; Bartholomaeus Anglicus: *De proprietatibus rerum* 18,72; Vincentius Bellovacensis: *Speculum naturale* 19,133 und 134; Thomas Cantimpratensis: *Liber de natura re-*

rum 4,77 [25, 152]; 70, 582; 71, 17; 33; 34). Im Norden hat diese Var. einer auf der ganzen Welt verbreiteten Lebenskraut-Geschichte (80, 14 ff.) in die → *Vǫlsunga saga* Eingang gefunden (27, 16). Es heißt darin, daß der in Wolfsgestalt die Wälder durchstreifende Sigmundr seinen Sohn Sinfjötli in einem Anfall von besinnungsloser Wut in die Kehle beißt. Heilung bringt ein Blatt, das Sigmundr der Beobachtung zweier W. verdankt: „Eines Tages sah Sigmund zwei Wiesel, wie eins dem andern in die Kehle biß; und jenes lief in den Wald, brachte ein Blatt, legte es auf die Wunde, und sogleich sprang das andere Wiesel gesund auf. Sigmund ging hinaus und sah, wo ein Rabe mit dem Blatte flog und es ihm brachte" (12, 52 f.).

Ausg. und Übs.: (1) Aelian on the Characteristics of Animals, übs. von A. F. Scholfield, 1, 1958. (2) Alexandri Neckam De naturis rerum libri duo et De laudibus divinæ sapientiæ, hrsg. von Th. Wright, Rerum Britannicarum medii aevi Scriptores 34, 1863. (3) Antonii Mvsae de herba vettonica liber. Psevdoapvlei herbarivs. Anonymi de taxone liber. Sexti Placiti liber medicinae ex animalibvs etc., hrsg. von E. Howald, H. E. Sigerist, Corpvs medicorvm latinorvm 4, 1927. (4) Aristotle Historia animalium 1. Books I–X: Text, hrsg. von D. M. Balme, 2002. (5) Bartholomaeus Anglicus, De genuinis rerum coelestium, terrestrium et inferarum proprietatibus, 1601. (6) Bestiarium: Die Texte der Hs. Ms. Ashmole 1511 der Bodleian Library Oxford in lat. und dt. Sprache von F. Unterkirchner, Interpretationes ad codices 13, 1986. (7) O. Cockayne, Leechdoms, Wortcunning, and Starcraft of Early England 1, Rerum Britannicarum Medii Aevi Scriptores 35:1, 1864. (8) Constantini Africani medici De animalibus liber, hrsg. von I. Ch. G. Ackermann, in: Sexti Placiti Papyriensis De medicamentis ex animalibus liber. Lucii Apuleii De medicaminibus herbarum liber, 1788, 113–123. (9) Des Gervasius von Tilbury Otia Imperialia, hrsg. von F. Liebrecht, 1856. (10) Giraldi Cambrensis Opera 5, hrsg. von J. S. Brewer, J. F. Dimock, Rerum Britannicarum medii aevi Scriptores 21, 1867. (11) Heilagra Manna Søgur: Fortællinger og Legender om hellige Mænd og Kvinder, hrsg. von C. R. Unger 2, 1877. (12) P. Herrmann, Isl. Heldenromane, Thule 21, 1923. (13) Hildegard von Bingen, Das Buch von den Tieren, hrsg. von P. Riethe, 1996. (14) Hrabanus Maurus, De universo, Migne PL 111, 1864, 9–614. (15) Isidori Hispalensis episcopi Etymologiarvm sive originvm libri XX, Scriptorum classicorum bibliotheca Oxoniensis 2, 1911. (16) C. Ivlii Solini Collectanea rervm memorabilivm, hrsg. von Th. Mommsen, 1895. (17) Konrad von Megenberg, Das Buch der Natur, hrsg. von F. Pfeiffer, 1861. (18) Le Lais de Marie de France, hrsg. von J. Rychner, 1973. (19) Der Physiologus, übertragen von O. Seel, ^{3}1976. (20) C. Plinius Secundus d. Ä. Naturkunde, Lat.-dt. hrsg. von R. König, G. Winkler, Buch VIII, Zool.: Landtiere, 1976. (21) Plutarch's De Iside et Osiride, hrsg. von J. Gwyn Griffiths, 1970. (22) Pseudo-Hugo von St. Victor: De bestiis et aliis rebus, Migne PL 177, 1854, 9–164. (23) Snorri Sturluson, Edda. Skáldskaparmál 1. Introduction, Text and Notes, hrsg. von A. Faulkes, 1998. (24) Stjorn. Gammelnorsk Bibelhistorie fra Verdens Skabelse til det babyloniske Fangenskab, hrsg. von C. R. Unger, 1862. (25) Thomas Cantimpratensis, Liber de natura rerum, Teil 1: Text, Vorwort von H. Boese, 1973. (26) Vincentius Bellovacensis, Speculum naturale, 1624. (27) Vǫlsunga s. ok Ragnars s. loðbrókar, hrsg. von M. Olsen, SUGNL 36, 1906–1908. (28) E. Voigt, Tierfabeln und tierbilder des beginnenden xi. jhs., ZDA 23, 1879, 307–318. (29) H. Zotter, Ant. Med. Die med. Sammelhs. Cod. Vindobonensis 93 in lat. und dt. Sprache, Interpretationes ad codices 2, 1986.

Lit.: (30) I. Aasen, Norsk Ordbog med dansk Forklaring, 1873. (31) Ahd. Wb. (32) A. Alföldi, Die Struktur des voretr. Römerstaates, Bibl. der Klass. Altertumswiss., NF 1:5, 1974. (33) M. Bambeck, Die W.-Episode im „Eliduc" der Marie de France, Archiv für das Studium der neueren Sprachen und Lit. 208, 1972, 334–349. (34) Ders., W. und Werwolf. Typol. Streifzüge durch das roman. MA und die Renaissance, 1990, 41–56. (35) P. H. Böhringer, Das W., seine it. und rät. Namen und seine Bedeutung im Volksglauben, 1935. (36) Bosworth-Toller, Anglo-Sax. Dict. (37) S. Braunfels, W., in: Lex. der christl. Ikonographie 4, 1972, 528–530. (38) V. J. Brøndegaard, Folk og fauna 3, 1986. (39) K. Düwel, Zur Ikonographie und Ikonologie der Sigurddarst., in: H. Roth (Hrsg.), Zum Problem der Deutung frühma. Bildinhalte. Akten des 1. Internationalen Kolloquiums in Marburg a.d. Lahn, 1986, 221–271. (40) Egilsson, Lex. Poet., ^{2}1931. (41) Hj. Falk, Awnord. Kleiderkunde. Mit besonderer Berücksichtigung der Terminologie, Videnskapsselskapets Skr., 2. Hist.-filos. Kl. 1918:3, 1919. (42) Fritzner, Ordbog. (43) E. G. Graff, Ahd. Sprachschatz oder Wb. der ahd. Sprache 1, 1834; 4, 1838; 5, 1840. (44) M. Hako, Das W. in der europ. Volksüberlieferung mit besonderer Berücksichtigung der finn. Tradition, 1956. (45) L. Heggstad u. a., Norrøn ordbok, 1975. (46) A. Hellvik (Red.), Norsk Ordbog 2, 1978. (47) N. Henkel, Stud. zum Physiologus im MA, Hermaea 38, 1976. (48) O. von

Hovorka, A. Kronfeld, Vergl. Volksmed. Eine Darst. volksmed. Sitten und Gebräuche, Anschauungen und Heilfaktoren, des Aberglaubens und der Zaubermed. 1, 1908. (49) Ch. Hünemörder, G. Keil, Dachs, in: Lex. des MAs 3, 1986, 427 f. (50) R. Jordan, Die ae. Säugetiernamen, Anglistische Forsch. 12, 1903. (51) O. Kalkar, Ordbog til Det ældre Danske Sprog 1, 1881–1885. (52) G. Keil, ‚De taxone liber' (‚Dachstraktat'), in: Die dt. Lit. des MAs, Verfasserlex. 9, ^{2}1995, 663. (53) O. Keller, Die ant. Tierwelt 1, 1909. (54) Kluge-Seebold, ^{24}2002. (55) G. Köbler, Wb. des ahd. Sprachschatzes, 1993. (56) D. Kruska, Marderartige, in: Grzimeks Enzyklopädie: Säugetiere 3, 1988, 388–449. (57) Å. Lagerholm, Drei lygisǫgur: Egils s. einhenda ok Ásmundar berserkjabana/Ála Flekks s. Flóres s. konungs ok sona hans, Anord. saga-bibl. 17, 1927. (58) M. Lexer, Mhd. Wb. 2, 1876. (59) A. L. Lloyd u. a., Etym. Wb. des Ahd. 2, 1998. (60) P. Lorenzen, Vildt og vilddyr i dansk folketro, 1948. (61) Magnússon, Orðsifjabók. (62) S. Oehrl, Zur Deutung anthropomorpher und theriomorpher Bilddarst. auf den spätwikingerzeitlichen Runensteinen Schwedens, 2006. (63) Ordbog över Svenska Språket 18, 1926. (64) Ordbog over Det Danske Sprog 4, 1922. (65) H. Palander, Die ahd. Tiernamen, 1. Die Namen der Säugetiere, 1899. (66) W. Pfeifer, Etym. Wb. des Deutschen 1–2, ^{2}1993. (67) F. Pfister, Die Schrift eines Germ. über germ. Volksmed., Sudhoffs Archiv 30, 1937/1938, 266–278. (68) Pokorny, IEW. (69) E. Pulliainen, Gulo gulo – Vielfraß, in: Handb. der Säugetiere Europas V/2, 1993, 481–502. (70) R. Riegler, W., in: Handwb. dt. Abergl. 9, 1941, 578–600. (71) E. Schott, Das W. in Sprache und Volksglauben der Romanen, 1935. (72) R. Schützeichel, Ahd. und as. Glossenwortschatz, 2004. (73) K. von See et al., Kommentar zu den Liedern der Edda, 5. Heldenlieder, 2006. (74) E. Seebold u. a., Chron. Wb. des dt. Wortschatzes. Der Wortschatz des 8. Jh.s (und früherer Qu.), 2001. (75) S. Seligmann, Die magischen Heil- und Schutzmittel aus der belebten Natur: Das Tierreich, 1999. (76) A. Steier, Mustela, in: RE XVI 1, 902–908. (77) T. Starck, J. C. Wells, Ahd. Glossenwb., 1990. (78) M. Stubbe, Mustela lutreola – Nerz, in: M. Stubbe, F. Krapp (Hrsg.), Handb. der Säugetiere Europas V/2, 1993, 627–653. (79) de Vries, Anord. etym. Wb. (80) A. Wünsche, Die Sagen vom Lebensbaum und Lebenswasser, Ex Oriente Lux 1, 1905, 51–158.

W. Heizmann

Wijnaldum. Das Dorf W., Gem. Harlingen, Prov. Friesland (Westergo), Niederlande, liegt im Kernraum des nordndl. Terpengebietes, etwa 10 km nö. von Harlingen. Ö. des heutigen Ortes befindet sich eine Kette aus neun, als Folge der modernen Landwirtschaft nur noch sehr flach erhaltenen Wurten (→ Wurt und Wurtensiedlungen). In einer von ihnen, der Wurt ‚Tijtsma', wurde im J. 1953 die Fußplatte einer aufwendig verzierten Bügelfibel gefunden (Taf. 13b). Der Nachweis weiterer Bruchstücke derselben Fibel in den 1980er J. führte 1991–1993 zur Unters. eines Areales von über 8 000 m^2 (7 % der Gesamtfläche).

Die Besiedlung der Wurt läßt sich in acht Phasen von der mittleren RKZ bis zur KaZ gliedern. In der Blütezeit während der MZ unterscheidet sich W. von anderen Wurten in der Region durch einen ausgesprochen handwerklichen Schwerpunkt. Dabei ist weniger der Umfang als vielmehr die Bandbreite der Tätigkeiten bemerkenswert (8). Neben reichen Schatzfunden (z. B. Hogebeintum und Wieuwerd) gehört auch die W.-Fibel in einen Horizont reicher Goldfunde des späten 6. und frühen 7. Jh.s in Friesland, der als materieller Ausdruck einer polit. und wirtschaftl. Elite bzw. eines fries. Kgt.s angesehen wird (7; 12). Die flächendeckend mit Almandineinlagen in → Cloisonné-Technik verzierte Fibel gehört zu den qualitätvollsten Stücken frühma. Goldschmiedekunst. Die urspr. auf dem filigranverzierten Bügel befestigte Zierscheibe fehlt. Das Stück mit anglo-skand. Einflüssen ist wahrscheinlich in einer fries. Werkstatt um 600 oder im frühen 7. Jh. hergestellt worden (4; 9; 13). Ein Stempel für gewaffeltes Goldblech und ein Almandin-Rohstück aus W. zeigen, daß hier Goldschmiede in der Lage waren, Pretiosen dieser Art zu fertigen (14). Spuren intentioneller Zerlegung lassen vermuten, daß die Fibel repariert oder wiederverwertet werden sollte. Unsicher, aber nicht auszuschließen ist, daß das Stück auch in W. hergestellt worden ist (8, 119; 11). Vergleiche mit Funden aus hist. belegbarem kgl. Kontext, v. a. der Börsenschließe aus dem Bootsgrab von

→ Sutton Hoo, haben zu der Annahme geführt, es handele sich bei der W.-Fibel um eine kgl. Insignie (2; 5; 6; 14; 15). In der ndl. Forsch. wird W. als → Reichtumszentrum und Sitz der fries. Elite im frühen MA angesehen (1; 7), die am Fernhandel (→ Friesenhandel) teilnahm. Der Bedeutungsverlust des fries. Kgt.s ab der Mitte des 8. Jh.s spiegelt sich in W. im Aufkommen von Viehhaltung in Verbindung mit dreischiffigen Wohn-Stall-Häusern (→ Wohn- und Wohnstallhaus) (8).

(1) J. C. Besteman u. a., Een vroeg-middeleeuws centrum in Westergo. Het Terpenonderzoek bij W. (gem. Harlingen), Jaarsverslagen van de Vereniging voor Terpenonderzoek 75, 1991, 133–149. (2) Dies., Graven naar Friese koningen. De opgravingen in W., ²1993. (3) J. C. Besteman u. a. (Hrsg.), The Excavations at W. Reports on Frisia in Roman and Medieval Times 1, 1999. (4) R. L. S. Bruce-Mitford, Gold and silver cloisonné buckle from W., Fries Genootschap van Geschied-, Oudheid- en Taalkunde te Leeuwarden, 126ste Verslag over het jaar 1954, 1955, 16 f. (5) A. Carmiggelt, De ‚Koningsterp' van W. De friese elite in de vroege Middeleeuwen, 2000. (6) D. A. Gerrets, Waarum was de eigenaresse van de fibula van W. een koningin?, Paleo-Aktueel 8, 1997, 115–117. (7) Ders., Evidence of Political Centralization in Westergo: The Excavations at W. in a (supra-) Regional Perspective, in: T. Dickinson, D. Griffiths (Hrsg.), The Making of Kingdoms. Papers from the 47th Sachsensymp., 1999, 119–126. (8) Ders., J. de Koning, Settlement development on the W.-Tjitsma Terp, in: [3], 73–123. (9) R. Mazzo Karras, Seventh-Century jewellry from Frisia: A re-examination, Anglo-Saxon Studies in Arch. and Hist. 4, 1985, 159–177. (10) J. A. W. Nicolay, Goudvondsten uit het Noordnederlandse Terpengebied (450/500–650 n. Chr.). Politieke, religeuze en sociale aspecten van import, circulatie en depositie van Goud. Mag.-Arbeit Univ. Groningen, 1998. (11) J. Nijboer, J. E. van Reekum, Scientific analysis of the disc-on-bow brooch, in: [3], 1999, 203–215. (12) J. Schoneveld, De grote fibula van W., De Vrije Fries 73, 1993, 7–24. (13) Ders., J. Zijlstra, The W. brooch, in: [3], 191–201. (14) C. Tulp, N. Meeks, Onderzoek naar de W.-matrijs (Fr.), Paleo-Aktueel 11, 2000, 99–102. (15) J. Zijlstra, Finns fibula? Belangwekkende vroeg-middeleeuwse vondsten te W., Westerheem 40, 1991, 51–62.

K. Niederhöfer

Wikinger

Sprachlich
a. Belege in den agerm. Sprachen – b. Herkunft – c. Zusammenfassung und Ausblick

Definition des W.-Begriffs
a. Außernord. Qu. – b. Nord. Qu. – c. Hist. Leistung – d. Rezeptions- und Ideologiegesch.

Sprachlich. Das *Wikinger*-Wort, awnord. *víkingr* mask. usw., ist ein germ. Wort, das nord- und westgerm. bezeugt ist. Awnord. *víkingr* lebt in neuisl. *víkingur* fort. Im Dän., Norw. und Schwed. ist *viking* in der Neuzeit aus dem Awnord. entlehnt; für norw. *viking* wird allerdings auch Überlieferung aus dem MA erwogen (33, 20; 25, 117. 122 Anm. 18; 34, 1; 35, 43). Dt. *Wikinger* (auch *Wiking*), engl. *Viking* und frz. *viking* sind aus dem Nord. entlehnt (für engl. *Viking* s. näher 25).

Hist. wird das *Wikinger*-Wort in erster Linie mit den nord. Ländern und den von ihnen aus unternommenen W.-Fahrten verknüpft. Neben awnord. *víkingr* mask. ‚Wikinger' (germ. *wīkingaz*) liegt *víking* fem. ‚Wikingerfahrt' (germ. *wīkingō) vor, das wahrscheinlich im Ae. eine Entsprechung, *wīcing-* (als Erstglied eines Kompositums), hat. Das fem. Wort gibt die Tätigkeit der *víkingar* (Pl.) an.

Die Herkunft dieser beiden Wörter ist umstritten. Sie wird seit mehr als 150 J. ernsthaft erörtert, ohne daß Konsens erreicht worden ist. Gute Überblicke der etym. Diskussion finden sich bei Askeberg, Hødnebø und Heide (12, 114 ff.; 33; 29, 41 ff.). Im folgenden wird zunächst das Vorkommen der Wörter in den agerm. Sprachen besprochen. Anschließend werden dann die wichtigsten Herkunftsvorschläge beurteilt.

a. Belege in den agerm. Sprachen. Die ältesten Belege des *Wikinger*-Wortes liegen im Ae. vor. Der ae. Gebrauch von *wīcing* wird in einer Unters. von Fell eingehend analysiert (24), die der folgenden Darst. zugrunde liegt. Fell läßt vorerst die ae. Dichtung beiseite und widmet sich dafür den Glossen- und Prosabelegen. Ende des 7. Jh.s liegt „the earliest datable evidence" vor, und zwar als *wīcingsceaðan* (Akk.), das offensichtlich nicht, wie meistens angenommen worden ist, lat. *piraticum* mask. ‚Seeräuber', sondern lat. *piraticam* fem. ‚Seeräuberei' wiedergibt. Das Zweitglied wäre somit nicht die ae. Personenbezeichnung *sceaða* mask. ‚a criminal, one who does harm', sondern das entspr. fem. Abstraktum mit der Bedeutung ‚crime, theft', und als Erstglied sieht Fell ebenso wie gewisse Vorgänger (77, 263; 3, 108 Anm. 736) eine Entsprechung des awnord. fem. Wortes *víking*: „*wīcingsceaðan* is a perfectly proper gloss for the abstract ‚piracy'" (24, 297 ff.).

Dieser frühe ae. Beleg, hundert J. vor der WZ, hat mit Skand. gar nichts zu tun, sondern bezieht sich auf Seeräuberei im Mittelmeer. In der von → Alfred dem Großen besorgten Orosius-Übs. (→ Orosius) aus dem Ende des 9. Jh.s werden die daran beteiligten Täter *wīcingas* genannt (4, 63); ae. *wīcing* hat hier also die allg. Bedeutung ‚Seeräuber'. Fell zeigt, daß *wīcing* in nicht-poet. Texten anfangs überhaupt keine ethnische Anknüpfung hat, sondern erst allmählich mit Skandinaviern verbunden wird.

In ihrer Analyse benutzt Fell, was sie „the principle of the non-distribution map" nennt (24, 297), d. h., sie stellt fest, daß *wīcing* in Texten fehlt, in denen es als Bezeichnung für Skandinavier hätte erwartet werden können (24, 303. 307), was schon früher beobachtet worden ist (81, 277; 12, 118 f. 149 ff.). Die Ergebnisse der Analyse der Prosabelege faßt Fell so zusammen (24, 309): „In the seventh century *wicing* appeared without national overtones. In the ninth century it could be used of piracy in any context, including the Scandinavian, but in the late tenth century the association with northerners became more pronounced."

Die ae. Dichtung zeigt ein anderes Bild als die Prosatexte. Während im Gedicht *Exodus* das Kompositum *sǣwīcingas* (*sǣ-* ‚See-') als Bezeichnung eines israelitischen Stammes bei der Durchquerung des Roten Meeres sowohl ohne skand. wie seeräuberische Anknüpfung benutzt wird, tritt *Wīcingas* im *Widsith*-Gedicht (→ Widsith) mit zwei Belegen eindeutig im Zusammenhang mit skand. Stämmen auf (9, V. 47. 59; 94, 17 ff.; vgl. 27, 6 ff.). Das Gedicht ist ins 7. Jh. datiert worden (9, 112 ff.), aber die Datierung ist umstritten, und es ist auch unsicher, ob *Wīcing* (ebenso wie der Beleg im *Exodus*-Gedicht) schon im urspr. Text vorkam (24, 308 f.; → Widsith S. 574). Die im Gedicht erwähnten Stämme scheinen auch z. T. erdichtet zu sein (→ Skandinavische Stämme S. 598), aber wenn die Belege urspr. sind, wäre dies ein sehr frühes Zeugnis der Kombination von *wīcing* mit Skand. (vgl. unten b. Herkunft).

Durch die Angriffe der skand. W. gegen die Britischen Inseln erhält ae. *wīcing* allmählich stark negative Konnotationen (dazu ausführlich 63).

Die nord. Belege von *víkingr* mask. und *víking* fem. häufen sich in der awnord. Lit., die ältesten Originalbelege sind aber in aonord. → Runeninschriften der WZ zu finden (74). Sie stammen alle aus dem 11. Jh. oder aus der Zeit um 1000. In drei Inschr. aus dem Beginn des 11. Jh.s oder aus dem Ende des 10. Jh.s ist das fem. Wort für ‚Wikingerfahrt' belegt (73). Ein Runenstein in der schwed. Landschaft → Västergötland ist von einer Mutter für ihren Sohn, *harða gōðan dræng*, errichtet worden. Über ihn wird ausgesagt: *Sā varð dø̄ðr ā vestrvegum ī vīkingu* ‚Er starb auf der westlichen Route (im Westen) auf einer Wikingerfahrt' (7, Nr. 61; 68, 132; 73, 66). Der Gestorbene wird als ‚sehr guter *drængʀ*' geehrt; *drængʀ* ist eine lobende Bezeichnung eines mutigen jungen Mannes. Das Ziel der W.-Fahrten *ā vestrvegum* (Pl.) waren meistens die Britischen Inseln. Diese Inschr. lobt in üblicher Weise den Verstorbenen, und durch die Angabe, wo er starb, war es jedem Leser klar, daß er an einer W.-

Fahrt teilgenommen hatte, von der er Reichtum nach Hause hätte bringen können, auf der er jedoch in diesem Fall nur Ruhm erworben hatte. Die Inschr. spiegelt gut die nord. Einstellung zu den W.-Fahrten wider, die – in der Natur der Sache liegend – der der Insassen z. B. auf den Britischen Inseln diametral entgegengesetzt ist (63, 4 ff.). Die W.-Fahrten waren eine wichtige Erwerbsquelle der Skandinavier, und vom einheimisch nord. Gesichtspunkt aus trugen sie außerdem zum Ruhm der Teilnehmer bei.

Der Ausdruck *í víkingu* erscheint noch in zwei Inschr. aus der alten dän. Landschaft → Schonen. Eine dieser Inschr. gedenkt eines Mannes, der auf einer n. W.-Fahrt starb (*es nor varð dōðr ī víkingu;* 2, Nr. 334; 68, 129; 73, 67). Die andere Inschr. gibt einen kurzen Einblick in das W.-Leben. Zwei Männer haben Steine über zwei Kameraden *(félaga)* errichtet, die *í víkingu* großes Ansehen erworben hatten. Es handelt sich hier offensichtlich um eine W.-Mannschaft, die zwei Mitglieder verloren hat (2, Nr. 330; 68, 128; 73, 66; 50, 38 f.).

Das mask. Wort *víkingr* ist durch Runensteine aus der schwed. Landschaft → Uppland, der schwed. Insel → Gotland und der dän. Insel Lolland bezeugt. Der gotländische Runenstein erinnert an einen Mann, der mit W.n nach W gezogen war (*[v]estr farinn með víkingum;* 28, 23 ff.; 78, 68 ff.), was dasselbe ausdrückt wie *ā vestrvegum* (s. o.; vgl. 78, 70). Der uppländische Runenstein ist zum Andenken eines Mannes errichtet worden, der *víkinga vǫrðr* ‚Wächter (Beschützer) der Wikinger' war (8, Nr. 617; 64, 73); der nähere Sinn dieser Benennung ist unsicher (s. dazu auch 12, 122 ff.; 68, 160; 38, 109 f.; 30, 55 ff.; 34, 8; 40, 189; 96, 95; 44a, 112 f.; vgl. 11, 62; 30, 83 Anm. 13). In der dän. Inschr. werden *alliʀ víkingaʀ* ‚alle Wikinger' erwähnt, ohne daß der Zusammenhang, in dem sie auftreten, ganz deutlich ist (2, Nr. 216; 55, 299 f.). Ein weiterer Runenbeleg ist eher als Personenbeiname aufzufassen (s. u.).

Das Bild der W., das die ostnord. Runeninschr. vermitteln, stimmt mit der ält. Schicht der reichlichen Zeugnisse der awnord. Lit. überein. Die Belege der beiden Wörter *víkingr* mask. und *víking* fem., die in der awnord. Dichtung und Prosalit. vorkommen, sind von Askeberg und Hellberg eingehend analysiert worden (12, 126 ff.; 30, 62 ff.; s. auch 44a, 113 ff.; zu Hellberg vgl. unten b. Herkunft). Wie Askeberg hervorhebt, wurden W.-Fahrten als legitime und ruhmvolle Unternehmen betrachtet, sofern sie sich nicht gegen das eigene Land richteten (12, 127. 136). *Víkingr* scheint sogar als → Heiti für ‚Fürst' aufzutreten (30, 64), was die positive Wertung unterstreicht (s. auch 11, 62; 28, 26). Als grundlegende Bedeutung ist mit Askeberg ‚Seekrieger, der an Heerfahrten teilnimmt' (schwed.: *sjökrigare på härnadståg;* 12, 129. 131) anzusetzen. Für die einheimischen Opfer der W.-Fahrten tritt auch in Skand. eine negative Bedeutung in den Vordergrund, und durch die christl. Moral setzt sich allmählich ein Abstandnehmen von Raub und Mord durch: die W. werden ebenso wie auf den Britischen Inseln zu verachteten Seeräubern. Es gibt noch eine dritte Stufe in der semant. Entwicklung. In den → Fornaldarsagas werden die W. wieder als Helden verherrlicht. Während aonord. Runenbelege von sowohl *víkingʀ* mask. wie *víking* fem. vorhanden sind, fehlen beide Wörter in der adän. und aschwed. Lit. Für das Adän. ist das mask. Wort indirekt durch *Wichingos* (Akk. Pl.) bei → Adam von Bremen bezeugt (1, IV,6; 12, 126; 33, 20; 30, 64 f.; → Asch § 2; → Normannen § 1c).

Die meisten W. der nord. Qu. sind naturgemäß Skandinavier. Es gibt unter ihnen aber z. B. auch Esten und Wenden (12, 129; → Normannen § 1a). Für den Begriff W. scheint die Tätigkeit, nicht die Ethnizität entscheidend gewesen zu sein.

In noch einer germ. Sprache kommt das *Wikinger*-Wort vor. In afries. Gesetzessprache aus der Zeit um 1100 begegnet *wī(t)sing*, mit Palatalisierung *k > (t)s*. Es handelt sich um die Verteidigung gegen Skandinavier, die teils → Normannen genannt, teils mit *wī(t)sing* benannt werden, im letzteren Fall z. T. mit einem verdeutlichenden Zusatz ‚nordisch' (12, 141 ff.; 24, 313 Anm. 2). Diese Präzisierung spricht dafür, daß *wī(t)sing* ebenso wie ae. *wīcing* einfach ‚Seeräuber' bedeutet und sich u. a. auf skand. Seeräuber beziehen kann.

Neben dem Appellativ awnord. *víkingr* ist auch der entspr. PN zu beachten. Als Individualname (‚Vorname') liegt *Víkingʀ* in mehreren wikingerzeitlichen Runeninschr. in Schweden vor; der älteste Beleg stammt aus dem 9. Jh. (74; 65, 232). Dazu ist das Wort in einer Inschr. wahrscheinlich als Beiname bezeugt: *Tōki Víkingʀ;* alternativ wäre dieser Beleg evtl. als Appellativ zu betrachten (6, Nr. 10; 12, 121. 124; vgl. 11, 62). Als Beiname tritt *Víkingr* auch ein paarmal in Island auf (45, 274). Der Individualname kommt häufig im Anorw. und Aschwed. vor, dagegen nur spärlich im Aisl. und Adän. (51, 1105 ff.; 51, Suppl., 811 f.; 44, 53; 47, 1571 f.; 85, 97; 49, 570; 83 s. v. Viking). Ein Beleg aus dem 12. Jh. liegt vielleicht in einer Runeninschr. auf den Orkneyinseln vor; es kann sich hier aber auch um ein Appellativ handeln (13, 61 ff.). Der nord. Name ist ins Ae. entlehnt worden: *Wīking* u. a. Formen (15, 176; 23, 405; 26, 338 f.; 42, 90; 43, 43). Im Ahd. tritt ein PN, *Wīhhing* u. a. Formen, auf, dessen Zusammenhang mit dem *Wikinger*-Wort aber unsicher ist (12, 158 ff.; 90, 662 f. s. v. víkingr; 57, 123 f.; 33, 24; 17, 1050 s. v. viking).

Neben *Víkingr* ist eine schwache Nebenform, awnord. **Víkingi*, vermutet worden. Von einem schwed. Runenbeleg, *Víkinga* (Akk.), ausgehend, hat man mit einer Nom.form **Víkingi* rechnen wollen (5, Nr. 269; 12, 140). Diese Annahme ist aber zurückgewiesen worden; dieselbe Person wird in einer anderen Runeninschr. *Víkingʀ* (Akk. *Víking*) genannt (62, 30; 65, 232). V. a. von norw. Seite ist die schwache Form als Erstglied, *Víkinga-* (Gen.), in ON befürwortet worden (69, 106; 70, 29. 163; 71, 209; 72, 283. 344. 401; 37, 300). Einwände sind aber auch gegen diese Auffassung gerichtet worden (59, 46; s. auch 60, 120). Sicher bezeugt ist die schwache Form jedenfalls nicht, weshalb *Víkinga-* in ON eher als Gen. Pl. des entspr. Appellativs aufzufassen ist (vgl. unten).

Der PN *Víkingr* wird zunächst als Beiname benutzt worden sein. Meistens wird Proprialisierung des Wortes *víkingr* ‚Wikinger' angenommen (44, 53. 156 Anm. 166; 33, 24; 49, 570; 65, 232); vgl. den PN *Væringʀ* in Runeninschr. (95, 28; 65, 235; → Waräger). Z. T. hat der Name aber sicherlich einen anderen Hintergrund. Wir können dabei wahrscheinlich von einem Vorschlag von Hellquist (32, 1342) absehen, der nur wenig Anklang gefunden hat (91, 382; 23, 405; 47, 1572; 12, 121; 11, 62; 26, 338). Dagegen ist neben *víkingr* ‚Wikinger' mit einer homonymen Einw.bezeichnung zu rechnen, gebildet zu *vík* fem. ‚Bucht' oder zu einem daraus entstandenen ON oder aber zu diesem Wort in der schillernden Grenzzone zw. Appellativ und ON (12, 121 f.; 86, 104; 30, 72 Anm. 11; vgl. unten b. Herkunft). Norw. *viking* ist im Sinne von ‚Einwohner von Vik' bezeugt (10, 931; 52, 333; 12, 140; 75, 491 s. v. Vik); vgl. auch nordfries. *Wikking*, Pl. *Wikkinger* ‚Buchtenmänner' (12, 146). Durch Nachbenennung wird der Name verbreitet worden sein, und nach häufigem Gebrauch, der auf norw. und schwed. Gebiet festzustellen ist, wird er in das Anthroponomastikon integriert und damit als PN zur Verfügung gestellt worden sein.

Der nord. PN *Víkingr*, dem doch hauptsächlich das Appellativ *víkingr* ‚Wikinger' zugrunde liegen dürfte, ist für die Verbreitung dieses Wortes insofern wichtig, als die zahlreichen schwed. Belege das durch Runeninschr. bekundete Vorkommen im Ostnord. bestätigen. Die PN sind auch in einer anderen Hinsicht von Bedeutung: sie zeigen, daß mit Homonymie zu rechnen ist. Germ. *wīkingaz sowie entspr. Formen in jüng. Sprachstufen beziehen sich nicht nur auf W., sondern dienen auch als Einw.bezeichnung. Ein eindeutiges Beispiel liegt im schwed. Ksp.namen *Vingåker* (aschwed. *Vikingaker* < *Vikinga-*) in der Landschaft Södermanland vor. Die Einw. an der Bucht eines Binnensees sind *vikingar* genannt worden. Das Zweitglied aschwed. *aker* mask. ‚Acker' bezieht sich auf einen besonderen, wahrscheinlich sakralen Acker dieser *vikingar* (12, 121; 80, 25 f.; 88, 372 ff.; 93, 373 f. s. v. Västra Vingåker). Auch für andere ON, die als Erstglied *Vikinga-* enthalten (vgl. oben), ist eine entspr. Erklärung zu erwägen.

b. Herkunft. Mit der Einw.bezeichnung aschwed. *vikingar* ist die Diskussion der Herleitung des *Wikinger*-Wortes schon angeschnitten worden. Eine alte Erklärung geht nämlich eben von awnord. *vík* ‚Bucht' aus. Mit dem Suffix germ. *-inga-* seien die W. dadurch gekennzeichnet, daß sie mit ihren Schiffen in Buchten auf Handelsschiffe als Beute lauerten. Gegen diese Deutung, die schon 1852 von Munch vorgeschlagen wurde (56, 455) und oft wiederholt worden ist, ist eingewandt worden, daß dieses Agieren für die W. keineswegs typisch war (12, 165 ff.; 57, 124; 34, 8 f.; 29, 42 f.). Es ist aber denkbar, daß das *Wikinger*-Wort eine ält., vorwikingerzeitliche Seeräubersitte widerspiegelt.

Munchs Vorschlag ist v. a. von einem anderen Gesichtspunkt aus von entscheidender Bedeutung. Munch unterstreicht, daß bei der Erklärung auch das fem. Wort *víking*, ein Abstraktum, das die Tätigkeit der W. bezeichnet, berücksichtigt werden muß. Diese Forderung beinhaltet, daß die beiden Wörter als parallele Bildungen zu ein und demselben Grundwort zu erklären sind, so wie es Munch annimmt, oder aber daß das eine Wort dem anderen zugrunde liegt. Es wird also ein Nebeneinander angenommen, bestehend aus einer Personenbezeichnung auf *-ingr* mask. und einem Abstraktum auf *-ing* fem., das die Tätigkeit dieser Person angibt (dazu weiter unten).

Es ist höchst fraglich, ob Munchs Erklärung diese Voraussetzung erfüllt. Die nichtdeverbativen Abstrakta auf *-ing/-ung* gehen normalerweise von Adj. oder Abstrakta aus, z. B. awnord. *djǫrfung* ‚Mut, Kühnheit' zu awnord. *djarfr* ‚kühn, mutig', awnord. *háðung* ‚Beschimpfung' zu awnord. *háð* neutr. ‚Hohn' (61, 439 f.; 54, § 152.1; 87, § 43.2). Eine von Munch vorausgesetzte Bildung *víking*, etwa ‚Lauern in Buchten', erscheint formal als unwahrscheinlich.

Grundsätzlich ist aber die von Munch aufgestellte Forderung, *víkingr* und *víking* zusammen zu beurteilen, von grundlegender Bedeutung. Dies wird mit Nachdruck von Askeberg und später von Salberger, Holm und Grønvik hervorgehoben (12, 172 ff.; 73; 39; 40; 27, 5 f.). Gegen diese Auffassung ist entgegnet worden, *víking* fem. könne als eine sekundäre Bildung zu *víkingr* mask. erklärt werden (94, 38; 33, 20. 24; 30, 29. 74 ff.; 31; 36, 149 f.). Wie Askeberg zeigt, gibt es aber keine Parallelen zu einer solchen Wortbildung (s. auch 29, 43. 45), weshalb der Vorschlag am ehesten den Eindruck einer Notlösung macht. Allem Anschein nach ist mit Askeberg die Forderung aufrechtzuerhalten, *víkingr* mask. und *víking* fem. als parallele Bildungen anzusehen. Allenfalls ließe sich möglicherweise das mask. Wort als sekundär zu dem fem. erklären (vgl. unten).

Munch lehnt, von seiner Forderung ausgehend, die ‚Versuchung' ab, *víkingr* als Einw.bezeichnung zu anorw. *Vík*, dem Namen einer großen norw. Landschaft um den Oslofjord (→ Länder- und Landschaftsnamen S. 560), zu betrachten, denn zu einem ON wäre eine parallele fem. Bezeichnung der Tätigkeit nicht denkbar (56, 455).

Die Herleitung aus dem ON *Vík* (später – mit dem bestimmten Schlußartikel – *Víkin*) bildet neben der Erklärung aus dem Appellativ *vík* eine weitere Hauptlinie in der etym. Diskussion des *Wikinger*-Wortes. Die urspr. W. seien Einw. der Landschaft Vík gewesen. Zwar werden die Einw. dieser Landschaft in der awnord. Lit. nicht *víkingar, sondern *víkverjar* genannt (→ Skandinavische Stämme S. 593. 596), aber *víkingar könnte eine ält. Bezeichnung gewesen sein. Eigtl. wäre dann allerdings nach awnord. Wortbildungsregeln zum Simplex *Vík* eine Bildung mit der Suffixvar. germ. *-unga-*, d. h. *víkungar, zu erwarten gewesen; die Einw. der Landschaft Fold(in) (→ Länder- und Landschaftsnamen S. 560), die einen Teil von Vík umfaßt, werden *foldungar* genannt (12, 116; 79, 28). Für die *-ing*-Form ist an ostnord. Einfluß gedacht worden (30, 70 f.). Einfacher wäre es wohl, mit Einfluß des Appellativs *vík* zu denken; eine dazu gebildete Einw.bezeichnung, *víkingr 'Buchtanwohner', ist vergleichbar mit awnord. *strendingr* mask. 'Uferbewohner' zu *strǫnd* fem. 'Ufer' (17, 1051 s. v. viking). Zusammenfassend läßt sich sagen, daß *víkingar als alte einheimische Bezeichnung der Einw. von Vík zwar nicht bezeugt, jedoch denkbar ist.

V. a. Hellberg und Hødnebø haben für die Erklärung von *víkingr* aus dem Landschaftsnamen *Vík* argumentiert (33, 22 ff.; 30; 34; 35). Als Indiz ist das zweimal belegte ae. *Wīcingas* im *Widsith*-Gedicht angeführt worden (30, 59 f.; 34, 3 f.; 17, 1050 f. s. v. viking), das am ehesten als eine skand. Stammesbezeichnung zu betrachten ist (vgl. 12, 146 ff.). Es ist aber unsicher, ob die Belege zum urspr. Text gehören, und weiter sind die Stammesbezeichnungen im Gedicht nicht immer zuverlässig (s. o. a. Belege). Eine weitere Erklärung scheint auch denkbar zu sein. In Anbetracht dessen, daß *-ing*-Ableitungen in Einw.bezeichnungen so häufig vorkommen, wäre seitens des Dichters oder eines Bearbeiters eine Umdeutung von ae. *wīcing* nach der bekannten norw. Landschaft zu erwägen; im Me. ist *wykeng* mit Bezug auf Kaufleute aus der Landschaft Vík belegt (18, 51; 14, 258). Für die Beurteilung der Herkunft des *Wikinger*-Wortes sind die *Widsith*-Belege jedenfalls nicht von entscheidender Bedeutung, und für die nord. Belege läßt sich ohne weiteres die Bedeutung ‚Wikinger' annehmen (30, 57). Dazu kommt das formale Problem, das das fem. *víking* bereitet. Aus semant. Gründen ist also die Erklärung von *wīcing* als Ableitung von *wīc* ‚Stadt' abzulehnen (kritisch zu betrachten ist daher auch → Wikinger, Bd. 34, S. 56 rechte Sp.).

Eine dritte Hauptlinie in der Diskussion über die Herkunft des *Wikinger*-Wortes geht von ae. *wīc* neutr./fem. ‚Wohnstätte; Stadt; Lager' aus. Das Wort, das auch im Ahd. (*wîh* mask.) und As. (*wīk* mask.) mit der Bedeutung ‚Flecken' vorkommt, ist aus lat. *vīcus* ‚Häusergruppe, Flecken' entlehnt (46, 978 s. v. Weichbild; vgl. → Langobarden S. 59). Im allg. hat man mit ae. Ursprung und nord. Entlehnung gerechnet. Den Zusammenhang zw. ae. *wīc* und *wīcing* hat man sich unterschiedlich vorgestellt. Bugge schlug früh vor, daß die W. *wīcingas* genannt worden seien, weil sie in England befestigte Lager errichtet hätten, aber er gab schnell diese Erklärung auf (20, 5. 542).

Eine andere Möglichkeit, *wīcing* an *wīc* anzuknüpfen, wird von Björkman kurz erwähnt. *Wīc* könnte sich auf Lager als zufällige Aufenthaltsorte beziehen (16, 8). Er findet zwar selbst diesen Vorschlag nicht sehr wahrscheinlich, aber interessanterweise ist dieselbe Idee neulich von Grønvik vorgetragen worden (27). Seefahrer aus Skand., die früh das anglo-fries. Gebiet auf Handels- oder Raubfahrten besuchten, seien ae. *wīcingas* genannt worden, weil sie sich in zufälligen Lagern aufgehalten hätten. Der Aufenthalt in Lagern und das Agieren von Lagern aus sind aber jedenfalls kein bes. charakteristisches Merkmal der W.-Fahrten, die vielmehr mit Schiff und See zu verbinden sind (29, 44). *Wīc* ‚Lager' löst offenbar nicht das etym. Problem. Es sollte aber hinzugefügt werden, daß das fem. Wort, awnord. *víking*, das wahrscheinlich auch für das Ae. anzunehmen ist, sich aus einem zu *wīc* gebildeten schwachen Vb., ae. *wīcian* ‚wohnen, weilen, sich wo lagern', formal erklären ließe (27, 8 f. 13; vgl. 48, 15).

Häufiger wird *wīcing* mit *wīc* im Sinne von ‚Stadt, Handelsplatz' zusammengebracht. Wadstein geht von der Einw.bezeichnung *Eoforwīcingas* zu *Eoforwīc* ‚York' aus und vermutet ähnliche Bildungen zu anderen Namen auf *-wīc*, und aus diesem *-wīcingas* abstrahiert er fälschlicherweise *wīcing* ‚Städter' (91; 92, 111 f.; kritisch dazu 81, 278; 12, 117 ff. 137 ff. 154. 158 f. 165). Die Städter seien hauptsächlich Kaufleute gewesen, die oft mit Schiffen ihre Waren verfrachteten. Sie hätten dabei bewaffnet sein müssen, um sich verteidigen zu können, und hätten dadurch auch die Möglichkeit gehabt, mit Gewalt Schätze zu erzwingen (vgl. 89, 42 ff.). Der Unterschied zw. „ces navigateurs et les pirates" sei oft vage gewesen, und deshalb soll sich die Bedeutung von ‚Städter' zu ‚Seeräuber' verschoben haben (91, 385).

Obwohl Wadsteins Versuch, aus Einw.bezeichnungen ein Wort für ‚Städter' zu rekonstruieren, nicht haltbar ist, hat die Kombination von awnord. *víkingr* und ae. *wīc* ‚Stadt' (mit kontinentalen Entsprechungen) auch in späterer Zeit Fürsprecher (76, 29; vgl. 30, 26; 31, 73). Widmark sieht in *víkingar* eine Art Krieger-Kaufleute (96, 92 ff.). Es ist zwar richtig, wie oft betont wird, daß Handel und Raub nicht immer strikt zu unterscheiden sind (→ Normannen § 1e). Grundsätzlich sind aber allem Anschein nach Handels- und Wikingerfahrten auseinanderzuhalten; die awnord. Qu. zeigen, daß Nordleute *stundum í víking en stundum í kaupferðum* (‚bisweilen auf Wikingerfahrt, bisweilen auf Handelsfahrt') waren. Askeberg lenkt auch die Aufmerksamkeit auf die verschiedenen Schiffstypen (→ Schiff und Schiffsarten § 4e, S. 19 f.), einerseits *knǫrr* mask. und *kaupskip* neutr. ‚Handelsschiff'

und andererseits *skeið* fem. (→ Skeid) und *langskip* neutr. ‚Schiff für Wikingerfahrten' (12, 137 ff.). Nichts spricht dafür, daß die Tätigkeit *víking* in städtischer Umgebung entstanden ist. Aus semant. Gründen ist die Erklärung von *wīcing* als Ableitung von *wīc* ‚Stadt' abzulehnen.

Das Lehnwort ae. *wīc* scheint also weder im Sinne von ‚Lager' noch im Sinne von ‚Stadt' als Basis des *Wikinger*-Wortes in Frage zu kommen. Die Erklärung dieses Wortes ist zweifellos, wie in den beiden anderen Vorschlägen *(vík, Vík)* angenommen, im Germ. zu suchen. Das Appellativ awnord. *vík*, mnd. *wīk* ‚Bucht' (germ. *wīkō* fem.) ist zum starken Vb. awnord. *víka* (jünger *víkja*; 58, § 483; 17, 1049 f. s. v. vike; 29, 42), aschwed. *vika* ‚weichen' gebildet (32, 1341; 66, 1130), und eine andere germ. Anknüpfung als zu diesem Vb. läßt sich schwerlich finden. Das bedeutet allerdings, daß nach einer Bedeutung zu suchen ist, die für *vík*- sonst nicht bezeugt ist, und daß jede Deutung somit hypothetisch sein muß. Zwei Vorschläge sind vorgelegt worden.

Askeberg, der die oben genannten Erklärungen zurückweist, hebt ebenso wie Munch das Nebeneinander der beiden Wörter *víkingr* und *víking* als grundlegend für die Deutung hervor. Beide Wörter sind seiner Meinung nach denominative Ableitungen zu ein und demselben Wort, und zwar *víkingr* als die Bezeichnung einer durch *vík*- charakterisierte Person und *víking* als ein Abstraktum, das die Tätigkeit der *víkingar* angibt (12, 176. 182 f.). Die germ. mask. *-inga*-Ableitungen gehen ja normalerweise von einem Nomen aus (12, 174; 54, § 150), und für *víking* ist wegen des hohen Alters mit einem Verbalabstraktum zu einem starken Vb. nicht zu rechnen (12, 174 f.; 54, § 152; vgl. 53, 1135; 57, 53. 124 f.). Askeberg sucht deswegen nach einem zu *víka* gebildeten Subst. *vík* mit anderer Bedeutung als ‚Bucht'. Er erinnert an die ursprünglichere Bedeutung dieses Appellativs, nämlich ‚Biegung; etwas, was zurückweicht', in ON z. B.

auch gebraucht von Einbuchtungen in höherem Gelände. Er zieht weiter Ausdrücke wie awnord. *víkja aptr* ‚zurückkehren', *víkja til fundar* ‚sich begeben, um jemanden zu treffen' sowie Beispiele von Schiffen, die den Kurs ändern, heran.

Als Bedeutung von **vík* nimmt er ‚*declinatio,* Abweichung vom geraden Kurs, Abstecher' an, und diese Bedeutung möchte er in *víkingr* und *víking* sehen. Als kennzeichnend für die W.-Fahrten betrachtet er dabei das Abweichen (von zu Hause) und die Abwesenheit (in der Fremde) (12, 178 ff.). Askeberg findet im awnord. Wortschatz keine richtige Stütze für diese Erklärung. Er führt den awnord. Ausdruck *róa vík á einhvern* an. Dies bedeutet ‚jemanden zu kurz kommen lassen', wörtlich ‚*vík* – im Sinne von ‚Abweichung, Drehung' – an jemanden rudern', d. h. ‚den anderen (danebensitzenden) Ruderer zum „Abweichen, Drehen" bringen' (12, 180). Es stellt sich aber heraus, daß diese Form *vík* fem. offensichtlich nur zufällig neben dem üblichen *vík* neutr. vorkommt (36; 40). V. a. überzeugt Askebergs Erklärung auch nicht semant. (90, 662 f.; 86, 101; 39, 145). Die angenommene Grundbedeutung scheint viel zu abstrakt zu sein, um den Kern der W.-Fahrten zu treffen. Nichtsdestoweniger hat Askeberg wesentlich zur Analyse des *Wikinger*-Wortes dadurch beigetragen, daß er ein Wort **vík* als Grundlage für sowohl *víkingr* wie *víking* ansetzt. Mit diesem Ausgangspunkt ist eine weitere Erklärung vorgeschlagen worden.

Ein zentrales Wort in der Terminologie der alten germ. Seefahrt, die vom Rudern mit mehreren Ruderern abhängig war, ist das Subst. awnord. *vika sjóvar (sjávar),* aschwed. *vika sio(s),* mnd. *weke sēs* ‚Seemeile' (awnord. *sjór* mask. ‚See'). Dieses zum Vb. *víka* gehörende Subst. *vika* fem., das mit dt. *Woche* identisch ist, ist v. a. in der Bedeutung ‚Woche' bekannt, die von der röm. Zeitrechnung übernommen worden ist. In dem maritimen Zusammenhang bezieht sich *vika* auf den Wechsel der Ruderer; das Wort gibt den je nach Umständen wechselnden Abstand an, den man zurücklegen konnte, ohne die Mannschaft der Ruderer zu wechseln (32, 1324 s. v. vecka; 66, 1130 f.; 67, 248; 53, 1135 s. v. vika 1 und 2; 46, 994 s. v. Woche; vgl. 17, 993 s. v. uke). Awnord. und aschwed. *vika* (germ. **wikōn*) zeigt dieselbe Ablautstufe wie das Zweitglied von awnord. *atvik* neutr. ‚Umstand; Angriff', awnord. *tilvik* neutr. ‚Umstand', norw. dialektal *vik* neutr. ‚kleine Ecke oder Biegung' (66, 1130; 53, 1134 f. s. v. vik).

Erst 1983 ist *vika* in der Diskussion über *víkingr* und *víking* beachtet worden. Daggfeldt schlägt vor, *víkingr* als ‚Wechsel-, Schichtruderer' und *víking* als ‚Rudern in Schichten' aufzufassen. Auf die formalen Verhältnisse geht er nicht näher ein (21).

Holm, der Munchs und Askebergs Forderung, auch das fem. *víking* zu beachten, kräftig unterstrichen hat (s. o.), erwähnt kurz die neue Idee. Er erwägt Ableitung zum starken Vb. *víkja* (41, 120 f.), was aber nicht überzeugt.

In einem kürzlich erschienenen Aufsatz nimmt Heide die *vika*-Idee zur näheren sprachlichen Prüfung auf und trägt zu ihrer Beleuchtung wesentlich bei (29). Semant. ist es ansprechend, *víkingr* und *víking* mit dem auf Rudern bezogenen *vika* zusammenzuhalten, da das Rudern und die Organisation des Ruderns für die alte Seefahrt von grundlegender Bedeutung waren. Der Vorgang des Wechsels der Ruderer wird von Heide sachkundig beschrieben, und aus seiner Darst. geht deutlich hervor, daß sich der Wechsel eben mit *vika* ‚sich zur Seite bewegen' ausdrücken läßt. Ein schwed Ausdruck, *vika vid årorna* ‚an den Rudern „weichen"', wird von Daggfeldt, allerdings ohne Qu.angabe, angeführt (21, 93; vgl. 29, 50 f.). Aus den Slg. des Wb.s der Schwed. Akad. (82 s. v. veckosjö) läßt sich ein Beleg aus dem 19. Jh. anführen. Es heißt dort, daß die Ruderer bei der Schichtablösung von ihrem Platz ‚wichen' und der neuen Schicht die Ruderbänke überließen (schwed.: „*veko från* sin plats och lemnade roddbänkarne åt en ny afdelning"; 84, 82; zitiert in 22, 109).

Das große Problem mit der auf den Wechsel der Ruderer bezogenen Erklärung ist das Fehlen eines zum Vb. gehörenden Subst.s germ. *wīkō, awnord. *vík mit entspr. Bedeutung. Von der Grundbedeutung ‚weichen' aus ließe sich neben vík ‚Bucht; Einbuchtung' leicht auch *vík ‚Weichen zur Seite; Wechseln' denken (vgl. 29, 48). Neben germ. *wikōn, awnord. vika, auf Schicht und Abstand bezogen, hätte sich *vík etwa auf die Seitwärtsbewegung der Ruderer bei dem Wechsel beziehen können. Als parallele Ableitungen zu *wīkō ließen sich víkingr mask. und víking fem. erklären. Heide zieht es vor, das mask. Wort als sekundär zu dem fem. zu betrachten. Als denkbare Parallelen führt er Beispiele wie awnord. endrbœtingr mask. ‚reparierter Gegenstand' neben endrbœting fem. ‚Reparieren', geldingr mask. ‚kastriertes Tier' neben gelding fem. ‚Kastrieren' an (29, 45 f. 51; s. auch 41, 121).

Der Vorschlag, die beiden Wörter víkingr mask. und víking fem. nach diesen Linien zu erklären, kann nicht als endgültig betrachtet werden, verdient es aber, weiterhin beachtet und geprüft zu werden. Mit dieser Herleitung hätten wir es mit zwei Wörtern zu tun, die sich primär auf Seefahrt beziehen. Eine Ausgangsbedeutung ‚Rudern' erlaubt verschiedene Spezialisierungen. Aus dem Nord. erwähnt Heide, daß das Vb. norw. ro ‚rudern' im Sinne von ‚auf Fischfang gehen' benutzt wird (29, 49). Noch interessanter ist in unserem Zusammenhang aschwed. roþer mask. ‚Rudern', das die Bedeutung ‚Seekriegszug' angenommen hat (11a; → Roslagen § 1). Für víkingr mask. und víking fem. ist ein Bezug auf Seefahrten, die auf Beute zielen, leicht vorstellbar. Die älteste bezeugte Bedeutung des germ. Wikinger-Wortes, ‚Seeräuber', die im Ae. vorliegt, bildet für die Wortgesch. einen festen Anhaltspunkt. Es liegt auf der Hand, daß dieses Wort durch die Raubzüge der Skandinavier eine Spezialbedeutung, eben ‚Wikinger', erhielt.

Durch die ganze Forschungsgesch. erstreckt sich die Frage, wo das Wikinger-Wort entstanden und evtl. wohin geliehen ist. Ae. wīcing mask. (und wahrscheinlich fem.) ist so früh belegt, daß Entlehnung aus dem Nord. unwahrscheinlich ist. Damit ist aber nicht gesagt, daß das Wort von den Britischen Inseln stammen muß. Die frühe Verbreitung des Wortes um Nord- und Ostsee spricht am ehesten dafür, daß es sich um ein gemeinsames nord. und westgerm. oder vielleicht eher nord. und nordseegerm. Wort handelt (21, 93; 29, 51 f.; s. auch 96, 94; über westgerm. Seefahrt → Kriegswesen S. 337; → Normannen § 1b; → Sachsen S. 35). Dies wäre dann noch ein Zeugnis der nordwestgerm. Zusammengehörigkeit auf dem germ. Sprachgebiet (→ Nordgermanische Sprachen § 2). Schon das nord. Wort vík ‚Bucht' hat Entsprechungen auf westgerm. Gebiet. Im Mnd. ist wīk belegt, und das Wort ist an der Nordseeküste verbreitet (12, 177; vgl. auch oben a. Belege nordfries. Wikkinger ‚Buchtenmänner'). Wenn wir mit germ. *wīkō in einer anderen, auf Seefahrt bezogenen Bedeutung rechnen dürfen, würden zwei zu diesem Wort gebildete Wörter, awnord. víkingr mask. ‚Wikinger' und víking fem. ‚Wikingerfahrt', den nordwestgerm. Zusammenhang noch unterstreichen.

c. Zusammenfassung und Ausblick. Der sprachliche Kommentar des Wikinger-Wortes (awnord. víkingr usw.) wird in der 1. Aufl. dieses Lex.s mit folgendem Satz eingeleitet (19, 530): „Die Etymologie des Wortes … ist umstritten." Diese Feststellung ist nach wie vor gültig. Die seit der Mitte des 19. Jh.s eifrig diskutierte Frage nach dem Ursprung der Wörter víkingr mask. ‚Wikinger' und víking fem. ‚Wikingerfahrt' hat bis jetzt keine endgültige Antwort bekommen. Das Problem läßt sich jedoch heute etwas präziser beurteilen. Die hier unternommene Analyse scheint die folgenden Schlüsse nahezulegen:

1. Die Wörter sind urspr. am ehesten als nordwestgerm. zu betrachten.
2. Semant. sind die Wörter engstens mit Schiff und Seefahrt verbunden.
3. Die allg. Bedeutung ‚Seeräuber' ist älter als die Spezialisierung auf W. (hauptsächlich aus Skand.).
4. Dem fem. Wort awnord. *víking* ‚Wikingerfahrt' muß, wie schon 1852 von Munch betont, entscheidendes Gewicht beigemessen werden.
5. Eine Ableitung zu ae. *wīc* ‚Wohnstätte; Stadt; Lager' (lat. *vīcus*) ist aus semant. Gründen abzulehnen.
6. Eine Ableitung zu awnord. *vík* ‚Bucht' ist aus formalen Gründen wahrscheinlich abzulehnen.
7. Eine Ableitung zum anorw. Landschaftsnamen *Vík* ist aus formalen wie semant. Gründen abzulehnen.
8. Die Wörter hängen zweifellos mit dem starken Vb. awnord. *víka* ‚weichen' zusammen; eine andere Anknüpfung läßt sich schwerlich finden.
9. Den Ableitungen awnord. *víkingr* und *víking* liegt ein zu diesem Vb. gehörendes Subst. zugrunde. Hist. belegt ist dabei nur awnord. *vík* ‚Bucht', auch ‚Einbuchtung in höherem Gelände'. Wenn von einem **vík* auszugehen ist, muß eine andere, nicht bezeugte Bedeutung angenommen werden. Zwei Vorschläge sind vorgelegt worden: ‚Abstecher (von zu Hause), Abwesenheit' und ‚Wechsel der Ruderer'. Während der erste Vorschlag aus semant. Gründen unwahrscheinlich ist, läßt sich der zweite semant. gut begründen und hat, was den Zusammenhang mit dem Vb. *víka* betrifft, eine Stütze im Subst. awnord. *vika sjóvar* fem. ‚Seemeile'. Ein germ. **wīkō* fem. mit der angenommenen Bedeutung ist aber nicht nachgewiesen worden.

Nach diesen Punkten zu urteilen, wäre in der fortgesetzten Forsch. in erster Linie die Herleitung von *víkingr* mask. ‚Wikinger' und *víking* fem. ‚Wikingerfahrt' mit Bezug auf den Wechsel der Ruderer näher zu prüfen.

Qu.: (1) Adam von Bremen, Gesta. (2) DR. (3) OE glosses in the Épinal–Erfurt glossary, hrsg. von J. D. Pheifer, 1974. (4) Oros., hrsg. von J. Bately, 1980. (5) Södermanlands runinskrifter, 1. Text, SvR 3, 1924–1936. (6) Smålands runinskrifter, 1. Text, SvR 4, 1935–1961. (7) Västergötlands runinskrifter, 1. Text, SvR 5, 1958–1970. (8) Upplands runinskrifter, 3.1. Text, SvR 8, 1949–1951. (9) Wids., hrsg. von K. Malone, 1962.

Lit.: (10) I. Aasen, Norsk Ordbog med dansk Forklaring, ²1873. (11) T. Ahldén, Rez. zu [12], Zeitschr. für Mundartforsch. 21, 1952, 59–64. (11a) Th. Andersson, Rus' und Wikinger, ANF 122, 2007 (im Druck). (12) F. Askeberg, Norden och kontinenten i gammal tid, 1944. (13) M. P. Barnes, The runic inscriptions of Maeshowe, Orkney, 1994. (14) E. Björkman, Scandinavian loan-words in Middle English, 1900–1902. (15) Ders., Nord. PN in England in alt- und frühmittel-engl. Zeit, 1910. (16) Ders., Tvänne germanska etymologier, in: Sertum philologicum C. F. Johansson oblatum, 1910, 1–15. (17) H. Bjorvand, F.O. Lindeman, Våre arveord. Etymologisk ordbok, 2000. (18) A. Bugge, Handelen mellem England og Norge indtil begyndelsen af det 15de aarhundrede, (Norsk) Hist. Tidsskr. 3. R., 4, 1898, 1–149. (19) Ders., W., in: Hoops IV, 529–553. (20) S. Bugge, Studier over de nordiske Gude- og Heltesagns Oprindelse 1, 1881–1889. (21) B. Daggfeldt, Vikingen – roddaren, Fornvännen 78, 1983, 92–94. (22) L. B. Falkman, Om mått och vigt i Sverige, 1. Den äldsta tiden till och med år 1605, 1884. (23) O. von Feilitzen, The pre-Conquest personal names of Domesday Book, 1937. (24) C. Fell, OE *wicing*: a question of semantics, Proc. of the British Acad. 72, 1986, 295–316. (25) Dies., Modern Engl. *Viking*, in: Studies in honour of K. Cameron, 1987, 111–123. (26) G. Fellows Jensen, Scandinavian personal names in Lincolnshire and Yorkshire, 1968. (27) O. Grønvik, Ordet norr. *víkingr* m. – er tidlig lån fra anglofrisisk område?, ANF 119, 2004, 5–15. (28) H. Gustavson u. a., Runfynd 1988, Fornvännen 85, 1990, 23–42. (29) E. Heide, *Viking* – ‚rower shifting'? An etym. contribution, ANF 120, 2005, 41–54. (30) S. Hellberg, Vikingatidens *víkingar*, ANF 95, 1980, 25–88. (31) Ders., Viking ‚härnad, röveri', Gardar 13, 1982, 71–73. (32) Hellquist, Ordbok. (33) F. Hødnebø, Viking, in: Kult. hist. Leks. XX, 20–26. (34) Ders., Hvem var de første vikinger?, Maal og minne 1987, 1–16. (35) Ders., Who were the first Vikings?, in: J. E. Knirk (Hrsg.), Proc. of the tenth Viking congress, 1985, 1987, 43–

54 (engl. Version von [34]). (36) Ders., Ordet viking. Replikk til Gösta Holm, Maal og minne 1988, 146–151. (37) K. Hoel, Bustadnavn i Østfold, 5. Rygge og Moss, 2004. (38) G. Holm, Om det nordiska *u*-omljudet, Svenska landsmål och svenskt folkliv 1960, 79–136. (39) Ders., Ordet viking än en gång, Maal og minne 1988, 144 f. (40) Ders., Orden *víkingr*, m., och *víking*, f. Replik till en replik, ebd., 188 f. (41) Ders., Tre bidrag till norrön etymologi, in: Eyvindarbók (Festskrift E. F. Halvorsen), 1992, 118–122. (42) J. Insley, Some Scandinavian personal names from South-West England, NoB 70, 1982, 77–93. (43) Ders., Some Scandinavian personal names in South-West England from post-Conquest records, Studia anthroponymica Scandinavica 3, 1985, 23–58. (44) A. Janzén, De fornvästnordiska personnamnen, in: Ders. (Hrsg.), Personnamn, Nordisk kultur 7, 1947, 22–186. (44a) J. Jesch, Old Norske *víkingr*: a question of contexts, in: ‚Lastworda betst' (Essays in memory of C. E. Fell), 2002, 107–121. (45) Finnur Jónsson, Tilnavne i den islandske oldlitteratur, Aarbøger 1907, 161–381. (46) Kluge-Seebold, [24]2002. (47) G. Knudsen u. a. (Hrsg.), Danmarks gamle Personnavne, 1. Fornavne 2, 1941–1948. (48) H. Kuhn, Rez. zu [12], Anz. für dt. Altert. und dt. Lit. 63, 1944, 13–18 (= H. Kuhn, Kl. Schr. 3, 1972, 489–494). (49) Guðrún Kvaran, Sigurður Jónsson, Nöfn Íslendinga, 1991. (50) M. Lerche Nielsen, Vikingetidens personnavne i Danmark belyst gennem runeindskrifternes personnavne og stednavne på *-torp* sammensat med personnavneforled, 1997. (51) Lind, Dopnamn. (52) E. H. Lind, Ortnamnens insats i den gamla nordiska dopnamnsbildningen, in: Festskrift tillägnad H. Pipping, 1924, 326–333. (53) Magnússon, Orðsifjabók. (54) Meid, Wortbildungslehre. (55) E. Moltke, Runes and their origin. Denmark and elsewhere, 1985. (56) P. A. Munch, Det norske Folks Historie 1.1, 1852. (57) H. H. Munske, Das Suffix *-inga/-unga in den germ. Sprachen, 1964. (58) A. Noreen, Aisl. und anorw. gramm., [4]1923. (59) M. Olsen, Nogen norske stedsnavnes vidnesbyrd om kjøbmandsfærd i middelalderen, Maal og minne 1916, 40–46. (60) Ders., Ættegård og helligdom. Norske stedsnavn sosialt og religionshistorisk belyst, 1926. (61) E. Olson, De appellativa substantivens bildning i fornsvenskan, 1916. (62) R. Otterbjörk, **faruki**, **kurʀ** och **ublubʀ**. Namnproblem i sörmländska runinskrifter, Studia anthroponymica Scandinavica 1, 1983, 21–44. (63) R. I. Page, ‚A most vile people': early English historians on the Vikings, 1987. (64) L. Peterson, Svenskt runordsregister, [2]1994. (65) Dies., Nordiskt runnamnslex., http://www.sofi.se (4. revidierte Version 2002). (66) Pokorny, IEW. (67) P. Rasmussen u. a., Uge søs, in: Kult. hist. Leks. XIX, 248–251. (68) A. Ruprecht, Die ausgehende WZ im Lichte der Runeninschr., 1958. (69) O. Rygh, Norske Gaardnavne, 8. Gaardnavne i Nedenes Amt, 1905. (70) Ders., Norske Gaardnavne, 9. Gaardnavne i Lister og Mandal Amt, 1912. (71) Ders., Norske Gaardnavne, 12. Gaardnavne i Nordre Bergenhus Amt, 1919. (72) I. Særheim, Namn og gard. Studium av busetnadsnamn på *-land*, 2001. (73) E. Salberger, **i:uikiku**. Ett runstensord i norrön belysning, Gardar 12, 1981, 66–83. (74) Samnordisk runtextdatabas, http://www.nordiska.uu.se/forskn/samnord.htm. (75) J. Sandnes, O. Stemshaug (Hrsg.), Norsk stadnamnleksikon, [4]1997. (76) P. Sawyer, Wics, kings and Vikings, in: Th. Andersson, K. I. Sandred (Hrsg.), The Vikings, 1978, 23–31. (77) A. H. Smith, English place-name elements 2, 1956. (78) Th. Snædal, Medan världen vakar. Studier i de gotländska runinskrifternas språk och kronologi, 2002. (79) C. I. Ståhle, Studier över de svenska ortnamnen på -inge på grundval av undersökningar i Stockholms län, 1946. (80) Ders., Ortnamn och bebyggelse i Västra Vingåker, 1954. (81) J. Steenstrup, Normandiets Historie under de syv første Hertuger 911–1066, 1925. (82) Svenska Akademiens ordboksredaktion, Lund, Wörterslg. (83) Sveriges medeltida personnamn. Förnamn (ab *Iohan*, unbearbeitete Slg. von Vornamen in: Institutet för språk och folkminnen, Uppsala). (84) G. V. Sylvander, Kalmar slotts och stads historia 2.2, 1865. (85) C.-E. Thors, Finländska personnamnsstudier, 1959. (86) P. Thorson †, A new interpretation of *Viking*, in: P. Foote, D. Strömbäck (Hrsg.), Proc. of the sixth Viking congress, 1969, 1971, 101–104. (87) A. Torp, Gamalnorsk ordavleiding, [2]1974. (88) P. Vikstrand, Gudarnas platser. Förkristna sakrala ortnamn i Mälarlandskapen, 2001. (89) W. Vogel, Wik-Orte und W. Eine Studie zu den Anfängen des germ. Städtewesens, Hansische Geschichtsbl. 60, 1935, 5–48. (90) de Vries, Anord. etym. Wb. (91) E. Wadstein, Le mot *viking*, in: Mél. de philol. offerts à J. Vising, 1925, 381–386. (92) Ders., Norden och Västeuropa i gammal tid, 1925. (93) M. Wahlberg (Hrsg.), Svenskt ortnamnslex., 2003. (94) E. Wessén, De nordiska folkstammarna i Beowulf, 1927. (95) Ders., Historiska runinskrifter, 1960. (96) G. Widmark, Det språk som blev vårt. Ursprung och utveckling i svenskan, 2001.

Nachtrag: (97) J. Krüger, „Wikinger" im MA. Die Rezeption von *víkingr* und *víking* in der anord. Lit., Diss. Kiel (im Druck).

Th. Andersson

Definition des W.-Begriffs. a. Außernord. Qu. Abzuheben von der etym. Diskussion ist die Frage nach der pragmatischen und wiss. Definition des W.-Begriffs (s. auch → Normannen). Der schon im MA geläufigen Bedeutung ‚Pirat' steht eine durchaus problematische Begriffserweiterung gegenüber, welche die frühma. Skandinavier und ihre materielle und geistige Kultur überhaupt mit einschließt (18, 422 f.; 19; 14, 20 f.). Diese Definition hat sich in Handbüchern und auch im populärwiss. Schrifttum weitgehend durchgesetzt und bleibt vielfach auch in Lex.artikeln unreflektiert. Auch Komposita wie ‚Wikingerkunst' oder ‚Wikingerreligion' referieren auf einen weiten W.-Begriff (s. auch → Wikinger § 1, Bd. 34). Doch auch wenn man unter W. nur die seefahrenden frühma. Skandinavier versteht, fällt letztlich eine recht heterogene und schwer zu bestimmende Personengruppe unter den Begriff. So sind die in praktisch allen Darst. einbezogenen Kolonisatoren im Prinzip nur während der Überfahrt zu den Siedlungsregionen Seefahrer, während sie in ihrer Eigenschaft als Siedler in eben den landwirtschaftl. Kontext wieder eingehen, aus dem sie hervorgegangen sind. Logan zufolge ist es falsch, „to see the Vikings as either farmers or barbarious warriors. Indeed, they were both. The early raids were motivated by a thirst of silver, their later raids by a thirst of land." (18, 436). Die hier angedeutete diachrone Aufeinanderfolge von Bauern und Kriegern ignoriert allerdings den Umstand, daß auch die ‚warriors' – und ebenso die Händler – primär einer bäuerlichen Sphäre zugehörten (7, 12). Die W. lediglich als ‚Piraten' zu definieren, hieße indessen die einseitige und tendenziöse Außenperspektive der schriftlichen Qu. auf die frühma. seefahrenden Skandinavier einzunehmen.

Der Beginn der WZ gegen Ende des 8. Jh.s stellt im Grunde genommen eher für die Bewohner der Britischen Inseln und des Frankenreichs eine hist. Zäsur dar als für die Nordleute selbst; die in Skand. um 800 zu beobachtenden Umbrüche etwa im Bereich der Kunst sind kaum weitreichend genug, um eine neue Epoche einzuläuten. Als *wicinge* werden die Eindringlinge aus dem N nur in ags. Qu. bezeichnet, und zwar in der Regel nicht im Sinne einer ethnischen Zuordnung, sondern zur Charakterisierung als Seeräuber bzw. -krieger. In diesem Sinne verwendet etwa der Verf. der *Battle of Maldon* den Terminus *wicinge* für die Besatzung einer Flotte, während er an anderer Stelle erkennen läßt, daß er die Fremden durchaus als *Denon* ethnisch zu definieren weiß (35, 55). In den kontinentalen Qu. findet sich lediglich bei → Adam von Bremen der Hinweis, die nord. Seeräuber würden von den Skandinaviern *Wichingos* genannt (Eccl. Hammaburgensis IV, 6 S. 440). Ansonsten ist in ost- und westfrk. Qu. im Zusammenhang mit Überfällen per Schiff meist von *piratae* die Rede. Während etwa die → Angelsächsische Chronik deutlich zw. Dänen und Norwegern unterscheidet, was aufgrund der wichtigen Rolle beider Völkerschaften für die frühma. Gesch. Englands naheliegt, ist in den frk. Qu., sofern nicht etwa polit. Ereignisse in Dänemark reflektiert werden, meist summarisch von *Normanni* oder *Nortmanni* die Rede, worunter meistens Dänen, gelegentlich – so bei → Thietmar von Merseburg – aber auch Norweger verstanden werden (→ Normannen § 1c). Namentlich in hagiographischen Texten werden die Skandinavier oftmals als *paganos* bezeichnet (35, 33–57). Ein Bewußtsein für die Existenz verschiedener Völkerschaften im Norden lassen die von W.-Überfällen handelnden kontinentalen Texte meist nicht erkennen. Von den Überlieferungen, die eine differenziertere Vorstellung von den skand. Völkerschaften widerspiegeln, ist v. a. Adam von Bremens freilich nach dem Ende der WZ, um 1075, verfaßte Kirchengeschichte, bes. deren viertes Buch, zu erwähnen. Hier sind es wiederum Dänen und Schweden, die als Normannen zusammengefaßt werden (*Dani siquidem ac Sueones, quos Nortmannos vocamus,* IV, 3, S. 450). Obgleich Adam sich eine Zeitlang selbst in Dänemark aufgehalten hat, scheint seine Charakterisierung der Dänen doch eher von herkömmlichen Barbarenstereotypen als von eigener Anschauung geprägt. Die diversen Wundervölker, die Adam im N und NO Skand.s ansiedelt, zeigen deutlich das Fortwirken einer mythischen Topographie, die den Norden – v. a. die höheren Breiten – aus der abendländischen Ökumene ausgliedert.

Der Überfall auf das Kloster Lindisfarne 793 markiert nicht etwa deshalb seit der Periodisierung durch Jens Jacob → Worsaae (→ Wikingerzeit; → Normannen § 1b) den Beginn der WZ, weil es sich dabei um das erste Auftreten der W. in der Gesch. handeln würde, sondern weil dieser Vorfall durch → Alcuin, den aus Northumbrien stammenden Berater → Karls des Großen, in Europa weithin bekannt gemacht wurde. In seinen Briefen begegnet bereits modellhaft vorgeprägt jene theol. Sicht auf die W., die auch in den folgenden Jh. immer wieder eingenommen werden sollte, nämlich die Vorstellung, es handle sich bei den W.-Überfällen um eine von Gott verhängte Strafe für die in Sünde verfallene Christenheit. Dieses Deutungsmuster findet sich u. a. in Agio von Narbonnes *Historia Abbatiae Vabrensis*, der zufolge die W.-Einfälle als *divina ultio* ‚göttliche Strafe' für die Sündhaftigkeit des Volkes zu betrachten seien; ähnliches liest man auch in vielen anderen Überlieferungen wie etwa den *Annales Bertiniani* oder auch bei Regino von Prüm. Auch im → Ludwigslied spielt diese Vorstellung eine zentrale Rolle. Die W.-Überfälle wurden von geistlichen Autoren also oftmals im Sinne eines christl. Erziehungsprogramms instrumentalisiert. V. a. im westfrk. Bereich lassen sich ferner Versuche beobachten, die traumatische Erfahrung der W.-Überfälle typol. zu deuten. Den wichtigsten Ausgangspunkt hierfür bilden zwei Stellen aus dem Buch Jeremia, nämlich Jer 1,24: ‚Von Norden her ergießt sich das Unheil über alle Bewohner des Landes' sowie, noch eindringlicher, Jer 6, 22 f.: ‚Seht, ein Volk zieht vom Nordland heran, ein großes Volk bricht auf von den Grenzen der Erde. Sie kommen mit Bogen und Sichelschwert, grausam sind sie und ohne Erbarmen.' Diese theol. Stilisierung der W. als Erfüllung alttestamentarischer Prophetien oder als Strafgericht Gottes, wie man sie beispielsweise in den westfrk. *Miracula S. Filiberti* und den *Miracula S. Remacli* findet, entspricht durchaus dem Wahrnehmungsmuster, das die frk. und ags. Qu. im wesentlichen prägt, obgleich die typol. Deutung in letzteren kaum begegnet: Die W. repräsentieren das ‚Andere' der christl. Zivilisation; in den Chroniken, Ann., Legenden und Preisgedichten der fast ausschließlich geistlichen Autoren herrscht aus leicht einzusehenden Gründen das eindimensionale Bild der Skandinavier als eines beutegierigen und mordlüsternen Seeräubervolkes vor.

Auch die Qu., die von friedlicheren Formen des Kontakts handeln und insofern ein nuancierteres Bild entwerfen, reduzieren die Nordleute letztlich auf ein barbarisches Heidenvolk. Hierzu zählen auch die Berichte arab. Kaufleute und Reisender, von denen der des → Ibn Faḍlān von 921/22 der bekannteste ist. Die von dem Gesandten aus Bagdad beobachtete Bestattungszeremonie schwed. Rus an der Wolga hat zweifellos wegen des barbarischen Gepräges überhaupt erst sein Interesse geweckt (28, 272 f.). Der extrem niedrige Hygienestandard, den Ibn Faḍlān bei den Rus konstatiert, findet in anderen Qu. allerdings keine Bestätigung. Im Gegenteil wird bisweilen angemerkt, daß die W. großen Wert auf ihre äußere Erscheinung legten und auch bei Männern kosmetische Hilfsmittel wie Schminke und Präparate zum Färben der Haare gang und gäbe seien. Des öfteren wird den skand. Kriegern auch außergewöhnliche Schönheit bescheinigt, so etwa von dem Kaufmann al-Tartushi aus dem Kalifat Córdoba, der um 950 den dän. Handelsplatz → Haiðaby aufsuchte und u. a.

Augenschminke bei Frauen wie Männern erwähnt, aber auch in den *Annales Fuldenses* sowie in der allerdings erst nach der WZ entstandenen Chronik des John of Wallingford, der von der sexuellen Anziehungskraft gepflegter W. auf engl. Damen zu berichten weiß. Die Nachrichten über die große Bedeutung der Körperpflege bei den W.n gehört zu den wenigen Elementen im europ. (und arab.) Beschreibungsrepertoire, die deutlich über die landläufigen Barbarenklischees hinausgehen und ein individualisierendes Moment darstellen, das seine arch. Entsprechung in Form von in großer Zahl in nord. Gräbern gefundenen Kämmen (→ Kamm), → Pinzetten u. ä. findet. Insgesamt fällt freilich auf, daß die britischen und frk. Qu., so sehr sie die Andersartigkeit des Fühlens und Handelns der W. markieren, außer dem athletischen Wuchs kaum je Besonderheiten in der physischen Erscheinung postulieren; in einem Kapitular vom Ende des 9. Jh.s kann sogar angemerkt werden, Barbaren und Christen seien in der Hitze eines Gefechts nicht voneinander zu unterscheiden gewesen (35, 111).

Insgesamt zeichnen die außernord. frühma. Qu. also ein recht stereotypes, z. T. auch von den Barbarenklischees der Ant. beeinflußtes Bild der W., das diese auf die Position heidn. Piraten festlegt. Gegenpositionen oder gar Innenansichten fehlen naturgemäß, da die W. nicht an der christl. Schriftkultur partizipierten.

b. Nord. Qu. Während die außerhalb Skand.s entstandenen Qu., von einigen Ausnahmen wie → Rimberts *Vita Anskarii* oder dem in → Orosius' *Historiarum adversum Paganos* integrierten Ber. des Norwegers → Ottar abgesehen, in verschiedenen außernord. Regionen aktive Piraten und Händler in den Blick nehmen, fällt es schwerer, aus den vielfältigen nord. Qu. authentische und relevante Informationen zu den W.n herauszufiltern. Trotz der vielfach stereotypen Inhalte sind die wikingerzeitlichen Runeninschr. eine wichtige hist. Qu. (→ Wikinger §§ 2 und 3, Bd. 34; s. o. Sprachlich). Zur Rekonstruktion der Wikingerzüge und ihrer Hintergründe liefern die zeitgleichen Textqu., zu denen auch ein Teil der Skaldik zu rechnen ist, v. a. für die ereignisgeschichtl. Ebene wichtige Anhaltspunkte.

Außer den zeitnahen arch., runologischen und onomastischen Zeugnissen kommt die hochma. anord. Lit., also die → Sagas, die Edda (→ Edda, ältere; → Edda, jüngere; → Eddische Dichtung), die Skaldik (→ Skalde; → Skaldische Dichtung; → Skaldische Verskunst) sowie andere Textgattungen wie etwa Landschaftsgesetze in Betracht. Auch die lat. Historiographie Skand.s gehört dieser Gruppe an, obgleich der W.-Begriff in ihr nicht begegnet. Ein Teil der hochma. Texte fixiert indessen genuin wikingerzeitliche Überlieferungen, nämlich ein Teil der Skaldik sowie möglicherweise auch einige Eddalieder, deren Datierung freilich meist schwierig ist und die wenig zur W.-Problematik im engeren Sinne beitragen.

Die oftmals erheblichen Authentizitätsprobleme, die alle retrospektiven Textgattungen aufwerfen, haben dazu geführt, daß man im Gefolge der Qu.kritik die hochma. skand. Lit. immer stärker als unhist. marginalisiert hat und statt dessen das Bild der W. in hohem Grad auf die vermeintlich objektiven arch. Zeugnisse gründete. So wurde auch die → *Heimskringla* des → Snorri Sturluson, in der viele Wikingerzüge thematisiert werden und die über Jh. die geradezu sakrosankte Gesch. des nord. Früh-MAs dargestellt hat, als bloßes historiographisches Konstrukt des 13. Jh.s verworfen. Seit den 1990er J. mehren sich allerdings die Stimmen, die sich gegen diesen quellenkritischen Rigorismus wenden (20; 21): Wenngleich man aus den anord. Texten vielfach auch keine verläßlichen ereignisgeschichtl. Daten erheben kann, so sind sie doch von großem Wert für anthrop., mentalitätsgeschichtl. sowie auch religionshist. Fragestellungen. Unterhalb der bewußten, zweifellos auch ideologisierenden Darst. wikingerzeitlicher Verhältnisse findet sich eine Schicht in den Sagas, die sich dem individuellen Gestaltungswillen entzieht und in der deshalb unwillkürliche oder unbewußte Haltungen zum Tragen kommen, die etwa die Auffassungen von Zeit und Raum, von Ehr- und Rechtsbegriffen, vom Verhältnis der Geschlechter, von Jenseitswelten etc. betreffen. Diese Vorstellungskategorien wandeln sich bekanntlich nur sehr langsam und können daher mit einiger Vorsicht auch für die WZ vorausgesetzt werden, wobei freilich den mit der Christianisierung einhergehenden Veränderungen Rechnung zu tragen ist. Insofern sind die differierenden Aussagen der Sagas über die W., auch wenn sie oftmals bereits einen deutlichen Grad an Verklärung aufweisen, jeweils aus ihrem Kontext heraus zu interpretieren und zu bewerten, was bisher allerdings nur ansatzweise geschehen ist (27).

Wenngleich für das Weltbild der W. die awnord. Lit. also eine nützliche Qu. darstellt, lassen sich hist. verläßliche Informationen zu den skand. Piraten aus diesen Texten nur in begrenztem Umfang gewinnen. Im Bereich der Skaldik sind in erster Linie → Preislieder für skand. Fürsten von Interesse, die Seeschlachten u. ä. thematisieren. Anders als in den etwa zeitgleichen → Runeninschriften wird der selten verwendete Begriff *víkingr*, soweit er sich grammatisch eindeutig verorten läßt, in den Skaldenstrophen eher pejorativ verwendet. Dies gilt allem Anschein nach auch für die als *Víkingavísur* bezeichnete Dichtung des Isländers → Sighvatr Þórðarson, die zwar von den Wikingerzügen des jungen Óláfr Haraldsson, des späteren Kg.s → Olaf der Heilige, in die Ostseeregion, nach Friesland, England und Frankreich handeln, dabei aber allem Anschein nach die Gegner Óláfrs als W. klassifizieren (15, 49–51; vgl. 13, 36–39). Gerade die *Víkingarvísur* machen darüber hinaus exemplarisch die tendenzielle Begrenztheit der Skaldik als geschichtl. Qu. deutlich, denn die Taten Óláfrs werden recht stereotyp summiert; der Tradition zufolge stieß Sighvatr auch erst in Norwegen zu Óláfr und ist daher keineswegs Augenzeuge der Ereignisse. Das Lied besteht denn auch aus einer „frostige[n] Aneinanderreihung blasser Kampfszenen" (31, 242), ohne daß deswegen allerdings die Historizität der zugrundeliegenden Schlachten angezweifelt werden müßte. Z. T. lassen sich diese auch mit zeitgenössischen ags. Qu. abgleichen (4, 69). Überhaupt können gerade die im Umkreis der beiden norw. Bekehrerkg. → Óláfr Tryggvason und Óláfr Haraldsson (→ Olaf der Heilige) entstandenen Preislieder im Hinblick auf ihre basalen Informationen über Personen und Ereignisse der WZ als weitgehend authentisch betrachtet werden (→ Óláfsdrápur § 4). Die Komplexität der Skaldenstrophen führte indessen schon im MA oft zu Fehldeutungen, auch sind die Bezüge innerhalb der Strophen vielfach nicht eindeutig. Ferner ist zu beachten, daß in letzter Zeit für eine Reihe von Skaldendichtungen jüng. Datierungen vorgeschlagen wurden. Insgesamt sind die wikingerzeitlichen Skaldenstrophen also eher für die Feststellung der Faktizität insbesondere von polit. motivierten Wikingerzügen von Belang als für die Rekonstruktion der genaueren Umstände dieser Unternehmungen.

Eddalieder können Hinweise auf relig. Vorstellungen oder auch auf soziale oder ethische Normen geben; die W.-Sphäre im engeren Sinne wird von der eddischen Poesie jedoch kaum berührt. Der häufig zitierte Vers des Heldenliedes → *Reginsmál*: *er oss byrr gefinn við bana siálfan* (‚uns ist Fahrtwind gegeben selbst gegen den Tod') wurde namentlich in der ält. Forsch. als Ausdruck eines heroisch-todesverachtenden Lebensgefühls gelesen; Kuhn meinte dieses ‚Hochgefühl', das er auch in Str. 27–29 des ersten Liedes von Helgi Hundingsbani (→ Helgilieder und Helgisagen) erkennen möchte, in dem der Held einem Sturm trotzt, auf die letzten Jahrzehnte des 10. Jh.s datieren zu können (17, 147 f.). Inwieweit der Heroismus der anord. Heldendichtung die Mentalität der W. widerspiegelt oder bereits einen Bestandteil der W.-Verklärung darstellt, ist freilich umstritten; die Verhaltensweise der W. auf ihren Zügen, etwa die häufig bezeugte Vermeidung der milit. Konfrontation mit ebenbürtigen oder gar überlegenen Gegnern, ist zumindest mit modernen Heroismuskonzepten kaum in Einklang zu bringen. – Als authentischer Reflex der wikingerzeitlichen Sozialstruktur wurde lange Zeit das Eddalied → *Rígspula* betrachtet, wobei umstritten war, ob es in Norwegen, Dänemark, Island oder England entstanden ist (25, 479–688). Heute wird diese Dichtung, die drei durch gemeinsame Interessen miteinander verbundene Stände – den Adel, die freien Bauern und die Unfreien – beschreibt, vielfach eher ins Hoch-MA datiert, obgleich sich auch gewichtige Argumente für ein hohes Alter zentraler Bestandteile des Liedes anführen ließen (9, 674–678); eine authentische zeitgenössische Beschreibung der wikingerzeitlichen Sozialstruktur wird man aus ihr dennoch kaum herauslesen dürfen.

Der schwierigen Frage nach den sozialen Verhältnissen der WZ, die aus den Schriftqu. nur unzureichend erhellt werden können, ist in den meisten neueren Darst. breiter Raum gewidmet (z. B. 24, 75–101; 5, 229–249; 26, 99–104; 23, 61–71). Offensichtlich war die wikingerzeitliche Ges. entgegen den landläufigen Vorstellungen in hohem Maße hierarchisch gegliedert und von einem kaum berechenbaren und wahrscheinlich auch regional variablen Anteil an Unfreien, sog. *prællar*, gekennzeichnet. Die Handel oder Piraterie treibenden Seefahrer rekrutierten sich wohl überwiegend aus den führenden Schichten, was nicht nur die Sagas, sondern auch die Runeninschr. nahelegen. Allerdings scheinen sich mit der Mitgliedschaft in den gildenähnlichen, auf ökonomischem Einsatz wie auf gegenseitiger sozialer Verantwortung beruhenden Fahr- und Handelsgemeinschaften (anord. *félag*) auch gesellschaftliche Aufstiegsmöglichkeiten verbunden zu haben (5, 125 f.). Dabei ist zu beachten, daß nur ein recht geringer Teil der W. ein ausschließliches Händler- oder gar Piratendasein geführt haben dürfte. Vielmehr wird es sich bei den W.-Fahrten vielfach um temporäre Aktivitäten, um eine ‚Teilzeitbeschäftigung' einer im übrigen großbäuerlichen Bevölkerungsschicht gehandelt haben, wie dies in den → Isländersagas vielfach belegt ist. Aus den → Königssagas geht hervor, daß Wikingerzüge vielfach auf Initiative von regionalen Herrschern oder auch sog. Seekg. ohne festes Herrschaftsgebiet unternommen wurden. Die Sagas legen ferner nahe, daß häufig junge, vielfach noch unverheiratete Männer an solchen Zügen teilnahmen, die vielleicht auch Aspekte wenn nicht einer Initiation, so doch einer ‚Reifeprüfung' aufwiesen (5, 69). So scheint auch der sog. Ingvarszug (→ Ingvar), dokumentiert durch die *Ingvars s. víðforla* sowie durch mehr als zwei Dutzend Runensteine im Mälartal, von denen der Stein von → Gripsholm (Södermanlands runinskr. 179) explizit auf einen Raubzug hinweist, großenteils von jungen Männern getragen worden sein. Eine männerbündische Organisation (→ Männerbund) dieser Schiffsgemeinschaften wird in der neueren Forsch. aber kaum mehr angenommen.

Daß die W. Bestandteil einer primär ruralen Ges. waren und das frühma. Skand. kaum als ausgeprägte Seefahrer- und Händlerkultur definiert werden kann, scheint sich auch durch die relig. Verhältnisse des 9. und 10. Jh.s zu bestätigen, soweit sich diese rekonstruieren lassen. Zwar weisen Schiffe vielfach totenkultische Bedeutung auf, wie sich etwa an → Schiffsbestattungen oder an Darst. auf gotländischen Bildsteinen (→ Bilddenkmäler) zeigt, und auch die Mythol. kennt Schiffe wie *Skiðblaðnir* und *Naglfari*, doch läßt sich keiner der zentralen nord. Götter auf eine Position als Schutzgottheit der W. oder überhaupt der organisierten Seefahrt festlegen. Nur sehr vereinzelt begegnen Hinweise auf Kulte im Zusammenhang mit Seefahrten wie etwa das von dem normannischen Geschichtsschreiber Dudo von St. Quentin überlieferte, höchst zweifelhafte Menschenopfer an Þórr (→ Donar-Þórr), das günstigen Fahrtwind bewirken sollte. Demgegenüber haben in der WZ offenbar eher Fruchtbarkeitskulte u. ä. eine wichtige Rolle gespielt, wie dies in bäuerlich geprägten Gesellschaften zu erwarten und auch in einigen in diesem Punkt nicht unglaubwürdigen Sagas belegt ist. Die in Landnahmeüberlieferungen isolierbaren rituellen Elemente sind teils kosmogonischer, teils fruchtbarkeitskultischer Natur (3, 134–176). Das im religionshist. relevanten Qu.material zu konstatierende nahezu vollständige Fehlen von Mythen oder Kulten, die sich auf die W. und deren Aktivitäten im engeren Sinne beziehen ließen, steht in auffälligem Widerspruch zu der großen Bedeutung, die man dem ‚wikingischen Element' im nord. Früh-MA gemeinhin beilegt.

Wenngleich die erzählenden volkssprachlichen Qu. des Hoch-MAs wie erwähnt von einiger Bedeutung sind für die Rekonstruktion der wikingerzeitlichen gesellschaftlichen, sozialen und relig. Verhältnisse im allg., so sind die auf W. und deren räuberische Aktivitäten bezogenen Motive und Berichte von relativ geringem hist. Wert. Der Grund hierfür ist weniger in der hist. Distanz als vielmehr in dem hohen Grad an Mythisierung zu suchen, den die W. in den Sagas bereits erkennen lassen. Die sog. W.-Sagas, eine Untergruppe der Vorzeitsagas (→ Fornaldarsagas), zeigen in ihren stark sagenhaft überformten Geschichten eine deutlich heroisierende und verklärende, gleichzeitig aber auch stereotypisierende Sicht auf die W. Über die hist. Wikingerzüge geben sie allenfalls partiell Auskunft. Ihre Ursprünge dürften in der wikingerzeitlichen mündlichen Erzähltradition liegen, weswegen auch mit hist. Kernen gerechnet werden kann, die in der ma. Entwicklung dieser Erzählstoffe freilich bis zur Unkenntlichkeit deformiert wurden (30; 6). So wird man den Protagonisten der → *Ragnars saga loðbrókar* wohl mit jenem Ragnar in Verbindung bringen dürfen, der frk. Qu. zufolge 845 Paris plünderte, obgleich die Saga daran keinerlei Erinnerung bewahrt hat. Gegenüber der moralischen Indifferenz, die die eher der Unterhaltung als der hist. Traditionspflege verpflichteten W.-Sagas prägt, fällt in den → Isländersagas ähnlich wie in der Skaldik eine häufig negative Konnotation des W.-Begriffs auf. Während die Fahrten der W. meist implizit neutral oder positiv bewertet werden, ist die Charakterisierung einer Sagafigur als *víkingr* meist ein Hinweis auf Gewalttätigkeit und auf „Mangel an soziale Anpassungsfähigkeit" (26, 13). Das wohl prominenteste Beispiel stellt der als *víkingr mikill* ‚großer Wikinger' eingeführte Þórólfr bægifótr in der → *Eyrbyggja saga* dar, der sich durch einen Holmgang gewaltsam in die Siedlergemeinschaft auf Snæfellsnes drängt und später als gefährlicher Wiedergänger sein Unwesen treibt (3, 117–124). Häufig erscheinen W. als Vorfahren von Sagahelden, in denen das wikingische Element dann meist in Form von Kampfkraft und fehlendem sozialen Integrationsvermögen weiterlebt, wie dies etwa bei den Titelhelden der → *Grettis saga Ásmundarsonar* und der → *Egils saga Skalla-Grímssonar* der Fall ist. Entspr. der eher negativen Bewertung kann der Kampf gegen W. als positive ‚Heldenprüfung' (26, 104) dargestellt werden. Im sozialen und rechtlichen Kosmos der Isländersaga ist der W. also ein tendenziell ordnungsbedrohendes Fremdelement. In den → Königssagas wird der *víking*-Begriff zwar zumindest bei den Missionskg. gern vermieden, die Sache selbst aber gehört vielfach zur Biogr. eines Kg.s und daher auch zum zentralen Bestand der Preisliedmotivik (s. o.). Aus der *Ólafs s. hins helga* in Snorri

Sturlusons *Heimskringla* läßt sich erschließen, daß Óláfr auf seinen Wikingerzügen die ökonomischen und milit. Ressourcen erlangt hat, die es ihm zurück in Norwegen ermöglichen, die Kg.smacht an sich zu bringen. Anzumerken ist schließlich noch, daß der W.-Begriff in der Sagalit. des öfteren auch auf nicht-skand. Seeräuber beispielsweise estn. Provenienz angewendet wird.

Insgesamt läßt sich feststellen, daß die erzählenden Texte der awnord. Lit. zwar ein reicheres und plastischeres Bild von den W.n entwerfen als die kontinentalen frühma. Qu., aber doch ebenso von stereotypisierenden und mythisierenden Tendenzen bestimmt sind wie diese, worin sich freilich auch eine mittelaltertypische Form der liter. Menschendarst. bemerkbar macht, die weniger auf individuelle Züge als auf vorgeprägte kollektive Vorstellungsmuster abhebt. So geben die hochma. Qu. auch kaum Aufschlüsse über die sozialen, rechtlichen und ökonomischen Organisationsstrukturen, die den W.-Fahrten zugrunde lagen. Weitgehende Einigkeit besteht zw. den frk. und ags. wie auch den nord. Qu. in der Definition des W.s als Piraten; dessen ethnische Zugehörigkeit erscheint sekundär.

Eine konsequent aus dem ma. Verständnis heraus entwickelte Begrifflichkeit müßte die zum Zweck des Fernhandels wie der Kolonisation Seefahrt betreibenden frühma. Skandinavier aus der Definition des W.s ausschließen, würde damit aber gleichzeitig auf der überaus einseitigen und tendenziösen Sicht der schriftlichen Qu. basieren. Die rezeptionsgeschichtl. Entwicklung, die zu dem heute allg. gebräuchlichen entgrenzten W.-Terminus und namentlich zu der Bezeichnung des heidn. und frühchristl. nord. Früh-MAs als WZ geführt hat, ist indessen kaum mehr rückgängig zu machen. Wie die meisten Epochenbegriffe sollte sie eher als eine der Verständigung dienende terminologische Konvention betrachtet werden denn als eine Begrifflichkeit, die das ‚Wesen' des nord. Früh-MAs zum Ausdruck bringt.

c. Hist. Leistung. Aus der Gesamtheit insbesondere der nord. Qu. erhellen die spezifischen kolonisatorischen Leistungen der W. Dazu zählt zum einen das → Danelag, das als dän. Staatsgründung auf engl. Boden ein wichtiges Element des ags. Kgt.s darstellt. (→ Danelag § 2). Auch die Besiedlung der Inseln im N Brit.s, insbesondere der bis ins MA unter nord. Herrschaft stehenden → Orkneyinseln (→ Orkneyinga saga; → Norn) ist in diesem Zusammenhang zu erwähnen. Die um die Mitte des 9. Jh.s gegründete norw. Kolonie in → Irland mit dem Zentrum → Dublin hatte zwar nicht die nachhaltige hist. Bedeutsamkeit des Danelags, doch förderte die Anwesenheit der W. die Anbindung der vorher stark isolierten Insel an W-Europa und trug auch zur allmählichen polit. Konsolidierung des zersplitterten ir. Reiches bei. Zentrale und bleibende Leistungen stellen v. a. auch die wohl überwiegend von England und Norwegen aus unternommene Landnahme auf den → Färöern (vermutlich gegen 800; s. Färöer § 5; → Færeyinga saga) sowie auf → Island dar (→ Landnahme; → Landnámabók). In Island entstand so ein in Europa einzigartiges Gemeinwesen ohne Kg. und Adel, das bis zum Verlust der Autonomie 1262–64 Bestand hatte (→ Island § 1). Von Island aus wurde den Qu. zufolge im J. 983 → Grönland besiedelt (→ Brattahlíð; → Leifr Eiríksson; → Eiríks saga rauða; → Grœnlendinga saga). Während sich auf Grönland eine fast 500jährige Siedlungskontinuität nachweisen läßt, ist der um 1000 erfolgten Entdeckung und Erkundung Nordamerikas (→ Vínland) keine dauerhafte Besiedlung gefolgt. Mit der Entdeckung von wikingerzeitlichen Siedlungsresten in → L'Anse-aux-Meadows an der N-Spitze Neufundlands in den 1960er J. gelang es Anne-Stine und Helge Ingstad erstmals, die Präsenz von W.n in der Neuen Welt auch arch. nachzuweisen. Die grönländisch-isl. Ann.werke belegen das Wissen um das

Vorhandensein und die Lage Vínlands bis ins Spät-MA.

Das dem Geschichtsschreiber Dudo von St. Quentin zufolge im J. 911 dem norw. W. → Rollo verliehene Hzt. Normandie, das anfangs wohl nur die Region um die Seinemündung umfaßte, stand bis zum Beginn des 11. Jh.s in engem Kontakt zu Skand. Daß dieses westfrk. Hzt. rasch zur zeitweise polit. und ökonomisch bedeutsamsten Region Europas aufsteigen sollte, ist wohl nicht zuletzt auch dem ‚viking spirit' zu verdanken (1, 19). Als durchaus konstruktiv erwies sich ferner die Präsenz der W. in O-Europa. Seit ca. 800 gründeten die schwed. → Waräger im Gebiet des heutigen Rußlands und der Ukraine Handelsstützpunkte und legten somit die Basis für einen weit in den Orient hineinreichenden Fernhandel (→ Rus und Rußland § 2; → Islamische Beziehungen). Auch bei der Staatengründung in diesem Gebiet spielten die auch Rus genannten Einwanderer aus Svealand eine offenbar wichtige, wenn auch im einzelnen schwierig zu bestimmende Rolle (→ Rus und Rußland §§ 2 und 4).

Es zeigt sich also, daß die W. im Früh-MA keineswegs nur als die destruktive Kraft in Erscheinung getreten sind, als die sie von den außernord. Autoren wahrgenommen sind, sondern daß sie v. a. im 9. und 10. Jh. als Kolonisatoren und Staatengründer sowie durch die Etablierung von Fernhandelswegen erheblichen Anteil an den polit., ökonomischen und auch kulturellen Entwicklungen in Europa hatten. Wenn dies von den Zeitgenossen kaum wahrgenommen wurde, so liegt dies nicht allein an der beschriebenen relig. und kulturell motivierten Distanz gegenüber den n. Nachbarn und an der vielerorts primären Erfahrung der Piraterie, sondern auch daran, daß die positiven Leistungen der W. vielfach erst aus größerer hist. Distanz sichtbar wurden.

d. Rezeptions- und Ideologiegesch. Ist der W.-Begriff an sich schon unscharf oder doch zumindest zweideutig, so wird seine Verwendung in wiss. Zusammenhängen noch erschwert durch zahlreiche, oft genug ganz realitätsferne Konnotationen, mit denen der Begriff sich in einer mehr als 200jährigen Rezeptionsgesch. aufgeladen hat. Der Prozeß der Mythisierung der W. indessen setzt, wie gezeigt, bereits in der WZ selbst ein und führt in der anord. Lit. des Hoch-MAs, insbesondere in den Sagas, aber auch bei → Saxo Grammaticus zu Gestaltungen, auf die seit der frühen Neuzeit immer wieder rekurriert wurde. Bis ins frühe 19. Jh. spielt der W.-Begriff zwar keine Rolle, doch werden im Rahmen des dän. und schwed. → Gotizismus bereits seit dem 16. Jh. die Weichen für jene Verklärung der skand. Vorzeit gestellt, die bis heute die populäre W.-Wahrnehmung bestimmt. So begeistert sich bereits → Olaus Magnus im vierten Buch seiner *Historia de gentibus* (1555) an den kriegerischen Sitten der nord. Heiden, deren Beschreibung auf Saxo Grammaticus' 350 J. zuvor entstandenen *Gesta Danorum* basiert. Die gotizistische Tradition namentlich der Barockzeit ist von dem Bestreben gekennzeichnet, die ‚Goten' oder ‚Skythen' der nord. Vorzeit in die christl.-antike Zivilisation zu integrieren oder sie gar als Stifter der abendländischen Kultur zu verklären. Ihren Höhepunkt findet dieses Deutungsmuster in Olof → Rudbecks monumentalen Werk *Atlantica* (1679–1702), in dem der versunkene Idealstaat Atlantis in Schweden verortet wird, mit → Gamla Uppsala als Hauptort und geistlichem Zentrum (10, 257–496; 32, 127–167). Während die frühneuzeitliche ‚Altertumskunde' allg. den Boden für eine Verklärung der nord. Vor- und Frühgesch. bereitet, dabei aber mit der Verknüpfung der Vorfahren mit dem AT und den klass. Überlieferungen operiert, setzt sich im 18. Jh. zum einen ein chron. stimmigeres Bild der anord. Gesch. durch, zum anderen aber werden die W. nun in einem vielfach positiv bewerteten Gegensatz zur abendländischen

Tradition gesehen – gerade die Distanz zur zunehmend moralisch diskreditierten ant. und christl. Wertewelt wird nun zum zentralen positiven Charakteristikum der W. Zwar aktualisiert die vermutlich erstmalige Verwendung des Wortes *viking* in einem historiographischen Werk der Neuzeit in Ludvig Holbergs *Danmarks und Norges Søe-historier* (1747) die ma. Bedeutung ‚Pirat', doch sollte diese pejorative Definition eine bloße rezeptionsgeschichtl. Episode bleiben. So ist das Hauptwerk des Rechtsphilosophen Charles de Montesquieu, *De l'Esprit des Loix* (1748) von der Vorstellung gekennzeichnet, die mediterrane ‚Sklavenhaltergesellschaft' sei durch den Kontakt mit den moralisch überlegenen Skandinaviern erstmals mit dem Freiheitsgedanken konfrontiert worden. Hier zeigt sich zum einen die in der weiteren Entwicklung des W.-Bildes immer bedeutsamere Tendenz, den seit dem Humanismus aus der Rezeption der *Germania* des → Tacitus gewonnenen germ. Tugendkat. einschließlich des Freiheitstopos auf die W. zu übertragen, gleichzeitig aber auch das Bestreben, die moralische Überlegenheit der W. mit Hilfe klimatheoretischer Argumente wiss. zu untermauern. Das Konzept vom wilden, ungebundenen W. wird verknüpft mit der Auffassung, das kühle Klima des Nordens bringe besonnene, leidenschaftsarme und vernunftgeleitete Charaktere hervor, die im Gegensatz zu den emotional unkontrollierten Südländern keiner repressiven Staatsgebilde bedürften, sondern sich in nur wenig reglementierten Gemeinschaften frei entfalten könnten. Paul Henri Mallet präsentiert in seiner *Introduction á l'histoire de Dannemarc* (1755 f.) dem europ. Publikum Teile der eddischen Überlieferung als *monumens* einer alten nord. Vernunftkultur und bewegt sich dabei ganz in den Bahnen von Montesquieu (8, 17–19; 2, 136–138). Die Spätaufklärung zeigte dann ein wachsendes Interesse am vermeintlich Wilden und Naturförmigen der norrönen Poesie, die nun gerade als das ‚Andere der Vernunft' zum Faszinosum wurde. Johann Gottfried Herder entdeckte in der eddischen Poesie einen „eigenen Geist roher, kühner Dichtung, starker, reiner und treuer Gefühle", dessen Reaktivierung er als Alternative zu der vermeintlich verkrusteten und blutleeren klassizistischen Poesie empfahl (2, 138–145). Die Reaktivierung anord. Motive und Stoffe, die mit Friedrich Heinrich Gerstenbergs „Gedicht eines Skalden" (1765) ihre erste bedeutsame Manifestation fand und in Skand. alsbald zu einer ‚Nordischen Renaissance' (33) führen sollte, ist für die Verbreitung wie auch für die Stereotypisierung des populären W.-Bildes von kaum zu überschätzender Bedeutung. Das v. a. von Herder akzentuierte Wilde und Rohe der anord. Traditionen spielt in der skand. Rezeptionsgesch. freilich eine untergeordnete Rolle, weil es sich mit den patriotischen Tendenzen der Nationalromantik nur schwer in Einklang bringen ließ; eine staatstragende Dichtung wie Esaias Tegnérs *Frithiofs saga* (1826) etwa bedient sich durchaus klassizistischer Darst.sformen, um den Geist der W. zu beschwören.

Deutlich negativ ist gegenüber dem W.-Bild der skand. Hoch- und Populärkultur (12) die Einstellung der nationalkonservativen frz. und dt. Geschichtsschreibung im 19. Jh. In ihrer frankozentrischen, die negative Sicht der ma. Qu. kritiklos übernehmenden Konzeption erscheinen die W. einseitig als destruktives Element der europ. Gesch. und als Bedrohung der christl. Zivilisation; das im Früh-MA allenthalben übliche Mittel der milit. Gewaltanwendung wird hier zu einem spezifisch skand.-paganen Charakteristikum umgedeutet. Die von den wikingerzeitlichen Nordleuten entfaltete Dynamik etwa in der Gründung von Kolonien (→ Island) oder der Erschließung von Fernhandelswegen bleiben hingegen weitgehend unerwähnt. Während die W. hier also als Elemente herangezogen werden, die zur Abgrenzung der ‚eigenen', als zivilisationsstiftend betrachteten Nation dienen, läßt sich in den drei skand. Ländern die Tendenz beobachten, in die ab den 1870er J. zunehmend auch in Arch. und Geschichtswiss. als WZ bezeichnete späte EZ den Beginn der eigenen Nation zu verlegen. Die 2. Hälfte des 19. Jh.s, in dem die Bestimmung der WZ immer deutlicher zur Sache der Arch. wird, bringt eine Reihe von arch. unterfütterten kulturhist. Darst. hervor, die mit einer sehr frühen, mitunter schon zu Beginn der WZ abgeschlossenen Nationenbildung rechnen, so daß etwa der Archäologe Oscar → Montelius, der von einer schon früh etablierten kgl. Zentralherrschaft in Uppsala ausging, eine 1873 erschienene kulturgeschichtl. Abhandl. *Om lifvet i Sverige under hednatiden* (‚Über das Leben in Schweden zur Heidenzeit') nennen konnte. Während die *Kultur* der WZ als homogen und gemeinskand. gedeutet wurde – so konnten die W. schon um die Mitte des Jh.s als integrierendes Moment für die panskand. Bewegung in Dienst genommen werden – bildete sich gleichzeitig eine stark nationalistisch geprägte *Geschichte* der WZ heraus, die nicht nur in Texten, sondern etwa auch in Museen oder ‚Nationalmonumenten' wie → Jelling oder → Birka manifest wurde (34, 40–53). Auch in modernen Darst. wird weiterhin aus pragmatischen Gründen mit den im Prinzip anachronistischen Ländernamen Dänemark, Norwegen und Schweden operiert, ohne daß die nationalistischen Geschichtsmodelle in der Forsch. noch eine Rolle spielten. Während in Deutschland die W. in der 1. Hälfte des 20. Jh.s vielfach in den Kontext der völkischen und nationalsozialistischen Ideologie gerückt und zum Vorbild für faschistische, rassistische und militante Gesellschaftsmodelle wurden (22; 29), setzte sich seit den 1960er J. v. a. von England her eine W.-Forschung durch, die nicht nur die Rekonstruktion der sozialen, polit. und kulturellen Verhältnisse des frühma. Nordens unternimmt, sondern namentlich auch die Auswirkungen der verschiedenen W.-Aktivitäten auf Europa vorurteilsfrei in den Blick nimmt. Ein Hauptcharakteristikum dieser neueren Forsch., in deren Rahmen Peter Sawyer mit dem erstmals 1962 erschienenen Handb. „The Age of the Vikings" eine bedeutende Pionierarbeit geleistet hat, besteht in der Betonung der kulturellen Leistungen der W. (→ Wikinger § 3, Bd. 34) als Gegengewicht zu der früher vielfach hervorgehobenen Bedeutung der W. als destruktiver Komponente im europ. Früh-MA.

Obgleich auch wiss. seriöse Darst. der W. erhebliche Auflagenzahlen erzielen, gehen deren Erkenntnisse freilich kaum ein in das populäre Bild der W., wie es namentlich in den letzten J. nahezu globale Verbreitung fand (11). Wikingerspiele und -festivals, Cartoons, die Hörnerhelme skand. Fußballfans etc. sind einer die hist. Realitäten z. T. umkehrenden Sichtweise der W. geschuldet: Die patriotisch oder nationalistisch motivierte Verklärung hat sich in eine Konzeption transformiert, die in gewisser Weise Motive des 18. Jh.s aufgreift, indem die Kultur der W. als beglückend-ungebundener Naturzustand und mithin als Gegenbild einer von Regeln und Zwängen gekennzeichneten Gegenwart begriffen wird. Insofern erscheinen die W.-Chiffren der heutigen Alltagskultur als die postmoderne Var. einer W.-Rezeption, die schon in ihren ma. Anfängen die W. von ihrem hist. Kontext isolierte und sie in Projektionsfiguren für mehr oder minder eskapistische Phantasien verwandelte.

(1) R. A. Allan, The Normans, 1984. (2) K. Böldl, Der Mythos der Edda. Nord. Mythol. zw. europ. Aufklärung und nationaler Romantik, 2000. (3) Ders., Eigi einhamr. Beitr. zum Weltbild der *Eyrbyggja* und anderer Isländersagas, 2005. (4) R. Boyer, La poésie scaldique, 1992. (5) Ders., Die W., 1994. (6) P. Buchholz, Fornaldarsaga und mündliches Erzählen zur WZ, in: Ders. (Hrsg.), Les vikings et leur cicilisation. Problèmes actuels, 1976, 133–178. (7) T. Capelle, Kultur- und Kunstgesch. der W., 1986. (8) F.-X. Dillmann, Frankrig og den nordiske fortid – de første etaper af genopdagelsen, in: E. Roesdahl, P. Meulengracht Sørensen (Hrsg.), The Waking of Angantyr. The Scandinavian Past in

European culture, 1996, 13–26. (9) U. Dronke, Eddic poetry as a source for the hist. of Germanic relig., in: H. Beck u. a. (Hrsg.), Germ. Religionsgesch. Qu. und Qu.probleme, 1992, 656–684. (10) G. Eriksson, Rudbeck 1630–1702. Liv, lärdom, dröm i barockens Sverige, 2002. (11) W. W. Fitzhugh, E. I. Ward, Celebrating the Viking Millenium in America, in: W. W. Fitzhugh, E. I. Ward, Vikings. The North Atlantic Saga, 2000, 351–400. (12) B. Grandien, Rönndruvans glöd. Nygöticistiskt i tanke, konst och miljö under 1800-talet, 1987. (13) S. Hellberg, Vikingatidens *víkingar,* ANF 95, 1980, 25–88. (14) F. Hødnebø, Viking, in: Kult. hist. Leks. XX, 20–25. (15) J. Jesch, Ships and Men in the Late Viking Age. The Vocabulary of Runic Inscriptions and Skaldic Verse, 2001. (16) G. Jones, A Hist. of the Vikings, ²1984. (17) H. Kuhn, Uns ist Fahrtwind gegeben wider den Tod. Aus einer großen Zeit des Nordens, ZDA 106, 1977, 147–163. (18) D. F. Logan, Vikings, in: Dict. of the MA 12, 1989, 422–437. (19) N. Lund, Viking Age, in: Ph. Pulsiano (Hrsg.), Medieval Scandinavia. An Encyclopedia, 1993, 693. (20) P. Meulengracht Sørensen, Høvdingen fra Mammen og *Egill Skalla-Grímssons saga.* Nogle bemærkninger om arkæologi og sagaer, in: Ders., At fortælle historien. Telling Hist. Studier i den gamle nordiske litteratur. Studies in Norse Lit., 2001, 169–178. (21) Ders., Håkon den Gode og guderne. Nogle bemærkninger om relig. og centralmagt i det tiende århundrede – og om religionshistorie og kildekritik, in: wie [20], 151–167. (22) M. Müller-Wille, The political misuse of Scandinavian prehist. in the years 1933–1945, in: wie [8], 156–175. (23) E. Roesdahl, Vikingernes verden, ⁷2001. (24) P. und S. Sawyer, Die Welt der W., 2002. (25) K. von See, Kommentar zu den Liedern der Edda, 3. Rígsþula, 2000, 477–665. (26) R. Simek, Die W., 1998. (27) R. Simek, Nur ein toter W. ist ein guter W. Zur Aktualität von WZ und *Landnámsöld* in den *Íslendingasögur,* skandinavistik 30, 2000, 99–110. (28) E. O. G. Turville-Petre, Myth and Relig. of the North. The Relig. of Ancient Scandinavia, 1964. (29) J. H. Ulbricht, „Doch diesmal kommt von osten nicht das licht". Zum Nordlandmythos der völkischen Bewegung, in: B. Henningsen u. a. (Hrsg.), Wahlverwandtschaft. Skand. und Deutschland 1800–1914, 1997, 144–155. (30) J. de Vries, Wikingersagas, GRM 15, 1927, 81–100. (31) de Vries, Lit.gesch. I. (32) A. Wallette, Sagans svenskar. Synen på vikingatiden och de isländska sagorna under 300 år, 2004. (33) O. Springer, Die nord. Renaissance in Skand., 1936. (34) F. Svanberg, Decolonizing the Viking Age 1, 2003. (35) H. Zettel, Das Bild der Normannen und der Normanneneinfälle in westfrk., ostfrk. und ags. Qu. des 8. bis 11. Jh.s, 1977.

K. Böldl

Zum Hist.; zu den Britischen Inseln; zur Kunst; zu skand. Recht in Rußland → Wikinger, Bd. 34

Wilhelmshaven. Archäologisch. Im Stadtgebiet von W., dessen erste Bauten erst 1854 entstanden, finden sich sehr viele arch. Denkmäler und Fst. des 1. und 2. Jt.s n. Chr. (17). Das gilt selbst für die dichtbebauten Stadtkerne mit den in Grünanlagen einbezogenen Wurten oder die Sibetsburg und einen Teil der heutigen Straßenführung, die auf alte Deichverläufe zurückgeht (11). Vor der Gründung der Stadt gehörte das Gebiet zum Jeverland (→ Wangerland), und wie in dessen Marschen sonst auch war das Siedlungsbild durch Dörfer und Einzelhöfe geprägt, beide in der Regel auf Wurten (→ Wurt und Wurtensiedlungen) gelegen. Innerhalb der Stadtgrenzen bis 1972 lagen urspr. über 200 Wurten.

Im Stadtbereich wurde 1867 eine der ersten arch. Ausgr. N-Deutschlands durchgeführt. Auf dem damals noch außendeichs gelegenen Banter Kirchhügel legte der kgl. Hafenbaumeister Kunisch (5; 9) den Grundriß einer Saalkirche mit Apsis aus Backstein – eine Form, die auf roman. Zeit zurückgeht – frei, sowie mehrere Sarkophage aus rotem Buntsandstein. Rudolf →Virchow, der auch die Grabung besuchte, publizierte einige der aufgefundenen Schädel (15).

Schon früh wurden die arch. Denkmäler von W. kartiert und um ihren Schutz gerungen. Nach vorbildlichen Kartierungen der hist. Deichverläufe 1884 durch O. Tenge (1832–1913 [13]) machte sich ab 1937 Heinrich Oldewage (1891–1977) bes. verdient (7). Eine Arch. Landesaufnahme des Stadtnordens nahm 1957 Marschalleck (6) vor. 1982 legte Krämer (4) eine arch. Inventarisation der Wurten und Deiche und gleichzeitig damit eine Auswertung vor- und frühgeschichtl. Befunde zur Landschafts- und Siedlungsentwicklung im W.er

Gebiet vor. Den darin enthaltenen Kat. publizierte Wulf (16).

Das heutige Stadtgebiet von W. ist über lange Zeit durch die Maadebucht (1; 10) zweigeteilt gewesen. Durch die Uferwälle der Maade, ihrer Seitenpriele oder anderer Wasserläufe wurde die Lage der Siedlungen bestimmt. Der s. der Maade gelegene Bereich W.s ist durch Landverluste im S und O nur noch ein Teil des einst vorhandenen alten Festlandes.

Die frühesten bekannten Siedlungsspuren im Stadtbereich von W. werden in die Zeit um bzw. in das 1. oder 2. Jh. n. Chr. datiert. S. der Maade sind das die Banter Kirchwurt, die Große Banter Wierth sowie die Observatoriumswurt. Während es sich bei letzterer um eine Dorfwurt mit einer Flachsiedlung an der Basis handelt, ist ein Zusammenwachsen der einzelnen Wurten in Bant nicht erfolgt. Zwar muß es sich bei diesen nicht um Einzelhöfe gehandelt haben, der Unterschied in der Größe zu den Dorfwurten ist aber deutlich. N. der Maade sind als wichtige arch. Denkmale der RKZ u. a. die Dorfwurten von Tidofeld, Fedderwarden, Sengwarden, Wehlens und Westerhausen zu nennen. Weitere Wurten dieser Zeit gibt es sicher unter den bisher undatierten und den im MA wiederbesiedelten. In diesem Gebiet konnte man sich bei der Anlage einiger Wurten, wie u. a. Tidofeld, Fedderwarden und Sengwarden, hoch aufragende Geest zunutze machen. Die Holozänbasis steht nämlich im NW der Stadt mit nur flach gewellter Oberfläche hoch an. Sie bildete früher mit der bei Sillenstede auftauchenden Geest eine zusammenhängende Fläche. Solche günstigen Siedlungslagen wählte man gerne und zu allen Zeiten, wie auch ma. Wurten in W. belegen. Einige Wurten auf Geestkuppen sind auch aus anderen Marschenlandschaften bekannt, eine Häufung wie in W. ist aber die Ausnahme.

Bei arch. Unters. in der Dorfwurt bei Tidofeld wurde vermutl. der Stallteil eines Hauses aus dem 1. Jh. n. Chr. freigelegt. Vor Errichtung des Hauses war ein Auftrag auf dem Geestuntergrund von 60–80 cm erfolgt. Bei den Grabungen und Begehungen geborgene Funde, darunter auch → Terra Sigillata und Buntmetallfunde, datieren in das 1.–3. Jh. n. Chr. Das Fundgut belegt u. a. Metallverarbeitung – den Guß von Buntmetall –, die Herstellung von Mahlsteinen aus Geschiebe aus dem Geestuntergrund und Salzgewinnung. Letztere wird durch Funde von ‚Briquetage‘ außer aus Tidofeld auch aus der gerade außerhalb der Stadtgrenzen liegenden kaiserzeitlichen Siedlung von Abbickenhausen, Gem. Schortens, Ldkr. Friesland (3) belegt. Aus Tidofeld stammen Schalenfrg. mit kannelierter, verdickter Randlippe und Füße von Pokalen. Offen ist, ob das Salz direkt aus Meerwasser oder aus Salztorf gewonnen wurde.

Funde aus der jüng. RKZ und VWZ sind im Stadtgebiet selten, wohl die Folge von weiträumigen Siedlungsverlagerungen. Erst für das frühe MA kann wieder von einer intensiven Besiedlung ab dem 7. Jh. gesprochen werden. Z. T. wurden ält. Dorfwurten wiederbesiedelt, andere, wie Hessens (→ Wilhelmshaven § 2, Bd. 34) wurden neu gegründet.

Zum hohen MA hin wandelte sich die Siedlungsstruktur. War der W.er Raum durch die Maadebucht bisher zweigeteilt, so wachsen die beiden Bereiche durch Eindeichungen räumlich enger zusammen, polit. bleiben sie aber vorerst getrennt; denn die Maade bildete die Grenze zw. den Gauen bzw. später fries. Landesgem. Östringen und Rüstringen. Trotz Deichbau war das Wohnen auf der Wurt anfangs weiterhin notwendig. Aber das Siedlungsbild änderte sich. Lebte man bisher in der Regel auf Dorfwurten, so jetzt mehr und mehr auf Hofwurten, die im Schutze der Deiche hinter diesen aufgereiht lagen. Die Folge war daß die Dorfwurten mehr und mehr wüst fielen, wie z. B. Hessens.

Während des Zweiten Weltkrieges wurde unter hohem Zeitdruck eine hochma. Wurt am Krummen Weg, einem Teilstück des Ringdeiches um die Flur von Hessens (→ Wilhelmshaven § 2, Bd. 34) arch. untersucht. Dabei kamen Baubefunde des 11.–12. Jh.s zutage (2). Dank von im hohen MA in Wurten sehr seltenen Mistaufträgen (→ Wurt und Wurtensiedlungen) waren Innen-, Wandpfosten und das Flechtwerk der Wände in Holz sehr gut erhalten. Mit Wüppels im → Wangerland gehören die Baubefunde zu den am besten erhaltenen dieser Zeit in den Nordseemarschen. Ein Hausgrundriß war dreischiffig mit einer Gesamtbreite von ca. 9 m und einem Mittelschiff von 5,5–6 m Br.

Im Stadtgebiet lagen mehrere Burgen, von denen die Sibetsburg arch. untersucht wurde (8; 14). Der Häuptling Edo Wiemken baute sie 1383, 1435 wurde sie durch die Hansestadt Bremen zerstört. Erhalten ist ein von doppelten Wällen und Gräben umgebener ca. 5 m hoher Burghügel und eine ebenfalls durch einen Graben geschützte Vorburg. Die Grabungen ergaben, daß auf dem Hügel ein mächtiger Turm aus Backsteinmauerwerk auf dichten Pfahlsetzungen errichtet worden war.

Als großflächigstes arch. Denkmal sind im Stadtgebiet Wölbäcker weit verbreitet. Die Höhen betragen einige Dezimeter bis über einen Meter, die Breite in der Regel um oder über 20 m. Die v. a. unter Weide bes. gut erhaltenen fossilen Äcker sind Zeugnis dafür, daß erst in der Neuzeit Viehwirtschaft den Ackerbau ablöste.

W. er Küsten-Mus. Nachdem die Bestände aus Vorgängern im 2. Weltkrieg größtenteils verschollen waren, gründete Werner → Haarnagel nach dem Krieg ein Mus. zur Geol., Arch. und Siedlungskunde des Küstenraums. 1952–1962 war es im Gebäude des heutigen Ndsächs. Inst. für hist. Küstenforsch. (→ Wilhelmshaven § 1, Bd. 34) untergebracht. Nach verschiedenen Stationen wurde es am neuen Standort 2006 wieder eröffnet, es ist nach wie vor eines der ‚Schaufenster' des NihK, in dem dieses seine Forsch.sergebnisse vorstellt.

(1) K.-E. Behre, Die Veränderungen der ndsächs. Küstenlinien in den letzten 3000 J. und ihre Ursachen, Probleme der Küstenforsch. im s. Nordseegebiet 26, 1999, 9–33. (2) A. Genrich, Notgrabung einer Wurt am Krummen Weg bei W., ebd. 3, 1942, 35–61. (3) E. Först, Zur Besiedlung der Flußmarsch im Kr. Wesermarsch, 1991. (4) R. Krämer, Die Landschafts- und Siedlungsentwicklung im Stadtgebiet von W., 1982 (ungedr.). (5) P. Kunisch, Gesamtübersicht über die im J. 1867 auf Grund Verfügung des Kgl. Marine-Ministeriums bewirkten Ausgr. auf dem Banter Kirchhof im Jadegebiet, Jb. für die Gesch. des Hzt.s Oldenburg 13, 1905, 170–184. (6) K. H. Marschalleck, Verz. der ur- und frühgeschichtl. Funde, Fst. und sonstiger erhaltener Reste von der Urzeit bis zum späten MA der Gemarkung Sengwarden, Kr. Friesland, umfassend die Ksp. Sengwarden und Fedderwarden, 1957 (ungedr.) (7) H. Oldewage, Wurten, Deiche und alte Marschenwege im Stadtgebiet W., Oldenburger Jb. 68, 1970, 171–237. (8) W. Reinhardt, Die Sibetsburg in W., in: H. Ottenjann (Hrsg), Ringwall und Burg in der Arch. W-Niedersachsens, 1971, 31–39. (9) Ders., Die 1867 und 1909 auf der Banter Kirchwurt im heutigen Statgebiet von W., durchgeführten Grabungen und ihre Bedeutung für die Gesch. der Wurtenforsch., Die Kunde, NF 23, 1972, 157–183. (10) Ders., Zum ma. Deichbau an der dt. Nordseeküste, in: Wilhelmshavener Tage, 2. Ländliche und städtische Küstensiedlungen im 1. und 2. Jt., 1987, 91–105. (11) Ders., Straßen in W. Gesch. und Geschichten, 1996. (12) Ders., Landschafts- und Siedlungsgesch. im Ksp. Heppens, in: H.-H. Schmidt, 500 J. Ksp. Heppens 1495–1995, 1996, 6–40. (13) O. Tenge, Der Jeversche Deichband: Gesch. und Beschreibung der Deiche, Uferwerke und Siele im Dritten Oldenburgischen Deichbande und im kgl. preuß. w. Jadegebiet, 1999 (Repr. von ²1898). (14) B. Thier, Die spätma. und neuzeitliche Keramik des Elbe-Weser-Mündungsgebietes. Ein Beit. zur Kulturgesch. der Keramik, Probleme der Küstenforsch. im s. Nordseegebiet 20, 1993. (15) R. Virchow, Beitr. zur physischen Anthrop. der Deutschen, mit besonderer Berücksichtigung der Friesen, Abhandl. der Kgl. Akad. der Wiss. Berlin, 1876. (16) F.-W. Wulf, Arch. Denkmale in der kreisfreien Stadt W., Materialh. zur Ur- und Frühgesch. Niedersachsens. R. B, Inventare, H. 1, 1996. (17) W. H. Zimmermann, Die Besiedlung im Stadtgebiet von W. in ur- und frühgeschichtl. Zeit und ihre Erforschung, in: [16], 9–37, 167–173.

W. H. Zimmermann

Zum Ndsächs. Inst. für hist. Küstenforsch.; zur Wurt Hessens → Wilhelmshaven, Bd. 34

Windeby. Am 19. Mai 1952 wurde im Domlandsmoor von W., Kr. Rendsburg-Eckernförde, eine gut erhaltene → Moorleiche entdeckt (W. I). Torfarbeiter bargen die Beine und den linken Arm, der Rest des Körpers wurde von Technikern und Restauratoren des Schleswig-Holsteinischen Landesmus.s für Vor- und Frühgesch. ausgegraben und nach Schleswig gebracht. Ein interdisziplinäres Forsch.steam kam zu dem Ergebnis: Es handelte sich um die Leiche eines 13–14jährigen Mädchens, das in einer O-W-gerichteten eisenzeitlichen Grube in etwa 1,5 m T. auf der rechten Körperseite ruhte. Bis auf einen Pelzschulterkragen war der Körper unbekleidet. Um das Gesicht lag eine Augenbinde, mit der das Kind vermutlich zuvor geknebelt und mißhandelt worden war. Das Haar zeigte auf der rechten Kopfseite noch eine Lg. von 4–5 cm, die linke Kopfseite war offenbar geschoren. Die rechte Hand war hochgestreckt und zeigte eine als obszön interpretierte Geste, die sog. ‚Feige': der Daumen war zw. Zeige- und Mittelfinger der geballten Faust geschoben. In den Röntgenbildern der Schienbeine zeigten sich jeweils 11 sog. Wachstumslinien. Hinweise auf eine gewaltsame Tötung waren nicht erkennbar. Die Bedeutung eines Birkenstabes und einiger Steine im Grab blieb ungeklärt.

Am 9. Juni 1952 fand man, wenige Meter von der Mädchenleiche entfernt, in einer weiteren Grube die schlecht erhaltene Leiche eines ält. Mannes in Rückenlage (W. II). Der Körper des Toten war mit armdicken Knüppeln bedeckt. Um den Hals lag eine Schlinge aus einer Haselrute.

Vor diesem Hintergrund schloß Herbert → Jankuhn in Anlehnung an Tac. Germ. c. 19, c. 12 und ma. Qu. zur Rechtsgesch. auf die Hinrichtung, ggf. Ertränkung einer Ehebrecherin; bei dem Mann mochte es sich um den erdrosselten Ehebrecher handeln (→ Ehebruch). Scherben von Tongefäßen in den Gruben beider Leichen deutete Jankuhn als Hinweise auf Opferhandlungen im Domlandsmoor, was eine erweiterte Deutung der Leichen als → Menschenopfer nach Tac. Germ. c. 9 nahelegte.

Befund und Deutung wurden in der Folgezeit verschiedentlich erörtert (z. B. 2; 11) und fanden international ein außerordentliches öffentliches Interesse.

1979 erfolgte eine interdisziplinäre Neubearbeitung (4; 1; vgl. 10). Zum einen erwies sich, daß die Aktenlage in verschiedenen Punkten dem publizierten Befund widersprach. Bis dahin unveröffentlichte Fotos und ein am Ort erstellter Fundplan zeigten, daß die ‚hochgereckte Feige' erst im Zuge der Bergung und Unters. entstanden war. Die vermeintliche Marterspur wurde gerichtsmed. als posthume Schnürfurche angesprochen. Eine Auskleidung des Grubenbodens mit Heidekrautplaggen, die Bedeckung der Leiche mit Wollgras und die Beigabe von vier urspr. vollständigen Tongefäßen in der Gegend des Kopfes ließen auf Zuneigung seitens der Hinterbliebenen schließen. Hinweise auf eine vermeintlich diskriminierende Behandlung erwiesen sich als nicht zwingend: Für partielle Haarschur und Augenbinde gab es Deutungen im Rahmen des zeitübergreifenden Volksglaubens, etwa als magische Handlungen im Zuge der Krankentherapie oder aber als apotropäische Maßnahmen. Die ‚Nacktheit' unter dem Pelzschulterkragen kann mit den schlechten Erhaltungsbedingungen für Leinen im Moor erklärt werden. Gegen eine Deutung als Ehebrecherin spricht das niedrige Alter, zumal Tac. Germ. c. 20 wie andere Qu. ein allg. spätes Heiratsalter von über 20 J. vermuten lassen. Der Tod des Kindes konnte angesichts der allg. schlechten körperlichen Verfassung natürliche Ursachen haben. Auf die in trockenem Boden erhaltenen Teile reduziert, gleicht der Befund stark einem kaiserzeitlichen Körpergrab, wie es etwa aus Heiligenhafen in Holstein bekannt ist. Augenbinde und auffällige Haartrachten sind quellenbedingt in normalen Gräbern nicht zu beobachten. Die Befunde liegen am äußersten Rand des Moores in der Nähe einer leichten sandigen Erhebung; möglicherweise handelt es sich um den Randbereich eines gemischt belegten Friedhofes.

Im J. 2001 wurden durch 14C-Unters. der Mann in das 3. vorchristl. Jh. und das Mädchen in das 1. Jh. nach Chr. datiert (8; 9). Med. Unters. in den J. 2003–2006 erbrachten neben Hinweisen auf eine weitgehend vegetarische Ernährung als mögliche Todesursache eine schwere Zahninfektion im Unterkiefer, sowie über DNS-Analysen in verschiedenen Labors eine männliche Geschlechtsbestimmung. Falls keine Kontamination im Zuge der Bergung, Unters., Konservierung oder Restaurierung vorliegt, handelte es sich demzufolge bei der Moorleiche I um einen 15–17jährigen schmächtigen Knaben von etwa 1,65 m Körpergröße (7). Angesichts dieser Faktenlage (zusammenhängende und ausführliche Darst. bei 6) scheint derzeit eine Deutung der Befunde als Körpergräber mit apotropäischem Hintergrund plausibel.

(1) P. Caselitz, Aspekte zur Ernährung in der RKZ, dargestellt an der Moorleiche von W. I, Offa 36, 1979, 108–115. (2) A. Dieck, Moorleichen als Belege für Mädchentötung. Arch. Materialien sowie naturkundliche und kulturgeschichtl. Anm. zu einer alten Strafrechtssitte, Die Kunde NF 24, 1973, 107–142. (3) H. Diezel u. a., Zwei Moorleichenfunde aus dem Domlandsmoor, PZ 36, 1958, 118–219. (4) M. Gebühr, Das Kindergrab von W. – Versuch einer Rehabilitation, Offa 36 1979, 75–107. (5) Ders., Moorleichen in Schleswig-Holstein, 2002. (6) Ders., Das W.-Mädchen. Gesch. einer Beziehung, Jb. der Heimatgemeinschaft Eckernförde e. V. 64, 2006, 291–318. (7) H. C. Gill-Robinson, The Iron Age Bog Bodies of the Arch. Landesmus., Schloss Gottorf, Schleswig, Germany. Univ. of Manitoba, 2005. (8) P. M. Grootes u. a., The Lovers of the Moor. Paper for the 9th International Conference on Accelerator Mass Spectrometry Nagoya Univ., 2002. (9) B. Haak, Ertränkte Ehebrecherin oder verhungertes Kind? W. und der Streit der Gelehrten, in: [5], 32–47. (10) R. Helmer, Die Moorleiche von W. Versuch einer plastischen Rekonstruktion der Weichteile des Gesichts auf dem Schädel, Offa 40, 1983, 345–352. (11) W. van der Sanden, Mumien aus dem Moor. Die vor- und frühgeschichtl. Moorleichen aus NW-Europa, 1996.

M. Gebühr

Wirtschaft und Wirtschaftsräume

§ 1: Konzepte und Begriffe – § 2: Der W.s-Zyklus – a. Produktion – b. Distribution – c. Konsumtion – § 3: Wirtschaftsräume

§ 1. Konzepte und Begriffe. Wirtschaft (W.) beschreibt denjenigen Teil menschlichen Handelns, der in der Allokation knapper Mittel zur Befriedigung materieller und immaterieller Bedürfnisse von Individuen oder auch Gruppen besteht. Objekte (Sachgüter) und Dienstleistungen, die direkt oder indirekt der Befriedigung der verschiedenen Bedürfnisse dienen, werden als (W.s-)Güter bezeichnet. Je nach Erhaltungs- und Überlieferungsbedingungen haben sich die zum Verbrauch bestimmten oder in den Produktionsprozeß eingebrachten Sachgüter materiell erhalten. Dagegen können Dienstleistungen meist nur über ethnol. Parallelen erschlossen werden. Hierzu gehören etwa med. (→ Heilkunde), relig. (→ Religion) oder milit. Dienste (→ Kriegswesen; → Söldner), Transportleistungen (→ Fähre; → Handelsschiffahrt; → Transportrecht [Seerecht]), Erntedienste, → Verwaltung, Unterhaltung (→ Gaukler; → Dichter; → Sänger) oder → Erziehung.

Viele der wirtschaftsarch. zu nennenden Unters. basieren auf den Lehrsätzen neoklass. Ökonomie, auch wenn das selten offengelegt wird. Ausgangspunkt dieses Ansatzes ist das Prinzip knapper Ressourcen bei (theoretisch) unbegrenzten Bedürfnissen. Das Handeln des Menschen als W.s-Subjekt verfolgt demnach das Ziel, durch den Vergleich von Kosten und Nutzen, von

Aufwand und Ertrag, das Spannungsverhältnis zw. der Unbegrenztheit menschlicher Bedürfnisse und der Knappheit der zur Verfügung stehenden Mittel so weit und so gut wie möglich zu verringern, also im Sinne wirtschaftl. Logik zu ‚optimieren' (31). In diesem Zusammenhang spielt die schon in der klass. Ökonomie (Adam Smith) entwickelte Vorstellung vom *homo oeconomicus* eine wichtige Rolle. Dabei handelt es sich um den Idealtypus eines W.s-Subjekts, das unter Nutzung aller verfügbaren Informationen seinen eigenen Nutzen zu maximieren versucht. In den hist. Kulturwiss. wird das Menschenbild vom *homo oeconomicus* jedoch als eindimensional zurückgewiesen, denn wie für moderne Industrie- und Dienstleistungsges. gilt auch für ur- und frühgeschichtl. Ges., daß alle Bedürfnisse, die über das für das physische Überleben Notwendige (Essen, Trinken, Wärme usw.) hinausgehen, kulturell und sozial beeinflußt sind. Damit relativiert sich das neoliberale Prinzip der Knappheit, da dieser Sachverhalt nur dann eintritt, wenn tatsächlich eine Diskrepanz zw. dem Angebot und der kulturspezifisch formulierten Nachfrage existiert. So haben Jäger und Sammler-Ges. meist nur geringe Bedürfnisse, die sie im Verhältnis zu den vorhandenen Ressourcen verhältnismäßig leicht befriedigen können. Das Verhältnis zw. Angebot und Nachfrage ist in diesen Ges. also nicht durch die Knappheit der Ressourcen, sondern – im Gegenteil – durch das Vorhandensein eines natürlichen Überangebots geprägt, weshalb auch von urspr. Überflußges. *(original affluent societies)* gesprochen wird (34).

Die Übertragbarkeit der modernen Prinzipien von Gewinnorientierung und Rationalität auf die Unters. traditioneller Ökonomien gehört zu den Grundannahmen der formalistischen Wirtschaftsethnol. (31). Eine gegenteilige Sichtweise kommt in der substantivistischen Position zum Ausdruck, die die Verschiedenartigkeit der Wertvorstellungen in modernen und vorindustriellen W.s-Systemen hervorhebt (47). Wirtschaftl. Prozesse in traditionellen Ges. sind demnach viel stärker durch ihre Einbettung *(embededness)* in die kulturellen und sozialen Verhältnisse bestimmt, als dies in modernen Ökonomien der Fall ist. Einen vergleichbaren Standpunkt hatte bereits Bücher in der sog. Bücher-Meyer-Kontroverse eingenommen (5). Bücher vertrat eine Stufentheorie der wirtschaftl. Entwicklung, wobei er die griech.-röm. Ant. als eine ‚Hauswirtschaft' charakterisierte, die anderen Regeln unterworfen sei als die modernen W.s-Systeme w. Industrieges.

§ 2. Der W.s-Zyklus. Die Gesamtheit der zur Bedürfnisbefriedigung notwendigen Tätigkeiten bildet den wirtschaftl. Zyklus, der in die Schritte Produktion, Distribution und Konsumtion unterteilt werden kann (16; 31). Sie können als analytische Schlüsselbegriffe zur Systematisierung wirtschaftl. Handelns auch für das germ. Altert. verwendet werden (alternative Gliederung in 43).

a. Produktion. Der Vorgang der Produktion (lat. *producere* ‚hervorbringen, vorführen, erzeugen') umfaßt all jene Aktivitäten, in denen vorhandene Güter durch Einsatz von Produktionsfaktoren in andere Güter überführt werden. Klass. Produktionsfaktoren der vorindustriellen Zeit sind Arbeit, Boden und Kapital. Beim Kapital wird Sach- und Geldkapital unterschieden. Sachkapital sind die für die Produktion notwendigen Werkzeuge und Geräte, die auch als Produktionsmittel bezeichnet werden.

Die Art und Weise der Nahrungsmittelproduktion und -verarbeitung (→ Nahrung) wurde bereits von dem Ethnologen und W.s-Geographen Eduard Hahn zur Bildung von W.s-Formen herangezogen (11; 29). Die lange Zeit vorherrschende Ansicht, wonach die einzelnen W.s-Formen als hist. W.s-Stufen anzusehen sind, die sich einsinnig linear vom Einfachen zum Komplizierten entwickelten, wurde im Laufe der Zeit durch eine dynamischere Sichtweise verdrängt, die auch andere und gegenläufige Entwicklungslinien zuläßt. So hat die jüng. hist.-anthrop. Forsch. durch den Vergleich von → Ackerbau und → Nomadismus im altweltlichen Trockengürtel gezeigt, daß Nomadismus dort als die jeweils bestmögliche Form der Existenz- und Überlebenssicherung zu interpretieren ist, die jederzeit neu entstehen konnte, sofern bestimmte Rahmenbedingungen gegeben waren. Somit ist Nomadismus nicht als eine einfache agrarsoziale Entwicklungsstufe zu verstehen, die etwa dem komplexeren Ackerbau vorausgegangen sei (38). Trotz lokaler Sonderformen und zahlreicher Erweiterungen in die eine oder andere Richtung (3) werden meist folgende W.s-Formen unterschieden:

1. Wildbeutertum bzw. Jäger und Sammler-Ges.: Unter diesem Begriff werden Gruppen subsumiert, bei denen die Nahrungsproduktion durch das → Sammeln pflanzlicher Ressourcen (Nüsse, Früchte, Knollen, Gräser etc.) und die → Jagd auf verschiedene Tierarten charakterisiert ist (22). Diese W.s-Form ist das kennzeichnende Merkmal der paläol. und mesol. Gruppen Mitteleuropas. Aufschluß über die Versorgung mit tierischer Nahrung geben arch. Zeugnisse wie Jagdinstrumente, Felsbilder oder Knochenfunde. Demgegenüber sind die Qu. zum Bereich der pflanzlichen Nahrung erhaltungsbedingt sehr spärlich.

2. Spezialisierte Sammler, Jäger oder Fischer: Gegenüber der vorgenannten W.s-Form stellt das spezialisierte Jagen und Sammeln einen Sonderfall dar, der nur in bestimmten Regionen vorkommt. Grundvoraussetzung ist das saisonale oder ganzjährige Vorhandensein einer bestimmten Ressource in einer Menge, daß das Überleben der Gruppe gesichert ist. In diesen Bereich gehört z. B. das Sammeln von → Mu-

scheln sowie das spezialisierte Fischen (→ Fischerei und Fischereimethoden), wie es etwa für die im w. Ostseebereich beheimatete Ertebølle-Ellerbek-Kultur (→ Ertebøllekultur) angenommen wird. Eine hinreichend sichere Versorgung mit marinen Nahrungsmitteln erlaubte hier eine Bevölkerungsdichte mit einer seßhaften Siedlungsweise, wie sie sonst für Ackerbau treibende Kulturgruppen typisch ist (33). Mitunter ist auch an die Möglichkeit der Vorratshaltung (→ Vorratswirtschaft) zum Ausgleich temporärer Ressourcenknappheit zu denken.

3. Hack- bzw. Feldbau: Der → Hackbau ist eine extensive Form des Bodenbaus mit Hilfe von Grabstock oder Hacke, die als universelles Werkzeug sowohl zur Auflockerung des Bodens als auch zum Pflanzen und Ernten der Ernteprodukte (Knollen- und Wurzelpflanzen) genutzt wird. Voraussetzung für diese produzierende W.s-Form ist die Domestikation von Pflanzen. Der Pflug wird nicht eingesetzt. Seinen Verbreitungsschwerpunkt besitzt der Hackbau in den tropischen Regionen am Äquator, wo er infolge geringer Bodenfruchtbarkeit und hoher Niederschläge mit einem häufigen Wechsel der durch Brandrodung (→ Rodung) gewonnenen Anbauflächen *(shifting cultivation)* verbunden ist. Der Hackbau wurde lange Zeit als eine dem eigtl. Pflugbau vorausgehende W.s-Form betrachtet. Die Vorstellung, wonach der Hackbau am Anfang der mitteleurop. Landwirtschaft stand, wurde von der modernen Forsch. jedoch widerlegt.

4. Ackerbau: Diese W.s-Form ist durch den Gebrauch des → Pfluges oder ähnlicher Geräte (Ard, Furchenstock) sowie die Existenz von domestiziertem Großvieh (→ Domestikation) gekennzeichnet. Die Zugkraft von → Rindern bzw. Ochsen wird für eine effiziente Feldarbeit benötigt. Das Aufkommen des Ackerbaus markiert den Beginn der produzierenden Wirtschaftsweise in Mitteleuropa, mit der einschnei-

dende technische, gesellschaftliche und ökonomische Veränderungen einhergehen. Akkerbau erfordert großen Arbeitseinsatz, hohe Investitionen in den Produktionsfaktor Boden, spezifische Organisationsformen sowie geeignete Produktionsmittel (→ Ackergeräte). Es handelt sich um die einzige agrarische W.s-Form, mit der regelmäßig größere Überschüsse produziert werden können. Diese können als Vorräte gelagert, eingetauscht oder zur Versorgung von Arbeitskräften eingesetzt werden, die nicht im landwirtschaftl. Sektor arbeiten. Damit ist Ackerbau eine der wichtigsten Voraussetzungen für eine seßhafte Lebensweise sowie für die Entstehung spezialisierter Handwerke (→ Handwerk und Handwerker), komplexer Markt- und Handelssysteme (→ Handel) wie auch differenzierter Ges.sstrukturen (4).

5. Hirtentum (auch → Nomadismus oder Pastoralismus): Hierbei handelt es sich um eine primär auf Viehhaltung (→ Viehhaltung und Weidewirtschaft) spezialisierte mobile Lebens- und Wirtschaftsweise, deren Verbreitung auf trockene und baumarme Landschaften mit kargen Naturweiden begrenzt ist (Hochgebirge, Trockensavannen, Steppen, Tundren etc.). Die extensive Weidenutzung bedingt mehr oder weniger häufige Ortswechsel der Gesamtheit oder eines Teils der Bevölkerung. Der Bedarf an zusätzlichen Gütern und pflanzlicher Nahrung wird durch den Austausch mit anderen W.s-Formen (Ackerbauern) gedeckt.

Bei der Unters. prähist. Produktionsprozesse stehen verschiedene Aspekte im Mittelpunkt. Wichtig sind etwa Fragen nach der Arbeitsteilung (46; 47), der Organisation von Arbeitsabläufen oder der Gestaltung der Produktionsverhältnisse. Der zuletzt genannte Gesichtspunkt wird v. a. in Stud. mit neomarxistischem Hintergrund erforscht (41), so z. B. bei der Auseinandersetzung mit der Wirkungsweise von Ideologien zur Legitimation oder Verschleierung ökonomischer Tatsachen (10; 19). Eine weitere Unters.sebene bilden speziell in nicht-kapitalistischen W.s-Systemen die Haushalte und ihre Beziehungen untereinander, da sie diejenigen Orte darstellen, an denen die wesentlichen produktiven und konsumtiven Prozesse ablaufen (1; 45). Die Bedeutung des Haushalts im W.s-Prozeß spiegelt sich auch im urspr. Wortsinn des Begriffs Ökonomie wider (lat. *oeconomia* ,Haushaltung, Verwaltung'; griech. οἶκος ,Haus' und νέμειν ,teilen, verteilen'). Größere W.s-Einheiten dürften für das germ. Altert. dagegen die Ausnahme darstellen, wenngleich anzunehmen ist, daß bestimmte Tätigkeiten etwa im Salz- oder Kupferbergbau (→ Bergbau; → Salz, Salzgewinnung, Salzhandel) haushaltsübergreifend organisiert waren.

b. Distribution. Die Prozesse, in denen Güter und Leistungen vom Produzenten zum Konsumenten gelangen, werden unter dem Begriff Distribution subsumiert. Kommen die produzierten Güter den Produzenten unmittelbar zugute, spricht man von Selbstversorgung oder Subsistenz-W. Die wesentlichen Transaktionsprinzipien bei der Distribution mit Austausch sind Reziprozität, Redistribution und Markttausch. Sie kennzeichnen die Qualität der Austauschbeziehung, während bezüglich der Form der Handlung zw. Gabentausch, Tauschhandel und Warentausch unterschieden wird. Reziprozität beschreibt Transaktionen unter symmetrischen Beziehungen, d. h. unter sozial Gleichrangigen wie Nachbarn, Verwandten oder Freunden. Es wird zw. generalisierter, ausgeglichener und negativer Reziprozität unterschieden. Werden Güter und Leistungen gegeben, ohne daß die Höhe oder der Zeitpunkt einer Gegengabe festgelegt sind, spricht man von generalisierter Reziprozität *(generalized reciprocity)*. Ausgeglichene Reziprozität *(balanced reciprocity)* beschreibt Transaktionen, bei denen Zeitpunkt und Wert der Gegengabe festgelegt sind. Negative Reziprozität bezieht sich auf ökonomische Beziehungen, bei denen sich eine Partei einen Vorteil ohne Gegengabe oder zumindest gegen eine weniger wertvolle Gegengabe verschafft (→ Raub; → Diebstahl; Betrug usw.).

Im Gegensatz zur Reziprozität ist Redistribution durch asymmetrische Beziehungen gekennzeichnet. Beim redistributiven Austausch fließen die Güter von den Produzenten zu einer zentralen Instanz (z. B. → Häuptling; Big Man), die sie anschließend an die untergeordnete Ebene rückverteilt. Die Kontrolle durch die Zentralinstanz hat bei ungleicher Zuteilung die Bildung von sozialen Schichten und Rangdifferenzen zur Folge. Bei wachsendem Wettbewerb und zunehmender Arbeitsteilung kann die Redistribution durch → Steuern, Pacht- oder Tributzahlungen (→ Pacht; → Tribut) abgelöst werden, wofür von der Gegenseite milit. Schutz, Gerichtswesen (→ Prozeß), Strafverfolgung oder eine Nahrungsmittelversorgung in Notzeiten erwartet wird.

Während Reziprozität und Redistribution stets auch eine soziale Komponente einschließen, brauchen die Parteien beim Markttausch keine über den Tausch hinausgehenden Beziehungen zu unterhalten. Hier stehen v. a. die Güter im Vordergrund, wobei der Tausch sowohl naturalwirtschaftl. als auch geldwirtschaftl. organisiert sein kann. Formen marktwirtschaftl. Transaktionen sind → Handel, Lohnarbeit sowie die Überlassung von Nutzungsrechten gegen Bezahlung (Pacht, Leihgebühr, Zinsen).

Bei der Interpretation arch. Sachverhalte spielen heuristische Begriffe wie Reziprozität, Redistribution und Markttausch eine wichtige Rolle. Über den Vergleich mit ethnol. Beobachtungen verhelfen sie zu plausiblen Modellen über die Art und Weise der Weitergabe von Gütern und Leistungen in vor- und frühgesch. Ges. Ein bekanntes Beispiel liefert der Kula-Ring bei den Trobriand-Insulanern und ihren Nachbarn. Hierbei handelt es sich um eine rituelle Form des reziproken Gabentauschs, die mehrfach mit dem Spondylus-Tausch während der mitteleurop. Linearbandkeramik (→ Bandkeramik) in Verbindung gebracht wurde (26; 30).

c. Konsumtion. Der Vorgang des Konsumierens bezeichnet jede Art des Gebrauchs, Verbrauchs, Verzehrs, der Verwendung oder Vernichtung von Gütern oder Dienstleistungen. Wie die Bereiche der Produktion und Distribution ist auch das Konsumverhalten durch individuelle und/oder kollektive Wertsetzungen (Konsumnormen) geprägt, d. h., es bestehen unterschiedliche Ansichten über angemessene Nahrung, Kleidung, Einrichtung usw. Unterschiede in der Präferenz oder Ablehnung einer bestimmten Form der Bedürfnisbefriedigung orientieren sich häufig am sozialen Status einer Person. Dies führt v. a. im Bereich der → Prestigegüter zu spezifischen Nachfragemustern, die sich entweder im Auftreten exotischer Objekte oder dem gehäuften Vorkommen alltäglicher Gegenstände arch. niederschlagen. Wichtig ist, daß Führungsrollen in Stammesges. nicht auf dem ökonomischen Kapital, sondern (u. a.) auf dem Einsatz von Gütern in Stiftungen basieren, durch die ökonomisches in symbolisches Kapital (Prestige) umgewandelt wird. Ein populäres ethnol. Beispiel liefert das Potlatch der Nordwestküsten-Indianer. Bei diesem Geschenkfest werben Häuptlinge und ihre Verwandtschaftsgruppe um gesellschaftliches Prestige, indem sie große Mengen an Wert- und Gebrauchsgegenständen verschenken oder sogar zerstören. Die Bewahrung und Vermehrung von Prestige ist auch für das germ. Altert. als ein bedeutendes Konsummotiv anzunehmen. So wird die massenhafte Niederlegung von Bronzegegenständen v. a. während der UZ als eine Form des Konsums erklärt, die nach Ausweis einer regional differenzierten Objektauswahl und unterschiedlichen prädepositionalen Objektbehandlung bestimmten Regeln unterworfen war (12). Bis zum Aufkommen preisbildender Marktstrukturen (→ Markt) können vergleichbare Deponierungen (→ Depotfund) jedenfalls nicht als preisstabilisierende Maßnahmen interpretiert werden (jedoch: 32), auch wenn die Existenz prämonetärer → Zahlungsmittel in Form bestimmter Halb- oder Fertigprodukte (Ösenhalsringe, Beilklingen usw.) (→ Barrengeld) nicht ausgeschlossen wird (23; 25; 39; 40).

§ 3. Wirtschaftsräume. Da die zur Bedürfnisbefriedigung notwendigen Voraussetzungen räumlich differenziert waren und sind, lassen sich idealtypische Wirtschaftsräume als Konstrukte der räumlichen Vergesellschaftung (Verbreitung) ähnlicher Merkmalskombinationen ausgliedern. Als Kategorien wirtschaftsräumlicher Einheiten werden Eignungsräume, Strukturräume und Funktionsräume unterschieden (27; 28). Eignungsräume sind bereits durch ihre naturräumlichen Gegebenheiten (Böden, Bodenschätze, hydrographische und klimatische Verhältnisse, Vegetation, usw.) einschließlich ihrer Lagegunst für den Güteraustausch festgelegt. Da Eignung vom Zweck abhängig ist, setzt die Identifizierung von Eignungsräumen eine klare Zweckbestimmung voraus.

Bei der Betrachtung wirtschaftl. Strukturräume rücken produktionswirtschaftl. und sozialwirtschaftl. Elemente in den Vordergrund. Kennzeichnend sind v. a. die Gleichförmigkeit der herrschenden Wirtschafts- und Betriebsformen sowie die Einheitlichkeit der geschichtl. Entwicklung. Die wirtschaftl. Tätigkeiten des Menschen bzw. sozialer Gruppen entfalten sich hier entspr. der natürlichen Eignung und der hist. gegebenen Rahmenbedingungen. Bei der Betrachtung von wirtschaftl. Strukturräumen stellt sich das Problem der sinnvollen Grenzziehung, da je nach Fragestellung unterschiedliche Kriterien herangezogen werden können. Nach der Art der Qu. und dem für das germ. Altert. wesentlichen Bereich der → Landwirtschaft richtet sich das Augenmerk der Arch. z. B. auf die landwirtschaftl. Geräte und Einrichtungen (8; 9; 24), die naturräumlichen Verhältnisse oder Haustiere und Anbauprodukte (2; 18; 37). Daneben spielen andere Bereiche wie die Fischerei oder der Bergbau eine wichtige Rolle, wobei sich an den Orten der Urproduktion nicht selten ‚sekundäre' Wirtschaftszweige angesiedelt haben, die mit der Weiterverarbeitung der Primärprodukte zu tun haben (17). Auch wenn keine unmittelbare Kausalität zw. Naturraum und W.s-System besteht, ist es auffällig, daß die Grenzen von Wirtschafts-, Vegetations- und Kulturräumen vielfach zusammenfallen (7; 15; 20, 106; 35).

Wirtschaftl. Funktionsräume zeichnen sich durch die Ausrichtung ihrer wirtschaftl. Beziehungen auf einen Mittelpunkt (z. B. Markt, Produktionsort) hin aus. Ausschlaggebend für die Charakterisierung dieses Raumtyps sind Art und Maß der funktionalen Bindungen zw. dem Mittelpunkt und den verschiedenartigen, strukturell bestimmten Teilräumen oder Intensitätszonen. Die grundlegenden Konzepte der funktionalen Raumgliederung gehen auf die Arbeit von Christaller über „Die zentralen Orte in Süddeutschland" (1933) sowie auf die noch umfassendere Standorttheorie Johann Heinrich von Thünens (1826) zurück (6; 42). Seit dem Aufkommen der ‚New Archaeology' spielen entspr. Theorien auch in der Arch. eine zunehmende Rolle (14). Gegenstand der Unters. sind z. B. die Verteilungssysteme bandkeramischer Silexmaterialien (46), die räumliche Struktur röm. Siedlungssysteme (13; 21; 36) oder die Umfelder agrarischer Siedlungen, die im Rahmen von Umfeldanalysen *(site catchment analysis)* erforscht werden (35). Bei der Unters. all dieser Zusammenhänge haben sich Geogr. Informationssysteme (GIS) als ein wichtiges Hilfsmittel etabliert (44).

(1) P. Allison, The Arch. of Household Activities, 1999. (2) N. Benecke, Der Mensch und seine Haustiere, 1994. (3) H. Bobek, Die Hauptstufen der Gesellschafts- und W.s-Entfaltung in geogr. Sicht, Die Erde 90, 1959, 259–298. (4) E. Boserup, The Conditions of Agricultural Growth, 1965. (5) K. Bücher, Die Entstehung der Volkswirtschaft, 1906. (6) W. Christaller, Die Zentralen Orte in S-Deutschland, 1933. (7) J. G. D. Clark, Prehistoric Europe. The Economic Basis, 1952. (8) E. Ennen, W. Janssen, Dt. Agrargesch. Vom Neol. bis zur Schwelle des Industriezeitalters, 1979. (9) C. J. Fries, Vor- und frühgeschichtl. Agrartechnik auf den Britischen Inseln und dem Kontinent, 1995. (10) A. Gilman, Explaining the Upper Palaeolithic revolution, in: [32], 115–126. (11) E. Hahn, Die W.s-Formen der Erde, Petermanns Geogr. Mitt. 38, 1892, 8–12. (12) S. Hansen, Stud. zu den Metalldeponierungen während der ält. UZ zw. Rhônetal und Karpatenbecken, 1994. (13) I. Hodder, Locational Models and the Study of Romano-British Settlement, in: D. L. Clarke (Hrsg.), Models in Arch., 1972, 887–909. (14) Ders., C. Orton, Spatial Analysis in Arch., 1976. (15) M. R. Jarman u. a., Early European agriculture; its foundations and development, 1982. (16) J. Jensen, Wirtschaftsethnol., in: H. Fischer (Hrsg.) Ethnol., ³1992, 119–147. (17) R. Krause, Sozialstrukturen und Hierarchien – Überlegungen zur frühbronzezeitlichen Metallurgiekette im südt. Alpenvorland, in: J. Müller (Hrsg.), Vom Endneol. zur Früh-BZ. Muster sozialen Wandels?, 2002, 45–59. (18) A. M. Kreutz, Die ersten Bauern Mitteleuropas, 1990. (19) K. Kristiansen, Ideology and material culture: an arch. perspective, in: [32], 72–100. (20) H. Küster, Gesch. der Landschaft in Mitteleuropa, 1995. (21) J. Kunow, Zentrale Orte in der Germania Inferior, Arch. Korrespondenzbl. 18, 1988, 55–67. (22) R. B. Lee, I. DeVore (Hrsg.), Man the Hunter, 1968. (23) M. Lenerz-de Wilde, Prämonetäre Zahlungsmittel in der Kupfer- und BZ Mitteleuropas, Fundber. aus Baden-Württ. 20, 1995, 229–327. (24) J. Lüning, Steinzeitliche Bauern in Deutschland – die Landwirtschaft im Neol., 2000. (25) M. P. Malmer, Weight Systems in the Scandinavian Bronze Age, Antiquity 66, 1992, 377–388. (26) J. Müller u. a., Spondylus und Dechsel – zwei gegensätzliche Hinweise auf Prestige in der mitteleurop. Linearbandkeramik, in: Ders., R. Bernbeck (Hrsg.), Prestige – Prestigegüter – Sozialstrukturen, 1996, 81–96. (27) E. Otremba, Wirtschaftsräumliche Gliederung Deutschlands, Ber. zur dt. Landeskunde 18, 1957, 111–118. (28) Ders., Struktur und Funktion im W.s-Raum, ebd. 23, 1959, 15–28. (29) E. Plewe, Eduard Hahn. Stud. und Fragen zu Persönlichkeit, Werk und Wirkung, in: Der W.s-Raum (Festschr. E. Otremba), 1975, 1201–1234. (30) C. Renfrew, N. Shackleton, Neol. trade routes realigned by oxygen isotope analyses, Nature 228, 1970, 1062–1065. (31) M. Rössler, Wirtschaftsethnol., 2005. (32) M. J. Rowlands, Kinship, alliance and exchange in the European Bronze Age, in: J. Barrett, R. Bradley (Hrsg.), Settlement and Soc. in the British Later Bronze Age, 1980, 15–55. (33) P. Rowley-Conwy, Economic Prehist. in Southern Scandinavia, in: World Prehist. Studies in Memory of Grahame Clark, 1999, 125–159. (34) M. Sahlins, Stone Age Economics, 1972. (35) Th. Saile, Landschaftsarch. in der n. Wetterau (Hessen): Umfeldanalysen mit einem geogr. Informationssystem (GIS), Arch. Korrespondenzbl. 2, 1997, 221–232. (36) Ders., Milit. Territorien in der röm. Wetterau? Zu Ergebnissen mathematischer Analyseverfahren von Verbreitungskarten, Arch. Korrespondenzbl. 27, 1997, 481–496. (37) J. Schibler u. a., Ökonomie und Ökologie neol. und bronzezeitlicher Ufersiedlungen am Zürichsee, 1997. (38) F. Scholz, Nomadismus. Theorie und Wandel einer sozioökologischen Kulturweise, 1995. (39) Ch. Sommerfeld, Gerätegeld Sichel. Stud. zur monetären Struktur bronzezeitlicher Horte im n. Mitteleuropa, 1994. (40) E. Sperber, Establishing Weight Systems in Bronze Age Scandinavia, Antiquity 67, 1993, 613–619. (41) M. Spriggs (Hrsg.), Marxist Perspectives in Arch., 1984. (42) J. H. von Thünen, Der isolierte Staat in Beziehung auf Landwirtschaft und Nationalökonomie, 1826. (43) O. H. Urban, Gedanken zu einer Wirtschaftsarch., in: C. Dobiat u. a. (Hrsg.), Dürrnberg und Manching. Wirtschaftsarch. im ostkelt. Raum, 2002, 27–32. (44) D. Wheatley, M. Gillings, Spatial Technology and Arch. The Arch. Application of GIS, 2002. (45) R. R. Wilk, W. L. Rathje (Hrsg.), Arch. of the Household: Building a Prehist. of Domestic Life, American Behavioral Scientist 25, 1982, 611–725. (46) A. Zimmermann, Austauschsysteme von Silexartefakten in der Bandkeramik Mitteleuropas, 1995. (47) Ders., Auf der Suche nach einer Wirtschaftsarch. Ges. zw. sozialer Harmonie und individuellem Gewinnstreben, in: Zeit-Räume (Gedenkschr. W. Taute), 2001, 19–31.

I. Eichfeld, W. Schenk

Wirtschaftsgebäude. Der Begriff Wirtschaftsraum wird nicht nur im großen Maßstab (→ Wirtschaft und Wirtschaftsräume), sondern auch im kleinen auf Bauten und Bereiche im ur- und frühgeschichtl. Gehöft bezogen. Das gilt für das Hauptgebäude im Gehöft, oft mit dem Stall (→ Viehhaltung und Weidewirtschaft) und ebenerdigen oder im Dachraum sich befindenden Räumen für die Vorratshaltung. Auch der Wohnteil hatte meist die Funktion eines W.s, wie z. B. hohe Phosphatwerte zeigen. In dem oft umzäunten (→ Zaun) Gehöft lagen Bauten und Aktivitätsbereiche, die der Wirtschaft des Betriebes dienten, wie → Scheunen, → Speicher, Speichergruben, Mieten (→ Vorratswirtschaft), Grubenhäuser bis hin zu den Gärten und dem Mistplatz. In der Zeit vor Chr. Geb. war die Zahl der W. in einem Gehöft meist klein, danach nahm ihre Zahl stark zu. Die Grabungen ergaben verschiedene Modelle wie Mehrbetriebsgehöfte und solche mit sehr langen multifunktionalen Bauten sowie Vielhausgehöfte mit monofunktionalen Gebäuden (→ Flögeln). Außer arch. Grabungen beleuchten frühe Stammesrechte und andere Gesetzestexte (1) die Vielfalt der W. in den Siedlungen, wie Viehhöfe, Barghof (für Rutenberge) usw.

(1) A. Hoff, Recht und Landschaft. Der Beitr. der Landschaftsrechte zum Verständnis der Landwirtschafts- und Landschaftsentwicklung in Dänemark ca. 900–1250, 2006.

W. H. Zimmermann

Witenagemot

§ 1: Earlier views of the W. – § 2: Historical development

§ 1. Earlier views of the W. The 'assembly of the wise men' (OE *wita* m. 'wise man, philosopher; elder; witness' + OE *gemōt* f. 'assembly, council, court of law') was an institution of the late Anglo-Saxon state, a royal council composed of leading ecclesiastical and secular dignitaries with a somewhat fluid composition rather than a general assembly. It is, however, curiously amorphous and its powers and functions have aroused much controversy (see 15, 6–16). The foremost early Victorian historian of Anglo-Saxon England, John Mitchell → Kemble, devoted much space to the *witenagemot* (10, II, 182–261). He even contrived to give it the theoretical framework of popular sovereignty, which he expressed in the following terms: "Thus, it appears to me, by a natural process did the folkmót or meeting of the nation become converted into a witena gemót or meeting of councillors. Nor let it be imagined by this that I mean the king's councillors only: by no means; they were the witan or councillors of the nation, members of the great council or inquest, who sought what was for the general good, certainly not men who accidentally formed part of what we in later days call the king's council, and who might have been more or less the creatures of his will: they were leódwitan, þeódwitan, general, popular, universal councillors: only when they chanced to be met for the purpose of advising him could they bear the title of the cyninges þeahteras or cyninges witan. Then no doubt the Leódwitan became ðæs cyninges witan (*the* king's, not king's, councillors) because without their assistance he could not have enacted, nor without their assistance executed, his laws. Let it be borne in mind throughout that the king was only the head of an aristocracy which acted with him, and by whose support he reigned; that this aristocracy again was only a higher order of the freemen, to whose class it belonged, and with many of whose interests it was identified; that the clergy, learned, active and powerful, were there to mediate between the rulers and the ruled; and I think we shall conclude that the system which I have faintly sketched was not incapable of securing to a great degree the well-being of a state in such an early stage of development as the Saxon Commonwealth" (10, II, 194 f.). The Victorian historian of the Norman Conquest, Edward A. Freeman, assigned sweeping political powers to the *witenagemot*. He believed that every freeman "had an abstract right to be present", but conceded that in the course of time it came to be the preserve of the leading men (7,

103). Speaking of the powers of the *witan*, Freeman remarked: "Yet it may in prectice have fairly represented the wishes of the nation; and if so, no people ever enjoyed more complete political freedom than the English did in these early times. For the powers of the ancient Witenagemót surpassed beyond all measure the powers which our written Law vests in a modern Parliament. In some respects they surpassed the powers which our conventional Constitution vests in the House of Commons. The King could do absolutely nothing without the consent of his Wise Men. First of all, it was from them that he derived his political being, and it was on them that he depended for its continuance. The Witan chose the King and the Witan could depose him" (7, 104). These views have been largely rejected by modern historians, and the royal character of the councils has replaced the interpretation of the *witenagemot* as the lineal successor to primitive folk-moots (14, 101). Liebermann was more to the point with his comment that the *witan* treated "the infinitely larger majority of the governed people as a passive mass" (13, 40 [V, § 43]). With few exceptions, the ordinary freemen were excluded, as were the inhabitants of boroughs, with the occasional exception of the inhabitants of London, and even a large part of the thegnly classes (13, 41 [§ 43]). Liebermann concluded: "All this immense majority of Englishmen did not elect one single member of the assembly, nor did they influence the way in which the witan were nominated by the king or took their seat by office" (13, 41 [§ 43]). Royal nomination is made clear in one of the laws of → Æthelstan (VI Æthelstan 10) in which that king speaks of the *witan* "þe se cyng silf namode" (12, I, 182).

§ 2. Historical development. Sir Frank Merry → Stenton saw the origin of the late Anglo-Saxon *witenagemot* in the assemblies of the 8th and 9th centuries in which the Mercian kings and their nobles were associated with the leading churchmen of every diocese south of the → Humber (18, 237). These assemblies are often described as synods and were predominantly concerned with the settlement of lawsuits relating to ecclesiastical property (18, 237). A characteristic assembly of this type is the synod held at *Clofesho* in 824 and presided over by King Beornwulf of Mercia and Archbishop Wulfred of Canterbury (see 6, 285 f.). Here, a dispute between Bishop Heaberht of Worcester and the *familia* of the monastery of Berkeley in Gloucestershire about the monastery of Westbury-on-Trym was settled (2, no. 379; 17, no. 1433), and the recovery by Archbishop Wulfred of land at Easole, Kent, which had been granted to him by the *comes* Aldberht and Aldberht's sister Seleðryð, but which had been usurped by Cœnwulf of Mercia's daughter, the Abbess Cwœnthryth of Minster-in-Thanet, is formally recorded (2, no. 378; 17, no. 1434). The record of Wulfred's recovery of Easole is subscribed by Wulfred himself at the head of the witness list. He is followed by King Beornwulf and then by the bishops Aeðelwald (of Lichfield), Reðhun (of Leicester), Heaberht (of Worcester), Wigðegn (of Winchester), Eadwulf (of Lindsey), Wermund (of Dunwich), Ciolberht (of London), Cynred (of Selsey) and Beonna (bishop-elect of Hereford), the priest-abbot Cuðulf, the abbot Eanmund, the priest-abbots Eanmund and Uuernoð (abbot of St Augustine's, Canterbury), and the *duces* Beornnoð, Eadberht, Eadwulf, Aecgberht, Sigered, Cuðred, Alchheard, Mucael, Ludæca, Uhtred, Eaduulf, Bofa and Aldred, and the *pedissecus* Bola. Stenton rightly points out that it is doubtful whether contemporaries drew a distinction between such assemblies and the solemn provincial synods which periodically met to reaffirm orthodoxy of dogma (18, 237). It is probably symptomatic that the Latin *haec sinodus* is glossed by *þis witena gemôt* in Ælfric's

Grammar (20, 30). At the synods of *Clofeshoh* in 747 and Chelsea in 816, the clergy of the southern province were concerned with matters of ecclesiastical order, but both assemblies were attended by the Mercian king and his notables (18, 237; for the synods, see 6, 99–152. 191–203). A vernacular record of a lawsuit about wood-pasture at Sinton in Worcestershire (16, no. 5; 17, no. 1437; see 6, 286), which was settled at the Synod of *Clofesho* in 825, has the following information: "þa wæs sinodlic gemot on þære meran stowe ðe mon hateþ Clofeshous on þam se siolfa Cyning Biornwulf · ⁊ his biscopas · ⁊ his aldormen · ⁊ alle þa wiotan þisse þiode þær gesomnade weron". It should be noted that regional assemblies continued after the extension of Mercian and, later, West Saxon supremacy. The kings of → Kent and the → Hwicce continued to issue charters with their own *witan* after falling under Mercian supremacy (13, 18 [III, § 22]). The Mercian underking convened assemblies with the licence of his West Saxon overlord in 896 and ca. 950, while there are Kentish assemblies of the local *witenagemot* in 809 (under Mercian overlordship), 842 (under West Saxon overlordship) and under → Æthelstan (13, 19 [III, § 22]). In 901, the *witan* of → Mercia and those of → Wessex met (13, 19 [III, § 22]).

Anglo-Saxon kings were constrained by their *witan*. In particular, the role of the *witan* in the making (or unmaking) of kings needs to be borne in mind. The Anglo-Saxon Chronicle (→ Angelsächsische Chronik) records that in 757 the West Saxon king Sigeberht was deprived of his kingdom with the exception of Hampshire by another member of the West Saxon house, Cynewulf, "⁊ Westseaxna wiotan for unryhtum dædum" (1, 36, sub anno 755). In his will, King Alfred (→ Alfred der Große) specifically states that it had been made with the advice of Archbishop Æthelred of Canterbury and with all the West Saxon council as witness "mid geþeahtunge Æþeredes ercebisceopes ⁊ ealra Westseaxena witena gewitnesse" (8, no. 11; 17, no. 1507). The text gives a good deal of information about the inheritance settlement made between Alfred and his brothers and the role of the *witan* in these proceedings. Alfred's brother and predecessor Æthelred I died without leaving any will, apart from the one which Alfred and his brothers had agreed upon before witnesses, and this inheritance was the cause of a number of lawsuits. In order to obtain a settlement, Alfred produced the will of his father, King Æthelwulf, at an assembly at *Langandene* and it was read "beforan eallum Westseaxena witum", who ruled in his favour and gave pledges that they would not allow any interference with his will. It is interesting to note that Alfred guarantees that none of the *witan* would suffer disadvantage or royal ill-will as a result of expressing any view about the legal position according to West Saxon law ('folcriht'). The pseudo-elective nature of the West Saxon monarchy is indicated by the chronicler Æthelweard, himself a member of the West Saxon royal house, who relates that Edward the Elder was *a primatis electus* (3, 51). On the other hand, it was not truly elective, since the king was generally chosen from the members of the royal house, and in cases in which the succession had been settled before the king's death, or when there was a firstborn or (in the absence of a son) brother or brother's son without a rival, the election became a ceremonial formality (13, 56 [VII, § 49]). Nevertheless, this formality could, on occasion, be transformed into reality. We should not forget that the succession was disputed no less six times between 975 and 1066 (13, 57 [VII, § 49]). In 1013, the Danish king Swein Forkbeard (→ Sveinn tjúguskegg) began a military campaign in England, apparently with the intention of seizing the English throne (see 18, 384–386). Swein's successes compelled Æthelred II to flee to Normandy, but Swein died unexpectedly in February 1014 and his fleet chose his son Cnut (→ Knut der Große) as his successor (18, 386). It was at this juncture that the *witan* intervened to restore the West Saxon dynasty, and the D-manuscript of the Anglo-Saxon Chronicle describes the procedure as follows: "Þa ræddon þa witan ealle, gehadode ₇ læwede, þæt man æfter þam cyninge Æþelrede sende, ₇ cwædon þæt him nan hlaford leofra nære þonne hyra gecynda hlaford, gif he hi rihtlicor healdan wolde þonne he ær dyde" (5, 59). This passage shows quite clearly that the *witan* could assume certain powers in times of crisis and its stipulation that Æthelred should act more justly ('rihtlicor') if he were to return shows this. Again, according to the D-manuscript of the Chronicle, the *witan* took an active role in the establishment of a truce between Edmund Ironside and Cnut and the division of the kingdom between them after the English defeat at Ashingdon in 1016 (5, 62). The *witan's* consent was also evidently needed if any of the leading office-holders were to be outlawed, for the D-manuscript records that the outlawry of the family of Earl Godwine of Wessex took place within the framework of a *witan* summoned by the king ("₇ se cyng hæfde þæs on morgen witena gemot, ₇ cwæð hine utlage, ₇ ealle here, hine ₇ \ealle/ his suna" (5, 71; see also 15, 27 f.).

From the time of Æthelred II onwards, the *witan* were regularly involved in military decisions. In 992, so the D-manuscript of the Chronicle, "se cyning ₇ ealle his witan" decided to assemble ships at London in order to intercept a Scandinavian fleet (5, 48), and in 994 the king and *witan* decided to offer Olaf Tryggvason (→ Óláfr Tryggvason) and Swein Forkbeard tribute, food and accomodation in return for a cessation of hostilities (5, 49). This process was repeated in 1002, 1006 and 1011 (5, 51. 53. 56). In 1010, Æthelred II summoned his *witan* to decide on the best way of defence against the renewed Viking offensive (5, 56). The régime of Cnut and his sons in England involved the endowment of a number of their Danish followers as landowners in England. It also involved the establishment of a royal corps of Scandinavian mercenaries, the *þingalið*, which seems to have been involved in the collection of → Danegeld (see 19, 24–29). A runic inscription from Kålsta in the central Swedish region of Uppland commemorates one Gæri "sum vestr sat i þingaliði" (19, 11) and an inscription from Råby in Södermanland commemorates Skærði who died in England "i liði" (19, 29). Given the Scandinavian loyalties of this force, it would have been politic for Edward the Confessor to dispense with it. In 1049 and 1050 a total of fourteen ship's companies of *liðsmenn* were discharged and in 1051 the *heregeld*, the tax levied for the payment of retainers in the king's service, was abolished (18, 431). However, it has been suggested that this dismissal only involved naval forces and not the land-based mercenaries (15, 97 n. 3). The E-manuscript of the Anglo-Saxon Chronicle (sub anno 1047) says that the first group of nine crews was demobilized (in 1050) within the framework of a "mycel gemot" held in London (9, 80; see also 15, 76).

Promulgation of law also took place in assemblies of the *witan*. The prologue to Edmund's second code, dating from c. 943–946 (II Edmund Prolog), reads: "Eadmund cyning cyð eallum folce, ge yldrum ge gingrum, ðe on his anwealde synd, ðæt ic smeade mid minra witena geðeahte, ge hadedra ge læwedra, ærest, hu ic mæhte Cristendomes mæst aræran" (12, I, 186). The prologue to Æthelred II's first code (I Æthelred Prolog) pronounces: "Ðis is seo gerædnys, ðe Æþelred cyning ₇ his witan geræddon, eallon folce to friþes bote, æt Wudestoce on Myrcena lande, æfter Engla lage" (12, I, 216). The consent of the *witan* also seems to have been necessary for the conversion of → Folkland into bookland. In the famous charter of 858 by which King

Æthelberht III of Kent granted land at Wassingwell in Kent to his *minister* Wulflaf to be held as bookland in return for similar estate at Mersham in Kent which was then to be converted in folkland (2, no. 496; 17, no. 328), it is stated that the transaction was made *cum consensu ac licentia meorum secularium optimatum divinorumque personarum*. Royal charters conveying land were often, if not invariably, drawn up at meetings of the *witenagemot* and where responsibility for the drawing up of the record was delegated there often remained evidence of the royal interest in the form of a written instrument or a reference to a written instrument (see the remarks of Keynes [11, 126–134, esp. 129 f.]; 14, 112).

The composition of the *witan* can be deduced from the witness lists of royal charters, and recent research has detected a hierarchic principle in the arrangement of such lists (see 14, 97). During the reign of Æthelred II in the period from 993 to 1015, the eight royal princes, the æthelings, sign in a strict order of seniority. Æthelstan, the eldest son, was always the first of the æthelings in the list until his death in 1013, followed by Ecgberht up to 1005, then by Edmund [Ironside], the later king, who tops the lists in the last years of Æthelred's reign (14, 97). Similar observations can be made for the ealdormen. From 979 to 983, Ælfhere of Mercia headed the lists, from 983 to 990 Æthelwine of East Anglia, from 993 to 998 Æthelweard of the Western Provinces, the author of the Latin chronicle, and from 999 to 1009 × 1012 Ælfric of Hampshire (14, 97; see also 11, 157). In the last years of the reign, from 1009 × 1012 to 1016, Eadric Streona of Mercia held a dominant position (see 11, 213 f.; 14, 97). Similar orders of preference occur among the episcopate and among the abbots (11, 156 f.), and the thegns (→ Thegn) or *ministri* also had an order of preference, the thegns Æthelmær and Ordulf being invariably first and second, respectively, in the lists of *ministri* subscribing charters of the period between 994 and 1006 (14, 97 f.). However, these are not representatives of local families, but members of the extended royal family. Æthelmær, who held the rank of *discþegn*, was the son of Æthelweard of the Western Provinces and the founder of the abbeys of Cerne and Eynsham, while Ordulf, who was the founder of Tavistock Abbey, was the brother of Æthelred II's mother Ælfthryth and a member of a high ranking family from the South-West (11, 192). The local gentry took a much lower place in the lists, cf. the remarks of Keynes on Kentish thegns (11, 132–134). Occasionally, we can note the appearance of persons from outside the direct orbit of the West Saxon monarchy in the witness lists of royal charters. For example, in a contemporary charter of Æthelstan dating from 931 (2, no. 677; 17, no. 416), the subscriptions of the king and the archbishops of → Canterbury and → York are followed by those of the Welsh *subreguli* Howæl and Iuðwal. The first of these is the famous Hywel Dda, king of Dyfed, while the second is Idwal, king of Gwynedd (18, 341). The same list contains the names of 17 bishops, 15 *duces*, five abbots and no less than 59 *ministri*. Among the *duces*, no less than seven have Scandinavian names, namely, Urm (Old Norse *Ormr*), Guðrum (Old Norse *Guðþormr*), Haward (Old Norse *Hávarðr*), Gunner (Old Norse *Gunnarr*), Đurferð (Old Danish *$*$Þurfriþʀ), Hadd (Old Norse *Haddr*) and Scule (Old Norse *Skúli*). A further three, Aldred (OE [Anglian] *Aldrēd*) Uhtred and Uhterd (OE [Anglian] *Ūhtrēd*), have OE names characteristic of the Northumbrian aristocracy. The *duces* with Scandinavian names were certainly the leading men of the Northern Danelaw (→ Danelag) and some of them have been noted in other charters of Æthelstan, e. g., *duces* named Inwær (Old Norse *Yngvarr*), Hadder (Old Norse *Haddr*), Scule (Old Norse *Skúli*), Đurferð (Old Danish *$*$Þurfriþʀ) and

Hælfden (Old Norse *Hálfdan*) occur in Æthelstan's grant of Amounderness to St Peter of York, which was made at Nottingham in 934 (2, nos. 703, 1344; 17, no. 407). The Welsh kings Hywel Dda and Idwal of Gwynedd also appear and are joined by a third Welsh king, Morcant (Morgan, king of Morgannwg, see 18, 341). We also find the two *duces* named Uhtred and a further *dux* with a characteristically Northumbrian aristocratic name, Osulf (OE *Ōswulf*). Chadwick plausibly suggested that the Aldred and Uhtred of 17, no. 416 and the Osulf of 17, no. 407 were members of the → Bamburgh dynasty of Northumbrian earls (4, 186). It may be the case that the attendance of persons of this kind at a meeting of the *witan* with the accompanying attestation of a royal charter could be taken as some sort of acknowledgement of the supremacy of the House of Wessex. In this context, it should be added that the meeting places of the *witan* in the late OE period were predominantly in the south of England (for a list, see 13, 45–47 n. 21 [VI, § 45] and for a map, 14, 105). More than 50 meeting places are recorded for the period between 900 and 1066 (14, 102). The only meeting places outside the south and the southern Midlands were Nottingham in 934 and → Lincoln in 1045 (14, 102). → London enjoyed a special position in the 11th century with no less than nine meetings between 1044 and 1066 (14, 102 f.). → Winchester was also favoured, but there were only two meetings (in 964 and 1051) at → Gloucester (14, 103). Generally, the West Saxon dynasty preferred the vicinity of royal estates and palaces, typical meeting places being Axminster, Bath, Calne (where a building collapsed in 978, killing several members of the *witan* [cf. 14, 104]), → Cheddar (in 941, 956 and 968), Chippenham, Cirencester (in 986 and 999), Edington, Malmesbury, Somerton (Penkridge) and Winchcombe (14, 103). There were also meetings of the *witan* in the middle Thames basin, such as at Cookham in the period 995 × 999 (17, no. 939) or at → Oxford in 1015, 1035 and 1065 (13, 45–47 n. 21 [VI, § 45] [at p. 46]). After the Norman Conquest, William I chose Winchester, Westminster and Gloucester as the three regular meeting places for his councils at Easter, Whitsun and Christmas (14, 103).

(1) J. M. Bately (Ed.), The Anglo-Saxon Chronicle. A collaborative ed., 3: MS A, 1986. (2) Birch CS. (3) A. Campbell (Ed.), The Chronicle of Æthelweard, 1962. (4) H. M. Chadwick, Studies on Anglo-Saxon Institutions, 1905. (5) G. P. Cubbin (Ed.), The Anglo-Saxon Chronicle. A collaborative ed., 6: MS D, 1996. (6) C. Cubitt, Anglo-Saxon Church Councils c. 650–c. 850, 1995. (7) E. A. Freeman, The Hist. of the Norman Conquest of England, its Causes and its Results 1, ²1870. (8) F. E. Harmer (Ed.), Select English Hist. Documents of the Ninth and Tenth Centuries, 1914. (9) S. Irvine (Ed.), The Anglo-Saxon Chronicle. A collaborative ed., 7: MS E, 2004. (10) J. M. Kemble, The Saxons in England. A Hist. of the English Commonwealth till the Period of the Norman Conquest, 1849. (11) S. D. Keynes, The Diplomas of King Æthelred 'the Unready' 978–1016. A Study in their Use as Hist. Evidence, 1980. (12) Liebermann, Ges. d. Ags. (13) F. Liebermann, The National Assembly in the Anglo-Saxon Period, 1913. (14) H. R. Loyn, The Governance of Anglo-Saxon England 500–1087, 1984. (15) T. J. Oleson, The Witenagemot in the Reign of Edward the Confessor, 1955. (16) A. J. Robertson (Ed.), Anglo-Saxon Charters, ²1956 (1939). (17) P. [H.] Sawyer, Anglo-Saxon Charters. An Annotated List and Bibliogr., 1968 (S. E. Kelly, The Electronic Sawyer: An Online Version of the Revised Edition of Sawyer's Anglo-Saxon Charters [S1–1602], 1999). (18) F. M. Stenton, Anglo-Saxon England, ³1971. (19) E. Wessén, Historiska runinskrifter, 1960. (20) J. Zupitza (Ed.), Aelfrics Gramm. und Glossar. Text und Varianten, 1880.

J. Insley

Wittislingen

Archäologisch – a. Das Frauengrab – b. Zusammenfassende Betrachtung der Altertümer – c. Zur Besiedlungsgesch. W.s in der MZ

Archäologisch. a. Das Frauengrab. Forschungsgesch. Die Gemarkung W. im Ldkr. Dillingen an der Donau ist seit dem Neol. dicht besiedelt gewesen. Bes. be-

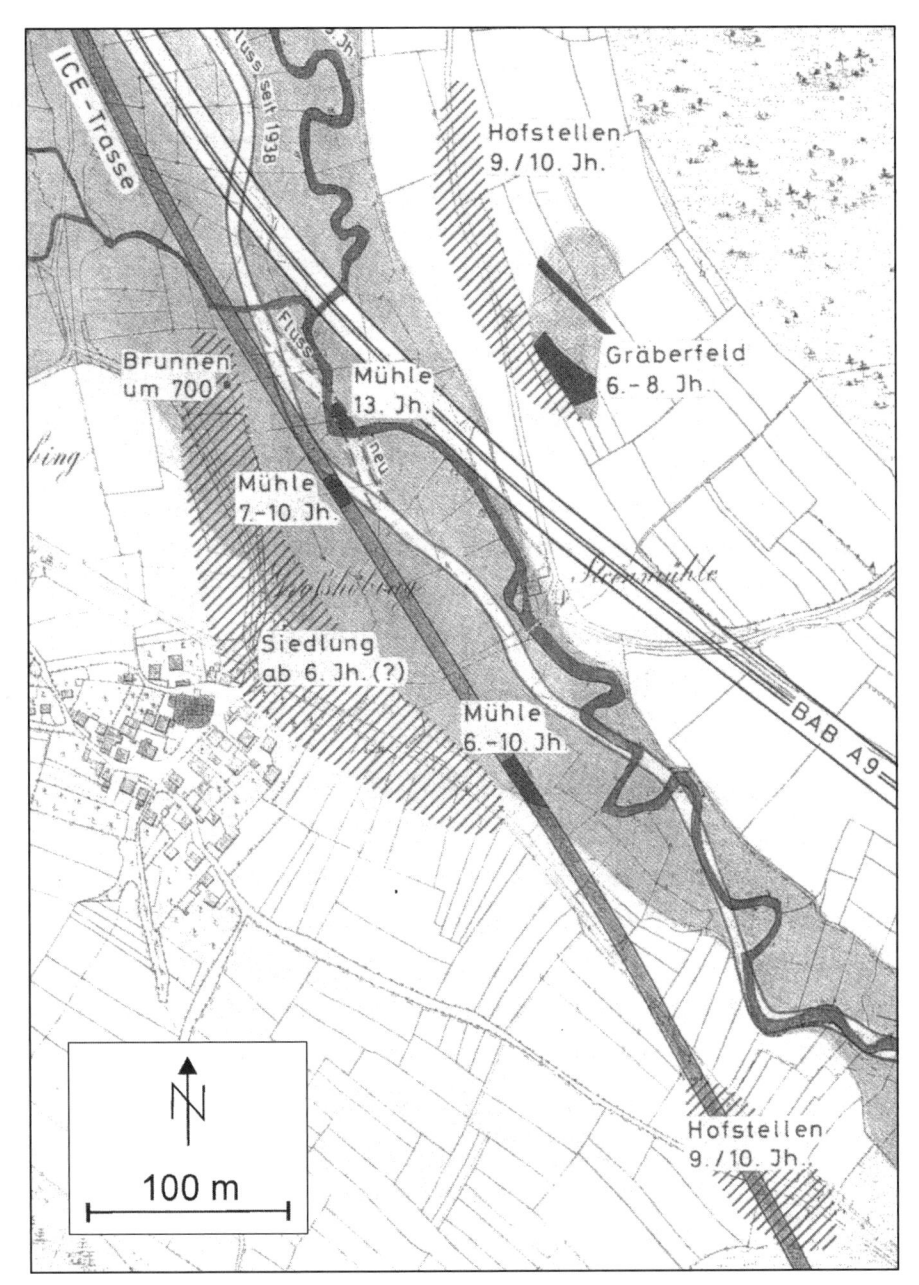

Abb. 93. Topographie und Besiedlungsabfolge auf bajuwarischem Gebiet in Bezug zur Dorflage von Großhöding, Gem. Greding, Mittelfranken. Nach J. Fries-Knoblach (Hausbau und Siedlungen der Bajuwaren bis zur Urbanisierung, BVbl. 71, 2006, 339 430, Abb. 22,1)

kannt ist der Ort in der frühma. Arch. durch das reich ausgestattete Grab einer alam. Dame, doch ist auch die allg. Topographie des frühen MAs von Interesse (Abb. 93). Das Grab wurde im J. 1851 bei Steinbrucharbeiten zufällig entdeckt, und es war dem Bayer. Nationalmus. in München ein J. später möglich, die geborgenen Funde von den Findern zu erwerben, 1905 wurde der Rest angekauft. Die erste Veröffentl. erfolgte 1892 im IV. Bd. der Kat. des Nationalmus.s (17). Dabei wurde der Fund von G. Hager als ‚Doppelgrab' angesprochen. 1976 wurde er in die damals von H. J. Kellner geleitete ‚Prähistorische Staatssammlung' (heute Arch. Staatsslg. – Mus. für Vor- und Frühgesch.) überführt. Die große Bedeutung des Fundes zeigt sich schon daran, daß G. Dehio die Bügelfibel als Vertreter des ‚Deutschen Altertums' an den Anfang seiner „Geschichte der Deutschen Kunst" (1919) gestellt hat. Er nimmt für das Zellenwerk „asiatisch, wahrscheinlich sassanidischen" Ursprung an und glaubt, daß diese Zierform bei den Germ. so beliebt wurde, weil sie in ihrer Flächigkeit dem ihnen geläufigen Kunstgefühl entsprach (11, 18). Die Fibel findet sich auch sonst sehr oft abgebildet, z. B. in von Jennys „Die Kunst der Germanen im frühen Mittelalter" (16), wo sie als Importstück aus dem langob. Italien erklärt wird. Eine grundlegende Behandlung erfuhr das Frauengrab nebst den übrigen Reihengräberfunden aus W. in der 1950 erschienenen Monogr. „Das alamanische Fürstengrab von Wittislingen" von Joachim → Werner, auf der alle späteren Erörterungen des Grabes – auch der vorliegende Beitrag – aufbauen (37).

Die Bügelfibel. Das exzeptionellste Fundstück des Grabes ist die Bügelfibel, die dementsprechend in der Forsch. auch die meiste Beachtung gefunden hat (→ Wittislingen § 2, Bd. 34, Taf. 4). Werner stellte fest, daß sie zwar ein Unikum ist, aber doch die Einflüsse verschiedener Werkstattkreise in ihrer Form zu erkennen sind. Das Grundgerüst der außerordentlich großen, 16 cm lg. Fibel besteht aus vergoldetem Silber. Die halbrunde Spiralplatte (‚Kopfplatte') war von zehn vergoldeten Kupferknöpfen umgeben, von denen vier erhalten und sechs ergänzt sind. Die Zierfläche ist durch Stege mit Dreiecksniellierung in Felder geteilt, die Einlagen aus Almandinen und farbigem Glas über einer Füllmasse und gewaffelten Goldfolien enthalten, und außerdem in vergoldete Silberfelder, die mit unregelmäßigen Filigranmustern ausgefüllt sind. Zu beiden Seiten der Spiralplatte (‚Fußplatte') befinden sich geometrisierte Adlerköpfe mit großen Schnäbeln, den Abschluß der Fibel bildet ein ebenfalls geometrisierter Tierkopf, der hohl ist und urspr. zur Aufnahme einer Reliquie mit einer angelöteten Platte verschlossen war. Wie bereits Werner feststellte, gleicht die Fibel langob. Bügelfibeln – bes. denen aus Imola (37, Taf. 4,1) und → Castel Trosino Grab H (Monumenti Antichi dei Lincei 12, 1902 Taf. 6,6). Diese großen, stets als Einzelstücke getragenen Fibeln mit Adlerköpfen und Zellenwerk haben auch den Werken gotländischer Goldschmiede zum Vorbild gedient, die allerdings stets an ihrer rechtekkigen Spiralplatte festgehalten haben und ihrerseits keinen Einfluß auf die Wittislinger Fibel erkennen lassen. Großen Wert für die Herkunftsbestimmung der Wittislinger Fibel hat Werner auf die schlangenförmige Gestalt ihres Nadelhalters gelegt, wodurch sie der Bügelfibel von → Soest und ihren Verwandten nahesteht (37, Taf. 3,1). Diese Verwandtschaft schien ihm so wichtig zu sein, daß er ihre Entstehung einer Werkstatt „zwischen Worms und Köln" zuschrieb, wo solche Fibeln allerdings nicht bekannt sind. Schlangenförmige Nadelhalter finden sich dagegen nicht selten auf alam. Scheibenfibeln des späten 6. und 7. Jh.s, wie z. B. auf der aus W. (Taf. 15a).

Für die Herleitung der Fibel aus einer rhein. Werkstatt war für Werner allerdings auch die Tatsache bestimmend, daß sie auf ihrer Rückseite in Niellotechnik eine Inschr. trägt, deren Formular nach den Darlegungen von Bischoff, Boppert und Düwel im Raum zw. Köln und Maastricht üblich war (s. auch → Wittislingen § 2, Bd. 34 mit Lit.).

Wichtig für die Bestimmung des Entstehungsgebietes der Wittislinger Fibel sind die minutiösen Beobachtungen des lange J. am RGZM tätigen Goldschmiedemeisters Foltz (13; zum folgenden vgl. auch 6). Er stellte fest, daß das Filigran „aus drei ca. 0,5 mm dicken, im Dreieck übereinanderliegenden gewindeartig gekerbten Golddrähten besteht, die untereinander und mit der Grundplatte verlötet sind. Diese Art des Filigrans kehrt auf der Wittislinger Scheibenfibel wieder, während sie sonst unbekannt ist". Foltz ist deshalb überzeugt, daß beide Fibeln der gleichen Werkstatt entstammen, die Dannheimer nach der Verbreitung der Scheibenfibeln dem ‚Wittislinger Meister' zugeschrieben hat (8). Aus den genannten Gründen kann diese Herkunft auch für die große Bügelfibel angenommen werden. Danach hätte ihr auf der Inschr.platte genannter Meister Wigerich, dessen Name nach Betz auf rhein. Herkunft hinweist (in: 37, 72), in W. gearbeitet, wo er das auffallend große Schmuckstück nach langob. Vorbildern als singuläres Stück gefertigt und auf seiner Rückseite die Grabinschr. der Uffila angebracht hat, deren Formular aus dem Raum Köln-Maastricht stammt. Die Inschr. hat den Sinn, daß die verstorbene Uffila als fromme Christin der Trägerin der Fibel bes. nahestand und ihr Segen bringen sollte. Auch die aus dem heidn. Totenkult stammende Schlange des Nadelhalters, die eine heidn. Verkörperung der Ahnen darstellt, hat apotropäische Bedeutung (zur Bedeutung der Schlange im germ. Totenkult → Niederdollendorf S. 155). Man darf also annehmen, daß der auf der Fibel genannte, vermutlich aus dem Rheinland stammende Goldschmied Wigerich in der großen Hofsiedlung W. – vermutlich als Freier – ansässig war und dort im Einklang mit der Herrenfamilie einige zwar prächtige, im einzelnen aber doch nicht vollendete Werke schuf. Ähnliche Verhältnisse nimmt Fingerlin für den alam. Adelshof von Güttingen an, der uns bei seiner ersten urkundlichen Nennung im J. 860 als *villa Chutininga* begegnet (12a).

Dieses Gräberfeld (→ Güttingen) ist durch ein bes. reich ausgestattetes Frauengrab ausgezeichnet, und Fingerlin rechnet die darin bestattete Tote dem alam. Hochadel zu. In diesem Grab fanden sich zwei vergoldete Silberscheiben mit figürlichen Darst. eines Cäsarenkopfes und eines Lanzenreiters, die urspr. die Mitte zweier vergoldeter Silberteller bildeten. Sie wurden dann – vermutlich im Auftrag der vornehmen Dame – in nicht sehr präzise gebildeten Kreisen ausgeschnitten und durch auf der Rückseite verlötete Nadeln zu Scheibenfibeln umgearbeitet. So lassen sich in W. und Güttingen Werke zweier dörflicher Goldschmiede an der nicht vollkommenen Qualität ihrer Arbeiten erkennen!

Werner hat die Wittislinger Bügelfibel aufgrund des Vergleiches mit langob. Stükken, die er nach der Einwanderung des Stammes nach Italien im J. 568 mit dem späten 6. Jh. beginnen läßt, in die 1. Hälfte des 7. Jh.s datiert.

Auch die Zeitbestimmung der „Fränkischen Altertümer des Trierer Landes" aus dem J. 1958 (4) greift auf die Chron. Werners zurück, die auf der Methode der Gruppenbildung in „Münzdatierten austrasischen Grabfunden" beruht (36). Die typol. Gliederung der einzelnen Gruppen von Altertümern hat Werner konsequent durchgeführt und gilt mit einigen Ausnahmen auch heute noch, ebenso wie ihre Verbindung mit Gräbergruppen, die durch beigegebene Münzen einen absoluten t. p. q. besitzen. Eine gewisse Verfeinerung dieser zwar groben, aber doch sicheren Chron. ergaben Grabfunde, die Gegenstände aus zwei verschiedenen aufeinanderfolgenden Gruppen enthielten und deshalb deren Grenzbereich zugewiesen werden konnten. Die feinere typol. Unters. einzelner Altertümer hat in der Folge zu feineren chron. Ergebnissen geführt (4), wie auch die Unters. Aments zu dem Gräberfeld von Rübenach solche ergeben haben (→ Rübenach mit Lit.). Die bis heute von verschiedenen Seiten ausgehenden Versuche typol. und chron. Verfeinerungen haben nicht zu einhelligen Ergebnissen geführt, sondern unterscheiden sich teilweise stark voneinander (22, 200, Abb. 87 [synoptische Tab. der Chron.systeme]). Im Gegensatz zu den zwar schematischen, aber innerhalb der durch die Münzdatierung doch gesicherten Datierungsgrenzen, sind diese ‚Feinchronologien' mehr oder weniger gut begründete Versuche, die Aufnahme oder Ablehnung fanden, wobei sich natürlich auch gewisse Übereinstimmungen ergeben. In der hier vorgenommenen Datierung der Grabfunde von W. wird von einer kritischen Stellungnahme zu den einzelnen chron. Versuchen abgesehen und Bezug auf die zwar alte und „wenig differenzierende" (30, 216), aber doch halbwegs sichere Chron. von Werner genomen. Für die Ergebnisse der ‚Computer-Chronologie' ist das vorsichtige Urteil von Koch bemerkenswert: „Eine automatische Seriation erweckt zwar den Eindruck von Objektivität, doch ist sie von einer Vielzahl ganz subjektiver Entscheidungen abhängig. Die neue relative Chronologie der merowingerzeitlichen Funde aus dem süddeutschen Raum kann also nur ein Vorschlag sein, der mit jedem neuen Fund wieder zu überprüfen ist" (20, 44). Eine präzise Begrenzung der einzelnen Phasen auf 20 J., die einen außerordentlich raschen, gleichzeitigen Modewechsel im Bereich der einzelnen Gruppen von Altertümern (Waffen, Schmuck usw.) voraussetzt, scheint bei dem offenbar langfristigen Nebeneinander verschiedener Formen jedoch kaum möglich.

Die Vergleichsergebnisse der Seriation lassen sich aus sich heraus nicht in absolute Daten umzusetzen. Hierzu bedarf es – wie bisher – der nur durch münzdatierte Gräber und naturwiss. Zeitbestimmungen festzulegenden absoluten Zeitbegrenzung einzelner Fundgruppen. Eine präzise Eingrenzung auf 20 J. scheint angesichts der Langlebigkeit einzelner Altertümer kaum möglich zu sein. Zur Überprüfung der chron. Seriationsergebnisse wird es auch künftighin der durch Münzen und naturwiss. Bestimmungen begründeten festen Datierung einzelner Gräber bedürfen.

Bei der Bearbeitung der Bügelfibeln des Trierer Landes ergab sich, daß diese insgesamt der dortigen Stufe III (525–600) angehören. Zeller (41) hat diese Meinung bestätigt, indem sie festgestellt hat, daß Bügelfibeln im allg. während der Trierer Stufe III (etwa 525–600) getragen wurden und nur noch in frühen Gräbern der Stufe IV (7. Jh.) in Mode waren. Für die Bügelfibel von W. ergibt sich daraus – auch im Hinblick auf die mit ihr zusammen gefundene Goldblechscheibenfibel – eine Datierung in die Zeit des frühen 7. Jh.s. Den gleichen Wechsel in der Fibelmode hat auch Koch für das Alam.gebiet festgestellt (18, 54 f.). Die große langob. Bügelfibel aus dem nahe gelegenen Schretzheimer Grab 226b mit „halbrunder Kopfplatte und ovalem Fuß mit angesetzten Tierköpfen" datiert Koch in die Mitte des 7. Jh.s (18, 55). Die Größe der Wittislinger Fibel und ihre vermutliche Tragweise als Einzelstück könnte darauf hinweisen, daß sie zu den späten Stücken der ganzen Gruppe gehört und damit in das frühe 7. Jh. zu datieren wäre, wie bereits Werner vorgeschlagen hat (1. Hälfte 7. Jh.). Wenn die Wittislinger Fibel sich auch durch ihre Größe und die bunte Pracht ihrer Einlagen originell aus den übrigen Bügelfibeln heraushebt, so ist sie doch kein Meisterwerk, wie die wirre Unregelmäßigkeit ihrer Filigraneinlagen zeigt. Ihr ‚Wittislinger Meister' liebte offenbar den an das Protzige und Wirre grenzenden Prunk seiner Werke.

Runde Goldblechscheibenfibel (Taf. 15a). Die Verzierung besteht aus einem symmetrischen Geflecht von vier doppelköpfigen almandinbelegten Schlangen mit glockenförmigen Köpfen, die jeweils auf quergestellte rechteckige Fassungen mit grünem

Glas bzw. Perlmutteinlagen zubeißen. In der Mitte der Fibel befindet sich eine kuglige Almandineinlage in einem Rechteck aus Filigran; die Zierfelder zw. den Schlangenleibern zeigen wirre Bruchstücke geometrischer Verzierungen in Filigrantechnik, die denen der Bügelfibel ähneln. Die goldene Zierplatte war mit acht Bronzenieten an ihrem Rand auf einer gleichgroßen Grundplatte aus Bronze vernietet. Der Hohlraum zw. beiden Platten war urspr. mit einer Masse – vermutlich Kalk – gefüllt. Die nur in Bruchstücken erhaltene Grundplatte ist mit eingravierten konzentrischen Kreisen und einem Kreuz in der Mitte verziert. Entlang dem Rand läuft ein von Punktlinien gerahmtes Band aus gegenständigen buckelgefüllten Dreiecksstempeln. Der Achsenträger und die Nadel sind verloren, auf der Grundplatte ist der tierkopfförmige Nadelhalter mit zwei Nieten befestigt.

Bereits Werner hat festgestellt, daß das Wittislinger Stück im Kreise der sonstigen Goldblechscheibenfibeln der MZ von außergewöhnlicher Größe ist. Bei der Behandlung der Bügelfibel wurde bereits die Beobachtung des Goldschmiedemeisters Foltz erwähnt, daß die Filigrantechnik der Scheiben- und der Bügelfibel sehr nahe verwandt ist und außer auf diesen beiden Stükken nicht vorkommt. Schon Werner bemerkt, daß Scheibenfibeln wie die von W. ihrer Verbreitung nach in Werkstätten des alam. S-Deutschlands zu lokalisieren sind. Dannheimer (8) hat diese Lokalisierung auf die Umgebung von W. konzentriert und das Stück deshalb nach dem im frühen MA bedeutendsten Ort der Region einem ‚Wittislinger Meister' zugeschrieben, dessen Werke sich ausschließlich „rund um das Nördlinger Ries" finden (die letzte ergänzte Verbreitungskarte der Fibeln bei 26, 99, Abb. 25 – Reiß datiert die Fibel von Westheim in „die erste Hälfte bis Mitte des 7. Jhs."; zu den Goldblechscheibenfibeln insgesamt: 33). Wegen der nahen Verwandtschaft ihres wirren, eigenartigen Filigrans und ihrer außergewöhnlichen Größe kann auch die Bügelfibel von W. als ein Werk des ‚Wittislinger Meisters' betrachtet werden. Typol. sind die Goldblechscheibenfibeln von mittelmeerischen Vorbildern vermutlich langob. Werkstätten herzuleiten. Werner hat die Fibeln wegen dieser Beziehungen in „die Mitte bis zweite Hälfte des 7. Jahrhunderts" datiert, doch können die Datierungsmöglichkeiten der Scheibenfibeln auch im Hinblick auf die Tragedauer der Bügelfibel auf das frühe 7. Jh. ausdehnt werden und die Wittislinger Goldscheibenfibel diesem zugewiesen werden.

Silbervergoldetes Gegenbeschläg (Taf. 16a): Lg. 7,9 cm, Br. 3,5 cm (die zu dem Beschläg gehörige Schnalle ist nicht erhalten); im dreieckigen Mittelfeld zwei gegenständige Tiere mit glockenförmigen Köpfen und bandförmigen, in Wellen ineinander verschlungenen Körpern mit blattförmigen Füßen; am breitseitigen Abschluß zwei ebensolche Tiere, mit denen des Mittelfeldes verbunden; am schmalen Abschluß des Beschläges ein Tierkopf in Aufsicht mit Fuß; auf den Zierleisten des Randes nielliierte Dreiecke, der Rand aus wellenförmiger Tierverzierung; in den Augen sämtlicher Tierköpfe runde Almandineinlagen; auf der Rückseite sind zwei Schlaufen angebracht.

Durch die kleinen Almandineinlagen der Tieraugen ist die Gürtelschnalle mit den schlangenförmigen Tieren auf der gleicharmigen Bügelfibel des Grabes aus Bermersheim verwandt, das durch eine Goldmünze Childeberts III. (695–711) fest in die Zeit der Wende des 7./8. Jh.s datiert ist (um 700: 3; zum Tierstil: 31, 40 ff.).

Werner hat weitere verwandte Goldschmiedearbeiten mit kleinen Almandineinlagen zusammengestellt und ihre Datierung in das späte 7. und frühe 8. Jh. bestätigt (37, 26 ff.). Auch Moosbrugger-Leu hat diese Datierung aufgrund von Schweizer Funden festgelegt (21, 107; zu den kleinen Almandinnadeln auf späten Tauschierungen s. Stein [31, 33]; eine lange Riemenzunge mit kleinen Almandinnadeln enthielten auch Pfahlheim Grab 3/1883 [22, Farbtaf. 1] und Herbolzheim Grab 30 [19, 455 Abb. 34]. U. Koch datiert letzteres „als älter als F. Stein [31] – 680–710/20 und Schicht 4 von Christlein [7]" – etwa 2. Drittel 7. Jh. – 70er oder 80er J. bis etwa 700 – also in das späte 7. Jh.).

Damit steht auch für das Gegenbeschläg von W. eine Datierung in das Ende des 7. oder den Anfang des 8. Jh.s fest, so daß es etwa 100 J. jünger ist als die Bügelfibel. Es erhebt sich deshalb die Frage, ob beide wirklich aus dem gleichen Grab stammen oder nicht vielmehr zwei verschiedenen Bestattungen des großen Gräberfeldes zuzurechnen sind, in dessen Bereich das ‚Fürstengrab' lag. Die Tatsache, daß das zu dem Gegenbeschläg gehörende Beschläg seines Gürtels nicht erhalten ist, zeigt an, daß jenes aus einem nur unvollkommen geborgenen Grab stammt. Auch diese Tatsache spricht dafür, daß es nicht zu dem geschlossenen Inventar des Frauengrabes gehört, so daß G. Hager 1892 die Funde des ‚Fürstengrabes' mit gutem Grund auf zwei Bestattungen verteilt hatte.

Die Werkstatt des Gegenbeschläges hat Werner nach der Verbreitung ähnlicher Arbeiten im südwestdt. und rhein. Raum gesucht, ohne daß über deren Lage „etwas Abschließendes gesagt werden kann". Er hat den Tierstil II des Gegenbeschläges mit dem der Schnallen von Hofschallern in Verbindung gebracht, deren Entstehung Zeiss im Bereich des Rheinknies für möglich gehalten hat (37, 29 Taf. 7,2; dazu 40, 25). Die auf der Unterseite des Beschlägs angebrachten Schlaufen finden sich auch auf einer Schnalle aus → Wurmlingen (37, Taf. 7,2), was auf Beziehungen zu alam. Werkstätten hinweist.

Bruchstücke eines goldenen Goldblattkreuzes (→ Niederdollendorf Abb. 20). Erhalten sind zwei vollständige Kreuzarme und Bruchstücke eines dritten. Lg. der intakten Arme 7,7 cm bzw. 6,7 cm, Br. der abgerundeten Enden 2,5 cm. Nach Werners Unters. betrug die Gesamtlänge der Kreuzarme urspr. 15,4 bzw. 14,8 cm, bei Hinzufügung eines verlorenen Mittelstückes maß das Kreuz urspr. etwa 16 × 18 cm und ist damit das größte aller bisher bekannten → Goldblattkreuze.

Die Verzierung besteht aus zwei gegenständigen geperlten Wellenbändern, die an den äußeren Enden in zwei gegenständige, langschnäbelige Vogelköpfe, zur Mitte hin in zwei Eberköpfe auslaufen. Zw. die beiden wellenförmigen Tierkörper ist ein durch sie regelmäßig unterbrochenes punkt- und perlgefülltes Band verflochten. Haseloff hat bemerkt, daß das wenig regelmäßige Bandgeflecht nicht meisterhaft, sondern „ganz fehlerhaft" ausgeführt worden ist (14, 45). Werner hat festgestellt, daß die Verbindung von Eber- und Vogelköpfen in der langob. Tierornamentik sehr beliebt war und sicherlich einen nicht nur ornamentalen Sinn hatte, sondern in Vorstellungen der germ. Mythol. begründet ist (38; bes. zum Bild des Adlers und Ebers). Während er in seinem Werk über das ‚Fürstengrab' von W. noch der Meinung war, daß in S-Deutschland gefundene Goldblattkreuze insgesamt aus Italien importiert worden seien, hat Haseloff festgestellt, „daß zumindestens ein Teil der im süddeutschen Raum gefundenen Goldblattkreuze schwerlich als langobardischer Import zu erklären ist und im Raum nördlich der Alpen entstanden zu denken sei" (14, 37). Er hält deshalb für das Wittislinger Goldblattkreuz ein langob. Vorbild für sicher, glaubt jedoch, daß es wegen seiner mäßigen künstlerischen Qualität im alam. Raum entstanden ist. Diese Meinung wird dadurch unterstützt, daß die ausschwingende Form der Kreuzenden singulär ist (37, 33). Nach H. W. Böhmes Feststellungen wurden Goldblattkreuze in den nordalpinen Gebieten zu 75% vornehmen Männern, zu 25 % aber wohlhabenden Damen mit ins Grab gegeben, wobei die sehr zerbrechlichen Kreuze auf Schleier aufgenäht waren, die man den Toten aufs Antlitz legte. Nach der Einwanderung der Langob. nach Italien im J. 568 wurden die Goldblattkreuze dort bald bei diesen sehr beliebt, und sie sind von dorther auch im Alam.gebiet während des gesamten 7. Jh.s im Gebrauch geblieben. Bereits Werner hat die nicht zu entscheidende Frage gestellt, ob das Wittislinger Goldblattkreuz wirklich aus dem Frauengrab oder etwa aus einem diesem benachbarten Männergrab stammt. Angesichts seiner nicht sehr hohen Qualität und seiner außerordentlichen Größe könnte man vermuten, daß es auch ein Werk des für die Bügel- und Scheibenfibel in Anspruch genommenen, nicht sehr qualitätvollen, prunkliebenden ‚Wittislinger Meisters' war.

Goldener Fingerring (Taf. 15b). Rundstabartiger Goldfingerring, lichte Weite 2 × 1,6 cm mit gefaßter Goldmünze (Dm. 1,5 cm). Auf deren Unterseite sind die leierförmigen Ringenden verlötet, an den Ansatzstellen des Ringes befinden sich jeweils drei Goldkugeln. Auf der Münze ist in starkem Relief ein männlicher Kopf en face mit strahlenförmigem Haar, einem Kopfputz aus neun Kugeln und kreisrunden Ohren sowie dreigeteiltem Halsansatz unter D-förmigem Mund dargestellt. Beiderseits des Kopfes je ein raumfüllendes Dreieck, vielleicht Rest einer mißverstandenen Inschr. Nach Werner ist die Münze, die die Größe eines Solidus hat, die langob. Nachprägung einer nicht mehr feststellbaren Vorlage. Nach seinen Darlegungen wurden solche Goldringe im 7. Jh. von vornehmen Personen als eine Art Siegelring getragen, wie eine Reihe von frk. und langob. Gräbern bezeugt. Das jüngste dieser Gräber mit Münzfingerringen ist das bereits erwähnte Grab von Bermersheim mit einem Solidus Childeberts III. (695–711). Nach dem Dm. des Ringes (2 × 1,6 cm) wurde er von einer Dame getragen, gehört also mit großer Wahrscheinlichkeit zum Inventar des ‚Fürstengrabes'.

Goldene Nadel (→ Nadeln Abb. 66,5). Nadel mit zweischaligem Kugelkopf (Dm. 3 cm), darin ein rötlicher Sandkern. An der runden Kugel ist eine Goldröhre mit Kerbdraht verlötet, in der der 1,4 cm lg. Nadelschaft aus Bronze steckt, der 1 cm in die Kugel hineinragt. An der Unterseite der Kugel befindet sich eine Kerbdrahtöse für ein 6,5 cm lg. Sicherungskettchen aus 8-förmigen Gliedern und Schlußhaken. Nach Werners Darlegungen diente die Nadel wegen des zugehörigen Kettchens nicht zum Haarschmuck, sondern zur Befestigung des Gewandes, wofür er noch andere Beispiele anführt (37, 37).

Zwei silberne Schuhschnallen. Erhalten sind zwei rechteckige Bügel mit profilierten Beschlägen und Gegenbeschlägen sowie drei rechteckige Gürtelbeschläge. Nach Werners Beobachtungen waren solche kleinen silbernen Schuhschnallen in der 1. Hälfte des 7. Jh.s bei Männern und Dameen in Gebrauch (37, 38).

Silberne Amulettkapsel (Taf. 16b). Die Kapsel (Dm. 4,3–5,1 cm) besteht aus zwei Halbkugeln; sie war auf einer Seite durch zwei gegenständige dreieckige Beschläge mit doppelten Punzreihen am Rand geschlossen (eines verloren), auf der Gegenseite durch einen in einem Niet einrastenden Bügel. Von einem Bügel zur Aufnahme eines Trageriemens ist nur ein Rest erhalten. Die Verzierung der Kapsel ist getrieben, nachgraviert und vergoldet. Das Muster zeigt auf der Oberseite „in dreimaliger Wiederholung zwei miteinander verschlungene Tiere mit glockenförmigem Kopf und blattartigem Fuß" (37, 39 Abb. 14b). Auf der entgegengesetzten Kugelseite ist das gleiche Tiermotiv nur zweimal vor-

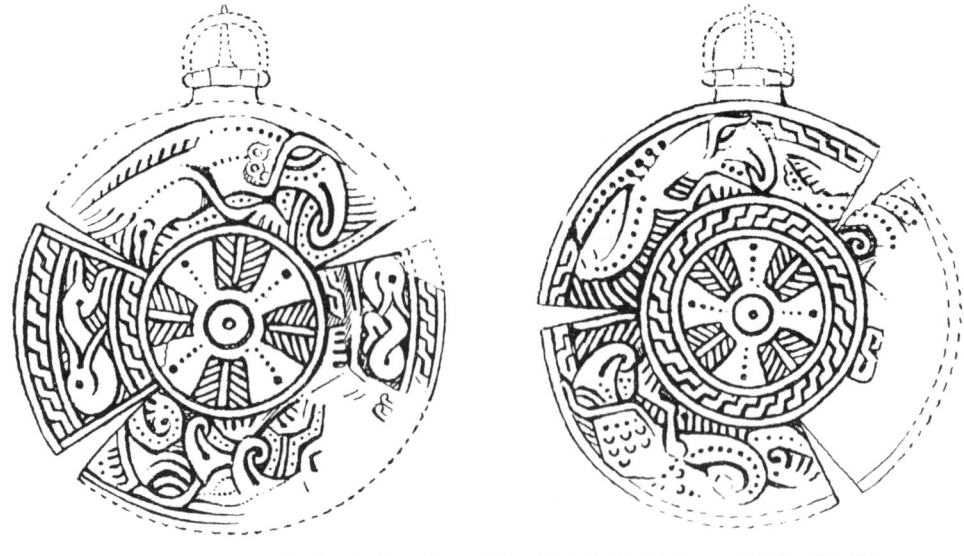

Abb. 94. Verzierung der Amulettkapsel von Arlon M. 1:1. Nach Werner (37, 40, Abb. 17)

handen, während im dritten Zierfeld zwei Tiere mit ineinander verbissenen Köpfen wiedergegeben sind.

Werner hat der Kapsel zwei nahverwandte Stücke aus Wonsheim, Rheinhessen, und Arlon (Abb. 94), Belgien, zur Seite gestellt, von der die erstere durch einen Ring mit einem Solidus der Ks. Heraklius und Heraklius Constantinus in die Zeit nach 613–629 datiert ist. Auf der für den Beschauer unsichtbaren Rückseite dieses Ringes befindet sich ein Kreuz. Außerdem besaß die Wonsheimer Dame einen goldenen → Triens des Mainzer Prägebez.s (MOCONVA). Außer den beiden Silberkapseln hat Werner 15 verzinnte Bronzekapseln zum Vergleich herangezogen. Sie fanden sich hauptsächlich in Rheinhessen, im Neuwieder Becken, im Elsaß und im rechtsrhein. frk. Raum, weshalb Werner den Bereich ihrer Werkstätten „in den fränkischen Gauen am Mittelrhein" vermutet. Zeitlich setzt er sie – im Hinblick auf die Münzdatierung des Grabes von Arlon vielleicht etwas zu spät – in die Mitte des 7. Jh.s. Die Bullen wurden von Damen als Gürtelanhänger getragen und enthielten „Amulette in Form von Berührungsreliquien – meist Pflanzen- oder Stoffreste". Sie finden sich ausschließlich in Frauengräbern, waren also ein Unheil abwehrender Hängeschmuck der Frauentracht des 7. Jh.s (→ Reliquiare § 3). Neben den kugeligen Kapseln gab es auch einfachere zylinderförmige, unverzierte Kapseln als Amulettträger (→ Bulla S. 111 f.).

Silberne Taschenbeschläge (Taf. 16c): drei silberne Rechteckbeschläge einer Handtasche, Lg. 3,8 bzw. 4,1 cm, Br. 1,1 cm; an den Enden langschnäbelige Vogelköpfe, auf den winkeligen Beschlägarmen Nachahmungen byz. Rankenmuster. Ein zu ergänzender vierter Beschlag ist verlorengegangen. Von der Tasche haben sich außerdem zwölf Bruchstücke einer Silberschiene erhalten, mit denen ihre Ränder zusammengehalten waren. Die von Werner gezeichnete Verbreitungskarte zeigt, daß rechtwinklige Taschenbeschläge mit Vogel- und Kreuzverzierung in den frk. Gebieten Belgiens und N-Frankreichs gebräuchlich waren. Zweifellos ist die Wittislinger Tasche mit ihren kostbaren Silberbeschlägen von dort in das Alam.gebiet gekommen. Werner hat darauf aufmerksam gemacht, daß die Raubvogelköpfe mit großer Wahrscheinlichkeit dem Bilderschatz des germ. Heidentums (Adler Odins?) entstammen und dadurch in einem klaren Gegensatz zu den Kreuzen stehen, mit denen viele Taschen verziert sind, so daß die Taschen beredte Zeugnisse der heidn.-christl. Mischkultur jener Zeit darstellen (s. auch → Tasche. Archäologisch, Bd. 35).

Die Bronze-Zierscheibe (→ Zierscheibe Abb. 99,7), Dm. 9 cm. Das Stück gehört zu den größten seiner Art. Werner hat die Bruchstücke zuverlässig zu einer Scheibe rekonstruiert: im Mittelkreis befindet sich ein Wirbel aus vier Tierköpfen. Die Außenzone ist durch Stege in vier Zierfelder geteilt, die jeweils vier gegenständige Tierköpfe enthalten. Diese enden in sich gegenseitig berührenden Tierköpfen mit U-förmigen Schnäbeln, die in Ranken auslaufen. Auf zweien der vier Stege befindet sich ein aus einem Geflechtband gebildetes Tier im Stil II. Die Tierschnäbel sind ebenso wie die Rückseite der Scheibe mit Dreieckspunzen verziert.

Aufgrund der Verbreitung verwandter Stücke hat Werner ihren Werkstattsbereich im alam. Gebiet „zwischen Schwarzwald und Lech" gesucht. Renner hat die Scheibe ihrer Gruppe VII E ‚Scheiben mit vier einander zugekehrten Tierkopfpaaren' zugewiesen (27, 28 ff.). Als Hauptverbreitungsgebiet (ihre Karte 17) gibt sie an „zwischen Neckar und Donau". Die Ausformung der Wittislinger Scheibe bezeichnet sie als „hervorragend, ja einmalig". Dem ist entgegenzusetzen, daß die Vermischung der U-förmigen Tierköpfe mit Fuß- und Rankenelementen besagt, daß der Meister die Grundprinzipien des Tierstiles nicht mehr verstanden und deshalb dessen einzelne Elemente miteinander vermischt hat, wenngleich seine künstlerische Phantasie offenbar groß war.

Werner hat vermutet, daß die Zierscheiben als Taschenbeschläge dienten, doch hat Renner diese Meinung aufgrund der beobachteten Abnützungsstellen abgelehnt. Sie rechnet die Scheiben vielmehr zum Hängeschmuck, den die Damen ebenso wie etwa Bergkristallkugeln mit apotropäischer Absicht am Gürtel getragen haben. Möglicherweise ist diese Mode aus Byzanz und dem Mittelmeerraum zu den Franken und Alam. über die Alpen gekommen. Zeitlich sind die Zierscheiben dem späten 6. und dem 7. Jh. zuzurechnen.

Der Bestimmung der Zierscheiben als Taschendeckel hat auch Dannheimer mit Nachdruck widersprochen (9). Er weist bes. darauf hin, daß auch andere Amulette von Damen als magischer Hängeschmuck getragen wurden, wie z. B. Bergkristalle, Schneckenhäuser und Glasperlen, an deren Stelle eben durchbrochene Zierscheiben mit apotropäischen heidn. und christl. Motiven getreten seien. Aus dem Fundbestand der reich ausgestatteten Frauengräber München-Aubing 608 und 765 (9, Abb. 1–4, Taf. 22) gelang es ihm, Gürtelanhänger mit einer Bergkristallkugel bzw. einer geometrischen Zierscheibe zu rekonstruieren, bei denen sich keinerlei Taschenreste fanden, so daß sich die Annahme von Renner bestätigt hat. Bei den beiden Anhängern waren Riemen zur Befestigung am Gürtel vorhanden, von dem sie am linken Unterschenkel herabhingen.

Daß die Zierscheiben in der Tat zu magischen Zwecken gebraucht wurden, zeigen zwei jüngst veröffentlichte Zierscheiben aus Eching-Viecht, Ldkr. Landshut, Grab 52 A und aus Greding-Großhäbing, Kr. Roth, Grab 160 (2). Die Zierscheibe aus Eching-Viecht (Abb. 95) lag unterhalb des linken Unterschenkels. Ihre Unters. zeigte, daß die Metallscheibe auf einem Kissen aus Hänge- und Seidenmoos lag, welche beide zu Heilzwecken gebraucht wurden (Handwb. dt. Abergl. VI, 566 f.).

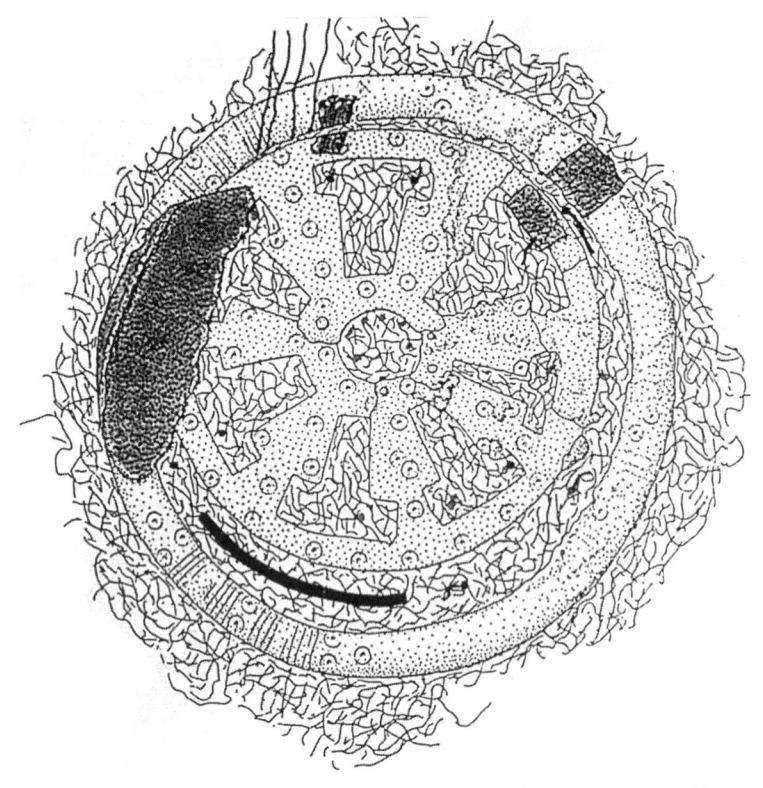

Abb. 95. Zierscheibe mit Umfassungsring, Moospolsterscheibe und Lederriemenresten. Grab 52 A von Eching-Viecht, Ldkr. Landshut, Bayern. Nach Bartel/Ebhardt-Beinhorn (2, 181 Abb. 1)

Am Rand war das Moos mit Bastfäden befestigt, während die Fläche der Zierscheibe mit Tuch umhüllt war. Auf der Rückseite befand sich eine Lederscheibe. Auf der Zierscheibe hatte man ein Fläschchen von der Größe derselben abgelegt, das nur noch in Resten vorhanden war. Die Zierscheibe aus Greding-Großhäbing Grab 160 war bei der Auffindung von einer Lederscheibe bedeckt, an deren Rand eine Fassung aus Textilien angenäht war.

Zur Verbreitung und Formgebung → Zierscheiben.

Koptische Bronzepfanne (Taf. 17a). Dm. 21,3 cm, Hh. 7,7 cm. Der Körper der gegossenen Pfanne ist gewölbt, der Rand ist verdickt und der Boden mit einem glatten, konischen Standring versehen. Der Griff endet schwalbenschwanzförmig und besitzt auf der Unterseite einen Haken zum Aufhängen.

Werner hat dem → ‚koptischen Bronzegeschirr' seit dem Beginn seiner Forsch.stätigkeit stets besondere Aufmerksamkeit gewidmet. Während er zunächst der Meinung war, das Bronzegeschirr sei in oberital. Werkstätten entstanden, glaubte er z. Zt. der Veröffentl. seines Wittislingen-Buches 1950 (37), daß man die Werkstätten eher bei Antiochia in N-Afrika suchen müsse, weil dort die notwendigen Rohstoffe in großem Maße vorhanden wären. Er rechnete jetzt mit großen Fabrikationszentren in dem genannten Gebiet, von dem aus das Bronzegeschirr durch Vermittlung der Langob. über die Alpen zu Franken, Alam. und Bajuwaren kam, während es auffälligerweise auf nordfrz. und burg. Boden keine Aufnahme fand. Volbach (35) hielt aufgrund griech. Inschr. und Ornamente den „östlichen Mittelmeerraum" — bes. das Pontosgebiet — für ein bevorzugtes Fabrikationsgebiet des letzten Endes byz. ‚koptischen Bronzegeschirrs'. Über die mittelmeerisch-byz. Herkunft des Bronzegeschirrs besteht in der Forsch. wohl Einigkeit, wenngleich präzise Angaben über bestimmte Fabrikationszentren noch nicht zu machen sind. Dannheimer versuchte diese mit Hilfe naturwiss. Methoden näher zu bestimmen, wobei sich immerhin ergab, daß zw. den aus Reihengräbern bekannten Bronzegefäßen und den ägypt. Ex. erhebliche Unterschiede im Zinkanteil bestehen, was eine Herkunft der „aus Reihengräbern stammenden koptischen Bronzegefäße aus Ägypten" ausschließt (10, 123 ff.). Eine gute Übersicht über den derzeitigen Stand der Forsch. gibt U. Koch in → Koptisches Bronzegeschirr S. 243 f. Für die Wittislinger Pfanne kommt nach der letzten Bearbeitung des Bronzegeschirrs durch Trier „Italien und der gesamte Küstenbereich des östlichen Mittelmeeres" in Frage (34, 277 ff.).

Zu einem ähnlichen Ergebnis kommt auch Nawroth in seinen Unters. zu dem Bronzegeschirr aus dem Gräberfeld von Pfahlheim (22).

Nachträglich gemachte Funde. Nach der Bergung des ‚Fürstengrabes' wurden noch einzelne Funde gemacht, die wohl aus Gräbern des gleichen Friedhofes stammen, deren Zugehörigkeit zu dem Grab der Fürstin aber unsicher ist. Auch sie kamen glücklicherweise in den Besitz des Bayer. Nationalmus.s.

1. Aus feinem Golddraht geflochtene Kette; Lg. 15,1 cm. An einem Ende eine Öse, am anderen ist der Abschluß abgerissen.

2. Aus Gold getriebene Hand; Lg. 2,4 cm. Bei der Auffindung war sie auf die Kette Nr. 3 aufgeschoben und hat zweifellos zu ihr gehört. Auf das Handgelenk war ein 4 mm br. Armband aus Golddrähten aufgeschoben. Werner hat die Kette als Halskette angesprochen und mit der berühmten Kette von → Isenbüttel (→ Isenbüttel Taf. 30) im Landesmus. Hannover in Beziehung gesetzt.

3. Bruchstück einer goldenen Kette, in die mit Hilfe zweier Ösen eine runde Scheibe eingesetzt ist, die eine dreiblättrige Filigranverzierung trägt.

4. Zwei Köpfe von Haarpfeilen aus Bronze, die mit quergerieftem Goldblech verkleidet sind. Die Köpfe bestehen aus Golddrahtgeflecht mit Volutenverzierungen.

b. Zusammenfassende Betrachtung der Altertümer. In seinem zusammenfassenden Überblick über die Ergebnisse seiner Fundanalysen hat Werner über die Entstehung der Funde aus dem ‚Fürstengrab' folgendes festgestellt:

Einheimisch-alam. sind Goldscheibenfibel, durchbrochene Bronzescheibe, silberne Gürtelbeschläge, Schuhschnallen, wahrscheinlich auch die goldene Nadel und das Goldblattkreuz. Zu dieser Fundgruppe gehört auch das silberne Gürtelbeschläg, das jedoch vermutlich aus einem späteren Männergrab stammt.

Rhein.-frk. sind die große Bügelfibel mit Inschr., silberne Amulettkapsel, Handtasche mit Winkelbesatz, vielleicht die beiden Haarpfeile und die goldene Halskette.

Aus dem Mittelmeerbereich stammt die ‚koptische Bronzepfanne'.

Nach den oben begründeten Unters. haben sich folgende Veränderungen ergeben: Die Bügelfibel mit Grabinschr. aus dem Raum Köln-Maastricht, Goldblattkreuz und Goldblechscheibenfibel sind vermutlich Werke des ‚Wittislinger Meisters'. Diese Werke zeichnen sich durch außergewöhnliche Größe, aber eine sehr unregelmäßige Ausführung des Filigranornamentes und der Flechtbänder (beim Goldblattkreuz) aus. Offenbar war der Meister gewohnt, zwar prächtige, aber nicht sehr sorgfältig durchdachte Schmuckstücke herzustellen.

Insgesamt zeigt die Herkunft der Funde des ‚Fürstengrabes', welch weitreichende künstlerische Beziehungen die in ihm bestattete Tote hatte, daß aber mit einiger Wahrscheinlichkeit W. einen eigenen Goldschmied besaß.

Nach der Auffindung des ‚Fürstengrabes' sind in den folgenden J. in der Gemarkung W. noch weitere Reihengräber und Grabfunde gemacht worden. Sie finden sich bei Werner (37, 2 Abb. 1), Seitz (29) sowie Pöllath (25) verzeichnet und gewissenhaft analysiert. Da sie für die Betrachtung der Altertümer nichts Neues bringen, für die frühma. Topographie W.s aber sehr wichtig sind, finden sie sich in dem folgenden Abschnitt verzeichnet (s. u.).

c. Zur Besiedlungsgesch. W.s in der MZ. In einem gedankenreichen Aufsatz hat Pöllath (25) auf die Schwierigkeiten der siedlungskundlichen Auswertung von Reihengräbern hingewiesen. Sie bestehen v. a. darin, daß bisher nur wenige merowingerzeitliche Siedlungen vollständig ausgegraben und mit den zugehörigen Gräberfeldern in Beziehung gesetzt werden konnten. Immerhin ist schon lange bekannt, daß die Siedlungen, aus denen heutige Dörfer hervorgegangen sind, unterhalb der fast stets erhöht über ihnen angelegten Gräberfelder meist in einer Entfernung von etwa 200–300 m liegen (4, 326 ff.). In der Gemarkung W. sind neun Reihengräberfelder oder Teile von solchen bekannt geworden (Abb. 96) (vgl. auch 25, 46 Abb. 5). Die zugehörigen Siedlungen wird man jeweils unterhalb im Tal der Egau suchen dürfen (Erstpublikation der Karte in: 5, 55).

1. ‚Schlafbühl': 6 Gräber des 7. Jh.s (25, 71 Nr. 14; 29, Nr. 1).
2. ‚Egaukanal': angeblich mehrere Gräber mit ‚verrosteten Waffen', nicht erhalten (25, 63 Nr. 5; 29, Nr. 2).
3. ‚Vogtengasse 2': angeblich Funde von Reihengräbern, nicht erhalten (25, 73, Nr. 18; 29, Nr. 7).
4. ‚In der Grube': ‚Fürstengrab'; Beschreibung s. o. (25, 50 ff. Nr. 2; 29, Nr. 8; 37, 4 und Abb. 1 Nr. 1).
5. ‚Hohe Weile': Gräber beim Bahnbau zerstört (25, 62 f. Nr. 4; 29, Nr. 9; 37, 5 und Abb. 1 Nr. 2); – frühlangob. Bügelfibel (25, 66 Nr. 9; 29, Nr. 10; 37, 5 und Abb. 1 Nr. 3, Taf. 17, 1a.b). Nach H. Bott (Reinecke-Festschr., 1950, 32: „2. Viertel 6. Jh."), als Lesefund geborgen, wahrscheinlich zu den obigen Gräbern gehörend; datiert nach Bott und Werner an den Beginn des 6. Jh.s; das älteste aus W. bekannte Fundstück.
6. ‚Zöschlingsweilerstraße 48': angeblich 4 Reihengräberfunde, nicht erhalten (25, 70 Nr. 12; 29, Nr. 11).
7. ‚Sapperallee 6': 4 Reihengräber, darunter ein Männergrab (Nr. 4) mit reicher Ausstattung (25, 74 f. Nr. 20; 29, Nr. 12; BVbl. 25, 1960, 181 f.). – ‚Zöschlingsweilerstr. 88': Grab ohne Beigaben (25, 72 Nr. 16; 29 Nr. 13). – ‚Pfaffenfeldle': 2 Gräber mit geringen Beigaben (25, 69 f. Nr. 11; 29, Nr. 14; 37, 6 und Abb. 1 Nr. 4). – ‚Zöschlingsweilerstraße 98': Grab ohne Beigaben (25, 74 Nr. 19; 29 Nr. 14).
8. ‚Holzschleife' oder ‚Hammer': etwa 30 Gräber mit Waffen und Gürtelbeschlägen (25, 49 f. Nr. 1; 29, Nr. 15; 37, 6 und Abb. 1 Nr. 5). – ‚Tuffsandwerk Hahn/Papiermühle': überliefert sind 2 Frauen- und 2 Männergräber sowie 2 Pferdegräber. Funde sind nicht erhalten (25, 70 f. Nr. 13; 29, Nr. 15). – ‚Tuffsandwerk Hahn/Papiermühle/Schabringer Weg': Grab 1: ohne Beigaben. Grab 2: Männergrab mit Spatha, Sax, Messer, Goldblattkreuz und eisernen Gürtelbeschlägen. Grab 3: Lanzenspitze, Sax, tauschierte Gürtelbeschläge, Messer (25, 72 f. Nr. 17; 29, Nr. 17; BVbl 25, 1960, 182). – ‚Tuffsandwerk Hahn/Papiermühle': 9 Män-

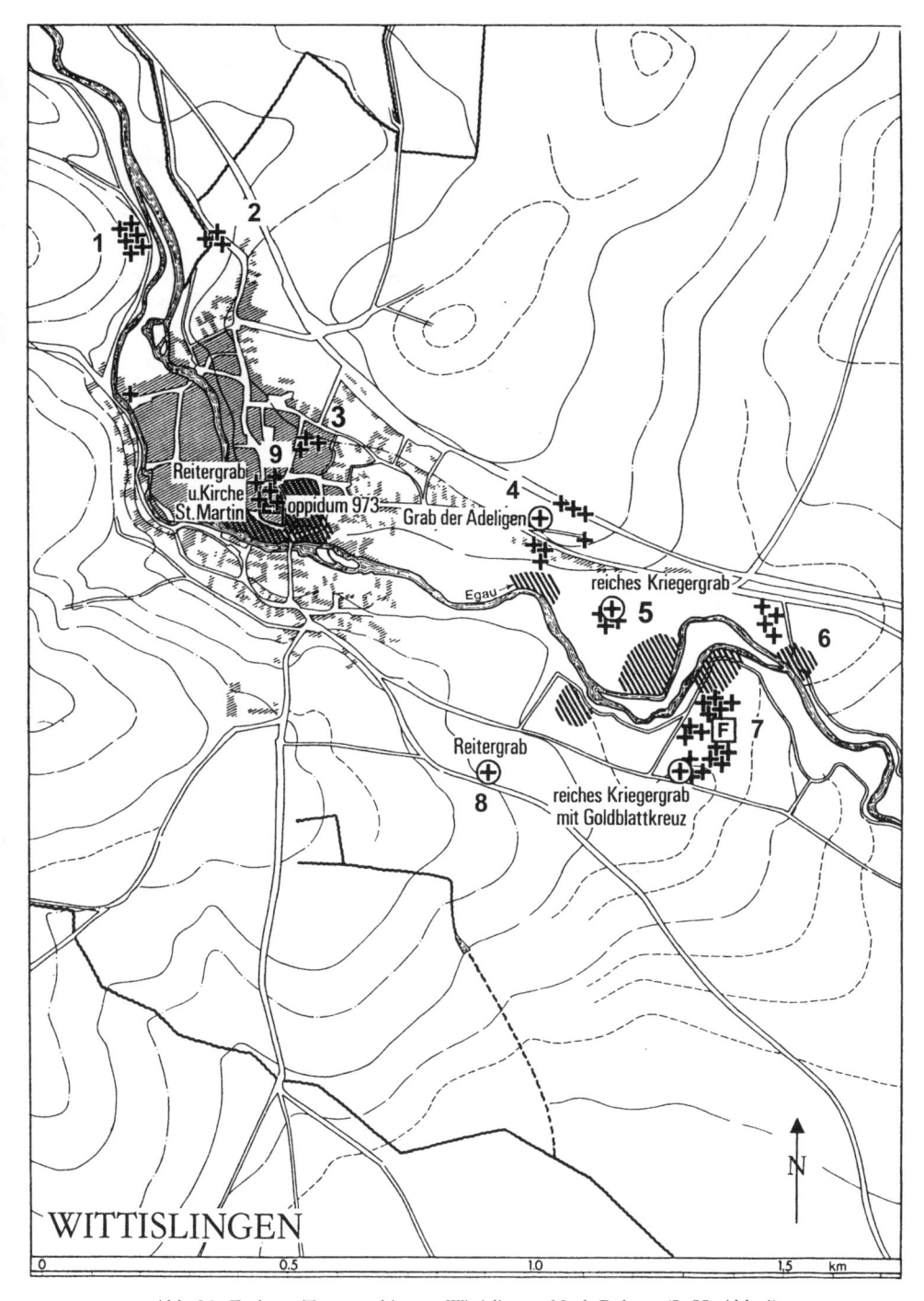

Abb. 96. Frühma. Topographie von Wittislingen. Nach Böhner (5, 55, Abb. 1)

ner- und Frauengräber mit Beigaben (25, 75 ff. Nr. 21; 29, Nr. 18).
9. ‚Hefeleskreuz': Männergräber mit Waffen und Gürtelbeschlägen sowie einer Trense (25, 64 Nr. 6; 29, Nr. 19; 37, 6 f. und Abb. 1 Nr. 6). ‚Vor dem Pfarrhof': östlich vor dem Pfarrhof und nw. der Kirche St. Ulrich und St. Martin. Grab 1: Männergrab mit Waffen und Gürtelbeschlägen. Grab 2: Messer. Grab 3: Pferdegrab (25, 65 f. Nr. 8; 29, Nr. 4; 37, 7 f. und Abb. 1 Nr. 7). – ‚An der Kirchhofmauer': ein Sax (25, 65 Nr. 7; 29, Nr. 5; 37, S. 7 und Abb. 1 Nr. 9). – Kirche St. Ulrich und St. Martin: Nach dem Ber. der Vita St. Udalrici kam der Bf. mit seinem Neffen 973 nach W., um eine Vergrößerung der Kirche zu beraten, durch die die offenbar an der Außenwand der alten Kirche gelegenen Gräber seiner Eltern Dietpirch und Hupalt in deren Inneres verlegt werden sollten, um sie vor der Wassereinwirkung der Dachtraufe zu schützen. Diese Kirche war wohl dem ält. Patron St. Martin geweiht, dessen Patrozinium frk. Einfluß verrät. Das Ulrichspatrozinium kann erst nach der Heiligsprechung des Bf.s dazugekommen sein. An gleicher Stelle wird auch das in der Ulrichs-Vita erwähnte *Oppidum* WITEGISLINGA genannt, das nach der allg. Siedlungsentwicklung der MZ über der an der Egau zu vermutenden Talsiedlung gelegen hat. Aus ihm entwickelte sich die staufische Burg, von der Spuren erhalten sind (25, 67 ff. Nr. 10; 29, Nr. 6; 37, 8 ff. und Abb. 1 Nr. 8). An der S-Wand der ma. Kirche fand sich 1683 ein Sarkophag, der angeblich die Gebeine der Dietpirch (Titburga) enthielt. Er wurde 1752 in die Mitte der Kirche verlegt und dort 1938 geöffnet. In ihm fanden sich angeblich Gebeine von fünf Individuen, deren Herkunft im einzelnen jedoch unbekannt ist. Es wird vermutet, daß sie aus dem unter der Kirche gelegenen Reihengräberfeld stammen. An Funden werden ein Silbersporn, Glas sowie Terra-Sigillata-Scherben überliefert (37, Taf. 18,5). Pöllath datiert den Sporn in die Zeit von etwa 720–750 (25, 69).

Angesichts der vielen Kirchen, die zur MZ auf Reihengräberfeldern errichtet wurden (4, 348 ff.; 1), scheinen Pöllaths Zweifel an der merowingerzeitlichen Entstehung der Kirche nicht berechtigt zu sein. Ihr frühes Martins-Patrozinium deutet ebenso wie die Inschr. der Bügelfibel auf frk. Einflüsse hin. Die urspr. in W. ansässigen Familienmitglieder des hl. Ulrich – die Hupaltinger – lebten als Grafen des nahen Dillingen in der dortigen Burg und Stadt fort.

Insgesamt ist festzustellen, daß W. zu den aus der MZ wohlbekannten Mehrgehöftsiedlungen gehört, die allein durch Größe ihrer Gemarkung und das Bestehen mehrerer Gehöfte ihre Bedeutung zu erkennen geben. Außer der Familie der Herren werden in ihnen freie Bauern (Pferdegräber), auch minderfreie Handwerker wie Schmiede und Müller, Wagner u. a. m. gewohnt haben (Gold- und Silberschmiede auf Kg.shöfen verzeichnet auch das → Capitulare de villis c. 45; zum Problem Handwerkerhof: 12, 240 ff.). Die Herkunft der Grabbeigaben (s. o.) zeigt die weitreichenden kulturellen Beziehungen der Siedlung, die vermutliche Anwesenheit eines Goldschmiedes ist ebenfalls ein Zeugnis für den Reichtum der dortigen Herren (Werner hat gezeigt [39, 70], daß ein „Unterschied zwischen für Königshöfe tätigen Goldschmieden und für die Sippen eines Gaues oder Stammes arbeitenden" bestand. Der ‚Wittislinger Meister' dürfte zu der sozial höherstehenden Gruppe gehört haben, wie seine prunkvollen Werke erweisen. Theune-Großkopf [32] hat anhand des Fundes von Leiern in Gräbern gezeigt, daß an vornehmen Höfen auch Sänger ansässig waren – ein Zeichen für den Luxus an solchen Höfen und die Spannweite ihrer Bevölkerung).

Das reichste Grab ist das Grab der Fürstin (Grab 2), sie gehörte wohl zur Familie der Herren, deren Siedlung jedoch unterhalb der Kirche und der Burg an der Egau zu suchen ist und späterhin der Mittelpunkt der Siedlung blieb. Im Bereich der Gemarkung W. fanden sich neben dem ‚Fürstengrab' noch mehrere Gräber mit reichen Beigaben.

Die Entstehung von W. fällt in die Zeit der Unterwerfung der Alam. durch die Franken und die Ablösung des germ. Heidentums durch das Christentum. Der älteste Fund ist die Bügelfibel des frühen 6. Jh.s, der späteste der silberne Gegenbeschläg (Taf. 16a) aus der Zeit um 700 und der Silbersporn aus dem frühen 8. Jh. Auf frk. Einfluß deutet die Martinskirche hin, sowie die frk. Grabinschr. auf der Bügelfibel und die im Alam.gebiet sehr seltene frk. Tasche mit Rechteckbeschlägen. Das alte Heidentum lebt fort in der großen Bedeutung des apotropäischen Gebrauchs heiliger – auch christl. – Gegenstände und bes. des aus dem Ahnenkult (→ Ahnenglaube und Ahnenkult) entstandenen Tierstiles (→ Niederdollendorf) und der Schlangensymbolik. Deutliches Zeichen des neuen Christentums ist die Kirche auf dem Gräberfeld, die eindeutig christl. Grabinschr. auf der großen Bügelfibel und die Reliquienkapsel, auf der sich heidn. Adlerbilder mit dem christl. Kreuz vereint finden, und die durchbrochene Zierscheibe mit dem Kreuz auf der Rückseite (das unmittelbare Zeugnis für die Vermischung von Heiden- und Christentum in der MZ ist wohl das Mundblech der Spathascheide aus Eichstetten am Kaiserstuhl Grab 2/186, Mitte 6. Jh., auf der Runen eingeritzt waren, die nach Opitz [23] die Zeichen A und I – Ausuz/Odin und Isaz/Jesus bedeuten; s. auch 28, 73; vgl. auch 24). Aufgrund der Inschr. auf der Bügelfibel hat Werner verwandtschaftliche Beziehungen der Wittislinger Herrenfamilie zu christl. Adeligen im Rheinland vermutet.

W. ist in der MZ eine im Tal der Egau weit ausgedehnte und – wie die Grabbeigaben ihrer Reihengräberfriedhöfe zeigen – wohlhabende Siedlung gewesen, in der schon mit ziemlicher Sicherheit die spätere Grafenfamilie der Hupaldinger ihren Sitz hatte. Daß diese ‚bäuerliche' Siedlung mit ihrer frühma. Burganlage sich im hohen MA nicht zu einer Stadt entwickelte, hat seinen Grund darin, daß die Hupaldinger, deren Angehöriger Graf Dietpold 955 in der Schlacht auf dem Lehfeld fiel, wohl im 10./11. Jh. ihren Hauptwohnsitz nach Dillingen verlegten, das zum Bau einer hochma. Höhenburg besser geeignet war.

Hier ist s. der bei einem Reihengräberfeld gelegenen alten Pfarrkirche St. Martin am N-Ufer der ‚Kleinen Donau' ein alter Hof zu suchen. Etwa 1 000 m ö. desselben ist an der gleichen Uferböschung ein weiterer Hof zu vermuten, in dessen N im 10./11. Jh. die Grafenburg (Schloß) sowie die ummauerte Stadt Dillingen mit der Pfarrkirche St. Peter hervorgegangen sind (5, 58 ff.).

Deren Bewohner werden sich hauptsächlich aus Bauern und Handwerkern der umliegenden alam. Höfe zusammengesetzt haben, die ja großenteils unfrei waren und von ihren Herren umgesiedelt werden konnten. So spielt die alam. Mehrgehöftssiedlung W. auch für die Entstehung der Stadt Dillingen und der zugehörigen Gft. eine entscheidende Rolle. Wie hier wird man auch für die Entstehungsgesch. vieler Städte die zugehörigen Reihengräber als älteste Qu. vor dem Einsetzen der Urk. in größerem Maße heranziehen müssen, als es bisher der Fall war.

(1) C. Ahrens, Frühe Holzkirchen im ndl. Europa, 1981/82. (2) A. Bartel, Ch. Ebhardt-Beinhorn, Beobachtungen zur Trageweise merowingerzeitlicher Zierscheibengehänge, Beitr. zur Arch. in Mittelfranken 6, 2001, 179–230. (3) G. Behrens, Frk. Gräber des 7. Jh.s aus Hessen, Germania 21, 1937, 267–272. (4) K. Böhner, Die frk. Altertümer des Trierer Landes, 1958. (5) Ders., Reihengräberfelder als Zeugnisse für die Veränderung von Siedlungsstrukturen im alam. Raum SW-Deutschlands, in: Festschr. J. Mertens, Acta Archaeologica Lovaniensia 25, 1986, 53–66. (6) Ders., Die große Bügelfibel von W. – ein Werk des „Wittislinger Meisters"?, BVbl. 65, 2000, 179–191. (7) R. Christ

lein, Das alam. Reihengräberfeld von Marktoberdorf im Allgäu, 1966. (8) H. Dannheimer, Unters. zur Besiedlungsgesch. Bayerns im frühen MA, in: Ausgr. in Deutschland. Mainz, 2. RKZ im freien Germanien, 1975, 224–237. (9) Ders., Zur Tragweise der durchbrochenen Bronzezierscheiben der MZ, Arch. Korrespondenzbl. 6, 1976, 49–53. (10) Ders., Zur Herkunft der „koptischen" Bronzegefäße der MZ, BVbl. 44, 1979, 123–147. (11) G. Dehio, Gesch. der dt. Kunst. Des Textes 1. Bd., 1919. (12) A. Dopsch, Grundlagen der europ. Kulturentwicklung 2, 1924. (12a) G. Fingerlin, Die alam. Landnahme im Breisgau, in: M. Müller-Wille (Hrsg.), Ausgewählte Probleme europ. Landnahmen des Früh- und Hoch-MAs 1, 1993, 59–83. (13) E. Foltz, Unters. und Beobachtungen zu den Herstellungstechniken der Funde aus dem alam. Fürstengrab von W., in: Arch. und Naturwiss. 2, 1981, 176. (14) G. Haseloff, Zu den Goldblattkreuzen aus dem Raum n. der Alpen, in: [15], 37–70. (15) W. Hübener (Hrsg.), Die Goldblattkreuze des frühen MAs, 1975. (16) W. von Jenny, Die Kunst der Germ. im frühen MA, 1942, 23. (17) Kat. des Bayer. Nationalmus.s 4, 1892, 249 ff. Taf.10 und 21. (18) U. Koch, Das Reihengräberfeld bei Schretzheim, 1977. (19) Dies., Das frk. Gräberfeld von Herbolzheim, Kr. Heilbronn, Fundber aus Baden-Württ. 7, 1982, 387–474. (20) Dies., Das alam.-frk. Gräberfeld von Pleidelsheim, 2001. (21) R. Moosbrugger-Leu, Die frühma. Gürtelbeschläge der Schweiz, 1967. (22) M. Nawroth, Das Gräberfeld von Pfahlheim und der Reitzubehör der MZ, 2001. (23) S. Opitz, Runenschriftliche Neufunde: Das Schwert von Eichstetten/Kaiserstuhl und der Webstuhl von Neudingen/Baar, Arch. Nachr. aus Baden 27, 1981, 26–31. (24) L. von Padberg, Odin oder Christus?, Archiv für Kulturgesch. 77, 1995, 249–278. (25) R. Pöllath, Überlegungen zum frühma. W. – Versuch einer Siedlungskonstruktion mit einem kommentierenden Kat., Jb. des Hist. Ver.s Dillingen 103, 2002, 11–87. (26) R. Reiß, Der merow. Reihengräberfriedhof von Westheim Lkr. Weißenburg-Gunzenhausen, 1994. (27) D. Renner, Die durchbrochenen Zierscheiben der MZ, 1970. (28) B. Sasse, Eichstetten. zw. Walhall und Paradies, 1991. (29) R. H. Seitz, Zusammenstellung der Reihengräberfunde von W., BVbl. 25, 1960, 200–201. (30) F. Siegmund, Alem. und Franken, 2000. (31) F. Stein, Adelsgräber des 8. Jh.s in Deutschland, 1967. (32) B. Theune-Großkopf, Die vollständig erhaltene Leier des 6. Jh.s aus Grab 58 von Trossingen, Ldkr. Tuttlingen, Baden-Württ., Germania 84, 2006, 93–142. (33) B. Thieme, Filigranscheibenfibeln der MZ aus Deutschland, Ber. RGK 59, 1978 (1979), 381–500. (34) M. Trier, Ein „koptisches" Bronzegefäß des 7. Jh.s aus dem Gräberfeld bei Thierhaupten-Oberbaar, BVbl. 57, 1992, 277–298. (35) F. W. Volbach, Zu der Bronzepfanne von Güttingen, Germania 17, 1933, 42–47. (36) J. Werner, Münzdatierte austrasische Grabfunde, 1935. (37) Ders., Das alam. Fürstengrab von W., 1950. (38) Ders., Tiergestaltige Heilsbilder und germ. PN. Bemerkungen zu einer arch.-namenskundlichen Forsch.saufgabe, Dt. Vjs. für Literaturwiss. und Geistesgesch. 37, 1963, 377–383. (39) Ders., Zur Verbreitung frühgeschichtl. Metallarbeiten (Werkstatt – Wanderhandwerk – Handel – Familienverbindung), Early Medieval Studies 1 (Helgö-Symp. 1968), Antikv. Arkiv 38, 1970, 65–81. (40) H. Zeiß, Tierornament im Stil II von Hofschallern, Gd. Stammham, Lkr. Altötting, BVbl. 16, 1942, 20–26. (41) G. Zeller, Zum Wandel der Frauentracht vom 6. zum 7. Jh. in Austrasien, in: Stud. zur vor- und frühgeschichtl. Arch. (Festschr. J. Werner) 2, 1974, 381–385.

K. Böhner †

Zum Namenkundlichen; zur Fibelinschr. → Wittislingen, Bd. 34

Wittstedt. Westlich der Ortschaft W., Einheitsgem. Loxstedt, Ldkr. Cuxhaven, ist eine Ansiedlung lokalisiert, von der rund 2,5 ha von der arch. Denkmalpflege des Ldkr.es Cuxhaven untersucht werden konnten (1; 2). Dabei wurden der W- und S-Rand des Dorfes erfaßt. Im O reichen die Siedlungsspuren bis an das heutige Dorf, die Ausdehnung nach N ist ungeklärt.

Insgesamt konnten die Pfostenstellungen von rund 40 drei- z. T. auch einschiffigen Häusern nachgewiesen werden, die v. a. von annähernd W nach O, in einigen Fällen auch von S nach N ausgerichtet sind. Der längste, nahezu vollständige Hausgrundriß ist rund 34 m lg. und knapp 9 m br. Ein weiteres Haus weist eine Lg. von mehr als 40 m auf, dabei besitzt es eine Br. von rund 5 m. Das kleinste Gebäude ist 7,9 m lg. und rund 4 m br.

Weitere Gebäude stellen rechteckige Pfostenspeicher, Rutenberge und einschiffige Bauten dar, die am ehesten als ‚langgestreckte Speicher' bezeichnet werden können (3, 228–241) (s. auch → Vorratswirtschaft).

Eine bemerkenswerte Komponente im Siedlungsbild sind zahlreiche Grubenhäuser, deren dachtragende Konstruktion überwiegend aus 6 Pfosten bestand. Eines der kleinsten Gebäude mißt 3,3 × 2,7 m, eines der größeren besitzt eine Lg. von rund 5 m und eine Br. von rund 4,3 m. In verschiedenen Grubenhäusern konnten – z. T. ungewöhnlich gut erhalten – gekuppelte Öfen aus Feldsteinen ausgegraben werden.

In einem dieser Grubenhäuser fanden sich außer den Resten eines Ofens aus Findlingen sechs nahezu vollständig erhaltene Gefäße. Außerdem konnten in der Verfüllung des Grubenhauses mehr als 109 Webgewichte (→ Weben, Webstuhl, Webschwert) aus schwach gebranntem Ton nachgewiesen bzw. geborgen werden. Brandspuren und eine große Zahl von Holzkohle in den Einfüllschichten oberhalb der Funde machen deutlich, daß dieses kleine Webhaus durch Feuer zerstört worden war. Dies erklärt auch, weshalb sich hier das relativ umfangreiche Ensemble an Gefäßkeramik erhalten hat.

Auch in anderen Grubenhäusern wurden immer wieder Webgewichte gefunden, die zeigen, daß in W. in nicht unerheblichem Umfang Tuche gewebt worden sind. Wahrscheinlich erscheint es, daß dies nicht nur zur eigenen Versorgung diente, sondern daß über den Eigenbedarf hinaus produziert worden ist; möglicherweise fertigten die sächs. Bewohner der Siedlung W. Stoffe für den fries. Tuchhandel (→ Tuch, Bd. 31; 4, 276–279. 282).

Sämtliche Siedlungsspuren datieren in das 4./5. Jh. n. Chr. bis in das 8./9. Jh. Es hat dabei den Anschein, als ob eine Kontinuität der Siedlung, anders als im NW der Fundgruppe von → Westerwanna, von der VWZ bis in das frühe MA, ähnlich wie in dem nur wenige km n. gelegen → Loxstedt, bestand. Ob diese Kontinuität bis in die Gründungszeit des heutigen Dorfes W. reicht, ist ungewiß.

(1) D. Schön, W. FStNr. 93, Nachr. aus Niedersachsens Urgesch. Beih. 11, 2004, 101 f. (2) Ders., Ausgr. bei W. Siedlung des 5. bis 8./9. Jh.s entdeckt, Arch. in Niedersachsen 8, 2005, 38–41. (3) H. Zimmermann, Die Siedlung des 1. bis 6. Jh.s n. Chr. v. Flögeln-Eekhölltjen, Niedersachsen: Die Bauformen und ihre Funktionen, Probleme der Küstenforsch. im s. Nordseegebiet 19, 1992. (4) Ders., Haus, Hof und Siedlungsstruktur auf der Geest vom Neol. bis in das MA, in: H.-E. Dannenberg, H.-J. Schulze, Gesch. des Landes zw. Elbe und Weser 1, 1995, 251–288.

M. D. Schön

Wortbildung

§ 1: Allgemein – § 2: Komposition – a. Nominale Komposition – b. Verbale Komposition – c. Präfixkomposition – § 3: Derivation oder Ableitung – a. Bildung neuer Subst. (Substantivische Ableitungen) – b. Bildung neuer Adj. (Adjektivische Ableitungen) – c. Bildung neuer Vb. (Verbale Ableitungen)

§ 1. Allgemein. Während jeder Per., die eine Sprache durchlebt, also auch in der Gegenwart, werden neue Wörter geschaffen. Primär geschieht das aus dem Bedürfnis heraus, neue Gegenstände, Personen, Begriffe, Eigenschaften oder Tätigkeiten zu benennen. Die W. ist einer der Faktoren des ständigen Um- und Ausbaus einer Sprache, der aber nur bis zur Erfüllung der Bedürfnisse, nicht aber bis zur letzten Konsequenz durchgeführt wird. Das System Sprache, dessen Bestandteil die W. darstellt, ist nicht vorausgeplant, somit nur deskriptiv zu erfassen.

Als ursprünglichste Art der Neuschaffung ist die ‚Urschöpfung' von Wörtern, quasi das ‚Erfinden von Wurzeln' zu betrachten (45, § 4–13). Je ausgebildeter das Stadium einer Sprache ist, i. e. je größer die Anzahl der bereits vorhandenen Wörter ist, umso seltener kommt diese Art der W. zum Einsatz. Solche Bildungen können zwar für das Germ. nicht von vornherein ausgeschlossen werden, sind aber kaum nachzuweisen (am ehesten als Onomatopoetika; s. 1). Nicht jede nur in den germ. Sprachen vorhandene Wurzel muß auf eine ‚Urschöpfung' zurückgehen, sondern kann auch eine Entlehnung mit nicht feststellbarem Ursprung darstellen (→ Vorgermanisch/Vorindogermanisch).

In der Regel geschah und geschieht die W. innerhalb idg. Sprachen aufbauend auf dem bereits vorhandenen Wortschatz mit den Mitteln der W. im konventionellen Sinn. Dabei werden in bezug auf das Germ. zwei grundlegende Arten unterschieden. Zum einen ist das die Komposition, i. e. die Zusammenfügung zweier vorhandener Wörter zu einem neuen Wort mit modifizierter Bedeutung. Zum andern ist das die Derivation oder Ableitung, in der Regel die Veränderung der Lautgestalt eines vorhandenen Wortes durch Anfügen eines Affixes, wobei zw. Präfix (am Wortbeginn), Infix (im Wortinneren) und Suffix (am Wortende) unterschieden wird; eine Kombination von Prä- und Suffix wird als Zirkumfix bezeichnet. Es kommen aber auch reine Umkategorisierungen (auch Konversion genannt) vor, bei der die Wurzel ohne Veränderung, nur durch Austausch der entspr. Flexionsendungen in eine andere Wortkategorie überführt wird (z. B. ein Vb. in ein Subst. wie nhd. *ruf-en : Ruf, schlag-en : Schlag*; s. 17), wobei man auch von einer Ableitung mittels Null-Suffix sprechen kann. Ein (zusätzliches) Mittel der W. im Germ. stellt auch der → Ablaut dar (z. B. nhd. *kling-en : Klang*), der aber bereits auf vorgerm. W.en zurückgehen kann, wie etwa bei den Vṛddhi-Bildungen (15; 27). Nur am Rande sei erwähnt, daß es bei Ableitungen zu verschiedenen lautgesetzlichen Veränderungen der Wurzel, aber auch des Affixes kommen kann (v. a. Umlaute; → Grammatischer Wechsel [dazu jetzt auch 55 etc.]).

Diese Erscheinungen gehören in den Bereich der Lautgesch. und müssen in bezug auf die W. lediglich zur Kenntnis genommen werden.

Als letzte Möglichkeiten der W. im Germ. sind Entlehnung und Lehnübersetzung zu nennen (→ Fremde Einflüsse im Germanischen; 22; 46). Für die W. im konventionellen Sinn sind entlehnte Affixe von Relevanz. Darauf wird im gegebenen Fall bei den folgenden Ausführungen hingewiesen werden.

Zusammenfassend kann festgehalten werden: Ausgegangen wird von einem vorhandenen urgerm. → Wortschatz (59; 26; 57; unter Vorbehalt: 49; 11). Für diesen sind bestimmte Wortgruppen als charakteristisch zu sehen, v. a. die Wurzelnomina (z. B. ahd., as., ae. *man,* aisl. *maðr* ‚Mann'; ahd. *eih,* as. *ēk,* ae. *āc,* aisl. *eik* ‚Eiche'; dazu 23) und die starken Vb. (s. → Ablaut; 57), die nur selten Vorbild für neue Bildungen wurden (z. B. ahd. *scrīban* < lat. *scrībo*). Dieser Wortschatz wurde dann mit den Mitteln der W. im konventionellen Sinn (Komposition, Derivation) erweitert.

Eine Sonderform der W. stellt die Bildung von Namen dar, die sowohl komponiert als auch abgeleitet sein können (→ Mythische Namen; → Namen; → Personennamen; → Völker- und Stammesnamen). Für die W. im konventionellen Sinn ist diese aber nicht relevant. Die bisher vorliegenden umfassenden Werke zur germ. W. sind streng morphologisch aufgebaut (64; 45; nur Nomen ohne Komposition 8). In bezug auf die Komposition ergeben sich daraus keine Probleme. Bei der Behandlung der Ableitungen ordnen diese Arbeiten jedoch nach den lautlichen Merkmalen der Affixe, i. e. dem Vokal oder Konsonanten, der als charakteristisch empfunden wird. Die Reihenfolge der Behandlung ist phonetisch motiviert: Null, Vokal, Sonant, Plosiv, etc. Für die etym. und epigraphische Arbeit ist diese Art der Darst. auch die sinnvollste. Das wesentliche an Affixen ist jedoch die Funktion, die bei diesem Vorgehen nur am Rande Erwähnung findet (8) oder nur ganz kurz zusammenfassend umrissen wird (64, 177 ff.; 45, §§ 63 f. 177 f.; für das Got. 14, 583 ff.). Erste Ansätze einer systematischen Erfassung nach der Funktion finden sich bei Kluge/Sütterlin/Ochs (36), wo fünf Subst.gruppen und zwei Adj.gruppen unterschieden werden.

Die Funktion eines Affixes kann für ein einzelnes Wort recht gut definiert werden, nicht aber allg. in bezug auf alle mit ein und demselben Affix gebildeten Wörter. Eine Gesamtbedeutung eines Affixes ist meist so vage, daß sie für ein systematisches Vorgehen wertlos wird. Das hat oft hist. Ursachen, da wegen eines Bedeutungswandels (s. 20) einzelne Ableitungen aus ihrer Gruppe herausfallen und als Vorbild für Neubildungen dienen können. Bei aller Unbestimmtheit ist aber meist eine ‚Kernfunktion' zu bestimmen. Bei verschiedener Funktion und gleicher Lautgestalt kann es sich aber auch um homonyme Affixe verschiedenen etym. Ursprungs handeln (s. 40, 131 f.). Die Funktionen gehen aber nicht von den Affixen selbst aus, sondern von den einer Ableitung zugrundeliegenden Wörtern: „Eine Ordnung der Suffixfunktionen entspringt unmittelbar aus der im Sprachbewußtsein vorgegebenen Gruppierung der durch die Grundwörter bezeichneten Begriffe und der an ihnen am häufigsten betätigten Anschauungsformen." (40, 148). Daher wird für die folgenden Ausführungen das grundlegende Schema von Leumann (40, 135) übernommen, dessen Einteilung von der Wortkategorie des zugrundeliegenden Basiswortes und der Wortkategorie des abgeleiteten Wortes ausgeht, also Subst. > Subst., Subst. > Adj., Subst. > Vb. etc. Dieses Vorgehen kann zwar nicht alle Nuancen der germ. W. erfassen, ermöglicht aber eine grundlegende systematische Erfassung und Darst., wie es auch, wenngleich wesentlich differenzierter, in der synchronen W.s-Lehre Anwendung findet (dazu und zur Teminologie etwa 47).

Neben den allg. W.s-Lehren (64; 36; 45; 42; 8) liegen auch vertiefende Studien zu Einzelsprachen (etwa 56; 14; 24; 44; 61) und Detailfragen über Komposition oder einzelne Affixe vor, für die auf die Bibliogr. Heidermanns verwiesen sei (29). Weitere wichtige Hilfsmittel im Einzelfall stellen die etym. Wörterbücher dar (51; 54; 57; 26; 21; 39; 31; 41; 37; 33; 7; 32; 60; 12; 62; unter Vorbehalt: 11; 49) und v. a. in bezug auf Suffixe rückläufige Wörterbücher (53; 3; 4; 10; 18; 6; 2; 9). Für das Ahd. liegt auch ein nach Wortfamilien geordnetes Wb. vor (58).

§ 2. Komposition. Hierbei ist zw. nominaler, verbaler und Präfixkomposition sowie zw. unechter (Zusammenrückung) und echter Komposition (Zusammensetzung) zu unterscheiden. Die echte Komposition ist im Germ. immer zweigliedrig und verwendet als Vorderglied in der Regel einen reinen Nominalstamm: z. B. got. *handu-waurhts* ‚handgefertigt', ahd. *brūti-gomo* ‚Bräutigam (wörtlich Brautmann)'. Das Prinzip dieser ‚Stammkomposita' reicht bis in idg. Zeit zurück (dazu 50; 13; 43; 30). Die unechte Komposition ist als Zusammenfügung einer aus mehreren Wörtern bestehenden syntaktischen Verbindung zu charakterisieren, bei der die Glieder ihre Form aus der syntaktischen Fügung behalten: z. B. ahd. *kuninges-hof* ‚Königshof', mhd. *neizwer* ‚irgendwer' = *ne weiz wer* ‚weiß nicht wer'. Dieses Bildungsprinzip kann nicht als alt gelten und ist z. B. im Nhd. oder Neuisl. noch sehr produktiv (47; 35).

a. Nominale Komposition. Hierbei handelt es sich im wesentlichen um echte Komposition. Das Erstglied erscheint dabei in Stammform, außer ō- und n-Stämme, die als a-Stämme erscheinen, z. B. got. *guda-faurhts* ‚gottesfürchtig', *airþa-kunds* ‚von irdischer Herkunft', *arbi-numja* ‚Erbe', *fotu-baurd* ‚Fußschemel'. In einzelsprachlicher Entwicklung kann der Stammvokal auch geschwunden sein (zu weiteren speziellen Fällen s. 45, §§ 20–22). Das Hinterglied kann eine Stammbildung aufweisen, die sich vom Simplex unterscheidet (in der Regel *n*-oder *jan*-Stamm; 5).

An semant. Typen sind drei zu unterscheiden: Kopulativkomposita bzw. Dvandva, Determinativkomposita und exozentrische Komposita.

Kopulativkomposita oder Dvandva. Dabei handelt es sich um zwei gleichgeordnete oder paarig zusammengehörige Begriffe, die zu einem Wort zusammengeschlossen sind. Im Germ. finden sich abgesehen von Zahlwörtern (z. B. ahd. *drī-zehan* ‚13') wenige derartige Bildungen vom Typ Subst. + Subst., die zudem alt ererbt zu sein scheinen: z. B. ae. *suhtor-fædran* ‚Neffe und Onkel'. Verbindungen Adj. + Adj., wie nhd. *naß-kalt, schwarz-weiß,* sind moderne Schöpfungen (48).

Determinativkomposita. Bei diesen wird das Hinterglied durch das Vorderglied in irgendeiner Art und Weise näher bestimmt. Dabei kann das Vorderglied verschiedene Funktionen vertreten: kasuelle bzw. präpositionale Beziehung, z. B. ahd. *marah-scalh* ‚Pferdeknecht', ae. *wull-camb* ‚Kamm für Wolle'; attributive Beziehung, z. B. as. *grim-werk* ‚böse Tat'; sowie appositionelle Beziehung, z. B. ahd. *hazal-nuz* ‚Haselnuß', ae. *were-wulf* ‚Werwolf, eigtl. Mannwolf'. In Verbindungen Adj. + Adj. liegt gelegentlich eine adverbielle Bestimmung vor, z. B. aisl. *ár-vakr* ‚früh wach'. Formal sind alle Kombinationen von Subst. und/oder Adj. möglich. Erst einzelsprachlich sind Bildungen mit einem Vb. als Vorderglied, die sich auf das Westgerm. zurückführen lassen, z. B. ahd. *bach-hūs*, ae. *bæc-hūs* ‚Backhaus', ahd. *wezzi-stein*, ae. *hwete-stān* ‚Wetzstein'.

Exozentrische Komposita. Bei diesen wird ein außerhalb des Kompositums liegender Begriff adjektivisch charakterisiert oder substantivisch bezeichnet. Für das Germ. ist nur ein Typ wesentlich: die Bahuvrīhi- bzw. Possessivkomposita, die am einfachsten als ‚etwas habend' zu charakterisieren sind (dazu 16). Subst. sind z. B. ahd. *frī-hals* ‚freier Mann, eigtl. einen freien Hals habend' oder *niun-ouga* ‚Neunauge (ein Fisch), eigtl. neun Augen habend'. Weitaus häufiger sind Adj. anzutreffen: z. B. ahd. *bar-fuoz* ‚barfüßig, eigtl. bare Füße habend', ae. *lang-līfe* ‚langlebig, eigtl. ein langes Leben habend' oder as. *glad-mōd* ‚frohgesinnt, eigtl. ein frohes Gemüt habend'.

b. Verbale Komposition. Die Verbindung eines nominalen Erstgliedes mit einem Vb. als Hinterglied ist im Germ. nicht üblich, aber nicht unmöglich. Dabei handelt es sich dann in der Regel um mehrheitlich spät auftretende Zusammenrückungen, also unechte Komposition: z. B. got. *faihu-geigan* ‚nach Geld gieren', ahd. *wara neman* > nhd. *wahrnehmen* oder mhd. *liebkosen*. Eine Verbindung Vb. + Vb. liegt möglicherweise im germ. schwachen Prät. vor, falls in got. *salbo-dedum* (1. Pl. Ind. Prät. von *salbon* ‚salben') die Flexionsendung auf die Prät.-Form des Vb.s ‚tun' zurückginge (dazu 38).

c. Präfixkomposition. Da die Präfixe dieser Bildungen ihrem idg. Ursprung nach Lokaladverbien sind, werden sie unter der Komposition eingeteilt. In erster Linie wurden damit Vb. gebildet. Nomen sind meist von einer Vb.-Bildung abhängig, es existieren aber auch ausschließlich in substantivischen Bildungen gebrauchte Präfixe. Von semant. Seite her sind diese Bildungen als determinativ zu bezeichnen. Das häufigste Präfix ist got. *ga-*, ahd. *ga-, gi-*, as. *ga-*, ae. *ge-* ‚zusammen' (z. B. soziativ: got. *ga-qiman* ‚zusammenkommen', ahd. *gi-maini* ‚gemeinsam'; Perfektiv: got. *ga-slepan* ‚einschlafen', ae. *ge-nesan* ‚geheilt werden', ahd., as. *gi-nist* ‚Rettung, Heilung'). Weitere häufig anzutreffende Präfixe sind got. *fair-*, ahd., as. *fir(i)-*, ae. *fyr-* ‚um(her)' (z. B. got. *fairweitjan* ‚umherspähen', ahd. *firi-wiz* ‚Neugierde'), got. *faur-*, ahd. *far-, fir-*, as. *far-*, ae. *for-* ‚vor(über)' (z. B. got. *faur-gaggan* ‚vorübergehen', ahd. *fir-biutan* ‚verbieten') sowie got. *fra-*, ahd. *far-, fir-*, as. *far-*, ae. *for-* ‚fort, weg' (z. B. got. *fra-wairpan* ‚wegwerfen', ae. *for-lēosan* ‚verlieren', ahd. *far-lust* ‚Verlust'). Die Entsprechungen von got. *fair-, faur-, fra-* sind im Westgerm. fast untrennbar zusammengefallen (nhd. nur noch *ver-*).

Die wichtigsten sonstigen Präfixe sind: got., as. *af-*, ahd. *ab-*, ae. *of-* ‚ab, weg' (z. B. got. *af-gaggan* ‚weggehen', ae. *of-giefan* ‚verlassen', as. *af-unnan* ‚mißgönnen' dazu ahd. *abunst* ‚Mißgunst, Neid'); got., ahd., as. *ana-*, ae. *on-* ‚auf, an, hin' (z. B. ahd. *ana-sehan* ‚ansehen', got. *ana-siuns* ‚sichtbar', ae. *on-sēon* ‚Anblick'); got. *and(a)-*, ahd. *ant-, int-*, as. *and-*, ae. *and-, on-* ‚entgegen, los, weg' (z. B. got. *and-sitan, anda-sets,* ahd. *int-sizzen, ant-sāzig,* ae. *on-sittan, and-sæte* jeweils ‚entsetzen' und ‚abscheulich'); got. *at-*, ahd. *az-*, ae. *æt-* ‚bei, hin' (z. B. got. *at-gaggan* ‚hinzugehen', *at-gagg* ‚Zugang', ahd. *az-queman* ‚herankommen', ae. *æt-standan* ‚dabeistehen'); got. *in(n)-*, ahd., as., ae. *in-* ‚in, hin' bzw. ‚hinein' (z. B. got. *in-sakan* ‚vortragen', ae. *in-siht* ‚Erzählung', ahd. *in-gangan* ‚hineingehen'); got. *uf-*, ahd. *ob(a)-*, as. *of-* ‚unter' bzw. ‚auf, hin' (z. B. got. *uf-ligan* ‚unterliegen', ahd. *oba-lickan* ‚obliegen', as. *of-liges* ‚Obliegenheit'); got. *ufar-*, ahd. *ubar-*, as. *obar-*, ae. *ofer-* ‚über' (z. B. got. *ufar-steigan* ‚übersteigen', ahd. *ubar-muoti* ‚übermütig'); sowie got. *uz-, us-*, ahd. *ur-, ir-, ar-*, as. *or-, ur-, a-*, ae. *or-, ā-*, aisl. *ór-* ‚aus, hinaus, hinauf' (z. B. got. *uz-anan* ‚aushauchen', ae. *ā-faran* ‚ausfahren', aisl. *ór-fǫr* ‚Ausfahrt', ahd. *ir-teilen* ‚erteilen').

Nur in nominaler Komposition kommt z. B. die Negation got., ahd., as., ae. *un-*, aisl. *ó-* vor (z. B. got. *un-kunþs,* ahd. *un-kunt,* ae. *un-cūð,* aisl. *ó-kúðr* ‚unbekannt').

U. U. bereitet die Abgrenzung Komposition zu Derivation Schwierigkeiten (dazu 25). So hat sich z. B. das nur noch als Vorderglied von Komposita belegte Wort as. *heru-* von seiner urspr. Bedeutung ‚Schwert' zu einer negativen Verstärkung entwickelt, wie etwa bei as. *heru-sēl* ‚verderbliches, todbringendes Seil', mit dem sich Judas erhängt (dazu 34, 203 ff.). Die Regel stellen jedoch Nomen dar, die sich zu Ableitungssuffixen entwickelt haben und als Kompositionssuffixe bezeichnet werden können. Diese werden daher unten im Abschnitt über Derivation behandelt.

§ 3. Derivation oder Ableitung. Grundsätzlich resultiert die Funktion des Affixes aus der Interpretation einer oder mehrerer W.en einer Gruppe. Diese können dann als Muster für weitere Bildungen dienen. Es handelt sich also um einen analogischen Vorgang, bei dem nach vorhandenen Mustern neue Ableitungen gebildet werden. Wörter verwandter Bedeutung suchen auch in ihrer Bildung aneinander Anschluß, z. B. fordert *eß-bar* geradezu die Bildung von *trink-bar,* wobei das W.s-Muster der Möglichkeit auch auf anderes ausgedehnt wurde, z. B. *begeh-bar : befahr-bar,* im übertragenen Sinne *wunder-bar.* Solange mit einem Affix neue Ableitungen gebildet werden, spricht man von Produktivität. Kommt ein solches außer Gebrauch, ist es unproduktiv geworden. Das war während der Entwicklung des Germ. und seiner Einzelsprachen immer wieder der Fall. Aber auch Bildungen mit nicht mehr produktiven Mitteln, die als ‚Versteinerungen' weiterlebten, sind bei einer systematischen Behandlung nicht ganz beiseite zu lassen. Die Produktivität läßt sich überhaupt nur mit hist. Betrachtung erfassen.

Die überwiegende Mehrheit der Ableitungsaffixe wurde bereits aus dem Idg. ererbt (dazu 52; 28). Ihr Ursprung ist dunkel. Einige können auf deiktische Partikel, wie sie auch im Aufbau der Pronomina eine Rolle spielen, zurückgeführt werden: z. B. ist idg. **to* ein Pronominalstamm ‚dieser' und Ableitungssuffix. Einige für das Germ. typische Suffixe wurden aus idg. erweitert: z. B. idg. **-n-* + **-k-* zu **-enko-* > germ. **-inga-*. Andere sind, wie bereits erwähnt, aus Hintergliedern von Komposita entstanden, z. B. germ. **-līka-* > nhd. *-lich,* zu got. *leik*

‚Körper'. D. h., daß manche Mittel zur W. gegenüber anderen idg. Sprachen ausgebaut und einige neu geschaffen wurden. Gleiches ist dann bei der weiteren Entwicklung zu den germ. Einzelsprachen zu beobachten.

Nicht immer hat eine Ableitung eine neue Bedeutung bezeichnet, sondern es gibt auch reine Erweiterungen ohne veränderte Bedeutung, z. B. ae. *hláfording* ‚Herr' (zu *hláford*), aisl. *niðjungr* ‚Verwandter' (zu *niðr*). Häufig dürfte sich darin jedoch ein Flexionswechsel widerspiegeln, bes. bei einer *n*-Erweiterung (= schwache Flexionsklasse), z. B. ahd. *múla* neben *múl* ‚Maul', aisl. *hnakki* neben *hnakkr* ‚Nacken'. Unter formalen Gesichtspunkten ist zw. Primär- und Sekundärableitung zu unterscheiden. Bei einer **Primärableitung** tritt das Ableitungsaffix direkt an eine Wurzel, z. B. ahd. *mah-t* ‚Macht' zum Verbalstamm **mag-* (in ahd. *mugan* ‚vermögen'). Eine **Sekundärableitung** basiert dagegen auf einem bereits abgeleiteten Wort, z. B. ahd. *maht-íg* ‚mächtig' zu *maht*. Eine zweite Unterscheidung wird mittels denominal (von einem Nomen) und deverbal (von einem Vb.) vorgenommen. Einen Spezialfall stellt die retrograde Ableitung dar, für die auf Wißmann verwiesen sei (64–66).

Von semant. Seite spricht man von W.s-Mustern (47, bes. 1 ff.). Ein solches ist nicht an ein einzelnes Affix gebunden, sondern es können morphologisch verschiedene Bildungen zu ein und demselben W.s-Muster gehören (z. B. Verbalabstrakta im Nhd. *das Wart-en, Rett-ung, Hetz-e, Fahr-t* etc.). Diese Parallelen haben zumeist chron. Gründe, indem ein Affix für die Bildung neuer Wörter durch ein anderes ersetzt wird. Es können aber auch mehrere Affixe für ein W.-Muster gleichzeitig produktiv sein. Zusätzlich kann zw. endozentrischen und exozentrischen Ableitungen unterschieden werden. Endozentrische Bildungen tragen ihre Bedeutung bereits im Grundwort, das durch das Affix lediglich modifiziert wird. Dazu gehören z. B. Deminutiva und Kollektiva. Exozentrische Ableitungen bilden einen vom Grundwort verschiedenen Begriff, wozu v. a. Zugehörigkeitsbildungen im weitesten Sinne zu zählen sind.

a. Bildung neuer Subst. (Substantivische Ableitungen).

Von einem Subst.:
Deminutiva. Diese Bildungsweise von Verkleinerungsformen ist altererbt. Das häufigste Suffix ist *-(i/u)la-* (z. B. got. *magula* ‚Knäblein', *mawilo*, ae. *méowle*, aisl. *meyla* ‚Mägdlein'), es kommen aber auch *-ína-* (z. B. ahd. *magatín*, ae. *mægden* ‚Mädchen', ahd. *fugilí* ‚Vögelchen', *embrín*, ae. *embren* ‚kleiner Eimer, Urne') und *-ikín-* (z. B. as. *skipikín* ‚Schiffchen', ahd. *lórichín* ‚Kaninchen', ae. *tyncen* ‚kleine Tonne') vor. Auf das Westgerm. ist *-inklín-* beschränkt (z. B. ahd. *huoninclín* ‚Hühnchen', as. *nessiklín* ‚Würmchen', ae. *húsincel* ‚Häuschen').

Motionsfeminina. Diese drücken die Zugehörigkeit eines weiblichen Wesens zu einem männlichen aus, bzw. formen das weibliche Pendent. Altererbt und selten sind die Suffixe *-í-* (zu mask. *a*-Stamm, z. B. aisl. *merr* < **marhí-* ‚Stute' [zu *marr* < **marha-*]) und *-í/-jó-* (z. B. got. *mawi* < **magw-i*, Gen. *maujos* < **magw-jós* ‚Mädchen' [zu *magus* ‚Knabe']; ahd. *diu* < **þegw-i* ‚Magd' [zu *deo* < **þegw-a-* ‚Knecht']). Häufig dagegen sind *-ón-* (z. B. got. *garazno* [zu *garazna*] und aisl. *granna* [zu *granni*] ‚Nachbarin'; ahd. *híwa* ‚Gattin' [zu *híwo*]; aisl. *bera* ‚Bärin' [vgl. ahd. *bero*]; auch von starkem Mask. ae. *hóre*, aisl. *hóra* ‚Hure' [zu got. *hors* ‚Ehebrecher']) bzw. *-jón-* (z. B. got. *arbjo* ‚Erbin' [zu *arbja* etc.) und *-injó-/-unjó-* (z. B. got. *Saurini* ‚Syrerin' [zu *Saur*, *i*-Stamm]; ahd. *friuntin* ‚Freundin' [zu *friunt*], *birin* ‚Bärin' [zu *bero*], *henin* ‚Henne' [zu *hano*] = ae. *henn*; ae. *ylfen* ‚Elbin' [zu *ælf*], *wyrgen* ‚Frevlerin' [zu *wearg*]; aisl. *ásynja* ‚Asin = Göttin' [zu *áss*], *vargynja* ‚Wölfin' [zu *vargr*] etc.).

Kollektiva. Diese erweitern das Grundwort zu einem Gesamtbegriff. Am häufigsten ist das Zirkumfix *ga-* + *-ja-* (z. B. got. *ga-skohi*, ahd. *gi-scuohi*, as. *gi-scōhi*, ae. *gescy* ‚Schuhwerk' [zu got. *skohs*]; ae. *ge-wæde*, as. *gi-wādi* ‚Kleidung' [zu *wāt*]; ae. *ge-filde*, ahd. *gi-fildi* ‚Gefilde' [zu *felt*]; ahd. *gi-beini* > nhd. *Gebein* [zu *bein*], *gi-steini* > nhd. *Gestein* [zu *stein*], *gi-birgi* > nhd. *Gebirge* [zu *berc*] etc.). Seltener anzutreffen sind Bildungen auf (*ga-* +) *-ĭþja-* (z. B. got. *awēþi*, ae. *ēowde*, ahd. *ewit*, *ouwiti* ‚Schafherde' [zu ahd. *ou* ‚Schaf'], am häufigsten im Hd. ahd. *juhhidi* ‚Gespann' [zu *joh* ‚Joch'], mhd. *pfluogîde* ‚Paar Pflugochsen', ahd. *gi-markidi* ‚Gemarkung', as. *gi-sustrithi*, mhd. *ge-swisteride* ‚Geschwister' etc.). Nur im Ahd. ist *-ahja-* zur Bildung von Orts- und Geländebezeichnungen anzutreffen (z. B. *eihhahi* ‚Eichengehölz', *ascahi* ‚Eschengehölz' etc., aber auch z. B. *chindahi* ‚Kinderschar'). Das Suffix *-ha-/-ga-* bildete zumeist paarige Personenbezeichnungen (z. B. aisl. *feðgar*, runenschwed. **faþrgaʀ** ‚Vater und Sohn (Söhne)', aisl. *mæðgur*, runenschwed. **muþrku** ‚Mutter und Tochter', mit *īna-*Erweiterung (neutr. Pl.) aisl. *feð(r)gin* ‚Eltern', *mæð(r)gin* ‚Mutter und Sohn', *systkin* ‚Bruder und Schwester', mit *n*-Erweiterung got. *broþrahans* ‚Gebrüder', as. *gisustruhon* ‚Geschwister').

Abstrakta. Auch zu Subst. als Basiswort wurden abstrakte Begriffe gebildet. Bereits idg. und im Germ. selten ist das Suffix *-(i)þō-* (z. B. ae. *þȳfð* ‚Diebstahl' [zu *þēof* ‚Dieb'], *mægð* ‚Verwandtschaft' [zu *mæg* ‚Verwandter']; unklar ist got. *weitwodiþa* ‚Zeugenaussage' [entweder zu *weitwops* ‚Zeuge' oder zum Vb. *weitwodjan*]). Im Germ. produktiv war dagegen *-ingō-/-ungō-* (z. B. aisl. *háðung* ‚Beschimpfung' [zu *háð* ‚Hohn, Spott'], *hǫrmung* ‚Kummer, Klage' [zu *harmr* ‚Harm']). Von Personenbezeichnungen wurden Abstrakta mittels Suffix *-ja-* gebildet (z. B. got. *reiki*, ahd. *rīhhi*, as. *rīki*, aisl. *ríki* ‚Reich, Herrschaft' [zu got. *reiks* ‚Herrscher']; got. *þiubi* ‚Diebstahl' [zu *þiubs* ‚Dieb'] etc.).

Zugehörigkeitsbildungen. Diese Einteilung ist im weitesten Sinne zu verstehen und inkludiert sowohl echte Zugehörigkeiten als auch ‚das Versehensein mit' sowie ‚die Verbundenheit mit etwas'. Bereits idg. ererbt ist das Suffix *-ja-* (z. B. got. *hairdeis*, ahd. *hirti* ‚Hirte' [zu got. *hairda* ‚Herde']), das im Germ. häufig *n*-Erweiterung zu *-jan-/-jōn-* aufweist (z. B. got. *baurgja*, ahd. *burgio* ‚Bürger' [zu got. *baurgs* ‚Stadt']; got. *manna-maurþrja*, ahd. *murdreo*, ae. *myrðra* ‚Mörder' [zu got. *maurþr* ‚Mord']; ahd. *sulza* ‚Salzwasser, Sülze' [zu *salz*]; as. *wurtia* ‚Würze' [zu *wurt* ‚Kraut']). Auch ohne *j*-Element ist *-an-/-ōn-* belegt (z. B. got. *waurstwa* ‚Arbeiter' [zu *waurstw* ‚Werk']; ahd. *stiuro*, aisl. *stjóri* ‚Steuermann' [zu ahd. *stiura* ‚Steuer']; aisl. *vǫlva* ‚Wahrsagerin' [zu *vǫlr* ‚Seherstab']). Typisch für die Bildung von Bezeichnungen Angehöriger eines Kollektivs ist *-na-* (z. B. got. *þiudans*, as. *thiodan*, ae. *þēoden*, aisl. *þjóðann* ‚König' [zu *þiuda* ‚Volk']; got. *kindins* ‚Stammesfürst' [zu got. *kind* ‚Stamm']). Ein wichtiges Suffix zur Bildung von Zugehörigkeiten ist auch *-inga-/-unga-* (z. B. ahd. *grūzinc* ‚Weizenbier' [zu *grūz* ‚Korn']; ae. *hōring* ‚Ehebrecher' [zu *hōr* ‚Ehebruch']; aisl. *hildingr* ‚Krieger, Fürst' [zu *hildr* ‚Kampf'], *eitrungr* ‚Giftschlange' [zu *eitr* ‚Gift'], *byrðingr* ‚Frachtschiff' [zu *byrðr* ‚Last'] etc.). Eine Entlehnung stellt lat. *-ārio-* (= germ. *-ărja-*) dar, wobei es zuerst zu Lehnübersetzungen gekommen zu sein scheint (z. B. *molinārius* [zu *molina*] = ahd. *mulināri* ‚Müller' [zu *mulin*]), später kam es dann auch zu eigenständigen Bildungen (z. B. got. *bokareis*, ahd. *puahhāri*, as. *bōkeri*, ae. *bōcere* ‚Schreiber, Schriftgelehrter [zu got. *boka* ‚Buchstabe']; ahd. *fiscāri* ‚Fischer' [zu *fisc*] etc.). Dem Charakter dieser Bildungen entspr. entwickelte sich dieses Suffix zu einem für die Bildung von Nomina agentis (s. u.).

Patronymika. Dabei handelt es sich um einen Spezialfall der Zugehörigkeitsbildung mittels Suffix *-inga-/-unga-*, abgeleitet von PN. Zahlreiche ae. Bsp. sind im → *Beowulf* zu finden, z. B. *Hreðling, Scēfing, Wonrē-*

ding. Aber auch aisl. *Vǫlsungar,* nhd. *Karolinger* stellen solche Bildungen dar.

Von einem Adj.:
Abstrakta. Die häufigste deadjektivische Subst.ableitung stellt die Bildung eines Abstraktums zum Begriff des Adj. dar. Dafür reicht bereits die fem. Form eines Adj. auf *-ō* aus (z. B. got. *sunja* ‚Wahrheit' [zu *sunjis* ‚wahr']; ahd. *liuba* ‚Liebe' [zu *liub* ‚lieb']). Weitere bereits idg. ererbte Suffixe sind *-ja-* (z. B. got. *frumisti* ‚Anfang' [zu *frumists* ‚erster']; aisl. *œði* ‚Wut' [zu *óðr* ‚wütend']), *-an-/-ōn-* (z. B. aisl. *djarfi* ‚Kühnheit' [zu *djarfr* ‚kühn']; ae. *tama* ‚Zahmheit' [zu *tam* ‚zahm']; aisl. *arma* ‚Elend' [zu *armr* ‚arm']), *-jan-/-jōn-* (z. B. ae. *pryda* ‚Stolz' [zu *prūd*]; got. *garudjo* ‚Scham' [zu *gariups* ‚schamhaft']; aisl. *herða* ‚Härte' [zu *harðr* ‚hart']). Das typische germ. Suffix für Adj.-Abstrakta stellt jedoch *-īn-* dar (z. B. got. *hauhei* ‚Höhe' [zu *hauhs* ‚hoch']; ahd. *altī*, as. *eldi*, ae. *ieldu*, aisl. *elli* ‚Alter' [zu ahd. *alt* etc. ‚alt']). Weitere germ. Suffixe sind *-nī-/-njō-* (z. B. ahd. *festin* ‚Feste' [zu *fast* ‚fest']; as. *wōstun* ‚Wüste' [zu *wōsti* ‚wüst']), *-iþō-* (z. B. got. *hauhiþa*, ahd. *hōhida*, aisl. *hæð* ‚Höhe' [zu got. *hauhs* etc. ‚hoch']; ae. *fȳlð* ‚Fäulnis' [zu *fūl* ‚faul']) und das v. a. ahd. *-issi-/-ussu-* etc. (z. B. as. *dōgalnussi*, ae. *dēagolness* ‚Verborgenheit' [zu as. *tougal*, ae. *dēagol* ‚verborgen']; ahd. *galīhnissi* ‚Ähnlichkeit, Bild' [zu *galīh* ‚gleich']) sowie nur got. *-dūþi-* (z. B. got. *mikildups* ‚Größe' [zu *mikils* ‚groß']). Im Nordgerm. ist häufig *-ungō-* anzutreffen (z. B. aisl. *djǫrfung* ‚Kühnheit' [zu *djarfr* ‚kühn'], *lausung* ‚Lüge, Betrug' [zu *lauss* ‚lose']).

Nomina Personalia. Die einfachste Art für solche Bildungen ist die persönliche Substantivierung von Adj. nach der schwachen Flexion (Suffix *-n-*) (z. B. got. *liuta* ‚Heuchler' [zu *liuts* ‚heuchlerisch'], *weiha* ‚Priester' [zu *weihs* ‚heilig']). Es ist aber auch das Suffix *-inga-* belegt (z. B. ahd. *edeling*, as. *ethiling*, ae. *æðeling* ‚Edler'; ae. *lȳtling* ‚kleiner Kerl, Kind' [zu *lȳtel* ‚klein'] etc.).

Konkreta. Ähnlich den Personenbezeichnungen konnten auch Konkretbegriffe mittels *-inga-* gebildet werden (z. B. ahd. *breiting* ‚Fladen' [zu *breit*]; mndl. *sūrinc* ‚Sauerampfer' [zu *sūr* ‚sauer']).

Von einem Vb.:
Nomina agentis. Diese bezeichnen den Vollzieher einer im Basisvb. bezeichneten Handlung. Ein idg. ererbtes und nicht mehr produktives Suffix stellt *-a-* dar (z. B. got. *wraks* ‚Verfolger' [zu *wrikan* ‚verfolgen']). V. a. im Nordgerm. anzutreffen ist *-ja-* (z. B. urnord. **raunijaz** = aisl. *reynir* ‚Erprober' [zu *reyna*]; *deilir* ‚Austeiler' [zu *deyla*]; zur Produktivität im Aisl. s. 19). Ähnlich einem Nomen agentis sind manche alte Bildungen vom Part. Präs. (z. B. got. *fijands*, ahd. *fiant*, as. *fiund*, ae. *fēond*, aisl. *fjándr* ‚Feind' [zu got. *fijan* ‚hassen']; got. *frijonds*, ahd. *friunt*, as. *friund*, ae. *frēond* ‚Freund' [zu got. *frijon* ‚lieben']). Die meisten Nomina agentis wurden im Germ. mit *-an-* (z. B. got. *nuta* ‚Fänger' [zu *niutan*]; ahd. *boto* ‚Bote' [zu *biotan*]; ae. *wiga* ‚Kämpfer' [zu *wīgan*] etc.) bzw. *-jan-* (z. B. ahd. *scuzzio*, ae. *scytta*, aisl. *skyti* ‚Schütze' [zu *skjóta*]; ahd. *scepfo* ‚Schöpfer' [zu *scepfen*] etc.) gebildet, bei denen aber oft schwer zu entscheiden ist, ob die Bildung nicht zu einem Subst. gehört. V. a. im Ahd. sind Bildungen auf *-ila-* anzutreffen (z. B. ahd. *wahtil* ‚Wächter' [zu *wahten*], *tregil* ‚Träger' [zu *tragan* etc.). Großteils wurden die alten Suffixe durch aus dem Lat. entlehntes *-ărja-* ersetzt (s. o. Zugehörigkeitsbildungen), wie bei ahd. *scepfo > scepfāri*, *tregil > tragāri* (andere Bildungen z. B. ae. *wrītere* ‚Schreiber' [zu *wrītan*]; aisl. *hjalpari* ‚Helfer' [zu *hjalpa*] etc.). Im Aisl. findet sich bei der Ableitung von schwachen Vb. häufig das Suffix *-uðr-* (z. B. *vǫrðuðr* ‚Verteidiger' [zu *varða*], *hvǫtuðr* ‚Antreiber' [zu *hvata*] etc.; vgl. auch ahd. *leitid, leitud* ‚Führer' [zu *leitan*]). Auch das ‚Universalsuffix' *-inga-* ist in dieser Verwendung belegt (z. B. ahd. *hintrinc* ‚Betrüger' [zu *gi-hintran*]; aisl. *beystingr* ‚Raufbold' [zu *beysta* ‚schlagen']).

Nomina instrumenti. Diese stehen in enger Beziehung zu den Nomina agentis und scheinen vielfach aus diesen hervorgegangen zu sein. Alte Bildungen weisen noch *-a-* (z. B. aisl., as. *band,* ahd. *bant* ‚Band = das Bindende' [zu *bindan*]) oder *-an-* (z. B. ae. *flota,* aisl. *floti* ‚Schiff, Floß = der Schwimmer' [zu *fljóta*]) auf. Im Germ. produktiv war v. a. *-ila-* (z. B. ae. *slegel,* ahd. *slegil* ‚Schlegel' [zu *slahan*]; aisl. *tygill,* ahd. *zugil* ‚Zügel' [zu *ziohan* ‚ziehen']; ahd. *sluzzil* ‚Schlüssel' [zu *sliozan* ‚schließen']; ae. *bytel,* aisl. *beytill* ‚Hammer' [zu *beyta* ‚schlagen') etc.).

Sonstige Konkreta. Diese in der Regel alten Bildungen sind oft von Nomina actionis abhängig, wie z. B. ahd. *sez* ‚das Sitzen' und ‚Sitz', was auch an den idg. ererbten Suffixen *-a-* (z. B. as. *drank,* ahd. *trank* ‚Trank' [zu *trinkan*] gegenüber Nomen actionis ae. *drunc,* ahd. *trunc* ‚Trunk'; got. *wigs,* ahd., as., ae. *weg,* aisl. *vegr* ‚Weg' [zu got. *ga-wigan,* ahd. *wegan* ‚bewegen'] etc.), *-ja-* (z. B. got. *hawi,* ahd. *hewi,* as. *hōi,* ae. *hīeg,* aisl. *hey* ‚Heu' [zu ahd. *hauwan* ‚hauen']) und seltenem *-ma-/-mō-* (z. B. ahd. *soum,* ae. *sēam,* aisl. *saumr* ‚Saum' [zu got. *siujan* ‚nähen']) zu erkennen ist. Ebenfalls alt sind die Bildungen vom Part. Präs. (z. B. got. *hulundi* ‚Höhle' [zu *huljan* ‚verhüllen']).

Nomina actionis. Diese bezeichnen die im Basisvb. bezeichnete Handlung als abstrakten Begriff, weshalb man auch von Verbalabstrakta spricht. Alte, bereits idg. Suffixe sind *-a-* (z. B. ahd., as., ae. *sang,* aisl. *sǫngr* ‚Gesang' [zu ahd. *singan*]; ae. *strīd,* ahd. *strīt* ‚Streit' [zu *strītan*]) bzw. *-ō-* (z. B. got. *wraka,* ae. *wracu* ‚Verfolgung' [zu *wrikan*]; as. *hulpa,* ahd. *hulfa* ‚Hilfe' [zu *helfan*]), *-i-* (z. B. got. *qums,* ae. *cyme,* as. *kumi,* ahd. *chumi* ‚Ankunft' [zu got. *qiman* ‚kommen']; ahd. *biz,* as. *biti* ‚Biß' [zu *bītan*]; ahd. *churi* ‚Wahl' [zu *kiosan*] etc.) sowie die typischen Verbalabstrakt-Suffixe *(-ti-* >) *-di-* (z. B. got. *ga-kusts,* ae. *cyst,* ahd. *kust* ‚Wahl' [zu *kiosan*]; ae. *blēd,* ahd. *bluot* ‚Blühen, Blüte' [zu *bluoen*]; got. *manna-seþs* ‚Menschheit, wörtl. Menschensaat', ahd. *sāt* ‚Saat' [zu *sāen*] etc.) und *(-tu-* >) *-(ō)þu-* (z. B. got. *kustus* ‚Prüfung', as. *kust,* ae. *cost,* aisl. *kostr* ‚Wahl' [zu got. *kiusan*]; ahd. *klagōt* ‚Klage' [zu *klagōn*]; ae. *huntoð* ‚Jagd' [zu *huntian*] etc.). Möglicherweise bereits germ. könnte *-ja-/-jō-* sein (z. B. ae. *ēaka,* aisl. *auki* ‚Vermehrung, Zuwachs' [zu *auka*]; got. *waihjo* ‚Kampf' [zu *weihan*]). Sicher im Germ. produktiv war das zur Ableitung schwacher Vb. verwendete Suffix *-ni-* (z. B. got. *naseins,* ahd. *nerī,* ae. *neru* ‚Rettung' [zu got. *nasjan*]; got. *salbons* ‚Salbung' [zu *salbon*] etc.). Einer späten Welle ist das nord- und westgerm. *-iþō-* zuzurechnen. Urspr. stammt es von Adj.-Abstrakta, wie in ahd. *heilida* ‚Rettung, Heil' (zu *heil*), das auch auf das Vb. *heilen* bezogen werden konnte (z. B. ahd. *teilida* ‚Teilung'; aisl. *fylgð* ‚Begleitung' [zu *fylgja*]). Weitere germ. Suffixe sind *-assu-* (z. B. got. *skalkinassus* ‚Dienst(barkeit)' [zu *skalkinon*]; ae. *ycness* ‚Vermehrung' [zu *ycnan*]), *-st-* (z. B. ahd. *dionōst,* as. *thionost,* ae. *þeonost* ‚Dienst' [zu ahd. *dionōn*]; aisl. *kunnusta* ‚Wissen, Können' [zu *kunna*]) und wiederum *-ingō-/-ungō-* (z. B. ae. *rǣding* ‚Lehre, Lesung' [zu *rǣdan* ‚raten, lesen']; aisl. *menning* ‚Erziehung' [zu *menna* ‚zum Mann machen']; ahd. *heilunga* ‚Heilung, Rettung' [zu *heilen*]), das heute im Nhd. als *-ung* das produktivste Suffix darstellt.

Sonstige Verbalabstrakta. Diese stellen meist eine Bedeutungserweiterung aus Nomina actionis dar. Manchmal sind sie nicht scharf von diesen zu trennen. Altererbt sind die Suffixe *-an-* (z. B. got. *aha* ‚Sinn, Verstand' [zu *ahjan* ‚meinen']), *-jōn-* (z. B. aisl. *þykkja* ‚Meinung' [zu *þykkja* ‚dünken']) und *-ma-/-mō-* (z. B. aisl. *draumr,* ahd. *troum* ‚Traum' [zu *triogan* ‚trügen']). Germ. sind *-iþō-* (z. B. aisl. *bygð* ‚Wohnung' [zu *byggja*]; ahd. *gi-hōrida* ‚Gehör' [zu *hōren*; auch mit *-assu-* : *gihōrnissi*]), *-isla-* und Erweiterungen (z. B. ahd. *irrisal* ‚Irrtum' [zu *irren*], *truobisal* ‚Trübsal' [zu *truoben* ‚trüben']; as. *mendisli* ‚Freude' [zu *mendian*]; aisl. *reynsla* ‚Erfahrung' [zu *reyna* ‚erproben']) sowie *-ing-* (z. B. aisl. *sending* ‚Botschaft' [zu *senda*]).

Kompositionssuffixe. Diese haben sich erst sekundär aus Kompositionsgliedern entwickelt. Die Umwandlung in ein Suffix vollzog sich durch allmähliches Verblassen der eigtl. Wortbedeutung. V. a. solche Suffixe sind in den germ. Gegenwartssprachen produktiv.

Zwei Beispiele seien stellvertretend genannt. Das erste ist got. *haidus* ‚Art, Weise', ahd. *heit*, as. *hēd*, ae. *hād, hæd* ‚(persönliche) Art, Stand, Würde, Art'. Frühe Bildungen wie ahd. *magadheit*, ae. *mægden-hād* ‚Mädchenstand' oder ae. *ciric-hād* ‚kirchlicher Stand' und *woruld-hād* ‚weltlicher Stand' sind durchaus noch als Komposita verständlich. Der Übergang zum abstraktbildenden Suffix vollzieht sich aber rasch. Z. B. ist er in ahd. *kampf-heit*, ae. *camp-hād* ‚Krieg' bereits sinnentlehrt. Weitere Bildungen von Subst. sind z. B. ahd. *kind-heit, scalc-heit* ‚Knechtschaft', as. *jugud-hēd* ‚Jugend', ae. *cild-hād* > ne. *childhood*; von Adj. z. B. ahd. *dump-heit* ‚Dummheit', *bōs-heit*, as. *lēf-hēd* ‚Gebrechlichkeit', *spā-hēd* ‚Klugheit', im Ae. nur von Part. wie *druncen-hād* ‚Trunkenheit'. Als zweiter sei *-skapi-/-skafti-* genannt. Zugrunde liegen ahd. *scaf*, ae. *ge-sceap*, aisl. *skap* ‚Beschaffenheit, Form'. Solche Bildungen finden sich außer im Got. in allen germ. Sprachen. Beispiele sind ahd. *fiant-scaf*, as. *fiund-skepi*, ae. *fēond-scipe* ‚Feindschaft' oder ahd. *bota-scaf*, as. *bod-skepi*, ae. *bod-scipe*, aisl. *boð-skapr* ‚Gebot, Botschaft'. Bildungen zur zweiten Form sind z. B. as. *hugi-skaft*, ae. *hyge-sceaft* ‚Sinn'. Im Ahd. wird *-scaft* später (bis heute) allein produktiv und ersetzt auch ält. Formen, vgl. etwa ahd. *fiant-scaft* und *bota-scaft*. (Für die restlichen Kompositionssuffixe, die fallweise einzelsprachlich sein können, bietet 45, §§ 158 ff., einen Überblick.)

b. Bildung neuer Adj. (Adjektivische Ableitungen).

Von einem Adj.: Solchermaßen gebildete Adj. liegen nur als Suffixkomposita vor (s. u. Kompositionssuffixe).

Von einem Subst.:

Zugehörigkeitsadj.: Diese dienen zumeist zur Bezeichnung von etwas, das mit dem Basissubst. versehen ist. Ererbt sind die Dentalsuffixe *-iða-* (z. B. got. *un-qeniþs*, aisl. *úkvændr* ‚ohne Frau' [zu got. *qens*]; aisl. *hærðr* ‚behaart' [zu *hár*]; ahd. *gi-fiderit* ‚gefiedert' [zu *federa*]) und *-ōpja-* (z. B. as. *hringodi* ‚beringt' [zu *hring*]; ae. *hōcede* ‚mit Haken versehen' [zu *hōc*]). Im Germ. übernahmen diese Funktion in erster Linie *-ha-/-(a)ga-* bzw. *-iga-/-uga-* (z. B. got. *stainahs*, ahd. *steinag*, ae. *stānæg* ‚steinig'; ahd. *zornag, bluotag, hungarag, durstag*; got. *mahteigs*, ahd. *mahtīg*, as. *mahtig*, ae. *mihtig* ‚mächtig' [zu got. *mahts*]; got. *listeigs*, ahd. *listīg* ‚listig' [zu got. *lists*]; aisl. v. a. *-uga-*: *hǫndugr* ‚behende' [got. *handugs, handus*], *grádugr* ‚hungrig' [zu *gráðr*], *siðugr* ‚wohlerzogen' [zu *siðr* ‚gute Sitte']). Ebenfalls typisch germ. ist *-iska-* (z. B. got. *barnisks* ‚kindlich', ahd. *heimisc*, aisl. *heimskr* ‚heimisch', as. *kindisk* ‚kindlich', aisl. *ylfskr* ‚wölfisch'; oft für Nationalitätsadj. ae. *wȳlisc*, ahd. *walhisk* ‚welsch', aisl. *íslenzkr* ‚isländisch' etc.).

Stoffadj.: Dabei handelt es sich um eine spezielle Var. des Zugehörigkeitsadj., wobei das Basisadj. das Material bezeichnet. Diese wurden im Germ. auf *-īna-* gebildet (z. B. got. *gulþeins*, ahd. *guldīn*, ae. *gylden*, aisl. *gullin* ‚golden'; got. *staineins*, ahd. *steinīn*, ae. *stænen* ‚steinern' etc.).

Von einem Vb.: Hierbei kann in erster Linie eine aktivische oder passivische Bedeutung des abgeleiteten Adj. unterschieden werden.

Aktiv. Die einfachste Art einer solchen Adj.-Bildung stellt die Verwendung des Part. Präs. dar. So geht auch die alte Bildung ahd. *sand*, ae. *sōð*, aisl. *sannr* ‚wahr' wohl urspr. auf ein Part. Präs. zurück (= lat. *sōns, sontis* < idg. **s-ont* zur Wurzel **es-* ‚sein', also ‚das was ist'). Altererbt dürften Bildungen auf *-i-* (z. B. got. *un-qeþs* ‚unaussprechlich' [zu *qiþan*]), oder *-ja-* (z. B. ahd. *luggi* ‚lügnerisch' [zu *liogan*]) sein. Germ. dürften dagegen die Bildungen auf -(a)ra- (z. B. got. *baitrs*, ahd. *bittar*, aisl. *bitr* ‚bitter' [zu got. *beitan* ‚beißen']; ahd. *sleffar*, ae. *slipor*, mnd. *slipper* ‚schlüpfrig' [zu ahd. *slīfan* ‚schleifen'] etc.) und -*ala*-/-*ula*- (z. B. ae. *flugol* ‚flüchtig [zu *flēon*]; ahd. *wankal* ‚wankend' [zu *wankōn*] etc.) sein. Auch die Adj.-Bildungen auf -*ska*- gehen vielfach auf Vb. zurück, bei denen sich die zugrundeliegenden Vb. v. a. noch im Aisl. finden (z. B. aisl. *beiskr* ‚scharf beißend' [zu *beita*], *vaskr* ‚wacker, kühn' [zu *vaka* ‚wachen']).

Passiv. Die einfachste Art zur Bildung eines Verbaladj.s der passiven Möglichkeit stellt das Part. Prät. dar, das sich auch verselbstständigen kann, z. B. got. *dauþs*, ahd. *tōt*, as. *dōd*, ae. *dēad*, aisl. *dauðr* ‚tot, eigtl. gestorben' (zu as. *dōian*, aisl. *deyja* ‚sterben'). Ansonsten liegen noch einige wohl alte Bildungen auf -*i*- vor (z. B. aisl. *dræpr* ‚tötbar' [zu *drepa*]).

Kompositionssuffixe. (zum Allg. s. o.). Für die Bildung von Adj. haben sich eigene derartige Suffixe gebildet. Wieder seien zwei stellvertretend genannt. Bereits früh hat das mit got. *sama*, aisl. *samr* ‚derselbe', ahd. *sama* ‚ebenso' verwandte bzw. identische Element -*sama*- suffixale Funktion erlangt. Beispiele sind got. *lustu-sams* ‚ersehnt', ahd. *lust-sam* ‚erfreulich', ahd., as. *lang-sam*, ae. *lang-sum* ‚langwierig', ahd. *ginuht-sam*, ae. *genyht-sum* ‚genügsam' etc. Als zweites Beispiel sei got. *leik*, ahd. *līh*, aisl. *lík* ‚Leib, Körper' genannt. Dieses bildete urspr. mit Adj., Adv. oder persönlichen Subst. Bahuvrīhi-Komposita. Noch got. *ibna-leiks* ‚gleich' läßt sich so als ‚gleichen Körper habend' verstehen. Früh muß das Wort jedoch in allg. Weise die materielle Beschaffenheit und qualitative Art bezeichnet haben, womit der Übergang zur Suffixfunktion gegeben war. Bsp. sind got. *waira-leiks* ‚männlich', *liuba-leiks* ‚lieblich', as. *frī-līc*, ae. *frēo-līc* ‚freigeboren, edel', ahd. *tiur-līh*, as. *diur-līk*, ae. *dēor-līc* ‚wertvoll', aisl. *kvenn-ligr* ‚fraulich', *fagr-ligr* ‚hübsch' etc. (Für die restlichen Kompositionssuffixe, die fallweise einzelsprachlich sein können, bietet 46, §§ 168 ff., einen Überblick.)

c. Bildung neuer Vb. (Verbale Ableitungen). Grundsätzlich können Suffixe beim Vb. grammatischer Art sein, was für die W. nicht relevant ist, oder semant. Art in bezug auf die Gestaltqualität der Verbalhandlung sein, was man als Aktionsarten bezeichnen kann. Die Haupteinteilung der Aktionsarten erfolgt in durativ, also andauernd (entspricht dem imperfektiven Aspekt) und punktuell (entspricht dem perfektiven Aspekt). Die Perfektivierung erfolgt im Germ. durch das Präfix *ga*- (z. B. got. *þahan* ‚schweigen', *gaþahan* ‚verstummen'; dazu 63). Weiter kann man in untergeordnete Aktionsarten einteilen: iterativ (eine wiederholte Einzelhandlung oder kontinuierliche Teilakte), was oft nicht streng von intensiv (größere Intensität) unterschieden werden kann und deshalb zusammengefaßt behandelt wird; desiderativ (der Wunsch nach etwas) ist im Germ. nicht mehr produktiv und wird deshalb nicht behandelt; deminutiv (Verkleinerung, oft als Nebensinn im iterativen); inkohativ (bezeichnet den Beginn einer Handlung oder den Eintritt eines Zustandes); kausativ (ein Agens veranlaßt die dem Basisvb. zugrundeliegende Handlung); faktitiv (dasselbe, aber von einem Nomen gebildet). Eine weitere Teilung der Vb. erfolgt in intransitiv (nicht zielend, ohne Akk.-Objekt, bildet kein persönliches Passiv) und transitiv (zielend, mit Akk.-Objekt, bildet ein persönliches Passiv). Speziell die von Vb. abgeleiteten Kausativa machen diese Unterscheidung deutlich (z. B. *sitzen*, Kausativ davon *setzen*). Um die vielfach notwendigen Erläuterungen zu vermeiden, wird ggf. die einfachere Einteilung Leumanns in Zustandsvb. (‚etwas sein') und Tätigkeitsvb. (‚etwas machen') vorgenommen (40, 137).

Von einem Vb.:

Intensiv-Iterativa. Diese Funktion übernehmen in erster Linie von verbaler Grundlage abgeleitete schwache Vb. der 2. Klasse auf *-ōn-* (z. B. ahd. *drangōn* ‚(sich) drängen‘ [zu *dringan* ‚dringen‘]; got. *wlaiton*, ae. *wlātian*, aisl. *leita* ‚sich umschauen, umherblicken‘ [zu ae. *wlītan* ‚schauen‘, aisl. *líta* ‚erblicken‘]; mit expressiver Verdoppelung: ahd *tropfōn*, ae. *droppian* ‚tropfen‘ [zu ahd. *triofan* ‚triefen‘]) und weniger häufig der 1. Klasse auf *-jan-* (z. B. got. *kausjan* ‚kosten, schmecken‘ [zu *kiusan* ‚prüfen‘]). Andere Suffixe finden sich v. a. im Westgerm., wie *-atjan-/-itjan-* (z. B. ahd. *flogazzen*, ae. *flogettan* ‚flattern‘ [zu ahd. *fliogan*]; ahd. *slagazen* ‚klatschen‘ [zu *slahan* ‚schlagen‘]), ein *k*-Suffix (z. B. ahd. *hōrechen* ‚horchen‘ [zu *hōren* ‚hören‘]) und ein *l*-Suffix (z. B. ahd. *klingilōn* ‚klingeln‘ [zu *klingan* ‚klingen‘], *betalōn* ‚betteln‘ [zu *bitten*, *betōn* ‚bitten‘]).

Deminutiva. Solche Bildungen fehlen im Got. In den übrigen Sprachen übernimmt diese Funktion ein *l*-Suffix (z. B. ahd. *grubilōn* ‚grübeln‘ [zu *graban* ‚graben‘]; ae. *corflian* ‚zerkleinern‘ [zu *ceorfan* ‚schneiden‘]; aisl. *sǫngla* ‚mit den Zähnen singen‘ [zu *syngva* ‚singen‘]).

Inkohativa. Diese werden durch die schwachen Vb. der 4. Klasse auf *-nan-/-nōn* gebildet (z. B. got. *us-bruknan* ‚abgebrochen werden‘ [zu *brikan* ‚brechen‘]; aisl. *sofna* ‚einschlafen‘ [zu *sofa* ‚schlafen‘]). Auch das Perfektivierungspräfix kann hierhergezählt werden, z. B. got. *ga-þahan* ‚verstummen‘ (zu *þahan* ‚schweigen‘) gegenüber aisl. *þagna* ‚dasselbe‘.

Kausativa. Deren Bildung ist die vorrangige Funktion der von Vb. abgeleiteten schwachen Vb. der 1. Klasse auf *-jan-* (z. B. got. *dragkjan*, ahd. *trenken*, as. *drenkian*, ae. *drencean*, aisl. *drekkja* ‚tränken‘ [zu ahd. *trinkan* ‚trinken‘]; got. *lagjan*, ahd. *leggen*, as. *leggian*, ae. *lecgan*, aisl. *leggja* ‚legen‘ [zu got. *ligan* ‚liegen‘] etc.).

Intransitivierung. Diese stellen alte Bildungen von schwachen Vb. der 3. Klasse dar (z. B. got. *haban*, ahd. *habēn*, as. *hebbian*, ae. *habban*, aisl. *hafa* ‚haben‘ [zu got. *hafjan* ‚heben‘]).

Von einem Subst.:

Zustandsvb. Solche Vb. mit dem Basissubst. (in der Regel Personenbezeichnungen) als Subjekt der Verbalhandlung wurden als schwache Vb. der 1. Klasse auf *-jan*- gebildet (z. B. got. *weitwodjan* ‚bezeugen = Zeuge sein‘ [zu *weitwoþs* ‚Zeuge‘], *andbahtjan* ‚dienen = Knecht sein‘ [zu *andbahts* ‚Knecht‘]).

Tätigkeitsvb. Dabei handelt es sich zumeist um eine Objektverwirklichung, ähnlich einem Faktitivum, mit inkohativer Bedeutung. Die Basissubst. bilden meist Abstrakta im weitesten Sinne. Am häufigsten kamen wiederum als schwache Vb. der 1. Klasse gebildete Ableitungen auf *-jan-* vor (z. B. got. *hunsljan* ‚opfern‘ [zu *hunsl*]; got. *domjan*, ahd. *tuomen*, ae. *dēman*, aisl. *dœma* ‚urteilen‘ [zu got. *doms* ‚Urteil‘]; got. *dailjan*, ahd. *teilen*, ae. *dælan*, aisl. *deila* ‚teilen‘ [zu got. *dails*]). Aber auch die 3. Klasse der schwachen Vb. läßt sich in dieser Funktion belegen (z. B. ahd. *rostēn* ‚rosten‘, *hornēn* ‚Hörner bekommen‘, *tagēn* ‚Tag werden‘, *nahtēn* ‚Nacht werden‘). Eine ähnliche Bedeutung weisen einige als schwache Vb. der 2. Klasse auf *-ōn-* gebildete Ableitungen auf (z. B. got. *karon*, ahd. *charōn*, as. *karon*, ae. *cearian* ‚sich kümmern‘ [zu got. *kara* ‚Sorge‘]; ahd. *klagōn* ‚klagen‘ [zu *klaga*]; ae. *hergian*, aisl. *herja* ‚verheeren‘ [zu *herr* ‚Heer‘]).

Instrumentativa. Diese stellen Ableitungen von Konkreta dar, im Sinne von ‚etwas gebrauchen‘. Meist handelt es sich dabei um Ableitungen als schwache Vb. der 2. Klasse auf *-ōn-* (z. B. got. *salbon*, ahd. *salbōn*, as. *salbon*, ae. *scealfian* ‚salben‘ [zu *scealf* ‚Salbe‘]; got. *gapaidon* ‚bekleiden‘ [zu *paida* ‚Gewand‘]). Aber auch ein *l*-Suffix ist in dieser Funktion nachweisbar (z. B. ahd. *hantalōn*, *hantolōn*, ae. *handlian*, aisl. *hǫndla* ‚anfassen‘ [zu ahd. *hant* ‚Hand‘]). Verschiedene Bildungen liegen bei ae. *cnēowlian* und ahd.

kniuwen ‚knien' vor (man vgl. die inkohative Bedeutung von got. *knussjan* ‚auf die Knie fallen'), die bereits auf den zumeist späten Zeitpunkt dieser Bildungen hinweisen. Heute sind solche Bildungen v. a. für den ‚Gebrauch eines Werkzeugs' geläufig (z. B. nhd. *pinseln*), wie sie wohl bereits in got. *haurn-jan* ‚Horn blasen' (zu *haurn*) vorliegt (möglicherweise auch zu *haurnja* ‚Hornbläser'). Sonst handelt es sich um junge Bildungen, z. B. noch ahd. *hamirslagōn* ‚hämmern' (zu *hamerslag*), mhd. dann schon *hemeren* > nhd. *hämmern* (vgl. ne. *(to) hammer*, ndän., neunorw. *hamre*, neuisl., nschw. *hamra* ‚hämmern') oder erst spätmhd. *schrûben* > nhd. *schrauben*.

Von einem Adj.:
Zustandvb. Diese bezeichnen, daß etwas die Eigenschaft des Basisadj.s besitzt. Diese Funktion übernehmen abgeleitete schwache Vb. der 1. Klasse auf *-jan-* (z. B. got. *balþjan* ‚kühn sein, wagen' [zu ahd. *bald* ‚kühn'], *faurhtjan* ‚Angst haben' [zu *faurhts*]; ahd. *liuhten* ‚leuchten' [zu *lioht* ‚hell']; ae. *swǣsan* ‚nett sein' [zu *swǣs*]).

Faktitiva. Wohl durch die enge Verwandtschaft zu den Kausativa (s. o.) finden sich v. a. abgeleitete schwache Vb. der 1. Klasse auf *-jan-* (z. B. got. *dauþjan*, ahd. *tōten*, ae. *dȳdan*, afries. *dēda*, aisl. *deyða* ‚töten' [zu got. *dauþs*]; got. *lausjan* ‚retten', ahd. *lōsen*, as. *lōsian*, ae. *līesan*, aisl. *leysa* ‚lösen' [zu got. *laus* ‚lose'] etc.). Aber auch die 2. Klasse auf *-ōn-* (z. B. got. *ga-wundon*, ahd. *wuntōn*, ae. *wundian* ‚verwunden' [zu got. *wunds*]; got. *wairþon*, ahd. *werdōn*, ae. *weorðian* ‚würdigen' [zu ahd. *werd* ‚wert'] etc.) und die 3. Klasse (z. B. got. *sweran* ‚ehren, achten' [zu *swers* ‚geehrt'], *weihan* ‚weihen' [zu *weihs*]; ahd. *fastēn* ‚fasten' [zu *festi* ‚fest']) sind vertreten.

Inkohativa. Diese stellen die passivische Form der Faktitiva dar und wurden im Germ. als schwache Vb. der 4. Klasse auf *-nan-/-nōn-* gebildet (z. B. got. *fullnan* ‚voll werden' [zu *fulls*], *swinþnan* ‚stark werden' [zu *swinþs*]; aisl. *harðna* ‚hart werden [zu *harðr*], *stirðna* ‚steif werden' [zu *stirðr*] etc.). Im Ahd., wo die 4. Klasse aufgegeben wurde, tritt dafür die 3. Klasse ein (z. B. *altēn* ‚alt werden', *siohēn* ‚krank werden', *bōsēn* ‚böse werden', *fūlēn* ‚faul werden').

(1) Å. Abelin, Studies in Sound Symbolism, 1999. (2) St. Allén, Svensk baklängesordbok, 1981. (3) P. Anreiter, Rückläufiges Wb. des Bibelgot. Ein Entwurf, 1987. (4) Ders., Rückläufiges Wb. des As., 1989. (5) A. Anstefjord, Zum Stammwechsel im zweiten Kompositionsglied von Subst., insbesondere im Germ., PBB 108, 1986, 30–34. (6) Baglænsordbog, 1988. (7) A. Bammesberger, Beitr. zu einem etym. Wb. des Ae., 1979. (8) Ders., Die Morphologie des urgerm. Nomens, 1990. (9) B. van den Berg, Retrograad woordenboek van het Middelnederlands, 1972. (10) R. Bergmann, Rückläufiges morphologisches Wb. des Ahd., 1991. (11) H. Bjorvand, F. O. Lindemann, Våre arveord. Etymologisk ordbok, 2000. (12) D. F. H. Boutkan, „Pokorny" in Leiden. Een Oudfries etym. woordenboek, in: Philologica Frisica Anno 1996, 1998, 41–69. (13) Ch. Carr, Nominal Compounds in Germanic, 1939. (14) A. Casaretto, Nominale W. der got. Sprache. Die Derivation der Subst., 2004. (15) G. Darms, Schwäher und Schwager, Hahn und Huhn, Die Vr̥ddhi-Ableitung im Germ., 1978. (16) V. Dolcetti Corazza, La bibbia gotica e i bahuvrīi, 1997. (17) J. Don, Morphological Conversion, 1993. (18) J. Dybwald, Norsk rimleksikon, ²1945. (19) A. Ebenbauer, Aisl. -ir und -nir, PBB (Tübingen) 95, 1973, 170–218. (20) R. Eckhardt u. a., Words in Time, Diachronic semantics from different point of view, 2003. (21) S. Feist, Vergl. Wb. der got. Sprache, ³1939. (22) H. Goebl u. a. (Hrsg.), Kontaktlinguistik, Ein internationales Handb. 1–2, 1997. (23) W. Griepentrog, Die Wurzelnomina des Germ. und ihre Vorgesch., 1995. (24) M. Habermann (Hrsg.), Hist. W. des Deutschen, 2002. (25) S. Hansen, P. Hartmann, Zur Abgrenzung von Komposition und Derivation, 1991. (26) F. Heidermanns, Etym. Wb. der germ. Primäradj., 1993. (27) Ders., o-stufige Vr̥ddhi-Bildungen im Germ., in: Th. Poschenrieder (Hrsg.), Die Indogermanistik und ihre Anrainer, 2004, 137–151. (28) Ders. Zur Typol. der Suffixentstehung, Idg. Forsch. 109, 2004, 1–20. (29) Ders., Bibliogr. zur idg. Wortforsch. 1–3, 2005. (30) H. Hempel, Arten und Begrenzung des Kompositums, in: Zeiten und Formen in Sprache und Dichtung (Festschr. F. Tschirch), 1972, 407–431. (31) F. Holthausen, Got. etym. Wb., 1934. (32) Ders., Vergl. und etym. Wb. des Awnord., 1948. (33) Ders., Ae. etym. Wb., ³1974. (34) P. Ilkow, Die Nominalkomposita der as. Bibeldichtung, Ein semant.-kulturgeschichtl. Glos-

sar, 1968. (35) A. Jóhannesson, Die Komposita im Isl., 1929. (36) F. Kluge, Nominale Stammbildungslehre der agerm. Dialekte, bearb. von L. Sütterlin, E. Ochs, ³1926. (37) Kluge-Seebold, ²⁴2002. (38) W. P. Lehmann, The Germanic weak preterite ending, Language 19, 1943, 313–319. (39) Lehmann, Dict. (40) M. Leumann, Gruppierung und Funktion der W.s-Suffixe des Lateins, Mus. Helveticum 1, 1944, 129–151. (41) A. L. Lloyd u. a., Etym. Wb. des Ahd. 1–2, 1988–1998. (42) P. Lowe, Germ. Word Formation, in: H. van Coetsem, L. Kufner (Hrsg.), Toward a Grammar of Proto-Germ., 1972, 211–237. (43) H. Marchand, On the Description of Compounds, Word 23 (Festschr. A. Martinet Bd. I) 1967, 379–387. (44) Ders., The Categories and Types of Present-Day English Word-Formation. A Synchronic-Diachronic Approach, ²1969. (45) Meid, Wortbildungslehre. (46) W. Meid, K. Heller (Hrsg.), Sprachkontakt als Ursache von Veränderungen der Sprach- und Bewußtseinsstruktur. Eine Slg. von Stud. zur sprachlichen Interferenz, 1981. (47) W. Motsch, Dt. W. in Grundzügen, ²2004. (48) E. Neuss, Kopulativkomposita, Sprachwissenschaft 6, 1981, 31–68. (49) V. Orel, A Handbook of Germ. Etym., 2003. (50) H. Paul, Das Wesen der Wortzusammensetzung, Idg. Forsch. 14, 1903, 251–258. (51) Pokorny, IEW. (52) J. E. Rasmussen, On the typology of IE suffixes, in: J. Clackson, B. A. Olsen (Hrsg.), Indo-European Word Formation, 2004, 269–282. (53) A. Rawley, Bibliogr. rückläufiger Wb., in: R. Hinderling, L. Hitzenberger (Hrsg.), Reverse Dict. of the Estonian Language, 1979, XLIII–LVII. (54) H. Rix (Hrsg.), Lex. der idg. Verben, ²2001. (55) G. Schaffner, Das Vernersche Gesetz und der innerparadigmatische gramm. Wechsel des Urgerm. im Nominalbereich, 2001. (56) H.-J. Schubert, Die Erweiterung des bibelgot. Wortschatzes mit Hilfe der Methode der W.s-Lehre, 1968. (57) E. Seebold, Vergl. und etym. Wb. der germ. starken Verben, 1970. (58) J. Splett, Ahd. Wb. Analyse der Wortfamilienstrukturen des Ahd. 1–3, 1993. (59) A. Torp, H. Falk, Wortschatz der germ. Spracheinheit, ⁴1909, Reprint 1979. (60) de Vries, Anord. etym. Wb. (61) E. Wessén, Svensk språkhistoria, 1. Ljudlära och ordbildningslära, 1969. (62) Ders., Våra ord – deres uttal och ursprung, ²1979. (63) J. West, Proklitische Verbalpartikel und ihr Gebrauch in bezug auf das verbale Aspektsystem des Got., ZDPh 100, 1981, 331–338. (64) W. Wilmanns, Dt. Gramm., 2. W.s-Lehre, ²1899 = 1911, Reprint 1930. (65) W. Wißmann, Nomina postverbalia in den agerm. Sprachen nebst einer Vorunters. über deverbative ō-Verba 1, 1932. (66) Ders., Die ältesten Postverbalia des Germ., 1938. (67) Ders., Die anord. und westgerm. Nomina postverbalia, 1975.

F. E. Grünzweig

Wortschatz

§ 1: Allgemein – § 2: Diachronie – § 3: Semantik

§ 1. Allgemein. Grundsätzlich kann W. zweierlei bedeuten. Zum einen kann er alle Wörter einer Sprache bezeichnen, was auch das Lexikon einer Sprache genannt wird. Zum anderen kann damit auch der Anteil am Lexikon bezeichnet werden, den sich ein Angehöriger einer Sprachgemeinschaft im Laufe seines Spracherwerbs bis zu einem bestimmten Zeitpunkt angeeignet hat. Hier wird W. nur im Sinne des ersten verstanden, als Lexikon des Germ. bzw. der germ. Einzelsprachen.

Der W. gehört mitunter zu den dynamischsten Aspekten einer Sprache. Er ist zu jedem Zeitpunkt für Neuerungen offen und ist somit einer ständigen Veränderung unterworfen. Ob diese Neuerungen in das Lexikon Eingang finden, hängt aber vom Konsens der Sprechergemeinschaft ab. Ständig werden so neue Wörter in den W. aufgenommen, ständig kommen aber auch Wörter außer Gebrauch (vgl. → Wortbildung).

Diese Neuaufnahmen in den W. können zum einen auf dem eigenen, bereits vorhandenen Erbwortschatz aufbauen. Dann spricht man von Wortbildung. Zum anderen können diese aber auch aus anderen, zumeist benachbarten Sprachen übernommen werden, also einem fremden W. entstammen. Dann spricht man von Entlehnung bzw. Lehnwort, ggf. auch von Lehnübersetzung (→ Fremde Einflüsse im Germanischen).

§ 2. Diachronie. Aus der ständigen Veränderung des W.es ergibt sich der erste Gesichtspunkt, unter dem der W. des Germ. untersucht werden kann: der diachronische.

Der urgerm. W. kann nur durch Rekonstruktion aus den belegten Wörtern der germ. Einzelsprachen (→ Germanen, Germania, Germanische Altertumskunde II. B. Sprache und Schrift; → Nordgermanische

Sprachen; → Ostgermanen; → Westgermanische Sprachen) und Entlehnungen aus dem Germ. in andere Sprachen (z. B. das Finn.; 22; 23; 36; 27) erschlossen werden. Bei diesem rekonstruierten W. handelt es sich im wesentlichen aber nur um die Teile, die bis in liter. Zeit überlebt haben. Gelegentlich kann dieser auch durch Namenmaterial (→ Mythische Namen; → Namen; → Personennamen; → Völker- und Stammesnamen; 34) aus (Runen-)Inschr., Nennungen in der ant. Lit. etc. ergänzt werden. Daher entspricht dieser rekonstruierte urgerm. W. nicht dem urgerm. Lexikon, sondern allenfalls einem Teil davon (15; 30; 8; 9; s. auch → Wortbildung, mit den dort angegebenen Lexika).

Innerhalb dieses erschlossenen urgerm. W.es (vgl. → Gemeingermanisch) lassen sich zwei Gruppen bestimmen. Die erste Gruppe stellen bereits aus dem Idg. (→ Indogermanische Sprache und Sprachfamilien) ererbte Wörter dar. Diese lassen sich als solche bestimmen, wenn aus anderen idg. Sprachen Entsprechungen, sog. Kognate., vorliegen (32; 29; 38). Typisch sind beispielsweise Verwandschaftsbezeichnungen (35; 14). So entspricht germ. *fader-, fortgesetzt in got. fadar (Hapaxlegomenon, Gal. 4,6), ahd. fater, as. fadar, ae. fæder, afries. fader, aisl. faðir, > nhd. Vater dem lat. pater, gr. πατήρ etc. Germ. *mōder-, fortgesetzt in ahd. muoter, as. mōdar, ae. mōdor, aisl. móðir, > nhd. Mutter entspricht lat. mater, gr. μήτηρ etc.

Daneben existieren aber auch Wörter, die im Germ. isoliert dastehen und die zweite Gruppe darstellen. Beispiele aus diesem germ. Sonder-W. sind etwa germ. *drīban-, fortgesetzt in got. dreiban, ahd. trīban, ae. drīfan, aisl. drífa, > nhd. treiben oder germ. *fugla-, fortgesetzt in got. fugls, ahd. fogal, as. fugal, ae. fugol, aisl. fugl, > nhd. Vogel. Diese Wörter könnten u. a. auf einen Substrat-W. zurückgeführt werden (→ Vorgermanisch/Vorindogermanisch; 3; 10; 11).

Was die semant. Seite der Wortgeschichte betrifft, stellt sich die Situation nicht immer so einfach dar, wie etwa bei dem Wort germ. *daga-, fortgesetzt in got. dags, ahd. tag, as. dag, ae. dæg, afries. dei, aisl. dagr, > nhd. Tag, das in allen Einzelsprachen offensichtlich die urspr. Bedeutung beibehalten hat. Oft ist die Bedeutung nur ähnlich, wie z. B. bei germ. *waipa-, fortgesetzt in got. waips ‚Kranz', ahd. waif ‚Binde' und aisl. veipr ‚Kopftuch'. Bei germ. *drepan-, fortgesetzt in ahd. trefan ‚treffen, zielen, sich beziehen, führen, gehören', ae. drepan ‚treffen, erschlagen, töten' und aisl. drepa ‚schlagen, stoßen, strecken, erschlagen, töten' haben sich die Bedeutungen bereits weiter auseinanderentwickelt. Bei den Wörtern got. asneis ‚Tagelöhner', ahd. asni ‚Knecht' und aisl. asni ‚Esel' endlich ist der Zusammenhang zwar noch deutlich erkennbar, doch im Aisl. gehört das Wort sogar in ein anderes Wortfeld (Mensch : Tier; zum Wortfeld s. 39; 28). Es gestaltet sich also mitunter schwierig, die urspr. Bedeutung eines urgerm. Wortes zu bestimmen.

Die Relation der germ. Einzelsprachen zum Urgerm. (→ Germanen, Germania, Germanische Altertumskunde S. 297 ff.) ist prinzipiell mit der des Urgerm. zum Idg. vergleichbar, wozu auch gegenseitige Entlehnungen innerhalb der germ. Sprachen gehören. Wie aus den bereits angeführten Beispielen ersichtlich, finden sich häufig Forts. in allen germ. Einzelsprachen. Anderseits sind auch Wörter ausschließlich in einer germ. Sprache nachgewiesen, die aber auf Grund formaler Kriterien altererbt sein müßten. Dazu gehören beispielsweise wohl die beiden starken Vb. got. us-anan ‚aushauchen' oder ahd. sweran > nhd. schwären, die zumindest nur jeweils für eine dieser beiden Sprachen nachgewiesen sind. Manche Wörter sind auch nur im West- und/oder Nordgerm. vorhanden, müssen folglich in einer Zeit nach der Ausgliederung aus dem Urgerm. aufgekommen sein. Die Situation stellt sich aber oftmals kompliziert dar, wie bei dem folgenden Beispiel der germ. Schwertwörter zu zeigen versucht wird. (Zum Arch. → Schwert).

Das am frühesten belegte germ. Wort für ‚Schwert' ist *mākija-, das bereits in einer Runeninschrift aus der Zeit kurz nach 200 n. Chr. in der Form **makija** vorkommt (Ortband von Vimose: → Vimose § 6, S. 411; s. 20, 59 ff., C2). In der got. Bibel findet sich dieses Wort als *meki* (Akk. Sing.) nur ein einziges Mal (Eph 6, 17; vgl. aber krimgot. *mycha*). Daneben ist as. (poet.) *māki*, ae. *mēce* und aisl. *mækir* (sowie die Lehnwörter finn. *miekka*, slaw. *mečь/мьčь*) nachweisbar. Allem Anschein nach handelt es sich dabei um ein gemeingerm. Wort, das aber dem Ahd. abhanden gekommen ist (vgl. aber mhd. *mæcheninc*, Hapaxlegomenon, Neidhart 91, 36). Heute hat das Wort nur noch in färöisch *mæki*, *mækja*, neunorw. *mækje(r)* ‚Schwertlilie' überlebt.

Interessant ist, daß der singuläre got. Beleg in übertragener Bedeutung ‚Schwert des Geistes' gebraucht wird. Das könnte einen Hinweis darauf darstellen, daß bei den germ. Schwertwörtern leichte Nuancen in der Bedeutung existiert haben. Sonst wird in der got. Bibel durchgehend das Wort *hairus* für ‚Schwert' gebraucht. Dieses liegt noch als Simplex in aisl. (poet.) *hjǫrr* und möglicherweise in Resten als ae. (poet.) *heoru* vor. Nur noch als Erstglied von Komposita ist as. (poet.) *heru-* überliefert (s. 24, 203 ff.). Sowohl im Ae. als auch im As. hat sich die Bedeutung des Wortes als Kompositionsglied in Richtung ‚Verderben/verderblich' entwickelt, wie z. B. bei ae. *heorugrimm*, as. *heru-grimm* ‚sehr grimmig' oder ae. *heoru-gīfre* ‚vernichtungsgierig'. Bes. deutlich ist das bei as. *heru-sēl* ‚verderbenbringendes Seil' (Heliand 5167), mit dem sich Judas erhängt. Dieses Wort gehört wohl ebenfalls zum gemeingerm. W., hat sich aber außerhalb des Got. nur in Resten in der poet. Sprache erhalten und ist heute ausgestorben.

Auf das Westgerm. beschränkt ist dagegen as., ae. *bill*. Als Hapaxlegomenon ist es als *billiu* (Instrumental Sing.) auch im ahd. Hildebrandslied (V. 52) belegt. Wenn hier nicht as. Einfluß vorliegt (→ Hildebrand und Hildebrandslied § 2), würde es sich um ein auf das Westgerm. beschränktes Wort handeln. Falls dieses Wort jedoch auf die as. Vorlage zurückginge, dann wäre dieses Wort sogar auf die gemeinsame Vorstufe des As. und Ae. einzugrenzen. Auch dieses Wort ist heute ausgestorben.

Kein zweischneidiges Schwert im eigtl. Sinn, sondern einen → Sax bezeichnet das Wort aisl. *skálm* (vgl. z. B. aisl. *bryt-skálm* ‚Fleischmesser'; → Bewaffnung § 26, S. 477). Dieses Wort findet sich in keiner anderen germ. Sprache, doch könnte die auffällige Entsprechung thrakisch σκάλμη ‚Schwert, Messer' auf ein hohes Alter hinweisen (31, 924).

Das heute in allen lebenden germ. Sprachen gebräuchliche Wort nhd. *Schwert*, nndl. *zwaard*, ne. *sword*, neuisl. *sverð*, färöisch *svørð*, neunorw., ndän. *sverd*, nschwed. *svärd* (vgl. ahd. *swert*, as., afries. *sverd*, ae. *sweord*, aisl. *sverð* < germ. *swerda-*) fehlt auffälligerweise im Got.

Auch eine innergerm. Entlehnung kann bei dem Hapaxlegomenon ae. *brand* ‚Schwert(klinge)' (Testament Æthelstans: s. 45, 56) wahrscheinlich gemacht werden, die wohl skand. Ursprungs ist, vgl. aisl. *brandr* (vgl. auch ahd. *brant*; → Bewaffnung § 26, S. 477).

Was an diesem Beispiel zu zeigen versucht wurde, ist, daß bei der Unters. des germ. W.es immer auch die Wortgeschichte als wesentlicher Faktor berücksichtigt werden sollte. Mitunter können so verschieden alte Schichten innerhalb des W.es isoliert werden (→ Sprachwissenschaft und Germanische Altertumskunde; 33). Bei dem hier angeführten Beispiel können germ. *mākija-* und germ. *heru-* mit höchster Wahrscheinlichkeit der frühesten Schicht des gemeingerm. W.es zugeordnet werden.

Auch bei germ. *swerda- könnte es sich um ein gemeingerm. Wort handeln, das sich in den Dialekten, die sich später als ostgerm. Sprachen ausgliederten, nicht gegenüber germ. *heru- durchgesetzt hat oder vielleicht auch als nicht geeignet für die Sprache der Bibel empfunden wurde. Zum andern könnte das Wort auch eine Neuerung darstellen, die erst nach der Ausgliederung der ostgerm. Sprachen stattgefunden hat, demnach einer jüng. Sprachschicht des Germ. angehören. Genau das ist höchstwahrscheinlich bei as., ae. *bill* der Fall. Entweder ist es einer Sprachstufe nach Ausgliederung des Westgerm. oder gar erst nach Ausgliederung der gemeinsamen Vorstufe des As. und Ae. zuzuordnen. Bei ae. *brand* handelt es sich wiederum höchstwahrscheinlich um eine innergerm. Entlehnung, wohl aus einer skand. Sprache. Aisl. *skálm* kann zu guter Letzt wegen der Entsprechung im Thrakischen wahrscheinlich als ererbtes Wort bestimmt werden, das sich nur im Aisl. bis in liter. Zeit erhalten hat.

Genau aus diesem Grund sind solche Überlegungen zur Sprachschichtung nur mit Bedacht anzustellen, da wir auf das Sprachmaterial angewiesen sind, das durch die liter. Überlieferung erhalten geblieben ist. So ist es beispielsweise in keiner Weise nachweisbar, daß das Ostgerm. keine Forts. von germ. *swerda- gekannt hat, nur weil dieses Wort nicht in der got. Bibel enthalten ist.

Zusammenfassend kann also festgestellt werden, daß die einzelnen germ. Sprachen nach deren Ausgliederung unterschiedlichen Entwicklungen und Einflüssen ausgesetzt waren, wobei auch Entlehnungen innerhalb des Germ. eine Rolle gespielt haben. Den größten Einfluß übte jedoch das Lat. aus, was sich in den germ. Einzelsprachen aber unterschiedlich auswirkte (43; 6; 7; 16–18; allg. 19). Genauso wie das Urgerm. gegenüber dem Idg. haben die germ. Einzelsprachen einen eigenen charakteristischen W. gegenüber dem Urgerm. ausgeprägt (zum Nordgerm. s. 1; 4; 25; 42; zum Westgerm. s. 13; zum Ae. s. 26; 2; zum Afries. s. 12; 44; zum As. s. 37; zum Ahd. s. 40; 41).

§ 3. Semantik. Neben diesen allg. Unters. zu germ. Sprachzweigen und Einzelsprachen liegt der Schwerpunkt der W.-Forschung aber auf bestimmten Sprachbereichen des W.es.

Die vorhandenen einschlägigen Unters. beschränken sich in der Regel nur auf einen bestimmten Bereich, dessen Abgrenzung je nach Umfang der Darst. einmal enger, einmal weiter gefaßt ist. Prinzipiell ist diese Herangehensweise an die W.-Forschung aufs engste mit der Methode → Wörter und Sachen verbunden.

Es erscheint generell schwierig, alle Bereiche einer Sprache in einem semant. Gruppenschema erfassen zu wollen, da es nicht selten zu Überschneidungen kommt (s. etwa die Einteilung bei 15). Eine erste Zweiteilung könnte man zw. der Natur mit allen ihren Erscheinungen, einschließlich Fauna und Flora, sowie dem Menschen in seiner Umwelt vornehmen, wobei es aber im Bereich der → Kulturpflanzen und → Haustiere (vgl. noch → Gemüse) mit der ersten Gruppe zu Überschneidungen kommen kann. Der W. betreffend die menschliche Sphäre weist, wie zu erwarten, eine ganze Reihe verschiedener Facetten auf. Eine Zweiteilung in Konkretes und Abstraktes scheint dabei aber nicht sinnvoll zu sein. Zunächst könnte ein Bereich definiert werden, der den Menschen und sein Dasein direkt betrifft. Das wäre zum einen der menschliche Körper und seine Teile (→ Leib und Leibespflege) sowie zum andern das Leben selbst, von der Geburt bis zum Tod mit allen Phasen (→ Kind; → Alte; → Alter und Altersklassen), allen physischen und Gemütszuständen (→ Krankheiten; → Geisteskrankheiten). Hier kommt es aber wieder zu Überschneidungen mit allem Lebendigen in der Natur. Als weiterer Bereich könnten Artefakte und der Umgang mit ihnen im weitesten Sinne abgegrenzt werden (→ Haus; → Mobiliar; → Handwerk und Handwerker; → Werkstatt und Werkzeug; → Landwirtschaft; → Gartenbau und Gartenpflanzen; → Kriegswesen; → Bewaffnung; → Handel; → Schiff und Schiffsarten etc.). Einen zweiten komplexen Bereich stellt das menschliche Zusammenleben dar, also Staat und → Gesellschaft (→ König und Königtum; → Gefolgschaft; → Sippe; → Ehe; → Witwe; → Ehre etc.) einschließlich Recht (→ Rechtssprache). Zu guter Letzt könnten noch im Bereich der abstrakten Erfassung der Umwelt Messen und Zählen (→ Zahlen und Maße; → Zahlensysteme; → Woche und Wochentagsnamen; → Zeitrechnung und Zeitbewußtsein), die Geisteswelt (→ Weltbild; → Untergangsmythen) einschließlich Sprache und Denken (→ Schrift und Schriftwesen) sowie → Religion unterschieden werden.

Letztendlich stellt sich aber der W. jeder Sprache als zu komplex und facettenreich dar, um in ein umfassend zufriedenstellendes, weil nicht zu kompliziertes und detailliertes semant. Gruppenschema eingeteilt werden zu können. Immer kommt es zu Überschneidungen oder Einzelfällen, die keinem Bereich zugeordnet werden können. Für weiterführende Lit. und Einzelstudien zu den verschiedenen semant. Bereichen des W.es kann auf die in dieser Hinsicht gut gegliederte Bibliogr. von Heidermanns (21) verwiesen werden.

(1) O. Bandle u. a. (Hrsg.), The Nordic Languages, Handb. zur Sprach- und Kommunikationswiss. 22, 2002. (2) St. A. Barney, Word-Hoard. An Introduction to OE Vocabulary, 1985. (3) R. S. P. Beekes, Ancient European Loanwords, HS 109, 1996, 215–236. (4) H. Bergenholtz u. a. Nordisk leksikografisk Ordbok, 1997. (5) W. Besch u. a. (Hrsg.), Sprachgesch. 2, 2000. (6) W. Betz, Der Einfluß des Lat. auf den ahd. Sprachschatz 1, 1936. (7) Ders., Dt. und Lat. Die Lehnbildungen der ahd. Benediktinerregel, ²1965. (8) H. Bjorvand, F. O. Lindemann, Våre arveord, Etym. ordbok, 2000. (9) Diess., Mer om våre arveord, Maal og minne 2004, 93–108. (10) D. F. H. Boutkan, On the form of North European substratum words in Germanic, HS 111, 1998, 102–133. (11) Ders., A. Quak, Language Contact. Substratum, Superstratum, Adstratum in Germanic Languages, 2000. (12) R. H. Bremmer jr. u. a. (Hrsg.), Aspects of Old Frisian Philol., 1990. (13) Ders., J. van den Berg (Hrsg.), Current Trends in West Germanic Etym. Lexicography, 1993. (14) A. Diepeveen, Verwantschapstermen in de Germaanse talen, 2003. (15) F. Dornseiff, Der dt. W. nach Sachgruppen, ⁶1965. (16) E. Gamillscheg, Zur Gesch. der lat. Lehnwörter im Westgerm., in: Wortbildung, Syntax und Morphologie (Festschr. H. Marchand), 1968, 82–91. (17) H. Gneuss, Anglicae linguae interpretatio, Language contact, lexical borrowing and glossing in Anglo-Saxon England, Proc. of the British Acad. 82, 1993, 107–148. (18) Ders., Language contact in early medieval England, Latin and OE, in: M. Laing, K. Williamson (Hrsg.), Speaking in Our Tongues, 1994, 149–157. (19) H. Goebl u. a. (Hrsg.), Kontaktlinguistik. Ein internationales Handb. 1–2, 1997. (20) F. E. Grünzweig, Runeninschr. auf Waffen, 2004. (21) F. Heidermanns, Bibliogr. zur idg. Wortforsch. 1–3, 2005. (22) T. Hofstra, Überlegungen zu einigen ‚westgerm.' Lehnwörtern im Ostseefinn., NOWELE 11, 1988, 31–49. (23) Dies., Zu mutmaßlichen frühen ostseefinn. Lehnwörtern im Nordgerm., in: S.-L. Hahmo (Hrsg.) Finn.-Ugr. Sprachen im Kontakt, 1997, 127–134. (24) P. Ilkow, Die Nominalkomposita der as. Bibeldichtung. Ein semant.-kulturgeschichtl. Glossar, 1968. (25) M. Jacoby, Hist. Lexikologie zum nordgerm. Raum, 1990. (26) D. Kastovsky, Semantics and Vocabulary, in: R. M. Hogg (Hrsg.), The Cambridge Hist. of the English Language 1, 1992. (27) A. D. Kylstra u. a., Lex. der ält. germ. Lehnwörter in den ostseefinn. Sprachen 1–2, 1991–96. [A bis O] (28) P. R. Lutzeier (Hrsg.), Stud. zur Wortfeldtheorie, 1993. (29) W. Meid, Bemerkungen zum idg. W. des Germ., in: J. Untermann, B. Brogyanyi (Hrsg.), Das Germ. und die Rekonstruktion der idg. Grundsprache, 1984, 91–112. (30) V. Orel, A Handbook of Germ. Etym., 2003. (31) Pokorny, IEW. (32) E. C. Polomé, Germanic and regional Indo-European (lexicography and culture), in: G. R. Cardona u. a. (Hrsg.), Indo-European and Indo-Europeans, 1970, 55–72. (33) Ders., Diachronic stratification of the Germanic vocabulary, in: G. F. Carr (Hrsg.), Insights in Germanic Linguistics 1, 1995, 243–264. (34) H. Reichert, Lex. der agerm. Namen 1–2, 1987–1990. (35) E. Risch, Betrachtungen zu den idg. Verwandtschaftsnamen, Mus. Helveticum 1, 1944, 115–122. (36) R.-P. Ritter, Stud. zu den ält. germ. Entlehnungen im Ostseefinn., 1993. (37) W. Sanders, Lexikologie und Lexikographie des And. (As.), in: [5], 1257–1262. (38) P. Scardigli, Der

germ. Anteil am idg. W. und anderes, in: W. Meid (Hrsg.), Stud. zum idg. W., 1987, 219–226. (39) L. Schmidt (Hrsg.), Wortfeldforsch., 1973. (40) St. Sonderegger, Ahd. Spache und Lit., 2003, 356–381. (41) J. Splett, Lexikologie und Lexikographie des Ahd., in: [5], 1196–1206. (42) A. Torp, Zum zentralen gemeingerm. W. und zum Purismus im Nynorsk, in: K. Hyldgaard-Jensen u. a. (Hrsg.), Nd. in Skand. 2, 1989, 220–240. (43) H. V. Velten, Studies in the Gothic Vocabulary with Especial Reference to Greek and to Latin Models and Analogues, The Journ. of English and Germanic Philol. 29, 1930, 332–351. (44) G. Walter, Der W. des Afries., 1911. (45) D. Whitelock, Anglo-Saxon Wills, 1930.

F. E. Grünzweig

Wotan-Odin

§ 1: Einleitung – § 2: Der Kult des Gottes bei Kontinentalgermanen und Angelsachsen – § 3: Mythologie und Kult des Gottes bei den Skandinaviern – a. Zentrale Mythen und ihre Deutung – b. Öffentlicher Kult – c. Privater Kult – d. Odin-Kult in Island – § 4: Wesen und Wirkungsbereich – a. Die Frage nach der Etym. und der Charakter des Gottes – b. Odin und sein ‚magisches' Wissen – c. Attribute, Erscheinungsformen und Beinamen – § 5: Probleme der Forschung – a. Ursprung, Entwicklung und Veränderung des W.-O.-Kultes – b. Odin und die Frage nach *seiðr* und ‚Schamanismus' – c. W.-O. in ikonographischen Darst. – d. W.-O. und die Männerbünde – e. Odin als höchste Gottheit – § 6: Schlußbemerkung

§ 1. Einleitung. W.-O. war bei den germanischsprechenden Völkern eine der am stärksten hervortretenden und am meisten verehrten Gottheiten. V. a. die skand. Qu. vermitteln die Vorstellung eines Gottes mit einem breiten Wirkungsfeld und großer Macht über die Sinne. Sein Wesen ist vielfältig und oft widersprüchlich. W.-O. ist die Gottheit der intellektuellen und poet. Kraft; er verfügt über besonderes Wissen und die Kenntnis der → Runen, ist der Gott des Krieges und der Herrscher, der ihnen im Jenseits zu einem glanzvollen Dasein verhilft. Er beherrscht die magisch-relig. Riten sowie → Zauber (*seiðr* und *galdrar*). Gleichzeitig ist er der Gott der Schöpfung und derjenige, der bei den → Ragnarök die Verteidigung der Götter- und Menschenwelt übernimmt.

Das Bild von W.-O. hat sich sicherlich verändert im Laufe der etwa 1 000 J., in denen man seine ‚Geschichte' als lebendige Gottheit verfolgen kann, von den Schr. des → Tacitus aus der RKZ bis zu der hagiographischen und pseudohist. Lit. im nord. MA. Nach dem Durchbruch des Christentums erfolgte eine Dämonisierung W.-O.s, die auch den späteren Volksglauben prägte, in dem die Erinnerung an den Gott bis ins 20. Jh. überlebte.

Das Qu.material ist vielfältig, und die geschriebenen Qu. umfassen praktisch alle damaligen Genres. Runologische, arch. und ikonographische Zeugnisse kommen hinzu, jedoch nur in geringem Maße; in vielen Fällen ist ihre Deutung unsicher. Kult, Charakter und Ursprung des Gottes sind in der Forsch. lebhaft diskutiert worden, doch die bisher einzige publizierte Monogr. dazu stammt von 1899 (34), auch wenn man die Behandlung des Gottes in Jan de → Vries' „Altgermanischer Religionsgeschichte" als eine kleinere Monogr. bezeichnen könnte (163a, §§ 361–412) und andere religionsgeschichtl. Handbücher dem Gott einen herausragenden Platz einräumen (vgl. z. B. 157, 35–74; 148, 165–194; zur Forschungsgesch. 39).

Die Diskussion über den Namen des Gottes war stark etym. bestimmt (s. u. § 4a), doch sollte der Ausgangspunkt eher hist. sein und aufzeigen, wo, wann und in welcher Form der Name des Gottes zuerst in den Qu. auftaucht. Die frühesten Belege weisen zwei Namenformen auf, die sich durch den Vokalismus in der zweiten Silbe unterscheiden und insgesamt eine unterschiedliche geogr. Verbreitung haben:

Die erste – südliche – Gruppe hat den Vokal *a* in der zweiten Silbe. Die Bügelfibel → Nordendorf I (2. Hälfte des 6. Jh.s), die als der älteste Beleg überhaupt gilt, nennt die Form *Wōdan* (**wodan**), ebenso wie die → *Vita Columbani* aus dem 7. Jh. (*Vodan;* zu diesem Beleg s. 74, 31 f.; 43, 108). *Origo gentis Langobardorum* (Ende des 7. Jh.s) zeigt wie auch → Paulus Diaconus, *Historia Langobardorum* I, 9 (→ Langobardische Sagen) die Form *Godan* (bei Paul. Diac. auch *Wodan, Gwodan*) mit sekundärer Veränderung des anlautenden *w* zu *g*. Der Zweite Merseburger Zauberspruch (1. Hälfte 10. Jh.; → Merseburger Zaubersprüche) hat *Wôdan (uuodan)*. Ahd. Belege für den germ. Gott sind nicht bewahrt, wohl aber Glossenbelege (s. R. Schützeichel, Ahd. und as. Glossenwortschatz, 2004) mit *wuoten* (schwaches Verb), *wuot* (Nomen), *wuotanherʒ* (Adj. ‚tyrannisch'), die etym. mit dem Gottesnamen zusammenhängen.

Die andere – nordwestliche – Beleggruppe zeigt *e/i* in der zweiten Silbe. Die *Vita S. Kentigerni* (um 600; s. 163a, § 370) hat *Woden*, → Beda venerabilis Hist. Eccl. (vollendet 731) I,15 weist die Form *Wōden (Uoden)* auf. Auch in ae. ON und Wochentagsnamen findet man die Variation *Wōden/Wēden*. Das Altsächsische Taufgelöbnis (wohl Ende des 8. Jh.s; → Taufgelöbnis § 3) kennt die Form *Wōden (Uuoden)*. Der älteste skand. Beleg ist ein Schädelfrg. mit Runen aus → Ribe (Datierung auf etwa 725), das den Namen *Óðinn* (**uþin**) enthält. Die gängige skand. Form ist durch Schwund des anlautenden *w* vor einem hinteren Vokal (→ Nordgermanische Sprachen § 3) entstanden.

§ 2. Der Kult des Gottes bei Kontinentalgermanen und Angelsachsen. In seinen kurzen Anm. zu den Göttern der Germ., überdies in Form der *interpretatio romana* (→ Interpretatio § 2) heißt es bei Tac. Germ. c. 9, sie verehrten von den Göttern am stärksten Mercurius *(deorum maxime Mercurium colunt)*. Er greift dabei die gleiche Formel auf, mit der → Cäsar seine Beschreibung der Relig. der Gall. einleitet, fügt jedoch hinzu, daß man es an bestimmten Tagen als relig. Pflicht *(fas)* angesehen habe, ihm ein → Menschenopfer zu bringen. In den *Annales* 13,57 spricht Tacitus von einer Schlacht zw. den Hermunduren (→ Ermunduri) und den → Chatten. Für die ersten war der Kampf erfolgreich, für die letzteren brachte er Unglück, weil die Sieger das gegnerische Heer dem Mars und dem Mercurius geweiht hatten. Nach allg. Auffassung verbirgt sich hinter diesem Mercurius der einheimische W.-O. (siehe z. B. 163a, § 361; 52, 217; 130). Das wichtigste Argument dafür ist die Übs. der röm. Wochentagsnamen in die germ. Sprachen; dabei wird *Mercurii dies* mit mndl. *wōdensdach*, ae. *wōdnesdæg*, anord. *óðinsdagr* wiedergegeben (110, 171 f.; 59; 163a, § 361 → Mythische Namen; → Woche und Wochentagsnamen). Man hat auch vermutet, daß es sich bei dem bei Tac. Germ. c. 39 erwähnten Gott, den die → Semnonen verehrten und der als *regnator omnium* ‚Herrscher über alle Dinge' bezeichnet wird, um W.-O. handle (76; 130; 163a, § 366). Diese Auffassung ist jedoch umstritten; auch für die Deutung, der höchste Gott der Semnonen sei → Ziu-Týr (**Tîwaʒ*) gewesen, spricht einiges (zur Diskussion s. 110, 436–438; 163a, § 366).

Inschr. aus den beiden germ. Prov. längs des Rheins, die dem Merkur gewidmet sind, können auf einen Kult Wodans hindeuten; damit eine solche Schlußfolgerung jedoch überzeugend wird, muß der Gott einen Beinamen tragen, der als germ. oder zumindest den germ. Verhältnissen entspr. gedeutet werden kann (163a, § 362). In den wenigen in Frage kommenden Inschr. ist die Deutung der Beinamen jedoch unsicher (vgl. 163a, § 363–364); darüber hinaus weiß man nicht, wieviel an einheimischen Vorstellungen zu W.-O. dem germ. Beinamen tragenden Mercurius der Votivinschr. zugrunde liegen. Eine Widmung wie die an → Mercurius Cimbrianus (CIL XIII, 6605) kann auch so gedeutet werden, daß die Kimbern den Kult von diesem röm. Gott übernommen haben.

In seiner *Getica* (Mitte des 6. Jh.s) führt → Jordanes den Stammbaum der Goten auf

Gapt zurück. Dieser wird in der Regel mit awnord. *Gautr* als Bezeichnung für Odin (O.) gleichgestellt, dem Gott der südskand. Göten (eingehend behandelt bei 168, 18–33; 163a, § 372). In seiner Eigenschaft als Stammvater der Göten trägt der Gott den Namen *Gautr*. Die Namen *Gausus* bei den Langob. und *Geot/Geat* bei den Ags. gehören aller Wahrscheinlichkeit nach mit *Gautr* zusammen (168, 27; 163a, § 372; 116). Von den Langob. stammt die einzige in kontinentalgerm. Tradition bewahrte Mythe über Wotan. Sie ist in zwei Var. erhalten, die ält. in *Origo gentis langobardorum* c. 1 (→ Origo gentis) und die andere bei → Paulus Diaconus *Historia langobardorum* I, 8. Die Mythe, auf die in diesem Lex. an anderer Stelle eingegangen wird (→ Langobardische Sagen § 2; → Religion § 5b), zeigt deutliche Berührungspunkte mit der skand. Mythol.; Jacob → Grimm (60, 112 f.) war der erste, der darauf hinwies; der Gedanke wurde später von anderen Gelehrten weiterentwickelt (163a, § 369; 106).

Eine Mythe über Wodan als heilenden Gott liegt sicherlich einer Aussage im Zweiten Merseburger Zauberspruch zugrunde, wo der Gott zusammen mit vier weiblichen Gottheiten *balderes uolon* ‚das Pferd Balders' durch Rezitieren einer Zauberformel heilt (Analyse bei 163a, § 451–453). Wodans Part als bes. kundig in dieser Hinsicht wird deutlich betont: *thu biguol en Uuodan so he uuola conda*, ‚da besprach Wodan, wie er es gut verstand' (Text in 2, 89).

Das Altsächsische Taufgelöbnis (Text in 2, 39), in dem der Täufling seinen alten Göttern abschwören muß (die hier ungewöhnlicherweise namentlich aufgeführt werden), nämlich *Thunaer ende Uuoden ende Saxnote*, zeigt die herausragende Stellung Wodens im Kult der Sachsen, selbst wenn der Rangordnung nach → Donar-Þórr der wichtigste Gott gewesen zu sein scheint (s. u. § 5e).

Im ags. England zeigen die theophoren ON (→ Theophore Namen) die starke Verbreitung des Kultes von Woden/Weden (zusammengefaßt bei 57, 158–161, dort auch Karte; 116, 78–80). In den ags. Kgr. erlebte Woden während des 7. Jh.s eine Renaissance als Stammvater der herrschenden Regenten (eingehende Diskussion bei 116, 111–132). → Beda venerabilis weist darauf hin, daß Hengist und Horsa (→ Hengest und Finn, Horsa) Abkömmlinge Wodens im vierten Glied waren und daß viele Kg.shäuser von ihm abstammten (*Uoden de cuius stirpe ...*; Hist. Eccles. I, 15; vgl. 54). Die → Angelsächsische Chronik führt die Genealogie → Alfreds des Großen auf Woden zurück (1, 2): ‚... Bældæg Woden's offspring'. In den meisten der in der Ags. Chronik zusammengestellten Kg.slisten erscheint Woden als ein Ahnherr, meist als Sohn des Frealaf. Diese Renaissance eines historisierten W.-O. scheint von der Kirche und der Kg.smacht gemeinsam betrieben worden zu sein, begünstigt von einer vorchristl. ags. Vorstellung von Woden als einem Gott, der die gefallenen Kg. und Krieger wieder auferstehen läßt (116). Eine Parallelisierung des vorchristl. Woden mit Jakob als Stammvater der zwölf Stämme kann auch Wodens dynastischem Status den Weg bereitet haben (116, 114–117). Mythische Anspielungen finden sich in dem ae. *The Nine Herbs Charm* ‚Neunkräutersegen', wo es heißt, eine Schlange sei angekrochen und habe einen Mann getötet. Woden habe da neun *wuldortanas* ‚glanzvolle Stöcke oder Zweige' ergriffen und die Schlange damit geschlagen, so daß sie in neun Stücke zerfallen sei. Der Inhalt der Formel gilt zu Recht als alt (163a, § 370; 116, 86); er kann mit einer Zeile in den *Maximen I* in Verbindung gebracht werden: *Woden worhte weos, wuldor alwalda, rume roderas* ‚Woden schuf Abgötter, der Allmächtige schuf Herrlichkeit, den weiten Himmel'. Eine von North vorgelegte Deutung geht davon aus, *trémenn* in → *Hávamál* Str. 49 seien Idole, die von Odin Waffen erhielten. Dies sollte mit der Aufnahme, der Apotheose, von Kriegerkg.

nach dem Tod zusammenhören (vgl. → *Hákonarmál;* → *Eiríksmál*), um zu einer Art kleinerer Gottheiten, ‚lieutenants', zu werden. Diese Vorstellung spiegle sich auch in Rimberts → *Vita Anskarii* über die Aufnahme Kg. Eriks bei den Göttern wider, ferner in den → *Hyndluljóð* Str. 1–2 sowie in der → *Vellekla* Str. 16. Die Hypothese ist verlockend, aber die Vorstellung einer paganen Apotheose bei den Germ. scheint der einheimischen Vorstellungswelt fremd zu sein (vgl. 154a, 289–292). Hingegen spricht vieles dafür, das Willkommenheißen der Krieger und Kg. in Walhall (→ Valhǫll) reflektiere eine gemeingerm. Ideologie (163a, § 380; 116, 107–110).

§ 3. Mythologie und Kult des Gottes bei den Skandinaviern. a. Zentrale Mythen und ihre Deutung. Diese erhalten ihren Charakter zum einen dadurch, daß Odin als dominierende handelnde Gestalt hervortritt, zum anderen dadurch, daß sie wichtige Seiten seines Wesens und Tätigkeitsgebietes beleuchten. Die Mythen sind oft miteinander verflochten, in erster Linie dadurch, daß mehrere Mythen den gleichen Zweck haben, z. B. daß der Gott sein Auge als Pfand läßt, daß er einen besonderen Trank oder Runen erwirbt, alles mit dem Ziel, übernatürliche Kenntnisse und poet. Inspiration zu erwerben. Abhängig davon, was die Handlung berichtet und welche Personen auftreten, lassen sich jedoch verschiedene Mythen ausmachen, die von Bedeutung waren.

1. Die Tradition hat mehrere Mythen bewahrt, die berichten, wie der Gott ein weibliches Wesen verführt oder es zu tun versucht. Der eigtl. Sinn solcher ‚Verführungsmythen' ist ein anderer; er ist wichtiger als die bloße Eroberung der Begehrten. Die *Hávamál* Str. 104–110 (Text in 4, 29 f.) erzählen in allusiver Form, wie Odin sich zu dem Riesen → Suttungr begab und von dessen Tochter Gunnlǫð einen Trank des kostbaren Mets erhielt *(drykk ins dýra miaðar)* – was er ihr schlecht lohnte. Mit dem ‚Mund des Bohrers' *(rata munn)* brach er einen Gang durch den Fels. Er pries seine Erwerbung, denn *Óðrerir* war nun oben in der Menschen- und Götterwelt (dies ist wohl der allg. Sinn der Strophe; die Verszeile *á alda vés iarðar* bietet große Deutungs- und Übs.sschwierigkeiten; vgl. 57a, 129 f.; 163a, § 390). Wäre nicht Gunnlǫð, die gute Frau, gewesen, die ihre Arme um ihn legte, wäre er nicht aus der Wohnstatt der Riesen herausgekommen. Diese fragten, ob Bǫlverkr bei den Göttern wäre *(með bǫndom)* oder ob Suttungr ihn getötet hätte. Einen Ringeid *(baugeið)* hatte er gegeben – wie sollte man sich auf sein Versprechen verlassen! Er ließ Suttungr um den Trank *(sumbl)* betrogen und Gunnlǫð in Tränen zurück. Zu dieser Mythe gehören auch die Str. 13–14 von *Hávamál,* die eine andere Var. andeuten (s. dazu 42, 116). Hier wird Odin in Gunnlǫðs Hof vom ‚Reiher des Vergessens' *(óminnis hegri)* gefesselt, und er betrinkt sich bei dem weisen Fjalarr, hier wohl der Name eines Riesen (vgl. 57a, 87). Die Geschichte, die in den Strophen der *Hávamál* wiedergegeben wird, stimmt inhaltlich nicht ganz mit dem zugrundeliegenden Handlungsverlauf der Mythe überein, doch geht ihr Anliegen deutlich hervor, nämlich zu zeigen, wie der Trank, der Kenntnis, Weisheit und poet. Inspiration schenkt, von einem Gott geholt wird und damit auch den Menschen zuteil werden konnte. Der Trank wird bezeichnenderweise *Óðrerir* (mit den Var. *Óðrørir, Óðrærir*) genannt, mit der Grundbedeutung ‚der den Geist in Bewegung setzt' (siehe u. a. 49a; 163a, § 390; 7, 196), wobei die Bewegung unterschiedliche Formen wie ‚Inspiration, Ekstase, Raserei' ausdrücken kann. Es ist jedoch auffallend, daß die Version der *Hávamál* so viel Raum für Gunnlǫð und ihre Liebe läßt; dies steht in deutlichem Gegensatz zu der ausführlichen Version bei → Snorri Sturluson (s. u.). Man kann dies vielleicht dadurch erklären, daß Odins und

Gunnlǫðs Verhältnis in der *Hávamál*-Episode den Reflex eines alten *hieros gamos*-Mythos darstellt (→ Heilige Hochzeit; 42, 114 f.; 87; dort durch den Vergleich mit ir. und indischen Mythen gestützt).

Die nur in *Hávamal* Str. 96–102 vorkommende Episode von Odins mißglücktem Versuch, *Billings mær* ‚Billings Maid' zu verführen, bleibt in ihrem Sinn dunkel und gehört wohl kaum mit den Mythen um seinen Erwerb des Skaldenmets zusammen (zu dieser Mythe s. 49; 36, 130 f.; 104). Billingr ist vermutlich ein Riese (49, 312; 104), und das Thema der Verführung oder Bezwingung einer Riesentochter durch einen Gott gehört einem bestimmten Typus sexueller Eroberungsmythen an (s. 49, 311). Der jungen Frau gelingt es dreimal, die Versuche des Gottes abzuwehren, erst durch listige Worte, dann durch eine ihm entgegengeschickte bewaffnete Schar und schließlich durch das Angebot einer Hündin statt ihrer selbst. Die Episode ist als ein Beispiel für die Anwendung des dreifunktionalen Systems in Konfliktsituationen zw. Mann und Frau gedeutet worden (→ Dumézilsche Dreifunktionentheorie; 49, 309–314). Möglicherweise hat die Mythe ihren Hintergrund in Inzestrestriktionen, v. a., wenn sich Billingr mit Odins Proto-Familie zusammenbringen ließe (104).

Eine dritte Verführungsmythe handelt von der Verführung der Rindr (Saxo: Rinda) durch Odin. Sie findet sich ausführlich nur bei → Saxo Grammaticus in seinen *Gesta Danorum* III, 4 (Text in 11, 70–72). Ein Seher namens Rostiophus mit dem Beinamen Phinnicus sagte voraus, daß Othinus (= Odin) von Rinda, einer Tochter des Kg.s der Ruthener, einen Sohn bekommen werde. Othinus begab sich dorthin, mit einem Hut verkleidet, der sein Aussehen verbarg, und bot dem Kg. seine Dienste an. Zum Befehlshaber *(magister militum)* ernannt, gewann er zwei glänzende Siege, einen an der Spitze des Heers, einen ganz allein. Othinus gab dem Kg. seine Liebe zur Tochter zu erkennen; gestärkt von dessen Vertrauen versuchte er Rinda zu küssen, erhielt aber statt dessen eine Ohrfeige *(alapa)*. Othinus verschwand, kam aber dreimal in jeweils neuer Gestalt und unter anderem Namen zurück. Als geschickter Handwerker *(fabrilius)* nannte er sich Rofterus; dieser konnte den kunstvollsten Schmuck anfertigen. Den schönsten schenkte er Rinda, aber sie durchschaute seine List und wies jeden Versuch einer Annäherung ab. Mit wiederum verändertem Aussehen trat Othinus noch einmal auf, und zwar als ein Meister der berittenen Kriegskunst (bei Saxo trägt er diesmal keinen Namen). Aber auch seine strahlende Erscheinung zu Pferde konnte die Sturheit *(rigor)* des Mädchens nicht bewegen. Als Othinus dennoch versuchte, ihr einen Kuß zu stehlen, stieß Rinda ihn um, so daß er mit dem Kinn auf den Boden schlug. Othinus berührte sie sogleich mit einem Stück Borke, in die Zaubersprüche geritzt waren *(cortice carminibus adnotato)*, und machte sie damit einer Besessenen gleich *(lymphanti similem reddidit)*. Trotzdem hielt Othinus an seinen Plänen fest und kam ein letztes Mal zum Kg. zurück, nun als Frau verkleidet, die sich Wecha nannte. Sie wies sich von Beruf als Ärztin aus *(arte medicam testabatur)*, und als Rinda eines Tages krank wurde, nutzte Odin dies in seinem Sinne aus. Er riet ihr zu einem Genesungstrank, der jedoch so stark wäre, daß sie dazu im Bett bleiben müßte. Der Kg. achtete darauf, daß dies so geschah, und Othinus zögerte in seiner leidenschaftlichen Verliebtheit *(Veneris occasione sumpta)* nicht, seine Lust zu befriedigen, bevor er ihr Fieber linderte.

Saxos Darst. ist die stark historisierte und bearbeitete Version einer Mythe, die andernorts nur andeutungsweise in awnord. Qu. bekannt ist (vgl. 163a, § 395; 98; 99). Andererseits kann man sie auf das 10. Jh. zurückführen durch Kormáks *Sigurðardrápa* Str. 3 (→ Kormáks saga), in der es heißt, Odin habe Rindr durch einen Zauber gewonnen: *seið Yggr til Rindar*. *Grógaldr* Str. 6

spielt ebenfalls auf diese Mythe an: Gróa lehrt ihren Sohn den ersten Zauber, den Odin über Rindr sang: *þann gól Rindi Rani* (53, 18, *Rani* steht für *Hrani*). Snorri zählt Rindr zu den Göttinnen, sie wird als Mutter des Váli genannt (c. 36). In c. 30 heißt es zudem, Váli sei der Sohn von Odin und Rindr (zu Rindr s. 80; 163a, §§ 391. 557; 145a, 446). Mehrere Kenningar (→ Kenning) für Frauen sind mit Rindr als Grundwort zusammengesetzt (107, 407). Saxo erläutert die Bedeutung des dahinterliegenden Mythos schon zu Beginn seines Berichts: Rinda sollte Odin den Sohn gebären, der den Tod seines Bruders → Balder rächen sollte *(qui fraternæ cladis pœnas exigere debebat)*. Dies geht indirekt auch aus Str. 11 in dem Eddalied *Baldrs draumar* (→ Vegtamskviða) hervor: ‚Rind gebiert Váli' (*Rindr berr* [*Vála*]; zur Form des Textes s. die Diskussion bei 145a, 445), wo der Alte eine Nacht kämpfen und nicht zögern wird, bis er Balders Widersacher auf den Scheiterhaufen gebracht hat (zum Thema des Rächens s. 103).

Offenbar hat es die Mythe in verschiedenen Var. gegeben, da Saxo eine andere Version zum Ende der Erzählung kennt *(aliam quoque de ea re opinionem)*. ‚Einige sagen' *(aiunt enim quidam)*, der Kg. habe – nachdem er die Leidenschaft des ‚Arztes' für Rinda entdeckt hatte – zugelassen, daß Othinus heimlich mit seiner Tochter geschlafen habe *(clandestino filiae concubitu potiri permiserit);* diese Version könnte besser in den hinter der Mythe liegenden Verführungszauber passen. Einige Einzelheiten in Saxos Ber. spiegeln authentische Züge des Odinbildes wider: Er gilt als der Höchste unter den Göttern, er verkleidet sich und gibt sich neue Namen, er wird an mehreren Stellen ‚der Alte' genannt *(senex;* vgl. awnord. *aldinn* als Epitheton für Odin, z. B. Vsp. 28, Bdr. 13); er kann sein Aussehen verändern *(varios habitus)* und wendet Magie und Zauber an, um seine Ziele zu erreichen (III, 4, 4).

Die Feststellung, Othinus habe Rinda ‚wie besessen' *(lymphanti similem)* gemacht, nachdem er sie mit dem geritzten Borkenstück berührt hatte, kann beinhalten, daß Othinus eine Art Zauber ausgeübt hat, wie es auch der Vers Kormáks andeutet. Das Wort *lymphans* könnte gerade in diesem Zusammenhang die Nebenbedeutung „von Verlangen besessen" haben (so 15, 249 f.), obwohl der Terminus an den beiden anderen Stellen, an denen er bei Saxo vorkommt (Gest. Danorum 183,2 und 336,6), eine allgemeinere Bedeutung zu haben scheint und sich auf Männer bezieht. Erst etwas später erwähnt Saxo in c. 4, daß Rinda dem Othinus einen Sohn geboren habe, der Bous hieße. Die Deutung dieser Gestalt bereitet gewisse Schwierigkeiten, und die Erklärung, Bous solle auf einen südskand. Fruchtbarkeitsgott niederen Ranges zurückgehen, ist nicht überzeugend (zur Diskussion s. 163a, § 516).

2. Ursprung des → Dichtermets und seine Ankunft in der Götterwelt. Diese Mythe liegt als zusammenhängender Ber. nur in den *Skáldskaparmál* c. 2 vor (Text in 12, 80–84; → Edda, Jüngere). Da es sich um eine der wichtigsten Mythen zu Odin handelt, wird das Geschehen hier kurz zusammengefaßt. Das Ziel Snorris ist es zu erklären, woher die Dichtkunst *(skáldskap)* genannte Fähigkeit *(íþrótt)* komme. → Asen und → Wanen, die miteinander im Unfrieden lagen, kamen zusammen um Frieden zu schließen, und man schuf eine befriedete Sicherheit *(grið),* indem beide Gruppen in das gleiche Gefäß spuckten. Damit dieses Zeichen der Sicherheit nicht vergehen sollte, schufen die Götter aus dem Speichel den weisen Kvasir. Auf seinen Fahrten kam Kvasir zu zwei → Zwergen, Fjalarr und Galarr, die ihn dennoch ermordeten und sein Blut in zwei Gefäßen auffingen, die sie Són und Boðn nannten, sowie in einem Kessel namens Óðrœrir. Die Zwerge gaben Honig hinzu, und es entstand Met. Dann luden die Zwerge einen Riesen namens Gillingr mit dessen Frau zu

sich ein. Sie ruderten mit dem Riesen aufs Meer hinaus, setzten das Boot auf Grund *(boði)* und ließen es kentern, so daß der Riese über Bord fiel und ertrank. Seine Frau erschlugen sie mit einem Mühlstein, damit sie ihre Klagerufe nicht ertragen mußten. Aber →Suttungr, der Sohn von Gillingr (vgl. 7, 196), erfuhr, was die Zwerge getan hatten, und setzte sie auf einer Schäre im Meer aus. Die Zwerge erbaten sich ihr Leben *(lífsgrið)* und boten im Austausch dagegen Suttungr den Met an. Der Riese nahm den Met mit nach Hause und ließ seine Tochter Gunnlǫð darüber wachen, an einem Ort namens Hnitbjǫrg.

Danach bringt Snorri Beispiele für Kenningar, die sich auf diese Ursprungsgesch. des Mets beziehen, und setzt dann seine Geschichte fort, wie die Götter sich des Mets bemächtigten. Auf dem Heimweg traf Odin neun Knechte, die Heu machten, und erbot sich, ihre Sensen zu wetzen. Die Sensen schlugen nun viel besser, und jeder der Knechte wollte den Wetzstein für sich selbst kaufen. Odin warf den Wetzstein in die Luft, und als die Knechte versuchten ihn aufzufangen, kam es so, daß sie dabei einander die Hälse abschlugen. Odin bat um Nachtquartier bei Suttungs Bruder Baugi, dem die Knechte gehört hatten, und erbot sich, an deren Stelle für neun zu arbeiten; er nannte sich Bǫlverkr. Als Gegenleistung wollte er einen Schluck von Suttungs Skaldenmet haben, aber als Odin und Baugi zu Suttungr kamen, schlug dieser den Wunsch rigoros ab. Odin griff zu einer List *(vél),* auf die Baugi einging, und holte einen Bohrer *(navarr)* hervor, der Rati hieß, und bat Baugi, damit durch den Berg zu bohren. Das tat dieser, aber als Odin in das Loch blies, trieb es ihm die Späne entgegen, und er verstand, daß Baugi ihn prellen wollte. Ein zweites Mal kam der Bohrer durch den Fels, und Odin verwandelte sich schnell in eine Schlange und kroch in das Loch hinein. Er gelangte bis zu Gunnlǫð und schlief drei Nächte bei ihr. Sie erlaubte ihm, drei Schlucke von dem Met zu trinken. Mit dem ersten Schluck leerte er Óðrœrir, mit dem zweiten Boðn, mit dem dritten Són. Dann verwandelte sich Odin in die Gestalt eines Adlers; dies tat auch Suttungr. Als die Götter Odin über Ásgarðr angeflogen kommen sahen, stellten sie ihre Gefäße auf und fingen so den Met auf, den Odin ausspie. Einige Tropfen davon ließ er auf den Weg hinter sich *(aptr)* fallen, weil Suttungr nahe daran war, ihn zu erreichen. Auf diese Tropfen achtete man nicht, und jeder, der wollte, konnte sie bekommen, und das nennt man ,den Teil der Dichterlinge' *(skálldfífla hlut)* – so Snorri. Den Met des Suttungr aber gab Odin den Asen und jenen Menschen, die dichten können. Snorri schließt seine Erzählung mit einigen Beispielen für Kenningar, die auf diese Mythe anspielen.

Offensichtlich hat Snorri Gebrauch von ält. mythischem Stoff gemacht, um daraus den kunstvollen und recht komplizierten Ber. zu machen, den man in *Skáldskaparmál* c. 2 findet (vgl. 42, 110–113; 146a, 139 f.). Der bei Snorri vorkommende Mythenkomplex besteht aus zwei Teilen; der eine berichtet von dem Entstehen des Skaldenmets, der andere erzählt, wie Odin den Trank erwirbt, indem er mit Gunnlǫð, der Tochter des Riesen Suttungr, schläft. Die Liebesgesch. spielt bei Snorri eine nur untergeordnete Rolle, während sie in der poet. Var. der *Hávamál* im Mittelpunkt steht (vgl. 42, 116; 36, 129 f.).

Wie verschiedentlich in der Forsch. hervorgehoben (45, 29–35; 47; 36, 216–218; 146a, 139 f.; 142; 20; 55), hat diese Mythe mehrere Dimensionen. Sie erklärt, wie Asen und Wanen sich versöhnten und bestätigt, daß die Wanen in die Gemeinschaft der Asen aufgenommen wurden, um in der Götterwelt die nötige Harmonie zu schaffen (45; 36, 218; 142). Sie betont die facettenreiche Bedeutung des Mets als Symbol für Weisheit und poet. Inspiration sowie als Teil einer umfassenden Opfersymbolik (so bes. 42).

3. Der am Baum hängende Gott. Str. 138–141 (Text in 4, 35–36) der *Hávamál* geben eine mythische Episode wieder, bei der der Erzähler, das Ich im Text, allg. als Odin gilt (nach Grønvik [61] hingegen als ein Odinspriester, → Þulr; vgl. Str. 111). Der Gott weiß, daß er neun Nächte lang an einem windgepeitschten Baum hing, von dessen Wurzeln niemand weiß, woher sie kommen. Er war von einem Speer verwundet und sich selbst überlassen (Str. 138: *gefinn Óðni, siálfr siálfom mér* ‚geweiht dem Odin, ich selber mir selbst'). Er erhielt weder etwas zu essen noch zu trinken (das Wort *seldo* in der Hs. kann möglicherweise auch für *sældo* ‚machten glücklich' oder *sóldo* ‚stillten [Hunger und Durst]' stehen; s. 4, 36; letzteres ergibt wohl den besten Sinn; zur Bedeutung *selja* ‚opfern' s. 61, 46–48 vgl. auch 49a, 693). Der Gott blickte nach unten, nahm rufend die Runen auf und fiel wieder zu Boden (Str. 139; zur Deutung s. 8, 47). Er erhielt neun mächtige Lieder *(fimbulljóð)* vom Sohn des Bolþorn (oder Bolþorr), dem Vater der Bestla, sowie einen Trank des kostbaren Mets, aus Óðrœrir geschöpft. Der Gott begann zu gedeihen *(frævaz)* und *fróðr* zu werden, was oft mit ‚weise, klug' wiedergegeben wird, in diesem Zusammenhang aber wohl eher ‚fruchtbar' zu bedeuten scheint. Odin wuchs; ein Wort kam zum anderen, eine Tat zur anderen.

Diese in der *Snorra Edda* fehlende Episode ist von vielen Forschern eingehend behandelt worden (vgl. 36, 223; 142). Elseus Sophus → Bugge betrachtete sie als Reflex von Christi Kreuzigung (32), andere haben darin eine im Grunde pagane Mythe gesehen, die jedoch von christl. und folkloristischen Vorstellungen beeinflußt sei (z. B. 143). Die spätere Forsch. tendiert allerdings dazu, hierin ein Stück genuiner Odinmythologie zu sehen.

Zwei Deutungsrichtungen des Mythos treten hervor. Die eine deutet den am Baum hängenden Odin als eine Opferhandlung, eine Art Selbstopfer, der den mythischen Prototyp des Menschenopfers verkörpern soll, das dem Gott in einem wirklichen Ritual zukam (157; 139; 71; 42; 146a, 138; 164), oder als eine „Ätiologie des Opfers" (86, 22–26). Die andere betont das Leiden des Gottes und das Erlangen numinosen Wissens, was eher auf einen Initiationsritus hindeutet (65; 75, 232 f.; 77; 142; 61; 62; 20). Die Mythe von Odin am Baum zeigt strukturelle Ähnlichkeiten sowohl mit ‚Opfer' als auch mit ‚Initiation', so daß die Deutung der Mythe in beiden Kategorien durchaus erklärbar ist (42, 110; 140). Die Initiation geschieht durch ein symbolisches Selbstopfer (76; 163a, § 336. 392; 56) oder Gebären (84). Die Bedeutung der Mythe ist indes klar; das Ritual, dem der Gott sich unterwirft, führt zum Erhalt eines Wissens, das ihm bis dahin verborgen war (163a, § 336. 392; 56; 142; 36, 222–226).

4. Odin und Mímir. Das Verhältnis zw. diesen mythischen Persönlichkeiten wird in zwei teils entgegengesetzten Mythenvar. behandelt (→ Mímir; Schjødt [142] spricht von einem ‚Mythenkomplex'). Eine der Var. findet sich in → *Vǫluspá* 27–28, 46; hier wird berichtet, daß Odin sein Auge in Mímirs Brunnen verliert. Jeden Morgen trinkt Mímir Met aus dem strömenden Wasser, das als *veð Valfǫðrs* ‚Odins Pfand' bezeichnet wird. Snorri erzählt diese Geschichte in *Gylfaginning* c. 15 nach und fügt noch hinzu, daß Mímir aus dem Horn Gjallarhorn trinke und Odin sich (von wem?) einen Trank aus dem Brunnen erbeten habe, diesen aber erst bekam, nachdem er sein eines Auge als Pfand hinterlegt hatte. Vermutlich meint Snorri damit, daß es Mímir war, der zuließ, daß Odin den Trank bekam. Auch die Geschichte, die in *Gylf.* c. 51 erzählt wird, nämlich daß Odin bei den → Ragnarök zum Brunnen des Mímir reitet, um Mímirs Rat einzuholen, gehört allem Anschein nach zu dieser Mythenversion.

Die andere Mythenvar., die sich in den *Sigrdrífumál* (→ Jungsigurddichtung) 13–14 und der *Ynglinga s.* c. 4 und 71 widerspiegelt, stellt Mímirs Haupt in den Blickpunkt. Nach der euhemeristischen Version der → *Ynglinga saga* schickten die Asen Hœnir und Mímir als Geiseln zu den Wanen. Hœnir wurde zum Häuptling gewählt, aber es war Mímir, der ihm alles eingab, was er sagen und beschließen sollte. Das mißfiel den Wanen; sie enthaupteten Mímir und sandten den Asen das Haupt zurück. Odin nahm das Haupt und rieb es mit Kräutern ein, damit es nicht verwesen sollte. Er sprach Zauberformeln darüber und verzauberte es *(magnaði)*, so daß das Haupt sprechen und ihm viele verborgene Dinge mitteilen konnte *(marga leynda hluti;* c. 4). Odin trug Mímirs Haupt immer bei sich und es unterwies ihn in den Dingen anderer Welten *(ór ǫðrum heimum;* c. 7). Auf diese der *Ynglinga s.* zugrundeliegende Mythe spielen auch die *Sigrdrífumál* Str. 13–14 an. Die Walküre erzählt, daß Hroptr – hier wohl ein → Heiti für Odin (162; 27) – auf einem Berg stand und ,Mímirs Haupt' das erste Wort von sich gab und *sanna stafi* ,wahre Worte' sprach. Diese Formulierung deutet darauf hin, daß die zugrundeliegende Mythe davon berichtet, wie Mímirs Haupt das erste Mal sprach und verborgenes Wissen mitteilte.

Die Mythen von Odin und Mímir und von Odins Einäugigkeit (s. dazu 163a, § 397; 96; 100) waren in der frühen Skaldendichtung bekannt: bei Egill Skallagrímsson, → *Sonatorrek* Str. 23; bei Volu-Steinn Str. 1 (in beiden Fällen wird die → Kenning ,Mímirs Freund' gebraucht); bei Þorbjorn hornklofi, → *Haraldskvæði* Str. 12, wo Odin ,Friggs einäugiger Umarmer' genannt wird: die Gefallenen sind für *enum eineygja Friggjar faðmbyggvi* bestimmt.

Die Mythen von Odin und Mímir, wie sie sich in den Qu. widerspiegeln, berühren das Thema, wie der Gott sein übernatürliches Wissen erwirbt. Bemerkenswert ist, daß dieses Wissen sozusagen nicht, wie in den anderen Mythen, dem Gott ,einverleibt' wird, sondern in einer anderen Person zugänglich ist, in Mímir im Brunnen oder in seinem sprechenden Haupt. Das Verhältnis zw. Odin und Mímir läßt sich verschieden deuten; am deutlichsten ist die Tendenz, Mímir selbst, sein Haupt und seinen Brunnen als mythische Symbole aufzufassen. Sie wurden als funktionelle Äquivalente aufgefaßt, als ,Allomorphe' für den Met und das Wasser des Lebens (42, 105. 127). Die aind. Vorstellungen von Viṣnu, seinem abgeschlagenen Haupt, der Sonne und dem → Weltenbaum bieten ein Vergleichsmaterial, das man genutzt hat, um Odin und Mímir näher zu beleuchten (48a; 70a). Mímirs Haupt, das die Sonne repräsentiere, soll in der Mythe Odins Auge ersetzen, und Viṣnu spielt zudem schon in Rigveda eine Rolle als Ratgeber Varunas (70a). Eine andere Erklärung ist ritueller Art; hier sind Odin und Mímir die handelnden Personen bei einem Initiationsritus (140).

5. Odin und der Empfang gefallener Krieger in Walhall. Dieser eschatologische Vorstellungskomplex scheint eine bedeutsame Rolle in der Überlieferung von Odin gespielt zu haben, weil er in verschiedenen Qu.kategorien gut bezeugt ist und auch in unterschiedlichen Mythenvar. tradiert wurde. Der Mythencharakter wird durch einen bestimmten Handlungsverlauf hervorgehoben, der beinhaltet, daß ein Krieger stirbt und danach auf unterschiedliche Weise in Walhall (→ Valhǫll) ankommt, wo er von Odin in seiner Halle empfangen wird und der göttlichen Gefolgschaft der Einherjar (→ Einherier) eingegliedert wird. Walküren wie gewisse Heldenfiguren gehören zur Rollenbesetzung der Mythe, indem sie die Gefallenen holen oder willkommen heißen. Es ist aber Odin selbst, der die Wahl trifft, wer im Kampf fallen wird, und er kann dabei selbst in vermummter Gestalt anwesend sein. Der Zweck des Mythos ist ein doppelter, nämlich zu zeigen, erstens wie der Gefallene mit seinem Gott im Jen-

seits vereint wird (vgl. 114) und zweitens wie die Götter sich mit ausgewählten Kriegern für den Endkampf gegen die feindlichen Mächte bei den → Ragnarök versehen. Dabei sucht der Mythos auch die Frage zu beantworten, warum der Gott seine Anbeter oft des Sieges beraubt und sie sterben läßt. Der religionssoz. Kontext der Mythe, wie sie in den skand. Qu. hervortritt, ist in aristokratischen Milieus und ihrer Lebensform zu suchen, wo die Hallengebäude als Schauplatz sowohl des rituellen Gastempfangs als auch des Kults der Götter dienten und der prägnanteste Ausdruck dieser Lebensform waren (vgl. u. a. 114).

Die wichtigsten Zeugnisse der Mythe sollen hier kurz erwähnt werden (zu möglichen Bilddarst. s. § 5c; zu Odins Halle und Walküren umfassend → Valhǫll). In erster Linie sind es die Skaldengedichte → *Eiríksmál* und → *Hákonarmál,* die dem 10. Jh. angehören (105a; 145; für weitere Belege aus der Skaldendichtung dieser Per. s. 163a, § 380); sie sind als der ‚Performance'-Situation angepaßte Var. des zugrundeliegenden Mythos aufzufassen, der sicherlich auf ält. Zeit zurückgeht (für das Alter der Mythe, vgl. 163a, § 380; 116, 78–110; 114, 152; 90, 14 f.). In den *Eiríksmál* ist der Schauplatz Walhall, und nur ein Moment der Mythe wird geschildert, nämlich der Eintritt und das Willkommen des toten Kg.s in die Halle. Das Problem der göttlichen Entscheidung, Eiríkr in der Schlacht fallen zu lassen, wird durch den Hinweis auf die Ragnarök erklärt (Str. 7).

In den *Hákonarmál* spielt sich die Handlung zuerst auf dem Schlachtfeld ab, dann in Walhall. Die Walküren Gǫndul und Skǫgul werden von Odin ausgesandt, um Hákon vom Kampf zur Gemeinschaft des Gottes in seine Halle zu holen *(með Óðni fara, í Valhǫll at vesa,* Str. 1). Wenn der Kg. mit seinem Gefolge dort ankommt, zögert er einzutreten, in der Meinung, Odin sei ihm böse. Die Erklärung dieses Zugs ist wohl in der Tatsache zu suchen, daß Hákon eigtl. ein Christ war (er lebte aber nach eigener Aussage als ein Heide, vgl. Fagrskinna c. 13). Es wird dann bekanntgemacht, wie Hákon die Heiligtümer der Götter respektiert hat, und er wird nun von den Göttern begrüßt.

Die Schilderung der großen Schlacht bei Brávǫll (Saxo VIII, 1–5; Sǫgubrot af fornkonungum c. 7–9) betont den launenhaften Charakter des Gottes bei der Entscheidung, wer siegen soll. Odin tritt in vermummter Gestalt als Bruno (awnord. Brúni) auf, als Ratgeber des Kg.s → Haraldr hilditǫnn. Der Gott läßt ihn aber im Stich und gibt dem Kg. Hringr den Sieg. Haraldr wird getötet und Kg. Hringr veranstaltet ein stattliches Begräbnis und gibt ihm Wagen, Pferd und Sattel in den Grabhügel mit, um dem Toten die Wahl freizustellen, im Wagen oder zu Pferd nach Walhall zu fahren *(bað hann gera hvárt, er hann vildi, ríða til Valhallar eða aka).*

Die Schilderungen von Walhall sind primär kosmographisch, aber spielen oft auf verschiedene Aspekte des Mythos an. Odin wählt dort die Gefallenen aus, *en þar Hroptr kýss hverian dag vapndauða vera* (Grímnismál 8, vgl. Str. 14). Die Str. 9–10 desselben Gedichts schildern, wie die Halle Odins erkennbar sei für diejenigen, die dort ankommen *(þeim er til Óðins koma).* Die eschatologische Rolle der Einherjar wird bei ihrem Auszug aus den Toren Walhalls angegeben *(at vitni at vega,* Grímnismál 23). Wie die Einherjar in Walhall leben, berichten die *Grímnismál* 18 und *Vafþrúðnismál* 41, und dieses Bild wird mit weiteren Einzelheiten bei → Snorri Sturluson ausgeschmückt, der auch die Rolle beschreibt, die die Walküren in der Mythe spielen (Gylfaginning c. 41 bzw. c. 36). Die toten Krieger sind Odins ausgewählten Söhne *(óskasynir),* für die er Walhall erschaffen hat. (Gylfaginning c. 20).

Die Darst. in der *Ynglinga s.* c. 9 zeigt, wie die Mythe sich in euhemeristische Geschichte verwandeln läßt. *Hárbarðsljóð* 24 besagt, daß im Jenseits Odin die Jarlar zu sich nimmt. *Hyndluljóð* Str. 1–2 erwähnen einige Züge der Mythe, die Heiligkeit von Odins Halle und die Walhallshelden Hermóðr und Sigmundr. Der Mythos wird bisweilen nur kurz angedeutet, so mit dem Ausdruck ‚bei Odin Gast sein' (*Óðin gista,* Edd. min., S. 62) oder in den Worten Helgis, daß er w. von der Brücke des Windhelms wiederkehren muß ‚bevor Salgofnir die siegreiche Schar weckt' *(áðr Salgofnir sigrþióð veki).* Der Hahn kündigt in Walhall den Endkampf (oder den täglichen Kampf der Einherjar) an. Vielleicht gehört in diesen Zusammenhang eine Runeninschr. aus Bryggen: Óðinn þik eigi (102, 37 f.).

b. Öffentlicher Kult. Für den öffentlichen Kult Odins finden sich schriftliche Zeugnisse und ein vergleichsweise umfangreiches toponymisches Material. Beide Qu.-typen erfordern eine kritische Unters., bevor man sie als Verdeutlichung des Odinkultes in vorchristl. Zeit nutzen kann.

Unter den liter. Qu. nehmen die Ausführungen → Adams von Bremen in seinen *Gesta Hammaburg* IV,26–28 (Text in 10a, 257–261) über den Uppsalakult im 11. Jh. eine Sonderstellung ein; einzigartig und relativ ausführlich schildert Adam die ostnord. vorchristl. Relig. (kritische Diskussion dieser Notizen bei 168, 169–198; 81a; 39a). Der Name des Gottes wird zwar in der dt. Form als *Wodan* wiedergegeben, aber allem Anschein nach beruht seine Charakterisierung auf skand. Tradition. Im Kultgebäude selbst *(templum)* verehren die → Svear *(populus)* die Standbilder dreier Götter, von denen der mächtigste, Thor, seinen Platz inmitten des Gastspeiseraums *(in medio triclinio)* hat, während *Wodan* und *Fricco* ihm jeweils zur Seite sitzen. *Wodan* wird mit einer Waffe *(armatus)* dargestellt, ‚so wie wir den Mars abzubilden pflegen' *(sicut nostri Martem solent),* was sich vermutlich auf Abb. des röm. Gottes in ma. Hss. bezieht (10a, 258). Das kultische Opfer an die drei Götter verteilt sich nach Adam je nach dem Anliegen; so wird bei drohendem Krieg dem Wodan geopfert *(lybatur).* Darüber hinaus enthalten Adams Schilderungen keine weiteren Angaben über besondere, mit Odin verbundene Riten. Man hätte erwarten können, daß die Schilderung des Opferkultes wenigstens die Andeutung über eine Verbindung zw. Opferbrauch und Gott enthielt, z. B. wenn Adam behauptet, daß es im Uppsalakult Menschenopfer gegeben habe (→ Menschenopfer § 4), die in der liter. Tradition bekanntlich gerade mit Odin verbunden sind.

Snorri faßt in der *Hákonar s. góða* c. 14 zusammen, wie ein vorchristl. Opferfest ablief, und gibt dann einige Szenen (c. 17–18) von bestimmten ‚historischen' Kultfesten *(blótveizlur)* in → Tröndelag wieder. In beiden Fällen wird Odin angerufen. Es war Usus bei diesen Opferfesten, zunächst rituell auf Odin zu trinken *(Óðins full), til sigrs ok ríkis konungi sínum* ‚für Sieg und Macht seines Königs', und in der ersten Szene aus dem Opferfest von → Lade widmet Jarl Sigurd den ersten Becher Odin *(signaði Óðni;* das Vb. *signa* ist eine frühe Entlehnung aus der christl. Terminologie). Diese Texte Snorris sind als Qu. für echten vorchristl. Opferkult umstritten (122; 43), doch enthalten sie unleugbar z. T. eine alte Kulttradition (107a; 81a; 39a; 154).

Neben den periodisch ablaufenden Kultfesten berichten die liter. Qu. auch von spontanen Opfern allg. Art, die sich an Odin richteten. Es heißt, Jarl Hákon habe ein Opfer- und Orakelritual ausgeführt, um sich bei seinem fortwährenden Kriegszug göttlicher Hilfe zu versichern, als er an der Küste des ö. Gautland entlangsegelte (→ Heimskringla; Ólafs s. Tryggvasonar c. 27; Fagrskinna c. 17). Snorri behauptet, der Jarl habe ein großes Opfer *(blót mikit)* veranstaltet, das von Odin gut aufgenommen worden sei *(Óðinn hefir þegit blótit),* während die → *Fagrskinna* von einem Orakelverfahren berichtet *(felldi hann blótspán),* ohne explizit den Namen des Gottes zu erwähnen (wobei die beiden Raben, die auftauchen und der Kriegerschar folgen, jedoch eine deutliche Anspielung auf Odin sind). Beide Texte stützen sich auf eine Strophe aus der → *Vellekla* (Str. 30) des Einarr skálaglamm, die berichtet, Hákon habe einen divinatorischen Opferritus vollzogen (*gekk til frettar ... á velli;* zur divinatorischen Terminologie in dieser Strophe und in der Fagrskinna s. 40, 37–40. 48), der sicherlich an Odin gerichtet war (vgl. Str. 32 in der Vellekla; 9, 531; 40, 38). Die hist. Realität hinter diesen Texten ist nur schwer auszumachen, aber sie zeigen jedenfalls, welche Bedeutung die Isländer und Norweger dem vorchristl. Odinkult im 12. und 13. Jh. zugemessen haben.

Über den wikingerzeitlichen Odinkult hat man weitere Schlußfolgerungen ziehen wollen aus der Erwähnung des Gottes in den → Fornaldarsagas und den → Königssagas (zum Vorkommen Odins in den verschiedenen Gattungen s. 97; 98). Bes. die Víkarr-Episode in der *Gautreks s.* c. 7 (mit einer Parallele bei Saxo Grammaticus, *Gesta Dan.* VI, 5) erregte das Interesse der Forsch. und führte schließlich zu der Deutung, daß dahinter ein vorchristl. Opferritual liege (163a, § 284 und 376; 157; 95; 42, 128 f.; 36, 194. 274; 112; 140; 51, 100; 164). Sicherlich handelt es sich um ein mythisches und legendarisches Odinsopfer, aber inwieweit es auf eine wirkliche Opferpraxis in Form eines Hängeritus des Gottes zurückgeht, ist nur schwer zu entscheiden.

Auf sichererem Grund bewegt man sich bei sakralen ON (→ Sakrale Namen; → Theophore Namen), die mit *Odin-* zusammengesetzt sind; sie haben ihren Schwerpunkt in früh kultivierten Gebieten, oft in Verbindung mit → Zentralorten (Karten zur Verbreitung bei 169; 163a, § 377; 94; 161, 120). Diese Namen zeugen unzweifelhaft von einem öffentlichen Kult des Gottes im gesamten skand. Gebiet (mit Ausnahme Islands; s. u.) in der 2. Hälfte des ersten Jt.s n. Chr. oder evtl. sogar noch früher (vgl. 163a, § 377; 94, 238; 161, 138). ON mit *Odin-/Oden-* enthalten als Zweitglied Naturbezeichnungen (z. B. awnord. *sjór* ‚See‘, *berg* ‚Berg‘, anthropogene wie *akr* ‚Akker‘) sowie spezielle Kultplatzbezeichnungen (awnord. *vé,* runenschwed. *vī* ‚Heiligtum‘). Regionale Unterschiede zeigen sich in der Häufigkeit der mit *Odin-* zusammengesetzten ON sowie im Gebrauch der Natur und Kult bezeichnenden Zweitglieder. Im südskand. Gebiet, Dänemark mit Schonen und Halland, verbindet sich Odin in theophoren ON bes. mit der Bezeichnung von Kultplätzen und Kultgebäuden, und in den meisten Fällen zeigt der Name eine Verbindung zu Zentralorten (94). Es gibt fünf sichere Belege zu *Odensvi,* der älteste in einer Privilegienurk. von Otto III., datiert 988 (*Othenesuuigensem;* s. 63, 99), dem heutigen → Odense. Theophore ON mit *-vi* als Zweitglied lassen sich gesichert nur in Verbindung mit Odin belegen (63; 94). Das gilt auch für das ungewöhnliche ON-Element *-hille* in vier alten Siedlungsnamen, auf Ost- und Mitteljütland konzentriert (der älteste Beleg *Othenshylle* vom Ende des 12. Jh.s; s. 63, 103). Das Wort *hille* bezeichnet möglicherweise eine bestimmte Art von baulicher Konstruktion, und vermutlich hat man es an diesen Stellen mit einem Odin geweihten Kultgebäude zu tun (63; 94, 231 ff.). Auf ein Kultgebäude zielt vermutlich auch ein *-salr,* das evtl. dem Namen *Onsala* in Halland zugrunde liegt (*de othænssale* in Kg. Valdemars Grundbuch); auch andere Zusammensetzungen (*al-* ‚heilig‘ statt *sal-*) sind denkbar.

Im schwed. Götaland mit den angrenzenden Siedlungsgebieten finden sich alte Siedlungsnamen, die auf öffentlichen Odinkult hindeuten, darunter v. a. *Odensvi* im nö. Småland, *Odensåker* in → Västergötland (1292) und → Östergötland (*Odhensaker* 1382 bei Norrköping). Die Ausbreitung dieses in Svealand und im südskand. Gebiet fehlenden theophoren ON erstreckt sich in einem Gürtel vom sö. Norwegen (*Odhinsakr;* vgl. 121, 66) über Västergötland bis hin nach Östergötland. Es ist unsicher, welche kultische Bedeutung man dem Zweitglied *akr* beimessen will (Diskussion bei 161, 379–384). In der Forsch. ist man bisweilen davon ausgegangen, daß Odin auch für Fruchtbarkeit angerufen wurde (105, 53; 121; 163a, § 251), aber der *akr* als öffentlicher Kultplatz ist sicherlich Schauplatz vieler verschiedener ritueller Handlungen gewesen. Bemerkenswerterweise haben → Öland und → Gotland mit ihrer reichen Kultur der EZ keine sakralen Namen, die sich mit Odin verbinden (Gotland hat überhaupt äußerst wenige theophore ON).

In den schwed. Mälar-Landschaften (Södermanland, Uppland und Västmanland), die ein kulturell zusammengehöriges Gebiet bildeten, finden sich theophore Siedlungsnamen mit Wurzeln in der ält. EZ, die einen öffentlichen Odinkult bestätigen (Analyse und Diskussion bei 161, 115–140); sicher belegt sind *Odhinslunda*, *Odhinsbærga*, *Odhinseke*, *Odhinshargher* und *Odhinsvi* (hierzu läßt sich auch *Odhinsvi* in Närke anführen).

In Zentralskand. trifft man auch auf ält. Siedlungsnamen mit *Odin-* als Erstglied. Eine lokal begrenzte Namenbildung zu Plätzen mit offiziellem Odinkult bilden die drei *Odinsvin*-Namen im s. Tröndelag. *Odensala* in Jämtland weist auch auf alten Kult des Gottes, ob man nun das Zweitglied als *-salr* oder *-al* auffaßt (160).

Die mit *Odin-* zusammengesetzten sakralen ON zeigen in Skand. regionale Variation in Vorkommen, Lage, Frequenz und Namenbildungsformen. Religionsgeschichtl. Schlußfolgerungen lassen sich daraus jedoch nur sehr vorsichtig ziehen. Das Fehlen theophorer ON mit *Odin-* z.B. auf Öland und Gotland muß nicht bedeuten, daß der Gott während der Zeit der Namenbildung unbekannt oder nicht Gegenstand eines Kultes war (vgl. unten über Island). Es wurde auch erwogen, daß ON mit *Odin-* in Svealand weniger üblich gewesen seien und einer jüng. Schicht als die entspr. Namen in Götaland angehören würden (168; 73a; vgl. 157, 69); dies wurde als eines der Argumente für die späte Verbreitung des Odinkultes bei den Svear gebraucht (168; 105, 46; 73a). Eine solche Hypothese wird jedoch nicht durch eine kritische Unters. des ON-Materials bestätigt (161, 134–138; vgl. 163a, § 377). Gewisse regionale Unterschiede können religions- oder sozialhist. erklärt werden. Im Gegensatz zu anderen Teilen Skand.s deuten die dän. theophoren ON auf eine fast völlige Dominanz Odins im Blick auf einen öffentlichen Kult an Zentralorten mit *vi*-Namen oder Namen, die eine Art von Kultgebäuden andeuten. Die bestehenden Verhältnisse sind so gedeutet worden, daß Odin der vorherrschende Gott in dem Kult war, den die Machtelite von der Mitte des ersten Jt.s n. Chr. an aufbaute, und daß dies mit einer Veränderung der sozialen und polit. Strukturen zusammenhing (63, 107 f.; 94, 234 f.). Der Ausbreitungsschwerpunkt der alten Odinnamen liegt in den kultivierten Gebieten. Das Zweitglied *vi*, awnord. *vé*, bezeichnet speziell einen Kultplatz und scheint eine Anknüpfung an Zentralorte zu haben. Andere Elemente wie aschwed. *hargher* (awnord. *horgr*), adän. *hille* und runenschwed. *salʀ*, awnord. *salr* deuten auf eine Art ritueller Konstruktionen oder Kultgebäude. Aber der Kult des Gottes hat sich auch draußen in der Natur auf Weiden und kultivierten Flächen vollzogen (*vin* und *akr*) sowie an anderen Stellen, die zu einer Kulturlandschaft gehören, bes. Hainen (awnord. *lundr*). Alte Namen, die mit den Elementen *sjö (sjór)* ‚See' oder *berg (berg)* zusammengesetzt sind, deuten auf einen Odinkult in der Natur. Selbst Inseln scheinen in vorchristl. Zeit nach dem Gott benannt worden zu sein (z. B. *Onsö* in Västergötland).

c. Privater Kult. Odin wird in Verbindung mit den *álfablót* in Västergötland genannt, von denen auf ironische Art in den *Austrfararvísur* des christl. Skalden → Sighvatr Þórðarson erzählt wird (Str. 4–8). Es handelt sich um eine geschlossene Hof- und

Familienfeier, die an einem bestimmten Tag des Spätherbstes stattfand. Die Frau des Hauses wollte den Skalden nicht dazukommen lassen, solange sich der Kult vollzog, denn sie fürchtete den Zorn Odins *(hræðumsk ek við Óðins ... reiði)*. Die Rolle des Gottes bei diesem Kultakt, der sich gegen die Alben richtet, ist nicht näher bestimmbar; die Deutung, daß es sich um einen Kult für die Seelen der Toten, d. h. der Alben handelt (163), würde in diesem Fall Odins Rolle als Totengott betonen, aber es lassen sich auch andere Erklärungen beibringen. Der Skalde kann der Frau den Namen Odins in den Mund gelegt haben, um ihre Worte *erum heiðnir vér* ,wir sind heidnisch' (vgl. 81b) zu unterstreichen, und die Erwähnung Odins kann auch mit seinem Fruchtbarkeitsaspekt zusammenhängen (s. dazu 163a, § 393). Als Ausdruck privaten Kultes muß man das Runenknochenstück mit der Anrufung Odins von Ribe deuten (→ Ribe § 5); dieser Gegenstand hatte sicherlich eine rituelle Bedeutung.

Unter gewissen Umständen drücken PN eine Bindung an eine bestimmte Gottheit aus. Seltsamerweise finden sich kaum PN, die mit *Odin-* zusammengesetzt sind; dies hat man damit zu erklären versucht, daß das Wesen des Gottes nicht zu einer solchen Namenbildung eingeladen habe (163a, § 378). Die Belege, auf die oft verwiesen wird, sind verschiedene *Odinkar* (163a, § 378), aber das Erstglied bezieht sich vermutlich nicht auf den Gott (s. 93). Der Frauenname *Oðindisa* oder *Oðindis* auf einem Runenstein aus Västmanland (Vs 24 Hassmyra) enthält wahrscheinlich den Namen des Gottes (93), ohne daß man entscheiden kann, ob es Ausdruck einer speziellen Bindung an den Gott ist (zum Namen s. 124).

d. Odinkult in Island. Praktisch ist alles, was man über Mythol., Gottesbild und Epitheta weiß, hauptsächlich aus Island überliefert, und es ist daher erstaunlich, daß sich nur so wenig vom Kult des Gottes mit dem Land verknüpfen läßt. Es gibt keine sicher belegten sakralen ON mit *Odin-* (das Fehlen mit *Odin-* zusammengesetzter PN ist hingegen kein Argument, da sich diese Namen im gesamten skand. Gebiet nur äußerst selten finden), und die liter. Qu. nennen auch keinen öffentlichen Kult Odins. Das Problem ist viel in der Forsch. diskutiert worden (z. B. 157, 64–70; 158; 163a; 113), wobei verschiedene Erklärungen vorgeschlagen wurden. Eine der wichtigsten (in erster Linie vertreten von Turville-Petre [157, 64–70; 158]) setzt die schwache Stellung des Odinkultes in Island mit den polit.-sozialen Umwälzungen im Norwegen des 9. und 10. Jh.s in Beziehung, als → Haraldr hárfagri und sein Nachfolger → Erich Blutaxt auf brutale Weise versuchten, sich das ganze Land zu unterwerfen. Die landbesitzenden Bauern und Häuptlingsfamilien verloren an Einfluß sowie an Grund und Boden, und viele von ihnen flohen nach Island. Die beiden Wikingerkg. repräsentierten eine Art gesetzloser Autokratie und huldigten bes. der kriegerischen, gewalttätigen Seite des Odinkultes. Diejenigen, die sich in Island niederließen, werden nicht in der Weise an der Odinverehrung interessiert gewesen sein, sondern brachten vielmehr ihren herkömmlichen Kult mit, in dem Thor (→ Donar-Þórr), → Freyr und → Njörðr die bedeutendsten Götter waren. Die meisten der Landnahmefamilien kamen aus dem sw. Norwegen, in dem der Odinkult bis in die WZ nur schwach repräsentiert gewesen sein wird, nach dem Fehlen der ON mit *Odin-* zu urteilen.

Später hat die Forsch. versucht, diese Auffassung zu korrigieren, indem sie auf implizite Hinweise auf eine Odinverehrung in liter. Qu. und in arch. Material verwies (113; 126; vgl. 37, 173–177; 117). Trotzdem scheint es, als habe der Odinkult in Island einen weniger öffentlichen Charakter gehabt als an anderen Stellen Skand.s; die Verehrung des Gottes scheint eher situationsgebunden und deutlicher mit der Privatsphäre verbunden gewesen zu sein. Odin inspirierte die poet. Kreativität, und im sozialen Machtkampf und in den Intrigen der Menschen wie auch in weiten Teilen des magisch-rituellen Geschehens trat der Gott als ein wichtiger mythischer Akteur hervor.

§ 4. Wesen und Wirkungsbereich.
a. Die Frage nach der Etym. und der Charakter des Gottes. Die Beschreibung des Wesens des Gottes hat im allg. ihren Ausgangspunkt in etym. Überlegungen (z. B. 77; 163a, § 405; 135). Eine frühe Deutung des Namens findet sich in den *Gesta Hammaburgensis* IV, 26 des → Adam von Bremen (verfaßt um 1075), *alter Wodan, id est furor*. Die modernen Deutungen folgen allg. dieser Linie und gehen davon aus, daß der Name eine *na*-Ableitung (ie. **no-*, vgl. 25, 302) zu einem substantivierten Adj. germ. **wōða-* sei; vgl. got. *wods, wops* ‚verrückt, besessen', ae. *wōd* in der gleichen Bedeutung, anord. *óðr* ‚rasend' und ahd. *wuot* ‚Wut'. Man hat den Namen aber auch mit einem **woði-* ‚mantischer Opferpriester' (aus einem kelt. **u̯ātis*) verknüpft, das mit dem Subst. anord. *óðr* (< **wōþuz*) ‚(mantische) Dichtkunst' (134; 135; dagegen 17) verwandt wäre. Die Etym. eines Götternamens kann eine gewisse Bedeutung für das Verständnis vom Wesen der Gottheit haben, kann aber auch zu allzu kühnen Deutungen führen und dabei die Veränderungen im Götterbild nicht berücksichtigen. Sicherlich läßt sich ein Teil von Odins Charakterzügen aus einer weiten, sprachlich aber nicht allzu gut begründeten Deutung des substantivierten Adj.s **wōða-* als ‚Raserei, Ekstase, ekstatische Inspiration' herleiten, aber das deckt nicht alle Züge und auch nicht das gesamte Wirkungsfeld des Gottes im skand. Qu.material ab. Hinzu kommt ein komplizierender Faktor, nämlich eine mythische Gestalt namens Óðr, von der bei Snorri in seiner *Gylfaginning* c. 35 als Freyjas Mann die Rede ist. Óðr begab sich auf lange Reisen, und → Freyja weinte Tränen roten Goldes. Sie nahm verschiedene Namen an, als sie sich auf der Suche nach Óðr unter fremden Völkern bewegte. Welche mythischen Vorstellungen Snorris Angaben zugrunde liegen, ist schwer zu sagen, da sich nur wenige andere Belege zu Óðr finden. *Vǫluspá* Str. 25 spricht von Freyja als *Óðs mær* ‚die junge Frau von Óðr'; das Hindeuten auf Freyja in den *Hyndluljóð* Str. 47 *rannt at Øði* (*Óði*, vgl. 3) kann auf eine weitere Mythe von Óðr und Freyja verweisen. Meist hat die Forsch. Óðr mit Óðinn verbunden (vgl. → Ull und Ullinn) und die beiden als mehr oder weniger identisch angesehen (163a, § 400; 36, 97 f.).

b. Odin und sein ‚magisches' Wissen. In der skand. Überlieferung wird Odin mit *seiðr* (→ Zauber) und *galdr* verbunden, divinatorischen und magisch-rituellen Phänomenen, deren nähere Ausführung und Sinn in der vorchristl. Zeit sich unserem Wissen größtenteils entziehen (vgl. 163a, § 237). Die *Lokasenna* Str. 24 erzählt, daß sich der Gott auf Samsø mit Zaubern beschäftigte, und → Loki sagt, dies habe man als *args aðal* ‚weibisches Wesen' angesehen (die Str. wird eingehend diskutiert bei 40, 442–446). Die *Hávamál* Str. 156 sprechen von einem magischen Gesang (→ Barditus): *undir randir ek gel* ‚in die Schilde raun ich' (Übs. F. Gezmer). *Baldrs draumar* Str. 3 nennen Odin *galdrs faðir* ‚den Vater des Zaubers'; er trägt vor dem Zauberkundigen *(vittugr)* einen *valgaldr*, ein ‚Walstattzauberlied' (zur Totenerweckung) vor, was die tote → Völva dazu bringt, widerstrebend wieder aufzustehen (Str. 4). In *Sigurðardrápa* Str. 3 sagt Kórmakr Ǫgmundarson, Odin habe Zauber angewandt, um Rindr zu bekommen *(seið Yggr til Rindar)*.

Die Stelle, auf die man sich bei dieser Seite von Odins Wesen bezieht, findet sich in der *Ynglinga s.* c. 7; hier werden Wissen und Fähigkeiten *(íþróttir)* des ‚historischen' Odins in all ihren Formen beschrieben, so daß man eine Darst. seines Wesens und seiner Attribute erhält, die den Götterporträts in Snorris *Gylfaginning* entsprechen (z. B. c. 21 Thor, c. 27 Heimdallr), unter denen Odin eigtl. fehlt. Odin konnte seine Gestalt wechseln; sein Körper lag da, als schliefe er oder als wäre er tot, während er sich in Gestalt eines Vogels oder eines wilden Tieres, eines Fisches oder eine Schlange eine Zeitlang in ein fernes Land begab, um dort etwas für sich oder andere zu erledigen. Mit Worten verstand er sich auch auf das Ersticken des Feuers, das Beruhigen der See und das Umwenden der Winde. Er besaß das Schiff Skiðblaðnir, das er wie ein Tuch zusammenfalten konnte (nach *Grímnismál* Str. 43 und *Skáldskaparmál* c. 5 gehört das Schiff jedoch Freyr). Er trug Mímirs Haupt bei sich (s. o. § 3a), und bisweilen erweckte er Tote zum Leben oder setzte sich unter die Gehenkten; daher wurde er auch *draugadróttinn* oder *hangadróttin* ‚Herr der Toten/Gehenkten' genannt. Seine beiden Raben flogen weit umher und berichteten ihm, was in der Welt geschah. Aus Snorris zusammenfassender Aussage, daß all diese Dinge und Eigenschaften Odin sehr klug machen würden *(af þessum hlutum varð hann stórliga fróðr)*, geht hervor, daß alles darauf hindeutet, daß der Gott übernatürliches Wissen erwarb. Danach erwähnt Snorri kurz die *galdrar* und gibt eine eingehendere Schilderung des *seiðr* (→ Zauber). Die Deutung der *Ynglinga s.* c. 7 hat sich oft dem angepaßt, was man in dem Ber. sehen wollte; so sollte z. B. das, was über den Gestaltenwechsel des Gottes gesagt wurde, sich im Folgenden auch auf die Beschreibung des *seiðr* beziehen (eine gute Analyse des Kapitels bei 40, 446–450).

c. Attribute, Erscheinungsformen und Beinamen. Odins auffallendste Attribute sind Speer und Ring (s. dazu 163a, § 381 und § 394). Er ist der Gott des Speeres (Egill: *geirs dróttinn*), und sein eigener Speer, Gungnir, wird in der frühen Skaldendichtung erwähnt (Bragi: *Gungnis váfaðr*; Kórmakr: *Hróptr fór með Gungni*). Von dem goldenen Ring → Draupnir, der in der ält. Dichtung nicht explizit Odin zugeschrieben wird, tropfen in jeder neunten Nacht acht Ringe (Skírnismál Str. 21, Gylfaginning c. 49, Skáldskaparmál c. 5). Bei beiden Attributen handelt es sich um Herrschersymbole; der Speer repräsentiert darüber hinaus die kriegerische Macht, der Ring mit seiner magischen Eigenschaft symbolisiert vielleicht auch die alte Zeitrechnung nach Mondjahren (163a, § 394; vgl. 115, 82–84). Der Ring ist als sakrales Herrschaftszeichen weit verbreitet, z. B. im sassanidischen Iran, wo in Darst. der Investitur des Kg.s der höchste Gott Ahura Mazdā diesem einen Ring verleiht (siehe z. B. 123, 129 und Taf. 97). Als ein Herrschersymbol mit Anknüpfung an Odin und seinen Hochsitz kann man auch die kleinen wikingerzeitlichen Miniaturstühle in Form von Anhängern auffassen, die aus Gräbern stammen (18; 172, 21–22; 132, 163 f.; 58).

Auffallend ist die Fähigkeit des Gottes, Tiergestalt anzunehmen; damit hängen sicherlich auch seine vielen Beinamen zusammen, die sich auf Tiere beziehen (53; 163a, § 384). Odin ist der einzige, der explizit als ‚beritten' bezeichnet wird (vgl. 146a); ihm gehört → Sleipnir, das beste aller Pferde (Grímnismál Str. 44, SnE Gylfaginning c. 15). Die Herkunft des Pferdes wird in den Mythen vom → Riesenbaumeister in c. 42 geschildert; hier, wie auch in c. 15, findet sich die Angabe, daß Sleipnir acht Beine hatte (s. u. § 6b).

Die beiden Vögel → Huginn und Muninn sind Personifizierungen von Gedanken und Erinnerung des Gottes (vgl. 7, 176), ausgehend von awnord. *hugr* und *hugi* ‚Gedanke' und *muna* ‚sich erinnern'. Sie werden in *Grímnismál* Str. 20 erwähnt, wo es heißt, sie würden jeden Tag über die Welt fliegen *(iǫrmungrund)*. Snorri präzisiert, es handle sich um Raben, die auf Odins Achsel säßen und ihm alles ins Ohr flüsterten, was sie sähen und hörten (Gylf. c. 38). Er sendet sie im Morgengrauen aus, und zum Morgenmahl (*at dǫgurðarmáli;* s. dazu 7, 177) kehren sie zurück und tun ihm ihr großes Wissen kund. Snorris Erklärung, man würde Odin aufgrund der Raben und ihrer Mitteilungen *Hrafnaguð* ‚Rabengott' nennen, erfaßt nur einen Teil des Namenhintergrundes. Die Skaldendichtung zeigt, daß sich der Rabe (→ Rabenvögel) als Odins Vogel v. a. mit Kampf und Kampfplätzen verbindet (Belege bei 163a, § 382); der Weisheitsaspekt braucht jedoch nicht ein späterer Zug zu sein, vielmehr können die Raben als mythisch-symbolische Gestaltungen wichtiger Seiten im Wesen des Gottes gesehen werden (vgl. 101; 163a, § 382).

Der → Wolf als tierisches Symbol für Odin hat seine Wurzeln sicherlich in frühester Zeit, auch wenn die Vorstellung von den beiden Wölfen Geri und Freki, beide mit der Bedeutung ‚der Gierige' (Grímnismál Str. 19, Gylfaginning c. 38), als Ausdruck „jüngere[r] Spekulation" (163a, § 382) galten. Das Zeugnis der *Grímnismál* läßt den Schluß zu, daß diese Vorstellung in jedem Fall in die späte WZ zurückgeht.

Unter den anderen zum Vorstellungskreis um Odin gehörigen Tieren ist bes. die ‚Odinschwalbe' erwähnenswert, aschwed. *odhinsvala,* ein alter Name für den Schwarzstorch *(Ciconia nigra),* der in ma. Texten, ON sowie im Volksglauben v. a. S-Schwedens belegt ist (→ Weißstorch und Schwarzstorch, Bd. 35). Es wurde auch erwogen, daß sich der Vogel auf Brakteaten mit Odindarst. fände (88). Es gibt unterschiedliche Erklärungen, warum dieser Vogel mit Odin verbunden wurde (s. 151; 26; 88, 16–36).

Eine spezielle Eigenheit, die Odin von den anderen Göttern unterscheidet, sind seine vielen Beinamen, die → Heiti. Falk hat diese *heiti* zusammengestellt und kritisch diskutiert; er hat nicht weniger als 169 Namen aufgenommen, von denen sich die meisten ausschließlich auf Odin beziehen. Sie nennen unterschiedliche Eigenschaften und Erscheinungsformen des Gottes (vgl. 53; 163a, § 384; 157). Mehrere Namen deuten auf die verschiedenen Tiergestalten des Gottes; sie wurden vermutlich in kultischem Zusammenhang durch Masken veranschaulicht (163a, § 384). Odin tritt oft in Verkleidung und in wechselnder Gestalt auf, und viele Beinamen beziehen sich auf seine Vermummung (53; 163a, § 396).

Nur mit Odin verbindet sich das, was als ‚Namensoffenbarungen' bezeichnet werden kann, z. B. in liter. Form, der Absicht des Liedes angepaßt, in den *Grímnismál* Str. 46–54 (Analyse bei 41), mit einem sicherlich kultischen Ursprung (144; 82). Die frühen *ek*-Formeln der Runeninschr. in Kombination mit dem Ausdruck *haiteka* ‚ich heiße' und vermutlich unterschiedlichen Epitheta einer Gottheit haben auffallende Parallelen in der altiranischen und aind. Kultpoesie; sie können auf eine alte ie. Tradition zurückgehen (82). Vieles spricht dafür, daß sich die Beinamen mehrerer runenbeschrifteter Gegenstände auf Wōðin/Óðinn beziehen (s. 69a; 44; vgl. 117a, 255–259. 279–287). Eine enge Verbindung zu den Namensoffenbarungen hat die Gattung der Selbstprädikationen oder Aretalogien, die in Ichform die Eigenschaften und mächtigen Taten (griech. ἀρετή) einer Gottheit erwähnen oder aufzählen. Sie sind aus dem Mittelmeergebiet und den Relig. des Vorderen Orients bekannt (s. dazu 155a); sie haben ihr germ. Gegenstück in den *Hávamál* Str. 146b–163, wo Odin in Ichform 18 Eigenschaften aufzählt (strukturelle Analyse bei 91). Sie berühren größtenteils wesentliche Seiten seines Charakters, wie sein Vermögen, seinen Anbetern in verschiedenen Situationen zu helfen, die Natur zu meistern und Menschen und übernatürliche Wesen in die Richtung zu beeinflussen, wie er es will. Normalerweise deutet man diese Beschreibung Odins in Termini von Zauber und Beschwörungen, aber man kann in ihnen auch den Ausdruck der innewohnenden Kraft und Nähe zu den Anbetern sehen, die ein so bedeutender Gott wie Odin hatte.

§ 5. Probleme der Forschung. a. Ursprung, Entwicklung und Veränderung des W.-O.-Kultes. Dieser Problemkomplex umfaßt mehrere Aspekte. Zum einen handelt es sich um einen geogr. Aspekt, nämlich die Ausbreitung des W.-Odinkultes von einem bestimmten Ausgangsgebiet in andere Teile der germanischsprechenden Welt. Das hat auch mit dem Aufkommen des W.-Odin-Glaubens durch Kultureinflüsse oder Import von außen, z. B. aus kelt. oder röm. Gebiet, zu tun. Der Ursprung des Gottes kann auch mit der allmählichen Veränderung des Gottesbildes verbunden werden; der urspr. Charakter, ehemals einfach und beschränkt, wäre dann mit der Zeit um andere Züge angereichert worden, bis er in dem komplizierten Gottesbild mündete, das die Qu. der WZ und des MAs zeigen. Die Frage berührt auch die Kontinuität des Glaubens an W.-Odin, der trotz kleinerer Veränderungen im Laufe der Gesch. erhalten blieb. Schließlich gehört hierher auch das Problem der Stellung des Gottes im Pantheon (21; 163a, § 398).

Im großen und ganzen lassen sich zwei Hauptrichtungen ausmachen. Nach der die frühere Forsch. beherrschenden Meinung war der Kult des Gottes anfangs begrenzter, verbreitete sich dann aber immer mehr, bis er schließlich der bedeutungsvollste Kult auf germ. Gebiet war. Während dieses Prozesses habe sich auch das Gottesbild geändert. Nach der anderen Auffassung ist W.-Odin von alters her einer der wichtigsten Götter unter den germanischsprechenden Völkern gewesen, mit einem von Anfang an festgelegten Charakter, der sich trotz gewisser Veränderungen in seinen Grundzügen durch die Jh. gleichgeblieben ist.

Die erste Auffassung spaltet sich in mehrere Var., je nachdem, wohin man den Ursprung des Gottes geogr. verlegt, wie man die Ausbreitung des Kultes veranschlagt und in welcher Hinsicht sich das Wesen des Gottes verändert hat. Eine der Hauptrichtungen legt den Ursprung des W.-Odinkultes in das w. Germanien, bes. in das Gebiet am Niederrhein (34; 74; 35; 52; 116; 134; 218; 143, 47); sie sieht auch eine deutliche Verbindung mit dem galloröm. Kult des Mercurius (52, 237; 28; 116, 78). Auf die Germ. in diesem Gebiet bezieht sich eigtl. die Anm. des → Tacitus, *deorum maxime Mercurium colunt;* dort fand sich schon im ersten nachchristl. Jh. ein Kult (vgl. 74, 9; 52, 218–249; 134). Dieser erhielt dort seine charakteristische Ausformung durch Aufnahme starker kelt. Einflüsse (52; 134). Der typische W.-Odinkult soll als eine Gefolgschaftsrelig. entstanden sein, die von dem Bataveranführer → Civilis (52, 218–249; vgl. 14, 108) inspiriert war, oder als germ. Rezeption der höchsten Gottheit (*Lug* bzw. *Lugoves*), der die kelt. *vates*-Priester ihre Opferrituale widmeten (135). Diese Rezeption soll sich abgespielt haben im Umfeld der → Chatten, die man als eine überwiegend kelt. Gruppierung ansieht, vor der Ersten Germanischen Lautverschiebung (134; 135).

Mehrere andere Forscher betonen hingegen für das Entstehen des späteren allg. W.-Odinkultes den sö. Einfluß von Byzanz und den Ländern n. des Schwarzen Meeres (oft mit Verweis auf die Ynglinga s. c. 1–5 und den Prolog der SnE; vgl. 92; 111). Kulturströmungen aus diesen Gebieten, die sich arch. nachweisen lassen, sollen den W.-O.-Kult hinauf zu den nördlichen germ. Völkern gebracht haben (137; 138; 127; 16; 168, 77. 81; 159; vgl. 129). Dies verbindet sich auch mit der Annahme, daß die → Runenschrift durch die Vermittlung der Goten den gleichen Weg genommen habe, was zugleich erklärt, daß der Gott in der skand. Tradition so stark mit Runen verbunden ist.

Der Einfluß des Röm. Reiches wird noch anderweitig hervorgehoben. Der W.-Odinkult sei eigtl. nichts anderes als der röm.

Kaiserkult, der nach Skand. transportiert worden sei, wo er mit dem Glauben an einen einheimischen Tiergott verschmolzen sei (16). Die → Brakteaten seien wichtige Belege für diesen Synkretismus von Kaiserkult und theriomorphen Gottesvorstellungen (16).

Die Ausbreitung des W.-O.-Kultes über das germ. Gebiet soll sich auf verschiedene Weise entweder „mit einer kriegerischen Kulturbewegung" (35, 482) vollzogen haben oder durch das Ansehen, das der Kult eines *comitatus* von einem herausragenden germ. Kriegsherrn vermittelte (52, 218–249). Andere Philologen haben auf ähnliche Weise betont, daß der Hintergrund des Gottes in erster Linie nicht mythisch, sondern kultisch sei. W.-Odin ist von Anbeginn an nach dem Bild eines ekstatischen Visionärs und Magikers mit ‚schamanistischen' Zügen gebildet worden. Östliche, in das germ. Gebiet hineindrängende Stämme brachten dieses Bild eines umherwandernden und heilenden Schamanen-Gottes mit sich, das sich vermutlich mit dem Kult einer ähnlichen einheimischen Gottheit vermischte. In einem späteren Zeitabschnitt wurde das Bild W.-O.s in einem kriegerischen Kulturmilieu zu einem berittenen Krieger und Magiker umgebildet (109, 70. 95. 101).

Auch die Ähnlichkeit zw. W.-O. und dem Gott Mithras (→ Mithras und Mithrazismus) wurde hervorgehoben (50; 89); die Möglichkeit kann nicht ausgeschlossen werden, daß germ. Mithras-Anhänger im Kontakt mit anderen Germ. Züge des röm. Mithraskultes in die Ausübung des W.-O.-Kultes verlagerten (89).

Die zweite Auffassung betont den altererbten Charakter der Verehrung von W.-Odin Das Argument, W.-O. sei eine sehr alte Gottheit unter den Göttern der Germ., stützt sich v. a. auf Vergleiche mit anderen ie. Relig. Georges Dumézil glaubte zeigen zu können, daß die ie. Völker eine gemeinsame Struktur ihrer Götterwelt hatten, in der die einzelnen Gottheiten in einem hierarchischen Dreifunktionssystem plaziert werden können (→ Dumézilsche Dreifunktionentheorie; grundlegende Darst.: 48, 23–51). Die oberste Funktion ist die herrschende *(la souveraineté)*; sie ist zw. zwei Gottheiten unterschiedlichen Charakters und Tätigkeitsgebietes aufgeteilt. Die eine repräsentiert die relig.-magische Sphäre, die andere die juristisch-polit. Auf germ. Verhältnisse übertragen bedeutet dies, daß Odin und Týr (→ Ziu-Týr) die erste Funktion miteinander teilen, wobei Odin für die relig.-magische Sphäre steht (45, 40–77; 46; 48, 183–203). Das Problem ist, daß das skand. Qu.material, auf das sich Dumézil stützt, nicht ganz zu seinem System paßt. Odin ist auch Gott des Krieges, was nach dem System Thor (→ Donar-Þórr) sein sollte. Dieser hatte seinerseits Züge eines Fruchtbarkeitsgottes (nach Adam von Bremen IV, 26 bestimmt Thor über das Wetter und schenkt den Göttern Ernten). Es haben also gewisse, von besonderen kulturellen Verhältnissen bedingte, Verschiebungen im System stattgefunden, die aber nicht die Grundstrukturen erschütterten (47, 118–125; 48, 186–189).

Dumézils Auffassung erfuhr von vielen Seiten Unterstützung (z. B. 163a; 170; 130; 104a), aber es hat auch kritische Stimmen gegen seine Theorien gegeben (125; 142a; 38). Ohne explizit Stellung zu Dumézils Drei-Funktionen-System zu nehmen, haben andere Relig.swissenschaftler aus einer vergl. Perspektive für W.-O. als eine alte Gottheit mit Wurzeln in einer ie. Tradition argumentiert (120; 85; 87).

b. Odin und die Frage nach *seiðr* und ‚Schamanismus'. Zentrale Seiten im Wesen des Gottes sind von vielen Wissenschaftlern in einen größeren nordeurasischen Kontext gestellt und als Ausdruck eines ‚Schamanismus' gedeutet worden. Odins Fähigkeit, die Gestalt zu wechseln, eine Tiergestalt anzunehmen und sich so in ferne Länder zu begeben (Ynglinga s. c. 7), wie auch sein großes magisches Wissen sollen deutlich ‚schamanistische' Züge aufweisen. Auch die Mythol., v. a. die Strophen in *Hávamál* mit dem im Baum hängenden Odin, sowie die Ikonographie der Brakteaten wurden als Hinweise auf Odin als den großen ‚Schamanen' gewertet. Odins Verbindung mit *seiðr* und *galdrar* wurde bes. hervorgehoben unter der Voraussetzung, daß diese Phänomene in vorchristl. Zeit einen ‚schamanistischen' Hintergrund hatten (zur Forschungsgesch. 40, 269–275). Die Tendenz, die Gestalt Odins von einem ‚schamanistischen' Kontext her zu beleuchten (beeinflußt durch 78 u. a.), hat sich in der Forsch. der letzten Jahrzehnte verstärkt; sie kommt in einer Reihe von Arbeiten deutlich zum Ausdruck (29, 75–77; 30; 31; 151a, 116. 259; 66; 51, 77. 137; 109, 80–89; 72, 119–126; 132, bes. 93–100 und 389–392; 146a, 137–144). Mit der ‚schamanistischen' Deutung Odins verbinden sich mehrere Probleme (vgl. 131; 140a; 141; 104a; 148; ausführlicher 40). Selbst der Begriff ‚Schamanismus' wurde als anwendbare religionswiss. Kategorie in Frage gestellt (64; 136), da er das Verständnis der spezifischen kulturgebundenen Ausdrücke eher verdunkle als erhelle (136). Auch die Wissenschaftler, die den ‚Schamanismus' als ein eher allg. Phänomen akzeptieren, laufen Gefahr, in das skand. Qu.material vorgegebene ‚schamanistische' Züge hineinzulesen, die es dort eigtl. gar nicht gibt (z. B. Trance, Ekstase und Seelenwanderung; vgl. 40). Die Eddalieder geben nur eine kleine Ausbeute, wenn man bei der Gestalt Odins nach ekstatischen und ‚schamanistischen' Zügen sucht. Für gewöhnlich wird *Lokasenna* Str. 24 als Argument für eine Verbindung von Odin und *seiðr* (→ Zauber) herangezogen, aber das Argument verliert an Bedeutung, da es sich bei dem Wort *síða* ‚seiðr ausüben' in den Texteditionen um eine Emendation des handschriftlichen *síga* ‚sinken' handelt.

Es ist wichtig, sich deutlich vor Augen zu führen, was es beinhaltet, wenn man von Odin als einer ‚schamanistischen' Gottheit spricht. Das kann bedeuten, daß man den germ. Gott einfach nur mit den nordeurasischen ‚Schamanen' vergleicht, um sein Wesen und seinen Charakter besser erklären zu können, aber es kann auch beinhalten, daß man davon ausgeht, der ‚Schamanismus' habe auf die eine oder andere Weise die Gestalt Odins, wie sie in den Qu. geschildert wird, beeinflußt. Die Annahme, daß der nord. *seiðr* aus der samischen Relig. entlehnt oder zumindest von ihr beeinflußt ist (152, 190–206), bedeutet, daß Odins Verbindung mit *seiðr* sekundär ist. Es wurde auch erwogen, daß Snorris Schilderung in der *Ynglinga s. c. 7* unter Einfluß der → *Historia Norvegiae* entstanden sei (Beschreibung des samischen nåjd-Rituals; 156). Simek vermutet, daß gewisse Seiten Odins „aus einem schamanistischen Kontext" (146a, 141) stammen.

Zweifellos gibt es bestimmte Züge in Odins Persönlichkeit und Mythol., die sich zu einem Vergleich mit nördlichen eurasischen Relig.sformen hergeben, doch diese Züge als ‚schamanistisch' zu kategorisieren, ist vom religionswiss. Standpunkt aus zweifelhaft und führt auch zu keinem besseren Verständnis der Gestalt Odins. Ob es in vorhist. Zeit einen Einfluß solcher Relig.sformen gegeben hat, entzieht sich dem heutigen Wissen.

c. W.-O. in ikonographischen Darst. Bilddarst., die keinen erklärenden Text haben, sind oft problematisch, da sie mehrere unterschiedliche Deutungen zulassen. Bei einem ganzen Teil des ikonographischen Materials soll es sich um Darst. Odins oder um Anspielungen auf Mythen handeln, in denen er vorkommt (übersichtliche Diskussion der bildlichen Darst. bei 163a, § 374), von den Felsritzungen (→ Felsbilder) der BZ bis zu den Holzskulpturen in ma. → Stabkirchen.

1. Auf einigen skand. Felsritzungen (z. B. Litsleby, Tanum) wird das Bildfeld von einer Männerfigur mit Speer beherrscht. Die Größe der Figur im Verhältnis zu den anderen Gegenständen könnte darauf hindeuten, daß eine Gottheit abgebildet ist, und der Speer könnte die nahe Verbindung der Gottheit mit Odin andeuten (163a, § 374). Geht man von Odin als einer alten Gottheit mit ie. Wurzeln aus, wird die Deutung dieser Figur als früher Prototyp des späteren Odins (oder Tyrs) an sich nicht unwahrscheinlich, aber sie ist natürlich schwer zu beweisen.

2. Goldbrakteaten (→ Brakteaten). Diese Gegenstände aus dem 5. und 6. Jh. zeigen zwei dominierende Motive, die stark in Form und Detail variieren. Das eine ist ein Brustbild (A-Brakteaten), das andere ein Kopf über einem Reittier (C-Brakteaten). Auch wenn diese Motive letzten Endes ihre Vorbilder in röm. Kaiserdarst. haben (Medaillons, Münzen), wird einhellig die Ansicht vertreten, daß sie in ihrem germ. Kontext eine einheimische Vorstellungswelt vertreten. Mehr und mehr macht sich die Auffassung geltend, daß das Motiv W.-O. in seiner Eigenschaft als Götterfürst (A-Typ) oder heilender Gott (C-Typ) wiedergibt, letzteres mit einem Hinweis auf den Zweiten Merseburger Zauberspruch (→ Merseburger Zaubersprüche) mit dem Sturz des Balderfohlens und seiner Heilung durch Wodan (→ Sakralkönigtum S. 296, Abb. 33). Der Spruch spielt auf eine mythische und prototypische Heilstat des Gottes an, die als Bildchiffre auf den Brakteaten wiedergegeben wird. Diese Deutung ist im Ansatz schon früher vertreten worden (16), wurde dann aber von Hauck in einer Reihe von Studien weiterentwickelt (z. B. 66–69a; 70) und von anderen Wissenschaftlern aufgegriffen (z. B. 24; 73). Eine andere Auffassung sieht in dem Bild des Kopfes den Prototyp des germ. Herrschers (146). Verbindet man die Auffassung, daß die südskand. ON mit *Odin-* die Verhältnisse einer Machtelite widerspiegeln, die v. a. Odin verehrte, mit der Deutung der Brakteatenabb. als W.-O., so ergibt sich daraus ein beachtenswertes Argument für den herausragenden Platz dieses Gottes in der südskand. Relig.

3. Die Preßbleche (→ Preßblecharbeiten und Preßblechornamentik) des Helmes aus dem Vendelgrab I (→ Vendel; → Bilddenkmäler S. 591 Abb. 115) vom Ende des 7. Jh.s enthalten drei Motive, die aller Wahrscheinlichkeit nach eine ideologische Verbindung zeigen (vgl. 22). Zwei von ihnen (Motiv I und II) zeigen einen Krieger zu Pferd mit einer Lanze in der einen und einem runden Schild in der anderen Hand (zum Motiv vgl. 118). Auf dem ersten Preßblech (Motiv I) ist der Kopf des Reiters von zwei Vögeln umgeben, und der Kamm des Helms mündet wohl in einem Vogelkopf. Die Figur richtet ihre Lanze nach unten gegen eine sich windende Schlange. Auf dem anderen Blech (Motiv II) wird der Helm von einem Eber gekrönt und hinter dem Reiter zeigt sich ein Vogel. Die Lanze geht waagerecht über die Achsel des Kriegers. Zusätzlich sieht man eine kleinere Figur mit einem Speer, die ein Pferd am Zügel führt. Das dritte Blech zeigt einen axttragenden Mann mit einem gefesselten Untier. V. a. die Deutung des ersten Motivs als eine Darst. Odins ist seit Hjalmar → Stolpe (149; 150) sehr verbreitet (163a, § 373; 157, 57; 116; 114, 233 und zahlreiche Handbücher), aber nicht überzeugend. Die Motive der drei Preßbleche lassen sich besser aus einem heroischen Kontext erklären (22), und wenn es Odin ist, der da abgebildet ist, dann eher in Gestalt der kleineren zügelführenden Figur, die in Motiv II vorkommt (vgl. 22, 33).

4. Gotländische Bildsteine. V. a. das Motiv mit einem Reiter auf einem achtbeinigen Pferd (→ Tjängvide I; → Ardre VIII, Tängelgårda I[→ Stora Hammars § 2; → Bilddenkmäler Taf. 67]) gab Anlaß zu

der gängigen Deutung, daß das Motiv mit Odin, seinem achtbeinigen Pferd → Sleipnir und Walhall (→ Valhǫll) zusammenhänge (z. B. 163a, § 373; 33; 114, 44; 51a; 51b; vorsichtiger 157; kritisch 81; 173). Der Reiter soll entweder der Gott selbst oder ein gefallener Krieger sein, der auf Odins Pferd nach Walhall kommt und von einer Walküre (→ Valhǫll) in Empfang genommen wird. Auf dem Stein von Tjängvide (→ Alskog Taf. 18) erkennt man eine Frau, die dem Reiter ein Trinkhorn entgegenhält. Auf anderen Steinen mit ähnlichen Bildern hat das Pferd jedoch nur vier Beine (Lillbjärs III), wurde aber mit der gleichen Motivgruppe in Verbindung gebracht. Zu dem Vorstellungskreis der Bildsteine über Odin, das Totenpferd und die Walküre soll auch Odins Totenwagen gehören, was sich in dem Ausdruck *reið Rǫgnis* in *Sigrdrífumál* Str. 15 widerspiegelt, wo Rǫgnir ein Beiname Odins ist (166).

Die drei laufenden Figuren auf dem Bildstein von Sanda werden oft mit Odin, Freyr und Thor verknüpft (88b), doch sind andere Deutungen (18) vorzuziehen. Es gibt eher Anlaß, die sitzende Gestalt im oberen Bildfeld als Odin aufzufassen (88b; 18).

5. Eine Reihe anderer wikingerzeitlicher oder ma. Bilddarst. oder Gegenstände ist mehr oder weniger zu Recht als Abb. oder Symbol Odins oder als mit ihm assoziierte Gegenstände gedeutet worden, z. B. das obere Bildfeld auf dem Stein von → Altuna (165), die Bilder des Horns von → Gallehus (120a), der Stein von → Hornhausen (163a, § 174), Masken und Gesichter als Miniaturobjekte und als Bilddarst. auf Runensteinen (88a; 19; vgl. 82) und ein einäugiger Männerkopf in einer Stabkirche (50a, 29; 146a, 143).

Zusammenfassend läßt sich festhalten, daß ein Teil des ikonographischen Materials sich sehr gut auf W.-O. und seinen Kult beziehen kann, daß jedoch die vorgebrachten Deutungen in ihrer Wahrscheinlichkeit unterschiedlich sind und daß man die Interpretation dieses Materials mit einer gewissen Vorsicht angehen muß.

d. W.-O. und die Männerbünde. Große Aufmerksamkeit hat man in der Forsch. dem Verhältnis W.-O.s zu den sog. Männerbünden (→ Männerbund) gewidmet. Unter Bezug auf einige Anm. Tacitus' zu den Germ., auf späteren → Volksglauben an die → Wilde Jagd (bes. die norw. *oskoreiði*), völkisches Brauchtum (Perchtenumzüge) und bestimmte Züge in der Gestalt Odins (Wut, kriegerische Ekstase) sowie seine Verbindung zu den *berserkir* ‚Berserkern' und *ulfheðnar* ‚[Berserker in] Wolfsgestalt' (→ Berserker; → Tierkrieger; 147) ging man davon aus, daß W.-O. in besonderem Maße der Gott der Männerbünde gewesen sei (167; 75; 77; 90; 132; vorsichtiger 163a, §§ 405–407). Die Annahme germ. Männerbünde und W.-O.s idg. Hintergrund ist ein besonderer Zug in der Argumentation (90). Es wurde auch erwogen, daß die komplexe Natur des Gottes aus seiner grundlegenden Rolle als „god and leader of the ecstatic Männerbünde" (90, 274) zu erklären sei. Mit der Deutung W.-O.s in erster Linie als Gott der Männerbünde verbinden sich mehrere Probleme. Der Begriff Männerbünde ist vage, und das Phänomen selbst ist nur schwer abzugrenzen gegen andere Erscheinungen (und Termini) wie → Gefolgschaften, Jugendbünde (→ Jungmannschaften) und Bruderschaften (vgl. 155), und die sozio-relig. Erscheinung des Männerbundes ist als solche nicht für germ. Verhältnisse belegt (vgl. → Männerbund). Selbst wenn W.-O. die höchste Gottheit für die germ. Gefolgschaften und auch für die angenommenen Männerbünde ist, so beinhaltet das nicht, daß dies auch die primäre Funktion des Gottes gewesen sei.

e. Odin als höchste Gottheit. An mehreren Stellen betont Snorri in seiner *Gylfaginning* die Sonderstellung Odins: Er ist der größte und älteste Gott, er lebt über alle Zeitalter hin, er waltet über alle Dinge, schuf Himmel und Erde sowie die Menschen, denen er Atem gab *(ǫnd)* und die leben und nie vergehen sollen, auch wenn der Körper zu Staub zerfällt oder zu Asche verbrennt (c. 3). Odin und seine Brüder regieren Himmel und Erde (c. 6). Odin wird der ‚Allvater' genannt (c. 3. 9. 14. 15. 20. 34. 35. 39; *Allfǫðr;* einige Hss. bieten *Alfǫðr,* bes. die Hs. U; zu einem möglichen Bedeutungsunterschied s. 7, 140). Das Epitheton wird so erklärt, daß Odin der ‚Vater aller Götter und Menschen und all dessen ist, was von ihm und seiner Kraft geschaffen wurde' (c. 9; s. auch c. 20, wo es aber nur *faðir allra goða* ‚Vater aller Götter' heißt). Diese Aussagen über Odin bringen eine bestimmte ‚Allvatertheologie' (83) oder ‚Odinstheologie' (21, 42) zum Ausdruck, die unter dem Einfluß der christl. Lehre stehen (21, 44. 53; 79, 7. 35–38; 83; vgl. auch 23). Vermutlich war es Snorris Intention, neben dem christl. Gedanken an die natürliche Theol., wie er im Prolog *(formáli)* zur SnE zum Ausdruck kommt, Odin in die Rolle des unbekannten höchsten Gottes der paganen Skandinavier einzusetzen (so 21, 42–64). Die Frage wird jedoch kompliziert durch die Tatsache, daß das Epitheton ‚Allvater' in der Edda- und Skaldendichtung vorkommt (*Alfǫðr* in Grm 48; *Alfaðir* in Helg. Hund. I, 38 und bei Arnórr Þórðarson im 11. Jh.). Alter und Ursprung des Namens sind jedoch umstritten (53; 163a, § 398) und wurden sogar als eine Umbildung von *Aldafǫðr* ‚Vater der Menschen' erklärt, das bei Bragi und in *Vafþrúðnismál* 4 und 53 belegt ist (53; *ald- > all-*). Außerdem hängt vieles davon ab, wie man den Begriff ‚höchste' oder ‚oberste Gottheit' faßt. Meint man den Vordersten im Pantheon, so hat in der späteren Mythol. (vornehmlich der SnE) zweifellos Odin diese Position inne; meint man aber den mächtigsten oder am meisten verehrten Gott, so ergeben gewisse frühe Qu. ein anderes Bild. Adam von Bremen weist darauf hin, daß bei den drei Götterbildern im ‚Tempel' in Alt-Uppsala (→ Gamla Uppsala) Thors Bild in der Mitte stand, in seiner Eigenschaft als mächtigste Gottheit *(potentissimus),* und das As. Taufgelöbnis (→ Taufgelöbnis § 3) nennt Thunaer als ersten der drei Götter, dem ein Christ abschwören mußte (s. o.).

Bestimmte Aspekte des Gottes erinnern an Züge, die sich bei den sog. ‚Hochgöttern' finden. Odins Fähigkeit, von dem Hliðskjálf genannten Platz aus über die ganze Welt zu blicken (Gylf. c. 9 und 17, implizit in der Prosaeinleitung zu den *Skírnismál*), seine schöpferische Kraft und seine Weisheit fügen sich gut in eine Hochgott-Typol. (170; 128), bei der Allwissenheit, übernatürliche Kenntnisse und Schöpferkraft betont werden. Hingegen ist es schwierig, bei W.-O. Züge zu finden, die ihn mit dem ie. Himmelsgott verbinden.

§ 6. Schlußbemerkung. W.-O. ist eine komplexe Göttergestalt, und sein komplexes Wesen ist von der früheren Forsch. als Resultat einer späteren Entwicklung gesehen worden, während der unterschiedliche fremde Einflüsse aufgegriffen wurden. Das muß jedoch nicht der Fall sein, und so betont die gegenwärtige religionswiss. Forsch. statt dessen W.-O.s Charakter einer alten Gottheit unter den germanischsprachigen Völkern (141; 85; 148, 175), oft gestützt auf die vergl. Perspektive G. Dumézils und anderer (163a; 45; 48; 49; 130). Das bedeutet natürlich nicht, daß im Gottesbild und Kult nicht Veränderungen oder Verschiebungen eintreten konnten.

Die Rezeption der Gestalt Odins im ma. Skand. zeigt eine solche Verschiebung. Unter Anknüpfung an bestimmte Seiten seines Wesens erhält Odin mehr den Charakter einer dämonischen Figur, eines Feindes des Christentums. Diese negative Sicht Odins tritt in den → Isländersagas und in den Erwähnungen der hagiographischen Texte zutage, bes. aber in den Kurzerzählungen der

→ Königssagas über die Missionskg.
→ Óláfr Tryggvason und Óláfr Haraldsson
(→ Olaf der Heilige; s. weiter dazu 98; 100).
Ein frühes Beispiel ist die *Clemens s.* c. 44
(Hs. von ca. 1200; 8, 66, 26–67,1), wo es
über Odin heißt: *clemens kallar hann fianda ok obreinan anda* ‚Clemens nennt ihn Teufel und unreinen Geist', im Unterschied zu der Aussage über Thor, von dem es nur heißt, Thor sei ‚nicht' der, der zu sein die Anbeter behaupten. Andererseits stößt man auf die spätere Tendenz, Züge des Odinbildes auf die norw. Heiligenkg. zu übertragen, was gut zu der Tatsache paßt, daß Odin im 13. und 14. Jh. keinerlei Bedrohung des zu der Zeit bereits fest etablierten Christentums darstellt (133).

Qu.: (1) The Anglo-Saxon Chronicle, übs. und hrsg. von M. Swanton, 1996. (2) W. Braune (Hrsg.), Ahd. Lesebuch, bearb. von E. Ebbinghaus, ¹⁷1994. (3) S. Bugge (Hrsg.), Norrœn Fornkvæði, 1867. (4) Eddadigte, 1. Vǫluspá. Hávamál, hrsg. von Jón Helgason, ²1971. (5) Eddadigte, 2. Gudedigte, hrsg. von Jón Helgason, ³1971. (6) Eddadigte, 3. Heltedigte, Teil 1, hrsg. von Jón Helgason. ³1971. (7) [Snorri Sturluson], L'Edda. Récits de mythol. nordique, hrsg., übs. und Kommentar von F.-X. Dillmann, 1991. (8) De gamle Eddadigte, hrsg. von Finnur Jónsson, 1932. (9) [Snorri Sturluson], Histoire des rois de Norvège I., hrsg., übs. von F.-X. Dillmann, 2000. (10) Klemens s., hrsg. von L. Larsson, in: Isländska handskriften No 645 4° in den arnamagnæanska samlingen på Universitetsbiblioteket i København i diplomatariskt aftryck, 1885. (10a) Magistri Adam Bremensis, Gesta Hammaburgensis ecclesiae pontificum, hrsg. von B. Schmeidler, 1917. (11) Saxo, Gesta Danorum. (11a) Skjaldevers, hrsg. von Jón Helgason, 1961. (12) Snorri Sturluson, Edda. Gylfaginning og prosafortellingene av Skáldskaparmál, hrsg. von A. Holtsmark, Jón Helgason, 1968. (13) Snorri Sturluson, Heimskringla I., hrsg. von Bjarni Aðalbjarnarson, Ísl. Fornr. 26, 1941.

Lit.: (14) T. W. Africa, The One-Eyed Man against Rome: An Exercise in Euhemerism, Historia 19, 1970, 528–538. (15) B. Almqvist, I marginalen till Sejd, in: [152], 237–272. (16) S. Ambrosiani, Odinskultens Härkomst, 1901. (17) T. Andersson, Rez. von [134], NoB 92, 2004, 179–181. (18) B. Arrhenius, Vikingatida miniatyrer, Tor 7, 1961, 139–164. (19) B. Arwidsson, Demonmask och gudabild i germansk folkvandringstid, Tor 9, 1963, 163–186. (20) K. Backhausen, Odin og Ordet, Religionsvitenskabligt Tidsskrift 39, 2000, 29–44. (21) W. Baetke, Die Götterlehre der Snorra-Edda, 1950. (22) H. Beck, Einige vendelzeitliche Bilddenkmäler und die liter. Überlieferung, SB der Bayer. Akad. der Wiss. Phil.-Hist. Kl., 1964, Nr. 6. (23) Ders., Snorri Sturlusons Sicht der paganen Vorzeit (Gylfaginning), 1994. (24) Ders., Zur Götter-Anrufung nach anord. Qu. (in Sonderheit der Brakteaten), in: Kontinuitäten und Brüche in der Religionsgesch. (Festschr. A. Hultgård), 2001, 57–75. (25) E. Benveniste, Le vocabulaire des institutions indo-européennes 1, 1969. (26) J. Bernström, Odinsvala, in: Kult. hist. Leks. XII, 509–511. (27) H. de Boor, Die relig. Sprache der Vǫluspá und verwandter Denkmäler, in: Ders., Kl. Schr. 1, 1964, 209–283. (28) R. Bremmer, Hermes, Mercury and Woden-Odin as Inventors of Alphabets: A neglected Parallel, Amsterdamer Beitr. zur Germanistik 29, 1989, 39–48. (29) P. Buchholz, Schamanistische Züge in der aisl. Überlieferung, 1968. (30) Ders., Shamanism – The Testimony of Old Icelandic Literary Tradition, Medieval Scandinavia 4, 1971, 7–20. (31) Ders., Odin: Celtic and Siberian Affinities of a Germanic Deity, Mankind Quarterly 24, 1983, 427–436. (32) S. Bugge, Stud. über die Entstehung der nord. Götter- und Heldensagen, 1889. (33) L. Buisson, Der Bildstein Ardre VIII auf Gotland, 1976. (34) H. M. Chadwick, The Cult of Othin, 1899. (35) A. Closs, Neue Problemstellungen in der germ. Religionsgesch., Anthropos 29, 1934, 477–496. (36) M. Clunies Ross, Prolonged Echoes, 1. The Myths, 1994. (37) Dies., Prolonged Echoes, 2. The reception of Norse myths in medieval Iceland, 1998. (38) M. Deeg, Dumézil ‚in practice'. Der ‚Fall' Varuna and Odin, Zeitschr. für Religionswiss. 6, 1998, 137–162. (39) F.-X. Dillmann, Georges Dumézil et la relig. germanique: l'interprétation du dieu Odhinn, in: J.-C. Rivière u. a. (Hrsg.), Georges Dumézil à la découverte des Indo-Européens, 1979, 157–186. (39a) Ders., Kring de rituella gästabuden i fornskandinavisk relig., in: A. Hultgård (Hrsg.), Uppsalakulten och Adam av Bremen, 1997, 51–73. (40) Ders., Les magiciens dans l'Islande ancienne. Études sur la répresentation de la magie islandaise et de ses agents dans les sources littéraires norroises, 2006. (41) H. Dörner, Odins Namensverkündung in Grímnismál, in: K. Braunmüller, M. Brøndsted (Hrsg.), Dt.-Nord. Begegnungen. 9. Arbeitstagung der Skandinavisten des dt. Sprachgebiets, 1991, 128–139. (42) U. Drobin, Mjödet och offersymboliken i fornnordisk relig., in: Studier i religionshistoria: tillägnade Åke Hultkrantz, 1991, 97–141. (43) K. Düwel, Das Opferfest von Lade. Quellenkritische Unters. zur germ. Religionsgesch., 1985. (44) Ders., Zur Auswertung der Brakteateninschr. Runenkenntnis und Runeninschr. als Oberschichten-

Merkmale, in: K. Hauck (Hrsg.), Der hist. Horizont der Götterbild-Amulette aus der Übergangsepoche von der Spätant. zum Früh-MA, 1992, 32–90. (45) G. Dumézil, Les dieux des Germains, 1959. (46) Ders., Du mythe au roman. La Saga de Hadingus, 1970. (47) Ders., Gods of the Ancient Northmen, 1973. (48) Ders., Les dieux souverains des Indo-Européens, ³1986. (48a) Ders., Le roman des jumeaux. Esquïsses de mythol., 1994. (49) Ders., Mythes et dieux de la Scandinavie ancienne, hrsg. und Vorwort von F.-X. Dillmann, 2000. (49a) Egilsson, Lex. Poet. (50) H. Ellis Davidson, Mithras and Wodan, Études Mithraïques 4, 1978, 99–110. (50a) Dies., Scandinavian Mythol., 1969. (51) Dies., The Lost Beliefs of Northern Europe, 1993. (51a) D. Ellmers, Schiffsdarst. auf skand. Grabsteine, in: H. Roth (Hrsg.), Zum Problem der Deutung frühma. Bildinhalte. Akten des 1. Intern. Kolloquiums, 1986, 341–372. (51b) Ders., Valhalla and the Gotland Stones, in: O. Crumlin-Pedersen u. a. (Hrsg.), The Ship as Symbool in Prehistoric and Medieval Scandinavia, 1995, 165–171. (52) M. Enright, Lady with a Mead Cup. Ritual, prophecy and lordship in the European warband from La-Tène to the Viking Age, 1996. (53) H. Falk, Odensheite, Videnskapsselkapets Skr. II. Hist.-filos. Kl. 1924, Nr. 10. (54) A. Faulkes, Descent from the gods, Medieval Scandinavia 11, 1978–79, 92–125. (55) A. Finlay, Pouring Óðinn's Mead: An Antiquarian Theme?, in: G. Barnes, M. Clunies Ross (Hrsg.), Old Norse Myths, Literature and Soc. Proc. of the 11. International Saga Conference, 2000, 85–99. (56) J. Fleck, Óðinn's Self-sacrifice – a new interpretation, I: The ritual inversion. II: The ritual landscape, Scandinavian Studies 43, 1971, 119–142 und 385–413. (57) M. Gelling, Signposts to the Past: Place-Names and the Hist. of England, 1978. (57a) H. Gering, B. Sijmons, Kommentar zu den Liedern der Edda, 1. Götterlieder, 1927. (58) A.-S. Gräslund, Symbolik för lycka och skydd. Vikingatida amuletthängen och deras rituella kontext, in: Fra funn till samfunn (Festskrift B. Solberg), 2006, 377–392. (59) D. H. Green, Language and Hist. in the Early Germanic World, 1998. (60) Grimm, Dt. Mythol., ³1854. (61) O. Grønvik, Hávamál. Studier over verkets formelle oppbygning og dets religiøse innhold, Skrifter. Det Norske Videnskaps-Akademi. II. Hist.-Filos. Kl. NS 21, 1999. (62) Ders., Hávamál 138, Maal og Minne 2, 2000, 127–136. (63) K. Hald, The Cult of Odin in Danish Place-Names, in: A. Brown P. Foote (Hrsg.), Early English and Norse Studies presented to H. Smith, 1963, 99–109. (64) R. Hamayon, Pour en finir avec la „transe" et l' „exstase" dans l'étude du chamanisme, Études mongoles et sibériennes 26, 1995, 155–190. (65) A. G. van Hamel, Óðinn hanging on the Tree, APhS 7, 1932, 260–288. (66) K. Hauck, Goldbrakteaten aus Sievern. Spätant. Amulett-Bilder der ‚Dania Saxonica' und die Sachsen-,Origo' bei Widukind von Corvey, 1970. (67) Ders., Gemeinschaftstiftende Kulte der Seegerm., Frühma. Stud. 14, 1980, 463–617. (68) Ders., Frühma. Bildüberlieferung und der organisierte Kult. (Zur Ikonologie der Goldbrakteaten, XLIV) in: wie [44], 433–574. (69) Ders., Götterbilder des spätant. Polytheismus im Norden auf Votivgoldminiaturen, Zeitschr. für Kunstgesch. 57, 1994, 301–306. (69a) Ders., Zur religionsgeschichtl. Auswertung von Bildchiffren und Runen der völkerwanderungszeitlichen Brakteaten (Zur Ikonologie der Goldbrakteaten, LVI), in: wie [82], 298–353. (70) Ders., Zwei Goldbrakteaten von dem Söderby-Fund aus der Kultregion von Altuppsala. Zur Ikonologie der Goldbrakteaten, LX, in: wie [24], 275–295. (70a) J. Haudry, Mimir. Mimingus et Viṣṇu, in: wie [24], 296–325. (71) E. Haugen, The Edda as Ritual: Odin and His Masks, in: R. J. Glendinning, H. Bessason (Hrsg.), Edda. A Coll. of Essays, 1983, 3–24. (72) L. Hedeager, Skygger af en anden virkelighed. Oldnordiske myter, 1997. (73) W. Heizmann, Bildchiffren und Runen von Kommunikationsformen und Heilverfahren auf goldenen C-Brakteaten, in: wie [24], 326–351. (73a) L. Hellberg, Hedendomens spår i uppländska ortnamn, 1986. (74) K. Helm, Wodan. Ausbreitung und Wanderung seines Kultes, 1946. (75) O. Höfler, Kultische Geheimbünde der Germ., 1934. (76) Ders., Das Opfer im Semnonenhain und die Edda, in: Edda, Skalden, Saga (Festschr. F. Genzmer), 1952, 1–67. (77) Ders., Zwei Grundkräfte im Wodankult, in: M. Mayrhofer (Hrsg.), Antiquitates Indogermanicae, 1974, 133–144. (78) U. Holmberg [–Harva], Der Baum des Lebens, 1922–23. (79) A. Holtsmark, Studier i Snorres mytologi, 1964. (80) Dies., Rindr, in: Kult. hist. Leks. XIV, 326 f. (81) A. Hultgård, Ragnarok and Valhalla: Eschatological Beliefs among the Scandinavians in the Viking Period, in: B. Ambrosiani, H. Clarke (Hrsg.), Developments around the Baltic and the North Sea in the Viking Age, 1994, 288–293. (81a) Ders., Från ögonvittnesskildring rill retorik. Adam av Bremens notiser om Uppsalakulten i religionshistorisk belysning, in: wie [39a], 9–50. (81b) Ders., Fornskandinavisk kult – finns det skriftliga källor?, in: K. Engdahl, A. Kaliff, Relig. från stenålder till medeltid, 1006, 25–54. (82) Ders., Runeninschr. und Runendenkmäler als Qu. der Religionsgesch., in: K. Düwel, S. Nowak (Hrsg.), Runeninschr. als Qu. interdisziplinärer Forsch. Abhandl. des Vierten Intern. Symp.s über Runen und Runeninschr., 1998, 715–737. (83) Ders., Fornskandinavisk hinsidestro i Snorre Sturlusons spegling, in: U. Drobin (Hrsg.), Relig. och samhälle i det förkristna Norden, 1999, 109–123. (84) W. Hunke, Odins Geburt, in: wie

[76], 68–71. (85) P. Jackson, Light from distant asterisks. Towards a description of the Indo-European relig. heritage, Numen 49, 2002, 61–102. (86) Ders., Retracing the Path: Gesture, memory, and the exegesis of tradition, Hist. of Religions 45, 2005, 1–28. (87) Svava Jakobsdóttir, Gunnlǫð and the Precious Mead (Hávamál), in: P. Acker, C. Larrington (Hrsg.), The Poetic Edda, 2002, 27–57. (88) G. Janssen u. a., Der Schwarzstorch. Ciconia nigra, 2004. (88a) S. Jensen, Odin fra Ribe, in: P. Kjærum, R. A. Olsen (Hrsg.), Oldtidens ansigt/Faces of the Past, 1990. (88b) H. Jungner, Den gotländska runbildstenen från Sanda, Fornvännen 25, 1930, 65–82. (89) A. Kaliff, O. Sundqvist, Oden och Mithraskulten. Religiös ackulturation under romersk järnålder och folkvandringstid, 2004. (90) K. Kershaw, The One-eyed God: Odin and the (Indo-)Germanic Männerbünde, 2000. (91) H. Klingenberg, Hávamál: Bedeutungs- und Gestaltenwandel eines Motivs, in: Festschr. für Siegfried Gutenbrunner, 1972, 117–144. (92) Ders., Odin und die Seinen: Aisl. Gelehrter Urgesch. anderer Teil, Alvíssmál 2, 1993, 31–80. (93) J. Kousgård Sørensen, Odinkar og andre navne på -kar, NoB 62, 1977, 108–116. (94) Ders., Haupttypen sakraler ON Südskand.s. Mit einem Anhang zur Kartierung der exemplarisch erörterten Sakralnamen auf einer Falttaf., in: wie [44], 228–241. (95) A. Kragerud, Balders død. Et religionshistoriskt bidrag, in: M. S. Mortenson (Hrsg.), I forskningens lys, 1974, 115–126. (96) A. Lassen, Hǫðr's Blindness and the Pledging of Óðinn's Eye: A Study of the Symbolic Value of the Eyes of Hoðr, Óðinn and Þórr, in: wie [55], 220–228. (97) Dies., Den prosaiske Odin. Fortidssagaerne som mytografi, in: A. Jakobsson u. a. (Hrsg.), Fornaldarsagornas struktur och ideologi, 2003, 205–219. (98) Dies., Óðinn in Old Norse texts other than the Elder Edda, Snorra Edda, and Ynglingasaga, Viking and Medieval Scandinavia 1, 2005, 91–108. (99) Dies., Odins mangfoldighed – gudens eller tekstens natur?, in: C. Raudvere u. a. (Hrsg.), Hedendomen i historiens spegel, 2005, 9–32. (100) Dies., Odin på kristent pergament: En tekstshistorisk studie, 2006. (101) N. Lid, Gudar og gudedyrkning, in: Ders. (Hrsg.), Religionshistorie, Nordisk Kultur 26, 1942, 80–153. (102) A. Liestøl, Runer fra Bryggen, 1964. (103) J. Lindow, Murder and vengeance among the gods, 1997. (104) Ders., Billings mær, in: Gudar på jorden (Festskrift till L. Lönnroth), 2000, 57–66. (104a) H. J. Lundager Jensen, J. P. Schjødt, Suværæniteten, kampen og frugtbarheden. Georges Dumézil og den indoeur-ideologi, 1994. (105) O. Lundberg, Kultminne i stadnamn 2. Sverige, in: wie [101], 41–58 (105a) E. Marold, Das Wallhalbild in den Eiríksmál und Hákonarmál, Medieval Scandinavia 5, 1972, 19–33. (106) J. S. Martin, From Godan to Wotan: An examination of two langobardic mythol. texts, in: wie [55], 303–326. (107) R. Meissner, Die Kenningar der Skalden, 1921. (107a) P. Meulengracht Sørensen, Håkon den Gode og guderne, in: P. Mortenson, B. Rasmussen (Hrsg.), Høvdinge samfund og kongemagt. Fra stamme til stat 2, 1991, 235–245. (108) W. Moeller, Once More the One-Eyed Man Against Rome, Historia 24, 1975, 402–410. (109) L. Motz, The King, The Champion and The Sorcerer, 1996. (110) Much, Germania. (111) E. Mundal, Mageplask i Mimes brønn, Maal og Minne 2003:36–48. (112) B.-M. Näsström, Blot – tro og offer i det førkristne Norden, 2002. (113) Guðrun Nordal, Odinsdyrkelse på Island. Arkæologien og kilderne, in: wie [83], 139–156. (114) A. Nordberg, Krigarna i Odins sal. Dödsföreställningar och krigarkult i fornnordisk relig., ²2004. (115) Ders., Jul, disting och förkyrklig tideräkning. Kalendrar och kalendariska riter i det förkristna Norden, 2006. (116) R. North, Heathen gods in OE lit., 1997. (117) Ders., Óðinn gegen Freyr: Elemente heidn. Relig. in der Víga-Glúms saga, in: M. Dallapiazza u. a. (Hrsg.), International Scandinavian and Medieval Studies in Memory of G. W. Weber, 2000, 347–363. (117a) S. Nowak, Schrift auf den Goldbrakteaten der VWZ, 2003. (118) E. Nylén, Vendelryttaren, en länk mellan öst och väst – forntid och medeltid, Tor 19, 1983, 163–186. (119) F. Ohrt, Odin paa træet, APhS 4, 1929–30, 273–286. (120) G. Olmsted, The Gods of the Celts and the Indo-Europeans, 1994. (120a) A. Olrik, Gudefremstillinger på guldhornene og andre ældre mindesmærker, Danske Studier 15, 1919, 1–35. (121) M. Olsen, Kultminne i stadnamn, 3. Norge, in: wie [101], 59–73. (122) O. Olsen, Hørg, hof og kirke, Aarbøger 1965 (1966). (123) H. von der Osten, Die Welt der Perser, 1956. (124) R. Otterbjörk, Starka och svaga kvinnonamn i fornsvenskan, NoB 71, 1983, 101–104. (125) R. I. Page, Dumézil revisited, Saga-Book of the Viking Soc. 20, 1978–79, 49–69. (126) Hermann Pálsson, Odinic echoes in Gísla Saga, in: Gudar på jorden (Festskrift till L. Lönnroth), 2000, 97–118. (127) H. Petersen, Om nordboernes gudedyrkelse og gudetro i hedenold: En antikvarisk undersøgelse, 1876. (128) R. Pettazzoni, Der allwissende Gott, 1963. (129) E. A. Philippson, Die Geneaologie der Götter in germ. Relig., Mythol. und Theol., 1953. (130) E. Polomé, Germanic Relig., in: M. Eliade (Hrsg.), The Encyclopedia of Relig. 5, 1987, 520–536. (131) Ders., Schamanismus in der germ. Relig.?, in: wie [44], 403–420. (132) N. Price, The Viking Way. Relig. and War in Late Iron Age Scandinavia, 2002. (133) G. Røthe, Helt, konge og helgen. Den hagiografiske tradisjon om Olav den hellige i Den legendariske saga, Heimskringla og Flateyarbók, 2004. (134) L.

Rübekeil, Diachrone Stud. zur Kontaktzone zw. Kelten und Germ., 2002. (135) Ders., Wodan und andere forschungsgeschichtl. Leichen, exhumiert, BNF 38, 2003, 25–41. (136) H. Rydving, Le chamanisme aujourd'hui. Constructions et déconstructions d'une illusion scientifique, in: Études mongoles et sibériennes, centralasiatiques et tibétaines 36, 2006 (im Druck). (137) B. Salin, Heimskringlas tradition om asarnes invandring, in: Studier tillägnade O. Montelius, 1903, 133–141. (138) Ders., Die agerm. Thierornamentik. Typologische Stud. über germ. Metallgegenstände aus dem IX. bis IX. Jh., nebst einer Studie über irische Ornamentik 1904. (139) J. L. Sauvé, The Divine Victim: Aspects of Human Sacrifice in Viking Scandinavia and Vedic India, in: J. Puhvel (Hrsg.), Myth and Law among the Indo-Europeans, 1970, 173–191. (140) J. P. Schjødt, The Relation between the two Phenomenological Categories Initiation and Sacrifice as Exemplified by the Norse Myth of Óðinn on the Tree, in: T. Ahlbäck (Hrsg.), The Problem of Ritual, 1993, 261–273. (140a) Ders., Odins viden – dens funktion og betydning, Religionsvidenskabeligt tidsskrift 44, 2004, 43–56. (141) Ders., Óðinn – Shaman eller fyrstegud?, in: wie [24], 562–577. (142) Ders., Initiation, liminalitet og tilegnelse af numinøs viden. En undersøgelse af struktur og symbolik i førkristen nordisk relig., 2003 (engl. Übs.: Initiation between two Worlds: Structure and Symbolism in pre-Christian Scandinavian Relig., 2007). (142a) B. Schlerath, Georges Dumézil und die Rekonstruktion der idg. Kultur, Kratylos 1999, 1–48. (143) F. R. Schröder, Agerm. Kulturprobleme, 1929. (144) Ders., Grímnismál, PBB (Tübingen) 80, 1958, 341–378. (145) K. von See, Zwei eddische Preislieder: Eiríksmál und Hákonarmál, in: Festschr. U. Pretzel, 1963, 107–117. (145a) Ders. u. a., Kommentar zu den Liedern der Edda, 3. Götterlieder, 2000. (146) E. Seebold, Röm. Münzbilder und germ. Symbolwelt. Versuch einer Deutung der Bildelemente von C-Brakteaten, in: H. Beck u. a. (Hrsg.), Germ. Religionsgesch. Qu. und Qu.-probleme, 1992, 270–335. (146a) R. Simek, Relig. und Mythol. der Germ., 2003. (147) M. Speidel, Ancient Germanic Warriors. Warrior styles from Trajan's column to Icelandic sagas, 2004. (148) G. Steinsland, Norrøn relig. Myter, riter, samfunn, 2005. (149) H. Stolpe, Om Vendelfyndet, Upplands Fornminnesförenings Tidskrift 2, 1894–96. (150) Ders., T. J. Arne, Gravfältet vid Vendel, 1912. (151) F. Ström, Guden Hoenir och odensvalan, Arv 12, 1956, 41–68. (151a) Å. V. Ström, H. Biezais, Germ. und Balt. Relig., 1975. (152) D. Strömbäck, Sejd. Textstudier i nordisk religionshistoria, 1935. (153) Ders. u. a., Sejd och andra studier i nordisk själsuppfattning, 2000. (154) O. Sundqvist, Sagas, relig., and Rulership: The Credibility of the Descriptions of Rituals in Hákonar s. góða, Viking and Medieval Scandinavia 1, 2005, 225–250. (154a) Ders., Freyr's Offspring. Rulers and Relig. in Ancient Svea Soc., 2002. (155) Ders., A. Hultgård, The Lycophoric Names of the 6th to 7th Century Blekinge Rune Stones and the Problem of their Ideological Background, in: A. van Nahl u. a. (Hrsg.), Namenwelten. Orts- und PN in hist. Sicht, 2004, 583–602. (155a) H. Thyen, Ich-Bin-Worte, in: RAC XVII, 147–213. (156) C. Tolley, Sources for Snorri's depiction of Óðinn in Ynglinga Saga, Lappish shamanism and the Historia Norvegicae, Maal og Minne 1996, 67–79. (157) G. Turville-Petre, Myth and Relig. of the North. The Relig. of Ancient Scandinavia, 1964. (158) Ders., The cult of Óðinn in Iceland, in: Ders., Nine Norse Studies, 1972, 1–19. (159) B. Verhagen, Kam Odin-Wodan aus dem Osten? Zur Relig. der germ. Frühzeit, 1994. (160) P. Vikstrand, Förkristna sakrala ortnamn i Jämtland, NoB 81, 1993, 49–84. (161) Ders., Gudarnas platser. Förkristna sakrala ortnamn i Mälarlandskapen, 2001. (162) W. H. Vogt, Hróptr rǫgna, ZDA 62, 1925, 41–48. (163) J. de Vries, Über Sigvats álfablót-Strophen, APhS 7, 1932–33, 169–180. (163a) de Vries, Rel.gesch. (164) D. J. Ward, The Threefold Death, in: wie [139], 123–142. (165) G. W. Weber, Das Odinsbild des Altunasteins, PBB (Tübingen) 94, 1972, 323–334. (166) Ders., Odins Wagen. Reflexe anord. Totenglaubens in liter. und bildlichen Zeugnissen der WZ, Frühma. Stud. 7, 1973, 88 f. (167) L. Weiser, Agerm. Jünglingsweihen und Männerbünde, 1927. (168) E. Wessén, Studier till Sveriges hedna mytologi och fornhistoria, 1924. (169) Ders., Schwed. ON und anord. Mythol., APhS 4, 1929–1930, 97–115. (170) G. Widengren, Relig.sphänomenologie, 1969. (171) Wikinger, Waräger, Normannen. Die Skandinavier und Europa 800–1200, 1992. (172) M. K. Zeiten, Amulets and amulet use in Viking Age Denmark, Acta Arch. 68, 1997, 1–74. (173) P. Zurbuchen-Svensson, Arkæologiske tolkninger af antaget religøst billedmateriale, 2004 (unveröffentl. „hovedfag"-Diss. an der Univ. Bergens).

A. Hultgård

Wremen. Die Dorfwurten. Im Gegensatz zur Fallwurt (→ Wremen § 2, Bd. 34) und dem zugehörigen Gräberfeld liegt die Dorfwurt W. in der erst im frühen MA besiedelbaren Marsch des Landes → Wursten (2). So wie eine Verlagerung – einen Landesausbau – von der → Feddersen Wierde nach Misselwarden, gab es vermutlich auch eine solche von der Fallward nach W.

W. besteht aus einer langovalen Hauptwurt, einer im S vorgelagerten Kirchwurt mit der mächtigen Tuffsteinkirche St. Willehadi des 12. Jh.s und der Nordwierde. Letztere besaß eine deutliche Eigenständigkeit, sie gehörte nicht zum Wremer Viertel, sondern bildete den Hauport des Nordwierder Viertels. Viertel waren im MA die kleinsten polit. autonomen Einheiten der einzelnen Ksp., die wiederum zusammen das souveräne Staatsgebilde, die Landesgem. Land Wursten, bildeten. Das Wurtendorf Dorum, neben W. der zweite Hauptort des Landes Wursten, konnte W. erst im 16. Jh. den Rang ablaufen, und Verwaltungs- und Gerichtssitz werden. Dies war die Folge von Landverlusten durch die sich verlagernde Außenweser w. und sw. von W. und polit. Veränderungen, wie die Eroberung Wurstens 1525 durch den Bremer Ebf.

Erst arch. Grabungen könnten klären, ob es sich bei W. im frühen bis hohen MA um eine Siedlung von Händlern und Handwerkern, eine sog. ‚Langwurt' (1; → Wurt und Wurtensiedlungen) handelt. Verschiedene Argumente sprechen dafür: u. a. eine günstige Anbindung an Wasserwege, wie eine Kotenauswertung (Feinnivellement) Wurstens ergab; die frühe Bedeutung und die große Tuffsteinkirche; eine Bebauung mit kleinen, nicht landwirtschaftl. genutzten Häusern, in denen um 1900 Handwerker, Händler, aber nur ein Bauer wohnten; der traditionsreiche Wremer Johannimarkt; über die Länge der Wurt verlaufende Straßen, dies allerdings nicht wie bei Langwurten sonst üblich auf der Höhe der Wurt, sondern ö. davon. Das könnte aber die Folge von Bränden in der Neuzeit sein.

(1) K. Brandt, Langwurten, ihre Topographie und ihre Funktion, in: H. Jankuhn u. a. (Hrsg.), Arch. und naturwiss. Unters. an Siedlungen im dt. Küstengebiet, 2. Handelsplätze des frühen und hohen MAs, 1984, 100–113. (2) W. H. Zimmermann, Ma. und frühneuzeitliche Siedlungsspuren und Funde in Dorum, Samtgem. Land Wursten, Ldkr. Cuxhaven, Niedersachsen. Überlegungen zu ma. fries. Handelssiedlungen im Land Wursten, Probleme der Küstenforsch. im s. Nordseegebiet 23, 1995, 339–352.

W. H. Zimmermann

Zum Namenkundlichen; zur Fallward; zum Runologischen → Wremen, Bd. 34

Wüstung

Archäologisch – a. Begriff – b. Vorma. W.en

Archäologisch. a. Begriff. W.en heißen auf dem Kontinent aufgegebene, verlassene Siedlungen des hohen MAs; deshalb fällt das Stichwort in diesem Lex., dessen Obergrenze in der Regel die karol.-ottonische Epoche ist, eigtl. außerhalb des zeitlichen Rahmens. Doch einerseits gab es Kontinuitäten von Siedlungen aus früheren Epochen bis ins MA und immer wieder auch Abbrüche, und andererseits ist der reale Vorgang, das Ende von Siedlungen, auch für ält. Zeiten nachzuweisen. Daher werden hier einige Bemerkungen zum Ende von Ansiedlungen und Feldfluren in ält. Epochen angefügt.

Der Begriff W. als Bezeichnung einer abgegangenen Siedlung kommt in zeitgenössischen ma. Qu. auf und meint aufgegebene Dörfer der eigenen Epoche, die aus dem Netz der weiterbestehenden Dörfer verschwunden sind. Der Name des Dorfes und die zugehörige Flur gingen nicht verloren; die Ackerflur wurde von anderen Dörfern aus weitergenutzt und bei ihrer Kennzeichnung in Rechtsvorgängen auch mit dem alten Namen des wüstgefallenen Dorfes bezeichnet. Der Begriff W. wird für die Phasen angewendet, aus denen mehrheitlich fortexistierende Siedlungen bekannt sind (→ Wüstung § 1, Bd. 34), und er definiert somit fast ausschließlich aufgegebene Siedlungen des 13.–15. Jh.s (4; 6; 14).

Eine W. des hohen und späten MAs ist daher grundsätzlich ein anderer Befund als eine verlassene urgeschichtl. Ansiedlung. Aus den ält. Epochen vom Neol. bis in die vorröm. EZ sind keine Dörfer bis in die Gegenwart erhalten geblieben, auch wenn auf der Gemarkung neuzeitlicher Dörfer die Relikte der alten Siedlungen entdeckt und ausgegraben werden können. Unzugänglich ist der modernen Forsch. in den meisten Fällen, wie W.s-Vorgänge, die es gegeben haben wird, in ält. Epochen verlaufen sind. Die bandkeramische Kultur des Alt-Neol. ist mit ihren typischen Siedlungen und Häusern nach einem halben Jt. verschwunden; dasselbe kann man für alle nachfolgenden von Archäologen definierten Kulturen sagen. Es kann aber sein, daß während der Blütezeit einer solchen Kultur einzelne Siedlungen aufgelassen wurden, während andere weiterexistierten, expandierten und vielleicht ebenfalls die Flur der verlassenen Siedlungen mitgenutzt haben: Das wäre dann ein W.s-Prozeß entspr. der Erscheinung des hohen MAs. Noch ermöglicht der Forsch.sstand dazu kaum eine Aussage, weil einerseits ein größerer kompletter Ausschnitt aus einem Siedlungsnetz dieser früheren Epochen nicht erforscht ist und weil andererseits oftmals noch die Möglichkeiten fehlen, chron. entspr. zu differenzieren, um das zeitliche Neben- und Nacheinander von Siedlungen beschreiben zu können.

W.s-Horizonte hat es daher in ur- und frühgeschichtl. Epochen durchaus gegeben, verbunden mit und verursacht durch klimatische oder auch soziale und polit. Veränderungen. W.en sind aber auch für diese ält. Epochen immer aufgelassene Dörfer aus einem ansonsten weiter existierenden und sich entwickelnden Netz aus ländlichen Siedlungen.

b. Vorma. W.en. Nach Integration der kelt. Gebiete in das Röm. Reich wurden befestigte Höhensiedlungen zwangsweise ins Tal verlegt, und damit entstanden W.en auf den Höhen. In der Grenzzone zum Röm. Reich verdrängten die Römer germ. Siedlungen, bzw. die Germ. zogen sich weiter ins Land zurück, um Auseinandersetzungen auszuweichen, und ließen so Ödlandgürtel entstehen, in denen Siedlungen aufgegeben und damit zur W. wurden, wie arch. Besiedlungskartierungen zeigen, und Caesar berichtet (Caes. Gall. IV 3 und VI 23), daß einige germ. Stämme um ihr Siedlungsgebiet Ödlandgürtel schufen, indem Nachbarn verdrängt und das Land verwüstet wurde. Die Gegenbewegung, nämlich neue Ansiedlungen von germ. Gruppen innerhalb des Limes in Zwischenräumen des existierenden Siedlungsnetzes, ist ebenfalls zu beobachten (z. B. die Niederlassung germ. Siedler im 2./3. Jh. aus dem Elbe-Weser-Gebiet in der Normandie bei → Saint-Ouen-du-Breuil [8a]). Umsiedlungen während der späten vorröm. EZ wie die der → Ubier aus dem rechtsrhein. Gebiet in den Raum von Köln oder Teilen der Chatten in das Gebiet der späteren → Bataver haben in den verlassenen Arealen zu einem W.shorizont geführt (9, 23 ff. und Fig. 3.2). Das Ende zahlreicher Siedlungen zw. Ems und Elbe sowie z. B. in Angeln im 5./6. Jh., erklärt mit der Abwanderung von Bevölkerungsteilen nach England, hinterließ ebenfalls einen W.s-Horizont.

Ein ähnlicher W.s-Horizont ist während der Spätant. seit dem 3. und v. a. im 4. Jh. zu beobachten, als das System der röm. Gutshöfe, der *villae rusticae,* aufgegeben wurde und die eingewanderten germ. Siedler frühma. dörfliche Siedlungen gründeten; es gab also keine Kontinuität der Besiedlung von den Villen zu den frühma. Dörfern.

Das moderne Netz dörflicher Siedlungen ist zu Beginn der MZ entstanden; damals erhielten Siedlungen den Namen, der bis in die Gegenwart weiterlebt. Innerhalb dieses Netzes sind Siedlungen wüstgefallen, nicht nur im hohen MA, sondern auch schon während der MZ. Dies kann anhand der Verbreitung von Gräberfeldern und Grabgruppen der MZ in den verschiedenen Gemarkungen abgelesen werden. Die Zuordnung zw. Ansiedlung und Gräberplatz weist beachtlich viele Variationsmöglichkeiten auf (das Beispiel Breisgau bei 7, Beispiele aus Württ. 10; 11). Dabei wird jedoch leicht übersehen, daß die Siedlungen selbst noch nicht ortsfest waren, sondern in unterschiedlichen zeitlichen Abständen verlegt, d. h. in der Gemarkung verschoben wurden. Diese zeitweise existierenden Dörfer wurden nicht zu W.en, da sie weiterbestanden – nur an einem anderen Platz (→ Wandersiedlung). Erst seit der KaZ wurden die Dörfer ortsfest, blieben bei der Kirche und entwickelten sich bis heute weiter, und nur ein Teil von ihnen wurde aufgegeben und zur W. Daher ist jedoch der Nachweis einer echten W. der MZ kaum möglich, solange nicht eine Gemarkung vollständig arch. untersucht ist. Die frk. Siedlung → Gladbach des 7./8. Jh.s ist wahrscheinlich keine W., da auch sie verlagert wurde, ebenso wie die Siedlung → Warendorf.

Mit Hilfe der Auswertung von Pollendiagrammen (→ Naturwissenschaftliche Methoden in der Archäologie § 6) wird es möglich, anhand der Verteilung bzw. der chron. Abfolge von Wald, Offenland, Getreideanbau und Wiesenpflanzen Siedlungskontinuitäten und -abbrüche zu registrieren.

Es kann daher darum gestritten werden, ob die Siedlung → Flögeln-Eekhöltjen, die von der vorröm. EZ bis in das 6. Jh. bestand, in dieser Epoche aber mehrmals verlegt wurde, tatsächlich wüstfiel oder ob nicht das etwas weiter entfernte Dorf Dalem als Nachfolgesiedlung seit dem 7. Jh. betrachtet werden sollte.

Es gibt Unters., die sich mit der Kontinuität von Siedlungen in einer Gemarkung beschäftigen, auch wenn die Siedlungslage selbst wechselte. Waterbolk stellte solche Kontinuitäten in den Gemarkungen für die Niederlande fest, die von der vorröm. EZ, teilweise von der BZ, bis in die Gegenwart bestanden (13). Siedlungen wie → Odoorn, Gasselte (→ Zaun Abb. 68) oder → Peelo bestätigen dies auch dadurch, daß Feldgrenzen und Wegeführungen der heutigen Siedlung mit denen der MZ übereinstimmen. Jankuhn (8) und Steuer (12) weisen auf derartige Kontinuitäten im Bereich der Reihengräberzivilisation hin. Die Erforschung von Siedlungskammern in Dänemark zeigte ebenfalls, daß sie kontinuierlich von der RKZ bis heute besiedelt blieben und daß im Beziehungsgefüge der sich verlagernden Gehöfte Kontinuitäten bestehen (z. B. → Vorbasse).

Im germ.-slaw.-dt. Siedlungsgebiet ö. der Elbe ist die Gesch. der Besiedlungsnetze komplexer. Während die Forsch. mehrheitlich davon ausgeht, daß während des 6. Jh.s nach und nach die germ. Bevölkerung aus diesem Raum verschwand, alle Siedlungen aufgegeben wurden und nach einigen Generationen Unterbrechung slaw. Siedler neu einwanderten und ihre Siedlungen gründeten, wird jetzt teilweise mit Kontinuitäten der Besiedlung gerechnet (1–3). Diese werden faßbar anhand von Brunnen, die – dendrochron. datiert – schon während der RKZ entstanden, aber von den slaw. Siedlern wieder oder weiter benutzt wurden. Ob damit für das 6. Jh. eine breite W.s-Phase erfaßt wird, ist daher eine Formulierungsfrage, da entweder von einem allg. Siedlungsabbruch oder von einer Umwandlung der Siedlungslandschaft gesprochen wird. Nach der dt. Kolonisation seit dem späten 12. und im 13. Jh. wurden zahlreiche slaw. Dörfer aufgegeben, indem die Besiedlung anders organisiert und in derselben Gemarkung jeweils ein neues Dorf gegründet wurde. Eine Umstrukturierung wird faßbar, aber keine eigtl. W.s-Phase.

Es zeichnen sich also nur wenige Entwicklungslinien ab, die W.en in Epochen vor der karol.-ottonischen Zeit zu fassen erlauben, so daß definitionsgemäß daher von W.en nur für die Zeit seit dem hohen MA gesprochen wird. In dieser Epoche ist das Wüstwerden von Dörfern eine europaweite

Erscheinung. Im Handb. „Genetische Siedlungsforschung in Mitteleuropa und seinen Nachbarräumen" (5) wird das umfassend thematisiert und dabei auch zurückgeblickt auf Verhältnisse vor dem MA. Vor dem MA gab es W.en und W.shorizonte seit dem Neol.; doch werden sie in der Regel als aufgelassene Siedlungen bezeichnet, weil der Begriff W. für das hohe MA reserviert bleiben sollte.

Dieselben Probleme bei der Definition von W. ergeben sich auch für verlassene Akkerfluren ält. Epochen (→ Acker- und Flurformen) (4), denn die heute noch nachweisbaren Felder der vorröm. EZ und der RKZ, die sog. *celtic fields,* sind aufgelassene Ackersysteme, die später unter Weideland und Wald verschwunden und daher erhalten und nicht zerpflügt worden sind. Sie stellen damit Flur-W.en höheren Alters dar als die aus der Epoche des hochma. W.s-Horizontes im 13./14. Jh.

Doch sind sämtliche Siedlungen und Befestigungen der vor- und frühgeschichtl. Epochen, von denen zahlreiche von der arch. Forsch. erfaßt und untersucht werden, einst verlassen worden und damit wüstgefallen.

Vgl. auch → Dorf; → Kontinuitätsprobleme § 8. Besiedlungs- und Bevölkerungskontinuität; → Landschaftsarchäologie; → Siedlungsarchäologie; → Siedlungsgeographie; → Siedlungs-, Gehöft- und Hausformen § 16. Übersicht über den Forsch.sstand (mit Lit.); → Zaun

(1) S. Brather, ‚Germanische', ‚slawische' und ‚deutsche' Sachkultur des MAs. Probleme ethnischer Interpretation, Ethnographisch-arch. Zeitschr. 37, 1996, 177–216. (2) Ders., Einwanderergruppen oder Regionalentwicklung? Die frühen Slawen zw. Elbe und Oder, Das Altertum 45, 1999, 331–346. (3) Ders., The beginnings of Slavic settlement east of the river Elbe, Antiquity 78–300, 2004, 312–329. (4) D. Denecke, W.s-Forsch. als kulturlandschafts- und siedlungsgenetische Strukturforsch., Siedlungsforschung. Arch. – Gesch. – Geogr. 12, 1994, 9–34. (5) K. Fehn u. a. (Hrsg.), Genetische Siedlungsforsch. in Mitteleuropa und seinen Nachbarräumen 1–2, 1988. (6) E. Gringmuth-Dallmer, W. I. Arch., in: Lex. des MAs 9, 1998, 384–387. (7) M. Hoeper, Alam. Siedlungsgesch. im Breisgau. Zur Entwicklung von Besiedlungsstrukturen im frühen MA, 2001. (8) H. Jankuhn, Die eisenzeitlichen Wurzeln unserer ma. Dörfer, Die Kunde NF 37, 1986, 93–102. (8a) K. H. Lenz, Germ. Siedlungen des 3. bis 5. Jh.s n. Chr. in Gallien. Schriftliche Überlieferung und arch. Befund, Ber. RGK 86, 2005, 349–444. (9) N. Roymans, Ethnic Identity and Imperial Power. The Batavians in the Early Roman Empire, 2004. (10) R. Schreg, Die alam. Besiedlung des Geislinger Talkessels, Fundber. aus Baden-Württ. 23, 1999, 385–617. (11) Ders., Dorfgenese in SW-Deutschland: das Renninger Becken im MA, 2006. (12) H. Steuer, Standortverschiebungen früher Siedlungen von der röm. EZ bis zum frühen MA, in: Person und Gemeinschaft im MA (Festschr. K. Schmid), 1988, 119–126. (13) H. T. Waterbolk, Mobilität von Dorf, Ackerflur und Gräberfeld in Drenthe seit der LTZ. Arch. Siedlungsforsch. auf der Nordndl. Geest, Offa 39, 1982, 97–137. (14) W.s-Prozesse – W.s-Per. – W.s-Räume, Siedlungsforschung. Arch.– Gesch.– Geogr. 12, 1994.

H. Steuer

Zur Wüstungsforsch. und W.en im MA → Wüstung, Bd. 34

Wulfstan II. (of Worcester). Life and career. It is possible to sketch the life and career W. of Worcester with an unusual degree of detail. The main source is William of Malmesbury's *Life,* which can be supplemented with John of Worcester's *Chronicle* and a number of other records (for discussion, see 1; 2). The narrative which results from amalgamating these sources is as follows: William's ancestors were from Itchington in Warwickshire. He was born in 1007 or 1008 to Æthelstan, a priest who had been a member of the *familia* of Oswald of Worcester, and Wulfgifu, who may have had a connection with, and was possibly the sister of, Wulfstan the homilist, Bishop of Worcester and Archbishop of York (who died in 1023; → Wulfstan § 2). W. may have been the brother of Brihtheah, Bishop of Worcester, and certainly had two other brothers: Byrcestan and Ælfstan, the latter of whom was a member of the Worcester cathedral community and was later made its prior by W. He began his education at Evesham, moved to Peterborough, and then returned to live with his parents, who subsequently decided to take up the monastic life: his father became a monk and his mother a nun in Worcester. W. became part of the household of Brihtheah, entered the priesthood and served at Hawkesbury Minster church, Gloucester, but then expressed his own desire for the monastic life. W. became a monk at St Mary's Worcester, and was later appointed prior of the cathedral, where he preached to the laity on Sundays and feastdays. He was appointed Bishop of Worcester in 1062, and maintained his habit of preaching. W. remained in post through the Norman Conquest, and seems to have found favour with King William. W. argued successfully for the restoration to the church of Worcester of lands which had been appropriated by Ealdred, his predecessor as Bishop of Worcester who went on to be Archbishop of York. W. also lobbied successfully for the Bishop of Worcester being under the jurisdiction of the Archbishop of Canterbury rather than of York, and worked closely with Lanfranc of Canterbury; he ordained to the priesthood Robert, who subsequently became Bishop of Hereford; and he had churches built. W. arranged for Hemming, sub-prior at Worcester, to produce his *Cartulary* in order to record the cathedral's possessions. He died in 1095 and was canonised in 1203 (3; 10).

A substantial number of the surviving medieval manuscripts from Worcester Cathedral Library were made during W.'s pontificate, and these probably indicate that he actively fostered scholarship and text production. The most striking aspect of manuscripts attributed to Worcester during this period is the large number of OE texts they contain. These are almost all copies and adaptations of pre-Conquest texts, including homilies and saints' lives, and they mark a high point of Worcester production of OE which continues until the early 13th century. This activity implies a conscious decision to continue pre-Conquest textual traditions as the subject of monastic study and for use in preaching.

Sources. There exists a range of types of textual sources for W.'s career. These include the *Portiforium of St Wulfstan* (Cambridge, Corpus Christi College manuscript 391), which probably belonged to W. It contains a Latin breviary, calendar, psalter and canticles, hymns and prayers. Its main contents are in Latin, and some shorter items and the prognostications are in English. The *Cartulary of Worcester,* and the cartulary commissioned by W. and compiled by Hemming, sub-prior of Worcester, document losses and gains of land and other property by the Worcester cathedral community. A number of royal charters provide information about W.'s administrative career. The most detailed source for information on W.'s life and career is William of Malmesbury's *Vita Wulfstani* (written ca. 1124–ca. 1140) and some amplifying details in his *Gesta Regum Anglorum* and *Gesta Pontificum Anglorum*. W. identifies as his source for the *Vita Wulfstani* a Life in OE by Coleman, who was prior of Worcester and who died in 1113. No such text survives, but William's claim to be translating it into Latin is generally accepted. *The Chronicle of John of Worcester* (written at Worcester in 1140 at the latest) was written with access to William of Malmesbury's *Life,* and probably draws also on Coleman's OE Life. John's work constitutes the later stages of the longer Worcester *Chronicon ex Chronicis*. Chronicles from other relig. houses provide supplementary information. An *Abridged Life of Wulfstan,* based on some version of that of William of Malmesbury, was produced in the 2nd half of the 12th century and copied in the 13th and 14th centuries, and in the mid-

13th century a *Metrical Life of St Wulfstan* drew either on William of Malmesbury's *Vita* or on the *Abridged Life*. Evidence survives for two late 11th-century Latin poems on the death of W.; one now incorporated in John of Worcester's abridged *Chronicula*, and the other entitled *De Wistano Wigornensi Episcopo*.

A combination of textual and arch. evidence gives insight into the buildings associated with Worcester Cathedral during W.'s pontificate.

Scholarship to date. Emma Mason's *St Wulfstan of Worcester* is the most substantial study of his career, and has served as a foundation for a range of recent work (8; 9). Thomson's *A Descriptive Catalogue of the Medieval Manuscripts in Worcester Cathedral Library* (12) is an authoritative overview of matters codicological. *St Wulfstan and his World*, edited by Barrow and Brooks (4) is an important addition to W. studies, in the form of a coll. of approaches by specialists in historical sources, manuscripts, libraries, churches and liturgy. McIntyre's *Early-twelfth-century Worcester Cathedral Priory, with special reference to the manuscripts written there* (unpublished doctoral thesis, University of Oxford, 1978), shows how W.'s intellectual interests were maintained.

Research directions. Particular aspects of W.'s life and career, and of the contexts for them, are attracting new scholarly attention. Ongoing work on his birth family, and in particular on his father's relig. life, is part of a wider reassessment of the relationship between regular and secular clergy and the secular aristocracy in the decades around the Conquest. The ecclesiastical politics of this period in terms of the place in them of W. and Worcester and of Worcester's relationship with Anglo-Norman ecclesiastical power, is a fruitful research direction. In terms of intellectual and textual matters, new work is continuing on the production and coll. in Worcester of OE texts and books, language use in Worcester and the West Midlands, and the position of Worcester at the centre of a network of OE-producing monastic establishments in the decades after the Conquest. Further work on the relationship between Worcester and Hereford through and after W.'s pontificate, on textual production in Hereford at this period, and on the impetus behind Worcester's apparent promotion of some of the ideology of the 10th-century Anglo-Saxon Benedictine Reform, would clarify the political geography of the region and W.'s role in shaping it (cf. 5–7; 11).

Ed.: (1) William of Malmesbury Saints' Lives: Lives of SS. Wulfstan, Dunstan, Patrick, Benignus and Indract, transl. M. Winterbottom, R. M. Thomson, 2002 (Life of Wulfstan, 7–155). (2) The Chronicle of John of Worcester, ed. and transl. R. R. Darlington, P. McGurk, 1995, Vol. II, pp. 588–593, and III, pp. 12–33, 52–57, 74–83.

Studies: (3) J. Barrow, W. II, in: The Blackwell Encyclopedia of Anglo-Saxon England, 1999, 493–494. (4) Idem, N. P. Brooks, St W. and his World, 2005. (5) Ch. Franzen, The Tremulous Hand of Worcester: A Study of OE in the Thirteenth Century, 1991. (6) P. Jackson, The *Vitas Patrum* in Eleventh-Century Worcester, in: C. Hicks (Ed.), England in the Eleventh Century, 1992, 119–134. (7) M. Lapidge, ‚Surviving Booklists from Anglo-Saxon England, in: Learning and Lit. in Anglo-Saxon England (Studies presented to P. Clemoes), 1985, 33–89 (especially pp. 62–64 and 69–73). (8) E. Mason, St W. of Worcester c. 1008–1095, 1990. (9) Idem, W. of Worcester: patriarch of the English?, in: Anglo-Saxons (Studies presented to C. R. Hart), 2006, 114–26. (10) Idem, W. [St W.] (c. 008–1095), in: Oxford Dict. of National Biogr. 60, 2004. (11) W. Scase (Ed.), Essays on Manuscript Geogr., (forthcoming): especially Elaine Treharne, ‚Inter-Library Loans', and Mary Swan, ‚Mobile Libraries: OE manuscript production in Worcester and the West Midlands, 1090–1215. (12) R. M. Thomson, A Descriptive Catalogue of the Medieval Manuscripts in Worcester Cathedral Library, 2001.

M. Swan

Zu Wulfstan I.; zu Wulfstan, Bf. von London; zu Wulfstan, voyager → Wulfstan, Bd. 34

Yeavering. Name. The earliest forms for YEAVERING are: in uillam regiam, / quae uocatur *Adgefrin* [var: *adgebrin*] 731 (copies, 8th century) Beda, Hist II, 14 (*Ætȝefrin[n]* late 9th century, [copies, 11th century] OE Bede-Translation [4, 172]), *Yever* 1242, *Yverne* 1296, *Yeure* 1316, *Yevere* 1359, *Yemrum* (sic) 1377, *Yevern* 1404, 1442, *Yeverin* 1637, *Yeverington* 1663, *Evering* 1784, *Yevering* 1796 (2, 544a; 3, 221). The name is generally regarded as a compound of Primitive Cumbric **gaßr* (< British **gabro-*) 'goat' and Primitive Cumbric, Primitive Welsh **brinn* 'hill', the latter having undergone lenition of [b] > [v] (1, 29; 2, 544a; 5, 710a). The hill in question is the modern YEAVERING BELL.

(1) B. Cox, The Place-Names of the Earliest English Records, Journ. of the English Place-Name Soc. 8, 1975–1976, 12–66. (2) E. Ekwall, The Concise Oxford Dict. of English Place-Names, ⁴1960. (3) A. Mawer, The Place-Names of Northumberland and Durham, 1920. (4) J. Schipper (Ed.), Kg. Alfreds Übs. von Bedas Kirchengesch., 1899. (5) V. Watts (Ed.), The Cambridge Dict. of English Place-Names, 2004.

J. Insley

Zum Arch.; zum Hist. → Yeavering, Bd. 34

Ystad

§ 1: Forschungsgeschichtlicher Ansatz und Planung des Projektes – § 2: Ergebnisse des Projektes am Beispiel der RKZ – § 3: Ablauf der Kulturlandschaftsentwicklung – § 4: Bewertung des Projektes

§ 1. Forschungsgeschichtlicher Ansatz und Planung des Projektes. Mit dem Namen der Stadt Y. in Südschonen, Schweden, verbindet sich in der Arch. ein großangelegtes Landschaftsprojekt, das hier resümierend nach der Gesamtpubl. vorgestellt wird (1). Es geht zurück auf eine interdisziplinäre wiss. Tagung auf nationaler Ebene, die im J. 1979 in Stockholm unter dem Motto ‚Man, the Cultural Landscape, and the Future' stattfand. Über die hinreichend geläufige Erkenntnis von einem Zusammenhang zw. Mensch und Landschaft hinaus wurde geplant, die Entwicklung der Kulturlandschaft über einen langen Zeitraum zu beobachten. Eine grundlegende Zielsetzung bestand darin, Ergebnisse der Pollenanalyse (→ Naturwissenschaftliche Methoden in der Archäologie § 6) mit arch. Daten zu verbinden, um zu einer systematischen Aussage zu gelangen (3). Dieser Ansatz führte dazu, daß sich Wissenschaftler unterschiedlicher Fachgebiete mit der Entwicklung der Kulturlandschaft in verschiedenen Regionen Schwedens befaßten (→ Fosie). Davon sind allein die Studien der Forsch.sgruppe aus der Univ. in Lund publiziert, die sich S-Schweden zuwandten (Abb. 97). Das Projekt setzte bereits im Februar 1979 ein und wurde in drei verschiedenen Zeitabschnitten bis 1988 realisiert. Die Vorlage der Ergebnisse bis zur Publikation einer Monogr. folgte zw. 1988 und 1991 (1), eine Zusammenfassung und populärwiss. Darst. schloß das Projekt 1992 ab (2). Bereits kurz darauf wurde eine Auswertung von einem der führenden Mitarbeiter des Projektes vorgelegt (5; 6). Bezogen auf den geogr. Hintergrund wird es als *Ystad*-Projekt bezeichnet, den inhaltlichen Kriterien kommt der Titel „The Cultural Landscape during 6 000 years" näher.

Einzelne Hauptansatzpunkte für das Projekt sind u. a.:

– Darst. von Veränderungen innerhalb der Ges. und der Landschaft in S-Schweden
– Analyse der Ursachen von Veränderungen, insbesondere unter Gesichtspunkten wie Abhängigkeit von Landnutzung, Vegetation, früher Produktion und Konsumtion einerseits, sowie Bevölkerungsdruck, Sozialstruktur, Wirtschaft und Technik andererseits
– Bezug und Vergleich des Unters.sgebietes mit anderen Bereichen in Schweden und innerhalb Europas

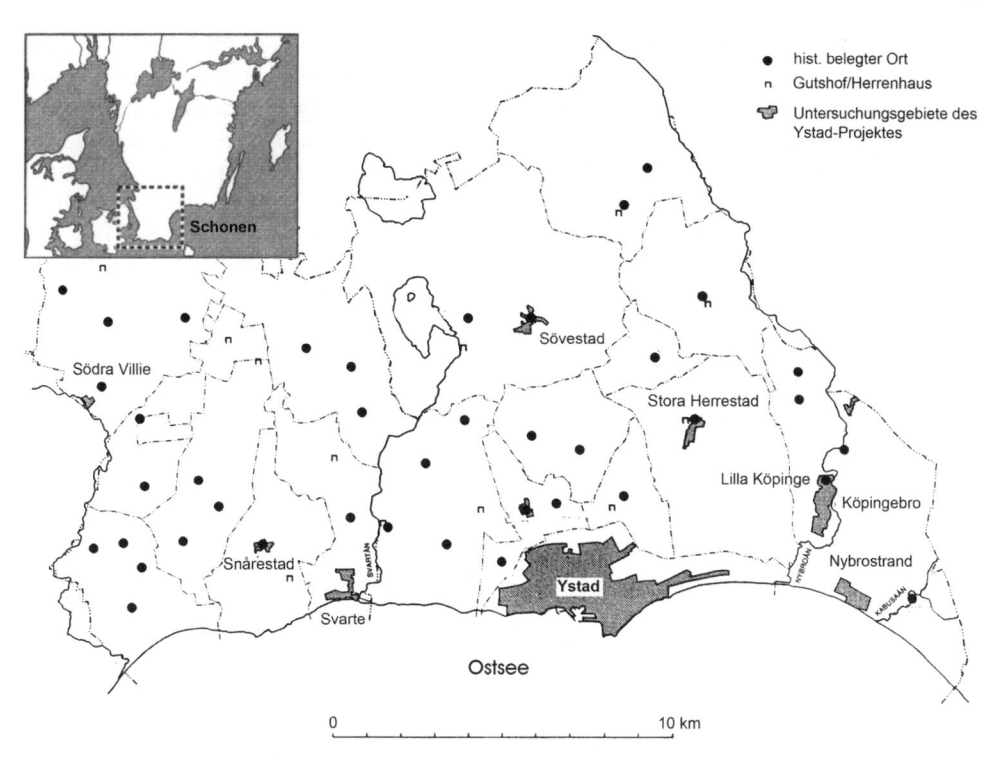

Abb. 97. Position des Ystad-Projektes innerhalb der Landschaft S-Schonen. Nach Berglund (1, Abb. 1.2:17)

- Berücksichtigung von wiss. Gedankenaustausch, Vergleich verschiedener methodischer Anätze
- Anteil der natürlichen Umgebung, der Kulturlandschaft und der Bodendenkmäler

Die Frage nach dem menschlichen Einfluß auf die Gestalt der prähist. Landschaft in S-Schweden basiert auf verschiedenen methodischen Ansätzen, die alle während der Projektzeit für die spezielle Fragestellung modifiziert wurden (1, 14 f.).

Unters.sgebiet des Projektes: Das Y.-Areal erstreckt sich von Ljunits im W nach Herrestad im O und orientiert sich v. a. um den Ort Y. an der S-Küste von Schonen (Abb. 97). Es umfaßt ein Gebiet von fast 30 ha und verläuft über 25 km entlang der Küste. Die Lg. von O nach W beträgt 25 km und von N nach S etwa 20 km. Geogr. lassen sich drei verschiedene Landschaftsgebiete unterscheiden: Ein sandiger Küstenstreifen unter 25 m Hh., der heute vollständig besiedelt ist oder landwirtschaftl. genutzt wird, eine äußere Hügellandschaft mit lehmig-feuchten Böden und einer Hh. von 25–75 m über NN und vollständiger landwirtschaftl. Nutzung, sowie eine innere Hügellandschaft aus einer Mischung von feuchten Lehm- und trockenen Sandböden, alle mit niedrigeren Karbonatwerten als in den beiden anderen Zonen. Das Gebiet erreicht eine Höhe bis zu 150 m und ist heute z. T. aufgeforstet.

Da die Stadt Y. seit dem MA ein Ort mit reger Handelstätigkeit war, in deren Umgebung heute große Landgüter dominieren, wurde die Beziehung zw. der Stadt und der landwirtschaftl. Entwicklung in ihrem Umfeld in hist. Zeit mit einbezogen.

§ 2. Ergebnisse des Projektes am Beispiel der RKZ. Die Frage nach Besiedlung und Ges. während der RKZ wurde im Y.-Projekt untersucht auf der Basis von Studien zur Landschaft, zur Landnutzung und Vegetation, einbezogen wurden Erkenntnisse zum gegenwärtigen Forsch.sstand in Südskand.

Die aussagefähigsten Resultate wurden für den Bereich um Y. erzielt. Hier wurden 10 Siedlungsplätze der vorröm. EZ und 12 der RKZ neu hinzugewonnen, was einen Zuwachs im Vergleich zur BZ darstellt. Andererseits bestand kein Bruch im Siedlungscharakter von der BZ bis zur späten RKZ. Typisch sind hier weiterhin Einzelgehöfte mit Langhäusern gleicher Konstruktion und Aufteilung wie in der BZ. Das steht im Gegensatz zu Beobachtungen in Jütland, wo die Häuser in der vorröm. EZ kleiner wurden, mit Raum für einen einzigen Familienhaushalt und mehrere Langhäuser sich zu dorfähnlichen Siedlungen gruppierten.

Das arch. Material der Y.-Gruppe spricht für eine Kontinuität der Bevölkerung seit der BZ.

Eine Schlüsselposition nimmt die Siedlung Lilla Köpinge ein (Abb. 97). Hier scheint jedes Gehöft einen festen Platz besessen zu haben, auf dem nacheinander verschiedene Langhäuser errichtet wurden. Die Häuser sind mit 17–26 × ca. 6 m ziemlich lang und relativ schmal, dabei ist ihre Grundfläche nicht viel größer als die bronzezeitlicher Häuser; doch ihre größere Länge ermöglicht die Aufnahme eines höheren Viehbestandes. Zu den Gehöften gehören auch eingetiefte Webhütten, die hier bereits für die vorröm. EZ nachgewiesen sind, im Gegensatz zu Dänemark, wo die ersten eingetieften Hütten nicht vor der späten RKZ erscheinen.

Von einem landwirtschaftl. Aufschwung, wie er in der Köpinge-Region beobachtet werden konnte, wird auch in der Region von Y. ausgegangen, selbst wenn hier beispielsweise Hinweise auf Ackerparzellen fehlen. Trotzdem bietet das arch. Material der Köpinge-Region auch für den Bereich von Y. eine Vergleichsgrundlage, da auch hier von intensivierter Bodennutzung auszugehen ist. Für den Getreideanbau ist nach Funden von einer Dominanz der Nacktgerste auszugehen und nur vereinzelt von Roggen. Noch offen ist die Frage, wie die bäuerliche Entwicklung, wie sie für die Köpinge-Region angenommen wird, vergleichsweise mit den großen Feldfluren wie etwa auf Gotland zu bewerten ist. Die langandauernde Kontinuität von Siedlungsplätzen im Gebiet von Köpinge könnte für ein vollständig entwickeltes System mit Fruchtwechsel und einer einzigen Ernte sprechen. Vermutlich bestand diese Abfolge seit der frühen RKZ, wobei Voraussetzungen bereits in der späten BZ gelegt worden sind.

Sowohl in Dänemark als auch in der Köpinge-Region existieren nur wenig Siedlungsplätze mit Kontinuität zw. der frühen und der späten RKZ. Dagegen sind Siedlungen der jüng. vorröm. EZ bis zur frühen RKZ sowie solche mit einer Siedlungsdauer von der späten RKZ bis zur VWZ sehr geläufig. Wie in der Köpinge-Region ist die Zahl der dokumentierten Siedlungen aus der späten RKZ wesentlich niedriger als aus der frühen RKZ. In der Köpinge-Region treten während der späten RKZ größere Siedlungen vereinzelt auf, statt dessen werden Einzelgehöfte zur üblichen Siedlungsform. Außerdem besteht im Küstenbereich eine Siedlungsdichte, eine Tendenz, die in der VWZ noch deutlicher hervortritt, indem die bekannten Siedlungen sich alle in einem einzigen Siedlungsgebiet konzentrieren. Daraus wird ersichtlich, daß in dieser Region während der frühen RKZ eine intensivere Siedlungsentwicklung stattfand. Diese Beobachtung zeigt auch, wie schwierig es ist, Übereinstimmungen innerhalb der Siedlungsabfolge verschiedener Gebiete aufzuzeigen.

Zahlreiche Einzelergebnisse tragen zur Kenntnis von gesellschaftlichen Veränderungen und Landschaftsnutzung innerhalb der späten RKZ bei:

Das jahrhundertelang funktionierende ökologische System, das zum höchsten Bevölkerungsanstieg in der Vorgesch. geführt hatte, brach zusammen. Die gegenseitige Abhängigkeit von Ackerbau und Viehhaltung (hier als Lieferant für Dung) machte dieses System instabil. Ausschlaggebend dafür waren auch der Rückgang von Siedlungen und die Verbreitung von Einzelhöfen, beides als Ausdruck einer rückläufigen Bevölkerung und damit geringeren Auswirkungen auf die Landschaftsentwicklung. Diese Beobachtungen werden durch Aussagen anhand eines Pollendiagramms aus dem Randbereich der Köpinge-Region gestützt (aus Fårarp). Hinzu trat ein starkes Sinken

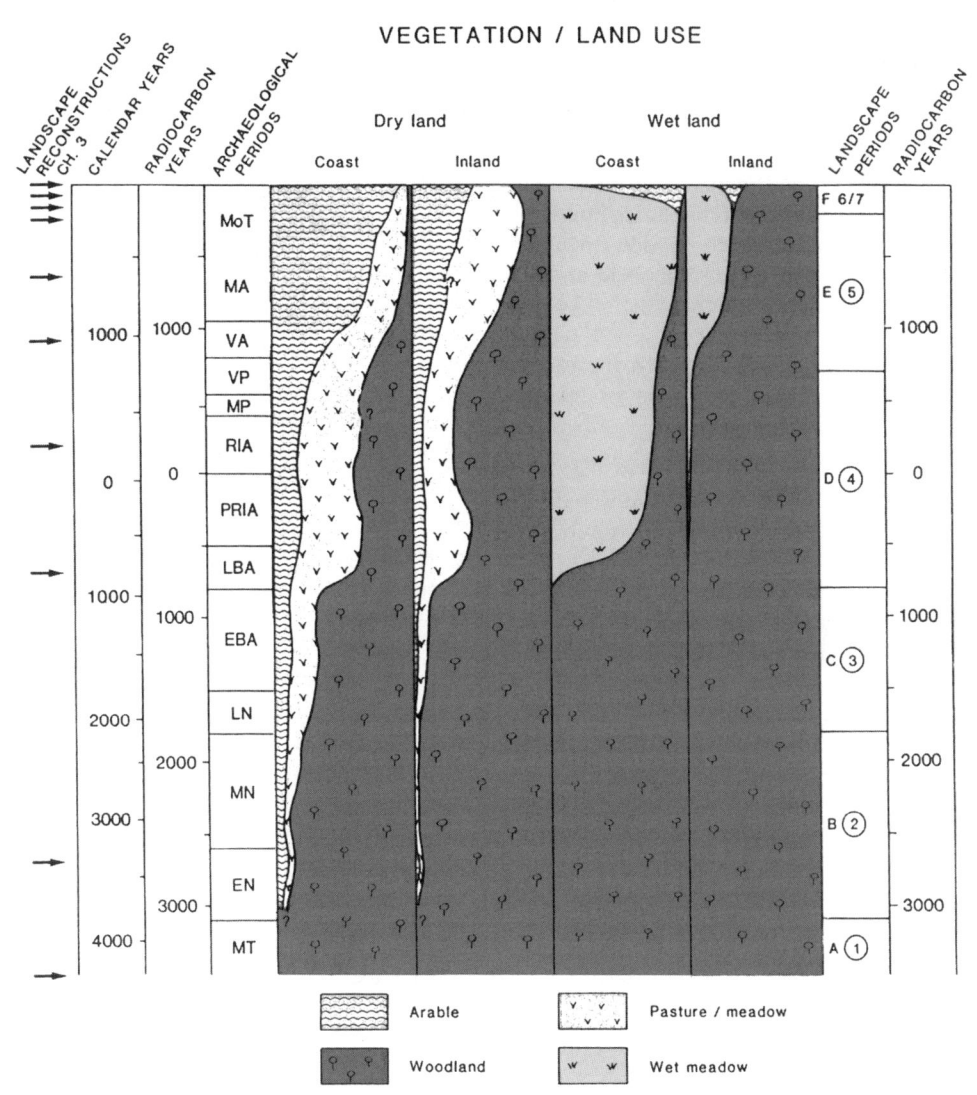

Abb. 98. Vegetation und Landnutzung im Gebiet von Ystad während der letzten 6 000 J. Nach Berglund (3, Abb. 1)

des Grundwasserspiegels, mit Auswirkungen in den Seen, sowie eine zunehmende Verbreitung der Buche. Der in den ersten fünf Jh. zu beobachtende Fall des Grundwasserspiegels zog schlechtere Voraussetzungen für die Heuwirtschaft nach sich, was das natürliche Gleichgewicht von Akkerbau und Viehhaltung störte.

Als Folge davon ist von einem Anwachsen des Ackerbaus auszugehen. Das steht in Verbindung damit, daß in Köpinge nur wenig Langhäuser (mit Viehställen), dafür aber ein verhältnismäßig reich ausgestattetes Grab gefunden wurde.

Die Entwicklung der Kulturlandschaft während der RKZ in Köpinge korrespondiert im allg. mit derjenigen in Südskand., auch wenn die Beschaffenheit des Fundmaterials oft einen Vergleich zw. den einzelnen Regionen erschwert, weil regionale und lokale Ausprägungen bestehen.

§ 3. Ablauf der Kulturlandschaftsentwicklung. Das Y.-Projekt ist zu folgender Periodisierung gelangt (1, 427 ff.; 3) vgl. hier Abb. 98:

1. Ungestörte natürliche Waldlandschaft bis 3000 BC: geringe Eingriffe durch den Menschen
2. Durch menschliche Eingriffe veränderte Waldlandschaft 3000–1800 BC: wechselnde Felder und Weiden in istabilen Wäldern
3. Wald-Weide-Landschaft 1800–800 BC: graduelle Rodung und Besiedlungserweiterung
4. Weidelandschaft 800 BC–AD 700: dauerhafte Felder in einer Graslandschaft
5. Mehrfelderwirtschaft 700–1800: Fruchtwechsel und technische Verbesserungen
6. Landwirtschaftl. genutzte Landschaft 1800–1950: Fruchtwechsel, Industrialisierung, Internationaler Handel
7. Moderne Industrielandschaft seit etwa 1950

§ 4. Bewertung des Projektes. Das von schwed. Archäologen realisierte Vorhaben folgt einem siedlungsarch. Ansatz und hat für die ausgewählte Landschaft um Y. eine Abfolge vom Mesol./Neol. (7; 8) bis in die Gegenwart erbracht. Dabei konnte die arch. nachgewiesene Besiedlung der einzelnen Epochen mit botan. Resultaten verbunden werden, die den Anteil von Land- und Waldnutzung und den Einfluß der anthropogen bedingten Veränderungen im Besiedlungsgeschehen aufzeigen (12). Eine umfassende Landesaufnahme in der Arch. kann in Skand. auf eine lange Tradition zurückblicken. Die Erfassung der Kulturlandschaft in Schweden wird gegenwärtig in einem System „Intrasis" erfaßt (zum Stand der genetischen Siedlungsforsch. in Skand., vgl. 9). Vergleichbare Forschungsprojekte auf dem Kontinent bestanden in Archsum auf → Sylt oder gehören zum Programm des Institutes für historische Küstenforschung in → Wilhelmshaven. Weitere methodische Ansätze für die Auswertung siedlungsarch. Ergebnisse ergeben sich heute aus der Landschaftsforsch. (4; 13) und den Geographical Information Systems (Geoinformationssystem: GIS) (grundsätzlich zur Anwendung in der Archäologie: 10; 11).

(1) B. E. Berglund (Hrsg.), The Cultural Landscape during 6000 Years in Southern Sweden – the Y. Project, 1991. (2) Ders., Landscape reconstructions in South Sweden for the past 6000 years, in: New Development in Arch. Sience, 1992, 25–37. (3) Ders., The Y. Project – A case study for multidisciplinary research on long-term human impact, Past Human Impacts 3, 2000, 6 f. (4) F. Bittmann u. a. (Hrsg.), Beitr. zur Siedlungsarch. und zum Landschaftswandel. Ergebnisse zweier Kolloquien in Regensburg, 2001. (5) L. Larsson (Hrsg.), The Earliest Settlement of Scandinavia and its Relationship with Neighbouring Areas, 1996. (6) Ders. u. a.. (Hrsg.), The Arch. of the Cultural Landscape: field work and research in a South Swedish rural region, 1992. (7) M. Larsson, The Early and Middle Neolithic Funnel Beaker Culture in the Y. area (Southern Scania). Economic and social change, 3100–2300 BC, in: [6], 17–90. (8) M. Larsson, Lokale Gruppen des Frühneol.s in S-Schonen, Schweden, in: Beitr. zur frühneol. Trichterbecherkultur im w. Ostseegebiet. 1. Internationales Trichterbechersymp., 1994, 209–226. (9) D. Meier,

Beispiele interdisziplinärer genetischer Siedlungsforsch. in Skand. Stand der Forsch. und europ. Perspektiven, Siedlungsforschung. Arch. – Gesch. – Geogr. 18, 2000, 101–108. (10) A. Posluschny, Anwendungsbeispiele eines einfachen GIS in der Arch., Alt-Thüringen 33, 1999, 296–311. (11) Ders., Die hallstattzeitliche Besiedlung im Maindreieck. GIS-gestützte Fundstellenanalysen, Arch. Nachrichtenbl. 8, 2003, 67–69. (12) B. Stjernquist, The Importance of the Y. Project for Contemporary Land Planning 1992, 469–472. (13) A. Zimmermann u. a., Landschaftsarch. II – Überlegungen zu Prinzipien einer Landschaftsarch., Ber. RGK 85, 2004 (2005), 39–95.

R. Müller

Yverdon

§ 1: Allgemein – § 2: Neolithikum und Bronzezeit – § 3: Ältere und jüngere Eisenzeit – § 4: Römische Kaiserzeit und frühes Mittelalter – a. Galloröm. *vicus* – b. Schiffsfunde – c. Spätant. Festung – d. Spätant.-frühma. Bestattungsplätze

§ 1. Allgemein. Y.-les-Bains, Kant. Waadt, ist ein bedeutender, durch seine Lage an der Mündung der Zihl in den Neuenburger See verkehrsgeogr. begünstigter Platz am Land-Wasser-Weg zw. Rhône und Rhein. Der ant. Name *Eburodunum* findet 971 eine urk. Erwähnung als *pagus Everdunensis*.

Das im J. 1761 gegründete Mus. im Schloß der Herzöge von Savoyen beherbergt u. a. eine vor- und frühgesch. Slg. und stellt schwerpunktweise die örtliche Gesch. einschließlich Binnenschiffahrt dar.

§ 2. Neolithikum und Bronzezeit. In einem Naturschutzgebiet ö. der Innenstadt befindet sich das eindrucksvolle Alignement von Clendy. Die Megalithanlage aus 45 in Reihen und Gruppen verteilten Steinen, darunter anthropomorph skulptierte → Menhire, geht laut Stilvergleich im Ursprung an den Beginn des Mittelneol.s zurück und wurde bis in die ält. BZ genutzt. Dasselbe gilt für in der Umgebung (Bucht von Clendy) untersuchte → Seeufersiedlungen mit ältesten Straten aus dem 2. Viertel des 4. Jt.s sowie eine Pfahlbaustation der Auvernier-Kultur (Avenue des Sports) mit schnurkeramischen Einflüssen und Verbindungen zum südfrz. Endneol. Endbronzezeitliche Besiedlung liegt für das Stadtgebiet durch 14C-Daten nahe (11; 16; 17; 21).

§ 3. Ältere und jüngere Eisenzeit. Hallstatt- und frühlatènezeitliche Keramik werden einer zunächst wohl offenen Siedlung auf der im N vom Seeufer, im S von Sumpf begrenzten Schwemmlandzunge zugerechnet. Den Charakter eines Zentralortes (→ Zentralorte) läßt bereits der Fund einer Scherbe rotfiguriger Ware (12a) erahnen. Grabfunde setzen in LT A ein und führen bis LT C1, Kindergräber noch im Spätlatène (12), Beigaben. Im späten 4. Jh. v. Chr. riegelt eine → Palisade die Siedlungsfläche im O ab. Die Befestigungen werden 173/171 und 161/158 v. Chr. erneuert. Gegen Ende der 80er J. folgt eine Pfostenschlitzmauer mit vorgelagertem Graben, die ein bis zwei Generationen später zerstört wird, ohne daß mit einem Siedlungsabbruch zu rechnen ist. Ab LT C2 bezeugte Brennöfen und Schmiedetätigkeit sowie Nachweise von Campana und Amphoren der Form Dressel 1 lassen das Bild einer mit max. 3 ha Fläche kleinen, protourbanen Siedlung zeichnen, deren Prosperität sich durch Kontrolle oder Teilnahme am Fernhandel erklären dürfte. Den herausragendsten Fund stellt eine hölzerne Skulptur aus den 60er J. des 1. Jh.s v. Chr. dar (→ Keltische Großplastik). Bei dem rund 3 km s. gelegenen Sporn von Sermuz mit Abschnittswall vom *murus-Gallicus*-Typ (→ Murus Gallicus), dessen Innenfläche nach Lesefunden in LT D2 genutzt wurde, scheint es sich um ein zugeordnetes Refugium zu handeln (6–8).

§ 4. Römische Kaiserzeit und frühes Mittelalter. a. Galloröm. *vicus*. Aus der noch durch endlatènezeitliche Kcl-

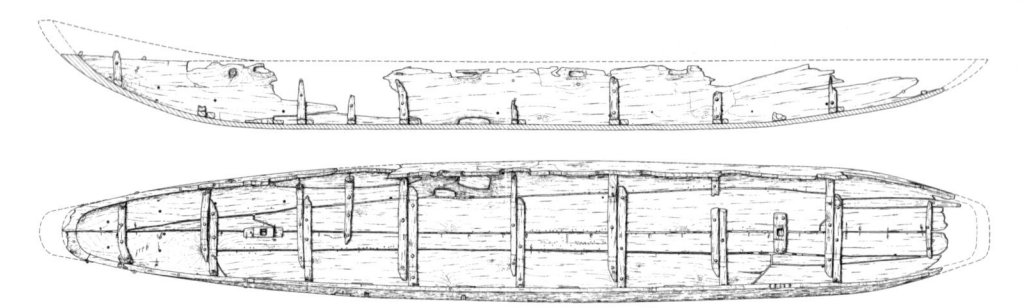

Abb. 99. Yverdon-les-Bains, spätant. Mannschaftsboot – Draufsicht und Längsansicht von innen. Nach Arnold (2, Beil. 2)

ler bezeugten Helvetier-Siedlung geht der bis um 8 ha große, wie seine Vorgängerin schwerpunktweise ö. der ant. Zihl gelegene galloröm. → *vicus* hervor (13). Hervorzuheben sind die ant. Fassung der heißen Schwefelquellen im SO des Areals, eine daraus gespeiste große Therme im N sowie inschriftlich erschließbare Tempel. Eine Brandschicht läßt sich vage mit dem Helvetieraufstand des J.es 69 in Verbindung bringen, wohingegen arch. Spuren der Alam.einfälle um 260 zu fehlen scheinen.

b. Schiffsfunde. Ein 1971 n. vom *vicus* im ant. Mündungsbereich der Zihl entdecktes Wrack repräsentiert den in den gall.-germ. Prov. hinlänglich bekannten Typus des offenen Plattbodenschiffes (→ Prahm). Mit unter 20 m rekonstruierbarer Lg. ein relativ kleiner Vertreter seiner Art, teilte das um 110/115 n. Chr. gebaute Binnenschiff für das abseits vom Rhein gelegene Provinzgebiet typische Konstruktionsmerkmale (2, 9 ff.; 5, 138 Abb. 16). 60 m s. trat 1984 ein zweiter Schiffsfund zutage (Abb. 99). Das aus zwei monoxyl geformten Schalenhälften zusammengesetzte Fahrzeug ist den mehrgliedrigen (erweiterten) Stammbooten an die Seite zu stellen, vereint jedoch mit seinen eingezogenen Spanten, aufgrund der Abdichtung mit Moos und etlicher teils großflächiger Ausbesserungen Elemente nordwesteurop. Plankenschiffbaus. Wohl im frühen 4. Jh. gebaut und vor 399 aufgegeben, war der urspr. gegen 10 m lg. Rumpf ausgelegt für Ruder- und Segel- bzw. Treidelantrieb (→ Rudereinrichtung; → Segeleinrichtung; → Treideln). Schiffstechnische Installationen sichern die Ausstattung mit sechs festen Ruderbänken (2, 21 ff.). Das qualifiziert den Rumpf als kleines spätant. Mannschaftsboot, dem eine zivile wie auch milit. Bedeutung (20) zugebilligt werden mag; letzteres kann sich angesichts der Seltenheit jener Fahrzeugklasse (4, 119 Abb. 9) und im Hinblick auf den Charakter der in der Epoche mutmaßlich am Platz stationierten Truppe (s. u.) immerhin auf schiffsarch.-hist. Argumente stützen. Die durch seine Lage an einer Wasserstraße (→ Schleppstrecke) und Schiffsfunde charakterisierte Rolle Y.s als Binnenhafen bestätigt sich auch durch wasserbauliche Strukturen (1).

c. Spätant. Festung. Entgegen ält. Einschätzung (1; 9) schon in der konstantinischen Epoche (10), entsteht um 325 im Zentrum des *vicus,* hart s. vom spätant. Seeufer, unter Einbeziehung vorhandener Bebauung eine 1,8 ha große Festung mit 2,4–2,6 m starken Mauern (Abb. 100). Im Grundriß ein verschobenes Rechteck von rund 130 und 140 m Seitenlänge bildend, wurden vier runde Ecktürme um dazwischengesetzte halbrunde Geschütztürme ergänzt. An der W- und O-Seite befanden sich von Türmen flankierte 4,5 m weite

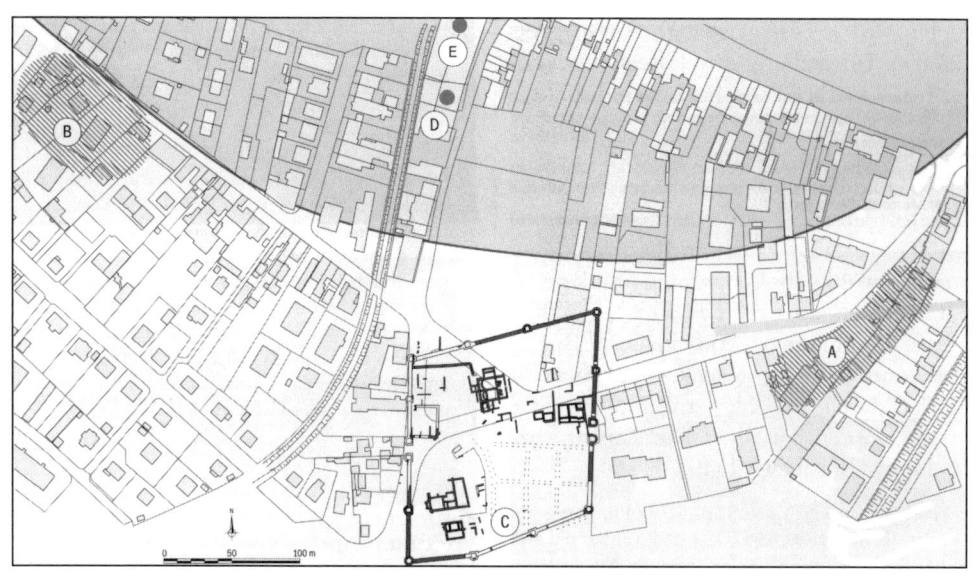

Abb. 100. Yverdon-les-Bains zur Spätant. mit konstantinischer Festung (C) und den Nekropolen Pré de la Cure (A) und Jordils (B). Die Fst. des Mannschaftsbootes (D) und des mittelkaiserzeitlichen Prahms (E) jenseits der mutmaßlichen Seeuferlinie. Ergänzt nach Steiner (18, 107 Abb. 86)

Tore. Innerhalb der Umwehrung verdienen ein mehrphasiges Annexgebäude n. vom W-Tor, eine Thermenanlage, ein Getreidespeicher mit einer Brandschicht aus der Zeit um 470 (14C-datiert) sowie Münzfunde aus der Innenbebauung mit Prägedaten nach der Mitte des 6. Jh.s Aufmerksamkeit. Reste eines mutmaßlichen Kirchenbaus und graue Sigillée paléochrétienne bekunden die Hinwendung zum Christentum (9). Sofern das in der Not. dign. occ. 42,15 enthaltene *Ebrudunum Sapaudiae* (→ Sapaudia) nicht auf das schon → Strabon bekannte Ἐβρόδουνον/Embrun, dép. Hautes-Alpes, sondern auf Y. zu beziehen ist, kommt für das spätere 4. Jh. als Garnison eine *classis barcariorum* in Betracht (3; 15, 307 f.), die man sich eher als amphibisch operierende, mit Kleinfahrzeugen ausgerüstete Heerestruppe denn als Marineeinheit vorzustellen hat.

d. Spätant.-frühma. Bestattungsplätze. Von den 300 m nw. („Les Jordils') und 150 m ö. („Pré de la Cure') des Kastells gelegenen spätant.-frühma. Friedhöfen (vgl. Abb. 100) beansprucht der letzte besondere Aufmerksamkeit: Ab der 2. Hälfte des 4. bis ins 7. Jh. belegt, spiegeln über 300 Sepulturen das Bild einer romanisierten Gemeinschaft wider. 84 Gräber der Belegungsphase A (2. Hälfte 4./1. Hälfte 5. Jh.) reflektieren Wohlstand und werden durch das Fehlen einer vorherrschenden Graborientierung gekennzeichnet. Ein beträchtliches Überangebot beigesetzter männlicher Individuen (etwa 1:3) und vergleichsweise junges Sterbealter lassen an Grablegen der Festungsbesatzung und ihrer Angehörigen denken. Einzelne mit Kerbschnittgarnituren (→ Kerbschnittbronzen) ausgestattete Inventare unterstreichen dies ebenso wie der Nachweis teils tumultuarisch begrabener Toter mit letalen Schädelverletzungen. Eine germ. Durchdringung kündigt sich durch bronzene Halsringe in den Gräbern mehrerer Frauen und eines Kindes an. Trachtgegenstände der Belegungsphase B (2. Hälfte 5. bis 6. Jh.) weisen an den n. Oberrhein und nach O, so daß die Anwesenheit von → Burgunden in Erwägung gezogen wird (→ Ostgermanen S. 341), mit deren → Umsiedlung in die Region gemäß der hist. Überlieferung bald nach der Mitte des 5. Jh.s zu rechnen ist. Das unvollständige Skelett einer erwachsenen Frau mit künstlich deformiertem Schädel (→ Schädeldeformationen) aus einem beigabenlosen Grab läßt gleichermaßen an eine Fremde, wohl gehobenen Standes, denken. Für die Zeit ab der 2. Hälfte des 6. Jh.s (Phase C) schimmert, von einzelnen Bügelfibeln und Waffen angezeigt, schwacher frk. Einfluß durch, der mit germ. Militärs oder Amtsträgern nebst ihren Familien in Verbindung gebracht wird (19).

(1) E. Abetel, Y.-les-Bains. Castrum/Porte de l'Est, Jb. SGUF 70, 1987, 192–197. (2) B. Arnold, Batellerie gallo-romaine sur le lac de Neuchâtel 2. Les bateaux d'Y., 1992. (3) D. van Berchem, Ebrudunum-Y., station d'une flottille militaire au Bas-Empire, Rev. de Hist. Suisse 17, 1937, 83–95. (4) R. Bockius, Gleichmaß oder Vielfalt? Zum *interscalmium* bei Vitruv (*De architectura* I 2,21 f.), in: Studia Antiquaria (Festschr. N. Bantelmann), 2000, 111–125. (5) Ders., Ant. Prahme und ihre Rolle in der Binnenschiffahrt der gall.-germ. Prov., in: K. Brandt, H. J. Kühn (Hrsg.), Der Prahm aus dem Hafen von Haithabu. Beitr. zu ant. und ma. Flachbodenschiffen, 2004, 125–151. (6) Ph. Curdy, in: Die Schweiz vom Paläol. bis zum frühen MA, 4. EZ, 1999, 327 Nr. 34; 342 Nr. 86. (7) Ders. u. a., Y.-les-Bains (canton de Vaud) à la fin du Second âge du Fer: nouveau acquis, in: G. Kaenel, Ph. Curdy (Hrsg.), L'Âge du Fer dans le Jura. Actes du 15ᵉ Colloque de l'Assoc. Française pour l'Étude de l'Âge du Fer, 1992, 285–300. (8) Ders. u. a., Eburodunum vu de profil: coupe stratigraphique à Y.-les-Bains VD, Parc Piquet, 1992, Jb. SGUF 78, 1995, 7–56. (9) W. Drack, R. Fellmann, Die Römer in der Schweiz, 1988, 562–565. (10) M.-A. Haldimann, De Dioclétien à Constantin: aux origines du *castrum* d'Y.-les-Bains, in: [19], 35–52. (11) G. Kaenel, La fouille du „Garage Martin – 1973". Précisions sur le site de Clendy à Y. (Néol. et Âge du Bronze), 1976. (12) Ders., Les sépultures de La Tène, in: [19], 99–102. (12a) Ders., A propos d'un point sur une carte de répartition – le tesson grec d'Y.-Les-Bains (Vaud), Arch. der Schweiz 7, 1984, 94–99. (13) Ders., Ph. Curdy, Y.-les-Bains – de La Tène à l'époque augustéenne, Arch. der Schweiz 8, 1985, 245–250. (14) R. Kasser, Y. Hist. d'un sol et d'un site avec la cite qu'ils ont fait maître, Eburodunum 1, 1975. (15) M. Reddé, Mare Nostrum. Les infrastructures, le dispositif et l'hist. de la marine militaire sous l'empire romain, 1986. (16) E. Riedmeier-Fischer, Die Hirschgeweihartefakte von Y., Avenue des Sports, 2002. (17) F. Schifferdecker, in: Die Schweiz vom Paläol. bis zum frühen MA, 2. Neol., 1995, 332 f. Nr. 77–79. (18) L. Steiner, in: Die Schweiz vom Paläol. bis zum frühen MA, 5. Röm. Zeit, 2002, 107. (19) Ders. u. a., La nécropole du Pré de la Cure à Y.-les-Bains (IVᵉ–VIIᵉ s. ap. J.-C.) 1–2, 2000. (20) F. Terrier (Hrsg.), Les embarcations gallo-romaines d'Y.-les-Bains. Exposition permanente au Château d'Y.-les-Bains, 1997. (21) C. Wolf, Die Seeufersiedlung Y., Avenue des Sports (Kant. Waadt). Eine kulturgeschichtl. und chron. Studie zum Endneol. der W-Schweiz und angrenzender Gebiete, 1993.

R. Bockius

Zahlen und Maße

§ 1: Allgemein und Erkenntnistheoretisch – § 2: Die historische Entwicklung – § 3: Zahlmaße – § 4: Bevorzugte Z.-Verhältnisse – § 5: Anwendungen und Beispiele – a. Bedeutende Z. in der germ. Mythol. – b. Dutzend – c. Schock – d. Stiege – e. Scheffel – f. Malter – g. Spanne – h. Daumen/Finger

§ 1. **Allgemein und Erkenntnistheoretisch.** Sowohl Zählen wie auch Messen dienen zur Quantifizierung von Mengen. Die Art der zu quantifizierenden Mengen unterscheidet sich dabei jedoch grundsätzlich:

Zählen dient zur Quantifizierung von Diskretem. Durch das Zählen wird eine Menge von unterscheidbaren Objekten hinsichtlich ihrer Größe (Mächtigkeit) charakterisiert. Zählen faßt die separierbaren Mengenelemente zusammen und weist ihrer Gesamtheit als Charakterisierung einen quantifizierenden Begriff (Zahl) zu, in dem die Individualität der einzelnen Elemente insofern erhalten bleibt, als sich die Zahl als Charakteristikum ändert, sobald ein Element entfernt oder hinzugefügt wird. Gezählt werden können nur Dinge, die mindestens in einer Eigenschaft übereinstimmen, somit miteinander vergleichbar und damit zusammenfaßbar sind.

Zählen erfolgt als Prozeß immer sukzessive, indem ein Objekt nach dem anderen erfaßt wird. Aus diesem Grunde gibt es zwei Formen des Zählens, die sich nach ihrer Funktion und Zielsetzung unterscheiden lassen: zum einen die Kardination, wenn das Zählen sich allein auf das Erfassen und Quantifizieren einer Gesamtheit ausrichtet, ohne dabei die Reihenfolge der gezählten Objekte zu berücksichtigen, und zum anderen die Ordination, die die Reihenfolge und Ordnung der Objekte berücksichtigt. Im ersten Fall wird nur der Gesamtheit eine Zahl zugeordnet (Kardinalzahl), im zweiten Fall jedem einzelnen gezählten Objekt durch eine Zahl (Ordinalzahl) die Position in der Reihenfolge zugewiesen. Daneben existieren weitere Formen des Zahlgebrauches (Vervielfältigungszahlen, Verteilungszahlen, Bruchzahlen usw.).

Messen hingegen quantifiziert (prinzipiell oder aus praktischen Gründen) Nicht-Abzählbares. Prinzipiell nicht abzählbar sind Kontinua (z. B. die Meßkategorien Länge, Volumen, Gewicht). Aus praktischen Gründen nicht abzählbar sind Mengen, die aus einer Vielzahl von Elementen (Massengüter, Schüttgüter) bestehen, die als einzelne nicht relevant sind. Dies trifft beispielsweise für Getreide zu, dessen Körner zwar gezählt werden können; in der Regel ist die genaue Zahl der Körner jedoch weder relevant noch mit einem sinnvollen Aufwand bestimmbar.

Messen diskretisiert Nicht-Abzählbares und macht es damit abzählbar und quantifizierbar. Voraussetzung ist die mehr oder minder willkürliche Festlegung eines Maßes als Vergleichsgröße (Maßeinheit) (82, 25). Das zu messende Objekt läßt sich mit dieser Einheit zerlegen, indem von ihm so oft die Maßeinheit abgetragen wird, bis das Objekt gänzlich in gleiche Teile zerteilt ist oder ein Rest verbleibt, der kleiner als die Maßeinheit ist. Dieser Rest kann entweder als Bruchteil der Maßeinheit gefaßt oder mit einer kleineren Maßeinheit ausgemessen werden. Eine Inkommensurabilität des Restes ist zwar prinzipiell möglich, da aber immer mit endlicher Genauigkeit gemessen wird, bleiben solche Fälle im wesentlichen ohne praktische Relevanz. Durch die Wahl einer hinreichend kleinen Maßeinheit läßt sich das Auftreten von nicht meßbaren Resten minimieren bzw. die Relevanz des Restes relativ zur Gesamtmessung vernachlässigbar machen. Mit der Verwendung von kleinen Maßeinheiten steigt jedoch der Aufwand des Messens. Je größer der Genauigkeitsanspruch an die Messung ist, desto kleiner muß der noch tolerierbare, nicht meßbare Rest sein. Die Wahl der Maßeinheit ist also situativ abhängig von der Abwägung von Praktikabilität und Aufwand einerseits und Genauigkeitsanspruch andererseits.

Das Messen stellt somit einen zweistufigen Prozeß dar, in dem das Vergleichen den ersten, das Abzählen nach dem Vergleichen den zweiten Schritt bildet.

Da das Messen das Zählen voraussetzt, erfordert es ein bereits entwickeltes Z.-Verständnis und Z.-System. Messen baut also bei der Abzählung von Maßeinheiten auf dem Zählen auf (17, 73).

Grundsätzlich müssen Zählen und Messen bzw. Zähl- und Maßeinheiten folgenden Anforderungen genügen: Vergleichbarkeit, Definiertheit, hinreichende Genauigkeit, Beständigkeit, Einfachheit, Praktikabilität und Anschaulichkeit. Alle diese Kriterien beziehen sich auf die Realisierung (Methode) von Zählen und Messen als Quantifizierungsakte, sie sind aber auch für die Kommunikation über die Quantifizierung notwendig.

Voraussetzung für die Vergleichbarkeit von Maßen und damit Bedingung für Maße insgesamt ist die Definiertheit des Maßes. Definiertheit bedeutet, daß ein Maß durch eine Maßbezeichnung und eine zugehörige (materielle) Realisation des Maßes bestimmt ist.

Während die Genauigkeit beim Abzählen von diskreten Objekten meist unproblematisch ist, besitzt der Vorgang des Abmessens immer eine gewisse Ungenauigkeit. Welcher Grad an Vagheit hierbei akzeptiert, d. h. umgekehrt, welche Genauigkeit hierbei als hinreichend gefordert wird, hängt vom jeweiligen Anspruchskontext und dieser wiederum von den zu messenden Entitäten ab (5, 274 ff.), aber auch von den generellen Möglichkeiten des Messens. Wegen dieser Abhängigkeit von den Kontextbedingungen ist der Begriff der Genauigkeit gerade in der hist. Maßbetrachtung nicht unproblematisch. Das Verständnis des Begriffes unterliegt stark dem hist. Wandel. Eine Betrachtung ebenso wie eine Rekonstruktion von hist. Maßen unter heutigem Genauigkeitsverständnis ist ahist.; vielmehr muß der Begriff der Genauigkeit immer relativ zu den zeitgenössischen Ansprüchen, Bedürfnissen und Möglichkeiten (hist. Kontext) gesehen werden (101, 200).

Beständigkeit (Kontinuität) von Zähl- und Meßmethoden, aber auch der konkreten Maße stellt eine Nebenbedingung für die Definiertheit dar (5, 271. 274. 306; 84, 10 f.; 107, 11); denn Zählen und Messen sind nur dann sinnvoll, wenn sich deren Grundlagen nicht fortwährend und willkürlich ändern.

Einfachheit und Praktikabilität bedingen einander beim Zählen und Messen. Ein wichtiger Aspekt bei der praktischen Realisierung des Messens und bei der Entstehung von Maßeinheiten liegt in der Bevorzugung kleiner Z. Maßeinheiten sollten so geartet sein, daß beim Messen möglichst keine großen Z. auftreten (13, 16). Messen soll zum erleichterten Erfassen von Dingen dienen; große Z. erschweren dabei das Verständnis.

Anschaulichkeit und Einfachheit der zugrunde gelegten Methode waren insbesondere bei Maßen in frühen Kulturstadien wesentlich für die leichte Rekonstruierbarkeit (84, 11). Die Möglichkeit zur einfachen Wiederbeschaffung eines Maßes gewährleistet auch dessen Kontinuität.

Die Rekonstruierbarkeit spielt jedoch nicht nur im Falle des Verlustes eine Rolle, sondern auch dann, wenn das Maß zwar nicht verloren, aber z. B. an einem anderen Ort ad hoc nicht zur Hand ist.

Erwähnenswert ist schließlich noch, daß vor dem Messen die Auswahl der zu verwendenden Maßkategorie nicht ohne Bedeutung ist. Waren wie Getreide oder Fette beispielsweise lassen sich nach Volumen, aber auch nach Gewicht quantifizieren. Die Wahl der geeigneten Maßkategorie wie auch der Maßeinheit wird entscheidend durch deren Praktikabilität und Relevanz im betreffenden Kontext beeinflußt. Das Bedürfnis nach Maßen ist also nicht abstrakt und a priori gegeben, sondern hängt jeweils von den kulturellen Randbedingungen ab.

§ 2. Die historische Entwicklung. Eine zentrale Rolle für die Entwicklung von Zählen und Messen spielen insbesondere der → Handel und das frühe Tauschen (77, 5). Völker ohne nennenswerten Handel entwickeln Begrifflichkeit im Bereich des Zählens und v. a. des Messens nur rudimentär. In einem späteren Stadium führte auch die Erhebung von → Steuern und Abgaben zur Fortentwicklung von Zählen (einschließlich des Rechnens) und zur Entwicklung differenzierter Maßsysteme (70, 302). Einfluß besaß auch die technische Entwicklung, beispielsweise durch verfeinerte Meßmethoden (33, 48).

Zählen ist bereits eine sehr frühe Strukturleistung des Menschen, wie arch. und sprachhist. zu belegen ist (40, 26 ff.; 74). Da die kognitive Entwicklung sowohl phylo- wie ontogenetisch im allgemeinen vom Anschaulich-Konkreten hin zum Abstrakten verläuft, läßt sich dies auch für die Entwicklung des Verständnisses von Zahl und Maß annehmen. Kulturanthrop. Befunde legen nahe, daß keine universell-permanenten Konzepte von Zahl und Maß existieren (18, 249 f. 261 ff.).

Obwohl Zählen und Messen selbst abstrahierende Prozesse sind, ist deren Abstraktionsgrad von der jeweiligen Methode der Realisierung abhängig. Je unterschiedlicher die gezählten Dinge sind, desto größer ist das Abstraktionserfordernis des Zählens und desto komplexer ist diese Erkenntnisleistung (26, 9 ff.). In ähnlicher Weise nimmt der Abstraktionsgrad beim Messen mit der Artifizialität der Maße zu.

Einen bes. hohen Grad an Konkretheit und damit an Anschaulichkeit und Einfachheit bietet die Ausrichtung an bereits Vorgegebenem, also der Verzicht auf das Generieren neuer Strukturen und das Einfügen in bestehende, v. a. die Orientierung an Gegebenheiten der Natur.

Die Anfänge des Zählens sind immer dinglich, dinggebunden und nicht abstrakt (33, 284 ff.). In den Anfängen der kognitiven Entwicklung ist das Denken v. a. auf das Ich, auf die eigene Gruppe oder die nähere Umwelt bezogen (50, 830 ff.). Dementsprechend erfolgt auch bei den Anfängen des Zählens und Messens der Bezug der zu zählenden oder zu messenden Objekte auf das Ich. Dies geschieht, indem eine Übertragung auf Körperteile stattfindet. Auf diese Weise entstehen Köperzahlen bzw. Körpermaße. Neben dem relativ geringen Abstraktionsaufwand besteht ein wesentlicher Vorteil dieses Verfahrens darin, daß mit der Gegenwart des zählenden bzw. messenden Subjekts unmittelbar auch die Zähleinheiten bzw. Maße gegeben sind. Weitere Hilfsmittel, insbesondere beim Messen (in Form von Meßinstrumenten), sind nicht erforderlich (1, 164; 29, 22 f.). Darüber hinaus stehen die Verfahren zum Zählen und Messen überindividuell zur Verfügung, d. h., jeder kann sie an seinem Körper nachvollziehen.

Köperzahlen werden realisiert, indem jedem Objekt beispielsweise ein Finger zugeordnet wird (11, 187). Dieses Verfahren ist auch ausschlaggebend für die Entwicklung der → Zahlensysteme. Zählen an einer Hand führt bei den Zahlwörtern zu einem Quinärsystem, an beiden Händen zum Dezimalsystem, an Händen und Füßen zum Vigesimalsystem (11, 191), wie z. B. im Dän. Die genannten Zählsysteme und unter ihnen v. a. das Dezimalsystem sind daher interkulturell verbreitet. Fingerzählen ist also eine wesentliche Entwicklungsstufe im Anfangsstadium des Zählens (20, 4 f.). Im Engl. ist dies bis heute nachvollziehbar, denn engl. *digit* kann jede Ziffer von 0 bis 9 bezeichnen, wobei *digit* aus lat. *digitus* ‚Finger' herstammt (41, 337).

Die Tatsache, daß duodezimale Zählsysteme, obgleich rechentechnisch weit vorteilhafter, in indigenen Kulturen faktisch keine Verwendung fanden, zeigt deutlich, daß für die Prägung eines Zählsystems die mathematischen Eigenschaften der Zählbasis kaum oder gar keine Relevanz besessen haben, vielmehr, wie das Vorherrschen dezimaler und vigesimaler Systeme belegt, naturgegebene Fakten entscheidend die Konstituierung und die Gestalt der Zählweise bestimmten. Bei den naturgegebenen Fakten werden auf Grund des urspr. mimisch-gestischen Charakters des Zählens bzw. des Zählaktes nicht irgendwelche beliebigen Naturgegebenheiten als Orientierung gewählt, sondern gerade Merkmale (in beiderlei Sinn) des eigenen Körpers, auf die sich die Zählgeste ausrichtet, also beispielsweise die Finger oder Zehen.

Subtilere Formen des Fingerzählens, die sich nicht nur auf die Zuordnung einer Zahl zu einem Finger und damit weitestgehend auf das Zählen bis 10 beschränken, wurden beispielsweise in der röm. Ant. entwickelt und später von → Beda venerabilis beschrieben. In Anlehnung an Bedas Beschreibung haben sie sich bis weit in die Neuzeit erhalten (52, II, 3 ff.). Mit dem bei Beda dargestellten Verfahren ist (zumindest theoretisch) ein Zählen/Rechnen bis zu einer Million möglich (41, 336 f.).

Eine Ausrichtung an Gegebenheiten des menschlichen Körpers findet sich auch bei frühen Formen des Messens, v. a. bei der Längenmessung (57, 11; 95, 139 f.). Erkennbar wird dies an Längenmaßbezeichnungen, die auf den menschlichen Körper referieren wie *Fuß, Elle, Spanne, Schritt* usf. Bei anderen Meßkategorien, wie z. B. Gewicht oder Volumen, liegt eine Orientierung an Gegebenheiten des menschlichen Körpers weniger nahe. Maße, die sich am menschlichen Körper ausrichten, sind urspr. rein subjektive Größen. Derartige Maße können als ‚Körpermaße' bezeichnet werden (48, 33). Hinzuweisen ist aber darauf, daß in der Lit. der Terminus ‚Körpermaß' auch in anderer Bedeutung verwandt wird, nämlich zur Bezeichnung von Volumenmaßen, also für Maße, die in Hohlkörpern gemessen werden. In der metrologischen Lit. wird auch die Bezeichnung ‚Naturmaße' gebraucht, zu denen u. a. die am menschlichen Körper orientierten Maße zählen (46, 309).

Wichtig für die Durchsetzung von Maßkonzeptionen, die sich an Naturgegebenheiten, insbesondere am menschlichen Körper orientieren, ist, daß sie auf einer kollektiven Erfahrung beruhen (100, 133).

Auf Grund ihres elementaren Charakters und des geringen Grades an Abstraktion sind Körperzahlen und -maße in allen frühen Kulturen präsent. Dabei finden sich mit kleineren Var. immer wieder dieselben Körperteile als Maßeinheiten, v. a. bei den oberen Extremitäten. Aus diesem Grunde ist es keineswegs notwendig, einen Zusammenhang kausaler Art oder sogar einen gemeinsamen Ursprung bei Maßsystemen verschiedener Kulturen anzunehmen. Allein aus dem Faktum, daß in zwei Kulturen semant. identische oder ähnliche Maßbegriffe existieren, kann nicht zwingend auf kausale sprachliche Zusammenhänge geschlossen werden, wenn die Maße auf allg. Naturerfahrungen zurückgehen (102, 97), wie dies bei den Körpermaßen der Fall ist. Dies bedeutet in sprachhist. Hinsicht aber auch, daß man aus der weiten Verbreitung von derartigen Maßbegriffen im idg. Sprachbereich nicht notwendigerweise auf ein gemeinsames idg. Erbe zurückschließen kann, wie dies in der Lit. bisweilen angenommen wird (z. B. 45, 35).

Ein weiterer wesentlicher Aspekt der Anfänge des Zählens und Messens ist deren urspr. ausgeprägte Dingbezogenheit. Zählen wie Messen sind zunächst immer bezogen auf bestimmte Objekte, können also nicht von diesen abstrahiert auch auf andere Objekte angewandt werden (19, 214 ff.; 97, 328 f.). Hinsichtlich des Messens bedeutet dies insbesondere, daß Messen urspr. nicht kategorial verstanden wurde und dementspr. auch keine Begriffe für die Maßkategorien wie Länge, Fläche, Volumen etc. existierten (33, 299. 303 f.). Quantität ist in ihrer urspr. Konzeption also Eigenschaft der Dinge und nicht von ihnen abstrahierbar (52, I, 22). Daraus folgt, daß die Realisierung von Zählen und Messen je nach quantifizierten Objekten stark variieren konnte. Gerade diese Kontext- und Verwendungsbindung findet sich bei den traditionellen Maßen und Zahlmaßen (s. u.) und deren Benennungen z. T. noch in sehr ausgeprägter Form wieder.

Körperzahlen und -maße besitzen jedoch Nachteile, die dazu führen, daß in der weiteren Entwicklung abstraktere Formen des Zählens und Messens notwendig wurden. Mit dem Körperzählen läßt sich nur bis zu einem bestimmten Z.-Wert zählen, der von dem jeweiligen Zählverfahren abhängig ist. Weit grundsätzlicher Art ist die Einschränkung beim Messen am Körper. Vergleichbarkeit und Genauigkeit der Maße sind durch die unterschiedlichen Körpergrößen, mit denen auch die Maßeinheiten variieren, stark eingeschränkt. Durch Normierung, also die Festsetzung eines verbindlichen Maßes, kann dieser Mangel behoben werden. Zu diesem Schritt der Normung gehört in der Regel auch eine Systematisierung der Maße, indem v. a. zw. Maßeinheiten für dieselbe Maßkategorie (z. B. Länge) feste und v. a. möglichst einfache Verhältnisse eingeführt werden. Hierzu zählt u. a., daß man auch bei Körpermaßen die von Natur gegebenen vagen Verhältnisse zu einfachen, möglichst ganzzahligen macht.

In einer solchen Normung und Systematisierung sind die festgesetzten Zahlverhältnisse der Maße zueinander auch dann, wenn es sich urspr. um Körpermaße handelte, immer Idealrelationen (84, 7). Insofern stellt der Übergang vom Individual- hin zum nomierten Maß einen erheblichen Abstraktionsschritt dar (48, 34). Dennoch bleibt durch die Benennungen der Maße der konkrete Bezug zu den Körperteilen latent vorhanden.

Auch traditionelle Maße für andere Maßkategorien als die Längenmessung zeichnen sich durch einen geringen Abstraktionsgrad aus, wenngleich sie meist bereits auf Artifizielles, d. h. auf etwas nicht natürlich Vorgegebenes, zurückgreifen, so beispielsweise Hohlmaße zur Volumenbestimmung, deren Einheiten sich an dem Fassungsvermögen von Krügen, Kellen oder anderen Gefäßen ausrichten. Hier ist ohne Normierung eine Vergleichbarkeit gleichfalls nur in bedingtem Maße gegeben, da jede Messung sonst vom individuell variierenden Maß abhängt.

Der Grad der Normierung bzw. des Normierungsbedürfnisses ist insbesondere von dem jeweiligen Zivilisationsstadium abhängig (9, 627). Als ein entscheidender Schritt zur Normierung und Objektivierung wird in diesem Stadium die Übertragung der ‚Normmaße' auf Meßhilfsmittel (Maßstäbe, Meßinstrumente) notwendig (Abb. 101–102). Damit sind die betreffenden Maße nur noch mittelbar Körpermaße bzw. naturbezogene Maße.

Zur Sicherung der Maßnorm muß ein Normmaß nicht nur geschaffen, sondern auch sanktioniert, konserviert und verfügbar gemacht werden. Im MA gehörte die Maßfestlegung zum Konkurrenzbereich zw. geistlicher und weltlicher Macht, denn die Maßgewalt lag beim Kg. bzw. ausführend bei den Grafen (102, 101 f.). Die Legitimierung von Maßen erfolgte häufig durch kirchliche Autorität (102, 100) bzw. durch Herstellung eines räumlichen oder sachlichen Zusammenhanges mit dem Sakralort Kirche. So wurde das Normalmaß als gängige Praxis in Kirchen aufbewahrt (102, 100 f.), im Innern der Kirche gut sichtbar montiert (z. B. 14, 98; 71, 86 ff.) oder auch an Kirchenportalen angebracht (37, 8), so daß es damit nicht nur öffentlich zugänglich, sondern auch in den Kontext und die Autorität der Kirche gestellt war. Ein bes. anschauliches Beispiel dieser sakralen Legitimation und Sanktionierung manifestiert sich sachlich in Eller an der Mosel darin, daß dort ein Weihwasserkessel zugleich die Funktion eines Eichmaßes für Wein ausübte (24, 283 ff.). Auch Taufbecken konnten die gleiche Funktion besitzen (80, 148 ff.). Alternativ zur Aufbewahrung im kirchlichen Bereich wurden in zahlreichen Städten die Normmaße im Stadtturm verwahrt, der damit den „Ort der Norm" darstellte (34, 188 f.). Oft finden sich auch die geltenden Maße, z. B. Hohlmaße in Stein gehauen, an Rathäusern oder an anderen öffentlich zugänglichen Orten zum Zwecke der Maßabnahme ausgestellt (25, 15; 42, 15 ff.; 45, 36; 92, 224). Außerhalb der Städte wurden die Normalmaße entweder beim Dorfrichter, am Sitz der Grundherrschaft, in einem Oberhof, in einer benachbarten Stadt oder einer Kirche verwahrt (24, 283; 42, 15 ff.).

Verfälschungen von Maßen wurden streng bestraft. Allerdings bedeuteten Maßtäuschung, -betrug oder -fälschung nicht unbedingt die Änderung eines Maßes, sondern konnten auch die Verwendung eines anderen, nicht adäquaten Maßes einschließen (99, 110). Wie sehr die Einhaltung von rechtem Maß und Gewicht moralisch sanktioniert wurde, zeigt auch, daß in vielen ma. Städten die Erteilung der Bürgerrechte an

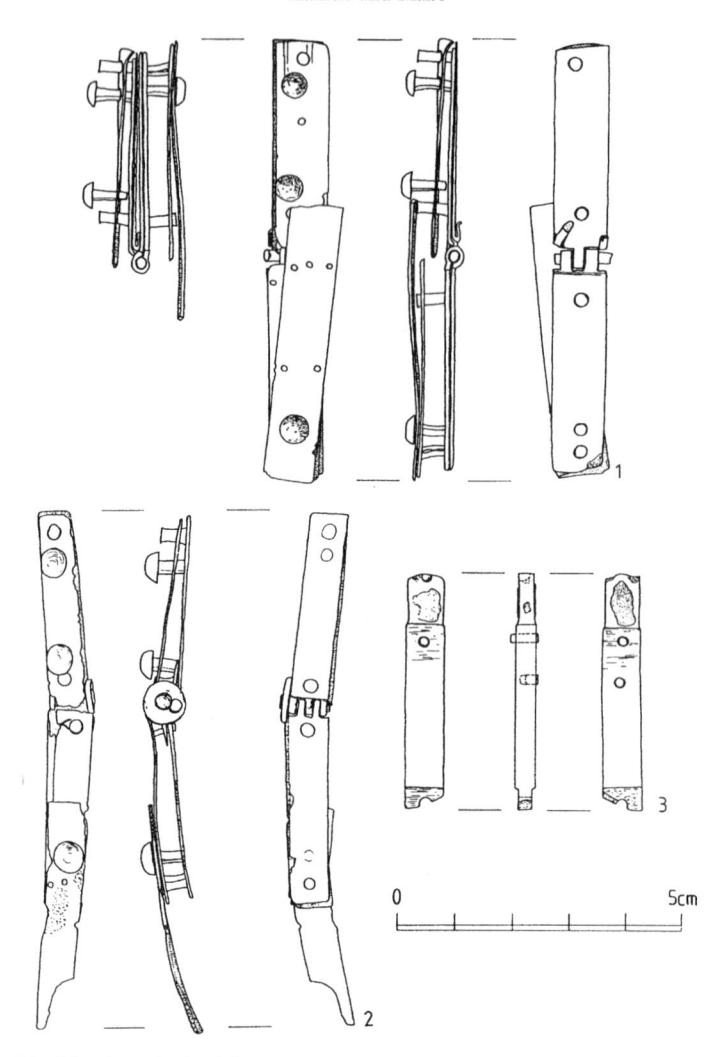

Abb. 101. Magdalensberg. Maßstabfrg. Nach K. Gostenčnik, Röm. Fußmaßstäbe vom Magdalensberg, in: Carinthia I 188, 1998, 87–108, Abb. 1, S. 90

das Geloben der Anerkennung und Achtung der betreffenden Maße und Gewichte gebunden war (69, 2).

Unter dem Aspekt, daß Kontrolle von Maßen nur dort notwendig und sinnvoll ist, wo sich auch Anwendungen finden, nämlich insbesondere im Handel, richtete sich die unter Karl dem Großen erlassene *Admonitio generalis* von 789 gerade auf die Kontrolle von Maßen in Klöstern und v. a. in den Städten aus (61, 7).

Der Anspruch auf Maßfestlegung und Maßkontrolle drückte sich materiell darin aus, daß für die Normmaße die Körpermaße des Fürsten (zumindest offiziell) zugrunde gelegt werden konnten (49, 1). Beispielsweise wurde im J. 1101 durch den engl. Kg. Heinrich I. das Maß *Yard* als diejenige Strecke definiert, die von der Nasenspitze bis zur Spitze des Daumens bei ausgestrecktem Arm reichte (4, 29; 31, 31; 32, 8). Ob dabei und in ähnlichen Fällen wirk-

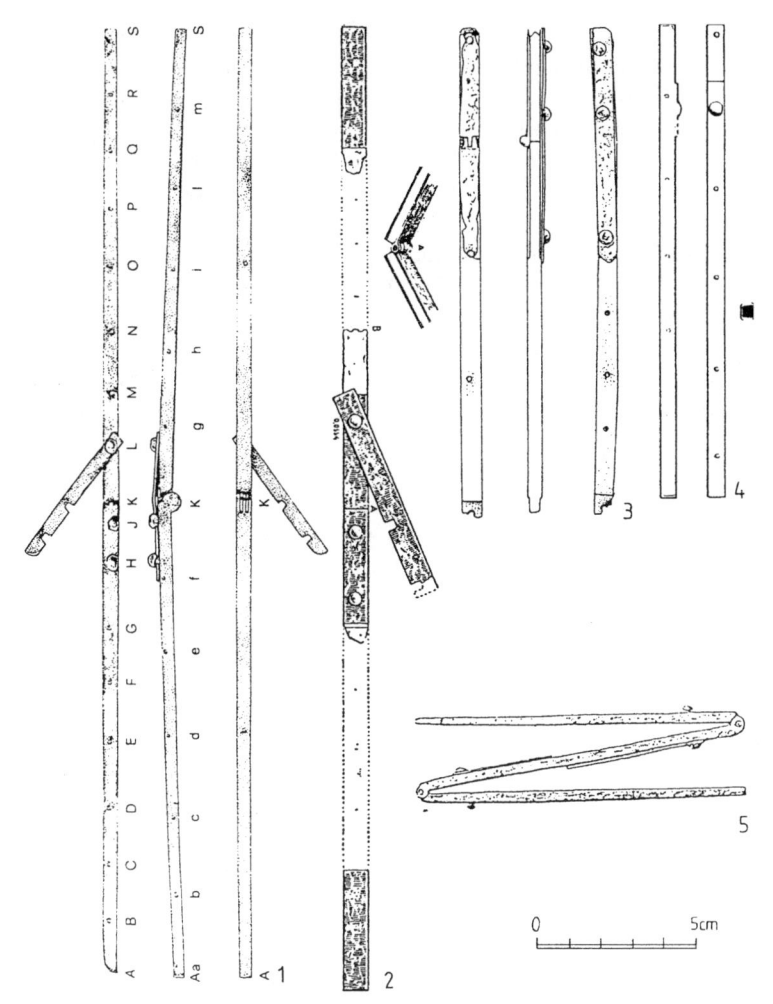

Abb. 102. Bronze- und Beinmaßstäbe mit Scharnierkonstruktion. 1 und 3 Vindonissa; 2 Syrakus; 4 Knossos; 5 Mirebeau-sur-Bèze. Nach K. Gostenčnik, Röm. Fußmaßstäbe vom Magdalensberg, in: Carinthia I 188, 1998, 87–108, Abb. 3, S. 93

lich der Körper des Kg.s als Vorlage für das Maß diente, ist nicht materiell belegbar, aber auch nicht völlig auszuschließen. Die betonte Festlegung am Körper des Kg.s wurde in diesem konkreten Kontext v. a. wohl aus polit. Gründen kolportiert (62, 17 f.), um einerseits den kgl. Anspruch auf die Maßfestsetzungskompetenz zu betonen und andererseits das festgelegte Maß gegenüber Veränderungen zu tabuisieren. Die Macht des Fürsten wird so von seiner Person (Körper) symbolisch auf das Maß übertragen.

Welche normsetzende Bedeutung dem Körper des Herrschers zugeschrieben wurde, wird auch daran deutlich, daß man sich in Aachen im MA bemühte, anhand der erhaltenen Fußknochen der Gebeine → Karls des Großen den Normalfuß zu bestimmen (37, 7).

Ein anderes Verfahren zur Legitimation von Maßen bestand in der Ermittlung und Normerhebung eines Maßes, das Mittelwert verschiedener Realisationen ein und desselben Körpermaßes war. Schon in den Volksrechten ist das Verfahren der Durchschnittsbildung mehrfach belegt.

Trotz der Normierung existierte bis in die Neuzeit eine sehr weitgehende Maßvielfalt. Diese bestand nicht nur darin, daß für dieselbe Maßkategorie zahlreiche unterschiedliche Maßbegriffe existierten, sondern auch darin, daß ein Maß unterschiedliche Realisationen besitzen konnte. Selbst innerhalb einer Stadt existierten für dasselbe Maß bisweilen unterschiedliche Realisationen, meist abhängig von den jeweiligen Grundherrschaften und den in ihnen gegebenen unterschiedlichen Meßtraditionen (6, 41; 38, 13; 89, 6). Die jeweiligen Abweichungen konnten graduell sein, aber auch dergestalt, daß sich die Realisationen der Maße um ein Vielfaches voneinander unterscheiden konnten (66). Die Realisation des Volumenmaßes *Scheffel* beispielsweise konnte erheblich differieren.

Die Pluralität der Maße und Maßrealisationen war in ganz Europa verbreitet (76, 933). Diese Vielfalt war nur deswegen möglich, weil die Maße lokal ausgeprägt und meist auch an spezifische Kontexte gebunden waren. So waren oft spezielle Maßrealisationen nur innerhalb eines Bereiches gebräuchlich, bildeten also ein geschlossenes System (z. B. 15, 21). Die kontextuelle Determinierung schloß Verwechselungen weitgehend aus. Die geringe Mobilität der Bevölkerung und die geringe Zahl überlokaler bzw. überregionaler Wirtschaftsbeziehungen, insbesondere im ländlichen Raum, ermöglichte es, daß lokale Maße und Maßrealisationen praktikabel existieren konnten, ohne daß größere Bevölkerungsgruppen häufiger mit anderen Maßen und Maßrealisationen konfrontiert waren. In der v. a. kleinräumig strukturierten Wirtschaft des MAs war dies durchaus realistisch (63, 43).

Als Ursachen für die Pluralität von Maßen und Maßrealisationen sind zunächst Meßungenauigkeiten, schlechte Überlieferungen von Normmaßen und die Verwendung ‚falscher Maße' zu nennen. Erwähnenswert ist in diesem Zusammenhang auch die geringe Präzision des Messens (aus heutiger Sicht). Änderungen von Maßrealisationen wurden ferner bisweilen bewußt herbeigeführt, um durch die Änderung der Einheiten zumindest kurzfristig eine Einnahmevergrößerung zu erzielen (27, 67; 84, 6). Gewinne resultieren beispielsweise dann, wenn bei Waren die Preise zwar konstant bleiben, das Maß jedoch verändert (verkleinert) wird (84, 8). Mehr oder minder unbeabsichtigte Maßveränderungen erfolgten, indem bei der Neuherstellung das Maß ein wenig größer gefertigt wurde, um zu vermeiden, daß es zu klein war (3, 48). Vorrangige Ursachen für Maßverschiedenheiten waren diese Faktoren nach der Beleglage jedoch nicht (108, 276).

Eine weit größere Rolle für die Existenz lokal unterschiedlicher Maße spielten vielmehr systemhafte Differenzierungen, um beispielsweise über die Größe der Maßrealisation den jeweils unterschiedlichen lokalen Wert der abgemessenen Güter zu repräsentieren. So waren in einigen Fällen die Maßrealisationen entlang einer Handelsroute bewußt gestaffelt, um so den je nach Position unterschiedlichen Wert, die Unterschiede in Angebot und Nachfrage und die unterschiedlichen Transportkosten auszudrücken (103, 236).

Eine weitere wesentliche Ursache für die Pluralität von hist. Maßen lag v. a. jedoch in ihrer Konzeption selbst: Die einzelnen Maßeinheiten waren auf bestimmte Objektkategorien beschränkt. Mit der Objektabhängigkeit bzw. Beschränkung der Maße auf bestimmte Güter oder Maßbereiche geht eine weitreichende gegenseitige Abgrenzung und Unvereinbarkeit der Verwendung einher. So existierten nicht Maße für Volumen allg., sondern für dasjenige von Öl, von Wein oder auch von Weizen etc.

Mit der Änderung der Kontextbedingungen, beispielsweise der Veränderung der Produkte, der Handelsroute usf., konnte so auch eine Modifizierung der angewandten

Maße einhergehen oder eine Übernahme von Maßen aus den Herkunftsbereichen der Produkte erfolgen (27, 67; 104, 23).

Bis in die Neuzeit hinein waren allein die Maßkategorien Länge (Höhe, Tiefe, Breite), Fläche, Volumen, Gewicht/Masse und Zeit relevant. Anwendungsbereiche für Messungen waren neben dem privaten Bereich im weitesten Sinne (von der Vorratshaltung bis hin zum Hausbau) v. a. der Warenhandel und administrative Zwecke.

§ 3. Zahlmaße. Eine wichtige Rolle spielten im Alltag und im Handel Einheiten wie *Schock, Mandel, Stiege* oder *Dutzend*. Sie bilden neben Z. und Maßen eine eigene Kategorie, für die sich in der Lit. bislang noch keine einheitliche Terminologie durchsetzen konnte. Hier sollen diese Einheiten als ‚Zahlmaße' bezeichnet werden.

Zahlmaße dienten dazu, jeweils größere Mengen zu einer Einheit zusammenzufassen, die wiederum zählbar ist. Gezählt wurden dann wiederum die jeweiligen Zahlmaße, also beispielsweise 3 *Dutzend* für 36 Stück, ein *Schock* für 60 Stück usw. Der praktische Nutzen der Zahlmaße besteht darin, vermittels dieser zusammenfassenden Einheiten auch größere Anzahlen mit kleinen Z. (nach Möglichkeit an den Fingern) abzählbar zu machen. Insbesondere dann, wenn Mehrfache der betreffenden Dinge betrachtet bzw. benötigt werden, sind Multiplikationen erforderlich, die früher mangels mathematischer Kenntnisse bzw. technischer Hilfsmittel nicht oder nur schwer realisiert werden konnten. Die Zahlmaße ermöglichen hingegen, ansonsten nur mit unverhältnismäßig großem Aufwand abzählbare Mengen einfach und schnell zu quantifizieren und Rechnungen auf das Abzählen kleiner Anzahlen zurückzuführen. Sie sind also quasi eine Fortentwicklung des Zählens, da auch sie gerade Zählbares begrifflich zusammenfassen und dabei die Anzahl als Charakteristikum der Menge erhalten, also gerade die Kriterien des Zählens realisieren.

Aufwand und Nutzen genauen Abzählens stehen insbesondere dann in keinem sinnvollen Verhältnis zueinander, wenn es sich um Gegenstände von geringem individuellem Wert handelt. Nicht das einzelne Objekt ist in solchen Fällen relevant für die Quantifizierung, sondern eine zusammengefaßte Menge von solchen Objekten (56, 273). In diesem Bereich liegt der Großteil der Anwendungen von Zahlmaßen (6, 82). Dennoch bezeichnen Zahlmaße exakte Anzahlen, geben also in ihrer Zählfunktion keine vagen Angaben, höchstens im übertragenen Sinne. Auf Grund der geringen Individualbedeutung der Objekte können Zahlmaße im übertragenen Sinne bisweilen auch zu einer überschlägigen Abschätzung gebraucht werden. Aus diesem Grunde haben diese Zähleinheiten ähnliche Funktion wie Maße, indem sie schwer Zählbares zu handgreiflich Zählbarem machen.

Andere in der Lit. verbreitete Bezeichnungen für Zahlmaße sind ‚Zählgröße' (4, 107), ‚Dingzahlen' (78, 79), ‚individualisierte Zahlwörter' (40, 22), ‚Stückmaße' (16, 21), ‚Zahlengruppen' (91, 266), ‚Zahlbegriffe' (65, 79) oder auch ‚Zählmaße' (65, 83).

§ 4. Bevorzugte Z.-Verhältnisse. Der Zusammenhang von Zählen und Messen in Ant. und MA wurde insbesondere durch die bevorzugte Verwendung bestimmter Zahlverhältnisse innerhalb von Maßsystemen bzw. bei Maßrealisationen geprägt. Wie bereits angedeutet werden konnte, wurden die Verhältnisse zw. Körpermaßeinheiten meist dergestalt idealisiert, daß sie als ganzzahlig gesetzt wurden.

Im Laufe der Zeit prägten sich in Maßsystemen Relationen aus, in denen meist bestimmte Faktoren (Vielfache, Bruchteile) aus praktischen Gründen präferiert wurden. Die Maßsysteme basierten in der Regel auf den bevorzugten Z. 2, 3, 4, 6, 8, 9, 12 und 16. Am gebräuchlichsten waren Unterteilungen in vier, sechs, zwölf oder sechzehn Untereinheiten. Ungebräuchlich waren hingegen die Z. 5, 7 und 10 (48, 88 ff.; 84, 6). Vergleichbares gilt auch für die Zahlmaße. So existierten im wesentlichen zwei Systeme nebeneinander, das der Verdoppelung (1, 2, 4, 8, 16, 32 …) und das duodezimale mit den zugehörigen Teilern (1, 2, 3, 4, 6, 12 …) (39, 27). Eine einheitliche und übergreifende Verwendung eines Z.-Systems ist bei den Maßen und Zahlmaßen allerdings nicht erkennbar, vielmehr standen schon früh diverse Z.-Systeme nebeneinander (107, 13). V. a. in Schweden war auch die Staffelung von Maßen nach Neuner-Faktoren gebräuchlich (34, 8). Nur in wenigen Fällen gab es bei Maßen die Drittelung oder Sechstelung (86, 5).

Den wichtigsten Faktor für die Verwendung dieser Z. bilden ohne Zweifel die Teilbarkeitsmöglichkeiten, die Z. wie 12 und 16 begünstigen, während 5, 7 und 10 hier wegen ihrer unzureichenden Zerlegbarkeit ungünstig sind (7, 5).

Für die Ermittlung von Vielfachen und Bruchteilen sind in der Praxis Halbierungen bzw. Verdoppelungen zumeist am einfachsten zu realisieren. Darüber hinaus lassen sich auch Einflüsse des Z.-Systems vermuten (75, 58 ff.).

Wesentlich für die Bedeutung und Verbreitung des Duodezimalsystems, insbesondere bei Gewichten und damit auch bei Münzen, ist ferner das ma. allg. gebräuchliche Tausch- und Wertverhältnis von Gold zu Silber wie 1 zu 12 (105, 125; 106, IV, 164). Eine große Rolle spielten zudem noch typische Verhältniszahlen, die sich aus der Relation des Gewichts von Substanzen bei gleichem Volumen ergaben. So standen beispielsweise Wein und Öl in einem solchen Verhältnis von 10 zu 9; Weizen und Gerste wurden mit 5 zu 4 ins Verhältnis gesetzt. Seit frühester Zeit existierte eine Vielzahl solcher Relationen, die über Jh. hinweg Gültigkeit besaßen und Maßsysteme beeinflußten (47, 35). Vermeintlich ‚krumme' Z./Mengen schließlich wie 13 oder 17 entstanden meist durch Zugaben (81, 31).

§ 5. Anwendungen und Beispiele. Aus der nahezu unübersehbaren Vielzahl an Aspekten, die der Thematik der Z. und Maße zukommen, sollen im Folgenden einige exemplarische Fälle näher betrachtet werden, für Weiterführendes sei auf die einschlägige Lit. verwiesen (72; 73; 75; 100; 103).

a. Bedeutende Z. in der germ. Mythol. In den Mythen vieler Völker und Kulturen spielen bestimmte bedeutungskräftige Z. (Symbolzahlen) und Zahlverhältnisse eine wichtige Rolle. Dies gilt auch für die Mythen der Germ. Hier treten insbesondere drei Z. hervor, die bevorzugt zur Quantifizierung von Anzahlen im Bereich des Mythos und den mit ihm zusammenhängenden Bräuchen und Vorstellungen verwandt wurden und denen man offenbar eine besondere Bedeutung und Wichtigkeit zuschrieb: Dabei handelt es sich um die Z. Drei, Neun und Zwölf. Beachtenswert in diesem Zusammenhang ist, daß auch in anderen Kulturen insbesondere die Z. Drei und Zwölf ausgezeichnet waren, so daß fremde Einflüsse in vielen Fällen nicht ausgeschlossen werden können.

In vielen Kulturen fungiert die Zahl Drei als Symbol für Vollkommenheit. In diesem Sinne läßt sich in vielen Fällen auch die Verwendung der Dreizahl in der germ. Mythol. interpretieren, insbesondere weil Personengruppen, denen Bedeutung verliehen werden soll, häufig als Dreiergruppen charakterisiert sind. Bes. beliebt ist die Dreizahl bei Gruppen von Göttern und Riesen (72).

Erklärbar ist die Wertschätzung der Zahl Neun zahlensymbolisch als potenzierte Dreizahl. Auch der Zwölfzahl wird offenkundig der Aspekt der Vollständigkeit, insbesondere bei Gruppen, konnotiert (75). Die jeweiligen zahlensymbolischen Vorkommen sind bei den genannten Z. allerdings außerordentlich vielfältig (72).

Zwischen den Verwendungen der einzelnen ausgezeichneten Z. finden sich sehr weitgehende Parallelen, so daß es schwerfällt, die unterscheidenden Charakteristika festzustellen, die für die Verwendung der Drei-, Neun- oder Zwölfzahl im betreffenden Kontext relevant waren. In manchen Zusammenhängen ist es daher nicht oder nur schwer zu motivieren, warum dort die Dreizahl, nicht jedoch die Neunzahl, in anderen Kontexten die Neunzahl, nicht hingegen die Zwölfzahl usf. verwandt wurde.

b. Dutzend. Das Zahlmaß *Dutzend* ‚Menge von 12' leitet sich von afrz. *dozaine,* frz. *douzaine* ‚Zwölfheit, Zwölfzahl' her; hierbei liegt wiederum eine Ableitung von frz. *douze* < lat. *duodecim* ‚zwölf' vor (53, 251). Mlat. ist belegt *dozena (dossena, dussena, ducena, dosinus)* (88, 215; 110, 60). In anderen germ. Sprachen finden sich mit derselben Herkunft engl. *dozen,* dän. *dusin,* schwed. *dussin,* aschwed. *dusen,* mnd. *dossīn* (30, II, 1773; 36, 163; 59, 257; 109, 49 f.). An. *duz* leitet sich hingegen direkt von frz. *douze* ‚zwölf' her (30, II, 1773; 93, 182).

Im dt. Sprachraum findet sich das Zahlmaß seit dem 14. Jh. (28, II, 122). Zunächst ist die Form mhd. *totzen* belegt, das auslautende -*d* (mit Auslautverhärtung -*t*) tritt erst frühnhd. im 15. Jh. hinzu.

Daß die Zusammenfassung einer Menge von zwölf Stück nicht erst seit dem 14. Jh. im germ. Bereich mit der Entlehnung des Begriffes *Dutzend,* sondern bereits zuvor existierte, belegen alte germ. Entsprechungen wie anord./isl. *tylft,* dän. *tylvt,* schwed. *tolft,* die gleichfalls eine Zwölfereinheit bezeichnen (65, 76; 98, 87).

Anders als die übrigen Zahlmaße weist *Dutzend* keine kontextuellen Einschränkungen auf, es ist also für alle zählbaren Objekte anwendbar. Die Ursache hierfür liegt wohl darin, daß *Dutzend* im Unterschied zu anderen Zahlmaßen mehr oder minder direkt von einem Numerale abgeleitet ist, das als solches wiederum nicht an konkrete Verwendungskontexte gebunden ist.

c. Schock. Mit dem Zahlmaß *Schock* wurde in bestimmten Kontexten eine Anzahl von 60 Stück bezeichnet. Als frühe Formen lassen sich mhd. *schoc(h), scho(c)k* (jedoch mit mask. Genus) nachweisen sowie eng verwandt as. *scok* (mask.), ndl., mnd. *schok* (44, 739; 59, 1235).

Mhd. *schoc* bezeichnet ‚Haufen, Büschel, Schopf' und obd. *schoche* (mask.) einen ‚aufgeschichteten Heuhaufen', ähnlich me./ engl. *shock* ‚Hocke, aufgerichteter Garbenhaufen'; in diesen Zusammenhang gehört u. U. auch mhd. *schocken* ‚Korn in Haufen setzen' (44, 739; 54, II/2, 178). Parallele Formen sind (möglicherweise aus dem Nordfries. bzw. Mnd. entlehnt) dän. *skok* und schwed. *skock* (22, 453; 28, VI, 192; 83, 134; 98, 400).

Demgegenüber fungierte im md. Raum *schoc* als Neutr. schon im 13. Jh. zur Anzahlbezeichnung von 60 Stück, ähnlich ndl. *schok* ‚60 oder 20 Stück', as. *skok* ebenfalls ‚60 Stück' (60, 589) sowie gleichfalls engl. *shock* ‚60 Stück' (111, 312).

Mit *threescore* ist im Engl. dieselbe Zähleinheit (61) gegeben wie bei dt. *Schock.* Im Engl. ist diese jedoch eindeutig in ein vigesimales System (→ Zahlensysteme) eingeordnet, das bei Zahlmaßen im germ. Bereich durchaus verbreitet war.

Ein kurzer Blick soll noch auf die von 60 abweichenden Realisationen geworfen werden, nämlich 20, 40, in einzelnen Fällen 30 oder 120 (30, XV, 1432 f.). Im Me. steht *shock* auch im Sinne von 12–16 Garben (60, 589). Für die Erklärung der von 60 abweichenden Z.-Angaben gibt es zwei grundsätzliche Möglichkeiten:

Entweder stellt 60 den urspr. Z.-Wert dar, aus dem die anderen sekundär erwachsen sind, oder eine urspr. quantitativ indifferente Bedeutung von *Schock* im Sinne von ‚Haufen, zusammengescharte Menge' hat in ihnen unabhängig voneinander unterschiedliche numerale Konkretisierungen gefunden, die damit sämtlich primär wären.

In den meisten Fällen scheint die erste Erklärungsvar. zuzutreffen, d. h., die abweichenden Realisationen sind gegenüber derjenigen von 60 sekundär. Hierfür spricht insbesondere, daß die betreffenden Z.-Werte einen direkten Bezug zu 60 besitzen. Dies gilt sowohl für 20, 30 und 40 als Bruchteile wie auch für 120 als das Doppelte von 60. Hier liegt ein innerer Zusammenhang nahe, den eine etwaige Polygenese der einzelnen numeralen Realisationen nicht zu erklären vermag.

Anderes gilt für me. *shock* ‚12–16 Garben'. Wenngleich auch hier ein Zusammenhang mit 60 herstellbar ist, deutet doch die geringe Anzahl darauf hin, daß hier ein anderes Verständnis von *Schock* ‚Haufen' zugrunde lag, das sich in einer anderen zahlenmäßigen Realisation ausdrückt.

Aus der Herkunft des Wortes aus dem bäuerlichen Bereich erklären sich seine spezifischen Verwendungskontexte, die im wesentlichen alle dem landwirtschaftl. bzw. handwerklichen Umfeld entspringen (30, XV, 1430 ff.). Neben der Quantifizierung von Garben konnte Schock auch Rohr zum Dachdecken, Eier, Pflanzen, Strohbündel oder gebündeltes Holz quantifizieren (28, VI, 192; 51, 7), im nd. Bereich auch Federvieh (65, 92). Verwendungen in anderen Bereichen können in der Regel als spätere Übertragungen gedeutet werden.

Schließlich gibt es noch eine weitere Ebene, auf der eine völlige Abstraktion vom eigtl. Kontext- und Sachbezug erfolgt, so daß das Zahlmaß *Schock* lediglich ‚60 Stück', gleichgültig welcher Art, bezeichnet. Dies gilt für das Abzählen von Münzen bzw. für Berechnungen nach *Schock,* so als *Schock Groschen* ‚60 Groschen' (30, IX, 450; 55, 31). Weiterhin konnte Schock in dieser Weise auch Maßeinheiten zusammenfassen (8, 10; 68, 187).

d. S t i e g e. Das Zahlmaß *Stiege* oder *Steige,* nd. *Stiech* bezeichnete eine Anzahl von 20 (83, 125). Verbreitet ist der Begriff als *stijg* bzw. *stieg* auch im n. und ö. Ndl. (90, 125). Aus dem Mnd. ist eine Entlehnung nach Skand. erfolgt, so aschwed. *stigher,* älter dän. *stig* (65, 79).

Die Etym. des Wortes ist dunkel. Die numerale Konkretisierung von *Stiege* als Anzahl von 20 Stück ist jedoch offenbar sehr alt, wie krimgot. *stega* als Zahlwort für 20 belegt (67, 679). In Einzelfällen sind einige in der Anzahl abweichende Realisationen von *Stiege* nachzuweisen, die aber sämtlich als sekundär zu werten sind. Im Nd. belegbar ist *gaud Steij* ‚gute Stiege' mit einer Anzahl von 22, bisweilen sogar 24 Stück; der Überschuß über 20 ist als Zugabe von einem oder zwei Garbenpaar(en) zu werten (65, 88).

Die Verwendungskontexte von *Stiege* ähneln denen von *Schock:* Auch *Stiege* ist ein aus der Landwirtschaft stammendes Zahlmaß und wird zur Zusammenfassung von Garben, Eiern, Fischen, Kleinvieh, Brettern, Faß- und Stabhölzern etc. verwandt (23, 471; 28, VI, 589; 59, 1361). Wegen der regionalen Bedeutung der Fischerei ist es verständlich, daß skand. *stig* insbesondere zum Quantifizieren von Fischen diente (22, 454). Auch im dt. Sprachraum hat die Verwendung von *Stiege* im Fischhandel große Bedeutung gewonnen (35, 131). Bei Tieren wurde *Stiege* hauptsächlich zum Abzählen von Federvieh gebraucht (65, 87).

e. S c h e f f e l. Eines der wichtigsten traditionellen Hohlmaße war *Scheffel.* Das Wort *Scheffel* besitzt als Vorgängerformen mhd. *scheffel* und ahd. *skeffil, scefil* (64, 116). Eng verwandt sind mnd. *schêpel,* as. *skepil,* ndl. *schepel* und mndl. *scêpel* (59, 1187), isl. *skeppa,* schwed. *skæpa* (22, 298). Latinisiert liegt das Wort vor u. a. als mlat. *scapilus, scopellus, scefillum* (10, 335. 343; 30, XIV, 2383). Die Formen lassen sich als auf idg. **skāb(h)-* ‚schnitzend gestalten', suffigiert mit dem germ. Morphem *-ila-* zur Gerätebezeichnung, zurückgehend deuten (59, 1187). Hieraus ergibt sich etwa die Semantik ‚durch Schnitzen gestaltetes Gerät', woraus wiederum leicht auf ein (geschnitztes) Holzgefäß geschlossen werden kann. Gerade als solches Holzgefäß war *Scheffel* meist realisiert (79, 264).

Die Etym. von *Scheffel* zeigt etwas, was sich als exemplarisch und charakteristisch für alle Hohlmaße erweist und diese von den Längen- und Ackermaßen unterscheidet: Zur Volumenmessung ist bereits primär die Verwendung eines artifiziellen Meßhilfsmittels, nämlich eines Hohlgefäßes, zwingend erforderlich.

Aus diesem Grunde unterscheiden sie sich von Körpermaßen insofern, als sie eine größere Beliebigkeit und Relativität der Maße zeigen: Ein Mensch kann mit verschiedenen Gefäßen unterschiedliche Maße realisieren und sie immer wieder verändern, während die Längen der Körperteile normalerweise nicht willkürlich veränderbar und so hinsichtlich ihrer Variierbarkeit bezogen auf einen Menschen beschränkt sind.

Die Verwendungskontexte von *Scheffel* charakterisieren das Maß als Trockenmaß, genauer als Getreidemaß. Gebraucht wurde *Scheffel* aber auch als Maß für Mehl und andere Trockenschüttgüter (30, XIV, 2383 f.). In lat. Qu. wird *Scheffel* in der Regel mit *modius* wiedergegeben.

f. Malter. Auch *Malter* war ein weit verbreitetes Getreidemaß. Das Wort geht über mhd. *malter, malder* und ahd. *maltar* ‚Getreidemaß', ebenso wie mnd. *malder*, as. *maldar*, mndl. *molder, malder* (90, 113), als Suffixableitung auf *-tro-* auf die Wurzel idg. **mel-* ‚zermalmen, schlagen, mahlen' zurück (43, 47; 59, 830). Aufgrund der Größe des Maßes kann *Malter* als die Menge an Getreide gedeutet werden, die (ohne technische Hilfsmittel) an einem Tag gemahlen wird (94, 98). Verwandt im germ. Bereich sind u. a. an. *meldr* ‚Mahlgut, Mehl', schwed. *mäld* ‚Mahlgut' (59, 830).

Der hauptsächliche und urspr. Anwendungsbereich des Maßes *Malter* war, wie auch durch die Etym. des Maßbegriffes nahegelegt wird, die Abmessung von Getreide. Neben der Quantifizierung von Getreide durch *Malter* als ein Hohl- oder Volumenmaß findet sich der Maßbegriff *Malter* ferner zur Quantifizierung anderer Schüttgüter wie Salz oder Hülsenfrüchte (58, 7), aber auch für Nicht-Schüttgüter, so als Bezeichnung für ein Maß für Harz (2, 304) oder als ein Holzmaß (30, XII, 1512; 79, 189). Da unter der Bezeichnung *Malterholz* insbesondere Holz quantifiziert wird, das zur Herstellung von Holzkohle eingesetzt wurde (30, XII, 1512), ist es möglich, daß *Malter* zunächst für die Messung des Produktes (Holzkohle) angewandt und der Begriff dann auf die Menge Holz übertragen wurde, die hierfür erforderlich war. Schließlich ist *Malter* noch als Zahlmaß für eine Anzahl von 15 oder 16 belegt.

g. Spanne. Ein allg. verbreitetes Körpermaß war *Spann(e)*. Hierbei handelt es sich um ein Längenmaß, dessen Bezeichnung von der Strecke herstammt, die bei gespreizten Fingern zw. Daumenspitze und der Spitze des kleinen Fingers oder (je nach Festlegung) auch des Mittel- oder Zeigefingers abgemessen werden kann (28, VI, 422).

Die etym. Erklärung von *Spann(e)* ist relativ unproblematisch: Hist. Vorformen sind mhd., mnd. *spanne*, ahd. *spanna* < germ. **spannō* (fem.) ‚Spanne', hiervon auch an. *sponn* > schwed. *spann*, isl. *spönn*, dän. *spand*, ae. *spann* > engl. *span* sowie afries. *sponne*, mndl. *spanne* > ndl. *span* (28, VI, 422; 44, 774; 54, II/2, 482; 90, 124). Insgesamt liegt ein Verbalabstraktum zu *spannen* vor (60, 982).

Bemerkenswert ist, daß neben *Spanne* mit gleicher Konzeption mhd. auch das Maß *gemünde* existierte, kollektiv gebildet zu *munt*

‚Hand', das ebenfalls die Bedeutung ‚die Spanne als Maß' besaß (96, 237). Schwed. ist *mund* in Gotland als Längenmaß belegt, und auch ags. *mund* diente als Längenmaß (22, 97 ff.). Hinsichtlich der zu quantifizierenden Länge stellt *Spanne* ein relativ kleines Maß dar. Eng umgrenzte Verwendungskontexte besaß der Maßbegriff nicht. Vielmehr konnte das Maß auf jede kleine Länge angewandt werden, die auch mit der Hand ausgemessen werden konnte.

h. Daumen/Finger. Lange Zeit wurde *Daumen* als kleines Längenmaß gebraucht. Vorläuferformen sind mhd. *dûme,* ahd. *dūm(o).* Verwandt sind u. a. as. *thūmo,* afries. *thūma,* ags. *þūma* (28, II, 32 f.; 44, 164). Als Ausgangsform läßt sich westgerm. **þūmōn* ‚Daumen' rekonstruieren, das wiederum auf die idg. Wurzel **tēu-* ‚schwellen' rückführbar ist (44, 164; 60, 1080 ff.). Der *Daumen* wird also, was aus der anatomischen Disposition plausibel ist, als der ‚dicke, geschwollene Finger' verstanden. Der Maßbegriff ist aus ndl. *duim* bzw. mnd./mhd. *dûme* ins Russ. entlehnt worden als дюйм in derselben Bedeutung ‚Daumen (als Maß)' (12, 279; 87, 386). Ausgangspunkt des Maßes stellt v. a. die Daumenbreite dar. Die Messung nach *Daumen* ist auch afries. und anord. belegt (30, II, 850) also insgesamt germ. verbreitet und damit wohl bereits alt.

Finger leitet sich über mhd. *vinger,* ahd. *fingar* her aus germ. **fengra.* Im germ. Bereich sind ebenfalls belegt as. *fingar,* mnd. *vinger,* mndl. *vingher,* ae., engl. *finger,* anord. *fingr,* got. *figgrs* (28, II, 348). Die weitere Herleitung ist umstritten (44, 266; 59, 344). Sowohl die Breite wie auch die Länge des Fingers konnten als Maß dienen (28, II, 349).

Daumen wie *Finger* sind urspr. Körpermaße, die durchaus hilfsweise in der Praxis tatsächlich vom Körper abgenommen werden konnten. Obwohl → Zoll die beiden Maße seit dem 16. Jh. weitgehend verdrängte, konnten sie sich dennoch lange partiell neben *Zoll* halten.

Sowohl *Daumen* als auch *Finger* konnten sehr allg. als kleine Längenmaße gebraucht werden. Eng eingegrenzte spezifische Verwendungskontexte gab es also nicht. Gebräuchlich war der *Daumen* im MA insbesondere auch als Zugabemaß (85, 45).

Bemerkenswert ist bei *Daumen* wie *Finger,* daß hier im Unterschied zu anderen Körpermaßen in der Regel nicht die Länge, sondern die Breite des Körperteils zum Streckenmaß wurde, insbesondere bei *Daumen* ist dies in Wortbildungen wie *Daumenbreite, daumenbreit* oder *daumen(s)dick* erkennbar. Genauso ist *Querdaumen* wohl in dieser Weise zu verstehen (28, VIII, 427). Analoges gilt für *fingerbreit, finger(s)dick, Fingerdicke* etc. (30, III, 1656 ff.). In anderen Sprachen wird diese Art der Maßabnahme ebenfalls expliziert, indem z. B. im Schwed. das Maß *fingersbredd* lautete (22, 96).

Warum gerade bei *Daumen* und *Finger* meist die Breite und nicht die Länge zum Maß wurde, läßt sich abschließend kaum klären, es scheint jedoch plausibel, die Ursache darin zu sehen, daß die Breiten (und gerade nicht die Längen) der Finger bzw. des Daumens die kleinsten klar abgrenzbaren Strecken (Maße) an den oberen Extremitäten des menschlichen Körpers darstellen. So konnte ein minimales Körpermaß gewonnen werden.

(1) W. Airy, On the Origin of the British Measures of Capacity, Weight and Length, Minutes of Proc. of the Institution of Civil Engineers 177, 1909, 164–176. (2) H.-J. von Alberti, Maß und Gewicht. Geschichtl. und tabellarische Darst. von den Anfängen bis zur Gegenwart, 1957. (3) R. Baravalle, Zur Gesch. des Grazer Maßes, Zeitschr. des Hist. Ver.es für Steiermark 25, 1929, 47–78. (4) D. Bender, E.-E. Pippig, Einheiten, Maßsysteme, SI, 1973. (5) F. W. Bessel, Ueber Mass und Gewicht im Allg. und das Preussische Längenmass im Besonderen, in: Ders., Populäre Vorlesungen über wiss. Gegenstände, 1848, 269–325. (6) A. Blind, Maß-, Münz- und Gewichtswesen, 1906. (7) W. Block, Messen und Wägen. Ein Lehr- und Handb. insbesondere für Chemiker, 1928. (8) O. Brandt, Urkundliches über Maß und Gewicht in Sachsen, 1933. (9) H. Brunner u. a. (Hrsg.), Lex. Alte Kul-

turen 2, 1993. (10) Du Cange, VII. (11) E. Cassirer, Phil. der symbolischen Formen 1, [10]1994. (12) P. Ja. Černych, Istoriko ėtymologičeskij slovar' russkogo jazyka 1, 1993. (13) M. Chvojka, J. Skála, Malý slovník jednotek měření, 1982. (14) A. Clausen, Die Föhrer Normalelle, Die Heimat 57, 1950, 98. (15) D. Coburger (Hrsg.), Dresdner Schankordnung vom 16. Oktober 1308. Kurfürstliche Sächs. Weinbergsordnung vom 23. April 1588, 1998. (16) W. Cords-Parchim, Zahlen und Maße für den Landbaumeister, 1947. (17) Th. Crump, The Anthrop. of Numbers, [2]1994. (18) P. Damerow, Vorüberlegungen zu einer hist. Epistemologie der Zahlbegriffsentwicklung, in: G. Dux, U. Wenzel (Hrsg.), Der Prozeß der Geistesgesch. Stud. zur ontogenetischen und hist. Entwicklung des Geistes, 1994, 248–322. (19) Ders., Zum Verhältnis von Ontogenese und Historiogenese des Zahlbegriffs, in: W. Edelstein, S. Hoppe-Graff (Hrsg.), Die Konstruktion kognitiver Strukturen. Perspektiven einer konstruktivistischen Entwicklungspsychologie, 1993, 195–259. (20) T. Dantzig, Number – The Language of Science. A Critical Survey Written for the Cultured Non-Mathematician, [3]1941. (21) G. Dohrn-van Rossum, Die Gesch. der Stunde. Uhren und moderne Zeitordnungen, 1992. (22) L. B. Falkman, Om mått och vigt i Sverige. Historisk framställning 1, 1884. (23) F. G. Feller (Hrsg.), J. C. Nelkenbrecher's allg. Taschenbuch der Münz-, Maaß- und Gewichtskunde, der Wechsel-, Geld- und Fondscourse u. s. w. für Banquiers und Kaufleute, mit neuen Münz-Tab., [17]1848. (24) G. Franzen, Ein roman. Weihwasserkessel als zentrales Weinmaß, Rhein. Heimatpflege NF 15, 1978, 283–288. (25) K. Frölich, Überlieferte Normalmaße des MAs, bes. in Hessen und seiner Umgebung, Nachr. der Gießener Hochschulges. 15, 1941, 12–19. (26) H. Gast, Der Umgang mit Zahlen und Zahlgebilden in der frühen Kindheit, Zeitschr. für Psychologie 161, 1957, 1–90. (27) F. Göttmann, Altes Maß und Gewicht im Bodenseeraum – Systeme und Kontinuitäten, Zeitschr. für Württ. Landesgesch. 48, 1989, 25–68. (28) A. Götze, W. Mitzka (Hrsg.), Trübners Dt. Wb. 1–8, 1939 ff. (29) E. N. Gorjačkin, Iz istorii mer i vesov, 1953. (30) J. Grimm, DWb. (31) W. Haeder, Von der Kgl. Elle zum Meter. Chron. einer technisch-wiss. Entwicklung, 1973. (32) Ders., Von Pfund und Zoll zu „kg und Kilopond". Schreibweise, Deutung, Anwendung der engl.-amerikanischen technischen Maßeinheiten und ihre Beziehung zum m-kg-s-(kp)-Einheitensystem, 1962. (33) Ch. R. Hallpike, Die Grundlagen primitiven Denkens, 1990. (34) D. Hannerberg, Tunnland, öresland, utsäde och tegskifte, in: Gothia 6, Meddel. från Geografiska Föreningen i Göteborg 10, 1952, 1–31. (35) W. Haupt, Maße, Währungen, Werte, 1939. (36) Hellquist, Ordbok 1, [3]1980. (37) G. Hempel, Waage und Maß aus der Metallsammlung des Österr. Mus.s für Volkskunde, 1991. (38) B. Hilliger, Der Rauminhalt der Kölner Hohlmaße des MAs nach dem Merkspruch von St. Severin, in: Festg. Gerhard Seeliger zum 60. Geburtstage, 1920, 9–28. (39) J.-C. Hocquet, Structures métrologiques et développement des anciens systèmes de mesure. Commerce et transport du sel en Europe: France, Angleterre et Pays-Bas (XIVe–XVIIIe siècle), in: H. Witthöft u. a. (Hrsg.), Metrologische Strukturen und die Entwicklung der alten Maß-Systeme. Handel und Transport – Landmaß und Landwirtschaften – Territorium/Staat und die Politik der Maßvereinheitlichung, 1988, 25–48. (40) L. Honti, Die Grundzahlwörter der uralischen Sprachen, 1993. (41) A. P. Juschkewitsch, Gesch. der Mathematik im MA, 1964. (42) K. Kafka, Hölzerne Dorfmetzen und steinerne Marktmetzen, Dt. Gaue 43, 1951, 15–17. (43) F. Kluge, Nominale Stammbildungslehre der agerm. Dialekte, [2]1899. (44) Kluge-Seebold. (45) A. Kölle, Über das Maßwesen und die Maße in der ehemaligen freien Reichsstadt Ulm, Württ. Jb. für Statistik und Landeskunde, 1902, 35–44. (46) H. Kreutzer, Alte Maße und Gewichte in Mittelfranken. Die Reduzierung der vorbayer. Systeme auf das bayer. Einheitsmaß von 1811, Jb. des Hist. Ver.s für Mittelfranken 86, 1971/72, 302–352. (47) Th. Kuczynski, Charakteristische Verhältniszahlen zw. ält. Maßsystemen. Konjekturen über latente Zusammenhänge innerhalb des ma. europ. Gewichtssystems, Technikatörténeti Szemle 10, 1978, 33–42. (48) W. Kula, Les mesures et les hommes, 1984. (49) J. Lemmerich, Maß und Messen, 1987. (50) W. J. McGee, Primitive Numbers, Annual Report of the Bureau of American Ethnology to the Secretary of the Smithsonian Institution 19, 1897/98, 825–851. (51) M. Mendelssohn, Handb. der Münz-, Maß- und Gewichtskunde, Reprint der Originalausg. 1855, 1994. (52) K. Menninger, Zahlwort und Ziffer. Eine Kulturgesch. der Zahl 1–2, [3]1979. (53) W. Meyer-Lübke, Roman. etym. Wb., [6]992. (54) W. Müller, F. Zarncke, Mhd. Wb. 1–3, Nachdr. der Ausg. 1854–66, 1986. (55) J. N. Müllner, Münz-Maaß- und Gewichtskunde vom Kgr. Böhmen von Přemisl Ottogar II. bis auf gegenwärtige Zeiten; nebst den gesetzmäßig vorgeschriebenen Cynosurproportionen, dann verschiedenen Münz- Maaß- und Gewichten vieler Länder und Handelsplätze in Europa, mit dem Wiener Grundmaaße verglichen, 1796. (56) A. Nehring, Zahlwort und Zahlbegriff im Idg., Wörter und Sachen 12, 1929, 253–288. (57) P. Omm, Meßkunst ordnet die Welt. Eine Gesch. des Messen und der Meßgeräte, 1958. (58) J. Petry, Maß- und Gewichtswesen zu Ratingen im Anfange des vorigen Jh.s, [2]1928. (59) W. Pfeifer (Hrsg.),

Etym. Wb. des Deutschen, ²1993. (60) Pokorny, IEW 1, ³1994. (61) P. Portet, Remarques sur les systèmes métrologiques carolingiens, Le Moyen Age. Rev. d'hist. et de philol. 97, 1991, 5–24. (62) H. Prell, Bemerkungen zur Gesch. der engl. Längenmaß-Systeme, 1962. (63) H. O. Redecker, Beitr. zur Gesch. von Waage und Gewicht unter besonderer Berücksichtigung der Dt. Waagenindustrie, 1925. (64) J. Rohr, Die Gefässe in den ahd. Glossen, 1909. (65) H.-F. Rosenfeld, Nd. Zahlwortstud., Nd. Jb. 81, 1958, 59–103. (66) G. E. Rosenthal, Bestimmung der Größe des Maaßes und Gewichtes der Kayserl. Freyen Reichs-Stadt Nordhausen, 1772. (67) A. S. C. Ross, J. Berns, Germanic, in: J. Gvozdanović (Hrsg.), Indo-European Numerals, 1992, 555–715. (68) F. Runge, Einige Umrechnungen von alten Maßen, Gewichten und Münzen, Mitt. des Ver.es für Heimatkunde des Jeschken-Iser-Gaues 30, 1936, 187–188. (69) E. Saß, Die Gesch. des Eichwesens von 1380 bis 1870, Mitteilungsbl. des Dt. Amtes für Maß und Gewicht der Dt. Demokratischen Republik 73, 1957, 1–19. (70) G. Schmoller, Die Verwaltung des Maß- und Gewichtswesens im MA, Jb. für Gesetzgebung, Verwaltung und Volkswirtschaft im Dt. Reich 17, 1893, 289–309. (71) H. Schünemann, Alte Längenmaße und Meßgeräte, Steinburger Jb. 18, 1974, 83–98. (72) G. Schuppener, Bedeutende Zahlen in der germ. Mythol., in: Ders., R. Tetzner (Hrsg.), Glaube und Mythos, 1998, 9–29. (73) Ders., Die Dinge faßbar machen. Sprach- und Kulturgesch. der Maßbegriffe im Deutschen, 2002. (74) Ders., Die ersten Schritte des Zählens – Sprachgeschichtl. Betrachtungen zu Verben des Zählens, in: Studies in Hist. of Mathematics dedicated to A. P. Youschkevitch, 2002, 73–80. (75) Ders., Germ. Zahlwörter – Sprach- und kulturgeschichtl. Unters. insbesondere zur Zahl 12, 1996. (76) F. G. Skinner, European Weights and Measures derived from Ancient Standards of the Middle East, Archives Internationales d'Hist. des Sciences 4, 1951, 933–951. (77) Ders., Weights and Measures. Their ancient origins and their development in Great Brit. up to AD 1855, 1967. (78) F. Sommer, Zum Zahlwort, 1951. (79) F. Spangenberg, Kleines thür. Wb., 1994. (80) R. Spichal, Jedem das Seine. Eenem yeden dat Syne. Markt und Maß in der Gesch. am Beispiel einer alten Hansestadt, 1990. (81) O. Spiegler, Das Maßwesen im Stadt- und Ldkr. Heilbronn, 1971. (82) U. Stille, Maß und Messen im Spiegel physikalisch-technischer Entwicklung, Elektrotechnik und Maschinenbau 74, 1957, 25–29. (83) H. Teuchert, Die Sprachreste der ndl. Siedlungen des 12. Jh.s, 1944. (84) W. Trapp, Kurze Gesch. des gesetzlichen Meßwesens, 1983. (85) R. Tuor, Bernische Fuß- und Ellenmaße im 17. und 18. Jh., Berner Zeitschr. für Gesch. und Heimatkunde 36, 1974, 114–121. (86) K. Ulbrich, Das Klafter- und Ellenmaß in Österr., Bl. für Technikgesch. 32/33, 1972, 1–34. (87) M. Vasmer, Russ. Etym. Wb. 1, 1976. (88) P. A. F. van der Veen, N. van der Sijs, Etym. woordenboek. De herkomst van onze woorden, 1993. (89) F. Verdenhalven, Alte Meß- und Währungssysteme aus dem dt. Sprachgebiet. Was Familien- und Lokalgeschichtsforscher suchen, ²1993. (90) J. M. Verhoeff, De oude Nederlandse maten en gewichten, ²1983. (91) R. Vieweg, Aus der Kulturgesch. des Messens, Stahl und Eisen 80, 1960, 265–272. (92) Ders., Maß und Messen in der Wiss. und im täglichen Leben, Jb. der Akad. der Wiss. und der Lit. Mainz, 1954, 216–228. (93) W. von Wartburg, Frz. etym. Wb. 3, 1934. (94) O. Weise, Die dt. Sprache als Spiegel dt. Kultur. Kulturgeschichtl. Erörterungen auf sprachlicher Grundlage, 1923. (95) L. Weisgerber, Die sprachliche Gestaltung der Welt, ³1962. (96) H. Wellmann, Kollektiva und Sammelwörter im Deutschen, 1969. (97) M. Werthemier, Über das Denken der Naturvölker. I. Zahlen und Zahlgebilde, Zeitschr. für Psychologie 60, 1912, 321–378. (98) E. Wessén, Våra ord, deras uttal och ursprung. Kortfattad etymologisk ordbok, ²2000. (99) H. Witthöft, Bemerkungen zu Maß und Gesetz, zumal im Dt. Reich seit dem MA, in: Grenzen der Macht (Festschr. W. Perschel), 1998, 101–122. (100) Ders., Der Mensch, die Dinge und das Maß, in: Ders., K. J. Roth (Hrsg.), Acta Metologicae Historicae 5, 1999, 132–150. (101) Ders., Längenmaß und Genauigkeit 1660 bis 1870 als Problem der dt. hist. Metrologie, Technikgesch. 57, 1990, 189–210. (102) Ders., Maß und Gewicht in MA und früher Neuzeit – Das Problem der Kommunikation, in: Kommunikation und Alltag in Spät-MA und früher Neuzeit, 1992, 97–126. (103) Ders., Maßgebrauch und Meßpraxis in Handel und Gewerbe des MAs, in: A. Zimmermann (Hrsg.), Mensura. Maß, Zahl, Zahlensymbolik im MA, Halbbd. 1, 1983, 234–260. (104) Ders., Metrologische Strukturen und die Entwicklung der alten Maßsysteme: Handel und Transport – Landmaß und Landwirtschaften – Territorium/Staat und die Politik der Maßvereinheitlichung, in: Ders. u. a. (Hrsg.), Metrologische Strukturen und die Entwicklung der alten Maß-Systeme. Handel und Transport – Landmaß und Landwirtschaften – Territorium/Staat und die Politik der Maßvereinheitlichung, 1988, 13–24. (105) Ders., Münze, Maß und Gewicht im Frankfurter Kapitular, in: J. Fried u. a. (Hrsg.), 794 – Karl der Große in Frankfurt am Main. Ein Kg. bei der Arbeit, 1994, 124–128. (106) Ders., Münzfuß, Kleingewichte, Pondus Caroli und die Grundlegung des nordeurop. Maß- und Gewichtswesens in frk. Zeit, 1984. (107) S. Zeulmann, Das Maß- und Gewichtswesen, 1914. (108)

H. Ziegler, Flüssigkeitsmaße, Fässer und Tonnen in N-Deutschland vom 14. bis 19. Jh., Bl. für dt. Landesgesch. 113, 1977, 276–337. (109) R. E. Zupko, A Dict. of English Weights and Measures. From Anglo-Saxon Times to the Nineteenth Century, 1968. (110) Ders., French weights and measures before the Revolution. A Dict. of Provincial and Local Units, 1978. (111) Ders., Revolution in Measurement: Western European Weights and Measures Since the Age of Science, 1990.

G. Schuppener

Zahlensysteme

§ 1: Allgemeine und sprachliche Voraussetzungen – § 2: Altgermanische Z. – a. Kardinal- und Kollektivzahlen – b. Dezimal- und Duodezimalsystem – c. Elf und Zwölf als Duodezimalzahlen – d. Der Bruch im Dekadensystem – e. Dekadenhundert und Großhundert – f. Mathematische Operationen im Dezimalsystem – § 3: Zahlensymbolik und Zahlenkomposition – § 4: Architektur der Zahl in Antike und Mittelalter – § 5: Kryptographie und Zahlenschlüssel – a. Geheimschriften im MA – b. Geheimrunen – § 6: Zahlenmagie und Gematrie in Runeninschriften

§ 1. **Allgemeine und sprachliche Voraussetzungen.** Im ant. und ma. Denken wird die Dreiheit von Zahl, Maß und Gewicht als Inbegriff der Schöpfung gefaßt (→ Maße und Gewichte § 1): *omnia in mensura et numero et pondere disposuisti* (Liber sapientiae 11,21). Nach Krings (54) ist der *ordo*-Gedanke des ma. Weltbildes aus diesem Satz abgeleitet. Zur Entwicklung der Triade von *numerus, mensura* und *pondus* von ihren Anfängen bis zum MA vgl. 41; 101.

Wegen ihrer zentralen Bedeutung für die menschliche Kognition nehmen Zahlenkonzepte, Zählreihen und Z. eine sprach- und kulturgeschichtl. Schlüsselstellung ein (vgl. 43; 63). Frege (24, 21) bezeichnet „das Gebiet des Zählbaren [als] das umfassendste; denn nicht nur das Wirkliche, nicht nur das Anschauliche gehört ihm an, sondern alles Denkbare", und er fragt: „Sollten also nicht die Gesetze der Zahlen mit denen des Denkens in der innigsten Verbindung stehen?" Frühzeitig begegnen hochentwickelte mathematische Z. als Grundlage der Rechenkunst zunächst bes. im Orient (41; 43; 63). Die Zeitrechnung spielt insgesamt eine wesentliche Rolle (s. aus nord. Perspektive 6a, 70a). Als materieller Ausdruck von Z.n ist das Münzwesen (→ Münze) ein wesentliches Instrument der Monetarisierung und des staatlichen Finanz- und Steuerwesens.

In ihrem Status als eigene Wortklasse sind Zahlwörter (auch Quantoren genannt) umstritten, zumal sie abgesehen von morpho-phonologischen Irregularitäten ein auffälliges Verhalten in der Deklination zeigen; schon Herman(n) → Hirt (37, 306–307) merkt an: „Die Zahlwörter bilden in den meisten Sprachen eine für sich stehende Kategorie, die man nicht recht einordnen kann. […] Die indogermanischen Zahlwörter zeigen […] Formen, die teils den Gesetzen des Ablauts widersprechen, teils auch sonst von alle dem abweichen, was wir im Idg. an Worten haben." In neueren Arbeiten wird die Annahme bloßer Idiosynkrasien zurückgewiesen, indem der Zusammenhang konzeptueller und sprachlicher Strukturen mit Zugriff auf die kognitive Psychologie näher beleuchtet wird (vgl. 98; 99).

Greenberg (28) nimmt universaltypol. Verallgemeinerungen im Hinblick auf Z. vor. Außerdem werden Typol. bzw. Klassifikationen unmittelbar anhand von Z.n entwickelt (62a). Hinsichtlich ihrer Funktion und Bildungsweise stehen sich bestimmte und unbestimmte Zahlwörter (*zehn* vs. *einzelne*) gegenüber, wobei die bestimmten Zahlwörter folgende Untergruppen aufweisen: a) Grundzahlen (Kardinalia): *eins, zwei, drei;* b) Ordnungszahlen (Ordinalia): *erstens, zweitens; erster, zweiter;* c) Distributiva: *je sechs;* d) Iterativa (Quotientiva): *fünfmal;* e) Multiplikativa: *achtfach;* f) Soziativzahlen: *selbander* ‚zusammen (mit einer zweiten Person)', *selbdritt* ‚als Dritter mit zwei anderen', *selbzwölft* ‚mit elf Begleitern'; g) Kollektivzahlen: ein *Dutzend*, ein *Schock* (s. u. § 2a) und h) Bruchzahlen: ein *Drittel*. Als Überblick s. Greenberg (28), Gvozdanović (29; 30) und Heusler (36, 85–88). Hierzu formuliert Hurford (42, 305) in seiner generativen Arbeit ein konstituierendes ‚Cardinality Principle'.

§ 2. Altgermanische Z. a. Kardinal- und Kollektivzahlen. Gegenüber dem (heute gleichbedeutenden) Fremdwort ‚Ziffer' ist die ‚Zahl' ein in allen agerm. Einzelsprachen belegtes Lexem, das mit Zählen und Einkerben (Ausgangsbedeutung ‚Kerbe') zu tun hat (51, 902). Terminologisch bestimmend für das Agerm. ist zunächst eine nominale Gruppe von Kardinal- und Kollektivzahlen, die teils unmittelbar ins Idg. zurückweisen. In ihrer Etym. und Wortbedeutung anzusprechen sind bes.: Dutzend, Stiege, Schock, Hundert, Großhundert, Tausend, ferner → Hundare und got. → Hundafaþs.

Nhd. *Dutzend*, das zuerst im 14. Jh. als *totzen* bezeugt ist, wird als Entlehnung aus afrz. *dozeine* ‚Zwölfheit' (zu *douze* ‚zwölf') gefaßt (79, 348; 83, 443–445). Zur autochthonen anord. Bildung *tylft* s. u. § 2c. Umstritten ist dagegen die Herkunft von nhd. *Stiege* (auch *Steige*) als Anzahl von ‚zwanzig Stück', das vielleicht auch in gotländisch *stäig* vorliegt (46; 51). In seiner Herkunft ebenfalls unklar ist *Schock* ‚Anzahl von 60' (von Münzen und anderen zählbaren Gegenständen), das ab dem 13. Jh. belegt ist; vgl. mhd. *schoc(h)*, *schok* und as. *scok*, dazu aschwed., mitteldän. *skok*. Wegen mhd. *schocken* ‚Korn in Haufen setzen' wird die Grundbedeutung von *Schock* als Garbenstandsbezeichnung ‚Haufen mit 60 Garben' angesetzt (82, 207; 91, 78–80). In der as. Freckenhorster Heberolle, die den ältesten Beleg liefert *(tein scok garvano)*, wird *scok* als Maßangabe interpretiert, ohne daß eine exakte Zahlenbedeutung zu ermitteln wäre (vgl. → Duodezimalsystem § 2b).

Hunda- ist das alte Wort für ‚Hundert' als lautliche Entsprechung zu lat. *centum*, griech. ἑκατόν, awestisch *satəm* (aus idg. *ḱm̥tó-*). Im Got. begegnet es im Nom. Pl. neutr. *hunda*, z. B. *twa hunda, fimf hunda, niun hunda* (56, 194 f.) Das Wort dokumentiert das Nebeneinander des dekadischen Hunderts und des Großhunderts, d. h. 120 (vgl. unten § 2e). Bemerkenswert ist die ausdrückliche Bezeichnung der Dekadenzählung im Gegensatz zur Zwölferzählung in einer Glosse zum 1. Kor. 15,6: *fimf hundam taihuntewjam broþre* ‚den fünfhundert zehnreihigen der Brüder' (56, 340). Ansonsten bezeichnet got. *hunda* eigtl. Vielfache von 120, d. h. ‚Großhunderte'. Dazu findet sich verdeutlichend die Erweiterung mit *-raþa* ‚Zahl' in anord. *hundrað*, aschwed. *hundraþ*, ae. *hundred*, usw. Die ältesten Belege indizieren eine Doppelbedeutung, wonach entweder pluralisch das ‚Dekadenhundert' oder duodezimal das ‚Großhundert' (= 120) gemeint ist. Interessanterweise tritt das eng verwandte Kompositionsglied anord. *rœðr* nur bei Altersangaben ab 60 auf (s. u. § 2d). Zu weiteren Kollektivzahlen im Anord. s. Heusler (36, 88).

Auch *Tausend* enthält das Element germ. *-hund-*. Entspr. wird der got. iō-Stamm *þusundi* mit Verweis auf aind. *távas-, táviṣī* ‚Kraft, Macht' intensivierend als ‚die starke Hundert' erklärt (56, 367 f.). Dieselbe Ausdrucksweise (wenn auch mit lautlichen Abweichungen) begegnet im Balt. und Slaw.; vgl. apreuß. (Akk. Pl.) *tūsimtons*, lit. *tū́kstantis*, akslaw. *tyseşti* (= 1000). Dagegen werden anord. *þúshundrað*, runen-schwed. **þushundraþ** ebenso wie salfrk. *þúschunde* (= 1200) als sekundäre Umbildungen mit Anschluß an das Wort für *hundert* gewertet, d. h. kaum als Relikte der frühen Intensivbildung (32, 633 f.; 85, 621).

Andersson (3; 4) hat die schwed. Bezirksbezeichnungen *hund* und *hundare* in ihrer Beziehung zu germ. **hunda-* beleuchtet (→ Hundare). Aschwed. *hundare* und ält. *hund* bezeichnet in den Gebieten um den Mälarsee, d. h. in Södermanland, Uppland und Västmanland, im MA Gerichts- und Verwaltungsbez., die den südschwed. und dän. *herred* (→ Herred) entsprechen. Die *hundare*-Einteilung setzt damit eine ält. *hund*-Gliederung fort, die noch die drei sog. ‚Volkslande' (→ Folklande) enthalten: → Attundaland, → Fjädrundaland und → Tiundaland, d. h. ‚Land der acht, vier bzw. zehn *hund*-Bezirke'. Vgl. ferner die alam. *huntari*-ON. Der terminologische Wandel wird mit dem Aufkommen des erweiterten Zahlworts *hundert* (aschwed. *hundraþ*) verbunden (3, 106 f.).

Zu dieser Wortgruppe gehört ferner got. → Hundafaþs, das griech. κεντυρίων und ἑκατόνταρχος mit lat. Übers. *centuriō* mask. ‚Anführer einer → Hundertschaft' wiedergibt (56, 194 mit Einzelheiten). Das i-stämmige Schlußglied dieser Bildung -*faþs* (Gen. -*fadis*) begegnet noch in got. *brūþfaþs* (idg. *bhrūti-potis) ‚Bräutigam', *þūsundifaþs* ‚Anführer einer Tausendschaft' und *swnagōgafaþs* ‚Oberster der Schule' (vgl. dazu 51, 132 f.; 56, 83). In den übrigen agerm. Sprachen ist dieses Lexem durch *gumōn (vgl. lat. *homō*) abgelöst worden: ahd. *brūtigomo*, anord. *brúðgumi* und ae. *brýdguma*.

b. Dezimal- und Duodezimalsystem. Für das späte Idg. wird ein ausgeprägtes Dezimalsystem erwiesen, das sich mit der Differenzierung der Einzelsprachen abzeichnet; mit Gamkrelidze und Ivanov (27, 726): „The base-ten counting system characteristic of late Indo-European at the time of the breakup is not the original Proto-Indo-European one: we can detect traces of a typologically more archaic counting system in the ancient Indo-European names for the units ‚two' through ‚ten'". Zur weiteren Diskussion s. 29; 30; 46.

Das Agerm. weist neben dem gängigen Zehnersystem auch Relikte eines → Duodezimalsystems mit parallelen Bildungen im Lit. auf (s. u. § 2c). Hierbei handelt es sich nach der *communis opinio* um einzelsprachliche Ausbildungen (zum Forsch.sstand s. 27, 740–752; 94, 27–44; 95, 221–227). Hinzu kommen Vertreter eines Elfersystems und eines Vigesimalsystems, die im Germ. allerdings eine untergeordnete Rolle spielen. Zu Elementen der Elferzählung im Nd. s. (81); zum dän. Vigesimalsystem s. (47). Vgl. dazu das Vigesimalsystem in den roman. Sprachen (76).

Zu den agerm. Grundzahlen nach Menninger (63) vgl. Tab. (zu den Formen vgl. 11; 26; 36; 53; dazu ausführlich 85).

c. Elf und zwölf als Duodezimalzahlen. In der Bildung der Zahlwörter 11–12 gegenüber 13–19 weicht das Germ. auffällig vom Idg. ab (51, 217; 63, 95). Während die Zahlwörter 11–19 sonst im Idg. als Dvandvas zusammengesetzt sind (lat. *undecim* ‚eins und zehn', *duodecim* ‚zwei und zehn' usw.), tritt bei den Numeralen *elf* und *zwölf* ein Formans *lif auf; vgl. got. *ainlif* wörtlich ‚eins über zehn hinaus', ebenso anord. *ellefo*, ae. *endleofan*, as. *ellevan*, ahd. *einlif*, usw. Auch germ. *zwölf* mit seinen einzelsprachlichen Kognaten enthält das Schlußglied *lif in Verbindung mit germ. *twa- (idg. *dwo-). Zur innergerm. Vertretung s. got. *twalif*, anord. *tolf* (< *twaluf), as. *twelif*, ahd. *zwelif* usw. (aus germ. *twa-lifa- ‚zwölf'). Eine entspr. Bildeweise haben im Lit. die Zahlen für 11–19 mit dem Formans *lika (Neutr. Pl.). Bedeutungsseitig zeigen die Ordinalia altlit. *liẽkas* ‚elfter' und *añtras liẽkas* ‚zwölfter', daß von der Grundbedeutung ‚Überschüssiger' und ‚zweiter Überschüssiger' auszugehen ist. Das Lit. setzt diesen Bildungstyp auf -*lika* aber im Gegensatz zum Germ. von 11–19 fort (*vienuólika, dvýlika, trýlika* usw.). Zwar wird versucht, lit. *-*lika*- und germ. *-*lif*- zur Deckung zu bringen (wobei idg. -*lik^w*- mit Labiovelar /k^w/ angesetzt wird), doch werden allg. zwei Wurzeln **leik^w*- und *leip- differenziert, die etwa in nhd. *leihen* vs. *bleiben* vertreten sind (51, 217).

Nebenbei bemerkt, besteht im Anord. eine Vorliebe für die Basiszahl 12, die in dem i-Stamm *tylft* (vgl. altfrk. *tualepti* L. S.) ‚Anzahl von 12' und Altersbestimmungen des Typs *gamall vetra tolf ok þriggia* (12 + 3 = 15 Jahre) zum Ausdruck kommt. Außerhalb

Tab. Agerm. Grundzahlen nach Menninger (63), in überarbeiteter Darst.

	Westgerm.		Nordgerm.	Ostgerm.
	Ae.	As.	Anord.	Got.
1	ān, ān, ān	ēn, ēna, ēn	einn, ein, eitt	ains, eina, ein
2	twēgen, tû, twâ	twēna, twā, twē	tveir, tvær, tvau	twai, twos, twa
3	ðrīe, ðrīo, ðrīo	thrie, threa, thriu	þrír, þriár, þriú	*þreis, *þreis, þria
4	fēower	fiwar, fior	fiórer, fiórar, fiǫgor	fidwor
5	fīf	fīf	fimm (fim)	fimf
6	siex (six)	sehs	sex	saíhs
7	siofon, seofon	sibun (sivon)	siau	sibun
8	eahta	ahto	átta	ahtau
9	nigon	nigun	nío	niun
10	tīen, tīn	tehan, tehinfald	tío	taíhun
11	endleofan	ellevan	ellefo	ainlif
12	twelf	tuuelif	tolf	twalif
13	ðrēotīne (-tēne)	thriutein (< *-tehan)	þrettán	*þreis-taíhun
19	nigontīene	nigentein	nitián	*niun-taíhun
20	twēntig	twēntig (-tich, -tech)	tottogo (tuttugu)	twai-tigjus
21	ān and twēntig	ēn endi twēntig	tottogo ok einn, einn ok tottogo	[vgl. run.-schwed. **tuaiʀ tigiʀ**]
30	ðrītig	thrītig	þrír tiger	*þreis-tigjus
40	fēowertig	fiwartig	fiórer tiger	fidwor-tigjus
50	fīftig	fīftig	fim tiger	fimf-tigjus
60	siextig	sehstig	sex tiger	saíhs-tigjus
70	hundsiofontig	antsibunta/sibuntig	siau tiger	sibuntēhund
80	hundeahtatig, eahtatig	antahtoda	átta tiger	ahtautēhund
90	hundnigontig	nigonda	nío tiger	niuntēhund
100	hun(d)tēontig, hundred	hund, hunderod	tío tiger	taíhuntēhund, (taíhuntaíhund)
110	hundælleftig/ hundændlæftig		ellefo tiger → hundrað	→ hundafaþs
120	hundtwelftig/ hundtwentig			
200	tū hund	twē hund	–	twa hunda
1000	ðūsend	thūsundig	þúsund (rað) (= 1200) run.-schwed. **þushundraþ**	þūsundi (*þūs-hund-)
2000	tū/twā ðūsend	twē thūsundig	tvær púsender (= 2400)	twos þūsundjos

Skand.s ist die Zwölferzählung nebst dem Großhundert vorwiegend auf die Handelssprache des Nord-Ostseeraums beschränkt (→ Duodezimalsystem § 4b).

d. Der Bruch im Dekadensystem. Der vieldiskutierte Einschnitt im Dekadensystem wird bis heute kontrovers beurteilt (vgl. 59; 82; 86; 94; 96). Bereits Sommer (91, bes. 64–69) wies einen direkten Zusammenhang mit dem Duodezimal- und Sexagesimalsystem zurück (vgl. 46). Die Bildung mit got. *tigjus* (Nom. Pl. zu *tigu*-) ‚Dekaden' galt zunächst nur für Zehner von 20–60, nicht aber für die Dekadenkollektive von 70 bis zur dezimalen bzw. duodezimalen Dekadenschwelle 100 bzw. 120 (vgl. 56, 344). Demgemäß stehen sich gegenüber: ae. *siextig* vs. *hundsiofontig*, as. *sehstig* vs. *antsibunta, atsibunta* (< **hund-*; vgl. 26, 235) und *sibuntig*. (Zu got. *sibun-tēhund* s. 56, 301 mit Forschungslit.)

Im übrigen ist der Bruch der Dekadenbildung nach 60 auch für das Anord. nachzuweisen, v. a. durch adjektivische Altersangaben nach Jahrzehnten. Während *-tugr (-tøgr)* ‚eine Anzahl Zehner enthaltend' die Zählung bis einschließlich 60 übernimmt, begegnet ab 70 das funktional entspr. Element *-rœðr* (vgl. got. *raþjō* ‚Zahl' und das Schlußglied *-raþa* in anord. *hundrað*, engl. *hundred*): *tvítugr* ‚20jährig' usw., aber *siaurœðr* neben *siautugr* ‚70jährig', *áttrœðr* ‚80jährig', *tolfrœðr* ‚120jährig'; dazu in der Inschr. von Rök **niruþR** ‚90jährig' (→ Rök § 2).

e. Dekadenhundert und Großhundert. Die dezimale Dekadenschwelle ‚10 mal 10' heißt got. *taíhuntēhund* (Varia lectio *taíhuntaíhund*; s. 53, 188), anord. *tío tiger*, ae. *hundtēontig*, ahd. *zëhanzo* (spätahd. *zëhanzug*). Die Zwölferzählung ist am deutlichsten im Anord. durchgeführt: *tío tiger* = ‚100' vs. *hundrað* = ‚120', weiterhin *tvau hundroð* = ‚240', *þriú hundroð* = 360 und *þúsund* = ‚1200'. Nach dem Prinzip der Oberzählung bezeichnet im Anord. (Eintrag der Íslendingabók) etwa *fiórer dagar ens fiórþa hundraþs* ‚vier Tage im vierten Großhundert', d. h. 364 Tage (vgl. 63, 92).

Während das Anord. die Dekadenzählung nach *ellefo tiger* mit *hundrað* abschließt, erscheinen im Ae. und Afries. analogische Reihen: ae. *hundælleftig, hundtwelftig* und afries. *tolftich* (vgl. noch salfrk. *tualepti*). Disambiguierende Termini wie *hundrað tírætt* ‚Dekadenhundert' und *hundrað tolfrætt* ‚Großhundert' sind im Anord. um 1140 bekannt (77). Auch im Got. besteht eine Unterscheidung, indem der Sing. *taíhuntēhund* ‚10 mal 10' dem Pl. *hunda* gegenübersteht (56, 339 f.). Entspr. findet sich im Got. die Bestimmung *fimf hundam taíhuntēwjam* ‚mit fünfhundert zehnreihigen' (s. o. § 2a). Auf westgerm. Seite begegnet das Dekadenhundert in Dualformen wie ae. *tū hund*, as. *twē hund*, ahd. *zwei hund*; vgl. daneben auch Zahladverbien wie *zwiro zëhanzug* (= 200), *finfstunt zëhanzug* (= 500).

f. Mathematische Operationen im Dezimalsystem. Ein wichtiges numerisches Ordnungsprinzip bildet die Eins als Ursprung der Zahlen, die nach ma. Auffassung in den Grundzahlen des Dezimalsystems (10, 100, 1000 usw.) fortgesetzt wird (vgl. 65 unter ‚eins', ‚zehn', ‚100' und ‚1000'). Mathematische Zahlenoperationen in der *Hauksbók* beziehen sich auf Potenzierungen im Dezimalsystem (vgl. 7; 33). Im Zusammenhang mit Kubikwurzeln wird dort erklärt, wie mit den Fingern zu rechnen ist (Hauksbók, c. 15; s. 7, 43): *þvsvnda stadi kollum ver þa alla er vm þvsvndir einar briotaz; þat er hinn fiordi ok hinn siavndi ok enn. tivndi ok hinn. þrettandi ok avallt hleypr yfir .ij. staði.* ‚Als Tausender bezeichnen wir alle Positionen, die nur durch Tausend geteilt werden können; das ist die vierte und die siebente und die dreizehnte [Ziffernposition], und [man] überspringt stets ij Positionen.' Die Grundlage dieser Rechenmethode bildet die mathematische Formel: $(10a + b)^3 = 1000 a^3 + 3a (10a + b) b \cdot 10 + b^3$ (zu einem Kommentar mit Rechenbeispiel s. 7, 55 f.).

Im diametralen Gegensatz hierzu kann von einem mathematischen Duodezimalsystem schon deswegen nicht gesprochen werden, weil die Potenzierung der Basis 12 ($12^2 = 144$ usw.) ganz fehlt (vgl. → Duodezimalsystem § 1).

§ 3. Zahlensymbolik und Zahlenkomposition. Zahlreiche germanistische Unters. behandeln die Funktion der Zahlen innerhalb der ma. Lit., führen teils jedoch zu kontroversen Stellungnahmen zur Rolle der Zahlensymbolik und Zahlenkomposition liter. Werke (zu einem Gesamtüberblick s. 12; 19; 35; 35a; 80a). Dabei sind zahlenallegorische Unterschiede im Kontrast der Kulturen durchaus zu erwarten (21).

In seiner Studie zur Zahlenkomposition hat Hellgardt (34) Bedingungen und Voraussetzungen zahlenkompositorischer Formen untersucht, dabei aber das Konzept einer ‚hochorganisierten Zahlenkomposition' insgesamt eingeschränkt (34, 269). In der anord. Dichtung sind Zwölfergruppen von Kriegern, → Jungmannschaften oder → Berserkern charakteristisch, ohne daß dabei von einem eigtl. Zahlensystem auszugehen ist (vgl. → Duodezimalsystem § 3c). Um ein Beispiel zu geben, ist die Zwölfzahl bzw. ihre Vermehrung zu 13 und ihre Verminderung zu 11 reichlich in der ma. Lit. belegt. Allerdings wird die Zwölf als konstituierendes Element etwa in den überlieferten Fassungen der Dietrich-Balladen durchaus zurückhaltend beurteilt: „Eine besonders feste Bindung der Zwölfzahl an Dietrich von Bern lassen die beigebrachten Zeugnisse nicht erkennen" (97, 56).

Die Zahlenexegese des MAs hat als einheitlichen vor-ma. Bezugspunkt das hermeneutische und exegetische Werk sowie die Predigten Augustins (vgl. 65). Die beiden wichtigsten lexikographischen Bearbeitungen der Zahlenexegese, die beide der 2. Hälfte des 16. Jh.s entstammen, sind die *Silva allegoriarum* des Hieronymus Lauretus (70b) und die *Numerorum mysteria* des Petrus Bungus (22a). Auf dieser Grundlage entwickeln moderne Numerologen wie Røstvig (80; 80b) und Eriksen (22) ihren topomorphischen Zugang zur Komposition ma. Lit. Die wichtige Forschungslit. zur ma. Zahlenexegese und Zahlensymbolik nebst kulturgeschichtl. Arbeiten zur Zahl erfassen Hellgardt (34) und Meyer (64). Meyer u. a. (65) liefern einen umfassenden Kat. zur ma. Zahlenallegorese und Zahlenbedeutung.

§ 4. Architektur der Zahl in Antike und Mittelalter. Eine der wesentlichen Funktionen von Z.n ist der Ausdruck von geometrischen Verhältnissen oder ‚Proportionssystemen' in der Baukunst. Zentral sind die klass. Begriffe *ratio* und *proportio,* die Proportionssysteme (a : b) = (c : d) im modernen Sinn ausdrücken (45; 68). Dabei spielt der Gedanke perfekter Zahlen im MA eine zentrale Rolle; Augustinus (De trinitate, liber IV,5) beispielsweise spricht der ‚6' eine gewisse Vollkommenheit zu, weist aber die ‚10' als *numerus perfectus* in Sonderheit aus. Die gesamte christl. Deutung der Zahl 6 hat, auch in den phil.-arithmetischen Erörterungen über die perfekte Zahl, einen einheitsbildenden Gesichtspunkt in der Exegese der sechs Schöpfungstage (s. allg. § 3 zur Zahlenallegorese).

Der Grundgedanke ant. Architekten ist der einer nach den Gesetzen der Mathematik geordneten Welt, welche die *harmonia mundi* im Mikro- und Makrokosmos widerspiegelt (45; 68; 87 mit umfassender Lit.). Dies gilt etwa für das Werk *De architectura* des Militäringenieurs Vitruvius (31–22 v. Chr.), der sich auf die kanonischen Maßstäbe 1:6 und 1:7 als ästhetisches Ideal bezieht (67). Dabei dient das Proportionenschema der menschlichen Gestalt als Vorbild für die Architektur; in *De architectura,* c. III.1.1 stellt Vitruvius ausdrücklich fest: ‚[…] kein Tempel kann ohne Symmetrie und Proportion eine vernünftige Formgebung haben, wenn seine Teile nicht in einem bestimmten Verhältnis zueinander stehen wie die Glieder eines wohlgeformten Menschen' (23, 137; s. dazu 67, 82–103). Jensenius (45) verfolgt dieses numerische Proportionsstreben von der Ant. bis in die Neuzeit; zu einer kunsthist. Einführung in die Architektur des Abendlandes mit Blick auf Zahl, Maß und Proportion s. (68). Die Geometrie ma. Kathedralen und Klöster mit ihren platonischen und pythagoräischen Vorgaben haben Hiscock (38; 39) und Kline (49, mit Einzelbeiträgen) untersucht. Eine theoretische Studie zur Architektur norw.

Holz- und Stabkirchen bis zum J. 1100 legt Jensenius (44) vor.

Ähnlich wie für die Ant. sind auch für die Baukunst des MA konkurrierende ‚Proportionssysteme' nachzuweisen. Wie Rasmussen (75) zeigt, wurden verschiedene regionale und nationale Standardlängenmaße zugrunde gelegt, die nur beschränkt kompatibel waren (vgl. 68, 106–108). Während die größeren Maßeinheiten durch Vervielfachung von Fuß und Klafter nach dem zentralen Dezimalsystem zustande kommen, sind die kleineren, direkt vom menschlichen Körper abgeleiteten Maßeinheiten nach dem Duodezimal- bzw. Sexagesimalsystem verknüpft, d. h. Fingerbreite : Handbreite : Spanne : Fuß : Elle : Klafter = 1 : 4 : 12 : 16 : 24 : 96 (s. 68, 104–120). Ein Problem dieser individuellen, auf den menschlichen Körper bezogenen Längenmaße stellt ihre Vereinheitlichung und Standardisierung dar. Als Konstante von Meßverfahren spielt übrigens die ‚megalithische Elle' nicht zuletzt in der Arch. eine Rolle (vgl. 31a; 95a; 95b). Bis heute haben sich dezimale und duodezimale Maßsysteme nebeneinander erhalten (→ Maße und Gewichte).

§ 5. Kryptographie und Zahlenschlüssel. a. Geheimschriften im MA. Die Zahl der ma. Geheimschriften läßt sich auf wenige Verfahren zurückführen, die Rockinger (78, 29) in die drei Methoden mittels Ersetzung durch Buchstaben, Zahlen und Zeichen gegliedert hat. Vorläufer dieser Kryptographie wie die *notae Sancti Bonifatii* (Wien. Ms. Nr. 1761 u. a.) lassen sich bis ins ant. Rom und ins 4. Jh. v. Chr. zurückverfolgen (15, 102; 57, 290–294). Bei diesem Bonifatianischen System finden zwei grundlegende Kodierungstechniken Anwendung: die Vokale und Halbvokale eines Textes werden durch den im Alphabet unmittelbar folgenden Konsonanten oder eine bestimmte Anzahl von Punkten ersetzt, z. B. $a = b$, $a = \cdot$ (s. 57, 291 f.):

A E I O V
∶ ⁝ · ∷ ⁙

· N · C · P · T ∷ ⁝ R S ∴ S B ∷ N · F · C · · ·
R C H · ∶ P · S C ∷ P · G L ∷ R · ∷ S · Q
∴ ⁝ M ∶ R T · R · S

[Lösung:] *Incipit versus Bonifacii archiepiscopi gloriosique martiris.*

[Kommentar:] *Genus vero huius descriptionis, tam quod supra cum punctis V et vocalibus quam subtus cum aliis vocalibus quam solitum est informatum continetur, fertur quod sanctus Bonifacius archiepiscopus ac martyr, ab Angulsaxis veniens, hoc antecessoribus nostris demonstrarit [demonstrare]. Quod tamen non ab illo inprimis coeptum est, sed ab antiquis istius modi usus crevisse comperimus.*

A E I O V
B · F · K · P · X ·

Kbrxs xpp fprtks tkrp knstbr sbffkrp brchktfnfns scfptrp rfgnk xt dfcxs bxrk.

[Lösung:] *Karus Christo fortis tiro instar saffiro architenens sceptro regni ut decus auri.*

Zahlengeheimschriften des MAs erfaßt systematisch Bischoff (10, 136–140) nach den zwei folgenden Kriterien: Ersetzung der Vokale durch Zahlen bzw. Ersetzung des ganzen Alphabets durch Zahlen (s. auch 73a). Die Aufnahme der meisten dieser Techniken in Derolez' Werk *Runica manuscripta* (13) zeigt, daß sich runische Überlieferung und ma. Kryptographie gegenseitig bereichern (s. u.). Ein prominentes Werk der Kryptographie ist auch der → Hrabanus Maurus zugeschriebene Traktat *De inventione linguarum (litterarum)*, der in zwei Fassungen vorliegt (10, 144 mit Lit.). Zum sog. Isruna-Traktat s. u. § 5b.

b. Geheimrunen. Runische Kryptographie kommt in verschiedenen Formen zur Anwendung (→ Geheimrunen). Im Zusammenhang mit Z.n sind die sog. ‚Verschieberunen' und ‚Positionsrunen' von zentraler Bedeutung. Beide Kodierungstechniken finden sich in der schwed. Runeninschr. von → Rök (1. Hälfte des 9. Jh.s). Eine Folge **airfbfrbnhn** entspricht *sakumukmini,* indem jede Rune der jüng. Runenreihe um eine Stelle verschoben wird: 1. **fuþark** 2. **hnias** 3. **tbmlʀ** (→ Geheimrunen S. 566). Eine komplexere Kodierungstechnik liegt den ‚Positionsrunen' zugrunde (→ Geheimrunen S. 566 f.). In diesem System wird jede Rune durch zwei Koordinaten bestimmt: 1. *ætt,* das ‚Geschlecht', und 2. eine Platzzahl in diesem ‚Geschlecht'. Die Koordinaten 2/2 etwa bezeichnen die zweite Rune im zweiten Geschlecht, d. h. **n**. Eine weitere Verschlüsselung wird durch Umstellung der drei *ættir* erreicht: 1. **tbmlʀ** 2. **hnias** 3. **fuþark**.

Epigraphisch umgesetzt wird diese Kodierungstechnik bes. durch Isrunen und Hahalrunen, die wiederum auf dem Stein von Rök, aber auch in einer Runeninschr. in der ma. Grabanlage von → Maeshowe, Nr. XVIII (Orkneyinseln, 2. Hälfte des 12. Jh.s) anzutreffen sind (6, 99–101; 17, 186). Im *Isruna-*Traktat, einer kleinen Abhandl. über Geheimschriften, werden drei Arten von Geheimrunen genannt, die auf verschiedene Weise die zwei Koordinaten (d. h. ‚Geschlecht' und internen Position der Einzelrune) angeben: *Iisruna, Lagoruna* und *Hahalruna* (s. 13, 174–181; 17, 120–125; vgl. ausführlich → Geheimrunen S. 566 f.). Die an dritter Stelle genannten Hahalrunen werden im *Isruna-*Traktat folgendermaßen erklärt: *Hahalruna dicuntur istae, quae in sinistra parte quotus uersus sit ostendunt, et in dextera quota littera ipsius uersus sit* (17, 121): ‚Hahalrunen werden jene genannt, die im linken Teil anzeigen, die wievielte Zeile (d. h. Geschlecht) es ist, und im rechten der wievielte Buchstabe (Zeichen bzw. Rune) derselben Zeile es ist.' Der Name ‚Hahalrune' wird von Derolez (13, 133) überzeugend mit ahd. *hāhal(a)* ‚Kesselhaken' verbunden und durch die Form der Rune als Zweigrune erklärt; zu epigraphischen Beispielen → Geheimrunen S. 567 f.

Wegen der Palette ganz verschiedener Geheimrunen in der Rök-Inschr. wird hier auch von einem Leitfaden (Kompendium) gesprochen (17, 185). Die geheimschriftliche Praxis des Früh-MA, mehrere Alphabetsysteme zu kombinieren, findet einen Widerhall beim Schreiber von Rök, indem er Textpartien teils im ält., teils im jüng. → Futhark wiedergibt (s. allg. 10, 144–146; 17, 182–188; vgl. → Rök § 2).

§ 6. Zahlenmagie und Gematrie in Runeninschriften. Die Annahme zahlenmagischer und gematrischer Gestaltungsprinzipien in → Runeninschriften wurde mit ganz verschiedenen Vorgaben und Resultaten vertreten (z. B. 1; 2; 31; 50; dazu 17, 208–211). Die in Richtung auf Gematrie zielenden Versuche Agrells (1; 2), die Runenmagie ausgehend von einer Reihe **uþark** (statt **fuþark**) an die spätant. Zahlenmystik anzuknüpfen, fanden wenig Anklang (vgl. 25; 62; 66; ferner 5, 285–287). Eine kurze Deutung der Inschr. von → Meldorf auf gematrischer Grundlage legte Nedoma vor (69). Einen Forsch.überblick über runenmagische und gematrische Ansätze in verschiedenen Zeiträumen bieten (18; 25; 70; ferner 15; 60).

In seiner einflußreichen Arbeit von 1952 erteilte Bæksted (5, bes. 173–315) zahlenmystischen und gematrischen Argumentationsstrategien erstmals eine konsequente Absage. Methodisch werfen willkürliche Ermittlungen von Zahlenwerten nebst der Frage der Einfach- bzw. Mehrfachzählung von Binderunen (→ Runenschrift § 3) grundsätzliche Fragen auf (vgl. 60). Selbiges gilt für die Zählung bzw. Auslassung von Worttrennern und Schlußzeichen, für die es keine einheitlichen Regeln gibt (vgl. → Runenschrift § 2). Beispielsweise argumentiert Klingenberg (50, 26–29) zur Runeninschr. von → Gallehus, daß unter Einbeziehung der Worttrenner (d. h. jeweils 4 Punkte mit entspr. numerischem Wert) 4 Runengruppen mit einem Vielfachen von 13 resultieren. D.h., die gematrische Summe erweist sich in allen 4 von Klingenberg hergestellten Sequenzen als Multiple von 13:

ekhlewagastiʀ:holtijaʀ = 21 × 13 = 273
holtijaʀ:horna = 13 × 13 = 169
horna:tawido = 11 × 13 = 143
tawido:ekhlewagastiʀ = 19 × 13 = 247

Mit dieser gematrischen ‚Dreizehner-Regel' sucht Klingenberg (50) nicht nur auffällige Schreibungen auf dem Goldhorn von Gallehus, sondern auch in anderen Runeninschr. wie z. B. den Blekinger Steinen zu erklären (vgl. → Lister § 2). Denn ähnlich wie beim *o*-Vokalismus der Gallehus-Form **holtijaʀ** (statt lautgerechtem **hultijaR*) rechnet Klingenberg auch hier mit sog. ‚Ventilen', d. h. Schreibabweichungen, die das vom Runenschreiber angestrebte gematrische Resultat herbeiführen sollen (z. B. durch **ronoʀ** gegenüber **runaʀ**).

Die folgende Textpassage von Stentoften (St.) und Björketorp (Bj.) ist dabei beispielhaft; Übs. nach Krause (52, 96): ‚Der Glanzrunen Reihe verbarg/verberge ich hier, zaubermächtige Runen':

Bj.: **hAidʀruno ronu fAlAhAk hAiderA ginArunAʀ**
St.: **hideʀrunono felAhekA hederA ginoronoʀ**

Nach Klingenberg (50, 99 f.) wäre das Beschwörungsformular graphisch bewußt umgestaltet und dabei absichtlich entstellt worden, um Vielfache von Dreizehn zu erzielen, d. h. 4 × 13, 6 × 13 und 2 × 13 × 13. Obschon diese Argumentation von einzelnen Rezensenten positiv aufgenommen wurde, ist eine derartige Textphilol. auf gematrischer Grundlage zweifelhaft. Derolez (15, 99) weist auf das statistische Faktum hin, daß Inschr. in einem 24-Zeichen-System stets einen approximativen gematrischen Mittelwert, der bei 12,5 liegt, generieren, d. h. aufgerundet in Klingenbergs System 13. Einen allg. Schwachpunkt deutet Otto → Höfler (40, 59) an: „Eine Quelle problematischer Deutungen liegt darin, daß, wie der Verfasser mehrfach betont, verschiedene Runenschreiber verschiedene ‚Ventile' und Kunstgriffe angewendet haben, um ihre gematrischen Ziele zu erreichen." Damit wird gleichzeitig das wiss. Kriterium der Verifizier- oder Falsifizierbarkeit ausgeschaltet. Zurückhaltend fallen auch andere Bewertungen aus, die auf weitere Imponderabilien hinweisen (s. 9, 129 f.; 18, 132 f.). Daher stellt sich die grundsätzliche Frage, ob die Textrelationen von Stentoften und Björketorp nicht auf andere Weise zu erhellen sind (zu einer Gesamtdeutung mit Forsch.übersicht s. 88; 89). Nebenbei bemerkt, dürfte die gematrische Arbeit Hartners (31) zur Runeninschr. und Ikonographie der beiden Goldhörner von Gallehus in den Bereich der Spekulation fallen, zumal sie gravierende sprachlich-philol. Mängel aufweist (vgl. 15; 16; s. auch → Gallehus § 5). Diese in Richtung auf Astroarch. zielende Analyse entzieht sich in der Tat einem wissenschaftl. Zugang zu Z.n.

Die Zahlenpräferenzen (bes. ‚24' und ‚8') des ält. Futhark sowie lesbarer ält. und jüng. Runeninschr. haben die Forsch. hinlänglich beschäftigt (19; 70; 72; 73). Weniger deutlich ist diese numerische Affinität jedoch im jüng. Futhark, weil die symmetrische Dreiergliederung der *ættir* durch den Verlust von 8 Runen beeinträchtigt wird: 8 + 8 + 8 ⇒ 6 + 5 + 5 (vgl. 90; s. auch → Übergangsinschriften). Magnus Bernhard → Olsen (71, 17 f.) zitiert beispielsweise den Webrahmen von Lund, dessen ‚magische' Inschr. eine Kombination von 24 + 8 Runen ergibt. In seiner Ganzheit wird das Futhark mit 24 (oder später 16) Runen als Symbol von Ordnung und Einheit gefaßt, und diese Vorstellung wird mittels des Inschr.trägers an eine menschliche oder nicht-menschliche Zielgruppe vermittelt, um *ad bonam* oder *ad malam partem* zu wirken (vgl. 18; 90; s. auch → Futhark). Dieses auf Ganzheit zielende Argument der Zahlenmagie wird von der modernen Forsch. teils aufrechterhalten (s. 18; 90; 90a mit weiterführender Diskussion).

Somit wird ein beträchtlicher Teil zahlensymbolischer und gematrischer Analysen in den Bereich der Spekulation verwiesen. Abschließend und zusammenfassend kann die kulturgeschichtl. Bedeutung der Zahl insgesamt kaum hoch genug veranschlagt werden. Frühzeitig führte der zentrale Status von Zahlenkonzepten und Zählreihen zur Ausbildung hochentwickelter Z. Dabei erklärt sich die parallele Entwicklung und Verbreitung verschiedener Teil- und Subsysteme nicht nur hist., sondern auch durch ihren praktischen Gebrauch im Umfeld des Messens, Taxierens und Wiegens. Dies illustrieren beispielsweise konkurrierende Bezugssysteme der Architektur, die ihre kleineren Maßstäbe unmittelbar vom menschlichen Körper und damit vom Vigesimalsystem ableiten, ihre großen, abstrakteren Maßeinheiten aber auf das Dezimalsystem beziehen (s. o. § 4). Auch Bußtaxen und merkantile Verfahren (bes. Währungs- und Münzeinheiten) dürften den Gebrauch von Parallel- und Mischsystemen unterstützt haben (vgl. → Duodezimalsystem § 4). Nach Auskunft der isl. → *Grágás* galt um das J. 1000 der Währungssatz 1 *hundrað silfrs* = 2400 Ellen Fries (anord. *vaðmál*). Andererseits tritt die Überlegenheit des Dezimalsystems gegenüber anderen Z.n aber schon frühzeitig bei arithmetisch-mathematischen Operationen wie beispielsweise in der *Hauksbók* zutage (7).

(1) S. Agrell, Runornas talmystik och dess antika förebild, 1927. (2) Ders., Senantik mysteriereligion och nordisk runmagi, 1931. (3) Th. Andersson, Die schwed. Bezirkssbezeichnungen *hund* und *hundare*. Ein Beitr. zur Diskussion einer germ. Wortfamilie, Frühma. Stud. 13, 1979, 88–124. (4) Ders., *Hundare* och det germanska hundratalet, NoB 87, 1999, 5–12. (5) A. Bæksted, Målruner og troldruner. Runemagiske studier, 1952. (6) M. Barnes, The Runic Inscriptions of Maeshowe, Orkneys, 1994. (6a) N. Beckmann, Isländsk och medeltida skandinavisk tideräkning, in: M. P. Nilsson (Hrsg.), Tideräkning. Nordisk Kultur XXI, 1934, 5–76. (7) O. B. Bekken u. a., Algorismus i Hauksbók i euro-

peisk perspektiv, 1985. (8) E. Benveniste, Interférences lexicales entre le gotique et l'iranien, Bull. de la Soc. linguistique de Paris 58, 1963, 41–57. (9) T. Birkmann, Von Ågedal bis Malt. Die skand. Runeninschr. vom Ende des 5. bis Ende des 9. Jh.s, 1995. (10) B. Bischoff, Übersicht über die nichtdiplomatischen Geheimschr. des MAs, in: Ders., Ma. Stud. 3, 1981, 120–148. (11) K. Brunner, Ae. Gramm., ³1965. (12) C. Butler, Numerological Thought, in: A. Fowler (Hrsg.), Silent Poetry. Essays in Numerological Analysis, 1970, 1–31. (13) R. Derolez, Runica Manuscripta. The English Tradition, 1954. (14) Ders., Epigraphical versus manuscript English runes: one or two worlds?, Academiae Analecta, Meded. van de Koninklijke Acad. voor Wetenschappen, Letteren en Schone Kunsten van België, Kl. der Letteren 45.1, 1983. (15) Ders., Runes & Magic, American Notes & Queries 24 1986, 96–102. (16) K. Düwel, Rez. zu [31] und [50], GGA 231, 1979, 224–249. (17) Ders., Runenkunde, ³2001. (18) Ders. u. a., Das ält. Fuþark – Überlieferung und Wirkungsmöglichkeiten der Runenreihe, in: A. Bammesberger u. a. (Hrsg.), Das Fuþark und seine einzelsprachl. Weiterentwicklungen. Akten der Eichstätter Tagung vom 20. bis 24. Juli 2003, 2006 (im Druck). (19) A. Dunlop, Modern Studies in Number Symbolism, in: A. C. Hamilton u. a. (Hrsg.), The Spenser Encyclopedia, 1990, 512–513. (20) A. Ebenbauer, Rez. zu [50], PBB (Tübingen) 96, 1969, 125–133. (20a) H. Eichner, Stud. zu den idg. Numeralia. Rekonstruktion des uridg. Formensystems und Dokumentation seiner einzelsprachlich. Vertretung bei den niederen Kardinalia ‚zwei' bis ‚fünf'. Phil. Habil., 1982. (21) F. C. Endres u. a., Das Mysterium der Zahl. Zahlensymbolik im Kulturvergleich, 1984. (22) R. T. Eriksen, The Building in the Text. Alberti to Shakespeare and Milton, 2001. (22a) U. Ernst (Hrsg.), Petrus Bungus: Numerorum mysteria (1599), Nachdr. 1983. (23) C. Fensterbusch (Hrsg.), Marcus Pollio Vitruvius: De architectura libri decem, ³1981. (24) G. Frege, Die Grundlagen der Arithmetik. Eine logisch-mathematische Unters. über den Begriff der Zahl, 1884. (25) O. von Friesen, De svenska runinskr., in: Ders. (Hrsg.), Runorna, Nordisk kultur 6, 1933, 145–248. (26) J. H. Gallée, As. Gramm., ³1993. (27) T. V. Gamkrelidze u. a., Indo-European and the Indo-Europeans. A Reconstruction and Hist. Analysis of a Proto-Language and a Proto-Culture 1, 1995. (28) J. H. Greenberg, Generalization about numeral systems, in: Ders. (Hrsg.), Universals of Human Language, 1978, 249–295. (29) J. Gvozdanović (Hrsg.), Indo-European Numerals, 1991. (30) Ders., Numeral Types and Changes Worldwide, 1999. (31) W. Hartner, Die Goldhörner von Gallehus. Die Inschr. Die ikonographischen und liter. Beziehungen. Das Entstehungsdatum, 1969. (31a)

D. C. Heggie, Megalithic Science, 1982. (32) F. Heidermanns, Etym. Wb. der germ. Primäradj., 1993. (33) J. Helgason (Hrsg.), Hauksbók: the Arnamagnæan mss. 371, 4to, 544, 4to and 675, 4to, 1960. (34) E. Hellgardt, Zum Problem symbolbestimmter und formalästhetischer Zahlenkomposition in der ma. Lit. Mit Stud. zum Quadrivium und zur Vorgesch. des ma. Zahlendenkens, 1973. (35) Ders., Zahlensymbolik, in: K. Kanzog u. a. (Hrsg.), Reall. der dt. Literaturgesch. 4, ²1984, 947–957. (35a) Ders. u. a., Zahlensymbolik, in: K. Weimar u. a. (Hrsg.), Reall. der dt. Literaturwiss. 3, ³2003, 870–874. (36) A. Heusler, Aisl. Elementarbuch, ⁴1950. (37) H. Hirt, Idg. Gramm. 3, 1927. (38) N. L. Hiscock, The Wise Master Builder. Platonic Geometry in Plans of Medieval Abbeys and Cathedrals, 2000. (39) Ders. (Hrsg.), The White Mantle of Churches: Architecture, Liturgy, and Art around the Millennium, 2003. (40) O. Höfler, Rez. zu [50], Anz. für dt. Altert. und dt. Lit. 86, 1975, 51–61. (41) J. Høyrup, In Measure, Number, and Weight: Studies in Mathematics and Culture, 1994. (42) J. R. Hurford, Language and Number. The emergence of a cognitive system, 1987. (43) G. Ifrah, Universalgesch. der Zahlen, übs. von A. von Platen, 1989 (Orginalausg. 1981, ²1994). (44) J. H. Jensenius, Trekirkene før stavkirkene – en undersøkelse av planlegging og design av kirker før ca. år 1100, Diss. Arkitekthøgskolen i Oslo, 2001. (45) Ders., Hvor ble det av proporsjonsbegrepet i arkitekturen?, Nordisk arkitekturforskning 19, 2006, 81–93. (46) C. F. Justus, Indo-European Numerals and Numeral Systems, in: A Linguistic Happening in Memory of Ben Schwartz. Stud. in Anatolian, Italic and other Indo-European Lang., 1988, 521–541. (47) A. Karker, Nordiske talord i dansk. Historie og vejledning, 1959. (48) Ders., K. Vilkuna, Talsystem, in: Kult. hist. Leks. XVIII, 115–119. (49) N. R. Kline, Maps of Medieval Thought. The Herford Paradigm, 2001. (50) H. Klingenberg, Runenschrift – Schriftdenken – Runeninschr., 1973. (51) Kluge-Mitzka. (52) Krause, RäF. (53) Ders., Handb. des Got., ³1968. (54) H. Krings, Ordo. Phil.-hist. Grundlegung einer abendländischen Idee, 1941. (55) W. Lange, Zahl und Zahlenkomposition in der Edda, PBB (Halle) 77, 1955, 306–348. (55a) Magnús Már Lárusson, Hundrað, in: Kult. hist. Leks. VII, 83–87. (56) Lehmann, Dict. (57) W. Levison, St. Boniface and Cryptography, in: Ders., England and the Continent in the Eighth Century, 1949, 290–294. (58) B. Loman, Rökrunorna som grafematisk system, ANF 80, 1965, 1–60. (59) R. Lühr, Die Dekaden „70–120" im Germ., Münchener Stud. zur Sprachwiss. 36, 1979, 59–73. (60) M. MacLeod, Bind-Runes in Numerological Rune-Magic, Amsterdamer Beitr. zur ält. Germ. 56, 2002, 27–40. (60a) Dies., Runic cryptography, in: M. Absalom u. a., (Hrsg.), Languages: An interdisciplinary forum, 1998, 65–78. (61) Magnússon, Orðsifjabók, ³1995. (62) C. J. Marstrander, Rez. zu [1], Norsk Tidsskr. for Sprogvitenskap 1, 1928, 254–261. (62a) A. McMahon u. a., Language Classification by Numbers, 2005. (63) K. Menninger, Zahlwort und Ziffer. Eine Kulturgesch. der Zahl, ³1979. (64) H. Meyer, Die Zahlenallegorese im MA. Methode und Gebrauch, 1975. (65) Ders. u. a., Lex. der ma. Zahlenbedeutungen, 1987. (66) E. Moltke, Rez. zu [1], APhS 3, 1928/29, 90–96. (67) I. D. Morgan (Hrsg.), Vitruvius: Ten Books on Architecture, 1999. (68) P. von Naredi-Rainer, Architektur und Harmonie: Zahl, Maß und Proportion in der abendländischen Baukunst, 1982. (69) R. Nedoma, Gematrie und die Inschr. von Meldorf, in: Linguistica et Philologica (Gedenkschrift B. Collinder), 1984, 339–340. (70) K. M. Nielsen, Runen und Magie. Ein forschungsgeschichtl. Überblick, Frühma. Stud. 19, 1985, 75–97. (70a) A. Nordberg, Jul, disting och förkyrklig tideräkning. Kalendrar och kalendariske riter i det förkristna Norden, 2006. (70b) F. Ohly (Hrsg.), Hieronymus Lauretus: Silva allegoriarum totius sacrae scripturae (¹⁰1681), Nachdr. 1971. (71) M. Olsen, Tryllerunerne paa et vævspjeld fra Lund i Skaane, 1908. (72) Ders., Om Troldruner, 1917. (73) Ders. u. a., Runekammen fra Setre, 1933. (73a) J. S. Petterson, Numerical notation, in: P. T. Daniels u. a., The World's Writing Systems, 1996, 795–820. (74) Pokorny, IEW. (75) P. Rasmussen, Mål og vægt, 1975. (76) G. Reichenkron, Einige grundsätzliche Bemerkungen zum Vigesimalsystem, in: Festg. E. Gamillscheg zu seinem fünfundsechzigsten Geb., 1952, 164–184. (77) S. Reuter, Zur Bedeutungsgesch. des hundrað im Altwestnord., ANF 49, 1933, 36–67. (78) L. Rockinger, Über Geheimschriftenschlüssel der bayer. Kanzlei im XVI. Jh., 1891. (79) L. Röhrich, Das große Lex. der sprichwörtl. Redensarten 1–3, 1991–1992. (80) M.-S. Røstvig, Configurations, 1994. (80a) Dies., Tradition of Number Symbolism, in: wie [19], 513–515. (80b) Dies., Topomorphical Approach, in: wie [19], 693 f. (81) H.-F. Rosenfeld, Die Elferzählung. Ein not. Zahlenproblem. Zugl. ein Beitr. zur Volkskunde der Zahlen, Nd. Jb. 79, 1956, 115–140. (82) Ders., Die germ. Zahlen von 70–90 und die Entwicklung des Aufbaus der germ. Zahlwörter, Wiss. Zeitschr. der Ernst Moritz Arndt-Univ. Greifswald, Gesellschafts- und sprachwiss. R. 3, Jg. 6, 1956/57, 171–215. (83) A. Rosenquist, Über Wanderungen roman. Fremdwörter im Deutschen, Annales Academiae Scientiarum Fennicae, Ser. B. 50, 1942, 249–466. (84) A. S. C. Ross (Hrsg.), Indo-European numerals, 1981. (85) Ders. u. a., Germanic, in: J. Gvozdanović (Hrsg.), Indo-European Numerals,

1992, 555–715. (86) G. Schmidt, Zum Problem der germ. Dekadenbildung, Zeitschr. für vergl. Sprachforsch. 84, 1970, 98–136. (87) M. Schulte, The Classical and Christian Impact on *Volospǫ́*. Toward a comp. topomorphical approach, ANF 120, 2005, 181–219. (88) Ders., Oral Traces in Runic Epigraphy: Evidence from older and younger inscriptions, Journ. of Germ. Linguistic 18, 2006, 117–151. (89) Ders., Stylistic variation in runic inscriptions? A test-case and preliminary assessment, in: M. Barnes u. a. (Hrsg.), The Sixth International Symp. on Runes and Runic Inscriptions, Univ. of Lancaster, August 11–16 2005 (im Druck). (90) Ders., The Transformation of the Older Fuþark: Number magic, runographic or linguistic principles?, ANF 121, 2006, 41–74. (90a) K. F. Seim, De vestnordiske futhark-innskriftene fra vikingtid og middelalder: form og funksjon, 1998. (91) F. Sommer, Zum Zahlwort, SB Bayer. Akad. der Wiss. Phil.-hist. Kl. 1950:7, 1951. (92) C. Stang, Vergl. Gramm. der balt. Sprachen, 1966. (93) P. Styles, The fate of the numeral „4" in Germ. (1), NOWELE 6, 1985, 81–104. (94) O. Szemerényi, Stud. in the Indo-European System of Numerals, 1960. (95) Ders., Introduction to Indo-European Linguistics, 1996. (95a) A. Thom, The Geometry of Megalithic Man, The Mathematical Gazette 45, 1961, 83–93. (95b) Ders., Walking in all of the squares: a biography of Alexander Thom: engineer, archaeoastronomer, discoverer of a prehistoric calendar, the geometry of stone rings and megalithic measurement, 1995. (96) J. Voyles, The cardinal numerals in Pre- and Proto-Germanic, JEGP 86, 1987, 487–495. (97) H. Weddige, Koninc Ermenrîkes Dôt: die ndt. Flugschrift ‚Van Dirick van dem Berne' und ‚Van Juncker Baltzer'. Überlieferung, Komm., Interpretation, 1995. (98) H. Wiese, Zahl und Numerale. Eine Unters. zur Korrelation konzeptueller und sprachlicher Strukturen, 1997. (99) Dies., Numbers, Language, and the Human Mind, 2003. (100) W. Winter, Some thoughts about Indo-European numerals, in: [29], 11–28. (101) A. Zimmermann (Hrsg.), Mensura: Maß, Zahl, Zahlensymbolik im MA 1–2, 1983–1984.

M. Schulte

Záhořice

§ 1: Forschungsgeschichtliche und naturräumliche Voraussetzungen – § 2: Befunde und Fundmaterial – § 3: Bewertung

§ 1. Forschungsgeschichtliche und naturräumliche Voraussetzungen. Die

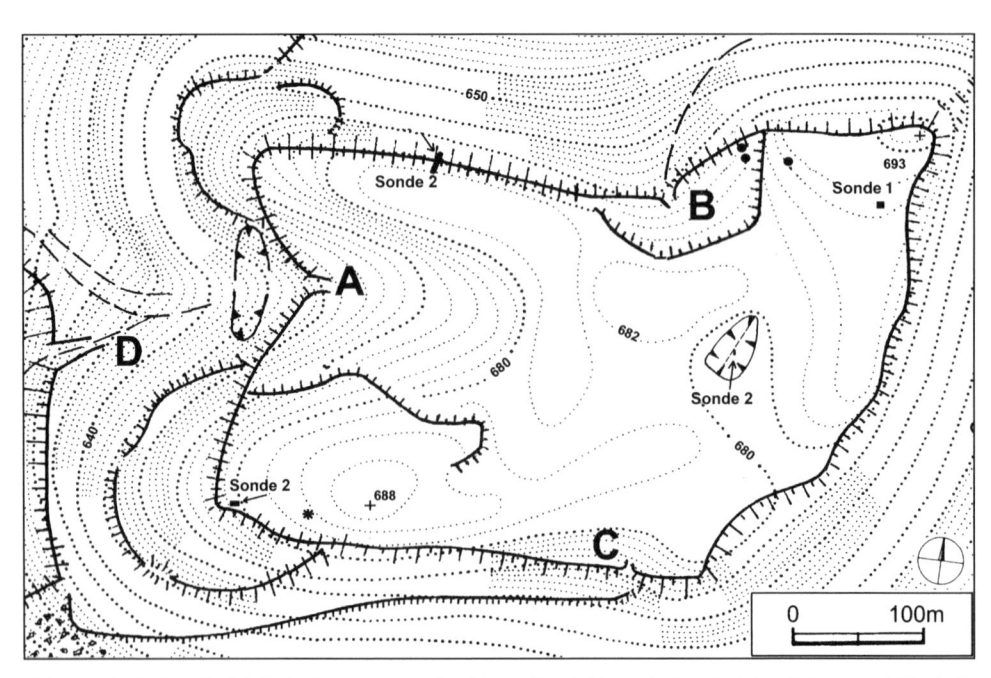

Abb. 103. Záhořice-Vladař, Befestigungssystem der Akropolis mit Toren A–D; * La-Tène-Schwert; ● Mikrobohrungen 1–3. Nach Chytráček/Šmejda (3, Abb. 6)

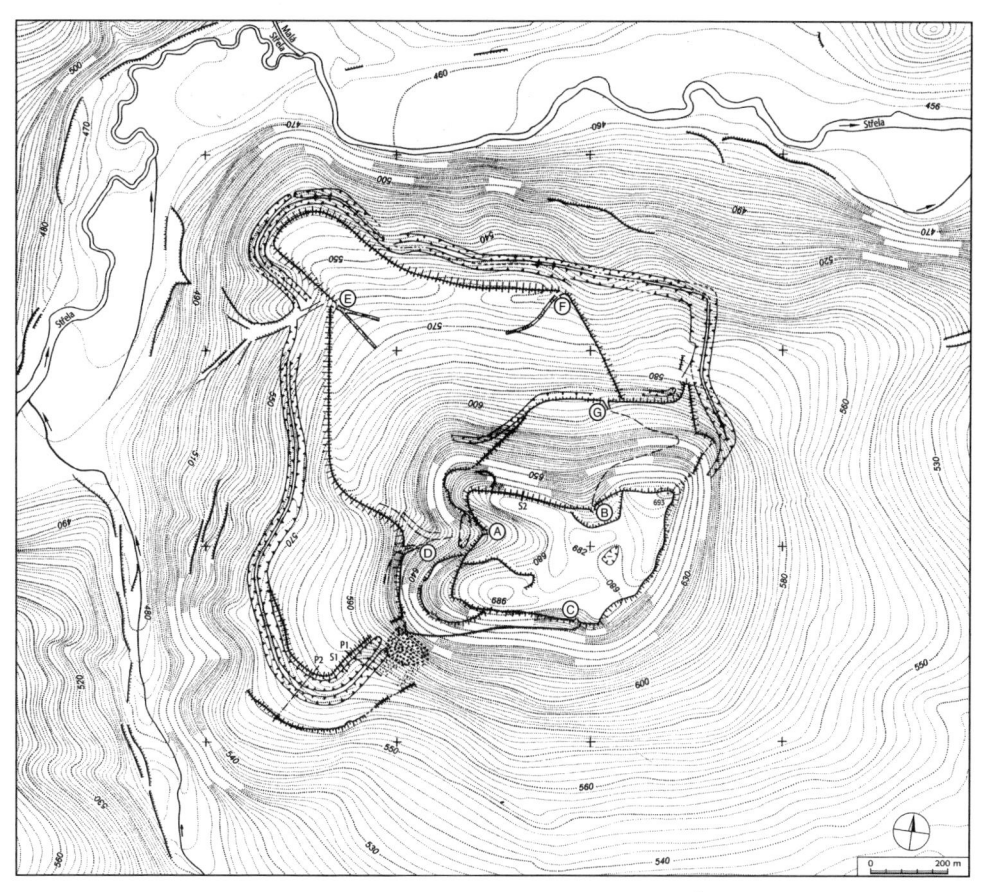

Abb. 104. Befestigungssystem Záhořice-Vladař nach Chytráček/Šmejda (3, Abb. 5)

in jüngster Vergangenheit von der tschechischen AdW betriebenen arch. Projekte dienten auch der Unters. von Höhensiedlungen der späten HaZ und der frühen LTZ in W.-Böhmen (1). Eine dieser Anlagen ist Z.-Vladař bei Žlutice im Kr. Karlovy Vary. Die Zielsetzung der Projekte bestand nicht allein darin, Art und Alter der Befestigungen und die Besiedlung in ihnen zu klären, vielmehr wurde von Anfang an das geogr.-arch. Umfeld einbezogen (9), im konkreten Falle von Z. der Bereich am Oberlauf der Střela. Hier existierte während der UZ, HaZ und LTZ eine intensive Besiedlung (Abb. 106). Der gegenwärtig erbrachte Nachweis von aktuellen Goldvorkommen aus primären wie sekundären Lagerstätten und Flüssen in diesem Gebiet (6, Beilage 1) zieht u. a. die Frage nach sich, ob hier in prähist. Zeit ein Zusammenhang von Rohstoffvorkommen und Besiedlung bestand und welcherart er sich äußerte. Eine örtliche Gewinnung und Verarbeitung des Rohmateriales → Gold wird für Beigaben in dem nach S nur 8 km entfernten späthallstatt-frühlatènezeitlichen Gräberfeld Manětín-Hrádek vermutet (2, 91 mit Abb. 3; 6, II, Taf 8.1; zum Bestattungsplatz vgl. 10; → Böhmen und Mähren § 3; Abb. einer Maskenfibel → Schuhe Abb. 57,5).

§ 2. Befunde und Fundmaterial. Die Höhensiedlung liegt in beherrschender

Lage von 693 m über NN auf dem Tafelberg Vladař, 230 m über dem Wasserspiegel der Střela, die im N und NW den Berg umfließt. Eine Aufmessung der Anlage wurde im Rahmen des o. g. Projektes im J. 2003 abgeschlossen (Abb. 104) und ergab ein im Inneren mehrfach gegliedertes Areal von 115,3 ha Größe mit einer Befestigungs-Länge von ca. 17 km. Die ringförmige Befestigung umgibt die an höchster Stelle gelegene ‚Akropolis' und vier sog. Vorburgen (Abb. 103). Ein Schnitt durch die Randbefestigung der Akropolis wies eine 8 m br., etwa 4 m hohe Pfostenschlitzmauer aus Basaltblöcken und einer Innenkonstruktion aus Eichenbalken nach. Siedlungsschichten an der Innenfront der Mauer enthielten spätbronze- vorwiegend jedoch späthallstatt- und frühlatènezeitliche Keramik. Drei Tore mit nach innen gerichteten Wangen ermöglichten den Zugang zur Akropolis, in deren Innerem ein 3 m tiefes, künstliches Wasserbecken angelegt war. Brandspuren weisen auf eine einschneidende Brandkatastrophe.

Die Vorburg am N- und W-Fuß des Tafelberges mit knapp 100 ha Ausdehnung ist mit einer Außenbefestigung umgeben, bestehend aus zwei parallelen Gräben, die stellenweise an der Innenseite von einem Wall begleitet werden. Mächtige Wälle und Gräben gliedern die Vorburg in vier voneinander getrennte Flächen. Der Hauptzugang in die gesamte Ringbefestigung führte durch Tor E (Abb. 104) und ist heute als breiter und tiefer Hohlweg erhalten.

In Vorburg IV ergaben Schnitte durch die Innenbefestigung eine Breite der Ringgräben von 15–20 m, und für den Innenwall ist mit mindestens drei aufeinanderfolgenden Bauphasen zu rechnen. Für die gesamte Befestigung ließ sich allerdings trotz einzelner gut zu beobachtender Befunde bisher keine Bauphase zeitlich eindeutig bestimmen.

Das Fundmaterial in Vorburg und Akropolis stammt aus Suchschnitten der Akad. in Prag, aber auch aus vorhergehenden Grabungen der Museen in Plzeň und Karlovy Vary oder beinhaltet zufällig entdeckte Oberflächenfunde. Es repräsentiert eine Besiedlung bereits in der späten BZ, verstärkt in Spät-HaZ und Früh-LTZ, die mit geringeren Nachweisen auch in der Spät-LTZ und dem frühen MA bestand (Materialauswahl in 2, Abb. 10–11; 3, Abb. 13 und 14).

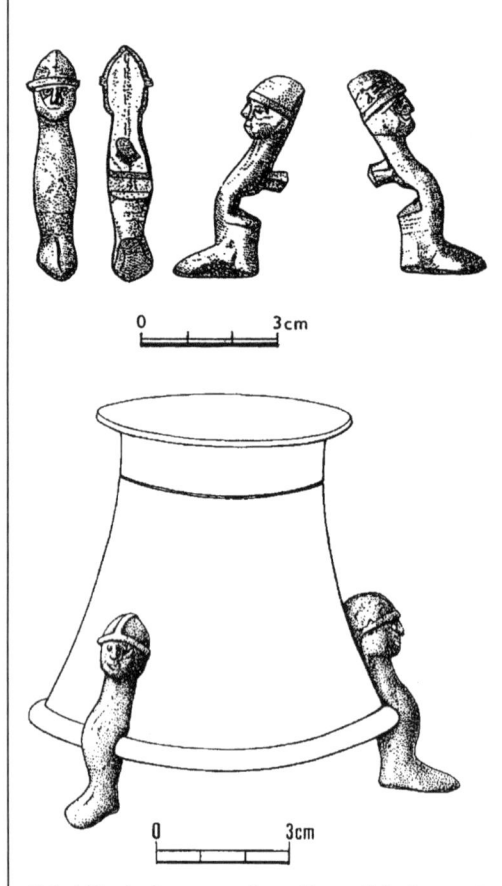

Einzigartig ist ein als Oberflächenfund aufgelesenes Frg. von knapp 5 cm Hh. in Gestalt einer kleinen männlichen Bronzefigur mit → Negauer Helm. Es soll zu Beginn

Abb. 105. Anthropomorphes Bronzefigürchen mit Negauer Helm von der Akropolis in Záhořice-Vladař und rekonstruierte Verwendung als Fuß einer Pyxis. Nach Drda/Rybová (5, Abb. S. 63) und Chytráček/Šmejda (3, Abb. 17, 10 und 11)

Záhořice 831

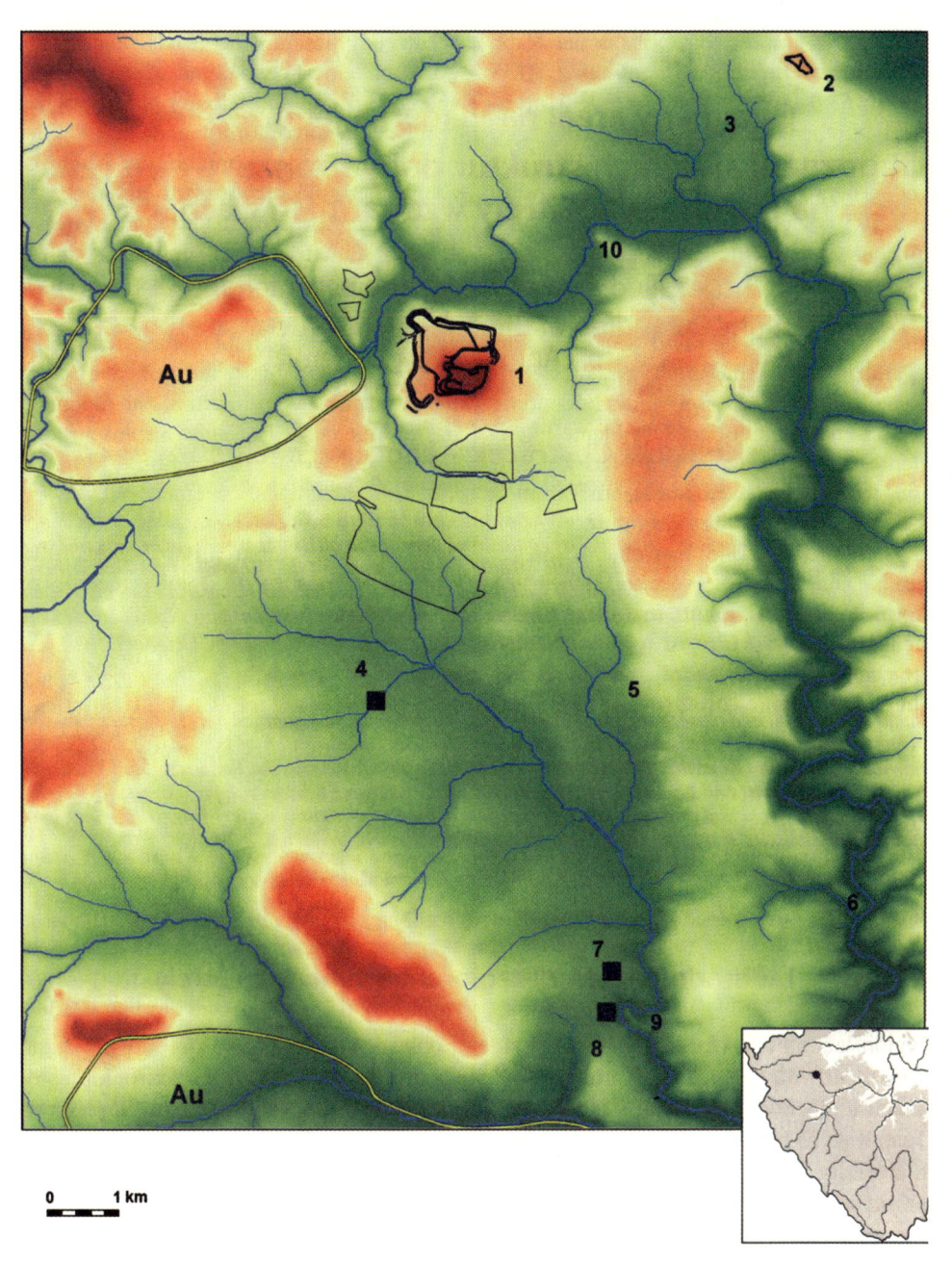

Abb. 106. Die vor- und frühgeschichtl. Besiedlung in der Umgebung der Wallanlage Vladař und heutige Goldvorkommen. Nach Chytráček/Šmejda (2, Abb. 2; und 3, Abb. 1) – 1 Záhořice, befestigte Höhensiedlung auf dem Tafelberg Vladař; 2 Podštěly, befestigte Höhensiedlung auf der Gipfelfläche des Berges Jezerský vrch (Ha D); 3 Podštěly, Flachlandsiedlung (Ha D/Lt A); 4 Novosedly; 5 Stvolny, na homoli; 6 Kotaneč, na hradišti, befestigte Höhensiedlung; 7 Manětín-Hrádek, na hrobích, Gräberfeld Ha C–Lt A; 8 Brdo, na hrobích, Gräberfeld; 9 Hrádek, na hradišti, befestigte Höhensiedlung; 10 Chyše, Goldvorkommen in sekundärer Lagerung. Gelb umrandete Gebiete: Goldvorkommen; schwarz umrandete Gebiete: Konzentrationen vor- und frühgeschichtl. Keramik aufgrund von Feldaufnahmen

der 1950er J. auf der Akropolis in der Nähe von Tor A gefunden worden sein (7, 138 Abb. 4; 8, 5 Abb. 3). Eingehende Unters. des Figürchens in Menschengestalt legen seine Verwendung als Fuß einer Holzpyxis etr. Fertigung nahe (7; 4; zuletzt 3) (hier Abb. 105). Zur Gefäßkonstruktion mit Füßchen besteht eine Analogie zur sog. Pilgerflasche aus Wagengrab 44/2 vom Dürrnberg (→ Dürrnberg mit Taf. 23). Da der außergewöhnliche Fund von Z. im vorliegendem Lex. bisher noch keinen Niederschlag gefunden hat, sei seine Bedeutung hier bes. hervorgehoben. Das kleine Figürchen bietet den eindeutigen Nachweis für einen etr. Import weit im N, im Böhmen der Spät-HaZ, und repräsentiert zugleich ein authentisches Bild von einem Krieger mit Negauer Helm (s. weiter § 3). Eine bronzene Kriegerstatuette mit kurzem Panzer und Negauer Helm ist inzwischen von Sargans-Vild, Kant. St. Gallen, Schweiz, bekannt geworden (5a, 70 mit Abb. 10).

§ 3. Bewertung. Obwohl die Anlage in Z.-Vladař mindestens seit dem Beginn des 19. Jh.s als Burgwall bekannt ist, aus dem verschiedentlich arch. Fundmaterial sogar aus Probegrabungen örtlicher Museen bekannt wurde, haben die seit der Wende zum 21. Jh. durchgeführten großangelegten Projekte zu einem wesentlichen Erkenntnisgewinn beigetragen und damit einen richtungweisenden Weg eingeschlagen. Das betrifft zunächst die vollständige Vermessung der ausgedehnten Anlage und deren planimetrische Dokumentation als Basis für Vergleiche mit Höhensiedlungen der Region wie im überregionalen Bereich. Die siedlungsgeogr. Berücksichtigung des Vladařská vrchovina-Berglandes und des oberen Střela-Flußgebietes mit befestigten wie offenen Siedlungen und Gräberfeldern von der späten BZ bis zur Spät-LTZ hebt u. a. Höhenlokalitäten der HaZ und der LTZ in W-Böhmen hervor (Abb. 106). In der Einzelregion erscheint zudem ein Bezug auf Bodenschätze, in diesem Falle Gold, möglich. Die Nutzung einer befestigten Anlage in der späten HaZ in unmittelbarer Nachbarschaft von Edelmetallvorkommen, die aus Flüssen gewaschen werden konnten, der Nachweis zahlreicher goldener Ausstattungsstücke auf dem nahegelegenen, gleichzeitigen Gräberfeld in Manětín-Hrádek und nicht zuletzt der etr. Import erlauben einen Vergleich der befestigten Anlage von Z. mit späthallstattzeitlichen Herrschaftsbereichen der w. Hallstattkultur (4). Abgesehen von der Seltenheit etr. Importe im Raum n. der Alpen, hat das elfenbeinerne Frg. einer Sphinx aus dem Fürstengrab vom → Grafenbühl (dort mit Taf. 19b) ebenfalls zu einer → Pyxis gehört – ein Hinweis darauf, daß hier wie in Z. neben dem kostbaren Behälter das Interesse seiner Besitzer v. a. auf seinen Inhalt gerichtet war.

(1) M. Chytráček, M. Metlička (Hrsg.), Die Höhensiedlungen der Hallstatt- und LTZ in W-Böhmen, 2004. (2) M. Chytráček, L. Šmejda, Unters. zur Siedlungsstruktur der Hallstatt- und LTZ im Flussgebiet der oberen Střela (W-Böhmen) – Das befestigte Areal auf dem Vladař und seine Umgebung, in: Arch. Arbeitsgemeinschaft O-Bayern/W- und S-Böhmen. 13. Treffen, 2004, 90–105. (3) Diess., Opevněný areál na Vladaři a jeho zázemí. K poznání sídelních struktur doby bronzové a železné na horním toku Střely v západních Čechách (The fortified area at Vladař and ists hinterland. Towards an understanding of the settlement structures of the Bronze and Iron Ages in West Bohemia), Arch. Rozhledy 57, 2005, 3–56. (4) P. Drda, M. Chytráček, Frühe Zentralorte in Böhmen, in: J. Biel, D. Krauße (Hrsg.), Frühkelt. Fürstensitze – Älteste Städte und Herrschaftszentren n. der Alpen?, 2005, 57–62. (5) P. Drda, A. Rybová, Les Celtes de Bohême, 1995. (5a) I. Ebneter, Ein offenes Fenster zur Vergangenheit, in: M. P. Schindler u. a. (Hrsg.), Bagger, Scherber und Skelette. Neues zur Arch. im Kanton St. Gallen, 2007, 65–71. (6) J. Michálek, Das Gold der Hallstatt- und Früh-LTZ, in: G. Lehrberger u. a. (Hrsg.), Das prähist. Gold in Bayern, Böhmen und Mähren, 1997, 199–208. (7) K. Motyková, Ein bemerkenswerter Bronzefund von der Wallanlage auf dem Berg Vladař bei Žlutice, in: K. Schmotz, M. Zápotocká (Hrsg.), Arch. Arbeitsgemeinschaft O-Bayern/W- und S-Böhmen. 4. Treffen, 1995, 136–144. (8) Dies., Pravěké hradiště na vrchu Vladaři u Žlutic (Die Wallanlage

auf dem Berg Vladař bei Žlutice), Historický sborník Karlovarska 5, 1997, 5–21. (9) P. Pokorný u. a., Paleoenvironmentální výzkum na Vladaři (Palaeoenvironmental investigations at the hillfort Vladař/Czech Republic), Arch. Rozhledy 57, 2005, 57–99. (10) E. Soudská, Die Anfänge der kelt. Zivilisation in Böhmen. Das Gräberfeld Manětín-Hrádek mit einem Beitr. von N. Venclová, 1994.

R. Müller

Zaingeld. In der ersten Aufl. des Hoops hat A. Luschin von Ebengreuth das Stichwort Zain geschrieben. Der Begriff wird hergeleitet von ags. *tān,* anord. *teinn* und mhd. *zein* und meint ‚Rute, Stab oder Stäbchen' (8). Bei Seebold heißt es heute: mhd. *zeine* ‚Korb', ahd. *zeinn(a),* anord. *teina* ‚Korb, Fischreuse', vom Grundwort gemeingerm. **taina-* ‚Gerte, Zweig' (5, 1003). Zain wurde zum Fachausdruck im Münzgewerbe und bezeichnet das – in einer Sand- oder Tonform – in Stäbchenform als Barren gegossene Münzmetall, das durch Hämmern auf Münzdicke gebracht wurde und durch Ausschneiden mit einer Schrot- bzw. Blechschere die für die Prägung benötigten Münzplättchen, die Schrötlinge, ergab (1; 7; 9).

Z. ist übernommen worden als allg. Bezeichnung für → Ringgeld (s. auch → Geld § 10: Gewichtsgeld; → Ring und Ringschmuck mit § 1e: ‚Bußringe' und Ringgeld; → Armring), für Barren, die beliebig zerteilt werden konnten, um damit – nach Gewicht – zu zahlen (→ Hacksilber; → Zahlungsmittel). Zaine sind im Sprachgebrauch der Arch. nicht nur in Formen gegossene runde oder flache gehämmerte Stäbe aus Silber (6, Fig. 1a–c), sondern gilt oftmals für alle Ringformen. So verstand L. Lundström zum schwed. *tenar* in der dt. Übs. der Zusammenfassung ihrer Arbeit als Zaine sowohl band- und stabförmige als auch gedrehte Silberbarren sowie Spiralringe oder Armbügel und auch permische Ringe, also im Prinzip Drähte mit unterschiedlichem Querschnitt (6; Gruppen B bis E). Speziell nur Drahtstücke bezeichnet Hårdt (3, 189) als Zaine.

Z. B. wurden unter Zainen auch die sog. permischen Ringe aufgeführt, kräftige Spiralringe aus Silber mit einem großen, facettierten Knopf an einem Ende, während das andere Ende zu einem kleinen Ring umgebogen ist; der gedrehte Strang selbst wird ebenfalls als Zain bezeichnet (3, 188). Urspr. wohl Halsringe waren sie zu Spiralarmringen umgebogen und vertraten zugleich wie Barren bestimmte Gewichtsgrößen um 100, 200 oder auch 300 und 400 g (3, 188). Der Ringstab ist verschieden verziert, gedreht oder auch gestempelt. Die Stempelmuster bestehen aus Dreiecken u. a. auf dem Draht und aus Punktkreisen auf dem Endknopf. Der Typ wird ins 9. und 10. Jh. datiert (10, 123 ff. Textabb. 17: Typ Sa 1). Er ist verbreitet auf Gotland und Öland, in geringer Zahl auf dem schwed. Festland und in Finnland, wobei insgesamt die Herkunft im Inneren Rußlands zu suchen ist, w. des Ural (2, 137 ff. mit Fig. 31 und 144 ff.: ring money; 3, 188 Abb. 7; 4, 216 mit Fig. 6).

Außerdem gibt es stabförmige Barren in den balt. Ländern, wo weniger Hacksilber vorkommt, die als Ganze bestimmten Gewichten angepaßt sind und als Zahlungsmittel erkennbar sind (10, 229 f.; 4, 216). Somit werden über Hacksilber und über die auch in Skand. vorkommenden kompletten Ringe und Barren (Zaine) in Horten zwei verschiedene Formen der Gewichtsgeldwirtschaft (→ Geld § 10) faßbar, die auf unterschiedliche gesellschaftliche Verhältnisse zurückgehen, die Agrarlandschaften und ihre Produkte im ö. Skand. und die Landschaften mit Pelz- und Sklavenhandel in Rußland (3, 189).

(1) Grimm, DWb. XXXI, 209 Nr. 3. (2) B. Hårdh, Silver in the Viking Age. A Regional-Economic Study, 1996. (3) Dies., Silber im 10. Jh. Ökonomie, Politik und Fernbeziehungen, in: J. Henning (Hrsg.), Europa im 10. Jh. Arch. einer Aufbruchszeit, 2002, 181–193. (4) Dies., Silber in der WZ. Ökonomie, Politik und Fernbeziehungen, in: J. Staecker (Hrsg.),

The European Frontier. Clashes and Compromises in the MA, 2004, 211–220. (5) Kluge-Seebold, ²⁴2002. (6) L. Lundström, Bitsilver och betalningsringar. Studier i svenska depåfynd från vikingatiden påträffade mellan 1900 och 1970, 1973. (7) A. Luschin von Ebengreuth, Zain, in: Hoops IV, 578. (8) Ders., Allg. Münzkunde und Geldgesch. des MAs und der neueren Zeit, ⁴1976. (9) v. Schroetter, Wb. d. Münzkunde, 754. (10) M. Stenberger, Die Schatzfunde Gotlands der WZ 1, 1958.

H. Steuer

Zalavár

§ 1: Historisch – § 2: Z.-Vársziget – § 3: Marienkirche – § 4: Hadrianskirche – § 5: Z.-Récéskút – § 6: Zalaszabar-Borjúállás – § 7: Umgebung

§ 1. Historisch. Nach hist. Überlieferung (s. u.) wurde ein „gewisser Priwina", oberhalb der Donau mit seinem Sohn, Chezil (Chozil) von Moimir, dem Fürsten der Mährer (830–846), im J. 830 vertrieben und kam zu Ratbod, dem Präfekten des Ostlandes. Auf Befehl des Kg.s → Ludwig des Deutschen wurde er in *Treisma* (Traismauer, Niederösterr.) getauft; bald danach entstand zw. Ratbod und Priwina einiger Streit, wovor sich Priwina mit den Seinen zunächst in das Land der Bulgaren flüchtete; nicht viel später zog er weiter nach Siscia, in das Gebiet des Fürsten Ratimar, von wo ihn endlich Salacho, Graf von Krain aufnahm und mit Ratbod wieder versöhnte. Um 838–840 belehnte der Kg. ... *Priwinae aliquam inferioris Pannoniae in beneficium partem circa fluvium, qui dicitur Sala. Tunc coepit ibi ille habitare et munimen aedificare in quodam nemore palude Salae fluminis et circumquaque populos congregare ac multum ampliari in terra illa* (Conversio Bagoariorum et Carantanorum [im folgenden CBC] c. 11 [9; 10; 33], die vermutlich 870 von Salzburger Ebf. Adalram selbst oder in seinem Auftrag verfaßt wurde).

Priwina stand bis 861 an der Spitze der östlichsten Gft. des karol. Imperiums auf dem Gebiet zw. Raab, Mur und Drau sowie dem W-Ende des Plattensees (Balaton) mit dem Sitz in Z.-Vársziget (Burginsel), der in den Qu. als *Mosaburg, urbs paludarum, civitas Priwinae* erwähnt wird. Sein Sohn, Chezil (Chozil) folgte ihm bis zur Mitte der 870er Jahre. Nach Ankunft der byz. Missionare Konstantin (Kyrill) und Method (→ Slawische Religion § 4) in *Mosaburg* im J. 866 wurde Chezil nicht nur ihr Schüler, sondern auch ein Hauptbefürworter bei Papst Hadrian II. für ein selbständiges pann. Ebt. unter Methods Führung.

Nach dem Tode Chezils um die Mitte der 870er J. urkundete Kg. Arnulf in den 880er J. mehrmals in Mosaburg/Zalavár. Am Ende des Jh.s wurde die Gft. Mosaburg Fürst Braslaw unterstellt, im J. 900 von den landnehmenden Ungarn erobert (34). Danach verlor Z.-Vársziget seine Bedeutung, der Großteil der Bevölkerung siedelte nach W über. Der Platz behielt jedoch eine gewisse zentrale Rolle, im J. 1019 wurde eines der ersten Benediktinerklöster Ungarns hier gegründet, und ab Ende des 11. Jh.s war hier der Sitz des Gespans (Comes) des Kom. Zala. Im 16.–17. Jh. wurde Z. als Grenzfestung gegen die Türken befestigt, 1702 gesprengt, danach als Baumaterialgrube benutzt (12; 13; 22; 23).

§ 2. Z.-Vársziget. Z.-Vársziget ist der Name für eine L-förmige eiszeitliche Sandinsel von etwa 12 ha Größe im sumpfigen Tal des Flusses Zala, 1,5 km w. vom Dorf Z., am W-Rand des Plattensees in SW-Ungarn (Abb. 107). Das Flußbecken der Zala ist ein altes Ur-Donau-Tal, in dessen verlassenem, breiten Bett die Zala mit deutlich weniger Wasser floß, was zu einer langsamen und ständigen Vertorfung und Versumpfung geführt hat. Im 9. Jh. floß im unteren Zala-Tal kein offenes Wasser mehr. Den spätma. Beschreibungen nach verschwand der Fluß Zala bereits ca. 15 km weiter n.

Der FO ist seit 1841 bekannt, als Jan Kollár, lutherischer Prediger zu Pest, die erste kleine Ausgrabung und Vermessungen

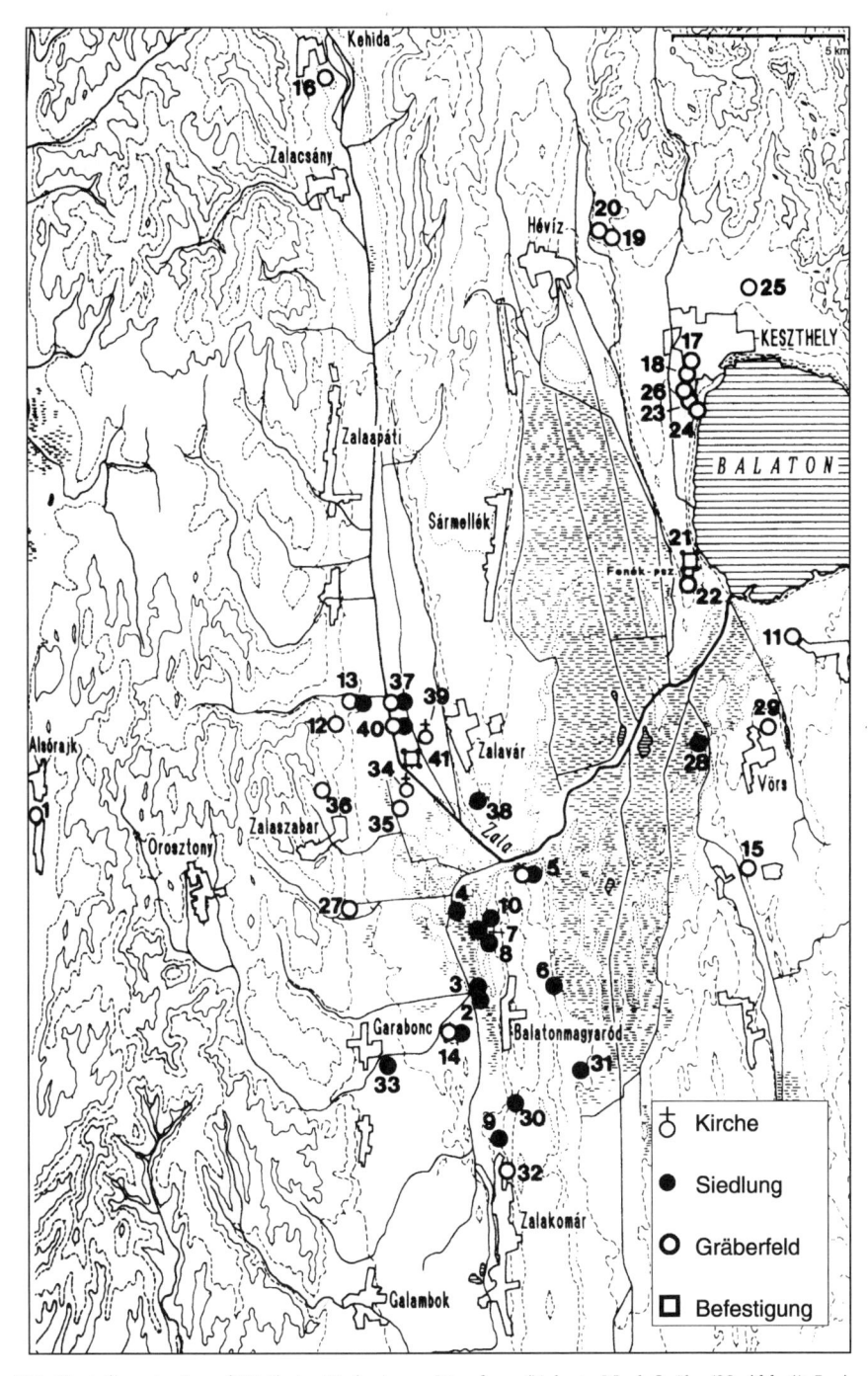

Abb. 107. Besiedlung im 9. und 10. Jh. im Umkreis von Mosaburg/Zalavár. Nach Szőke (28, Abb. 1). In Auswahl: 22 Keszthely-Fenékpuszta; 34 Zalaszabar-Borjúállás, einschiffige Saalkirche; 39 Zalavár-Récéskút, dreischiffige Steinbasilika; 41 Zalavár-Vársziget (Burginsel). Ausführlicher FO-Nachweis siehe: Sieben Jt. am Balaton, 1989; Angaben mit Veränderungen nach Szőke (in ebd.: S. 84 ff.)

der Ruinen durchführte (8). 1881 beschrieb der berühmte ungar. Archäologe Flóris Rómer die noch immer erkennbaren Ruinen (14). Danach wurden sie allerdings völlig vernichtet, an Stelle der ehemaligen ma. Bauten blieb nur eine Sandgrube (12; 13). Die systematische arch. Forsch. begann 1946, zunächst unter der Führung von Fehér (bis 1954) (6; 7), dann von Sós (bis 1992), (beide Mitarbeiter des Ungar. Nationalmus.) (15–22), danach von Szőke (Arch. Inst. der Ungar. AdW) zusammen mit wiss. Mitarbeitern des Ungar. Nationalmus.s (23–29).

Die karolingerzeitliche Topographie von Z.-Vársziget ist inzw. verhältnismäßig klar. Priwinas befestigter Adelshof *(munimen)* stand im s. Drittel der Insel. Vom Restteil der Insel *(civitas)* war er durch einen in O-W-Richtung verlaufenden, ca. 2,5 m tiefen und ca. 12 m br. Befestigungsgraben und einen (nicht mehr existierenden) Erdwall im S-Teil begrenzt. N. vom Graben war die Insel durch eine N-S verlaufende Palisadenmauer aus Wintereichenbalken ebenfalls geteilt; w. davon standen die Hadrianskirche und ein Gebäudekomplex des Salzburger Eb.s, während der O-Teil bis heute unerforscht blieb (25; 27). Z.-Vársziget ist mit den Adelshöfen und Siedlungen von Hörigen auf den benachbarten Inseln (Z.-Récéskút [17], Z.-Kövecses [20], Z.-Rezes, Zalaszabar-Borjúállás und -Dezsősziget [28], Garabonc-Ófalu [28]), ferner mit dem Ufer über Knüppelwege verbunden (23).

Aufgrund der CBC wurden zw. der Ansiedlung Priwinas in Mosaburg und der Zusammenstellung des Salzburger „Weißbuches" (870–871) in Unterpann. 31 mit Besitzer, ON und/oder Patrozinien bezeichnete Kirchen gebaut, die von Salzburger Erzbischöfen geweiht wurden (2; 3). Die meisten Kirchen wurden von den Adelsfamilien gestiftet, denen Priwina und Chezil angehörten. Das geht aus ON hervor wie *Lidolveschirichun, Wiedhereschirichun, Isangrimeschirichun* und *Palmunteschirichun,* deren darin enthaltene Namen nicht die von Patronen, sondern die der Grundherren und Kirchengründer sind. Bezeichnenderweise hat gleichzeitig der Salzburger Bf. auch die auf dem eigenen Grundbesitz der Priester Sandrat und Ermperht errichteten Kirchen geweiht. Diese Kirchweihen bezeugen einen Prozeß, in dem Priwina seine eigene Gefolgschaft mit Grundbesitz, Adelshof und Eigenkirche ausstatte und damit deren Grundherrschaft stärkte, nicht jedoch einen traditionellen slaw. Alleinherrscher oder Stammesfürsten in der Bedeutung eines Gentildux, wie auch behauptet wird (5; 33; 34).

Von diesen über 30 Kirchen wurden lediglich vier arch. erforscht: zwei in Z.-Vársziget (Marien- und Hadrianskirche; s. u. §§ 3 und 4), eine in Z.-Récéskút (s. u. § 5) und eine in Zalaszabar-Borjúállás (s. u. § 6) (Abb. 108 und 109).

§ 3. Marienkirche (Abb. 108,3). *Die infra munimen Priwinae* errichtete Marienkirche wurde vom Salzburger Ebf. Liupram am 24. Januar 850 geweiht (8; 9; 33). Die Kirche wird mit jener im beginnenden 11. Jh. renovierten und vom ungar. Kg. Stephan dem Hl. 1019 gegründeten Benediktinerklosterkirche identisch sein, die dem hl. Hadrian geweiht wurde. Giulio Turco zeichnete sie 1569 als einschiffige Kirche mit halbkreisförmiger Apsis (Lg. ca. 22,5–24 m, Br. ca. 9–10 m) (25; 27). Zw. den Ruinen wurden noch im 19. Jh. drei Frg. eines Türsturzes mit Flechtbandornamentik aus Marmor gefunden, möglicherweise ursprünglich Elemente einer reichen Chorausstattung des 9. Jh.s (4; 32). N. und ö. der Kirche legten Fehér und Szőke einen Friedhof mit mehreren Gräberschichten aus der Karolinger- und der Árpádenzeit frei (22). Bes. hervorzuheben ist karolingerzeitlicher Schmuck von hoher Qualität wie die Traubenohrringe und Fingerringe aus Grab 71 und eine Schnallenösensporengarnitur mit vogelförmiger Riemenzunge in Grab 269.

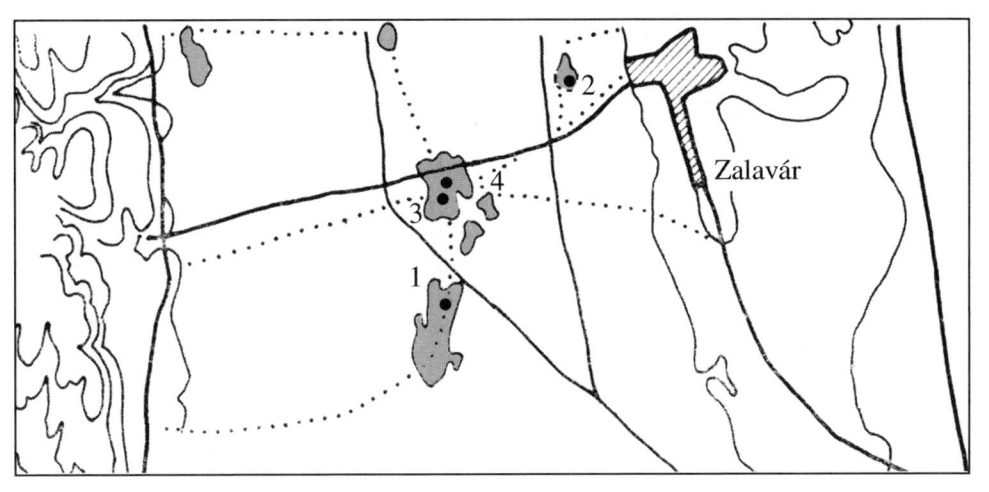

Abb. 108. Lage der Kirchen von Zalavár-Vársziget und Umgebung

§ 4. Hadrianskirche (Abb. 109,4). N. des Adelshofes, *infra civitatem Priwinae*, wurde in einem von einer Palisadenmauer umgrenzten Areal eine *honorabile ecclesia* gebaut, *quam ipse Liuprammus aedificari fecit officiumque ecclesiasticum ibidem colere peregit*. Der Salzburger Ebf. Liupram (836–859) schickte zur Errichtung der Kirche *magistros de Salzpurc murarios et pictores, fabros et lignarios. In qua ecclesia Adrianus martyr humatus pausat* (CBC c. 11 [8; 9; 30; 32]). Für den Kirchenbau soll auch der Baumeister aus dem Reich angereist sein, evtl. identisch mit dem Archipresbyter Priwinas, Altfrid, *magister artis*, der um 853–855 nicht nur die Kirche, sondern auch die Bebauung des ganzen Umfeldes nach dem Vorbild der Klosteranlage von → Sankt Gallen plante. Die einheitliche Konzeption der Bauten drückt sich auch in der durchweg verwendeten Maßeinheit des karol. Fußes von 34 cm aus. Das Programm der dreischiffigen Kirche mit halbkreisförmiger Apsis (Lg. 29,3 m, Br. 16–16,7 m, Fundamentbr. 1–1,1 m) als Wallfahrtskirche für die Märtyrerverehrung steht im ganzen ö. Randgebiet allein (25; 27). Die Apsis (Dm. 8,5 m) verfügt über ein, nach der Mittelachse ausgerichtetes, gemauertes Märtyrergrab an der Apsiswand; um sie herum befinden sich eine eingetiefte Umgangskrypta (Br. 3,3–3,5 m) und drei, radial geöffnete Kapellen (Innenraum ca. 2,5 × 2,5 m). Die nächsten Analogien zu diesem Programm und Grundriß sind z. B. in Corvey, → Halberstadt, → Hildesheim und Vreden zu finden. Zw. den Kapellen und entlang der s. und n. Kirchenwand wurden mit Mauern umgrenzte Grüfte für die vornehmsten Familien errichtet. Als weitere Umgrenzung der Bestattungsplätze zog sich eine Palisadenmauer 5 m von diesen Grüften entfernt um die Kirche herum. Der Kircheninnenraum wurde durch zwei Pfeilerreihen aus je fünf Pfeilern in drei Schiffe geteilt. Am W-Ende der Kirche lag ein von zwei rechteckigen Gebäudeflügeln (Br. ca. 3 m) flankierter, geschlossener Hof (Lg. 20,7 m, Br. ca. 11 m). Die Gebäude bildeten evtl. das Kloster für die in der Wallfahrtskirche dienenden Mönche. Asymmetrisch zur W-Fassade des Hofes baute man einen runden Glockenturm mit Wendeltreppe (Dm. 6,7 × 5,8 m, innen 4,2 m). Die bisher größte Glocke der KaZ (äußerer Dm. ca. 0,9 m) wurde s. der Kirche in einer runden Gießgrube gegossen (Abb. 109,4A; Taf. 19b) (1). Unter dem W-Ende der Kirche sind 24 Pfostengruben eines früheren

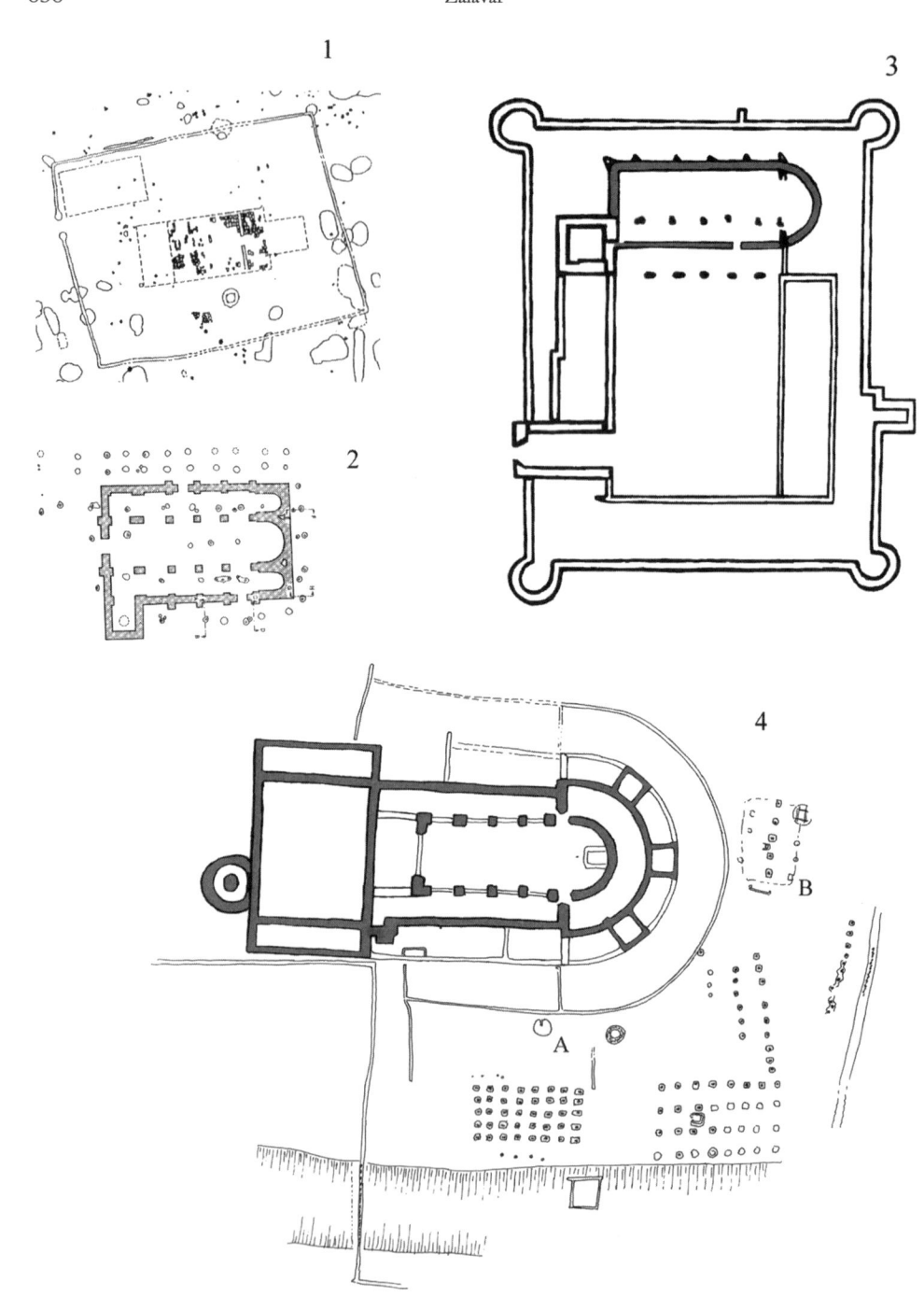

Abb. 109. Die Kirchen von Zalavár-Vársziget. 1 Zalaszabar-Borjúállás; 2 Zalavár-Récéskút; 3 Zalavár-Vársziget, Marienkirche; 4 Zalavár-Vársziget, Hadrianskirche; A Glockengußgrube; B Glaswerkstatt

Holzpalastes mit einer Grundfläche von 96 m² ans Tageslicht gekommen, unter dem Schiff weitere Siedlungsgruben aus der Zeit der Ansiedlung Priwinas. Die Kirche war mit Fenstern ausgestattet, die aus gefärbten Glasplättchen und mit Heiligenfiguren und Inschr. in Silbergelb und Kupferrot bemalten Scheiben zusammengesetzt waren (Taf. 18). Das Glas stellte der Glasmacher in einer Werkstatt hinter der Umgangskrypta her (Abb. 109,4B). Das Rohglas wurde in Form kinderfaustgroßer Fritte-Klumpen aus dem Rheingebiet transportiert und hier in einem halbzylinderförmigen Hafen (Taf. 19a) geschmolzen, dann gefärbt oder nach einer ostmediterran-byz. Technik bemalt (29). S. bzw. sö. der Kirche stand ein Gebäudekomplex aus zwei großen Holzpalästen und mehreren kleineren Gebäuden. Sie umgrenzten ebenfalls einen Hof mit einem in Trockenmauerbauweise errichteten Brunnen aus Steinplatten. Einer der Holzpaläste stand auf 32 Holzsäulen und hatte eine Grundfläche von 112 m². Der andere war mit 40 Säulen bei einer Grundfläche von 72 m² konstruiert und besaß mindestens ein oberes Stockwerk. Der Gebäudekomplex wurde gewiß für den Salzburger Ebf. errichtet und entspricht seiner Lage und Konstruktion nach einem bischöflichen Palast oder eher einer → Pfalz zu *Mosaburg*. Er diente nur einige Jahrzehnte dieser Aufgabe. Nach den Schichtenverhältnissen verschiedener Siedlungsobjekte wurde wahrscheinlich am Anfang des letzten Drittels des 9. Jh.s eine bedeutende Umgestaltung durchgeführt. Die prachtvolle Kirchenausstattung und evtl. die Wallfahrt-Funktion änderten sich. Die gefärbten und bemalten Fenster, der gemeißelte Steinschmuck des Altars und der Chorschranke sowie evtl. die Umgangskrypta wurden vernichtet, ebenso alle Holzgebäude abgetragen und an ihrer Stelle Gräber angelegt. Durch den W-Teil der Kirche wurde am Anfang der Árpádenzeit eine Palisadenmauer geführt. Um die Kirche herum lagen ein Gräberfeld mit ca. 1 200 Gräbern der KaZ und ca. 400 Gräber der Árpádenzeit in mehreren Bestattungsschichten (letztere Gräber gehörten aber zur s. liegenden ehemaligen Marien-, jetzt Benediktinerklosterkirche). Verblüffend ist, daß die Schmuckstücke in den Gräbern der KaZ grundsätzlich aus den traditionell als ‚großmährisch' bezeichneten Arten bestehen (→ Großmährisches Reich § 3) wie Ohrringe mit verschiedenartigen Traubenanhängseln, Blechperlen, verziert mit vier granulierten Dreiecken und Rauten, Körbchen- und Mondsichelohrringe, ferner kugelförmige Blechknöpfe mit aufgelöteten Ringchen und Granulation, ferner Var. mit feinen granulierten Dreiecken und rautenverzierten Buckeln, bzw. solche mit eingravierten Palmetten und Vögeln vor punziertem Hintergrund, schließlich Fingerringe mit granulationverzierten Buckeln. Für die Männergräber sind bes. Sporengarnituren charakteristisch (→ Sporen und Sporn § 5), wie Schnallenösensporen und Plattensporen, darunter unverzierte und inkrustiert verzierte Ex. mit gestaffelten Plattenbügeln (Typ III) und solche mit halbkreisförmigen oder viereckigen Nietplatten (Typ IA–IB nach Hrubý und Dostál). Die bisher fehlenden Verbindungsglieder zu den Analogien aus dem Gebiet des mährischen Fürstentums und dem dalmatischen Küstengebiet und Slowenien sind jetzt aus Pann. bekanntgeworden. Die den sog. ‚byz.-orientalischen' Veligrader Stilhorizont verkörpernden Schmuckarten, gleichartige Schmucksachen, Gürtel, Sporen und andere Trachtelemente besitzen daher keinen ethnospezifischen, ‚großmährischen' Charakter, sie wurden im ganzen Randgebiet des karol. Reiches gefertigt und von den Vertretern der Elite getragen. Auch von hist. Seite besteht kein Hinweis darauf, daß das mährische Fürstentum eine tiefere kulturelle Einwirkung auf *Mosaburg* ausgeübt hätte.

§ 5. Z.-Récéskút (Abb. 109,2). Die dreischiffige Steinbasilika wurde von A.

Radnóti 1946–47 und 1953, danach von Sós 1961–63 untersucht (17). Die im Grundriß viereckige, mit drei eingebundenen Apsiden versehene Basilika (Lg. 20,2–20,5 m, Br. 12,1 m) stand in der Mitte einer nö. der Z.-Vársziget gelegenen Sandinsel und besaß nach Radnótis Meinung vier Bauphasen. Der Terrazzo-Fußboden der Apsiden lag etwas höher als der mit Steinplatten bedeckte Fußboden im Schiff. Die Wände der Apsiden waren bemalt. Die Kirche konnte man durch einen w. und einen s. Eingang betreten. Die erste Kirche brannte noch im 9. Jh. nieder. Es ist ungewiß, ob sie von Anfang an oder nur im Zuge der Renovierung (2. Phase) des Kircheninnenraumes durch zwei Pfeilerreihen in drei Schiffe geteilt wurde. Die 3. und 4. Phase der Kirche gehören zu späteren Abschnitten des MAs.

In Radnótis Dokumentation stellte Sós Pfostengruben entlang der Kirchenmauer fest, die von Radnóti nicht erklärt wurden. Deshalb führte sie eine Kontrollgrabung durch und rekonstruierte zwei frühere Bauphasen: das erste Sakralgebäude bestand zu Anfang des 9. Jh.s als Holzkirche, von der keine Überreste geblieben sind, während die zweite sog. Stein-Holz-Basilika aus der 2. Hälfte des 9. Jh.s dreischiffig und beträchtlich groß war (Lg. 30 m, Br. 19,5 m), und erst danach wurde die Steinbasilika im 11. Jh. errichtet. Aufgrund einer Diskussion über die Thesen von Sós (19; 23; 31) konnte eindeutig geklärt werden, daß die Pfosten entweder zu Beginn der Árpádenzeit für einen Wiederaufbau der Steinbasilika als Baugerüst benutzt wurden oder eher Überreste eines profanen Gebäudes aus dem 10. Jh. bilden und daß sie somit erst nach dem Bau der Steinbasilika im 9. Jh. entstanden sein können. Die Kirche von Z.-Récéskút kann mit keiner Kirche der CBC identifiziert werden. Sie könnte wohl die Eigenkirche einer Adelsfamilie aus der Umgebung Priwinas und Chezils gewesen sein.

§ 6. Zalaszabar-Borjúállás (Abb. 109,1). In der 1. Hälfte der 80er J. des 20. Jh.s hat Müller eine einschiffige Saalkirche (Lg. 17 m, Br. ca. 7 m) mit geradem Chorabschluß und Narthex freigelegt (11). Die Holzkirche wurde auf Schwellbalken errichtet, Apsis und Kirchenschiff trennte eine schmale Steinmauer, die Basis einer Chorschranke gewesen sein kann. Um die Kirche herum wurden 805 Verstorbene, teils in mehreren Schichten, bestattet. Sie gehören größtenteils ins 9. Jh., die Bestattung endete vor der Árpádenzeit. Die Kirche lag in einem mit einer Palisadenmauer umgrenzten Adelshof, auf dem in der Nähe des Eingangs ein Holzgebäude, das Wohnhaus der Adelsfamilie, stand.

§ 7. Umgebung (vgl. Abb. 107). Als Priwina sich am Anfang des 840er J. in Mosaburg ansiedelte, *tunc coepit ... circumquaque populos congregare* (CBC c. 11 [8; 9; 32]). Einen Teil dieser Völker bildete jene awarisch-slaw. Bevölkerung, die vom Anfang des 7. Jh.s an hier beheimatet war und eine eigenständige arch. Mischkultur, die sog. Pókaszepetk-Zalakomár Gruppe hervorbrachte (26). Charakteristisch ist für diese die birituelle Bestattungsweise, nach der Slawen in Brand-, Awaren in Körpergräbern bestattet wurden. Die unterschiedliche ethnische Zugehörigkeit ist zu Beginn des 9. Jh.s in den Bestattungssitten und in der Tracht noch immer faßbar. Das Trachtzubehör (Schmuckstücke, Gürtelbestandteile, Sporen), Gebrauchsgegenstände und Waffen (bes. Lanzen- und Pfeilspitzen) repräsentieren jedoch zunehmend einen internationalen ‚Reichscharakter', zumal in manufakturartigen Werkstätten gefertigt, in denen der karol. Kultureinfluß tonangebend war. Trotz der damit verbundenen Homogenisierung in der Tracht lassen sich in der bunten Mischung der Hörigen unterschiedliche kulturelle Wurzeln feststellen. Auf donaubulg. Herkunft verweisen z. B. der künstlich deformierte Schädel (→ Schädeldeformationen) eines Mannes, gewisse Formen und Verzierungsarten der Keramik, die häufig vorkommenden Ohrringe mit Traubenanhängern, und ein repariertes byz. Schwert, das möglicherweise durch bulg. Vermittlung nach Mosaburg geriet (Garabonc-Ófalu I) (28). Zu anderen kulturellen Einflüssen gehören alpenländische Schmuckformen (Ohrringe und Fingerringe) der Horizonte ‚Vor-Köttlach' und ‚Köttlach – Stufe I' (→ Köttlachkultur), sowie bestimmte Schmuckstücke und Gebrauchsgegenstände, die für Mähren charakteristisch sind. Im Umfeld von Mosaburg/Zalavár (Alsórajk-Határi tábla) lassen sich aber auch solche Bestattungssitten wie Brandgräber in einem sog. → Totenhaus nachweisen, wie sie v. a. aus Gebieten der NW-Slawen (z. B. → Lutizen § 2) bekannt sind (24). Zusammenfassend ist hervorzuheben, daß die kulturelle Vielfalt der pann. Gft. im 9. Jh. die Situation im Raum ö. des Karolingerreiches von der Nordsee bis zum Schwarzen Meer widerspiegelt.

Die Siedlungen der Hörigen bestehen aus Haufendörfern mit Halbgrubenhütten von 9–16 m^2 Grundriß und Stein- oder Lehmöfen. Sie enthalten auch Grubenhäuser für Werkstätten, Backöfen mit Heizgruben, Schweinemastgruben und Vorratsgruben. Im einzelnen wurden in Balatonmagyaród-Hídvégpuszta zahlreiche Backöfen mit Heizgruben, auf der Borjúállás-Insel eine Schmiedewerkstatt, in Z.-Várszigetet Überreste von Weberei, einer Kunstschmiedewerkstatt und Werkstätten für Geweihbearbeitung nachgewiesen, in denen sich spezialisierte Handwerker betätigten.

(1) E. Benkő, Die karolingerzeitliche Glockengußgrube von Z. (Kom. Zala, Ungarn), Jb. für Glokkenkunde 17–18, 2005–2006, 1–11. (2) Th. Bogyay, Mosapurc und Z. Eine Auswertung der arch. Funde und schriftlichen Qu., Südost-Forsch. 14, 1955, 349–405. (3) Ders., Die Kirchenorte der Conversio Bagoariorum et Carantanorum. Methoden und Möglichkeiten ihrer Lokalisierung, ebd. 19, 1960, 52–70. (4) Ders., Probleme hist. Qu.kritik und kunstgeschichtl. Stilkritik um Z. (ungar.), Zalai Múzeum 4, 1992, 169–177. (5) H. Dopsch, Zw. Salzburg, Byzanz und Rom. Zur Missionierung Pann.s im 9. Jh., ebd. 11, 2002, 267–294. (6) G. Fehér, Zalavári ásatások (1951–52), Arch. Ért. 80, 1953, 31–52. (7) Ders., Les fouilles de Z. (1951–1954), Acta Arch. Acad. Scientiarum Hungaricae 4, 1954, 201–263. (8) J. Kollár, Cestopis obsahující cestu do Horní Italie, 1843, 11–14. (9) M. Kos, Conversio Bagoariorum et Carantanorum, 1936. (10) F. Lošek, Die Conversio Bagoariorum et Carantanorum und der Brief des Ebf.s Theotmar von Salzburg, 1997. (11) R. Müller, Ein karolingerzeitlicher Herrenhof in Zalaszabar (Ungarn, Kom. Zala), Sborník prací Filozofické Fakulty Brněnské Univerzity E 40, 1995, 91–100. (12) Á. Ritoók, Funde aus Z. (ungar.), in: J. Pintér (Red.), A 200 éves Magyar Nemzeti Múzeum gyűjteményei, 2002, 93–99. (13) Dies., Z., in: I. Takács (Hrsg.), Paradisum plantavit. Bencés monostorok a középkori Magyarországon (Benedictine Monasteries in Medieval Hungary), 2001, 322–327 und 673–676. (14) F. Rómer, Ausgr. in Szalavár, 14–17. Sept. 1881. Széchényi Nationalbibl., Hs.archiv (ungar.), Fol. Hung. 1111/1–2. 146–147. (15) Á. Cs. Sós, Das frühma. Gräberfeld von Keszthely-Fenékpuszta, Acta Arch. Acad. Scientiarum Hungaricae 13, 1961, 247–305. (16) Dies., Bemerkungen zur Problematik des Kirchenbaus des 9. Jh.s in Transdanubien (Pann.), in: Liber Iosepho Kostrzewski octogenario a veneratoribus dicatus, 1968, 377–389. (17) Dies., Ber. über die Ergebnisse der Ausgr. von Z.-Récéskút in den J. 1961–63, Acta Arch. Acad. Scientiarum Hungaricae 21, 1969, 51–103. (18) Dies., Die slaw. Bevölkerung W-Ungarns im 9. Jh., 1973. (19) Dies., Bemerkungen über die Bedeutung und Probleme der Ausgr. von Z. (ungar.), Zalai Gyűjtemény 6, 1976, 105–140. (20) Dies., Z.-Kövecses. Ausgr. 1976–1978, 1984. (21) Dies., Z. im Spiegel der neueren Ausgr. (ungar.), in: L. Kovács (Hrsg.), Honfoglalás és régészet (Landnahme und Arch.), 1994, 86 f. (22) Dies., S. Bökönyi, Die Ausgr. Géza Fehérs in Z., 1963. (23) B. M. Szőke, Z., Zalai Gyűjtemény 6, 1976, 69–103. (24) Ders. (Hrsg.), Arch. und Siedlungsgesch. im Hahóter Becken, SW-Ungarn. Von der VWZ bis zum MA, 1996. (25) Ders., Denkmäler der frühen MAs in Transdanubien (ungar.), Ars Hungarica 1998, 257–319. (26) Ders., Das arch. Bild der Slawen in SW-Ungarn, in: R. Bratož (Hrsg.), Slowenien und die Nachbarländer zw. Ant. und karol. Epoche. Anfänge der slowenischen Ethnogenese 1, 2000, 477–505. (27) Ders., Christl. Denkmäler in Pann. aus der KaZ, Zalai Múzeum 11, 2002, 247–266. (28) Ders. u. a., Die KaZ im unteren Zalatal. Gräberfelder und Siedlungsreste von Garabonc I–II und Zalaszabar-Dezsősziget, 1992. (29) Ders. u. a., Silver-Stained Windows at Carolingian Z., Mosaburg (Southwestern Hungary), Journ. of Glass Studies 46, 2004, 85–104. (30) E. Tóth, Saint Adrien and Z. (ungar.), Századok 133, 1999, 3–40. (31) S. Tóth, Arch., Denkmalpflege,

Gesch. (ungar.), Épités-Épitészettudomány 5, 1974, 617–630. (32) Ders., Das ma. Lapidarium des Balaton-Mus.s zu Keszthely (ungar.), Zalai Múzeum 2, 1990, 147–187. (33) H. Wolfram, Conversio Bagoariorum et Carantanorum. Das Weißbuch der Salzburger Kirche über die erfolgreiche Mission in Karantanien und Pann., 1979. (34) Ders., Salzburg, Bayern, Österr. Die Conversio Bagoariorum et Carantanorum und die Qu. ihrer Zeit, 1996.

B. M. Szőke

Zamárdi. Z., Kom. Szolnok, liegt am N-Ufer des Balaton (Plattensee) 12 km von Sárvár, dem ant. *Tricciana,* entfernt, unmittelbar am Zugang zur Halbinsel Tihanyi. Im Umkreis von Z. liegen mehrere arch. Fst. (ungar. Gräberfeld der Landnahmezeit; frühma. Eisenverarbeitungsplatz), unter denen dem 1972 entdeckten frühma. Gräberfeld eine überragende Bedeutung zukommt.

Das Gräberfeld erstreckt sich über ein Areal von 400 × 200 m. Die Zahl der Gräber (bis Ende 1999 wurden 2 365 ergraben) beläuft sich auf vermutlich annähernd 6 000 Bestattungen. Die bisher geborgenen Gräber stammen aus dem Zentrum des Gräberfeldes und sind ohne Ausnahme ant. beraubt, wobei das Spektrum von gezielter Objektentnahme bis zur völligen Ausplünderung des Grabes reicht. Trotz der Beraubung konnte eine Vielzahl von Objekten geborgen werden (vgl. Taf. 20b und 21), von denen bes. den chron. empfindlichen vielteiligen Gürtelgarnituren aus Bronze bzw. vergoldeter Bronze und Silber bzw. vergoldetem Silber aus den Männerbestattungen besondere Bedeutung zukommt. Ausschließlich aus Gold hergestellte Garnituren, wie sie kennzeichnend für die awarischen Oberschichtgräber sind (z. B. → Kunágota; → Ozora-Tótipuszta und → Kunbábony; siehe: 7; 16; 17; 43), fehlen im bisher ergrabenen Bestand und bestätigen das Bild, daß sich Bestattungen, die der höchsten sozialen Schicht zuzuordnen sind, bisher ausschließlich zw. Donau und Theiß finden (15; 10, 469). Dennoch sind mit allein fünf silbertauschierten, eisernen Klappstühlen (Taf. 21b) Objektgruppen vertreten, die der sozialen Führungsschicht zuzuordnen sind. Eine Gesamtbeurteilung des Gräberfeldes ist derzeit aufgrund der fehlenden Vorlage geschlossener Grabinventare und eines Gräberfeldplanes nicht möglich. Jedoch geben die bisher vorgelegten Funde einen Einblick in die Entwicklung und das Fundspektrum des Gräberfeldes (1; 2–6).

Die Belegung setzt mit der Frühawarenzeit I ein (um 568 bis um 630; 10, 465–487), also mit dem Beginn der awarischen Landnahme nach 567/568 (zu den hist. Hintergründen: 33, 52–65; unter arch. Gesichtspunkten: 26, 65). Charakteristisch sind reiternomadisch geprägte Bestattungen mit einschneidigen Schwertern mit P-förmigen Ösen (6, 107 Kat.-Nr. 59 Grab 193), goldene Bommelohrringe (6, 113 Kat.-Nr. 110 Grab 1140), Blechrosetten (ebd.) als Gürtel- und Riemenzier, Steigbügel mit rechteckiger Öse, Lanzenspitzen vom Typ Szentendre (→ Szentendre mit Abb. 21), knöcherne Sattelschnallen (6, 107 Kat.-Nr. 59 Grab 515), z. T. mit abstrahiertem floralem Dekor verzierte knöcherne Versteifungsplatten von Reflexbögen (6, 107 Kat.-Nr. 61 Grab 186) sowie einzelnen Gräbern zuzuordnende Pferdebestattungen mit Schirrung. Daneben treten in einiger Zahl germ. geprägte Bestattungen auf. Im bisher vorgelegten Material fehlen die für die älteste Belegungsphase z. B. in den Gräberfeldern von → Kölked-Feketekapu A (27) oder Környe (37) charakteristischen tauschierten dreiteiligen Gürtelgarnituren (9; 26), jedoch war die Frau in der Doppelbestattung 1140 mit einer Gürtelgarnitur mit silbernem Rahmen und einem gepreßten vergoldeten Bronzeblech mit Verzierung in Tierstil II (→ Tierornamentik, Germanische § 6b) (23, 214 f. Liste 15; 24, 207 f.) bestattet worden, während dem Mann eine vielteilige silberne, tamgaverzierte Gürtelgarnitur beigegeben worden war (6, 114 Kat.-Nr. 113 Grab 1140).

Bes. zahlreich sind in den Gräbern Arbeiten in Zahnschnittornamentik (6, 117 Kat.-Nr. 125 Grab 517–518, 121 Kat.-Nr. 147 Grab 123, 121 Kat.-Nr. 151 Grab 1613, 122 Kat.-Nr. 155 Grab 870, 125 Kat.-Nr. 169 Grab 1107), deren Verbreitung fast ausschließlich auf den Karpatenraum beschränkt ist und die eine originäre Zierweise unter Einfluß von Tierstil II-Motiven innerhalb des awarischen Herrschaftsraums darstellt (19; 29, 378; 42; 44, 167–170). Zu den herausragenden Werken mit Zahnschnittdekor zählen die Gürtelgarnituren aus Grab 809 und die Hauptriemenzunge aus Grab 1280 (6, 114 f. Kat.-Nr. 114; 20, 120–124). Arbeiten in Zahnschnittornamentik sind kennzeichnend für die Frühawarenzeit II (Ende 1. Viertel 7. Jh. bis 2. Drittel 7. Jh.). In das 2. Viertel des 7. Jh.s und damit noch in die Frühawarenzeit II datieren gleichfalls die spiraltauschierten vielteiligen Gürtelgarnituren, die sowohl im pann. Raum, im ital. Langob.reich und n. der Alpen nachzuweisen sind (8; 18; 25, 30 f.; 26; 27). Die Tatsache des gleichzeitigen Auftretens von vielteiligen Gürtelgarnituren bei den Langob. in Italien und im Karpatenbecken deutet auf eine überregionale Vermittlung dieser Gürtelmode durch das frühbyz. Reich hin (39). Dem gleichen Horizont sind vielteilige, gepreßte und vergoldete Gürtelgarnituren aus Silber oder Bronze mit floralem Dekor (6, 110 Kat.-Nr. 82 Grab 867) und Lebensbaummotiv (6, 110 f. Kat.-Nr. 87 Grab 645; zum Motiv: 38) sowie jüng. silberne, tamgaverzierte Gürtelgarnituren zuzuweisen (6, 113 Kat.-Nr. 103 Grab 1271). Gleichfalls in die Frühawarenzeit datieren die eisernen, silber- und messingtauschierten Klappstühle aus den Gräbern 121, 565, 1049, 2000 und 2030 (Taf. 21) (6, 78–80; 36). Grab 121 barg darüber hinaus eine vielteilige silberne Gürtelgarnitur mit Bleieinlage, wie sie aus zahlreichen frühawarischen Bestattungen bekannt ist. Hervorzuheben sind die Übereinstimmungen der Verzierung des Klappstuhls aus Grab 1049 mit jener des Stuhls aus Kölked-Feketekapu A Grab 108 (23, 270–276; → Kölked-Feketekapu Abb. 16). Zu Recht geht Bardós von einer Herstellung der Klappstühle in einer zentralen Werkstatt unter byz. Kontrolle bzw. geprägt durch einen intensiven byz. Einfluß aus (6, 81). Kontinuierlichen byz. Einfluß belegen u. a. ein sog. koptisches Bronzebecken (→ Koptisches Bronzegeschirr) mit durchbrochenem Fuß (2; 6, 100 Kat.-Nr. 6 Grab 244; 17, 174 Taf. 131 und XL), ein Fingerring mit griech. Monogramm (6, 112 Kat.-Nr. 100 Grab 1855), eine Gürtelgarnitur mit einer Schnalle vom Typ Syrakus (6, 102 Kat. 17–21 Grab 236), Schnallen mit lyraförmigem Beschlag (6, 107 f. Kat.-Nr. 56 und 64 Gräber 1009 und 193; 17, 99–102 Taf. 65.3) und eine Schnalle mit kreuzförmigem Beschlag (6, 102 Kat.-Nr. 19 Grab 1455; 41, 202 f.). Bes. bemerkenswert sind in diesem Zusammenhang silberne Blattkreuze aus den Gräbern 466–467, 645, 1166 und 1276 (3, 161 f.; 6, 87–89, 109 Kat.-Nr. 74 Grab 1276; 110 Kat.-Nr. 86 Grab 645). Die Sitte der Beigabe von Blattkreuzen läßt sich erstmals im ital. Langob.reich nachweisen und geht dort auf roman. Einfluß zurück (34).

Die Mittelawarenzeit (650/670–710; 10, 487–497) ist u. a. durch vielteilige Garnituren mit später Zahnschnittornamentik (6, 127 f. Kat.-Nr. 180–181 Grab 472) sowie Garnituren mit schlichtem Flechtbanddekor (Taf. 20b) (6, 130–132 Kat.-Nr. 194–195.2, 199, 203 Grab 2149, 1348, 1521 und 2207) und rechteckigen Gürtelbesätzen mit eingezogenen Seiten (6, 131 f. Kat.-Nr. 201 Grab 297) faßbar. Die für die Mittelawarenzeit charakteristischen Garnituren vom Typ Igar (14) fehlen im bisher publizierten Bestand, jedoch liegen mit den vergoldeten silbernen Besätzen aus Grab 867 (6, 86 f. 110 Kat.-Nr. 82) Gürtelzierden des Typs Ozora aus dem letzten Drittel des 7. Jh.s vor (17, 133–137). Streifentauschierte vielteilige Gürtelgarnituren, wie sie z. B. in den Gräberfeldern von Sommerein am Leithagebirge, Grab 16 (11, 37 f. 74. 220 Taf. 15 und 133), oder von Gyenesdiás, Grab 1982/5 (28), vertreten sind und in das dritte bzw. letzte Viertel des 7. Jh.s datiert werden, finden sich unter den bisher publizierten Funden gleichfalls nicht, jedoch mindestens eine Garnitur mit einer Riemenzunge vom Typ Feldmoching (6, 125 Kat.-Nr. 167–168 Grab 1353), die Christlein seiner Gruppe IV und damit dem späteren Abschnitt der Schicht 3 der Formengruppe B zuordnete (8, 56 f.; 26, 70–75; 20, 32–41). In den Frauengräbern finden sich verschiedene Var. der Ohrringe mit aufgezogenen Blechkugeln (6, 134 Kt.-Nr. 222–223 Grab 2275 und 1918; 17, 23–28). In Z. scheint sich die allg. Tendenz zur Vereinheitlichung der Trachtelemente, wie sie allg. kennzeichnend für die Mittelawarenzeit ist, zu bestätigen (10, 488).

Die Spätawarenzeit (10, 497–516) ist durch Männergräber mit gegossenen Gürtelgarnituren in Greifenrankendekor (6, 132 f. Grab 456, 133 Grab 1360, 133 Grab 1888) repräsentiert. Zur Pferdeschirrung zählen nun versilberte → Phaleren aus Bronze mit vergoldetem halbkugeligem, floralverziertem Mittelbuckel (6, 134 Grab 2354). Die letztgenannten Objekte datieren in die Spätawarenzeit II und IIIa. Ob in Z. eine weitgehend beigabenlose Belegungsphase (Spätwarenzeit IIIb) vorhanden ist, wie sie z. B. für → Leobersdorf nachgewiesen ist (12, 132–135; 10, 514), ist beim derzeitigen Publ.stand nicht zu beurteilen.

Zentrale Bedeutung kommt dem Gräberfeld von Z. in der Diskussion über das Fortleben germ. Bevölkerungsgruppen während der Awarenzeit zu. Die Forsch. der zurückliegenden beiden Jahrzehnte haben gezeigt, daß im pann. Raum mit einem nicht unerheblichen germ. Bevölkerungsanteil zu rechnen ist (21–24), wie dies u. a. die Gräberfelder von Budakalász-Dunapart (30–32), Csákberény (13), → Kölked-Feketekapu A und B (23; 24; 40), Környe (37) und → Szekszárd-Bogyíszlói út (35) belegen. Unter der Berücksichtigung der kulturellen und polit. Rahmenbedingungen „weisen" nach Pohl „die vielfältigen Verbindungen der Frühawarenzeit darauf hin, daß mit der Machtübernahme der Awaren im Karpatenbecken keineswegs ein eiserner Vorhang niederging oder das kulturelle Leben gleichgeschaltet wurde. Die Übernahme und eigenständige Weiterentwicklung des germanischen Tierstils und Zahnschnittes durch die Awaren ist ein Beispiel für die komplexen Akkulturationsprozesse, die in der awarischen Frühzeit stattfanden; durch voreilige ethnische Zuordnung geraten sie aus dem Blick" (33, 231 f.). Für die zukünftige Erforschung der awarischen Kultur kommt dem Gräberfeld von Z. eine Schlüsselrolle zu.

(1) K. Bakay, Zur Chron. der Awarenzeit. Neue awarenzeitliche Gräberfelder in der Umgegbund des Plattensees (ungar.), Somogyi Múzeumok közleményei 1, 1973, 5–86. (2) E. Bárdos, Eine im awarischen Friedhof von Z. gefundene koptische Schüssel (ungar.), ebd. 9, 1992, 3–40. (3) Dies., La necropoli di Z., in: G. C. Menis (Hrsg.), Gli avari, un popolo d'Europa, 1995, 151–163. (4) Dies., Megszólal a zamárdi temető, Élet és Tudomány 52/27, 1997, 846–850. (5) Dies., A Kárpát-medence legnagyobb avarkori temetője. Ausstellungsführer, 1998. (6) Dies., La necropoli àvara di Z., in: E. A. Arslan, M. Buora (Hrsg.), L'oro degli Avari. Popolo delle steppe in Europa, 2000, 76–141. (7) I. Bóna, Die großen Awarenfunde des 19. Jh.s (ungar.), Szolnok Megyei Múzeumi Évkönyv 1982–83, 1983, 81–160. (8) R. Christlein, Das alam. Reihengräberfeld von Marktoberdorf im Allgäu, 1966. (9) F. Daim, Das awarische Gräberfeld von Zillingtal: Sechs Gräber mit „westlichen" Gegenständen. Wiss. Arbeit Burgenland 1000, 1998, 97–135. (10) Ders., Avars and Avar arch. An introduction, in: H.-W. Goetz u. a. (Hrsg.), Regna et Gentes. The Relationship between Late Antique and Early Medieval Peoples and Kingdoms in the Transformation of the Roman World, 2003, 463–570. F. (11) Ders., A. Lippert, Das awarische Gräberfeld von Sommerein am Leithagebirge, NÖ, 1984. (12) Diess., Das awarische Gräberfeld von Leobersdorf, NÖ, 1987. (13) N. Fettich, Das awarenzeitliche Gräberfeld von Pilismarót-Basaharc, 1965. (14) G. Fülöp, Awarenzeitliche Fürstenfunde von Igar, Acta Arch.

Acad. Scientiarum Hungaricae 40, 1988, 151–190. (15) É. Garam, Bemerkungen zu den ältesten Fundmaterial der Awarenzeit, in: H. Friesinger, F. Daim (Hrsg.), Typen der Ethnogenese unter besonderer Berücksichtigung der Bayern 2, 1990, 253–272. (16) Dies., Kat. der awarenzeitlichen Goldgegenstände und der Fundstücke aus den Fürstengräbern im Ungar. Nationalmus., 1993. (17) Dies., Funde byz. Herkunft in der Awarenzeit vom Ende des 6. bis zum Ende des 7. Jh.s, 2001. (18) B. Gebauer-Hellmann, Studien zu so genannten spiraltauschierten Waffengurten n. der Alpen, in: Cum grano salis. Beitr. zur europ. Vor- und Frühgesch. (Festschr. V. Bierbrauer), 2005, 183–197. (19) O. Heinrich-Tamaska, Die Zahnschnittornamentik – Germ. Einflüsse in der Frühawarenzeit?, Mag.-Arbeit 1999. (20) Dies., Awarenzeitliche Tauschierarbeiten, 2005. (21) A. Kiss, Das Weiterleben der Gep. in der Awarenzeit, in: B. Hänsel (Hrsg.), Die Völker SO-Europas im 6. bis 8. Jh., 1987, 203–218. (22) Ders., Germ. im awarenzeitlichen Karpatenbecken, in: F. Daim (Hrsg.), Awarenforsch. 1, 1992, 35–134. (23) Ders., Das frühawarenzeitlich gep. Gräberfeld von Kölked-Feketekapu A, 1996. (24) Ders., Das awarenzeitliche Gräberfeld in Kölked-Feketekapu B, 2001. (25) U. Koch, Die frk. Gräberfelder von Bargen und Berghausen in Nordbaden, 1962. (26) M. Martin, Awarische und germ. Funde in den Männergräbern von Linz-Zizlau und Környe. Ein Beitr. zur Chron. der Awarenzeit, A Wosinsky Mór Múzeum Évkönyve 15, 1989, 65–90. (27) Ders., Tauschierte Gürtelgarnituren und -beschläge der frühen MAs im Karpatenbecken und ihre Träger, in: [23]. (28) R. Müller, Das awarische Grab 1982/5 des awarischen Gräberfeldes von Gyenesdiás, in: [20], 151–156. (29) M. Nagy, Ornamenta Avarica I. Die geometrischen Elemente der awarenzeitlichen Ornamentik (ungar.), Móra Ferenc Múzeum Évkönyve 4, 1998, 377–459. (30) A. Pásztor, T. Vidar, Der beschlagverzierte Gürtel der Awaren am Beispiel des Inventars von Budakalász-Dunapart, Ungarn, Grab 696, in: F. Daim (Hrsg.), Reitervölker aus dem Osten. Hunnen + Awaren, 1996, 341–347. (31) Dies., Eine frühbyz. Bronzekanne aus dem awarenzeitlichen Gräberfeld von Budakalász, in: C. Bálint (Hrsg.), Kontakte zw. Iran, Byzanz und der Steppe im 6.–7. Jh., 2000, 303–311. (32) Dies., Die tauschierten Beschläge des Gräberfeldes von Budakalász, in: [20]. (33) W. Pohl, Die Awaren. Ein Steppenvolk in Mitteleuropa 567–822 n. Chr., 1988. (34) E. Riemer, Zu Vorkommen und Herkunft italischer Folienkreuze, Germania 77, 1999, 609–636. (35) G. Rosner, Das awarenzeitliche Gräberfeld in Szekszárd-Bogyiszlói Straße, 1999. (36) C. Rupp, Die Beweglichkeit des Sitzens – Ein byz. Faltstuhl aus dem Kunsthandel, in: Cum grano salis. Beitr. zur europ. Vor- und Frühgesch. (Festschr. V. Bierbrauer), 2005, 283–292. (37) Á. Salamon, I. Erdélyi, Das völkerwanderungszeitliche Gräberfeld von Környe, 1971. (38) M. Schmauder, Eine vielteilige Gürtelgarnitur aus dem westgotenzeitlichen Spanien? Zu drei Goldblechbesätzen aus Castiltierra, Segovia (Spanien), in: Arch. Zellwerk. Beitr. Kulturgesch. in Europa und Asien (Festschr. H. Roth), 2001, 447–459. (39) Ders., Vielteilige Gürtelgarnituren des 6.–8. Jh.: Herkunft, Aufkommen und Träger, in: F. Daim (Hrsg.), Die Awaren am Rand der byz. Welt – Stud. zu Diplomatie, Handel und Technologietransfer im Früh-MA, 2000, 15–44. (40) Ders., Rez. zu [23], Germania 84, 2006, 221–227. (41) M. Schulze-Dörrlamm, Byz. Gürtelschnallen und Gürtelbeschläge im RGZM 1, 2002. (42) P. Straub, Bemerkungen zur Bestimmung des Jankovich-Goldes, Communicationes Archæologiæ Hungaricæ 1999, 93–105. (43) E. Tóth, A. Horváth, Kunbábony. Das Grab eines Awarenkhagans, 1992. (44) T. Vida, Merow. Spathagurte der Awarenzeit, Communicationes Archæologiæ Hungaricæ 2000, 161–175.

M. Schmauder

Zarten

Archäologisch – a. Die Siedlung *Tarodunum* bei Z. – b. Das Netz der kelt. Großsiedlungen im Ober- und Hochrheingebiet – c. Wirtschaft und Münzwesen – d. Kontinuität zum MA

Archäologisch. a. Die Siedlung *Tarodunum* bei Z. Die bei →Ptolemaeus in seiner Γεωγραφίας Ὑφήγνσις 2,11,15 (nach Mitte des 2. Jh.s n. Chr.) genannte kelt. Siedlung Ταρόδουνον wurde erstmals 1815 lokalisiert (L. Oken) und 1818 mit dem Namen Z. im Dreisamtal an Schwarzwaldrand ö. von Freiburg, Kr. Breisgau-Hochschwarzwald, gleichgesetzt (J. Leichtlen) (49, 272; 40, 402 ff.); einerseits wegen der topographisch sehr exakten Lokalisierung und andererseits wegen der sprachlich gesicherten Kontinuität von *Tarodunum* zu Z. (23; 19; 37, 477; 38, 45; 56; vgl. auch Zarten Bd. 34).

Bisher galt eine etwa 200 ha große Befestigungsanlage mit einem teilweise erhaltenen Wall im Flurbereich ‚Heidengraben' als das ant. *Tarodunum* (Abb. 110). Bei Ausgr.

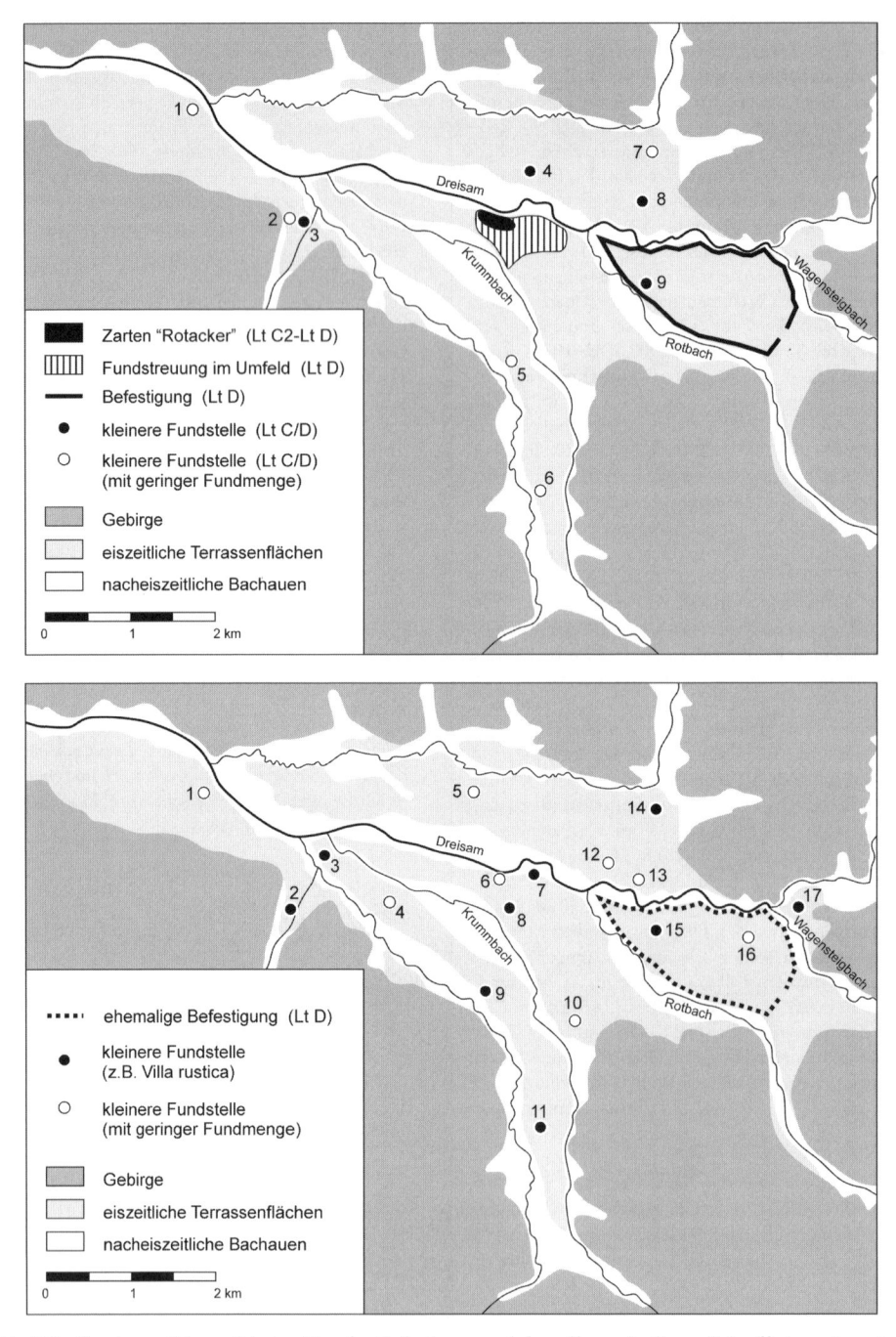

Abb. 110. *Tarodunum*. Schematisierter Plan der Befestigung und der offenen Siedlung (Schraffur) sowie weiterer Fst. der LTZ im Dreisamtal (oben) und der Fundplätze der RKZ (unten). Nach Wagner (44, Abb. 3a und b)

1901 und 1987 wurde eine Var. des → Murus Gallicus anhand der schweren, 22 cm lg. Eisennägel eines Holzrahmenwerks von 2,7 m Seitenlg. freigelegt (23; 49; 3, 88 Abb. 99). Die Größe der Anlage verwies auf ein kelt. → Oppidum, doch gibt es im Inneren der Befestigung kein Fundmaterial, nur im ö. Randbereich wurden ebenfalls 1901 Bestattungen mit Beigaben der MZ aus dem 7. Jh. ergraben (20). Das natürliche Plateau der Niederterrasse ist durch die Quellflüsse der Dreisam, den Rot- oder Höllbach im S und den Wagensteigbach im N, mit teils künstlich bis zu 15 m hohen, versteilten Böschungen geschützt. Die Mauer stand unmittelbar auf der Terrassenkante, und nach O zum Schwarzwald riegelte ebenfalls eine Mauer, heute noch als Wall im Gelände sichtbar, mit begleitendem Graben auf 700 m Lg. das Areal ab, insgesamt eine Befestigungslinie von etwa 6 km Lg. (48, 2; 31, 9 Abb. 4 mit den markierten Terrassenrändern). In der Mitte des ‚Heidengrabens', eine Knickstelle im Verlauf des ö. Walles, wurde 1901 eine Toranlage ausgegraben, anscheinend ein Zangentor.

Erst 1985 wurde bei Z., Gewann ‚Rotacker', etwa 1–1,5 km w. der Befestigung auf der eiszeitlichen Schotterterrasse s. der Dreisam anhand von reichhaltigem Oberflächenfundmaterial eine offene Siedlung entdeckt und systematisch prospektiert (48). Sie ist in das 2. und 1. Jh. v. Chr. (120–80 v. Chr.), d. h. LT C2/D1, datiert (44–48; 17; 10–15). Die Kartierung der Funde läßt auf einen Kernbereich der Siedlung von etwa 12–14 ha sowie eine mögliche Gesamtgröße von etwa 30 ha schließen, wozu noch einige kleinere Siedlungsstellen verstreut im Z.er Becken kommen (Abb. 110-111).

Anscheinend sollte die Siedlung in die Befestigung verlegt werden, was jedoch nicht mehr zustande kam; denn weder wurde die Befestigung fertiggestellt (49), noch gibt es eindeutige Siedlungsspuren im Inneren (10; 11). So wurde auch die Ansicht geäußert, es habe sich bei der Wallanlage lediglich um ein Refugium gehandelt (38, 68).

Der Fundstoff der offenen Siedlung besteht aus einheimischer Keramik, importierten röm. Amphoren der Form Dressel 1A (14), etwa 220 kg Scherben (48, 6), weiterhin aus Frg. von mehr als 250 Glasarmringen und Ringperlen (45; 47; 48), die inzw. auf ihre Materialzusammensetzung und Färbung hin analysiert worden sind (9, 33 mit Abb. [A. Burkhardt]). Der Bestand aus *Tarodunum* an Glasarmringen ist nach dem von → Manching (Bayern) und vom → Dürrnberg (Salzburg) einer der größten exakt lokalisierten Komplexe. Reste der Goldverarbeitung sowie der Münzherstellung und 130 kelt. Münzen sind kartiert (Abb. 111b) und in Hinblick auf ihre Metallzusammensetzung ebenfalls analysiert worden (8). Einzelfunde eines Schrötlings sowie Eisen- und Buntmetallschlacken sind Hinweise auf Münzprägung und Metallverarbeitung. Indirekt liefern die bisher analysierten Funde aus *Tarodunum* im Dreisamtal und von einer weiteren befestigten Großsiedlung auf dem Kegelriß bei Ehrenstetten (7) Indizien, daß die Metalle aus Lagerstätten des s. Schwarzwaldes stammen können, wozu z. B. auch Antimon gehört, das mit beträchtlichem Anteil in den Münzen nachgewiesen ist (5; 8; 34) und sich ebenso auch als auffälliges Spurenelement als Färbemittel in den Glasarmringen findet (A. Burkhardt, in [48]).

Diese Spuren von Handwerk sowie Nahund Fernhandel sind Niederschlag der wirtschaftl. Verhältnisse einer kelt. Großsiedlung der Spät-LTZ (→ Oppidum).

Jüngste Grabungen 2004/5 nach geomagnetischer Prospektion im Zentrum der offenen Siedlung (52; 55) haben das Bild der großflächigen Geländebegehungen und Fundkartierungen (48) bestätigt. In eine von nur geringer Humusschicht bedeckte Schotterfläche ist der Fundstoff zw. den Steinen eingebettet. Anscheinend ist die ehemalige Kulturschicht weitgehend ero-

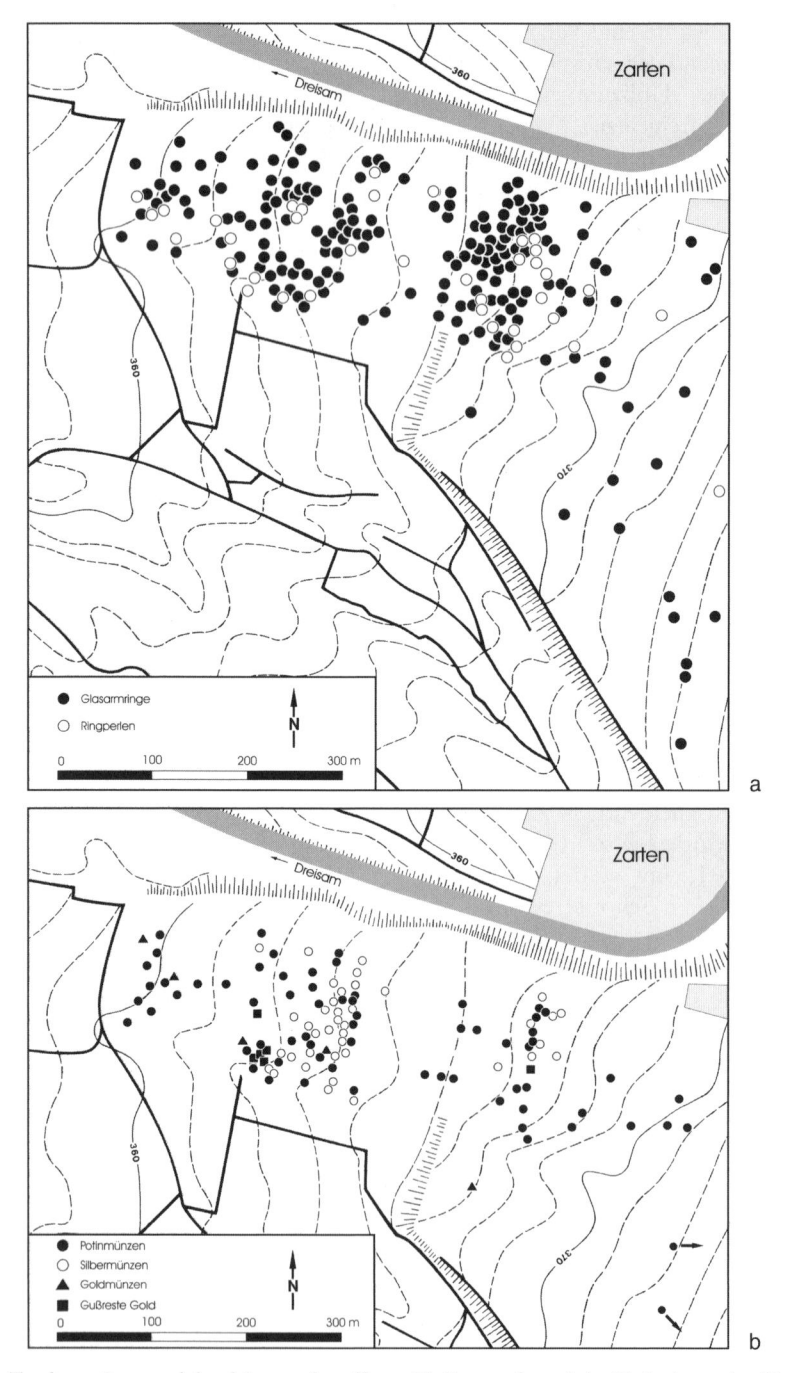

Abb. 111. *Tarodunum*. Lage und Ausdehnung der offenen Siedlung aufgrund der Verbreitung der Glasarmringe (a) und der Münzen (b). Nach Dehn (14, 114 Abb. 72) und Burkhardt u. a. (8, 286 Abb. 2 b)

diert. Doch hat die geomagnetische Prospektion Hinweise auf mehrere Metallverarbeitungsplätze geliefert.

Die Bedeutung der Siedlung *Tarodunum* ergibt sich einerseits aus der geschützten Lage im Talkessel des Z.er Beckens, rings umgeben von hohen Bergen (zur Landschaftsgesch. 31; 32; 39), der nur durch einen schmalen Durchgang am Schwarzwaldrand Verbindung zum Rheintal im W hat, und andererseits aus der Position an einer Wegeführung über den Schwarzwald nach O, die auch für die röm. Epoche angenommen wird (36; 22; 25; 30).

b. Das Netz der kelt. Großsiedlungen im Ober- und Hochrheingebiet. *Tarodunum* gehört zu einer Gruppe spätkelt. Großsiedlungen, die einerseits am Rhein gelegen unmittelbar sich dem Fernhandel als Warenumschlags- und Sammelplatz auf dem Wasserweg (→ Wasserstraßen) öffneten oder andererseits am Schwarzwald den Zugang zu Erzlagerstätten kontrollierten (35; 48). Das s. Oberrheingebiet war während der Spät-LTZ relativ dicht besiedelt (Abb. 112). In einem Areal von etwa 100 km Lg. und 40 km Br. konzentrieren sich zahlreiche kelt. Siedlungen, *oppida* und *vici* im Sinne Caesars, in enger Nachbarschaft von 15–30 km (27, 273; 40, 250; 47).

Im Rahmen der zuletzt vorgelegten Aufarbeitung der Grabungen auf dem Limberg bei Sasbach wurde der Forsch.sstand eingehend dargelegt (50; 51) und später mehrfach diskutiert (26; 27; 47), ob diese Konzentration einer Stammeseinheit wie den Rauraker als → *civitas* oder → *pagus*, ebenfalls im Sinne der späteren Angaben bei Caesar, entsprechen könnten (40, 251). Dazu gehören am Oberrhein der Limberg bei Sasbach (3, 97–99), Breisach-Hochstetten und Breisach-Münsterberg (3, 79–82) (→ Breisach) sowie der Kegelriß bei Ehrenstetten (3, 83–85; 8; 11) und *Tarodunum*; am Hochrhein die größeren Siedlungen Basel-Gasfabrik (3, 105–112) und Basel-Münsterhügel (3, 113–120) (→ Basel), → Altenberg-Rheinau und kleinere Plätze wie Sissacher Fluh, Mont Terri und Hartmannswillerkopf (27, 272 Karte Abb. 1).

Für den Kulturraum am s. Ober- und Hochrhein wird vermutet, daß dieser zum Stammesgebiet der Rauraker gehört habe (47, 17) und daß das Netz der Großsiedlungen eine geplante Organisationsform gewesen sei, mit Befestigungen an den Grenzen und offenen Siedlungen im Inneren des Territoriums (26; 27). Die Befestigungen lägen für wirtschaftl. ausgerichtete Siedlungen ungünstig, oft an steilen Bergrücken, würden aber die Grenzen des Gesamtterritoriums sichern (27). *Tarodunum* verbindet jedoch beides, die offene Siedlung und die Befestigung, und es deutet sich ein zeitliche Abfolge an. Ebenso ist auch die Befestigung auf dem Kegelriß bei Ehrenstetten nur einige hundert Meter von den fruchtbaren Talflächen entfernt, liegt dafür nahe an den Erzlagerstätten (42). Es läßt sich also kaum beweisen, daß der einheitlich wirkende Kulturraum auch eine polit.-ethnische Einheit gewesen sein muß, zumal die Abgrenzung zw. Rauraker, Sequanern und Helvetiern arch. kaum möglich ist (Karten bei 43, Abb. 1; 51, 80 Abb. 39; 27, 272 Abb. 1; 47, 15 Abb. 4). Daher ist die Frage nach dem relig., polit. oder administrativen Zentrum des Siedlungsverbandes (40, 251) nur dann berechtigt, wenn tatsächlich eine zentrale Organisation und Macht den Gesamtraum kontrollieren und organisieren konnte.

Gegenwärtig reichen die Grabungsbefunde und Datierungshinweise jedoch nicht aus, eine solche Regelhaftigkeit zu postulieren; vielmehr scheinen individuelle Ereignisse das Geschick der einzelnen Plätze bestimmt zu haben. Während für einige noch in der nachfolgenden röm. Zeit milit. und zivile Bebauung nachgewiesen ist, werden andere von der Bevölkerung verlassen. Weder in *Tarodunum* noch in Altenburg-Rheinau gibt es Funde des letzten halben Jh.s

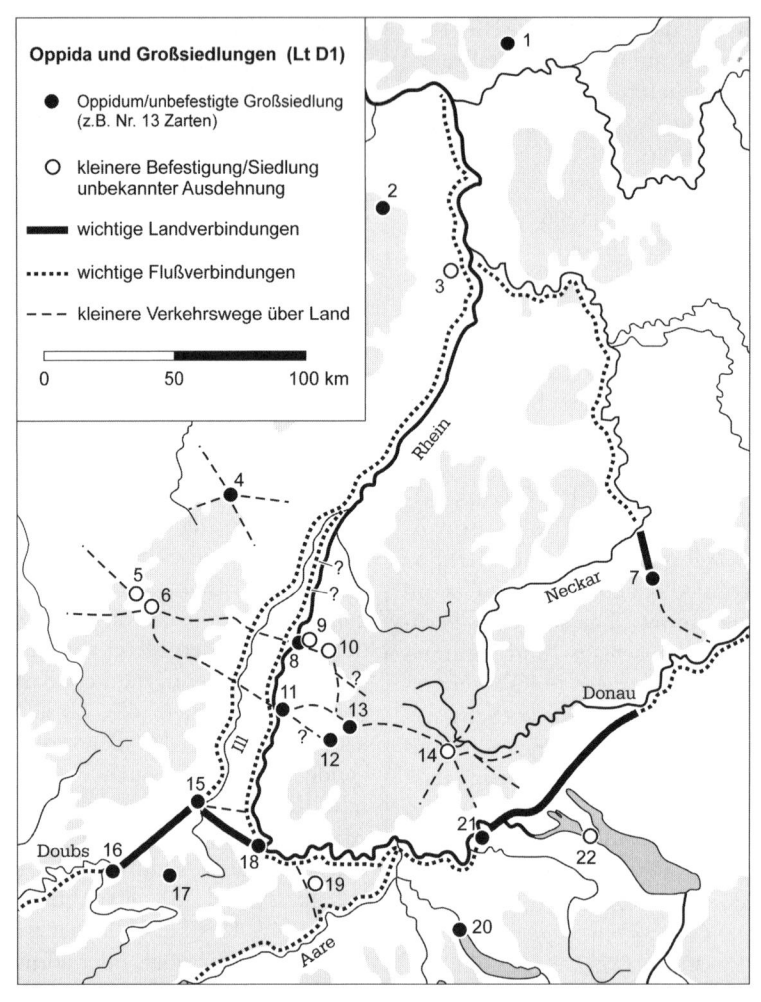

Abb. 112. Oppida und Großsiedlungen im Oberrheingebiet. Nach Wagner (47, Abb. 4): Limberg bei Sasbach Nr. 8; Riegel am Kaiserstuhl Nr. 10; Breisach-Hochstetten Nr. 11; Kegelriß Nr. 12; Z.-Tarodunum Nr. 13; Basel-Gasfabrik Nr. 18; Altenburg-Rheinau Nr. 21

v. Chr. (40, 270). *Tarodunum* wird lange vor der röm. Okkupation aufgegeben und die große Befestigungsanlage nicht fertiggestellt, weil die Bewohner der Siedlung abgewandert sind.

In bezug auf Größe und fehlende Befestigung vergleichbar zu Z.-‚Rotacker' kann auf rechtsrhein. Gebiet lediglich das nahegelegene Breisach-Hochstetten gelten. Die umfangreichen Grabungen der 1960er Jahre, die I. Stork (Diss. Freiburg 1979) bearbeitet hat, sind nur in Vorberichten publiziert (3, 134 Lit.; 2). Insgesamt ist deutlich, daß Breisach-Hochstetten ein überregional bedeutender Handelsplatz war, der an einem früheren Rheinarm lag. Sowohl verschiedene Handwerksgattungen (z. B. Töpferei) als auch Münzprägung sind nachgewiesen. Neben den größeren Siedlungen bestanden zahlreiche Gehöfte mit jeweils einigen Gebäuden (51). Von der etwa 8 ha großen Siedlung bei Breisach-Hochstetten sind 2,2 ha arch. untersucht (3, 80 Abb. 87). Sie endete zu Beginn des 1. Jh.s v. Chr., und eine neue kelt. Siedlung wurde auf dem etwa 10 ha großen Plateau des Breisacher Münsterhügels um 80/70 v. Chr. bzw. erst kurz vor der augusteischen Okkupation ausgebaut (4; 40, 307–309). Das übliche Fundmaterial wie Amphoren, kampanische Ware und Vorratsgefäße (Dolien) ist registriert.

Die offene Großsiedlung bei Riegel am Kaiserstuhl ist bisher für 1,2 ha nachgewiesen (zur röm. Zeit → Riegel). Töpferöfen belegen Keramikproduktion am Ort (3, 95 Abb. 108). Außerdem liegen Frg. von Glasarmringen und ein Münzschatz (s. u.) vor.

Bei Sasbach am Kaiserstuhl sind Siedlungen auf und im Umfeld des Limberges nachgewiesen, datiert in die Stufen LT D1 und D2 (150–40/30 v. Chr.) (3, 97–99; 40, 460–462; 50). Die Anlage auf dem Berg ist etwa 10 ha groß; ein Wall aus einer Erdrampe mit großen Vorderpfosten schützt den weniger steilen Abschnitt auf 140 m Lg., während ein Randwall geringerer Dimension den Plateaurand sichert. Über der alten Anlage wurde ein röm. Lager augusteischer Zeitstellung ausgebaut. Zum Fundstoff gehören Amphoren der Form Dressel 1A, Dolien und zahlreiche Münzen.

In der 16 ha großen Befestigung auf dem Kegelriß bei Ehrenstetten, Kr. Breisgau-Hochschwarzwald, waren etwa 6 ha besiedelt (3, 84 Abb. 91). Eine Holz-Erde-Konstruktion im Wall ist ergraben. Etwa 60 Münzen der Zeit von 150–80 v. Chr. und Bronzegußreste zur Herstellung von Bronzemünzen sind registriert (8, 286 f.).

Die Siedlung Basel-Gasfabrik (ausführlich 28; 3, 105–112; 33, 169 f.) mißt 15 ha und existierte von 150–80 v. Chr. Das Bebauungsmuster besteht aus rechteckigen Parzellen als Hofareale; einige Hausgrundrisse und zahlreiche Getreidesilos in der Siedlung sind ergraben. Nachgewiesen sind Töpferöfen, Fibelproduktion und die Herstellung von Glasarmringen. Auf dem benachbarten Münsterhügel von Basel (3, 113–120) sicherte eine Holz-Erde-Befestigung, eine Pfostenschlitzmauer mit genagelter Holzarmierung und Steinfront, die 3,5–4 ha große Siedlung, in der Häuser beiderseits einer gut ausgebauten, breiten Straße standen (3, 116; 33, 169; anders 27, 270). Sie begann um 80/70 v. Chr. (LT D1b) und wurde in augusteischer Zeit um 30/20 v. Chr. vollständig umgebaut (18; 33).

Das Doppeloppidum → Altenburg-Rheinau, nur wenige Kilometer unterhalb des Rheinfalls bei Schaffhausen gelegen, ist mit der neuen Kartierung zur Ausdehnung der besiedelten Fläche (4; 24; 33, 181 f.; 40, 280–283; 3, 73 Abb. 78) rund 318 ha groß (dt. Seite ‚Schwaben' 233 ha und schweizer Seite ‚Rheinau' 85 ha). Die Lage am Fluß und bei einem wichtigen Rheinübergang prädestinieren den Platz als Handelsort. Mächtige Befestigungen, Pfostenschlitzmauern, die mehrfach erneuert worden sind, riegeln die Halbinseln ab. Schmiedeplätze und andere Werkstätten für Eisen, Buntmetall und Glas, auch Töpferöfen sind nachgewiesen. Amphoren aus dem Mittelmeergebiet und kampanische Ware aus Italien bezeugen wie bei *Tarodunum* den Fernhandel. Mehr als 400 neu registrierte Münzen (3, 76) sind zum bisherigen Bestand von etwa 75 Münzen (24, 128) zusätzlich kartiert; → Tüpfelplatten und Gußreste bezeugen die Münzherstellung. Die Besiedlungszeit erstreckt sich von 150–50/40 v. Chr. Das röm. Lager Dangstetten entsteht in 30 km Entfernung um 15 v. Chr. Eine weitere Großsiedlung bestand auf der linken Rheinseite bei Sierentz (3, 100 ff.) mit durch Gräben parzellierten rechteckigen Hofflächen wie in anderen kelt. Oppida (→ Manching).

Die Höhenbefestigungen auf dem Münsterhügel in Basel, auf dem Münsterberg in Breisach und auf dem Limberg bei Sasbach (3, 118) wurden etwa zeitgleich um und nach 80 v. Chr. errichtet. So ist die Frage berechtigt, ob die große Befestigung von *Ta-*

rodunum ebenfalls um diese Zeit entstanden ist. Wie das Ende auch der Befestigungen und der Übergang zur röm. Zeit verlaufen sind (21; 18), wird diskutiert; denn sowohl auf dem Limberg als auch auf dem Baseler Münsterhügel entstanden röm. Militärlager.

Es gab sichtlich eine Hierarchie der kelt. Siedlungen am Oberrhein (vgl. dazu → Kelten § 14. Die kelt. Siedlungsweise). Die Flächen der Großsiedlungen (53, 20 Abb. 1) sind ähnlich, betragen wenig über 10 ha. Nur die nicht fertig gewordene Befestigung von *Tarodunum* mit über 200 ha und das Oppidum von Altenburg-Rheinau mit 318 ha sind um ein Vielfaches größer. Die Großsiedlungen waren für die jeweils umgebenden Landschaften → Zentralorte. Sie wiesen präurbane Züge auf, aufgrund der größeren Einw.zahl und der Konzentration von Handwerk, darunter auch die wertvolleren Produktionszweige der Edelmetallverarbeitung und Münzherstellung sowie der Glasverarbeitung, und der Einbindung in den Fernhandel. Die landwirtschaftl. ausgerichteten Siedlungen im Umland sicherten die Versorgung. Die kleinen Fundkonzentrationen im Z.er Becken werden als solche Gehöfte gedeutet, die den Zentralort *Tarodunum* versorgt haben.

c. Wirtschaft und Münzwesen. Zur nahörtlichen Produktion gehörten die Mühlsteinherstellung und die Töpferei, z. B. wurden in *Tarodunum* Mühlsteine aus Sandstein des Schwarzwaldes gewonnen, und Fehlbrände von Gefäßen bezeugen die Keramikproduktion in Z. (9, 27 f. mit Abb.). Mühlsteine aus Rotliegend-Brekzie von einer Lagerstätte im s. Schwarzwald wurden über Basel weiter verhandelt, z. B. nach Breisach-Hochstetten (35, 53 Abb. 53). Fernhandel belegen Funde von Graphitton-Keramik aus Regionen ö. des Schwarzwaldes (→ Graphit und Graphittonkeramik § 5) in Sasbach-Limberg, Breisach-Hochstetten, *Tarodunum* und Riegel (35, 53). Die Anbindung des Oberrheingebiets an den Fernhandel ins Mittelmeergebiet bezeugen die Funde von kampanischer Feinkeramik und von Weinamphoren in mehreren der Großsiedlungen (3, 82 Abb. 90); zu den Handelswegen vom Mittelmeer zum Rhein, bis *Tarodunum* und zur Donau (3, 49 Karte Abb. 44). Der Fehlbrand eines Doliums vom Breisacher Münsterberg ist Grundlage einer Studie zum Handel, bei dem diese Vorratsgefäße als Transportbehälter mit mehr als 50 l Fassungsvermögen dienten (54 mit Verbreitungskarten); denn Reste dieser Dolia der Spät-LTZ sind in den meisten Siedlungen am Oberrhein gefunden worden.

Hinweise auf Münzproduktion gibt es aus den Großsiedlungen in Altenburg, auf dem Kegelriß, in Breisach-Hochstetten, auf dem Breisacher Münsterberg und in *Tarodunum* (zu den kelt. Münzen am Oberrhein allg. [8]). Gußtrichter für Potinmünzen, deren Metallzusammensetzung bestimmten Gruppen von Sequanermünzen entspricht, sind vom Kegelriß und vom Breisacher Münsterberg bekannt (3, 32 Abb. 18). In Breisach-Hochstetten und Altenburg-Rheinau wurden Tüpfelplatten zum Guß von Münzschrötlingen gefunden.

Anhand der Verbreitungsbilder der Münzen und der Lokalisierung von Zwischenproduktionen der Münzherstellung konnte nachgewiesen werden, daß verschiedene Typenreihen der sog. Sequaner-Potinmünzen nicht nur auf dem sog. Sequanergebiet, sondern auch in den angrenzenden Regionen gegossen worden sind, in Siedlungen in der W-Schweiz und am Oberrhein, so auch in *Tarodunum*, auf dem Kegelriß und in Breisach-Hochstetten. Während der 2. Hälfte des 2. und zu Beginn des 1. Jh.s v. Chr. bildeten SW-Deutschland, O-Frankreich und das Schweizer Mittelland einen zusammenhängenden Wirtschaftsraum, was die Verwendung desselben Geldes (Horizont der sog. Gruppe A der Sequanermünzen) zeigt (34, Karte 16). Es zeichnen sich zudem Handelsrouten ab, so über den Schwarzwald von Breisach-Hochstetten und *Tarodunum* aus nach → Hüfingen. Im 2. Viertel des 1. Jh.s v. Chr. brach die Geldwirtschaft allg. ab. SW-Deutschland erscheint fundleer, die unbefestigten Großsiedlungen und auch die kelt. → Viereckschanzen und Gehöfte werden am Ende von D1 (etwa um 80 v. Chr.) verlassen (34) (zu diesem Problem allg. → Helvetiereinöde).

Für die meisten dieser Siedlungen der späten LTZ sind Münzen vom Goldstater bis zum Kleingeld (Potinmünzen) nachgewiesen. Der Umlauf von Kleinmünzen im täglichen Geldverkehr spiegelt eine marktorientierte Wirtschaft (→ Münzwesen, keltisches). Leichte Nominale wurden für den alltäglichen Handel geprägt, Obole von nur 0,5 g. Die kleinsten Nominale O-Galliens, in Basel-Gasfabrik sogar ein Hemiobol aus Silber von nur 0,3 g (6, 58), waren in Basel und *Tarodunum* (3, 46 Abb. 41) in Umlauf.

In der offenen Siedlung von *Tarodunum* zeigen alle Reste und Zwischenstufen zur Herstellung von Goldmünzen (Goldklumpen von 25 g, ungeprägter Metallrohling und geprägte Münze eines späten Philippou-Typs) die identische Zusammensetzung der Gold-Silber-Kupfer-Legierung (6, 59 ff. mit Abb. 64 a–d; 15, 89; 12). Spätestens seit 120 v. Chr. begann die Herstellung von Potinmünzen, die im Reihengußverfahren zu 4 bis 5 g in allen kelt. Großsiedlungen (6, 60) erzeugt wurden.

Ein Schatzfund mit 27 schüsselförmigen Nachahmungen von Philippou-Stateren des späten 2. Jh.s v. Chr. wurde in → Riegel entdeckt (16; 3, 56 und 96 Abb. 110). Der große Schatzfund → Saint Louis mit → Torques und Goldmünzen (13) scheint vom Kegelriß zu stammen (3, 65 f.), wo weitere 60 Münzen gefunden wurden.

d. Kontinuität zum MA. Der Name ‚*Tarodunum*', als ‚Burg/Stadt des Taros' (→ Zarten Bd. 34) lebt im heutigen ‚Zarten' fort, was erst mit der Entdeckung der Siedlung w. der Befestigung tatsächlich erklärbar wird; denn diese unbesiedelte Anlage hätte kaum zur Nennung bei Ptolemaios geführt, der einen hist. Zustand beschreibt, in dem die beiden Germanien noch Militärbezirke und keine Prov. waren (ca. 85 n. Chr.) (37, 480). Nächstälteste Belege sind aus dem J. 765 *Zarduna* und *marcha Zardunensis*, aus ‚Tarodunum', überliefert in einer Urk.kopie des Klosters St. Gallen aus dem 9. Jh. Die Bezeichnung ist, von der zweiten Lautverschiebung erfaßt, wohl vor 600 n. Chr. von galloroman. Siedlern durch germ. Sprechende übernommen (29, 232; 1, 21; 32), so daß von einer Kontinuität der Besiedlung im Z.er Talkessel von der kelt. über die röm. bis zur alem.-frk. Zeit ausgegangen werden kann. Ein sprachlicher, d. h. lautgesetzlicher Zusammenhang zw. ‚Zarten' und ‚Zähringen' scheint möglich, und da der → Zähringer Burgberg offensichtlich für einige Jahrzehnte Vorort und Zentrum der Breisgau-Alem. war, zuvor schon eine bedeutende eisenzeitliche Höhenbefestigung der HaZ und frühen LTZ, während der KaZ besetzt und dann die namengebende Burg der Zähringer Herzöge getragen hat, ist auch ein machtpolit. Zusammenhang denkbar; mit ‚Zarten' und ‚Zähringen' wurde eine Landschaft mit darin angesiedelten zentralörtlichen Funktionen benannt, in der sich der Schwerpunkt in den verschiedenen Jh. nur verlagert hat.

(1) B. Boesch, Z. und Zähringen, in: [41], 15–24. (2) H. Bender, L. Pauli, I. Stork, Der Münsterberg in Breisach, 2. Hallstatt- und LTZ, 1993. (3) A. Bräuning u. a., Kelten an Hoch- und Oberrhein, Führer zu arch. Denkmälern in Baden-Württ. 24, 2005. (4) Dies., R. Dehn, Neues zum Oppidum von Altenburg, Gde. Jestetten, Kr. Waldshut, Arch. Ausgr. in Baden-Württ. 2004, 2005, 110–113. (5) A. Burkhardt, Quantitative Methoden zur kelt. Num. am Beispiel der Münzfunde aus latènezeitlichen Siedlungen der Oberrheinregion, 1998. (6) Ders., Kelt. Münzen und Münzstätten, in: [3], 55–64. (7) Ders., R. Dehn, Produktionsreste kelt. Potinmünzen vom Kegelriß bei Ehrenstetten, Gem. Ehrenkirchen, Kr. Breisgau-Hochschwarzwald, Arch. Ausgr. in Baden-Württ. 1992, 1993, 116–120.

(8) Ders. u. a., Kelt. Münzen aus latènezeitlichen Siedlungen des Breigaus. Num., geochem. und archäometallurgische Unters., Fundber. aus Baden-Württ. 27, 2003, 281–439. (9) Ders., H. Wendling, Handwerk und Wirtschaft, in: [3], 25–34. (10) R. Dehn, *Tarodunum* und Kegelriß. Neues zur Spät-LTZ im Breisgau, Denkmalpflege in Baden-Württ. 17, 1988, 94–97. (11) Ders., Zu spätlatènezeitlichen Siedlungen im Breisgau, in: Marburger Kolloquium 1989 (W. Dehn zum 80. Geb.), Veröffentl. vorgeschichtl. Seminars Marburg Sonderbd. 7, 1991, 89–99. (12) Ders., Gold aus Tarodunum – die ersten Münzen, in: E. Sangmeister (Hrsg.), Zeitspuren. Archäologisches aus Baden = Arch. Nachr. aus Baden 50, 1993, 118–119. (13) Ders., Neue Entdeckungen zur Spät-LTZ im Breisgau: Tarodunum, Kegelriss und der „Goldfund von Saint-Louis bei Basel", in: [26], 110–116. (14) Ders., Neues zu Tarodunum, Gem. Kirchzarten, Kr. Breisgau-Hochschwarzwald, Arch. Ausgr. in Baden-Württ. 1998, 1999, 113–115. (15) Ders., Das Oppidum Tarodunum bei Kirchzarten, in: [3], 86–89. (16) Ders., Der kelt. Goldmünzenschatz von Riegel, Arch. Nachr. aus Baden 68/69, 2004, 29–33. (17) Ders. u. a., Neues zu Tarodunum, Gem. Kirchzarten, Kr. Breisgau-Hochschwarzwald, Arch. Ausgr. in Baden-Württ. 1987, 1988, 85–88. (18) E. Deschler-Erb, Basel-Münsterhügel. Überlegungen zur Chron. im 1. Jh. v. Chr., in: C. M. Hüssen u. a. (Hrsg.), Spät-LTZ und frühe RKZ zw. Alpenrand und Donau, 2004, 149–164. (19) G. Fingerlin, Das kelt. Oppidum von Tarodunum: Forsch.sstand und Perspektiven, in: [41], 25–44. (20) Ders., Merowingerzeitliche Grabfunde aus Tarodunum, in: [41], 71–76. (21) Ders., Spätkelt. und frühröm. Zeit am Hoch- und Oberrhein, Freiburger Universitätsbl. 159, 2003, 19–36. (22) Ders., Kirchzarten-Burg (RF). Röm. Straßenstation?, in: D. Planck (Hrsg.), Die Römer in Baden-Württ., 2005, 148. (23) F. Fischer, Beitr. zur Kenntnis von Tarodunum, Bad. Fundber. 22, 1962, 37–49. (24) Ders., Das Oppidum Altenburg-Rheinau und sein spätlatènezeitliches Umfeld, in: we [18], 123–131. (25) J. Humpert, Eine röm. Straße durch den s. Schwarzwald, Arch. Nachr. aus Baden 45, 1991, 19–32. (26) P. Jud (Hrsg.), Die spätkelt. Zeit am s. Oberrhein, 1994. (27) Ders., Zentralsiedlungen oder Grenzkastelle? Einige Überlegungen zur Funktion der spätlatènezeitlichen Befestigungen am s. Oberrhein, in: MILLE FIORI (Festschr. L. Berger), 1998, 269–275. (28) P. Kamber u. a., Stadt der Kelt. Gesch. aus dem Untergrund, 2002. (29) W. Kleiber, Tarodunum/Z. Beitr. zum Problem der Kontinuität, Alem. Jb. 1971/72, 229–238. (30) Ders., Die neuentdeckte röm. Straßenverbindung zw. Baar (Hüfingen) und Breisgau (Z.) im Blickwinkel der Namenkunde, in: Italica et Romanica (Festschr. M. Pfister) 3, 1997, 239–251. (31) E. Liehl, Zur Landschaftsgesch. des Z.er Beckens, in: [41], 1–13. (32) B. Mangei, Herrschaftsbildung von Kgt., Kirche und Adel zw. Oberrhein und Schwarzwald. Unters. zur Gesch. des Z.er Beckens von der merow. bis zur salischen Zeit, Diss. Freiburg 2003. (33) F. Müller, G. Lüscher, Die Kelt. in der Schweiz, 2004. (34) M. Nick, Die kelt. Münzen vom Typ „Sequanerpotin". Eine Studie zur Typol., Chron. und geogr. Zuweisung eines ostgall. Münztyps, 2000. (35) Ders., Wein gegen Sklaven – Der kelt. Handel, in: [3], 48–54. (36) R. Nierhaus, Röm. Straßenverbindungen durch den Schwarzwald, Bad. Fundber. 23, 1967, 117–157. (37) Ders., Zu den topographischen Angaben in der „Geogr." des Klaudios Ptolemaios über das heutige S-Deutschland, Fundber. aus Baden-Württ. 6, 1981, 475–500. (38) Ders., Zur liter. Überlieferung des Oppidums Tarodunum, in: [41], 45–70. (39) H. Ott, Überlegungen zur Besiedlungsgesch. des Z.er Beckens und des Wagensteigtals, in: [41], 141–167. (40) S. Rieckhoff, J. Biel, Die Kelt. in Deutschland, 2001. (41) K. Schmid (Hrsg.), Kelt. und Alem. im Dreisamtal. Beitr. zur Gesch. des Z.er Beckens, 1983. (42) H. Steuer, Kelt. und röm. Bergbau im S-Schwarzwald, in: Früher Bergbau im S-Schwarzwald. Arch. Informationen aus Baden-Württ. 41, 1999, 37–42. (43) Ders., Das Netz der Siedlungen im Breisgau vom Altert. bis zum Hochma. – Karten zur Besiedlung des Oberrheingebietes, in: G. Helmig u. a. (Hrsg.), Centre, Region, Periphery, Medieval Europe Basel 2002, vol. 3, 2002, 150–162. (44) H. Wagner, Kirchzarten und Ötigheim – zwei neue kelt. Siedlungen am Oberrhein, Die Ortenau 1990, 68–83. (45) Ders., Der Glasschmuck der latènezeitlichen Siedlung Tarodunum (Kirchzarten, Kr. Breisgau-Hochschwarzwald), Mag.-Arbeit Freiburg 1992. (46) Ders., Tarodunum, a large celtic settlement in South-west Germany, in: Actes du XIIe Congrès International des Sciences Préhist. et Protohist., 1993, 260–262. (47) Ders., Die latènezeitliche Siedlung von Z. (*Tarodunum*) und die Besiedlung des Z.er Beckens, Germania 79, 2001, 1–20. (48) Ders., Glasschmuck der Mittel- und Spät-LTZ am Oberrhein und den angrenzenden Gebieten, 2006 (mit einem Beitr. von A. Burkhardt, Analytischer Ber., 323–336). (49) G. Weber, Neues zur Befestigung des Oppidums Tarodunum, Gde. Kirchzarten, Kr. Breisgau-Hochschwarzwald, Fundber. aus Baden-Württ. 14, 1989, 273–288. (50) G. Weber-Jenisch, Der Limberg bei Sasbach, die Siedlungen Breisach-Hochstetten und Münsterberg und weitere Fst. der Spät-LTZ im Breisgau, in: [26], 117–125. (51) Dies., Der Limberg bei Sasbach und die spätlatènezeitliche Besiedlung des Oberrheingebiets, 1995. (52) H. Wendling, Neues aus Tarodunum. Ausgr. in der mittel-

und spätlatènezeitlichen Großsiedlung von Kirchzarten-Z. „Rotacker", Kr. Breisgau-Hochschwarzwald, Arch. Ausgr. in Baden-Württ. 2004, 2005, 107–110. (53) Ders., Offene „Städte" – befestigte Höhen. Ein Sonderfall der Siedlungsstruktur im Oberrheingebiet, in: [3], 19–24. (54) Ders., Der Fehlbrand eines spätlatènezeitlichen Doliums vom Breisacher Münsterberg. Ein Beitr. zur Wirtschaftsgesch. des Oberrheingebietes, Arch. Korrespondenzbl. 35, 2005, 377–396. (55) Ders., Töpfer, Schmiede, Münzmeister – Nachweise spätkelt. Handwerks in Tarodunum, Gde. Kirchzarten, Kr. Breisgau-Hochschwarzwald, Arch. Ausgr. in Baden-Württ. 2005, 2006, 107–110. (56) R. Wiegels, Tarodunum, in: N. Pauly XII/1, 28 f.

H. Steuer

Zum Namenkundlichen → Zarten, Bd. 34

Zauber

§ 1: Begrifflich – § 2: Sprachlich – 3: Etymologie, Wortgeschichte und Semantik von *seiðr* – § 4: Quellen – § 5: Funktionen und Anwendungsgebiete des *seiðr* – a. Natürliche Umwelt und Elemente – b. Waffen und Kampf – c. Körper und Psyche – § 6: Techniken des *seiðr* und die Frage nach dem Schamanismus – § 7: Die Ausübenden des *seiðr*

§ 1. Begrifflich. Z. ist „magische Handlung, magische Kraft, geheimnisvolle Ausstrahlung, unwiderstehlicher Reiz" (17, 2006 f.). Da beim Unterfangen, das Wort Z. zu definieren, der Magie-Begriff stets herbeizuziehen gepflegt wird und in diesem Fremdwort lat. Ursprungs das Äquivalent von Zauberei verstanden wird, ist die begriffliche Verortung des Z.s nicht ohne die Miteinbeziehung der über hundertjährigen, um den Terminus Magie geführten, Debatte zu leisten. Dabei sei vorweg auf zwei wichtige Gesichtspunkte hingewiesen: Erstens, Magie und Z. sind Begriffe der Alltagswelt, sie sind älter als die betreffenden mit ihnen operierenden religions-, geistes-, und gesellschaftswiss. Disziplinen und führen auch ein durchaus von ihnen unbeeinflußtes Eigenleben. Der Soziologe Mongardini verwies darauf, daß es wenige Begriffe gäbe, die so unbestimmt seien wie jener der Magie, und nannte seine Faszination „magisch" (13, 12). Zweitens hat bereits Marett im J. 1915 darauf hingewiesen, daß für den Magiebegriff wie so oft, wenn vage Begriffe der Alltagssprache in die Wissenschaftssprache überführt werden, Theoretiker, die an verschiedenen und mehr oder weniger inkompatiblen Konzepten interessiert sind, ausschließliche Rechte auf den Begriff erheben. Und wird allen recht getan, wird der Begriff zwangsläufig mehrdeutig sein (12, 245).

Die westliche, im wesentlichen christl. geprägte und in der europ. Kultursphäre entstandene Wissenschaftswelt verwendete die Magie- und Zaubereibegriffe bis zur Schwelle des 20. Jh.s hauptsächlich im Sinne der ekklesiastischen Tradition und, nur wenige Autoren schienen sich der geistigen Grundlagen dieser Terminologie bewußt gewesen zu sein. Selbst dann, wenn es darum ging, außereurop. und nicht-westliche Kulturphänomene zu beschreiben und zu interpretieren, wenn Ethnographen und Sozialanthropologen zur Feder griffen, schrieben sie aus ihrer europ. Perspektive. Tylor vertrat in seinen Darst. einen aufklärerischen Standpunkt, der ihn in jenen Erscheinungen, die er für magisch hielt, einen intellektuellen Irrtum erkennen ließ (23). Die Gesetze des Geistes seien dieselben und daher bestehe überall die Gefahr eines Wiederaufflammens des „Aberglaubens" (24, 159). Demgegenüber versuchte Frazer, Magie als die „illegitime Schwester der Wissenschaft" – man beachte das genealogische Naheverhältnis – zu legitimieren. Und bedenkt man, daß Frazer Magie und Wiss. deswegen zusammenzustellen versuchte, weil er glaubte, daß beide von der „generellen Annahme einer Aufeinanderfolge von Ereignissen, determiniert durch Gesetze" (6, 62) ausgingen, so erkennen wir das explizit naturwiss. Wissenschaftsbild, das hinter diesem Gedanken steht. Dem „Zeitalter der

Magie", in dem die Menschen versucht hätten, die Naturkräfte zu bändigen, sei nach Erkenntnis der eigenen Unfähigkeit und der Zwecklosigkeit magischer Praktiken ein „Zeitalter der Religion" gefolgt, das durch Opfer und Gebete zur Beeinflussung oder Beschwichtigung höherer Mächte gekennzeichnet war (6, 73. 75). Frazers berühmtes Werk, der „Golden Bough", wurde zu einer mächtigen Theorie der Magie, deren Anziehungskraft man ihrerseits als ‚magisch' zu umschreiben versucht ist. Petzoldt hat auf den geistesgeschichtl. Hintergrund der von Frazer postulierten „evolutionistische[n] Trias Magie – Religion – Wissenschaft" hingewiesen. Relig. wird im rationalistisch-bürgerlichen Weltbild des späten 19. Jh.s zum evolutionsgeschichtl. überholten Zwischenglied zw. Naturphilosophie und Wissenschaft, eine Vorstellung, die auch auf Freud zuzutreffen scheint, der Relig. „als eine menschheitsgeschichtliche Illusion ansah, die es zu zerstören galt" (16, 475 f.).

War Marett noch 1915 von der kristallklaren Erkenntnis ausgegangen, „der moderne Anthropologe, wenn er einem existierenden Volk ‚Magie' zuschreibt, kann dies kaum tun, ohne gleichzeitig damit zu implizieren, dass es etwas geringwertigeres und schlechtes ist – etwas, das, [...] zur Pathologie des Geistes und der Gesellschaft gehört" (12, 245), so versuchte Malinowski (11) das Gegenteil zu beweisen. Malinowskis Name steht in der Ethnol. und Anthrop. für einen Paradigmenwechsel, der die Methode des Forschens und des (Be)schreibens revolutionieren sollte und für nahezu ein halbes Jh. unangefochtene Gültigkeit beanspruchen konnte. Neben dem Anspruch der Feldforschung als Voraussetzung für wiss. Aussagen etablierte Malinowski die Maxime des Kulturrelativismus (2). Entgegen dem evolutionistischen System Frazers betonte Malinowski das Bestehen von Magie, Relig. und Wiss. innerhalb einer einzigen Kultur. Bes. die provokante Feststellung, daß die handwerklichen Fertigkeiten der Bewohner der Trobriand-Inseln mit dem Rüstzeug des westlichen Wissenschaftlers vergleichbar seien, ist wohl nur aus seiner Kulturrelativismus-Devise zu verstehen. Sein Versuch mußte, schon deshalb fehlschlagen, da die zur Legitimation dieser Einteilung herangezogenen Begriffe, etwa ‚natürlich' und ‚praktisch', wieder dem westlichen Denken entnommen sind und keine indigene Denkkategorie darstellen (25, 335 ff.).

Die soz. Perspektive verschob die Problematik der Dichotomie von Magie und Relig. von der diachronen auf die synchrone Ebene. Der bereits 1903 von Mauss vorgelegte Versuch über eine allg. Theorie der Magie zeigte das soz. Interesse für den antisozialen Charakter der mit dem Magiebegriff assoziierten Milieus (9). Dabei interessierte weniger die vor- als vielmehr die para- und antiinstitutionelle Dimension des Magischen. Die von Durkheim (4, 70 ff.) versuchte Erweiterung der Dichotomie auf der Ebene des Kollektiven (Relig.) und Individuellen (Magie) wurde nicht weiter verfolgt, da das Nebeneinander von vor-, para- und antiinstitutionellen Magieverständnissen kein einheitliches Bild des Phänomens als individuelle Erscheinung zu zeichnen erlaubt (13, 28 f.). Dagegen vermochte die Soz. den Magiebegriff erfolgreich auf Phänomene großstädtischer Kulturpraktiken – auch der westlichen Industrienationen – zu übertragen, auf die sog. ‚Neomagie'. Denn – so das Fazit – „das Magische läßt sich nicht zu einem geschichtlichen Stadium der menschlichen Erfahrung verengen. Stets bestätigt es sein Dasein im Psychischen, im primitiven Menschen, der in uns wohnt" (13, 23).

Obwohl viele Vertreter unterschiedlicher Disziplinen weiterhin gerne und ausgiebig mit dem Magiebegriff arbeiteten, wurde ein Unbehagen mit dem noch immer unscharfen Terminus spürbarer. Nach 1950, also in den Jahren, in denen das Zeitalter des Kolonialismus endgültig zu Ende ging, zog der

Anthropologe Radcliff-Brown einen Schlußstrich unter konkurrierende Verständnisse des Magiebegriffs und empfahl, ihn „soweit wie möglich zu vermeiden, bis ein allgemeines Übereinkommen darüber getroffen wird" (21, 138). Kluckhohn empfahl, ihn nicht mehr als „strenge Kategorie" zu gebrauchen, sondern analog zu den durchaus sinnvollen sozialwiss. Kategorien „Junge" und „Mann", die aus Sicht der Physiologie freilich unwiss. sein müssen (10, 518). Schließlich wies Pettersson darauf hin, daß die definitorischen Schwierigkeiten der Dichotomie Magie/Relig. nicht zuletzt auch aus dem eurozentristischen Religionsverständnis resultierten, für das die christl. Relig. das Grundmuster abgegeben hatten (14).

Kurze Zeit später resümierten M. und R. Wax den Stand der Magiediskussion mit drei gangbaren Optionen für die Zukunft: 1. Verwerfung des Begriffs (Radcliff-Brown), 2. Verwendung ausschließlich im westlichen Kontext, 3. Erweiterung des Magiebegriffs zum magischen Weltbild (25, 352). Dabei schienen die Autoren den dritten Weg zu favorisieren. Durchgesetzt hat sich aber, soweit mittlerweile festzustellen ist, der zweite Weg, denn hier macht der Magiebegriff „viel davon sichtbar, wie westliche Menschen die eigene Religion und Moral verstehen" (25, 352). Selbstverständlich setzte die neuere Verwendung der Z.- und Magie-Terminologie eingehende philol. und sprachgeschichtl. Forsch., wie jene Harmenings (7; 8) voraus, die eine Begriffsarch. zu leisten vermochten. Und erst die Studien der letzten Jahrzehnte gehen wie selbstverständlich von einer kultur- und zeitspezifischen Magie-Terminologie aus, derer sie sich bedienen können (22, 176–246): „Tatsächlich läßt sich das Wesen der Zaubertheorie als eines intellektuell wie sozial prägenden Faktors nur innerhalb einer konkreten Kultur erarbeiten, in der die Zeitschiene zugleich als Trägerin linearer geistiger Traditionen fungiert" (3, 24).

§ 2. Sprachlich. Aus dem begrifflichen Befund ergibt sich für die Beschäftigung mit den sprachlichen Grundlagen der Terminologie eine größere Bedeutung. In den semant. Feldern von Z. und Magie werden verschiedene, recht heterogene Wortgruppen zusammengeführt. Die „Encyclopedia of Indo-European Culture" nennt drei ie. Wortstämme, die in dieses Gebiet fallen (19): 1. *keudes- ,magische Kraft', wovon sich akslaw. čudo ,Wunder', griech. κῦδος ,bekannt' ableiten und das mit lat. caveō ,bin vorsichtig', ae. hīeran ,hören', ahd. hör(r)en ,hören' verwandt zu sein scheint. Nach Benveniste wird diese magische Fähigkeit bei Homer von Göttern an Kg. oder Helden verliehen. Die semant. Entwicklung habe vom ,Wahrnehmen' über ,Seltsames Wahrnehmen' zu ,mit magischen Kräften ausgestattet' geführt (1). 2. *soito/eh$_a$- ,Zauberei' (s. u. § 3). 3. *h$_x$olu oder *alu ,Zauber(wort)', wovon runisch alu ,Zauberwort', anord. ǫl-rūn ,Mythos' (oder ,Tabu'), hethitisch alwanzatar ,Hexerei, Zauberei, Zauber' abstammen. Polomé versuchte auch, *alu(þ) ,Bier' und seine vermeintlichen Ableitungen ae. ealu ,(Malz)Bier' (im Gegensatz zu ae. beor ,Met'), lett. aluôt ,ziellos umhergehen' und griech. ἀλύω ,außer sich sein' hierher zu stellen, mit dem Verweis auf die rituelle Bedeutung des alkoholischen Getränkes in den germ. Gesellschaften (18).

Da im germ. Bereich ein allg. verwendeter Ausdruck für Z. fehlt, ist im ahd. zoubar eine Sonderentwicklung aus einem verwandten, jedoch nicht mit Z. identischen Bereich zu sehen. Über die germ. Wurzel *taufra- *taubra- ist wenig bekannt (26, 5). Umso erhellender ist die Analyse seiner Derivate: Anord. taufr ,Zaubermittel' und ags. téafor ,Mixtur, Salbe, Kräutersaft, Ocker/Rötel' sowie engl. mdal. tiver ,roter Ocker' (5, 100 ff.). Der vermeintliche etym. Zusammenhang zw. dem Verwenden roter Farbe und dem Vorgang des Zauberns hat die Phantasie vieler Linguisten und Kulturhistoriker beflügelt. Wesche wies in seiner gleichsam kulturhist. wie linguistisch bedeutsamen Studie auf die kultische Bedeutung des Blutes und – bzw. an seiner Stelle – der roten Farbe in frühen Kulturen hin und nannte explizit die Praxis der roten Bemalung von Runen als Blutersatz im Runen-Z. (26, 5 f.). In jüngerer Vergangenheit hat Poruciuc in diesem Zusammenhang sogar auf die prähist. ‚Ocker-Gräber-Kultur' aufmerksam gemacht (20). Wichtiger ist jedoch sein Versuch, das rumän. *teafar* ‚gesund, heil' zu ags. *téafor* und ahd. *zoubar* zu stellen. Das Wort sei entweder von der Sprache der Schwarzmeer-Goten entlehnt und habe dann eine semant. Entwicklung von ‚verhext' über ‚gesegnet' zu ‚gesund' genommen (20, 212), oder es entstamme einem vorroman. Zusammenhang, etwa dem etr. Bereich, der z. B. den Flußnamen Tiber hervorgebracht hat (20, 216).

(1) E. Benveniste, Indo-European Language and Soc., 1973, 346–356. (2) J. Clifford, Über ethnographische Autorität, in: E. Berg, M. Fuchs (Hrsg.), Kultur, soziale Praxis, Text. Die Krise der ethnographischen Repräsentation, 1993, 109–157. (3) Ch. Daxelmüller, Z.-Praktiken. Eine Ideengesch. der Magie, 1993, 24. (4) E. Durkheim, Les formes élémentaires de la vie religieuse, 1960 (dt. Übs.: E. Durkheim, Die elementaren Formen des relig. Lebens, 1984). (5) M. Förster, Sprache und Lit. I, Beibl. zur Anglia 34, 1923, 97–104. (6) J. G. Frazer, The Golden Bough, 1. The Magic Art and the Evolution of Kings, ³1911. (7) D. Harmening, Superstition. Überlieferungs- und theoriegeschichtl. Unters. zur kirchlich- theol. Aberglaubenslit. des MAs, 1979. (8) Ders., Zauberei im Abendland. Vom Anteil der Gelehrten am Wahn der Leute. Skizzen zur Gesch. des Aberglaubens, 1991. (9) H. Hubert, M. Mauss, Esquisse d'une théorie générale de la magie, L'Année sociologique 7, 1902/03, 1–146 (Übs. in M. Mauss, Soz. und Anthrop. 1, 1974, 43–179). (10) C. Kluckhohn, Universal Categories of Culture, in: A. L. Kroeber u. a. (Hrsg.), Anthropology Today, 1953, 507–523. (11) B. Malinowski, Magic, Science and Relig. and other Essays, 1955. (12) R. R. Marett, Magic, in: Encyclopaedia of Relig. and Ethics 8, 1915, 245–252. (13) C. Mongardini, Über die soz. Bedeutung des magischen Denkens, in: A. Zingerle, C. Mongardini (Hrsg.), Magie und Moderne, 1987, 11–62. (14) O. Pettersson, Magic – Relig. Some Marginal Notes to an old Problem, Ethnos 22, 1957, 109–119 (Übs. in: [15], 313–324). (15) L. Petzoldt (Hrsg.), Magie und Relig. Beitr. zu einer Theorie der Magie, 1978. (16) Ders., Magie und Relig., in: P. Dinzelbacher, D. R. Bauer (Hrsg.), Volksrelig. im hohen und späten MA, 1990, 467–485. (17) W. Pfeifer, Etym. Wb. des Deutschen Q–Z, 1989. (18) E. C. Polomé, Beer, Runes and Magic, Journ. of Indo-European Studies 24, 1996, 99–105. (19) Ders., D. Q. Adams, Magic, in: J. P. Mallory, D. Q. Adams (Hrsg.), Encyclopedia of Indo-European Culture, 1997, 361 f. (20) A. Poruciuc, Lexical Relics (Rom. Teafar, Germ. Z., Engl. Tiver): A Reminder of Prehistoric Red-Dye Rituals, The Mankind Quarterly 30, 1990, 205–224. (21) A. R. Radcliffe-Brown, Structure and Function in Primitive Soc., 1952. (22) M. Stute, Hauptzüge wiss. Erforschung des Aberglaubens und seiner populärwiss. Darst. der Zeit von 1800 bis in die Gegenwart, 1997, 176–246. (23) E. B. Tylor, Researches in the Early Hist. of Mankind, 1870. (24) E. B. Tylor, Primitive Culture, ³1891. (25) M. und R. Wax, The Notion of Magic, Current Anthropology 4, 1963, 495–513 (Übs. in: [15], 325–384). (26) H. Wesche, Der ahd. Wortschatz im Gebiete des Z.s und der Weissagung, 1940.

O. Haid

§ 3. Etymologie, Wortgeschichte und Semantik von *seiðr*. Unter den verschiedenen Formen magisch-relig. Praktiken, die im alten Skand. belegt sind, bildet *seiðr* mask. eine besondere Kategorie, die in erster Linie durch Techniken bestimmt ist, die elaborierter als bei anderen Magie- und Zauberbereichen erscheinen. Die Unters. des *seiðr* wird durch Unsicherheiten im Wortgebrauch erschwert; oft ist in den ma. liter. Qu. eine Unterscheidung zw. dem eigtl. *seiðr* und anderen magischen Kategorien, die ihrerseits wiederum von *seiðr* bestimmt sein können, schwierig. Letzterer scheint von den isl. und norw. Verf. bisweilen synonym benutzt worden zu sein mit *fjǫlkynngi* fem. ‚Zauberei, Zauberkunst', *galdrar* mask. pl. ‚Zauberweisen; Zauberei', *taufr(ar)* neutr. pl. bzw. mask. pl. ‚Zauberei; Gegenstände, die zum Zaubern verwendet werden' und *trolldómr* mask. ‚Zauberkraft' (die drei letzteren hier also in der sekundären Wortbedeutung ‚Magie, Zauber'). Es erscheint daher nicht legitim, der Stoffsammlung zu *seiðr* auch noch die gesamten awnord. Textstellen, die das Vb. *síða* (oder *seiða*) ‚zaubern', das Subst. *seiðr* ‚Zauber' oder eines seiner Komposita beinhalten, hinzuzufügen, wie z. B. *seiðgaldr* mask., *seiðhjallr* mask., *seiðkona* fem., *seiðlæti* neutr. pl., *seiðmaðr* mask., *seiðmagnan* fem., *seiðskratti* mask.

Die Etym. des maskulinen Wortes *seiðr* (zu seinen sehr seltenen femininen oder neutralen, sicherlich sekundären Formen; vgl. 36, s. v. *seið*) ist umstritten (44, s. v. *seiður*; 58; 63, 120 f.; 67, s. v. *seið*). Allg. geht man von einer Verwandtschaft mit lit. *saĩtas* ‚Zauberei, Hexerei', *saičiù, saĩsti* ‚Zeichen deuten' und korn. *hud* ‚Magie, Sinnestäuschung' aus; eine Beziehung zu dem Namen oder dem Beinamen gewisser weiblicher Gottheiten oder Matronen im kontinentalgerm. Bereich *(Saitchamiae)* wurde ebenfalls ins Auge gefaßt (44, s. v. *seiður*; 67, s. v. *seið*; hingegen 24, 473. 532). Darüber hinaus wurde das Wort mit dem Kompositum ae. *ælfsiden* fem. ‚Nachtmahr' in Verbindung gebracht (vgl. 41, 169. 281).

Zu den wichtigsten Erklärungsversuchen zum Ursprung des Wortes *seiðr* gehört auch die Hypothese einer Homologie mit awnord. *seiðr* ‚Band, Gürtel', in den Kenningar (→ Kenning) zur Bezeichnung der Midgardschlange (→ Miðgarðr und Útgarðr) gebraucht, sowie mit awnord. *sími* ‚Band, Schnur'. In diesem Zusammenhang dürfte das Wort *seiðr* urspr. ‚magisches Band' bedeutet haben, was sich vermutlich auf die Handlung des magischen Bindens bezog; diese Bedeutung ließe sich der ‚Magie der Fesseln' gegenüberstellen, einer in der awnord. Lit. wohl dokumentierten Vorstellung (vgl. z. B. die magische Fessel namens *herfjǫturr,* die sich während eines Kampfes plötzlich um eine Person legen konnte; s. 28, 80 f., mit Lit.). Diese Vorstellung ist auch in anderen idg. Kulturen belegt (vgl. 40, 129–140; 63, 121; 33). Zu den möglichen Einwänden gegen eine solche Interpretation gehört, daß die awnord. Qu. das Erscheinen des *herfjǫturr* niemals zum Bereich des *seiðr* rechnen. In c. 7 seiner → *Ynglinga saga* beschreibt → Snorri Sturluson zahlreiche magischen Kräfte Odins (→ Wotan-Odin) (Hmskr. I, 19 [20, 61]); dabei rechnet Snorri das Fesseln *(binda)* der Einw. „der Erde, der Steilküsten, der Felsen und der Grabhügel", um sich der dortigen Schätze zu bemächtigen, nicht zum Bereich des eigtl. *seiðr.*

Nach einer anderen Erklärung soll *seiðr* urspr. ‚(magisches) Lied' bedeutet haben und mit griech. οἴμη ‚Gesang, Lied, Vortrag' sowie aind. *sāman* ‚Lied, Gesang' verwandt sein (vgl. bes. 55, 158 f.). Schließlich wurde noch vorgeschlagen, das Wort *seiðr* mit verschiedenen Termini der finno-ugr. oder uralischen Sprachen in Verbindung zu bringen (68; 67, s. v.; 58, 334).

Was auch immer seine urspr. Bedeutung sein mag, *seiðr* wurde von der ältesten Zeit an von den awnord. Dichtern so verstanden, daß er einen Gesang bezeichnete oder eng mit der Vorstellung eines Liedvortrags verbunden war (43); dies bezeugen die Kenningar der Skalden, wie z. B. *vigra seiðr* und *sverða seiðr* (42, 18; 47, 197; 63, 119–121; 64, 77; 28, 121 f.). In den awnord. Qu. finden sich übrigens mehrere Beschreibungen von *seiðr*-Séancen, die ausdrücklich das Vortragen solcher Gesänge durch die *seiðmenn,* die als Spezialisten dieser Magieform gelten dürfen, oder ihre Helfer erwähnen (s. § 6).

§ 4. Quellen. Abgesehen von der (vermutlichen, aber schwierig zu interpretierenden) Erwähnung eines *seiðr*-Ausübenden in einer Runeninschr. auf dem Stein von Sønder Vinge II (DR 83; vgl. 51, 19 f. 48 f.; 48, 189. 191; 49, 232 f.; 32, 231 f. 242; 28, 450), stammt die Kenntnis über *seiðr* ausschließlich aus den liter. awnord. Qu.

Die beiden ältesten Belege für das starke Vb. *síða* (‚Zauber ausüben') finden sich zum einen in der *Sigurðardrápa,* einem Skaldengedicht (→ Skaldische Dichtung) des Isländers Kormákr Ǫgmundarson (→ Kormáks saga), das um 960 zu Ehren des Ladejarls

(→ Lade) Sigurðr Hákonarson entstand. Laut Kormákr hat der hier Yggr genannte Gott Odin eine Frau namens Rindr durch angewandten *seiðr* verführt (vgl. Skj. I A, 79; I B, 69; 63, 32 f. 151 f.; 23, 248–250; 28, 72).

Der zweite Beleg findet sich in Str. 22 der → *Vǫluspá,* in der es von der hier Heiðr genannten Gullveig heißt, sie habe *seiðr* ausgeübt (zur Diskussion dieser Strophe, mit besonderer Berücksichtigung der Form *leikiN* im Cod. Regius [*hugleikin* in der *Hauksbók*], s. 63, 17–21; 28, 432 f.). Das in Str. 24 der → *Lokasenna* oft im Zusammenhang mit *seiðr* angeführte Beispiel ist nicht beweiskräftig, da der Cod. Regius, der als einzige ma. Hs. dieses Lied überliefert, hier nicht das Vb. *síða,* sondern *síga* ‚sinken, herabgleiten' verzeichnet – eine Form, die man nicht unbedingt emendieren muß (s. 28, 444, mit Lit.).

Zahlreicher sind die Erwähnungen oder Beschreibungen von *seiðr* und seinen Ausübenden in der klass. isl. Lit. (vgl. 63, 17–107), d. h. in den → Isländersagas (bes. → *Egils saga Skalla-Grímssonar,* → *Eiríks saga rauða,* → *Kormáks saga,* → *Laxdæla saga, Gísla s. Súrssonar* und *Vatnsdæla s.*), der → *Landnámabók,* den → Königssagas (bes. *Ynglinga s., Haralds s. hárfagra, Hákonar s. góða* und *Óláfs s. Tryggvasonar*) sowie den → Fornaldarsagas (bes. *Friðþjófs s., Gǫngu-Hrólfs s., Hrólfs s. kraka* und *Ǫrvar-Odds s.*).

Der Qu.wert der einzelnen liter. Zeugnisse für die tatsächlichen Praktiken der *seiðr*-Ausübung in vorchristl. Zeit variiert je nach Werk; vermutlich ist er für die meisten Fornaldarsagas geringer als für die ältesten Isländersagas, einige Kg.ssagas und bes. die *Landnámabók.* Er ist immer noch Gegenstand lebhafter philol. Diskussion, wie es z. B. c. 4 der *Eiríks s. rauða* mit den diametralen Auffassungen bei Strömbäck (63, 55–60) und Dillmann (28, 292–295) zeigt; letzterer stützt sich hauptsächlich auf die Arbeiten Ólafur Halldórssons, der den Text zuletzt herausgegeben hat. Diese Meinungsverschiedenheit betrifft die Datierung des Werks und die Frage nach der Rolle der mündlichen Überlieferung jener Séance des divinatorischen *seiðr.* Im Bußbuch des Bf.s Þorlákr (*Skriftaboð Þorláks biskups,* hrsg. Sveinbjörn Rafnsson; vgl. 28, 41 f.) wird neben anderen kirchlichen Anordnungen, die vom Ende des 12. Jh.s an die vermutlich aus vorchristl. Zeit stammenden, unterschiedlichen magisch-relig. Praktiken bekämpfen sollten, die Anwendung von *seiðr* strengstens verurteilt.

Seiðr und weitere Wörter aus dieser Wortfamilie kommen ebenso in anderen awnord. Werken vor, darunter einige jüng. Datums, wie z. B. der *Gunnars s. Keldugnúpsfífls* oder der *Ectors s.* (vgl. bes. 23, 256–260), anderen aus dem Lat. übersetzten, wie z. B. den *Rómverja sǫgur* (23, 252 f.; 28, 122. 219) – Qu. also, die zwar in gewissem Maße die Vorstellungen des MAs von *seiðr* erhellen können, deren Wert für die vorchristl. Zeit jedoch oft nur mittelmäßig erscheint, auch durch die Unsicherheiten, die sich aus dem Gebrauch der alten magisch-relig. Terminologie bei den Autoren ergeben (zu *seiðr* in der *Ectors s.* und ihrer vermeintlichen Beziehung zum Opfer, die diese Form des Z.s fordert, s. die konträren Auffassungen bei 23, 256; 28, 110 f.).

§ 5. Funktionen und Anwendungsgebiete des *seiðr*. Nach den einleitenden Worten Snorri Sturlusons über Odins magische Fähigkeiten (Ynglinga s., c. 7 [20, 61]) scheint eine der wichtigsten Funktionen, die dem *seiðr* zugeschrieben wurden, die Enthüllung der Zukunft zu sein. In mehreren Episoden von Isländersagas und Fornaldarsagas kommt eine Seherin oder *vǫlva* (→ Seherinnen §§ 4–5; → Wahrsagen und Weissagen) vor, die im Laufe einer divinatorischen Séance *seiðr* ausübt.

Den ausführlichsten Beleg dazu liefert c. 4 der *Eiríks s. rauða* mit der Episode von der Ankunft der Þorbjǫrg lítilvǫlva auf einem Hof namens Herjólfsnes im äußersten

S Grönlands (6, 410 ff.; 28, 279 ff. 566 ff.); hier beschreibt der Verf. mit großer Präzision die Kleidung der Seherin, aber auch die Mahlzeit, die sie zu sich nimmt, bevor sie sich im Haus ihres Gastgebers zur Ruhe begibt und am nächsten Tag am Ende einer Séance ihre Prophezeiungen verkündet; dabei stützt er sich sehr wahrscheinlich auf eine authentische mündliche Tradition (28, 276–286. 293 f., mit Lit.). c. 10 der *Vatnsdœla s.* kennt eine ähnliche Episode, wenngleich weniger explizit, über eine divinatorische Séance auf dem Hof des Ingjaldr in Norwegen, der eine Zauberin namens Finna eingeladen hatte. Die gleiche Sitzung ist auch aus der *Landnámabók* bekannt, allerdings nicht mit expliziter Erwähnung des *seiðr*; doch trägt die Seherin hier den bezeichnenden Namen Heiðr (56; 45; → Mantik). Der Verf. der *Hrólfs s. kraka* (S. 11 f.) benutzt ebenfalls diesen Namen für eine *seiðkona,* die die Zukunft verkündet (63, 79); ebenso kommt der Name in der *Ǫrvar-Odds s.* vor (63, 96 f.; 28, 384–385), und zwar für eine Frau, die als *vǫlva* oder *spákona* ‚Seherin' bezeichnet wird und die dem Helden sowie anderen Personen der Saga das Schicksal voraussagt.

Die Beschreibungen des *seiðr* zu divinatorischen Zwecken enthalten eine so große Zahl an übereinstimmenden Charakteristika, daß man geneigt ist, von einem liter. Motiv zu sprechen, das von einem Werk zum anderen überging (63, 142 f.; 28, 368). Daneben kennen die awnord. Qu. noch drei weitere umfangreiche Wirkungsbereiche von *seiðr:* a) natürliche Umwelt und Elemente; b) Bewaffnung und Kampf; c) Körper und Psyche in ihren verschiedenen Aspekten.

a. Natürliche Umwelt und Elemente. Der Verf. der *Laxdœla s.* schreibt in c. 35 einer urspr. von den Hebriden stammenden Familie von *seiðmenn* die Fähigkeit zu, Stürme hervorzurufen; dies taten diese vier Zauberer in einem der W-Fjorde Islands, um einen Schiffbruch hervorzurufen (vgl. 63, 64; 28, 92). Ein Z.-Akt mit vergleichbaren Auswirkungen kommt in der *Friðþjófs s.* (c. 5–6) vor; hier wenden zwei *seiðkonur* ihre Praktiken gegen den Helden, so daß dessen Schiff vor der Küste Norwegens beim Verlassen von Sogn einen heftigen Sturm durchstehen muß (vgl. 63, 90 f.). Laut Verf. der langen Redaktion der *Gísla s. Súrssonar* (c. 18 [8, 32]) wurde das Unwetter, das in der Nacht des Mordes an Vésteinn über den Haukadalr (im NW Islands) hereinbrach, von magischen Praktiken Þorgrímr nefs, eines Zauberers *(seiðskratti),* verursacht (vgl. 28, 91).

Von einem Einwirken auf die Umwelt wird auch in Bezug auf einen *seiðmaðr* namens Eyvindr kelda erzählt, und zwar in den Berichten, die sich auf das Leben von Kg. → Óláfr Tryggvason beziehen: Eyvindr, Enkel des Rǫgnvaldr réttilbeini, dem Sohn von Kg. → Haraldr hárfagri (‚Schönhaar'), der in der Prov. von Hadeland *seiðr* ausgeübt hatte (s. z. B. Haralds s. hárfagra, c. 34), hätte durch das Hervorrufen einer großen Nebelbank *(þokumyrkr)* seine umfangreiche Truppe von Zauberern und Hexern unsichtbar gemacht, um den christl. Kg. unvermutet angreifen zu können (s. z. B. c. 63 der *Óláfs s. Tryggvasonar* in der *Heimskringla;* vgl. 63, 46–48).

Völlig unterschiedlich von Intention und Ergebnissen her ist nach der *Landnámabók* der *seiðr* einer Norwegerin aus Hálogaland: Während einer Hungersnot füllte Þuríðr sundafyllir jeden Sund dieser Prov. mit Fischen; nachdem sie sich in Island etabliert und die Gegend von Bolungarvík in den W-Fjorden besiedelt hatte, setzte diese bemerkenswerte Frau – deren Sohn Vǫlu-Steinn übrigens ein berühmter Skalde wurde – eine Fischbank im Ísafjarðardjúp fest und zog sich damit die Anerkennung der Bewohner der Gegend zu (Landnámabók S 145 / H 116 [11, 186]; vgl. 63, 77 f.; 28, 99 f.).

Die auf die natürliche Umwelt gerichteten zauberischen Tätigkeiten beinhalten also einen doppelten Aspekt: Bisweilen gereichten sie – wie im Fall der Siedlerin Þuríðr sundafyllir – den Menschen zum Segen, aber häufiger waren die Auswirkungen schädlich für die Widersacher des *seiðmaðr* oder der *seiðkona* oder auch ihrer Verbündeten, wie in den Episoden der *Laxdœla s.* und der *Gísla s.*

b. Waffen und Kampf. Mehrere Fornaldarsagas kennen das Motiv eines Z.-Aktes, der den Kämpfenden gegen Waffen gefeit machen soll (63, 102–104; 23, 255–257; 28, 61), wie – laut *Sǫgubrot af fornkonungum* – im Fall des jungen → Haraldr hilditǫnn, Kg. von Dänemark. Das Motiv eines solchen *seiðr* in Bezug auf Waffen begegnet auch in c. 30 der → *Njáls saga*, allerdings in einer bemerkenswerten Var.: Als der Speer, den ein Wikinger namens Hallgrímr hatte verhexen *(seiða)* lassen, zu schwirren begann, kündigte er ‚den Tod eines Mannes oder mehrerer' an (c. 79) – eine magische Eigenheit, die mit der der *hasta(e) Martis* von Rom verglichen worden ist (31, 40 f.).

Der Verf. der *Gísla s.* betont das Eingreifen eines *seiðmaðr* in den Schmiedeprozeß der Waffe *Grásíða,* die nacheinander bei den Morden an Vésteinn und Þorgrímr Þorsteinsson benutzt wurde (kurze Redaktion, c. 11 [7, S. 16]; lange Redaktion, c. 16 [8, S. 24]; vgl. 28, 355–357, mit der Diskussion evtl. Sachkenntnisse des Zauberers Þorgrímr auf dem Gebiet der Metallurgie).

Ebenso wie eine Wurfwaffe oder ein Schwert zum Angriff konnte auch eine Waffe zur Verteidigung durch *seiðr* gestärkt werden; dies zeigen mehrere Kämpfe in der *Kormáks s.,* in deren Verlauf ein Held namens Hólmgǫngu-Bersi seinen Gegnern durch einen kleinen Schild namens *Þórveigarnaut* mit übernatürlichen Eigenschaften die Stirn bietet (vgl. 28, 56–58). Diesen Schild hatte er von der Zauberin Þórveig erhalten, die *seiðr* praktizierte (s. u.).

c. Körper und Psyche. Nach c. 7 von Snorri Sturlusons *Ynglinga s.* hatte Odin durch seine Beherrschung des *seiðr* die Fähigkeit, den Menschen Tod, Unglück oder Krankheit zu bringen und den einen Intelligenz oder Kraft zu nehmen, um sie anderen zu geben.

In c. 13 der *Ynglinga s.* übt eine Zauberin namens Hulð den *seiðr* gegen Vanlandi, den Kg. von Uppsala, aus, um ihn zu zwingen, sich nach Finnland zu begeben. Er wurde darauf von einer heftigen Sehnsucht erfüllt, in dieses Land zu ziehen, doch seine Freunde hielten ihn davon ab. Wenig später überkam ihn eine solche Müdigkeit, daß er sich hinlegen und schlafen mußte. Da wurde er von einem so mächtigen Mahr *(mara)* befallen, daß er starb. Snorris Bericht, der zum größten Teil auf einer Strophe des → *Ynglingatal* beruht, hebt deutlich die Vorstellung hervor, die sich die awnord. Überlieferung von der übergroßen Kraft machte, die dem *seiðr* auf psychischer Ebene zugeschrieben wurde: Dem Ausübenden dieser Form von Z. traute man zu, den Geist oder die Stimmung seines Opfers so sehr zu beeinflußen, daß er wie gefesselt und angelockt wurde.

Es heißt, die Königin Gunnhildr habe gegenüber ihrem Feind, dem isl. Skalden Egill Skallagrímsson, einen solchen Z. ausgeübt: Egill wurde von einer düsteren Stimmung geplagt, und je weiter der Winter fortschritt, desto größer wurde seine Melancholie (→ *Egils saga Skalla-Grímssonar,* c. 59), bis Egill schließlich den Wunsch bekundete, über das Meer hin aufzubrechen, sich einschiffte und an der Küste von Northumbria letztlich Schiffbruch erlitt, gerade an der Stelle, wo Eiríkr blóðøx (→ Erik Blutaxt), Gunnhilds Gemahl, zu dieser Zeit regierte.

Das Opfer eines anderen Z.-Aktes, von dem in c. 37 der *Laxdœla s.* die Rede ist, erlitt ein dem Egill vergleichbares Geschick, doch ungleich dramatischer: Kári Hrútsson wurde wie hypnotisiert von dem magischen, beschwörenden Gesang einer Familie von *seiðmenn* (Kotkell, Gríma und ihre beiden Söhne) im W Islands vor dem Gehöft seines Vaters; während alle Bewohner des Hauses in Schlaf fielen, zog es den jungen Mann nach draußen, und man fand ihn am nächsten Morgen tot auf (vgl. 28, 121 f.).

Wohl aufgrund der ihm innewohnenden anziehenden Kraft (zu diesem Thema s. auch Almqvist [23, 258–260], mit Erwähnung jüng. Werke wie z. B. der *Gunnars s. Keldugnúpsfífls*) konnte der *seiðr* eine Frau dazu bringen, dem Drängen eines Mannes nachzugeben; vermutlich kann man so auch eine Zeile über Odin und Rindr in Kormákr Ǫgmundarsons *Sigurðardrápa* interpretieren (vgl. dazu 23, 248–250; Diskussion bei 28, 72). Umgekehrt konnte auch der auf einen Mann gerichtete Z.-Ritus dazu führen, daß dieser der Faszination einer Frau völlig erlag, ohne jedoch in der Lage zu sein, sie zu erobern; dies zeigt z. B. das Verhalten Kormáks gegenüber der Steingerðr nach dem Fluch des *seiðr*, mit dem ihn die Zauberin Þórveig belegt hatte (Kormáks s., c. 6 f.; vgl. 28, 72–76. 253).

Eine andere Form von Verwünschung durch *seiðr* wählte der Zauberer Þorgrímr nef gegen Gísli Súrsson, damit dieser nicht länger in Island sicher war und nirgendwo im Land zur Ruhe kommen konnte (7, c. 18; 8, c. 21). Laut Verf. der *Gísla s.* war Þorgríms *seiðr* von ganz besonderer Bedeutung für das tragische Schicksal des Geächteten (vgl. 28, 77 f. 409).

§ 6. Techniken des *seiðr* und die Frage nach dem Schamanismus. Mehrere Qu., darunter bes. die *Eiríks s. rauða*, die *Gísla s.*, die *Laxdœla s.*, die *Friðþjófs s.*, die *Gǫngu-Hrólfs s.* und die *Hrólfs s. kraka*, erwähnen das Errichten eines *hjallr* oder präziser *seiðhjallr* genannten Gestells oder Hochsitzes, auf dem derjenige, der den Ritus des *seiðr* vollzog, Platz nahm (vgl. 63, 110–118, mit Diskussion zur Funktion dieses Hochsitzes; 28, 110). Eine solche Konstruktion hatte bisweilen imposante Ausmaße; nach der *Laxdœla s.* konnten bis zu vier Personen darauf Platz finden.

Ein anderer typischer Gegenstand bes. bei der divinatorischen Form des *seiðr* scheint der *stafr* ‚Stock, Stab' gewesen zu sein, häufig präziser *seiðstafr* ‚Zauberstab' genannt. Er wird anschaulich bei der Seherin Þorbjǫrg lítilvǫlva in c. 4 der *Eiríks s. rauða* beschrieben; der Stock, den sie besaß, war ‚von Messing umhüllt und oben, rund um den Knauf, mit Steinen geschmückt'. Auch in c. 76 der *Laxdœla s.* wird bei der Öffnung eines Grabes unter der Kirche von Helgafell ein solcher Stab erwähnt; das Grab wurde eben aufgrund des gefundenen *seiðstafr* neben den Gebeinen der Verstorbenen als die Grabstätte einer *vǫlva* (*vǫluleiði*) identifiziert. (Zu arch. Funden in Frauengräbern in Dänemark und auf der skand. Halbinsel, die Gegenstände enthielten, die zu Recht oder Unrecht mit denen im eben erwähnten Grab in der *Laxdœla s.*, c. 76, verglichen wurden; s. bes. 59).

Einige awnord. Qu. bezeugen Gruppen von Männern oder Frauen, die bei dem *seiðmaðr* oder der *seiðkona* lebten, oder von Personen, die sie auf ihren Reisen begleiteten oder auch einen Kreis um die Seherin bildeten, während diese ihre Kunst ausübte (63, 118 f.). Nach der *Ǫrvar-Odds s.* war der Vortrag eines Gesangs die Hauptaufgabe dieser Gruppen; vermutlich war dieser Gesang das markanteste Element beim Vollzug des *seiðr*. Das zeigt sich bes. deutlich in der *Eiríks s. rauða* c. 4 in der langen Beschreibung einer Divinationsséance um das J. 1000 auf Grönland sowie in den c. 35 und 37 der *Laxdœla s.*, in denen die urspr. von den Hebriden stammende Familie der *seiðmenn* dabei ist, Melodien oder magische Formeln zu singen. Wenn sich die anziehende Kraft dieser Z.-Handlungen deutlich in mehreren Kontexten (bes. in c. 37 der *Laxdœla s.*) unterscheidet, so bleibt das Objekt des Gesangs, in c. 4 der *Eiríks s. rauða* als *varðlok(k)ur* bezeichnet, umstritten.

Nach dem schwed. Volkskundler und Philologen Strömbäck (63, 121–139) verhilft der Gesang „der Seele des Schamanen, in den daliegenden Körper zurückzukehren, der sich in einem Zustand ekstatischer Erschöpfung befindet" (63, 139; vgl. 64, 78). So gesehen hätte die Divinationsséance beim *seiðr* das Rezitieren zweier Gesänge beinhaltet: Der erste, vorgetragen von dem den *seiðhjallr* umgebenden Helferkreis, hätte dem Hervorrufen der Ekstase des Magiers gedient, in deren Verlauf sich die Seele vom Körper gelöst und „eine gefährliche Reise in das Totenreich oder in entfernte Länder" (63, 139) unternommen hätte; der zweite, vorgetragen von einem mit besonderem Wissen begabten Helfer, hätte der freien Seele geholfen in ihre körperliche Hülle zurückzukehren. Trotz der Kritik seit dem Ende der 1930er J. (bes. durch 52, 310–350; vgl. 53; 34, 304 f.; 29, 72 f.; vgl. 30, 71 f.) hat diese Interpretation des *seiðr* als eine Art → Schamanismus die Forsch. auf diesem Gebiet in der 2. Hälfte des 20. Jh.s nachhaltig beeinflußt (s. bes. 23, 264–269; 25; 26; 60, 74–91; 62, 166–170; Zusammenfassung der Forschungsgesch. bei 28, 269–275; 46).

Strömbäcks These zeigt indes mehrere Schwächen, die v. a. a) auf der Unsicherheit der urspr. Form des Namens des magischen Gesangs (*varðlokkur* nach *Hauksbók*, *varðlokur* nach *Skálholtsbók*) und folglich der Bedeutung des Zweitglieds des Kompositums (*-lokkur* oder *-lokur*) beruhen (54); b) an der Interpretation des Erstglieds (*varð-* kann – neben anderen denkbaren Bedeutungen – die ‚freie Seele' bezeichnen, aber auch ‚gårdsvätten', einen Natur- oder Schutzgeist des Hofs; s. dazu 28, 290–299) hängen; c) auf dem Widerspruch zum Wortlaut der *Eiríks s. rauða* beruhen, nach dem es nur e i n e n einzelnen Gesang – nicht zwei – eines jungen Mädchens gegeben hat, während die anderen Frauen der Hausgemeinschaft um den *seiðhjallr* der Seherin einen Kreis bildeten. Die Beschreibung der *vǫlva* enthält zudem kein einziges Element, das erlauben würde, von einer wie auch immer gearteten Ekstase auszugehen (28, 286–289). Mehr als einen Gesang, der die ‚freie Seele' der *vǫlva* zurückführen soll, bezeichnet der Name *Varðlok(k)ur* vermutlich die Gruppe von Frauen, die um die Seherin einen Kreis bilden, wie auch die Hymne selbst, die die Aufgabe hat, die Schutzgeister des Hofes, auf dem sich die divinatorische Séance abspielt, anzulocken oder einzukreisen (s. dazu 28, 286–308; vgl. 64, 78).

In den awnord. Qu. finden sich in Verbindung mit Ausübenden des *seiðr* nur wenige Beispiele für → Tierverwandlungen, z. B. das der Zauberin Þórveig, die sich laut *Kormáks s.* in einen *hrosshvalr* (ein Meeresungeheuer) verwandelt (28, 247–261); sie berechtigen nicht, den awnord. *seiðr* dem sibirischen ‚Schamanismus' oder einzelnen magisch-relig. Phänomenen an die Seite zu stellen, die sich in neuerer Zeit bei christl. Missionaren in Lappland beobachten lassen (vgl. auch 27).

§ 7. Die Ausübenden des *seiðr*. Nach c. 4 in Snorris *Ynglinga s.* gelangte der *seiðr* durch eine Göttin, die Wanin (→ Wanen) → Freyja, in die Welt der Götter; ausgeübt wird er neben anderen Formen von → Magie hauptsächlich von Odin (Ynglinga s., c. 7; vgl. 29, 70–82; 30, 69–79). In der Welt der Menschen wird nach dem Zeugnis der awnord. Qu. der *seiðr* von Männern wie auch von Frauen ausgeübt, jedoch scheint er deutlich eine feminine Konnotation gehabt zu haben (vielleicht weil der Ausübende weibliche Kleidung trug [vgl. 61, 70 f.]; die Qu. lassen dazu jedoch nichts verlauten), so daß – will man Snorris Definition in c. 7 der *Ynglinga s.* folgen – Männer, die sich dem *seiðr* widmeten, dies nicht ohne Schande tun konnten (38; 39).

Das bedeutet jedoch keineswegs, daß die männlichen Ausübenden des *seiðr* in den awnord. Qu. als weibisch beschrieben würden. Im Gegenteil, das Porträt, daß der Verf. der *Gísla s. Súrssonar* von Þorgrímr nef entwirft, deutet darauf hin, daß dieser *seiðskratti* ein kräftiger, energischer Mann war, auf den sich das Adj. *argr* ‚feig, weibisch' ganz und gar nicht anwenden läßt (28, 450–456; zu *argr* und dem Subst. *ergi*, das in diesem Kontext eher ‚Weibischkeit' als ‚Perversität' bezeichnet; s. 28, 439–450). Wahrscheinlich hat in vorchristl. Zeit die Ausübung des *seiðr* durch Frauen im Gegensatz zu Männern an keiner Stelle Anlaß zu Bedenken gegeben. Dies würde erklären, daß die Divination mittels *seiðr* ein Vorrecht der Frauen war, wobei diese Tätigkeit von Seiten der Personen, die wegen des einzuholenden Orakels zu ihr kamen, Respekt gegenüber den Ausübenden voraussetzt.

Qu.: (1) Brennu-Njáls s., hrsg. von Einar Ól. Sveinsson, Ísl. Fornr. 12, 1954. (2) Die Edda. Die Lieder der sog. ält. Edda nebst einem Anhang: Die mythischen und heroischen Erzählungen der Snorra Edda, übs. und erl. von H. Gering, 1892. (3) Eddadigte, 1. Vǫluspá, Hávamál, hrsg. von Jón Helgason, ²1955. (4) Edda Snorra Sturlusonar, hrsg. von Finnur Jónsson, 1931. (5) Eiríks s. rauða, hrsg. von Matthías Þórðarson, Ísl. Fornr. 4, 1935. (6) Eiríks s. rauða. Texti Skálholtsbókar AM 557 4to, hrsg. von Ólafur Halldórsson, Ísl. Fornr. 4. Suppl., 1985. (7) Gísla s. Súrssonar, hrsg. von A. Loth, Nordisk Filol. A: tekster 11, 1956. (8) Gísla s. Súrssonar, hrsg. von A. Loth, Membrana Regia Deperdita (Ed. Arnamagnæanæ, Ser. A, V), 1960. (9) Hrólfs s. kraka og Bjarkarímur, hrsg. von Finnur Jónsson, SUGNL 32, 1904. (10) S. B. F. Jansson, Sagorna om Vinland I. Handskrifterna till Erik den rödes s., 1944. (11) Landnámabók, hrsg. von Jakob Benediktsson, Ísl. Fornr. 1, 1968. (12) Laxdœla s., hrsg. von Einar Ól. Sveinsson, Ísl. Fornr. 5, 1934. (13) Norrœn Fornkvæði, hrsg. von S. Bugge, 1867. (14) Ǫrvar-Odds s., hrsg. von R. C. Boer, Anord. Saga-Bibl. 2, 1892. (15) The Poetic Edda, 1. Heroic Poems, hrsg. von U. Dronke, 1969. (16) Rómverja sǫgur, hrsg. von Konráð Gíslason, in: Fire og fyrretyve for en stor Deel forhen utryckte Prøver af oldnordisk Sprog og Litteratur, 1860. (17) Skj. A I–II, 1912–1915. (18) Skriftaboð Þorláks biskups, hrsg. von Sveinbjörn Rafnsson, in: Gripla, 5, 1982, 77–114. (19) Snorri Sturluson, Heimskringla I, hrsg. von Bjarni Aðalbjarnarson, Ísl. Fornr. 26, 1941. (20) Snorri Sturluson, Hist. des rois de Norvège I, hrsg. und übs. von F.-X. Dillmann, 2000. (21) Vatnsdœla s., hrsg. von Einar Ól. Sveinsson, Ísl. Fornr. 8, 1939. (22) Vǫluspá, hrsg. von Sigurður Nordal, 1923.

Lit.: (23) B. Almqvist, I marginalen till Sejd, in: [65], 237–272. (24) H. Birkhan, Germ. und Kelten bis zum Ausgang der Römerzeit, 1970. (25) P. Buchholz, Schamanistische Züge in der aisl. Überlieferung, 1968. (26) Ders., Shamanism – the Testimony of Old Icelandic Literary Tradition, Mediaeval Scandinavia 4, 1971, 7–20. (27) F.-X. Dillmann, Seiður og shamanismi í Íslendingasögum, Skáldskaparmál 2, 1992, 20–33. (28) Ders., Les magiciens dans l'Islande ancienne. Études sur la représentation de la magie islandaise et de ses agents dans les sources littér.s norroises, 2006. (29) G. Dumézil, La Saga de Hadingus (Saxo Grammaticus I, v–viii). Du mythe au roman, 1953. (30) Ders., Du mythe au roman. La Saga de Hadingus (Saxo Grammaticus I, v–viii) et autres essais, 1970. (31) Ders., La relig. romaine archaïque. Avec un appendice sur la relig. des Étrusques, ²1974. (32) K. Düwel, Grabraub, Totenschutz und Platzweihe nach dem Zeugnis der Runeninschr., in: H. Jankuhn u. a. (Hrsg.), Zum Grabfrevel in vor- und frühgeschichtl. Zeit. Unters. zu Grabraub und „haugbrot" in Mittel- und N-Europa, 1978, 229–243. (33) M. Eliade, Le „dieu lieur" et le symbolisme des nœuds, Revue de l'hist. des religions 134, 1948, 5–36. (34) Ders., Le chamanisme et les techniques archaïques de l'extase, 1951. (35) H. R. Ellis Davidson, The Viking Road to Byzantium, 1976. (36) Fritzner, Ordbog. (37) R. Grambo, En seidkvinne på Grønland. Noen tanker om et avsnitt i Eiríks s. rauða, Middelalderforum/Forum mediaevale III–IV, 9, 1984, 56–69. (38) Ders., Unmanlines and Seiðr: Problems concerning the Change of Sex, in: M. Hoppál, O. von Sadovszky (Hrsg.), Shamanism. Past and Present 1, 1989, 103–114. (39) Ders., Problemer knyttet til studiet af seid. En programerklæring, in: G. Steinsland u. a. (Hrsg.), Nordisk Hedendom. Et symp., 1991, 133–139. (40) H. Güntert, Der arische Weltkg. und Heiland. Bedeutungsgeschichtl. Unters. zur indo-iranischen Religionsgesch. und Altkde., 1923. (41) R. Jente, Die mythol. Ausdrücke im ae. Wortschatz. Eine kulturgeschichtl.-etym. Unters., 1921. (42) Finnur Jónsson, Um galdra, seið, seiðmenn og völur, in: Þrjár ritgjörðir [...] tileinkaðar Herra Páli Melsteð, 1892, 5–28. (43) I. Lindquist, Galdrar. De gamla germanska trollsångernas stil undersökt i samband med en svensk runinskrift från folkvandringstiden, 1923. (44) Magnússon, Orðsifjabók. (45) J. McKinnell, On Heiðr, Saga-Book 25, 2001, 394–417. (46) H. Mebius, Dag Strömbäck och den fornnordiska sejden, in: [65], 273–306. (47) R. Meissner, Die Kenningar der Skalden, 1921. (48) E. Moltke, Runerne i Danmark og deres oprindelse, 1976. (49) Ders., Runes and Their Origin. Denmark and Elsewhere, 1985. (50) E. Mundal, Mageplask i Mimes brønn, Maal og Minne 2003, 36–48. (51) N. Å. Nielsen, Runestudier, 1968. (52) Å. Ohlmarks, Stud. zum Problem des Schamanismus, 1939. (53) Ders., Arktischer Schamanismus und anord. seiðr, Archiv für Religionswiss. 36,

1939, 171–180. (54) M. Olsen, Varðlokur. Et bidrag til kundskap om gammelnorsk trolldom, Maal og Minne 1916, 1–21. (55) H. Osthoff, Allerhand zauber etym. beleuchtet, Beitr. zur kunde der idg. sprachen 24, 1899, 109–173 und 177–213. (56) J. Palmér, Betydelseutvecklingen i isl. *heiðr*, APhS 5, 1930/1931, 289–304. (57) Hermann Pálsson, Úr landnorðri. Samar og ystu rætur íslenskrar menningar, 1997. (58) E. C. Polomé, A few notes on the indo-european relig. vocabulary, in: Germanic Studies in Honor of A. Liberman, 1997, 331–336. (59) N. S. Price, The Viking Way. Relig. and War in Late Iron Age Scandinavia, 2002. (60) F. Ström, Den döendes makt och Odin i trädet, 1947. (61) Ders., Loki. Ein mythol. Problem, 1956. (62) Ders., Nordisk hedendom. Tro och sed i förkristen tid, 1961. (63) D. Strömbäck, Sejd. Textstudier i nordisk religionshistoria, 1935. (64) Ders., Sejd, in: Kult. hist. Leks. XV, 76–79. (65) Ders., Sejd och andra studier i nordisk själsuppfattning, 2000. (66) J. de Vries, Anord. Religionsgesch., 2. Relig. der Nordgerm., 1937. (67) de Vries, Anord. Etym. Wb. (68) W. Wüst, Ein weiterer idg./finn.-ugr. Zusammenhang?, Ural-Altaïsche Jb. 26, 1954, 135–138.

F.-X. Dillmann

Zeitrechnung und Zeitbewußtsein

§ 1: Heidnische Zeit – a. Tageszeiten – b. Tageszählung – c. Gliederung des Jahres – d. Größere Zeiträume – e. Größte und mythische Zeiträume – § 2: Spätantike und frühmittelalterliches Christentum – a. Tageszeiten – b. Einheiten von mehreren Tagen – c. Gliederung des Jahres – d. Lebensalter – e. Jahreszählung – f. Größte und mythische Zeiträume – § 3: Zeitbewußtsein im Spiegel des Wortschatzes

§ 1. Heidnische Zeit a. Tageszeiten. Über den Tagesverlauf informiert für älteste Zeit → Tacitus (Tac. Germ. 22) nur klischeehaft, die Germ. seien Langschläfer, die Tag und Nacht für Trinkgelage benutzen. Für die heidn. Zeit haben wir daher keine Qu. für durch relig. Handlungen normierte Tageszeiten. Belege ab dem Hoch-MA → Tag und Tageszeiten § 3. Kleinste für ält. Zeit aus jüng. Qu. erschließbare Einheiten sind für ortsfeste Tätigkeiten die durch die Mahlzeiten strukturierten Tageszeiten. In der Toponymie spiegeln sie sich als ‚Mittagskogel' oder ‚Untersberg' (*undorn* ‚Zwischenmahlzeit', in manchen Gegenden ‚Vormittags-', in anderen ‚Nachmittagsjause'), auf den an Bergen ablesbaren Stand der Sonne am Horizont für einen bestimmten Ort bezogen (s. auch → Tag und Tageszeiten, bes. § 2). Für Reisen ist der Zeitabstand von einer Rast zur anderen maßgeblich, daher ist die ‚Rast' auch ein Mittel der Entfernungsmessung (der durchschnittliche Abstand zw. Rastplätzen; neuzeitlich in einzelnen Ländern normiert zu Postmeilen von ca. 7,5 km).

b. Tageszählung. Agerm. Zwecke und Methoden der Z. sind kaum überliefert. → Caesar erwähnt (Caes. Gall. I, 50), daß im Heer der Germani Ariovists eine Orakelbefragung durch Frauen ergeben hätte, daß sie nicht siegen könnten, wenn sie vor dem nächsten Neumond kämpften. Tacitus (Tac. Germ. 11) erwähnt bei der Beschreibung der Volksversammlungen, daß diese entweder zu Vollmond oder zu Neumond angesetzt werden. Seine Erklärung dafür ist, daß diese Tage *auspicatissimum* seien (an ihnen am meisten mit göttlichen Zeichen zu rechnen sei). Rudolf → Much (21, 207) bemerkt dazu, daß daneben auch die Notwendigkeit einen leicht feststellbaren Termin festzusetzen eine Rolle spiele. Da Tacitus erwähnt, daß die Teilnehmer sich oft um mehrere Tage verspäten, kann nicht ausschlaggebend sein, daß die Beschlüsse tatsächlich zu einem bestimmten Stand des Mondes gefaßt werden; die einfache Kalenderfunktion des Mondes scheint im Vordergrund zu stehen, die es ermöglicht, Angehörige verschiedener Stämme zu einem eindeutigen Termin einzuladen. Gemeinsam ist den Berichten von Caesar und Tacitus, daß der Mond ein wesentliches Element der Gliederung der Zeiterfahrung und der praktischen Zeitorganisation darstellte (→ Mond § 5). Daß, ebenfalls nach Tacitus Germ. 11, nicht die Tage sondern die Nächte zur Z. benutzt werden, ist parallel zu Caesars Angabe über die Kelten: *spatia omnis temporis non numero dierum sed noctium finiunt; dies natales et mensum et annorum initia sic observant ut noctem dies subsequatur* (Caes. Gall. VI, 18). Caesar fügt hinzu, das sei dadurch begründet, daß die Gall. nach der Lehre der Druiden von *Dis pater* abstammten. Die Begründung für die Einteilung der Zeit ist also relig. Eine so interpretierbare Aussage über die Germ. findet sich erst nach dem Ende des Heidentums, im Eddalied *Vǫluspá* (s. u.), doch ist zu vermuten, daß auch die Germ. die Einteilung der Zeit relig. begründeten. Als Überreste der Z. nach Nächten nennt man, mit Recht, engl. *fortnight* ‚Zeitraum von zwei Wochen' und, mit weniger Recht, dt. *Weihnachten*: in diesen sind die Nächte (abgesehen von der Länge) heiliger als die lichte Tageszeit, weil in ihnen übermenschliche Wesen umgehen; es handelt sich nicht in erster Linie um Tageszählung nach Nächten. *Sunnan æfen, Mónan æfen* usw. für ‚Samstag Abend *(dominica uespera)*, Sonntag Abend' sind im Ae. üblich (5, 936). Das Wort *Woche,* aus germ. **wikon,* in got. *wiko* ‚Reihenfolge, Wechsel', zu dt. *Wechsel,* scheint darauf hinzudeuten, daß vor Einführung der Siebentagewoche der Wechsel der Mondphasen Grundlage der Terminfestsetzung war (vgl. → Woche und Wochentagsnamen).

c. Gliederung des Jahres. Wichtige wiederkehrende Termine innerhalb des J.es sind nötig im Bereich Fruchtbarkeit/Landwirtschaft (vom Sonnenjahr abhängig), Kriegsführung (in bestimmten Jahreszeiten möglich), Rechtssetzung/Rechtsprechung (in weiterer Bandbreite möglich) und für von relig. Vorstellungen bestimmte Feste (das ganze J. über möglich; können an einem Sonnen- oder Mondjahr mit willkürlicher Dauer und jahreszeitunabhängigem Beginn orientiert sein). Neben der Kleingliederung in vierzehn- bis fünfzehntägige Abschnitte durch die eindeutigen Mondphasen Vollmond und Neumond war auch die Gliederung durch die astronomischen Jahreszeiten des Sonnenjahres relevant. Der Sonnenwagen von Trundholm läßt annehmen, daß schon in vorgerm. Zeit die Sonne eine wichtige Rolle in der Mythol. nord. Völker spielte (→ Trundholm, S. 283 f.). Auswüchse der Mondmythol., die alle Texte, die Himmelskörper nennen, ausschließlich auf den Mond beziehen, wurden gegeißelt von Much (22). Der Termin des Festes, an dem 14 n. Chr. der Tempel der Tamfana zerstört wurde, war, auf wenige Tage genau rekonstruierbar, das Herbstäquinoctium (da im J. 14 zwei Nächte danach Vollmond war, könnte es auch an diesem gefeiert worden sein; → Tamfana § 3a). Das älteste germ. Kalenderfrg., der ‚Got. Kalender' (→ Gotische Literatur § 3) des *Cod. Ambrosianus A,* stammt erst aus christl. Zeit, enthält aber einen alten volkssprachlichen Monatsnamen, *fruma Jiuleis* ‚vor dem Julmonat' für den November. Die Einteilung des J.es in Monate und → Jahreszeiten nach dem Kalender der heidn. Angeln und ihre Gliederung durch Feste referiert → Beda venerabilis, *De ratione temporum* XV: Die Gliederung des J.es sei in zwölf Mondmonate erfolgt, die zehn verschiedene Namen trugen, da der Monat vor und nach der Winter- und Sommersonnenwende jeweils gleich hießen: *Ianuarius – Giuli, Februarius – Solmonath, Martius – Hredmonath, Aprilis – Eosturmonath, Maius – Thrimilchi, Iunius – Lida, Iulius – Lida, Augustus – Weodmonath, September – Halegmonath, October – Winterfilleth, November – Blodmonath, December – Giuli.* Wenn, um den Mondkalender dem Sonnenjahr anzugleichen, ein 13. Monat nötig wurde, habe man im Sommer einen dritten Monat *Lida* eingefügt und das Schaltjahr *Thrilidi* genannt. Für den in dem betreffenden Monat (nicht: ‚zu Beginn des') liegenden Vollmond nennt er in einigen Fällen Namen von Opferfesten. Das zeigt, daß der Monat mit dem neuen Mond begann, bzw. genauer vermutlich mit dem Neulicht, dem Sichtbarwerden der schmalen Mondsichel für das freie Auge ca. 1–2 Tage nach Neumond im synodischen (nach Mondphasen gerechneten) Monat zu 29–30 Tagen, oder, wie Plin. nat. XVI,44 (95) für die Kelten für den Beginn von Monaten, J. und *saecula* (30 Jahre) angibt, *sexta luna,* das wäre fünf Tage nach Neulicht, wenn die neue Mondsichel erstarkt ist (Ginzel [12, 79], nimmt ein Mißverständnis des Plinius an). Bedas Darst. ist insofern widersprüchlich, als er die Jahreszeiten immer mit einem Vollmond beginnen läßt, aber den Beginn jeder Jahreszeit mit einem Monatsbeginn ansetzt, also mit dem neuen oder jungen Mond. Das J. sei in vier Jahreszeiten zu je drei Mondmonaten eingeteilt gewesen (Ausnahme: vier Sommermonate im Schaltjahr). Außerdem gibt er an, der Jahresbeginn sei immer acht Tage vor dem christl. Neujahr gefeiert worden, zum selben Termin wie das christl. Fest der Geburt des Herrn. Da dieses nach dem julianischen Kalender gefeiert wurde, drei Tage nach der astronomischen Wintersonnenwende, gab es auch Feste, die nicht erst zum folgenden Vollmond gefeiert wurden. Inwieweit solare Feste genau am Tag des entspr. Sonnenstandes oder z. T. am folgenden (oder nächstliegenden) Vollmond gefeiert wurden, ist daher unklar. Das J. wurde nach Beda in zwei Halbjahre gegliedert, mit sechs Sommermonaten, in denen die Tage länger sind als die Nächte, und den übrigen sechs für den Winter. Als wichtige Festtermine erscheinen sowohl die Sommer- und Wintersonnenwende als auch die Äquinoktien. Daß die Gliederung nach Halbjahren relevant war, zeigt auch die Jahreszählung im „Hildebrandslied" (v. 50: *sumaro enti wintro sehstic* für ‚dreißig Jahre'). Es handelt sich dabei um eine alte idg. Einteilung, da auch im Griech. Frühling und Herbst sekundär sind (29, 2456). Tacitus berichtet (Tac. Germ. 26,5) im Anschluß an die primitive Landwirtschaft der Germ., daß sie das J. in drei Jahreszeiten einteilen, im Gegensatz zu vier nach röm. Praxis, und zwar ohne den Herbst, dessen Erntereichtum ihnen unbekannt sei und für den sie nicht einmal ein Wort kennen. Das ist zumindest teilweise unrichtig: das Wort *Herbst* ist gemeingerm. und gehört zu griech. καρπός ‚Frucht' und lat. *carpere* ‚pflücken'. Wodurch Tacitus zu dieser Aussage gebracht wurde, ist nicht feststellbar (21, 340). Ginzel (12, 56) schließt sich der Vermutung von J. Grimm an, der Begriff sei erst mit der Einführung des Wein- und Obstbaues geprägt worden. Das Wort gibt es aber im Anord., Ae. und Ahd. (im Got. fehlt es, weil in den erhaltenen Bibelteilen der Begriff auch im griech. Text fehlt), also ist späte Entstehung unwahrscheinlich. Daß die Zwischenjahreszeiten Frühling und Herbst für die Gliederung des J.es unwichtig waren, zeigt sich vielleicht noch darin, daß die *Snorra Edda* (→ Edda, Jüngere) unter den Bezeichnungen für Zeitabschnitte (Skáldskaparmál 60) nach *ár* ‚Jahr' und *misseri* ‚Halbjahr' zunächst *vetr* ‚Winter' und *sumar* ‚Sommer' nennt, dann erst *vár* ‚Frühling' und *haust* ‚Herbst'. Eine gute Übersicht über Qu. und ält. Lit. zu den Namen der Jahreszeiten bietet Tallen (30), obwohl sie einseitig die Vegetation als Basis des Kalenders und der Feste auf Kosten der astronomischen Gliederung nimmt.

Die Gliederung in Halbjahre erfolgte nach zwei verschiedenen Prinzipien: einerseits die Scheidung in Winter- und Sommerhalbjahr, mit den Hauptfesten zu den Aequinoktien, anderseits in eine Hälfte mit zunehmendem und eine mit abnehmendem Sonnenstand. Auch diese ist gut bezeugt: Bedas Angabe über den Jahresbeginn z. Zt. der Geburt des Herrn könnte, stünde sie allein, auch auf einem Mißveständnis Bedas beruhen, wird aber gestützt durch die nicht nur bei ihm belegte Benennung zweier Monate, jeweils vor und nach der Sonnenwende, als *Lida* bzw. *Giuli,* und durch die Einfügung des Schaltmonats als dritte *Lida* im Sommer. Ob und warum sich die beiden Einteilungen überlagerten, ist unbekannt.

Die Namen der Monate bzw. den Kalender gliedernden Feste, wie Beda sie deutet, stammen aus verschiedenen Sinnbez.: der Relig., Astronomie, Landwirtschaft und

Seefahrt; das gibt Auskunft über seine Art der Zeiterfahrung. Weiteres über die Namen der Monate bei Beda und → Einhard (Vita Caroli Magni 29) sowie die Sinnbez., denen sie entnommen sind, → Monate. Ob Bedas Angaben über den relig. Anteil an heidn. Monatsnamen richtig sein können, wird insbesondere in der Frage der Etym. von → Ostern kontrovers diskutiert. Das Haupt-Gegenargument ex silentio, Bedas Angaben könnten nicht richtig sein, denn Göttinnen namens *Eostre* (für April) und *Hreda* (für März) seien sonst nirgends belegt, ist falsch, da wir damit rechen müssen, daß die Namen vieler Göttinnen vollständig untergegangen sind und ein einmaliger Beleg nicht auffällig wäre. Das beweist nicht, daß Bedas Angaben richtig sind; sie sind aber immer noch wahrscheinlicher als die Annahme eines von Beda in heidn. Zeit zurückprojizierten christl. ‚Taufmonats' (Lit. → Ostern § 1), der aus den in christl. Zeit üblichen Monatsbenennungen herausfiele. Die von Einhard l. c. als Einführung → Karls des Großen genannten frk. Monatsnamen entsprechen dem Sinn nach z. T. den von Beda angeführten Namen, der Etym. nach jedoch nur *Ostarmanoth*. Vor Karl hatten die Franken teils die lat., teils barbarische Monatsnamen benutzt, die Einhard jedoch nicht nennt. Der Lorscher Prototyp des karol. Reichskalenders von a. 789 stellt zu jedem Monat einen Leitspruch, der an die heidn. röm. Monatsgötter gerichtet ist und auch deren Kulte erwähnt, und nennt die Monatsnamen auf griech., ae., hebr. und ägypt., z. T. auf Beda zurückgehend (2, I, 417. 423 u. ö.; 4, I, 11).

Die *Snorra Edda* (Skáldskaparmál 60) erwähnt nach den Namen der Zeitabschnitte *(stundir)* eine Jahreszeiten- und Monatsgliederung, die jedoch nicht in allen Hss. enthalten ist und sicher zu ihren jüngsten Teilen gehört.

Unterschiedlich ausgelegt werden die Qu. zur Datierung des Julfestes (s. auch → Monate; → Jul). Wenig brauchbar zur Datierung des Julfestes sind die Angaben Snorris (dazu → Jul § 3; → Misseristal § 5). Kombiniert man die Aussagen des got. Kalenderfrg.s, das den November ‚vor dem Julmonat' nennt, und Bedas, der zwei Monaten den Namen *Giuli* gibt (Dezember und Januar), scheint es am ehesten zur Wintersonnenwende stattgefunden zu haben. Für ein Mitte Januar anzusetzendes heidn. Mittwinterfest gibt es keine hinreichenden Belege.

d. Größere Zeiträume. Von welchen Fixpunkten eine agerm. Jahreszählung ausging, ist unbekannt. Man gliederte die Zeit vermutlich nach Herrschaftswechseln; das können wir daraus erschließen, daß die Erinnerung der Herrschergenealogien ein wichtiger Teil germ. Gedächtniskultur war. Die → *Ynglinga saga* der → *Heimskringla* gliedert die Gesch. durch die Schilderung des Todes der Herrscher; das beruht wohl auf alten Vorstellungen. An Einheiten, die über das Sonnenjahr hinausgehen, sind neunjährige Festzyklen für → Uppsala und → Lejre belegt: Für Uppsala durch → Adam von Bremen, wobei nach der Schilderung Adams Thor der Hauptgott ist und das Fest nach dem späten Scholion 141 (137) um die Frühlingsnachtgleiche stattfindet (Näheres → Jul § 3); für Lejre durch → Thietmar von Merseburg (Thietmari Chronicon I, 17), der *post teophaniam,* ‚nach Erscheinung des Herrn' (6. 1.), als Zeitpunkt nennt. Vermutlich war das neunjährige Fest in Lejre kein Julfest, sondern fand erst statt, nachdem jeder Häuptling das alljährliche Julfest zur Wintersonnenwende an seinem Herrschersitz begangen hatte. Für die Zählung der Festzyklen wie in Griechenland nach Olympiaden haben wir für Uppsala oder Lejre keine Indizien. Rückschlüsse auf Verhältnisse vor der Christianisierung aus der Zeit der Schriftlichkeit sind nicht möglich, da die Datierungen der Herrscher germ. Reiche auf röm. Boden nicht so sehr vom spätant. Gebrauch abweichen, daß man von ihnen auf vorchristl. Gewohnheiten schließen könnte. Zeitangabe durch die Regierungsjahre des Herrschers ist in frühma. Inschr. und Urk. häufig; sie entspricht aber der röm. Tradition; darüber unten § 2e.

e. Größte und mythische Zeiträume. Für die Rückerinnerung über größte Zeiträume besitzen wir Zeugnisse im Zusammenhang mit Abstammungstraditionen und Erinnerung an Vorfahren und Vorzeithelden. Die Rückführung der Genealogien in die mythische Urzeit bezeugen Abstammungstraditionen bei → Tacitus (Tac. Germ. 2,2) und → Jordanes (Jord. Get. XIV,79); Erinnerung an verstorbene Helden bezeugen Tacitus (betreffend Arminius; Ann. II,88,3) und → Ammianus Marcellinus (Amm. XXXI, 7, 11). Die weit zurückreichenden, vom Hist. ins Mythische übergehenden Genealogien christl. Herrscher (Theoderichs und späterer) bezeugen das Fortleben dieser Vorstellungen. Augenblickliche polit. Gliederungen wurden in fiktive gemeinsame Abstammung von mythischen Figuren rückprojiziert (→ Heros eponymos). Das Haupt-Gliederungssystem der Welt war die Zeit, nicht der Raum; das zeigt die Etym. von *Welt* aus *wer-ald* (zu germ. *weraz* ‚Mensch' und *aldo* ‚Zeit, Zeitalter') ‚Zeitalter, in dem es Menschen gibt'.

Die → *Vǫluspá*, die die Vorstellungswelt ca. des 10. Jh.s vermittelt, gliedert in die Urzeit, als die Welt aus einem Chaos geschaffen wurde, und in die ohne Übergang anschließende Endzeit, auf die ein Neubeginn folgt, der ein zyklisches Weltbild vermittelt. Die Seherin der fernsten Vergangenheit weissagt auch die fernste Zukunft. Nahtstelle zw. Urzeit und Endzeit ist Balders Tod; in der *Snorra Edda* deutlicher als in der *Vǫluspá*. Eine ‚Menschenzeit' dazwischen wird nicht thematisiert; Str. 17 nennt die Beseelung von zwei Bäumen (?) durch eine Göttertrias als Schaffung der Menschen. Ein Überleben des Weltuntergangs auch durch ein Menschenpaar überliefert nur die *Snorra Edda* (Gylfaginning 53). Neben dem Ausdruck *forn*, der für die nur in mündlicher Überlieferung tradierte Vorzeit, bes. für die Zeit des Heidentums, benutzt wird, findet sich in der *Vǫluspá* auch die Bezeichnung *ár* bzw. *árdagar* für die ‚Urzeit', in der es noch keine Menschen gab. Die Organisation der Zeit legen die Götter auf einer Gerichtsversammlung fest; die (Zeit-)Ordnung richten sie ein, indem sie den Zeiträumen Namen geben (Str. 6):

‚Da gingen die Waltenden alle auf die Richterstühle,
die hochheiligen Götter, und berieten über folgendes:
der Nacht und den Mondphasen gaben sie Namen,
den Morgen benannten sie und Mittag,
Nachmittagsjausenzeit und Abend, zum Zählen der Jahre.'

Dadurch wird das Chaos beseitigt, das Str. 5 nennt:

‚Die Sonne wußte das nicht, wo sie Säle hatte,
die Sterne wußten das nicht, wo sie Stätten hatten,
der Mond wußte das nicht, was an Macht er hatte.'

Die Charakteristika der Gestirne sind also: für die Sonne das an die Tierkreiszeichen erinnernde Durchwandern von ‚Sälen' (ob diese Vorstellung im Germ. alt oder im Spätheidentum aus ant. oder orientalischen Vorstellungen entlehnt ist, ist nicht feststellbar), für die Sterne das Fixiertsein an einer Stelle, für den Mond Kräfte zur Beeinflussung der Welt.

§ 2. Spätantike und frühmittelalterliches Christentum. a. Tageszeiten. In der christl. Kultur sind die Tageszeiten für relig. Handlungen von Bedeutung; nach diesen werden die Zeiten für Arbeitsbeginn, Arbeitsende, Nachtruhe und Mahlzeiten gerechnet. Die Glocke zeigt sie der

Gemeinschaft an. In der *Regula Benedicti* ist die Zeitgliederung des klösterlichen Alltags ein wichtiger Gesichtspunkt (bes. in XVI, *Qualiter divina opera per diem agantur*). Ma. Qu. betrachten die Zeiteinteilung unterschiedlich, je nachdem, ob es sich um wiss. Werke handelt, denen der schon bei den ant. Astronomen übliche Gebrauch von *horae aequales* mit Einteilung des Tages in 24 gleichlange Einheiten bekannt war, oder Qu., die sich auf die Praxis beziehen, die nur *horae inaequales* kannte, d. h. die Zeit zw. Sonnenaufgang und Sonnenuntergang in 12 nach Jahreszeit und Breitengrad unterschiedlich lange Einheiten und die Zeit von Sonnenuntergang bis Sonnenaufgang in 12 oder 4 Einheiten einteilte. Die willkürlichen Segmentierungen des Tages in kurze Intervalle referiert Beda, De Temp. Rat. III, *De minutissimis temporum spatiis*. Durch die Bibel gedeckt sieht er nur die Einteilung des lichten Tages in *horae inaequales* (Joh. 11,9). Trotzdem referiert er auch, teilweise nach → Isidor von Sevilla (Isid. orig. V, 29,1), teilweise nach ir. Computus, astronomisch übliche Unterteilungen der *horae aequales* in vier oder fünf *puncti*, 10 *minuta*, 15 *partes*, 40 *momenta* und auch einige konkurrierende Unterteilungen (zu den unterschiedlichen ir. und kontinentalen Gliederungen Jones [18, 331 ff.]). Als kleinste Einheiten der Zeit, ihr *atomum*, bezeichnet er die kurzen Silben der Metrik. Als Anwendungsgebiet für kleinste Unterteilungen nennt Beda, daß man mit ihnen genauer den Stand der Gestirne zum Zeitpunkt der Geburt eines Menschen bestimmen könne, um sein Schicksal vorherzusagen. Er lehnt dies jedoch als nicht mit der Bibel (1 Kor, 15, 51 f.) in Einklang stehend ab. Als Zeiteinteilung der Nachtzeit übernahm die Kirche im Früh-MA die des röm. Heeres mit vier Nachtwachen (14, s. v. Tageseinteilung) für die Einteilung der abendlichen bis morgendlichen Gebets- und Meßzeiten (→ Tag und Tageszeiten S. 269). Oft begegnet für die Praxis eine Reduktion auf sieben Tageszeiten, davon fünf für die lichte und zwei für die dunkle Zeit. Insbesondere die *Nocturni* am Ende jedes Viertels der Nacht hielten sich nur in wenigen Klöstern und wurden v. a. bei der Weltgeistlichkeit mit Abend- und Frühmorgenverrichtungen zusammengelegt. Kennzeichnend für die Rechts- und Urk.sprache ist, daß für Ereignisse am Ort eindeutige Angaben gewählt werden, vom Typ ‚wenn von der Minoritenkirche zum zweiten Mal die None geläutet wird'. Abgesehen von der kirchlichen Zeiteinteilung spielt im Alltagsleben die nach den Mahlzeiten eine wichtige Rolle. Unentbehrlich zur Auflösung der Angaben in Qu. ist Grotefend (15).

b. Einheiten von mehreren Tagen. Durch Berührung mit der röm. Kultur lernten Germ. die Siebentagewoche kennen. Diese hatte Augustus eingeführt, sie kam aber nur allmählich in allg. Gebrauch. Noch langsamer entwickelte sich in Rom die Bezeichnung der einzelnen Tage; doch findet sich schon bei Tibull (I, 3,18) *Saturni die* für den jüdischen Sabbat. Ein wegen Verwitterung vermutlich nicht erst knapp vor a. 79 entstandener Graffitto in Pompeji (16, 179) hat schon die Reihenfolge Kronos, Helios, Selene, Ares, Hermes, Zeus, Aphrodite. Im 2. Jh. bezeichnet → Dio Cassius (37,18) die Siebentagewoche in dieser Reihenfolge als bei den Römern schon allg., aber noch nicht lange üblich (dazu 16; 31). Man vermutet meist, daß die Germ. die Wochentagsnamen schon im 4. Jh. übernahmen (so → Woche; 13, 236 ff.; noch früher, aber mit nicht überzeugenden Argumenten Füllgrabe [11, 286–303. 308]; seiner Datierung ins frühe bis mittlere 2. Jh. widerspricht schon die nach Dio späte Übernahme durch die Römer). Der Grund für diese Annahme ist, daß das Christentum die Wochentage zunächst nur zählte, ohne die heidn. Namen der Planetengötter; man meint, nach der Christianisierung hätte man diese Zählweise übernommen (so schon 34, 3). Doch gibt es, abgesehen davon, daß theol. Schr. nicht die Realität der Kaufleute spiegeln, Schwierigkeiten: Aus der *Voluspá* geht hervor, daß die Gliederung der Zeit relig. begründet war und bis zum Ende des Heidentums nach den Mondphasen erfolgte (s. o.); da ist es unwahrscheinlich, daß vor der Christianisierung die Namen eines fremden Z.s-Systems allg. übernommen worden wären. Man muß unterscheiden zw. Personen, die die röm. Zeiteinteilung benutzten (germ. Bewohner des Rheinlandes, Fernhändler usw.), und Latein sprachen, und anderen, die kaum Kontakt mit ihr hatten. Die letztgenannte Gruppe war vermutlich bis zum Ende des Heidentums groß. Hingegen ist ab dem 7. Jh. die *interpretatio germanica* (→ Interpretatio § 3) der ant. Götter möglich geworden. Die Namen heidn. ant. Gottheiten in allegorischer Deutung zu verwenden war Christen, trotz Anfeindung in manchen theol. Schriften, immer gestattet. Heidn. germ. Überlieferungen hätte man aber im 4. Jh. nicht ebenso toleriert wie ant. Erst ab Beda und → Bonifatius (ausgehend von → Gregor dem Großen) ist die Erinnerung an die Traditionen der eigenen germ. Vorfahren legitimiert (Ansätze zur Akzeptanz der ehrenden Nennung der Namen heidn. *semidei* finden sich schon in der Amalergenealogie des Jordanes, zurückgehend auf → Cassiodor). Auch die ant. Gottheiten überlebten als Allegorien, daher rührt auch die teilweise Duldung der Planetengottheiten in den Wochentagsnamen der Romania. Manche behandeln die heidn. Götter als Allegorien (bes. in der Interpretation von Vergils Aeneis), andere benutzen sie als Exempla für die Entstellung der Heilswahrheit (Beda, s. o.), andere wieder erklären den heidn. Götterglauben so, daß es sich um bedeutende Herrscher gehandelt hätte, die durch dichterische Übertreibung nach ihrem Tod zu übernatürlichen Wesen emporstilisiert worden seien (Euhemerismus). Auch die Kombination widersprüchlicher Argumente für das Nennen heidn. Namen ist möglich. Der eigene Kg. soll nicht von minderwertigen Vorfahren abstammen. Die germ. Götter sind genau so *monstra* wie die röm., aber wenn man deren Namen nennen darf, darf man auch die der ihren. Wenn man sie als Reste des heidn. Kultus empfunden hätte, hätte man sie nicht von Anfang an auch für Neubildungen benutzt, wie *sunna* in ae. *Palmsunnandæg* ‚Palmsonntag'. Im Norden sind die germ. Wochentagsnamen westgerm. Import, waren also urspr. nicht heimisch. Es ist unsicher, ob sie es irgendwo vor der Christianisierung waren. Späte Entlehnung nachweisen läßt sich für aisl. *Frjádagr* aus ae. *Frig-dæg*. Früh christianisiert wurden die Goten; in got. Qu. sind uns keine Wochentagsnamen überliefert, jedoch sind zwei Wochentagsnamen einiger bair. Dialekte got. Lehnwörter: *Ertag* (und ähnlich) ‚Dienstag' und *Pfinztac* ‚Donnerstag' (9, 138 f.). *Pfinztac,* zu griech. πεντα ‚fünf', spiegelt die christl. griech. Zählung. *Ertag* für den Dienstag spiegelt wahrscheinlich einen got. (in *interpretatio graeca*) Ares in dem ansonsten christl. got. Wochentagssystem, ohne *interpretatio germanica* zu **Tiws*. Das beweist nicht Übernahme in heidn. Zeit, sondern weist darauf hin, daß die christl. Kalenderwiss. der Goten (die von der Christianisierung an nötig war: das Kalenderfrg. des *Cod. Ambrosianus A* enthält Gedenktage, die bis zum Tod des Constantius, a. 361, zurückgehen) einen griech. heidn. Wochentagsnamen gestattete. Die got. Lehnwörter im Bair. entstammen dem Missionswortschatz; die Baiern übernahmen die Siebentagewoche daher bei der Christianisierung, und zwar mit den griech. Namen, teils christl., teils heidn.; bei nur zwei aussagekräftigen Namen ist das Verhältnis 1:1 allerdings Zufall. Daß ‚Ares' ins got. Wochentagssystem übernommen wurde, könnte damit zusammenhängen, daß er als *interpretatio graeca* (→ Interpretatio § 2) eines der Hauptgötter der Vorväter empfunden wurde, kann aber auch Zufall sein. Die ebenfalls früh christianisierten brit. Kelten übernahmen die röm. Namen, von Sol bis Saturn.

Beda lehrt, die Heiden hätten die Siebentagewoche von den Israeliten übernommen, und beklagt, daß sie diese nicht nur ihren Gottheiten, *monstris,* geweiht, sondern auch noch falsch gereiht hätten (de temp. Rat. VIII). Er überliefert trotzdem die heidn. lat. Namen; anscheinend, um sowohl der Realität, die sie benutzte, als auch der Theol., die sie verdammen mußte, zu genügen. Der Ansatz, die israelitische Form sei urspr., erlaubt eine ‚natürliche Theol.'; die Entfernung von der richtigen Lehre hat die Götter zu *monstra* gemacht. Ein Schlüsselsatz, wie ma. Christentum mit den Überlieferungen der heidn. Vorfahren umgeht, ist: Wenn es erlaubt sei, die annalistischen Beobachtungen anderer heidn. Völker zu nennen, brauche er die der alten Angeln nicht zu verschweigen (de temp. rat. XV), und führt ihre Monatsnamen und den Jahreslauf gliedernde Feste an (s. o. § 1c); eine entspr. Vorgangsweise bei den Wochentagen fehlt jedoch. Heißt das, daß er die Siebentagewoche als ungerm. empfand? Analog ist der Befund für den karol. Reichskalender von 789: er zeigt Interesse an heidn. Monatsnamen jedweder Sprache, doch keinen Verweis auf heidn. Wochentagsnamen (s. o. § 1c). Die Siebentagewoche und die Wochentagsnamen drangen also anscheinend im Wesentlichen erst mit der Christianisierung ein.

c. Gliederung des Jahres. Während man die Jahreszählung allmählich normierte, blieb der Jahresbeginn uneinheitlich; in Mitteleuropa war er meist zu Weihnachten, seltener zu Ostern. Der 1. Jänner setzte sich erst spät durch. Der Begriff ‚Jahresbeginn' ist für das Früh-MA schlecht verwendbar, da für verschiedene Lebensbereiche unterschiedliche Zeitgrenzen galten; für die Steuerberechnung, die sich in der Datierung nach Indiktionen spiegelt, war das Einbringen der neuen Ernte maßgeblich; der Indiktionswechsel erfolgte daher in Westrom soweit feststellbar immer am 1. 9.

Beda gibt dafür den 24. 9. an, vielleicht wegen des auf das Herbsäquinoktium festgelegten Festes der Konzeption Johannes des Täufers, ignoriert jedoch, daß dann die Jahreszählung zum Inkarnationsjahr mit 25. 12. für drei Monate um ein J. differiert (33, 99 ff.). Später datierte man Urk. oft nach den Festtagen einzelner Heiliger. Da diese nicht in allen Diöz. gleich gefeiert wurden, ist das Auflösen der Datumsangaben eine Spezialwiss. jenseits der Zielsetzung dieses Lex.s; zu benutzen sind die Art. des ‚Lexikon des Mittelalters', bes. ‚Chronologie'. Auch die das MA beherrschende Diskussion um den richtigen Ostertermin und Jahresbeginn berührt nicht die germ. Altkde. Borst (4) bietet hierzu eine Edition bisher schwer zugänglicher Texte und Einleitungen, die auch auf die phil. Grundkonzepte der Texte eingehen. Über die Komputistik im karol. Schulunterricht Bischoff (1, 227 ff.). Die theol. Streitigkeiten der Komputisten empfinden nicht erst wir als kleinlich, sondern schon Ebf. Arn von Salzburg, der 802 beklagte, daß komputistische Arbeiten technische Daten anhäufen statt die Zeitdeutung an der Bestimmung des Menschen auszurichten, der zu Gottes Ebenbild herangebildet werden sollte (4, 89). Über das mögliche Fortleben agerm. Vorstellungen der Gliederung des J.es in ma. Kalendern → Misseristal.

d. Lebensalter. Ant. Qu. gliedern das menschliche Leben unterschiedlich. Eine Gliederung wie Kindheit – Jugend – Erwachsene – Alter wird in germ. Qu. nicht direkt angesprochen, doch läßt sich anhand von Angaben zur Rechtsfähigkeit, Heiratsfähigkeit und Waffenfähigkeit ermitteln, wo sozial relevante Abschnittsgrenzen lagen. In einer Hinsicht unterschieden sich alle ma. Menschen von uns: unsere Lebens ‚erwartung' von ca. 80 J. ist tatsächlich eine ‚Erwartung', denn das durchschnittliche Sterbealter liegt nahe dem häufigsten, das heute in Mitteleuropa ebenfalls um das 80. J. liegt.

Psalm 90,10 „Unser Leben währt 70 Jahre, und wenn es hoch kommt, sind es 80" gibt dagegen ein Alter an, das damals wie im MA wenige erreichten. Wenn man für frühe Epochen errechnet, daß in ihnen die durchschnittliche Lebenserwartung ca. 35 J. betragen habe, ergibt das keine ‚Erwartung', denn nie lag das häufigste Sterbealter bei 35 Jahren. Viele starben als Kleinkinder, einige wenige wurden auch für unsere Begriffe alt; die Ungewißheit der Dauer menschlichen Lebens wurde öfter bewußt. Die geschlechtsspezifischen Gefährdungen, Kindbett bzw. Kampf, hatten im Rahmen der Gefährdungen insgesamt, durch Krankheiten, Unfälle usw., einen anderen Stellenwert. Wie liter. Figuren ma. Werke mit eigenem und fremdem Leben umgehen, wurde vom Publikum anders empfunden als von uns.

In Heldensagen können theol. begründete Ansichten mit alten, heroische Traditionen berücksichtigenden Vorstellungen kombiniert sein: Das Epos „Dietrichs Flucht" (spätes 13. Jh.) läßt den Ahnherrn Dietrichs, Dietwart, 400 J. alt werden und mit seiner Gemahlin 44 Kinder haben; das gibt ihm eine Stellung zw. normaler Lebensdauer und der Altersangabe der biblischen Väter von Genesis c. 5,3 ff.; danach wurde Adam 930 J. alt; „Metuschelach (Methusalem) war 187 J. alt, da zeugte er Lamech. Nach der Geburt Lamechs lebte Metuschelach noch 782 J. und zeugte Söhne und Töchter. Die gesamte Lebenszeit Metuschelachs betrug 969 Jahre, dann starb er." Daß die Menschen, v. a. nach Noah, immer weniger alt wurden, erklärte man so, daß die allg. Sündhaftigkeit eine Abnahme der Lebenskräfte mit sich brachte, die die Menschen im Paradies besessen hatten. Zunächst wäre die max. Menschen von Gott zugedachte Lebensdauer 1 000 J. gewesen, ‚jetzt' seien es nur mehr 100. Die Grenze zw. natürlicher und mythischer Lebenserwartung zeigt die Mythe von der Aunskrankheit ‚Hohes Alter': nach Snorris *Heimskringla, Ynglinga saga* c. 25, erreicht Aun auf natürliche Weise 60 Jahre, während er durch sukzessive Opferung von Söhnen an Odin es auf 200 J. bringen kann, allerdings ohne die Folgen des hohen Alters ausschalten zu können und zum Schluß nur mehr liegend am Trinkhorn nuckelnd.

e. Jahreszählung. Z. Zt. schriftlicher Qu. standen verschiedene ant. Modelle als Vorbilder zur Verfügung, die man nach Bedarf anpaßte. Schon in Rom existierten verschiedene Arten der Jahreszählung nebeneinander, je nach Qu.gattung und Zweck und polit. Aussage des Textes. Neben die alte Datierung ohne Jahreszählung nach den Namen der Konsuln war die Zählung *ab urbe condita* sowie die nach Regierungsjahren der Ks. (beginnend mit der Zählung der Prinzipatsjahre des → Augustus) getreten; daneben gab es eigene Jahreszählungen in Prov. (am langlebigsten die Ära der Iberischen Halbinsel, beginnend mit 30 v. Chr.). Für Herrscherurk. konnte sich die seit Augustus übliche Datierung nach der *tribunicia potestas* des Herrschers allmählich in eine nach Regierungsjahren wandeln. → Justinian führte a. 537 die Zählung nach Regierungsjahren rechtsverbindlich ein. Classen (7, II, 5), zustimmend Wolfram (36, 139) und Fichtenau (10, 459), meint, die Wandalen hätten mit der Datierung nach Kg.sjahren etwas Neues in das Urk.wesen der Mittelmeerländer eingeführt und seien Vorbild für Justinians Regelung gewesen. Während in Mauretanien bis zum Wandaleneinfall *anni provinciae* (ab 40 n. Chr. gezählt) oder Konsuldatierungen gegeben wurden, zählte → Geiserich Regentenjahre ab der Besetzung Karthagos (439), obwohl er schon vorher Kg. der Wandalen gewesen war. Problematisch sind zwei auf den Namen des jedenfalls schon verstorbenen Ks.s Honorius († 423) geprägte Münzen mit der Angabe *anno 4 (5) K.*, die offensichtlich jünger als 443 und am ehesten auf das 4. bzw. 5. Regierungsjahr des Hunirix zu verstehen sind (480/81 bzw. 481/82), obwohl das *K.* als

Karthaginis aufzulösen ist, wobei *Honorius* keine Verballhornung von *Hunirix* ist, sondern eine Prägung auf den Namen des verstorbenen Ks.s; für Hunirix fallen Regierungsjahre und Indiktion zusammen, es könnten also auch Indikationsjahre sein (17, 93, Hunerich Nr. 1). Theoderich blieb bei der Konsulsdatierung, und zwar wurde meist nur der westliche, von Theoderich ernannte, angeführt; nach Fichtenau (10, 459 f.) war dies eine geringere Provokation Ostroms als eine Datierung nach Herrscherjahren Theoderichs gewesen wäre. Theoderich feierte a. 500 sein 30jähriges Regierungsjubiläum, da sind nicht nur einige J. als ‚Heerkg.' vor der Eroberung Italiens mitgezählt, sondern auch schon die Mitregentschaft mit seinem vermutlich 474 verstorbenen Vater (35, 482). Für Privaturk. (Papyri) war die Datierung nach Herrscherjahren weniger ratsam, da oft ein Politikum; die Stellung im seit 312 regelmäßig 15jährigen Indiktionszyklus war allg. bekannt, da dieser die Grundlage der Steuereinhebung darstellte. Es wird nur das J. innerhalb der laufenden Indiktion angegeben, nicht die Nr. der Indiktion, da es für die Dauer des Interesses an einer Privaturk. für die Beteiligten selbstverständlich war, die wievielte Indiktion gemeint war. Die spätant. Privaturk. wurden Vorbild für frühma. Datierungen. Die Chroniken ab Hieronymus bauten die christl. Ära in eine allg. seit Erschaffung der Welt ein, wobei Hieronymus das 14. Regierungsjahr bzw. 6. Konsulat des → Valens und 2. Konsulat des Valentinian II. als 5579 nach Adam ansetzte (heutige Zählung: a. 378). Die Nennung der seit der Inkarnation des Herrn verflossenen J. nach der Berechnung des Dionysius Exiguus (*Libellus de cyclo magno paschae DCCCII annorum*, a. 525; vgl. 24, 2) wurde erst langsam üblich und oft kombiniert mit anderen Angaben. Christl. Ären nahmen oft statt der Inkarnation die Resurrektion als Ausgangspunkt, z. B. → Gregor von Tours (Hist. Franc. X, 31). Erst Bedas Hinweis (de temp. Rat. 47: *De annis dominicae incarnationis*) verhalf der Inkarnationsdatierung zum Durchbruch. Beda selbst datierte aber meist nicht danach, sondern nach spätant. Vorbildern; z. B. in einem Brief an Kg. Ecgberct vom 5. Nov. 734 nur *Nonas Novembris, indictione tertia* (ed. Ch. Plummer 423; dazu 26, 30 f.). Der Brief → Gregors des Großen von 601 an Kg. → Aethelberht trägt in der Fassung von Beda, Hist. I,32 die Datierung sowohl nach Regierungsjahren des oström. Ks.s Mauritius als auch nach dessen Postkonsulatsjahren als auch das Indikationsjahr; die Registerfassung Gregors (MGH EE 2, XI, 37) gibt nur das Indiktionsjahr an (dazu 26, 39). Die Akten der Synode von Hatfield (17. 9. 679) datiert Beda mit den Herrscherjahren aller vier Teilkg.: *imperantibus dominis piissimis nostris Ecgfrido rege Hymbronensium, anno X⁰ regni eius, sub die XV Kalendas Octobres, indictione VIIIa; et Aediilredo rege Mercinensium, anno sexto regni eius; et Alduulfo rege Estranglorum, anno XVII⁰ regni eius; et Hlothario rege Cantuariorum, regni eius anno VII⁰* (dazu 26, 40). Seiner eigenen Empfehlung folgt Beda nur in der *Historia Ecclesiastica* von 731 (33, 73). Im Denken der Missionare nimmt die Inkarnationsdatierung um diese Zeit die Hauptstellung ein; Bonifatius fragt ca. 735 beim Erzischof von Canterbury an, *in quoto anno ab incarnatione Christi praedicatores primi missi a sancto Gregorio ad gentem Anglorum venissent* (MGH epp. sel. 1, Bonifatii ep. 33; dazu 33, 97). In Herrscherurk. des Meowinger- und Frankenreiches war die Datierung nach Regierungsjahren üblich, *anno regni nostri;* von der ältesten im Original erhaltenen datierten Merowinger-Urk., von → Chlothar II. a. 625, an (6, Nr. 28). Als Ausgangspunkt dient der Tag der Erhebung, nicht das Kalenderjahr (7, II, 56). In jungen Abschriften von Merowinger-Urk. erscheinende Datierungen *ab incarnatione domini* sind von deren Schreibern hinzugefügt; die ostfrk. Reichskanzlei verwendet erst ab 876 (Ludwig III.) die Inkarnationsdatierung regelmäßig. In England setzte sie sich schon früher durch; wann genau, kann nicht angegeben werden, da die frühen Urk. meist Abschriften sind, in denen die Inkarnationsdatierung Nachtrag sein kann; die erste Originalurk. mit Inkarnationsjahr stammt von 736, folgt also vermutlich Bedas Empfehlung; Normalfall wird sie ab → Offa von Mercia (757–796); dazu v. a. Treiter (33, 68 f. 73 f. 93. 97), sowie Schieffer (27, 213) und Levison (19, 84 f.). Daß im *Concilium Germanicum* von 742 oder 743 (MGH Concilia II,1,2 Nr. 1 = Capitularia 1,24 Nr. 10) → Karlmann Inkarnationsjahre angibt, nennt Fichtenau (10, 480) „beinahe ‚revolutionär‘". Urk. → Karls des Großen geben ab 800 eine vierfache Datierung an, die als polit. Aussage zu verstehen ist, z. B. Nr. 198 von 802: *anno secundo Christo propitio imperii nostri et XXXIIII regni nostri in Francia atque XXVIIII in Italia, indictione X*. Das Indiktionsjahr war die wichtigste im Bewußtsein der Menschen. → Ludwig der Deutsche datierte als bair. Kg. nach Regierungsjahren des Ks.s (Ludwigs des Frommen), danach *anno regni nostri* und schließlich das Indiktionsjahr. Im Langob., wo nur wenige Königsurk. erhalten sind, und keine im Original, findet sich das Regierungsjahr des Kg.s und das Indiktionsjahr (7, 78 ff.). In manchen langob. Urk. findet sich der Name des regierenden Hz.s, evtl. nach dem Vorbild der Konsulsdatierung auch der Name des *gastaldius*, aber ohne Herrschaftsjahr (10, 473). Die Päpste datieren meist nach Herrscherjahren der oström. Ks. plus Indiktionsjahr; nach Pontifikatsjahren datiert erstmals Hadrian I., a. 781, regulär wird dies erst Mitte des 11. Jh.s (33, 93). Hochma. Urk. zeigen bis zu dreifache Herrscherdatierung nebeneinander: die Pontifikatsjahre des Papstes, die Herrscherjahre des Kg.s und die Regierungsjahre des Territorialfürsten können erwähnt werden, je nach polit. Situation den einen oder anderen stärker hervorhebend. Briefe von Herrschern tragen, wie in der Ant. üblich, meist keine Datierung; auch in den Stücken der Variae-Slg.

Cassiodors fehlt sie fast immer; wenn in einem Brief ein Datum angegeben wird, dann nur Tag und Monat, da das J. selbstverständlich ist. Wo ein Zeitbegriff durchscheint, ist es meist die Indiktion, z. B. Cassiod. Var. VI,1 in der Konsulatsformel: *per illam indictionem consulatus te decoramus insignibus;* nur ein Beamtenwechsel, die *promotiones officii praetoriani,* wird zum Termin *Natale Domini* angegeben (Cassiod. Var. XI, 17, aus a. 534), Details bei Mommsen (20, XXIIII ff.).

f. Größte und mythische Zeiträume. Die Erinnerung an ferne Zeiten orientiert sich an den Aussagen des Augustinus über *memoria* (8, 128–136). Die christl. Berechnung langer Zeiträume stützt sich auf Hieronymus. Dessen Vorbildfunktion betont → Isidor von Sevilla (Etym. V, 28): *Chronica Graece dicitur quae Latine temporum series appellatur, qualem apud Graecos Eusebius Caesariensis episcopus edidit, et Hieronymus presbyter in Latinam linguam convertit*. In den germ. Ländern wurde v. a. die Ausformung des Konzeptes des Hieronymus, die Beda in *De Temporum Ratione* überliefert, relevant. Die Berechnung langer Zeiträume ist wichtig, wenn eine chiliastische Weltordnung angenommen wird. Die Dauer der Welt insgesamt aus der Bibel herzuleiten gelingt nach dem Schöpfungsbericht, in dem die Teilung in Licht und Finsternis (Gen. 1, 18) voraussetzt, daß beide Hälften gleich groß waren, also der vierte Schöpfungstag an einem Äquinoctium stattgefunden hat; so läßt sich das Alter der Welt auf den Tag genau bestimmen. Durch die Frage, wie lange die Welt bestehen wird, wann also der Weltuntergang eintreten wird, erlangten diese Spekulationen Interesse (Übersicht bei 3, 18 ff.). Man diskutierte auch das Verhältnis der ‚Zeit' zu dem vor und nach ihr: nach dem christl. Konzept ist die Zeit von Gott geschaffen und wird enden; Ewigkeit gibt es vor aller Zeit und nach aller Zeit. Ewigkeit ist Abwesenheit von Zeit, nicht eine unendlich lange Zeitspanne. Da entsteht die Frage: gibt es nur eine Ewigkeit, innerhalb derer die Zeit besteht, oder gibt es zwei Ewigkeiten, eine vor der Erschaffung und eine nach dem Ende der Zeit? Die letztgenannte Ansicht scheint in der dt. Übs. ‚du bist von Ewigkeit zu Ewigkeit' für *a saeculo et usque in saeculum tu es* (Psalm 90,2) vorzuliegen, obwohl Augustinus (Confessiones 11,2 ff.) feststellt, daß für Gott immer Ewigkeit existiert; Augustinus benutzt *aeternitas* nur im Sing. In Dichtung und RQu. zeigt sich aber statt des theol. Begriffs der Ewigkeit einer, der ‚bis ans Ende der Zeiten' meint: *êwigen tac* (im 13. Jh.: Der Strikker, Daniel vom Blühenden Tal v. 603); Abgaben, Stiftungen etc., die immer bestehen sollen, heißen *êwige*, z. B. *êwiger zins*.

§ 3. Zeitbewußtsein im Spiegel des Wortschatzes. Die Bedeutung der einzelnen Unterteilungen der Zeit im Bewußtsein der Menschen wird v. a. darin faßbar, wie reich das betreffende Wortfeld in ihrer Sprache gegliedert ist. In dieser Hinsicht gibt es eine instruktive Zusammenstellung nur für das Ae. (in 25), und zwar zum Wortfeld ‚Age' (25, 02.01.04) für die Lebensalter des Menschen und zum Wortfeld ‚A time, period of time' (25, 05.11) für sonstige Zeiträume. Eine Zusammenschau kleinster bis größter Zeiträume, die von späteren Autoren meist nur leicht variiert wird, bietet Isidor (Etym. V,29,1): *Tempora momentis, horis, diebus, mensibus, annis, lustris, saeculis, aetatibus dividuntur.*

(1) B. Bischoff, Die Bibl. im Dienste der Schule, in: Ders., Ma. Stud. 3, 1981, 213–233. (2) A. Borst (Hrsg.), Der karol. Reichskalender und seine Überlieferung bis ins 12. Jh. 1–3, 2001. (3) Ders., Computus. Zeit und Zahl in der Gesch. Europas, ³2004. (4) Ders. (Hrsg.), Schr. zur Komputistik im Frankenreich von 721 bis 818, Bd. 1–3, 2006. Standardwerk. (5) Bosworth-Toller, Anglo-Sax. Dict. (6) C. Brühl, Th. Kölzer (Hrsg.), MGH Diplomata Regum Francorum e stirpe Merovingica, 2001. (7) P. Classen, Ks.reskript und Kg.surkunde. Diplomatische Stud. zum röm.-germ. Kontinuitätsproblem, Archiv für Diplomatik 1, 1955, 1–87 und 2, 1956, 1–115. (8) R. Corradini, Zeit und Text. Stud. zum tempus-Begriff des Augustinus, 1997. (9) H. Eggers, Dt. Sprachgesch. 1, 1986. (10) H. Fichtenau, „Polit." Datierungen des frühen MAs, in: H. Wolfram (Hrsg.), Intitulatio II. Lat. Herrscher- und Fürstentitel im neunten und zehnten Jh., 1973, 453–548. (11) J. Füllgrabe, Die Christianisierung der westgerm. Stämme und Stammessprachen, 2003. (12) F. K. Ginzel, Handb. der mathematischen und technischen Chron. 3, 1914. (13) D. H. Green, Language and Hist. in the Early Germanic World, 1998. (14) H. Grotefend, Handb. der hist. Chron., 1872. (15) Ders., Taschenb. der Zeitrechnung des dt. MAs, ¹³1991. (16) G. Gundermann, Die Namen der Wochentage bei den Römern, Zeitschr. für dt. Wortforsch. 1, 1901, 175–186. (17) W. Hahn, Moneta Imperii Byzanzini 1, 1973. (18) C. W. Jones (Hrsg.), Bedae Opera de Temporibus, 1943. (19) W. Levison, England in the eighth century, 1956. (20) Th. Mommsen, Vorwort zu Cassiod. Var., MGH AA 12, 1894. (21) Much, Germania. (22) R. Much, Mondmythol. und Wiss., Religionswiss. 37, 1943, 231–261. (23) M. P. Nilsson, Primitive Time-Reckoning, 1920. (24) M. Richter, Dionysius Exiguus, in: TRE 9, 1–4. (25) J. Roberts u. a., Thesaurus of OE, 1995. (26) A. Scharer, Die Intitulationes der ags. Kg. im 7. und 8. Jh., in: H. Wolfram, A. Scharer (Hrsg.), Intitulatio III. Lat. Herrschertitel und Herrschertitulaturen vom 7. bis zum 13. Jh., 1988, 9–74. (27) Th. Schieffer, Winfrid-Bonifatius und die christl. Grundlegung Europas, 1954. (28) Seeck, Chronograph vom J. 354, in: RE III, 2477–2481. (29) W. Sontheimer, Zeitrechnung II, in: RE IX A 2455–2472 (mit Übersicht über ält. RE-Art.). (30) M. Tallen, Wortgeogr. der Jahreszeitennamen in den germ. Sprachen, in: Festschr. W. Mitzka 2, 1963, 160–229. (31) A. Thumb, Die Namen der Wochentage im Griech., Zeitschr. für dt. Wortforsch.1, 1901, 163–173. (32) R. Thurneysen, Die Namen der Wochentage in den kelt. Dialecten, ebd. 1, 1901, 186–191. (33) M. Treiter, Die Urk.datierung in ags. Zeit, Archiv für Urkundenforsch. 7, 1921, 53–160. (34) K. Weinhold, Die dt. Monatsnamen, 1869. (35) Wenskus, Stammesbildung. (36) H. Wolfram, Intitulatio I. Lat. Königs- und Fürstentitel bis zum Ende des 8. Jh.s, 1967.

H. Reichert

Zelt → Flechten; → Giebel und Giebelzeichen; → Maße und Gewichte; → Þingstaðr; zu röm. Zelten im Bereich Heerwesen → Canabae legionis; → Haltern; → Limes; → Oberaden; → Principia; → Werra

Zentralorte

§ 1: Definitionen – § 2: Das Wortfeld zu Z. – § 3: Urgeschichtliche Z. – § 4: Z. von der Römischen Kaiserzeit und frühen Völkerwanderungszeit bis zur Wikingerzeit – a. Kontinent – b. England – c. Dänemark und Schweden – d. Norwegen – e. Arch. und Namen – f. Kontinuitäten und Anzahl der Z. – § 5: Z. und Städte im frühen Mittelalter – a. Kgl. Z. – b. Frühstädtische Siedlungen

§ 1. Definitionen. Als Z. werden Siedlungskonzentrationen mit einer Bündelung von Funktionen bezeichnet, die über den Ort selbst hinaus einerseits ein gewisses Territorium im Umfeld beeinflussen und andererseits eine Fernwirkung auf andere ähnliche Plätze ausstrahlen. Die Bezeichnung ‚Zentralorte' besagt noch nichts über die jeweilige Ranghöhe im Vergleich zu den allg. ländlichen Siedlungen der Umgebung, über die Größe dieses Gebietes, auf das sie einwirken, oder die Stellung im Netz der Fernbeziehungen. Neben dem Vergleich der zeitgleichen Ranghöhe von Z.n steht der Wandel dieser relativen Position im Laufe der Zeit; Z. entwickeln sich und verlieren ihre Bedeutung auch wieder.

Die Bezeichnung ‚Zentralorte' ist unverbindlich und offen; denn seit dem Neol. hat es in der Landschaft mit hierarchisch gegliedertem Siedlungsnetz Z. gegeben. Jeder Raum war hierarchisch organisiert (96, 44), und doch sind Z. jeweils verschieden, auch wenn tatsächlich manche Definitionskriterien für alle Epochen gelten können.

In der gegenwärtigen Forsch. gibt es zwei Ansätze, Z. zu beschreiben und auch im arch. Qu.bestand zu registrieren. Der deduktive Zugang (processual arch.) betrachtet eine gesamte Landschaft und gliedert das Gefüge nach Rang der einzelnen Siedlungen anhand einer theoretischen Vorstellung gestaffelt. Von der Seite der hist. Geogr. wurde zur Beschreibung der Verteilung von Städten in modernen Verhältnissen ein Modell entwickelt, mit dem die Strukturen einer Landschaft gesamthaft beschrieben werden können (15), ein Ansatz, der auch von der Arch. übernommen wurde. Dabei bilden Z. die Spitze der Hierarchie oder den entscheidenden Knoten im Netzwerk aller nachgewiesenen und postulierten Siedlungen, für die bestimmte Eigenschaften beschrieben werden.

Von der Seite der Arch. wurden aufgrund der modernen Prospektionsverfahren, meist mit dem Metallsuchgerät, und durch nachfolgende großflächige Ausgr. eher auf induktivem Wege (postprocessual arch.) Z. als solche aufgrund der erkannten Besonderheiten, die als Kriterienbündel aufgelistet werden, benannt; und zwar oftmals ohne zugleich den Bezug zu den umgebenden anderen Siedlungen ausdrücklich zu beschreiben. Nicht selten beeindruckt allein das reichhaltige Fundmaterial und führt zur Einordnung einer Siedlung als Zentralort. (So werden vom Zentralort → Tissø auf Seeland aus einem Gebiet von 1,5 km Lg. 10 000 Metallfunde genannt, von → Uppåkra in Schonen von 1 km Lg. 13 000 [100, 271 f.] und von der Höhensiedlung Geißkopf am Schwarzwald von 200 m Lg. rund 1 300 Funde [→ Zähringer Burgberg § 3 mit Abb. 56]. Es fehlen Überlegungen dazu, warum derart viel Metallschrott an lange genutzten Siedlungsplätzen einfach liegengeblieben ist).

So wie in der Diskussion um das Häuptlingswesen (→ Häuptling, Häuptlingtum) schließlich festgestellt wurde, daß ‚zu viele Häuptlinge und zu wenig Indianer' nachgewiesen werden könnten, nimmt die Zahl der Z. in manchen Epochen und Landschaften gegenüber normalen ländlichen Siedlungen überproportional zu, so z. B. im s. Skand. im gesamten 1. Jt. n. Chr. Die Zahl der als Z. bezeichneten Plätze hat für das alte Dänemark mit dem w. Schonen von 12 im J. 1993 über 16 im J. 1997 und 21 im J. 2001 auf 40 im J. 2003 zugenommen, allein in Schonen wurden 17 im J. 2000 gezählt (100 mit Karten).

Christaller hat 1933 seine Thesen (15) zur Verbreitung und Entwicklung der Siedlungen mit städtischen Funktionen im S-Deutschland des 19. Jh.s vorgelegt und diese Städte als Z. bezeichnet. Solche Z. entstehen an Stellen, wo zentrale Güter – Sachen und Leistungen – angeboten (und verteilt) werden, wozu entspr. Einrichtungen entwickelt werden. Er unterscheidet das Verkehrs- und (Einzugs-)Prinzip sowie das Versorgungs- oder Marktprinzip (15, 63 ff.). Neun Aspekte der Z. führt er als Kennzeichen an: Einrichtungen 1. der Verwaltung, 2. der Kultur und der Kirche, 3. der sanitären und gesellschaftlichen Bedeutung, 4. zur Organisation des wirtschaftl. und sozialen Lebens, 5. des Handels und Geldverkehrs, 6. der gewerblichen Produktion, 7. des Arbeitsmarktes (als Produzentenzentrum), 8. des Verkehrs und 9. des Marktrechts; hinzu kommen naturräumliche und verkehrsgeogr. Voraussetzungen, die aber nach seiner Ansicht weniger zwingend sind als Gesch. und Politik. Z. entstehen zwar oftmals an verkehrsgünstigen Plätzen, doch umgekehrt schaffen Z. erst die Verkehrsverbindungen (77, 57). Die geogr. Position in der Landschaft, der Bezug zum Flußsystem und zur Bodengüte bestimmen die Chance einer Siedlung, bei optimalen Bedingungen zum Zentralort aufzusteigen, was aber ohne polit. oder kult. Zusatzbestimmungen nicht erfolgen wird; die günstige landwirtschaftl. Lage macht eine Siedlung zum wirtschaftl. blühenden Anwesen, aber sie ist noch längst nicht die Basis für einen Zentralort. Die These, das Maß der Zentralität sei der Überschuß an Produkten und Dienstleistungen, welche dem Umland angeboten werden (52, 532), ist nur teilweise überzeugend, denn umgekehrt wird erst durch Abgabenwesen und ‚Ausbeutung' des Hinterlandes die Kernsiedlung zum Zentralort (vgl. dazu → Grundherrschaft).

Unabhängig von der arch. Nachweisbarkeit hat Denecke 1973 als hist. Geograph (17, 43, graphisches Modell 46 f. Abb. 1 und 2) die zentralörtlichen Funktionen und Einrichtungen als Kennzeichen der Stadt, ausgehend von Christaller, ebenfalls in neun Bereiche zusammengefaßt, die hier kommentiert der Arch. angepaßt sind: 1. polit. und administrative Funktionen und Einrichtungen (Herrschaftssitz mit milit. Machtkonzentration), 2. Schutzfunktionen und strategische Einrichtungen (Befestigungen), 3. kultische Einrichtungen (Opferplätze und Tempelbauten), 4. Einrichtungen des Rechtswesens (Garantie des Marktfriedens bei Märkten und Handelsplätzen), 5. kulturelle bzw. kulturfördernde Einrichtungen (Entwicklung von Dichtungen wie Heldenliedern sowie handwerklich von Kunststilen; → Tierornamentik, Germanische), 6. Versorgungsfunktionen (Verteilung von Gütern vom Zentrum zur Peripherie), 7. Einrichtungen des Agrarwesens (Sammlung von landwirtschaftl. Produkten mit Speicherbauten), 8. Handwerk und Handel (Produktion von Qualitätserzeugnissen wie z. B. Schmuck und Waffen; Organisation des Fernhandels und der Nahmärkte), 9. Funktionen und Einrichtungen des Verkehrs (Ausbau von Straßen und Brücken im Nahbereich der Z.).

Mit dem Modell der aneinandergereihten Sechsecke, Vielecke, Thiessen-Polygone werden von Christaller Einzugsbereich und Nachbarschaft sowie Reichweiten der Z. dargestellt (52, 536 Abb. 10; 77, Abb. 1 und 2) oder von Denecke in kurvolinearem Bild der variablen Landschaft angepaßt (17, 46 f. Abb. 1 und 2). Die Hierarchie der Siedlungen ergibt sich aus der jeweiligen Anzahl der Kriterien, Z. verfügen über die meisten (Abb. 113).

Christallers Frage war, ob es Gesetze gebe, die Anzahl, Verteilung und Größe der Städte (bzw. der Z.) zu bestimmen, eine Geometrie des Siedlungsraumes zu beschreiben, so wie heute von der Konstruktion der Landschaften durch bestimmte Eigenschaften gesprochen wird (*the economic landscape, the landscapes of transport, power, ritual, resistance* und die *resource landscapes* etc.).

Funktionen und Einrichtungen des Verkehrs

Einrichtungen des Handels

Handwerk und Gewerbe

Einrichtungen der Agrarwirtschaft und agraren Verwaltung

Versorgungsfunktionen und karitative Einrichtungen

Politische und administrative Funktionen und Einrichtungen

Einrichtungen des Rechtswesens

Schutzfunktionen und strategische Einrichtungen

Kultische und geistliche Einrichtungen

Kulturelle Einrichtungen

A-K = Funktionen und Sachbereiche

1-4 = Stufen zentraler Bedeutung

■ Funktionen/Einrichtung sicher belegt

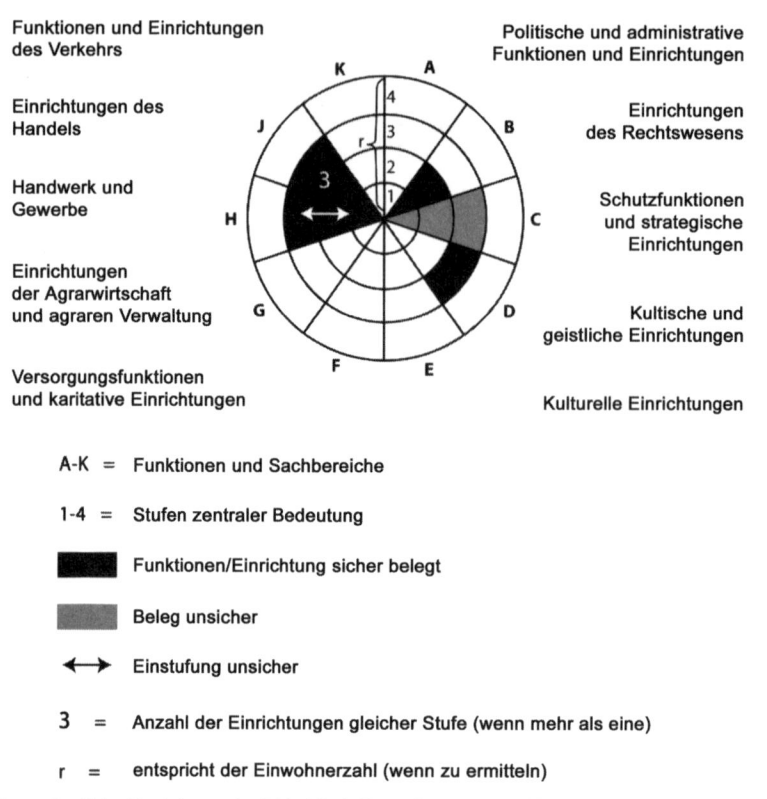

▨ Beleg unsicher

↔ Einstufung unsicher

3 = Anzahl der Einrichtungen gleicher Stufe (wenn mehr als eine)

r = entspricht der Einwohnerzahl (wenn zu ermitteln)

Abb. 113. Zentralörtliche Funktionen im MA. Nach Denecke (17, 46 Abb. 1); auch Grimm (36, 561 Abb. 3b)

Seine Konstruktion der Sechsecke (→ Verbreitungskarte § 3) wurde statistisch bestätigt durch Arbeiten von Beavon 1977 (5) und Arlinghaus 1985 (2). Dabei braucht der Raum nicht gleichmäßig besiedelt und die Bevölkerung nicht gleichmäßig verteilt zu sein, weshalb die anfänglichen Versuche der Arch., durch parallele konzentrische Kreisbilder vermutete Z. zu bestätigen, ohne direkt die jeweils speziellen Funktionen der Siedlungen zu berücksichtigen, nicht gelingen müssen (z. B. für Z. bei 46).

Z. in einem hierarchisch gestaffelten Siedlungsnetz sind also durch überörtliche Funktionen gekennzeichnet, durch einen Funktionsüberschuß (39; 40, 9). Die hist. Siedlungsgeogr. und die Arch. haben sich aus praktischen Erwägungen heraus inzw. auf weniger Funktionsbereiche geeinigt; sie nennen z. B. nur fünf Kriterien: Herrschaft, Schutz, Rohstoffgewinnung mit Handwerk, Handel und Kult sowie manchmal ein sechstes Kriterium, den Rechtsbereich, der aber arch. kaum faßbar ist. Der vertikale Aufbau einer hierarchischen Siedlungsstruktur mit Zentralort an der Spitze läßt sich dann wie folgt beschreiben (40, 11 Abb. 1): Die Grundschicht des Siedlungsnetzes stellt die Masse der autarken, sich selbst versorgenden Orte dar, die zweite Schicht besteht aus Orten, die über einzelne der genannten zentralen Funktionen verfügen, die dritte solche mit mehreren Funktionen. An der Spitze der Pyramide steht dabei ein komplexes Zentrum, das (fast) alle Funktionen vereinigt (Abb. 114). Für die Z. kennzeichnen den Funktionsbereich Herrschaft die Befestigungen, auch obrigkeitlich organisierte

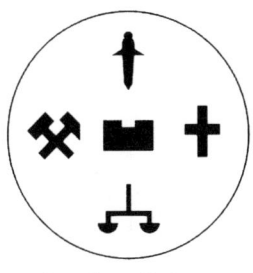

komplexes Zentrum

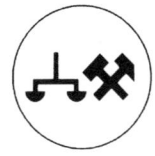

Siedlungen mit mehreren zentralen Funktionen

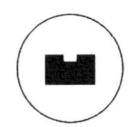

Siedlungen mit einzelnen zentralen Funktionen

selbstgenügsame (autarke) ländliche Siedlungen

Zentrale Funktionen: Herrschaft — Schutz — Handel — Gewerbe — Kult

Abb. 114. Hierarchie der Orte mit unterschiedlich zahlreichen zentralörtlichen Funktionen. Nach Gringmuth-Dallmer (40, Abb. 1), auch Grimm (36, 563 Abb. 4)

Versammlungsorte sowie Kultzentren, außerdem Reichtum, gespiegelt in aufwendigen Bestattungen; den Bereich Schutz bieten Befestigungen in Gestalt von Fluchtburgen für die Einwohnerschaft der Umgebung, die zentral organisiert sein müssen, aber auch gesicherte Marktplätze und Marktbetrieb durch Rechtsfrieden; den Bereich Handwerk kennzeichnen zentrale Produktionsstätten für qualitätvolle Erzeugnisse über den Eigenbedarf hinaus; den Bereich Handel einerseits Marktplätze und andererseits Luxus- sowie allg. Importwaren; und schließlich den Bereich Kult Opferplätze und Tempelbauten.

Den Rang der Z. bestimmt ihre Reichweite, also der Abstand zw. verschiedenen Z.n. Arch. wird die Mindestverteilung solcher Z. aufgrund des jeweiligen Forsch.standes beschrieben, der die Reichweite bestimmt. Die — im südskand. Raum in den frühgeschichtl. Epochen — ständig zunehmende Anzahl von Z.n senkt die Abstände, so daß außer der Distanz der Z. untereinander zusätzlich eine Hierachie der Z. erkannt werden sollte.

Die Hierarchie innerhalb des Netzes von Handelsorten bildet auch Z. aus, wenn einige Plätze wirtschaftl. bedeutender sind oder werden als andere. Sie werden zu Z.n innerhalb des Netzes, mit manchmal nur eingeschränkter Wirkung auf das Umland. Anders formuliert, gibt es nur territorial wirkende Z. und solche, die in diesem Netz in die Ferne wirken. Die Hansestädte waren wirtschaftl. bedeutende Knotenpunkte im Gefüge des Fernhandels, aber nicht alle auch gleich bedeutende Z. mit Wirkung auf das Umland. Aber auch in diesem Bereich wandelt sich das Bild mit fortschreitender arch. Geländeforsch. Schienen nach den ersten Ausgr. in den überregional wirkenden Handelsplätzen des frühen MAs wie z. B. → Haiðaby oder → Birka diese fast isoliert vom Umland nur Stationen des Fernhandels zu sein, so wird inzw. die massive Ausstrahlung auf das Umland und die Anbindung des Hinterlandes an die Z. faßbar (s. u. § 4c).

Liegen alle Kriterien vor, so spricht man von ‚früher Stadt', sonst von Z.n in eingeschränktem Sinne, die hierarchisch die Siedlungslandschaft untergliedern. Die Funktion des Zentralorts kann sich verlagern (39, Abb. 3: als Beispiel der Raum um den Sternberger See in Brandenburg mit mehrfach verlegten Z.n vom 6./7.–12. Jh.), so wie sich die Funktion eines zentralen Handelsplatzes im MA verlagert, z. B. von Haithabu über Schleswig nach Lübeck, oder von → Helgö über → Birka und → Sigtuna nach Stockholm, von → Uppåkra nach → Lund, oder die Funktion als Kg.ssitz, z. B. von → Gudme nach → Jelling und von → Lejre nach → Roskilde, als Kg.shof von → Tissø nach Slagelse (14, 70).

Nach den Modellen von Christaller 1933 (15) und Denecke 1973 (17; 18, 30 ff. und 341 mit Anm. 38 ff. zu Zentralität; auch 19; zur geogr. Zentralitätsforsch. 125; zur spätma. Stadt als Zentralort 93) haben im mitteleurop. Raum Fehn 1970 (31), Härke 1979 (41), Kunow 1988 (77), Gringmuth-Dallmer 1993 und 1999 (39; 40), Hennig u. a. 2000 (52) sowie Petrasch 2003 (117) und jüngst Salač 2002 (124) versucht, in der arch. Überlieferung anhand der neun Punkte, teils reduziert auf fünf, die Z. und ihre Verteilung zu erkennen. Diese Verteilungsmuster werden theoretisch mit dem Modell der flächendeckend aneinanderstoßenden Gebiete in Form von Sechsecken beschrieben und an der realen Überlieferung mit Hilfe der sog. Thiessen-Polygone erarbeitet, wobei sich meist zeigt, daß der Qu.bestand bzw. der Forsch.sstand dafür (noch) nicht ausreicht (dazu wurden auch neue statistische Methoden und Verfahren entwickelt: → Verbreitungskarte). Außer arch.-materiellen Qu., toponomastischen Qu. (mit ihren Hinweisen auf Götter- und Handels- oder Handwerks- sowie milit. Namen) und der räumlichen Anordnung kommen erst für das frühe MA auch Schriftqu. hinzu (96, 44).

Die dän. und skand. Forsch. entwickelte stufenweise eigene Modelle der Z., und zwar für die Epochen von der RKZ bis ins frühe MA anhand der ständig wachsenden Zahl der Fundplätze. Skou Hansen hat 2003 die Forschungsgesch. skizziert (129), davon ausgehend, daß Z. da entstehen, wo sich die Elite selbst etabliert (129, 211). Die erste These von 1995 befaßte sich mit der Geogr. der Macht und der Frage, welche Siedlungen normale landwirtschaftl. Einheiten waren und welche regionale oder überregionale Z. bildeten (C. Fabech und J. Ringtved, H. Thrane, M. Watt, B. Helgesson) (129, 187 Tab. 1 und 2), ablesbar an speziellen Fundkategorien an den Z.n selbst, z. B. röm. → Denaren und → Solidi, → Brakteaten, → Goldblechfigürchen, Glas, Bruchgold, Waffen, röm. Statuetten, Rohgranat, Metallschrott, Schmelztiegeln, Eisenbarren oder auch Frg. von Prunkhelmen, kontinentalen (also importierten) Goldgegenständen und kunsthandwerklich herausragenden Stücken, die zuerst an Plätzen wie →Gudme und →Lundeborg, →Sorte Muld und →Uppåkra gefunden wurden; gehäufter Fundstoff charakterisiert Z. Die zweite These 1991 (M. Watt) betonte zusätzlich herausragendes eigenes Handwerk und Prestigegüter. Die dritte Stufe der Theoriebildung geht vom Gold und den Produktionsstätten der Goldobjekte aus, die Z. bezeugen, z. B. Brakteaten, Goldblechfigürchen oder Halsringe (1). Die vierte Stufe formuliert vier Aspekte von Zentralität, und zwar machen Struktur der Plätze, ihre Funktion und Lage sowie das dort residierende Personal die Z. aus (50b). Die fünfte Theorie schließlich befaßt sich damit, welche Art von Zentralität jeweils gemeint sei und auf welche Weise diese erreicht wurde (106).

Als Indikatoren für Z. von der RKZ/VWZ bis WZ in Skand. listet Fabech auf (27, 456; 28, 41 Liste): Arch. Funde – kontinentale Goldobjekte, im N hergestellte Goldbrakteaten, Goldblechfigürchen und goldene Schwertbeschläge, Werkstattabfälle (Edelmetall), Hacksilber, Waffen; arch. Strukturen – Großgehöft als Wohnsitz des Herrschers mit repräsentativer →Halle für Versammlungen und Feiern, zeitgleiche größere Siedlungen in der Nachbarschaft, monumentale Bestattungen und große Gräberfelder, Märkte und Hafenplätze (Anlaufplätze), Kultplätze (Seen, Moore) und Kultbauten sowie Konzentration von Edelmetallschätzen (als Opfergaben); Lage in der Kulturlandschaft – Position in bezug auf die Kommunikationswege zu Land und zu Wasser, günstig zu den Rohstoffen, Ausbreitung der verschiedenen Funktionen einer Siedlung über ein größeres Areal; Platznamen – hl. Namen, Namen mit Hinweis auf polit. Organisationsstrukturen; strukturelle Kontinuität bis zur WZ bzw. zum MA – Runensteine, Silberschätze, frühe Eigenkirchen der Grundherren, Kapellen, Herrenhäuser, kgl. und andere Grundherrschaften (dazu auch 50b; 50a, 43; 29). Vom Zentralort zur frühen Stadt führen Bedingungen wie größere Konzentration von Bewohnern, die sowohl ständig am Platz leben und arbeiten (Handwerker; Militärs), als auch bei zeitweiligen Versammlungen anläßlich spezieller Märkte und kultischer Festlichkeiten anwesend sind (wie in späterer Epoche die saisonalen Märkte und Messen bei Kirchen).

Von diesen Indikatoren sind selten alle für einen Ort nachweisbar. Für Norwegen wird anhand der Aufreihung von ringförmigen Anlagen und der Konzentrationen von Bootshäusern (→Schiffshaus) an der Küste eine andere, von der milit. Organisation bestimmte Funktion in den Vordergrund gesetzt und damit auch ein anderer Typ von Zentralort definiert (s. u. § 4d).

Nicht nur Gold und fremde Güter, sondern v. a. die ökonomische und soziale Organisation der Agrarlandschaft (Produktion bringt Reichtum [M. Widgren]) (48, 480 Anm. 41) sind, so Hedeager, für die Herausbildung von Z.n entscheidend, außerdem die – an ON erkennbare – polit. und relig. Rolle: „… it is inadequate to refer to these sites as ‚trading sites‘, ‚cult sites‘, ‚meeting or thing places‘, emphasizing only one of their many functions. Instead, these locations should be perceived as multifunctional and composite sites, and as centres where laws were made und cults were established …" (48, 480); und Callmer formuliert: „Ein Zentralort ist zunächst ein Wohnplatz, und zwar mit dem besonderen Charakter einer Residenz von herausragender polit. und ökonomischer Bedeutung. Er ist Sitz dominierender Gruppen oder Einzelpersonen. Von den Bewohnern der übrigen Siedlungen der Region wird die zentrale Bedeutung des Zentralorts anerkannt" (14, 65 f.).

884 Zentralorte

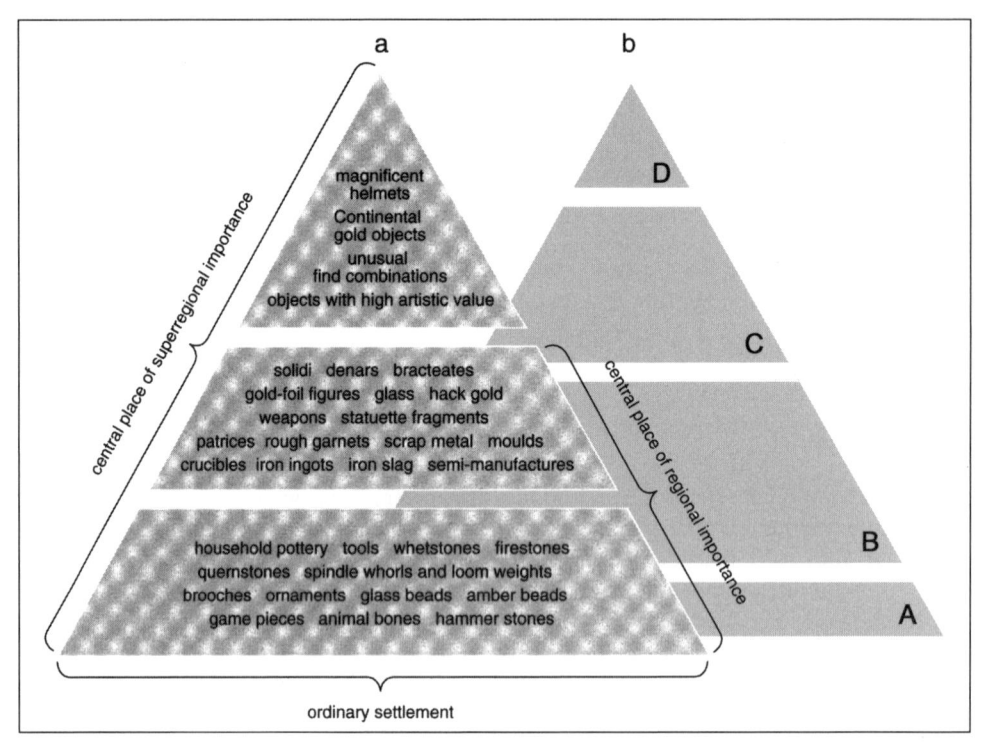

a
central place of superregional importance

magnificent
helmets
Continental
gold objects
unusual
find combinations
objects with high artistic value

solidi denars bracteates
gold-foil figures glass hack gold
weapons statuette fragments
patrices rough garnets scrap metal moulds
crucibles iron ingots iron slag semi-manufactures

household pottery tools whetstones firestones
quernstones spindle whorls and loom weights
brooches ornaments glass beads amber beads
game pieces animal bones hammer stones

ordinary settlement

b
D
C
central place of regional importance
B
A

Abb. 115. Zentralorte und skand. Gesellschaft. a. Hierarchie der Siedlungen der EZ; b. ranggestaffelte agrarische Gesellschaft des MAs im s. Skand. Nach Fabech (27, 456 Fig. 1)

Die gewählte graphische Darst. des ranggestaffelten Siedlungsgefüges durch Fabech und Ringtved ist die Pyramide, die sich über den normalen Siedlungsplätzen mit Zentralort von regionaler und überregionaler Bedeutung aufbaut (sie wird wiederholt abgebildet: 29 Abb.; 28, 40 Fig. 4; 129, 189 Fig. 1) und ergänzt wird durch eine zweite, parallele Pyramide aufgrund der Erörterung von Widgren 1998 (80, 281 ff.; 27, 456 Fig. 1; wieder bei 101, 112 Abb. 5; 129, 189 Fig. 1) (Abb. 115a und b). Die Hierarchie der Siedlungen mit zentralörtlicher Funktion im s. Skand. ist in erster Linie anscheinend erkennbar anhand der Qualität des Fundstoffs, während der RKZ/VWZ parallelisiert mit der ranggestaffelten agrarischen Ges. auf vier Ebenen A–D: Die unterste Ebene A bilden kleine Wirtschaftseinheiten, die Ebene B mittelgroße Gehöfte freier Eigentümer mit Abhängigen, die Ebene C große Gehöfte mit zahlreichen Abhängigen und ungewöhnlich umfangreichem Viehbestand, die Spitze D Großgehöfte mit herausragendem, prächtigem Fundstoff sowie Werkstattabfällen, mit Hinweisen auf milit. Organisation, Kult, Handwerk und Handel.

Zu betonen sind die erst in den letzten Jahrzehnten durch Ausgr. erfaßten Einrichtungen zur Demonstration von Macht wie große Gebäude als Fest-, Kult-, Versammlungshalle (→ Halle; → Saal) und die Monopolisierung der Produktion von Waffen und Schmuck aus kostbarem Metall und der kontrollierte Anschluß an den Fernhandel mit Fremd- und Luxusgütern. Der Begriff ‚Zentralort' wird somit zu einer vordringlich arch. Bezeichnung für Befunde, die überhaupt erst jüngst durch moderne

Forsch.smethoden erkennbar geworden sind.

Zwei Strömungen bestimmen die Beschäftigung mit Z.n in Dänemark und Skand., die Suche nach den Gründen für die Ausbildung von Z.n einerseits und andererseits die Frage nach der Entstehung des Kgt.s. Die Suche nach und die Diskussion über Z. geht zumeist von evolutionistischem Denken aus. Einerseits geht man der Frage nach, wie und warum sich Z. aus einfacheren Siedlungen entwickelt haben. Andererseits geht es um die Entstehung polit. höher organisierter Gesellschaften, um den Weg vom Stamm über ein Häuptlingtum zum frühen Staat oder zu einem Kgt., wobei dann die Art der Z. den Stand der Veränderung beschreibt (98 mit Lit.; Entwicklung vom Stamm zum Kgt. in bezug auf Z.: 104, Fig. 7; 106, 8 Fig. 6; 80, 22 Fig. 16; 101, Abb. 4) (→ Stamm und Staat S. 506 Abb. 86). Im Vergleich mit dem Kontinent geht es zugleich um die Entstehung der → Grundherrschaft (manorial organisation; estates) als eine Basis der kgl. Macht.

Die Bezeichnung ‚Zentralort' (in Skand. *centralort(er)* oder *centrala platser;* in England auch aufgrund des mit dem Metallsuchgerät geborgenen reichhaltigen Fundmaterials *productive sites* genannt) ist im Bereich der Arch. also eine abstrakte Formulierung der letzten Jahrzehnte des 20. Jh.s, um Vorläufer von → Stadt oder Staat (→ Stamm und Staat), die Ursprünge eines geogr. faßbaren Kgt.s zu benennen. Denn inzw. sind aus den Epochen vor den „Vor- und Frühformen der europäischen Stadt im Mittelalter" (61), aus der Zeit vor der schriftlichen Überlieferung zu den Städten des hohen MAs im Rechtssinne, aus ält. Zeitphasen Orte mit den wesentlichen, wenn auch nicht allen Zügen einer Stadt arch. bekannt und erforscht worden, die eindeutig nicht oder nicht nur agrarisch ausgerichtet sind.

Gegenwärtig sind zw. RKZ und der KaZ sowie WZ derartig vielfältige Siedlungen mit Konzentrationen von Handel und Handwerk, von machtpolit. Strukturen und Kultbauten arch. entdeckt und erforscht worden, daß zur kurzen Kennzeichnung und Differenzierung derartiger Plätze neue Begriffe nötig werden. Da die Zahl der Plätze ständig wächst, ist der Weg vom ‚Stamm zum Staat' über ein entstehendes Kgt. arch. schwieriger erkennbar geworden als bisher vermutet, und die für manche Epochen und Gebiete anscheinend sicher erkannte Entwicklung (z. B. Südskand.) ist eher nur als These dem arch. Befund aufgeprägt worden, was deshalb andersartige Deutungen nicht ausschließt. Denn die Variabilität bei den einzelnen Z.n, das ständig dichter werdende Gefüge dieser Z. und als Folge ihre Hierarchisierung entstehen erst durch die arch. Feldarbeit. Überspitzt formuliert, werden Z. oder ‚productive sites' aufgrund des reichhaltigen Materials an qualitätvollen Metallsachen ständig neu erfunden, die Anzahl ständig erhöht, was jedoch damit nicht heißt, daß Z. nur arch. Konstrukte sind, sondern das Phänomen konnte überhaupt erst durch die Prospektionsmethode erkannt werden. Umfangreiche Ausgr. und die Einbeziehung des Umfeldes eines Zentralorts schlossen sich an und erlauben inzw., ein konturiertes Bild von Z.n des ersten Jt.s n. Chr. v. a. in Skand. zu beschreiben.

§ 2. Das Wortfeld zu Z. Parallel zur Entstehung dieses Lex.s wurden Z. erst zum neuen Forsch.sfeld. Indirekt und direkt sind derartige Plätze in anderen Stichwörtern des Lex.s daher schon seit längerem behandelt worden, mit wachsender Präzisierung der Bezeichnungen im Zuge des Forsch.sfortschritts.

Monumentale Grabanlagen als Hinweis auf Z. werden über Fürstengräber faßbar, z. B. mit den Karten zur Verbreitung der Goldhalsringe der späten HaZ (→ Fürstengräber S. 180 Abb. 23) und zu den herausragenden Gräbern der ält. und jüng. RKZ (→ Fürstengräber S. 186 f. Abb. 25–26; mit

Karte zu den spätröm. Fürstengräbern im Stichwort → Sakrau S. 323 Abb. 35). Ähnlich behandelt das Stichwort → Fürstensitze verschiedenartige Z. Die mächtigen → Schiffsbestattungen und Schiffsgräber sind Niederschlag von Herrschaft und damit von Z.n.

Im Beitrag Handel findet sich die Karte der Handelsplätze zw. 700–1100 (→ Handel S. 584 Abb. 78), eine ergänzte Karte zur Verteilung der Handelsplätze im Ostseeraum von 700–1200 im Artikel Seehandelsplätze (→ Seehandelsplätze Abb. 3); dazu auch → Ports of Trade und nicht zuletzt → Stadt.

Mit dem Begriff → Reichtumszentrum wird der Kern der skand. Diskussion um Z. erreicht. Facetten des Sakralkönigtums (→ Sakralkönigtum § 3; im besonderen: S. 189 ff. zu Kg.shalle und Kulthalle; S. 191 f. zu Kult- und Opferplätzen; S. 203 f. zu Sakrallandschaften) beziehen sich auf Z., die geogr. Verteilung auch der Mooropferplätze im s. Skand. gehört zu Z.n als Kultorte wie andernorts die Konzentration der Goldschätze.

Zur inneren Organisation von Z.n vgl. die Beiträge → Kloster sowie → Pfalz und Pfalzen, ebenso → Grundherrschaft, → Villikation, → Salhof, → Saal und → Halle oder → Bootsschuppen und → Schiffshaus.

Die Diskussion um die Z. im Ostseeraum gilt dem Problem der Entstehung des Staates bzw. Kgt.s im Stichwort Stamm und Staat, in dem die Hierarchie von Z.n in Stammesgesellschaften, Stammesbünden sowie Kgr. und damit der Weg zum Kgt. geschildert werden (→ Stamm und Staat Abb. 86; nach Näsman: 105, 8 Fig. 6, auch 101, 111 Abb. 4).

§ 3. Urgeschichtliche Z. Seit wann eine Landschaft hierarchisch organisiert war und Z. aufwies, wird seit zwei Jahrzehnten für das Neol. diskutiert. Während eine These aussagt, daß Siedlungen schon während der Zeit der Bandkeramischen Kultur in einer überschaubaren Landschaft unterschiedliche Funktionen übernommen hätten, von denen z. B. diejenigen mit → Erdwerken als Kult-, Versammlungs- oder Befestigungsanlagen Z. seien (162; 163, 136 Abb. 2; 72a) (auch → Rondelle), besagt die andere, daß diese unterschiedlichen Siedlungskomplexe zusammen erst eine Einheit gebildet hätten und daher nur gleichartige Siedlungen das Land bedeckten (117).

Häuptlingssitze als Z. der BZ werden z. B. in der Nähe der mächtigen ‚Königsgrabhügel' wie dem von → Seddin und anderer Fürstengräber postuliert. Sie spiegeln die Beziehungen zw. Zentrum und Peripherie, bzw. das Häuptlingtum konstituiert sich durch eine solche Zentrumsbildung mit einem Territorium, erkennbar an der Konzentration von Reichtum durch Handelsverbindungen. Nicht nur durch reiche Beigaben in Fürstengräbern (→ Häuptling, Häuptlingtum), sondern durch ein erkennbares Distributions- und Redistributionssystem zw. verschiedenen Siedlungen entstanden Z. (74), weshalb auch für diese frühe Phase schon von einer Entwicklung vom Stamm zum Staat gesprochen wird (74; 76). Kristiansen (75, 92 f. Fig. 4.9) unterscheidet dabei eine ält. Megalith-Phase mit Erdwerken als saisonale Z. auf lokaler und regionaler Ebene, eine nachfolgende spätneol. Phase mit segmentärer Hirtenges. und Grabhügeln nahe den Siedlungen ohne Z. und eine Phase der BZ mit Siedlungen in einer Siedlungshierarchie mit Redistributionssystem und Z.n.

Die Elitendiskussion zu den Verhältnissen der späten BZ und UZ geht von reichen Grabfunden als Markierung von Z.n aus (16). Anhand der Konzentration und Verteilung von Waffen als Grabbeigaben und von Wagengräbern (→ Wagen und Wagenbau, Wagengrab) werden indirekt die Positionen von Z.n konstruiert. Das Modell der Organisation von Häuptlingtümern anhand des Beispiels von Vistad in Östergötland während der jüng. BZ zeigt eine Rangfolge der Häuptlinge mit ihren Z.n (79, 136 Fig. 117). Die Höhensiedlungen der BZ und UZ waren entweder Fluchtburgen oder Z. und Sitz der Eliten (→ Burg).

Während der HaZ sind die sog. → Fürstensitze vom Typ → Heuneburg als Z. allg. akzeptiert, seit langem schon aufgrund der herausragenden monumentalen Grabhügelgruppen in der Umgebung (78), bisher angesprochen als Herrensitze oder protourbane Zentren. Die Heuneburg selbst erfährt wegen ihrer durch die laufenden Geländeforsch. ständig besser erkennbaren großflächigen Außensiedlungen einen Wandel in der Bewertung ihrer Funktion als Zentralort und gewinnt damit zusätzlich an Gewicht (Abb. 116). In jeder heutigen Gem. in Bayern gibt es eine oder mehrere Nekropolen der HaZ (52, 527). Doch ist es schwierig, die dazu postulierten Siedlungen hierarchisch zu staffeln, da es sich gewissermaßen um sich wiederholende Strukturen einer *longue durée* zu handeln scheint. Kleine und größere Siedlungen wechseln sich ab, strukturieren die Landschaft zur HaZ (52, Abb. 4), was der Darst. zentraler Orte nach Christaller entspricht. Die Besiedlungsstruktur des Breisgaus als ein anderes Beispiel (vgl. 140) spiegelt in der Art der *longue durée* die Z. während der HaZ und der LTZ sowie in der röm. Epoche und wieder im MA, z.Zt. der Entstehung der Städte. Im Breisgau ist eine Kontinuität von Z.n im Raum, nicht jedoch am Platz, zu beobachten, von den Höhensiedlungen der HaZ auf dem → Zähringer Burgberg und dem Münsterberg in → Breisach über die Oppida der LTZ wie Tarodunum (→ Zarten) bis zu den Höhensiedlungen der Spätant. wiederum auf dem Zähringer Burgberg und dem Breisacher Münsterberg.

Die Höhensiedlungen der HaZ sind Z. und die Spitze der Hierarchie (92); es besteht ein regelhaftes Siedlungsmuster aus Fürstensitzen, Höhenburgen und Talsiedlungen (92; 72). Der Versuch, über die Verbreitung der bekannten Fürstensitze und Ansammlungen von Großgrabhügeln die Landschaft – mit Hilfe von Thiessen-Polygonen – zu strukturieren, mit gleichmäßig verteilten Z.n (41), ist nicht befriedigend, da die Konstruktion auf unzureichender Datenbasis beruht und die grundsätzliche Schwierigkeit besteht, derartige Phänomene allein durch die schematischen Thiessen-Poygone abzugrenzen, ohne die Eigenheiten der Geogr. und den unterschiedlichen Charakter der Siedlungen zu berücksichtigen (52, 545) (33, 216 Abb. 379a: Fürstensitze der HaZ, 238 Abb. 410: das gleichmäßige Verteilungsmuster der Oppida in S-Deutschland). Inzw. hat Salač (124) Z. während der vorröm. EZ in Böhmen anhand ihrer verschiedenen Funktionen und in bezug auf die Fernbeziehungen analysiert.

Der Charakter von Plätzen wie → Biskupin mit einer egalitär wirkenden Organisation im Inneren der Befestigung erlaubt es nicht, von Z.n zu sprechen, solange nicht analysiert wird, welche Unterscheidungskriterien und Funktionen gegenüber anderen Plätzen in der Siedlungshierarchie, außer der Befestigung, vorliegen.

Außer den Fürstensitzen im w. Hallstattkreis fallen im ö. Hallstattkreis mit Gräben und Palisaden umwehrte Gehöfte auf, deren Position in der Hierarchie der Siedlungen noch nicht feststeht; denn nach anfänglicher Betonung ihrer zentralen Bedeutung in einer Siedlungslandschaft muß inzw. aufgrund der ständig wachsenden Zahl dieser Plätze relativiert werden, da sie fast zur Regelerscheinung geworden sind (6, 163 Abb. 1: Verbreitung der Herrenhöfe und mehrfachen rechteckigen Grabenwerke in Bayern).

Ein Platz wie die Steinsburg (→ Gleichberge) war ein Zentralort von der späten UZ bis in die Spät-LTZ, mit Funktionen eines Oppidums. Die Agglomeration von Fürstengrab, Kultplatzstrukturen und Befestigung wie beim → Glauberg definiert ihn als Zentralort.

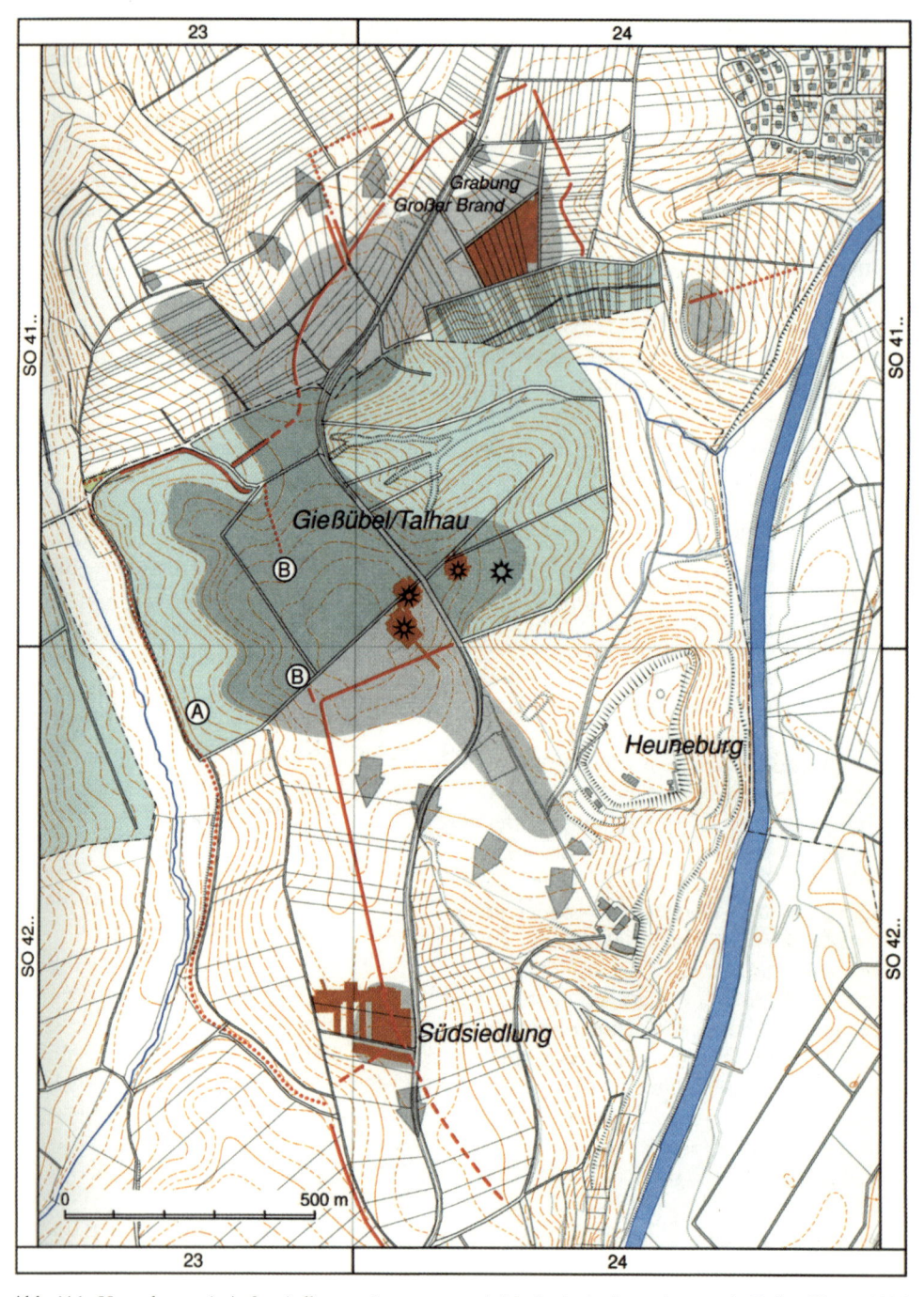

Abb. 116. Heuneburg mit Außensiedlungen (grau gerastert). Nach: Arch. Ausgrabungen in Baden-Württ. 2005, 2006, 79 Abb. 63

Während der LTZ waren die befestigten Oppida, aber auch manche offene Großsiedlung mit Konzentrationen wirtschaftl. Aktivitäten Z. als Stammesvororte in einer oligarchisch strukturierten Ges., die von Caesar ausführlich beschrieben wird. Der Begriff ‚Zentralort' wurde zuerst von geogr. Seite durchaus mit Blick auf diese frühen stadtartigen Siedlungen, zu denen die kelt. Oppida (→ Oppidum) zählten, geprägt (31) (zur Zentralisation der Siedlungen während der LTZ → Kelten S. 390 Abb. 36). Die Oppida-Zivilisation besteht aus einem Netz von mehr oder weniger gleichartigen und damit gleichrangigen Z.n (von → Manching bis → Závist) und den Heiligtümern bei Oppida (von → Gournay und → Ribemont bis → Villeneuve-au-Châtelot). Für die Oppida am Oberrhein wird diskutiert, ob es sich um Zentralsiedlungen innerhalb eines Stammesgebietes (156) oder um Grenzkastelle am Rande dieser Areale (69) handelt (Tarodunum, → Zarten). Der frühkelt. Fürstensitz auf dem Ipf bei Bopfingen (→ Ries § 4) mit den benachbarten Rechteckhöfen bildet einen Zentralort am Übergang von der HaZ zur LTZ (73). Es wird üblich, von Z.n zu sprechen (98a).

Was im mittleren und jüng. Neol. die Erdwerke in einigen Siedlungen und während der HaZ die Herrenhöfe waren, sind während der LTZ gewissermaßen die → Viereckschanzen, die ebenfalls einige Siedlungen zu Z.n niedriger Kategorie machen, aber insgesamt wohl auch zu zahlreich sind, um tatsächlich Z. zu kennzeichnen. Welchen Zweck die zahlreichen Burgen der vorröm. EZ in den Mittelgebirgen gehabt haben, ist meist unbekannt (64); die Spannweite der Deutung reicht von der reinen Fluchtburg bis zum kultischen Zentralort, wie das für die → Schnippenburg angenommen wird.

Während der späten BZ und vorröm. EZ entwickelten sich in Jütland Z. wie → Borremose, nicht nur durch die Befestigung gekennzeichnet, sondern auch als Kultzentrum anhand der Funde in der Nachbarschaft. So wurden Moorleichen und Waffen im Moor unmittelbar bei Borremose gefunden, und der silberne Kessel von → Gundestrup sowie der Kessel aus Bronze von Mosbæk in einer Mikroregion von nur 3 km Dm. Der Platz hatte ohne Zweifel überregionale Bedeutung als Zentralort für Himmerland in N-Jütland und für die → Kimbern (92a). Vergleichbar ist inzw. die befestigte Siedlung von → Lyngsmose (24). Durch die Zusammenfassung der Funktionen Agrarsiedlung aus mehreren Gehöften, starker Befestigung und Kult entstanden Z. mit regionaler polit. Bedeutung (24, 134 ff.), gegenüber den nur umzäunten Siedlungen wie → Grøntoft oder → Hodde. Auch weitere Plätze der jüng. BZ sowie aus der vorröm. EZ in Dänemark werden als Z. eingeordnet (149a).

Die zeitgleichen Befestigungen aus Palisaden, Wall und Graben in den → Niederlanden wie → Zeijen, → Rhee und Vries mögen ebenfalls Z. gewesen sein, worauf ihre Speicherfunktion hinweist.

§ 4. Z. von der Römischen Kaiserzeit und frühen Völkerwanderungzeit bis zur Wikingerzeit. a. Kontinent. In den röm. Prov. waren Z. die Städte mit Stadtrecht, die *civitas*-Hauptorte (→ civitas), und die Quasi-Städte, die *vici* (→ vicus); die *civitas*-Vororte waren die Spitze der Pyramide der Siedlungshierarchie, ebenso wie die Legionslager am Limes mit den *canabae legionis*. Die Abstände zw. den Z.n am Rhein wie → Nijmegen, → Xanten, → Köln, Mainz (→ Mogontiacum) oder → Trier sind ungefähr gleich. Reale markierte Grenzen und konstruierte Polygon-Züge haben in der *Germania inferior* einen ähnlichen Verlauf. Insgesamt gab es 36 Z., große ab 20 ha (die vier *civitas*-Hauptorte), mittlere mit 9–15 ha (14 Orte), kleine mit 3–6 ha (5 Orte), die regelhafte Flächengrößen haben und ein systematisches Raumverteilungsmuster bilden (77). Ein anderes

Beispiel bieten die Verhältnisse der vorröm. Phase im ndl. Niederrheingebiet (122, 103 ff.), wo ein Zentralort der späten EZ/LTZ im Rhein-Maas-Delta bei Kessel-Lith mit Tempel als Machtzentrum nachgewiesen ist, ein kelt. Heiligtum und später ein monumentaler röm. Tempel, Schlüsselplatz für die Ethnogenese der → Bataver, der *civitas Batavorum* in frühröm. Zeit (122, 146 f.). Die Konstruktion von Polygonen als Rekrutierungsräume von *alae* und *cohortes* (122, 222 Fig. 10.1) oder die Verteilung der Inschr. für *Hercules Magusanus* in röm. Zeit (122, 238 Fig. 11.1) spiegeln gleiche Grenzen wie die *civitates* mit 50–100 km Dm. (auch 35a).

Mit → Waldgirmes zeigt sich ein anderer Typ eines Zentralorts, der vorgeschoben im röm.-germ. Grenzbereich sowohl über die Befestigung als auch v. a. anhand der Funktion einer frühen stadtartigen Siedlung mit Marktbetrieb (Forum), gekennzeichnet durch 20% einheimische germ. Keramik, erkennbar wird, ein Zentralort anderen Charakters als die großen Lager wie z. B. → Marktbreit. In Klientelkönigtümern des Röm. Reichs entwickelten sich bedeutende Z. wie der → Magdalensberg im Regnum Noricum oder Silchester in Brit. (122, 199).

Bei den Germ. wurden Z. nicht durch Burgen gebildet, denn es gab mit Ausnahme der wenigen Anlagen wie → Heidenschanze und → Heidenstadt im Ldkr. Cuxhaven, die von der vorröm. EZ bis in die RKZ, das 2./3. Jh., genutzt wurden, oder des kultischen Ringwalls von Archsum auf Sylt kaum Befestigungen (94).

Daß es im germ. Raum während der RKZ oder der VWZ Stammesvororte gegeben hat, wie die Oppida der kelt. Stammesgruppen und ihrer Oligarchien während der LTZ, ist nicht zu belegen. Denn Kg.ssitze als eine Form des Zentralorts sind arch. nur über wirtschaftl. und kultische Konzentrationen am Ort zu fassen, nicht jedoch die emotionale ethnische Bindung von Gruppen untereinander. Die zweigeteilte germ. Ges., in eine territorial gebundene, in Dörfern siedelnde Bevölkerung einerseits und in mobile Kriegergruppen unter Kriegsfürsten andererseits (→ Kriegswesen), braucht verschiedenartige Z. In der territorialen Organisation schaffen wirtschaftl. Faktoren, Handwerk und Handel, aber auch Kult die Grundlage für eine Zentrumsbildung, während Kriegergefolgschaften unter Heerkg. gewissermaßen mobile Herrschaftszentren darstellen, faßbar über Truppenkonzentrationen und die → Königsschätze der Anführer.

Die Suche nach germ. Herrschaftssitzen oder Residenzen auf dem Kontinent führte bisher kaum zum Erfolg, denn es fehlen entspr. Siedlungsgrabungen, und auch Metallsuchgeräte werden erst sehr vereinzelt eingesetzt.

Doch können Plätze wie die → Feddersen Wierde vom 1.–4. Jh. mit Herrenhof und Halle, Zeugnissen für Fernhandel und Handwerk als Z. angesehen werden, im Vergleich zu den zeitgleichen skand. Befunden. Jüngst scheint sich die Gegend von → Sievern anhand zahlreicher Metallfunde als ,productive site' bzw. → Reichtumszentrum auszuzeichnen, weshalb hier von einem Zentralort ausgegangen wird, oder auch eine Fundstelle bei Elsfleth an der Huntemündung (124a). Die mögliche Lage sonstiger Z. der ält. und der jüng. RKZ wird durch die → Fürstengräber auf dem Kontinent markiert, zu vergleichen mit derselben Kategorie auf den dän. Inseln. Ihre gleichmäßig wirkende Verteilung läßt die Größe von Territorien rund um die Grabplätze ahnen. Von den → Lübsow-Gräbern der ält. RKZ bis zur Gruppe der Gräber vom Typ → Haßleben und → Leuna der jüng. RKZ mit den erst jüngst erforschten Grabfunden ‚königlichen' Ranges von → Mušov in Mähren und → Gommern in Sachsen-Anhalt sowie dem äußerst reich ausgestatteten Grab von → Avaldsnes in Norwegen bieten sich topographische Positionen für Z. an, was unterstützt werden kann durch die Entstehung von Werkstattzentren wie → Haarhausen in Thüringen für die Produktion von ‚römischer' Keramik. Die Gräber von Gommern und Avaldsnes aus dem 3. Jh. zeigen gleich hohes Niveau über die schweren goldenen Kolbenringe und die Silberbeschläge der Schildbuckel, ebenso beschreiben höchst qualitätvolle Gürtelteile aus dem Fürstengrab von → Neudorf-Bornstein und aus einem Kriegsbeuteopfer im Moor von → Ejsbøl gleichen Rang und parallelisieren so Grab- und Opferplätze als Z.

Die bei ant. Schriftstellern wie Tacitus nur erwähnten und knapp beschriebenen Adels- und Kg.ssitze sind als Z. zu akzeptieren, z. B. der befestigte, von Stammesgenossen belagerte und von → Germanicus 14 n. Chr. befreite Wohnsitz des Cheruskers → Segestes (Tac. ann. 1,56) oder die *regia* mit nahebei gelegener Befestigung des → Marbod (Tac. ann. 2,62), der Herrschaftssitz des → Vannius (Tac. ann. 12,29) oder der Vorort der Hessen → Mattium (Tac. ann. 1,56) (118). Während für diese Plätze eine knappe hist. Überlieferung vorhanden ist, aber arch. Befunde fehlen, ist die Situation für diese und die nachfolgenden Epochen der RKZ und VWZ im s. Skand. umgekehrt: Zum arch. Befund gibt es keine schriftliche Überlieferung, dafür jedoch eine Kontinuität von entspr. ON bis in die Gegenwart.

Im 4./5. Jh. zeichnen sich auf verschiedene Weise arch. erkennbar Z. in einigen Landschaften Mitteleuropas ab. Die Verbreitung der Goldschätze vom Typ → Beilen, → Dortmund und Velp beiderseits des Niederrheins und im w. Niedersachsen spiegelt systematisch verteilte Z. um 400 (→ Velp Abb. 24 Karte) (49).

In S-Deutschland bilden mehr als 60 regelmäßig verteilte Höhenstationen ebenfalls Z. (→ Zähringer Burgberg). Sie sind zudem die Spitze in der Hierarchie der Siedlungen (137; 138; 143, 33 Karte, 36). Zeitlich folgend markiert die Verbreitung und Verteilung der Prunkschwerter vom Typ

der → Goldgriffspathas der Jahrzehnte um 500 die räumliche Positionierung von Amtsträgern oder anderer Großer des frk. Reichs und damit gewissermaßen die Lage von Z.n.

Von der Wurt Tjitsma (→ Wijnaldum) stammt als prächtigstes Fundstück eine Edelmetallfibel. Was Größe und handwerkliche Perfektion betrifft, ist sie mit Ausstattungsstücken aus den Gräbern des → Childerich und von → Sutton Hoo zu vergleichen und könnte zu den *regalia* einer fries. Königin gehört haben (35, 125). Damit ist der Platz ein möglicher Zentralort im Sinne polit. Zentrumsbildung. An der ndl. Küste beschreibt die systematische Verbreitung von Gold- und Silberfunden während der MZ (35, 123 Fig. 3) die Erstreckung eines fries. Kgt., zu verbinden mit Kg. → Radbod, das sein Ende 734 mit der frk. Eroberung fand. Auf der Wurt Tjitsma ist zudem ein vielfältiges Handwerk mit Edelmetall, Eisen, Kupfer und Blei nachgewiesen (152). Die Wurt liegt nahe der See an der Handelsroute von → Dorestad nach England, N-Deutschland und Skand.; sie ist zwar kein Reichtumszentrum wie Helgö, aber in einer Reihe mit anderen Orten ein Anlaufplatz und eine Handelsstation, vielleicht auch Sitz einer Grundherrschaft. Im 9. Jh. bildete sich in dieser Küstenzone ein dän. Kolonialgebiet aus, ebenfalls mit einer systematischen Verteilung von Handelsstationen. Befestigungen in regelmäßigem Abstand, nachgewiesen und vermutet, markieren die Z. des dän. beeinflußten Bereichs an der ndl. Küste (7, 447 Fig. 1) (vgl. auch → Westerklief), wohl zu verbinden mit dem dän. Kg. → Haraldr (Klakk-Haraldr), der Rüstringen als Lehen von Ludwig dem Frommen erhalten hatte.

Kg.ssitze und damit Z. der VWZ sind als *regia* und *hring* hist. überliefert, aber mit Ausnahme der Residenz des Attila kaum näher beschrieben (Priskos fr. 8–9) (ausführlich 119). Die sächs. Heiligtümer wie die → Irminsul in der Nähe der → Eresburg, die 772 vernichtet wurde, oder die Donareiche (→ Geismar) nahe der → Büraburg, die → Bonifatius 723 fällte, waren sicherlich kultische Zentren, aber keine Z., ebensowenig ist das für den Versammlungsort → Marklohe/Marklo anzunehmen. Auch die in den Sachsenkriegen von beiden Seiten errichteten Befestigungen wie die Büraburg oder der → Christenberg der Franken oder die Eresburg der Sachsen waren zwar milit. Anlagen, teils wie der Bf.ssitz auf der Büraburg verbunden mit einer relig. Einrichtung, aber für Z. waren das immer noch zu wenige Kategorien, vielmehr handelt es sich um Plätze mit jeweils speziellen Funktionen. Das trifft ebenso für die Burgen gegen die Slawen und Dänen an der Elbe zu, die → Karl der Große nach Eingliederung des sächs. Gebietes errichten ließ und schließlich auch für die während der Abwehr der Ungarn nach dem Wormser Reichshoftag 926 ausgebauten sog. Heinrichsburgen.

Da es keine kgl. Hauptstädte oder Regierungssitze gegeben hat, werden Z. einer niedrigeren Ebene der MZ erkennbar nur anhand der frühen → Eigenkirchen des Adels und der reichsten Gräber, die als Fürstengräber oder → Prunkgräber bezeichnet werden. Herrschaftssitze wurden oftmals verlagert, nicht nur vom Kg., der von einer Pfalz zur anderen, von einem Kg.shof zum anderen zog, sondern auch von anderen Großen des Reichs; z. B. verlegten die bayr. Agilolfinger ihre Residenz im 6.–8. Jh. mehrfach von Regensburg nach Augsburg und zurück (120).

Z. und Hauptstädte der germ. Kgr. auf dem Boden des Röm. Reiches waren im 6. Jh. die alten röm. Städte wie Rom und Ravenna, Karthago oder Paris und Köln, wo die Funktionen eines Zentralorts überlebt hatten und nur wenig verändert wurden.

Die Pfalzenorganisation (→ Pfalz und Pfalzen) im frk.-dt. Reich seit der MZ bis in die Zeit der Ottonen als Basis des Reisekgt. führte selten zur Entstehung von Z.n. Außer den Lieblingspfalzen Karls des Großen wie → Aachen oder → Ingelheim oder den Pfalzorten, die andere Kg. bes. häufig als Aufenthaltsorte wählten, aber keine Hauptstadt schufen, konnten andere Pfalzen nur in Ausnahmefällen zu Z.n werden. Erst wenn weitere Funktionen, so der Bf.ssitz, hinzukamen (z. B. → Paderborn oder die anderen neu gegründeten Bf.s- oder Domburgen im sächs. Gebiet wie → Osnabrück u. a. m. [161; 161a]), entwickelten sich durch die Anziehungskraft für Handwerk und Handel aus den Siedlungen Z. (→ Stadt).

Die Situation des gewissermaßen mobilen Zentralorts entstand parallel dazu auf der nächst niedrigeren Ebene, bei den großen → Grundherrschaften mit Streubesitz, der territorial zwar keine geschlossene Einheit bildete, aber wirtschaftl. durchaus zusammenhing. Karl der Große verfügte als Kg. über mehr als 250 Pfalzen bzw. Residenzen. Im System der → Villikation, dem Fronhofsystem, war der Herrensitz oder Herrenhof Mittelpunkt, die → curtis oder auch der → Salhof, wo neben der Speicherung landwirtschaftl. Produktion als Abgaben auch Handwerksbetriebe konzentriert wurden.

Die Ausbildung von Grundherrschaften im n. Austrasien seit der fortgeschrittenen MZ bis um 1000 durch die adlige Elite führte anfänglich noch zu in sich geschlossenen Territorien von 5–10 km Erstreckung, die wie Inseln in der Agrarlandschaft lagen (148, 393 Fig. 35). Parallel dazu gab es schon weit verbreiteten Streubesitz, wie das Elite-Netzwerk des ags. Missionars → Willibrord aus dem Landbesitz, das ihm seit dem Ende des 7. Jh.s geschenkt worden war und das er 726/727 der Abtei Echternach überließ (148, 332 Fig. 5). Der Kg. und andere weltliche Große verfügten über teils noch gewaltigeren Grundbesitz in verschiedenen Teilen des Landes. Beide Lösungen, geschlossenes Territorium und Streubesitz werden als Modellvorstellungen zur Erklärung der arch. Befunde im s. Skand. in der Zeit der Durchsetzung kgl. Macht herangezogen, um den Stellenwert der sich verändernden Z. deuten zu können (s. u.).

Einfacher zeichnet sich die Entwicklung vom Warenumschlagsplatz oder abendlichen Anlaufplatz von seefahrenden Händlern über den Handelsplatz bis zur frühen Stadt ab, also die Entstehung von Z.n, auch die Entwicklung von der Handwerkskonzentration an einem Herrenhof zur größeren Produktionseinheit für Erzeugnisse über den eigenen Bedarf hinaus bis zu den Großbetrieben der Tuchmacherei oder Eisengewinnung an Fronhöfen wie Gebesee im hohen MA.

Seit der frühen KaZ entwickelten sich zudem, nach Umstellung der Währung auf Silber, neue Märkte (139, 406). Für das Gebiet zw. Rhein und Loire sind für das 9. Jh. 200 Märkte überliefert (59). Pippin schrieb 744 in einem Kapitular von Soissons (MGH Cap. Nr. 12 c. 6, S. 30) den Bischöfen vor, daß von ihnen *legitimus forus et mensuras* bei jeder *civitas* einzurichten seien, wo solche noch fehlten. Nach 120 J. war die Zahl der Jahrmärkte indessen so sprunghaft gestiegen, daß Karl der Kahle 864 im *Edictum Pistense* (MGH Cap. II Nr. 273, S. 310 ff.) die Grafen aufforderte, sie in Listen zu erfassen, zur Kontrolle dieser eindimensionalen Z. Manche dieser Plätze behielten nur ihre einseitige Funktion als Markt, andere entwickelten sich zu Z.n. Im hohen MA spiegelt die Hierarchie der Märkte auch die Rangfolge von Z.n (60; auch 95). Manche der großen karol. Klöster (→ Sankt Gallen; → Reichenau; → San Vincenzo al Volturno) (97) verbanden Produktionszentren mit kultischem Mittelpunkt und wurden so zu Z.n (82; 126). Die im → Diedenhofener Kapitular von 805 aufgezählten Handelsorte an der Elbe und der Grenze zu den Slawen waren einseitig Kontroll-, Zoll- und Warenumschlagsplätze. Der Platz → Karlburg am Main (26) im SO des Reiches vereinigte mit Herrschaft, Handwerksproduktionsstätten und Handel wie → Dorestad oder → Haiðaby im N mehrere Funktionen als Befestigung und Kloster, als frk. Kg.shof auf dem Weg zu bischöflichem Zentralort und zur Grundherrschaft. Pfalzen, Bf.sburgen, Klöster oder Grenzhandelsorte konnten also durch Erweiterung ihrer Funktionen zu Z.n im Sinne der Definition werden (141).

Mit dem Aufkommen der Adelsburgen, als Ringwälle und Flachmotten oder auch als Höhen- bzw. Abschnittsburgen im MA seit dem 9./10. Jh. werden Territorien durch diese ranggestaffelten Z. auf niedriger Ebene markiert und gegliedert.

b. England. Für die ags. Phase hat der Einsatz des Metallsuchgeräts die Kenntnisse zur hierarchischen Struktur der besiedelten Landschaft entscheidend geändert, seitdem zu den frühen Handelsplätzen wie z. B.: → Hamwic, → London oder → Ipswich im S, die zuvor als → Ports of Trade anscheinend isoliert an der Küste lagen, im Hinterland als ‚productive sites' ein Netz von Z.n des 7.–9. Jh.s auf einer zweiten Ebene hinzugekommen ist (so sind 31 wichtige ‚productive sites' anhand des massierten Vorkommens von Münzen kartiert worden: 153, 518 Map 1; 113, 59 Fig. 5.3: Karte nach 154a mit dem Hinterland von Hamwic; vgl. auch 100, 287 Abb. 17: Münzverbreitung des 7./8. Jh.s), als lokale und interregionale Märkte im Netz der alten oder dadurch erst entstandenen Verkehrswege. Als Beispiel seien Coddenham und Barham im Hinterland von Ipswich mit übermäßig vielen Sceatta-Funden genannt (109, 107 Fig. 9.4), Orte, die nicht nur ‚productive sites' waren, sondern Zentren in einem größeren ‚productive' Gebiet, wo im übrigen schon für die vorröm. EZ eine derartige Verdichtung der Münzfunde registriert wurde. Z. der ags. Epoche dienten der Sammlung und Redistribution von Gütern; Handelsplätze wuchsen seit dem späten

7. Jh., bis die Orte und Märkte wieder an Bedeutung verloren, als die Kirche Grundherr wurde und damit aus Z.n Grundherrschaften wurden (115, 133 f.). Doch bleibt bei diesem Modell noch die einschränkende Frage, ob die exzeptionellen Funde, mit dem Metallsuchgerät entdeckt, tatsächlich auch immer exzeptionelle Plätze, also Z., kennzeichnen, oder ob diese nicht nur durch den Einsatz des Geräts erst entstanden sind (109).

Ein zweiter Aspekt der Frage nach Z.n ist mit dem Ursprung der zahlreichen ags. Kgr. verbunden (127). Mit Hilfe von Thiessen-Polygonen werden für S-England im 7. Jh. rund um reiche Gräber (127, 21 Fig. 4) oder um Handelsplätze des 7./8. Jh.s die möglichen Positionen von Z.n definiert. Im sö. Suffolk ist mit Ipswich (Handelsplatz), Rendlesham (kgl. Villa) und Sutton Hoo (fürstliche Grabstätte) als dicht beieinander gelegenen und zusammengehörenden Komplexen ein Zentralort beschrieben. Die Befunde werden mit einem evolutionistischen Modell gedeutet; danach führt die Entwicklung von lokalen Häuptlingtümern im 5./6. Jh. mit zyklischer regionaler Hegemonie über die kurzfristige Umwandlung derartiger Gesellschaften und der damit verbundenen sog. ‚state formation' zum Kgt. Doch vielleicht hatten zuvor einige der lokalen Häuptlingtümer schon kgl. Rang erreicht, eben auf niedrigerer Ebene. Ob sie als solche von den ranghöheren Herrschern des 7. Jh.s oder von frk. Kg. wahrgenommen wurden bzw. anerkannt waren, bleibt offen. Man sieht den Anstoß zum Wandel in einer inneren Entwicklung der alten Clans und im äußeren Einfluß z. B. durch Fernhandel (127, 23). Diese Z. werden entweder als Spitze in dendritischen Modellen oder als Mitte von Kern-Peripherie-Strukturen gesehen (127, 23). Daß die Position der Z. nur anhand der reichen Grabfunde, und zwar meist Frauengräber, durch Thiessen-Polygone faßbar sein soll (128, 124), ist unbefriedigend; denn dieser Ansatz negiert die Zentralort-Theorie, die den Nachweis einer Bündelung von Kriterien verlangt. Nur wenn eine direkte Nähe von Elitegräbern und einem durch Ausgrabung erschlossenen Siedlungsplatz tatsächlich faßbar wird, also eine gegenseitige Bestätigung vorliegt, kann ein Zentralort postuliert werden. Doch gibt es diese Parallelität in England bisher kaum. Da aber die Struktur der Kgr. seit dem 7. Jh. überliefert ist, ist der Weg dahin zu suchen (128). Noch gelingt es nicht, die territoriale Erstreckung von Häuptlingtümern zu beschreiben, um diese Gebiete als Vorläufer regionaler Kgt. erkennen zu können. Allein aus der schriftlichen Überlieferung wird für Irland erschlossen, daß im 7./8. Jh. sog. ‚monastic towns' über mehrere Funktionen eines Zentralorts verfügten, nicht nur aus Kirchenbauten und landwirtschaftl. Höfen bestanden, sondern daß aus weiteren Hinweisen auf Handel, Handwerk mit Werkstätten, eine Befestigung und eine Gerichtsstätte zu schließen ist. Trotzdem steht der Begriff *civitas* der Qu. nicht für eine Stadt, sondern für Befestigung und Ländereien der frühen ir. Kirche, also von kirchlicher neben der ähnlichen kgl. Grundherrschaft (147).

c. Dänemark und Schweden. Die nachhaltigste Diskussion um Z. in frühgeschichtl. Epochen wird in Skand. und Dänemark geführt, als Herausforderung durch die zahlreichen neuen Fundplätze mit reichhaltigem Metallinventar. Dabei ist ein Wandel in der Zielsetzung zu registrieren. Sah man anfangs den Fernhandel als entscheidendes Kriterium an, nämlich die Importe aus dem Röm. Reich, verlagerte sich die Zielrichtung inzw. auf die Frage nach der Entstehung staatlicher Organisationsformen und den Ursprüngen des dän. und schwed. Kgt.s. Die Entwicklung führte von den Häuptlingshöfen der RKZ über die postulierten frühen Kg.ssitze mit Kultbauten der VWZ/VZ zu den grundherrschaftlichen Großhöfen zur WZ und im MA im

Besitz des Kg.s, gekennzeichnet nach der Christianisierung durch Kirchenbauten auf ihrem Areal. Analysen zu den Z.n finden sich in den Publ. zum Thema ‚vom Stamm zum Staat' (98; 47; oder auch 151) bzw. zur Entstehung der skand. Kgt. (3; 20) sowie in den Uppåkrastudier 1, 1998 (80) bis 10, 2004.

Die Funktion der Z. entstand in Dänemark während der RKZ über die zentrale wirtschaftliche Macht, die Märkte organisierte und Luxusgüter aus dem Röm. Reich zu importieren in der Lage war, zu der milit. Macht hinzukam. Die weiteren Kriterien waren Herrschaft durch Organisierung von Kultveranstaltungen, die arch. faßbar werden mit der großen → Halle als Versammlungs- und Festort (86) sowie den Opfergaben wie Goldbrakteaten und Goldblechfigürchen und in bis heute überlieferten ON, die hl. Wörter und Götternamen enthalten und seit der RKZ überliefert sind.

Wie auf dem Kontinent wurde um 1980 die Lage der Fürstengräber der jüng. RKZ auf den dän. Inseln, z. B. in der Landschaft Stevns auf Seeland mit → Himlingøje und → Varpelev, als Standorte von Häuptlingtümern gedeutet, von denen Unterhäuptlingtümer abhängig waren, ablesbar an weitergereichten röm. Importgütern von den Z.n an die Subzentren, die in regelmäßigen Abständen von der Mitte entfernt lagen, dargestellt anhand von Kreisen um das Zentrum (46; 47). Die Instabilität dieser Z. wurde registriert und um 1988 die Verlagerung der Häuptlingssitze mit ihrem Monopol über den Fernhandel während der Stufen der jüng. RKZ und VWZ herausgearbeitet, z. B. von Seeland nach Fünen und weiter nach Bornholm und Gotland (89). Um 2000 kam als weiteres Kennzeichen das qualitätvolle Schmuckhandwerk an den postulierten Z.n hinzu, z. B. im 3. Jh. bei → Skovgårde, nachdem die Machtzentren der 2. Hälfte des 2. Jh.s wie Stevns schon als Kgt. bezeichnet worden waren (25). In Hørup auf Seeland z. B. ist eine spezialisierte Werkstatt von der RKZ bis in die MZ nachgewiesen, eine der ältesten Werkstätten dieser Art, vergleichbar mit → Lundeborg, und damit ist der Hinweis auf einen regionalen Zentralort schon während der RKZ gegeben, d. h., Z. der RKZ brauchen nicht mehr nur wie bis um 1990 auf der Basis von Reichtum und Importfunden definiert zu werden, denn jetzt sind hochgradige Werkstätten nachgewiesen (131, 178). In einem benachbarten Platz zu Hørup wurde bei Lærkefryd in NO-Seeland eine große Zahl an Metallfunden (132) von der späten RKZ bis zur WZ mit Metalldetektor entdeckt, Hackgold, Denare, Glas und Waffenteile, die einen Brakteatenfund von 1817 ergänzen, womit ein weiterer Zentralort nachgewiesen ist. Die Zentrumsbildung auf Seeland, datiert in die Stufen der RKZ C1a bis Mitte C2, erfolgte anscheinend früher als in Mitteleuropa, wo der Höhepunkt erst in der Stufe C1b/C2 zu erkennen ist (89). Die Erwähnungen von *duces* und *principes* auch für den Norden bei Tacitus legen aber nahe, daß der arch. Forsch.sstand für einen Vergleich noch nicht ausreichend zu sein scheint.

Mit Entstehung der Z. seit der RKZ wandeln sich die allg. Opferbräuche von den individuellen zu den gemeinsamen Handlungen, vom Fruchtbarkeitsopfer zu Waffenopfern (144).

Im Ergebnis von gemeinsamen Kulthandlungen einer größeren Gruppe bieten die Kriegsbeuteopfer in den Mooren und Seen des s. Skand. (4, 111 Fig. 2 Tab. der Kriegsbeuteopfer) ein Abbild von regelmäßig gegliederten Landschaften, zu denen Z. gehört haben sollten (58, 89 ff.). Dabei weist die in den Waffen ausgedrückte Rangfolge (3 Ebenen: Schilde mit Beschlägen aus Silber, Bronze oder Eisen) (58, 91) (→ Illerup Ådal) darauf hin, daß die wertvollsten Waffen zur Herrschaft an einem Zentralort und die anderen Waffen wohl zur Gefolgschaft gehört haben werden. Der Grabfund von → Gommern in Thüringen mit vergleichbaren Waffen beschreibt den

Rang der Herrschaft an einem solchen Zentralort. Ähnlich spiegelt die Verteilung von Prunkwaffen und Waffengräbern in Schweden (4, 115 Fig. 4) wie Ringschwerter und Helme – vergleichbar der Verteilung der Goldgriffspathen auf dem Kontinent – die mögliche Lage von Z.n.

Dieser Aufteilung der Landschaft mit Z.n anhand der Opferplätze entsprechen in Jütland die seit der RKZ und der VWZ errichteten Sperren aus Gräben und Palisaden (→ Grenze) zur Abriegelung von Kleinlandschaften. Sie zeigen, daß hier ein gemeinsamer Wille organisierte, was die Teilgebiete jeweils zu einer Landschaftseinheit machte, auch wenn der Zentralort selbst noch nicht erkannt worden ist. Das große → Danewerk mit den Ausbauphasen im 7. Jh. und dann v. a. 737 als Grenze Jütlands gegen S ist auf höherer Machtebene als kgl. Leistung zu erklären.

Mit den Forsch. in → Gudme auf Fünen und → Sorte Muld auf Bornholm erhielt die Diskussion zu den Z.n einen neuen Stellenwert, und das oben skizzierte Kriterienbündel diente nun zur Beschreibung der Z. während der VWZ. Das Thema war seit etwa 1990 zuerst der Weg vom Stamm zum Staat (98), nach den Forsch. in → Uppåkra dann seit den späten 1990er J. die Frage nach den Z.n (80). Die komplexe Struktur bei Gudme mit zahlreichen Großhöfen und Hallen, dem Markt und Uferhandelsplatz → Lundeborg, den sakralen ON sowie dem großen Gräberfeld in Møllegårdsmarken vereinigt eine große Zahl von Kriterien eines Zentralorts, während in Sorte Muld zwar Handwerk, Handel und Kult, aber keine Gräber nachgewiesen sind. Vom 4./5. Jh. an bekamen die Z. eine gewisse Stabilität und behielten jeweils etwa bis zum 8. und meist bis Ende des 10. Jh.s ihren Stellenwert, auch wenn der Rang gewissen Schwankungen unterlag (Abb. 121). Das Verbreitungsmuster der Goldfunde, z. B. der Halsringe, Kolbenarmringe und Waffen mit Verzierungen aus Gold während der VWZ (32), bietet eine Gliederung Dänemarks (32, 243 Fig. 8) mit Zentralort und Unterzentralorten und hebt schon Gudme als kgl. Machtzentrum mit Kultfunktionen und einen Unterzentralort wie → Dankirke zur Kontrolle des Handels heraus (Abb. 117).

Näsman veranschaulicht 1998 in einer Karte für Skand. um 500 n. Chr. (106, 5 Fig. 5) flächendeckend die Regionen längs der Nordsee- und Ostseeküsten, die aufgrund eines Modells aneinandergereihter Kreise theoretisch jeweils einen Zentralort einfassen könnten. Zahlreiche weitere Verbreitungskarten zu den Plätzen des 5.–10. oder 12. Jh.s werden regelmäßig vorgelegt, die deshalb nicht deckungsgleich sind, weil manche Orte unterschiedlich bewertet werden, ständig neue Plätze hinzukommen und die Zeitgrenzen verschieden gewählt werden (2001: 8, 487 Abb. 1; 2003: 68, 177 Fig. 15. 1; 100, Abb. 3, 6, 9, 10 und 14; 2004: 142, 62 Abb. 1; 2005: → Seehandelsplätze Abb. 3 nach J. Callmer 1994 mit Ergänzungen; 66, 71 Abb. 1).

Eine Fülle von Begriffen wird verwendet, um Rang und Stellung in der Entwicklungsgesch. der Z. zu fassen. Dabei werden zwei Stränge verfolgt: Der eine sieht den Fernhandel als wichtige Funktion an und verfolgt die Entwicklung von Anlaufplätzen, Handwerker- und Marktorten, Seehandelsplätzen bis zu den Vor- und Frühformen der Stadt; der andere betrachtet die Macht als entscheidende Funktion und verfolgt die Entwicklung vom Herrensitz, Häuptlingshof bis zum Kg.shof, dem milit. Sammelplatz oder der Garnison und zur kgl. Residenz. Verknüpft werden beide Stränge für die fortgeschrittene Phase der Entwicklung von Z.n durch die Einbeziehung der Grundherrschaft und des Domänenwesens (entscheidend dazu: 13; 68), seit dem 7./8. oder 10. Jh., als sowohl Handelsplätze als auch Häuptlingshöfe anscheinend zum Zentralort kgl. Grundherrschaft (142, 65 f. Abb. 3) geworden sind, als der Wechsel von

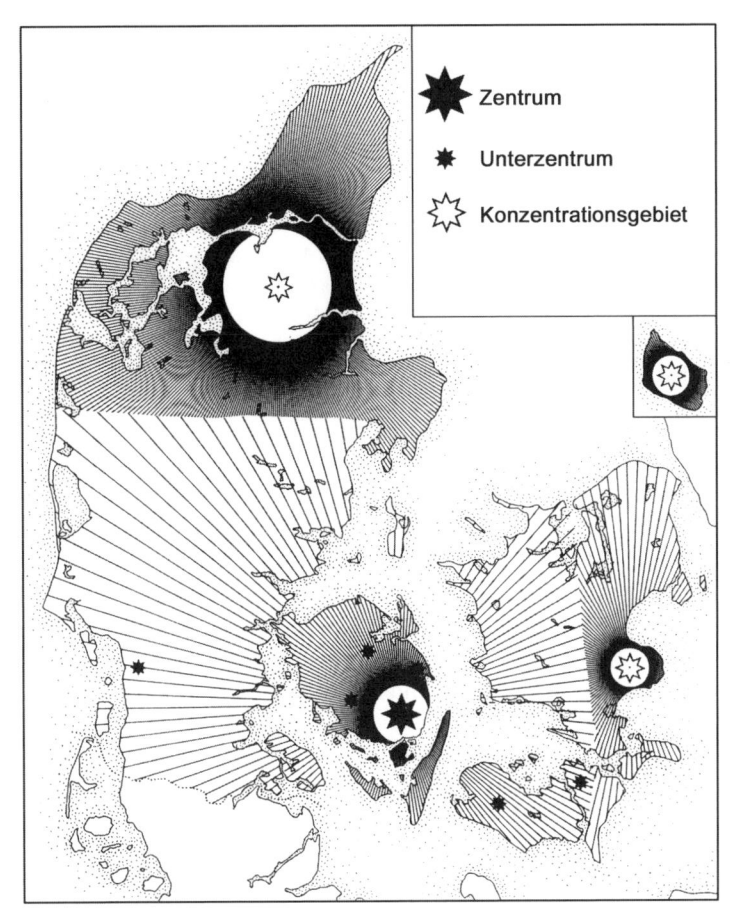

Abb. 117. Die polit. Gliederung Dänemarks mit Zentralorten während der VWZ. Nach Fonnesbech-Sandberg (32, 243 Fig. 8)

den verschiedenen Z.n in der Hand einzelner Adelsfamilien zu Z.n unter kgl. Regie erfolgte, wobei unter Kgt. dann nicht lokale Herrschaft, sondern das umfassende dän. oder schwed. Kgr. gemeint sind.

Von den zahlreichen Kriterien eines Zentralorts spielt der Fernhandel weiterhin eine bedeutende Rolle und schafft auch die Brücke zur ma. Stadt, denn fast alle Plätze haben unmittelbaren Zugang zum Meer. Die Entwicklung führte von den privaten Ufermärkten (8, 484), den Anlaufplätzen an den Küsten (154; 154a; 155) während der VWZ und frühen WZ bis zu den Handelsplätzen. Einige der ält. Z. werden zu großen kgl. Grundherrschaften, die am Handel beteiligt sind, andere zu frühen Städten unter kgl. Kontrolle; die Z. machen unterschiedliche Entwicklungen durch.

Nähere Erl. finden sich in zahlreichen Stichwörtern zu den Z.n des s. Skand. und des Ostseeraums im Lex., die hier nur alphabetisch aufgeführt werden, ohne die jeweilige chron. Spannweite und die topographische Lage zu nennen:

→ Bejsebakken; → Dankirke; → Groß Strömkendorf/Reric; → Gudme; → Haiðaby; → Helgö; → Lejre; → Menzlin; → Postgården; → Næs (Plan in: 68, 178 Fig. 15.2); → Neble-Boeslunde; → Ralswiek; → Ribe;

→ Roskilde; → Sebbersund; → Slöinge; → Sønderø; → Sorte Muld; → Tissø; → Toftegård (Plan in: 68, 180 Fig. 15.3); → Truso; → Uppåkra; → Ystad.

Z. sind Mitte eines Areals und haben Verbindungen zum Hinterland, von dem aus sie auch mit Lebensmitteln versorgt wurden und das sie wiederum mit Handelsgütern belieferten. Nachdem die Seehandelsplätze nicht mehr als vom Binnenland isolierte Stationen der Fernhändler betrachtet werden, ist diese Verknüpfung und Einbindung arch. vielfach nachgewiesen, so für die ält. Z. für Gudme (100, 268 f. mit Abb. 1 nach H. Thrane), für Haithabu (21), Ribe und Reric/Groß Strömkendorf (99), für Rostock-Dierkow und Menzlin (66), für Z. in Schonen und Seeland (50a, 325 Fig. 1), für Roskilde (100, 285 Abb. 15; 155, 219 ff.) und für Truso. Für die frühen russ. Handelsplätze (70) und ihr Hinterland sei als Beispiel → Nowgorod (S. 441 Abb. 52 und 54) genannt. Zum Hinterland der Z. wie Hamwic, London und Ipswich in England s. § 4b.

Die Spannweite zw. Anlaufplatz an der Küste, Handelsplatz und Zentralort ist groß und die Zuordnung nicht unmittelbar anhand des Ausgrabungsbefundes eindeutig möglich. Im S von Seeland wurde z. B. die Küstensiedlung Vester Egesborg untersucht, wo qualitätvoller Schmuck und Münzen, Halbfabrikate und Buntmetallschrott sowie Waffenteile in einer mehrere Hektar großen Siedlung gefunden und außerdem mehrere dreischiffige Häuser ausgegraben wurden, die nicht zu landwirtschaftl. Zwecken ausgebaut waren, und Werkstätten in Grubenhäusern (154a). Die Datierung reicht vom 5./6. bis zum 10. Jh. Ob diese Siedlung nur ein Anlegeplatz oder doch ein Zentralort wie Tissø oder Toftegard war, wird diskutiert.

Welche Funktionen sind für die Einordnung als Zentralort entscheidend? Die Rolle der Luxusgüter und Prestigegüter, die aus der Ferne herangebracht wurden (48, 483 f.), war nicht nur wegen ihrer Exotik wichtig, sondern weil sie gegenüber der Bevölkerung Zeichen der Macht waren, eben wegen der Verbindung des Herrschers zu einer fernen Welt. Viel Gold wurde in rituelle Objekte für das „symbolische Universum" einer Ges. verwandelt (48, 486), in Brakteaten und Goldblechfigürchen (→ Gudme S. 147). Ein Zentralort ist demnach ein Platz ‚for acquisition and transformation'. Den Spezialisten für Entfernungen im Diesseits wie Kaufleuten, Wanderhandwerkern oder Sängern stand der Kg. als Herr des Kultes für die Beziehung zum Jenseits gegenüber (48, 487). Hedeager hat erörtert, daß Z. wegen der sakralen Funktionen als „Zentren des Universums" mit Blick auf das Jenseits anzusehen seien (48, 494); Z. repräsentierten das ganze Universum in symbolischer Form, waren Mitte einer sakralen Landschaft wie später die Kirchenkreuze in ma. Städten. Die kgl. Macht konnte ohne Halle oder Saal als sakraler Ort nicht ausgeübt werden (48, 497). Der Reisende aus der Ferne kam in Lundeburg an nach langer Reise und wollte zum Zentralort Gudme in einer kosmischen Landschaft und zur Halle als Heim der Götter und des Kg.s, wo man schließlich die Goldschätze als Opfer niederlegte. Gudme und die umgebende Landschaft waren ein Spiegel kosmischer Vorstellungen, gebraucht als „Legitimierungsmechanismen der Machtelite" (100, 289 mit Anm. 46: Lit. zu weiteren kultischen Z.n wie Helgö und Alt Uppsala: 1a).

Deshalb gewann nach dem Fernhandel die wachsende Ausstrahlung eines Kultplatzes an Bedeutung, der damit zu einem Zentralort wurde. Das läßt sich arch. anscheinend z. B. um 500 anhand der über größere Distanzen verteilten Goldbrakteaten mit Bildmustern vom selben Model erfassen oder im 6./7. Jh. anhand der Goldgubber, → Goldblechfigürchen, die mit gleichartigem Bildinhalt von den dän. Inseln bis N-Norwegen eine kult. Gemeinschaft widerspiegeln. Da Model aber transportabel sind, werden durch die Fundverteilungen nicht unbedingt Z. als ‚Pilgerzentren' und Peripherien, d. h. Herkunftsgebiete der ‚Pilger' erfaßt, sondern möglicherweise mobile Handwerker. Wie die christl. Kirche im Dorf ein Kultzentrum bildete, Bf.skirchen den Zentralort eines Bt.s kennzeichneten, womit Hierarchien von Z.n desselben Hintergrunds entstehen, so sind zwar z. B. die Niederlegungsplätze der Goldblechfigürchen als eine Art ‚Tempelgeld' in Sorte Muld oder in Gudme Hinweis auf einen Kultort, nicht aber zugleich auf den wichtigsten Zentralort des Kultes, was denn auch für einen Kultbau wie dem in → Uppåkra zutrifft. Die Reichweite dieser Z. bleibt daher noch unbekannt, zumal ständig neue Plätze ähnlichen Ranges entdeckt werden, was zugleich bedeutet, daß der vermutete hohe Rang nivelliert wird. Die Bewertung der Ebene eines neuen Fundplatzes in der Hierarchie der Z. wird ohne neue Kriterien subjektiv bleiben.

Wie für Gudme (‚Götterheim'), umgeben von weiteren sakralen ON (vgl. P. Vikstrand, NoB 87, 1999, 15), für Tissø mit dem Namen ‚Thyrs See', relig. Z. bewiesen werden, so waren es in Järrestad im s. Schonen alte Grabmonumente, an denen man sich orientierte, sichtlich Hinweise auf ‚heilige' Plätze und Kulthandlungen (130). In Gudme hat Hedeager (48) Asgard, das Götterheim postuliert, umgeben von Udgard, wo Chaos herrschte. Ähnlich bezieht die sakrale Topographie die Halle des mit einer Palisade umhegten Haupthofes mit entspr. Zugängen in Järrestad ein (86; 54a, 182 Abb. 40: Verbreitungskarte zu den Hallen; 130). Der separate Zugang innerhalb der Palisade führt zum Hochsitz, die Herdstellen mit unter Hitze zerbrochenen Steinen sind Hinweis auf Speisebereitung für das Fest und die Knochendeponien Zeichen für Opfer, so in Järrestad. Der → Hochsitz lag beim Herd in der oberen Halle, entspr. dem Modell Asgard mit dem Hochsitz Odins.

Die Bedeutung der Z. und der Plätze mit spezifischen Funktionen, initiiert vom Machthaber, Häuptling oder Kg. bzw. großen Grundherrn (4, 114 f.), zeigt sich darin, daß die Gehöfte im Gegensatz zu den Dörfern, die ständig verlagert wurden (z. B. → Vorbasse), ortsfest blieben. Die großen Hallen werden vielfach erneuert, aber im selben Areal. So standen in Lejre vier große Hallen nacheinander am selben Platz von 700 bis in die 2. Hälfte des 10. Jh.s (4, 115), weitere Beispiele sind Gudme mit 12–15 Phasen der Hofansammlungen am selben Platz (4, 112) und in Uppåkra der Kultbau mit einer Kontinuität von fast einem Jt.

Den wachsenden Stellenwert des Kunsthandwerks spiegelt die Verbreitung von Schmuckformen und Verzierungselementen in den verschiedenen Tierstilen und läßt damit einen weiteren Wirkungskreis von Z.n erkennen (54b; 55). Zentrum und Peripherie werden anhand der Kartierung von Tierstilen und Frauenschmuck des 6.–8. Jh.s faßbar, was auch erst aufgrund von Detektorfunden in ausreichendem Umfang möglich wurde. Høilund Nielsen diskutiert die sich verändernden Verbreitungsmuster in S- und O-Skand. mit Gotland und Bornholm, vergleichbar mit den Verbreitungsbildern von stempelidentischen Brakteaten und Goldblechfigürchen (zur Verbreitung und den Verbindungen der Goldbrakteaten und ihrer Stempelidentitäten vgl. → Verbreitungskarte Abb. 35a). Die zusammenhängenden, vom Handwerk der Z. erreichten Teillandschaften wandeln sich: In der ersten Phase bildeten Dänemark mit Schonen, dann Gotland sowie das Mälarareal mit Småland, Blekinge und Öland zwei zusammenhängende Räume; in der zweiten Phase dehnte sich das südskand. Gebiet gewissermaßen nach N aus und schloß Blekinge, Småland und Öland mit ein; in der dritten Phase ist das Bild ähnlich mit Ausnahme einer SO-Expansion des Mälargebietes, und in der vierten Phase ist keine Aufgliederung mehr mit Ausnahme von Gotland und

Bornholm zu erkennen. Daraus wird gefolgert, daß auf diese Weise die Entstehung des schwed. Kgr.s zu erkennen sei. Die Suche nach den Produktionszentren von Stil II und III in Skand. führt zuerst nach Südskand., später nach Gotland, und schließlich zum Mälargebiet, denn nur hier gibt es die monumentalen Gräbergruppen bei → Uppsala (→ Gamla Uppsala), → Vendel und → Valsgärde. Doch erst Fundplätze von Stempeln (→ Patrizen und Matrizen) zur Herstellung der Schmucksachen erlauben eine exakte Aussage zur Lage von Z.n für dieses Handwerk (sofern nicht von Wanderhandwerkern ausgegangen werden sollte). Bisher gibt es jedoch nur wenige Stempel für Brakteaten oder Goldblechfigürchen im s. Skand., mit Gudme auf Fünen als Zentralort des 5./6. Jh.s für Relig., Handel und Reichtum und mit Fst. auf Bornholm (158). Auch für die nachfolgenden Jh. will man die Z. der Kgt. von Dänen und Schweden über das Kunsthandwerk erschließen.

Die Zuordnung der hunderte von Burgen und Höhenbefestigungen in Schweden und auf Gotland ist offen (23a mit Chron.-Tab. 272 Fig. 2). Sie können als Fluchtburgen für die umwohnende Bevölkerung in Unruhezeiten gedient haben, zeitgleich mit den Heeresbeuteopfern als Hinweis auf die weitgreifenden kriegerischen Unternehmungen während der RKZ und VWZ, aber auch noch während der WZ. Doch können sie auch Mittelpunkte zur Beherrschung des Umlandes gewesen sein, also Z. während der Entwicklung von der Stammesges. zu kleinen Reichen. Die gewaltige → Torsburgen auf Gotland mit 100 ha Fläche, um 300 niedergebrannt und wieder aufgebaut, ist als Zentralort noch nicht geklärt. Mit wiederum anderer Facette bilden die Ringwallburgen vom Typ → Eketorp auf Öland Z., die mehr sind als nur die Zusammenfassung bäuerlicher Gehöfte in Krisenzeiten innerhalb einer Befestigung. In der jüngsten Phase ist der Marktanteil bes. spürbar (42).

Hauptthema der Zentralort-Diskussion ist die Entstehung des Kgt.s im s. Skand. (105, 8 Fig. 6; 106, 22 Fig. 16; → Stamm und Staat S. 506 Abb. 86). Diese Entwicklung skizzieren gegenwärtig mehrere Autoren aus arch. Sicht seit etwa 1990 in ähnlicher Weise, so Jensen/Watt (62), Callmer (12–14), Hedeager (48), Høilund Nielsen (54b; 55), Jørgensen (67; 68), Näsman (104–108). Dabei fehlt es aber an einer Definition von Kgt. So werden Z. der späten RKZ in der Landschaft Stevns auf Seeland als Beweis für ein Kgt. gesehen (62, 199 f.), dann im 3.–6. Jh. in Gudme, Sorte Muld oder auch Stentinget. Zu unterscheiden sind dann Z. und damit Kgt. mit regionaler und überregionaler Bedeutung, Häuptlingtümer, Kleinkgt. und Kgr. Die Wahl der Bezeichnung zeigt das Problem: frühe Kg.smacht, kgl. Milieu, Kg.ssitz, kgl. Herrschersitz, zentraler Kg.shof.

Es heben sich also Phasen heraus, die vom 2./3. bis zum 5. Jh., vom 6.–8. Jh. und vom 8.–10. Jh. reichen, ehe dann das Gesamtkgt. sich durchsetzt. Die Entwicklung geht von den Stämmen um 200 mit Z.n bei den Fürstengräbern der jüng. RKZ über die Zeit der Stammesbünde um 500 mit den Z.n wie Gudme oder Stentinget zum dän. Kgt. seit 700 mit vorstädt. Siedlungen als Z.n wie Ribe und Haithabu und anschließend mit sonstigen frühen Städte um 900. Näsman (106) vergleicht die südskand. Entwicklung von Z.n mit den merow. und ags. Verhältnissen auf spätröm. Hintergrund. Zur Entstehung von Macht und Territorium führten zwei verschiedene Wege, in Analogie zu den Unterschieden zw. dem merow. großen, einheitlichen Kgr. und den zahlreichen ags. Kgt.; denn in Skand. entstanden erst mehrere Kgr. und Kleinkgt., die später zu einem Gesamtreich, so unter → Haraldr blátönn (Gormsson) um 965 und später unter → Knut dem Großen zusammengefaßt werden sollten.

Zwischen dem 3. und 10./12. Jh. geht die Entwicklung vom Tributsystem der Häuptlingtümer zum System der großen Grundherrschaften mit eigenen landwirtschaftl. Betrieben seit dem 8./9. Jh. wie in Gudme, Lejre und Tissø (estate system, magnate residence), parallel zur Entwicklung auf dem Kontinent (67; 68). Der entscheidende Wandel war verbunden mit einer Veränderung in der gesamten polit. Struktur, nämlich mit der Einführung neuer Erbregeln für Grundbesitz, wie in der schriftl. Überlieferung vermerkt und auch für den Kontinent für das 8. Jh. belegt ist (67, 80) (s. o. § 4a); Land unterlag seither nicht mehr der Realteilung, sondern wurde geschlossen vererbt, was die Ansammlung von Macht über landwirtschaftl. Leistung ermöglichte. Wachsender Landbesitz war verbunden mit milit. Verpflichtung gegenüber der kgl. Macht. Diese Grundherrschaften und die damit verbundene überregionale Macht waren im 8. Jh. noch nicht flächendeckend verbreitet, sondern bildeten Inseln in der Landschaft, umgeben von den ält. Strukturen. Im 8. Jh. liegt der Beginn der Ausbreitung dieses Systems (67, 80; 12). Dabei gibt es Rangunterschiede der Z. als Mitte von Grundherrschaften zw. S-Skandinavien unter Regie des Kg.s und z. B. den Z.n N-Norwegens, wo bei Borg auf den Lofoten ein Zentralort mit gewaltiger Halle und Handwerksplätzen entstanden war, den Importwaren vom Kontinent erreicht haben (135).

Die Z. des 8. Jh.s lassen sich aufgliedern in (68, 175 f.): 1. Adelssitze wie Lejre und Gudme, 2. frühe Städte wie Haithabu und Ribe, 3. Handels- und Anlaufplätze mit Handwerk wie Sebbersund, 4. spezialisierte Produktionsplätze für Textilien und Metallerzeugnisse wie Næs auf Seeland oder Bejsebakken in N-Jütland, 5. normale agrarisch ausgerichtete Siedlungen mit Handwerksaktivitäten wie in Stentinget in N-Jütland oder Boeslunde auf Seeland, 6. gewöhnliche Höfe und Dörfer, 7. befestigte Plätze mit Verteidigungscharakter oder Garnisonen (wie Trelleborg). Die Zentralorttypen 1–5 sind metallreich und damit sog. ‚productive sites'.

Zwei Generationen von ‚productive sites' sind zu unterscheiden: Eine ält. wie Gudme (von etwa 200–600) mit 50 Gehöften, von denen zahlreiche zu Handwerkern wie Edel- und Buntmetallschmieden gehörten, mit der größten Halle in Dänemark im 4./5. Jh. (Abb. 118), sowie Sorte Muld und Uppåkra, und eine jüng. Generation seit dem 6./7. Jh., nachdem sich die Siedlungen vom Gudme-Typ gewandelt hatten, erkennbar an der weiteren Zunahme von Metallfunden, auch in zuvor normalen ländlichen Siedlungen wie Stentinget (111); Siedlungen wie Stentinget und Tissø stiegen während der zweiten Generation nach 500 auf. Sie bestanden jetzt aus einem Großgehöft (magnate residence), einem Marktareal und Waffenopferplätzen und verfügten außerdem über eine schwerbewaffnete Reiterei mit größeren Pferden als die üblichen, über reguläre trainierte Kriegspferde (69, 204); die Elite war anscheinend auch nicht ständig dort anwesend. Derartige kgl. Residenzen, Großhöfe oder Domänen hatten die Funktion wie eine Pfalz auf dem Kontinent.

Kg. Harald blåtønn (Gormsson), der 965 ganz Dänemark und Norwegen für sich gewann, wie es auf dem großen Runenstein heißt, hat → Jelling als Zentralort ausgebaut, mit den Monumentalhügeln, Runensteinen, der Kirche, nahebei einem Großgehöft sowie Wegen mit der Brücke von → Ravning Enge. Auf ihn gehen die Festungen vom Typ → Trelleborg, → Fyrkat, → Aggersborg als „großartige Experimente" sowie das → Danewerk (eine Ausbauphase) zurück (121, 103). Dazu gehörten wahrscheinlich auch noch – wie die Pfalzen auf dem Kontinent – Kg.shöfe wie vielleicht → Tissø, der z. Zt. Kg. Haralds der Herrenhof eines Gefolgsmanns oder selbst ein Kg.shof und Machtzentrum war, wie Lejre oder Uppåkra (121, 104). Parallel zu Jelling soll in anderer Weise der schwed.

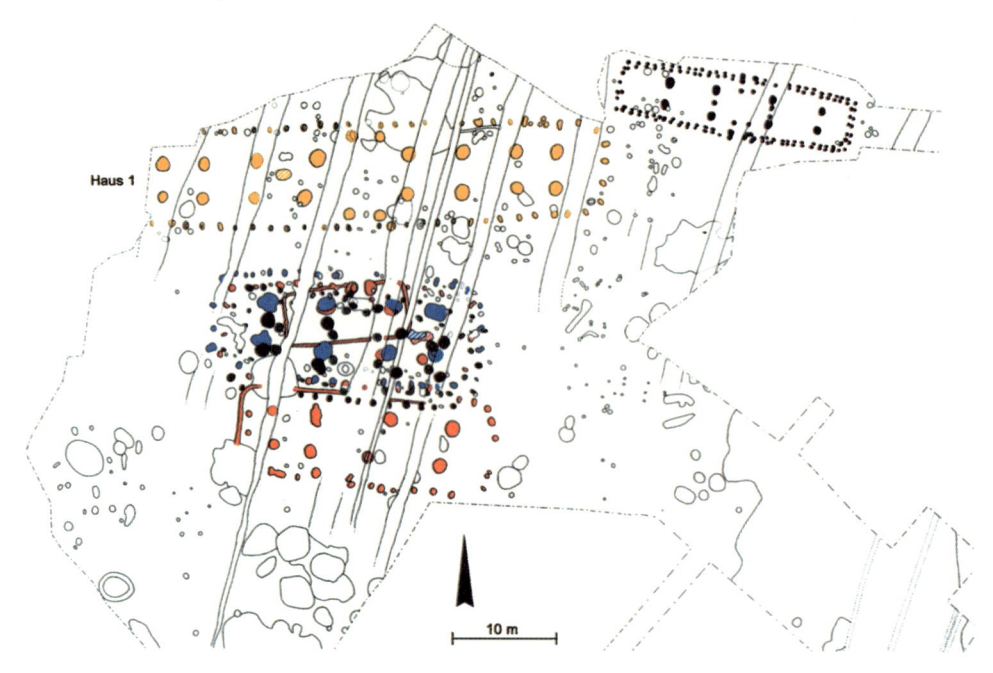

Abb. 118. Die Hallen von Gudme. Nach P. Østergård, Sørensen, Gudmehallerne. Kongeligt byggeri fra jernalderen, Nationalmuseets Arbejdsmark 1994, 25–39

Kg. Erik Sejrssæl → Sigtuna um 980 als seinen Zentralort gegründet haben.

Ein mit Tissø vergleichbarer Herrensitz als Zentralort wurde 350–1100 in Järrestad in SO-Schonen, Schweden, ausgebaut (130, 568 Fig. 2), vielteilig mit Thingplatz, Gräberfeld, den (zwar nur sagenhaften) Jarls-Gräbern – neol. Megalithgräber – und großem Grabhügel der BZ, einer Halle mit Abfolge über vier Jh. bis ins 10. Jh. mit 37 m Lg., ähnlich den Hallen von Lejre, Slöinge und Toftegård sowie Tissø (130, 568 ff.). Die ähnlichen Strukturen spiegeln Kommunikation in der Schicht der Elite über weite Strecken. Kg., Jarle, Goden waren zugleich auch Kultherren, die Teilnehmer am Kult zahlten Tribut für den Kultleiter in Form von Steuern, Militärdienst und Loyalität.

Der seit dem 4. Jh. bestehende Komplex → Slöinge, SW-Schweden (90, 179), für den alle üblichen Funktionen eines Zentralorts über den Fundstoff nachweisbar sind, ist mit seinem Umland verbunden, indem Lu-

xus- und Prestigegüter verteilt wurden. In dieser Umgebung gibt es weitere Siedlungen mit jeweils nur einem Teil der Funktionen eines Zentralorts, so Häuptlingshöfe, Kultorte, Marktplätze. Das Gebiet um Slöinge als zentrales Areal von 5 × 8 km Abmessungen ist eingebettet in eine Landschaft in Halland (90, 191 Fig. 7 Karte), in der im Abstand von 20 km Kg.shöfe liegen, Runensteine standen, sakrale Namen überliefert sind. Zusammen bilden sie in dieser Landschaft einen Komplex mit Befestigung, Kultplatz, Monumenten und Siedlungen, wobei jeder für sich die Gegenwart der Elite bestätigt (90, 193). Die Kulturlandschaft wird als Gebiet zu einem Zentralort. Polit. Veränderungen verwandelten diese Z., auch wenn die Namen bleiben. Slöinge existierte immerhin 600 J. als Zentralort und wurde dann im 10./11. Jh. aufgegeben. Die lokal bzw. regional herrschenden Häuptlinge wurden durch die kgl. Macht abgelöst, als Halland in das dän. Kgr. eingebunden wurde und nun die Gründung von Kg.shöfen erfolgte, um die Herrschaft durchzusetzen, vergleichbar den Pfalzen in Mitteleuropa.

Andere Strukturen entwickelten sich anscheinend in Blekinge während der WZ, Grenzprov. zw. den Kgr. Dänemark und Schweden (84). Wurde bisher nur ein Zentralort angenommen, der Hauptort Hallarumsviken, dessen Lage als Zentralort wanderte bzw. dessen Funktion von jeweils anderen Plätzen übernommen wurde, so zeigt sich nach neuen Forsch., daß mehrere, wenn auch kleinere Z., nur einen Teil der Kriterien eines Zentralorts erfüllten, nicht die komplette Kombination von Macht, Relig. und Handel sowie Markt. Statt dessen herrschten bedeutende Familien in jeweils kleineren Landschaften, weshalb für den Handel auch mehrere Hafenplätze nötig waren. Es gab lokale und kirchliche Eliten, der Kg. verfügte im ö. Blekinge über eigene Grundherrschaften zur Kontrolle der Kommunikation und des Handels. Die Kommunikation entlang der Küste war das einzig zentrale Element (84, 280; 85) (u. a. 84, 270 Fig. 8: Karte der Küstenverteidigung während der WZ, v. a. überliefert durch ON).

Die arch. Befunde sprechen dafür, daß der Übergang von der kleinräumigen Gliederung der Landschaft mit Z.n in der Hand lokaler, privater Eliten des 5./6. Jh.s zu größeren Territorien unter kgl. Herrschaft im 8./9. Jh. u. a. über die Kontrolle und den weiteren Ausbau der Handels- und Marktplätze erfolgte. Lokale Adelssitze wurden zu Kg.shöfen (8; 67), das Tributsystem wandelte sich zum System der Selbstversorgung großer Grundherrschaften. Eine Kontinuität der Funktionen als Z. mit Kulteinrichtung und Festhalle bis ins MA zeigt sich bei Kg.ssitzen und -gütern in den Kirchen, die auf demselben Areal erbaut wurden (63; 29; 67; 28; 108; 13).

In Gebieten, für die bisher Z. als Siedlungen noch nicht ausreichend erfaßt werden konnten, werden monumentale Gräber an auffallenden Geländepunkten als Hinweis auf solche Z. betrachtet (→ Prunkgräber; → Fürstengräber; → Königsgräber). Die hohe Bedeutung der → Bootgräber im n. Mälargebiet wie → Tuna, → Vendel und → Valsgärde, beim kgl. Zentralort → Gamla Uppsala werden relig. und wirtschaftl. erklärt; sie sind zugleich polit. Manifestation von Herrschaft, als Sitz einer *stirps regia,* wobei aber doch der Rang zu klären ist, ob hier Könige, lokale Häuptlinge oder Kriegergefolgsleute bestattet worden sind (112).

In → Jelling als höchstgelegene Landschaft in Jütland entstanden die Grabmonumente und wurde nachfolgend die Kirche errichtet. Auch Uppåkra hatte eine beherrschende topographische Lage in einem Siedlungsnetz und konnte weithin gesehen werden (14, 72 Abb. 6), ebenso Uppsala (13, 113) und Järrestad (14, 75 Abb. 8), d. h., Z. bevorzugten eine auffallende Position.

Die Monumentalgräber von → Oseberg und → Borre am Oslofjord gehören zur Zentralmacht, auch wenn Z. nicht unmittelbar nahebei belegt sind. Das Gräberfeld von Borre mit 40 Grabhügeln, davon sieben exzeptionell große, datiert zw. 600–900, war für einige Generationen der Ynglinger Kg. die „physische" Demonstration (103, 73) des kontinuierlichen Machtkampfes von 600–1000 zw. einigen bedeutenden norw. und dän. Herrschern und Dynastien, wo die Errichtung neuer Hügel mit der Ausplünderung der alten einherging. Überliefert ist die dän. Besetzung dieses Gebietes seit 813 unter Harald Klakk, der Rückgang dieser Vormacht von 850 bis 950, gefolgt von der Eroberung durch Harald Gormsson, der die dän. Herrschaft erneuerte (157).

d. Norwegen. In Norwegen ist die Entwicklung von Z.n mit einigen Besonderheiten verlaufen. Anhand der Fürstengräber wie von → Avaldsnes (87) lassen sich Z. während der jüng. RKZ und der VWZ erschließen. Die Herrenhöfe der RKZ bis

VWZ (38, 112 Fig. 1 Karte) waren Anlagen mit ringförmiger Reihung der Häuser, verbunden mit Schiffshäusern, so in → Spangereid (36), als Sammelplätze für Kriegszüge z. B. nach Jütland, wo nach Niederlagen der Angreifer aus dem N ihre Bewaffnung als Opfer in den jütländischen Mooren landete.

Das nachweisbare Funktionsspektrum der Z. faßt Grimm zusammen (36, 564 Tab. 3; 37a): herrschaftliche Funktion (Herrenhof), fortifikatorisch/militärische (Befestigungen/Schiffshäuser), gewerbliche, merkantile, kultische (Hallen und Namen), kulturelle (Halle), verkehrstechnische (Hafen, Straßen) und gerichtliche (Ringanlage), abgeleitet vom Modell, das Christaller seinerzeit entwickelt hat. Die auffälligen Schiffshäuser und ringförmigen Anlagen sind für das ganze 1. Jt. in Norwegen nachgewiesen.

Auch in der norw. Küstenzone bildeten die bisher registrierten Z. des 1. Jt.s n. Chr. zwei Gruppen. Bei der einen wie → Kaupang i Skiringssal herrschte der Markt- und Handelsaspekt vor, bei der anderen, den ringförmig angeordneten Bauten und den Bootshäusern (→ Schiffshaus) der milit. Aspekt. In manchen Z.n sind beide Aspekte verbunden, wie in → Spangereid. Die Kennzeichen dieses Z.s sind, außer dem Netz der ON, reiche Gräber während der RKZ, Großgrabhügel in der VWZ, Schiffshäuser der späten RKZ und der VWZ sowie eine Anlage aus radial angeordneten Häusern der RKZ, ein Landeplatz der RKZ, ein Kanal, eine Halle seit dem 4. Jh., drei Höhenbefestigungen der späten RKZ und der VWZ, Bootgräber in einem großen Gräberfeld und ein Goldhort der WZ sowie in späterer Zeit schriftlich überliefertes Kg.sgut und eine Steinkirche des 12. Jh.s. Die Ressourcen wurden von nachgeordneten Häuptlingen zum Zentralort an der Küste gebracht. Die Funktionselemente eines Zentralorts streuen über die Jh., problematisch bleibt beim jetzigen Forsch.sstand, was eigtl. jeweils gleichzeitig existiert hat.

Die norw. Z. sind wie eine Kette an der Küste entlang positioniert, als maritime Z., die vom Hinterland versorgt wurden. In der WZ sind wie in anderen Ländern die Handels- und Marktplätze in kgl. Regie übergegangen, nachdem sie zuvor durch regionale Führungspersönlichkeiten organisiert worden waren (37, 180). Die Lage der Hafenplätze der EZ und des MAs in Norwegen entlang der Küste sind typische Beispiele für ein topographisch weitgehend vorbestimmtes Zentralort-Muster, auf fruchtbaren Böden (37, 170 Abb. 1), küstennah und umgeben von dicht besiedeltem Hinterland sowie einem Verteidigungsring aus Höhensiedlungen (36, 554 ff.; 120). Aus den Großgehöften, die in der RKZ entstanden sind, sich während der MZ weiterentwickelten, wurden auch hier in Norwegen kgl. Grundherrschaften (134; 145).

Der Name des Großhofs Borg auf den Lofoten (135), ein Zentralort wie Tissø, Lejre oder Uppåkra, könnte ein Indikator für den Herrensitz sein (oder auch nur eine Geländebezeichnung, vgl. E. Nyman, Nordiska ortnamn på -und, 2000, 220 ff.). Am Anfang während der RKZ stand hier eine ringförmige Anlage als Versammlungsort von Gefolgschaften, abgelöst von einem Schiffshaus der späten RKZ und VWZ und einem ält. Herrenhof mit einer 64 m lg. Halle der VWZ/MZ, deren Funde mit Gegenständen aus → Valsgärde Grab 7 und dem Helmgrab von → Gammertingen in S-Deutschland verglichen werden können, was die Ranghöhe anzeigt, und Schiffshäusern, dann während der MZ/WZ ein zweiter Herrenhof mit einer Halle von 80 m Lg., in dem Goldblechfigürchen gefunden wurden. Die Halle von Borg ist wie andere Hallenbauten für einen vorchristl. Kult gedacht gewesen.

e. Arch. und Namen. Da die Funktion eines Zentralorts das Ergebnis von Wachstum ist und diese Position auch wieder verloren werden kann, bieten die ON kaum einen sicheren Hinweis auf die zentralörtliche Funktion eines Platzes (→ Zentralorte, Bd. 34). Bei alten Namen eines späteren Zentralorts, die auf die dörfliche Frühphase zurückgehen, aber über Jh. erhalten bleiben, ist das unmittelbar einsichtig. Sakrale oder kultische Platznamen wie Gudme und Helgö oder z. B. Thorsberg oder vielleicht → Vimose in Jütland sind Überbleibsel einer zeitlich begrenzten Phase als Zentralort und bezeichnen heute nur noch unbedeutende Orte. Viele Plätze werden heute durch intensive arch. Geländeforsch. als Z. angesprochen, ohne daß auf diese Funktion hinweisende FlN oder ON bekannt sind, und umgekehrt sollte davon ausgegangen werden, daß ein ‚sprechender' Name nicht nachweisbar mit der arch. Fst. etwas zu tun hat oder einen ehemaligen Zentralort bezeichnet. Die Entstehung der Namen, die Bezeichnungen für Z. enthalten und auf Handelsplätze als eine Unterkategorie von Z.n verweisen, z. B. mit dem Wortbestandteil ‚kaufen' (→ Zentralorte, Bd. 34, S. 506), auf herrschaftliche Plätze mit ‚Hof', wird spät ans Ende der WZ datiert. Die Namen reichen also nicht bis in die Zeit der Entstehung der meisten Z. zurück. Noch fehlt eine sichere Korrelation von arch. Fundstätten mit tatsächlich zeitlich zugehörenden Namen; zumindest liegen kaum Unters. vor, da die überlieferten Namen meist jüng. als die Z. sind.

In Skand. werden im Gegensatz zum Kontinent durch Namensbestandteile Standorte von Z.n bezeugt, wie in → Zentralorte, Bd. 34, erläutert. Während Z. durch Namensteile wie *husar, husby, tuna, bo* u. a. (Abb. 119) erkennbar sind (zum Namen *husebyene* in Norwegen: 159), sind die nachgeordneten Z. mit weniger bzw. speziellen, einseitigen Funktionen anhand anderer Bezeichnungen im Namen erkennbar, wie z. B. *snekk-*, Benennung für ein Kriegsschiff (56), oder *skepphus* für das Schiffshaus oder *smed-/smiss-* für Waffenschmiede (vgl. → Zentralorte, Bd. 34, 509). Götternen-

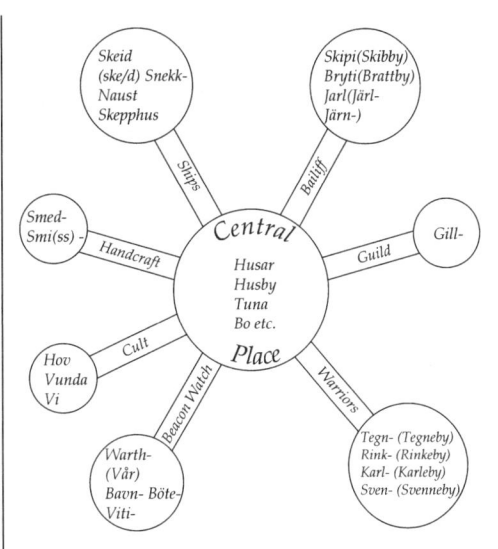

Abb. 119. Das Namenfeld zw. Zentralorten und nachgeordneten Siedlungen in Skand. Nach Westerdahl (159, 182 Abb.)

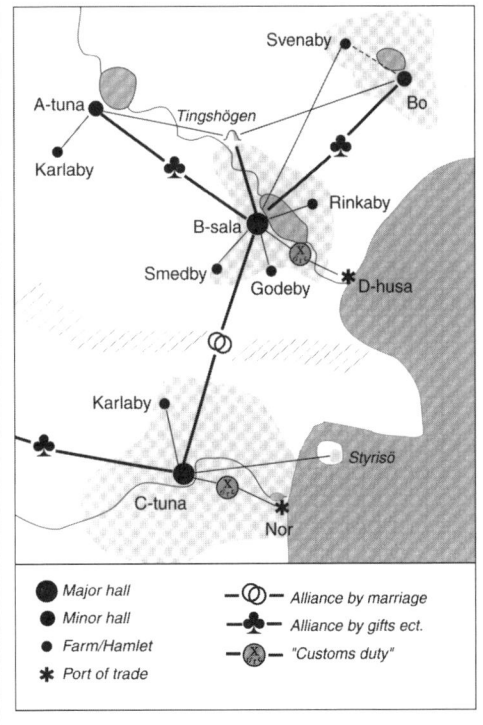

Abb. 120. Eine hierarchisch strukturierte Landschaft in Schweden zur späten EZ, allein anhand der Namen konstruierbar. Nach Brink (10, 434 Fig. 11)

nungen oder der Hinweis auf ‚heilig' als Namensbestandteile kennzeichnen seit der RKZ indirekt Z. in der Nähe (→ Thorsberg; → Odense; → Vimose) oder die Z. direkt (die Namen rund um → Gudme). Auch für → Visby, Hauptort Gotlands, gibt es ein Namenproblem (*vis* für feuchtes Land oder *vi* für Heiligtum), dem mehrere Siedlungen, auch Z., an anderer Stelle vorausgingen, ehe erst spät im 11. Jh. Visby selbst der Zentralort auf Gotland wurde (150).

Die Verteilung von Z.n mit bestimmten Funktionen in einem Netz zeichnet sich in Schweden anhand der Verbreitung von Namen ab, die auf Grundherrschaft schließen lassen (10, 425 Fig. 1), wie *karlar, rinkar, tegnar*. Es sind Z. mit einem Hinterland, wobei die verschiedenen Namenformen in Schweden auffällig unterschiedlich verbreitet sind. Die hierarchische Organisation der Siedlungen einer Landschaft zur WZ in Schweden kann allein anhand derartiger Namenverbreitungen konstruiert werden (10, 434 Fig. 11). Dazu gehören mehrere Z. mit einer Halle für ranghöhere oder rangniedrige Kg., für Häuptlinge oder ‚Big Man', die alle untereinander über Heirat und Geschenke verbunden sind. Ergänzt wird das System durch Versammlungsplätze, Gehöfte von Gefolgsleuten sowie Häfen und Handelsplätze an der Küste (Abb. 120).

f. Kontinuitäten und Anzahl der Z. Z. in Skand. bieten ein erstaunliches Maß an Kontinuität. Ein Platz wie Uppåkra weist eine tausendjährige Gesch. von der vorröm. EZ bis ans Ende des 10. Jh.s auf, bis zur Verlagerung der Funktionen nach Lund (45). Die Funde kennzeichen den Platz als Z. mit Kultfunktion von Beginn an (45, 68). Die Schriftüberlieferung nennt zwar nicht ausdrücklich Uppåkra, spricht aber von Oppidum und Stadt mit Odinskult (45, 72). Eine vergleichbare Kontinuität bestand in Sorte Muld als Häuptlingssitz und Kultzentrum bis in die WZ (vgl. Abb. 121). Eine Besiedlungsdauer von mehr als einem halben Jt. ist üblich. Das Ende der Z. ist verschieden, fällt aber ungefähr ins 10. Jh., manchmal verbunden mit einer Verlagerung (s. o. § 4c). Die Ursache dafür liegt in der Durchsetzung des zentralen Kgt.s in Dänemark und Schweden, das sich grundsätzlich auf eine andere Organisationsform stützte, die zwar schon ält. Wurzeln hatte, aber dann staatsbildend wurde, die Grundherrschaft mit Lehnswesen. Die zunehmende Größe der Domänen ist parallel mit der Zurückdrängung des Waldes verbunden (13, 134 ff.), was auch arch. erkennbar ist. Im 10./11. Jh. wurde die Grundherrschaft Uppåkra als Zentralort aufgegeben, überliefert durch die Teilung für den Kg. und die Kathedrale in Lund. Ähnlich ist es Gudme ergangen.

Runensteine markieren eine strukturelle Kontinuität von der WZ bis ins hohe MA in Schweden und Dänemark an Stellen ält. Z. (123), die → Ingvar-Steine gar den Zentralort in Form von Streubesitz eines großen Grundherrn und seiner Gefolgschaft. Außer Runensteinen bezeichnen auch Verdichtungen in der Verbreitung von Silberschätzen der WZ, frühe → Eigenkirchen und Kapellen sowie Herrenhöfe (manor houses) Z., im MA meist als kgl. Grundherrschaft belegt.

Die alten Z. waren Sitz kleiner regionaler oder auch überregionaler Machthaber, bei denen ihre Familien, Amtsträger und Gefolgsleute mit deren Familien lebten, außerdem spezialisierte Handwerker sowie in der Landwirtschaft Tätige; im 10. Jh. verlieren diese regionalen Machthaber endgültig ihre Bedeutung, die alten Z. schließen sich enger an den Kg. an, am besten überliefert für die Zeit Harald Blauzahns (s. o.) (121).

Die größeren Hofkomplexe gegenüber den normalen Höfen, mit der Halle für das Gastmahl, werden oftmals schon als Z. bezeichnet. Dabei ist nicht zu beweisen, ob es sich um einen Häuptlingshof, Kg.shof oder den Hof eines anderen Großen handelt.

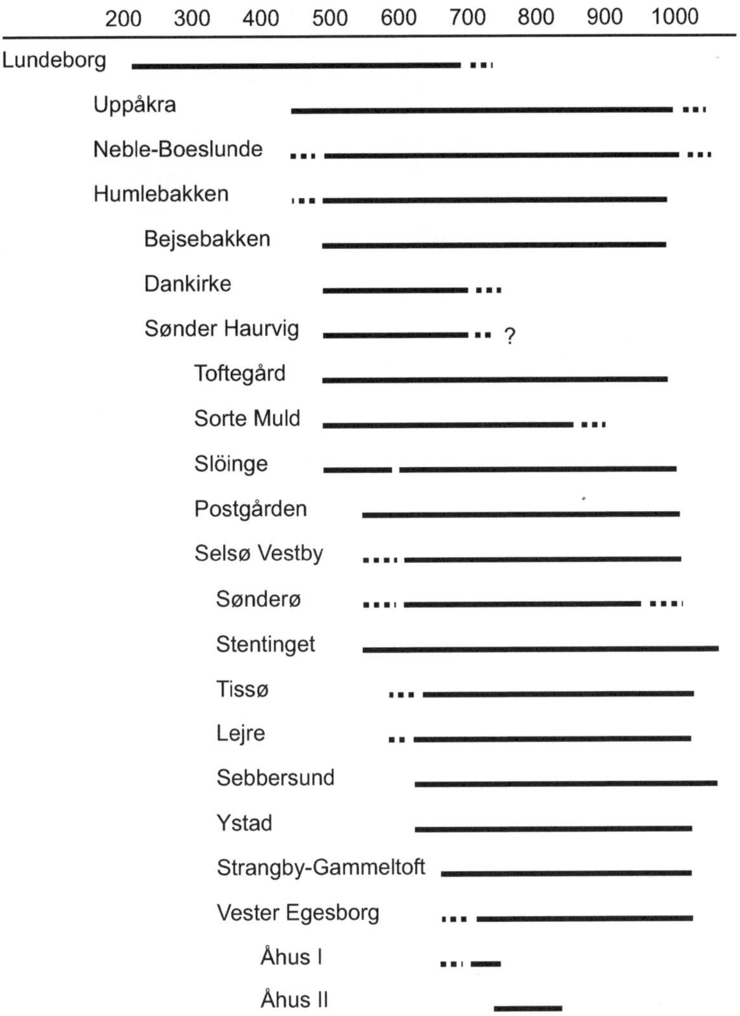

Abb. 121. Geschätzte Dauer von Handwerk- und Handelsaktivitäten in Zentralorten des s. Skand. Nach Böhme (8, 493 Abb. 2)

Der Rang ist offen, auch die rechtliche Position.

Nur Z. der obersten Kategorie mit allen Funktionen nach der Definition (s. § 1) (nach 40) sind leicht zu erkennen, aber auch noch Z. auf niederer Ebene mit einem Teil dieser Funktionen, wobei die Frage bleibt, welches dann die wichtigste Kategorie ist, die polit., kultische oder gesetzgebende.

Gudme als das entscheidende Zentrum während der MZ/VZ in Dänemark wird Kg.ssitz genannt, ohne einen Beweis aus der schriftlichen Überlieferung (J. Ringtved in 20, 49–64: The geography of power: South Scandinavia before Danish kingdom).

Es ist vor einem Zirkelschluß zu warnen, vor der Tendenz, arch. und hist. Z. mit ON zu koppeln und umgekehrt aus entspr. ON Z. zu erschließen. Ob ein Ort mit Namen *Smedby* über einen dort anscheinend (an einem Herrenhof) wirkenden Waffenschmied als Zentralort erkennbar wird, bleibt offen, ebenso kann es sich nur um einen Ort mit üblicher Eisengewinnung und -verarbeitung handeln, wie solche Plätze in größerer Zahl in Schleswig-Holstein für die RKZ nachgewiesen sind, von denen einige auch die Bezeichnung Schmiede im Namen führen.

Schließlich ist der Schluß von anscheinend bes. reichhaltigem Fundmaterial aus Metall, mit dem Detektor geborgen, auf einen ehemaligen Zentralort unsicher; denn zumeist erlaubt ein ungleicher Forsch.sstand keinen dauerhaften Vergleich. Gold oder Funde des vorchristl. Kultes sprechen nicht ohne weiteres für einen Zentralort, vielleicht für ein *stormandspryd* (114). Callmer lehnt daher eine schematische Definition von Z.n ab, da „hinter den arch. Hinterlassenschaften Menschen stehen" von unterschiedlichem Rang, verschiedenen Fähigkeiten und Aktivitäten (14, 67). Der wachsende Forsch.sstand kann für einen Platz einen immer höheren Rang nachweisen oder auch – über den Vergleich mit anderen Z.n – die Überbewertung zurücknehmen.

Eine Forsch.saufgabe ist der Vergleich der Z. zw. den verschiedenen Landschaften Mittel- und N-Europas. Ein erster Ansatz ist darin zu sehen, wenn für das 4./5. Jh. Höhenstationen in S-Deutschland wie der → Runde Berg bei Urach oder der → Zähringer Burgberg bei Freiburg mit den Goldschätzen vom Typ → Velp am Niederrhein, mit Plätzen wie → Gudme in Dänemark oder → Spangereid in Norwegen verglichen werden (36, 539), Z. zu denen jeweils nachrangig größere Höfe auf einem zweiten Niveau gehört zu haben scheinen. Der zweite Ansatz ist der mehrfach erwähnte Vergleich von Entstehung und Struktur der (kgl.) Grundherrschaft zw. dem frk.-karol. Reich und dem Ostseegebiet.

§ 5. Z. und Städte im frühen Mittelalter. Zum MA hin verläuft die Entwicklung der Z. in zwei Bahnen, dem Ausbau der kgl. Macht mit Residenzen als Herrschaftszentren und der Neuorganisation der Städte als Wirtschaftszentren. Zum Kg. gehörte ein Netz von grundherrschaftlich organisierten Großhöfen, die nur noch einen eingeschränkten Stellenwert als Z. haben. Die frühstädtischen Siedlungen haben sich statt dessen von den Anlaufplätzen der seefahrenden Kaufleute während des 5.– 8. Jh.s, den Ports of Trade an Grenzen, den Seehandelsplätzen und den Märkten des 8./ 9. Jh.s zu herrschaftlich kontrollierten eigtl. Städten seit dem 10. Jh. entwickelt.

a. Kgl. Z. Der Rang der kgl. Z. ist durchaus unterschiedlich, denn ein grundherrschaftlicher Hof der WZ und des MAs im Besitz des Kg.s oder eines anderen Großen hat als dessen zeitweiliger Aufenthaltsort oder auch Hauptsitz einen anderen Stellenwert gegenüber dem Kg. als der Jh. früher am selben Ort während der VWZ rekonstruierte Sitz eines lokalen Häuptlings oder Herrschers. Für Tissø auf Seeland ist diese Entwicklung am Ort beschrieben worden (67; 68). Dieser unterschiedliche Rang bildet zwei Ebenen: 1. die Residenz mit Halle und weiteren Gebäuden, aber ohne den landwirtschaftl. Teil oder die früher am Zentralort konzentrierten Handwerksplätze, die jetzt anderweitig gelegen waren und die Erzeugnisse als Tribut lieferten, 2. große agrarisch ausgerichtete Höfe, bei denen die Landwirtschaft die Basis für den Reichtum bildete (auch eine große Halle kann dazu gehört haben).

Die Strukturen entsprechen dem Pfalzensystem auf dem Kontinent (→ Pfalz und Pfalzen) im karol.-ottonischen Reich, und daher wurde dieser Vergleich mit einer Pfalz zur Beschreibung der Verhältnisse rund um das Reich mehrfach gezogen, einerseits für dän. Kg.ssitze wie → Gudme oder → Lejre (14, 68 Abb. 3; s. auch → Tissø S. 624), andererseits für die Gebäudeansammlung einer slaw. Mittelpunktsburg wie → Starigard/Oldenburg (34). Auch die Z. des

→ Großmährischen Reichs werden mit der Struktur von Pfalzen verglichen. Die mächtige Halle im Norden entspricht der Palastaula im karol. Reich, der Kultbau der Kapelle und das Gehöft mit Speichern den Wirtschaftsgebäuden und Großhöfen bei der Pfalz. Verglichen werden die Hallenbefunde mit Aachen (68, 205, Fig. 15.26), mit der Pfalz in Paderborn, die kleiner war als die Halle von Lejre, oder mit Christians IX. Palast Amalienborg, der die gleiche Größe wie Lejre Haus IV hatte, sowie mit Theoderichs *Aula sacra* auf der Insel Miljt in der Adria (→ Halle S. 418 Abb. 48).

b. Frühstädtische Siedlungen. Die zweite Ausprägung von Z.n im frühen MA sind die frühstädtischen Siedlungen in ihrer beachtlichen Vielfalt. Auch sie überstehen zumeist die polit. und wirtschaftl. Veränderungen zum hohen MA nicht, werden verlassen oder auf Initiative des Kg.s verlagert (→ Stadt), wie z. B. Reric (→ Groß Strömkendorf) nach → Haiðaby. Der Vergleich des Verteilungsmusters der Handels- und Marktplätze des 8.–11. Jh.s (66, 71 Abb. 1 Karte) mit der aller Hansestädte und -kontore des 13./14. Jh.s im Ostseeraum beleuchtet diesen Unterschied (66, 78 Abb. 12).

Im slaw. Siedlungsgebiet bilden die Ringwälle auf verschiedenen Ebenen Z., einerseits innerhalb kleiner Siedlungskammern und andererseits darüber hinaus mit übergreifender Markt- und Herrschaftsfunktion für Stammesgebiete (9; 22). Die Verteilung der Burgwälle seit dem 9. Jh. strukturierte die Landschaft und spiegelt herrschaftliche Funktionen (→ Slawen § 2, b. Polit. Struktur im 6.–9. Jh., c. Fürstenherrschaft und staatl. Differenzierung). Die Entwicklung geht in Etappen von der Stammesper. und vorstaatlichen Phase unabhängiger kleiner gleichartiger dörflicher zentraler Orte über die Stammesburgen und Piastenburgen mit Burgmannschaften und anderen Bewohnern wie Handwerkern und Händlern zur Städtelandschaft (96, 44 f.). Es erfolgt eine Verdichtung der Z. vom 7.–10. Jh. zum 10.–12. Jh. und weiter zum hohen und späten MA im 13./14. Jh., wobei die Burgen kleiner werden, je höher ihr Rang ist (96, 43 Abb. 7). Das slaw. Gebiet zw. Elbe und Oder wies im 11./12. Jh. noch keine staatliche Struktur auf, wie ö. das poln. Gebiet, wo das Netz der Kastellaneiburgen Z. bildete (23). Im W fanden Z. der einzelnen Stämme wie z. B. der Obodriten mit ihrer Großburg → Starigard/Oldenburg im karol. Reich Vorbilder für die Struktur ihrer Pfalz (34).

Auch Kultbauten gehörten im 11./12. Jh. zu slaw. Z.n, wie in → Groß Raden oder → Parchim (71), oder im Burgwall Kap Arkona auf → Rügen (→ Lutizen § 2 mit Abb. 6, 7), wo arch. ein Tempel schon ab dem 10. Jh. belegt ist (88).

Im → Großmährischen Reich sind die großen Siedlungsagglomerationen wie → Mikulčice, → Pohansko-Břeclav (91) oder → Staré Město, auch → Stará Kouřim in Böhmen als Z. zu bezeichnen, da sämtliche Kriterien gegeben sind; arch. nachgewiesen sind Palastbauten, Kirchen mit reich ausgestatteten Gräbern, Handwerksareale sowie Märkte. Der spezielle Aspekt bei diesen Z.n ist die Konzentration mehrerer wohl gleichrangiger Adelsfamilien mit je eigenem Zentrum und Eigenkirche am Ort, oft in Stein errichtet. Gleichzeitig sind diese Z. die frühen Herrschaftsmittelpunkte, da sie durch Zusammenfassung von Kg.ssitz und Adelshöfen entstanden sind.

(1) K. Andersson, Skandinaviska guldfynd från romersk tid som indikatorer på politiska och/eller ekonomiska centra, in: Ch. Fabech, J. Ringtved (Hrsg.), Samfundsorganisation og Regional Variation. Norden i Romersk Jernalder og Folkevandringstid, 1991, 213–231. (1a) A. Andrén u.a. (Hrsg.), Ordning mot Kaos. Studier av nordisk förkristen kosmologi, 2004. (2) S. L. Arlinghaus, Fractals take a Central Place, Geografiska Annaler 67 B, 1985, 83–88. (3) B. Arrhenius (Hrsg.), Kingdoms and Regionality. Transactions from the 49th Sachsensymp. 2001. (4) M. Axboe, Towards the Kingdom of Denmark, in: [20], 109–118. (5) K.

Beavon, Central Place Theory: A Reinterpretation, 1977. (6) S. Berg-Hobohm, Umfriedete Höfe der HaZ in Bayern. Aktueller Forsch.sstand zu den Herrenhöfen und den zeitgleichen rechtekkigen Grabenwerken, Ber. der Bayer. Bodendenkmalpflege 43/44, 2002/3 (2005), 161–189. (7) J. Besteman, Danish rule in West Frisia: a failed Normandy in the 9th century, in: [51] 1, 446–452. (8) H. W. Böhme, Gedanken zu den frühen Markt- und Handelsplätzen in Südskand., in: Arch. Zellwerk. Beitr. zur Kulturgesch. in Europa und Asien (Festschr. H. Roth), 2001, 483–498. (9) S. Brather, Arch. der w. Slawen, 2001. (10) S. Brink, Social order in the early Scand. landscape, in: [30], 423–439. (11) G. P. Brogiolo, B. Ward-Perkins (Hrsg.), The Idea and Ideal of the Town between Late Antiqu. and the Early MA, 1999. (12) J. Callmer, Aristokratisk präglade residens från yngre järnåldern i forskningshistorien och deras problematik, in: Ders., E. Rosengren (Hrsg.), „… Gick Grendel att söka det höga huset …". Arkeologiska källor til aristokratiska miljöer i Skand. under yngre järnålder, 1997, 11–18. (13) Ders., Extinguished solar systems and black holes: traces of estates in the Scand. late Iron Age, in: [44], 109–138. (14) Ders., Machtzentren des 10. Jh.s und der Zeit um 1000 in Südskand., in: [53], 65–79. (15) W. Christaller, Die zentralen Orte in S-Deutschland: eine ökonomisch-geogr. Unters. über die Gesetzmäßigkeit der Verbreitung und Entwicklung von Siedlungen mit städtischen Funktionen, 1933, ³1980. (16) C. Clausing, Unters. zur Sozialstruktur in der UZ Mitteleuropas, in: Eliten in der BZ 2, 1999, 319–420. (17) D. Denecke, Der geogr. Stadtbegriff und die räumlich-funktionale Betrachtungsweise bei Siedlungstypen mit zentraler Bedeutung in Anwendung auf hist. Siedlungsepochen, in: [61] 33–55. (18) Ders., Research in German urban hist. geogr., in: Ders., G. Shaw (Hrsg.), Urban Hist. Geogr. Recent Progress in Brit. and Germany, 1988, 24–33 und 334–344. (19) Ders., Zentrale und periphäre Räume und Standorte in der Kulturlandschaft: Der ö. Ostseeraum in hist.-geogr. Perspektive, Siedlungsforschung. Arch. – Gesch. – Geogr. 22, 2004, 7–32. (20) T. Dickinson, D. Griffiths (Hrsg.), The Making of Kingdoms. Papers from the 47th Sachsensymp. York, 1999. (21) A. S. Dobat, Hedeby and its Maritime Hinterland. The Schlei Fjord as an Early Medieval Communication Route, Bodendenkmalpflege in Mecklenburg-Vorpommern Jb. 51, 2003, 419–435. (22) P. Donat, Geschützt durch Holz und Wasser. Die Burgen der Slawen, in: W. Menghin, D. Planck (Hrsg.), Menschen. Zeiten. Räume. Arch. in Deutschland, 2002, 352–356. (23) M. Dulinicz, Forsch. zu den Herrschaftszentren des 10. bis 11. Jh.s in Polen, in: [53], 147–160. (23a) J. Engström, Fornborgarna och samhällsutvecklingen under mellersta järnåldern/Fortified hillforts and social development in the Roman Iron Age and Migration Period, in: wie [1], 267–276. (24) P. Eriksen, P. O. Rindel, Eine befestigte Siedlung der jüng. vorröm. EZ bei Lyngsmose. Eine neuentdeckte Anlage vom Typ Borremose in Jütland, Dänemark, Arch. Korrespondenzbl. 33, 2003, 123–143. (25) P. Ethelberg, Reges/principes – Kg./Adel, in: [3], 83–87. (26) P. Ettel u. a., Castellum, Monasterium und Villa Karlburg. Vom frk. Kg.shof zum bischöflich-würzburgischen Zentralort, in: J. Lenssen, L. Wamser (Hrsg.), 1250 J. Bt. Würzburg. Arch.-hist. Zeugnisse der Frühzeit 1992, 297–343. (27) Ch. Fabech, Centrality in Sites and Landscapes, in: [30], 455–473. (28) Dies., Organising the Landscape. A matter of production, power, and relig., in: [20], 37–47. (29) Dies., J. Ringtved, Magtens geografi i Sydskand., in: H. G. Resi (Hrsg.), Produksjon og samfunn. Om enverv, spesialisering og bosetning i Norden i I. årtusend e. Kr., Univ. Oldsaksamling Oslo Varia 30, 1995, 11–37. (30) Diess. (Hrsg.), Settlement and Landscape, 1999. (31) K. Fehn, Die zentralörtlichen Funktionen früher Zentren in Altbayern. Raumbildende Umlandbeziehungen im Bayer.-Österr. Altsiedelland von der Spät-LTZ bis zum Ende des Hoch-MA, 1970. (32) E. Fonnesbech-Sandberg, Centralmagt, centre og periferi i Danmarks Folkevandringstid, in: B. Wik (Red.), Sentrum – Periferi. Sentra og sentrumsdannelser gjennom førhistorisk og historisk tid, Gunneria 64, 1991, 233–247. (33) U. von Freeden, S. von Schnurbein (Hrsg.), Spuren der Jt. Arch. und Gesch. in Deutschland, 2002. (34) I. Gabriel, „Imitatio imperii" am slaw. Fürstenhof zu Starigard/Oldenburg. Zur Bedeutung karol. Königspfalzen für den Aufstieg einer „civitas magna Slavorum", Arch. Korrespondenzbl. 16, 1986, 357–367. (35) D. Gerrets, Evidence of Political Centralization in Westergo: the Excavations at Wijnaldum in a (supra-) Regional Perspective, in: [20], 119–126. (35a) F. Gerritsen, N. Roymans, Central places and the introduction of tribal identities. The case of the late Iron Age Lower Rhine region, Coll. Bibracte 12, 2006, 251–266. (36) O. Grimm, Spangereid – Gudme/Lundeborg – Runder Berg. Zentralplätze der Spätkaiser- und VWZ im überregionalen Vergleich, Ethnographisch-Arch. Zeitschr. 45, 2004, 539–571. (37) Ders., Norw. Handels- und Marktplätze der WZ in sozialgeschichtl. und zentralörtlicher Sicht, in: Reliquiae gentium (Festschr. H. W. Böhme), 2005, 169–182. (37a) Ders., Großbootshaus – Zentrum und Herrschaft. Zentralplatzforsch. in der nordeurop. Arch. (1.–15. Jh.), 2006. (38) Ders., F.-A. Stylegar, Court Sites in Southwest Norway – Reflections of a Roman Period Political Organisation?, Norwegian Arch. Rev. 37, 2004, 111–133. (39) E. Gringmuth-Dallmer, Frühe

Zentren im s. Ostseeraum zw. Elbe und Oder, in: Lokalne ośrodki władzy państwowej w XI–XII wieku w Europie Środkowo-Wschodniej, 1993, 77–89. (40) Ders., Methodische Überlegungen zur Erforschung zentraler Orte in ur- und frühgeschichtl. Zeit, in: S. Mozdziocha (Red.), Centrum I Zaplecze we wczesnośredniowiecznej Europie Środkowej, 1999, 9–20. (41) H. Härke, Settlement types and patterns in the West Hallstatt province, 1979. (42) U. E. Hagberg, Gråborg und Triberga – zwei aktuelle Burgunters. auf Öland, Schweden, Stud. zur Sachsenforsch. 15, 2005, 223–230. (43) I. L. Hansen, Ch. Wickham (Hrsg.), The Long Eighth Century. Production, distribution and demand, 2000. (44) B. Hårdh (Hrsg.), Uppåkra. Centrum och sammanhang, Uppåkrastudier 3, 2001. (45) Dies., Unter Göttern und Königen – das relig. und polit. Zentrum Uppåkra, in: [3], 67–72. (46) L. Hedeager, Besiedlung, soziale Struktur und polit. Organisation in der ält. und jüng. RKZ O-Dänemarks, PZ 55, 1980, 38–62, Fundkat. 62–109. (47) Dies., Danmarks jernalder. Mellem stamme og stat, 1990. (48) Dies., Asgard Reconstructed? Gudme – a „central place" in the North, in: [65], 467–507. (49) H. A. Heidinga, From Kootwijk to Rhenen: in search of the elite in Central Netherlands in the Early MA, in: Medieval Arch. in the Netherlands (Studies presented to H. H. van Regteren Altena), 1990, 9–40. (50a) B. Helgesson, Vad är centralt? – fenomen och funktion; lokalisering och person, in: [80], 39–45. (50b) Ders., Central Places and Regions in Scania during the Iron Age. Some Examples, in: [81], 323–335. (51) G. Helmig u. a. (Hrsg.), Centre. Region. Periphery, Medieval Europe Basel 2002, Vol. 1–3, 2002. (52) H. Hennig u. a., Gräberfelder. Sind latente Besiedlungsstrukturen der HaZ aus der Verteilung der Nekropolen ersichtlich?, Arch. Korrespondenzbl. 30, 2000, 527–548. (53) J. Henning (Hrsg.), Europa im 10. Jh. Arch. einer Aufbruchszeit, 2002. (54) J. Herrmann, Seehandelsplätze des 8. Jh.s an der sw. Ostseeküste und deren slaw. Hinterland. Eine Problemsicht, Bodendenkmalpflege in Mecklenburg-Vorpommern Jb. 51, 2003, 437–448. (54a) F. Herschend, Livet i hallen. Tre fallstudier i den yngre järnålderns aristokrati, 1997. (54b) Ders., The Idea of the Good in Late Iron Age Soc., 1998. (55) K. Høilund Nielsen, Centrum og periferi i 6.–8. årh. Territoriale studier af dyrestil og kvindesmykker i yngre germansk jernalder in Syd- og Østskand., in: [98], 127–154. (55a) Dies., „... the sun was darkened by day and the moon by night... there was distress among men..." – on social and political development in 5th- to 7th-century southern Scandinavia, Stud. zur Sachsenforsch. 15, 2005, 247–285. (56) B. Holmberg, J. Skamby Madsen, Da kom en *snekke*... Havnepladser fra 1000- og 1100-tal-

let?, Kuml 1997/98, 197–225. (57) W. Hübener, Die Orte des Diedenhofener Capitulars von 805 in arch. Sicht, Jahresschr. für mitteldt. Vorgesch. 72, 1989, 251–266. (58) J. Ilkjær, Centres of power in Scandinavia before the medieval kingdoms, in: [3], 89–93. (59) F. Irsigler, Grundherrschaft, Handel und Märkte zw. Maas und Rhein im frühen und hohen MA, in: Grundherrschaft und Stadtentstehung am Niederrhein. Referate der 6. Niederrhein-Tagung, 1989, 52–78. (60) Ders., Zur Hierarchie der Jahrmärkte, in: S. Lorenz, T. Zotz (Hrsg.), Spät-MA am Oberrhein. Alltag, Handwerk und Handel 1350–1525, Aufsatzband, 2001, 89–99. (61) H. Jankuhn u. a. (Hrsg.), Vor- und Frühformen der europ. Stadt im MA, ^{2}1975. (62) S. Jensen, M. Watt, Handelsventre og centralpladser, in: S. Hvass, B. Storgaard (Hrsg.), Digging into the Past. 25 years of arch. in Denmark, 1993, 195–201. (63) J. Jeppesen, H. J. Madsen, Trækirke og stormanshal i Lisbjerg, Kuml 1995/96, 149–171. (64) A. Jockenhövel, Ältereisenzeitliche Burgen im Mittelgebirgsraum. Versuch einer Zusammenfassung und Ausblick, in: Ders. (Hrsg.), Ältereisenzeitliches Befestigungswesen zw. Maas/Mosel und Elbe, 1999, 194–197. (65) M. de Jong u. a. (Hrsg.), Topographies of Power in the Early MA, 2001. (66) H. Jöns, Frühma. Handelsplätze an der Ostseeküste – Vorläufer der hochma. Handels- und Hansestädte?, in: Ders. u. a. (Hrsg.), Arch. unter dem Straßenpflaster. 15 J. Stadtkernarch. in Mecklenburg-Vorpommern 2005, 71–78. (67) L. Jørgensen, From tribute to the estate system, 3rd–12th century. A proposal for the economic development of the magnates' residences in Scand. based on settlement structure from Gudme, Tissø and Lejre, Denmark, in: [3], 73–82. (68) Ders., Manor and Market at Lake Tissø in the Sixth to Eleventh Centuries: The Danish „Productive" Sites, in: [116], 175–207. (69) P. Jud, Zentralsiedlungen oder Grenzkastelle? Einige Überlegungen zur Funktion der spätlatènezeitlichen Befestigungen am s. Oberrhein, in: Mille Fiori (Festschr. L. Berger), 1998, 269–275. (70) M. Kazanski u. a. (Hrsg.), Les Centres proto-urbains russes entre Scandinavie, Byzance et Orient, 2000. (71) H. Keiling, Der Obodritentempel von Parchim und die Kulthalle von Groß Raden, in: R. Busch u. a. (Hrsg.), Opferplatz und Heiligtum. Kult der Vorzeit in N-Deutschland, 2000, 247–256. (72) J. Klug-Treppe, Das hallstattzeitliche Besiedlungsbild im Breisgau, in: Fürstensitze, Höhenburgen, Talsiedlungen, Arch. Informationen aus Baden-Württ. 28, 1995, 57–65. (72a) J. Kneipp, Bandkeramische Zentralplätze in Nordhessen, Ber. der Komm. für Arch. Landesforsch. in Hessen 8, 2004/2005 (2006), 81–90. (73) R. Krause u. a., Neue Forsch. zum frühkelt. Fürstensitz auf dem Ipf bei Bopfingen, Ostalbkr. (Baden-Württ.), PZ 80,

2005, 190–235. (74) K. Kristiansen, A theoretical strategy for the interpretation of exchange and interaction in a Bronze Age context, in: C. Mordant u. a. (Hrsg.), L'atelier du bronzier en Europe du XXe au VIIIe siècle avant notre ère 3, 1998, 333–343. (75) Ders., The formation of tribal systems in northern Europe, 4000–500 BC, in: wie [76], 70–105 und ders., Chiefdom, states and systems of social evolution, ebd. 243–267. (76) K. Kristiansen, M. Rowlands, Introduction, in: Diess. (Hrsg.), Social Transformations in Arch. Global and local perspectives, 1998, 1–26. (77) J. Kunow, Zentrale Orte in der Germania inferior, Arch. Korrespondenzbl. 18, 1988, 55–67. (78) S. Kurz, S. Schiek (†), Bestattungsplätze im Umfeld der Heuneburg, 2002. (79) Th. B. Larsson, Vistad. Kring en befäst gård i Östergötland och Östersjökontakter under Yngre Bronsålder, 1999. (80) L. Larsson, B. Hårdh (Hrsg.), Centrala Platser – Centrala Frågor. Samhällsstrukturen under Järnålderen. Uppåkrastudier 1, 1998. (81) Diess. (Hrsg.), Centrality – Regionality. The Social Structure of Southern Sweden during the Iron Age, Uppåkrastudier 7, 2003. (82) S. Lebecq, The role of the monasteries in the systems of production and exchange of the Frankish world between the seventh and the beginning of the ninth centuries, in: [43], 121–148. (83) H. E. Lidén, De tidlige kirkene. Hvem bygget dem, hvem brukte dem og hvordan?, in: Ders. (Hrsg.), Møtet mellom hedendom og kristendom i Norge, 1995, 129–141. (84) A. Lihammer, The Centrality of the Landscape. Elite Milieus in Eastern Blekinge during the Viking Age and Early MA, in: [81], 257–282. (85) Dies., Det centrala landskapet. Elitära miljöer i östra Blekinge under vikingatiden och den tidiga medeltiden, in: Landskapsarkeologi och tidig Medeltid – Några exempel frå Södra Sverige, Uppåkrastudier 8, 2003, 225–262. (86) T. Løken, Oppkomsten av den germanske hallen: Hall og sal i eldre jernalder i Rogaland, Viking 64, 2001, 49–86. (87) Ders., Jæren eller Karmø – hvor var makta i Rogaland i eldre jernalder? Var Avaldsnes et maktsenter omkring 200 e. Kr?, Frá haug og heiðni 2001, H. 1–2, 3–14. (88) C. Lübke, Arkona brennt! Relig. der Slawen, in: wie [22], 357–359. (89) U. Lund Hansen, Handelszentren der RKZ und VWZ in Dänemark, in: Trade and Exchange in Prehist. (Studies in Honour of B. Stjernquist), 1988, 155–166. (90) L. Lundqvist, Central places and central areas in the Late Iron Age. Some examples from south-western Sweden, in: H. Andersson u. a. (Hrsg.), Visions of the past. Trends and Traditions in Swedish Medieval Arch., 1997, 179–197. (91) J. Macháček, Early Mediaeval centre in Pohansko near Břeclav/Lundenburg: *munitio, emporium* or *palatium* of the rulers of Moravia?, Arch. rozhledy 57, 2005, 100–138. (92) C. Maise, Höhensiedlungen als Normalform hallstattzeitlicher Siedlungen? Beobachtungen aus dem Breisgau, Arch. Korrespondenzbl. 26, 1996, 65–73. (92a) J. Martens, Refuge – fortified settlement – central place? Three years of arch. investigations at the Borremose stronghold (1988–1991), an enclosed settlement from the Pre-Roman Iron Age of Himmerland, Ethnographisch-arch. Zeitschr. 36, 1994, 241–276. (93) L. Meynen (Hrsg.), Zentralität als Problem der ma. Stadtgeschichtsforsch., 1979. (94) G. Mildenberger, Germ. Burgen, 1978. (95) M. Mitterauer, Markt und Stadt im MA. Beitr. zur hist. Zentralitätsforsch., 1980. (96) S. Moździoch, Zentrale Orte im frühpiastischen Polen (Zusammenfassung), in: wie [40], 44–52. (97) M. Moran, San Vincenzo in the Making: The Discovery of an Early Medieval Production Site on the East Bank of the Volturno, in: [116], 249–263. (98) P. Mortensen, B. M. Rasmussen (Hrsg.), Fra Stamme til Stat i Danmark, 2. Høvdingssamfund og kongemagt, 1991. (98a) A. Müller-Karpe, A. W. Fuchs, Ein verborgener Zentralort der LTZ auf dem Heiligenberg bei Felsberg-Gensungen, Hessen Arch. 2005, 2006, 68–71. (99) M. Müller-Wille, Frühstädtische Zentren der WZ und ihr Hinterland. Die Beispiele Ribe, Hedeby und Reric, 2002. (100) Ders., Zw. Gudme und Reric. Frühgeschichtl. Zentralplätze Südskand. und benachbarter Gebiete, Bodendenkmalpflege in Mecklenburg-Vorpommern Jb. 51, 2003, 267–294. (101) Ders., Between Gudme and Reric: Protohistoric Central Places of Southern Scandinavia and Adjoining Territories, Quaestiones Medii Aevi Novae 10, 2005, 91–120. (102) B. Myhre, Chieftains' graves and chiefdom territories in south Norway in the Migration period, Stud. zur Sachsenforsch. 6, 1987, 167–187. (103) Ders., Borregravfeltet som historisk arena, Viking 66, 2003, 49–77. (104) U. Näsman, Från region till rike – från stam til stat, in: F. Krøger (Hrsg.), Riksamling: Kongemakt og Høvdingemakt, Karmøyseminaret 1996, 1997, 45–65 und Anm. 110–114. (105) Ders., The Ethnogenesis of the Danes and the Making of a Danish Kingdom, in: [20], 1–10. (106) Ders., Sydskand. samhällsstruktur i ljuset av merovingisk och anglosaksisk analogi eller i vad är det som centralplatserna är centrala?, in: [80], 1–26. (107) Ders., Exchange and Politics: The Eighth – Early Ninth Century in Denmark, in: [43], 35–68. (108) Ders., Power and landscape i Viking Age Denmark, in: Beretning fra nittende tværfaglige Vikingesymp. Århus, 2000, 40–56. (109) J. Newman, Exceptional Finds, Exceptional Sites? Barham and Coddenham, Suffolk, in: [116], 97–109. (110) H. Nielsen, Et regionalt rigdomscenter i Sydvestsjælland, in: wie [12], 55–70. (111) T. Nilsson, Stentinget. En indlandsbebyggelse med handel og håndværk fra yngre jernalder og vikingetid. En foreløbig meddelelse, Kuml 1990 (1992), 119–132. (112) S. Norr, Royal minors and minor royalty: Dynastic politics in mid-1st millenium Eastern Central Sweden, in: [3], 41–45. (113) B. Palmer, The Hinterlands of Three Southern English *Emporia*: Some Common Themes, in: [116], 48–60. (114) V. J. Pedersen, Stormandspryd, Skalk 2006, Nr. 2, 5–11. (115) N. Pestell, The Afterlife of ‚Producticè Sites in East Anglia, in: [116], 122–137. (116) N. Pestell, K. Ulmschneider (Hrsg.), Markets in Early Medieval Europe. Trading and „Productive" Sites, 650–850, 2003. (117) J. Petrasch, Zentrale Orte in der Bandkeramik?, in: Arch. Perspektiven (Festschr. J. Lüning), 2003, 505–513. (118) W. Pohl, *Germania*, Herrschaftssitze ö. des Rheins und n. der Donau, in: G. Ripoll, J. M. Gurt (Hrsg.), *Sedes regiae* (ann. 400–800), 2000, 305–317. (119) Ders., The *Regia* and the *Hring* – Barbarian Places of Power, in: [65], 439–466. (120) A. Rettner, Von Regensburg nach Augsburg und zurück – Zur Frage des Herrschaftsmittelpunkts im frühma. Bayern, in: [53] 1, 538–545. (121) E. Roesdahl, Harald Blauzahn – ein dän. Wikingerkg. aus arch. Sicht, in: [53], 95–108. (122) N. Roymans, Ethnic Identity and Imperial Power. The Batavians in the Early Roman Empire, 2004. (123) Runesten, magt og mindesmærker, Hikuin 32, 2005. (124) V. Salač, Zentralorte und Fernkontakte, in: A. Lang, Ders. (Hrsg.), Fernkontakte in der EZ. Konferenz Liblice 2000, 2002, 20–46. (124a) J. Scheschkewitz, Ein Zentrum an der Huntemündung, Arch. in Niedersachsen 9, 2006, 104–107. (125) P. Schöller (Hrsg.), Zentralitätsforsch., 1972. (126) F. Schwind, Zu karolingerzeitlichen Klöstern als Wirtschaftsorganismen und Stätten handwerklicher Tätigkeit, in: Institutionen, Kultur und Ges. im MA (Festschr. J. Fleckenstein), 1984, 101–123. (127) C. Scull, Social Arch. and Anglo-Saxon Kingdom Origins, in: [20], 17–24. (128) Ders., Local and regional identities and processes of state formation in fifth- to seventh-century England: some arch. problems, in: [3], 121–125. (129) A. Skou Hansen, Centralpladser i romersk jernalder, Kuml 2003, 179–211. (130) B. Söderberg, Elite Rulership in Southeast Scand. c. 350–1100 A.D. – A case study, in: [51] 1, 566–572. (131) Ders. (Hrsg.), Järrestad. Huvudgård i centralbygd, 2003. (132) S. A. Sørensen, Hørup – a specialised workshop site from Roman Iron Age and Early Migration Period on Zealand, Journ. of Danish Arch. 14, 2006, 169–178. (133) Ders., Metal detector finds from Lærkefryd, Zealand. Votive offerings from the Late Roman Iron Age – Viking period, ebd. 179–186. (134) B. Solberg, Courtyard Sites north of the Polar Circle. Reflections of Power in the Late Roman and Migration Period, in: B. Hårdh u. a. (Hrsg.), Central Places in the Migration and Merovingian Periods. Papers from the 52nd Sachsensym., Uppåkrastudier 6, 2002, 219–230. (135) G. Stamsø Munch u. a. (Hrsg.), Borg in Lofoten. A chieftain's farm in North Norway, 2003. (136) L. F. Stenvik, Skei – et maktcenter fram fra skyggen. Vitark. Acta Arch. Nidrosiensia 2, 2001. (137) H. Steuer, The hierarchy of Alamannic settlements in the former Limes region of southwestern Germany to AD 500, Journ. of European Arch. 2, 1994, 82–96. (138) Ders., Herrschaft von der Höhe, in: Die Alam. Ausstellungskat., 1997, 149–162. (139) Ders., Handel und Wirtschaft in der KaZ, in: Ch. Stiegemann, M. Wemhoff (Hrsg.), 799. Kunst und Kultur der KaZ. Karl der Große und Papst Leo III. in Paderborn. Ausstellungskat., 1999, 406–416. (140) Ders., Das Netz der Siedlungen im Breisgau vom Altert. bis zum Hoch-MA – Karten zur Besiedlung des Oberrheingebietes, in: [51], 150–162. (141) Ders., The Beginnings of Urban Economies among the Saxons, in: D. G. Green, F. Siegmund (Hrsg.), The Continental Saxons from the Migration Period to the Tenth Century: An Ethnographic Perspective, 2003, 159–181, Diskussion 181–192. (142) Ders., Die Ostsee als Kernraum des 10. Jh.s und ihre Peripherien, Siedlungsforschung. Arch. – Gesch. – Geogr. 22, 2004, 59–88. (143) Ders., Die Alamannia und die alam. Besiedlung des rechtsrhein. Hinterlandes, in: Imperium Romanum. Römer, Christen, Alam. Die Spätant. am Oberrhein, 2005, 26–41. (144) B. Stjernquist, Offerplatsen och samhällsstrukturen, in: [44], 3–28. (145) I. Storli, „Barbarians" of the North: Reflections on the establishment of courtyard sites in north Norway, Norwegian Arch. Rev. 33, 2000, 81–102. (146) F.-A. Stylegar, O. Grimm, Das südnorw. Spangereid – Ein Beitr. zur Diskussion arch. Zentralplätze und norw. ringförmiger Anlagen, Offa 59/60, 2002/2003 (2005), 81–124. (147) C. Swift, Forts and fields: a study of ‚monastic towns' in seventh and eighth century Ireland, The Journ. of Irish Arch. 9, 1998, 105–125. (148) F. Theuws, Landed property and manorial organisation in Northern Austrasia: some considerations and a case study, in: Ders., N. Roymans (Hrsg.), Images of the Past. Studies on ancient societies in northwestern Europe, 1991, 299–407. (149) H. Thrane, Centres of Wealth in Northern Europe, in: K. Kristiansen, J. Jensen (Hrsg.), Europe in the First Millenium B. C., 1994, 95–110. (149a) Ders., Diachronic Settlement Studies in the South Scandinavian Lowland Zone – the Danish Experience, in: Ders. (Hrsg.), Diachronic Settlement Studies in the Metal Ages, 2003, 13–27. (150) L. Thunmark-Nylén, Visby – ett pussel med gamla och nya pusselbitar, Fornvännen 99, 2004, 285–297. (151) T. L. Thurston, Landscapes of Power, Landscapes of Conflict: State Formation in the South Scandinavian Iron Age, 2000. (152) C. Tulp,

Tjitsma, Wijnaldum: An Early Medieval Production Site in the Netherlands, in: [116], 221–233. (153) K. Ulmschneider, The study of Early Medieval markets: are we rewriting the economic history of Middle Anglo-Saxon England?, Stud. zur Sachsenforsch. 15, 2005, 517–531. (154) J. Ulriksen, Danish Sites and settlements with maritime Context, AD 200–1200, Antiquity 68, 1994, 797–811. (155) Ders., Anløbpladser. Besejlning og bebyggelse i Danmark mellem 200 og 1100 e. kr., 1998. (155a) Ders., Vester Egesborg – a coastal settlement from the Late Iron Age on Zealand, Journ. of Danish Arch. 14, 2006, 187–199. (156) H. Wagner, Die latènezeitliche Siedlung Zarten (*Tarodunum*) und die Besiedlung des Zartener Beckens, Germania 79, 2001, 1–20. (157) E. Wamers, The 9th century Danish-Norwegian conflict. Maritime warfare and state formation, in: A. Nørgård Jørgensen u. a. (Hrsg.), Maritime Warfare in Northern Europe. Technology, organisation, logistics and administration 500 BC – 1550 AD, 2002, 237–248. (158) M. Watt, Detector sites and settlement arch. on Bornholm. A survey of „productive sites" from Iron Age and the Viking Age 1996–1999, Journ. of Danish Arch. 14, 2006, 139–167. (159) C. Westerdahl, The cognitive landscape of naval warfare and defence. Toponymic and arch. aspects, in: wie [157], 169–190. (160) Ders., F.-A. Stylegar, Husebyene i Norden, Viking 67, 2004, 101–138. (161) F. Wilschewski, Die karol. Domburgen in NW-Deutschland und die ältesten dän. Bf.ssitze. Eine vergl. Darst., Offa 56, 1999 (2000), 481–493. (161a) Ders., Die karol. Bf.ssitze des sächs. Stammesgebietes bis 1200, 2007. (162) A. Zimmermann, Die ersten Bauern. Bandkeramik, in: wie [22], 135–138. (163) Ders. u. a., Landschaftsarch. II – Überlegungen zu Prinzipien einer Landschaftsarch., Ber. RGK 85, 2004 (2005), 37–95.

H. Steuer

Zum Namenkundlichen in Skand. → Zentralorte, Bd. 34

Ziegel

Archäologisch – a. Herleitung, Vermittlung, Technik und Organisation der Z.-Herstellung – b. Bauverwendung in den germ. Prov. des Röm. Reiches – c. Z.-Stempel und Marken, Typol. und Chron.

Archäologisch. a. Herleitung, Vermittlung, Technik und Organisation der Z.-Herstellung. Z., also keramische Kunststeine, finden in den Großbauten der altorientalischen Kulturen in großem Umfang Verwendung. Der Übergang vom luftgetrockneten Lehm-Z. als universalem Baustein zum gebrannten Z. mit vielfältiger Differenzierung von Form, Oberflächengestaltung und Bauverwendung geschieht im gesamten Mittelmeerraum und im Orient in den jeweiligen Kulturregionen zu unterschiedlichen Zeiten. Der Lehmziegelbau behält jedoch gerade im ländlichen Bereich und für einfache private Architekturen immer Bedeutung. Das Formen- und Konstruktionsrepertoire für Baukeramik, das im 1. Jh. v. Chr. im hellenistisch-röm. Bereich ausgebildet war, wird beim Ausgreifen des röm. Reiches auf das Gebiet n. der Alpen als Teil röm. Technikkultur in diesem Gebiet erstmals verbreitet. Träger des Transfers sind die röm. Armee und die im Anschluß der Okkupationsphase installierte Militär- und Zivilverwaltung der Heeresbez. am Rhein und der daraus entstehenden röm. Prov. Im Kontakt mit kelt. und germ. Kulturtraditionen werden Z. nach Verbreitung und Baukontexten im gesamten gallorröm. Bereich, innerhalb des Provinzgebietes an Rhein und oberer Donau und in einzelnen Fällen sogar außerhalb des Reichsgebietes zu gewöhnlichem Baumaterial.

Die Herstellung von Lehm-Z.n, die lediglich an der Luft getrocknet werden, ist seit dem Aufkommen von Architektur überhaupt, immer gleich und lediglich von den anstehenden Erden abhängig. Es ergeben sich lokale Rezepturen für die Grundmasse aus Lehm und Ton sowie Sanden und Kiesen oder aus Flußschlamm. Der Rohstoff wird durch Zusetzen von Wasser bildsam. Setzt sich die Masse aus mehreren Komponenten zusammen, werden diese je nach Qualitätsabsicht homogenisiert. Eine Magerung erfolgt durch Beimengen von Stroh, Häcksel, Spreu, Schilf oder Mist sowie Zuschlägen von Steinen, Muscheln oder Keramikscherben. Die Formgebung der ganz unterschiedlich dimensionierten

Lehm-Z. geschieht frei oder in Holzrahmen. Gerade bei großen Lehmziegelformaten wird durch langhalmige Strohmagerung die Formstabilität und Bruchfeste erhöht. Das vollständige Durchtrocknen der Lehm-Z. ist vor dem Transport zum Verbauungsort wichtig. Je nach Witterung sind deshalb lange Liegezeiten und sogar Regenschutzdächer vonnöten.

Das Brennen der Z. kann im Meilerbrand oder Ofenbrand erfolgen. Die lederhart getrockneten Z.-Rohlinge werden beim Meilerbrand so aufgesetzt, daß beim Feuern eine Kaminwirkung erzielt wird. Als Brennmaterial wird Holz verwendet. Der arch. Nachweis von Meilerplätzen (→ Meiler) ist schwierig, weil lediglich die Bodenfläche des Brandplatzes durch Hitzeeinwirkung verziegelt. Feste bauliche Einrichtungen für den Z.-Brand ermöglichen es den Brennverlauf besser zu kontrollieren und zu steuern. Die Z.-Brennöfen sind größer dimensioniert als Töpferöfen, entsprechen diesen aber vom Konstruktionsprinzip (→ Töpferei und Töpferscheibe). Auf einer stabilen Schürkanalkonstruktion sitzt der eigtl. Brennraum mit Lochtennenboden auf, der nach Einsetzen des Brenngutes für den Brand abgedeckt wird. Feste Kuppelkonstruktionen mit bloßen Einsetzöffnungen sind bei röm. Z.-Öfen nicht üblich. Die Standortfaktoren für Ziegeleiareale sind das Vorkommen von Roh- und Zuschlagstoffen, Wasser, Brennmaterial sowie die Verkehrsanbindung.

Die Organisation der röm. Z.-Produktion an Rhein und oberer Donau läßt sich aufgrund der Qu.lage nur schwer fassen; sie weicht aber grundsätzlich von den Verhältnissen in Italien ab. Speziell in Rom und seinem Umland bestehen Großziegeleien im Besitz senatorischer Familien und der Ks. (5; 18). Die Kenntnisse der differenzierten Organisation dieser ital. Ziegeleien kann ebensowenig auf die germ. Prov. übertragen werden, wie jene über das ebenfalls sehr detailliert erforschte spätant. Ziegeleiwesen in Byzanz (2).

Neben dem Bedarfsbrand im ländlichen Gebiet, der im Rahmen landwirtschaftl. Eigenversorgung erfolgt sein dürfte, gibt es Ziegeleibetriebe, die den regionalen Baubedarf decken. Diese sog. privaten Figlinen sind arch. vornehmlich in der Spätant. durch Herstellerstempel auf den Z.n zu fassen. Die Herstellung von Z.n für öffentliche Baumaßnahmen obliegt spezialisierten Abt. der in der jeweiligen Prov. stationierten Militäreinheiten. Ein Weihealtar, den ein Soldat der 22. Legion im J. 220 n. Chr. für Mars stiftet, überliefert die milit. Funktionsbezeichnung für den leitenden Fachmann einer Heeresziegelei. Der *custos* Severus aus der Mainzer Inschr. dürfte im *castellum figlinarum* (vermutlich der Heeresziegelei von Groß-Krotzenburg) als Spezialist für Ziegeleitechnik mit der technischen Durchführung von Rohstoffprospektion, Tonabbau und Tonaufbereitung, Massenbildung und -homogenisierung, Ziegelstreichen, Trocknen der Rohlinge, Stempeln der Z., Ofenbau und -wartung, Beschaffung von Brennmaterial, Einsetzen des Brenngutes in den Ofen und Ziegelbrennen betraut gewesen sein (8). Ausführliche Stempelformulare erhellen die Kommandostrukturen der zum Ziegelstreichen abkommandierten Abt. (9).

b. Bauverwendung in den germ. Prov. des Röm. Reiches. Dach-Z. Für röm. Dacheindeckungen (12; 16) werden rechteckig und plan geformte Dachplatten (Abb. 122) verwendet, deren Langseiten zu 2–3 cm hohen Leisten hochgezogen sind. Die lat. Bezeichnung dieser Leisten-Z. ist *tegula*. Die Abmessungen der Dachplatten variieren im Rheingebiet von 60 × 45 cm um die Mitte des 1. Jh.s n. Chr. bis 40,5 × 32 cm im 4. Jh. n. Chr. (10). Schuppenartige Überlappung wird durch schräg ausgeschnittene rückseitige Ausnehmungen an den unteren Ecken und damit korrespondierendes

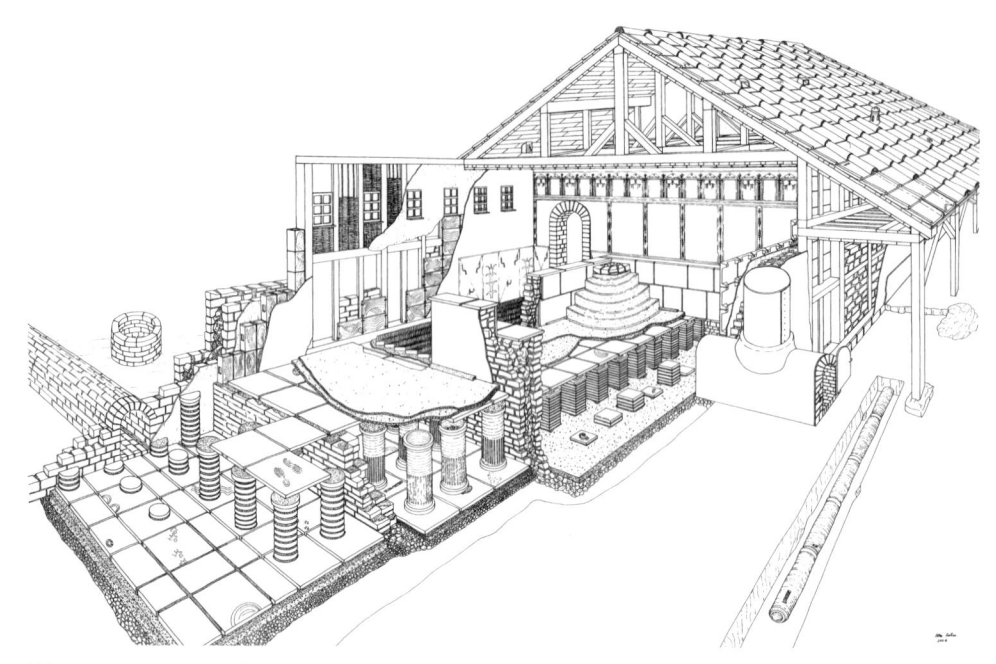

Abb. 122. Röm. Dacheindeckung mit rechteckig und plan geformten Dachplatten. Zeichnung E. Tietze. Copyright J. Dolata, Arch. Denkmalpflege Rheinland Pfalz, Amt Mainz

Überkragen des oberen Plattenabschlusses über die Leisten erreicht.

Wölbziegel, auch als Hohlziegel bezeichnet, ergänzen diesen Dachplattenbelag. Die lat. Bezeichnung *imbrex* wird von Vitruv nicht verwendet, der Dach-Z. einheitlich als *tegula* bezeichnet. Die Stoßfugen zweier nebeneinander angeordneter Dachplatten werden im Deckverband überwölbt. Die Größen und Proportionen der Wölbziegel orientieren sich an den zusammen verwendeten Dachplatten. Sehr große und bes. breit überdeckende Wölbziegel finden als First-Z. Verwendung.

Dach-Z. liegen auf den Sparren oder Schalungen der flach geneigten röm. Dächer, nur durch ihr Eigengewicht beschwert, auf. Haftbettungen in Lehm sind möglich. Die Wölbziegel sind mit kleinen Mörtelbatzen an den Übergangsstellen fixiert. In diesen Kalkmörtelstücken haben sich charakteristische Abdrücke der Z. erhalten. Die Dachplatten der obersten First-reihe eines Daches sind, soweit einige wenige Grabungsbefunde das feststellen lassen, häufig durchbohrt und mit eisernen Nägeln an den Sparren des Tragewerkes bzw. der Schalung befestigt (Zum Fortbestand dieser Bauweise vgl. → First). Die Lochung erfolgt dabei nicht vor dem Brand, sondern erst bauseitig. Vielleicht sind auch die Ortgang-Z. und Überstände, z. B. an der Traufe, derart fixiert. In der *Lex Puteolana* (20), einem Bauvertrag aus dem J. 105 v. Chr., ist die Bauausführung eines kleinen Pultdaches beschrieben: zweimal drei Reihen von Dachplatten sind ohne Haftmörtel auf hölzerner Schalung zu verlegen und die jeweils untere Reihe ist durch Nagelung zu sichern.

Sonderfabrikate von Dachplatten mit kreisförmigen oder rechteckigen Einschnitten finden als Lüftungs-Z. und als Rauchauslaß Verwendung. Schornsteinaufsätze, auch als Lichterhäuschen bezeichnet, werden zuweilen wie Architekturmodelle gestaltet. Aus Modeln gepreßte Zier-Z. mit Farbfassung verschließen manchmal die vorderen Öffnungen der gewölbten Deckziegel und verzieren so exponierte Stellen eines Daches, z. B. als Abschluß der Firstwölbziegelreihe oder die Traufseiten. Stirn-Z., lat. *antefixa,* und Wölbziegel sind dabei als ein Werkstück gefertigt; n. der Alpen sind es seltene Funde. Die Vermutung besteht, daß sie nur an Heiligtümern angebracht sind und kultischen Charakter haben.

Mauer-Z. und Hypokausten. Z.-Platten (17) für ganz unterschiedliche Bauverwendungen werden lat. als *later* bezeichnet. Quadratische, manchmal rechteckige, selten runde und halbrunde Z.-Platten finden seit dem 1. Jh. v. Chr. v. a. in den Fußbodenheizungen, den sog. Hypokausten röm. Gebäude Verwendung (6; 7; 13). Rauchgase durchziehen dabei ausgehend von einer Feuerstelle, lat. *praefurnium,* einen von Z.-Pfeilern getragenen doppelten Fußboden. Über Kamine in den Raumecken zieht der Rauch zum Schornstein auf dem Dach des Hauses. Die bodentragenden Pfeiler sind aus kleinen übereinandergeschichteten und lehmgebundenen Platten konstruiert; jeweils vier Pfeilern liegen größere Kapitellplatten und diesen wiederum die Unterbodenplatten, lat. *suspensura,* auf. Ein Estrich, manchmal auch Parkett-Z. oder sogar Schmuckmosaike bilden den Laufboden. Die quadratischen Platten-Z. orientieren sich in ihrer Abmessung am röm. Längenmaß Fuß (*pes* = 29,6 cm). Daraus ergeben sich folgende lat. Bezeichnungen und Bauverwendungen: *later bessalis* (2/3 *pes*) und *later dodrans* (3/4 *pes*) für die Hypokaustpfeiler, *later pedalis* (1 *pes*) und *later sesquipedalis* (1 ½ *pes*) für die Kapitellplatten sowie *later bipedalis* (2 *pedes*) für die Suspensuraplatten. Aus den tatsächlichen gängigen Maßen der Platten-Z. wird ersichtlich, daß die Nennmaße sich auf den Streichrahmen beziehen; durch Brennschwund und Varietät der Tonmassen sind die Z. kleiner.

Mauerwerk, das vollständig aus Backsteinen konstruiert ist, ist aus Rom und anderen Städten in Italien wohl bekannt und kommt auch bei den spätant. Bauten der Trierer Kaiserresidenz (→ Trier § 1 f.) vor, in der Rheinzone und auch am obergerm. Limes kommt es jedoch nicht vor. Bei großen Gußbetonbauwerken, lat. *opus caementicium,* finden Platten-Z. als sog. Durchschußlagen Verwendung, z. B. beim Mainzer Bühnentheater. Als Sonderform findet ein keilförmiger Platten-Z., lat. *later cuneatus,* im Gewölbebau Verwendung. Je nach Baukontext variieren die Abmessungen beispielsweise für Tür- und Fensterstürze, Wand- und insbesondere Kellerwandnischen sowie Schürkanäle. Spezielle Wölbröhren, die als Stecksystem für die Tragewerke von Kuppeln und Tonnengewölben bei Großbauten in *opus caementicium* im Mittelmeerraum vorkommen, sind n. der Alpen nicht bekannt (19). Die Ausfachung von Fachwerkwänden und -decken erfolgt hauptsächlich mit ungebrannten Lehm-Z.n. Diese sind gegen Feuchte empfindlich und werden deshalb mit einer Schlämme oder Verputz überzogen, mindestens gegen Spritzwasser geschützt. Vollständige Mauerkonstruktionen aus ungebrannten Lehm-Z.n sind aus klimatischen Gründen n. der Alpen nur ausnahmsweise verwirklicht. Zumindest eine steinerne Fundamentierung als Schutz gegen Bodenfeuchte ist notwendig. Bereits die in diesem Gebiet singuläre großdimensionierte Mauer der → Heuneburg aus dem 6. Jh. v. Chr. mit einer 3 m mächtigen Lehmziegelkonstruktion sitzt, ganz wie bei den Stadtmauern großgriech. Städte, die als Vorbild dienten, auf einem Steinsockel auf. Aufgrund der vorherrschenden Witterungsverhältnisse sind solche originär mediterranen Konstruktionsarten n. der Alpen wegen der Schadanfälligkeit nicht weiter verbreitet.

Ebenfalls zu den Mauer-Z.n sind Wand- und Deckenbekleidplatten zu zählen (4). Manche Z.-Platten wiesen sog. Kammstrich auf. Die glattgestrichene Oberseite der Z. ist dabei vor dem Brand aufgerauht, so daß Verputz besser haftete. Diese speziellen Bekleid-Z., auch als Putzhaft-Z. bezeichnet, werden in Fachwerkbauten zur Stabilisierung der Malflächen an Wänden und Decken verwendet. Die Befestigung erfolgt mittels spezieller eiserner Nägel mit hakenförmigen Köpfen. Die Befestigungsstellen sind an den Platten bereits ausgespart. Die Abmessungen orientieren sich an den Ständer- und Rahmenabständen bzw. den Sparrenweiten, an denen sie befestigt sind. Es ist somit möglich, Rückschlüsse auf die n. der Alpen nicht erhaltenen hölzernen Decken- und Dachtragewerke zu nehmen. Regional begrenzt erfolgt in einzelnen Ziegeleien die Aufrauhung der frisch gestrichenen Bekleidplatten auch mittels spezieller Rollstempelwerkzeuge (1). Engobierte Bekleidplatten-Z. mit ornamentaler Bemalung sind als Produkte der Heeresziegelei von Frankfurt-Nied bekannt.

Weitere Z.-Typen. Spezielle Hohlziegel mit rechteckigen Querschnitten und in unterschiedlichen Dimensionen dienen als Abzugsrohre für die Rauchgase der Fußbodenheizungen. Sie werden in die Wand eingebaut und jeweils in den Raumecken angeordnet. Lat. werden sie als *tubulus* bezeichnet, verbreitet findet sich auch die Bezeichnung Heizkachel. In bes. aufwendig konstruierten Badeanlagen sind solche Hohlziegel auch zu ganzen Wandflächenheizungen ausgebaut. Diese sog. Tubulatur ermöglicht das Zirkulieren der Rauchgase in vertikalen Kanälen und durch regelmäßige Ausnehmungen an den Schmalseiten, die im Wandverbund korrespondieren, auch einen horizontalen Zug. Das Heizungskonzept beruht auf der vollkommenen Erwärmung des Baukörpers und Abstrahlung in den Raum. Gerade in Thermen wird das Kondensieren der Luftfeuchte an den Wänden und somit möglicher Schaden für Dekorationen und Baukonstruktion abgewendet. Die Oberseiten des *tubulus* sind für den Wandeinbau vorbereitet und vor dem Brand mit sog. Kammstrich aufgerauht, so daß Putz besser haftet. Auch gibt es die Var. eines halbierten *tubulus,* also einer Wandbekleidplatte mit Wandabstandhaltern in allen vier Ecken. Diese werden als Haken- oder Warzenziegel bezeichnet. Z. T. sehr groß dimensionierte Ex. sind auch im Gebiet n. der Alpen bekannt. In der Bauverwendung ähnlich, gibt es eine weitere Var., bei der gewöhnliche Bekleidziegelplatten mittels loser keramischer Wandabstandshalter, die jeweils an den entspr. Befestigungsaussparungen aufgesetzt werden und mit bes. langen Nägeln an den Wänden befestigt sind, ebenfalls eine Wandtubulatur ergeben.

Normierte Muffenrohre für Wasserleitungen (→ Wasserversorgung) gibt es in unterschiedlichen Kalibern: die großen Frischwasserstränge, die ausgehend vom Wasserspeicher am Endpunkt z. B. des Mainzer Aquäduktes Frischwasser für das Legionslager auf dem Kästrich, dessen große Thermen und auch die Zivilsiedlung in der Unterstadt lieferten, sind 55–60 cm lg., weisen eine lichte Weite von 17 cm auf und erreichen ein Trockengewicht von 25–27 kg. Sie sind auf der Töpferscheibe gedreht. Lat. wird das Rohr als *tubus* bezeichnet. Neben Leitungen für die Trink- und Brauchwasserversorgung finden Rohre auch in der Abwassertechnik Anwendung. Röm. Tonrohre kleinerer Dimension lassen sich formal nicht von baugleichen Rohren jüng. Epochen unterscheiden.

Ganz ähnlich den Rohren sind die überaus seltenen Hypokaustsäulen auf der Töpferscheibe gedreht. Dies ist eine Konstruktionsvar. zu den aus Einzelplatten aufgemauerten Pfeilern der Fußbodenheizung. Ebenfalls selten sind Radialziegel, die als Brunnensteine verwendet werden.

Für stabile Schmuckfußböden wurden kleine rechteckige Z.-Steine, sog. Parkett-Z., lat. *spica testacea,* im Fischgrätverband oder Ährenmuster verlegt. Diese Form des Fußbodenbelages wird von Vitruv beschrieben und kommt auch n. der Alpen im Zusammenhang von Bauwerken mit größer dimensionierten Hypokausten vor. Seltener sind Schmuckfußboden-Z. polygonaler Form, die im Verlegeverband ornamentalen → Mosaiken ähnlich sind.

Kleingeschlagene Z., also Z.-Splitt als Beimengung zu Kalkmörteln ist von röm. Bauhandwerkern zu sehr stabilen Fußbodenbelägen, lat. *opus signinum,* verarbeitet worden. Es handelt sich um Sonderformen des röm. Gußkalkmörtels, lat. *opus caementicium.* Mittels verschiedener Rezepturen können sowohl Aussehen als auch Härte und Strapazierfähigkeit dieser Estriche variiert werden; hochdichte Feinestriche werden in Thermen zur Abdichtung der Wannenbäder oder im Wasserleitungsbau für Kanäle, Becken und Speicherbauten verwendet.

c. Z.-Stempel und Marken, Typol. und Chron. Herstellermarken in Form von Stempeln sind häufig vor dem Brand in die noch weichen Z. eingedrückt worden. Nicht die geschnitzten hölzernen Stempelwerkzeuge (→ Stempel), sondern die Abdrücke auf den Z.n werden allg. als Z.-Stempel bezeichnet. Bei der Beschreibung von Z.-Stempeln wird formal nach epigraphischen Elementen, also den Inschr. samt aller Besonderheiten, und den Kartuschengestaltungen, also der äußeren Stempelfeldbegrenzung und Zierelementen unterschieden. Neben schlichten Feldformen, wie Rechtecken, Kreisen, Hufeisen und S-förmigen Feldern, kommen z. T. graphisch aufwendige Bildfelder wie *tabulae ansatae,* Blätter, Schuhsohlen und Delphine vor. Manche Stempel sind regelrechte Bildstempel, beispielsweise mit Löwe, Adler oder Capricornus/Steinbock (Taf. 22b), Blitzbündeln, Zweigen oder Schiffen. Bei diesen Stempelmotiven liegt die Vermutung nahe, daß es sich um Feldzeichen der jeweiligen Einheiten handelt (Taf. 22). Die Texte der Z.-Stempel folgen stets gleichen Formularen und werden deshalb allg. als besitzanzeigende Genitive aufgefaßt. Abkürzungen und Zusammenziehungen von Buchstaben, sog. Ligaturen, kommen häufig vor. Nicht immer sind die Beinamen und jeweils aktuellen Ehrennamen der Legionen vollzählig angeführt. Bes. aus dem Nichtvorhandensein der Ehrennamen können deshalb keine chron. Schlüsse gezogen werden.

Eine einfache, in jedem Fall zutreffende Erklärung für die über Jh. beibehaltene Sitte Z. mit Herstellermarken zu stempeln, kann nicht gegeben werden. Für Markierungen im Produktionsablauf, Zählmarken für Abrechnung, Ofenbeschickung oder zur Auftragsidentifizierung sind die Z.-Stempel zu vielfältig; Graffiti, Wisch- und Ritzmarken erfüllen diese Zwecke hinreichend und besser. Privatwirtschaftl. organisierte Ziegeleien könnten mit dem Firmennamen auf dem Produkt geworben haben. Bei Z.n, die durch Truppenkörper (z. B. Legionen; vgl. z. B. → Hofheim; → Horburg; → Kaiseraugst; → Oberleiserberg; → Quadriburgium; → Valkenburg), quasi staatlich hergestellt waren, entfällt dieser Hintergrund: sie hatten keinen Markt, es sei denn einen schwarzen. Zur Kennzeichnung von Staatseigentum könnten die Z.-Stempel durchaus gedient haben. Jedoch nicht bloß um Abzweigungen und Zweckentfremdung abzuwenden, sondern vermutlich im Zusammenhang der Zoll- und Tributerhebung (→ Zoll und Zollstellen). Jedwedes Fiskalgut war zollfrei. Z. sind in der Regel nicht über Provinzgrenzen und Zollbez. hinweg beschafft worden und über Binnenzollareale und die Organisation öffentlicher Häfen und Stapelplätze ist bislang wenig bekannt. Milit. Z.-Stempel sind dieser Hypothese nach als Zollfrei-Deklarationen zu bewerten. Waren die Z. erst einmal verbaut, hatten die Z.-Stempel am Bauwerk keine Funktion mehr. Als Bauinschr. dienen sie, von Mörtel verdeckt oder auf den Dächern einer Betrachtung entzogen, bestimmt nicht.

Doppelte und mehrfache Abdrücke desselben Stempels (Abb. 123) werden als Zählmarkierung für den Leistungsnachweis der Ziegelstreicher oder für die Ofenbeschickung von Bedeutung gewesen sein. Finden unterschiedliche Stempel bei der Mehrfachstempelung Verwendung, dürfte eine zusätzliche Qualitäts- und Leistungskontrolle markiert sein.

Die meist bogen- oder hakenförmigen Wischmarkierungen (vgl. Abb. 123), die häufig nach dem Abstreichen auf den Oberseiten der Z. aufgebracht werden, sind als Arbeitssignaturen der Ziegelstreicher zu bewerten. Bei größeren Fundensembles von Z.n können Serien gleicher Wischmarken festgestellt werden.

Ebenfalls vor dem Brand werden manchmal Ritzmarken an den Schmalseiten von Dach-Z.n und Platten angebracht. Häufig sind es Zahlen zw. I und XV, die aufgrund der Anbringungsposition auch bei aufgestapelten Z.n, etwa im Zusammenhang der Ofenbefüllung, noch sichtbar sind. Diese Zählmarkierungen dokumentieren Produktionsabläufe und Betriebsorganisation der ant. Ziegeleien.

In den Ziegeleien liegen die Z. vor dem Brennen zum Trocknen auf dem Boden aus. Vor Erreichen des lederharten Zustandes haben sich manchmal zufällig oder auch absichtlich eingedrückte Spuren von Menschen (Fuß- und Sohlenspuren [vgl. Abb. 123]) und Tieren (Fährten von Hunden, Ziegen, Schafen, Vögeln und kleinen Nagern) eingetieft und sind dann beim Brand dauerhaft in der Z.-Oberfläche konserviert worden.

Ebenfalls vor dem Brand in die frisch gestrichenen Z. eingekratzte Beschriftungen (vgl. Abb. 123), als → Graffiti bezeichnet, überliefern meist Zahlen- und Datumsangaben, die mit der Ofenbeschickung und der Abrechnung der Z.-Produktion im Zu-

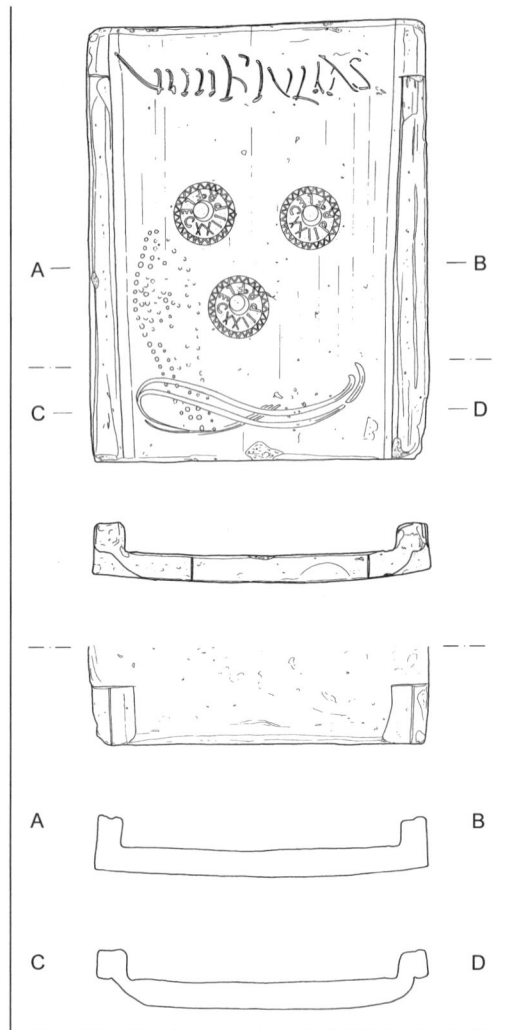

Abb. 123. Ziegelstempel der *legio XXII Primigenia Pia Fidelis*, aus Frankfurt-Nied, 2. Jh. n. Chr., sog. spätantoninische Gruppe, Zugmantel Typ L84. M. ca. 1:10

sammenhang stehen. Selten sind Inschr. ohne direkten Ziegeleikontext eingeritzt; bei diesen handelt es sich um Launen der Ziegeleiarbeiter, und der Vergleich mit den Inschr. auf Feierabend-Z.n späterer Zeit liegt nahe.

Baukeramik mit milit. Stempeln (Taf. 22) ist während der Stationierungszeit der jeweiligen Einheit hergestellt worden. Ganz selten kennen wir die genaue Errichtungszeit, Reparaturen und Umbauten von Bauwerken, in denen Z.-Stempel ausgegraben wurden. Mittels exakter Befundbeobachtungen und baugeschichtl. Forsch. ist es aber möglich, eine relative Abfolge des umfangreichen Z.-Stempelrepertoires der verschiedenen Truppenkörper und von ihnen betriebenen Ziegeleien festzulegen. Das hierzu methodisch anzuwendende Vorgehen ist es, aus der gleichzeitigen primären Bauverwendung verschiedener Stempeltypen Gruppen gleichzeitiger Z.-Stempel festzulegen und zeitlich einzugrenzen. In der Auswertungsabsicht unterscheiden sich deshalb Materialvorlagen gestempelter Z. einzelner Slg. oder FO von Bearbeitungen von Grabungsbefunden unter Berücksichtigung stratigr. und baugeschichtl. Verhältnisse. Naturwiss. und ingenieurtechnische Unters. sind seit einigen J. Teil der arch. Erforschung röm. Z. Durch Messungen der geochem. Zusammensetzung von Z.n können charakteristische Muster für die verschiedenen Ziegeleiorte aufgrund der jeweiligen Tonlagerstätten, produktspezifischer Herstellungstechniken und Werktraditionen nach den Produkten festgelegt werden (3; 11).

Die Stempelungssitte wird n. der Alpen um die Mitte des 1. Jh.s n. Chr. eingeführt und besteht mindestens bis zum Ende des 4. Jh.s n. Chr. fort (vgl. aber → Fürstengräber S. 201 f., Bestattung des langob. Hz.s Gisulf II. mit Namensritzung auf einem Z. der Abdeckung). Mit dem Schwinden röm. Verwaltungsstrukturen verliert sich die Markierung von Z.-Stempeln in diesem Gebiet. Erst im 11. Jh. sind für die Dacheindeckung des Hildesheimer Domes wieder Z.-Stempel mit Namensstempel bekannt, hier mit dem Namen des Bf.s Bernward (14). Ab dem 14. Jh. sind Z.-Stempel im n. mitteldt. Raum wieder verbreitet (15).

(1) D. Baatz, Verkleidungsziegel mit Rollstempelmustern aus S-Hessen, Saalburg-Jb. 44, 1988, 65–83. (2) J. Bardill, Brickstamps of Constantinople, 2004. (3) H.-G. Bartel u. a., Automatische Klassifikation in der Archäometrie. Berliner und Mainzer Arbeiten zu oberrhein. Ziegeleien in röm. Zeit, Berliner Beitr. zur Archäometrie 19, 2002, 31–62; 20, 2003, 201 f. (4) A. Bouet, Les matériaux de construction en terre cuite dans les thermes de la Gaule Narbonnaise, 1999. (5) Ch. Bruun (Hrsg.), Interpretare i bolli laterizi di Roma e della valle del Tevere: produzione, storia economica e topografica, Acta Instituti Romani Finlandiae 32, 2005, VII–X Bibliogr. (6) J.-M. Degbomont, Le chauffage par hypocauste dans l'habitat privé. De la place St-Lambert à Liège à l'Aula Palatina de Trèves, ²1984. (7) Degering, Heizung, in: RE I VII, 2646–2652. (8) J. Dolata, CVSTOS CASTELLI FIGLINARVM, Mainzer Arch. Zeitschr. 1, 1994, 67–72. (9) Ders., Kommandostruktur einer vexillatio von Z.-Streichern, Saalburg-Jb. 49, 1998, 93 f. (10) Ders., Eine sehr große Dachplatte mit Stempel der 30. Legion in Mainz. Zu Abmessungen von Dach-Z.n des 1. bis 4. Jh.s am n. Oberrhein, Arch. Korrespondenzbl. 34, 2004, 519–529. (11) Ders. u. a., Arch. und mathematisch-statistische Neuordnung der Orte röm. Baukeramikherstellung im n. Obergermanien, Xantener Ber. 13, 2000, 381–409. (12) F. Ebert, Tegula, in: RE II V, 120–123. (13) E. Fabricius, Hypocaustum, in: RE I IX, 333–336. (14) K. B. Kruse, Frühe Dach-Z. aus Hildesheim, in: Stud. zu Backsteinarchitektur 3, 2001, 134–141. (15) H. Rümelin, Z.-Stempel. Zur Bedeutung eines spätma. Details der Baustoffproduktion in der Altmark, in: Stud. zur Backsteinarchitektur 4, 2003, 129–177. (16) G. Rupprecht, Zur Z.-Eindeckung der röm. Palastvilla in Bad Kreuznach, Mainzer Zeitschr. 75, 1980, 227–229. (17) G. Spitzlberger, Die röm. Z.-Stempel im n. Teil der Prov. Raetien, Saalburg-Jb. 25, 1968, 65–184. (18) M. Steinby, Z.-Stempel von Rom und Umgebung, in: RE Suppl. XV, 1489–1531. (18) S. Storz, Tonröhren im ant. Gewölbebau, 1994. (19) Th. Wiegand, Die puteolanische Bauinschr. sachlich erläutert, Diss. Freiburg 1894 (= Jb. für Philol. Suppl. 20, 1894, 661–778).

J. Dolata

Zum Etym.; zum Philol. → Ziegel, Bd. 34

Zimmermannskunst

§ 1: Allgemein – § 2: Hausbau – § 3: Befestigungen – § 4: Brunnen – § 5: Technische Anlagen – § 6: Brücken und Wege – § 7: Grabkammern – § 8: Mobiliar – § 9: Boots- und Schiffbau – § 10: Wagen

§ 1. Allgemein. Die Errichtung von größeren Holzkonstruktionen ist Aufgabe des Zimmermanns; seine Tätigkeit gehört zu den holzverarbeitenden Gewerben (→ Handwerk und Handwerker), wobei Kunst eine zeitgenössische Bezeichnung für das Handwerk ist. Neben dem Bau von Ständer- und Fachwerkhäusern oblagen den Zimmerleuten im späten MA auch die Anfertigung von Dachstühlen (→ Dach) auf Steingebäuden, die Dachdeckung mit Holzschindeln sowie schließlich der Bau von Arbeits- und Stützgerüsten (8, 317). Die Ausdifferenzierung des holzverarbeitenden Gewerbes auf verschiedene Berufe stellt eine Entwicklung des späten MAs dar. Es verselbständigten sich Tischler oder Schreiner, die Teile der Inneneinrichtung und Mobiliar herstellten, die Anfertigung von Wagen, die → Böttcherei sowie die Arbeit des Drechslers (→ Drehbank und Drechslerei).

Zuvor hatte es bereits deutliche Spezialisierungen gegeben, ohne allerdings schon zu einer strikten Unterscheidung von ‚Berufen' geführt zu haben. Über lange Zeit kannte man Personen, die neben ihrer überwiegend landwirtschaftl. Betätigung auch bestimmte handwerkliche Aufgaben erfüllten (46, 15). Ein Haus, eine Befestigung, einen Brunnen, ein Boot oder einen Weg konnte jedermann bauen, wenn er dabei nicht auf sich allein gestellt war, sondern kundige Hilfe aus der Nachbarschaft in Anspruch nehmen konnte. Die Anfertigung hölzerner Geräte (→ Holz und Holzgeräte) und Gefäße (→ Holzgefäße) war unterschiedlich anspruchsvoll, ebenso die → Holzschnitzkunst. Als Bauholz wurde überwiegend → Eiche verwendet, regional aber wie beim Blockbau auch Nadelholz, während man für andere Zwecke eine Fülle jeweils spezifisch ausgewählter Baumarten nutzte (→ Ahorn; → Birke; → Buche; → Eibe; → Fichte; → Kiefer; → Tanne; → Weide).

Die wichtigsten Werkzeuge des Zimmermanns zur Holzbearbeitung waren verschiedene Formen von → Hobel, → Axt, → Säge, → Bohrer, → Feile, → Stemmeisen, → Messer und Schlegel (→ Hammer). Hinzu kommen weitere Geräte und Instrumente, die beim Bau größerer Holzkonstruktionen benötigt werden: Maßstab, Reißstift, Stechzirkel, Richtscheit, Richtschnur und Lot. Sog. Abbundzeichen oder -marken kennzeichneten bei der Z. zusammengehörige und miteinander zu verbindende Balken.

§ 2. Hausbau. Beim Hausbau ist eine Vielzahl konstruktiver Lösungen zu unterscheiden (→ Siedlungs-, Gehöft- und Hausformen; 2; 3; 12; 13; 15; 19–22; 28–31; 36; 37; 40; 41; 44; 45). Arch. haben sich meist nur jene Teile erhalten, die im Boden verankert waren oder zumindest auf diesem ruhten. Über Wand- und Dachkonstruktionen läßt sich nur selten Aufschluß gewinnen, etwa bei umgestürzten Wänden (4; 9). Infolgedessen stammen viele Detailkennt-

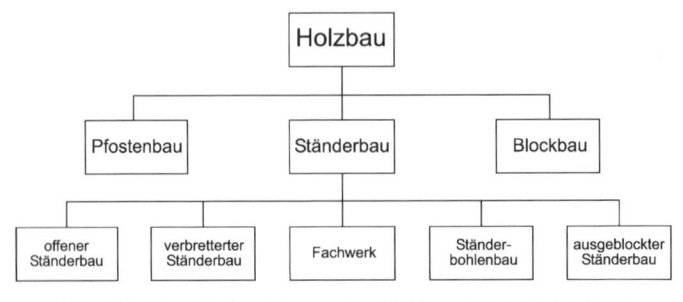

Abb. 124. Verschiedene Formen des Holzbaus. Nach Bedal (4,43)

nisse erst aus dem MA. Die Wahl der Hausformen und ihrer Bauweise hing von der Funktion (→ Wohn- und Wohnstallhaus; → Wirtschaftsgebäude; → Hütte), verfügbaren Baumaterialien, zimmermannstechnischen Fertigkeiten, der Umwelt, dem Baugrund, den sozialen Verhältnissen und kulturellen Traditionen ab (Abb. 124). Bauholz wurde meist frisch verarbeitet und erlaubt daher präzise dendrochron. Bestimmungen (→ Naturwissenschaftliche Methoden in der Archäologie § 4; 46).

Pfostenbauten sind arch. am besten bekannt, weil das Eingraben oder Einrammen der Pfosten diese Gebäude anhand charakteristischer Spuren bes. leicht zu identifizieren erlaubt. Durch diese Verankerung im Boden wird ein erheblicher Teil der Traglast aufgefangen. Deshalb müssen die Konstruktionen im aufgehenden Bereich nicht so aufwendig ausfallen wie bei nicht im Boden ‚wurzelnden' Konstruktionen; dennoch konnte es einer Verbindung der oberen Pfostenköpfe durch ein Rähm bedürfen, um die Dachlast aufzufangen. Bei weitem Innenraum und dem Verzicht auf (Unter-)Firstständer konnten außen angesetzte schräge Stützen zusätzlichen Halt geben, wie wikingerzeitliche Beispiele zeigen. Dem Vorteil der großen Festigkeit bei geringerem Bauaufwand steht die Anfälligkeit der Pfosten am Übergang zw. Erde und Luft nachteilig gegenüber, denn sie schränkt die Nutzungsdauer von Pfostenbauten erheblich ein. Daß es dennoch bis in das hohe MA dauerte, bis sich haltbarere Konstruktionen schließlich durchsetzten, obwohl man sie seit dem Neol. kannte, dürfte mehr mit kulturellen Traditionen und weniger mit technischen Fertigkeiten zusammenhängen (→ Pfosten- und Ständerbau). Eine Besonderheit stellten neol. und bronzezeitliche Pfahlbauten in → Seeufersiedlungen dar.

Ständerbauten sind die Antwort auf das Fäulnisproblem. Die nicht in den Boden reichenden Ständer ruhen auf Unterlegsteinen, oder sie werden auf waagerecht verlegte Schwellbalken gesetzt. In beiden Fällen werden – ebenso wie bei späteren Fachwerkhäusern – die aufgehenden Holzkonstruktionen durch lose verlegte Steine oder

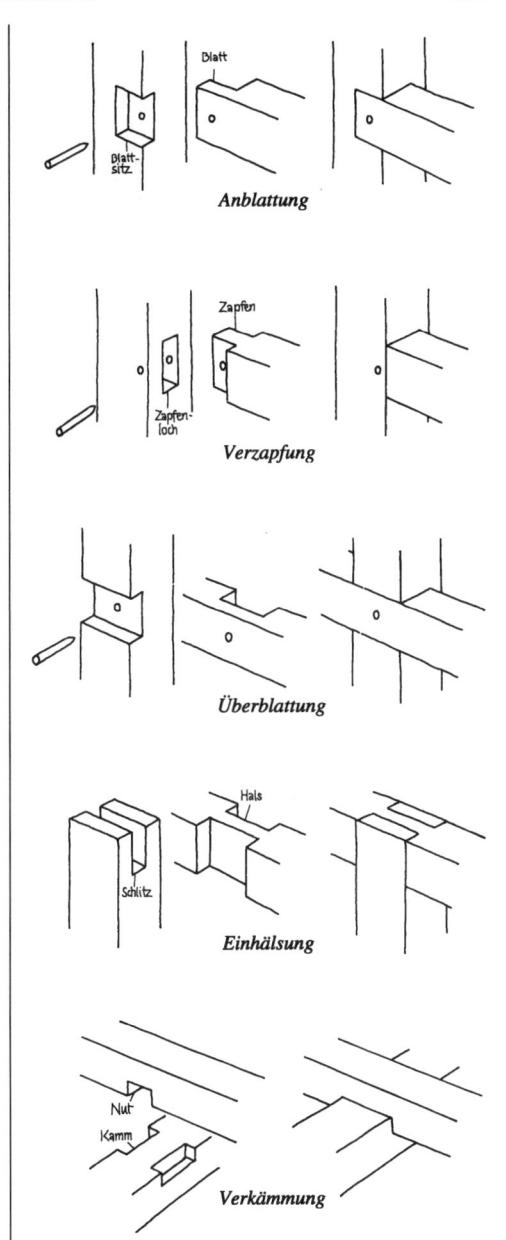

Abb. 125. Varianten der Holzverbindungen beim Ständerbau. Nach Bedal (4, 46 Taf. 9)

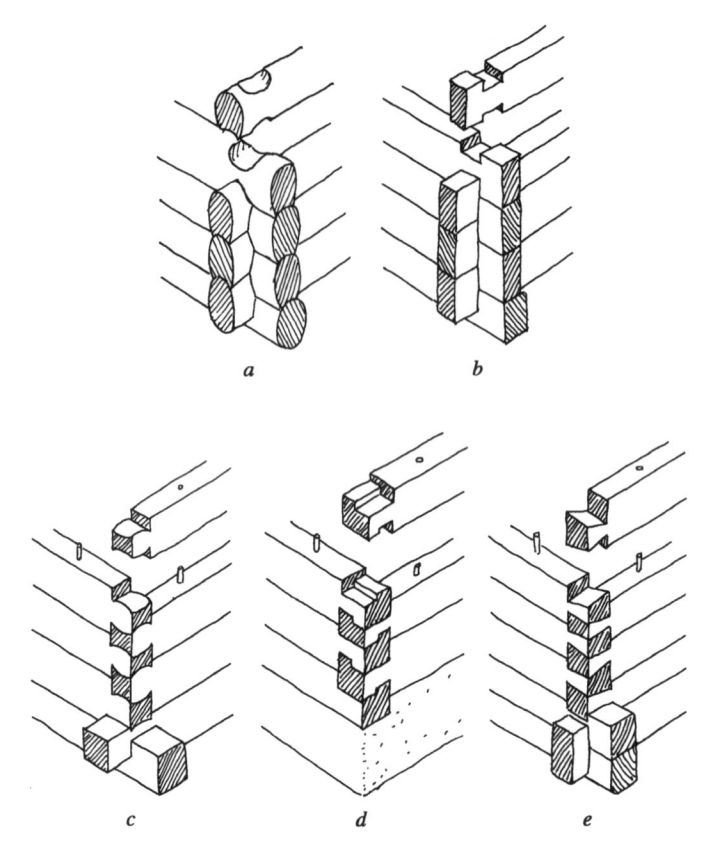

Abb. 126. Varianten der Eckverbindungen beim Blockbau. a. Überkämmung mit Vorstößen; b. gerade Überkämmung mit Vorstößen; c. geschwungener Schwalbenschwanzverband; d. Hakenblattverbindung; e. gerader Schwalbenschwanzverband. Nach Bedal (4, 69, Taf. 21)

durch Fundamente vom Boden getrennt. Da die Konstruktion in diesen Fällen keinen Halt mehr im Boden finden kann, ist Stabilität nur durch eine feste untere (Schwelle) und obere Verzimmerung zu erreichen (Abb. 125). An Wandkonstruktionen, Rähm und Dach werden daher besondere Ansprüche gestellt. Vorteilhaft war, daß das in sich haltende Gerüst abgestützt werden konnte, um schadhafte Teile auszubessern. Es lassen sich sogar ganze Gebäude wieder aufrichten oder versetzen, ohne sie auseinandernehmen zu müssen. Beim Geschoßbau reichen die Ständer von der Schwelle bis zur Traufe, beim Stockwerkbau überbrücken sie nur eine Etage.

Eine dritte Bauvar. ist der Blockbau (Abb. 126). Auch er verzichtet auf Pfosten im Boden und macht damit den arch. Nachweis schwierig. Festigkeit gewinnen diese Häuser durch die waagerecht verlegten Stämme oder Bohlen, die an den Enden überblattet, überkämmt oder auf andere Weise fest miteinander verbunden werden; daher ist keine weitere aufwendige Verzimmerung in Form von Rähm und Ständern notwendig. Voraussetzung für den Blockbau sind ausreichende Holzvorkommen und gerade gewachsene Stämme von Nadelhölzern (Kiefer, Fichte, Tanne), so daß sich Gebäude dieser Konstruktion v. a. in O-Europa (→Danzig; →Nowgorod; →Op-

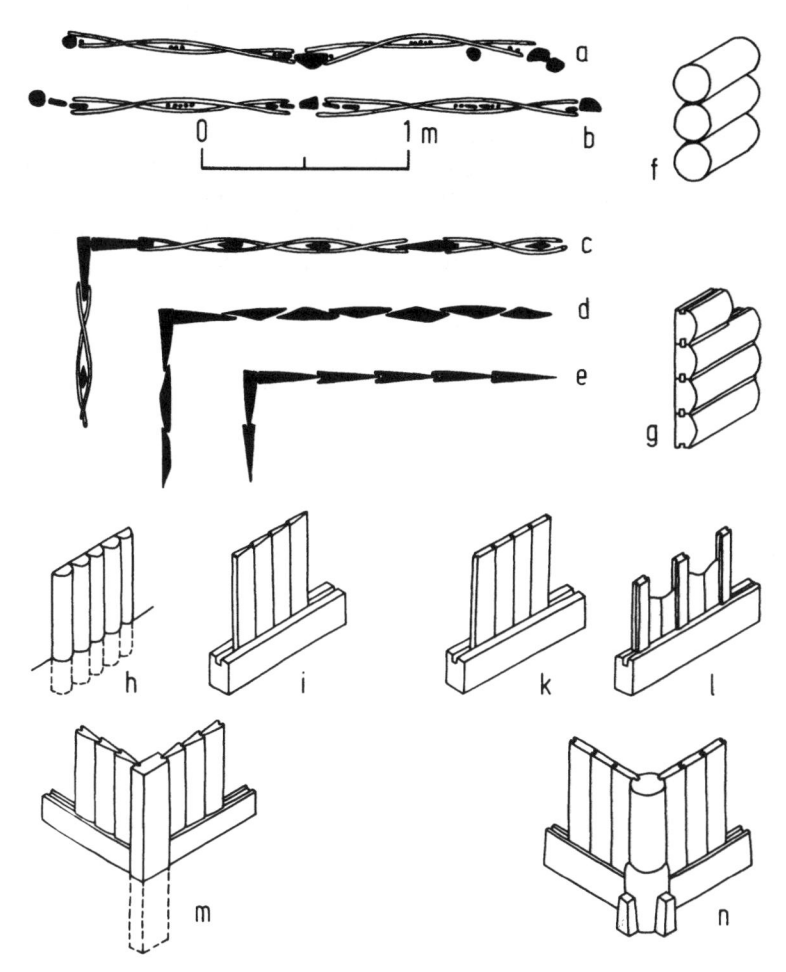

Abb. 127. Wandkonstruktionen. a. Flechtwand mit Pfosten; b. Flechtwand mit Pfosten und Spaltbohlen; c. Flechtwand mit Spaltbohlen; d. Spaltbohlenwand; e. genutete Spaltbohlenwand (Stabbau); f. Blockwand aus Stämmen; g. Blockwand aus Halbhölzern mit Feder; h. Palisadenwand; i. Stabwand mit Keilspundung; k. Stabwand mit Federspundung; l. Stabwand mit Zwischenstützen; m. Stabwand mit Keilspundung, Eckpfosten und Schwellriegel; n. Stabwand mit Federsprung, Eckständer und Schwellriegel. Nach Binding u. a. (9, 17 Abb. Z8)

peln; → Groß Raden) und in Skand. sowie in den Alpen (→ St. Moritz mit Taf. 6) und den Karpaten finden.

Auch bei den Wandkonstruktionen lassen sich unterschiedlich aufwendige Lösungen unterscheiden (Abb. 127). Neben einfachen, lehmverstrichenen Flechtwerkwänden oder in hölzerne Rahmen eingepaßten Gefachen (Fachwerk) finden sich verschiedene Holzkonstruktionen wie z. B. Stabbohlenwände aus senkrecht verbauten Brettern, die eine Rahmenkonstruktion voraussetzen (so z. B. bei den skand. Stabkirchen; 14), oder blockbauähnliche, d. h. aus waagerecht eingesetzten Bohlen bestehende Wände (Ständerbohlenbau). Konstruktionsdetails wie Türen, v. a. aber Verzapfungen, Verkämmungen, An- und Überblattungen, Einhälsungen und Verstrebungen des Rähms und der Bau des Dachs (Rofen, Sparren, Pfetten; → Dach; 7) sind nicht oft nachzuweisen. Gelingt dies aber, wird eine

Fülle konstruktiver Möglichkeiten und den Notwendigkeiten angemessenen Lösungen sichtbar, wie v. a. ma. Beispiele verdeutlichen (→ Bauarten; 4). Nur sehr selten werden Verzierungen der sichtbaren Balken – außen wie innen – faßbar, wofür das Beispiel eines rosettenverzierten Türpfostens von der → Feddersen Wierde, der Kirche von → Urnes oder der ‚Tempelhalle' von Groß Raden stehen mögen.

Dachkonstruktionen und Dachdeckungen sind nur sehr selten erhalten. Dennoch lassen sich aus Details der Pfostenkonstruktionen und -stellungen ebenso wie aus der Form erhaltener Balken wichtige Rückschlüsse auf die Prinzipien des Dachstuhlaufbaus gewinnen: Firstverlauf anhand der starken Firstpfosten, Zahl der Sparren anhand des Pfostenabstands, Dachneigung anhand von Wandresten.

Wie häufig Häuser repariert, erweitert und umgebaut wurden, läßt sich unter Feuchtbodenbedingungen ermitteln. Die Jahrringdaten aus neol. → Seeufersiedlungen ermöglichen es nicht nur, die Reihenfolge zu ermitteln, in der die einzelnen Häuser errichtet wurden. Sie zeigen auch, wie kurz die Abstände von Veränderungen und Reparaturen waren, die unablässig an den Gebäuden wie an Wegen und Befestigungen vorgenommen wurden (32).

§ 3. Befestigungen. Die Konstruktionen von Holz-Erde-Befestigungen (→ Befestigungen und Befestigungswesen; → Burg) besaßen deutliche Parallelen im Hausbau. Neben einfachen, keine zimmermannstechnischen Fertigkeiten erfordernden Rostkonstruktionen aus über Kreuz angeordneten, unbearbeiteten Hölzern gab es aufwendigere Formen. Dazu gehören der von Cäsar beschriebene und für Westeuropa arch. nachgewiesene → Murus Gallicus (z. B. in → Manching) ebenso wie gleichzeitige späteisenzeitliche Pfostenschlitzmauern (z. B. in → Kelheim), die v. a. aus dem mitteleurop. Raum bekannt geworden sind; in beiden Fällen handelte es sich um Steinmauern mit stabilisierenden Holzbalken. Reine Holzbauten stellten Kastenkonstruktionen dar, die hauptsächlich im früh- und hochma. Ostmitteleuropa entdeckt wurden (→ Behren-Lübchin; → Teterow; 25; 26); aber auch das → Danewerk weist die gleiche Technik auf. Die das Füllmaterial aus Erde und Steinen aufnehmenden Kästen waren oft sorgfältig verzimmert, um der Befestigung Halt zu geben. Bei anderen Anlagen hielten Ankerbalken die Holz-Erde-Befestigung zusammen. Des weiteren sind → Palisaden und Brustwehren anzuführen, die ebenso wie Torkonstruktionen unerläßlicher Bestandteil der Befestigungen waren (38).

§ 4. Brunnen. Die Vielfalt von Brunnenkonstruktionen ist groß. Sie reicht von einfachen, mit Flechtwerk ausgekleideten Schächten über Röhren- und Faßbrunnen sowie Kastenkonstruktionen bis hin zu steinernen Brunnenschächten (→ Brunnen). Zimmermannstechnisch sind bes. die Kastenbrunnen interessant. Sie besaßen einen etwa quadratischen Querschnitt. Konstruktiv lassen sich Formen mit einem fest verzimmerten Rahmen (auch in Blockbauweise) von anderen unterscheiden, die durch Eckpfosten stabilisiert wurden (5; 6; 27).

Aufwendige Brunnenkonstruktionen sind schon sehr früh belegt. Bereits Brunnen in Siedlungen der frühneol. Kultur mit Bandkeramik waren technisch aufwendig und – vom Rheinland bis nach Böhmen (Mohelnice, okr. Šumperk) und Niederösterr. (Asparn, Niederösterr., mit 1 m Seitenlg.) – anspruchsvoll errichtet worden. Dies belegen Befunde wie der ehemals etwa 15 m eingetiefte Brunnen von Erkelenz-Kückhofen im Rheinland, dessen Errichtung dendrochron. auf 5090 v. Chr. datiert ist; auf diesen mit 3 × 3 m sehr großen ersten Brunnen folgten zwei Erneuerungen – 5067 ± 5 v. Chr. und 5055 ± 5 v. Chr. – in kleineren Dimensionen (43). Gleichzeitig ist der auf 5098 v. Chr. datierte, allerdings weniger gut erhaltene Brunnen von Zwenkau bei Leipzig mit Ausmaßen von 0,9 × 0,9 m (39, 60).

§ 5. Technische Anlagen. V. a. Wassermühlen stellten komplexe Anlagen und Konstruktionen dar. Dazu gehörte zunächst die → Mühle selbst, die aus dem antreibenden Wasserrad, dem Getriebe zur Umsetzung und schließlich dem Mahlwerk bestand. Diese Elemente waren außerdem in einem Gebäude unterzubringen. Darüber hinaus bestanden auch die übrigen Bestandteile aus Holzkonstruktionen: das Wehr, das den Mühlteich aufstaute, die Wasserzufuhr zur Mühle und die Wasserableitung (11; 24).

Seit dem hohen MA erweiterte sich das Spektrum der technischen Anlagen beträchtlich. Genannt seien hier Kräne, die auf dem Bau ebenso Verwendung fanden wie beim Beladen von Schiffen. Vielfältige Formen besaßen Belagerungsmaschinen, die dazu eingesetzt wurden, Burgen anzugreifen, die Befestigungen zu überwinden und schließlich einzunehmen.

Auch im Bergbau besaßen Zimmerleute große Bedeutung. Dort ging es zunächst um die Aussteifung von Schächten und Stollen, um die Bergleute nicht übermäßig zu gefährden und eine kontinuierliche Erzförderung zu ermöglichen (40). Hinzu kamen ‚Wasserkünste' zur Ableitung des im Berg befindlichen und die Stollen sonst entlanglaufenden Wassers, schließlich auch Förderanlagen und Pochwerke (21).

§ 6. Brücken und Wege. Im arch. Befund sind → Brücken einerseits und Bohlen- und Moorwege (→ Wege und Wegenetz) andererseits oft nicht leicht zu unterscheiden, weil auch Wegetrassen hölzerne Substruktionen besitzen konnten. Aufwendige Brückenkonstruktionen setzten – abhängig von Gewässertiefe und Spannweite – handwerkliche Fertigkeiten voraus. Für das slaw. Ostmitteleuropa sind bis zu 750 m lg. Konstruktionen bekannt, die meist 3–5 m tiefes, gelegentlich auch noch tieferes Wasser überbrückten. Die am besten erhaltene Anlage von → Teterow bestand aus Jochkonstruktionen, auf denen Längsunterzüge und die Belagbohlen ruhten (10). Eine ebenso aufwendige, massive Konstruktion stellt die um 980 errichtete Anlage von → Ravning Enge in Dänemark dar.

Befestigte Wege sind seit dem Neol. belegt. Neben anspruchslosen Reisigwegen und Knüppeldämmen finden sich einfache Holzkonstruktionen aus Unterzügen und durch Aufspaltung eines Baumstammes gewonnenen Spaltbohlen, die mit Pflöcken im Untergrund verankert wurden. Zimmermannstechnisch aufwendige Konstruktionen sind v. a. für die vorröm. EZ belegt. Dazu gehören auch die ‚Brücken' oder Stege von → La Tène am Neuenburger See (34). Für zentrale und städtische Siedlungen sind Bohlenwege ebenfalls nachgewiesen (→ Meißen; → Oppeln).

Für die KaZ und WZ lassen sich Hafenkonstruktionen anführen, die dem leichteren Be- und Entladen der Schiffe dienten. Die Pfostensetzungen von → Dorestad werden nun eher als Dammschüttungen denn als frei im Wasser befindliche Stege interpretiert (18, 282–288). In Haithabu (→ Haiðaby) an der Schlei sind mehrere Landungsbrücken durch Ausgr. nachgewiesen worden.

§ 7. Grabkammern. Massive Holzkonstruktionen finden sich auch in Gräbern (→ Grab und Grabbrauch). Über die Zeiten hinweg finden sich aufwendige Grabkammern, die sorgfältig in Kasten- oder Blockbauweise gezimmert den Toten oder die Tote samt der Grabausstattung aufnahmen. Herausragende Beispiele sind der → Magdalenenberg, der → Hohmichele und → Hochdorf für die späte HaZ, Kammern vom ‚Typ' → Morken für die MZ oder wikingerzeitliche ‚Kammergräber' (16) bis hin zum Bootskammergrab von Haithabu. Außerdem sind Särge verschiedener Formen überliefert (→ Sarg und Sarkophag), von einfachen, aus Brettern gezimmerten Särgen bis hin zu aufwendigen, auch für die BZ bereits und noch im frühen MA belegten (→ Oberflacht; 35) ‚Baumsärgen' (→ Baumsargbestattung).

§ 8. Mobiliar. Inneneinrichtungen und Möbel (→ Mobiliar) haben sich nur selten erhalten. Meist sind sie – sieht man vom späten MA ab – in ‚sekundärer' Verwendung in Gräbern entdeckt worden. Zahlreiche Möbel enthielt das prunkvolle Frauengrab von → Oseberg aus dem frühen 9. Jh., die auf dem ebenfalls zum Grab gehörenden Schiff aufgestellt waren. Neben mehreren gezimmerten und aufwendig beschlagenen Truhen fanden sich drei anspruchsvolle Betten mit Lattenrost und verzierten Pfosten (→ Bett und Bettzeug). Aus den älterbronzezeitlichen Baumsargbestattungen Südskand.s und den spätkaiserzeitlichen Gräbern von → Wremen stammen ebenso einige verzierte Kleinmöbel (Stuhl, Tisch) wie aus den frühma. Bestattungen von → Lauchheim, → Oberflacht (35) und → Trossingen (Bett, Stuhl) oder unter dem Kölner Dom (→ Köln). Hingewiesen sei schließlich noch auf Chorgestühle in spätma. Kirchen.

§ 9. Boots- und Schiffbau. Funde von kleineren Booten und größeren Schiffen (→ Boot; → Schiffbau) sind überwiegend aus Grabfunden (→ Bootgrab) und von Opferplätzen (→ Nydam) bekannt, doch finden sich auch häufig Wracks im Wasser (→ Roskilde; → Skuldelev; → Haiðaby). Für die WZ, aber auch schon die RKZ sind Schiffe mit Planken in Klinkerbauweise bekannt (17). Die Planken konnten genietet, gedübelt oder zusammengebunden werden. Weitere wichtige Bauteile waren Kiel und Steven sowie Spanten, wobei zuerst die Plankenhülle gefertigt und anschließend die Spanten eingepaßt wurden. Der älteste direkte Beleg für einen Segelmast liegt mit dem Mastschwein des Schiffs von → Oseberg vor. Der Teppich von Bayeux (→ Bayeux Tapestry) bietet eine Darst. des Schiffbaus für die Überfahrt der Truppen → Wilhelms des Eroberers über den Kanal.

§ 10. Wagen. Viele Funde von Wagen (→ Wagen und Wagenbau, Wagengrab) stammen aus Gräbern, die bes. in der EZ häufig ein Kennzeichen von → Prunkgräbern waren. Die frühesten europ. Nachweise liegen für das 4. Jt. v. Chr. vor. Im Lauf der Zeit wurden schwere Scheibenräder von leichten und aufwendigen Speichenrädern abgelöst (→ Rad). Es lassen sich unterschiedliche Funktionen an der Bauweise erkennen, so zweirädrige ‚Streit-' und vierrädrige Transportwagen. Oft scheinen Wagen eher Prestigezwecken als dem Gütertransport gedient zu haben (42). Für die WZ sind containerartige Wagenkästen bekannt, die sich leicht auf ein Schiff umladen ließen, wie ein Wagenfund aus dem Grab von Oseberg zeigt; sekundär dienten die Wagenkästen gelegentlich als Sarg (→ Thumby-Bienebek).

(1) C. Ahrens, Die frühen Holzkirchen Europas, 2001. (2) K. Baumgarten, Das dt. Bauernhaus. Eine Einf. in seine Gesch. vom 9. bis zum 19. Jh., 1980. (3) H. Beck, H. Steuer (Hrsg.), Haus und Hof in ur- und frühgeschichtl. Zeit, 1997. (4) K. Bedal, Hist. Hausforsch. Eine Einf. in Arbeitsweise, Begriffe und Lit., 1993. (5) F. Biermann, Der Brunnenbau des 7./8. bis 11./12. Jh.s bei den n. W-Slawen (Polen und O-Deutschland), Ethnographisch-Arch. Zeitschr. 42, 2001, 211–264. (6) Ders., Brunnen im ma. ländlichen Siedlungswesen Deutschlands. Ein Überblick, in: J. Klápště (Hrsg.), Water management in medieval rural economy, 2005, 152–173. (7) G. Binding, Das Dachwerk auf Kirchen im dt. Sprachraum vom MA bis zum 18. Jh., 1991. (8) Ders., Baubetrieb im MA, 1993. (9) Ders. u.a., Kleine Kunstgesch. des dt. Fachwerkbaus, 1977. (10) R. Bleile, Slaw. Brücken in Mecklenburg-Vorpommern, Bodendenkmalpflege

in Mecklenburg-Vorpommern. Jb. 46, 1998 (1999), 127–169. (11) H. W. Böhme, Wassermühlen im frühen MA, in: A. Böhme (Hrsg.), Die Regnersche Mühle in Bretzenheim, 1999, 26–55. (12) J. Brabandt, Hausbefunde der RKZ im freien Germanien. Ein Forsch.sstand, 1993. (13) H. Brachmann, J. Klápště (Hrsg.), Hausbau und Raumstruktur früher Städte in Ostmitteleuropa, 1996. (14) G. Bugge, Stabkirchen. Ma. Baukunst in Norwegen, 1994. (15) P. Donat, Haus, Hof und Dorf in Mitteleuropa vom 7. bis 12. Jh. Arch. Beitr. zur Entwicklung und Struktur der bäuerlichen Siedlung, 1980. (16) S. Eisenschmidt, Kammergräber der WZ in Altdänemark, 1994. (17) D. Ellmers, Frühma. Handelsschiffahrt in N- und Mitteleuropa, 1972. (18) W. A. van Es, W. H. J. Verwers, Aufstieg, Blüte und Niedergang der frühma. Handelsmetropole Dorestad, in: K. Brandt u. a. (Hrsg.), Haithabu und die frühe Stadtentwicklung im n. Europa, 2002, 281–301. (19) M. Gläser (Hrsg.), Lübecker Kolloquium zur Stadtarch. im Hanseraum III. Der Hausbau, 2001. (20) G. U. Großmann, Der Fachwerkbau in Deutschland. Das hist. Fachwerkhaus, seine Entstehung, Farbgebung, Nutzung und Restaurierung, 1998. (21) A. Haasis-Berner, Wasserkünste, Hangkanäle und Staudämme im MA. Eine arch.-hist. Unters. zum Wasserbau am Beispiel des Urgrabens am Kandel im mittleren Schwarzwald, 2001. (22) H. Hamerow, Early Medieval Settlements. The arch. of rural communities in Northwest Europe 400–900, 2002. (23) R. Hauglid, Laftekunst. Laftehusets opprinnelse og eldste historie, 1980. (24) J. Henning, Mühlentechnologie und Ökonomiewandel zw. Römerzeit und Früh-MA, Saalburg-Jb. 47, 1994, 5–18. (25) Ders., A. T. Ruttkay, Frühma. Burgenbau in Mittel- und O-Europa, 1998. (26) J. Herrmann, Gemeinsamkeiten und Unterschiede im Burgenbau der slaw. Stämme w. der Oder, ZfA 1, 1967, 206–258. (27) K.-U. Heußner, H. Schäfer, Ma. Holzschächte vom ö. Marktquartier in Greifswald, Mecklenburg-Vorpommern. Ein Beitr. zur Wasserversorgung und zu den „Heimlichkeiten" in einer Hansestadt, Germania 77, 1999, 247–282. (28) H. Hinz, Ländlicher Hausbau in Skand. vom 6. bis 14. Jh. Stova, Eldhus, Bur, 1989. (29) J. Klápště (Hrsg.), The Rural House. From the migration period to the oldest still standing buildings, 2002. (30) G. Kossack, Dörfer im n. Germanien vornehmlich aus der RKZ. Lage, Ortsplan, Betriebsgefüge und Gemeinschaftsform, 1997. (31) A. Leube (Hrsg.), Haus und Hof im ö. Germanien, 1998. (32) U. Leuzinger, Die jungsteinzeitliche Seeufersiedlung Arbon, Bleiche 3. Befunde, 2000. (33) H. Luley, Urgeschichtl. Hausbau in Mitteleuropa. Grundlagenforsch., Umweltbedingungen und bautechnische Rekonstruktionen, 1992. (34) Moorarch. in NW-Europa (Gedenkschr. H. Hayen), 1993. (35) P. Paulsen, Die Holzfunde aus dem Gräberfeld bei Oberflacht und ihre kulturhist. Bedeutung, 1992. (36) J. Piekalski, Wczesne domy mieszczan w Europie Środkowej. Geneza, funkcja, forma, 2004. (37) P. Šalkovský, Häuser in der frühma. slaw. Welt, 2001. (38) E. Schuldt, Der Holzbau bei den nordwestslaw. Stämmen vom 8. bis 12. Jh., 1988. (39) H. Stäuble, I. Campen, 7000 J. Brunnenbau im Südraum von Leipzig, in: Brunnen der Jungsteinzeit, 1998, 51–71. (40) H. Steuer, U. Zimmermann (Hrsg.), Montanarch. in Europa. Ber. zum Internationalen Kolloquium „Frühe Erzgewinnung und Verhüttung in Europa", 1993. (41) J. Tipper, The Grubenhaus in Anglo-Saxon England. An analysis and interpretation of the evidence from a most distinctive building type, 2004. (42) M. U. Vosteen, Urgeschichtl. Wagen in Mitteleuropa. Eine arch. und religionsw. Unters. neol. bis hallstattzeitlicher Befunde, 1999. (43) J. Weiner, Drei Brunnenkästen, aber nur zwei Brunnen. Eine neue Hypothese zur Baugesch. des Brunnens von Erkelenz-Kückhofen, in: wie [39], 95–112. (44) C. Weinmann, Der Hausbau in Skand. vom Neol. bis zum MA. Mit einem Beitr. zur interdisziplinären Sachkulturforsch. für das ma. Island, 1994. (45) W. H. Zimmermann, Die Siedlungen des 1. bis 6. Jh. n. Chr. von Flögeln-Eekhöltjen, Niedersachsen. Die Bauformen und ihre Funktion, 1992. (46) Ders., Pfosten, Ständer und Schwelle und der Übergang vom Pfosten- zum Ständerbau. Eine Studie zu Innovation und Beharrung im Hausbau. Zu Konstruktion und Haltbarkeit prähist. bis neuzeitlicher Holzbauten von den Nord- und Ostseeländern bis zu den Alpen, Probleme Küstenforsch. im s. Nordseegebiet 25, 1998, 9–241.

S. Brather

Ziu-Týr

Religionsgeschichtlich – a. Die Aussagen der frühen Qu. – b. Kult und Mythol. im skand. Gebiet – c. Probleme der Interpretation

Religionsgeschichtlich. a. Die Aussagen der frühen Qu. Röm. und griech. Verf. sprechen an mehreren Stellen davon, daß germ. Stämme einen Gott verehrten, der in der *interpretatio romana* oder *graeca* (→ Interpretatio § 2) als *Mars* bzw. *Ares* bezeichnet würde. Allem Anschein nach war der eigtl. Name des germ. Gottes *Tiwaz, anord. *Týr* (→ Ziu-Týr. Sprachlich Bd. 34;

mit Vorbehalt jedoch Simek [18, 112 f.]). Über einen Kult dieses *Tīwaz ist bei den klass. Verf. nichts bekannt, jedoch geht hervor, daß er bei mehreren germ. Stämmen als Kriegsgott verehrt wurde (Belege bei 20, § 347).

Auch → Tacitus erwähnt in seiner *Germania* c. 9, daß man dem germ. Mars → Tieropfer darbrachte, im Unterschied zu den → Menschenopfern für Mercurius-Wodan. Andererseits heißt es bei → Jordanes, die → Goten, die eifrig den Mars verehrten, hätten diesem Menschenopfer dargebracht (Jord. Get. 5,41). Dasselbe sagt → Prokop von Casesarea über die Opfer der Thuliter an Ares (Prok. b. G. II,15,25), da ihnen dieser als der höchste Gott galt. In diesen beiden Qu. aus dem 6. Jh. ist die Identifikation mit *Tīwaz jedoch nicht eindeutig, denn es könnte sich auch um Wodan (→ Wotan-Odin) handeln.

Die zwei Weiheinschr. an → Mars Thincsus und die zwei *Alaisiagae*, die man am → Hadrianswall bei Housesteads gefunden hat, erregten deshalb besondere Aufmerksamkeit, weil sie aus fries. Kontingent stammten und weil der Gott den germ. Beinamen *Thingsus* trug (Diskussion bei 20, § 348). Was dieser Beiname über den Charakter des Gottes und seine Funktion aussagt, ist unsicher, aber im allg. geht man hier von einer Anspielung auf die Verbindung des Gottes mit der Institution des Things (→ Ding) aus (20, § 350; 2; 3).

b. Kult und Mythol. im skand. Gebiet. Eine der Schwierigkeiten bei der Deutung der skand. Belege liegt darin, daß das Wort *týr* bereits in den ältesten Qu. als Appellativ aufgefaßt werden kann. Die Entwicklung des anord. Wortes *týr* wurde von Cahen dargelegt; er zeigte auf, daß in einem frühen Stadium die Pl.form *tívar* in der Bedeutung ‚Götter' gleichzeitig neben dem Sing. *Týr* als Name eines bestimmten Gottes gebraucht wurde. Aus poet.-technischen Gründen habe sich unter dem Einfluß der Pl.form *tívar* eine appellativische Bedeutung auch für die Sing.form *týr* entwickelt (1, 10–18).

Theophore ON (→ Theophore Namen) mit dem Namen des Gottes *Týr* (adän. und aschwed. **Tī*) als Erstglied sind selten und unregelmäßig im skand. Gebiet verteilt; sie weisen aber unzweifelhaft auf einen Kult des Gottes (7; 5; vgl. 9). Die meisten sicheren ON sind im dän. Gebiet belegt (kritische Darst. bei: 5) und enthalten fast ausschließlich Naturbezeichnungen wie dän. *ved* ‚Wald', *lund* ‚Hain', *bjerg* ‚Berg' und *sø* ‚See'. Namen mit *Týr* enthalten keinerlei Bezeichnungen für ein Heiligtum *(-vi)* oder ein Kultgebäude (5). In Norwegen findet sich nur ein sicherer Beleg, nämlich *Tysnes* in Hordaland (14; 13), und in Schweden scheinen theophore Namen mit *Týr* ganz zu fehlen (vgl. 5; 19, 405–409). Die Verehrung des Týr ist also in südskand. Gebiet am besten bewahrt geblieben, und sie ist dort bes. mit Kultplätzen in der Natur verbunden.

In den schriftlichen Qu. begegnet Týr nur spärlich, doch scheint er trotzdem zum wikingerzeitlichen Pantheon gehört zu haben, da Eddalieder (→ Edda, Ältere), die Snorra Edda (→ Edda, Jüngere) und hagiographische Qu. wie die *Klemens s.* ihn als eine der hervortretenden Gottheiten kennen. Einige poet. Umschreibungen (*kenningar;* → Kenning) enthalten das Element *týr,* aber es ist meist schwer zu entscheiden, ob man es da mit dem Eigennamen oder einem Appellativ zu tun hat.

In seiner *Gylfaginning* c. 25 charakterisiert → Snorri Sturluson Týr als kühn und mutig und sagt, er habe große Macht zu bestimmen, wer in einem Kampf siegen soll *(hann ræðr miǫk sigri í orrustum);* deshalb sei es für tapfere Männer angebracht, Týr anzurufen *(á hann er gott at heita hreystimǫnnum).* Um dies zu illustrieren, zitiert Snorri den Ausdruck *týhraustr,* den man für herausragende und unerschrockene Männer anwende. Týr ist auch klug *(vitr),* und auch das belegt Snorri mit einem Ausdruck, *týspakr.*

Die einzige Mythe, in der der Gott eine wichtige Rolle spielt, ist die Gesch. der Fesselung des Fenriswolfs (→ Fenrir, Fenriswolf) durch die Götter. Die Mythe wird von Snorri in zwei Var. wiedergegeben (Gylf. c. 24 und eine längere Version in c. 34; vgl. auch die Prosaeinleitung zur → Lokasenna). Der Fenriswolf, der sich nicht ohne die Garantie, wieder loszukommen, binden lassen will, verlangt, daß einer von den Göttern als Pfand *(at veði)* seine Hand in das Maul des Wolfes legt. Der Einzige, der sich dazu bereiterklärt, ist Týr; er tritt nach vorne und legt seine rechte Hand in das Maul. Als der Fenriswolf versucht sich zu befreien, zieht sich das Band fest zu, bis er schließlich gefesselt ist, und Týr verliert seine Hand. Bei Snorri heißt es lakonisch: *hann lét hǫnd sína* ‚er ließ da seine Hand'. Die Angabe, daß Týr bei den → Ragnarök gegen den Hund Garmr kämpfen wird, findet sich nur in *Gylfaginning* c. 51; sie kann aber dennoch aus einer ält. Überlieferung stammen.

Auf diese Mythe spielt auch *Lokasenna* Str. 38–39 an, wo es heißt, Týr könne niemals *bera tilt með tveim* ‚zwischen zwei Personen Frieden stiften'; dies kann man in Zusammenhang mit Snorris Angabe bringen, der Gott sei kein *sættir manna* ‚Friedensstifter der Menschen' (vgl. 20, § 354). Eine eigentümliche Rolle spielt Týr in der → *Hymiskviða*, wo er als Begleiter des Thors (→ Donar-Þórr) auftritt und möglicherweise als Hymirs Sohn dargestellt wird (vgl. 20, § 354). In den *Sigrdrífumál* (→ Jungsigurddichtung) hat Týr schließlich als Gott des Sieges eine Verbindung zu Runen, die an verschiedene Stellen des Schwertes geritzt werden sollen, wenn man den Sieg erlangen wolle, wobei zweimal der Name Týr ausgesprochen werden soll (Str. 6; *ok nefna tysvar Tý*).

c. Probleme der Interpretation. Mit der Deutung von *Tīwaz/Týr* und seinem Kult verbinden sich diverse Probleme, die mit dem Wesen des Gottes sowie mit seinem Ursprung, seinem Kult und seiner Mythol. zusammenhängen.

a. *Tīwaz/Týr* hat durch seinen Namen einen ie. Ursprung, und von daher haben die Gelehrten über Charakter und Funktion des Gottes Schlußfolgerungen gezogen. Týr soll demnach ein alter Himmelsgott sein, der auch den hellen Taghimmel personifiziere (12; 20; 16; 6). Dagegen wurden jedoch Einwände erhoben (10); das Problem ist, daß Tīwaz in den ältesten Qu. als Kriegsgott und nicht als Himmelsgott auftritt. In Dumézils dreifunktionalem System (→ Dumézilsche Dreifunktionentheorie) teilt sich Tīwaz den höchsten Rang mit Wodan/Odin. Týr soll den juristischen Aspekt der Herrscherfunktion repräsentieren und der Rolle entsprechen, die Mitra im vedischen Pantheon an der Seite Varunas einnimmt (2; 3). Eine andere Möglichkeit, die Dualität zw. Týr und Odin aufzufassen, ist, sie als Widerspiegelung der beiden ie. Gottheiten als Taghimmel (vedisch *Dyaus*) und Nachthimmel (vedisch *Varuna*; 6) zu sehen (vgl. 10).

b. Die herkömmliche Auffassung ist, daß *Tīwaz/Týr* im Laufe der hist. Entwicklung in den Hintergrund gerät, zugunsten anderer Götter, v. a. Wodan/Odins, und daß sein Kult in der 2. Hälfte des 1. Jt.s mehr oder weniger aufhört (11; 2). Diese Auffassung wird durch das spärliche toponymische Material und die ungleiche Verteilung der ON in Skand. unterstützt. Die südskand. theophoren Namen mit Týr können mit einer gewissen Berechtigung einer ält. Per. zugewiesen werden, in der der Kult des Gottes noch lebendig war. Eine radikale, aber nicht ganz überzeugende Lösung schlägt Düwel vor, der davon ausgeht, daß die Vorstellungen von Týr als Gott in der westnord. Lit. erst in später Zeit entstanden seien durch eine Art Abstraktion aus dem Appellativ *týr* ‚Gott' (4, 335 f.). Dagegen spricht jedoch die Tatsache, daß der Gott in den awnord. Qu. immer noch eine Rolle spielt und möglicherweise im privaten Kult figuriert (vgl. *Sigrdrífumál*).

c. Die Mythe von Týr und dem Fenriswolf zeigt diametral entgegengesetzte Deutungslinien. Auf der einen Seite wollte man v. a. auf Grund röm. Parallelmaterials in Snorris Ber. den Reflex einer alten ie. Mythentradition sehen (2; Kritik dazu 15 und 17), auf der anderen Seite hat man diesen als eine späte Erschaffung unter dem Einfluß ma. Vorbilder gesehen, wobei der Wolf, der Týrs rechte Hand abbeißt, auf ma. christl. Vorbilder und → Volksglauben zurückgehe (8; 17). Die Idee der ausgestreckten Hand im Maul eines Tiers sei im ma. christl. Vorstellungskreis zu finden. Snorri kann solche Vorstellungen gekannt und sie in seiner Erzählung mit Týrs Namen verbunden haben. Andernorts spielt Týr in den Mythen keine Rolle, und das Motiv in der Erzählung von der Fesselung des Fenriswolfs ist ansonsten nicht belegt, im Gegensatz zur Einäugigkeit Odins. Da *Tîwaz/Týr* unzweifelhaft als eine alte Gottheit bei den Germ. hervortritt, ist es jedoch gut möglich, daß mythische Traditionen, die mit Týr verknüpft waren, sich bis in die WZ lebendig erhielten. Bemerkenswert ist, daß die Ikonographie gewisser B-Brakteaten auf den Mythos von Týr und dem Fenriswolf anzuspielen scheint (z. B. → Brakteatenikonologie Abb. 126).

(1) M. Cahen, Le mot „dieu" en vieux-scandinave, 1921. (2) G. Dumézil, Les dieux des Germains. Essai sur la formation de la relig. scandinave, 1959. (3) Ders., Les dieux souverains des Indo-Européens, 1986. (4) K. Düwel, Zur religionsgeschichtl. Deutung der germ. Götterbezeichnungen auf der Grundlage des nordgerm. Wortschatzes, in: J. Weinstock (Hrsg.), The Nordic Languages and Modern Linguistics. Proc. of the Third International Conference of Nordic and General Linguistics, 1978, 332–345. (5) B. Holmberg, Den hedenske gud Tyr i danske stednavne, in: Mange bække små. Til J. Kousgård Sørensen, 1986, 109–127. (6) P. Jackson, Light from distant asterisks. Towards a description of the Indo-European relig. heritage, Numen 49, 2002, 61–102. (7) J. Kousgård-Sørensen, Haupttypen sakraler ON S-Skandinaviens. Mit einem Anhang zur Kartierung der exemplarisch erörterten Sakralnamen S-Skandinaviens auf einer Falttaf., in: K. Hauck (Hrsg.), Der hist. Horizont der Götterbild-Amulette aus der Übergangsepoche von der Spätant. zum Früh-MA, 1992, 228–241. (8) K. Krohn, Tyrs högra hand, Freys svärd, Svenska landsmål och svenskt folkliv, 1911, H. 114 (Fästskrift H. F. Feilberg), 541–547. (9) W. Laur, Germ. Heiligtümer und Relig. im Spiegel der ON: Schleswig-Holstein, n. Niedersachsen und Dänemark, 2001. (10) L. Motz, The Sky God of the Indo-Europeans, Idg. Forsch. 103, 1998, 28–39. (11) R. Much, Der germ. Himmelsgott, in: Abhandl. zur germ. Philol. (Festg. Heinzel), 1898, 189–278. (12) Much, Germania. (13) E. Mundal, The position of the individual gods and goddesses in various types of sources – with special reference to the female divinities, in: Old Norse and Finnish Religions and Cultic Place-Names, 1990, 294–315. (14) M. Olsen, Det gamle ønavn Njarðarlog, Norrøne studier 1938, 63–85. (15) R. Page, Dumézil Revisited, Saga-Book of the Viking Soc. 20, 1978–79, 49–69. (16) E. Polomé, Germanic Relig., in: M. Eliade (Hrsg.), The Encyclopedia of Relig. 5, 1987, 520–536. (17) K. von See, Georges Dumézil und der anord. Týr -Mythos, in: Ders., Europa und der Norden im MA, 1999, 128–144. (18) R. Simek, Mythol. und Relig. der Germ., 2003. (19) P. Vikstrand, Gudarnas platser, 2001. (20) de Vries, Rel.gesch.

A. Hultgård

Zum Sprachlichen → Ziu-Týr, Bd. 34

Zoll. Z. bezeichnet ein kleines Längenmaß. Die Realisationen des Maßes differieren regional und lokal zw. etwa 2,3–3 cm (12, 352).

Die Wortgesch. von Z. kann folgendermaßen rekonstruiert werden: Belegbar ist mhd. *zol* mask./fem. ‚Knebel, Klotz, Zapfen', auch ‚Holzklötzchen, walzenförmiges Stück', zurückgehend auf ahd. *zollo* ‚Kreisel' (11. Jh.) (19, 1622; 22, 473), sowie entspr. unverschoben mnd. *tol* ‚Zweig' (15, 914). Verwandt sind mndl., ndl. *tol* ‚Spielzeug, Kreisel' sowie schwed. mdal. *tolle* ‚Pfropfreis' (19, 1622). Die weitere Herkunft läßt sich am plausibelsten auf idg. **del-* in der Bedeutung ‚spalten, schnitzen, kunstvoll behauen' zurückführen (19, 1622).

Als Maßbezeichnung wurde *Zoll* in mehrere slaw. Sprachen entlehnt, so als poln. *cal*

(11, 34; 4, 55), tschechisch *coul,* slowakisch *col,* osorb. *cól* (21, 135; 17, 89; 4, 55).

Die Verwendung von Z. als Längenmaßbezeichnung ist sprachgeschichtl. relativ jung: Erst um 1500 tritt Z. in obd. Bauhütten als Maßbezeichnung für die Strecke auf, die etwa einem Fingerglied entspricht (22, 473; 7, 426). In Analogie zum hd. *Zoll* hat dann auch nd. *toll* Maßbedeutung angenommen (z. B. 27, 119). Vorausgegangen ist offenbar die Verwendung von *Zoll* für ‚Fingerglied' (15, 914), angeschlossen an die Bedeutung von mhd. *zol* als ‚Knebel, Klotz, Zapfen', v. a. aber im Sinne von ‚walzenförmiges Stück'. Belege für diesen Bedeutungsübergang fehlen jedoch, was aus dem nahezu geheimsprachlichen Terminologiegebrauch im Bereich der Bauhütten, woher die Verwendung als Maßbegriff offenbar stammt, erklärlich sein könnte. Z. setzt sich als Maßbegriff im 16. Jh. im Dt. sehr schnell durch (7, 427). Z. tritt zunächst neben ‚Daumen' bzw. ‚Finger' und löst dann diese Maßbegriffe allmählich ab. Die vorherige Differenzierung zw. ‚Daumen' und ‚Finger' wird nun ausgedrückt als *großer Zoll* ‚Breite eines starken Daumens' bzw. *kleiner Zoll* ‚Breite eines Fingers' (19, 1622). Ein interessantes Zwischenstadium der Verdrängung des Maßes ‚Daumen' durch Z. spiegelt die gewissermaßen tautologische Form *Zolldaumen* wider (7, 427). Die Substituierung von ‚Daumen' durch Z. wird an verschiedenen Stellen der Meßpraxis deutlich: Im MA war es üblich, beim Messen von Tuch nach → Ellen quasi als Zugabe eine Daumenbreite (sog. ‚Daumenbeigabe') zuzurechnen. Dieses Verfahren hielt sich bis ins 18. Jh., die Zugabe wurde jedoch später durch die Verlängerung der ‚Tuchmacherelle' um einen Z. realisiert (23, 117).

Völlig zwingend ist der Bezug von Z. zum Fingerglied allerdings nicht, da auch die Breite eines Klotzes oder Zapfens zum Längenmaß werden kann. Daß Z. als Längenmaß ‚Daumen' bzw. ‚Finger' ersetzte, beweist jedenfalls im Umkehrschluß noch nicht, daß auch *Zoll* ‚Finger-' oder ‚Daumenglied' bezeichnete. In diesem Sinne wurde Z. jedoch in der Regel verstanden (10, 18). Allerdings ist dabei zu beachten, daß Z. gleichfalls als Fingerbreite rezipiert wurde, also dann nicht als Länge eines Fingergliedes (z. B. 5, 6). Setzt man die Intension *Zoll* ‚Fingerglied' an, so ist auch Z. ein Körpermaß, und zwar das kleinste von ihnen. Hiermit schließt Z. an nahezu alle traditionellen Maßbezeichnungen für kürzere Längen an, die direkt oder indirekt auf Teile des menschlichen Körpers referieren, vorwiegend mit Bezügen auf die oberen Extremitäten, wie Elle, Klafter, Spanne, Daumen etc.

Die Maßbezeichnung Z. blieb weitgehend auf den dt. (hd. und nd.) Sprachraum begrenzt. In den übrigen germ. Sprachen lassen sich andere Entwicklungen beobachten: So existierte im Ndl. *duim* als Maßeinheit bis ins 20. Jh. hinein (13, 62; 1, 72; 25, 103). Im Engl. hingegen entstand ohne Bezug auf ein Körperteil aus lat. *uncia* ‚Einheit' der Längenmaßbegriff ae. *ynce, unce* > engl. *inch* ‚Zoll' (14, 55).

Da beim Messen in der Regel Vielfache das Maßes auftreten, sei darauf hingewiesen, daß Z. ebenso wie die meisten anderen Maßbenennungen einen endungslosen Pl. besitzt; daneben existiert auch eine (wohl ält.) durch Umlaut markierte Pl.form *Zöll/Zölle,* die u. U. wegen der Homonymie zu *Zölle* ‚Abgaben' geschwunden ist (8, 33 f.). Auch der Pl. *Zolle* ist belegt, aber ebenso wie *Zölle* wenig gebräuchlich gewesen (7, 427).

Aus praktischen Gründen war das Maß auf Grund seiner Länge von etwa einer Daumenbreite nur zur Vermessung kürzerer Strecken anwendbar. Die mit Z. gemessenen Längen gehen daher über fünf, bisweilen zehn oder zwölf Z. selten hinaus (8, 34 f.). Da Z. als Untermaßeinheit größerer Maßeinheiten fungierte, z. B. ‚Lachterzoll' als Untereinheit des ‚Lachters' (16, 46; 3, 128) oder als etwas kleinerer ‚Ellenzoll' (18, 68), war eine Messung größerer Strecken mit diesem Maß nicht nur unpraktisch, sondern auch unnötig. Z. blieb beim Messen nicht auf bestimmte Materialien oder Kontexte beschränkt (im Übrigen ebenso ‚Daumen' und ‚Finger'), wenngleich der Schwerpunkt der Verwendung im Bereich des Baus und des Handwerks, wie beispielsweise dem Zimmermanns- oder Tischlerhandwerk, lag (z. B. 20, 1; 7, 427), also in denjenigen Bereichen, in denen die Maßbezeichnung urspr. geprägt wurde. Gerade in diesen Kontexten wurden und werden bis heute auch die Längen, Breiten, Dicken von Materialien, wie z. B. Bretter, Nägel oder Rohre, fachsprachlich nach Z. spezifiziert (‚dreizöllig/dreizollig', ‚Achtzoller', ‚Zwölfzoller' usw.) (2, 151; 7, 427; 6, 7; 20, 6).

Verschiedene Bezeichnungen von Meßinstrumenten, nämlich Z.-Stab, Z.-Stecken oder das heute noch allg. gebräuchlich Z.-Stock (in Ostfriesland noch im 18. Jh. parallel dazu auch ‚Dumstock'), tragen das Maß in sich (26, 24; 9, 263; 24, 15). Daß derartige Bezeichnungen für Längenmeßinstrumente gewählt wurden, hat seine Ursache darin, daß Z. als kleinstes Maß die Teilung dieser Meßstäbe bestimmte. Insofern liegt es nahe, die Basiseinheit und nicht größere Einheiten zur Grundlage der Benennung zu machen.

(1) A. Bergmann, Münzen, Maße und Gewichte aller Staaten der Erde unter besonderer Berücksichtigung des dt. Reichs. Eine neue Darst. des Geld-, Münz-, Maß- und Gewichtswesens sämtlicher Länder des Erdballs mit ausführlicher Behandlung der Prägungs- und Umrechnungsverhältnisse auf Grund der neuesten Gesetzgebung, 1903. (2) E. Bonner, Gewogen und korrekt befunden. Münzen, Maße und Gewichte aus alter und neuer Zeit, Hagener Heimatkalender 12, 1971, 149–153. (3) O. Brandt, Die Berglachter des Kurfürsten August zu Freiberg, Neues Archiv für Sächs. Gesch. 60, 1939, 126–131. (4) A. Brückner, Słownik etymologiczny języka polskiego, 1998. (5) G. Büscher, Messen und Maße, 1948. (6) F. Elfers, Alte Maße, Münzen und Gewichte unserer Heimat, zw. Elbe und Weser 1935, Nr. 7, 7. (7) A. Götze, W. Mitzka (Hrsg.), Trübners Dt. Wb. 8, 1957, s. v. Z. (8) Grimm, DWb., s. v. Z. (9) E. Günther, Zollstock ade, elektrohandel, Zeitschr. für Elektrogeräte und Elektroinstallation 23, 1978, 263. (10) J. Hagel, Maße und Maßeinheiten in Alltag und Wiss., 1969. (11) I. Ihnatowicz, Vademecum do badań nad historią XIX i XX wieku 1, 1967. (12) H. Kahnt, B. Knorr, Alte Maße, Münzen und Gewichte, 1986. (13) A. E. Kennelly, Vestiges of pre-metric weights and measures. Persisting in Metric System Europe 1926–1927, 1928. (14) H. A. Klein, The Science of Measurement. A Hist. Survey, 1988. (15) Kluge-Seebold, s. v. Z. (16) A. Lachmann, Neueste Illustrierte Münz-, Maass- und Gewichtskunde und kurze Handelsgeogr. aller Länder mit Abb. und Beschreibung der jetzt coursierenden Gold- und Silber-Münzen nebst Angabe ihres Gewichts, Feingehalts, ihrer Geltung und ihres Werthes nach den neuesten gesetzlichen Bestimmungen, im 30-Thlr.-Fuss, im 45-Fl.-Fuss und im 52½-Fl.-Fuss 1, 1860. (17) V. Machek, Etymologický slovník jazyka českého, 1997. (18) E. Padelt, Menschen messen Zeit und Raum, 1971. (19) W. Pfeifer (Hrsg.), Etym. Wb. des Deutschen, 1993. (20) H. van Schewick, Maße und Gewichte, 1949. (21) H. Siebenschein (Hrsg.), Česko-Německý Slovník 1, 1983. (22) A. J. Storfer, Wörter und ihre Schicksale, 1981. (23) R. Tuor, Bernische Fuß- und Ellenmaße im 17. und 18. Jh., Berner Zeitschr. für Gesch. und Heimatkunde 36, 1974, 114–121. (24) B. Uphoff, Ostfries. Maße und Gewichte 1, 1973. (25) J. M. Verhoeff, De oude Nederlandse maten en gewichten, 1983. (26) H. Wehrle, Dt. Wortschatz, 1942. (27) G. Werbe, Alte Maße im Lande Wursten, Männer vom Morgenstern, Jb. 41, 1960, 113–134.

G. Schuppener

Zoll und Zollstellen

§ 1: Definition und Begriff – § 2: Zölle in der Antike – § 3: Zölle im Römischen Reich und Germanien – § 4: Übergang zum Mittelalter

§ 1. Definition und Begriff. Als Z. (ahd. *zol*, entlehnt aus mlat. *toloneum*, lat. *teloneum* aus griech. τελωνεῖον zu griech. τέλος ‚Ziel, Ende') werden Abgaben auf Waren bezeichnet, die aus Anlaß der Ein- und Aus- oder der Durchfuhr durch ein bestimmtes Gebiet erhoben werden. Neben den für ein bestimmtes Hoheitsgebiet eingeforderten Abgaben werden als Z. auch Forderungen für den Zutritt zu Märkten, für die Nutzung von Häfen, Straßen, Fähren oder Brücken benannt. Die ant. lat. Begriffe *portorium* (von *porta* – Durchgang, Tor), *publicum* (Staatseigentum; oft in Verbindung mit einem bestimmten Gebiet, z. B.: *publica Africae*), *vectigal* (Fuhre; aber auch für Steuern allg.) oder eine Bezeichnung nach der Höhe der geforderten Abgaben (z. B. *quadragesima*) akzentuieren unterschiedliche Aspekte der Abgabenforderung. Die Begriffe sind nicht eindeutig und wurden auch für andere Abgaben verwendet, so daß eine Kategorisierung als Z. sich oft erst im Kontext erschließt, in der modernen Trennschärfe aber auch den ant. Verhältnissen nicht immer angemessen ist (19). Der Funktion nach sind Finanzzölle, die der Verschaffung von Einnahmen dienen, von Schutzzöllen zu scheiden: Letztere lenken den Handelsverkehr zum Schutz der eigenen Wirtschaft (6; 7, 47 ff.; 10, 56 ff.; 12, 151 ff. 159 ff; 13; 15; 17, 347 ff.).

§ 2. Zölle in der Antike. Die Abgabenerhebung von Händlern findet sich bereits in altassyr. und altägypt. Texten (13, 827). Neben der Beitreibung von Staatseinnahmen verschaffte der Akt der Besteuerung im Gegenzug der Tätigkeit der Händler von offizieller Seite Anerkennung, mit der Konsequenz eines gewissen Anspruchs auf Schutz bei der Ausübung ihrer Geschäfte (vgl. auch → Geleit). In weitgehender Ermangelung von direkten Abgaben waren die Zölle für die griech. Städte zentrale Einnahmequelle. Verbreitet war die πεντηκοστή, eine zweiprozentige Abgabe auf alle ein- und ausgeführten Waren. Das hellenistische Ägypten erhob hohe Einfuhrzölle zum Schutz der einheimischen Produktion. Die Ernennung von Delos zum Freihafen durch Rom 166 v. Chr. war bereits eine gezielte wirtschaftspolit. Kampfmaßnahme, mit der Konsequenz eines drastischen Einbruchs der Einnahmen bei dem bis dahin im ö. Mittelmeerraum führenden Warenumschlagplatz Rhodos (Polyb. 31,7; 13, 828).

§ 3. Zölle im Römischen Reich und Germanien. Wie bei den anderen Steuern auch, waren Art und Höhe der Zölle innerhalb des Röm. Reiches nicht einheitlich. Beim Übergang zur direkten Herrschaft übernahm Rom weitgehend die im neuen Provinzialgebiet vorgefundenen administrativen Regelungen (→ Provinzen des Römischen Reiches). Dem wachsenden Imperium Romanum mit immer größerem Binnenraum wurde Rechnung getragen, indem man das Reich in mehrere Z.-Bezirke einteilte: Bei der Überschreitung einer solchen Binnengrenze wurde im Regelfall eine Abgabe in Höhe von 2,5 % vom Warenwert erhoben *(quadragesima)*. Größter Z.-Bezirk im W war die *quadragesima Galliarum,* zu der schließlich die gall. Prov., beide Germanien, die Alpengebiete und ab dem Ende des 1. Jh.s n. Chr. vielleicht auch Spanien gehörten (9; 18, 516 ff.). Der illyr. Z.-Bezirk *(publicum portorium Illyrici)* umfaßte mit → Raetien, → Noricum, → Pannonien, Illyricum, → Dakien, Moesien und Thrakien den gesamten Donauverlauf und erstreckte sich zeitweilig über 11 Prov. (Appianos, Illyrica 6,16; vgl. 17, 358 f. und zu den Z.-Bezirken allg.: 6; 17).

Die Zölle wurden an fest installierten Z.-Stellen *(stationes)* erhoben, die von den Reisenden aufzusuchen waren. Die Z.-Stellen lagen an der Grenze oder gestaffelt im Hinterland. Ein detailliertes Zeugnis für Gegenstände und Verfahrensweisen der Z.-Erhebung, Fristen und Strafen, Immunitäten und Privilegierungen bietet das 1976 in Ephesos als ausführliche Inschr. gefundene Z.-Gesetz der Prov. Asia (Text mit Übs. und Kommentar: 8; vgl. 3). Zugleich gibt es einen Eindruck von der Komplexität und Heterogenität der Z.-Erhebung im Röm. Reich. Vergabe und Eintreibung der Z.-Einnahmen erfolgten im System der Steuerpacht; in der Kaiserzeit ging dann auch die Z.-Verwaltung zunehmend in die direkte kaiserliche Administration (1).

Im O war der Z.-Satz an den Außengrenzen des Röm. Reiches mit 25 % (ab dem 3. Jh. wohl nur noch 12,5 % [12, 165 ff.]) deutlich erhöht, allerdings war dieses ein Fortbestehen des ptolemäischen Außenhandels-Z.s (11; 16). Nach → Strabon 4,5,3 (201), vgl. 2,5,8 (116) wären für den Fall, daß Brit. zum Röm. Reich gehören würde, die Z.-Einnahmen des Imperiums deutlich niedriger. Ob die Zölle indes an allen Außengrenzen höher als an den Binnengrenzen waren, ist unsicher. Kaum handelte es sich jedoch um Schutzzölle (4; vgl. 2): Bei den im Außenverkehr verhandelten hochpreisigen Waren dienten die Zölle eher als schadlos einsetzbares Finanzinstrument. Ggf. konnten sie als Schutz vor *luxuria* und den von dieser für die Ges. ausgehenden Gefahren legitimiert werden (Suet. Div. Iul. 43,1; vgl. Tac. ann. 3,53,4; Plin. nat. 6,101; 12,84; Dion Chrys. 79,5). Hingegen verfolgten immer wieder anzutreffende Privilegierungen – etwa vorübergehend geltende für Spiele und Feste oder solche für zurückgeführte Waren, die unverkauft blieben – ganz offensichtlich das Ziel, wirtschaftl. Aktivitäten nicht durch ein zu starres Abschöpfungsbegehren des Staates einzuschränken (4; 5, 145 ff.).

Über persönliche Kontrollen und belastende Abgaben beim Rheinübergang nach → Köln beklagten sich die Tenkterer (→ Usipeten/Usipier und Tenkterer) im Zuge des Bataveraufstands 69 n. Chr. und bekamen die Abschaffung der Zölle und Erleichterungen im Handelsverkehr zugesprochen (Tac. hist. 4,64,1; 65,3: *vectigal et onera commerciorum resolvimus*). Da das *concilium Agrippinensium* über die Abschaffung der Zölle befand, dürfte es sich – trotz irregulärer Verhältnisse infolge des Bürgerkrieges – eher um von der *colonia* geforderte *vectigalia*, nicht Reichszölle gehandelt haben. Weitere Z.-Stellen am Rhein sind vorauszusetzen, lassen sich aber ebenso wenig belegen wie eine bestimmte Z.-Höhe; die Bedeutung des mit dem Rhein verbundenen *portus Lirensis* ist nach wie vor strittig (AE 1930, 29; dazu 17, 353 ff.). Für die Donau werden besondere Privilegierungen der Hermunduren (→ Ermunduri) bekannt, die zu Handelszwecken regelmäßig bis in die raetische Provinzhauptstadt (gemeint wohl: → Kempten) kamen (Tac. Germ. 41; Z.-Stellen an der Donau: 17, 364 ff.).

Die Erhebung von Zöllen auf germ. Gebiet wird allein für → Vannius bekannt. Anläßlich seines Sturzes 50 n. Chr. berichtet → Tacitus von den Schätzen des Kgr.s, die Vannius während dreier Jahrzehnte durch Räubereien und *vecigalia* erworben hätte (Tac. ann. 12,29,3). Am Ausgangspunkt der Bernsteinstraße (→ Bernstein und Bernsteinhandel, bes. § 11) gelegen, ist es durchaus wahrscheinlich, daß die Polemik des Tacitus auf Durchgangszölle zielte, die dem Vannius von röm. Händlern zu zahlen waren. Auch innerhalb Germaniens sind für röm. Reisende Abgaben wahrscheinlich, allerdings wohl weniger in verrechtlichter Form als Zölle, sondern eher unter dem Titel gleichwohl formalisierter → Geschenke (→ Römischer Import).

§ 4. Übergang zum Mittelalter. Die Germ.reiche auf röm. Boden führten das röm. Z.-Wesen fort, und die Verfügung über diese Einnahmen lag weiterhin bei der Reichsgewalt (zum Z.-Wesen und insbesondere zu den Grenzzöllen in Ostrom: 12, 151 ff.). Das Verfahren der jeweiligen Schätzung des Warenwertes und prozentualen Erhebung wurde dann in der KaZ deutlich vereinfacht; an seine Stelle traten feste Z.-Sätze für bestimmte Waren, für bestimmte Personengruppen und/oder für bestimmte Transportmittel. Dies kam nicht nur der verringerten Schriftlichkeit und reduzierten Rechenkünsten entgegen, sondern machte die Zölle zugleich zu einem sehr einfach zu gestaltenden Finanzinstrument (14, 667).

Nach und nach wurde die Entscheidung über die Verwendung der Z.-Erträge von den Kg. den Z.-Erhebern vor Ort überlassen, wo auch die Kosten für die Z.-Verwaltung bzw. für Unterhalt und Sicherheit der Straßen anfielen. Nicht zuletzt durch den Fortfall der Rechnungslegung beim Kg. entwickelte sich eine Vorstellung von Zöllen als direkte und an den Besitz der Z.-Stellen gekoppelte Abgabe. Zumal durch die Übertragung von Z.-Stellen, nicht zuletzt an kirchliche Würdenträger, konnten sie als dingliches Recht begriffen werden. Verloren ging die Vorstellung von Zöllen als indirekte Steuern (14, 667 f.). Gemeinsam vorbereitet war damit eine an die Z.-Stellen gebundene völlig unterschiedliche Entwicklung der Z.-Tarife nach Gegenstand und Höhe der Abgaben und für verschiedenartigste Immunitäten und Privilegierungen.

(1) E. Badian, Zöllner und Sünder. Unternehmer im Dienst der röm. Republik, 1997. (2) A. R. Birley, The Economic Effect of Roman Frontier Policy, in: A. King, M. Henig (Hrsg.), The Roman West in the Third Century, 1981, 39–51. (3) M. Dreher, Das Monumentum Ephesenum und das röm. Z.-Wesen, Münstersche Beitr. zur ant. Handelsgesch. 16, 2, 1997, 79–96. (4) H.-J. Drexhage, Einflüsse des Z.-Wesens auf den Warenverkehr im röm. Reich – handelshemmend oder handelsfördernd?, ebd. 13, 2, 1994, 1–15. (5) Ders. u. a., Die Wirtschaft des Röm. Reiches (1.–3. Jh.). Eine Einf., 2002. (6) S. J. De Laet, Portorium. Étude sur l'organisation douanière chez les Romains, surtout à l'époque du Haut-Empire, 1949. (7) R. Duncan-Jones, Money and Government in the Roman Empire, 1994. (8) H. Engelmann, D. Knibbe, Das Z.-Gesetz der Prov. Asia. Eine neue Inschr. aus Ephesos, 1989. (9) J. France, Quadragesima Galliarum. L'organisation douanière des provinces Alpestres, Gauloises et Germaniques de l'empire Romain, 2001. (10) H.-U. von Freyberg, Kapitalverkehr und Handel im röm. Kaiserreich (27 v. Chr. – 235 n. Chr.), 1988. (11) H. Harrauer, P. J. Sijpesteijn, Ein neues Dokument zu Roms Indienhandel. P. Vindob. G. 40822, Anz. der Österr. Akad. der Wiss. Phil.-hist. Kl. 122, 1985, 124–155. (12) P. Karayannopulos, Das Finanzwesen des frühbyz. Staates, 1958. (13) B. Onken, Z., in: N. Pauly XII/2, 827–831. (14) E. Pitz u. a., Z. , in: Lex. des MAs 9, 1999, 666–672. (15) J. Rougé, Recherches sur l'organisation du commerce maritime en Méditerranée sous l'empire romain, 1966. (16) P. J. Sijpesteijn, Customs Duties in Graeco-roman Egypt, 1987. (17) F. Vittinghoff, Portorium, in: RE XXII, 346–399. (18) R. Wolters, REMISSIO. Die Ankündigung von Steueraufhebungen in der RKZ, in: F. Beutler, W. Hameter (Hrsg.), „Eine ganz normale Inschrift" (Festschr. E. Weber), 2005, 507–520. (19) Ders., Vectigal, tributum und stipendium – Abgabenformen in röm. Republik und Kaiserzeit, in: H. Klinkott u. a. (Hrsg.), Geschenke und Steuern, Zölle und Tribute. Ant. Abgabenformen in Anspruch und Wirklichkeit, 2007, 437–462.

R. Wolters

Zülpich

§ 1: Historisch – § 2: Archäologisch – a. Topographie und röm. Fernstraßennetz – b. *vicus* – c. Thermen – d. Tempelanlagen – e. Gräberfelder – f. Spätröm. Kastell – g. Umland

§ 1. Historisch. Der Geschichtswiss. galt Z. lange Zeit als jener Ort, an dem der frk. Kg. Chlodwig (482–511) 496/97 in einer Alem.schlacht siegte und aufgrund dieses Sieges zum christl. Glauben katholischer Prägung übertrat (→ Chlodwig § 3; 4; 8–10; 12). Insbesondere die Frankengesch. des → Gregor von Tours, der rund 80 J. nach den Ereignissen schrieb, bildete dabei den Ausgangspunkt der Überlegungen (11; 12).

An erster Stelle gilt dies für die in sich keineswegs widerspruchsfreie Passage Hist. Franc. II, 30/31, wonach Chlodwig sich von seiner Gemahlin → Chrodechilde nicht habe überzeugen lassen, den wahren Gott anzuerkennen, bis es irgendwann einmal *(aliquando)* zu einem Krieg gegen die Alem. *(bellum contra Alemannos)* gekommen sei und er angesichts einer drohenden Niederlage des frk. Heeres im 15. J. seiner Regierung Gott um Beistand angefleht habe: „Jesus Christ, [...] Hilfe sagt man, gebest du den Bedrängten, Sieg denen, die auf dich hoffen – ich flehe dich demütig an um deinen mächtigen Beistand: gewährst du mir jetzt den Sieg über diese meine Feinde und erfahre ich so jene Macht, die das Volk, das deinem Namen sich weiht, an dir erprobt zu haben rühmt, so will ich an dich glauben und mich taufen lassen auf deinen Namen. [...] Dich nun rufe ich an, und ich verlange, an dich zu glauben; nur entreiße mich aus der Hand der Widersacher." Nach dem Zeugnis des Gregor von Tours ergriffen daraufhin die Alem. die Flucht und als sie ihren Kg. *(regem suum)* getötet sahen, hätten sie sich Chlodwig unterworfen. Ins Vertrauen gezogen, habe Chrodechilde dann heimlich *(clam)* Kontakt zu Bf. Remigius von Reims aufgenommen. Dieser begann darauf, im Geheimen *(secritius)*, Chlodwig zu bekehren und habe ihn anschließend wie einen neuen Konstantin *(novos Constantinus)* getauft.

Wo die Schlacht stattfand, die zur Bekehrung Chlodwigs geführt haben soll, gibt Gregor nicht an. Eher beiläufig berichtet er jedoch in Hist. Franc. II, 37, daß der Rheinfrankenkg. → Sigibert ‚von Köln' bei Z. im Kampf gegen Alem. *(pungnans contra Alamannos apud Tulbiacensium oppidum)* am Knie verletzt wurde, so daß z. Zt. Chlodwigs eine milit. Auseinandersetzung zw. Franken und Alem. bei Z. tatsächlich stattgefunden haben dürfte. Daß diese identisch ist mit der Schlacht, in deren Folge Chlodwig sich taufen ließ, ist zwar möglich, letztlich aber durch nichts zu beweisen. Dies gilt um so mehr, als in einem durch → Cassiodor überlieferten und auf das J. 505 bzw. 506 zu datierenden Glückwunschschreiben des Ostgotenkg.s → Theoderich des Großen an Chlodwig ebenfalls von einer Schlacht zw. Franken und Alem. sowie vom Tod eines namentlich nicht genannten Alemannenkg.s die Rede ist, was immerhin den Schluß nahelegt, „daß es mehrere Könige und Stämme und folglich auch mehrere Schlachten Chlodwigs gegen die Alamannen gab, bis diese um 507 wohl endgültig zwischen Franken und Ostgoten zerrieben beziehungsweise aufgeteilt wurden" (3).

Wie sich aus der Apostrophierung Z.s als *oppidum* durch Gregor von Tours ergibt, muß der Ort – gelegen an der Straße von Reims und Trier nach Köln – im 6. Jh. eine gewisse Bedeutung besessen haben. Bestätigt und ergänzt wird dieser Befund durch Hist. Franc. III, 8, wo es heißt, → Theuderich I. habe nach der Rückkehr von einem Feldzug gegen die Thür. deren Kg. → Herminafrid zu sich kommen lassen, ihm freies Geleit zugesichert und ihn mit Geschenken überhäuft. Als beide aber eines Tages auf der Mauer Z.s *(per murum civitatis Tulbiacensis)* miteinander sprachen, erhielt Herminafrid dem Zeugnis Gregors zufolge hinterrücks einen Stoß, stürzte hinab und starb. Z. war folglich als *civitas* mit einer Mauer umgeben, die wahrscheinlich mit der arch. nachgewiesenen Befestigung aus spätröm. Zeit (s. u. § 2 f.) zu identifizieren ist. Darüber hinaus legt der Empfang Herminafrids in Z. nahe, daß der Ort eine Art Residenz Theuderichs I. gewesen ist.

Ein weiterer Hinweis für eine zentralörtliche Funktion Z.s liefern ferner drei noch erhaltene (Monetar-)Goldmünzen (→ Merowingische Münzen § 2), die mit dem Namen TVLBIACO in der Umschrift die Existenz einer Münzprägestelle belegen und Z. in dieser Hinsicht auf die gleiche Stufe stellen wie etwa Mainz, Trier, Bonn, Köln, Xanten, Maastricht oder Dorestad (5; 7).

Noch zum J. 760 begegnet Z. als Actum-Ort *(Tulpiacho)* in einer Urk. Kg. Pippins und scheint insofern seine Bedeutung bis in die frühe KaZ beibehalten zu haben. 856 werden einige Güter, die Lothar II. einem gewissen Otbert übergab, *in comitatu tulpiacensi* lokalisiert. Die während des 9. Jh.s daneben mehrfach belegte Wendung *in pago tulpiacensi* begegnet zuletzt 880, was allem Anschein nach mit der Zerstörung Z.s durch die Normannen zusammenhängt, von der Regino von Prüm zum J. 881 berichtet *(Coloniam Agrippinam, Bonnam civitates cum diiacentibus castellis scilicet Tulpiacum, Juliacum, Niusa igne comburunt).*

(1) D. Claude, Zu Fragen des alem. Kgt.s an der Wende vom 5. zum 6. Jh., Hess. Jb. für Landesgesch. 45, 1995, 1–16. (2) E. Ewig, Frühes MA, Rhein. Gesch. I/2, 1980. (3) D. Geuenich, Widersacher der Franken – Expansion und Konfrontation, in: Die Alem. Ausstellungskat., 1997, 144–148.

(4) Ders., Chlodwigs Alem.schlacht(en) und Taufe, in: Die Franken und die Alem. bis zur „Schlacht bei Zülpich" (496/97), 1998, 423–437. (5) K.-J. Gilles, Die merowingerzeitliche Münzprägung an Mosel und Rhein, in: Die Franken – Wegbereiter Europas, 1996, 509–512. (6) W. Levison, Zur Gesch. des Frankenkg.s Chlodowech, Bonner Jb. 103, 1898, 42–67. (7) U. Nonn, Pagus und Comitatus in Niederlothringen, Unters. zur polit. Raumgliederung im früheren MA, 1983. (8) M. Rouche, Die Bedeutung der Taufe Chlodwigs, in: wie [5], 192–199. (9) W. von den Steinen, Chlodwigs Übergang zum Christentum. Eine Qu.kritische Studie, 1932. (10) R. Weiß, Chlodwigs Taufe, Reims 508, 1971. (11) I. Wood, Gregory of Tours and Clovis, Revue Belge de philol. et d'hist. 63, 1985, 249–272. (12) E. Zöllner, Gesch. der Franken bis zur Mitte des 6. Jh.s, 1970.

J. Lieven

§ 2. Archäologisch. a. Topographie und röm. Fernstraßennetz. *Tolbiacum*, das heutige Z., liegt 36 km vom Zentrum Kölns entfernt am W-Rand der Z.er Börde auf einer ersten Anhöhe über dem Neffelbach vor dem Wollersheimer Stufenländchen der Voreifel. Die beherrschende Lage über der Börde ergibt sich aus der Position der Kernsiedlung auf einem geol. Horst, der sich ca. 50 m über die Lößbörde erhebt.

Die Bedeutung des Platzes in röm. Zeit geht sicherlich auf den Umstand zurück, daß *Tolbiacum* am Schnittpunkt der Fernstraßen Reims *(Durocortorum Remorum)* – Köln *(Colonia Claudia Ara Agrippinensium)* und Trier *(Colonia Augusta Treverorum)* – Neuss *(Novaesium)* lag. Weiterhin führten von *Tolbiacum* aus röm. Straßen nach Jülich *(Iuliacum)* und über Euskirchen-Billig *(Belgica vicus)* nach Bonn *(Bonna)*.

Die röm. Straße nach → Köln ist heute noch in ihrem alten Verlauf ab der Z.er Kölnstraße und dem Kölntor der ma. Stadtbefestigung unter der heutigen Römerstraße und bis kurz vor Weiler in der Ebene unter der Bundesstraße 256 erhalten. Ab dem Kölntor in Richtung *vicus*-Zentrum ist der Straßenverlauf ungewiß. Lediglich am Hang des Mühlenberges, bei Kanalarbeiten in der gleichnamigen Straße, wurde 1929 auf Höhe der Guinbertstraße ein Kiesstreifen in nö.-sw. Richtung beobachtet, der noch zu dem von Köln kommenden Straßenzug gehören dürfte. Möglicherweise hat dieser Straßenzug das Siedlungszentrum auf dem Mühlenberg erst auf der Höhe der ma. Landesburg und der benachbarten Peterskirche erreicht, so daß eine Anbindung der aus dem N von → Neuss kommenden Straße auch in diesem Bereich zu suchen sein wird. Im Zuge der heutigen Bachstraße, die die Z.er Anhöhe von N im steilsten Anstieg erreicht, fanden sich bisher keinerlei Hinweise auf eine röm. Vorgängertrasse, vielleicht weil der Anstieg in ant. Zeit eher parallel zum Hang auf längerem Weg gesucht wurde und erst im W der Erhebung die Kuppe erreicht.

Der tatsächliche Verlauf der röm. Straßen im Inneren der Siedlung ist durch vielfache Überprägung im MA und in der Neuzeit nur in wenigen Frg. nachzuvollziehen. Im Grunde genommen bewahrt der heutige Verlauf der Straßen zumindest abseits des Mühlenberges noch annähernd das Bild der ant. Zeit. Durch den Bau verschiedener Burgen und ihre Zerstörungen sowie die Bauwerke auf kirchlichem Grundbesitz auf dem Mühlenberg ist dieser Bereich am stärksten überprägt.

Die Topographie von Z. ermöglicht jedoch eine Durchleitung der röm. Fernstraße aus Köln in einem leichten Bogen nach SW, entlang der nach N steil abfallenden Geländekante zum Dürener Land, ohne nennenswerten Höhenunterschied. In der heutigen Bebauung ist diese Trasse durch Burganlage, Kirche, Propstei und Privatgrundstücke nicht mehr passierbar.

In Richtung → Trier führt die röm. Fernstraße durch den in Richtung SW anschließenden Ortsteil Z.-Hoven und setzt sich dann nach einer Gabelung in die Direktionen Trier und Reims in Feld- und Hohlwegen nach SW durch die Eifel fort. In Richtung → Bonn und *Belgica vicus* wird die Straßenverbindung im Verlauf der heutigen

Münsterstraße und Bonner Straße erwartet. Möglicherweise lag die röm. Trasse bei gleicher Ausrichtung aber etwas weiter n., kurz vor der Brabendergasse.

Bei Ausgr. im Bereich des Geriatrischen Zentrums wurde eine parallel zur Münsterstraße verlaufende röm. Straßentrasse beobachtet, die nach SW den Abschluß des Gräberfeldes bildete. Der Sachverhalt, daß das bei weitem wichtigste Gräberfeld, das wir vom *vicus Tolbiacum* kennen, an dieser Straße angelegt wurde, spricht dafür, daß hier die Hauptstraße nach Bonn führte (3; 4; 10; 12; 15; 19; 20; 24; 25).

b. *vicus*. Unter den Aspekten des röm. Rechtes war *Tolbiacum* ein → *vicus* und damit von seiner → *civitas* abhängig. Durch die zentralen Funktionen für sein Umland erfüllte *Tolbiacum* aber weitgehend die Aufgaben einer Stadt (23).

Die Ausdehnung der röm. Bebauung ist bis heute nur in Ausschnitten bekannt (Abb. 128). Das Zentrum des *vicus* lag sicherlich auf der höchsten Erhebung, dem heutigen Mühlenberg, im Bereich der heutigen Peterskirche, der Landesburg und des Mus.s für Badekultur des Rheinlandes. Nach N und W fällt der Mühlenberg steil ab und grenzt so die mögliche Siedlungsfläche ein. Nach NO haben Ausgr. gezeigt, daß die Siedlungsfläche über den Marktplatz hinweg noch bis an die heutige Martinstraße reichte. Im O bestätigt das Gräberfeld an der Brabendergasse, daß der Bereich der Klinik mit dem heutigen Geriatrischen Zentrum bereits außerhalb des *vicus* lag.

Entgegen dem heutigen Stadtbild von Z., das durch die kreisförmige ma. Stadtmauer und die darin eingeschlossenen Wohnquartiere geprägt ist, ergibt sich für die Ant. ein langgestrecktes Oval in N-S-Ausdehnung. Der Mühlenberg lag dabei durchaus im Zentrum der Siedlung, da sich die Bebauung über die Nideggener Straße, heute ein prägender Einschnitt im Stadtbild, hinweg noch weiter nach S ausdehnte. Insgesamt ergibt dies für den *vicus Tolbiacum* mit ca. 400 m N-S und 250 m O-W ausgedehnter Bebauung eine Fläche von rund 10 ha. Auf dem Mühlenberg zeigen die Thermenanlage und die spätröm. Befestigung, daß hier das Zentrum der Siedlung lag. Ausgr. vor dem Bau des Mus.s für Badekultur gaben weitere Hinweise auf eine weiträumige Bebauung in diesem Bereich, wie sie in der röm. Ant. für ein Forumsareal und für Wohngebäude mit gehobenem Standard kennzeichnend sind (33). N. der nach Köln führenden Straße bis zur heutigen Martinstraße fanden sich dagegen zur Straße orientierte, schmale Parzellen mit Streifenhäusern sowie Hinweise auf Werkstätten, Handwerksbetriebe und Läden. Direkt an der Trasse der röm. Fernstraße, der heutigen Kölnstraße, befanden sich öffentliche Toiletten (21).

Hinweise auf Bauten oder Anwesenheit von Militär in *Tolbiacum* fehlen bislang, ebenso Spuren eines immer wieder angenommen Benefiziarierpostens. Ein an der Normannengasse beobachteter Spitzgraben aus dem 3. Jh. n. Chr. steht bislang ebenso völlig isoliert (22) wie ein Mühlstein mit Contubernieninschr. aus einer Abfallgrube bei Haus Baden (31).

Die bislang ältesten Funde aus den Siedlungsbereichen und den Gräberfeldern von *Tolbiacum* datieren in die Mitte des 1. Jh.s n. Chr. (32). Eine ält. Besiedlung seit der Anlage der röm. Fernstraßen ist wahrscheinlich, war aber sicher spärlich und konnte deshalb noch nicht sicher nachgewiesen werden. Verbindungen, die in vorröm. Zeit zurückreichen, lassen sich bislang nur über den kelt. Namen der Siedlung herstellen, nicht aber über arch. Zeugnisse.

Durch den Ber. des Tacitus über die Vernichtung aufständischer Elitetruppen aus dem Bataveraufstand im J. 70 n. Chr. ist nicht nur die Existenz und der Name der Siedlung gesichert. Der Ausdruck … *Tolbiaci in finibus Agrippinensium*… enthält auch eine Aussage zu der rechtlichen Zugehörig-

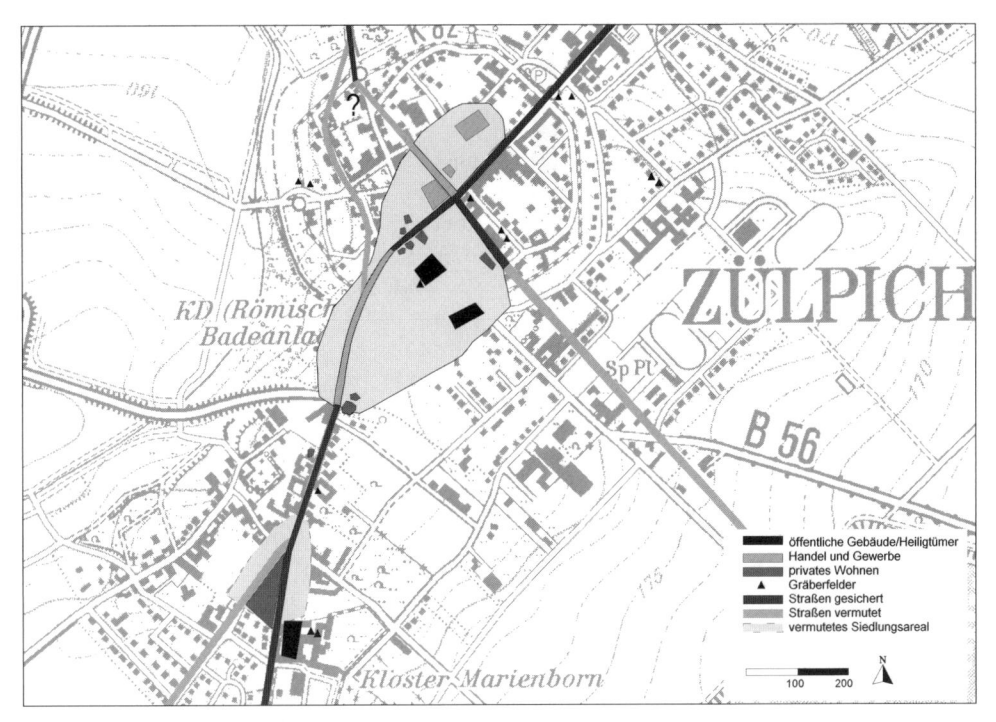

Abb. 128. Zülpich, Kr. Euskirchen. Kartierung der röm. Straßen und Siedlungsareale des *vicus Tolbiacum* nach dem Stand der Ausgrabungen. Dargestellt sind Bereiche mit öffentlichen Bauten (z. B. Bad, Tempel, Forum), Bereiche mit privaten Wohnbauten gehobenen Standards, Bereiche von Wohnbauten durchschnittlichen Standards und Hinweisen auf Handwerk, Handel und Manufakturen sowie Gräberfelder

keit des *vicus* zum Gebiet der *Colonia Claudia Agrippinensium* bzw. einer *Civitas Agrippinensium*. Die Vernichtung der Kohorte des → Civilis erfolgte nach Tacitus auch auf Betreiben der *Colonia Agrippinensium*. Weitere schriftliche Nachweise für *Tolbiacum* enthalten das *Itinerarium Antonini* und frk. Qu. (→ Zülpich, Bd. 34).

Die Siedlung gehört in die Reihe der röm. Gründungen, die ohne nennenswerten Bruch in der Kontinuität, über die spätröm. Zeit hinaus durch das 5. Jh., in merow., karol. und ma. Zeit durchgehend Bestand hatten. Späte epigraphische Qu. aus *Tolbiacum* selbst sind ein Meilenstein von der röm. Fernstraße nach Reims mit Inschr. für Licinius (datiert 308–322) und für → Konstantin den Großen und seine Söhne (datiert 325/326), sowie die heute verlorene Grabinschr. des Masclinius Maternus CIL XIII 7918 = ILS 7069, der in der *Colonia Agrippina decurio, aedilis, duumvir, curator, sacerdos* und Mitglied der *comites* war. Seine Beisetzung 352 n. Chr. in *Tolbiacum* bezeugt noch in spätröm. Zeit die Verbindungen zw. *Tolbiacum* und der *Colonia Claudia Ara Agrippinensium*.

c. Thermen. Das röm. Badegebäude ist das am besten erhaltene Relikt des ant. *Tolbiacum* (Abb. 129) (6; 9; 14; 27–29; 34). Der Bau wurde 1929 entdeckt und bis 1935 ausgegraben. Die freigelegten Gebäudeteile waren dann in einem Schutzbau, der dem Propsteimus. angegliedert war, bis 2001 zu besichtigen. 1978 erfolgten aufgrund von Bauplanungen weitere Ausgr. Die Entscheidung zu einer Neupräsentation der Befunde in einem neuen Mus. zur Badekultur des Rheinlandes bedingten den Abriß des alten

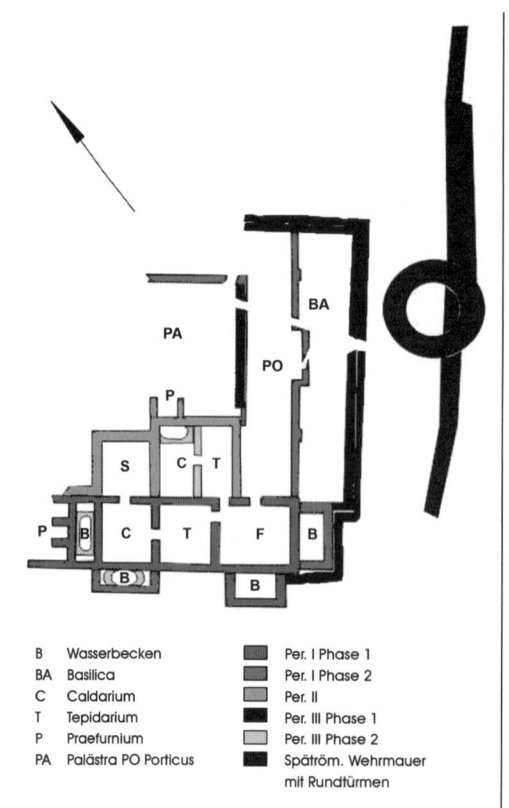

B	Wasserbecken
BA	Basilica
C	Caldarium
T	Tepidarium
P	Praefurnium
PA	Palästra PO Porticus

- Per. I Phase 1
- Per. I Phase 2
- Per. II
- Per. III Phase 1
- Per. III Phase 2
- Spätröm. Wehrmauer mit Rundtürmen

Abb. 129. Zülpich, Kr. Euskirchen. Röm. Badegebäude mit den Per. I–III auf der Basis des Planes bei H. G. Horn (Hrsg.), Die Römer in Nordrhein-Westfalen, 1987, 65

Schutzbaues und die Ausgrabung anschließender Areale in den J. 2001–2003 in einem wiss. und denkmalpflegerischen Projekt, das vom Rhein. Amt für Bodendenkmalpflege zusammen mit der ungar. Univ. Pécs durchgeführt wurde.

Die Baugesch. der Badeanlage wird nach den jüngsten Ausgr. in die Zeit vor Errichtung der Therme und drei weitere Aus- und Umbau-Per. gegliedert. Die urspr. Nutzung des späteren Thermenareals bestand im 1. Jh. n. Chr. nach W hin aus einer Bebauung mit kleinen Holzgebäuden, die durch schmale Kieswege getrennt waren und in der Orientierung von der späteren Therme abwichen. Im ö. Thermenbereich lagen einzelne Gräber aus dem Anfang des 2. Jh.s n. Chr.

Per. I: Um die Mitte des 2. Jh.s n. Chr. wird auf dem Grundstück ein Badegebäude vom Reihentyp, der Kernbau der späteren Therme, errichtet. Die Raumfolge umfaßt in Stein erbaut ein *frigidarium* (6 × 5 m), ein *tepidarium* (5 × 5 m) und ein *caldarium* (4 × 5 m) mit *alveus* (4,65 × 1,4 m). Vom *caldarium* führte das *praefurnium* in einen Arbeitsraum für den Heizer. Zu diesem Steinbau wird ein in Holz errichtetes *apodyterium* angenommen.

In einem ersten Erweiterungsschritt wird dem *frigidarium* ein Kaltwasserbecken (4 × 2 m) und dem *caldarium* ein Heißwasserbecken (3,5 × 1,2 m) angefügt. Spätestens zu dieser Zeit liegt an die Gebäude anschließend ein als Peristyl gestaltetes Hofareal von mindestens 24 × 24 m, das als *palästra* gedeutet wird. Der Umgang ist 3 m br. und besitzt im S-Flügel eine von innen zurückgesetzte Nische in der Außenwand.

Per. II: In der 2. Hälfte des 2. Jh.s n. Chr. erhält das Gebäude Erweiterungen in Stein, die eine Verdoppelung der Funktionen ergeben. An das erste *tepidarium* wird nach W hin ein *apodyterium* in gleicher Größe, ein zweites *tepidarium* (6 × 6 m) sowie ein *sudatorium* (4 × 4,5 m) angebaut. Die beiden beheizten Räume haben getrennte *praefurnia* zum Peristylhof hin. *Palästra* und Peristylhof bleiben in den weiteren Teilen wohl noch in Funktion.

Per. III: Das Bad erreicht in der Zeit zw. der 1. Hälfte des 3. und dem Anfang des 4. Jh.s n. Chr. seine größte Ausdehnung. *Palästra* und Peristyl werden aufgegeben, auf dem s. Drittel des Grundstückes wird dafür eine *basilica thermarum* (ca. 10 × 16 m) errichtet, die auch als *apodyterium* dient. Der alte Entwässerungskanal wird nach außen vor die SO-Wand der *basilica* verlegt, dort fanden sich auch Mauerreste einer über dem Kanal errichteten Latrine. Das zuletzt errichtete *sudatorium* wird wieder abgerissen, das jüng. *tepidarium* geteilt und kleineres *tepidarium* sowie ein zweites *caldarium* mit eigenem Heißwasserbecken geteilt. Die Beheizung des neuen *caldariums* erfolgt nun über ein *praefurnium* im Bereich des ehemaligen *sudatoriums*. Die beiden Heißwasserbecken im ält. *caldarium* werden verkleinert und in ovale Badewannen mit Längen von 2,85 m umgebaut. Der Estrichboden des *frigidariums* wird erhöht und das ält. *caldarium* erhält einen neuen Bodenbelag aus grünem Granit.

Die Datierung dieser Per. ist schwierig, die Fundauswertung noch nicht abgeschlossen. Die jüngsten Münzen aus dem Badegebäude wurden in spätröm. Zeit geprägt. In den Schuttschichten über den letzten Bauphasen des Bades fand sich ein Aureus des Valentinian III. (424–455 n. Chr.).

Interessant sind zudem die Dendro-Daten von Holzverschalungen zweier Wasserreservoirs oder Brunnen, die direkt sw. vor dem Badegebäude ausgegraben wurden. Eine runde Konstruktion wurde mit Hölzern der Fällungsjahre 320–330 n. Chr. erbaut, für eine sechseckige Konstruktion wurden Hölzer aus dem J. 336 n. Chr. verwendet. Weitere Brunnenbauten für die Wasserversorgung des Bades sind nicht nachgewiesen. Möglicherweise wurde das notwendige Wasser aus der näheren Umgebung über eine oberirdische Leitung herangeführt. In diesem Zusammenhang könnte die Errichtung der spätröm. Wehrmauer für das Kastell bzw. den befestigten *vicus Tolbiacum* eine andere Lösung notwendig gemacht haben, so daß die Dendro-Daten der Ersatzkonstruktionen zur Datierung der Wehrmauer beitragen könnten. Die Gleichzeitigkeit der Baudaten des zweiten Reservoirs mit der konstantinischen Rheinbrücke zum Kastell *Divitia* fällt jedenfalls auf (11).

d. Tempelanlagen. Tempelanlagen selbst wurden in *Tolbiacum* nicht ausgegraben. Durch die Funde von Weihesteinen (→ Weihedenkmäler) und anderen Inschr. zeichnen sich aber zwei Areale ab, von denen anzunehmen ist, daß dort Heiligtümer existiert haben.

Die erste Verdachtsfläche liegt s. des ant. Zentrums, heute auf der S-Seite der Nideggener Straße. Nach dem Verlauf der röm. Fernstraßen könnte hier ein Heiligtum an einem Verbindungsweg zw. der Straße nach *Belgica vicus/Bonna* (heute B 56) und der Fernstraße nach *Augusta Treverorum* (heute Nideggener Straße im Ortsteil Hoven) gelegen haben. Vergleichbare Umgehungen als Verbindungswege zw. Fernstraßen vor innerörtlichen Straßenkreuzungen sind gut bekannt und bes. bei umwehrten Siedlungen nötig, um auch bei geschlossenen Toren den Fernverkehr weiter passieren zu lassen. In diesem Areal wurden im 19. Jh. Weiheinschr. der *Matronae Aufaniae*, der *Junones* und *Quadruviae* gefunden, weiterhin gibt es Notizen über die Funde von Werkstücken wie Kapitellen und Säulentrommeln sowie Kleinfunde.

Ein weiteres Heiligtum lag im Ortsteil Hoven bei dem heutigen Zisterzienserkloster. In dessen Kirche ist ein Architrav mit einer Weihung an die Göttin *Sunuxal* eingemauert. Im Garten des Klosters soll alten Ber. nach ein heute verschollenes Metallgeschirr-Ensemble, deponiert in einer Ziegelplattenkiste, gefunden worden sein.

Fünf Frg. von Matronensteinen der *Cuchenehae*, *Vesuniahenae* und *Anesaminehae* fanden sich als Bauteile merow. Plattengräber am N-Rand des heutigen Marktplatzes. Sie dürften von den beiden angesprochenen Heiligtümern stammen. Darüber hinaus sind aus *Tolbiacum* auch epigraphische Zeugnisse der *matrones Albiahenae* und *Saitchamiae* bekannt (12; 36; 37; 39; 40).

e. Gräberfelder. Kaiserzeitliche Brandgräber wurden im Z.er Stadtgebiet mehrfach aufgedeckt. Es handelte sich aber jeweils nur um wenige Befunde aus wenig bekannten Zusammenhängen. Insgesamt entsteht der Eindruck, daß im Laufe der Besiedlung Grabanlagen am Rande des Siedlungsbereiches mehrfach von späterer Bebauung überzogen wurden oder auf aufgegebener, einplanierter Bebauung bestattet wurde. So kennt man Grablegen an der Römerstraße/Kölnstr. sowohl deutlich außerhalb der ma. Stadt wie auch im Bereich des Kölntores der ma. Stadtbefestigung und im Zentrum der ma. Stadt am Alten Klinikum. Ebenso liegen n. des Marktplatzes, nahe dem Weyertor, neben frühma. Körpergräbern auch kaiserzeitliche Brandbestattungen. Vergleichbare Verhältnisse zeichnen sich an der Ausfallstraße nach Bonn ab. Die Brandgräber unter der röm. Therme zeugen ebenfalls von der Nutzungsänderung dieser Grundstücke. Einige röm. Brandgräber im Bereich der Keltenstraße könnten bereits zu einem Anwesen außerhalb des *vicus Tolbiacum* gehören (5; 13).

Einen besonderen Platz nehmen die Gräber des Gräberfeldes am Geriatrischen Zentrum und die Bestattungen aus dem Ortsteil Hoven entlang der Straße nach Trier ein. Aus dem Hovener Friedhof stammen Funde von der baulichen und figuralen Ausstattung einer Gräbergruppe hoher Qualität. So wurde hier der bekannte Portraitkopf eines Knaben aus der Mitte des 1. Jh.s n. Chr. gefunden, der zu einem großen Pfeilergrabmal gehörte (19; 20). Nach ält. Nachrichten wurde in der Umgebung dieses Fundes bereits früher eine ‚Bacchusstatue' gefunden, die ebenfalls eine Personendarst. vom Bildprogramm eines großen Grabbaues gewesen sein dürfte.

In der Kirche St. Peter ist ein Sandsteinblock mit Reliefdarst. vermauert, der im Stadtzentrum an der Ecke Münsterstraße und Kölnstraße gefunden wurde und der zu einem ca. 10 m hohen Pfeilergrabmal gehörte. Der Block zeigt zw. zwei senkrecht an den Pfeilerecken angeordneten Metopenfriesen eine Gestalt in kelt. Tracht mit einer aufgeklappten Schreibtafel in der Linken.

Vermutlich ist diese Spolie auch aus dem Hovener Gräberbez. ins Stadtzentrum verschleppt worden, wo sie in mehr als 2 m T. gefunden wurde (18).

Das Gräberfeld am Geriatrischen Zentrum wurde im Zuge des Klinikbaues in den J. 1994 und 1996 entdeckt und ausgegraben (32). Der Befund umfaßt über 300 Brandbestattungen der RKZ, die vorwiegend in das 1. und 2. Jh. n. Chr. datieren. Der sw. Rand des Gräberfeldes deckt sich mit der Trasse einer röm. Straße, die nach SO Richtung *Belgica vicus* führt. Auf der gegenüberliegenden Straßenseite fanden sich Pfostenstellungen eines Holzbaues oder von Holzzäunen. Das Gräberfeld setzt sich wohl nach SO entlang der röm. Straße und nach NO in die Grundstücke jenseits der Brabenderstraße fort. Die Gräber sind derzeit noch nicht fertig ausgewertet, es ist jedoch bereits erkennbar, daß von der Trasse der röm. Straße aus bes. im n. Teil des Gräberfeldes sich zusammengehörige Gruppen von Bestattungen unterschiedlicher Zeitstellung bilden, was auf die Einrichtung oberirdisch erkennbarer Grabbereiche hinweist, die von einer Familie oder anderen sozialen Gruppe über längere Zeit immer wieder für Bestattungen genutzt wurden. Darüber hinaus liegen, wie in der Horizontalstratigraphie zu erwarten, ält. Gräber und Grabgruppen direkt an der Ausfallstraße und eher nach N zur Kreuzung mit der Fernstraße Köln–Trier hin, jüng. Bestattungen folgen nach O und S hin.

f. Spätröm. Kastell. Bei den Ausgr. 1978 wurde im SO der Grabungsfläche eine Wehrmauer mit dem Frg. eines vor die Front ragenden Rundturmes von knapp 10 m Dm. (vgl. Abb. 129) entdeckt (9). Bei den Grabungen ab 2001 wurden weitere Mauerstücke und die Reste eines zweiten Rundturmes dieser Umwehrung entdeckt (27–29). Die Mauer aus Grauwacke ist 3,5 m stark und an einigen Stellen bis zu

2,7 m Hh. erhalten. Die Rundtürme stehen in einem Abstand von 30 Metern.

Nach der Bauart und den Datierungsmöglichkeiten handelt es sich um eine spätröm. Wehrmauer, die den Kern des *vicus Tolbiacum*, wohl in Art eines Straßenkastells wie in Jülich *(Iuliacum)* und Jünkerath *(Icorigium)*, schützte. Der weitere Verlauf der Umwehrung ist unklar, sicher stand sie nach SW und NW hin am Rande des dort steil abfallenden Geländes; eine Position, die sich auch die ma. Burgen an gleicher Stelle zunutze machten.

Sowohl die Mauer, wie auch die Rundtürme zeigen starke Schäden, die auf Erdbebenaktivitäten zurückgehen (18). Anpassende Mauerstücke sind um fast 1 m verschoben, Mauerscheiben und Rundtürme gekippt und zerrissen. Teile der zerstörten Wehrmauer sind heute nur noch deshalb vorhanden, weil sie in die ma. Stadtmauer von Z. integriert wurden. Der Zeitpunkt dieser Zerstörung ist schwer festzulegen, da das Z.er Gebiet mehrfach von hist. bekannten Erdbeben heimgesucht wurde. Möglicherweise liegen die Ergebnisse mehrerer Schadensereignisse zusammen vor. Einige Bruchlinien betreffen die spätröm. Mauer und das Fundament der ma. Propstei gemeinsam und können so als ma. Zerstörungen, vielleicht durch das verheerende Beben von 1756, bestimmt werden.

Von den Befestigungsmauern berichtet noch → Gregor von Tours, daß im J. 531 von diesen Mauern der Thüringerkg. → Herminafrid zu Tode gestürzt worden sei. Bei einem normannischen Überfall 881 n. Chr. werden noch Zerstörungen an den Befestigungsmauern berichtet, von denen in der Lit. angenommen wird, daß sie noch bis ins 12. Jh. n. Chr. bestanden (7; 26; Gregor v. Tour, Liber historiae francorum, hrsg. von H. Krusch, MGH SS rer. Mer. II, 1888, 278).

g. Umland. In der RKZ war das Umland von *Tolbiacum* mit röm. Gutshöfen besiedelt, die meist in der 2. Hälfte des 1. Jh.s n. Chr. entstanden (30). Die polit. und wirtschaftl. Verhältnisse im 3. und 4. Jh. n. Chr. führen zu einer Konzentration dieser Höfe, die z. T. mit der Errichtung von Befestigungen *(burgi)* einhergeht.

Bes. an den Bestattungen der dort lebenden Personen ist häufig ein ausgeprägter Wohlstand erkennbar, der von wirtschaftl. Prosperität zeugt; Verbindungen zur *Colonia Claudia Ara Agrippinesium* sind noch vorhanden, z. T. sogar eng (38). In der Nähe von *Tolbiacum* sind solche Siedlungen und Bestattungen beispielsweise von Vettweiß-Froitzheim, Z.-Enzen und Z.-Ülpenich bekannt.

Die *villa rustica* ‚Auf dem Dülles' bei Froitzheim fällt nicht nur durch herausragende Einzelfunde wie einen bronzenen Spielturm und polychromes Mosaik auf; die Anlage besitzt auch drei umwehrte Burgi (→ burgus) (1).

In Enzen wurden bereits im 17. und 19. Jh. reich ausgestattete Sarkophagbestattungen gefunden, die als ‚Königsgräber von Enzen' in die Ortslegenden eingegangen sind. Von einer dieser Grabausstattungen des späten 3./beginnenden 4. Jh.s n. Chr. befindet sich heute noch ein schwerer Armreif und ein Scheitelschmuck für eine junge Frau, beides aus Gold, in Privatbesitz (2). Ein weiterer Sarkophag mit einem vergleichbaren Schmuckensemble wurde 1978 gefunden und konnte durch die Dendro-Datierung der untergelegten Holzbalken in das J. 356 datiert werden (17).

Auch im Ortsteil Ülpenich gibt es vergleichbare Bestattungen, von deren Beigaben insbesondere eine kugelförmige Glasflasche mit Emaillebemalung bekannt ist. Dargestellt ist eine Zirkusszene mit einem Viergespann (20, Taf. 11; vgl. auch 8).

(1) L. H. Barfield, Ein Burgus in Froitzheim, Kr. Düren. Beitr. zur Arch. des röm. Rheinlandes, 1968. (2) H.-W. Böhme, Das sog. Kg.sgrab von Enzen, Führer zu vor- und frühgeschichtl. Denkmälern 26, 1974, 70–74 (Enzen). (3) F. W. von Detten, K.

Gutersohn, Tolbiacum – Z., Das Rhein. Landesmus. Bonn, 1982, H. 4, 60–62 (allg.). (4) M. Dodt, Die Straßen des ant. Z., Arch. im Rheinland 1997, 1998, 73–76 (Straßen). (5) Ders., Die röm. Gräberfelder von Z., ebd. 1999, 2000, 91–94 (Gräberfelder). (6) Ders., Die Thermen von Z. und die röm. Badeanlagen der Prov. Germania inferior, 2003. (7) K. Flink, Z., Rhein. Städteatlas I 5, 1972. I 3; II 2; II 2 (allg., Fortleben spätröm. Kastell). (8) A.-B. Follmann-Schulz, Die röm. Gläser im Rhein. Landesmus. Bonn, 1992, 82 f., Nr. 44. (9) M. Gechter, Ausgr. im Rheinland '78, Das Rhein. Landesmus. Bonn. Sonderh. Januar 1979, 1979, 85–89 (U. Heimberg, ebd. 90 ff. [Römerbad 1978]). (10) Ders., Das städtische Umland in Niedergermanien im 2. Jh. n. Chr., in: H.-J. Schalles u. a. (Hrsg.), Die röm. Stadt im 2. Jh. n. Chr., 1992, 153–161 (Z. allg.). (11) Th. Grünewald, Ein epigraphisches Zeugnis zur Germanenpolitik Konstantins des Großen: Die Bauinschr. des Deutzer Kastells (CIL XIII 8502), in: Labor omnibus unus (Festschr. G. Walser), 1989, 171–185. (12) Ders., Tolbiacum: Zur Gesch. Z.s in röm. Zeit, in: Chlodwig und die Schlacht bei Z. Gesch. und Mythos 496–1996, 1996, 11–30 (Z. allg.). (13) W. Haberey, Spätröm. und frühma. Gräber an der Römerallee in Z., Bonner Jb. 131, 1926, 76–78 (Gräber). (14) J. Hagen, Jahresber. 1931 Nr. 81, ebd. 136/137, 1932, 330–331 (Römerbad, Entdeckung). (15) U. Heimberg, Z. in röm. Zeit, in: Z. Festschr. zur 1450 Jahrfeier, 1981, 29–41 (Z. allg.). (16) Dies., Ein spätröm. Sarkophag aus Z.-Enzen. Das Rhein. Landesmus. Bonn, Ausgr. im Rheinland ,78, 1979, 90–93 (Sarkophag Enzen). (17) Dies., Vielleicht 10 Meter hoch. Ein röm. Grabpfeiler in Z., Das Rhein. Landesmus. Bonn, 1979, H. 4–5, 67–69. (Pfeilergrabmäler). (18) Freundliche Mitt. der seismologischen Unters.sergebnisse der Erdbebenwarte Bensberg (Univ. Köln) am Z.er Befund durch K.-G. Hinzen. (19) H. G. Horn, „Z." und „Das Römerbad in Z.", Führer zu vor- und frühgeschichtl. Denkmälern 26, Nö. Eifelvorland, Teil 2, 1974, 25–37 (allg.). (20) Ders., M. Gechter, Z., in: H. G. Horn (Hrsg.), Die Römer in Nordrhein-Westfalen, 1987, 650–656 (allg.). (21) Th. Ibeling, Eine weitere bebaute Parzelle der Römerzeit im vicus Tolbiacum, Arch. im Rheinland 2000, 2001, 67 f. (Handel und Handwerk). (22) W. M. Koch, Die Vorunters. des Baugeländes Martinstraße/Normannengasse in Z., Arch. im Rheinland 1992, 1993, 109–111 (Handel- und Handwerk). (23) J. Kunow, Zentralität und Urbanität in der Germania inferior des 2. Jhs n. Chr., in: wie [10], 143–152 (Z. allg., vicus). (24) H. von Petrikovits, Rhein. Gesch., I/1. Altert., 1978 (allg.). (25) C. B. Rüger, Germania Inferior. Unters. zur Territorial- und Verwaltungsgesch. Niedergermaniens in der Prinzipatszeit, 1968 (allg.). (26) H. Schwarz, Zur Gesch. der Rhein. Pfalzgft. I., Westdt. Zeitschr. 26, 1907, 162 (Fortbestand spätröm. Kastell). (27) Zs. Tóth, Röm. Thermen und Benediktinerpropstei – Ausgr. auf dem Mühlenberg 2002, Arch. im Rheinland 2002, 2003, 76–79 (Bad). (28) Ders., Röm. Thermen und die ma. Benediktinerpropstei von Z., in: H. G. Horn u. a. (Hrsg.), Von Anfang an. Arch. in Nordrhein-Westfalen, 2005, 434–436 (Bad). (29) Ders., Zs. Visy, Röm. Thermen und Benediktinerpropstei – Ausgr. auf dem Mühlenberg 2001, Arch. im Rheinland 2001, 2002, 57–59 (Bad). (30) P. Tutlies, Eisenzeitliche und röm. Mergelgruben bei Z., ebd. 1998, 1999, 49–50 (Umland). (31) Dies., P. Wagner, Tolbiacum – neue Details zur Ausdehnung des röm. vicus in Z., ebd. 1992, 1993, 48–50 (vicus). (32) P. Wagner, Röm. Gräber in Z., ebd. 1994, 1995, 77–79. (33) Ders., Röm. vom Z.er Mühlenberg, in: wie [28], 431–433. (34) H. H. Wiskirchen u. a., Das Römerbad in Z., 1991 (Bad).

Inschr.: (35) CIL XVII 2, 557. G. Alföldy, Epig. Stud. 4, 1967, 33–43 (Meilenstein). (36) CIL XIII 7915. (37) CIL XIII 7917 (Sunuxal). (38) CIL XIII 7918 = ILS 7069 (Maternus). (39) CIL XIII 7920a–7926. (40) CIL XIII 7928.

P. Wagner

Zum Sprachlichen → Zülpich, Bd. 34

Zürich

§ 1: Topographie – § 2: Forschungsgeschichte – § 3: Spätlatènezeit – § 4: Römische Zeit – a. Augusteische Militäranlage – b. *vicus* – c. Spätant. Kastell – § 5: Früh- und hochmittelalterliche Königspfalz – § 6: Keltischer Münzfund

§ 1. Topographie. Das ant. Z., *Turicum*, liegt am Ausfluß der Limmat aus dem Zürichsee (Abb. 130). Hier bildet der Lindenhof die mittlere, höchste Kuppe eines allseits isolierten Moränenhügels, den der Rhein-/Linth-Gletscher im Zürich-Stadium der letzten Eiszeit hinterlassen hat (428 m über NN). Auf der O-Seite zur Limmat hin ist das Gelände steil abfallend, im W senkte sich die Hügelflanke zu einem unwirtlichen Sihlraum flacher ab. Bei Hochwasser wurde der Lindenhof-Hügel zu einer Art Insel inmitten des breiten Sihldeltas (2, 125 f.; 3; 4, 20 f.). In röm. Zeit sank der Seespiegel, und das Gelände wurde trockener.

Zürich 947

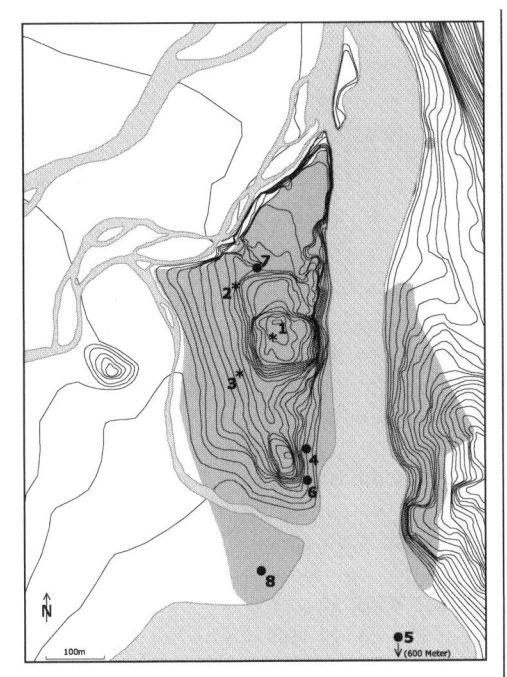

Abb. 130. *Turicum* liegt am Ausfluß des Zürichsees am linken Ufer der Limmat auf dem Moränenhügel, dessen höchster Punkt (428 m über NN) der Lindenhof darstellt. Im O findet sich die Sihl als Seezufluß. Die dunkelgraue Zone markiert die Ausdehnung des röm. *vicus*. Mit Sternen (Spät-LTZ) und Punkten (röm.) bezeichnet sind die im Text erwähnten Siedlungsstellen: 1 Lindenhof; 2 Oetenbachgasse (v-Graben); 3 Rennweg (Häuser); 4 Weinplatz (Thermen); 5 Großer Hafner (Heiligtum); 6 Storchengasse (Rundtempel); 7 Oetenbach, ehemaliges Klosterareal (Heiligtum); 8 Poststraße-Zentralhof (Gräber). Jährlich kommen mit neuen Grabungen mehrere Fst. hinzu (Zeichnung U. Jäggin, Stadtarch. Zürich)

Der Hügel bot sich geradezu ideal für eine Siedlung an, da sich hier eine leicht zu verteidigende, isolierte Höhenlage mit der verkehrsgünstigen Position am Übergang von See und Fluß verband (7, 110–112). Über *Turicum* führte eine von → *Vindonissa*/Windisch und *Aquae Helveticae*/Baden kommende Straße in Richtung O (7, 141; 9, 45–47). Sö. des Lindenhofs scheint sich ein Limmatübergang befunden zu haben (7, 132), und es ist anzunehmen, daß es einen Hafen gegeben hat (7, 133 f.). Eine Inschr. bezeugt eine Zollstation der *Quadragesima Galliarum* in *Turicum* (7, 123 ff.).

§ 2. Forschungsgeschichte. Seit 1747 war durch die Auffindung eines Grabsteines der ant. Name der Siedlung bekannt: *Turicum*, ein Wort mit kelt. Wurzeln (7, 110. 123–126; 9, 58 f.).

1832 wurde die ‚Gesellschaft für vaterländische Alterthümer', die spätere ‚Antiquarische Gesellschaft', gegründet (4, 14; 9, 61); ihr Begründer und erster Präsident war Ferdinand Keller. 1837 und in den 1860er J. führte er erste Sondierungen auf dem Lindenhof durch (4, 14; 7, 116 f.; 9, 61–70).

1937/38 untersuchte E. Vogt den Lindenhof durch 121 Schnitte (11). Lange bestand daraufhin die Lehrmeinung, daß der Ursprung Z.s auf eine Militäranlage augusteischer Zeit zurückgeht (7, 102 f. 112–114; 9, 82. 110. 161).

Zu einer starken Zunahme der arch. Entdeckungen kam es seit den 70er J. des letzten Jh.s, als man systematisch die Kanalisationsleitungen ersetzte (9, 91 f.). Monographisch publiziert sind die Ergebnisse der Grabungen 1977/78 vom Münsterhof (10) und der Thermen am Weinplatz (12).

Erst 1998 gelang durch die Auswertung ält. Grabungen (Rennweg) und neue Befunde der Nachweis einer kelt. Siedlung in Z. (1, 19 ff.; 2–4).

§ 3. Spätlatènezeit (1, 19 ff.; 2–4). Die spätlatènezeitlichen Siedlungsspuren konzentrieren sich bisher auf die Kuppe und die flachen Flanken des Lindenhofs (vgl. Abb. 130). Die Befunde datieren in die Stufe LT D2. Unstratifizierte ält. Funde liegen in Z. vereinzelt vor (Amphoren Dressel 1A, Eisenbarren, Münzen, Glasarmringe). Aufgrund der topographischen Gegebenheiten wird die Siedlung nicht größer als max. 7 ha gewesen sein.

Bereits Ende des 19. Jh.s sind Einzelfunde und Depots der LTZ entdeckt worden (3; 4, 16 f.; 7, 101 f.; 8, 119–123). Ein bedeutender Münzfund (s. § 6) kam 1890 an der Bahnhofstraße 1 zutage.

Die spätlatènezeitlichen Siedlungsreste auf der Lindenhofkuppe sind noch nicht näher interpretierbar (2, 132 f.; 3).

Nw. verlief ein v-förmiger, 3,5 m tiefer und 4,5 m br. Graben (Oetenbachgasse; 1, 21; 2, 133–135; 3). Die Knochen aus der Verfüllung weisen evtl. auf Kult hin. Der Verlauf des Grabens macht wahrscheinlich, daß er zur Innenuntergliederung des Siedlungsareals gedient hat.

Am oberen Rennweg sind verschiedene Phasen von Häusern in Pfostenbauweise mit Feuerstellen und Gruben aufgedeckt worden (1, 19 f.; 2, 126–132; 3; 4, 22–34).

§ 4. Römische Zeit. a. Augusteische Militäranlage (3; 7, 112–114; 9, 161; 11, 28–34). Vogt kam zu dem Schluß, daß auf der Kuppe des Lindenhofs eine augusteische Militäranlage gelegen hat (11, 32–35). Spärliche Befunde, viele Funde und strategische Überlegungen sprechen tatsächlich für das Vorhandensein einer solchen Anlage. Einen möglichen Zusammenhang mit der Militäranlage könnte ein Graben am NW-Abhang des Lindenhofs haben (3).

b. *vicus* (3; 5; 7; 9). Straßen. Im *vicus*-Areal (vgl. Abb. 130) sind nur vereinzelt Straßenreste bekannt (2; 9, 94 ff. 128–135; 12, 55; 13).

Wohnhäuser. Überreste von Holzhäusern in Schwellbalken- und Pfostenbauweise finden sich auf der Kuppe sowie am S-, N- und W-Abhang des Lindenhofs (3; 7, 116; 9, 82. 112–114). In tiberisch-claudischer Zeit wurde am NW-Abhang des Lindenhofs das ganze Areal planiert, und alle alten Häuser wurden aufgegeben (3).

Einen Siedlungsaufschwung erlebte der *vicus* ab den 70er J. des 1. Jh.s n. Chr. Die aus Z. bekannten röm. Steinhäuser datieren alle in die mittlere Kaiserzeit (5; 7, 115–117. 131. 133; 9, 88. 90. 97. 115–117. 122–124. 128–135. 139 f.). Z. T. weisen sie Reste von Hypokaust-Räumen, Mosaiken und Wandmalerei auf. Außerdem sind auf dem *vicus*-Areal mehrere Sodbrunnen bekannt (7, 117–120; 9, 120 f. 137 f.).

Thermen (12; 5; 9, 100–102. 151–160). Um 70/80 n. Chr. wurde am Weinplatz ein kleiner, 9 × 16 m messender Thermenbau (Reihentypus) errichtet und Mitte des 2. Jh.s n. Chr. umgebaut (Blocktypus).

Heiligtümer. S. des *vicus* fand sich auf der langgestreckten Insel des Großen Hafners, unmittelbar vor dem Ausfluß der Limmat aus dem Zürichsee, ein Rundtempel (Dendrodatierung: 122 n. Chr.). Zahlreiche Münzen belegen die Bedeutung dieses Platzes bereits im 1. Jh. n. Chr. (3; 5; 6). Am S-Rand des *vicus* (Storchengasse 13) stand ein zweiter röm. Rundbau (3; 5; 9, 128–130). Zentrum dieses Heiligtums mit reichlichen Münzfunden ist ein Findling. Auch am N-Rand des *vicus* scheint einst ein Heiligtum gelegen zu haben (Oetenbach, ehemaliges Klosterareal). Davon zeugen ein Weihestein an die Götter Diana und → Silvanus sowie ein Schatzfund (3; 5; 7, 117. 125. 127. 129–131; 9, 70–75).

Gräber. Am s. Rand des *vicus* kamen Brandgräber aus der Zeit des späteren 2. Jh.s n. Chr. zutage (5; 7, 122; 9, 149 f.).

c. Spätant. Kastell (1, 21 f.; 5; 7, 142–147; 11, 38–57). Das Kastell nutzte die topographischen Vorteile, die sich für eine Befestigung auf der Kuppe des Lindenhof-Hügels ergaben. Zur Anlage gehörten eine über 2 m br. Umfassungsmauer, zwei Tortürme, sechs – möglicherweise acht – weitere Türme sowie eine in die W-Mauer eingelassene Schlupfpforte (11, 49–51; 7, 143). Im Vergleich mit dem mittelkaiserzeitlichen *vicus* umfaßte das Kastell eine stark reduzierte Fläche. Mit einer Innenfläche von 4500 m² gehört es zu den eher kleinen spätröm. Anlagen dieser Art im Gebiet der heutigen Schweiz.

Trat Vogt noch für eine Errichtung des Kastells in der Regierungszeit Ks. →Valentinians I. (364–375) ein (11, 52), steht heute, mit Seitenblick auf die inschriftlich oder arch. datierten *castra* (→ Lager) von Oberwinterthur, Stein am Rhein, Solothurn und →Yverdon-les-Bains, auch eine frühere Entstehung – unter Diokletian (284–305) oder →Constantin dem Großen (306–337) – zur Diskussion (1, 21).

Auf dem übrigen Areal des *vicus* finden sich verstreut spätant. Einzelfunde (5; 9, 107).

(1) M. Balmer u. a., Arch. auf dem Zürcher Lindemhof, Arch. der Schweiz 27, 2004, 16–25. (2) Dies., Spätkelt. Bauten und Funde in der Altstadt von Z., in: G. Kaenel u. a. (Hrsg.), Colloquium Turicense. Siedlungen, Baustrukturen und Funde im 1. Jh. v. Chr. zw. oberer Donau und mittlerer Rhone, 2005, 125–136. (3) Dies., Turicum 1. Die Spät-LTZ und frühe RKZ in Z. (Arbeitstitel), Diss. Bern. Monogr. Kantonsarch. Zürich (Druck 2007). (4) Dies. u. a., Kelten in Z. Der Ursprung der Stadt Z. in neuem Licht, 2001. (5) Dies., D. Käch, Turicum 2. Z. und Umgebung. Mittlere Kaiserzeit und Spätant. (Arbeitstitel), Monogr. Kantonsarch. Zürich (in Vorbereitung). (6) B. Eberschweiler u. a., Ein röm. Rundtempel auf dem Grossen Hafner im Zürichsee, in: Arch. im Kanton Z. 2003–2005 (2006), 247–288. (7) E. Meyer, Z. in röm. Zeit, in: E. Vogt u. a., Z. von der Urzeit zum MA, 1971, 105–162. (8) M. Nick, Die Besiedlung Z.s in der ält. Spät-LTZ. Ein Klumpen mit Potinmünzen, die Limmatfunde und der Üetliberg, in: wie [2], 119–123. (9) J. E. Schneider, Turicum. Z. in röm. Zeit, in: Turicum – Vitudurum – Iuliomagus. Drei Vici in der O-Schweiz (Festschr. O. Coninx) 1985, 39–167. (10) Ders. u. a., Der Münsterhof in Z. Ber. über die Stadtkernforsch. 1977 / 78, 982. (11) E. Vogt, Der Lindenhof in Z. Zwölf Jh. Stadtgesch. auf Grund der Ausgr. 1937/38, 1948. (12) D. Wild, D. Krebs, Die röm. Bäder von Z. Ausgr. am Weinplatz in der Altstadt von Z. 1983/84, 1993. (13) D. Wild, J. Hanser, St. Peterstrasse 3, Zürcher Denkmalpflege 1995/96, 152 f.

M. Balmer

§ 5. Früh- und hochmittelalterliche Königspfalz. Im Zuge der Grabungen im Bereich des spätröm. Kastells auf dem Lindenhof 1937/38 sind auch Reste nachantiker Gebäude freigelegt worden, die vom Ausgräber Emil Vogt in Kombination mit Nachrichten zur Reichsgesch. als karol. bzw. ottonische →Pfalz bzw. als befestigte Pfalz des 11. und 12. Jh.s angesprochen worden sind (8, 66 ff. 79 ff. 104 ff.). Dabei gilt zu beachten, daß in der schriftlichen Überlieferung erst ab der Mitte des 11. Jh.s von einem *palatium (regis, imperiale)* bzw. einer *aula imperialis, Turigensis aula* die Rede ist, die im 13. Jh. zerstört worden ist (3, 103–107). Die arch. Deutung des aus wenigen undatierten Mauerresten erschlossenen Großbaus an der O-Seite des Lindenhofs von ca. 14 × 30 m (Abb. 131) als karol. Pfalz aus der Zeit →Ludwigs des Deutschen wurde von hist. wie bauhist. Seite übernommen und bekräftigt, hat doch dieser Herrscher durch die Förderung des Fraumünsters Z. im J. 853 nachweislich fester an das Kgt. gebunden und zwei seiner Töchter hier als Äbtissinnen eingesetzt (1, 74; 2, 153; 5, 58 ff.; 6, 172 f.; 7, 6).

Neuerdings sind indes Zweifel an der Rekonstruktion des großdimensionierten karol. Repräsentationsbaus aus den wenigen Mauerresten geäußert worden (3, 92 f.), zumal in der schriftlichen Überlieferung der Zeit nirgends von einem *palatium* in Z. gesprochen wird und auch kein einziger Aufenthalt eines Karolingers nachweisbar ist, auch nicht Ludwigs des Deutschen oder seines Sohnes Karls III., für den Alemannien der zentrale Raum seiner Herrschaftsausübung gewesen ist (9, 292; 10, 341); die bislang für die karol. Pfalz in Anschlag gebrachten *castrum*-Belege wird man aufgrund der neueren Forsch. auf die bis in das hohe MA weiterbestehende röm. Kastellbefestigung zu beziehen haben (3, 100). Allerdings spricht ein in Zweitverwendung erhaltenes rillenverziertes Pilasterkapitell karol. Zeitstellung durchaus für bauliche Aktivitäten höheren Ranges auf dem Lindenhof. Schließlich bleibt zu erwägen, ob in der zu 873 urkundlich bezeugten *curtis regia Zurich* nicht, wie bisher angenommen, der Stadelhof auf der anderen Seite der Limmat, sondern die repräsentative herrscherliche Re-

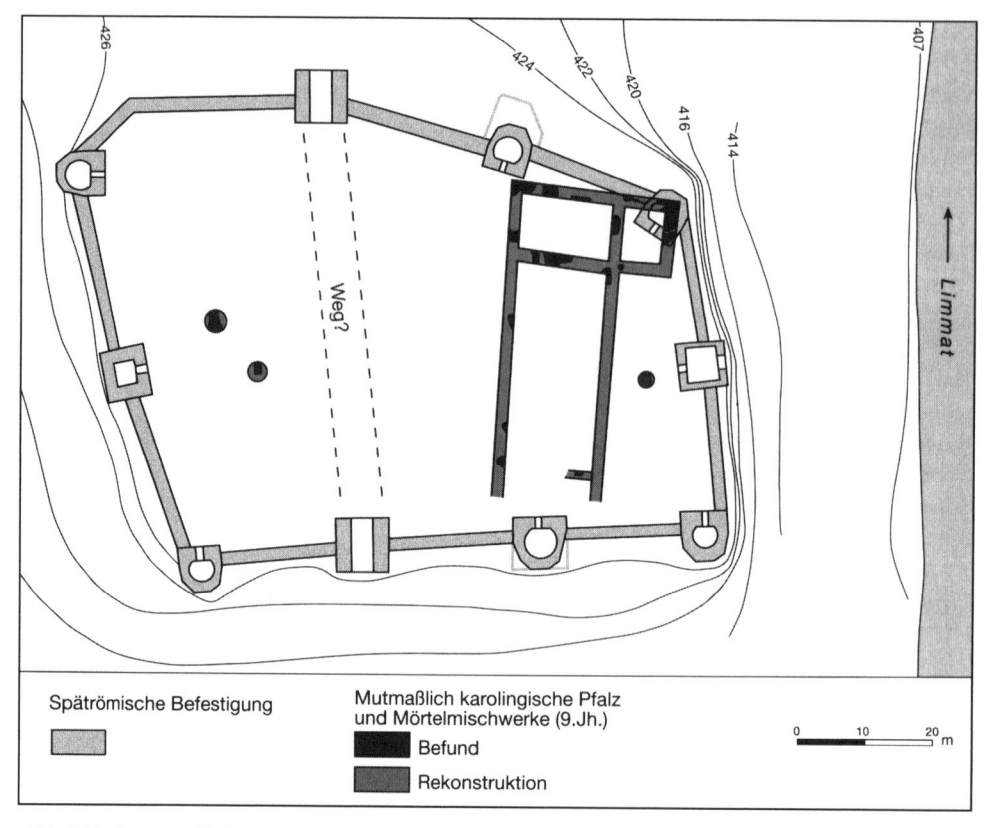

Abb. 131. Spätröm. Befestigung, mutmaßlich karol. Pfalz und Mörtelmischwerke (9. Jh.). Nach Kaiser (3, 89)

gierungsstätte auf dem Lindenhof zu sehen ist; für die späte KaZ ist der Gebrauch von *curtis regalis* im Sinne von *palatium* gut belegt (10, 342).

Bleiben in der Frage einer karol. Pfalz in Z. gleichwohl Unsicherheiten, so bestehen diese nicht für das arch. wesentlich besser gesicherte spätere Gebäude (Abb. 132) mit einem langgestreckten, schmalen Rechteckbau von 31,2 m × 11,4 m, in leichter Winkelverschiebung gegenüber der rekonstruierten karol. Pfalz errichtet, und mit einer unter Einbeziehung eines Turms der Kastellmauer an der NW-Ecke des Rechteckbaus schräg angesetzten Kapelle, deren Grundriß von bauhist. Seite als kreuzförmiger Zentralbau angesprochen worden ist (2, 155 f.). Dieses Pfalzgebäude weist eine gewisse Ähnlichkeit mit der Pfalz in Goslar auf, die um die Mitte des 11. Jh.s unter Heinrich III. ihre trotz späterer Umformung noch heute erhaltene Gestalt empfangen hat. Bietet dies einen gewissen Anhaltspunkt für die Datierung (4, 88; 10, 351 f.), so sind mit Blick auf die Herrscheraufenthalte Ottos I. (952) und Heinrichs II. (1004, 1018) auch die Mitte des 10. Jh.s (8, 130) und die Jt.wende (2, 158) als Erbauungszeit in Anschlag gebracht worden. Während zu Recht betont wurde, daß „aus archäologischer und baugeschichtlicher Sicht die zweite Zürcher Pfalz weder eindeutig der Ottonen- noch der früheren Salierzeit zuzuschreiben ist" (3, 102), so weist anderseits die Gesch. des *nobilissimum Sueviae oppidum* (Otto von Freising) in der Zeit

Ottonisch-salische Pfalz und unterkellerte Gebäude	Ausbau 11. bis 12. Jahrhundert	– – – Umriß der spätrömischen Befestigung
■ Befund	■ Befund	
▨ Rekonstruktion	▨ Rekonstruktion	0 10 20 m

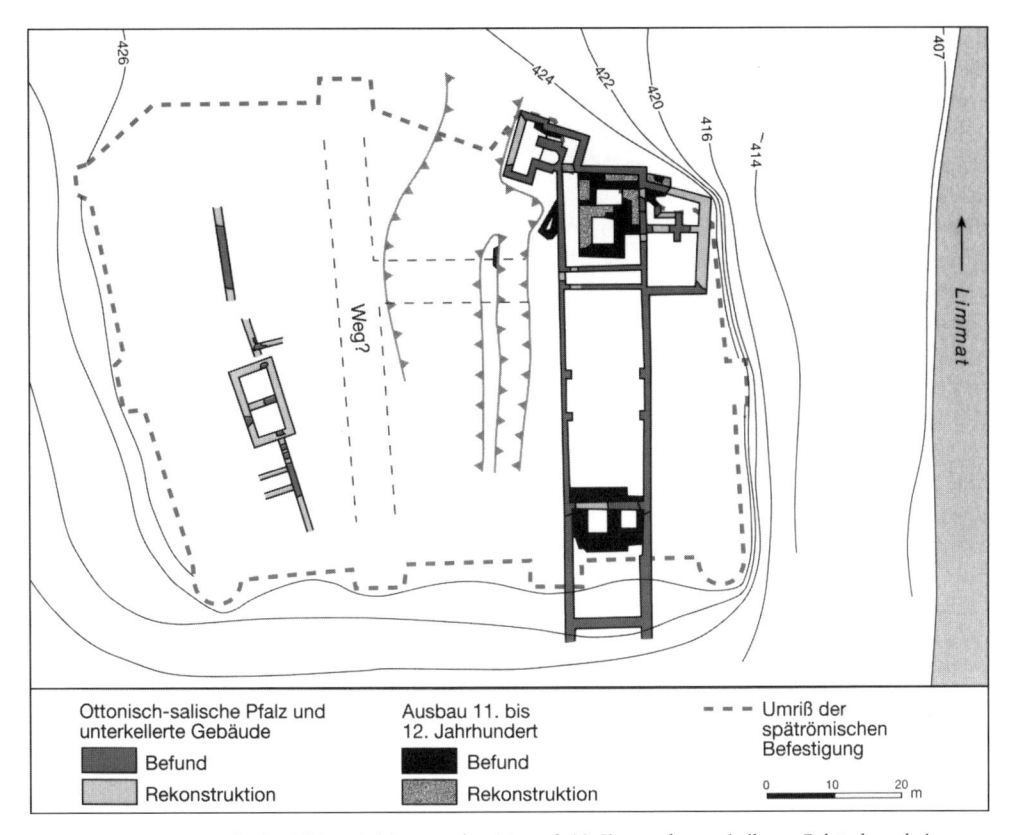

Abb. 132. Ottonisch-salische Pfalz mit Türmen des 11. und 12. Jh.s und unterkellerte Gebäude unbekannter Funktion sowie Flucht der spätröm. Befestigung (gestrichelt). Nach Kaiser (3, 101)

Heinrichs III. mit fünf Herrscherbesuchen zw. 1048 und 1055/56, mit einem kaiserlichen Hoftag für it. Angelegenheiten 1052 und mit der Feier des Weihnachtsfests und der Verlobung von Heinrichs III. gleichnamigem Sohn mit Bertha von Turin 1055/56 eine auffällige Bedeutungssteigerung auf, die den seit dem frühen 10. Jh. dem Hz. von Schwaben überlassenen Ort (5, 57 ff.) nun ganz in der Hand des Herrschers zeigte (10, 347 ff.).

(1) M. Beck, Die ma. Pfalz auf dem Lindenhof in Z., Zeitschr. für Schweiz. Gesch. 29, 1949, 70–76. (2) W. Erdmann, Zur arch. und baugeschichtl. Erforschung der Pfalzen im Bodenseegebiet. Bodman, Konstanz, Reichenau, Z., in: Dt. Königspfalzen III, 136–210. (3) R. Kaiser, Castrum und Pfalz in Z.: ein Widerstreit des arch. Befundes und der schriftlichen Überlieferung?, in: ebd. IV, 84– 109. (4) H. Keller, Reichsstruktur und Herrschaftsauffassung in ottonisch-frühsalischer Zeit, Frühma. Stud. 16, 1982, 74–128. (5) H. Maurer, Der Hz. von Schwaben. Grundlagen, Wirkungen und Wesen seiner Herrschaft in ottonischer, salischer und staufischer Zeit, 1978. (6) H. C. Peyer, Z. im Früh- und Hoch-MA, in: E. Vogt u. a., Z. von der Urzeit zum MA, 1971, 163–227. (7) J. Schneider, Z. im MA. Neue Erkenntnisse der Stadtkernforsch., Arch. der Schweiz 11, 1988, 124–135. (8) E. Vogt, Der Lindenhof in Z. Zwölf Jh. Stadtgesch. auf Grund der Ausgr. 1937/38, 1948. (9) Th. Zotz, Grundlagen und Zentren der Kg.sherrschaft im dt. SW in karol. und ottonischer Zeit, in: Arch. und Gesch. des ersten Jt.s in SW-Deutschland, 1990, 275–293. (10) Ders., *Turegum nobilissimum Sueviae oppidum*. Z. als salischer Pfalzort auf karol. Basis, Frühma. Stud. 36, 2002, 337–354.

Th. Zotz

§ 6. Keltischer Münzfund. 1890 fanden sich bei Bauarbeiten hinter der ‚Alten

Börse' in der Bahnhofstraße in Z. zwei Metallklumpen zusammengeschmolzener Potinmünzen (→ Potin) sowie einige Frg. und Einzelmünzen (1). Der große Klumpen wiegt 59,2 kg, der kleine 14,9 kg. Berechnungen A. Voûtes zufolge setzen sie sich aus ca. 17 200–18 000 kelt. Potinmünzen zusammen (in 5, 139 f.).

Die Unters. der Objekte mit verschiedenen Methoden erbrachte neue Erkenntnisse sowohl zum Aufschmelzprozeß als auch zu ihrer Zusammensetzung (8; 11). Der große Klumpen ist fladenartig ausgebildet und weist eine glatte Schmalseite auf, in deren Bereich sich zwei Dichtemaxima befinden. Dies spricht für das absichtliche Aufschmelzen in einer nach drei Seiten offenen Mulde, an deren Rückwand zwei Düsen für die Sauerstoffzufuhr angebracht waren. Auch die erkennbare Schichtung sich abwechselnder Lagen von Münzen und Holz bzw. Holzkohle sowie mehrere Einstichlöcher an der Oberseite weisen in diese Richtung (Taf. 17b), weshalb die früher vorgebrachte Theorie eines Hausbrandes (4, 11; 6, 98 f.) als Ursache auszuschließen ist.

Die Unters. mittels Neutronenradiographie erbrachte weiterhin den Nachweis, daß sich keine Gold- oder Silberobjekte unter den geschmolzenen Potinmünzen befinden. Die bestimmbaren Potintypen beschränken sich auf Münzen vom Zürcher Typ sowie Sequanerpotins der Gruppen A1 und A2, weshalb von einer Datierung der Klumpen in die Zeit um 100 v. Chr. auszugehen ist, was durch ein aus dem erhaltenen Holz gewonnenes 14C-Datum von 125 ± 50 B. C. (kalibriert) bestätigt wird. Die beiden Münztypen sind aufgrund ihrer Verbreitung in der N-Schweiz als einheimisch anzusehen (7, Karte 1; 8, 105 Karte 1; 10, 155 Abb. 1; 12, 76 Karte 31). In der Umgebung kommen sie bes. häufig in der Spät-LTZ-Siedlung auf dem am SW-Rand Z.s gelegenen Üetliberg vor (3, 181 ff.), weshalb die Theorie des Umschmelzens fremder Potinmünzen, um daraus wiederum Potinmünzen herzustellen (3, 240 f.), ebenfalls auszuschließen ist.

Unterstellt man die Absicht, das geschmolzene Metall sollte einer Wiederverwendung zugeführt werden, kommt angesichts der ungewöhnlich großen Menge Metalls als Interpretation lediglich das Schmelzen von Barren in Frage. Obwohl wir aber zahlreiche Eisenbarren der LTZ kennen, sind bis heute keine Buntmetallbarren der späten LTZ im Gewicht von mehreren Kilogramm bekannt. Weiterhin stellt sich die Frage, in welcher Weise die Barren hätten weiterverarbeitet werden sollen, denn aufgrund des hohen Zinnanteiles von 16–26 % (3, 242 Tab. 3) ist eine Verwendung des Schmelzgutes zur Herstellung von Bronzegegenständen weitestgehend auszuschließen.

Wegen des Verlaufs der ma. Uferbefestigung nimmt Wild an, daß der Wasserspiegel des Zürichsees auch in der LTZ wesentlich höher lag und die Klumpen deshalb urspr. im Wasser gelegen haben müssen (2, 17). Selbst wenn dem nicht so wäre, ist zumindest davon auszugehen, daß sich der Platz im Dreieck zw. Sihl, Limmat und Zürichsee in stark durch Hochwasser gefährdetem Gelände befand (6, 98). Dazu kommt, daß es bisher keine Hinweise auf eine Siedlung des frühen Abschnitts der Spät-LTZ im Stadtgebiet von Z. gibt (9). Vor dem Hintergrund der ant. Überlieferung, die Kelten opferten Silber und Gold in hl. Teichen, ist deshalb eine rituelle Komponente sowohl beim Zustandekommen als auch bei der Niederlegung der Klumpen nicht auszuschließen.

(1) Anz. für schweiz. Altkde 23, 1890, 358–359. (2) M. Balmer u. a., Kelten in Z. Der Ursprung der Stadt Z. in neuem Licht, 2001. (3) I. Bauer u. a., Üetliberg, Uto-Kulm. Ausgr. 1980–1989, 1991. (4) K. Castelin, Die Stammeskasse der Helvetier (Zum Zürcher Potinklumpen), Money Trend 11, Heft 7/8, 1979, 10–11, 34. (5) Ders., Kelt. Münzen. Kat. der Slg. des Schweiz. Landesmus.s Z., 2. Kommentar, 1985. (6) F. Müller, Der Massenfund von der Tiefenau bei Bern, 1990. (7) M. Nick, Die

kelt. Münzen vom Typ „Sequanerpotin". Eine Studie zur Typol., Chron. und geogr. Zuweisung eines ostgall. Münztyps, 2000. (8) Ders., Anderthalb Zentner kelt. Kleingeld – Neue Forsch. zum „Potinklumpen" von Z., Schweiz. Num. Rundschau 83, 2004, 97–124. (9) Ders., Die Besiedlung Z.s in der ält. Spät-LTZ. Ein Klumpen mit Potinmünzen, die Limmatfunde und der Üetliberg, in: G. Kaenel u. a. (Hrsg.), Colloquium Turicense. Siedlungen, Baustrukturen und Funde im 1. Jh. v. Chr. zw. oberer Donau und mittlerer Rhone (Kolloquium in Z., 17./18. Januar 2003), 2005, 119–124. (10) Ders., Zum Ende der kelt. Münzgeldwirtschaft in SW-Deutschland, in: J. Metzler, D. Wigg-Wolf (Hrsg.), Die Kelten und Rom: Neue num. Forsch. Fond de Gras/Titelberg, Luxemburg, 30.4.–3.5.1998, 2005, 147–157. (11) Ders., 75 kilogrammes of Celtic small coin – Recent research on the „Potinklumpen" from Zurich, in: C. Alfaro u. a. (Hrsg.), Actas del XIII Congreso International de Numismática 1, 2003, 455–458. (12) Ders., Gabe, Opfer, Zahlungsmittel. Strukturen kelt. Münzgebrauchs im w. Mitteleuropa 1, 2006.

M. Nick

Žuráň

§ 1: Forschungsgeschichte – § 2: Kammergräber – § 3: Funde und Datierungen – § 4: Interpretationen und Schlußfolgerungen

§ 1. Forschungsgeschichte. Ž. ist der Name eines mächtigen, künstlich aufgeschütteten Hügels etwa 10 km ö. von Brno (Abb. 133). Er liegt auf einer mäßig, sich etwa 12 m über das umliegende Terrain erhebenden Anhöhe im SO der zum Dorf Podolí gehörenden Gemarkung, an der uralten, zur Mährischen Pforte und weiter nach NO und nach Polen führenden Straßenverbindung und bietet eine gute Fernsicht in alle Himmelsrichtungen.

Der Hügel gehörte am 2. Dezember 1805 zum Schauplatz der sog. Dreikaiserschlacht zw. Brünn und Austerlitz (heute Slavkov), auf dem Ks. Napoleon Feldlager und Stab positioniert und von hier aus das Schlachtgeschehen befehligt hat.

Abgesehen von der Bedeutung des Platzes an dieser bekannten Stätte erregte der im Dm. etwa 65 m umfassende Hügel die Aufmerksamkeit als ält. Denkmal bereits in der Mitte des 19. Jh.s. Damals traten beim Ackerbau mächtige Strukturen einer Grabkammer mit Stein- und Holzkonstruktion zutage, die angeblich zwei N-S orientierte menschliche Skelette und Pferdeknochen enthalten hat. Anschließende Amateurgrabungen erbrachten außer Holzbalken auch ein Holzstück mit Flechtbandverzierung (Taf. 23b) und fünf gabelförmige Eisengegenstände (Taf. 24a). Unters. des Grundstückpächters V. Pestic wurden nur zwei J. später in einem Ber. des Historikers Peter von Chlumetzki (15) veröffentlicht, der den Fund als tartarischen Grabhügel aus dem 13. Jh. bewertete. Auch später blieb die chron. und ethnokulturelle Beurteilung des Fundes weitaus widersprüchlich, wobei sowohl tartarisch-altungar., wikingischer oder frühma.-slaw. Ursprung des Hügels erwogen wurde (10, 513; 21; 66, 74; 87, 294; 89).

Auch wenn durch intensives menschliches Eingreifen Ausmaß und Aufschüttung des Hügels stark beeinträchtigt sind – bereits im J. 1853 wurden mehrere tausend Fuhren Lehm und 70 Klafter Steine weggeschafft – ist der Hügel von Ž. vergleichbar mit den größten Hügelbauten des Kontinents und Skand.s wie dem → Ottarshögen bei Uppsala (5, Abb. 21) und dem Hügelgräberfeld von → Högom.

Angeregt durch viele ungelöste Fragen führte die Zweigstelle des Staatlichen Arch. Instituts in Brno unter der Leitung von J. Poulík in den J. 1948–1950 eine großangelegte Grabung und wiss. Unters. des Hügels durch. Bereits die ersten Vorberichte (72; 73, Abb. 82–86; 74) führten zu neuen Interpretationsansätzen, unter denen Vorstellungen über einen langob. bzw. herulischen Ursprung des Hügels dominierten (29, 57; 31, 77; 59, 24. 62 f.; 61, 199; 76, 70; 112, 105 ff.).

Erst nach einer Pause von 40 J. hat der Ausgräber Poulík nach erneut vorgenommener Auswertung der ursprünglichen Dokumentation eine andere arch.-hist. Interpretation vorgelegt (75). Daraus geht her-

Abb. 133. Žuráň. Luftaufnahme von SW. Nach Poulík (75, Abb. 11)

vor, daß die Anhöhe wegen ihrer dominanten Lage mehrfach als Grabstätte genutzt wurde und einzelne Aufschüttungen bis in prähist. Zeit zurückreichen. Die älteste von ihnen datiert in die spätneol. Kultur mit Schnurkeramik, die beiden anderen in die spätbronzezeitliche Podoler-Kultur. Alle drei zusammen waren von einem einzigen jüng. Hügelmantel bedeckt, der partiell unterschiedlich erhalten war und aus größeren und kleineren Steinen bestand. Eine annähernd kreisförmige flache Umfassungsmauer in Trockenmauertechnik umgab mit 65 m im Dm. ebenerdig den riesigen Hügel.

§ 2. Kammergräber. Im O-Teil der Anlage gelang es, eine schüsselförmige Vertiefung mit der von Chlumetzky beschriebenen gestörten Grabkammer zu identifizieren, die als Kammergrab I bezeichnet wird (Abb. 134). Sie besaß einen viereckigen Grundriß (4,6 × 4,5 × 4,5 × 4,3 m) und war 2,4 m unter die rezente Oberfläche eingetieft. Die Kammerfüllung enthielt außer kleinen Kalksteinen und Holzstückchen auch Reste von Pferdeknochen. Weitere Knochen von 5–6 Pferden, doch nicht von Menschen, lagen auf dem Kammerboden, dazu Holzstücke sowie ein gabelförmiger Gegenstand von nahezu identischer Gestalt der bereits im 19. Jh. gefundenen Stücke.

Ein zweites Kammergrab bestand aus einer etwa 4,4 × 5,4 × 6,7 m großen, W-O orientierten, langrechteckigen Grabgrube mit leicht schrägen Wänden (Abb. 135). Diese waren bei 3,15 m T. abgestuft und erreichten eine T. von 6,1 m unter der Oberfläche. Die Grubensohle maß 1,4 × 3,1 und 2 × 3,1 m. An der oberen Begrenzung der Grabgrube waren an ihrer n. und s. Seite jeweils zwei Gräbchen erhalten, die wohl als Hinweise auf die Konstruktion der Grabkammer zu verstehen sind, mit der außerdem Pfostenstellungen in Verbindung gebracht werden können.

Abb. 134. Žuráň. Grundriß von Kammergrab I. Nach Poulík (75, Abb. 31)

Obwohl Kammergrab II bereits in alter Zeit weitgehend geplündert wurde, lassen die vereinzelt und zumeist fragmentiert erhaltenen Gegenstände auf eine an dieser Stelle begrabene, aufwendige frühgeschichtl. Bestattung schließen. Das noch verbliebene Fundmaterial wies Poulík zwei Kammergräbern aus der VWZ bzw. aus dem Früh-MA zu. Kammergrab I datierte er in das 5. Jh. und verband die Bestattung auf Grund der angenommenen ‚östlichen' Elemente, zu denen er auch das Flechtbandfrg. zählte, mit Ostgerm., vermutlich → Herulern.

Die riesige Steinkonstruktion des Hügels brachte er mit dem zweiten Grab in Verbindung. Aufgrund der hier gefundenen Frg. von Menschen- und Pferdeknochen und ihrer anthrop. und osteologischen Analyse, geht Poulík für Kammergrab II von der Bestattung einer ca. 42jährigen Frau zusammen mit vermutlich zwei Pferden aus. Befund und Reste der ehemals prächtigen Ausstattung verglich Poulík mit dem rei-

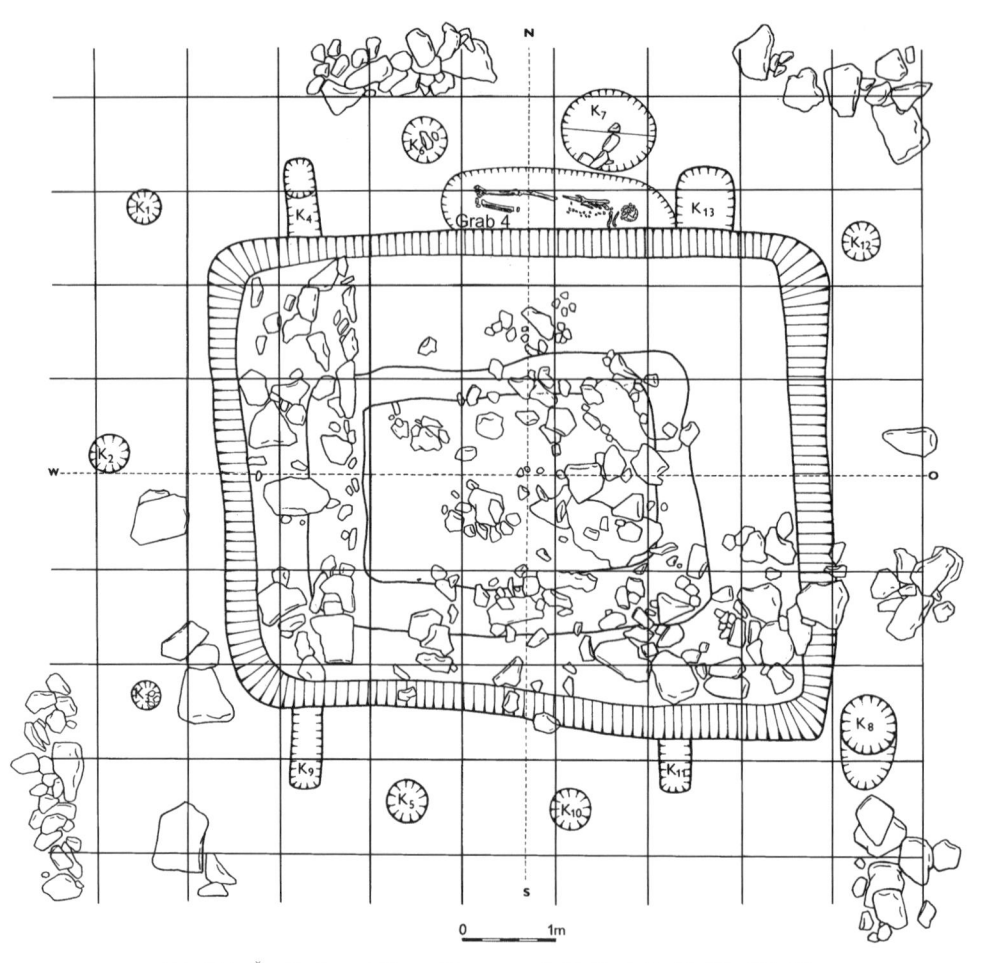

Abb. 135. Žuráň. Grundriß von Kammergrab II. Nach Poulík (75, Abb. 33)

chen Wagengrab 13 aus dem niederösterr. Hauskirchen (30, 46 ff. Abb. 11–14; → Fürstengräber § 6b; → Langobarden § 12; → Reitergräber § 2) und schrieb Kammergrab II einer langob. Herrscherfamilie zu, die hier in der 1. Hälfte des 6. Jh.s bestattete (75, 75 f.).

§ 3. Funde und Datierungen. Maßgebend für das Alter von Kammergrab I ist das hölzerne Flechtbandstück, dessen Schnitzerei am besten der Flechtbandornamentik auf der metallenen Kleinindustrie aus dem Umkreis von Tierstil II entspricht (→ Tierornamentik, Germanische § 4). Obwohl Entstehung und Beginn solcher Motive wie des auf dem Holzbalken dargestellten Dreibandgeflechtes im Rahmen von Tierstil II immer noch diskutiert wird (36, 587 ff.; 37, 114 ff.; 38, 280 ff.; 39, 1 ff.; 81, 157; 82, 129; 91, 269), scheint die Datierung des Stückes von Ž. in das späte 6. Jh. am besten begründet (77, 11).

Die Funktion der fünf oder sechs relativ gut erhaltenen Eisengegenstände von baumartig bis gabelförmiger Gestalt, die urspr. mit blattförmigen Anhängern versehen waren, ist weiterhin unbekannt. Ält. Interpretationen ihres Gebrauches als Aufsätze für eine Totenlade oder ein Totenbett sind bis heute nicht unwahrscheinlich geblieben (112, 106).

Weitaus schwieriger ist die Frage nach dem Alter von Kammergrab II und der ethnischen Deutung der darin Bestatteten zu beantworten, die Poulík mit den Langob. in Verbindung gebracht hat. Auch wenn durch die Beraubung das Grabinventar nahezu vollständig verlorenging, zeigen selbst die in geringer Zahl erhaltenen und fragmentierten Reste, daß hier wenig Übereinstimmung mit der Ausstattung langob. Gräber besteht, wie sie aus dem norddanubischen Gebiet relativ gut bekannt ist.

Goldfäden als Reste der damit durchwirkten Textilien bzw. von Brokatstoffen bezeugen allein die Bestattung einer hochrangigen Person (→ Goldtextilien) und führen in der Frage nach dem Alter der Grablege oder der ethnischen Zugehörigkeit der Bestattung nicht weiter. Schon im spätant. Rom wiesen golddurchwirkte Stoffe auf hochgestellte soziale Gruppen (86, 147 ff.; 88, 70 f.; 90, 232 ff.) und sind auch später aus dem Fundmilieu der barbarischen Eliten der VWZ oder des frühen MAs mehrmals nachzuweisen (45, Abb. 9; 87, 71, Anm. 600; 105, 197; 106, 234; 112, 107).

Einen weiteren Hinweis auf das Umfeld einer höchstgestellten sozialen Schicht ergibt sich in Ž. aus dem goldenen Randbeschlag einer hölzernen Kleinschale. Solche Randbeschläge aus verschiedenen Metallen sind schon im sarmatischen und hunnischreiternomadischen Milieu bekannt (12, 245, Abb. 50, 10–12). Auch in späteren merow. Körpergräbern bilden zumeist längere zungenförmige Beschläge aus Buntmetallen oder Silber für Holzgefäße keine singuläre Erscheinung (27, 29, Taf. 8 und 17; 103, 156; 112, 154).

Abgesehen von den dekorativen Beschlägen auf den drei aus reinem Gold bestehenden Schalen des Schatzes von Şimleul-Silvanei (→ Szilágysomlyó) (→ Fürstengräber § 5; 46, 160 f., Kat. Nr. 72–74), sind aus dem Mitteldonauraum und im Karpatenbecken goldene Randbeschläge von Holzgefäßen bislang ausschließlich aus Prunkgräbern des 5. Jh.s bekannt. Davon zählen die drei kleinen einfachen Beschläge von dreieckiger Form aus zusammengefaltetem dünnen Goldblech in dem reichen, noch vor die Mitte des 5. Jh.s datierten Frauengrab von Levice-Kusá Hora in der → Slowakei (dort § 4b) zu den einfachsten (67, 112, Abb. 2), der goldene Beschlag mit Almandineinlagen im Zellwerk aus beiden Fürstengräbern von → Apahida zu den zierlichsten Formen (44, 169 f., Abb. 4; 54, Abb. 4.8.3.6; 55, 160, Abb. 4.9.5.3). Dem Beschlag von Ž. ähneln drei Randbeschläge mit Niet aus dem hunnischen Opferfund von → Szeged-Nagyszéksós (44, 166 f., Abb. 2, 1–2; 11, Abb. 26, 2). Nach technologischen und stilistischen Merkmalen am nächsten stehen dem Stück aus Ž. zwei zungenförmige Beschläge aus gefaltetem Goldblech. Das erste Beispiel aus Szeged-Nágyszéksós besitzt drei kleine Niete mit kugeligem Kopf, die durch eine plastische Leiste verbunden sind (45, 169, Abb. 3; 11, Abb. 26, 1). Deutliche Übereinstimmung mit dem Beispiel von Ž. weist der große, 4,8 cm lg. Randbeschlag aus Grab I von Apahida auf, in dessen kanneliertem Randstreifen ebenso wie in Ž. Goldniete mit kugeligen Köpfen plaziert wurden (56, 160, Abb. 4.9.5.5). In diesem Zusammenhang ist hervorzuheben, daß durch ein ähnlich verarbeitetes bogenförmiges Goldblech auch der alte Bruch an dem Altstück eines gläsernen Facettenschliffbechers aus Grab II von Apahida repariert wurde (45, Abb. 7–8).

Die noch erhaltenen Reste von Glasgefäßen in Ž. besitzen für die chron. Beurteilung des Ensembles großen Wert. Auszugehen ist von einem Becher aus grünem Glas mit griech. Inschr., deren Buchstaben aus kobaltblauer Glasmasse, die in Überfangtechnik den Becherrand überschichtet, herausgeschliffen wurden. Griech. Inschr. mit

Trinkspruch sind v. a. auf sog. Medaillonbechern üblich, die mehrfach in der → Sântana-de-Mureș-Černjachov-Kultur nachgewiesen sind (25, 286, Abb. 11; 33, 57 f.; 35, 139 f., Abb. 7; 69, 90, Abb. 84, 7; 97, 165 f. Abb. 1–2). Weniger häufig erscheinen sie auch auf Schliffbechern mit niedrigem Standfuß, aber wabenförmig angeordneten Facettenreihen, wie bei dem Beispiel aus Grab 14 von Ranževo in der Ukraine (96, Abb. 3). Bis auf die Stücke von Tocileni und Malaești sind die meisten ö. Becher mit Inschr. aus einfarbigem Glas hergestellt, weshalb ihre Provenienz im Nahen Osten vermutet wird. Weitere Nachweise für Becher mit Inschr. (Straume Typ VIII), davon einige mit Überfangtechnik, sind aus Skand. bekannt (95, 39 f. Taf. 9). Zu den seltenen kontinentalen Vertretern gehört das Stück aus der Siedlung Piwonice bei → Kalisch in Polen, das dem Becher von → Tu in Norwegen sehr nahesteht (1, Pl. 13; 52, 159). Die meisten Stücke aus dem Bereich der Černjachov-Kultur datieren in den Zeitabschnitt vom ausgehenden 4. bis zum beginnenden 5. Jh., d. h. die Stufen C3 und D1 (35, 140; 65, 62. 144). Diesen Zeitansatz bestätigt auch ein Gefäß aus hell moosgrünem Glas aus dem spätant. Ziegelgrab 192 von Pécs, Ungarn (7, 104 f.; 32, 36, Taf. 25). Auch für die skand. Beispiele wird weitgehend von dieser Datierung ausgegangen, allerdings mit einem länger anhaltenden Umlauf gerechnet (95, 39. 46 f.).

Auf die Existenz eines oder zweier weiterer Glasgefäße im Kammergrab II weisen mehrere Frg. aus grünlichem transluzidem Glas mit qualitätvoll ausgeführten länglichen Facetten und ineinandergreifenden Ovalfacetten am Gefäßunterteil (Abb. 136). Aufgrund von zwei Schliffrinnen unterhalb des Randes und der charakteristischen Facettierung entsprechen sie am besten den Glasbechern der Form Nyrup-Dybeck bzw. der Gruppe Straume IV (95, 39). Die Verbreitung solcher Gläser war zunächst vorwiegend aus Skand. bezeugt, doch sind vom

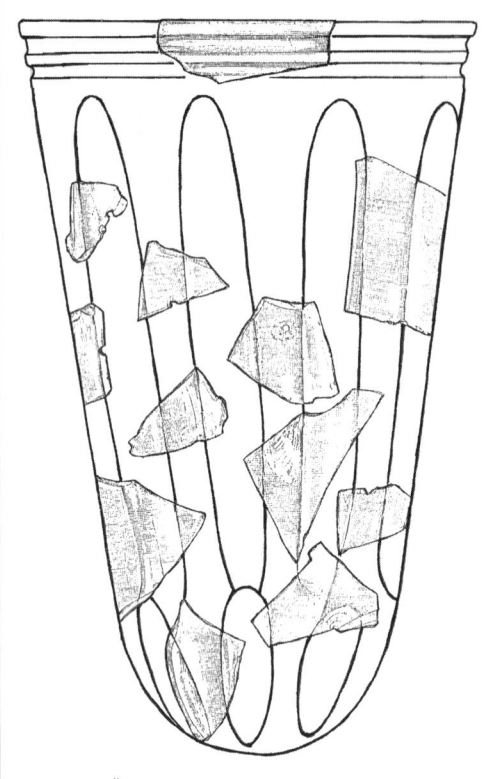

Abb. 136. Žuráň. Rekonstruktion des Facettenschliffbechers aus Kammergrab II. M. ca. 1 : 2. Zeichnung J. Tejral, L. Dvořáková

Kontinent inzw. außer Ž. auch weitere Beispiele bekannt (47, 104 f. Abb. 21; 48, 193 f. Abb. 3; 83, Nr. 1378; 88, 29 f. Taf. 36; 92, 301, Nr. 192 usw.). Der Zeitansatz dieser Glasbecher ist früh und fällt überwiegend in die Zeit um 400 und in das beginnende 5. Jh., d. h. in die donauländische Stufe D1 bzw. geringfügig später (47, 105, Abb. 21; 48, 203; 78, 135 f.; 79, 380 f.). Im Gegensatz zu den Bechern mit griech. Inschr., für die eher von ö. Provenienz auszugehen ist (s. o.), ist für die Schliffbecher vom Typ → Nyrup w. Herkunft nicht auszuschließen.

Poulík ist auch für die Deponierung der Gläser in Kammergrab II von einem späten, in die 1. Hälfte des 6. Jh.s fallenden Zeitansatz ausgegangen, doch schließen gerade die Gläser eine frühere Deponierung nicht aus. Die für eine Spätdatierung herangezogenen Argumente beruhen jeweils auf Einzelnachweisen von Schliffbechern wie aus dem Fürstengrab von → Apahida oder aus dem → Ottarshögen bei Uppsala (75, 67 f.; 112, 107). Für die Zeitstellung von Kammergrab II können sie nur mit Vorbehalt verwendet werden. Abgesehen davon, daß sie geringfügig abweichende Glastypen enthalten, besteht ein gravierender Unterschied darin, daß in Ž. Reste von mehreren Glasgefäßen vorliegen. Unter der Voraussetzung ihrer Zugehörigkeit zu einem einzigen Grabkomplex schlägt sich darin eine differenzierte Beigabesitte nieder, denn Ž. enthielt außer den beiden Facettenschliffbechern eine Schüssel aus blauem Glas mit feiner, ornamentaler Schliffverzierung (gegitterte Flächen, Rhomben usw.) von ebenfalls spätkaiserzeitlichem Habitus (7, 64 f.; 28, 15 f.; 88, 22 f.). Auch wenn die Glasschale nur in Frg. und kaum rekonstruierbar überliefert ist, fällt die mehrfache Mitgabe von wenigstens drei frühen Facettenschliffgefäßen, die übereinstimmend in der späten RKZ bzw. frühen VWZ anzusetzen sind, ungewöhnlich aus und findet auch in den späteren proto- und frühmerow. Grabinventaren des Mitteldonauraumes nirgends eine Analogie. Die singuläre Beigabe eines reparierten Facettenschliffbechers in Grab II von Apahida bleibt bisher ein Einzelfall, dessen Niederlegung sicher nicht das Ende des 5. Jh.s erreicht hat. Außerdem sind vergleichbare Grabausstattungen im langob. Fundmilieu des 6. Jh.s an der mittleren Donau völlig fremd. Auch die Reparatur auf dem Facettenschliffbecher aus Grab II von Ž. dürfte als Argument für eine jüng. Datierung entfallen, denn solche Reparaturen sind an vergleichbaren dickwandigen Facettenschliffbechern aus Bestattungen zweifelsfrei bereits in Stufe D1 nachgewiesen (62, 79, Abb. 16, 2).

Auch der Bezug auf Skand., wo reparierte Altstücke in späten Gräbern auftreten, führt nicht weiter. Hier bedeuteten solche Gläser noch eine wertvolle und unersetzbare Rarität (4, 440; 95, 48 ff.), als sich der barbarische Adel im mittleren Donauraum während der 1. Hälfte des 5. Jh.s bereits mit dünnwandigen halbeiförmige Bechern, z. T. mit blauen Nuppenauflagen, oder anderen Glasgefäßen bestatten ließ, die prov.-röm. die Stufe D2 vertreten (7, 74–76. 93. 96–100; 102, 339). Mit einem späteren donauländ. Fundmilieu der Mitte und der frühen 2. Hälfte des 5. Jh.s begegnen zwei Formen der langgestreckt bis glockenförmigen Becher mit Fadenauflagen vom Typ Kosino und Ghenci/Balharsted (12, 20; 65, 72. 86. 150; 94, 140, Abb. 16), die hier eine jüng. Gläsergeneration darstellen, die sowohl den prov.-röm. Gläsern der Stufe D2 als auch den Facettenschliffbechern zeitlich nachfolgen. Etliche typol. und formenkundliche Sondermerkmale der skand. Facettenschliffgläser schließen dagegen eine mögliche spätere Herstellungszeit eines Teils der dortigen Erzeugnisse nicht aus.

Auf frühere Datierung einzelner Grabfunde deuten neben den Gläsern auch zwei Glasperlen (Taf. 24b). Gehören diese sicher zum Zubehör der Frauentracht, kommt die Becherbeigabe überwiegend in Männergräbern vor. Die erste Perle besitzt runde bis elliptische Form und besteht aus schwarzem opakem Glas mit Auflagen und ist daher frühen Augenperlen mit Flechtbandmuster anzuschließen. Stilistisch beste Parallelen bestehen zu sehr frühen Fundkomplexen, wie z. B. aus dem Grab des Jahres 1904 von → Kaiseraugst oder aus Grab 2826 von Krefeld Gellep (→ Gelduba) (71, Taf. 78, 14–15, Abb. 7, 1–2). Zusammen mit verwandten scheibenförmigen Gattungen sind sie im späten 4. und frühen 5. Jh. von mehreren Plätzen an Donau, Rhein sowie an der Niederelbe und in Südskand. bekannt (24, 86, Taf. 2, 8–11, Anm. 32; 57, 29, Abb. 13, 1–6; 58; 104, 53). Ihr Nachweis in Gräbern aus dem Bereich der Černjachov-Kultur und im Schwarzmeergebiet bestätigt die gleiche Datierung (19, Pl. CXIV, 3;

CXVI, 19; 58). In Mähren sind scheibenförmige Var. desselben Typs z. B. aus dem reichen spätsueb. Mädchengrab 13 im Kleingräberfeld in Pohořelice anzutreffen, das in die Stufe D1 datiert werden muß (16, 29, Abb. 3, 24, 26). Obwohl eine Zweitverwendung solcher Perlen in späterer Zeit nicht auszuschließen ist, enthält bereits Grab 32 von → Smolín vergleichbare Perlen nicht mehr, dessen Ausstattung die umfangreichste und repräsentativste Auswahl an Glasperlen aus dem mittleren Drittel des 5. Jh.s aus dem gesamten Gebiet n. der mittleren Donau enthält.

Auch die zweite Perle, klein und scheibenförmig aus grüner Glaspaste mit mäanderähnlichem Dekor, vertritt eine schwerpunktmäßig in der späten RKZ verbreitete Form (3, 39, Taf. 48; 55, Taf. 49, 53; 58; 104, 59).

Zu den chron. weniger relevanten Funden zählen in Ž. langovale 4–4,5 cm br. Eisenschnallen, die nach unterschiedlicher Größe und Gestalt seit der jüng. RKZ bis in die MZ in Gebrauch waren. Nachweise aus prov.-röm. Gräberfeldern des ausgehenden 4. und beginnenden 5. Jh.s gelten oft als barbarisches, bzw. germ. Element (33, Taf. II, 2; 42, 75; 43, 25; 50, 51, Anm. 126; 83, 66), eine Auffassung, die nicht immer geteilt wird (57, 45).

Die zweite Schnalle von Ž. besitzt leicht nierenförmige Gestalt, und ist vergleichsweise aussagefähiger als die langovalen Schnallen von längerer Umlaufzeit. Sie ist vergleichbar mit dem spätkaiserzeitlich-frühvölkerwanderungzeitlichen Typ 20 nach Madyda-Legutko (54, 66. 89). Entspr. Schnallen sind sowohl aus dem elbgerm. bzw. süddt. und donausueb. Kulturbereich, als auch aus dem Fundmilieu der späten → Przeworsk-Kultur bekannt (42, 73 f. Abb. 25, 1; 54, 229). Jüng. Stücke aus dem Beginn des 6. Jh.s besitzen häufig gerippte Nierenbügel (100, 119; 113, 416–420, Code 29). Auf mögliche prov.-röm. Beeinflussung solcher Schnallen mit nierenförmigem Bügel des 5. Jh.s (63, 80; 113, 420) deutet das Beispiel aus Grab 5 von Straubing-Azlburg, dessen Dorn in einen stilisierten Tierkopf ausläuft (62, 17, Abb. 10.1).

In gewissem Widerspruch zur frühen Datierung der Gläser, Perlen und wohl einer der Eisenschnallen stehen die zahlreichen Bruchstücke einer Elfenbeinpyxis (Taf. 23a), auf deren Datierung die zeitliche Einordnung des Grabes in das 6. Jh. basiert. Sie waren bereits mehrfach Gegenstand wiss. Erörterungen (8; 9; 18, 62 f.; 75, 71 ff.; 108, 120; 112, 106), wobei die letzten ikonographischen Analysen die figürlichen Darst. als Apostel Paulus und zwei geflügelte Engel, einer davon der Erzengel Michael, identifizieren (9, 103; 49, 65; 75, 71 f.).

Der zu späte Zeitansatz für die Pyxis von Ž. gründet auf der Annahme von frühawarenzeitlichen Metallfunden in der Grabkammer, die demzufolge das Grab dem späten 6. bzw. 7. Jh. zuschrieb. Diese Zeitstellung wurde dann auch für die Datierung der anderen Pyxiden ähnlichen Typs vorausgesetzt (108, 120. 121). Poulík dagegen datierte die Pyxis in die 1. Hälfte des 6. Jh.s und brachte sie mit langob. Milieu in Zusammenhang. Auch wenn die Pyxis im Grabverband höchstwahrscheinlich ein späteres Element repräsentiert, bewegt sich ihre Verbindung mit Langob. nur im Rahmen hist.-arch. Spekulation. Eine überzeugende ikonographische Parallele wurde allerdings für die Pyxis aus Ž. bisher nicht gefunden, und ihr exaktes Alter ist wie das der meisten anderen Stücke aus dem Grab fraglich. Daraus ergeben sich für die Interpretation des gesamten Befundes noch weitere erwägenswerte und unbeantwortete Aspekte. Auf die Seltenheit der Elfenbeinarbeiten in den n. Prov. des Röm. Reiches während der RKZ, die in der großen Entfernung von ihren vermuteten Herstellungszentren in Ägypten bzw. an anderen Stellen des Mittelmeerraumes begründet ist, wurde mehrfach hingewiesen (108, 23; 111, 9). Daher sind Elfenbeingegenstände, darunter auch Pyxiden, ebenso im angrenzenden germ. Barbaricum während der RKZ nur sehr vereinzelt vertreten (88, 70). Solche singulären Beispiele stammen v. a. aus aufwendigen Bestattungen und zeigen, daß diese spezifischen Gegenstände bereits vor der VWZ in den barbarischen Beigabensitten nicht völlig fremd waren. Die Pyxis aus dem Brandgrab von Stendorf, Kr. Osterholz, (2./3. Jh.) war mit antik-heidn. Darst. verziert, diejenige aus dem Grab von Ganderkesee, Kr. Oldenburg, (frühes 3. Jh.) schmucklos (22, 38. 39; 23, 159, XXI – 6 – 3/3.1, Taf. 133; 88, 70).

Außerhalb des germ. Kulturbereiches in einem besonders aufwendig ausgestatteten, sarmatischen Hügelgrab (3. Jh.) gefunden wurde die Pyxis aus Mokra in der Ukraine mit der Darst. einer Erosvita (85). Für eine Pyxis mit bukolischen und bäuerlichen Szenen aus Čierne Kľačany in der SW-Slowakei (49) mit unklarem Befund, vermutlich aus dem 4. Jh., lassen sich nur bedingt Aussagen treffen, wenn sie auch andererseits die Zahl der kaiserzeitlichen, außerhalb des Imperiums gefundenen Beispiele vergrößert.

Abgesehen von einem weiteren Nachweis unsicheren Alters aus dem langob. Gräberfeld von →Nocera Umbra (108, 106, Taf. 83, Nr. 164), zeigt das Beispiel von Ž., daß die Pyxiden als Beigabe in barbarischen Grabinventaren auch später verwendet wurden, doch ihre Ikonographie sich geändert hat. Über den Zeitansatz, ab wann sich die Herstellung von Pyxiden mit frühchristl. Motiven durchsetzte, läßt sich nach dem gegenwärtigen Forsch.sstand nur spekulieren. Daher ist ihre Datierung sehr vage und abhängig von zwei unsicheren Fundkomplexen. Für den einen aus dem Amphitheater von Trier wird ein t. p. q. aufgrund der Zeit der Zerstörungsschicht um 420 angenommen (107, 81; 108, 103); die Pyxis aus dem langob. Grab von Nocera Umbra stammt aus einem Fundmilieu, das in die Zeit um 600 fällt. Erstaunlicherweise bestehen zw. den zwei Pyxiden aus beiden FO so viele Übereinstimmungen in der technischen Ausführung und Konzeption, daß trotz stilistischer und ikonographischer Unterschiede ihre gemeinsame Provenienz sehr wahrscheinlich ist (17, 11 f.). Dabei läßt sich schwer entscheiden, ob die Pyxis aus dem Grab von Nocera Umbra als Altstück in einer späteren Bestattung zu bewerten ist, oder ob die in angeblich früherem Verband gefundene Büchse von Trier zu alt datiert wurde. Gerade ein höheres Alter des fragmentierten Stückes aus Trier scheint aber seine Vergesellschaftung mit zwei weiteren Pyxiden mit antik-heidn. Darst. zu befürworten (20, 28), was an eine gemeinsame Niederlegung aller drei Ex. im nicht allzu späten Verlauf des 5. Jh.s denken ließe. Zu den ältesten Pyxiden mit frühchristl. Motiven gehören die künstlerisch am besten gearbeiteten Beispiele (107, 81; 108, 104 f. 107 f. 108, Nr. 161–162, 169 und 171, Taf. 82, 86, 87). Die Herstellungszeit der meisten anderen Pyxiden wird allein über stilistische und vergleichende Ansätze für das 6. Jh. vermutet, wobei ein früher Ursprung im 5. Jh. erwogen wird (111, 35).

Ebenfalls unsicher ist die Zeitstellung der silbernen halbkugeligen Zierbuckel, die vermutlich als Zaumzeugbeschläge dienten, und von Poulík mit etwas kleineren halbkugeligen Nieten aus dem langob. Grab von Hauskirchen in Verbindung gebracht wurden (30, Abb. 47a). Allerdings trägt dieser Vergleich wenig zu der zeitlichen und kulturellen Einordnung des Grabes bei, weil trotz relativ häufiger Verbreitung im 5. Jh. die Verwendung solcher Beschläge an Pferdegeschirren auch später belegt ist. Hervorzuheben sind zahlreiche solcher kleinen halbkugeligen Beschläge des 5. Jh.s aus dem Grab von →Lengyeltóti (6, 158, Abb. 6–7) und das bronzene vergoldete Einzelstück aus dem Frauengrab von →Untersiebenbrunn (51, 55, Abb. 17), v. a. aber Nachweise aus mehreren hunnischen Komplexen (2, 261 f.; 26, 195, Taf. 39, 4–20; 114, 168 f. Taf. 11, 2). Für Ž. wichtig sind die über 50 Ex. von halbkugeligen Silberknopfbeschlägen auf Lederresten des Zaumzeuges aus einem wohl hunnenzeitlichen Totenopfer aus dem in Luftlinie nur 20 km entfernten → Smolín.

Nur wenig aussagefähig sind die in Kammergrab II verbliebenen vier Silberniete mit flachem, scheibenförmigem Kopf und kleinen Scheiben am rückwärtigen Ende. Hinsichtlich ihrer Funktion läßt sich nicht viel ausführen, da ähnliche Geräte längere Zeit von der Spätant. bis zum Früh-MA sehr verschiedenen Zwecken dienten. Ihre Verwendung zum Wehrgehänge bzw. als Scheidenkantenbeschläge muß aber nicht völlig abgelehnt werden (59, 344. 355; 63, 45; 70, 19, Taf. 10, 1). Aus Mähren stammen drei kleinere Silberniete mit scheibenförmigem Kopf von der Scheide eines Schmalsaxes aus dem Grab 13/1954 von Šaratice (unpubl.) und ein weiterer Silberniet identischer Form, doch fraglicher Bestimmung aus Grab 9 von Vyškov (98, 50, Abb. 2, 3). Beide Fundkomplexe sind in die späte 2. Hälfte des 5. Jh.s zu datieren. Unbestimmbare Funktion besitzen auch die übrigen Kleinniete bzw. Eisengegenstände aus Grab II.

§ 4. Interpretationen und Schlußfolgerungen. Für die Interpretation und Konstruktion des Hügels besteht weiterhin Unklarheit. Er wurde mit den Fürsten- bzw. Königshügeln in Schweden, u. a. dem → Ottarshögen (5, 315 ff.; 112, 107) oder den berühmten Königshügeln des frühma. Europas wie dem Grab des → Childerich von Tournai verglichen (13; 64). Aufgrund der Pferdegräber, die in Ž. leider nur durch Knochen in sekundärer Lage dokumentiert sind, wird eine Provenienz der derart exklusiv Bestatteten im östlichen, hunnischen oder anderen reiternomadischen Umfeld erwogen (41). Hinsichtlich der Umfassungsstruktur und Konstruktion der steinernen Hügelaufschüttung wurde die Sepultur von Ž. sogar als barbarisches Pendent eines Mausoleums auf ant. Boden angesprochen (5, 315; 61, 199; 75) (Abb. 137). Die größte Schwierigkeit bei der Beurteilung des Hügels von Ž. besteht darin, daß beide Kammergräber exzentrisch positioniert sind und daher kaum als Zentralbestattungen bewertet werden können. Nur wenig behilflich bei der Lösung chron. und ethnokultureller Fragen für den Hügel von Ž. ist ein sehr ähnlicher Hügel aus Neudorf bei Saatz an der österr.-mährischen Grenze, der infolge völliger Ausplünderung leider keine Funde erbracht hat (29, 57; 31, 77).

Trotz neuerlicher Versuche zur Erklärung des Phänomens von Ž. liegen weiterhin viele, mit diesem außerordentlichen Fund verbundene Probleme im dunkeln, und gerade die Publikation des gesamten Befundes eröffnet weitere Fragen, deren Lösung erst in Zukunft zu erwarten ist. Obgleich die meisten bisherigen Schlußfolgerungen als spekulativ zu bewerten sind, müssen einige Ansichten korrigiert werden. So ist Kammergrab I – nach Poulík eine ält. Bestattung – aufgrund des Flechtbandes und seiner Datierung als langob. Nachbestattung anzunehmen. Sie entspricht am besten den geräumigen Kammergräbern aus der letzten Phase langob. Präsenz im norddanubischen Raum, wie denen aus Šakvice oder Hauskirchen (30, 46–48).

Eine endgültige Klärung der mit Kammergrab II verbundenen Fragen bleibt auch nach der Befundanalyse weiterhin überwiegend offen. Überzeugende Belege für einen elbgerm.-langob. Zusammenhang sind im Fundmilieu nicht enthalten. Außer den Kleinfunden aus Gold sind v. a. die Gläser bemerkenswert. Hinzu kommen weitere altertümliche, weniger charakteristisch ausgeprägte Kleinfunde, die eine nicht allzu späte Datierung innerhalb des 5. Jh.s nahelegen und eine Zeitstellung in das 6. Jh. weitgehend fraglich machen.

Einer Klärung bedarf auch die Präsenz größerer Mengen an einfacher, grober Keramik vom Boden in Grabkammer II mit

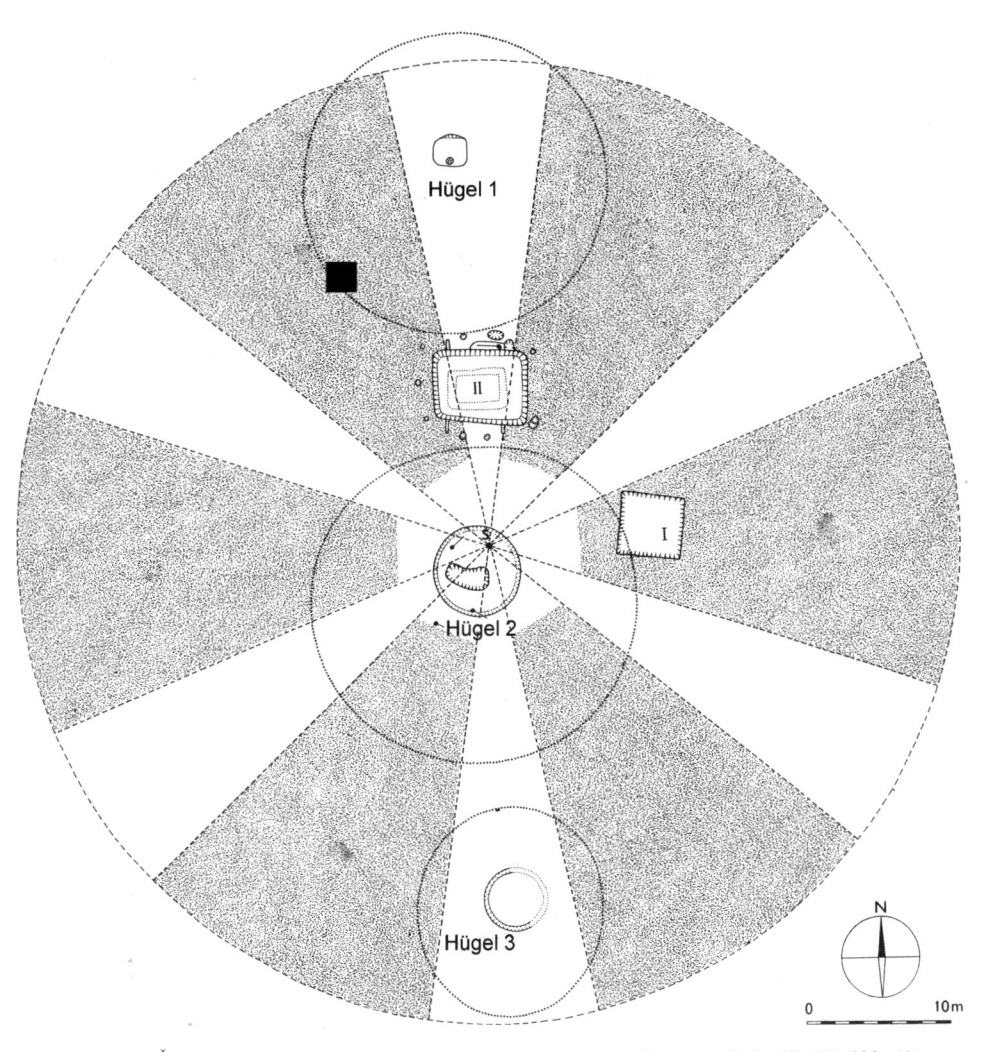

Abb. 137. Žuráň. Rekonstruktionsversuch eines Mausoleum-Grundrisses nach Poulík (75, Abb. 68)

formaler, wenn auch nicht unbedingt genetischer Ähnlichkeit mit Tonware des sog. ‚Prager Typus'.

Ansätze für das Alter von Kammergrab II sind an den Glasgefäßen zu gewinnen. Ihre kulturellen Verbindungen zum europ. O bzw. N und ihre Datierung in das frühe 5. Jh. bieten Anlaß zu weiteren Überlegungen, die verschiedene Möglichkeiten einschließen. Entweder ist für die Pyxis mit höherem Alter zu rechnen, oder an der Stelle der aufwendigen Grablege waren bereits ält. Bestattungen aus dem beginnenden 5. Jh. angelegt, die später bei Errichtung der großen Grabkammer gestört worden sind. Die zweite Annahme unterstützt auch eine ält. W-O orientierte Körperbestattung, die durch die n. Kante der Grabkammer gestört wurde. Über die gängige, doch nach dem Erhaltungszustand des Grabes unbewiesene, Vorstellung von der Bestattung einer einzigen weiblichen Person in Kammergrab II, wäre ebenfalls zu vermuten, daß in der Grabkammer eine Gruppe von mehreren Personen, wohl die Angehörigen einer Adelsfamilie, länger als über eine Generation bestattete.

Für die gewaltige Steinkonstruktion des Hügels, aller Wahrscheinlichkeit nach zu Grab II gehörig, fehlen bisher Analogien im langob. Fundmilieu des 6. Jh.s. Obwohl der geradezu exorbitant und spektakulär ausgefallene Bau eine Beeinflussung seitens der ant. monumentalen Architektur nicht ausschließt, steht er den mächtigen skand. oder einigen osteurop. Tumuli sicher näher als den vereinzelten, weniger ausgeprägten und durch Kreisgräben begrenzten Hügelgräbern aus langob. Nekropolen (93, 226, Anm. 10; 101, 50 mit Abb.). Darüber hinaus unterscheidet sich auch die Gestalt der Grabkammer II von den thür.-langob. Gräbern mit Hauseinbauten und inneren Stützpfosten (109; 110). Auch wenn eine eindeutige Frühdatierung für einen Teil des Grabinventars, insbesondere aufgrund der Gläser nicht feststeht, sind solche Gläser in frühmerow.-langob. Zusammenhang kaum denkbar. Für einen solchen Zusammenhang fehlen auch jegliche weiteren Hinweise im Fundmilieu, so daß eine andere ethnokulturelle Zuweisung für Kammergrab II und folglich des gesamten Hügels wahrscheinlicher ist als eine langob. Anzeichen für n. bzw. ö. Beziehungen im Inventar wie im Aufbau des Hügels lassen auch an eine herulische Abkunft für die Hügelgrablege denken. Falls die frühe Datierung einiger Gegenstände zutrifft, ist auch eine Beteiligung einheimischer, teilweise nomadisierender Sueben des frühen 5. Jh.s zu erwägen. Nicht übersehen werden darf bei allen Interpretationsversuchen auch die Möglichkeit späterer Eingriffe oder von Nachbestattungen, wovon das exzentrisch positionierte Kammergrab I Zeugnis ablegt, das wohl nachträglich in den Hügel eingetieft wurde. Sekundäre Grablegung von langob. Bestattungen in ält. Hügelbauten oder Gräbern ist in Mähren übrigens nicht unbekannt (103, 139 f.).

(1) A. Abramowicz u. a., Per. des migrations des peuples, Inventaria Arch. Pologne, Corpus des ensembles arch. Fasc. II, 1959. (2) I. R. Akhmedov, Uzdechnyi nabor iz mogil'nika Zarech'e IV, in: Drevnosti Evrazii, 1997, 261–268. (3) E. M. Alekseeva, Antičnye busy Severnogo Pričernomor'ja, Arch. SSSR G1–12, 1982. (4) B. Arrhenius, Skand. und O-Europa in der VWZ, in: W. Menghin (Hrsg.), Germ., Hunnen, Awaren – Schätze der VWZ. Die Arch. des 5. und 6. Jh.s an der mittleren Donau und der ö.-merow. Reihengräberkreis, 1987, 441–467. (5) Dies., Regalia in Svealand in Early Medieval Times, Tor 27, 1995, 311–335. (6) K. Bakay, Bestattung eines vornehmen Kriegers vom 5. Jh. in Lengyeltóti (Kom. Somogi, Kr. Marcali), Acta Arch. Acad. Scientiarum Hungaricae 30, 1978, 149–172. (7) L. Barkóczi, Pann. Glasfunde in Ungarn, 1988. (8) K. Benda, Ma. Schmuck. Slaw. Funde aus tschechoslowakischen Slg. und der Leningrader Ermitage, 1966. (9) Ders., Antické umění, 1979. (10) J. Böhm, Kronika objeveného věku, 1941. (11) I. Bóna, Das Hunnenreich, 1991. (12) Ders., M. Nagy, Gepid. Gräberfelder am Theissgebiet 1, 2002. (13) R. Brulet (Hrsg.), Les fouilles du quartier Saint-Brice à Tournai, 2. L'environnement funéraire de la sépulture de Childéric, 1991. (14) V. Budinský-Krička, Hroby z doby rímskej a sťahovania národov v Kapušanoch, Slovenská Arch. 5, 1957, 356–362. (15) P. Chlumetzky, Ber. über die Ausgr. bei Bellowitz, Schr. der hist.-statistischen Sektion der k. k. mährisch schlesischen Gesell. Brünn 5, 1853. (16) M. Čižmář, Das Gräberfeld der VWZ in Pohořelice, in: J. Tejral u. a. (Hrsg.), Neue Beitr. zur Erforsch. der Spätant. im mittleren Donauraum, 1997, 23–38. (17) A. Cutler, Late Antique and Byzantine Ivory Carving, Variorum Collected Stud. Ser. CS 617, 1998, 1–23. (18) J. Dekan, Velká Morava, 1980. (19) Gh. Diaconu, Tîrgşor. Necropola din secolele III–IV e. n., 1965. (20) H. Dragendorff, Ber. über die Tätigkeit der RGK im J. 1909, Ber. RGK 2–6, 1906–1913, 1–89. (21) J. Eisner, Kultura normanská a naše země, in: Cestami umění (Sborník prací A. Matějčka), 1949, 36–44. (22) M. Erdrich, Einige Bemerkungen zu kaiserzeitlichen Bestattungen mit röm. Beigaben im nw. Niedersachsen, Arch. Mitt. NW-Deutschland 13, 1990, 33–42. (23) Ders., Corpus der röm. Funde im europ. Barbaricum Deutschland 4, 2002. (24) Ders., H.-U. Voß, Die Perlen der Germ. des 1.–5. Jh.s in Mecklenburg-Vorpommern, Schleswig-Holstein und Niedersachsen, in: U. von Freeden, A. Wieczorek (Hrsg.), Perlen. Arch., Techniken, Analysen, 1997, 77–93. (25) G. B. Fedorov, Malaeštskij mogil'nik, in: Černjachovskaja kul'tura, Mat. i Issled. Arch. SSSR 82, 1960, 253–301. (26) N. Fettich, A Szeged-Nagyszéksósi hun fejedelmi sírlelet (La trouvaille de

tombe princière hunnique a Szeged-Nagyszéksós), 1953. (27) G. Fingerlin, Grab einer adelig. Frau aus Güttingen, Ldkrs. Konstanz, Bad. Fundber., Sonderh. 4, 1964, 29, Taf. 8; 17. (28) F. Fremersdorf, Die röm. Gläser mit Schliff, Bemalung und Goldauflagen aus Köln, Die Denkmäler des röm. Köln 8, 1967. (29) H. Friesinger, Die Langob. in Österr., in: R. Busch (Hrsg.), Die Langob. Von der Unterelbe nach Italien, 1988, 55–62. (30) Ders., H. Adler, Die Zeit der Völkerwanderung in Niederösterr., 1979. (31) Ders., B. Vacha, Die vielen Väter Österr.s. Römer – Germ. – Slawen. Eine Spurensuche, 1987. (32) F. Fülep, Roman Cemeteries on the Territory of Pécs (Sopianae), 1977. (33) O. Gábor, Kesőantik sírok Mágocson, Janus Pannonius Múz. Évkönyve 43, 1998, 119–127. (34) I. O. Gavrituchin, Chronologičeskije indikatory finala černjachovskoj kuľtury, in: Sto let černjachovskoj kuľture, 1999, 48–86. (35) G. Gomolka-Fuchs, Gläser der Sîntana de Mureș-Černjachov-Kultur aus Rumänien und der Republik Moldavien, in: G. Gomolka-Fuchs (Hrsg.), Die Sîntana de Mureș-Černjachov-Kultur 2, 1999, 129–142. (36) G. Haseloff, Die germ. Tierornamentik der VWZ. Stud. zu Salin's Stil I, 1981. (37) Ders., Stand der Forsch.: Stilgesch. VWZ und MZ, in: Festskr. T. Sjøvold, 1984, 109–124. (38) O. Heinrich-Tamaska, Deutung und Bedeutung von Salins Tierstil II zw. Langobardia und Avaria, in: W. Pohl, P. Erhart (Hrsg.), Die Langob. Herrschaft und Identität, 2005, 281–299. (39) K. Højlund Nielsen, Animal style – A symbol of might and myth, Acta Arch. (København) 69, 1998, 1–52. (40) K. Horedt, D. Protase, Das zweite Fürstengr. von Apahida (Siebenbürgen), Germania 50, 1972, 174–220. (41) M. Kazanski, P. Périn, La tombe de Childéric: un tumulus oriental?, Traveau et Mém. 15, 2005, 287–298. (42) E. Keller, Die spätröm. Grabfunde in S-Bayern, 1974. (43) Ders., Das spätröm. Gräberfeld von Neuburg an der Donau, 1979. (44) P. T. Kessler, Merow. Fürstengräber von Planig in Rheinhessen, Mainzer Zeitschr. 35, 1940, 1–12. (45) A. Kiss, Die goldbeschlagenen Schalen der Fürstengräber von Szeged-Nagyszéksós und Apahida I–II, Folia Arch. 33, 1982, 163–184. (46) Ders., Die Schalen, in: W. Seipel (Hrsg.), Barbarenschmuck und Römergold. Der Schatz von Szilágysomlyó, 1999, 160–162. (47) U. Koch, Die Glas- und Edelsteinfunde aus den Plangrabungen 1967–1983, in: Der Runde Berg bei Urach VI, 1987, 80–160. (48) Dies., Spätröm.-frühfrk. hohe konische Glasbecher, Kölner Jb. für Vor- und Frühgesch. 22, 1989, 193–203. (49) T. Kolník, L. Veliačik, Neskoroantická pyxida z Čiernych Kľačian, Slovenská Arch. 31, 1983, 1–84. (50) M. Konrad, Das röm. Gräberfeld von Bregenz – Brigantium, 1997. (51) W. Kubitschek, Grabfunde in Untersiebenbrunn (auf dem Marchfeld), Jb. für Altkde 5, 1911, 32–67. (52) S. Linquist, Uppsala Högar och Ottarshögen, 1936. (53) M. Mączyńska, La fin de la culture de Przeworsk, in: J. Tejral u. a. (Hrsg.), L'Occident romain et l'Europe centrale au début de l'époque des Grandes Migrations, 1999, 141–170. (54) R. Madyda-Legutko, Die Gürtelschnallen der Röm. Kaiserzeit und der frühen VWZ im mitteleurop. Barbaricum, 1986. (55) R. Marghitu, 4. 8. Männergräber II von Apahida, Bez. Cluj/Klausenburg, Siebenbürgen/ Transylvanien, Rumänien, in: A. Wieczorek, P. Périn, Das Gold der Barbarenfürsten (Ausstellungskat.), 2001, 147–155. (56) Ders., C. Opreanu, 4. 9. Grab des Omharus, Fürstengr. I von Apahida, Bez. Cluj /Klausenburg, Siebenbürgen/ Transylvanien, Rumänien, in: ebd., 156–160. (57) M. Martin, Das spätröm.-frühma. Gräberfeld von Kaiseraugst (Kt. Aargau), 1978. (58) A. Mastykova, Perlen aus den südmährischen Bestattungen des 5. Jh.s (in Vorbereitung). (59) W. Menghin, Das Schwert im Frühen MA, 1983. (60) Ders., Die Langob. Arch. und Gesch., 1985. (61) M. Menke, Alem.-ital. Beziehungen vom späten 5. bis zum 7. Jh. aufgrund arch. Qu., in: Die transalpinen Verbindungen der Bayern, Alem. und Franken bis zum 10. Jh., 1987, 153–345. (62) G. Moosbauer, Kastell und Friedhöfe der Spätant. in Straubing, 2005. (63) H. F. Müller, Das alam. Gräberfeld von Hemmingen, 1976. (64) M. Müller-Wille, Les tombes royales et aristocratiques à tumuli, Antiquités Nationales 29, 1997, 245–257. (65) U. Näsman, Glas och handel i senromersk tid och folkvandringstid. En studie kring glas från Eketorp-II, Öland, Sverige, 1984. (66) L. Niederle, Rukověť slovanské archeologie, 1931. (67) B. Novotný, Nové nálezy z doby sťahovania národov na Slovensku, Sborník Filozofické Fakulty. Univ. Musaica 17, 1984, 111–125. (68) C. H. Opreanu, Transilvania la sfârșitul antichitați și în perioada migrațiilor, 2003. (69) V. Palade, Așezarea și nekropola de la Bârlad – Valea Seaca secolele III–V, 2004. (70) R. Pirling, Das röm.-frk. Gräberfeld von Krefeld-Gellep I, II, 1966. (71) Dies., Das röm.-frk. Gräberfeld von Krefeld-Gellep 1964–1965, 1979. (72) J. Poulík, Záhadná mohyla Ž., Arch. Rozhledy 1, 1949, 10–15, 17–19. (73) Ders., Jižní Morava – země dávných Slovanů, 1948/50. (74) Ders., Tumulus de Ž. (Moravie), in: Investigations arch. en Tchécoslovaquie. VIIe Congrés Internat. des Sciences Préhist. et Protohist., 1966, 213–214. (75) Ders., Ž. in der Gesch. Mitteleuropas, Slovenská Arch. 43, 1995, 27–109. (76) H. Preidel, Die Anfänge der slaw. Besiedlung Böhmens und Mährens, 1954. (77) D. Quast, M. Knaut, Arch. und Migration, in: Die Völkerwanderung. Europa zw. Ant. und MA, Arch. in Deutschland, Sonderh. 2005, 8–18. (78) H. G. Rau, Körpergräber mit Glasbeigaben des 4. nachchr. Jh.s im Oder-Weichsel-Raum, Acta Praehist. et Arch. 3, 1972, 109–214. (79) Ders., Facettschliffgläser und die Chron. der Spätkaiserzeit, Arch. Korrespondenzbl. 3, 1973, 441–445. (80) Ders., Zur Provenienzfrage spätant. Gläser, ebd. 4, 1974, 371–377. (81) B. Ringstad, Ein Webschwert der VWZ mit Entrelacs-Ornamentik aus Kvåle, Sogndal, W-Norwegen, Offa 46, 1989, 145–158. (82) H. Roth, Die Ornamentik der Langob. in Italien. Eine Unters. zur Stilentwicklung anhand der Grabfunde, 1973. (83) B. Rütti, Die röm. Gläser von Augst und Kaiseraugst, 1991. (84) A. Salamon, L. Barkóczi, Bestattungen von Csákvár aus dem Ende des 4. und dem Anfang des 5. Jh.s, Alba Regia 11, 1970, 35–80. (85) T. A. Ščerbakova, M. T. Kašuba, Sarmato-alanskije drevnosti (Kurgannyje zachoronenija bliz s. Mokra), 1993. (86) D. Schlinkert, Ordo senatorius und nobilitas. Die Konstitutions des Senatsadels in der Spätant. mit einem Appendix über den praepositus sacri cubiculi, den „allmächtigen" Eunuchen am kaiserlichen Hof, 1996. (87) J. Schránil, Vorgesch. Böhmens und Mährens, 1928. (88) J. Schultze, Der spätröm. Siedlungsplatz von Wiesbaden-Breckenheim, 2002. (89) J. Skutil, K historii výkop na Žuráni, Šlapanský zpravodaj II, H. 3, 1935, 3. (90) M. P. Speidel, Late Roman military decorations I: neck- and wristbands, Antiquité Tardive 4, 1996, 235–243. (91) P. Stadler u.a., Ein Beitr. zur Absolutchron. der Langob. aufgrund von ^{14}C – Datierungen und ein Versuch zur Datierung der Beraubung langob. Gräber, Arch. Austriaca 87, 2003, 265–278. (92) T. Stawiarska, Naczynia szklane okresu rzymskiego z terenu Polski. Studium archeologiczno-technologiczne, 1999. (93) F. Stein, Der Helm von Steinbrunn – Ein ostgot. Ehrengeschenk?, in: wie [38], 225–246, S. 226, Anm. 10. (94) B. Stjernquist, Glass from the Settlement of Gårdlösa, Southern Sweden, Glass from the Settlement of G., Southern Sweden, Papers of the Arch. Inst., Univ. of Lund NS 6, 1985–1986, 1986, 139–165. (95) E. Straume, Gläser mit Facettenschliff aus skand. Gräbern des 4. und 5. Jh.s n. Chr., 1987. (96) E. A. Symonovič, Stekljannyj kubok s nadpis'ju iz-pod Odessy, Vestnik Drevnej Istorii 1, 1966, 105–109. (97) S. Tau, M. Nicu, Ein beschrifteter Glasbecher aus der Nekropole von Barcea – Tecuci (4. Jh. u. Z.), Dacia 29, 1985, 165–166. (98) J. Tejral, Völkerwanderungszeitliches Gräberfeld bei Vyškov (Mähren), Studie Arch. ústavu ČSAV II/2, 1974. (99) Ders., Probleme der VWZ n. der mittleren Donau, in: wie [4], 351–360. (100) Ders., Morava na sklonku antiky, 1982. (101) Ders., Die Langob. n. der mittleren Donau, in: R. Busch (Hrsg.), Die Langob. Von der Unterelbe nach Italien, 1988, 39–54. (102) Ders., Neue Aspekte der frühvölkerwanderungszeitlichen Chron. im Mitteldonauraum, in: Ders. u. a. (Hrsg.), Neue Beitr. zur Erforsch. der Spätant. im mittleren Donauraum, 1997, 321–392. (103) Ders., Zur Unterscheidung des vorlangob. und elbgerm. – langob. Nachlasses, in: wie [38], 103–200. (104) M. Tempelmann-Mączyńska, Die Perlen der RKZ und der frühen Phase der VWZ im mitteleurop. Barbaricum, 1985. (105) Ch. Terzer, Das langob. „Fürstengrab" von Civezzano – Eine Neubewertung, Acta Praehist. et Arch. 33, 2001, 152–226. (106) W. Timpel, Das altthür. Wagengrab von Erfurt – Gispersleben, Alt-Thüringen 17, 1980, 181–238. (107) W. F. Volbach, Zur Lokalisierung frühchristl. Pyxiden, in: Variae Formae Veritas Una. Kunsthist. Stud. (Festschr. F. Gerke), 1962, 81–88. (108) Ders., Elfenbeinarbeiten der Spätant. und des frühen MAs. Pyxiden mit christl. Darst., Kat. vor- und frühgeschichtl. Altertümer 7, 1976, 103–121. (109) L. Wamser, Eine thür. Adelsgrablege des 6. Jh.s bei Zeuzleben, Das Arch. J. in Bayern 1983, 1984, 133–138. (110) Ders., Eine thür.-frk. Adels- und Gefolgschaftsgrablege des 6./7. Jh.s bei Zeuzleben, Wegweiser zu vor- und frühgeschichtl. Stätten Mainfrankens 5, 1984, 1–20. (111) K. Weitzmann, Cat. of the Byzantine and early mediaeval antiquities in the Dumbarton Oaks coll. 3, Ivories and Steatites, 1972. (112) J. Werner, Die Langob. in Pann. Beitr. zur Kenntnis der langob. Bodenfunde vor 568, 1962. (113) A. Wieczorek, Die frühmerow. Phasen des Gräberfeldes von Rübenach, Ber. RGK 68, 1987 (1988), 353–492. (114) I. P. Zaseckaja, Kul'tura kočevnikov južnorusskich stepej v gunnskuju ėpochu (konec IV–V vv.), 1994.

J. Tejral

Zwammerdam

§ 1: Lage und Geschichte – § 2: Schiffsfunde

§ 1. Lage und Geschichte. Röm. Truppenlager s. des Oude Rijn ('Alter Rhein'), an einem heute verlandeten Arm des Flusses in auffallend geringem Abstand zu den benachbarten Kastellen → *Albaniana*/Alphen (2 *leugae*) und *Laurum(?)*/Woerden (5 *leugae*) gelegen. Offenbar sollten mit dieser dichten Kastellkette die Wasserwege im Rheindelta und die nord-südlich verlaufende Route über die Strandwälle entlang der Küste besser gesichert werden (12, 284 f.). Der ant. Name lautete wohl *Nigrum Pullum* (*Nigropullo* auf der Tab. Peut. segm.

II 2/3). Bis um die Mitte des 20. Jh.s bestand nur ein vergleichsweise geringes Interesse an der Erforschung des Platzes; seither ist durch Beobachtungen am Ort und durch Publ. zahlreicher Fundstücke in den 50er J. (15), v. a. aber durch die 1968–1974 durchgeführten arch. Unters. mit den bemerkenswerten Schiffsfunden (s. § 2) der Fundplatz verstärkt in den Blickpunkt der Forsch. getreten (12, 12–19 mit der gesamten früheren Forsch.; kurze Übersichten auch 6 und 16, 439 B 5).

Die Gesch. des röm. Z. läßt sich in drei Hauptper. fassen: Per. I: 47 bis 69/70 n. Chr.; Per. II: 70 (oder wenig später) bis ca. 175/180 n. Chr.; Per. III: ca. 175/180 bis ca. 260 n. Chr. Spuren von Holzbauten ermöglichen keine zusammenhängende Rekonstruktion der ältesten Siedlung, jedoch belegen verschiedene Fundgegenstände – darunter Frg. von Ausrüstungsstücken – den milit. Charakter der frühesten Siedlung. Allerdings läßt sich kein Festungscharakter erweisen, so daß es sich zunächst auch um einen unbefestigten Etappenposten gehandelt haben könnte (12, 285; kritisch hierzu 16, 345 f.). Aus den Keramikfunden – insbesondere → Terra Sigillata – ergibt sich eine Belegung des Platzes in claudisch-neronischer Zeit (12, 47–55. 284 f.). Die Gründungszeit wird aber etwas später als diejenige der frühclaudischen Lager angesetzt und vermutungsweise mit den Kriegszügen des Corbulo im J. 47 n. Chr. (Tac. ann. 11,18–20) in Verbindung gebracht. → Graffiti überliefern durchweg latinisierte Namen der Soldaten, ohne daß eine Zuordnung zu einer bestimmten Einheit erfolgen kann. Durchaus möglich ist eine gemischte Besatzung von Soldaten, die aus Legionen und Auxilien abkommandiert wurden.

Im Zuge des Bataveraufstandes des J.es 69 n. Chr. ging auch Z. in Flammen auf, wie u. a. eine Brandschicht belegt. Ob hierfür die Aufständischen oder die Römer selbst verantwortlich waren, läßt sich nicht sagen (vgl. insbesondere Tac. hist. 4,15). Nach dem Sieg der Römer 70 n. Chr. wurde noch in diesem J. oder wenig später in Z. ein Holz-Erde-Kastell (Per. II) mit einem Gesamtumfang von ca. 1,16 ha (Innenmaß lediglich ca. 1 ha) angelegt (12, 21–26. 55–65. 286–289; vgl. auch 6, 49). Es wies eine breite Front auf, ferner zwei Gräben, die an den drei Toren nicht unterbrochen waren, aber keine *porta decumana*.

Geborgen wurden u. a. → Ziegel mit Stempeln der Bonner *legio I Minervia pia fidelis,* die bekanntlich vielfach im Rheindelta operierte, der *legio X gemina* in → Nijmegen, der *legio XXII Primigenia* aus der Zeit ihres Standortes in → Xanten und von *vexillarii exercitus Germanici inferioris*. Das Ende der Per. II ist entspr. den Funden nach 154/155 und vor 180 n. Chr. anzusetzen, nach Meinung der Ausgräber wahrscheinlich um 175/176 n. Chr. (12, 64 f. 288 f.), was vielleicht etwas zu früh ist. Jedenfalls wurde unter den Statthaltern von Untergermanien Didius Iulianus, dessen Amtszeit jetzt in die J. ca. 180/181–184/185 n. Chr. und damit etwas später als bislang angesetzt wird, und Iunius Macer oder Macr(---), der kurz zuvor oder kurz danach amtierte (10, 182–186), an der Neuanlage des Kastells gebaut, wie entspr. gestempelte Ziegel belegen. Unmittelbar s. des Kastells fand man die Spuren eines Kastellvicus (→ Vicus) mit Gebäuden, die teils dem üblichen Typus des Streifenhauses mit und ohne Inneneinteilung entsprechen, teils große und fast quadratische Häuser waren (12, 28–30). Die Gebäude lagen an einer Straße parallel zum Wall des Kastells und in unmittelbarem Schutz desselben. Ein größeres Gebäude im SO dürfte ein Bad gewesen sein. Anhaltspunkte dafür, daß die einheimische Bevölkerung einen nennenswerten Anteil an den Bewohnern gehabt hat, fehlen. Lediglich zwei Objekte gehören in den Bereich von Kult und Relig.: Ein Tonfigürchen weist auf die Verehrung von Isis-Fortuna, ein Schlangengefäß vielleicht auf diejenige von → Mithras (oder Sabazios?) (12, 31 f.).

Per. III ist gekennzeichnet durch den Ausbau des Kastells in Stein auf einer Fläche von ca. 1,2 ha; es war damit nur unwesentlich größer als das Holzkastell. Vor den Mauern mit vier Toren befanden sich drei Gräben. Beim Bau wurde der Kastellvicus aus Per. II teilweise zerstört, der Mittelpunkt des neuen *vicus* offenbar verlagert. Von den Innenbauten sind nur die *principia* bekannt, welche durch ihre Säulenfassaden bemerkenswert sind.

Im Vergleich mit anderen Kastellen ist Z. das kleinste der Prov. *Germania inferior.* Über die Besatzung liegen keine schlüssigen Informationen vor. Lediglich ein Frg. einer Steininschr. mit dem Rest --- VLP --- ist gesichert überliefert, unklar ist die Bedeutung eines zu Beginn des 18. Jh.s erwähnten, heute aber verschollenen Frg.s mit dem Text LEG I N (= zweifellos zu *M[inervia]* aufzulösen), angeblich auf einem Ziegel, nach anderer Version aber auf Stein. Von den zahlreichen Ziegelstempeln könnte nur einer der *coh(ors) X[V] (Voluntariorum)* einen Hinweis auf die Besatzung oder einen Teil derselben geben, doch ist dieses ganz ungewiß (12, 73 f.). Einiges läßt sich aber den Graffiti entnehmen, die allerdings fast alle der Per. II zugeschrieben werden müssen. Sie weisen in der Bilanz auf Angehörige einer *cohors equitata,* die aber wohl nicht in voller Stärke in Z. lag, vielleicht auch auf eine Benefiziarierstation (12, 78–82; vgl. auch 13). Das Ende des Steinkastells ist etwa 260 n. Chr. oder einige J. später anzusetzen. Eine direkte Ursache ist nicht nachzuweisen, einige Indizien deuten aber auf einen abrupten Untergang infolge einer gewaltsamen Zerstörung (12, 291 f.).

§ 2. Schiffsfunde. Im Zuge der arch. Unters. in Z. kamen in den J. 1971 bis 1974 bedeutende, teilweise gut erhaltene Überreste von mehrphasigen ant. Kaianlagen, Wasserfahrzeugen, Schiffsgerät (u. a. ein Heckruder) sowie in mediterraner Nut-Feder-Technik verbundene Bretter, die wohl als Schiffsplanken anzusehen sind, zutage (bes. 18–22). Bei der Anlage des letzten Kais wurden offenbar Schiffe versenkt, um die Uferbefestigung zu verstärken, was auch andernorts beobachtet werden konnte (→ Schiffsfunde § 2c; Lit. s. 12, 45 Anm. 85). Dieses trifft auch für mehrere der sechs Schiffe zu, die seinerzeit ausgegraben wurden und als ‚Zwammerdam 1–6‘ in die folgende, umfangreiche Forsch. eingegangen sind (grundlegend bes. 21). Sie sind verschiedenen Schiffstypen zuzuordnen, die um 200 n. Chr. am Niederrhein in Gebrauch waren. Im einzelnen handelt es sich um Einbäume (→ Einbaum) in der einfachsten Form ohne oder mit Deck und loser Heckplanke (‚Z. 1‘ und ‚Z. 5‘), einen erweiterten Einbaum (‚Z. 3‘) und drei große Frachtprahme (Plattbodenfahrzeuge; → Prahm) gallo-röm. Bauart (‚Z. 2‘, ‚Z. 4‘ und ‚Z. 6‘). Der Einbaum ‚Z. 1‘ weist sich durch seinen wasserdurchfluteten Fischraum als Fischerboot aus, was auch für die beiden weiteren anzunehmen ist. ‚Z. 1‘ und ‚Z. 3‘ haben im Bug ein vertikales Loch für einen Staken, um das Boot in flachen Gewässern festsetzen zu können (→ Staken § 3). Mastspuren der Prahme weisen auf Besegelung zum Antrieb (→ Segeleinrichtung), jedoch ist auch mit Treidelantrieb zu rechnen (→ Treideln). ‚Z. 6‘, der am besten erhaltene Fund eines ant. Prahms, mißt in der Lg. 20,3 m und in der Br. bis 3,7 m; für ‚Z. 2‘ sind die entspr. Maße 22,75 m bzw. max. 3,15 m, für ‚Z. 4‘ – der größte der Prahme – ca. 34 m bzw. bis etwa 5 m. Diese Schiffe waren zum Transport von Schwergut geeignet. Als eigener Typus wurden die Prahme von Z. durch P. Marsden fixiert, ungeachtet von Unterschieden in Details (22, 106). In der Frage der Herkunft dieses Typus – ‚kelt.‘ oder ‚röm.‘ – hat sich zuletzt die Ansicht einer galloröm. Konstruktion mit deutlichen Wurzeln im Mittelmeerraum durchgesetzt (1–5; 17; 18; 20; 22, 106 f. gegen 11). Über die bautechnischen Einzelheiten und typol. Einordnung sowie die Nutzung der

Schiffe unterrichtet die einschlägige Lit., s. auch hier die folgenden Angaben mit weiterführenden Verweisen.

(1) R. Bockius, Zur Rekonstruktion des röm. Plattbodenschiffes aus Woerden, Jb. RGZM 43, 1996, 511–530. (2) Ders., Ant. Prahme. Monumentale Zeugnisse kelt.-röm. Binnenfahrt aus der Zeit vom 2. Jh. v. Chr. bis ins 3. Jh. n. Chr., ebd. 47, 2000, 439–493. (3) Ders., Ant. Schwergutfrachter, Zeugnisse röm. Schiffsbaus und Gütertransports, in: Steinbruch und Bergwerk. Denkmäler röm. Technikgesch. zw. Eifel und Rhein, 2000, 110–132. (4) Ders., Ant. Schiffahrt, Boote und Schiffe zur Römerzeit zw. Tiber und Rhein, in: P. Kuhnen (Hrsg.), Abgetaucht, aufgetaucht. Flußstücke, aus der Gesch., mit ihrer Gesch., 2001, 119–158. (5) Ders., Ant. Prahme und ihre Rolle in der Binnenschiffahrt der gall.-germ. Prov., in: K. Brandt, H. J. Kühn (Hrsg.), Der Prahm aus dem Hafen von Haithabu. Beitr. zu ant. und ma. Flachbodenschiffen, 2004, 125–149. (6) J. E. Bogaers, Alphen aan de Rijn – Z. – Nigrum Pullum, in: J. E. Bogaers, C. B. Rüger (Hrsg.), Der Niedergerm. Limes. Materialien zu seiner Gesch., 1974, 49–52. (7) E. Bremer, Unters. zur Versorgung der röm. Militärlager an der Lippe, Orbis Terrarum 6, 2000, 91–126. (8) D. Carlson, Roman Fishing Boats: Form and Functions, in: R. F. Docter (Hrsg.), Classical Arch. towards the third Millennium. Reflexions and perspectives. Proc. of the XVth International Congress of Classical Arch., 1999, 107–109. (9) C. van Driel-Murray, Stamped Leatherwork from Z., in: B. L. van Beek u. a. (Hrsg.), Ex horreo: IPP 1951–1976, 1977, 151–164. (10) W. Eck, Die Statthalter der germ. Prov. vom 1.–3. Jh., 1985. (11) D. Ellmers, Kelt. Schiffbau, Jb. RGZM 16, 1969 (1971), 73–122. (12) J. K. Haalebos, Z. – Nigrum Pullum. Ein Auxiliarkastell am Niedergerm. Limes, 1977. (13) Ders., J. E. Bogaers, Een schildknop uit Z. – Nigrum Pullum, Gem. Alphen (Z. H.), Helinium 10, 1970, 242–249; 11, 1971, 34–47. (14) O. Höckmann, Z. und Nemi: Zur Bauplanung röm. Schiffe, Arch. Korrespondenzbl. 18, 1988, 389–396. (15) H. K. de Raaf, De Romeinse nederzetting bij Z. en het probleem van Nigopullo, Zuid-Holland, Ber. ROB 8, 1957/58, 31–81. (16) H. Schönberger, Die röm. Truppenlager der frühen und mittleren Kaiserzeit zw. Nordsee und Inn, Ber. RGK 66, 1985 (1986), 322–497. (17) U. Teigelake, Unters. zum „kelt." Schiffbau, Skyllis – Zeitschr. für Unterwasserarch. 1, 1998, H. 2, 6–19. (18) M. D. de Weerd, Römerzeitliche Transportschiffe und Einbäume aus Nigrum Pullum/Z. (Z. H.), in: Stud. zu den Militärgrenzen Roms II. Vorträge des 10. Intern. Limeskongresses in der Germania inferior, 1977, 187–198. (19) Ders., Ships of the Roman Period at Z. – Nigrum Pullum, Germania inferior, in: J. du Plat Taylor, H. Cleere (Hrsg.), Roman Shipping and Trade in the Rhine Provinces, 1978, 15–21. (20) Ders., Sind kelt. Schiffe röm.? Zur angeblichen kelt. Tradition des Schiffstyps Z., Jb. RGZM 34, 1987 (1989), 387–410. (21) Ders., Schepen voor Z. Bouwwije en herkomst van enkele vaartuigen in West- en Middeneuropa uit de Romeinse tijd en de Middeleeuwen in arch. perspectief, 1988. (22) Ders., Röm. Schiffsfunde von Z.: Lehren aus einer alten Grabung, Skyllis – Zeitschr. für Unterwasserarch. 4, 2001, H. 2, 96–110.

R. Wiegels

Zwiebel

Sprachlich – Kulturgeschichtlich. Wikingerzeit

Sprachlich. Ahd. *zibollo* (seit dem 11. Jh.), *zibolla* (12. Jh.) sowie die in Anlehnung an ahd. *zwi-* ‚zweifach' und *bolla* ‚Knospe, Knoten etc.' gebildeten Formen *zwibolla* (11. Jh.), *zwibollo* (13. Jh.) für lat. *cepa* und *bulbus* (13, 731; 25, 198 f.; 31, 760 f.; 20, 1313; 28, XI, 389 f. 391. 482) beruhen auf der mlat. Diminutivform *cepola, cipola* u. ä. zu lat. *cepa* (26, 1630; 19, 1021).

Lat. *cepa* wird in den germ. Sprachen darüber hinaus mit zahlreichen anderen Wörtern glossiert, deren Bedeutungsspektrum von ‚Pflanze im allg.' (vgl. ahd. *pflanza* [31, 462; 28, VII, 277 ff.]) bis hin zu verschiedenen Spezies der Familie Allium reicht. Häufig handelt es sich dabei um Bezeichnungen, die mit dem Simplex ‚Lauch' (ae. *lēac*, ahd. *louh*, anord. *laukr*) als Zweitglied zusammengesetzt sind (vgl. → Lauch § 1).

Im Ae. sind dies *ennelēac* (12, I, 252; 11, II, 39) und *ynnelēac* (12, I, 1300 und II, 753; 11, III, 276 f.), auch für lat. *ascalonia* und *unio*, das dem ersten Kompositionsglied zugrunde liegt, sowie *cīpe* und *cīpelēac* (12, I, 155 und II, 124; 11, III, 48), auch für lat. *ascalonia*, zu lat. *cepa*.

Im Ahd. gehören hierher *asclouh* (seit dem 9./10. Jh.) (10, I, 363; 31, 386; 20, 58; 28, I, 218 ff.), auch für lat. *ascalonia* bzw. *ascalonium,* und *porrum casti,* zu lat. *ascalonium*

‚Schalotte' = Z. aus Askalon (22, 36; 19, 792), mit volksetym. Anlehnung an *asc* ‚Esche' (23, 363), weiter *snitalouh* (31, 566; 28, IX, 17 ff.), auch für lat. *cepula, brittola, porrus, sisymbrium,* sodann *sura, surro* bzw. as. *surio* (seit dem Ende des 8. Jh.s) (13, VI, 273; 31, 612; 20, 1056; 29, 288; 28, IX, 361 f.), auch für lat. *porrum* bzw. *intibum,* und *surella,* vielleicht zum Ländernamen Syrien (25, 204), und schließlich *unna* (31, 670; 20, 1162; 28, X, 235), *ullouh* (28, X, 157), *unilouh* (11. Jh.) (31, 666; 20, 1155; 28, X, 219), zu lat. *unio.* Auch das Simplex *louh* kann gelegentlich lat. *cepa* glossieren (31, 386; 28, VI, 174 f.).

Im Anord. sind belegt die Bezeichnungen *blóðlaukr* (16, 95), *rauðr laukr* (16, 122) und *unian* (16, 61. 130). Die beiden ersten Wörter sind auf die med.-botan. Fachlit. beschränkt und auch *unian* kommt darüber hinaus nur in der übersetzten Lit. vor. Eine vergleichbare Beschränkung gilt für adän. *røth(e)løk* (seit dem 13. Jh.), *sipel, sipæl, cipul, cipol* u. ä. (seit dem 13. Jh.), *uniæn, uni, vnium, ynian* (seit dem 13. Jh.) (21, 51) und aschwed. *rödlök, cipul, sipul, sipol* (30, 288. 337; 24, 1301). Dies zeigt zur Genüge, daß die Küchen-Z. erst relativ spät in den Norden gelangte.

Die aus einheimischen Kompositionsgliedern gebildeten Bezeichnungen verdeutlichen, daß in den germ. Sprachen die Z.-Gewächse (Allium) in erster Linie mit dem Wort ‚Lauch' bezeichnet werden. Wo immer in der Ant., im MA und in der Neuzeit Allium anzutreffen ist, sind es mehrere Arten, die angebaut und verwendet werden. Das Problem einer artspezifischen Festlegung ist dabei äußerst komplex und vielfach nicht eindeutig zu lösen. Andererseits zeigen die Qu., daß den wichtigsten und häufigsten Arten von Allium zumeist dieselben Wirkungen zugeschrieben werden und eine Art daher ohne weiteres für die andere eintreten kann (vgl. 17, 87). Dies gilt für die Verwendung von Allium in der → Heilkunde, läßt sich aber auch im Bereich der mythol., magischen und abergläubischen Vorstellungen, die mit dieser Pflanzengattung verbunden wurden, reichlich belegen. Dabei handelt es sich zum einen um den Bereich Sexualität, Potenz und Fruchtbarkeit, wobei Allium insbesondere die Fähigkeit zugeschrieben wird, Leben zu erhalten und zu bewahren, und daher als Zauberkraut, als Panazee und Pflanze der mythischen Urzeit beschrieben wird, zum andern um apotropäische Vorstellungen (14, 146; 15, 375. 380 ff.).

Kulturgeschichtlich. Wikingerzeit. Keine andere Pflanzengattung spielt in der Kulturgesch. des Nordens von der Spätant. bis in die WZ eine nur annähernd so bedeutungsvolle Rolle wie Allium. Dies zeigt sich insbesondere an dem sog. Formelwort *laukaz,* das in den altrunischen Inschr. recht häufig begegnet (→ Sinnbilder und Heilszeichen). Neben diese runischen Belege tritt früh als nicht-nord. Zeugnis der Reisebericht des Arabers → Ibn Faḍlān, der anläßlich einer Gesandtenreise im J. 921 n. Chr. an der Wolga mit → Warägern zusammentraf und deren Sitten und Gewohnheiten beschrieb. Mehrfach nennt er dabei Z.n als Opfergabe der Waräger an Holzidole (9, 86 f.) und als Beigaben im Totenbrauchtum (9, 92).

Für Skand. bezeugen eine Reihe gesetzlicher Bestimmungen (ab dem Ende des 12. Jh.s) die Bedeutung von Allium-Pflanzen im Wirtschaftsleben. Auf deren Diebstahl stehen empfindliche Strafen (ält. *Frostaþingslǫg* [2, I, 253], vgl. 3, 247; ält. *Bjarkeyjarréttr* [2, I, 326. 331], *Jónsbók* [4, 272], *Landslǫg* [2, II, 172] u. *Bæjarlǫg* [2, II, 272]). Auch die schwed. Gesetze schreiten gegen den Diebstahl dieser Pflanzen mit ähnlichen Maßnahmen ein (*Westgöta-Lagen* [1, 277]; *Södermanna-Lagen* [5, 97]; *Westmanna-Lagen* [6, 163]; *Konung Magnus Eriksons Landslag* [7, 364]; *Konung Christoffers Landslag: Tiuffa balkr* [8, 389/90]).

Daß in den Texten auch noch eine Reihe anderer Obst-, Gemüse- und Nutzpflanzen (Äpfel, Erbsen, Bohnen, Rüben, Kohl, Angelika und Lein) genannt werden, ist ein Indiz dafür, daß man sehr wohl zu differenzieren wußte und man bei einem *laukagarðr* zu allererst einen Garten mit Lauch- bzw. Z.-Pflanzen im Auge hatte und nicht nur allg. an einen Gemüsegarten dachte.

Die Gesetzgebung beschäftigt sich auch mit dem Fall, daß ein Pächter einen *huanagarð eða lauka garð* angelegt hat und das Land verläßt. Das jüng. *Landslǫg* setzt fest, daß der Pächter bis zum Tag der Kreuzmesse (3. Mai) alles Angebaute mit sich nehmen darf. Was sich dann noch in dem Garten befindet, gehört dem Landeigner. Wenn jedoch der Pächter sein Gut an den Strand oder auf ein unfruchtbares Stück Land bringt, das außerhalb des Gartens liegt, dann darf er das dort Deponierte bis zum Abend vor dem Tag des Hl. Botolf (17. Juni) mit sich nehmen (*Landslǫg* [2, II, 111]). Im ält. *Frostaþingslǫg* ist es dem Pächter erlaubt, die Hälfte des Angebauten mitzunehmen und bis zum Mittsommer zu ernten (2, I, 241, vgl. 3, 224).

Die Gesetze zeigen also, daß es zumindest ab dem 12. Jh. in Skand. so etwas wie einen Gartenbau gegeben hat. Johannes → Hoops vermutet, daß dessen Wurzeln bis in die vorchristl. Zeit zurückreichen. Er betont aber auch, daß mit einer „wirklich rationellen Gartenkultur" erst unter dem Einfluß der Klöster zu rechnen ist (18, 638 f.; vgl. auch 27, 164).

Ausg. und Übs.: (1) Westgöta-Lagen, SGL 1, 1827. (2) NGL indtil 1387. (3) R. Meißner, Norw. Recht. Das Rechtsbuch des Frostothings, Germ.rechte 4, 1939. (4) Jónsbók: Kong Magnus Hakonssons Lovbog for Island vedtaget paa Altinget 1281 og Réttarbœtr: De for Island givne Retterbøder af 1294, 1305 og 1314, hrsg. von Ólafur Halldórsson, 1904. (5) Södermanna-Lagen, SGL 4, 1838. (6) Westmanna-Lagen, SGL 5, 1841. (7) Konung Magnus Eriksons Landslag, SGL 10, 1862. (8) Konung Christoffers Landslag, SGL 12, 1869. (9) A. Z. V. Togan, Ibn Faḍlān's Reiseber., Abhandl. für die Kunde des Morgenlandes 24:3, 1939.

Lit.: (10) Ahd. Wb. (11) P. Bierbaumer, Der botan. Wortschatz des Ae. 1–3, 1975–1979. (12) Bosworth-Toller, Anglo-Sax. Dict. (13) E. G. Graff, Ahd. Sprachschatz oder Wb. der ahd. Sprache 5–6, 1840–1842. (14) W. Heizmann, Bildformel und Formelwort. Zu den laukaʀ-Inschr. auf Goldbrakteaten der VWZ, in: Runor och runinskrifter, Kungl. Vitterhets Historie och Antikvitets Akad. Konferenser 15, 1987, 145–153. (15) Ders., Lein(en) und Lauch in der Inschr. von Fløksand und im Vǫlsa þáttr, in: H. Beck u. a. (Hrsg.), Germ. Religionsgesch. Qu. und Qu.probleme, 1992, 365–395. (16) Ders., Wb. der Pflanzennamen im Awnord., 1993. (17) K. Heyser, Die Alliumarten als Arzneimittel im Gebrauch der abendländischen Med., Kyklos 1, 1928, 64–102. (18) J. Hoops, Waldbäume und Kulturpflanzen im germ. Altert., 1905. (19) Kluge-Seebold, ^{24}2002. (20) G. Köbler, Wb. des ahd. Sprachschatzes, 1993. (21) J. Lange, Ordbog over Danmarks plantenavne 1, 1959. (22) E. Littmann, Morgenländische Wörter im Deutschen, ^{2}1924. (23) A. L. Lloyd u. a., Etym. Wb. des Ahd. 1, 1988. (24) A. Lyttkens, Svenska växtnamn 3, 1911–1915. (25) H. Marzell, Wb. der dt. Pflanzennamen 1, 1943. (26) W. Pfeifer, Etym. Wb. des Deutschen 2, ^{2}1993. (27) F. Schübeler, Die Kulturpflanzen Norwegens, 1862. (28) R. Schützeichel, Ahd. und as. Glossenwortschatz, 2004. (29) E. Seebold u. a., Chron. Wb. des dt. Wortschatzes. Der Wortschatz des 8. Jh.s (und früherer Qu.), 2001. (30) K. F. Söderwall, Ordbog öfver Svenska Medeltids-Språket II/1, 1891–1900. (31) T. Starck, J. C. Wells, Ahd. Glossenwb., 1990.

W. Heizmann

Zum Botan.; zum Kulturgeschichtl. in Ant. und früher Neuzeit; zu archäobotan. Funden → Zwiebel, Bd. 34

TAFEL 1

a

b

a. Stiftergrab. Fresko an der Altarwand von St. Benedikt in Mals (Vintschgau) mit sog. Stifterbildnissen aus dem 9. Jh.;
b. Translatio. Elfenbeintafel mit Reliquienprozession aus dem Domschatz zu Trier (Copyright Amt für kirchliche
Denkmalpflege Trier, Photo A. Münchow)

TAFEL 2

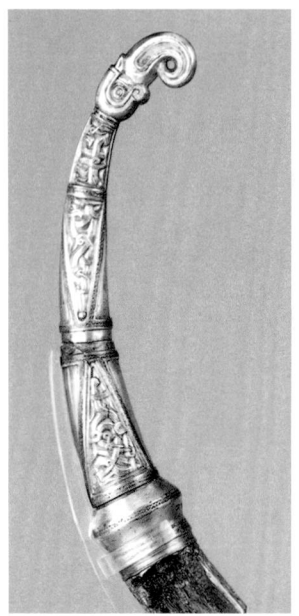

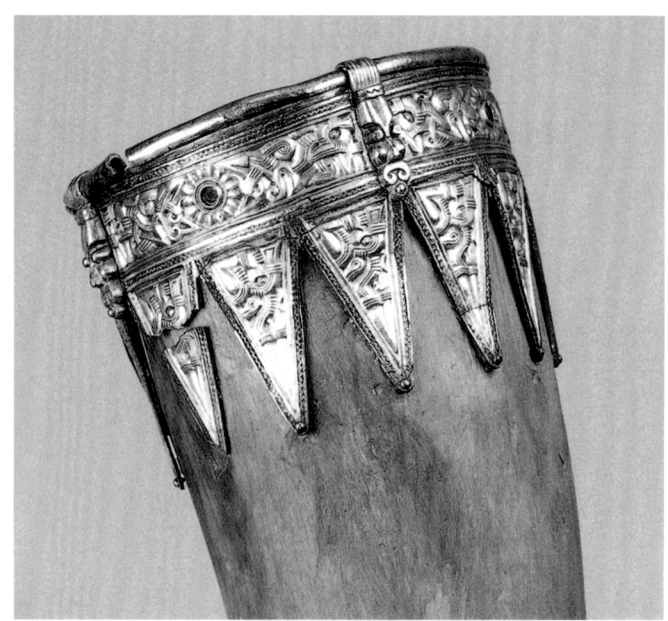

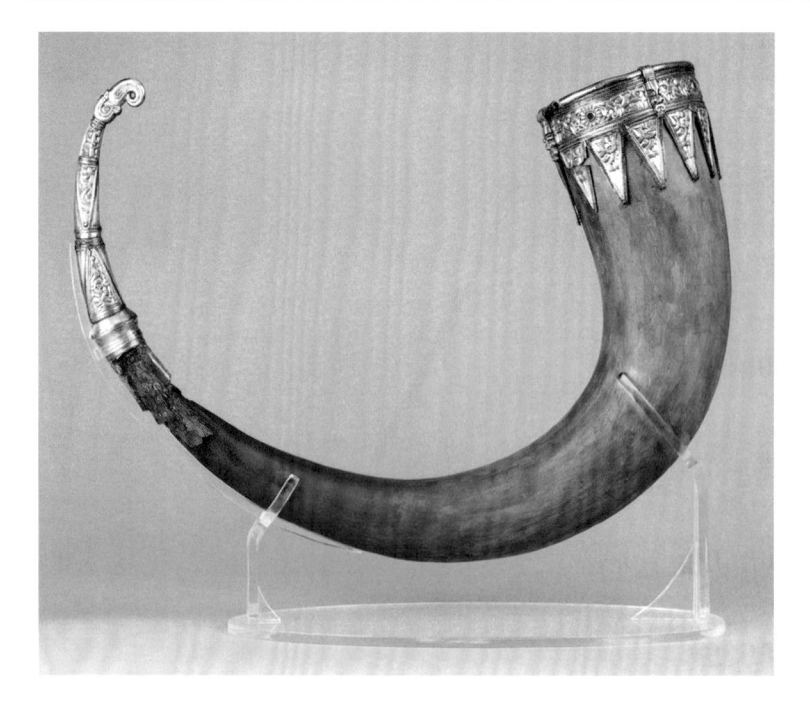

Taplow. One of the two large drinking horns (Photo British Mus. London)

TAFEL 3

a

b

Taplow. a. Set of four glass vessels, height 28,5 to 31 cm; b. gold buckle with garnet of glass inlays, length 10 cm
(Photo British Mus. London)

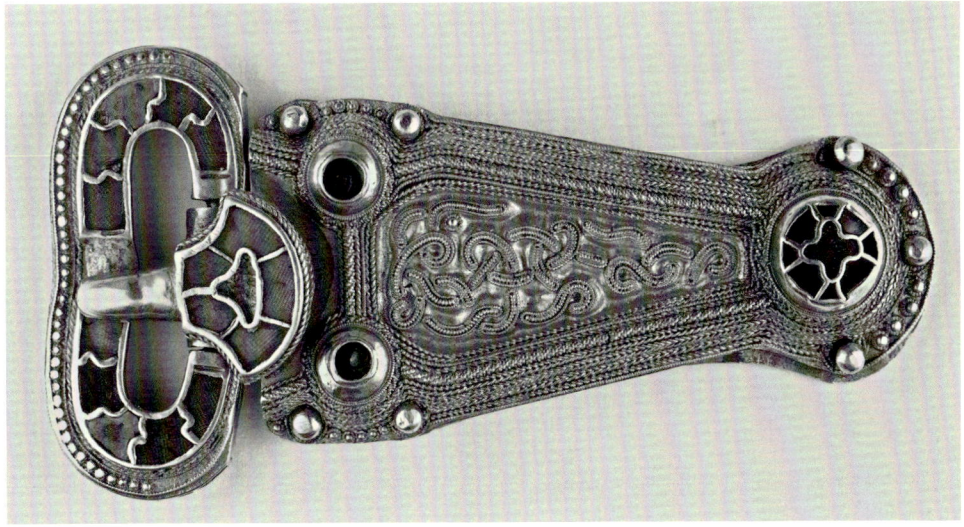

TAFEL 4

Tasche. Taschenplatte Ungarn, 1. Hälfte 10. Jh., Silber, vergoldet (Copyright Herman Ottó Múzeum, Miskolc)

TAFEL 5

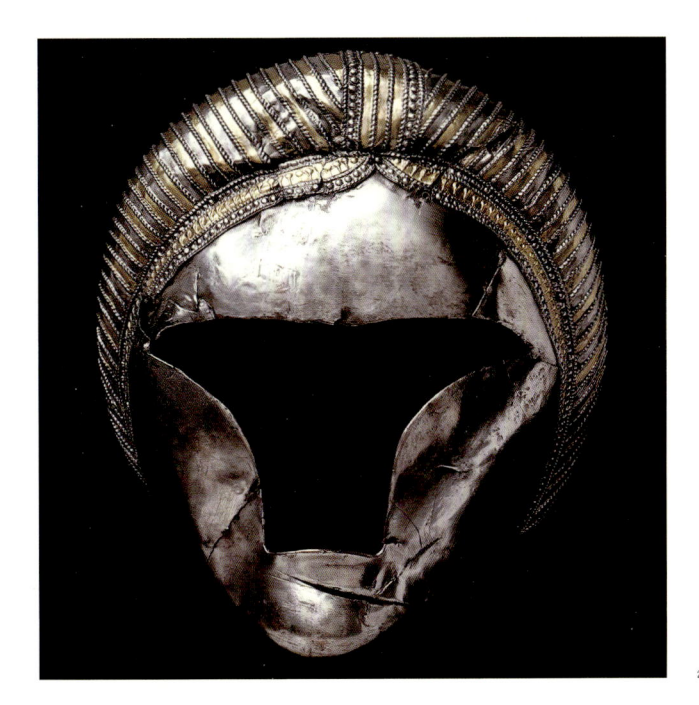

Thorsberg. a. Silberne Gesichtsmaske; b. Zierscheibe (Photos Arch. Landesmus., Schleswig)

TAFEL 6

Thron. a. Dagobert-Thron. Nach Wamers (44, 45 f. Kat. 11); b. Faltstuhl aus dem Flußbett des Ticino. Nach (42, 53 Nr. II.12)

TAFEL 7

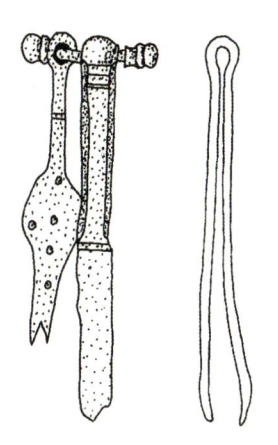

a. Toilettebesteck mit Pinzette und Nagelschneider aus Gudendorf, Stkr. Cuxhaven.
Nach Wendowski-Schünemann (15, Abb. 1). M. 1:1;
b. Unterglauheim. Der Fund von 1834. Hh. der Goldbecher ca. 6 cm (Photo H. Schreiber)

TAFEL 8

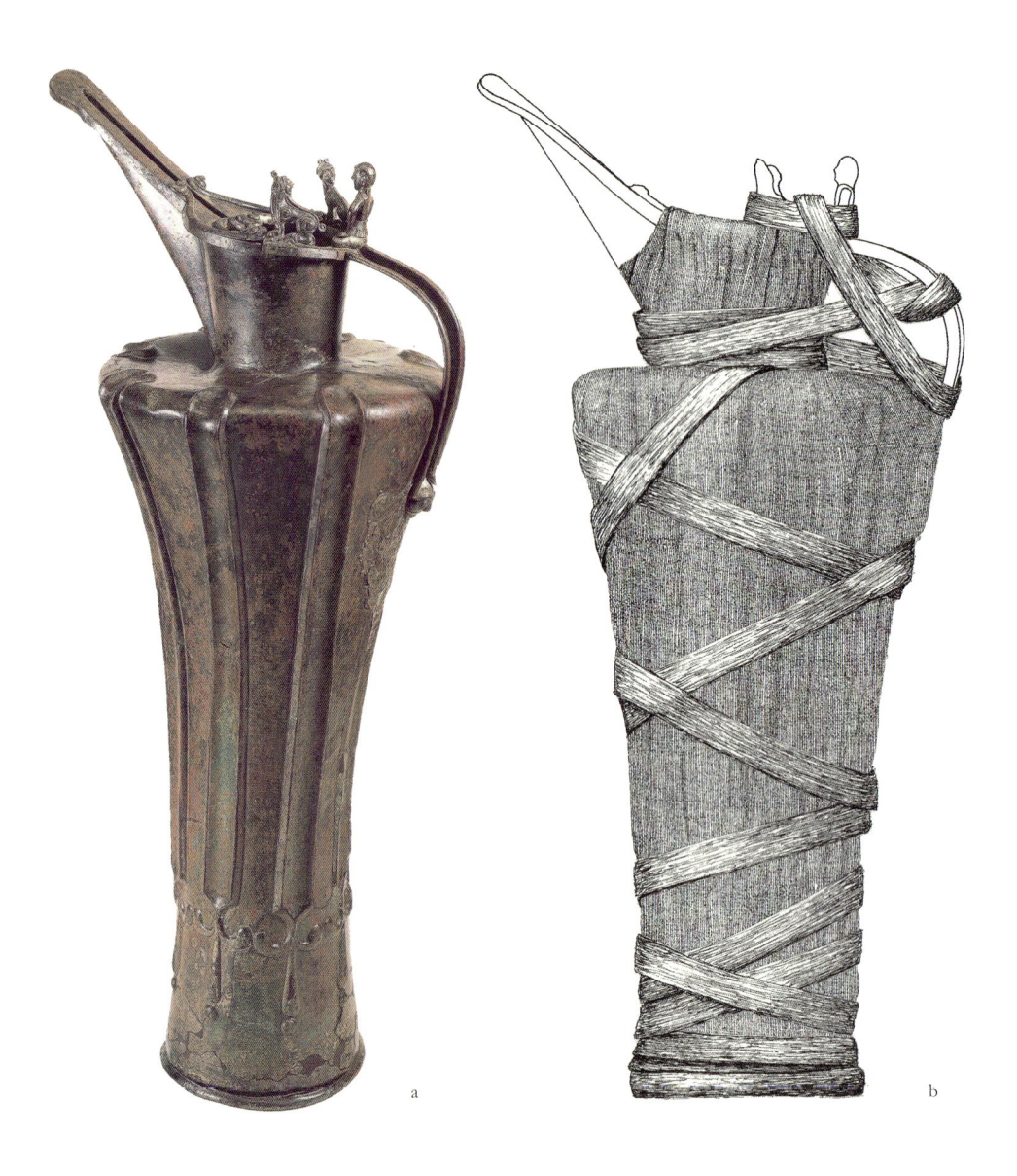

a   b

Trinkgefäße und Trinkgeschirr. a. Bronzene Schnabelkanne aus Fürstengrab 1 aus dem Grabhügel 1 vom Glauberg, Hessen, Rekonstruktion. Nach: Das Rätsel der Kelten (42, Abb. 234); b. zeichnerische Rekonstruktion der Kanne mit Einschlagtuch und Bandvorrichtung. Nach Frey/Herrmann (9, Abb. 68)

TAFEL 9

a

b

Trinkgefäße und Trinkgeschirr. a. Stiergefäß aus Hügel 2 von Rabensburg, VB Mistelbach, Österr. Nach Neugebauer (Arch. in Niederösterr., 1995, 109); b. sog. Pseudokernos (bei dem die Näpfchen mit dem Hauptgefäß verbunden sind) aus Stična/Krajina, Slowenien. Nach Griesa/Weiss (12, Taf. 18)

TAFEL 10

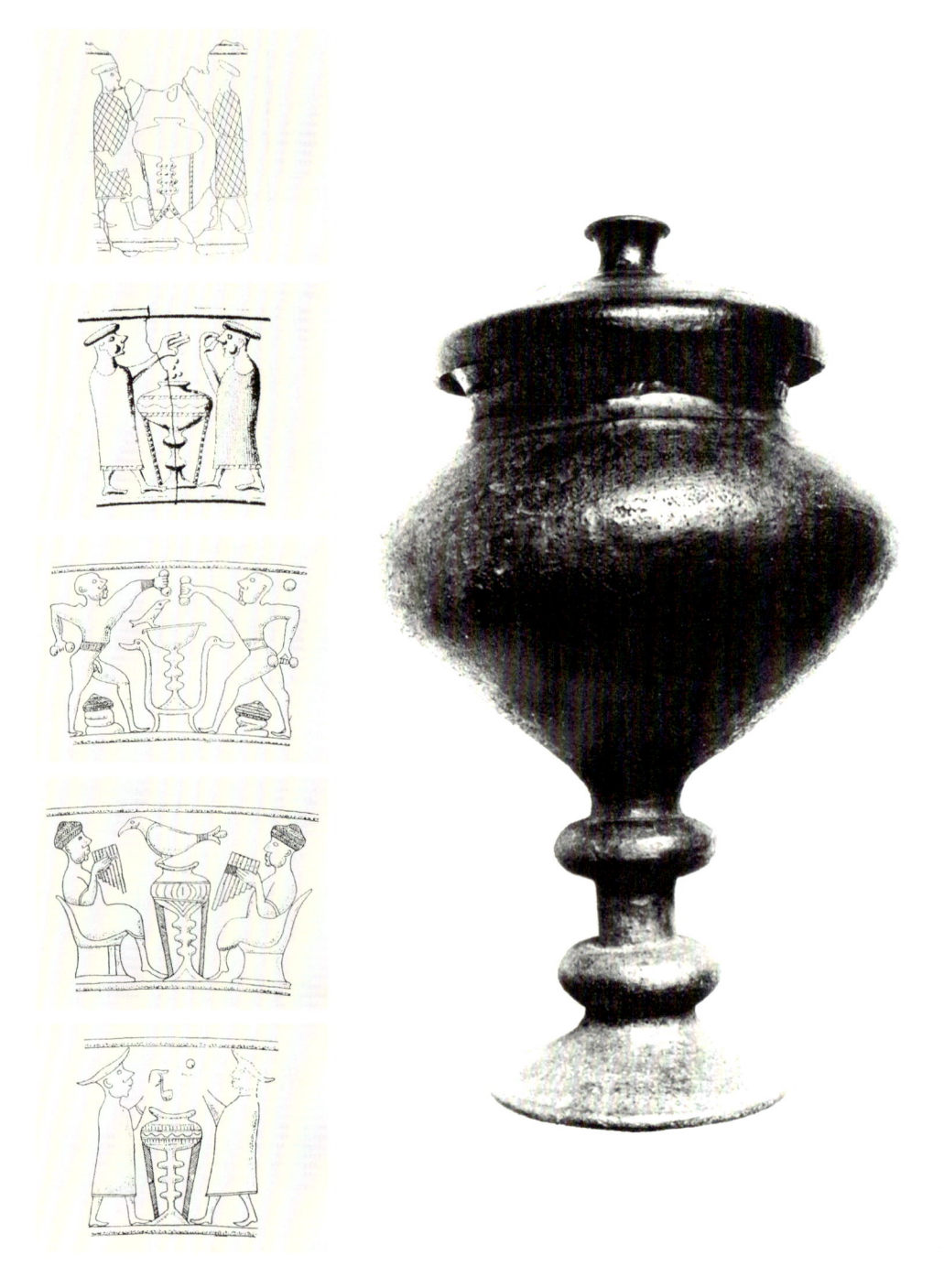

Trinkgefäße und Trinkgeschirr. Hoher Fußpokal aus Stična/Krajina, Slowenien, und vergleichbare Prunkgefäße von bildlichen Darst. der Situlenkunst. Nach Griesa/Weiss (12, Abb. 53 a–f)

TAFEL 11

a

b

Valsgärde, Hügel 7. a. Helm. Nach Arwidsson (3, Taf. A); b. Schwert II, Vorder- und Rückseite mit Teilen des Metallstativs und der Stützschienen. Nach Arwidsson (3, Taf. B)

TAFEL 12

a

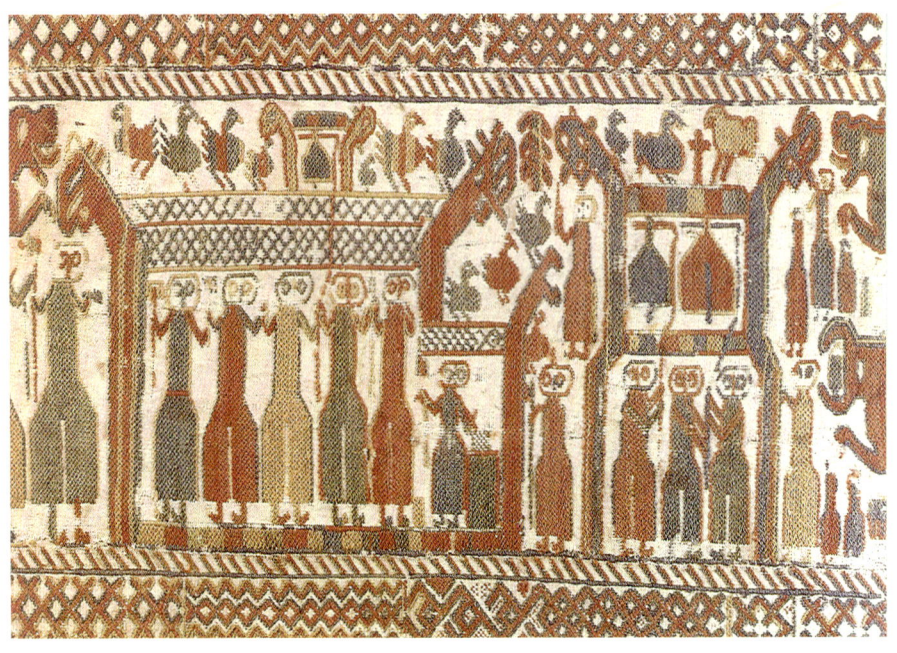

b

Wandbehang. a. Reconstruction of the Oseberg wall-hanging, original width ca. 23 cm. After Hougen (12, after p. 112); b. detail of the wall-hanging from Skog Church, Jämtland, 13th century (Photo Historiska Museet, Stockholm)

TAFEL 13

a

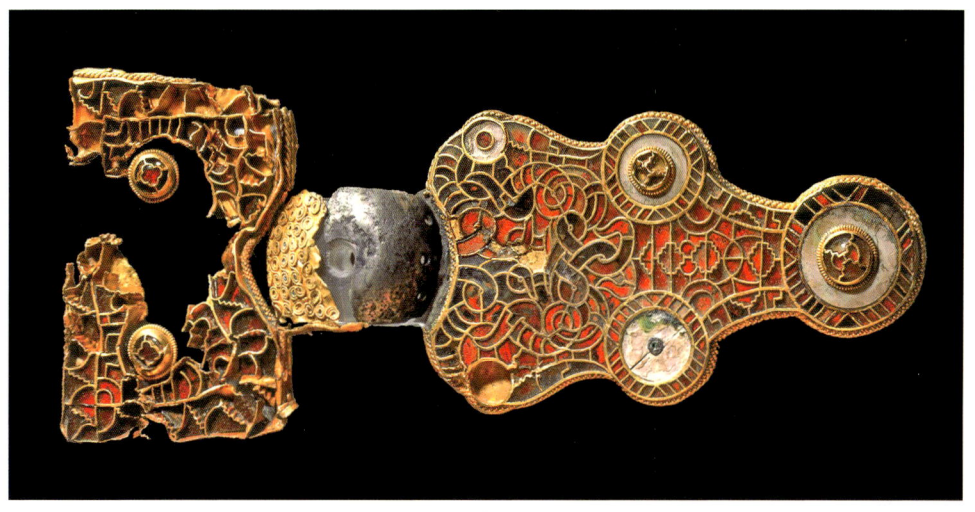

b

a. Wandbehang. Wall-hanging Överhogdal III (Copyright Riksantikvarieämbetet. Antikvarisk-topografiska arkivet. ATA. Photo Gabriel Hildebrand);
b. Wijnaldum. Frontansicht der flächendeckend mit Almandineinlagen in Cloisonné-Technik verzierten Bügelfibel (Lg. 18 cm) aus der Wurt Wijnaldum-Tijtsma (Photo Fries Mus. Leeuwarden)

TAFEL 14

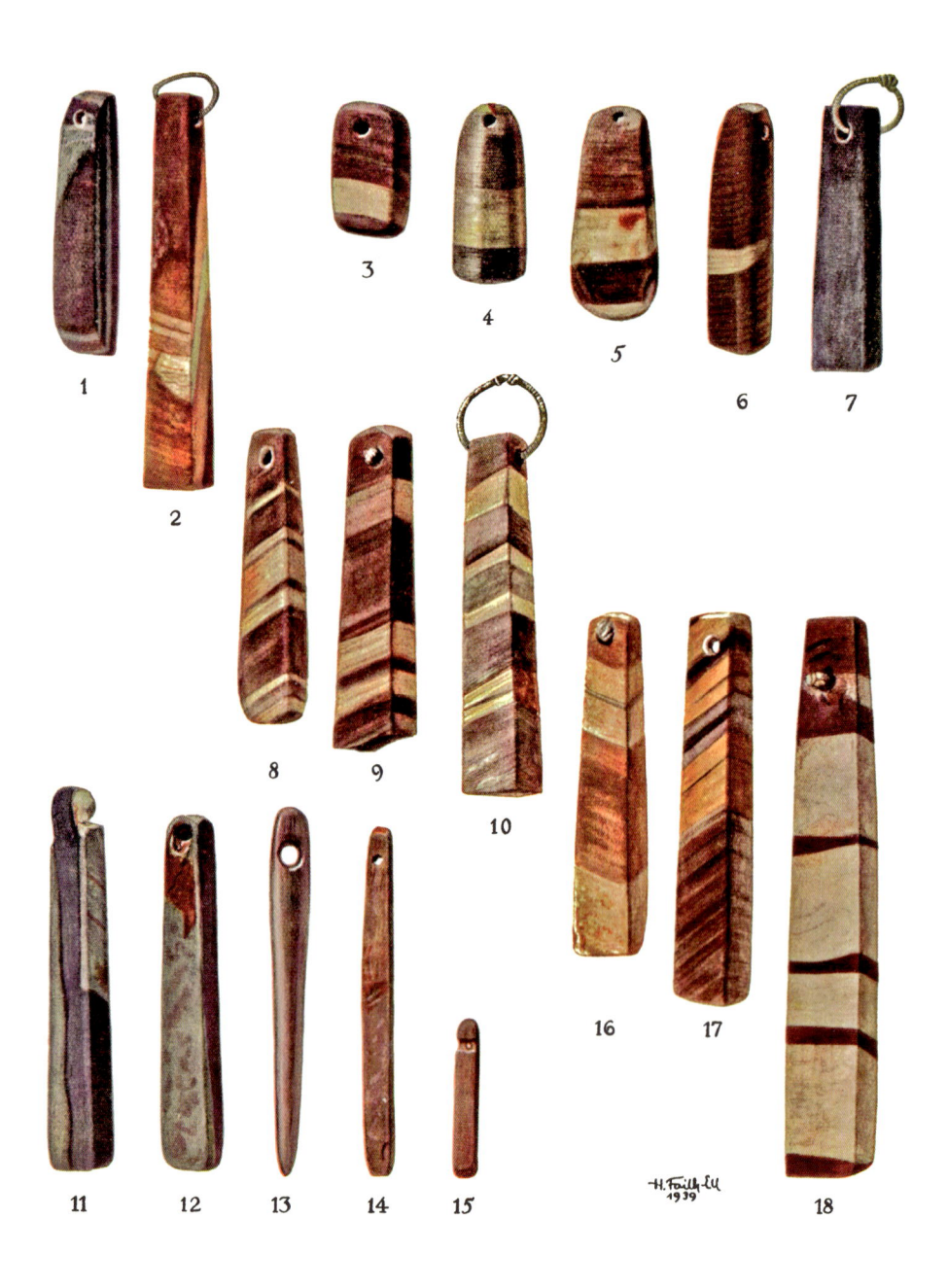

Wetzstein. Gebänderte Wetzsteine aus Gräbern in Birka. Nach H. Arbman (5, Taf. 188)

TAFEL 15

a

b

Wittislingen. a. Goldscheibenfibel. Vorderseite, M. 1:1; b. goldener Fingerring, M. 2:1 (Copyright Arch. Staatsslg. Mus. für Vor- und Frühgesch. München, Photo M. Eberlein)

TAFEL 16

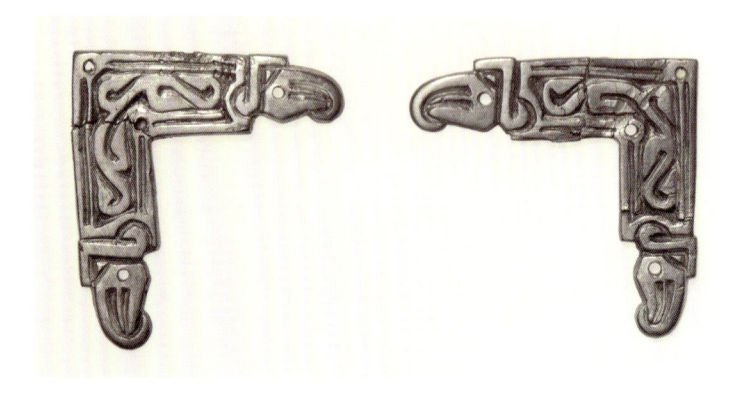

Wittislingen. a. Silberner Gürtelbesatz; b. silberne Amulettkapsel; c. silberne Taschenbeschläge. M. 1:1 (Copyright Arch. Staatsslg. Mus. für Vor- und Frühgesch. München, Photo M. Eberlein)

TAFEL 17

a

b

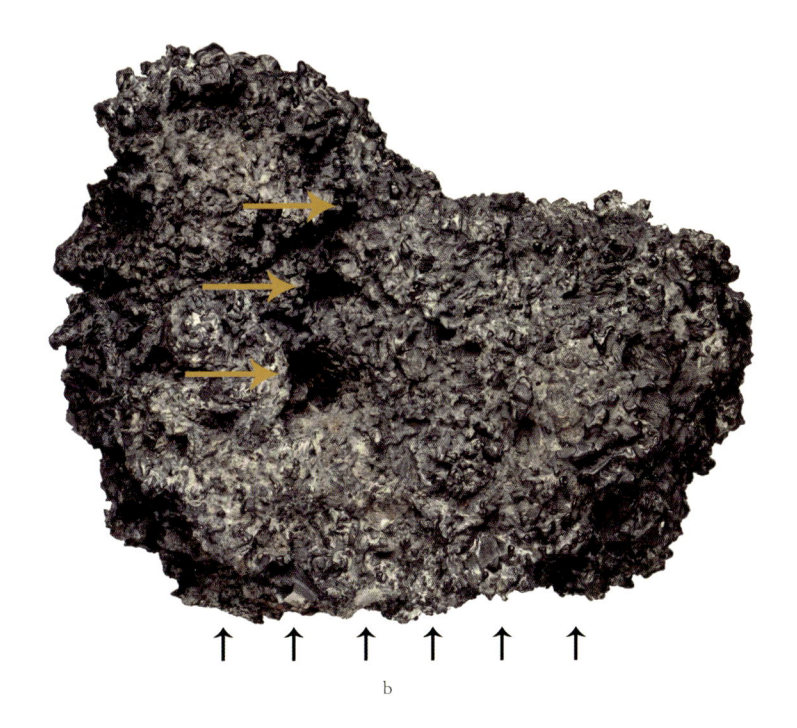

a. Wittislingen. Koptische Bronzepfanne. M. ca. 1:3 (Copyright Arch. Staatsslg. Mus. für Vor- und Frühgesch. München, Photo M. Eberlein);
b. Zürich. Eine der beiden Breitseiten (Oberseite) des großen Potinklumpens. Im linken Drittel sind die Einstichlöcher erkennbar (braune Pfeile). Die untere Schmalseite ist auffällig glatt (schwarze Pfeile). Die Schichtung von Holzkohle und Münzen ist nur von der Seite sichtbar. Lg. des Klumpens ca. 45 cm (Photo D. Stuppan, Schweiz. Landesmus. Zürich)

TAFEL 18

Zalavár-Vársziget, Hadrianskirche. a. Fensterglasplättchen mit hl. Figuren und Inschr. in Silbergelb und Kupferrot;
b. verschieden gefärbte Fensterglasplättchen

TAFEL 19

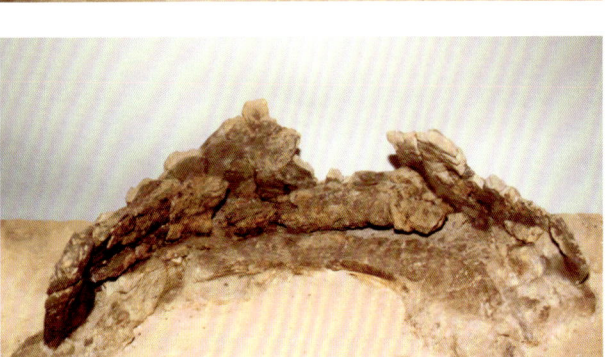

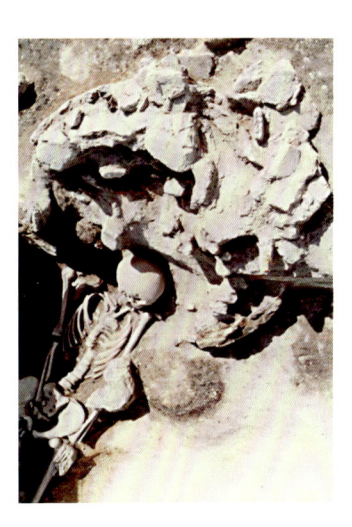

Zalavár-Vársziget, Hadrianskirche. a. Glashafen ohne Glasüberreste aus der Glaswerkstatt;
b. Gußgrube und Lehmformüberreste einer Glocke

TAFEL 20

a

b

a. Wesel-Bislich. Rekonstruktion des Sattels aus Grab 446. Nach Giesler (29, 811 Abb. 657);
b. Zamárdi. Vergoldete silberne Riemenzunge mit Flechtbandornamentik, letztes Drittel 7. Jh., ohne M. (Photo E. Bárdos, Centre of Mus. of Somogy County)

TAFEL 21

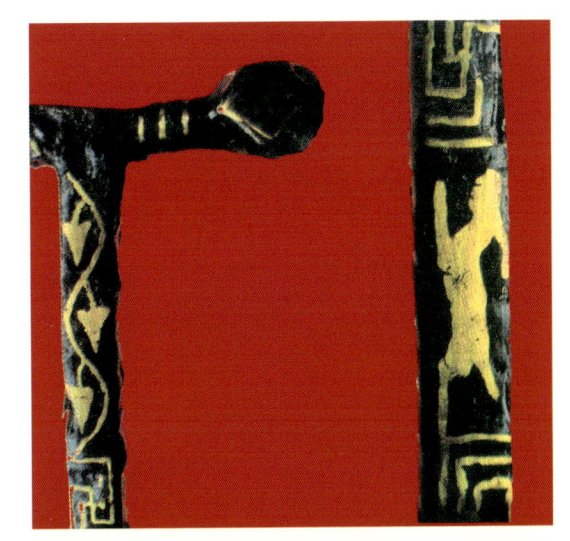

Zamárdi. a. Bronzene Zierscheiben mit Reiterfigur und mit stilisiertem Tierkampf, 2. Hälfte 8. Jh., ohne M.; b. Details der silber- und messingtauschierten eisernen Klappstühle aus Grab 121, Ende 6. bis Anfang 7. Jh. (Photos E. Bárdos, Centre of Mus. of Somogy County)

TAFEL 22

a

b

Ziegel. Ziegelstempel der legio XXII Primigenia Pia Fidelis. a. Namen- und Namenbegleitstempelgruppe, Zugmantel Typ L33, 2. Jh. n. Chr., Herstellungsort Frankfurt-Nied; b. Eisgrubgruppe Typ 1, 2.–3. Jh. n. Chr., Herstellungsort Groß-Krotzenburg. M. 1:1 (Photos Landesarch. Mainz)

TAFEL 23

a

b

Žuráň. a. Kammergrab II, Frg. der Pyxis aus Elfenbein, Hh. 73 mm. Nach Tejral (99, Taf. 60);
b. Kammergrab I, Holzbalkenfrg. mit dreifachem Flechtwerk, Hh. 12,5 cm.
Nach Tejral (99, Taf. 61)

TAFEL 24

Žuráň. a. Kammergrab I, baumartig verzweigte Eisengegenstände. Hh. ca. 30 cm. Nach Poulík (75, Abb. 32a);
b. die beiden Glasperlen aus Kammergrab II, ohne M. (Photo Mährisches Mus. Brno)